# Ladenburg und Heidelberg als rivalisierende Herrschaftszentren im 13. Jahrhundert

## Zeichenerklärung:

### Burg und Siedlung

- Burg ohne unmittelbar zugehörige Siedlung
- Burg mit Hof
- Burg mit Burgweiler
- Burg im Dorf
- Burg beim Dorf
- Burg in der Stadt
- Burg in der Minderstadt
- Burg bei der Stadt innerhalb eines Befestigungssystems (Schenkelmauern)
- Burg bei der Stadt ohne Zusammenhang mit ihrer Befestigung
- Kloster anstelle früherer Burg

### herrschaftliche Funktion um 1290

- Burg mit zentraler Bedeutung für das Territorium (beginnende Residenz, Sitz einer Reichslandvogtei)
- Burg als Sitz einer selbständigen Herrschaft, bzw. beginnende Amtsfunktion für das Territorium
- Burg als Sitz einer nichtselbständigen Herrschaft, bzw. einer territorialen Unterverwaltung
- Burg mit herrschaftlichen Rechten über die zugehörige Stadt, soweit nicht Sitz eines weiteren Verwaltungsbereichs
- Burg mit ortsherrschaftlichen Rechten nur über die zugehörige Siedlung
- Burg als Sitz einer Lokalverwaltung mit nur grundherrschaftlichen Rechten
- Burg als Adelssitz ohne Herrschaftsrechte
- Burg als Zentrum für Königsleute
- Burg als Zollstation, nur wenn Zoll wirklich zur Burg gehörig
- wichtige Straße
- Nebenstraße bzw. zu solcher abgesunken
- großer Burgwald, nur in geschlossenen Waldgebieten
- zur Burg gehöriger Wildbann
- Rodungsdörfer in unmittelbarem Zusammenhang mit einer Burg

### Inhaber um 1290, kurzfristige Verpfändung nicht berücksichtigt

- König
- Geistliche Fürsten
- M Erzbischof von Mainz
- W Bischof von Worms
- S Bischof von Speyer

Freier Adel

- Grafen von Dürn
- Sonstige

- Ritterorden
- Pfalzgraf bei Rhein

Ministeriale

- von Weinsberg
- Schenken von Erbach
- Sonstige

### erst nach 1290 hinzugekommen bzw. belegt

- Burg im Besitz des Niederadels
- im Anschluß an Burg, bzw. Burgweiler entstandene Stadt
- Minderstadt

Herausgegeben von der Kommission für geschichtliche Landeskunde in Baden-Württemberg 1977.
Bearbeitet von M. Schaab, Heidelberg.

Maßstab 1:200 000

0 2 4 6 8 10km

Kartographie, Druck und Vertrieb
Landesvermessungsamt Baden-Württemberg.

# Ladenburg

## Aus 1900 Jahren Stadtgeschichte

Titelbildnachweis

| | |
|---|---|
| Vorderseite: | Luftbild Ladenburg (Foto Lossen 1994).<br>Jupitergigantensäule (Foto B. Heukemes). |
| Rückseite: | Heutiges Wappen der Stadt Ladenburg.<br>Ältestes Stadtsiegel Ladenburgs (GLA 43/5677). |
| Vorderer Vorsatz: | Karte 2 auf Blatt V, 5 des Historischen Atlas von Baden-Württemberg mit freundlicher Genehmigung der Kommission für geschichtliche Landeskunde in Baden-Württemberg und des Landesvermessungsamts Baden-Württemberg. |
| Hinterer Vorsatz: | Beilage Beitrag C.S. Sommer: Vom Kastell zur Stadt (siehe S. 201). |

# Ladenburg
## Aus 1900 Jahren Stadtgeschichte

herausgegeben von Hansjörg Probst

*Mit Beiträgen von*
*Hartmut Freund*
*Karl Hoffmann*
*Peter Jaschke*
*Hildegard Kneis*
*Klaus Kolb*
*Jörg Kreutz*
*Gertrud Lenz-Bernhard*
*Gernot Lorsong*
*Hansjörg Probst*
*Reinhold Schulz*
*Heinz Joachim Schulzki*
*C. Sebastian Sommer*
*Hermann Wiegand*
*Günther Wieland*
*Jürgen Zieher*

verlag regionalkultur

Ermöglicht wurde das vorliegende umfangreiche Werk durch Zuschüsse
der Stadt Ladenburg und
der Bezirkssparkasse Weinheim.

Die Deutsche Bibliothek – CIP-Einheitsaufnahme:
**Ladenburg** : aus 1900 Jahren Stadtgeschichte /
hrsg. von Hansjörg Probst. Mit Beitr. von Hartmut Freund ...
- Ubstadt-Weiher : Verl. Regionalkultur, 1998
ISBN 3-929366-89-4


Im Auftrag der Stadt Ladenburg herausgegeben von Hansjörg Probst.

**verlag regionalkultur**
Stettfelder Str. 11 • 76698 Ubstadt-Weiher • Telefon (07252) 69723 • Fax 69450

# Zum Geleit

In diesem Jahr feiern wir Jubiläum: 1900 Jahre Stadtkultur in Ladenburg. Aus diesem Anlaß wird die vorliegende Chronik herausgegeben. Sie faßt die Ergebnisse aus einem Jahrhundert wissenschaftlicher Erforschung unserer Stadtgeschichte auf neuestem Stand zusammen.

Die Abhandlung über LVPODVNVM, die „älteste Stadt Alamaniens", von Marquard Freher, dem großen Historiker, Humanisten, kurpfälzischen Rat und Vizepräsidenten des Hofgerichtes, mit dem Titel „DE LVPODVNO" wurde im Jahr 1618 veröffentlicht. Diese Schrift ist die erste bekannte Veröffentlichung, die sich ausschließlich mit Ladenburg befaßt. Marquard Freher ist der Nachweis zu verdanken, daß es sich bei unserem heutigen Ladenburg um das von Ausonius genannte römische Lopodunum gehandelt hat.

Nahezu alle späteren Veröffentlichungen beschäftigen sich mit Teilaspekten der Stadtgeschichte, oder mit Fragestellungen, die unsere Vergangenheit indirekt beleuchtet. Erst die Festschrift von Pfarrer Sievert „Lopodunum – Ladenburg, 98–1898" zur Erinnerung an das 1800-jährige Gedächtnisfest vom 16. Oktober 1898 faßt die Erkenntnisse über die Stadtgeschichte zusammen und spannt einen Bogen von ersten keltischen Siedlungen bis zum Ausgang des 19. Jahrhunderts.

Pfarrer Sievert hat in dieser stadtgeschichtlichen Beschreibung das Gründungsjahr Ladenburgs unter Berufung auf antike Quellen auf das Jahr 98 n.Chr. datiert. Damit hat die Tradition begonnen, das Jahr 98 n. Chr. als Gründungsjahr der Stadt anzusehen. Das hat mit Recht bis heute Bestand. Denn das Jahr 1898 ist auch das „Geburtsjahr" systematischer archäologischer Grabungen, die dem Mannheimer Altertums- und Geschichtsverein zu verdanken sind.

Jeder Fund der Archäologie, jeder Befund der Baudenkmalpflege hat seither das Puzzle der Ladenburger Stadtgeschichte ergänzt. Die Ehrenbürger Dr. Berndmark Heukemes, ab Ende der 40er Jahre, und Bürgermeister i.R. Reinhold Schulz, ab 1965, haben wesentlich zur Erhellung der Stadtgeschichte beigetragen. Dr. Berndmark Heukemes hat die archäologischen Grabungen und baudenkmalpflegerischen Untersuchungen beispielhaft vorangetrieben. Als Krönung seines Lebenswerkes darf das Lobdengaumuseum im Bischofshof angesehen werden, das seiner Vollendung entgegen geht.

Reinhold Schulz ist es zu verdanken, daß die Bürgerschaft für einen beispielhaften und bis heute andauernden Sanierungsprozeß der Altstadt gewonnen werden konnte, ohne den unser mittelalterlicher Stadtkern nicht in dem heutigen Glanz erstrahlen würde.

Über all die Jahrzehnte hinweg ist aber vor allem der Heimatbund Ladenburg zu nennen, der seit seiner Gründung im Jahre 1926 erst die Kontinuität der Erforschung der Stadtgeschichte in allen Epochen begründet hat, ohne die alles Weitere nicht, oder nur unter schwierigeren Umständen hätte geschaffen werden können.

Seit rund 20 Jahren ist die Stadt Ladenburg Grabungsschwerpunkt des Landesdenkmalamtes Baden-Württemberg. Ladenburg hat als erste Stadt des Landes Baden-Württemberg ein Grabungsschutzgebiet eingerichtet. Bedeutende Funde und Befunde zeugen von der einstigen Größe und von der überregionalen Bedeutung unserer Stadt über viele Jahrhunderte hinweg. Das *Sol-Mithras-Relief*, die *Jupiter- Giganten Säule*, der *Jupiter/Juno Altar*, der Ladenburger *Bronzehort* sind Zeugen dafür. Wer weiß, welche weiteren bedeutenden Funde aus Ladenburg sich noch unerforscht in Magazinen städtischer und staatlicher Museen oder in Privatbesitz befinden?

Unsere Stadt war auch Geburts- oder Aufenthaltsort von Männern und Frauen, die Weltgeschichte geschrieben haben. Kaiser und Könige, Historiker und Humanisten, weltliche und kirchliche Würdenträger wären zu nennen.

So muß z.B. neben dem römischen Kaiser Trajan als „Gründer" der Stadt der deutsche Kaiser Heinrich II., der die fränkische Schenkung von Stadt und Gau an die Bischöfe von Worms bestätigte, erwähnt werden.

Der Humanist und Bischof von Worms, Johann von Dalberg, hat neben der Errichtung einer bedeutenden Bibliothek das Verdienst, einflußreiche Persönlichkeiten seiner Zeit in Ladenburg um sich versammelt zu haben.

Erwähnt werden muß auch Friedrich Reichsgraf von Seilern, Verfasser der pragmatischen Sanktion, mit der die weibliche Erbfolge des österreichischen Kaiserhauses begründet und Maria Theresia die Besteigung des Thrones ermöglicht wurde. Und schließlich sind Dr. Carl Benz und seine Ehefrau Bertha zu nennen, die einen sehr nachhaltigen Veränderungsprozeß der Menschheit in Gang gesetzt haben. Beide Ehrenbürger der Stadt, haben von 1904 an mit ihrer Familie in unserer Stadt gelebt und gearbeitet. Die „Erfindung" des Automobils durch Dr. Carl Benz, belegt durch die Patentschrift Nr. 37 435, und die erste Überlandfahrt seiner Frau Bertha von Mannheim nach Pforzheim haben ohne Übertreibung Weltgeschichte geschrieben.

Unsere Stadtgeschichte in all ihren Facetten komplett aufzuarbeiten ist nicht der Anspruch den die vorliegende Arbeit erheben kann. Vielmehr mußte eine Straffung erfolgen, weil sonst der Rahmen einer solchen Veröffentlichung bei weitem gesprengt worden wäre. Dennoch werden die bisher bekannten und die neuesten wissenschaftlichen Ergebnisse bis in die Gegenwart zusammenhängend dargestellt.

Andere Veröffentlichungen zu speziellen Themen, Erkenntnissen und Ereignissen der Stadtgeschichte liegen vor. Vieles harrt noch der Bearbeitung. Manche Fragen sind noch zu beantworten.

Diese Veröffentlichung ist in erster Linie das Verdienst des Autors, Herausgebers und Koordinators, Herrn OStD a.D. Hansjörg Probst, sowie der Autorinnen und Autoren der einzelnen Beiträge. Ihnen allen gilt der Dank der Stadt Ladenburg. Zu danken ist auch dem Verlag Regionalkultur für die qualitätsvolle Ausführung des Buches.

Schließlich gilt es der Bezirkssparkasse Weinheim zu danken, vertreten durch den Vorstandsvorsitzenden Dr. Rüdiger Hauser, ohne deren Engagement dieses Projekt nicht hätte verwirklicht werden könne.

Dem Buch „Ladenburg. Aus 1900 Jahren Stadtgeschichte" wünsche ich eine rege Nachfrage und viele aufmerksame Leser.

Diesen Leserinnen und Lesern wünsche ich viel Spaß, wenn sie sich in das Buch vertiefen. Ihnen gilt mein Dank für das Interesse an der Geschichte der Stadt Ladenburg, auf deren Grundlage die heutige Generation die Verantwortung angenommen hat, die Zukunft zu gestalten.

ROLF REBLE
Bürgermeister der Stadt Ladenburg

# Ein Ausflug in die Ferne und Nähe der Zeit

Zur Feier des 1900-jährigen Stadtjubiläums hat Ladenburg mit dieser Stadtchronik ein Projekt in Angriff genommen, das bei den Bürgerinnen und Bürgern sowie allen geschichtlich und politisch Interessierten auf großes Interesse stoßen wird. Denn vieles wird in diesem Sammelband deutlich: Die geschichtlichen Wurzeln der Region, mittelalterliche Lebenswelt, das Ringen der Konfessionen und Mächte am Beginn der Neuzeit, Stadtentwicklung, Kulturpolitik, wirtschaftliche Entwicklungen und Impulse. Es ist schon viel über Ladenburg geschrieben worden, doch mit den gut gewählten Co-Autoren der Stadtchronik gelingt es, in der Zusammenschau Spannungen, Konflikte und Kräfte, die das heutige Ladenburg haben entstehen lassen, erfahrbar zu machen.

Ladenburg ist die älteste Stadt im Rhein-Neckar-Kreis und eine der ältesten deutschen Städte überhaupt. Daß in dem Buch die Diskussion um die Stadtgründung 98 n.Chr. neu angestoßen worden ist, überrascht; doch es schadet auch nicht, wenn Forscher und Autoren nichts verschweigen, sondern versuchen, falsche Zuschreibungen zu korrigieren oder Neuentdeckungen zur Diskussion zu stellen. Dem Stadtjubiläum darf das keinen Abbruch tun, denn 1900 Jahre Ladenburg bleibt eine historische Dimension, deren Betrachtung und Aufarbeitung in der Stadtchronik auch die Bedeutung des bevorstehenden Jahrtausendwechsels ins richtige Verhältnis zu einem Menschenleben rückt.

Ich wünsche dem Buch eine starke Resonanz. Es beschreibt den Zustand der Welt damals, heute und in der Zeit dazwischen, in einer Stadt, in der Menschen in rund zwei Jahrtausenden eine Heimat gefunden haben. Es ist ein Buch, das nicht vom Zerbrechen einer kommunalen Gemeinschaft berichten muß, sondern unter verschiedenen Gesichtspunkten beschreiben darf, wie es den Menschen gelungen ist, Bestehendes umzuschichten und sich letztendlich als freie Bürgerinnen und Bürger in einer gesicherten Demokratie zu behaupten.

Ich wünsche allen, die diesen Ausflug in die Ferne und Nähe der Zeit zur Hand nehmen, eine anregende Lektüre und viel Spaß beim Lesen.

Ihr
Dr. Jürgen Schütz
Landrat

# Grußwort

Die Stadt Ladenburg kann nunmehr auf 19 Jahrhunderte einer bewegten Geschichte zurückblicken. Geht man heute durch die verwinkelten Gassen der Ladenburger Altstadt, so kann man erkennen, welch reichhaltiger historischer Hintergrund sich hinter den hochbetagten Mauern verbirgt.

Seit knapp einem Jahrhundert ist die Bezirkssparkasse Weinheim mit der Stadt Ladenburg und damit dem neueren Teil der Ladenburger Geschichte verwoben. Die Sparkasse in Ladenburg wurde im Jahre 1899 als Stadtsparkasse gegründet und 1915 in eine Bezirkssparkasse umgewandelt. Im Oktober 1933 erfolgte die Fusion mit der Bezirkssparkasse Weinheim.

In diesen einhundert Jahren ist zwischen der Sparkasse, der Stadt Ladenburg und seinen Bürgern eine fest verankerte Verbindung entstanden. Eine Verbindung, die sich nicht nur in unternehmerischem Engagement niederschlägt, sondern auch auf sozialer und kultureller Ebene. Gerade auf letzteren Aspekt gründet sich das besondere Interesse der Bezirkssparkasse Weinheim. Gemeinsam mit der Stadt Ladenburg wird die vorliegende Chronik herausgegeben. Den Bürgern von Ladenburg wird hier die Historie einer besonders schönen Stadt in ihrem ganzen facettenhaften Ausmaß dargestellt.

Im Namen des Vorstandes der Bezirkssparkasse Weinheim beglückwünsche ich die Stadt Ladenburg zu diesem besonderen Jubiläum und wünsche ihr eine glückliche und erfolgreiche Zukunft.

Dr. Rüdiger Hauser
Vorstandsvorsitzender der
Bezirkssparkasse Weinheim

# Inhaltsverzeichnis

# 1900 Jahre Stadt Ladenburg
# 98 – 1998
## Ein Überblick über das Jubiläumsjahr

von Reinhold Schulz

Als der evangelische Stadtpfarrer und Heimatforscher Albert Julius Sievert (1835–1904) zur Jahrhundertwende seine 1800-jährige Stadtgeschichte „Lopodunum – Ladenburg 98–1898" zur Erinnerung an das Gedächtnisfest vom 16. Oktober 1898 vorlegte, schilderte er im Schlußkapitel den Verlauf jenes Oktobertages im Gasthaus „Zum Anker".

Wir wollen seinem Beispiel folgen und versuchen, einen Überblick über die zahlreichen Veranstaltungen des Jubiläumsjahres zu gewinnen, soweit dies bei Redaktionsschluß (Ende Juli) möglich ist.

Die eigentlichen Vorarbeiten begannen nach der Gemeinderatswahl 1994, als eine Jubiläumskommission gebildet wurde, der unter dem Vorsitz des Bürgermeisters 10 Stadträte und 5 sachkundige Einwohner angehörten. Diesem Gremium gelang es, viele ehrenamtliche Kräfte in den Vereinen, Kirchen, Schulen und Kindergärten, aber auch die Mitarbeiter der Stadt zu motivieren. So kam ein vielseitiges Programm zustande, das nahezu alle Aspekte des urbanen Lebens über 19 Jahrhunderte hinweg berücksichtigt. Die Fäden liefen im Rathaus bei Brigitte Stahl zusammen.

Das Jubiläumsjahr begann mit einer ökumenischen Andacht in der St. Galluskirche und erreichte am ***Antoniustag*** mit dem Empfang der Stadt in der Lobdengauhalle einen ersten Höhepunkt. Etwa 700 Bürgerinnen und Bürger sowie zahlreiche Ehrengäste hörten bei den nachdenklichen Begrüßungsworten von Bürgermeister Rolf Reble die Mahnung, zuerst vor der eigenen Tür zu kehren und den Verlust moralischer Werte nicht nur anderen Stellen anzulasten. Für Heiterkeit sorgte dann der „Streifzug durch die Ladenburger Geschichte" mit Versen von Klaus Kolb und Karikaturen des Ladenburger Künstlers Bubec (Lutz Backes). Auch der Sommertagszug am Sonntag Lätare, der unter dem Motto „1900 mal Frühling in Ladenburg" stand, war eine schöne Einstimmung auf das Jubiläumsjahr.

Am 2. April trat ein weiteres Jubiläum in den Vordergrund: Eberhard Thieme (Neckarhausen) beleuchtete auf Einladung des Heimatbundes in seinem Vortrag ***„150 Jahre Ladenburger Neckarbrücke"*** die wechselvolle Geschichte dieses Bauwerkes.

In Anwesenheit des Präsidenten des Landesdenkmalamtes, Prof. Dr. Dieter Planck, konnte am 20. Juni das Forum an der Metzgergasse eröffnet werden. Am 6. September folgt die Vorstellung weiterer Abteilungen des Lobdengau-Museums.

Zu einem besonderen Erlebnis wurde das ***Partnerschaftswochenende*** (26. bis 28 Juni 1998). Am Freitag stand die Partnerschaft mit der Präfektur Garango im westafrikanischen Burkina Faso im Vordergrund. Im Rathaus wurde die Garango-Delegation mit Präfekt Aloys Bèré und Bissa-Chef Le Naaba Koum an der Spitze von Bürgermeister Reble ebenso herzlich begrüßt wie Botschaftsrätin Jaqueline Marie N. Zaba, die aus Bonn gekommen war. Bei diesem Empfang und beim Partnerschaftsabend in der Lobdengauhalle wurden die Ergebnisse der Partnerschaft und vor allem das unermüdliche Engagement von Soeur Simone Bambara für die mehr als 1000 Patenkinder gewürdigt. Die Vollblutmusiker der Gruppe Mili Novisi sorgten für die musikalische Umrahmung.

Der Samstag war der Partnerschaft mit der Kärntner Marktgemeinde Paternion gewidmet. Bürgermeister Georg Eder war in Begleitung von Altbürgermeister Hofrat Karl W. Müller und einiger Mitglieder des Gemeindevorstandes gekommen. Mit dabei waren auch die Sänger des Männergesangvereines Paternion, des Frauenchores Paternion und eine stattliche

Abordnung der Paternioner Feuerwehr. Sie alle gestalteten in der vollbesetzten Lobdengauhalle ein abwechslungsreiches heiteres Programm.

Am Sonntagvormittag trafen sich die Gäste aus Garango und Paternion mit vielen Ladenburgern zu einem ökumenischen Gottesdienst auf dem Marktplatz, der von den Pfarrern Karl Häring, Bernd Panizzi, Eckhard Weißenberger, Torsten Merkel (Siebenlehn/Sachsen) und Abbé Joseph Kouda aus Garango gestaltet wurde, begleitet von den Kirchenchören und dem Posauenchor. Eine Botschaft des verhinderten Geistlichen aus Paternion verlas Vizebürgermeister Christian Hipp. Anschließend ging es zum Afrikanischen Markt im und um das Glashaus im Waldpark, wo die Werke afrikanischer Künstler und kulinarische Genüsse angeboten wurden.

Ein weiterer Höhepunkt war der ***Festakt*** zum Stadtjubiläum am 17. Juli in der Lobdengauhalle. In ihrer Festrede, die der Bürgermeister in seinen Dankesworten als „flott, schmissig und heiter" bezeichnete, beglückwünschte Frau Regierungspräsidentin Gerlinde Hämmerle die Stadt Ladenburg zu Vergangenheit und Gegenwart. Ladenburg sei trotz seiner Industrie auch eine grüne Stadt mit hoher Lebensqualität geblieben. Zu verdanken sei dies einer aktiven, von hohem Verantwortungsbewußtsein geprägten Kommunalpolitik über viele Jahre und Jahrzehnte.

Viel Vorbildliches sei in den vergangenen Jahren geschaffen worden. Viele kulturelle, soziale und wirtschaftliche Aufgaben seien mit Erfolg angegangen und bewältigt worden – vom Wohnungsbau über die Wirtschaftsförderung bis hin zum reichen kulturellen Leben von Ladenburg.

Nach dem Festakt trafen sich die Teilnehmer zu einem Umtrunk unter den Platanen des Schulhofes. Am darauffolgenden Wochenende strömten mehr als 30.000 Menschen durch die Stadt, denn die „Stationen der Stadtgeschichte" mit römischer Cohorte, Germanen des 1. Jahrhunderts, einem mittelalterlichen Handwerkermarkt, einem darauf abgestimmten kulinarischen Angebot und musikalischen Leckerbissen schufen eine dichte Atmosphäre, wie sie nur in einem historischen Ensemble möglich ist. Zur Eröffnung auf dem Marktplatz verlaß der „Ortsbüttel" (Helmut Kinzig) eine neue Marktordnung mit aktuellen Bezügen.

Auch die Sickingen-Haupt- und Werkrealschule, die Merian-Realschule und das Carl-Benz-Gymnasium fanden sich zu einer imponierenden Gemeinschaftsleistung, bei der Kleinkunst (Akrobaten, Clowns, Sänger und Musiker), Kreativität und handwerkliches Geschick zu bewundern waren. Nach einem Rundgang durch die Altstadt konnte man sich unter den stattlichen Bäumen des Benzparks niederlassen, wo von acht Vereinen die Mensa Legionis eingerichtet war. Für die jüngsten Festbesucher waren das gallische Dorf des Kinderhortes, das Klein-LOPODVNVM der Kindertagesstätte und der „Tempel" im evangelischen Pfarrgarten wichtige Stationen.

1900 Jahre Stadt Ladenburg – dieses seltene Jubiläum fällt mit der Erinnerung an ein Ereignis zusammen, das vor 150 Jahren vor allem den deutschen Südwesten erschütterte und für die spätere demokratische Entwicklung in Deutschland von ganz besonderer Bedeutung werden sollte: die Badische Revolution von 1848/49. Deshalb macht der „ZeitZug 1848 – Für die Deutsche Freiheit streiten", eine rollende Wanderausstellung des Landesmuseums für Technik und Arbeit in Mannheim und der Deutschen Bahn AG, vom 9. bis 20. September auch im Bahnhof Ladenburg Station. Nach der Ausstellungseröffnung gastiert die Theatergruppe Sinsheim in der Pflastermühle mit dem Stück „Der Traum von der Freiheit" von Holger Friedrich.

Am Tag darauf werden die ***Heimattage Baden-Württemberg*** mit einer Ansprache der Ministerin für Kultus, Jugend und Sport des Landes, Frau Dr. Annette Schavan, im Domhof feierlich eröffnet. Die Ministerin wird auch die Medaillen für besondere Verdienste um die Heimat überreichen. Zu einem weiteren Höhepunkt wird sicher der Mundart-Abend mit kurpfälzischen Künstlern in der Lobdengauhalle.

Am Samstag, dem 12. September, findet das traditionelle Altstadtfest mit zünftiger Musik, Tanz- und Gauklergruppen statt. Es wird ebenso ein Besuchermagnet sein wie das

Landesfest zum Tag der Heimat am Sonntag, denn am Festzug werden sich mehr als 60 Musik-, Trachten- und Tanzgruppen aus dem ganzen Land beteiligen. Für die Festrede auf dem Marktplatz konnte Ministerpräsident Erwin Teufel gewonnen werden. Der Tag wird mit Vorführungen der Trachtengruppen auf verschiedenen Plätzen der historischen Altstadt ausklingen.

Am 17. September folgt ein weiterer Mundart-Abend im Domhof, wo die Preisträger im 11. Mundart-Wettbewerb die prämierten Gedichte, Geschichten und Lieder vortragen werden. Mehrere Vorträge im Domhof beleuchten das Thema „Heimat" unter verschiedenen Aspekten: „Heimat nur noch im Museum?" (Prof. Hermann Bausinger), „Von der Kurpfalz zum Rhein-Neckar-Dreieck"(Hansjörg Probst), „Wenn die Kirchtürme auftauchen – das Heimatgefühl der Ladenburger" (Reinhold Schulz), „Heimat aus der Sicht eines türkischen Mitbürgers" (Cem Özdemir, MdB) und „Globalisierung – gibt es noch Heimat?" (Prof. Dr. Ulrich Steger).

Im November und Dezember folgen die Vorträge „Bistum und Hochstift Worms in der frühen Neuzeit" von Dr. Hans Ammerich und „Johannes von Dalberg und der Humanismus am Oberrhein" von Dr. Hermann Wiegand.

Im Blick auf das Jubiläumsjahr wurde auch eine beachtliche Zahl von ***Publikationen*** vorgestellt: der Bildband „Ladenburg" mit Aufnahmen der Photographischen Interessengesellschaft Pentaprisma (PIGP) unter der Leitung von Uwe Wagenfeld (Text Rainer Beedgen), die Imagebroschüre „Begegnungen", die Videokassette „Stadt Ladenburg – Begegnungen", der vom Arbeitskreis der Archive im Rhein-Neckar-Dreieck herausgegebene Band „Der Rhein-Neckar-Raum und die Revolution von 1848/49 – Revolutionäre und ihre Gegenspieler", von Marquard Freher „DE LVOPODVNO – Die erste Beschreibung des alten Ladenburg von 1618", übertragen und erläutert von Hermann Wiegand, die Darstellung des Ladenburger Schatzfundes „Das römische Prunkportal von Ladenburg" von Dr. Ernst Künzl mit einem Fundbericht von Dr. Berndmark Heukemes, der Ausstellungskatalog „LOPODVNVM 98 – Vom Kastell zur Stadt", „Die Ladeberger Welt'geschischt" mit Texten von Klaus Kolb und Zeichnungen von Richard Köhler, „KOPPODUNUM -Heiteres über Köpfe der Ladenburger Geschichte" mit Versen von Klaus Kolb und Karikaturen von Bubec und „Historisches Ladenburg" ein Führer zu den Sehenswürdigkeiten der Altstadt und der näheren Umgebung (Text: Klaus Kolb). Im September wird Hansjörg Probst die Chronik „Ladenburg – Aus 1900 Jahren Stadtgeschichte" präsentieren.

Zahlreiche ***Ausstellungen, Konzerte, Führungen und Arbeitstagungen*** vervollständigen das Jubiläumsprogramm. Besondere Beachtung finden die „Allee der Bürger- und Menschenrechte in Ladenburg von der Römerzeit bis heute" in der Neckartoranlage, gestaltet von der Ladenburger Gruppe der Menschenrechtsorganisation amnesty international, die Ausstellung „Zur Verteidigung der Republik – Das Reichsbanner Schwarz-Rot-Gold, Ortsgruppe Ladenburg (1924–1933)" im Kreisarchiv, die Ausstellung „Körper-Bild" im Rahmen der 9. Kreiskulturwoche mit Werken von 16 Künstlern im Domhof, die Ausstellung „Carl Benz – Bewegte Zeit" im Stadtarchiv, die Ausstellung des Landesdenkmalamtes Baden-Württemberg „LOPODVNVM 98 – Vom Kastell zur Stadt" im Domhof, die Projektarbeiten der Dalberg-Grundschule und der Erich-Kästner-Förderschule „Bilder und Spuren aus Ladenburgs Vergangenheit" und die Ausstellung „Kunstspur von Park zu Park" mit Holzskulpturen von Walter Schembs (Worms), skurrilen Stahlobjekten von Eckhard Schembs (Worms) und kinetischen Skulpturen des Ladenburger Künstlers Hans-Michael Kissel. Im November werden noch die Ausstellungen „Menschenköpfe" mit Werken des Künstlers Jean-Luc Bambara (Garango) in der Volksbank und „Ladenburger Ansichten aus vier Jahrhunderten – Gemälde, Aquarelle, Graphiken und Zeichnungen" im Domhof eröffnet.

Auch das Konzertangebot erfährt im Jahre 1998 noch eine Steigerung. Am 25. Juli freuten sich viele Besucher auf dem Marktplatz über das Jubiläumsgeschenk des Rhein-Neckar-Kreises: Die Junge Big-Band des Kreises (Leitung: Karl Heinz Schäfer) brachte immergrüne Jazznummern von Duke Ellington bis Peter Herbolzheimer. Noch mehr Besucher kamen am Sonntagabend, als die Heidelberger Symphoniker unter der Leitung von Thomas Fey „Die vier Jahreszeiten" von Antonio Vivaldi und die Dilsberger Kantorei (Leitung Markus Karch) Werke von Händel auf dem Programm hatten. Am 25. Oktober wird sicher die Galluskirche voll besetzt sein, wenn das Corelli-Ensemble Ladenburg/Mannheim zu einem Konzert mit Werken von Mozart, Bach und Corelli einlädt. Auch die beiden Kirchenchöre werden viele Besucher begrüßen können, wenn sie am 29. November in der renovierten evangelischen Stadtkirche das Weihnachtsoratorium von Joh. Sebastian Bach aufführen. Viel Erfolg ist schließlich dem Jazzmeeting, veranstaltet von Big-Bands der Schulen in der Lobdengauhalle und dem Konzert der Don-Kosaken in der evangelischen Stadtkirche zu wünschen.

Die Volkshochschule Ladenburg-Ilvesheim hat sich im Jubiläumsjahr vorgenommen, die Ruinen des römischen Lopodunum, die Bauten aus allen Stilepochen, die Plätze und Brunnen in einer „Tour durch die Kultur" zum Sprechen zu bringen. Im Rahmen dieses Sonderprogrammes werden in den Monaten April bis November spezielle ***Führungen*** durch die Altstadt, durch das römische Ladenburg, zu den Stätten jüdischen Lebens, in den Kirchen St. Gallus und St. Sebastian sowie durch die Museen angeboten. Detektive ab 8 Jahren werden zu einer Spurensuche in der Altstadt eingeladen.

Mehrere Verbände, Vereine und Organisationen haben das Jubiläumsjahr zum Anlaß genommen, in Ladenburg zu tagen oder Veranstaltungen mit landesweiter Ausstrahlung auszurichten. Hier seien beispielhaft die Deutschen Meisterschaften der A- und B-Junioren im Gewichtheben, die Jahreshauptversammlung des Badischen Sängerbundes, die Jahrestagung des Badischen Sportbundes, der 58. Südwestdeutsche Archivtag zum Thema „Die Urkunde im archivischen Überlieferungszusammenhang", die Badische Landestagung der Kinderärzte, der 3. Tag der Archäologie in Baden-Württemberg mit dem öffentlichen Festvortrag „98 und die Folgen: CIVITAS VLPIA SVEBORVM NICRENSIVM" von Dr. C. Sebastian Sommer in der Lobdengauhalle, das Ehemaligentreffen der LOPODUNIA, das 750 ehemalige Schüler aus 69 Jahrgängen zusammenführte, die Rad-„Tour de Ländle", bei der Ladenburg am 6. August ein Etappenziel der 1800 Teilnehmer war, die Bertha-Benz-Gedächtnisfahrt des Mercedes-Veteranen-Clubs, die Landeskulturtagung des Bundes der Vertriebenen Baden-Württemberg, die Herbsttagung der Arbeitsgemeinschaft „Die Alte Stadt" e.V. zum Thema „Sanierung im Wandel" und das Kolloquium „Archivgeschichte und Adelsgeschichte zwischen Main und Schwarzwald" erwähnt.

Die sonstigen Veranstaltungen wie die Aufführung des Prinzregententheaters in Ludwigshafen, die der Bund der Selbständigen anläßlich seines 100-jährigen Bestehens präsentiert, das Offene Liedersingen der Kolpingsfamilie, bei dem „Kaiser Trajan" mit originellen Gedanken zur Gegenwart auftrat, das 2. Stadionfest des Ortsausschusses für Leibesübungen, die Preisverleihung im Blumenschmuckwettbewerb des Heimatbundes und das Festbankett zum 75-jährigen Bestehen des Angelsportvereins Ladenburg und Umgebung 1923 unterstreichen ebenfalls die Vielseitigkeit des Jubiläumsprogramms.

Das Jahr 1998 ist ein wichtiger Markstein in der wechselvollen Geschichte der Stadt Ladenburg. Und es bestätigt eine Kernaussage in der Festrede der Regierungspräsidentin:

„Stadt ist nicht in erster Linie eine Verwaltungsangelegenheit ... Sie lebt primär von der Tatkraft der wirtschaftlichen, kulturellen und politischen Kräfte und vom bürgerschaftlichen Engagement".

# Ladenburg – Aus 1900 Jahren Stadtgeschichte

## Vorwort

Im Herbst 1994 beauftragte mich die Stadt Ladenburg, zu ihrem Stadtjubiläum im Jahre 1998 eine Geschichte der Stadt herauszugeben. Der nun vorgelegte Band erfüllt diesen Auftrag, indem er in Zusammenarbeit mit dem Landesdenkmalamt und 15 Autoren, darunter auch der Herausgeber, einen Gang durch 1900 Jahre Stadtgeschichte unternimmt. Die einzelnen Beiträge setzen thematische Schwerpunkte, die den historischen Interessen und der Forschungsrichtung der Autoren entsprechen. Das bedeutet, daß nicht alle möglichen Bereiche der Ladenburger Geschichte in gleicher Intensität und Breite bearbeitet wurden. Vieles konnte nur kursorisch behandelt werden, anderes mußte liegen bleiben oder ist ausgefallen. Niemandem ist dies klarer bewußt als dem Herausgeber. So ist z.B. die Sozial- und Wirtschaftsgeschichte der Stadt vom 16. bis zum 18. Jh. nur in wenigen Aspekten angegangen worden. Das von Karl Diefenbacher erschlossene umfangreiche Material der Ladenburger Stadtbücher harrt noch der wissenschaftlichen Auswertung. Hier haben die Kürze der Bearbeitungszeit und die Beschränkung des Umfangs auf einen Band ihre Folgen gezeitigt. Für die spätere Forschung bleibt noch einiges zu tun!

Trotzdem hoffen die Autoren, mit diesem Werk eine zusammenhängende Geschichte der Stadt Ladenburg vorgelegt zu haben, die den neuesten Stand der wissenschaftlichen Forschung wiedergibt und sowohl für Fachleute nützlich und brauchbar, als auch für historische Laien lesbar und verständlich ist. Eine Geschichte Ladenburgs, die diesen Ansprüchen genügt, gab es bisher nicht. Dabei ist Ladenburg ein zentraler und keineswegs vernachlässigter Forschungsgegenstand. Doch wurde seit hundert Jahren keine befriedigende Zusammenschau mehr geleistet.

In der Ladenburger Forschungstradition – durchaus einem Stück kurpfälzischer Wissenschaftsgeschichte – gibt es sehr frühe Ansätze, die der Bedeutung dieser Stadt gerecht werden. Marquard Freher, der große pfälzische Historiograph aus dem Beginn des 17. Jahrhunderts, ist hier ebenso zu nennen wie die frühe Beschäftigung mit Ladenburg und dem Lobdengau im Umkreis der Mannheimer Academia Theodoro Palatina des 18. Jahrhunderts. 1843 schrieb der Gymnasialprofessor Theophil Schuch in seiner Geschichte Ladenburgs und der Neckarpfalz eine Geschichte der Stadt auf der Basis einer gründlichen Vorarbeit und der vollständigen Erschließung der damals zugänglichen Quellen. In manchem ist er selbst inzwischen Quelle geworden. 1898, zum 1800-jährigen Stadtjubiläum, hat schließlich der Pfarrer Albert Julius Sievert eine im ganzen zuverlässige Stadtgeschichte veröffentlicht, leider im Unterschied zu Schuch ohne jeden Quellennachweis. Parallel dazu begann die systematische archäologische Erforschung des römischen Lopodunum, die der Mannheimer Altertumsverein leistete. Die grundlegenden Entdeckungen des Gymnasialprofessors Dr. Hermann Gropengießer zwischen 1912 und 1940 zeugen bis heute davon.

Gleich nach dem Zweiten Weltkrieg hatte Ladenburg das große Glück, die Aufmerksamkeit des vom Mittelrhein stammenden Archäologen und Architekturhistorikers Dr. Berndmark Heukemes zu erregen. In der Not der Nachkriegszeit begann eine einzigartige, inzwischen fünf Jahrzehnte währende Lebensarbeit eines Gelehrten, der seinen Gegenstand gefunden hatte. Seinem unbedingten und unermüdlichen Einsatz für das ganze Ladenburg von der keltischen Vorzeit bis zum Stadtbild der Gegenwart, verdankt die Stadt sehr viel von dem, was sie heute dem Besucher bietet und was sie inzwischen weit über die Kurpfalz hinaus zu einem bekannten mittelalterlichen Kleinod gemacht hat. Das Lobdengau-Museum ist die Krönung dieses Lebenswerkes.

Die Stadt hat ihm für seine Leistungen das Ehrenbürgerrecht verliehen. Parallel dazu hat Professor Dr. Meinrad Schaab, Ltd. Staatsarchivdirektor a.D. und Landeshistoriker von hohen Graden, Ladenburg immer wieder zum Gegenstand seiner Forschungen gemacht. Aus seiner Feder stammt die jüngste kurze Darstellung der Ladenburger Geschichte in Band 3 der Amtlichen Kreisbeschreibung von 1966–1970. Er war der Redaktor der drei Bände und lieferte den Hauptteil der historischen Darstellungen. Dr. Hans Huth, damals im Landesdenkmalamt, zeichnet verantwortlich für die erschöpfende Darstellung der Ladenburger Denkmäler und Kunstwerke im Band 10, 3 der Kunstdenkmäler Badens von 1967, der dem ehemaligen Landkreis Mannheim gewidmet ist.

Dem aufmerksamen Leser unseres Werkes werden bei der Lektüre – vor allem der antiken und mittelalterlichen Geschichte – immer wieder Hinweise auf Veröffentlichungen und mündliche Auskünfte von Berndmark Heukemes und in den Anmerkungen Zitate und Titel von Schriften Meinrad Schaabs begegnen. Schließlich ist noch das Landesdenkmalamt zu erwähnen, das seit den 70er Jahren Ladenburg als einen Forschungsschwerpunkt betreibt und eine Fülle neuer Erkenntnisse zu Tage gefördert hat. Hier sind u.a. die Namen Hartmut Kaiser, Dr. Gertrud Lenz-Bernhard, Dr. Egon Schallmeyer und Dr. C. Sebastian Sommer sowie Dr. Ernst Künzl vom Römisch-germanischen Zentralmuseum Mainz und Prof. Dr. Rainer Wiegels, Althistoriker an der Universität Osnabrück, zu nennen. Jede historische Gesamtdarstellung ist der Vorarbeit vieler Gelehrter verpflichtet, was auch in unserem Werk dankbar zu vermerken ist.

Nun darf eine weitere Seite der Ladenburger Forschungstradition nicht übersehen werden, die bürgerschaftliche Heimatforschung von begeisterten und ortskundigen Laien, die seit langem schon im Heimatbund unter seinen letzten Vorsitzenden Karl Hoffmann und Egon Lackner organisiert sind. Ältere Namen sind die des Pfarrers Otto Häußler, des Stadtbaumeisters Konrad Seel III., des Stadtrats Cornell Serr, des Schöpfers des historischen Fotoarchivs Alexander Blänsdorf und des Genealogen Karl Diefenbacher. Dieser ehrenamtlichen Arbeit, die Jahrzehnte zurückliegt, ist viel zu verdanken. So war Konrad Seel z.B. ein exzellenter Beobachter antiker und mittelalterlicher Reste, wenn diese durch Baumaßnahmen ans Tageslicht kamen zu einer Zeit, als man noch wenig Gespür dafür besaß. In unserem Werk sind all diese Zweige der örtlichen Geschichtsforschung vertreten, so daß dieses Buch nicht zuletzt auch ein Zeugnis bürgerschaftlicher Gesinnung ist aus Liebe zur Heimatstadt.

Wenn ein großes Werk getan ist, ist vielen zu danken, die durch Rat und Tat zum Gelingen beigetragen haben. An der Spitze haben Bürgermeister Reble und der Gemeinderat großen Dank verdient für ihren Entschluß, trotz größter Finanznöte dieses Werk in Auftrag zu geben. Das wurde nicht zuletzt ermöglicht durch einen namhaften Beitrag der Bezirkssparkasse Weinheim. Sie haben so dem 1900-jährigen Jubiläum Dauer verliehen. Zu danken haben wir Herrn Dr. Heukemes für zahlreiche fruchtbare Hinweise. Ohne seine freundliche Hilfe hätte vieles nicht so geleistet werden können. Zu Dank verpflichtet sind wir auch Frau Blänsdorf für die zahlreichen Bilder, die sie zur Verfügung gestellt hat. Archive und Ämter haben uns freundlich unterstützt. Herzlichen Dank. Ich persönlich habe meinem Sohn, Dr. Veit Probst, Bibliotheksdirektor an der Universitätsbibliothek Heidelberg, für die Beschaffung von Literatur und kritische Lektüre herzlich zu danken. Schließlich habe ich mich als Redaktor und Herausgeber bei meinen Mitautoren für vier Jahre gemeinsamer Arbeit in freundschaftlichem Geist zu bedanken.

Nun bleibt uns Autoren nur noch der Wunsch, daß die Geschichte Ladenburgs den Platz einnehmen möge, der ihr gebührt, daß sie aufmerksame Leser finde und daß sie für viele Ladenburger und Kurpfälzer zu einem Hausbuch werde, das man immer wieder zu Rate zieht.

Ladenburg, zum Stadtjubiläum im September 1998 — Hansjörg Probst

# Die Kulturlandschaft um Ladenburg

von PETER JASCHKE*



*Mit einem Mal fühlte ich ..., wie sehr ich meine Heimat liebte,*
*wie tief mein Herz und Wohlsein abhängig war*
*von diesen Dächern und Türmen, Brücken und Gassen,*
*von den Bäumen, Gärten und Wäldern.*
(Hermann Hesse „Der Zyklon“)

## Einleitung

Nähert man sich Ladenburg von Norden oder von Süden her, so bestimmen zunächst noch landwirtschaftlich und gartenbaulich genutzte Flächen das Bild der Landschaft. Wer, etwa im Frühling, von der Bergstraße am Fuß des östlich gelegenen Odenwaldes in die Römerstadt kommt, für den zeugen wärmeliebende Kulturpflanzen mit ihrem frühen Blütenschmuck in den Baumschulen und Obstpflanzungen südlich des Kandelbachs von den günstigen Anbauverhältnissen seiner Lage.

Im Westen der 1.900 Hektar umfassenden Gemarkung liegen dagegen ausgedehnte Industrieanlagen bedeutender Unternehmen am rechten Ufer des Neckars. Vor allem auf die chemische Industrie übte der Wasserreichtum und die gute Verkehrslage des Standortes eine besondere Anziehung aus.

Der Zugang zur Stadt von Südwesten her ist schließlich nur auf dem Wasserweg möglich, d.h. in der Regel mit der Neckarhausener Fähre. Denn hier verläuft der nach dem Rhein wichtigste Fluß Südwestdeutschlands, der Neckar, den schon Hölderlin wegen *seinen lieblichen Wiesen und Uferweiden*[1] besang. Man kann sich ein schönes Bild davon machen, wenn man mit dem Zug über die Neckarbrücke in die Stadt einfährt. Neben diesem landschaftsprägenden und ästhetischen Aspekt war der Neckar bereits seit der Römerzeit wichtiger Schiffahrtsweg, der jedoch im Zuge seiner Kanalisierung, als Ladenburg 1927 eine eigene Anlegestelle bekam, größere verkehrsgeographische Bedeutung erlangte.

Mit diesen Eindrücken sind die wesentlichen Kräfte des Werdens und des Seins nicht nur der Landschaft um Ladenburg, sondern auch der Stadt selbst benannt. Denn unter Kulturlandschaft verstehen wir ja die vom Menschen beeinflußte Landschaft, deren Entwicklung, Aufbau und Bild durch natürliche Landschaftsfaktoren sowie durch den Menschen und seine Werke bestimmt sind.

So soll zunächst der Neckar als urzeitlicher Landschaftsgestalter, der das fruchtbare Sediment für die frühe ackerbauliche Nutzung in unseren Raum heranführte, ein wesentlicher Gegenstand dieses Beitrages sein. Es folgt, nach einer Darstellung der weiteren Landschafts- und Klimageschichte, ein Abriß der Geschichte unserer heimischen Landwirtschaft, welche die Grundlage jeder wirtschaftlichen und somit räumlichen Entwicklung darstellt: Die Landwirtschaft ist die wesentliche Gestalterin der jeweiligen Kulturlandschaft von der vor- und frühgeschichtlichen Zeit über die verschiedenen mittelalterlichen Perioden bis in die Neuzeit. Danach will ich im letzten Teil des Beitrages die aktuelle Garten- und Kulturlandschaft in und um Ladenburg 'durchstreifen'.

Der Darstellung der Industrie und des Gewerbes auf Ladenburger Gemarkung, die das Bild und die Entwicklung unseres Raumes vor allem nach 1939/40 bzw. 1948 sehr stark zu prägen begannen, ist in diesem Band ein eigener Beitrag vorbehalten (vgl. den Beitrag von Reinhold Schulz).

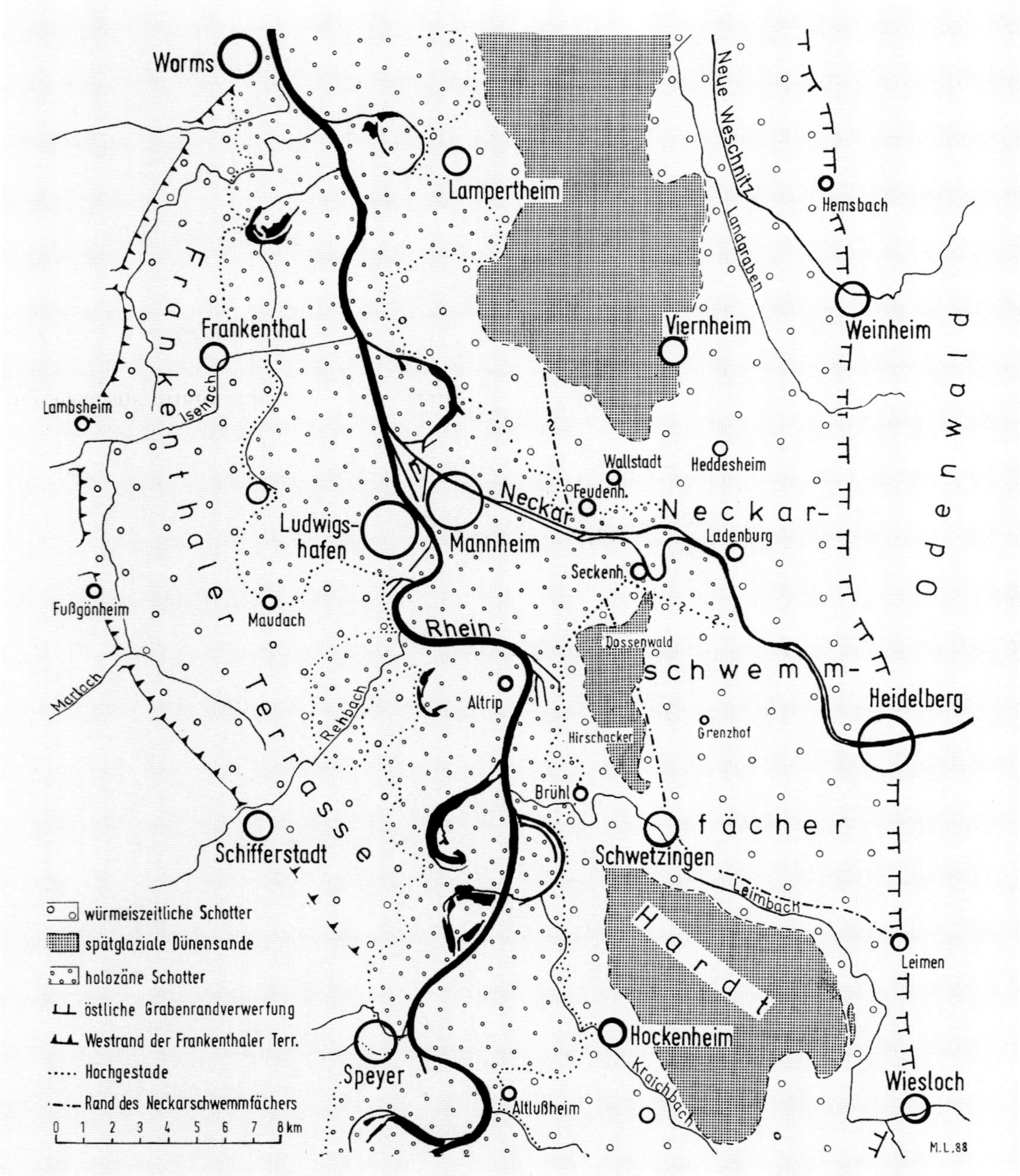


*Abb. 1: Der Neckarschwemmkegel (Vorlage: Bad.Landesbib. 1988, S. 62)*

# 1. Die Lage Ladenburgs im Natur- und Kulturraum

Ladenburg befindet sich in der Neckar-Rhein-Ebene, genauer: in der Agrarlandschaft zwischen den Großstädten Mannheim im Westen und Heidelberg im Südosten. Diese Ebene bildet den nördlichen Teil der rechtsrheinischen Niederterrasse. Die Hardtebenen schließen im Süden, etwa unterhalb Schwetzingens, an. In nördlicher Richtung, oberhalb Heddesheims, erstreckt sich das Neckarried der Hessischen Rheinebene. Alle zusammen gehören naturräumlich zum nördlichen Oberrheintiefland (Oberrheingraben) zwischen Pfälzer Haardtrand und Bergstraße.

Wie in der abgebildeten Karte gut sichtbar, wird die Längsgliederung im Landschaftsaufbau des nördlichen Oberrheintieflandes durch die von Osten dem Rhein zufließenden Bäche und Flüsse bzw. durch die von ihnen aufgeschütteten Schwemmkegel aus sandig-kiesigen Ablagerungen unterbrochen. Ladenburg liegt auf einem solchen flachen, mit Schlick- und Lehmböden bedeckten Schwemmkegel, den der Neckar bei Austritt aus dem Odenwald fächerförmig zwischen Heidelberg und Mannheim, Wiesloch und Weinheim ausgebreitet hat (vgl. Abb. 1). Dieser überragt die benachbarten Teile des Oberrheinischen Tieflandes um einige Meter, so daß die Höhenlage Ladenburgs im Westen ca. 99 m über dem Meeresspiegel beträgt und im Südosten der Gemarkung bis ca. 106 m reicht.

Kulturlandschaftlich gehört Ladenburg zum altpfälzischen Kernraum um den unteren Neckar[2] – seit Anbeginn der Geschichte Kernraum für Siedlung, Wirtschaft und Verkehr nördlich der Alpen. Als *Lopodunum* und später u.a. als *Lobetdenburc*[3] war die Stadt lange Zeit Zentrum dieses Gebiets bzw. des nach ihm benannten Lobdengaus[4] (vgl. „Karte des Lobdengaus", Abb. 17 in Beitrag Probst: Ladenburg und Lobdengau in fränkischer Zeit, S. 240). Als kurpfälzische Oberamtsstadt erlangte Ladenburg im 18. Jahrhundert noch einmal gewisse Bedeutung. Heute ist die 11.912[5] Einwohner zählende Stadt Unterzentrum im raumordnerischen Gefüge des Planungsraumes Unterer Neckar und als kulturhistorisch bedeutsame Stätte ausgewiesen.

# 2. Die historische Natur- und Kulturlandschaft

## 2.1 Der Neckar und die Urlandschaft in der letzten Kaltzeit

Der Neckarschwemmkegel entstand hauptsächlich während der Kaltphasen des Eiszeitalters (Pleistozän) mit starker Schuttentwicklung, zuletzt und besonders in der Würmkaltzeit vor 70.000 bis 11.000 Jahren vor heute[6]. Er ist die Folge der Ausmündung des Neckars in die flache Ebene des Rheingrabens, der sich bereits seit ca. 60 Mio. Jahren vor allem gegenüber dem Odenwald absenkt[7]. Die enorme Schleppkraft des Neckars verringerte sich bei seinem Austritt aus dem Gebirge infolge der plötzlich abnehmenden Fließgeschwindigkeit so stark, daß er alles mitgeführte Schottermaterial ablagern mußte. Dadurch verbaute er sich den eigenen Weg und war gezwungen, sich bei Hochwässern neue Abflußrinnen zu schaffen.

Während der Würmkaltzeit wurde durch den sich so aufbauenden Neckarschwemmkegel sogar der Rhein zur Seitenerosion gezwungen und in einem weiten Bogen nach Westen abgedrängt (vgl. Abb. 2). Die beträchtliche Stoß- bzw. Transportkraft des Neckars wird durch ein Aufschlußprofil der Kiesgrube im Gewann Unterfeld nordwestlich von Ladenburg eindrucksvoll belegt: Der untere Teil des Profils aus glazialem, grobem Neckarkies und kalkreichem Sand enthält, neben kleinen und gut gerundeten Kalkgeröllen aus dem ferneren Einzugsgebiet der Schwäbischen Alb, typische Granit- und Buntsandsteinblöcke[8] aus dem Odenwald bis zu einem Meter Durchmesser[9] (vgl. Abb. 3 auf S. 9).

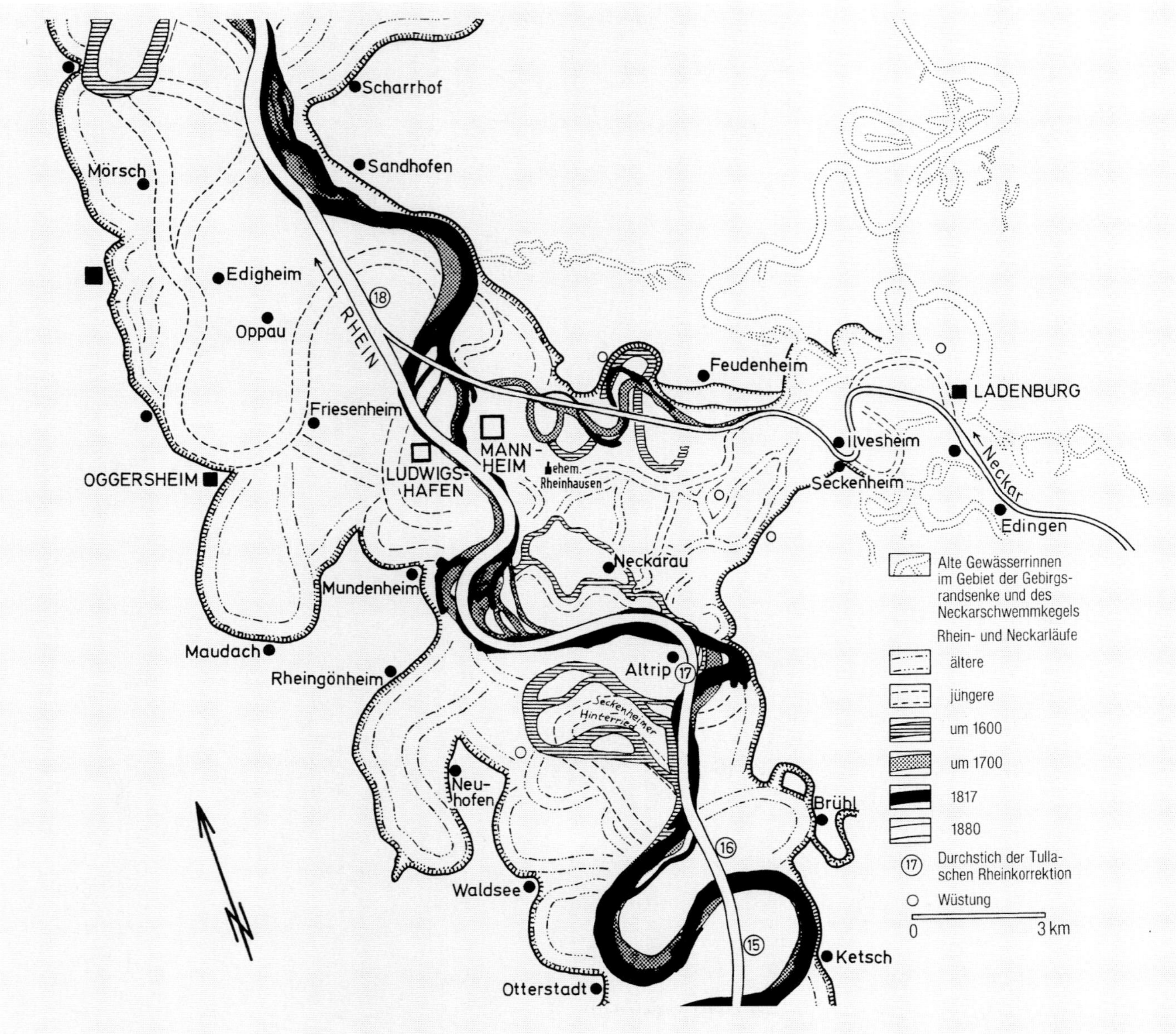


*Abb. 2: Alte Rhein- und Neckarläufe im Raum Mannheim (Vorlage: Bad. Landesbibliothek 1988, S. 11).*

Aufgrund seiner charakteristischen Ablagerungen läßt sich der Neckarschwemmkegel bis über Weinheim hinaus nach Norden nachweisen. Das bedeutet, daß einst der Neckar – nordöstlich von Feudenheim abgedrängt durch Flugsandablagerungen aus dem Rheinbett – bis um etwa 10.000 vor heute entlang der Bergstraße verlief (vgl. Abb. 2); der sog. *Nord-Nekkar* mündete viel weiter nördlich als heute, bei Trebur (Nähe Groß-Gerau), in den Rhein.

Die Umstände der Bildung eines solchen Schwemmkegels sind, wie gesagt, die Ursache, daß das Wasser auf ihm stets nach verschiedenen Richtungen abfließen mußte. Deshalb gab es in der Landschaftsgeschichte mehrere Neckarläufe und -arme[10]. Auf der geologischen Karte läßt sich für Ladenburg im Bereich „Rechts des Weinheimer Wegs" ein alter Neckararm ablesen[11]. Man kann dieses landschaftsgeschichtliche Denkmal links der Brücke nach Neuzeilsheim, zwischen Weinheimer Straße und der Landstraße 597, als auffällige Vertiefung auch im Gelände gut erkennen. Die Altneckar-Schlinge umschloß als tiefes Altwasser noch zur Römerzeit das Gebiet östlich, nördlich und nordwestlich Ladenburgs im Bereich der Gewanne „Auf der Meer" sowie „Über der Meer" (bei Neuzeilsheim), „Erbsenweg" und „100 Morgen" (Industriegebiet an der Bahnlinie). Heute wird der alte Seitenarm im Süden ab dem Gewann „Obere Kandelbach" (Höhe Wasserspielplatz) vom kleinen Kandelbach durchflossen.

In der westlichen Fortsetzung der ehemaligen Neckarrinne im Bereich des Unterfelds[12] fand sich in 4–5m Tiefe eine in Flußsand eingelagerte Torflinse, die landschaftsgeschichtlich ebenfalls von großer Bedeutung ist. Anhand solchen organischen Materials ließ sich mit geophysikalischen Datierungsmethoden das Alter der Neckarverlegung von der Bergstraße zum heutigen Lauf bestimmen[13]. Demnach muß der Neckar, wie bereits erwähnt, im ausgehenden Pleistozän zwischen Seckenheim und Feudenheim durch die Flugsanddünenkette zum Rhein durchgebrochen sein. Seit dieser Zeit zwischen ca. 10.000 und 9.000 vor heute floß der Neckar also bereits südwestlich bis westlich des späteren Ladenburg, aber nach Osten versetzt, etwa entlang des heutigen Bereiches An der Beint – östlich der Neckarstraße – An der Bleich/Wallstadter Straße[14], bevor er nach Westen zum Rhein abbog – damals lag Neckarau noch auf einer Insel seines Mündungsdeltas (vgl. Abb. 2)[15]. Der zu allen Zeiten wilde Fluß bildete nordwestlich der damaligen Stadtgrenze einen S-förmigen Bogen zwischen Ladenburg und Seckenheim aus, der noch bis ins 8. nachchristliche Jahrhundert sehr viel weiter mäandrierte als heute (vgl. Abb. 2). Diese bisher jüngste Schleife unterspülte bei einem gewaltigen Hochwasser im 2. Jahrhundert die alte Römerstraße von Worms nach Heidelberg nordwestlich der Stadt und zerstörte nicht nur die an jener sog. *Hohen Straße* liegenden baulichen Anlagen, sondern den ganzen Westteil des damaligen Ladenburg[16].

Während einer ausgedehnteren warmen Zwischenperiode der Würmkaltzeit – vor etwa 40.000 bis 25.000 Jahren – wuchs hier in der Neckar-Rhein-Ebene unter Klimabedingungen wie im heutigen Nordschweden wahrscheinlich ein reiner Kiefernwald[17]. Dies kann nach entsprechenden Holzfunden, wiederum in dem Aufschlußprofil der Kiesgrube nordwestlich von Ladenburg, angenommen werden (siehe oben sowie Abb. 3).

Von solchen stets wiederkehrenden Wärmeschwankungen mit der entsprechenden Vegetationsverdichtung abgesehen, herrschten während der Hochphasen der pleistozänen Würmkaltzeit in ganz Mitteleuropa jedoch extremste Klimaverhältnisse. Die niedrigen Temperaturen und die kurzen Wachstumsperioden reichten für Baumwuchs nicht aus. An Rhein und Neckar brachte der Dauerfrostboden lediglich eine Tundrenvegetation, wie z.B. heute in Nordsibirien, hervor.

Eine letzte Periode dieser Art, nämlich die sog. Dryaszeit, leitete mit einer Pflanzenbedeckung, zu der auch der arktische Silberwurz *(Dryas octopetala)* gehörte, endgültig die nach-

*Abb. 3: Profil aus einer Kiesgrube im Gewann Unterfeld nord-westlich von Ladenburg (Vorlage: Der Lobdengau 1987)*

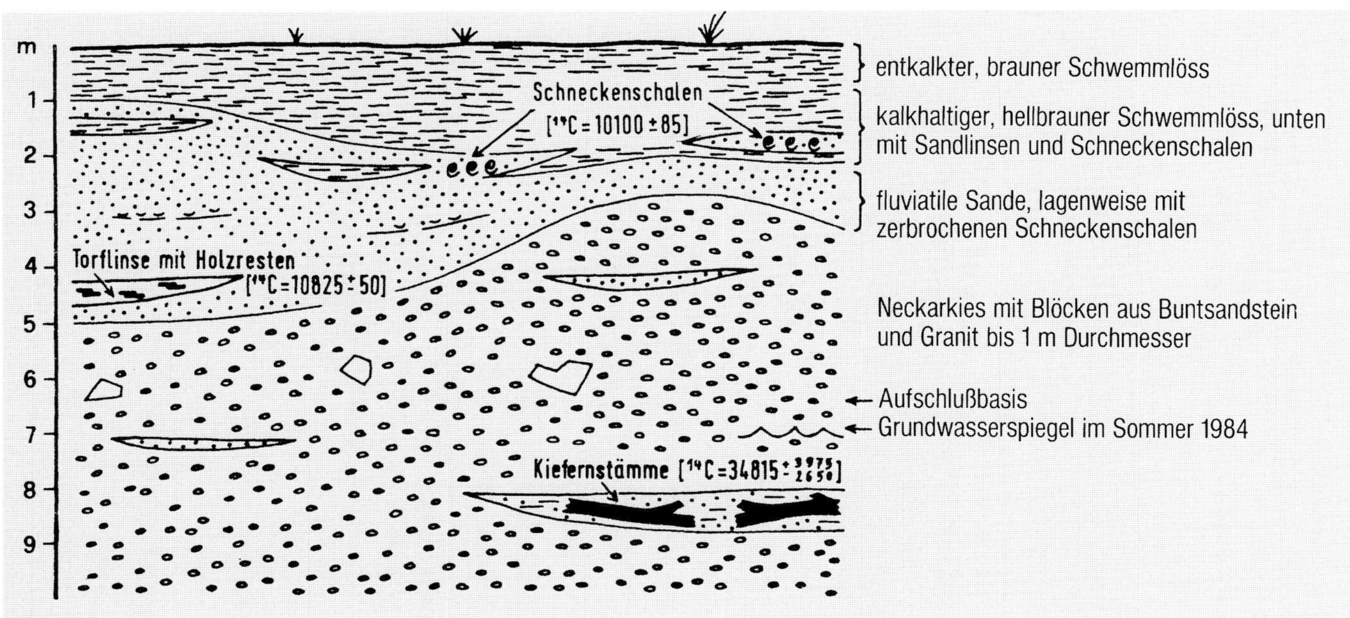

eiszeitliche Ausbreitung der Vegetation ein, zunächst mit den genügsamen Birken und erneut Kiefern, die wahrscheinlich bald wieder Wälder bildeten.

## 2.2 Landschaftsgeschichte seit Beginn der Warmzeit

Der Boden, auf dem sich das heutige Ladenburg befindet, ist das Ergebnis der Ablagerungen des Neckars in den frühen Anfangszeiten der heute noch andauernden Warmzeit. Während der sogenannten Vorwärmezeit brach der Neckar, wie bereits beschrieben, bei Seckenheim nach Neckarau zum Rhein durch und schuf so neue Voraussetzungen für die weitere Landschaftsentwicklung um Ladenburg.

Dabei hat er sich wegen der erfolgten Laufverkürzung mit einer Zunahme des Gefälles um rd. 2 m tiefer eingeschnitten und eine neue, tiefergelegene Aue gebildet – am Westrand der Altstadt ist das dadurch entstandene Hochufer durch eine Geländekante deutlich ausgeprägt.

Wegen dieser allmählichen Spiegelabsenkung des Neckars fielen die alten Aueböden, also der heutige Hochuferbereich, früher trocken als die weiter entfernten Bereiche des Schwemmkegels. So hat sich beiderseits des Neckarlaufs, namentlich von Wieblingen bis Ladenburg und weiter entlang der neuen Aue bis nach Wallstadt bzw. bis südöstlich von Seckenheim, während der folgenden, kontinental trockenen Klimaphase die Waldbedeckung sehr stark gelichtet. Es entwickelten sich in dem bodentrockenen Bereich des Hochufers stattdessen unter einer nur mehr parkartigen, eher steppenähnlichen Vegetationsbedeckung allmählich braune Steppenböden[18]. Die Umbildung der ehemaligen Aue- zu Steppenböden wurde durch die klimatische Trockenheit sowohl dieser Zeit als auch unseres Raumes und später, während der Eichenmischwald- und der Buchenzeit, vor allem durch die intensive jungsteinzeitliche Akkerkultur begünstigt[19] (siehe unter Kap. 2.3 bzw. 3.1).

Diese dunkelgraubraunen, gut gekrümelten und durchlüfteten Böden aus den lößartigen Sedimenten des Hochufers (Schwemmlöß) sind humos bis schwach humos sowie kalkhaltig und befinden sich vor allem in der südlichen und nördlichen Gemarkung Ladenburgs in unterschiedlicher Mächtigkeit von 100 cm bis zu 280 cm. Die Bodenarten der oberen A-Horizonte sind in erster Linie gut gepufferte tonige Lehme und Lehme, während die unteren C-Horizonte sandig-lehmig oder lehmig-sandig sind[20] (vgl. zur Lage Abb. 4: Bodentypenkarte).

Am Nordrand und im Ostteil der Ladenburger Gemarkung schließen sich auf den noch etwas höher gelegenen Flächen braune Waldböden an, die zwar noch früher als die Steppenböden vor Überschwemmungen verschont blieben, die jedoch längerem Grundwassereinfluß ausgesetzt waren[21]. Die Mächtigkeiten ihrer Profile betragen im betrachteten Raum mit

*Abb. 4: Die Böden um Ladenburg (nach Stremme 1955, stark verändert durch Jaschke 1996)*

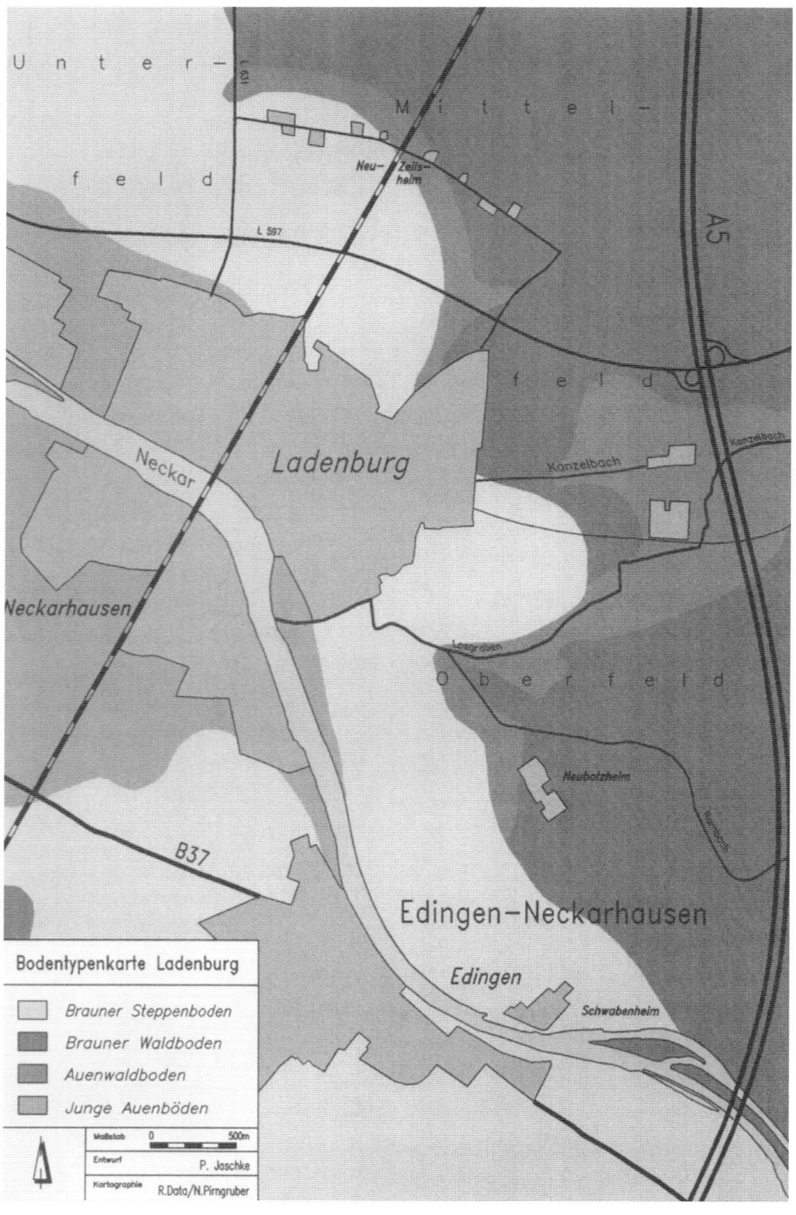

den A- und B-Horizonten 40 bis 150 cm. Die Bodenarten sind sandige Lehme bis Lehme in den A-Horizonten und Lehme bis tonige Lehme in den B-Horizonten, die wiederum über dem lehmigen Feinsand des Neckarschwemmlehms und Kies zu liegen kommen[22]. Dieser sog. Vegetationsbodentyp muß, von seiner charakteristischen Horizontierung her, einmal von dichterem Wald bedeckt gewesen sein[23].

Das läßt sich belegen durch das Beispiel Sekkenheims, wo der nach der Bodenkarte westlich an die Steppenböden angrenzende braune Waldboden – also die südliche und südöstliche Gemarkung – nach Hansjörg Probst (1981, S. 20) ursprünglich mit einem Eichenmischwald bedeckt war, der „bereits in 18 Lorscher Urkunden ... bezeugt" ist (vgl. Abb. 5 auf S. 24: Rheinkarte von 1674/75). Aber auch im Bereich der heutigen Autobahnanschlußstelle Heidelberg-Dossenheim, im „Waldgewann" südlich des Rombaches, ist auf einer historischen Karte von 1745 ein Relikt dieses Waldstreifens eingezeichnet (vgl. Abb. 6 auf S. 26). Flurnamen wie „(Oberer) Dossenwald", zwischen der heutigen A5 und dem Rombach, erinnern ebenfalls an einen solchen Waldstreifen[24]. Schließlich weisen die 1659 noch erhobenen Forstzinsen auf dieses ehemalige, schon früh gerodete Waldgebiet im Osten der Ladenburger Gemarkung hin: Sie fielen von Waldstücken im Nordosten beim Weinheimer Pfad und im Südosten entlang des Rombaches nahe der Grenze, zwischen Schwabenheim und Dossenheim[25].

Unterbrochen wird der einst bewaldete Streifen, beiderseits der heutigen A5 im Osten Ladenburgs, durch die Auenwaldböden des Kandelbachschwemmkegels und der ehemaligen Neckarrinnen. Die Böden im Bereich des oberen Kandelbaches[26], der von Schriesheim herkommend die Gemarkung teilt, waren bis in die jüngste Zeit durch sehr hohe Grundwasserstände gekennzeichnet – so z.B. im Bereich des „Löhl" mit seinen tonig-lehmigen Böden südlich vom Rosenhof, wo aufgrund der Flurnamen[27] und des Naturraumpotentials ein ehemaliger Auenwald mit Erlen und Eschen vermutet werden darf.

Im Westen der Ladenburger Gemarkung („Aufeld") sind dagegen die braunen Aueböden der tiefergelegenen, jüngeren Neckaraue vorzufinden, die im Bereich des Neckarhochwassers durch Ablagerung von kalkhaltigem Hochwasserschlamm noch bis in die jüngste Zeit, d.h. bis zur Eindämmung des Neckars, weiter gebildet wurden. Obwohl sie ebenfalls ursprünglich wohl unter (Auen-)Waldvegetation entstanden sind, unterblieb deshalb eine Ausbildung von B-Horizonten durch Einwaschung. Die A-Horizonte sind aus graubraunen, gut humosen, lehmigen Sanden, die C-Horizonte dagegen aus eher gelbbraunem lehmigem Sand sowie Sand zusammengesetzt. Diese jungen Aueböden haben diejenigen Eigenschaften, welche die Steppenböden des Hochufers vor dem Neckardurchbruch besaßen.

Alle genannten Böden sind gut bis sehr gut geeignet für den Anbau fast aller Früchte.

Damit ist das Landschaftsmuster, das die ersten jungsteinzeitlichen Siedler vorfanden, gezeichnet. Und mit dem Übergang zum Ackerbau, der zu dieser Zeit erfolgte, beginnt die Geschichte unserer Kulturlandschaft. Denn gleich, ob man sich der Ansicht anschließt, daß die ersten Bauern das schon vor ihrer Ankunft waldfreie Siedlungsareal durch Rodung und Beweidung in dieser nun wieder feuchteren Klimaperiode erfolgreich gegen die Bewaldung verteidigen konnten, oder ob man annehmen mag, daß sie von Anfang an rodend in den nach der Kiefern- und der Haselzeit aufkommenden Eichenmischwald vordringen mußten – sie veränderten in jedem Fall bereits das Prozeßgefüge der Landschaft in seinem natürlichen Ablauf[28].

Es ist nun sicherlich kein Zufall, daß die Menschen der klimageschichtlichen Periode des Atlantikums von der Jagd und dem Sammeln zu Ackerbau und Viehzucht übergingen. Denn es ist dies die Zeit eines sogenannten Klimaoptimums, beginnend vor rund 7.000 Jahren, als die Sommertemperaturen durchschnittlich um etwa 2–3°C höher lagen als heute[29]. So war es möglich, daß sowohl durch die Donauniederung als auch durch die burgundische Pforte Neolithiker in Mitteleuropa einwanderten, welche die Pflugkultur aus Vorderasien bzw. aus dem westlichen Mittelmeerraum einführten[30] und damit den jungsteinzeitlichen Kulturwandel erst ermöglichten. Gegen Ende des Atlantikums vor rund 4.500 Jahren siedelten auf heutiger Ladenburger Gemarkung die sogenannten Bandkeramiker aus dem Osten – sie brachten das Rind als Haustier mit in unseren Raum – und Angehörige der Rössener Kultur, als deren Ausgangspunkt die iberische Halbinsel gilt. Hier wird der große Einfluß des Klimas auf den Gang der Kulturgeschichte deutlich. Um diesen interessanten Zusammenhang zu verdeutlichen, ist an dieser Stelle des Streifzugs durch die Geschichte ein klimahistorischer Ausflug angebracht.

Zunächst sei etwa auf die verhältnismäßig warme und niederschlagsreiche Zeit von 500 vor bis 400 nach Christus, dem sogenannten römerzeitlichen Optimum, hingewiesen. In dieser Zeit gelang es den Römern offenbar, ihr Verkehrsnetz über die Alpen hinweg in unseren Raum auch im Winter aufrecht zu erhalten, da die Temperaturen im Durchschnitt 1°C über den heutigen lagen. Die Zeit der germanischen Völkerwanderung[31] um 370 bis 570 n.Chr. fiel dagegen in eine Zeit der Abkühlung in Nord- und Mitteleuropa um durchschnittlich etwa 1°–2°C gegenüber heute. Dadurch verringerte sich die landwirtschaftlich nutzbare Zeit um einen bis zwei Monate. Der Mannheimer Historiker Otto Roller stimmt mit den Erkenntnissen der historischen Umweltforschung überein, daß die dadurch ausgelösten Hungersnöte neben dem Vordringen der Hunnen – um etwa 450 n.Chr. bis zum Oberrhein – die wesentlichen Ursachen für die südwärts gerichtete Stoßbewegung germanischer Völker war, die letztlich das politische Ende des weströmischen Reiches mit sich brachte[32].

Vor allem seit dem 14. und 15. Jahrhundert ist ein starker Zusammenhang zwischen einer natürlich bedingten Abkühlung des Weltklimas und sozioökonomischen Krisen wie Mißernten und darauffolgende Hungersnöte sowie Pestepidemien zu verzeichnen. Tiefpunkte dieser später so genannten 'kleinen Eiszeit'[33] zwischen ca. 1400 und 1860, die jedoch immer wieder auch von wärmeren und/oder trockenen Perioden geprägt war, fallen in die Zeit etwa von 1600 bis 1850[34]. So ist Trokkenheit das hervorstechendste Merkmal der Jahrzehnte von 1630–1687, und tatsächlich wird auch für den Neckarschwemmkegel u.a. vom Dürrejahr 1669 berichtet, in dem „vor allem an der Bergstraße ... die Sommerfrüchte sehr stark geschädigt wurden ..."[35]. In einer älteren Landeskunde über den Lobdengau spricht der Autor von der „kulturwidrigen Armut der Minderbemittelten" durch die wiederholten Mißernten in dieser Zeit[36].

Für unseren weiteren Raum, d.h. für Baden und die Rheinpfalz, werden die Angaben über die Folgen verheerender Klimaschwankungen, insbesondere zwischen 1680 und 1720[37], darüber hinaus durch Klimarekonstruktionen anhand von Weindaten, d.h. historische Angaben über Erntequalität und -ertrag, bestätigt[38]. Dazu passen die Angaben von Hansjörg Probst, der in seiner Seckenheimer Hochwasserchronik für das Jahr 1565[39] folgendes festhält: „Neckar und Rhein waren 10 Wochen zugefroren. Im Februar fielen riesige Schneemengen; rascher Wechsel von Tauwetter und Frost, Regen und Schneefall. Das Hochwasser riß die Heidelberger Neckarbrücke mit sich und die Seckenheimer Neckarmauer teilweise ein"[40]. Ferner beschreibt er die starken Neckarhochwasser Seckenheims, die „besonders seit der 2. Hälfte des 17. Jahrhunderts – also während eines Tiefpunkts der kleinen Eiszeit[41] – ... die Fundamente der Mauer unterspült und größtenteils zum Einsturz gebracht" hatten[42]. Schließlich erwähnt, nun für das 18. Jahrhundert, auch Gernot Lorsong[43] in seiner Chronik die zweimalige Beschädigung (1776 und 1784) der Ladenburger Treidlerherberge „Zum Anker" durch „starken Eisgang" während dieser kalten und niederschlagsreichen Periode. Im Januar 1784 habe, nach den dramatischen zeitgenössischen Schilderungen Deurers, der Fluß bei Ladenburg einer wilden Polarlandschaft aus „übereinander geschobenen und wieder zusammengefrorenen Eisschollen" geglichen[44].

Sehr wahrscheinlich wurde die Kälte um 1784 und der folgenden Jahre durch die bei mehreren Vulkanausbrüchen auf Island ausgestoßene Vulkanasche ausgelöst, die das einfallende Sonnenlicht merklich abschirmte und über der Mannheimer Gegend im Jahr 1783 als *ein ungewöhnlich starker Nebel von auffälliger Trockenheit*[45] wahrgenommen wurde. Kalte Winter und Trockenheit kennzeichnen auch die Zeit von 1810–1830, während die Kälteperiode von 1840–1860 dagegen wieder eher als Feuchtphase bezeichnet werden muß[46], die in unserem Raum wieder mit hohen Getreidepreisen und bitterer Armut einherging. Nach dem Ausbruch des Vulkans Tambora in Indonesien (1815) kam es aufgrund der starken Staubentwicklung in der Stratosphäre abermals zu einer zusätzlichen Abkühlung. In der einschlägigen Literatur ist der darauffolgende Hungerwinter 1816/17 belegt[47], während dem besonders viele Menschen vom unteren und mittleren Neckar nach Nordamerika auswanderten[48]. Die Unzufriedenheit der Bürgersleute und Bauern nach der klimabedingten Agrarkrise von 1846/47 sowie der anschließenden Hungerkatastrophe ließ im März des Jahres 1848 Unruhen ausbrechen, die schließlich in die Badische Revolution mündeten.

Im nun folgenden Abriß der Ladenburger Landwirtschaftsgeschichte werde ich immer wieder auf solche historischen Klimaschwankungen eingehen, die auch die Verhältnisse in Ladenburg mitbestimmt haben.

### 2.3 Die Kulturlandschaft der Jungsteinzeit (Neolithikum) bis ins frühe Mittelalter

Die ersten neolithischen Siedler wählten bevorzugt die sehr lichten, parkartigen Steppenbodengebiete, die sich aufgrund der relativen Offenheit und der Vegetation auch als Weideland hervorragend eigneten. Zum Schutz vor Verbuschung mit nachfolgendem Wald war unter nun feuchteren Klimabedingungen die Beweidung, im Rahmen der sog. *Urwechselwirtschaft*, sogar notwendig[49]. Dieses Feldsystem, auch *wilde Feldgraswirtschaft* genannt, war viel später noch die Landwirtschaft der Alemannen und Franken: Ein Stück Land wurde maximal zwei Jahre hintereinander mit Getreide bebaut, dann lag es mehrere Jahre als Grasland brach und diente der Viehweide. Botanische Untersuchungen[50] haben den Beweis erbracht, daß die steinzeitlichen Bandkeramiker Einkorn und vor allem Emmer, beides heute wirtschaftlich unbedeutende Weizenarten, nebst Gerste sowie Gemüse, z.B. Erbsen und Linsen, angebaut haben. Der Emmer gilt als besonders lagerfest und sicherte neben getrockneten Waldbeeren die Winterversorgung. Das Einkorn zeichnete sich dagegen durch Genügsamkeit, etwa bei Perioden schlechter Witterung, aus. Die Gerste lieferte ebenso wie die Erbsen, die einen wichtigen Vitaminlieferanten darstellten, auch Viehfutter und Stroh[51]. Gerösteter Gerstenbrei dürfte zu den Hauptnahrungsmitteln unserer Vorfahren gehört haben.

Die zuvor beschriebenen, kalkhaltigen Steppenböden entlang des Neckars kamen dem Anbau der genannten Getreidearten, die ja ursprünglich Steppengräser waren, in höchstem Maße entgegen[52]. Gleichzeitig suchten die neolithischen Bauern die Nähe des Waldes, da man Holz brauchte, etwa für die bei den Bandkeramikern üblichen Langhausbauten[53], sowie Eicheln für die Mast der Schweine. Es wurde oben schon belegt, daß ein solcher Wald im Bereich der heutigen Ladenburger Ostgemarkung vorhanden war (vgl. auch Abb. 6 auf S. 26). Deshalb waren steinzeitliche Siedlungsplätze im Süden der Ladenburger Gemarkung zu vermuten, etwa im Bereich des Oberfelds, wo mit dem Wasser des Rombachs bzw. des Neckars, den guten Böden und dem nahen Wald ideale Bedingungen für die Neolithiker herrschten[54]. Tatsächlich sind auch südlich des alten Rombachlaufes, im Bereich der heutigen Sportanlagen (Gewann „Ziegelscheuer"), Überreste einer neolithischen Siedlung der Bandkeramiker entdeckt worden[55]. Eine Siedlung der steinzeitlichen Rössener Kultur befand sich am ehemaligen Neckarlauf nordwestlich von Ladenburg, bei der heutigen Kiesgrube, ebenfalls auf Steppenböden und unweit der Grenze zum Gebiet der braunen Waldböden[56].

Sowohl bronzezeitliche Siedler, seit 1800 v.Chr., als auch die Kelten der Eisenzeit[57] siedelten auf dem trockenen Standort des Hochufers, dessen inselartige Lage Sicherheit gewährte[58]. Letztere waren es auch, die Ladenburg seinen ursprünglichen Namen gaben[59].

Die Dichte dieser frühgeschichtlichen Besiedlung im gesamten Oberrheinischen Tiefland sowie in unserem Raum[60] und das landschaftsgestaltende Wirken, vor allem der Römer[61], war bereits sehr stark – so begradigten die Römer beispielsweise den Neckarlauf unterhalb Ladenburgs und betrieben auf zahlreichen Gutshöfen, lateinisch *villae rusticae*, großflächig Getreideanbau. Doch nach dem Ende der römischen Herrschaft ging die Bevölkerungsanzahl stark zurück. Ein großer Teil der Anbauflächen fiel brach, und das bis dahin künstlich offen gehaltene Land verbuschte zum großen Teil oder bewaldete sich an den dafür geeigneten Stellen bewaldet. „Basis der wirklich raumverändernden Tätigkeit des Menschen“[62] war daher erst die fränkische Besiedlung des Raumes ab rund 500 unserer Zeitrechnung, als die zahlreichen Orte, die auf -heim enden, entstanden. Schließlich müssen auch die Gemarkungen der später wüstgefallenen Siedlungen Botzheim und Zeilsheim, die im 8. Jahrhundert erstmals beurkundet wurden, schon wieder waldfrei gewesen sein. So will ich mich nun mit einem großen Zeitsprung der Geschichte der Landwirtschaft unseres Gaues seit dem Mittelalter zuwenden.

### 2.4 Geschichte der Ladenburger Landwirtschaft seit dem Mittelalter

Um etwa 900 bis 1000 folgte bis zu einem Höhepunkt um etwa 1100 bis 1300 das sogenannte früh- und hochmittelalterliche Klimaoptimum mit einer erneuten Erwärmung[63], die jedoch in unserem Gebiet auch zu häufigen Sommerdürren führten[64]. Aus historischen Berichten[65] jener Zeit ist verbreiteter Weinanbau in Ostpreußen, Pommern und sogar Süd-Schottland belegt, während solcher in Deutschland bis an die Ruhr und den Oberlauf der Weser noch bis 1400 betrieben wurde[66]. So war diese uralte Spezialkultur, der die Römer, zusammen mit dem Obstbau, erst zur wirklichen Bedeutung verhalfen, nicht nur an der Bergstraße, sondern auch in Ladenburg stark verbreitet[67]. Seine Bedeutung während des gesamten Mittelalters läßt sich aus der Bestellung sog. *Weinschröter* erschließen, welche in Ladenburg eigens „mit der Aufsicht über den Weinhandel und Besorgung des Weintransports in der Stadt“[68] betraut wurden. Mitglieder der Familie Neunheller, deren ehemaliger Sitz heute noch den Ladenburger Marktplatz ziert, waren solche Weinschröter[69]. Von der einstigen Weinherrlichkeit zeugt außerdem der Flurname „Schmittswingert“, der hinter dem Friedhof liegt[70] sowie ein altes Liederbuch aus dem Jahre 1525: Es enthält ein Trinklied über die Weine, die in Ladenburg und der Ebene angebaut und getrunken wurden[71].

Die erste agrargeschichtlich auswertbare Quelle unseres Raumes – der sogenannte Lorscher Codex – reicht bis in das 12. bzw. 8. Jahrhundert zurück (siehe oben)[72]. Die dazwischen liegende Ausbauperiode ging allgemein mit der Entstehung und Durchorganisation des Feudalwesens sowie der Städte einher. Ladenburg war schon in karolingischer Zeit eine Königspfalz und dann im Besitz der Wormser Bischöfe. Seine frühen Märkte verschafften Ladenburg zentralörtliche Bedeutung im alten Lobdengau. Bevölkerungswachstum und die Ausdehnung des Feldlandes auf die Allmende[73] schufen die Voraussetzungen für die Entwicklung und die Blüte seiner Wirtschaft in den kommenden Jahrhunderten[74].

Bislang waren Viehhaltung und Gartenbau als Nahrungs- und Flächenreserven innerhalb oder wenigstens nahe der Stadtmauern noch etwas Selbstverständliches. So wurde der Raum außerhalb der ovalen Kernstadt bis zur ehemaligen römischen Mauer im Früh- und Hochmittelalter gartenbaulich genutzt. Seit dem 13. Jahrhundert, als in Ladenburg der Kernstadtbereich innerhalb der alten Stadtmauer um neue Wohnviertel erweitert wurde, überbaute der Adel große Teile dieser Flächen entlang der erneuerten und erweiterten Stadtmauer mit seinen Höfen. Die Landwirtschaft weiter außerhalb mußte deshalb intensiviert werden. Da sie, teilweise von sog. „Akkerbürgern“, aus der Stadt heraus betrieben wurde, war eine rationelle Bewirtschaftung bei den weiten Entfernungen zu den am Rand der sehr großen Gemarkung liegenden Äckern aber nicht möglich, so daß diese an Bauern der Nachbarorte verpachtet wurden. Damit erklärt sich der hohe Anteil von Ausmärkerflächen in Ladenburg[75].

#### *Die alte Dreifelderwirtschaft in Ladenburg*

Die Auswertung eines pfälzischen Zinsbuches[76] von 1369 belegt, daß auf dem Neckarschwemmkegel schon damals die zelgengebundene Dreifelderwirtschaft verbreitet war. Das kann auch für Ladenburg angenommen werden: Die Gemarkungen der Ortswüstungen Zeilsheim und Botzheim wurden im Spätmittelalter mit dem Alt-Ladenburger Gebiet zur heutigen Größe von 1.900 ha vereinigt[77]. In der Dreifelderwirtschaft waren nun diese drei Gemarkungsteile Ladenburgs jeweils in drei Teile oder Schläge (Zelgen) geteilt, die nach einem vereinbarten Modus einheitlich bebaut wurden. Der Flurzwang war notwendig, um Flurschäden bei der Bestellung zu vermeiden, da das Wege-, oder besser: Pfadnetz, für heutige Verhältnisse unvorstellbar spärlich ausgestaltet war. Die seit 1408 beurkundeten Botzheimer Felder beispielsweise lagen nordöstlich der Alten Heidelberger Straße, im „Kirchfeld" sowie beim „Mittelweg"[78]. In einem dieser Drittel wurde von allen ehemaligen Botzheimer Bauern, die mittlerweile in Ladenburg lebten, in einem Jahr die gesamte Winterung angebaut – also die Winterfrüchte wie z.B. Winterroggen oder Dinkel. In dem zweiten Drittel wurde die ganze Sommerung angebaut, als da wären Hafer, Gerste, Linsen, Erbsen oder Bohnen. Das dritte Drittel lag brach. Im darauffolgenden Jahr wanderte die Winterung auf das Drittel der Gemarkung, wo im Vorjahr Brache war; die Sommerung wanderte auf die Winterung und die Brache wanderte auf das Drittel der Sommerung. Im dritten Jahr schließlich rotierte die Dreifelderwirtschaft wieder ein Drittel weiter. Rund 400 Jahre, nach Schenkungsaufzeichnungen des Lorscher Codex für andere Orte des Neckarschwemmkegels jedoch fast 1.000 Jahre lang[79], hatten auch die Ladenburger Bauern mit diesem Feldersystem die Schädlinge im Pflanzenbau einigermaßen in der Hand gehabt sowie die Fruchtbarkeit der Böden erhalten, weil die abgeernteten Felder durch Beweidung natürlich gedüngt wurden. Außerdem machte die Dreifelderwirtschaft etwas unabhängiger von naturbedingten Widrigkeiten: Die Gefahr der Mißernten wurde bei etwas günstigerer Witterung abgeschwächt, indem sich etwa eine vernichtete Wintersaat durch eine gute Sommersaat ausgleichen ließ[80].

Die drei Zelgen der beiden anderen Gemarkungsteile, Alt-Ladenburg und Zeilsheim, sind erst seit 1830 klar beschrieben, als das Botzheimer Feld nur noch in zwei Distrikte aufgeteilt war. Es ist deshalb zu fragen, ob diese Distrikte überhaupt noch exakt die Zelgen wiedergeben[81]. Dies ist zweifelhaft, weil der verstärkte Anbau von Handelsgewächsen sowie die stetige Zunahme der Viehhaltung seit dem 18. Jahrhundert das starre System der Dreifelderwirtschaft schon länger zu zersetzen begonnen hatte (siehe unten).

### *Landwirtschaft und Kulturlandschaft des kriegsreichen 17. Jahrhunderts*

Doch zurück in das frühe 17. Jahrhundert, als die zelgengebundene Dreifelderwirtschaft mit Brache in der Ladenburger Gemarkung noch das beherrschende Feldsystem war[82].

Um diese Zeit verschlechterte sich das Klima stetig und einige Klimahistoriker gehen soweit, auch den Ausbruch des Dreißigjährigen Krieges (1618–1648) mit der Klimaepoche der 'kleinen Eiszeit' bzw. der spätmittelalterlichen Agrarkrise in Verbindung zu bringen[83].

Während des Dreißigjährigen Krieges vollzog sich dann ein weiterer „Schritt" der Stadt in die Landschaft: Zur besseren Verteidigung der Stadtmauern, z.B. gegen die feindliche Artillerie, wurde nämlich der Grüngürtel um die Stadt, der auf dem zeitgenössischen Merianstich von Ladenburg noch zu erkennen ist, gänzlich gerodet.

Wie viele Ortschaften des bereits wieder dicht bevölkerten und angesehenen Bauernlands auf dem Neckarschwemmkegel und an der Bergstraße mußte Ladenburg außerdem aufgrund seines Getreide- und Weinreichtums in der folgenden Zeit etliche Plünderungen und Flurverwüstungen über sich ergehen lassen, welche die Ladenburger Bevölkerung um die Hälfte reduzierte – 1671 betrug die Einwohnerzahl nur noch 600 Einwohner, gegenüber 1.266 Bürgern[84] im Jahre 1577 – und unter anderem den ertragreichen Weinbau nahezu zum Erliegen brachte: Neben der Zerstörung der Pflanzungen, mangelte es als Folge der Bevölkerungsverluste nun an der erforderlichen Pflege. Außerdem mußte das Produkt der Ebenenreben zunehmend sowohl mit der höheren Qualität etwa der Bergstraßenweine als auch mit dem billigeren Bier konkurrieren. Aber auch die niedrigen Sommertemperaturen, die das Jahrhundert bis 1650 nur 24 gute Weinjahre umfassen ließen[85], sollten als ursächlich für den Rückgang des Weinbaus angesehen werden. Erst im 18. Jahrhundert, als das Klima in Europa bis etwa zum „großen Winter" von 1740 wieder, verhältnismäßig, milder war, erlebte der Weinbau einen neuen Aufschwung.

Freilich nicht mehr in Ladenburg, wo 1784 nach Angaben von Widder nur noch ganze dreieinhalb Morgen, rund 1.4 ha, Wein angebaut wurden[86]. Denn nach dem Dreißigjährigen Krieg setzte unter Kurfürst Karl Ludwig eine landesherrliche Politik zur Vermehrung der Bevölkerungszahl und zur Ausdehnung der landwirtschaftlichen (sowie nichtlandwirtschaftlichen) Arbeitsplätze mit vielen Neuerungen ein. Dies war dringend erforderlich, denn auch die Landschaft um Ladenburg war weitgehend verwildert und verbuscht, da Felder und Äcker seit vielen Jahren *unbestellt und wüste*[87] lagen. So trug auch die Einführung und Förderung des Tabakanbaus um 1654/55[88] mit seinen hohen Arbeitsansprüchen zum Rückgang des ebenfalls arbeitsintensiven Weinbaus in Ladenburg bei.

Rund 20 Jahre später hatte sich bereits das Bild aufgrund Karl-Ludwigs wirtschaftslenkender Maßnahmen gewandelt, nicht zuletzt wegen der Tatsache, daß Ladenburg während des Krieges nur relativ geringe bauliche Zerstörungen erleiden mußte[89].

Die Anbauverhältnisse dieser Zeit auf der Ladenburger Gemarkung lassen sich anhand der Auswertung des *Zehendt Register de Anno 1669 des Oberambt Heydelberg*[90] rekonstruieren. Sie stimmen wohl mit denjenigen des Spätmittelalters überein und bilden gleichsam die Grundlage für die Entwicklung der neuzeitlichen Landwirtschaft[91].

Insgesamt wurde damals auf 166 ha der Gemarkungsfläche Ladenburgs Getreide angebaut. Weidestücke befanden sich im Bereich der alten Flußrinnen („Meer") und längs der Bachläufe („Matzwasen" und „Galgenwasen" im „Aufeld", „Löhwiesen", „Botzheimer Wasen"). Der Rest war Brache oder stand unter Sonderkultur wie Tabak und Hanf. Rund 40% der damaligen Getreidefläche bzw. 66 ha[92] der Nutzfläche waren mit Hafer bestanden, den schon die Germanen fleißig anbauten. Nach der im Zuge des Landesausbaus vollzogenen Ausdehnung des Kulturlandes auf Aueböden und angesichts des damals allgemein höheren Grundwasserstands der Ladenburger Gemarkung, bot sich der Anbau des feuchtigkeitsliebenden Hafers an. Als Grütze oder Suppe zubereitet, bestimmte er den bäuerlichen Speisezettel.

Dem Hafer folgte der Spelz mit 28% oder 47 ha an zweiter Stelle, der, auch Dinkel genannt, als Nachfolger der bereits in der Steinzeit angebauten Weizenarten Emmer und Einkorn angesehen werden kann. Zusammen mit Roggenmehl wurde er zu Brot verbacken. Die Gerste, wichtigste Getreidepflanze der Jungsteinzeit, stand mit 22% (36 ha) erst an dritter Stelle. Sie übertraf aber in Ladenburg noch den Roggen (10%/17.25 ha), der zum Beispiel in Neckarhausen stärker angebaut wurde (21% der Getreidefläche). Dies erscheint zunächst merkwürdig, da der Roggen allgemein bereits im Frühmittelalter zum herrschenden Brotgetreide und zur Hauptfrucht des Winterfeldes geworden war. Es läßt sich vielleicht damit erklären, daß die Ladenburger Bauern die Gerste neben ihrer Eigenschaft als Futtergetreide für Schweine, bereits im Sinne des Betriebssystems der freien Wirtschaft, als Handelsgewächs anbauten bzw. an die Bierbrauereien verkauften. Dabei machte man sich von den strengen Regeln bezüglich der Fruchtfolge frei und baute eben an, was sich am meisten lohnte. Der hohe Anteil des Sommergetreides (Hafer und Gerste) von rund 62% der Getreidefläche läßt jedenfalls darauf schließen, daß ein Teil bereits außerhalb der Zelgen angebaut wurde, somit der Flurzwang bereits zersetzt wurde.

### *Frühe landwirtschaftliche Innovationen*

Seitdem erhielt die Kulturlandschaft um Ladenburg in stetiger Entwicklung ein neues Bild. Verstärkt durch die fortgeführte Wirtschaftsförderung des Kurfürsten Karl Theodor ab 1743 wurden vermehrt Handelsgewächse wie beispielsweise der Krapp, der einen natürlichen Farbstoff für das Textilgewerbe lieferte, sowie Hanf angebaut. Aber schon mit dem bereits erwähnten Einzug des Tabaks auf dem Sommer- und Brachfeld, begann die Verdrängung der traditionellen Dreifelderwirtschaft. Damit erfolgten in Ladenburg bereits in der zweiten Hälfte des 17. Jahrhunderts die ersten Schritte zur Entwicklung einer völlig freien Wirtschaft, die bis heute für die Kulturlandschaft um Ladenburg charakteristisch geblieben ist.

In der nachfolgenden Zeit nahm der Anbau von Handelsgewächsen bzw. Hackfrüchten wie Tabak, Gemüse, Kartoffeln und später Futterrüben einen beständigen Aufschwung. Im Zuge der kurfürstlicher Maßnahmen ist auch die zwangsweise Anpflanzung von rund 5.000 Maulbeerbäumen (*Morus alba*) als Futterpflanze für seine – allerdings gescheiterte – Seidenraupenzucht zu sehen, was nicht nur die Ladenburger Bauern wertvolle Nutzfläche kostete: Der aus Persien und China stammende Baum wurde zigtausendfach allein um Heidelberg und Mannheim, zu Hundertausenden in ganz Deutschland gepflanzt, und man gab sich der Illusion hin, daß Deutschland bald seinen ganzen Bedarf an Seide selbst erzielen werde. Gründe für das Scheitern des ehrgeizigen Vorhabens der jeweiligen Landesherren waren zum einen die wechselhaften Witterungsverhältnisse[93] sowie die zeitraubende Sorgfalt, welche die diffizile Arbeit bei der Seidenraupenzucht erforderte, die noch dazu vielfach als Nebenerwerbstätigkeit ausgeübt wurde. Anläßlich des Ausbruchs der französischen Revolution (1789) vernichteten die Ladenburger Bauern die Gehölze mit den kätzchenartigen Blütenständen und den weißen Beeren denn auch wieder[94].

Unter der Ägide des Markgrafen Karl Friedrich von Baden kam es schließlich zu einer starken Ausdehnung der Obstbaumbestände in der Landschaft. Er schätzte den Obstbau als einen sehr bedeutenden und einträglichen Zweig der Landwirtschaft ein[95] und verpflichtete kurzerhand jeden Bürger bei Strafandrohung zur Pflanzung und Pflege einer festgelegten Anzahl von Bäumen entlang von Landstraßen und Wegen, so unter anderem entlang der Alten Heidelberger Straße, der Alten Weinheimer sowie der heutigen Schriesheimer Straße, die alle auf der Topographischen Karte von 1838 noch als Alleen dargestellt sind (vgl. auch Abb. 6 auf S. 26 und s.o.). Die Besiedlungspolitik (Peuplierung) und der rigide Landesausbau durch die Kurfürsten war immerhin erfolgreich, denn schon bis 1789 hatte sich die Ladenburger Bevölkerungszahl gegenüber 1671 auf 1.826 Einwohner[96] verdreifacht.

### *Neue Änderungen im Landschaftsbild*

Die Zeit gegen Ende des 18. Jahrhunderts brachte die Einführung der Futterpflanzen und damit die Umstellung auf die verbesserte Dreifelderwirtschaft mit der Abschaffung der Brache und letztendlich, besonders seit Einführung der Mineraldüngung durch Justus von Liebig ab 1841, die moderne Fruchtwechselwirtschaft. Die Folge war ein grundlegender Wandel des Landschaftsbildes, da die Auswahl der Früchte gegenüber dem Mittelalter und dem frühen 17. Jahrhundert mit seinem Flurzwang nun sehr vielfältig geworden war.

Außerdem fiel in die Jahre zwischen 1789 und 1850 die Rodung der letzten Waldbestände, so auch die der bereits erwähnten Waldinsel zwischen Schwabenheim und dem Rombach (vgl. Abb. 6 auf S. 26).

Die Waldlosigkeit der Ladenburger Gemarkung und die damit fehlende Möglichkeit zur Waldweide mag einer der wesentlichen Gründe dafür sein, daß in Ladenburg der Übergang zur Stallfütterung des Viehs durch den Anbau von Klee, zunächst noch auf den umgebrochenen Allmendweiden, schon für 1768 bezeugt ist[97], während in den meisten Orten des Oberamts Heidelberg noch Weidtrieb herrschte. Erst mit der Stallfütterung und den damit zu erzielenden größeren Düngermengen war es endgültig möglich, die Felder ohne Unterbrechung durch die Brache bestellen zu können. Das Ende der Selbstversorgungswirtschaft zeichnete sich mit der dadurch möglichen Steigerung der Produktion in unserem Gebiet besonders früh ab.

So hätten die aufklärerischen Agrarreformer der sog. *Landeskultur-Bewegung* zu Beginn der Moderne in Ladenburg offene Türen eingerannt. Sie waren angetreten, um dem *mißhandelten Land seine Öde und Wildheit zu nehmen*[98]. Der bäuerliche Schlendrian – sprich: die ländliche Kulturlandschaft vorindustrieller Prägung – sollte *zum Zwecke der allgemeinen Wohlfahrt*[99] beseitigt werden. In der Tat wurde beispielsweise die Landwirtschaft Bayerns um 1802 als schlecht bestellt und die Felder, unter Beibehaltung der Brache, als *wenig besorgt* beschrieben[100]. Im Gegensatz dazu wurde zur selben Zeit in unserem Gebiet schon die sorgfältige Bearbeitung des Feldes hervorgehoben, so daß man *selten auf Unkraut* stieß, und daß seit der Einführung der verbesserten Dreifelderwirtschaft und des Kleebaus *kein Schuhbreit Land mehr wüst* lag[101].

Dieser Umstand hatte jedoch erstens seinen Preis und zweitens seine Gründe: Zum einen begannen die Bauernfamilien bereits vor Sonnenaufgang ihr anstrengendes Tagwerk, das bis zum späten Abend andauerte. Trotzdem waren die Erträge, die der Landmann erwirtschaftete – aus heutiger Sicht – „erbärmlich"[102]. Zum zweiten verlangte die südwestdeutsche Erbsitte der Realteilung und die damit einhergegangene Besitzzersplitterung bei zunehmender Bevölkerung geradezu die weitere Intensivierung der Landwirtschaft[103]. Außerdem brachten Klimaschwankungen wie die Kälteperiode seit 1810 bzw. 1840 oder Heimsuchungen wie die Maikäferplage im Ladenburg des Jahres 1884 die kleinen Ackersleute immer wieder in arge Bedrängnis, da keinerlei Rücklagen vorhanden waren. Hungerkatastrophen nach Mißernten, wie die des Jahres 1846/47, waren die Folge.

### *Intensivierung der Landwirtschaft seit dem 19. Jahrhundert*

Zu Anfang des 19. Jahrhunderts war der Anbau von Moskauer Rhabarber eine Ladenburger Spezialität, die als Zeichen der weiter zunehmenden Spezialisierung und Intensivierung unserer Landwirtschaft angesehen werden kann. Denn seit 1846 verfügte Ladenburg mit dem Bau der Neckarbrücke über einen Eisenbahnanschluß an die Linie Heidelberg–Frankfurt und hatte Zugang zur Kleinbahn der Oberrheinischen Eisenbahn-Gesellschaft (OEG) in Neckarhausen. Die verbesserte Verkehrserschließung führte zu einer noch stärkeren Marktorientierung der Ladenburger Landwirtschaft, etwa mit dem Feldgemüsebau.

Ein weiteres Handelsgewächs, das in Ladenburg zur Mitte des 19. Jahrhunderts mit rund 40 ha Fläche einen Schwerpunkt des Anbaus hatte, war der Raps. Im Bereich der alten Nekkararme wurde außerdem Hanf angebaut. „Spitzenreiter" war jedoch nach wie vor der Tabak, der mit seinem auffälligen Habitus bei einer amtsweiten Anbaufläche von rund 1.500 ha im Jahr 1850 auch das Landschaftsbild um Ladenburg bestimmte[104].

Stark zugenommen hatte aufgrund des neuen Absatzmarktes in dem mit der Industrialisierung nun heranwachsenden Mannheim auch der Anbau der Zuckerrübe[105]. Seit 1837 bestand in Waghäusel die Zuckerfabrik, die von Ladenburg aus noch lange per Schiff beliefert wurde. Verladestation war das Neckarvorland. Im Jahr 1925 war Ladenburg mit einer Zuckerrübenfläche von über 100 ha längst zu einem Zentrum des Anbaus in Nordbaden geworden[106]. Dies lag im wesentlichen in der Person Christian A. Schowalters begründet. Der Ladenburger Vorsitzende des „Badischen Bauernverbands" war bis 1938 Pächter der badischen Domäne Rosenhof, dem heutigen Max-Planck-Institut für Zellbiologie. Die Kultivierung der Hackfrucht auf den schweren Lehmböden erforderte den Einsatz von Großmaschinen, die sich die typischen Klein- und Zwergbetriebe des Neckarschwemmkegels nicht leisten konnten[107]. Deshalb wurde ein großer Teil der Rüben auf Ladenburger Gemarkung neben den hier schon immer stärker vertretenen Mittelbauern vor allem auf der 56 ha großen Nutzfläche des Rosenhofes produziert. Schowalter gründete schließlich 1935 gemeinsam mit dem „Württembergischen Bauern- und Weingärtnerbund" unter Theodor Körner den „Verband Süddeutscher Zuckerrübenpflanzer"[108].

### *Bedeutende Baumschulen und Obstbau*

Seit Anfang bis Mitte des 19. Jahrhunderts führte die Entwicklung zur Ausweitung des Obstbaus, der auf der Gemarkung des ausgegangenen *Cilolfesheim* (Zeilsheim) schon im frühen Mittelalter Tradition hatte und durch den bereits erwähnten Markgrafen Karl Friedrich (1746–1811) einen Förderer fand.

Um 1900 begann sich in Ladenburg mit der Zucht von Zwetschgen-, Mirabellen- und Kirschbäumen ein Schwerpunkt in der Steinobstproduktion zu entwickeln[109]. Die Obstfeldgärten und Obstäcker vieler klein- und mittelbäuerlicher Betriebe lagen gürtelartig um die Stadt. Im Jahre 1923 beispielsweise verschönerten 40.000 bis 50.000 Obstbäume die Kulturlandschaft um Ladenburg – etwa auf dem Gelände des heutigen Waldparks oder der heutigen Südstadt, ebenso viele wie in den Nachbargemeinden Schriesheim und Dossenheim an der besonders klimaverwöhnten Bergstraße[110]. Aus den Steinobstbaumschulen entstanden erst nach dem 2. Weltkrieg allmählich die Ziergehölzbaumschulen als ertragreicherer Produktionszweig. Der Betrieb „zahlreicher bedeutender Baumschulen“[111] wie Bitsch, Engel, Huben, Jäger, Kahle, Kaschuge, Knebel oder Ruckelshausen[112], insgesamt waren es etwa 20 an der Zahl[113], galt um die Mitte des 20. Jahrhunderts als typisches Merkmal der Ladenburger Kulturlandschaft. Mit einer Fläche von 52 ha bedeckten sie immerhin 5% der landwirtschaftlichen Nutzfläche[114]. Die bis heute verbliebenen 3 Baumschulen[115] führen die alte Tradition Ladenburger Holzbauern fort und sind in der Gemarkung teilweise immer noch bestimmend.

### *Anbauverhältnisse ab Mitte des 20. Jahrhunderts*

Diese Angaben dürfen jedoch nicht darüber hinwegtäuschen, daß von den früheren Holz- und Obstbauern daneben natürlich auch andere Kulturpflanzen angebaut werden mußten. 1949 entfielen in Ladenburg von 100 ha Akkerland auf Getreide durchschnittlich 34 ha, auf Hackfrüchte 33 ha, auf Gemüse 5 ha und auf Handelsgewächse 6 ha. 19 von 100 ha waren mit Futterpflanzen bestellt, davon 12 mit Luzerne. Unser Gebiet wurde deshalb als „Weizen-Gerste-Rüben-Luzerne-Feldbaugemeinschaft“ charakterisiert[116]. Auf je 100 ha landwirtschaftliche Nutzfläche entfielen vor 49 Jahren desweiteren noch 18 Pferde (insgesamt: 179) und 32 Rinder (338), 60 Schweine (559) sowie 32 Ziegen (162)[117].

Dieses Bild zeigte sich aufgrund der völlig freien Wirtschaftsweise etwa seit der ersten Feldbereinigung in Ladenburg 1888 – damals entstand das heutige Feldwegenetz – und der weitestgehenden Marktorientierung des Anbaus sowie kulturtechnischer Eingriffe.

So war bei zunehmendem Ersatz der Gespannkraft durch Dampf- und Motorpflüge sowie nach der Trockenlegung weiteren Kulturlandes der Anteil des Hafers sehr stark zurückgegangen. Die Sommergerste hatte nun, entsprechend auch dem hohen Anteil an kalkhaltigen Böden und dem sonnigen Klima unseres Raumes, größere Bedeutung bekommen. Vor allem sind dafür aber die veränderten Nachfragebedingungen der Verbraucher ausschlaggebend . Der wachsende Fleischverzehr führte zur Ausweitung des Viehbestands und damit der Anbaufläche für Futtergetreide wie Gerste oder Grünmais. Durch die zunehmenden Absatzmöglichkeiten bei den Bierbrauereien vermehrte sich zusätzlich der Gersteanteil, während der wachsende Weißbrotanteil an der Ernährung den Roggenanbau fast unbedeutend werden ließ. Der Spelz wurde sowieso schon seit dem Jahrhundertwechsel durch den, noch vor 100 Jahren bei uns beinahe unbekannten, Weizen verdrängt[118]. Jener gedieh, bei den langen Vegetationszeiten und milden Wintern unseres Raumes als Wintergetreide angebaut, auf den braunen Waldböden der östlichen Gemarkungsteile besonders gut. Die genannten Früchte bestimmen in der Rangfolge Weizen, Gerste, Roggen, Hafer noch heute die Getreideanbauverhältnisse in Ladenburg. Der Grünmais hat als extensive Futterpflanze der Futterrübe jedoch den Rang abgelaufen, so daß man, in Anlehnung an den oben genannten Ausdruck, von einer „Weizen-Mais-Zuckerrüben-Gerste-Feldbaugemeinschaft“ sprechen könnte.

Während der Tabakanbau, der einst zur Erneuerung der traditionellen Landwirtschaft beitrug, seit den 50er Jahren in Ladenburg stark zurückgegangen ist, erlangte der Anbau von Mais seit den 60er Jahren immer größeren Anteil an der landwirtschaftlichen Nutzfläche in Ladenburg. Organisch-technische Fortschritte in der Züchtung von Hybrid-Mais, auch von Schweinen und Geflügel, begannen sich entscheidend auf die agrarwirtschaftliche und kulturlandschaftliche Entwicklung auszuwirken. Die moderne Flurbereinigung ab 1953 bzw. 1966[119] gab schließlich der Kulturlandschaft um Ladenburg im wesentlichen das Gesicht, das wir heute kennen. Die Anbauverhältnisse zu dieser Zeit stellten sich wie folgt dar:

Der Getreideanbau hatte seit 1949 von 308 auf 422 ha im Jahre 1969 zugenommen – gegenüber 166 ha von 1669. Das Getreide war mit seinem Anteil von 45% der landwirtschaftlichen Nutzfläche, die insgesamt rd. 1.600 ha betrug, fruchtfolgebestimmend. Der verstärkte Anbau von Futterpflanzen wies auf die zunehmende Bedeutung der Milch- bzw. Rinderfleischwirtschaft[120] hin, da bei allen anderen Veredelungsprodukten schon die Tendenz zur Überproduktion mit geringen Verdienstspannen feststellbar war[121]. Nach den Statuten der „Milchgenossenschaft Ladenburg, Amt Mannheim" von 1933 beschickten, bis zu ihrer Schließung im Jahre 1969, stets 50 bis 60 Milcherzeuger die Milchsammelstelle an der Ecke Cronberger-/Kellereigasse, dem heutigen Standort eines Hotels.

Heute zeigen sich weitere Spezialisierungstendenzen im immer noch wachsenden Anteil des Zuckerrübenanbaus sowie der Obst- und Gemüse-Sonderkulturen wie Erdbeeren und seit 1994 auch wieder Spargel. Die Flächenzahl für Sonderkulturen erhöhte sich in 4 Jahren von 64 ha auf 77 ha im Jahre 1991 und liegt nach dem Getreide, mit 412 ha Anbaufläche, den nun rückläufigen Futterpflanzen (135 ha) sowie den zunehmenden Hackfrüchten und Gartengewächsen (124 ha) an vierter Stelle des Ladenburger Anbaus. Es folgen noch 50 ha Ölfrüchte und 13 ha Dauergrünland auf der insgesamt rd. 1.300 ha umfassenden Landwirtschaftsfläche[122], das sind rd. 70% der Gemarkungsfläche Ladenburgs.

Trotz des wachsenden Anteils der für das Rhein-Neckar-Dreieck so charakteristischen Sonderkulturen, dominiert in Ladenburg weiterhin das Bodennutzungssystem des Getreide-Hackfrucht-Futterbaus.

Ausblickend muß festgehalten werden, daß sich der Strukturwandel in der Landwirtschaft, der sich bereits ab 1962 mit der festen Einbindung in den europäischen Agrarmarkt abzeichnete, in den nächsten Jahren leider weiter verstärken wird[123]. In vielen Betrieben fehlt ein Hofnachfolger. Zudem stellt ein anhaltender Konzentrationsprozeß die typischen klein- und mittelbäuerlichen Familienbetriebe unserer Region zunehmend vor die Alternative „Wachsen oder Weichen". Wie aus der Statistik[124] hervorgeht, traten in Ladenburg an die Stelle einer Vielzahl kleiner, vielseitig organisierter Wirtschaftsstätten viel mehr größere und auf wenige Betriebszweige spezialisierte Betriebe. Um der zunehmenden Ungleichheit zwischen gewerblichem Vergleichslohn und dem Gewinn je Familienarbeitskraft im Vollerwerbsbetrieb zu entgehen, versuchen Ladenburger Bauern die Produktionsgrundlage durch Flächenzupacht oder -kauf zu erweitern (oder, bis 1996/97, über die Viehhaltung innerbetrieblich aufzustocken): Während der Schrumpfungsprozeß die Zahl der Betriebe zwischen 20 und 30 ha Größe, die Anfang der 80er Jahre noch ein Drittel der rund 40 Betriebe ausmachten, auf 2 Höfe reduziert hat, stieg die Zahl der landwirtschaftlichen Betriebe mit mehr als 30 ha seitdem an. Insgesamt verringerte sich die Höfezahl in Ladenburg von 1971 bis 1991 bereits um fast 50%: Von 61 auf 33[125]. Betrachtet man davon nur die Vollerwerbsbetriebe, die noch reine Landwirtschaft, d.h. keinen Gartenbau, betreiben, so kommt man im Jahr 1997 auf eine Zahl von 7 Landwirten.

Zusammenfassend zeigten die agrarwirtschaftlichen und kulturlandschaftlichen Strukturen bis zum 2. Weltkrieg noch weitgehend Züge des 19. Jahrhunderts. Die Landwirtschaft spielte die größte Rolle im Wirtschaftsleben und im Erscheinungsbild der Ackerbürgerstadt mit ihrer großen und fruchtbaren Gemarkung. Aufgrund des Wirtschaftswachstums und der damit rasch steigenden Nachfrage nach immer höher veredelten Produkten und hochwertigen Nahrungsmitteln veränderte sich die Agrarstruktur seit Ende der 50er und vor allem seit den 70er Jahren mit der starken Abwanderung von landwirtschaftlichen Arbeitskräften, der zwangsläufigen arbeitssparenden Mechanisierung und dem Anpassungsdruck durch die Agrarpolitik der damaligen Europäischen Gemeinschaft grundlegend: „Wo früher Getreidegarben auf der Stoppel lagen, beherrscht heute der Mähdrescher das Bild"[126].

Die einschneidendsten Veränderungen der Agrarstruktur und damit im Aussehen unserer Kulturlandschaft fanden somit im ausgehenden Mittelalter statt, als die Ladenburger Gemarkung auf ihre heutige Größe anwuchs, ferner während des 18. Jahrhunderts aufgrund der Bevölkerungszunahme und des Rückgangs der sich selbst versorgenden Höfe, des weiteren nach 1850[127] mit der steigenden Kaufkraft der schnell wachsenden industriestädtischen Bevölkerung in Mannheim sowie seit den 70er Jahren unseres Jahrhunderts. Gesellschaftliche Vorgänge und Entwicklungen bewirkten einerseits jeweils einen Strukturwandel in der Landwirtschaft, der sich im Kulturlandschaftsbild niederschlug. Das Klima, genauer: seine natürliche Variabilität, spielte ebenfalls stets eine wichtige Rolle, da eine ausreichende Nahrungsproduktion durch die Landwirtschaft – andererseits auch erst die Grundlage jeder gesellschaftlichen Entwicklung[128] – von konstanten Temperaturen und planmäßigen Niederschlägen abhängt. So soll nun im folgenden ein Überblick über die aktuellen Klimaverhältnisse gegeben werden.

## 3. Die gegenwärtige Kulturlandschaft

### 3.1 Das Klima

Mit 49°29' nördlicher Breite und 8°36' östlicher Länge v. Greenwich liegt Ladenburg im Bereich der Westwindzone der nördlichen Erdhalbkugel. Wie auch das übrige Mitteleuropa gehört es zum Bereich der kühlgemäßigten Klimate subozeanischen Typs.

Die eingangs schon erwähnte besondere Klimagunst des Oberrheingrabens – mit einem Jahresmittel der Temperatur von 10.5°C – besteht in der Vereinigung sommerlicher Wärme und Trockenheit mit winterlicher Milde, was sich nicht nur in der besonderen Vegetation unseres Raumes ausdrückt (siehe unter 3.3): Schneeglöckchen blühen im langjährigen Mittel schon zwischen dem 19. 2. und 1. 3., der Frühling hält phänologisch Einzug mit der Apfelblüte um den 25. 4.[129]. Darüber hinaus gehört der östliche Teil des Oberrheintieflandes (Oberrheingraben) mit rund 1.700 Stunden Sonnenscheindauer pro Jahr zu einer der sonnigsten Gegenden Deutschlands.

Diese für die Landwirtschaft sehr glücklichen Umstände haben ihre Ursache in der weit südwestlich vorgeschobenen und zugleich tiefen Lage des Oberrheingrabens zwischen den abschirmenden Randgebirgen des Pfälzer- sowie des Odenwaldes. Wegen Stau und Föhn an diesen Grabenrändern sowie wegen Einschwenkens der Strömungen in Richtung der Grabenachse muß man den Oberrheingraben, trotz seiner grundsätzlichen Übereinstimmung mit dem allgemeinen Wetterablauf Süddeutschlands, in Klimabezirke unterteilen. Der betrachtete Raum um Ladenburg wird geländeklimatisch geprägt durch seine Lage in dem Randbereich des Klimabezirks bzw. der naturräumlichen Einheit Neckar-Rhein-Ebene unweit des Bergstraßenhangfußes[130]. Da die Winde der freien Atmosphäre, wie bereits erwähnt, in den tieferen Luftschichten im Gegenuhrzeigersinn verschwenkt werden, dominieren in Ladenburg südliche bis südwestliche und (süd-)südöstliche bzw. (nord-)nordwestliche bis nördliche Winde[131].

*Niederschläge*

Beim Vorherrschen atlantischer Luftmassen aus westlichen Richtungen – im Mittel 65% aller Großwetterlagen – macht sich in Ladenburg die Lage im Luv des Bergstraßenhangs mit stärkerer Wolkenbildung als in der Grabenmitte oder gar im Windschatten (Lee) der Pfälzer Haardt bemerkbar[132]. Die Niederschläge betragen deshalb in Ladenburg durchschnittlich 650–700 mm und in Heidelberg gar um die 800 mm pro Quadratmeter und Jahr[133]. Demgegenüber steht Mannheim mit 550–650 mm/Jahr, während etwa Bad Dürkheim im Schatten westlicher Winde meist nur durchschnittliche 500 mm/Jahr erhält[134]. Trotz der höheren rechtsrheinischen Niederschläge ist auch die Neckar-Rhein-Ebene klimatisch ein recht trockenes Gebiet.

In den Jahren seit 1989 gingen die durchschnittlichen Niederschläge sogar weiter zurück. Die sommerlichen Niederschlagsdaten der Meßstelle des Deutschen Wetterdienstes in Mannheim-Vogelstang[135] ergaben 546 mm in 1987 gegenüber 304 mm (1989) und 218 mm im Jahre 1991[136], bis sie 1992 schließlich wieder auf 317 mm anstiegen[137]. Dies konnte nicht ohne Einfluß auf das Grundwasser bleiben, weshalb ich weiter unten einen kurzen Überblick auch über die hydrogeologischen Verhältnisse geben möchte (vgl. 3.2).

*Häufige Belastungswetterlagen*

Kennzeichnend für das Klima unseres Raumes ist schließlich die große Zahl heißer Tage mit hoher Luftfeuchtigkeit, die durch die vorherrschende Windarmut[138] nicht nur von geschwächten Personen als belastend empfunden wird. Diese Schwülebelastung tritt an 25–50 Tagen im Jahr auf [139]. Nicht nur im Winter halten sich bei Hochdruckwetter hochreichende Inversionen mit lufthygienischen Belastungen manchmal tagelang (sog. 'Smog'-Wetterlagen). Solche Belastungen können durch kalte bzw. relativ schadstofffreie Luft ausgeräumt werden[140], wenn diese mit dem jeweils vorherrschenden Wind möglichst weit in die Bebauung gelangen kann. Deshalb haben die abendlich rascher abkühlenden Frei- bzw. Grünflächen in und um Ladenburg, wie größere Gartenanlagen bzw. Parks sowie vor allem Äcker und Wiesen, große klimaökologische Bedeutung, da sie bei austauscharmen Wetterlagen in der Regel die Belüftung des Siedlungskörpers gewährleisten. Die landwirtschaftlich genutzten Flächen nördlich der Landesstraße 597 und östlich Ladenburgs sind vor allem auch deshalb als sogenannter regionaler Grünzug im Regionalplan ausgewiesen[141].

## 3.2 Die hydrogeologischen Verhältnisse

Hydrogeologisch interessant für die Wassergewinnung auf dem Schwemmkegel sind die eiszeitlichen Ablagerungen durch Rhein und Neckar. Ton- und Schluffhorizonte unterteilen diesen mächtigen Grundwasserleiter in drei Stockwerke, die hydraulisch miteinander in Verbindung stehen. Die pleistozänen Sande und Kiese haben eine hohe Durchlässigkeit für versickerndes Oberflächen- und Niederschlagswasser vor allem des hydrologischen Winterhalbjahres, so daß die hydrogeologischen Verhältnisse im rechtsrheinischen Raum prinzipiell als äußerst günstig zu bezeichnen sind.

Der obere Grundwasserleiter erreicht bei Ladenburg eine Mächtigkeit von rd. 60 m[142], der Grundwasserspiegel liegt ca. 5–8 m unter Flur. Die Grundwasserfließrichtung verläuft neckarparallel, d.h. in nordwestlicher Richtung.

Aufgrund fehlender Niederschläge war 1992/1993 an der Grundwassermeßstelle Ladenburg-Rosenhof ein Rückgang des Grundwasserspiegels meßbar[143]. Die weiter zurückreichende Beobachtung der LfU-Meßstelle[144] weist aber einen interessanten Rhythmus[145] auf: Nach einem relativen Hochstand Ende der 60er Jahre mit 96,5 m (ü. NN) fielen die Pegelstände innerhalb von 7 Jahren bis Mitte der 70er Jahre auf 93 m ab und erholten sich trotz hoher sommerlicher Temperaturen in einem weiteren ca. 7 Jahre umfassenden Zeitraum permanent bis zu einem erneuten relativen Hochstand um 1983. Seitdem sanken die Grundwasserstände tendenziell wieder bis zu einem Tiefstand um 1990/1991 (94,5)[146].

Eine Karte der „Curven der Grundwasserstände" zeigt für die Ostgemarkung Ladenburg einen Stand von 96 m im Jahre 1884[147]. Eine Karte zum „Jahrbuch des Hydrographischen Bureaus Karlsruhe" gibt für 1933 einen Grundwasserstand vom 95,5 m an. Ein neuerer Grundwassergleichenplan von 1961[148] weist einen Pegelstand von 95 m aus und der aktuellste mir vorliegende Spiegelplan von 1992[149] markiert den Grundwasserstand ebenfalls auf 95 m, so daß über einen Zeitraum von mehr als 100 Jahren der Grundwasserstand der Landschaft um Ladenburg lediglich um 1 m abgesunken ist[150], was in erster Linie auf die zunehmende Versiegelung der Landschaft zurückzuführen sein dürfte[151]. Zwischenzeitliche Schwankungen sind Niederschlagsdefiziten zuzuschreiben, die vor allem der Landwirtschaft empfindliche Ertragseinbußen zufügen können. Deshalb sind auch die Ladenburger Landwirte auf Feldberegnung angewiesen.

## 3.3 Die Vegetationsstrukturen und die Vogelwelt – ein Streifzug durch die Gemarkung

*Gärten und Parks*

Aufgrund der Klimagunst gedeihen in den Ladenburger Gärten bzw. Parks und in der Gemarkung zahlreiche Vertreter sowohl atlantischer bzw. mediterraner als auch kontinentaler Arten. Wer offenen Auges durch die Stadt geht, der wird beispielsweise von haushohen Magnolien (Realschulstraße, Trajanstraße, An der Beint), von wärmeliebenden Bitterorangensträuchern[152] (Heidelberger Straße, Schriesheimer Fußweg) und Feigenbäumen (Donaustraße, Kurzgewannstraße) in den Vorgärten immer wieder angetan sein. Immergrüne, baumförmige Stechpalmen und Kirschlorbeeren, eigentlich Charakterpflanzen des atlantischen Klimabereiches, die milde Winter benötigen, finden in den Gärten unseres Raumes fast ihre östlichste Verbreitungsgrenze.

Auf dem Terrain des ehemaligen Lehr- und Versuchsgartens mit seinen Obstanlagen wachsen heute aber auch rund 18.000 „standortgerechte" Stauden und Gehölze in dem 3.7 ha großen Waldpark, der 1987 eingeweiht wurde. Hier finden sich nämlich die einheimischen Gehölze des mitteleuropäischen Florenelements wie Hainbuche (*Carpinus betulus*), Haselnuß (*Corylus avellana*), Linde (*Tilia cordata*), Eiche (*Quercus robur*) und entlang des weitgehend naturnah bepflanzten Baches hinter dem Altenpflegeheim auch verschiedene Weiden (*Salix sp.*) – neben Sumpfstauden wie Frauenmantel (*Alchemilla mollis*), Beinwell (*Symphytum officinale*), Sumpfdotterblume (*Caltha palustris*) und Sumpfvergißmeinnicht (*Myosotis palustris*) sowie Mädesüß (*Filipendula ulmaria*). Hier fühlen sich unter allerlei anderen „Badegästen" der Ladenburger Vogelwelt zum Beispiel die Bachstelzen sehr wohl. Im dichten Röhricht des Binsen- und Schilfgürtels um den Waldpark-See ist von den zahlreichen Vertretern der Avifauna vor allem der Teichrohrsänger zu nennen.

In den stattlichen Ahorn- und Kastanienbäumen (*Acer platanoides, Aesculus hippocastanum*) und auch im Unterholz des Carl-Benz-Parks zwischen Altstadt und Neckar kann man dagegen regelmäßig Buchfinken, Zaunkönige, Heckenbraunellen und Schwalben beobachten. Auf der Südseite des Benzparks, zum Wasserturm hin, steht ein Amberbaum, der eine beeindruckende herbstliche Laubfärbung trägt. Dieser *Liquidambar styraciflua* war bis zum Beginn der Kaltzeiten vor rund 2 Millionen Jahren auch bei uns heimisch. Danach fand er nur in Nordamerika und Ostasien genügend Rückzugsgebiete vor der Kälte. Dieser Baum wächst in seiner heutigen Heimat in Flußniederungen sowie Uferwäldern und erinnert somit auch an den römerzeitlichen Neckarlauf in diesem Bereich (siehe oben).

### *Schutzgebiete und Biotope der südlichen Gemarkungshälfte*

Außerhalb der bebauten Fläche sind die schützenswerten Lebensräume der Flur bzw. die Landschafts- und Naturschutzgebiete zu nennen. Der gesamte Unterlauf des Neckars mit seinen Ufersäumen, Auen und Vorländern ist als Landschaftsschutzgebiet ausgewiesen. Vor allem die reiche Vogelwelt mit mehr als 150 Arten unterstreicht den Wert des Gebietes, das sich in Ladenburg von der Staustufe bis westlich der Neckarwiese über den Bereich um das Schwimmbad und südlich entlang des Feldweges nach Schwabenheim, welches schon auf Dossenheimer Gemarkung liegt, erstreckt. Charakteristische Weiden und Traubenkirschen säumen die Promenade zwischen der Eisenbahnbrücke und der Fähre, italienische Säulenpappeln geben ihr südeuropäisches Flair. Aber auch die östlich an diesen idyllischen Uferweg angrenzende Neckarwiese bei der Fähre ist ein wichtiges Nahrungsbiotop etwa für Amsel, Wacholderdrossel, Bachstelze und Eichelhäher. Im Mündungsbereich von Kandelbach und Neckar wurde in manchen Jahren auch der Eisvogel gesichtet[153]. In den Pappeln am Feldweg ab der Fährstelle nach Neckarhausen sind vor allem Pirol, Nachtigall und Kuckuck zu hören, wenn sie aus dem Süden zurückgekehrt sind[154].

Einen schönen Aspekt des Landschaftsschutzgebiets und der Ladenburger Kulturlandschaft bietet der Damm entlang des ehemaligen Neckarlaufes westlich und südlich der Reitanlagen mit alten Apfel-, Birn- und Nußbäumen und einheimischen Sträuchern wie z.B. Hartriegel (*Cornus sp.*), Hundsrose (*Rosa canina*) und Hasel (*Corylus avellana*). So ähnlich mag einst auch die Alte Heidelberger Straße nach Neuenheim ausgesehen haben, die, wie Abb. 6 (s. S. 26) von 1745 zeigt und wie Schwerz noch aus dem Jahre 1816 berichtet,

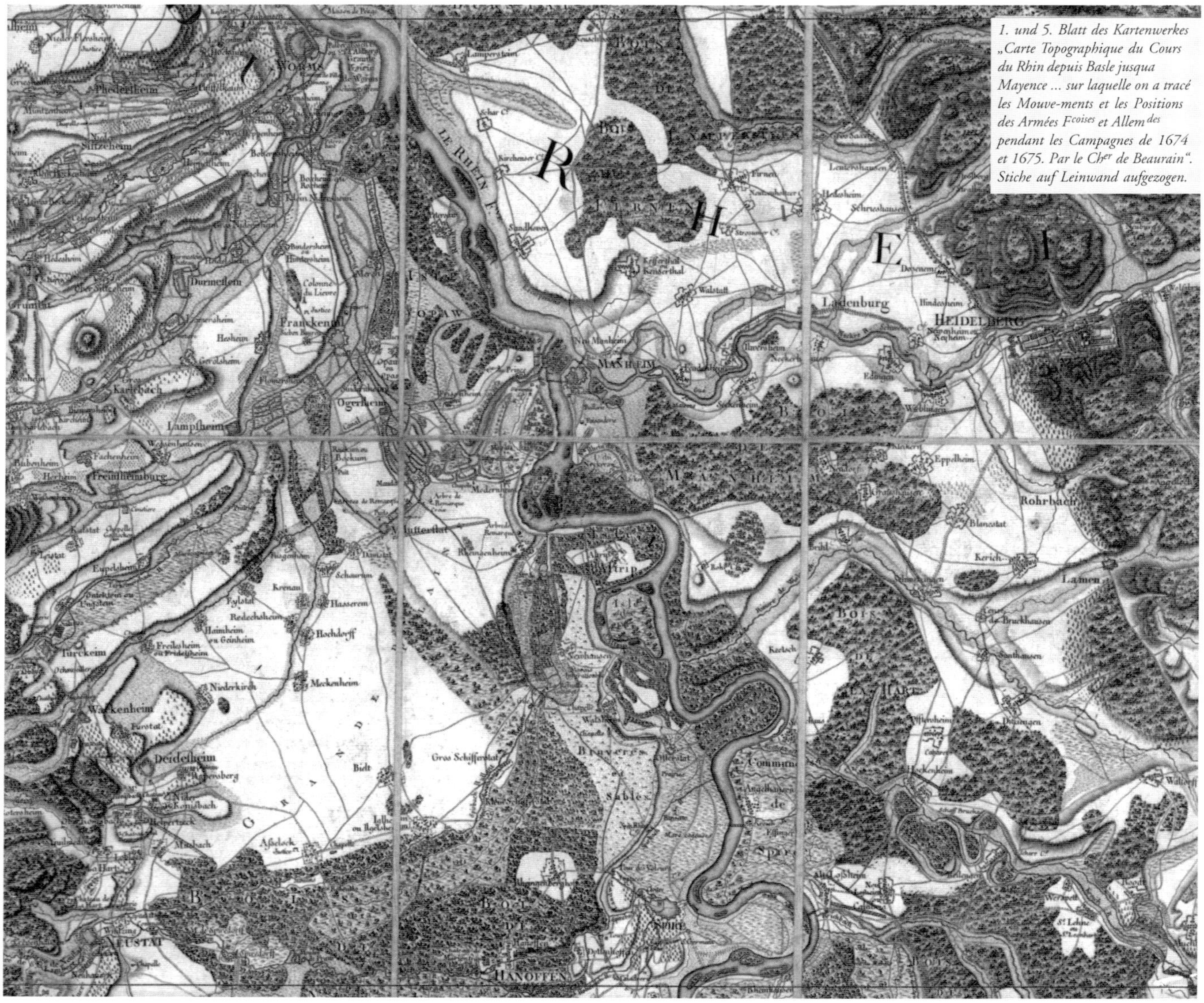


*1. und 5. Blatt des Kartenwerkes „Carte Topographique du Cours du Rhin depuis Basle jusqua Mayence ... sur laquelle on a tracé les Mouve-ments et les Positions des Armées Fcoises et Allemdes pendant les Campagnes de 1674 et 1675. Par le Cher de Beaurain". Stiche auf Leinwand aufgezogen.*

*Abb. 5: Rhein-Karte von Beaurain 1674/75*

beiderseitig mit „Nuß-, Äpfel- und Birnbäumen besetzt" war. Hier genießt der Betrachter vor allem im Sommer eine schöne Aussicht auf die Gehöfte Neubotzheims, die am Ort der alten Wüstung angesiedelt wurden, auf Schwabenheim, auf wogende Getreidefelder, die mit Hackfruchtäckern abwechseln, auf dazwischen aufragende Einzelgehölze oder Gehölzriegel sowie auf den idyllischen Alt-Neckar zwischen Edingen und Wieblingen mit seinen Weidenauen vor der blaugrünen Kulisse des nahen Odenwaldes.

Als typisches Einzelgehölz auf Ladenburger Gemarkung soll an dieser Stelle ein weiterer alter Kulturbaum unserer Raumes Erwähnung finden. Es handelt sich um *Juglans regia*, die Walnuß, „Wahrzeichen der pfälzischen Obstkultur"[155] bereits im 15. Jahrhundert. Da früher Fleisch keine alltägliche Speise war, lieferten Nüsse notwendige Proteine und Vitamine. Eines der Ratsprotokolle von 1604, welche von Karl Diefenbacher[156] so hervorragend bearbeitet wurden, belegt die Anpflanzung *etlicher junger Nußbäume an den Leimgruben.* Während diese Exemplare längs verschwunden sind, findet man in der heutigen Ladenburger Flur noch 32[157] dieser schönen Bäume mit der silbergrauen Rinde, die in Deutschland einst von Karl dem Großen, vermutlich aus dem Orient, eingeführt wurden[158]. Im Ortsteil Neuzeilsheim trifft man sie als Alleebäume.

Zur „Neckaraue zwischen Botzheimer Wasen und Oberer Wörth" bei Neubotzheim gehören parallel zum Ufer verlaufende Inseln, die wohl im 18. Jahrhundert angeschwemmt wurden. Denn die Stadt ließ 1770 Uferbefestigungen durchführen, weil man „damals im ständigen Streit mit der Herrschaft" um die schmalen Landstücke lag[159]. Seit 1986 steht die mit Schlamm überdeckte Sand- und Kiesbank nebst Vorland unter dem besonderen Schutz eines Naturschutzgebiets. In der Ruderal- und Hochstaudenflur mit dem dominierenden Topinambur (*Helianthus tuberosus*), aber auch mit Weiden- und Holundergebüschen (*Sambucus nigra*), wird seitdem neben den gefährdeten Vogelarten Blau- und Braunkehlchen v.a. der Sumpfrohrsänger wieder regelmäßig beobachtet[160]. Die Flachwasserzonen zwischen Inseln und Land sind bevorzugte Laichgebiete für Brachse, Gründling und Schleie, Barbe und Rotauge[161].

Unweit davon, im Bereich der Gewanne „Entensee", „Löhl" und „Märtgen", fließt seit alten Zeiten der Rombach in einer fossilen Neckarrinne mit ihren tonigen Ablagerungen. Der früher stärker mäandrierende Bach, der in den Loosgraben mündet, ist in den oben abgebildeten Karte von 1674 und 1745 eingezeichnet (vgl. Abb. 5 und 6). Er ist der einzige natürliche Bach auf Ladenburger Gemarkung, da Kandelbach und Loosgraben künstlich angelegt wurden: Der Kandelbach wurde als Mühlkanal in die Stadt abgeleitet, während man sein altes Bachbett, den Loosgraben, im Rahmen der Flurbereinigung begradigte.

Der Rombach könnte mit seinem vielfältigen Artenspektrum an Pflanzen und Tieren, v.a. seltener Vögel wie dem Braunkehlchen oder auch der Nachtigall, ein weiteres wertvolles Element im System der schon länger geplanten Biotopvernetzung sein[162].

Weithin in der Landschaft erkennbar ist die Pappelreihe, die im Bereich des „Entensee" das Bachufer säumt. Diese Bäume stellen auf dem flachen Schwemmkegel vor dem Hintergrund des Odenwaldes sehr markante Landschaftselemente dar und bedeuten für viele ein typisches Kulturlandschaftsmerkmal entlang von Wasserläufen, etwa auch am Neckarufer oberhalb der Fähre und im Bereich der Ladenburger Staustufe. Diese eigentlich standortfremden und wasserzehrenden Hybrid-Gehölze (*Populus canadensis*) wurden zum größten Teil in den 30er Jahren unseres Jahrhunderts gepflanzt, um die benachbarten landwirtschaftlichen Flächen trocken zu legen. Die kanadische Pappel wurde in noch früheren Zeiten jedoch gerne von Zeit zu Zeit gestutzt, um ihre Zweige als begehrtes Viehfutter zu verwenden. Wenn dies auch für die genannten Exemplare nicht zutreffend ist, so stehen sie doch als Nachfolger eines älteren Kulturbaumes.

Auf dem Feldweg südlich entlang des Rombaches zeigt sich dagegen wieder eine „einheimische" Flora mit sommerlich blütenreichen Arten wie beispielsweise der Wegwarte (*Cichorium intybus*), der Geruchlosen Kamille (*Matricaria inodora*) oder der Wilden Möhre (*Daucus carota*). Erstere ist ein altes Wildgemüse und Heilpflanze, letztere stellt eine alte Kulturpflanze dar, die „zweifellos zu den Pflanzen des altgermanischen Hausgartens"[163] gehörte.

Insgesamt wurden bei einer ökologischen Untersuchung des Baches im Jahre 1990 neben 30 weiteren Gehölzen 121 krautige Pflanzenarten festgestellt[164]. Überwiegend handelt es sich dabei um „einheimische" Pflanzen, die – unserem Großklima entsprechend – subozeanische Verhältnisse anzeigen (siehe oben unter 3.1 Klima). Das heißt, es handelt sich um mitteleuropäische Arten, die bis ins östliche bzw. südöstliche Europa vorkommen.

Als Beispiel mag unser beliebter Gartenflieder (*Syringa vulgaris*) stehen, der eigentlich aus Südosteuropa stammt sowie das gelbblühende Johanniskraut (*Hypericum perforatum*). Dies gilt auch für das aus Osteuropa eingewanderte gemeine Greis- oder Kreuzkraut (*Senecio vulgaris*) oder die sowohl in Mitteleuropa als auch im Kaukasus heimische Liane *Clematis vitalba* (Waldrebe).

Häufig trifft man auch auf das Gemeine Labkraut (*Galium mollugo*), einer Trockenlandpflanze, als Vertreterin jener vergangenen Vegetationsformation, die wahrscheinlich zur frühen Jungsteinzeit in unserem Raum auf den Steppenböden dominierte. Unsere „einheimischen" Steppen-Gehölze wie der mediterransubatlantische Feldahorn (*Acer campestre*) und die Schlehe (*Prunus spinosa*), die beispielswei-

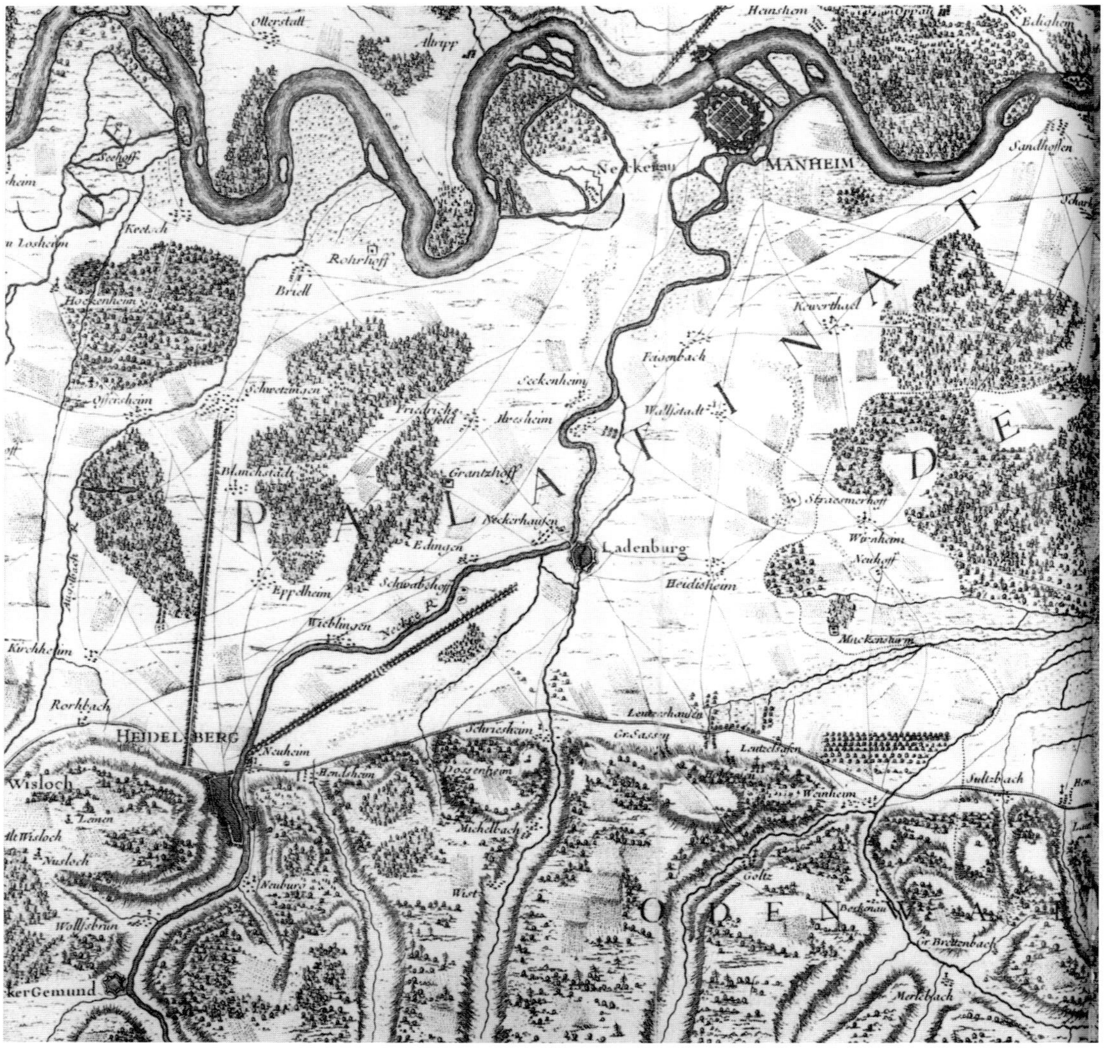


*Abb. 6: Ausschnitt aus einer „Karte des Oberrheins von Phillipsburg bis Mainz" von 1745 (Vorlage: bad. Landesbib., S. 96)*

se entlang dem Obstsorten-Beobachtungsfeld des Landratsamtes dem seltenen Neuntöter als Durchzügler Unterschlupf gewährt, finden sich ebenfalls in dem erst 1990 von der Ortsgruppe des Bundes für Umwelt- und Naturschutz (BUND) angelegten Pflanzstreifen entlang des Neuweges zwischen Rombach und Loosgraben, unweit des Kinderheims.

Hier, am nördlichen Ufer des Loosgrabens, befinden sich ein Feuchtbiotop und eine Streuobstwiese, die vom BUND gemeinsam mit einigen Ladenburger Landwirten gepflegt wird. Der Loosgraben wird von Obstbaumbeständen gesäumt und besitzt, außer dem Feuchtbiotop, keine naturgemäße Begleitflora.

Dagegen stehen am Kandelbach entlang des Schriesheimer Fußweges so typische Uferpflanzen wie Erlen, Weiden, Binsen und Sumpfschwertlilien. Außerdem wachsen dort Wasserdost (*Eupatorium cannabinum*), Blutweiderich (*Lythrum salicaria*), Ufer-Zaunwinde (*Calystegia sepium*) und Große Brennessel (*Urtica dioica*). Letztere dient allein mehreren Arten von Schmetterlingsraupen zur Nahrung, darunter der des bekannten „Tagpfauenauges", des „kleinen Fuchs" und des „Admirals".

Die Wiesenfläche am nordöstlichen Rand des Rombaches, wo man auf Goldammern und Distelfinken trifft, ist eine weitere der insgesamt 75 ausgewiesenen schützenswerten Lebensräume für Pflanzen und Tiere in Ladenburg.

Dazu zählt auch eine Streuobstwiese und die kleine Gehölzverwilderung am südwestlichen Ufer des Rombaches, kurz vor Neubotzheim gelegen.

### *Biotope der nördlichen Gemarkungshälfte und in der Stadt*

Besondere Biotope sind die Kiesgruben nordwestlich bzw. nördlich von Ladenburg, weil sie durch den Menschen entstanden sind. Um die ehemalige Kiesgrube an der Bahnlinie sind Hainbuchen, Weiden, Pappeln, Holunder und eine alte Streuobstwiese zu einem ansehnlichen Feldgehölz zusammengewachsen. In unmittelbarer Nähe befindet sich an der Industriestraße ein größerer Baumbestand. Die Pappelreihe mit alten Trauerweiden sowie ein verwildertes Grundstück mit Birken und Hainbuchen stellen entlang des Industriegebiets ein wertvolles Rückzugsbiotop dar[165]. Die Bahnböschung auf der gegenüberliegenden Seite, Höhe Bauhof, beherbergt Stare, die sich an den Schlehenfrüchten laben, und Mönchsgrasmücken, die hier von April bis September, vor allem in den frühen Abendstunden, ihren Gesang ertönen lassen.

In die Steilwände der neuen Grube im Gewann „Links der Hohen Straße", graben sich die seltenen Uferschwalben ihre Höhlen. Im Umfeld der Kiesgrube, seit 1995 Standort des Recycling- und Entsorgungszentrums Ladenburg (REL), kommen ferner Bussard, Lerche, Steinschmätzer und Kiebitz vor. Letzterer profitiert außer von den feuchten Flächen im Bereich der alten Neckarrinne auch von dem als naturschutzrechtlichen Ausgleich geschaffenen Feuchtbiotop östlich der Anlage des REL, das außerdem von Stockenten sowie Graureihern und vermutlich bald auch von Amphibien aufgesucht wird.

Amphibien wie Wasser- und Grasfrösche, Erdkröten und Teichmolche fühlen sich schon seit längerem in den insgesamt 55 privat angelegten Teichen sehr wohl, die Brun Kräusel (1994) kartiert hat. Die mit über 60 Quadratmetern größten dieser Teiche liegen naturgemäß außerhalb des engeren Stadtgebietes, etwa in Neuzeilsheim (Anzahl: 2) und Neubotzheim (3) oder auf dem Gelände einer Baumschule im Stadtteil Rosenhof (4). Aber auch innerhalb der Stadt finden zum Beispiel Wasserfrösche an und in mittelgroßen Teichen die für sie günstigen Umweltbedingungen mit Laubstreu unter Gebüschen, Totholzhaufen sowie extensiv gepflegten Rasenstücken. Selbst Kleinteiche bis 20 Quadratmeter (30) wie in der Kleingartenanlage „Heddesheimer Weg" können sich bei entsprechender Umgebung und im Verbund noch zu einem gemeinsamen Biotop entwicklen[166].

## 4. Schluß

Die vorausgegangenen Schilderungen machen deutlich, daß jede Stufe in der Kulturlandschaftsentstehung ein physischer Ausdruck der jeweiligen landwirtschaftlichen Struktur ist. Die Landwirtschaftsstruktur wiederum war und ist das Ergebnis der jeweiligen naturgeographischen und gesellschaftlichen bzw. politischen Rahmenbedingungen. Klimaschwankungen, technische Umwälzungen, Fortschritte, aber auch Brüche in der gesellschaftlichen Entwicklung wie die verheerenden Kriege des 17. und frühen 18. Jahrhunderts hatten somit stets ihre entsprechenden Folgen für die Landschaft.

Die durch den Neckar einst fluvial geformte Naturlandschaft um Ladenburg ist, bedingt durch Klima- und Bodengunst, durch den wirtschaftenden Menschen schon seit frühester Zeit mehr oder weniger in eine „Kultursteppe"[167] umgewandelt worden. Darunter ist die kultivierte Natur der Äcker und Wiesen zu verstehen, die ohne Pflege verbuschen würden[168].

Die heutige Gesellschaft muß nun darüber entscheiden, wie unsere Kulturlandschaft zukünftig aussehen soll[169].

Bei der hohen Mobilität und der zunehmenden Neigung vieler Menschen zur Abschottung und Anonymität gewinnt in unserer Zeit die Gestaltung neuer sozialer Gemeinsamkeiten[170] an Bedeutung. Das gemeinsame Bewußtsein für die Besonderheiten und die Charakteristik unserer Kulturlandschaften mit ihren Menschen und ihrer Geschichte kann, nicht zuletzt auch im Rahmen der langfristig bedeutsamer werdenden Euro-Regionen[171], eine solche Wirkung entfalten. Wenn regionale Identität jedoch in dieser Hinsicht an Bedeutung gewinnen soll, müssen die ihr zugrundeliegenden „Objekte", in diesem Fall die Kulturlandschaft, weiterhin gepflegt werden – durch vorausschauende und umsichtige Siedlungsplanung, durch Sicherung und Ausbau schützenswerter Freiräume sowie vor allem durch die Bewahrung und Unterstützung einer wandlungsfähigen heimischen Landwirtschaft.

Diese Arbeit soll einen kleinen Beitrag dazu leisten, trotz bestehender Probleme[172] die Schönheit der Kulturlandschaft um Ladenburg erkennen zu können. Sie spiegelt im Einklang mit der – wie in den nun folgenden Beiträgen zu sehen sein wird – weit über 1.900-jährigen Siedlungsgeschichte den kulturellen Reichtum unserer Heimat wider.

## Anmerkungen

* Der Verfasser dankt Brun Kräusel, Andreas Huben und Friedrich Maas, ferner Dr. Berndmark Heukemes, Lobdengau-Museum Ladenburg, sowie Prof. Dr. Otto Roller, Universität Mannheim, für Hinweise bei der Bearbeitung.

1 Zit. n. ROMBACH, S. 9.

2 Vgl. TUCKERMANN, S. 10.

3 Zur Analyse des Ortsnamens siehe PROBST: Ortsname.

4 Vgl. zu dessen räumlicher Abgrenzung FREUDENBERG, S. 9.

5 RUN 1992.

6 Die Bezeichnung „vor heute" bezieht sich auf das Jahr 1950.

7 Der als „Heidelberger Loch" bezeichnete Ostteil des nördlichen Rheingrabens ist nämlich mit fast 400 m wesentlich mächtiger als der Westteil!

8 Solche Funde zieren heute die Anlagen der Universität im Neuenheimer Feld in Heidelberg.

9 Vgl. LÖSCHER: Die geologischen Vorgänge, S. 10–11.

10 Vgl. BRAUN (Hg.)/WEHRLE (Lithogr.)1850.

11 Vgl. dazu auch Archäologische Karte, LANDESDENKMALAMT BADEN-WÜRTTEMBERG.

12 Vgl. zur Lage: Abb. 4 oder LVA 1991.

13 Vgl. LÖSCHER: Die geologischen Vorgänge sowie Abb. 3 des Beitrags.

14 Vgl. Archäologische Karte LANDESDENKMALAMT (wie Anm. 11).

15 Erst seit einem großen Hochwasser im Jahre 1275 n.Chr. brach der Neckar nördlich von Mannheim zum Rhein durch. Vgl. PROBST: Seckenheim, S. 274.

16 Vgl. THÜRACH sowie LANDESDENKMALAMT (wie Anm. 11) – Begleittext v. HEUKEMES.

17 Vgl. LÖSCHER: Die geologischen Vorgänge, a.a.O.

18 Vgl. STREMME, S. 11 sowie ZAKOSEK, S. 30ff.

19 Vgl. STREMME (wie Anm. 18), S. 20; LESER, S. 75–79. Wenn zum Zeitpunkt der neolithischen Landnahme in diesem Gebiet Wald bestanden haben sollte, so wurde dieser von den Siedlern gerodet und die Steppenbodenbildung setzte unter der Kultursteppe des wirtschaftenden Menschen ein.

20 Vgl. Profil 325, am Anschnitt einer Sandgrube nordwestlich Ladenburgs, bei STREMME (wie Anm. 18), S. 13.

21 Ebd., S. 17; MONHEIM: Agrargeographie, S. 25.

22 Vgl. Profil 900 bei STREMME, S. 16.

23 Vgl. GEOLOGISCHES LANDESAMT (Hg.)/ LVA: Geologische Karte 1:25.000.

24 Vgl. LVA 1984. Die Bezeichnung „Dossen" weist allerdings auf Kiefern hin, die wohl nach einer frühen Rodung des Eichenmischwaldes gesetzt wurden.

25 Vgl. AKB III, S. 616 sowie STREMME, Tafel 3.

26 Vgl. zu den Namen BRUNN. Brunn unterscheidet zwischen dem historischen Namen Kandel- und dem heutigen, offiziellen Namen Kanzelbach, der jedoch in der Volkssprache nicht heimisch sei; vgl. zu dessen Nutzung ebd.

27 „Löhl" sowie „Erlenfeld".

28 Vgl. zur Diskussion: STREMME, S. 16; BOGUCKI/GRYGIEL.

29 Vgl. SCHÖNWIESE: Klima im Wandel, S. 67.

30 Vgl. GRADMANN: Hackbau, S. 115.

31 Vgl. zur Auswirkung der Völkerwanderung auf unseren Raum den Beitrag von PROBST in diesem Band.

32 ROLLER, Otto: pers. Mitteilung v. 5. 7. 1994. In Ladenburg beendeten die Alamannen jedoch schon im 3. Jahrhundert vorerst die Römerherrschaft.

33 Bezeichnung geht auf den nordhemispärischen Gletschervorstoß von 1610 zurück.

34 Vgl. FREUDENBERG, der auf S. 34f. die „kulturwidrige Armut der Minderbemittelten" von 1650–1850 beschreibt.

35 MONHEIM: Anbauverhältnisse, S. 87.

36 Vgl. FREUDENBERG, a.a.O.

37 Vgl. VETTER, S. 204.

38 Durch Arbeiten von MÜLLER: Geschichte des badischen Weinbaus sowie LAUER u. FRANKENBERG.

39 In diesem Jahr war der Bodensee zugefroren.

40 PROBST: Seckenheim, S. 276.

41 Nach PFISTER zwischen 1688–1701 zu datieren.

42 PROBST: Seckenheim, S. 274.

43 LORSONG, S. 217.

44 Zit. nach PROBST: Seckenheim, S. 279f.; vgl. zu den harten Kälteanomalien der Jahre 1755–1787 in Süddeutschland und der Schweiz auch PFISTER, S. 130.

45 KISTNER, zit. nach WECKESSER.

46 Vgl. PFISTER, S. 131.

[47] Vgl. statt vieler: BECK: Wildnis, S. 15.
[48] Vgl. SCHEUERBRANDT: Die Lande längs des Neckars, S. 54 sowie LESSING, S. 300, wo sehr schön ein weiterer Aspekt des Zusammenhangs zwischen Klima und Kulturgeschichte belegt wird.
[49] Vgl. HENNING I, S. 78.
[50] Vgl. KLEE, S. 75; BOGUCKI/GRYGIEL, S. 129.
[51] Vgl. DIEKMANN, Karl (Bearb.): Schlipfs praktisches Handbuch der Landwirtschaft, 29.A. Berlin 1943.
[52] Es ist u.a. nach STREMME, S. 16 denkbar, daß sich die Steppenböden um Ladenburg erst unter dieser Vegetation der „Kultursteppe" gebildet haben.
[53] Vgl. KLEE, S. 75.
[54] Vgl. HEUKEMES: Siedlungen und Gräber, S. 67.
[55] Vgl. STREMME, Tafel 3.
[56] Vgl. SCHWARZ, S. 104 bzw. Karte 5.
[57] Vgl. zu den Kulturkreisen z.B. LORSONG, S. 21ff. sowie SOMMER in diesem Band.
[58] Vgl. LANDESDENKMALAMT BADEN-WÜRTTEMBERG.
[59] Vgl. zur Analyse des Ortsnamens PROBST: Ortsname, S. 63 bzw. in diesem Band.
[60] Vgl. GRADMANN: Süddeutschland I, S. 80 sowie HEUKEMES: Siedlungen und Gräber, S. 67.
[61] Vgl. zum altrömischen Getreidebau z.B. GRADMANN: Getreidebau, S. 24ff.
[62] LESER, S. 104.
[63] Vgl. FLOHN: Klimaschwankungen, S. 352. Solche natürlichen Klimaschwankungen können auf Schwankungen der Solarstrahlung beruhen.
[64] Vgl. FLOHN: Klimaänderungen, S. 134.
[65] SCHÖNWIESE: Klima im Wandel, a.a.O.
[66] Vgl. Karte der Weinbaugrenzen bei MÜLLER-WILLE, S. 187–200, Tafel 4.
[67] Vgl. z.B. ARBEITSGEMEINSCHAFT BADISCHER WEINBAUVERBAND/WEINBAUVERBAND WÜRTTEMBERG-BADEN I, S. 319 sowie MONHEIM (wie Anm. 21), S. 75.
[68] SIEVERT.
[69] Nach HEUKEMES, mündl. Mitteilung vom April 1996.
[70] Siehe etwa: Stadtplan Ladenburg, Stuttgart o.J.
[71] Nach HEUKEMES (wie Anm. 69). Liederbuch: EGENOLF, Christian (Hg.): Gassenhawerlin und Reutterliedlin, 1525. Darin enthalten „Zu Laudenburg, nit weit vom Rhein". Vgl. auch HOFFMANN, S. 63.
[72] Vgl. MONHEIM: Agrargeographie, S. 45.
[73] Allmende ist das ungeteilte, gemeinsam genutzte Gemeindeeigentum an Wald, Weide, Wasser und Flur. Nach SIEVERT, S. 78, besaß die Stadt Ladenburg 1651 134 Morgen Allmendäcker (ca. 33 ha).
[74] HENNING, S. 16.
[75] Vgl. SCHUMMER, S. 38.
[76] Durch MONHEIM: Agrargeographie, S. 45.
[77] TRAUTZ, S. 41; vgl. auch entsprechenden Beitrag von PROBST in diesem Band.
[78] Ebd., a.a.O.
[79] MONHEIM: Agrargeographie, S. 44.
[80] GOETZ, S. 151.
[81] AKB III, S. 641.
[82] Dies zeigt sich noch heute in den Bezeichnungen der drei ehemaligen Gemarkungsteile auf der Topographischen Karte, nämlich Ober-, Mittel- und Unterfeld (= ehem. Botzheimer, Ladenburger und Zeilsheimer Feld).
[83] Vgl. statt vieler: SCHÖNWIESE/DIEKMANN: Der Treibhauseffekt, S. 55.
[84] Nach PROBST: Seckenheim, S. 441.
[85] Vgl. MÜLLER: Liste guter Weinjahre.
[86] Vgl. MONHEIM: Agrargeographie, Tab. 15.
[87] SIEVERT, S. 63.
[88] Vgl. MONHEIM: Agrargeographie, S. 55.
[89] Dabei darf nicht vergessen werden, daß die Flur in den Kriegen der folgenden fast 100 Jahre immer wieder geplündert bzw. verwüstet wurde.
[90] Durch MONHEIM: Anbauverhältnisse, S. 49. Zehntregister: Aufzeichnung über die Naturalabgaben – ursprünglich der zehnte Teil des Ertrages.
[91] Vgl. MORTENSEN.
[92] Die damaligen Flächen wurden in Morgen gemessen. Umrechnung bis 1720: 1 M = 0.25 ha.
[93] Siehe unter Kapitel 3.1.
[94] Vgl. RUDOLPH, S. 118. Nur an wenigen Standorten Deutschlands sind noch Weiße Maulbeerbäume erhalten geblieben, so auf der „Maulbeerinsel" zwischen Neckarkanal und Neckar bei Mannheim-Feudenheim, die deshalb aus kulturhistorischen Gründen unter Naturschutz steht.
[95] Vgl. WELLER, S. 44.
[96] SCHEUERBRANDT: Lopodunum/Ladenburg, S. 403.
[97] Vgl. WUNDT, S. 203ff.; MONHEIM: Agrargeographie, S. 63.
[98] Tiroler Reformschrift, zit. nach BECK: Wildnis, S. 18.
[99] Ebd., S. 15.
[100] HAZZI (1802), zit. nach BECK: Wildnis, S. 15.
[101] TUCKERMANN, S. 114.
[102] BECK: Wildnis, S. 20.
[103] Im zuvor erwähnten Bayern herrschte dagegen die geschlossene Vererbung (Anerbensitte), welche die Betriebe ungeschmälert erhielt und eine geringere Flächenintensität forderte.
[104] Nach MONHEIM: Agrargeographie, Tab. 14: 168 Morgen Raps, 30 M Hanf, 3.771 M Tabak (Umr. ab 1720: 1 M = 0.4 ha).
[105] Die Landwirtschaft muß, im Sinne von THÜNEN, nah am Markt hoch intensiv produzieren. Vgl. dazu JENTSCH: Landwirtschaft im Rhein-Neckar-Raum, S. 191ff.
[106] Vgl. BSLA, S. 76.
[107] 1925 betrug die durchschnittliche Nutzungsfläche eines Betriebes im Amtsbezirk Mannheim unter 2 ha. Vgl. BSLA, S. 15. In Ladenburg gibt es jedoch schon einen beträchtlichen Anteil auch an mittelbäuerlichen Höfen mit 5–20 ha ldw. Nutzfläche.
[108] Vgl. LANDESBAUERNVERBAND BADEN-WÜRTTEMBERG 1997.
[109] HUBEN, Andreas: Persönl. Mitteilung vom 3. 4. 1997.
[110] Vgl. RUDOLPH, S. 115/16.
[111] Vgl. SCHMITHÜSEN, S. 23.
[112] HUBEN (wie Anm. 109).
[113] SCHUMMER, S. 13.
[114] MONHEIM: Agrargeographie , S. 101.
[115] SLA 1989.
[116] MONHEIM: Agrargeographie.
[117] Vgl. Ebd., Tabellen 24 und 42.
[118] Vgl. TUCKERMANN, S. 108.

[119] SCHEUERBRANDT: Lopodunum/Ladenburg, S. 404.

[120] Die Rinderzahl/100 ha LF lag 1970/71 durchschnittlich zwischen 50 und 100. Vgl. JENTSCH: Landwirtschaft im Rhein-Neckar-Raum, Abb. 4.

[121] Seit den 80er Jahren stieg die Zahl der Schweine jedoch wieder von 220 im Jahr 1979 auf 635 im Jahr 1991 an, während die absolute Anzahl der Rinder in Ladenburg schon seit 1982 abnimmt. Vgl. SLA (wie Anm. 115, 122 u. 124)

[122] SLA (wie Anm. 115) bzw. SLA 1993 (einschl. Ausmärkerflächen).

[123] Vgl. BVR 1994, S. 1.

[124] SLA 1982; SLA (wie Anm. 115); SLA (wie Anm. 122) sowie Übersicht bei SCHUMMER, S. 43.

[125] SLA (wie Anm. 122).

[126] STADLER/STÄRKEL, S. 342. Wer aber wollte heute, wie früher, auf natürliche Weise Getreide schneiden und dreschen?

[127] Ausdruck dafür ist u.a. auch die Einrichtung einer Kreislandwirtschaftsschule in Ladenburg 1868 im ehem. katholischen Pfarrhaus, der heutigen Stadtbibliothek. 1870 bezog sie das Schulgebäude neben der Sebastianskapelle und befand sich seit 1956 in der Trajanstraße, wo sie 1995 mangels Schüler geschlossen wurde. Vgl. LWAL.

[128] Dieser wechselseitige Zusammenhang stellt sich beispielsweise wie folgt dar: Maschinen, Düngemittel, Bewässerungs-, Transport- und Silotechniken der frühen Industrialisierungsphase haben die Verfügung über landwirtschaftliche Erträge enorm gesteigert. Hungersnöte nach Mißernten ließen sich so ausmanövrieren. Mehr, bessere und stetigere Nahrung hat dann die Sterberaten reduziert. Vgl. KERNIG.

[129] Vgl. FRANKENBERG: Klima des kurpfälzischen Oberrheingrabens, S. 9.

[130] Es dürfte deshalb im Raum um Ladenburg eine interessante Verzahnung der Strömungsverhältnisse der Ebene sowie des Grabenrandes bestehen, die noch nicht näher, d.h. ortsspezifisch, untersucht wurde. Vgl. SEITZ/BURST/LÄHNE/JASCHKE: Klimaökologische Analyse.

[131] Analogieschluß aus: UM-BW (Hg.): Luftreinhalteplan.

[132] FEZER, S. 618; DRL, S. 618.

[133] DWD 1953.

[134] DWD 1990.

[135] Diese Station muß für Ladenburg als repräsentativ angesehen werden.

[136] Vgl. RHE.

[137] UM-BW: Luftreinhalteplan, Tab. 2.4–1.

[138] Das langjähriges Mittel der Windgeschwindigkeit in unserem Raum beträgt 2.3 m/s.

[139] FEZER, a.a.O.

[140] Vgl. z.B. SEITZ/BURST/LÄHNE/JASCHKE: Klimaökologische Analyse.

[141] RUN 1992, Punkt 3.2.4.

[142] Schluß nach Angaben von BARTZ (1951), zit. bei LÖSCHER: Geschichte des Neckarlaufes, S. 63.

[143] Vgl. RHE (wie Anm. 136) .

[144] Meßstelle der Landesanstalt für Umweltschutz (LFU), Karlsruhe.

[145] Persönliche Mitteilung durch Herrn KAUFFMANN.

[146] Vgl. Ganglinien der LFU-Meßstelle in RHE.

[147] Vgl. THÜRACH.

[148] DRL, S. 603.

[149] RHE.

[150] Natürlich lag der Grundwasserstand vor dem Durchbruch des Neckars in der Kiefernzeit wesentlich höher. Danach senkte er sich dauerhaft auf etwa 98m ab: Fossile G-Horizonte von Bodenprofilen verlandeter Neckarschlingen bei Ladenburg weisen nach STREMME, S. 10) einen römerzeitlichen Grundwasserstand von 97,4 bis 98 m NN aus.

[151] So hat die Siedlungs- und Verkehrsfläche in Ladenburg im Zeitraum 1981–1991 von 351 auf 445 ha zugenommen.

[152] *Poncirus trifoliata.*

[153] FRIEDRICH, Alexander: Mündl. Mitteilung 1994.

[154] Vgl. VÖLKER-MENZ/FRIEDRICH: Vogelbeobachtungstour; DIES.: Vogelexkursion; DIES.: Vogelexkursion mit dem BUND Ladenburg.

[155] TUCKERMANN, S. 107.

[156] DIEFENBACHER, S. 25.

[157] Angabe nach KRÄUSEL: Walnußbäume.

[158] Noch in jüngster Zeit wurden rechts des „Dossenheimer Weg", unweit des Kinderheims, Walnußbäume kultiviert.

[159] Vgl. AKB III, S. 616.

[160] VÖLKER-MENZ/FRIEDRICH (wie Anm. 154).

[161] Vgl. Karte BNL.

[162] Vgl. LUTZ: Lebensräume.

[163] GRADMANN: Hackbau, S. 113.

[164] GefaÖ.

[165] RHIEM/SCHWOERER, S. 52.

[166] Vgl. KRÄUSEL: Gartenteiche, S. 3.

[167] STREMME, S. 16.

[168] Vgl. zu den ökologischen Leistungen der Landwirtschaft URFEI.

[169] Vgl. zu den Alternativen für die Zukunft – wenige landwirtschaftliche Großbetriebe oder z.B. bäuerliche Pfleger der Kulturlandschaft, bei: TIETZE, S. 20.

[170] Vgl. BECK: Klasse und Stand, S. 60.

[171] „Europa wird nur dann an Statur gewinnen, wenn seine Regionen ... mitreden, wenn sie mitarbeiten und wenn sie mitentscheiden können. ... Die Regionen sind leistungsfähig. Sie können das historische Erbe und die kulturelle Vielfalt bewahren." (Johannes Rau) Zit. in: PRESSE- U. INFORMATIONSAMT DER BUNDESREGIERUNG, S. 34/35.

[172] Vgl. DRL sowie Umweltbericht 1996.

# Späte Kelten am unteren Neckar
## Die Viereckschanze „Am Wasserbett" in Ladenburg

von Günther Wieland

Von den keltischen Viereckschanzen des 2. und 1. Jhs. v.Chr. sind allein in Baden-Württemberg mittlerweile über 120 bekannt und immer noch werden durch die Luftbildarchäologie weitere dieser gleichförmigen Anlagen entdeckt. Ihre funktionale Deutung beschäftigt in den letzten Jahren die Forschung wieder vermehrt. Lange Zeit galten sie als keltische Heiligtümer. Die manchmal in ihnen entdeckten bis zu 30 m tiefen Schächte sah man als Opferschächte für unterirdische Gottheiten an. Durch großflächige Grabungen konnten in den letzten Jahren Siedlungsreste in unmittelbarer Umgebung mancher Schanzen erfaßt werden, so daß man sie wohl eher als „Zentralörtlichkeiten" der ländlichen Siedlungen der Spätlatènezeit sehen darf[1]. Einige Schanzen könnten sogar regelrechte Gehöftsiedlungen gewesen sein. Die angeblichen Opferschächte haben sich in mehreren Schanzen als holzverschalte Brunnen erwiesen[2]. Die mit Wall und Graben befestigten Viereckschanzen dürften somit kultische und profane Funktionen in sich vereint haben, deren Einzelaspekte wir bislang nur vermuten können: Kultplatz und Versammlungsort, Stapelplatz für wichtige Güter, Verteidigungsanlage in Notzeiten, vielleicht auch Marktplatz oder gar Wohnplatz des Dorfherren. Ladenburg liegt bereits an der nordwestlichen Peripherie des Verbreitungsgebietes der echten Viereckschanzen, die man räumlich im wesentlichen auf Baden-Württemberg, Bayern und das westliche Böhmen begrenzen kann[3]. Formal ähnliche Anlagen in Frankreich scheinen hinsichtlich ihrer Funktion andersartig zu sein[4].

Die Ladenburger Viereckschanze wurde 1980 im Zuge von Kanalisationsarbeiten von B. Heukemes entdeckt. Sie liegt in der Flur „Wasserbett", östlich eines ehemaligen Altwasserarmes des Neckars und somit außerhalb der Grenzen des römischen Lopodunum. In unmittelbarer Nähe dürfte wohl auch schon in keltischer Zeit der im Odenwald entspringende Kandelbach vorbeigeflossen sein, was wegen der Wasserversorgung der Viereckschanze nicht unwichtig war. Das Gelände liegt etwa 5 m über der Neckaraue und war somit vor Hochwässern geschützt[5].

Im Auftrag des Landesdenkmalamtes wurden unter Leitung von B. Heukemes bis 1984 Grabungen durchgeführt, wobei die 97 m lange Nordseite der Anlage mit beiden Grabenecken erschlossen werden konnte[6]. Bei durchschnittlich 4,5 m Breite war der Graben noch ca. 1,6 m tief (Abb. 1). Ein an die Schanze anschließender etwas schmälerer Spitzgraben (3,6 m Breite, bis 1,5 m tief) zog von der westlichen Hälfte des Nordgrabens aus nach NNO, wo er nach 57 m nach Osten abbog. Sein weiterer Verlauf ist unklar, ebenso sein zeitliches Verhältnis zur Hauptschanze (Abb. 2). 1994 konnte ein weiterer Teil des Ostgrabens durch eine kleinere Untersuchung des Landesdenkmalamtes erforscht werden[7]. Die Auswertung der zahlreichen Funde aus den Gräben der Viereckschanze wurde im Rahmen des von der Deutschen Forschungsgemeinschaft geförderten Projektes „Spätkeltische Siedlungen" am Landesdenkmalamt Stuttgart vorgenommen.

*Abb. 1 Viereckschanze „Am Wasserbett": Grabung 1981 mit freigelegter Nordostecke und Profil durch den Spitzgraben (Foto: E. Kemmet).*

*Abb. 2: Plan der Viereckschanze „Am Wasserbett" (Nach* Bittel/Schiek/Müller, *Beilage 35).*

Von der Innenbebauung wurden in Ladenburg keine sicheren Spuren mehr beobachtet. Lediglich ein in einer Baugrube angeschnittenes Gräbchen könnte als Wandgräbchen eines zur Schanze gehörigen Gebäudes gedeutet werden, das dann ungefähr in der Mitte des Innenraums gelegen hätte. Eine sichere Datierung der Gräbchenstruktur war aber nicht möglich. Informationen zur Viereckschanze konnten somit lediglich noch die aus dem Graben geborgenen Fundstücke geben. Die Keramikscherben, Tierknochen und Kleinfunde aus Metall und Glas lassen Rückschlüsse auf die nähere zeitliche Einordnung der Ladenburger Viereckschanze in das späte 2. und das 1. Jahrhundert v.Chr. zu und geben Aufschluß über Alltagskultur, Wirtschaftsweise und Handelsbeziehungen der späten Kelten im Neckarmündungsgebiet.

Eine sogenannte Leuker-Potinmünze aus einem Grabenschnitt der Schanze ist eines der seltenen Beispiele für keltische Münzen aus Viereckschanzen (Abb. 3). Ab dem Ende des 3. Jahrhunderts v.Chr. ist eine aufkommende Münzprägung und Geldwirtschaft im keltischen Süddeutschland nachweisbar. Die Vorderseite der Ladenburger Münze zeigt einen stilisierten Kopf im Profil mit Diadem und nach hinten gelegtem Haarschopf. Die Rückseite zeigt einen nach links blickenden Eber mit hohem Nackenkamm und ein lilienartiges Motiv. Anhand der Basler Spätlatènefunde wurde kürzlich eine neue Klassifikation der Potinmünzen vorgenommen. Demnach gehört dieses Stück zum Typ 1c, der sowohl in der Siedlung Basel-Gasfabrik als auch in dem jüngeren Oppidum auf dem Basler Münsterhügel vorkommt. Vermutlich wurden die 1C-Potins erst in LT D1 hergestellt. Ihre Umlaufdauer dürfte auch in die entwickelte Spätlatènezeit hineinreichen. Die Funde vom Basler Münsterhügel belegen jedenfalls einen Umlauf bis gegen die Mitte des 1. Jahrhunderts v.Chr. Das Hauptverbreitungsgebiet dieser Münzen ist Südwestdeutschland sowie das Mittel- und Oberrheingebiet[8]. Eine weitere Leuker-Potinmünze ist schon 1978 in Ladenburg bei Bauarbeiten in der Domitianstraße gefunden worden. Sie ist gelocht, d.h. sie wurde wohl als Amulett getragen. Das könnte darauf hinweisen, daß sie als Altstück ohne Geldfunktion aus erheblich jüngeren Fundzusammenhängen stammt.

Reste eines bronzenen Radamuletts (Abb. 4,1)gehören zu einer gut bekannten Form religiöser Symbole. Radamulette sind aus vielen Oppida und offenen Siedlungen bekannt. Sie werden mit einem keltischen Radgott (Taranis?) in Verbindung gebracht, von dem es in Gallien zahlreiche Darstellungen gibt[9]. In Grabzusammenhängen sind Radamulette bislang aber ausschließlich aus Frauengräbern bekannt, sie scheinen folglich zum geschlechtsspezifischen Schmuck zu gehören[10]. Deshalb ist die Darstellung einer weiblichen Gottheit auf dem Silberkessel von Gundestrup in diesem Zusammenhang interessant: Auf Platte VIII des wohl als Opfer in einem jütländischen Moor versenkten Kessels, der szenische Darstellungen aus der keltischen Mythologie zeigt, wird eine Göttin von zwei sechsspeichigen Radsymbolen flankiert, wobei aber letztlich nicht gesichert ist, ob es sich hier um eindeutige Attribute oder lediglich Füllornamente handelt[11]. Die meisten Radamulette stammen aus LT D1-Zusammenhängen, aber auch in dem 1865 entdeckten reichen LT C2-Grabfund von Sinsheim-Dühren[12], knapp 30 km

*Abb. 3: Leuker-Potinmünzen aus der Grabenfüllung der Viereckschanze [rechts] und der Domitianstraße [links]; M ca. 1 : 1,5 (Foto: B. Heukemes).*

südöstlich von Ladenburg gelegen, ist schon eines enthalten, sie dürften also bereits um die Mitte des 2. Jahrhunderts v.Chr. gebräuchlich gewesen sein. Ebenso kommen sie noch in römischen Zusammenhängen vor.

Mehrere kleine Metallsplitter aus dem Viereckschanzengraben konnten zu einer ca. 1 mm starken, einseitig polierten Platte aus Weißmetall zusammengesetzt werden. Der Rand der Platte verläuft in einer gleichmäßigen Rundung (Abb. 4,2). Hier handelt es sich mit Sicherheit um den Rest eines runden Metallspiegels[13]. In der Frühlatènezeit finden sich nur ganz vereinzelt Bronzespiegel. Ab dem Ende der Mittellatènezeit gehören sie dann zum Inventar reich ausgestatteter Frauenbestattungen, wie das schon erwähnte Grab von Dühren mit einem Griffspiegel und einer weiteren Spiegelscheibe zeigt[14]. Bereits endlatènezeitlich (ca. 10 v.Chr.) ist ein reiches Frauengrab mit Spiegel von Wincheringen, Kr. Trier-Saarburg[15]. Im Gräberfeld von Persona/Tessin sind Spiegel aus einem mit Silberfibeln ausgestatteten spätlatènezeitlichen Frauengrab und zwei bereits kaiserzeitlichen Gräbern bekannt[16]. Bei diesen Grabinventaren sind die Spiegel noch als regelrechte Luxusgüter anzusehen, während sie in gallorömischen Frauengräbern des 1. und 2. Jahrhunderts dann schon zu den häufigeren Beigaben gehören[17]. Mit mehreren Stükken liegen Spiegel auch aus spätkeltischen Oppida vor, aus Manching z.B. sind bislang 21 Spiegelfragmente bekannt[18]. Zum größten Teil dürfte es sich dabei um Importstücke aus dem mediterranen Raum handeln[19], doch gibt es auch Hinweise auf die Herstellung durch keltische Handwerker: Der als Einzelfund geborgene Spiegel von Hochheim am Main[20] wäre hier zu nennen und die z.T. reich ornamentierten inselkeltischen Spiegel[21], zu denen

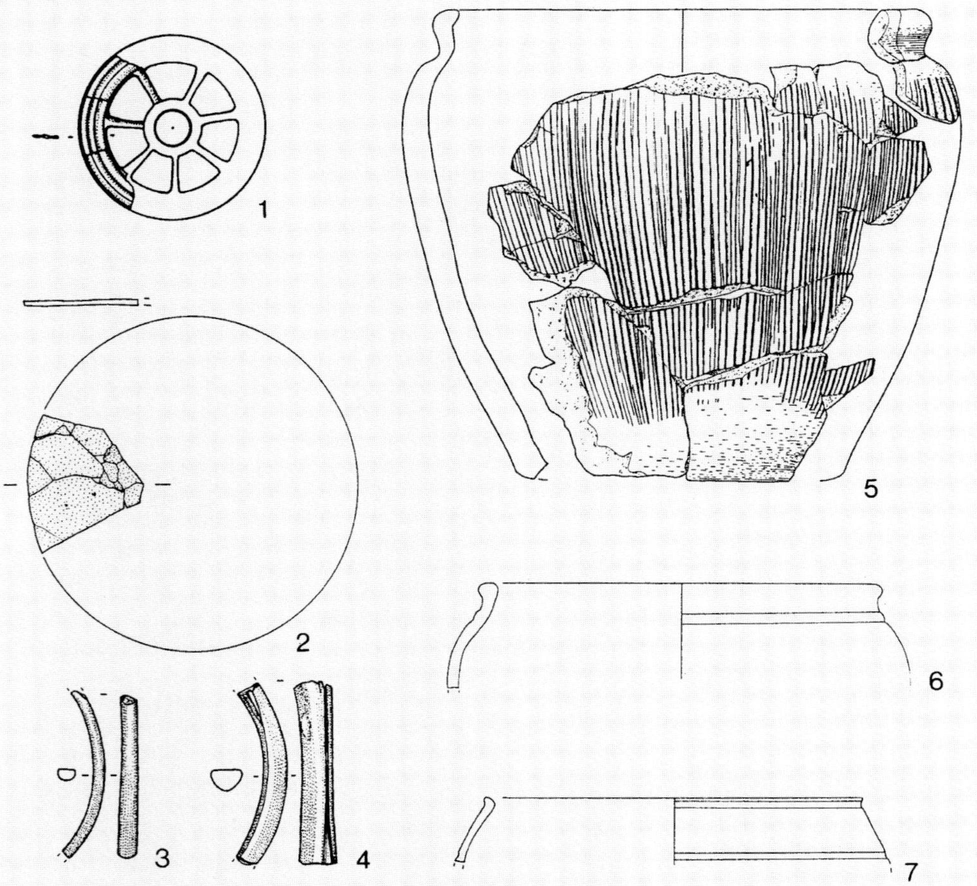


*Abb. 4: Funde aus der Grabenfüllung der Viereckschanze. 1: Radamulett aus Bronze. 2: Fragmente von Spiegel aus Weißmetall. 3–4: Fragmente von purpur-farbenen Glasarmringen. 5: Graphittontopf. 6-7: Glatte Drehscheibenkeramik. (1– 4: M 1 : 2. 5– 7: M 1 : 4; Zeichnungen E.-M. Moll, B. Hakkenberg).*

auch das ursprünglich vergoldete Stück im Rijksmuseum in Nijmegen zu zählen ist[22]. Neben runden Stücken mit einem Durchmesser um 10 cm sind auch rechteckige Spiegel aus Manching bekannt[23]. Verschiedentlich liegen Hinweise vor, daß Griffe und Fassungen der Spiegelscheiben häufig aus organischem Material waren (z.B. Wincheringen).

Die insgesamt relativ geringe Anzahl bislang bekannter Spiegelfragmente und der Fundkontext weisen darauf hin, daß Metallspiegel in der jüngeren Latènezeit nördlich der Alpen zu den Luxusgütern gehört haben. Sie waren wohl den Frauen einer aristokratischen Oberschicht vorbehalten und sind Anzeichen einer beginnenden Romanisierung. Für die Viereckschanze von Ladenburg ist dies insofern von Bedeutung, als mit den Amphorenfragmenten ein weiteres „Luxusgut", nämlich Wein aus dem Süden, nachgewiesen ist. Dies hebt das Fundgut gegenüber dem sonst aus Viereckschanzen bekannten Material hervor (s.u.).

In eben diesem Zusammenhang ist auch auf einen unscheinbaren Bronzeblechstreifen mit Randprägung hinzuweisen. Er stellt den Rest eines Beschlages für einen Holzeimer dar. Stükke mit identischer Randprägung (Längsrippen) sind aus Manching mehrfach bekannt[24]. Einfache Holzdaubeneimer ohne jegliche Metallteile dienten zu vielerlei Zwecken, unter anderem auch zum Wasserschöpfen, wie der Fund in dem Brunnenschacht von Fellbach-Schmiden gezeigt hat[25]. Die mit Bronzebeschlägen versehenen Eimer – vollständig erhaltene Beispiele stammen u.a. aus Frankreich und England – sind davon deutlich abzusetzen. Sie dienten höchstwahrscheinlich als Behälter für Bier und Met[26] oder als Mischgefässe beim Weintrinken. Jedenfalls kommen sie öfters in reichen Grabinventaren zusammen mit Kannen, Griffschalen, Sieben und Amphoren vor. Zeitlich scheinen die verzierten Eimer ihren Schwerpunkt in der Spätlatènezeit und in augusteischer Zeit zu haben[27]. Man nimmt aufgrund der Hauptverbreitung eine Herstellung in Gallien an[28]. Wie der Metallspiegel und die Weinamphoren zählt der durch den Bronzebeschlag nachgewiesene Eimer zu den ausgesprochenen Luxusgütern.

Zwei Fragmente von purpurfarbenen Glasarmringen sind die einzigen Belege für den in der jüngeren Latènezeit so beliebten Glasschmuck aus der Viereckschanze von Ladenburg (Abb. 4,3 – 4). Die Ringe gehören zu der Form Haevernick 2 (Gebhard Reihe 36–37): Diese einfache Ringform und das purpurfarbene Glas sprechen für eine Herstellung im Laufe von LT D1, als die Glasarmringproduktion bereits wieder zu Ende ging[29]. Glasarmringe sind ein Charakteristikum der Frauentracht, sie sind mehrfach aus Viereckschanzen bekannt[30]. Wie der Metallspiegel und das Radamulett sind die Glasarmringe aus Ladenburg als Gegenstände aus der weiblichen Sphäre anzusehen, welche von einem erheblichen Wohlstand der Besitzerin (oder Besitzerinnen) zeugen. Vielleicht nicht uninteressant ist in diesem Zusammenhang nochmals der Hinweis auf das reiche Frauengrab von Sinsheim-Dühren (s.o.), zweifellos die Bestattung einer Angehörigen der Oberschicht. Mehrere Elemente des Grabinventars (Spiegel, Radamulett, Glasarmringe) finden sich auch im Fundspektrum der Ladenburger Viereckschanze wieder.

Den weitaus größten Teil des Fundmaterials in Ladenburg bildet die einheimische Keramik, die sich nach ihrer Machart in scheibengedrehte Feinkeramik und handgemachte Grobkeramik gliedern läßt.

Unter der feinen Drehscheibenware sind einige Scherben der für die Spätlatènezeit charakteristischen bemalten Ware vorhanden. Bemalte Feinkeramik in Form von Flaschen, Tonnen und Schalen stellte das „feine Tafelgeschirr" der Kelten dar. Sie wurde ausschließlich von den spezialisierten Töpfern in den Großsiedlungen und Oppida gefertigt, weshalb sie im Kontext der ländlichen Siedlungen nur mit sehr wenigen Stücken vorkommt[31]. Das heißt natürlich auch, daß die Wertschätzung dieser Stücke dort entsprechend hoch war.

Im Ladenburger Bestand ist nur horizontale Streifenbemalung in Rot und Weiß nachgewiesen, es fehlt die typische Ornamentmalerei in den „Sepia" genannten Brauntönen. Dies kann aber auch an der schlechten Haltbarkeit der Sepiafarbe liegen, die rascher verblaßt als die Rot-Weiß-Grundierung. Die bemalte Keramik wird auch in römischer Zeit weiter produziert und belegt so eine Tradierung keltischer Kulturelemente.

Eine weitere charakteristische Keramikgattung der spätkeltischen Zeit ist im Fundmaterial von Ladenburg vertreten. Es handelt sich um die aus Niederbayern stammende Graphittonkeramik (Abb. 4,5). Ihr Vorkommen belegt Verbindungen zu den südbayerischen Oppida, wobei wir leider nicht klären können, ob es allein die Keramik war, die von dort bezogen wurde (Graphitton hat eine hohe Wärmeleitfähigkeit, eignet sich also gut für Kochtöpfe), oder ob die Graphittontöpfe lediglich die „Verpackung" für geschätzte Güter aus dieser Region bildeten. Es lassen sich Reste von mindestens zwei, vielleicht drei kammstrichverzierten Graphittontöpfen identifizieren. Aufgrund eines sichelförmigen Randprofils kann man ein Fragment zur entwickelten Ausprägung der Graphittonkeramik zählen, was einer Datierung etwa um 100 v.Chr. entspricht[32].

Zahlreicher vertreten als bemalte Keramik und Graphittonware ist die scheibengedrehte Feinkeramik mit geglätteter Oberfläche (Abb. 4,6 – 7). Ihr Formenspektrum umfaßt vor allem Hochformen wie Flaschen, Becher und Kelchformen, daneben gibt es aber auch feinkeramische Schalen und Schüsseln. Die Gefäße besitzen oft eine Gliederung durch umlaufende Rippen und Riefen, teilweise sind Ornamente in Form von Zickzack- und Wellenmustern eingeglättet. Formal an der Graphittonkeramik orientiert aber aus graphitfreiem Ton sind die sogenannten „Feinkammstrichtöpfe" mit Wulstrand, ebenfalls eine Form der entwickelten Spätlatènezeit, die etwa in der Zeit zwischen 100 und 50 v.Chr. in Gebrauch war. Wie die bemalte Ware und die Graphittonkeramik ist auch die glatte Drehscheibenware ein Produkt professioneller Töpfer, welche das freie Formen von Gefäßen auf der schnell rotierenden Drehscheibe perfekt beherrschten. Diese spezialisierten Handwerker dürften überwiegend in den stadtartigen Großsiedlungen gearbeitet haben, wo es zur Massenproduktion scheibengedrehter Keramik kam, während im ländlichen Bereich nach wie vor ca. 80% der Keramik handgeformt war[33].

Auch im Keramikbestand der Viereckschanze von Ladenburg macht die handgeformte Gebrauchskeramik mit etwa drei Vierteln den größten Teil aus[34]. Die häufigsten Formen sind hier Schüsseln mit eingebogenem Rand und Töpfe mit Randlippe (Abb. 5,1 – 3). Relativ häufig sind auch Randscherben von großen Vorratsgefäßen mit horizontal abgestrichenem Rand, die teilweise eine charakteristische Goldglimmermagerung aufweisen. Möglicherweise handelt es sich auch hier um importierte Keramik. Auf den Töpfen findet sich mehrfach Kammstrichverzierung, andere Verzierungsarten fehlen fast ganz. Zwei grobkeramische Töpfe zeigen eine Kammstrich-Grübchen-Verzierung, die auf Verbindungen zu den spätkeltischen Siedlungen im Gebiet des heutigen Südwürttemberg hinweisen (s.u.). Auf einigen Gefäßen haben sich Reste eines schwarzglänzenden Überzugs erhalten, der oft nur die Randpartie bedeckt. Es handelt sich um Birkenpech, welches z.B. poröse Gefäßwandungen unempfindlich gegen Salzlake machte, oder zum Versiegeln eines Gefäßverschlusses diente. Das Einpökeln war eine der wenigen bekannten Methoden, Lebensmittel haltbar zu machen. Der antike Autor Strabo erwähnt ausdrücklich, daß die Kelten in großen Mengen Pökelfleisch produzierten[35].

Unter der Keramik fallen mehrere Fragmente von importierten Weinamphoren auf (Abb. 5, 4 – 6). Es scheint sich durchweg um Reste vom Typ Dressel 1A/Will 4a zu handeln, eine Form, die in die zweite Hälfte des 2. Jh. und das erste Viertel des 1. Jh. v.Chr. gehört (Abb. 5, 7)[36]. Hergestellt wurden sie vorwiegend in Italien und vielleicht auch in Südfrankreich. In ihnen wurde Wein aus dem Süden importiert – für damalige Verhältnisse ein sehr teures Genußmittel, dessen Beliebtheit bei den Kelten von antiken Autoren mehrfach erwähnt wurde[37].

Das Vorkommen dieser Amphoren in der Ladenburger Viereckschanze lenkt den Blick auf ein wirtschaftsgeschichtlich interessantes Detail, nämlich den Transport von schweren Lasten auf dem Wasserweg[38]. Wie noch später in römischer Zeit wurden auch schon während der Latènezeit die Weinamphoren wegen ihres hohen Gewichtes nach Möglichkeit auf Lastkähnen auf den Flüssen transportiert.

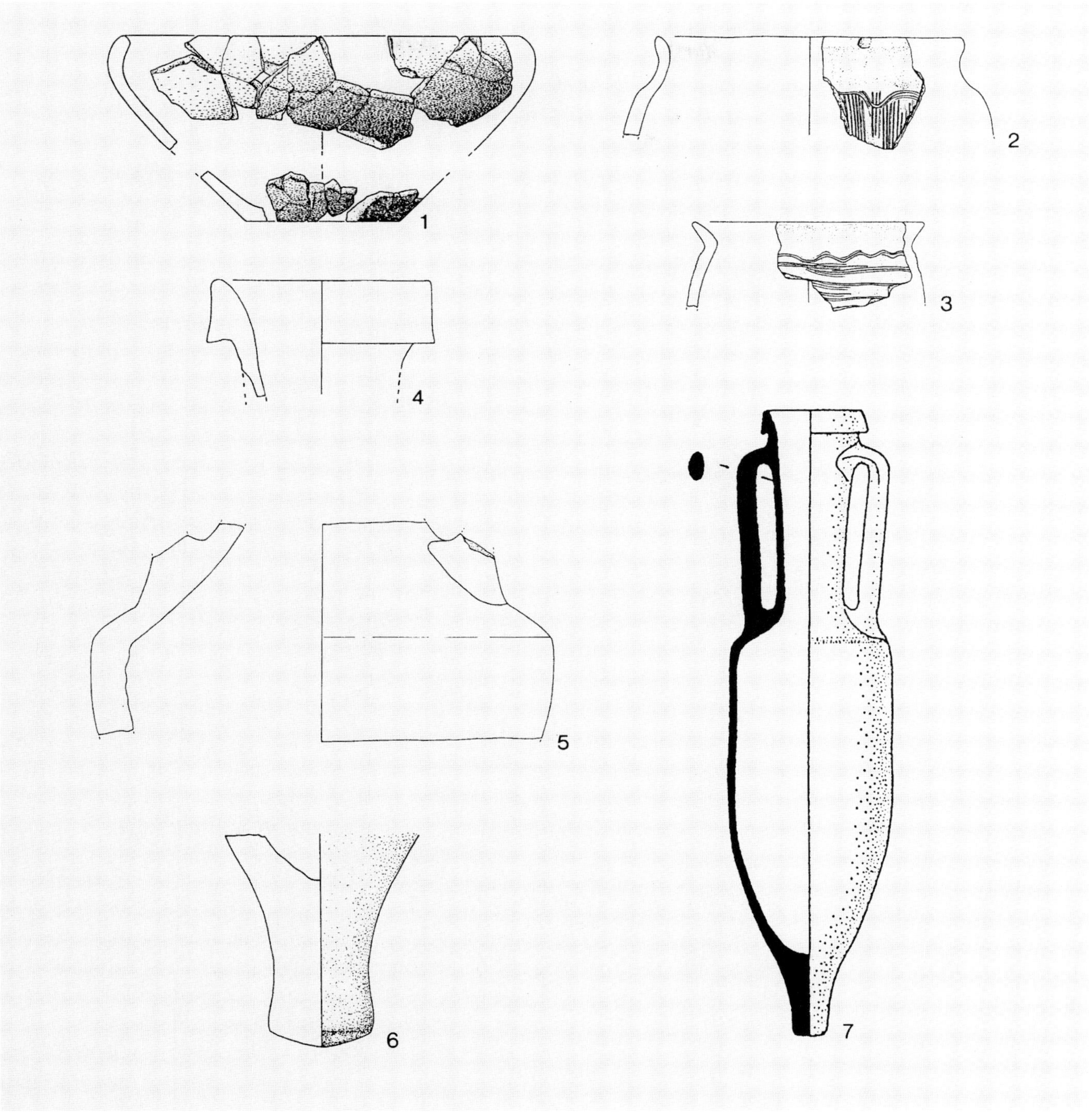


*Abb. 5: Funde aus der Grabenfüllung der Viereckschanze. 1: Grobkeramische Schüssel. 2–3: Grobkeramische Töpfe mit Kammstrich. 4–6: Fragmente von importierten Weinamphoren. 7: Rekonstruierte Weinamphore vom Typ Dressel 1 A/Will 4a. (1–6: M1:4. 7: ca. M 1:8; Zeichnungen: E.-M. Moll, B. Hackenberg).*

Der geringe Tiefgang dieser Kähne machte auch kleinere Flüsse schiffbar. Flußabwärts ließ man sich treiben, flußaufwärts wurde gestakt oder getreidelt. Die Tatsache, daß sich am Nekkar entlang Amphorenreste ungewöhnlicherweise auch in kleinen ländlichen Siedlungen und Viereckschanzen finden, läßt sich somit gut erklären (Abb. 6): Als Anwohner am Fluß hatte man natürlich direkten Zugriff auf die geschätzten Produkte aus dem Süden. Mit großer Wahrscheinlichkeit erfolgte die Weinversorgung des Oppidums „Heidengraben“ bei Urach auf der Schwäbischen Alb weitestgehend über den Neckar. Vermutlich wurden die Am-

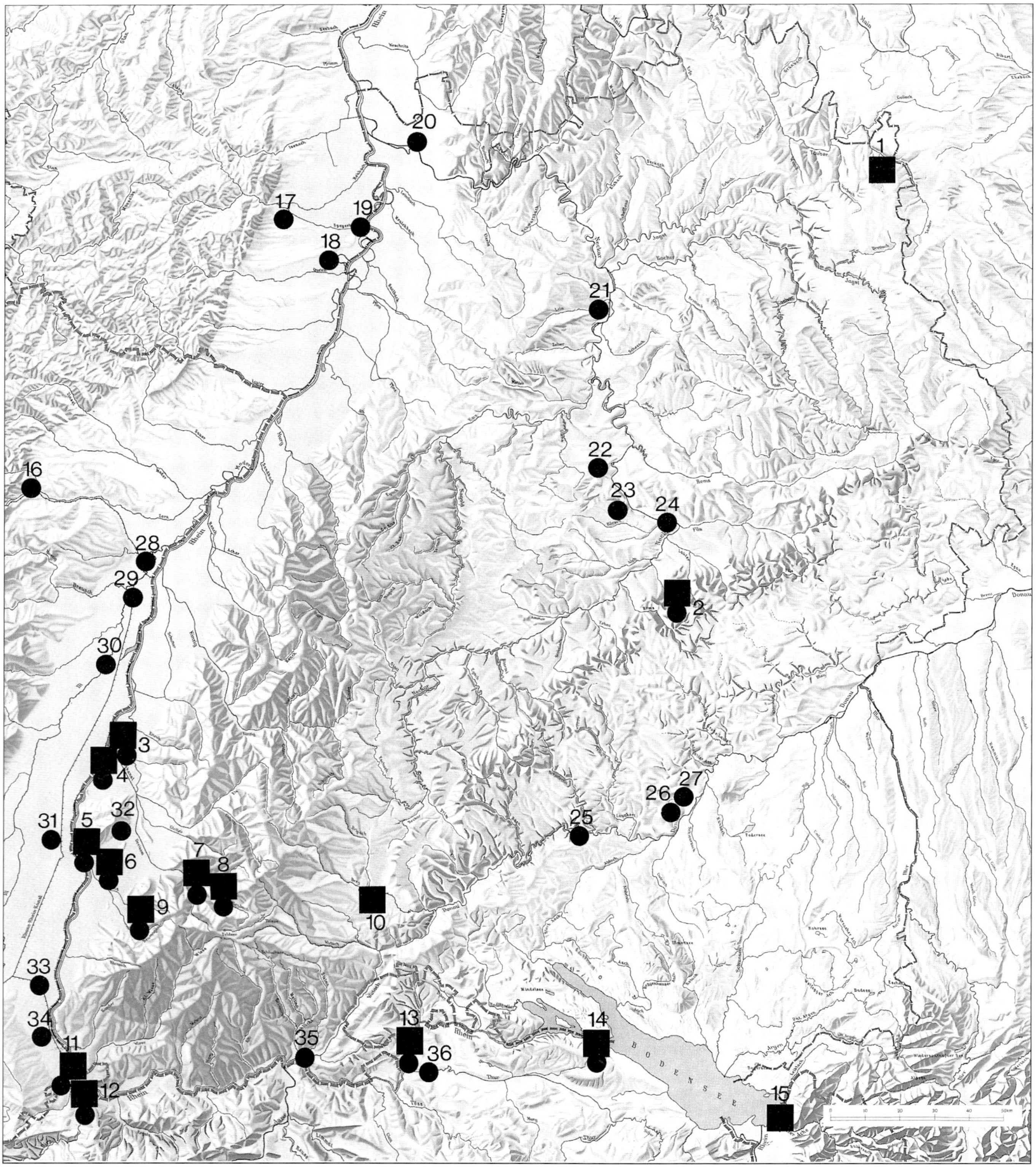


*Bildlegende siehe gegenüberliegende Seite.*

phoren in der Gegend von Nürtingen aus den Flußkähnen ausgeladen und auf dem Landweg vollends zum Heidengraben transportiert[39]. Für die spätkeltischen Siedlungen auf der mittleren Schwäbischen Alb dürfte dieses Oppidum die Funktion eines zentralen Stapel- und Umschlagplatzes gehabt haben.

Neben den Amphoren dürften auch andere „Schwerlastgüter", wie die ebenfalls in Ladenburg belegten Drehmühlen aus Vulkangestein, auf Flußkähnen den Neckar hinauf transportiert worden sein. Neckarabwärts wurden vielleicht im Gegenzug Eisen, Salz und landwirtschaftliche Produkte, z.B. Honig, Wolle oder Pökelfleisch, transportiert. Sie dürften ebenfalls weitgehend auf dem Wasserweg zu größeren Märkten am Oberrhein gebracht worden sein. Möglicherweise gab es damals bereits Großkaufleute und spezialisierte „Spediteure“ im Sinne der römischen *negotiatores* und *navicularii* – es sei hier nur auf den bekannten Grabstein des keltischen Flußschiffers Blussus aus Mainz hingewiesen, der für das 1. nachchristliche Jahrhundert eine Schiffahrt in einheimisch-keltischer Tradition belegt[40]. Ladenburg hatte wegen seiner Lage im Neckarmündungsgebiet also vermutlich schon in keltischer Zeit für die Neckarschiffahrt und den damit verbundenen Handel große Bedeutung[41]. Wo der „Hauptumschlagplatz“ für die Region in damaliger Zeit gelegen hat, ist aber bislang unklar. Wegen des zahlreichen Fundmaterials von Ludwigshafen-Oppau und Mannheim-Sandhofen möchte man am ehesten an eine Siedlung unmittelbar an der Neckarmündung denken[42]. In Mannheim-Sandhofen gefundene spätkeltische Keramik mit Kammstrich-Grübchen-Verzierung weist jedenfalls eindeutig auf eine Verbindung zum Gebiet des heutigen Südwürttemberg oder der Nordschweiz hin, wo diese charakteristische Verzierung sehr verbreitet war. Im unteren Neckarland und am Oberrhein war sie dagegen fremd[43].

Die im Graben gefundenen Tierknochen erlauben Einblicke in die Viehhaltung und einen wesentlichen Teil des Nahrungswesens: Schnitt- und Bratspuren an einem Teil der Knochen weisen diese als Speiseabfälle aus. Demnach war das Rind das wirtschaftlich wichtigste Tier in Ladenburg, das Schwein stand als Fleischlieferant an zweiter Stelle. Schafe, Ziegen und Pferde spielten eine eher untergeordnete Rolle. Schnittspuren auf Pferdeknochen belegen eindeutig auch deren Verzehr. Die Wildtiere sind nur mit relativ wenig Knochen vertreten, doch lassen sich Rothirsch, Wildschwein, Hase und Wildkatze als jagdbares Wild nachweisen. Hervorzuheben sind Knochenteile und ein Hauer eines ungewöhnlich großen Wildschweins, das bestimmt eine sehr imposante Jagdbeute dargestellt hat. Die Schalen einer heute ausgestorbenen Flußmuschel weisen darauf hin, daß auch Fischerei im Neckar eine Rolle bei der Nahrungsbeschaffung gespielt hat[44].

Zahlreiche Brocken verbrannten Wandbewurfs aus Lehm, auf denen sich noch die Flechtwerkabdrücke erhalten haben, wurden aus dem Nordwestgraben der Viereckschanze von Ladenburg geborgen. Sie weisen auf ein Ende der Anlage in einer Brandkatastrophe hin. Der gleiche Befund ist aus weiteren Viereckschanzen im Neckarland bekannt, etwa aus Nordheim (Kr. Heilbronn) und Fellbach-Schmiden (Rems-Murr-Kreis)[45]. Ob es unabhängige Einzelfälle waren oder ob sich hier historisch überlieferte Ereignisse widerspiegeln – etwa der Durchzug der Kimbern und Teutonen um 115 v.Chr. oder ca. 40 Jahre später die Swebenscharen des Ariovist – können wir aus dem archäologischen Befund kaum mehr erschließen. Für Ladenburg wäre diese Frage insofern von großer Bedeutung, weil wir hier in der ersten Hälfte des 1. Jhs. n.Chr. mit den Neckarsweben germanische Siedler feststellen können (vgl. Beitr. Lenz-Bernhard)[46]. Zwar scheinen große Teile der keltischen Bevölkerung Südwestdeutschlands im 2. und 1. Jh. v.Chr. wegen des zunehmenden Vordringens germanischer Stammesgruppen nach Süden ausgewichen zu sein, doch dürfte dies kaum zu einer vollständigen Entvölkerung geführt haben. Vielleicht haben die Sweben hier noch Reste der keltischen Bevölkerung angetroffen. Denkbar wäre dies auch wegen einer Ortskonstanz der Bestattungsplätze: In den Kiesgruben am „Erbsenweg“ bei Ladenburg wurden sowohl mittel- bis spätlatènezeitliche Grabfunde als auch neckarswebische Gräber entdeckt[47]. Sicher nachweisen können wir eine lückenlose Siedlungskontinuität bislang aber nicht. Auch der zweifellos keltische Name „Lopodunum“ muß nicht zwingend darauf beruhen: Dieser dürfte den Römern auch schon vor der Okkupation des Gebietes aufgrund der oben skizzierten Bedeutung Ladenburgs für den Handel mit den rechtsrheinischen Kelten geläufig gewesen sein und könnte deshalb bei der Gründung des Kastells in vespasianischer Zeit beibehalten worden sein.

*Linke Seite Abb. 6: Fragmente importierter Weinamphoren in spätkeltischen Siedlungen (Kartengrundlage: Verkleinerung der Reliefkarte Baden-Württemberg 1:600 000, hg. vom Landesvermessungsamt Baden-Württemberg).*

*Kartenlegende:*
- ■ *Oppida/Großsiedlungen und verkehrsgeographisch bedeutsame Siedlungen.*
- ● *Funde von Amphorenfragmenten.*

## Anmerkungen

1 Vgl. zur Forschungsgeschichte und zum Forschungsstand: WIELAND: Viereckschanzen, S. 85ff. – DERS.: Spätlatènezeit, S. 37ff.

2 M. SCHAICH: Schanze mit Umgangsbau und drei Brunnen. In: Archäologie in Deutschland 4 (1995), S. 22ff. – G. WIELAND: Opferschächte oder Brunnen? In: Archäologie in Deutschland 4 (1995), S. 26ff. – DERS.: Spätlatènezeit, S. 46ff.

3 BITTEL/SCHIEK/MÜLLER, S. 18ff.

4 J.-L. BRUNAUX: Die keltischen Heiligtümer Nordfrankreichs. In: A. HAFFNER (Hg.): Heiligtümer und Opferkulte der Kelten, Stuttgart 1995 (Archäologie in Deutschland, Sonderheft 1995), S. 55ff.

5 Vgl. hierzu BITTEL/SCHIEK/MÜLLER, S. 222ff. – B. HEUKEMES: LOPODUNUM. Archäologischer Plan des römischen Ladenburg, Stuttgart 1986.

6 B. HEUKEMES: Neue archäologische Entdeckungen zur keltischen Besiedlung von Ladenburg, Rhein-Neckar-Kreis. In: ArchAusgrBW 1981, Stuttgart 1982, S. 83ff. – DERS.: Zur keltischen Doppelschanze „Am Wasserbett" von Ladenburg, Rhein-Neckar-Kreis. In: Denkmalpflege in Baden-Württemberg 12 (1983), S. 193ff.

7 J. WELP/C.S. SOMMER: Keltische Viereckschanze und neuzeitlicher Schützengraben (?) in Ladenburg, Rhein-Neckar-Kreis. In: ArchAusgrBW 1994, Stuttgart 1995, S. 105ff.

8 A. GEISER. In: Schweizer Münzblätter Jg. 43, Heft 170 (1993), S. 46f. – A. BURKHARDT: Keltische Fundmünzen von Basel-Gasfabrik und Basel-Münsterhügel. In: JUD: Spätkeltische Zeit, S. 72ff.

9 J. DE VRIES: Keltische Religion, Stuttgart 1961, S. 34ff. – HACHMANN, S. 833ff.

10 Vgl. VAN ENDERT, S. 16ff.

11 HACHMANN, S. 811. Das Rad auf Platte X ist jedenfalls weitaus detailierter dargestellt, was daran denken läßt, in den Rädern auf Platte VIII lediglich Ornamentrosetten zu sehen.

12 K. SCHUMACHER. In: Altertümer unserer heidn. Vorzeit 5 (1911), S. 73ff., Taf. 15.

13 Zu den bei den Manchinger Spiegeln verwendeten Legierungen: VAN ENDERT, S. 64f.; vgl. auch Ch. J. RAUB: Zur Herstellung römischer Spiegel. In: FB a BW 11 (1986), S. 297ff.

14 SCHUMACHER (wie Anm. 12), Taf. 15, S. 280–281. – H. POLENZ: Münzen in latènezeitlichen Gräbern Mitteleuropas. In: Bayer. Vorgeschbl. 47 (1982), S. 58ff., 63 Abb. 6,1–2.

15 Trier-Augustusstadt der Treverer. Kat. Rhein. Landesmuseum Trier, Mainz 1984, S. 299ff.

16 J. GRAUE: Die Gräberfelder von Ornavasso, Hamburg 1974 (Hamburger Beitr. zur Archäologie Beih. 1), Taf. 63, Taf. 55, Taf. 60.

17 Zu Spiegeln in römischen Gräbern: G. ZAHLHAAS: Römische Reliefspiegel. Kataloge der Prähist. Staatssammlung München 17, Kallmünz 1975. – A. ABEGG: Eine wohlhabende Frau aus Belginum. In: A. HAFFNER (Hg.): Gräber – Spiegel des Lebens, Mainz 1989, S. 299ff., bes. 305ff.

18 VAN ENDERT, S. 62ff. Taf. 16.

19 Plinius erwähnt, daß die besten Weißmetallspiegel aus Brundisium kommen (Nat. Hist. XXXIII, 45): VAN ENDERT, S. 64 mit Anm. 449; vgl. auch RE XXI (1921) 29ff.

20 G. BEHRENS: Bronzespiegel und Flasche der Frühlatènezeit von Hochheim a.M. In: Germania 17 (1933), S. 81ff., Taf. 10–11; D. van Endert hat zurecht darauf hingewiesen, daß die stilistische Gestaltung des Spiegelgriffs von Hochheim eher für eine mittel- bis spätlatènezeitliche Datierung spricht: VAN ENDERT, S. 64.

21 Z.B. A. FOX/S. POLLARD: A Decorated Bronze Mirror from an Iron Age Settlement al Holcombe, near Uplyme, Devon. In: The Antiquaries Journal 53 (1973), S. 16ff.

22 G. LLOYD-MORGAN: The Mirrors. Description of the Collections in the Rijksmuseum G.M. Kam at Nijmegen IX, Nijmegen 1981, S. 111ff.

23 VAN ENDERT, S. 62ff.

24 Ebd. S. 94f., Taf. 31,471–478.

25 D. PLANCK: Eine neuentdeckte keltische Viereckschanze in Fellbach-Schmiden, Rems-Murr-Kreis. In: Germania 60 (1982), S. 105ff.

26 G. JACOBI: Werkzeug und Gerät aus dem Oppidum von Manching, Wiesbaden 1974 (Die Ausgr. in Manching 5), S. 139f.

27 Der Eimer in dem reichen Mittellatène-Grab von Holheim bei Nördlingen ist noch etwas schlichter gestaltet und hat nur bronzene Randbeschläge: W. KRÄMER: Die Grabfunde von Manching und die latènezeitlichen Flachgräber in Südbayern, Stuttgart 1985 (Die Ausgr. in Manching 9), Taf. 101.

28 M. VIDAL: Le seau de bois orné de Vieille-Toulouse (Haute-Garonne). In: Gallia 34 (1976), S. 167ff. – Vgl. auch A. FERDIÈRE/A. VILLARD: La tombe augustéenne de Fléré-la-Rivière (Indre). Mem. 2 Mus. d'Argentomagus (Saint Marcel 1993), S. 85ff.

29 R. GEBHARD: Der Glasschmuck aus dem Oppidum von Manching, Stuttgart 1989 (Die Ausgr. in Manching 11), S. 19f., 71f., 128ff.

30 FELLBACH-SCHMIDEN (unpubl.). – Tomerdingen: H. ZÜRN/F. FISCHER: Die keltische Viereckschanze von Tomerdingen (Gem. Dornstadt, Alb-Donau-Kreis), Stuttgart 1991(Materialhefte zur Vor- und Frühgesch. in Baden Württemberg 14), S. 42f. – Gerichtstetten: R.H. BEHRENDS. In: FB a BW 6 (1981), S. 317 Abb. 5,5.

31 F. MAIER: Die bemalte Spätlatène-Keramik in Manching, Wiesbaden 1970 (Die Ausgr. in Manching 3). – WIELAND: Spätlatènezeit, S. 116ff.

32 Zur Graphittonkeramik: I. KAPPEL: Die Graphittonkeramik von Manching, Wiesbaden 1969 (Die Ausgr. in Manching 2). – Graphittonkeramik in Württemberg: WIELAND: Spätlatènezeit, S. 128ff.

33 B. STÜMPEL: Pfälzer Spätlatènekeramik mit Glättverzierung. In: Mitt. Hist. Ver. d. Pfalz 58 (1960), S. 24ff. – V. PINGEL: Die glatte Drehscheibenkeramik von Manching. Wiesbaden 1971 (Die Ausgr. in Manching 4) . – WIELAND: Spätlatènezeit, S. 121ff.

[34] Zur Grobkeramik und Verzierung: WIELAND: Spätlatènezeit, S. 131ff.

[35] D. TIMPE: Das keltische Handwerk im Lichte der antiken Literatur. In: H. JANKUHN/W. JANSSEN/R. SCHMIDT-WIEGAND/H. TIEFENBACH (Hg.): Das Handwerk in vor- und frühgeschichtlicher Zeit, Göttingen 1983 (Abhandl. Akad. d. Wiss. Göttingen, Phil.-hist. Klasse, 3. Folge, Nr. 123), S. 56. – WIELAND: Spätlatènezeit, S. 155.

[36] E.L. WILL: The Roman Amphoras from Manching: a Reappraisal. In: Bayer. Vorgeschbl. 52 (1987), S. 30ff.

[37] D. TIMPE: Der keltische Handel nach historischen Quellen. In: K. DÜWEL/H. JANKUHN/H. SIEMS/D. TIMPE (Hg.): Untersuchungen zu Handel und Verkehr der vor- und frühgeschichtlichen Zeit in Mittel- und Nordeuropa., Göttingen 1985(Abhandl. Akad. d. Wiss. Göttingen, Phil.-hist. Klasse, 3. Folge, Nr. 143), S. 277.

[38] Ebd. 260ff. – Vgl. dazu auch die Ausführungen von F. FISCHER im gleichen Band, bes. S. 297f. – A. TCHERNIA: Le Vin de l'Italie Romaine, Rom 1986, S. 74ff.

[39] Eine ausführlichere Studie des Verfassers zu diesem Thema ist in Arbeit. Vgl. zur Schiffbarkeit des Neckars: M. ECKOLDT: Schiffahrt auf kleinen Flüssen. 1: Der Nekkar und seine Nebenflüsse zur Römerzeit. In: Deutsches Schiffahrtsarchiv 6 (1983), S. 11ff., bes. 13ff.

[40] Vgl. zur keltischen Flußschiffahrt: D. ELLMERS: Keltischer Schiffbau. In: Jahrb. RGZM 16, 1969 (1971), S. 73ff., bes. 84ff.

[41] Der spätrömische Burgus von Ladenburg mit seiner Schiffslände bezeugt dagegen die Wichtigkeit der Flußschiffahrt für die spätantike Grenzverteidigung. Vgl. B. HEUKEMES: Der spätrömische Burgus von Lopodunum – Ladenburg am Neckar. In: FB a BW 6 (1981), S. 433ff. – O. HÖCKMANN: Römische Schiffsverbände auf dem Ober- und Mittelrhein und die Verteidigung der Rheingrenze in der Spätantike. In: Jahrbuch RGZM 35 (1986), S. 369ff.

[42] G. LENZ-BERNHARD/H. BERNHARD: Das Oberrheingebiet zwischen Caesars gallischem Krieg und der flavischen Okkupation (58 v.–73 n.Chr.). Eine siedlungsgeschichtliche Studie. In: Mitt. Hist. Ver. Pfalz 89, 1991 (1992), S. 5ff., bes. 301ff.

[43] Ebd. S. 301, 305 Abb.152. – Zur Kammstrichgrübchen-Keramik vgl. WIELAND: Spätlatènezeit, S. 153ff., 338 Karte 21.

[44] Die Bestimmung und Auswertung der Tierknochenfunde wurde von Frau M. Doll M.A., Tübingen, vorgenommen. Die Publikation erfolgt im Zusammenhang mit der archäologischen Auswertung.

[45] Nordheim: A. NETH/K. SCHATZ. In: Denkmalpflege in Baden-Württemberg 25 (1996), S. 131ff., bes. 137. – Fellbach-Schmiden: PLANCK (wie Anm. 25).

[46] G. LENZ-BERNHARD: Frühgermanische Funde an Oberrhein und Neckar. In: Denkmalpfl. in Baden-Württemberg 19 (1990), S. 170ff.

[47] E. WAGNER: Fundstätten und Funde aus vorgeschichtlicher, römischer und alamannisch-fränkischer Zeit im Großherzogtum Baden II, Tübingen 1911 S. 215f. mit Abb. 186–187. – A. DAUBER/E. GROPENGIEß ER/B. HEUKEMES/M. SCHAAB: Archäologische Karte der Stadt- und Landkreise Heidelberg und Mannheim, Freiburg 1967 (Bad. Fundber. Sonderheft 10), S. 30.

# Die Neckarsweben in der Gemarkung Ladenburg

von GERTRUD LENZ-BERNHARD

## Historische Situation

Die Verbreitung germanischer Funde im Oberrheingebiet[1] zeigt im Neckarmündungsgebiet wie im pfälzischen Vorland ein geschlossenes Siedlungsbild (Abb. 1).

Bereits im ersten Jahrhundert vor Christus finden sich am Oberrhein auf beiden Seiten des Flußes Spuren germanischer Bevölkerungsgruppen, welche in den ehemals keltischen Siedlungsräumen ansässig wurden.

Die germanische Besiedlung am Neckar und auch in den anderen Regionen auf der rechten Oberrheinseite bildete schließlich mit römischer Duldung den Abschluß einer Bevölkerungsverschiebung, die durch wiederholte germanische Vorstöße in den Süden im 2. Jh. v.Chr. ihren Anfang nahm und zur völligen Auflösung keltischer Siedlungsstrukturen in deren nordöstlichem Siedlungsgebiet führte.

Von diesem Bevölkerungsaustausch waren überwiegend der Elbe/Saale-Raum[2], das Maingebiet[3], Böhmen[4] und die Slowakei[5] betroffen (Abb. 2). Die Ansiedlung germanischer Gruppen am Oberrhein ist einerseits das Ergebnis des Gallischen Krieges seit 58 v.Chr. und andererseits der römischen Okkupation seit 12 v.Chr., in deren Folge es zur verstärkten Ansiedlung germanischer Gruppen im Umfeld linksrheinischer Militärplätze kam. Andauernde Unruhen und Veränderungen innergermanischer Machtverhältnisse und die damit verbundene langwierige Auflösung des Markomannenreiches in Böhmen forderten eine Abwanderung und Siedlungsverlagerung auch in den siedlungsleeren Raum am Rhein geradezu heraus. Die germanische Aufsiedlung des Oberrheingebietes verlief beiderseits des Flußes keinesfalls gleichzeitig, sondern muß als mehrphasiger und immer wieder durch Neuzuzug germanischer Bevölkerungsteile geprägter Prozeß gesehen werden[6].

Als die rechtsrheinischen Eroberungspläne der Römer unter Kaiser Tiberius im Jahre 16 n.Chr. vorerst gescheitert waren, und der Rhein wieder für mehr als ein halbes Jahrhundert die Grenze bildete, wurde mit der Ansiedlung germanischer Gruppen durch die römische Militäradministration ein Bevölkerungsvakuum ausgeglichen, welches im östlichen Oberrheingebiet seit dem 1. vorchristlichen Jahrhundert bestanden hatte und als „Helvetiereinöde"[7] beschrieben wurde.

Der archäologische Nachweis germanischer Bevölkerung zeigt sich anhand charakteristischer Sachformen wie Gegenständen der Tracht, bestimmten Nadel- und Fibelformen, Gürtelschnallen, Geräten wie Messern mit profilierten Griffenden und Scheren mit z.T. verzierten Klingen, Trinkhorn-, Waffen- und z.T. üppiger Bronzegeschirrbeigabe in Gräbern; vor allem aber durch eigenwillige, handgemachte, trotzdem standardisierte Keramikformen. Solche Sachgüter sind zwischen Elbe und Rhein nahezu austauschbar und geben somit Hinweise auf die Herkunft der an Oberrhein und Neckar ansäßig gewordenen Germanen[8] (Abb. 3;4). Dieses Formengut unterscheidet sich von der vorhergehenden keltischen Sachkultur in erheblichem Maß und ist daher sehr gut zu trennen.

Auffällig ist eine Häufung von germanischen Fundplätzen gegenüber den linksrheinischen großen Truppenstandorten wie Mainz, Rheingönheim, Speyer und Straßburg. Man muß aber eher von einer flächigen Besiedlung ausgehen, will man nicht noch weitere Siedlungszentren gegenüber dem Auxiliarlager Worms zwischen Bürstadt und Goddelau und in der Zone zwischen dem Neckargebiet und der Ortenau gegenüber den vermuteten Militärplätzen von Rheinzabem und Seltz postulieren (Abb. 1). Rolf Nierhaus billigte in seinen Forschungen über das swebische Gräberfeld von Diersheim[9] den rechtsrheinischen Germanen Milizaufga-

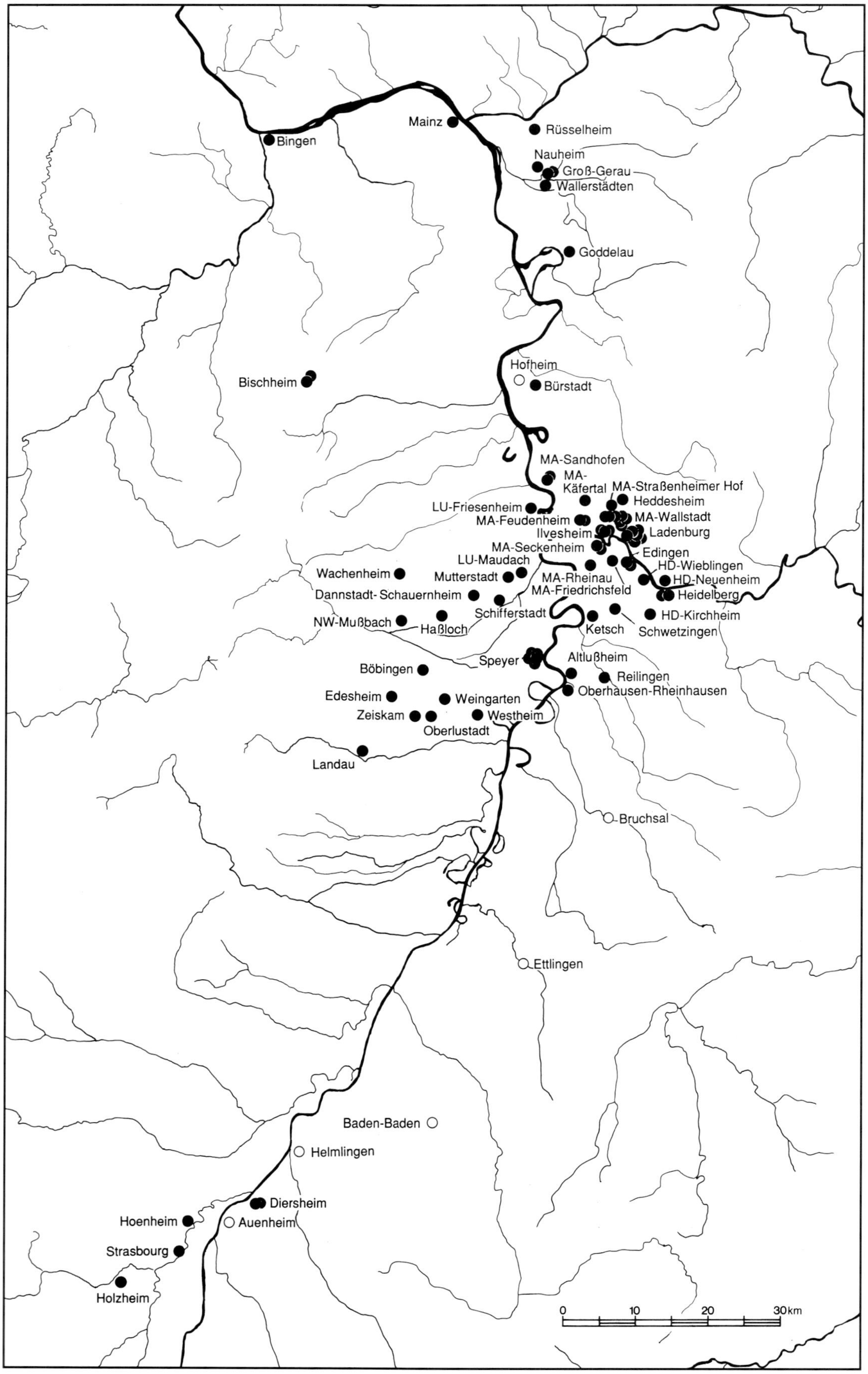


*Abb. 1: Verbreitung elbgermanischer Fundstellen im Oberrheingebiet.*

ben im Rahmen eines „foedus" im Vorfeld der linksrheinischen Kastelle zu[10]. Der z.T. üppige Beigabenreichtum in verschiedenen Gräbern zeigt enge Verbindungen zum römischen Wirtschaftsraum, die nicht nur auf regulärem Handel beruhen konnten. Landwirtschaftliche Produktion mit Export war wohl kaum die primäre Aufgabe dieser Germanen. Das Eintauschen von Luxusgütern kann also nur aufgrund von Leistungen im militärischen Sektor erbracht worden sein.

### Forschungsgeschichte

Die Anfänge der Germanenforschung im unteren Neckargebiet reichen in das 18. Jahrhundert zurück. 1765 entdeckte man bei der Anlage des Schloßgartens zu Schwetzingen Funde, welche sodann im Beisein des Kurfürsten Karl Theodor ausgegraben wurden. 1778 behandelte Casimir Haeffelin die Funde als „Dissertatio de sepulcris Romanis in agro Schwetzingano repertis" in den Actae Academiae Theodoro Palatinae[11]. Auf Ladenburger Gemarkung ist der Beginn der Forschungstätigkeit mit der Auffindung von Grabfunden in der Gewanne „Erbsenweg" im Jahr 1846 verbunden[12].

1893 publizierte Karl Zangemeister eine Grabinschrift von Aubigny, Dép. Saône-et-Loire, auf der eine Tertinia Florentina als „civis Suebae nicretis", Bürgerin der Civitas der Neckarsweben, erscheint[13]. Damit gelang ihm die glänzende Auflösung des bislang ungedeuteten Namenskürzels CVSN auf Inschriften des Neckargebietes in „Civitas Ulpia Sueborum Nicretum".

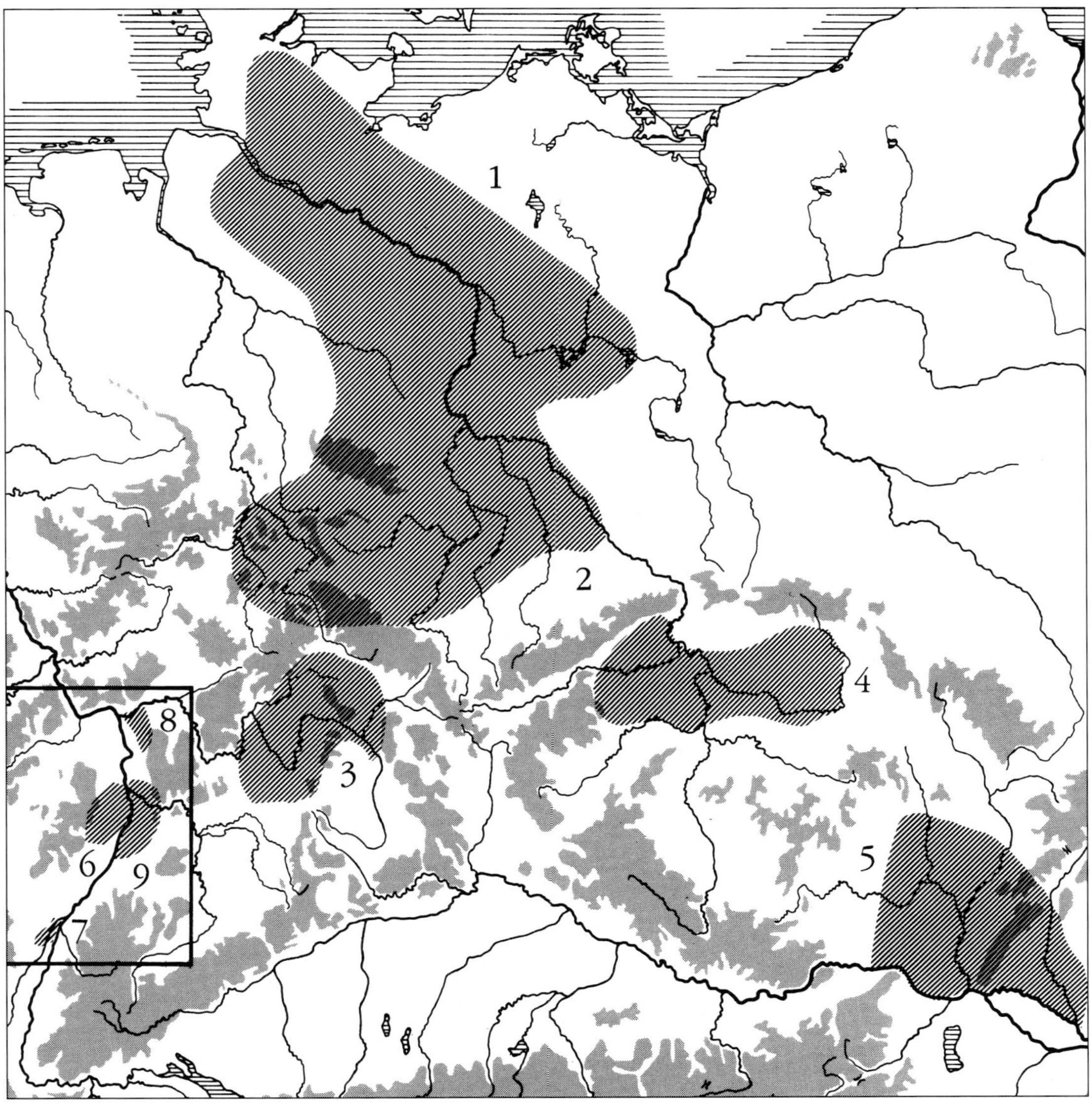


*Abb. 2: Siedlungsgebiete der Elb- und Oberrheingermanen. 1 Unterelbe, Westmecklenburg, nördliches Brandenburg; 2 Mittelelb-Saale-Raum; 3 Main-Tauber-Gebiet; 4 Böhmen; 5 Slowakei; 6 Pfalz; 7 Elsaß; 8 Starkenburg (Südhessen); 9 Neckarmündungsgebiet und südlich anschließende Region.*

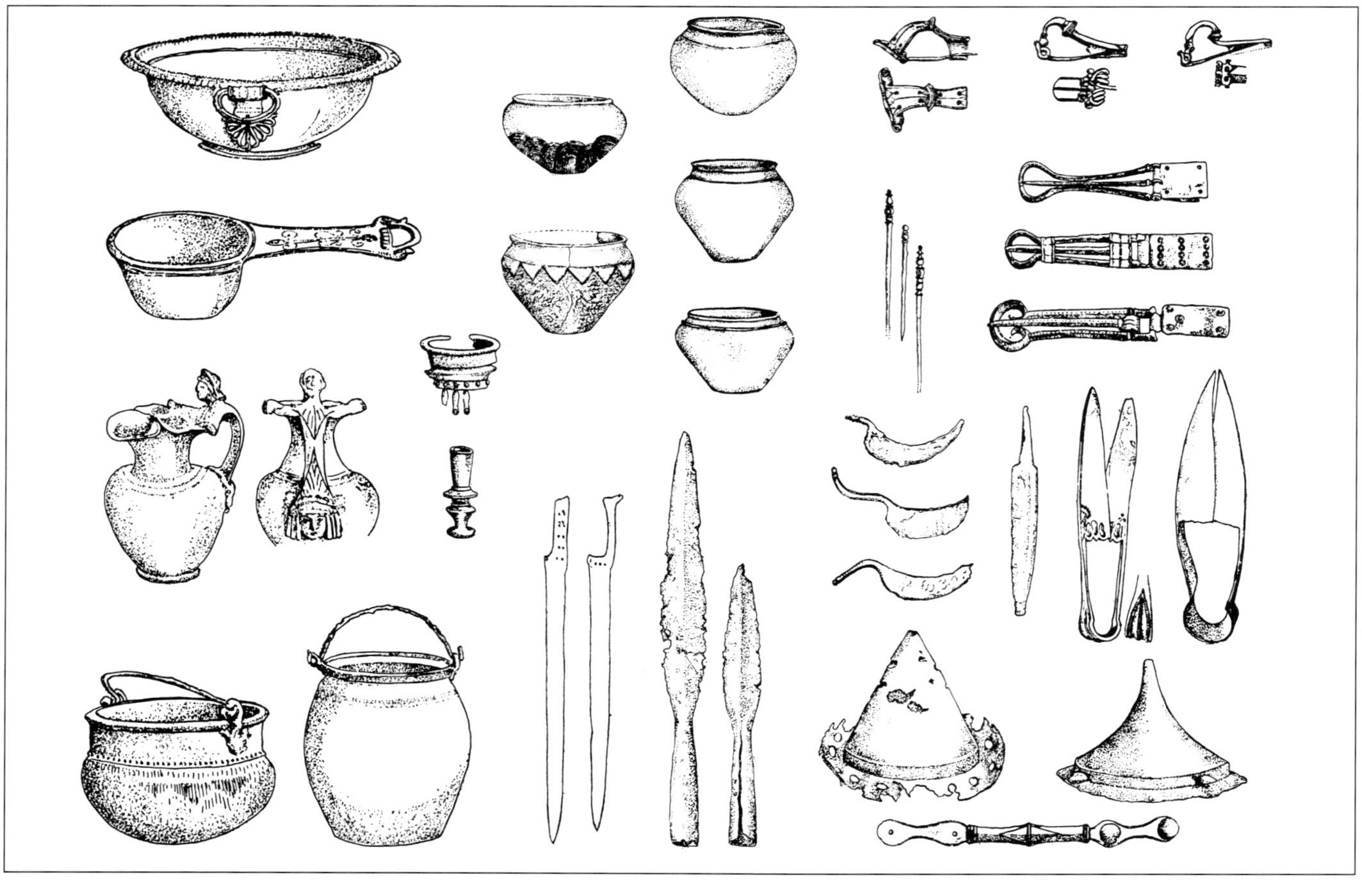

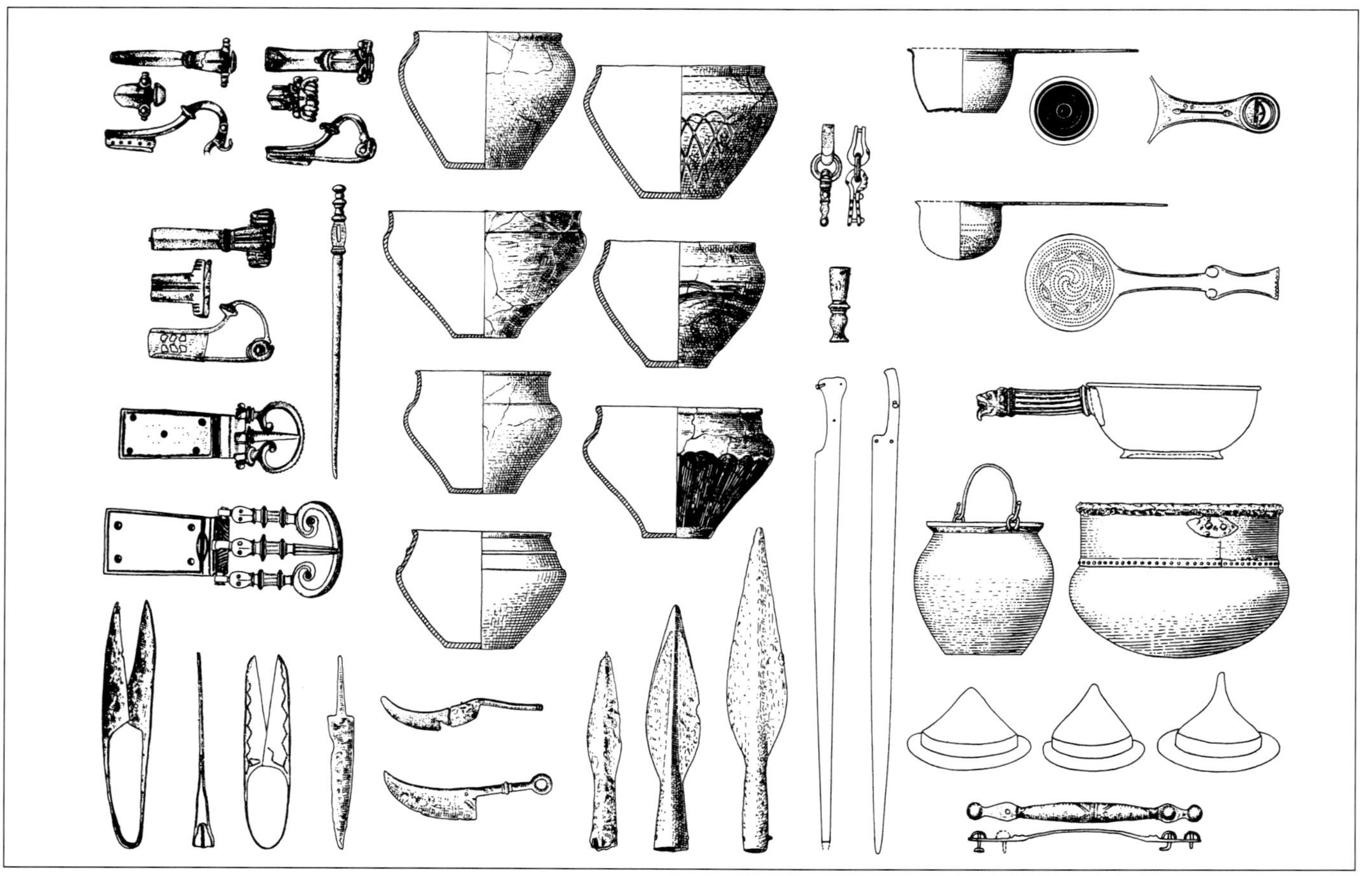

*Abb. 5: Ladenburg am Neckar. Germanische Siedlungsareale (Punktraster) und Bestattungsplätze (Strichraster). Oben links: „Rechts des Wallstadter Weges", oben rechts: „Erbsenweg", Mitte: „Lustgarten", „Weihergärten", unten: „Ziegelscheuer" (Luftbild Rolf Gensheimer).*

Erst 1990 kamen Michael P. Speidel und Barbara Scardigli mit der Neulesung der Inschriften von Fiesole bei Florenz und Trier zu dem Schluß, daß sich die Neckarsweben „Suebi Nicrenses" genannt haben, demnach die Gaugemeinde der Neckarsweben den Namen „Civitas Ulpia Sueborum Nicrensium" getragen hat[14].

Seit der Gründung des Mannheimer Altertumsvereins 1859 erlebte die Region eine fortschreitende Forschungs- und Ausgrabungstätigkeit, besonders an den Plätzen mit neckarswebischen Funden. Damit war das Hauptsiedlungsgebiet der Germanen beidseitig des unteren Neckars fest umrissen. Auch neuere Grabungen bestätigen diese Verbreitung.

Stellvertretend sind hier die Ausgrabungen und Forschungen von Karl Schumacher Ende des 19. Jahrhunderts[15] und die Tätigkeiten von Hermann Gropengießer in der ersten Hälfte dieses Jahrhunderts in Ladenburg zu nennen. Beide haben großen Anteil an der Aufdeckung von Funden im Gräberfeldareal am „Erbsenweg". 1951–1952 konnte Berndmark Heukemes mit Fundbergungen an die alten Grabungen anschließen. Weitere neckarswebische Fundstellen fanden schließlich ihren Niederschlag in dem von Berndmark Heukemes bearbeiteten Ladenburgplan, der 1986 vom Landesdenkmalamt Baden-Württemberg herausgegeben wurde[16].

## Die Siedlungsplätze „Lustgarten" und „Ziegelscheuer"

Im Hauptsiedlungsraum der Oberrheingermanen am unteren Neckar haben die beiden Gemarkungen von Mannheim-Wallstadt und Ladenburg die größte Funddichte erbracht (Abb. 1).

Auf Ladenburger Gemarkung handelt es sich um die Siedlungsareale „Lustgarten", „Weihergärten" und „Ziegelscheuer". Bestattungsplätze liegen im Bereich der Kiesgrube „Rechts des Wallstadter Weges" und am „Erbsenweg" mit dazugehöriger Siedlung (Abb. 5). Im folgenden werden die Siedlungsbereiche „Lustgarten" und „Ziegelscheuer" und das Gräberfeld am „Erbsenweg" vorgestellt.

1960 konnte Dietwulf Baatz bei seinen Ausgrabungen in Ladenburg „Lustgarten" eine neckarswebische Siedlungsgrube, vergesellschaftet mit provinzialrömischer Keramik der claudischen Zeit (39–54 n.Chr.), bergen[17]. Aus dem gleichen Areal im Bereich des Carl-Benz-Gym-

*Linke Seite oben Abb. 3: Fundspektrum germanischer Grabfunde der älteren Kaiserzeit in Böhmen (nach K. Motyková-Sneidrová)*

*Linke Seite unten Abb. 4: Fundspektrum älterkaiserzeitlicher Gräberfelder in der Slowakei (nach T. Kolnik).*

Sportplatz
L 597
Ziegelhütte
Sievertstraße
Gropengießerstraße
Goethestraße
Deichwiese
Merianweg
Lustgarten
Trayanstraße
Kastellweg
Merkurplatz
Vespasianstr.
Sp. Pl.
Valentinianstraße
Domitianstraße
Hadrianstraße
Ev. Kirche
Ausoniusstraße
Heidelberger Straße
Untere Wörth
Sportplatz
Minigolfplatz
Kreuzäcker
Rollweg
Kanzelbach
Kreuzgewann
Sportplatz
Tennishalle
Untere Kandelbach
L 597
Bad
Untere Loosgraben
Ziegelscheuer
Obere Wörth
Obere Wört
Mittelweg

*Abb. 7: Rekonstruktion eines Grubenhauses als Webhütte (nach K.-E. Behre u.a. [vgl. Anm. 20]).*

*Linke Seite Abb. 6: Ladenburg am Neckar. Neckarswebische Siedlung (Rasterfläche) und Villa rustica (Kartengrundlage: Deutsche Grundkarte M 1:5000, Ausschnitt aus den Blättern 6517,10.11/ Copyright LVA Baden-Württemberg. Vervielfältigung am 21. Juli 1998 genehmigt unter Az.: 5.11/1246).*

nasiums stammt als Einzelfund eine fragmentarisch erhaltene germanische Gürtelgarnitur[18].

In der Gewanne Ziegelscheuer, dem heutigen Sportplatzgelände, wurden in den Jahren 1977 bis 1980 durch Berndmark Heukemes Ausgrabungen durchgeführt, die dem dort vermuteten römischen Landgut galten. Dabei kamen auf 200 m Länge Spuren einer älteren, germanischen Ansiedlung zutage[19] (Abb. 6).

Das überaus reichhaltige Fundmaterial stammt durchweg aus Abfallgruben, da nur diese aus der Siedlung erhalten geblieben sind. Einige Gruben zeigen einen rechteckigen oder trapezoiden Grundriß und sind wohl als Grubenhäuser – unterirdisch eingetiefte Werkstatt- und auch Vorratsbereiche mit oberirdischer Dachkonstruktion – anzusprechen[20] (Abb. 7). Nachdem sie in diesen Funktionen nicht mehr in Benutzung waren, wurden sie mit Abfall verfüllt. Dazugehörige Hausgrundrisse mit Pfostensetzungen sind aus diesem Siedlungsplatz nicht nachgewiesen. Damit teilt diese neckarswebische Siedlung das Schicksal der Masse zeitgleicher germanischer Siedlungsbefunde.

Mit der Bearbeitung der Siedlung „Ziegelscheuer" war zugleich eine Analyse des Fundbestandes im Gefüge der oberrheingermanischen Gruppen links und rechts des Rheines verbunden. Dabei kommt der erarbeiteten Gefäßtypologie ein wesentlicher Stellenwert zu. Ist es doch das erste Mal im Oberrheingebiet, daß elbgermanisch geprägte Keramik in so vielfältiger Menge und Variation vorliegt. Es bleibt abzuwarten, ob die herausgearbeitete Keramiktypologie auch für andere große Siedlungskomplexe der Oberrheingermanen eine Allgemeingültigkeit beibehalten wird.

Durch die Vergesellschaftung von provinzialrömischer Keramik mit germanischer Ware

| *Tabelle 1* | | Handgemachte germanische Ware | Provinzialrömische Keramik |
|---|---|---|---|
| Zeitstufe I | (40–60 n.Chr.) | 61% | 39% |
| Zeitstufe II | (60–80 n.Chr.) | 44% | 56% |
| Zeitstufe III | (80–110 n.Chr.) | 17% | 83% |
| Zeitstufe IV | (110–140 n.Chr.) | 4% | 96% |

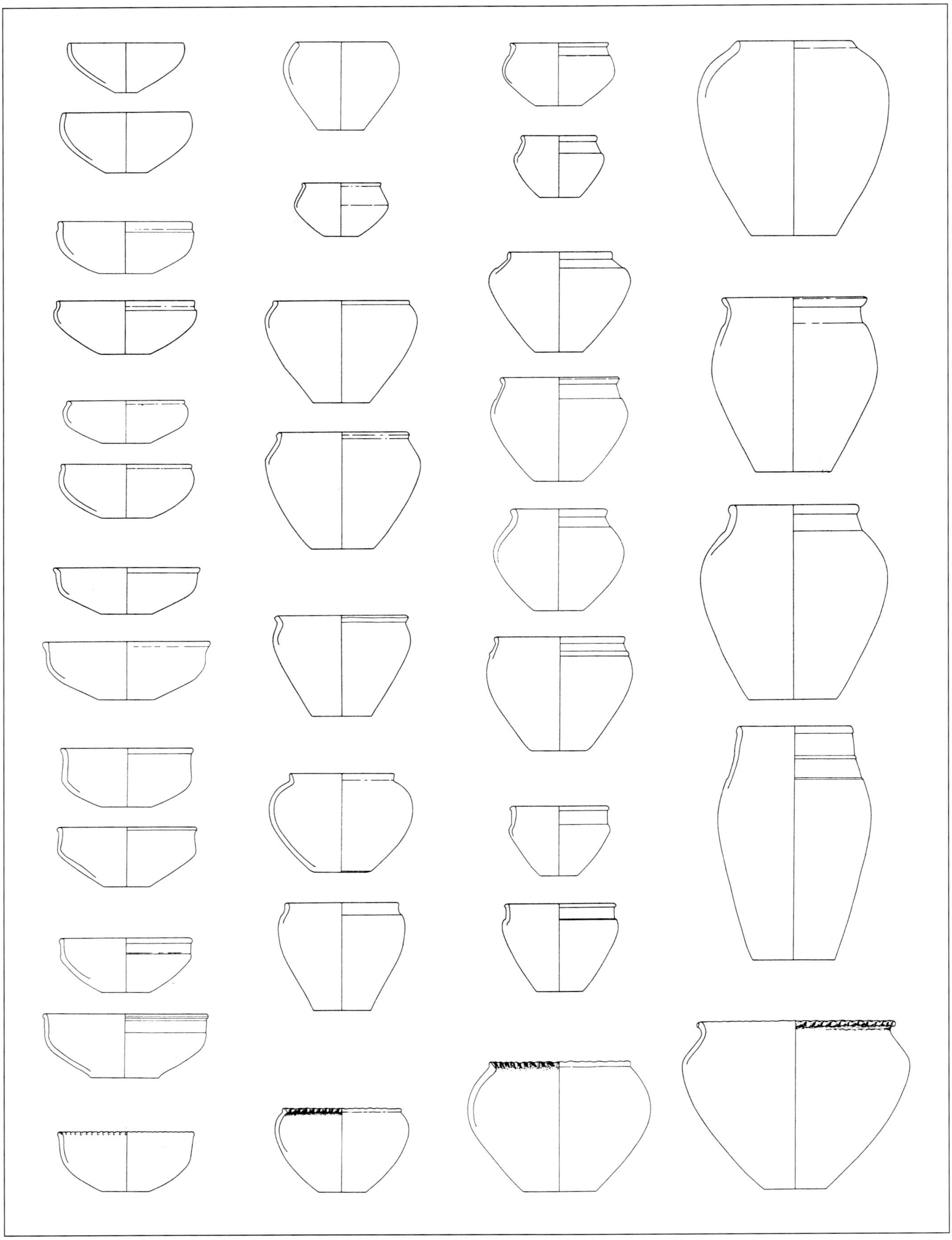

konnten vier Zeitstufen ermittelt und damit der Wandel der germanischen Keramik bis zu ihrem fast völligen Verschwinden sehr gut dargestellt werden (siehe Tabelle 1 auf Seite 49).

Die handgemachte germanische Keramik zeigt sich z.T. in bester Machart und hervorragender Oberflächenglättung, ein charakteristisches Merkmal germanischer Gefäßherstellung. Die Hauptformen der verschiedenen Gefäßarten verteilen sich auf Schalen, Schüsseln und Töpfe. Im einzelnen treten Schalen mit abgesetztem Rand, Knickwandschalen und

*Linke Seite Abb. 8: Ladenburg „Ziegelscheuer". Germanische Keramiktypen aus der Siedlung M 1:8.*

*Abb. 9: Ladenburg „Ziegelscheuer". Scherben handgemachter Keramik mit verschiedenartiger Kammstrichverzierung.*

*Abb. 10: Ladenburg „Ziegelscheuer". Scherben handgemachter Keramik mit verschiedenartiger Ritzverzierung.*

*Abb. 11: Ladenburg „Ziegelscheuer". Scherben handgemachter Keramik mit verschiedenartiger Eindruckverzierung.*

*Rechte Seite Abb. 12: Ladenburg „Ziegelscheuer". Fibeln und Nadeln und Vergleichsfunde aus Starkenburg (Südhessen): 1 Knickfibel mit scharfem Bügelumbruch (Almgren 19); 2 Knickfibel mit weichem Bügelumbruch (Almgren 20); 3 Augenfibel; 4–6 Rollenkappenfibeln; 5 Groß-Gerau Grab 12; 6 Nauheim Grab 31 (nach F. Behn); 7–11 Nadeln mit geripptem Kopf. M 1:2.*

Schalen mit abgesetzter Halszone auf. Gleiches gilt auch für Schüsseln und bedingt für Töpfe. Vielfach waren die Gefäße verziert. Dazu kommen noch Gefäße mit Kerb-, Tupfen- und Wellenrändern (Abb. 8).

Als Musterarten kommen Kammstrich-, Ritz-, Eindruck- und Stempelverzierungen in großer Variationsbreite vor, wobei die Kammstrich- und Ritzmuster mit 38,12 % bzw. 38,55 % gleichmäßig stark vertreten sind (Abb. 9; 10), während Eindruck- und Stempelverzierungen nur noch mit 14,35 % vorliegen (Abb. 11). Gefäße mit Randverzierung gehören mit 5,83 % zu den weniger gebräuchlichen Verzierungen.

Kleinfunde aus Metall kommen nur in geringer Zahl vor. Dazu gehören Fibeln aus römischen und germanischen Werkstätten (Knickfibeln mit kräftigem und weichem Bügelumbruch Almgren 19 und 20[21] und Augenfibeln[22]). Als ausschließlich germanischer Fibeltyp ist das Bruchstück einer Rollenkappenfibel zu bezeichnen. Im Oberrheingebiet kommen Rollenkappenfibeln in großer Häufung in germanischen Gräbern südlich des Mains in der Region Starkenburg vor. Aus dem linksrheinischen Bereich liegt aus Ludwigshafen-Maudach als Lesefund von einer Siedlungsstelle und bislang als einziges Exemplar für diese Region ebenfalls eine Rollenkappenfibel vor[23]. Als weitere germanische Schmuckformen sind Nadeln vertreten[24]. Dabei handelt es sich meist um sehr feine und zierliche Exemplare mit profilierten Köpfen (Abb. 12).

Auf Gürteltracht weist nur ein einzelner Beschlag mit regelmäßiger Anordnung der Nietlöcher in drei Dreiergruppen hin. Zusätzlich zeigt das verbogene Beschlagblech noch eine schwach sichtbare kahnförmige Verdickung auf. Solche Beschlagteile gehören zu mehrteiligen Gürtelgarnituren, die von den Germanen in Kenntnis von Gürteln der norisch-pannonischen Frauentracht adaptiert und formal umgesetzt wurden[25]. Allerdings sind diese germanischen Gürtel nahezu ausschließlich für Männergräber nachgewiesen.

Aus dem Siedlungsbereich „Lustgarten" in Ladenburg liegt eine weitere Form aus germanischer Gürtelproduktion vor. Das fragmentarisch erhaltene Exemplar gehört zu einer Garnitur mit langer, achterförmiger Schnalle mit Riemenkappe und damit zu den frühen, sehr großen Exemplaren von 13–17 cm Länge (Abb. 13). Beide Gürtelformen, wie auch die Nadeln, haben ihr Hauptverbreitungsgebiet in Böhmen[26].

Wie bereits oben erwähnt sind Siedlungseinheiten nur schwer zu fassen. Aber eine Kartierung der einzelnen Abfallgruben und Grubenhütten auf die vier Zeitstufen bezogen hat gewisse Gruppierungen erkennen lassen, die wohl einzelnen Hofstellen angehören. Die Grund-

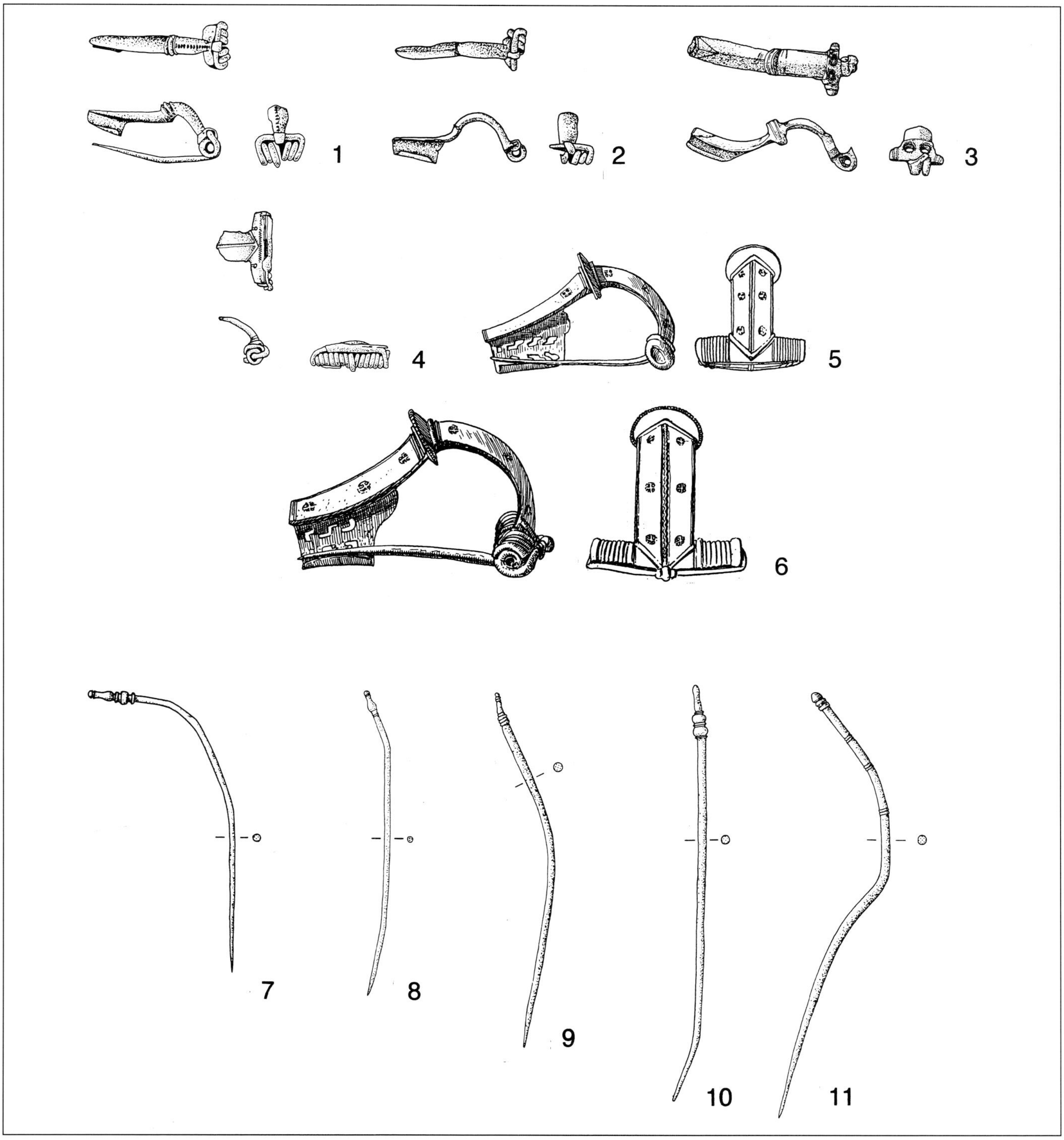


einheit eines Gehöftes dürfte auch in Ladenburg – wie die wenigen zeitgleichen Beispiele im germanischen Bereich andeuten – aus Haus, Speicher und Grubenhütten bestanden haben[27].

Die Gründung von Kastellen wie z.B. in Ladenburg 74/75 n.Chr. bedeutete nicht gleichzeitig das Ende der germanischen Siedlungstätigkeit. Gerade in der Siedlung von Ladenburg „Ziegelscheuer" ist besonders in der spätneronisch bis flavischen Zeit, – der Zeitstufe II, etwa 60–80 n.Chr. – der größte Siedlungsschwerpunkt festzustellen. Erst mit der Einrichtung ziviler Verwaltungsstrukturen infol-

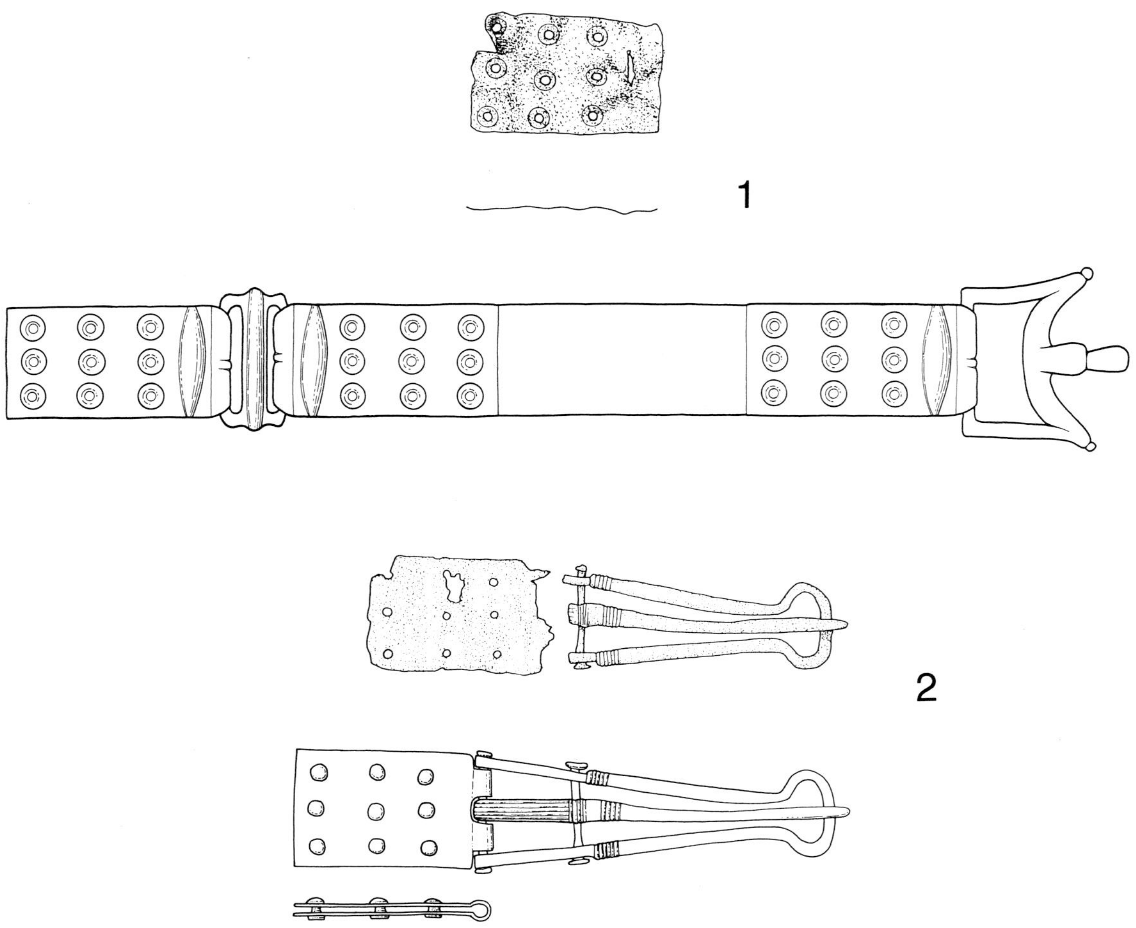


*Abb. 13: Gürtelteile aus den germanischen Siedlungsbereichen Ladenburg „Ziegelscheuer" (1) und Ladenburg „Lustgarten" (Carl-Benz-Gymnasium) (2) und die dazugehörigen Rekonstruktionen. M 1:2.*

ge der Civitasgründung um 100 n.Chr. verlieren die germanischen Siedler im römischen Assimilierungsprozeß mehrheitlich ihre archäologisch faßbare Identität. Einem vergleichbaren Prozeß waren auf linksrheinischem Gebiet zwischen Speyer und Worms mindestens zwei Generationen zuvor, spätestens um die Mitte des 1. Jahrhunderts n.Chr., die Stämme der germanischen Nemeter und Vangionen unterworfen[28].

In der Ladenburger Germanensiedlung wird während des letzten neckarswebischen Siedlungsabschnittes – Zeitstufe IV (110–140 n.Chr.) – in der 1. Hälfte des 2. Jhs. n.Chr. eine Villa rustica gegründet. Wie sich die Ablösung von germanischer Siedlung zu dem römischen Landgut vollzogen hat, bleibt uns verborgen. Falls es sich dabei um eine dorfartige Ansiedlung gehandelt hat, ist es möglich, daß ein Teil der neckarswebischen Siedlungsgemeinschaft in den Vicus abgewandert ist. Bestanden allerdings kleinere Gehöftgruppen – was ich für wahrscheinlich halte – oder ein einziges, großes Hofareal, könnten die Bewohner auch zur Gänze in der Villa rustica aufgegangen sein.

Dabei konnten für das römische Landgut drei Bauphasen festgestellt werden, eine vollständig erhaltene Holzbauphase und zwei darauffolgende Ausbauphasen in gemischter Bauweise in Stein und Fachwerk[29] .

## Villa rustica

### *Grundriß und Rekonstruktion von Bauphase I (Holzbauphase, Abb. 14)*

Die erste Bauphase besteht aus einem einfachen, rechteckigen Holzbau von 20x24,40 m Größe, der nach Süden mit einer Pfostenreihe abschließt, die wohl zu einer Portikusfront gehörte. Die zentrale Halle von 11x14,20 m

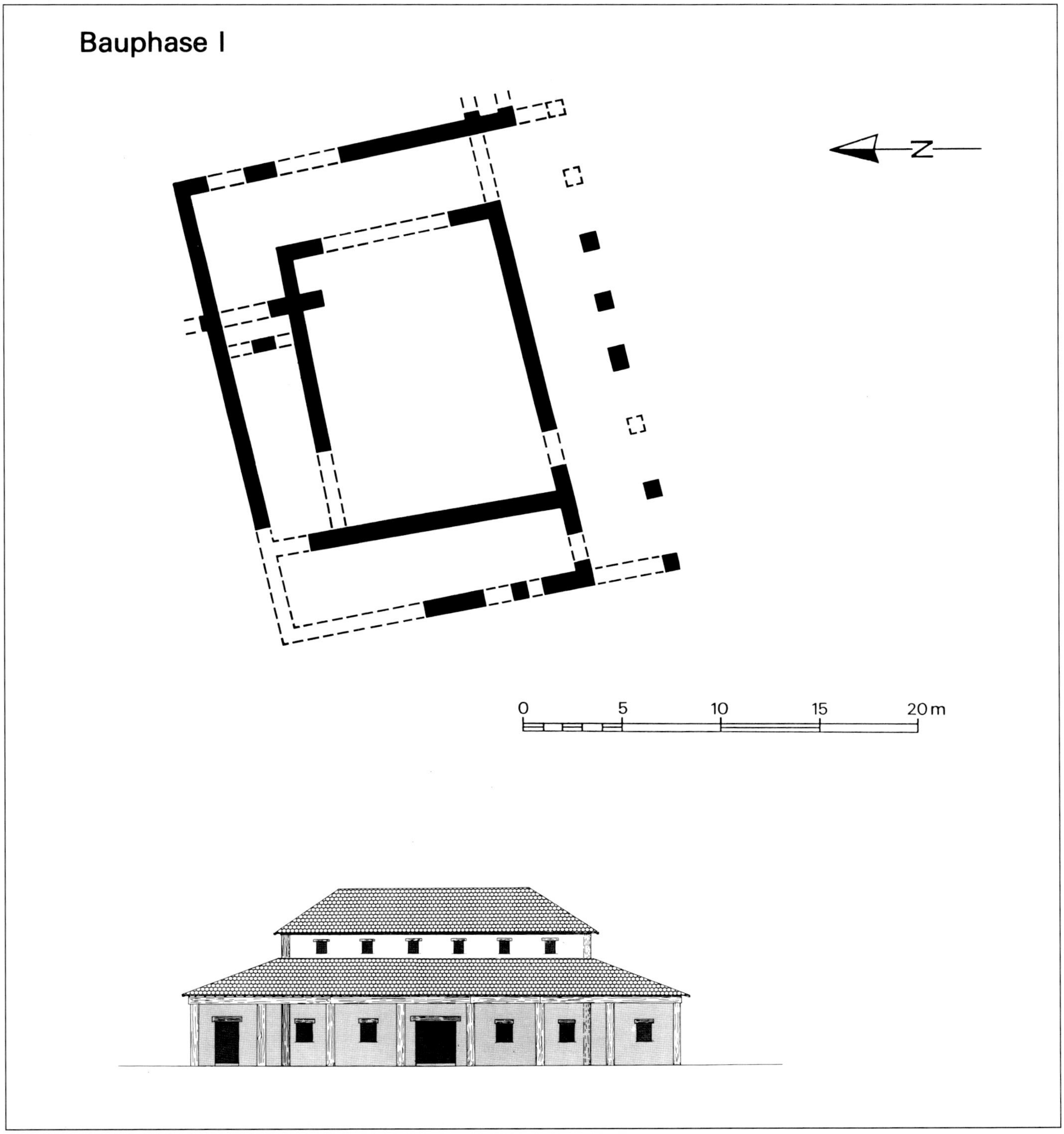


*Abb. 14: Ladenburg „Ziegelscheuer" Villa rustica. Grundriß und Rekonstruktion von Bauphase I (Holzbauphase). Ansicht von Süden. M 1:300.*

Größe, an welche die übrigen Räume angrenzten, hatte keine Hoffunktion, sondern war sicher überdacht. An der östlichen Außenwand ist möglicherweise noch durch im Ansatz vorhandene Pfostengräbchen ein kleiner Anbau zu vermuten. Die Rekonstruktion zeigt, daß für den Holzbau eine Dachdeckung mit Holzschindeln angenommen werden darf.

### *Grundriß und Rekonstruktion von Bauphase II (Abb. 15)*

Diese Bauphase war von eingreifenden Umbaumaßnahmen, unter Einbeziehung von Gebäudeteilen aus Phase I, gekennzeichnet. Dies betrifft den Einbau eines Steinkellers mit daraus resultierender Verschiebung der östlichen

Bauphase II

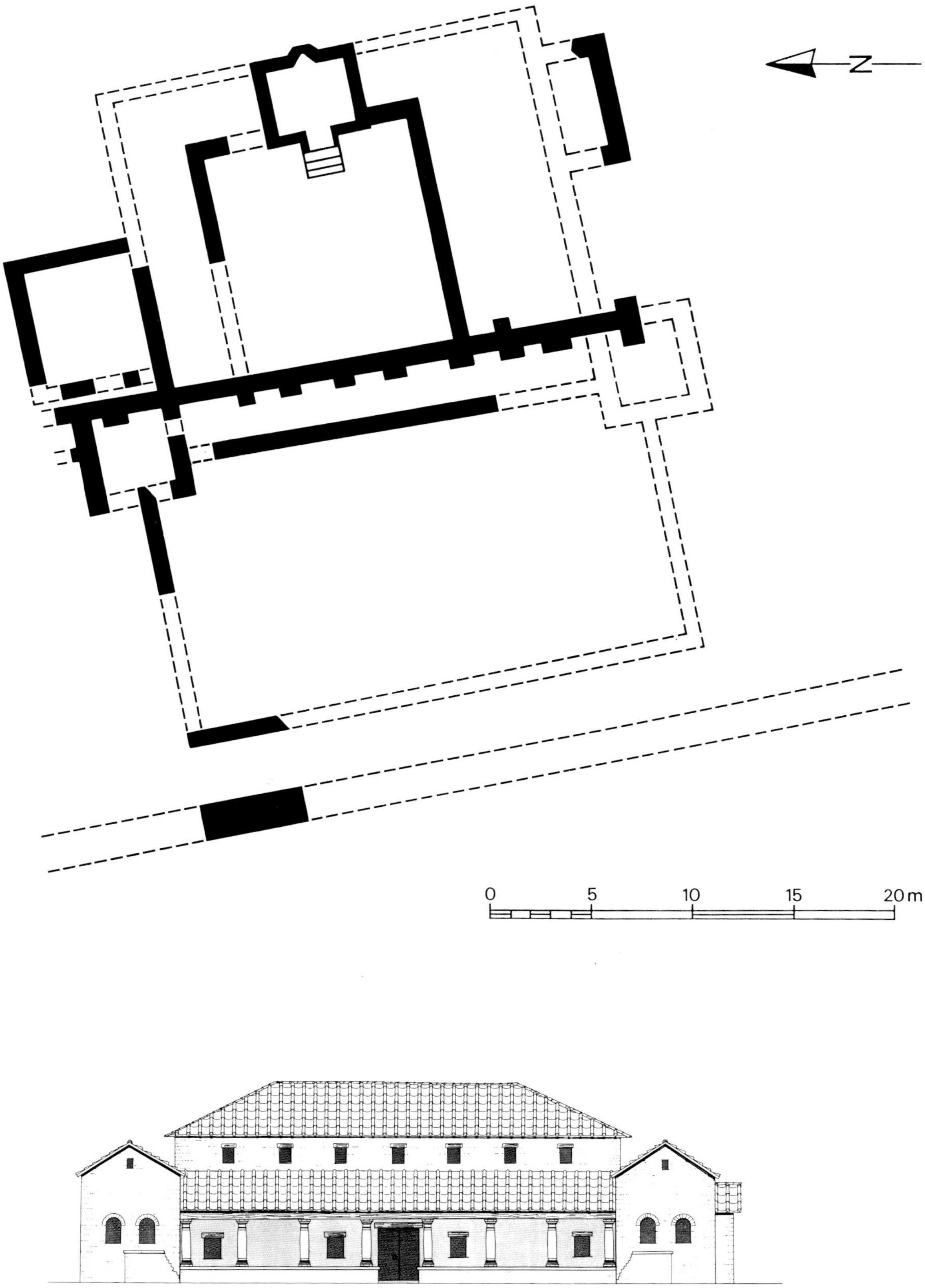

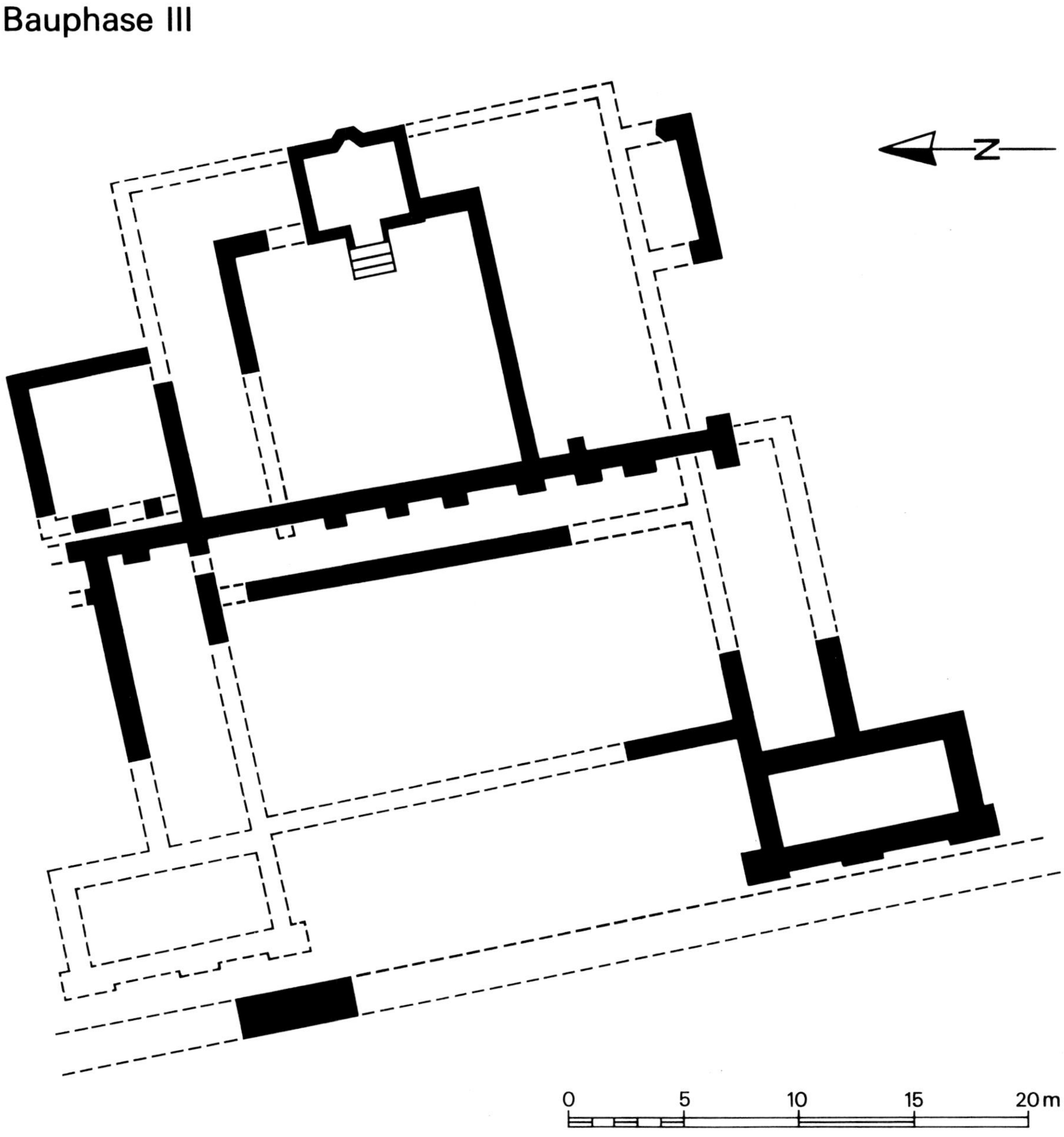
Bauphase III
Z
0
5
10
15
20 m

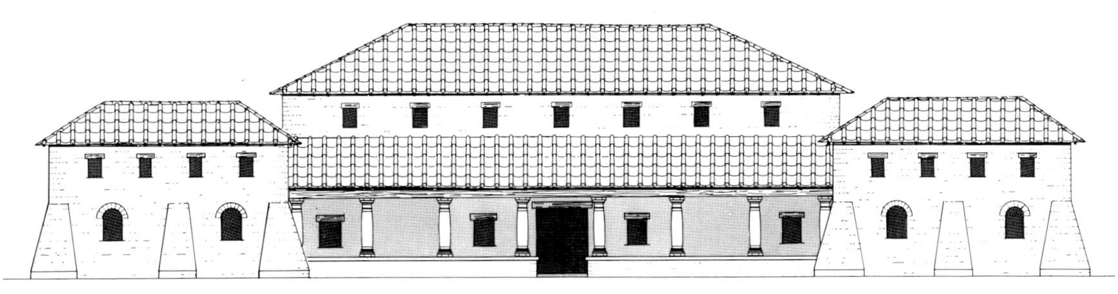

*Vorhergehende Doppelseite, links Abb. 15: Ladenburg „Ziegelscheuer" Villa rustica. Grundriß und Rekonstruktion von Bauphase II. Ansicht von Westen. M 1:300.*

*Vorhergehende Doppelseite, rechts Abb. 16: Ladenburg „Ziegelscheuer" Villa rustica. Grundriß und Rekonstruktion von Bauphase III. Ansicht von Westen. M 1:300.*

Außenmauer, welche nur durch den Kellerlichtschacht belegt ist. Die Außermauer ist nicht mehr nachweisbar und man muß hier wohl von einer Schwellbalkenkonstruktion mit aufgehendem Fachwerk ausgehen. Der Frontbereich, bestehend aus der Portikusfront mit freistehenden, quadratischen Eckrisaliten, wurde nun nach Westen zum Neckarufer hin ausgerichtet. Wie schon in Bauphase I existierte eine zentrale Halle von 11x11,50 m Größe, die auch hier sicherlich überdacht war. Diese wurde durch die neuangelegte Portikusfront im Westen verkleinert. Insgesamt muß man eine gemischte Bauweise in Lehmfachwerk (für die hinteren Gebäudeteile) und in Stein (Keller, Säulenfront und Eckrisaliten) voraussetzen. Villen dieser Bauform werden als „Typus Stahl/ Mayen" klassifiziert[30].

Ausgehend von den Eckrisaliten deuten Längs- und Quermauem auf eine zusätzliche Begrenzung des Geländes hin, um vielleicht vor immer wiederkehrenden Hochwassern Schutz zu bieten und das Herrenhaus zum Neckarufer hin abzusichern. Ob die massive Stützmauer schon in Phase II bestanden hat, ist nicht zu klären.

Falls das Gebäude in diesem Bauabschnitt eine Badeanlage besaß, könnte sich diese dann nur in dem noch stärker fundamentierten rechteckigen Raum an der Nordseite des Hauses befunden haben. Es gibt allerdings keinerlei Hinweise auf entsprechende Baukeramik wie Hypokaustziegel und Tubuli.

### *Grundriß und Rekonstruktion von Bauphase III (Abb. 16)*

Der Unterschied von Phase II zu Phase III besteht im wesentlichen in der Veränderung der Portikusfront. Die quadratischen Eckrisalite wurden zugunsten einer U-förmigen Front mit rechteckigen, massiven Eckrisaliten, die zusätzlich mit mächtigen Stützpfeilern versehen waren, aufgegeben[31]. Dabei handelt es sich nicht um einen vollständigen Abriß der quadratischen Eckrisaliten, sondern eher um eine Integration dieser Gebäudeteile in die neue Front. Beide Risalite waren durch eine Mauer verbunden, die hier nochmals eine flache Terrassierung und zugleich eine zusätzliche Sicherung einerseits des Herrenhauses, wie schon in Bauphase II, andererseits des Geländes zum Neckar hin darstellt. Eine weitere Sicherung des Geländes zum Fluß hin bedeutet die massive Stützmauer, die möglicherweise auch schon in Bauphase II bestanden hat.

### *Rekonstruktion eines bemalten Wandsystems (Abb. 17)*

Bei dem Bauschema der Villa rustica zeigte sich eine kontinuierliche Entwicklung von einer schon aufwendigeren Holzbaukonstruktion mit Portikusfront (Bauphase I) über einen Ausbau in gemischter Bauweise in Stein und Fachwerk mit freistehenden Eckrisaliten und Portikus (Bauphase II) bis zur letzten Bauphase (III) mit einer beachtlichen U-förmigen Portikusfront und massiven, rechteckigen Risaliten. Im Rahmen der Umbauarbeiten ab Bauphase II änderte sich die Lage der Portikusfront von Süden, wie sie in der Holzbauphase bestanden hatte, nach Westen. Dort kam sie dann als repräsentative Schauseite, direkt am Neckarufer gelegen, zur Geltung. Daß das Herrenhaus auch in den Innenräumen entsprechend seiner äußeren Gestaltung gediegen ausgestattet war, zeigen große Mengen von Wandmalereibruchstücken, wobei daraus ein Wandsystem nahezu vollständig ergänzt werden konnte[32]. Diese Wandmalerei ist in drei Zonen aufgeteilt: in Sockel-, Mittel- bzw. Hauptzone und Oberzone. Die Sockelzone besteht im wesentlichen aus unterschiedlich schattierten grünen Pflanzenbüscheln auf schwarzem Grund, darunter ist ein rosafarbener Streifen angelegt. Daran schließt die Mittelzone an, welche aus roten Feldern und schwarzen Lisenen besteht. Diese sind mit Flechtbändern in unterschiedlichen Grüntönen fein ausgemalt, die aus Krateren herauswachsen. In der Mitte der Flechtbänder befinden sich Vierpaßrosetten, ihre Außenränder sind durch weiße Dreipunkte hervorgehoben. Die roten Felder sind im oberen Teil mit grünen bis blaugrünen Girlanden, die an gelben Schleifen hängen, bemalt gewesen. Den Abschluß bildet die Oberzone mit einer Bemalung im Kassettenschema, die möglicherweise zu einer Deckenkonstruktion mit Tonnengewölbe gehört haben könnte. Leider erlaubte der Erhaltungszustand des Herrenhauses keine Zuweisung mehr an die verschiedenen Bauphasen oder etwa an bestimmte Räumlichkeiten.

### *Nebengebäude, Hofeinfriedungen und Toranlagen (Abb. 6)*

Nebengebäude aus der Holzbauphase (Bauphase I) der Villa sind im Bereich der steinernen Nebengebäude nicht nachgewiesen und auch im übrigen Gelände nur zu vermuten. Die beiden großen Nebengebäude im Norden und Süden sehe ich im Zusammenhang mit der Ausbauphase der großen Hofanlage. Das Gebäude auf der Südseite des Hofareals hat einen Grundriß von 18x26 m Größe. Das Nebengebäude an der Nordfront des Villengeländes ist zweiphasig. Der ältere Baubestand weist einen ebenfalls rechteckigen Grundriß von 12,5x24,50 m Größe auf. In der jüngeren Phase wird das Gebäude im Osten und Norden auf 11x20 m verkleinert, dafür aber im Westen durch einen Anbau von 4,5x9,00/ 9,50 m ergänzt. Auch bei der Hofmauer, die eine trapezoide Anlage aufweist, bestehen zwei Bauphasen. Dabei hatte die zur Holzbauphase gehörende Palisadenwand nahezu die gleiche Ausdehnung wie die spätere Steinmauer. Die Westseite war wahrscheinlich nicht begrenzt, da hier das Villengelände zum ehemaligen Nekkarufer abschloß. Das von den Umfassungsmauern umgrenzte Gelände weist eine Größe von 2,5 ha auf. Das Hofareal war mit zwei Toranlagen ausgestattet. Der 3,4 m breite Zugang an der Nordseite entzieht sich einer formalen Beurteilung, und ist nur durch die versetzten Mauersprünge nordöstlich des zweiphasigen Nebengebäudes zu erschließen. Der Hauptzugang liegt in der Mitte der Ostbegrenzung. Die Mauern knicken rechtwinklig ab und ergeben eine Öffnung von 11 m Breite. Beidseits auf 2 m Länge erfaßte Quermauern lassen auf eine aufwendig gestaltete Toranlage schließen. Der eigentliche Zugang betrug dann immer noch 7 m.

### Zur Siedlungsdauer

Insgesamt gesehen reicht dieser Siedlungsplatz vom 1. bis zum 3. Jh. n.Chr. Kurz vor der Mitte des 1. Jhs. wird eine germanische Siedlung gegründet, die in der 1. Hälfte des 2. Jhs. von einer Villa rustica abgelöst wird und drei Bauphasen umfaßt. Innerhalb der Ausbauphasen (Bauphase II und III) sind keine Datierungen möglich, aber der Aus- und Umbau ist in der 2. Hälfte des 2. Jhs. anzunehmen. Die Villabesiedlung endet nach Ausweis des für diese Zeit nur noch spärlich vorhandenen Fundmaterials um die Mitte des 3. Jhs.[33]

### *Die landwirtschaftliche Versorgung des Vicus (Abb. 18)*

Die herausgehobene Lage der Villa rustica „Ziegelscheuer“ am südlichen Vicusrand und einstmals direkt am Flußufer (Nr. 12) weist diesem Platz innerhalb des Villen- und Siedlungsgefüges auf Ladenburger Gemarkung eine ganz besondere Stellung zu. Offensichtlich hat sich nur aus der neckarswebischen Siedlung „Ziegelscheuer“ ein römischer Gutshof entwickelt. Ob die Villa rustica „Rechts des Wallstadter Weges“ ebenfalls aus einer germanischen Siedlung hervorgegangen ist, was bei der Nähe des Gräberfeldes zu vermuten wäre, bleibt derzeit unklar. Von den ausgedehnten germanischen Siedlungsflächen am „Erbsenweg“ und in den „Weihergärten“ sind keine späteren Villenstellen bekannt, wohl liegen aber für den Bereich „Weihergärten“ Belege für eine kleinere römische Siedlung vor[34], wie immer diese auch strukturiert war. Insgesamt sind auf Ladenburger Gemarkung 15 ländliche Siedlungsstellen bekannt, die trotz fehlender Grabungen einerseits sicher als Gutshöfe, andererseits wohl als Siedlungen vom Typ „Weihergärten“ anzusprechen sind. Hauptaufgabe dieser Güter, wie vielleicht auch dieser Kleinsiedlungen war es, die landwirtschaftliche Versorgung des Vicus zu gewährleisten.

### *Liste der Siedlungsstellen und ihre Entdekkungszeiten*

(Nachweise zu den Fundstellen 1–11 finden sich in der Archäologischen Karte[35], S. 32f. – Zu 12–15 im Archäologischen Plan des römischen Ladenburg [1986] und Nr. 15 zusätzlich in den Archäologischen Ausgrabungen 1983 [1984], S. 120ff.)

1. Rosenhof, 1766, Villa
2. „Kirchfeld“, 1948, Villa
   (In der Archäologischen Karte versehentlich westlich der Kreuzung Mittel- und Sauweg eingetragen.)

*Abb. 17: Ladenburg „Ziegelscheuer" Villa rustica. Farbige Rekonstruktion eines Wandsystems aus dem Hauptgebäude.*

3. „Rechts des Wallstadter Weges" (oder auch „am Galgen"), 1960, Villa
4. „Kirchfeld", 1960, Villa
5. nördlich Dossenheimer Weg, 1962, Siedlung
6. „Kirchfeld" (am sog. Güterweg), 1963, Villa
7. „Weidegarten", 1964, Siedlung
8. „Weidegarten", 1964, Siedlung
9. „Erlenfeld", 1964, Siedlung (In der Archäologischen Karte nicht kartiert.)
10. südlich Dossenheimer Weg, 1964, Siedlung
11. „Alter Hof", 1964, Villa
12. „Ziegelscheuer", 1977, Villa
13. „Obere Kreuzgewann", Siedlung?
14. „Ladengewann rechts", Siedlung?
15. „Weihergärten", 1975, Siedlung.

*Rechte Seite Abb. 18: Verbreitung von römischen Siedlungs- und Villenstellen im Umfeld von Lopodunum-Ladenburg (Kartengrundlage: Topographische Karte 1:25000, Ausschnitt aus Blatt 6517 /Copyright LVA Baden-Württemberg. Vervielfältigung genehmigt am 21. Juli 1998 unter Az.: 5.11/ 1246).*

## Das Gräberfeld am „Erbsenweg"

Mit der Anlage der Kiesgrube A am „Erbsenweg" im Norden von Ladenburg für den Bau der Eisenbahnlinie 1846 begann die Fundgeschichte des Gräberfeldes (Abb. 19).

Die Grabfunde von 1846 und viele Einzelfunde, die heute auf die Museen Karlsruhe (Badisches Landesmuseum) und Mannheim (Reiss-Museum) verteilt sind, stammen aus diesem Bereich und sind in einem Zeitraum bis 1899 zusammen mit Funden des latènezeitlichen Gräberfeldes geborgen worden.

Das Fundensemble von 1846 enthielt ein Gefäß provinzialrömischer Art, ein Fibelpaar mit kräftigem Bügelumbruch der Form Almgren 19, – diese Gegenstände sind inzwischen verschollen –, eine Schere, zwei Messer und eine Lanzenspitze. Der Zusammenhang ist nicht einwandfrei als geschlossener Grabfund bezeichnet, aber die einheitliche Zusammensetzung läßt solches dennoch vermuten[36] (Abb. 20). Die vielen Einzelfunde stammen ebenfalls aus germanischen Brandgräbern und waren durch die Brandpatina teilweise sehr gut erhalten. Dabei handelt es sich hauptsächlich um Metallgegenstände wie Fibeln, Waffenteile – Lanzenspitzen, Schildfesseln, Schildbuckel und Schildnägel –, Geräte wie Messer mit profilierten Griffenden und schlüssellochförmiger

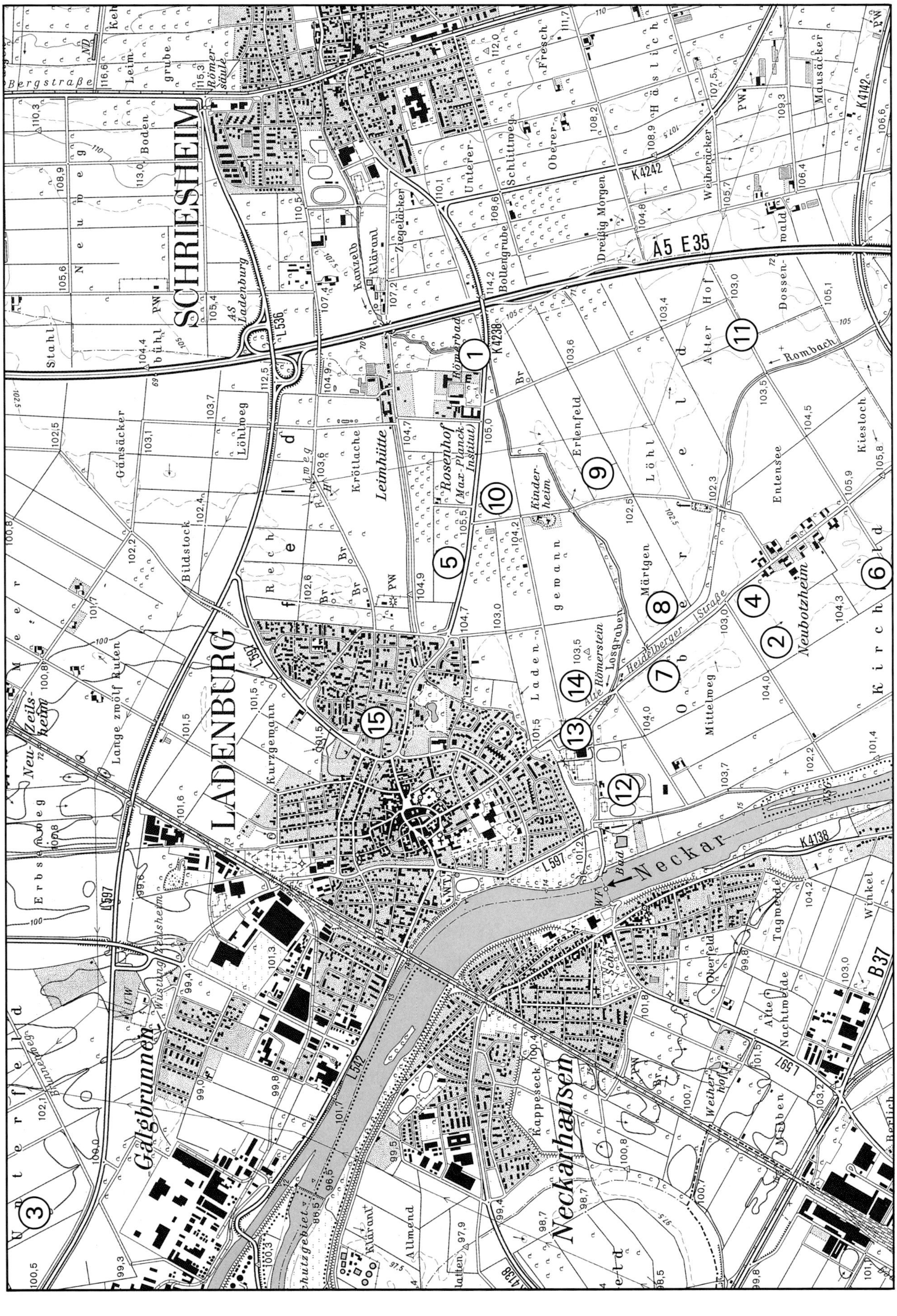
SCHRIESHEIM
LADENBURG
Neckarhausen
Neubotzheim
Galgbrunnen
Neu-Zeilsheim
Leimhütte
Rosenhof (Max-Planck-Institut)
Kinderheim
Neckar
A5 E35
Bergstraße
Heidelberger Straße
Alte Römerstein
1
2
3
4
5
6
7
8
9
10
11
12
13
14
15

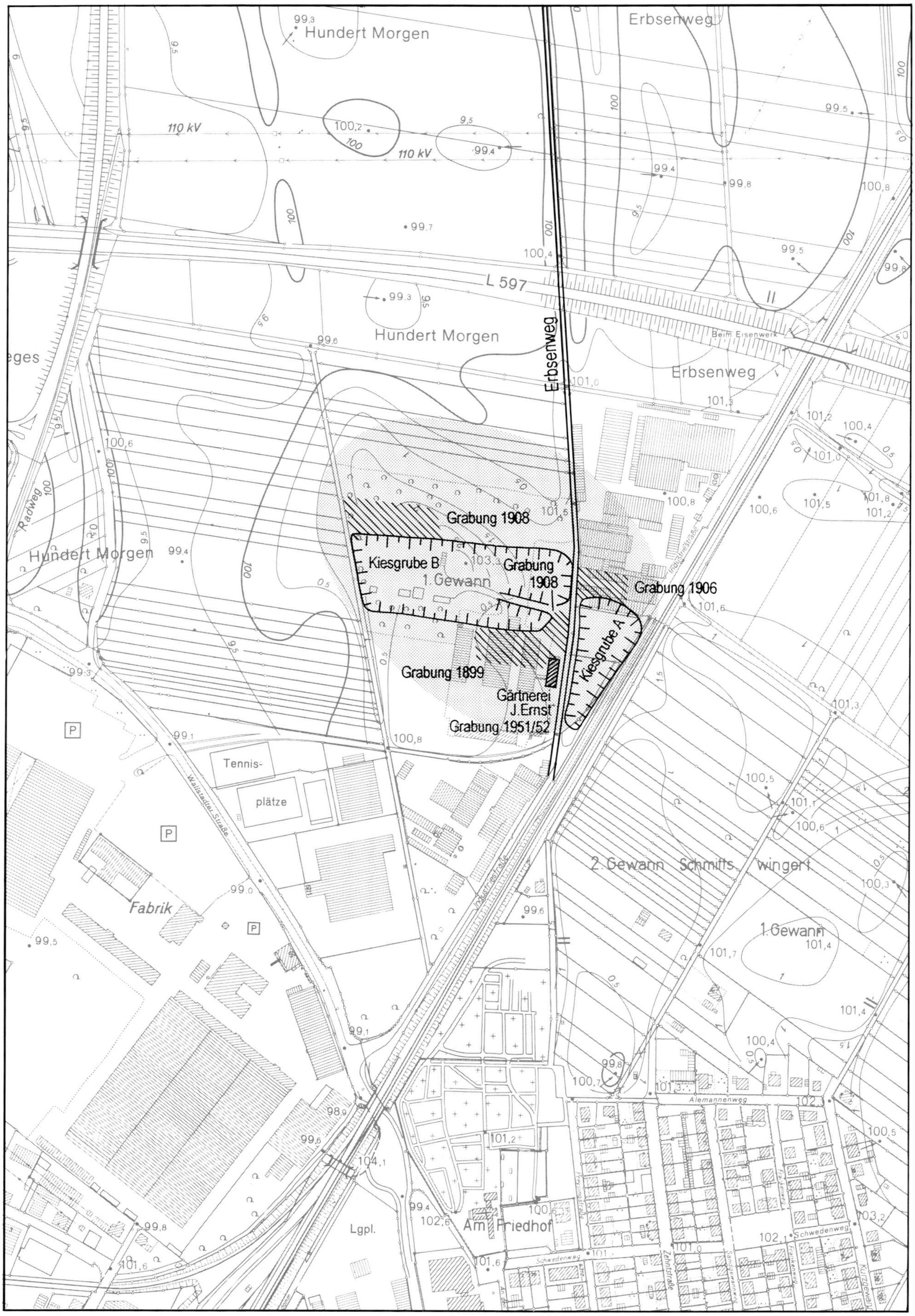
Hundert Morgen
Erbsenweg
110 kV
L 597
Beim Eisenwerk
Erbsenweg
Hundert Morgen
Erbsenweg
Radweg
Hundert Morgen
Grabung 1908
Kiesgrube B
1. Gewann
Grabung 1908
Grabung 1906
Kiesgrube A
Grabung 1899
Gärtnerei J. Ernst
Grabung 1951/52
Tennis-
plätze
Wallstadter Straße
Fabrik
2. Gewann Schmitts wingert
1. Gewann
Alemannenweg
Schwedenweg
Am Friedhof
Lgpl.
Zehntstraße

*Linke Seite Abb. 19: Ladenburg am Neckar. Lageplan des Gräberfeldes am „Erbsenweg“ mit Eintragungen der verschiedenen Grabungsareale. Rasterfläche: Vermutete Ausdehnung des Gräberfeldes (Kartengrundlage: Deutsche Grundkarte M 1:5000, Ausschnitt aus Blatt 6517,4 /Copyright LVA Baden-Württemberg. Vervielfältigung genehmigt am 21. Juli 1998 unter Az.: 5.11/ 1246).*

*Abb. 20 a und b: Ladenburg „Erbsenweg“. Grabfund von 1846 (Archäologische Sammlungen im Reiss-Museum der Stadt Mannheim).*

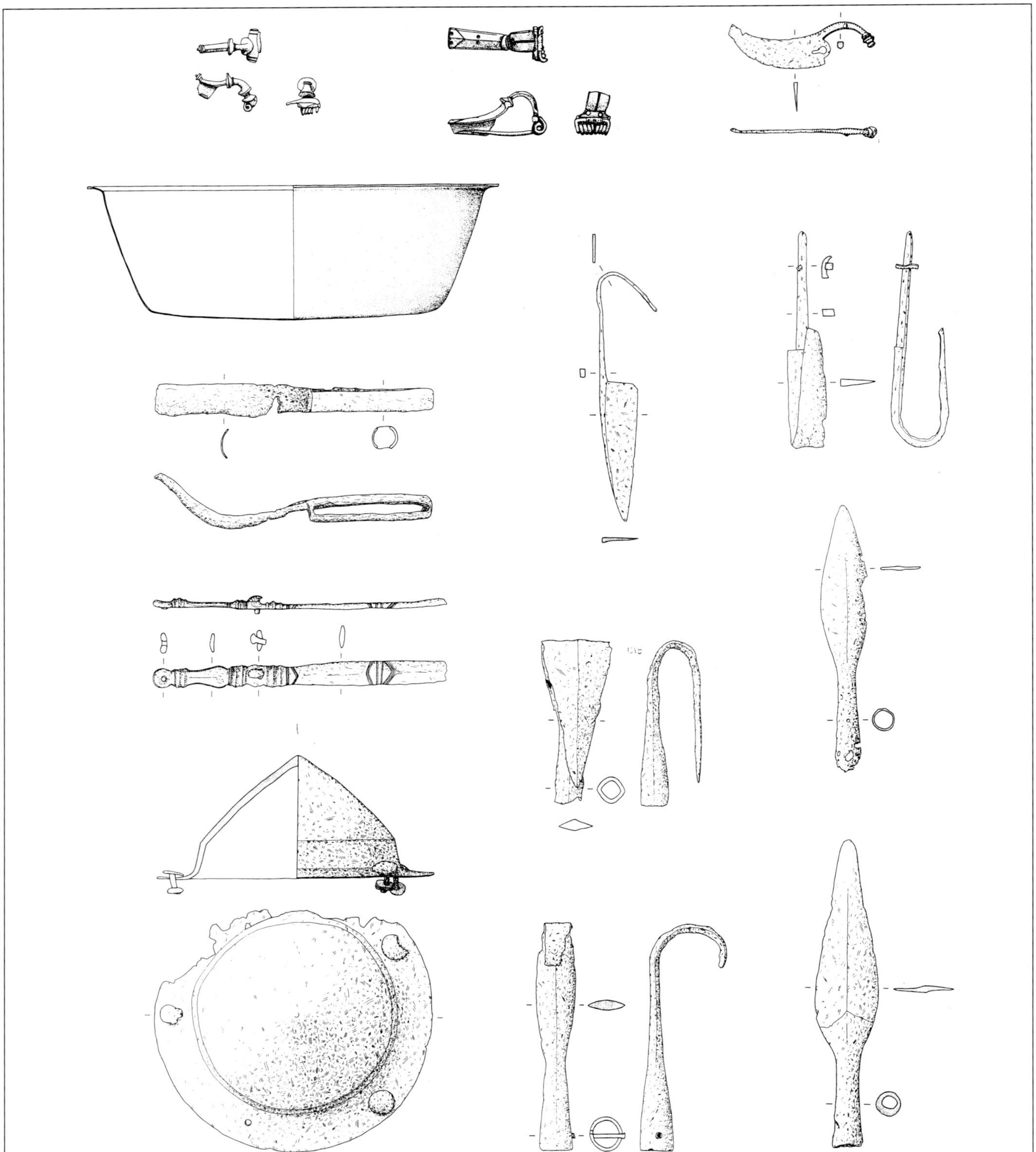

Abb. 21: Ladenburg „Erbsenweg". Fundspektrum der Altfunde von 1846-1899. M 1:4.

Durchbrechung an der Klinge, Scheren und viele Reste stark verschmolzenen Bronzegeschirrs[37]. Einige der Gegenstände, besonders die Lanzenspitzen, waren durch den Grabritus bedingt absichtlich verbogen (Abb. 21). Die ersten planmäßigen Ausgrabungen wurden 1899 im Auftrag des Mannheimer Altertumsvereins durch Karl Schumacher, Mainz, durchgeführt. Von dieser Grabung stammt neben vorgeschichtlichen Befunden und Funden u.a. ein „frührömisches" Brandgrab wohl germanischer Prägung mit einem eisernen, gestempelten Messer und mehreren Gefäßen, von dem nur noch das Messer nachweisbar ist[38].

Diese Fundbergungen fanden allerdings in dem Bereich südlich der großen Kiesgrube B statt. 1906 wurden die Grabungen des Mannheimer Altertumsvereins unter der Leitung von Major v. Seubert und J. Wurz östlich des Erbsenweges, im Nordosten der Kiesgruben, weitergeführt. Aus dieser Grabung ist ein germanischer Grabfund belegt; davon ist nur noch die Urne vorhanden. 1908 wurden die Grabungen unter Hermann Gropengießer am Süd- und Nordrand der großen Kiesgrube B fortgesetzt.

Vom Südrand der Kiesgrube stammt das Urnengrab mit verbogener Lanzenspitze, Schere und Resten von Eimer, Sieb und Trinkhorn[39] (Abb. 22).

Am Nordrand der Kiesgrube konnte ein Gräberfeldausschnitt mit 13 Bestattungen, davon 12 Brandgräber und ein Körpergrab, aufgedeckt werden[40].

Nur noch wenige Funde sind aus diesem Bereich nachweisbar, die einzelnen Grabinventaren zugeordnet werden können. In diesem Gräberfeldbereich befinden sich auch die Gräber des 2. und 3. Jhs. n.Chr. Das sicher jüngste Grab 5 wird durch die Beigabe einer Terra Sigillata-Schüssel des „Töpfers" Julius II/Julianus I aus Rheinzabern in die Mitte des 3. Jhs. n.Chr. datiert[41]. Damit endet der Bestattungsplatz am „Erbsenweg" im gleichen Zeitraum wie der Siedlungsbereich „Ziegelscheuer".

Den Abschluß der frühen Grabungskampagnen vor dem Ersten Weltkrieg dürfte wohl ein wichtiger Grabfund mit Helmbeigabe bilden, der im Reiss-Museum mit dem fraglichen Funddatum 1913? versehen ist. Bislang war das Grab überhaupt nicht bekannt, da keinerlei Aufzeichnungen und Unterlagen existieren.

*Abb. 22: Ladenburg „Erbsenweg". Grabfund von 1908 am Südrand der großen Kiesgrube B. Metall M 1:4; Keramik M 1:6.*

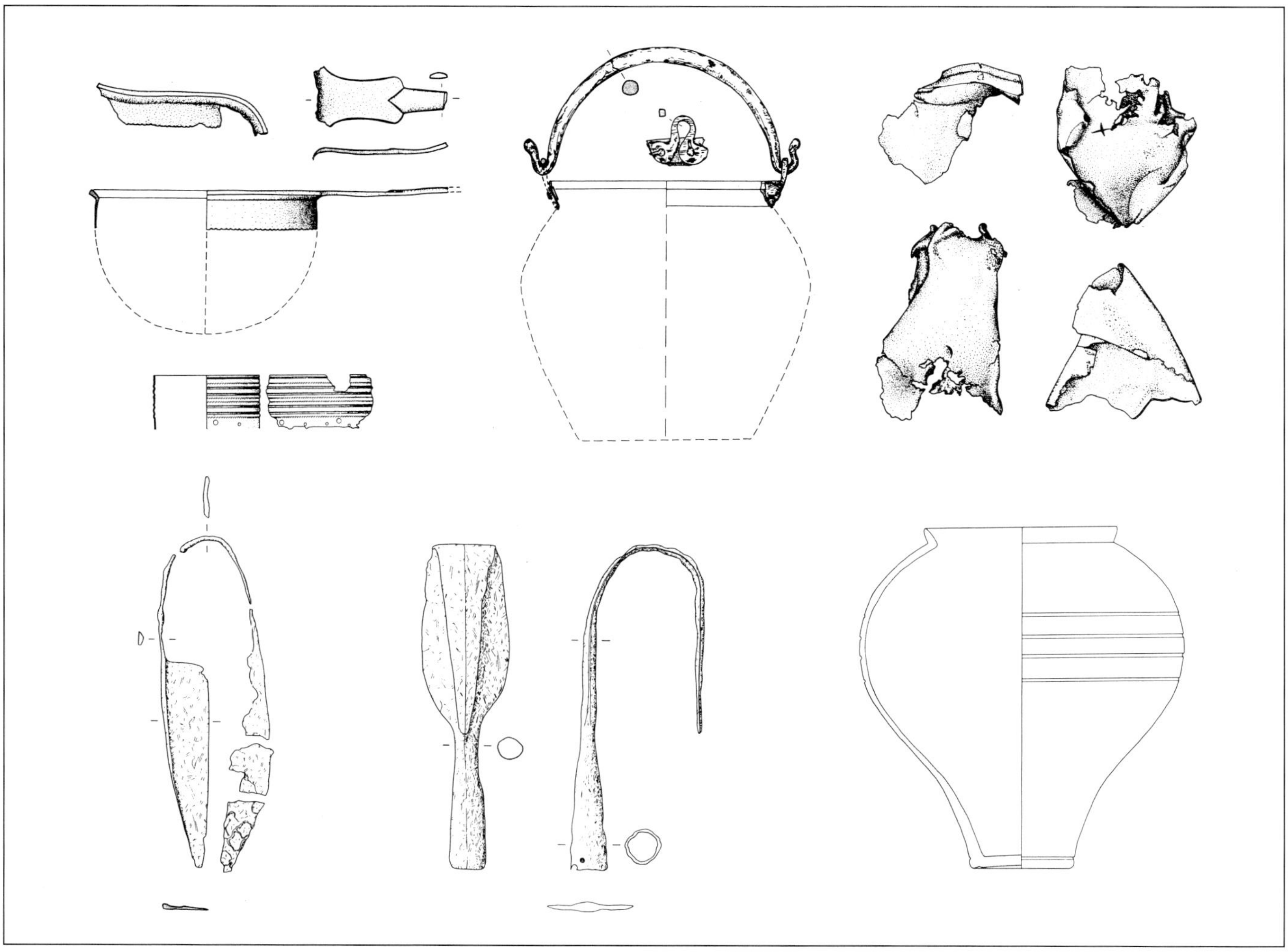

*Abb. 23: Ladenburg „Erbsenweg". Fundspektrum der Neufunde aus den Grabungen 1951/52. Metall M 1:4; Keramik M 1:6.*

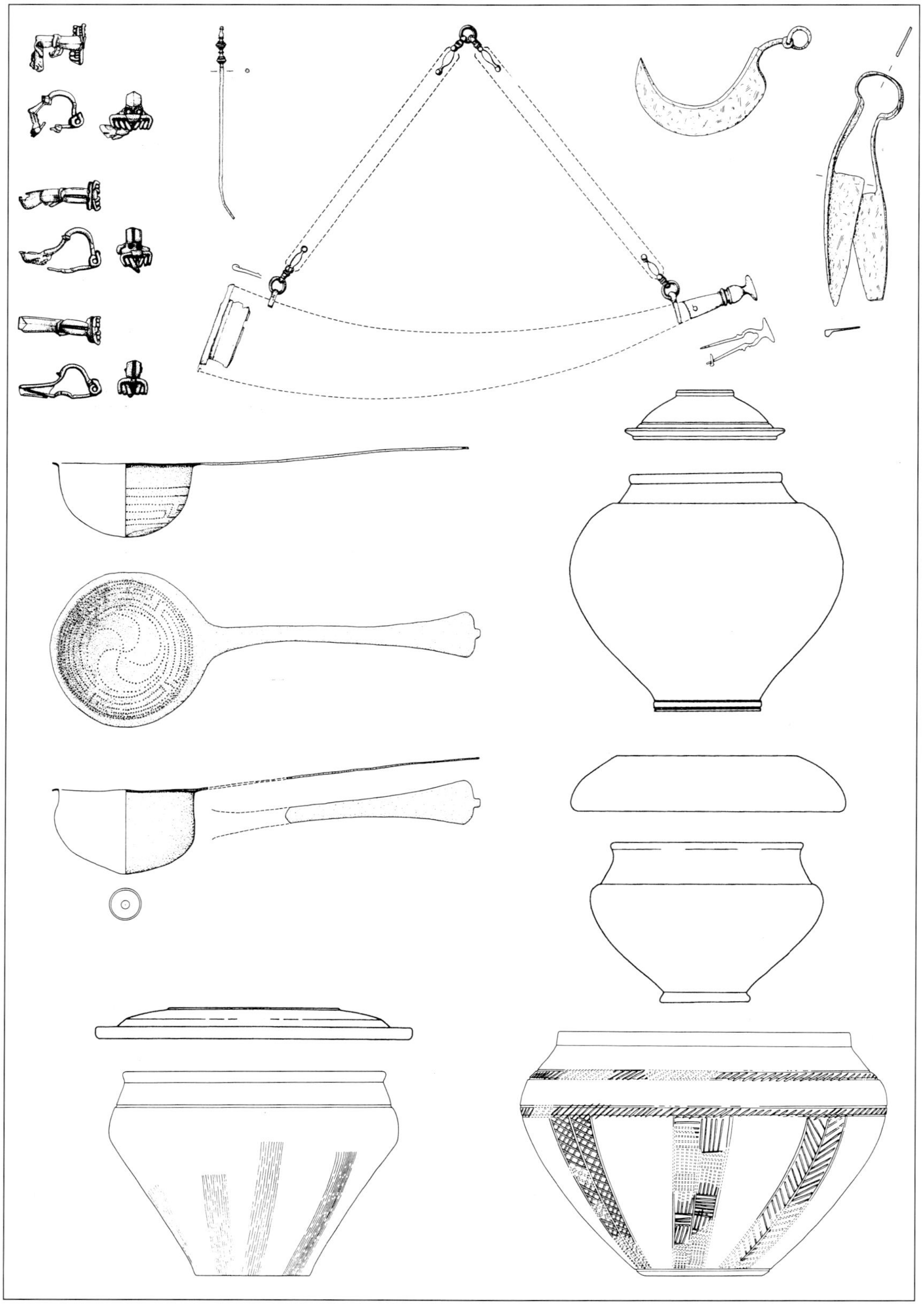

Erst 1996 kamen die Fundgegenstände bei der Sichtung und bei Aufräumarbeiten von kriegsbedingt ausgelagerten Funden im Mannheimer Reiss-Museum wieder zum Vorschein.

1951 ergab sich die Möglichkeit, an die alten Grabungen von 1908 anzuschließen. Beim Neubau der Gärtnerei Jacob Ernst konnten 14 Gräber bzw. Grabreste, darunter drei vorgeschichtliche Bestattungen und ein alamannisches Grab, geborgen werden. An den Fundbergungen waren Berndmark Heukemes, Ernst Döpfner und Franz Gember beteiligt.

Im Spätjahr 1952 gelang es B. Heukemes im Alleingang weitere Gräber freizulegen. Im Anschluß an den Neubau in südlicher und östlicher Richtung wurden zwölf Gräber der Nekkarsweben ausgegraben.

Das Brandgräberfeld am „Erbsenweg“[42] lieferte einen guten Bestand erhaltener Gefäße germanischer und provinzialrömischer Prägung und gibt gleichzeitig beispielhaft Einblicke in germanische Grabinventare, die einerseits aus elbgermanisch-neckarswebischen Elementen, andererseits aus römischem Import bestehen.

Bei der germanischen Keramik handelt es sich um handgemachte Schüsseln mit abgesetzter Halszone, z.T. mit Kammstrich- und Ritzverzierung versehen. Das römische Geschirr besteht aus Terra Rubra- und überwiegend Terra Nigra-Gefäßen. Beide Gefäßgattungen, germanische wie römische Keramik, wurden als Leichenbrandbehälter genutzt. Vielfach wurden die Urnen mit römischen Kleingefäßen wie Näpfen und Tellern abgedeckt.

Einige der Leichenbrandbehälter weisen auf der Gefäßwand oder im Geßäßboden intentionell gebohrte Löcher auf. Diese werden als sogenannte „Seelenlöcher“ bezeichnet, wodurch die Seele der oder des Toten in die jenseitigen Gefilde entweichen sollte.

Von dem römischen Bronzegeschirr ist lediglich ein Sieb/Kelle-Paar ganz erhalten. Die anderen Bronzegeschirrbeigaben sind durch die Feuerbestattungen sehr stark zerschmolzen oder in kleine Stücke zerplatzt. Die Gründe für den starken Zerschmelzungsgrad des Bronzegeschirrs sind darin zu suchen, daß die Gefäße Speisebeigaben enthielten und somit auf dem Scheiterhaufen mitverbrannt wurden oder aber neben dem Scheiterhaufen durch starke Hitzeeinwirkung in Mitleidenschaft gerieten[43]. Trinkhörner als besonders charakteristische germanische Grabbeigabe, sind durch ihre erhalten gebliebenen Bronzebeschläge für zwei Gräber belegt[44].

An Schmuckgegenständen liegen Fibeln mit bis zu drei Exemplaren in einem Grab vor, die auf eine Mehrfibeltracht hindeuten. Wiederum als typisch germanische Trachtausstattung sind Nadeln mit profiliertem Kopf vertreten (Abb. 23).

Bei den Fundzusammensetzungen der Altgrabungen bis 1908 und der neueren Grabungen von 1951/52 fällt auf, daß unter den Altfunden ein hoher Anteil an Waffengegenständen vorliegt, während dagegen in den Gräbern jüngeren Funddatums keine Waffenteile vorkommen. Es ist daher zu vermuten, – wenn Waffen zum Ausstattungshabitus der Männergräber gehören –, daß Frauen und Männer vielleicht in geschlechtsspezifisch getrennt liegenden Bereichen bestattet wurden, wie dies in den germanischen Ursprungsgebieten nachzuweisen ist[45].

Unter den germanischen Bestattungsplätzen am Oberrhein nimmt das Gräberfeld am „Erbsenweg“ neben den Gräberfeldern von Groß-Gerau[46] und Nauheim[47] in der Region südlich des Mains und Diersheim[48] in Südbaden wohl eine gleichrangige Stellung ein. Auch wenn innerhalb der verschiedenen Beigabengruppen wie der Trachtausstattung, besonders dem Bronzegeschirr, dem Keramik- und Gerätebestand unterschiedliche Gewichtungen bestehen, so zeigen diese Gräberfelder dennoch einen einheitlichen germanischen Charakter elbgermanischer Prägung und geben damit Hinweise auf die Herkunft der dort Bestatteten.

Als herausragender Fund im Gräberfeld am „Erbsenweg“ hat das leider nur fragmentarisch erhaltene Brandgrab mit Helmbeigabe zu gelten[49] (Abb. 24). Außer dem eisernen Helm enthielt das Grab eine Strigilis aus Bronze – ein Gerät zur Hautreinigung während des Badevorganges – und zwei Bronzegefäße. Der Helm steht formal zwischen den Helmtypen „Weisenau“ und „Niederbieber“. Durch seinen dreieckig ausgebildeten Stirnbügel, die breiten Ohrenschutzbleche und einen langen Nackenschutz läßt er sich eher in die Nähe der jüngeren Form „Niederbieber“ zuweisen, die für das 2. und 3. Jh. n.Chr. gebräuchlich wird[50]. Der schlechte Erhaltungszustand gibt leider nicht mehr zu erkennen, ob der Helm mit Beschlägen aus Bronze verziert war. Im Gegensatz zum Weisenauer Helmtyp, der als Infanteriehelm in Benutzung war, gehörte der

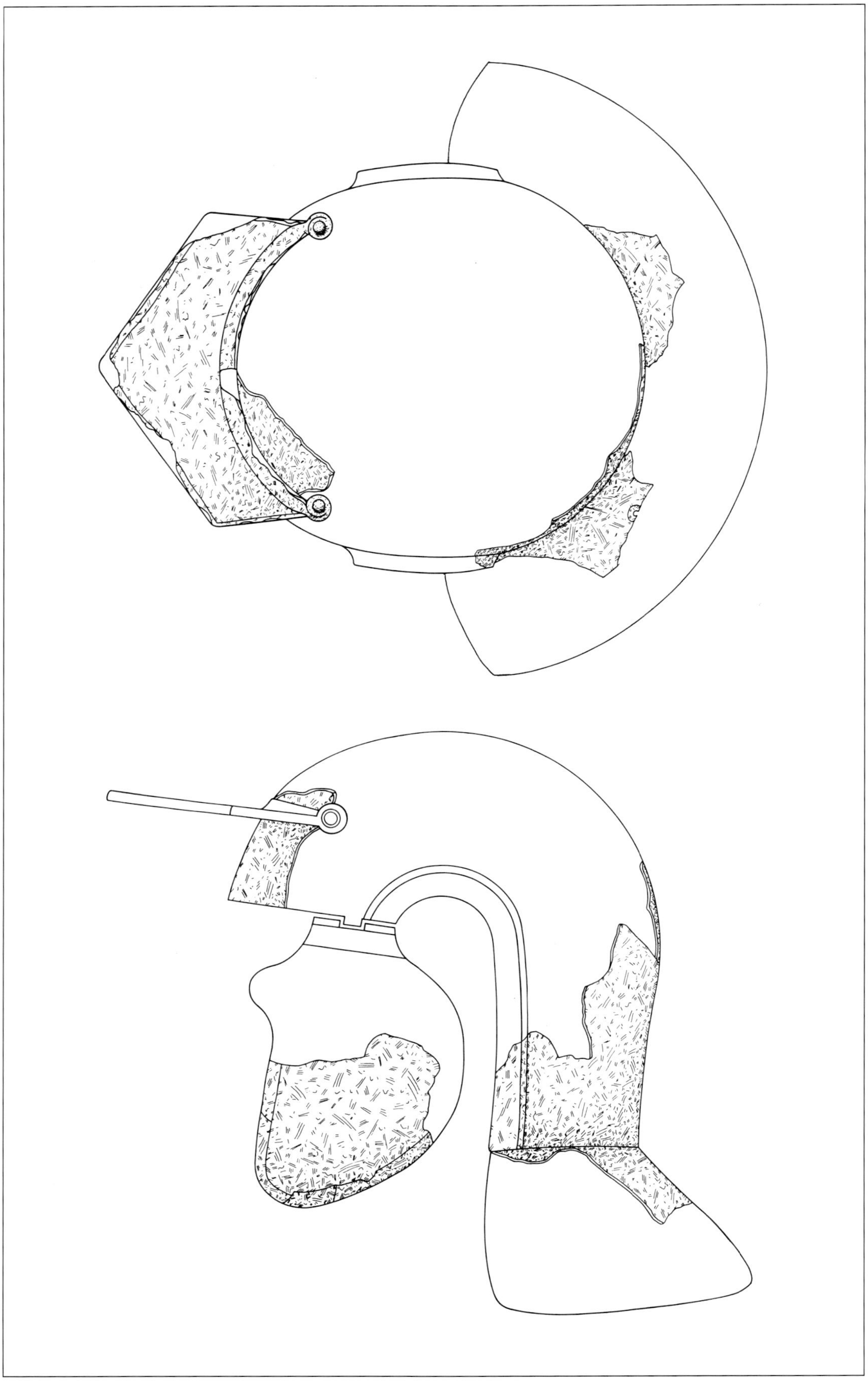

*Abb. 24: Ladenburg „Erbsenweg". Draufsicht und linke Seitenansicht des Helmfragmentes aus dem Grabfund von 1913? M 1:3.*

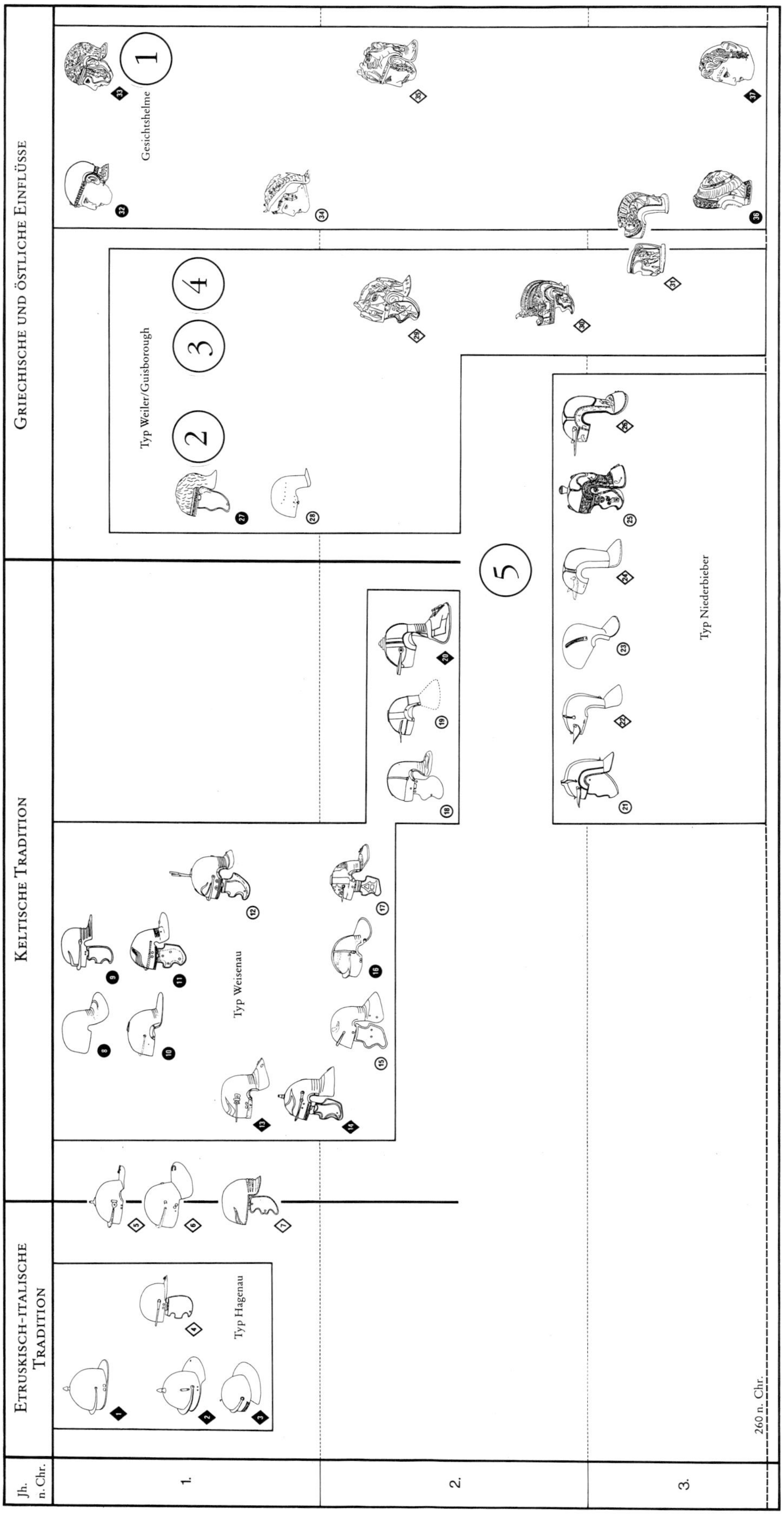


*Abb. 25: Übersichtstafel zur Entwicklung römischer Helmtypen (Nach G. Waurick mit Ergänzungen). Rhombus: Bronzehelm, Kreis: Eisenhelm. 1 Vize (Bizye); 2 Weiler; 3 Koblenz-Bubenheim; 4 Groß-Gerau; 5 Ladenburg.*

Typ „Niederbieber“ zur Ausrüstung der Legions- wie auch der Auxiliarsoldaten und wurde gleichermaßen in der Infanterie und Kavallerie benutzt[51] (Abb. 25).

Gräber mit Helmbeigabe stellen eine sehr kleine Gruppe dar und sind in Regionen des Römischen Reiches mit ausgeprägten einheimischen Traditionsmustern überwiegend zu Beginn und in der 1. Hälfte des 1. Jhs. n.Chr. nachgewiesen. Dies betrifft den treverischen Raum, Gallien, das Illyricum, Thrakien und Syrien[52] (Abb. 26). Das Grab von Ladenburg dagegen datiert mit seinem Helm und einem der Bronzegefäße in die Mitte des 2. Jhs. n.Chr., zu einem Zeitpunkt, als das Gebiet der Neckarsweben bereits seit annähernd zwei Generationen zum Römischen Reich gehörte.

Der Helm als wesentliche Schutzausrüstung des römischen Soldaten gelangte in der Regel nicht in das Grab des aktiven Soldaten und schon gar nicht in das eines Veteranen. Um so erstaunlicher ist es, daß in diesem Zeitraum „barbarische“ Traditionen wieder zum Vorschein kommen.

Die Provinz Germania Superior, zu der auch der Siedlungsbereich der Neckarsweben gehört, wird gegen 85 n.Chr. eingerichtet. Seit diesem Zeitpunkt wurden reguläre Auxiliareinheiten für den römischen Militärdienst, den auch die Angehörigen der Neckarsweben leisten mußten, ausgehoben.

Vermutlich liegt hier mit der Person des Bestatteten eine der ersten Generationen der einstmals aus diesem Gebiet rekrutierten Auxiliar-

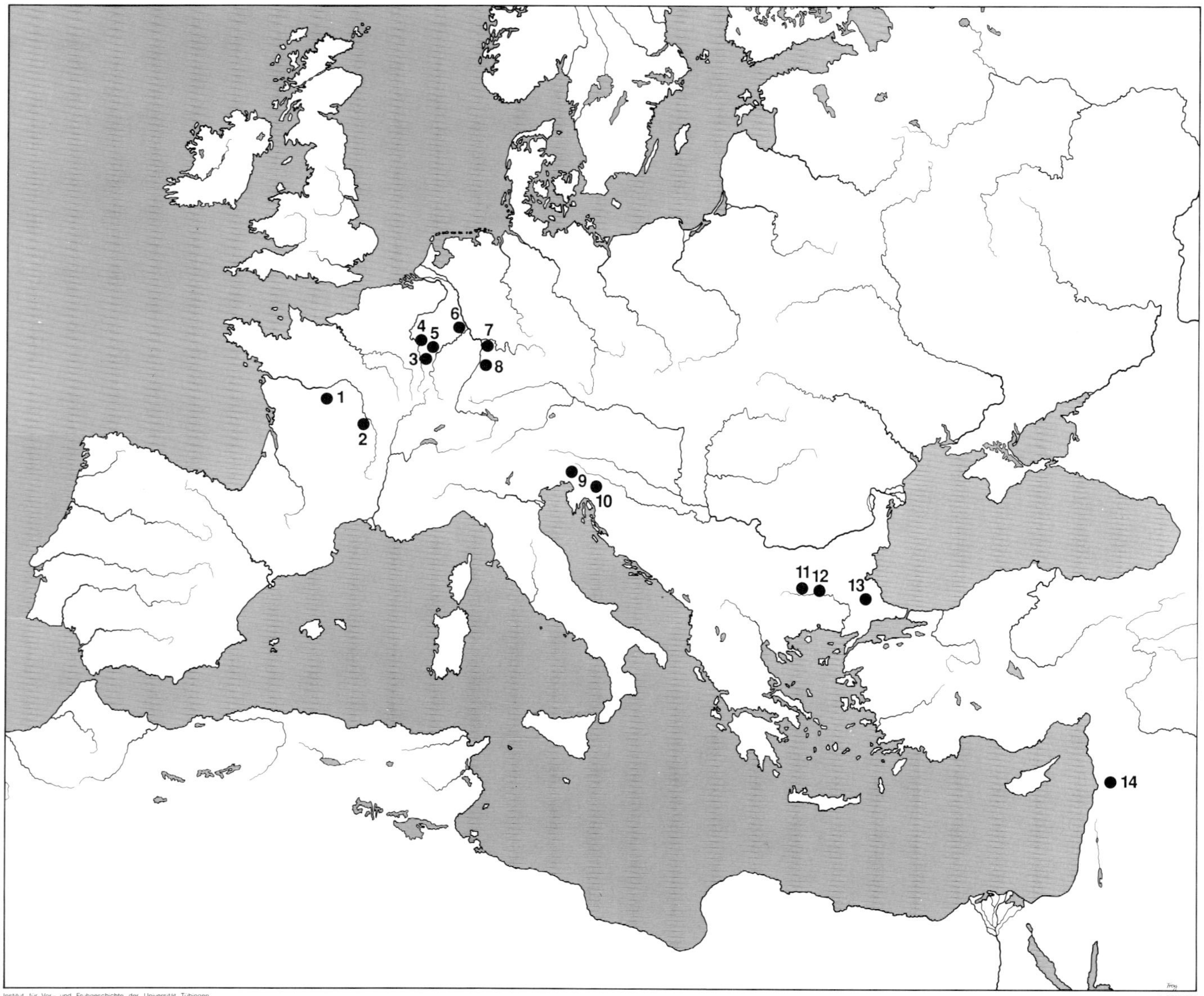


Institut für Vor- und Frühgeschichte der Universität Tübingen

1:7500000

soldaten vor, die nach mindestens 25–30 Dienstjahren ehrenhaft entlassen wurde und dann in ihre Heimatregion zurückkehrte.

Im germanisch besiedelten Oberrheingebiet stammt aus dem Gräberfeld von Groß-Gerau ein weiteres Grab mit Helmbeigabe. Die wenigen Helmfragmente gehören wohl zu einem Helm mit Lockenzier vom Typ Weiler/Koblenz-Bubenheim[53], der ausschließlich als Reiterhelm in Benutzung war[54] (Abb. 25; 26). Dieser Fund und die übrigen Beigaben – u.a. ein campanischer Eimer und Silbergeschirr – datieren das Grab in die spätaugusteisch-frühtiberische Zeit, etwa 10–20 n.Chr.[55]. Es gehört damit zu der Gruppe von frühen Bestattungen mit Helmbeigabe.

Im Gegensatz zu Ladenburg wurde der germanische Krieger aus Groß-Gerau in einer Zeit bestattet, als die rechtsrheinische Region noch nicht römische Provinz war, und seine Bewohner in einem Klientelverhältnis zu Rom standen. Man findet hier einen Angehörigen der frühen irregulären Truppeneinheiten vor, der aus dem Barbaricum[56] rekrutiert wurde, und im Rahmen der augusteischen Feldzüge als Auxiliar seinen Militärdienst leistete.

Helme als Beigabe in Gräbern sind äußerst selten, und es stellt sich die Frage warum einige wenige als Ausrüstungsgegenstände des römischen Heeres und demnach auch Staatseigentum dennoch in Gräbern zu finden sind. Jean Krier und François Reinert haben sich ausführlich bei der Bearbeitung des Reitergrabes von Hellingen (Luxemburg) mit dieser Problematik beschäftigt. Ihre Ergebnisse werden hier in einem kurzen Resümee zusammengefaßt[57]: Die Helme können nur in Rahmen außergewöhnlicher Verdienste als Auszeichnung empfangen worden sein. Damit war nach 25–30 Dienstjahren zugleich die Verleihung der römischen Bürgerrechte verbunden. Da die meisten Auxiliare bei ihrer Rekrutierung als Alenreiter und Kohortensoldaten noch in einem peregrinen Rechtsverhältnis lebten, war diese Auszeichnung umso mehr eine Aufwertung ihres sozialen Standes und dem Helm wurde als Statussymbol große Wertschätzung entgegengebracht. Nach der ehrenhaften Entlasssung aus dem Militärdienst ließen diese Veteranen sicher kaum eine Gelegenheit aus, im öffentlichen wie im privaten Leben die Insignien ihrer Verdienste zur Schau zu stellen. Dieser Einstellung wurde schließlich auch im Jenseits Rechnung getragen.

Die einheimisch-neckarswebische Komponente des Gräberfeldes am „Erbsenweg" endet spätestens um die Mitte des 2. Jhs. n.Chr., als deren letzten Vertreter das Grab mit Helmbeigabe angesehen werden muß. Erst danach zeigen sich die Gräber in einem provinzialrömischen Ausstattungsritus, und es sind keinerlei „barbarische" Traditionen mehr erkennbar.

Die gleiche Entwicklung nimmt der Siedlungsplatz „Ziegelscheuer". Dort verändert sich im Laufe der 1. Hälfte des 2. Jhs. n.Chr. die Struktur von einer neckarswebischen Ansiedlung zu einer Villa rustica[58].

So findet auch hier der Romanisierungsprozeß mit der Assimilierung einstmals zugezogener und schließlich einheimisch gewordener Bevölkerungsteile annähernd ein Jahrhundert später als auf linksrheinischem Gebiet seinen Abschluß.

*Linke Seite Abb. 26: Verbreitung von Grabfunden mit Helmbeigaben. Die Zuweisung zu den einzelnen Provinzbezeichnungen ist von der Datierung der Gräber abhängig.*
*1. Neuvy-Pailloux (Gallia Aquitania);*
*2. Chassenard (Gallia Lugdunensis);*
*3. Conflans (Gallia Belgica);*
*4. Weiler (Gallia Belgica);*
*5. Hellingen (Gallia Belgica);*
*6. Koblenz-Bubenheim (Exercitus Germaniae Superioris);*
*7. Groß-Gerau (Barbaricum);*
*8. Ladenburg (Germania Superior);*
*9. Novo Mesto Gräber 1 und 41 (Pannonia Superior);*
*10. Idrija Grab 17 (Italia);*
*11. Plovdiv (Thrakien);*
*12. Čatalka (Thrakien);*
*13. Vize (Bizye) (Thrakien);*
*14. Homs (Syria).*

## Anmerkungen

1 Eine zusammenfassende Darstellung germanischer Funde im Oberrheingebiet erfolgte in: G. Lenz-Bernhard/H. Bernhard: Oberrheingebiet, S. 5ff.

2 Zur Übersicht: R. Seyer: Besiedlungsgeschichte Mittelelb-Havel-Gebiet. – B. Schmidt/W. Nitzschke: Gräberfeld Schkopau.

3 Chr. Pescheck: Germanischen Bodenfunde.

4 Zur Übersicht: K. Motyková-Sneidrová: Anfänge der römische Kaiserzeit. – Dies.: Chronologie älteste römische Kaiserzeit, S. 103ff.

5 T. Kolnik: Römerzeitliche Gräberfelder.

6 G. Lenz-Bernhard/H. Bernhard: Oberrheingebiet, S. 327ff. Dabei lassen sich immer wieder Verbindungen zu den germanischen Altsiedelgebieten feststellen.

7 Ptol. Geogr. II 11: ελουητιων ερημος.

8 G. Lenz-Bernhard: Frühgermanische Funde, S. 170ff.

9 R. Nierhaus: Gräberfeld Diersheim.

10 R. Nierhaus: Diersheim. In: J. Hoops: Reallexikon der germanischen Altertumskunde 5, Berlin 1984, S. 421ff.

[11] C. Haeffelin: Dissertatio de sepulcris Romanis in agro Schwetzingano repertis, Mannheim 1778 (Acta Acad. Theodoro Palatinae IV), S. 52ff.

[12] E. Wagner: Fundstätten und Funde, S. 215f. Fig. 186.

[13] Corpus Inscriptionum Latinarum XIII, 2633 (K. Zangemeister).

[14] M. P. Speidel/B. Scardigli: Neckarschwaben, S. 201ff.

[15] E. Wagner: Fundstätten und Funde, S. 216ff.

[16] Neuauflage in Vorbereitung.

[17] D. Baatz: Lopodunum – Ladenburg , S. 17ff. Taf. 2–5.

[18] Die Kenntnis dieses Fundes verdanke ich Berndmark Heukemes, Ladenburg. Dieser Fund wie auch weiteres unpubliziertes Fundmaterial deuten an, daß der Siedlungsbereich „Lustgarten" wahrscheinlich flächenmäßig einstmals das heutige südwestliche Stadtgebiet eingenommen hat. Vgl. G. Lenz-Bernhard/H. Bernhard: Oberrheingebiet, S. 320 Anm. 495: Erst die Vorlage dieser Funde könnte zur Klarheit der frühesträmischen Situation zumindest partiell im rechtsseitigen Oberrheingebiet beitragen. Dabei wäre zu prüfen, ob das Fundmaterial sich eher in einem zivilen, in einem „paramilitärischen" Umfeld wie etwa in Mutterstadt auf linksrheinischem Gebiet oder aber in rein militärischem Zusammenhang befindet. Mutterstadt: G. Lenz-Bernhard/H. Bernhard: Oberrheingebiet, S. 176 Abb. 51, 52.

[19] Die Siedlung wurde seinerzeit von der Verf. im Rahmen eines Aufarbeitungsprogrammes des Landesdenkmalamtes Baden-Württemberg unter dem Titel „Ladenburg-Ziegelscheuer (Rhein-Neckar-Kreis). Nekkarswebische Siedlung und Villa rustica. Eine Untersuchung zur Besiedlungsgeschichte der Oberrheingermanen" für die Forschungen und Berichte zur Vor- und Frühgeschichte in Baden-Württemberg bearbeitet und das Typoskript im August 1994 abgeschlossen. Eine Drucklegung war bislang wegen finanzieller Engpässe des Landesdenkmalamtes nicht möglich und ist auch weiterhin nicht absehbar.

[20] Zur Funktion von Grubenhütten anschaulich: K.-E. Behre u.a.: Mit dem Spaten in die Vergangenheit, Wilhelmshaven 1982, S. 37. – I. Stork: Fürst und Bauer – Heide und Christ, Stuttgart 1995 (Arch. Informationen aus Baden-Württemberg 29), S. 47 Abb. 53.

[21] O. Almgren: Nordeuropäische Fibelformen, S. 107f. Taf. 1, 19. 20.

[22] O. Almgren: Nordeuropäische Fibelformen,, S. 21ff. Taf. 3, – E. Cosack: Fibeln Ältere Römische Kaiserzeit, S. 57ff.

[23] E. Cosack: Fibeln Ältere Römische Kaiserzeit, S. 29ff. – F. Behn: Frühgermanische Kulturen. – H. Bernhard: Anfänge römischer Besiedlung, S. 129ff. Abb. 50.7; 51. – G. Lenz-Bernhard/H. Bernhard: Oberrheingebiet, S. 177 Abb. 88, 2; S. 276ff. Abb. 138C1; 139A2.

[24] Zu germanischen Nadeln: B. Beckmann: Metallnadeln römische Kaiserzeit, S. 5ff.

[25] J. Garbsch: Norisch-pannonische Frauentracht, S. 79ff.

[26] Gürtelformen: K. Motyková-Šneidrová: Chronologie römische Kaiserzeit, S. 126ff. – G. Lenz-Bernhard: Ladenburg-Ziegelscheuer, Abb. 21; 22. – Nadeln: Beckmann: Metallnadeln römische Kaiserzeit. – H. Bernhard: Anfänge römischer Besiedlung, S. 131 mit Abb. 51. – G. Lenz-Bernhard: Ladenburg-Ziegelscheuer, Abb. 12; 15.

[27] R. v. Uslar: Germanische Siedlung Haldern, S. 105ff. – B. Steidl: Ein frühkaiserzeitliches Gehöft der Großromstedter Kultur, Stuttgart 1995 (Arch. Jahr in Bayern 1994), S. 100ff.

[28] G. Lenz-Bernhard/ H. Bernhard: Oberrheingebiet, S. 334ff.

[29] Die ausführlichen Begründungen für die Abfolge der einzelnen Bauphasen sind in G. Lenz-Bernhard: Ladenburg-Ziegelscheuer zu finden.

[30] F. Reutti: Typologie römischer Villen, S. 200ff. Abb. 11–13.

[31] F. Reutti: Typologie römischer Villen, S. 200ff. Abb. 6–9.

[32] R. Gogräfe: Wandmalereien aus der Villa rustica „Ziegelscheuer" bei Ladenburg. In: G. Lenz-Bernhard: Ladenburg-Ziegelscheuer.

[33] Zur Datierung des villenzeitlichen Fundmaterials ausführlich G. Lenz-Bernhard: Ladenburg-Ziegelscheuer. Zum Ende der römischen Siedlungstätigkeit an diesem Platz: G. Lenz-Bernhard: Ein Dosenortband aus der villa rustica „Ladenburg-Ziegelscheuer". In: Arch. Nachr. Baden 36 (1986), S. 32ff.

[34] B. Heukemes: Siedlung Ladenburg–Weihergärten, S. 120ff.

[35] A. Dauber u.a.: Archäologische Karte Heidelberg und Mannheim.

[36] E. Wagner: Fundstätten und Funde, S. 215f.,Fig. 186.

[37] E. Wagner: Fundstätten und Funde, S. 215. – E. Gropengießer: Spätlatènezeit und die Suebi Nicretes, Taf. 77, 4–7. 9; 78, 4–6; 83A.B; 84A; 84B6.7; 85,4; 86; 87; 88A1.

[38] E. Wagner: Fundstätten und Funde, S. 216.

[39] H. Gropengießer: Ausgrabungen Ladenburg, S. 35 Abb. 1.

[40] H. Gropengießer: Ausgrabungen Ladenburg, S. 40ff.

[41] H. Gropengießer: Ausgrabungen Ladenburg, S. 40f. Abb. 7.

[42] Publikation durch die Verf. in Vorbereitung.

[43] Für eine intentionelle Zerstörung der Bronzegefäße schon vor der Verbrennung spricht sich H. U. Nuber: Grabfund Ludwigshafen-Maudach, S. 111ff., aus. Für Ladenburg „Erbsenweg" scheint dieser Umstand nicht zu gelten.

[44] Zur germanischen Trinkhornsitte: C. Redlich: Trinkhornsitte Germanen, S. 61ff.

[45] Eine zusätzliche Sicherheit können dazu nur die ausstehenden anthropologischen Untersuchungen der Leichenbrände geben. Zu Bestattungen in geschlechtsspezifisch getrennten Bereichen oder ausschließlich in Frauen- und Männerfriedhöfen: T. Capelle: Elbgermanische Gräberfelder, bes. S. 111ff.

[46] G. Lenz-Bernhard/ H. Bernhard: Oberrheingebiet, S. 280ff.

[47] G. Lenz-Bernhard/ H. Bernhard: Oberrheingebiet, S. 276ff.

[48] Nierhaus: Gräberfeld Diersheim.

[49] Ausführliche Publikation in Vorbereitung.

[50] G. WAURICK: Römische Helme, S. 356ff. Beilage 2.

[51] G. WAURICK: Römische Helme, S. 363f.

[52] J. KRIER/F. REINERT: Reitergrab Hellingen, S. 60 mit Abb. 41.

[53] Weiler: G. FAIRON/J. MOREAU-MARÉCHAL: La tombe au casque de Weiler, commune d'Autelbas, près d'Arlon. In: Germania 61 (1983), S. 551ff. – Koblenz-Bubenheim: H. KLUMBACH: Römische Helme Niedergermanien, S. 45f., Taf. 32.

[54] G. WAURICK: Römische Helme, S. 359ff.

[55] G. LENZ-BERNHARD/H. BERNHARD: Oberrheingebiet , S. 281ff., 290f. mit Abb. 143, 144. Bei der Vorlage dieses Grabfundes waren sich die Autoren seinerzeit nicht ganz sicher, ob es sich bei dem silbervergoldeten Lockenfragment (Abb. 144, 11) um die Überreste eines Helmes vom Typ Weiler/Koblenz-Bubenheim handelt. Bislang wurde dieser Helmtyp allein wegen des Grabfundes von Weiler um die Mitte des 1. Jhs. n.Chr. datiert. Mit dem Grab von Groß-Gerau ist ein früherer Beginn anzusetzen, zumal durch den Helm von Vize (Thrakien), heute Bizye im europäischen Teil der Türkei, dieser Typ, allerdings mit zusätzlichem Gesichtsteil, schon zum Beginn des 1. Jhs. n.Chr. belegt ist. – Zu Helmen und Paraderüstungen auch: J. GARBSCH: Paraderüstungen.

[56] Möglicherweise hier schon das Siedlungsgebiet der Germanen im Mainmündungsraum.

[57] J. KRIER/F. REINERT: Hellingen, S. 41ff.

[58] G. LENZ-BERNHARD/H. BERNHARD: Oberrheingebiet, S. 339f.

# Trajan, Ladenburg und das Jahr 98
## Bemerkungen zum Datum des Stadtjubiläums

von Heinz-Joachim Schulzki

*Ein Fleckchen Erde, auf welchem Italiens Söhne eine neue weithin wirksame Pflanzstätte der Kultur schufen*[1]

### Die Situation

Tut sich der Tourismus schwer, muß ein Jubiläum her. Dieser Devise scheint seit geraumer Zeit in den Städten und Gemeinden des ehemals römischen Deutschlands in verstärktem Maße gehuldigt zu werden. Bereits in den sechziger Jahren fand im Rhein-Neckar-Raum eine Reihe von Jubiläen statt, denen in der Regel die Nennung eines Ortes in den Schenkungs- und Güterverzeichnissen der Klöster Lorsch und Weißenburg zugrunde lag. Gefeiert wurde dabei meist unter dem Titel „1200 Jahre Gemeinde XYZ" die zufällige erste schriftliche Überlieferung eines Ortsnamens, ohne den Zeitpunkt des tatsächlichen Siedlungsbeginns zu berücksichtigen. Seit den achtziger Jahren halten die 2000-Jahrfeiern in den Römerstädten rheinauf und rheinab fröhliche Urständ: Trier 1984, Bonn 1989, Speyer 1990 und andere mehr. Geblieben sind von diesen Feiern neben einem aufgemöbelten Stadtbild und auferstandenen Ruinen einige opulente Ausstellungskataloge aus der Feder von Archäologen, Historikern, Stadt- und Heimatforschern, auf die die Fachwelt gerne zurückgreift, sowie eine kurz-, mittel- oder in glücklichen Fällen auch langfristige Beförderung der örtlichen Hotellerie und Gastronomie durch den Tourismus. Auch für 1900-Jahrfeiern liegen Präzedenzfälle vor: Bereits im Jahre 1950 feierte das altehrwürdige Köln seine Erhebung in den Stand einer Veteranenkolonie (colonia) durch Agrippina, die Gemahlin des Kaisers Claudius, im Jahre 50 n.Chr.[2] Bei all diesen Beispielen rheinischen Frohsinns darf freilich nicht übersehen werden, daß im Hinblick auf eine gesicherte Quellenlage manch eines dieser Jubiläen auf chronologisch mehr als unsicheren Beinen steht.[3]

### Das Problem

Der Stadt Ladenburg kommt bei dieser Art von Pflege historischer Erinnerung eine Vorreiterrolle zu. Bereits im Jahre 1898 wurde unter Beteiligung des Großherzogs von Baden ein Stadtjubiläum gefeiert. Anlaß hierfür war nicht, wie anderenorts gang und gäbe, das angenommene Gründungsjahr der Stadt oder die Erbauung des ersten Militärlagers, sondern – vergleichbar dem Kölner Jubiläum – ein primär juristischer Vorgang: die Einrichtung eines römischen Verwaltungsdistrikts, als dessen zentraler Ort Lopodunum-Ladenburg in der Folgezeit fungierte. Da diese Gebietskörperschaft mit Namen Civitas Ulpia Sueborum Nicrensium[4] den Familiennamen (nomen gentile) des Kaisers Marcus Ulpius Traianus (98–117) trug, glaubte man auf dem Hintergrund einiger im folgenden näher zu betrachtender historischer Fakten, das Gründungsdatum der Civitas auf das Jahr 98 n.Chr. festlegen zu können. Gab es für ebendieses Jahr bereits 1898 weder archäologische noch sonstige Quellen gesicherter Art, so haben die bis heute andauernden Grabungen in Ladenburg auch im Jahr 1998 einen zweifelsfreien Beleg hierfür noch nicht erbracht. Entsprechend unterschiedlich sind die chronologischen Ansätze der Forschung in den vergangenen 100 Jahren formuliert worden. Während in der ersten umfassenderen Darstellung des römischen Lopodunum aus dem Jahre 1868

*Abb. 1 : Loupos und Trajan – Ladenburgs sagenhafte Gründerväter (Zeichnung v. T. Walch in Sievert: Lopodunum)*

von Stark noch neutral von „einer civitas, die dem Trajan ihre Existenz ... und politische Constituirung verdankte“[5] die Rede ist, war Sievert – der Chronist der Jubiläums 1898 –, felsenfest davon überzeugt, daß „Lopodunum die Erteilung der Munizipalrechte in jenem Jahre (98 n.Chr., Anm. d. Verf.) ihm (Trajan, Anm. d. Verf.) verdankte.“[6] Seine stark im patriotischen Geist des ausgehenden 19. Jahrhunderts verhaftete Schrift sieht in dem sagenhaften Kelten Loupos und im römischen Kaiser Trajan die Gründerväter der späteren Stadt und preist ihre Gründung im sog. „Ladenburger Lied“:

Loup der Kelte kam vor Jahren
einst den Fluß herabgefahren.
Eine schöne Insel fand
er allhier am Neckarstrand,
ringsum Wald und Sümpfe.

Und er baut sich eine Hütte
in der Sümpf' und Wälder Mitte.
„Seht wie gut mein Loupdun liegt!“
sprach er oft und trieb vergnügt
Jägerei und Fischfang.

Als hernach die Römer kamen,
Rhein und Neckar für sich nahmen,
ist das alte Keltennest
ihnen grade recht geweßt,
unser Lopodunum.

Peregrinus und Vicanus[7]
wohnten hier, seitdem Traianus
unsre Stadt in stolzem Bau
vorgesetzt dem ganzen Gau.
Vivat hoch Traianus! [8]

...

Das Jahr 1898 markiert gleichzeitig den Beginn der systematischen Ausgrabungen durch den Mannheimer Altertumsverein von 1859, in dessen erstem Grabungsbericht chronologisch zurückhaltend von „der von Traian eingerichteten Civitas“ gesprochen wird.[9] Sieverts Schrift folgend, formulierte auch Haug 1911 als Zeitpunkt der Errichtung dieser Gebietskörperschaft „ca. 98 n.Chr.“[10] Die neuere Forschung setzt in der Regel zurückhaltender die Etablierung der Civitas auf die Zeit „um 100“ an.[11]

## Die Fakten

Den Ausgangspunkt der späteren Siedlung Lopodunum bilden zwei Militärlager, dessen erstes (Kastell II) wohl mit den rechtsrheinischen militärischen Operationen des römischen Legaten Gnaeus Pinarius Clemens in den Jahren 73/74 in Verbindung zu bringen ist.[12] Nach nur relativ kurzer Nutzungsdauer folgte – wohl noch in vespasianischer Zeit – die Errichtung des im Bereich der St.Galluskirche gelegenen Alenkastells (Kastell I), das in den späten 80er Jahren massiv in Stein ausgebaut wurde.[13] In unmittelbarer Folge entstand an der Fernstraße Mainz – Heidelberg in nächster Nähe der Mauern ein Lagerdorf (vicus), das als eine der Keimzellen der späteren Stadt angesehen werden kann. Zweiter Ursprung der folgenden städtischen Siedlung ist eine im Süden des heutigen Stadtbereichs gelegene einheimisch-germanische Siedlung, in der sich aus dem Elbgebiet stammende swebische Zuwanderer in der ersten Hälfte des 1. Jahrhunderts n.Chr. niedergelassen hatten.[14] Die auch an anderen Orten am Oberrhein nachweisbaren Siedler dürften dem römischen Heer als eine Art Miliz zur Sicherung im Vorfeld der Rheingrenze gedient haben, die ihre Funktion mit den Operationen der Jahre 73/74 verlor. Das gesamte rechtsrheinische Territorium dürfte im Anschluß an die Chattenkriege Domitians im Jahre 85 in die Provinz Germania superior integriert worden sein. Mit der Erbauung des Limes im Odenwald und am Neckar war schließlich auch die Präsenz der in Ladenburg stationierten Truppe – ein bis zum Jahre 90 epigraphisch in den obergermanischen Militärdiplomen[15] nachweisbares Reiterregiment der Cannanefaten (ala I. Cannanefatium) – um die Wende vom 1. zum 2. Jahrhundert nicht mehr erforderlich.[16] Frühestens zu diesem Zeitpunkt kann das bis dahin als militärisches Territorium benutzte Gebiet in die zivile Verwaltungsform umgewandelt worden sein. Auch ermöglichte erst die teilweise Einplanierung des Kastellgeländes den – sich zeitlich wohl unmittelbar anschließenden – Bau von Forum und Basilika als Zentren der neu errichteten Civitas.[17]

Die früheste inschriftliche Nennung der Civitas Ulpia Sueborum Nicrensium findet sich unter dem Kürzel C V S N auf einem dem Genius des Bezirks geweihten Votivstein, der frühestens um 130, eher um die Mitte des 2. Jahrhunderts zu datieren ist.[18] Sämtliche weiteren epigraphischen Zeugnisse mit Nennung des Namens – hier vor allen die große Zahl von Meilensteinen, die in Ladenburg und Umgebung gefunden wurden – stammen ohne Ausnahme erst aus dem 3. Jahrhundert.[19]

## Denkmodelle

Können gesicherte archäologische Quellen den Beweis des Gründungsjahres der Civitas nicht erbringen, müssen Überlegungen auf anderer Basis angestellt werden, wobei als *common sense* die Tatsache anzusehen ist, daß aufgrund des Beinamens Ulpia die Civitas in trajanischer Zeit gegründet wurde. Von J. Wilmanns wurde erstmals explizit darauf hingewiesen, daß die Einrichtung der rechtsrheinischen Civitates im globalen Konzept der Neuorganisation der germanischen Provinzen durch Trajan gesehen werden muß.[20] Die Fülle der seinen Namen tragenden Verwaltungsbezirke und städtischen Gemeinden, die von Noviomagus/Nijmegen in den Niederlanden (Civitas Ulpia Noviomagus Batavorum) über Xanten (Colonia Ulpia Traiana) und Ladenburg (Civitas Ulpia Sueborum Nicrensium) bis Sarmizegetusa / Várhely in Rumänien (Colonia Ulpia Traiana Augusta Dacica) reicht, liest sich wie ein Itinerar der Aufenthalte bzw. Reisen des Kaisers in den Nordprovinzen seines Reichs, das sich mit literarischen Quellen zur Dekkung bringen läßt. Trajans Statthalterschaft in der Provinz Obergermanien in den Jahren 96?/97[21] stellt den Anfangspunkt dieser Entwicklung dar. Aufgrund der knappen Hinweise bei den – freilich erheblich späteren – Autoren Eutrop ... *urbes trans Rhenum in Germania reparavit*[22] und Orosius ... *mox Germaniam trans Rhenum in pristinum statum reduxit*[23] ist zu vermuten, daß die Neuorganisation des rechtsrheinischen Gebietes noch im Jahr der Statthalterschaft oder zumindest im darauf folgenden Jahr erfolgte, da Trajan das gesamte Jahr 98 an der Rheingrenze verbrachte, zu Jahresende oder Anfang 99 jedoch bereits in Richtung Donau aufbrach.[24] Zeugnis dafür, daß die Neuordnung der Verhältnisse an der Rheingrenze spätestens Anfang 99 als abgeschlossen angesehen wurde, ist auch die Prägung von Aurei und Denaren mit einer auf Schilden sitzenden Germania, die einen Olivenzweig in Händen hält, welche der ersten Emission Trajans als Augustus aus den Jahren 98/99 zuzuschreiben sind.[25] Der Zweig als eindeutiges Attribut der Personifikation der geordneten Verhältnisse (Pax) läßt eine zweifelsfreie Interpretation des Bildinhaltes – trotz fehlender Hinweise in der Umschrift – als Germania stabilisata (pacata) zu.[26]

Ob für die Civitas Ulpia Sueborum Nicrensium mit ihrem Zentralort Lopodunum dabei gegenüber den sieben anderen rechtsrheinischen Civitates[27] ein hervorgehobener Status vorgesehen war, ist nicht zweifelsfrei zu entscheiden, wurde jedoch aufgrund des baulichen Umfangs von Basilika und Forum – immerhin eine der größten Anlagen ihrer Art nördlich der Alpen – immer wieder angenommen.[28] Freilich sollte bei diesen Vermutungen nicht übersehen werden, daß architektonische Gigantomanie in Provinzstädten der trajanischen Zeit offensichtlich zum guten Ton gehörte. Der Briefwechsel zwischen Kaiser Tra-

*Abb. 2: Aureus des Trajan (RIC 15) aus den Jahren 98/99 anläßlich der Konsolidierung der Verhältnisse in Obergermanien (Foto: Auktion Münzhandlung Dr. B. Peus Nachf. 338, 1994, 607. – hier vergrößert, Maßstab 1:1,5).*

jan und dem in den Jahren 111 bis 113 in Bithynien als Statthalter tätigen Caius Plinius Caecilius Secundus vermittelt beredte Einblikke darüber, wie öffentliche Gelder bei lokalen Baumaßnahmen sprichwörtlich „in den Sand gesetzt wurden."[29] Immer wieder sucht Plinius bei seinem Kaiser Rat in Zusammenhang mit der Eindämmung sinnloser Ausgaben für Gebäude und öffentliche Einrichtungen. Krasse Beispiele sind die Städte Nicomedia, wo für eine Summe von 3,3 Millionen Sesterzen eine Wasserleitung begonnen, jedoch nicht zu Ende geführt wurde, während in den Bau einer neuen Leitung bereits wiederum 200.000 Sesterzen investiert wurden,[30] sowie die Stadt Nicaea, wo für den unglaublichen Betrag von mehr als 10 Millionen Sesterzen ein neues Theater errichtet wurde.[31] Auch scheint sich am Beispiel der bithynischen Städte erkennen zu lassen, daß öffentliche Bauten in vielen Fällen weitaus geräumiger und ausgedehnter als eigentlich erforderlich errichtet wurden. Die Mauerstärke einer in Nicaea nach einem Brand neu errichteten Sporthalle von 22 Fuß[32] – immerhin 6,50 Meter – sollte künftigen Interpreten der gewaltigen Fundamente der Ladenburger Basilika die Ohren klingeln lassen. Immerhin nehmen sich im Vergleich dazu die ergrabenen Mauerstärken von 2,10 Meter am Fundament bzw. 1,35 Meter am Aufgehenden[33] direkt bescheiden aus. Auf diesem Hintergrund erscheint es durchaus denkbar, daß auch im Hauptort der Civitas Ulpia Sueborum Nicrensium ein ehrgeiziger Decurio vom „Bauwurm" befallen war. Möglich, daß auch einer der auf Trajan folgenden Statthalter der Provinz Obergermanien ähnliche Briefchen an seinen Kaiser nach Rom geschrieben hat und daß die finanziellen Ressourcen der Civitas schließlich irgendwann erschöpft waren.

### Fazit

In Ladenburg gibt es im Jahre 1998 mit gutem Recht etwas zu feiern, auch ohne daß ein endgültiger Beweis für die Einrichtung der Civitas im Jahre 98 erbracht worden wäre. Die am Tag der Archäologie im Juni 1998 vorgetragene Hypothese, daß Ladenburg erst „nach 106" gegründet worden sei, bedarf ebenso noch eines endgültigen Beweises.[34] Nach wie vor spricht vieles für die Einbettung in den Kontext der Neuorganisation der Rheingrenze während des Aufenthaltes Trajans in Germanien in seinem ersten Regierungsjahr. Insofern hat das Stadtjubiläum von 1898 einen richtigen Weg gewiesen. Daß in seinem Gefolge die wissenschaftliche Erforschung des antiken Lopodunum einsetzte, ist allemal ein gewichtiger Grund im Jubiläumsjahr auch die Erinnerung an „100 Jahre Archäologie in Ladenburg" wachzuhalten.

## Anhang

Ausgrabungen und Forschungen des Mannheimer Altertumsvereins von 1859 in Ladenburg
Ein bibliographischer Überblick


K. Baumann: Urgeschichte von Mannheim und Umgebung. Sammlung von Vorträgen gehalten im Mannheimer Altertumsverein, 2. Serie, Mannheim 1888, S. 1–29.

– Ausgrabungen in Ladenburg. In: Westdt. Zeitschr. 16 (1897), S. 327.

– Ausgrabungen in Ladenburg. In: Westdt. Zeitschr. 18 (1899), S. 383.

– Neue Funde und archäologische Unternehmungen des Mannheimer Altertumsvereins. In: MGBl 2 (1901), S. 253–254.

– Neue Funde und archäologische Untersuchungen des Mannheimer Altertumsvereins. In: MGBl 8 (1907), S. 101–109.

– Ausgrabungen in Ladenburg. In: Westdt. Zeitschr. 26 (1907), S. 284.

– Karte zur Urgeschichte von Mannheim und Umgegend. In: MGBl 8 (1907), S. 175–192.

– /H. Gropengießer: Ausgrabungen in Ladenburg. In: MGBl 10 (1909), S. 32–43.

K. Christ: Die sogenannten Neckarschwaben. In: MGBl 11 (1910), S. 237, 261–262; und ebd. 12 (1911), S. 16–18, 65–67.

H. Gropengießer: Die Ausgrabungen an der Galluskirche in Ladenburg. In: MGBl 13 (1912), S. 17–18, 65–67.

– /G. Weise: Die Ausgrabungen an der Sebastianskirche in Ladenburg. In: MGBl 13 (1912), S. 176–181, 252–253.

– Ausgrabungen am Bollweg in Ladenburg. In: MGBl 15 (1914), S. 42.

– Neue römische Funde in Ladenburg. In: MGBl 15 (1914), S. 117–118.

– Die römische Basilika in Ladenburg. In: Jahrb. Mannheimer Kultur 1914, S. 3–16.

– Neue Beobachtungen in Ladenburg. In: Germania 11 (1928), S. 56–57.

F. HAUG: Eine neue römische Inschrift aus Ladenburg. In: MGBl 7 (1906), S. 191–192, 225–226.

– Nachstudien zu den römischen Denksteinen der Mannheimer Sammlungen. In: MGBl 20 (1919), S. 49–58, 83–91.

G. MÜLLER: Neue Sigillatafunde aus Ladenburg. In: MGBl 22 (1921), S. 151–155.

– Zwei neue römische Fundstellen bei Heddesheim und in Ladenburg. In: MGBl 28 (1927), S. 100–101.

K. SCHUMACHER: Neue Ausgrabungen bei Ladenburg. In: MGBl 1 (1900), S. 88–94.

– Vorgeschichtliche Funde und Forschungen, hauptsächlich in Westdeutschland. In: Bonner Jahrb. 113 (1905), S. 204.

B. STARK: Ladenburg am Neckar und seine römischen Funde. In: Bonner Jahrb. 44/45 (1868), S. 1–54.

L. WILFER: Die Neckarschwaben (Suebi Nicretes). In: MGBl 11 (1910), S. 213.

H. WIPPERMANN: Ausgrabungen in Ladenburg. In: MGBl 8 (1907), S. 271–272.

## Anmerkungen

1 K. SCHUMACHER: Neue Ausgrabungen in Ladenburg. In: MGBl 1 (1900), S. 91.

2 Zur Geschichte der Stadt vgl. den Überblick bei H. HELLENKEMPER: Colonia Claudia Ara Agrippinensium. In: H.-G. HORN (Hg.): Die Römer in Nordrhein-Westfalen, Stuttgart 1987, S. 459–462.

3 Vgl. die in z.T. ironischem Unterton gehaltenen Gedanken von H. BURSCH/F. A. PASSMANN: Das Römerjubiläum zu Bonn am Rhein, Bonn 1988, S. 7–13.

4 Korrektur der bislang gängigen Auflösung NICRETVM aufgrund eines – z.Zt. allgemein anerkannten – Vorschlags von M. P. SPEIDEL/B. SCARDIGLI: Neckarschwaben (Suebi Nicrenses). In: Arch. Korbl. 20 (1990), S. 201–207. – An der Auflösung des auf Inschriften in der Regel mehr oder minder stark abgekürzt vorkommenden Namens (C V S N, CIVIT VLP S o.ä.) hatten sich bereits die Altvorderen der antiken Epigraphik – darunter Autoritäten wie Theodor Mommsen – kräftig die Zähne ausgebissen. Die endgültige Lösung fand erst im Jahre 1893 K. ZANGEMEISTER: Zur Geschichte der Neckar-Länder in römischer Zeit. In: Neue Heidelberger Jahrb. 3 (1893), S. 1–16 durch die aus Zentralgallien stammende Grabinschrift CIL XIII 2633.

5 B. STARK: Ladenburg am Neckar und seine römischen Funde. In: Bonner Jahrb. 44/45 (1868), S. 21.

6 A. J. SIEVERT: Lopodunum – Ladenburg 98 bis 1898. Eine 1800jährige Stadtgeschichte zur Erinnerung an das Gedächtnisfest vom 16. Oktober 1898, Karlsruhe 1900, S. 6. – Die Annahme von H. KAISER/C. S. SOMMER: Lopodunum I – Die römischen Befunde der Ausgrabungen an der Kellerei in Ladenburg 1981–1985 und 1990, Stuttgart 1994, S. 16 Anm. 31, daß das Jubiläumsjahr bereits durch die Auswertung der antiken Quellen durch Stark suggeriert worden sei, ist letztlich m.E. nicht zu beweisen. Der z. T. überschwenglich vaterländische (besser: vaterstädtische) Charakter der Sievert'schen Schrift läßt vielmehr ihn als einen der Urheber dieses Jubiläums vermuten.

7 Die Namen beziehen sich auf die im Jahre 1867 im Gewann „Burgäcker" gefundenen Steinbalken mit Inschriften, die inzwischen als Theaterstufen gedeutet sind. Während der Name Peregrinus auf einem der Steine genannt ist (CIL XIII 6421F), liegt dem Namen Vicanus eine fälschliche Interpretation der auf zwei Balken (CIL XIII 6421B u. D) vorkommenden Abkürzung VIC LOP zugrunde, die Sievert anscheinend für einen Eigennamen anstelle von vicanus = Bürger, Einwohner hielt.

8 SIEVERT: Ladenburg (wie Anm. 6), S. 108.

9 SCHUMACHER: Ausgrabungen (wie Anm. 1), S. 93. Der ansonsten durchweg nüchterne Bericht der Ausgrabungen in den Jahren 1898/99 gleitet – ähnlich Sievert – stellenweise ins Schwärmerische ab, wenn etwa von „alten Erinnerungen ... an sonnige Tage im Süden am Fuße des Albaner Gebirgs oder in der Campania felix" die Rede ist.

10 F. HAUG: Ladenburg. In: E. WAGNER: Fundstätten und Funde im Großherzogtum Baden, 2. Teil: Das badische Unterland, Tübingen 1911, S. 218.

11 Etwa B. HEUKEMES: Ladenburg. In: P. FILTZINGER/D. PLANCK/B. CÄMMERER: Die Römer in Baden-Württemberg, Stuttgart [3]1986, S. 386 oder D. PLANCK: Die römischen Städte Ladenburg, Wimpfen und Rottenburg. In: Mittelalterliche Städte auf römischer Grundlage im einstigen Dekumatenland. Tagungsbericht von H. KELLER. In: ZGO 135 (1987), S. 18. – Zur Erforschung des römischen Ladenburg zuletzt ausführlich: KAISER/SOMMER: Lopodunum I (wie Anm. 6), S. 14–25.

12 HEUKEMES: Ladenburg (wie Anm. 11), S. 384. – KAISER/SOMMER: Lopodunum I (wie Anm. 6), S. 394 f.

13 HEUKEMES: Ladenburg (wie Anm. 11), S. 383–384. – PLANCK: Römische Städte (wie Anm. 11), S. 19. – Zu den Kastellen zusammenfassend: H. KAISER: Die römischen Kastelle in Ladenburg am Neckar. Studien zu den Militärgrenzen Roms III, Stuttgart 1986 (Forsch. u. Ber. z. Vor- u. Frühgesch. Baden-Württembergs 20),

S. 182–186. KAISER/SOMMER: Lopodunum I (wie Anm. 6), S. 394f. erörtern auf dem aktuellen Forschungsstand und mit schlüssigen Argumenten die Ungleichzeitigkeit beider Lager.

[14] E. GROPENGIEßER: Die Spälatènezeit im unteren Neckarland und die Suebi Nicretes, mschr. Diss. Heidelberg 1956 sowie DERS.: Die Neckarsueben. Beiträge zum Verständnis der Germania des Tacitus Teil II, Ber. üb. d. Kolloquien d. Komm. f. d. Altertumskunde Nord- und Mitteleuropas im Jahre 1986 u. 1987, Göttingen 1992, S. 91–123. Vgl. auch R. NIERHAUS: Das swebische Gräberfeld von Diersheim – Studien zur Geschichte der Germanen am Oberrhein vom gallischen Krieg bis zur alamannischen Landnahme, Berlin 1966 (Röm.-Germ. Forsch. 28) sowie zuletzt: G. LENZ-BERNHARD: Frühgermanische Funde an Oberrhein und Neckar. In: Denkmalpfl. Baden-Württemberg 19 (1990), S. 170–179.

[15] E. STEIN: Die kaiserlichen Beamten und Truppenkörper im römischen Deutschland unter dem Prinzipat, Wien 1932, S. 125–126.

[16] Im Jahre 1966 wurde bei einer Grabung neben dem Haus Hauptstr. 5 in einer Grabenverfüllung des Steinkastells trajanische Keramik geborgen, vgl. B. HEUKEMES: Die römischen Funde von der St. Sebastianskapelle in Ladenburg am Neckar. In: Saalburg-Jahrb. 28 (1971), S. 13. – Die Truppeneinheit ist in einem Militärdiplom des Jahres 116 in Pannonien wieder nachgewiesen. Ob sie zunächst an den Odenwaldlimes oder direkt dorthin verlegt wurde, ist aufgrund der Quellen nicht zu entscheiden, unter den Bauinschriften und Ziegelstempeln vom Odenwaldlimes ist das Regiment allerdings nicht belegt, vgl. E. SCHALLMAYER: Der Odenwaldlimes, Stuttgart 1984, S. 24. Zur Frage des Truppenabzugs vgl. auch KAISER/SOMMER: Lopodunum I (wie Anm. 6), S. 399.

[17] C. S. SOMMER: Ausgrabungen in Ladenburg am Neckar. In: ArchAusgrBW 1986, S. 140–142 sowie KAISER/SOMMER: Lopodunum I (wie Anm. 6), S. 399. Bereits von D. BAATZ: Lopodunum – Ladenburg a. N. – Die Grabungen im Frühjahr 1960. In: Bad. Fundber. Sonderheft 1 (1962), S. 30 wurde darauf hingewiesen, daß sich aus juristischen Gründen die Gleichzeitigkeit von Militärterritorium und ziviler Verwaltungsform ausschließen. Ein aus der Laufschicht eines Kellers an der Kellerei geborgener As Trajans aus dem Jahre 100 liefert als terminus post quem für die Planierung des Kastellgeländes und die dann erfolgten baulichen Veränderungen einen winzigen Mosaikstein für die Ereignisse der fraglichen Zeit, vgl. hierzu H. KAISER: Fortführung der Ausgrabungen an der Kellerei in Ladenburg. In: ArchAusgrBW 1995, S. 183. Bereits bei früheren Grabungen am Kellereiplatz waren unter der Füllschicht eines Erdkellers fast prägefrische Münzen aus den ersten Regierungsjahren Trajans zutage gekommen, von denen eine auch als Logo des Stadtjubiläums 1998 fungiert, vgl. H. KAISER: Ausgrabungen im Stadtbereich von Lopodunum/Ladenburg. In: ArchAusgrBW 1983, S. 111–114 u. 113 Abb. 95.

[18] CIL XIII 6417. – Die Datierung „ca. 130 bis Ende 2. Jh., wohl Mitte 2. Jh." wird R. Wiegels, Osnabrück, verdankt, dem auch für weitere Hinweise an dieser Stelle herzlich gedankt sei. Zur Forschungsgeschichte vgl. auch GROPENGIEßER 1992 (wie Anm. 14), S. 92–94.

[19] Weiheinschrift CIL XIII 6420 (193/211), Meilensteine CIL XIII 9099 = XVII 2, 631 (238), 9100 = 632 (245), 9101 = 633 (249), 9102 = 634 (250), 9103 = 635 (253/259), 9104 = 636 (220), 9105 = 637 (222/235), 9106 = 638 (235/238), 9107 = 639 (238), 9108 = 640 (245), 9109 = 641 (249), 9110 = 642 (250), 9111 = 643 (253/259).

[20] J. C. WILMANNS: Die Doppelurkunde von Rottweil und ihr Beitrag zum Städtewesen in Obergermanien. In: Epigr. Studien 12 (1981), S. 153.

[21] W. ECK: Die Statthalter in den germanischen Provinzen vom 1. bis 3. Jahrhundert. In: Epigr. Studien 14 (1985), S. 45–46.

[22] Eutrop VIII 2, zit. nach: Eutropi breviarium ab urbe condita, rec. F. RUEHL, Stuttgart 1887.

[23] Orosius VII 12, 2, zit. nach: Pauli Orosii historiarum adversum paganos libri VII, rec. K. ZANGEMEISTER, Wien 1882 (CSEL V).

[24] H. HALFMANN: Itinera Principum – Geschichte und Typologie der Kaiserreisen im Römischen Reich, Stuttgart 1986, S. 184–185 (mit Zusammenstellung des relevanten Quellenmaterials).

[25] BMC Emp. III 32, 8 u. 36, 34–35, Taf. 9,5 u. 9,16 = RIC 5 u. 15).

[26] Vgl. auch WILMANNS: Doppelurkunde (wie Anm. 20), S. 155 Anm. 681 (mit älterer Lit.).

[27] Civitates und zentrale Orte: Civitas Aurelia Aquensis / Baden-Baden, Civitas Ulpia Mattiacorum / Wiesbaden, Civitas Ulpia Taunensium / Nida, Civitas Auderiensium / Dieburg, Civitas Alisinensium / Wimpfen i. Tal, Civitas Aurelia G... / Äußerer Limes, Civitas Sumelocennensis / Rottenburg.

[28] Die baulichen Befunde knapp zusammenfassend: PLANCK: Städte (wie Anm. 11), S. 20–21. Zu den früheren Grabungen vgl. H. GROPENGIEßER: Die römische Basilika von Ladenburg. In: Jahrb. Mannheimer Kultur 1914, S. 3–16 sowie M. MYLIUS: Die römische Marktbasilika in Lopodunum. In: Germania 30 (1952), S. 56ff. – Eine ähnlich überdimensionale Konzeption wurde von J. KUNOW: Zentrale Orte in der Germania inferoir. In: Arch. Korbl. 18 (1988), S. 64 für die Colonia Ulpia Traiana/Xanten beobachtet.

[29] Die schlechte Anlage öffentlicher Gelder in Bauten bemängelt Plinius etwa in den Städten Prusa (Ep. 10, 17) und Claudiopolis (Ep. 10, 39).

[30] Plinius Ep. 10, 37.

[31] Plinius Ep. 10, 39.

[32] Plinius Ep. 10, 39.4. – Der römische Fuß hat als Baumaß eine Länge von rund 29, 5 cm.

[33] C. S. SOMMER: Ausgrabungen im Stadtbereich von Ladenburg am Neckar. In: ArchAusgrBW 1985, S. 122–125.

[34] Zusammenstellung bei KAISER/SOMMER: Lopodunum I (wie Anm. 6), S. 400 und MM vom 23.6. 1998 (Interview C.S. Sommer).

# Vom Kastell zur Stadt
## LOPODVNVM und die CIVITAS VLPIA SVEBORVM NICRENSIVM

von C. Sebastian Sommer

Dr. Berndmark Heukemes
Für 50 Jahre archäologische Arbeiten in Ladenburg



## 1. Einleitung

Als am Ende des Jahres 69 n.Chr. Vespasian nach mehr als einem Jahr des Bürgerkriegs und der nationalen Aufstände die Nachfolge Neros angetreten hatte und alleiniger Herrscher des römischen Reiches war, mußte er nicht nur den inneren Frieden wiederherstellen und seine Macht absichern, sondern den Menschen neue Perspektiven für die Zukunft weisen. Umfangreiche Maßnahmen in Rom wie in den Provinzen belegen dies.

Vor allem unter dem Gesichtspunkt des Machterhalts und der Verbesserung der innerrömischen Kommunikationswege wurden bisher diejenigen Schritte von der archäologischen und historischen Forschung gesehen, die zeigen, daß der südwestdeutsche Raum intensiv im Blickfeld des römischen Generalstabs stand – die militärische Besetzung des oberen Neckarlandes und des rechten Oberrheingrabens. In diesem Zusammenhang errichteten römi-

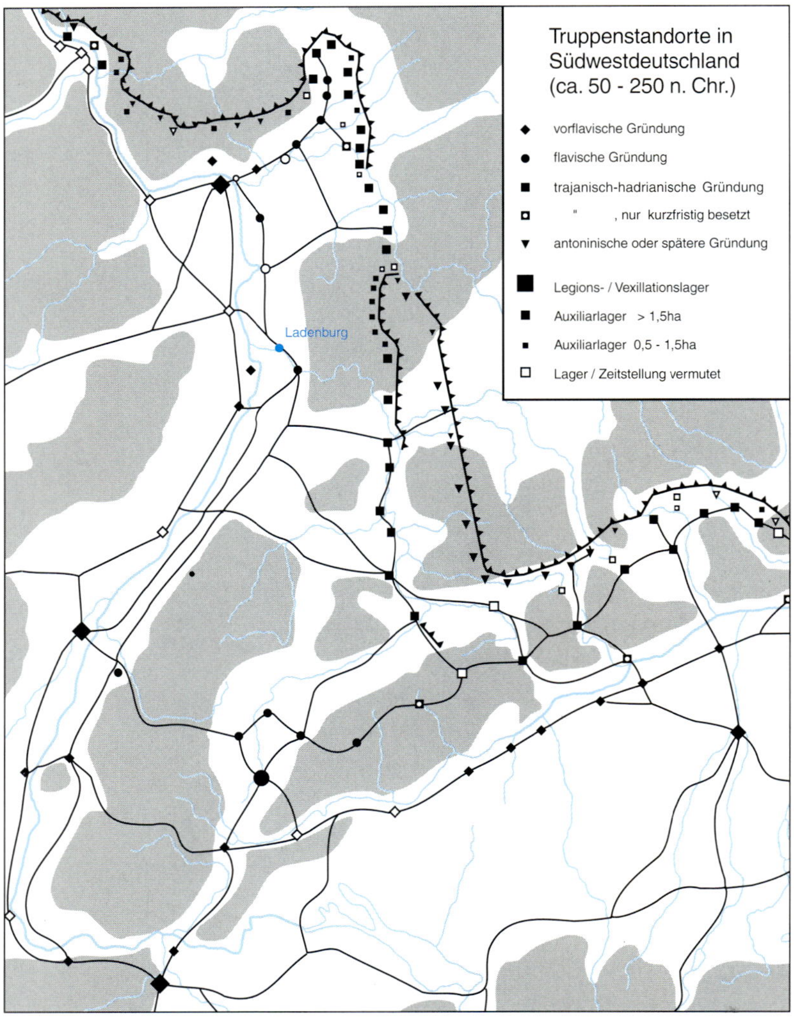


*Abb. 1: Militärische Anlagen und Straßen in Südwestdeutschland.*

sche Soldaten nicht nur Truppenlager (Kastelle), sondern sorgten auch für die für ihre Einsatzfähigkeit notwendige Infrastruktur. Dazu zählen die Marketendersiedlungen (Kastellvici) und vor allem die Straßen. Diese ermöglichten schnelle Truppenbewegungen und waren Voraussetzung für jegliche Kommunikation in dem vom Atlantik bis zum Vorderen Orient, von Britannien bis an die Sahara reichenden römischen Weltreich.

Diese Maßnahmen bildeten den Hintergrund für den Beginn des römischen Ladenburg. Zum Verständnis der damaligen geopolitischen Lage muß allerdings etwas weiter ausgeholt werden:

Auf einem leider relativ schlecht erhaltenen Meilenstein aus dem Kinzigkies bei Offenburg wird ein möglicher Grund für die Besetzung des rechtsrheinischen Gebiets und die Anlage der Kastelle am oberen Neckar, allen voran Rottweil, genannt. Es heißt dort nämlich, daß *iter de[rectum ab Arge]ntorate in R[aetiam]* errichtet wurde, also eine direkte Straße von Straßburg nach Rätien[1].

Nach dem bisherigen Verständnis erbrachte diese Straße eine Verkürzung der Verbindung zwischen den Provinzen Obergermanien und Rätien von etwa 160 Kilometern[2]. Dies sei als Bedürfnis empfunden worden, nachdem die während der vorangegangenen Unruhen notwendigen massiven Truppenbewegungen unter dem langwierigen Weg um das Rheinknie bei Basel gelitten hätten. Das nicht besetzte Gebiet zwischen Donau und Rhein ragte nämlich keilförmig in das römische Reich und hätte zu diesem Umweg gezwungen.

Die neuen Kastelle dienten der Sicherung dieser Straße und damit der innerrömischen Kommunikation. Nachdem mittlerweile aber eine vermutlich schon ältere Straße von Hüfingen über den südlichen Schwarzwald wahrscheinlich ist[3], hielt sich die tatsächliche Einsparung durch die neue Straße allerdings in Grenzen (Abb. 1).

Inzwischen kann man den Hintergrund für die diskutierte Maßnahme sehr viel großräumiger sehen: Seit wenigen Jahren ist bekannt, daß eines der Kastelle in Rottweil als Legionslager errichtet und anscheinend auch besetzt gewesen ist (Kastell I)[4]. Die wahrscheinlichste Besatzung für dieses Kastell ist die 11. Legion, die vermutlich erst später in Vindonissa/Windisch in der heutigen Schweiz stationiert wurde. Zudem ist jetzt sicher, daß die 8. Legion unter Vespasian nicht in Straßburg, sondern in Mirebeau in Burgund stationiert war. Sie hatte vermutlich die Aufgabe, die dort ansässigen Lingonen unter Kontrolle zu halten, nachdem diese sich an den Aufständen gegen das römische Reich beteiligt hatten[5]. Das dadurch sich ergebende Ungleichgewicht in der Verteilung der das Rückgrat der Armee bildenden Legionen mit den bisherigen Standorten Mainz, Straßburg und Windisch konnte offensichtlich nicht mehr entlang der alten Grenze an Rhein und Donau ausgeglichen werden. Durch die vorgeschobene Position und Besetzung Rottweils ließen sich aber die natürlichen Verkehrswege nach Süden in das Schweizer Mittelland und nach Westen an den Rhein schützen und kontrollieren. Dadurch ergab sich auch ein nicht unerheblicher Gebietsgewinn. Der diese Maßnahmen leitende Befehlshaber, der auf dem eingangs genannten Meilenstein aufgeführte Cn. Pinarius Cornelius Clemens, hat vermutlich dafür die Triumphalinsignien erhalten[6].

Aufgrund der topografischen Gegebenheiten des Oberrheintals war es nur natürlich, daß die Verbindung zwischen dem neuen militärischen Schwerpunkt am oberen Neckar und dem Hauptquartier des Heeres in Obergermanien, Mainz, nicht nur auf der alten Straße links des Rheins verlief, sondern auch auf der rechten Rheinseite angelegt wurde. Gemeint ist damit eine Straße, die von Offenburg am Ostrand des Schwarzwalds, des Kraichgaus und des Odenwalds verlief und über die Brükke zwischen Kastel und Mainz auf die linke Rheinseite übersetzte bzw. schon weiter südlich über Worms an die Straße auf der linken Rheinseite anband. Von Mainz aus setzte sich der Weg bis an die Nordsee fort. Von Offenburg führte sie als die im Meilenstein erwähnte direkte Straße nach Osten über Waldmössingen, Rottweil, Tuttlingen die Donau hinab und, wenn gewünscht, weiter bis ans Schwarze Meer (Abb. 1)[7].

Im Rheintal entspricht der Verlauf dieser Straße südlich des Neckarübergangs bei Heidelberg über weite Strecken der heutigen B 3. An dieser Straße wurden Kastelle in Offenburg-Zunsweier, Offenburg-Rammersweier, Baden-Baden, Heidelberg, vielleicht Gernsheim, Groß-Gerau und – in unserem Zusammenhang von größter Bedeutung – Ladenburg errichtet.

## 2. Römisches Militär in Ladenburg

Bisher kennen wir im Stadtgebiet des heutigen Ladenburg die Überreste dreier römischer Kastelle[8]. Das Kastell I ist seit 1912 bekannt (Beil.; die Nummerierung ergibt sich aus der Reihenfolge der Entdeckung bzw. Nummernvergabe). Erst vor wenigen Jahren, 1982, wurde durch H. Kaiser das vermutlich älteste Kastell, das sog. Kastell II, entdeckt. Die dritte, hier erstmals mit Kastell III bezeichnete Wehranlage im Südosten außerhalb der späteren Stadt wurde 1978 von B. Heukemes erkannt und ist wohl spätrömisch. Sie wird daher erst in Kap. 5.1. behandelt[9].

### 2.1 Lage des Truppenstandorts

Warum legten die Römer ausgerechnet in Ladenburg Kastelle an und stationierten Truppen? Neben der oben beschriebenen „Großlage" hängt dies sicher ganz ursächlich mit der Geologie und Topografie am unteren Neckar zusammen (vgl. auch den Beitrag Jaschke). Ladenburg liegt im Bereich des sehr fruchtbaren Neckarschwemmkegels, der sich grob fächerförmig vom Austritt des Neckars aus dem Odenwald bei Heidelberg über die unfruchtbaren Sande und Kiese des Rheintals ausgebreitet hat[10]. Er bildete sich durch die Ablagerung von mitgeführtem Löß aus dem Gebiet des mittleren Neckars und weist höchste Bodengüten auf. Im unmittelbaren Stadtbereich dürfte es noch in der Bronzezeit zu Ablagerungen gekommen sein, denn verschiedentlich fanden sich Artefakte dieser Zeit ohne Befundzusammenhang in dem aus römischer Sicht „gewachsenen" Boden[11]. Im Südwesten wurde und wird dieses Gebiet durch den mäandrierenden Neckar begrenzt; dessen nur wenig alte, ehemalige Betten dürften in der römischen Zeit z.T. feucht bis sumpfig gewesen sein. Unter römischem Einfluß wurde ab tiberischer Zeit, also noch vor der eigentlichen Okkupation, der Bereich des Schwemmkegels relativ dicht von den Neckarsweben aufgesiedelt (vgl. Beitrag Lenz-Bernhard)[12].

Die Kastelle von Ladenburg legte man nun einerseits etwa in der Mitte des fruchtbaren, so besiedelten Gebiets[13], andererseits ungefähr am nördlichsten Punkt des damaligen Neckarlaufs und zum dritten an der Stelle an, die innerhalb der ehemaligen Mäander am höchsten lag und dementsprechend relativ hochwassergeschützt war (im Bereich Metzgergasse und St. Gallus reicht die vorrömische Oberfläche bis 102,50 m NN). Darüber hinaus traf hier der vom Odenwald, genauer von Schriesheim fließende Kanzelbach auf das eigentliche Neckarbett.

Dies entsprach auch dem Bereich, wo die von dem sicheren Neckarübergang in Heidelberg kommende Fernstraße (erst westlich davon begann der Neckar mit seinen Mäandern) bei einem weitestgehend geradlinigen Verlauf in Richtung Worms den Neckar verlassen mußte und wo die Straße einen etwa Nord-Süd verlaufenden Altweg kreuzte. Dieser Weg verband verschiedene neckarswebische Siedlungen, nicht zuletzt die im Stadtgebiet gelegenen „Am Erbsenweg“, unter der Südstadt und „Ziegelscheuer“. Er deckte sich wohl im wesentlichen mit dem Verlauf der späteren römischen Straße, die von Norden kam und sich im Süden zur Villa rustica fortsetzte (Beil.).

Ein weiterer Grund für die Lage der Kastelle hier dürfte darin zu suchen sein, daß man versuchte, unter Einhaltung der schon genannten Bedingungen möglichst weit von den Kastellen, die den Neckarübergang in Heidelberg sicherten, weg zu bleiben. Die Distanz von etwa 8,5 km ist eher gering gegenüber den Normalabständen von 16–18 km, entsprechend etwa einem Tagesmarsch.

Weiter abgerundet wird das Bild der Landschaft, in der die Römer ihre Kastelle errichteten, durch den aus Heukemes' Feststellung von römischer Keramik in den oberen Schichten des Grabens der ehemaligen keltischen Viereckschanze[14] zu ziehenden Schluß, daß der Graben während der Besetzungszeit zumindest noch als Mulde erkennbar gewesen sein muß.

Die römische Taktik, die hauptsächlich auf Angriff und weniger auf Verteidigung ausgerichtet war, schloß eine Lage, die vor allem einen natürlichen Schutz bot, eher aus. Zumindest seit vespasianischer Zeit wurden praktisch alle Kastelle offen und frei zugänglich angelegt. Daher ist für Ladenburg die Anlage auf einer Art Insel, wie sie der Plan von 1986 andeutet[15], praktisch ausgeschlossen. Der insbesondere mit seiner östlichen Uferkante z.T. auch heute noch deutlich im Gelände erkennbare ehemalige Neckarlauf um Ladenburg und Neuzeilsheim[16] wird also in römischer Zeit kaum mehr kontinuierlich von Wasser durchflossen gewesen sein. Dagegen spricht auch sein – aus den bis vor der Bebauung der Südstadt vorhandenen topografischen Gegebenheiten (Höhenlinien) zu erschließender – ursprünglicher Verlauf unmittelbar östlich des damaligen Bollwegs und damit zwischen der Südostecke der römischen Stadtmauer und dem Theater[17]. Vielmehr wird es sich bei dem südlichen Teil des ehemaligen Neckarlaufs schon damals um eine Reihe von mehr oder weniger feuchten Mulden oder Senken gehandelt haben[18]. Im Bereich der Fluren „Weihergärten“ und „Wasserbett“ ist, wie die späteren Namen andeuten, mit einem oder mehreren seeartigen Gewässern zu rechnen[19]. Lediglich der deutlich tiefer liegende nördliche Teil (außerhalb der Beil.; s. Plan von 1986) könnte ständig mit Wasser bedeckt gewesen sein. An den Hauptarm des Neckars wäre er aber über seine Mündung angeschlossen gewesen. Der ganze Altarm dürfte allenfalls bei extremen Hochwässern völlig überschwemmt gewesen sein[20].

## 2.2 Kastell II

Unter der späteren zivilen römischen Bebauung an der Kellerei fanden sich 1982 die Reste eines bis dahin unbekannten Kastells[21]. Es wurde in der Folge als Kastell II bezeichnet.

### *2.2.1 Umwehrung*

Bisher konnten auf ca. 34 m Länge die Reste eines ursprünglich bis zu 5 m breiten und 2 m tiefen Spitzgrabens und einer 3,0–3,3 m breiten Rasensodenmauer festgestellt werden[22]. Diese bestand aus ausgestochenen Rasenplaggen, die wohl in mehreren parallelen Reihen als Vorderseite aufgeschichtet wurden. Vielleicht befestigten Rasensoden auch die Rückseite, nachdem eine früher erwogene Bretterwand sich nicht bestätigt hat. Der Zwischenraum bis zu einer Höhe von vielleicht 3 m wurde mit dem Aushub aus dem Graben aufgefüllt. Wahrscheinlich war diese „Mauer“ oben von einer hölzernen Brustwehr gekrönt (Abb. 2). Aus Stabilitätsgründen und vielleicht zur besseren Drainage legte man die Rasensodenmauer auf einem Knüppelrost aus armdicken Stangen an, die in dichter Folge senkrecht zur Mauer verlegt waren.

*Abb. 2: Rekonstruktion der Umwehrung des Kastells II (Modell). Außenansicht.*

In bzw. über der Rasensodenmauer stand im ergrabenen Bereich ein Turm. Darauf deuten vier in einem Quadrat angeordnete mächtige Pfosten im Abstand von 3,3 m. Wahrscheinlich war zwischen ihnen, die Brustwehr überragend, eine Plattform befestigt (Abb. 2).

Der Graben war sehr scharf in den anstehenden Lößlehm geschnitten und wies einen Winkel von 45° auf[23]. Der untere Teil war steril mit Einschwemmungen verfüllt, der obere mit einer teilweise humosen Schicht, in der man Rasensoden zu erkennen glaubt.

Obwohl vom Kastell II die Umwehrung nur auf einem kurzen Stück untersucht werden konnte, ist wegen der Lage der Rasensodenmauer und des Turms westlich des Grabens klar, daß es sich um die Ostseite der Anlage handelt. Das Kastell erstreckte sich also nach Westen. Wegen der bei solchen Anlagen üblichen Größe muß es weit über die heutige Hangkante, entsprechend der westlichen mittelalterlichen Stadtmauer, hinausgereicht haben. Dies setzt voraus, daß in der damaligen Zeit der Neckar in einigem Abstand zum heutigen Hochufer geflossen ist (Beil.)[24]; das Kastell II ist heute also im wesentlichen abgeschwemmt. Unter der Annahme einer Größe dieses Kastells ähnlich des kleineren der wohl funktional und zeitlich vergleichbaren Kastelle IV und V in Rottweil[25] ergibt sich etwa der in der Beilage eingetragene Verlauf des Neckars als der am weitesten östlich mögliche zu Beginn der römischen Besetzung. Vermutlich floß der Neckar damals sogar noch weiter westlich.

Leider haben wir vom Kastell II keine Hinweise auf die Innenbebauung. Auch bei den Grabungen der letzten Jahre im Bereich der Kellerei fanden sich keine Reste eventueller Gebäude. Allerdings war in dem relativ kleinen, zur Untersuchung noch zur Verfügung stehenden Areal das Gelände durch spätere Eingrabungen stark gestört bzw. konnte aus Zeitgründen nicht überall flächig ergraben werden.

### 2.2.2 Datierung

Nicht ganz unproblematisch ist die Datierung dieses Kastells. Es konnten bisher nämlich keinerlei Funde eindeutig den Strukturen des Kastells II zugewiesen werden. Lediglich relativchronologisch ist das Kastell II durch die überlagernden Befunde des Kastellvicus von Kastell I (s. Kap. 2.4.3.) als die älteste bisher bekannte römische Einrichtung in Ladenburg anzusehen. Auch wenn eine frühere Zeitstellung nicht ganz ausgeschlossen werden kann, sind H. Kaiser und ich der Meinung, daß es sich um eine frühvespasianische Gründung, also aus den frühen 70er Jahren des 1. Jh., handelt[26]. Es dürfte auch nicht zu lange be-

*Abb. 3: Schnitt durch den Bischofshof-Park 1972. Im Vordergrund die Gräben des Kastells I, dahinter die Kastellmauer; im Hintergrund der Nordturm von St. Gallus.*

standen haben, sonst wären im Graben des Kastells Funde zu erwarten.

Ein Zusammenhang des Kastells mit der oben angesprochenen Fernstraße ist dabei sehr wahrscheinlich. Unklar ist allerdings noch die unmittelbare Verbindung beider. Sehr häufig führt nämlich eine Fernstraße über die Via principalis eines Kastells (s. Kap. 2.4.1.)[27]. Der in Ladenburg zumindest für spätere Zeiten sichere Verlauf der Straße würde aber unmittelbar westlich der Umwehrung auf das Kastell treffen. Vielleicht hatte die Straße jedoch, bevor sie befestigt wurde, einen etwas anderen Verlauf (abhängig vom tatsächlichen Verlauf des oben angeführten Altwegs?) oder aber das Kastell II ist nicht das älteste Kastell in Ladenburg und ein weiteres harrt noch seiner Entdeckung[28].

Darüber hinaus wäre auch eine Brückenkopffunktion zum linksrheinischen Rheingönheim nicht ganz auszuschließen. Unklar bliebe allerdings die unmittelbare Verbindung beider Plätze (s.u.)[29].

Vermutlich im Zusammenhang mit einem Truppenwechsel wurde das Kastell II aufgegeben, weitgehend einplaniert und durch Kastell I ersetzt. Die Möglichkeit von immer wiederkehrenden Hochwässern, die das Kastell II schon während seiner Benutzung teilweise abgeschwemmt hätten[30], ist unwahrscheinlich.

## 2.3 Kastell I

Ausgrabungen durch den Mannheimer Altertumsverein unter H. Gropengießer und G. Weise nördlich und südlich der St. Sebastianskirche bzw. des westlich anschließenden Schulhauses führten 1912 zur Entdeckung eines Steinkastells[31]. Seine Existenz war bereits verschiedentlich vermutet oder auch bestritten worden[32]. Weise und Gropengießer stellten eine steinerne Toranlage und die daran anschließende Kastellmauer fest. Da der unmittelbar davor liegende Kastellgraben an der Fundamentunterkante der Mauer ansetzte, vermutete Gropengießer auch die Existenz eines älteren Holzkastells.

Die nördliche Fortsetzung der Kastellmauer wurde 1926 beim Bau der Gasleitung mehrfach in der Hauptstraße und Mühlgasse angeschnitten und in einer Zeichnung durch den Ladenburger Maurermeister und späteren Stadtbaumeister K. Seel III festgehalten[33]. Diese Beobachtungen erlaubten schon früh, den Verlauf der westlichen und nördlichen Kastellmauer festzulegen[34].

In den 60er Jahren ergaben verschiedene Bauarbeiten Einblicke in die Umwehrung des Kastells[35]. Vor allem bot sich aber B. Heukemes 1969–72 bei der Renovierung der St. Sebastianskirche die Möglichkeit, innerhalb und südlich der Kirche das Westtor zu untersuchen. Dabei wurde die Vermutung Gropengießers, daß sich unter dem Steinkastell ein älteres Holz-

*Abb. 4: Profil durch die Kastellgräben des Kastells I unter dem neuen Rathaus. Zwei ältere, fast sterile Spitzgräben werden von einem jüngeren Spitzgraben überlagert. Dessen Spitze ist links nur schwach unter einer jüngeren, sohlgrabenartigen Verfüllung erkennbar. Rechts die Kastellmauer.*

erdelager befand, zur Gewißheit[36]. Neben Befunden des Kastells und seinem Straßennetz ließen sich bereits damals Aussagen zur nachkastellzeitlichen und frühmittelalterlichen Nutzung machen. Weitere Erkenntnisse zu Umwehrung und Innenbebauung des Kastells erbrachten Heukemes' Grabungen bis 1974 südlich und nördlich der St. Sebastianskirche. Ein langer Schnitt quer durch den Bischofshof-Park (Abb. 3)[37] ermöglichte den Nachweis sich überlagernder Kastellgräben. Diese fanden sich andeutungsweise auch weiter nördlich während des Rathausneubaus 1978/79[38].

Über das Aussehen der älteren Umwehrungsanlagen informierten dann auch ausführlich die Grabungen, die E. Schallmayer im Bereich des späteren Erweiterungsbaus des neuen Rathauses (Domhof) begann und die H. Kaiser zu Ende führte. Der Schnitt durch die Kastellgräben war hier so eindrucksvoll (Abb. 4), daß er in einem großen Lackprofil für das Lobdengaumuseum konserviert wurde[39]. Weiterhin fanden sich auch gut erkennbare Reste der älteren Umwehrung, die als Rasensodenmauer definiert werden konnte[40].

Ergänzungen zur Umwehrung des Kastells boten die baubegleitenden Untersuchungen während der Neuanlage der Hauptstraße 1985[41] und vor allem 1991 die Ausgrabungen in der Heidelberger Straße 4. Hier konnte erstmals die Südseite des Kastells I eindeutig erfaßt werden[42]. Darüber hinaus ließ sich 1987 durch Bohrprofile im Kirchgarten von St. Gallus und in einem Hauskeller in der Feuerleitergasse 10 die Ostseite des Kastells grob nachweisen[43].

Für das Verständnis eines Kastells und seiner Funktion ist aber nicht nur die Kenntnis der Umwehrung wichtig, sondern auch die der Innenfläche. Daher kommt denjenigen Ausgrabungen, die im Inneren das Kastells stattfanden und damit Auskunft über seine Gliederung und Bebauung geben, besondere Bedeutung zu. 1926 wurden bei Gasleitungsarbeiten kastellzeitliche Brandschichten in der Brauergasse beobachtet[44]. Bei St. Sebastian stellte Heukemes einige Pfostengruben der Innenbebauung fest[45]. Auch eine Notbergung an der St. Galluskirche 1984 erbrachte lediglich den allgemeinen Hinweis auf Bebauung. Erst in der mehrjährigen Grabung, die sich daraus entwickeln sollte[46], konnten interpretierbare Grundrisse festgestellt werden. Klar zeigte sich darüberhinaus, daß das Kastell wesentlich größer war als damals vermutet. Die Ausgrabungen in der Metzgergasse, ergänzt erst vor wenigen Jahren durch Sondagen in der Kirchenstraße 23, geben Auskunft über den zentralen Bereich des Kastells[47]. Genauso wie die Untersuchungen an der St. Galluskirche lieferten dagegen Maßnahmen in der Kirchenstraße 5[48], in der Dreckgasse[49], der Kirchenstraße 11/13[50], der Eintrachtgasse 3/Kirchenstraße 24[51] und der Kirchenstraße 33[52] Befunde zu den Baracken.

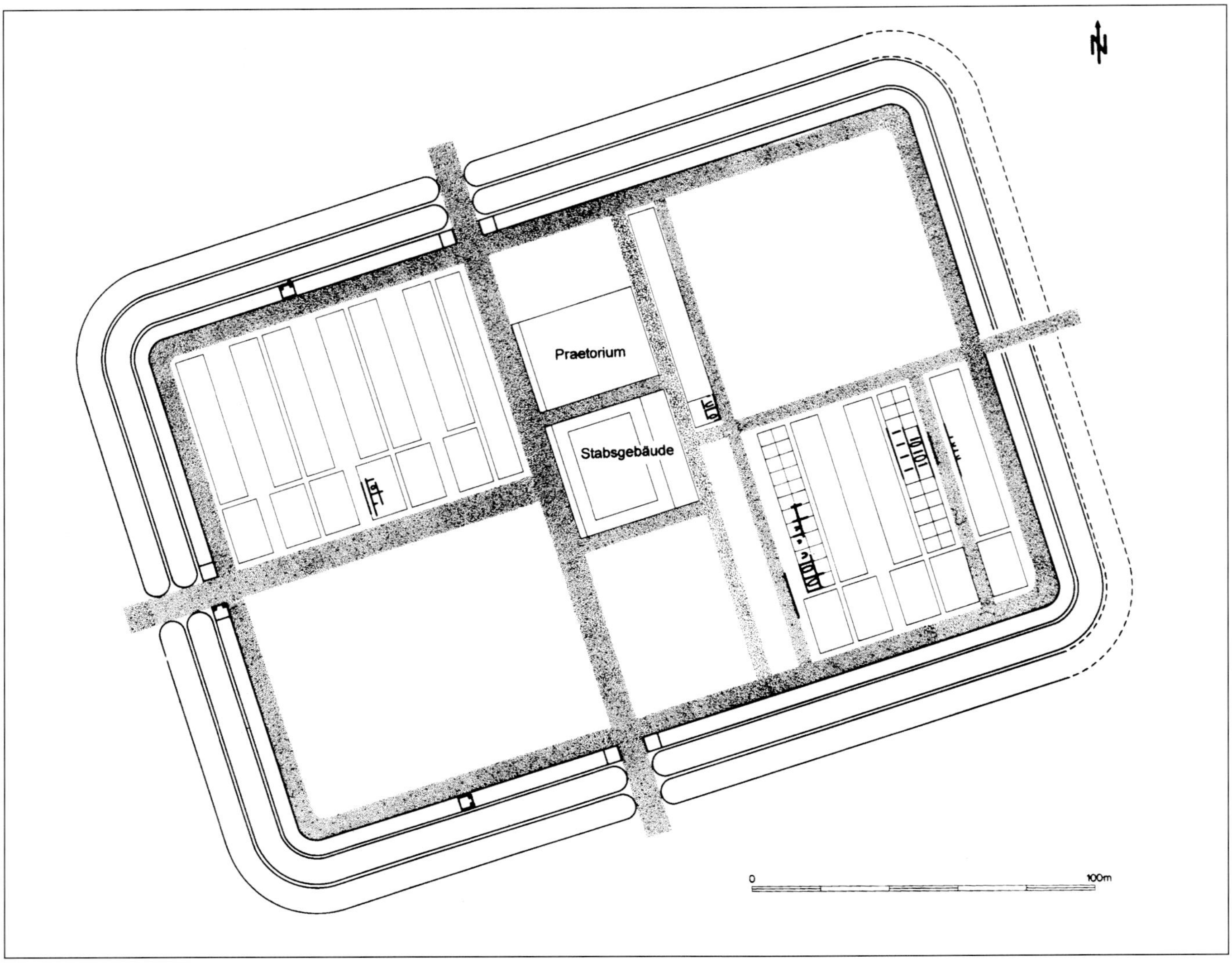


Abb. 5: Schematisierter Plan des Kastells I, erste Phase. Maßstab 1:2000.

### 2.3.1 Umwehrung

Nach diesen Untersuchungen erstreckte sich das Kastell I der 1. Phase auf einer Länge von etwa 238 m und reichte von der Westseite unter St. Sebastian bis jenseits der Apsis von St. Gallus. Gewissermaßen überblicken läßt es sich am Westtor, von wo aus man noch die Türme der St. Galluskirche sieht (Abb. 3). Das Kastell wurde an der in der Antike höchsten Stelle im Ladenburger Stadtgebiet errichtet. Daß diese Position nicht schon vom älteren Kastell II eingenommen worden war, mag daran liegen, daß man dieses Gelände ursprünglich als zu weit vom Neckar entfernt empfunden hatte, insbesondere, da die alte Oberfläche etwa ab der Westseite des heutigen Bischofshofgebäudes relativ zügig nach Westen abfiel.

Das Kastell besaß eine Breite von ca. 164 m (jeweils zwischen den Grabeninnenkanten). Damit ergibt sich eine Fläche von 3,9 ha[53]. Die nutzbare Innenfläche innerhalb der Umwehrung betrug etwa 228 x 154 m entsprechend ca. 3,5 ha. Kastell I von Ladenburg gehört also zu den großen Militäranlagen seiner Zeit.

Diese Maße passen gut in das römische Maßsystem[54]. Wahrscheinlich lag dem Kastell ein Plan zugrunde, der zwischen den Gräben 6½ x 4½ actus (bei einem angenommenen Fußmaß von 0,3 m entsprechend 234 x 162 m) sowie für die Grabenzone ½ actus, gleich 16 m, vorsah (Abb. 25). Üblicherweise nahm die Vermessung ihren Ausgang von einem zentralen Punkt innerhalb der zukünftigen Anlage, der „groma“. Dieser lag u.E. in der Mitte des Kastells unmittelbar vor der Kommandantur (s.u.).

Ähnlich wie Kastell II war das jüngere Lager anfänglich von einer Rasensodenmauer umwehrt. Als Grundlage für diese Konstruktion diente wiederum ein Knüppelrost (Abb. 6)[55]. Darauf lag eine wohl durchgängige Lage aus Rasensoden. Auch die Rückseite der Mauer war durch eine Packung aus Rasensoden befestigt. Den Zwischenraum verfüllte man mit Material vermutlich aus den Kastellgräben. Zur Stabilisierung dienten in größerem Abstand auf verschiedenen Ebenen verlegte Querstangen[56].

Insgesamt hatte die Rasensodenmauer an der Basis eine Breite von etwas mehr als 4,2 m (die Vorderfront ist für die spätere Steinmauer entfernt worden; s.u.). Wie hoch sie war, läßt sich auch hier nicht sagen. In der Grabung Heidelberger Straße 4 war sie jedoch noch bis zu 1 m hoch erhalten (Abb. 6; 33).

In der Rasensodenmauer konnten in der Domhofgrabung wie auch in der Heidelberger Straße 4 mächtige Pfostengruben von Zwischentürmen nachgewiesen werden[57]. Es hat den Anschein, daß die Rasensodenmauer zwischen den Pfosten durch und um sie herum lief, die Türme also kein Erdgeschoß besaßen[58]. Das Außenmaß der mehr oder weniger quadratischen Türme betrug wahrscheinlich 3,5–3,6 m.

Über die Abstände der Zwischentürme zu den jeweiligen Nachbarn und damit über ihre Zahl läßt sich keine Aussage machen. Sie dürften aber ähnlich dicht wie in der Steinmauer gestanden haben.

Das nach Westen zum Neckar gerichtete Haupttor, die Porta praetoria, bestimmte die Orientierung des Kastells. Es besaß vermutlich eine doppelte Tordurchfahrt und sicher zwei flankierende Holztürme[59]. Unklar ist die Form der Tortürme. Zu erwarten wären solche vom 6-Pfostentypus, so daß sich eine leicht nach innen gezogene Torkammer ergäbe. Nachdem aber Heukemes an der zu vermutenden Position einen Pfosten sicher ausschließen konnte, waren die Türme hier wie die Zwischentürme wohl auch quadratisch.

Die Außenseite der Rasensodenmauer wurde nach einer kleinen Berme von zwei Spitzgräben begleitet (Abb. 3; 4)[60]. Während der innere Graben etwa 3–3,3 m tief war, wies der äußere eine Tiefe von ungefähr 3,6 m auf. Beide waren ursprünglich jeweils etwa 7 m breit und nahmen insgesamt einen Streifen von 15–16 m ein.

Innerhalb des Kastells folgte auf die Rasensodenmauer eine etwa 6 m breite Straße, die sog. Via sagularis[61]. Sie war gekiest, wobei sich unter dem Belag eine durchwalkte Schicht abzeichnete, die wohl entstanden ist, als das Kastell noch im Bau war. Auf die Bauzeit weist auch ein unter dem Kies in der Heidelberger Straße 4 gefundener Ofenrest, der sich am ehesten als eine Feldschmiede erklären läßt.

In einer zweiten Phase wurde die Front der Rasensodenmauer fast senkrecht abgestochen. Die Verfüllung des inneren der beiden älteren Gräben z.T. mit Rasenplaggen gibt genauso wie die Verfüllrichtung den Hinweis, daß das so gewonnene Material unmittelbar in den Graben geworfen wurde[62]. An Stelle der alten Front errichtete man eine Steinmauer. Vielleicht lag einer der zugehörigen Werkplätze nördlich des z.T. noch offen stehenden äußeren Grabens am Domhof, denn in dessen Verfüllung fand sich eine Geschlägeschicht.

Die Steinmauer war so angelegt, daß einerseits die Holztürme zumindest während des Aushubs der Fundamente noch stehen bleiben konnten, andererseits der ehemalige innere Graben nicht tangiert wurde (Abb. 3; 4)[63]. Das Fundament lag somit völlig auf ungestörtem Boden. Die so um etwa 1 m nach außen verschobene Front des Steinkastells vergrößerte dessen Gesamtfläche nur geringfügig. Da der große Rest der ehemaligen Rasensodenmauer zur Verstärkung die Rückseite der Mauer wallartig stehen blieb, änderte sich an der Nutzfläche gegenüber der 1. Phase nichts.

Das Fundament der Kastellmauer war etwa 2,2 m breit, während das aufgehende Mauerwerk zwischen 1,7 und 1,8 m maß (Abb. 3; 4; 33; 60)[64]. Die Mauer ist heute teilweise noch bis 1,75 m Höhe erhalten[65]. Über die ursprüngliche Höhe kann jedoch nur spekuliert werden; sie wird den Rekonstruktionen z.B. der Saalburg nördlich von Frankfurt oder in South Shields in Großbritannien (Abb. 10) mit etwa 5 m inklusive einer zinnenbewehrten Brustwehr nahe gekommen sein.

Ein eindrucksvolles Einzelmonument und in Teilen heute noch zu sehen ist das große

*Abb. 6: Knüppelrost der Rasensodenmauer des Kastells I.*

Westtor unter der St. Sebastianskirche[66]. Es besaß eine doppelte Tordurchfahrt mit einer Breite von insgesamt 9 m. Die beiden flankierenden Steintürme sprangen um etwa 1,1 m vor die Flucht der Kastellmauer. Insgesamt war die Toranlage 17 m breit und muß mit dem die Türme verbindenden Wehrgang ein eindrucksvolles Bild gegeben haben. Gleiches gilt für die vermutlich ähnlich großen Tore nach Süden und Norden (Abb. 10).

*Abb. 7: Abfallgruben und Latrinen hinter den Gebäuden an der Kellerei.*

Daß es sich bei der Gestaltung der Tortürme nicht um reine Zweckarchitektur gehandelt hat, zeigt die Sockelzone. Der Übergang von breiterem Fundament zum schmäleren aufgehenden Mauerwerk war nämlich durch ein schön geschwungenes „attisches“ Profil gestaltet, d.h. die Mauer besaß im Bereich der Tortürme einen Fuß (Abb. 9)[67].

Wahrscheinlich war am Westtor auch ein schon von Weise und Gropengießer 1912 gefundenes Victoriarelief befestigt (Abb. 11)[68]. Das Bildwerk gehörte zu einer größeren Szene, die auf beiden Seiten von Göttern begrenzt war. Insgesamt dürfte das Relief ursprünglich mehr als 2 m lang gewesen sein.

Genauso wie bei der 1. Phase ergänzten Zwischentürme das Bild der Steinmauer. Deren Reste unter dem Rathaus und in der Heidelberger Straße 4 lassen mehr oder weniger quadratische Grundrisse von etwas mehr als 4 m Kantenlänge rekonstruieren[69]. Die Türme waren in die Kastellmauer eingebunden, also gleichzeitig mit dieser errichtet worden. Wie die Türme des Westtores ragten sie über die Flucht der Kastellmauer, wenn auch mit ca. 0,5 m deutlich weniger. Dies deutet darauf hin, daß die Vorsprünge keine verteidigungstechnischen Ursachen hatten, sondern zur optischen Gliederung der langen Kastellmauer dienten.

Ein in gleicher Weise vorspringendes Mauerstück mitten in der Hauptstraße (Abb. 8) macht einen Abstand der Türme von ca. 27 m wahrscheinlich (Beil.)[70]. Mit diesem Maß (2/3 actus) könnte die Längsseite des Kastells aufgeteilt worden sein, denn man endet damit im Westen knapp außerhalb der (nachgewiesenen) Westfront des Kastells und im Osten einerseits in der Mitte des Nordtors und andererseits in dem Bereich, wo wir aus anderen Gründen bisher die Ostfront der Mauer rekonstruiert haben (Beil.).

Interessant ist, daß die nachgewiesenen Steintürme gegenüber den älteren Holztürmen leicht versetzt angelegt wurden. In der Heidelberger Straße 4 und bei der Porta praetoria überlagerten die Mauern die bekannten Turmpfostenpositionen nicht. Daher ist denkbar, daß manche der Holztore und -türme während der Baumaßnahmen zum Steinkastell

*Abb. 10: Rekonstruiertes Westtor des Kastells South Shields in Großbritannien.*

*Abb. 8 (rechts): Zwischenturm in der nördlichen Mauer des Kastells I mit aufgelegter Fugenleiste. Vor Hauptstraße 18.*

*Abb. 9 (links): Westtor des Steinkastells I, Sockelgesims des südlichen Turms. St. Sebastianskirche 1970.*

noch eine Zeitlang weitergenutzt wurden[71]. So blieb die Verteidigungsfähigkeit des Kastells auch während des Umbaus gewährleistet.

Die aus dem rötlichen Neckartäler Sandstein aufgeführte Kastellmauer mit ihren gelegent-

*Abb. 11: Friesplatte mit Darstellung der Siegesgöttin Victoria, vermutlich vom Westtor des Kastells I.*

lich auch etwas unregelmäßigen großen Quadern war aufwendig verputzt. Hierzu wurden, z.T. über die Fugen, z.T. aber auch über die Steinköpfe hinweg ca. 5 cm breite und 1 cm dicke Mörtelleisten mit leicht trapezförmigem Querschnitt aufgebracht. Vor dem Erhärten drückte man noch mit einem Zieheisen eine Scheinfuge ein (Abb. 8)[72]. Unklar ist, ob die Steinhäupter zusätzlich gekalkt waren. Aus optischen Gründen gehe ich jedoch davon aus, daß zwischen den Fugen der rötliche Stein durchschimmerte.

Vor der Steinmauer wurde in die Verfüllung der beiden älteren Gräben ein neuer Spitzgraben eingetieft. Er war knapp 3 m tief und ursprünglich 9–10 m breit. Da das Gelände durch die ehemaligen Gräben relativ locker war, konnten nunmehr keine sehr steilen Grabenprofile angelegt werden. Verschiedene Spitzen deuten darauf hin, daß der Graben immer wieder nachgestochen werden mußte[73]. Vielleicht besaß er ein zusätzliches Annäherungshindernis in Form von in die Grabenwand eingesetzten Spitzpfählen[74]. Das am Domhof beobachtete Profil zeigt, daß der Graben im Laufe seiner Geschichte zu einem Sohlgraben verflachte, bevor er schließlich verfüllt wurde.

### 2.3.2 *Innengliederung*

Das Kastell I von Ladenburg ist in der spätestens seit vespasianischer Zeit üblichen „Spielkartenform“ angelegt (Abb. 5, Beil.). Das heißt, das Kastell war länger als breit und mit seinem Haupttor, der Porta praetoria, zum Fluß hin ausgerichtet. Über die Querachse, die Via principalis, wurde das Kastell in zwei Teile gegliedert, einen kleineren, vorderen Teil und einen größeren, hinteren. Über die Querachse verlief die Fernstraße in Richtung Mainz. Es hat sogar den Anschein, daß diese Straße im Ortsbereich konkret auf die beiden seitlichen, in das Kastell führenden Tore, die Porta principalis sinistra und die Porta principalis dextra, in ihrem gekiesten Zustand ausgerichtet worden war[75].

Der Kreuzungspunkt der Via principalis mit der zum Haupttor führenden Via praetoria (Abb. 25) war das Zentrum des Kastells und Ausgangspunkt seiner Vermessung (Groma). Hier befand sich das Stabsgebäude[76]. Daneben und ebenfalls im mittleren Teil an der Via principalis aufgereiht, lagen das Kommandantenwohnhaus (Praetorium) sowie Speicherbauten und andere zentrale Einrichtungen. Auf deren Rückseite begrenzte den mittleren Teil die sog. Via quintana.

Die vorderen und hinteren Teile des Kastells wurden von der Via praetoria und der von dem meist etwas kleineren rückwärtigen Tor (Porta decumana) führenden Straße (Via decumana)[77] längsgeteilt. Verschiedene kleinere Quersträßchen, die wir bisher erst ausschnittsweise kennen, gliederten diese Bereiche. Hier befanden sich die Unterkünfte der Soldaten. Zumindest für die Querstraßen ist zeitweise neben Kiesung eine Pflasterung überliefert (Abb. 12)[78], gelegentlich lassen sich begleitende Abwassergräbchen nachweisen. Über mehrere Phasen hinweg wurden die Straßen innerhalb des Kastells auf bis zu 0,55 m im Bereich der Porta praetoria aufgehöht (Abb. 22)[79].

### *2.3.3 Gebäude*

Noch 1983 mußte H. Kaiser in einem Vortrag beim 13. Internationalen Limeskongress in Aalen mitteilen, daß die Innenfläche und damit besonders die Bebauung des Kastells I noch praktisch unbekannt sind[80]. Aufgrund der Grabungen der letzten 15 Jahre hat sich die Situation aber drastisch geändert.

#### *Stabsgebäude*

Am Kreuzungspunkt von Via praetoria und Via principalis, also an zentraler Stelle innerhalb des Kastells, wurde das Stabsgebäude errichtet. Seine nördliche Seite ist durch die Grabungen in der Metzgergasse erschlossen, sein südlicher Abschluß durch eine Untersuchung in der Kirchenstraße 23[81]. Insgesamt ist der Ausschnitt jedoch noch sehr klein, so daß ohne wissenschaftliche Bearbeitung nur eingeschränkt Aussagen möglich sind.

Sicher ist mittlerweile, daß ein saalartiger Raum, der mit bemaltem Wandverputz ausgestattet war, nicht zum Stabsgebäude, sondern zum Praetorium gehörte (s.u.). Er ist nämlich durch eine Straße vom Stabsgebäude getrennt. Auch im Süden bildete eine Kiesstraße dessen Begrenzung.

Für die ältere Phase des Stabsgebäudes können die Maße vorläufig mit 34 m Breite und 36 m Tiefe angegeben werden[82]. Dieser üblicherweise aus Waffenkammern, einer Querhalle,

*Abb. 12: Reste einer Straßenpflasterung im Kastell I, rechts ein Abwassergraben. Eintrachtgasse 3.*

dem Fahnenheiligtum und Büroräumen bestehende Gebäudekomplex hatte Fachwerkwände, deren Pfosten in durchgängigen Pfostengräbchen standen. Deren Positionen ließen sich manchmal noch als Hohlraum, meist aber als dunklere Verfärbung erkennen. Im Zentrum der Anlage scheint sich ein Hof mit einem sandig-kiesigen Belag befunden zu haben.

Das erste Stabsgebäude brannte offensichtlich ab. In allen Grabungsschnitten fand sich eine bis zu 20 cm mächtige Schicht aus Brandschutt. Sie bestand aus Holzkohle und sog. Hüttenlehm, also den im Feuer hart gebrannten Lehmauskleidungen der Wandgefache. Nicht selten lassen sich an diesen Brocken fingerdicke Ruten- und eckige Balkenabdrücke erkennen.

In den einplanierten Schutt setzte man die Fundamente des jüngeren Stabsgebäudes. Im Unterschied zum Vorgängerbau wurde es aber um jeweils mehr als 1 m nach Norden und Süden in den ehemaligen Straßenraum hinein ausgedehnt. Auch das neue Stabsgebäude war als Fachwerkbau angelegt. Da aber der schutthaltige Untergrund nicht mehr so tragfä-

*Abb. 13: Sockelsteinreihe als Fundament der nördlichen Stabsgebäudewand, daneben Fundament eines Estrichs. Links das Fundament der nördlichen Innenportikus des Forums, im Hintergrund im Profil die Fundamentierung des Forumsbelags. Metzgergasse 11.*

*Abb. 14 (unten): Verbrannte Holzböden des älteren Praetoriums mit einer im Ansatz noch stehenden Fachwerkwand, in der sich die Pfostenstellungen als Hohlräume abzeichnen. Geschnitten von einer Grube und dem Fundament der nördlichen Außenportikus des Forums. Metzgergasse 11.*

hig war, setzte man nun die tragenden Hölzer, zumindest im Bereich der Nordseite, auf rechteckige Sockelsteine (Abb. 13)[83]. Daß diese Sorge berechtigt war, zeigt eine Stelle, wo ein zweiter Sockelstein den ursprünglichen, abgesackten überlagerte, also offensichtlich eine Reparatur notwendig geworden war.

Die Wände dieses Gebäudes waren verputzt und weißgrundig bemalt. Allerdings sind die bisher geborgenen Stücke nicht so groß, daß das System der Dekoration rekonstruiert werden kann. Dagegen konnte festgestellt werden, daß auch die damaligen Behörden in Ladenburg schon mit einem sehr modern anmutenden Problem zu kämpfen hatten – Wandschmierereien. Im Bereich der Kirchenstraße 23 fanden sich zwei knapp quadratmetergroße zusammenhängende Stücke Wandverputz, wohl von der Südwand des Stabsgebäudes, die über und über mit Kritzeleien versehen waren. Soweit im unrestaurierten Zustand erkennbar, handelt es sich dabei überwiegend um Namen[84].

### *Kommandantenhaus (Praetorium)*

Nördlich des Stabsgebäudes wurde in der Metzgergasse ein Gebäude angeschnitten, das wahrscheinlich als Kommandantenhaus zu interpretieren ist[85]. Auch hier ließen sich mehrere, durch Brandschichten getrennte Phasen erkennen.

Die ältere Phase war ähnlich wie das Stabsgebäude konstruiert. In bis zu 1 m tiefen Gräbchen fanden sich, meist in einem Abstand von 0,9 m, die Spuren von 16–18 cm starken Pfosten. Sie dienten als Träger für die Fachwerkwände ausgedehnter Raumfluchten, die beim jetzigen Forschungsstand noch nicht weiter interpretiert werden können. Die meisten Räume besaßen Holzböden, deren verkohlte Reste sich deutlich unter dem eigentlichen Brandschutt abzeichneten (Abb. 14).

Im Nordosten der Grabung Metzgergasse konnten die Ostgrenze des Gebäudes und die anschließende Via quintana erreicht werden. Nach Westen hat es sicher bis an die Via principalis gereicht. Über seine Breite lassen sich keine Aussagen machen. Aufgrund durchlaufender Brandschichten dürfte das Gebäude gleichzeitig mit dem Stabsgebäude abgebrannt sein.

Die Verbreiterung des Neubaus des Stabsgebäudes in den ursprünglichen trennenden Straßenraum hinein bedingte eine Verschiebung des Neubaus des Praetoriums nach Norden. Hierbei wurden allerdings die Konstruktionsprinzipien nicht geändert, die Pfosten standen weiterhin in Gräbchen. Anscheinend dehnte man den Neubau aber auch nach Osten in den Bereich der ursprünglichen Via quintana hinein aus[86], zumindest lag seine Ostgrenze nun außerhalb der Grabung.

Nach den Untersuchungen von J. J. A. J. Wildenberg besaß das Praetorium der jüngeren Phase einen rechteckigen Innenhof. Vielleicht befand sich hier nach Art eines Peristyls ein überdachter Umgang. Im zentralen Bereich ist – zumindest nach einem späteren Umbau – ein kleines Wasserbecken mit direktem Zulauf wahrscheinlich. Auch sonst lassen sich jetzt deutlich verbesserte Standards erkennen. So

*Abb. 15: Trennwand im jüngeren Praetorium mit anschließenden Estrichböden mit Viertelrundstab. Metzgergasse 11.*

*Abb. 16: Ausschnitt aus dem Wandverputz des jüngeren Praetoriums. Giebelfeld mit oberer Abschlußleiste. Metzgergasse 11.*

waren mehrere Räume mit einem festen Estrichboden versehen, der jeweils mit einem Viertelrundstab an die Fachwerkwände anschloß (Abb. 15). Weiterhin gehörte zu diesem Bau ein saalartiger Raum mit einer mutmaßlichen Breite von ca. 11 m und einer Höhe von 5,4 m. Letzteres Maß ist sicher belegbar, da sich aufgrund glücklicher Umstände der südliche Teil der Ostwand auf etwa 5 m Länge komplett im Boden erhalten hat. Dies war möglich, weil das Praetorium nach seiner Aufgabe planmäßig abgerissen wurde. Zunächst entfernte man dabei das Dach, sägte die Wandpfosten dicht über dem Boden an und warf anschließend zumindest die erhaltene Wand um. Anschließend entfernte man die Holzpfosten zur Weiterverwendung. Dadurch kam der auf der Innenseite aufgebrachte Wandverputz mit dem „Gesicht" nach unten zu liegen und konnte flächig geborgen werden. Nach einer fast achtjährigen Arbeit ist der Verputz nunmehr restauriert und in einem z.T. speziell dafür geschaffenen Ausstellungsraum am Originalfundort in der Metzgergasse ausgestellt[87].

Die Grabung vermittelte auch Hinweise zur Konstruktion der Wand. Sie war ca. 28 cm dick, die Pfosten selbst hatten etwa 22 cm Kantenlänge. Sie besaßen einen Abstand von 90 cm und waren alternierend durch etwas schwächere Querhölzer verbunden.

Die Malerei auf dem Wandverputz gliedert sich in 3 Zonen: Die untere Sockelzone mit einer Höhe von ca. 1 m ist ganz in Anthrazit gehalten. Hier wechseln sich palmenartige Gewächse und Felder ab, die andreaskreuzartig mit Schnüren, an denen Bänder hängen, verspannt sind. Dünne Säulen trennen diese Felder und stützen gleichzeitig ein ockerfarbenes Trennband, auf dem die nächste Zone aufliegt. Diese besteht aus 2,3 m hohen, weißen, mit roten Strichen gerahmten Feldern. In den Streifen dazwischen sind, wie an einer Schnur aufgefädelt, Blatt-/Früchte-/Blütengruppen aufgereiht. Die zweite Zone wird oben durch ein Bündel hellbrauner, querlaufender Streifen, die ein Gesims andeuten sollen, abgeschlossen. Erste und zweite Zone nehmen in ihrem Rhythmus aufeinander Bezug. Dagegen ist die dritte Zone völlig anders angeordnet. Hier folgen in einem Dreierrapport ein ockergerahmtes Feld, ein rotgerahmtes und ein Fenster aufeinander. Die Felder sind mit grünen Bändern verziert und durch kannelierte Säulen getrennt. Darauf sitzen dachartige Giebel (Abb. 16). Der gegenüber den unteren Zonen andere Rhythmus wurde durch die Fenster bedingt, die jeweils zwischen 2 Pfosten der Wand einpaßt werden mußten. Oben wurde die Wand durch eine handbreite, ockerfarbene Leiste abgeschlossen, die an die unverputzte Decke des Saals anschloß.

Wahrscheinlich diente dieser große Raum, für den m.W. erstmalig für einen römischen Fachwerkbau die exakte Höhe angegeben werden kann, als Empfangs- oder Sommerspeiseraum (da ungeheizt) innerhalb des Kommandantenhauses. Zusammen mit dem angesprochenen Innenhof läßt sich damit dieser Bau – wie das auch von anderen, besser bekannten derartigen Gebäuden der Fall ist – mit einer italischen Villa vergleichen. Ein solches Gebäude gehobener Ausstattung war dem Ritterrang der Kommandanten der in Ladenburg stationierten Truppen angemessen.

Der Saal gehörte wohl nicht zur Erstausstattung des zweiten Praetoriums. Vielmehr hat es den Anschein, daß er zusammen mit verschiedenen anderen Umbauten erst nach einem kleinen, auf Teile des Gebäudes bezogenen Schadensfeuer angelegt wurde. Wegen einer vorangegangenen Planierung kann er und sein dadurch bedingtes höheres Fußbodenniveau eigentlich nur über eine Treppe begangen wor-

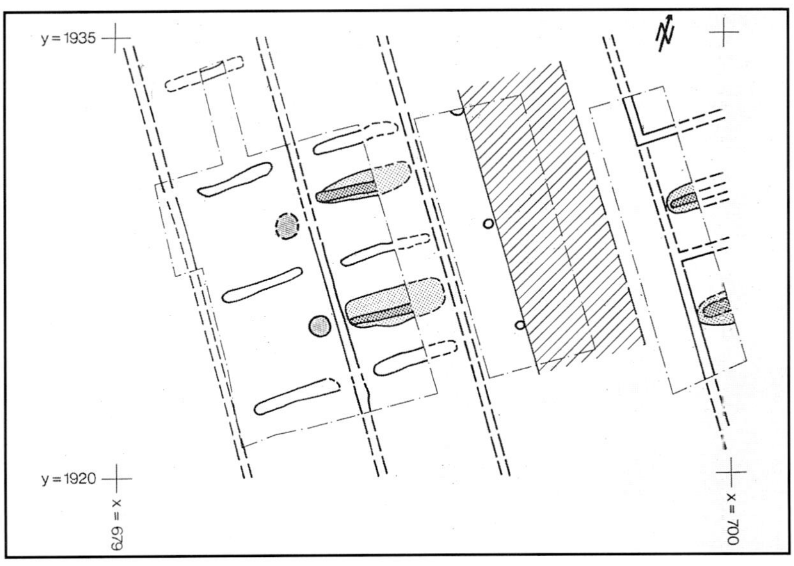


*Abb. 17: Rekonstruktion eines Barackenausschnitts an der St. Galluskirche, erste Phase. Schraffiert: Straße; fein schraffiert: Feuerstelle; fett gepunktet: Urinrinne; fein gepunktet: grünliche Sickerspuren.*

den sein. Auch hier kann man auf die wissenschaftliche Bearbeitung der Befunde gespannt sein.

### *Weitere Gebäude im Zentralbereich*

Südlich des Stabsgebäudes dürfte ein weiteres, großes Gebäude gestanden haben. Darauf deuten die nicht von einer Straße unterbrochenen Siedlungsschichten im Bereich der Kirchenstraße[88]. Auch hier ließ sich ein Brand beobachten.

### *Baracken und Pferdeställe*

Bei den anderen Ausgrabungen und Untersuchungen innerhalb des Kastells kamen die Reste der Soldatenunterkünfte zu Tage[89]. Normalerweise bestanden diese aus hintereinander liegenden Doppelräumen. Jeweils 8–10 solcher Einheiten, manchmal auch mehr, waren zu einem länglichen Gebäude zusammengefaßt, wobei die Räume in einen offenen, langen Korridor mündeten (Portikus). Hier lebten die Mannschaften, jeweils zu Stubengemeinschaften (*contubernium*) zusammengefaßt. An einem Ende einer solchen Baracke befand sich üblicherweise ein größerer, komplexer Gebäudeteil. Hier lebte der zugehörige Offizier. Meist lagen sich jeweils zwei Baracken mit den Portiken an einem Weg gegenüber.

Im Grundsatz zeigen die in Ladenburg aufgedeckten Befunde genau diese Aufteilung (Abb. 5). Im Bereich der Kirchenstraße 5 scheint ein Offiziersbau angeschnitten worden zu sein, während bei St. Gallus, in der Eintrachtgasse 3/Kirchenstraße 24 und der Kirchenstraße 33 Teile von Mannschaftsunterkünften aufgedeckt wurden. Je nach Erhaltung zeigten sich in den hinteren, ca. 3,8–4,0 x 4,2–4,5 m großen Räumen Feuer- bzw. Herdstellen (Abb. 17,18 ). In den vorderen, etwa gleich großen Räumen waren längliche Gruben eingetieft. Sie enthielten relativ viel Kalk. Außerdem waren ihre Verfüllung und vor allem auch ihre Umgebung intensiv grün verfärbt. Eine chemische Analyse eines der Gräbchen in der Kirchenstraße 23 erbrachte extrem hohe Phosphatwerte. Zumindest in der Kirchenstraße 5 konnte der Nachweis erbracht werden, daß diese Gräbchen einst von einem Bretterbelag überdeckt waren.

*Abb. 18: Halbkreisförmige Feuer- oder Herdstelle in einer Baracke, rechts die Reste der anschließenden Wand, im Hintergrund verkohlter Schwellbalken, links der Backofen (s. Abb. 64). Kirchenstraße 5.*

Im Vergleich mit anderen Plätzen ist die Interpretation der Gräbchen als Uringruben in Pferdeställen die wahrscheinlichste[90]. Der Kalk wurde zur Geruchsbindung und Desinfektion eingebracht, die Grünfärbung stammt von den Phosphaten aus dem Urin. Ist diese Ansicht richtig, wären die Baracken von Ladenburg zumindest anfangs von Soldaten mit ihren Pferden belegt gewesen. Bis zu 3 Pferde, die zugehörigen Sättel und das Zaumzeug konnten in den vorderen Räumen untergebracht werden, die Reiter in den heizbaren Räumen dahinter. Wo die zu vermutenden Pferdebur-

*Abb. 19: Bauspuren dreier sich überlagernder Baracken. Die beiden jüngeren Phasen zeichnen sich durch brandschutthaltige Verfüllung ab. Im Hintergrund das Fundament zwischen Mittelschiff und östlichem Seitenschiff und der Bogenansatz zum südlichen Querschiff der Basilika. St. Galluskirche.*

schen schliefen, ist ungewiß. Denkbar ist die Unterbringung im Dachboden der Baracken, wo wohl auch Heu und Einstreu lagerten.

Die bisher aufgedeckten Barackenteile und die Größe des Kastells erlauben die Rekonstruktion von Unterkünften mit 10–12 Contubernien bei einer Gesamtlänge der Gebäude von etwa 65 m. Insgesamt ist Platz für 22–26 Baracken oder entsprechend große Gebäude vorhanden.

Die Bauweise der bisher untersuchten Baracken war jeweils ähnlich und mit der der zentralen Gebäude vergleichbar. Die Pfosten der Fachwerkwände standen in Gräbchen, gelegentlich auch in Einzelpfostengruben (Abb. 72). Dank der Verziegelung durch Brände konnte noch manche Wand bis zu 0,2 m hoch „in situ", also an Ort und Stelle stehend, angetroffen werden. Die Wände waren etwa 20 cm dick, der Lehm in den Gefachen wurde durch ein senkrechtes Rutengeflecht gehalten.

Wie schon angedeutet, wüteten auch in den Baracken von Zeit zu Zeit Brände, die aber offensichtlich immer nur Teile des Kastells betrafen. Während z.B. in der Kirchenstraße 33 die Spuren eines Brandes erkennbar waren, fanden sich bei St. Gallus Hinweise auf zwei und in der Kirchenstraße 5 sogar auf drei Brände[91]. Im Unterschied dazu scheint es im Bereich Eintrachtgasse 3/Kirchenstraße 24 überhaupt nicht gebrannt zu haben. Unabhängig davon waren auch dort mehrere Bauphasen zu beobachten.

Interessent ist, daß bei St. Gallus und in der Kirchenstraße 5 die zweite Phase auf den gleichen Linien wie die vorangegangene Bebauung errichtet wurde. Die nun mit Brandschutt verfüllten Gräbchen fanden sich exakt in den älteren, sterilen (Abb. 19). Das heißt, daß die abgebrannten Gebäude hier mehr oder weniger identisch nachgebaut wurden. Die jeweils letzte Phase, auch in der Eintrachtgasse 3/Kirchenstraße 24, war dagegen verschoben angelegt. Ihr fehlten die charakteristischen Gräbchen in den vorderen Räumen. Soweit beobachtet, wurde auch die Lage der Nebenstraßen verändert. Insgesamt besteht daher der Eindruck, daß für die Gebäude der letzten Phase mehr Platz zur Verfügung stand.

Wie auch schon im zentralen Bereich festgestellt, fanden die Baracken der Schlußphase ihr Ende nicht in einem Feuer, sondern wurden planmäßig abgerissen.

### 2.3.4 Datierung

Bei der Frage der Datierung des Kastells I macht sich die fehlende Bearbeitung insbesondere des Fundmaterials schmerzlich bemerkbar. Aufgrund der eingangs beschriebenen Gesamtsituation, vor allem aber wegen der erschlossenen Gleichzeitigkeit mit dem Kastellvicus (s. Kap. 2.4.3.), der in vespasianischer Zeit beginnt, ist das Kastell I sicher unter Vespasian errichtet worden[92]. Die bisher geborgenen Funde aus dem Kastell bestätigen grob diesen Ansatz. Auf keinen Fall läßt sich eine früher überlegte Datierung des Kastellplatzes Ladenburg schon in die claudisch-neronische Zeit[93] erkennen.

Die Ergebnisse der numismatischen Forschung weisen in die gleiche Zeit. Die von K. Kortüm mit einer großen, linksrheinischen Referenzkurve verglichenen Münzen von Ladenburg lassen in ihrer Gesamtheit wie für den Kastellvicus speziell (Kellerei) einen Beginn um oder bald nach 75 n.Chr. erkennen.

Nach den Münzen könnte der Beginn von Ladenburg allerdings etwas später liegen als der von Rottweil[94].

Auffällig ist, daß sich die Ladenburger Münzkurve unmittelbar an die des linksrheinisch benachbarten Kastells Rheingönheim anschließt. Es war immer wieder vermutet worden, daß die Ladenburger Truppen von dort kamen[95]. Die letzte, mutmaßlich in militärischem Zusammenhang verlorene Münze, die sog. Schlußmünze, in Rheingönheim wurde 77/78 n.Chr. geprägt. Sie müßte, falls das Konzept der direkten Ablösung der Standorte richtig ist, den Zeitpunkt angeben, nachdem Ladenburg (Kastell I) errichtet wurde. Ein zeitlicher Zusammenhang mit dem Aus- und Neubau einiger Kastelle in Rätien, namentlich Günzburg, Kösching und Eining, wäre möglich[96]. Denkbar ist allerdings, daß sich z.B. während der Bauzeit Ladenburgs noch Soldaten in Rheingönheim aufgehalten haben.

Auch die Veränderungen am und im Kastell lassen sich z.Z. nicht genauer fassen. Wegen der unterschiedlich vielen Phasen im Bereich der Gebäude ist allein schon deren Korrelation problematisch. M.E. dürften aber die Gebäude der jeweils letzten Phase in einem Zusammenhang stehen und gleichzeitig angelegt worden sein. Sie alle weisen gegenüber den älteren Strukturen veränderte und vor allem auch verschobene Grundrisse auf. Selbst in der Eintrachtgasse 3/Kirchenstraße 24 wurde ohne vorherige Brandzerstörung ein neues, andersartig gestaltetes Gebäude errichtet. Sicher gleichzeitig müssen das zweite Stabsgebäude und das zweite Praetorium begonnen worden sein, da die Ausdehnung des Stabsgebäudes in den trennenden Straßenraum eine Verschiebung des Praetoriums unbedingt notwendig machte.

Ob dieser letzte Umbau mit der Errichtung der steinernen Umwehrung gleichzeitig war, halte ich für fraglich. Falls nämlich die Gebäudeveränderung mit einem Besatzungswechsel zusammenhingen (s.u.), könnte argumentiert werden, daß die Kastellgröße dann entsprechend hätte angepaßt, d.h., der ummauerte Bereich hätte verkleinert werden können. Nachdem die Steinmauer aber die alten Maße aufgriff, müßte sie noch von der ursprünglichen Besatzung errichtet worden sein. Unabhängig davon läßt sich der von Heukemes, Kaiser und Schallmayer genannte Zeitpunkt „um 90 n.Chr." für die Errichtung der Steinmauer[97] weder bestätigen noch widerlegen.

Ausschließen möchte ich historische Ereignisse als Ursachen für die Brände im Kastell und die nachfolgenden Veränderungen des Kastells I in Ladenburg, wie z.B. den Aufstand des Statthalters Saturninus 89 n.Chr. und Unruhen nach der Ermordung Domitians 96 n.Chr.[98]. Es ist kaum vorstellbar, daß dabei Zerstörungen in der beobachteten, selektiven Weise erfolgt wären und vor allem, daß der Kastellvicus dabei nicht in Mitleidenschaft gezogen wurde. Vielmehr sind, auch wegen der unterschiedlichen Zahl der Brände, Schadensfeuer wahrscheinlich, die sich wegen der dichten Bebauung des Kastells leicht ausbreiten konnten[99].

### 2.3.5 *Besatzung*

Keine Inschrift weist bisher die Bautätigkeit einer bestimmten Truppe oder gar diese oder eine andere Einheit als Besatzung für das Ladenburger Kastell I direkt nach. Auch die von Heukemes und bei den Grabungen des Landesdenkmalamtes geborgenen Ziegel mit Stempeln der Legio I Adiutrix, Legio XIIII Gemina, Legio XXII Primigenia Pia Fidelis, der Cohors XXIIII voluntariorum civium Romanorum und wohl der Cohors II Augusta Cyrenaica equitata geben keinen Hinweis auf die Besatzung, allenfalls auf eine sachliche Unterstützung durch diese. Die Ziegel wurden übrigens aus Rheinzabern, Nied bei Frankfurt und Heidelberg nach Ladenburg geliefert.

Die Größe des Kastells I mit 3,9 ha Fläche spricht gegen eine Infanteriekohorte oder auch teilberittene Kohorte als erste Besatzung. Deren Kastelle waren kaum größer als 2 ha[100]. Die Größe weist vielmehr auf eine Reitereinheit, also eine Ala. Darauf deuten auch die im Zusammenhang mit Pferdeställen zu sehenden Uringruben in jeder der bisher aufgedeckten Baracken der 1. Phase. Auch das Fundmaterial innerhalb des Kastells spricht für Reiter als anfängliche Besatzung. Neben Ausrüstungsgegenständen ganz allgemein fand sich nämlich eine große Zahl von Pferdegeschirrteilen. Hervorzuheben sind ein großer, blattförmiger Anhänger, der einst an einer Zierscheibe befestigt war[101] und vor allem zwei mehr oder weniger komplette Brustzeuge. Das kleinere aus der Kirchenstraße 33 besteht aus sog. Melonenperlen und einer Hirschgeweihrosette und wurde um den Hals des Pferdes getragen. Das zweite, praktisch vollständige Set aus der Metzgergasse (Abb. 21)[102] bestand ebenfalls aus Melonenperlen für den Hals und Zierscheiben mit Blattanhängern sowie Ziernieten in verschiedenen Formen für den Brustbereich. Es lag unter einer Brandschicht auf der Via quintana unmittelbar hinter dem Praetorium. Vielleicht war es dort einst an einem Nagel in der Außenwand aufgehängt und konnte während des Feuers nicht mehr entfernt werden. Die Anwesenheit von Reitern wird auch durch mehrere Graffiti auf Gefäßscherben, in denen Turmen, also Untereinheiten, erwähnt sind, deutlich. Belegt sind die Turma des Cornelius Genialis und die des Imaginius[103].

Aufgrund eines in Ladenburg schon 1906 in der nördlichen mittelalterlichen Stadtmauer geborgenen Weihesteins des Reiteroffiziers (decurio) L. Gallionius Ianuarius ist es wahrscheinlich, daß dessen Truppe, die Ala I Cannanefatium, hier stationiert war (Abb. 20)[104].

*Abb. 20: Weihinschrift des L. Gallionius Ianuarius, Decurio der Ala I Cannanefatium.*

Wegen seines seltenen Namens ist es fast sicher, daß er der Bruder eines Stadtrats ähnlichen Namens in Brixen in Oberitalien war. Nachdem beide ursprünglich wohl für eine Legion rekrutiert wurden, dienten sie anschließend in der Ala I Cannanefatium. Danach wurde der Bruder Stadtrat in ihrer mutmaßlichen Heimatstadt und verstarb dort. Wo der Ladenburger starb, ist unbekannt[105].

Für die Ala I Cannanefatium ist über Militärdiplome, die den Empfängern nach 25 Jahren Militärdienst den Empfang des römischen Bürgerrechts bestätigten, die Stationierung in der Provinz Obergermanien von spätestens 74 n.Chr. bis mindestens 90 n.Chr. zu belegen[106]. Die Ala I Cannanefatium kommt daher als bauende und das Kastell am Anfang besetzende Einheit in Frage.

Ursprünglich wurde die Truppe im Gebiet der Cannanefaten, dem Land zwischen Waal und Rhein in den heutigen Niederlanden, rekrutiert. Ob die Ala I schon 28 oder erst vor 69 n.Chr. ausgehoben wurde, ist ungewiß[107]. Vielleicht war sie vor Ladenburg in Rheingönheim stationiert[108]. Ab 116, vielleicht schon 113 n.Chr. ist sie in Pannonien belegt, wo sie das am Nordufer der Donau gelegene Kastell GERVLATA im heutigen Rusovce in Slowakien besetzte. Man geht davon aus, daß die Truppe spätestens seit 106 n.Chr. dort anwesend war[109]. Es wurde aber auch vermutet, daß die Truppe schon 92 n.Chr. an die Donau verlegt wurde[110]. Mir erscheint der Abzug zusammen mit der 14. Legion[111] wohl 97 n.Chr. am wahrscheinlichsten (s. Kap. 3.1.).

Bisher ist die Ala I Cannanefatium als einfache Ala[112], also mit normalerweise 16 Untereinheiten, angesehen worden. Die Verteilung der nachgewiesenen Baracken und das Platzangebot in Ladenburg erlauben allerdings theoretisch die Unterbringung von bis zu 24 Baracken. Damit wäre denkbar, daß die Ala I Cannanefatium (oder gegebenenfalls eine andere, hier stationierte Reitereinheit) eine sog. Milliariatruppe, eine Doppeleinheit, war[113]. Andererseits könnte neben der Ala auch eine zweite Einheit in Ladenburg gelegen haben. Darauf deutet ein Graffito eines Soldaten aus einer Centurie, also der Untereinheit einer Infanterieeinheit (Cohors), den Heukemes zu-

*Abb. 21: Pferdegeschirr für den Hals- und Brustbereich. Metzgergasse 11.*

sammen mit zwei schon genannten Graffiti von Reitern aus einem Keller in der Realschulstraße 14 bergen konnte[114]. Diesen Keller datiert Heukemes in die domitianische Zeit. Auf jeden Fall wären in Ladenburg als Sollstärke ca. 500, vielleicht sogar 700–800 Reiter mit mindestens 560 bzw. 800–900 Pferden untergebracht gewesen. Dazu kämen noch eine unklare Zahl Pferdeburschen (bis zu einem pro Reiter)[115].

Bei der Stationierung einer Reitereinheit mit ihren Pferden ergeben sich automatisch eine ganze Reihe von Fragen, die sich z.Z. allerdings noch nicht beantworten lassen. So erfordert die og. große Zahl Tiere enorme Mengen Wasser, die jeden Tag zur Verfügung gestellt werden müssen. Denkbar ist die Versorgung über Brunnen, einfacher wären Deichelwasserleitungen, die von außen (Odenwaldrand, Austritt des Kanzelbachs?) kontinuierlich Frischwasser herangeführt hätten[116]. Die Entsorgung des Mists ist ein anderes Problem, das allerdings fast sicher keine archäologischen Spuren hinterlassen hat. Weiterhin dürfte die Versorgung mit Getreide, Heu und Einstreu (Stroh, Laub?) und deren Lagerung nicht ganz einfach gewesen sein. Neben den südlich des Stabsgebäudes zu vermutenden Speicherbauten für Getreide ist zu überlegen, ob Obergeschosse in den Baracken Vorräte aufnahmen.

Bei allen bisher ausgegrabenen Gebäuden ergaben sich deutliche Veränderungen von der vorletzten zur letzten Phase. Das Stabsgebäude wurde verbreitert und vermutlich verlängert, das Praetorium verschoben und sicher verlängert sowie die Baracken verschoben. Es fehlten auch die Uringruben, so daß die Gebäude nicht mehr als Pferdeställe nach dem ursprünglichen Typ zu interpretieren sind. Insgesamt macht die letzte Phase den Eindruck, daß für die Gebäude sehr viel mehr Platz zur Verfügung stand.

Die wahrscheinlichste Erklärung hierfür ist ein Truppenwechsel. Die neue Truppe hatte offensichtlich einen geringeren Platzbedarf und scheint auch keine oder nur wenige Pferde unterzubringen gehabt zu haben. Dies deutet auf eine Infanterieeinheit (Cohors), vielleicht teilberitten (Cohors equitata). Möglicherweise stammt der oben erwähnte Graffito eines Fußsoldaten von der erschlossenen späteren Truppe. Um welche Einheit es sich gehandelt haben könnte, ist aber völlig ungewiß. Eventuell geben die Graffiti von der Südwand des Stabsgebäudes einen Hinweis auf die Herkunft der Soldaten dieser Truppe[117]. Vielleicht läßt sich über diesen Umweg dann auch die Einheit selbst benennen.

Wann die Truppen Ladenburg verließen, läßt sich z.Z. auf direktem Weg nicht bestimmen. Das Problem soll weiter unten noch im Zusammenhang mit der Civitasgründung diskutiert werden.

Zusammenfassend ist festzustellen, daß das Kastell I in den 70er Jahren vermutlich von der Ala I Cannanefatium errichtet wurde. Wahrscheinlich verließ diese dann gegen Ende des 1. Jhs. das Kastell und machte einer anderen Einheit, wohl Infanterie, Platz.

## 2.4 Umgebung des Kastells

### *2.4.1 Straßen- und Wegesystem*

Das Straßen- und Wegesystem in der unmittelbaren Umgebung des Kastells I wurde natürlich vor allem von der Einbindung der Anlage in das überregionale Konzept bestimmt. Prägend war daher die über die Via principalis führende Fernstraße, d.h. die vom Neckarübergang bei Heidelberg von Südosten kommende und nach Nordwesten Richtung Worms bzw. Mainz führende Straße[118]. Im südlichen Teil liegt sie unter dem durch Neubotzheim führenden Feldweg bzw. Sträßchen und am südlichen Stadtende unter der Heidelberger Straße (Beil.)[119]. Im Bereich der heitigen Trajanstraße traf sie auf den direkt von Süden, von der neckarswebischen Siedlung und späteren Villa rustica „Ziegelscheuer" kommenden Altweg[120]. Hier machte die Fernstraße auch einen leichten Knick im Uhrzeigersinn, wodurch sie geradlinig bis an das südliche Tor des Kastells I geführt werden konnte. Vermutlich zog sie in dieser Flucht durch das Kastell. Jenseits davon war sie zu einem großen Platz erweitert (s.u.). An dessen nordöstlichem Ende verließ der vorrömische Altweg wieder die Fernstraße, mit der er bisher gemeinsam verlaufen war, und zog unter dem späteren „Erbsenweg" fast exakt nach Norden. Genau genommen lag also das Kastell I und seine unmittelbare Umgebung in einer auf etwa 650 m Länge auseinander gezogenen Straßenkreuzung.

Die Fernstraße zweigte mit einem leichten Winkel im nordwestlichen Eck vom Platz ab,

*Abb. 22: Profil durch die Kiesschüttungen der Via praetoria bzw. die Forumsstraße. St. Sebastianskirche 1971.*

um nach einem weiteren, gegenläufigen Knick außerhalb der heutigen Stadt einen jetzt noch unter der „Hohen Straße" erkennbaren Verlauf einzuschlagen. Westlich Heddesheim (genauer gesagt, südlich Mannheim-Straßenheim) gabelte sich diese Straße in einen Ast Richtung Worms und einen Richtung Groß-Gerau und weiter nach Mainz.

Von diesen Straßen, insbesondere dem gemeinsamen mittleren Teil, zweigten sicher weitere Wege ab. Besonders wahrscheinlich sind Straßen, die unmittelbar vor den Gräben des Kastells im rechten Winkel verliefen. Darauf deutet ein Kiesstück in der Mühlgasse[121], ein Kiesbelag unmittelbar jenseits der östlichen Kastellgräben in der Feuerleitergasse[122] sowie der schon früher von Heukemes festgestellte Straßenast vor der Porta praetoria entlang den Kastellgräben nach Norden[123]. Ein Aufschluß in der Zufahrt zur Lustgartenstraße 6 mit einer frühen Kiesgrenze macht seine Fortsetzung nach Süden wahrscheinlich[124]. Vermutlich waren alle diese Straßenstücke zu einer Art Ring verbunden, der das Kastell umfaßte und die Verbindung verschiedener Siedlungsteile (Kap. 2.4.3.) sicherstellte, ohne dafür immer das Kastell durchqueren zu müssen.

Problematisch ist die Fortsetzung der vor der Westseite des Kastells verlaufenden Straße. Der ursprünglich eingetragene Verlauf entlang der Kastellgräben wurde später um einen rechtwinkligen Bogen zum Neckar hin und eine Brücke über denselben ergänzt[125]. Anlaß für die Eintragung des Bogens war anscheinend Heukemes Überlegung, daß die massiv ausgebaute Straße, für die er weiter nördlich im Bereich des Burgus keine Fortsetzung finden konnte, und ihre spätere Ausgestaltung mit Portiken nur verständlich seien, wenn sie eine weiterführende Anbindung hätten[126]. Der Straßenast schien bestätigt durch einen Kiesbefund in der Grabung Bischofshof 1987[127]. Er wurde bisher als Straße gedeutet, muß m.E. aber neu interpretiert werden (s. Kap. 2.4.2.). Eine Neckarbrücke erscheint mir wegen der wenig festen Uferlinien und dem auf die Heidelberger Brücke orientierten überörtlichen Straßensystem insgesamt wenig wahrscheinlich.

Ob es über die diskutierten Straßen hinaus weitere, insbesondere auch querlaufende Wege gab, läßt sich z.Z. nicht sagen. In Frage kämen vor allem Trassen, die von späteren Straßen eingenommen wurden.

Alle Straßen außerhalb des Kastells waren mit mehr oder weniger guten Kiesbelägen versehen. Diese wurden im Laufe der Zeit, vornehmlich im Bereich der Hauptstraßen, immer wieder erneuert, so daß die Wege allmählich höher wurden (Abb. 22). Inbesondere im Bereich der Kellerei entstand aber der Eindruck, daß zwischen der Absteckung der Straßen- bzw. Platztrasse und der Einbringung des ersten Belags einige Zeit verging. Darauf deutete eine unter dem untersten Kies liegende, stark verdichtete und durchwalkte Schicht, in der auch kleine Mengen Keramik und Holzkohle zu finden waren[128].

### *2.4.2 Militärische Einrichtungen*

#### *Kastellbad*

Bei den Auxiliarkastellen in Obergermanien wurden die praktisch zu jedem Kastell gehörenden Bäder üblicherweise vor der Porta principalis dextra oder vor der Porta praetoria errichtet[129]. Dieses Prinzip wird so regelhaft eingehalten, daß man als Ursache an eine Art „Heeresdienstvorschrift" glauben möchte.

Die Lage eines größeren Gebäudekomplexes mit mehreren hypokaustierten, also mit Fußbodenheizungen versehenen Räumen zwischen Nagelschmied- und Mühlgasse links der Porta principalis dextra bzw. nahe der zwischen dieser und der Porta praetoria gelegenen Ecke unterstützt daher die Interpretation der in ihrer Ausdehnung und Anordnung bisher nicht ganz klaren Baureste als Bad des Kastells I[130]. Darauf deuten auch hier gefundene militärische Ziegelstempel hin[131]. Das Gebäude wurde 1926 bei Kanalisationsarbeiten entdeckt, 1975 von Heukemes ergänzt und 1992 bei der Verlegung einer neuen Frischwasserleitung erneut – mit allerdings teilweise nicht ganz identischen Mauerverläufen – angeschnitten[132]. Eine weitere Ergänzung um eine bis dahin unbekannte Mauer und einen anschließenden Estrichboden brachte eine kleine Baubeobachtung in der Nagelschmiedgasse 2[133].

Der Komplex setzt sich aus parallel und senkrecht zum Kastell I verlaufenden Mauern, verteilt über eine Fläche von mindestens 20 x 15–25 m, zusammen[134]. Falls es sich dabei wirklich um das Kastellbad handelt, ist allerdings mit einem Gebäude von 35 bis 45 m Länge zu rechnen (Abb. 71).

Bisher sind erst zwei Räume mit mehr als 10 x ca. 2,5 bzw. 3,8 m Größe umschreibbar. Vielleicht war der nördliche der beiden Räume auch etwas kürzer und schloß an einen breiteren Raum an. Mindestens ein weiterer Raum war hypokaustiert. Wie bis zu drei Estrichböden übereinander und Mauern auf bzw. durch Estriche hindurch belegen, erfuhr der Bau mehrere Veränderungen. Eine allerdings nur etwa 10 cm dicke Brandschuttschicht auf einem der Estriche deutet weiterhin darauf, daß das Gebäude irgendwann einen Schaden durch Brand erlitt.

Denkbar ist, daß das Gebäude Vorgängerbauten hatte und damit nicht von Anfang an bestand. Dies wird durch Bauhorizonte, die Heukemes im nördlichen Teil unter den Mauern beobachten konnte, wahrscheinlich (Abb. 71)[135].

#### *Reit- und Übungsplatz?*

Für die große Zahl der Pferde der ersten Besatzung des Kastells I, wahrscheinlich der Ala I Cannanefatium, waren ausreichend Bewegungsräume und Übungsflächen notwendig. Letztere sind für die Antike schriftlich überliefert, vor allem in der Beschreibung von Reiterübungen durch Flavius Arrianus aus dem Jahr 136 n.Chr.[136], aber, zumindest in Britannien, auch archäologisch in Form von sportplatzgroßen eingeebneten Flächen nachweisbar[137]. Auf dem Kontinent scheinen unmittelbar an die Umwehrung mehrerer Reiterkastelle anschließende Freiräume diesem Zweck gedient zu haben[138].

Bisher ist für Ladenburg ein solches Gelände nicht belegt. Da der Kastellvicus entlang der Fernstraße unmittelbar vor der Umwehrung des Kastells begann (s. Kap. 2.4.1. und 2.4.3.), war hier auch kein Platz dafür. Dagegen könnte das Gelände unmittelbar vor der Porta praetoria Richtung Neckar geeignet gewesen sein. Aus den Befunden der jüngeren Grabungen im Bereich des Bischofshofs läßt sich nämlich eine ausgedehnte, mehr oder weniger stark gekieste Fläche rekonstruieren, die sich vielleicht bis zum damaligen Neckar erstreckte und als Übungs- bzw. Bewegungsgelände genutzt worden sein könnte. Während unmittelbar nördlich des Bischofshofs die Kiesung eindeutig und relativ sauber ist – sie wurde hier bisher als eine zum Neckar führende Straße interpretiert[139], setzte sich aber sicher nach beiden Seiten jenseits der als Begrenzung gedachten Befunde fort – ist die Schicht weiter im Süden westlich des Bischofshofs eher „unrein" und mit etwas Holzkohle, einigen Funden, sandigem Material usw. versetzt. Hier ist die Schicht auch häufig stark von jüngeren Befunden gestört, so daß sie jeweils nicht in dem hier dargestellten Sinn erkannt wurde. Sehr viel deutlicher war sie wieder weiter östlich im Inneren des Gebäudes (heutiger Fahrstuhlraum)[140]. Die kiesige Schicht läßt sich bisher also über eine Nord-Süd-Ausdehnung von mindestens 30 m nachweisen. Entsprechend dem vorgefundenen, natürlichen Gefälle, weist die Schicht überall eine deutliche Neigung nach Westen auf.

Rein stratigraphisch ist sie meist allerdings nicht der älteste Befund. Mehrfach fanden sich darunter kleine Gräbchen senkrecht und parallel zur Kastellrichtung. Sie wurden ursprünglich als die Reste von Baubefunden gedeutet. Im Unterschied zu fast allen anderen frühen Holzbaubefunden sind die betreffenden Gräbchen aber durchweg sehr flach. Da sie weitgehend senkrecht zum Hang zu verlaufen scheinen und überdies oft mit dem darüberliegenden Kies verfüllt waren, scheint mir im gegebenen Zusammenhang die Deutung als Drainagen wahrscheinlicher. Ein Teil könnte auch temporäre Installationen getragen haben, wie Absperrungen, Tribünen[141] usw., insbesondere, da die genannten Befunde in einem Bereich relativ starken Gefälles gefunden wurden. Auf keinen Fall möchte ich der These eines (früh)kastellzeitlichen großen Gebäudes vor der Porta praetoria folgen[142]. Auch frühe Gruben in diesem Bereich sprechen nicht gegen die hier vorgeschlagene Deutung, da sie randlich zu dem Übungsplatz lägen[143].

### *Friedhöfe*

Zur Grundabsteckung eines Kastellgeländes und seiner Umgebung gehörte auch die Ausweisung eines oder mehrerer Bestattungsplätze durch das Militär[144]. Meines Wissens sind aus der Kastellzeit bisher lediglich östlich der Heidelberger Straße südlich des Kastellwegs Gräber gefunden worden[145]. Sie lägen etwas nördlich der westlich der Straße festgestellten Südgrenze des Kastellvicus (s. Kap. 2.4.3.). Es ist allerdings zu vermuten, daß die späteren Friedhöfe zumindest an den Hauptstraßen auch schon im späten 1. Jh. belegt wurden (vgl. Kap. 4.7.).

### *Militärisches Nutzland*

Aufgrund einiger Inschriften, die u.a. *prata* (Weiden) überliefern, wurde immer wieder die Existenz eines mehr oder weniger großen Geländes, das in militärischem Besitz sei, diskutiert[146]. Es hätte der unmittelbaren Versorgung des Heeres gedient. Insbesondere für eine Reitereinheit ist wegen des großen Bedarfs an Weiden und Heu mit dem Vorhandensein ausgedehnter, vom Militär genutzter Wiesenflächen zu rechnen. Ob diese allerdings in der unmittelbaren Umgebung zum Kastell gelegen haben und welches Verhältnis sie gegebenenfalls zu den teilweise weiter existierenden neckarswebischen Siedlungen und deren Nutzland gehabt hätten, oder ob sie z.B. auch jenseits des Neckars in den Auebereichen angelegt wurden, ist völlig offen.

Auch die Art und Herkunft der für die Ställe notwendigen Einstreu ist problematisch. Denken möchte ich hier neben Stroh auch an Laub aus den Wäldern. Der Einsatz von Soldaten bei der Gewinnung ist jeweils durchaus vorstellbar. M.E. ist dagegen die Produktion von nennenswerten Mengen Getreide durch das Militär auszuschließen. Hierfür boten sich in den vorhandenen landwirtschaftlich orientierten Siedlungen der Neckarsweben sicher gute Beschaffungsmöglichkeiten[147].

## *2.4.3 Kastellvicus*

Kein Kastell, keine Truppe wollte oder konnte allein existieren. Wie jüngere Forschungen gezeigt haben, ist damit zu rechnen, daß jede selbständige Einheit von Marketendern begleitet war, ganz gleich, ob sie sich auf einem Feldzug im Feindesland bewegte oder ob sie ein Standlager einrichtete. Die Verbindung

*Abb. 23: Grabungssituation am Bischofshof. Im Vordergrund römische Mauer, darüber ein frühmittelalterlicher Maueransatz, im Hintergrund unter dem Bischofshof mittelalterliche Mauer über römischen Schichten, daneben eine jüngere Latrine.*

zwischen Militär und Marketendern war so eng, daß bei der Einrichtung eines neuen Truppenstandorts von vornherein auf die Bedürfnisse letzterer geachtet wurde. Dies äußert sich darin, daß im Bereich bevorzugter Siedlungsräume – entlang den zu den Kastelltoren führenden Fernstraßen bzw. wichtigen lokalen Verbindungen – ausreichend Platz für die sog. Kastellvici oder auch Lagerdörfer gelassen wurde, bevor z.B. Gräberfelder folgten, die auf jeden Fall außerhalb der Siedlungen liegen mußten[148]. Dies geschah natürlich unter Berücksichtigung vorrangiger, rein militärischer Gesichtspunkte, wobei aber Verteidigungsaspekte meist keine oder nur eine untergeordnete Rolle gespielt haben.

Die Funktion der Kastellvici lag in der Versorgung der Soldaten mit den Produkten und Dienstleistungen, die das Militär nicht regelhaft vorgab und deren Bezug den Soldaten durch den dritteljährlich, ab Domitian vierteljährlich gezahlten Sold ermöglicht war. Weiterhin ist mittlerweile auch wahrscheinlich, daß ein Teil der offiziellen Versorgung des Militärs über die Kastellvici abgewickelt wurde. Darüber hinaus hatten sicher viele Soldaten persönliche Beziehungen zu Bewohnern der Kastellvici, was die Enge des Verhältnisses Kastell – Kastellvicus nur verstärkte. So wird verschiedenen Soldaten im Zusammenhang mit Bürgerrechtsverleihungen bestätigt, daß ihre Frau, falls sie eine hätten, und gegebenenfalls ihre Kinder ebenfalls das Bürgerrecht erhielten[149]. Offiziell war es Soldaten aber nicht gestattet, während ihrer Dienstzeit eine Ehe einzugehen. Als Ergebnis dieser Beziehungen entwickelten sich die Kastellvici zunehmend zu einem Teil des Rekrutierungsgebiets der Truppen. Daher ist es auch verständlich, daß bei Standortwechseln der Truppen meist ein großer Teil der Marketender mit diesen zog.

Es ist beachtlich, daß schon 1923 Schumacher die Baustrukturen entlang der Heidelberger Straße als Hinweis auf kastellzeitliche Bauten ansah[150]. Ebenso stellte Baatz in zwei Schnitten unmittelbar an der Heidelberger Straße Holzbaubefunde fest, die gleichzeitig mit den tiefsten Straßenschichten waren und flavisches Fundmaterial enthielten. Weiterhin wies er auf frühe Funde unter dem ehem. Realgymnasium und im Bereich Lustgarten hin[151]. Weitere Befunde des südlich des Kastells liegenden Kastellvicusteils (Südvicus) enthielt auch ein guter Teil der von Heukemes beidseits der Heidelberger Straße durchgeführten Untersuchungen[152]. 1983/4 stellte Kaiser, z.T. benachbart dazu, flavische Reste in der Realschulstraße auf dem Gelände des evangelischen

Gemeindehauses und gegenüber fest[153]. Weitere, von einer hohen Qualität zeugende Reste fanden sich 1992 westlich der Heidelberger Straße im Flst.-Nr. 142/3[154].

Frühe Befunde, die auf eine Besiedlung in der Kastellzeit weisen, wurden auch hinter dem Kastell in der Babogasse festgestellt[155]. Die ausgedehnten Grabungen an der Kellerei ergaben erstmals den Beleg, daß auch nördlich des Kastells Marketender lebten. Hier befand sich sogar ein Schwerpunkt des Kastellvicus[156]. Die hier aufgedeckten, hervorragend erhaltenden Strukturen und die daraus gewonnenen Erkenntnisse waren nicht nur ein Gewinn für Ladenburg, sondern für die gesamte Provinzialrömische Forschung. Ergänzung erfuhr der Nordvicus durch Grabungen in der Rheingaustraße[157] und unlängst in der nördlichen Wormser Straße[158].

Nach den genannten Ausgrabungen stellt sich der Ladenburger Kastellvicus in der Grundstruktur als eine Straßensiedlung entlang der durch das Kastell führenden Fernstraße dar[159]. Es handelt sich also um eine Siedlung vom Straßentypus[160].

### *Südvicus*

Der Vicusteil südlich des Kastells läßt sich inzwischen auf 380 m Länge nachweisen. Er scheint sich bis südlich des Kastellwegs erstreckt zu haben. Erst in der Grabung Merkurplatz 5 konnten keine sicheren Hinweise auf die Kastellzeit mehr gefunden werden[161]. Von hier bis zum Kastell sind Bebauungsspuren mit Kellern und Gruben über weite Bereiche östlich der Heidelberger Straße[162], in der Straßengabel[163], aber auch unter der ehemaligen Realschule und vor allem südlich davon nachzuweisen[164].

Vermutlich war die ganze Länge der Straße auf beiden Seiten dicht mit Häusern besetzt. Darauf weisen nicht nur die verschiedenen Fundberichte, sondern auch die immer wieder gemachte Feststellung, daß die Schichten zur Heidelberger Straße hin immer dicker werden. Die Bebauung scheint im nördlichen Teil bis etwa auf Höhe des Merianwegs senkrecht zur Straße gestanden zu haben. Aus unklaren Gründen weist sie südöstlich davon eine leichte Drehung (im Uhrzeigersinn) auf, wobei insbesondere die Kenntnis der Gestaltung der Übergangszone wichtig wäre. Auf der Westseite der Fernstraße ist die Bebauung innerhalb der Straßengabel an diese angepaßt etwa im 45°-Winkel angelegt worden. Die Bebauung scheint südlich davon im gleichen Winkel fortgeführt worden zu sein.

*Gegenüberliegende Seite Abb. 24: Streifenhausbebauung im Winkel zwischen der römischen Fernstraße und der zur Villa rustica „Ziegelscheuer" führenden Straße. Trajanstraße 36. Maßstab 2:250.*

Die Art der frühen Bebauung ist bisher allerdings erst in Ansätzen erkennbar. Insbesondere die von Schumacher beschriebenen Wohngruben[165] sind unklar, wahrscheinlich handelt es sich dabei um teilweise eingebrochene Keller. Diese lassen sich in den von Heukemes durchgeführten Beobachtungen und Grabungen gut erkennen. Nach den Befunden in der Trajanstraße 36 (Abb. 24) befanden sich Holzkeller nicht nur unmittelbar an der Straße, sondern auch dahinter im mittleren Teil der Gebäude (ohne Bearbeitung muß einstweilen dahingestellt bleiben, welche der Holzkeller möglicherweise erst im 2. Jh. angelegt wurden). Sie gehören zu einer streifigen Bebauung, die klar gegliedert war. Hinter den 15–20 m langen Gebäuden befanden sich Brunnen und Gruben, aber auch gewerbliche Einrichtungen, vor allem Töpferöfen. Die Gliederung dieser Areale in Parzellen deutet sich andernorts durch Zaungräbchen und aufgereihte Gruben an[166]. Gelegentliche Freiräume zwischen den Gebäuden wurden zumindest in der Trajanstraße 36 ebenfalls durch Töpfereien genutzt[167]. Weitere Gewerbe konnten nördlich der östlichen Realschulstraße festgestelllt werden. Ausgedehnte Grubenkomplexe deuten auf einen hier tätigen Gerber oder Färber, Reste von Gußtiegeln, Bronzeschlacken und Gußtropfen auf einen Bronzeschmied[168].

Für verschiedene Bereiche des Südvicus, insbesondere unter dem späteren Forum(?), deuten sich Brände an[169]. Im Unterschied dazu wurde die erste Phase nördlich der westlichen Realschulstraße planmäßig niedergelegt und eingeebnet[170].

Inwiefern entlang der oben vorgeschlagenen Straße um das Kastell herum eine durchgehende, dichte Bebauung existierte, läßt sich z.Z. nicht sagen. Einzelne Gebäude werden aber vor der Südwestecke durch Befunde südlich und westlich des Kindergartenkomplexes[171] und für die Rückseite des Kastells durch Be-

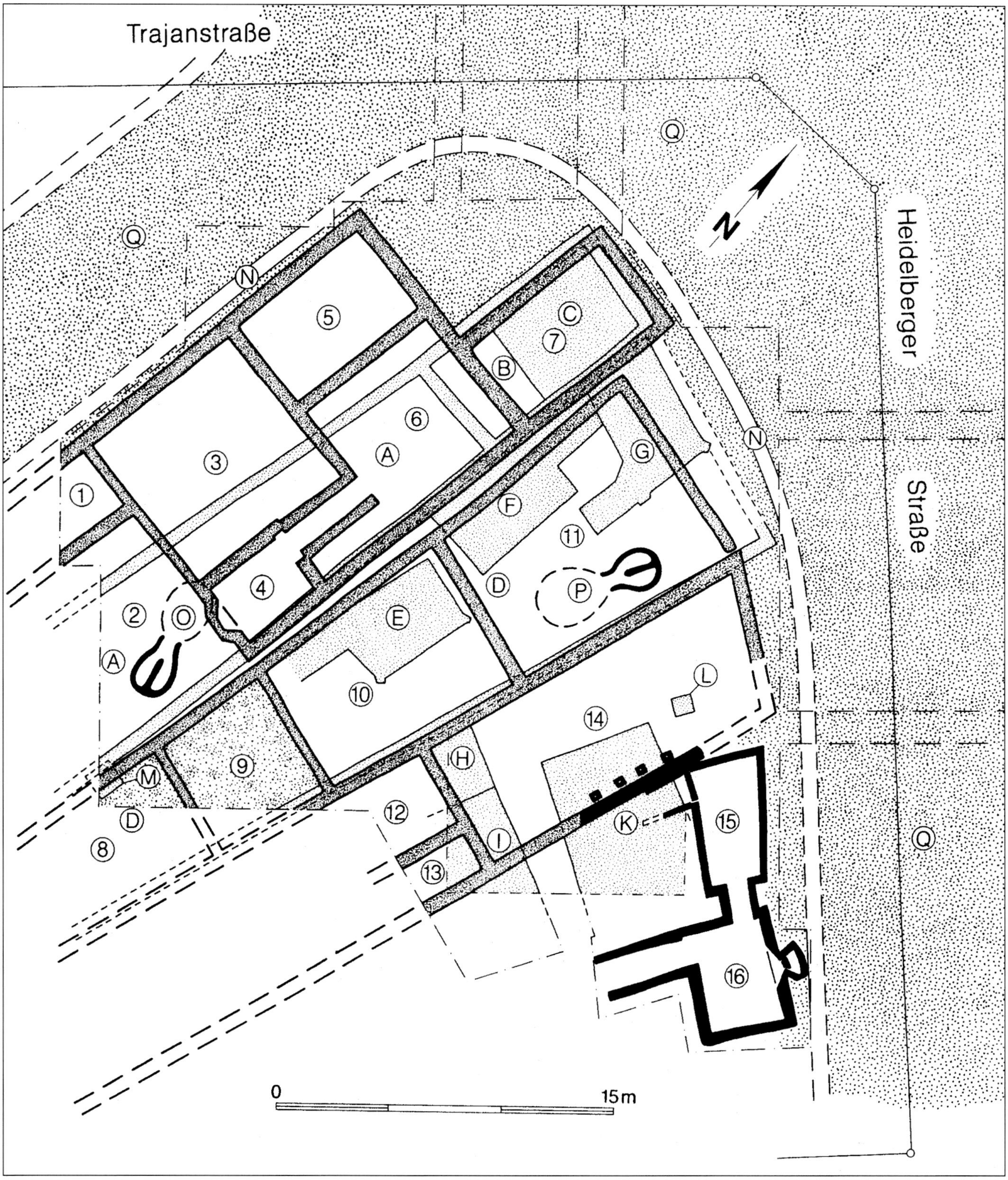


funde in der Babogasse 3 angedeutet[172]. Anders als seinerzeit vermutet, dürften die kastellzeitlichen Befunde dort aber als rückwärtige Flurgrenze(n) und eine Latrinengrube zu interpretieren sein. Dies paßt auch zum Abstand von ca. 30 m zur zugehörigen Straße.

Abb. 25: Vermaßung des Kastells I und des nördlich anschließenden Platzes.

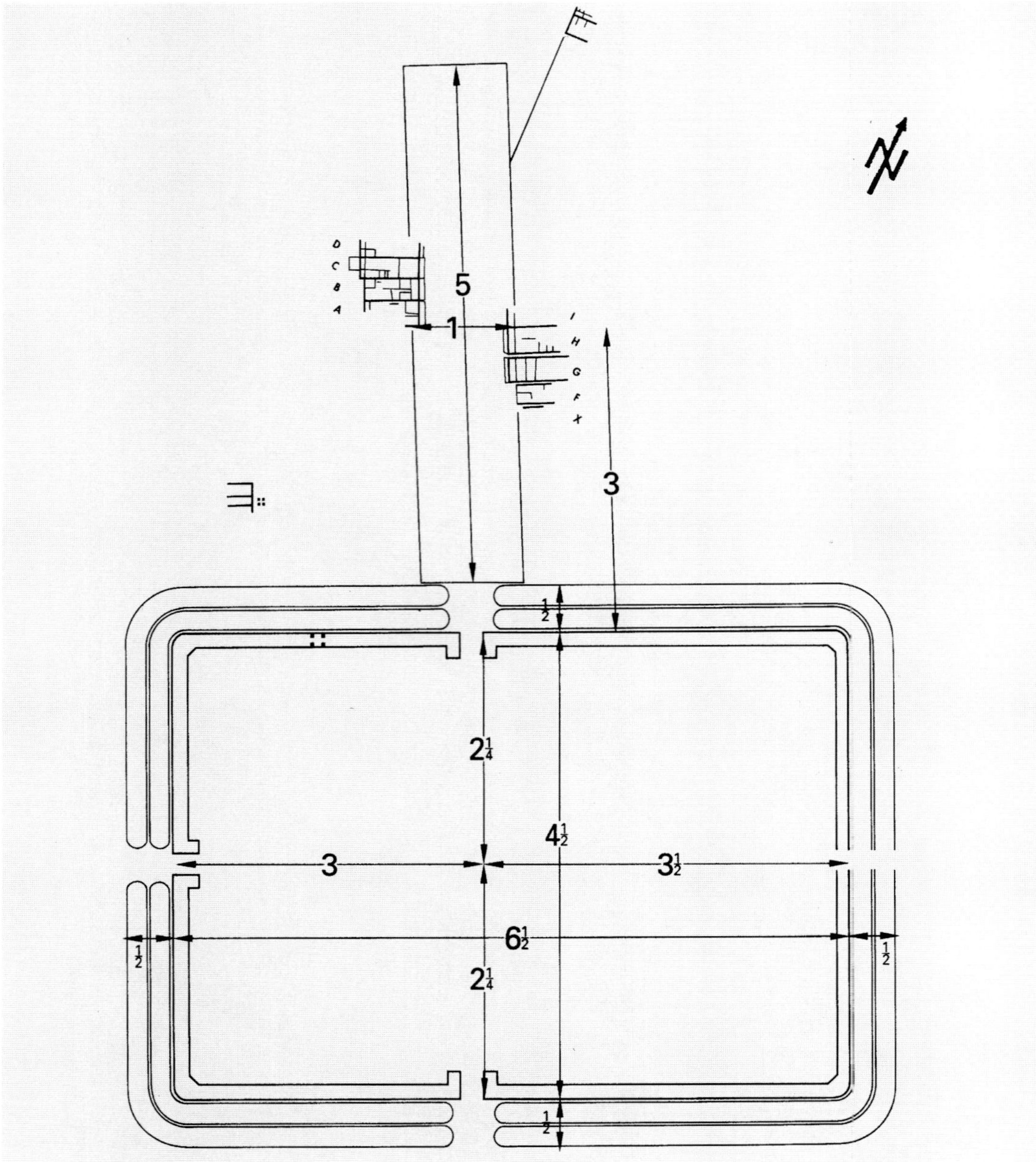


## Nordvicus

Der Nordvicus reichte nach den Untersuchungen in der Rheingaustraße ca. 200 m weit nach Norden. Die Grabungen Wormser Straße und Neue Anlage[173] noch weiter nördlich erbrachten bisher keine frühen Funde.

Bei dem oder den festgestellten Gebäuden in der Rheingaustraße handelt es sich um einen in Pfostenbauweise errichteten Komplex mit einer Breite von mindestens 11 m. Der nördliche Teil ist in relativ kleine Kammern unterteilt. Nachdem aber weder die Seitenwände noch die Rückseite klar definierbar sind, können über Grundriß und Funktion keine weiteren Aussagen gemacht werden. Im Unterschied zur ersten Publikation[174] gehen wir heute davon aus, daß die westlich daran vorbeiführende Straße schon gleichzeitig mit diesen Gebäuden bestand, auch wenn sie später geringfügig verschoben wurde.

Herz des Nordvicus war ein großer Platz, der aus der Verbreiterung der nach Mainz und Worms führenden Fernstraße bestand[175]. Er begann unmittelbar jenseits der Umwehrung des Kastells I. Seine Längsachse und seine Maßzahlen stehen direkt mit denen des Kastells in Verbindung (Abb. 25), so daß kein Zweifel daran besteht, daß er vom Militär gemeinsam mit dem Kastell abgesteckt wurde. Seine erschlossene Länge betrug 180 m, seine „offizielle“ Breite 36 m, der Platz maß also 5 x 1 actus[176]. Allerdings war seine nutzbare Breite mit ca. 27 m deutlich geringer, da die am Platz errichteten Gebäude mit ihren Vorbauten auf ihn ragten (Abb. 26). Die „offizielle“ Breite ergibt sich daraus, daß die Trennung zwischen Vorbauten und eigentlichen Gebäuden durch alle Umbauten hindurch immer auf der gleichen Linie blieb, während die tatsächlichen Gebäudefronten gegenüber dem Platz verschoben wurden.

Nach der oben angesprochenen Frühphase wurde der Platz schon bald gekiest. Durch immer neue Reparaturschichten erhöhte sich seine Oberfläche zunehmend. Obwohl er im Querschnitt leicht gewölbt war, reichten zu seiner Entwässerung anfänglich auf die Fronten der jeweiligen Häuser bezogene Traufgräbchen aus (Abb. 26). Teilweise waren sogar nicht einmal diese angelegt. Zumindest vor Gebäude A war der hier relativ breite Traufgraben mit einem Bretterbelag überdeckt, was einen ungehinderten Zugang zum Gebäude gewährleistete.

Die Funktion des Platzes war sicher die eines Marktplatzes. Ob nun ein Wochenmarkt oder tägliches Marktgeschehen stattfanden, läßt sich heute aber nicht mehr sagen.

An seinem Rand fanden archäologische Untersuchungen auf insgesamt 11 antiken Parzellen statt[177]. Allerdings konnten lediglich zwei Parzellen vollständig ergraben werden, von zwei Parzellen ist jeweils etwa die Hälfte bekannt, von weiteren ein großer, vorderer Teil. Diese Ausschnitte reichten wegen der hervorragenden Erhaltungsbedingungen jedoch aus, eine sehr weitreichende Rekonstruktion des Siedlungsgeschehens zu erarbeiten.

Alle Gebäude der Kastellzeit waren langrechteckig und standen mit den Schmalseiten zum Platz (Abb. 26 und 27). Man bezeichnet sie heute allgemein als Streifenhäuser. Sie besaßen Fachwerkwände, die von tief in Einzelgruben eingelassenen Pfosten im Abstand von 1,6–2,1 m getragen wurden. Die Gefache bestanden aus Flechtwerk und Lehm. Lediglich das schmalste Gebäude F war anders konstruiert, hier standen sehr viel kleinere Pfosten im geringen Abstand von 0,6 m in einem schmalen Gräbchen.

Überraschend war die Feststellung, daß auf der Ostseite ein Teil und auf der Westseite alle Längswände gemeinsame Wände waren, d.h. nach Reihenhausart von zwei benachbarten Gebäuden genutzt wurden.

Im vorderen Bereich fiel auf, daß jeweils 2 Pfostenpositionen deutlich abgerückt vor den gleichmäßig durchlaufenden Hauptwänden standen. Die Grenze zwischen beiden Bereichen lag auf durchgehenden Linien, die auch in späteren Zeiten eingehalten wurden und die die Begrenzung des „offiziellen“ Platzes bildeten. Die hausnahen Teile der abgesetzten, vorderen Bereiche können bisher für die Kastellzeit nicht befriedigend erklärt werden, wahrscheinlich handelt es sich um eine Art Vorhallen als zusätzliche, offene Verkaufsflächen. Richtung Platz könnten diese dann leicht entfernbare Verschlüsse besessen haben. Dieser Bereich war ca. 2,5 m tief. Der platzseitige Teil war dagegen eindeutig als Portikus, also als zum Platz und zu den Seiten hin offenes Vordach, gestaltet. Das Dach stützten hier freistehende Holzpfosten. Die Tiefe variierte zwischen 1,5 und ca. 3 m.

Kennzeichnend für das Gebäudeinnere war, daß es keine Firstunterstützung und kaum massive, tragende Zwischenwände gab. Vielmehr konnte die Innenaufteilung je nach Bedarf verändert werden. Es bereitete offensichtlich auch keine Schwierigkeiten, die Gebäude nach hinten hinaus zu verlängern. Sehr schön sind die detaillierte Innengliederung und die vielfältigen Umbauten (innerhalb von weniger als 30 Jahren) auf der Parzelle B nachzuvollziehen (Abb. 27). Hier lassen sich auch die eigentlich bei allen Gebäuden zumindest andeutungsweise erkennbaren Prinzipien der Aufteilung leicht ablesen und seine etwas ausführliche Beschreibung soll beispielhaft für den Typus „Streifenhaus“ in Ladenburg, nicht nur für die Kastellzeit, stehen:

Hinter der Portikus und der mutmaßlichen Vorhalle wurde das eigentliche Gebäude durch einen nicht ganz mittigen Gang erschlossen.

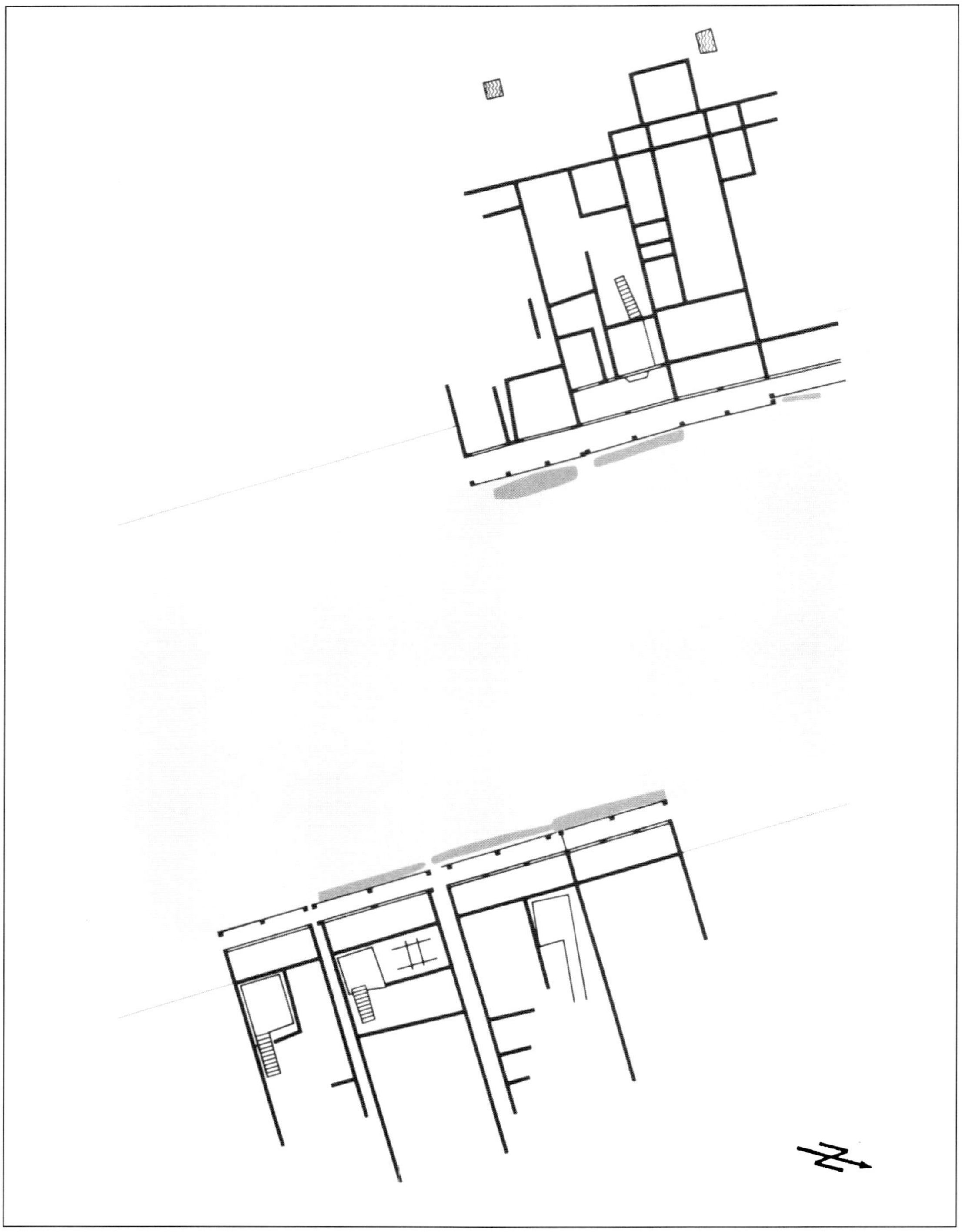

*Abb. 26: Schematisierter Plan der Phase 2a mit den Parzellen A–D auf der Westseite und F–I auf der Ostseite entsprechend dem jeweils ältesten Zustand des Kastellvicus beidseits des Platzes (Kellerei). Maßstab 1:500.*

Beidseits lagen rechteckige Räume, die mit der Zeit nach hinten verlängert wurden. Sie dürften relativ offene Fronten Richtung Platz besessen haben. Sie werden Tabernen genannt. Hier wurden Waren angeboten und Handwerksleistungen erbracht, hier fanden sich Kneipen und Garküchen, wie wir das in den italischen Ruinenstädten Pompeji, Herculaneum und Ostia heute noch besser nachvollziehen können. Im speziellen Fall des beschriebenen Gebäudes läßt sich die Nutzung dahingehend spezifizieren, als im südlichen der beiden Tabernen ein Wein- oder Ölhändler seine Verpakkungen, nämlich Krüge, gelagert hatte (und vielleicht mit Inhalt verkaufte). Möglicherweise wurde auf der südlich anschließenden Parzelle A die zum Würzen fast jeden römischen Gerichts benötigte Fischsauce (Garum) verhan-

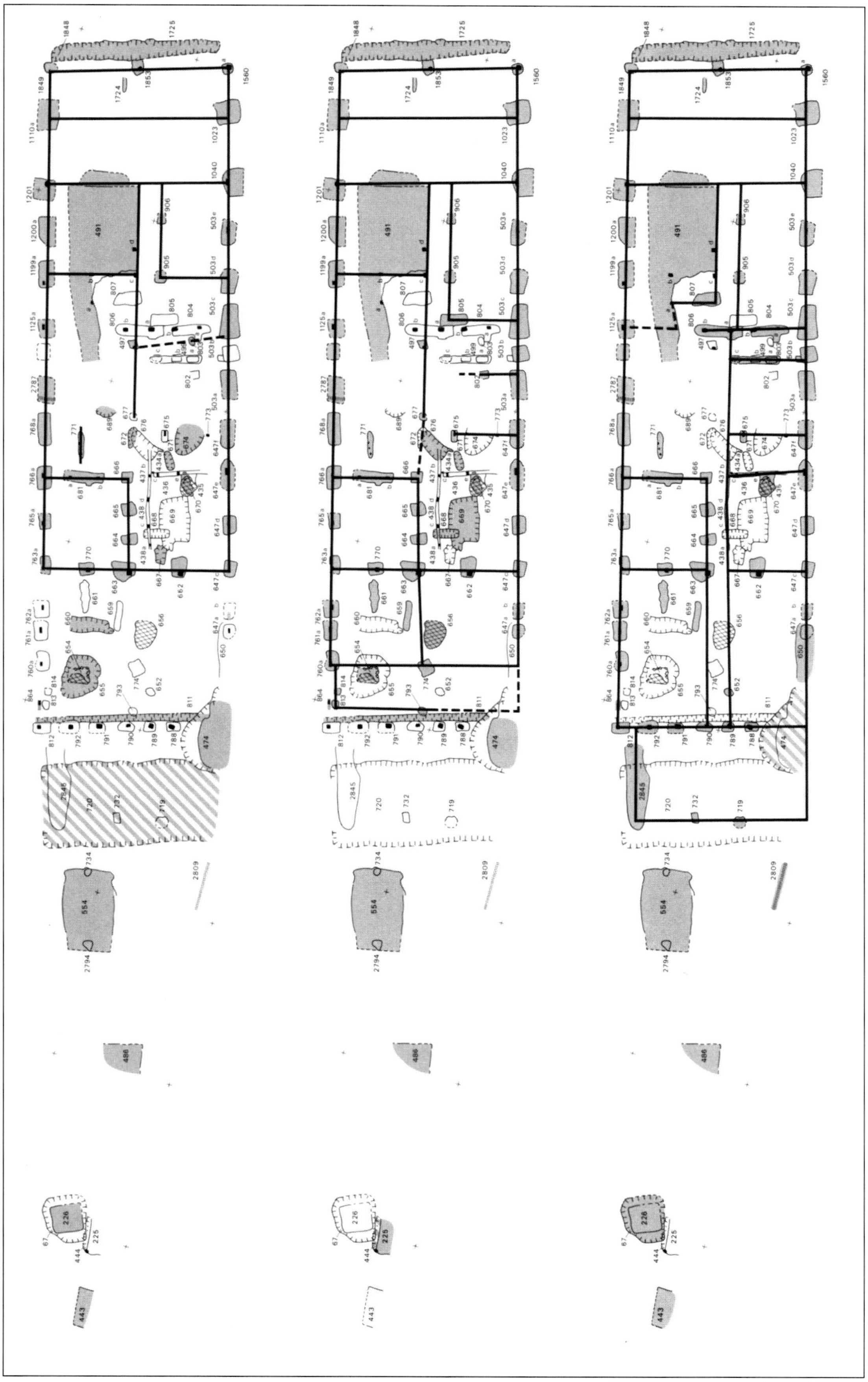

*Abb. 27: Plan der Parzelle B 2 mit den Zuständen a–c entsprechend Vergrößerungen und Umbauten im 1. Jh. n.Chr. vor dem Hintergrund aller der Phase 2 zugewiesenen Befunde. Kellerei. Maßstab 1:250.*

delt oder in einer Garküche verkocht. Darauf deutet eine Amphore aus Südspanien, in der entsprechend der Beschriftung die auch mit COD... bezeichnete 4 Jahre alte Sauce aus Mauretanien oder nach einem dortigen Rezept nach Ladenburg gekommen ist. In der Amphore waren 80 (römische) Pfund à 327,5 g. Sie wurde von einem Händler namens Q. Fabius Philargyrus (am Abfüll- oder Produktionsort) verhandelt[178]. Unklar ist, ob die Tabernen vom Hausinnern oder nur von außen zugänglich waren. Im letzteren Fall hätten sie separate Einheiten innerhalb der Gebäude gebildet.

Im Gebäude B war die nördliche Taberne unterkellert. Sie besaß selbst aber keinen Zugang dazu. Vielmehr erfolgte, wie auch sonst, der Zutritt über eine Treppe (manchmal auch Rampe) vom Gebäudeinneren her. Der Keller gehörte also eher nicht zur Taberne und dürfte mit den darin ausgeübten Tätigkeiten nicht in Verbindung gestanden haben.

Zur Abgrenzung gegen das anstehende Erdreich waren die Keller holzverschalt. Dazu wurden in die Ecken der Kellergrube und häufig auch dazwischen Pfosten eingegraben und entweder Bretter dahinter gespannt oder mittels Nuten in den Pfosten eingelassen. In günstigen Umständen haben sich die Abdrücke der Pfosten und Bretter im Boden erhalten, so daß die Konstruktionsweise gut erkennbar war (Abb. 28). Häufig fanden sich entlang der Wände Sandbänke mit muldenartigen Abdrükken, in denen einst Amphoren eingestellt und gegen Umkippen gesichert waren.

Im mittleren Bereich befanden sich ein hallenartiger Raum mit einer Feuer- oder Herdstelle. Hierbei handelte es sich wohl um das Herz des Hauses, in dem die wesentlichen häuslichen Arbeiten standfanden, aber durchaus auch Gewerbe getrieben und produziert wurde (in anderen Gebäuden fanden sich hier z.B. Öfen zur Metallverarbeitung). Drumherum und vor allem dahinter konnten unterschiedliche große und viele Räume erkannt werden, die als Schlafräume, Speiseräume usw. und im Fall des von starken Pfosten(gruben) umgrenzten Raums als Speicher gedient haben dürften.

Hinter dem Haus folgte eine Grube mit einem Ofenrest und auf der südlichen Parzellengrenze ein Brunnen, von dem aus eine hölzerne Wasserleitung (Deichel) quer durch die Parzelle und über die Nachbarparzelle zur Parzelle D in eine Zisterne führte. Danach kam hinter einer schon bald wieder verfüllten und mit einer Kiesschicht abgedeckten Materialgrube ein sogenanntes Grubenhaus, eine etwa 0,5 m in den Boden eingelassene Hütte mit zwei Firstpfosten, zutage. Seine Funktion ist unbekannt, denkbar ist vom Stall[179] über Spinn- und Webhaus bis hin zum Lagerraum vieles. Im Abstand von ca. 20 m folgten mehrere, sich teilweise ablösende holzverschalte Gruben mit bis zu 2,6 m Kantenlänge (Abb. 7). Aufgrund ihrer Verfüllung mit Abfällen und vor allem ihrer randlichen, meist starken Grünverfärbung handelt es sich um Latrinen. Schon erste Analysen des Fundmaterials daraus zeigen interessante Aspekte. Z.B. betrug der Anteil an Rind-

*Abb. 28: Abdruck der Holzverschalung des Kellers 2493 auf Parzelle G 2. Kellerei.*

fleisch an der Fleischversorgung zumindest der Bewohner der Parzellen B und C in der Militärzeit mehr als 90%, während er in den darauf folgenden Jahren auf etwas über 70% sank[180]. Bisher gibt es aber weder aus Ladenburg noch aus anderen Kastellen und Kastellvici Anzeichen dafür, daß die von den Bewohnern und insbesondere den Soldaten verzehrten Lebensmittel in nennenswertem Umfang in den Siedlungen selbst produziert wurden. Das schließt natürlich nicht aus, daß in den hinteren Bereichen der Parzellen etwas Gemüse gezogen und ein paar Hühner oder das eine oder andere Schwein gehalten wurden. Auch Reit- und Zugtiere könnten hier aufgestallt gewesen sein, doch die Masse der landwirtschaftlichen Produktion muß anderswo stattgefunden haben.

In einem ersten größeren Umbau wurde das ursprünglich 16,5 m lange und sich entsprechend der Parzellenform von 7,5 auf 8,0 m verbreiternde eigentliche Haus auf Parzelle B auf 20,5 m Länge plus einen parzellenbreiten, querliegenden Anbau von knapp 2 m Tiefe verlängert. Ein zweiter Umbau brachte den Ersatz dieses Anbaus durch eine weitere Hausverlängerung auf nunmehr 23 m plus einen knapp 4 m tiefen, ebenfalls fast parzellenbreiten Anbau. Insgesamt war das Gebäude nun mit seinen vorderen Teilen fast 32 m lang.

Im Aufgehenden rekonstruieren wir einen durchgehenden First zwischen der Portikus und dem hinteren Anbau. Über eine angenommene Durchgangshöhe der Portikus von 2,5 m und deckungsmaterialabhängigen Dachneigungen bzw. -dicken (Schilf- oder Strohdeckung mit mindestens 35°, für die Portikus ist auch eine Ziegeldeckung mit ca. 20° denkbar) sowie Zwänge von den über die gemeinsamen Hauptwände verbundenen Nachbarn ließen sich die Wandhöhen des Gebäudes B auf 4,6 m (bzw. 3,6 m bei Ziegeldeckung in der Portikus) rekonstruieren. Als Firsthöhe ergeben sich 8,0 m (bzw. 7,0 m).

Den ursprünglich hinteren Gebäudeteil möchten wir wegen seinen massiven Pfosten und seiner dauerhaften Mittelunterstützung als zweigeschossig und mindestens einen weiteren Meter höher ansehen. Ähnlich sind auch die benachbarten Gebäude zu rekonstruieren (Abb. 29).

Alle ursprünglichen Gebäude im Bereich der Grabung Kellerei fielen verheerenden Bränden zum Opfer. Wahrscheinlich, wenn auch nicht ganz sicher, handelt es sich um ein für beide Seiten des Platzes gleichzeitiges Ereignis. Dessen Ursachen sind aus dem Befund aber leider nicht erkennbar.

Wohl relativ bald danach wurden die Überreste in einer groß angelegten Maßnahme einplaniert. Die anschließenden Bauten folgten einerseits einem teilweise geänderten Bauschema, andererseits wurden sie offensichtlich auf eine neustrukturierte Platzanlage ausgerichtet. Beides setzt einen gewissen Neuanfang voraus, den wir mit der nachmilitärischen Entwicklung Ladenburgs in Zusammenhang bringen. Diese Gebäude werden daher erst weiter unten behandelt.

### *Datierung*

Aufgrund der engen Verzahnung der älteren Gebäude an der Kellerei über die gemeinsamen Hauptwände dürften die Häuser zumindest einer jeden Platzseite weitestgehend gleichzeitig errichtet worden sein. Wegen hier nicht ausführlicher zu behandelnden Details ist es allerdings wahrscheinlich, daß Gebäude C auf der Westseite etwas später zwischen die schon im Bau befindlichen oder gar schon fertiggestellten Nachbargebäude „eingehängt" wurde.

Die an der Kellerei gefundenen Münzen, insbesondere die Zahlenverhältnisse der Prägungen der verschiedenen Kaiser zueinander und ihr Vergleich mit anderen rechtsrheinischen Kastellplätzen, ergeben einen vespasianischen Beginn des Kastellvicus[181]. Entsprechendes gilt auch für den Vergleich mit der schon erwähnten großen linksrheinischen Standardkurve des Münzaufkommens durch K. Kortüm[182] bzw. aus der Einschätzung der Terra sigillata durch H. Kaiser. Damit ergibt sich kein Widerspruch zu der oben geäußerten Theorie, daß die Bewohner des Kastellvicus gleichzeitig mit der Truppe nach Ladenburg gekommen sind.

Einzelne Fundmünzen können darüberhinaus absolute Daten für bestimmte Ereignisse liefern. Z.B. geben sie einen Hinweis auf den Beginn eines Gebäudes, wenn sie unter den ersten Bauhorizonten gefunden werden. Genau genommen gibt ein solches Datum allerdings

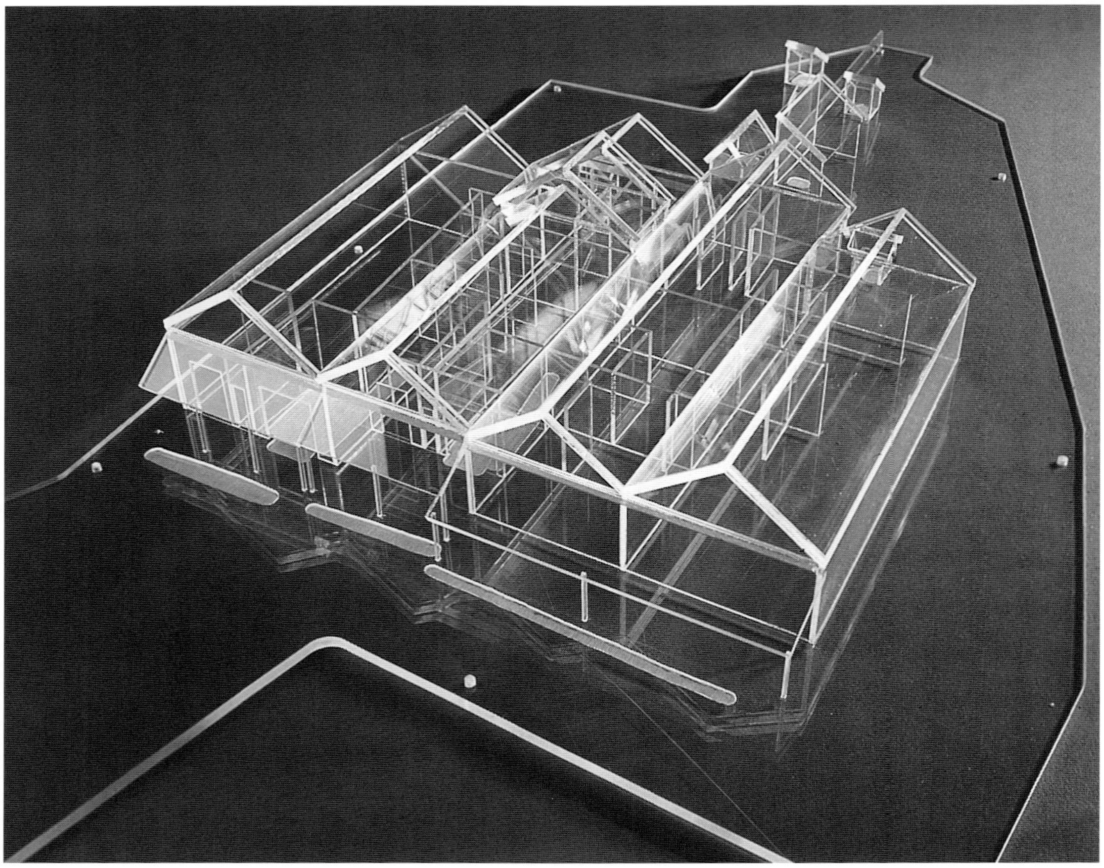

*Abb. 29: Rekonstruktion der Gebäude der Phase 2b auf der Westseite des Platzes im Modell. Kellerei.*

lediglich einen sog. „terminus post quem", also den Zeitpunkt, nachdem der Bau (bzw. jede andere, darüber liegende Maßnahme) frühestmöglich stattfinden konnte[183]. Das Problem bei dieser Datierung ist die Frage, wie lange das „post" war. Dies ist immer wieder Anlaß für ausführliche Diskussionen.

Für den Baubeginn der Gebäude an der Kellerei ergaben sich zwei aussagekräftige Daten, nämlich 69 n.Chr. für das Gebäude H und 71 n.Chr. für das Gebäude G. Sie stehen im Rahmen der allgemeinen Datierung.

Als „terminus post quem" für den oder die die Gebäude verwüstenden Brände ergab sich auf der Westseite ursprünglich 86 n.Chr. (mittlerweile nicht mehr relevant)[184] bzw. in einer jüngeren Grabung 100 n.Chr.[185] und auf der Ostseite 99 n.Chr. Wichtiger für den darauffolgenden Neubeginn ist aber die Datierung der Planierungsschicht, für die auf der Westseite Münzen mit dem frühestmöglichen Prägedatum 101 n.Chr. und auf der Ostseite 103 n.Chr. gefunden wurden. Sie datieren – in der genannten Weise – die Umstrukturierung des Platzes und den darauffolgenden baulichen Neubeginn.

### *Baurecht*

Im Vergleich der Bebauung über die Gesamtfläche hinweg fällt auf, daß die Portiken und Traufgräbchen im vorderen Teil bzw. die Anbauten und die Latrinengruben hinter den Gebäuden so angelegt waren, daß sie Fluchten in Verlängerung der Hauptwände (bei den gemeinsamen Wänden) vermieden. Diese wurden lediglich von Brunnen überschnitten. Wir deuten diese Linien als Parzellengrenzen. Erstaunlich war, daß diese Grenzen – trotz des verheerenden Brandes mit anschließender Planierung – in den dem Kastellvicus nachfolgenden Phasen exakt auf den gleichen Linien eingehalten wurden. Dies setzt unseres Erachtens das Vorhandensein einer planmäßigen Vermessung und vor allem einer schriftlichen Niederlegung derselben in einer Art Grundbuch voraus.

Bei Betrachtung der Detail- und Übersichtspläne, insbesondere auch nach den jüngsten Ausgrabungen, fallen gewisse Gleichläufigkeiten auf. Dazu zählen die abgesetzten vorderen Bereiche, die Position der Keller dort, die Lage der Brunnen auf einer Linie hinter den Gebäuden, die erst nach einem größeren Abstand und wiederum im jeweils gleichen Bereich folgenden Latrinen[186], aber auch die Eigentümlichkeit, daß die Anbauten (Portiken und Schuppen) zwar häufig bis auf die südliche Parzellengrenze, aber nie auf die nördliche reichten. Zusammen mit den gemeinsamen Hauptwänden, für die alleine ein Regelungsbedarf bestand, führte dies zur Annahme, daß es im römischen Ladenburg von Anfang an eine Art Bauordnung gegeben hat. In dieser muß festgelegt gewesen sein, daß und auf welcher Linie die Trennung zwischen eigentlichen Gebäuden und vorderem Bereich zu erfolgen hatte, daß die von letzteren überbaute, eigentlich öffentliche Zone privat genutzt werden durfte, daß der Abschluß zum Platz hin über eine Portikus zu erfolgen hatte und daß die Wasserversorgungseinrichtungen in einem bestimmten Bereich (ca. 4 m) hinter den Gebäuden bzw. die Entsorgungseinrichtungen in einem weiteren, größeren Abstand dahinter anzulegen waren (ca. 12 m). Weiterhin regelte diese Bauordnung das Zugriffsrecht auf die Flucht der Parzellengrenze anscheinend in dem Sinn, daß von der Straße aus schauend der Nutzer auf die südliche Grenze primäres Recht hatte, während die nördliche – als die südliche des Nachbarn – von diesem genutzt werden konnte. Das Grundrecht, überhaupt die Wand eines Nachbargebäudes für das eigene Gebäude zu nutzen, ging dagegen schon auf ein altrepublikanisches Recht im sog. Zwölftafelgesetz zurück (*servitus tigni immitendi*, also die Pflicht, den Balken des Nachbarn in die eigene Wand einsetzen zu lassen).

Im Unterschied dazu dürften andere Einheitlichkeiten eher praktische Hintergründe haben. So scheint das in Anspruch genommene Latrinenvolumen auf den untersuchten Parzellen jeweils gleich gewesen zu sein[187]. Dies könnte darauf zurückzuführen sein, daß in den betreffenden Parzellen jeweils etwa gleich viele Personen gelebt haben.

Viele der für den Bereich des Platzes entdeckten und beschriebenen Bauelemente wie Keller, Brunnen, Latrinen usw. konnten mit einer ähnlichen räumlichen Verteilung im Verhältnis zur Straße andeutungsweise schon im Südvicus festgestellt werden. Es ist daher anzunehmen, daß die Häuser und andere Einrichtungen dort nach ähnlichen Grundsätzen, also z.B. der Bauordnung, angelegt waren. Vielleicht lautete die Nachbarschaftsregelung für den ganzen Kastellvicus dahingehend, daß die bevorrechtigte Grenze diejenige war, die den beiden Hauptachsen des Kastells, dem Cardo bzw. Decumanus maximus, näher lagen.

Damit stellt sich aber die Frage, wer für den Erlaß der hier wahrscheinlich gemachten Verordnungen verantwortlich war. Da die Gesamtanlage des Kastellvicus auf das Militär zurückgeht, möchte man natürlich zuerst an dieses denken. Dagegen spricht allerdings, daß die einzelnen Gebäude, bei aller Ähnlichkeit in der Grundstruktur, in ihrer Gestaltung hochgradig individuell waren. Weiterhin stehen die extrem unterschiedlichen Parzellenbreiten der Ansicht eines direkten Eingriffs durch das Militär entgegen. Ohne erkennbares System ließen sich Grundstücksbreiten von 9,0 m, 7,5 m (nach hinten auf ca. 7,8 m verbreitert), 7,5 m, wohl 8,5 m (nach hinten sich auf wohl 7,5 m verjüngend), 7,1 m, 9,9 m, 9,9 m und vermutlich 8,3 m messen bzw. rekonstruieren. Auch die Umrechnung in römische Fuß bringt keine Vereinheitlichung, lediglich die Feststellung, daß in der damaligen Zeit auch bei so relativ langen Strecken mit mindestens ½ Fuß Genauigkeit gemessen wurde.

Vielmehr ist meines Erachtens als bestimmendes Organ eine Vereinigung der Einwohner des Kastellvicus oder von Teilen davon anzunehmen. In verschiedenen Inschriften, allerdings nicht aus Ladenburg, sind diese als *vicani consistentes* überliefert[188]. Sie agierten selbständig und vollzogen z.B. Weihungen, in den überlieferten Fällen durch eine Einzelperson, die *cura agens*, also als Beauftragter, handelte. Denkbar ist aber auch die Leitung durch ein oder eher zwei *magistri*.

## *Zusammenfassung*

Der Kastellvicus in Ladenburg zog sich als eine ca. 600 m lange Straßensiedlung mit langrechteckigen Häusern dicht an dicht in zwei

Teilen entlang der großen Fernstraße nördlich und südlich des Kastells hin. Zusätzliche Teile befanden sich, wohl mit einer geringeren Belegungsdichte, ringförmig um das Kastell. Bei einer gleichmäßig dichten Bebauung entlang der Fernstraße ist von 140–150 Häusern auszugehen. Obwohl im nördlichen Teil ein großer Platz speziell einen Markt aufnahm, wurde mehr oder weniger in allen Häusern Handel getrieben oder Dienstleistungen angeboten; sie waren gewissermaßen auf Publikumsverkehr ausgerichtet. Zumindest strukturell gehörten zum Kastellvicus auch das Bad vor der Nordwestecke des Kastells und vielleicht ein größerer Reitplatz vor dessen Westseite. Unbekannt sind bisher Tempel und heilige Bezirke sowie Versammlungsräume der Bewohner und eventuell auch von Soldatengruppen (*scholae*). Die Heiligtümer lagen vermutlich eher randlich, die Versammlungsräume eingestreut zwischen den Streifenhäusern. Über die Zahl der Bewohner des Kastellvicus kann allenfalls spekuliert werden. Ich möchte von durchschnittlich 5–6 Bewohnern für jedes Haus ausgehen, was ca. 700–900 Einwohnern zum Ergebnis hätte[189].

Aufgrund der beschriebenen Struktur des Kastellvicus ist auszuschließen, daß er sich aus einer neckarswebischen Siedlung entwickelt oder eine solche einbezogen hat[190]. Vielmehr hat es den Anschein, als seien die Areale der schon vor der römischen Besetzung vorhandenen neckarswebischen Siedlungen möglicherweise im Norden[191] und vor allem im Südwesten[192], gleich bei der Anlage der Fernstraße, auf jeden Fall aber durch den Kastellvicus berücksichtigt worden. Auch wenn unklar ist, ob die Siedlungen in vespasianischer Zeit noch existierten, so wurden ihre Flächen allenfalls randlich vom anfänglichen Kastellvicus in Anspruch genommen.

Auch das Fundmaterial spricht – soweit es bisher gesichtet wurde – gegen Neckarsweben als größere Gruppe bei den ursprünglichen Bewohnern des Kastellvicus. Allerdings kann die Herkunft einer Serie nicht regionaltypischer Keramik bisher nicht genauer eingegrenzt werden[193]. Da die Marketender ja zum großen Teil mit „ihrer" Truppe mitgezogen sind, könnte es sich dabei um Material aus der Region des letzten Standorts der Ladenburger Truppen handeln.

Mit der Kenntnis der Zahl und Bedürfnisse der Marketender ist auch der Ladenburger Kastellvicus als Teil der örtlichen Militäreinrichtungen angelegt worden und praktisch gleichzeitig mit der Anlage des Kastells besiedelt worden. Eventuelle Veränderungen durch den aus dieser Theorie und dem erschlossenen Truppenwechsel im Kastell abzuleitenden Bevölkerungswechsel im Verlauf der Besatzungszeit lassen sich aber aus den Befunden nicht erkennen, es sei denn, man wolle die jeweils letzten Umbauten mit den mit der zweiten Truppe ankommenden Bewohnern in Verbindung bringen.

# 3. CIVITAS VLPIA SVEBORVM NICRENSIVM

Aufgrund verschiedener Inschriften, insbesondere Leugensäulen aus Ladenburg und Heidelberg (s. Kap. 4.2.2.), wird deutlich, daß das römische Ladenburg im Gebiet der CIVITAS VLPIA SVEBORVM NICRENSIVM (CVSN) lag. Die von Ladenburg ausgehende Entfernungsmessung auf diesen, die früheren Meilensteine ersetzenden Säulen[194] macht den Ort zum *caput viae* und weist auf Ladenburg als das politische Zentrum der Civitas hin. Die baulichen Hinterlassenschaften dort, insbesondere der gewaltige Komplex Forum – Basilika, bestätigen dies, auch wenn sie nicht unbedingt als Beweis für die Hauptortfunktion dienen können.

Bei einer Civitas handelt es sich um eine aus Gallien übernommene zivile Verwaltungsform für ein fest umrissenes Gebiet mit einem darin liegenden Ort als Zentrum (dies muß nicht unbedingt der jeweils größte Ort sein).

## 3.1 Archäologisch-historische Datierung der Civitasgründung

Nach den sog. Chattenkriegen gründete Domitian 84 oder spätestens 85 n.Chr. die Provinz Obergermanien[195]. Eine Revolte des obergermanischen Statthalters Lucius Antonius Saturninus am Jahresbeginn 89 n.Chr. scheint zu gewissen Problemen geführt zu haben. Sie wurde jedoch schnell durch die niedergermanischen Truppen niedergeschlagen[196]. Diese kamen der aus Spanien zu Hilfe gerufenen 7. Legion unter dem Befehl des Marcus Ulpius Traianus zuvor. Erneute Unruhen könnten einige Zeit nach der Ermordung Domitians gegen seinen Nachfolger Nerva ausgebrochen sein[197]. In dieser Zeit befand sich Trajan erneut in Obergermanien, wohl als Statthalter[198], und seine Beteiligung ist keineswegs ausgeschlossen[199]. Nachdem er im Herbst 97 n.Chr. von Nerva adoptiert und zum Mitregenten erklärt worden war, begab sich Trajan nach Niedergermanien, wo ihn nach dem Tod Nervas Anfang 98 n.Chr. die Nachricht, daß er Kaiser sei, erreichte. Trotzdem hielt er sich noch einige Zeit, vielleicht bis ins Spätjahr 98 n.Chr., in den germanischen Provinzen auf. Bis dahin hat er sich sicher auch eine umfassende Kenntnis Obergermaniens erworben.

Bevor Trajan Ende 99 n.Chr. Rom erreichte, inspizierte er noch die Donauprovinzen. Hier bereitete er Maßnahmen gegen den dakischen König Decebalus vor, die 101/102 und 105/106 n.Chr. zu Kriegen im heutigen Rumänien führten[200]. Die Feldzüge im Osten, vielleicht auch schon die Unruhen nach Domitians Tod, hatten verschiedene Verschiebungen von Legionen zur Konsequenz. Von Mainz wird 97 n.Chr., eventuell auch noch später, die 14. Legion an die Donau abkommandiert und durch die 22. ersetzt[201]. Spätestens 101 n.Chr. wird aus Windisch in der Schweiz die 11. Legion ersatzlos zu den Dakerkriegen abgezogen. Ganz offensichtlich vollzog sich eine Verlagerung des militärischen Schwergewichts von den Rhein- zu den Donauprovinzen, denn schon nach dem Saturninusaufstand war die Besatzung des Lagers Mainz von ursprünglich zwei Legionen auf eine reduziert worden.

In diesen zeitlichen Rahmen fällt die Gründung der CIVITAS VLPIA SVEBORVM NICRENSIVM. Durch ihren Beinamen VLPIA ist, trotz der relativ späten erstmaligen Erwähnung in den überlieferten Inschriften, die Gründung in trajanischer Zeit wahrscheinlich und in der Forschung unumstritten. Vieles scheint für die von H.-J. Schulzki in seinem Beitrag in diesem Band erneut befürwortete Datierung der Civitasgründung im „Kontext der Neuorganisation der Rheingrenze während des Aufenthaltes Trajans in Germanien in seinem ersten Regierungsjahr" zu sprechen. Er folgt damit J. C. Wilmanns, die die Gründung der CVSN als Teil einer zivilen Raumordnung ansah und dabei ebenfalls auf die Anwesenheit Trajans in der Provinz abhob[202]. Danach seien, neben der CVSN, gleichzeitig die CIVITAS VLPIA MATTIACORVM (Wiesbaden), die CIVITAS VLPIA TAVNENSIVM (Frankfurt-Heddernheim) und wahrscheinlich die CIVITAS AQVENSIS (Baden-Baden)[203] eingerichtet worden. Vielleicht stehen damit auch die Gründung der COLONIA VLPIA TRAIANA (Xanten) und der VLPIA NOVIOMAGVS BATAVORUM (Nijmegen) in Niedergermanien in zeitlichem Zusammenhang.

Auf die Veränderungen in den germanischen Provinzen unter Trajan wurden verschiedene schriftlichen Quellen bezogen. Da sind einerseits die kurzen Angaben bei den spätantiken Autoren Eutrop und Orosius: ... *Urbes trans Rhenum in Germania reparavit* ... (Städte jenseits des Rheins in Germanien stellte er wieder her) und ... *mox Germaniam trans Rhenum in pristinum statum reduxit* (... bald führte er Germanien jenseits des Rheins in den früheren Zustand zurück)[204]. Während die letzte Stelle eine zeitliche Verknüpfung mit Trajans Kaiserwerdung suggeriert, steht die erste im Zusammenhang mit der Feststellung, daß Trajan das Reich nach allen Seiten ausgedehnt hätte. Problematisch ist in jedem Fall die Verwendung des Begriffs „Städte" und der konkrete Inhalt des Begriffs der „Wiederherstellung".

Auf der anderen Seite steht die viel diskutierte Stelle bei Tacitus in der Germania 29, 3: *Non numeraverim inter Germaniae populos, quamquam trans Rhenum Danuviumque consederint, eos qui Decumates agros exercent: levissimus quisque Gallorum et inopia audax dubiae possessionis solum occupavere, mox limite acto promotisque praesidiis sinus imperii et pars provinciae habentur.* Für das Gesamtwerk der Germania ergibt sich ein terminus post quem von 98 n.Chr., die Germania ist also im Unterschied zu den vorangegangenen Quellen zeitnah zu den hier diskutierten Vorgängen entstanden[205]. Nach Vorschlag von A. A. Lund handelt es sich bei *Decumates agros* um eine Verschreibung von *Desertos agros* und die Übersetzung müßte lauten: "Nicht unter die Völker Germaniens, obgleich sie sich jenseits des Rheins und der Donau niedergelassen haben, möchte ich jene zählen, die Ödland, das von den Bebauern verlassen worden war, anbauen, denn es sind eben nur die unzuverlässigsten und nur aus Not kühn gewordenen Gallier, die diesen Boden von zweifelhaftem Eigentumsrecht in Besitz genommen haben. Jetzt, wo ein Grenzwall gezogen ist, sieht man sie als einen Winkel des Imperiums und als einen Teil der Provinz an"[206]. Kortüm wies allerdings erneut darauf hin, daß mit Limes auch in diesem Falle nicht unbedingt eine Grenze oder gar ein Grenzwall gemeint sein muß[207]. Vielmehr sei nicht zuletzt wegen des Zusammenhangs der Textstelle denkbar, daß sie generell auf die rechtsrheinische Besetzung und deren Eingliederung in das römische Reich (unter Vespasian bzw. Domitian) abhebt[208].

Auch eine Straßenbaumaßnahme, über die Aurelius Victor berichtet, steht zumindest indirekt mit unserem Raum in Verbindung. Bis 100 n.Chr. soll Trajan eine leicht zu benutzende Verbindung zwischen dem Schwarzen Meer und Gallien geschaffen haben: *iter conditum per feras gentes, quo facile ab usque Pontico mari in Galliam permeatur*[209]. Diese Textstelle ist insofern relevant, als die Straße durch Obergermanien zog und im Rheintal auf das alte Strekkensystem stieß, womit die Verbindung zu Ladenburg geschaffen war (Abb. 1). Wie eine große Serie von Meilensteinen im gallisch-germanischen Gebiet mit Datierungen von 97–100 n.Chr. andeutet, handelt es sich bei der Donaustraße vermutlich um die Fortsetzung eines schon in Germanien begonnenen Bauprogramms[210].

Weitere, in ihrer Bedeutung aber z.T. unklare Inschriften der fraglichen Zeit stammen aus Mainz, Baden-Baden und Rottweil, jeweils mit einer (wahrscheinlichen) Datierung in bzw. um das Jahr 99 n.Chr.[211]. Sie weisen auf umfängliche Baumaßnahmen Trajans, von denen die Errichtung eines großen Denkmals in Mainz-Kastell vielleicht die bedeutendste ist[212].

Aus archäologischer Sicht ergeben sich allerdings manche Argumente gegen ein aus diesen Quellen abgeleitetes Datum 98 n.Chr. für die Civitasgründung. Für die Umgestaltung Ladenburgs zu einem Civitashauptort mit den entsprechenden Einrichtungen mußte das fast in der Mitte der alten Siedlung liegende Kastell I nämlich wie ein Fremdkörper wirken. Insofern ist der Abzug der Truppen und die Aufgabe des Kastells, neben möglichen rechtlichen Aspekten[213], räumliche Voraussetzung für die Funktion Ladenburgs als Civitashauptort. Daher ergibt sich die Notwendigkeit, auch die Besetzungsgeschichte Obergermaniens in die Überlegungen mit einzubeziehen. Die Aufgabe des Truppenstandorts Ladenburg – und der anderen, durch wohl gleichzeitige Civitasgründungen betroffenen Orte (Wiesbaden, Heddernheim, Baden-Baden) – ist nicht denkbar ohne die Schaffung neuer Kastelle zum Schutz der Provinz und der Civitates. Es ergibt sich dadurch ein wahrscheinlicher Zusammenhang mit der Einrichtung des Odenwald- und Neckarlimes als vorgeschobene Kastellinie (Abb. 1)[214].

Während für diese Maßnahme am Anfang des 20. Jhs. Trajan oder auch Hadrian als Veranlasser gesehen wurden[215], herrschte in den letzten Jahrzehnten die Meinung vor, daß Domitian als Auslöser gelten müsse bzw. die Anlage einer linearen Grenze bis um 100 n.Chr. abgeschlossen gewesen sein müßte[216]. Bisher gibt es aber keine Anzeichen dafür, daß in diesem Zeitraum vermehrt Hilfstruppen in Obergermanien stationiert waren. Dies wäre jedoch Voraussetzung dafür, daß Kastelle gleichzeitig in den seit vespasianischer Zeit kontrollierten Gebieten und im Odenwald, am mittleren Nekkar und auf der Schwäbischen Alb an den neuen Limeslinien besetzt sein könnten. Vielmehr zeichnet sich schon unter Domitian ein vermehrter Truppenbedarf an der mittleren und unteren Donau ab; demzufolge ist damit zu rechnen, daß dem römischen Generalstab eher daran lag, entsprechend der Reduzierung der Legionstruppen in den Rheinprovinzen hier auch mit möglichst wenig Hilfstruppen auszukommen. Da die älteren Kastelle aber sicher noch in den 90er Jahren besetzt waren, würde dies für den Beginn des Baus der neuen Limeslinien erst unter Trajan sprechen[217].

Auf eine Spätdatierung weist auch der numismatische Befund. Nach Kortüm sprechen die Münzen für einen Beginn der neuen Kastelle zwischen 105 und 115 n.Chr. Dieser Zeitraum ergibt sich einerseits aus dem Verlauf der Münzkurven an den neuen Plätzen, andererseits aber auch aus dem der alten Kastellorte. Hier bestehen mehrfach „termini post quos" 103/111 n.Chr. (z.B. Hofheim, Heddernheim) und die alten Plätze scheinen, ähnlich der Verlagerung der Kastelle über den Rhein in vespasianischer Zeit, eine direkte Fortsetzung in den neuen Anlagen gefunden zu haben. Aus numismatischer Sicht spricht daher vieles dafür, daß die Anlage von Odenwald- und Neckarlimes erst später unter Trajan erfolgte[218].

Nach den jüngsten Ausführungen von H. Castritius und E. Schallmayer könnte ein trajanischer Ansatz auch seine Bestätigung in der schriftlichen Überlieferung finden[219]. Das in dem von ihnen u.a. diskutierten Text des Ammianus Marcellinus genannte ... *munimentum, quod in Alamannorum solo conditum Traianus suo nomine voluit appellari* (... Festungswerk, das Trajan auf alamannischem Boden errichtet und nach sich selbst benannt hat)[220] ist nach Meinung der Autoren nämlich auf den Wetteraulimes oder zumindest Teile davon und dessen Fortsetzung im Odenwald und am Neckar zu beziehen.

Die Voraussetzungen für die Aufgabe der alten Kastelle und damit die Möglichkeit der Schaffung ziviler Verwaltungseinheiten in deren Umfeld wären demnach erst am Anfang des 2. Jhs. geschaffen. Sie stünden nicht in unmittelbarem Zusammenhang mit Trajans Aufenthalt in den germanischen Provinzen. Vielmehr ist an eine Folge des Abzugs der 11. Legion 101 n.Chr. zu denken (der weit im Norden angelegte Neckar- und Alblimes ergibt einen ausreichenden Ersatz für das dann mehr als 170 km weit im Hinterland liegende Legionslager Windisch) oder, wahrscheinlicher noch, an eine Neustrukturierung der gesamten Rhein- und Donaugrenze nach dem Ende der Dakerkriege 106 n.Chr. Dann galt es nämlich, die durch die Kriege veränderte Situation in eine tragfähige Friedensstruktur umzuwandeln, Gebietsgewinne in Dakien zu sichern und als Folge davon dauerhaft mit weniger Truppen in Germanien auszukommen[221].

Unter der Voraussetzung einer solchen späten Datierung wäre auch das Formular des Meilensteins von Bühl südlich von Baden-Baden verständlich[222]. Die Zählung *a Mog(ontiaco) m(ilia) p(assuum) CXX* (von Mainz 120 Meilen) ignoriert nämlich für 99/100 n.Chr. die auf dem Weg liegenden, später regelmäßig als Ausgang von Streckenmessungen fungierenden Hauptorte Ladenburg und Baden-Baden. Dies ist zwar für sich genommen kein Beweis gegen die Existenz der beiden Civitates. Es wäre jedoch merkwürdig, daß gerade frisch gegründete Verwaltungsbezirke nicht größten Wert auf ihre Berücksichtigung legen würden, in diesem Zusammenhang auf das Recht, die Meilensteine auf ihrem Territorium vom eigenen Hauptort aus zu zählen[223].

Wenden wir uns zurück nach Ladenburg, so ist festzuhalten, daß die Aufgabe des Kastells als Voraussetzung für die Einrichtung des Civitashauptorts ohne detaillierte Bearbeitung noch nicht aus sich heraus datiert werden kann. Lediglich Anhaltspunkte können genannt werden. Ein Hinweis ergibt sich aus dem relativ zahlreichen Vorkommen von Ziegelstempeln der 22. Legion in Schichten des Kastells[224]. Abhängig vom Beginn der Stationierung der Legion in Mainz weisen sie auf militärische Bauaktivitäten ab 97 n.Chr. (vielleicht auch erst später) hin. Solche sind schwer vorstellbar, wenn in dieser Zeit schon der Plan zu einer Civitasgründung entwickelt worden wäre.

Nicht unbedingt verwertbar für unsere Fragestellung ist eine Münze des Trajan mit dem Prägezeitraum 114/117[225]. Sie stammt zwar aus dem Planierungsschutt einer Baracke in der Eintrachtgasse 3. Die Schicht lag allerdings unter der südlich des Forums liegenden Ost-West-Straße (s.u.), so daß sie streng genommen noch nicht einmal den Baubeginn des Forums datiert.

Konkreter erscheint mir dagegen die Zerstörung der Gebäude des Kastellvicus rechts und links des Marktplatzes. Die darauf folgende Veränderung der Platzanlage mit einer neuen, trichterförmigen Ausrichtung (Abb. 30) läßt sich am ehesten mit einem „Neuanfang" innerhalb der Siedlung erklären und ist mit ihren Auswirkungen eigentlich nur im Zusammenhang mit der Einrichtung der Civitas vor-

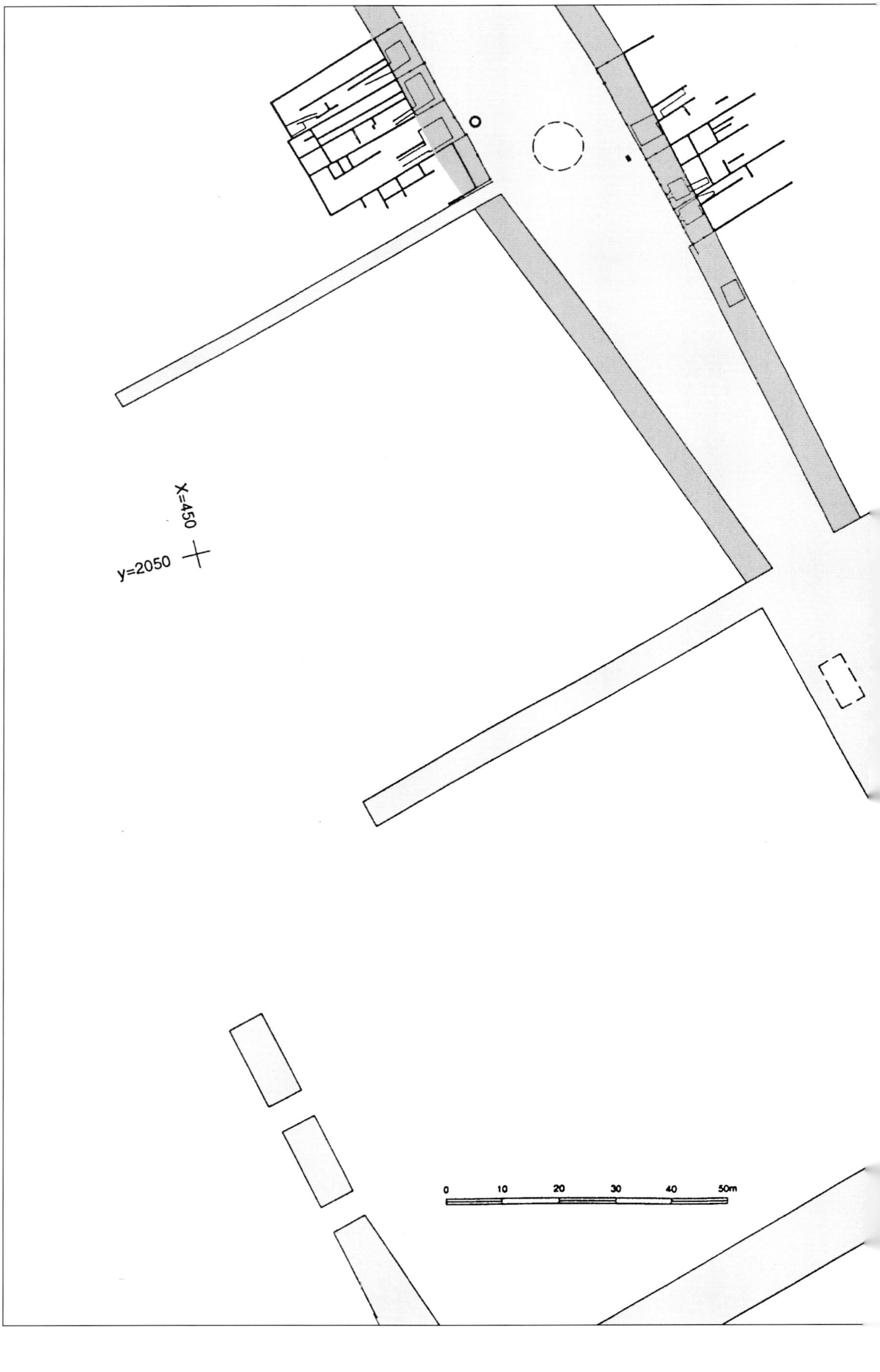


*Abb. 30: Südlicher Teil des civitaszeitlichen Platzes mit Bebauung der Phase 3b, mutmaßlichem Bogenmonument und Basilika mit Forum. Helles Raster: Straßen, Platz; dunkles Raster: Portiken und Vorhallen im öffentlichen Raum. Maßstab 1:1000.*

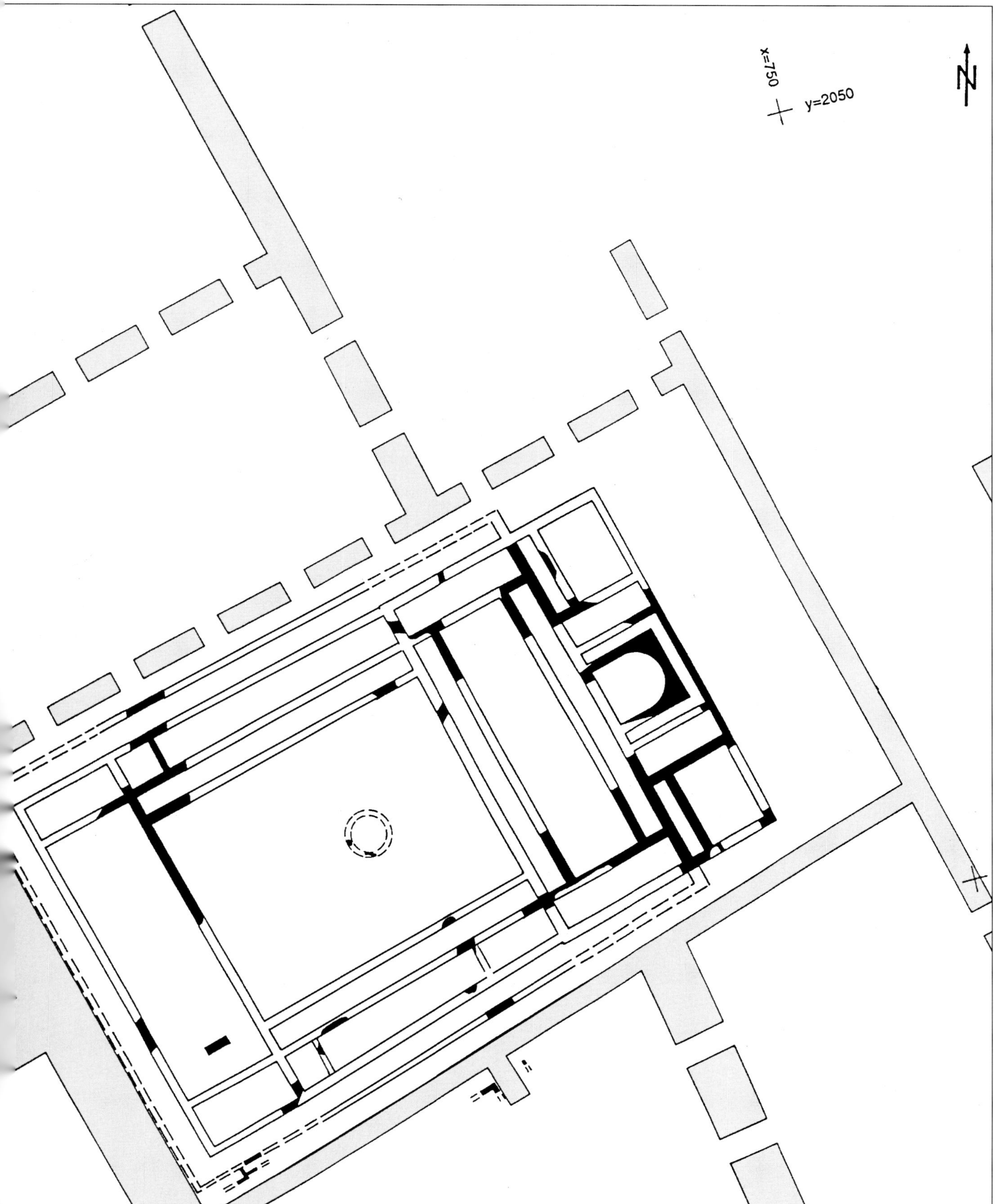
x=750
y=2050
N

stellbar[226]. Für die Westseite ergab sich für den Brand ein terminus post quem 100 n.Chr. aus Keller 491 auf Parzelle B[227] und für die Ostseite von 99 n.Chr. (Parzelle I). Entscheidender ist wohl die anschließende Planierung, in der Münzen mit den Prägedaten 101/102 n.Chr. auf der Westseite und 103/111 n.Chr. auf der Ostseite gefunden wurden[228]. Sie geben den frühestmöglichen Zeitpunkt der Wiederbebauung des ergrabenen Bereichs am Marktplatz.

Akzeptiert man die von uns vorgeschlagene Verbindung von Umstrukturierung des Marktplatzes mit der Einrichtung der Civitas, ergibt sich daraus folgendes Modell für die Einrichtung der CVSN und der anderen Veränderungen in der Provinz Obergermanien:

Der Aufenthalt Trajans in Obergermanien, vielleicht vom Spätjahr 96, wahrscheinlich aber Frühjahr 97 an, gibt dem späteren Kaiser genügend Gelegenheiten, die wegen ihrer drei Legionen und der Nähe zu Italien militärisch bedeutende Provinz gut kennenzulernen. Spätestens nach der Adoption durch Nerva besitzt er auch genügend Macht, Veränderungen durchzusetzen[229]. Dazu gehören wahrscheinlich Truppenverschiebungen zugunsten der Donauprovinzen (vielleicht wurde in diesem Zusammenhang auch die Ala I Cannanefatium aus Ladenburg abgezogen und durch eine andere Truppe ersetzt?) und sicher ein ausgedehntes Programm zur Erneuerung des Straßennetzes. Die Arbeiten dazu zogen sich offensichtlich noch bis 100 n.Chr. hin. Diese Maßnahmen lassen sich durchaus im Rahmen der langfristigen Vorbereitung der Dakerkriege und damit der Verlagerung des militärischen Schwerpunkts an die Donau sehen[230].

Dementsprechend ist auch zu fragen, ob die für eine Frühdatierung der Civitasgründungen immer ins Spiel gebrachten Aurei und Denare (Gold- und Silbermünzen) der Jahre 98–99 oder 100 n.Chr. mit der Darstellung der GERMANIA PACATA (Germania ist befriedet)[231] wirklich einen direkten Hinweis auf die hier diskutierten Veränderungen geben. Da sie wegen ihrer hohen Nominale kaum das breite Volk erreichten und darüber hinaus auch sehr selten waren, könnten sie ein ganz anders gelagertes, auf Rom gerichtetes Statement abgegeben haben. Diese Aussage ergibt sich eventuell aus der Feststellung des Tacitus, daß im 2. Konsulat des Trajan, also 98 n.Chr., das „210 Jahre“ andauernde Germanenproblem endgültig gelöst war und das Thema als abgeschlossen betrachtet werden konnte[232]. Wegen des Bezugs auf die Einfälle der Cimbern und Teutonen sowie Augustus und andere, mit den Germanen befaßte Kaiser scheint es sich dabei um einen politisch definierten und durch Tacitus wie die Münzen öffentlich propagierten Zeitpunkt gehandelt zu haben.

Die Kenntnis der Topographie und der Zustände Obergermaniens dürften Trajan dazu veranlaßt haben, für die weitere Vorbereitung des 1. Dakerkriegs auch die 11. Legion aus Vindonissa ersatzlos abzuziehen und so die militärische Stärke der Provinz von drei auf zwei Legionen zu reduzieren. Schon damals könnte die Idee gereift sein, die militärische Struktur durch die Anlage der vorgeschobenen Limeslinie östlich der Wetterau, am Main, durch den Odenwald, am mittleren Neckar und über die Schwäbische Alb grundlegend zu verändern. Da aber wahrscheinlich ist, daß schon für den 1. Dakerkrieg nicht nur die 11. Legion, sondern auch Hilfstruppen abgezogen wurden – wobei dahingestellt bleibt, ob es sich dabei um ganze Einheiten oder um große Teile davon gehandelt hat – ist schwer vorstellbar, wie ein so umfängliches Bauprogramm wie die Neuanlage der Kastelle und die Errichtung einer durchlaufenden Kette von Türmen, einer Palisade usw. am Limes von den zurückbleibenden Truppen allein bewältigt werden konnte.

Wahrscheinlicher ist daher, daß mit dem entgültigen Sieg über Decebalus und dem Ende des 2. Dakerkriegs 106 n.Chr. eine grundlegende Reform der von den Truppenverschiebungen betroffenen Provinzen eingeleitet wurde. Ein Teil der Truppen kehrte wohl nicht mehr an die alten Standorte zurück bzw. wurde nun vollständig abberufen und in neugeschaffenen Stützpunkten in Dakien und an der Donau stationiert. Andere, vor allem die teilabgezogenen Truppen dürften nach Obergermanien zurückgekehrt und durch einige wenige neue Truppenkörper ergänzt sein worden[233]. Daraus ergab sich einerseits die Gelegenheit, andererseits die Notwendigkeit, die Truppen mit etwas Neuem zu „beschäftigen“. Dies könnte die Anlage der beschriebenen Limeslinien gewesen sein[234]. Gleichzeitig bot ein solches Programm die Möglichkeit des wirtschaftlichen Ausbaus des rechtsrheinischen Gebiets. Durch den Abzug der Truppen aus den bisher militärisch besetzten Gebieten konnten die Wetterau und der Raum am unteren Neckar neu erschlossen, intensiv besiedelt und landwirtschaftlich genutzt werden. Dazu kamen die fruchtbaren Landschaften des Kraichgaus und des mittleren Neckars unter direkte römische Kontrolle und boten weitere Entwicklungsmöglichkeiten. Nicht zuletzt ermöglichte dies eine standortnahe Versorgung der Truppen.

Um diesen nun zivilen Gebieten eine Struktur zu geben, wurden in einem regelmäßigen System die Civitates gegründet und als deren Zentren meist die bis kurz zuvor wichtigsten Militärstandorte gewählt, im Fall der CIVITAS VLPIA TAVNENSIVM und der CVSN ehemalige Alenkastelle[235]. Der von H. U. Nuber vorgeschlagene Zusammenhang der Civitasgründungen mit einem um 110 n.Chr. in Obergermanien stattfindenden Census[236] wäre dann dahingehend zu sehen, daß mit dieser Steuerschätzung die Gründungsphase abgeschlossen und z.B. die Kriterien für die Aufnahme der Führungsschicht in den Dekurionenstand (den Rat) festgelegt wurden.

Neben dem Ausbau und der Sicherung der Grenzen war die wirtschaftliche Entwicklung der Provinzen ein Hauptanliegen der Politik Trajans. Deutlich wird dies durch die beschriebenen Maßnahmen in Obergermanien und die gleichzeitigen Schritte in Dakien. Dies wurde aber auch von den Zeitzeugen so gesehen und in der offiziellen Propaganda ausgesprochen[237].

Wenn als Ergebnis dieses Kapitels nun abschließend festzuhalten gilt, daß sich aus archäologisch-historischer Sicht sehr wohl Argumente für die zeitliche Festlegung der Gründung der CVSN ergeben, nämlich nach dem vorgetragenen Modell 106 n.Chr. oder wenig später, so bleibt als „Trost“ die Wahrscheinlichkeit, daß Trajan aus seiner Kenntnis der obergermanischen Verhältnisse heraus sicher direkten Einfluß auf die Schaffung der Civitates, die Wahl ihrer Hauptorte und deren Gestaltung genommen hat. Wenn er als Kaiser 98 n.Chr. nicht die Straße links des Rheins genommen hat (was wegen seines militärischen Anhangs eher unwahrscheinlich ist), wird er auf seinem Weg an die Donau auf der rechtsrheinischen Militärroute durch Ladenburg gekommen sein und hier Station gemacht haben. Fast sicher hat er den Platz sogar schon von einer oder mehreren Inspektionsreisen aus seiner Zeit als Statthalter bzw. Caesar gekannt.

### 3.2 Bevölkerung und Grenzen

Der Name der Civitas ist in den bekannten Inschriften erst um die Mitte des 2. Jhs. und vor allem im 3. Jh. überliefert (s. Beitrag Schulzki). An keiner Stelle ist der Name ganz ausgeschrieben, so daß die Auflösung einige Schwierigkeiten bereitete[238].

Die Namensgebung zeigt, daß sich die Civitas auf das Siedlungsgebiet einer fest umrissenen Bevölkerung, der SVEBI NICRENSES (Neckarsweben; s. Beitr. Lenz-Bernhard), bezieht[239] und deren Oberschicht wohl auch einen Teil des die Civitas verwaltenden Rates stellte[240]. Offensichtlich waren diese, seit spättiberischer Zeit am unteren Neckar angesiedelten Germanen als Gruppe Anfang des 2. Jhs. noch deutlich faßbar. Zwar stellte Heukemes fest, daß ein Teil ihrer Siedlungen dann abbrach[241], doch gab es andere, die weiterliefen und, z.B. an der „Ziegelscheuer“, zu römischen Villae rusticae entwickelt wurden. Interessanterweise scheinen sich verschiedene „einheimische“ Sitten, z.B. Verstorbenen eine Schere mit ins Grab zugeben, sehr lange gehalten zu haben[242].

Eine ortsansässige, keltische Bevölkerung, die bis in römische Zeit faßbar wäre, läßt sich dagegen archäologisch bisher nicht erkennen. Alle bekannten Siedlungen der sog. Spätlatènezeit, auch außerhalb Ladenburgs und des Raums am unteren Neckar, brechen lange vor der Ankunft der Römer ab (s. Beitr. Wieland). Aus diesem Grund wurde für den rechtsrheinischen Raum eine Bevölkerungslücke postuliert[243], die bis heute nicht vollständig widerlegt ist.

Der Name des Civitashauptorts, LOPODVNVM, steht dazu nicht im Widerspruch. Zwar weist er unzweifelhaft in keltische Richtung. Insbesondere die Endung -dunum (Stadt o.ä.)

kommt häufig vor und ist in ihrem Ursprung eindeutig (s. Beitr. Probst). In Gallien findet sie sich oft als Teil des Namens römischer Städte (z.B. Augustodunum – Autun)[244]. Da sie aber gerade auch für Städte verwendet wurde, die nicht direkt auf vorrömischen Vorgängern aufbauten, sondern verlagert und damit quasi neu gegründet wurden, kann sie nicht als Beweis einer Siedlungskontinuität aus der Spätlatènezeit dienen. Es gibt daher auch keine Notwendigkeit, auf dem Heiligenberg bei Heidelberg oder in der latènezeitlichen Siedlung am „Erbsenweg" Vorgängersiedlungen für das römische Ladenburg zu suchen[245].

Vielmehr ergeben sich verschiedene Hinweise auf eine Zuwanderung von romanisierten Galliern. So berichtet die schon oben angeführte Textstelle in der Germania 29 des Tacitus von „aus Not kühn gewordenen Gallier(n)", die sich im rechtsrheinischen Gebiet niedergelassen hätten[246]. Andererseits weisen Teile des Fundmaterials, ohne daß dies bisher für Ladenburg im Detail bearbeitet worden ist, auf starke Kontakte zum linksrheinischen Gebiet[247]. Auch die bisher in Ladenburg festgestellten Bauformen – Häuser und insbesondere Keller – lassen sich eigentlich nur aus einer gallischen Tradition herleiten[248]. Nachdem es sich bei den Galliern um Kelten handelte, dürften eher diese Zuwanderer für die keltischen Elemente in den rechtsrheinischen Siedlungen der Römerzeit, auch für den Namen LOPODVNVM, verantwortlich sein.

Die Abgrenzung und damit die Größe der Civitas läßt sich nur vage bestimmen (Abb. 66)[249]. Lediglich der Rhein als Westgrenze ist eindeutig. Im Süden grenzte sie an die wohl gleichzeitig eingerichtete CIVITAS AQVENSIS (Hauptort Baden-Baden)[250]. Stettfeld dürfte hier noch zur CVSN gehört haben. Nach Osten reichte sie vermutlich bis weit in den Kraichgau und den Odenwald, die dort angrenzende CIVITAS ALISINENSIVM wurde jedoch erst später gegründet[251]. Hier könnte es, genauso wie im Südosten, wo wahrscheinlich in der 2. Hälfte des 2. Jhs. eine Civitas mit dem Zentrum Pforzheim eingerichtet wurde[252], dann zu gewissen Gebietsverlusten gekommen sein. Im Nordosten lag, jenseits des Odenwalds, die CIVITAS AVDERIENSIVM (Dieburg) und im Norden schloß die CIVITAS MATTIACORVM (Wiesbaden) an. Ungeklärt ist die Frage, zu welcher Civitas Groß-Gerau gehörte. Aufgrund der in der Umgebung ebenfalls ansässigen Sweben sah Wilmanns die größere Wahrscheinlichkeit für die CVSN. Wegen der Entfernung von ca. 50 km von Ladenburg und der dann geringen Ausdehnung der CIVITAS MATTIACORVM denke ich jedoch, daß der Platz nicht mehr zur CVSN gehörte. Die Civitas besaß damit wahrscheinlich eine Nord-Süd-Ausdehnung von ca. 80 km und eine Ost-West-Erstreckung von 30–35 km. Dies entspricht einer Fläche von etwa 2500 Quadratkilometern[253].

Wie alle obergermanischen Civitates rechts des Rheins war die CVSN im Vergleich zu den gallischen relativ klein[254]. Zusammen mit der Feststellung, daß hier außer bei der CVSN und der CIVITAS MATTIACORVM keine Bevölkerungsbezeichnungen in den Namen vorkommen, könnte dies als ein weiterer Hinweis auf die fehlende, in Stämmen faßbare, vorrömische Bevölkerung verstanden werden.

Unabhängig von der Frage, wie stark die auf die Neckarsweben zurückgehende Bevölkerung durch zugewanderte Gallier keltisiert wurde, ist aufgrund verschiedener Inschriften festzustellen, daß sich die Bewohner der CVSN oder zumindest wesentlicher Teile davon auch noch im 2. und 3. Jh. als SVEBI NICRENSES verstanden. Jedenfalls legten ...teius Vitalis, ein Prätorianer (Gardesoldat) des frühen 3. Jhs. in Rom, sowie Macalius Avitus und Vitalius Respectus, zwei Offiziersburschen in Trier im 2. oder 3. Jh., großen Wert darauf, sich in der Fremde als solche zu bezeichnen[255]. Aus verschiedenen Gründen gehen M. P. Speidel und B. Scardigli davon aus, daß auch Verecundinius Verus, ein Kaiserreiter im Rom des 3. Jhs., und andere Soldaten, die sich als NATIONE SVAEBO oder SVEBUS usw. bezeichnen, Neckarsweben waren. Weniger eindeutig, was die ethnische Zugehörigkeit betrifft, dagegen umso deutlicher in bezug auf ihre Herkunft aus der CVSN sind Respectus Beri, ein Kundschafter des 2. oder 3. Jhs. in Heidelberg, T. Fl. Exomnis, dessen Sohn als Soldat der 22. Legion ihm im 2. Jh. in Genf ein Grabmal setzte[256], Bradua, ein Praetorianer in Rom ebenfalls im 2. oder 3. Jh., und Tertinia Florentinia, eine in Chalon-sur-Saône verstorbene Frau der gleichen Zeit[257]. Genauso wie weitere in Köln lebende Soldaten in der Leibwache des dortigen Statthalters bezeichnen sie sich als CIVES (Bürger) der Neckarsweben oder nur der Sweben bzw. als direkt aus der Civitas kommend und geben, wie im Falle der Kölner Soldaten, sogar noch eine genaue Herkunftsangabe LOPODVN...[258].

### 3.3 Verwaltung

Einer Civitas stand der jährlich neu zu wählende Magistrat vor. Dieser bestand in der Regel aus 2 Ädilen als Verwaltungsbeamte und Polizei und zwei *duoviri iure dicundo* als Finanzverwalter und Richter[259]. Zumindest in Nordafrika und Italien, wo dies durch zahlreiche Inschriften belegt ist, wurde von den Magistraten bei Amtsantritt die Zahlung einer größeren, bestimmten Summe an die Gemeinde oder den Bezirk erwartet (*summae honorariae*)[260]. Nach Ablauf ihrer Dienstzeit sollen sie das römische Bürgerrecht für sich und ihre Familien erhalten haben[261].

Begleitet wurden die Magistrate vom Rat, dem *ordo decurionum*, der als Regelfall 100 Mitglieder umfaßte. Neben verschiedenem anderen war eine wichtige Voraussetzung für die Wahl in dieses Gremium ein bestimmtes Mindestvermögen, meist 100.000 Sesterzen (zum Vergleich: ein Alenreiter erhielt unter Trajan einen Jahressold von 1.400 Sesterzen)[262]. Die Ädilen waren nach ihrem Dienst für die Aufnahme in den Rat qualifiziert, während die Duoviri schon bei ihrer Wahl Mitglied sein mußten.

Vermutlich besaß die Masse der Räte ausgedehnte Ländereien im Bereich der Civitas (Villae rusticae, s. Beitr. Lenz-Bernhard). Jedenfalls wissen wir aus vergleichenden Studien, daß sich Ratsherren selten als (ehemalige) Soldaten und praktisch nie als Händler bezeichnen. Wichtig ist weiterhin, daß die Ratsmitglieder zumindest im Grundsatz innerhalb einer Meile um das Zentrum der Civitas leben, also in der Regel über Stadthäuser verfügen mußten.

Von der CVSN sind leider keine Magistrate und nur zwei sichere Dekurionen bekannt. Bei ihnen handelt es sich wohl um Mitglieder der gleichen Großfamilie. Sie hat, der Zahl der von ihnen gesetzten Inschriften nach zu urteilen, in der Civitas eine, wenn nicht gar die führende Rolle gespielt. Es handelt sich einerseits um L. Candidius Mercator, der wahrscheinlich auf dem Heiligenberg bei Heidelberg dem Merkur eine Basis mit einer Statue geweiht hat, und C. Candidius Calpurnianus, der ebenfalls dort dem Visucius einen Tempel mit Bildsäule widmete[263]. Bemerkenswert ist, daß letzterer gleichzeitig im Rat der CIVITAS NEMETVM (Speyer) saß. Dies war, nicht zuletzt wegen der Residenzpflicht, eher eine Ausnahme und wurde schon dahingehend interpretiert, daß es zeitweise einen Mangel an Männern gab, die für den Rat qualifiziert waren[264].

Nachdem von den Ratsherren erwartet wurde, daß sie sich durch Weihungen und Stiftungen hervortaten, ist davon auszugehen, daß sie mit ihrem Privatvermögen an einem guten Teil der in der Stadt errichteten öffentlichen Bauwerke beteiligt waren. Es ist daher wahrscheinlich, daß ein Teil der Männer, wenn nicht alle, die im Bereich des Theaters Inschriften setzen ließen (s. Kap. 4.4.4.), ebenfalls Ratsmitglieder waren.

Gelegentlich ist eine Unterteilung einer Civitas in Distrikte (*pagi*) zu belegen. Diesen standen dann meist ein oder zwei *magistri* vor. Eine solche Untergliederung der CVSN wird vielleicht durch eine im Bereich des Theaters gefundene Inschrift mit der Abkürzung M P angedeutet. Eine nicht unwahrscheinliche Auflösung ist nämlich die, daß der darauf benannte T. Flavius Ianuarius *m(agister) p(agi)* war[265].

# 4. LOPODVNVM

Auf die Wahrscheinlichkeit, daß der Name nicht von einer einheimischen keltischen Siedlung übertragen wurde, sondern von gallischen Einwanderern stammt, wurde oben schon eingegangen. Zur Bedeutung des Namens siehe den Beitrag Probst[266]. Unklar ist, ob der Name schon während der Kastellzeit üblich war oder erst mit der Civitasgründung eingeführt wurde. Ich halte letzteres für nicht ganz unwahrscheinlich. Dann wäre aber nach der Bezeichnung des Kastellplatzes zu fragen.

## 4.1 Rechtsstellung

Aus den überlieferten Inschriften läßt sich für die Siedlung kein explizites Stadtrecht ableiten. Vielmehr ist davon auszugehen, und dies wird durch mehrere Inschriften aus dem Theaterbereich belegt, daß sie immer ein *vicus*, ein Dorf, geblieben ist[267] (die deutsche Übersetzung trifft hier nicht ganz das Richtige). Auf drei von ihnen wird ausdrücklich benannt, daß das Bauwerk den VIC(ani) LOP(odunensibus) bzw. LOPODVN(ensibus) gestiftet wurde, bei den anderen ist dies wohl zu ergänzen (Abb. 31).

LOPODVNVM gehörte aber wohl zu den Vici mit „quasimunizipaler" Ordnung[268]. Vor allem sind das ganze Erscheinungsbild der Siedlung, seine Bauwerke, seine Größe und seine Bedeutung für das Umland zumindest im entwickelten Zustand stadtartig. In diesem Aufsatz wird daher LOPODVNVM in diesem Sinne als „Stadt" bezeichnet[269].

## 4.2 Verkehrswege

### *4.2.1 Neckarverlauf in der Civitaszeit*

Umstritten ist die Frage, wann sich der Neckar nach Osten verlagerte und es zu ersten substantiellen Abschwemmungen kam (s.o.). Das für die Eintragung im alten Plan entscheidende Argument, der Verlauf der nordwestlichen römischen Stadtmauer unter der mittelalterlichen, ist mittlerweile nicht mehr stichhaltig (s.u.). Vielmehr sprechen die Befunde im Bereich des Bischofshofs und im Areal des ehemaligen Lustgartens dafür, daß zumindest im zweiten Jh. und vermutlich bis über den Stadtmauerbau hinaus die seit der Okkupationszeit genutzten Flächen wenig bis gar nicht in Mitleidenschaft gezogen worden sind (Beil.). Der Neckar floß also auch noch während der Civitaszeit deutlich westlich des heutigen, nördlichen Hochufers[270]. Dessen Linie läßt sich über den Burgus als östliches Flußufer sicher erst für das späte 4. Jh. n.Chr. belegen (s.u.). M.E. gibt es keine Anhaltspunkte, eine Hochwasserkatastrophe schon am Ende des. 2. Jhs. anzunehmen.

Im südlichen Teil der Stadt, wo sich bis heute der Verlauf der römischen Stadtmauer und des Hochufers entsprechen, ist dagegen für die römische Zeit das Flußbett unmittelbar westlich davon sehr wahrscheinlich[271]. Wie aus der Anlage der Stadt, insbesondere auch der Parzellierung zu erkennen ist, dürfte der nördliche Uferteil etwa in leichtem Abstand zur Fernstraße gelegen haben.

Für das Westufer und damit die Breite des Neckars gibt es keine Anhaltspunkte. Aufgrund des niedrigen Geländes im nördlichen Neckarhausen westlich des heutigen, kanalisierten Neckars ist zu vermuten, daß hier in der damaligen Zeit sumpfiges Gelände lag, so daß hier das Ufer wahrscheinlich überhaupt nicht eindeutig war.

Sicher falsch ist die von Wagner vorgebrachte Idee, daß der neuzeitliche, vor der Kanalisierung existierende, geradlinige Verlauf in einigem Abstand zum jetzigen Hochufer „vielleicht ein Werk Trajans" sei[272]. Dagegen spricht nicht nur die Lage des Burgus, sondern auch die der mittelalterlichen Stadt, die mit ihren westlichen Gräben eindeutig einen alten Neckarlauf aufgriff. Vielmehr werden ein oder mehrere Hochwässer in der spätrömischen Zeit die nordwestlichen Teile der Stadt abgeschwemmt haben[273]. Darauf deuten auch römische Funde im Neckarkies bei Feudenheim und Seckenheim[274]. Denkbar ist ein großräumiger Zusammenhang mit inzwischen für die spätrömische Zeit verschiedentlich diskutierten Überschwemmungen bzw. Hochwässer[275].

Der Ansatz des verlandeten Altarms im Süden der Stadt dürfte zwischen dieser und der

*Abb. 31: Mutmaßliche Sitzstufen aus dem Theater. Stiftung des Q. Vennonius an die (Vicani) Lopodun(ensibus) bzw. Eigentum (?) des Optatius Tetricus. Länge des oberen Steins 2,02 m. Lobdengau-Museum.*

neckarswebischen Siedlung bzw. der Villa rustica „Ziegelscheuer" noch als kleine Bucht erkennbar gewesen sein. Sie wird von Heukemes als Hafen interpretiert[276]. Schiffsländen sind weiterhin entlang des gesamten Ufers, insbesondere vor der Westfront des ehemaligen Kastells denkbar.

### 4.2.2 Straßennetz

#### Fernstraße

Schon bei einer oberflächlichen Betrachtung des Plans fällt es auf, daß die alte, kastellzeitliche Fernstraße das Rückgrat der Stadt bildete. Dementsprechend wurde auch schon früher die Entwicklung des Civitashauptortes „offenbar aus dem früheren Lagerdorf" gesehen[277].

Die Bedeutung der Fernstraße als der die militärischen und zivilen Anlagen an Rhein und Donau verbindende Verkehrsweg dürfte seit Trajan entgültig etabliert gewesen und im Laufe des 2. Jhs. durch die neu angelegten Verbindungsstraßen über den Mittleren Neckar sogar noch gestiegen sein (Abb. 66). Dementsprechend erfuhr die Straße im Ortsbereich auch besondere Aufmerksamkeit.

Im Wesentlichen nahm sie den gleichen Verlauf wie zu Kastellzeiten. Von Nordwesten kommend, wo sie durch die spätere Neckarverlagerung abgeschwemmt wurde (Beil.), traf sie schräg auf den oben beschriebenen Platz[278]. Dort wie auch an anderen beobachteten Stellen wurde sie durch immer neue Kieslagen erhöht, so daß bis zum Schluß ein bis zu eineinhalb Meter mächtiges Kiespaket entstand[279].

Durch das ehemalige Kastell hindurch folgte sie der damaligen Via principalis, wobei sie anscheinend etwas nach Westen verbreitert bzw. dorthin verlagert wurde[280]. Dies war eine Folge der unmittelbar bis an den östlichen Straßenrand reichenden mächtigen Forumshalle bzw. ergab sich bei der Existenz der hier vermuteten Portikus sogar zwangsläufig. Dieser Wandelgang ragte nämlich bis in die Mittelachse der alten Straße. Durch die in der Zufahrt zur Heidelberger Straße 4 festgestellte westliche Kiesgrenze[281] kann die Breite der jüngeren Straße vor dem Forum mit ca. 11 m, später sogar mit ca. 12 m rekonstruiert werden.

Nach Süden setzte sich die Fernstraße vermutlich geradlinig fort und folgte im wesentlichen dem Verlauf der heutigen Heidelberger Straße, auch wenn sie mit dieser nicht exakt deckungsgleich ist[282]. Falls die westliche Ausdehnung beibehalten wurde (darauf weist angrenzende Bebauung) und die Straße auf der Ostseite etwa die Flucht der alten Straße aufgriff, müßte sie südlich des Forums bis zu 16 m breit gewesen sein[283]. Dieses Maß steht allerdings im Widerspruch zu der von Schumacher genannten Breite von 8,4 m[284]. Unbekannt ist hierbei, wo er dieses Maß genommen hat. Denkbar ist, daß es sich um die Breite der kastellzeitlichen Straße handelt. Eine Entscheidung wird erst dann zu fällen sein, wenn die Front der Bebauung auf der Ostseite bekannt ist.

Dort, wo die zu der neckarswebischen Siedlung „Ziegelscheuer" führende Straße von der Fernstraße nach Süden abzweigte, verbreiterte man diese zu einer zweiten, platzartigen Anlage[285]. Wahrscheinlich erfolgte die Erweiterung an der Südostecke des Forums(?), vermutlich im Zusammenhang mit einer hier ansetzenden Querstraße. Der südliche Platz hätte dann eine Ausdehnung von ca. 60 x 30 m gehabt.

Mit einem kleinen Knick am Südrand des Platzes Richtung Osten setzte sich die Fernstraße unter der Westseite der heutigen Heidelberger Straße zum Neuenheimer Feld in Heidelberg fort. Südlich des Kandelbachs schwenkt das moderne Sträßchen wieder auf die antike Trasse, beide sind von hier an mehr oder weniger identisch, da die römische Straße immer wieder zu der heute noch sichtbaren dammartigen Trasse aufgehöht wurde (Beil.)[286].

### *Standort der Leugensäulen*

Die im Bereich der CIVITAS VLPIA SVEBORVM NICRENSIVM gefundenen Leugensäulen beziehen sich alle auf die Fernstraße von Ladenburg nach Süden. Wie üblich, wird bei ihrer Zählung z.T. zwischen der weihenden Civitas und dem Zählpunkt unterschieden, z.T. aber auch nicht klar getrennt. Entsprechend sind alle überlieferten Steine von der Civitas gesetzt, aber nur drei zählen von LOPODVNVM aus. Sechs weisen dagegen nur eine Entfernungsangabe auf[287].

Leider entsprechen die Fundorte, ein Keller südlich der mittelalterlichen Stadtmauer östlich der Heidelberger Straße in Ladenburg (Fundort s. Beil.) bzw. in Heidelberg ebenfalls ein Keller sowie ein Brunnen, nicht den ursprünglichen Standorten der Säulen. Auf die Verlagerung mindestens einer der Ladenburger Säulen weist deren Entfernungsangabe von einer Leuge. Zumindest sie muß über eine größere Entfernung verschleppt worden sein. Dagegen wurde vermutet, daß ein nahe den Heidelberger Fundorten festgestelltes Fundament einstmals der Standort der durchgängig mit 4 Leugen beschrifteten Heidelberger Steine war. Allerdings haben die Säulen deutliche Füsse, sie müßten also eingegraben gewesen sein. Merkwürdig ist generell die offenbar bewußte Deponierung in Kellern und Brunnen, in der ein „hoher politischer Wert" gesehen wurde, der zum Verstecken der Säulen in den Wirren am Ende der römischen Herrschaft geführt hätte[288], vielleicht sogar weitergehend im Sinne eines planmäßigen Abzugs der Verwaltung und einer Beseitigung aller Symbole der Civitas interpretiert werden kann[289].

Geht man von dem sog. Fundament in Heidelberg als möglichem Standpunkt aus, ergibt die Rückwärtsmessung von 4 Leugen à 2.200 m als Ausgangspunkt der Zählung die Stelle in der Stadt, wo einstmals die südliche Stadtmauer verlief und wo heute an der Kreuzung zwischen Vespasianstraße und Heidelberger Straße der Abguß einer der Säulen aufgestellt ist[290]. Sie hat der damaligen Stadtgrenze entsprochen. Diese Position hätte zur Folge, daß alle 4 Ladenburger Steine über erhebliche Strecken verlagert worden wären, drei über je ca. 350 m, einer über 2.550 m.

Geht man dagegen von einem Standort nahe dem Ladenburger Fundort aus, wären die Heidelberger Steine über ca. 350 m von nördlich des Neckars verlagert worden. Diese Stelle möchte ich aber insofern ausschließen, als sie weder städtebaulich noch rechtlich definiert war. Dies ist insofern relevant, als der Standort der Säulen ohne Zählung dem *caput viae*, dem „Kopf" der Straße(n), entsprach. Dies ist grundsätzlich der Hauptort der Civitas (oder eine Stadt). Innerhalb davon könnte dies einerseits ein zentraler Punkt sein, in Ladenburg z.B. der Ausgang der Vermessung des Kastells I, die „Groma" an der Kreuzung von Via principalis und Via praetoria entsprechend einem Punkt in der Mittelachse vor dem Forum. Nur von dort aus wäre eine Zählung in mehrere Richtungen, also auch nach Norden Richtung Mainz möglich. Andererseits könnte das Caput viae straßenbezogen an der Stadtgrenze gelegen haben. Diese war an dem von Heukemes rekonstruierten Standort allerdings erst für die Zeit der Stadtmauer so definiert, davor reichte die Siedlung zumindest de facto weiter nach Süden (Kap. 4.4.7.)[291].

Würde man die Groma als Ausgangspunkt der Zählung und Standort der unbeschrifteten Steine annehmen, müßte man für die Heidelberger Säulen eine größere Verlagerung über den Fluß hinweg annehmen, es sei denn, die Entfernung wurde nicht am Boden, sondern als Luftlinie „gemessen". Anders ausgedrückt hieße dies, daß die ursprüngliche Straße in Heidelberg anders verlief, nämlich in direkter Fortsetzung der von Ladenburg kommenden Flucht. Es fällt nämlich auf, daß die von Ladenburg ziehende Fernstraße in Heidelberg über den Fluß hinweg direkt auf eine große Straßenkreuzung nur ca. 200 m südwestlich des Fundorts der dortigen Leugensäulen gerichtet war[292] und daß sich dieser Punkt in direkter Linie ca. 8800 m entsprechend 4 Leugen weit von der Groma entfernt befand. Er käme also ebenfalls als Standort für die Heidelberger Steine in Frage. Dann wären alle Leugensäulen verschleppt worden, in Heidelberg über ca. 200 m, in Ladenburg ebenfalls über etwa 200 m bzw. 2000 m.

Für eine Entscheidung zwischen den beiden Möglichkeiten – Caput viae an der Groma oder im Bereich der südlichen Stadtmauer – sehe ich z.Z. keine Grundlage. Denkbar wäre allerdings ein „Kompromiß“: Die in unserem Raum vielleicht erst sehr spät, nach den Setzungsdaten der Leugensäulen spätestens vor 220 n.Chr., durchgeführte Umstellung von Meilen auf Leugen[293] machte eine Neuvermessung notwendig. In diesem Zusammenhang hätte man den alten Ausgangspunkt aufgeben und einen neuen gewählt, nämlich die mittlerweile durch die Stadtmauer festgeschriebene Stadtgrenze.

### *Platz mit Bogenmonument?*

Wie schon angedeutet, war auch während der Civitaszeit die Fernstraße im nördlichen Teil zu einem Platz erweitert. Über zwei von Seel bei den Kanalisationsarbeiten 1926 beobachtete Mauern läßt sich sein nördliches Ende ungefähr bestimmen (Beil.), woraus sich bis zu den Gräben des ehemaligen Kastells eine Länge von ca. 180 m ergibt[294]. Vielleicht handelt es sich bei den Mauern um Teile eines Gebäudes mit besonderer Zweckbestimmung.

Nach dem Brand, der die ältere Bebauung zerstörte, und der anschließenden Planierung wurde der Platz nachweislich neu gestaltet. Im nördlichen Teil wurde zwar die aus der Kastellzeit stammende „rechtliche“ Breite von 36 m und der rechteckige Abschluß beibehalten. Genau ab der Mitte des Platzes drehte man jedoch die Fluchten und zwar so, daß die „rechtlichen“ Begrenzungen scheinbar auf die Außenseiten der nördlichen Toranlage des aufgelassenen Kastells zielten. Diese trichterförmige Hinführung auf eine Position, die nunmehr ohne Bedeutung war, konnten H. Kaiser und ich uns nur so erklären, daß für das Tor ein ziviler Ersatz vorgesehen und vermutlich auch gebaut wurde. Vermutlich handelte es sich um ein Bogenmonument, z.B. ähnlich dem etwas später für Trajan errichteten Bogen von Benevent (Abb. 30 und 52)[295]. Zwar könnte argumentiert werden, daß die Verlängerung der neuen Ostseite etwa auf die wahrscheinliche Nordwestecke des Forums zielt und daß hiermit der planerische Zusammenhang hergestellt werden müßte. Die Portiken bzw. Vorhallen am Platz wären dann in die vermutete Portikus des Forums übergegangen. Dem ist jedoch entgegenzuhalten, daß diese Planung keine Veränderung der Westseite des Platzes notwendig gemacht hätte. Ich möchte daher an der Ergänzung eines Bogens an Stelle der ehemaligen Porta principalis dextra festhalten. Dieser hätte für den von Norden kommenden Reisenden einen klaren Zielpunkt des Platzes gebildet bzw. für den von Süden Kommenden den Bereich des Forums abgeschlossen (Abb. 30)[296].

Im Laufe des 2. Jhs. erhielt der Platz einen weiteren architektonischen Fixpunkt. Exakt in seiner Mitte folgte auf einen allerdings völlig unklaren hölzernen Vorgängerbau ein vieleckiges oder rundes Steingebäude. Denkbar ist eine Funktion als Tempel oder als Tholos, also ein mit dem Marktgeschehen in Zusammenhang stehender Bau. Im letzteren Fall hätte hier ein Auktionator, ein Marktschreier oder ein Marktaufseher gewirkt[297].

Zeitweise befanden sich am Platzrand an verschiedenen Stellen Brunnen für die Öffentlichkeit[298]. Möglicherweise gab es auch eine „Urinsammelstelle“ für Gerbereibetriebe (Pissoir), wie sie in Pompeji mehrfach nachgewiesen sind[299]. Interessant ist die Lage dieser Befunde im Verhältnis zur anschließenden Bebauung. Sie lagen jeweils direkt vor Parzellengrenzen, so daß kein Anrainer durch die Benutzung der öffentlichen Einrichtungen zu stark eingeschränkt wurde.

### *Nebenstraßen*

An verschiedenen Stellen sind im Stadtgebiet weitere Straßenstücke festgestellt worden. Öfters waren auch nur Kiesflächen Indizien dafür, gelegentlich sogar nur Bebauung, die ein bestimmtes Verhältnis zu einer Straße voraussetzt. Zum besseren Verständnis der Struktur des antiken Ladenburg ist es m.E. notwendig, von diesen oft nur punktuellen Befunden Verbindungs- und Verlängerungslinien anzudeuten, auch auf die Gefahr hin, daß der eine oder andere Ansatz im Laufe der Zeit widerlegt wird.

Von erheblicher Bedeutung dürften auch in der Civitaszeit die von den beiden Plätzen an der Hauptstraße nach Norden und Süden führenden Altstraßenarme gewesen sein (Beil.). Neben der Fernstraße bildeten sie die Haupterschließung des Umlands.

Zumindest für das Erscheinungsbild der Stadt müßte auch die Richtung Fluß führende ehemalige Via praetoria wichtig gewesen sein. Nach den Untersuchungen von Heukemes unter der St. Sebastianskirche wurde diese Straße weiter ausgebaut (Abb. 22) und erreichte eine Breite von ca. 10 m. In ihrer Mitte wurde sie mit einem Abwasserkanal ausgestattet[300]. Ein im Bereich des ehemaligen Kastelltors von Heukemes angenommenes Bogenmonument über die Straße hinweg halte ich jedoch für unwahrscheinlich[301]. Zumindest ist das von ihm angeführte Fundament mit einem Steinquader von 0,75 x 0,70 m hierfür viel zu klein. Es weist vielmehr auf eine hier angelegte Portikus.

Die von Heukemes als „Forumsstraße“[302] bezeichnete Straße mündete – wie auch schon in der Kastellzeit – in einen ebenfalls etwa 10 m breiten Nord-Süd-Strang. Vielleicht kann er über eine in der Zufahrt zur Lustgartenstraße 6 festgestellte Kiesgrenze über die bisherige Eintragung hinweg nach Süden verlängert werden[303]. Allerdings müßte diese Verbindung wegen Bebauungsresten in ihrer Flucht später aufgegeben worden sein.

Die in Kap. 2.4.1. angeführten Gründe gegen ein Umbiegen dieser Straße nach Westen und der Rekonstruktion einer Brücke über den Neckar gelten auch für die Civitaszeit. Der oben vermutete Reitplatz bestand zwar jetzt wohl nicht mehr, da sein Bereich von Gebäuden eingenommen wird, doch ließen sich entlang der heutigen Böschungskante keine Spuren einer jüngeren Straße feststellen. Ich denke vielmehr, daß die Anbindung an den Neckar trotz verschiedener dagegen sprechender Aspekte durch eine direkte Fortsetzung der Forumsstraße gewährleistet wurde, vielleicht entsprechend der Richtung der angrenzenden Bebauung ganz leicht nach Norden abgewinkelt[304].

Nichts spricht gegen ein Weiterleben der Verbindung zwischen der Fernstraße und dem Bad. Seine Anbindung an die diskutierte west-

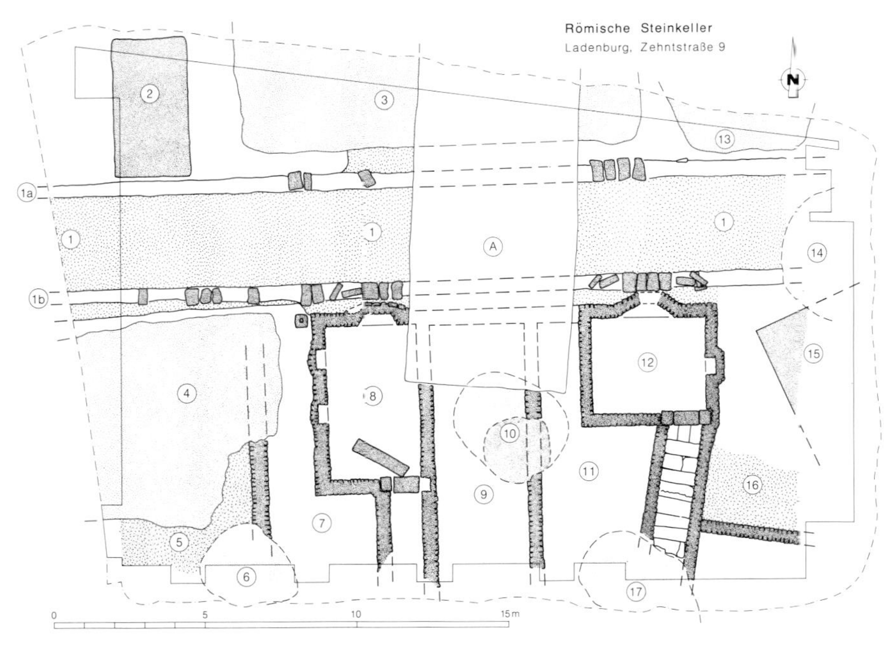


*Abb. 32: Ost-West-Straße mit nördlich und südlich anschließender Bebauung unter dem Feuerwehrhaus in der Zehntstraße 9. Maßstab 1:250.*

liche Nord-Süd-Straße erscheint aber wegen der vor der ehemaligen Kastellecke liegenden Bebauung fraglich, zumindest für die späte Zeit (auffällig ist die singuläre Orientierung des Gebäudes auf der Kastellecke; s. Kap. 4.3.1.). Ebenso könnte im Süden die an der Außenseite der Kastellgräben orientierte Straßenführung erhalten geblieben sein. Allerdings ist es wahrscheinlicher, daß ein von Heukemes beobachteter Kiesrest nördlich eines Kellers mit dorthin gerichtetem Lichtschacht östlich der Lustgartenstraße als um ca. 20 m nach Süden versetzter Ersatz für die südliche Kastellumgehungsstraße anzusehen ist. Beide Fluchten lassen sich allerdings nicht mit einem mehrfach aufgehöhten Kiesbereich am Nordrand der ergrabenen Apsis im Garten des Kindergartens (s. Kap. 4.4.5.) direkt verbinden. Der Ursprung dieser Kiesung ist sicher älter als die Apsis, könnte aber gleichzeitig mit dieser noch in Benutzung gewesen sein. Allerdings scheint sie durch die durch geophysikalische Prospektion wahrscheinlich gemachte östlich anschließende Bebauung abgeschnitten worden zu sein. Andererseits gehört der Befund auch nicht zu den ganz frühen kastellzeitlichen Straßentrassen, da er ältere Baureste überlagerte[305].

Fast sicher bestand dagegen die östlich des Kastells verlaufende Straße weiter. Nicht zuletzt in der Babogasse ist weiterhin Bebauung darauf orientiert. Von dieser Straße könnte eine neu angelegte Straße nach Osten, Richtung Bergstraße, abgezweigt sein. Darauf deutet eine Kiespackung auf einer älteren Planierschicht in der Nadlerstraße 1[306]. Für diese Straße ist ein axialer Bezug auf die Basilika vorstellbar (Abb. 30).

Innerhalb des ehemaligen Kastells scheinen dagegen die meisten Straßen aufgelassen worden zu sein. Die an der Innenseite der Umwehrung geführte Via sagularis ist im Osten, Norden, Westen und Südosten anscheinend überbaut worden (Beil.). Lediglich der Ast im Südwesten könnte weitergeführt oder nach einiger Zeit reaktiviert worden sein. Dies deutet eine Kiesfläche mit einem kleinen, steingesetzten Kanal in der Heidelberger Straße 4 an[307].

Dafür wurden entlang der nach außen gerichteten Portiken des Forums im Süden sicher[308] und im Norden wahrscheinlich neue, quer laufende Sträßchen auf den Planierschichten des Kastells angelegt. Mit etwa 4 m Breite war die eigentliche südliche Straße relativ schmal. Der Zwischenraum von weiteren 4 m zur Portikus, der von nur leicht kiesigem Material bedeckt war, deutet jedoch darauf hin, daß der Freiraum selbst deutlich breiter war. Von der nachgewiesenen Straße zweigt ein etwa 5 m breiter Ast nach Süden ab. Er muß aber nach nur 15 m an einer schon lange von Heukemes nachgewiesenen Bebauung geendet haben.

Im Norden ist durch die jüngsten Grabungen an der Kellerei ein in der Mitte des Platzes, gegenüber der Tholos liegendes, nach Westen führendes Sträßchen nachgewiesen[309]. Es befand sich südlich der Parzelle A und nahm den nördlichen Teil einer in der Kastellzeit noch über die ganze Breite bebauten Parzelle ein. Eventuell wurde das 3 m breite Sträßchen gleichzeitig mit der Umorganisation des Platzes angelegt, da in seinem Bereich der Knickpunkt zwischen dem nördlichen und dem südlichen Teil lag (Abb. 30).

Eine weitere Straße konnte bei der Sanierung der Wasserleitung bzw. Gasleitung im Bereich der östlichen Rheingaustraße beobachtet werden. Es handelt sich um eine Nord-Süd gerichtete Straßenflucht, die etwa auf die Mitte der Schmalseite der Basilika zielt[310].

Ganz im Nordosten der Stadt stellte Heukemes bei seinen Untersuchungen im Bereich des heutigen Feuerwehrhauses in der Zehntstraße 9 eine Ost-West-Straße fest (Abb. 32). Sie war ebenfalls 3 m breit. Mit Steinplatten abgedeckte Kanäle begleiteten sie auf beiden Seiten. Die Fortsetzungen dieser Straße sind bisher unbekannt. Möglich ist, daß sie im Westen unmittelbar südlich der Grabungen Preysingstraße[311] und Wormser Straße 1997 verlief, dazwischen die nach Norden führende Straße kreuzte, westlich der Wormser Straße mit einem von Architekt Burger in einem Kanalgräbchen festgestellten Kiesbelag identisch ist und dann, vielleicht nach einem Knick, auf die Fernstraße traf. Nach Osten könnte die Straße ihre Fortsetzung durch die vor der späteren Stadtmauer liegende Bebauung an der Schulstraße in Richtung auf die von Heukemes nachgewiesenen Siedlungen an dem Neckaraltarm gehabt haben. Die konsequente Anlage der Straße und die klar gegliederte, relativ aufwendige Bebauung, zumindest südlich davon, macht jedenfalls eine gewisse Bedeutung wahrscheinlich und erzwingt praktisch eine eindeutige Anbindung des nachgewiesenen Straßenstücks.

Auffällig ist bei dieser Straße die Ausrichtung, die, verglichen mit den bisher beschriebenen Anlagen, deutlich verdreht wirkt. Denkbar scheint mir, daß sie senkrecht zu der nach Norden führenden Straße angelegt wurde und daher anders orientiert war.

Im südlichen Stadtteil ist eine anscheinend recht schmale Querstraße im Bereich der Merian-Realschule zwischen den dortigen Großbauten nachgewiesen[312]. Die Bebauung dort läßt allerdings Raum für eine sehr viel breitere Straße. Ob die Straße nach ca. 80 m nur nach Norden umbiegt oder auch einen Abzweig nach Süden besaß, muß im Moment dahingestellt bleiben.

Eine entsprechende Straße ist an der Südseite des Forums(?) anzunehmen. Sie wird nicht nur durch die vermutete südliche Portikus dieses Großbaus nahegelegt, sondern auch, weil die Westseite des südlich liegenden Platzes wahrscheinlich in dessen östliche Portikus mündete. Dadurch ergab sich an der Südseite des Baukörpers ein Versatz in der Straßenbegrenzung, der am leichtesten in der postulierten Ost-West-Straße aufgelöst wird (Beil.).

Anders als der bisherige Eintrag es vermuten ließ, befand sich im Bereich der Mithräen ganz im Süden der Stadt vermutlich weniger eine große Nord-Süd-Straße als vielmehr eine Ost-West-Straße. Sie läßt sich aus der im Kastellweg angeschnittenen Kiesfläche und einem im Norden von einem Gräbchen begleiteten Straßenstück im Kastellweg 1[313] rekonstruieren. Diese Straße kam wohl von dem nach Süden zur „Ziegelscheuer“ führenden Straßenast und führte bis an den Neckar.

Östlich der Fernstraße konnte Heukemes Straßenstücke bzw. Kiesflächen im Bereich der Eponastraße und der Realschulstraße feststellen. Während ein kurzes Stück, nur etwa 30 m östlich der Fernstraße, mir schwer verständlich bleibt (es sei denn, es handelt sich wiederum um eine Querstraße[314]), lassen sich die anderen Stücke weiter östlich relativ problemlos als Teile einer langen, vielleicht auf die südliche Stirnseite der Basilika zielenden großen Nord-Süd-Straße ansprechen[315]. Dadurch ergäbe sich eine Verbindung mit der südlich des Forums verlaufenden Straße.

Die Straße verliefe mehr oder weniger parallel zur Fernstraße in einem Abstand von ca. 95 m im Norden und 80 m im Süden. Vielleicht ist sie dort bis an das Theater bzw. den markanten Knick in der Stadtmauer zu verlängern. Im Norden findet ihre Flucht in der unter der Rheingaustraße nachgewiesenen Straße eine Fortsetzung.

Jenseits der späteren südlichen Stadtmauer befand sich wohl unmittelbar am Grabenrand eine Straße vom Neckar bis an die Fernstraße. Sie soll bis zu 8 m breit gewesen sein und wurde an ihrem Nordrand von einem Gräbchen begleitet. Heukemes hat die Straße als „Hafenstraße“ bezeichnet und darauf hingewiesen, daß sie erst nach dem Bau der Stadtmauer angelegt wurde[316]. Durch die Stadtbefestigung ergibt sich nämlich ihre Flucht, andererseits verlief sie über ältere und für den Mauerbau aufgegebene Bebauung. Die Straße darf wohl über die Fernstraße hinaus bis an das Theater verlängert werden, wo sie die Anbindung eines kurzen Straßenstücks an dessen Südwestseite gewährleistete.

Darüber hinaus müssen innerhalb der Stadt weitere Straßen vorhanden gewesen sein. Das ergibt sich aus der mittlerweile an verschiedenen Stellen nachgewiesenen Bebauung, für die aber noch keine Erschließung deutlich ist. Vermutet wurde eine Querstraße z.B. östlich der Fernstraße etwa im Verlauf der Realschulstraße wegen der nördlich und südlich davon festgestellten Gebäude bzw. Infrastruktur[317]. Dagegen ist der Zugang zu den Bauten in der Sikkingenstraße und dem Gebiet nördlich der westlichen Trajanstraße noch völlig offen.

Trotz einzelner Fehlstellen läßt sich damit das Straßengerüst der Stadt einigermaßen erkennen. Ganz offensichtlich wurde zwischen den beiden Straßengabeln der Fernstraße, also im zentralen Bereich der Siedlung, auf etwa 650 m Länge, ein rechtwinkliges, netzartiges System angestrebt. Basierend auf der Fernstraße legte man zwischen dieser und mindestens zwei im Abstand von 80–95 m etwa parallel dazu verlaufender Straßen (der nachgewiesenen Straße östlich und einer auf dem andiskutierten T-Stück westlich der Merian-Realschule aufbauenden Straße westlich) eine Reihe von Querstraßen und -wegen senkrecht dazu an. Die Querstraßen hatten untereinander Abstände zwischen ca. 45 m und vermutlich maximal 100 m. Aufgrund vorhandener und geplanter Strukturen scheinen sie nicht unbedingt symmetrisch zueinander verlaufen zu sein. Denkbar ist, daß das System darüber hinaus im Südwesten und im Osten fortgesetzt war.

Für den Großteil der Stadt kann damit von einem insula- oder blockartigen Aufbau mit einem mehr oder weniger rechteckigen Raster gesprochen werden[318]. Allerdings ergaben sich durch die im Norden und Süden liegenden Straßengabeln Probleme im Randbereich. Die abknickenden Straßen gaben andere Fluchten vor, auf die anscheinend auch mit abgeänderten Straßenrichtungen reagiert wurde.

## 4.3 Stadtanlage

Als ein Ergebnis seiner, allerdings im Inneren der Stadt nur sehr begrenzten Grabungen stellte Baatz 1961 fest, „daß das Innere des vicus mit Ausnahme einer zu beiden Seiten der römischen Hauptstraße gelegenen Zone sehr dünn bebaut" sei[319]. Baubeobachtungen und Ausgrabungen durch Heukemes während der anschließenden Bebauung der Südstadt machten deutlich, daß dem nicht so war. Vielmehr fanden sich die Überreste römischer Gebäude praktisch im gesamten ummauerten Areal und z.T. sogar darüber hinaus[320].

### *4.3.1 Bebauungsstruktur*

Aus dem Plan (Beil.) läßt sich eine Abhängigkeit von Bebauung und Straßennetz in der Civitaszeit erkennen. Allerdings ist – vielleicht abgesehen vom Areal des Kastells und seiner unmittelbaren Umgebung – nicht zu sagen, inwieweit planerische Vorgaben das eine oder andere festlegten. Konkret heißt dies, daß unklar ist, ob z.B. das Straßensystem am grünen Tisch festgelegt wurde und die Bebauung darauf Bezug nahm oder ob bestimmte Gebäude und ihr Platz vorgegeben wurden und man das Straßensystem daraufhin angepaßt hat. Da für das zivile LOPODVNVM aber Strukturen des Kastells und des Kastellvicus übernommen wurden und sich die Entwicklung über das ganze 2. Jh. und noch den Anfang des 3. Jhs. hinzog, ist vermutlich von einem dynamischen Prozeß auszugehen, in dem sich beide Komponenten gegenseitig beeinflußten.

Genauso wie das Straßensystem war die Bebauung zwischen den beiden Straßengabeln im Grundsatz streng rechtwinklig in bezug auf die Fernstraße ausgerichtet. Denkbar ist, daß sich diese Fluchten in den östlichen Stadtbereichen fortgesetzt haben, doch ist leider hier die Kenntnis noch zu fragmentarisch für eindeutige Aussagen. In den Randbereichen lassen sich dagegen deutliche Abweichungen erkennen.

Im Norden scheint zwar eine Rechtwinkligkeit angestrebt worden zu sein. Sie ergab jedoch wegen der veränderten Straßenfluchten andere Bebauungsrichtungen (entlang der nach Norden führenden Straße entspricht dies der Richtung der Kastellzeit, obwohl die Straße etwas gedreht worden zu sein scheint[321]). Der Übergang von der einen in die andere Richtung ist nicht bekannt, dürfte aber im Bereich des nördlichen Abschlusses des Platzes gelegen haben.

Auch im Bereich des südlichen Platzes wurde das orthogonale System aufgegeben. Östlich der Fernstraße ist nicht nur die gesamte Bebauung gegenüber den nördlich anschließenden Fluchten verschwenkt, sondern vor allem auch gegen die Straße selbst gedreht, und zwar auf den deutlichen Winkel von etwa 75° (von Süden gemessen; dieser Winkel könnte schon in der Kastellzeit vorhanden gewesen sein; s. Kap. 2.4.3.). Der Übergang befand sich vielleicht an einer bisher nicht nachgewiesenen Querstraße gegenüber dem Südende des möglichen zweiten Forums. Ein Grund für diese Drehung, die ja gegenüber dem leichten Knick der Fernstraße gegenläufig ist, läßt sich nicht erkennen.

Dagegen ist die Vorgabe für die Bebauungsrichtung innerhalb der Straßengabel eindeutig. Die Gebäude orientieren sich hier, obwohl sie hauptsächlich auf die Fernstraße ausgerichtet sind, an der Richtung „Ziegelscheuer" führenden Straße. Interessant ist, daß ein gewisser „Schwung" der Straße im Bereich des Platzansatzes von der unmittelbar angrenzenden Bebauung aufgenommen, aber in der vermutlich 3. Parzelle wieder ausgeglichen wurde (Abb. 24). Die Fluchten sind damit die des Kastellvicus. In einigem Abstand zur Fernstraße kommt es aber zu einer weiteren Anpassung der Fluchten, nämlich wiederum eher parallel zur abzweigenden Straße. Diese Fluchten scheinen auch in dem später (vor dem Stadtmauerbau) aufgegebenen Gelände ganz im Süden maßgeblich gewesen zu sein.

Auf der anderen Seite der Straße läßt sich lediglich im Süden ein eindeutiger Bezug feststellen, nämlich dergestalt, daß die Bebauung parallel zur Straße und damit schiefwinklig zu dem Abzweig nach Westen angelegt war. Doch schon nach ca. 30 m änderten sich die Fluchten und verliefen nun, bis an den westlichen Rand der Stadt, etwa senkrecht zu der Nebenstraße. Diese Bebauungsrichtung läßt sich auch als parallel zum Fluß beschreiben.

Auch im Bereich nördlich der Nebenstraße ist über weite Bereiche eine vorherrschende Baurichtung erahnbar, doch kann diese lediglich als in etwa parallel bzw. senkrecht zu der nach Westen führenden Nebenstraße bezeichnet werden. Sie scheint völlig unabhängig von der Richtung „Ziegelscheuer" führenden Straße gewesen zu sein, setzt jedoch weitere Nord-Süd-Straßen hier voraus.

Wenden wir uns abschließend dem westlichen Teil der Stadt zu. Auffallend sind hier eindeutige, aber mehrfach wechselnde Bebauungsrichtungen, die sich im Süden auch immer deutlich von den östlich anschließenden Arealen unterscheiden. Ihre nach links drehende Veränderung schwenkt stufenweise in die vom ehemaligen Kastell vorgegebene Richtung. Sie läßt als Gemeinsamkeit den Fluß als Leitlinie der jeweiligen Ausrichtung vermuten.

Ganz besonders bedauerlich ist es, daß wir hier keine detaillierte Kenntnis des Straßensystems haben und daher die Art der Übergänge unklar bleiben muß. Nachdem im mittleren Bereich aber vor allem Großbauten vorliegen, ist vorstellbar, daß die auftretenden Winkel durch Freiräume im Straßenbereich aufgefangen wurden.

Ein gewisses Problem bereiten die Fluchten vor dem ehemaligen Kastell, insbesondere südwestlich des ehemaligen Kastellbads. Während gelegentliche schiefe Winkel im Bereich des Bischofshofs noch als auf das Einzelbauwerk bezogen abgetan werden könnten, fällt der östlich des späteren Burgus liegende Bau völlig aus dem Rahmen. Es ist dies auch insofern bemerkenswert, als er in einem Bereich errichtet wurde, wo durch die ehemalige Kastellmauer, die Gräben und die diese nördlich begleitende Straße klare Richtungsvorgaben vorhanden waren.

Im Ganzen betrachtet lassen sich trotzdem für den Civitashauptort LOPODVNVM zwei grundlegend verschiedene Ordnungskriterien für die Bebauung erkennen: Ausgehend vom Kastell und der Struktur des Kastellvicus orientiert sich die Bebauung in einem jeweils etwa 100 m breiten Streifen beidseitig der Fern- und der Altstraße im wesentlichen an diesen. Dies deutet auf eine starke Kontinuität. Dagegen ist der ganze südwestliche Bereich auf den Fluß hin orientiert. Voraussetzung für die Entwicklung dieser Gebiete war die Aufgabe zweier neckarswebischer Siedlungen, von denen nicht klar ist, ob sie noch gleichzeitig mit dem Kastellvicus existiert haben. Hier ergaben sich ganz neue planerische Möglichkeiten, die anscheinend auch im Sinne einer anderen Struktur genutzt wurden.

### *4.3.2 Überbauung des Kastells*

Für die Umwandlung der Ansiedlung in Ladenburg und die Einrichtung der Civitas war der Abzug der Truppen und die Aufgabe des Kastells eine wesentliche Voraussetzung. Um die Zeit des Übergangs besser beurteilen zu können, ist daher die genaue Kenntnis des Endes der Kastellstrukturen von Bedeutung.

Schon in Kap. 4.2.2. wurde festgestellt, daß die zentralen Straßenachsen beibehalten wurden, wenn auch in der Mitte etwas nach Westen verlagert. Dagegen scheinen die anderen Straßen weitgehend aufgegeben worden zu sein, was östlich der Fernstraße natürlich mit der Planung und dem Bau von Basilika und Forum zusammenhängt.

Auffällig ist nun, daß sich die nachkastellzeitliche Bebauung nicht nur stark an den alten Fluchten orientiert, sondern sich sogar häufig an die Kastellmauer anlehnt[322]. Wie die z.T.

heute noch bis zu 1,75 m hohen Mauerstücke beweisen (vgl. Kap. 2.3.1.), handelt es sich dabei nicht nur um ein bloßes Aufgreifen der Mauerlinien z.B. als Parzellengrenzen, sondern um die Einbeziehung der eigentlichen Kastellmauer in die Gebäude als eine der (Außen)-wände (Abb. 33). In einem Fall wurde sogar ein Hypokaust direkt auf den Fundamentabsatz der Mauer aufgesetzt (Abb. 60)[323]. Das bedeutet, daß die Kastellmauer beim Abzug der Truppen keineswegs abgerissen wurde. Vielmehr scheint sie einfach stehen geblieben zu sein und konnte, wie auch immer gewünscht, weiter verwendet werden. Lediglich die Tore wurden entfernt. Darauf deuten die veränderten Straßenfluchten im Verlauf der ehemaligen Via principalis, das erschlossene Bogenmonument und die direkte Überbauung der Tortürme der Porta praetoria durch Mauern bzw. die oben vermutete Portikus[324]. Hier wurde ein Abriß bis auf die zweite Lage vorgenommen.

Ein vergleichbares Bild ergibt sich für den Graben des Steinkastells. Im Bereich des Domhofs weisen die oberen, sohlgrabenartigen Verfüllschichten auf eine Veränderung der Grabenanlage und einen gegenüber der eigentlichen Grabenspitze völlig anderen Verfüllungsverlauf (Abb. 4). Anscheinend wurde des Material über einen längeren Zeitraum von beiden Seiten, fast wie bei einer Müllkippe, eingefüllt. Die hier schon teilweise gesichteten Funde datieren bis in die Mitte des 2. Jhs.[325]. Erst danach wurde das Gelände überbaut.

In gleicher Weise blieb wohl auch der südliche Graben, zumindest im Bereich der Heidelberger Straße 4, einige Zeit offen. Während der untere Teil allmählich aufgefüllt wurde, erfolgte seine vollständige Zufüllung und Planierung erst im Zusammenhang mit seiner Überbauung. Die bis 0,7 m hohen Steinpfeiler, die als Fundamentierung der Ständer des ersten, bis an die Kastellmauer reichenden Holzgebäudes dienten, waren nämlich gleichzeitig mit der Verfüllung des Grabens eingebracht worden[326].

Daraus folgt, daß die Umwehrung des Kastells I nach Abzug der letzten Besatzung, anders als das gemeinhin für römische Kastelle angenommen wird, keineswegs abgerissen und

*Abb. 33. Steinkeller (noch nicht vollständig ausgegraben) im Bereich der teilabgetragenen Rasensodenmauer des Kastells I; rechts die Kastellmauer bzw. die Innenseite des Zwischenturms. Heidelberger Straße 4.*

dem Erdboden gleich gemacht wurde. Vielleicht mit Ausnahme der Tore ließ man vielmehr alles stehen und liegen, wie es gerade war (die Truppen hatten auch mit der Errichtung ihres neuen Kastells Wichtigeres zu tun). Ob bei den Gebäuden in gleicher Weise verfahren wurde, läßt sich nicht sicher belegen. Auf jeden Fall wählte man nicht die schnellste Form der Beseitigung, den „warmen“ Abriß durch vorsätzlich gelegtes Feuer.

Wie die lange offen liegenden Gräben oder Grabenabschnitte belegen, war auch seitens der Verantwortlichen des frühen Civitashauptortes keine Notwendigkeit gesehen worden, im zentralen Bereich der Stadt ein „sauberes“ Gelände herzustellen (wohl mit Ausnahme des Bereichs von Basilika und Forum, s. Kap. 4.4.1.). Wahrscheinlich ging die Zuständigkeit für die Anlage eines bebaubaren Geländes auf den ersten Besitzer über. Auf jeden Fall wird dadurch deutlich, daß der Nutzungs- bzw. Siedlungsdruck am Beginn der Civitaszeit nicht so stark war, daß das gesamte Gelände des ehemaligen Kastells von Anfang an belegt werden mußte[327].

## 4.4 Öffentliche Bauten

### *4.4.1 Basilika und Forum*

Zentrales Bauwerk des Vororts der CIVITAS VLPIA SVEBORVM NICRENSIVM war ohne Zweifel ein riesiger Gebäudekomplex, bestehend aus Basilika und Forum[328]. Die Planung sah vor, daß er zwischen der Fernstraße und der östlichen Kastellmauer fast den gesamten hinteren Teil des ehemaligen Kastells überlagern sollten. Dabei sollte die Front gegenüber der vom Neckar kommenden Forumsstraße liegen. Wahrscheinlich, jedoch nicht zwingend, ist die Planung und Errichtung im Zusammenhang mit der Civitasgründung zu sehen.

Entdeckt wurde die Basilika beim Bau eines Heizungskellers südlich der St. Galluskirche im Jahr 1911. Die folgenden Ausgrabungen des Mannheimer Altertumsvereins unter H. Gropengießer erbrachten fast den gesamten Grundriß der Anlage. Dazu wurde, wo dies möglich war, den Mauern entlang gegraben und durch geschickt plazierte „Tastlöcher" wichtige Stellen festgelegt. Schon 1914 folgte die Publikation des Befunds mit einem ausgezeichneten, sehr genauen Plan[329]. Leider sind die Grabungsunterlagen im Krieg zerstört worden, so daß eine Überprüfung nicht mehr möglich ist.

Eine wichtige Ergänzung gelang 1935 bei der Ausräumung der bis dahin verfüllten Krypta der über der Basilika stehenden St. Galluskirche. Dabei konnte ein großer, apsidaler Raum unter deren Chor nachgewiesen werden[330].

Eine erste Rekonstruktionsskizze von O. Linde legte Gropengießer vor[331], einen Rekonstruktionsversuch unternahm dann auch R. Schultze 1928[332]. Auf der Basis erweiterter Kenntnis versuchte H. Mylius 1952 erneut die Basilika zu rekonstruieren. Er kam zu grundlegend anderen Ergebnissen[333]. Durch die Grabungen der letzten Jahrzehnte ergaben sich weitere Ergänzungen, insbesondere Details zum Aufbau und zur Baugeschichte[334].

Zum schon bald vermuteten, westlich daran anschließenden Forum fanden sich erste Spuren 1914 in der Kirchenstraße vor dem heutigen Gasthaus „Zwiwwel"[335] und 1933 in der Metzgergasse[336]. Die Anlage konkretisierte sich 1949 durch Entdeckungen von zugehörigen Mauern durch Heukemes in einem Keller in der Kirchenstraße 43[337] und 1978 am Durchstich von der Metzgergasse zur Neugasse[338]. Ihre Struktur ließ sich aber vor allem durch unsere Grabungen in der Metzgergasse und der Eintrachtgasse 3/Kirchenstraße 24 erkennen[339], wozu noch Ergänzungen in der Kirchenstraße 23 und 33 sowie bei der Neuverlegung der Kanalisation in der südlichen Kirchenstraße 1997 kamen[340]. Wahrscheinlich gehört ein Befund von 5 Lagen Handquadern auf einer fast 2 m langen Steinplatte an der Ecke Brauergasse/Neugasse nicht mehr dazu, während Mauern in der Neugasse 6 sicher nicht mehr Teil der Anlage sind, da sie auf der anderen Seite der Straße liegen[341].

### *Baubeginn*

Aus verschiedenen Gründen vermutete Gropengießer die Errichtung der Basilika erst im 3. Jh.[342]. Dem wurde aber schon bald widersprochen[343] und auch heute ist eher ein früherer Baubeginn wahrscheinlich.

Zum jetzigen Zeitpunkt – die relevanten neueren Grabungen konnten aus Zeitgründen noch nicht ausführlich wissenschaftlich bearbeitet werden – läßt sich der Baubeginn der Anlage aber nicht aus sich heraus datieren. Aufgrund der relativen Fundleere der Bauschichten der Basilika wird dies wahrscheinlich für diesen Baukörper sogar nie möglich sein.

Zumindest geben aber die darunter liegenden Schichten des Kastells I einen terminus post quem. Dieser ist insofern relevant, als in allen Grabungen stratigraphisch unmittelbar auf den Abriß der Kastellbauten und der anschließenden Planierschicht mächtige Schichten folgten, bestehend aus dem Bauaushub der Fundamente von Basilika und Forum (Abb. 34; 35; 39)[344]. Es dürften also zwischen der Niederlegung des Kastells in dem von dem Großbau betroffenen Teil und dessen Baubeginn keine nennenswerte Zeit vergangen sein. Vor allem wurden in dem betroffenen Gelände zuvor keine anderen Gebäude mehr angelegt[345].

Wie in Kap. 3.1. beschrieben, ist der absolute terminus post quem bisher leider nur andeutungsweise herauszuarbeiten. Demnach scheint sich 114/117 n.Chr. zu ergeben. Eine in diesem Zeitraum geprägte Münze[346] fand sich im Abriß- und Planierschutt des südlichen Endes der in der Eintrachtgasse 3 aufgedeckten Baracke. Die Schicht zog unter die Forumsbegleitstraße, ihr direktes Verhältnis zum Forum, z.B. seiner südlichen Portikus, ist allerdings ungeklärt. Daher könnte die Münze den terminus post quem für den Baubeginn geben, sie muß es aber nicht unbedingt. Zumindest theoretisch ist nämlich denkbar, daß relevante Teile der Baracke während des Baubeginns noch standen und die Forumsbegleitstraße erst im Laufe der Zeit errichtet wurde. Dies ist jedoch unwahrscheinlich, denn die Straße ermöglichte nicht nur einen bequemen Zugang zur Baustelle und einen guten Anlieferungsweg für die umfangreichen Massen an Baumaterial, sondern auf die Planierschicht folgte eine leicht kiesiges Schichtenpaket, das zum Forum hin immer mehr Sandsteinbruch enthielt und daher am ehesten als Bauhorizont und Abschlagschicht zu deuten ist. Ich halte daher die Münze für das Anfangsdatum des Forums relevant. Wegen ihrer hervorragenden Erhaltung dürfte sie kaum umgelaufen sein und daher anzeigen, daß das „post“ nicht sehr lange war.

### *Grundriß*

Die folgende Beschreibung versucht die bisherigen Grabungsergebnisse ohne Einzelnachweise zusammenzufassen und einen Überblick über die Anlage zu geben. Dabei geht die Interpretation der Räume in der Basilika im wesentlichen auf Mylius zurück. Im Forum wurde anhand der bekannten Befunde eine symmetrische Grundrißrekonstruktion versucht. Es zeigte sich aber, daß im Süden an verschiedenen Stellen Unklarheiten bestehen oder der antike Bau nicht ganz exakt angelegt war. Wegen der schlechten Erhaltung im Forum und der daraus resultierenden fehlenden Kenntnis des aufgehenden Mauerwerks werden in diesem Kapitel die Raumgrößen primär für den Fundamentbereich angegeben. Wo möglich, folgen die echten Raummaße in Klammern[347].

Östlich der Fernstraße lag ein ca. 18 m breiter Hallenbau (Abb. 30). Er besaß eine Länge von ca. 54,5 m und wurde durch zwei nördlich und südlich anschließende, 6,5–8,5 m tiefe Vorhallen auf 72,5 m verlängert. Bei der Innengliederung, insbesondere der Frage nach einer Dachunterstützung, ist noch manches offen. Auf jeden Fall kann die Möglichkeit einer Dreischiffigkeit ausgeschlossen werden. Im Nordosten der Halle ist ein so großes Areal untersucht, das sonst Pfeilerfundamente enthalten haben müßte. Denkbar wäre dagegen eine Firstunterstützung, d.h. die Anlage wäre zweischiffig gewesen. Darauf weist eine im Süden der Halle etwa in der Mitte ihrer Längsachse gefundene Ausbruchgrube. Da diese um etwa einen Meter tiefer reicht als die Quermauern der Halle, möchte ich sie als Rest des Fundaments einer Mittelstütze deuten. Das

*Abb. 34: Profil durch Kastellschichten, Planierungshorizont, Bauaushub für die Basilika und Bauhorizonte. In der Mitte Fundament zwischen Mittelschiff und östlichen Seitenschiff, im Hintergrund östliche Außenmauer. St. Galluskirche.*

*Abb. 35: Pfeiler in der Basilika zwischen Mittelschiff und östlichem Seitenschiff. Rechts und links davon sind die Überreste der Bauschicht erkennbar. St. Galluskirche, Grabung Gropengießer 1911.*

Gegenstück im Norden läge knapp außerhalb der Grabungsgrenze.

Ein Mörtelrest mit Abdruck einer großen Steinplatte könnte darauf hinweisen, daß die Halle zumindest nach Osten offen, d.h. durch Pfeiler gegliedert war. Von hier betrat man den Forumshof, einen ca. 57 x 42–42,5 m großen Platz. Nördlich und südlich wurde dieser von 4–4,5 m tiefen Portiken (Wandelgängen) begrenzt, von wo eine durch Quermauern unterteilte Raumflucht erschlossen wurde (Abb. 13; 70; 79). In der Portikus fanden sich auf den Fundamenten die Abdrücke großer, auf Pfeiler deutende Steinblöcke. Während die nördliche Raumflucht durchgängig 6,5 m (wohl 7,5 m zwischen den aufgehenden Mauern) tief war, maß die südliche vermutlich zwischen 7,5 und 8,5 m[348]. Die drei bisher gefundenen Quermauern weisen auf eine unterschiedliche Aufteilung der Raumfluchten. Während im Norden auf die Eingangshalle bzw. deren Vorhalle ein ca. 6,8 m breiter Raum folgte, scheint der entsprechende Raum im Süden nur 5,5 bis 6 m breit gewesen zu sein.

Das Forum wurde im Osten durch die große dreischiffige Basilika abgeschlossen. Ihre Außenmaße betrugen ca. 73 x 29 m. Im Inneren befand sich ein Mittelschiff von ca. 53 x 13,5 m (53,5 x 14 m), flankiert von zwei Seitenschiffen mit ca. 3,7 (4,5) m Breite. Die Unterteilung erfolgte durch zwei 1,5 m breite Pfeilerreihen (Abb. 35; 79). An den Schmalseiten der Schiffe folgten ca. 5,5 m breite Querschiffe oder Vorhallen (Abb. 36; 73). Der ganze Baukörper hatte, wie R. Schultze feststellte, etwa die Dimensionen des Wormser Doms[349].

An das östliche Seitenschiff schloß sich eine im Lichten 11,4 m breite Apsis an. Sie war außen von einem ca. 2,2 (2,5) m schmalen Gang umgeben, an den nördlich und südlich zwei längliche, ca. 5,5 m breite und 16 (6 x 16,5) m lange Räume anschlossen. In den Ekken des Baukörpers lagen ca. 16,5 x 11 (17 x 11,5) m große Räume, getrennt vom Hauptbau durch ca. 2,5 (3) m breite Korridore.

Abgesehen von dem zuletzt beschriebenen Teil waren Basilika und Forum nördlich und südlich von einer etwa 4 m tiefen, nach außen gerichteten Portikus umgeben (Abb. 14). Hier ist im südlichen Teil der Bezug der in fast 50 m Entfernung zueinander liegenden Fundamentreste insofern nicht ganz sicher, als das Fundament im Westen nur halb so stark war wie im Osten (und das entsprechende Fundament der nördlichen Portikus). Denkbar ist, daß die Portikus im Bereich der westlichen Vorhallen anders gestaltet war. Darauf deuten auch die hier zusätzlich nachgewiesenen Fundamente, für die bisher noch keine Erklärung gefunden ist (Treppe, Brunnen?)[350]. Vermutlich sind die beiden seitlichen Portiken zu einer auch im Westen die Eingangshalle begleitende Portikus zu verbinden (Abb. 30)[351].

Völlig offen ist die Deutung eines Bauwerks, zu dem zwei unterschiedlich tiefe Fundamentteile in der Kirchenstraße 33 unter dem ältesten mittelalterlichen Stadtgraben auf dem Forumshof, genau in der Längsachse der Gesamtanlage, gehören.

Beeindruckend sind Dimensionierung und Ausführung der Fundamente. Bei den sicher interpretierbaren Bauteilen steigern sie sich in der Breite von 0,9 m (Trennwände in den Raumfluchten) über 1,2 m (äußere Portikus, Mauer östlich der Apsis), 1,5 m (innere Portikus und Begrenzung der Raumfluchten), 1,75–1,8 m (Eingangshalle, Innengliederung der Basilika, Räume östlich der Basilika, Apsis) bis auf 2,1 m (Außenwände der Basilika). Entsprechend tief reichen die Fundamente. Sie sind vom Fundamentabsatz gemessen durchgängig 2,0–2,2 m tief, selbst die Trennwände in den Raumfluchten weisen diese tiefen Fundamente auf. Die Mauern bzw. Stellen, die besondere Lasten tragen mußten, also die Längswände der Eingangshalle und der Basilika, die Außenwände der Querschiffe der Basilika, die Pfeiler- und Bogenpositionen in beiden Hallen, die Apsis sowie Teile des Bauwerks in der Mitte des Forums wurden dagegen bis auf den unter dem Schwemmlöß liegenden eiszeitlichen Nekkarkies, d.h. 4,1–5,2 m unter den Fundamentabsatz, geführt (Abb. 36).

Im Bereich der Fundamente ließen sich auch einige interessante Baudetails beobachten. Z.B. fand sich zwischen der nördlichen Raumflucht und der südlich anschließenden Portikus des Forums eine schräge, quer zum Fundament laufende Fuge. Die Ausführung des Mauerwerks war zu beiden Seiten unterschiedlich. Bemerkenswert ist vor allem, daß im stratigraphisch älteren Teil der unterste, lose gesetzte Meter (Rollierung) zur Fuge hin durch sauber gemauerte Lagen festgehalten („abgestellt") wurde. Dieser Teil des Fundaments war auch etwas schmäler als der jüngere. M. E. ist dieser Befund so zu deuten, daß die Fuge eine geplante Bauunterbrechung, z.B. vor dem Winter, angibt. Davor wäre die Rollierung durch die Abstellung gesichert worden, danach wäre durch den Frost die schon ausgehobene Baugrube etwas breiter gewesen.

Andere Details stammen aus dem Fundament des Bogens zwischen Mittelschiff und südlichem Querschiff. Hier fanden sich an verschiedenen Stellen im Grenzbereich zwischen Mauerwerk und anstehendem Boden Abdrükke von waagerechten Holzdielen. Da dort in

*Abb. 36: Östlicher Bogenansatz der Basilika zwischen Mittelschiff und südlichem Seitenschiff mit unterschiedlichen Fundamentunterkanten entsprechend der zu erwartenden Last. St. Galluskirche.*

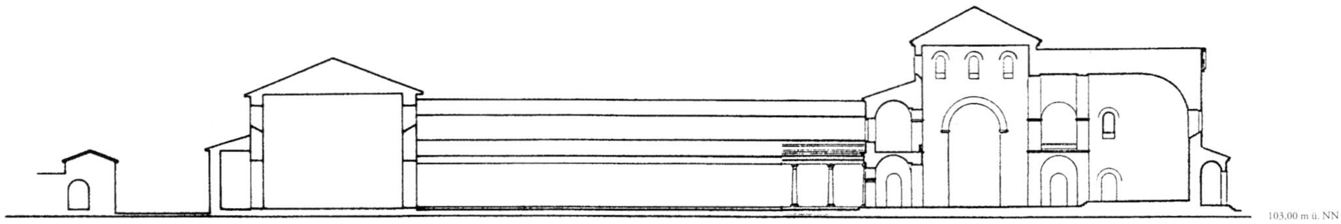


*Abb. 37: Längsschnitt durch die Gesamtanlage Forum und geplante Basilika. Jenseits der Fernstraße als Größenvergleich Vorhalle des Gebäudes A/B 4c von der Kellerei. Rekonstruktionszeichnung. Maßstab 1:1000.*

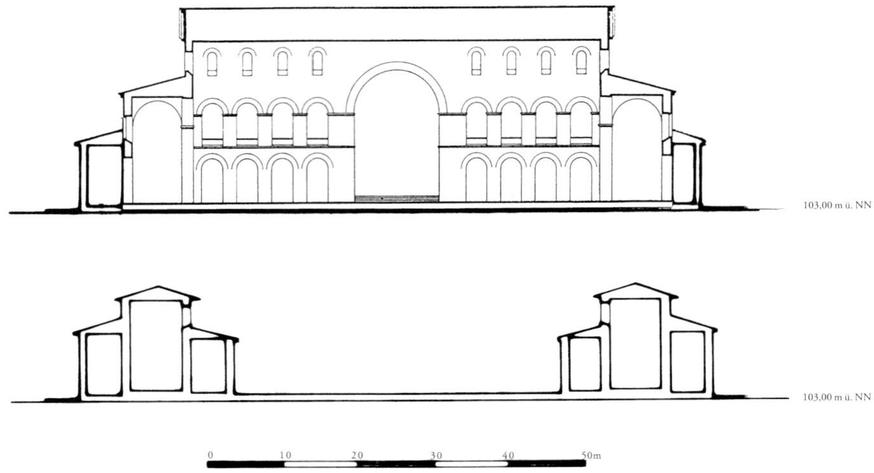


*Abb. 38: Längsschnitt durch die geplante Basilika und Querschnitt durch den Forumshof mit Randbebauung. Rekonstruktionszeichnung. Maßstab 1:1000.*

dem ansonsten gut stehenden Lößlehm Sandlinsen eingelagert waren, dürften die Dielen als Teilverschalung der Baugrube gedient haben. An einer anderen Stelle fand sich der Abdruck eines senkrechten Bretts. Etwa von dessen Mitte aus verlief ein armdicker Hohlraum quer durch das Fundament. Vermutlich stammt dieser von einem im Gemäuer verbliebenen Sprieß, der das Brett (und wohl ein Gegenstück auf der anderen Baugrubenseite) in Position halten sollte. Vielleicht wurde hier eine Leiter zum Abstieg in die über 4 m tiefe Fundamentgrube oder ein Podest als Zwischenhöhe zur Entfernung des Aushubs befestigt. Möglicherweise diente er auch als Halterung für eine Richtschnur.

Alle erhaltenen Fundamentoberkanten lagen auf einer relativ einheitlichen Höhe von 103,55 m NN im Bereich des Forums, 103,60–65 m NN in der Basilika und 103,45–50 m NN beim südöstlichen Eckraum. Lediglich die Oberkanten der äußeren Portikus könnten geringfügig niedriger angelegt gewesen sein. Entsprechend den Fundamenten waren auch die aufgehenden Mauern der Basilika sehr massiv. Hier lassen sich Maße von 0,8 m (Mauer östlich der Apsis), über 1,2 m (Räume östlich der Basilika), 1,35 m (Außenmauern der Basilika), 1,5 m (Pfeiler im Inneren; Abb. 35; 36; 78) bis hin zu 1,75 m (Apsis) beobachten. Demgegenüber fällt das Maß der einzigen erhaltenen aufgehenden Mauer im Bereich des Forums, der südlichen Wand der nördlichen Raumflucht mit ihrer Fortsetzung in der Eingangshalle allerdings eher bescheiden aus. Diese Mauer war nur 0,9 m breit und verjüngte sich im Bereich der Raumflucht auf dem ersten Meter sogar noch auf nur 0,75 m (obwohl das Fundament hier 1,5 m breit war).

Auffällig ist, daß sich die Länge der Basilika und die des Forums mit jeweils ca. 84 m entsprechen. Schon Mylius hatte ein solches Verhältnis vermutet, auch wenn er damals noch nicht von außen liegenden Portiken ausging[352]. Auch sonst lassen sich verschiedene glatte Verhältniszahlen erkennen, z.B. Länge des Forumshofs zu Außenbreite der Basilika 2:1. Die Metrologie des Komplexes ist aber bisher keineswegs völlig klar.

### *Aufgehendes und Rekonstruktion*

Aufgrund der vor allem im Bereich des Forums eher schlechten Erhaltungsbedingungen sind manche Fragen, die zu einer sicheren Rekonstruktion beantwortet werden müßten, offen.

Abgesehen von Details können die Gedanken von Mylius zur Basilika unverändert übernommen werden. Er rekonstruierte den zentralen Baukörper mit einem überhöhten Mittelschiff und einem über die Seiten- und Querschiffe umlaufenden zweiten Dach (Abb. 37 und 38). Höher als diese setzte die große Apsis an der Ostseite an.

Ausgehend von den an einer Stelle noch ca. 1,8 m hohen pfeilerartigen Blöcken auf den durchlaufenden Fundamenten zwischen dem Mittelschiff und den Seitenschiffen sah er in der Anlage eine Pfeilerbasilika. Da die im Süden vorgegebenen Abstände nicht „aufgingen", betonte er die Mitte durch einen großen Bogen zur Apsis hin bzw. eine großangelegte, anders rhythmisierte Dreierstellung Richtung Forum. Die Seitenschiffe ergänzte er zweigeschossig, also als doppelte Arkade. Im Osten war das Obergeschoß über Treppen in den schmalen Räumen nord- und südöstlich des östlichen Seitenschiffs zugänglich. Wegen des Bogens im Osten zur Apsis hin konnte das Obergeschoß im östlichen Seitenschiff nicht durchgängig sein. Auch die Querschiffe können wegen der mutmaßlichen Bögen zum Mittelschiff nur sehr hoch und eingeschossig rekonstruiert werden. Daher bedarf es weiterer Treppenhäuser für das westliche Seitenschiff, die sich vermutlich am Ostende der Raumfluchten des Forums befunden haben.

Leider ist die Ergänzung von Pfeilern keineswegs abgesichert. Dies hängt damit zusammen, daß im zentralen Teil der Basilika keine Fußböden gefunden wurden, so daß nicht sicher ist, ob die vorhandenen Pfeiler schon zum Aufgehenden gehörten oder lediglich als Fundament, z.B. für höher ansetzende Säulen, dienten.

Als wahrscheinlichstes Niveau für den Fußboden bietet sich der Vorsprung der ersten Steinquaderlage auf 104,10 m NN an. Dieser konnte nicht nur bei den Pfeilern selbst, sondern auch bei den Quadern zwischen Mittelschiff und südlichem Querschiff und dem Ansatz des Bogens zwischen Basilika und Apsis festgestellt werden (Abb. 35; 36; 78). Dieses Niveau ist auch insofern hervorgehoben, als hier die Oberkante ganz exakt waagerecht hergerichtet (Ausgleichsschicht) und die Positionierung der folgenden Lagen mittels leicht eingekerbter Linien (Aufschnürung) genau angegeben wurde. Dem könnte allerdings entgegengehalten werden, daß sich im südöstlichen Eckraum ein massiver Estrichboden fand, und zwar auf einem Niveau 1,3 m über dem angesprochenen Absatz (105,40 m NN), etwa auf gleicher Höhe wie die Oberkante des besterhaltenen Pfeilers (Abb. 39).

Nachdem das Fundament unter den Pfeileransätzen genauso wie bei den anderen, die Hauptlast tragenden Teilen extrem tief angelegt wurde, macht m.E. eine zusätzliche Betonung der Fundamente im Stützenbereich durch die Pfeileransätze wenig Sinn. Ebenfalls sinnlos wären bei einem hohen Fußbodenniveau zwei unbenutzte Klammerlöcher an den Steinblöcken des Bogens zwischen Mittelschiff und südlichem Querschiff. Sie weisen weg von den Steinen. In einem Fall existiert eine entsprechende Aussparung im darüber liegenden Stein. Daher ist zu vermuten, daß hier nachträglich noch Klammern eingesetzt werden sollten, wahrscheinlich für eine Verkleidung des Bogenansatzes mit Steinplatten. Ich halte daher als geplantes Fußbodenniveau die Höhe über dem Absatz für am wahrscheinlichsten, also ca. 104,30 m NN. Die Höhenunterschiede zu den Eckräumen ließen sich ebenso wie

*Abb. 39: Profil durch den Estrich im südöstlichen Eckraum der Basilika über dem Bauaushub. Gestört durch mittelalterliche Gräber. St. Galluskirche.*

*Abb. 40: Reste des Ziegelplattenbodens auf Estrich in der nördlichen Raumflucht des Forums. Metzgergasse 11.*

der Aufgang zu den Obergeschossen der Seitenschiffe durch die Treppenhäuser überwinden. Der Zugang vom zentralen Baukörper dazu erfolgte aber nicht direkt, da die Mauern zwischen dem östlichen Seitenschiff und dem südlichen Treppenhaus noch etwa 0,8 m über das geplante Fußbodenniveau erhalten waren. Vielmehr mußte der Weg über die Querschiffe genommen werden, von wo aus auch ein Zugang zu den westlichen Treppenhäusern im Bereich der Raumfluchten möglich wäre.

Ein ähnliches Problem stellt sich im Bereich des Forums. Hier wurden auf den Fundamenten der nördlichen Portikusmauer eindeutige, auf dem der östlichen Eingangshalle eher mutmaßliche Abdrücke von Steinblöcken, ähnlich denen in der Basilika, festgestellt. Daher kann ebenfalls mit Pfeilerarchitektur gerechnet werden. Allerdings sind auch hier die Fußbodenniveaus nicht eindeutig. Während im Forum an verschiedenen Stellen ein etwa 0,5 m mächtiges Paket aus großen Geröllen gefunden wurde, das ich als Unterbau eines Steinplattenbodens interpretieren möchte, von dem Heukemes Bruchstücke in der Kirchenstraße 43 entdeckt hat[353], ist der Boden der Portiken völlig unbekannt. Es hat den Anschein, als zöge das Geröllpaket noch über die Fundamentierung der Portikus (Abb. 13), so daß als Bodenniveau des Forumshofs eine Höhe von ca. 103,90 m NN oder höher anzunehmen ist (Fundamentoberkante plus mindestens 0,15 m Geröllschicht plus etwa 0,2 m Bodenplatten). Die Höhe des Laufniveaus in der Portikus kann, muß aber nicht gleich gewesen sein.

*Abb. 41: Frühmittelalterliches Steinkistengrab über verlagerter Säulenbasis. Metzgergasse 11.*

Ein solches Niveau läge geringfügig unter der mutmaßlichen Oberkante der ersten Lage der „Pfeiler" und wäre ca. 0,3–0,4 m tiefer als das in der Basilika für den geplanten Boden für wahrscheinlich gehaltene Niveau. Auf dieser Basis kann daher nicht entschieden werden, ob die Innenportiken als Pfeilerhallen oder als Säulenhallen vorgesehen bzw. ausgeführt waren. Leider läßt sich auch die Herkunft eines als Spolie weiter verwerteten Bruchstücks einer stark profilierten Säulenbasis mit einem Schaftdurchmesser von ca. 0,75 m (ca. 0,97 m an der Basis) aus der Kirchenstraße 33 und einer Säulenbasis mit ca. 0,55 m Schaftdurchmesser (0,66 m am Wulst) in sekundärem Zusammenhang unmittelbar neben dem östlichen Eingangshallenfundament (Abb. 41) nicht sicher bestimmen. Für das zweite Stück gilt aber, daß es zu so früher Zeit – es lag unter der Steinkiste eines frühmittelalterlichen Körpergrabs – wohl kaum über weite Strecken verschleppt wurde. Es könnte daher durchaus von der Portikus stammen. Auf der anderen Seite weist der Ansatz eines profilierten Bogens mit einem Radius von ca. 3,5 m, ebenfalls aus einem Grabzusammenhang im Bereich der Eingangshalle, deutlich auf Arkadenarchitektur, die ich auf die Halle selbst beziehen möchte (Neugasse 17)[354].

Die nördliche Raumflucht enthielt dagegen einen Ziegelplattenboden auf einem Estrich (Abb. 40). Er lag mit einer Ausgangshöhe von ca. 104,15 m NN – große Teile waren in eine ältere Grubenverfüllung abgesunken – etwas höher und setzte an der hier mittlerweile von 0,9 m auf 0,75 m verjüngten Mauer zwischen innerer Portikus und der Raumflucht an. Zur Überwindung des Höhenunterschieds sind ein bis zwei Stufen entweder zwischen Portikus und Raumflucht oder aufgeteilt zwischen Forumshof und Portikus bzw. zwischen Portikus und Raumflucht nötig.

Vermutlich hatte die Eingangshalle ein ähnliches oder gleiches Niveau wie die Innenportikus. So bestand zwischen den beiden, dem Zugang und der Erschließung dienenden Bauteilen eine gewisse Einheit.

Das relativ hohe Niveau des Bodens in der Eingangshalle und besonders den Raumfluchten setzt deutlich mehr Stufen nach außen voraus. Zumindest an der Südseite muß von einem Straßenniveau von ca. 103,25 m NN ausgegangen werden. Ein Teil des Niveauunterschieds konnte problemlos am Zugang zu den Außenportiken (deren Höhe ja ungewiß bleibt), ein anderer Teil am Übergang von dort zu den Raumfluchten und zur Eingangshalle überwunden werden. Vermutlich gab es zur Außenportikus aber keinen durchgehenden Zugang, sondern einzelne Treppenbereiche. Ich möchte dies aus einem etwa 4 m breiten, nur leicht kiesigen Streifen zwischen der südlichen Forumsbegleitstraße und dem Fundament der südlichen Portikus (das damit in seinem oberen Teil aufgehendes Mauerwerk wäre) schließen[355]. Vielleicht dienten die bisher nicht einzuordnenden Fundamentreste vor der Südwestecke als Treppenunterbau.

Mylius rekonstruierte die Basilika als einen relativ schlanken, etwa 26 m hohen Baukörper. Deutlich gedrungener wirkte wahrscheinlich die Eingangshalle, für die bei ähnlichen Dachneigungen unter Berücksichtigung der Außenportikus eine Höhe von ca. 20 m angenommen werden kann (Abb. 37; 38). Wegen der außen nachgewiesenen Portikus ist es wahrscheinlich, daß die Raumfluchten entlang des Forums überdacht zu rekonstruieren sind (Mylius hatte hier eine Terasse angenommen). Da am Übergang zur Basilika noch Treppen aufzunehmen waren, müssen sie eine Firsthöhe von ca. 14 m besessen haben. Die Außenportiken müßten wegen der Höhe der Zugänge zu den Querschiffen der Basilika innen etwa 7,5 m gemessen haben, die Innenportiken könnten etwas niedriger gewesen sein.

Völlig unklar bleibt die Form des in der Längsachse des Forumshofs liegenden Baus. Er scheint nicht exakt in der Mitte des Platzes, sondern näher zur Basilika gelegen zu haben. Nachdem die erschlossenen Teile des Fundaments fast einen Meter tiefer reichten als die flacheren Fundamente von Basilika und Forum und das sicher nachgewiesene Stück sogar ähnlich tief war wie die am stärksten fundamentierten Bereiche der Basilika und der Eingangshalle, muß es sich um ein sehr hohes und massives Bauwerk gehandelt haben. Die Annahme eines Rundbaus ist allerdings völlig hypothetisch.

### *Einordnung*

Der ca. 130 x 84 m messende und etwa 1,1 ha Fläche bedeckende Komplex von Forum und Basilika ist auf jeden Fall das größte römische Bauwerk in Ladenburg und nach heutiger Kenntnis auch in ganz Süddeutschland (Abb. 30; 79). Es ist z.B. etwas größer als Basilika und Forum in Martigny (wohl ca. 110 x 65 m)[356] oder in Silchester (98 x 88 m)[357] und kommt der Gesamtanlage Forum/Basilika/Tempel in Augst mit 150 x 75 m plus 16 m für die Curia sehr nahe[358]. Die Anlage wird allerdings deutlich z.B. vom Forum in Xanten (ca. 127 x 135 m)[359] und in Verulamium/St. Albans (ca. 165 x 125 m)[360] übertroffen und steht weit hinter den Ausmaßen z.B. des Forums in Trier (ca. 278 x 140 m)[361], des über vermutlich 6 Insulae reichenden Forums in Köln[362], des 2. Forums in London (166 x 167 m)[363] oder gar des Trajansforums in Rom zurück (ca. 300 x 185 m; Abb. 42)[364]. Basilika und Forum von Ladenburg gehören damit sicher zu den großen römischen Bauwerken[365].

Mit seiner Abfolge von Eingangshalle, Hof, Querhalle, Apsis und Nebenräumen bzw. mit der starken Verbindung von Platzanlage und Halle erinnert der Gesamtkomplex stark an die militärischen Stabsgebäude des 2. Jhs.[366]. Dort wurde die vordere Halle aber in der Regel über

*Abb. 42: Plan des Trajansforums in Rom. Maßstab 1:2500.*

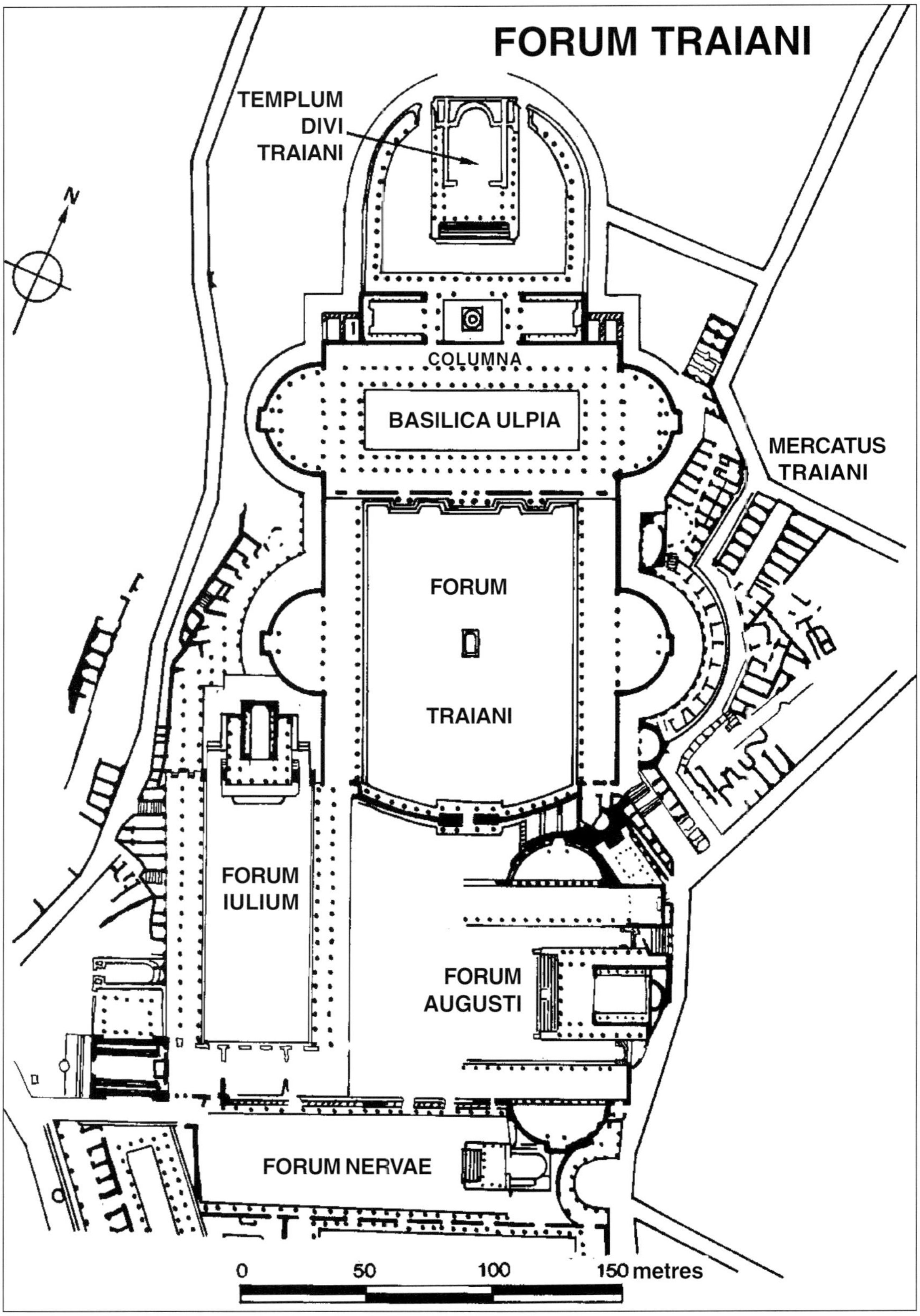


die Hauptstraße gelegt und die Dimensionen sind, selbst bei Legionslagern, deutlich kleiner. Interessanterweise nimmt der Komplex in Ladenburg auch eine vergleichbare Lage wie die Stabsgebäude ein, da er in der Mittelachse des (ehemaligen) Kastells, auf dessen hinterem Teil er errichtet wurde, lag. Erschlossen wurde er von der (ehemaligen) Via principalis.

Die strenge Gliederung, die axiale Ausrichtung und die an militärische Bauten angelehnte Anordnung läßt sich auch deutlich bei dem von Apollodorus von Damaskus erbauten Trajansforum in Rom erkennen (Abb. 42)[367]. Im Unterschied zu den älteren Kaiserfora, die im Grundsatz vorhandene Strukturen berücksichtigten, setzte diese Anlage eine großräumige Veränderung und Planierung vorhandenen Geländes voraus. Vor allem aber wird hier konsequent die Basilika zu einem Teil, im Prinzip zum Zentrum der Forumsanlage, während sie ansonsten häufig als eigenständiges Gebäude angelegt war. Auch insofern erinnert das mutmaßlich trajanische Forum mit Basilika in Ladenburg an das Trajansforum mit der Basilica Ulpia in Rom. Eine diesbezügliche Beeinflussung Ladenburgs ist durchaus denkbar.

Ohne dies entsprechend auszuführen, hatte schon Schumacher in der Größe der Anlage einen Hinweis auf die Bedeutung Ladenburgs in römischer Zeit und die Absichten des kaiserlichen Urhebers sehen wollen[368]. Noch deutlicher ordnete Mylius die Gesamtanlage in einen überregionalen Zusammenhang ein, indem er schreibt: „Zwar war die ‘Stadt’ als Vorort der unter Trajan organisierten Civitas ... sicher nicht nur von durchschnittlicher Bedeutung; doch kann man ihren Notablen [reichen Bürgern], die für die Stiftung öffentlicher Bauten in erster Linie in Betracht kamen, kaum einen Reichtum zutrauen, der für solche Riesenbauten ausreichte. Deshalb liegt es nahe, an kaiserliche Munifizenz zu glauben. Vielleicht erschien es der Zentralgewalt politisch angebracht, an der Grenze des Reiches ihre Machtfülle zu dokumentieren. Der Gedanke ist insofern nicht belanglos, als in diesem Falle ein italischer und kein provinzieller Baukünstler der Urheber des Entwurfes gewesen sein wird ....”[369] Seiner Ansicht ist wohl auch heute noch zuzustimmen und hinzuzufügen, daß vieles auf Trajan als Urheber deutet.

### *Funktion*

Der archäologische Befund gibt keine direkten Hinweise zur Funktion der Anlage. Grundriß, Größe und Lage sprechen jedoch für eine repräsentative Nutzung. Wie bei vergleichbaren Anlagen wird auch in Ladenburg das Forum vor allem Händler aufgenommen haben, wobei für die Kammern in den Raumfluchten zwischen den Hallen durchaus fest installierte Ladenlokale denkbar sind. Die Hallen dienten Versammlungen, wobei die Anlässe unterschiedlicher Natur gewesen sein können. Denkbar wären Gerichtsverfahren, Bürgerversammlungen, spezielle Versteigerungen usw. Ähnliche Funktionen könnten auch die Eckräume gehabt haben. Hier wäre aber auch die Ausübung von Verwaltungsaufgaben denkbar.

Eine herausragende Bedeutung im Gesamtkonzept kommt der großen Apsis in der Längsachse zu. Sie war einerseits allein schon durch ihre Größe, andererseits durch die bogenförmige Öffnung zur Basilika hervorgehoben. In den Stabsgebäuden der Militärlager lag an vergleichbarer Stelle das Fahnenheiligtum. Bei der Forumsanlage in Augst fand sich hier ein dreiviertelrund ausgeführter Raum, der mit konzentrischen Sitzstufen ausgestattet war. Dieser Raum wird als Curia, also Ratssaal der dortigen Colonia, angesehen[370].

Für Ladenburg ist eine Entscheidung zwischen den beiden wahrscheinlichsten Ansprachen, die daraus abgeleitet werden könnten, nicht zu treffen. In Anlehnung an die Militärarchitektur möchte man ein Heiligtum, vielleicht für die kapitolinische Trias Jupiter, Juno und Minerva vermuten. Der Rat der Civitas hätte auch in den Eckräumen ausreichend Platz für seine Sitzungen gehabt. Andererseits hätte die Interpretation der Apsis als Ratssaal viel für sich; die Sitzungen könnten dann, wie das damals üblich war, besser öffentlich abgehalten werden.

Da der Grundriß des Bauwerks auf dem Forumshof völlig unklar ist, kann nichts über seine Funktion ausgesagt werden. Allerdings spricht die Lage in Analogie z.B. zu Augst für ein Heiligtum[371].

Basilika und Forum bildeten wohl nicht nur den Mittelpunkt von LOPODVNVM, sondern auch der ganzen CIVITAS VLPIA SVEBORVM NICRENSIVM.

### *Fertigstellung und Nutzung*

Wie schon verschiedentlich angedeutet, macht der Erhaltungszustand die Beurteilung nicht nur der baulichen Hinterlassenschaften, sondern auch der Frage nach der Baudauer und der Fertigstellung von Basilika und Forum problematisch. Im Bereich des Forums konnten Fundamentierungen für den Belag im Hof und Reste von Steinplatten nachwiesen werden. Vor allem sprechen aber der Ziegelplattenboden und ein leider durch mittelalterliche Eingriffe stark gestörter Bereich mit großen Mengen Dachziegeln in der nördlichen Raumflucht sowie verschiedene Architekturfragmente für die Fertigstellung und Nutzung des Forums. Darauf könnte auch der in sekundärem Zusammenhang gefundene Rest einer unter Kaiser Septimius Severus gesetzten Bauinschrift oder an ihn gerichteten Ehreninschrift hinweisen (Abb. 43)[372]. Aufgrund der Beinamenkombination ist sie vermutlich nach 198 n.Chr. zu datieren.

Allerdings steht die Stärke der einzigen, im Aufgehenden erhaltenen Mauer mit ihren 0,9 m zwischen der Eingangshalle und der nördlichen Vorhalle bzw. 0,75 m auf Höhe des Fußbodens zwischen der nördlichen Innenportikus und der Raumflucht in einem krassen Mißverhältnis zur Dimensionierung der zugehörigen Fundamente (1,5 m breit). Auch die eine der oben angeführten Säulenbasen ist, falls sie zum Forum gehörte, relativ klein. Es ist daher zu fragen, ob die Planung im Laufe des Bauprozesses verändert und darauf die Dimensionen des Bauwerks verkleinert wurden. Falls die schmäleren Fundamente an der Südwestecke des Forums zur Portikus gehörten, läßt sich der Zeitpunkt für die Planungsänderung vielleicht genauer bestimmen, nämlich kurz vor Abschluß der Fundamentierungsarbeiten.

*Abb. 43: Bruchstück einer an den Kaiser L. Septimius Severus Pius Pertinax gerichteten Ehreninschrift oder unter ihm gesetzten Bauinschrift aus dem Bereich des Forums. Metzgergasse 11.*

Für die Basilika stellte schon Gropengießer bei seiner ersten Ausgrabung 1911 fest, daß der Bau keine Fußböden, keine Architekturteile und keinen Wandverputz aufweist. Im Gegenteil war der sog. Werkzoll (die nur grob abgearbeiteten Außenseiten der Quader) noch vorhanden[373]. Dies führte ihn zu der Interpretation, daß der Bau nicht fertiggestellt wurde und daß dies durch die einfallenden Alamannen verursacht worden sei. Daher konnte der Bau erst im 3. Jh. begonnen worden sein.

Im Grundsatz müssen die von Gropengießer angeführten Punkte bestätigt werden. Auch in den neueren Grabungen fanden sich im Bereich der eigentlichen Basilika keine Spuren von Fußböden, Architekturteilen oder Wandverputz. Lediglich das Argument des nicht abgearbeiteten Werkzolls muß wegen der Interpretation der von den Steinen wegführenden Klammerlöcher am Ansatz des Bogens vom Mittelschiff zum südlichen Seitenschiff als Möglichkeit, eine Steinverkleidung anzubringen, relativiert werden. Hier konnte auf eine Abarbeitung der Steine problemlos verzichtet werden, da sie durch die Platten sowieso verdeckt würden.

Die Argumente gegen die Fertigstellung der Basilika müssen sogar noch ergänzt und vertieft werden. So wurden nirgends Hinweise auf die Existenz eines Dachs, z.B. Ziegelreste, gefunden. Von ganz besonderer Bedeutung ist auch, daß der Aushub aus den Fundamentgräben hügelartig im Mittelschiff liegen blieb. Zwar scheint es, nachdem die Fundamente gesetzt waren, zu einem gewissen Ausgleich gekommen zu sein, denn ein Teil des Aushubs zieht über die Fundamentabsätze. Im mittleren Teil blieb der Hügel jedoch bis ca. 1,3 m über das Niveau der Fundamentabsätze liegen. Überall war der Bauaushub noch von bis zu 0,6 m mächtigen Bauschichten aus Steinabschlägen, Kies, Mörtel, Ziegelsplitt usw. überlagert (Abb. 34; 35), so daß die maximale Oberkante bis auf 105,15 m NN reichte (entsprechend 1,5 m über dem Fundamentabsatz und ca. 0,8 m über dem oben vorgeschlagenen Fußbodenniveau). Man hat den Eindruck, daß der Hügel, wäre er ausgeglichen worden, etwa zu einem Niveau über den Absätzen der Pfeiler geführt hätte, also zu dem Niveau, das oben aus anderen Gründen als wahrscheinlichste Fußbodenhöhe vorgeschlagen wurde.

Nach wie vor unklar ist die Bedeutung und das Alter des Materials, das im Zwickel zwischen dem „Hügel" und der östlichen Außenmauer lag. Hier fanden sich z.T. Lößlehm, ähnlich dem Aushub, z.T. stark schlackehaltige Schichten. Darin eingebettet oder eingetieft gab es weiterhin Mauerreste, ähnliche wurden auch im südlichen Treppenhaus gefunden. Unmittelbar darauf folgte schon der zur St. Galluskirche gehörende mittelalterliche Friedhof. Zur Deutung der angesprochenen Befunde muß die konsequente Bearbeitung abgewartet werden, sie ist aber leider zum gegenwärtigen Zeitpunkt nicht zu leisten.

Unabhängig davon kann unter der Voraussetzung, daß das aus vielerlei Gründen rekonstruierte Niveau über den Absätzen in den Pfeilern das geplante Fußbodenniveau war, festgehalten werden, daß das ursprüngliche Konzept der Basilika nicht verwirklicht wurde. Zwar deuten die z.T. sehr umfangreichen Mengen der Steinabschläge in der Bauschicht und vor allem bisher nicht erwähnte, auf größere Holzgerüste weisende Pfostengruben zu beiden Seiten der Ostwand der Basilika auf einen erheblichen Fortschritt in der Baumaßnahme. Sie scheint jedoch nie zum Abschluß gekommen zu sein.

Wenn man allerdings den sehr hoch liegenden Estrich im südöstlichen Eckraum als Argument für die Fertigstellung nicht nur der Nebenräume, sondern der ganzen Anlage sehen möchte, kommt man zu einem anderen Schluß. Die von Gropengießer 1911 und uns in den neueren Grabungen vermißten Bauteile hätten dann so hoch gelegen, daß sie im Zusammenhang mit den frühen Kirchenbauten und der Anlage des Friedhofs völlig abgetragen worden sind. Dies halte ich jedoch für unwahrscheinlich, denn erstens griff ein auf bald nach 900 n.Chr. datierter Ofenrest direkt in die Bauschicht ein, zweitens waren die ältesten Gräber nicht unerheblich in die Bauschichten eingetieft[374]. Das damalige Ausgangsniveau wird also kaum wesentlich über dem des römischen Bauhorizonts gelegen haben.

Zusammenfassend ist für die Problematik der Basilika festzustellen, daß zwar der südöstliche Eckraum und vermutlich der ganze Trakt östlich der Basilika fertiggestellt und wahrscheinlich genutzt wurde, vieles aber auch dafür spricht, daß die Basilika als eine hoch aufragende Bauruine unvollendet geblieben ist[375]. Wie das Gelände während der langen Zeit seit Baubeginn genutzt wurde, gilt es noch herauszuarbeiten.

Im Unterschied dazu waren zumindest der Forumshof mit den angrenzenden Raumfluchten, vermutlich auch die Eingangshalle, nutzbar. Vielleicht blieb aber auch hier die Ausführung des Aufgehenden nach einer Umplanung deutlich hinter dem ursprünglich geplanten Konzept zurück. Was die Ursachen dafür waren, ist unklar. Denkbar sind Planungsfehler, vor allem aber mangelnde Gelder.

So sehr eine solche Rekonstruktion des „Endzustands" von Basilika und Forum in Ladenburg auf den ersten Blick unser Bild von den perfekten Römern zu verletzen scheint, ist doch problemlos zu belegen, daß Bauruinen nicht nur eine Erscheinung unserer Tage sind, sondern auch in vergangenen Jahrhunderten häufig vorkamen. Der mehrfach für jeweils bis zu 100 Jahre unterbrochene Bau der auf den Fundamenten und Resten unserer Basilika errichteten St. Galluskirche belegt solche teilruinösen Zustände für das Mittelalter. Für die Antike beschreibt der von Kaiser Trajan nach Bithynien in Kleinasien geschickte Statthalter und Sonderbeauftragte C. Plinius Secundus für die Jahre 111–113 n.Chr. in seinen Briefen eine ganze Reihe von Bau- und Planungsfehlern sowie finanziellen Fehlkalkulationen[376]. M.E. können diese Berichte zumindest in Ansätzen auf das LOPODVNVM des 2. Jhs. übertragen werden.

### *4.4.2 Palast(?) mit Bad*

Bei den Untersuchungen von Heukemes vor und während dem Neubau des Benz-Gymnasiums und der Lobdengauhalle wurden Teile eines großen Gebäudekomplexes im westlichen Teil der Stadt aufgedeckt (Abb. 44). Seine nördliche Fortsetzung war schon 1926 von Seel aufgedeckt worden. Der Komplex lag in einem Gelände, dessen südlicher Bereich von

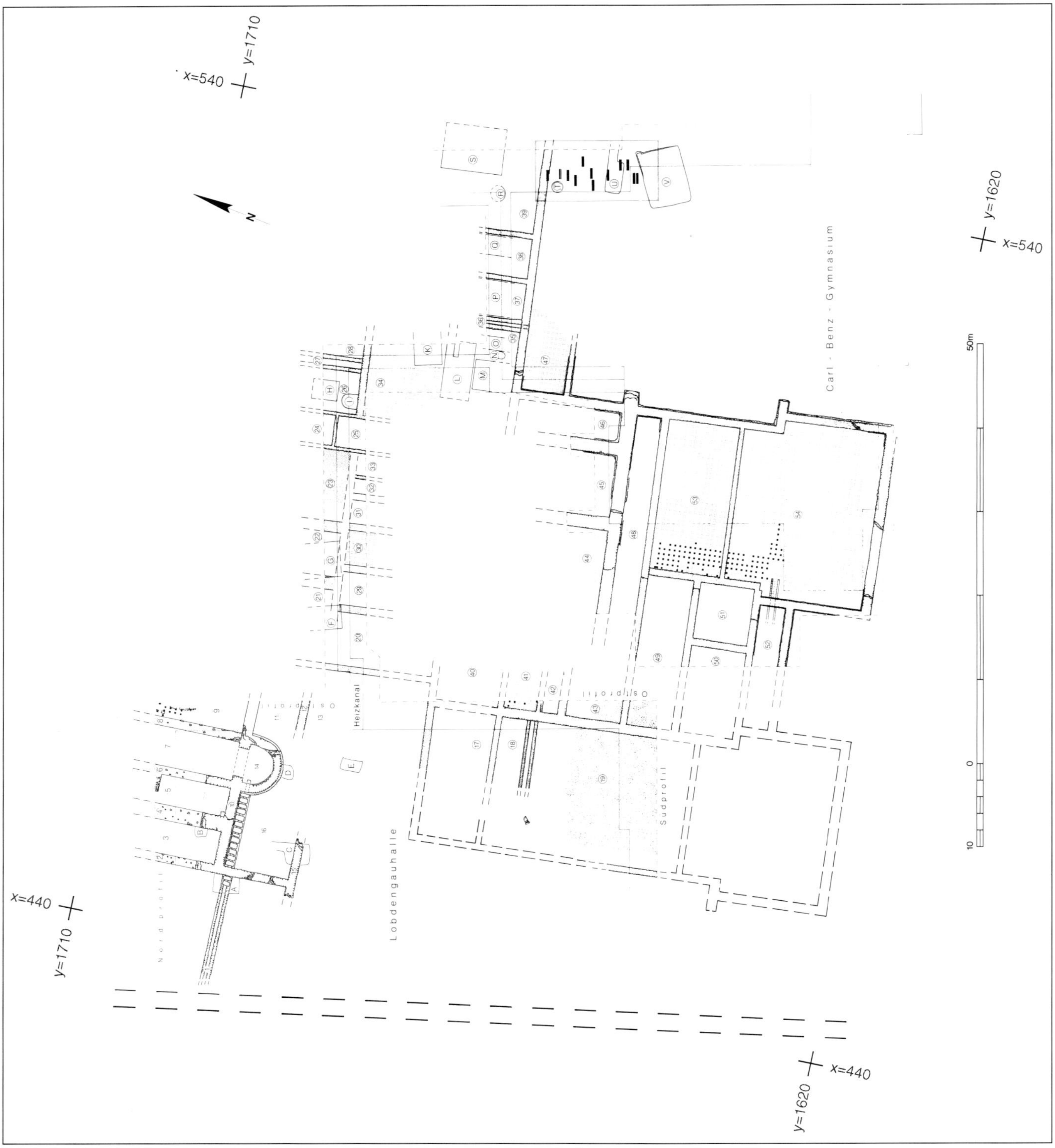


einer älteren neckarswebischen Siedlung eingenommen war, das aber anscheinend auch im Norden früher schon bebaut gewesen ist.

Nach den damaligen Untersuchungen[377] waren die bis zu 1,2 m breiten Mauern weitestgehend ausgebrochen. Sie bildeten einen ca. 90 x 65 m, vielleicht sogar insgesamt ca. 90 x 100 m großen Baukomplex, der wohl in zwei unterschiedliche Bereiche gegliedert war. Beide Teile sind auf das ehemalige Neckarufer orientiert.

Im größeren, südlichen Teil sind zwei hypokaustierte, also mit Fußbodenheizungen ausgestattete rechteckige Räume klar umrissen (Abb. 73). Der südliche sucht mit einer Ausdehnung von ca. 22 x 17 m entsprechend einer Fläche von knapp 400 $m^2$ bisher in Süddeutschland seinesgleichen. Die leichte Einschnürung im Norden deutet darauf hin, daß dieser Raum im Vergleich zum übrigen Gebäude vorspringend konzipiert war. Auch der zweite beheizbare Raum war mit 18 x 9 m ebenfalls nicht gerade klein. Von diesen Räumen ausgehend deuten sich Korridore und stärker gegliederte Gebäudeteile im Norden und Westen an. Ob sich das Gebäude auch nach Osten fortsetzte, läßt sich nicht sagen. Denkbar ist hier z.B. ein Hof.

Nach Nordwesten folgte ein kleinteiligerer, vielleicht symmetrischer Baukörper von mindestens 26 x 23 m Ausdehnung. Seine Nord-Süd gerichteten länglichen Räume waren meist hypokaustiert. Der vermutlich in der Mitte liegende Raum besaß eine halbrunde Apsis. Hier begann ein Abwasserkanal, der sich auf etwa 25 m nach Westen in Richtung Neckar verfolgen ließ.

Vor allem im südlichen Gebäudeteil konnten große Mengen Wandverputz geborgen werden. Die Bruchstücke waren reich bemalt, z.T. mit naturalistischem Dekor (z.B. Vogeldarstellungen). Es fanden sich hier auch verschiedene Kritzeleien (Graffiti), u.a. in griechischen Buchstaben[378].

Heukemes bezeichnete den Gesamtkomplex zuletzt als „Hauptbad" der Stadt und sprach sich für eine Datierung in die 2. Hälfte des 2. Jhs. aus[379]. M.E. kann der südliche, größere Teil aber nur sehr bedingt in diesem Sinne interpretiert werden. Einerseits konnten von Heukemes keinerlei Wasserinstallationen, also Bekken, Zu- und Ableitungen, festgestellt werden. Andererseits gibt es im ganzen rechtsrheinischen Gebiet keine Bäder mit vergleichbar großen heizbaren Räumen. Entsprechendes ist mir nur aus Trier bekannt[380]. Zum Dritten sprechen die im Westen festgestellten Mauern für eine etwa symmetrische Ergänzung des südlichen Gebäudeteils, auch hier mit entsprechend großen Räumen (Abb. 44). Es ergäbe sich dann eine gut 60 m lange Südfront mit risalitartig betonten Ecken.

Demgegenüber bestehen an der Ansprache des nördlichen Gebäudeteils als Bad keine Zweifel. Hier bauen die hypokaustierten Räume stärker aufeinander auf, die Apsis spricht für ein Wasserbecken und ebenda beginnt auch ein Abwasserkanal. Problemlos läßt sich dieser Raum als Caldarium (Heißbaderaum) interpretieren, die seitlich anschließenden, ebenfalls heizbaren Räume als Tepidarien (lauwarme Räume). Die unbeheizten Räume westlich und vermutlich östlich dienten als Auskleide- und Kaltbaderäume (Apodyterium und Frigidarium), während der Freiraum zum Neckar hin als offener Hof für gymnastische Übungen denkbar ist.

Der Bezug bzw. die Zusammengehörigkeit der beiden beschriebenen Gebäudeteile wird durch ihre fast gleichartigen Fluchten nahegelegt. Da die Gebäude unmittelbar östlich und nördlich andere Fluchten aufweisen, scheint keine Verbindung zur Umgebung zu bestehen, sie sind vielmehr als eigenständige Baukörper zu betrachten[381].

Ich glaube, daß wir es hier mit einer Anlage zu tun haben, die dem sog. Römerbad in Heidenheim ähnlich ist. Der dortige Komplex weist sich durch eine axialsymmetrische Anlage mit herausgehobenen Enden (Apsiden) und einer starken Mittelbetonung aus. Die Frontlänge beträgt insgesamt 75 m. Bezeichnend sind auch dort die vielen, sehr großen beheizbaren Räume und die unmittelbare Nachbarschaft zu einem eher konventionell erscheinenden Bad. Da gleichfalls Wasserinstallationen fehlen, hat B. Rabold erhebliche Zweifel an der Interpretation des Gebäudes als Bad geäußert und es vielmehr als palastartig angesprochen. Sie kann sich einen Zusammenhang mit der Verwaltung (der Provinz Rätien) vorstellen[382].

Wahrscheinlich handelt es sich bei unserem Bau ebenfalls um einen palastartigen Komplex mit eigenem Bad. Nahe des Neckarufers und in bezug darauf errichtet, besaß er eine durchaus repräsentative Lage. Seine Erschließung erfolgte über die nördlich des Forums? gelegene Straße von Osten, dort könnte auch der zu solchen Gebäuden gehörige, meist von einer Portikus umgebene Hof gelegen haben.

Es stellt sich die Frage nach den Nutzern der Anlage. Privatleute sind schwer vorstellbar. Vielmehr möchte ich einen Zusammenhang im Rahmen der Provinzverwaltung annehmen[383]. Ohne dem zuviel Gewicht geben zu wollen,

*Gegenüberliegende Seite Abb. 44: Plan des Palasts? und des nördlich anschließenden Bads mit dem Versuch einer symmetrischen Teilergänzung im südlichen Bereich. Carl-Benz-Gymnasium/Lobdengauhalle. Links der rekonstruierte Verlauf der Stadtmauer.*

sei darauf hingewiesen, daß für das 2. Jh. weder bekannt ist, wie bzw. wo die Statthalter ihren Verwaltungs- und Rechtsprechungsaufgaben nachkamen. Unklar ist ihr Verhältnis zu den Civitashauptorten und z.B. die Frage, wie oft sie diese besucht haben[384]. Aber selbst die Hauptstadtfunktion von Mainz für Obergermanien ist für diese Zeit nicht sicher belegt[385].

### *4.4.3 Forum? (Handelsforum)*

Östlich des Palasts? und etwa 200 m südlich des Forums lag ein weiterer Großbau. Er wurde im wesentlichen durch Heukemes vor und bei den Bauarbeiten für die Schulen dort von 1973–1977 erkannt und untersucht[386]. Auf seinen nördlichen Teil beziehen sich auch Fundmeldungen des Jahres 1932[387]. Ein Profil 1985 erbrachte weitere Befunde im südlichen Teil[388]. Die damals entdeckten Mauerausbrüche stehen allerdings in einem gewissen Widerspruch zu den bisher bekannten und können daher nicht weiter zugeordnet werden.

#### *Bauwerk und Funktion*

Bei dem Gebäude handelt es sich um einen knapp 100 m langen und mindestens 80 m, wahrscheinlich sogar 90 m breiten Komplex (Beil.). Seine Fundamente waren teilweise ca. 1 m breit und bis 2 m tief angelegt. Soweit erhalten, waren sie bis zu ihrer Sohle massivst gemörtelt (Abb. 74). Allerdings fanden sich häufig nur noch Ausbruchsgruben.

*Abb. 45: Bronzeschatzfund (Prunkportal) aus dem Forum?. Carl-Benz-Gymnasium.*

Zur Fernstraße hin öffnete sich der Bau über eine ca. 6 m tiefe Portikus, vielleicht befand sich eine solche auch im Süden (auf eine bisher unbekannte Straße gerichtet). Im Inneren deutet sich ein großer Hof an. Nach den von Heukemes geborgenen Funden müßte dieser von Säulenportiken flankiert gewesen sein. Zumindest im Norden und Westen lagen 8–9 m tiefe Raumfluchten, auch im Süden ist ein solche denkbar. Für die westliche Flucht ist eine regelmäßige Unterteilung im Abstand von etwa 6,5 m wahrscheinlich. Dahinter deuten sich ein Korridor und eine weitere Raumflucht an. Durch eine Unterbrechung in der westlichen Raumflucht und Maueransätze auf der Ostseite der Anlage wird eine axialsymmetrische Konzeption wahrscheinlich. Außerhalb der Symmetrie läge lediglich die angenommene südliche Portikus. Auf die außergewöhnliche Qualität des Gebäudes weisen auch Mosaikreste[389].

Der Gebäudekomplex wurde auf einem Gelände errichtet, das zumindest entlang der Fernstraße schon früher intensiv besiedelt war. Nach Heukemes soll die ältere Bebauung noch in der 1. Hälfte des 2. Jhs. bestanden haben. Der Großbau wäre demnach erst in die 2. Hälfte des. 2. Jhs. zu datieren. Ob die dort beobachteten Brände das Ende der älteren Nutzung bedeuteten, läßt sich z.Z. noch nicht sagen (vgl. Kap. 2.4.3. Südvicus).

Aufgrund der Lage an der Fernstraße, seines Grundrisses sowie der unmittelbaren Nachbarschaft zu dem von ihm als Bad gedeuteten westlich anschließenden Baukomplexes (Palast?) hat Heukemes das Bauwerk zuletzt als Herberge für offiziell Reisende oder Händler, als „Mansio" angesprochen. Inzwischen fällt allerdings einer der Gründe, die Nähe zum Bad, wahrscheinlich weg (s. Kap. 4.4.2.). Auch macht ein Vergleich mit anderen, als Herberge interpretierten Gebäuden deutlich, daß es sich bei unserem Bau wohl um etwas anderes gehandelt hat. Mansiones zeichnen sich zwar meist auch durch große Innenhöfe und umlaufende Raumfluchten aus, jedoch sind die Räume dort in der Regel deutlich kleiner und z.T. mit Hypokausten versehen. Weiterhin erreichen die größten bisher bekannten Herbergen in ihrem Hauptteil ohne das Bad kaum mehr als die Hälfte der Ausdehnung unseres Baus[390].

Grundriß, Lage und Monumentalität lassen mich daher eher an ein zweites Forum denken. Es ergibt sich damit eine erneute Parallele zu Augst, wo mit dem sog. Südforum eine vergleichbare zweite Forumsanlage existierte[391]. Für den dortigen Komplex und eine anschließende geschlossene Halle wird diskutiert, daß es sich um „ein (das) eigentliche Handelszentrum" der Stadt handelt[392].

### *Prunkportal*

Bei den Baggerarbeiten für den Neubau eines Teils des Carl-Benz-Gymnasiums wurden im August 1973 große Bronzegegenstände angerissen. Der Rest der Fundstelle konnte unmittelbar anschließend in einer Notgrabung weiter verfolgt und archäologisch untersucht werden. Ein Teil der Funde ließ sich aber erst einige Wochen später aus einer Deponie bergen, wo der Aushub gelagert worden war. Ein sicher zugehöriges Einzelstück tauchte sogar erst Jahre später auf, es soll ebenfalls aus einem sekundären Fundplatz (Aushub) stammen[393].

Die Untersuchungen durch B. Heukemes ergaben, daß diese Bronzen, insgesamt mehr als 80 kg schwer, in der Ecke eines Raumes der westlichen Flucht des Forums? vergraben worden waren (zur Lage vgl. Beil.). In einem etwa 2 m tiefen Loch wurden die ursprünglich sauber aufgestapelten Gegenstände anscheinend in einer Holzkiste versteckt.

Insgesamt sind bis heute 54 Bronzen bekannt (51 Katalognummern; Abb. 45 und 46). Es handelt sich um rechteckige bzw. durchbrochene Bleche (eines davon mit einem großen Schlüsselloch), runde tellerartige Objekte mit zugehörigen schmalen Ringen, profilierte Knöpfe oder Knäufe, Götterbüsten, Seeleopardinnen und Löwenköpfe mit massiven beweglichen Ringen im Maul. Auf den Rückseiten lassen sich noch eiserne Stifte erkennen, mit denen die Gegenstände ursprünglich auf Holz befestigt waren. Die Stücke sind massiv und künstlerisch wie handwerklich von höchster Qualität.

Vermutlich stammen alle Gegenstände von einem prächtig gestalteten Portal. Die auf den eckigen und schmalen durchbrochenen Ble-

*Abb. 46: Dianabüste auf Teller mit Ring. Bronzeschatzfund, Carl-Benz-Gymnasium.*

chen montierten Seeleoparden dienten vielleicht als Griffe, ähnliche Funktion könnten auch die Löwenköpfe mit den Ringen im Maul gehabt haben. Ausschließlich als Zierde waren dagegen die Büsten gedacht. Sie waren auf den Tellern mit den Ringen und z.T. zusätzlich auf den großen durchbrochenen Blechen angebracht. Vermutlich saßen sie in den Türfeldern. Die Knöpfe oder Knäufe waren wohl in Reihen im Randbereich der Türflügel befestigt.

Entsprechend verzierte Portale, wenn auch selten so reich gestaltet, lassen sich aus Abbildungen von vor einigen Jahrhunderten noch erhaltenen Befunden in Italien und vor allem aus bildlichen Darstellungen auf römischen Münzen und Reliefs rekonstruieren. Daß es entsprechende Prunkportale auch in den nördlichen Provinzen gab, ist überhaupt und vor allem in der festgestellten Qualität und Menge der Verzierungselemente eine Überraschung und Sensation. Dadurch ergibt sich schlaglichtartig ein Einblick in das Kunstschaffen und die finanziellen Möglichkeiten während der besten Jahre von LOPODVNVM.

Unklar ist der Standort des Portals. Nachdem der Fundort als Forum? gedeutet werden kann, ist die Anbringung z.B. in seinem Eingangsbereich durchaus vorstellbar. Die Stücke können aber genauso aus dem benachbarten Palast?, dem Hauptforum, dem darauf errichteten zentralen Bau, einem der in der

Stadt existierenden Tempel oder einem anderen öffentlichen Bauwerk stammen. Eine diesbezügliche Eingrenzung wird wohl nie mehr möglich sein.

Vermutlich wurde der Türschmuck in der durch alamannische Einfälle und die innenpolitischen Auseinandersetzungen um das sog. Gallische Sonderreich verunsicherten Zeit nach der Mitte des 3. Jhs. von seinem Träger abgenommen und versteckt. Aus unklaren Gründen – Tod? oder Flucht? des Vergrabenden, Verlust der Kenntnis des Vergrabungsorts? – wurde er nicht mehr geborgen und blieb uns, dank glücklicher Umstände sowie der Aufmerksamkeit der zur Überwachung der Baustelle abgestellten ehrenamtlichen Helfer und des nimmermüden Einsatzes von B. Heukemes, so vollständig erhalten.

### *4.4.4 Theater*

1867 fanden sich im „Köhler'schen Garten", östlich der Heidelberger Straße, nördlich des Kandelbachs, mehrere Steinquader mit Inschriften, ein Altar für den Genius CVSN, ein Jupiterstandbild und ein größerer Steinbau mit bis zu 1,05 m starken Mauern[394]. Anscheinend wurden von dort auch große Steinmengen verkauft. Leider konnte schon bald eine Planskizze des Bauwerks nicht mehr zugeordnet werden, so daß seine Bedeutung bis heute unklar ist. Zu den Inschriften kam einige Jahre später aus der gleichen Flur, Burgäcker genannt, eine weitere hinzu[395]. Die Inschriften, von denen mehrere zusammen gehören, wurden in der Folge als Inschriften an einem Gebäude bzw. als Teile eines Architravs gedeutet (Abb. 31). Sie belegen mehrfach Stiftungen von im Nominativ genannten (reichen) Personen an die Einwohner von LOPODVNVM und in einem Fall eine mögliche Besitzerinschrift. Eine weitere Inschrift konnte bisher nicht aufgelöst, d.h. interpretiert werden.

Ab 1966 wurde das fragliche Gelände überbaut. Leider war es nur eingeschränkt möglich, in dem sich nach den alten Karten durch einen deutlichen Hügel von der Umgebung abhebenden Areal archäologische Untersuchungen vorzunehmen. Trotzdem gelang Heukemes hier der Nachweis eines szenischen Theaters. Andeutungen davon waren wohl schon in einem Luftbild aus dem Jahr 1955 zu erkennen[396]. Bei den Baumaßnahmen kam auch ein weiterer, beschrifteter Stein zum Vorschein sowie Teile einer Theatermaske[397].

Die erfaßten Befunde ergänzte Heukemes zu einem an der Basis ca. 90 m messenden halbrunden Theater. Insbesondere sein Nordteil, also das Bühnenhaus, mit Mauern von bis zu 2 m Stärke lag im Bereich einer aufgefüllten Senke (dabei handelt es sich wohl um den alten Neckarlauf). Daran schloß sich ein Halbkreis mit einem Durchmesser von ca. 30 m an, die sog. Orchestra. Hier begannen die leicht aufsteigenden Sitzreihen, deren Überreste den hier noch vor den Baumaßnahmen vorhandenen Hügel mit einer Höhe von ca. 3 m über dem nördlich anschließenden Gelände bildeten. In Analogie zu damaligen Neufunden von ähnlichen beschrifteten Steinen in der spätrömischen Stadt- bzw. Kastellmauer von Pachten[398] und in Verbindung mit dem von 1926 bis 1934 ausgegrabenen Theater im Tempelbezirk von Trier-Altbachtal[399] interpretierte Heukemes seinen nahe der Orchestra entdeckten Inschriftenneufund und die alten Steine als Sitzstufen des Theaters. Die Qualität und die Gleichmäßigkeit der Inschriften, die bis auf eine Ausnahme fast identische Höhe der Steine sowie die im Unterschied zu den oben angeführten Fundplätzen praktisch fehlenden Benutzungsspuren zwingen allerdings zur Überlegung, ob die Stifterinschriften nicht zumindest teilweise in einem Bauzusammenhang angebracht waren, vielleicht am Bühnenhaus, an einer Portikus, die das Theater säumte oder z.T. in einem gestuften Gebäudeteil[400].

Ganz gleich, ob die Steine nun Sitzstufen waren oder nicht, mit der Vorstellung eines Theaters wie in Trier-Altbachtal (Abb. 47) kommt man vermutlich der antiken Wirklichkeit in Ladenburg relativ nahe. Im Unterschied zu Trier war das Ladenburger Theater aber um etwa die Hälfte größer und, der angesprochenen Qualität der Steine und der Orchestra nach zu urteilen, auch deutlich besser ausgeführt. Unklar ist, ob die schon 1867 ausgegrabenen Mauerreste Teil des Theaters, vielleicht des Bühnenhauses, waren. Wiederum in Analogie zu Trier und in Verbindung mit den in Ladenburg gefundenen Weiheinschriften

*Abb. 47: Theater in Trier-Altbachtal mit späterer Überbauung.*

bzw. -steinen ist aber auch an Teile eines (zugehörigen?) Tempels oder Tempelbezirks zu denken.

Über die Anzahl der Sitzplätze kann nur spekuliert werden. Sie ist vor allem von der Zahl der Sitzreihen abhängig, aber auch von dem Platz, dem man jedem Besucher zugestehen will. Zum Vergleich sei erneut Augst angeführt. Hier wurden für das mit etwa 100 m deutlich größere, vor allem aber klar durchkonstruierte und mit festem Besucherbereich versehene Theater 7000 bis 8500 Sitzplätze errechnet[401]. Für das Theater in Ladenburg wird man mit maximal 5000–5350 Plätzen rechnen dürfen[402].

### *4.4.5 Bäder*

Praktisch jede römische Siedlung besaß ein oder mehrere öffentliche Bäder. Über deren Aussehen im antiken Ladenburg wissen wir bisher nicht sehr viel (das Bad nördlich des Palasts? findet hier keine weitere Beachtung, da es als zu diesem gehörig betrachtet wird).

Nahe liegt, daß das als Kastellbad vor der Nordwestecke des ehemaligen Kastells errichtete Gebäude als ziviles Bad weiter bestand (s. Kap.2.4.2.). Es hat mehrere Phasen, weiterhin läßt sich keine andersartige Überbauung des Areals erkennen.

Ein zweites, civitaszeitliches Bad deutet sich durch eine mit Hypokaust und flächiger Tubulierung (Hohlziegel an der Wand) versehenen, 1987 angegrabenen Apsis unter dem Garten des heutigen Kindergartens an (Abb. 48; vielleicht handelt es sich auch um einen kreisförmigen Raum)[403]. Mit einem Innendurchmesser von mehr als 6 m war das Halbrund deutlich größer als z.B. die Apsiden des sog. Römerbads in Rottweil[404]. Das zugehörige Gebäude dürfte sich hinter „Anomalien" verbergen, die 1990 von polnischen Archäologen bei einer geophysikalischen Prospektion (Erdwiderstandsmessung) westlich und südlich davon festgestellt wurden (die nördlich anschließenden Anomalien dürften wegen ihrer anderen Orientierung nicht mehr dazu gehören)[405]. Sie legen ein Gebäude von mindestens 45 x 25 m Ausdehnung mit bis zu 13 m langen oder breiten Räumen nahe (Beil.). Wie zwei Testschnitte belegten, sind große Teile davon schlecht erhalten. Vermutlich wurden sie großenteils in der frühen Neuzeit bei der Anlage des „Hirschgrabens" des Lustgartens entfernt[406]. Trotzdem zeichneten sich noch einzelne Mauerzüge während des heißen Sommers 1991 im vertrockneten Gras deutlich ab.

Aufbau und Struktur dieses Bades sind aus den bisherigen Befunden allerdings nicht erkennbar. Der ergrabene Befund war auf jeden Fall einst gut beheizbar. Falls die ursprüngliche Interpretation als Apsis zutrifft, müßte er deshalb zum Caldarium (Heißbaderaum) gehört haben. Allerdings würde man in einer Apsis eher ein Wasserbecken vermuten. Außerdem waren die warmen Räume eines Bades üblicherweise nach Süden orientiert, so daß die Sonne zusätzliche Wärme spenden konnte. Wegen der durchgehenden Tubulierung und der Lage des Raums vermutlich auf der Nordseite des Gebäudekomplexes ist auch an ein kreisrundes Schwitzbad zu denken, das von den kalten Räumen aus begangen wurde.

*Abb. 48: Tubulierte Apsis wohl eines Bades. Lustgartenstraße 12.*

### *4.4.6 Speicherbauten und weitere öffentliche Gebäude*

In der Hadrianstraße im Südwesten der Stadt, unmittelbar hinter der Stadtmauer und in der Nähe zu dem von Heukemes angenommenen Hafen, fand sich ein großes Gebäude mit völlig ausgebrochenen, ursprünglich sehr kräftigen Fundamenten[407]. Es konnte bis jetzt auf eine Länge von ca. 50 m nachgewiesen werden.

Denkbar ist, daß es sich dabei um ein Gebäude handelt, das Schumacher schon 1899 in der Südwestecke der Stadt aufgedeckt und als Speicherbau (Horreum) gedeutet hat[408]. Es fehlen allerdings die Ansätze zur Rekonstruktion eines erhöhten Bodens, wie das bei solchen Gebäuden üblich war.

Heukemes vermutet dagegen in diesem Bereich einen großen Tempel[409]. Eine Entscheidung kann m.E. derzeit nicht getroffen werden (vgl. Kap. 4.5.).

Andererseits sieht Heukemes Anzeichen für einen öffentlichen Getreidespeicher an der Forumstraße hinter der in Abb. 72 erkennbaren Mauer. Hier haben sich große Mengen verkohlten Getreides gefunden[410]. Auch hierzu läßt sich ohne genaue Kenntnis der Befunde keine weitere Aussage machen.

Auf ein öffentliches Bauwerk weist auch die Ausdehnung und vielleicht die Lage der durch geophysikalische Prospektion[411] wahrscheinlich gemachten Befunde nördlich des vermuteten Bades im Garten des Kindergartens (Beil.). Wegen ihrer anderen Orientierung vermute ich, daß diese Reste nicht dazu gehörten.

Ein weiteres öffentliches Gebäude könnte sich hinter den Befunden westlich der Fernstraße nördlich des Forums? verbergen. Heukemes erwägt in diesem Bereich oder wenig nördlich davon auch die Existenz eines Eponaweihebezirks[412]. Vielleicht handelt es sich bei den im Plan erfaßten Grundrissen aber auch um die rückwärtigen Bereiche privater Gebäude.

Wegen dem großzügigen Grundriß, massivem Mauerwerk, aufwendigen Pfeilerstellungen und Resten großer Säulen sind auch öffentliche Gebäude im Winkel zwischen Heidelberger Straße und westlicher Realschulstraße sowie unter dem Bischofshof vermutet worden[413].

Da es sich um ein öffentliches Bauwerk handelt, soll hier nochmals auf das für das Südende des Marktplatzes vermutete Bogenmonument hingewiesen werden (s. Kap. 4.2.2.)[414].

### *4.4.7 Stadtmauer*

Vor genau 100 Jahren, vom 18. November bis 6. Dezember 1898, fanden in Ladenburg die ersten ausschließlich unter archäologischen Gesichtspunkten durchgeführten Ausgrabungen statt. Zielsetzung war es, die in Analogie zu NIDA/Frankfurt-Heddernheim und Bad Wimpfen vermutete Stadtmauer zu finden, da dadurch „der Hauptrahmen der Besiedelung und des Straßennetzes gegeben" sei[415]. Es ist erstaunlich, daß K. Schumacher in dieser kurzen Zeit in der Lage war, die Grundzüge des Verlaufs mehr als der Hälfte der römischen Stadtmauer festzulegen[416].

Einige Ergänzungen ergaben Untersuchungen von Gropengießer und Wippermann 1907/8 und 1914 sowie Seel 1930/31[417]. Auch die 1960 von Baatz im Vorfeld der Bebauung der Südstadt Ladenburgs erneut unter Forschungsfragen durchgeführten Untersuchungen im Verlauf der Stadtmauer ergaben einerseits eine Präzisierung des Verlaufs und vor allem eine Datierung der römischen Stadtbefestigung[418]. Weitere Verfeinerung der Kenntnis brachten die an verschiedenen Stellen während der Bebauung durchgeführten Ausgrabungen und Beobachtungen von Heukemes[419]. Von Heukemes stammt vor allem die Gewißheit, daß der Verlauf der Stadtmauer im Norden etwa mit dem der mittelalterlichen Mauer zusammenfällt[420]. Anscheinend wurde vor ihm die Mitteilung von Wippermann, daß unter dem Martinstor die Stadtmauer gefunden worden sei, nicht beachtet bzw. war nicht bekannt[421]. Weiterhin ergänzte Heukemes auf der Basis einer von ihm als römisch interpretierten Mauer im Bereich des neuen Rathauses den nordwestlichen Verlauf ebenfalls unter der mittelalterlichen Stadtmauer[422]. Weitere Einblicke in die römische Stadtmauer und ihre Gräben ergaben sich seit 1986 am Bischofshof, im Bereich der Nordseite und am Merkurplatz[423]. Nach diesen letzten Untersuchungen hat sich das Bild der Anlage erneut verändert, vor allem wurden aber neue Fragen aufgeworfen.

Aus den bisherigen Beobachtungen lassen sich die Erkenntnisse zur römischen Stadtmauer wie folgt zusammenfassen:
Eindeutig ist ihr Verlauf im Südwesten, Süden und Südosten. Dort ist sie ab der Einmündung der Trajanstraße in die Schriesheimer Straße sicher belegt. Auf mindestens 320 m verlief sie bis zu einem leichten Knick zwischen Lopodunumstraße und Ausoniusstraße geradlinig und von dort wiederum über ca. 190 m gerade bis vor die Mitte des Theaters. Hier folgte ein Knick in einem Winkel von 125° und eine erneute geradlinige Strecke über 350 m. Ein weiterer stumpfer Winkel führte sie nach 80 m an das Neckarhochufer, wo sie rechtwinklig nach Norden umbog. Hier befand sich wohl ein rechteckiger oder quadratischer Turm. Von da ab folgte die Mauer dem damaligen Neckarufer. Nach ca. 100 m machte sie einen leichten Knick nach innen, nach weiteren 170 m, südlich der Lobdengauhalle, einen leichten Knick nach außen. Hier liegt der letzte sichere Punkt in ihrem südlichen

*Abb. 49: Reste der Rollierung der römischen Stadtmauer. Merkurplatz 5.*

*Abb. 50: Schnitt durch den vor der Stadtmauer liegenden Graben mit Zinnendeckeln. Im Hintergrund Ausbruchgrube der Stadtmauer. Domitian-/Valentinianstraße.*

Verlauf. Wenig südlich davon befand sich ein weiterer Turm.

In dem bisher beschriebenen Bereich waren die Befunde der Stadtmauer recht einheitlich. Die 1,9–2,1 m breite Fundamentgrube reichte durchweg etwa 1 m tief in den gewachsenen Boden. In den wenigen besser erhaltenen Stükken befand sich zuunterst eine Rollierung (Abb. 49). Am Merkurplatz bestand diese aus Sandsteinbruch. Dabei handelte es sich z.T. um verworfene Werkstücke vermutlich von einer anderen benachbarten Baustelle. Es fanden sich nämlich auch Säulenfragmente, darunter Stükke eines nicht ganz fertigen Kapitels, Teile eines Gesimses, eines Giebels usw.[423a].

Das darüber liegende gesetzte Mauerwerk wies an der einzigen erhaltenen Stelle einen Absatz auf[424], war aber sonst überall ausgebrochen. Daher lassen sich auch keine Aussagen über den weiteren Aufbau, Höhe und möglichen Verputz machen. Aufgrund unterschiedlicher Architekurteile ist es jedoch wahrscheinlich, daß die Mauer einen Wehrgang von vermutlich 1,25–1,35 m Breite besaß. Nach außen hin war dieser durch eine 0,45–0,52 m dicke Brustwehr geschützt. Diese besaß einen halbtonnenförmigen Abschluß, von dem praktisch überall, wo der davor liegende Graben geschnitten wurde, halbrunde Zinnendeckel gefunden wurden (Abb. 50). Manche wiesen Steinmetzzeichen (Buchstaben) auf. Weiterhin fand sich eine große Zahl gewinkelter Zinnendeckel, so daß die Stadtmauer auch nach innen geknickte Mauerstücke zum Schutz der Verteidiger gehabt hat[425].

Merkwürdig ist, daß Türme bisher nur an der Flußseite nachgewiesen sind. Weitere sind zumindest für die Tore vorauszusetzen. Über ihre tatsächliche Zahl läßt sich aber keine Aussage machen.

Möglich ist, daß hinter der Mauer ein Erdwall angeschüttet war. Einen solchen diskutierte jedenfalls Gropengießer als Ursache für die beträchtliche Höhe einer mittelalterlichen Straßenpflasterung unmittelbar hinter dem Verlauf der römischen Stadtmauer am ehemaligen Bollweg auf der Ostseite der Stadt[426].

Vor der Mauer lag auf der Ost- und Südseite nach einer 0,6–2 m breiten Berme ein Spitzgraben. Bei einer Tiefe von 2–3 m wurden für ihn Breiten zwischen 8 und 10,5 m festgestellt. Nach Westen, zum Fluß hin, folgte an den noch erhaltenen Stellen auf die Mauer nach mehr als 2,7 m statt des Grabens eine vielleicht künstliche Böschung.

Von der Lobdengauhalle an wurde der Verlauf der Stadtmauer bisher dem spätrömischen Neckarufer folgend angenommen. Ab dem Bischofshof wäre sie dann von der mittelalterlichen Mauer überlagert worden. Durch die Grabungen in den Jahren 1986 und 1987 ergaben sich aber erhebliche Probleme bei dieser Interpretation. Die die Fundamentierung der Westfront des eigentlichen Bischofshofs bildende Mauer, die sich 2 m breit nach Norden fortsetzte und vielleicht mit einer beim Burgus von Heukemes beobachteten ähnlich starken Mauer zusammenhing, wies im Vergleich mit den gerade beschriebenen Teilen eine völlig andere Konstruktion auf (Abb. 23). Einerseits fehlte die Rollierung. Andererseits bestand sie z.T. aus Spolien. Zum Dritten, und dies erscheint mir am bedeutendsten, war auch das Fundament nur auf die darunter liegenden Schichten aufgesetzt, nicht aber in sie hineingegraben worden. Wäre sie die römische Stadtmauer, hätte sie überhaupt keine Fundamentgrube besessen. Diese Beobachtung gilt für die Mauer am Burgus wie für die am Bischofshof (Abb. 68)[427]. Schallmayer argumentiert sogar, daß einer der von der diskutierten Mauer überlagerten älteren Mauerbefunde nachrömisch sei.

Den Plänen zufolge fand sich bezeichnenderweise die Stadtmauer schon nicht mehr in dem von Heukemes untersuchten Bereich der Lobdengauhalle (Abb. 44). Er machte allerdings darauf aufmerksam, daß sie höher als der von ihm festgestellte Kanal verlaufen und wegen der hier beginnenden Böschung schon weggebaggert gewesen sein könnte[428]. Auch zwei 1930/31 im Bereich der westlichen Realschulstraße angelegte Schnitte haben zwar nach Seels Meinung den Stadtmauerausbruch angeschnitten, die Befunde können jedoch problemlos mit dem hier liegenden Badegebäude in Zusammenhang gebracht werden.

Es gibt daher keinen Grund, die römische Stadtmauer weiter unter der westlichen mittelalterlichen Stadtmauer zu suchen und anzunehmen, daß sie hier bestehende Bebauung durchschnitten hätte. Vielmehr wird man sie weiter westlich entlang dem Hochufer des 2./3. Jhs. rekonstruieren müssen (Beil.)[429].

Ein anderes Problem stellt der nördliche Verlauf der Stadtmauer dar. Entgegen den Erwartungen konnte in der Grabung Martinstor/Neue Anlage, durch die die Mauer in dem vermuteten Verlauf auf knapp 20 m führen sollte, kein Hinweis auf ihre Existenz gefunden werden. Allerdings zeigte sich ein Grabenansatz, so daß die Flucht eigentlich erfaßt worden sein müßte. Dagegen fand sich ein ca. 10 m breiter Wall aus umgelagertem Lößlehm, dessen südliche Böschung durch einen kiesigen Streifen befestigt schien. Die Krone des Walls war durch die mittelalterliche Mauer und neuzeitliche Aktivitäten in diesem Bereich gekappt. Da mittelalterliche Schichten über einer nur sehr dünnen sterilen Schicht auch in den Graben hineinzogen, ist von einer mittelalterlichen Überformung von Wall und Graben auszugehen.

*Abb. 51: Südliche Böschung der nördlichen Stadtbefestigung mit Kiesbefestigung am Wallfuß. Im Hintergrund die mittelalterliche Stadtmauer. Hirschberger Hof (Schulstraße).*

Der Befund des Walls mit seiner Kiesbefestigung wurde einige Jahre früher schon östlich der Schulstraße (Hirschberger Hof) festgestellt (Abb. 51). Da hier die mittelalterliche Mauer noch erhalten war und nördlich davon nicht gegraben werden konnte, interpretierten wir ihn damals noch als Anschüttung hinter der römischen Mauer, die durch die mittelalterliche ersetzt worden wäre.

Im Widerspruch dazu steht die Beobachtung einer massiven Mauer in 4 m Tiefe unter dem Martinstor. Nach der Interpretation von Wippermann soll es sich dabei um die (gut erhaltene) römische Stadtmauer gehandelt haben[430]. Allerdings spricht die enorme Tiefe, die nach den Befunden in den umliegenden Grabungen mehr als 2 m in den gewachsenen Boden führen würde, gegen diese Interpretation[431].

Nach diesen Befunden besteht die Möglichkeit, daß die Stadtbefestigung im ganzen nördlichen Bereich nie in Stein ausgeführt gewesen ist, sondern hier aus einem Wall, eventuell mit einer Palisade, und einem Graben bestand[432]. Vermutlich betraf dies die Strecke von der Nordwestecke bis zum Knick Richtung Süden im Bereich der östlichen Hauptstraße. Der Übergang ist am leichtesten in Form einer Toranlage vorstellbar, vielleicht am Schnittpunkt mit der in der Mittelachse von Forum und Basilika postulierten Straße Richtung Osten.

Auf den ersten Blick mag dieser Befund überraschen. Auf den zweiten Blick stellt man jedoch fest, daß andere, vergleichbare Städte, wie PHOEBIANA/Faimingen a. d. Donau in Rätien oder verschiedene in Britannien vor der Anlage ihrer Stadtmauer schon eine Befestigung aus Wall und Graben besessen haben[433].

Für Ladenburg wäre eine Zwischenstufe dergestalt denkbar, daß der Ersatz der ursprünglich ganz um die Stadt reichenden Wall-Graben-Anlage im Norden nicht ausgeführt wurde.

Die Lage und Zahl des oder der Gräben im nördlichen Abschnitt ist verwirrend. Heukemes beobachtete einen 12–15 m breiten und 3–4 m tiefen Graben im Abstand von 20 m zu dem von ihm vermuteten Mauerverlauf und rekonstruierte einen zweiten, inneren Graben im gleichen Abstand wie vor den anderen Seiten. Der äußere Graben besaß im Westen auf seiner Sohle einen steinernen Kanal, der als römisch angesehen wurde. Vermutlich ein Zwischenstück dieses Grabens wurde mitten in der Neuen Anlage erfaßt. Obwohl die Art der Verfüllung hier auf ein sehr altes Datum weist, wurde doch im Sohlenbereich eine kleine neuzeitliche Porzellanscherbe geborgen. Auf eine späte Sichtbarkeit dieses Grabens weist auch eine in seiner Außenflucht liegende Flurgrenze in der Ecke Neue Anlage/Zehntstraße[434].

Einen etwas weniger weit außen liegenden Graben beobachteten wir in der Zehntstraße, wo die Fundumstände keine Trennung von einem hier ebenfalls nachzuweisenden inneren Graben erlaubten, und weiter östlich in der Neuen Anlage. Hier könnte allerdings ebenfalls eine neuzeitliche Scherbe in nicht ganz sicherer Fundlage auf eine späte Verfüllung hinweisen. Nachdem auch der innere Graben nach den Befunden am Martinstor/Neue Anlage mittelalterlich/neuzeitlich überformt ist, ist es problematisch, eine Entscheidung zu treffen, welcher Graben schon in der römischen Zeit angelegt war bzw. wieviele Gräben damals überhaupt existierten[435].

Unabhängig von dieser Frage kann festgestellt werden, daß LOPODVNVM in römischer Zeit eine Stadtbefestigung von insgesamt ca. 2,7 km Länge besaß. Die so geschützte Fläche umfaßte ca. 40 ha[436]. Bis auf geringe Ausnahmen im nördlichen und östlichen Randbereich[437] muß heute davon ausgegangen werden, daß praktisch die ganze ummauerte Fläche bebaut bzw. zumindest für Hinterhofareale genutzt wurde[438].

Anscheinend umfaßte die Stadtbefestigung nicht alle besiedelten Gebiete. Relativ große Flächen wurden im Süden von der Mauer durchschnitten bzw. blieben außerhalb der Mauer (Beil.). Unklar ist, ob die noch jenseits der neu angelegten „Hafenstraße“ gelegenen Areale nach dem Bau der Mauer weitergenutzt wurden (s.u.). Auch im Osten im Bereich des neuen Altenwohnheims (Trajanstraße 70) und der Schriesheimer Straße 1/3 ließ sich z.T. wohl ehemals recht umfangreiche Bebauung nachweisen[439]. Weiterhin sind Reste von Holz- und Steinbebauung an der Schulstraße und der östlichen Neuen Anlage bekannt (Hypokaustum)[440]. Vielleicht zeigen diese Fundstellen eine in sich geschlossene Siedlungsfläche vor der nordöstlichen Ecke der Stadtbefestigung an. Allerdings kann hier, genauso wie für den Süden, bisher keine klare Aussage über die Datierung gemacht werden.

Insgesamt ist jetzt eine etwa 3–5 ha umfassende außenliegende Bebauung nachgewiesen, so daß sich die maximale, jemals bebaute Fläche im römischen LOPODVNVM auf ca. 45 ha belaufen haben dürfte. Wendet man die in Kap. 2.4.3. angewendete Formel von ca. 100 Einwohner pro ha an, ergibt sich für die Stadt eine Bevölkerung von ca. 4500 Personen.

Die Stadtbefestigung muß mit mindestens 2 Toren ausgestattet gewesen sein, wahrscheinlich waren es aber 6 Tore oder mehr sowie diverse Schlupfpforten. Absolut notwendig waren Toranlagen an den Schnittpunkten mit der Fernstraße. Die Frage nach der Fortführung der anderen Straßen und damit nach möglichen weiteren Toren ist davon abhängig, wie stark der trennende bzw. abschließende Charakter der Stadtbefestigung im Vordergrund stand und welche Bedeutung diese Straßen für die außen liegenden Bereiche bzw. das Um-

*Abb. 52: Bogen von Benevent, Italien, Landseite.*

land hatten. Wegen der an ihrem nördlichen Teil nicht so stark ausgeprägten Bebauung scheint die direkt nach Norden gerichtete Straße (Erbsenweg) keine so große Bedeutung gehabt zu haben. Vermutlich erschloß sie aber auch weiterhin die nördlich der Stadt liegenden Siedlungen bzw. Villen, so daß eine Unterbrechung der Umwehrung hier zu fordern ist (die Straße müßte dann unmittelbar westlich der bisherigen Grabungsflächen verlaufen sein). Völlig offen ist, ob die Ost-West-Straße in der Zehntstraße von der Stadtbefestigung abgeschnitten oder mit einem Durchgang versehen wurde. Der sehr spitzwinklige Anschnitt spricht m.E. eher für ein Straßenende. Ein weiteres Tor im Nordosten an der vermuteten, nach Osten führenden Straße wurde oben schon angesprochen, ebenso ist ein Ausgang am südlichen Ende der östlichen Parallelstraße zum Theater hin denkbar. Annehmen möchte ich auch einen Durchlaß am Schnittpunkt mit der Straße Richtung „Ziegelscheuer". Allerdings spricht dort das anscheinend in ihre Flucht reichende Fundament der Stadtmauer dagegen. Wahrscheinlich waren weiterhin ein oder mehrere Durchgänge zum Fluß vorhanden, insbesondere in der Fortsetzung der Forumsstraße.

Durch die Grabungen von Baatz und Heukemes ergaben sich Anhaltspunkte für die Datierung der Stadtmauer (bzw. der älteren Wall-Graben-Anlage?). Im Süden durchschnitt die Mauer bzw. überlagerte der mögliche Wall ältere Bebauung, die anscheinend für die Stadtbefestigung niedergelegt werden mußte. Davon betroffen war vor allem der Bereich zwischen den beiden nach Süden führenden Straßen. Hier mußten einige Häuser aufgegeben werden. Deren verfüllte Abfall- und Kellergruben wurden vom Fundamentgraben der Stadtmauer bzw. dem Stadtgraben geschnitten[441]. In einem Fall mußte sogar ein hypokaustierter Raum aufgegeben werden[442].

Das Fundmaterial der älteren Befunde gehört in die 2. Hälfte des 2. Jhs. Ein von dem möglichen Erdwall überschütteter Keller könnte sogar erst am Anfang des 3. Jhs. verfüllt worden sein. Wir gehen daher von einem Stadtmauerbau „um 200 n.Chr." aus[443], wobei einschränkend gesagt werden muß, daß das 1960 geborgene Fundmaterial heute vielleicht etwas anders datiert wird. Der trotz der Überschneidungen im südlichen Bereich großzügige Verlauf und die sorgfältige Errichtung, die z.B. aus den an allen ergrabenen Stellen im eigentlichen Mauerverlauf vorkommenden Zinnendeckeln und Gesimsplatten zu schließen ist, verweisen auf eine geplante Errichtung ohne Zeitdruck und, am Anfang jedenfalls, ohne finanzielle Probleme. Daher und wegen der Größe der Mauer sind repräsentative Gesichtspunkte den Verteidigungsaspekten sicher gleichrangig gewesen.

Der von Baatz überlegte Anlaß für den Mauerbau – erste Einfälle der Alamannen in Obergermanien und der darauf folgende Alamannenkrieg des Kaisers Caracalla[444] – kann heute kaum mehr herangezogen werden. Einerseits werden inzwischen die Auswirkungen dieser Einfälle sehr viel zurückhaltender gesehen, andererseits muß wegen des Erdwalls auch ein früheres Datum des Baubeginns überlegt werden. Nachdem auch bei den anderen, mit Stadtmauern versehenen obergermanischen und rätischen Städten Ladenburg ähnliche Aspekte, insbesondere in bezug auf die Großzügigkeit und Sorgfalt der Mauer, festgestellt wurden, und der Bau einer Stadtmauer auf jeden Fall vom Statthalter, wahrscheinlich sogar vom Kaiser genehmigt werden mußte, ist vielmehr an eine Art ziviles Bauprogramm zu denken, das eine bestimmte Gruppe der Städte rechts des Rheins umfaßte[445]. Ob gleiche Überlegungen zu der hier diskutierten möglichen frühen Befestigungsanlage aus Wall und Graben geführt haben, läßt sich ohne weitere Studien und eine genauere Datierung nicht sagen.

Der Abriß der Stadtmauer erfolgte bis in die Fundamente hinein. Davor wurden die Zinnendeckel als anscheinend wenig gut verwertbares Material in den Graben hineingeworfen. Die Einheitlichkeit dieser Maßnahmen, die überall zu beobachten war, macht einen planmäßigen Eindruck. Nachdem der Graben zu dieser Zeit noch wenig zugeschwemmt war – die Zinnendeckel liegen alle auf einem sehr tiefen bzw. kantennahen Niveau – kann nach der Aufgabe der Stadtmauer noch nicht allzuviel Zeit verstrichen sein. Da in einem Stück des Grabens auch Keramik des 4. Jhs. gefunden wurde, ist daher wohl W. Schleiermacher zuzustimmen, daß wir es hier mit einer Maßnahme im Zusammenhang mit der Anlage spätrömischer Befestigungen zu tun haben[446]. Allerdings müssen wir heute nicht mehr oder jedenfalls nicht mehr ausschließlich den Abtransport des Steinmaterials nach Altrip auf der linken Rheinseite gegenüber der damaligen Neckarmündung annehmen, sondern kennen mit dem Ladenburger Burgus auch einen lokalen Anlaß für die Abbrucharbeiten.

### *4.4.8 Bedeutung von LOPODVNVM*

Für die bisher bekannten öffentlichen Gebäude und Bauwerke (ohne Tempel) lassen sich 4 unterschiedliche Standorte erkennen:

1. Lage wie in der Kastellzeit (Bad im Norden)
2. Aufgelassenes Kastell (Forum und Basilika)
3. Repräsentative Randbereiche (Großbau westlich des Kindergartens, Bad, Palast?, Theater)

4. Am Ende der Kastellzeit oder danach durch Brand zerstörte Areale (südlicher Platz; Forum?).

Mit Ausnahme des Palasts? ist allen gemeinsam, daß die Planung und Errichtung der jeweils errichteten Komplexe scheinbar wenig oder gar keiner Eingriffe in bestehende Strukturen bedurfte (der Bereich des Forums? weist z.B. großflächige Brandreste auf [447]). Ich möchte dies so interpretieren, daß, obwohl es kein Eigentumsrecht auf provinzialem Boden gab, das private Nutzungsrecht von großer Bedeutung war. Dies bestätigt sich auch durch die schon für den Kastellvicus erschlossenen Bauordnungen und das Grundbuch, deren Hauptziel die klare Umgrenzung des Rechts des Einzelnen an der von ihm genutzten Parzelle war.

Die Verteilung der öffentlichen Bauwerke besagt weiterhin, daß eine eventuelle Planung des Civitashauptortes nicht am grünen Tisch, z.B. in der Provinzhauptstadt Mainz, erfolgt sein kann, sondern nur mit der Kenntnis der Verhältnisse vor Ort möglich war.

Eine Ausnahme bilden der Palast(?) und die südliche Stadtmauer. Beide scheinen geschlossenes Siedlungsgebiet zu tangieren. Aufgrund der Deutung des Palasts? läßt sich dies mit seiner Bedeutung erklären. Für die Stadtmauer gilt zu fragen, ob entweder dieser Bereich in der Zeit der Planung schon aufgegeben, die Siedlung also geschrumpft war, oder ob die Bewohner verdrängt und ihre Gebäude zerstört werden mußten. Letzteres wird durch den Befund am Merkurplatz 5, der eine planmäßige Niederlegung wahrscheinlich macht, angedeutet[448]. Dies läßt sich am ehesten mit einem veränderten Verhältnis zwischen dem Einzelnen und der Gemeinschaft bzw. dem Staat erklären. Ein Grund, daß solche Eingriffe gerade am Südende der Stadt geschahen, läßt sich aber nicht erkennen.

Anscheinend wurden nicht alle öffentlichen Gebäude gleichzeitig errichtet. Selbst innerhalb von Basilika und Forum zog sich der Bauvorgang über eine sehr große Zeitspanne hin bzw. kam sogar teilweise überhaupt nicht zum Abschluß. Dies hängt sicher mit den verfügbaren finanzellen Mitteln der Stadt bzw. der Civitas und wahrscheinlicher privater Stifter ab. Ein vergleichbares Bild läßt sich auch in anderen Städten des römischen Reiches erkennen, wo das Stadtbild in einer ständigen Veränderung begriffen war[449].

Angesichts der Größe und Qualität der öffentlichen Gebäude – Basilika und Forum, wahrscheinlich zweites Forum, Palast(?), Theater, Platzanlagen und mögliches Bogenmonument – muß man sich die Frage nach der Bedeutung von LOPODVNVM im rechtsrheinischen Obergermanien stellen. Im Vergleich mit den Bauten anderer Civitashauptorte scheint Ladenburg nämlich aus dem Rahmen zu fallen. Zwar ist NIDA/Frankfurt-Heddernheim noch in der Größe entsprechend, doch finden sich nirgends öffentliche Bauwerke, die sich mit denen in Ladenburg vergleichen lassen[450]. Insbesondere wenn die Deutung des Palasts(?) richtig ist, müßte LOPODVNVM zumindest zeitweise eine Bedeutung gehabt haben, die über die eines einfachen Civitashauptorts hinausgegangen ist.

So schrieb Wilmanns, „daß Lopodunum geradezu als ein rechtsrheinisches Zentrum der statthalterlichen Rechtsprechung erscheinen könnte“[451]. Neben der aus den Fora und Plätzen abzuleitenden wirtschaftlichen Bedeutung und dem von Wilmanns angesprochenen Aspekt der Rechtsprechung, der eine Funktion in der Verwaltung impliziert, ist in Ladenburg durchaus auch die Durchführung des Provinziallandtags für Germanien denkbar, z.B. im Theater. Wegen der nicht sehr großen Zahl der Civitates dürfte dieser relativ klein gewesen sein[452]. Mit dieser Möglichkeit bewegen wir uns aber entgültig im Bereich der Spekulation.

## 4.5 Tempel und Heiligtümer

Über die Tempel und Heiligtümer im römischen Ladenburg fehlen bisher von der baulichen Seite fundierte Informationen. Aber auch die schriftlichen und bildlichen Hinterlassenschaften ergeben nur ein unvollkommenes Bild.

Denkbar ist, daß ein Haupttempel der Civitas im Bereich von Forum/Basilika zu suchen ist. Als Standorte kommen einerseits die durch ein sehr tief reichendes Fundament hervorgehobene Stelle im Forumshof sowie die Apsis der Basilika – falls diese nicht die Curia war –

*Abb. 53: Inschriftenbruchstücke mit Resten einer Datumsangabe und Hinweis auf einen Tempel. Kirchenstraße 5.*

in Frage. Während im Bereich der Curia alle Überreste durch die romanische Krypta bzw. den gotischen Chor der St. Galluskirche zerstört sind, könnte der Kirchplatz noch manche Überraschung zum Forum bieten[453].

Ein weiterer wichtiger Tempel oder gar Tempelbezirk läßt sich in Analogie zu den Komplexen Trier-Altbachtal bzw. Trier, Tempel des Lenus Mars, in unmittelbarer Nähe des Theaters vermuten. Vielleicht gehörten die 1867 dort aufgedeckten Mauern und Weihesteine dazu[454]. Hier wie dort fanden sich viertelkreisförmige Mauern im Fundament.

Die Problematik der Interpretation großer Mauerreste in der südwestlichen Ecke der Stadt als Tempel, vielleicht für Fortuna, wurde oben in Kap. 4.4.6. schon angedeutet. Heukemes fand hier mehrere Reste von riesigen kannelierten Säulen, für die sich eine Höhe von 10–12 m rekonstruieren ließ.

Einen Weihebezirk für Epona vermutet Heukemes ca. 60 m nördlich des Forums(?) auf Grund mehrerer dort gefundener Reliefs für die Pferdegöttin[455]. Auf ähnliche Weise läßt sich ein möglicher Weihebezirk für Muttergottheiten nördlich der östlichen Realschulstraße erschließen[456]. Auch im Bereich des Merkurplatzes wird in einem kleinen rechtwinkligen Gebäude ein Heiligtum angenommen[457]. Vielleicht sind darauf die Baustellenabfälle, die im Fundament der Stadtmauer recycelt wurden, zu beziehen[458]. Genauso ungeklärt ist die Frage, ob das in der Mitte des Marktplatzes nachgewiesene Gebäude kultischen Charakter hatte (Kap. 4.2.2.). Darüber hinaus wird die Funktion „Heiligtum“ für ein rechteckiges Gebäude in einem Siedlungsteil westlich des Nekkaraltarms, nordöstlich der Stadt, erwogen[459].

Auf anderem Wege, aber ebenfalls nur andeutungsweise, ergab sich 1994 der Hinweis auf einen möglichen Tempel nördlich der Forumstraße. In der Grabung Kirchenstraße 5 fanden sich nämlich einige Bruchstücke vielleicht mehrerer Inschriftenplatten aus kristallinem Kalkstein, auf denen sich neben Namensteilen und dem Rest einer Datumsangabe der Bezug der hier offensichtlichen Weihung mit [*te*]*mplo* erhalten hat (Abb. 53)[460]. Die Art der Inschriftenplatten ist bisher schon mehrfach aus Ladenburg belegt (vgl. Lobdengaumuseum).

Etwas eindeutiger ist die Benennung einiger orientalischer Heiligtümer. Wegen des dort gefundenen Sol/Mithrasreliefs ist die Ansprache eines abgesenkten Steingebäudes und einem Treppenzugang im Kastellweg 7 als Kultstätte für Mithras (Mithräum I) sehr wahrscheinlich[461]. Es lag im Winkel zwischen der nach Süden führenden Straße und der hier abzweigenden West-Ost-Straße. Das 1,4 x 1,5 m große Relief war mit der Vorderseite nach unten gefunden worden[462], Bemalungsreste erlaubten die jetzt im Lobdengaumuseum zu sehende farbige Rekonstruktion. Es stellt ein Kultmahl dar, an dem der Sonnengott Sol und Mithras teilnehmen (Abb. 65). Sie lagern beide auf dem über eine Bank gelegten abgezogenen Fell des zuvor von Mithras getöteten Stiers. Dabei handelt es sich um eine einzigartige Darstellung, üblich sind in Mithräen Reliefs, die die Geschichte des Mithras, vor allem die Tötung des Stiers sowie die Stationen im Mithraskult, darstellen[463].

Als Mithräum II bezeichnet mittlerweile Heukemes einen nur wenig nördlich davon gefundenen, 7,45 x 14 m großen und sehr tiefen Keller mit einem davon abgeteilten Vorraum mit Treppe (Trajanstraße 28). An zentraler Stelle konnte ein inschriftenloser Altar (ursprünglich wohl bemalt) sowie ein Schlangengefäß und ein Fingerring mit Weiheinschrift geborgen werden. Große Teile des Anlage befinden sich aber noch im Boden, so daß wenig Einzelheiten bekannt sind[464].

Die archäologischen Hinterlassenschaften geben uns noch viele weitere Hinweise auf den Glauben der damaligen Menschen und die Ausübung kultischer Handlungen, ohne daß wir immer unterscheiden könnten, ob es sich dabei um Vorgänge vor den Augen der Öffentlichkeit oder ganz im Privaten handelte. So kann ein guter Teil der inzwischen recht zahlreichen bekannten Götterbilder, die meist recht klein sind, auf privaten Grundstücken aufgestellt bzw. an einem Haus angebracht gewesen sein oder als Kultbild eines Hausaltars gedient haben. In den gleichen Grenzbereich scheinen auch die sog. Jupitergigantensäulen zu fallen. Sie bestanden aus einem Sockel, einem Viergötterstein, eventuell einer Weiheinschrift, einer häufig verzierten Säule mit besonders gestaltetem Kapitell und als Abschluß einer figürlichen Gruppe, in der Jupiter über fischleibige Giganten reitet. Genau wie an anderen Orten weisen die in Ladenburg an verschiedenen Stellen, vor allem in Brunnen, gefundenen Reste solcher Säulen auf die Aufstellung auf privaten Grundstücken[465]. Ähnliches lassen auch die Inschriften erschließen[466]. Wegen der Enge der Bebauung und der Lage der Brunnen heißt das, daß sie häufig hinter den Häusern gestanden haben müssen. Wegen ihrer Höhe dürften sie aber gelegentlich auch von den Straßen aus gesehen worden sein, so daß sie ohne weiteres auch als öffentliche Äußerung des Stiftenden verstanden werden können.

Insgesamt sind aus Ladenburg und seiner unmittelbaren Umgebung Teile von 12 Jupitergigantensäulen bekannt[467]. Hierdurch wird die große Bedeutung, die der zugehörige Kult für die Stadt hatte, deutlich. Herausragend ist eine der wenigen vollständig überlieferten Jupitergigantensäulen. Ihre Bergung gelang 1973 in der Trajanstraße 19a[468]. Zwar gehört diese Säule mit einer Höhe von etwas mehr als 4 m nicht zu den großen Exemplaren, dafür ist sie von ganz hervorragender Qualität. Daß ihr Aufstellungsort von ihrem Stifter Novanius Augustus als eine Art Heiligtum verstanden wurde, belegt ein zugehöriger kleiner Altar (zur späteren Geschichte der Säule s. Kap. 4.8.).

Insgesamt ist unsere Kenntnis über die religiösen Bauwerke und über den kultischen Alltag im römischen Ladenburg noch sehr gering. Insbesondere für diesen Bereich ist auf neue glückliche Entdeckungen und Ausgrabungen zu hoffen.

## 4.6 Private Gebäude

Fast überall, wo in Ladenburg der Spaten oder der Bagger in den Boden greift, kommen römische Baureste zum Vorschein. Ein großer Teil gehört zur privaten Bebauung der Civitaszeit. Leider ist hier nicht der Platz, alle bisher ergrabenen Gebäude und Baureste zu beschreiben. Es muß daher wiederum ein eher summarischer Weg beschritten werden, der das allgemeine Bild herauszuarbeiten und durch Einzelbefunde zu beleuchten versucht.

Auf den Zusammenhang von Bebauung und Straßennetz wurde bereits oben in Kap. 4.2.2. und 4.3.1. eingegangen. Eine Abhängigkeit für die Anlage der privaten Gebäude bestand auch durch die öffentlichen Bauwerke.

Grundsätzlich muß festgehalten werden, daß die Civitaszeit im privaten Bereich nicht gleichbedeutend mit der plötzlichen und ausschließlichen Verwendung von Stein als Baumaterial ist. Vielmehr dominierten Fachwerkbauten das Bild noch bis in die 2. Hälfte des 2. Jhs.[469]. Leider lassen sich diese Gebäude aber nur in planmäßigen Ausgrabungen gut erfassen, Hinweise auf Fachwerkbauten geben aber vielerorts Fußboden- und Planierschichten sowie Holzkeller.

An vielen Stellen läßt sich in der zivilen Bebauung eine streifige Struktur erkennen. Sie wird z.B. im Süden nördlich und südlich der West-Ost-Straße, in der Straßengabel (Abb. 24) und weiter entlang der Fernstraße sowie östlich der Fernstraße, nördlich der heutigen Trajanstraße, deutlich. Klar herausgearbeitet ist sie aber vor allem beidseitig des Platzes an der Kellerei.

### *4.6.1 Beidseits des nördlichen Platzes (Kellerei)*

Hier nahmen die Gebäude nördlich der Platzmitte (also im ergrabenen Bereich auf der Westseite) mit ihrem eigentlichen Abschluß die Fluchten des alten Platzes auf [470]. Im Unterschied dazu wurden die Fronten am südlichen Teil des Platzes schiefwinklig auf die neuen

*Abb. 54: Zweigeteilter vorderer Bereich der Gebäude östlich des Platzes mit hausseitigem Erschließungsteil (Kies) und platzseitigem Nutzbereich. Links die auf der gleichen Flucht liegenden, großen Sockelsteine der Phase 4, rechts die Sockelsteine der eigentlichen Gebäudefront, überlagert von einem mittelalterlichen Steinkeller. Im Hintergrund die älteste mittelalterliche Stadtmauer Ladenburgs. Kellerei.*

Begrenzungslinien vorgezogen (Abb. 30; vgl. Kap. 4.2.2.). Trotz des vorangegangenen Brandes mit der anschließenden Planierung wurden auf der Westseite auch alle alten Parzellengrenzen beibehalten. Auf der Ostseite kam es dagegen zu einer Veränderung. Hier wurden die Parzellen H und I nun durch ein Gebäude überbaut. Die Folge war die Auflösung einer Parzellengrenze.

Zum Platz hin besaßen vermutlich alle Gebäude einen überdachten offenen Vorderbereich, der in den öffentlichen Raum hineinragte. Für verschiedene Gebäude läßt sich nun eine Ursache für die schon beim Kastellvicus festgestellte abgesetzte Doppelstellung von Pfosten vor den eigentlichen Hauptwänden erkennen. Der vordere Bereich war nämlich derart zweigeteilt, daß der hausseitige Teil der Erschließung diente und gelegentlich richtig gekiest war (Abb. 54), während der platzseitige Teil Gruben, Feuer- und Herdstellen sowie andere Einbauten aufwies. Wir rekonstruieren hier kleine Buden und zusätzliche Verkaufsflächen, so daß aus dem hausseitigen Erschließungsweg eine regelrechte Passage wurde. Meistens lagen in der Front der eigentlichen Häuser nämlich wiederum publikumsorientierte Tabernen. Diese lassen sich auf Grund der Erhaltungsbedingungen allerdings nur andeutungsweise erkennen.

Vermutlich war das Dach der Gebäude bis an den Platz hin über diesen vorderen Bereich durchgezogen (Abb. 55). Lediglich für zwei Gebäude des allerersten Zustands ist statt des vordersten Teils des Dachs eine vorgelagerte Portikus wahrscheinlich (Parzellen A und B).

Auffälligerweise lag mit großer Regelmäßigkeit fast in jedem Haus unter dem vorderen Bereich ein Keller. Wie schon im Kastellvicus waren die Keller anfangs üblicherweise holzverschalt und von hinten über eine Rampe oder Treppe zugänglich.

Im ergrabenen Bereich besaßen ursprünglich alle Gebäude gemeinsame Längswände. Ihre Pfosten standen nun in durchgehenden Gräbchen. Anscheinend mußten sie – wohl wegen der langen Nutzung – immer wieder repariert oder ersetzt werden. Es fanden sich nämlich an verschiedenen Stellen Hinweise auf Ausbesserungen in diesen Wänden. Wahrscheinlich verfaulten die eingegrabenen Teile zunehmend, so daß im Laufe der Zeit auch immer mehr Pfosten durch nachträglich eingebrachte Sockelsteine aus Sandstein oder Porphyr unterfangen werden mußten.

Leider ist die Innengliederung der meisten Gebäude nur in Ansätzen erkennbar. Entlang der Hauptwände deuten sich immer wieder Raumfluchten an. Z.T. können auch wieder zentrale Hallen erahnt werden. Im hinteren Bereich fanden sich mehrfach Öfen, wobei in zwei Fällen Doppelanlagen vorliegen (Abb. 56). Verschiedene Indizien weisen auf eine Nutzung im Rahmen der Metallverarbeitung, vor allem Bronze. Überraschend war die Feststellung einer 2,7 x 1,9 m großen Kammer mit Ziegelplattenboden, auf dem immer wieder ein Feuer gebrannt hat. Vermutlich handelt es sich hier um die Reste einer sehr großen und daher gewerblichen Räucherkammer. Weiterhin war in einigen Gebäuden vor der Rückseite ein kleiner zusätzlicher Keller angelegt worden.

Bei den beiden nordwestlichen Gebäuden C und D ist eine starke Längsteilung bestim-

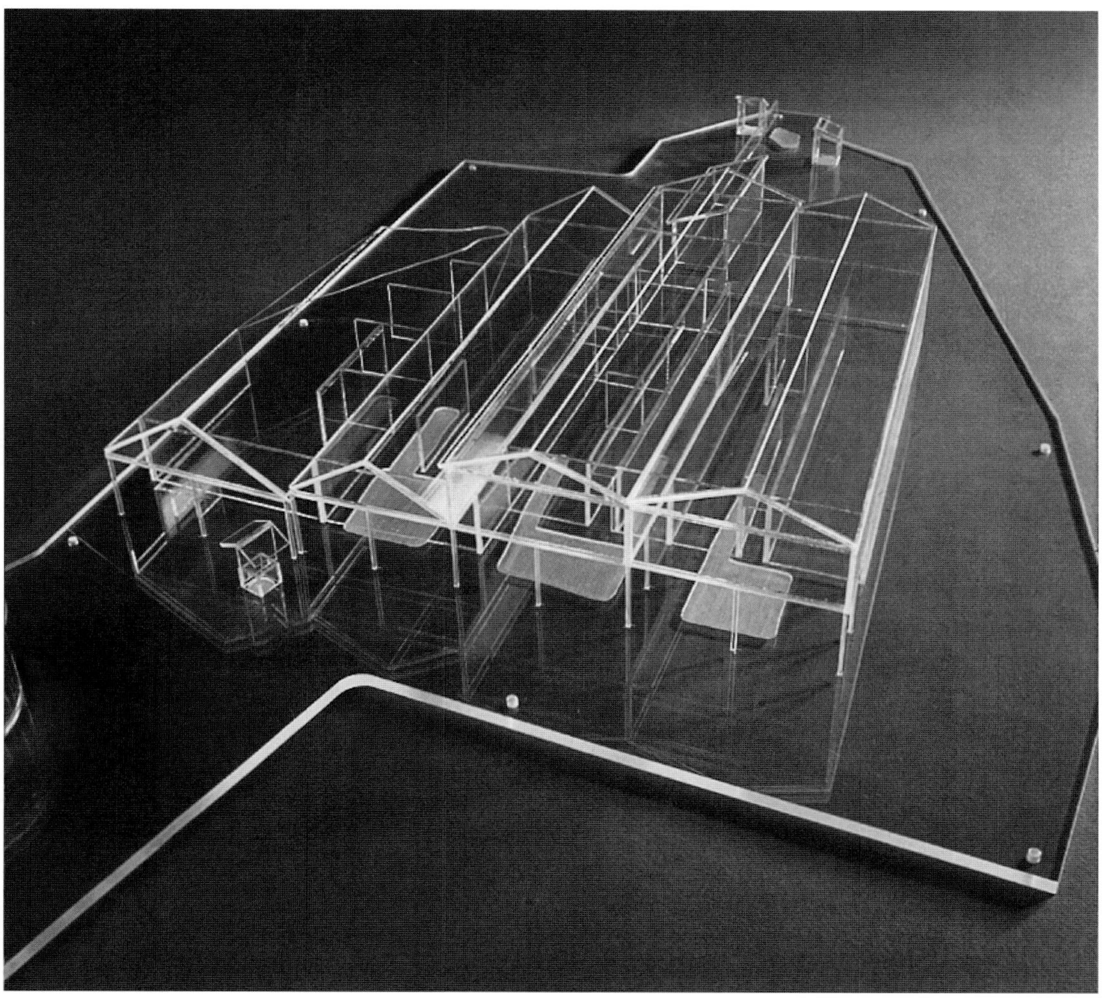

*Abb. 55: Rekonstruktion der Gebäude der Phase 3b westlich des Platzes im Modell. Kellerei.*

mend für die Innengliederung. Dies liegt daran, daß diese Häuser als einzige eine durchlaufende Mittelunterstützung besaßen. Wir deuten diesen Befund dahingehend, daß diese beiden Häuser zweigeschossig waren (Abb. 30; 55).

Schwer faßbar waren spätere Neubauten auf verschiedenen Parzellen der Ostseite, auf die nur einige Unterlegsteine verweisen. Dies liegt daran, daß diese Gebäude in den Hauptwänden durchgängig nicht mehr eingegrabene Pfosten, sondern Ständer auf Unterlegsteinen besaßen. Neben den schon bei Reparaturen verwendeten unförmigen Steinen kamen nun auch rechteckige Blöcke, z.T. mit Zapflöchern für die Ständer, zum Einsatz. Deren Wiederverwertbarkeit hat aber dazu geführt, daß die meisten aus ihren ursprünglichen Lagen entfernt wurden.

Daher läßt sich auch nicht sicher entscheiden, wievielen aufeinander folgenden Gebäuden die festgestellten Bauzustände angehören. Wahrscheinlich sind auf der Ostseite zwei bis drei sich ablösende Gebäude mit jeweils ein bis zwei Zuständen. Dies entspricht einer Lebensdauer der Gebäude von ca. 20–30 Jahren (zum Ende s. Kap. 4.8.). Auf der Westseite scheinen die Gebäude dagegen 50–60 Jahre und vielleicht sogar noch etwas länger bestanden zu haben.

Relativ dicht hinter den Gebäuden folgten Brunnen und benachbart gewerbliche Einrichtungen, z.B. ein Ofen. In einigem Abstand dazu fanden sich etliche Latrinengruben. Im Unterschied zu den Brunnen, die jeweils auf Parzellengrenzen zur gemeinsamen Nutzung angelegt waren, wiesen die Abtritte einen ausschließlichen Bezug zu „ihrer" Parzelle auf. Unklar ist, wie und wo die Parzellen im Westen endeten. Denkbar ist ein Abschluß mit einer Fortsetzung der vor der ehemaligen Kastellfront verlaufenden Straße. Die Parzellen wären dann ca. 95 m tief gewesen.

*Abb. 56: Ältere Phase einer doppelten Feuerstelle, wahrscheinlich ein Ofen im Zusammenhang mit Metallverarbeitung. Kellerei.*

Nach der Mitte des 2. Jhs. wurde allmählich ein Teil der Gebäude durch Steinbauten ersetzt. Auffällig ist, daß dies zuerst bei den großen Gebäuden geschah, die sich jeweils über zwei Parzellen erstreckten. Der Vorgang war in beiden beobachteten Fällen der gleiche: Auf der Ostseite riß der Nutzer des schon vorher breit angelegten Hauses sein Gebäude ab. Mit Rücksicht auf den Nachbarn mußte er die ehemals gemeinsame Wand auf der Parzellengrenze stehen lassen und mit seiner neuen leicht nach Norden abrücken. Das auf massiven Steinfundamenten neu errichtete Haus besaß hinter der ca. 5 m tiefen Vorhalle einen an drei Seiten von einer Portikus umgebenen zentralen Lichthof (Peristyl; Abb. 57; 58). Die hölzernen Stützen hierzu wurden von aufwendig profilierten Sockelsteinen getragen. Die um den Hof gruppierten Räume enthielten sicher keine Tabernen, sondern waren ausschließlich auf repräsentatives Wohnen ausgerichtet. Darauf weist nicht zuletzt ein größerer hypokaustierter Raum unmittelbar hinter der Vorhalle. In einer letzten Veränderung wurde die Mittelachse des Gebäudes durch eine doppelte Säulenstellung mit einem zum Platz gerichteten Giebel in der Vorhalle betont (Sockelsteine auf Abb. 54). Sie nahm wohl unmittelbar Bezug auf den gegenüber liegenden Zentralbau des Platzes. Das Gebäude insgesamt wird kaum vor der Mitte des 2. Jhs. entstanden sein.

Relativ später, absolut nach 169 n.Chr., wurden auch die südlich anschließenden Gebäude niedergelegt und durch Steinbauten ersetzt. Sie greifen den Typus des Streifenhauses weiter auf und besitzen gemeinsame Wände. Interessanterweise kommt es beim Neubau hier zur einzigen an der Kellerei beobachteten Parzellenverschiebung. Die sehr schmale Parzelle F wird nämlich durch Teile der Parzelle G verbreitert.

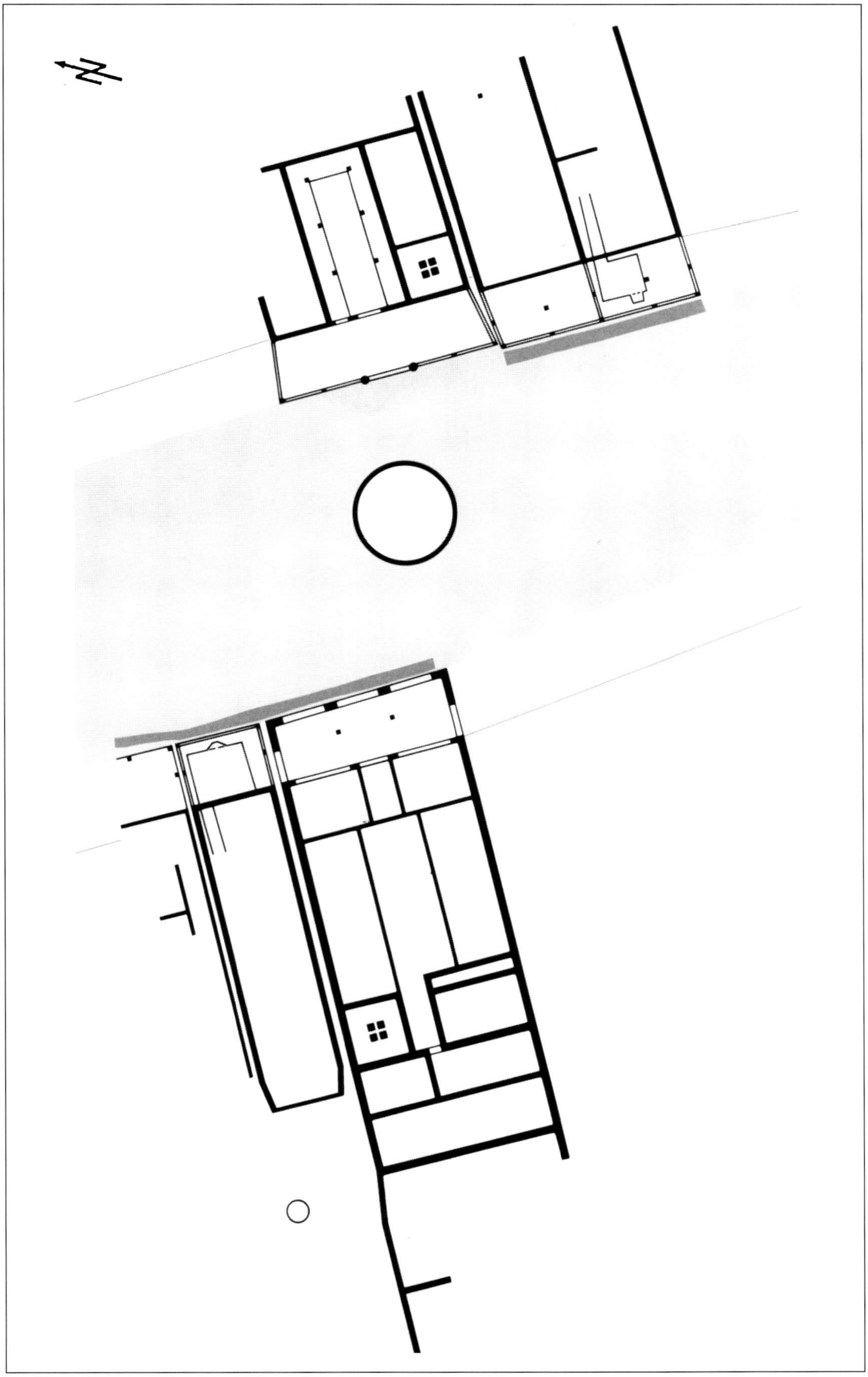

Abb. 57: Schematisierter Plan der Phase 4c an der Kellerei mit den Parzellen A/B, C und D bzw. F, G und H/I (Stand 1990). Maßstab 1:500.

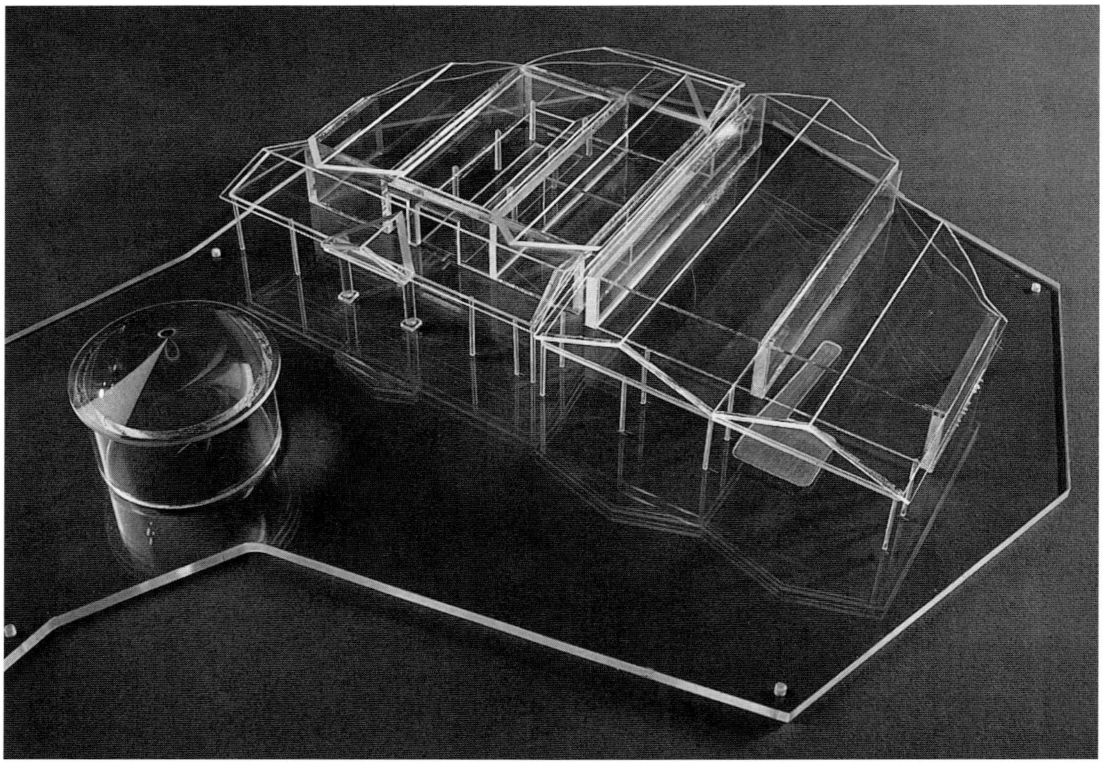

*Abb. 58: Rekonstruktion der Gebäude der Phase 4c östlich des Platzes mit Tholos im Modell. Kellerei.*

Auf der Westseite wurden mit einem terminus post quem 155 n.Chr., vielleicht auch 165 n.Chr., die Gebäude auf den Parzellen A und B niedergelegt. Auch hier mußte eine, die nördliche, Außenwand stehen bleiben, da sie die tragende Wand des Nachbarhauses war. Für den Neubau über beide Parzellen hinweg rückte man daher an der Nordseite wiederum etwas von der Parzellengrenze ab. Nach den Ausgrabungen der letzten Jahre hat es aber den Anschein, als hätte der Besitzer sich für diesen „Verlust" im Süden schadlos gehalten, indem er seine Südwand direkt auf die Parzellengrenze setzte und, wegen der größeren Breite der Mauer, leicht in den Straßenraum eingriff [471]. Auch im Norden scheint der Nutzer der Doppelparzelle im hinteren Teil versucht zu haben, seine Parzelle voll auszunutzen. Hinter den benachbarten Gebäuden verlegte er seine Nordwand nämlich und führte sie bis an die Parzellengrenze heran. Man wird dieses Verhalten sicher nicht nur mit der wirtschaftlichen Kraft des Nutzers, sondern auch mit einer entsprechenden politischen Macht interpretieren dürfen.

Hinter der offenen Vorhalle, in deren vorderem Teil sich Einbauten nachweisen ließen, folgte bei diesem Gebäude ein langer, aus der Mitte gerückter Hof, der auf beiden Seiten von Hallen oder Raumfluchten begrenzt war. Dahinter kam ein knapp 19 m tiefer quer liegender Baukörper, in dem die eigentlichen Wohnräume, darunter bis zu 2 heizbare Räume, untergebracht waren. Hier fanden sich auch ein Keller und ein Brunnen. Jenseits lag ein parzellenbreiter Hof, der an mehreren Stellen von an die Hofmauer angelehnten separaten Baukörpern eingeengt wurde. Bezeichnend ist, daß in diesen Hof eine Zufahrt von dem südlich der Parzelle verlaufenden kleinen Sträßchen aus existierte.

Auch dieser Bau wurde mehrfach umgebaut. Zuletzt erhielt er vorne eine Vorhalle mit drei zum Platz sich öffnenden steinernen Bögen und einer Firsthöhe von vermutlich knapp 8 m (Abb. 57). Von hier aus öffnete sich eine 2,5 m breite zentrale Toranlage zu dem ebenfalls neu angelegten vorderen Bereich des Gebäudekomplexes[472]. Insgesamt war die Doppelparzelle auf über 65 m bebaut.

Die nördlich anschließenden älteren Fachwerkhäuser wurden erst deutlich später abgerissen. Als Ersatz errichtete man hier Einzelhäuser, vielleicht weil sich die Nachbarn nicht über das Material einigen konnten bzw. nicht über die notwendigen finanziellen Mittel verfügten. Während das Gebäude auf Parzelle C Steinwände besaß, blieb der Bauherr auf Parzelle D beim Fachwerk auf Sockelsteinen. Zum Fachwerk oder Holz griff auch Bauherr C bei den Innenwänden.

Deutlich wurden durch diese etwas ausführlicher geschilderten Befunde drei Aspekte. Erstens verlief der Übergang vom Kastellvicus zur Civitas baulich trotz des großen Brandes und der notwendigen Planierung und trotz der partiellen Neuanlage des Platzes zu einem gewissen Grad kontinuierlich. Es wurde weiterhin auf das Grundbuch Bezug genommen, alte Rechtstitel scheinen verbindlich geblieben zu sein. Auch behielt offensichtlich die alte Bauordnung ihre Gültigkeit. Zweitens erfolgte der Übergang zur Steinbebauung erst verhältnismäßig spät und allmählich, auf manchen Parzellen sogar überhaupt nicht. Bei der Verwendung von Stein als Baumaterial handelt es sich also nicht um einen durch Erlasse oder Baurecht geregelten Schritt. Vielmehr waren vermutlich finanzielle Potenz, die Verfügbarkeit des Materials (Erschließung der Steinbrüche und Konkurrenz zu öffentlichen Baumaßnahmen) sowie der zur Verfügung stehende Platz bzw. die Art des zu errichtenden Bauwerks und die architektonischen Ansprüche des Bauherrn von ausschlaggebender Bedeutung. Drittens zeigt sich eine zunehmende Differenzierung zwischen Arm und Reich bzw. zwischen den Ansprüchen, die an die Gebäude gestellt wurden. Während für Teile der Stadtbewohner das Streifenhaus mit seinen Dienstleistungs-, (Klein)handels- und Gewerbemöglichkeiten ausreichte bzw. ausreichen mußte, benötigten andere komplexere Gebäude mit Grundflächen bis zu 2000 m² mit stark repräsentativem Charakter bzw. konnten sich solche Gebäude, auch unter Verzicht auf wirtschaftlich wichtige Räume (Tabernen), leisten. Dieser Personenkreis verfügte offensichtlich über andere Einnahmequellen.

Bei diesen Grundrissen, insbesondere bei der Anlage eines Peristyls, wurden mediterrane Bauideen umgesetzt. Auch wegen der reichen Ausstattung der Gebäude mit Wandverputz und z.T. geschnittenen farbigen Steinen als Wand- oder Fußbodenbelag können wir für diese Gebäude durchaus den Begriff der Stadtvilla verwenden. Vermutlich werden sich damit die reichen Bürger von LOPODVNVM, in der Regel wohl dem Dekurionenstand angehörig, verwirklicht haben.

### *4.6.2 Übriges Stadtgebiet*

Vergleichbare Aspekte lassen sich mit dem von der Kellerei geschärften Blick in verschiedenen ausgegrabenen Bereichen der Stadt erkennen. Auf die streifige Struktur weiter Bereiche der Bebauung wurde oben schon hingewiesen. Eindeutig als Reste von Streifenhäusern, wie sie an der Kellerei beschrieben wurden, lassen sich die Befunde unter dem Feuerwehrhaus in der Zehntstraße 9 (Abb. 32); südöstlich des Forums(?), südlich des Mithräums I und im Winkel zwischen den Straßen jenseits des südlichen Platzes (Abb. 24) bis hin zum Merkurplatz entsprechend der römischen Stadtmauer einordnen[473]. Die angesprochenen Gebäude stehen auf Parzellen, die zwischen ca. 6 und 9 m breit waren. Sie weisen regelhaft Keller unter den vorderen Teilen auf. Hinten waren die Parzellen anscheinend relativ offen. Ähnlich wie an der Kellerei lassen sich in den civitaszeitlichen Bauresten anfangs Fachwerkgebäude erkennen, die im Laufe der Zeit teilweise oder ganz durch Steinbauten ersetzt wurden. Es konnten aber durchaus auch Steinkeller in Fachwerkgebäuden vorkommen. We-

*Abb. 59: Steinkeller 16 (Abb. 30) an der Heidelberger Straße. Ausgrabung Baatz 1960.*

*Abb. 60: Kastellmauer südlich der nordwestlichen Ecke, Fundamentabsatz außen von jüngerem Hypokaustum überlagert. Vor Hauptstraße 8.*

gen ihrer Lage unmittelbar an den Straßen oder Plätzen wiesen die meisten Keller zur Belichtung Fenster mit anschließenden Schrägen in den Mauern auf. Manchmal fanden sich davor regelrechte Lichtschächte, wie wir sie auch heute noch vor unseren Kellerfenstern haben (Abb. 24, 32 und 59). An den Innenseiten besaßen die Keller häufig Nischen (Abb. 61)[474] sowie Sand- oder Erdbänke entlang den Wänden, auf denen z.B. Amphoren abgestellt werden konnten. Vermutlich deuten auch die in fast regelmäßigen Abständen sitzenden Keller an anderen Stellen, z.B. in der südlichen Fortsetzung der östlichen Randbebauung des Platzes in der Cronberger Gasse 5 und der Hauptstraße 23 oder im Grabenbereich südlich der Stadtmauer[475] auf weitere Streifenhäuser, auch wenn die Keller an sich kein unmittelbares Definitionskriterium für diesen Haustyp sind.

Aber auch komplexere Häuser, entsprechend den beiden über jeweils zwei Parzellen errichteten Gebäuden an der Kellerei, deuten sich in verschiedenen Bauresten an. Dahingehend möchte ich jedenfalls die Gebäude südlich der östlichen Realschulstraße und südöstlich davon an der Eponastraße deuten[476]. Sie zeichnen sich durch einen vielgliedrigen Aufbau, hypokaustierte Räume, aber auch durch aufwendigen Wandverputz aus. Denkbar ist, daß die beiden Gebäude sogar noch breiter waren als die Gebäude an der Kellerei, dafür aber, aufgrund einer etwas anderen Parzellenstruktur, nicht so lang. Weiterhin wird man wohl einige der Gebäude nördlich der Forumsstraße, unter dem Bischofshof und auf der Nordwestecke des Kastells als Komplexbauten einordnen dürfen[477]. Wahrscheinlich war dieser Haustyp sehr viel weiter verbreitet, doch sind m.E. die Grabungsausschnitte, wie z.B. in der Heidelberger Straße 4, nicht groß genug, um definitive Entscheidungen zu treffen[478]. Dementsprechend muß auch die große Masse der Ladenburger Befunde im zivilen Bereich vorläufig unangesprochen bleiben und kann nur in Form der in der folgenden Anmerkung aufgeführten Zitate benannt werden[479].

Verschiedentlich lassen sich allerdings in diesen und den vorherigen Befunden Hinweise auf eine besondere Frontgestaltung erkennen. Dazu zählen einerseits Sockelsteine, wie z.B. an der Heidelberger Straße (Abb. 59, rechts im Bild), die den Hinweis auf eine Portikus oder eine offene Vorhalle geben, andererseits Steinsäulen, die eine besonders repräsentative Gestaltung dieses Bereichs deutlich machen[480]. Darunter fanden sich z.T. sehr aufwendig gedrehte Profile, und auch eine mit einem Phallus verzierte, mehr als 3 m hohe Säule (Abb. 61)[481].

Bemerkenswert scheint mir, daß sich die an der Kellerei beobachtete Doppelstellung vor den eigentlichen Gebäuden auch für das Gebiet südlich des Forums andeutet. Aus der Beschreibung Schumachers für das ehemalige Ott'sche Haus (Ecke Heidelberger Straße/westliche Realschulstraße) lassen sich über einem 3,5–4,85 m tiefen, z.T. gekiesten Bereich wohl zwei Reihen von Sockelsteinen herauslesen. Vermutlich gehören die fast 80 Jahre später ausgegrabenen Gebäudereste in der Realschulstraße 3 zu diesem Bauwerk[482]. Merkwürdig ist hier, daß – vermutlich in einer recht späten Zeit – in den vorderen Bereich eine Kanalheizung eingesetzt wurde.

Zu fragen gilt, inwiefern Portiken und offene Vorderbereiche ein generelles Gestaltungselement waren, oder nur an ausgewählten Straßen oder gar nur Teilen davon, z.B. an der Fernstraße, angelegt waren. Diese Frage ist insofern interessant, als einerseits für die Gebäude südlich des Südplatzes vom Grundriß her die Rekonstruktion einer Portikus eher unwahrscheinlich ist (Abb. 24; allerdings weist die Phallussäule aus einem Keller ca. 50 m weiter südlich wiederum sehr deutlich auf eine Portikus hier) und andererseits die Hauptwände der Gebäude an der sehr schmalen Nebenstraße unter dem Feuerwehrhaus im Norden keinen Platz mehr für eine Portikus lassen (Abb. 32). Wegen eines Sockelsteins in der Frontlinie hier könnte es aber zumindest eine zur Straße hin offene Front gegeben haben. Die hierdurch angedeutete mögliche Differenzierung der Gestaltung entlang in ihrer Bedeutung unterschiedlichen Straßen läßt sich in verschiedenen vergleichbaren Städten erkennen[483].

### *4.6.3 Ver- und Entsorgung*

Auch die Verteilung der Brunnen weist für manche Bereiche auf eine der Kellerei vergleichbare Anordnung. Besonders deutlich wird dies zu beiden Seiten der Heidelberger Straße, südlich des Südplatzes, wo mindestens 5 Brunnen den am nördlichen Platz beobachteten Abstand von 35–45 m zur Straße aufweisen. Auch die Verteilung dieser Brunnen über die mutmaßlichen Parzellen scheint wie an der Kellerei so zu sein, daß praktisch von jedem Grundstück aus ein Brunnen benutzt werden konnte.

Grundsätzlich wird man davon ausgehen können, daß die Brunnen eine ähnliche Abfolge von Holz zu Stein erfahren haben wie die Gebäude. Steinbrunnen dürften dementsprechend also eher jünger sein. Genausowenig wie bei den Gebäuden wird man aber die Verwendung von Stein für die Ummantelung als einen absoluten Datierungshinweis werten können (Abb. 62)[484].

Alle Brunnen reichten bis in eine Tiefe von 95–96 m NN, also 6,5–8 m unter die sich allmählich aufhöhenden römischen Laufhorizonte. Dadurch war ihre Anlage eine größere Baumaßnahme, was wohl dazu geführt hat, daß sich häufig die Bewohner zweier benachbarter Parzellen einen Brunnen teilten. Trotz ihrer Tiefe sind sie heute leider alle trocken, da die nachrömische Neckarverlagerung nach Westen einerseits und die Kanalisation des Flusses andererseits zu kräftigen Grundwasser-

*Abb. 61: Steinkeller mit phallusverzierter Portikussäule. Merkurplatz 4 (1956).*

*Abb. 62: Steinmantel eines Brunnens des 2./3. Jhs. Hauptstraße 7. Maßstab 1:50.*

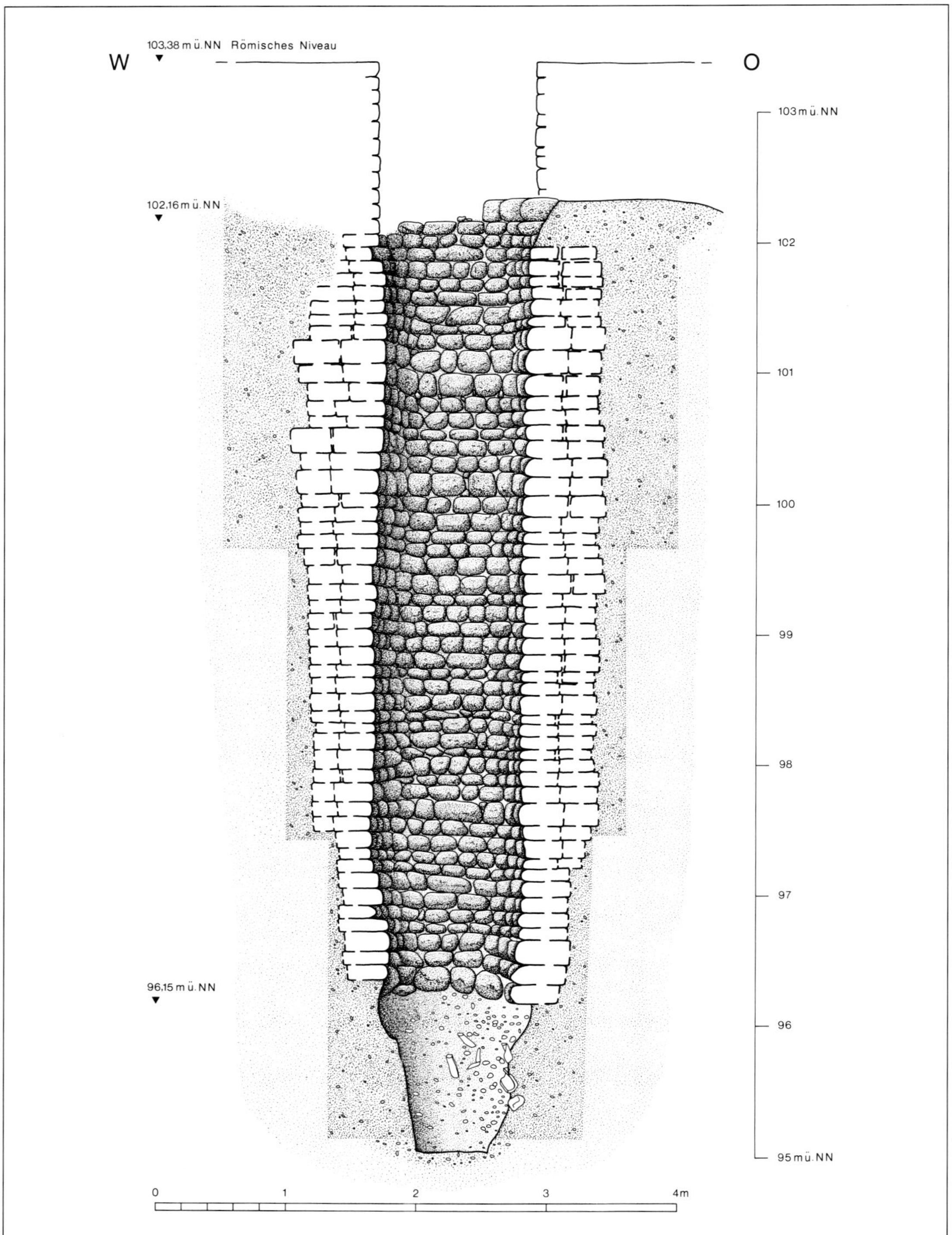


absenkungen geführt haben. Aus diesem Grund haben sich in den Brunnen keine organischen Materialien, außer verkohlten Resten und Knochen, erhalten. Daher sind für Ladenburg von archäobotanischer Seite nicht zuviele Aussagen z.B. zum Aussehen der Hinterhöfe, eventueller Gärten dort oder zur Nutzung des Umlands zu erwarten.

Trotzdem können die Naturwissenschaften gelegentlich höchst interessante Einzelaspekte zum römischen Leben liefern. So konnte kürzlich für die Bewohner eines Hauses westlich der Fernstraße, direkt nördlich der Stadtmauer wahrscheinlich gemacht werden, daß sie nicht unerheblich von Parasiten befallen waren. In der Füllung einer Latrine ließen sich nämlich die Eier von 4 verschiedenen Wurmarten nachweisen, die alle bei Menschen vorkommen. Allerdings sind die Eier zur Zeit noch nicht eindeutig von denen ihrer z.B. bei Schweinen vorkommenden „Verwandten" zu unterscheiden[485]. Da Tierhaltung in einer Siedlung wie LOPODVNVM bisher nur in eingeschränktem Maß wahrscheinlich ist, gibt dieser Befund doch eher einen Hinweis auf Probleme der damaligen Einwohner.

Vor allem haben sich aber Knochenreste erhalten. Aus ihnen können wichtige Hinweise zu Ernährungs-, aber auch Wirtschaftsgewohnheiten gewonnen werden. Hierzu sind vor allem große Reihenuntersuchungen nötig[486]. Details sind aber heute schon bekannt, z.B. ließen sich in Ladenburg Pfauen nachweisen, aber auch eine farmartige Hühnerzucht ist im Umland wahrscheinlich[487].

Im Zusammenhang mit der Entsorgung soll noch auf zwei andere Befunde bzw. Aspekte hingewiesen werden. Generell erfolgte in früheren Zeiten die Beseitigung von Abfällen und Fäkalien in Latrinengruben, die für jedes Grundstück im hinteren Bereich, in einigem Abstand zu den Brunnen, angelegt wurden (Abb. 7)[488]. Sie waren üblicherweise holzverschalt und dürften mehrfach geleert worden sein, bevor sie nach einer letzten Füllung aufgegeben und einplaniert wurden.

Eine Ausnahme bildet eine von Heukemes unter dem neuen Rathaus festgestellte, ovale Latrinengrube, die einen Steinmantel ähnlich den Brunnen aufwies (Abb. 76). Im oberen Bereich besaß sie einen nischenartigen Einlauf[489]. Merkwürdig ist, daß abgesehen von dem gerade beschriebenen Befund bisher keine Latrinengruben eindeutig im Zusammenhang mit Steingebäuden nachgewiesen werden konnten. Nachdem auch innerhalb der Häuser keine Latrinen gefunden wurden, müssen wir davon ausgehen, daß in der späteren Zeit die Entsorgung anders organisiert war. Wie dies geschah, ist völlig offen. Abgesehen von dem in Kap. 4.2.2. angeführten möglichen Pissoir auf dem nördlichen Platz kennen wir bisher auch keine öffentlichen Latrinen. In Analogie zum Civitashauptort Rottenburg wäre eine mit der dortigen, mindestens 35sitzigen Prachtlatrine vergleichbare Anlage durchaus denkbar[490]. Solche Anlagen stehen üblicherweise im Zusammenhang mit großvolumiger Wasserführung. Bisher gibt es aber für LOPODVNVM weder Anzeichen für eine entsprechende Wasserleitung in Form eines Aquädukts, z.B. vom Odenwald, noch für die wegen des Überlaufs hinter einem konstanten Wasserzufluß zwingend notwendige Entsorgung in Form eines großen Abwassersammlers. Der von Heukemes im Kies der Forumsstraße gefundene Kanal[491] dürfte kaum diese Funktion erfüllt haben, sondern vielmehr zur Ableitung von Dach- und Oberflächenwasser gedient haben. Vermutlich entwässerte eine offene Rinne, die an der Bebauung nördlich der Forumstraße gefunden wurde, dorthin (Abb. 75).

Andererseits ist für den Betrieb der Bäder eine permanente Wasserzuleitung zu fordern, denn es ist kaum vorstellbar, daß sie mit Nekkarwasser versorgt wurden bzw. Brunnen ausreichend Wasser liefern konnten. Der Kanal vom Bad neben dem Palast? Richtung Neckar könnte auch einen entsprechenden Querschnitt aufgewiesen haben. Daher wäre eine große öffentliche Latrine auch am ehesten in der Nähe der Bäder zu suchen. Aufgrund der städtebaulichen Prinzipien, die anscheinend für die Errichtung solcher Anlagen in römischer Zeit gegolten haben, halte ich in Verbindung damit eine große Latrine irgendwo nördlich des Forums? am wahrscheinlichsten[492]. Wegen der großen Zahl der Brunnen im privaten wie anscheinend im öffentlichen Raum (z.B. am nördlichen Platz) ist aber für LOPODVNVM kaum eine Fließwasserversorgung für alle Stadtbereiche anzunehmen.

### 4.6.4 Handwerk und Gewerbe

Neben dem unterschwellig immer wieder angedeuteten und direkt wie indirekt aus den Hausformen abgeleiteten Handel lassen sich im römischen Ladenburg verschiedene andere Tätigkeiten nachweisen. Hier ist allerdings nicht der Platz, um auf die nur durch ihre Endprodukte oder Werkzeuge erschließbaren Handwerker, vor allem die Bauhandwerker, einzugehen. Erwähnung finden sollen vielmehr diejenigen Berufe, die sich in der Stadt auch genauer lokalisieren lassen[493].

*Abb. 63: Getreidedarre mit durch Dachziegel abgedeckten Heizkanälen; oben der Heizraum. Eponastraße 1949/50.*

Erwähnt wurde schon die mutmaßliche große Räucherei, die sich bald nach der Gründung der Civitas im Haus B, etwa in der Mitte des nördlichen Platzes, niedergelassen hat. Dort finden sich in den Häusern D und F auch Doppelöfen, die auf Metallverarbeitung weisen. Bronzeabfälle und Gußtropfen bestätigen diese Vermutung. Ein anderer Teil der an der Kellerei in Resten gefundenen Öfen könnte ebenfalls zur Metallbearbeitung gedient haben, z.B. durch Schmiede. Leider sind die Reste zu unspezifisch, um genauere Aussagen zu machen[494].

In LOPODVNVM relativ stark vertreten und im Befund gut nachzuweisen ist das Töpferhandwerk. Töpferöfen fanden sich bisher in größerer Zahl im südlichen Stadtteil, an der Ecke Feuerleitergasse/Sickingenstraße[495], an mehreren Stellen östlich des Forums? zwischen Epona- und Trajanstraße sowie verstreut westlich der Fernstraße ab dem südlichen Teil des Forums? bis südlich der Stadtmauer und bis zu den Mithräen (Abb. 24; 77)[496]. Die Öfen scheinen sich in der Regel in den hinteren Bereichen der Parzellen befunden zu haben. Nach Heukemes stammen die meisten der mehr zum Zentrum liegenden Öfen aus der Kastellzeit, während die späteren weiter südlich liegen[497]. Er sieht darin eine planmäßige Verlagerung an die Randbereiche der Stadt. Diskutiert werden kann, ob es sich dabei um den Versuch, die Geruchsbelästigung einzudämmen, handelt oder um den Ansatz einer sozialen Gliederung. Die Lage der gleich zu behandelnden Kalköfen westlich der Stadt scheint mir anzudeuten, daß die Geruchsbelästigung zumindest nicht die einzige Rolle bei dieser Verlagerung gespielt hat. Die Abgase der Kalköfen wurden nämlich bei der vorherrschenden Hauptwindrichtung über das ganze südliche Stadtgebiet verteilt. Gespannt sein darf man auf die Produktpalette, die sich, genauso wie die Datierung der einzelnen Öfen, natürlich erst nach der intensiven Bearbeitung des Fundmaterials in ihrer ganzen Breite erkennen lassen wird.

Eine spezialisierte Keramikproduktion wird für die Zeit vor dem Stadtmauerbau im Bereich der Domitianstraße wahrscheinlich. Hier fand sich in einem Keller, der wohl vor der Errichtung der Mauer aufgegeben und verfüllt wurde, ein Model zur Herstellung von Tonlampen[498].

Während die Keramikproduktion im wesentlichen innerhalb der Stadt erfolgte und vermutlich auf einzelne Parzellen bezogen war (weitere Öfen, wahrscheinlich aber noch des 1. Jhs., konnte Heukemes in der neckarswebischen Siedlung im Nordosten nachweisen[499]), scheint die für Ladenburg ebenfalls nachzuweisende Ziegelproduktion ausschließlich außerhalb und zwar in regelrechten Außensiedlungen erfolgt zu sein. Ein in seiner Lokalisierung nicht ganz gesicherter Ziegelofen wurde schon 1932 nordöstlich der Stadt gefunden[500]. Sein Heizgang war 4,3 m lang, seine Breite belief sich auf mindestens 2,6 m. Der Ofen lag eventuell an der Fortsetzung der in der Zehntstraße nachgewiesenen Straße auf die Siedlungen am Neckaraltarm zu. Weitere Öfen lassen sich durch Lesefunde auf den Äckern südöstlich der Stadt, östlich der Fernstraße, im Bereich einer vielleicht eigenständigen kleinen Siedlung nachweisen[501]. Leider wissen wir davon sonst aber bisher nichts.

Für die in LOPODVNVM errichteten Steinmauern wurden große Mengen Mörtel bzw. gebrannten Kalks benötigt. Zwei, vielleicht drei Kalkbrennöfen konnte Heukemes während der Baumaßnahmen in der Südstadt ermitteln[502]. Die beiden sicheren Öfen wurden unmittelbar an der Böschung zum Neckar angelegt. Auf diese Weise bereitete die Anlieferung der benötigten gewaltigen Mengen an Kalkstein und Brennmaterial auf dem Fluß keine Schwierigkeiten. Außerdem ließen sich die einige Meter hohen Anlagen leichter von oben beschicken. Die Lage der Öfen direkt vor der Stadtmauer und die Dimensionen des nördlichen Ofens (Durchmesser fast 7 m) lassen vermuten, daß die beiden Kalkbrennöfen im Zusammenhang mit dem Bau der Stadtmauer standen[503].

Eine der ersten Untersuchungen nach dem 2. Weltkrieg erbrachte 1949 nördlich der heutigen Eponastraße, unmittelbar benachbart zu der östlichen Nord-Süd-Straße, den Nachweis einer Darre unter einem hölzernen Schutzbau (Abb. 63)[504]. Von einer Feuerstelle aus wurde über abgedeckte Kanäle Hitze in einen 2,8 x 2,8 m großen, ursprünglich überwölbten Raum geleitet, wo wohl auf einem Bretterboden das Darrgut erhitzt wurde. Die winkelige Anlage der Heizkanäle sollte Funkenflug und eine Entzündung des Darrguts verhindern. Verkohlte, angekeimte Getreidekörner weisen auf Emmer als Darrgut, das Heukemes als Malz für eine Bierbrauerei interpretiert. Darauf scheint auch die einheimische Bautechnik der Anlage hinzuweisen[505]. Denkbar ist aber, daß in der Anlage grundsätzlich auch Getreide für die Lagerung haltbar gemacht werden konnte[506].

Weiterverarbeitet wurde Getreide dagegen in dem Ofen eines Bäckers, der in der Kirchenstraße 5 gefunden wurde (Abb. 64)[507]. Der aus Ziegelbruch aufgesetzte Bau mit einem Durchmesser von etwa 1 m wurde an gleicher Stelle einmal von Grund auf neu gesetzt. Er scheint demnach länger in Betrieb gewesen zu sein. Die so nachgewiesene Bäckerei befand sich in einem Gebäude nördlich der Forumsstraße unmittelbar neben dem aus Inschriften erschlossenen kleinen Tempel oder Weihebezirk (s. Kap. 4.5.).

Weitere Aspekte zu diesem Thema sind von den noch an keiner Stelle erfolgten, für die Kellerei aber gerade laufenden Fundbearbeitungen zu erwarten[508]. Hinweise, z.B. auf einen Nadelmacher an der Kellerei oder einen anderen beinverarbeitenden Betrieb an der Heidelberger Straße 4[509], sind jetzt schon bekannt.

*Abb. 64: Backofen aus Ziegelbruch. Kirchenstraße 5.*

## 4.7 Friedhöfe

Üblicherweise liegen die Friedhöfe römischer Städte und Siedlungen außerhalb des geschlossenen Siedlungsraums. Dies wurde schon im republikanischen „Zwölftafelgesetz" geregelt. Bevorzugt wurden Gelände nahe den Ausfallstraßen, denn Bestattungen hatten in der römischen Zeit meist auch etwas mit Repräsentation zu tun. Allerdings zeigt die archäologische Praxis, daß es auch Ausnahmen gegeben haben muß. So wurden einerseits Kleinkinder häufig im Bereich der Häuser oder in den hinteren Grundstücksteilen begraben[510], andererseits die Mitglieder von meist orientalischen Kultgemeinden nahe ihres Heiligtums bestattet[511].

Dementsprechend sind die Bestattungen auch in Ladenburg hauptsächlich außerhalb des geschlossenen Siedlungsgebiets zu erwarten, auch wenn man nicht allzusehr überrascht sein darf, wenn einzelne Gräber auch innerhalb gefunden werden. Einen der großen Friedhöfe, vielleicht sogar den Hauptfriedhof, wird man allerdings vergeblich suchen, da er zusammen mit der nach Nordwesten führenden Fernstraße abgeschwemmt worden sein dürfte. Vielleicht stand einst der große Grabstein, den ein Verwalter Eutychas seinem Vertreter Paris setzen ließ und der im Neckarkies bei der Eisenbahnbrücke gefunden wurde[512], an dieser Straße.

Nachgewiesen wurden bisher Gräber an verschiedenen Stellen mehr oder weniger kranzförmig um die Stadt herum[513]. Im Norden fanden sich entlang der Preysingstraße zwei ca. 80 m auseinander liegende Gräbergruppen, vor allem des 2. Jhs.[514]. Sie sind auf die nach Norden führende Straße ausgerichtet, wobei unklar ist, ob sie von einem einzigen großen Gräberfeld stammen.

Aus der Schulstraße sind zwei Einzelgrabfunde bekannt. Zumindest der südliche müßte älter sein als die Stadtbefestigung[515]. Dagegen gehörten die beim Bau der Landwirtschaftsschule an der Trajanstraße gefundenen Gräber[516] sicher wieder zu einem größeren Gräberfeld, das sich über 100 m erstreckt hat. Wie der Fund eines Steins eines größeren Grabmals im Graben der Stadtbefestigung hier zeigt, dürften auf dem Friedhof auch Grabmonumente gestanden haben. Dieses Gräberfeld einerseits und die Einzelgräber an der Schulstraße andererseits scheinen die seitliche Begrenzung der nordöstlichen Siedlungsgebiete außerhalb der Stadtbefestigung zu markieren.

Weitere Gräber und ein Grabstein wurden südlich der Stadt, westlich der Fernstraße, gefunden. Hier kamen auch Reste eines oder mehrerer Turmgrabmäler zum Vorschein. In Analogie z.B. zu Heidelberg[517] kommt diese Lage für einen Hauptfriedhof in Frage. Dann wäre der Bestattungsplatz sehr groß gewesen[518].

Das Grab einer Frau aus der Zeit um 100 n.Chr. östlich der Valentinianstraße[519] steht bisher genauso alleine wie ein Grab in der Domitianstraße 11, das nach Heukemes wohl noch vor dem Bau der Stadtmauer datiert. Dagegen dürfte ein Grab in der Valentinianstraße 23 südlich der Stadtmauer erst nach deren Bau angelegt worden sein. Innerhalb der Stadtbefestigung soll vor mehr als 100 Jahren noch ein weiteres Grab, im Bereich des ehemaligen Jesuitenhofs[520], östlich der Rheingaustraße gefunden worden sein. Es ist allerdings unklar, ob es sich bei dieser Fundmeldung tatsächlich um ein Grab handelt.

Soweit mir bekannt, sind alle bisher aufgedeckten kaiserzeitlichen Gräber in Ladenburg Brandgräber. Die Toten wurden auf einem bestimmten Platz innerhalb des Friedhofs mit eventuellen Beigaben verbrannt. Nach dem Ablöschen bzw. Erkalten des Scheiterhaufens las man die Knochenreste, Teile der Beigaben sowie gelegentlich Holzkohlebrocken aus und deponierte sie, oft in einem Behältnis, zusammen mit weiteren, unverbrannten Beigaben in der eigentlichen Grabgrube. Diese befand sich, bei bessergestellten Personen, in einem „Grabgarten" oder war Teil eines aufwendigen Grabmonuments. Möglicherweise rundete ein Grabstein oder eine hölzerne Tafel das Bild ab.

Das auffallende Fehlen von Grabsteinen in Ladenburg – bekannt sind, außer dem schon genannten Stein des Paris und einem unbeschrifteten Stein südlich der Stadt, nur der Stein für den Freigelassenen Annius Januarius, der aber wegen seines Fundorts im Norden jenseits der Bahnlinie eher zu einem Gräberfeld einer Villa rustica gehört[521] – steht in krassem Widerspruch zu der relativ großen Zahl von Weiheinschriften. Dafür scheint nicht nur der Neckar, der den vermuteten großen Friedhof im Nordwesten abgeschwemmt hat, verantwortlich zu sein, sondern auch nachkaiserzeitlicher Steinraub[522]. Anders als an anderen Orten haben sich bisher Grabsteine auch nicht als Spolien sekundär verbaut gefunden.

### 4.8 Ende der Stadt

Allgemein wird das Ende der kontinuierlichen Besetzung des rechtsrheinischen Gebiets durch die Römer um 260 n.Chr. gesehen. Hintergrund ist eine reichsweite Krise in der Mitte des 3. Jhs., zu der wirtschaftliche Schwierigkeiten, innenpolitische Probleme (besonders die Erhebung des niedergermanischen Statthalters Postumus und die Einrichtung des sog. Gallischen Sonderreiches), außenpolitische Auseinandersetzungen im Osten und mit den Germanen, besonders den Alamannen, sowie vielleicht von den Römern teilweise selbst verursachte ökologische Verschlechterungen geführt haben[523].

Aus der Sicht Ladenburgs lassen sich allenfalls kleine Details in diesem Zusammenhang benennen. Relativ eindeutig ist die Münzkurve, die eine kontinuierliche Besiedlung der stadtartigen Siedlung bis kurz vor oder um 260 n.Chr. belegt[524]. Münzen der Zeit nach 260 machen dagegen einen solch kleinen Anteil aus, daß sie kaum mit einem normalen römischen Leben in Verbindung gebracht werden können. Auch die Inschriften sprechen mit den letzten, 253 n.Chr. oder bald danach in Ladenburg und Heidelberg gesetzten Leugensäulen eine ähnliche Sprache[525]. Sie bezeugen, daß in dieser Zeit noch eine mehr oder weniger gut funktionierende Verwaltung existiert haben muß.

Auf der anderen Seite sprechen verschiedene Brände und mögliche Zerstörungen dafür, daß es im 2. Drittel des 3. Jhs. Probleme in Ladenburg gab. Dazu zählen vor allem Brände in mehreren Gebäuden an der Kellerei[526] und an der Heidelberger Straße 4[527], die Zerstörung des Mithräums I[528], zwei Skelette mit Schädelverletzungen zusammen mit Keramik der Mitte des 3. Jhs. in einem Brunnen westlich des Bischofshofs[529] und die Zerstörung der Jupitergigantensäule in der Trajanstraße 19a, für die Heukemes einen zweimaligen Brunnensturz wahrscheinlich machte[530]. Weiterhin weisen vielleicht Waffenfunde in der Kellerei und in der Villa rustica südlich der Stadt[531], Münzschätze mit Schlußmünzen 249/251 n.Chr. bzw. 260 n.Chr.[532] sowie die abgenommenen Bronzen des Prunkportals auf Zeitumstände, die es den Menschen geraten erscheinen ließen, ihre Ersparnisse und Wertgegenstände zu verstecken und die dazu geführt haben, daß sie ihr Verstecktes nicht mehr bergen konnten. Zu beachten ist allerdings, daß die Schlußmünzen, also die jüngsten Münzen, auch hier nur einen terminus post quem liefern können.

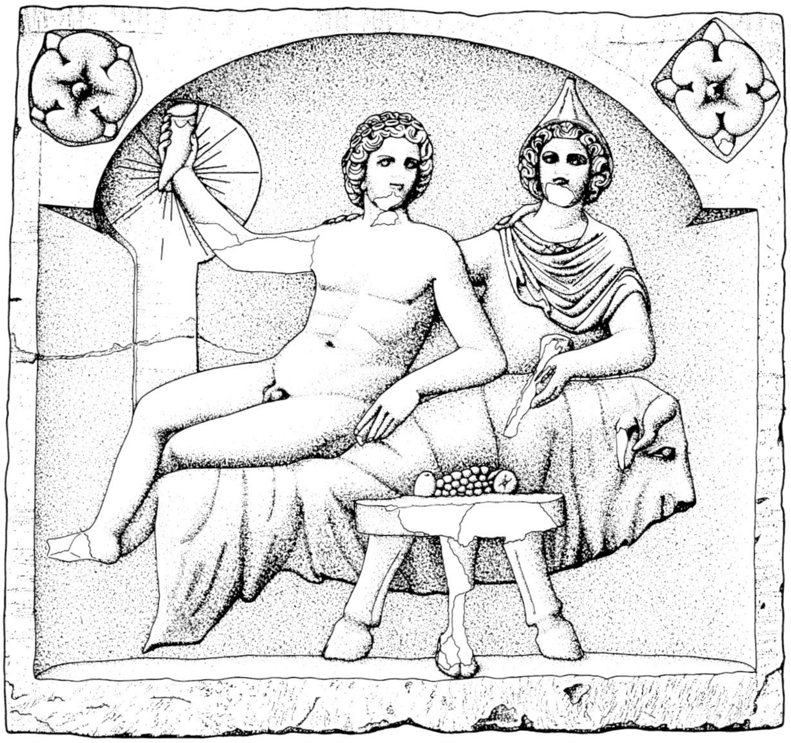

*Abb. 65: Mithrasrelief aus Mithräum I. Länge ca. 1,5 m. Kastellweg 7.*

Insgesamt lassen sich die genannten Funde und Befunde bisher kaum zu einem flächendeckenden Ereignis verbinden. Vielmehr zeichnen sich zeitlich und räumlich versetzt mehrere Ereignisse ab, die zerstörerisch wirkten. Nach Heukemes wäre die Jupitergigantensäule ein erstes Mal schon 233 n.Chr. in den Brunnen gestürzt worden. Der Brand an der Kellerei zumindest auf Parzelle C kann ebenfalls nicht mit dem Ende der Stadt zusammengefallen sein, denn danach wurde der ausgebrannte Keller noch gezielt verfüllt, also zumindest der Frontbereich der Parzelle wieder hergestellt (terminus post quem 246 n.Chr.). Ähnliches gilt für die Heidelberger Straße 4, wo der Keller gleichermaßen verfüllt wurde. Es muß auch noch jemanden gegeben haben, der die Leugensäulen unter erheblichem Aufwand dorthin gebracht hat, wo sie gefunden wurden.

Für keines der zerstörerischen Ereignisse läßt sich zweifelsfrei Feindeinwirkung belegen. Selbst die Toten im Brunnen am Bischofshof können die Folge einer privaten Tragödie sein. Allerdings wies mich Heukemes auf weitere Brunnen hin, die anscheinend durch hineingeworfene Tierkadaver vergiftet wurden[533].

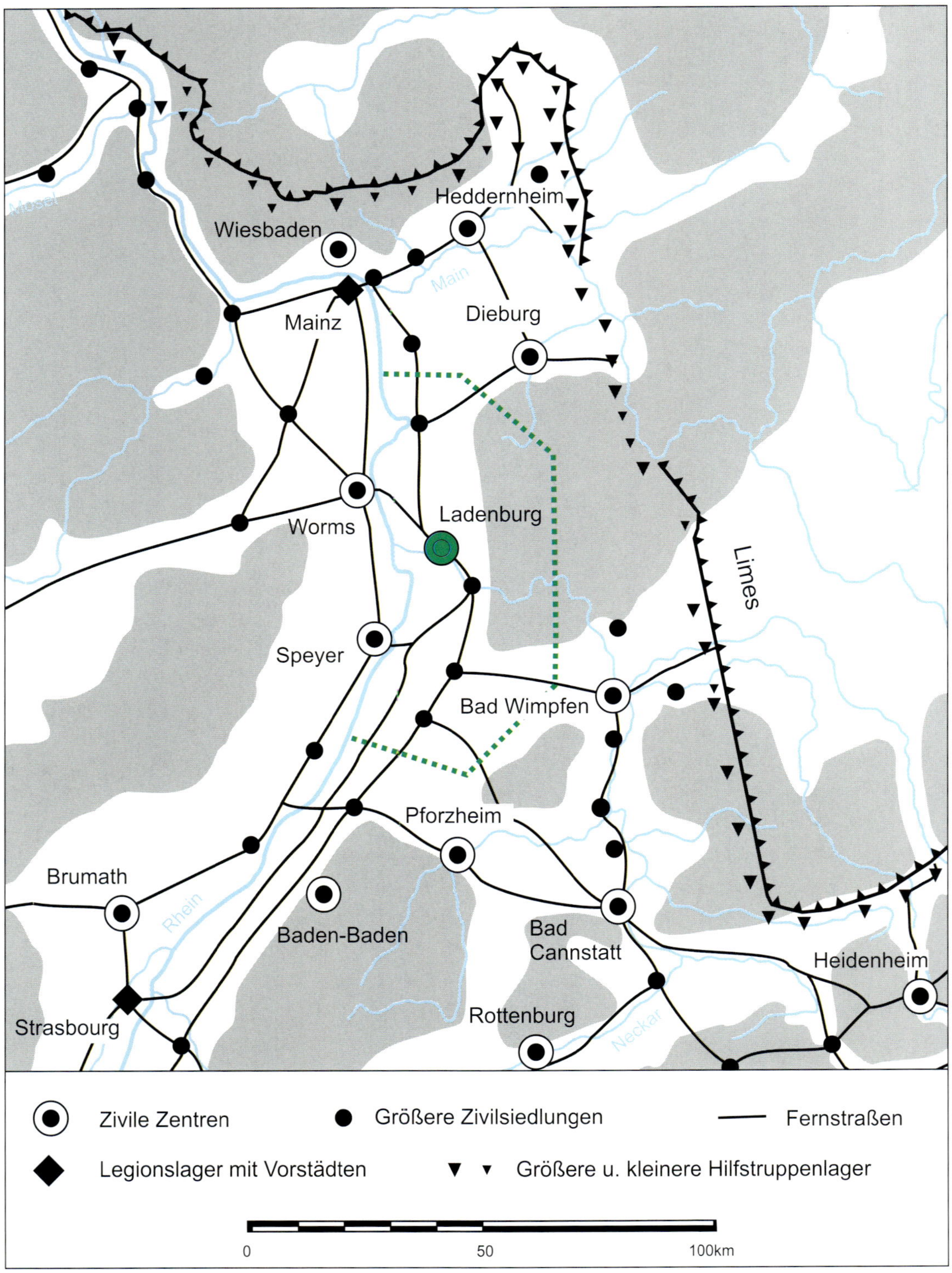


*Abb. 66: Nördliches Obergermanien mit den mutmaßlichen Grenzen der CIVITAS VLPIA SVEBORVM NICRENSIVM.*

Grundsätzlich meine ich jedoch, daß zum jetzigen Zeitpunkt in LOPODVNVM weder Alamanneneinfälle noch Unruhen im Zusammenhang mit der Erhebung des Postumus zum Gegenkaiser (Gallisches Sonderreich) eindeutig sind oder gar als Ursache für die Aufgabe Ladenburgs durch die Römer benannt werden können.

Genausowenig ist zu belegen, daß Ladenburg gänzlich verlassen wurde. Verschiedene Münzen, die nach 260 n.Chr. geprägt wurden[534], deuten nämlich an, daß Ladenburg auch im 3. Drittel des 3. Jhs. von Menschen zumindest begangen wurde. Grabungen der letzten Jahre anderswo zeigten, daß solche Münzen durchaus auch mit Alamannen in Verbindung zu bringen sind[535]. Für diese Möglichkeit sprechen in Ladenburg mehrere alamannische Fundstellen im südlichen Stadtgebiet und jenseits davon, deren älteste im Bereich der ehemaligen Villa rustica „Ziegelscheuer" vielleicht schon vor 300 n.Chr. zu datieren ist[536]. Anscheinend waren sie in irgendeiner Form auch an der Deponierung der Phallussäule in „ihrem" Keller (Abb. 61) beteiligt, denn unter ihr fand sich ein germanischer Ösenhalsring[537].

## 5. Letzte Bemühungen

Obwohl die Römer um 260 n.Chr. das rechtsrheinische Gebiet weitgehend verlassen, vielleicht sogar, wie aus der gezielten Verlagerung der Leugensäulen geschlossen werden könnte, zu einem gewissen Grad planmäßig geräumt hatten, gaben sie doch keineswegs vollständig ihren Anspruch darauf auf. Feldzüge der verschiedenen Kaiser, vielleicht auch die Nutzung natürlicher Ressourcen, z.B. am Felsberg im Odenwald[538] oder zwischen Wiesloch und Nußloch[539], belegen, daß das römische Reich offiziell nicht am Rhein endete bzw. daß das Land jenseits davon zumindest noch zur römischen Einflußsphäre gehörte. Im späteren 4. Jh. versuchten die Römer sogar nochmals, hier Fuß zu fassen. Das, was am unteren Nekkar mit der militärischen Okkupation begann, endete ca. 300 Jahre später mit einem erneuten Aufmarsch des Militärs.

### 5.1 Kastell III

1978 entdeckte Heukemes in der Ausoniusstraße einen Spitzgraben. 1985 bot sich ihm erneut die Möglichkeit der Untersuchung dieses auf eine Befestigung weisenden Befunds (Abb. 67)[540]. Der Graben hatte sich noch bis zu einer Breite von 1,9–2,7 m bei einer Tiefe von etwa 1,5 m erhalten. Er wird aber ursprünglich sehr viel größer gewesen sein, nämlich ca. 5 m breit bei einer Tiefe von etwa 2,4 m.

Aufgrund des beobachteten starken Geländeabtrags konnten keine Reste eines Walls oder einer Mauer bzw. der Innenbebauung beobachtet werden. Daher läßt sich aus dem Befund nicht entscheiden, wo die Innen- und wo die Außenseite der Anlage war. Aufgrund der Topographie möchte ich annehmen, daß es sich bei dem Befund um den westlichen Graben der Anlage handelt, sie also auf der stadtabgewandten Seite des ehemaligen Neckaraltarms lag[541].

In der Grabenfüllung lagen einige frühe Funde. Diese führten anfänglich zu einer möglicherweise vespasianischen Datierung. In der sehr viel großräumigeren zweiten Untersuchung kam dagegen auch späteres Material zum Vorschein, vor allem sog. „Mayener Ware", die von Heukemes noch bis ins 4. Jh. datiert wird.

*Abb. 67: Graben des Kastells III. Ausoniusstraße 37.*

Demnach müßte es sich bei der Anlage um eine spätrömische Befestigung handeln.

Die Funde stammen alle aus den unteren Verfüllungshorizonten. Diese wurden nach oben von einer Schicht mit sehr viel Weinbergschnecken und Bänderschnecken abgeschlossen, was auf ein längeres Offenstehen der Grabenmulde weist. Nachdem sich hier keine Funde mehr befanden, ist davon auszugehen, daß die Funde hauptsächlich nicht durch Erosion in den Graben kamen, sondern hinein geworfen wurden. Dies bedeutet, daß entweder die Anlage einige Zeit in Benutzung war, oder daß es romanisierte Menschen in der Umgebung gab, die nach der Aufgabe des Grabens diesen als Müllkippe verwendeten. Eine Entscheidung, vor allem auch zu den Fragen, wer die Anlage wann benutzt hat, läßt sich im Moment nicht treffen.

## 5.2 Burgus

Sehr viel klarer ist die Situation bei der ebenfalls 1978 entdeckten Befestigung unter dem neuen Rathaus. Nach den Untersuchungen von Heukemes handelt es sich dabei um einen sog. Burgus[542], der direkt an dem mittlerweile hier fließenden Neckar errichtet wurde.

Den Kern bildete ein fast massiver, turmartiger Block mit 13,2 x 13,4 m Seitenlänge und 3–5 m dicken Mauern (Abb. 68 und 69). In der Südwestecke des Innenraums lag ein Brunnen. Der Kernbau war an drei Seiten von Umfassungsmauern umgeben[543], von denen die senkrecht zum Flußufer stehenden vermutlich über dieses hinaus bis in das Neckarbett reichten. Nach Heukemes deuten große Schuttfächer im Bereich der Ecken auf Türme hier. Allerdings können diese allenfalls nach außen vorgesprungen sein, da die nördliche Umfassungsmauer bis auf Höhe der Flucht der Innenseite der östlichen Mauer nachgewiesen ist[544]. Vervollständigt wurde die Umwehrung durch einen im Osten in einigem Abstand liegenden Graben, der bei ca. 5,6 m Breite eine Tiefe von 3,3 m aufwies. Bei seiner Eintiefung wurden ältere Gebäudereste abgetragen und die Fundamente durchschnitten. Vielleicht blieb jedoch ein kleiner Bau zwischen Burgus und Graben bestehen und wurde genutzt, da in ihm unter dem zusammengebrochenen Dach eine nach Heukemes spätrömisch datierende Schüssel gefunden wurde[545].

Die Umfassungsmauern begrenzten einen ca. 34 x 25 m großen Innenraum, der im Westen am Flußufer endete. Darin fand sich zwischen dem Kernbau und der nördlichen Umfassungsmauer ein ca. 11 x 8 m großer Baukörper, der wohl als Kaserne zu interpretieren ist. Anders als seinerzeit gesehen, entspricht seine Westseite aber nicht der ehemaligen Stadtmauer, sondern wurde eigenständig errichtet (Abb. 68; s. Kap. 4.4.7.)[546]. Nach den Überlegungen von Heukemes dürfte der Burgus 30–45 Mann Besatzung Platz geboten haben.

Die ganze Anlage, besonders das mächtige Mauerwerk des Kernbaus und sein im unteren Teil mit Gußmörtelwerk ausgefüllter Innenraum, machen deutlich, daß es sich bei dem Burgus um ein Bauwerk handelt, das auch langanhaltenden Belagerungen standhalten sollte. Dies wird auch durch die Lage am Neckarufer deutlich, wo sich durch die zum oder in den Fluß führenden Umfassungsmauern eine geschützte Hafensituation ergab.

Das von Heukemes geborgene Fundmaterial datiert den Burgus eindeutig in das 3. Drittel des 4. Jhs. Damit steht er im Zusammenhang mit einer Reorganisation der Grenzverteidigung unter Kaiser Valentinian I. Bis etwa 370 n.Chr. ließ dieser Kaiser eine ganze Serie von Befestigungsanlagen links und rechts des Rheins errichten. Der Burgus von Ladenburg bildete in diesem System vermutlich mit dem Kastell in Altrip gegenüber der damaligen

*Abb. 68: Westseite des Kernbaus des Burgus. Hauptstraße 7.*

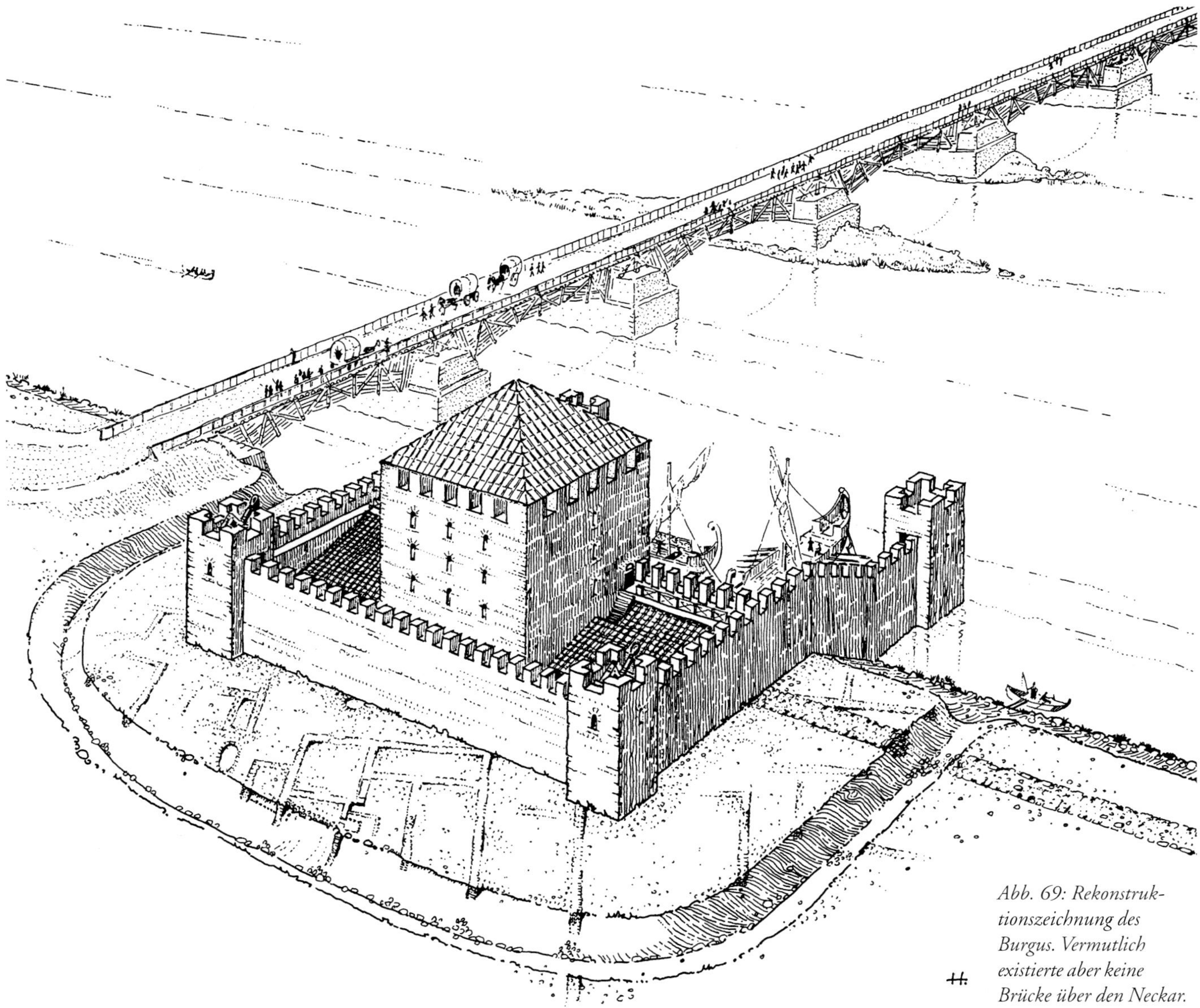

*Abb. 69: Rekonstruktionszeichnung des Burgus. Vermutlich existierte aber keine Brücke über den Neckar.*

Neckarmündung, einer davon ausgehenden Rheinbrücke sowie dem an ihrem Endpunkt errichteten Burgus in Mannheim-Neckarau eine Einheit[547]. Dabei diente der Ladenburger Burgus als vorgeschobener Brückenkopf, von dem aus auch Maßnahmen gegen die Alamannen durchgeführt werden konnten. Auf eine solche könnte sich die einzige Überlieferung des antiken Namens von Ladenburg in der Literatur beziehen. In der 371 n.Chr. verfaßten Mosella des Ausonius wird aus der übertragenden Erzählsicht für die Mosel berichtet: „Nicht Auszeichnungen liegen in den Wellen allein, sondern daß sie (die Mosel), von den Mauern der kaiserlichen Stadt kommend, die gemeinsamen Triumphe von Sohn und Vater (Gratian und Valentinian), und nach dem Sieg über die Feinde, darüber hinaus den Neckar, Lopodunum und die den lateinischen Annalen bisher unbekannten Quellen der Donau gesehen hat, ist bedeutsam“ (... *nec praemia in undis/ sola, sed Augustae veniens quod moenibus urbis/ spectavit iunctos natique patrisque triumphos/ hostibus exactis Nicrum super et Lupodunum/et fontem Latiis annalibus Histri/ ...*)[548]. Nachdem Valentinian sich um den 16. Juni 369 n.Chr. in Altrip aufhielt, ist durchaus vorstellbar, daß sich der Textteil indirekt auf einen Besuch des Kaisers in Ladenburg bezieht.

Bemerkenswert ist Heukemes' Feststellung, daß der Burgus aus wiederverwendetem Steinmaterial besteht[549]. Zweifelsohne gab es in den

*Abb. 70: Blick auf den nördlichen Teil des Forums. In der Mitte die nördliche Innenportikus, rechts davon der Forumshof, links die nördliche Raumflucht mit einer Trennwand. Im Vordergrund die Ostseite der Eingangshalle. Die Mauern sind durch einen mittelalterlichen Keller und ein frühmittelalterliches Grubenhaus gestört. Metzgergasse 11.*

*Abb. 71: Mauer des möglichen Kastellbads in bzw. über älteren Schichten. Mühlgasse 8.*

*Abb. 72: Mauer der nördlichen Randbebauung der Forumsstraße mit darunter liegenden, durch Fluchtstangen markierte Kastellbefunde. Bischofshof-Park.*

*Abb. 73: Hypokaustum im südlichen Raum des Palasts? während der Baumaßnahmen zum Carl-Benz-Gymnasium (1969).*

*Abb. 74: Fundament einer Mauer im Forum?. Heidelberger Straße 20.*

*Abb. 75: Gebäudereste nördlich der Forumstraße mit offener Wasserrinne mit Fugendichtung. Bischofshof-Park (1972).*

*Abb. 76 Gemauerte ovale Latrinengrube mit Einlaufkanal. Hauptstraße 7.*

*Abb. 77: Töpferofen mit rechteckiger Brennkammer. Merkurplatz 7 (1971).*

ausgedehnten Ruinen der ehemaligen Stadt keine Probleme, sich dieses zu beschaffen. Erinnert sei an die Feststellung des konsequenten Ab- und Ausbruchs der Stadtmauer (Kap. 4.4.7.). Denkbar ist, daß er zur Gewinnung des Steinmaterials für den Burgus erfolgte. Nachdem die Steine der Stadtmauer aber für weit mehr als nur den Burgus ausgereicht hätten, ist zu erwägen, daß sie auch als Steinbruch für die anderen, am unteren Neckar errichteten Befestigungsanlagen gedient hat. Bequem waren diese Anlagen ja über den Neckar zu erreichen und für das Altriper Steinmaterial speziell wurde schon verschiedentlich die Herkunft aus Ladenburg erwogen (nachzuweisen sind bisher allerdings nur Wormser Steine)[550]. Vielleicht steht mit dem Versuch, Altmaterialien zur Weiterverwertung zu gewinnen, der an der Kellerei die römischen Schichten abschließende Horizont „4/Z" in Zusammenhang. Dieser Horizont ist nicht identisch mit eventuellen Zerstörungsschichten[551]. Ähnliche Schichten, die einen völlig durchwühlten Eindruck machten, fanden sich auch anderswo.

Auf die Begehung der Ruinen, vielleicht auch auf Siedlungstätigkeit, weisen verschiedene spätrömische Münzen und die eine oder andere spätrömische Scherbe[552]. Diese Fundstücke müssen allerdings nicht unbedingt auf die Besatzung des Burgus oder zugehörige Marketender zurückgehen. Genauso könnten sie von Alamannen verloren worden sein, wobei noch nicht einmal ausgeschlossen ist, daß diese gleichzeitig mit den Soldaten im Burgus in Ladenburg siedelten.

Dagegen dürfte ein Teil der ca. 80 Toten, die Heukemes im Bereich des nördlichen Teils des Forums? und des östlichen Teils des Palasts? z.T. nur beobachten, z.T. auch ausgraben konnte, mit dem Burgus in Verbindung stehen. Sie wurden alle unverbrannt im Bereich der Gebäude bestattet, wobei die Lage eines der Skelette in einem Mauerausbruch den vorherigen Abtrag jedenfalls dieses Teils des Bauwerks voraussetzt. Leider sind die Gräber weitestgehend beigabenlos. Lediglich ein Grab kann über eine sog. Zwiebelknopffibel, die in der Regel als militärisches Rangabzeichen angesehen wird, wohl in die Zeit des Burgus eingeordnet werden[553]. Wegen der Zahl der Bestattungen, die ursprünglich wohl deutlich größer war und deshalb nicht nur auf die Besatzung des Burgus zurückzuführen sein dürfte, wird der Burgus aber nicht isoliert gestanden haben. Wahrscheinlich war auch er, wie die früheren Militäranlagen, von Marketendern bzw. deren Behausungen umgeben[554].

Nach dem Fundmaterial zu urteilen, dürfte der Burgus kurz vor oder um 400 n.Chr. verlassen worden sein. Etwa gleichzeitig endet nicht nur das romanisierte Leben in Ladenburg, sondern überhaupt rechts des Rheins. Wann die im Laufe des 5. Jhs. anscheinend in den Ruinen der Stadt lebenden Germanen hierhergekommen sind und ob sie oder andere, an bisher nicht bekannten Plätzen im Stadtgebiet siedelnden Menschen noch die letzten Romanen im Burgus gekannt haben und man somit für Ladenburg nicht nur von einer Ortskontinuität, sondern von einer echten Personenkontinuität sprechen kann, ist eine der bisher noch nicht gelösten archäologischen Fragestellungen.

## 6. Forschungsgeschichte und Danksagung

Das hier Zusammengetragene und Kommentierte ist natürlich nicht nur das Ergebnis eigener Forschungen. Vielmehr baut es auf mehr als 400 Jahre andauernden Vorarbeiten und Überlegungen auf. Alle diese Bemühungen gleichen dem Versuch, die Teile eines vielteiligen Puzzles, von dem die Vorlage verloren gegangen ist, zu suchen und zusammenzusetzen.

1599 bezog M. Freher erstmalig den Namen LOPODVNVM richtig auf Ladenburg und erwähnte römische Überreste[555]. Nach verschiedenen weiteren gelehrten Überlegungen wendete man sich allerdings erst in der 2. Hälfte des 19. Jhs. nach der Entdeckung der Inschriften im Theater intensiver den Ruinen zu. Dabei tat sich vor allem der Mannhei-

*Abb. 78: Steinblöcke des Bogenansatzes in der Basilika zwischen Mittelschiff und südlichem Seitenschiff mit bleivergossenen Eisenklammern, z. T. ausgebrochen, Hebe- und Hebellöchern. St. Galluskirche.*

mer Altertumsverein hervor. Planmäßige Grabungen setzten vor genau 100 Jahren 1898 mit den Bemühungen K. Schumachers, die römische Stadtmauer zu finden, ein. Sie waren vor allem in den Jahren vor dem 1. Weltkrieg, insbesondere unter der Leitung von H. Gropengießer, erfolgreich und führten zum Nachweis des Kastells I und zur Entdeckung der Basilika. Aber erst mit K. Seel III fand sich ein Ortsansässiger, der ein länger anhaltendes Interesse an den archäologischen Hinterlassenschaften Ladenburgs zeigte. Seinen Beobachtungen bei den verschiedensten Tiefbauarbeiten in der Stadt verdanken wir viele wertvolle Befunde.

Seit 1948 ist die archäologische Erforschung und die Sicherung der Befunde in der Stadt für die Nachwelt von B. Heukemes geprägt. Fast 40 Jahre hat er unermüdlich mit seinen freiwilligen Helfern vom Heimatbund Ladenburg und Mitarbeitern des Kurpfälzischen Museums Heidelberg bei anfänglich geringer finanzieller Ausstattung Baugrube für Baugrube, besonders in der Südstadt, beobachtet und versucht, möglichst viel Kenntnis zum antiken Ladenburg zusammenzutragen. Leider waren Versuche, die Südstadt vor der Bebauung planmäßig zu untersuchen, fehlgeschlagen.

Mit dem „Gesamtplan des römischen Ladenburg" gelang Heukemes 1986 die Vorlage des Rahmens für das Puzzle, um bei diesem Bild zu bleiben, und die Zeichnung der Konturen seines Inhaltes. Viel „Füllung" ergab sich durch die Grabungen des Landesdenkmalamts, die seit 1980 fast kontinuierlich in Ladenburg stattfinden und bei denen, dank bisher relativ guter finanzieller Ausstattung, die von Baumaßnahmen betroffenen Areale auch meist flächig untersucht werden konnten. Auf vielen Gebieten, z.B. dem Kastell, der privaten Bebauung und dem Forum, konnte so eine ganz wesentliche Erweiterungen des Wissens erreicht werden. Diese Grabungen werden wissenschaftlich und konzeptionell von der 1979 gegründeten Ladenburg-Kommission begleitet.

Im vorliegenden Beitrag wurde versucht, die vor allem in den letzten 100 Jahren zusammengetragene Kenntnis der Archäologie des römischen Ladenburg zusammenzufassen und einem breiteren Kreis zugänglich zu machen. Dabei lag das Schwergewicht zwangsläufig auf den Baubefunden und besonders auf den Ausgrabungen der letzten 20 Jahre, von denen ich einen großen Teil selbst leiten durfte und einen anderen Teil mit H. Kaiser zusammen auswerten konnte. Die Masse dieser Grabungen ist jedoch noch nicht oder nur andeutungsweise veröffentlicht[556].

Unverzichtbare Grundlage dieser Arbeit bildete jedoch – auch wenn heute manche Details anders interpretiert werden – die Arbeiten, die Berndmark Heukemes in Ladenburg durchgeführt hat. Sein Plan von 1986 gab den Rahmen für die weiteren Forschungen und für die hier abgedruckte Beilage und führt zu Heu-

*Abb. 79: Luftbild des Bereichs von Forum und Basilika in Ladenburg. Links von der St. Galluskirche die Grabung in der Basilika, im Hintergrund die Grabung Metzgergasse (Forum).*

kemes' leider weitgehend noch unveröffentlichten Unterlagen. Im Zusammenhang mit dem reichhaltigen Fundmaterial enthalten sie reichhaltige Informationen und überraschende Schätze, die auch durch zukünftige Ausgrabungen nicht ersetzt werden können. Es ist wünschenswert, daß sie baldmöglichst bearbeitet werden.

Dieser Beitrag wäre ohne vielfältige Unterstützung von B. Heukemes und meinen Kolleginnen und Kollegen im Landesdenkmalamt nicht zustande gekommen. Allen voran danke ich B. Heukemes für die Bereitstellung von Bildmaterial und zahlreiche Diskussionen. B. Rabold und H. Kaiser, beide Karlsruhe, sowie M. N. Filgis und K. Kortüm, Stuttgart, möchte ich herzlich danken, daß sie mir in vielen Gesprächen halfen, den richtigen Weg einzuschlagen und gerne bereit waren, Frühfassungen des Manuskripts zu korrigieren und zu kommentieren. Insbesondere die fast kontinuierliche Debatte mit H. Kaiser hat ganz wesentlich zu meinem Verständnis von LOPODVNVM beigetragen. K. Kortüm stellte freundlicherweise seine Karten Abb. 1 und 66 zur Verfügung. Herzlich danken möchte ich auch D. Müller und M. Horn, die mit ihren Ideen und bzw. ihrer Präzission in kürzester Zeit die Überarbeitung und Ergänzung des Planes (Beil.) ermöglichten.

Deutlich wurde an vielen Stellen im Text, daß wir trotz 400jähriger Forschung vieles über das antike Ladenburg noch immer nicht wissen oder verstehen. Ein Teil der fehlenden Puzzleteile ist leider für immer verloren. Ein anderer Teil lagert in den Archiven, wo Funde und Ausgrabungsdokumentation der wissenschaftlichen Bearbeitung harren. Ein ganz großer Teil liegt aber immer noch im Boden. Dort befinden sich die Ansätze für viele Antworten auf hier diskutierte Fragen, aber auch für neue, bisher nicht erkannte Probleme.

Uns, den heute lebenden Bauherren, Architekten, Bürgern Ladenburgs, den in der Gemeinde und in der Landespolitik Tätigen kommt daher eine große Verantwortung zu. Wir müssen die Bedingungen so gestalten, daß die Puzzlestücke für die Zukunft im Boden erhalten bleiben, oder, wo dies nicht möglich ist, mit ausreichend Zeit und finanzieller Ausstattung fachmännisch untersucht und dokumentiert werden können. Wir müssen außerdem den Archäologen, besonders auch dem Nachwuchs, die Möglichkeit geben, die Grabungen anschließend zu bearbeiten. Nur dann wird es möglich sein, beim 2000-Jahr-Jubiläum der Stadt Ladenburg eine neue Bilanz des Wissens um unsere Vergangenheit zu ziehen.

## Anmerkungen

1 CIL XIII 9082 = Dessau 5832. Hierzu SCHÖNBERGER: Truppenlager, S. 361f.

2 H. SCHÖNBERGER: Zum Verlauf des obergermanisch-rätischen Limes. In: H. WEIMERT (Hg.): Zivile und militärische Strukturen im Nordwesten der römischen Provinz Raetien. 3. Heidenheimer Archäologie-Colloquium 9. und 10. Oktober 1987, Heidenheim 1988, S. 92–96. Zur militärischen Situation der damaligen Zeit zusammenfassend SCHÖNBERGER: Truppenlager, S. 357ff. und Ph. FILTZINGER. In: Ph. FILTZINGER/ D. PLANCK/B. CÄMMERER: Die Römer in Baden-Württemberg, Stuttgart [3]1986, S. 45ff.

3 J. HUMPERT: Eine römische Straße durch den südlichen Schwarzwald. In: Arch. Nachr. Baden 45 (1991), S. 19–32.

4 C. S. SOMMER: Zur Größe von Kastell I in Rottweil. FB a BW 15 (1990), S. 265–276 und DERS.: MVNICIPIVM, S. 272ff.; R. FRANKE: Die Kastelle auf dem Nikolausfeld in Rottweil. Jahresber. Gesellschaft Pro Vindonissa 1998 (im Druck).

5 M. REDDÉ. In: R. GOGUEY/M. REDDÉ: Le camp légionnaire de Mirebeau, Mainz 1995 (RGZM Monogr. 36), S. 373–380.

6 Zu Clemens s. ECK: Statthalter, S. 35ff.

7 Hierzu auch HEUKEMES: Kreisbeschreibung I, S. 155f.

8 Vgl. auch SCHÖNBERGER: Truppenlager, C 44.

9 Am 23. 3. 1998 wies mich B. HEUKEMES auf weitere Grabenstücke in der Südstadt hin, für die er selbst noch keine Erklärung hat. Zwei davon fanden sich im Bereich zwischen Kastellweg und der späteren Stadtmauer; sie stehen senkrecht zueinander; ein weiteres Stück lag in Nord-Süd-Richtung in der Valentinianstraße 25. Sie konnten nicht mehr in die Beil. aufgenommen werden.

10 W. ENGESSER/J. LEIBER: Geologischer Bau und Landschaftsgeschichte. In: J. SCHÜTZ (Hg.): Der Rhein-Neckar-Kreis, Stuttgart 1991, Abb. 1.

11 KAISER/SOMMER: LOPODVNVM, S. 36. Vgl. auch M. LÖSCHER: Die geologischen Vorgänge auf der Gemarkung Ladenburg in den letzten 35000 Jahren. In: Der Lobdengau (Sonderausg. Jan. 1987).

12 S. auch DAUBER u.a.: Karte, bes. 12 und Beil.

13 HEUKEMES: Plan.

14 HEUKEMES: Doppelschanze, Abb. 7 und B. HEUKEMES: Neue archäologische Entdeckungen zur keltischen Besiedlung von Ladenburg, Rhein-Neckar-Kreis. In: ArchAusgrBW (1981), S. 84. Zur Viereckschanze vgl. Beitr. WIELAND.

15 In diesem Sinne auch in Arch. Nachr. Baden 20 (1978), S. 30; übernommen von PLANCK: Städte, S. 18.

16 Vgl. KAISER/SOMMER: LOPODVNVM, Abb. 270.

17 Bei HEUKEMES: Plan, wurde der Neckaraltarm im Unterschied dazu hinter dem Theater rekonstruiert.

18 In diesem Sinne HEUKEMES: Führer, S. 161 „eine alte Flußrinne ..., die zur Römerzeit mit ihrem sumpfigen Untergrund gewiß nicht ohne Einfluß auf den Verlauf der hier entlangziehenden vicus-Mauer war."

19 HEUKEMES: Siedlung, S. 120. Unklar ist, ob hier ein durchgehendes Gewässer gemeint ist.

20 HEUKEMES: Doppelschanze, S. 195 weist auf frühneuzeitliche Hochwässer hin, ebenso B. HEUKEMES und E. LACKNER im Gespräch.

21 KAISER: Ausgrabungen 1982, S. 89.

22 KAISER/SOMMER: LOPODVNVM, S. 42ff.; S. 306ff.; TRUMM/SOMMER: Ausgrabungen 1992, S. 135f. – Wenn hier und im Folgenden von „Graben", „Gräbchen", „Pfostengrube" bzw. „Pfosten", „Wand", „Baracke" usw. gesprochen wird, handelt es sich dabei um eine sprachliche Vereinfachung. Bei den Ausgrabungen wurde natürlich nie die damit angesprochene Hohlform bzw. nur selten die Konstruktion selbst gefunden. Vielmehr ließen sich die Hohlformen nur an ihrer Verfüllung, die sich farblich und von der Konsistenz her vom umgebenden Material unterschied, erkennen. Genauso zeichnete sich ein ehemaliger Pfosten, der schon lange vergangen war, durch eine Art Abdruck ab, während Fachwerkwände aus einer Serie von Pfostenspuren (und in günstigen Fällen Wandstümpfen) und Gebäude aus mehreren solchen Wänden ergänzt werden. Auch von Steingebäuden haben sich meist nur die unteren Lagen der Wände oder gar nur die Fundamente erhalten, auch hier wird der Einfachheit halber dann von „Mauern" gesprochen. Die angesprochenen Strukturen werden alle unter dem Begriff „Befunde" zusammengefaßt. Er steht im Unterschied zu „Funden", also Objekten, wie Scherben, Münzen, Nadeln usw., die im günstigen Fall bei der Grabung aus Befunden geborgen werden und so zu deren Interpretation und Datierung beitragen können.

23 Eher unwahrscheinlich ist ein Zusammenhang mit einer von HEUKEMES: Entdeckungen 1967/4 vermuteten „Grabenanlage" im Bereich der Cronberger Gasse. Sie läge weiter östlich.

24 KAISER: Ausgrabungen 1996, S. 119.

25 SOMMER: MVNICIPIVM, S. 277ff.; ca. 160 m Längenausdehnung über den inneren Graben.

26 KAISER/SOMMER: LOPODVNVM, S. 393ff.

27 SOMMER: Kastellvicus, S. 554.

28 KAISER/SOMMER: LOPODVNVM, S. 395ff., bes. S. 398. – Vgl. Anm. 9.

29 KAISER: Kastelle, S. 185.

30 KAISER: Ausgrabungen 1982, S. 89; HEUKEMES: Plan.

31 GROPENGIEßER: Sebastianskirche.

32 Hierzu KAISER/SOMMER: LOPODVNVM, S. 20 mit Anm. 72.

33 SEEL: Ausgrabungen, Nr. 20 und 21; GROPENGIEßER: Beobachtungen, S. 56; Plan in Ortsakten Karlsruhe.

34 MYLIUS: Marktbasilika, Abb. 10 (die ebd. Anm. 26 gemachte Bemerkung, daß der Graben schon 1908 an der Nordseite und besonders auch an der Südseite gefunden wurde, kann ich nicht verifizieren; wahrscheinlich bezieht sie sich auf die Mitteilung eines „interessanten Grabenprofils" in den MGBl 11 [1910], Nr. 5); BAATZ: Lopodunum, Beil. 2.

35 HEUKEMES: Entdeckungen 1966/2.

[36] Heukemes: Sebastianskapelle.

[37] Zusammenfassend Heukemes: Ladenburg, S. 383f.

[38] Heukemes: Burgus, S. 435 und Abb. 10.

[39] Zur Methode, erläutert vor allem an einem Profil aus der Kellerei in Ladenburg, G. Seifert: Lackprofil. Lackfilmmethode. In: ArchInfBW 7, Stuttgart 1988, und C. S. Sommer: Ein neues archäologisches Lackprofil aus Ladenburg in der Ausstellung „Der Keltenfürst von Hochdorf". In: Der Lobdengau 32 (1985), Nr. 2 (das Lackprofil ist jetzt im Archäologischen Landesmuseum, Außenstelle Konstanz, ausgestellt).

[40] Schallmayer: Ausgrabungen, S. 84ff.; Ders.: Domhofplatz, S. 13; Kaiser: Ausgrabungen 1981, S. 106.

[41] Kaiser/Sommer: Ausgrabungen 1985, S. 119f.

[42] Sommer: Ausgrabungen 1991, S. 133f.

[43] Sommer: Ladenburg, S. 16f.; Sommer: FB a BW 15 (1990), S. 664f.

[44] Gropengießer: Beobachtungen, S. 56.

[45] Heukemes: Plan.

[46] Sommer: Ausgrabungen 1984, S. 108 (damals noch nicht eindeutig als Kastell angesprochen); Kaiser/Sommer: Ausgrabungen 1985, S. 122ff.; Sommer: Ausgrabungen 1986, S. 140ff.

[47] Sommer: Ausgrabungen 1986, S. 140–142; Ders.: Ausgrabungen 1987, S. 104ff.; Ders.: Ausgrabungen 1988, S. 103f.; Wildenberg/Sommer: Ausgrabungen 1995; Kaiser: Ausgrabungen 1996, S. 116f.

[48] Sommer: Ausgrabungen 1994, S. 130f.

[49] Kaiser/Sommer: Ausgrabungen 1985, S. 119 (leider war die Fläche schon ausgebaggert, so daß nur noch die Profile der Baugrube aufgenommen werden konnten).

[50] Sommer. In: FB a BW 15 (1990), S. 661–662.

[51] Meyer/Schaeff/Sommer: Ausgrabungen 1993, S. 140–142; Sommer: Ausgrabungen 1994, S. 131–133.

[52] Sommer: Ausgrabungen 1990, S. 113f.

[53] Die Zahlen unterscheiden sich geringfügig von den bei Kaiser/Sommer: LOPODVNVM, S. 384 gemachten Angaben, was mit den kleinen Grabungsschnitten und der noch fehlenden Gesamtbearbeitung der Kastellbefunde zusammenhängt. Es steht zu hoffen, daß dieses und manch anderes Problem im Rahmen einer Nijmegener Dissertation von J. J. A. J. Wildenberg geklärt wird.

[54] Auf der Grundlage des Fuß (pes) mit ca. 30 cm Länge waren wichtige Vielfache der Doppelschritt (passus) mit ca. 1,5 m (5 Fuß) und ein 10-Fuß-Maß (decempeda) mit ca. 3,0 m. Für größere Strecken, aber auch große Flächen, war der „actus" gebräuchlich. Er umfaßte 120 Fuß und war somit ca. 36 m lang. Ganz große Strecken, besonders entlang Straßen, wurden als Meilen (mille passus) entsprechend 1,5 km oder als Leugen (leuga) gleich 2,2 km gemessen. Hierzu mit weiterer Literatur, insbesondere zu verschiedenen Fußmaßen, Kaiser/Sommer: LOPODVNVM, S. 311 mit Abb. 182.

[55] Schallmayer: Ausgrabungen, S. 85; Sommer: Ausgrabungen 1991, S. 133.

[56] Dies relativiert etwas die Aussagen bei Sommer: Ausgrabungen 1991, S. 133.

[57] Kaiser: Ausgrabungen 1981, S. 106; Schallmayer: Domhofplatz, S. 13; Sommer: Ausgrabungen 1991, S. 133.

[58] Während die Fortsetzung des Stangenrosts im Bereich der Türme in der Heidelberger Straße 4 nur möglich ist, ist sie im Domhof sicher.

[59] Heukemes: Sebastianskapelle, S. 5ff. Zu möglichen Torrekonstruktionen vgl. D. Planck: Arae Flaviae I, Stuttgart 1975 (Forsch. u. Ber. Vor- u. Frühgesch. Baden-Württemberg 6), Abb. 13.

[60] Heukemes: Ladenburg, S. 383; Schallmayer: Ausgrabungen, S. 84f. und Ortsakten.

[61] Im Norden getrennt durch einen kleinen Entwässerungsgraben. Nach Heukemes: Sebastianskapelle, Abb. 1 hat sie sich im Westen erst in etwa 3 m Abstand hinter der Rasensodenmauer befunden. Wegen dieser Lage rekonstruiert Heukemes wohl auch den hinter der späteren Steinmauer liegenden Wall mit 7,5 m Breite. Wie die unterschiedlichen Befunde in Einklang gebracht werden können, ist z.Z. unklar (in Abb. 5 erfolgt daher ein schematischer Eintrag der Straße unmittelbar hinter der Rasensodenmauer). Zur Via sagularis auch Schallmayer: Beobachtungen, S. 55 (bei dem Gebäude handelt es sich allerdings um die Hauptstraße 8).

[62] Schallmayer: Ausgrabungen, S. 85 und Kaiser: Kastelle, S. 182.

[63] Diese Anordnung wurde schon von Weise und Großengießer beobachtet und bei allen anderen Grabungsschnitten bestätigt (Gropengießer: Sebastianskirche, S. 180).

[64] Das von Gropengießer: Sebastianskirche, S. 179 angegebene Maß von 1,55 m für die Kastellmauer läßt sich nicht nachvollziehen, es sei denn, daß an der von ihm gemessenen Stelle die Vorder- oder Rückseite ausgebrochen war.

[65] Heukemes: Sebastianskirche, S. 10; Sommer: Ausgrabungen 1991, S. 133 (das dort angegebene Maß muß allerdings 1,5 m heißen).

[66] Heukemes: Sebastianskirche, S. 7ff. Die Tortürme maßen 3,95 x 4,7 m bei 1,0–1,2 m dicken Mauern.

[67] Heukemes wies mich darauf hin, daß das Steinkastell in Heidelberg ein identisches Profil hat. Dies deutet vielleicht auf eine gemeinsame Planung, eventuell sogar auf den gleichen Baumeister.

[68] Ber. RGK 7, 1912 (1915), S. 138f. mit Abb. 64. Heute im Reiß-Museum Mannheim. Der Zusammenhang mit einem von Heukemes: Sebastianskirche, S. 12 bzw. Ladenburg, S. 383 vermuteten Bogenmonument ist unwahrscheinlich, da es sich bei dem zu dieser Vermutung Anlaß bietenden Sockelstein auf dem südlichen Kastelltorturm eher um einen Sockelstein für eine Portikussäule handelt (Kaiser/Sommer: LOPODVNVM, Anm. 567).

[69] Kaiser: Ausgrabungen 1981, S. 106; Schallmayer: Domhofplatz, S. 13; Sommer: Ausgrabungen 1991, S. 133.

[70] Kaiser/Sommer: Ausgrabungen 1985, S. 119f.; damit wird Sommer. In: FB a BW 12 (1987), S. 581, bezüglich der Zwischentürme korrigiert. Die entsprechende Position nach Westen liegt knapp außerhalb der Grabung Domhofplatz, wodurch auch Kaiser: Kastelle, S. 182 relativiert wird. – Im Vergleich zu Rottweil, Kastell I, mit ca. 15 m (Sommer: MVNICIPIVM, S. 275), Kastell III mit 18 m (Planck: Arae Flaviae I.

[wie Anm. 59], S. 56 und Beil. 4) und Hofheim mit 18 m (NUBER: Hofheim, S. 226f.) ist der Abstand relativ groß.

71 Das Fundament des Turmes am Domhof war allerdings flächig, so daß hier nicht so verfahren worden sein kann. KAISER: Ausgrabungen 1981, S. 106.

72 SOMMER/KAISER: Ausgrabungen 1985, S. 119.

73 SCHALLMAYER: Ausgrabungen, S. 84f.

74 SCHALLMAYER: Beobachtungen, S. 52.

75 KAISER/SOMMER: LOPODVNVM, S. 395ff.

76 Seit der zusammenfassenden Arbeit von M. REUTER: Zur Inschriftenausstattung römischer Auxiliarstabsgebäude in den nordwestlichen Provinzen Britannien, Germanien, Raetien und Noricum. In: Saalburg-Jahrb. 48 (1995), S. 26–51 wird man den gesamten Komplex nicht mehr als Principia bezeichnen können, da dieser Begriff anscheinend an die hinteren Raumfluchten gebunden war.

77 Vermutlich im heutigen Straßenbereich unmittelbar vor der Nordostecke von Kirchenstraße 33 angeschnitten; SOMMER. In: FB a BW 17/2 (1992), S. 117 mit Abb. 43.

78 SOMMER: Ausgrabungen 1986, S. 141; MEYER/SCHAEFF/SOMMER: Ausgrabungen 1993, S. 141.

79 HEUKEMES: Sebastianskirche, S. 11 (nur Kastell).

80 KAISER: Kastelle, S. 184.

81 SOMMER: Ausgrabungen 1987, S. 104ff., DERS.: Ausgrabungen 1988, S. 103ff., WILDENBERG/SOMMER: Ausgrabungen 1995, S. 189 bzw. KAISER: Ausgrabungen 1996, S. 116f.

82 Gegenüber SOMMER: Horses, Abb. 7 ergibt sich eine deutliche Verkürzung, weil im Bereich des Praetoriums am Ostrand der Metzgergasse eine Nord-Süd laufende Straße erreicht wurde. Da eine Überprüfung der Unterlagen der Grabung Kirchenstraße 33 ergab, daß auch die dort gefundenen, bisher als Principia angedeuteten Räume grünverfärbte Rinnen enthielten und daher als Pferdeställe zu interpretieren sind (s.u.), handelt es sich bei dieser Straße sicher um die Via quintana (Abb. 5).

83 Bei SOMMER: Ausgrabungen 1987, S. 105 bzw. DERS.: Ladenburg, S. 17 noch als Portikus angesehen.

84 M. SCHOLZ. In: B. RABOLD/C.S. SOMMER: LOPODVNVM 98 – Vom Kastell zur Stadt. Begleitheft zur Ausstellung, Ladenburg/Stuttgart 1998, S. 41–43.

85 SOMMER: Ausgrabungen 1987, S. 105f.; DERS.: Ausgrabungen 1988, S. 103f., WILDENBERG/SOMMER: Ausgrabungen 1995, S. 188f. bzw. SOMMER: Ladenburg, S. 18f.

86 WILDENBERG/SOMMER: Ausgrabungen 1995, S. 188f.

87 SOMMER: Ausgrabungen 1988, S. 103ff., DERS.: Ladenburg, S. 18 und bes. C. S. SOMMER: Römischer Wandverputz aus dem Kastell I in LOPODVNVM – Ladenburg am Neckar. Bergung, Restaurierung und Rekonstruktion. In: FB a BW 23 (1999) (in Vorbereitung).

88 KAISER: Forum.

89 KAISER/SOMMER: Ausgrabungen 1985, S. 125; SOMMER: Ausgrabungen 1986, S. 140f.; DERS.: Ausgrabungen 1990, S. 114 (als Rückseite des Stabsgebäudes gedeutet); TRUMM/SOMMER: Ausgrabungen 1992, S. 136 (unklare Bedeutung); MEYER/SCHAEFF/SOMMER: Ausgrabungen 1993, S. 140ff.; SOMMER: Ausgrabungen 1994, S. 131; DERS.: Ladenburg, S. 16.

90 Hierzu ausführlich SOMMER: Horses, S. 158ff.

91 Auch in den Profilschnitten in der Brauergasse, der Kirchenstraße 43 (SOMMER. In: FB a BW 19/2 [1994], S. 116f.) und zwischen der Grabung Heidelberger Straße 4 und der Heidelberger Straße selbst (TRUMM/SOMMER: Ausgrabungen 1992, S. 136) fanden sich Brandspuren.

92 Hierzu auch KAISER/SOMMER: LOPODVNVM, S. 395 und SCHÖNBERGER: Truppenlager, C 44. Wir gingen von einer Errichtung unter Clemens aus.

93 Andeutungsweise HEUKEMES: Kreisbeschreibung, S. 151f.; DERS.: Ladenburg, S. 384. Die frühen Funde wurden aber auch immer wieder mit neckarswebischen Siedlungen in Verbindung gebracht.

94 Die ca. 80 Fundmünzen der letzten Jahre, die K. Kortüm freundlicherweise im Februar 1998 noch mit in seine Berechnungen einbezog, ergaben gegenüber den Kurven in KORTÜM: Datierung, eine geringe Vorverlegung des Beginns. Ich danke ihm ganz herzlich für die Berechnungen und für die Möglichkeit, schon das Manuskript lesen und mit ihm diskutieren zu können. Zur Methode jetzt schon KORTÜM: Pforzheim, S. 160.

95 BAATZ: Lopodunum, S. 31, u.a. W. BARTHEL, Die Erforschung des obergermanisch-raetischen Limes in den Jahren 1908–1912. In: Ber. RGK 6, 1910–1911 (1913), S. 127, folgend; HEUKEMES: Ladenburg, S. 384.

96 Zu diesen Kastellen SCHÖNBERGER: Truppenlager, S. 365.

97 HEUKEMES: Ladenburg, S. 384; KAISER: Kastelle, S. 184 (wegen Funde aus dem Graben der 1. Phase); SCHALLMAYER: Ausgrabungen, S. 85.

98 Hierzu ausführlicher NUBER: Hofheim, S. 231f.; PLANCK: Städte, S. 19.

99 Mit einer ähnlichen Frage HEUKEMES: Ladenburg, S. 384.

100 Vgl. z.B. das etwa gleichzeitige Hofheim, wo auf 2 ha sogar 2 Einheiten Platz fanden. NUBER: Hofheim. Allgemein hierzu J. BENNETT: Fort Sizes as a Guide to Garrison Type: A Preliminary Study of Selected Forts in the European Provinces. In: Studien zu den Militärgrenzen Roms. Ber. 13. Intern. Limeskongr. 1983, Aalen, Stuttgart 1986 (Forsch. u. Ber. Vor- u. Frühgesch. Baden-Württemberg 20), S. 707–716.

101 C. S. SOMMER: Ein Pferdegeschirranhänger – Hinweis auf römische Reitereinheiten in Ladenburg? In: Der Lobdengau XXXV/1 (1988).

102 WILDENBERG/SOMMER: Ausgrabungen 1995, S. 189; M. KEMKES/J. SCHEUERBRANDT: Zwischen Patrouille und Parade. Die römische Reiterei am Limes. Schriften Limesmuseum Aalen, Stuttgart 1997, S. 44. Vgl. die Rekonstruktionszeichnung eines kompletten Pferdegeschirrs ebd., Abb. 35.

103 Hinweis HEUKEMES und Lobdengau-Museum.

104 CIL XIII 11740. F. HAUG. In: MGBl 7 (1906), S. 191f. Noch mit falscher Lesung, korrigiert ebd. S. 225f. auf Vorschlag Ritterling. WAGNER: Fundstätten, S. 231f. Zu dieser Inschrift, aber auch den anderen schriftlichen Ladenburger Zeugnissen demnächst R. WIEGELS: LOPODVNVM II, Stuttgart 1998 (Forsch. u. Ber. Vor- u. Frühgesch. Baden-Württemberg) [im Druck, lag dem Autor noch nicht vor].

[105] M. P. Speidel: Ein Inschriftstein aus Ladenburg mit der Weihung eines Italikers an die germanischen Suleviae. In: Germania 51 (1973), S. 172–173.

[106] Zusammenfassend Kaiser/Sommer: LOPODVNVM, S. 399.

[107] Zu den Cannanefaten (auch als Cananefaten oder Canninefaten überliefert) allgemein J. H. F. Bloemers: Rijswijk (Z.H.), „De Bult". Eine Siedlung der Cananefaten, Amersfoort 1978 (Nederlands Oudh. 8), S. 79ff.

[108] Baatz: Lopodunum, S. 31, u.a. W. Barthel: Die Erforschung des obergermanisch-raetischen Limes in den Jahren 1908–1912. In: Ber. RGK 6, 1910–1911 (1913), S. 127f. Die 2. wahrscheinlich dort liegende Truppe sei vielleicht nach Heidelberg versetzt worden.

[109] Zuletzt V. Varsik: Archäologische Topographie des antiken Gerulata. In: K. Kuzmová/J. Rajtár: Gerulata I, Nitra 1996, S. 7–43, bes. S. 24ff. und 36f. Demnächst V. Varsik: Das römische Lager von Rusovce-Gerulata. Ein Beitrag zu Lokalisierung und Anfängen. In: Jahrb. RGZM (im Druck); ähnlich Heukemes: Plan.

[110] Zusammenfassend J. Krier: Die Treverer außerhalb ihrer Civitas, Trier 1981 (Beih. Trierer Zeitschr. 5), S. 137. B. Lörincz/Z. Visy: Die Hilfstruppen der Provinz Pannonia Superior unter Trajan. In: Acta Arch. Acad. Scientiarum Hungaricae 39 (1987), S. 337–345, bes. S. 339. Nach P. A. Holder: Studies in the Auxilia of the Roman Army from Augustus to Trajan, Oxford 1980 (BAR Intern. Ser. 70), S. 268 soll der erste, in Gerulata belegte Reiter Flavius Attius schon unter Domitian oder Nerva (Krier: 92/3–113) nach 7 Dienstjahren verstorben sein. Nach Krier müßte er noch während der Stationierungszeit der Ala in Ladenburg zu dieser gestoßen sein, da sein Einzug direkt an die Donau unwahrscheinlich ist, da er Treverer war. Zu weiteren Soldaten der Ala I Cannenefatium, aber auch zur späten Bewaffnung eines Teils ihrer Soldaten mit zweihändig zu führenden Lanzen (contus) M. P. Speidel: Horsemen in the Pannonian Alae. In: Saalburg-Jahrb. 43 (1987), S. 61–65.

[111] Strobel: Dakerkriege, S. 109 (noch 92 datiert, nach Strobel Bemerkungen erst 97).

[112] Speidel: Horsemen (Anm. 110), S. 62.

[113] Zum Problem der Truppenstärke allgemein Sommer: Horses.

[114] C. Attius Augustalis aus der Centurie des Valerius Secundus. Freundl. Mitteilung B. Heukemes und andeutungsweise Sommer: Informationsheft 3, S. 9.

[115] M. P. Speidel: The Soldiers's Servants. In: Ancient Soc. 20 (1989), S. 239–248.

[116] Solche Leitungen sind z.B. für die Kastelle IV und V in Rottweil nachgewiesen (A. Rüsch: Die Ausgrabungen im römischen Rottweil. In: ArchAusgrBW 1982, S. 86 und Abb. 60; 62). Auch hier mußte das Wasser über mehrere Kilometer herangeführt werden, es sei denn, es gab Hebewerke an der Prim oder am Neckar..

[117] Kaiser: Ausgrabungen 1996, S. 116f.

[118] Kaiser/Sommer: LOPODVNVM, S. 393ff. sowie Dauber u.a.: Karte, Beil. Zu den Straßenbefunden s.u.

[119] Zum Aufbau dieses Straßenstücks Heukemes: Kreisbeschreibung I, S. 156.

[120] Daß es sich bei diesem Weg nicht um eine civitaszeitliche Erweiterung handelt, zeigen die kastellzeitlichen Bauten in der Wegegabel, deren Richtung ihr angepaßt sind. Vgl. auch Beitrag Lenz-Bernhard. Was Wagner: Fundstätten, S. 219 mit der Mündung der Hauptstraße „dort in die Straße nach Gernsheim-Mainz, hier in die Straße nach Neuenheim-Heidelberg" gemeint hat, ist mir unklar.

[121] K. Seel 1926, Ortsakten; Kaiser/Sommer: LOPODVNVM, S. 385.

[122] C. S. Sommer. In: FB a BW 17/2 (1992), S. 113.

[123] Heukemes: Plan; ders.: Ergebnisse, S. 4.

[124] Anders Heukemes: Plan, der für die Fortsetzung der Via praetoria einen Bogen eintrug, der die Fortsetzung der vor den Gräben laufenden Straße nach Südosten auszuschließen scheint.

[125] Heukemes: Burgus, Abb. 2 gegenüber ders.: Plan.

[126] Mitteilung Heukemes am 23. 3. 1998.

[127] Schallmayer: Bischofshof, S. 108; E. Schallmayer/C. S. Sommer. In: FB a BW, S. 654f. bzw. Schallmayer: Beobachtungen, S. 54f.

[128] Kaiser/Sommer: LOPODVNVM, S. 281f.

[129] Sommer: Kastellvicus, S. 528ff., bes. Abb. 18.

[130] Heukemes: Ladenburg, S. 390; ders.: Plan; Kaiser/Sommer: LOPODVNVM, Abb. 267.

[131] Hinweis Heukemes am 23. 3. 1998.

[132] Trumm/Sommer: Ausgrabungen 1992, S. 136.

[133] C. S. Sommer. In: FB a BW 17/2 (1992), S. 119 Nr. 13.

[134] Die südlichen der bisher ausschließlich in der Mühlgasse festgestellten und eingetragenen Mauern scheinen eher mittelalterlich zu sein.

[135] Mitteilung Heukemes am 23. 3. 1998.

[136] Neue deutsche Übersetzung bei Junkelmann: Reiter, S. 88–92.

[137] Junkelmann: Reiter, S. 57ff.

[138] Sommer: Canabae, Exkurs.

[139] Schallmayer: Bischofshof, S. 108; E. Schallmayer/C.S. Sommer. In: FB a BW, S. 654f.

[140] In den Grabungsberichten Sommer: Ausgrabungen 1988, S. 104ff. und C. S. Sommer. In: FB a BW 15 (1990), S. 656f. nicht erwähnt.

[141] Reitertraktat des Arrian 34,1; Junkelmann: Reiter, S. 88.

[142] Sommer: Ausgrabungen 1988, S. 106; Heukemes: Ergebnisse, S. 5.

[143] Heukemes: Entdeckungen 1971. Heukemes wies mich am 23. 3. 1998 auf Holzkeller im Hof der Dalbergschule sowie einen im Plan nicht vermerkten frühen Keller unter dem nördlichen Teil des romanischen Kellers im Bischofshof hin. Dieser läge unmittelbar nördlich der Verlängerung der Via praetoria. Nach Heukemes spricht gegen deren Fortsetzung auch die nachkastellzeitliche Bebauung südlich des Bischofshofs, da sie sich bis etwa in die Mitte des Bischofshofs erstrecken könnte. Dies macht deutlich, daß für diesen wichtigen Bereich baldmöglichst alle Befunde zusammen bearbeitet werden sollten.

[144] Sommer: Kastellvicus, S. 556ff.

[145] Mitteilung Heukemes am 23. 3. 1998.

[146] Zusammenfassend C. S. Sommer: The Military Vici in Roman Britain. Aspects of their Origins, their Location

and Layout, Administration, Function and End, Oxford 1984 (BAR Intern. Ser. 129), S. 13f.

[147] Zur Getreidebeschaffung auch über große Entfernungen vgl. SOMMER: Kastellvicus, S. 599f.

[148] Allgemein und ausführlich zum Thema Marketendersiedlungen SOMMER: Kastellvicus, bes. S. 528ff. und DERS.: Canabae.

[149] Hierzu SOMMER: Kastellvicus, S. 603ff.

[150] SCHUMACHER: Rheinlande, S. 58.

[151] BAATZ: Lopodunum, S. 11ff., S. 31. Der südlichste seiner Fundpunkte liegt im Bereich der späteren Steinkeller in der Straßengabel südlich der Trajanstraße.

[152] Zusammenfassend HEUKEMES: Plan.

[153] KAISER: Ausgrabungen 1983, S. 117; DERS.: Kastelle, S. 185 und DERS.: Götterbilder, S. 115.

[154] TRUMM/SOMMER: Ausgrabungen 1992, S. 136f.

[155] SOMMER: Ausgrabungen 1990, S. 115f.

[156] KAISER/SOMMER: LOPODVNVM; TRUMM/SOMMER: Ausgrabungen 1992, S. 135f.; KAISER: Ausgrabungen 1996, S. 117ff.; DERS.: Ausgrabungen 1997.

[157] KAISER: Ausgrabungen 1983, S. 116; DERS.: Kastelle, S. 185.

[158] Ortsakten.

[159] So auch schon BAATZ: Lopodunum, S. 31; HEUKEMES: Entdeckungen 1970; DERS.: Ladenburg, S. 385; DERS.: Plan.

[160] SOMMER: Canabae.

[161] MEYER/SCHAEFF/SOMMER: Ausgrabungen 1993, S. 144.

[162] HEUKEMES: Plan und DERS.: Entdeckungen 1966/1 (statt 1. Gewann müßte es allerdings 2. Gewann heißen, und umgekehrt); DERS.: Entdeckungen 1967/2; DERS.: Jahresbericht 1975; Arch. Nachr. Baden 16 (1976), S. 27; Arch. Nachr. Baden 18 (1977), S. 23; Arch. Nachr. Baden 20 (1978), S. 29; KAISER: Ausgrabungen 1983, S. 117.

[163] BAATZ: Lopodunum, S. 11, S. 31.

[164] Bad. Fundber. 3 (1933–1936), S. 57; HEUKEMES: Entdeckungen 1970; DERS.: Jahresbericht 1976.

[165] SCHUMACHER: Ausgrabungen, S. 90.

[166] SCHUMACHER: Ladenburg, S. 90; KAISER: Ausgrabungen 1983, S. 117.

[167] Nach HEUKEMES: Entdeckungen 1969, Nr. 7 handelt es sich dabei um einen Ofen, dessen Gewölbe aus ineinander gestellten Gefäßen gebildet wurde. U.a. wurde hier Terra nigra gebrannt.

[168] KAISER: Ausgrabungen 1983, S. 117.

[169] HEUKEMES: Jahresbericht 1976.

[170] TRUMM/SOMMER: Ausgrabungen 1992, S. 137.

[171] SOMMER: Ausgrabungen 1987, S. 103; FB a BW 22 (1998) [im Druck], Lustgartenstraße 12.

[172] SOMMER: Ausgrabungen 1990, S. 114f.; C. S. SOMMER. In: FB a BW 17/2 (1990), S. 21f.

[173] SOMMER: Ausgrabungen 1994, S. 146.

[174] KAISER: Ausgrabungen 1981, S. 116.

[175] Die folgenden Ausführungen geben eine Zusammenfassung der auf den Grabungen in der Kellerei basierenden Bearbeitung KAISER/SOMMER: LOPODVNVM, ergänzt durch KAISER: Ausgrabungen 1997.

[176] KAISER/SOMMER: LOPODVNVM, S. 381ff.

[177] KAISER/SOMMER: LOPODVNVM (im Folgenden ohne Einzelbelege).

[178] J. HAHN: Zwei tituli picti auf südspanischen Amphoren aus Ladenburg und Heidelberg. In: FB a BW 13 (1988), S. 267–277.

[179] Bezug auf zeitgenössische Beispiele in der ungarischen Tiefebene.

[180] M. TEICHERT: Bisherige Ergebnisse der Tierknochenuntersuchungen aus der römischen Stadt Lopodunum in Ladenburg am Neckar. In: M. KOKABI/J. WAHL (Hg.): Beiträge zur Archäozoologie und Prähistorischen Anthropologie, Stuttgart 1994 (Forsch. u. Ber. Vor- u. Frühgesch. Baden-Württemberg 53 ), S. 359–367.

[181] KAISER/SOMMER: LOPODVNVM, S. 287ff., bes. S. 299f.

[182] KORTÜM: Datierung.

[183] Unter der Voraussetzung, daß die in der uns interessierenden Zeit in Rom geprägten Münzen auch schon innerhalb einiger Wochen oder Monate (als Sold) nach Ladenburg gelangen konnten, kann der frühestmögliche Zeitpunkt auch noch im Jahr der Prägung liegen.

[184] KAISER/SOMMER: LOPODVNVM, S. 300ff.

[185] RIC 417 (Bestimmung P.H. Martin, Karlsruhe). Dies korrigiert die Angabe bei KAISER: Ausgrabungen 1995, S. 183.

[186] Besonders deutlich KAISER: Ausgrabungen 1997 mit Abb. 85.

[187] Ebd.

[188] Chesterholm und Carriden südlich der Hadriansmauer bzw. an der Antoninusmauer im nördlichen Britannien. RIB 1700 bzw. 899. Vgl. hierzu auch SOMMER: Canabae.

[189] Eine andere Kalkulation geht von frühneuzeitlichen Siedlungen ähnlicher Struktur aus, errechnet die Einwohner pro ha und überträgt den Wert auf die Kastellvici (vgl. SOMMER: Kastellvicus, S. 621f.). Diese Methode führt bei 100 Personen/ha für Ladenburg mit einer Fläche von 6–7 ha im Kernbereich des Kastellvicus zu ca. 600–700 Einwohnern (zum Vergleich: Ladenburg hatte auf etwa 15 ha im Jahr 1439 1.175 Einwohner, 1577 1.330 und 1777 1.472 Einwohner. [Die Stadt- und Landkreise Heidelberg und Mannheim. Amtliche Kreisbeschreibung III, Karlsruhe 1970, S. 640].

[190] Wohl in diesem Sinn B. HEUKEMES. In: H. HUTH (Bearb.): Die Kunstdenkmäler des Landkreises Mannheim, München/Berlin 1967, S. 139; DERS.: Kreisbeschreibung, S. 160; DERS.: Plan.

[191] TRUMM/SOMMER: Ausgrabungen 1992, S. 135.

[192] HEUKEMES: Entdeckungen 1967/2; DERS.: Entdeckungen 1968; DERS.: Entdeckungen 1969; DERS.: Entdekkungen 1970; BAATZ: Lopodunum, S. 29; Beitrag LENZ-BERNHARD.

[193] KAISER: Ladenburg, S. 37; KAISER/SOMMER: LOPODVNVM, S. 406.

[194] Zum Problem der Leugenmessung WALSER: Bemerkungen, S. 395ff.

[195] K. STROBEL: Der Chattenkrieg Domitians. Historische und politische Aspekte. In: Germania 65 (1987), S. 431ff., bes. S. 449.

[196] K. STROBEL: Der Aufstand des L. Antonius Saturninus und der sogenannte zweite Chattenkrieg Domitians. In: Tyche 1 (1986), S. 203–220.

[197] NUBER: Hofheim, S. 231f.; SCHÖNBERGER: Truppenlager, S. 366ff.

[198] ECK: Statthalter, S. 45f.; DERS.: Trajan, S. 113ff.; K. STROBEL: Zu zeitgeschichtlichen Aspekten im „Panegyricus" des jüngeren Plinius: Trajan – *Imperator invictus* und *novum ad principatum iter*. In: J. KNAPE/K. STROBEL: Zur Deutung von Geschichte in Antike und Mittelalter, Bamberg 1985 (Bamberger Hochschulschr. 11), S. 44ff. Im Unterschied dazu spricht sich BENNETT: Trajan, S. 45f. gegen eine Statthalterschaft in Obergermanien in dieser Zeit aus.

[199] ECK: Trajan, S. 116; J. F. DRINKWATER: Roman Gaul, London/Sydney/Dover 1983, S. 74.

[200] STROBEL: Dakerkriege.

[201] Früher wurde 92 n.Chr. angenommen. Literatur hierzu bei KORTÜM: Datierung, Anm. 233, bes. auch STROBEL: Bemerkungen.

[202] WILMANNS: Doppelurkunde, S. 153ff., S. 169. Dies war auch meine bisherige Meinung, z.B. SOMMER: MVNICIPIVM, S. 287; DERS.: Agglomérations, S. 89f.; KAISER/SOMMER: LOPODVNVM, S. 400.

[203] E. SCHALLMAYER: Aquae – das römische Baden-Baden, Stuttgart 1989 (Führer arch. Denkmäler Baden-Württemberg 11), S. 62f. Anders WILMANNS: Doppelurkunde, S. 123ff.

[204] Eutrop 8, 2 bzw. Orosius 7, 12, 2. Übersetzungen nach H.-W. GOETZ/K.-W. WELWEI: Altes Germanien. Auszüge aus den antiken Quellen über die Germanen und ihre Beziehungen zum römischen Reich, Darmstadt 1995.

[205] Germania 37, 2. In der Regel wird dieser terminus post quem wie ein „ad quem" behandelt, z.B. GOETZ/WELWEI: Germanien (wie Anm. 204).

[206] A. A. LUND: Ist Decumates agri eine Textverderbnis? (Tacitus, Germania 29/3). In: Latomus 44 (1985), S. 337–350.

[207] KORTÜM: Datierung.

[208] Ich danke K. Kortüm für verschiedene diesbezügliche Diskussionen. Falls die weiter unten erwogene Spätdatierung der Germania zutrifft, ergeben sich allerdings weitere Interpretationsansätze.

[209] Aurelius Victor, Caes. 13.

[210] Hierzu R. WIEGELS: Inschriftliches aus dem römischen Remagen. In: F. E. KOENIG/S. REBETEZ (Hg.): ARCULIANA. Festschr. H. Bögli, Avenches 1995, S. 529–544, bes. S. 533 mit Anm. 31.

[211] Zuletzt WIEGELS: Remagen (Anm. 210) mit Literatur.

[212] H. G. FRENZ: Eine Bemerkung zur Traianus-Inschrift CIL XIII 7285 aus Mainz-Kastell. In: Arch. Korrbl. 19 (1989), S. 155–158.

[213] BAATZ: Lopodunum, S. 30.

[214] GROPENGIEẞER: Kastell, S. 180; PLANCK: Städte, S. 20.

[215] Z.B. E. RITTERLING: Das Kastell Wiesbaden, (Heidelberg 1909 (ORL B 31), S. 70f.

[216] So z.B. SCHÖNBERGER: Truppenlager, S. 385ff.; D. PLANCK: Der obergermanisch-rätische Limes in Südwestdeutschland und seine Vorläufer. In: D. PLANCK (Hg.): Archäologie in Württemberg, Stuttgart 1988, S. 261f.; D. TIMPE. In: Reallexikon Germ. Altertumsk. [2]5, Berlin/New York 1984, Sp. 276 s.v. Decumates agri. bzw. D. BAATZ, zuletzt in: D. BAATZ/F.-R. HERRMANN: Die Römer in Hessen, Stuttgart [2]1989, S. 82.

[217] So z.B. andeutungsweise SOMMER: MVNICIPIVM, S. 287 mit Anm. 213.

[218] KORTÜM: Datierung.

[219] H. CASTRITIUS/E. SCHALLMAYER: Kaiser Julian am obergermanischen Limes in den Jahren 357 bis 359 n.Chr. , Breuberg/Neustadt 1997 (Beitr. z. Erforschung des Odenwalds und seiner Randlandschaften 6), S. 1–16.

[220] Ammianus Marcellinus 17, 1, 11.

[221] Diesen Gedankengang entwickelte K. Kortüm in einem Gespräch am 30. 1. 1998. Zu überlegen ist, inwieweit sich dadurch auch Konsequenzen für das Gründungsdatum der COLONIA VLPIA TRAIANA (Xanten) ergeben, auch wenn die Gründung einer Kolonie z.T. andere Aspekte, wie den direkten Ersatz einer abgezogenen Truppe, haben kann, und ob sich damit der mit 105/106 dendrodatierte „späte" Stadtmauerbau erklären läßt (Ch. B. RÜGER. In: H. G. HORN [Hg.]: Die Römer in Nordrhein-Westfalen, Stuttgart 1987, S. 631; diesbezüglich wohl auch eine Freiburger Magisterarbeit von Chr. GEYER). VLPIA NOVIOMAGVS BATAVORVM (Nijmegen) wird nach gängiger Datierung ebenfalls erst spät, nach 104 n.Chr. nach Abzug der 10. Legion, gegründet (J. E. BOGAERS: [Ulpia] Noviomagus. In: NOVIOMAGUS. Auf den Spuren der Römer in Nijmegen. Katalog Nijmegen, o.J. 1979/1980, S. 57).

[222] CIL XIII 9120 = CIL XVII/2 649.

[223] Zur Meilenstein-/Leugensäulenzählung KORTÜM: Pforzheim, S. 96ff. und WALSER: Bemerkungen, S. 397ff. Letzterer geht ebd. Anm. 90 davon aus, daß zum Zeitpunkt der Setzung des Bühler Meilensteins die rechtsrheinischen Civitates noch nicht existierten.

[224] HEUKEMES: Ladenburg, S. 384 und Grabungen Kirchenstraße 5, Kirchenstraße 24 sowie Metzgergasse. Zum Problem des Vorkommens von Ziegelstempeln, vor allem auch am Limes, vgl. B. PFERDEHIRT: Die Geschichte der Legio VIII Augusta: Forschungen zum obergermanischen Heer II. Jahrb. In: RGZM 31 (1984), S. 410ff.

[225] RIC 664 (Bestimmung P. H. MARTIN, Karlsruhe); vgl. auch MEYER/SCHAEFF/SOMMER: Ausgrabungen 1993, S. 142 (lies statt „Dacicus" „Parthicus").

[226] KAISER/SOMMER: LOPODVNVM, S. 401.

[227] S. Anm. 185.

[228] KAISER/SOMMER: LOPODVNVM, S. 300ff.

[229] Verschiedentlich wurde auf die Bedeutung dieser militärischen Macht für die Adoption bzw. die Mitregentschaft hingewiesen, z.B. STROBEL: Panegyricus (wie Anm. 198), S. 44ff. und andeutungsweise A. BIRLEY (Transl. and inrtoduction): Lives of the later Caesars. The first part of the Augusten History, with newly compiled lives of Nerva and Trajan, Harmondsworth 1976, S. 39.

[230] STROBEL: Dakerkriege, S. 155f.; DERS.: Bemerkungen, S. 449f.

[231] S. Beitr. SCHULZKI; WILMANNS: Doppelurkunde, S. 155 mit älterer Literatur; H. HALFMANN: Itinera principum, Stuttgart 1986 (Heidelberger althist. Beitr. u. epigr. Stud. 2), S. 38.

[232] Tacitus: Germania 37 (es folgt im Text eine Aufzählung römischer Niederlagen gegen die Germanen, angefan-

gen bei den Cimbern und Teutonen über Varus bis hin zu dem Preis, den die späteren Kaiser zu zahlen hatten und endet mit dem Hinweis auf falsche Triumphe, wohl des Domitian). – So betrachtet, könnte die Germania auch durchaus später geschrieben worden sein. In Frage käme z.B. der Zeitraum während oder nach einer möglichen Statthalterschaft Tacitus' in Obergermanien. Hierzu ECK: Statthalter, S. 48, Anm. 6 mit weiterer Literatur.

[233] Vgl. die Truppenliste in den Militärdiplomen CIL XVI 36 (90 n.Chr. ) und 62 (117 n.Chr. ).

[234] Auch die Errichtung der rätischen Mauer ca. 80 Jahre später war von K. DIETZ: Kastellum Sablonetum und der Ausbau des rätischen Limes unter Kaiser Commodus. In: Chiron 13 (1983), S. 497–536, bes. S. 534ff. u.a. als Beschäftigungsmaßnahme für eine neu in Rätien stationierte Legion gesehen worden.

[235] Zum System der Aufsiedlung SOMMER: Agglomérations (noch mit Frühdatierung der Civitasgründungen).

[236] H. U. NUBER. In: Reallexikon Germ. Altertumsk. ²5, Berlin/New York 1984, Sp. 283 s.v. Decumates agri. Weitere Literatur hierzu KAISER/SOMMER: LOPODVNVM, S. 400 mit Anm. 680. Wegen der oben hergestellten Verbindung mit der Errichtung der Limites würde der Beginn der Civitasgründungen erst zu dieser Zeit bedeuten, daß die Vorverlegung der Truppen erst im 2. Jahrzehnt des 2. Jhs. stattgefunden haben könnte (so SCHALLMAYER: Beobachtungen, S. 52).

[237] ECK: Trajan, S. 118ff.; W. KUHOFF: Felicior Augusto melior Traiano. Aspekte der Selbstdarstellung der römischen Kaiser während der Prinzipatszeit, Frankfurt/Berlin/Bern/New York/Paris/Wien 1993, bes. S. 214ff. (Ehrenbogen von Benevent). – Der von BLOEMERS: Rijswijk (Anm. 107), S. 84, vertretene Standpunkt, die zivilen Gründungen unter Trajan seien als wirtschaftlicher Ersatz für das abgezogene Militär anzusehen, greift m.E. zu kurz.

[238] Die hier verwendete Form geht auf SPEIDEL/SCARDIGLI: Neckarschwaben zurück.

[239] HEUKEMES: Kreisbeschreibung, S. 159.

[240] Diesbezüglich WILMANNS: Doppelurkunde, S. 129.

[241] HEUKEMES: Siedlung, S. 123.

[242] H. GROPENGIEßER. In: Die Stadt- und Landkreise Heidelberg und Mannheim. Amtliche Kreisbeschreibung I, Karlsruhe 1966, S. 150.

[243] SOMMER: Zivilsiedlungen, S. 281ff. mit weiterer Literatur.

[244] Hierzu auch W. CZYSZ. In: CZYSZ u.a.: Römer, S. 200f.

[245] WAGNER: Fundstätten, S. 217f.; HEUKEMES: Kreisbeschreibung, S. 159f.; DERS.: Ladenburg, S. 385; diskutiert bei BAATZ: Lopodunum, S. 29, allerdings mit der Einleitung: „Wenn daher der Name Lopodunum nicht überhaupt erst in römischer Zeit aufkam, ....“

[246] So auch H. NESSELHAUF: Die Besiedlung der Oberrheinlande in römischer Zeit. In: Badische Fundber. 19 (1951), S. 71–85, bes. 80f. Übernommen von HEUKEMES: Kreisbeschreibung, S. 159.

[247] So z.B. KORTÜM: Pforzheim, S. 269f., S. 276, S. 348 für Pforzheim, das grundsätzlich wohl zur gleichen Fundregion gehört.

[248] C. S. SOMMER: Unterschiedliche Bauelemente in den Kastellvici und Vici – Hinweise auf die Herkunft der Bevölkerung in Obergermanien. In: Bericht 17. Intern. Limeskongress Zalau 1997 (im Druck).

[249] WILMANNS: Doppelurkunde, S. 128ff. und zuletzt SOMMER: Agglomérations, S. 89 und Abb. 1.

[250] Vgl. Anm. 203.

[251] WILMANNS: Doppelurkunde, S. 141ff.

[252] KORTÜM: Pforzheim, S. 95ff.

[253] Zum Vergleich: Die alten Stadt- und Landkreise Heidelberg und Mannheim umfaßten zusammen ca. 1040 km².

[254] NESSELHAUF: Besiedlung (Anm. 246), S. 80.

[255] SPEIDEL/SCARDIGLI: Neckarschwaben.

[256] Die Angabe MIL LEG XXII ADIVTOR bezieht sich wohl nicht auf Exomnis selbst (so SPEIDEL/SCARDIGLI: Neckarschwaben, Tabelle; vgl. RUPPRECHT: Dekurionenstand, S. 223).

[257] Zusammenstellung mit Literatur SPEIDEL/SCARDIGLI: Neckarschwaben, bes. S. 205.

[258] Neufund; ein Foto verdanke ich S. Seiler und M. Riedel, Köln. Der Fund wird von H. Galsterer vorgelegt, dem ich auch für verschiedene Auskünfte in bezug auf die Lesung der Inschrift danken möchte. S. vorläufig H. GALSTERER. In: RABOLD/SOMMER (wie Anm. 84), S. 45–46.

[259] Hierzu und zum folgenden RUPPRECHT: Dekurionenstand und W. LANGHAMMER: Die rechtliche und soziale Stellung der Magistratus municipales und der Decuriones, Wiesbaden 1973.

[260] R. DUNCAN-JONES: The Economy of the Roman Empire. Quantitave Studies, Cambridge 1974, S. 82ff.; S. 147ff.; P. FREI: Zur Finanzautonomie lokaler Selbstverwaltungskörperschaften in der römischen Kaiserzeit des ersten Jahrhunderts n.Chr. In: KOENIG/REBETEZ: ARCVLANIA (Anm. 210), S. 449–458. Dies war eine wesentliche Einnahmequelle der „öffentlichen Hand“.

[261] W. SCHLEIERMACHER: Die spätesten Spuren der antiken Besiedlung im Raum Speyer, Worms, Mainz, Frankfurt und Ladenburg. In: Bonner Jahrb. 162 (1962), S. 165f.

[262] M. A. SPEIDEL: Roman Army Pay Scales. In: Journ. Roman Stud. 82 (1992), S. 87–106, bes. Tab. 7.

[263] CIL XIII 6399, 6404; WAGNER: Fundstätten, S. 271ff.; RUPPRECHT: Dekurionenstand, S. 222f.

[264] Vgl. hierzu PLINIUS: Epist. 114 und 115 und RUPPRECHT: Dekurionenstand, S. 63ff. Zu zwei weiteren, möglichen Dekurionen der CVSN ebd. 223.

[265] CIL XIII 6422a; WAGNER: Fundstätten, S. 229f.

[266] Ebenso H. PROBST: Der Ortsname Ladenburg und seine Aussagekraft für die Kontinuitätsfrage. In: MGBl NF 3 (1996), S. 57–67.

[267] Belegt durch die Steine CIL XIII 6421; BAATZ: Lopodunum, S. 31; WAGNER: Fundstätten, S. 227f.; HEUKEMES: Lopodunum, S. 386; DERS.: Plan.

[268] LANGHAMMER: Magistratus (Anm. 259), S. 4.

[269] Zur Begriffswandlung in römischer Zeit vgl. RUPPRECHT: Dekurionenstand, S. 43ff. Das Problem war auch Thema verschiedener Arbeitskreise in den letzten Jahren.

[270] Gegen HEUKEMES: Ladenburg, S. 383.

[271] BAATZ: Lopodunum, S. 17.

[272] WAGNER: Fundstätten, S. 218.

[273] Ähnlich HEUKEMES: Plan, aber mit anderen Zeitvorstellungen.

[274] G. MÜLLER. In: MGBl 24 (1923), S. 94 und 28 (1927), S. 19; HEUKEMES: Kreisbeschreibung I, S. 158 (nach Mitteilung vom 23. 3. 1998 Kiesgrube Volz beim Wasserturm Seckenheim). Vgl. auch KAISER/SOMMER: LOPODVNVM, S. 393.

[275] Generell B. BECKER: Römische Rodungen lösen Hochwasserkatastrophen aus. In: H.-P. KUHNEN (Hg.): Gestürmt – Geräumt – Vergessen?, Stuttgart 1992 (Württembergisches Landesmus. Stuttgart, Arch. Sammlungen Führer u. Bestandskat. 2), S. 71–73; Hochwässer am Bodensee in der 2. Hälfte des 3. Jhs. Freundl. Hinweis M. Dumitrache, Stuttgart.

[276] HEUKEMES: Plan.

[277] D. BAATZ: Ein neuer Plan von Lopodunum. In: Germania 39 (1961), S. 90; ähnlich HEUKEMES: Plan.

[278] Die bei KAISER/SOMMER: LOPODVNVM, Anm. 544 angeführten Argumente gegen den Zusammenhang eines von Architekt Burger westlich der Wormser Straße beobachteten Kiesrands mit der Fernstraße (HEUKEMES: Plan) werden mittlerweile durch die Befunde einer Grabung unmittelbar östlich davon im Flst.-Nr. 430 verstärkt. Hier fanden sich 1997 ein Brunnen, Gruben und östlich direkt daran anschließend Bebauungsspuren, also eine Situation, die nach der bisherigen Kenntnis nur als der hintere Abschluß einer nach Osten gerichteten Bebauung also auf die vom Platz nach Norden führende Straße, interpretiert werden kann. Entsprechende Ensembles unmittelbar an einer Straße sind völlig unbekannt. Bei der Kiesfläche wird es sich entweder um einen Hof oder die Fortsetzung der von Heukemes unter dem Feuerwehrhaus beobachteten Straße handeln (s.u.).

[279] KAISER/SOMMER: LOPODVNVM, S. 281f.; SOMMER. In: FB a BW 12 (1987), S. 281 (Merianweg/Heidelberger Straße); TRUMM/SOMMER: Ausgrabungen 1992, S. 136 (die dort genannten 2 m beziehen mittelalterliche Schichten mit ein). Die in der Westdeutschen Zeitschr. 18 (1899), S. 383 angedeutete Pflasterung hat sich bisher nirgends feststellen lassen.

[280] Hinweise in der Brauergasse (SOMMER. In: FB a BW 15 [1990], 663) und der Heidelberger Straße 4.

[281] TRUMM/SOMMER: Ausgrabungen 1992, S. 136.

[282] So schon GROPENGIEßER: Beobachtungen, S. 56.

[283] HEUKEMES: Plan rekonstruierte sie schon mit wohl ca. 12 m.

[284] SCHUMACHER: Ausgrabungen, S. 89 bzw. DERS.: Rheinlande, S. 57f. bzw. MGBl 15 (1914), S. 117f.

[285] HEUKEMES: Entdeckungen 1966/1; DERS.: Entdeckungen 1968; DERS.: Plan; SOMMER: FB a BW 12 (1987), S. 581 (Merianweg/Heidelberger Straße).

[286] Ein Schnitt durch die Straße im Bereich von Flst.-Nr. 6991 ergab, daß hier die östliche Kieskante etwas östlich der modernen Straße liegt. Das Verhältnis ist in der Beil. überzeichnet, da die moderne Straße nicht mit dem zugehörigen Flurstück identisch ist.

[287] CIL XIII 9099–9111 = CIL XVII 2, 631–643; WAGNER: Fundstätten, S. 224ff.; S. 292ff. mit Abb. 241. – WALSER: Bemerkungen, S. 397f., S. 401.

[288] HEUKEMES: Plan.

[289] K. KORTÜM in einer Diskussion am 25. 3. 1998.

[290] Ein weiterer Abguß steht eine Leuge weiter südlich jenseits Neubotzheim.

[291] Nachdem wenig nördlich die südlichsten kastellzeitlichen Befunde liegen, wäre allerdings denkbar, auch in bezug auf die Gräber nordöstlich davon, daß es sich bei dem Punkt um eine alte „Grenze" handelt.

[292] B. HEUKEMES. In: FILTZINGER/PLANCK/CÄMMERER: Römer (wie Anm. 2), Taf. 69.

[293] Hierzu WALSER: Bemerkungen, S. 395ff.

[294] Hierzu und dem Folgenden KAISER/SOMMER: LOPODVNVM, S. 380ff.

[295] KUHOFF: Felicior (Anm. 237), S. 214ff.

[296] Vgl. auch die Rekonstruktion eines Bogens in NIDA/Frankfurt-Heddernheim. I. HULD-ZETSCHE: Nida – Eine römische Stadt in Frankfurt am Main, Stuttgart/Aalen 1994 (Schriften Limesmus. Aalen 48), S. 18f. und Abb. 22.

[297] Freundl. Hinweis B. RABOLD und KAISER/SOMMER: LOPODVNVM, S. 367; S. 380.

[298] KAISER/SOMMER: LOPODVNVM, S. 386; FB a BW 17/2 (1992), S. 122.

[299] KAISER/SOMMER: LOPODVNVM, S. 386 mit Anm. 572.

[300] HEUKEMES: Sebastianskapelle, S. 12 (der Kanal war im alten Plan versehentlich als kastellzeitlich eingetragen).

[301] Ebd. mit Abb. 3 und 5.

[302] HEUKEMES: Plan.

[303] Der Plan HEUKEMES: Burgus, Abb. 2 zeigt für den bisher als Bogen nach Norden eingetragenen Bereich eine Störung durch einen Anbau an den mittelalterlichen Saal, so daß sich von daher kein Widerspruch ergibt. Heukemes wies mich am 23. 3. 1998 allerdings darauf hin, daß er in seinen Untersuchungen in den relevanten Bereichen keine Kiesreste feststellen konnte.

[304] Zur Problematik einer direkten Fortsetzung vgl. Anm. 143.

[305] SOMMER: Ausgrabungen 1987, S. 103.

[306] C. S. SOMMER. In: FB a BW 12 (1987), S. 581. Die Straße entspricht der Fortsetzung der Flucht der ehemaligen Via decumana.

[307] SOMMER: Ausgrabungen 1991, S. 134.

[308] SOMMER: Ausgrabungen 1993, S. 142.

[309] KAISER: Ausgrabungen 1997.

[310] FB a BW 22 (im Druck).

[311] TRUMM/SOMMER: Ausgrabungen 1992, S. 134f.

[312] HEUKEMES: Jahresbericht 1976.

[313] C. S. SOMMER/U. GROß: Eine neue frühmittelalterliche Siedlung in Ladenburg, Rhein-Neckar-Kreis. In: ArchAusgrBW 1992, S. 213–216, bes. S. 214.

[314] HEUKEMES: Plan, folgend ist sie in der Beil. als Nord-Süd-Straße eingetragen.

[315] HEUKEMES: Entdeckungen 1966/1; wohl identisch mit der in Badische Fundber. 2 (1929–32), S. 244 erwähnten Straße.

[316] HEUKEMES: Entdeckungen 1966/1; DERS.: Plan.

[317] HEUKEMES: Jahresbericht 1976; KAISER: Ausgrabungen 1983, S. 117.

[318] So zumindest für den Südwestteil auch HEUKEMES: Plan. Nach seinen Grabungen hatte BAATZ: Lopodunum, S. 32 zumindest für den Südteil der Stadt festgehalten, daß

kein regelmäßiges, rechtwinkliges Straßennetz bestand. Dies hatte seinerzeit bei FRERE: Rezension, S. 154 Überraschung hervorgerufen. – Zum Unterschied von Insula und Block SOMMER: MVNICIPIVM, S. 306.

319 BAATZ: Lopodunum, S. 28; ähnlich S. 34.

320 Dies ist eine Bestätigung der von FRERE: Rezension, S. 154 geäußerten Kritikpunkte.

321 Vgl. KAISER/SOMMER: LOPODVNVM, Abb. 267 und 268.

322 Eine Sammlung und ausführliche Diskussion dieser Stellen und des Problems bei C. S. SOMMER: Vom Kastell zur Stadt – Aspekte des Übergangs in LOPODVNVM/Ladenburg und ARAE FLAVIAE/Rottweil. In: W. GROENMAN-VAN WAATERINGE u.a. (Hg.): Roman Frontier Studies 1995, Oxford 1997 (Oxbow Monograph 91), S. 511–516. Hinzuzufügen ist noch der bei SCHALLMAYER: Ausgrabungen, S. 84 beschriebene Bereich.

323 SEEL: Ausgrabungen, Nr. 19; Germania 11 (1927), S. 56; KAISER/SOMMER: Ausgrabungen 1985, S. 120.

324 HEUKEMES: Sebastianskapelle, S. 10f. und Abb. 1.

325 SCHALLMAYER: Ausgrabungen, S. 84; S. 86.

326 SOMMER: Ausgrabungen 1991, S. 133.

327 Situationen, wo größere Flächen innerhalb einer Stadt ruinös sind, schildert Plinius als Statthalter Bithyniens in seinen Briefen an den Kaiser Trajan (PLINIUS: Epist. 10, 39; 70).

328 Die komplette Vorlage wird vom Autor vorbereitet.

329 GROPENGIEßER: Basilika; Vorberichte in: MGBl 13 (1912), Nr. 5; 6; 7/8.

330 H. GROPENGIEßER: Die römische Pfeilerbasilika in Ladenburg. Ber. 6. Intern. Kongreß Archäologie Berlin 1939, Berlin 1940, S. 555–557 (hier ist allerdings 1936 als Jahr angegeben); davor Germania 20 (1936), S. 135 und Badische Fundber. 3 (1933–36), S. 165.

331 GROPENGIEßER: Basilika, Abb. 13.

332 R. SCHULTZE: Basilika. Untersuchungen zur antiken und frühmittelalterlichen Baukunst, Berlin/Leipzig 1928 (Röm.-Germ. Forsch. 2), S. 55ff. mit Taf. 10.

333 MYLIUS: Marktbasilika.

334 KAISER: Ausgrabungen 1983, S. 116f.; SOMMER: Ausgrabungen 1984; KAISER/SOMMER: Ausgrabungen 1985, S. 122ff.; SOMMER: Ausgrabungen 1986, S. 140ff.; DERS.: Ladenburg, S. 9ff.; Zusammenfassend auch DERS.: Informationsheft 2, S. 6ff.; DERS.: Informationsheft 3, S. 11ff.

335 Damals „Zur Eintracht". H. GROPENGIEßER. In: MGBl 15 (1914), S. 118.

336 Zusammenhang unklar; Germania 17 (1933), S. 293.

337 Badische Fundber. 20 (1956), S. 231.

338 HEUKEMES: Plan.

339 SOMMER: Ausgrabungen 1984; KAISER/SOMMER: Ausgrabungen 1985, S. 121f.; SOMMER: Ausgrabungen 1986, S. 140ff.; DERS.: Ausgrabungen 1987, S. 104ff.; DERS.: Ladenburg, S. 9ff.; DERS.: Ausgrabungen 1994, S. 132; WILDENBERG/SOMMER: Ausgrabungen 1995, S. 187f.; zusammenfassend auch SOMMER. In: Informationsheft 2, S. 6ff.; DERS. In: Informationsheft 3, S. 11ff.

340 KAISER: Ausgrabungen 1996, S. 116f.; SOMMER: Ausgrabungen 1991, S. 132 und FB a BW 17/2 (1992), S. 117 mit Abb. 43; KAISER: Forum.

341 GROPENGIEßER: Beobachtungen, S. 57 (ein möglicher Zusammenhang mit dem Forum, vielleicht einem Tor auf der Westseite, wurde damals gesehen); SCHALLMAYER: Beobachtungen, S. 55.

342 GROPENGIEßER: Basilika, S. 14.

343 SCHUMACHER: Rheinlande, S. 58.

344 SOMMER: Ausgrabungen 1986, S. 141; DERS.: Ausgrabungen 1987, S. 106; DERS.: Ladenburg, S. 18.

345 Ein bei SOMMER: Ausgrabungen 1988, S. 104 diskutierter möglicher hölzerner Vorläufer des Forums ist nach der eindeutigen Zuweisung der diese Überlegungen auslösenden Fachwerkwand mit Wandverputz zum Praetorium (Kap. 2.3.3.) sicher nicht vorhanden gewesen.

346 Dupondius des Trajan, Prägestätte Rom, RIC 664 (vgl. Anm. 225).

347 Für wichtige Gespräche im Zusammenhang mit diesem Kapitel danke ich M. N. FILGIS ganz herzlich.

348 Diese Verbreiterung ergibt sich aus dem Bezug der Mauern in der Kirchenstraße 24 mit denen in der Kirchenstraße selbst.

349 SCHULTZE: Basilika (Anm. 332), S. 57.

350 Vgl. einen „Einbau" in einer Portikus an einer ähnlichen Position in NIDA/Frankfurt-Heddernheim I. HULD-ZETSCHE. In: BAATZ/HERRMANN: Römer (Anm. 216), Abb. 210 und 211.

351 Unklar ist, ob die entscheidende Stelle bei den Kanalisationsarbeiten zwischen Metzgergasse und Neugasse seinerzeit nicht beobachtet werden konnte oder ob hier tatsächlich kein Befund existierte. Auch letzteres wäre kein Beweis gegen eine Portikus hier, da diese nicht unbedingt auf einem durchlaufenden Fundament gestanden haben muß.

352 MYLIUS: Marktbasilika, S. 67.

353 HEUKEMES: Kunstdenkmäler (Anm. 190), S. 140 und freundl. Mitteilung.

354 Auf ein weiteres, für die Rekonstruktion wichtiges Architekturteil, das Bruchstück eines Konsolgesimses, wies mich B. HEUKEMES am 23. 3. 1998 hin (Kirchenstraße 43).

355 Zur Straße MEYER/SCHAEFF/SOMMER: Ausgrabungen 1993, S. 141f.

356 F. WIBLÉ: Forum Claudii Valensium. La Ville romaine de Martigny, o.O. 1981 (Arch. Führer Schweiz 17), Abb. 20.

357 M. FULFORD: Excavations on the Sites of the Amphitheatre and Forum-Basilica at Silchester, Hampshire: An Interim Report. In: Ant. J. 65 (1985), S. 49ff. mit Abb. 2.

358 LAUR-BELART: Führer, S. 44ff. mit Abb. 35 und 36; zu neueren Untersuchungen P.-A. SCHWARZ: Neue Erkenntnisse zum Forums-Altar und Forumstempel in Augusta Rauricorum (Augst BL). Die Ergebnisse der Grabung 1990. 54. In: Jahresber. Augst u. Kaiseraugst 12 (1991), S. 161–197; P.-A. SCHWARZ/M. TRUNK: Die Ergebnisse der Sondierung und Bauuntersuchung an der Curia und Basilika-Stützmauer in Augusta Rauricorum (Grabung 1990. 53). In: Jahresber. Augst u. Kaiseraugst 12 (1991), S. 211–232 mit neuen Rekonstruktionszeichnungen der Basilika Abb. 20; M. TRUNK: Römische Tempel in den Rhein- und westlichen Donauprovinzen. Ein Beitrag zur architekturgeschichtlichen Einordnung römi-

scher Sakralbauten in Augst, Augst 1991 (Forsch. in Augst 14), bes. S. 46ff.

359 RÜGER: Römer (Anm. 221), Abb. 541; G. PRECHT/N. ZIELING: Colonia Ulpia Traiana. Archäologische Untersuchungen im Jahre 1994. In: Bonner Jb. 196 (1996), S. 495f.

360 S. S. FRERE: Verulamium Excavations 2, London 1983, S. 55ff. mit Abb. 22ff.

361 CÜPPERS: Trier, S. 579 und Abb. 513.

362 H. HELLENKEMPER. In: HORN: Römer (wie Anm. 221), S. 469 und Abb. 369.

363 P. MARSDEN: The Roman Forum Site in London. Discoveries before 1985, London 1987, S. 38ff. und Abb. 26; zu jüngeren Überlegungen zur Basilika T. BRIGHAM: A Reassessment of the Second Basilica in London, A.D. 100–400: Excavations at Leadenhall Court, 1984–86. In: Britannia 21 (1990), S. 53–97.

364 BENNETT: Trajan, Abb. 5.

365 Ähnlich z.B. HEUKEMES: Plan; PLANCK: Städte, S. 20.

366 Zu den Stabsgebäuden als solchen R. FELLMANN: Principia – Stabsgebäude, Stuttgart 1983 (Kl. Schriften Kenntnis röm. Besetzungsgesch. Südwestdeutschland 31).

367 Zuletzt BENNETT: Trajan, S. 154ff., und J. E. PACKER: Trajan's Forum again: the Column and the Temple of Trajan in the master plan attributed to Apollodorus(?). In: Journ. Rom. Arch. 7 (1994), S. 163–182; vgl. auch STROBEL: Dakerkriege, S. 22ff. mit weiterer Literatur.

368 SCHUMACHER: Rheinlande, S. 58.

369 MYLIUS: Marktbasilika, S. 68. Ähnlich HEUKEMES: Plan.

370 LAUR-BELART: Führer, S. 51ff.

371 Vgl. auch M. TODD: Forum and Capitolium in the early Empire. In: F. GREW/B. HOBLEY (Hg.): Roman urban topography in Britain an the western Empire. Council for British Arch. Research Rep. 59, London 1985, S. 56–66.

372 Im Sinne von Bauinschrift freundl. Hinweis M. SCHOLZ, Freiburg.

373 GROPENGIEßER: Basilika, S. 12ff.

374 KAISER/SOMMER: Ausgrabungen 1985, S. 122f. und Abb. 106; 107.

375 Im Widerspruch zu PLANCK: Städte, S. 21.

376 Plinius: Epist. 10, bes. 39 und 70.

377 HEUKEMES: Entdeckungen 1968; DERS.: Entdeckungen 1969; DERS.: Reste 3; DERS.: Reste 4; DERS.: Plan.

378 Hinweis HEUKEMES.

379 HEUKEMES: Plan.

380 Z.B. Barbarathermen, Thermen am Viehmarkt. Vgl. CÜPPERS: Trier, S. 616ff.

381 Allerdings ist die Einordnung der im Bereich der westlichen Realschulstraße von Seel 1930/31 gefundenen Mauerreste nicht ganz eindeutig. Die Fortsetzung der Fluchten von Palast(?) und Bad jenseits der heutigen Straße in den durch geophysikalischen Messungen nachgewiesenen Befunden legt die Notwendigkeit einer Korrektur der Eintragung nahe.

382 B. RABOLD: Neue Untersuchungen zum römischen Gebäude in Heidenheim. In: Zivile und militärische Strukturen im Nordwesten der römischen Provinz Raetien. 3. Heidenheimer Archäologie-Colloquium 9. und 10. Oktober 1987, Heidenheim 1988, S. 55–71, bes. S. 62 und 69; R. SÖLCH/B. RABOLD: Gesamtplan des römischen Heidenheim, Stuttgart 1994, S. 6f.

383 Insbesondere die Kombination mit dem Bad rücken den Komplex auch in die Nähe der Mansiones. Wegen der großen, repräsentativen Räume in Ladenburg halte ich aber eine Deutung in der von E. W. BLACK: Cursus Publicus. The infrastructure of government in Roman Britain, Oxford 1995 (BAR British Ser. 241), diskutierten Richtung als „first class accommodation" für offizielle Reisende für unwahrscheinlich. Öffnet man dagegen den dort ebenfalls diskutierten Begriff „Praetorium" im Sinne von „repräsentatives Gebäude mit Publikumsverkehr und Entscheidungsbefugnis des Hausherrn" (Hinweis K. KORTÜM), so fällt unser Komplex in diese Gruppe. Vgl. diesbezüglich auch den früher als Unterkunftshaus bezeichneten, heute als Palast des rätischen Statthalters diskutierten Baukomplex mit Bad in Kempten. Hierzu W. CZYSZ. In: CZYSZ u.a.: Römer, S. 204f. mit Abb. 30 und 31.

384 Zu den Grundzügen der Verwaltung Obergermaniens kurz H. BERNHARD. In: H. CÜPPERS (Hg.): Die Römer in Rheinland-Pfalz, Stuttgart 1990, S. 99ff.

385 Nach meiner Kenntnis gibt es für diese Zeit weder bauliche noch schriftliche Belege für den Sitz des Statthalters in Mainz (die Benefiziarier können kaum als Beweis angeführt werden, da sie überall hin abkommandiert wurden).

386 HEUKEMES: Jahresberichte 1973, 1976, 1977; Arch. Nachr. Baden 18 (1977), S. 23; Arch. Nachr. Baden 20 (1978), S. 29; HEUKEMES: Plan; DERS.: Ladenburg, S. 389.

387 Germania 176 (1932), S. 149f.; Badische Fundber. 3 (1933–36), S. 57.

388 FB a BW 12 (1987), S. 581.

389 B. HEUKEMES. In: KÜNZL: Prunkportal.

390 BLACK: Cursus (Anm. 383), bes. Abb. 68.

391 LAUR-BELART: Führer, S. 87ff.

392 Th. HUFSCHMID/H. SÜTTERLIN: Das Nebenforum von Augusta Raurica – ein macellum? In: Römerstadt Augusta Raurica (Hg.): Millefiori. Festschrift L. Berger, Augst 1998, S. 77, bes. S. 86.

393 Hierzu und dem Folgenden KÜNZL: Prunkportal.

394 Bonner Jahrb. 42 (1867), S. 215f.; STARK: Ladenburg, S. 30ff.; WAGNER: Fundstätten, S. 227ff.; SCHUMACHER: Rheinlande, S. 58; CIL XIII 6421 und 6422 bzw. 6417.

395 Westdeutsche Zeitschr. 14 (1895), S. 367; Fundber. Schwaben 3 (1895), S. 17; CIL XIII 6422a. Die Fundstelle liegt am südlichen Rand der Flur; nach den alten Karten zog sich diese bis zur Schriesheimer Straße.

396 HEUKEMES: Theater; DERS.: Entdeckungen 1969, Nr. 10; DERS.: Ladenburg, S. 389; DERS.: Plan.

397 HEUKEMES: Ladenburg, S. 396. Allgemein zu Theater J. FUGMANN: Römisches Theater in der Provinz, Stuttgart 1988 (Schriften Limesmus. Aalen 41), bes. auch hinterer Einband (Ladenburg).

398 R. SCHINDLER: Neue Inschriftsteine in der spätrömischen Kastellmauer von Pachten. In: Germania 41 (1963), S. 28–38; W. SCHLEIERMACHER: Kaiserzeitliche Namen aus Pachten. In: Germania 41 (1963), S. 38–53; U. SCHILLINGER-HÄFELE: Vierter Nachtrag zu CIL XIII und zweiter Nachtrag zu Fr. Vollmer, Inscriptiones

Baiuvariae Romanae. In: Ber. RGK 58 (1977), S. 467ff. Nr. 27. Heute würde man hier noch die Funde aus Alzey (SCHILLINGER-HÄFELE, S. 473 Nr. 29) und Rottweil anfügen (SOMMER: MVNICIPIVM, S. 295ff.; als solche über die hier angeführten Funde erschlossen).

[399] E. GOSE: Der gallo-römische Tempelbezirk im Altbachtal zu Trier, Mainz 1972 (Trierer Forsch. u. Grabungen 7), S. 104ff.; SCHILLINGER-HÄFELE: Nachtrag (Anm. 398), S. 458ff. Nr. 12; CÜPPERS: Trier, S. 588ff.

[400] Der untere Teil der oberen Inschrift in Abb. 36 war nicht geglättet, daher ursprünglich wohl verdeckt angebracht. Als Sitz wäre der Stein auch mit den von Heukemes vorgeschlagenen Sitzkissen viel zu niedrig gewesen. Falls darauf noch eine Platte gefolgt wäre, die dann sicher nach vorne überkragend angebracht worden wäre, um Fußraum und damit größere Bequemlichkeit zu schaffen (Hinweis M.N. FILGIS), wäre die Inschrift beschattet worden und damit kaum lesbar.

[401] LAUR-BELART: Führer, S. 69f.

[402] Rechnung M.N. FILGIS/C. S. SOMMER bzw. B. HEUKEMES. Die bei WILMANNS: Doppelurkunde, S. 133 genannte Zahl von 25.000 kann m.E. nur auf einem Mißverständnis beruhen.

[403] SOMMER: Ausgrabungen 1987, S. 102ff.; FB a BW 15 (1990), S. 660f.

[404] M. KLEE: Die Thermen auf dem Nikolausfeld. In: M. KLEE/M. KOKABI/E. NUBER: Arae Flaviae IV. Forsch. u. Ber., Stuttgart 1988 (Vor- u. Frühgesch. Baden-Württemberg 28), Beil. 1 (im Unterschied zur Legendenangabe im Maßstab 1:100 gedruckt).

[405] T. HERBICH/Ch. MISIEWICZ/M. MIZERA. In: FB a BW 17/2 (1992), S. 119.

[406] Vgl. auch Plan GLA 210/362 von 1732. Vgl. Beitrag Probst: Ladenburg zwischen dem Bischof und dem Pfalzgrafen, S. 421 Abb. 40 in diesem Band.

[407] SOMMER: Ausgrabungen 1987, S. 104; FB a BW 15 (1990), S. 663.

[408] SCHUMACHER: Ausgrabungen, S. 89; DERS.: Rheinlande, S. 58.

[409] HEUKEMES: Ladenburg, S. 190; DERS.: Plan.

[410] HEUKEMES: Ergebnisse 5 und Mitteilung am 23. 3. 1998.

[411] HERBICH u.a.: Fundber. (Anm. 405), S. 119.

[412] HEUKEMES: Plan.

[413] MGBl 15 (1914), S. 117f.; GROPENGIEßER: Beobachtungen, S. 57; HEUKEMES: Ergebnisse, S. 5.

[414] Zu weiteren öffentlichen Einrichtungen s.Kap. 4.6.3.

[415] SCHUMACHER: Ausgrabungen, S. 88.

[416] Vgl. den Plan SCHUMACHER: Ausgrabungen, S. 89.

[417] WAGNER: Fundstätten, S. 219; M. WIPPERMANN. In: MGBl 8 (1907), S. 271f.; Ber. RGK 7 (1912), S. 135; H. GROPENGIEßER. In: MGBl 15 (1942), S. 42; SEEL: Ausgrabungen, Nr. 9, 11, 12.

[418] BAATZ: Lopodunum.

[419] HEUKEMES: Entdeckungen 1967/2; DERS.: Entdeckungen 1968; DERS.: Entdeckungen 1970; DERS.: Entdekkungen 1971.

[420] HEUKEMES: Entdeckungen 1966/2; DERS.: Entdeckungen 1967/4; DERS.: Ladenburg, S. 386.

[421] M. WIPPERMANN. In: MGBl 8 (1907), S. 271.

[422] HEUKEMES: Burgus, S. 443ff. DERS.: Ladenburg, S. 386; DERS.: Plan.

[423] SOMMER: Ausgrabungen 1986, S. 139f.; SCHALLMAYER: Bischofshof, S. 108ff.; SOMMER: Ausgrabungen 1987; MEYER/SCHAEFF/SOMMER: Ausgrabungen 1993, S. 142ff., S. 146; SOMMER: Ausgrabungen 1994, S. 129; FB a BW 125 (1990), S. 662ff.; FB a BW 17/2 (1992), S. 119f.

[423a] MEYER/SCHAEFF/SOMMER: Ausgrabungen 1993, Abb. 84.

[424] SEEL: Ausgrabungen, Nr. 11.

[425] Vergleichbare Zinnendeckel kennt man z.B. von Rottenburg (FILTZINGER/PLANCK/CÄMMERER: Römer [wie Anm. 2], S. 513 und Abb. 329).

[426] MGBl 15 (1914), S. 42. BAATZ: Lopodunum, S. 24 geht von der Existenz eines Erdwalls aus, ebenso FRERE: Rezension, S. 155.

[427] SOMMER: Ausgrabungen 1986, S. 140; SCHALLMAYER: Bischofshof, S. 110; HEUKEMES: Burgus, S. 443f. mit Abb. 18 und 20 (auf Hypokaustum).

[428] Schreiben vom 10. 12. 1997. Dies steht im Widerspruch zu HEUKEMES: Entdeckungen 1971, wonach die Mauer in der Baugrube gefunden worden sein soll. Vielleicht handelt es sich tatsächlich um den weiter unten vorgeschlagenen Verlauf, der ebenfall noch im Bereich der Lobdengauhalle liegt.

[429] Vgl. auch KAISER/SOMMER: LOPODVNVM, S. 395ff. und SCHAAB: Ladenburg, S. 44 mit dem Versuch, die alte Linie zu halten.

[430] MGBl 8 (1907), S. 271.

[431] HEUKEMES wies am 23. 3. 1998 darauf hin, daß die Wippermann'schen Fundmeldungen nicht unbedingt zuverlässig seien. Seiner Meinung nach könnte auch eine weniger tiefe, spätere Mauer beobachtet worden sein.

[432] Es sei denn, die Mauer wäre vor dem heute erhaltenen Wall im Bereich des mittelalterlichen Grabens verlaufen. Dies würde aber eine Wallanschüttung von weit mehr als 10 m zur Folge haben und es bleibt auch das Problem der tiefen Fundamentierung unter dem Martinstor.

[433] G. WEBER. In: CZYSZ u.a.: Römer, S. 443f.; J. MALONEY/B. HOBLEY (Hg.): Roman urban defences in the west. Council for British Arch. Research Rep. 51 (1983), bes. S. 78–84 (B. HOBLEY: Roman urban defences: a review of research in Britain); C. WOODFIELD: New thoughts on town defences in the western territory of Catuvellauni. In: A. E. BROWN (Hg.): Roman Small Towns in Eastern England and Beyond, Oxford 1995 (Oxbow Monogr. 52 ), S. 129–146.

[434] Flst. 410/8; Hinweis E. LACKNER.

[435] In der Beilage sind daher die Gräben zwar eingetragen, aber nicht mit einer Rasterung versehen worden.

[436] Die gegenüber SOMMER: Siedlungen, S. 140 veränderte Fläche ergibt sich durch die Rekonstruktion der nordwestlichen Seite weiter im Westen.

[437] Bisher wurden lediglich in den Grabungen Martinstor/Neue Anlage (MEYER/SCHAEFF/SOMMER: Ausgrabungen 1993, S. 146), Preysingstraße (TRUMM/SOMMER: Ausgrabungen 1992, S. 134f.), Schulstraße (Hirschberger Hof; SOMMER: Ausgrabungen 1987, S. 101f.) – jeweils im unmittelbaren Randbereich des Walls – und Trajanstraße 83 (MEYER/SCHAEFF/SOMMER: Ausgrabungen

1993, S. 145) – ebenfalls nicht weit hinter der Stadtmauer – keine nennenswerten Baubefunde aufgedeckt. Gegen durchgängige Freiräume hinter der Stadtbefestigung sprechen die Befunde unter dem Feuerwehrhaus in der Zehntstraße und in der Sickingenstraße.

438 Anderes als BAATZ: Lopodunum, S. 28 und S. 34. So schon HEUKEMES: Kreisbeschreibung III, S. 609 und FRERE: Rezension, S. 154.

439 SOMMER: Ausgrabungen 1989, S. 134; DERS.: Ausgrabungen 1990, S. 117; FB a BW 17/2, S. 120ff.

440 SCHALLMAYER: Ausgrabungen, S. 55; GROPENGIEßER: Beobachtungen, S. 56 (dort an [nicht existierender] Kreuzung „Schwarzkreuzstraße/Neue Anlage" beschrieben; über die Ortsangabe „Wiegehalle" nach freundl. Mitt. E. LACKNER eindeutig Neue Anlage).

441 BAATZ: Lopodunum, S. 24; MEYER/SCHAEFF/SOMMER: Ausgrabungen 1993, S. 144.

442 H. GROPENGIEßER. In: Ber. RGK 7 (1912), S. 135; SCHUMACHER: Rheinlande, S. 57.

443 HEUKEMES: Plan; DERS.: Ladenburg, S. 386; SOMMER: Siedlungen, S. 137.

444 BAATZ: Lopodunum, S. 34.

445 SOMMER: Siedlungen, S. 139. Ähnliche Programme werden auch für Britannien diskutiert. Vgl. die Literatur in Anm. 433.

446 SCHLEIERMACHER: Spuren (wie Anm. 261), S. 165–173, bes. S. 170.

447 HEUKEMES: Jahresbericht 1976.

448 MEYER/SCHAEFF/SOMMER: Ausgrabungen 1993, S. 144.

449 Hierzu R. P. DUNCAN-JONES: Who paid for public buildings in Roman cities?. In: F. GREW/B. HOBLEY (Hg.): Roman urban topography in Britain and the western Empire. Council British Arch.Research Rep. 59, London 1985, S. 28–36.

450 Ohne diese Fragestellung vgl. SOMMER: Siedlungen.

451 WILMANNS: Doppelurkunde, S. 133. Ähnlich vermutete schon 1902 A. v. DOMASZEWSKI: Die Beneficiarierposten und die römischen Straßennetze. In: Westdeutsche Zeitschr. 21 (1902), S. 201, allerdings damals unter völlig anderen Voraussetzungen, daß „Lopodunum [durch Trajan] zum Vorort des ganzen rechtsrheinischen Gebietes erhoben wurde".

452 SCHUMACHER: Rheinlande, S. 212f.

453 Vgl. Kap. 4.4.1. und TRUNK: Tempel (Anm. 358) zu Augst.

454 S. Kap. 4.4.4 und CÜPPERS: Trier, S. 588ff. bzw. 593ff.

454a Mitteilung HEUKEMES am 23. 3. 1998.

455 HEUKEMES: Plan.

456 KAISER: Götterbilder, bes. S. 113.

457 HEUKEMES: Plan.

458 MEYER/SCHAEFF/SOMMER: Ausgrabungen 1993, S. 145.

459 HEUKEMES: Plan.

460 SOMMER: Ausgrabungen 1994, S. 131.

461 HEUKEMES: Mithras; DERS.: Ladenburg, S. 190.

462 Mitteilung HEUKEMES am 23. 3. 1998.

463 Zum Mithraskult E. SCHWERTHEIM: Die Denkmäler orientalischer Gottheiten im römischen Deutschland – mit Ausnahme der ägyptischen Gottheiten, Leiden 1974 (Études préliminaires aux religions orientales dans l'empire romain 40), bes. Nr. 138 und 144 (Ladenburg); M. J. VERMASEREN: Die Orientalischen Religionen im Römerreich, Leiden 1981 (Études préliminaires aux religions orientales dans l'empire romain 95), bes. Nr. 1275 (Ladenburg); R. MERKELBACH: Mithras, Königstein 1984, bes. S. 356 (Ladenburg); M. CLAUSS: Mithras. Kult und Mysterien, München 1990; DERS.: Cultores Mithrae. Die Anhängerschaft des Mithras-Kults, Stuttgart 1992, bes. S. 113 (Ladenburg).

464 HEUKEMES: Heiligtum; DERS.: Ladenburg, S. 390 sowie Mitteilung am 23. 3. 1998 (Lobdengau-Museum).

465 WAGNER: Fundstätten, S. 222f.; HEUKEMES: Entdeckungen 1968/2; DERS.: Jupitergigantensäule.

466 G. BAUCHHENß: Die Jupitergigantensäulen in der römischen Provinz Germania Superior. In: G. BAUCHHENß/P. NOELKE: Die Jupitersäulen in den germanischen Provinzen, Köln/Bonn 1981 (Beih. Bonner Jahrb. 41), S. 1–262; bes. S. 155–158 (Ladenburg).

467 Mitteilung Heukemes am 23. 3. 1998.

468 HEUKEMES: Jupitergigantensäule; DERS.: Ladenburg, S. 351f.

469 SCHUMACHER: Ausgrabungen, S. 90; KAISER/SOMMER: LOPODVNVM, bes. S. 287ff. und S. 314ff.

470 Hierzu und dem Folgenden KAISER/SOMMER: LOPODVNVM, Phase 3 und 4.

471 KAISER: Ausgrabungen 1997.

472 Der Querschnitt dieser Halle ist in dem Gebäude westlich der Forumseingangshalle in Abb. 43 aufgegriffen.

473 HEUKEMES: Entdeckungen 1970; MEYER/SCHAEFF/SOMMER: Ausgrabungen 1993, S. 145.

474 Zum Keller Abb. 61 vgl. BAATZ: Lopodunum, S. 11ff.

475 HEUKEMES: Jahresber. 1979; FB a BW 15 (1990), S. 663 Nr. 11.

476 Badische Fundber. 2 (1929–32), S. 244; HEUKEMES: Entdeckungen 1966/1; DERS.: Entdeckungen 1969; DERS.: Entdeckungen 1971; DERS.: Plan.

477 HEUKEMES: Ladenburg, S. 388; DERS.: Ergebnisse, S. 5; DERS.: Jahresber. 1973; SOMMER: Ausgrabungen 1986, S. 139f; SCHALLMAYER: Ausgrabungen 1987, S. 107ff.; SOMMER: Ausgrabungen 1988, S. 104ff.; HEUKEMES: Burgus, S. 435ff.

478 SOMMER: Ausgrabungen 1991, S. 133. Allein das Vorhandensein eines Hypokaustums (z.B. Hauptstraße vor Nr. 8; vgl. Abb. 66) reicht allerdings nicht als Kriterium für die Zuweisung zu den Komplexbauten, denn hypokaustierte Räume kommen durchaus auch in Streifenhäusern vor.

479 STARK: Ladenburg, S. 26; Westdeutsche Zeitschr. 4 (1885), S. 198f.; Ber. RGK 7 (1912), S. 135; HEUKEMES: Entdeckungen 1966/1; DERS.: Entdeckungen 1966/2; DERS.: Entdeckungen 1966/3; DERS.: Entdeckungen 1967/2; DERS.: Entdeckungen 1967/4; DERS.: Entdekkungen 1969; DERS.: Jahresber. 1973; DERS.: Jahresber. 1974; KAISER: Ausgrabungen 1983, S. 116f.; SOMMER: Ausgrabungen 1989, S. 133f.; DERS.: Ausgrabungen 1990, S. 114, S. 117; MEYER/SCHAEFF/SOMMER: Ausgrabungen 1993, S. 142; SOMMER: Ausgrabungen 1994, S. 130f.

480 Z.B. Ber. RGK 7 (1912), S. 135; Badische Fundber. 2 (1929–32),S. 244; BAATZ: Lopodunum, Taf. 20; HEUKEMES: Entdeckungen 1970; SOMMER: Ausgrabungen 1989, S. 133f.

[481] HEUKEMES ist der Meinung, daß zu einem schrägen Phallus ein zweiter, gegenläufig geneigter gehört. Daß heißt, es müßte damals eine zweite, ähnlich verzierte Säule gegeben haben.

[482] SCHUMACHER: Ausgrabungen, S. 89 bzw. DERS.: Rheinlande, S. 57f. bzw. MGBl 15 (1914), S. 117f. (er gibt die Tiefe der Bebauung beidseits der Heidelberger Straße generell mit 20–23 m an); TRUMM/SOMMER: Ausgrabungen 1992, S. 136ff.

[483] Z.B. Kempten; CZYSZ u.a.: Römer, Abb. 30.

[484] Hierzu auch HEUKEMES: Burgus, S. 437ff.; KAISER/SOMMER: LOPODVNVM, S. 337.

[485] A. GOPPELSRÖDER mit einem Beitrag von C. S. SOMMER: Die organischen Reste einer römerzeitlichen Latrinenverfüllung und anderer Befunde in Ladenburg, Merkurplatz 5. In: FB a BW 21 (1996), S. 401–412.

[486] Vgl. Kap. 2.4.3.

[487] Lobdengau-Museum; Hinweis HEUKEMES am 23. 3. 1998.

[488] Vgl. Kap. 2.4.3. und KAISER/SOMMER: LOPODVNVM, S. 326; 337.

[489] HEUKEMES: Burgus, S. 436 und Abb. 12; M. GRASSNICK: Bäder und hygienische Einrichtungen als Zeugnisse früher Kulturen, München/Wien 1992, S. 12 und Abb. 12 (Hinweis Heukemes). Vergleichbare Befunde kennen wir z.B. aus Heidenheim (B. RABOLD: Einem römischen Handwerkerviertel auf der Spur. Ausgrabungen in der Heidenheimer Plouquetstraße. In: ArchAusgrBW 1992, S. 147f. bzw. B. RABOLD: Abschließende Ausgrabungen in der Heidenheimer Plouquetstraße. In: ArchAusgrBW 1993, S. 164) und Bliesbruck. Dort werden sie allerdings vor allem als Kultgruben interpretiert (J.-P. PETIT: Puits et fosses rituels en Gaule d'après l'exemple de Bliesbruck [Moselle], Bliesbruck 1988).

[490] K. HEILIGMANN: Sumelocenna – Römisches Stadtmuseum Rottenburg am Neckar, Stuttgart 1992 (Führer arch. Denkmäler Baden-Württemberg 18), S. 53–59.

[491] HEUKEMES: Sebastianskapelle, S. 12.

[492] R. NEUDECKER: Die Pracht der Latrinen. Zum Wandel öffentlicher Bedürfnisanstalten in der kaiserzeitlichen Stadt, München 1994 (Stud. z. antiken Stadt 1), S. 72ff.; 132ff.

[493] Diesbezüglich an der Grenze steht ein Steinmetz oder Bildhauer, dessen Werkstatt Heukemes über den Fund eines halbfertigen, vielleicht trajanisch zu datierenden Reliefs in der Eponastraße 7 vermutet (HEUKEMES: Entdeckungen 1971; DERS.: Plan) sowie ein Färber oder Gerber, der vielleicht den Inhalt des am nördlichen Platz vermuteten Pissoirs für sein Gewerbe nutzte, wie wir das aus Pompeji wissen.

[494] KAISER/SOMMER: LOPODVNVM, S. 342. Vgl. auch M. N. FILGIS: Baubefunde von Metallhandwerkern und Kalkbrennern im römischen Wimpfen, Krs. Heilbronn. In: A. HOFFMANN u.a. (Hg.): Bautechnik der Antike. Intern. Koll. Berlin 15.–17. 2. 1990, Mainz 1991, S. 47–49.

[495] FB a BW 17/2 (1992), S. 113.

[496] HEUKEMES: Entdeckungen 1966/1; DERS.: Entdeckungen 1968/4; DERS.: Plan.

[497] Mitteilung Heukemes vom 30.3.1998 und HEUKEMES: Plan.

[498] BAATZ: Lopodunum, S. 15f.

[499] HEUKEMES: Arbeitsbericht 1975; DERS.: Siedlung, S. 123.

[500] Badische Fundber. 3 (1933–36), S. 57; HEUKEMES: Siedlung, S. 121.

[501] HEUKEMES: Plan und eigene Begehungen.

[502] HEUKEMES: Entdeckungen 1968/4 (der dritte Ofen im Bereich der Valentinianstraße ist nach freundl. Mitt. Heukemes nur indirekt erschlossen und kann deshalb nicht lokalisiert werden); HEUKEMES: Plan.

[503] Vgl. mit gleicher Position am Flußufer die Kalkbrennöfen von Wimpfen. FILGIS: Baubefunde (Anm. 494), S. 50–52.

[504] B. HEUKEMES: Ausgrabungsbericht. In: Der Heidelberger Portländer 8 (1959), S. 23.

[505] Lobdengau-Museum; Hinweis HEUKEMES am 23. 3. 1998.

[506] In ähnlichen Darren wurde auch Flachs gedarrt. Zu Darren allgemein M. N. FILGIS: Römische Darre aus Bad Wimpfen im Vergleich mit rezenten Beispielen. In: FB a BW 18 (1993), S. 71–82; G. DRAISBUSCH: Darre oder Räucherkammer? Zu römischen Heizanlagen in Westdeutschland. In: FB a BW 19/1 (1994), S. 181–205; bes. S. 190 und 202 (Ladenburg).

[507] SOMMER: Ausgrabungen 1994, S. 130f.

[508] Th. SCHMIDTS in einer Münchner Dissertation.

[509] Freundl. Mitt. Th. Schmidts bzw. SOMMER: Ausgrabungen, S. 134.

[510] L. BERGER: Säuglings- und Kinderbestattungen in römischen Siedlungen der Schweiz – Ein Vorbericht. In: M. STRUCK (Hg.): Römerzeitliche Gräber als Quellen zu Religion, Bevölkerungsstruktur und Sozialgeschichte. Intern. Fachkonferenz 18.–20. 2. 1991 Mainz, Mainz 1993 (Arch. Schriften Inst. Vor- u. Frühgesch. der Johannes Gutenberg-Univ. Mainz 3), S. 319–328.

[511] Z. B. beim Mithräum in Wiesloch. R.-H. BEHRENDS: Untersuchungen im Gewann „Weinäcker" in Wiesloch, Rhein-Neckar-Kreis. In: Arch. Ausgrab. 1990, S. 128 mit Abb. 77.

[512] CIL XIII 6423; WAGNER: Fundstätten, S. 232.

[513] Zusammenfassend HEUKEMES: Plan.

[514] GROPENGIEßER: Beobachtungen, S. 57; WAGNER: Fundstätten, S. 217; Badische Fundber. 20 (1956), S. 231.

[515] HEUKEMES: Entdeckungen 1967/4.

[516] BAATZ: Lopodunum, S. 14, 32; vielleicht gehört die bei WAGNER: Fundstätten, S. 232 für die Flur „Burgäcker" vermeldete „Aschenkiste" hierzu.

[517] B. HEUKEMES. In: FILTZINGER/PLANCK/CÄMMERER: Römer (wie Anm. 2), S. 315.

[518] Diese Meinung vertrat B. HEUKEMES in einem Kommentar am 30. 3. 1998.

[519] HEUKEMES: Entdeckungen 1966/1 (bei der Angabe „v.Chr." handelt es sich wohl um einen Druckfehler).

[520] Westdeutsche Zeitschr. 9 (1890), S. 287f.

[521] CIL XIII 11741; H. GROPENGIEßER. In: MGBl 10 (1909), S. 38; Wagner: FUNDSTÄTTEN, S. 233.

[522] HEUKEMES: Ladenburg, S. 390.

[523] Vgl. H. U. NUBER: Das Ende des Obergermanisch-Raetischen Limes – eine Forschungsaufgabe. In: Archäologie und Geschichte des 1. Jahrtausends in Südwestdeutschland, Sigmaringen 1990 (Arch. u. Gesch. 1), S. 51–68; KUHNEN: Gestürmt (wie Anm. 275); E. SCHALLMAYER (Hg.): Der Augsburger Siegesaltar. Zeugnisse ei-

ner unruhigen Zeit, Bad Homburg v.d.H. 1995 (Saalburg-Schriften 2) mit weiterer Literatur; E. SCHALLMAYER (Hg.): Niederbieber, Postumus und der Limesfall. Stationen eines politischen Prozesses, Bad Homburg v.d.H. 1996 (Saalburg-Schriften 3). – Auf fantasievolle Weise setzt sich mit dieser Zeit in Ladenburg auch ein Kapitel in H. D. STOEVER/M. GECHTER: Report aus der Römerzeit, Stuttgart 1989 auseinander.

[524] KORTÜM: Datierung und ergänzte Kurven.

[525] CIL 9103 und 9111.

[526] KAISER/SOMMER: LOPODVNVM, S. 304 und S. 403, auch zum Folgenden.

[527] SOMMER: Ausgrabungen 1991, S. 134.

[528] SCHAAB: Ladenburg, S. 43.

[529] J. FELD: Villa und Brunnen der Römerzeit unter dem Bischofshof in Ladenburg. In: Der Lobdengau 17 (1964), Nr. 4; HEUKEMES: Ergebnisse, S. 6; SCHAAB: Ladenburg, S. 43.

[530] HEUKEMES: Jupiergigantensäule, S. 43.

[531] G. LENZ-BERNHARD: Ein Dosenortband aus der villa rustica Ladenburg „Ziegelscheuer". In: Arch. Nachr. Baden 36 (1986), S. 32–42. Allerdings meinen S. F. PFAHL/M. REUTER: Waffen aus römischen Einzelsiedlungen rechts des Rheins. In: Germania 74 (1996), S. 119–167; bes. S. 127 und 149, daß es sich bei diesen Waffenresten und vergleichbaren anderen Stücken eher um Altmetall handelt.

[532] FMRD II 1, 1144 und 1145 bzw. HEUKEMES: Burgus, S. 458 mit Anm. 19 und SCHAAB: Ladenburg 43.

[533] Mitteilung am 30. 3. 1998.

[534] FMRD II 1, 1142 Nr. 88 und 89 sowie ein Antoninian des Claudius II (RIC 172; 268–270 n.Chr. ) aus dem Keller des Hauses östlich der Darre (Bestimmung und Mitteilung HEUKEMES); hierzu generell Kh. STRIBRNY: Römer rechts des Rheins nach 260 n.Chr. In: Ber. RGK 70 (1989), S. 351–506 sowie mit kritischen Anmerkungen dazu KORTÜM: Datierung.

[535] Z.B. M. REUTER: Germanische Siedler des 3. und 4. Jahrhunderts in römischen Ruinen: Ausgrabungen des Bade- sowie des Wirtschaftsgebäudes der villa rustica von Wurmlingen, Kreis Tuttlingen. In: Arch. Ausgrabungen 1995, S. 206f.

[536] G. LENZ-BERNHARD: Alamannische Funde aus Ladenburg, Gewann Ziegelscheuer. In: Arch. Nachr. Baden 40/41 (1988), S. 45–57 mit Verbreitungskarte Abb. 1 und älterer Literatur; Lobdengau-Museum (Hinweis HEUKEMES). Vgl. zu dieser Zeit auch ARCHÄOLOGISCHES LANDESMUSEUM BADEN-WÜRTTEMBERG (Hg.): Die Alamannen, Stuttgart 1997 und bes. H. U. NUBER: Rom und die Alamannen (S. 59–68), H. GEUENICH: Ein junges Volk macht Geschichte (S. 73–78), H. SCHACH-DÖRGES: „Zusammengespülte und vermengte Menschen" (S. 79–102).

[537] Lobdengau-Museum und Hinweis HEUKEMES am 23. 3. 1998.

[538] K. FAHLBUSCH/W. JORNS/G. LOEWE/J. RÖDER: Der Felsberg im Odenwald, Stuttgart 1985 (Führer hessische Vor- u. Frühgesch. 3), bes. S. 15ff.

[539] Eisen-/Zinkbergwerk „Im Hessel" mit zahlreichen spätrömischen Münzen. FMRD II, 1, 1079; 1085 und 1086 sowie B. HEUKEMES: Aus der Vorzeit der Gemarkung Nußloch, Lkr. Heidelberg. In: Nußloch, ein Heimatbuch, Nußloch 1966, S. 25f. (Hinweis B. HEUKEMES).

[540] HEUKEMES: Jahresbericht 1978; DERS.: Befestigung.

[541] Insofern andere Ansicht HEUKEMES: Plan, als dort der Altarm anders rekonstruiert wurde.

[542] HEUKEMES: Burgus.

[543] Die südliche Mauer wurde vermutlich in der Hauptstraße 1 erfaßt (andere Interpretation als in FB a BW 17/2 [1990], S. 180 Nr. 2).

[544] Vgl. HEUKEMES: Burgus, Abb. 3.

[545] HEUKEMES: Burgus, S. 436 (Bau 13 auf seiner Abb. 2).

[546] Nach Mitteilung vom 30. 3. 1998 ist Heukemes weiterhin der Meinung, daß die Mauer älter sei als der Burgus, nicht zuletzt deshalb, weil in ihr 1830 in der Mühlgasse 21 die unzerstörten Teile einer Jupitergigantensäule nebst Stifteraltar gefunden worden sind. Nachdem diese zusammengehörten (allerdings werden die Stücke bei WAGNER: Fundstätten, S. 219f., nur als möglicherweise zusammengehörig beschrieben) und ihr Zusammenliegen noch im Mittelalter schwer vorstellbar sei, müßte seiner Meinung nach die Mauer römisch sein. Heukemes deutete sie mir gegenüber als provisorischen Ersatz der ursprünglichen, abgeschwemmten römischen Stadtmauer. M.E. läßt sich aus den bekannten bzw. mir vorliegenden Abbildungen, z.B. Abb. 68, das zeitliche Verhältnis der Mauern nicht zweifelsfrei erkennen.

[547] S. v. SCHNURBEIN/H.-J., KÖHLER: Der neue Plan des valentinianischen Kastells Alta Ripa (Altrip). In: Ber. RGK 70 (1989), S. 507–526; S. v. SCHNURBEIN/H. BERNHARD. In: CÜPPERS: Römer (wie Anm. 384), S. 299–302; A. WIECZOREK: Zu den spätrömischen Befestigungsanlagen des Neckarmündungsgebietes. In: MGBl NF 2 (1995), S. 9–90, bes. S. 70ff. Vgl. auch L. BAKKER: Bollwerk gegen die Barbaren. In: ARCHÄOLOGISCHES LANDESMUSEUM: Alamannen (wie Anm. 536), S. 111–118.

[548] Ausonius: Mosella, S. 423f.; Übersetzung nach G. GOTTLIEB/W. KUHOFF: Quellen zur Geschichte der Alamannen 6, Heidelberg 1984 (Heidelberger Akad. Wiss. Kommission Alamannische Altertumsk. Schr. 9), S. 98; vgl. HEUKEMES: Burgus, S. 470 mit Korrekturzusatz.

[549] HEUKEMES: Burgus, S. 441.

[550] V. SCHNURBEIN/BERNHARD: Römer (Anm. 547), S. 301; ähnlich SCHAAB: Ladenburg, S. 43f.

[551] Zusammenfassend KAISER/SOMMER: LOPODVNVM, S. 403.

[552] KAISER/SOMMER: LOPODVNVM, S. 404 sowie weitere Münzen in den neueren Grabungen.

[553] HEUKEMES: Jahresbericht 1973; DERS.: Jahresbericht 1976; DERS.: Ladenburg, S. 390; SCHAAB: Ladenburg, S. 50; KAISER/SOMMER: LOPODVNVM, S. 404.

[554] Hinweis HEUKEMES am 30. 3. 1998.

[555] Ausführlich zur Forschungsgeschichte mit den entsprechenden Zitaten KAISER/SOMMER: LOPODVNVM, S. 14–25.

[556] Ich habe mir in der Regel erspart, alles selbst Gesehene oder in den Grabungsunterlagen Verzeichnete mit dem Hinweis „Ortsakten" zu belegen.

## Abbildungsnachweise

1, 66: *K. Kortüm.*

2, 25–27, 29, 54, 55, 57, 58: *KAISER/SOMMER: LOPODVNVM, Abb. 236, 269, Beil 29a, Beil. 3 B b–d, 259b, 207, 260b, Beil. 29c, Abb. 261c (25–27, 57 Th. Merz; 2, 29, 55, 58 Y. Mühleis).*

3, 22, 24, 31, 32, 44, 61–63, 67–68, 71–77, 81, 84–87: *B. Heukemes (31 H. Hain; 67 E. Kemmet; 24, 32, 44, 62 S. Lieberknecht-Kamran).*

4, 6, 7, 9, 12–16, 18, 19, 21, 23, 28, 33, 34, 36, 39–41, 43, 45, 46, 48, 49, 51, 53, 56, 60, 64, 65, 70, 78, 79: *Landesdenkmalamt Baden-Württemberg (79 O. Braasch [6516/15–1270/26 v. 28. 4. 90]; 65 S. Lieberknecht-Kamran; 21, 43, 45, 46, 53, 62 Y. Mühleis; 16 K. Natter).*

5, 10, 30, 37, 38: *Autor (30, 37, 38 M. Horn; 5 Th. Merz).*

8: *HEUKEMES: Sebastianskapelle, Abb. 4.*

11, 20: *Archäologische Sammlungen, Reiss-Museum Mannheim.*

17: *SOMMER: Horses, Abb. 4 (Th. Merz).*

35: *GROPENGIEẞER: Basilika, Abb. 2.*

42: *BENNETT: Trajan, Abb. 5.*

47: *Rheinisches Landesmuseum Trier.*

50: *BAATZ: Lopodunum, Taf. 17, 2.*

52: *W. GAUER: Zum Bildprogramm des Trajansbogens von Benevent. In: Jahrb. Deutsches Arch. Inst. 89 (1974), Abb. 2.*

59: *Fotoarchiv historische Bilder von Ladenburg (12 HB 131).*

69: *HEUKEMES: Burgus, Abb. 4.*

## Beilage

(siehe hinteren Vorsatz)

Plan des römischen Ladenburg. Im Ausschnitt verkleinerte, ergänzte und überarbeitete Auflage auf der Grundlage des Plans von 1986. Gegenüber dem alten Plan ergibt sich eine Verschiebung aller Holzbaubefunde um etwa einen Millimeter nach Osten, da der entsprechende Decker im alten Plan um diesen Betrag verschoben gedruckt war (dadurch erklären sich zum Teil die Probleme, die in KAISER/SOMMER: LOPODVNVM Anm. 540 und 541 angeführt sind). Die Veränderung im Gewässernetz ergibt sich durch eine andere Rekonstruktion der Wasserführung.

Das Schwergewicht des Plans liegt auf den zivilen Strukturen. Die Kastelle sind lediglich mit den Umwehrungen in ihrem letzten Zustand als Hintergrundsinformation eingetragen. Da ein Ziel war, den „maximalen“ Zustand der Stadt zu zeigen, kommt es auch weiterhin zur Darstellung ungleichzeitiger, z.T. sich ausschließender Befunde und im Falle von Überlagerungen in der Regel zu einer Dominanz der Steinbauten.

# Ladenburg und der Lobdengau in der fränkischen Zeit
## Vom 6. bis zum 9. Jahrhundert

von Hansjörg Probst



## Von der Antike zum Mittelalter – Kontinuität und Neubeginn

### Kontinuität oder Neubeginn?

Humanismus, Renaissance und Reformation, die großen geistigen Strömungen des 15. und 16. Jahrhunderts, setzten sich von der ihnen unmittelbar vorausgehenden Epoche dadurch ab, daß sie sich in Literatur, Kunstgeschmack und Geistesleben auf die griechisch-römische Antike oder auf das Urchristentum der ersten Jahrhunderte der christlichen Zeitrechnung bezogen. Die Humanisten erfanden für das dazwischen liegende Jahrtausend den Begriff „Mittelalter", das als Übergangszeit zwischen der „Antike" und der mit ihnen beginnenden „Neuzeit" lag. Dieses „Mittlere Zeitalter" war für sie ein „Saeculum obscurum" – ein dunkles Zeitalter; noch heute wirkt diese Abwertung nach, wenn wir ganz selbstverständlich vom „Finsteren Mittelalter" sprechen. Finster waren diese tausend Jahre für Humanisten und Reformatoren, weil die griechische Sprache ganz vergessen, die lateinische zum Mönchs- oder Küchenlatein verkommen und die Kirche verweltlicht war. Viele Errungenschaften und Erkenntnisse der antiken Wissenschaft und Technik waren untergegangen und der Baustil zur „Gotik" entartet. Das Wort bedeutete im 15. Jahrhundert wild, bizarr, überladen, geschmacklos; diesem barbarischen Stil stellte man die später so genannte „edle Einfalt und stille Größe"[1] der antiken Kunstwerke als vorbildlich gegenüber.

„Beendet" wurde die Antike durch den Ansturm der Germanen in der „Völkerwanderung", der schließlich den „Untergang des Römischen Reiches" herbeiführte. Dieses Geschichtsbild wurde außerordentlich populär, gleichgültig ob man den Niedergang der antiken Kultur und Zivilisation beklagte, oder ob man sich an der Kraft der jugendlichen Germanen begeisterte. Der Untergang eines Weltreiches – „Decline and Fall of the Roman Empire", wie 1776 der Titel des berühmten Werkes von Edward Gibbon lautete – war ein faszinierender Vorgang, der die Geschichtswissenschaft und das gebildete Publikum zu mancherlei Interpretationen einlud. Jedenfalls entsprach die Vorstellung eines harten Kulturbruchs, den die Germanen mit Feuer und Schwert herbeigeführt haben sollten, lange der allgemeinen Überzeugung.

Eine Abkehr von dieser Schwarz-Weiß-Malerei bewirkte zuerst die Romantik des beginnenden 19. Jahrhunderts mit ihrer Hochschätzung des Mittelalters und seiner Kultur, gerade auch der gotischen Baukunst und der „altdeutschen" Malerei. Die sich damals formierende Wissenschaft der Germanistik (Brüder Grimm) entdeckte die mittelhochdeutsche Dichtung – noch bei Friedrich dem Großen war das neu gefundene Nibelungenlied auf völlige Ablehnung gestoßen! Damit einher ging das erwachende Interesse der Geschichtswissenschaft für die mittelalterliche Geschichte, vor allem die deutsche Kaiserzeit, der die neuentwickelte historische Methode der Quellensicherung und -kritik zugute kam. Sehr bald bildete so die Mediävistik – die Mittelalterkunde – in Sprache und Literatur, in allen Zweigen der Geschichtswissenschaft, in Rechts- und Kunstgeschichte nach Methode und Inhalt den Forschungsschwerpunkt der Philosophischen Fakultäten der reformierten deutschen Universität. Unmerklich wurde so die starre mythisierende Drei-Epochen-Lehre von Antike, Mittelalter und Neuzeit relativiert und dem Mittelalter ein eigener Wert zuerkannt.

Auf der anderen Seite führte die provinzialrömische Archäologie zu einer differenzierten Sicht des Übergangs von der Antike zum Mittelalter. Bezeichnenderweise wurde diese bis ins 20. Jahrhundert außerhalb der Universitäten gepflegt; denn dort galt nur die humanistisch geprägte „Klassische" Archäologie. In unserer Region betrieb der Mannheimer Altertumsverein von 1859 provinzialrömische Archäologie. Er begann unter den Gymnasialprofessoren Carl Borromäus Alois Fickler, Ferdinand Haug, Karl Baumann dem Jüngeren und Hermann Gropengießer, auch das römische Ladenburg systematisch zu erforschen[2]. Damals gab es weder einen Lehrstuhl für Vor- und Frühgeschichte an der Universität Heidelberg noch ein Landesdenkmalamt. Diese Forschung entdeckte bald an sehr vielen Orten, daß die antike Zivilisation in den ehemaligen römischen Provinzen des Rheinlandes und südlich der Donau die Völkerwanderung überdauert hat und ins frühe Mittelalter tradiert wurde.

Der österreichische Gelehrte Alfons Dopsch (1868–1953) faßte diese Forschungsergebnisse zusammen und legte den engen Zusammenhang zwischen Spätantike und dem frühen Mittelalter dar. Er bestritt den negativ-zerstörerischen Charakter der germanischen Eroberung des weströmischen Reiches und führte für diesen Komplex eines eher allmählichen Übergangs den Begriff „Kontinuität" ein. Der belgische Forscher Henri Pirenne sprang ihm aus universalhistorischer Sicht bei. Er sah den eigentlichen Bruch im ausgehenden 8. Jahrhundert: Islam und Karolinger verkörperten für ihn den eigentlichen Neubeginn[3].

Mit dieser noch durchaus ungewohnten Deutung fanden sie sofort Widerspruch von Forschern wie Hermann Aubin, die ihre Vorstellungen eines tiefen Kulturbruchs noch ganz in der humanistischen Tradition auf das Abreißen der literarischen Überlieferung, die Verwilderung der lateinischen Sprache, den Rückgang der Schriftlichkeit, die Verkümmerung der antiken Staatlichkeit und den allgemeinen Niedergang der Zivilisation stützten[4]. Doch im Verlauf dieser Diskussion reduzierte Aubin seine Beobachtung eines Kulturbruchs ausdrücklich auf einen engeren Kulturbegriff und gestand zu, daß man die Kontinuität bejahen könne, wenn man einen weiteren Kulturbegriff zugrunde lege. „In ihm (dem Rheinland) fanden die Germanen in die Erde versenktes, am Boden haftendes Erbgut der Antike vor, hier stießen sie auf Menschen, welche dieses Erbgut in sich trugen, selber weiterzutragen und den Eroberern zu vermitteln imstande waren. Die neuen Herren haben diese Menschen auch keineswegs völlig ausgetilgt oder vertrieben. So kam also die Hinterlassenschaft der alten Welt an Ort und Stelle, wenngleich rudimentär, zur Wirkung."[5]

Inzwischen ist dieser weitere Kulturbegriff, der vor allem auch die gesamte materielle Kultur des Alltags einbezieht, allgemein anerkannt, zumal auch die archäologische Forschung eine Fülle neuer Erkenntnisse gewonnen hat. So hat sich die Kontinuitätsthese weithin durchgesetzt und den eigentümlichen Charakter des Frühmittelalters zwischen römischem Erbe und germanischem Neubeginn erkannt[6]. Für unsere Region und eine Geschichte Ladenburgs gilt in besonderem Maße, was Franz Staab definiert hat: „An Siedlungsplätzen, wo sich vorgermanische Ortsnamen, weiterbenutzte Römerstraßen, Königsgut und Lazen (Liten) zugleich nachweisen lassen, muß angenommen werden, daß der Stand der Lazen in autochthoner Kontinuität seit der Spätantike fortlebte, wobei die Fortdauer der schichtenspezifischen Besonderheiten vor allem dem Königtum zu danken ist, das sich hier bedeutende Hilfskräfte erhielt und weiterentwickelte." Wenn einzelne der hier genannten Kennzeichen wegfallen, ist die Dichte der Kontinuität geringer[7].

Inzwischen haben gerade auch für das Neckarmündungsgebiet weitere Funde die spätantike Basis eines monumentalen und wohl auch bevölkerungsmäßigen Zusammenhangs von der Antike in die Frankenzeit hinein ergeben[8].

### Alamannen und Franken – Gegner und Erben Roms

Die blutigen Schlachten, die zwischen 113 und 101 v.Chr. die Römer mit den Kimbern und Teutonen schlugen und die erst Marius bei Aquae Sextiae und Vercellae für Rom entschied, haben die Germanen den Römern geradezu traumatisch ins Gedächtnis gerückt. Mit Ariovist und seinen Sweben, Arminius und der Schlacht im Teutoburger Wald und den Markomannenkriegen Kaiser Mark Aurels werden Ereignisse genannt, die im Verlauf von mehreren hundert Jahren die kriegerische Seite des römisch-germanischen Verhältnisses bestimmten. Die Germanen waren also durchaus keine Fremden für die Römer, im Gegenteil: Sie erregten deren größtes Interesse, so daß sich römische Geschichtsschreiber immer wieder veranlaßt sahen, über die Germanen und alles, was mit ihnen zusammenhing, zu schreiben. Caesar (100–44) und Tacitus (55–116) sind lediglich die bekanntesten[9].

Die kleinen westgermanischen Stämme, wie sie uns von Caesar und Tacitus in ihren Völkerkatalogen aufgeführt werden, schlossen sich erst im 3. Jahrhundert zu lockeren Stammesverbänden wie die Alamannen und Franken zusammen, die erst später zu straffer organisierten Großvölkern wurden. Die Zusammenschlüsse steigerten die militärische Schlagkraft dieser „Völkerschwärme" gegenüber dem Reich. Unter der Führung ihrer Heerkönige entwickelten sie eine wachsende Angriffslust, der das Römische Reich vom 3. bis zum 5. Jahrhundert eine letztlich abnehmende Abwehrkraft entgegenzusetzen hatte. Dabei war die römische Strategie durchaus flexibel. Sie reichte von der Ansiedlung und militärischen Indienstnahme von einzelnen oder ganzen Verbänden landhungriger Germanen über vertragliche Regelungen und Tributzahlungen bis zu blutigen Abwehrschlachten. In dieser langen Zeit vom 3. bis zur Mitte des 5. Jahrhunderts brauchten sich paradoxerweise die Ziele beider Seiten nicht auszuschließen: Den Römern ging es um Frieden und Sicherheit, den Germanen um Siedlungsland und Teilhabe an der römischen Zivilisation. Eine Vernichtung dieser Zivilisation lag ihnen fern, wenn sie auch im Einzelfall morden, sengen und brennen konnten. Im ganzen gibt es „erstaunlich wenig Hinweise auf ein gewaltsames Ende von Kastellen mit Brandschichten, Funden Gefallener oder dergleichen mehr"[10].

Das erste Großvolk neuer Art, das 213/289 n.Chr. in den römischen Quellen[11] erschien, waren die Alamannen[12]. Dieser Volksname wurde schon in der Antike erklärt: *Die Alamannen sind – falls man dem Asinius Quadratus, einem Mann aus Italien, der die Verhältnisse bei den Germanen genau beschrieben hat, folgen darf – zusammengelaufene und vermischte Menschen, und eben dieses bedeutet ihr Name*[13]. Der Name ist negativ konnotiert, für die Römer bedeutet er „Gesindel, Räuberbande", für die Germanen alle Männer, die einer männlichen Beschäftigung nachgehen wie Krieg, Raub, Plünderung, was diese natürlich positiv sehen. Wichtig ist in jedem Fall, daß das gemeinsame Unternehmen Männer verschiedenster Herkunft zusammenführt, also zunächst kein Volksname vorliegt. Die Wohnsitze der Alamannen waren bei ihrem ersten Auftreten das mittlere und obere Maingebiet, von wo aus sie im 3. Jahrhundert den Limes angriffen und ihn nach 233 immer wieder durchbrachen. Als sich 259/260, in Zusammenhang mit einer großen Krise des Reiches, Gallien unter dem Usurpator Postumus für unabhängig erklärte, wurde der Limes von den Alamannen weiträumig aufgerollt. In dieser Krise löste sich allmählich die traditionelle römische Verwaltung rechts des Rheins auf, und die befestigte Reichsgrenze wurde an Rhein, Bodensee, Iller und Donau, dem „nassen Limes", zurückgenommen. Das Neckarmündungsgebiet wurde mit am längsten gehalten; denn noch 254 wurden in Ladenburg und HD-Neuenheim, im Gebiet der Suebi Nicrenses, Leugensteine aufgestellt und über 100 Jahre später der Burgus gebaut, Maßnahmen, die eine auf Dauer handelnde römische Verwaltung voraussetzten. Denn „zu keinem Zeitpunkt gab Rom den Anspruch auf das rechtsrheinische Limesgebiet als inhärenten Teil des Römerreiches auf."[14]

In den anderthalb Jahrhunderten zwischen 260 und 410 wechselten Einfälle der Alamannen in die linksrheinische römische Provinz Obergermanien mit Kriegszügen der Römer, hier besonders der Kaiser Julian (355–363) und Valentinian I. (364–375), die damit ihrer Herrschaft über das rechte Rheinufer Nachdruck zu verleihen suchten. Trotzdem waren die Beziehungen zwischen Alamannen und Römern in dieser Zeit keineswegs nur kriegerisch. Erst in der Mitte des 5. Jahrhunderts änderte sich dieses labile Gleichgewicht endgültig zu Ungunsten der Römer. Neue Völker drängten aus dem Osten heran und schoben die Alamannen vor sich her nach Südwesten tiefer in römisches Gebiet hinein. Das waren zuerst die ostgermanischen Burgunder, die 406 den Rhein überschritten und 413 von den Römern als *foederati* – Bundesgenossen zwischen Mainz und Worms angesiedelt wurden. In den 30er Jahren des 5. Jahrhunderts tauchten die Hunnen auf, die bald ganz Mitteleuropa zu einem großen Reich zusammenfaßten, auch sie übrigens kein einheitliches Volk, sondern ein Völkergemisch, worunter auch die ostgermanischen Goten waren. Nachdem sie unter ihrem König Attila mit römischer Hilfe 436 die Burgunder geschlagen hatten, stießen sie 450 tief nach Gallien vor, wo sie 451 in der Schlacht auf den katalaunischen Feldern von einem römisch-fränkischen Heer unter Aetius zurückgeschlagen wurden.

Im Windschatten sozusagen dieser dramatischen Ereignisse hatten die Alamannen ihren Herrschaftsbereich auf das linke Rhein- und das rechte Donauufer ausgedehnt, so daß sich nun ihr Siedlungsgebiet vom Lech bis zu den Vogesen und vom Main bis zum Bodensee erstreckte. Nach dem Hunnensturm, dem Zeitalter einer Konsolidierung, vergrößerte sich ihr Siedlungsgebiet noch einmal nach Südwesten, und zwar tief in die Alpentäler hinein und in das obere Moseltal jenseits der Vogesen. Für diesen gesamten Bereich wurde der Name *Alamannia* (vgl. noch heute *Allemagne* oder *Alamania* für Deutschland) gebräuchlich. Doch gegen Ende des 5. Jahrhunderts erwuchs der Vorherrschaft der Alamannen in Südwestdeutschland vom Niederrhein her eine wachsende Gefahr in dem Volksverband oder „Stammesschwarm" der Franken[15].

Diese waren ein Zusammenschluß nordwestgermanischer Stämme und werden 260 zum ersten Mal in den lateinischen Quellen unter dem Namen *Franci* – Franken erwähnt. Die Namensgebung ist der alamannischen ähnlich mit einer schwankenden Konnotation: einmal frech, kühn, gierig, hart – die römische negative Erklärung[16], aber auch frei, nämlich von römischen Abgaben und römischer Herrschaft. Dies ist spätere Deutung[17]. Durch den Zusammenschluß von Stämmen, die ursprünglich rechts des Niederrheins lippeabwärts saßen, entstand der bedeutendste der späteren deutschen „Stämme", dessen bleibende Leistung die Schaffung des neuen mittelalterlichen Europa war, das im „Frankenreich" erste Ausprägung und Dauer gewann[18]. Die Franken überschritten 306 in zwei Hauptgruppen den Niederrhein. Die Salier nahmen den gesamten Küstenbereich der Provinzen Germania II und Belgica II bis zu Schelde und Maas in Besitz, die Rheinischen Franken Niedergermanien links des Rheins und das Moselgebiet, wo sie Köln zu ihrer Hauptstadt machten. Ein rechtsrheinischer Teil verband sich mit den Chatten. In ihrer Ausdehnung nach Süden stießen die Franken bald mit den Alamannen zusammen.

In König Chlodwig (482–511) aus dem Geschlecht der Merowinger stellten die salischen Franken die bedeutendste Herrscherpersönlichkeit der Völkerwanderungszeit. Er vereinigte alle fränkischen Stämme unter seiner Herrschaft, indem er die anderen Heerkönige beseitigte, und formte den losen Stammesverband durch seine beutereichen Siege zum Volk der Franken um. Als *Rex Francorum* hatte er nach seinen Siegen über die Römer (486), die Burgunder (493), die Alamannen (496 und 507) und die Westgoten (507) ganz Gallien in seiner Hand. Nach dem Sieg über Syagrius und der Eroberung des letzten römisch gebliebenen Teils von Gallien übernahm er den römischen Herrschaftsapparat und begann die führende römische Schicht, die sogenannten Senatorenfamilien, mit den fränkischen Großen zu verschmelzen. Höhepunkt dieser Politik war zweifellos der Übertritt zum katholischen Glauben seiner neuen gallorömischen Untertanen.

Im letzten Jahrzehnt seiner Regierungszeit „hatte eine Reihe von Staatsakten Chlodwigs den Zweck, die neuerworbene Stellung des fränkischen Großkönigs zu legitimieren. Dazu gehört die Annahme des Ehrenkonsulats (aus der Hand des oströmischen Kaisers) in Tours (508), die Aufzeichnung des salfränkischen Rechts, die Berufung des Reichskonzils in Orléans (511) und die Vorsorge für seine Grablege“[19]. In all dem kommt die bewußte Nachahmung des römischen Kaisers und seiner einzigartigen Stellung im Imperium zum Ausdruck, gipfelnd in der Grablege, die augenfällig die Abkehr vom heidnischen Germanentum seines Vaters Childerich und die Zuwendung zum Christentum römisch-imperialer Prägung darstellt[20].

Die vier Söhne Chlodwigs teilten die Herrschaft untereinander auf, was aber nicht als endgültige Reichsteilung zu verstehen ist. Die beiden folgenden Jahrhunderte merowingischer Herrscher sahen die verschiedensten Teilungen mit blutigen Kriegen, aber auch Zusammenschlüsse (Chlothar II., † 629, und Dagobert I., † 639), was für die äußere Expansion in der Regel ohne Folgen blieb. So wurden 531 die Thüringer, 534 Burgund und 590 die Baiern dem Reich einverleibt. Als beständige Reichsteile hatten sich aus den Teilungen sehr bald in Nordwestgallien Neustrien mit der Hauptstadt Paris, im Südosten Burgund und im Osten Austrasien mit der Hauptstadt Metz herausgebildet. Aquitanien, der gallische Süden, spielte eine Sonderrolle und war immer Verfügungsmasse bei den Teilungen. Wichtig war es für alle wegen seiner intensiveren römischen Tradition. Von dort holte man weltliche und geistliche Führungskräfte, auch Bischöfe. Die letzten hundert Jahre der merowingischen Dynastie, die Zeit des „Kinderkönigtums“[21], sahen das Absinken des merowingischen Königtums in die Bedeutungslosigkeit und den Aufstieg der *Hausmeier*.

Die Hausmeier, ursprünglich Vorsteher des königlichen Haushalts und Führer der engeren Gefolgsleute des Königs *(Antrustionen)*, wurden die eigentlichen Machthaber in den einzelnen Teilreichen. Ihr Amt wurde bald erblich. Nach der Schlacht von Tertry 687 erlangten die aus dem moselfränkischen Austrasien stammenden Pippiniden, die späteren Karolinger, unter Pippin dem Mittleren, die alleinige Hausmeierwürde im ganzen Reich. Dessen Sohn Karl Martell schlug 732 bei Tours und Poitiers die über Spanien herandrängenden Araber zurück und übte schon königgleiche Macht aus. 751 setzte Pippin der Kurze den letzten Merowingerkönig Childerich III. ab und machte sich mit der Zustimmung der fränkischen Großen zum König. „Die 751 hinzutretende Königssalbung, die erstmals bei den Franken bezeugt ist, hatte rechtsstärkende Funktion“[22], um die fehlende Legitimation der Abstammung durch diese kirchliche Weihe auszugleichen. Sie wurde 754 durch Papst Stephan III. in St. Denis an Pippin und seinen beiden Söhnen, Karl und Karlmann, wiederholt. Im Gegenzug sicherte Pippin die Position des Papstes in Mittelitalien durch die Pippinische Schenkung, die Keimzelle des Kirchenstaates.

Unter seinem Sohn Karl dem Großen (768–814) erreichte das Frankenreich seine höchste Macht und seine weiteste Ausdehnung. Karl der Große eroberte das langobardische Italien und krönte sich 774 in Pavia mit der eisernen Krone zum König der Langobarden. In einem langen Krieg (773–804) unterwarf er die Sachsen zwischen Niederrhein, Elbe und Eider und besiegte die Westslawen zwischen Elbe und Oder ebenso wie die Araber südlich der Pyrenäen. Dort gliederte er die spanische Mark dem Reich an. Am Weihnachtstag 800 wurde er in Rom von Papst Leo III. zum Kaiser gekrönt[23]. Damit wurde gegenüber dem noch bestehenden oströmisch-byzantinischen Reich die 476 untergegangene weströmische Kaiserwürde erneuert. Diese gewann Lebenskraft und verband sich erst mit dem fränkischen und seit 962 mit dem deutschen Königtum. Die deutschen Könige waren bis zum Ende des alten Reiches 1806 Römische Kaiser.

Doch bereits unter Karls Sohn, Kaiser Ludwig dem Frommen (814–840), sank die Macht des fränkischen Reiches. Es wurde von außen durch die Normannen bedroht und im Innern durch Erbstreitigkeiten zerrissen. Die drei überlebenden Söhne Ludwigs teilten nach heftigen Kämpfen mit ihrem Vater und dann untereinander 843 im Vertrag von Verdun das Reich in drei Teile auf, womit die eigenständige Entwicklung Frankreichs und Deutschlands begann. Dabei erhielt der älteste Sohn Lothar I. (840–855) den Mittelteil des Reiches von den Niederlanden über das Maas- und Moselgebiet: *Lotharingia* = Lothringen und Italien mit der Kaiserwürde, Karl der Kahle (840–877) Westfranken westlich von Maas und Rhone und Ludwig „der Deutsche" (840–876) Ostfranken östlich des Rheins, einschließlich des Worms- und Speyergaus. An eine endgültige Teilung war nicht gedacht. Der Einheit des Reiches sollte Lothar mit der Kaiserkrone und dem mittleren gemischtsprachigen Gebiet, zu dem auch die Hauptstädte Aachen und Rom gehörten, Ausdruck geben.

Im Laufe des 9. Jahrhunderts kam es wieder zu Erbfolgekrisen und zwei weiteren Teilungen, 870 in Meersen und 880 in Ribemont, durch die die Niederlande und Lothringen an das ostfränkische Reich fielen. Unter Karl dem Dicken (885–887) wurde die Einheit wieder hergestellt, um allerdings nach seiner Absetzung endgültig zu zerbrechen. In diesem Jahr wählten die ostfränkischen Großen Arnulf, den Neffen Karls des Dicken, zum König (887–899). Mit dessen Sohn Ludwig IV. dem Kind (900–911) starben die ostfränkischen Karolinger aus, so daß das ostfränkische Reich an das westfränkische hätte fallen müssen. Doch die deutsch sprechenden Ostfranken wählten 911 zusammen mit den Schwaben, Baiern, Sachsen und Thüringern den nichtkarolingischen Frankenherzog Konrad I. (911–919) zum König, wodurch die selbständige Geschichte Ostfrankens, das man in der Folge Regnum teutonicum – Deutsches Reich nannte, begann.

## Kontinuität am unteren Neckar – Das Exempel Ladenburg

### Der Ortsname Ladenburg*

*Dieses Kapitel wurde 1996 in den MGBl NF 3, S. 57–67 unter dem Titel „Der Ortsname Ladenburg und seine Aussagekraft für die Kontinuitätsfrage" veröffentlicht.

Zunächst die Belege der Namensformen in den schriftlichen Quellen über einen Zeitraum von über 1300 Jahren:[24]

vor 200 – LOPODUN. auf großen 1867 im Gewann Burgäcker gefundenen Sitzstufen des Schauspieltheaters.

220–254 – LOP. auf in Ladenburg und Heidelberg gefundenen Leugensteinen.

um 369/70 – LUPODUNUM in dem Gedicht „Mosella" von Ausonius[25]

755 – LOBEDTENBURC[26]

765/68 – in LOBDENENSI civitate publica[27]; in LOB(U)DUNA civitate publica[28], Lobedenburg[29]

766 – in LOBODONE castro[30]

789 – Lobetdenburg[31]

798 – civitas LOBEDUNBURG in pago LOBEDUNGOUWE[32]

*808 – LOBEDENOWA*[33]*, LOBODUNOWA*[34]

829 – castellum LOBEDUNBURG[35]

*851 – LOBDENA(U)WA*[36]

*Abb. 1: Sitzstufe mit der Inschrift LOPODUN, Lobdengaumuseum (Foto: B. Heukemes).*

874 – LOBOTENBURC[37]
940 – Lobeddenburg[38]
953 – in castello Lobodunburg[39]
965 – in Lobotonburg[40]
1061 – LOUETENBURG[41]
1068 – LOBDENBURG[42]
1073 – Lovendeburg[43]
1141 – Lobdenburc[44], de Lobtemburg[45]
1150,1159,1160,1284 – Lobtemburch/g[46]
1159 – Lobdemburg[47]
1160 – Lobedenburk[48]
1160, 1168 – Lobedenburg[49]
1174 – de Lobtenburg[50]
1196 – apud Lobdinburg[51]
1199 – Lobetenburgensis civitatis[52]
1206 – Lobetenburg[53]
1223 – Lobdenburc[54]
1228 – Loptenburg[55]
1233 – de Loutenburc[56]
1234 – Lovttinburc[57]
1250 – Loddenburch[58]
1253 – Loutenburg[59]
1253, 1298 – Lavtemburg[60]
1257 – in Loubtenburg[61]
1264 – Lautenburg[62]
1266, 1269 – Lautemburg[63]
1273 – Loutemburg[64]
1274 – Laudenburg[65]
1283 – Laowtenburg[66]
1283, 1335, 1347, 1364 – stadt Laudenburg und civitas Laudenberg[67]
1284 – Lautemburg[68]
1284 – Laudenburgensis civis[69]
1284 – civitas Laudenberg u. Lautenburg[70]
1287 – Loutenburg[71]
1290, 1316 – Laudenburch[72]
1291, 1301 – de Laudenburg[73]
1295, 1298 – de Laudenburg[74]
1304 – de Lovdenbuork[75]
1313 – die stat Lautenburg[76]
1314 – Laudenburg[77]
1315 – opidanus Laudinbergensis[78]
1321 – de Laudinberg[79]
1335 – Ludemburg[80]
1337, 1348 – Laudinburg[81]
1347 – de Laudenborg[82]
1353 – Lawdenburg[83]
1364 – Laudenburg[84]
1366 – Laudenburg[85]
1375–1398 – Laudenburg[86]
1381 – Lau°denbu°rg[87]
1392 – Laudemburg[88]
1401 – Laudenborg[89]
1405 – Laudenburg[90]
1405, 1406 – Ladenburg[91]
1407 – der stat Laudenburg[92]
1427 – Laudemburg[93]
1436 – Laudemburg[94]
1496 – Laudenburg[95]
1504 – Laudemburg[96]
1504 – die stat Ladenburg[97]
1514 – Ladenburg die statt[98]

Nach Holder: *Lopodunum* – Burg des Lopos, Vorort der civitas Ulpia S(ueborum) N(icrensium) im Lobodengau, jetzt Ladenburg Ausonius: Hostibus exactis Nicrum super et Lupodunum (s.o. Anm. 25) Wilmanns 2256 b: (vico) lobodun(ensi) Q

Vennonius Pompeianus; Vic(us) Lop(odununsis) Q.Gabinius Peregrinus; vic. Lop. Martialin Ma(rtialis?)
2257: Matr(ibus) (Lopo)du(nensibus).
Leugenzeiger: A 220, 222 UND 254 A LOP(ODUNO) LEUG(AE) IIII.[99]

Der Ortsname Ladenburg ist in seinem ersten Bestandteil *Laden-* keltisch und gehört zusammen mit den Flußnamen Rhein und Neckar und anderen Ortsnamen wie Worms oder Mainz zur ältesten Namensschicht in unserer Gegend. Mit den Kelten, die seit der Mitte des letzten vorchristlichen Jahrtausends ganz Süddeutschland bewohnten, können wir das erste Volk benennen, das uns aus den antiken schriftlichen Quellen bekannt ist. Archäologisch sprechen wir von 450 bis zur Zeitenwende von der Latène- oder jüngeren Eisenzeit. Wohl aus der späten Latènezeit stammt der keltische Ortsname **Lopodunon*, der uns allerdings nur in seiner latinisierten Form *Lopodunum* überliefert ist. Er war bislang der einzige Hinweis auf eine rund 2200-jährige Siedlungskontinuität im Falle Ladenburg. Ein archäologischer Nachweis für eine keltische Anwesenheit an diesem Platz fehlte. 1980/84 fand B. Heukemes im Neubaugebiet *Wasserbett* „den angeschnittenen Spitzgraben einer spätkeltischen Viereckschanze". Die Funde, die sogar eine Einbindung der Viereckschanze ins Fernhandelsnetz und damit schon eine Zentralörtlichkeit belegen, verweisen auf die Zeit um 120 v.Chr.[100].

Was bedeutet dieser Name? Eindeutig ist der zweite Namensbestandteil **dunon,* latinisiert *dunum* – umwallte Burg, Festung, aus **dunos* neutraler s-Stamm, altirisch *dun* – castrum, arx, Burg von dem Verb *dunaim* – ich schließe. Dazu germanisch *tuna/o*, altsächsisch, altfriesisch, altenglisch: *tûn* – das Umzäunte, Ort, zu keltisch *dûn* – Hügel, vgl. *town*, niederländisch *tuin*, ahd. *zûn*, nhd *Zaun. dunon/dunum* ist häufiges Grundwort gallischer Ortsnamen.[101]

Das Bestimmungwort, der erste Namensbestandteil *lo(u)pos*[102], wird von Holder und Krieger und davon abhängig von der älteren Literatur als Eigenname verstanden, so daß *Lopodunum* – Burg des Lopos bedeutet. Eine neuere Lesart bringt den ersten Namensbestandteil mit einem allerdings nur erschlossenen urkeltischen **lokwo* – See, stehendes Gewässer, gälisch *loch*[103], in Zusammenhang; danach bedeutet **Lokwodunum* – See-, Moor- oder Sumpfburg. Diese Lesart hat inzwischen die ältere verdrängt[104].

Bei dieser Deutung besticht die Nähe zum Neckar und seinen Altwassern[105]. Auch zeigen alte Karten und heute noch viele Flurnamen diese wasserreiche Umgebung der Stadt an: *Altwasser, Au*(Insel)*feld, Bellen*(Pappel)*gärten, Biberlache, Entensee, Gießen, Krotenlache, Mör* (Moor), *Rohm, Wasserbett, Weidig*(Weidendickicht), *Weihergärten und Wörth* (Insel). Doch wird bei ihr nicht beachtet, daß die schriftliche Überlieferung des Ortsnamens immer ein p/b zeigt, niemals aber ein qu, k oder ch, so daß das Bestimmungswort von allem Anfang an nur *lop*, nicht aber **loqu/lok* oder **loch* geheißen haben kann. Obwohl ein Wechsel von dem Guttural (Kehllaut) k zu einem Labial (Lippenlaut) p nach der Lautlehre der indogermanischen Sprachen und ihrer Verwandtschaft nur selten stattfindet, gibt es für das Keltische die Unterscheidung in das Goidelische oder Inselkeltische (heute Gälisch) und das Brythonische oder Festlandkeltische. Jenes ist das K-Keltische, weil es das indogermanische k bewahrt hat, dieses ist das P-Keltische, weil es das indogermansiche k/qu zu p verschiebt[106]. Hier liegt die entscheidende Schwäche in der Argumentation Schmolls. Er erwähnt diese Tatsache mit keinem Wort und bringt zwar reiche Parallelbelege aus 12 indogermanischen Sprachen[107], die aber alle den Guttural aufweisen und damit für *Lopodunum* nichts aussagen. Die keltische Gründung heißt also von allem Anfang an **Lopodunon*, sie kann niemals ****Lokwodunon*** geheißen haben.

Das erklärt auch, daß die ausschließlich lateinische Überlieferung des Ortsnamens *Lopodunum* lautet. Denn im Lateinischen gibt es in dem Wort *lacus* – See durchaus das entsprechende Wort zum inselkeltischen **lokwus,* so daß die Wiedergabe eines keltischen ****Lokwodunon*** im Lateinischen ****Lacudunum*** hätte lauten müssen, zumal sich ja auch die namensgebende Lage Ladenburgs zwischen Nekkar und seinen Altwässern von der keltischen zur lateinischen Zeit nicht geändert hatte. Daß das möglich war, zeigt das schweizerische Interlaken, wo das keltische **lokwo* oder **lopo* zum lateinischen *lacu* wird[108]. Die ältere Deutung des Ortsnamens als einer Burg des Lopos ist wohl nach wie vor die richtige. Für diese sprechen nicht nur der sprachliche Befund und die einhellige Überlieferung des Ortsnamens, sondern auch zehn weitere Parallelfälle wie *Loposagium*[109] oder *Lopocarium*.

Lautgeschichtlich bemerkenswert und für unsere Fragestellung der Kontinuität jedoch sehr viel wichtiger ist die Tatsache, daß das lateinische *Lopodunum* des ausgehenden 4. Jahrhunderts im Deutschen des 8. Jahrhunderts als *Lobedten*-burg angekommen ist. Das harte p unterlag in der Zwischenzeit der Sonorisierung (Klinghaftwerdung) zu einem b, was eine Erscheinung des Überganges vom Lateinischen zu einer romanischen Folgesprache ist, der ins 5. bis 6. Jahrhundert gehört[110]. Für unsere weitere Fragestellung einer Bevölkerungskontinuität bedeutet dieses Phänomen jedoch, daß es in dieser Zeit in Ladenburg eine romanische Bevölkerung gegeben haben muß. Das romanische b seinerseits war der germanischen Lautverschiebung im Unterschied zum p nicht unterworfen; denn ein erhaltenes intervokalisches p hätte im Althochdeutschen zu ff werden müssen. Dies wäre geschehen, wenn damals schon eine germanische Bevölkerungsmehrheit in Ladenburg existiert hätte[111].

Anders ist es beim d: ein lateinisches d erscheint als germanisches t[112]. Aus *Cambo-dúnum* wurde so Kémp-*ten* und aus *Taro-dúnum* wurde (Kirch-)Zár-*ten*. **Lobo-dúnum* mußte somit zu Lóbo-*ten* werden. Schließlich verlor das Grundwort *-dúnum* den Wortton, da im Deutschen als einer germanischen Sprache die Anfangssilbe betont wird. Dadurch wurden die Vokale der nicht betonten Silben meist zu e abgeschwächt und Endsilben häufig abgestoßen. Aus dem lateinischen *Lopodúnum* wurde zuerst ein romanisches **Lobodúnum* und dann ein althochdeutsches **Lóbo/etenem* bzw. *Lóbo/eten*.

Und nun gibt es noch eine interessante Beobachtung: Im Unterschied zu den beiden anderen Ortsnamen Kemp-ten und Zar-ten wurde bei Ladenburg der Stadtcharakter der Siedlung betont, indem an die alte, unverständlich

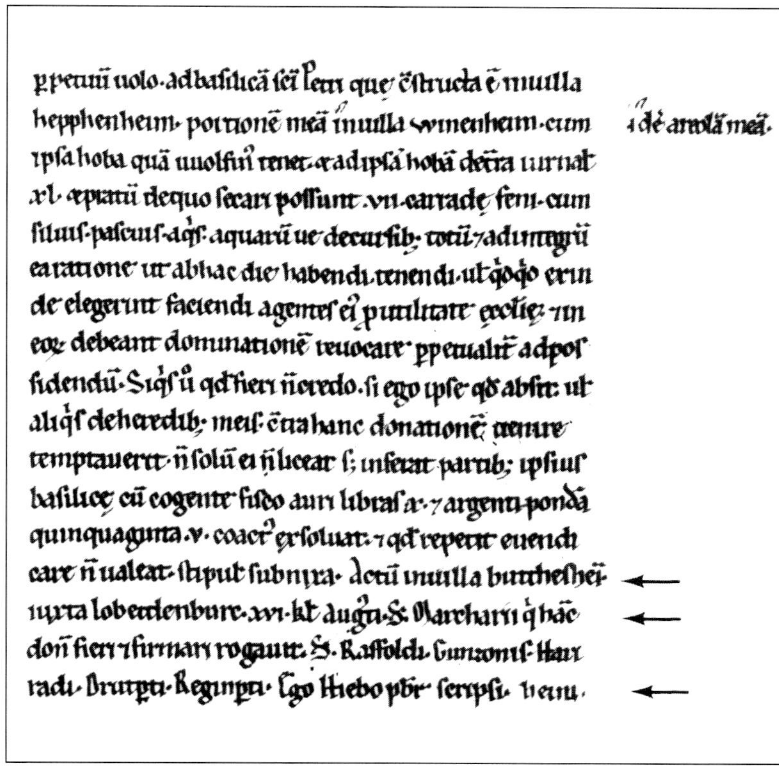

*Abb. 2: CL 429 vom 17. 7. 755 – Schenkung in Heppenheim, ausgestellt in Butthesheim-Botzheim (Pfeil) bei Lobedtenburc-Ladenburg (Pfeil) von dem Priester und Wormser Amanuensis (Notar) Hiebo (Pfeil; zum Notar vgl. auf S. 261/262) (Staatsarchiv Würzburg: Ma Bücher verschiedenen. Inhalts 72, Blatt 53).*

gewordene Endsilbe *-ten* (Burg) das deutsche Wort Burg = Stadt angehängt wurde: *Lóbo/eten„burg“*. In meinen Augen ein weiterer starker Beweis für die **städtische** Kontinuität Ladenburgs, der noch durch die Rückübersetzung dieses neuen Namens ins Lateinische verstärkt wird: *in Lobuduna Castro*[113], *in Lobduna civitate publica!*[114] und *in Lobdenensi civitate publica*[115]. Zuerst wird das verdeutschte *Lobo/eten* in *Lobuduna, Lobduna, Lobdenensi* rücklatinisiert. Und dann wird das deutsche -burg mit *castrum* bzw. *civitas publica* wiedergegeben. Diese Zeugnisse stammen von 764 und 765. Der alte Namen *Lopodunum* war damals nicht mehr bekannt. Und noch weniger bei den Fälschungen aus späterer Zeit, nämlich dem 12. Jahrhundert, für das Jahr 798: *civitas Lobeden**burg*** oder für das Jahr 829: *castellum Lobedun**burg***[116]. Sie nehmen also dieses Übersetzungsproblem schon gar nicht mehr wahr.

Worin liegt hier der Beweis für ständige Siedlungskontinuität im Ladenburg dieser vier Jahrhunderte? Sprache, Sprachentwicklung und -veränderung – wie die von *Lopodunum* zu *Lobedtenburg* ist ohne Sprecher undenkbar. Jedes Wort lebt nur so lange, wie es gesprochen, gehört und wieder gesprochen wird – und so weiter. Das heißt: Die oben dargestellte Namensentwicklung kann nur in ständigem Sprechen vor sich gegangen sein. Und das setzt in den vier „stummen" Jahrhunderten eine ununterbrochene Reihe von Sprechern vom Lateinischen über das Romanische zum Germanisch-Althochdeutschen voraus. Auf Romanen weist auch der Gebrauch gallorömischer Personennamen noch im späten 8. Jahrhundert hin.

Daß Kontinuität auch verloren gehen kann, zeigen verschwundene antike Ortsnamen wie die von Schwarzenacker oder Rottweil oder die der vielen villae rusticae – die haben doch wohl einen Namen gehabt, die vielleicht in manchen Kleintoponymen, d.h. Flurnamen, fortleben. Bruch von Kontinuität gibt es sicher auch zuhauf. Bei Speyer liegt ein interessanter Sonderfall eines zweimaligen Namenswechsels in diesem Zeitraum vor, von dem keltischen *Noviomagus* über das lateinische *civitas Nemetum* oder *Nemetae* zum deutschen *Spira*. Hier gibt es eine Orts-, aber keine Siedlungskontinuität; denn nichts bezeichnet einen Neubeginn und damit den vorhergehenden Abbruch eindrücklicher als ein neuer Name[117]. Im Gegensatz dazu spricht die zähe Bewahrung und die sprachlich stimmige Entwicklung eines einzigen Namens über vier schweigende Jahrhunderte hinweg für einen besonders ausgeprägten Fall von Kontinuität in Ladenburg. Die Ortsnamenentwicklung kann anhand der chronologischen Belegübersicht verfolgt werden (siehe untenstehende Tabelle).

Die verschiedene Schreibung des Ortsnamens ist keineswegs nur Schreiberwillkür, wenn auch willkürliche Varianten vor allem bei ortsfremden Quellen vorkommen können wie z.B. *Lovendeburg*, sondern folgt in der Regel der lautlichen Veränderung. Auf Grund der zahlreichen Zeugnisse können wir diese ziemlich genau nachzeichnen. So werden in der weiteren Entwicklung des Oberdeutschen, und zwar gerade im engeren, für uns maßgeblichen Rheinfränkischen die harten Verschlußlaute zu den weichen, hier also das t (wieder) zu d, und das intervokalische b zu einem v/w wie noch heute in unserer pfälzischen Mundart zu beobachten ist. Aus *Lobeten-* wird *Loveden-*,

***Chronologische Übersicht über die Ortsnamensentwicklung nach den Quellen***

| | | | |
|---|---|---|---|
| 200–370 | Lopodunum | | |
| | **Lobo/etenburg** | **Lobedenburg** | **Sonderform Rückübersetzungen** |
| 755 | Lobedtenburc | | |
| 765 | | | in Lobodone castro<br>in Lob(u)duna civitate |
| 765/68 | | Lobedenburg | in Lobdenensi civitate |
| 789 | Lobedtenburg | | |
| 798/829 | | Lobedunburg | in pago Lobedungouwe |
| 808 | | | Lobedu/enowa |
| 851 | | | Lobdenau/wa |
| 874 | Lobotenburg | | |
| 940 | | Lobeddenburg | |
| 953 | | Lobodunburg | |
| 965 | Lobotonburg | | |
| 1061 | Lovetenburg | | |
| 1068 | | Lobdenburg | |
| 1073 | | | Lovendeburg (ortsfremd s. Anm 43) |
| 1141 | Lobtemburg | Lobdenburc | |
| 1150 | Lobtemburg | | |
| 1159 | Lobtemburg | Lobdemburg | |

| | | | |
|---|---|---|---|
| 1160 | Lobtemburg | Lobedenburk/g | |
| 1168 | | Lobedenburg | |
| 1174 | Lobtenburg | | |
| 1196 | | Lobdinburg | |
| 1199 | | | Lobetenburgensis c. |
| 1206 | Lobetenburg | | |
| 1223 | | Lobdenburg | |
| 1228 | Loptenburg | | |
| 1233 | Loutenburc | | |
| 1234 | Lo$^{v}$ttinburc | | |
| 1250 | | | Loddenburch (verschrieben aus Lobdenburch s. Anm 59) |
| 1253 | Loutenburg | | |
| 1257 | Loubtenburg | | |
| 1264 | Lautenburg | | |
| 1266 | Lautemburg | | |
| 1269 | Loutenburg | | |
| 1273 | Loutemburg | | |
| 1274 | | Laudenburg | |
| 1283 | La$^{o}$wtenburg | Laudenbu/erg | |
| 1284 | Lautemburg | | Laudenburgensis civis |
| 1287 | Loutenburg | | |
| 1290 | | Laudenburch | |
| 1297 | | Laudenburg | |
| 1298 | | Laudenburg (etwa 80mal) | |
| 1304 | | Lo$^{v}$denbu$^{o}$rg | |
| 1313 | Lautemburg | | |
| 1314 | | Laudenburg | |
| 1315 | | | Laudinbergensis opidanus |
| 1321 | | Laudinburg | |
| 1335 | | Ludemburg | |
| 1337 | | Laudinburg | |
| 1347 | | Laudenborg | |
| 1348 | | Laudinburg | |
| 1353 | | Lawdenburg | |
| 1364 | | Laudenburg | |
| 1366 | | Laudenburg | |
| 1375 | | Laudenburg | |
| 1381 | | Lau$^{o}$denbu$^{o}$rg | |
| 1392 | | Laudemburg | |
| 1401 | | Laudenborg | |
| 1405 | | Laudenburg/Ladenburg | |
| 1406 | | Ladenburg | |
| 1407 | | Laudenburg | |
| 1427 | | Laudemburg | |
| 1436 | | Laudemburg | |
| 1496 | | Laudenburg | |
| 1504 | | Laudemburg/Ladenburg | |
| 1514 | | Ladenburg die statt | |

wobei das ursprünglich dazwischen liegende, aber längst zu e abgeschwächte o ganz verschwindet. Erstaunlich ist, wie lange sich die Formen mit t und die mit d nebeneinander halten, was wohl mit der allmählichen Ausbildung des Mundarteinflusses zuammenhängt. Das t ist zum letzten Mal 1313 belegt.

Im 13. Jahrhundert nähert sich das v/w dem u, wobei die Schreibung damals wegen der Nähe beider Laute zwischen u und w nicht unterschied. Die Entwicklung verläuft also von *Lobetenburg* über *Lowedenburg* zu *Lowdenburg* und *Lou/audenburg*. In der rheinpfälzischen Mundart greift im 15. Jahrhundert beim mhd. *ou* die sogenannte Monophthongierung Platz, was bedeutet, daß ein Doppellaut (Diphthong) zu einem Einzellaut (Monophthong) wird, also ou zu einem dunklen å wie *frouwe* zu *Frå* (Frau), *loufen* zu *låfe* (laufen), *ouge* zu *Åg* (Auge) oder *ouch* zu *å* (auch). Diesen Lautstand gibt der Dialekt in der Aussprache *Låde*ⁿ*berch* noch heute wieder. In der Schriftsprache wurde zu Beginn des 16. Jahrhunderts daraus ein a, womit wir bei *Ladenburg* angelangt sind[118]. Einen Hinweis auf die Lage Ladenburgs an oder zwischen Neckararmen bildet noch die *Lobdenowa* – Lobdenau = die Laden(burg)insel: ahd. *owa* = Aue ist Insel, womit eine Flur bei Ladenburg, eine Neckarinsel oder Neckarschleife etwa, gemeint war. Dieser Flurname blieb erhalten und lautete im Anfang des 17. Jhs. *auw*[119], das heutige *Aufeld* westlich der Carl-Benz-Straße zwischen dem Neckar und der Flur *Altwasser*! Im zweiten Teil der Namensanalyse kann der für den älteren Teil in Anspruch genommene allmähliche Sprachwandel durch ununterbrochene Sprecherkontinuität in zahlreichen Zeugnissen nachvollzogen werden.

## Der archäologische Befund

Wenn eine Stadt wie Ladenburg 1900 Jahre Stadtgeschichte feiert, geht sie selbstverständlich von einer ungebrochenen Kontinuität aus. Vieles wies bisher allerdings eher indirekt darauf hin, daß Ladenburg seit der spätkeltischen Latène-Zeit im Sinne einer Orts- und Siedlungskontinuität existiert. Als einzig verläßliches Indiz dafür blieb bis in die jüngste Vergangenheit nur der Ortsname: Doch liegen – wie wir bereits gezeigt haben – zwischen seiner letzten Nennung in der Antike im 4. Jahrhundert und seiner ersten Nennung im Mittelalter des 8. Jahrhunderts 400 Jahre Schweigen. Und die einzige Urkunde, die in diese dunkeln Jahrhunderte hineinleuchtet, König Dagoberts Schenkung von 628, ist eine „Fälschung" des 10. Jhs., wobei dieser schwierige Begriff hier nicht diskutiert werden soll. Immerhin wurde ihr Inhalt mit Hilfe der Quellenkritik als echt erwiesen. Was diese erschlossene Kontinuität absichern kann, sind die Ergebnisse der Ausgrabungen, und da hat sich in letzten Jahrzehnten doch viel Neues getan und viel Aufschlußreiches ergeben.

Jedes bedeutende Bauwerk in Ladenburg, das seit jeher auf seine antike oder frühmittelalterliche Herkunft verwies, wie die Kirchen St. Gallus und St. Sebastian sowie der Bischofshof, hat durch archäologische Funde seinen Ursprung bestätigt und offenbart, daß es auf vielfachen, tiefgeschichteten Wurzeln ruht. Darüber hinaus hat der Boden unglaublich viel preisgegeben, oft viel mehr, als man erwartet hat. Berndmark Heukemes, der beste Kenner der Ladenburger Geschichte, hat das neue Lobdengau-Museum geradezu zu einem erhellten Schacht durch diese dunklen Jahrhunderte gemacht, so daß jeder Besucher die Ursprünge und Zusammenhänge erkennen kann. In diesem Kapitel soll nur eine Auswahl von Funden geboten werden, die sich für eine ununterbrochene Existenz Ladenburgs in Anspruch nehmen lassen. Zu dieser Übersicht hinzuzunehmen sind die Befunde bei den oben genannten zentralen Bauwerken, die hier nicht aufgeführt, sondern weiter unten bei deren Erwähnung wiedergegeben werden. Von den Karolingern an begnügen wir uns nur noch mit einigen wenigen archäologischen Zeugnissen, da sich mit dem Einsetzen der breiten schriftlichen Überlieferung die Kontinuitätsfrage nicht mehr stellt.

### *Die Alamannen (260–500 n.Chr.)*

Es ist offensichtlich, daß es zwischen der alamannischen Eroberung und Zerstörung Lopodunums 260 und dem endgültigen Zusammenbruch der römischen Rheingrenze, des „nassen Limes", nach 400 ständige Kontakte zwischen den römischen Soldaten – und über den nahen Rhein hinweg – römischen Zivilisten und alamannischen Neusiedlern gegeben haben muß. Immerhin gehört in die Epoche die Errichtung des valentinianischen Burgus um 370 in den Ruinen Lopodunums: „Nach allem gab es im 4. Jh. – wohl auch zur Zeit des Burgus (um 370) ein auffallend friedliches Nebeneinander von Römern bzw. Restromanen und Alamannen."[120] Es ist also für diese Zeit eine „Vergesellschaftung" von Funden römischer und alamannischer Herkunft zu erwarten, wenn unsere Annahme stimmt.

**Unter dem neuen Rathaus**: Ein römischer Münzschatz mit stempelfrischen Münzen des Gegenkaisers Postumus (259–268) aus Köln. Dieser kann auf den Alamanneneinfall von 260 hinweisen.

**Hadrianstraße**: Ziernadel aus Bronze, Anfang 4. Jh.

**Südlich vom Bischofshof**: Sigillataschälchen und bauchiger Steilwandbecher, Anfang 4. Jh.

**Nordöstlich des Carl-Benz-Gymnasiums**: Bronzene Zwiebelkopffibel aus einem spätrömischen Gräberfeld, um 350[121].

**Trajanstraße 28**: Mithräum II mit einem Altar in situ. Dicht dabei die Reste eines mithräischen Schlangengefäßes. Ein von der Sohle stammender Bronzering mit der Aufschrift VIVAS IN DEO (s. Abb. 12 auf S. 226), der dem Typ nach ins beginnende 4. Jh. gehört, beweist, daß das Mithräum noch nach der alamannischen Eroberung weiterbestanden und noch im 4. Jh. begangen worden ist. Noch interessanter die mögliche Verbindung zu frühem Christentum; denn die Ringe mit dieser Aufschrift werden häufig so interpretiert. Aber Mithraskult und/oder Christentum zu Beginn des 4. Jhs. weisen in jedem Fall auf Restromanen hin[122].

**Kellereiplatz**: Aus der Zeit zwischen 260 und 650 n.Chr. fehlen dort bislang eindeutige Siedlungsbefunde. Eine Münze Konstantins des Großen und das kleine Bruchstück eines

*Abb. 3 und Abb. 4 (folgende Seite): Alamannisches Grubenhaus vom Unteren Kreuzgewann um 350 n. Chr. Aussagekräftig im Sinn der Kontinuität ist die Vergesellschaftung römischer Funde (Münzen und Merkurkopf) mit alamannischen Funden (Ösenhalsringe aus Bronze und Keramik). Grabung B. Heukemes 1974 (Plan und Text von B. Heukemes Ladenburg Lobdengaumuseum. Foto von B. Heukemes von der Ausgrabung 1974).*

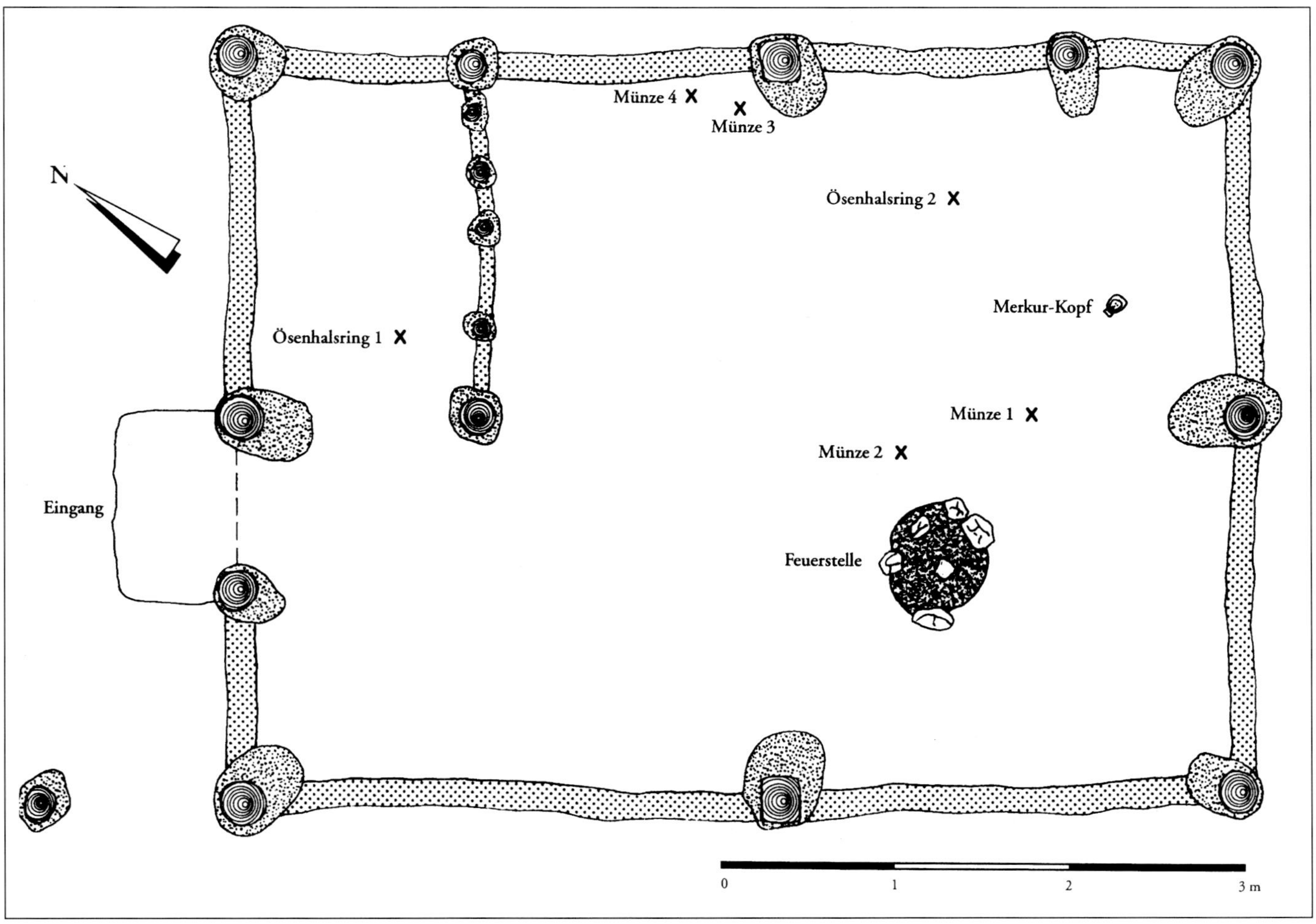

Abb. 4 (siehe vorhergehende Seite bei Abb. 3)

Kammes mit dreieckiger Kopfplatte und Kreisaugenverzierung zeigen jedoch, „daß zumindest die Straße in spätrömischer Zeit begangen wurde“[123].

**Merkurplatz 4, Domitianstraße 30, Kastellweg 17 und Erbsenweg 7 nördlich der Stadt**: Ein bronzener Ösenhalsring, eine profilierte Nigra-Schüssel und Nigraschalen sowie alamannische Keramik bezeugen die alamannische Besiedlung sowohl des Südteils von Lopodunum im 4. Jh. als auch nördlich der Stadt im Gewann Erbsenweg auf dem Platz der alten keltischen Besiedlung.

**Unteres Kreuzgewann**: Hier fanden sich ein alamannisches Grubenhaus mit vergesellschaftetem römisch-alamannischen Fundmaterial wie römische Münzen aus dem 3. und 4. Jh., bronzene Ösenhalsringe, alamannische Keramik, Webgewichte und eine Eisenschere sowie ein römisches Merkurköpfchen aus Sandstein, um 350[124].

**Gewann Ziegelscheuer**: Im Bereich einer römischen villa rustica bestand offenbar über längere Zeit während des 4./5. Jhs. eine ausgedehnte alamannische Siedlung. Die sieben Fundstellen brachten ein Grubenhaus, Abfallgruben, viele Keramikfunde, darunter eine handgeformte Schüssel mit Standfuß und bronzene Armbrustfibel, 4. Jh. Für ein Bewohnen des Hauptgebäudes durch die Alamannen sprechen zahlreiche Funde aus dem Keller des Nordrisalits. Gertrud Lenz-Bernhard nimmt auch für die beiden Nebengebäude (der villa rustica) an, daß sie in irgendeiner Weise von den Alamannen genutzt worden sind. Wichtig auch hier die Vergesellschaftung römischer Keramik und eines germanischen Dreilagenkamms, wie er um 300 in Mode war. Die Terra sigillata Rheinzaberner Herkunft ist vermischt mit dem nahezu gesamten Spektrum germanischer Gefäßtypen aus Südwestdeutschland. Gemeinsame Zeitstellung: ausgehendes 3./erstes Drittel 4. Jh. und jüngere Funde aus der Mitte und dem Ende des 4. Jhs. Im Zusammenhang mit der Erbauung des Burgus „ergibt sich, daß sich die militärische Präsenz – im Burgus – nach 369 und die alamannische Besiedlung in der Umgebung der ehemaligen Stadt nicht ausgeschlossen haben“[125].

**Gewann Ziegelscheuer etwas südlich**: frühalamannisches Grubenhaus aus dem 5. Jh[126].

**Städtischer Friedhof**: „In einer Gruppe von frühmerowingischen Gräbern aus der 2. Hälfte des 5. Jhs. im Bereich nordwestlich der mittelalterlichen Stadt bei der ehemaligen Martinskirche sind ... Alamannen bestattet.“ – Hierzu gibt es einen Parallelfall in Heidelberg-

Kirchheim mit einem alamannischen und fränkischen Reihengräberfriedhof[127].

**Realschulstraße**: Bei der Grabung von 1983 fiel eine große Anzahl von Scherben merowingischer Tongefäße auf. Aus diesen Schichten stammt ein Haarpfeil, der vom Typ her ins 5. Jh. datiert. „Seltene Funde, die für die Entwicklung Ladenburgs von der römischen zur mittelalterlichen Stadt wichtig sind .... Das Grubenhaus war in spätmerowingischer Zeit (700) aufgelassen und verfüllt worden ..... Reste zweier Tongefäße (thüringisch und alamannisch) stammen aus der ersten Hälfte des 6. Jhs.“[128].

*Abb. 6: Kostbare Scheibenfibel aus tauschiertem Eisen mit vergoldeten Nieten diente um 640 n.Chr. in einem vornehmen Frauengrab als Amulettkapsel. Ladenburg Reihengräberfriedhof bei St. Martin (Foto: H. Hain 1997).*

*Linke Seite unten Abb. 5: Reihengräberfriedhof der Merowingerzeit bei St. Martin. Ausgrabung eines Adelsgrabs des 7. Jahrhunderts, das inmitten eines Kreisgrabens einst von einem Grabhügel überwölbt war. Im Hintergrund das Martinstor und der Hexenturm (Foto: B. Heukemes 1976).*

### *Die Merowingerzeit 496/507–751*

**Wüstung Botzheim**: Älteste merowingische Scherben des ausgehenden 6. Jhs. sowie Hüttenlehmbrocken sichern die frühe fränkische Gründung der späteren Wüstung[129].

**Domitianstraße im Süden und Keltenweg im Norden der Stadt – Distanz 800m**: „Zumindest seit dem späten 5. Jh. lassen sich an verschiedenen Stellen in den Resten des römischen Lopodunum alamannische und später fränkische Siedlungsstellen nachweisen. Die ältesten Hinweise stammen aus der Realschulstraße. Hier wurde bis um 700 gesiedelt. Zwischen dem späten 6. und dem 9. Jh. bestand eine Hausgruppe im Bereich Domitianstraße. Siehe die Kartenbeilage mit sieben frühmittelalterlichen Siedlungsstellen im römischen Stadtgebiet[130].

**Ecke Domitianstraße-Kastellweg**: Hier wurde eine frühmittelalterliche Siedlung neu entdeckt ... vier Grubenhäuser verschiedener Zeitstellung. Ein Haus mit gelbem Sandsteinbruch von römischen Gebäuden verfüllt. Die Siedlung lag außerhalb der mittelalterlichen Stadt, aber im römischen Südteil. Ein Grubenhaus lag unter der römischen Straße, ist also älter, nämlich neckarswebisch[131].

Das frühmittelalterliche Fundgut ist merowingisch aus der 2. Hälfte des 6. Jhs. .... Knickwandtopffragmente, das jüngste Fundstück, ist ältere gelbtonige Ware aus der 2. Hälfte des 7. Jhs., Import aus dem Rhein-Main-Gebiet. Das zweite Grubenhaus ist jünger, um 800. Der Bereich außerhalb der mittelalterlichen Stadt, aber im Südteil der römischen Anlage, war im frühen Mittelalter locker besiedelt. Hier gibt es eine Parallele zu Funden in der Realschulstraße aus dem 6. und 7. Jh.[132].

**Städtischer Friedhof**: Merowingisches Steinplattengrab aus Ende 7.–Anfang 8. Jh. Die Steinplatten sind römische Spolien. Eine Platte 1,5 x 0,8 m stammt wahrscheinlich aus der Basilika[133].

*Abb. 7: Bronzene Zierplatte mit Vogelköpfen vom Gürtelgehänge einer vornehmen Frau um 640 n.Chr. Ladenburg Reihengräberfriedhof bei St. Martin 1957 (Foto: B. Heukemes).*

*Abb. 8: Zur Abdeckung eines Plattengrabs (21) mit Frauenbestattung des 7. Jahrhunderts wurden aus einem profilierten römischen Werkstück aus Buntsandstein mit Steinsägen Platten gesägt. Ladenburg Reihengräberfriedhof bei St. Martin (Foto: B. Heukemes 1957).*

**Metzgergasse**: „ ... eine große Überraschung: Inmitten römischer Monumente fand sich eine Reihe merowingischer Steinkisten- und Steinplattengräber, vermutlich des 7. und frühen 8. Jhs." Es sind fünf west-ost-gerichtete, (vielleicht christliche?) Grabkammern. Ein Mädchengrab hatte als Beigaben eine vielfarbige Perlenhalskette und Drahtohrringe, was dieses wohl noch als heidnisches Grab ausweist, worauf auch sein Charakter als „Hofgrabanlage" verweist – denn Christen wurden um die Kirche begraben – Zeitstellung: 680–700[134].

**Kellereiplatz**: Erst in spätmerowingischer Zeit setzte, der Keramik nach, die Besiedlung wieder ein. Grubenhäuser und ebenerdige Wohnbauten sind durch einzelne Pfostenstellungen und Herdstellen nachweisbar. Der Wehrgraben der älteren mittelalterlichen Stadtbefestigung (800–1200) konnte schon 1981/92 beobachtet werden .... Die Mauer verlief auf der heutigen Parzellengrenze zwischen Kronbergergasse und Färbergasse, analog auch im Bereich zwischen Metzgergasse und Kirchgasse .... Die römische Straße dürfte auch im frühen Mittelalter genutzt worden sein.

**Südlich der Realschulstraße**: Ein spätmerowingischer Töpferofen gehört zu den bereits 1897 geborgenen Körpergräbern. Beide merowingischen Siedlungsbereiche können zusammen gesehen werden. Sie wurden gemeinsam noch in merowingischer Zeit aufgegeben. Das wirft ein neues interessantes Licht auf die Entfaltung des städtischen Charakters Ladenburgs in der merowingischen Zeit: Die Konzentration der Funktionen Verwaltung, Handel, Gewerbe und Wohnen auf engem, umwehrtem Bereich nennen wir Stadtwerdung. Diese Entwicklung war im frühen 8. Jahrhundert bereits so stark, daß naheliegende Wohnplätze aufgegeben wurden und die Bewohner freiwillig oder auf Anordnung des Gaugrafen in die wachsende Stadt umzogen[135].

**Südstadt**: Dies bestätigen auch die Funde von Gehöften, die Heukemes schon 1965 an verschiedenen Stellen machte. Auch diese waren offensichtlich ziemlich plötzlich aufgegeben worden.

### *Die Karolinger (751–911)*

**Kellerei**: Die Besiedlung des Kellereigeländes vom 8. bis zum 12. Jh. ist inzwischen durch 22 Grubenhäuser sowie zahlreiche weitere Gruben und Baureste belegt. Westlich der Kellereigasse ist die erste mittelalterliche Stadtmauer mit Stadtgraben aus dem Anfang 9. Jh. bis 10. Jh. gesichert[136].

**Kirchenstraße 33**: Gegenüber von St. Gallus wurde der V-förmige ältere Stadtgraben gefunden. Außerhalb des Stadtgrabens ist in 70 cm Tiefe unter der heutigen Straßendecke der Belag des römischen Forums aus großen Geröllen erhalten. Vermutlich wurde der mittelalterliche Verkehr direkt auf ihm abgewikkelt[137].

**Hauptstraße vor dem alten Rathaus**: Hier wurde ebenfalls die ältere mittelalterliche Stadtmauer angeschnitten; sie reichte über 3,5 m unter die heutige Oberfläche. Die Mauerstärke wuchs von 0,8 auf 1,2 m an, was vermutlich mit einer Torsituation zusammenhängt[138].

**Domhof**: „Über den Resten des römischen Kastells, die bis ins frühe Mittelalter, wenn nicht noch einige Zeit länger, obertägig (!) sichtbar erhalten waren, etablierte sich eine erste in Gruben und in einem Architekturbefund faßbare Siedlung in spätkarolingisch-ottonischer Zeit." Bei dem Architekturbefund handelt es sich um einen Mauerrest[139].

### *Die Ottonen und Salier (911–1124/1137)*

**Domhof**: Aus dem 9.–12. Jh. liegen einige Gefäßbruchstücke vor. ... der ältere Stadtgraben ist um 1200 verfüllt worden. Hier fand sich eine Fülle römischen Materials, danach gab es eine Lücke bis zur karolingisch-ottonischen Epoche. Schließlich wurden im 13. Jh. die Steine für einen Adelshof ausgebeutet[140].

### *Die Staufer (1138–1254)*

**Hauptstraße 23**: Entdeckung eines 8 m hohen Wohnturms von 1229 (dendrochronologisch) .... Die älteste hier erfaßte Schicht ist frühmittelalterlich seit dem 8. Jh. Der Platz wurde zwischen dem 9. und 12. Jh. extensiv genutzt, ab dem 13. Jh. intensiv .... Dazu kommt Keramik des 8. und 9. Jhs.[141].

### *Resümee aus diesem Fundbestand*

1. Die Kontinuität kann damit als erwiesen gelten. Die römische Südstadt wurde durch Alamannen an mehreren Stellen, wahrscheinlich von der Eroberung um 260 an, in lockerer Weise besiedelt. Das kann für die Nordstadt ebenfalls angenommen werden, ist dort aber durch die merowingische Konzentration und die ständige, vor allem militärische Weiterbenutzung – Ansatz ist das merowingische Palatium – in der Regel verschüttet.
2. Die vergesellschafteten Funde beweisen engste Kontakte zwischen römischer (Rest-)bevölkerung, den in den Ortsnamen belegten Romanen oder „Welschen", und den Alamannen bis ins 5. Jh. Heukemes postulierte schon sehr früh – also vor dem Auftauchen dieses reichen Fundbestands: „Über das Weiterleben der provinzialrömischen Bevölkerung kann man nur Mutmaßungen anstellen, doch kommen ihre Reste als Träger der Überlieferung des Ortsnamens bis zu seiner Eindeutschung am ehesten in Betracht. Spuren von völkerwanderungszeitlichen Einbauten in einem römischen Gebäude unter dem heutigen Bischofshof gestatten die Vermutung, daß nicht jegliches Leben in den Ruinen von Lopodunum erstarb."[142]
3. Damit ist die Tradierung des Ortsnamens in seiner romanischen Form: „Lobodunum"[143] erklärt; denn diese Romanen des 4. und 5. Jhs. sprachen frühromanisch oder altfranzösisch[144].
4. Das weite römische Stadtgelände wurde in Streusiedlung durch einzelne Gehöfte und Gehöftgruppen aufgesiedelt, wahrscheinlich unter Verwendung vieler römischer Bau- und Mauerreste. Diese Art der Besiedlung ging über die römische Stadtmauer hinaus und erstreckte sich auch auf ehemalige villae rusticae[145].
5. Durch Chlodwig kam es im Frankenreich zu einer bewußten Restauration des Römischen, überall wurde an das römische Vorbild angeknüpft. Das wiederholte sich bei den Karolingern, was als „Karolingische Renaissance" bezeichnet wird. Eng damit verbunden war die endgültige Christianisierung, die wohl schon vor der Zusammensiedlung durchgeführt war. Damit erklärt sich auch der Standort der Kirchen, vor allem die Benutzung der imposanten Marktbasilika als Hauptkirche außerhalb des spätmerowingisch-frühkarolingischen Ovals, was ja sonst ein völliges Rätsel wäre. Daß Ladenburg dennoch kein Bischofssitz wurde, wußte der Wormser Bischof durch den

frühen Erwerb des Palatiums und der Stadt als seiner zweiten Residenz zu verhindern.

7. Die Dichte der Besiedlung Ladenburgs und des Lobdengaus – die Aussagen der Urkunden sind ja hier erstaunlich wegen der hohen Zahl der Dörfer und ihrer Größe: allein über 100 Schenkungen in Handschuhsheim, 60 in Seckenheim, 45 in Mannheim mit gewaltiger Ausweitung des Weinbaus – müssen fisci = Königs- oder Salhöfe vorausgesetzt werden zur Eintreibung der Abgaben und Heeresorganisation etc. In Ladenburg war der erste Name des Bischofshofes ja auch „Sal". In Neckarau haben wir einen Salhof mit 30 Litenhöfen urkundlich bezeugt, übrigens auch mit Pfarr- und Taufkirche im Burgus = St. Johann = Gewannname *Johannkirchhof* außerhalb der Litensiedlung! Bei der zentralen Bedeutung Ladenburgs mit seinen sichtbaren gewaltigen Monumenten muß hier eine Pfalz = palatium der Merowinger gewesen sein – wo denn sonst. Daher auch der Name der ganzen Landschaft: Lobdengau, der nicht antik ist, sondern von der germanischen Namensform Lobedtenburg hergeleitet ist. Er spiegelt somit die aktuellen Verhältnisse des 8. Jahrhunderts.

8. Zu Beginn des 8. Jhs. erfolgt die Aufgabe vieler älterer Hofanlagen zugunsten einer Siedlungskonzentration im nordwestlichen Areal der römischen Anlage, wohl eine Folge des merowingischen Palatiums, des „Saals", und nach 628 des Bischofshofes

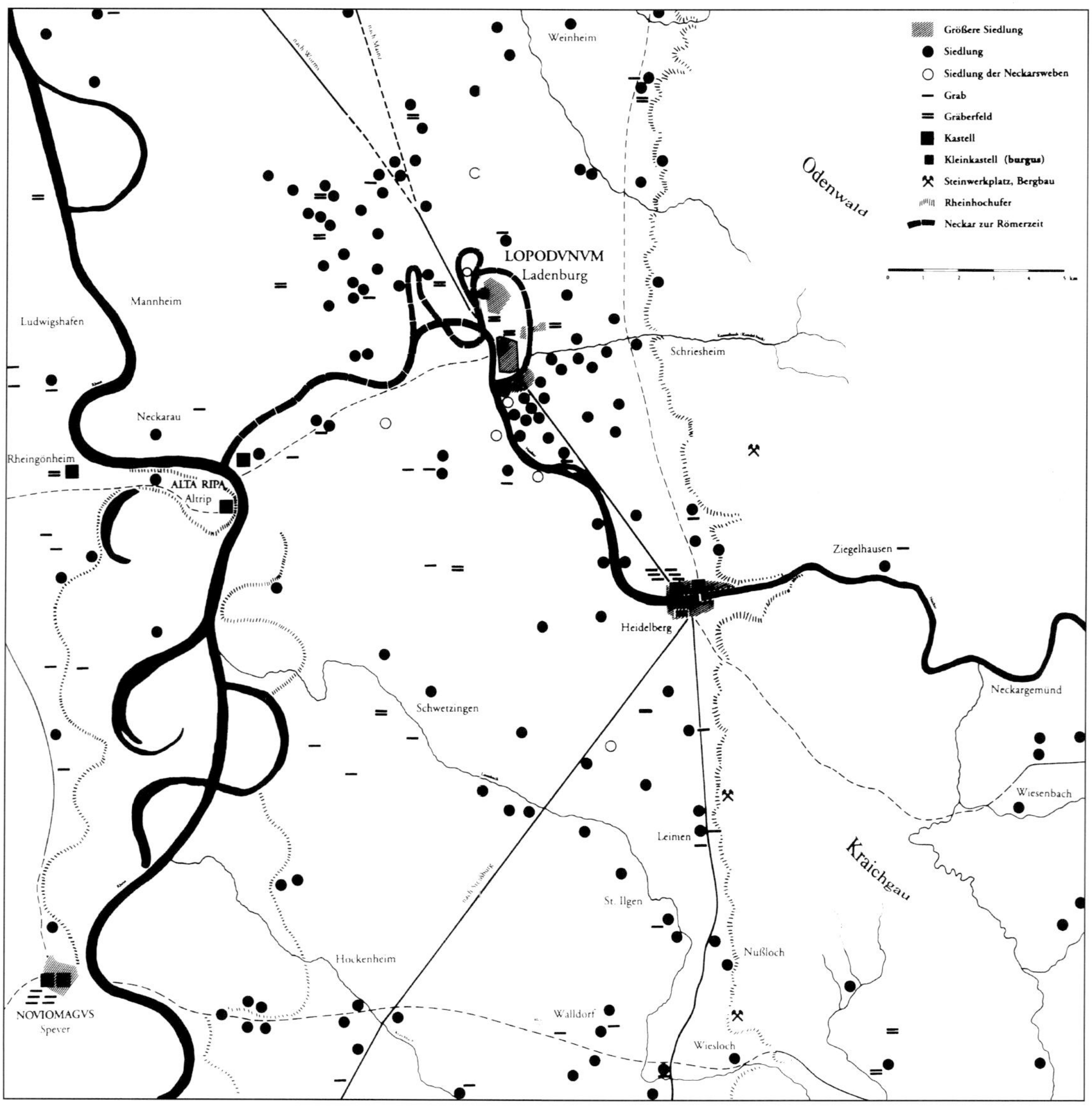


*Abb. 9: Kartierung römischer Siedlungen und Landgüter um Lopodunum. Der hohe landwirtschaftliche Erschließungsgrad der Civitas Ulpia Sueborum Nicrensium ist die Grundlage der fränkischen Besiedlung des Lobdengaus mit ihrer Bevölkerungsdichte und blühenden Wirtschaft im 8. und 9. Jahrhundert (Entwurf B. Heukemes. Ladenburg Lobdengau-museum 1995).*

als Zentrum der Grundherrschaft. Hierfür spricht auch die ringförmige Anlage der ältesten Stadt – mindestens drei „Zwiebelschalen“. In diesem Zusammenhang erhält auch die Urkunde über die Mauerbaupflicht zur Zeit Ludwigs des Frommen[146] eine entscheidende Aussage: Die Konzentration erfolgte selbstredend um den Königshof. Für dessen Lage hinwiederum war der Neckar maßgeblich; denn die Flüsse waren die wichtigsten Verkehrsstraßen seit der Römerzeit bis in die frühe Neuzeit, wie die vielen Hinweise auf die Rheinflotte der Römer z.B. die Funde in Mainz und der von Heukemes im Süden der Stadt Ladenburg gefundene Hafen beweisen[147].

9. Das fränkische Ladenburg war ursprünglich ein echtes ackerbauendes Suburbium wie fast alle mittelalterlichen Städte vor der Phase planmäßig ummauerter Gründungen vom 12. Jh. an. Sie waren im nichtrömischen, rechtsrheinischen Bereich als suburbia um die ummauerte Domfreiheit bei Bischofsstädten oder bei Stadtburgen lokaler Fürsten entstanden, z.B. Münster, Braunschweig u.v.a.m. Die alten Römerstädte am Rhein sind in diesem Zeitraum ebenso wieder neu angelegt oder besiedelt worden wie z.B. Speyer. „Noviomagus, die Stadt der Nemeter, hatte ihr Römertum so weit verloren, daß sie von den Alamannen umbenannt worden war.“ Trotzdem wird sogar hier von überdauernden romanischen Bevölkerungsresten gesprochen! Daß Speyers (und Straßburgs) Kontinuität geringer war, als die von Worms und Mainz, zeigt der Namenswechsel[148]. Am unteren Ende einer solchen gedachten Skala stehen diejenigen römischen Städte, die ihren römischen Namen völlig verloren haben, wie Rottweil oder gar Schwarzenacker, von dem nicht einmal mehr der antike Name bekannt ist. Köln hingegen steht am oberen Ende der Kontinuitätsskala, weil diese Stadt nach innergallischem Muster ihre alte Metropolstellung von den Römern ins Merowingerreich ebenso hinüberrettete wie Paris, das die eigentliche Schwesterstadt von Köln ist. Nordgallien ist auf der Achse Köln – Paris aufgebaut. Und auf dieser gründete Chlodwig nach dem Sieg über Syagrius sein Reich, was mit ein Grund für dessen Dauer war.

10. Ladenburg gehört wie Worms oder Mainz in die mittlere Gruppe der Kontinuitätsreihe, vielleicht mit noch stärkerer Tradition als Mainz, da in der Merowingerzeit wohl Ladenburg, aber nicht Mainz namensgebende Gauhauptstadt wurde.

## Die Anfänge des Bistums Worms

Über 1000 Jahre lang war Ladenburger Geschichte auch, ja sogar lange Zeit in erster Linie ein wesentlicher Teil der Geschichte der Wormser Kirche. Deshalb ist die Geschichte der Wormser Bischöfe und ihrer Kirche für Ladenburg ebenso wichtig wie seine römischen Grundlagen, mit denen auch die Wormser Kirche in vielfältiger Weise verbunden ist. Bevor wir die sehr im dunkeln liegenden Anfänge des Bistum Worms darstellen, soll ein Blick auf den allgemeinhistorischen Hintergrund erfolgen.

### Die Christianisierung des Römischen Reiches

Am Anfang möge auch hier die bekannte und häufig zitierte Aufzählung christlicher Gemeinden in Marseille, Narbonne, Arles, Vienne, Lyon und in den Städten am Rhein durch den heiligen Irenäus von Lyon, gest. 202, stehen[149], aber auch der Bußkatalog Bischof Burchards I. von Worms (1000–1025)[150], der das zähe Fortbestehen heidnischer Kulte und Gebräuche voraussetzt. Aus den damit verbundenen Eckdaten, die rund 800 Jahre umspannen, kann man leicht erkennen, wie lange der Prozeß der Christianisierung dauerte. Die spätantik- frühmittelalterlichen Christengemeinden in den Städten am Rhein existierten unter und neben anderen orientalischen Religionen, wie sie sich in Gallien vor allem nach den verheerenden Alamanneneinfällen um die Mitte des 3. Jahrhunderts auf Kosten der klassischen römischen oder keltischen Religion ausbreiteten[151]. Eine besondere Rolle spielte darunter der persische Mithraskult im römischen Heer, wie gerade auch archäologische Funde in Ladenburg[152] zeigen. Dieser und die spätestens seit Kaiser Aurelian (270–275) offizielle Reichsreligion des *Sol Invictus* – des unbesiegbaren Sonnengottes bereiteten den Weg für den Monotheismus. Weil dieser aber im Kaiserkult und im Kult der ewigen Roma gipfelte, der von allen Reichsbürgern eingefordert wurde, stand das Christentum in Opposition und unter Verfolgung. Sie erreichte gerade im 3. Jahrhundert ihren Höhepunkt. Daraus wird verständlich, daß eine Religion, die das Martyrium für ihre Anhänger beinhalten konnte, nur auf der festen Überzeugung einzelner beruhte. Die Ernsthaftigkeit und Härte der Verfolgung verrät andererseits aber auch, daß das Christentum im 3. Jahrhundert bereits stark angewachsen war und schon in dieser Zeit eine feste Organisation unter der Leitung von Bischöfen in den Städten ausgebildet hatte[153].

Die Entscheidung für das Christentum im Römischen Reich fiel zu Beginn des 4. Jahrhunderts und ist mit dem Aufstieg der Familie des Konstantius Chlorus (250–306), des Vaters Kaiser Konstantins des Großen (305/07–337), verbunden. Der aus Illyrien stammende Konstantius war einer der vier Teilkaiser des Imperiums nach der Reichsreform des Diokletian und regierte Britannien und Gallien von 293–306. Seine Residenz war Trier, das damals zu den großen Zentren des Römischen Reiches gehörte. Seine erste Frau (bis 293), die Mutter Konstantins, war Helena (250–327), die nach 306 am Hofe ihres Sohnes lebte und Christin wurde. Sie erbaute viele Kirchen und starb auf einer Wallfahrt nach Jerusalem, wo sie der Legende nach das heilige Kreuz gefunden haben soll. In Gallien war damals der Einfluß des Christentums schon so stark, daß er bis in das Kaiserhaus reichte. So verwundert es nicht, daß hier auch die letzte Christenverfolgung unter Diokletian und Galerius zwischen 303 und 310 ohne großen Nachdruck durchgeführt wurde.

Das Toleranzedikt von Mailand 313 und das Konzil von Nizäa 325 markierten den endgültigen Sieg des Christentums, der mit dem Namen Konstantins des Großen verbunden ist. Konstantin wollte die Glaubenskraft der Christen und die Organisation der jungen Kirche in das Reich integrieren und ihm dadurch neue Festigkeit verleihen. Damit war die eben noch verfolgte Kirche in einen bemerkenswerten Status der Privilegierung gelangt. Nun war Christsein kein Risiko mehr, sondern häufig sogar eine Voraussetzung sozialen Aufstiegs. Dieser Umschwung, die „Konstantinische Wende", führte im Lauf des 4. Jahrhunderts zur völligen wechselseitigen Durchdringung der christlichen Kirche und der griechisch-römischen Kultur des Imperiums. Als schließlich Kaiser Theodosius I. (379–395) 381/82 das Christentum zur Staatsreligion erhoben und zehn Jahre später die heidnischen Kulte verboten hatte, war dieser Prozeß vollendet. Die *Ökumene* (griechische Bezeichnung für das Reich) war *orthodox* (rechtgläubig) und *katholisch* (allumfassend)[154].

### Das Christentum am Oberrhein

Für die römischen Städte am Rhein werden bereits in der Mitte des 4. Jahrhunderts Bischöfe genannt. In den Kölner Synodalakten von 346 wird ein Wormser Bischof namens Victor erwähnt[155]. Dieser und die 343 auf der Synode von Serdica genannten Bischöfe von Mainz (Martinus), Speyer (Jesse) und Straßburg (Amandus) verweisen auf die vollendete episkopale Organisation der Kirche mit Bischofssitzen in den überkommenen römischen civitates hin, was ganz ihrer Struktur im Imperium des 4. Jahrhunderts entsprach[156]. Damit ergab sich völlig zwanglos, daß die Kirche nach dem römischrechtlichen Territorialprinzip „ihre hierarchische u nd geographische Organisation nach dem Vorbild der Reichsverwaltung" aufbaute[157]. Wie sehr der Bischofssitz in der *civitas,* also der städtische Charakter des antiken Christentums, geradezu seinem Wesen entsprach, zeigen auch die Bemühungen in der Karolingerzeit, bei der Neugründung rechtsrheinischer Bistümer den Stadtcharakter der neuen Bischofssitze nachzuweisen[158]. Die Diskussion um die Echtheit der Bischofslisten führt ins Leere. Denn die unangefochtene Tradition von Bischofsitzen in diesen rheinischen Städten – und nur in ihnen – spricht für einen möglicherweise unter-, aber nie abgebrochenen Bestand aus der römischen Zeit. Verstärkt wird diese episkopale Tradition einer Stadt auch dadurch, daß die Diözesangrenzen sich gerade nicht an den römischen Bezirksgrenzen ausrichteten, sondern den neuen lokalen Gegebenheiten folgten – bei den rheinischen Bistümern beim tiefen Ausgreifen in das rechtsrheinische Gebiet[159]! Um den festen Kern des Bischofssitzes in der alten *civitas* bildete sich über die Umbruchzeit der Völkerwanderung hinweg – gewiß unter vielerlei Rückschlägen – bis ins 7. und 8. Jahrhundert die zugehörige Diözese. Bekanntlich sah es damit am Niederrhein, am Oberrhein und südlich der Donau anders aus. Dort sind alte Bischofssitze für immer aufgegeben, verlegt oder neue gegründet worden. Der Verlust an Kontinuität war dort offensichtlich viel größer.

„In Worms gab es zu Beginn des 5. Jahrhunderts eine intakte Christengemeinde, die von einem Bischof geleitet wurde"[160], so daß es scheint, als ob es hier im Vergleich zu Mainz[161] und Speyer[162] doch sehr viel weniger Substanzverluste gegeben hätte, Worms also eine glückliche Ausnahme bildete. Wie sehr sich das Christentum in Worms schon unter der Regierung Kaiser Valentinians I. (364–375) durchgesetzt hatte, zeigen Funde im valentinianischen Kastell Altrip, wo man unter der Mauer Votivsteine mit heidnischen Inschriften aus dem Worms des 3. Jahrhunderts fand, was auf einen planmäßigen Abbau heidnischer Zeugnisse schließen läßt[163]. Dazu paßt gut, daß die Burgunder 413 als Föderaten von den Römern um Worms angesiedelt wurden[164] und bereits 415 zum römisch-katholischen Christentum übertraten, was nur einen Sinn ergibt, wenn die ortsansässige provinzialrömische Bevölkerung katholisch war. „Eine Änderung der kirchlichen Organisation trat durch die Herrschaft der Burgunder in der Wormser Gegend nicht ein."[165] Die Vernichtung des Wormser Burgunderreichs durch Aetius 437 und deren Umsiedlung nach Sapaudia (Savoyen/ Bourgogne) führte 443 zur Eroberung von Worms durch die heidnischen Alamannen und zum Ende der römischen Herrschaft. Die Alamannen beherrschten die Stadt – vom hunnischen Zwischenspiel 450/51 abgesehen – bis zum Ende des 5. Jahrhunderts. Funde christlicher Grabsteine aus diesen Jahrzehnten vom ältesten Gräberfeld im Norden der Stadt um den Vorgängerbau der späteren Liebfrauenkirche[166] sprechen für die ungebrochene Fortdauer der christlichen Kirche auch unter den heidnischen Alamannen.

Nach dem Sieg Chlodwigs über die Alamannen bei Zülpich 496 übernahmen die Franken die römische Form des Christentums. Die Begleitumstände dieser Schlacht gegen die heidnischen Alamannen mit dem Gelübde, sich im Falle des Sieges taufen zu lassen, erinnerten nicht zufällig an Konstantin, dem vor seinem Sieg an der Milvischen Brücke das Christusmonogramm erschienen war mit dem Hinweis: *In hoc signo vinces* – in diesem Zeichen wirst du siegen! Diese bemerkenswerte Parallele stellte ein Bekenntnis Chlodwigs zu Rom dar: Er stilisierte sich damit „als neuer Konstantin"[167]. Nach dem Vorbild des großen Kaisers bekannte sich der Frankenkönig nach diesem Sieg zum Christentum. Er empfing 498 zusammen mit 3.000 Franken die Taufe, die in Reims in Form eines Staatsakts in Anwesenheit zahlreicher Bischöfe vom heiligen Remigius, dem Bischof von Reims, gespendet wurde[168]. Dieser hatte den König in der neuen Religion unterwiesen, für die Chlodwig bereits durch seine katholische Frau, die burgundische Prinzessin Chrodechilde, eingenommen worden war. Damit war der Weg geöffnet für die Verschmelzung des fränkischen Adels mit der gallorömischen Oberschicht, den „senatorischen" Familien, die auch die Bischöfe der Kirche stellte[169]. So entstand die fränkische Kirche, die ein fundamentaler Bestandteil des Merowingerreiches werden sollte. Es spricht nichts dagegen, für diesen Verschmelzungsprozeß auch die vier überlieferten Namen von Wormser Bischöfen vom 4. bis zum 7. Jahrhundert in Anspruch nehmen: 346 und 628 die römischen Namen Victor und Amandus und 614 und 670 die fränkischen Namen Berhtulf und Chrotold. Schließlich griffen die Franken mit der Eroberung des Thüringerreiches 532–536 weit nach Osten aus. Für das Christentum am Oberrhein gab es damit von der Mitte des 6. Jahrhunderts an keine Bedrohung durch heidnische Völker mehr. Es konnte sich

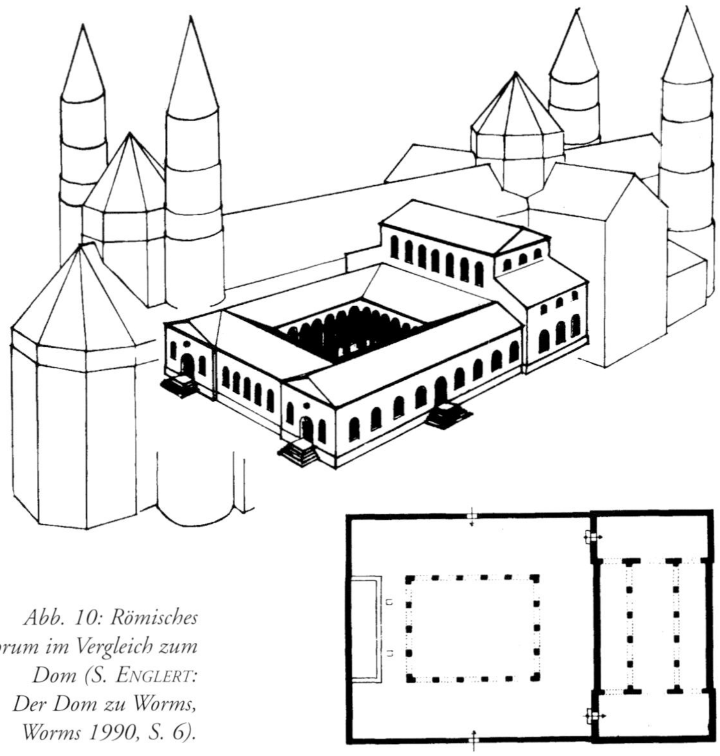

*Abb. 10: Römisches Forum im Vergleich zum Dom (S. Englert: Der Dom zu Worms, Worms 1990, S. 6).*

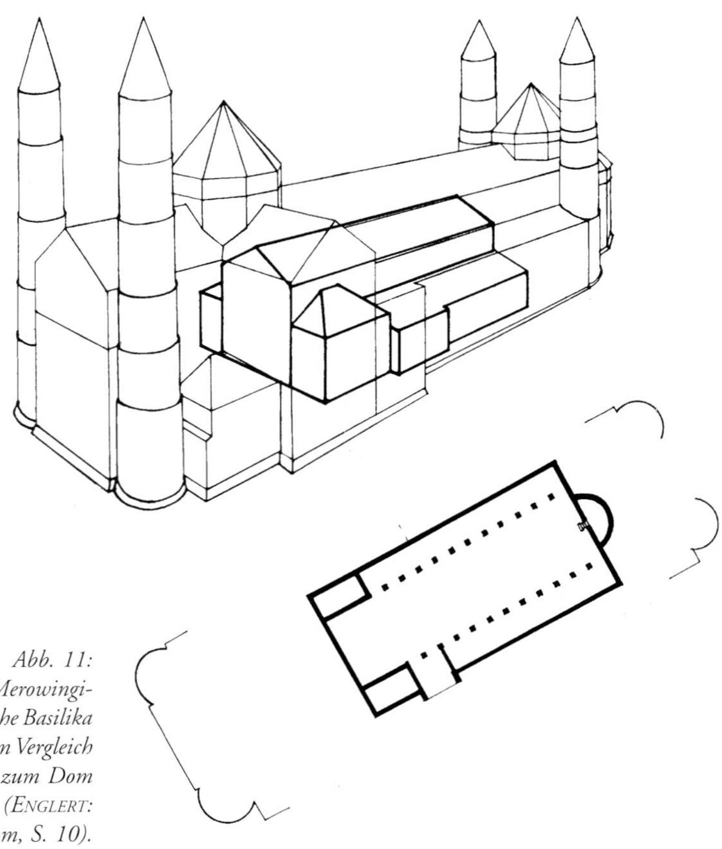

*Abb. 11: Merowingische Basilika im Vergleich zum Dom (Englert: Dom, S. 10).*

beiderseits des Rheins endgültig konsolidieren.

### Die Wormser Mission rechts des Rheins

Nach den Siegen Chlodwigs 496 und 506 mußten die Alamannen bekanntlich den Franken das gesamte Gebiet links und rechts des Rheins bis zur Murg einräumen, wodurch nach rund 250 Jahren der Trennung beide Ufer des Rheins wieder unter eine einzige, nun aber christliche und fränkische Herrschaft kamen. Damit konnte das rechtsrheinische Gebiet von den linksrheinischen Bischofssitzen her weiträumig missioniert werden. Die linksrheinischen Bischofskirchen hatten diese Missionsaufgabe schon lange gesehen. So wurden bereits im 4. Jahrhundert, noch in der letzten Zeit des römischen Einflusses, Mithrasheiligtümer in Dieburg[170], in Krotzenburg und Stockstadt[171] systematisch zerstört. Um 415 sollen im Vorfeld von Worms auch die rechtsrheinisch siedelnden Burgunder zum Christentum übergetreten sein[172]. Schließlich wird das vorfränkische Gräberfeld von Lampertheim aus dem 2. Drittel des 4. Jahrhunderts mit diesen Burgundern in Verbindung gebracht[173]. Doch konnte die Missionierung rechtsrheinischer Gebiete erst nach der Errichtung der fränkischen Herrschaft, also vom Beginn des 6. Jahrhunderts an, planmäßig betrieben werden.

Dabei ging es zuerst um den Aufbau einer ländlichen Kirchenorganisation; denn eigentlich war nur der Bischof in der apostolischen Sukzession der maßgebliche Lehrer des Glaubens und der Spender der Sakramente, der sich eines Kreises von Presbytern (Priestern) und Diakonen als Gehilfen bediente. Seine Kathedrale war die zentrale Kultstätte des Bistums. Nur der Bischof spendete die Taufe und feierte die Liturgie. Die Taufkirche, die immer Johannes dem Täufer geweiht war, befand sich deshalb – wie auch in Worms – neben der Kathedrale oder war ein Teil ihres Baukörpers. Im städtereichen Italien und im südlichen Gallien hatte jede Stadt einen Bischofssitz und nur kleine ländliche Sprengel, die zudem durch die in den Städten lebenden Großgrundbesitzer eng an diese Städte gebunden waren. Der Bedeutungswandel des lateinischen Begriffs *pagani* von Landbewohnern zu Heiden zeigte den städtischen Charakter des antiken Christentums: Ein „Land"bischof war lange nicht denkbar. Nun erzwang die große räumliche Erstreckung der Missionsgebiete rechts des Rheins und deren Städtemangel eine Veränderung der kirchlichen Organisation in der Weise, daß in den gleichzeitig entstehenden fränkischen Dörfern Pfarreien eingerichtet und als Filialen mit der Kathedrale – und den späteren Kollegiatsstiften der Bischofsstadt – verbunden wurden. Das geschah durch das Patronat und das Patrozinium[174].

Der sicherste Hinweis auf den Bischof als Gründer einer Orts- und Pfarrkirche ist das Patronat. Ist der Wormser Bischof bzw. das Domkapitel Kirchenherr, dann gehört eine solche Pfarrkirche in die früheste Missionsphase vom 6. Jahrhundert an[175]. Die Wormser Patronate, wozu für unserer Fragestellung auch solche zählen, die zu irgendeinem späteren Zeitpunkt aus der Hand des Bischofs in andere Hände gelangt sind, liegen am Neckar entlang von seiner Mündung bis zu seinem Austritt aus dem Gebirge und an der südlichen Bergstraße wie Feudenheim, Ladenburg, Straßenheim, Wallstadt, Ilvesheim, Edingen, Dossenheim, Kirchheim, Nußloch, Walldorf und Dielheim sowie im südlichen Elsenzgau[176]. Auch Seckenheim gehörte ursprünglich wohl dazu, von dessen Kirche 823 berichtet wird, daß sie von Graf Widegowo im Auftrag des Kaisers Ludwig des Frommen und aus seinem Besitz an das Kloster Lorsch gegeben wurde. Diese Kirche hatte Graf Warin erst im letzten Drittel des 8. Jahrhunderts für den Fiscus erworben, was ein hohes Alter dieser Kirche voraussetzt[177].

Die historische Forschung hat schon lange erkannt, daß man aus den Patrozinien alter Kirchen auf ihre Entstehungszeit und ihre Herkunft schließen kann. Die biblischen Heiligen Maria, Petrus und Paulus, Andreas, Michael, Johannes der Täufer und die Apostel mit Stephanus gehören zur ältesten Schicht der christlichen Heiligenverehrung[178]. Dann kommen die römischen Märtyrer Sebastian, Mauritius, Nazarius. Die römisch-fränkische Symbiose im merowingischen Gallien wird durch Martin, Hilarius, Dionysius, Sulpicius, Medardus und Remigius repräsentiert. In Worms selbst hat die Domkirche die Patrone Petrus und Paulus. Der letztere trat allerdings im Vergleich zur Petrusverehrung, die besonders in der Karolingerzeit forciert wurde, bald zurück. Mauritius und Sebastian sind Nebenpatrone, was ein weiterer Hinweis auf das hohe Alter der Kathedrale ist[179].

Die Frage der „himmlischen" Kirchenpatrone war für die damalige Christenheit von nicht zu überschätzender Bedeutung. Die Heiligen waren Ausdruck der himmlischen „Hierarchie" (Herrschaft des Heiligen), die man sich wie den römisch-byzantinischen Kaiserhof in vielen Rängen geordnet dachte, und an dessen Spitze Gottvater stand[180]. Im ersten Rang[181] unter der Trinität standen die Erzengel und die oben genannten biblischen Heiligen. Es folgten die Apostel, vor allem Petrus, Paulus und Andreas, und dann kamen die römischen Märtyrer und Bekenner beiderlei Geschlechts aus der Verfolgungszeit und schließlich die großen Bekenner und Wundertäter, meist Bischöfe und Mönche, und heilige Frauen – hier ist für das Frankenreich die heilige Genovefa (422–502) zu nennen – aus der Zeit danach.

Mit diesen Heiligen, an die man sich direkt erinnerte und deren Leben in der Hagiographie immer reicher und wunderbarer ausgemalt wurde, hatte man den unmittelbaren Kontakt zum Himmel und in ihren Bildern und vor allem in den Reliquien ein Unterpfand göttlicher Gnade. Und wie man am Kaiser- oder Königshof mit seinem Anliegen nicht einfach zum Herrscher gehen konnte – von Mensch zu Mensch sozusagen –, sondern sich möglichst einflußreiche Höflinge suchen und durch Geschenke verpflichten mußte, sein Anliegen vorzubringen, so mußte man sich auch der Hilfe und Mittlerschaft mächtiger Heiliger vergewissern, wenn man von Gott etwas wollte. Es ging geradezu ein göttlicher Kraftstrom von Gottvater über die himmlische Hierarchie auf die heiligen Orte, also Kirchen und Wallfahrtsstätten auf Erden hernieder. In diesen nahm man über die Reliquien direkten Kontakt mit dem „Patron"[182] auf und suchte, ihn mit Geschenken oder Gelübden günstig zu stimmen[183]. Anschaulich ist dieses Verständnis z.B. in den Lorscher Urkunden, die die Schenkun-

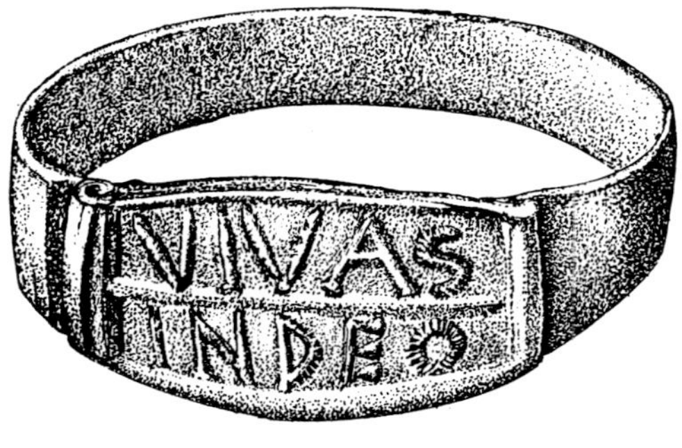

*Abb. 12: Bronzering mit Inschrift VIVAS IN DEO (= Mögest du in Gott leben) aus dem Anfang des 4. Jhs. Gefunden 1970 im Mithräum II von Lopodunum, Ladenburg, Trajanstraße 28, Lobdengau-Museum. Diese Ringe werden mit dem Christentum in Verbindung gebracht.*

gen wortreich an den heiligen Nazarius adressierten und seinen schweren Zorn bei einem Betrug oder Bruch des Versprechens androhten. Durch die Kirchenpatrone war selbst die bescheidenste Pfarrkirche ein *locus ille sanctus* – jener heilige Ort, an dem der Himmel die Erde berührte.

Diese ältesten Verbindungslinien, auf die die Kirchenherrschaft durch den Bischof oder das Domkapitel hinweist, werden – oft bis zum heutigen Tag – durch die jeweiligen lokalen Patrozinien ergänzt, natürlich nur bei alten Kirchen, die in die Frühzeit zurückreichen. Dabei kann später noch ein Wechsel von Kirchenpatronen vorgekommen sein. Mit dem heiligen Petrus haben wir den ältesten Bestand und somit Zeugnisse der ersten Mission. Die Unterzentren des Bistums haben St. Peter als Kirchenpatron: St. Peter in Wimpfen im Tal und Kirchheim als kirchliches Zentrum des südlichen Lobdengaus, aber auch Weinheim, Heidelberg, wo die Peterskirche schon vor der Stadtgründung bestand, Ilvesheim, Lochheim/ Sandhausen, Walldorf, Gaiberg und Gauangelloch. Die Verehrung der spätrömischen Märtyrersoldaten Sebastian, Pankratius und Mauritius ist alt: Leimen und Käfertal haben Mauritius-, Mannheim und Ladenburg Sebastians- und Schwetzingen und Dossenheim Pankratiuskirchen.

Aber auch die Kollegiatsstifte in der Bischofsstadt, die teilweise ein hohes Alter haben, beteiligten sich an der Mission. An diesen entstanden später die Archidiakonate, eine Mittelinstanz in der Verwaltung des Bistums. So gehen die Martinskirchen in der Diözese wohl auf das Wormser Martinsstift zurück[184]. Es sind dies die Kirchen in Oppau, Edingen, Neckarau[185] und Meckesheim. Auch Ladenburg hat eine Martinstradition[186]. Der Kult des merowingischen „Staatsheiligen" St. Martin war überaus beliebt und verbreitet, wie das Martinsbrauchtum bis zum heutigen Tag zeigt. Die Andreaskirche in Lampertheim verweist auf das Andreasstift, die Cyriakuspatrozinien in Dielheim und Mückenloch auf das Cyriakusstift vor den Mauern von Worms. Hohes Alter der Pfarrei signalisiert auch der Kult von Heiligen aus den merowingischen Kernlanden um Paris und Reims wie St. Remigius in Heddesheim oder eine *ratio* (Besitztum) des hl. Sulpicius in Wallstadt[187] und des hl. Medardus in Seckenheim[188], ebenso die Dionysiuspatrozinien – St. Denis ist bekanntlich die Grabkirche der Merowinger – in Haßmersheim, Ehrstädt, Reilsheim und Neckarsulm und das Hilariuspatrozinium in Heinsheim[189]. Das bestätigt darüber hinaus die enge Bindung von Worms an die Merowinger. Die bischöfliche Kirchenherrschaft und die Patrozinien zeigen, wie intensiv bereits im 5. und 6. Jahrhundert die Durchdringung des unteren Neckarlandes durch die Wormser Kirche gewesen sein muß.

Die Missionierung der Landbevölkerung ging aber nicht nur von der Bischofskirche aus, sondern auch von den Klöstern, die teils von Wandermönchen oft ohne Rücksicht auf den zuständigen Bischof, ja sogar im Konflikt mit ihm gegründet wurden. Hier ist vor allem Columban (540–615) zu nennen, der sich bei seinen Gründungen (Luxeuil in den südlichen Vogesen u.a.) und in der Führung seiner Klöster überhaupt nicht um die bischöfliche Hierarchie kümmerte[190]. Wichtiger für unseren Raum waren die Klöster Weißenburg, das 660 von den Widonen gegründet, und Lorsch, das 764 von den Rupertinern oder Robertinern errichtet wurde. Beide lagen zwar außerhalb der Wormser Bistumsgrenzen, doch breiteten sie sich hier auf Kosten der Wormser Kirche aus. Die große Abtei Weißenburg war den Aposteln Petrus und Paulus geweiht und gewann im Lobdengau in mindestens zehn Ortschaften Besitz. So haben Feudenheim und Rauenberg Peter- und Paulspatrozinien (die allerdings auch auf den Peter- und Paulsdom in Worms zurückgehen können). Die größte Beeinträchtigung der Wormser Kirche ging jedoch von Lorsch aus, das zum bedeutendsten

*Abb. 13: Funde aus Merowingischen Reihengräbern, die ihre Träger als Christen ausweisen.*

*Links: Merowingische Kreuzanhänger. Schwetzingen Kleines Feld Schellstraße 24.3. 1966 (unten). Von diesem Typ gibt es noch mehr Funde z. B. aus Mannheim- Feudenheim 1905/06 (oben) (beide Archäologische Sammlungen Reiss-Museum Mannheim).*

*Rechts oben: Zierscheibe aus Bronze aus der Merowingerzeit. Germanische Tierornamentik umgibt eine Kreuzscheibe. Oftersheim, Grab 4, 1967 (Archäologische Sammlungen Reiss-Museum Mannheim).*

*Rechts Mitte: Zierscheibe aus der Merowingerzeit, Mannheim-Feudenheim Wilhelmstraße, Grab 15, 1965 (Archäologische Sammlungen Reiss-Museum Mannheim).*

*Rechts unten: Goldscheibenfibel aus der Merowingerzeit. Schwetzingen Schellstraße, Grab 5, 1966 (Archäologische Sammlungen Reiss-Museum Mannheim).*

Grundherrn im Lobdengau aufstieg. In der Regel gerieten nur alte Kirchen in Lorscher Hand und übernahmen den Klosterheiligen St. Nazarius wie Seckenheim, Ersheim bei Hirschhorn, Handschuhsheim und Eppelheim[191].

Eigentümlich war die Institution der *Eigenkirchen*[192]. Nicht nur der König auf seinem Fiskalland[193], sondern jeder adelige Grundherr konnte nach dem fränkischen Eigenkirchenrecht auf eigenem Grund und Boden für seine Hörigen eine Kirche bauen. Er hatte diese baulich zu unterhalten und einen „Eigenpriester" anzustellen und zu besolden. Zwar versuchte die Hierarchie auf den Synoden immer wieder, das Eigenkirchenwesen einzuschränken, und betonte die Zuständigkeit der Bischöfe für die Errichtung von Pfarreien. Doch blieben diese Versuche häufig erfolglos; 826 mußte sogar eine römische Synode das Eigenkirchenrecht anerkennen[194]. Nicht zu übersehen ist dabei, daß durch das Eigenkirchenrecht die Ausbreitung des Christentums auf dem Lande entscheidend befördert wurde[195], zumal sich gerade der Adel intensiv der Kirche zugewandt hatte. In den Lorscher Urkunden treten erstaunlich viele Adelige als Kleriker und adelige Frauen als Nonnen und „Gottgeweihte" (Witwen?) auf. Diese sind häufig Herren von Eigenkirchen. Dafür ist die reich ausgestattete Eppelheimer Kirche, von der 796 der Priester Erlebald berichtete, daß er sie von seinem Vater geerbt habe, ein Beispiel. Zur Ausstattung dieser Kirche gehörten *Kleider, Silber, Gold, sechs Bücher, drei Reliquienbehälter, Pferde, Rinder, Schweine, Hämmel, und anderes Kleingetier beiderlei Geschlechts und jeglicher Größe*[196].

*Abb. 14: Eiserne Kreuzscheibe aus der Karolingerzeit. Mannheim-Seckenheim-Hochstätt, Fdst 12 (Archäologische Sammlungen Reiss-Museum Mannheim).*

Zuerst entwickelten sich die königlichen Eigenkirchen zu Pfarreien mit relativ unabhängigem Status. Die Pfarrei wurde geradezu zu einem verkleinerten Abbild des Bistums mit dem Pfarrer als dem Vertreter des Bischofs in der Spendung der Sakramente vor allem der Taufe und der Buße, der sonntäglichen Meßfeier und der Predigt. Die Pfarrkirche war das örtliche geistliche Zentrum. Die Gemarkung des Dorfes bildete nach dem grundlegenden römisch-rechtlichen Territorialprinzip den Pfarrsprengel oder das Kirchspiel. Schließlich förderte das Capitulare von Aachen 818/19 die Eigenkirchen noch dadurch, daß es ihnen auch das Recht gab, den Zehnten zum Unterhalt der Pfarrkirchen zu erheben[197]. Unübersehbar ist hier der Zusammenhang mit der sich ausbildenden Grundherrschaft.

Bemerkenswert sind hier auch neuere Beobachtungen der Archäologie zur Siedlungskontinuität. Sehr lange ging man fraglos davon aus, daß sich die merowingischen Reihengräberfriedhöfe in der Nähe von Ortschaften, deren hohes Alter durch Urkunden belegt ist, auf diese bezögen, während die Spuren der Siedlungen selbst durch jahrhundertelange Überbauung verschwunden seien. Nun hat man neuerdings bei Großgrabungen im alamannischen Bereich entdeckt, daß die Siedlungen gewandert sind, so daß man hier von „Siedlungskammern" spricht[198]. Erst die Pfarrkirche im Rahmen der vom Diözesanbischof errichteten Pfarrorganisation bewirkte die Dauerhaftigkeit eines Siedlungsmittelpunkts[199]. Dazu kam dann der Kirchhof als Begräbnisplatz nunmehr beigabenloser Gräber. Wenn man das auf das untere Neckarland überträgt, zeigen sich auch hier sehr früh schon weit entwickelte Strukturen; denn das Netz der Pfarreien war schon in der Mitte des 8. Jahrhunderts ziemlich dicht geknüpft, wie man aus den Lorscher Urkunden erkennen kann.

## Das Bistum und seine Grenzen

Bis ins 8. Jahrhundert waren die Diözesen noch keineswegs fest umschrieben. Vielmehr standen sie bei der Abgrenzung der weiten Gebiete östlich des Rheins in scharfer Konkurrenz. Die Ausbreitung des Christentums von den Bischofsstädten folgte links- und rechtsrheinisch den alten, immer noch benutzten Römerstraßen. Gerade die langgestreckte Form des Wormser Sprengels weist unübersehbar darauf hin. Linksrheinisch bildete die wichtige Straße von Metz nach Worms die Achse der Wormser Ausdehnung, rechtsrheinisch die Verbindung Worms – Lampertheim – Straßenheim – Ladenburg – Neckarübergang Neuenheim (Heidelberg) – Neckar– und Elsenztal – Lobenfeld – Aglasterhausen – Wimpfen. Der Verlauf der Römerstraßen erklärt auch die auffällige Tatsache, daß der Oberrheingau gegenüber Worms nicht zum Wormser Bistum gehörte, sondern zu Mainz; denn Mainz folgte rechtsrheinisch der Straße Mainz-Kastel – Groß-Gerau – Gernsheim – durch das Ried ebenfalls nach Straßenheim, wo diese Straße sich mit der Wormser vereinte. Dieselbe Südostverschiebung des rechtsrheinischen Vorlandes zum linksrheinischen Bischofssitz ist auch bei Speyer festzustellen, das dann in Bruchsal seinen rechtsrheinischen Mittelpunkt hatte. Bei der Ausbreitung des Wormser Sprengels nach Südosten kam Ladenburg eine überragende Bedeutung zu: Es wurde sozusagen der rechtsrheinische Sitz des Bistums, von wo es sich sowohl in der Fläche im ganzen Lobdengau ausbreitete als auch nach Nordosten die Bergstraße entlang bis Heppenheim und über Weinheim in das Weschnitztal hinein[200]. Heppenheim war damals Königsgut und durch seine große Mark, die „Heppenheimer Waldmark", die den mittleren Teil des Odenwaldes nördlich der Weschnitzsenke umfaßte, ausgezeichnet. Bereits 773 wurden Heppenheim und seine Mark an Lorsch gegeben und der Wormser Einfluß damit beendet. Beweis für diesen ist noch die Diözesangrenze, die das ganze Weschnitztal bis über Lindenfels hinaus zu Worms schlägt, die Heppenheimer Mark aber ausspart.

Die deutlichste Stoßrichtung ging jedoch nach Südosten den Neckar aufwärts über den Elsenzgau und Sinsheim nach Wimpfen; dort muß Worms schon zu Beginn des 7. Jahrhunderts angelangt sein[201]. Der Bereich rechts des Neckars unterhalb der Itter, die sogenannte Ladenburger Waldmark, war damals noch siedlungsleer und sollte erst später im Zusammenhang mit der Territorialbildung des Hochstifts in den Interessenbereich der Wormser Bischöfe geraten. Die sogenannte „Wingarteiba" zwischen Neckar und Tauber lag bis 742 ebenfalls im Wormser Missionsbereich. In diesem Jahr errichtete Bonifatius das Bistum Würzburg, wodurch die Wormser Kirche ihr weites östliches Missionsfeld verlor. Von Heilbronn bis Eberbach wurde der Neckar die Ostgrenze des Bistums Worms. In Eberbach überschritt Würzburg sogar den Neckar[202]. Daß Worms (und Speyer) die Beschneidung ihrer Ansprüche durch das neue mainfränkische Bistum nicht einfach hinnahmen, zeigt das Fernbleiben ihrer Bischöfe von der Reformsynode des Bonifatius von 743[203].

Obwohl Worms einer der frühesten und der bedeutendsten spätrömischen Stützpunkte des Christentums am Oberrhein war und von der mittleren Merowingerzeit an bis 800 auch politisch eine herausragende Rolle spielte, wurde der Wormser Sprengel in der Mitte des 8. Jahrhunderts durch zwei Konflikte beträchtlich verkürzt; in beiden spielte Bonifatius die entscheidende Rolle: Der eine ist die oben genannte Errichtung des Bistums Würzburg, der zweite ist die Erhebung von Mainz zum Erzbistum und Metropolitansitz gegen Metz, das unter Erzbischof Chrodegang (seit 754) Metropole Austrasiens war. Dieser Aufstieg von Mainz ging aber auch auf Kosten von Worms; denn Worms wurde sogar aus dem nordwestlichen Teil des Wormsgaus mit Alzey verdrängt[204]. So erhielt die Diözese, die damit auch die zweitkleinste unter allen deutschen Diözesen geworden war, noch vor dem Ende des 8. Jahrhunderts[205] ihre schmale, langgestreckte, halbkreisförmige Gestalt von westlich von Kaiserslautern bis Heilbronn, aber ohne diese Stadt, die sie bis zu ihrer Aufhebung 1803/16 behielt. Eine weitere Beeinträchtigung Wormser Interessen war die Gründung des Klosters Lorsch 764 direkt gegenüber der Bischofsstadt auf der rechten Rheinseite. Lorsch sollte sehr bald sogar innerhalb der Diözese zum lange überlegenen Konkurrenten werden mit ungünstigen Folgen für die Entwicklung Ladenburgs.

Im 9. Jahrhundert lagen die Grenzen der Wormser Diözese fest. Es kam danach nur noch zu kleineren Grenzverschiebungen bei Sinsheim und Neckarau zwischen Worms und Speyer[206]. Auch das Netz der Pfarreien war eng geknüpft, so daß es in späterer Zeit nur mehr zu Ergänzungen kam wie z.B. durch die Gründung Heidelbergs am Ende des 12. Jahrhunderts. Die Position der Bischöfe als Reichsfürsten und die Errichtung eines fürstlichen Territoriums, des Hochstifts, und damit die Rolle Ladenburgs als landesfürstliche Residenz sind Themen der folgenden Jahrhunderte.

## Das Kloster Lorsch

Die Gründung des Klosters Lorsch war eines der wichtigsten Ereignisse des frühen Mittelalters am Oberrhein. Das Kloster hat den Lauf der Geschichte zwischen Neckar, Odenwald und Rhein entscheidend mitbestimmt – während seiner Blütezeit, aber auch noch nach der Beendigung seiner Existenz. So hat sich die jahrhundertelange Rivalität zwischen Kurpfalz und Kurmainz an der Lorscher Erbschaft entzündet, als deren Ergebnis noch der gegenwärtige Verlauf der hessisch-badischen Landesgrenze anzusehen ist.

Gründung und Aufstieg der Abtei waren eng mit der Machtstellung der Karolinger verknüpft; von ihnen erhielt sie ihre vornehmste Auszeichnung, ihren Rang als Reichsabtei. Um 760 hatten Cancor, der Gaugraf des Oberrheingaus, und seine Mutter Williswinda aus der einflußreichen, hochadeligen Familie der Robertiner ein kleines Eigenkloster *Lauressa/Lauresham* auf einer Weschnitzinsel gegründet und es 764 Chrodegang von Metz, seit 754 Erzbischof und Metropolit Austrasiens, zur endgültigen Errichtung übertragen. Chrodegang, einer der führenden fränkischen Bischöfe und Politiker, der im prinzipiellen Konflikt der fränkischen Kirche mit Bonifatius (gest. 754) durch seine einflußreiche *regula canonicorum* die eigenständige fränkische Reformrichtung vertrat, war einer der wichtigsten Berater König Pippins und Gründer der Abtei Gorze. Dieser gründete 764 das Kloster Lorsch neu und endgültig und übertrug die Abtswürde seinem Bruder Gundland.

Schon die Tatsache, daß die Gründerfamilie zur nächsten Umgebung des neuen, aus dem Moselgebiet stammenden Herrscherhauses der Karolinger gehörte und Chrodegang den Aufstieg Pippins von der Hausmeier- zur Königswürde vorbereitet und mitgetragen hatte, zeigt die hohe politische Bedeutung dieser Klostergründung. Das Schwergewicht des fränkischen Reiches wurde unter den Karolingern nach Austrasien gerückt. Hier, im städtearmen Osten, waren Klöster politische, wirtschaftliche und kulturelle Zentren und bildeten die Basis des karolingischen Königtums; denn Mönche stellten nicht nur einen Großteil der wenigen Schreibkundigen, sondern waren auch landwirtschaftliche und technische „Entwicklungshelfer", die die römischen Erfahrungen in Landwirtschaft und Handwerk kannten, anwandten und weiterentwickelten. Unter Pippin wurde Prüm wieder hergestellt und Fulda Reichskloster, unter Karl dem Großen kamen im mitteldeutschen Raum Hersfeld, Fritzlar und Amöneburg hinzu. In diese Reihe gehörte auch Lorsch, das an der wichtigen Straße von Metz über Worms nach Würzburg lag.

772, bereits acht Jahre nach der Gründung, nahm Karl der Große das Kloster aus dem Mainzer Sprengel und aus der Hoheit des Gaugrafen heraus und gab ihm die Reichsunmittelbarkeit[207]. Sein Abt wurde so *imperialis abbas* – kaiserlicher Abt und *regni princeps dives et praepotens* – reicher und sehr mächtiger Reichsfürst. Der König stand in der ersten Reihe der Stifter, die in den folgenden Jahrzehnten das Kloster in reicher Fülle beschenkten. Der Adel, aber auch reiche und arme Freie wetteiferten darin, die Abtei Lorsch mit Gütern auszustatten; denn Lorsch durch Geschenke ehren hieß sich zur neuen karolingischen Herrscherfamilie bekennen. Im 9. Jahrhundert erkor diese die Abtei als Grablege. So waren politische und wirtschaftliche Motive für die umfangreichen

Stiftungen an das Kloster ebenso wichtig wie religiöse. Diese Vermischung irdischer und himmlischer Verhältnisse entsprach in typischer Weise dem verdinglichten Glaubensverständnis des Mittelalters.

Die Übertragung der Reliquien des heiligen Nazarius von Rom über Metz und Gorze, das Mutterkloster der neuen Abtei, nach Lorsch zeigt diese neue politische Ausrichtung sehr deutlich. Die Reliquien waren ein Geschenk des Papstes an Erzbischof Chrodegang und die von ihm mitgestaltete karolingische Politik eines engen Bündnisses zwischen dem Frankenreich und dem römischen Stuhl. Im Lorscher Codex wird das große Gewicht dieser Reliquientranslation deutlich hervorgehoben: *Die weitbekannten Grafen Cancor und Warin sowie andere vornehme und geachtete Männer aus der Gegend* (dem Lobden- und Oberrheingau) *trugen auf ihren Schultern, begleitet von einer gewaltigen Volksmenge, die Reliquien des heiligen Nazarius* am 11. Juli 765 in die erste, noch kleine Abteikirche, das spätere Altenmünster[208]. Und so nimmt es auch nicht wunder, daß Karl der Große selbst mit seiner ganzen Familie am 1. September 774 der Kirchweihe der neuen großen Lorscher Basilika und der damit verbundenen Übertragung der Gebeine des Heiligen von der alten in die neue Kirche beiwohnte. Diese Kirchweihe nahm der Erzbischof Lullus von Mainz im Beisein von vier weiteren Bischöfen vor. Das Ansehen der Abtei und die Verehrung des heiligen Nazarius wuchsen schnell und waren bald so groß, daß Lorsch mit seiner prächtigen Kirche Wallfahrtsziel wurde. Alle Kirchen, die Lorsch geschenkt wurden, z.B. Seckenheim und Handschuhsheim, übernahmen St. Nazarius als Patron.

Auch in der folgenden Zeit war Lorsch eng mit dem Reich verbunden. Wie die Karolinger förderten auch die sächsischen und salischen Kaiser das Kloster und griffen auf seine reichen Ressourcen zurück, indem sie Hoftage in der Abtei abhielten. Die Abtei strebte in ihrer engeren Umgebung, vor allem im Oberrhein- und Lobdengau sowie im Odenwald, danach, ihre weit gestreute und umfangreiche Grundherrschaft in echte Landeshoheit zu verwandeln. So wurden zum Schutze des Landes mehrere Burgen angelegt. Die Starkenburg über Heppenheim war die wichtigste unter ihnen, da Heppenheim seit dem 10. Jahrhundert das Verwaltungszentrum des ganzen Lorscher Fürstentums wurde[209]. Der wirtschaftliche Aufschwung des Lorscher Territoriums zeigte sich darin, daß Bensheim, Weinheim und Wiesloch um 1000 der Initiative der Abtei ihr Marktrecht und damit ihre Stadtwerdung verdankten. In (Zulle)-Stein an der Weschnitzmündung gegenüber Worms ließ Lorsch einen Hafen anlegen, von dem aus Schiffsverkehr auf dem Rhein und dem Neckar betrieben wurde. In Oppauer, Wieblinger und Handschuhsheimer Urkunden ist von Wasserbaumaßnahmen die Rede, um die Verkehrssicherheit der Flüsse zu fördern. 1066 konnte der Lorscher Fürstabt mit 1200 Lehensleuten, Rittern und Knechten auf dem Reichstag von Trebur vor Kaiser Heinrich IV. erscheinen.

Der Brand der Hauptkirche am 21. März 1090, der die mit unglaublicher Pracht ausgestattete Kirche vernichtete, symbolisierte den Umschwung und den schon beginnenden Niedergang der mächtigen Abtei. Im späten 12. Jahrhundert führten Bestechung und Verschwendung zu Mißwirtschaft und riesiger Verschuldung. Wertvoller Grundbesitz wie z.B. das ganze Dorf Wieblingen entglitt der Verfügungsgewalt des Klosters und geriet in fremde Hände. In diesem Zusammenhang verdanken wir tüchtigen Äbten wie Heinrich (1151–1167), der mit Kaiser Friedrich Barbarossa verwandt war, und Sighard (1167–1198) den sogenannten Lorscher Codex, in dem sie die Urkunden des Klosterarchivs ordnen und abschreiben ließen. So sollte eine Rechtsgrundlage für die Erneuerung entfremdeter Rechte und Ansprüche auf ehemaligen Besitz geschaffen werden. Mit dem Niedergang des Kaisertums nach 1200 ging auch die Geschichte der Reichsabtei ihrem Ende entgegen.

Die Begehrlichkeit der Nachbarn, vor allem des Mainzer Erzbischofs, besiegelte das Schicksal Lorschs im Verein mit dem Verfall der Klosterzucht – acht Jahre (1206–1214) wählten die Mönche keinen Abt – und einem drastischen Rückgang der Zahl der Mönche. 1229 wurde Abt Konrad auf Betreiben des Mainzer Erzbischofs abgesetzt. Papst Gregor IX. beauftragte den Mainzer Erzbischof Siegfried II. mit der Wahrnehmung der Abtsrechte, was die Mönche ablehnten. 1231 wurden sie mit Gewalt vertrieben. Am 11. April 1232 übertrug Kaiser Friedrich II. die Lorscher Abtei mit allen Rechten endgültig dem Mainzer Erzbischof Siegfried III., der Zisterzienser aus Eberbach ansiedeln wollte, was der Pfalzgraf zweimal verhinderte. Erst nach dem Frieden zwischen dem Erzbischof von Mainz und dem Pfalzgrafen 1247 konnte jener das Fürstentum Lorsch dem Mainzer Hochstift einverleiben und die Abtei in ein landsässiges Prämonstratenserpriorat umwandeln. 1460 kam es mit der ganzen Mainzer Pfandschaft Bergstraße an die Kurpfalz. Das Priorat bestand bis zur Aufhebung im Jahr 1557 durch Kurfürst Ottheinrich[210].

## Der Lobdengau und seine Grafschaft

### Begriff und Namensbildung

In den Schriftquellen des 8. und 9. Jahrhunderts werden die in den Urkunden erwähnten Ortschaften nach Gauen geordnet und zueinander in Beziehung gebracht so auch im Lorscher Codex[211]. Wir haben das Glück, in ihm eine fast vollständige Ortsliste des Lobdengaus zu besitzen. Die Lageangabe von Ortschaften nach Gauen verschwindet allmählich im 12. Jahrhundert; von da an wird die Lage von Ortschaften nach Diözesen angegeben.

In den Urkunden des Lorscher Codex werden die Ortschaften und Wüstungen (*) Neuenheim, Handschuhsheim, *Höllenbach, Dossenheim, Schriesheim, Leutershausen, die drei Sachsendörfer, *Beuren, *Hege, Weinheim, Schwabenheim(er Hof), Ladenburg, *Zeilsheim, *Botzheim, Heddesheim, Straßenheim, Viernheim, Ilvesheim, Wallstadt, Feudenheim, *Dornheim, Mannheim, Edigheim, Oppau, Sandhofen, Schar(hof), *Glefsweiler, Lampertheim, *Bischofsheim, *Hermsheim, Neckarau, Rohr(-heim)hof, Brühl, *Kloppenheim, Sekkenheim, Grenzheim(-hof), Edingen, Wieblingen, *Bergheim, Schwetzingen, Eppelheim, Plankstadt, Rohrbach, Leimen, Nußloch, Wiesloch, Walldorf, Oftersheim, Dielheim, Baiertal, Hohenhardt, Gauangelloch und Gaiberg[212] als im Lobdengau liegend zusammengefaßt und in einer offensichtlichen geographischen Ordnung aufgeführt. Diese und andere Urkunden außerhalb des Lorscher Codex, in denen der Lobdengau ebenfalls erwähnt wird, decken einen Zeitraum zwischen 763[213] und 1065[214] ab. Im Unterschied zu benachbarten anderen Gaunamen, die ebenfalls im Lorscher Codex erwähnt werden wie Kraichgau oder Rheingau und noch heute in Gebrauch sind, verschwindet die Bezeichnung Lobdengau nach diesem Zeitpunkt völlig aus der Überlieferung.

Erst durch die Forschungen von Andreas Lamey und seine Veröffentlichung des Lorscher Codex sowie seine Abhandlung über den Lobdengau in den Akten der Mannheimer Akademie 1766[215] wurde unser Gauname wieder bekannt und drang allmählich ins öffentliche Bewußtsein, so daß er heute im unteren Nekkarland geläufig ist und vor allem in Ladenburg gebraucht wird (Lobdengauhalle und Lobdengau-Museum). Dabei verrät seine altertümliche Lautgestalt „Lobden"-gau, daß der Gauname im Unterschied zum Namen der Stadt dessen Entwicklung im Hoch- und Spätmittelalter zum neuhochdeutschen „Laden"-burg nicht mehr als lebendiger Begriff mitgemacht hat, sondern tatsächlich eine ursprünglich gelehrte Wiederbelebung der Namensform aus dem frühen Mittelalter ist. Die parallel zum Ortsnamen gebildete moderne Namensform „Ladengau" ist quellenmäßig nirgends belegt, sondern von Lamey neu gebildet worden. Josef Minst verwendet sie in seiner deutschen Ausgabe des Lorscher Codex in Anlehnung an Lamey.

Der Gauname erscheint in den Quellen in Varianten: einmal eine rein lateinische Form *in pago Lobodunensi*[216] – Im lobodunensischen Gau und in einer halb deutschen Form *in pago Lobedengowe* oder ganz deutsch *in Lobedengowe*[217] – im Lobdengau[218]. *Lobdengau* ist der erste Name, den das untere Neckarland offensichtlich seit der Merowingerzeit trägt, der aber im Unterschied zu Lobdenburg selbst nicht in Kontinuität zum römischen Bezirk *civitas Ulpia Sueborum Nicrensium* steht. Denn darüber, daß das untere Neckarland, in dessen Mittelpunkt Ladenburg liegt, den Namen „Lobdengau" von der *civitas Lobdenburg* erhalten hat, bestand nie ein Zweifel, sicher der stärkste Hinweis auf die Bedeutung Ladenburgs als Hauptort der antiken *civitas* und des merowingischen Gaus. Obwohl ursprünglich im gallorömischen Bereich *civitas* der übergeordnete Begriff für einen größeren Bezirk war, der mehrere *pagi* = Gaue umfassen konnte[219], scheint bereits in der späten Kaiserzeit eine Gleichsetzung beider Begriffe möglich gewesen zu sein, worauf die Gaunamen Worms-, Speyer- und eben Lobdengau hindeuten.

Im Althochdeutschen wird das lateinische *pagus* mit *gewi* = „Gau" oder richtiger „Gäu" wiedergegeben; das Wort ist übrigens ein Neutrum wie noch heute im Schwäbischen: „das Gäu". *Gewi,* mittelhochdeutsch *göu,* bedeutet fruchtbare, wasserreiche (Ackerbau)-Landschaft im Unterschied zu *Wald* = Wildnis und ist im Frühneuhochdeutschen nicht mehr gebräuchlich, wohl aber in Mundarten. Zu Beginn des 19. Jahrhunderts wurde das Wort von der Sprachkritik, aber auch in der Literatur wiederbelebt, behielt aber einen altertümlichen und poetischen Charakter[220].

Als Bestandteil von Landschaftsnamen hingegen ist das Grundwort *-gau/-gäu* im gesamten deutschen Sprachgebiet in sehr vielen Fällen erhalten geblieben; dabei haben die Gaue als Bestimmungswort fast ausschließlich geographische Hinweise wie Fluß- oder Gebirgsnamen: Kraichgau, Wasgau oder Rheingau sind dafür die nächstliegenden Beispiele. Nur Wormsgau, Speyergau, Breisgau (von Breisach) und eben Lobdengau enthalten ihren städtischen Vorort im Namen und schließen sich hier an die Muster der gallorömischen *civitates* an. In diesen Fällen führt der Landschaftsname den gallorömischen Begriff für die *civitas* weiter, die im römischen Gallien eine Bürgerstadt mit der umliegenden Landschaft bezeichnet, also eine Art Landkreis mit Kreisstadt. Diese Namensbildung für Gaue, also Römerstadt + *gawja,* hat v. Polenz für Westfranken, den Mit-

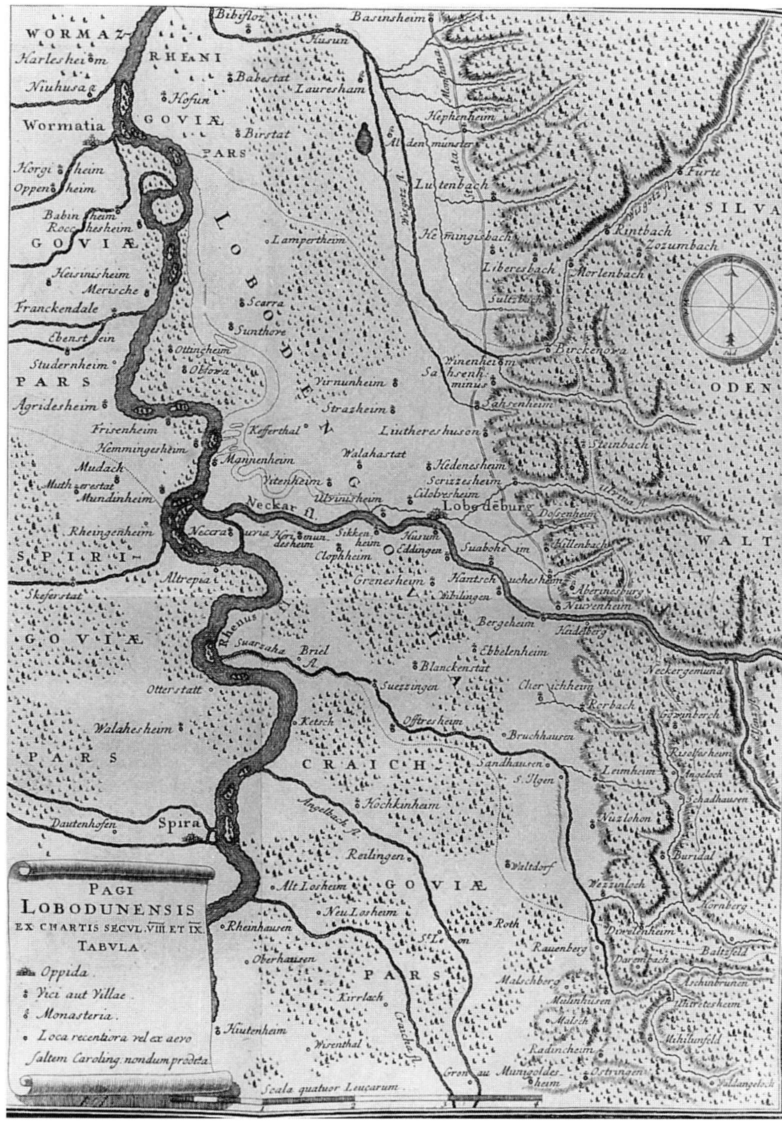


*Abb. 15: Karte des Lobdengaus von Lamey und F. Denis 1766, bemerkenswert ist die Genauigkeit der Karte, die Lokalisierung der Wüstungen und die historischen Flußläufe mit der Neckarmündung bei Neckarau, nur der Oberlauf der Lobdenach (des Kandlzelbachs) wird fälschlich als Ulvina bezeichnet. Die Ulvina war der Mühl- und Rombach und von Ladenburg an der Unterlauf des Kandelbachs. (Acta Academiae Theodoro Palatinae, Bd. 1, Mannheim 1766, S. 217).*

telrhein und südlich des Hochrheins als sehr gebräuchlich nachgewiesen, rechts des Rheins nur in drei Fällen[221].

## Umfang, Grenzen und Waldmarken

Umfang und Grenzen des Lobdengaus wurden in der landesgeschichtlichen Forschung schon seit dem 18. Jahrhundert diskutiert[222]. Daraus erwuchsen Karten, die das gesamte östliche Frankenreich in Gaue einteilen, die durch lineare Grenzen voneinander geschieden sind, so daß der Eindruck einer modernen Landkreiskarte entstehen kann. Eine solche lückenlose Erfassung und Aufteilung des Landes entspricht jedoch in keiner Weise den Verhältnissen des frühen Mittelalters. Die Gaue waren vielmehr inselartig in die in der Regel zusammenhängend bewaldeten Großlandschaften eingebettet, sie waren also durch mehr oder weniger breite Säume von Wald- und Heideland oder auch durch breite, versumpfte Flußauen voneinander getrennt. Diese Trennungszonen nannte man ahd. *marca* – Mark. Das Wort Grenze (aus dem polnischen *granica* ) kam vor allem durch Luther ins Frühneuhochdeutsche; es wurde von den Zeitgenossen noch mit *Landmark* erklärt.

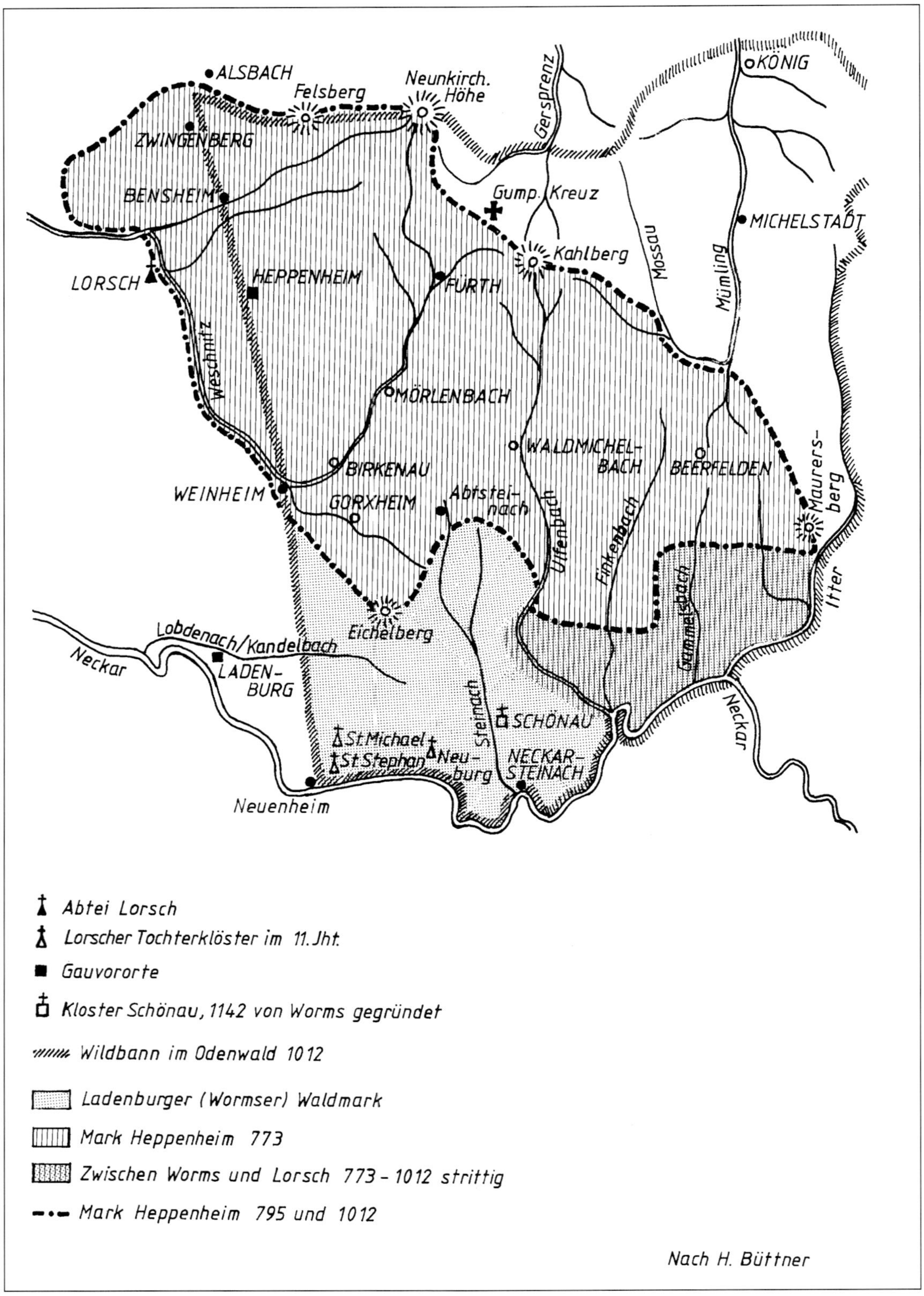


*Abb. 16: Karte der Ladenburger (Wormser) und Heppenheimer (Lorscher) Waldmarken. (Entwurf: H. Probst nach Büttner, gez. von B. Braun).*

So ist auch der Lobdengau, die fruchtbare, schon seit der Jungsteinzeit gerodete Ackerbaulandschaft auf dem Neckarschwemmkegel, nach allen Seiten durch unbebaute Zonen von den Nachbargauen getrennt. Im Westen bildet die Kilometer breite Rheinaue mit ihren Wasserläufen und Auwäldern die Grenze zum Speyer- und Wormsgau. Im Norden trennt die Viernheimer Heide und der versumpfte Weschnitzlauf den Lobdengau vom Oberrheingau. Weinheim ist der letzte Ort des Lobdengaus, während die nördlich der Weschnitz in deren breiten, sumpfigen Aue liegenden karolingischen Ausbaudörfer Sulzbach, Hemsbach und Laudenbach zur großen Heppenheimer Mark und damit zum Oberrheingau gehören[223]. Die Viernheimer Heide ist der Südteil des damaligen *Forehahi*, der sich fast bis an den Main erstreckte[224]. Im Osten grenzt die Bergstraße sehr deutlich die fruchtbare Ackerbaulandschaft des Lobdengaus vom siedlungsleeren Odenwald ab. Im Süden scheidet der *Lußhardt*[225], ein zusammenhängendes Waldgebiet zwischen Schwetzingen und Bruchsal, den Lobdengau vom Kraich- und Anglachgau, der später im Kraichgau aufging. Diese drei weiten Waldgebiete waren königliche Wildbänne und so nicht der Erstbesiedlung unterworfen[226]. Bei einer Ost-West-Erstreckung von rund 16–18 km und einer Nord-Süd-Erstreckung von rund 30 km umfaßt der alte Lobdengau ungefähr 500 qkm.

Mit der allmählichen Durchdringung und Erschließung des Odenwaldes vom 10. Jahrhundert an, die das Kloster Lorsch und der Wormser Bischof in Konkurrenz betrieben, entstand ein langdauernder Streit. Dieser wurde nach mehrmaligen Grenzsetzungen zwischen der Heppenheimer (Lorsch) und der Ladenburger oder Lobdengauer (Worms) Waldmark zuletzt im Jahre 1012[227] entschieden. Danach verlief die Grenze, bemerkenswerterweise eine Linie, von der Wüstung Hege an der Bergstraße über den Eichelberg, (Ober-)flockenbach und (Abt-)steinach nach Siedelsbrunn[228]. Von da führte sie über Schönmattenwaag nach Osten, querte das Ulfenbach-, Finkenbach- und Gammelsbachtal und erreichte die Itter, der sie dann bis zur Mündung in den Neckar folgte. Dieser bildete dann bis zu seinem Austritt in die Ebene die südliche Grenze der Ladenburger Waldmark[229]. In der Lobdengauer Waldmark beanspruchte der Wormser Bischof den Waldnutzen und das Recht zur Siedlung, das er z.B. bei der Gründung des Zisterzienserklosters Schönau 1142 wahrnahm.

### Die Besiedlung und die Zusammensetzung der Bevölkerung

Wenn wir nun einen Blick auf die Besiedlung des Lobdengaus werfen, dann sind wir heute in der Lage, durch die Untersuchungen über die Bevölkerung und soziale Schichten im Frankenreich[230] auch für den Lobdengau neue Erkenntnisse zu gewinnen. Bis vor kurzem hatte man hier ziemlich undifferenzierte Vorstellungen, die mit der herrschenden Meinung über den Verlauf der Völkerwanderung und die damit verbundenen Bevölkerungsverschiebungen zusammenhingen. Danach zog nach dem Alamanneneinfall von 260 die provinzialrömische Bevölkerung ab und wurde vollständig durch die Alamannen ersetzt[231]. Derselbe Vorgang wiederholte sich nach den Siegen der Franken über die Alamannen 496 und 507. Somit wären nach der fränkischen „Landnahme" im Lobdengau nur noch Franken ansässig gewesen. Dazu paßten scheinbar gut die zahlreichen Ortsnamen auf *-heim*, die man auf fränkische Gründung zurückführte[232]. Hinweise auf andere ethnische Gruppen aber, die auch in Ortsnamen vorkommen, wurden weginterpretiert, indem diese Bestimmungswörter der Toponyme zu Personennamen[233] umgedeutet wurden, um sie für die Franken zu retten.

Nach neueren Forschungen hat ein Teil der provinzialrömischen, nach wie vor lateinisch bzw. frühromanisch sprechenden Bevölkerung in Rückzugsgebieten, aber auch in den Städten, in die sich in unsicheren Zeiten die Landbewohner geflüchtet hatten, überdauert; es sind dies die von den Alamannen und Franken so genannten *Walhen* – die „Welschen", die somit die älteste, seit der Antike ansässige Bevölkerungsschicht bildeten. Im Lobdengau haben die Ortsnamen *Walahastat* – Wallstadt[234] und *Walldorf* die *Walhen* im Namen[235]. Zu diesen Walen sind auch die in den frühmittelalterlichen Quellen noch häufig genannten

*Lae(i)ten* zu rechnen, die als romanisierte Halbfreie barbarischer Herkunft auf römischem Fiskalland saßen und schollengebunden waren[236]. Da die Merowinger ihr Königtum in Gallien in die alten römischen Strukturen einfügten[237], wurde ihre Herrschaft nicht als Fremdherrschaft empfunden.

Die breite Schicht der Liten auf den ehemaligen kaiserlichen Fiskalgütern wurden fränkische Königsleute, standen also den merowingischen Königen für vielerlei Dienste, außer dem Kriegsdienst, zur Verfügung. Neckarau war ein Königshof mit 30 Litenhufen, Schar weist in seinem Namen auf Königsleute – *scarra* hin, was ebenfalls Liten als Einwohner voraussetzt. Bezeichnenderweise werden in Schar und auch in Sandhofen[238] Schenkungen aus Königsgut gemacht. Dazu kommen die Stadtbewohner von Ladenburg selbst, die wohl noch lange ähnlich wie in Worms oder Mainz großenteils Romanen waren. Franz Staab vermutet in den Lorscher Urkunden sogar noch für das späte 8. Jahrhundert hinter Trägern lateinischer Namen Romanen[239]. So sprechen für das Fortleben galloromanischer Bevölkerung und Kultur gallorömische Namen im Wormsgau: *Benedicta*[240], sehr häufig *Benedictus* (11mal), *Albinus* und *Maximus* in Gimbsheim über Worms[241]. Im Lobdengau begegnen zwischen 767 und 787 *Bona, Cilina, Helena*[242] ; sie sind Grundbesitzerinnen. Dazu kommen *Massa* und *Milo*[243] und natürlich die teilweise griechischen Namen *Agatha, Eufemia, Eufresia, Eugenia, Eutilina, Johann, Laurentius*[244].

Auch kann es schon vor den Siegen Chlodwigs Franken am Neckar gegeben haben. Nach dem spätantiken römischen Dichter Apollinaris Sidonius[245] waren bereits unter dem Usurpator Avitus (17. 3.–31. 5. 455) fränkische Brukterer bis an den Neckar vorgestoßen, aber damals noch von den Alamannen zurückgeschlagen worden. Auf zurückgebliebene Alamannen[246] können auch die Ortsnamen auf *-ingen,* nämlich Edingen, Wieblingen und Schwetzingen hinweisen[247].

Schließlich waren die Franken selbst nicht einheitlichen Ursprungs, sondern ein im freundlich-feindlichen Wechselspiel mit dem Imperium im 3. Jahrhundert entstandener Kriegerbund aus mehreren west- und nordwestgermanischen Stämmen wie Chamaven, Brukterern, Tuihanten, Amsivariern, Chattuariern, aber auch den schon lange linksrheinischen Usipetern, Ubiern und Tenkterern[248], der immer für den Anschluß anderer, größerer und kleinerer, Kriegergruppen offen war. Denn „die Franken waren ihrer Zahl nach außerstande, alle von Chlodwig eroberten Gebiete militärisch zu durchdringen."[249] Die Könige selbst schlossen die unterworfenen Völker den Franken an, wie die Merowinger die Alamannen (!), die Thüringer, die Friesen und die Bayern, und noch 774 Karl der Große die Langobarden und vor allem die Sachsen. Sie alle konnten als Ganzes in den Reichsverband aufgenommen werden, aber auch in einzelnen Gruppen oder Verbänden abseits ihres engeren Stammvolkes Land für ihre Dienste erhalten und sich dort ansiedeln, wobei ihre ethnische Besonderheit gewahrt blieb, wie die einzelnen Volksrechte und vor allem die Gräberfunde beweisen. Groß-, Lützel- und Hohensachsen sind hier im Lobdengau als Völkerschaftsnamen zu nennen, ebenso Schwabenheim und Langobarden-(Lampert-)heim. In der Nachbarschaft zum Lobdengau gibt es Friesenheim und Dürkheim (Friesen und Thüringer) sowie Frankenthal und zweimal Walheim. So bestätigt sich ganz zwanglos auch für den Lobdengau die Aussage von Franz Staab, daß die Zusammensetzung der Bevölkerung des Frankenreiches lange einem „Patchwork"-Teppich gleicht, indem verschiedene Völker[250] und unterschiedliche soziale Schichten durcheinander wohnen.

Trotzdem waren es nach der Wende zum 6. Jahrhundert die Franken, die mit dem Recht des siegreichen Eroberers in die begehrten, offenen, für den Ackerbau längst erschlossenen Landschaften einrückten. So war auch im Lobdengau mit seinen fruchtbaren Böden das fränkische Element das durchaus maßgebende, das ja auch schließlich seine Sprache durchsetzte. Und das waren in erster Linie die Bewohner der -heim-Orte[251]. Diese weisen durch ihre Lage häufig abseits der alten römischen villae rusticae auf dem offenen fruchtbaren Ackerland und in ihrem Namen auf den Siedlungsvorgang direkt hin; denn sie haben in ihrer Mehrheit als Bestimmungswort einen Personennamen, was zumindest für die Entstehungszeit dieser Dörfer auf kog- oder agnatisch eng verbundene Gruppen verweist, wohl meist Blutsverwandte einer Sippe. Solche Personennamen sind teils Kurz- oder Koseformen von Namen, teils Langformen. Die Kurzformen enden im Nominativ auf -o und werden schwach dekliniert, haben also im Genetiv die Endung -en: So bedeutet Seckenheim Heim oder Wohnplatz eines *Sicco,* Kurzform von Sigerich oder Sigebert[252].

Weitere Kurzformen: Feudenheim ist Heim des *Fito* (Friedrich), Genetiv *Fiten*, Mannheim von *Manno* (Hermann oder Hartmann), Genetiv *Mannin-*, Eppelheim von *Ebbilo* (Eberhard oder Eberwein), Genetiv *Ebbelen-*, Weinheim von *Winno* (Winfried, Ortwin, Balduin), Genetiv *Winnen-* und Kloppenheim von *Kloppo* (Klodbert), Genetiv *Kloppen-*. Langformen von Personennamen sind Hermsheim aus *Herimundisheim (Herimund)*, Oftersheim aus *Offterisheim (Ofteri, Oftrad)*, Handschuhsheim aus *Hantscuohes-heim (Hantscoh* ein Übername = der mit dem Handschuh) oder Heddesheim aus *Hedenesheim (Heden)*. Zu dieser Gruppe gehören auch die Namen der beiden Ladenburger Ortswüstungen Botzheim und Zeilsheim: Botzheim ist *Buotresheim (Bother* ) und Zeilsheim ist *Cilolfesheim (Cilolf)*[253].

Nicht selten gibt es aber auch -heim-Orte, die im Bestimmungswort ihres Namens eine örtliche Besonderheit haben wie z.B. Ilvesheim aus *Ulvinesheim. Ulvina* ist ein häufiger Flußname und hier alter Name des Rom/Kanzelbachs[254], der ursprünglich unterhalb Ilvesheims in den Neckar mündete. Weitere Örtlichkeitsnamen sind: Bergheim, Kirchheim, Leimen – eigentlich *Leimheim*, am Leimbach gelegen, Straßenheim, *Rohrheim* – heute Rohrhof, Lochheim von *loh* – lichter Wald, Dossenheim von *Dosen* = Föhren oder Neuenheim. Gemeinsam ist den meisten Orten, daß sie die größten Gemarkungen auf den besten Böden haben, also von den früheren Inhabern, soweit noch vorhanden, im 6. Jahrhundert offensichtlich den siegreichen Franken eingeräumt werden mußten[255].

Bemerkenswert im Sinne der Kontinuität ist, daß sie sich mehrheitlich auf die urbar gemachte Feldflur bezieht, die von den Franken übernommen wurde, seltener aber auf die antiken römischen Gutshöfe, die *villae rusticae*; diese wurden nur ausnahmsweise zu Ansatzpunkten der neuen fränkischen Dörfer. Die Dörfer wurden in der Regel an anderen Stellen in der offenen Feldflur errichtet und stellten somit echte Neuanfänge dar. Warum das so war, ist noch nicht untersucht worden. Es hängt wahrscheinlich mit einer anderen Agrarstruktur und -technik, aber auch mit den anderen Bedürfnissen eines ansiedlungswilligen Verbandes freier Sippenangehöriger zusammen; darauf weist die Namensbildung der neuen Dörfer nach Personennamen hin, die ja nur einen Sinn ergibt, wenn bei der Ansiedlung und Ortsgründung eine Person die entscheidende Rolle gespielt hat.

Die provinzialrömischen *villae rusticae* – hatten diese einen Namen? – waren landwirtschaftliche Großbetriebe, die durch einen Gutsherrn, aber meistens wohl durch einen Verwalter (villicus !), der den in den Stadt lebenden, oft viele Einzelgüter besitzenden Großgrundbesitzer vertrat, mit einer Schar von Sklaven oder hörigen Pächtern marktorientiert betrieben wurden. Die Marktorientierung begünstigte Sonderkulturen wie den Wein- und Obstbau, ja sogar die Herstellung von Industrieprodukten wie Keramikwaren. Die Gutshöfe waren auf den Marktort, in der Regel den Hauptort einer civitas, in unserem Fall Lopodunum, ausgerichtet, in dem die Güter gesammelt und verkauft wurden, sie konnten aber auch bei dem hochorganisierten römischen Verkehrswesen durchaus einen reichsweiten Absatz betreiben. Großabnehmer der Agrarprodukte waren das Heer und die Garnisonsstädte mit ihrer bunten militärischen und zivilen Einwohnerschaft. Der Alamanneneinfall von 260 war für diese provinzialrömische Bevölkerung ein Schockerlebnis und verursachte im Verein mit weiteren Einfällen in den folgenden anderthalb Jahrhunderten ihren zahlenmäßigen Rückgang, der sowohl auf Abwanderung als auch auf das Ausbleiben von Zuwanderern zurückging. Damit gingen aber auch die Absatzmöglichkeiten der Agrarproduktion verloren, so daß die Großgüter unrentabel wurden. Sie wurden sowohl aufgelassen als auch im Falle einer Brandschatzung durch die häufigen Invasoren nicht wieder aufgebaut.

Die einwandernden Germanen fanden die brachliegenden Ackerflächen und mehr oder weniger ruinöse, großenteils menschenleere villae rusticae und andere römische Bauten vor, die sie als Steinbrüche nutzten oder auch einem Sondernutzen zuführten wie z.B. den Nekkarauer Burgus als Taufkirche oder die valentinianische Festung Altrip als Kloster[256]. Es ist sicher kein Zufall, daß in deren Nachbarschaft der Königshof Neckarau[257] lag, der nur von Liten, also von romanischen Königsleuten, bewohnt war[258]. Die Landwirtschaft der Neuankömmlinge war zwar zuerst eine reine Subsistenzwirtschaft, die dem Lebensunterhalt der Sippen diente, hatte aber nach dem Zeugnis der Lorscher Urkunden, die allerdings rund zwei Jahrhunderte nach der „Landnahme" einsetzen, in gezielten Abgaben durchaus überörtliche Bedürfnisse der Grundherren zu befriedigen. Das Neue gegenüber der antiken Siedlungs- und Wirtschaftsweise ist die gruppenweise Ansiedlung in „Dörfern"[259]. Dieser Begriff zeigt sehr deutlich den Unterschied zu den antiken „rustikalen" Siedlungsstrukturen auf[260], die nicht nur die Sippengenossen umfaßte, sondern auch als antikes Erbe mitgebrachte *servi* oder *servientes*; diese waren an die Scholle gebunden, vorgefundene und übernommene oder mitgebrachte „Hörige", Franken oder Romanen, andere Germanen oder auch Slawen[261].

## Gemarkungen und Wüstung

Das Neue der fränkischen (und auch alamannischen) ländlichen Siedlungsweise gegenüber der antiken lag nicht nur in der gemeinsamen Siedlung von Familien bzw. Sippen[262], sondern auch in der rechtlichen Aufteilung des Landes in Gemarkungen, so daß der Lobdengau, wenn man von herrenlosem Ödland wie Sumpf, Flußaue, Wald = Wildnis[263], das dem König gehörte, absieht, in Gebietsteile zerfiel, die durch Grenzen – *marca*[264] voneinander geschieden sind. Die Gemarkung selbst bestand aus dem Ortsetter, dem von einem Grenzzaun (ahd. *etar* – Zaun) umgebenen Wohnplatz, dem Ackerland, das sich im Eigentum der einzelnen Bauern befand, und den gemeinsam genutzten Gemarkungsteilen, den sogenannten *pertinentia*. Diese hingen an den einzelnen Hub/fen[265] und umfaßten nach den formelhaften Aufzählungen der Urkunden in der Regel Wälder, Weiden, Wege, Wasserrechte an stehenden und fließenden Gewässern. Es handelte sich dabei um die Vorform der späteren *Allmende*, die ja auch nur den begüterten Ortsbewohnern zur Verfügung stand. Diese Art der gemeinsamen Nutzung von Teilen der Gemarkung setzte unter den Berechtigten Regelungen voraus, die die Grundlage der Dorfgemeinschaft bildeten. In die gleiche Richtung weist auch das Auftreten mehr oder weniger umfangreicher Zeugenlisten in den jeweiligen Urkunden, das zur Rechtswirksamkeit des beurkundeten Vorgangs notwendig war. In der älteren Forschung hat man daher von der „Markgenossenschaft"[266] gesprochen und darin den Ursprung der genossenschaftlichen Elemente der deutschen Sozial- und Verfassungsgeschichte gesehen[267].

Wenn man im Lorscher Codex die älteren Urkunden und Regesten mit den jüngeren Hubenlisten, die vom 9. bis zum 12. Jahrhundert entstanden sind, vergleicht, ist für diese vier Jahrhunderte das Wüstwerden von rund einem Drittel der in den Urkunden genannten Ortschaften festzustellen. Unter dieser Fragestellung lassen sich die 64 allein in den Urkunden 274 bis 818 aufgeführten Dörfer in folgende Gruppen einteilen:

- heute noch bestehende Ortschaften[268]: Neuenheim, Handschuhsheim, Schriesheim, Weinheim, Ladenburg, Ilvesheim, Feudenheim, Mannheim, Edigheim, Oppau, Seckenheim, Wieblingen, Eppelheim, Plankstadt, Rohrbach, Leimen, Nußloch, Oftersheim, Dielheim;
- damalige Doppel- und Mehrfachortschaften: Ober-und Unterschwetzingen, Dossenheim und Bernhardshusen, Edingen und (Neckar)-husen[269], Sachsenheim (Groß-, Lützel- und Hohensachsen), Ober- und Unterwallstadt, Wiesloch[270];
- auf Hofgüter reduzierte Ortschaften: Grenzheim – Grenzhof, Schwabenheim – Schwabenheimer Hof, Straßenheim – Straßenheimer Hof, Rohrheim – Rohrhof, Schara – Scharhof;
- Wüstungen (in Klammer stehen die Ortschaften, die die Gemarkungen der Wü-

stungen übernommen haben.): Hillenbach, Steinbach, Roolfshusen (Handschuhsheim), Nordinowa, Mallau, Kloppenheim (Seckenheim), Hermsheim (Neckarau), Zeilsheim, Botzheim, Lobdenowa? (Ladenburg), Hildebrandshusen (Dielheim), Hodomaron (Walldorf), Hege, Beuren (Weinheim), Apfelbach (Großsachsen), Dornheim (Mannheim), Westheim, Maurelheim (Schwetzingen), Gernsheim (Ketsch), Marcbotesheim (Wiesloch), Bergheim (Heidelberg), Hochstadt (Sandhofen), Glefsweiler, Bischofsheim (Lampertheim).

Diese 24 Wüstungen sind Ortswüstungen. Ausgegangen sind also die Dörfer, während die Gemarkungen nicht wüst wurden, sondern im Bau blieben und an Nachbardörfer fielen. Die ungefähre Zeit ihres Erlöschens kann man aus dem Schweigen der Hubenlisten mit großer Wahrscheinlichkeit erschließen. In den Hubenlisten des 9.–11. Jahrhunderts werden Dornheim, Zeilsheim, Kloppenheim und Botzheim zum letzten Mal genannt[271], in den Hubenlisten des 12. Jahrhunderts werden Bergheim und Hillenbach das letzte Mal erwähnt[272]. Die anderen 18 Dörfer sind schon aus den Hubenlisten verschwunden.

Wenn man ferner die Beschreibung der späteren Wüstungen in den Urkunden mit denen der bis heute existierenden Ortschaften vergleicht, dann erkennt man in den meisten Fällen, daß schon im 8. und 9. Jahrhundert ein Rückgang einsetzte[273]. Es erfolgt schon in der Zeit der Ersterwähnung nicht nur der Zusammenschluß der oben genannten Doppelortschaften, sondern auch eine Zusammensiedlung zugunsten der größeren Dörfer, die diese mit überdurchschnittlich großen Gemarkungen versieht. So hat Seckenheim eine Gemarkung von 30 qkm[274], Schwetzingen von 21, Ladenburg von 19, Neckarau von 17 und Handschuhsheim von 15 qkm. Dörfer, die keine Gemarkungen von Ortswüstungen aufgenommen haben oder bei denen die Zusammensiedlung gar nicht stattfand, haben eine durchschnittliche Gemarkungsgröße von 5–8 qkm, wie die Sachsenorte und Leutershausen dartun: Großsachsen 6,09 qkm, Lützelsachsen 5,77 qkm, Hohensachsen 4,35 qkm und Leutershausen 6,9 qkm. So kann man davon ausgehen, daß wir hier die Größe der Urmarken aus der Besiedlungszeit des 6. Jahrhunderts haben. Eine solche Größe ergibt sich auch, wenn man die Fläche des Lobdengaus zur Anzahl der Dörfer in Beziehung setzt.

Im Fall Seckenheim erscheint Mallau schon bei der Ersterwähnung nur noch Gemarkung zu sein, ähnlich Norderau oder Nordinowa[275], während Kloppenheim noch bis zur Jahrtausendwende bestanden haben dürfte. Auch hier brachte der Autobahnbau 1966 im Bereich des Flurnamens *In den Hofstätten*, heute zu Hochstätt verballhornt, den archäologischen Beweis. Die Kloppenheimer Kirche ist noch auf Karten des 18. Jahrhunderts eingezeichnet. Die Gemarkungen Mallaus und vor allem Kloppenheims lassen sich noch sehr genau aus den zu Seckenheim unterschiedlichen Rechtsverhältnissen erschließen. Einen mit Bergheim vergleichbaren, interessanten Sonderfall bietet Hermsheim-Neckarau, wo die Zusammensiedlung um 1275 erfolgt, als die Hermsheimer geschlossen nach Neckarau „umzogen" – nur ihre Kirche zurückließen – und bis zum Ende des 18. Jahrhunderts (in Neckarau!) einen Hermsheimer Schultheiß und ein Hermsheimer Gericht hatten, die für alle Angelegenheiten der alten Hermsheimer Gemarkung, des *Hermsheimer Großfeldes*, des *Hermsheimer Bösfeldes* und des *Hermsheim-Kloppenheimer Feldes* (Dreifelderwirtschaft!) zuständig blieben.

Die Gründe für das Wüstwerden so vieler Ortschaften waren verschieden: Naturkatastrophen wie wiederkehrende Überschwemmungen des Neckars sind bei Mallau, Norderau, Hermsheim und Dornheim anzunehmen, aber auch ein Rückgang der Bevölkerung, ihre Lage auf häufig schlechteren Böden (Kloppenheim) oder wirtschaftliche und rechtlich-organisatorische Bedürfnisse der Grundherrschaft. So wurden z.B. die Lorscher Güter in Kloppenheim und Hermsheim vom Seckenheimer Villikationshof des Klosters aus verwaltet, was einen Druck auf Zusammensiedlung der Hübner ergeben haben konnte. Neben dem Schrumpfungsprozeß des Wüstungsvorgangs, der bis zum 11. Jahrhundert anzusetzen ist, gab es die eindeutig jüngere, gegenläufige Entwicklung eines Siedlungsausbaus, also eine Neugründung von Ortschaften. Heidelbergs planmäßige

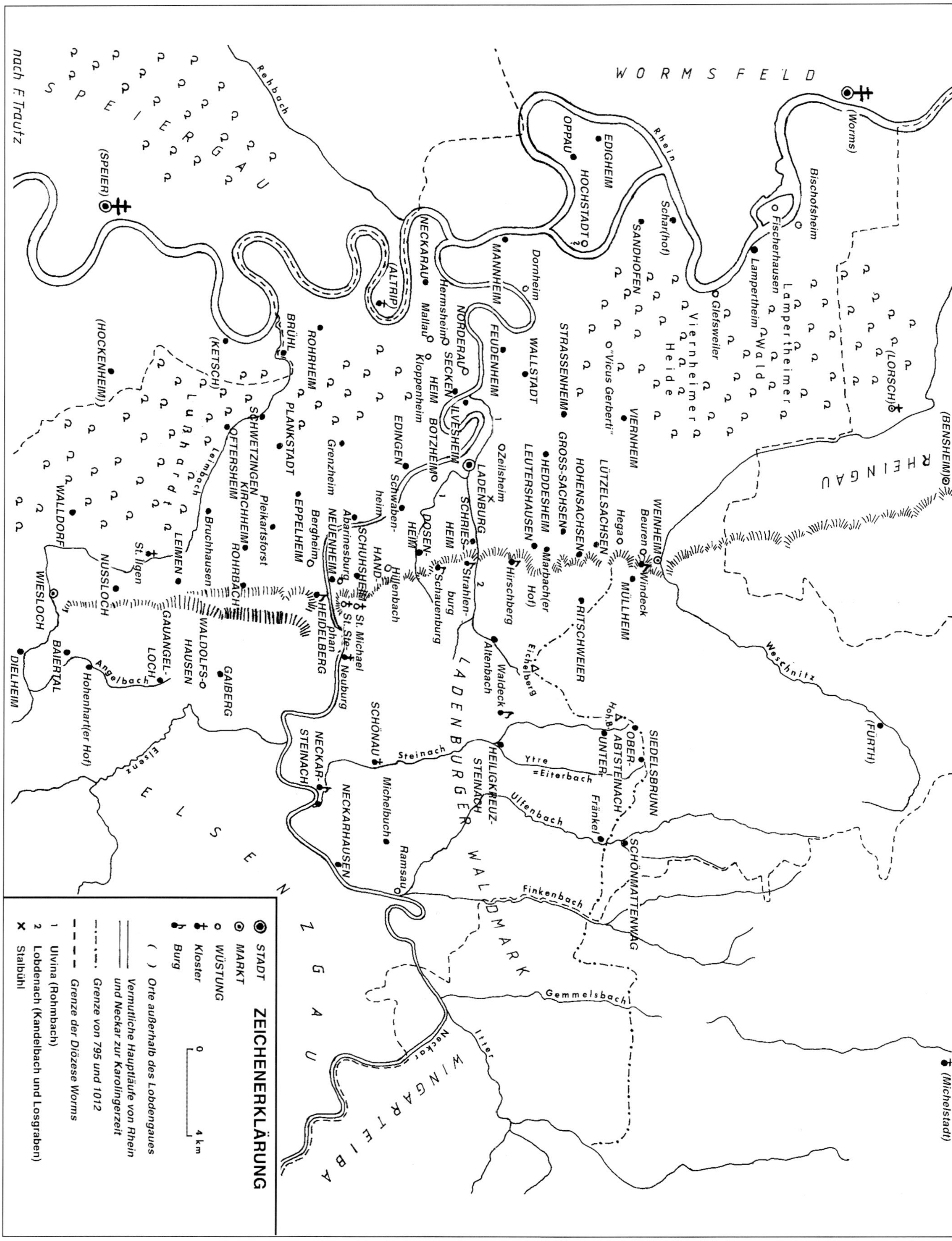
WORMSFELD
SPEIERGAU
RHEINGAU
LADENBURGER WALDMARK
ELSENZGAU
WINGARTEIBA
Lamperthеimer Wald
Viernheimer Heide
Lußhardt
(Worms)
(SPEIER)
(LORSCH)
(BENSHEIM)
(FÜRTH)
(Michelstadt)
Rhein
Neckar
Rehbach
Weschnitz
Steinach
Ytre =Eiterbach
Ulfenbach
Finkenbach
Gemmelsbach
Itter
Elsenz
Angelbach
Leimbach
EDIGHEIM
OPPAU
HOCHSTADT
Schar(hof)
Bischofsheim
Fischerhausen
Lampertheim
Gleisweiler
SANDHOFEN
MANNHEIM
Dornheim
NECKARAU
(ALTRIP)
Hermsheim
Mallau
NORDERAU
FEUDENHEIM
WALLSTADT
STRASSENHEIM
"Vicus Gerberti"
VIERNHEIM
SECKENHEIM
Kloppenheim
ILVESHEIM
BOTZHEIM
EDINGEN
LADENBURG
Zeilsheim
GROSS-SACHSEN
HEDDESHEIM
LEUTERSHAUSEN
HOHENSACHSEN
LÜTZELSACHSEN
Hegа
WEINHEIM
Beuren
Windeck
MÜLLHEIM
RITSCHWEIER
Eichelberg
Hirschberg
Marbach(er Hof)
SCHRIESHEIM
Strahlenburg
Schauenburg
DOSSENHEIM
HANDSCHUHSHEIM
Hillenbach
Schwabenheim
NEUENHEIM
Abarinesburg
Bergheim
St. Michael
St. Stephan
Neuburg
HEIDELBERG
ROHRBACH
EPPELHEIM
PLANKSTADT
Grenzheim
Pleikartsforst
KIRCHHEIM
SCHWETZINGEN
OFTERSHEIM
ROHRHEIM
BRÜHL
(KETSCH)
(HOCKENHEIM)
Bruchhausen
LEIMEN
St. Ilgen
NUSSLOCH
WALDORF
WIESLOCH
BAIERTAL
DIELHEIM
Hohenhart(er Hof)
GAUANGELLOCH
WALDOLFSHAUSEN
GAIBERG
SCHÖNAU
NECKARSTEINACH
Michelbuch
NECKARHAUSEN
Ramsau
HEILIGKREUZSTEINACH
Altenbach
Waldeck
SIEDELSBRUNN
OBER-ABTSTEINACH
UNTER-
Hoh.B.
Fränkel
SCHÖNMATTENWAG
nach F. Trautz
ZEICHENERKLÄRUNG
STADT
MARKT
WÜSTUNG
Kloster
Burg
( ) Orte außerhalb des Lobdengaues
Vermutliche Hauptläufe von Rhein und Neckar zur Karolingerzeit
Grenze von 795 und 1012
Grenze der Diözese Worms
1 Ulvina (Rohmbach)
2 Lobdenach (Kandelbach und Losgraben)
× Stalbühl
0 4 km

Gründung um das Jahr 1196 ist dafür das prominenteste Beispiel im Lobdengau. Weniger spektakulär, aber dafür umso typischer war die Ausbausiedlung Sandhofen[276], deren Gründung von Schar aus zu sehen ist, wie schon der Name *Südhofen* zeigt. Auch Käfertal gehört in diese Gruppe mit sehr geringer Bedeutung im Anfang und Konsolidierung vom 13. Jahrhundert an[277].

Damit ist auch die Frage nach der Stabilität von Gemarkungsgrenzen beantwortet. Im allgemeinen waren Gemarkungsgrenzen außerordentlich beständig – wie man im Falle des Ilvesheimer Wörthfelds, das links des Neckars liegt und die Verlagerung des Neckarlaufs überstanden hat, (umgekehrt ist es bei der Mannheimer Gemarkung) sehen kann. Sie wurden verändert bzw. aufgehoben im Falle der Zusammensiedlung, wenn die Gemarkung der Wüstungen in die aufnehmende Gemarkung einbezogen wurde. Dabei blieben aber die Urmarken mit ihren alten Grenzen und ihren anderen Rechtsverhältnissen als Feldteile der neuen Gemarkung unverändert bestehen vgl. Neckarau-Hermsheim oder Seckenheim-Mallau-Kloppenheim. Umgekehrt wurden im Falle einer Ausbausiedlung Teile der Stammgemarkung herausgeschnitten. Von diesen Vorgängen abgesehen, kann man in der Regel davon ausgehen, daß die Gemarkungsgrenzen seit der fränkischen Zeit bis in die jüngste Zeit der Eingemeindungen und Kreisreformen unverändert geblieben sind, wobei sie sogar das Wüstwerden eines Ortsetters überdauern konnten.

## Die Grafschaft Lobdengau und ihre Grafen

Wie wir schon gesehen haben, erfolgte die fränkische „Landnahme" in Geschlechterverbänden, den *Sippen*[278]. Konstitutiv für das gesamte Volk der Franken, aber auch die Bevölkerung eines einzelnen Gaues war die Sippe des Königs, also das Königsgeschlecht erst der Merowinger, dann der Karolinger. Eng verbunden mit dem König waren der Adel, der schon in der Merowingerzeit als Geburtsadel oder Uradel und als Dienstadel zu fassen ist[279], und die Sippen der Freien = *ingenui, liberi*. Darunter gab es die schon erwähnten *Laeten* oder *Liten*, meist Gallo-Römer, als „Königsleute", zu denen aber auch freigelassene Sklaven zählten, und natürlich als Basis eine breite Schicht von Hörigen oder Sklaven, die den Acker bebauten und an die Scholle gebunden waren.

Auch im Lobdengau ist diese fränkische Gesellschaftsstruktur zu fassen, und zwar im Grundbesitz. König, Adel und Freie waren Grundbesitzer, die das Kloster Lorsch beschenkten. Liten und Hörige wurden häufig sogar namentlich erwähnt, wenn sie mit den liegenden Gütern dem Kloster übereignet wurden. Die öden Gebiete, Wälder, Flußläufe mit ihren sumpfigen Auen, Straßen und römische Gebäude gehörten nach Eroberungsrecht dem König. Aber auch auf dem Siedlungsland des Gaues hatte er beträchtliches Grundeigentum, dessen Ertrag dem Unterhalt des königlichen Hofes diente. Der Hauptbesitz der Merowinger lag im Zentrum Galliens, dem damaligen Neustrien, wo die römischen Städte Paris, Reims, Soissons und Metz Königssitze waren. Im Osten des Reiches, den ehemaligen Provinzen Germania I und II oder gar im Rechtsrheinischen war der merowingische Königsbesitz geringer. Ladenburg gehörte bezeichnenderweise zur Gänze dazu[280]. Hier ist die Verehrung des heiligen Martin[281] oder Heiligen aus der Isle de France wie Remigius[282] oder Sulpicius[283], die sich in den Patrozinien niederschlug, auch ein Hinweis auf merowingisches Königsgut.

Mit dem Aufstieg der Karolinger verlagerte sich die Machtbasis des Königtums nach Austrasien in den mosel- und rheinfränkischen Raum. Residenzen wurden große Königshöfe, die *Pfalzen*[284], wie Frankfurt, Ingelheim, Trebur und unter Karl dem Großen vor allen anderen Aachen. Aber auch die Gründung der großen Reichsklöster im rheinischen Raum wie Prüm oder Lorsch ist hier zu nennen. Diese Zentren des Königsgutes wurden durch viele kleinere, über alle Gaue zerstreute und ihnen zugeordnete Höfe (*curtes*) und Güter ergänzt. Im Lobdengau waren das Ortschaften im ganzen wie Neckarau als curtis oder fiscus mit seinen 30 Litenhufen und Viernheim[285]. Dazu kamen zahlreiche mehr oder weniger große Einzelgüter auf fast allen Gemarkungen wie z.B. Weinheim, Schar und Sandhofen, Wallstadt und Seckenheim[286].

*Linke Seite Abb. 17: Karte 'Der Lobdengau nach dem Lorscher Codex (7.–12. Jahrhundert)' (Entwurf: H. Probst nach Trautz, gez. von B. Braun).*

Die Verwaltung dieses Königsgutes in einem Gau oblag königlichen Amtsträgern: den *comites* – Grafen[287], den *vicarii* – Stellvertretern, den *centenarii* – Hundertschaftsführern und den *actionarii* – Beauftragten, „Agenten", wie sie in einer Urkunde König Ludwigs II. von 858 aufgezählt werden. An der Spitze dieser Aufzählung gleich nach den Bischöfen, Äbten und Äbtissinnen standen die Grafen. Ihre Aufgaben waren[288]:

- die Verwaltung der Königsgüter und die Eintreibung ihrer Erträge[289];
- die Ausübung von Hoheitsakten wie Notariatsbefugnisse oder Festschreibung von Grenzen[290];
- die Machtteilhabe an und die Repräsentation der königlichen Gewalt, indem sie den König bei Staatsakten begleiten oder vertreten so z.B., als die Grafen Cancor und Warin bei der Gründung des Klosters Lorsch die Gebeine des heiligen Nazarius auf ihren Schultern inmitten einer Riesenmenschenmenge in die Kirche trugen[291];
- die Rechtsprechung,
- das Aufgebot des Heerbannes und
- der Königsschutz.

Karl der Große umschrieb 809 im Rahmen der Grafschaftsverfassung die Grafenrechte folgendermaßen[292]:

- sie sind mit richterlicher Gewalt ausgestattet;
- sie führen gerichtliche Verhöre durch;
- sie verhängen Bußen oder nehmen Geiseln;
- sie bauen und zelten;
- sie laden vor;
- nehmen staatliche Abgaben in Anspruch und treiben Beiträge für den königlichen Schatz ein;
- sie nehmen Knechte, Freie und Adlige in Anspruch[293].

Dafür wurden sie vom König mit Gütern ausgestattet, die sie als Schenkung[294] oder als Lehen, das auch vererbt werden konnte, erhielten[295]. Diese Ausstattung mit Gütern vermehrte den sehr beträchtlichen Eigenbesitz, das *Allod*, eines Grafen, wenn er, wie wohl meist, Mitglied des fränkischen Hochadels war. Die Teilhabe des Adels an der öffentlichen Gewalt wurde damit aus dem Allod und den Lehen ermöglicht. So gründeten am 12. Juli 764 Cancor, der Graf des Oberrheingaus, und seine Mutter Williswinda, Witwe des Grafen Rupert I., zusammen mit dem Vetter Ruperts, Erzbischof Chrodegang von Metz, das Kloster Lorsch als ein Eigenkloster auf ihrem Grund und Boden[296]. Cancor aus der hochadligen Familie der Rupertiner war nicht nur im Oberrheingau Graf mit großem eigenem Grundbesitz, sondern auch im Breisgau[297], im Lobden-, im Worms-, im Lahngau und in der Wetterau war er begütert[298].

Gerade die Rupertiner oder Robertiner sind ein Beispiel für das Zusammenwirken von Königtum und Adel im Fränkischen Reich: Großer Allodialbesitz in vielen Gauen und Lehensbesitz, verbunden mit einer oder mehreren Grafschaften, das Ganze erblich, konnte zu einer überragenden Machtbasis werden, von der aus man sogar bis zur höchsten Würde griff. So erbte Graf Cancor Titel und Amt eines Grafen des Oberrheingaus[299] von seinem Vater Ruodbert/Rupert I. (gest. vor 764), und vererbte beides 771 seinem Sohn Heimerich, gest. vor 792[300]. Dessen Vetter Rupert II. urkundete zwischen 795 und 805 als Graf. Nachfolger war sein Sohn Rupert III., gest. vor 834, und sein Enkel Rupert IV., gest. 866[301]. Mit ihm verlegte die Familie nach der Reichsteilung von Verdun 843 den Schwerpunkt ihrer Politik nach Westfranken: Rupert V., Graf von Paris, war 922–923 nach seinem Bruder Odo westfränkischer Gegenkönig. Sein Enkel Hugo Capet ist der erste französische König aus dem Hause der Kapetinger[302].

Obwohl es neben einfachen Nennungen des Namens häufig nur bei der Rangbezeichnung *comes* nach dem Namen blieb, waren in der Zeit der Lorscher Urkunden Gau und Grafschaft offensichtlich identisch. Mit anderen Worten: Jeder Gau hatte einen Grafen. Eindeutig ist hier das Auftreten der beiden Grafen Cancor für den Oberrheingau und Warin für den Lobdengau an der Spitze der übrigen hervorragenden Männer aus beiden Gauen bei Hoheitsakten wie einer Grenzziehung[303]. Die oben genannten Rechte und Befugnisse des Grafen in seinem Gau bildeten seine Amtsgewalt, lat. *comitatus*, die durch seinen Bezug auf einen Gau räumlichen Charakter gewann. So wurde 858 der Lobdengau als comitatus Wern-

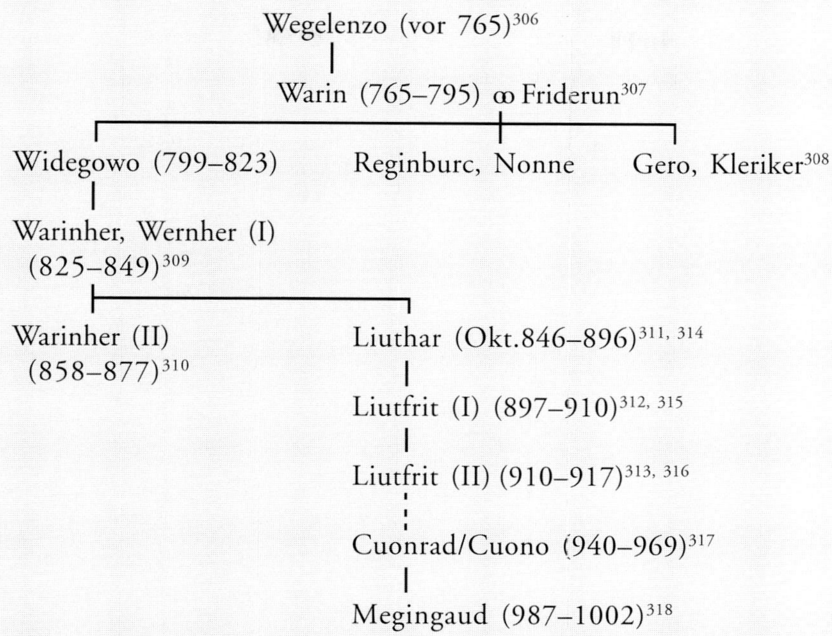


(Die Jahreszahlen bezeichnen weder die Lebens- noch die Amtszeit eines Grafen, sondern stellen die erste und letzte urkundliche Erwähnung des Betreffenden dar.)

harii – Grafschaft Werners[304] bezeichnet. Nicht viel später – 882 und 888 – wurde direkt von der Grafschaft Lobdengau gesprochen[305]. Aus einer Landschaft war eine politische Einheit geworden. Ausdruck dieser politischen Einheit war die Gerichtsgewalt. Zwischen 858 und 1002 wird 19mal die Grafschaft Lobdengau erwähnt, sehr viel häufiger, nämlich 52mal, werden zwischen 765 und 1002 die Grafen des Lobdengaus genannt (vgl. obenstehendes Stemma).

**Zu Warin**[319]: In den Lorscher Urkunden sind Warin, sein Vater, seine Ehefrau und drei Kinder belegt. Bemerkenswert ist die Tatsache, daß ein Sohn und eine Tochter im geistlichen Stand waren.

Sein Sohn **Widegowo**, dessen Name auf verwandtschaftliche Verbindung zu den Widonen, einer weiteren mächtigen Familie, die im Speyergau das Kloster Weißenburg gegründet hat, hinweisen könnte, folgte ihm nach.

**Zu Warinher(I und II)**: Häufig werden Enkel nach dem Großvater benannt. Für das Jahr 848 wird erwähnt[320], daß Warinher in der *ecclesia varia,* der bunten Kirche zu Lorsch, die als Friedhofskirche für Prominente diente, begraben worden ist, so daß wir von zwei Trägern des Namens ausgehen müssen, die wohl Vater und Sohn waren.

**Zu Liuthar**[321]: Dieser trat zusammen mit dem Grafen Warinher (I) schon 846 gemeinsam auf, so daß es sich wahrscheinlich um Brüder oder Vettern handelte, was auch die Nachfolge im Grafenamt des Lobdengaus erklären würde. Jedenfalls war er sehr begütert. Er übergab 877 in *Husen* an der Bergstraße ein großes Gut mit Kirche an Lorsch. Dieser Ort trägt heute noch seinen Namen: Leutershausen nach Liuthar. Seinen hohen Rang in der fränkischen Reichsaristokratie belegte die Anwesenheit von drei auswärtigen Grafen bei dieser Schenkung.

**Zu Liutfried (I und II)**: Wohl Sohn und Enkel Liuthars[322]. Graf Liutfried war eng mit Erzbischof Hatto von Mainz befreundet und fiel in einer Schlacht gegen die Ungarn, so daß der danach urkundende Liutfried sein Sohn gewesen sein muß. Dieser lebte sicher länger, als die letzte Urkunde festhält. Der Grund für die Lücken liegt darin, daß für das 10. Jahrhundert sehr viel weniger Urkunden erhalten sind als für das 8. und frühe 9. Jahrhundert.

**Zu Cuonrad und Megingaud**[323]: Beide wurden als Vater und Sohn bezeichnet. Da König Heinrich II. 1011 die Grafschaft im Lobdengau dem Bischof von Worms übertrug, ist anzunehmen, daß Megingaud in diesem Jahr ohne Erben verstorben ist. Wenn man die gesamte Grafenliste überblickt, liegt es nahe, daß alle bekannten Grafen des Lobdengaus über diese 250 Jahre hin einer einzigen Familie angehört haben, die mit Megingaud ausgestorben ist.

Im Jahre 1011 belehnte König Heinrich II. Bischof Burchard von Worms mit der Grafschaft im Lobdengau[324]. Seine Nachfolger, die Kaiser Konrad II. und Heinrich III., bestätigten 1026 und 1044 diese Belehnung[325]. Dadurch wurde für unsere Region eine Entwicklung festgeschrieben, die schon lange vorher reichsweit eingesetzt hatte, nämlich die Auflösung der alten fränkischen Gauverfassung und der daran gebundenen Grafengewalt. Nach antikem Vorbild waren schon bei den Merowingern die Bischöfe und die Äbte der großen Reichsklöster in der sogenannten *Immunität* aus der Hoheit der Grafen ausgenommen.

Im Lobdengau war sogar der Hauptort des Gaus, nämlich Ladenburg, gleich gar nicht unter der Gewalt der Gaugrafen, sondern schon seit Beginn des 7. Jahrhunderts[326], also lange vor der flächendeckenden Einrichtung der Grafschaften unter den Karolingern, im Besitz der Wormser Kirche. Diese Durchlöcherung der Grafschaften durch die Hochstifte war dann um 1000 noch viel weiter fortgeschritten; sie wurde von den Ottonen und Saliern nicht nur nicht hingenommen, sondern tatkräftig gefördert, war doch das Grafenamt in der Hand eines Bischofs für die königliche Gewalt günstiger als vererbbar in der Hand der Reichsaristokratie. Denn der Bischof hatte keine Erben, und auf der Besetzung der Bischofsstühle, über die der König de facto verfügte, beruhte das sogenannte „Ottonisch-Salische Reichskirchensystem“: Reich und Kirche waren bis zum Ende des alten Reiches 1803/06 untrennbar miteinander verbunden. Der König/Kaiser regierte im frühen und hohen Mittelalter durch Überlassung von Lehen und Regalien mit Hilfe von Bischöfen und Äbten, die natürlich ebenfalls der Reichsaristokratie entstammten. Schließlich konnte der Hochadel im Range der Reichsfürsten Lehen und Regalien ohne Beeinträchtigung seines Voranges nur aus der Hand des Königs oder von der Reichskirche empfangen.

So verlehnte der Bischof von Worms die Grafschaft im Lobdengau 1012 an den Grafen Poppo, der aus dem Geschlecht derer von Lauffen (südlich von Heilbronn) stammte. Diese Familie begann im 11. Jahrhundert ihre Herrschaft im unteren Neckarland aufzubauen. 1023 wurde Graf Heinrich und 1065 wieder ein Graf Poppo[327] damit belehnt – wohl Großvater, Vater und Sohn[328]. In dieser Urkunde erschien übrigens der Name *Lobdengau* zum letzten Male, wohl sicher schon einige Zeit nach dem tatsächlichen Absterben des lebendigen Wortgebrauchs, da Rechtsformeln immer länger in Gebrauch bleiben. Der Lorscher Codex selbst, der die Hauptbelege für den Begriff Lobdengau enthält, ist in seinem Chronikteil zwischen 1170 und 1175 entstanden, im Urkundenteil zwischen 1183 und 1195[329]. Dabei muß natürlich berücksichtigt werden, daß wir im Urkundenteil keineswegs die Originalurkunden vom 8. Jahrhundert an besitzen, sondern ein Copialbuch, also Abschriften. Diese basieren auf dem *Armarium*, dem Archiv des Klosters, in dem in der Regel die erhaltenen Originalurkunden in einem Register erfaßt und nach Gauen geordnet waren[330]. Das bedeutet, daß schon für die Kopisten des ausgehenden 12. Jahrhunderts der Begriff *Lobdengau* kein lebendiger Sprachgebrauch mehr war, sondern nur noch ein archivalisches Ordnungsprinzip.

## Die Gerichtsbarkeit und der Stalbühl

Schon im 10. Jahrhundert scheint als letztes Grafschaftsrecht die Gerichtsbarkeit übriggeblieben zu sein. Um 940 kam es zu einer großen öffentlichen Gerichtsversammlung *in publico mallo apud Lobeddenburg* – in einem „ungebotenen Ding“ bei Ladenburg[331] ... *actum in comitatu Cuonradi comitis in pago Lobedeng.* – geschehen in der Grafschaft/im Gericht des Grafen Konrads im Lobdengau. Anwesend waren neben dem Grafen Konrad (940–969), Bischof Richgowo von Worms (914–950), Abt Ebergis von Lorsch (931–950), der Wormser Vogt Grimold und der Lorscher Vogt Hugizo sowie sechs Zeugen. Dazu kamen noch weitere 42 Augen- und Ohrenzeugen. Die auf diesem

Ding erfolgte Schenkung wurde 960 mit ähnlich großem Aufgebot erneuert. Hier meinte der Begriff *comitatus* – Grafschaft wohl nur noch Gerichtsstätte[332]. Mit diesem *mallus publicus* bei Ladenburg könnte schon der Stalbühl gemeint sein.

Die bemerkenswert hohe Zahl von Teilnehmern an einer Gerichtsversammlung gibt Anlaß, einen Blick auf das sogenannte *Ding*, ahd. *Thing* zu werfen. Das Ding war die Grundlage des öffentlichen Lebens, und zwar auf lokaler Ebene im Bereich einer Grundherrschaft oder Pfarrei und auf Grafschaftsebene über Angelegenheiten des Gaues. *Dinge* oder *mahal, mal* lat. *mallus* oder *placitum* waren festliegende Gerichtstage, seit der Gerichtsreform Karls des Großen vier im Jahr, die unter freiem Himmel an markanten Orten abgehalten wurden, Quellen, Baumgruppen oder „Mal"-bäumen, bevorzugt Eichen oder Linden (Dorflinde). Früh waren es Friedhöfe und Vorhallen von Kirchen[333]. Nach dem Aufkommen von Rathäusern im 15. Jahrhundert erhalten diese im Erdgeschoß dafür Arkaden wie in Heppenheim oder Michelstadt. Auch das alte Ladenburger Rathaus aus dem Anfang des 18. Jahrhunderts hat sie noch. Alle Freien waren zur Teilnahme verpflichtet, deshalb *ungebotenes Ding*. Zu Sondersitzungen, einem *gebotenen Ding* oder Kaufgericht wegen der dann zu zahlenden Gebühren, waren nur die Schöffen und die Betroffenen verpflichtet. Erst im hohen Mittelalter kam es als Ersatz für das untergehende Grafschaftgericht zur Zent als Gerichtsbezirk – im alten Lobdengau zur Schriesheimer Zent nördlich des Neckars und zur Kirchheimer Zent südlich des Neckars[334], an deren Spitze der Zentgraf stand. Der Titel (Zent-)graf, der hier keinen Adligen bezeichnet, erinnert noch an den Ursprung dieses Amtes.

Die Versammlung vollzog sich nach festen Regeln: Für die Richter gab es auf dem Dingplatz Sitze, von denen dem Gaugrafen der höchste zustand. Er saß mit dem Rücken gegen Westen, das Haupt bedeckt, in der Hand den Stab. Zu beiden Seiten saßen die Urteiler oder Beisitzer des Gerichts, rechter Hand vom Gaugrafen stand der Kläger, zur Linken der Beklagte. Hinter dem Kläger und dem Beklagten standen im Halbkreis die Dingpflichtigen, also Adlige und Freie, welche ungeboten, also unaufgefordert zu erscheinen hatten. Die freien Männer des Gaues verliehen dem Urteil Gültigkeit, indem sie ihm ihren Beifall gaben. Sie überwachten aber auch den Richter, ob er rechtmäßig geurteilt hatte oder mißbräuchlich. Ein solches Urteil konnten sie aufheben. Karl der Große führte ein festes Richterkollegium, die *Rachinburgen*[335] oder *scabini* – Schöffen[336] ein. Die Dingpflichtigen bildeten von nun an die notwendige Öffentlichkeit[337].

In der Folge wird die Grafschaft am *Stalbühl* festgemacht, wie die Dingstätte des Lobdengaus 1206 zum ersten Mal genannt[338] wird. Vor über 200 Jahren schloß Johann Goswin Widder aus der Tatsache, daß er in der Kurpfalz sechs Stalbühle gefunden hat – bei Wimpfen, Ladenburg, Großgartach, Weingarten, Frankweiler und nördlich von Frankenthal – daß Stalbühl der Allgemeinbegriff für Gerichtsstätte sei. Dieser Erklärung des Flurnamens Stalbühl, heute noch in Gebrauch nordöstlich von Ladenburg Richtung Leutershausen auf Ladenburger und Schriesheimer Gemarkung, sind alle späteren Autoren gefolgt, obwohl die Etymologie kaum möglich ist: Mhd. *bühel* = Hügel, *stal* leitet Widder von lat. *stallus* ab, was Krämerbude, Stand heißen soll: also Hügel, auf dem bei der Gerichtsverhandlung eine Menge Volks hätte versorgt werden müssen, wofür dann die Buden aufgestellt worden wären[339]. Gemeint wäre nun nach der herrschenden Meinung seit Widder: Anhöhe, wo sich das Ding = Gericht versammelt; Stalbühl = Dingstätte, Gerichtsplatz; Schuchs spätere Erklärung von Stalbühl = Hügel, wo der Zwist zum „Stillstand" kommt, ist dagegen eher volksetymologisch; während Karl Christ den Knoten durchschlägt und kühn behauptet: „*Stalbühel*, benannt von *Stallen* d.h. Schöffenstühlen, dem Gerichtsstellenhügel"[340]. Trautz erinnert an den „Stuhl des Richters"[341].

Leider ist ein Substantiv *Stallen* reine Erfindung Christs; es gibt keinen Beleg dafür im großen Grimmschen Wörterbuch. Auch Trautzens Versuch trägt etymologisch nicht, da mhd. *stuol* und *stal(l)* nicht zusammenzubringen sind. Dabei gibt Widder selbst einen richtigen Fingerzeig, indem er sagt, daß der Stalbühl ursprünglich ein Feldgehölz auf einer Anhöhe gewesen sei[342]. Das Bestimmungswort *stal* kommt von dem mhd. Verb *stallen* und erklärt sich so viel ungezwungener als Viehstallung im Sinne eines Sammelplatzes oder Pferchs[343], was anderswo auch als *Huthorst* (Sandhofen) oder *(Kuh)unterhorst* (Neckarau) bezeichnet wird. Denn solche Gehölze dienen dem Weidevieh als Unterstand und Schutz in der Nacht oder bei Unwettern. Einzig A. Krieger[344] erklärt den Flurnamen Stalbühl so, nämlich als Platz für eine Viehstallung oder -pferchung.

Daß der Stalbühl die Gerichtsstätte des Lobdengaus war, wurde allerdings erst zu Anfang des 13. Jahrhunderts bezeugt, als die Mönche von Schönau mit den Herren von Kirchheim einen Vergleich über Rechte in Grenzheim (Grenzhof) schlossen *in generali hominum conventu loco Stalbuhel* – in der allgemeinen Gerichtsversammlung auf dem Platz Stalbühl im Beisein des Bischofs von Worms, der darüber eine Urkunde ausstellen ließ[345]. 1223 heißt es, daß König Heinrich (VII.) einen Rechtsstreit zugunsten des Klosters Schönau entschied: *Datum Stalbuhel in generali placito coram nobis ibidem habito* – Gegeben auf dem Stalbühl bei der allgemeinen Gerichtsversammlung = ungebotenes Ding, die in unserer Anwesenheit ebendort gehalten wurde[346]. Schließlich belehnte am 24. März 1225 (erneuert 1287) Bischof Heinrich II. von Worms (1217–1234) den Pfalzgrafen und Herzog von Bayern Ludwig I. ( 1214–1227) mit der *comecia Stalbohel* – der Grafschaft oder wohl eher Gerichtsstätte/Dingstätte Stalbühl[347], womit auch der Stalbühl aus den Quellen verschwand, was anzeigt, daß später kein Ding mehr auf ihm stattfand. Die Gerichtsbarkeit der sich entwickelnden Territorialstaaten hatte eigene Organe. Im Bereiche der Zenten fand sie in der Pfalz eine langlebige Verbindung zwischen der älteren fränkischen Rechtsordnung und der römisch-rechtlichen Praxis der fürstlichen Hofgerichte[348].

Bis zum Ende der Kurpfalz allerdings erfolgte stets die Belehnung mit der Grafschaft/dem Gericht auf dem Stalbühl. Diese zuerst 1225/1287 erfolgte Belehnung der Herzöge von Bayern und Pfalzgrafen Ludwig I. und Ludwig II. (1253–1294) mit der *comecia Stalbohel,* nachdem um 1219 die Grafen von Lauffen ausgestorben waren[349], meinte eigentlich nur noch die Gerichtsstätte, womit sich die alte Streitfrage, was die comecia damals noch umfaßte, erledigt hat[350]. Die Grafschaft auf dem Stalbühl gehörte zusammen mit Heidelberg zu den ältesten Lehen der Pfalzgrafen, die sie bis zum Ende des alten Reiches von den Bischöfen von Worms empfingen. In der reduzierten Gestalt einer Belehnungsformel existierte der Lobdengau damit bis zum Ende des alten Reiches.

## Die Wüstungen Botzheim und Zeilsheim

In der heutigen Ladenburger Gemarkung sind im hohen Mittelalter die Gemarkungen zweier Ortswüstungen aufgegangen, Botzheim und Zeilsheim. Damit gehören diese beiden Wüstungen in die frühe Ladenburger Geschichte. Auf deren Gemarkungen erhielt das Kloster Lorsch im Unterschied zu Ladenburg selbst umfangreichen Grundbesitz. Dieser soll im folgenden dargestellt werden.

### Botzheim

*Namensformen: Boteresheim, Botresheim, Botrisheim, Buodesheim, Buoteresheim, Buotresheim, Butresheim, Butthesheim*[351]; *villa Botesheim*[352]; *Botensheim*[353] ; *Botusheim*[354] *; Botsheim*[355]. Heim des Buoter oder Bothar[356].

755/6 – Ersterwähnung im CL[357] zusammen mit Ladenburg; Botzheim ist Ausstellungsort der Urkunde! Diese Urkunde, die noch vor der Gründung von Lorsch liegt, wird von einem Priester Hiebo ausgestellt und betrifft die Schenkung einer Hube in Weinheim an die Peterskirche zu Heppenheim. Mit dem Übergang dieser Kirche an Lorsch kommt die Urkunde in den Lorscher Bestand. Weitere Erwähnungen 765, 771, 783, 800, 801, 803,

806, 808, 900[358]; *villa Botesheim* 1142[359]; 1270 – letzte Erwähnung[360].
900 – Erwähnung einer eigenen Gemarkung: *in Buodesheimero marcha*[361], ebenso 1339 – *in den marken zu Laudenburg zu Botzheim*[362]; 1364 – *in der marke zu Botzheim*[363].
1231 – Erwähnung eines Einwohners: *Eberwinus de Botesheim*[364].
1364 – Erwähnung eines Schultheißen: *Behtolf schultheiße zu Botzheim von der hern wegen dez stiftes zu Nuhusen ußwendig Wormzen gelegen*[365].

Flurnamen: 1492 – *Bostzhemmer feld zu Ladenburg*; 1599 – *Boxelmer feld*[366]. 195 Belege zwischen 1604–1691: *B(P,p)ots(sch,za)hei(e)mer F(f)eld(dt,t )* bzw. *G(g)ewann* bzw. *W(w)as(ss)en(m)* bzw. *W(w)i(ss)ies(ß)en*[367]. *Botzheimer Wiesen* und *Botzheimer Wasen*[368].
1956 – Aussiedlerhöfe Neu-Botzheim.

## Zeilsheim

Namensformen: *Cilolfesheim, Cilolvesheim, Cilulfesheim, Ciolvesheim*[369]; *Zilvisheim*[370]; Heim des Zilolf[371]. Im CL gibt es *Cilwart* und *Cilina*, aus dem lat. *Cae„cilius"* – Cilolf ist ein lateinisch-germanischer Mischname, was bei der Nähe zu Ladenburg nicht ungewöhnlich wäre und einen Hinweis auf das Zusammenleben von Romanen und Franken bietet.
766 – Ersterwähnung[373] ; weitere Erwähnungen 773, 791, 798, 804, 815, 824, 825, 828 und 1088–1095[374]; 1023 Cilulfesheim[375]; 1337 – Zilvisheim, letzte Erwähnung[376].

Flurnamen: 31 Belege zwischen 1610 und 1744: – (M(m)ittel, Vordere) Zeil(t,ß)shei(e,a)mer F(V)eld(t) und – Grund(t) (Zeißehemer Güter)[377].
1962 – Aussiedlerhöfe Neu-Zeilsheim

## Schenkungen an das Kloster Lorsch in Ladenburg, Botzheim und Zeilsheim

Nur Zeilsheim (und Ladenburg) hat eine eigene Gruppe von Urkunden in den Nummern 440/1–445, Botzheim nicht. Zeilsheim erscheint noch fünfmal und Botzheim überhaupt nur, und zwar zehnmal, innerhalb von Urkunden über andere Ortschaften.

Ein Überblick über die Schenkungen zeigt, daß Lorsch in Botzheim und Zeilsheim beachtlichen Grundbesitz erhielt, in Ladenburg selbst fast nichts; dort schenkte zwischen 765 und 768 nur ein gewisser *Germund* (damit wohl der erste namentlich bekannte Ladenburger) 3 Morgen Ackerland[378]. In Botzheim wurden ganze Huben geschenkt, in Zeilsheim bevorzugt einzelne Grundstücke, das heißt, daß der Schwerpunkt des Lorscher Besitzes auf Botzheimer Gemarkung lag. Genaue Maßangaben werden nur bei einzelnen Grundstükken gegeben, und zwar in Morgen oder Joch – lat. *(d)iurnalis* – Tagwerk. Dieses Maß ist römischer Herkunft und wurde von den Franken in Gallien übernommen. Dieser gallo-römische Morgen war kleiner als der spätere und hatte rund 25 ar[379].

Die Hube oder niederdeutsch Hufe[380] ist das Ackermaß, das zur Ernährung einer Familie reicht, nämlich 30 Morgen[381]. Dabei wird in der Regel zwischen hoba und *mansus* unterschieden. Mansus[382] ist im engeren Sinne die Hofreite, also das Grundstück innerhalb des Dorfes, auf dem das Wohnhaus und die Nebengebäude wie Scheunen, Ställe und Schuppen – *aedificia: casale, scuria* – stehen, also die Hofreite. Dazu kommen die Äcker und Wiesen und der Anteil an der dorfeigenen Allmend lat. *pertinentia* – was dazu gehört, nämlich die Rechte an der Weide, am Wald, an den Gewässern und das Wegerecht. Die formelhafte Aufzählung dieses Zubehörs zeigt, wie selbstverständlich es war.

Wenn eine Hube ganz geschenkt wird, heißt das *ad integrum* – zur Gänze, und damit sind die Hofreite, die Grundstücke und die Allmende gemeint. Dazu kann noch Brachland kommen, was dann im Unterschied zu *cultum* – Land im Bau *incultum* – nicht angebautes Land, Land im Unbau heißt oder *Bifang* – zum Anbau vorgesehenes und schon eingezäuntes, „beigefangenes" Stück.

Grundstücke besonderer Nutzung sind Wingerte und Obstgärten – *vinea* und *pomarium.* Beides kommt in Zeilsheim vor. Schließlich gibt noch die Wiesen, die nach

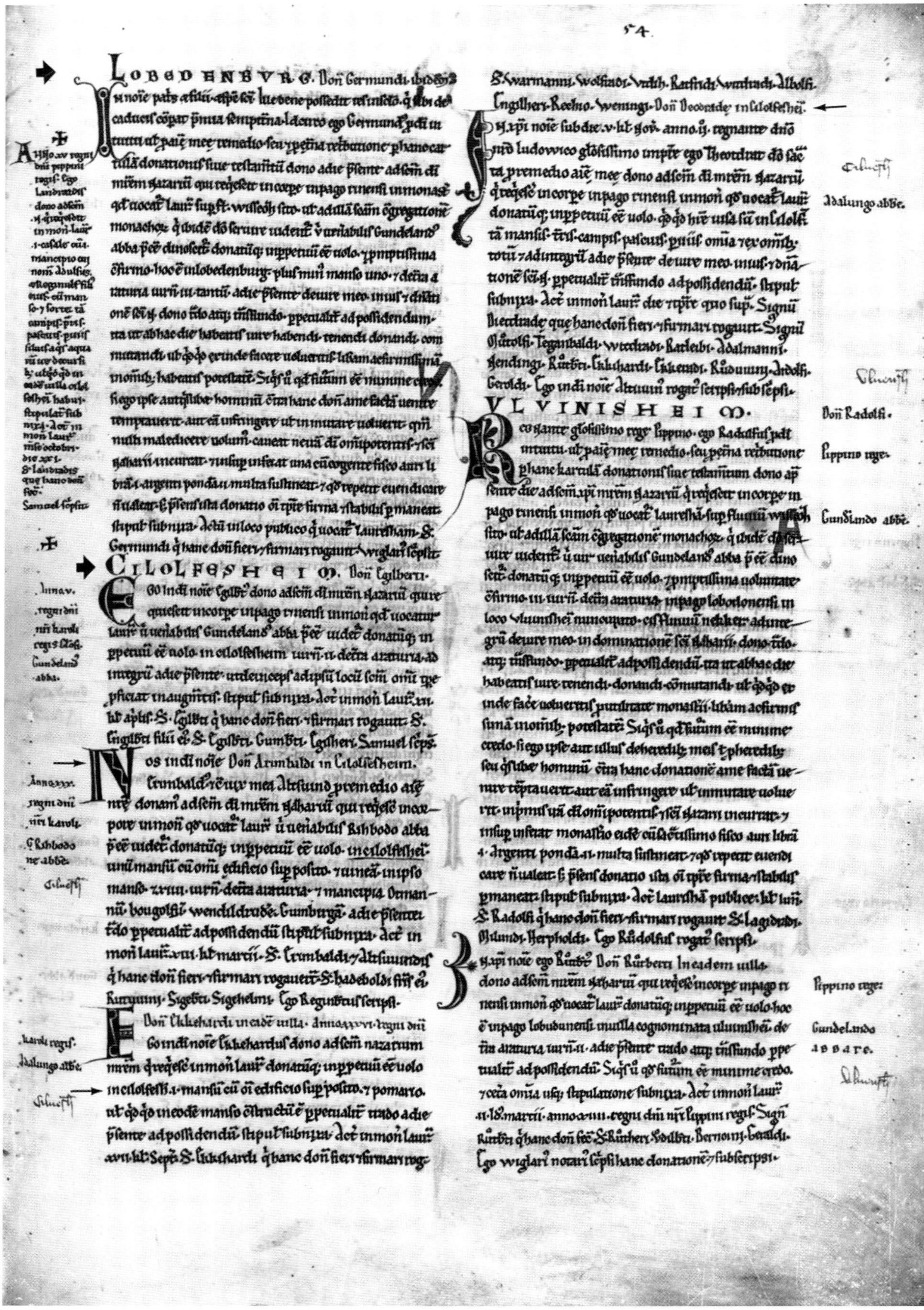
LOBEDENBURG
CILOLFESHEIM
VLVINISHEIM

Fuder Heu gemessen werden. Das Fuder ist die Wagenladung Heu. Dabei ist wohl an zweirädrige Ochsenkarren zu denken, die gut den Ertrag von 1 bis 1 1/2 Morgen Wiesland fassen konnten.

Neben der konkreten Bedeutung einer Hube als Hofstelle mit dem dazugehörigen Ackerland wird dieser Begriff vor allem in den „Hubenlisten" des Lorscher Codex, die aus dem 9. bis 12, Jahrhundert stammen als bloße Recheneinheit benutzt, auf die die Abgaben bezogen sind. Auch faßt die Grundherrschaft verschiedene Grundstücke auf einer Gemarkung als Hube zusammen und gibt sie an einen Hübner aus.

Diese Hübner können Freie sein, dann handelt es sich um Herrenhuben, oder sie können Liten oder Hörige sein, dann handelt es sich um Liten- oder Hörigenhuben – *hoba dominicalis* oder *indominicata* und *hoba servilis*[383] oder im letzteren Fall *sors*[384] – Landgut eines Hörigen. Daraus ergibt sich folgende Rechnung: (H = Hube; M = Morgen)

1 M = 25 ar = 0,25 ha
1 H = 30 M = 750 ar = 7,5 ha

In **Botzheim** fielen also ans Kloster Lorsch:

| | | | |
|---|---|---|---|
| 15 H = | 450 M = | 11250 ar = | 112, 5 ha |
| + | 51 M = | 1274 ar = | 12, 75 ha |
| | 501 M = | 12524 ar = | 125, 24 ha |

In **Zeilsheim** fielen ans Kloster Lorsch

| | | | |
|---|---|---|---|
| 4 H = | 120 M = | 3600 ar = | 36 ha |
| + | 63 M = | 1890 ar = | 18,9 ha |
| | 183 M = | 5490 ar = | 54,9 ha |

### Botzheim und Zeilsheim in den Lorscher Hubenlisten

9.–11. Jh.: Aus den Güterlisten geht hervor, daß der Lorscher Besitz auf beiden Gemarkungen schon sehr geschrumpft ist. Es ist jeweils nur noch eine Hube übrig geblieben, die jeweils jährlich an das Kloster 1 Hammel im Wert von 1 Dreier, 1 Huhn und 15 Eier sowie 15 Eimer Bier (1 Eimer = 15 l, also 225 l) zinsen[385]. Der Grund dafür ist die Ausstattung der Propstei St. Michael auf dem Heiligenberg, die ein Tochterkloster von Lorsch war und zwischen 1018 und 1033 gegründet wurde. Am 13. Dezember 1023 bestätigt Kaiser Heinrich II. auf einem Hoftag in der Pfalz Trebur dem Michaelskloster drei Huben in Zeilsheim[386]. Am 8. Mai 1052 werden nochmals Abgaben von 65 Malter Weizen aus Zeilsheim und Handschuhsheim für dieses Kloster bestätigt, 8 Malter werden gegen die Schriesheimer Mühle getauscht[387]. Damit teilt der ursprünglich Lorscher Grundbesitz in Zeilsheim das Schicksal des Michaelsklosters auf dem Heiligenberg, der nach der Aufhebung der Abtei im 13. Jahrhundert in die Hand von Kurmainz gerät.

*Linke Seite Abb. 18: CL 440 o.D. zwischen 765 und 768: Schenkung in Lobedenburc-Ladenburg (Pfeil). CL 441 bis 445 zwischen 21 Oktober 767 und 28. Oktober 815: Schenkungen in Cilolfesheim-Zeilsheim (Pfeile) (Staatsarchiv Würzburg: Ma Bücher verschiedenen Inhalts, 72 Blatt 54).*

## Die Grundherrschaft im Lobdengau nach den Lorscher Urkunden

### Der Begriff

„Grundherrschaft", ein moderner Fachbegriff, bezeichnet eine Grundform mittelalterlicher Herrschaft, für das agrarische Frühmittelalter rechts des Rheins wohl die wichtigste überhaupt. Sie ist Großgrundbesitz in der Tradition der antiken Latifundien „und Herrschaft über Menschen, die auf einem bestimmten Grund und Boden ansässig sind"[388]. Ihre Bedeutung beruht auf der engen Verbindung rechtlich-politischer und wirtschaftlich-sozialer Elemente. König, Adel und Kirche sind die Grundherren mit dem Recht der Zwangsgewalt gegenüber den Abhängigen in allen mit dem Besitz verbundenen Befugnissen, vor allem in der Verfügung über den Ertrag eines Gutes. Damit ist die Grundherrschaft „zweifellos die mächtigste ökonomische Organisation dieser Zeit (der Karolinger)"[389].

Der fränkische König und sein Adel rückten in friedlicher Infiltration, aber auch durch Eroberung in die spätrömischen Latifundien des Fiscus (kaiserliches Staatsgut) und des senatorischen Adels ein. Der König als Herr des ehemaligen römischen Fiscus bezog daraus nicht nur seine Einkünfte, sondern übte – auch hier als Erbe der Caesaren – unmittelbare Herrschaft aus. Aber auch der Adel war durch die Eroberung in eine vergleichbare Herrschaftsposition über bäuerliche Abhängige – *coloni* eingerückt. Diese war also ebenso ursprünglich und keineswegs von der des Königs abgeleitet; und ähnlich wie der fränkische König seine Herrscherstellung innerhalb der römischen Ordnung sah, verschmolz der fränkische Adel mit den gallorömischen Senatorenfamilien zu einer geschlossenen Schicht von Grundherren. Damit verband sich die germanische Vassallität, die den Adel in Gefolgschaft und Machtteilhabe an den König band. Beide Seiten waren zur Treue verpflichtet: Der Adel schuldete dem König Dienst in Krieg und Frieden, der König seinen Gefolgsleuten Ausstattung mit Gütern, das heißt Lehen – *feudum*. So entwickelte sich auf dieser Basis im merowingischen Gallien das für das Mittelalter typische Lehenswesen (Feudalismus). Alle Herrschaft beruhte auf Landbesitz. Neben seinem Eigenbesitz an Grund und Boden, dem Allod, hatte der Adel Lehen, und wie für den König das dynastische Prinzip galt für den Adel das Erbrecht bald auch an den Lehen. Schließlich gab es in fränkischer Zeit „freies bäuerliches Allod", vor allem im Bereich geschlossener fränkischer Ansiedlung[390], das sich längere Zeit neben dem Großgrundbesitz behauptete und uns im CL häufig entgegentritt.

In dieses System war die Kirche eingebunden. Der aus der Spätantike überkommene kirchliche Grundbesitz blieb von der fränkischen Landnahme unberührt, ja wurde sogar weiter vermehrt. Bischöfe und Äbte hatten ursprünglich zu ihrem Unterhalt und für die Bedürfnisse des Kultes ebenfalls Land erhalten, waren also auch Grundherren geworden. Dabei unterlag Grundbesitz als „Allod der Kirche" wegen des Zölibats nicht den Zufällen des Erbrechts: Besitz der „toten Hand". Später erhielten Kirchenfürsten auch territoriale Herrschaft als Lehen, wodurch Bischöfe und Äbte im 10. und 11. Jahrhundert in den Reichsfürstenstand einrückten. Andererseits konnte die Kirche wie jeder andere Lehensträger auch Land und Rechte zu Lehen weitergeben. In unserem Raum stehen dafür der Bischof von Worms und der Abt von Lorsch. Der Bischof von Worms trug seit 628 Ladenburg und seit 1011 die Grafschaft im Lobdengau vom König zu Lehen und gab letztere bereits 1024 als Lehen an die Grafen von Lauffen weiter. Der Abt von Lorsch wurde bereits 772 Reichsfürst und war um 1000 Landesherr im Oberrheingau, dem späteren Amt Starkenburg, und im mittleren Odenwald. Dort entstand dann die Grafschaft Erbach als Lorscher Lehen. Bischof und Abt sind sowohl Grundherren als auch königliche Lehensträger und damit Reichsfürsten. Für unsere Fragestellung interessiert nun die Struktur der Grundherrschaft im Lobdengau, für die der Lorscher Codex reichlich Material enthält. Fürs erste geht es um die rechtlich-politische Seite.

### Die Grundherren

Aus der obigen Übersicht geht hervor, daß Lorsch in Ladenburg selbst keinen nennenswerten Grundbesitz und damit keinerlei Einfluß besaß; denn hier stieß die Abtei auf die älteren Rechte des Wormser Bischofs, der diese eifersüchtig hütete. Sehr im Unterschied dazu erlangte sie in den beiden Nachbardörfern Botzheim und Zeilsheim großen Besitz und Einfluß. Vor allem in Botzheim hatte die Abtei einen Großteil der Gemarkung in der Hand, was auch anderswo im Lobdengau eher die Regel war. Da sich die Grundherrschaft auch über Menschen erstreckte, eröffnen die Urkunden auch Aufschlüsse über die sozialen Verhältnisse in diesen beiden Dörfern, wobei das, was oben über den Lobdengau diesbezüglich bereits gesagt wurde, hinzuzunehmen ist. Bei der engen Nachbarschaft der Verhältnisse kann aus den Spender- und Zeugenlisten des CL auch Grundlegendes über die Sozialstruktur Ladenburgs in der fränkischen Zeit geschlossen werden, da wir ja für die Stadt keinerlei vergleichbare Schriftquellen aus dieser Zeit besitzen.

Königsgut wie sonst häufig im Lobdengau gibt es in Botzheim und Zeilsheim nicht, aber stark vertreten unter den Stiftern ist der Adel: 825 schenkt Graf *Warinher* in Seckenheim, Nordinowa und Zeilsheim 33 Morgen[391]. 766 schenkt das Ehepaar *Crothbert* (Ruothbert, Rupert) und *Teutrud* (Dietrud) in Botzheim

eine Hofreite mit einem Hörigen namens *Wolfin* (Wolfwin); dabei handelt es sich um den Grafen Rupert II. vom Oberrheingau[392].
Zum Adel gehören auch die offensichtlichen Großgrundbesitzer, nämlich die Brüder *Eberwin*, 774–814: 3 x Stifter und 17 x Zeuge[393], und *Einold*, 767–808: 5 x Stifter und 9 x Zeuge, sowie das Ehepaar *Rambert*, 825–848: 3 x Grundherr und Stifter und 4 x Zeuge, und *Meginbirg*, 838–846: 2 x Stifterin. Die Brüder schenken neben Botzheim im Jahr 801 im Kraichgau 2 große Herrenhuben und 9 Huben in Östringen und eine Hube in Mingolsheim mit zusammen 36 Hörigen, im Lobdengau 8 Huben in Grensheim (Grenzhof), 2 Huben in Neckarhausen, 1 Hube und 2 Wingerte in Wieblingen, 3 Hofreiten mit viel Wald in Plankstadt, 1 Hube und 1 Wingert in Nußloch, 2 Wingerte in Rohrbach und 1 Wingert in Bergheim mit zusammen 40 Leibeigenen und schließlich im Speyergau 2 Huben in Mutterstadt und 2 Huben in Maudach mit zusammen 13 Hörigen[394]. 838 schenkt das Ehepaar *Rambert* und *Meginbirg* neben 5 Huben in Botzheim noch 2 Huben, 3 Wingerte und 2 Bifänge in Nußloch, 2 Wingerte in Rohrbach und ein halbe Hube in Bergheim und allein in Wiesloch: 1 Herrenhofreite mit allen Bauwerken und allem Ackerland, 6 Hörigenhuben, Wiesen im Ertrag von 150 Fuder Heu, 1 Mühle und alles, was sie (sonst noch) an Eigentum besitzen wie Hofstätten, Äcker, Wiesen, Weiden, Wege, Wälder, Teiche und Bäche, Wohnhäuser, Wirtschaftsbauten und 45 Leibeigene mit ihrem Vieh[395].

Auch die Brüder *Reginbalt,* 786–815: 3 x Stifter und 4 x Zeuge, und *Trutbalt*, 766–803: Grundherr, 4 x Stifter und 17 x Zeuge, sind hier zu nennen; sie stiften in Botzheim eine ganze Hube mit allem Zubehör[396]. Ebenso gehören sicher zum Adel die Geschwister (?) *Meginher,* 768–814: 10 x Stifter und 4 x Zeuge, *Isanbert,* 768–804: 9 x Stifter und 5 x Zeuge, *Hartbert,* 765–802: 9 x Stifter und 8 x Zeuge und *Wolfsuint,* 768–801: 3x Stifterin, die in Botzheim eine Herrenhube und eine Hörigenhube mit 16 Hörigen samt deren Vieh stiften[397]. *Isanbert* und *Hartbert* waren 795 unter den zwölf Zeugen aus dem Lobdengau, die mit Graf Warin die Grenzziehung zwischen der Heppenheimer und Ladenburger Waldmark beurkundeten[398]. Unter diesen hochoffiziellen Zeugen war auch *Engilbert,* 791–828: 2 x Stifter und 14 x Zeuge, darunter für den Grafen Warin selbst. Er stiftet 828 zusammen mit seinem Bruder *Wicbert,* 774–793: 2 x Stifter und 8 x Zeuge, den ganzen Besitz in Zeilsheim mit einer Hörigenfamilie von sechs Köpfen[399]. *Ekkilehard,* 778–825, gehört anscheinend auch in den engsten Kreis um den Grafen Warin; er ist 4 x Stifter und 12x Zeuge, darunter 3 x an erster Stelle und 2 x, nämlich 778 und 779, wohl als ganz junger Mann an letzter Stelle. Er stiftet 804 in Zeilsheim eine ganze Hube und bietet selbst 9 Zeugen auf[400].

Großgrundbesitz in mehreren Ortschaften und sogar in mehreren Gauen kennzeichnet Adelige, aber auch häufiges Auftreten als Stifter – natürlich über Botzheim und Zeilsheim hinaus – und als Zeugen; denn je höher der Stand eines Zeugen ist, umso begehrter ist sein Zeugendienst. Die anderen Stifter sind Freie, lat. *ingenui* oder *liberi*, da nur diese neben den Adeligen Rechtsfähigkeit besitzen. Hörige oder Leibeigene, in den Urkunden *servi* oder *mancipia* – Sklaven genannt, haben nach römischem Recht keine Rechtsfähigkeit und sind an die Scholle gebunden – *glebae adscripti,* das heißt, sie werden mit ihrem Gut verschenkt, vererbt oder verkauft. Dazu kommen die Freigelassenen und die Liten, die hier nicht auftauchen.

Freie oder adelige Frauen haben volles Verfügungsrecht über ihren Grundbesitz, sie kommen auch in den Botzheimer und Zeilsheimer Urkunden als Stifterinnen vor; Zeuginnen allerdings können sie nicht sein. Sie erscheinen als Ehefrauen, Witwen, Schwestern und vor allem als Nonnen. Als Ehepaare treten in Botzheim auf *Rupert* und *Theudrada*[401] und *Rambert* und *Meginbirg*[402], in Zeilsheim das Ehepaar *Erimbald* und *Altsuind*[403]. Die oben schon genannte, wahrscheinlich hochadlige *Wolfsuint* tritt zusammen mit ihren drei Brüdern auf[404], ist aber auch 3x Stifterin, ähnlich wie die drei sehr vermögenden Frauen *Hildtrada* und *Methild/Mathilde* in Botzheim und *Theotdrat* in Zeilsheim. *Methild,* 791–807: 3 x Stifterin, schenkt erst eine ganze Hube und dann alles, was sie noch in Botzheim besitzt[405]. Schließlich vermacht die Nonne Theotdrat alles, was sie in Zeilsheim besitzt, dem Kloster[406].

Die naheliegende Frage, wo die Stifter ihren Wohnsitz hatten, läßt sich nicht einfach beantworten. Insgesamt treten zwischen 755/767 und 838/900 in Botzheim 16 Stifter und 6 Stifterinnen auf, die insgesamt 14 Hörige[407], 5 Männer, 7 Frauen und 2 Kinder, dem Kloster schenken. In Zeilsheim sind es 7 Stifter, 2 Stifterinnen und 5 Hörige (2 Männer, 2 Frauen, 1 Kind) zwischen 767 und 825. Darunter sind die Hörigen sicher als ortsansässig anzusprechen, von den Adeligen und Freien am ehesten diejenigen, die nur einmal mit einem relativ geringen Gut in Erscheinung treten. Das ist in Botzheim nur: *Marchar*[408] und vielleicht die Witwe *Methild*, die zweimal in Botzheim stiftet[409] und einmal in Edingen[410], dort zum Seelenheil ihres verstorbenen Sohnes *Racholf*. Alle anderen Stifter haben wir als Adelige mit Stiftungen in jeweils mehreren Ortschaften kennengelernt, von denen nicht anzunehmen ist, daß sie in Botzheim gewohnt haben. Auffällig ist die unterschiedliche soziale Schichtung der Stifter in Botzheim und Zeilsheim. In Botzheim überwiegt der Großgrundbesitz von wohl nicht ortsansässigen Eigentümern ganz eindeutig, in Zeilsheim der Kleinbesitz. Hier werden 5 Hörige verschenkt. Wahrscheinliche freie Einwohner sind: *Lantradt, Egilbert, Aotmar, Erimbald und Altsuind, Sigebreth* und die Nonne *Theotdrat*. Von Personen, die nur ein- oder zweimal relativ geringen Besitz schenken, ist am ehesten anzunehmen, daß sie im betreffenden Dorf leben. Dabei muß man noch berücksichtigen, daß die Masse der Schenkungen – wie für Lorsch überhaupt – zwischen 766 und 825 liegt, also innerhalb von zwei Generationen anfiel.

## Die Hörigen

Läßt sich über die Einwohnerzahl der beiden späteren Wüstungen kaum etwas sagen – Zeilsheim scheint größer gewesen zu sein –, so geben die Urkunden über die soziale Schichtung genügend Auskunft. Dem Großgrundbesitz des Adels, der an verschiedenen Orten von teilweise sehr zahlreichen Hörigen bebaut wurde, stand ein weit geringerer Besitz der Freien gegenüber. Die Hörigen, die im Lorscher Codex in der Regel germanische Namen haben, bildeten die zahlreiche Unterschicht der Bevölkerung. Sie lebten entweder als Knechte und Mägde auf den Höfen und Gütern ihrer Herren oder sie hatten als Grundholde ein eigenes Gut – *sors*[411], an das sie gebunden waren; sie besaßen auch bewegliches Eigentum – *peculium* und Familie; ihre Kinder blieben hörig. Großgrundbesitz konnte überhaupt nur mit Hörigen bewirtschaftet werden, während die Freien ihr Land in der Regel selbst anbauten, aber auch diese konnten natürlich Hörige haben.

Hörig wurde man als Angehöriger eines besiegten Volkes und Bewohner eines eroberten Landes – in unserer Gegend als Alamanne nach dem Sieg Chlodwigs –, was wohl auch die germanischen Namen der Hörigen zwanglos erklärt, aber auch als Kriegsgefangener von den Kriegszügen der Franken gegen heidnische Nachbarvölker; Christen durften nicht versklavt werden. Daneben gab es Sklavenhandel, der Sklaven importierte und exportierte[412], und schließlich konnte ein Freier hörig werden, wenn er in Schuldknechtschaft geriet. Der Übergang zwischen der antiken Sklaverei zur mittelalterlichen Leibeigenschaft war fließend. Im Frankenreich gab es beides. Die Hörigkeit führte in die spätere Leibeigenschaft, aber auch Freie gaben ihre Freiheit auf, um sich als Leibeigene in den Schutz – die *Munt* – eines adeligen Grundherrn oder eines Klosters zu begeben; das hatte durchaus Vorteile, da man so den von Freien geschuldeten Kriegsdienst vermied. Wenn jemand sein Gut dem Kloster stiftete, verlor er es nicht, sondern wurde Eigenmann des Klosters, bebaute weiterhin sein Gut und leistete dem Kloster Abgaben und Dienste. Damit verwischte sich der Unterschied zwischen Hörigen, die schon als solche dem Kloster geschenkt wurden, und ehemaligen Freien, die in dieser Zeit massenweise in die Abhängigkeit drängten.

## Die Organisation der Grundherrschaft

Struktur und Organisation der Grundherrschaft änderten sich in den langen Jahrhunderten ihres Bestehens. Doch bildeten sich schon sehr früh einige Grundmuster heraus, die lange nebeneinander bestanden. Im Lobdengau gab es zwei Formen: Die älteste Form war die Villikations- oder eigenbetriebliche Grundherrschaft, die jüngere die Renten- oder Abgabengrundherrschaft. Beispiel für die ältere Form ist der Königshof Neckarau, der aus einem Sal-, Fron- oder Herrenhof und 30 Litenhuben bestand, die um den Salhof gruppiert und diesem mit Abgaben und Diensten verbunden waren[413]. Die Verwaltung dieser Wirtschaftseinheit lag bei einem Verwalter, *villicus* oder *maior* (Meier), der einmal in eigener Verantwortung den Salhof bewirtschaftete und zum zweiten die Dienste der abhängigen Hübner koordinierte und deren Abgaben sammelte. Wie diese Dienste und Abgaben aussahen, erfahren wir im Falle Neckaraus aus dem Prümer Urbar, dem berühmten „Goldenen Buch", von 893 bzw. 1222[414].

Während in Neckarau ein intakter königlicher Sal- oder Fronhof mit 30 Litenhuben vollständig in geistlichen Besitz überging und die Abtei Prüm den bestehenden Wirtschaftsbetrieb nur weiterzuführen brauchte, können wir an anderen Beispielen aus den Lorscher Erwerbungen erkennen, wie das Kloster in einzelnen Orten aus vielen großen und kleinen Schenkungen zielstrebig eine Villikation aufbaute. Seckenheim ist dafür ein aufschlußreiches Beispiel, wo nicht nur der überaus große Lorscher Besitz in Seckenheim und Kloppenheim von über 430 ha, sondern auch die Lorscher Güter in Hermsheim und wahrscheinlich Ilvesheim zu einer großen Grundherrschaft zusammengeschlossen wurden. Im Seckenheimer Villikationshof errichtete die Abtei 1160 ein steinernes Verwaltungsgebäude[415]. Dieser große Fronhof gelangte 1247 in die Hand des Pfalzgrafen und war die spätere kurpfälzische Domäne, der „Bauhof"[416]. An beiden Beispielen ist auch zu erkennen, wie aus der Grundherrschaft dieser direkten Art leicht Kirchen- und Ortsherrschaft entstand, die dann in die hochmittelalterliche Territorialbildung mündete. Neckarau und Seckenheim kamen so bereits im frühen 13. Jahrhundert geschlossen an die Pfalzgrafschaft, gewannen pfälzischen Allodialcharakter und wurden Teil des Kurpräzipuums[417].

Noch häufiger war die Grundherrschaft auf Rentenbasis, wobei eigenwirtschaftliche Hübner, wohl in der Mehrzahl ehemalige Freie, der Abtei Lorsch Dienste und Abgaben aus den übertragenen Gütern leisteten. In den Ladenburger Wüstungen lag wohl diese Art vor, da es einen Lorscher Hof in Ladenburg nicht gab. In den Huben- und Zinslisten, die sich im letzten Teil des Lorscher Codex finden[418], hört sich das fürs 11. Jahrhundert in der engsten Nachbarschaft Ladenburgs folgendermaßen an:
In Leutershausen hatte das Kloster 12 Hofreiten, von denen jede 10 Eimer Wein (1 Eimer = 15 l, also 150 l x 12 = 1800 l = 1,5 Stückfaß), 5 Malter Weizen (1 Malter = 1200 l, also 60 Malter = 72.000 l), 4 Hennen mit 10 Eiern (48 Hennen mit 120 Eiern), 1 Ochse oder 1 Unze (1 Unze = 20 Denare, also 12 Ochsen oder 12 Unzen = 240 Denare) als Abgaben zu leisten hatten. Die Hübner[419] fronten 3 Tage in der Woche. Fronen hieß für das Kloster oder den Herrn arbeiten; wenn das abseits des Hubhofes geschah z.B. im Kloster oder bei einer Mühle, wie sie in Schriesheim, Leuterhausen, Großsachsen und Weinheim bestanden, mußten die Fronpflichtigen verpflegt werden. Sie fütterten je einen Ochsen vom Fest des heiligen Martin (11. 11.) bis Ostern. 2 Hofleute (Hübner) stellten je 2 Tischtücher, wobei ihnen die Leinwand geliefert wurde[420].
In Weinheim gab es 52 Hofreiten, von denen jede 1 Schwein im Wert von 5 Schilling, Schafe in gleichem Wert und 1 Osterschilling zinste (1 Schilling = 12 Denar), das heißt also 52 Schweine im Wert von 260 Schilling = 3120 Denare oder fast 1 Pfund Gold aufzubringen waren, dazu kam dasselbe für die Schafe und noch 52 Osterschillinge. 28 Hofreiten zinsten 28 Pferde und 10 Eimer Wein (280 Eimer = 4200 l), 16 Hofreiten zinsten 16 Schafe und je eine Henne mit 10 Eiern (also 16 Hennen mit 160 Eiern) und je 4 Pfennig/Denare (also 64 Denare) als Barabgabe. Ein Hübner pflügte alle Jahre 3 Morgen Akkerland und bestellte sie mit dem von der Herrschaft gelieferten Saatgut. Von den 8 Weinheimer Mühlen mußten 8 Schweine gemästet werden. Von 2 Huben zinste jede 1 Ochsen. Von den freien Männern und Frauen wurde ein Zins von 2 Talenten und 8 Unzen erbracht (1 Talent = 12 Unzen = 20 Schilling = 240 Denare)[421].

Im Unterschied dazu waren es in Botzheim und Zeilsheim im 12. Jahrhundert nach den

Hubenlisten nur noch bescheidene Reste der ursprünglichen Schenkungen, was dem Gesamtbild des Lorscher Bestandes als einer Verlustgeschichte entsprach und was ja auch in dieser Zeit für die Abtei zu Krisen führte.

### Die wirtschaftlich-technische Seite der Grundherrschaft

Nun interessiert noch ein Blick auf die wirtschaftliche Seite der Grundherrschaft, d.h. die landwirtschaftliche Technik und Produktion; denn Wirtschaft hieß fast ausschließlich Landwirtschaft. Handwerkliche Tätigkeit wie die des Schmiedes, des Müllers oder des Zimmermanns, die nachgewiesen ist, war direkt auf die Landwirtschaft bezogen. Auch hier bilden die Lorscher Urkunden eine reiche Quelle, die durch weitere frühmittelalterliche Quellen nur ergänzt zu werden braucht, um ein deutliches Bild der lokalen Verhältnisse in Ladenburg und seiner unmittelbaren Nachbarschaft zu liefern; denn auch in Ladenburg war damals und noch länger als tausend Jahre die Landwirtschaft die vorherrschende Erwerbsquelle.

Im frühen Mittelalter veränderte sich die Landwirtschaft tiefgreifend gegenüber den überkommenen römischen Verhältnissen, die wie überall Grundlage und Ausgangspunkt bildeten. Die Veränderungen gingen allmählich vor sich, Altes starb ab oder wurde aufgegeben, sehr auffällig etwa die Villa rustica. Andere Getreidearten und Anbaumethoden setzten sich durch und neue effektivere Werkzeuge verbesserten die Arbeitstechnik und damit den Ertrag. Gepflegt und weitergegeben wurden die antiken Handwerkstechniken im Mühlenbau, in der Steinbauweise, in der Keramik und in der Metallverarbeitung, dies alles aber eher reduziert, an Städte und vor allem an Klöster gebunden, deren wirtschaftlich-technische Bedeutung man gar nicht überschätzen kann.

Übernommen und ausgebaut wurde der Weinbau, der im Lobdengau nach dem Zeugnis der Urkunden an der Bergstraße intensiv und mit hohen Erträgen betrieben wurde, aber auch in fast jedem Dorf der Ebene erwähnt wird[422]. Wein wurde ganz sicher auf größeren Flächen als zur Römerzeit angebaut, ja er expandierte, wie die häufigen Schenkungen von Grund und Boden zur Neuanlage von Weinbergen beweisen[423]. Eindeutig germanischen Ursprungs ist das Bier, das z.B. in Seckenheim, Kloppenheim, Ilvesheim, Mannheim, Schwabenheim, Botzheim und vielen anderen Orten anfiel[424]. Dieses zu brauen, war Sache der Frauen. Im Kloster wurde es gerne wegen seiner sedierenden Wirkung getrunken. Es war allerdings nicht gehopft und mußte schnell verbraucht werden im Unterschied zum haltbareren Wein, der auch über größere Strecken transportiert werden konnte.

Die römischen Getreidearten Emmer und Dinkel traten zurück, Roggen und der spelzlose Saatweizen – *siligo* und *triticum*[425] setzten sich durch, und zwar so sehr, das sich der Sammelbegriff Korn = Roggen[426] für alles Brotgetreide einbürgerte. In der Technik des Getreideanbaus kam es zu den umfassenden Neuerungen. Völlige Neuerfindungen waren die Sense, die gegenüber der römischen Sichel, mit der man nur die Ähren abschnitt, den bodennahen Schnitt erlaubte und damit eine breite Verwendung des Strohs als Rohstoff für die Dachdeckung, Flechtwerk und Matten sowie als Einstreu für die Winterstallung des Viehs – auch eine Neuerung – ermöglichte. Das lang geschnittene Getreide wurde zu Büscheln verbunden, auf dem Feld zum Trocknen zu Puppen oder Mandeln zusammengestellt und dann in die Scheunen befördert. Es konnte auf der Tenne in den Wintermonaten gedroschen werden; denn auch der Dreschflegel ist eine Erfindung der Merowingerzeit, durch den die dreschenden Tiere, die im Kreis über die Ähren getrieben wurden und so die Körner heraustraten, ersetzt wurden. Die Einstreu schließlich verband sich mit den Ausscheidungen der Tiere zu Stallmist, der ein so begehrter Dünger war, daß königliche Verordnungen es den Hübnern verboten, ihn an Dritte zu verkaufen[427]. Schließlich kamen noch Gerste – *hordeum*[428] und Hafer – *avena*[429] dazu, jene zum Bierbrauen, dieser als Pferdefutter, aber auch als Vollkorngetreidebrei, der Grundlage für alle Mahlzeiten. Dazu diente auch die Hirse.

Da das Getreide die maßgebliche Ackerfrucht war, bestimmte seine Erzeugung die Organisation des Feldanbaus. Wie die zahlreichen Angaben in den Urkunden beweisen, ist die wichtigste Neuerung in der landwirtschaftlichen Arbeitsorganisation die Dreifelderwirtschaft, die vom frühen Mittelalter bis in den Anfang des 19. Jahrhunderts den bäuerlichen Arbeitsrhythmus prägte. Ihrer ersten ausdrücklichen Erwähnung in einer karolingischen Urkunde aus dem Jahr 763 folgen viele Bemerkungen in späteren. So heißt es z.B. von einem Hörigen, daß er in jedem Jahr für zwei Fruchtfolgen pflügen mußte[430], oder für die Wintersaat heißt es, daß man im Juni und wiederum an Mariae Geburt (8.September) pflügen mußte, um am Remigiustag (1.Oktober) die Saat einbringen zu können[431]. Diese und zahlreiche ähnliche Angaben haben nur im Bezug auf die Dreifelderwirtschaft einen Sinn. Die frühere Forschung ging davon aus, daß sich die Dreifelderwirtschaft[432] erst im hohen Mittelalter durchgesetzt habe. Inzwischen wird sie schon für die frühe Zeit der fränkischen Landnahme angenommen[433].

Für die Dreifelderwirtschaft wurde das Akkerland der Gemarkung in drei gleiche Teile geteilt, die in der nachstehenden Reihenfolge bearbeitet wurden: Sommerfrucht, Brache, Winterfrucht, Brache usw. Die Sommerfrucht (Gerste und Hafer) wurde im März eingesät und im August geerntet, dann wurde das Stoppelfeld umgebrochen, daher „Brache", und der Beweidung und Düngung durch Schafe übergeben, um dann nach vierzehn Monaten im Oktober gepflügt und mit Winterfrucht (Roggen und Weizen) eingesät zu werden. Diese wurde im Juli geerntet und darauf einer achtmonatigen kürzeren Brache unterworfen, um im März wieder mit Sommerfrucht eingesät zu werden usw. (siehe untenstehende Tabelle zur Dreifelderwirtschaft).

Die gesamte Feldflur war in drei Schläge oder Esche (A,B,C)[434] eingeteilt, die einem dreijährigen Rhythmus unterworfen waren. Wenn Feld A für die Sommerfrucht gepflügt wurde, dann war Feld B in Brache und trug Feld C die Wintersaat. So standen in jedem Sommer die Erträge von zwei Schlägen zur Verfügung, andererseits hatte jeder Schlag 22 Monate, beim kürzeren Durchgang 10 Monate zur Bodenerholung. Die Schläge mußten im Flurzwang angebaut werden, da es keine Feldwege gab und man das Überfahren von eingesätem Land vermeiden wollte. Die Schläge waren in Gewanne eingeteilt, die sich aus der Bodengüte und seiner natürlichen Gestalt wie Erhebungen, Senken, Wasserläufe, Hecken, Feldbäume, Horste, wie sie in den Flurnamen namhaft gemacht wurden, ergaben. Diese Ge-

***Tabelle zur Dreifelderwirtschaft***

| Nutzung | Pflügen | Ernte/Ende der Brache | Dauer |
|---|---|---|---|
| Sommerfrucht | 1. J 3. M | 1. J 8. M | 6 Monate |
| Brache | 1. J 9. M | 2. J 10. M | 14 Monate |
| Winterfrucht | 2. J 11. M | 3. J 7. M | 9 Monate |
| Brache | 3. J 8. M | 4. J 3. M | 8 Monate |
| Ein Durchgang pro Schlag | | | 36/37 Monate |

oder ein **kürzerer Durchgang**

| Nutzung | Pflügen | Ernte/Ende der Brache | Dauer |
|---|---|---|---|
| Sommerfrucht | 1. J 3. M | 1. J 8. M | 6 Monate |
| Brache | 1. J 8. M | 1. J 9. M | 2 Monate |
| Winterfrucht | 1. J 10. M | 2. J 7. M | 10 Monate |
| Brache | 2. J 8. M | 3. J 3. M | 8 Monate |
| Ein Durchgang pro Schlag | | | 26 Monate |

wanne wurden durch die neue Erfindung des schweren, geräderten Wendepflugs hervorgebracht. Zwei Ochsen oder auch Pferde zogen diesen Pflug, der eiserne Sechmesser und die Scholle wendende Pflugscharen hatte[435] und regelmäßige, parallele Furchen bildete. Vier Ochsen wurden bei schwerem Gelände oder der Urbarmachung eines Bifangs vorgespannt. Die Zugleistung des Pferdes[436] wurde erst richtig effektiv durch die fränkische Erfindung des Kummet, das einen mit Leder bezogenen, gefütterten und der Pferdeanatomie (natürlich auch der der Rinder beim Rinderkummet) angepaßten hölzernen Halsring darstellt, an dem das Geschirr befestigt wird. In der Antike wurden die Siele um den Hals des Pferdes geschlungen, wodurch der Zugleistung des Pferdes engste Grenzen gesetzt waren, wollte es sich nicht beim Ziehen strangulieren. Deshalb waren in der Antike Ochsen unterm Joch die normalen Zugtiere. Mit dem Kummet wurde die Brust- und Halsmuskulatur des Pferdes belastet, so daß das Tier seine enorme Kraft gerade auch zum Tiefpflügen der Bifänge voll einsetzen konnte.

Der Pflug konnte an der ursprünglich natürlichen Grenze eines Pfluglandes durch Umstecken der schneidenden Teile aus Eisen und durch Umkippen des Pflugsterzes einfach gewendet werden. Von diesem Wenden des Pfluges stammen die Bezeichnungen Gewann[437] und Anwender. Diese Gewanne, die durch das Pflügen ihre je eigene, leicht erkennbare Form[438] hatten und so voneinander unterschieden werden konnten, waren die Äcker je eines Hofes; ihre Lage in der Esch wurde genau wie die der Hofreite im Dorf durch die Nennung der Angrenzer definiert[439]. Jeder Hof hatte damit Anteil an jedem der drei Schläge, was die auffällige Tatsache erklärt, daß es sich bei Einzeltraditionen um relativ kleine Felder in Gemengelage handelte, wie Schenkungen in den Urkunden deutlich verraten. Auch hier hält die frühere Auffassung, daß die Kleinräumigkeit unserer Feldflur erst eine junge, durch Erbteilung hervorgebrachte Erscheinung sei, dem Befund der Urkunden nicht stand.

Die Feldarbeiten mußten von allen Bauern gleichzeitig auf ihren Äckern eines Schlages getan werden, was Regelungen und Absprachen erforderte. Diese ordnete im Falle einer Gutswirtschaft des Grundherrn der Verwalter oder »Meier« gegenüber den Hübnern an. Im Falle eigenverantwortlichen Wirtschaftens von freien oder leibeigenen Pächtern mußte dies in freier Vereinbarung geschehen, was zur genossenschaftlichen Dorfgemeinschaft, der Gemeinde = Allgemeinheit, führte, wie sie seit dem Hochmittelalter überall greifbar ist. Die gleiche Notwendigkeit einvernehmlichen Arbeitens ergab sich auch aus der Nutzung der Allmende. Das Recht, schon mit der Schenkung von Grundstücken – bei ganzen Huben ist dieses Recht selbverständlich – *pertinentia* – Allmendnutzen mitzuerwerben, war so wichtig, daß seine Erwähnung bereits formelhaft geworden ist. Wahrscheinlich lag hier auch einer der Gründe für die Aufgabe der antiken Gutshöfe und die fränkische Ansiedlung in Dörfern[440].

### Viehzucht, Fischfang, Gartenbau

Neben dem Ackerbau hatte die Viehzucht große Bedeutung, zumal sie weniger von der Gunst des Wetters abhängig war. Deutlich unterschieden wurden Wiesen und Weiden; als Teil der Allmend dienten diese vom Frühjahr bis zum Herbst als Viehweide, jene der Heugewinnung für die Überwinterung des Viehs in Ställen[441]. Logischerweise waren die Wiesen nicht Teil der Allmend, sondern gehörten wie die Äcker zu den einzelnen Höfen. So erscheinen sie auch in den Urkunden. Gemessen wurden sie nach Fuhren Heu – *carada feni,* wobei eine bis anderthalb Fuhren einem Morgen entsprach. Die sorgfältige Wiesenpflege wurde ebenfalls erst durch die Sense ermöglicht, die einen bodennahen Schnitt lieferte, so daß sich bald die typische artenreiche Wiesenflora entwickeln konnte, die seit Jahrhunderten ein Kennzeichen deutscher Kulturlandschaft ist und aus dieser Zeit stammt. Die regelmäßige Erwähnung von Wiesen und Weiden in den Urkunden weist auf die große Bedeutung der Viehzucht hin, obwohl Tiere direkt seltener genannt werden. Diese erscheinen vielmehr als Zubehör bei der Verschenkung von Hörigen; so waren gerade die Viehzucht und der Hirtendienst Sache von Hörigen[442], die Schweine-, Schaf-, Rinder- und Pferdezucht mit Beweidung und Stallung im Winter wohl auch als selbständige wirtschaftliche Einheiten betreiben konnten[443]. Ein Gestüt wird eigens in Oppau[444] erwähnt, für Herrenhuben die Stellung von Pferden für den Verkehr im Reich oder für den Kriegsdienst außerhalb der Reichsgrenzen[445].

Rinder und Pferde waren kleinwüchsiger als zur Römerzeit[446]. Nach der salfränkischen Ordnung umfaßte eine Pferdeherde 7–12, eine Rinderherde 12–25 Tiere. Rinder waren hochgeschätzt: Ein Ochse war eine Unze = 27 gr Silber wert. Die zentrale Bedeutung der Rinder lag in der Lieferung von Milch, Butter, Käse, Leder, Horn und Fleisch, von der Arbeitsleistung ganz abgesehen. Hauptfleischlieferant war jedoch das Schwein. Ferkel und Mutterschweine wurden in Koben, dorfnahen, umzäunten Schweineweiden, gehalten, die der *porcorum custos*[447], der Schweinehirt, betreute. Im Herbst trieb er die Schweine in die *silva fructuosa* – den fruchtbaren Wald, d.h.: Laubmischwald im Unterschied zum unfruchtbaren Nadelwald. Dort fraßen sich die Schweine mit Eicheln, Bucheckern, Beeren und Pilzen, aber auch Wurzeln, Engerlingen, Würmern, Mäusen und Insekten den Winterspeck an, um im November und Dezember geschlachtet zu werden. Das war so selbstverständlich, daß die Größe eines Waldes nach der Zahl der Schweine, die er ernährt, gemessen wird[448]. Neckarau z.B. erscheint im Prümer Urbar als wichtiger Schweineerzeuger, was bei der Insellage dieser Grundherrschaft im Neckardelta mit ihren Auwäldern nahe lag. Jede der 30 Litenhuben hatte im Herbst 3 schlachtreife Schweine zu liefern, Neckarau insgesamt also 90. Aus der Tatsache, daß hier der Gegenwert der Schweine in Geld – 1 Schwein = 20 Denare (Pfennige) = 26 gr Silber – angegeben ist, kann man folgern, daß das weit entfernte Kloster Prüm auch mit dem Erlös aus dem Verkauf von Schweinen durch den villicus zufrieden war[449]. Dieser Verkauf fand wohl auf den Märkten naher Städte, darunter sicher auch in Ladenburg, statt. Als transport- und lagerfähige Produkte der Schweinezucht werden erwähnt: *adeps* – Schmalz[450], und *bacho* – Schinken, Speckseite[451]. Lorsch erhielt allein aus Heppenheim, Bensheim, Michelstadt und Mörlenbach im Jahr 149 zweijährige Schweine[452]. Auch die Geflügelhöfe, die wohl Sache höriger Frauen waren, hatten eine große Bedeutung. Eier, Hennen, Kapaune und Mastküken gehörten zu den häufigsten Abgaben überhaupt[453].

Ergänzt wurden die Produkte der Viehzucht durch die Erträge des Fischfangs. Gerade die Rechte an stehenden und fließenden Gewässern, die es damals bei dem hohen Grundwasserstand, den unregulierten Bächen und den vielen Altwassern in jedem Dorf gab, beinhalteten natürlich den Fischfang[454]. Im großen Stil als *Venne,* d.h. als Fang mit Fischwehren und Netzen, ist er wieder für Neckarau bezeugt[455]. In Edingen und Wieblingen werden Fischteiche und das Fischereirecht erwähnt[456]. Zu den Wasserrechten gehört natürlich auch der Mühlenbau. Überall an den Bächen der Bergstraßenorte Wiesloch[457], Handschuhsheim[458], Schriesheim[459], Leutershausen[460], Weinheim[461], aber auch an Neckar und Rhein[462] werden Mühlen gestiftet, deren Betreiber ebenfalls Hörige sind. Dazu sind Stauwehre und andere Wasserbauwerke nötig, deren Errichtung am Mühlenrecht hängt. Wie fortgeschritten die technische Entwicklung dieser Wassermühlen war – hier ein unterschächtiges Mühlrad nach spätrömischem Vorbild – zeigt der Fund einer im Wasser verankerten, schwimmenden Doppelmühle von Gimbsheim, deren Bau nach der Dendrochronologie auf 760 zu datieren ist[463]. Dadurch erhalten die Hinweise in den Urkunden auf Errichtung von Stauwehren zum Mühlenbau an Neckar und Rhein erst ihr Gewicht. Zu denken ist auch an den Seckenheimer Ortswüstungs- und späteren Flurnamen Mallau – *Molinowa* = Mühlinsel, der ebenfalls schon in den Lorscher Urkunden belegt ist[464].

In Dorfnähe liegen Gärten – *hortus, pomarium,* in denen Gemüse und Obst erzeugt werden. Obstbäume – *arbores pomiferae* (Apfel- und Birnbäume) oder *arbores fructiferae* (Fruchtbäume). Nach dem berühmten *capitulare de villis* – Gesetz über die Güter Karls des Großen von 792/800 gab es die Apfelsorten: *Gosmaringer, Geroldinger, Krevedellen, Speyeräpfel, süße und sauere, durchweg Daueräpfel, ferner solche, die man bald verbrauchen muß, nämlich Frühäpfel. Drei bis vier* Arten von Dauerbirnen, süßere und mehr zum Kochen geeignete und späte[465].

Weitere Gartenfrüchte sind *allium* – Knoblauch, *cepa* – Zwiebel, *legumina* – Hülsenfrüchte wie Bohnen, Erbsen und Linsen[466], *porcus* – Lauch, *cucumer* – Gurke und *pepo* – Melone[467]. Wandalbert, ein Mönch des Klosters Prüm, dichtete im Jahre 848 ein Lehrgedicht über den Landbau im Laufe des Jahres und nennt als gängige Früchte: Erdbeeren, Lattich, Zwiebeln, Erbsen, Bohnen, Linsen, Kohlarten, Kirschen, Pflaumen, frühe und späte Birnen und Äpfel, Feigen, Pfirsiche und Nüsse. Gerade die letzten weisen ja in ihrem Namen: „Wal"-nüsse bis heute auf ihren welschen Ursprung. Die großen Klöster sind landwirtschaftliche Musterbetriebe, in den Klostergärten haben wir Baumschulen und gärtnerische Veredelung und Züchtung durch Pfropfung und Kreuzung. Dort wurde auch die Imkerei gepflegt. Honig und Wachs waren hochgeschätzt zur Beleuchtung und zur Süßung der Speisen. Zu nennen ist hier der berühmte Lorscher Bienensegen, eines der ältesten althochdeutschen Sprachdenkmäler aus unserer Gegend – durchaus heidnisch-magische Beschwörung schwärmender Bienen in christlichem Gewand: *Kirst, imbi ist hucze ... sizi, sizi, bina – inbot dir sancta Maria. Hurolob ni habe du – zi holze ni fluc du, noh du mir intrinnest – noh du mir nintuuinnest. sizi vilo stillo – wirki godes willo –*[468] Christus, die Imme[469] ist haus[470] ... sitze, sitze, Biene, gebot dir sancta Maria. Urlaub darfst du nicht haben, zu Holze (in den Wald) darfst du nicht fliegen, noch darfst du mir entrinnen, noch dich mir entwinden. Sitze ganz stille und wirke Gottes Willen![471]

„Somit kann schon für die Merowingerzeit von einer voll entwickelten landwirtschaftlichen Kultur ausgegangen werden, die alle vorteilhaften römischen Errungenschaften assimilierte." Das galt noch mehr für das 8. und 9. Jahrhundert, in denen uns nach den Lorscher Urkunden der Lobdengau als eine blühende Landschaft in der „Entwicklung zur Überschußwirtschaft" entgegentritt[472].

## Ladenburg als Hauptort des Lobdengaus im Frankenreich

### Stadt und Gau als Basis fränkischer Herrschaft

Ladenburg ist derjenige Ort im rechtsrheinischen unteren Neckarland, an dem im frühen Mittelalter der Merowinger die alte römische Struktur unseres Raumes am sichtbarsten und wirkungsvollsten weiterlebte[473]. Auf ihn sind die römischen Straßen von Worms, von Mainz, aus dem Neckartal und vom Neckarübergang beim späteren Neuenheim, aber auch aus dem Südwesten von Speyer her zentriert, Straßen, die selbstverständlich in dieser Zeit und noch Jahrhunderte später benutzt wurden. Sowohl der Rückgang der römischen Einwohnerschaft und die Aufgabe vieler *villae rusticae* in den Wirren des 3. und 4. Jahrhunderts als auch der Neuanfang einer Aufsiedlung der Landschaft erst durch die Alamannen, dann durch die Franken[474] änderte an der grundlegenden Position Ladenburgs für das ganze untere Neckarland nichts, im Gegenteil: Beide Entwicklungslinien, die Konzentration der provinzialrömischen Bevölkerung hinter den sicheren Mauern des römischen *Lopodunum* und der starke Zustrom der Neusiedler in die fruchtbaren Felder des Lobdengaus, verstärkten eher den Mittelpunktscharakter der Stadt. Darin hat natürlich die Namengebung für den fränkischen „Lobdengau" ihren Grund, dem die *civitas Ulpia Sueborum Nicrensium*[475] der Römerzeit nicht entsprach. Es steht nichts im Wege, diese geradezu regelhafte Entwicklung des frühen fränkischen Galliens auch für Ladenburg und den Lobdengau anzunehmen[476].

Das gilt für den Aufbau der Gebietsverwaltungen schon unter Chlodwig, nach der in den *pagi* – Gauen des Landes *comites* – Grafen als Stellvertreter des Königs für Römer und Franken zuständig waren, was die Franken übrigens von den Burgundern übernommen haben[477]. Dabei kann man sich für unseren Raum durchaus an das Wormser Burgunderreich erinnern. In den *civitates,* den Hauptorten der Gaue resi-

*Abb. 19: Die Luftaufnahme von 1970 zeigt sehr klar den ovalen fränkischen Kern des mittelalterlichen Ladenburg (Aufnahme: R. Häusser GDL, Freigabenummer 47/ 246).*

dierte der *iudex,* in Vertretung des Königs der oberste Richter und Notar eines Bezirks, der zur Ausstellung der notwendigen Dokumente eine Schreiberei unter sich hatte; denn auch die Schriftlichkeit der römischen Verwaltung blieb erhalten. Der Charakter Ladenburgs als *civitas* ist eindeutig belegt, wie wir unten sehen werden. Die Fortdauer eines romanischen, „welschen" Bevölkerungteils in der Stadt Ladenburg selbst (wie in anderen Römerstädten), folgerten wir aus der Untersuchung der Ortsnamensentwicklung. Aber auch außerhalb Ladenburgs gab es im Lobdengau beachtliche Teile romanischer Bevölkerung, vor allem auf ehemals römischem Fiskalbesitz, der ebenso wie die Stadt in die Hand des fränkischen Königs als des Rechtsnachfolgers des römischen Kaisers übergegangen war. „Die fränkische Landnahme ging mit einer Art von römischer Restauration einher"[478], indem die Merowinger Städte und Fiskalbesitz als Königsgut übernahmen. Die fränkische Aufsiedlung des Lobdengaus um den Mittelpunkt Ladenburg löste zweifellos einen langanhaltenden wirtschaftlichen Aufschwung aus, den die Lorscher Urkunden mit ihren reichen Schenkungen geradezu voraussetzen. Für eine römisch-fränkische Kontinuität sprechen nicht nur die Bodenfunde, sondern auch weitere indirekte Hinweise.

Dabei sind Worms und das untere Neckarland mit seinem Zentrum Ladenburg offensichtlich aufeinander bezogen. Diesen ganzen Komplex, einmal die beiden Städte, aber auch großen fränkischen Fiskalbesitz links und rechts des Rheins, können wir sicher fassen, wenn königlicher Besitz durch Schenkungen in andere Hände übergeht[479].

## Das fränkische Königsgut und die Wormser Kirche

Ein Überblick zeigt folgendes Bild: Worms war erst burgundische, dann zeitweise merowingische Residenz in der Zeit um 600, als sich in den merowingischen Thronwirren und Machtkämpfen zwischen den Königinnen Fredegunde und Brunichildis die letztere als Herrscherin Austrasiens (ermordet 613) auf Worms stützte[480]. In Worms gab es eine königliche Pfalz, die noch in der frühen Karolingerzeit häufig zu Hoftagen benutzt wurde, bevor sie 790 abbrannte. Diese Residenz stützte sich auf großen Grundbesitz in der Stadt und ihrer Umgebung – auch rechts des Rheins, wo sich z.B. gegenüber der Stadt die Heere für Kriegszüge in den germanischen Osten[481] sammelten. Dieses merowingische „Märzfeld" scheint zu einem Gerichtsplatz des Wormser Bischofs geworden zu sein[482].

In Worms gab es auch viele Königsleute, wohl römischen Ursprungs, die noch am Ende des 9. Jahrhunderts eine *societas parafredorum* – Pferde- und Reitgenossenschaft[483] bildeten, was einen starken Stützpunkt für den Boten- und Transportdienst des Königs anzeigt. In diesem Zusammenhang gewinnt sowohl der Ortsname Scarra[484] – heute Mannheim-Schar(hof) von ahd. *Scarra,* mhd. *schar* – Gefolge des Königs[485] als auch das für Oppau erwähnte Gestüt[486] eine neue Bedeutung. Oppau lag übrigens damals rechts des Rheins und gehörte zum Lobdengau. Schar kam über die Rupertiner als ganzes an Lorsch, und in Oppau hat auch das Wormser Martinsstift ein Gut und die Pfarrkirche ein Martinspatrozinium, all das Kennzeichen großer Königsnähe!

Einen Parallelfall für fränkisches Fiskalland haben wir im Bereich der Neckarmündung, die damals noch bei Neckarau lag[487], wo die valentinianische Festung Altrip mit ihrem rechtsrheinischen Brückenkopf[488] ebenfalls von einer Ansiedlung von vielleicht noch romanischen Königsleuten, der *curtis Naucravia* – dem Königshof Neckarau mit seinen 30 Litenhuben[489] flankiert war. Königsgut gab es u.a. in Seckenheim, nämlich die Kirche[490], in Hermsheim[491], die Kirche in Edingen (St. Martin als Patron!), Zinsland in Neckarhausen und in Ilvesheim, die Rheinfischerei in der Godenowa bei der Wüstung Hohenstadt[492], in Wallstadt und in Weinheim[493] in Sandhofen[494], in Oppau und Edigheim[495], in Mannheim[496], in Viernheim[497], in Handschuhsheim[498]. Erwähnenswert ist hier noch Heppenheim, das mitsamt dem nördlichen Teil des Odenwaldes, der Heppenheimer Waldmark, zur Gänze dem König gehörte[499]. Auch Lampertheim, in dem wie in Ladenburg keine Schenkungen an Lorsch erfolgten, war schon im 7. Jahrhundert in Wormser Hand[500].

## Ladenburg als politisches Zentrum im unteren Neckarland

Aus dieser sicher lückenhaften Übersicht – denn erfaßt kann nur werden, was aus der Hand des Königs weggegeben wurde – geht hervor, daß das königliche Fiskalland im Lobdengau dicht an dicht lag. Dazu gehörte Ladenburg als ganzes, in dem das natürliche Zentrum des Königsbesitzes zu sehen ist. Die nach einer etwas unsicheren Überlieferung bereits auf das Jahr 627/28 angesetzte Überlassung Ladenburgs an den Wormser Bischof gewinnt in diesem Zusammenhang größte Sicherheit, zumal wenn man sie noch mit dem fast völligen Freisein der Stadt von den rund 150 Jahre später einsetzenden Lorscher Schenkungen zusammen sieht.

Die „gefälschte" Urkunde aus dem 10. Jahrhundert[501] nennt als Aussteller König Dagobert I., von 623–629 König in Austrasien, von 629–634 im Gesamtreich und von 634–639 in Neustrien und Burgund. Schon die Söhne Chlodwigs hatten begonnen, durch Landschenkungen aus Königsgut an die Bischofskirchen von Reims, Metz, Verdun, Trier und Mainz die Voraussetzungen für die politische und wirtschaftliche Erschließung des oberrheinischen Raums zwischen dem Hunsrück und dem Taunus, dem Pfälzer Wald und dem

***Überblick über die in Ladenburg ausgestellten Urkunden***

| Nr. | Jahr | Ort der Austellung | Schreiber |
|---|---|---|---|
| CL 429 | 17. 7. 755/6 | *in v.Botzheim iuxta Lobetdenburc* | Hiebo |
| Ub Fulda nr.32 | 25. 6. 763 | *in Lobduna civitate* | Notbald |
| CL 281 | 22. 7. 765 | *in Lobodone castro* | Donadeus |
| CL 274 | 13. 11. 765 | *in Lobdenensi civitate publica* | Hassi |
| CL 226 | 17. 11. 765 | *in Loboduna civitate publica* | Alapsi |
| CL 673 | 17. 11. 765 | *in Lobduna civitate publica* | Notbald |

Odenwald zu schaffen[502]. Das muß wegen seiner zentralen Lage auch für Worms gegolten haben, obwohl dieses bei der schlechten Überlieferung nicht genannt wird, und erklärt die starke Präsenz der Wormser Kirche im Lobdengau und darüber hinaus.

Diese Politik der Abstützung der königlichen Macht durch die Bischöfe stieß in Austrasien auf den Widerstand des heimischen Hochadels, ein Widerstand, aus dem bekanntlich im 7. und 8. Jahrhundert die Macht der karolingischen Hausmeier in Austrasien mit dem Zentrum Metz erwuchs. Auch König Dagobert I. hatte besonders in seiner austrasischen Zeit diesen Konflikt auszutragen. Von hier aus erhält die Schenkung Ladenburgs an den damaligen Wormser Bischof Amandus gerade durch ihn, und zwar im Jahre seiner beginnenden Alleinherrschaft, die seinen Weggang nach Paris auslöste, große Wahrscheinlichkeit. Der Adel beantwortete diese königliche Politik übrigens mit Klostergründungen, wie es in unserem Raum die Widonen mit Weißenburg (um 660) taten. Noch die späte Gründung Lorschs durch die mächtigen Rupertiner[503], treue Parteigänger der Karolinger, kann auch dafür in Anspruch genommen werden. Das Neben- und Miteinander königlicher und Wormser Rechte (d.h. des Wormser Bischofs, des Domstifts, der Kollegiatsstifte) im rechtsrheinischen Vorland von Worms ist in Ladenburg und im ganzen Lobdengau, vor allem den Neckar entlang und an der Bergstraße fast die Regel und beweist das hohe Alter dieser Verbindung.

## Die Gerichtsschreiberei

Ladenburg war immer Stadt und als solche von einer anderen Qualität als die *villae, curtes, loci,* wie sie in den Katalogen der Klosterurkunden erscheinen. So wurde Ladenburg auch von den fränkischen Zeitgenossen verstanden, so wurde es bezeichnet. Bei allen Nennungen Ladenburgs wird seine Qualität als Stadt mitgenannt. Es heißt *civitas, castrum, castellum* oder in der deutschen Übersetzung dieser Begriffe *-burg*. In der ältesten Urkunde des Lorscher Codex überhaupt, die 755 in Botzheim (!) ausgestellt wurde und damit aus der Zeit vor der Gründung des Klosters stammt, heißt es: *Actum in villa Butthesheim iuxta Lobetdenburc XVI kl aug*[504] *... ego Hiebo pbr (presbyter) scripsi* – Ausgestellt im Dorf Botzheim bei Ladenburg am 17. Juli (755/6) ... ich der Priester Hiebo habe sie geschrieben.

Die wenigen Urkunden, die in Ladenburg ausgestellt worden sind (siehe obenstehende Übersicht), sind außerordentlich wichtig, da sie uns nicht wenig über die Rolle der Stadt im Lobdengau verraten. Einmal stammen sie aus den allerersten Anfängen des Klosters (endgültige Gründung 764). Von 755 bis zum 17.11.765, als die letzte Lorscher Urkunde in Ladenburg ausgestellt wurde, sind überhaupt nur 13 Urkunden für Lorsch überliefert, und zwar eine (die obige) 755, eine 764 und elf 765[505]. Ihre Schreiber sind bis auf Donadeus im Codex nur einmal vertreten. Keiner von ihnen war Klosterschreiber. Denn in dieser Aufbauphase des Klosters gab es noch keine

Schreibstube, kein eigenes *Scriptorium,* man mußte also fremde Schreiber holen. Das zeigt sich klar bei Donadeus, der mit seinem römischen Namen Mönch und Schreiber des Klosters Gorze war, aus dem Erzbischof Chrodegang von Metz ja die ersten Mönche für die Lorscher Abtei rekrutiert hatte. Er stellte die früheste Urkunde des Jahres 765[506] in Jouy aux Arches bei Metz aus, kurz darauf die obige am 22. Juli in Ladenburg und schrieb dann erst wieder am 25. Februar 777[507] in Lorsch und dann dort bis 804, allerdings mit längeren Unterbrechungen. In der Zwischenzeit war er wohl endgültig nach Lorsch übergesiedelt. Er schrieb als Einziger, wohl als Ortsfremder aus seinem unmittelbaren Augenschein: *in Lobodone castro* – in der Festung Ladenburg, was auf die unübersehbaren römischen Stadtmauern hinweist.

Die anderen vier Schreiber waren keine Mönche und lebten nicht in Lorsch. Hiebo und Hassi sagten von sich, daß sie Priester waren. Auch Notbald und Alapsi waren es wahrscheinlich, denn Schrift- und Lateinkundige waren fast ausschließlich Geistliche. Notbald wurde 766 in Handschuhsheim als Angrenzer genannt, war also dort Grundbesitzer[508], zudem erscheint er als Zeuge bei den Urkunden 226 und 274, die Alapsi und Hassi geschrieben haben. Von Hiebo gibt es noch andere Zeugnisse: Er wirkte von 755 bis 770[509] und wurde als *amanuensis* bezeichnet. Dieses lateinische Wort bedeutet ursprünglich Handlanger oder Gehilfe. Im späten römischen Reich ist es ein Amtstitel für einen Schreiber, Vorleser, aber auch Buchhalter für das Rechnungswesen. So wurde dieser Titel von der merowingischen Verwaltung übernommen. Aus dieser Tradition wurde der Urkundenschreiber oder Notar in den Kanzleien der rheinischen *civitates*[510] *amanuensis* genannt.

In Hiebo haben wir einen öffentlichen, d.h. städtischen Wormser „Notar", wahrscheinlich den letzten; denn nach 770 wurden Wormser Urkunden einmal vom Speyerer „Gaugerichtsschreiber"[511], dem *amanuensis* Geroin (757–784), oder dem Lorscher Klosterschreiber Samuel ausgestellt[512], der entweder nach Pfeddersheim zu seiner Amtshandlung gebeten[513] oder von den Stiftern in Lorsch aufgesucht wurde[514], obwohl es sich bei diesen, der Witwe Bloa und ihrem Sohn Hiltdiger, offensichtlich um Einwohner von Worms handelte, die zwischen 771 und 776 Hofreiten mit Gebäuden in Worms und Grundstücke auf Wormser Gemarkung der Abtei Lorsch schenkten[515].

Der Lorscher Schreiber Samuel[516] kam am 17. September 771 zur Beurkundung von CL 820 nicht in die Stadt Worms, sondern nach Pfeddersheim – Zufall oder weil Worms ein eigener Amtsbezirk und er dort ohne Amtsgewalt war, er also nicht *publice* – öffentlich = rechtswirksam urkunden konnte? Diese Überlegung wird gestützt durch den umgekehrten Vorgang, als nämlich der Wormser „Notar" Hiebo im Jahr 755 die Urkunde CL 429[517], ebenfalls nicht in Ladenburg, sondern im benachbarten Botzheim ausstellte. Hatte er in Ladenburg keine Amtsgewalt, so daß er dort nicht *publice* handeln konnte? Dafür sprechen die vier Ladenburger Urkunden, die 763 und 765 von Notbald, Alapsi und Hassi geschrieben wurden, und zwar, wie sie ausdrücklich betonten, wohl um ihre Befugnis zu unterstreichen: *in Lobodunal/Lobdenensi civitate publica* – in der lobdengauischen[518] Gerichtsbezirksstadt, *publicus* ist im Sprachgebrauch der Zeit immer öffentlich, königlich, „staatlich" im Unterschied zu *privatus.* Um das zu unterstreichen, steht auf Urkunden häufig ein *„publice*-Vermerk"[519], was da bedeutet, öffentlich–rechtswirksam[520].

In diesen drei Schreibern haben wir das am frühesten bezeugte Element und ein juristisch-administrativ eindeutiges Kennzeichen des Stadtcharakters von Ladenburg, wenn man so will, geradezu ein genuin städtisches Organ. Nach ihrem einhelligen Zeugnis war Ladenburg *civitas,* im fränkischen Reich gemeinhin die unbezweifelte Bezeichnung für eine Stadt, zudem hatte sie als solche den Rechtscharakter *publica,* was bedeutete, daß in ihr – und für den Lobdengau (noch?) nur in ihr – Rechtsgeschäfte *publice* – rechtswirksam vollzogen werden konnten, und schließlich benutzten die drei „Notare" ein ähnliches Urkundenformular, das darüber hinaus dem des Wormser *amanuensis* Hiebo ähnelte, und, wie H. Zatschek schon 1927[521] geklärt hat, auf ein einziges Formular zurückging. Da dieses Formular auch in der Mainzer Kanzlei[522] benutzt wurde, haben wir hier den entscheidenden Hinweis auf eine eigenständige städtische Tradition, in die sich Ladenburg einreihte[523]. Die Gemeinsamkeit dieser Schreiber beruhte auch darin, daß sie sich bei den *Pön-Formeln* (Strafandrohungen bei Brechung des in der Urkunde Verfügten) mit einer einfachen Nennung des Zornes Gottes begnügten, ganz im Unterschied zu den Anhäufungen der Rächenden bei den Lorscher Klosternotaren; so machen diese Urkunden einen „weltlicheren" Eindruck.

Wie wir gesehen haben, ist Notbald Grundbesitzer in Handschuhsheim, also ein freier Franke. Von Hassi und Alapsi, den beiden anderen „Notaren" oder *amanuenses*, die nur je einmal Urkunden im CL ausgefertigt haben, wissen wir nichts. Da sie jedoch keine germanischen Namen haben, konnten sie durchaus zu den romanischen Bewohnern Ladenburgs zählen, was ihrer Funktion als Gerichtsschreiber der Stadt sicher nicht hinderlich gewesen war; im Gegenteil wir hätten hiermit wieder einen Hinweis auf das Zusammenleben der Romanen mit den Franken, hier Hassis und Alapsis mit Notbald! Staab geht so weit, zu sagen, daß es aufgrund der Tatsache, daß sie in Ladenburg kurz nacheinander im November 765 je eine Urkunde schrieben, „so aussieht, als hätten sie zu dritt eine Gerichtsschreiberei in Ladenburg verwaltet."[524]

Für diesen Schluß spricht sehr viel. Als Amtskollege oder Nachfolger dieser drei Genannten erschien im Lobdengau in den folgenden Jahren 766 bis 768 Wiglar, den bereits 1886 Harry Breslau als Gerichtsschreiber angesprochen hat[525]. Wiglar hat im CL ein stattliches Corpus von 34 Urkunden verfaßt und urkundete ausdrücklich *publice* oder *loco publico*[526]. Er bezeichnete sich nie als Kleriker, vielmehr nannte er sich selbst einige Male *notarius*[527]. Er war in diesen frühen Jahren der Lorscher Abtei offensichtlich für den Lobdengau zuständig; denn 26 seiner Urkunden betreffen Orte des Lobdengaus, darunter die einzige für Ladenburg[528], übrigens seine letzte! Zwölf seiner Urkunden, und zwar die frühesten aus dem Jahre 766, sind zudem noch im Lobdengau geschrieben worden, die restlichen in Lorsch, eine Beobachtung, die interpretationsbedürftig ist.

Mit dieser Gerichtsbehörde haben wir einen Hinweis darauf, daß Ladenburg wie alle anderen civitates oder castra im gallo-römischen Raum Sitz eines *iudex* war. Das keltische *dunum* ist das lateinische *castrum* und weist auf den Festungscharakter[529] dieser zentralen Gauhauptorte hin; das fränkisch-althochdeutsche Wort dafür ist -burg[530], das die Kontinuität von der merowingischen in die karolingische Epoche hinein anzeigt[531].

Mit den oben analysierten Urkunden befinden wir uns im letzten Drittel des 8. Jahrhunderts, und zwar in einem tiefgreifenden historischen Umbruch, den der Übergang zu den Karolingern darstellte, der ja eigentlich als Usurpation des Hausmeiers Pippin im Bündnis mit dem römischen Stuhl anzusehen ist. Die merowingischen Herrschaftsstrukturen, für die in unserem Raum Worms und Ladenburg stehen, wurden durch neue abgelöst, die sich in erster Linie auf neugegründete, große Abteien wie Lorsch stützten. Die älteren fränkischen Strukturen waren römischer und weltlicher als die karolingischen. Im weiteren Schicksal der Ladenburger Gerichtskanzlei, das uns in den Lorscher Urkunden greifbar wird, können wir diesen Vorgang direkt verfolgen. Was geschah hier? Der Lobdengauer „Gerichtsschreiber" Wiglar – gemessen an seiner Funktion in unserem Sprachgebrauch ein zu geringer Titel – urkundete seit 767 fast ausschließlich in Lorsch, wobei er immer seine Funktion als *publice* – öffentlich rechtlich an einem *loco publico* arbeitender Notar betonte. Seinen Ladenburger „Dienstsitz"[532] nahm er nicht wahr, wenn es sich um Lorscher Urkunden handelte; denn Lorsch selbst ist kurz nach seiner Gründung, wahrscheinlich im Sommer 766, *locus publicus* geworden, so daß dort nun in dem sich allmählich ausbildenden Scriptorium rechtsgültig Urkunden ausgestellt werden konnten. Das machten nach Wiglars Ausscheiden (Tod 768?) Urkunden schreibende Mönche, von denen einer der ersten der og. Samuel war. Mit anderen Worten: Wie in Worms verschwanden auch in Ladenburg um 770 die weltlichen Notare und mit ihnen die Gerichtsschreiberei. Dieses seit der Antike entscheidende Merkmal einer *civitas* zog die Lorscher Kanzlei an sich, womit zweifellos ein Bedeutungsverlust Ladenburgs am Ende des 8. Jahrhunderts einherging, der einmal durch den unglaublich schnellen Aufstieg der Abtei Lorsch, andererseits aber durch die schon beschriebene Schwächung von Worms bedingt war.

## Der Bischof von Worms als Ortsherr in Ladenburg

Was war nun in Ladenburg in die Hand des Bischofs gelangt?[533] Nach der og. Urkunde von 628 die ganze Stadt Ladenburg (!), die Pfalz, Gebäude und Hörige, der Waldzins im Odenwald – gemeint war ursprünglich wohl der ganze Odenwald und nicht nur die spätere Ladenburger Waldmark bis zur Itter – und Nutzungsrechte im ganzen Lobdengau[534]. 798 bestätigte Karl der Große diese Urkunde unter Erweiterung der Wormser Rechte auf den Besitz von Zoll, Markt und alle Fiskalrechte mit Ausnahme der Leibesstrafen und der Grafschaftsrechte[535]. 829 wiederholte eine angebliche Urkunde Ludwigs des Frommen und Lothars die Schenkungen Dagoberts I., Sigeberts, Chilperichs und Pippins[536] und bestätigte ausdrücklich den Zoll in Ladenburg (und Wimpfen)[537]. Diese Reihe „gefälschter" Königsurkunden über Ladenburg zugunsten der Wormser Kirche schließt mit einem Diplom Ludwigs des Deutschen von 856, das Klagen des Wormser Bischofs Samuel (841–859) über Eigenmächtigkeiten königlicher Amtsträger vor allem im Hinblick auf den „Ladenburger Waldzins" im Odenwald voraussetzt[538]. Diese ganze Gruppe gefälschter Urkunden geht auf die Wormser Kanzlei unter Bischof Hildibald (979–998) zurück[539] und ist durch den 200 Jahre (795–1012) währenden Streit mit Lorsch um die Abgrenzung zwischen der Heppenheimer (Lorscher) und der Ladenburger Waldmark veranlaßt worden. Auch hier verlor Worms den größeren Teil des Odenwaldes an Lorsch. Das lassen die Wormser Diözesangrenzen, die noch das ganze Einzugsgebiet der Weschnitz, also den entwikkeltsten Teil der nunmehrigen Heppenheimer Waldmark, mit umfassen, deutlich erkennen[540]. Daß es überhaupt noch eine Ladenburger Waldmark gab, verdankte die Wormser Kirche nur der mächtigen Stellung Bischof Burchards (1000–1025) am Hofe Kaiser Heinrichs II.

Diese Rechte beinhalten den normalen Waldnutzen wie Holzeinschlag, Jagd und Weide, vor allem aber das Recht zur Urbarmachung und Aufsiedlung dieses großen menschenleeren Gebietes und damit die Möglichkeit, ein fürstbischöfliches Territorium zu begründen. Nicht zuletzt darum geht es auch bei den drei – nunmehr echten – Urkunden Kaiser Ottos des Großen (936–973). 953 gibt der Kaiser das letzte Drittel der Ladenburger Zolleinnahmen – *theloneum in castello Lobodenburg* – an den Bischof, die zwei anderen Drittel, die der Bischof schon von früheren Herrschern erhalten hat, werden ihm bestätigt[541]. 965 bestätigt der Kaiser dem Hochstift Worms und den diesem gehörenden Kirchen in Ladenburg (und Wimpfen) die *Immunität*, die ebenfalls schon von früheren Herrschern gewährt war. Dadurch ist die *familia* des Bischofs, d.h. die Kirchenleute in Ladenburg, von der Verpflichtung zur Heerfahrt befreit, es sei denn, daß der Bischof selbst ausrückt, *quando necessitas utilitati regum fuerit* – wenn es eine Notwendigkeit für den Nutzen der Könige geben sollte[542]. Schließlich ergreift Otto I. im Jahr 970 im Streit um den Odenwald für Worms Partei, indem er ihm bis zur Itter den ganzen Waldnutzen – *silvaticum* zuspricht, was allerdings noch keinen Bestand hatte! Für Ladenburg ist diese Urkunde die wichtigste; denn sie bestätigt ausdrücklich seine Zugehörigkeit zu Worms, und zwar als schon lange bestehenden Zustand[543]. Damit gewinnen die Behauptungen der „gefälschten" Urkunden doch ein großes Gewicht und bezeugen die bischöflichen Rechte in Ladenburg fast vom Beginn seiner mittelalterlichen Geschichte an.

## Die Kirchen

Was heißt nun der Besitz von Ladenburg durch den Bischof konkret? Dazu gehören in erster Linie die Kirchen[544]. Die erste urkundliche Erwähnung einer Kirche in Ladenburg[545] stammt von 787; ein ihr gehörendes Grundstück in Handschuhsheim ist als Anlieger erwähnt. Das Patrozinium dieser Kirche ist nicht genannt. In Ladenburg kommen vier Kirchen

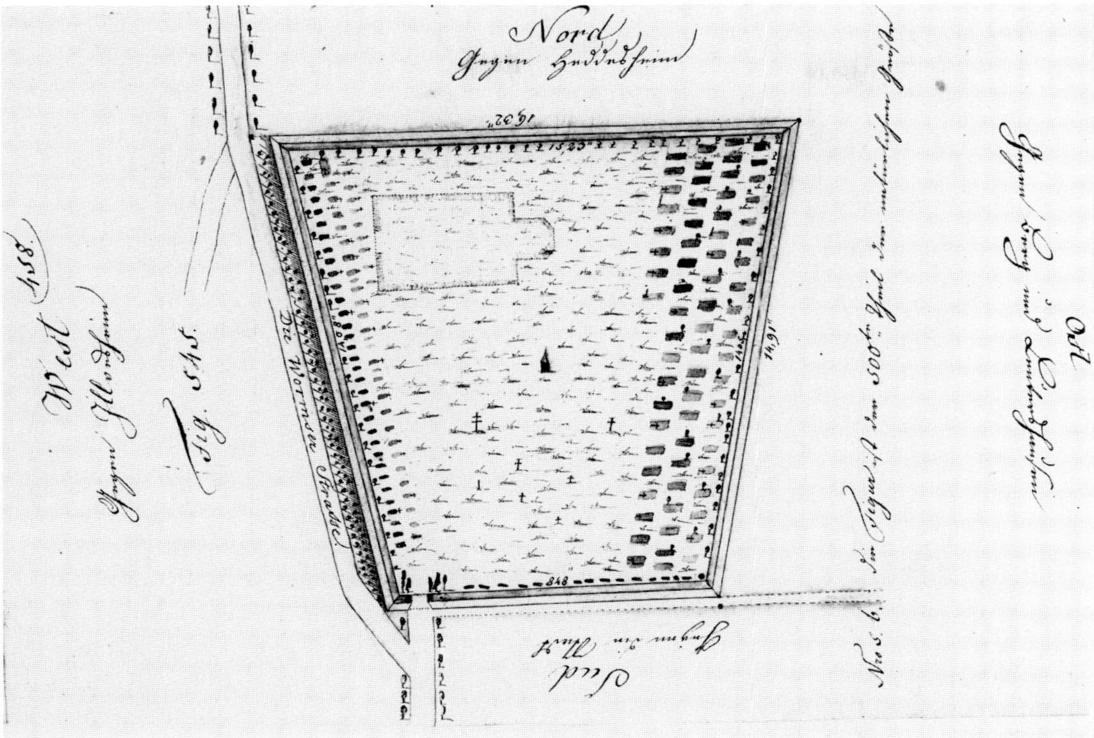


*Abb. 20: Grundriß der ehemaligen Martinskirche und des -friedhofs (Plan von 1822, GLA 66/4914).*

in Betracht: die (Zeilsheimer) Martinskirche im Norden vor der Stadt, die Botzheimer Mauritiuskirche im Südosten vor der Stadt, die Sebastianskirche und die Galluskirche, beide übrigens ebenfalls westlich und östlich vor der karolingischen Ummauerung. Außer St. Gallus weisen deren Patrozinien in die älteste Zeit der Wormser Mission. St. Martin ist bekanntlich der merowingisch-fränkische Staatsheilige[546] schlechthin, wodurch Martinskirchen in der Regel Königsgut anzeigen. Seine Verehrung in Worms[547] ist sehr alt. In Ladenburg ist eine alte Martinskirche als Friedhofskirche rund 200m nördlich der hochmittelalterlichen Stadt in Verlängerung des „Martins"tores anzusetzen. Nach einer Vermessung von 1822[548] sind Lage und Grundriß bekannt. Da Friedhofskirchen aufgrund ihrer „magischen" Qualität am ehesten überdauert haben[549], liegt wohl auch in Ladenburg hier die sehr alte Traditionslinie einer Kirche, die mit St. Martin verbunden ist. So befindet sich auch zwischen dem Martinstor und dem „Martinsfriedhof" ein merowingischer Friedhof[550]. Der heutige Friedhof an dieser Stelle hat somit eine über 1500-jährige Belegungstradition! Die Beziehung zu Zeilsheim ist eher so anzunehmen, daß sich diese fränkische Neugründung auf die vorhandene Ladenburger Friedhofskirche orientierte, als daß umgekehrt die Martinskirche als Pfarrkirche von Zeilsheim nachträglich errichtet worden wäre. Dafür spricht auch der kleine fränkische Reihengräberfriedhof westlich der Bahnlinie[551], der Zeilsheim zuzuordnen ist.

Parallel dazu ist die Mauritiuskirche im Gewann „Kirch"feld als Kirche des merowingischen Dorfes Botzheim zu sehen, deren Ruinen noch 1724 standen und in diesem Jahr vom Kurfürsten Karl Philipp einem pfälzischen Geheimen Rat zur Ausschlachtung für seinen Hausbau in Mannheim überlassen worden sind. Konrad Seel konnte 1947 an der Verfärbung des Getreides und dessen vermindertem Wachstum über den Kirchenmauern die Lage von St. Mauritius genau am „Kirchenweg" festhalten. Schaab legt das Mauritiuspatrozinium ins ottonische 10. Jh., als die Wormser Kirche enge Beziehungen zum Herrscherhaus und dessen Hauserzbistum Magdeburg mit seinem Mauritiusdom hatte[552]. Es ist aber auch hier mit guten Gründen an eine ältere Tradition zu denken; denn einmal hat Heukemes in diesem südsüdöstlichen Vorfeld des römischen

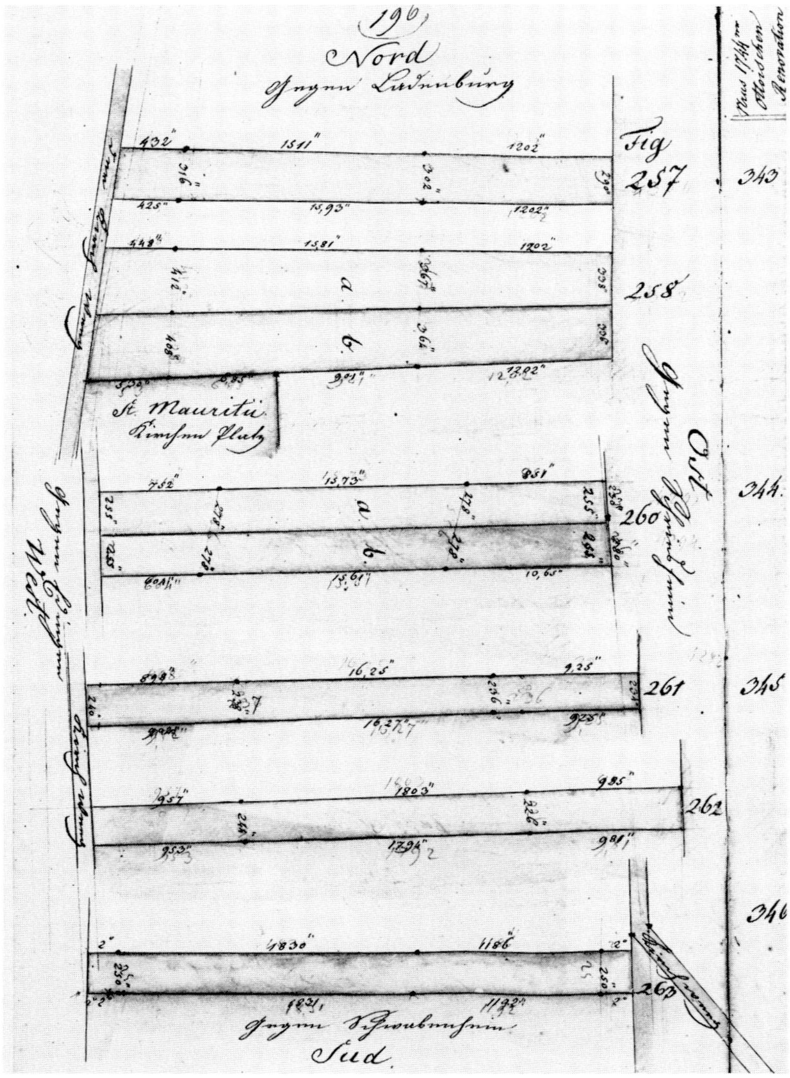


*Abb. 21: Gewann Kirchfeld mit Lage der ehemaligen Mauritiuskirche von 1744 (GLA 66/4914).*

Vicus zahlreiche Hinweise auf die römische Außenbesiedlung, aber auch beachtliche alamannische (!) Spuren entdeckt wie z.B. die Weiternutzung der Ziegelscheuer durch die Alamannen[553]; zum zweiten wurde im Kirchfeld 1986 und 1992 eine große Menge früh- und hochmittelalterlicher Keramik mit einem „bemerkenswert" hohen Anteil von Knickgefäßen aus dem 6. Jahrhundert gefunden, was die merowingische Anlage und Besiedlung von Botzheim bestätigt. „Jüngere Belege für hoch- und spätmittelalterliche Siedeltätigkeit an dieser Stelle fehlen fast gänzlich."[554] Schließlich genossen die spätrömischen Märtyrersoldaten Mauritius, mit der thebaischen Legion zwischen 280 und 300 hingerichtet, und Sebastian, als Tribun der kaiserlichen Garde unter Diokletian (284–305) hingerichtet, im christlichen Gallien höchste Verehrung[555]. Beide Heilige sind wohl aus diesem Grund Nebenpatrone des Wormser Petersdoms, was zwanglos ihr viel früheres Auftreten als Kirchenpatrone in Kirchen, die aus der Missionszeit herrühren, erklären kann. Darin läge nun auch die Parallele zur früheren Ansetzung der Sebastianspatrozinien in der Wormser Diözese.

Mit diesem Patrozinium kommen wir in den zentralsten Teil des wormsischen Ladenburgs, nämlich den Bischofshof mit der Sebastianskirche. Zwar ist das Patrozinium wieder erst 1266 genannt, was uns bei der schlechten Quellenlage der Wormser Kirche für diese Zeit nicht mehr wundert. Dieser Bericht über eine Gerichtsverhandlung auf dem *cimiterium sancti Sebastiani*[556] aus dem Jahr 1266 weist allerdings auf ihren hohen Rang hin, so daß mit ihr diejenige Ladenburger Kirche gemeint sein kann, deren Grundbesitz 787 in Handschuhsheim erwähnt wird. Das vorhandene Gebäude selbst gehört bis auf die Erweiterung des spätgotischen Chors (1474) mit wesentlichen Teilen in die karolingische und ottonische Zeit[557]. Der Verbindungsbau zwischen dem nördlichen karolingischen Querhausarm und dem Turm stammt aus der Mitte des 11. Jhs. Der Verbindungsbau wurde damals mit romanischen Blendbögen verkleidet. Dabei hat man zwei karolingische Spolien als Pfeiler und Pfeilerbasis verwendet, die zeitlich und formal in die Nähe der Lorscher Torhalle zu rücken sind. Zu dem romanischen Umbau zählen ebenfalls Masken in Gestalt apotropäischer Tierfratzen an Turm und Zwischenbau. Dachgeschoß und Dach des Turmes dagegen gehören ins frühgotische 13. Jahrhundert[558]. Merkwürdig ist die steinerne achteckige Dachpyramide, die der Kirche ein sehr altertümliches Aussehen verleiht. Diese steinernen Turmdächer sind eine Wormser Besonderheit (Dom und Pauluskirche), deren Herkunft auf orientalische Einflüsse (über die Kreuzzüge) zurückgeführt wird.

Nun führen die Funde, die Heukemes 1969/70 gemacht, aber noch nicht veröffentlicht hat, wesentlich weiter hinauf. St. Sebastian und das westlich daran anschließende Palatium, der „Saal", haben gemeinsame Fundamente aus dem 9. Jahrhundert. Aus dieser Zeit stammen die zahlreichen[559] karolingischen Funde, die

Hermann Gropengießer und Georg Weise bereits 1911 im Bereich des „Saals" gemacht haben. 1971/73 hat Berndmark Heukemes dort weitere Funde gemacht und setzte die Datierung der Fundamentmauer von St. Sebastian aufs frühe 9. Jahrhundert, als übrigens wieder eine starke Sebastiansverehrung in der Wormser Diözese einsetzte[560].

Als Vorgängerbau dieser Kirche ist ein Holzbau anzusetzen; denn es ist völlig unwahrscheinlich, daß das Palatium keine Kapelle gehabt haben soll! Spuren einer hölzernen Vorgängerkirche sind allerdings nicht zu erwarten. Ihr Vorhandensein erscheint inzwischen aber höchst wahrscheinlich durch den Fund eines ganz erhaltenen, rollstempelverzierten merowingischen Knickwandgefäßes, das nur zu den Beigaben eines Grabes aus dem 6. Jahrhundert gehört haben kann; auch zwei weitere Scherben von Gefäßen des 7. Jahrhunderts könnten von solchen Beigaben herrühren. Diese ältesten Gräber selbst, unter denen auch das Stiftergrab der merowingischen Kirche zu vermuten ist, sind durch die ununterbrochene Neuanlage von Gruften in späteren Jahrhunderten – bis ins späte 17. Jh. durch das Grab des Wormser Bischofs Ludwig Anton von Pfalz-Neuburg (1691–1694)[561] tiefgreifend gestört worden.

Dazu kommen zahlreiche Körpergräber dicht nordöstlich von St. Sebastian. Diese waren geostet und in Kirchennähe z.T. als Steinplattengräber angelegt, was auf das frühe 8. Jh. hinweist. Sie gehören in die früheste Zeit des dortigen Friedhofs – des 1266 genannten *cimiterium Sancti Sebastiani*[562], der vorzugsweise den Angehörigen des Bischofshofs diente. Einige Gräber wurden im 11. Jh. vom Bau des Turmes überlagert. St. Sebastian in Ladenburg scheint sich damit zwanglos in die Reihe jüngerer Beobachtungen über inzwischen so genannte „Kirchengräber" aus dem sehr frühen Mittelalter einzuordnen. Diese Kirchengräber gehören parallel zu den schon länger bekannten Goldblattkreuzen in die nach 500 von den Franken betriebene Mission bei den Alamannen Südwestdeutschlands. Dort fanden sich im Innern der frühesten Kirchen Adels- und Priestergräber; denn zuerst und vorbildhaft schloß sich der Adel der neuen Religion an, was übrigens durch den Urkundenbefund des CL eindrucksvoll bestätigt wird.

Die Sitte der Bestattungen in und bei Kirchen kam nach 500 im Frankenreich zwischen Seine und Niederrhein wohl eindeutig im Zusammenhang mit dem Übertritt der Franken zum Katholizismus auf und verbreitete sich vom 6. bis zum 8. Jahrhundert rheinaufwärts bis in die Schweiz und nach Bayern. Die Kirchen, zu denen die „Kirchhöfe" gehörten, wa-

*Abb. 22: Bischofshof mit St. Sebastian und dem Saal um 1100 (Grundrißzeichnung von B. Heukemes).*

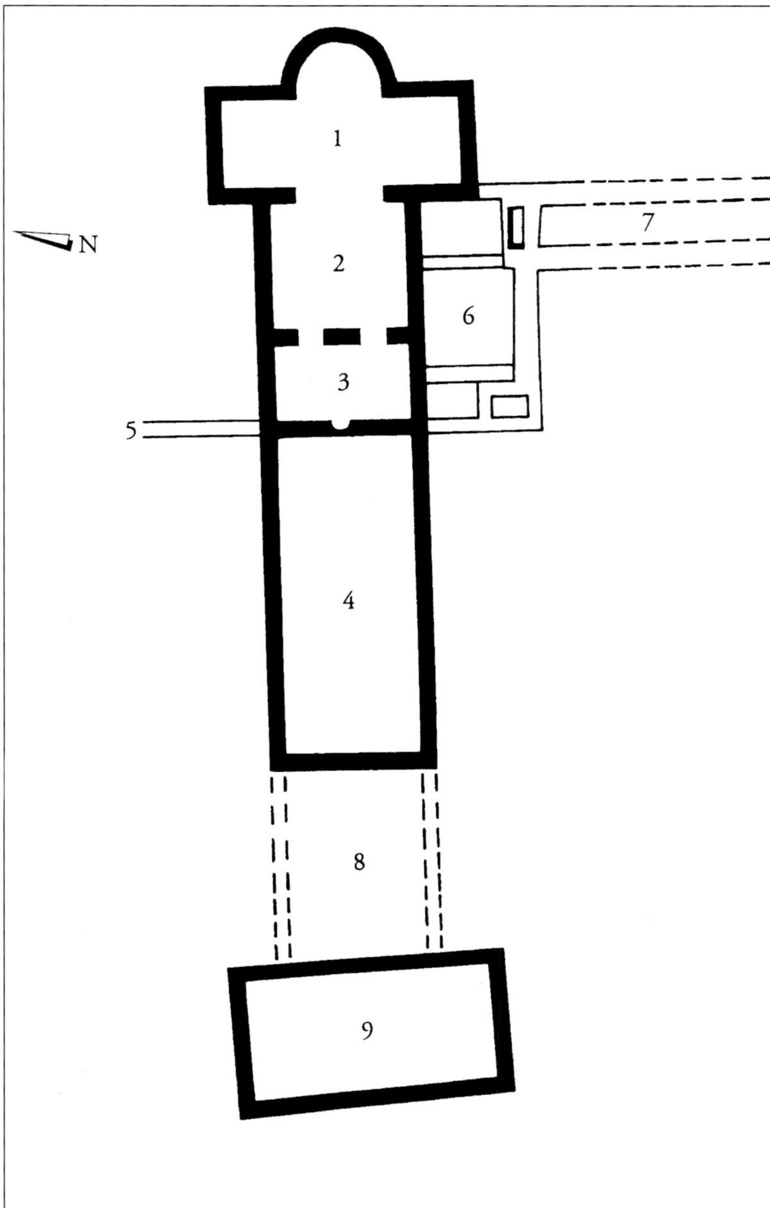


**Bischofshof mit Hofkapelle St. Sebastian und dem Saal**
Zustand Anfang 11. Jahrhundert

1. Querhaus mit Apsis; 2. Schiff; 3. Kapelle unter Empore mit dem Bischofssitz; 4. Der Saal (Aula); 5. Anbau; 6. Treppenhaus; 7. Torhalle; 8. Hof (Atrium?); 9. Wohnbau (Kernbau des späteren Bischofshofs)

*Rechte Spalte Abb. 23: Frühmittelalterliche Baureste nördlich von St. Sebastian (Grabung und Foto: B. Heukemes 1971).*

*Abb. 24: Rollstempelverzierter Topf aus der 2. Hälfte des 6. Jhs. von merowingischem Stiftergrab. Gefunden 1970 in der Mitte der westlichen St. Sebastianskapelle (B. Heukemes. Foto: H. Hain 1998).*

*Abb. 25: Karolingisches Grab des 8. Jhs. mit gemauerter Kammer und Deckplatte, dicht nördlich des Turms von St. Sebastian (Grabung und Foto: B. Heukemes 1972).*

ren Holzkirchen, deren Bau im späten 6. Jahrhundert einsetzte. Deren Spuren sind in der Regel unter den später am gleichen Platz oft in mehrfacher Folge errichteten Steinkirchen verschwunden, werden aber durch nicht seltene Grabfunde wie auch in St. Sebastian bewiesen. Dies liegt vor allem bei denjenigen Steinkirchen vor, die ältere Gräber überschneiden, wobei wir wieder bei St. Sebastian wären[563]. Die ältesten Steinkirchen lagen linksrheinisch und waren hochrangige Kirchen, wozu alle Kathedralkirchen gehörten. Für Worms ist hier der frühe merowingische Dom mit Taufkirche, erbaut unter Königin Brunichildis (!) und König Dagobert, zu nennen.

Daß der – übrigens sehr allmähliche – Wandel der Begräbnissitten mit dem Fortschritt der Christianisierung zusammenhängt, liegt auf der Hand. Abgeschlossen wurde die Entwicklung von den alten, abseits liegenden, heidnischen Reihengräberfriedhöfen auf den um die Pfarrkirche liegenden, christlichen „Kirchhof" hin durch Capitularien Karls des Großen von 779 und 810/13[564] über die Errichtung von Pfarrkirchen auf dem flachen Land. Darin ging es auch ausdrücklich um das Verbot der Totenverbrennung und der Weiter-

*Abb. 26: Ehemalige bischöfliche Hofkapelle St. Sebastian von NW, vorne der Burggraben (Foto: B. Heukemes 1976).*

*Linke Spalte Abb. 27: Bischofspark mit Freilichtmuseum und Blick auf St. Gallus, rechts St. Sebastian (Foto: B. Heukemes 1981).*

benutzung heidnischer Gräberfelder. Diese nun ausschließlich christlichen Friedhöfe mußten von nun an um die Pfarrkirche und in deren Obhut liegen[565]. In Ladenburg gehörte dazu neben St. Sebastian auch der bereits genannte Kirchhof bei St. Martin. Dieser ist nach den Funden, die Heukemes in den 50er Jahren und 1975 gemacht hat, ein hervorragendes Beispiel für diese Entwicklung. Damals wurden viele merowingische Gräber gefunden[566], darunter auch von Adligen, und 1975 ein repräsentatives Männergrab mit steinerner Grabkammer unter einem Grabhügel mit Kreisgraben[567].

Die karolingerzeitliche Sebastianskirche hat als östlichen Abschluß ein Querhaus mit Mit-

*Abb. 28: Wormser Bischofshof: Kellermauer mit drei Fenstern unter dem Saal, um 820 (Untersuchung und Foto: B. Heukemes 1973 ).*

telapsis, auf der Westseite gab es eine Emporenkapelle, in die der Bischof und seine Gäste durch einen direkten Zugang vom Saal her gelangen konnten. Kirche und Saal wurden mehrmals umgestaltet und jedesmal neu bemalt, zuletzt mit den thematischen Malereien um 1474, der Bauzeit des gotischen Chores. Schließlich gehörte zum karolingischen Baubestand noch eine südlich der Kirche befindliche, rund 20 m breite Torhalle, die in Verlängerung des Querhausarms der repräsentative Haupteingang in den eigentlichen Bischofshof war[568].

Gegenstand der Schenkung an die Wormser Bischöfe war ohne Zweifel die ruinöse römische Marktbasilika, die durchaus schon in den Anfangszeiten der Mission, also mindestens seit dem 6./7. Jahrhundert als Kirche benutzt worden sein kann, zumal eine andere Nutzung nicht nachgewiesen ist. Eine solche Umwidmung und neue Nutzung römischer Monumentalbauten ist in ganz Gallien ein für die Merowingerzeit übliches Verfahren[569]. „Überhaupt ist der spätere Kirchenbau nicht ohne ein Weiterleben der römischen Bauruine denkbar."[570]

In diese frühe Zeit muß der Ursprung der St. Galluskirche reichen, deren Chor noch in seiner heutigen Gestalt die Maße der Tribunalapsis der Basilika nachzeichnet, indem er auf deren Fundament steht[571]. Auch die unter dem Chor befindliche, ebenfalls in die Apsis eingemessene Krypta aus dem frühen 11. Jahrhundert, zu der eine ältere Kirche[572] gehörte, spricht für eine sehr alte geistliche Tradition an diesem Platz, die auch eine innere Logik für sich hat. Denn die Marktbasilika war der hervorragendste Punkt der römischen Stadt und damit von höchstem Rang für die neuen merowingisch- christlichen Stadtherren, d.h. der Platz für die Hauptkirche. Das wird bestätigt durch Beobachtungen des Ladenburger Baumeisters Konrad Seel von 1935, der damals einen noch älteren Bau mit gestörten Apsiden entdeckt hat[573].

Ein Patron dieser Kirche ist nicht genannt. Vor dem 9. Jahrhundert hätte es St. Gallus

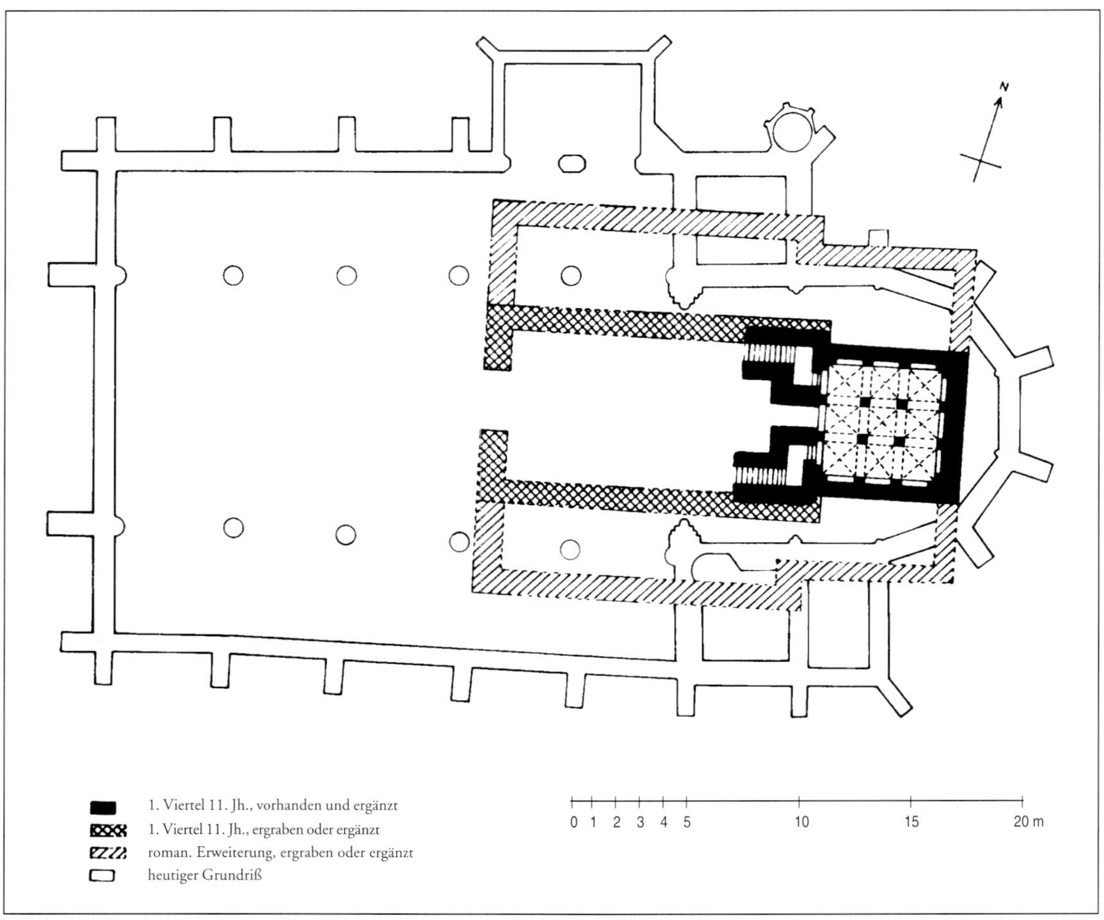


*Abb. 29: St. Gallus Grabungsergebnisse von K. Seel (Kunstdenkmäler, S. 152).*

(554–651?) noch nicht sein können. Dieser irische Wandermönch und Gefährte des heiligen Columban hatte zwar schon 614 seine Einsiedlerzelle an der Stelle des 720 gegründeten Klosters St. Gallen errichtet, aber dieses gelangte erst im 9. Jahrhundert (seit 818 Reichsabtei) zu reichsweiter Bekanntheit. Das Gallus-Patrozinium in Ladenburg, das zum ersten Mal 1254 genannt wird[574], ist somit sicher jünger als die Kirche. Es wird auf die Wormser Bischöfe Adelhelm (873–890) oder Adalbero (1065–1070) zurückgeführt, die beide ursprünglich St. Galler Mönche waren. Mehr Wahrscheinlichkeit hat Adelhelm für sich, der vor seiner Wahl zum Bischof in der Hofkapelle Ludwigs des Deutschen wirkte und wohl über eine aus seinem Heimatkloster mitgebrachte Reliquie einen St. Galluskult im Bistum begründete. Daß er dafür die Ladenburger Hauptkirche ausersah[575], unterstreicht ihren hohen Rang im Bistum. Dann hinge der Bau der Krypta mit dem Patronatswechsel und der neuen Gallusverehrung zusammen. Zwar fehlen dafür Belege, doch wäre dies die sinnvollste Erklärung einer Krypta, zumal ihre Errichtung zusammen mit der Erweiterung der karolingischen Kirche ins beginnende 11. Jahrhundert fällt, eine Blütezeit des Wormser Bistums.

Büttner setzt die erste Kirche in der Basilika ins 7. Jahrhundert und fordert für sie nach dem Beispiel anderer alter Mittelpunktskirchen der Wormser Diözese wie Wimpfen oder Kirchheim im südlichen Lobdengau den Wormser Dompatron St. Peter[576]. Doch braucht's das nicht; denn alt ist auch das Marienpatrozinium, das 1401 bezeugt ist, als König Ruprecht den Ladenburgern einen achttägigen Kirmesmarkt *uff den nechsten sundag nach unser frauwentag als sie zu himel füre, assumptio zu latin,* genehmigte[577]. Die Kirmes – Kirchweih am Mariä Himmelfahrt hätten sie vormals *vor langen ziiten* ... gehabt. Noch heute gilt Mariä Himmelfahrt als Hauptpatrozinium, womit wir ohne Not in die fränkische Frühzeit kommen; denn auch Maria wurde damals hoch verehrt[578]. Ihr Charakter als Stadtpfarrkirche und Hauptkirche für den alten Lobdengau wurde ohne Zweifel durch den hochmittelalterlichen Stadtausbau verstärkt, dessen Mittelpunkt der prächtige gotische Kirchenneubau war.

Das Ensemble dieser vier Ladenburger Kirchen, deren sehr früher, merowingischer Ursprung sich aus den vielen Mosaiksteinchen der archäologischen Forschung doch inzwischen recht deutlich abzeichnet, unterstreicht eindrucksvoll die Wormser Präsenz seit dem Ende des 6. Jahrhunderts, also mindestens seit der Zeit Dagoberts I., und die Bedeutung, die Ladenburg als merowingischer Königshof und rechtsrheinisches (Missions)zentrum der Wormser Kirche gehabt hat. Der direkte Bezug zur Wormatia sacra wird durch die vier Kirchen mit ihren die Wormser Heiligenwelt abbildenden Patrozinien augenfällig: St. Peter oder Maria, St. Martin, St. Mauritius und St. Sebastian. Ladenburg hatte also nicht nur Bedeutung als hoch- und spätmittelalterliche Fluchtburg der Bischöfe in ihren Auseinandersetzungen mit der Wormser Bürgerschaft, sondern war von Anfang an als civitas und Hauptort des Lobdengaus ein zweiter Kathedralort der Wormser Bischöfe. Daß St. Gallus eine Hauptkirche mit überörtlicher Bedeutung für das Wormser Bistum gewesen ist, zeigen die Krypta und noch die Doppeltürmigkeit der späten gotischen Kirche, Kennzeichen einer Bischofskirche.

### Palatium und Bischofshof

Das Areal des Bischofshofes, das bekanntlich mit einer eigenen Mauer umgeben ist und zwischen der karolingischen Stadt und der römischen Westmauer liegt, gilt seit jeher als das Gelände des ehemaligen fränkischen Königshofes[579], der in die Hand des Wormser Bischofs gelangt ist. Auf diesem Areal sind ähnlich wie noch heute eine Gruppe von Gebäuden vorauszusetzen: die Kirche und ein Repräsentationsbau, das *Palatium* der Urkunde, aber auch Wohn- und Wirtschaftsgebäude, in dem das ständige Personal untergebracht war. Das heutige Aussehen des gesamten Komplexes zeigt die Stilentwicklung von karolingisch-romanischen Bauteilen[580] über Gotik (St. Sebastian) zu Renaissance und Manierismus des späten 16. Jahrhunderts am „Amtshaus"[581] bis zu barocken Ergänzungen 1739 (Kirchenschiff) und 1760 (Altar). Der hier lokalisierte merowingische Königshof ist in den offengelegten Fundamentresten an der Nordwand der alten

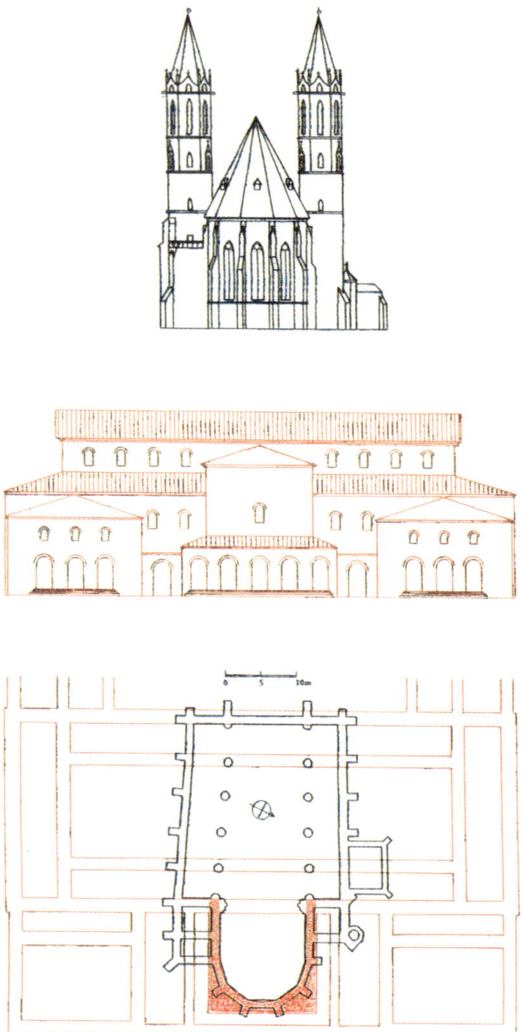

**St. Galluskirche**

**Römische Marktbasilika**
Rekonstruktion:
H. Mylius

**Fundamente:**

— Marktbasilika
— St. Galluskirche

Entwurf: H. Gallistl

*Abb. 30: Die hochmittelalterliche St. Galluskirche auf den Fundamenten der (unvollendeten) römischen Marktbasilika (Entwurf: H. Gallistl).*

Schule zu erkennen. Auch im Keller des Bischofshofes fand Heukemes „Spuren von völkerwanderungszeitlichen Einbauten in einem römischen Gebäude unter dem heutigen Bischofshof", woraus er im Sinne der Kontinuität schließt, „daß nicht jegliches Leben in den Ruinen von Lopodunum erstarb."[582]

Noch im 19. Jahrhundert wurde der „Saal", der die direkte westliche Verlängerung in der Längsachse der Sebastianskirche darstellte und 1885 abgerissen wurde, um dem Erweiterungsbau der katholischen Schule Platz zu machen, als authentischer Teil des Königshofes angesehen. Er wurde damals als „zweischiffige Halle mit hölzernen Mittelstützen über dem Keller" und mit Resten alter Kamine beschrieben[583]. An der Außenseite war nach Schuch[584] die große Wappentafel des Bischofs Friedrich von Domneck (1426–1445) aus dem Jahr 1436 angebracht. Auf den Plänen von 1732[585] und 1758[586] ist der „Saal" als Scheune bezeichnet. In seiner letzten Gestalt stammt das abgegangene Gebäude ebenso wie Teile der Sebastianskirche und des Bischofshofes aus spätgotischer Zeit, wie die Wappentafel und die überlieferte Jahreszahl 1469 in seinem Innern mitteilte[587]. (Dazu die Abbildungen der von Heukemes ergrabenen Grundrisse und seine Rekonstruktionen des Bischofshofes um 1200 und 1620 auf S. 294).

Bei Ausgrabungen im Bischofshof-Park wurden 1972 Mauerfundamente entdeckt, die dem merowingischen Königshof ebenso zuzurechnen sind wie die unter der Westseite des Bischofshofs freigelegte (und im Lobdengau-Museum zu besichtigende) Mauer, für die man auch mächtige römische Spolien verwendet hat. Auf diese sehr frühe Zeit wies die zählebige Bezeichnung „Saal"[588] für den ganzen Komplex schon immer hin. Im Althochdeutschen ist ein *sal* ein königliches Gebäude mit einer großen Fest- und Versammlungshalle, also genau das, was im offiziellen Latein der Zeit als *palatium* bezeichnet wurde, so daß wir hier das *palatium* anzusetzen haben, das die Bischöfe von Worms immer wieder zum Aufenthalt nutzten und in dem vom 9. bis zum 12. Jahrhundert die fränkischen und deutschen Könige und Kaiser weilten, wenn sie sich in Ladenburg aufhielten.

Schuch, der den Saal während seines Aufenthaltes 1830–1839 in der Stadt immer wieder gesehen hat, hält ihn für ein Bauwerk des späten 16. Jahrhunderts (allerdings auf weit älteren Teilen) nach den Inschriften über dem Treppenturm des bischöflichen Schlosses und späteren Amtsgebäudes: *Georgius dei gratia episcopus Wormatiensis* und *Wilhelmus dei gratia electus et confirmatus episcopus Wormatiensis.* Gemeint sind damit die Bischöfe Georg von Schönenburg (1580–1595) und Wilhelm von Effern (1604–1616). Er wirft aber wohl den Saal und das Bischofsschloß durcheinander; denn die von ihm selbst wiedergegebenen Jahreszahlen am Saal – 1436 für das Domneckwappen und 1469 im Innern des Saals – verweisen eher auf das mittlere 15. Jahrhundert, wenn nicht auf eine noch frühere Zeit[589].

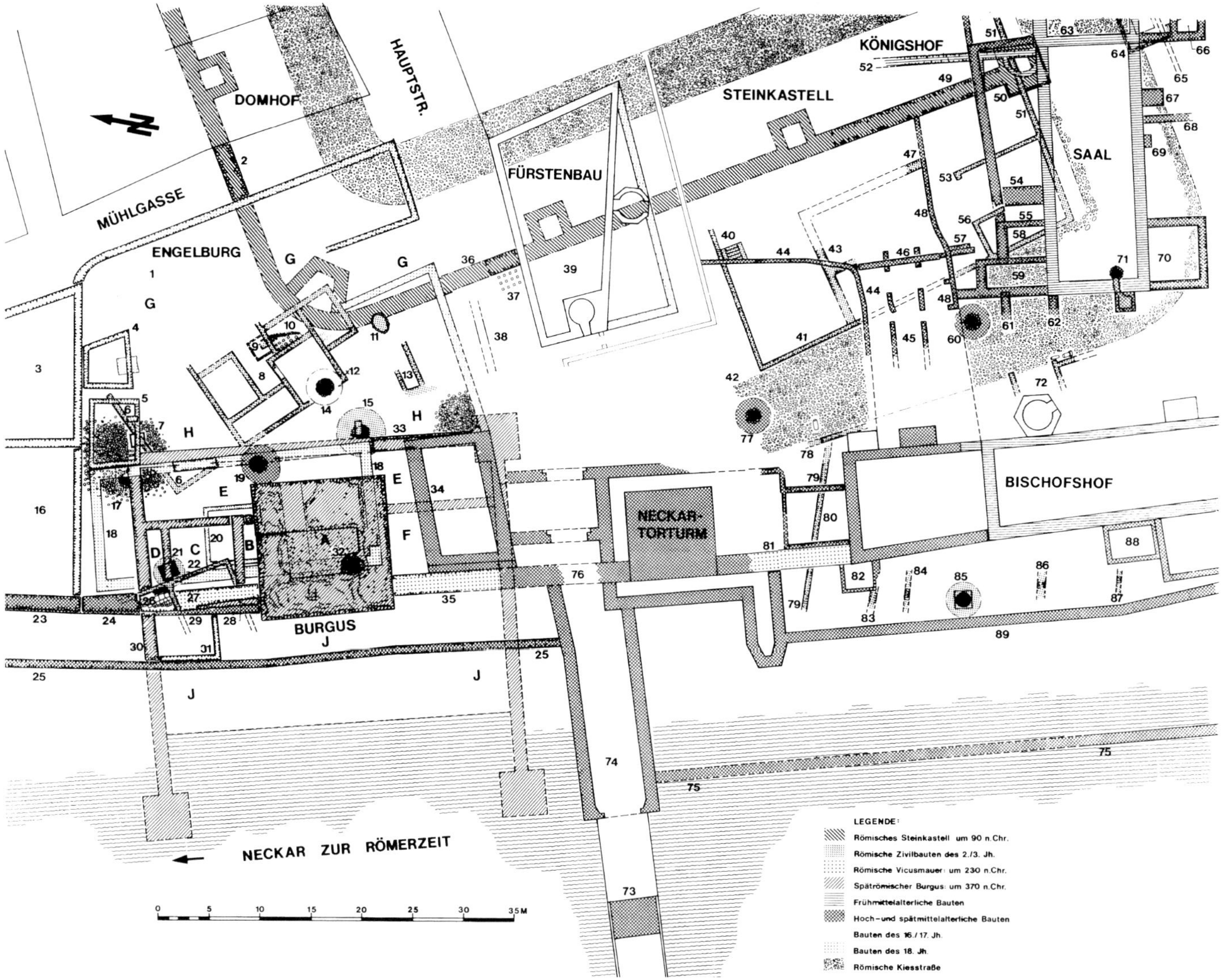


*Abb. 31: Plan der baugeschichtlichen Befunde, im Gebiet des Bischofshofs und der ehemaligen Engelburg von B. Heukemes 1980. Die Numerierung umfaßt alle Befunde und bezieht sich auf die Erstveröffentlichung dieses Plans in: Fundberichte aus Baden-Württemberg 6 (1981), S. 436. Dabei kann man aus der Schraffur die Zeitstellung leicht ersehen. Uns interessiert hier u.a. der Aspekt der Kontinuität: Domhof und Engelburg ohne erhaltene Mauern. Die mittelalterliche Stadt- und Zwingermauer 23, 24 und 25, 89 unter Einbeziehung der römischen Vicusmauer 35, 81. Zur Kontinuität des Neckarübergangs: Der Plan zeigt, wie die römische Forumstraße unter dem Saal scharf zum Neckarübergang hin abbiegt, so daß dort eine Brücke anzusetzen ist. Dafür sprechen auch die Säulen der Portikus*

*Abb. 32: Bischofshof. Hochmittelalterlicher Burggraben mit Stützmauern für die Brücke und seitlichen Strebepfeilern. Rechtsvermauerter Eingang in den sog. Kaiserkeller unter dem Saal (Grabung und Fotos B. Heukemes 1973).*

*Abb. 33: Bischofshof. Hochmittelalterliche Stützmauer des sog. Burggrabens mit römischen Bauresten des 2./3. Jahrhunderts n.Chr. (Foto: B. Heukemes 1975).*

## Die fränkische Stadt

Das fränkische Ladenburg, in dem der König und dann die Wormser Bischöfe die Stadtherrschaft ausübten, war aber vor allem die heute gerne so genannte „karolingische Stadt". Wie überall im Frankenreich nahm die fränkische Besiedlung auch hier einen recht geringen Teil des ehemaligen römischen Stadtareals ein. In Ladenburg war es rund ein Achtel, umfaßte allerdings den Kernbereich um das Forum und entlang der Römerstraße Worms-Neckarübergang beim späteren Heidelberg. Im Westen lehnte sie sich an die westliche römische Stadtmauer wie übrigens auch der Bischofshof, was den Bezug der frühen fränkischen Stadt erst auf das merowingische Palatium, dann auf den bischöflichen Stadtherrn anzeigt. Die karolingische Kernstadt ist ein Oval, das sich im Südwesten an den Bischofshof schmiegt, im Osten und Norden in einem Halbkreis von der Kirchenstraße und der Färbergasse und im Westen von der Mühlgasse und der Mauer des Bischofshofes begrenzt wird (Abb. 19). Die ganze Nordseite der karolingischen Mauer wurde zusätzlich vom Kandelbach gesichert, der dort künstlich als Mühlbach für die (Cronbergische) Mühle entlanggeführt wurde. In ihrer Schmalseite wird diese frühmittelalterliche Stadt von der west-östlich verlaufenden Hauptstraße und der nordsüdlich verlaufenden Neu- und Kellereigasse in vier Teile geteilt, wodurch die später so genannten Stadt„viertel": Neckar-, Rheingauer-, Schriesheimer- und Marktviertel vorgebildet werden.

Ein Blick auf den Verlauf der Gassen des ältesten Stadtkerns zeigt deutlich drei Wachstumsringe, die auf den Bischofshof bezogen sind und von West nach Ost vorrücken. Der erste Ring wird von der Nagelschmied- und Neugasse umschlossen und bezeichnet damit den ältesten frühmittelalterlichen Siedlungskern. Ein zweiter Ring ist im Verlauf der Cronberger- und Metzgergasse markiert. Schließlich folgt die karolingische Erweiterung, die ziemlich planmäßig angelegt worden zu sein scheint, wie die gleichmäßig nebeneinander liegenden Hofreiten an der Kirchenstraße und Färbergasse anzeigen. „Durch Grabungen sind die Römerstraße und eine ganze Reihe mittelalterlicher Straßendecken unter der Kreuzung Cronbergergasse /Kellereigasse nachgewiesen."[590]

Neuere Befunde haben inzwischen weiteres Licht auf die fränkische Stadt und ihre Mauer geworfen. Vom Cronberger Hof bzw. Mühle führte die Mauer die Färbergasse und die Kirchenstraße entlang um das Stadtoval, die vorerst auf das ausgehende 10. Jahrhundert datiert wird. Diese Wehrmauer mit Graben wurde mehrfach, zuletzt noch 1997 angeschnitten. Dabei liegt der V-förmige Graben nicht wie zu erwarten unter den Straßen, sondern unter der angrenzenden Häuserzeile und die Mauer entlang der hinteren Grundstücksgrenze. Vor dem alten Rathaus wurde ebenfalls die ältere Stadtmauer angeschnitten, deren verschiedene Mauerstärke wohl auf eine Torsituation hinweist[591].

Nun läßt sich hier eine aufschlußreiche urkundliche Aussage erhellend und vielleicht korrigierend einbringen: Im Jahre 1067 erneuerte Bischof Adalbert von Worms (1065–1070) die Güter und Einkünfte des Klosters Nonnnenmünster bei Worms[592]. Bei diesen Gütern und Einkünften handelt es sich um das Ausstattungsgut des Klosters durch Kaiser Ludwig den Frommen, was bedeutet, daß wir im Tenor der Urkunde des 11. Jahrhunderts die Abschrift einer über 200 Jahre älteren karolingischen Urkunde vor uns haben. Im Urbareintrag für Littersheim bei Weinsheim, sw von Worms, heißt es: *(Bini).... simul faciunt scaram cum uno plaustro Didensheym vel Lobedenborc quilibet fert 2 lapides quadratos(!) et arenam quando sibi iubetur.*[593] – (Je zwei Hübner) machen zugleich eine Fronfahrt mit einem Wagen nach Deidesheim oder nach Ladenburg je nach Anordnung mit jeweils zwei (behauenen) Quadersteinen und Sand. Obwohl Nonnenmünster auch in Ladenburg begütert war, scheidet dieses Frauenkloster ebenso als Veranlasser solcher Lieferungen für Ladenburg aus wie auch der Bischof; denn beide haben in Deidesheim weder Besitz noch Rechte[594].

Eine solche Anordnung hängt am alten Königsgut, aus dem auch das Kloster Nonnenmünster ausgestattet wurde. Die Lieferung von Sand und zubehauenen Steinen[595] über so große Entfernungen kann nur als Mauerbaupflicht aufgefaßt werden, die eine besondere Form des fränkischen Heerbannes darstellte[596]. Sie ist damit eine typisch königliche Auflage für Liten- bzw. Knechtshuben im Bereich eines königlichen Salhofes, wie er in Littersheim bestand[597]. Daß die Hintersassen auch Fronfahrten zu Schiff nach Frankfurt, Mainz und Speyer ausführen mußten, spricht ebenfalls dafür; denn in all diesen Orten befanden sich Königspfalzen. Die Wüstung Littersheim gehörte wie das benachbarte Weinsheim zum Fiscus Worms, und nur der König konnte solche Maßnahmen ohne Rücksicht auf Diözesan- oder Gaugrenzen treffen. Im 10. Jahrhundert gab es für die rheinischen Bischofsstädte bereits feste Mauerbaubezirke im Rahmen ihrer Diözese.

Die genannten Schardienste waren also Pflichten von Königsleuten ihrem Herrn, dem König, gegenüber[598]. Daß diese Dienste von so weit entfernten Königsleuten gegenüber Ladenburg zu leisten sind, zeigt dreierlei: einmal mehr, daß Ladenburg eine Fiskalstadt gewesen ist und der König gegenüber der Stadt seine Schutzfunktion wahrnahm, auch wenn der »Saal« schon in der Hand des Bischofs gewesen sein mag, und zweitens, und das ist für die Stadtgeschichte noch entscheidender, daß unter Ludwig dem Frommen (814–840) eine

*Abb. 34: Plan der früh- und hochmittelalterlichen Stadtkerns aus AKB III, S. 613*

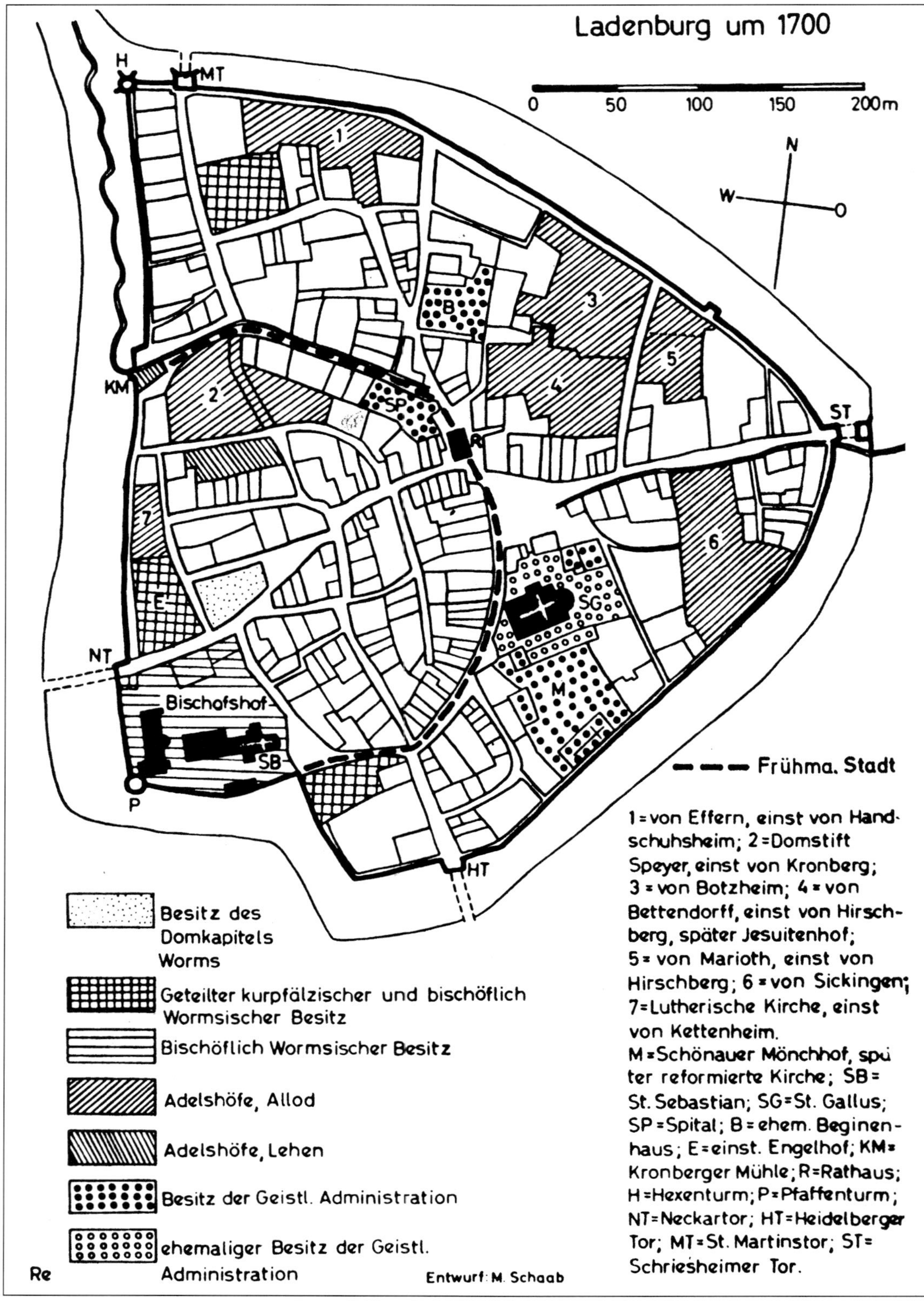


Stadtmauer in Ladenburg gebaut worden ist – gleichzeitig mit der archäologisch gesicherten bei Deidesheim. Und diese Mauerbaupflicht galt nicht der römischen, sondern einer viel kleineren, nämlich der oben umschriebenen fränkischen Stadt, die, wie es damals für alte Römerstädte die Regel war, in dem viel größeren römischen Bering nicht nur in der Straßenführung, sondern auch mit der Stadtbefestigung den neuen Gegebenheiten Rechnung trug. Somit wird noch in karolingischer Zeit eine Mauerbaupflicht linksrheinischer (!) fränkischer Königsleute (Liten) für Ladenburg festgestellt[599]. Schließlich wird noch eine weitere Frage gelöst, die uns ins Hochmittelalter führt. In einer Schönauer Urkunde von 1199 wird vom Schönauer Hof in Ladenburg gesagt, er liege außerhalb der ersten Stadtmauern von Ladenburg – *extra primos muros Lobetenburgensis civitatis*[600]. Bei dieser ersten Mauer handelt es sich um die karolingische gegenüber der zweiten um die hochmittelalterliche Stadt.

## Anmerkungen

1 WINCKELMANN, Johann Joachim (1717–1768): Gedanken über die Nachahmung der griechischen Werke in der Malerei und Bildhauerkunst, o.O. 1754.

2 Vgl. S. 78/79.

3 DOPSCH, A.: Wirtschaftliche und soziale Grundlagen der europäischen Kulturentwicklung von Caesar bis Karl dem Großen, 2.A. Wien 1923–24. PIRENNE, H.: Mahomet et Charlemagne, Brüssel 1936; dt.: Die Geburt des Abendlandes, übersetzt von P.E. HÜBINGER, Leipzig 1939. STAAB, F.: Kontinuität. In: LexMA 5 (1991), Sp. 1417–1420.

4 U.a. AUBIN, H.: Maß und Bedeutung der römisch-germanischen Kulturzusammenhänge im Rheinland. In: 13. Bericht der römisch-germanischen Kommission (1921).

5 AUBIN, H.: Zur Frage der historischen Kontinuität im allgemeinen. In: HZ 168 (1943), S. 229–262, ND in: Kulturbruch oder Kulturkontinuität im Übergang von der Antike zum Mittelalter, hg. von P. E. HÜBINGER, Darmstadt 1968, S. 176.

6 Hier setzten z.B. die 1996/97 in Mannheim, Paris und Berlin gezeigte große Frankenausstellung und die in Stuttgart, Zürich und Augsburg 1997/98 gezeigte Alamannenausstellung an. Vgl. die zugehörigen Kataloge: Franken – Wegbereiter Europas (1996); Die Alamannen (1997).

7 STAAB: Untersuchungen, S. 105.

8 HEUKEMES, B.: Der spätrömische Burgus von Lopodunum – Ladenburg. In: Festschrift für Hartwig Zürn, Stuttgart 1981 (FB a BW 6), S. 433–473; PROBST: Neckarau I, S. 122–133; WIECZOREK, A.: Zu den spätrömischen Befestigungsanlagen des Neckarmündungsgebietes. In: MGBl NF 2 (1995), S. 9–90.

9 Altes Germanien – Auszüge aus den antiken Quellen über die Germanen und ihre Beziehungen zum Römischen Reich, hg. von H.-W. GOETZ und K.-W. WELWEI, 2 Bde., Darmstadt 1995 (Quellen zur alten Geschichte bis zum Jahre 238 n.Chr.).

10 NUBER, H. U.: Zeitenwende rechts des Rheins – Rom und die Alamannen. In: Alamannen, S. 59–68, hier S. 66.

11 Die erste unbezweifelbar zeitgenössische Nennung stammt von 289: Alamanni, Alamannia. NUBER: Zeitenwende rechts des Rheins – Rom und die Alamannen. In: Alamannen, S. 59. Dabei kann jedoch die seit langem geläufige erste Jahreszahl 213: Der Alamannenfeldzug des Kaisers Caracalla durchaus als Präzisierung des Begriffs Germanen durch spätere antike Autoren wie Eutropius oder Cassius Dio aufgefaßt werden. So Altes Germanien (wie Anm. 9), S. 334–343.

12 Die korrekte Bezeichnung des Volkes der Völkerwanderungszeit lautet „Alamannen". Die Wortformen „alemannisch" und „Alemannen" werden erst durch die populären Dichtungen Johann Peter Hebels zu Beginn des 19. Jahrhunderts zur Bezeichnung der Mundart und ihrer Sprecher, paradoxerweise in Abgrenzung gegen das Schwäbische, üblich, paradox deshalb, weil der historische Volksname Alamannia nach der Beseitigung des älteren Stammesherzogtums 746 verschwindet und vom 9. Jahrhundert an für 1000 Jahre durch Suevia – Schwaben ersetzt wird. SCHÖCK, G.: Des Rheinischen Hausfreunds Botschaft und Erbe – Alemannisch: Spiegelungen und Brechungen eines Begriffs. In: Alamannen, S. 21–30 und GEUNICH, D.: Epilog. In: Alamannen, S. 511–512.

13 Griechischer Text nach Agathias Historiae 1,6,3, abgedruckt in: Altes Germanien II (wie Anm. 9), S. 339, 340.

14 CIL XIII 9103 und CIL XIII 9111; vgl. auch CASTRITIUS, H. und SCHALLMAYER, E.: Kaiser Julian am obergermanischen Limes in den Jahren 357 und 359 n.Chr. In: Beiträge zur Erforschung des Odenwaldes und seiner Randlandschaften, hg. von W. WACKERFUß (1997), S. 1–16, Zitat S. 11.

15 WENSKUS, R.: Stammesbildung und Verfassung. Das Werden der frühmittelalterlichen Gentes, 2.A. Köln/Wien 1977, S. 518.

16 TIEFENBACH, H.: Studien zu Wörtern volkssprachlicher Herkunft in karolingischen Königsurkunden, München 1973, S. 54–56.

17 WERNER: Frankreich, S. 226 und WOLFRAM, H.: Das Reich und die Germanen, Berlin 1990, S. 82.

18 Vgl. Franken, Katalog zur Frankenausstellung unter diesem Motto!

19 KAISER: Erbe, S. 64–67, hier S. 66.

20 KRÜGER, K. H.: Königsgrabkirchen der Franken, Angelsachsen und Langobarden bis zur Mitte des 8. Jahrhunderts, München 1971.

21 SCHNEIDER: Frankenreich, S. 17.

22 SCHNEIDER: Frankenreich, S. 22.

23 Aus der umfangreichen Literatur über Karl den Großen soll hier nur genannt werden: Karl der Große. Lebenswerk und Nachleben, hg. von W.H. BRAUNFELS, 5 Bde., Düsseldorf 1965–68, teilweise in 3.A. 1985. Vgl. auch die og. Handbücher mit ihren Literaturangaben.

[24] Zusammengestellt nach KLEIBER, W.: Frühgeschichte am unteren Neckar nach dem Zeugnis der Sprachforschung. In: ZGO 117 (1969), S. 34/35 u. A. KRIEGER II, Sp. 2–5.

[25] MGH AA V/2, S. 96. Einziger Beleg mit lup, wahrscheinlich von A. an lat. *lupus* – Wolf volksetymologisch angeglichen. Daß es sich bei dem Lupodunum des Ausonius um Ladenburg handelt, hat bereits der bedeutende kurpfälzische Historiker, Marquard Freher †1614, zwingend bewiesen in seiner Abhandlung „De Lupoduno" von 1618. FREHER, M.: „De Lupoduno", Heidelberg 1618, hg., übersetzt und erläutert von H. WIEGAND, Heidelberg 1998. MERIAN übernahm diese Beweisführung Frehers in seine Topographia Palatinatus Rheni von 1645, S. 53.

[26] CL 429.

[27] CL 274.

[28] CL 226 und 673.

[29] CL 440.

[30] CL 281.

[31] CL 348.

[32] Kopie des 12.Jhs., QuGStWo I, S. 6.

[33] CL 693.

[34] CL 731: LOBEDENAU.

[35] Fälschung QuGStWo I, S.10.

[36] CL 381 LOBDENAU.

[37] CL 38.

[38] CL 532.

[39] MGH DO I 242.

[40] MGH DO I 425.

[41] UbSt Speyer 11.

[42] QuGStWo I, S. 47.

[43] Lamberti Annales, MGH SS 5, S. 204.

[44] QuGStWo I, S. 58.

[45] UbBiSp 1, S. 99.

[46] UbBiSp 1, S. 99; QuGStWo I/62.

[47] Gud Syll 19.

[48] Straßb Ub 1, 91.

[49] CL 160 und 163.

[50] QuGStWo I, S. 70 Kopie des 13./14.Jhs.

[51] Gud Syll 46.

[52] Gud Syll 60.

[53] StA Speyer Gatt App lt. A. KRIEGER.

[54] ZGO 11 (1859), S. 282.

[55] RPR I 334.

[56] QuGStWo I/125.

[57] ZGO 20 (1868), S. 27.

[58] ZGO 3 (1851), S. 63.

[59] GLA Kopb Pfalz lt. A. KRIEGER.

[60] Gud Syll 217 u. ZGO 11 (1859), S. 436.

[61] ZGO 7 (1855), S. 37.

[62] ZGO 7 (1855), S. 38.

[63] Würdtwein Chron Schön 136, 137, 144, 145.

[64] BAUR Hess Ub II, S. 246.

[65] QuGStWo I, S. 236.

[66] QuGStWo I, S. 266.

[67] GLA Kb Pfalz; WINKELMANN AI; Kb Pfalz; ZGO 22 (1870), S. 208; StA Speyer Gatt App.

[68] Gud Syll 279.

[69] StA Speyer Gatt App.

[70] ZGO 24 (1872), S. 282 u. StA Speyer Gatt App lt. A. KRIEGER.

[71] Acta Palat 5, S. 536.

[72] ZGO 11 (1859), S. 50.

[73] BAUR Hess Ub II, S. 450 und S. 229.

[74] QuGStWo I, S. 307 und 317. Im 14. Jh. etwa 80 mal so belegt!

[75] QuGStWo II, S. 19.

[76] UbSt Speyer, S. 213.

[77] ZGO 11 (1859), S. 50.

[78] GLA Kbuch Pfalz Nußloch.

[79] QuGStWo II, S. 109.

[80] WINKELMANN AI 2, S. 354.

[81] ZGO 32 (1880), S. 215 u. ZGO 20 (1868), S. 177.

[82] QuGStWo II, S. 253.

[83] WINKELMANN AI 2, S. 844.

[84] StA Speyer Gatt App lt. A. KRIEGER.

[85] QuGStWo II, S. 355.

[86] QuGStWo II, S. 452.

[87] GLA 66/3480, 73 r.

[88] StA Speyer Gatt App lt. A. KRIEGER.

[89] ZGO 32 (1880), S. 192.

[90] GLA Kbuch Pf.

[91] GLA Kbuch Deutschordenshaus Weinheim u. ZGO 26 (1874), S. 65.

[92] NAGHeidPf 4, S. 37.

[93] STA Darmstadt, Salbuch des Bfs Friedrich von Worms.

[94] ZGO 11 (1859), S. 149.

[95] ZGO 27 (1875), S. 388.

[96] ZGO 26 (1874), S. 176.

[97] Kurpf. Reisbuch, ZGO 26 (1874), S. 149.

[98] GLA 67/550.

[99] HOLDER II, Sp. 286 unter L.

[100] WIELAND G.: Die keltische Viereckschanze „Am Wasserbett" in Ladenburg. In: ArchInfBW 34 (1997), S. 17–20 und DERS., in diesem Band S. 31–41.

[101] HOLDER passim.

[102] Die einzige nicht epigraphische antike Schriftquelle, nämlich Ausonius« *Lupodunum*, bietet wohl eine lateinische Volksetymologie von kelt *lop* zu lat. *lup* = Wolf, was auch schon zur Deutung von *Lupodunum* als Wolfsburg geführt hat vgl. RASCH, G.: Die bei den antiken Autoren überlieferten geographischen Namen etc., Bd. 2, Diss. Heidelberg 1950, S. 25 und 31.

[103] SCHMOLL, U.: Lopodunum – Ladenburg. In: Ruperto-Carola VIII/19 (1956), S. 157–161; z.B. *Loch Ness* in Schottland.

[104] Vgl. so auch in seiner Nachfolge KLEIBER, W.: Frühgeschichte am unteren Neckar nach dem Zeugnis der Sprachforschung. In: ZGO 117 (1969), S. 35 und DERS.: Vordeutsche, nichtgermanische Gewässer- und Siedlungsnamen. In: Hist. Atlas BW. Beiwort zur Karte III/5, S. 7. Ihm schließt sich M. SCHAAB in der AKB: Die Stadt- und Landkreise Heidelberg und Mannheim III, Karlsruhe 1970, S. 609 an. LORSONG, G.: Ladenburg von den Steinzeitjägern bis heute, Karlsruhe 1994, S. 29.

[105] Heukemes betonte im Anschluß an diese Namensdeutung die Lage des keltischen **Lokwodunum* in einer Neckarschleife. HEUKEMES: Arch. Plan.

[106] Vgl. KRAHE, H.: Indogermanische Sprachwissenschaft, 6.A. Berlin 1985, S. 55ff. und MOERS-MESSMER, W. von: Die vordeutschen geographischen Namen des Kraichgaus und des unteren Neckarlandes. In: Kraichgau. Beiträge zur Heimatforschung 11 (1989), S. 90.

[107] SCHMOLL: Lopodunum, S. 161 Anm. 16.

[108] SCHMOLL: Lopodunum, S. 160. Hier liegt derselbe Schluß vor, allerdings in umgekehrter Richtung: Aus Interlaken wird ein urkeltisches **lapon* oder **lopa* erschlossen: Schmoll liefert einen klassischen Zirkelschluß!

[109] *Loposagium*, ein Ort der Sequaner in der Gallia Lugdunensis, der in die Peutingerischen Tafeln eingetragen ist. PAULY-WISSOWA: RE 26 (1927), Sp. 1430. Hinweis von G. Wieland. Klaus Kolb war so freundlich, dieser Frage noch einmal gründlich nachzugehen, und kam zu folgendem Befund:

**Epona** – Idg *ekuos – Pferd, lat. e**qu**us, altirisch e**c**h, altsächsisch e**hu**sskalk – Pferdeknecht. Im Festlandkeltischen (brythonisch, belgogallisch etc.) Verschiebung von *k* zu *p*. Beleg: Bronzemünze der Arverner mit der Inschrift e**p**os. Aus E**qu**ona, der hochverehrten keltischen Pferdegöttin, wird E**p**ona, wie bei Plutarch u.a. belegt. (s. HOLDER: Lemma Epona).

Altkeltisch ***loku** oder ***laku**, lat. lacus, ahd. la**hh**a – la**ch**e, niederdeutsch la**k**e vgl. den ON Dinslaken, im Occitanischen loye. Ein *lopo*, *lopu*, *lapo*, *lapu* wäre im P-keltischen, also dem Festlandkeltischen möglich, ist aber nirgends nachgewiesen, also wohl nicht gebildet worden. Im Kymrischen wird *loku* ohne Lautverschiebung (*k* zu *p*) zu *llwch* – „lake, pool, stagnant water, swamp, marsh, bog, mud" oder mit Lautverschiebung zu *llyn*. *llwch* kann auch Leiche heißen (Geiriadar Prifysgol Cymru, Caerdydd = Cardiff, 1968–1987).

**lopos** – idg *u**lkw**os oder schon *u**lp**os, griech. ly**k**os, lat. vul**p**es, althochdeutsch wol**f** wird Festlandkeltisch lo**p**os und wie in allen indogermanischen Sprachen gerne als PN genutzt (s. Wolfgang etc.). daraus gab es den romanisierten PN *Lopius*, der in vielen französischen ON nachgewiesen ist. Das sequanische *Loposagion* lat. *Loposagium* wird so zu *Luxiol* im Dep. Doubs. Fünfmal gibt es den ON *Loupiac*, dreimal *Louppy*, einmal *Loudy*. Alle diese gallischen ON sind also nach PN gebildet. Damit haben wir eine große sprachwissenschaftliche Wahrscheinlichkeit, daß *Lopodunum* – Burg des Lopos (Wolf = als Personenname) geheißen hat, übrigens eine ähnlich ON-Bildung wie später bei den Franken nach dem Muster Mannheim, Seckenheim, Weinheim etc. (J. POKORNY: Indogermanisches etymologisches Wörterbuch, Bern 1947). Damit wäre auch die Form Lupodunum als weitergehende Latinisierung des ONs durch Ausonius gerechtfertigt. Vgl. dazu auch MOERS-MESSMER: Geographische Namen (vgl. Anm. 106), S. 90 Anm. 21.

In diesem Zusammenhang ist noch ein Blick auf den alten Namen des Heiligenberges nützlich, auf dem sich ja eine große keltische Ringwallanlage befindet, die sicher älter ist als Lopodunum. Über B. Heukemes wurden mir die leider nur im Ms. vorliegenden umfangreichen Namenanalysen von R. KOENIG zugänglich. Der Name Heiligenberg ist bekanntlich erst im 15. Jahrhundert aufgekommen. Im frühen und hohen Mittelalter hieß dieser Berg nach A. KRIEGER I, Sp. 903–905 **Aber**inesburg (882), **Abr**insberc (891) oder schon umgedeutet *mons Abrahae* = Abrahamsberg (891, 1032), *Abirinisburc* (912) und *Abirinisberc* (1179) u.a. Koenig liefert dafür eine sehr fundierte Analyse mit sehr vielen parallelen keltischen Ortsnamen. Er erschließt: **Eburodunum** oder **Eburonum** – *Eburos* -burg. Parallele Ortsnamen in *Iferten* (Yverdon) im Wallis, *Brünn, Hibernia, Embrun, Ivorne, Ebréon, Averdon* u.v.a.m. Nach Holder zu altirisch *ebrach* – lüstern, gefräßig (nach Malcolm MEACLENNAN: Etymological Dictionary of the Gaelic Language, London 1984). Zu althochdeutsch *ebur* – Eber, übertragen Häuptling vgl. alle Namen *Eber*(hard) (Wolfgang PFEIFER: Etymologisches Wörterbuch des Deutschen). Wie der Wolf war auch der Eber ein beliebter Namensgeber.

Koenig führt den Namen auf keltisch *eburos* – Eibe zurück; damit würde der keltische Name „Eibenburg" bedeuten. Dadurch daß die Eibe im ganzen keltischen Bereich wegen der halluzinogenen Wirkung ihrer Früchte als heiliger Baum galt und ihr Holz zur Herstellung von Waffen (Pfeil und Bogen) verwendet wurde, erklärt die außerordentliche Häufigkeit von Ortsnamen mit *eburos*. Aber auch Koenig hält den Gebrauch dieses Wortes als PN = „ein Kerl wie eine Eibe" aus denselben Gründen für möglich = Burg des Eburos. Damit hätten wir für *Abrinesburg* und *Lopodunum* die gleiche Namensstruktur: PN + *bu/erg*. Überraschend ist auch der parallele Wechsel von *-burg* und *-berg* in beiden ON. Sonst läßt sich nämlich im ganzen deutschen Sprachraum dieser Wechsel bei einem ON kaum feststellen.

Und schließlich sei zum Schluß noch eine Frage erlaubt: Vielleicht verbirgt sich hinter diesem Namen doch der Mons **Piri** von Ammianus Marcellinus?

[110] WEINREICH, H.: Sonorisierung in der Kaiserzeit? In: ZRPh 76 (1960), S. 205–218. Damit erübrigt sich SCHMOLLS These (S. 159) von einer doppelten Übernahme des Ortsnamens durch die Germanen, einmal als *Lobadunum* und dann als *Lobdunum*, um das nicht der hochdeutschen Lautverschiebung unterworfene *b* zu erklären.

[111] Auch hier geht SCHMOLL: Lopodunum, S. 159 – allerdings verständlicherweise – in die falsche Richtung, da er von der älteren Forschungsmeinung eines völligen Bevölkerungsaustausches zwischen der gallorömischen und einer germanischen Bevölkerung der Stadt zwischen dem 4. und 8. Jahrhundert ausgeht und dann (richtig!) feststellt, daß ein intervokalisches lateinisches p eigentlich zu einem germanischen ff hätte werden müssen. Ferner ist seine umfangreiche Deutung des Vokalismus von *Lobedtenburg* S. 158–159 unfruchtbar und entspricht dem lautlichen Befund nicht, wie die hier abgedruckten Namensformen zeigen. Diese verhalten sich fast lehrbuchmäßig im Sinne der germanisch-althochdeutschen Sprachentwicklung. Schmoll verkennt bei seiner Argumentation das Problem der Rückübersetzung von *Lobedtenburg* in ein lateinisches Adjektiv zu *civitas* etc.

[112] KRAHE: Sprachwissenschaft (wie Anm. 106), S. 58 und die Etymologie von *dun* zu altenglisch *tun*.

[113] CL 226.

[114] CL 673.

[115] CL 274.

[116] QuGStWo 1, S. 6. und QuGStWo 1, S. 10.

[117] BERNHARD, H.: Speyer in der Vor- und Frühzeit – Von der Steinzeit bis zum Frühmittelalter. In: Geschichte der Stadt Speyer 1, hg. von W. EGER, 2.A. Stuttgart 1982, S. 50–144. Vgl. aus neuester Zeit die massenweise Auslöschung deutscher Ortsnamen durch slawische im ehemaligen deutschen Osten, z.B.: Königsberg – Kaliningrad.

[118] Entgegen den oben aufgeführten Beispielen fällt der ON Ladenburg aus dem Rahmen, indem er hochdeutsch nicht wie zu erwarten zu *Laudenburg* wurde.

[119] CL 381, 693 und 731 und Stb Lad III, S. 173.

[120] HEUKEMES: Schriftliche und mündliche Mitteilungen an den Verfasser, 1997/98.

[121] Siehe zu all diesen Funden HEUKEMES, Lobdengau-Museum.

[122] HEUKEMES Grabung 1970 und Lobdengau-Museum seit neuestem: WIEGELS, R.: Lopodunum II – Inschriften und Kultdenkmäler aus dem römischen Ladenburg am Neckar, Stuttgart 1998, S. 293–297 und Anm. 159–166.

[123] KAISER, H. In: ArchAusgrBW (1983), S.115.

[124] HEUKEMES Grabung 1979, Lobdengau-Museum.

[125] HEUKEMES Grabung 1978–1980, Lobdengau-Museum und LENZ-BERNHARD, G.: Alamannische Funde aus Ladenburg, Gewann Ziegelscheuer. In: Archäologische Nachrichten aus Baden, Heft 40/41 (1988), S. 45–57.

[126] SCHALLMAYER, E.: Ein frühalamannisches Grubenhaus in der Flurgewann „Ziegelscheuer" bei Ladenburg. In: Archäologisches Korrespondenzblatt 16 (1986), S. 615ff.

[127] SCHALLMAYER/GROSS: MA Befunde, S. 113.

[128] KAISER, H.: ArchAusgrBW 1983, S.118.

[129] GROSS U.: ArchAusgrBW 1992, S. 258.

[130] SOMMER, C.S.: Merowingische Tote in römischen Ruinen. In: ArchInfBW 34 (1997), S. 49.

[131] SOMMER C.S.: ArchAusgrBW 1992, S. 214.

[132] GROSS, U.: ArchAusgrBW 1992, S. 216.

[133] SOMMER C.S.: ArchAusgrBW 1991, S. 132.

[134] SOMMER C.S.: Merowingische Tote (wie Anm. 130), S. 47–52.

[135] KAISER, H.: ArchAusgrBW 1983, S. 119–120.

[136] KAISER, H.: ArchAusgrBW 1984, S.111–113.

[137] SOMMER, C.S.: ArchAusgrBW 1991, 131–132.

[138] SOMMER, C.S.: ArchAusgrBW 1991, S. 132.

[139] SCHALLMAYER/Gross: MA Befunde, S.90.

[140] KAISER, H.: ArchAusgrBW 1981, S. 109f.

[141] LUTZ: ArchAusgrBW 1987, S. 288f.

[142] HEUKEMES, B.: Der römische vicus Lopodunum – Ladenburg. In: Führer zu vor- und frühgeschichtlichen Denkmälern 3: Mannheim Odenwald Lorsch Ladenburg, Mainz 1965, S. 158–165 mit entsprechender Karte.

[143] Vgl. Ortsname S. 211.

[144] Vgl. Straßburger Eide und oben S. 211–212.

[145] S. Ziegelscheuer Anm. 126.

[146] Die frühmittelalterliche Stadtwerdung ging i.d.R. so vor sich, daß sich um das befestigte politische oder kirchliche Zentrum (Palatium, Königs- bzw. Fürstenhof, Bischofskirche und -pfalz) eine vorstädtische Ansiedlung, das Suburbium, bildete, in dem die zur Unterhaltung des ummauerten Herrschaftsmittelpunkts notwendigen Zulieferer wohnten und arbeiteten. Die Befestigung dieser Vorstadt und damit ihre formlose Erhebung zur Stadt wurde bei einer gewissen Größe und oft durch wachsende äußere Bedrohung, die im 9. und 10. Jh. durch die Normannen und die Ungarn gegeben war, vorgenommen. Die schnell errungene Autorität des neuen sächsischen Königshauses nach 919 ist König Heinrich I., dem „Städtebauer" gegen die ungarischen Einfälle, zu verdanken. Vgl. Widukind von Korvei: Res gestae Saxonicae c. 35. In: Ausgewählte Quellen zur Geschichte des deutschen Mittelalters 8, hg. von A. BAUER und R. RAU, Darmstadt 1971, S. 68/69. S.a. S. 275–276.

[147] Zweimaliger Hafenbau, der spätere mit aufwendiger Hafenstraße HEUKEMES: Arch. Plan (1986).

[148] STAAB, F.: Speyer im Frankenreich. In: Geschichte der Stadt Speyer 1, S. 163–248, hier: S. 173.

[149] Irenäus von Lyon: Adversus Haereses. Übersetzt von N. BROX: Darlegung der apostolischen Verkündigung gegen die Häresien, Freiburg 1993, Bd. I/1, X/2, S. 201.

[150] Decretum oder canon episcopi Burcardi. In: MIGNE: Patrologia Latina 140, Sp. 831ff. Vgl. auch: FRIEDBERG, E.: Aus deutschen Bußbüchern, Halle 1868, S. 67ff. und GINZBURG, C.: Hexensabbat, Berlin 1990.

[151] WERNER: Frankreich, S. 236–241.

[152] S. Beitrag SOMMER.

[153] BORGOLTE: Mittelalterliche Kirche, S. 3–4.

[154] Vgl. dazu eine der gängigen neueren Darstellungen wie CHRIST, K.: Geschichte der römischen Kaiserzeit, 2.A. München 1992; besonders der Schlußteil: Das Zeitalter Konstantins des Großen, S. 730–782 und HbKiG II/1: Die Reichskirche nach Konstantin dem Großen.

[155] DUCHESNE, Louis: Fastes épiscopeaux de l'ancienne Gaule Bde. 1–3. Paris 1907–15. I/2,7. Die Echtheit dieser Akten ist in der neueren Forschung in Frage gestellt worden. Vgl. JÜRGENSMEIER: Worms, S. 15 Anm. 12. Büttner nimmt einen echten Gehalt der Unterschriftsliste an vgl. BÜTTNER, Heinrich: Frühes fränkisches Christentum am Mittelrhein. In: Amittrh KirG 3 (1951), S. 9–55: ND in BÜTTNER/GERLICH, S. 49 und 67.

[156] „Zentrale Organisationsform des römisch geprägten Christentums wurde – seit 200 – das Bistum mit einem festen Bischofssitz." BORGOLTE: Mittelalterliche Kirche, S. 3.

[157] WERNER: Frankreich, S. 240.

[158] BORGOLTE: Mittelalterliche Kirche, S. 10.

[159] BORGOLTE: Mittelalterliche Kirche, S. 78/79 und STAAB: Speyer, S. 177.

[160] BÜTTNER/GERLICH, S. 69.

[161] Vgl. dazu die bekannte Nachricht von Hieronymus aus dem Jahre 407, daß Mainz von den heidnischen Germanen erobert und eine große Menschenmenge in einer Kirche niedergemetzelt wurde. Sancti Eusebii Hieronymi epistolae. Ed. von I. HILBERG, Wien, Leipzig 1918, Nr. 123, Epist ad Geruchiam 16, S. 92.

[162] „ ... die Entwicklung des frühen christlichen Speyer noch immer in Dunkel gehüllt ist": BÜTTNER/GERLICH,

S. 67. „Der von den Franken erstrebte Anschluß an die römische Tradition war in Speyer nicht ohne weiteres möglich“: STAAB: Speyer, S. 173 – In diesen Zusammenhang gehört der singuläre und sehr auffällige Namenswechsel von *Noviomagus* bzw. *civitas Nemetum* zu *Spira*, vgl. BERGER, D.: Noviomagus – civitas Nemetum – Speyer. In: Ortsnamenwechsel – Bamberger Symposion, hg. von R. SCHÜTZEICHEL, Heidelberg 1986 (Beiträge zur Namenforschung NF, Beiheft 24), S. 255–263; vgl. auch oben S. 212.

[163] STADE, K.: Wormser Inschriften aus Altrip. In: Germania 17 (1933), S. 31–34.

[164] Vgl. die Wormser Burgundertradition und das Nibelungenlied. WACKWITZ, P.: Gab es ein Burgunderreich in Worms? In: Der Wormsgau, Beihefte 20/21 (1964/65 u.a.).

[165] BÜTTNER/GERLICH, S. 69.

[166] BOPPERT, W.: Die frühchristlichen Inschriften des Mittelrheingebietes. Mainz 1971, S. 155–173 und BÜTTNER/GERLICH, S. 69/70.

[167] WERNER: Frankreich, S. 324 und KAISER, R.: Das römische Erbe und das Merowingerreich, München 1993 (EDG 26), S. 27.

[168] KAISER: Erbe, S. 23.

[169] KAISER: Erbe, S. 55/56.

[170] BÜTTNER/GERLICH, S. 49.

[171] BÜTTNER/GERLICH, S. 67 und 75.

[172] Socrates Scholasticus: Historia ecclesiastica. Ed.R. HUSSEY, Bd. VII/30 und BÜTTNER/GERLICH, S. 69.

[173] BEHN, F.: Ein vorfränkisches Gräberfeld bei Lampertheim am Rhein. In: Mainzer Zeitschrift 30 (1935), S. 56–65.

[174] Hier ist zwischen dem Patrozinium als dem „himmlischen“ Patronat und dem konkreten Kirchenpatronat, also der eigentlichen Kirchenherrschaft, zu unterscheiden.

[175] BÜTTNER/GERLICH, S. 213. Es interessieren hier im Rahmen unseres Themas vor allem die rechtsrheinischen Verhältnisse.

[176] MEYER, H.: Topographie der Diözese Worms im Mittelalter. In: ArchHessG NF 17 (1932), S. 40–76 und EBERHARDT, H.: Die Diözese Worms am Ende des 15. Jahrhunderts, Münster 1919.

[177] CL 22 und PROBST: Seckenheim, S. 338.

[178] BÜTTNER/GERLICH, S. 66 Anm. 114.

[179] HOTZ, W.: Der Dom zu Worms, Darmstadt 1982 und die Rekonstruktionszeichnungen in ENGLERT, S.: Der Dom zu Worms, Worms 1990, S. 6 und 10. Archäologisch gesichert ist der Vorgängerbau des Domes aus der Zeit der Königin Brunichildis und König Dagoberts I., der in das römische Forum eingepaßt war.

[180] Es ist hier nicht abwegig, die dogmatischen Streitigkeiten der spätantiken Kirche über die Position Christi gegenüber Gottvater: „gottgleich“ oder „gottähnlich“ auch von diesem weltlichen Vorverständnis des spätantiken Kaisertums her zu sehen, zumal es sich bei den zentralen Begriffen *Deus et Dominus* um Begriffe des Kaiserkultes handelte, die auf Gott übertragen wurden.

[181] Auf die Ränge am „himmlischen Hof“ hat Kantorowicz aufmerksam gemacht: KANTOROWICZ, E.H.: Laudes regiae. A Study in Liturgical Acclamations and Medieval Ruler Worship. Berkeley Cal. 1946 (University of California Publications in History Bd. 33).

[182] Diese genuin antik-römische Bezeichnung – heute noch in Italien als „padrone“ lebendig – für den Schutzherrn und seine Clientel muß man wörtlich nehmen; denn sie trifft genau das Glaubensverständnis der spätantik-frühmittelalterlichen Christenheit.

[183] Vgl. dazu NOBEL: Heiligenverehrung. Nobel legt den Schwerpunkt auf die „Hausheiligen“ der karolingischen Könige und die damit verbundene Sakralisierung ihres Königtums, was natürlich an der Themenstellung der Dissertation liegt. Daß für diese Frage die Merowingerzeit eigentlich grundlegend und fast wichtiger ist, ergibt sich bei ihr aus wenigen, aber aufschlußreichen Bemerkungen, vgl. besonders die Kapitel über die Heiligen Martin, Dionysius und Remigius.

[184] Zur Martinstradition in Worms und über deren Alter – STAAB, F.: Heidentum und Christentum in der Germania prima zwischen Antike und Mittelalter. In: STAAB, F. (Hg.): Zur Kontinuität zwischen Antike und Mittelalter am Oberrhein. Sigmaringen 1994 (Oberrheinische Studien Bd. 11.), S. 147.

[185] Zu der komplizierten Frage der Neckarauer Patrozinien – PROBST: Neckarau I, S. 169ff.

[186] Vgl. S. 264/265.

[187] CL 505.

[188] CL 636 hier auf den Besitz des Medardusklosters in Altrip bezogen.

[189] Vgl. MEYER: Topographie etc. passim.

[190] HbKiG II/2: Die Kirche in Ost und West – Von Chalkedon bis zum Frühmittelalter (ND 1985), S. 112–114.

[191] CL 22; CL K 141; CL 327; CL 772. Bei allen fand nach dem Ende von Lorsch als Reichsabtei ein Wechsel im Patrozinium statt, was MEYER: Topographie zu nennen versäumt.

[192] Grundlegend immer noch STUTZ, U.: Die Eigenkirche als Element des mittelalterlichen germanischen Kirchenrechts, Berlin 1895, obwohl sich seine Kernthese von der germanischen Herkunft des Eigenkirchenwesens als nicht tragfähig erwies, insofern dieses Institut schon in der Antike, aber auch bei den Slawen entdeckt wurde. Die Eigenkirche war sozusagen der geistliche Teil der Grundherrschaft und fand ihre Fortsetzung bis in die frühe Neuzeit hinein im standesherrlichen Kirchenpatronat. Vgl. Theologische Realenzyklopädie IX (1982), S. 403 mit Literaturangaben.

[193] Im Lobdengau z.B. Neckarau. PROBST: Neckarau I, S. 169–174.

[194] BORGOLTE: Mittelalterliche Kirche, S. 36.

[195] HbKiG III/1, S. 113, 127–128, 301, 304–307.

[196] CL 715, hier übersetzt von MINST, Bd. 2, S. 264/265.

[197] PUZA, R.: Pfarrei, Pfarrorganisation. In: LexMA 6 (1993), Sp. 2021–2026.

[198] STORK, I.: Friedhof und Dorf, Herrenhof und Adelsgrab – Der einmalige Befund Lauchheim. In: Alamannen, S. 290–310 und BÜCKER, C./HOEPER, M./HÖNEISEN, M./SCHMAEDECKE, M.: Hof, Weiler, Dorf – Ländliche Siedlungen im Südwesten. In: Alamannen, S. 311–322.

[199] Bücker u.a.: Alamannen, S. 312.

[200] Dafür sprechen das Peterspatrozinum beider Kirchen, der Ausstellungsort der frühesten Heppenheimer Urkunde CL 400 im Jahr 755, nämlich Botzheim bei Ladenburg, und deren Schreiber, der Wormser Notar Hiebo, s.S. 261–264.

[201] Burchard von Hall berichtet am Ende des 13. Jahrhunderts über die Anfänge von Wimpfen und erwähnt aus einer glaubwürdigen mündlichen lokalen Tradition dabei einen sonst unbekannten Wormser Bischof Chrotold. In: MGH SS 30/1, S. 659–677. Vgl. auch Büttner/Gerlich, S. 211.

[202] Schwarzmaier, H.: Geschichte der Stadt Eberbach am Neckar bis zur Einführung der Reformation 1556, Sigmaringen 1986, S. 24 und 28 legt nahe, daß Würzburg von Osten durch siedlungsleeren Raum, der von Worms ausgespart war, an das Neckarknie gelangt ist.

[203] Büttner/Gerlich, S. 127.

[204] Daran erinnert die späte – und falsche – Überlieferung von Worms als dem ursprünglichen Sitz eines Erzbischofs. Vgl. Jürgensmeier: Worms, S. 18 Anm. 21. Aber die auffällige Tatsache, daß Mainz gar keinen eigenen Gau hatte, sondern im Wormsgau lag, zeigt ebenfalls die alte Rangordnung. Das wirkte übrigens bis zur Entstehung des Territoriums des Mainzer Hochstifts nach, das linksrheinisch gleich hinter der Stadt an der – späteren – kurpfälzischen Grenze endete.

[205] Schannat I, S. 310: Bischof Erembert (793) habe von Karl dem Großen *diocesim Wormatiensem novis iisque certis ac determinatis limitibus* erhalten, worin sicher der tiefe Konflikt aus der Jahrhundertmitte nachwirkt.

[206] Probst: Neckarau I, S. 181 und 238/39.

[207] CL 90.

[208] CL 3.

[209] Diese alte Zentralität Heppenheims ist als Kreissitz bis zum heutigen Tag erhalten.

[210] Zum ganzen Abschnitt Seibert, H.: Lorsch. In: LexMA 5 (1991), Sp. 2117/18 mit der neueren Literatur. Aus der älteren: Laurissa jubilans. Festschrift zum 1200jährigen Jubiläum der Abtei Lorsch, Lorsch 1964; Die Reichsabtei Lorsch, Festschrift 1964; Büttner, H.: Lorsch. In: Amittrh KirG 16 (1964); Ders.: Heppenheim, Bergstraße und Odenwald. Von der Franken- zur Stauferzeit. In: 1200 Jahre Heppenheim, Heppenheim 1955, S. 27–53; ND Büttner/Gerlich, S. 158–184; Ders.: Zullestein, ein karolingischer Portus bei Worms. In: Miscellanea mediaevalia in memoriam J. F. Niemeyer, Groningen 1967, S. 53–60. ND Büttner/Gerlich, S. 267–275.

[211] Zitiert als CL mit Urkunden- bzw. Regestnummer.

[212] Die unterstrichenen Orte erscheinen in CL 274 bis 818.

[213] Stengel, E. E.: Ub Fulda I/1 Nr. 38.

[214] MGH DH IV 169.

[215] Vgl. Lamey, A.: Pagi Lobodunensis descriptio. Mannheim 1766 (Acta Academiae Theodoro-Palatinae Bd. 1), S. 215–242 und auch seine Karte S. 217; hier abgebildet S. 233.

[216] CL 435 für das Jahr 792.

[217] CL 32 für das Jahr 858.

[218] Der Gauname ist nicht eigenständig oder ursprünglich, sondern, wie seine sprachliche Form und die schwankende Benennung beweisen, von Lobdenburg, seinem Hauptort, abgeleitet. Daraus ist im Umkehrschluß zu entnehmen, daß es eine Kontinuität zwischen den beiden Bezirken, civitas Ulpia Sueborum Nicrensium und Lobdengau, nicht gibt.

[219] So bereits die klassischen Stellen bei Caesar: De bello Gallico I/12 u.a. Beide Begriffe sind übrigens zuerst auf Personenverbände bezogen.

[220] Borgolte, M.: Gau. In: LexMA 4 (1989), Sp. 1141. Die Nationalsozialisten haben in ihrer Germanentümelei dieses Wort als Begriff für einen Parteigroßbezirk aufgegriffen und davon Neuprägungen wie Gauleiter u.a. gebildet.

[221] Polenz, P. v.: Landschafts- und Bezirksnamen im frühmittelalterlichen Deutschland. Untersuchungen zur sprachlichen Raumerschließung, Marburg 1961, S. 75 und Abb. 15.

[222] Vgl. Lamey wie Anm. 215.

[223] CL 6a.

[224] Die wahrscheinlichste, aber im zweiten Wortbestandteil nicht ganz geklärte Wortherleitung ist *Föhrenhag*. Vgl. Hoops, J.: Waldbäume und Kulturpflanzen im germanischen Altertum, Berlin 1905, S. 171.

[225] Die beiden Wortbestandteile bedeuten: ahd. **lus-* Ried, Sumpf {nur erschlossen, nicht belegt} und ahd. *hard* – Wald.

[226] Vgl. Karte S. 300/301.

[227] MGH DH II 247.

[228] Ober- und Unter-Abtsteinach deshalb, weil hier der zur Abtei Lorsch gehörende Teil des Odenwaldes begann, dessen Zentrum die Weschnitzsenke bildete. Sie wurde als nach Südwesten geöffnetes und daher klimatisch begünstigtes kleines Becken am frühesten erschlossen, ganz im Unterschied zu den rauhen, dichtbewaldeten Höhenrücken und engen Längstälern des südlichen Wormser Teils.

[229] Müller, K.Th.C.: Zu den ältesten Markbeschreibungen des Odenwaldes. In: ArchHessG NF XVII/1 (1931), S. 95–144 und Trautz: Neckarland, S. 59.

[230] Vgl. Staab, F. mehrmals, zuletzt: Eine ungleiche Gesellschaft – Völker und soziale Schichten im Frankenreich nach schriftlichen Quellen. In: MGBl NF 3 (1996), S. 23–56.

[231] AKB I, S. 180.

[232] Vgl. dazu die gesamte ältere Literatur!

[233] Vgl. diese Namensdeutungen für Wallstadt, Schwabenheim und die Sachsenorte in der AKB.

[234] Kleiber, W.: Vordeutsche, nichtgermanische Gewässer- und Siedlungsnamen. Beiwort zur Karte III, 5. In: Hist. Atlas BW, 1975. Hier werden für das alte Dekumatland = Baden-Württemberg 27 Walenorte aufgeführt. Dazu gehören aber auch das südhessische Wahlen und der in CL 6a erwähnte Walchin- oder Welinehouc/g – Walenhöhe, -hag, heute Kahlberg bei Weschnitz, beides typische Rückzugsgebiete!

[235] Schaab, M.: Die Stadt Heidelberg und die Gemeinden des Landkreises Heidelberg. In: AKB II, S. 967: Die Namenserklärung von Walldorf als „Wald"-siedlung,

ist nur scheinbar schlüssig; denn sie ist sprachlich nicht nachvollziehbar. Der Wald, an dessen Rand Walldorf liegt, hieß *Lußhardt*. Vgl. *Lußheim*. Zudem verweist die Lage Walldorfs an der Römerstraße Speyer – Wimpfen auch auf die Walhen.

[236] HÄGERMANN, D. und HEDWIG, A.: Liten. In: LexMA 5 (1991), Sp. 2016–2018 und MARTIN, J.: Spätantike und Völkerwanderung, 2.A. München 1990 (OGG 4).

[237] Das galt besonders für die Kirche, in der die romanische Komponente durch ständige Rückgriffe auf Personal aus Aquitanien sogar verstärkt wurde.

[238] Eigentlich *Sund-* oder *Südhofen* im Verhältnis zu Schar, CL 48 und MGH DArn 34.

[239] Vgl. STAAB, F.: Untersuchungen zur Gesellschaft am Mittelrhein in der Karolingerzeit, Mainz 1975 (Geschichtliche Landeskunde – Veröffentlichungen des Instituts für geschichtliche Landeskunde an der Universität Mainz, Bd. 11), S. 2f.

[240] CL II nrr 1904, 1906, 1800, 1426.

[241] Anno 766 CL II nr 1603.

[242] CL II nrr 677, 679, 681.

[243] *Massa* ist *mancipium* nach Traditiones Possessionesque Wizenburgenses, hg. von W. C. ZEUSS, 1842 nr 61; CL II nrr 236, 242, 244, 241 e. Milo CL II nrr 449, 1915, 1958, 2104, 1057, 645, noch weitere 6 Nennungen.

[244] Es fällt dabei das Übergewicht weiblicher Namen auf, was wohl ein Hinweis auf das Connubium zwischen Romanen und freien Franken ist.

[245] Carmen VII, v 324f, MGH AA VIII 9.

[246] Über den „gegenwärtigen Stand der Alamannenforschung" unterrichtet neben dem Ausstellungskatalog von 1997 D. GEUENICH: Zum gegenwärtigen Stand der Alemannenfprschung. In: Zur Kontinuität zwischen Antike und Mittelalter am Oberrhein, hg. von F. STAAB, Sigmaringen 1994, S. 159–169. Vgl. auch STAAB: Ungleiche Gesellschaft, S. 10.

[247] Auf den alten Streit über die Aussagekraft zur ethnischen Zugehörigkeit der *-ingen* und *-heim* -Orte gehe ich nicht ein. Selbstverständlich sind beide Fügungen modisch geworden und sehr fruchtbar. Für den Lobdengau ist der klassischen These eine gewisse Wahrscheinlichkeit nicht abzusprechen. Interessante Beobachtungen für das Elsaß und den Breisgau dazu bei HOEPER, M.: Guter Boden und verkehrsgünstige Lage – Ortsnamen und Römerstraßen am südlichen Oberrhein. In: Alamannen, S. 243–248.

[248] Vgl. dazu die Artikel von F. STAAB/C. REICHMANN u.a. im Ausstellungskatalog: Franken I.

[249] KOCH, U.: Ethnische Vielfalt im Südwesten – Beobachtungen in merowingerzeitlichen Gräberfeldern an Neckar und Donau. In: Alamannen, S. 228.

[250] STAAB: Ungleiche Gesellschaft, S. 34; ein weiteres interessantes Beispiel DOLCH, M.: Winnweiler in einer Schenkungsurkunde vom Jahre 891. In: Pfälzer Heimat 2 (1991), S.49–51.

[251] TRAUTZ: Neckarland, S. 28: „Die meisten -heim-Orte weisen eine sehr günstige geographische Lage auf".

[252] PROBST: Seckenheim, S. 4–6.

[253] Hier ist in der engsten Nachbarschaft Ladenburgs interessanterweise ein lateinisch-fränkischer Mischname vorhanden: *Cil* = *Cilinus*, vgl. *Cilina* in Neckarhausen, und *-olf* ist der beliebte Namensbestandteil *Wolf*. Man kann davon ausgehen, daß viele Romanen der Mode folgten, fränkische Namen zu wählen,während Frauen länger die traditionellen romanischen Namen trugen (s. Anm. 243).

[254] CL 313, 314 u.a.

[255] Es wird in der Forschung diskutiert, ob der auffällige Unterschied in den -heim-Namen zwischen personenbezogener und örtlichkeitsbezogener Bildung einen zeitlichen Unterschied in der Gründung anzeigt. Die örtlichkeitsbezogenen wären dann als Hinweis auf die weiterentwickelte Grundherrschaft später anzusetzen. Vgl. HOEPER. In: Alamannen, S. 245/246.

[256] PROBST: Neckarau I, S. 169–174.

[257] *de fisco, qui vocatur neckrauua,* aus dem Jahr 873 oder *nostram curtem, quae dicitur nechkarauua,* von 882 MGH DLD 136 nach KEHR, P.: Die Urkunden der Deutschen Karolinger I, 2.A. 1956, 136 und 145.

[258] MrhUb 113 und PROBST: Neckarau I, S. 165–169. Dazu kamen noch geschlossene Litenansiedlungen in Rheingönheim, Mutterstadt u.a.

[259] Dorf von lat. *turba* = Haufe, scheinbar ungegliederte Gruppe oder Gemenge zuerst von Menschen, dann von Häusern oder Gehöften.

[260] Gerade der schwankende Wortgebrauch der Urkunden von einfacher Nennung des Ortsnamens z.B. *in Scrizzesheim* – in Schriesheim (CL 418, 419 etc.) über *in villa Scrizzesheim* (CL 417) – im Dorf Schriesheim oder *in loco Scarra* (CL 598) oder *in marca* + Genetiv Plural der Bewohner *in Sicchenheimero marca* (CL 638) beweist das; denn es gab keinen tradierten lateinischen Begriff für den neuen Siedlungstyp. In den 544 Urkunden des Lobdengaus kommt mit Mehrfachnennung 600 mal die einfache Nennung des Ortsnamens vor, 45 mal *in villa NN*, 39 mal *in loco-locis NN* und 36 mal *in NNero marca*.

[261] CL 40: *(villa) ubi sclavi habitant* – Ob es sich hier um Sklaven oder Slawen handelt, ist nicht zu klären. Vom 9. bis zum 11. Jahrhundert gab es einen bedeutenden Sklavenhandel, den vor allem die Wikinger, die auf ihren Raubzügen in den slawischen Teilen Mittel- und Osteuropas Menschen raubten und als Sklaven verkauften. Haithabu war der wichtigste nordeuropäische Sklavenmarkt. Dies war so geläufig, daß in Nordeuropa das Appellativum *Sklave* vom Volksnamen *Slawe* abgeleitet ist. Vgl. dazu: LEBECQ, S.: Sklave. In: LexMA 7 (1994), Sp. 1977–1980.

[262] GEISLER, H.: Haus und Hof der Franken. In: Franken II, S. 769–773 und Katalogteil S. 1035–1043

[263] In der Sprache der Urkunden *forestis, saltus, nemus, silva* oder *medietas silvae* mitten im Wald genannt CL 48, 50 passim; aus diesem Ödland kann man *ad stirpendum* einen *Bifang* = Rodland zur Rodung erhalten! CL 616 u. 637.

[264] In CL 275 aus dem Jahr 782 wird *marca* lateinisch als *confinium* wiedergegeben. Dabei handelt es sich um Neuenheim {Name!} als frühen Ausbauort auf ursprünglich Handschuhsheimer Gemarkung.

[265] *pertinentia* heißt eigentlich Zubehör, worauf sich das Nutzungsrecht eines Eigentümers an Grund und Boden auf der Gemarkung erstreckt = *pertinere*.

[266] DOPSCH, A.: Geschichte der freien Marken in Deutschland, Wien 1933.

[267] Zusammenfassend und mit weiteren Literaturangaben über diese viel diskutierte Frage BOSL, K.: Staat, Gesellschaft, Wirtschaft im deutschen Mittelalter. In: GEBHARDT VII, 5.A. Stuttgart 1980. Eine gute neuere Einführung in diese Frage, allerdings für eine spätere Zeit gibt BLICKLE, P.: Deutsche Untertanen – ein Widerspruch, München 1981.

[268] In der Reihenfolge der Nennung im CL.

[269] Neckarhausen ist später auf Ladenburg bezogen, vgl. FÜTTERER, P.: Neckarhausen. Geschichte und Gegenwart, Karlsruhe 1973, S. 38ff.

[270] Wiesloch entstand aus einigen kleineren Dörfern. AKB II, S. 1004ff. Vgl. auch den Begriff „Siedlungskammern", den man auch auf Wiesloch anwenden könnte, bei BÜCKER, C. u.a. In: Alamannen, S. 313.

[271] CL 3651.

[272] CL 3670.

[273] Mit Ausnahme Bergheims, dessen Ende durch die Umsiedlung seiner Einwohner nach Heidelberg, die der Kurfürst Ruprecht II. 1392 anordnete, bekannt ist AKB II, Die Stadt Heidelberg etc. 1968, ND 1974, S. 13.

[274] Um 1800 vor der Abtrennung des linksrheinischen hinteren Riedes, 1910 noch 25 qkm. Zu den Gemarkungsgrößen vgl. AKB unter den jeweiligen Ortsbeschreibungen.

[275] Im Seckenheimer Niederfeld im Bereich des Flurnamens *Ornauer Weg* (!) wurde 1995 beim Bau der neuen Randerschließungsstraße eine merowingische Siedlung aufgedeckt und damit auch der archäologische Beweis für Norderau erbracht. Zum ganzen Abschnitt PROBST: Seckenheim, S. 15–16 und DERS.: Neckarau I, S. 25–26 und S. 28–30.

[276] Ersterwähnung 888, eigentlicher Aufschwung erst im 13. Jahrhundert. Vgl. HEIERLING, A.: Das Dorf Schar und der Scharhof im Mittelalter, Mannheim 1987. DERS.: Sandhofen-Serie, Mannheim 1989. DERS.: Mannheim-Sandhofen – ein Kurzporträt zur 1100-Jahrfeier. In: MH (1988), S. 72–84.

[277] CL 3823 und AKB III, S. 134. Ganz typisch ist auch hier der schwankende Ortsname. *Vicus Gerberti, Weiler* und dann *Keverendale.*

[278] Got. *sibja*, ahd. *sippa*, mhd. *sippe* – Blutsverwandtschaft, aber auch Friedensbund zu got. *ga-sibjon* – sich versöhnen, ahd. *sippi* – blutsverwandt, friedlich. Das ist auch die Etymologie der germanischen Völkernamen *Sweben* und *Seb/mnonen.*

[279] BOSL, K.: Staat, Gesellschaft, Wirtschaft im deutschen Mittelalter. In: GEBHARDT VII, 6.A. 1981, S. 32–38.

[280] AKB III, S. 616ff.

[281] Edingen: AKB III, S. 492/93; Hermsheim-Neckarau: über das dortige Martinspatrozinium vgl. PROBST: Neckarau I, S. 165–177; Oppau: CL 597; Zeilsheim-Ladenburg: Martinstor, Martinskirche AKB III, S. 616; und S. xxx.

[282] Heddesheim: AKB III, S. 494, das einzige rechtsrheinische Remigiuspatrozinium in der Wormser Diözese!

[283] Wallstadt: CL 505; das trifft sich wieder mit der Annahme romanischer Bevölkerung in Wallstadt.

[284] Aus lat. *palatium* Pl *palatia* – Kaiserpalast, -residenz.

[285] CL 8 und 18.

[286] CL 39; CL 18; CL 32; CL 22.

[287] BORGOLTE, M.: Graf, Grafschaft. In: LexMA 4 (1989), Sp. 1633–1636. Dieser sehr wichtige Begriff ist *comes, comitis,* m. – eigentlich enger Begleiter, Gefolgsmann, seit dem 3. Jh. Titel eines höheren Beamten ahd. *gravo*; unter byzantinischem Einfluß aus dem Griechischen *grapheus* – Schreiber? Graf bleibt immer auch Amtstitel wie Burggraf oder Deichgraf, in unserer Gegend bis 1803 Zentgraf, wird aber auch zum Adelsprädikat.

[288] CL 31.

[289] *exactandum quod ad partem fisci nostri exinde reddebitur* CL 5.

[290] 795 grenzen Graf Warin vom Lobdengau und Graf Rupert III. vom Oberrheingau die Heppenheimer Waldmark ab; Zeugen sind je 8–12 Adlige aus dem Lobdengau, dem Oberrheingau, dem Maingau und der Wingarteiba: CL 6a; 911 grenzt Graf Lütfried den Viernheimer Wald ein: CL 65.

[291] CL 3.

[292] MGH LL cap. I, 1883, S. 147–149, hier: S. 148 und 811 Nr. 71, S. 161 § 1–5 u.a.m.

[293] CL 5 und 46.

[294] CL 26 und 19.

[295] CL 6a und 22.

[296] CL 1b, gemeint ist Altenmünster auf einer Weschnitzinsel.

[297] GLÖCKNER: CL Bd. I, S. 271 Anm. 7 zu CL 3.

[298] CL 10, 386, 482, 1390, 1521, 1522, 2918, 3170 und 3321.

[299] *Cancor illustris rhenensis pagi comes* CL 1.

[300] Cl 1, 167 u.a. darunter 549 und 551 Mannheim.

[301] CL 168; CL 6a und 222; CL 53, 58.

[302] GLÖCKNER, K.: Lorsch und Lothringen, Robertiner und Capetinger. In: ZGO 89 (1937), S. 301–353 und WERNER: Frankreich, S. 439 und 465–468 u.a.

[303] CL 3 und 6a.

[304] CL 32.

[305] MGH DK III 58 und CL 47 *in comitatu lobodenense.*

[306] CL 6a.

[307] CL 3, 6a, 281, 477.

[308] CL 22, 393, 2751, 216.

[309] CL 656, 28.

[310] CL 32, 39.

[311] CL 40, 589.

[312] CL 53, 59.

[313] CL 65, 136.

[314] CL 40, 589.

[315] CL 53, 59.

[316] CL 65, 136.

[317] CL 67, 77.

[318] CL 82; MGH DH II 1.

[319] Kurzform von *Warinher* – der wehrhafte Krieger, spätere Namensform *Wernher* oder *Werner.*

[320] CL 29.

[321] Der Name bedeutet *Herr der Leute*; CL 40.

[322] *Liutfried* – der den Leuten Frieden gibt. Häufig wird die Verwandtschaft auch durch den ersten oder zweiten Teil eines Namens gekennzeichnet. Die althoch-

deutschen Namen sind in der sogenannten Langform immer zweigliedrig. Davon werden im Umgang Kurzformen abgeleitet. Vgl. Ortsnamensgebung S. 237.

[323] *Konrad* – der kühne Ratgeber, *Megingaud* – der mächtige Gote von *magan* – Kraft, Macht; Goten galten als heldenhaftes Volk. MGH DH II 227.

[324] MGH DH II 227.

[325] MGH DKo II 50 und MGH DH III 126.

[326] Nach der gefälschten Urkunde des Königs Dagobert von 628, deren Inhalt aber wohl die richtige Sach- und Rechtslage wiedergibt; MGH DMerov, Sp. 21 und QuGStWo I nr 1: *Hoc est quod tradimus: civitatem nostram Lobedunburg, palatium nostrum, edificia, mancipia.* – Das ist es, was wir übergeben: unsere Stadt Ladenburg, unsere Pfalz mit Gebäuden und Hörigen; von 798 an wird diese Urkunde immer wieder bestätigt, was einen wohl damals schon seit langem bestehenden Zustand festschreibt.

[327] CL 137.

[328] MGH DH IV 169.

[329] Glöckner: Vorwort zum CL I, S.18.

[330] Glöckner: Vorwort zum CL I, S. 38ff.

[331] CL 532. *Mallus* wird in CL 131 erklärt: *tribus mallis, qui vulgo ungeboden Ding vocantur.* – drei Gerichtsversammlungen, die in der Volkssprache = Deutsch ungebotenes Ding genannt werden.

[332] Trautz: Neckarland, S. 85–87.

[333] 13. Juli 951 auf dem Ilvesheimer Friedhof für Sachsenheim (CL 428) oder in Ladenburg 1226 auf dem Friedhof von St. Sebastian s.S. 267. Vgl. auch die Beschreibung von Dingen für die Seckenheimer Riedgemeinde, Probst: Seckenheim, S. 30–32 oder für Hermsheim auf dem Neckarauer Friedhof oder unter einem markanten Baum, dem „Hermsheimer Gerichtsstuhl", Probst: Neckarau I, S. 159.

[334] Ihre Ersterwähnung 1222 in Gud Syll I nr 51 *placita civilia cendingen* – bürgerliche Rechtstage die Zent-Dinge, vgl. Trautz: Neckarland, S. 87 Anm. 644.

[335] Gewährsmann/Bürge für die Strafe/Rache.

[336] ahd. *sceffeno* von *skafjan* – schöpfen, schaffen, gemeint ist Recht „schöpfen".

[337] Vgl. Grimm, Jakob: Rechtsaltertümer. 1828 und Deutsches Rechtswörterbuch II, S. 933ff.

[338] Gud Syll I nr 26 und Schannat II nr 102, vgl. auch Schuch: Ladenburg, S. 34–37 und Christ, K.: Aus der Rechtsgeschichte des Elsenz- und Neckargaus. In: MGBl 12 (1911), Sp. 179.

[339] Widder, J. G.: Abhandlung von den Stalboheln. In: Rheinische Beiträge zur Gelehrsamkeit 12 (1778), S. 409–411 und S. 419–421 und Schuch: Ladenburg, S. 35.

[340] Christ, K.: Die Schönauer und Lobenfelder Urkunden von 1142–1225. In: MGBl 6 (1905), Sp. 180 Anm. 81.

[341] Trautz: Neckarland, S. 86: „Der Name ist am ehesten mit den Wörtern *Stuhl, Gestell*, engl. *stall* in Verbindung zu bringen."

[342] Widder: Stalboheln, S. 408.

[343] Vgl. auch Grimms Wörterbuch unter den Lemmata *stall*, bzw. *stallen*.

[344] A. Krieger II, Sp. 1041; auch Widder gibt unbewußt einen Hinweis, indem der von ihm beigezogene *Stalbühl* bei Wimpfen an einem Ochsenberg bei Niedereisensheim liegt! Stalboheln, S. 423.

[345] Gud Syll I nr 26; Schannat II nr 102 und Christ. In: MGBl 12 (1911), Sp. 179.

[346] RI nr 3893.

[347] Schannat I, S. 232 und 233 und RPR I 203 und 1176/77.

[348] Kollnig, K.: Die Zent Schriesheim. Heidelberg 1933 (Heidelberger Abhandlungen zur mittleren und neueren Geschichte 62) und Ders.: Die Zenten in der Kurpfalz. In: ZGO 88 (1936) und seine Arbeiten zur Weistumsforschung.

[349] Vgl. S. 244. Zu den Grafen von Lauffen die kurze Übersicht bei Trautz: Neckarland, S. 83. Weitere Literaturhinweise bei Lorenz, S.: Lauffen, Grafen von. In: LexMA 5 (1991), Sp. 1756.

[350] Vgl. Trautz: Neckarland, S. 85 Anm. 628.

[351] Sprachgebrauch im CL.

[352] 1142, Gud Syll nr 4.

[353] 13. Jh., ZGO 18 (1866), S. 409.

[354] 1231, ZGO 7 (1855), S. 34.

[355] ca. 1270, ZGO 7 (1855), S. 38 und A. Krieger I, Sp. 253/54.

[356] Lt. A. Krieger nach Förstemann, E.: Altdeutsches Namenbuch I: Personennamen, 2.A. Berlin 1900, S. 323; II: Ortsnamen, 3.A. hg. v. H. Jellinghaus, 1913/16, S. 496.

[357] CL 429.

[358] CL 382, 690, 793, 803, 809, 811, 814, 816, 947, 2257,3651.

[359] Gud Syll nr 4.

[360] S. Anm. 355.

[361] CL 382 und Trautz: Neckarland, S. 29.

[362] GLA, Kbuch Pfalz {Ladenburg}.

[363] Gatt App.

[364] Gud Syll nr 176.

[365] Gatt App.

[366] ZGO 13 (1861), S. 5.

[367] StbLad 1, 2, 3 (Register), S. 175.

[368] Übersichtsplan der Gemarkungen Ladenburg und Neckarhausen 1:10 000, 1936 u.v.a.m. StdtA Ladenburg.

[369] Sprachgebrauch im CL.

[370] A. Krieger II, Sp. 1536.

[371] A. Krieger nach Förstemann II/2, 1460, Lemma Zilolf.

[372] Vgl. Staabs These vom Modecharakter fränkischer Namensübernahme und -bildung durch Romanen s.o. S. 235–236.

[373] CL 441.

[374] CL 137, 139, 377, 441–445, 506, 513, 656, 693, 3651.

[375] Kopie des 12. Jhs. in: MGH 3, 644.

[376] ZGO 14 (1862) S. 261.

[377] S. Anm. 367.

[378] CL 440.

[379] Vgl. Chantraine, H.: *iugerum* und *iugum*. In: Der Kleine Pauly 2 (1967), Sp. 1512–13.

[380] *hoba* ist das latinisierte althochdeutsche Wort *huoba*, deren Inhaber der Huber, Hübner oder Hüfner ist, was im 13. Jh. zum Eigennamen wird.

[381] CL 814 gibt dieses Maß direkt an: *hobam 1 in Buotresheim et 1 mansum, id est XXX iurnales*, = 1 Hufe

in Botzheim und 1 Hofreite, das sind 30 Morgen oder auch 651 oder 658 u.a.

382 Von lat. *manere* – bleiben, wohnen vgl. *mansio* – Haus.

383 CL 809.

384 CL 947.

385 CL 3651.

386 CL 137.

387 CL 139.

388 RÖSENER, W.: Agrarwirtschaft, S. 7/8 und DERS.: Grundherrschaft. In: LexMA 5 (1991), Sp. 1739–1740. DEVROEY, J.-P.: Grundherrschaft Frühes Mittelalter – Frankenreich. In: LexMA 5 (1991), Sp. 1740–1744.

389 DUBY, G.: Guerriers et paysans VII–XIIe siècle, London 1973, dt.: Krieger und Bauern. Frankfurt/M. 1984, S. 108.

390 RÖSENER: Agrarwirtschaft, S. 9/10.

391 CL 656, vgl. PROBST: Seckenheim, S. 338/339.

392 CL 947.

393 Vgl. jeweils CL MINST VI: Registerband: Eckdaten des Auftretens als Stifter oder Zeugen in den Urkunden, keine Lebensdaten!

394 CL 2257.

395 CL 811.

396 CL 816.

397 CL 809.

398 CL 6a.

399 CL 377.

400 CL 444.

401 CL 947.

402 CL 811.

403 CL 441.

404 CL 809.

405 CL 814 und 690.

406 CL 445.

407 bei Schenkungen in mehreren Ortschaften lassen diese sich nicht immer genau zuordnen.

408 Anno 755 in CL 429.

409 Annis 791 und 807 in CL 814 und 690.

410 Anno 796 in CL 687.

411 CL 947 und 441.

412 Die lateinischen Wörter *servus* und *mancipium* bedeuten bekanntlich Sklave. Zur Problematik der Sklaverei in der nachantiken europäischen Geschichte siehe LEBECQ, S.: Sklave. In: LexMA 7 (1996), Sp. 1977–1980 mit weiterführender Literatur.

413 PROBST: Neckarau I, S. 160ff.: In den drei Königsurkunden aus den Jahren 871, 872 und 882 wird die *villa* Neckarau *curtis* oder sogar *fiscus* genannt; er geht spätestens 882 vollständig in den Besitz des Klosters Prüm über.

414 SCHWAB, I.: Das Prümer Urbar, Düsseldorf 1983. PROBST: Neckarau I, S. 165–169. Hier haben wir glücklicherweise ein für unsere Gegend einmaliges frühmittelalterliches Dokument, das exemplarische Geltung beanspruchen darf. Mit anderen Worten: alle Villikationshöfe einer Grundherrschaft waren ähnlich organisiert und wirtschafteten auf dieselbe Weise.

415 PROBST: Seckenheim, S. 323–337.

416 PROBST: Seckenheim, S. 454–459.

417 PROBST: Neckarau I, S. 181–196.

418 CL 3651 bis 3683 und 3810 bis 3836.

419 Gegen die Erklärung von MINST also ursprünglich Freie; denn Sklaven fronen immer.

420 CL 3668.

421 CL 3669.

422 CL fast in jeder Urkunde.

423 CL 241, 393 u.v.a.

424 CL 532 und 3651–3658.

425 CL 139, 153, 3676 u.a.

426 Als repräsentatives Beispiel bietet die fränkischen Siedlung von Kaster (rom. Name!) im Erftkreis Getreidefunde aus der Zeit um 600 mit 80% Roggen. HENNING, J.: Landwirtschaft der Franken. In: Franken II, S. 781.

427 HENNING. In: Franken II, S. 779.

428 CL 3672–3676.

429 CL 3661, 3667.

430 CL 936: *ut singulis annis duos fructus arare debeat.*

431 CL 3669: *Arare debet in mense Junio atque iterum in nativitate S. Mariae, ut sit seminatum in missa S. Remigii.*

432 RÖSENER, W.: Dreifelderwirtschaft. In: LexMA 3, Sp. 1377–1381. HbWiSozG I, S. 95–96.

433 HENNING. In: Franken II, S. 782.

434 In der Rheinebene in der Regel Ober-, Mittel- und Niederfeld.

435 Vgl. Bodenfunde und zeitgenössische Abbildungen: Franken II, S. 775, 778 und 783. Im Unterschied zu antiken Funden, bei denen die schweren Feldhacken überwiegen, zeigen fränkische Funde viel mehr eiserne Pflugteile. Franken II, S. 780.

436 CL 3672ff. Das lateinisch-griechische Wort *parafretus,* zu ergänzen war *equus,* heißt das bei- oder eingespannte Last- oder Zugpferd von *para* – bei und *frenare* zäumen. Aus dem massenhaften Gebrauch des Pferdes als Arbeitstier erklärt sich, daß von *parafretus* das deutsche Lehnwort «Pferd« genommen wurde und nicht von *equus* oder *caballus* wie im Französischen – *cheveau.* Das vorhandene germanische Wort für Pferd ist *Roß,* engl. *horse.* Dieses einheimische Wort wird für den reiterischen und kriegerischen Gebrauch beibehalten: „Schlachtroß".

437 mhd. *gewalende* von wenden.

438 Vgl. die Flurnamen, die häufig schon aus dieser Zeit stammen, auch wenn sie erst im Hochmittelalter in Urkunden erscheinen.

439 CL 181, 183, 187, 188, 190 u.v.a.m.

440 Dazu paßt auch wieder die Benennung der Dörfern nach Personen bzw. Personenverbänden.

441 CL 3668.

442 CL 3682.

443 CL 216, 537, 683, 715, 811.

444 CL 597: Vieh beiderlei Geschlechts und die Stutenherde.

445 CL 3673 – Lorscher Reichsurbar.

446 KOKABI, M.: Fleisch für Lebende und Tote – Haustiere in Wirtschaft und Begräbniskult. In: Alamannen, S. 331–336.

447 CL 3682.

448 CL 3795: ein Wald von 50 Schweinen u.a.

449 PROBST: Neckarau I, S. 169 und Anm. 121 auf S. 177.

[450] CL 123 a.
[451] CL 532.
[452] CL 3663.
[453] CL 140, K 155a, 3667 u.v.a.m.
[454] CL 468.
[455] PROBST: Neckarau I, S. 161–162; CL 456: Hier geht es um die Anlage eines Stauwehrs zum Fischfang bis in die Mitte des Rheins bei der Wüstung Hohenstadt; dasselbe am Neckar bei Handschuhsheim CL 371.
[456] CL 381, 468, 686, 715.
[457] CL 809, 3667.
[458] CL 3667.
[459] CL 418.
[460] 3668: Hier werden sechs Müller genannt.
[461] 3669: 8 Mühlen.
[462] CL 516, 711, 715.
[463] HÖCKMANN, O.: Eine Schiffsmühle aus Gimbsheim. In: Franken II, S. 786–788.
[464] CL 605–609: Lat. *molendinum* oder *molinum* heißt Mühle, pl *molina* ist eine Groß- oder Schiffsmühle mit mehreren Mahlgängen wie die von Gimbsheim. Damit wäre der Seckenheimer Flurname Mallau aus *Molin-owa* = Mühleninsel („Mühlau"), belegt seit 771, auch einer der Flurnamen, die direkt aus dem Lateinischen überliefert sind und auf eine konkrete Situation hinweisen.
[465] MGH LL Cap. I nr 32, 70, S. 83–91 und BRÜHL, C.: Capitulare de villis. In: LexMA 2 (1984), Sp. 1482–1483.
[466] CL 139, 532.
[467] Alle aufgezählt in CL 123 a.
[468] BRAUNE, W. und HELM, K.: Althochdeutsches Lesebuch, Halle 1942, S. 80.
[469] Gemeint ist das Bienenvolk.
[470] *hucze* ist unser dialektales *haus* für draußen, ein Beispiel für das Alter und die Ursprünglichkeit der Mundart.
[471] Vgl. zu dem ganzen Abschnitt auch: ABEL: Landwirtschaft und ABEL, W.: Landwirtschaft. In: HbWiSozG 1, S. 83–121 und 169–201.
[472] RÖSCH, M.: Ackerbau und Ernährung – Pflanzenreste aus alamannischen Siedlungen. In: Alamannen, S. 323–330.
[473] Vgl. zum Folgenden auch TRAUTZ: Neckarland, S. 43–46.
[474] HEUKEMES Lobdengau-Museum.
[475] Die ältere Lesart *Nicretum* ist durch neuerdings in Italien entdeckte Grabinschriften von *Suebi Nicrenses* in *Nicrensium* zu verbessern.
[476] Vgl. dazu u.a. WERNER: Frankreich; v.a. das Kapitel: „Die Verwaltungsreformen", S. 252–261 und „Eine Bilanz der Merowingerzeit", S. 371–384.
[477] WERNER: Frankreich, S. 309 und 321.
[478] STAAB: Untersuchungen, S. 12.
[479] TRAUTZ: Neckarland, S. 91–96.
[480] Hier haben wir übrigens einen historischen Kern des Nibelungenliedes, das diesen tödlichen Streit der Königinnen mit dem Wormser Burgunderreich verbindet. Brunichildis ist natürlich Brünhilde! WACKWITZ, P.: Gab es ein Burgunderreich in Worms? In: Der Wormsgau, Beiheft 20 und 21 (1965) und ESSER, K./ PARITSCHKE, W.: Das Nibelungenlied. Zeit und Bedeutung, Worms 1981.
[481] Vgl. wieder das Nibelungenlied und die Straße Worms–Würzburg. Hier lagerten später bei Hof- und Reichstagen die Begleitmannschaften der fürstlichen Teilnehmer.
[482] Ein spätes Zeugnis für diese Funktion des unbewohnten rechtsrheinischen Vorfeldes von Worms stammt aus dem letzten Drittel des 13. Jahrhunderts: Am 18. November 1261 wurde dort nach langer kriegerischer Auseinandersetzung zwischen Eberhard I, dem Bischof von Worms, und dem Pfalzgrafen Ludwig dem Strengen von Wittelsbach der grundlegende Lehensvertrag geschlossen, dessen Bestimmungen in Stein gehauen und dort aufgestellt wurden. Vgl. S. 320.
[483] MGH DArn 158 und DANNENBAUER, H.: Zu Paraveredus. In: Grundlagen der mittelalterlichen Welt, Stuttgart 1958, S. 257–270.
[484] CL 598 und 599 für die Jahre 765 und 772.
[485] *Scara* als Dienstanteil, portio? vgl. TRAUTZ: Neckarland, S. 33 oder AKB III, S. 168/169: Dieser interessante Ortsname meint natürlich eher eine Ansiedlung von Königsleuten als den von ihnen geleisteten Dienst, der *scharwerk, scharvart, scharwache* heißt, was als Frondienst, Fronfahrt oder Fronwache zu übersetzen wäre.
[486] CL 597 für das Jahr 808.
[487] PROBST: Neckarau I, S. 7–9.
[488] WIECZOREK, A.: Zu den spätrömischen Befestigungen des Neckarmündungsgebietes. In: MGBl NF 2 (1995), S. 9–90.
[489] PROBST: Neckarau I, S. 160–169.
[490] CL 22 und PROBST: Seckenheim, S. 338.
[491] CL 602 und PROBST: Neckarau I, S. 153.
[492] MGH DKarol I 114 und CL 8 und 18. Zusammenstellung von CHRIST, K.: Kaiserliche Schenkungen in den nachmals pfälzischen Landen. In: MGBl 3 (1902), Sp. 3–113.
[493] CL 32 und 39, ein Getreuer des Königs Ludwigs des Deutschen noch im 9. Jahrhundert mit dem nichtfränkischen Namen Tuto.
[494] CL 47, 55.
[495] CL 48.
[496] CL 589.
[497] CL 54.
[498] CL 136.
[499] CL 6; TRAUTZ: Neckarland, S. 91–96.
[500] BAUR Hess Ub 2, 11 nr 6.
[501] Im Mittelalter gibt es eine Menge „gefälschter" Urkunden. Doch ist dieser Begriff häufig nur so zu verstehen, daß eine falsche Urkunde in erster Linie nicht von dem Aussteller stammt, dessen Namen unten steht. Beim Inhalt müssen andere Kriterien angewandt werden. Häufig ist die Fälschung einfach ein Ersatz für das verlorene Original oder gibt einen gewohnheitsrechtlichen Zustand wieder. In unserem Fall sagt die Forschung einhellig, daß die Aussage der Urkunde eher richtig ist. Vgl. LECHNER, J.: Die älteren Königsurkunden für das Bistum Worms und die Begründung der bischöflichen Fürstenmacht. In: MIÖG 22 (1901), S. 361–419 und 529–574, hier S. 364.
[502] Vgl. LÖWE, H.: Deutschland im fränkischen Reich. In: GEBHARDT II, S. 64ff. mit weiterführender Literatur.

[503] Büttner, H.: Ladenburg am Neckar und das Bistum Worms bis zum Ende des 12. Jahrhunderts. In: ArchHessG NF 28 (1963), S. 84; ND: Büttner/Gerlich, S. 239.

[504] CL 429.

[505] Glöckner: CL I, S. 66.

[506] CL 232 vom 20.4.

[507] CL 459.

[508] CL 283.

[509] Erste und letzte Nennung; Ub Fulda I nr 42 und 50 – Einleitung Stengels zu Ub Fulda I, S. LVII und unser Beispiel CL 429.

[510] Staab, F.: „Civitates" am Mittelrhein und ihre öffentlichen Schreiber. In: Staab: Untersuchungen.

[511] Vgl. Stengel wie oben Anm. 509.

[512] Hierbei muß allerdings die miserable Wormser Überlieferung berücksichtigt werden, die nirgendwo mehr eigenständig, sondern nur in zufälligen Resten aus anderen Zusammenhängen existiert und so nur Schlüsse erlaubt, so daß oft ein non liquet {Es gibt keine letzte Klarheit} stehen bleiben muß!

[513] CL 820 am 17. September 771.

[514] CL 819: genaues Datum ist unbestimmt, jedenfalls vor dem 17. 9. 771, da sich diese Urkunde auf die obige bezieht, und CL 821 vom 1. Januar 776.

[515] Ähnliches geschah noch zweimal 783 (CL 822) und 831 (CL 823), als Schenkungen in Worms in Lorsch beurkundet werden.

[516] Dieser sehr wichtige Schreiber urkundete vom 1. August 766 {CL 449} bis zum 27. Dezember 795 {CL 689}, in den ersten Jahren fast ausschließlich.

[517] Die erste „Lorscher" Urkunde, die, noch bevor es Lorsch gab, eigentlich zugunsten der Heppenheimer Peterskirche ausgestellt wurde!

[518] Loboduna, Lobdenensi ist Adjektiv!

[519] UbFulda: Einleitung, S. LVIII.

[520] CL 248: *actum in monasterio Lauresham publice.* – rechtswirksam ausgefertigt im Kloster Lorsch, 253, 284 u.v.m.

[521] Zatschek, H.: Die Benutzung der Formulae Marculfi und anderer Formelsammlungen in den Privaturkunden des 8. bis 10. Jahrhunderts. In: MIÖG 42 (1927), S. 172.

[522] Kletschke, H.: Die Sprache der Mainzer Kanzlei nach den Namen der Fuldaer Urkunden. In: Hermaea 29 (1933), S. 125.

[523] Vgl. Staab: Civitates, S. 140 (vgl. Anm. 510).

[524] Staab schreibt aus Versehen immer 766. Staab: Civitates, S. 143.

[525] Breslau, H.: Urkundenbeweis und Urkundenschreiber im älteren deutschen Recht. In: Forschungen zur deutschen Geschichte 26 (1886), S. 33.

[526] CL 482, 549, 674, 447, 548, 675, 617, 551, 417, 448 alle in Weinheim ausgefertigt !

[527] CL 697 für Wieblingen, 554 für Feudenheim und 440 für Ladenburg!

[528] CL 440.

[529] Vgl. u.a.Vir-dunum = Verdun – starke Festung, Castello- oder Castro-dunum: hier liegt die gleiche gallisch-lateinische Interferenz vor wie die gallisch-fränkische bei dunum-burg.

[530] Vgl. die Namensentwicklung S. 208ff. und Trautz: Neckarland, S. 44.

[531] Ich danke hier Prof. Karl Ferdinand Werner für wertvolle mündliche und briefliche Hinweise auf Parallelen.

[532] Auch hier muß natürlich die fehlende Überlieferung im Auge behalten werden; wir sehen mit den Augen der erhaltenen, eben fast ausschließlich Lorscher Quellen! Nicht vorhandene Ladenburger Urkunden bedeuten nicht, daß es überhaupt keine mehr gegeben hat.

[533] Vgl. Trautz: Neckarland, S. 98/99.

[534] MGH DMerov, Sp. 21 und UbStWo I nr 1: *civitatem nostram Lobedunburg, palatium nostrum, edificia, mancipia.*

[535] MGH DKarol I 257: Auch diese Urkunde ist teilweise, und zwar gerade in den Ladenburg betreffenden Teilen interpoliert: siehe Lechner: Fälschungen. Echt hingegen sind die Schenkungen in Edingen, Neckarhausen und Ilvesheim an Worms.

[536] Hat es von diesen drei letzten Königen auch Urkunden gegeben, die uns auch nicht als „Fälschungen" der Kanzlei Hildibalds erhalten sind?

[537] QuGStWo I nr 17: Auch diese Stelle ist einem echten Formular interpoliert.

[538] MGH DLD 74 b.

[539] Lechner: Fälschungen.

[540] Vgl. auch Karte, S. 300/301.

[541] MGH DO I 161.

[542] MGH DO I 310.

[543] MGH DO I 392.

[544] MGH DO I 310.

[545] CL 384.

[546] Vgl. zu diesem ganzen Komplex: Nobel: Heiligenverehrung, S. 14–46 und passim.

[547] Staab: Martinstradition, S. 226 u. Anm. 184.

[548] GLA 66/4914 s. auch oben S. 224–227.

[549] Ament, H.: Die Franken in den Römerstädten der Rheinzone. In: Die Franken II, S. 134/135; für Worms „Liebfrauen" ebd., S. 870–872.

[550] Archäologische Karte in AKB Heidelberg- Mannheim I und Heukemes, B.: Der römische vicus Lopodunum-Ladenburg mit Karte. In: Führer zu vor- und frühgeschichtlichen Denkmälern 3 (1965), S. 159.

[551] Mitteilung Heukemes.

[552] AKB III, S. 633.

[553] Heukemes: Römischer Vicus (wie Anm. 550), S. 158/159 und mündliche Mitteilungen.

[554] Gross, U.: Neue Funde aus der Wüstung Botzheim, Stadt Ladenburg, Rhein-Neckar-Kreis. In: ArchAus BW (1992), S. 257–258.

[555] Nobel: Heiligenverehrung, S. 14. Hierbei kommt es nicht nur auf den tatsächlichen Hintergrund der Heiligenlegenden an, sondern auf Wirkung dieser Märtyrergeschichten auf die unmittelbare Nachwelt. Vgl. auch Staab: Ungleiche Gesellschaft, S. 30: Zum Quellenwert von Heiligenlegenden im Frühmittelalter.

[556] Würdtwein: Chron Schön 136.

[557] Untersuchung Heukemes 1959/60.

[558] Weise, G.: Die Ausgrabungen an der Sebastianskirche in Ladenburg. In: MGBl 13 (1912), Sp. 176–179 und Kunstdenkmäler, S. 189–203.

[559] 50 Kisten, die leider im Zweiten Weltkrieg im Mannheimer Schloßmuseum vernichtet wurden. Auskunft von Prof. Dr. Erich Gropengießer.

[560] AKB III, S. 632.

[561] HEUKEMES, B.: Die Entdeckung der unbekannten Gruft des Wormser Bischofs Ludwig Anton von Pfalz-Neuburg (1691–1694) im Chor der St. Sebastianskirche. In: Der Lobdengau 23/2 (1970), o.S.

[562] HEUKEMES, B.: Neue Funde und Entdeckungen. In: Der Lobdengau 23/2 (1970), o.S.

[563] FINGERLIN, G.: Kirchen und Kirchengräber in der frühmittelalterlichen Alamannia Südwestdeutschlands. In: Denkmalpflege Baden-Württemberg 2/1997, S. 44–53.

[564] MGH LL cap. I, 1883, Nr. 81, S. 178/179 § 8–10; Nr. 19, S. 45 § 6–9 und Nr. 20, S. 46–51 § 7 und 13.

[565] THEUNE-GROSSKOPF, B.: Der lange Weg zum Kirchhof – Wandel der germanischen Bestattungstradition. In: Alamannen, S. 471–480.

[566] HEUKEMES: „Das war kein kleines Bauernnest!"

[567] Vgl. Dokumentation im Lobdengau-Museum.

[568] Vgl. auch die Rekonstruktion von Heukemes und den Plan von 1732 GLA 210/362 zwischen vorderem und hinterem Schloßhof. In: Kunstdenkmäler, S. 179 Abb. 111. Heukemes hat auch dessen Fundamente als karolingisch bestimmt.

[569] Vgl. Trier: Dom und Porta Nigra oder Köln: Dom, ebenso in Worms selbst.

[570] HEUKEMES, B.: Begleittext zu Arch. Plan.

[571] Kunstdenkmäler, S. 140, und AKB III, S. 628, für Ladenburg jeweils unter maßgeblicher Mitarbeit von B. Heukemes. HUTH/HEUKEMES beziehen die beiden Erwähnungen der Ladenburger Kirche 787 und 965 auf diese Kirche. Abb. des Aufrisses von Gallistl.

[572] HUTH spricht von vorromanisch, also karolingisch: Kunstdenkmäler, S. 151; Büttner setzt eine Kirche im 7. Jahrhundert als zwingend voraus. BÜTTNER/GERLICH, S. 241.

[573] Mitteilung Heukemes. Auch D. PLANK sagt: „Dies könnte einerseits mit dem vorhandenen Fundament begründet werden, andererseits ist die Lage so ungewöhnlich (extra muros), daß man geneigt ist, hier tatsächlich religiöse Gründe erkennen zu können. Das politisch-religiöse Zentrum der antiken Stadt wurde zugleich Zentrum des religiösen Lebens der ma Stadt. Hier scheint eine archäologisch bisher kaum faßbare Kontinuität Spätantike – Mittelalter vorzuliegen." DERS.: Die römischen Städte Ladenburg, Wimpfen und Rottenburg. In: ZGO 135 (1987), S. 21.

[574] Gud Syll nr 70.

[575] SCHAAB, M.: Die Diözese Worms im Mittelalter. In: FDA 86 (1966), S. 94–219, hier S. 129: Schaab legt den Bau der Kirche in die Zeit Adelhelms und läßt sie somit von allem Anfang an eine Galluskirche sein.

[576] BÜTTNER/GERLICH, S. 241.

[577] OrhStR I, S. 697.

[578] Vgl. auch Worms Liebfrauen.

[579] Nach der Urkunde von 628 *palatium nostrum.*

[580] HEUKEMES: „Die freigelegte Nordwand der bischöflichen Aula an der alten Schule ist karolingisch und gehört zum Keller dieser Aula."

[581] Bezeichnung aus dem 18. und 19. Jahrhundert nach seiner damaligen Verwendung nach dem Ende der bischöflichen Zeit.

[582] HEUKEMES, B. (wie Anm. 550), S. 165.

[583] STARK, J. B. In: Jahrbücher des Vereins von Altertumsfreunden im Rheinlande, H. 44 (1868), hier S. 4.

[584] SCHUCH: Ladenburg, S. 34 und 65.

[585] GLA 210/362.

[586] GLA 210/17.

[587] Kunstdenkmäler, S. 178.

[588] SCHUCH: Ladenburg, S. 34 verweist auf Parallelen in Ingelheim und im Frankfurter „Salhof", der alten karolingischen Pfalz. *Sal* ist das älteste deutsche Wort für Palast, gehört also zur ältesten Sprachschicht des Deutschen. Das von *palatia* genommene Lehnwort Pfalz kommt erst im 10. Jahrhundert allgemein auf und verdrängt *sal.* Vgl. PROBST, H.: Die Pfalz als historischer Begriff, Mannheim 1984, S. 10.

[589] SCHUCH: Ladenburg, S. 75/76: schreibt auch von zwei Treppentürmen am Saal, was durch die Pläne des 18. Jahrhunderts nicht bestätigt wird, es sei denn, man nimmt den rechteckigen Saalanbau an der Nordwestecke dafür. HUTH geht davon aus, daß Teile des abgebrochenen Saals, z.B. die Wappentafel Bischof Friedrichs von Domneck (1427–1445), 1885 am Bischofshof angebracht wurden. Kunstdenkmäler, S. 186 und 188.

[590] AKB III, S. 611–612. Es ist unerheblich, ob man sich die Anlage der ältesten Stadt von außen, also vom karolingischen Bering an, nach innen oder als Suburbium vom Bischofshof nach außen hin gewachsen denkt. Sicher war es nicht so, daß die Mauer frei errichtet wurde, ohne daß schon eine zu schützende Ansiedlung da war.

[591] Feststellungen hierzu machte schon Konrad Seel (H.Gropengießer) an der Ecke Kellerei- und Färbergasse, Heukemes an der Färbergasse beim Durchbruch Gerberstiege mit freigelegtem Mauerteil sowie Kirchenstraße 31 mit freigelegtem Stadtgraben und das LDA seit 1981 in der Kirchenstraße 33 gegenüber von St. Gallus und im Cronberger Hof, vgl. ArchNach BW (1991), S. 131–132.

[592] KRAFT, R.: Das Reichsgut im Wormsgau. In: Quellen und Forschungen zur hessischen Geschichte (1934), S. 256ff.

[593] QuGStWo I nr 55.

[594] Deidesheim gehörte zu Speyer. Dort handelt es sich um die sogenannten «Heidenlöcher«, eine befestigte Höhensiedlung, die die arch. Forschung in das 8.–10. Jahrhundert (!) datiert. Diese hatte eine karolingischen Mauerring von rd 450 m Umfang. Bis 1939 waren darin 65 Häuser ausgegraben. vgl. KAISER, K.: Die Heidenlöcher bei Deidesheim – eine frühmittelalterliche befestigte Bergsiedlung. In: Pfälzer Heimat 2 (1951), S. 10–14. Daraus läßt sich auch ein Hinweis auf den Zeitpunkt des Ladenburger Mauerbaus entnehmen.

[595] Das ist nicht unwichtig; denn lange hat man behauene Steine in dieser Zeit nicht für möglich gehalten!

[596] BEYERLE, F.: Zur Wehrverfassung des Hochmittelalters. In: Festschrift für Ernst Mayer (1932), S. 31ff.

[597] *In Lyderichesheym tres mansi salicae terrae* – In L. drei Huben Sallandes.

[598] Zum Schardienst vgl. auch PROBST: Neckarau I, S. 160–168. Hier handelt es sich nach dem Goldenen Buch von Prüm von 893, in Abschrift von 1222, ebenfalls um Schardienst zugunsten eines Klosters. Die Neckarauer Hübner (Liten) müssen nämlich den Boten- und Transportdienst zu Schiff bis nach Koblenz (!) und zu Land vier Tagesmärsche weit leisten. Der große Prümer Güterkomplex um das Priorat Altrip: Neckarau, Rheingönheim, Albisheim, Hillensheim = Wüstung bei Ruchheim, Farenheim = Mutterstadt war bereits 762 von König Pippin aus Fiskalbesitz an Prüm übertragen worden, so daß wir auch hier einen territorial weitausgreifenden Schardienst als ursprüngl. Königsdienst von Liten greifen können.

[599] SCHÄFER, A.: Mauerbaupflicht fränkischer Königsleute zu Ladenburg und an der karolingerzeitlichen Ringwallanlage „Heidenlöcher“ bei Deidesheim. In: ZGO 113 (1965), S. 429–441.

[600] Gud Syll 1, S. 60.

# Ladenburg im Hochstift Worms
## Vom 10. bis zum 14. Jahrhundert

von Hansjörg Probst



## Das Hochstift Worms

In diesem Kapitel geht es nicht um die geistliche Würde des Bischofs und sein Bistum als einen geistlichen Verwaltungsbezirk[1], sondern um seine Stellung als geistlicher Reichsfürst und sein Bestreben, hierarchische Macht in politische Herrschaft auszuformen und daraus ein fürstbischöfliches Territorium aufzubauen. Ein geistliches, reichsunmittelbares Territorium bezeichnet man auch als Hochstift. Dies klingt für uns heute befremdlich und nur schwer nachvollziehbar, ist aber für das ganze Mittelalter und die frühe Neuzeit völlig normal. Begründet ist die Herausbildung geistlicher Staaten bis zum päpstlichen „Kirchenstaat"[2] an der Spitze in der Tatsache, daß die frühe Kirche in dem Ausmaß in staatliche Funktionen einrückte, in dem der antike römische Staat verfiel – auch das ein zentrales Phänomen der Kontinuität: Der Bischof als Stadtherr, gerade auch im merowingischen Gallien, wie wir bereits gesehen haben. So gesehen griff Kaiser Otto der Große mit seinem „Reichskirchensystem"[3] auf alte Traditionen zurück. Dazu kommt, daß mindestens bis ins ausgehende 18. Jahrhundert Weltliches und Geistliches eng miteinander verwoben waren. Ein säkularer Staat war undenkbar: Alle Herrschaft war von Gottes Gnaden!

In diesem Kampf um die Ausbildung eines fürstbischöflichen Territoriums standen die einzelnen geistlichen Fürsten untereinander in heftiger Konkurrenz, die nicht selten gewaltsam ausgetragen wurde. Kompliziert wurde die Situation dadurch, daß sich die Karolinger vor allem im städte- und bischofsarmen Osten des Frankenreiches auf Großabteien stützten und diesen im Einklang mit dem Papst zu beiderseitigem Vorteil sehr bald Immunität verschafften; denn die usurpatorischen Karolinger und der mit ihnen verbundene Adel schwächten damit die aus der Merowingerzeit stammende Machtposition der Bischöfe der fränkischen Kirche, was auch im Sinne des päpstlichen Anspruchs auf den vollen Primat in der westlichen Kirche lag.

In unserem Raum bestand eine Konkurrenz zwischen dem älteren merowingischen Worms und der karolingischen Großabtei Lorsch, die 764 gegründet und bereits 772 exemt wurde. Sie unterstand also von 772 ab weder dem zuständigen Bischof noch dem Gaugrafen. Im gesamten Klosterbezirk erhielt der Abt damit gegenüber allen Angehörigen der Abtei bischöflichen Rang. In der Blütezeit hatte die Abtei Lorsch rd 500 bis 800 Angehörige: Mönche, Brüder und Hörige in ihrer *familia*. Zu dieser religiös-politischen Seite kam noch die enorme wirtschaftliche Kraft einer Großabtei, die wie der Bischof auch dem König jederzeit Unterkunft und äußere Unterstützung, das *servitium regis*, gewähren mußte; denn das war der Preis für ihre Privilegierung: Auf diese Weise war die Wirtschaftskraft und der daraus erwachsene Reichtum einer Abtei dem Zugriff des Königs unterworfen. Dadurch, daß Mönche ohne Leibeserben nur für das Kloster arbeiteten (nach den Gelübden von Armut, Keuschheit und Gehorsam), erneuerte und vermehrte sich der Reichtum einer Abtei stetig. Gerade damals waren die großen Reichsabteien die effektivsten Wirtschaftseinheiten und Schulen der Verwaltung, aus denen sich der diplomatische und juristische Nachwuchs für die Könige rekrutierte. So wurde es üblich, daß nicht nur der König, sondern jeder Reichsfürst ein oder mehrere Hausklöster gründete, die ihm im Leben und im Tod (als Gebetsgemeinschaft und Grablege) mit ihren geistlichen, aber auch materiellen Hilfsmitteln zur Verfügung standen.

Während sich im ausgehenden 8. und ganzen 9. Jahrhundert die Wormser Bischöfe dem ungestümen Vordringen Lorschs im Lobdengau und im Odenwald gegenüber sahen, gelang es ihnen unter den Ottonen und Saliern, ein bedeutendes Herrschaftsgebiet vor allem im Odenwald aufzubauen[4]. Kaiser Otto der Große bestätigte 965 den Kirchen von Ladenburg und Wimpfen die Immunität. 976 übereignete Otto II. dem Wormser Bischof Hanno die Abtei Mosbach im Gau Wingarteiba mit 23 Ortschaften. 988 erhielt die Wormser Kirche von Otto III. den Wimpfener Bannforst, der das weithin menschenleere Gebiet im Neckarknie zwischen der Elsenz im Westen und der Lein im Süden umfaßte. Die wichtigste Erwerbung fiel ins Jahr 1011, als Kaiser Heinrich II. dem Wormser Bischof Burchard I. (1000 bis 1025) die Grafschaft am Stalbühl, d.h. im Lobdengau, und die Grafschaft Wingarteiba im südöstlichen Odenwald übertrug. Schließlich entschied der Kaiser 1012 den alten Streit zwischen Lorsch und Worms um die Ladenburger Waldmark zugunsten von Worms.

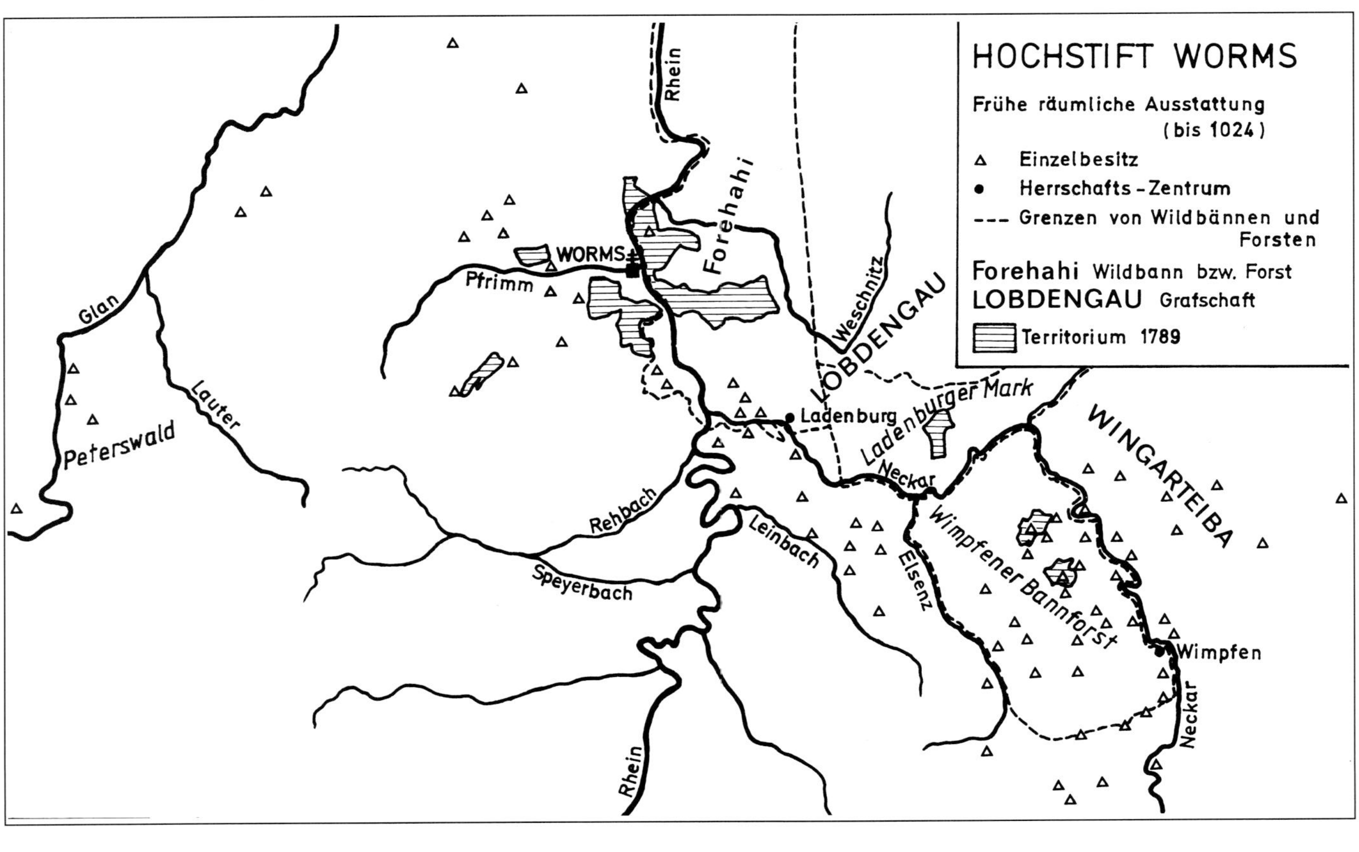


Abb. 1: Karte des Hochstifts Worms nach Schaab.

Damit war die Grundlage für die Entstehung eines größeren bischöflich-wormsischen Territoriums gelegt, das das gesamte Bergland links und rechts des Neckars von Wimpfen bis fast zu seiner Mündung umfaßte.

Dieser südliche Teil des Odenwaldes war im Unterschied zum Lorscher Weschnitztal noch fast unbesiedelt. Nachdem die Bischöfe mit der Übertragung der Waldmarken und Bannforste das alleinige Recht auf Rodung und Siedlung erhalten hatten, konnten sie hier direkte Herrschaft aufbauen, womit sie zuerst südlich des Neckars zwischen der Rückseite des Königstuhls und der Elsenz sowie im Wimpfener Bannforst mit ihrer Gründung Neckarbischofsheim (vor 988) begannen[5]. Auch sie bedienten sich der Mönche, allerdings nicht mehr der Benediktiner, sondern der moderneren Reformorden der Zisterzienser und Augustiner, zumal sich diese nicht in der Nähe menschlicher Siedlungen festsetzen durften, sondern als besonders schwere Form der Askese in der Wildnis roden mußten. 1142 gründete Bischof Burchard II. (1120–1149) mit Zisterziensern aus Eberbach im Rheingau die Abtei Schönau im Steinachtal und zehn Jahre später sein Nachfolger Konrad I. (1150–1171) mit Augustinern aus Frankenthal südlich des Nekkars das Kloster Lobenfeld. Von diesen hatte das Kloster Schönau eine große Zukunft. Es entwickelte sich im ganzen unteren Neckarland zum mächtigen Konkurrenten von Lorsch und sammelte einen umfangreichen Grundbesitz an, der in großen Teilen heute noch als Pflege Schönau existiert.

Die bedeutendste Gestalt unter den Wormser Bischöfen war Burchard I. (1000–1025). Kaiser Heinrich II., dessen engster Mitarbeiter er lange war, übertrug ihm 1002 die Herrschaft über die Stadt Worms und die Grafschaftsrechte im gesamten Wormsgau. Damit begann die erfolgreichste Periode in der Geschichte des Wormser Hochstifts. Ausdruck dieses Glanzes ist bis zum heutigen Tag der Dom, ein Werk des 11. und 12. Jahrhunderts. Burchard I. sicherte die Stadt durch Vollendung und Verstärkung der Stadtmauern und ließ auf dem Gelände des ehemaligen römischen Forums die alte merowingische Basilika, die von Königin Brunichildis und König Dagobert I. zu Beginn des 7. Jahrhunderts erbaut worden war, abreißen und durch einen Neubau, fast schon in den Maßen des jetzigen Domes errichten. Dieser erste romanische Dom wurde bereits 1018 in Anwesenheit des Kaisers geweiht[6]. 1130 wurde er durch die Bischöfe Burchard II. und Konrad II. abgerissen und durch einen noch prächtigeren Neubau ersetzt, der endgültig 1181 geweiht wurde. Gleichzeitig wurde im Dombezirk eine repräsentative Bischofspfalz mit Großer und Kleiner Aula und dem geräumigen Palastsaal mit seiner berühmten Stiege errichtet, bis ins 16. Jahrhundert eine der wichtigsten Tagungsstätten der kaiserlichen Hof- und späteren Reichstage. Über diese Stiege wurde z.B. 1521 Martin Luther vor Kaiser und Reich geführt. An der weiteren Ausgestaltung dieses prächtigen Ensembles arbeiteten viele Jahrhunderte, bis die Zerstörung der Pfalz 1689 auch dieses glanzvolle Zeugnis der deutschen Geschichte dem Erdboden gleich machte.

Worms war ins Zentrum der Reichspoltik gerückt. Burchard I. verdrängte auch die Salier, die ursprünglich Herzöge von Worms waren, aus der Stadt. Der bedeutendste Wormser Salier war Konrad der Rote, der 955 auf dem Lechfeld fiel. Sie räumten dem Bischof das Feld und errichteten ihre neue Grablege in Speyer; Limburg gründeten sie als ihr Hauskloster. Burchard riß die Salierburg in Worms ab und baute an ihrer Stelle das Paulusstift. 1048 wurde in Worms der Reformpapst Leo IX. gewählt. 1052 feierte dieser in Worms zusammen mit Kaiser Heinrich III. mit großer Pracht das Weihnachtsfest. 1076 sprach die in Worms von kaisertreuen Bischöfen abgehaltene Reichssynode die Absetzung des Papstes Gregor VII. aus, wodurch der Investiturstreit seinem Höhepunkt zusteuerte. In diesem allerdings erlitten die Wormser Bischöfe eine ernsthafte Machteinbuße dadurch, daß der bischöfliche Stuhl zwischen Kaiser- und Papstanhängern umstritten war und es zwischen 1085 und 1125 mehrmals Doppelwahlen gab. Dazu kam seit 1073 der Kampf der Stadt um ihre Unabhängigkeit von den Bischöfen, in dem Heinrich IV. und Heinrich V. in der Regel auf seiten der „Freien Stadt" standen[7]. In diesen heftigen Kämpfen wurden viele Herr-

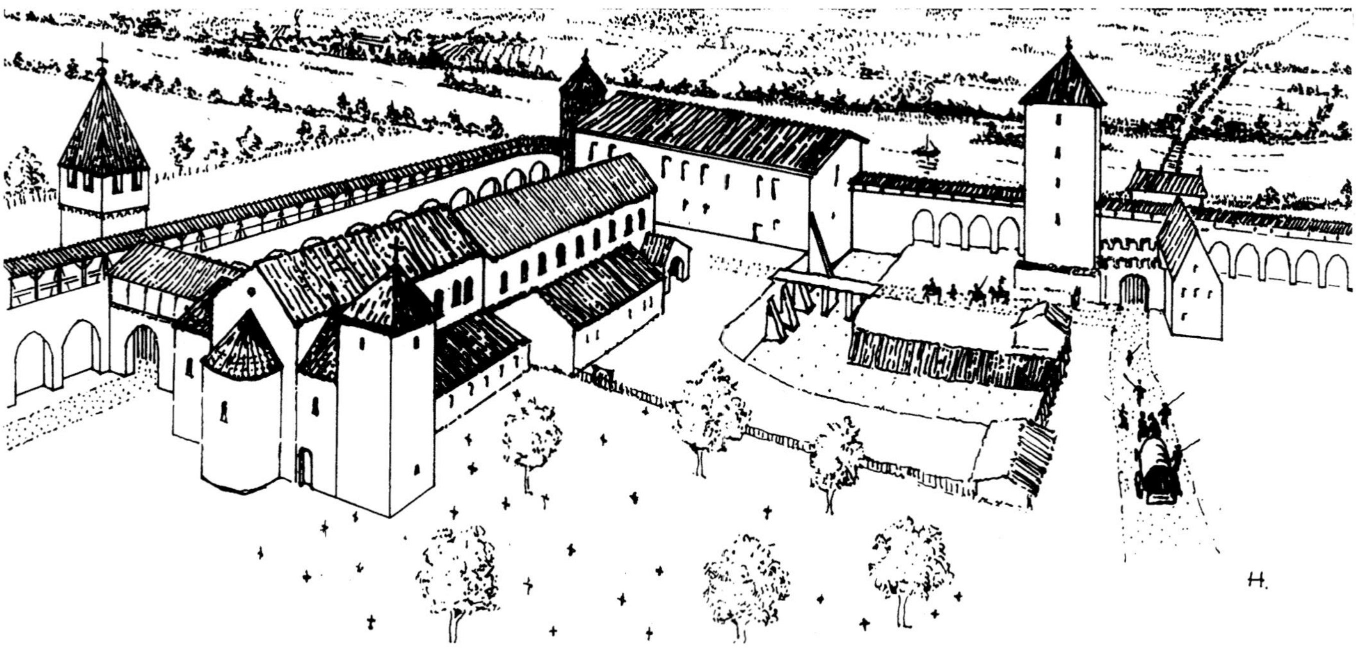

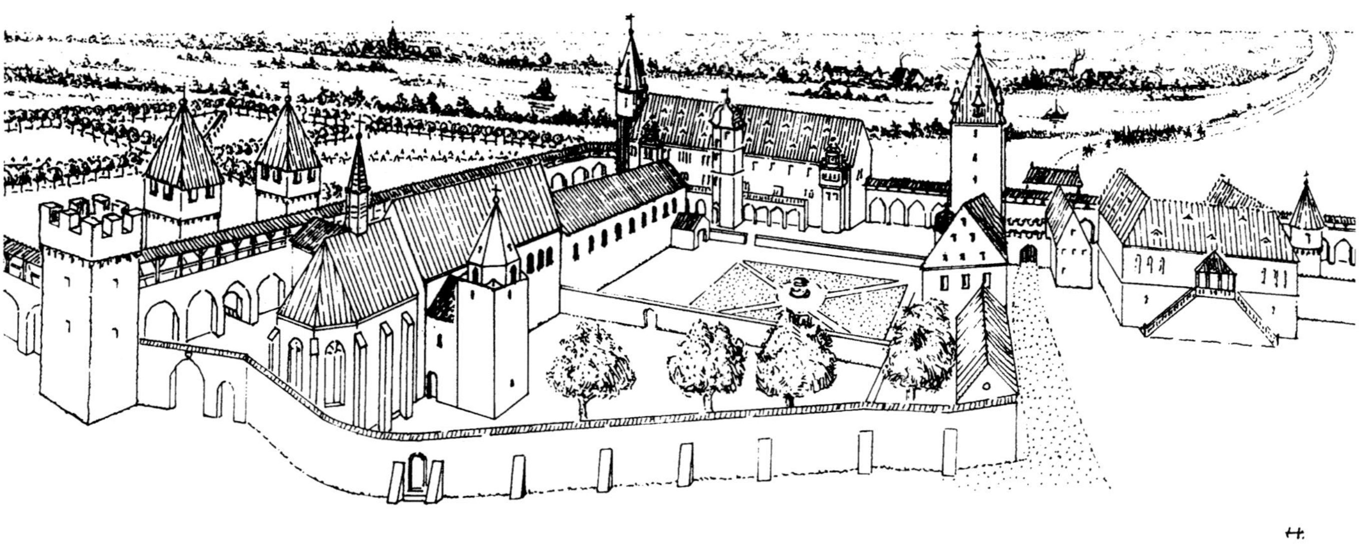

schaftsrechte der Bischöfe verspielt. 1122 wurde in Worms das Wormser Konkordat zwischen Kaiser Heinrich V. und Papst Calixtus II. ausgehandelt, das den Investiturstreit beendete.

Den Bischöfen begann damals bereits die Herrschaft über die Stadt selbst zu entgleiten, die 1112 als erste deutsche Stadt ein endgültiges Freiheitsprivileg von Kaiser Heinrich V. erhielt, das Kaiser Friedrich I. Barbarossa 1184 bestätigte. Damit wurde Worms die erste freie Stadt und rückte in die vorderste Reihe der deutschen Städte. In der Folge kam es immer wieder zu Spannungen zwischen den Bischöfen und der Bürgerschaft, so daß die Bischöfe immer häufiger ihre Residenz in Dirmstein oder in Ladenburg nahmen. Von den Einbußen durch den Investiturstreit sollte sich das Hochstift nicht mehr erholen. Sein Rückgang setzte schleichend in der zweiten Hälfte des 12. Jahrhunderts ein. Kennzeichnend dafür ist die Tatsache, daß die ureigenste Gründung der Wormser Bischöfe, nämlich das Kloster

Schönau, ihnen schon am Ende dieses Jahrhunderts entglitt und in die Hände des Pfalzgrafen geriet. Während des staufisch-welfischen Bürgerkriegs um die deutsche Krone (1196–1215) spielte Bischof Lupold (1198–1217)[8] noch einmal eine bedeutende Rolle in der Reichspolitik und nutzte seine enge Verbindung zu Kaiser Friedrich II. zu dem Versuch, alte Rechte des Hochstifts[9] wiederzugewinnen, wie z.B. die Stadt Worms unter die Botmäßigkeit der Bischöfe zurückzubringen und in Nekkarau[10]. Doch konnten die folgenden Bischöfe diese Erfolge nicht mehr halten. Im 13. Jahrhundert beschleunigte sich der Niedergang des Hochstifts, ironischerweise gleichzeitig mit dem Verfall des einstmals mächtigen Konkurrenten Lorsch.

Den Niedergang vieler geistlicher Territorien verursachten die Vögte. Da Geistliche nicht der weltlichen Gerichtsbarkeit unterstanden (Immunität) und andererseits selbst nicht das Richtschwert führen durften, mußten sie sich in einem der wichtigsten Rechte der entstehenden Landeshoheit, nämlich der Kapitalgerichtsbarkeit, durch weltliche Herren vertreten lassen. Das waren die Vögte (von lat. *advocatus* = der Herbeigerufene). Jede Kirche unterlag zum Schutz ihrer Immunität dem Vogtzwang. Die Vögte vertraten die bischöfliche Rechtsgewalt nach innen gegenüber allen nichtgeistlichen Angehörigen des Hochstiftes und nach außen den Bischof und die Geistlichen des Bistums in allen Rechtshändeln: die Schirmvogtei[11]. In dieser starken Position zogen die Vögte sehr bald große Teile der Verwaltung an sich, vor allem die Bestimmung über die Einkünfte, und gewannen zunehmend Einfluß, zumal das Amt – wie im Mittelalter üblich – in ihrer Familie erblich wurde. Die Vogteirechte waren für die aufsteigenden Adelsfamilien des 11. und 12. Jahrhunderts sehr bald das Mittel, auf Kosten von Abteien und Hochstiften eigene Herrschaft zu gründen. So sind z.B. die Herren von Erbach als Vögte der Abtei Lorsch über den mittleren Odenwald hochgekommen. Diesen Prozeß begünstigte bei den Hochstiften die Tatsache, daß man von der Kirche Lehen nehmen konnte, ohne als Lehnsmann in seinem Rang unter den Lehnsherrn gedrückt zu werden.

In der Regel bestellten die Wormser Bischöfe Vögte für einzelne Grafschaften so z.B. um 1100 den Grafen Werner von Markgröningen, gest. 1122, der sich 1090 Graf von Neckarau nannte, zum Vogt im Wormsgau und in der Stadt Worms. Er gehörte in die Familie der mächtigen Grafen Werner[12], die zwischen 1024 und 1067 am Hof der Salier als *Träger der Reichssturmfahne* und *Vorkämpfer des Königs* eine große Rolle spielten. Diesem gelang es schließlich, die gesamte Hochstiftsvogtei in seine Hand zu bekommen[13]. In der Grafschaft im Lobdengau, waren die Grafen von Lauffen von 1011–1219, also über zwei Jahrhunderte lang, bischöflich-wormsische Vögte. Sie zählten im 11. und 12. Jahrhundert zu den bedeutendsten Adelsgeschlechtern im mittleren und unteren Neckarraum. Sie waren eng mit den Saliern und Staufern verbunden und auch Wormser Vögte im Elsenz- und Kraichgau. Sie besaßen große Allodialgüter zwischen Nekkar und Enz. Die Wormser Bischöfe belehnten sie mit großen Teilen des Odenwaldes. Graf Poppo III., der zwischen 1139 und 1176 in Urkunden bezeugt ist, gewann zudem die Vogtei über das Kloster Lobenfeld und das Stift St. Peter im Tal bei Wimpfen. Ebenso hatte er von Worms das untere Steinachtal zu Lehen. Diese mächtige Familie, die im 12. Jahrhundert alle Voraussetzungen für die Schaffung eines großen Territoriums im Bereich des Wormser Hochstiftes im Neckartal gelegt hatte, starb um 1219 mit Poppo IV. aus. Das Erbe der Lauffener Grafen gelangte über die Töchter in verschiedene Hände.

Ihre Nachfolge im Aufbau eines weltlichen Territoriums auf Kosten des Hochstifts traten die Pfalzgrafen bei Rhein an. Diese übernahmen fast alle Wormser Ansprüche und Rechte und bauten zuerst im unteren Neckarland zielbewußt ihr Territorium auf[14]. So wird es verständlich, daß sich die Pfalzgrafschaft zuerst rechtsrheinisch um ihre Hauptstadt Heidelberg, bis 1803 ein Wormser Lehen, bildete und dieses Gebiet seit der Mitte des 14. Jahrhunderts das *Kurpräzipuum* d.h. der Kern der Kurpfalz wurde[15]. Das Hochstift rettete rechts des Rheins nur noch Trümmer aus seinem ehemals beachtlichen Besitz. Nur Ladenburg mit Neckarhausen und die drei Bergstraßenorte

*Linke Seite Abb. 2: Rekonstruktionen von Heukemes.*
*Oben: Der Bischofshof im 13. Jahrhundert mit Wohnbau, Saal, Hofkapelle St. Sebastian mit Kirchhof und Torhalle, Burggraben mit Stützmauern und Brücke, alles umschlossen von der Stadtmauer des 13. Jahrhunderts.*
*Unten: Der Bischofshof um 1620. Der erweiterte Wohnbau. St. Sebastian mit gotischem Chor. Links der Lustgarten. Rechts der zweite Fürstenbau und die Engelburg.*

Hemsbach, Sulzbach und Laudenbach, Lampertheim und die Dörfer der Herrschaft Stein an der Weschnitzmündung direkt gegenüber von Worms blieben schließlich übrig. Der Kampf zwischen der Pfalz und dem Hochstift konzentrierte sich zuletzt auf Ladenburg. Es spricht für die alte Bedeutung Ladenburgs und seines Amtes im Wormser Herrschaftsbereich, daß Worms hier zäh an seinen alten Rechten festhielt und im Kondominat, in der gemeinsamen Herrschaft mit der Pfalz, blieb, um schließlich sehr spät, nämlich 1705 – allerdings mit einem Pfalzgrafen als Fürstbischof – auch diese Position gänzlich an die Pfalz zu verlieren.

## Ladenburg im Hochstift Worms

### Der Konflikt mit Lorsch

Die Gründung Lorschs 764 und seine baldige Erhebung zur Reichsabtei durch Karl den Großen 772 veränderten die religiös-politische und sozio-ökonomische Struktur des unteren Neckarlandes tiefgreifend. Die alte römisch-merowingische Achse Worms – Ladenburg wurde durch das atemberaubend schnelle Ausgreifen der Abtei nachhaltig gestört. Bis zum Ende des 12. Jahrhunderts bestimmte der Kampf dieser beiden Kräfte die Geschicke unseres Raumes. Seine Spuren sind bis zum heutigen Tag z. B. am Verlauf der badisch-hessischen Landesgrenze abzulesen[16].

Die ungewöhnlich schnelle Ausbreitung der Lorscher Grundherrschaft gleich nach der Gründung der Abtei ist auffällig. Wir betrachten hier nur den Lobdengau, und da fielen von insgesamt 535 Urkunden bereits 385, also 71 %, in den 35 Jahren von 765 bis 800 an. Allein in den Jahren 767 und 782 erhielt das Kloster jeweils 36 Schenkungen. Dieser gewaltige Gütererwerb erfolgte auf Kosten von Worms, und zwar entweder auf direktem Wege wie z.B. bei der Seckenheimer Kirche, die erst von Graf Warin (765–795) für den königlichen Fiscus erworben worden war – man denkt hier an die „Säkularisierungen" des karolingischen Hausmeiers Karl Martell[17] – und dann 823 an Lorsch weitergegeben wurde, oder auf indirekte Weise, indem sich eine große Anzahl von Freien und Adeligen in die Abhängigkeit von Lorsch begeben hat. Bei der Effizienz einer vom Kloster angeleiteten und organisierten Grundherrschaft wurden die älteren und wohl auch altmodischen Wormser Bestände in den einzelnen Ortschaften rasch an die Wand gedrückt, vor allem, wenn wie in Handschuhsheim, Seckenheim, Mannheim, Viernheim oder Weinheim ein Drittel oder noch größere Teile einer Gemarkung in die Hand der Abtei gerieten.

Einen analogen Vorgang haben wir im 12. und 13. Jahrhundert im Aufkommen der Zisterzienserklöster mit ihrer extrem profitorientierten, fast „kapitalistischen" Landwirtschaft, die mit systematischem Bauernlegen ganze Dörfer in *Grangien* = vom Kloster effektiv verwaltete landwirtschaftliche Großbetriebe umwandelten. In unserem Raum war dies das Kloster Schönau, das Schar zum Scharhof, Rohrheim zum Rohrhof oder Grensheim zum Grenzhof u.a. reduzierte und nun seinerseits die Lorscher Betriebsformen der Villikation veralten lassen und überholen sollte.

Doch kehren wir in die frühere Zeit zurück! Bereits für das beginnende 9. Jahrhundert war das wormsische Ladenburg geradezu eingeschlossen von Lorscher Besitz[18], und es schien nur noch eine Frage der Zeit zu sein, bis der ganze Lobdengau ähnlich wie der Oberrheingau zu einem geschlossenen Lorscher Territorium wurde. Dort hatte Lorsch Worms aus Heppenheim[19] und aus dem Weschnitztal völlig hinausgedrängt. Daß es hier eine ältere Wormser Stoßrichtung gegeben haben muß, zeigen die Diözesangrenze, die das ganze Weschnitztal bis nördlich von Lindenfels als nach wie vor zu Worms gehörig ausweist, und der lange Streit um die Waldmarken. Hier erhielt Lorsch in seiner ersten Ausstattung als Reichskloster durch Karl den Großen mit Fiskalgut 773 die neugeschaffene Mark Heppenheim, die sich über die älteren Gaugrenzen hinweglegt, wie die Beteiligung der Lobdengauer und Oberrheingauer Grafen mit ihrem Adel an der Grenzziehung ausweist. Mit Händen zu greifen ist dabei der enorme Einfluß der Gründerfamilie der Klosters, nämlich der Rupertiner, die, aus dem Haspengau stammend, engste Anhänger der jungen karolingischen Dynastie waren. Worms verlor in diesem Zusammenhang seine Position als „wesentlichster Platz für die (frühen) Karolinger im ganzen Rheingebiet, soweit es sich vom Rheinknie bei Basel bis zum Rheinischen Schiefergebirge erstreckte“[20].

Schon für die Merowinger war Worms durch seine Lage an der großen West-Ost-Straße von Metz an den Rhein und dann durch den Odenwald ins Maingebiet bis ins ausgehende 8. Jahrhundert „der wichtigste Verkehrsknotenpunkt“[21] gewesen. Es wurde dann aber sehr schnell von Lorsch, das genau an der gleichen West-Ost-Straße rechtsrheinisch lag, abgelöst. Der Vorteil von Lorsch für die Karolinger liegt auf der Hand. In dem gerade gegründeten Kloster brauchten keine älteren Strukturen und Rechte berücksichtigt zu werden. Für den ansässigen Adel bedeutete darüber hinaus eine Schenkung für das neue Kloster ein Bekenntnis zu der neuen Dynastie. So erklärt sich der ungewöhnlich schnelle Aufstieg Lorschs. Lorsch drängte Worms nicht nur an der Bergstraße und im Weschnitztal, der frühesten Rodungszone des Odenwaldes, zurück, sondern auch im Ried, wo in Hofheim und Nordheim nur noch Wormser Restbestände übrigblieben. Bereits zu „Beginn der 70er Jahre des 8. Jahrhunderts (erstreckte) sich der Bereich der Reichsabtei in einem breiten Band vom Rheine bis zur Bergstraße“[22].

Vor diesem Hintergrund einer tiefgreifenden Schwächung von Worms wird erst der Rückgang Ladenburgs im ausgehenden 8. und beginnenden 9. Jahrhundert verständlich. Wie wir oben festgestellt haben, erlosch in den 70er Jahren des 8. Jahrhunderts die Ladenburger Gerichtsschreiberei. Die Erstellung von Urkunden im Lobdengau, die rechtliche Grundlage der Grundherrschaft, wurde vom Kloster an sich gezogen. Damit füllte Lorsch die ihm seit 772 eigene „Reichsunmittelbarkeit“ – sein Abt war *imperialis abbas* – mit einem entscheidenden Herrschaftsinstrument aus, das Ladenburg, der alten *civitas publica,* verloren ging. Dabei war Ladenburg als Römerstadt ohne Bischofssitz gegenüber den Bischofsstädten noch zusätzlich im Nachteil, auch wenn es zeitweilig den Bischof beherbergte: Es hatte dadurch einen minderen Rang als *civitas* und war nun durch den Verlust einer so wesentlichen Funktion wie der Gerichtsschreiberei in seinem städtischen Charakter gefährdet: In der Tat wird es im 9. und 10. Jahrhundert nur noch als *castellum*[23] bezeichnet, was fester Ort im Sinne einer Burg ist, aber nicht mehr den Rechtscharakter von *civitas* meint.

Nachdem Ladenburg seine Basisfunktion für die Erschließung der Bergstraße nördlich von Weinheim und des mittleren Odenwaldes schon im ausgehenden 8. Jahrhundert verloren hatte, setzte sich Lorsch auch an der mittleren und südlichen Bergstraße bis Wiesloch fest und gründete auf dem Heiligenberg an zentraler Stelle in der Ladenburger Waldmark, der Grundlage des wormsischen Territoriums im südlichen Odenwald, gegenüber einer Wormser Ministerialenburg „Heidelberg“ drei Tochterklöster (Propsteien) St. Michael (um 1020), St. Stephan (1094) und Stift Neuburg (1130). Ausgestattet wurden diese Propsteien aus dem Lorscher Bestand im Lobdengau mit Gütern und Gefällen in Heddesheim, Zeilsheim, Edingen, Wieblingen, Bergheim, Wiesloch, Plankstadt und Dörfern an der Bergstraße u.a.[24].

Diese „Motte[25] des 11. Jahrhunderts, Sitz eines Wormser Ministerialen“ – vielleicht eines Vorfahren der Sibodo, Ingram, Meinhard, die sich nach Bergheim benennen – lag auf dem kleinen Gaisberg, einem Sporn, der durch eine Klinge (Klingenteich) gebildet wird. Daran schloß sich der Burgweiler um die Peterskirche an. Die auffällige Anlage von zwei Lorscher Tochterklöstern im 11. Jahrhundert auf dem Heiligenberg und von Stift Neuburg im 12. Jh. setzt im Zusammenhang mit der großen Auseinandersetzung Lorsch/Worms eine „Heidelberger“ Burg als mindestens zeitgleich voraus, wenn Worms den wichtigen Flußübergang und den Eingang durch das Neckartal in das Wormser Interessengebiet der Ladenburger Waldmark und des kleinen Odenwalds weiterhin kontrollieren wollte[26].

*Abb. 3: Ladenburger Münzfund in der Färbergasse vom März 1903; vgl. Anm. 42–46 (siehe auch auf folgenden Seiten).*

*I*

*II a/b*

*III*

***I*** *Bistum Worms, Konrad I. v. Steinach (1150/1176), Halbbrakteat. Brb. v.v. mit Mitra, Buch und Stab (Joseph 96);*
***IIa/b*** *Bistum Worms, Konrad II. v. Sternberg (1171/1192), Halbbrakteat. Hüftb. v.v. mit helmartiger Mitra, Schlüssel u. Stab / Kreuz, i.d.W. Lindwurm – S – Ähre – A (Joseph 165).*
***III*** *Bistum Worms, Konrad II. v. Sternberg (1171/1192), Halbbrakteat. Brb. v.v. mit Mitra, Buch u. Stab (Joseph 135).*

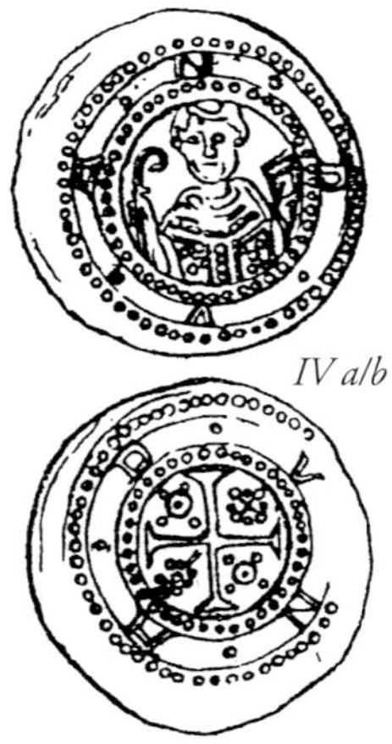
*IV a/b*

*V*

*VI*

***IVa/b*** *Abtei Lorsch, Abt Sigehard v. Lorsch (1167/1198), Halbbrakteat, Münzstätte Weinheim. Brb. v.v. mit Stab u. Buch / Kreuz, i.d.W. Traube (2x) – Ringelkreuz (2x) (*J*OSEPH: Fd v. Worms 22).* ***V*** *Bistum Worms, Lupold v. Schönfeld (1196/1217), Halbbrakteat. Brb. v.v. mit Mitra, Buch u. Stab (*J*OSEPH 197).* ***VI*** *Bistum Worms, Heinrich I. (1191/1195), Halbbrakteat. Krückenkreuz, i.d.W. Kleeblätter (2x) – Lilie (2x) (*J*OSEPH 174).*

## Die Lösung des Konflikts mit Lorsch

Schließlich fällt von dieser dramatischen gegen Worms und Ladenburg gerichteten Entwicklung ein neues Licht auf die „Fälschungen", die der tüchtige Wormser Bischof Hildibald (979–998) im Rahmen seiner Tätigkeit als Kanzler am Kaiserhof leicht herstellen konnte. Die sicher oft unbeurkundeten „Gewohnheitsrechte" der Wormser Kirche aus den früheren merowingischen Jahrhunderten waren den jüngst „dokumentierten" Rechten der Abtei Lorsch nicht gewachsen. Dem wollte Hildibald abhelfen. Da schien Bischof Franco (998–999), einem engen Vertrauten Kaiser Ottos III., ein entscheidender Schlag gegen Lorsch zu gelingen. Auf der Ostersynode 999 in Rom ließ er sich die Abtei Lorsch übertragen und so deren Status von einer Reichsabtei zu einer Bischofsabtei mindern. Diese Unterwerfung stieß auf den heftigen Protest nicht nur der Mönche, sondern auch des Mainzer Erzbischofs Wiligis und aller seiner Suffraganbischöfe, so daß der Kaiser nach dem Tode Francos im Oktober 999 diese Maßnahme wieder zurücknehmen mußte[27].

Sehr viel glücklicher nützte Bischof Burchard I. seine privilegierte Stellung am Hofe Kaiser Heinrichs II. Er ließ sich alte Wormser Privilegien bestätigen, Streitfälle wie den über die Abgrenzung der Ladenburger und Heppenheimer Waldmark im Wormser Sinn entscheiden und Grafschaftsrechte wie im Lobdengau oder einen Bannforst wie den Wimpfener neu verleihen. Übrigens war es in diesen Streitfällen zwischen Worms und Lorsch durchaus blutig zugegangen, indem die jeweilige *familia* zur Gewalt griff, wenn es anders nicht ging oder ein schneller Zugriff geboten schien. So wird in einem Diplom Heinrichs II.[28] vom 2. 12. 1023 über die Pflichten der Vögte ausdrücklich festgestellt, daß zwischen der Wormser und der Lorscher *familia* seit langem Streit wüte, der bereits „ungezählte" Menschenleben gefordert habe. Diesen Streit sollen die Vögte unter Androhung schwerer Strafe abstellen und zukünftigen Gewalttaten vorbeugen: *Wenn einer (von der Wormser oder der Lorscher familia) angreift, einem nach dem Leben trachtet oder wenn er dessen Hofstätte berauben will und in dessen Haus einbricht ..., so soll dem Anführer solcher Verbrechen die Kopfhaut mitsamt den Haaren abzogen werden.*[29] Bewaffnete Überfälle sollen mit Brandmarkung der Gewalttätigen – *mit glühende Brandeisen in beide Wangen ein Brandmal brennen* – und zusätzlichem Wergeld geahndet werden. Der Strafvollzug ist Sache des Vogtes. Bischöfliche oder Lorscher Ministerialen, die der Gewaltanwendung überführt werden, können sich von Leibesstrafen durch Zahlung von 10 Pfund freikaufen. Wenn die Vögte ihren Pflichten nachlässig nachkommen, droht ihnen der Verlust ihres Amtes. So zeigt diese Urkunde auch sehr deutlich die Aufgaben und Pflichten der Vögte.

### Ladenburg als alter Marktort

Das Marktrecht war im Mittelalter für den städtischen Charakter einer Siedlung grundlegend. Dörfer hatten keinen Markt. Folgerichtig wird in der Regel die Erteilung des Marktrechts durch den Stadtherrn als das Gründungsdatum einer Stadt angesehen. Das Datum eines Marktprivilegs war allerdings nicht immer konstitutiv, zumal es für Römerstädte, deren städtische Tradition vormittelalterlich ist, schon gar keine Rolle spielt[30]. Somit gibt es auch für Ladenburg keine ausdrückliche Verleihung des Marktrechts. Daß Ladenburg Marktrecht hatte, läßt sich aber erschließen. Im Jahre 953 übergab König Otto I. der Wormser Kirche das letzte Drittel des Zolls in Ladenburg und bestätigte ihr den Besitz der beiden anderen Drittel, die ihr schon früher geschenkt worden waren[31]. Nach einer interpolierten Urkunde Kaiser Ludwigs des Frommen aus dem Jahr 829 hatte das Hochstift Worms das gesamte Zollaufkommen in Worms selbst, in Ladenburg und in Wimpfen zu beanspruchen. In der Urkunde ist von *negotiatores vel artifices seu et Frisiones* – Kaufleuten oder Handwerkern oder auch Friesen die Rede, die die og. Städte besuchen[32]. Das beweist, daß Ladenburg schon seit alters das Marktrecht hatte und wohl Marktort für den ganzen Lobdengau war.

Die Austellung einer Urkunde im Mittelalter war immer dann geboten, wenn ein bestehender Rechtszustand angefochten wurde[33]. Diese Anfechtung kam wieder aus Lorsch. Die Abtei begann im 10. Jahrhundert, in ihrem

Gebiet zentrale Marktorte einzurichten und sie sich vom König privilegieren zu lassen; denn Marktabgaben waren regelmäßig und ganz beachtlich, die z.B. in Wiesloch um 1100 das Zwanzigfache des dortigen Silber-, Galmei- und Bleibergbaus betrugen[34]; denn auf den Märkten wurden die Überschüsse und marktfähigen Produkte der grundherrschaftlichen Landwirtschaft wie z.B. Wein angeboten. Lorsch errichtete folgende Märkte und machte damit Siedlungen zu Städten: Im Zuge der wichtigen platea montana = Bergstraße[35] 956 in Bensheim[36], um 850 in Heppenheim, 965 in Wiesloch[37] und 1000 in Weinheim[38], 995 im Lorscher Hafen Zullestein (heute Stein am Rhein) an der Weschnitzmündung in den Rhein[39] und 1008 in Oppenheim[40]. Schon die Lage dieser neuen Marktorte zeigt ein planmäßiges Vorgehen und ist gegen die älteren Marktorte Worms und Ladenburg gerichtet.

Schließlich hatte Lorsch 1065 eine Münzstätte in Weinheim errichtet[41]. Ein Münzfund in Weinheim vom 6. März 1895 erweist, daß Weinheim im 12. Jahrhundert eine beachtliche Münzstätte war. Von 363 gefundenen silbernen Denaren und Halbbrakteaten waren allein 327 Lorscher Münzen, von denen 325 in Weinheim unter dem Münzzeichen einer Weintraube geschlagen worden waren[42]. In Wiesloch und Weinheim erfolgte offensichtlich die Vermarktung der großen Weinproduktion Lorscher Güter an der Bergstraße und der Absatz des Mehls aus den vielen Lorscher Mühlen der Talorte Handschuhsheim, Dossenheim, Schriesheim, Großsachsen und Weinheim, was vorher schon seit der Römerzeit in der Ladenburger Marktbasilika geschehen war.

Sehr spät, am 11. Juli 1401, bestätigte König Ruprecht von der Pfalz der Stadt Ladenburg ihre *Kirmesse als sie vormals vor langen ziten biss her alle jare....gehabt... jerlichen uff den nechsten sundag nach unser frauwentag* (15. August) und erweiterte sie zu einem achttägigen Jahrmarkt im Anschluß an den Sonntag nach Mariä Himmelfahrt[43]. Immerhin spricht König Ruprecht von „vor langer Zeit". Doch gibt es aus früherer Zeit keine konkreteren Nachrichten über den Ladenburger Markt; auch war – und das ist herrschende Meinung – eine Kaufmannsgilde nicht vorhanden. Sicher hatte Ladenburg keine Münze. Im Hochstift lag die Münzstätte des Bischofs in Worms. Doch in Ladenburg gab es eine „Filiale" der Wormser Münze; denn 1165 bestätigte Kaiser Friedrich I. Barbarossa den Wormser Geldwechslern und Münzern ihre Wechselrechte *an zwein merckten* zu Ladenburg und Wiesloch unter der Bedingung, daß *die merckte unser sind und zu unser camern sunderlichen gehoren*[44]. Und hier gibt uns ein Münzfund einen verdeutlichenden Hinweis. Anfang März 1903 wurde bei Ausgrabungen für die Wasserleitung in der Färbergasse ein Schatzfund gemacht. In einer 7 cm hohen Tonurne befanden sich 373 Silbermünzen, nämlich Denare und Halbbrakteaten von den verschiedensten Prägungsorten, darunter 6 englische Denare, 3 kölnische, je einer aus Metz, Trier und Frankfurt; weitere Münzen kamen aus Lothringen, Straßburg, Hall und Würzburg, der größte Bestand war bischöflich-wormsisch und stammte erwartungsgemäß aus Worms. Die Münzen haben ein Gewicht von 0,7 bis 1 gr und hatten 1900 einen Materialwert von 30 bis 40 Goldmark, womit nichts über die damalige Kaufkraft gesagt ist, die von Joseph als fünfmal so hoch wie für die Zeit um 1900 angesetzt wird[45]. In jüngster Zeit wurde im Anwesen Hauptstraße 23 ein 1229 errichteter dreigeschossiger, 8 m hoher „Turm" (Wohnturm?) entdeckt, in dessen NO-Ecke von E. Schallmayer ein weiterer kleiner Münzschatz gefunden wurde. Auch dieser Schatz enthielt Münzen entfernter Provenienz, nämlich von König Philipp dem Schönen von Frankreich (1284–1314), Heller und Denare aus dem Rheinmündungsgebiet. Dieser Schatz muß Ende des 13. Jhs. versteckt worden sein[46].

Ein Vergleich dieser Schatzfunde zeigt, daß der Weinheimer Fund mit seinen ausschließlich einheimischen Münzen das Depot des Münzmeisters selbst ist. Die beiden Ladenburger Funde – vom Anfang und vom Ende des 13. Jahrhunderts mit ihrer unterschiedlichen Herkunft – sind hingegen Depots von Wechslern oder Kaufleuten, beweisen also einen Münzhandel und die Anwesenheit auswärtiger Kaufleute auf dem Ladenburger Markt, die ihre Münzen eingewechselt haben müssen. Damit muß die tradierte Meinung über

*VII*

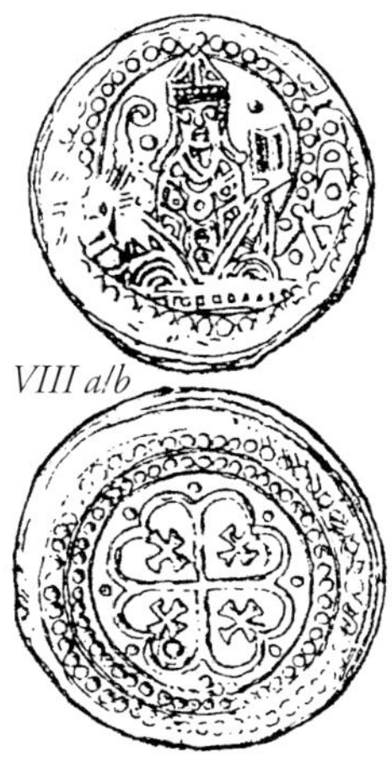

*VIII a/b*

*IX a/b*

***VII** Bistum Worms, Heinrich I. (1192/1195), Halbbrakteat. Krückenkreuz, i.d.W. Mondsichel – A –Stern – H (Joseph 173).*
***VIII** Bistum Worms, Konrad II. v. Sternberg (?) (1171/1192), Halbbrakteat. Hüftb. v.v. mit Mitra, Stab u. Buch / Kreuz in Achtpaß, i.d.W. Kreuze (4x) (Joseph 138).*
***IX** Bistum Speyer. Ulrich II. (1178/1187), Halbbrakteat um 1185. Hüftb. v.v. mit Mitra, Stab u. Palmzweig / Stadtabbreviatur = Speyer (Ehrend 3/16).*

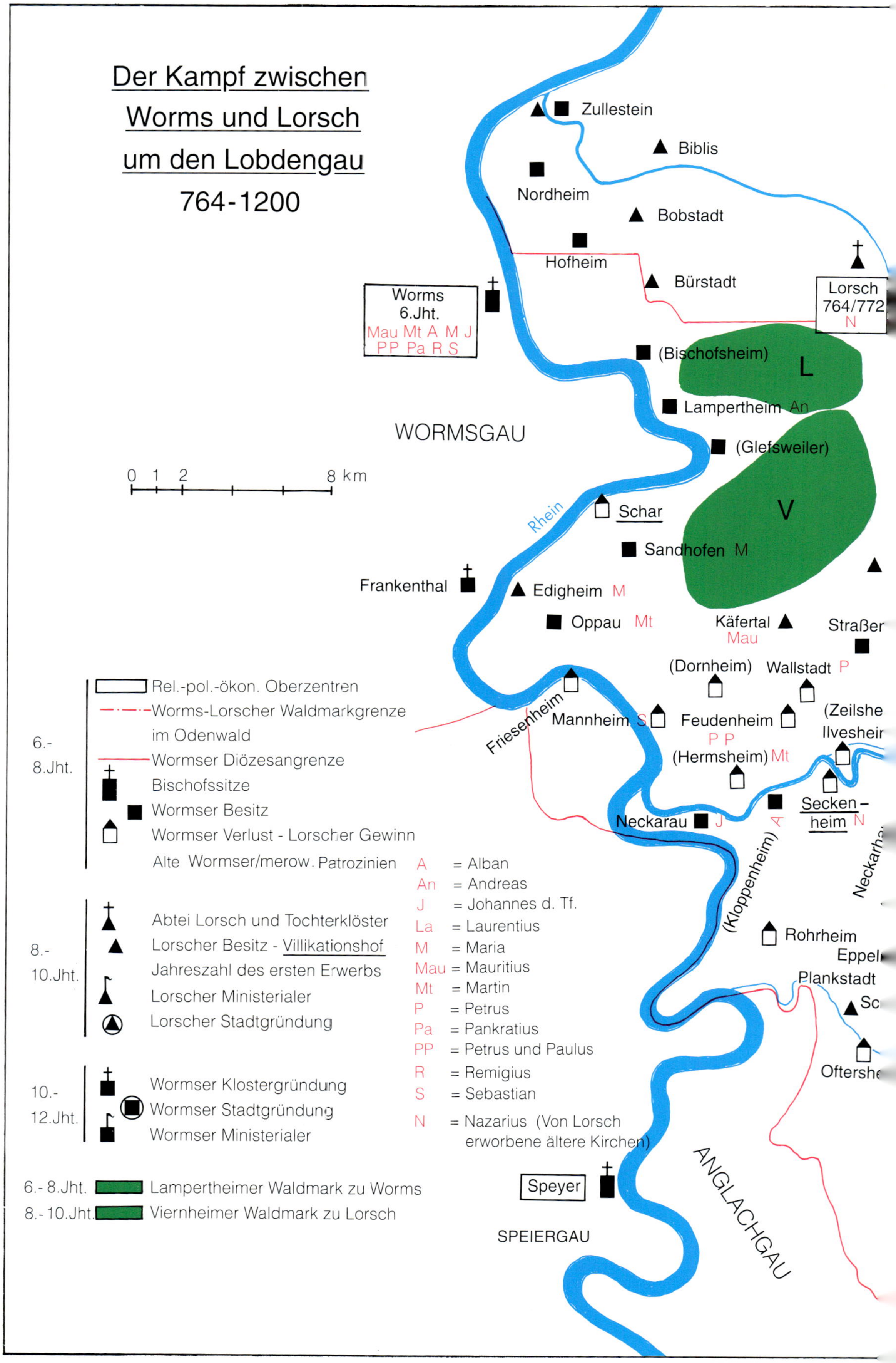
Der Kampf zwischen
Worms und Lorsch
um den Lobdengau
764-1200
0 1 2 8 km
Zullestein
Biblis
Nordheim
Bobstadt
Hofheim
Bürstadt
Lorsch 764/772 N
Worms 6.Jht. Mau Mt A M J PP Pa R S
(Bischofsheim)
L
Lampertheim An
WORMSGAU
(Glefsweiler)
V
Rhein
Schar
Sandhofen M
Frankenthal
Edigheim M
Oppau Mt
Käfertal Mau
Straßen
(Dornheim)
Wallstadt P
Friesenheim
Mannheim S
Feudenheim P P
(Zeilsheim
Ilvesheim
(Hermsheim) Mt
Seckenheim N
Neckarau J
A
(Kloppenheim)
Rohrheim
Eppelheim
Plankstadt
Oftersheim
Speyer
SPEIERGAU
ANGLACHGAU
6.- 8.Jht.
Rel.-pol.-ökon. Oberzentren
Worms-Lorscher Waldmarkgrenze im Odenwald
Wormser Diözesangrenze
Bischofssitze
Wormser Besitz
Wormser Verlust - Lorscher Gewinn
Alte Wormser/merow. Patrozinien
A = Alban
An = Andreas
J = Johannes d. Tf.
La = Laurentius
M = Maria
Mau = Mauritius
Mt = Martin
P = Petrus
Pa = Pankratius
PP = Petrus und Paulus
R = Remigius
S = Sebastian
N = Nazarius (Von Lorsch erworbene ältere Kirchen)
8.- 10.Jht.
Abtei Lorsch und Tochterklöster
Lorscher Besitz - Villikationshof
Jahreszahl des ersten Erwerbs
Lorscher Ministerialer
Lorscher Stadtgründung
10.- 12.Jht.
Wormser Klostergründung
Wormser Stadtgründung
Wormser Ministerialer
6.- 8.Jht. Lampertheimer Waldmark zu Worms
8.- 10.Jht. Viernheimer Waldmark zu Lorsch

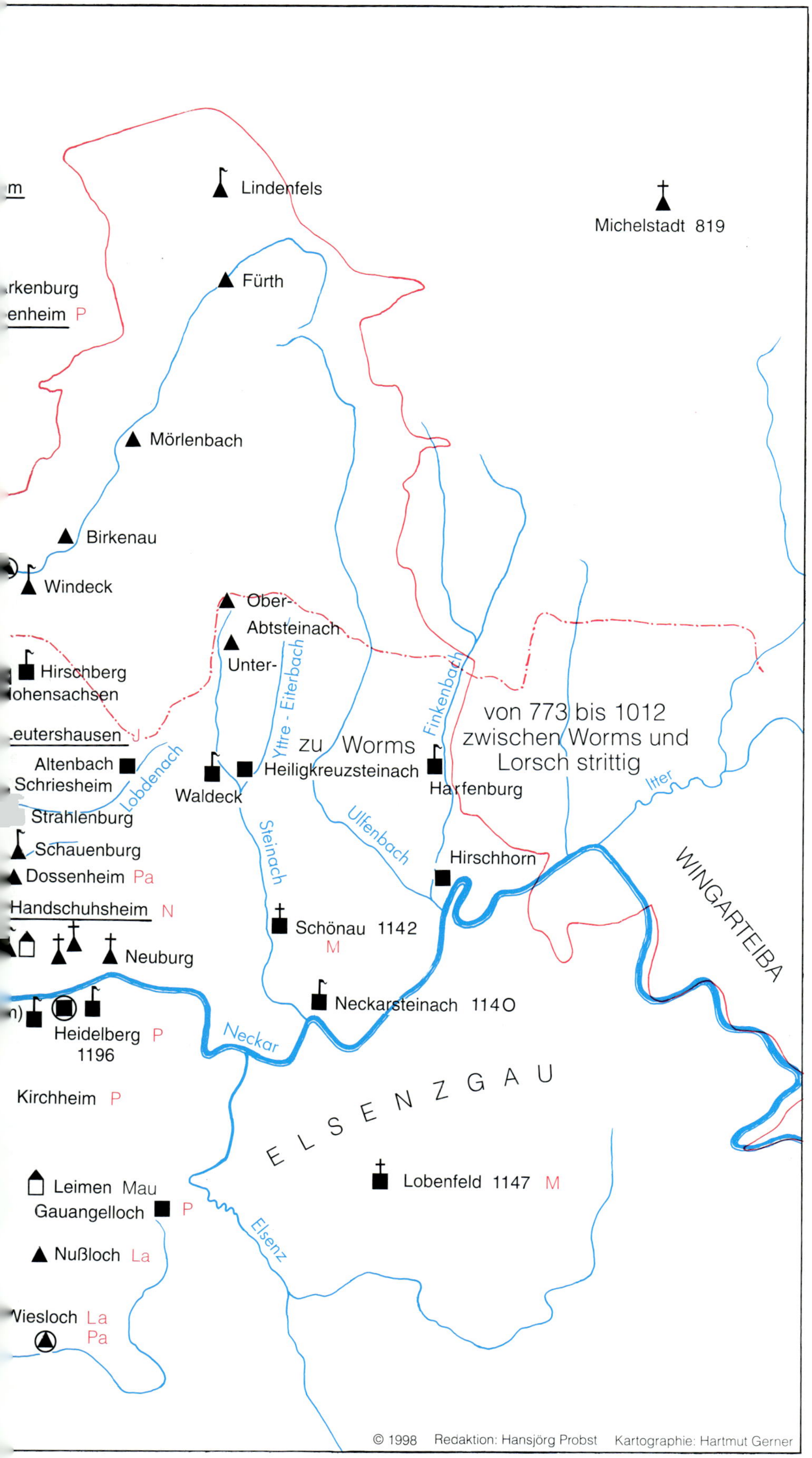


*Abb. 4: Der Kampf zwischen Worms und Lorsch um den Lobdengau 764–1200 (Entwurf H. Probst, Kartographie H. Gerner).*

**Xa/b** *Worms, Kaiser Friedrich I. Barbarossa (1152/1190), Halbbrakteat um 1188, Brb. v.v. mit Kreuzstab u. Schlüssel / Kreuz, i.d.W. Rad – Stern (Joseph 139).*
**XIa/b** *Pfalzgrafen b. Rhein, Heinrich V. v. Braunschweig (1195/1210), Halbbrakteat um 1200, Münzstätte Heidelberg. Adler / Löwe (Buchenau 14, ZdS Taf. 116, 11–12).*
**XII** *Pfalzgrafen (wie XI), Halbbrakteat um 1197, Münzstätte Weinheim (?). Brb. v.v. mit Helmhaube, Schwert u. Schild im Stil der Kreuzritter (Buchenau 13).*

fehlende Kaufleute in der Stadt revidiert werden; denn Träger dieses Münzhandels waren Mitglieder der in Worms privilegierten Vereinigung der „Hausgenossen“ – nämlich der Münze und nahmen im Fernhandel eine Schlüsselstellung ein[47]. Nun noch eine Bemerkung über die Zeit der Deponierung des Schatzes. Für alle vier früheren Horte (Weinheim, Worms, Abenheim, Ladenburg I) wird die Zeit der Vergrabung um 1200 angesetzt. „Die Auseinandersetzungen in und um Worms während der Salier- und Stauferzeit waren nur selten von lokaler Bedeutung, sondern standen meist mit den großen Fragen und Kämpfen im Reich in Verbindung.“[48] Das trifft auch für die Jahre um 1200 zu; denn das ist die Zeit des staufisch-welfischen Thronstreits nach dem Tod Kaiser Heinrichs VI. 1197 und der Doppelwahl von 1198. In diesem blutigen Bürgerkrieg, der beinahe zwei Jahrzehnte dauern sollte, war der Wormser Bischof Lupold als Parteigänger der Staufer an prominenter Stelle verwickelt. Auch die Pfalzgrafschaft war in den Konflikt hineingezogen; denn der welfische Pfalzgraf Heinrich I., der Mann von Konrads Tochter Agnes und als solcher nach dem Tod Konrads 1195 Pfalzgraf geworden, stand auf Seiten seines Bruders, des Welfen Otto IV. „Damit war die Pfalz aus dem staufischen Machtblock herausgebrochen.“[49] Fürs erste behauptete Bischof Lupold, Anhänger des staufischen Königs Philipp, das Feld. Er war ja schon seit 1199 Abt von Lorsch und wurde 1200 noch zum Erzbischof von Mainz gewählt, die größte Zusammenballung geistlicher Macht am Oberrhein.

Als welfischer Kandidat für den Mainzer Erzstuhl wurde ebenfalls 1200 Siegfried II. von Eppstein zum Gegen-Erzbischof gewählt. Siegfried begann 1201 im Verein mit dem welfischen Pfalzgrafen Heinrich einen blutigen Krieg gegen Lupold, um sich in Besitz von Mainz zu setzen. Er besiegte Lupold und belagerte ihn in Worms, was einen Gegenschlag König Philipps bewirkte. Dieser vertrieb nun seinerseits Siegfried und Heinrich. Um die Pfalz für sich zu retten, wechselte Pfalzgraf Heinrich I. 1204 die Partei. Als sich Philipps Königtum 1205/07 durchsetzte, hatte auch Bischof Lupold für die Versöhnung

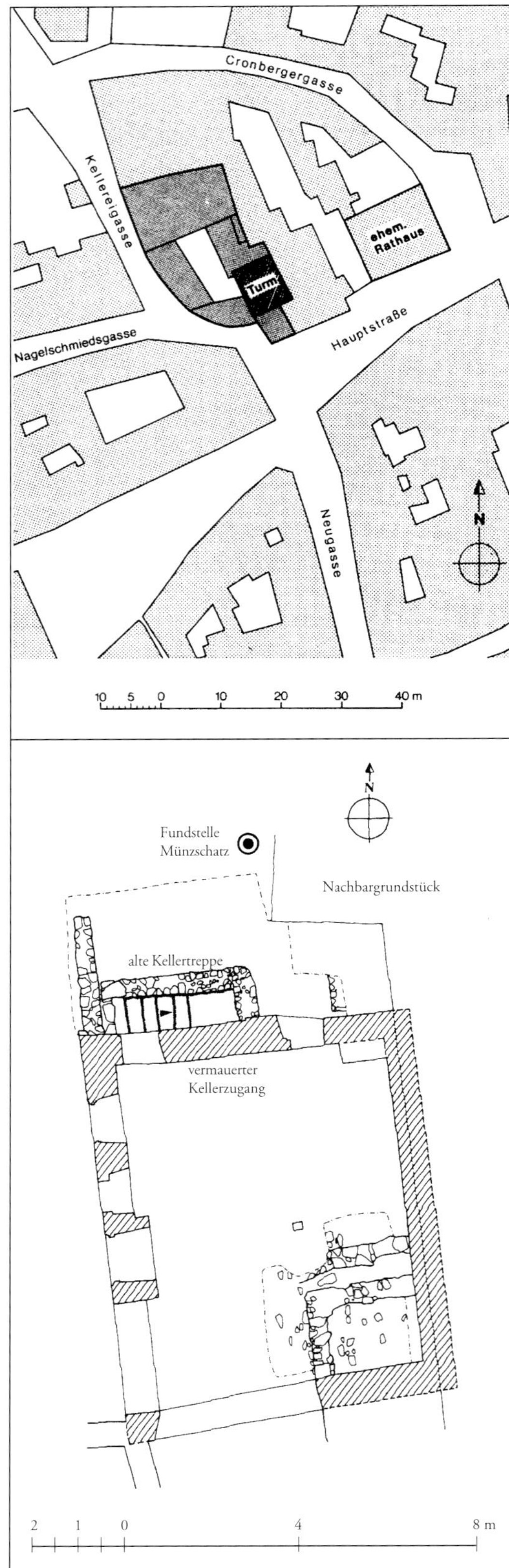


*Abb. 5: Der Wohnturm von 1229 mit Münzfund von 1987 (Grabung und Planzeichnung D. Lutz. In: ArchAusgr BW, 1987, S. 286 und 287).*

Philipps mit dem Papst den Mainzer Erzstuhl zugunsten von Siegfried II. zu räumen. Nach Philipps Ermordung 1208 mußte er sogar in die Verbannung, was für seinen Machtbereich erst einmal Ruhe bedeutete. Diese Auseinandersetzungen waren mit Plünderung und Brandschatzung verbunden und ließen es manchem geraten sein, wertvollen Besitz zu verstecken, einem Weinheimer Münzmeister ebenso wie einem Ladenburger „Bankier", da beide Städte 1201 erst von den Welfen erobert und dann von König Philipp zurückerobert wurden. Die Eigentümer der Schätze waren wohl nicht mehr am Leben, da sie sonst ihr Münzdepot wieder an sich genommen hätten. Der zweite, spätere Schatzfund in Ladenburg mit Münzen verschiedenster Provenienz muß um 1300 versteckt worden sein[50].

## Ladenburg in den Königsitineraren

Bekanntlich hatten die deutschen Könige und Kaiser bis ins 14. Jahrhundert zwar keine ständige Residenz, aber doch Königspfalzen und große Reichsburgen, die von Königsgut, den Tafelgütern, umgeben waren und dem König und seinem Hof für längere oder kürzere Zeit als Wohnung dienten. War der Hof in einer Pfalz anwesend, wurden die in der Region anfallenden Regierungsgeschäfte und die örtliche Rechtsprechung erledigt. War dies geschehen (und die Vorräte aufgezehrt), zog der Hof weiter. Diese Praxis gewann geradezu Verfassungscharakter, nachdem der König nach seiner Krönung zum Krönungsumritt im ganzen Reich genötigt war, um die Huldigung entgegenzunehmen und die Lehen zu bestätigen. Neben Pfalzen wie in Ingelheim oder der Königswahlstadt Frankfurt oder Reichsburgen wie in Nürnberg war die Reichskirche zu dieser Dienstleistung, dem *servitium regis*, verpflichtet, vor allem wenn es um Hoftage ging, die seit dem ausgehenden 14. Jahrhundert zu den Reichstagen wurden. Diese Tage waren nicht nur gewöhnliche Königsaufenthalte im Rahmen des wandernden Hofes, sondern große Zusammenkünfte vieler Reichsfürsten mit dem König[51]. Die Fürsten kamen in der Regel mit großem Gefolge, so daß oft mehrere tausend Personen[52] zu beherbergen und zu verköstigen waren.

Bemerkenswert ist, daß Ladenburg bis ins 11. Jahrhundert einige Male Aufenthaltsort deutscher Könige gewesen ist. Das sicherste Zeugnis eines solchen Aufenthalts ist die Ausstellung von Urkunden. So urkundete König Ludwig der Deutsche am 4. Mai 874 in Ladenburg für Lorsch[53]. Am 6. März 1007 stellte Kaiser Heinrich II. in Ladenburg eine Urkunde für das Hochstift Worms aus[54]. Der ganz junge König Heinrich IV., geb. 1050, urkundete am 25. November 1061 in Ladenburg für das Hochstift Speyer[55]. Derselbe König lag im Dezember 1073 viele Tage schwer krank in Ladenburg darnieder, als er sich auf dem Weg von Bayern nach Worms befand[56]. Schließlich stellte noch 1196 Kaiser Heinrich VI. in Ladenburg eine Urkunde aus[57].

Doch wurde Ladenburg auch darüber hinaus von den deutschen Königen auf ihren Reisewegen berührt, wie die von der historischen Forschung erarbeiteten *Itinerare* – Reisewege der deutschen Könige erweisen[58]. Unterkunft fand der König in Ladenburg im „Saal", also im Bischofshof, der dem *servitium regis* – dem Dienst für den König ebenso fraglos zur Verfügung stand wie alle Einrichtungen der Reichskirche. Natürlich konnte eine Stadt wie das früh- und hochmittelalterliche Ladenburg den König mit seinem zahlreichen Gefolge nicht so lange und häufig beherbergen wie die benachbarten Städte Mainz, Worms oder Speyer in ihren großen Bischofspfalzen mit ihren viel größeren Ressourcen. So stehen z.B. einem zweimaligen Aufenthalt Heinrichs IV. in Ladenburg jeweils 26 Aufenthalte in Worms und Speyer gegenüber und 42 in Mainz[59]. Immerhin zeigen diese königlichen Aufenthalte an, daß es in Ladenburg eine – modern gesprochen – gewisse städtische Infrastruktur gegeben haben muß, die dem König und seinem Hof genügen konnte.

## Ladenburgs Verkehrslage

In diesem Zusammenhang ist noch ein Blick auf die Verkehrslage der Stadt nützlich. Immer noch wurden die Römerstraßen benutzt, die sich von Worms und Mainz kommend in Straßenheim trafen. Diese alte Hauptstraße durchschnitt die Stadt in nordsüdlicher Richtung vom Wormser (Martins-) zum Heidel-

*XIII a/b*

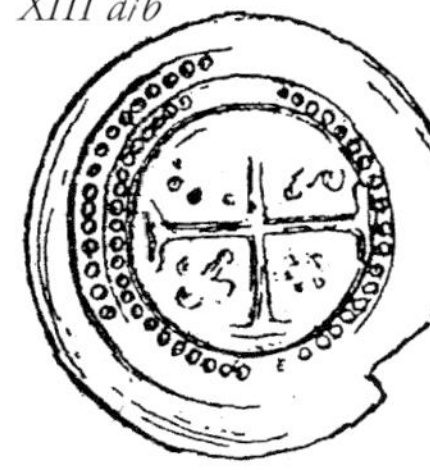

*XIV a/b*

***XIIIa/b*** *Pfalzgrafen b. Rhein, Konrad v. Hohenstaufen (1155/1195), Halbbrakteat um 1190, Münzstätte Weinheim. Hüftb. v.v. mit Schwert u. Reichsapfel / Kreuz, i.d.W. Stern (2x) – Lilie (2x) (Buchenau 12).* ***XIVa/b*** *Bistum Würzburg, Heinrich IV. v. Hessberg (1202/1207), Pfennig um 1205. Brb. v.v. mit Schwert u. Buch / Dreitürmiges Gebäude über Bogen mit Zinnenmauer (Ehwald 3500).*

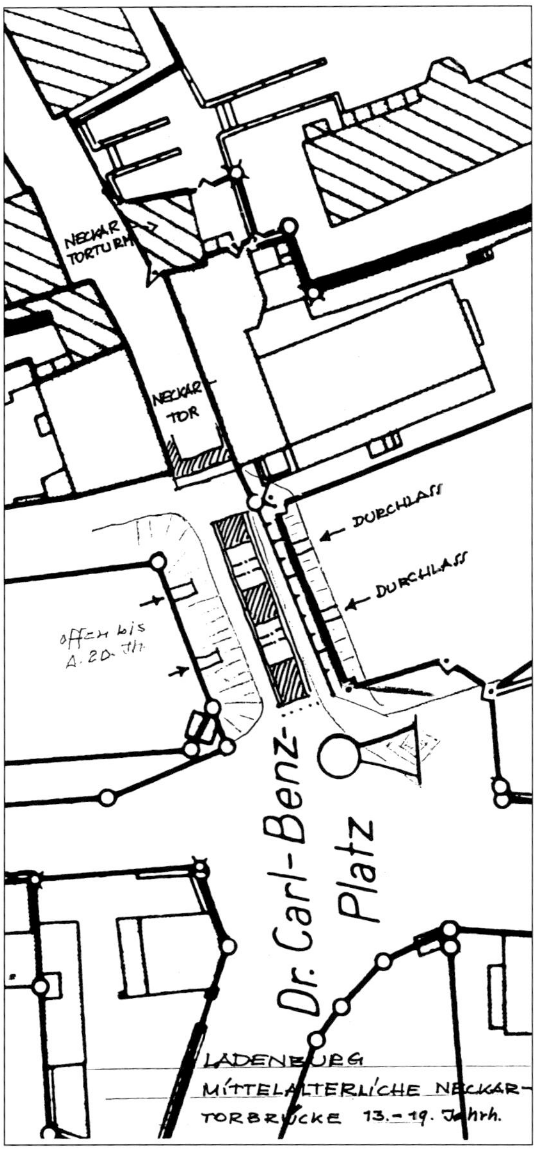


*Abb. 6: Lage der angenommen Brücke und der späteren Furt in Fortsetzung des Neckartores (Heukemes 1985).*

berger Tor[60]. Der westöstliche Ast dieses Straßenkreuzes am Domhof (!), die Hauptstraße, ist rudimentär römisch in der Verbindung Ladenburg-Altrip, wurde aber wahrscheinlich schon im frühen Mittelalter zu einer bedeutenden Fernstraße, die Speyer über Ladenburg und Großsachsen mit der nördlichen Bergstraße verband. Im Seckenheimer Dossenwald ist diese mittelalterliche Fernstraße noch als „alte Speyerer Straße“, heute Holzweg – Kühbrunnenweg vorhanden[61]. Die Bergstraße = *platea montana* erlangte erst damals eine größere Bedeutung, was mit dem Aufstieg Frankfurts gegenüber Mainz zusammenhing[62]. Der Aufstieg Frankfurts begann mit der karolingischen Pfalz, dem „Salhof“. Die zentrale Bedeutung dieser Straße wurde noch durch den Postkurs der Turn- und Taxis'schen Reichspost des späten 15. und 16. Jhs. unterstrichen. Dieser erste kaiserliche Postkurs von Innsbruck nach Brüssel und Frankfurt gabelte sich in Rheinhausen gegenüber Speyer und führte rechtsrheinisch nach Neckarhausen, wo man über den Neckar ging und wo die Posthalterei war. Die Verkehrslage Ladenburgs war damit exzellent.

Der Neckar wurde wohl auf einer Brücke überquert. Diese Brücke lag in der Verlängerung des Neckartores an derselben Stelle, an der auch nach der antiken Straßenführung die römische Neckarbrücke gelegen haben muß. Dort führte nämlich eine mit Portiken (!) eingefaßte, also sehr hervorgehobene römische Straße bis zum Flußlauf, sicherlich nicht zu einer Fähre; denn römische Brücken waren nach heutigem Forschungsstand viel häufiger[63] als früher angenommen. Sie waren entweder reine Holzbrücken oder Steinpfeilerbrücken mit hölzernem Sprengwerk. Bei einem Civitasvorort wäre diese ins zweite Jahrhundert zu setzen. Heukemes' Burgusrekonstruktion setzt eine noch erhaltene römische Stadtbrücke voraus, da die Anlage des Burgus an dieser Stelle nur als Sicherung einer dortigen Brücke einen Sinn ergibt. Die Fundamentierung der hochmittelalterlichen Pfeiler wurde 1981 von Heukemes im Plan der Burgusgrabung veröffentlicht[64].

Diese Brücke wird in den Schriftquellen nur einmal indirekt erwähnt, als der Bischof 1518 das Brückengericht auf der Neckarbrücke zu Ladenburg dem Junker Hans von Erligheim, den Ortsherrn von Ilvesheim und Erbauer der dortigen „Erlenburg“, verlieh[65]. Die Erligheimer waren damals auch Herren des späteren Ladenburger Jesuitenhofs. Auf dem bekannten Merianstich von 1645 ist eine zweibogige Brücke westlich des Neckartores zu sehen, die damals noch über den Gießen, also einen Altneckarlauf, ging. Konrad Seel hat diese Bögen noch bei Kanalisationsarbeiten in der ersten Hälfte unseres Jahrhunderts gefunden. Ihre Nordseite wurde dann bei der Verfüllung des alten Stadtgrabens verschüttet, die Südseite hat Heukemes selbst noch 1950 gesehen. Ihre Erbauung ist mit der Entstehung des Neckartores um 1200 oder vielleicht doch früher anzusetzen, da die Itinerare der Könige hier den Neckar überschritten.

Im 17. Jh. war der Neckar, wie bei Merian zu erkennen ist, bereits weiter nach Westen von der Stadtmauer weggewandert, so daß die Brücke nur noch den Altlauf überspannte. Ein Bedarf bestand auch nicht mehr, zumal in der Not dieses Jahrhunderts ein Nachrücken der Brücke nicht finanzierbar war. Es ist aber sehr auffällig, daß alle Heere, die im 17. Jh. den Unterlauf des Neckars überschritten – insgesamt mindesten zehn- bis zwölfmal – dies ausschließlich bei Ladenburg taten, auch wenn ihr Ziel Heidelberg war! Die „Genietruppen" = Pioniere nutzten wohl für ihre Schiffsbrücken die noch vorhandenen Brückenköpfe und Pfeilerstümpfe. Erst nach 1720 verlagerte sich der Verkehr über den Neckar von der neuen pfälzischen Hauptstadt Mannheim an die mittlere Bergstraße nach Seckenheim. Zwischen der Ilvesheimer und Neckarhäuser Fähre gab es wegen des Überlandverkehrs eine endlose Prozeßserie, die Neckarhausen verlor[66]. Auch der Reichspostkurs wurde bedeutungslos, da die Kurfürsten ihre eigenen Postkurse auf Mannheim zentrierten. Ladenburg war verkehrsmäßig in den toten Winkel geraten.

# Die Stadt des hohen Mittelalters

## Die Stadterweiterung des 12. und 13. Jahrhunderts

Es ist unverkennbar, daß Ladenburg in der Zeit einer hoffnungsvollen Entwicklung des Wormser Hochstifts, nämlich im 11. und 12. Jahrhundert, ebenfalls einen neuen Aufschwung erlebte. Dies zeigt die große Stadterweiterung an, die das Areal für dasjenige Ladenburg ausfüllte, wie es uns als Altstadt bis heute begegnet.

In diesen beiden Jahrhunderten nahm die Stadt erneut und sehr kräftig ihre Funktion als Hauptort des unteren Neckarlandes und des südlichen Odenwaldes links und rechts des Neckartales wahr. Nicht nur ihre neue Ausdehnung, die auf eine Verdreifachung des alten fränkischen Berings hinauslief (von 6,25 ha auf 18–20 ha), sondern auch ihre eindrucksvolle und türmereiche Ummauerung unterstrich diesen hauptstädtischen Anspruch: Es waren sieben quadratische und drei runde Tor- und Ecktürme. Der nördliche Teil dieser Mauer mit dem runden Hexenturm als Eckturm und dem viereckigen Martinstorturm ist der noch heute am besten erhaltene Teil der mittelalterlichen Stadtbefestigung. Dem Baubefund der Nordmauer am Martinstor nach stammt dieser Mauerrest aus der Zeit vor 1200[67]. Diesem Befund entsprechen auch die frühesten urkundlichen Erwähnungen der „äußeren Mauer" gegenüber der „ersten Mauer" aus der fränkischen Zeit[68].

In dieser Schönauer Urkunde von 1258 handelt es sich offenkundig um das Martinstor, das seinen Namen von der alten, rund 250 m davor außerhalb an der Römerstraße im merowingischen Gräberfeld liegenden Martinskirche erhalten hat. Haus und Hof befanden sich zwischen den beiden Beringen, der dazugehörige Weinberg vor der äußeren Mauer, wohl zwischen der Martinskirche und dem Martinstor. Die „neue" äußere Mauer, vor der eine zusätzliche Zwingermauer verlief[69], folgte in ihrem nord-nordöstlichen Verlauf vom Hexenturm bis zum Schriesheimer Tor der alten

*Abb. 7: Pfaffenturm, Ausgrabung Heukemes (Kunstdenkmäler, S. 223).*

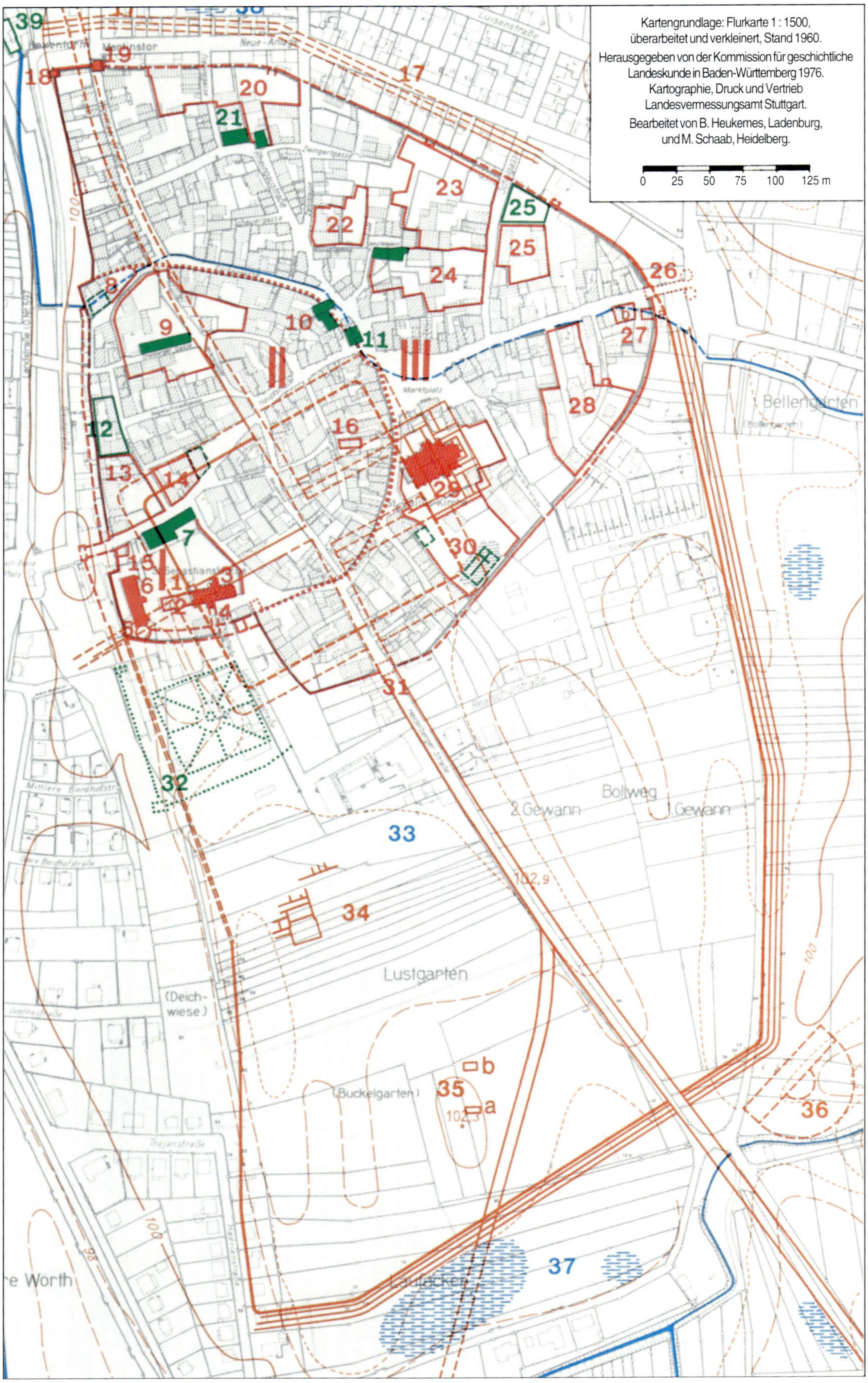


*Abb. 8: Karte I.1 Ladenburg, Blatt IV, 6 des Historischen Atlas von Baden-Württemberg mit freundlicher Genehmigung der Kommission für geschichtliche Landeskunde in Baden-Württemberg und des Landesvermessungsamts Baden-Württemberg.*

*orange: Römerzeit*
*blau: fränkische Zeit*
*rot: Mittelalter*
*grün: frühe Neuzeit*

**I Bischofshof**
1 Porta Praetoria
2 Saal
3 Kapelle St. Sebastian
4 Toranlage
5 Pfaffenturm
6 Bischofshof
7 Fürstenbau, ab 1748 katholisches Pfarrhaus

**II Kernstadt**
8 Cronberger Mühle
9 Cronberger Hof
10 Spital
11 Rathaus
12 Kettenheimer Hof
13 Engelhof
14 Domhof (Worms)
15 Neckartor mit Turm
16 Kapelle (z. T. Synagoge)

**III Stadterweiterung**
17 römischer Spitzgraben
18 Hexenturm
19 Martins-(Wormser) Tor
20 Handschuhsheimer Hof
21 Palais Preysing (18. Jh.)
22 Nonnenhof
23 Botzheimer Hof
24 Jesuitenhof
25 Hirschberger Hof
26 Schriesheimer Tor
27 a) Bad b) Backhaus
28 Sickinger Hof
29 röm. Marktbasilika und Pfarrkirche St. Gallus
30 Schönauer Mönchhof mit ref. Kirche und Pfarrhaus
31 Heidelberger Tor

32 Bischöflicher Lustgarten
33 frühmittelalterl. Friedhof
34 Therme
35 a) orientalischer Kult b) Mithräum
36 Theater
37 alamannisches Gräberfeld
38 Reihengräberfriedhof
39 Pflastermühle

römischen Mauer. In einem gewissen Abstand von rd 25–30 m davor befand sich ein doppelter römischer Spitzgraben[70]. Im Südosten verließ sie zwischen dem Schriesheimer und dem Heidelberger Tor den römischen Bering, so daß die gesamte Südhälfte der alten römischen Anlage außen vor blieb. Vor dem Lustgarten machte die Mauer einen rechtwinkligen Knick zur alten Befestigung des Bischofshofs hin. Dieser wurde mit der Toranlage, dem runden Pfaffenturm und dem Neckartorturm im Unterschied zur alten Ummauerung in die Stadtbefestigung miteinbezogen; wahrscheinlich wurden auch diese Türme neu aufgeführt. Im Westen folgte die Mauer vom Neckartor zum Hexenturm der Höhenlinie des Uferabbruchs, den der Neckar mehrfach eingegraben hat und dem sowohl die erste römische Mauer als auch die alte Trasse der Römerstraße zum Opfer gefallen waren[71]. Diese hochmittelalterliche „Neu"stadt legt sich in einem nach Osten ausgebuchteten Halbkreis um das alte fränkische Oval und bildet mit diesem zusammen ein fast gleichseitiges Dreieck mit abgerundeten Ecken.

Nach den Beobachtungen von Heukemes und Sommer war die Ummauerung der „Neustadt" eine langwierige Sache, die, wenn die Datierung des St. Martinsbildes durch Hans Huth auf das Ende des 13. Jahrhunderts[72] stimmt, von der Mitte des 12. bis ins letzte Drittel des 13. Jahrhunderts anzusetzen ist. Unabhängig davon weisen darauf schon die typisch staufischen Buckelquader des Martinstores hin, die sich von den einfachen Mauerquadern der Stadtmauer deutlich absetzen. Sebastian Sommer konnte 1986 bei einer Grabung im Bereich des ehemaligen Heidelberger Tores (Heidelberger Straße 10/12 und 13) diese Baustufen archäologisch sichern. Danach waren die ersten Tore – die vier Stadttore sind hier wohl gleich zu bewerten – einfache Zangentore mit einer rund 4 m langen Torgasse auf der Innenseite. Vor der eigentlichen Mauer befand sich im Abstand von 4–5 m die Zwingermauer. Diese Tore wurden zusammen mit der Stadtmauer in der zweiten Hälfte des 12. Jahrhunderts errichtet[73]. 80 bis 100 Jahre später wurden diese Tore abgebrochen und durch turmbewehrte, quadratische, sehr viel massivere Kammertore ersetzt. Dabei fällt die

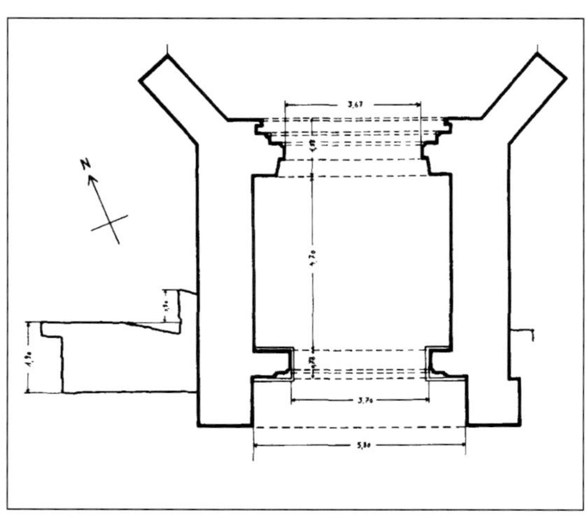

*Abb. 9: Martinstor von der Stadtseite um 1930 und Grundriß (Foto: Fotoarchiv historischer Bilder von Ladenburg; Grundriß aus Kunstdenkmäler, S. 215).*

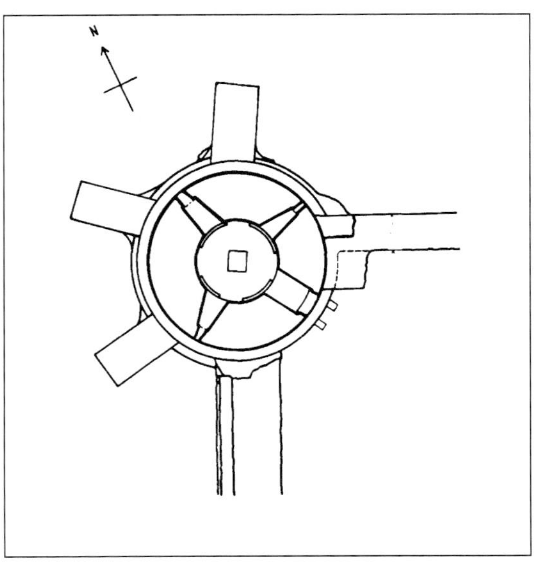


*Abb. 10: Hexcenturm um 1930 und Grundriß (Foto: Fotoarchiv historischer Bilder von Ladenburg; Grundriß aus Kunstdenkmäler, S. 221).*

große Ähnlichkeit des Grundrisses mit dem Martinstor auf. Das 6 x 6 m Grundfläche messende Turmtor hatte zwei Durchlässe und war wohl mit dem gleichen Schmuckmauerwerk wie das Martinstor versehen. Die Ähnlichkeit der vier Stadttore zeigt noch der Kupferstich Merians (Bild S. 406/407).

Die Verlängerung des alten Straßenkreuzes erfolgte im Norden und Süden in der Wormser und Heidelberger Straße ziemlich gerade, während der westöstliche Ast durch zwei kleinere, dreieckige (Markt)plätze und den neuen großen Marktplatz nördlich der St. Galluskirche deutlich gekammert ist. Die vier Stadttore, das Neckar-, das Martins- oder Wormser-, das Schriesheimer- und das Heidelberger Tor wurden in die neue Stadtmauer verlegt. Auch die vier Stadtviertel: das Neckarviertel im Nordwesten, das Kirchenviertel mit dem Bischofshof im Südwesten, das Schriesheimer Viertel im Südosten und das Rheingauer Viertel im Nordosten, wurden wohl aus dem älteren Stadtkern heraus im Anschluß erweitert. Diese letzte Benennung eines Stadtviertels nach dem alten Oberheingau[74] – der Name war schon im 12. Jahrhundert obsolet geworden – wertet Trautz sehr richtig als Beweis für das hohe Alter dieser Stadteinteilung[75]. Vielleicht kann man diesen Schluß erweitern und darin noch einen Hinweis auf die alte Stoßrichtung der Wormser Expansion von Ladenburg aus die nördliche Bergstraße entlang in den Oberrheingau hinein sehen, der ja hinter Weinheim und der Viernheimer Heide begann.

Bemerkenswert ist die erst jetzt erfolgende Einbeziehung der St. Galluskirche in die Stadtummauerung. Als Pfarr- und regionale Hauptkirche wird sie zusammen mit dem planmäßig angelegten Marktplatz zum Mittelpunkt der Stadt. Ihre Bau- und Funktionsgeschichte läßt noch manches Rätsel offen[76]. Gesichert sind zwei romanische Vorläuferkirchen, die zweite dreischiffige aus dem 1. Viertel des 11. Jahrhunderts, die schon in die Apsis der römischen Marktbasilika eingepaßt waren. Dazu gehört die erhaltene eindrucksvolle Krypta aus dem frühen 11. Jahrhundert. Sicher ist diese Krypta als Platz der St. Gallusverehrung eine der Keimzellen der Stadterweiterung, wie ja auch die Errichtung der gotischen zweitürmigen Stadtkirche darüber von der Mitte des 13. Jahrhunderts an ihr abschließender Höhepunkt ist. Typisch dafür ist auch die Verlegung des Marktes in den Schatten der großen Kirche. Da Huth die Baugeschichte ausführlich dargelegt und den Bau mit Abbildungen und Planzeichnungen erschöpfend beschrieben hat[77], begnügen wir uns hier mit stichwortartigen Bemerkungen. Alles Nähere kann bei Huth eingesehen werden:

Um 1250 Baubeginn des Chores, des Nordturms, des Treppenturms auf der Südseite und von vier Langhausjochen. Vorläufiger Abschluß in der zweiten Hälfte des 14. Jhs.

1412 Grundsteinlegung des Südturms und der Sakristei.

Nach 1461 nördlicher Treppenturm und Ausbau der Turmgeschosse sowie Einwölbung des Langhauses und Anbau der Sickingen-Kapelle auf der Nordseite.

1469 Beisetzung Hans von Sickingens und seiner Gemahlin.

1667 Reparatur des Dachstuhls.

1736 Abbruch des Heiligen Grabes und Reparatur der Sickinger Kapelle.

In den folgenden Jahrzehnten kleinere Arbeiten.

1859–1867 Umfassende Renovierung, Anbau eines fünften Querjoches und einer neuen Westfassade.

1935 Restaurierung und Wiedereröffnung der Krypta.

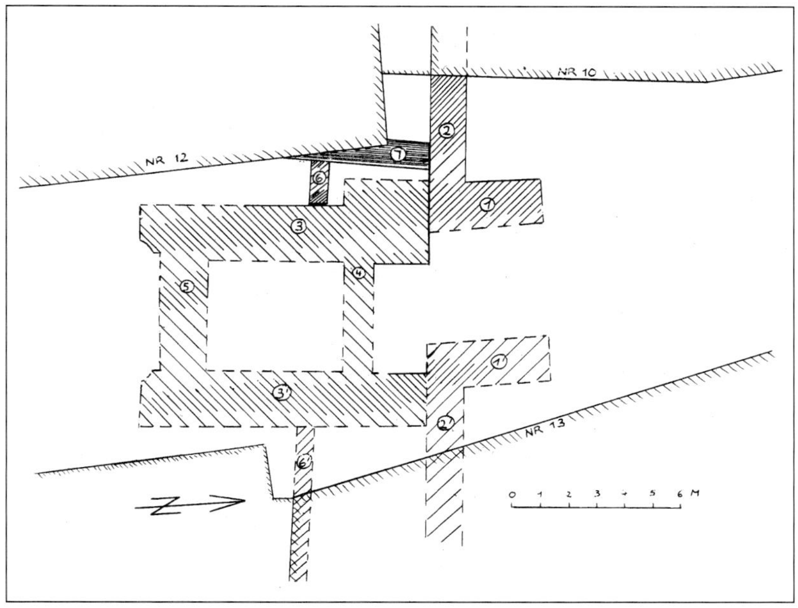


*Abb. 11: Heidelberger Tor. Grabungsergebnisse Heukemes und Sommer 1986. Erläuterungen: 1, 1′ nord-süd-verlaufende Mauernstücke, wahrscheinlich die ältere Torgasse, die rechtwinklig zu der unterbrochenen Stadtmauer 2, 2′ stehen. 3, 3′, 4,5 stadtauswärts befindliches Mauerviereck eines jüngeren Kammertors wie beim Martinstor. 6,6′ und 7 gestörte ältere Mauerteile (S. Sommer: Das mittelalterliche Heidelberger Tor. In: Lobdengau, Januar 1987).*

Bei einer Stadterweiterung solchen Ausmaßes erhebt sich natürlich die Frage, wer dieses neue Areal bevölkert hat. Da ist zuerst an die allgemeine Bevölkerungszunahme des 12. und 13. Jahrhunderts zu denken. Diese war so groß, daß sehr viele neugegründete Städte und sogar die weiten Gebiete des deutschen Ostens aufgefüllt werden konnten. Im Altsiedelland führte sie überall zur Vergrößerung der bestehenden Städte wie in Ladenburg, zur Gründung neuer Städte wie Heidelberg und zum Landesausbau, in unserer Gegend zur endgül-

*Abb. 12: Schriesheimer Tor – Radierung von Stephan von Stengel 1772 (Fotoarchiv historische Bilder von Ladenburg).*

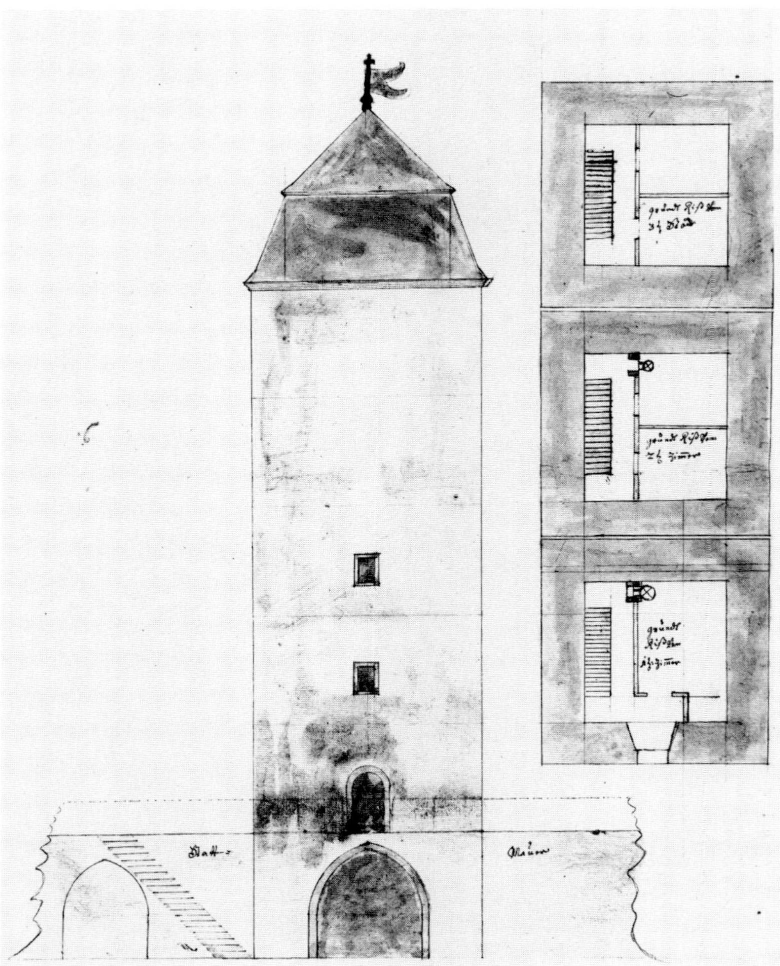

*Abb. 13: Schriesheimer Tor Grund- und Aufrisse von 1767 (GLA 156/2; oben) und Grundriß von Konrad Seel III. 1927 (unten).*

tigen Erschließung des Odenwaldes. Belege für diese Bevölkerungskonzentration in neuen Städten haben für Ladenburg die Grabungen der letzten 15 Jahre erbracht. Im Bereich der Großgrabung Kellereigasse wurden Gruben und Grubenhäuser mit Fundmaterial aus dem

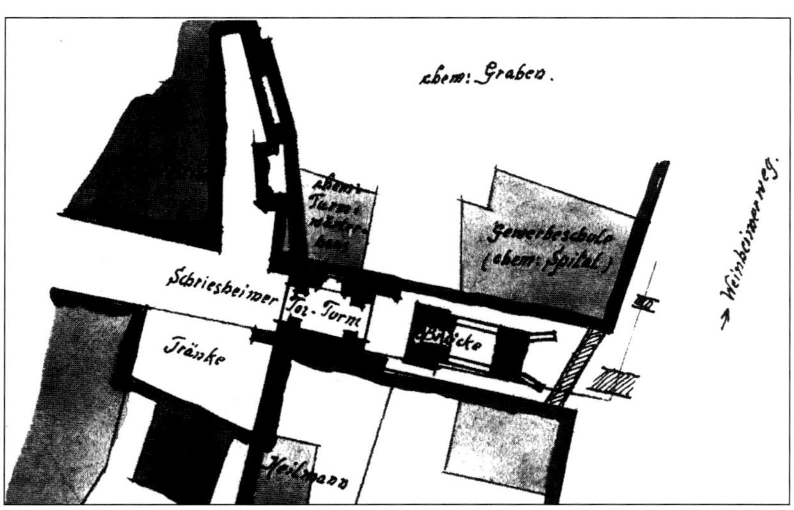


9.–10. Jh. gefunden. „Die Besiedlung des Kellereigeländes vom 8. bis zum 12. Jh. ist inzwischen durch 22 Grubenhäuser sowie zahlreiche weitere Gruben und Baureste belegt“[78]. Die Kellerei des speyerischen Domstifts, vormals Cronberger Hof, ist damit als einer der neuen Höfe der Wormser Ministerialen aus dem frühen 13. Jh. gesichert. Er befindet sich noch im alten, dichtbesiedelten Teil der Altstadt. Die verdrängten Bewohner wurden dafür im Gelände der Stadterweiterung angesiedelt. Der Platz für diesen neuen Ministerialenhof richtete sich wohl nach der Lage der Mühle. Ein ähnlicher Vorgang ist in der Umsiedlung von Bewohnern des unmittelbaren Weichbilds, der sogenannten Pfahlbürger, zu sehen.

Es liegt aber auch nahe, das Wüstwerden von Zeilsheim, 1337 zum letzten Mal erwähnt, und Botzheim, 1364 zum letzten Mal erwähnt, und die Umsiedlung ihrer Bewohner wohl auf Befehl des Bischofs damit in Zusammenhang zu bringen. Grabungen in Botzheim haben 1992 aus den Funden eine Besiedlung vom 6. Jh. (Hüttenlehm) bis zum 10./11. Jh. (Keramik) erbracht. „Jüngere Belege für hoch- oder spätmittelalterliche Siedeltätigkeit an dieser Stelle fehlen fast gänzlich.“[79] Wie wir gesehen haben[80], gibt es ja im unteren Neckarland in dieser Zeit eine starke Tendenz zur Siedlungskonzentration. Doch zeigt ein Blick auf den Stadtplan, daß im neuen Stadtgebiet nur ungefähr die Hälfte des Grundes für die Stadtbürger zur Verfügung steht. Denn es ist auffällig, daß die „neue“ Stadt sehr viel weiträumiger und lockerer besiedelt wurde als die Altstadt.

## Die Wormser Ministerialen

Um das zu erklären, ist noch ein weiterer Gesichtspunkt zu beachten, nämlich die Konzentration von Wormser Ministerialen in Ladenburg. Ein Großteil des neu ummauerten Bezirks wird von den sieben Adelshöfen eingenommen, die die Funktion des Wirtschafts- und Wohnhofes besetzen, während die Wehrfunktion von der Stadtbefestigung für alle gemeinsam ausgefüllt wird[81]. So macht dieser Teil Ladenburgs geradezu den Eindruck einer Sammelburg oder Mehrburgenanlage[82], und zwar

*Abb. 14: Modell des mittelalterlichen Ladenburg. Ansicht der Stadt von Süden, in der Mitte vorn das Heidelberger Tor. Links: Lustgarten, Bischofshof und Neckartor (Lobdengaumuseum. Modell und Foto Heukemes 1968/69).*

nicht wie z.B. in Neckarsteinach, wo es sich bei den vier Burgen um die Wohnsitze verschiedener Zweige eines edelfreien Geschlechtes handelt. In Ladenburg gruppiert sich das Ensemble um den Bischofshof, ist also funktional in seinem Verhältnis gegenüber der entstehenden Territorialherrschaft bestimmt. Das wird vom 13. Jahrhundert an dadurch verstärkt, daß der Bischof immer häufiger und länger im Bischofshof residiert.

Diese Höfe waren die Wohnsitze von Ministerialen der Wormser Bischöfe. Ministerialen stellen im 12. und 13. Jahrhundert die Endstufe ursprünglich unfreier Dienstleute dar, die aus der Schicht der Hörigen in ein besonderes Dienstverhältnis, und zwar zuerst des Königs und der Kirchenfürsten, eingerückt sind. Diese besonderen Dienste, die das Vertrauen des Herrn voraussetzten, waren Aufgaben der hohen Verwaltung und des Kriegsdienstes. Auch die hohen Hofämter des Truchsessen, Schenks, Kämmerers, des Marschalls und des Jägermeisters hoben den Inhaber, auch wenn er unfreier Abkunft war, im Laufe des 11. Jahrhunderts in adelsgleiche Position. Aus den *servientes* und *servitores* – Dienstleuten der früheren Zeit wurden die *ministeriales* oder auch *milites /equites* – Ritter.

Die Salier und Staufer begannen seit der zielbewußten Politik Konrads II., sich auf die „Reichsministerialen" zu stützen und diese auf Reichsgut oder eigenen Allodien in Burgen anzusiedeln. Dieser Reichsdienst verursachte den gesellschaftlichen Aufstieg dieses „Rittertums". Dem Rittertum fiel schließlich die kulturelle Führung der Epoche in einem Ausmaß zu, daß sich selbst die Fürsten in ganz Europa den ritterlichen Idealen beugten. Die Kreuzzüge als ritterliche Unternehmungen schlechthin beschleunigten diese Entwicklung. Dafür steht das glänzende Reichspfingstfest 1184 in Mainz, auf dem Kaiser Friedrich Barbarossa vor Tausenden von Rittern seinen Söhnen selbst den Ritterschlag gab. Die eindruckvollste Karriere eines ursprünglich unfreien Ministerialen aus unserer Gegend gelang Markward von Annweiler, der als engster Vertrauter Heinrichs VI. 1195–1202 Reichstruchseß in Italien war[83].

Die für die Ministerialität als Stand entscheidende Formierung fand in den oberrheinischen Hochstiften statt, wo besonders die *Lex familiae Wormatiensis* – das Wormser Hofrecht des Bischofs Burchard I. von 1024/25 eine maßgebliche Rolle spielte[84]. Dieses grundlegende Dokument regelt die Rechtsbeziehungen der Mitglieder verschiedenen Ranges der bischöflichen *familia* untereinander und enthält, besonders im Hinblick auf die unmittelbare Umgebung des geistlichen Fürsten, ministerialische Elemente. Den Ministerialen erwuchsen Privilegien aus ihrem *servitium* am Bischof, d.h. aus ihrer Nähe zur Herrschaft; dazu gehörte vor allem auch die Möglichkeit, Lehen zu nehmen. Das machte eben die Funktion der Ministerialen auch für edelfreie Angehörige des niederen Adels begehrenswert. Daß schließlich ein Ministerialenamt erblich wurde, ist als Wechselwirkung auf das Einrücken Edelfreier in die Ministerialität zurückzuführen. Damit unterlag auch das Dienstrecht der Feudalisierung. An den Höfen und in den kirchlichen Kollegien konnten sich so der ursprünglich unfreie und der edelfreie „Ministeriale" nebeneinander finden, so daß beide Gruppen vor allem durch das *connubium*, die Heirat über Standesgrenzen hinweg, miteinander verschmolzen. Vom ausgehenden 12. Jahrhundert an kann man sogar von *nobiles ministri* oder *honorabiles servientes* – vornehmen oder ehrenwerten Dienern lesen[85], eigentlich ein Widerspruch in sich selbst.

Diese Verschmelzung zeigt sich dadurch an, daß sich beide Gruppen nach ihren Sitzen zu nennen beginnen[86]. In Ladenburg ist diese Entwicklung in den Quellen greifbar, ja an einer Person nachvollziehbar. In der zweiten Hälfte des 12. Jahrhunderts – zwischen 1150 und 1184 – spielte ein *Regembodo, Reginbodo* oder *Reinbodo de Lobtenburg* eine große Rolle. Er wird unter den Zeugen einer Urkunde, in der der Bischof von Speyer, Günther von Henneberg (1146–1161), dem Kloster Schönau Güter in Neckarhausen überläßt[87], als *ministerialis* aufgeführt, und zwar noch nach der Liste der *liberi* – der Freien. 1152 und 1160 erscheint er als *laicus* und *ministerialis Wormaciensis* – nicht geistlicher Wormser Ministerialer, übrigens zusammen mit dem Edelfreien Konrad von Hohenhart[88].

Bei einer Lorscher Urkunde, ebenfalls von 1160, handelt es sich um das abschließende Urteil in einem Prozeß zwischen dem Wormser Bürger Werner und dem Kloster um einen Hof in Worms, das einschließlich des Bischofs Konrad und des Abtes Heinrich in Person von über 50 Beisitzern bezeugt worden ist. Unter der Gruppe *de ministerialibus Wormaciensibus* erscheint *Reginbodo de Lobedenburg*; auch hier ist die Einteilung der Gruppen interessant. Nach den beiden geistlichen Fürsten kommen die Pröpste der großen Wormser Kollegiatstifte, dann die Wormser Ministerialen, dann die Wormser Bürger und schließlich die Lorscher Ministerialen, unter denen übrigens die Brüderpaare Hartlieb und Hildebert von Weinheim sowie Rumhard und Ingram von Handschuhsheim die gleiche Entwicklung in der Lorscher Ministerialität in engster Nachbarschaft zu Ladenburg anzeigen[89]. 1184 schließlich wird er *miles* – Ritter genannt[90]. Gleichzeitig, nämlich 1150, lebt in Ladenburg das Ehepaar *Mathilde et Warmundus de Lobtenburch*[91]. Diese Wormser Ministerialen aus Ladenburg (und die schon genannten Lorscher aus Handschuhsheim) „sind die ersten Geschlechter dieses Standes, die sich in unserer Gegend nach Ortschaften nennen."[92] Ob der Ortsname nur die Herkunft anzeigt oder schon fester (niederadeliger) Namensbestandteil ist, mag hier noch offen bleiben. Die Tatsache indes, daß sich Reimbod am Ende seines Lebens „Ritter" nannte, spricht für das letztere.

Vom 13. bis zum 15. Jahrhundert tritt eine ganze Anzahl Personen – Ministerialen und/oder Ritter – auf, die sich „von Ladenburg" nennen und diese Bezeichnung offenkundig als Namen gebrauchen. Ob sie alle einem einzigen Geschlecht angehören, kann wegen der Quellenlage nicht mit letzter Gewißheit entschieden werden. Sicher ist es für die Bischöfe von Würzburg Otto I., 1207–1223, und seinen Neffen Hermann I. von *Lobdenburg*, 1225–1254[93]. Der „letzte" *ministerialis* ist *Gotefridus de Lobtenburc*, der für die Jahre 1206 und 1223 bezeugt ist[94]. 1228 gaben ein *Burcardus* und ein *Gernot de Laudenburg, canonicus de Neuhausen* – Kanoniker des Stiftes Neuhausen eine Bürgschaft[95]. 1284 ist der Gebrauch des Ortsnamens als Bestandteil eines Adelsnamens „von Ladenburg" offensichtlich. *Hartmannus miles dictus de Lautenberg*, – ein Ritter Hartmann, genannt von Ladenburg, und seine Hausfrau Felicia verkauften dem Kloster Schönau ihre Mühle in der Stadt Ladenburg[96]. Dieser Hartmann von Ladenburg siegelte als Zeuge am 21.10.1287 einen Vertrag zwischen Conrad von Stralenberg und dem Pfalzgrafen Ludwig[97]. 1291 trat er als Bürge auf für den Verkauf eines Hofes in Bergheim durch den Herrn von Stralenberg[98]. 1293 schenkte eine Nonne(?) *soror Reilindis de Lautenburg* ihren gesamten Besitz dem Kloster Schönau; ihr Neffe, der Kleriker Wolfram, soll, wenn er sie überlebt, als einmalige Abfindung für das entgangene Erbe sechs Pfund Heller erhalten[99]. 1290 und 1314 erscheint eine *domina Gysla relicta Berwelphi de Laudenburg* – die Herrin Gisela, Witwe des Berwelf von Ladenburg[100].

Im 14. Jahrhundert treten nacheinander drei Mitglieder eines Rittergeschlechtes der Gelfrid oder Gelfrat von Ladenburg auf: 1315 *Gelfridus armiger opidanus Laudenburgensis* – Der Ritter und Stadtbewohner Gelfrid von Ladenburg[101], 1347 wohl sein Sohn *Henricus Gelfrad ritter von Laudenburg* und seine Ehefrau *Hedel*[102] und 1405, 1406 und 1410 dessen Sohn *Hennelin Gelfrid von Laudenburg* edelknecht und seine Ehefrau Else[103]. Dieser Hennel Gelfrid von Laudenburg hatte bereits 1391 Lehensgüter in Weinheim an Dieter von Handschuhsheim verkauft[104]. 1486 werden noch seine ehemaligen Güter (96 M Äcker, 8 Mahd Wiesen in Heddesheimer, Ladenburger, Botzheimer und Zeilsheimer Gemarkung) nun als Seelgerät in Besitz des Deutschen Ordens erwähnt[105]. Das Geschlecht scheint jedoch schon ausgestorben zu sein.

Gleichzeitig lebte ein weiteres Rittergeschlecht in Ladenburg mit dem unterscheidenden Namen Streufe, oder Streif, nämlich 1315 *Conradus dictus Streufe miles, opidanus Laudinburgensis* – Konrad von Streufe, Ritter und Stadtbewohner von Ladenburg[106] und 1375 und 1398 *Henneln Streuffe edelknecht von Laudenburg*[107]. Dieser Hennel schloß 1391 mit dem Speyerer Bischof einen Vergleich[108] und ist bis 1404 bezeugt. Er scheint pfälzischer Lehensmann gewesen zu sein[109]. 1398 ist von seiner Tochter Else, die als Frau Dietzens von Wachenheim dessen Schloß als Witwensitz erhielt[110], die Rede und 1407 von seinem Sohn ohne Namensnennung[111] .

Schließlich gibt es noch Schönauer Urkunden aus den Jahren 1264 und 1266, in denen Heinrich von Wackerpfeil seine Güter und sein Haus in Ladenburg an das Kloster Schönau verkauft, die er – und das ist bemerkenswert – vom Wormser Bischof zu Lehen hatte. Der Tenor der Urkunden, dieselben, denen wir die erste Nennung von St. Sebastian verdanken, lautet: *Dominus Heinricus miles agnomine Wackerphil universa bona sua sita in Lautemburg et in terminis civitatis eiusdem, que ab Ecclesia Wormat(iensi) in foedo optinebat, per manum venerabilis Domini nostri E(berhardi)* [112] *Wormat(iensis) Episcopi capituli sui accedente consensu voluntario et expresso vendidit monasterio Schonaugiensi jure proprietatis perpetuo possidenda resignavitque bona predicta etc.* – Der Ritter und Herr Heinrich mit dem Beinamen Wackerpfeil verkaufte alle seine Güter, die in Ladenburg und auf der Gemarkung derselben Stadt gelegen sind und die er von der Wormser Kirche zu Lehen innehatte, durch die Hand unseres hochwürdigen Bischofs Eberhard von Worms und seines Kapitels unter ausdrücklicher und freiwilliger Zustimmung dem Kloster Schönau unter Besitzübereignung in ewigem Eigentum und er gab die genannten Güter völlig auf etc.[113] In seinem Haus und von einem Weinberg behielten er und seine Frau bis zu ihrem Lebensende den Nießbrauch gegen einen Zins[114] von zwei Malter Weizen von seiner Mühle im Wert von 13 Pfund Heller[115]. Wahrscheinlich war es derjenige Hof mit Weinberg, der schon einmal 1258 Gegenstand einer Verfügung gewesen war[116].

Bei diesen Liegenschaften handelt es sich offensichtlich um den späteren Mönchhof neben der St. Galluskirche, heute der Platz der evangelischen Kirche, mit seinem großen Grundbesitz von rund 330 Morgen.[117] Der mehrmals erwähnte Weinberg könnte im Flurnamen „Schmittswingert" weiterleben. Dieses Gewann schließt direkt an den Reihengräberfriedhof bei St. Martin an. Am Rand dieses Gewanns, also des alten Weinbergs, kamen auch die ältesten fränkischen Gräber aus der Mitte des 6. Jhs. zu Tage[118].

An den Familien von Ladenburg, Gelfrid und Streif, wahrscheinlich aus einem einzigen Wormser Ministerialengeschlecht erwachsen, läßt sich nicht nur der der Übergang vom Ministerialen zum niederen Adel nachvollziehen, sondern auch der Eintritt dieser Familien in den Dienst des Pfalzgrafen. Ebenso ist hier zu erkennen, wie Wormser Ministerialen durch den Bischof mit einem nicht geringen Lehensgut aus dem großen Besitz der Wormser Kirche in Ladenburg ausgestattet waren, das in diesem Fall mit Genehmigung des Bischofs und des Domkapitels in das Eigentum des Klosters Schönau überging, in den anderen Fällen in den Allodialbesitz späterer Adelsgeschlechter. Zusammenfassend kann man mit Meinrad Schaab sagen: „Besonders für Ladenburg ist die Bedeutung der Ministerialität auch für die Stadterweiterung und die ganze spätere Stadtentwicklung evident. Die Vergrößerung der Stadt um 1200 auf fast die vierfache Fläche umschließt etwa zur Hälfte die Areale der späteren Adelshöfe. Diese behielten für Ladenburg bis zum Ausgang des 18. Jahrhunderts große Bedeutung, zu ihnen gehörte ein wesentlicher Teil der fruchtbaren Gemarkungsfläche“[119].

### Die Stadtverfassung zwischen Bischof und Stadtfreiheit

Im 13. Jahrhundert war der Bischof unbestrittener Stadtherr. Auf ihn geht die Stadterweiterung, wenn man so will die „Neustadt“, ebenso zurück wie die Ansiedlung der Wormser Ministerialen in dieser neuen Stadt. Stadtgründung und Stadterweiterung haben in diesen Jahrzehnten für die Fürsten den Zweck, die Herrschaft zu intensivieren und militärisch zu sichern sowie durch Förderung von Gewerben und Märkten neue Steuerquellen zu erschließen. Diese zukunftsträchtige Politik kann sich auf Reichsebene wie bei der staufischen Städtepolitik, aber natürlich auch auf der territorialen Ebene entfalten. Im ersten Fall entsteht nach dem Untergang der Staufer eine große Zahl späterer Reichsstädte, im zweiten Fall die noch größere Zahl von Städten in den Territorien, die von ihren Fürsten abhängig bleiben. Was das bedeutet, zeigt ein Blick auf das gleichzeitig (1196/1225) gegründete Heidelberg,[120] das zum Herrschaftszentrum der jungen Pfalzgrafschaft werden sollte, oder das linksrheinische Pfälzer Pendant „Neu“stadt (ebenfalls um 1220). Allein die Wittelsbacher haben im 13. Jahrhundert in Bayern und der Pfalz über 25 Städte gegründet.

Ladenburg wurde für die Bischöfe aus zwei Gründen noch wichtiger als bisher, einmal weil sich nach der wohl erzwungenen Verlehnung Wimpfens an die Staufer im ganzen Hochstift rechtsrheinisch nur noch diese Stadt in ihrem ungeschmälerten Besitz befand, und dann, weil Heidelberg in unmittelbarer Nähe sehr bald zu einer mächtigen Konkurrenz aufstieg. Die Herrschaft des Bischofs über die Stadt zeigte sich nicht nur im überwiegenden Wormser Grundbesitz, aus dem u.a. die Lehensgüter für die Ministerialen stammten, sondern auch in seiner Zuständigkeit für die Verteidigung und die Verwaltung. Dazu kam für alle eindrücklich die Besteuerung, die an jedem innerstädtischen Anwesen hing. Schließlich gewann der Bischofshof Residenzcharakter, der in dem Maße wuchs, in dem der Bischof in seinem Dauerkonflikt mir der Stadt Worms seine dortige Residenz mied, vor allem nach 1295.

Wie die Schönauer Urkunden deutlich zeigen, sind Zinsen und jährliche Abgaben von innerstädtischen Anwesen häufig Gegenstand der Schenkungen, aber auch Ursache für Prozesse. In dem Urkundenbestand Wackerpfeil, aber auch in anderen Urkunden wird von jährlichen Zinszahlungen gesprochen, die dem Bischof von Anwesen in der Stadt, also Haus und Hof, zustehen: (1264) *eadem bona cum pensionibus et censibus* – Dieselben Güter mit Zahlungen und Zinsen oder *Intra muros Lautenburg solvuntur annuatim octo uncie Hallensium censuales* – Innerhalb der Stadtmauern von Ladenburg werden jährlich acht Unzen Heller als Zins fällig[121] oder (1253) *ipsam curiam, de qua unus denarius Wormatiensis ad censum redditur annuatim* – der Hof selbst (in Ladenburg), von dem ein Wormser Pfennig im Jahr als Zins gezahlt wird[122]. Dieser Zins bleibt in der Regel bestehen, auch wenn das Gut dem Kloster übereignet wird.

Natürlich entsprach dem die Stadtverfassung, wenn auch das gemeindebezogene, genossenschaftliche Element nie fehlte. Über dieses Spannungsverhältnis geben die Nachrichten über die Amtsträger in der Stadt Auskunft. 1225 wird von einem *Ludevvicus advocatus de Lautenburch* – dem Vogt Ludwig von Ladenburg gesprochen[123], der wohl bischöflicher Ministerialer und als solcher für die Wormser Eigenleute in der Stadt und ihrer Umgebung zuständig gewesen sein dürfte. Denn die in Schriesheim wohnenden Wormser Eigenleute *sollen doch ire recht suchen zu Laudemburg als sie billiche sollen* – wozu sie rechtlich verpflichtet sind[124]. 1233 hatte die Wormser Bürgerschaft nach einer mehrjährigen und mit Erbitterung geführten Auseinandersetzung mit dem Bischof eine Niederlage erlitten und mußte eine starke Einbuße ihrer Selbstverwal-

*Abb. 15: Reste der Stadtmauer um 1935 (Fotoarchiv historischer Bilder von Ladenburg).*

Abb. 16: Restaurierte Stadtmauer südlich der St. Sebastianskapelle um 1230 (Foto Heukemes 1981).

tung hinnehmen[125]. Das wirft auch ein Licht auf die Haltung des Bischofs gegenüber seinen Ladenburger Bürgern.

1234 erhielt der Wormser Bischof von König Heinrich VII. Freiheitsrechte für die Ladenburger Bürger[126]. Der berühmte damalige Rechtsgrundsatz, daß Stadtluft frei mache, kommt hier so zum Tragen, daß jeder anderswo Abhängige in Ladenburg *tamquam civis* – wie ein Bürger Wohnung nehmen dürfe und königlichen Schutz genieße; er müsse lediglich *episcopo servire et intendere* – dem Bischof dienen. Das Bürgerrecht in seiner Stadt: *civilitate, quam in civitate nostra Laudemburg vobis contulimus* – nach dem Bürgerrecht, das wir euch in unserer Stadt verliehen haben[127], gab dann der Bischof an die einzelnen weiter. Diese Urkunde Bischof Emichs (1294–1299) umschreibt auch die Rechte und Pflichten der Bürger: Was sie von ihrem Anwesen, Weinberg oder Mühle haben, nämlich Wein, Mehl und alle anderen Dinge, dürfen sie herführen und wegführen, kaufen und verkaufen; andererseits müssen sie Steuern, Zölle und Gebühren zahlen und die Nachtwache halten. Kein Ladenburger Bürger durfte in einer anderen Stadt Bürger werden mit Ausnahme der Ladenburger Ministerialen, die in Worms ebenfalls das Bürgerrecht erwerben konnten[128]. Umgekehrt konnten alle Wormser Ministerialen, wo immer sie lebten, Bürger von Ladenburg werden[129]. Ein besonderes Stadtrecht hat Ladenburg nicht ausgebildet. Es galt das allgemeine Landrecht des Hochstifts[130].

Bürgergleich waren auch die Ministerialen. So werden 1315 Angehörige der Ladenburger Rittergeschlechter Gelfrid und von Streufe *opidani Laudinburgenses* – Ladenburger Stadtbewohner, also nicht Bürger, genannt. Im Unterschied dazu sind aus der Mitte des 13. Jahrhunderts in den Schönauer Urkunden auch die Namen nichtritterlicher Einwohner und ihrer Frauen als *cives* – Bürger überliefert: 1253 *Wasmudus civis in Lautemburg et Werntrudis uxor* – der Bürger Wasmut in Ladenburg und seine Gattin Werntrud und *Hartlieb Rittersbein*[131] als Nachbar des Hofes von Wackerpfeil[132], 1254 *Isenbardus et Guta* – Eisenbart und Guta[133] und 1260 *Reinoldus civis Lautemburgensis et uxor eius Libia* – der Ladenburger Bürger Reinold und seine Gattin Libia[134]. Der Unterschied scheint ständischer Natur zu sein und in der Beziehung zum Stadtherrn zu liegen, aber nicht in der Rechtsstellung in der Stadt selbst. 1283 beschließen neun Räte der Stadt Worms, keinem Bischof zu huldigen, der nicht zugesteht, daß sie jeden Ministerialen in Ladenburg *tam cives quam milites de Lawtenburg vel de aliis suis mu(neribus?) recipere possumus in nostrum concivem* – sowohl Bürger wie Ritter oder (welche) von den anderen Amt(strägern?) in Ladenburg als unseren Mitbürger (in Worms) aufnehmen können; dabei berufen sie sich auf altes Recht und Herkommen[135]. Unterstrichen wird der enge personale Zusammenhang zwischen den führenden Wormser und Ladenburger Familien, ministerialischen und bürgerlichen, schon durch die hier und dort bezeugten Namen Ritterchen, Richer (Dives in Ladenburg) und Rufus. Noch 1475–1488 und 1504–1506 war ein *Riescher von Laudenburg* als Johanns V. Abt von Maulbronn[136]. Ritterchen z.B. war 1230 ein maßgebliches Mitglied des Wormser Rates der 40[137].

Bürger und die Ritter als *opidani* – Stadtbewohner haben dem Stadtherrn den gleichen Huldigungseid zu leisten: *„alle burgmanne, burger, amptlude, thorknechte, portener und wechter“*[138]. Dieser Eid lautet: *Der burger aide. Wölcher uffgenommen wurd von wegen beider unsern gnedigsten und gnedigen hern* (Dem Bischof und dem Pfalzgrafen) *zu einem burger, der soll dem schulthessen* (Schultheiß) *sein treu geben und ... und ein lieblichen aid* (persönlichen Eid) ... *schwern. Am ersten soll er geloben und schwern, beiden unsern gnedigen hern getreu, holdt und jederzeit gewertig* (treu, ergeben und immer dienstbereit) *zu sein* etc.[139] Bürgerpflichten sind im einzelnen folgende: die Gebote und Verbote der Landesherren und der städtischen Obrigkeit halten, Gotteslästerung unverzüglich anzeigen, ebenso Frevel und Gewalttaten, Feuerwehrdienste leisten, zum ungebotenen Ding und zu den Gemeindeversammlungen erscheinen, zu denen der Büttel einlud: *Wann der gepüttel heißt uff dem Kirchhoff still steen* – Jedesmal wenn der Büttel auffordert, sich auf dem Kirchhof aufzustellen[140]. Dies ist mindestens seit 1266 so, als sich die Bürger auf dem Kirchhof von St. Sebastian versammelten[141]. 1254 tagte die Gemeinde noch in St.Gallus[142]. Obwohl diese Eide erst im ausgehenden 15. Jahrhundert aufgezeichnet wurden, sind sie so schon fürs 13. anzunehmen, da die Schwureinung für den Stadtcharakter grundlegend war und jeder Neubürger durch seinen eigenen Eid vor der städtischen Obrigkeit dieser Einung beitreten mußte, um Bürger zu werden[143].

Geleistet wurde dieser Eid vor dem Schultheißen, den der Bischof als Stadtherr einsetzte und der in Ladenburg in der Regel aus der Reihe der Bürger genommen wurde. Auch dafür stammt das erste Zeugnis erst aus dem pfälzischen Obrigkeitsweistum von 1496: *beid ir gnoden* (Worms und Pfalz) *haben zu sezen und entsezen ein schultheißen*[144]. Der Schultheiß mußte vermögend sein; denn der Landes- und Stadtherr bezog von diesem Amt eine Abgabe. In Ladenburg waren das 1274 drei Pfund Heller vom Schultheißenamt und dem Marktzoll[145]. Der Schultheiß hatte neben sich 12 *scabini* – Geschworne oder Schöffen, die das Gericht, das altbekannte *„ungebotene Gedinge“* bildeten. Dies wurde deshalb auch das *„zwölfte Gericht“*[146] genannt. Die Zwölfzahl galt – wohl in Anlehnung an die zwölf Apostel – in den kurpfälzischen Gemeinden ab einer gewissen Größe überall und war so selbstverständlich, daß sie kaum noch betont werden mußte[147]. Wie wir oben gesehen haben war auch die „Gemeinde“ der Bürger als dritter Bestandteil der verfaßten Stadt bei allen Rechtsakten anwesend. Sie erschien unter *et aliis quam pluribus* – und andere mehr oder *aderant etiam* – anwesend waren auch ...[148].

Im 13. Jahrhundert können wir fünf Schultheißen namentlich fassen: 1253 *Herbord*[149], 1254 und 1257 *Konrad*[150], 1266 *Johannes*[151], 1268 *Werner*[152] und 1284 *Eberhard*[153]. Das Schöffengericht setzte sich aus ritterlichen und bürgerlichen Vertretern zusammen: 1253 waren es drei Ritter und 9 Bürger[154], 1269 je sechs: *Reimbodo in porta* – Reimbod am Tor, *Vlo pincerna* – Ulo Schenk, *Gotefridus Rufus* – Gottfried der Rote, *Vlricus de Peffilnkeim* – Ulrich von Pfiffligheim, *Iohannes Capellarius* – Johann Kapelle, *Albertus de Kirvvilre* – Albert von Kirrweiler *milites* – Ritter und *Wezelo, Wernlinus, Wernherus Wuste, Marculo, Godefridus de Walstat, Sigelo dictus Hapo scabini* – Wetzel, Wernlein, Werner Wüst, Markel, Gottfried Wallstadter, Sigi = Siegfried genannt Happe = Sichelmacher Schöffen[155]. Ein paarmal werden Schöffen mit ihrem Beruf bezeichnet: *Wasmudus pistor* – Wasmut der Bäcker[156], *Markward pellifex* – der Kürschner Marquard, *Hartliebus dives* – Hartlieb Reich mhd. Rîcher, vielleicht ein Kaufmann[157]. Zu erinnern ist auch daran, daß wir uns in der Zeit der Nachnamenbildung befinden, als Berufe neben Herkunft und Wohnplatz bekanntlich eine Nach-

*Abb. 17: Stadtsiegel (von oben nach unten): a) Älteste Fassung von 1313–1337 – stumpfe Türme, offenes Tor, doppelte Wormser Schlüssel (GLA 43/5677). b) Großes Siegel 1423–1657 – spitze Türme mit je zwei Fenstern, Tor mit Dach, Fallgitter, Wormser Schlüssel (GLA 43/3666). c) Kleines Siegel 1678–1748 wie oben (GLA 54/3709; vgl. auch Kunstdenkmäler, S. 149).*

namenquelle waren. Daß man diese Zeugenliste auch so lesen kann, zeigen die Beinamen der anderen, nämlich *Reimboto in porta* – Reimbot am Tor (ist ein Ritter), *Cunradus de Winheim* – Konrad von Weinheim als Schwiegersohn Wackerpfeils ein Weinheimer Ministerialer oder einfach Weinheimer(?), *Herbordus de Sickenheim* – Herbord Seckenheimer und *Godefridus de Walestat* – Gottfried Wallstadter.

Die rechtskräftig handelnde Gemeinde besteht aus Schultheiß, Schöffen und allen Bürgern und führt ein Siegel[158]. Dieses zeigt 1315–1337 ein doppeltürmiges Stadttor mit den gekreuzten Wormser Schlüsseln unter dem Tor und zwischen den flachgedeckten Türmen und der Umschrift: S(igillum) *bOVRIENSIVM* (sic: es fehlt das G) *IN LOPDENBVRG* – Siegel der Bürger in Ladenburg. Später (1423–1657) tragen Tor und Türme Zinnen und spitze gotische Dächer, die Türme haben Fenster und im Tor hängt ein Fallgitter. Die unteren Schlüssel fehlen, und die Umschrift lautet: S(igillum) *PARVVM OPPIDI LOBDENBVRG* – Kleines Siegel der Stadt Ladenburg. Dieses wurde nach 1657 leicht verändert und galt so bis 1831[159].

Das hier ausgebreitete reiche Ladenburger Material über die Rolle der Ministerialen in der Stadt läßt sich so zusammenfassen:

1. Die Stadterweiterung und Besiedlung der „Neu“stadt läßt Ministeriale als das entscheidende Element erscheinen, indem sie die Gelenkfunktion zwischen dem bischöflichen Stadtherrn und der überkommenen Bürgerschaft der „Alt“stadt ausfüllen.
2. Dem entspricht ihr Selbstbewußtsein, indem sie sich in der Regel „von Ladenburg“ nennen.
3. Ihr Zusammenwirken mit den Bürgern gewinnt geradezu konstitutiven Charakter für die in diesen Jahrzehnten kräftig wachsende Freiheit der Stadt.
4. Dabei geraten die Ministerialen durchaus in ein Spannungsverhältnis zu ihrem alten Herrn, dem Bischof. Die nachweisbar enge Verbindung zwischen den Wormser und den Ladenburger Geschlechtern, die bis hin zur Identität reichte, zeigt, daß die Stadtverfassung Ladenburgs und ihre Entwicklung im 13. Jh. den Wormser Verhältnissen sehr viel näher war, als bisher angenommen.

5. Sie ersetzen die noch von Fried nach dem alten stadtgeschichtlichen Muster vermißten Großkaufleute und ihre Gilden[160], auf deren „Schwureinung" nach lange herrschender Meinung[161] die bürgerliche Freiheit der mittelalterlichen Stadt zurückgeht.
6. Die gemeinsame Ansiedlung von Ministerialen gibt dem hochmittelalterlichen Ladenburg den Charakter einer Sammelburg; denn die Burgen waren der Ausdruck ministerialisch-ritterlichen Selbstbewußtseins.
7. Durch die archäologischen Funde vom mittelalterlichen Heidelberg läßt sich eine parallele Entwicklung in der Entstehung beider fürstlichen Residenzstädte erkennen. Hier wie dort gibt es Stadtburgen als Adelshöfe. Hier wie dort bildet der Zusammenschluß (acker)bürgerliche Bewohner einer älteren Siedlung (Burgweiler in Heidelberg und die sehr viel größere und ältere „Alt"-stadt Ladenburgs) mit ministerialischen Burgmannen den „Gründungsakt" der neuen Stadt, der durch die neue Ummauerung eindrücklich dargestellt wird[162].
8. Schließlich fällt daher zusätzlich Licht auf die (unten ausgeführte) überraschende Entdeckung der Mitgliedschaft Ladenburgs im Rheinischen Städtebund von 1254.

## Ladenburg im Rheinischen Städtebund

Ging man bisher davon aus, daß sich an dem stark herrschaftlichen Charakter der Ladenburger Stadtverfassung nichts geändert hat und Bürgerschaft und Bischof besser miteinander auskamen als in Worms, also die Bürger mit ihrer eingeschränkten, vom Bischof abgeleiteten Freiheit zufrieden waren, dann gestatten die hier ausgebreiteten zahlreichen Zeugnisse eine andere Interpretation. Darüber hinaus hat Johannes Fried die überraschende Entdeckung gemacht, daß Ladenburg Mitglied des Rheinischen Bundes gewesen ist, der stärksten reichsweiten Ausprägung städtischen Selbstbewußtseins in dieser frühen Zeit[163]. Dieser wurde im Februar 1254 zuerst von Worms und Mainz, Oppenheim und Bingen geschlossen und bereits am 13. Juli 1254 auf 10 Jahre festgeschrieben, um den Landfrieden Friedrichs II. zu wahren und ungerechte Zölle abzuwehren.

*Abb. 18: Älteste Abbildung der Ladenburger Stadtsiegel in Marquard* FREHER: *Origines palatinae (1599), S. 77.*

Nach dem Anschluß des westfälischen Bundes umfaßte er über 70 Städte zwischen Aachen und Lübeck im Norden und Zürich und Regensburg im Süden. Schon bald sahen sich Fürsten, um nicht als Friedensfeinde zu gelten, genötigt, der eigentlich städtischen Einung beizutreten. So finden wir die mächtigen rheinischen Erzbischöfe und den Pfalzgrafen sehr bald ebenfalls als Mitglieder, auch der Bischof von Worms war im Herbst 1254 hinzugekommen. Die Fürsten verpflichteten sich zur Aufhebung willkürlicher Zölle und erhielten dafür von den Städten den Verzicht auf das Pfahlbürgerrecht zugestanden. 1255 wurde der Bund auf dem Wormser Reichstag von König Wilhelm anerkannt und als Mittel einer Reichsreform ergriffen. Allerdings verlor der Bund bald darauf in den chaotischen Verhältnissen des Interregnums nach dem frühen Tod König Wilhelms rasch an Einfluß.

Daß man die Mitgliedschaft Ladenburgs bisher nie erkannt hatte, lag an einer Mißdeutung des Stadtnamens in der offiziellen Mitgliedsliste, der dort zwar *Lovtemburg* geschrieben war, aber schon von Böhmer 1836[164] als Lovt**ern**burg gelesen und als Lauterburg (im Elsaß) wiedergegeben wurde, obwohl die Aufzählung auf der Liste geographisch gegliedert ist und Ladenburg in einer Reihe mit Wimpfen, Heidelberg, *Loutemburg*, Oppenheim und Frankfurt steht und eben nicht unter den elsässischen Städten. Diese Lesung wurde danach beibehalten, weil man sich auf die Böhmersche Ausgabe verließ. Diesen Irrtum stellte Fried richtig. Welche Folgerungen kann man für die Ladenburger Geschichte daraus ziehen? Sicher kann man Ladenburg als Stadt eine größere Bedeutung zumessen, als das bisher geschehen ist, und so hätte die gleichzeitige Stadterweiterung auch ein ganz anderes Gewicht. Es dürfte damals weder Wimpfen noch Heidelberg noch Oppenheim nachgestanden haben, Städten, für die in dieser Umbruchzeit die Zukunft noch durchaus offen war. Auch treten gerade um die Mitte des Jahrhunderts die Elemente städtischer Verfassung wie Schultheiß, Gericht und Gemeindeversammlung rechtsetzend selbständig auf, unbeschadet dessen, daß der Schultheiß vom Stadtherrn eingesetzt ist. Mit anderen Worten: Die Mitgliedschaft Ladenburgs im Rheinischen Bund zeigt zusätzlich an, daß Ladenburg als wachsende Stadt auch nach außen an Statur gewinnt und im Kreis der bedeutendsten deutschen Städte auftreten kann.

### Ein labiles Gleichgewicht zwischen Stadtherrn und Stadt

Andererseits herrschte im Hochstift Worms seit der Doppelwahl von 1247 ein Schisma zwischen zwei rivalisierenden Bischöfen, Richard von Daun und Raugraf Eberhard, was Ladenburg nun für seinen Stadtherrn in eine Schlüsselstellung rückte; 1253 rächte sich Bischof Richard von Daun von Ladenburg aus an den Wormser Bürgern, die ihn im Stich gelassen hatten. 1258–61 nutzte Bischof Eberhard, erst Gegenbischof, dann Nachfolger von Richard, in einem langen Krieg mit dem Pfalzgrafen Ladenburg als militärische Basis. In diesem Krieg besetzte der Pfalzgraf eine Reihe wormsischer Ortschaften, während es 1259 Eberhard gelang, das pfälzische Neustadt einzunehmen. Nach einem längeren Waffenstillstand, in dem beide Fürsten einander hochgerüstet in Heidelberg und Ladenburg gegenüber lagen, nahm Pfalzgraf Ludwig erneut die Feindseligkeiten auf und sperrte bei Bacharach den Rhein für die Weintransporte der Wormser Bürger, *die diesmal ihrem Bischof beistunden*[165]. Da kam es im Herbst 1261 zu Verhandlungen, die am 18. November 1261 mit einem Vertrag endeten. Dieser wurde am Rheinufer gegenüber von Worms geschlossen und dort, in Stein gehauen, aufgestellt. Er regelte nochmals die Lehensnahme des Pfalzgrafen für Heidelberg, Neckarau und die Grafschaft am Stalbühl vom Bischof von Worms und die Rückgabe von Neustadt an den Pfalzgrafen gegen die Zahlung von 500 Kölner Mark Silber an den Bischof[166].

Da nun der Bischof von Worms und der Pfalzgraf zugleich mit ihren Städten Ladenburg und Heidelberg dem Rheinischen Bund angehörten, ist hier der Bund offensichtlich in seinem eigentlichen Zweck, den Landfrieden zu erhalten, gescheitert. Daneben aber mußten die Fürsten verhüten, daß „ihre" Städte denselben Weg in die Stadtfreiheit gingen, zumal der Wormser Bischof in Worms selbst ein abschreckendes Beispiel dafür hatte: sie gingen in den Bund und sprengten ihn dadurch von innen auf. Die Frage nach dem inneren Verhältnis der Territorialstädte zu ihren Landesherren, nämlich wie es den großen rheinischen Bischofs- und Königsstädten gelingen konnte, in die Reichsunmittelbarkeit zu kommen, wenn Stadt und Stadtherr Mitglieder des Bundes waren, erledigte sich durch den raschen Zerfall des Rheinischen Bundes. Dialektisch bedeutete aber auch diese Unentbehrlichkeit der Stadt Ladenburg für den Bischof eine Vermehrung ihres Gewichts innerhalb des Hochstifts, indem sie – übrigens parallel zu Heidelberg – Residenzcharakter gewann. Sie ist eindeutig das Ergebnis dieser dramatischen Situation um die Jahrhundertmitte, daß der Bischof von der zweiten Hälfte des 13. Jahrhunderts an häufig in Ladenburg residierte. Diese gewachsene Bedeutung beider Haupt- und Residenzstädte für ihre Landesherren wird 1291 im Frieden zwischen Bischof Simon (1283–1291) und Pfalzgraf Ludwig geradezu festgeschrieben, wenn es im gegenseitigen Beistandsversprechen in gleichlautenden Passagen heißt: *cum omni potentia nostra et specialiter cum opido nostro Laudinburg* bzw. *Heidelberg* – Mit all unserer Macht und besonders zusammen mit unserer Stadt Ladenburg bzw. Heidelberg[167].

## Die Pfalzgrafschaft bei Rhein

Der *comes palatii* oder seit Ludwig dem Frommen *comes palatinus* – der „Pfalzgraf", und zwar Pfalz hier noch im Sinne des königlichen Palastes, hatte im Merowingerreich seit dem 6. Jahrhundert eine wichtige Funktion am Königshof[168]. Er war Beisitzer im Hofgericht, dessen Aufgabe es war, den Prozeßverlauf, bei dem der König den Vorsitz hatte, zu protokollieren oder die Vergabe von Privilegien in die Form einer Urkunde zu fassen. Darüber hinaus war der Pfalzgraf Vorsteher der königlichen Pfalzen. Bald vertrat der Pfalzgraf den König, der immer weniger selbst einen Prozeß führte, als Richter. So war der Pfalzgraf zu einem der höchsten Würdenträger am fränkischen Hof aufgestiegen und erreichte als *vir illuster* Fürstenrang. Mit der Teilung des Karolingerreiches im 9. Jahrhundert wurden für die Teilreiche jeweils eigene Pfalzgrafen ausgewiesen. Kaiser Otto der Große knüpfte 100 Jahre später für das (Ostfränkische) Deutsche Reich an diese Tradition an, als er für die Herzogtümer Lothringen, Sachsen, Schwaben, Bayern und Kärnten Pfalzgrafen einsetzte. Auch ihre Aufgabe war zuerst die Rechtspflege in Vertretung des Königs in den Sonderrechtsgebieten der einzelnen Herzogtümer. Auch die Verwaltung des Königsgutes in den einzelnen Herzogtümern oblag ihnen. Obwohl sie damit als königliche Amtsträger ein Gegengewicht im Sinne der Zentralgewalt gegen die partikularen Interessen der mächtigen Stammesherzöge bilden sollten, unterlag auch die Pfalzgrafenwürde vom 10. Jahrhundert an der Erblichkeit und die Pfalzgrafschaften der Territorialisierung.

Nach wie vor war das alte ostfränkische Gebiet des Deutschen Reiches für dessen politische Struktur konstitutiv: Der König mußte auf fränkischem Boden gewählt und gekrönt werden – in Frankfurt und Aachen mit seiner Karlstradition. Das fränkische Gebiet umfaßte nicht nur Rhein- und Ost(Main)franken, sondern vor allem in Lothringen das alte Austrasien. Die Herzogswürde in Rhein- und Ostfranken war bereits von Otto dem Großen wegen der Königsnähe dieser Gebiete 939 aufgehoben worden. 953 belehnte Otto I. seinen Bruder Brun, seit 953 Erzbischof von Köln, mit der lothringischen Herzogswürde. Dieser setzte 959 einen Stellvertreter in „Ober"-lothringen, dem heutigen Lothringen einschließlich des Moseltales, ein, wodurch die Teilung des großen Herzogtums eingeleitet wurde. Im zentralen Bereich Lothringens schufen nun die mächtigen Erzbischöfe von Köln und Trier die Grundlage ihrer Territorialgewalt, so daß sich hier das Herzogtum in den niederländischen Teil Lothringens, Brabant, und die „niedere Mark" Hennegau zurückzog. Nur der lothringische Pfalzgraf, der sein Machtzentrum im Reichsgut um die Königspfalz Aachen hatte, blieb als bedeutendster weltlicher Fürst in diesem Bereich zurück. Damit war aber auch der Keim gelegt für die andauernde Auseinandersetzung der lothringischen Pfalzgrafen mit den Erzbischöfen von Köln; denn beide Territorialgewalten entwickelten sich gleichzeitig und in Konkurrenz auf Kosten des Reiches. In dieser Zeit ist auch in dem Geschlecht der Ezzonen eine erste Familie greifbar, in der sich Amt und Territorialbesitz zur Pfalzgrafschaft erblich verbanden. Begünstigt wurde diese Entwicklung durch die enge Verbindung dieser Familie zum ottonischen (und später dem salischen) Kaiserhaus, die sie in die erste Reihe der Reichsfürsten erhob. Gleichzeitig begann die Ausdehnung der Pfalzgrafschaft nach Süden in den Moselraum.

Die Ezzonen starben 1085 im Mannesstamm aus; die Witwe von Pfalzgraf Hermann II. heiratete Heinrich von Laach, der daraufhin mit der Pfalzgrafschaft belehnt wurde. Dessen Hausbesitz lag im Mayengau, wodurch das Schwergewicht der Pfalzgrafschaft an den Mittelrhein rückte. Er gründete als Hauskloster Maria Laach und nannte sich auch als erster lothringischer Pfalzgraf „bei Rhein". Sein Adoptivsohn Siegfried von Ballenstedt beerbte Heinrich von Laach und war auch Obervogt über das Erzbistum Trier, wodurch eine erfolgreiche Erwerbspolitik im Moselraum möglich wurde. 1113 empörte er sich gegen Kaiser Heinrich V., wurde geächtet und verlor die

*Rechte Seite Abb. 19: Die Kurpfalz 1792 (aus H. Probst: Die Pfalz als historischer Begriff, 1984, S. 42/43).*

*Legende:*

*Das kurpfälzische Territorium einschließlich Kondominate*

*Vor 1792 verlorenes ehemals kurpfälzisches Gebiet*

*Vor 1792 verlorener kurpfälzischer Teilbesitz (Kondominate)*

■ *Die pfälzischen Hauptstädte*

● *Sitz eines pfälzischen Oberamtes*

○ *Sitz oder zeitweiliger Sitz eines pfälzischen Amtes oder Unteramtes*

Pfalzgrafschaft an Gottfried von Calw. Als 1125 Lothar von Supplinburg deutscher König wurde, bekam der Sohn des geächteten Siegfried, Graf Wilhelm von Weimar, die Pfalzgrafschaft zurück. Aber auch dieser geriet in den Konflikt mit den geistlichen Fürsten und verlor Maria Laach an Köln. 1143 wurde Hermann III. von Stahleck „Pfalzgraf bei Rhein". Auch dieser hatte als Vogt von Trier ständig Streit mit dem Trierer Erzbischof und nun auch mit dem von Mainz. 1155 entschied Kaiser Friedrich Barbarossa diesen Streit zugunsten der rheinischen Erzbischöfe. 1156 verlieh er die rheinische Pfalzgrafschaft seinem Halbbruder Konrad von Staufen, der zur Pfalzgrafschaft den umfangreichen salisch-staufischen Besitz zwischen dem Elsaß und Mainz mit dem Zentrum in Alzey erhielt. Auch der rechtsrheinische Besitz der Salier fiel an ihn. Von seinem Vorgänger Hermann III. erbte er Bacharach und Stahleck. So wurde durch diesen Staufer die Rheinische Pfalzgrafschaft endgültig an den nördlichen Oberrhein gebracht und begann, sich aus dem Mosel- und Mittelrheingebiet bis auf geringe Reste (Bacharach, Kaub, Stahleck) zurückzuziehen.

Der Pfalzgraf bei Rhein Konrad von Staufen wurde über seine Frau, Irmgard von Henneberg, Vogt der Reichsabtei Lorsch, womit die Pfalzgrafen allerdings in einen schweren Konflikt mit dem Mainzer Erzbischof geraten sollten, die im beginnenden 13. Jahrhundert die direkte Übernahme von Lorsch anstrebten und diese 1237 auch erreichten. Von seiner Mutter, Agnes von Saarbrücken, erbte er die Wormser Hochstiftsvogtei. Diese verschiedenen Rechtstitel bildeten die Grundlage eines rheinpfälzischen Territoriums, dessen frühe Mittelpunkte in Bacharach und Alzey lagen, die von Konrad um Heidelberg und Neustadt vermehrt wurden. Heidelberg, das zum ersten Mal 1196 urkundlich erwähnt wurde, wurde von ihm ganz im Rahmen der staufischen Städtepolitik als Residenzstadt auf wormsischem Boden um 1170 gegründet. Die junge Residenz der Pfalzgrafen lag als planmäßige Gründung unmittelbar östlich eines älteren Wormser Burgweilers, der schon über eine Pfarrkirche, St. Peter, verfügte. Heidelberg sollte bis zum Ende der Kurpfalz vom Wormser Bischof zu Lehen gehen. 1183 wurde Konrad Vogt im Wormsgau und gewann entscheidenden Einfluß auf das Zisterzienserkloster Schönau. Er bestimmte dieses zu seinem Hauskloster und zu seiner Grablege.

Da Konrads Sohn vor dem Vater starb, wurde über seine Tochter Agnes 1195 sein Schwiegersohn, Heinrich der Ältere, Pfalzgraf. Dieser war trotz seiner welfischen Herkunft ein Gefolgsmann der Staufer und entschied mit seiner Stimme 1196 die Königswahl Friedrichs II. Nach dem Tode Kaiser Heinrichs VI. 1197 unterstützte er jedoch bis 1204 seinen Bruder, den Gegenkönig Otto IV., ging dann aber zum Sohn Barbarossas, König Philipp von Schwaben, über, um nach dessen Ermordung 1208 wieder auf Seiten seines Bruders, Kaiser Ottos IV., zu treten. Als Gegner des nun erwachsenen Königs Friedrichs II. verzichtete er 1212 zugunsten seines Sohnes Heinrichs des Jüngeren, der ein treuer Anhänger Friedrichs II. wurde, auf die Pfalzgrafschaft. Nach dessen frühem Tod 1214 gab König Friedrich II. die Pfalzgrafschaft ohne Rücksicht auf den noch lebenden Heinrich den Älteren an den Bayernherzog Ludwig von Wittelsbach, dessen Sohn Otto als Gemahl der Tochter Heinrichs des Älteren, Agnes, Schwager des letzten welfischen Pfalzgrafen war. So gelangte in diesem Jahr die Pfalzgrafschaft, nachdem sie sich erst zwei Menschenalter zuvor an den Oberrhein etabliert hatte, über die Welfen an das bayerische Herzogshaus der Wittelsbacher, die bis ins 19. Jahrhundert Pfalzgrafen bei Rhein bleiben sollten.

Im 12. Jahrhundert befanden sich die deutschen Fürstentümer auf dem Weg zur Territorialisierung: Aus dem Personenverbandsstaat, der durch die Lehnsbande zwischen dem Lehnsherrn und dem Lehnsmann als Empfänger eines Lehens gebildet wurde, entstand ein Territorium. Die Fürsten schufen sich durch Erwerb von Hoheitsrechten über Ortschaften und Gemarkungen ein Staatsgebiet. Dabei hatten die geistlichen Fürsten einen Vorsprung, weil ihre Territorien nicht durch Erbteilungen bedroht waren. Nachteilig für sie war die Beeinträchtigung ihrer Herrschaft durch die Schirmvogtei. Diese wurde jedoch von den Hochstiften, zuerst von den rheinischen Erz-

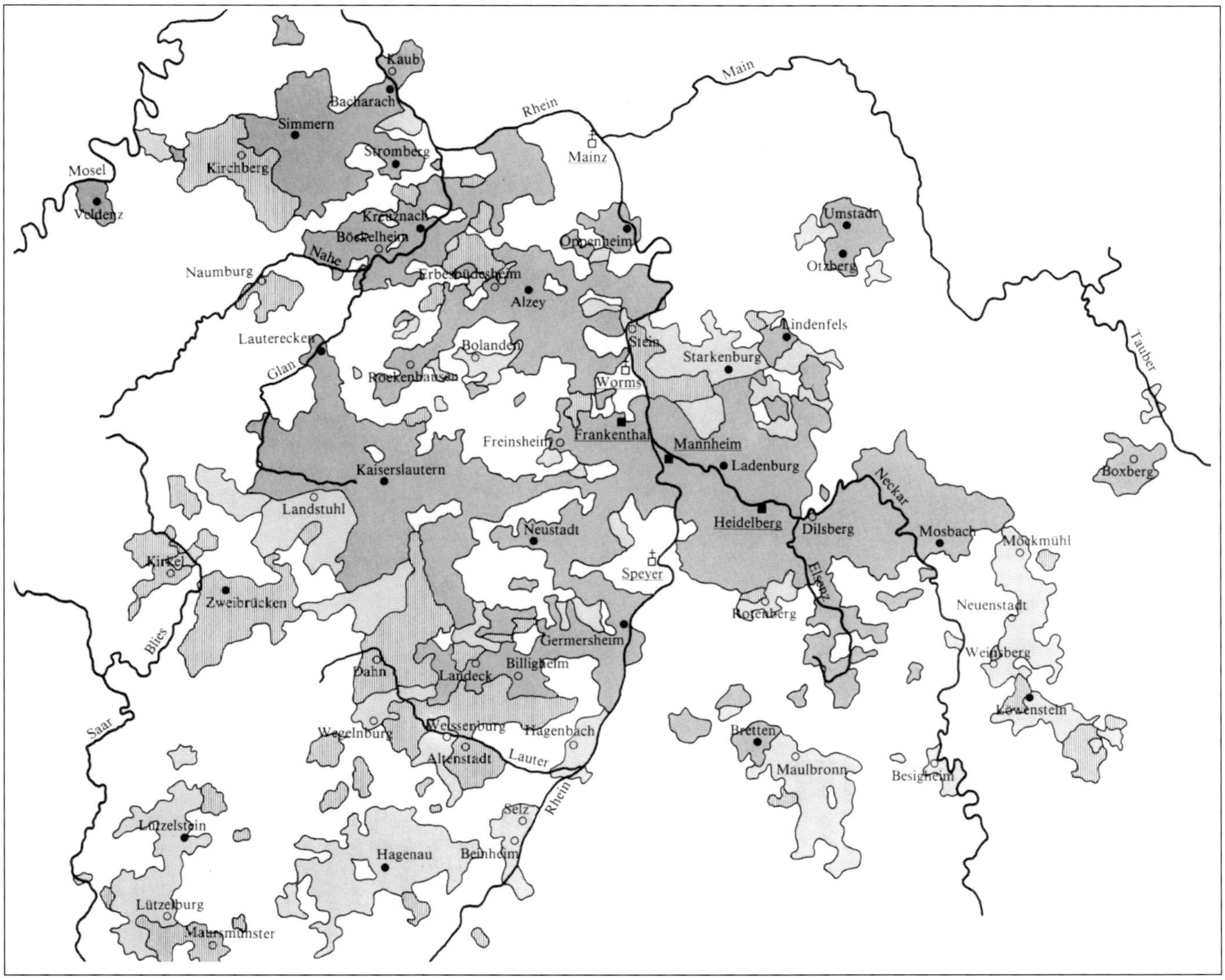


bistümern, zu Beginn des 13. Jahrhunderts abgeworfen. Auch für die Bischöfe von Worms spielte die Vogtei nach 1200 keine Rolle mehr.

Die Territorien der weltlichen Fürsten waren an das Schicksal einer Dynastie gebunden, wobei die Zufälle von Geburt und Tod sowie die Ansprüche von zu versorgenden Familienmitgliedern den Prozeß der Territorialbildung häufig und nachhaltig stören konnten. Andererseits ermöglichten Heirat und Verschwägerung Gewinne. Dafür ist gerade der dramatische Übergang der Pfalzgrafschaft von Konrad von Staufen an die Wittelsbacher, die seit 1180 Herzöge von Bayern waren, zwischen 1195 und 1214 ein lehrreiches Beispiel. Zu gravierenden Verlusten an der imponierenden Machtfülle, die Konrad vereinigt hatte, führte hier die Verknüpfung der Pfalzgrafschaft mit dem staufisch-welfischen Thronstreit. Als 1196 in Worms der tüchtige Bischof Lupold, ein Anhänger der Staufer, den Bischofsstuhl bestieg, der darüber hinaus noch 1204 von König Philipp die Abtei Lorsch erhielt, drohte der jungen Pfalz in der Hand der Welfen sogar das Aus. Nur der rechtzeitige Parteiwechsel Heinrichs des Älteren rettete die Pfalzgrafschaft in ihren wesentlichen Teilen. So war der Komplex noch groß genug, der 1214 an die Wittelsbacher fiel. Er bestand aus älteren pfalzgräflichen Rechten und ererbtem Allodialbesitz, aus alten Grafschaften, aus Kirchenlehen und Vogteirechten und aus dem salisch-staufischen Erbe, das zweimal als *Kunkel-* oder *Weiberlehen* erst (1195) von der staufischen Agnes an die Welfen und dann von der welfischen Pfalzgräfin Agnes spätestens bei der Hochzeit 1225 an Otto von Wittelsbach überging. Mit Kunkel- oder Weiberlehen wurde die Erbfolge über Töchter oder Ehefrauen bezeichnet. 1228 übergab Ludwig endgültig seinem Sohn Otto (1228–1253) die Pfalzgrafschaft.

Nach der Ermordung Ludwigs 1231 in Kelheim wurde Otto auch Herzog von Bayern. Bis zum Teilungsvertrag von Pavia 1329 waren die Geschicke der Rheinischen Pfalzgrafschaft und des Herzogtums Bayern durch Personalunion engstens verknüpft: denn die Pfalzgrafen waren zugleich Herzöge von Bayern. Diese Zeit sah einen ständigen Territorialzuwachs der Rheinischen Pfalz, die in der Nachfolge Konrads von Staufen rücksichtslos daranging, das Hochstift Worms und die Abtei Lorsch auszuplündern. Das gelang ihr mit Worms weitgehend. Dagegen mißlang es Otto trotz eines langen Krieges mit dem Erzbischof von Mainz, die Vogtei über das Kloster Lorsch zum Erwerb des ganzen Lorscher Amtes Starkenburg zu nutzen. In einem Vergleichsfrieden, der Binger Rachtung von 1247, konnte die Pfalz nur das Amt Lindenfels und den Lorscher Besitz südlich des Neckars gewinnen[169]. Die mittlere Bergstraße um Heppenheim, das Weschnitztal und die Lorscher Waldmark bis in den hinteren Odenwald blieben bis ins 15. Jahrhundert im Besitz von Mainz. Doch trat mit der Pfalz diejenige Territorialmacht im unteren Neckarland auf, die das Schicksal Ladenburgs für die folgenden Jahrhunderte maßgeblich bestimmen sollte.

## Thronstreit und Bürgerkrieg, Fehden und „Raubrittertum" – Ladenburg im 13. und 14. Jahrhundert

In den letzten Regierungsjahren Kaiser Friedrichs II. (†1250) und seines Sohnes König Konrad IV. (†1254) herrschten schlimme Zustände im Reich, die sich im darauffolgenden „Interregnum" (1254/56–1273) noch ins Chaotische steigerten:

– Der Kampf zwischen dem Papsttum und dem staufischen Geschlecht hatte einen weiteren Höhepunkt erreicht. Wie in Italien zwischen den Guelfen und den Ghibellinen herrschte auch in Deutschland zwischen den Stauferfeinden und Stauferanhängern offener Bürgerkrieg. Der Kaiser und sein Sohn waren im Kirchenbann. Papst Innozenz IV. (1243–1254) betrieb die Wahl von Gegenkönigen, erst mit dem Landgrafen von Thüringen, Heinrich Raspe (1246–1247), dann mit dem Grafen Wilhelm von Holland (1247–1256), den „Pfaffenkönigen". Die Fürsten ließen sich ihre Parteinahme mit Rechten und Lehen bezahlen und nutzten die Anarchie, um ihre eigene Macht zu stärken.
– Die Doppelwahlen von 1198, 1257, 1292/98 und 1314 hatten schwere kriegerische Auseinandersetzungen zur Folge, führten aber letztlich auch zur Ausbildung des Kurfürstenkollegs und seines alleinigen Königswahlrechts, wie es in der Goldenen Bulle von 1356 endgültig festgeschrieben wurde[170].
– Aus den beschäftigungslos gewordenen Reichsministerialen wurden „Raubritter"[171], die ihr eifersüchtig gehütetes Fehderecht rücksichtslos benutzten, um sich nach dem Muster der Großen ebenfalls eine Herrschaft zu errichten oder um sich schlicht zu bereichern. Entgegen der heutigen, im Absolutismus durchgesetzten Auffassung vom Gewaltmonopol des Staates, galt im Mittelalter die „rechte" Fehde als ein „Rechtsmittel, das gleichberechtigt neben die Rechtsverfolgung vor Gericht treten konnte" und somit eine „legitime Institution adliger Rechtsdurchsetzung" war[172], auch wenn die Könige immer wieder versuchten, dagegen den „Landfrieden" durchzusetzen. Parallel dazu war das mehr oder weniger große militärische Potential der Ritter für die Fürsten brauchbar und konnte jederzeit benutzt werden. So konnte sich manch ein politisches Talent unter den Rit-

tern bei günstiger Gelegenheit eine Nische schaffen.

- Die Städte und ihre Bürger, in der Regel staufisch gesonnen, warteten vergeblich darauf, daß die schwachen, im Reich kaum anwesenden Könige Richard von Cornwall (1257–1272) und Alfons von Kastilien (1257–1275) das berühmte Reichslandfriedensgesetz Friedrichs II. von 1235 durchsetzten: So war *ohnsägliche krieg, noth, brand, jammer und allerlei unglück gar nahe* (beinahe) *in allen städten Deutschlands entstanden, darzu bann und interdict in vilen städten, so von kaiser Friedrichs geblüt nit abstehen wollten, ...*[173]. Die Städte nahmen ihr Schicksal in die eigene Hand und gründeten den rheinischen Städtebund (vgl. S. 319ff.). Solche regionalen „Einungen" waren Absprachen, sich für ein bestimmtes Gebiet z.B. *die lande am rhin* – „friedlichschiedlich" zu einigen.
- Im Einzelfall der lokalen Besonderheiten bestanden zwischen Städten und Rittern viele Reibungspunkte – „Raubritter gegen Pfeffersäcke" –, da die Ritter auf ihren Burgen sehr wohl sahen, welche wirtschaftlichen Möglichkeiten, von denen sie ausgeschlossen waren, die wachsenden Städte boten. Aber auch die Bürger und städtischen Ministerialen liebten das ritterliche Wesen und griffen, wenn es nötig schien, selbst zum Recht der Fehde, indem sie Ritter in Dienst nahmen.

Im Rahmen unseres Themas finden sich Beispiele für alle oben genannten Entwicklungslinien.

### Ritterliches Fehdewesen als „Raubrittertum"

So machten Jakob vom Stein, Ritter und Mitglied des Wormser Rates, und sein Bruder Albert, genannt Rape vom Stein, dem Bischof viel zu schaffen. Den Beinamen hatten sie, weil sie als bischöfliche Ministerialen ursprünglich Kommandanten der Burg Stein am Rhein waren. 1245 hatte Bischof Landolf von Hoheneck Jakob wegen Betrugs abgesetzt, was dieser, in seiner Ehre gekränkt, als Anlaß zur Fehde nahm. Die Brüder überrumpelten Stein und setzten es teilweise in Brand. Dann zog *R*(ape) *miles dictus de lapide* – der Ritter Rape genannt vom Stein vor Ladenburg, *nos et nostros cives de Lobdenburch equis pluribus quam 40 de loco pascuarum abstractis sub noctis conticinio spoliare praesumpsit, in quo ... facto dampna ... sint gravia* – raubte den Bischof und die Ladenburger Bürger aus, nachdem er im Schutze der Nacht 40 Pferde von der Weide weggeführt hatte. Dabei entstanden schwere Schäden. Im Jahr darauf rächten die Brüder des Bischofs, Simon und Heinrich von Hoheneck, *vestra omnia gravamina vobis ab illo praedone ... illata* – alle euere Schäden, die euch (dem Bischof) von jenem Raubritter zugefügt worden sind, indem sie Höfe und Güter der Stein verbrannten. Dem Feind auf diese Weise Schaden zuzufügen war üblich und eine beliebte Taktik. Auf beiden Seiten waren rund 100 Reisige beteiligt, 60 davon kamen ums Leben. Übrigens hatten die Stein auch enge Verbindungen zum Domkapitel[174]. Wenn man sich gerächt hatte, schloß man umständlich Frieden mit ausführlichen Urfehdebriefen, an denen die ganze jeweilige Anhängerschaft beteiligt war. Mit der Urfehde, also der feierlichen Beendigung des Fehdezustandes, war die ritterliche Ehre beider Seiten wiederhergestellt.

Solche lokalen Fehden konnten sich jederzeit mit dem schwelenden Bürgerkrieg und dem Thronstreit verbinden. So im Sommer 1250, als sich Konrad IV. und sein Gegenkönig Wilhelm von Holland bei Oppenheim gegenüberlagen. Bei Wilhelm waren die rheinischen Bischöfe mit ihren Truppen, bei Konrad standen 2000 Mann und 100 Bogenschützen der Stadt Worms. Die Truppen Konrads verwüsteten Dörfer der Bolanden, der Raugrafen und der Falkenstein, was fast ein Jahr so ging und die Landbevölkerung furchtbar in Mitleidenschaft zog[175]. Auch in Worms gab es seit 1247 zwei Bischöfe: Den Grafen Richard von Daun und den Raugrafen Eberhard ..., *welche als sie fast 6 jahr um das bisthum gezanket, haben doch die burger derselben* (Stadt Worms) *keinen in die stadt wöllen laßen, darum daß sie das lehen nit von kaiser Friederichen oder seinem sohn Conrado empfangen wollten, und ist derowegen alsbald interdict in allen kirchen zu Worms gehalten worden*[176]. Bis 1254 hatte Bischof Eberhard mit Hilfe der Leininger das gesamte Hochstift besetzt, darunter auch Ladenburg, während sich Bischof Richard nur noch auf die Domimmunität in Worms stützen konnte. Dadurch geriet er allmählich in große Not; denn die Bürger gaben ihm nichts. Am 3. Februar 1254 entwich er heimlich mit Hilfe seiner Freunde aus der Stadt, verbrannte den Vorhof der Burg Stein, besetzte Ladenburg und zog von hier aus nach Wimpfen, um die herrenlos gewordene Stauferstadt wiederzugewinnen, was aber nur für das Peters-Stift im Tal auf Dauer gelang[177].

### Ritterlicher Aufstieg in der Nachbarschaft

In unmittelbarer Nähe von Ladenburg, nämlich in Schriesheim, vollzog sich der kometenhafte Aufstieg eines Rittersgeschlechts und sein letztliches Scheitern an mächtigeren Mitspielern, dem Erzbischof von Mainz und dem Pfalzgrafen, innerhalb von fünf Generationen zwischen 1220 und 1347. Das edelfreie Geschlecht der *Stralenberg*, des jüngeren Zweiges der *Hirz/schberg*, tritt 1174 mit Heinrich I. von Stralenberg zum ersten Mal in Erscheinung[178]. Dessen Enkel Conrad I. (1220–1240)[179] ist der Erbauer und Namengeber der Stra(h)lenburg. „Am Anfang der Burggeschichte steht ein klarer Rechtsbruch."[180] Denn Schriesheim, gemeint ist hier das Dorf, das sich nördlich am Kand/zelbach entlangzog, gehörte der Fürstabtei Ellwangen[181], deren Vogt Conrad I. von Stralenberg war. Er begann um 1235 in mißbräuchlicher Ausnutzung seines Vogteirechts auf dem Grund und Boden der Abtei Ellwangen ohne Einwilligung des Abtes mit dem Bau der Strahlenburg, um seiner Familie einen standesgemäßen Sitz zu geben: Die Burg hat hier gegen die sonstige Regel vom Rittergeschlecht den Namen und nicht umgekehrt! Conrad als Anhänger Friedrichs II. konnte erst einmal seine Position behaupten, indem er sich dem Kaiser für einen Italienzug zur Verfügung stellte. Nach Beendigung dieses Zuges 1237 trat die Acht, die der Abt gegen ihn angestrengt hatte, wieder in Kraft und Conrad drohte alles zu verlieren. In dieser Zwangslage gab Conrad seine Unabhängigkeit und die Strahlenburg als Allod hin und nahm sie gegen zusätzliche Zahlungen an den Abt in seinem Teil Schriesheims zu Lehen wieder an. So konnte er die Burg fertigbauen.

Sein Ehrgeiz ging aber weiter; er gründete nach 1240 ein zweites Schriesheim als Stadt, und zwar zu Füßen der Burg zwischen dem Stralenberger und dem Ellwanger Hof, links und rechts der Heidelberger Straße, vom Dorf durch *die Bach* getrennt südlich der *Gäulsbrücke*. Wie weit sein Ehrgeiz ging, zeigt ein

*Abb.20: Schriesheimer Fußweg mit Kandelbach, im Hintergrund Ölberg mit Strahlenburg (Foto Kurt Heck um 1935. Die Unschärfe der historischen Fotos von K. Heck ist Absicht. Sie beruht auf der damals beliebten Weichzeichnung. Fotoarchiv historischer Bilder von Ladenburg).*

Blick in die Nachbarschaft: In Heidelberg hatte der Pfalzgraf Burg und Stadt zusammen gegründet. In Weinheim und in Wiesloch gab es gleichzeitige Parallelen, und in Ladenburg setzte der Bischof mit seiner Stadterweiterung Maßstäbe. Gewiß war Schriesheim mit rund 200 Metern im Quadrat ein sehr kleines Städtchen, was aber für das 13. Jahrhundert keineswegs ungewöhnlich war. Daß Conrad in der Region mitspielen wollte, zeigte sich in der zweiten Jahrhunderthälfte deutlich.

Nun mußten Ressourcen für die neue Stadt – und ihren Stadtherrn natürlich – erschlossen werden, und das ging auf Kosten Ladenburgs und seines Stadtherrn, des Wormser Bischofs; denn talaufwärts im Odenwald lag das noch unerschlossene Waldgebiet zwischen dem Schriesheimer und dem Steinachtal. Wie erinnerlich befinden wir uns damit im Bereich der alten Ladenburger Waldmark. Im Quellgebiet der Steinach endete das Territorium von Lorsch („Abt"steinach), im südlichen Steinachtal lag die 1142 vom Wormser Bischof gegründete Zisterzienserabtei Schönau, inzwischen in der Hand des Pfalzgrafen. Sowohl der Oberlauf der Steinach und der *Utre*[182] als auch der Oberlauf der *Lobdenach*[183] waren bis ins 12. Jahrhundert unerschlossen geblieben, boten also Gelegenheit, durch Aufsiedlung Herrschaft zu errichten. Wer zuerst kam, gewann die Macht. Um hier auf legaler Basis Macht zu gewinnen, mußten die Stralenberger anstreben, durch den Wormser Bischof mit diesem Teil der Waldmark belehnt zu werden.

Die Herren von Stralenberg nutzten in der Zeit des Interregnums sehr geschickt die Chancen, sich den Wormser Bischof in dessen Konflikten mit seiner Stadt und seinen Nachbarn zu verpflichten. Dabei agierten sie unter skrupelloser Anwendung des Fehderechts, scheinbar selbstlos zugunsten des Bischofs. Conrad II. hatte noch ein zweites Eisen im Feuer; denn sein jüngerer Bruder Eberhard von Stralenberg war seit 1277 Propst des Wormser Cyriakusstifts und wurde 1291 Bischof von Worms (1291–1293). So hatten die beiden Stralenberg, Conrad II. und sein Bruder Heinrich (1250–1254), in den schon genannten Wirren um 1250 kräftig mitgewirkt. Hauptleidtragende waren die Bürger von Worms und Ladenburg[184]. Denn *desmals aber stunds* (stand es) *in Deutschland fürnehmlich am Rhein also, daß, wer der stärkst war, der schub den andern in sack, wie er kunnt und möcht. die reuter und edelleut nähreten sich aus dem Stegreif*[185], *mordeten wen sie konnten, verlegten und versperten die päss und straßen und stellten denen, so ihres gewerbs halben über land ziehen musten, wunderbarlich nach*[186]. Dem wollte der rheinische Städtebund abhelfen und begann sofort nach seiner Gründung, den größten Übeltätern vor die Burgen zu rücken. Dazu gehörten die Herren von Stralenberg in der direkten Nachbarschaft Ladenburgs. Im September 1254 erschien ein vereintes Heer der drei Städte Worms, Mainz und Oppenheim vor Schriesheim, verbrannte das Dorf und die junge Stadt und hieb sämtliche Rebstöcke an den Weinhängen ab. Die Stralenberger mußten mit Vermittlung der Schenken von Erbach und der Truchsessen von Alzey Urfehde schwören[187]. Mehr oder weniger freiwillig traten die Stralenberger dem Städtebund bei[188], was bedeutete, daß sie sich an die Bundesregeln zu halten hatten – solange der Bund selbst hielt, was jedoch nur wenige Jahre währte.

In dem großen Krieg zwischen dem Pfalzgrafen, Herzog Ludwig II. dem Strengen (1253–1294), und dem Bischof von Worms[189] ergriff Conrad von Stralenberg die Partei des Bischofs[190] und handelte sich dafür die Feindschaft des Pfalzgrafen und die erneute Verwüstung Schriesheims ein[191]. Die Feindschaft mit dem Pfalzgrafen war seit damals eine feste Größe in der stralenbergischen Politik; denn die Pfalz strebte unverhohlen nach der Vorherrschaft im Umland von Heidelberg. Neben dem Bischof von Worms stützte sich Conrad auch auf den mächtigeren Erzbischof von Mainz, der mit der Pfalz um Weinheim stritt. Die erbitterte Feindschaft zwischen Stralenberg und der Pfalz wurde fürs erste 1264 beigelegt[192]. 1266 bot sich ihm in einem erneuten Streit zwischen den Wormser Bürgern und dem Bischof die willkommene Gelegenheit, sich an der Stadt Worms für die Verwüstung Schriesheims zu rächen und *die* (Bürger) *von Worms ums gelt zu bringen ... und* (hat) *mit brand, rauben, plündern, das vieh entführen ihnen heftig zugesetzt*[193]. 1271 schlossen sich die Wormser

Bürger mit anderen Städten und rheinischen Fürsten zusammen, um die unrechtmäßigen Rheinzölle zu beseitigen. Dazu besetzten sie das bischöfliche Ladenburg, um von da u.a. die pfälzischen Zollburgen Eichelsheim und Husen = Rheinhausen bei Mannheim an der Neckarmündung zu schleifen[194]. Es folgte noch eine Fehde mit dem Bischof von Speyer. „Der Stralenberger war demnach in jenen Jahrzehnten für unsere Gegend der wilde Mann."[195]

Im Steinachtal kurz vor der Einmündung des Eiterbachs hatten die Stralenberger schon vor 1200 die Burg Waldeck gegründet[196] und von da aus die zugehörigen Weiler und Einödhöfe Lampenhain, Bärsbach, Ringes und Hohenöd (Wüstungen), Vorder- und Hinterheubach, (Alt)Neudorf, Eiterbach und den kirchlichen Mittelpunkt Heiligkreuzsteinach[197]. Die frühere Gründung Altenbachs ging wohl auf den Bischof direkt zurück. Der Bischof war Ortsherr; die Abgaben mußten in Ladenburg abgeliefert werden[198]. Die Herrschaft Waldeck kam 1357 an die Kurpfalz und blieb als geschlossene Verwaltungseinheit bis 1803 erhalten[199]. Als Ganzes war dies eine imponierende Leistung hochmittelalterlichen Landesausbaus durch ein Rittergeschlecht[200]. Immer wieder verletzt wurden die Allmendrechte Ladenburgs im Hinblick auf den Waldnutzen, was zu ständigen Beschwerden Anlaß bot, die Conrad veranlaßten, auf seinem Totenbett den Schönauer Abt zu beauftragen, für die dadurch Geschädigten Wiedergutmachungszahlungen aus seinem Vermögen zu leisten. Dieses Vermächtnis führte sein Sohn Conrad III. 1287 durch. Zu den Zeugen gehörte bezeichnenderweise Hartmann von Ladenburg[201]. Nachfolger Conrads II. waren nacheinander erst seine Söhne Conrad III. (1283–1296) und Rennewart I. (1296–1301) und dann sein Enkel Rennewart II. von Stralenberg (1301–1347).

## 1292/98 und 1314 – Thronstreit, Doppelwahl und Bürgerkrieg

Durch die Wahl König Rudolfs von Habsburg (1273–1291) wurde das Ansehen des Königtums erneuert, was nicht zuletzt auf seine konsequente Landfriedenspolitik und seinen Kampf gegen das Raubrittertum zurückging. Die Macht des Hauses Habsburg wurde durch den Sieg über König Ottokar von Böhmen 1276 und den daraus folgenden Erwerb der Herzogtümer Österreich, Kärnten, Steiermark und Krain enorm gesteigert. Zu der oberrheinischen Grafschaft Habsburg war der österreichische Länderkomplex im Südosten des Reiches hinzugekommen; denn Rudolf belehnte seinen Sohn Albrecht mit diesen erledigten und von ihm eingezogenen Reichslehen. Das war aber auch der Grund, warum nach Rudolfs Tod die rheinischen Erzbischöfe als einflußreichste Kurfürsten nicht seinen Sohn Albrecht, sondern den Grafen Adolf von Nassau zum König wählten (1292). Albrecht hatte diese Entscheidung grollend und unter Vorbehalt akzeptiert und wartete auf seine Stunde, die sich dann einstellte, als sich König Adolf nach dem Vorbild Rudolfs in Thüringen eine Hausmacht zu schaffen versuchte. Damit verscherzte er sich endgültig die Unterstützung der Erzbischöfe von Köln und Mainz, die ihn schließlich in einem Prozeß unter dem Vorwurf der Untauglichkeit und der Schädlichkeit[202] für abgesetzt erklärten und gleich am Tag danach den Habsburger Albrecht zum König wählten.

Dieser hatte sich längst für diesen Tag gerüstet, Bundesgenossen gesammelt, ein großes Heer zusammengebracht und stand bereits am Oberrhein. König Adolf zeigte sich von der Frankfurter Absetzung nicht beeindruckt, sondern versuchte, den Rivalen aus dem Feld zu schlagen. Sein wichtigster Bundesgenosse war sein Schwiegersohn, der Pfalzgraf Rudolf I. (1294–1319), der seinerseits Enkel König Rudolfs von Habsburg und damit Neffe des neugewählten Königs Albrecht I. war. Wieder war am nördlichen Oberrhein Bürgerkrieg, in dem sich Albrecht erst einmal an den pfälzischen Besitz Rudolfs links und rechts des Rheins hielt. Am 2. 7. 1298 fiel in der Schlacht bei Göllheim die Entscheidung. König Adolf unterlag und verlor sein Leben in dieser verlustreichen Schlacht. Pfalzgraf Rudolf floh Hals über Kopf nach Heidelberg. Da das „Gottesurteil" der Schlacht zugunsten Albrechts ausgegangen war, schwenkte er bald auf dessen Seite, so daß Albrecht in einer wiederholten Wahl in Frankfurt am 27. 7. 1298 einstimmig zum König (1298–1308) gewählt werden konnte. Trotzdem gab es bald wieder Schwierigkeiten zwischen den rheinischen Kurfürsten und König Albrecht, die dieser in einem zweiten oberrheinischen Kriegszug 1300/02 nacheinander besiegte und unterwarf. Wieder verwüstete der König die Pfalz, vor allem die Bergstraße, und belagerte im Juni 1301 Heidelberg. Pfalzgraf Rudolf gab auf und versöhnte sich mit dem König[203], zumal sein jüngerer Bruder Ludwig auf seiten König Albrechts geblieben war[204].

Die grundsätzliche Uneinigkeit der beiden pfalzgräflichen Brüder Rudolf und Ludwig (der spätere Kaiser Ludwig der Bayer 1314–1347) bestimmte bis zu Rudolfs Tod 1319 auch die Geschicke des unteren Neckarlandes nachhaltig. Nach der Ermordung König Albrechts 1308 betrieb Rudolf die Wahl König Heinrichs VII. aus dem Hause Luxemburg, den er auch zur Kaiserkrönung nach Rom begleitete. Um die Kosten dafür aufzubringen, verpfändete er ohne Einwilligung Ludwigs pfälzische Burgen und Herrschaften. Dies führte 1310 zu einer ersten Teilung des wittelsbachischen Gesamtbesitzes. Ludwig, der von seiner Mutter, der Habsburgerin Mechthild, beeinflußt war, hatte sich erst der habsburgischen Partei zugeneigt, dann aber, als 1314 eine neue Königswahl anstand, seine eigene Kandidatur gegen den Habsburger Prätendenten Friedrich den Schönen angemeldet. Wieder kam es zu einer Doppelwahl, in der sich Pfalzgraf Rudolf gegen seinen Bruder für den Habsburger entschied. Bürgerkrieg war die Folge, der wieder die wittelsbachischen Gebiete erfaßte und nach einer kurzen Aussöhnung 1315 Rudolf zur Flucht aus Bayern und der Pfalz zwang. Mit nur sechs Begleitern mußte er im Herbst 1315 in Worms um Aufnahme bitten: *a toto suo ducatu eiectus exulat et in Wormatia sex tantum contentus famulis velut profugus peraegre stat* – Aus seinem ganzen Herzogtum vertrieben, ging er ins Exil und blieb in Worms, sich mit nur sechs Begleitern begnügend, sehr krank wie ein Flüchtling[205]. Seine letzten Jahre bis zu seinem Tod am 13.8.1319 waren ruhelos und armselig. Im Frühjahr und Sommer 1316 diente auch Ladenburg dem landlosen Pfalzgrafen als Zufluchtsort[206].

Leider ist die Quellenlage für Ladenburg in diesen dramatischen Jahrzehnten lückenhaft, so daß wir die sicher schwerwiegenden Folgen für die Stadt durch die ständigen Kriege nur vermuten können. Nun wirft ein neuer Schatzfund ein Licht darauf, wie groß die Bedrohungen waren. Bei der Ausgrabung des 1229 erbauten Wohnturms[207] in der Hauptstraße 23 wurde in dessen Nordwestecke von E. Schallmayer ein kleiner Münzschatz geborgen (vgl. S. 299). „Er enthielt in einem grauen Fußbecher neben Tournosen des späten 13. Jahrhunderts (Philipp der Schöne, 1285–1314 König von Frankreich) schwäbische (sic!) Heller[208] und Pfennige aus dem Rheinmündungsgebiet." Beigegeben waren Teile einer Schmuckgarnitur[209]. Eine Woche vor der Schlacht bei Göllheim, am 24. 6. 1298, stellte König Adolf *in castris apud Lautemburg* – im Feldlager bei Ladenburg eine Urkunde aus[210]. Der Schatz ist offensichtlich damals vergraben worden.

### Rennewart II. von Stralenberg und Ladenburg

Vor diesem Hintergrund spielte sich auch das oben bereits dargestellte Wirken der Stralenberger in nächster Nachbarschaft Ladenburgs ab. Glücklicherweise gibt es eine Quelle, die Schannat stark verkürzt wiedergibt[211] und auch Schuch bekannt war[212], aber in der Folge nicht genügend beachtet und ausgeschöpft wurde. Ich meine den „Schiedsspruch" zwischen Rennewart II. von Stralenberg und dem Bischof Emerich von Worms vom 22. August 1315. Inzwischen liegt diese Quelle gedruckt vor[213].

Wichtig ist, daß es sich dabei um eine Urfehde handelt, also ein lange andauernder Streit in allen Einzelheiten verhandelt und abgeschlossen wird. Das Sühnegericht besteht aus fünf neutralen Rittern, *die do gekoren* (erwählt) *sint umb ein stedikeit zu sprechen und zu machen* (beständig andauernde Rechtssicherheit herzustellen) *uber die sune* (im Hinblick auf die Sühne), *die zu Laudenburg gesprochen und gemacht ist* (die Sühneverhandlung fand in Ladenburg statt) *zuschen dem erbern* (ehrbaren) *herren hern Emerich, bischoff zu Worms, und sime stiffte ein site* (und seinem Hochstift einerseits) *und dem edeln manne hern Rennewarte von Stralnberg ander site umb alle die bruche und zweiunge, die zuschen ine biß auf disen hutigen tag gewesen,* (über all die Friedensbrüche und

*Abb. 21: Zum Wasserstreit zwischen Ladenburg und Rennewart von Stralenberg. Die „Kanal"- isierung und Begradigung des Baches ist deutlich zu erkennen. Der Kandelbach oberhalb der Stadt vor der Rautentaler Mühle (rechts). Der Kandelbach innerhalb der Stadt an der Färbergasse (unten). Der Kandelbach unterhalb der Stadtmühle und außerhalb der Stadtmauer. „Gießen" (rechte Seite) (Fotots von Kurt Heck um 1935. Fotoarchiv historischer Bilder von Ladenburg).*

Entzweiungen, die zwischen ihnen bis auf den heutigen Tag gewesen sind), .... Aus diesem Text kann erschlossen werden, in welcher Weise die Herren von Stralenberg mit der Erbauung der Strahlenburg, der Gründung der Stadt Schriesheim und der Erschließung der Ladenburger Waldmark Ladenburg verkürzt und geschädigt haben. Wenn man dem Text glauben darf, war der Schaden für Ladenburg ganz erheblich:

### *1. Die Wasserfrage*

*Zum ersten, das der vorgenant here her Rennewart sal die bach zu laudemburg umerme/umme ewiclich laßen gen in irme erste runste durch Laudemburg, und daran sal er und sin erben sie nit hindern ader anders ußer irem runste furen, ane aler slachte argeliste, als der vorgenant herre bischoff Emerich dieselbe bach mit sime eide rechtlich behalten hat.* – Zum ersten wird[214] der obengenannte Herr Rennewart die Bach für immer und ewig nach Ladenburg gehen lassen, und zwar in ihrem ersten oder Hauptbett[215] durch Ladenburg, und daran werden er und seine Erben sie = die Bach nicht hindern oder anderweitig aus ihrem Bett herausleiten, und das ohne jeden arglistigen Vorbehalt, wie der obengenannte Bischof Emerich dieselbe Bach mit seiner (des Rennewarts) Beeidung rechtmäßig erhalten hat.

*Die Bach* ist der heutige *Kandel-* oder *Kanzelbach,* dessen ursprünglicher Name wie bereits gesagt *Lobdenach* = Lobden- oder Ladenach war[216]. *Kandel* ist lat. *canalis* = Abzugsrinne, Röhre, Kanal, in der Mundart *Kannl* oder *Kandel,* also gefaßter oder kanalisierter Bach. *Kanzel* ist eine jüngere Nebenform von *Kandel* Dieser Name ist auffällig, da er nicht auf einen natürlichen Bachlauf zu beziehen ist, also einen Kunstbau voraussetzt. Wie Heukemes gefunden hat, wurde der Kandelbach um 1250 unter Verwendung der großen Steinquader der Apsis der Marktbasilika kanalisiert, als deren aufgehende Mauern wegen des damals errichteten Chors der neuen St. Galluskirche abgebrochen wurden. Ein Teil der Quader ist noch mitten in der Stadt bei St. Antonius und in der Färbergasse zu sehen. Dieser „Kanal" verläuft oberhalb der Stadt neben dem alten Ladenburger Fußweg und führt ziemlich geradlinig auf Ladenburg zu. Am Schriesheimer Tor wurde er in die Stadt geleitet, die Hauptstraße entlanggeführt, unter dem Marktplatz verdolt, floß längs der Färbergasse bis zur Cronberger Mühle und wurde dort in den Stadtgraben geleitet. Diesem, dem sogenannten Gießen, folgte er nach Norden, um dann nach Westen Richtung Ilvesheim abzubiegen. An der Färbergasse übrigens hatte der Bach den Stadtgraben der alten fränkischen Mauer gebildet, was zeigt, daß er schon damals einen teilweise künstlichen Verlauf genommen hatte.

Das alte Bachbett östlich von Ladenburg wurde zum *Loosgraben*[217]. Der Loosgraben verband sich mit dem Rombach = dunkler Schmutzbach[218]. Der Rombach ist zusammen mit dem Handschuhsheimer Mühlbach die Ulvina (später Ilbe ) der Lorscher Urkunden[219]. Die *Ulvina* füllte wahrscheinlich den Stadtgraben, da der Kandelbach die innerstädtische Mühle betreiben und die Gewerbebetriebe der Färber- und Gerbergasse bedienen mußte. Von der *Ulvina* leitet sich der Ortsname *Ulvinisheim* = Ilvesheim her; denn die „Ilbe" mündete bis zum Bau des Neckarkanals 1924 ff westlich vom alten Ilvesheimer Friedhof in den Neckar, nachdem sie alten Neckarbetten gefolgt war. Danach mündete sie, inzwischen Kanzelbach genannt, am Stauwehr in den Neckar. In den 50er Jahren wurde auch der Kandelbach mit dem Loosgraben und dem Rombach verbunden und unmittelbar oberhalb Ladenburgs in der Nähe des Schwimmbades in den Neckar geleitet. Der Bachlauf unterhalb der Stadt wurde zugunsten des Industriegebiets zugeschüttet.

Müller, Färber und Gerber in Ladenburg waren für ihre Produktion, die bei der Ausdehnung der Färber- und Gerbergasse ähnlich wie in Weinheim sicher regionale Bedeutung hatte, auf den Kandelbach angewiesen. Fehlendes Wasser bedeutete wirtschaftliche Einbuße, ja Ruin. Da die neue Stadt Schriesheim Mauer und Graben hatte, ließ der Junker von Stralenberg den Bach erst einmal diesen füllen und, damit sein Stadtgraben nicht leerfloß, ihn durch Streichwehre aufstauen. Darüber hinaus bedeutete eine neue Stadt von sich aus mehr Wasserverbrauch. Und schließlich gab es noch Versuche von Schriesheimer Seite, mehr Wasser in den Loosgraben abzuziehen und damit die Wiesen unrechtmäßig zu wässern. Der Bischof als Landesherr war der eigentliche Eigentümer aller Fließgewässer, hatte also, wie das Urteil ja auch sagt, den ältesten Anspruch. Trotzdem war mit diesem Schiedsspruch der Streitgrund nicht beseitigt. Er mußte 1326 und 1400 erneuert werden. 1602, in einem sehr trockenen Jahr, gab es wieder einen schweren Streit, so daß der Kurfürst Friedrich IV. die Parteien nach Schriesheim lud, um die Mißstände zu beseitigen. Dabei wurde gerügt, daß gewisse Schriesheimer Begüterte den Abfluß des Wassers nach Ladenburg dadurch zu verhindern suchten, daß sie Steine hineingesetzt und diese mit Flachs abgedichtet hätten. Auch der Keller des Schönauer Gutes in Schriesheim habe zuviel Wasser entnommen. Das Urteil bestätigte zum wiederholten Male die alte Bestimmung von 1315, indem es feststellt, daß das Wasser seinen freien Lauf haben muß. Erst wenn die Ladenburger genug Wasser hätten, könnten die Schriesheimer vom Überfluß zusätzliches entnehmen. Der letzte Schiedsspruch in dieser Sache erfolgte 1750, nachdem der Keller der Geistlichen Administration (gemeint ist wieder Schönau) die Ladenburger, die dem Bach auf Schriesheimer Gemarkung freie Bahn schaffen wollten, mit Stockschlägen traktiert, sie mit Hunden gehetzt und mit Erschießen bedroht hatte[220].

## 2. *Der ungehinderte Zugang zur Ladenburger Waldmark*

*... sprechen wir, daz der Odenwalt biß in die Utre sal sin ein rehte almende des bischoffes und sines stiffts zu Wormß und siner statt zu Laudemburg zu allem irme rechte, als man billich ein allmende sal haben, als es von alter herkomen ist, und ensal der vorgenant her Rennewart adir sin erben numee den vorgenant bischoff Emichen etc. an dem vorgenant walde gehindern adir geirren mit worten adir mit werken adir ensollen nummermee den walt mit dorffern do inne zu machen adir mit rodern bekumern adir nutzen, noch banneholtzer do inne heien, ane des vorgenanten etc. und siner statt zu Laudemburg wissen und guten willen. Und sal der vorgenant her Rennewart den von Laudemburg sanct Vitis gaßen offenen, daz sie zu dem walde mogent varen und dannen komen ane geverde ....* –

Wir (das Schiedsgericht) sprechen Recht, daß der Odenwald bis in die *Utre* = das Eiterbachtal eine rechtmäßige Allmende des Bischofs, seines Hochstifts zu Worms und seiner Stadt Ladenburg in all ihren Rechten zu sein hat, wie man billigerweise, d.h. mit Fug und Recht eine Allmende hat und wie es seit alters ein Herkommen ist. Und es dürfen Rennewart oder seine Erben niemals den Bischof Emerich etc. an der Nutzung des Waldes hindern oder beirren mit Worten oder Werken und sie dürfen sich niemals mehr unterfangen, in dem dortigen Wald Dörfer anzulegen und Rodungen vorzunehmen noch Banngehölze einzuhegen ohne Wissen und guten Willen des Bischofs, seines Stifts und seiner Stadt Ladenburg. Darüber hinaus wird der Junker Rennewart denen von Ladenburg die St. Veitsgasse öffnen, so daß sie zu dem Wald fahren und von dannen kommen können ohne jede Gefährdung ... ( Daran wird sie niemand mehr hindern etc.).

Die Stralenberger scheinen mit der Aufsiedlung des Burgbezirks Waldeck durch die Eindhöfe und Weiler sehr viel weiter gegangen zu sein, als es ihnen nach dem Verständnis des Bischofs als Lehensherrn erlaubt war. Vor allem hatte er die Ladenburger Nutzungsrechte an der Waldallmend, das *silvaticum*, widerrechtlich unterbunden und behindert, und zwar durch die Einrichtung von Bannwäldern und dadurch, daß er den Ladenburgern einfach den einzigen Zugang zu ihrer Waldmark, nämlich das enge Schriesheimer Tal, gesperrt hatte. Die laut der Urfehde zu öffnende *St. Vitisgasse* ist die enge Schriesheimer Talstraße – an deren Engpaßcharakter sich bis heute nichts geändert hat –, und zwar im Bereich der *Gäulsbrücke*. Dort stand nämlich auf dem linken Ufer des Kandelbachs die alte *St. Vituskirche* des Dorfes Schriesheim, die dieser Gasse ihren Namen gab. Weitere Rodungen und Siedlungsvorhaben sollten nur noch mit Einwilligung der Ladenburger und des Bischofs möglich sein. Ein Rest des Allmendnutzens steckt wohl darin, daß jeder Haushalt in Altenbach jährlich ein Fastnachtshuhn nach Ladenburg liefern mußte[221]. Altenbachs Dorf- und Gerichtsherr war der Bischof von Worms[222], so daß hier wohl eine ältere (vgl. Ortsnamen!), also vorstralenbergische Ausbausiedlung vorliegt, die der Stralenberger mit der Zugangssperrung übernehmen wollte.

### 3. Die Nutzung der Ladenburger Allmend

*Auch sprechen wir, das der vorgenant her Rennewart und sin erben sollent die almende, die do heißet der Hundeßagel, umerme ewiclich den von Laudemburg zu irem notze und fromen lassen ligen, und ensollen sie daran numermee gehindern adir geirren mit worten adir mit werken, und sal auch her Rennewart den von Laudemburg ein weg geben, do er in allerbeste gelegen ist zu der vorgenant almende dez Hundeßagels, wo ez ine ruret an sime gude adir gerichte an geverde, und daran sal er adir sine erben sie nit hindern adir geirren.* – Des weiteren urteilen wir, daß der obengenannte Her Rennewart und seine Erben die Allmende, die da „Hundszagel" heißt, auf immer und ewig den Ladenburgern zu ihrem Nutzen und Frommen (unangetastet) liegen lassen müssen; sie dürfen sie daran niemehr hindern oder beirren mit Worten oder Werken; auch muß der Herr Rennewart den Ladenburgern einen Weg freigeben, wie er am günstigsten zur schon genannten Allmende „Hundszagel" gelegen ist, wo immer er ihnen im Bereich seines Guts und Gerichts, d.h. seines Eigentums, zusteht ohne Beeinträchtigung; und daran dürfen weder er noch seine Erben sie hindern oder beirren.

Für einen Teil der angesprochenen Ladenburger Waldmark wird die Rodung und Aufsiedlung durch Rennewart oder seine Erben in alle Zukunft ausgeschlossen. Dieser Teil ist der Hundszagel = Hundeschwanz, eine ähnliche Wortbildung wie Hundsrück = Hunderücken. Vielleicht ist dieses Toponym so oder verändert heute noch als Name eines Berges, eines Berghanges, eines Tales oder einer Flur in Gebrauch? Bei Heiligkreuzsteinach gibt es auch noch einen „Laden"buch. Diese Waldnutzung zeigt, daß der Wohlstand Ladenburgs im Mittelalter auf dem Holzverkauf aus der Ladenburger Waldmark beruhte. Von daher erhält auch das merkwürdige Ladenburger Amt der Holzmenger[223] seine Erklärung. Ladenburg war so ein zentraler Holzumschlagsplatz für das ganze untere Neckarland, wo einmal die Holzmenger das Gemeindeholz aus der Ladenburger Waldallmende des nahen Odenwaldes für die allmendberechtigten Bürger, *dem Armen sowohl als dem Reichen, zuzählen wollen niemand zu Lieb noch Leid*[224] und sie zum andern die Holzzufuhr und den Holzverkauf der Neckarflößer aus dem hinteren Odenwald zu überwachen und die städtischen Gebühren dafür einzuziehen hatten. Daraus wird ersichtlich, wie groß der Schaden für Ladenburg und seine Bürger durch die Sperrung des Schriesheimer Tales gewesen ist, ein echter „Raubritterstreich" des Stralenbergers.

### 4. Ladenburg als Gerichtsort

*Me sprechen wir, daz die lude, die den vorgnanten herren bischoff Emerichen und sinem stifft zu Wormße angehorent, die do gesessen sin ußwendig Schrißheym und anderswo, sollent zu Laudemburg ire recht suchen und mogent zu Laudemburg burger werden, ob sie ez gelustet, und ensal sie der vorgnant her Rennewart adir sin erben nit daran hindern adir irren mit deheinen dingen. aber die lude, die do itzund geseßen sind inwendig Schrißen, sollen do verliben und sollen nit burger werden zu Laudemburg, und sollen doch ire recht suchen zu Laudemburg, als sie billichen sollen.*– Weiter urteilen wir, daß diejenigen Leute, die dem genannten Herrn Bischof Emerich und seinem Hochstift zu Worms als Leibeigene zugehören, soweit sie außerhalb von Schriesheim oder anderswo sitzen, zu Ladenburg ihr Recht suchen müssen; wenn sie dessen gelüstet, können sie zu Ladenburg Bürger werden, und es dürfen weder Herr Rennewart noch seine Erben sie daran hindern oder in irgendeiner Weise beirren; diejenigen Leute hingegen, die innerhalb von Schriesheim sitzen, dürfen dort bleiben und sollen nicht Bürger von Ladenburg werden; trotzdem sollen sie ihr Recht in Ladenburg suchen, wie sie es billigerweise zu tun haben.

Hier geht es um die Abwehr der Versuche der Stralenberger, ihre neugegründete Stadt

Schriesheim mit Wormser Leibeigenen zu bevölkern und sie der Herrschaft des Bischofs und des Hochstifts zu entziehen. Damit ist das sogenannte Pfahlbürgerrecht gemeint, was bedeutete, daß Leibeigene, die sich in einer Stadt als Pfahlbürger = Bürger vor den Mauern niederließen, die persönliche Freiheit von ihrem seitherigen Leibherren erlangten, wenn diese sie nicht „binnen Jahr und Tag" einforderten: „Stadtluft macht frei!" Dieses Pfahlbürgerrecht der Städte wurde von den Fürsten und adeligen Herren immer wieder angefochten, war jedoch andererseits ein bevorzugtes Mittel, die Städte zu bevölkern. Alle Wormser Leibeigenen, die außerhalb der neuen Stadt Schriesheim wohnten, mußten nach wie vor in Ladenburg ihr Recht suchen und konnten nur in Ladenburg Bürger werden. Die Stralenberger durften sie daran nicht hindern, d.h. die Wormser Leibeigenen nicht zwingen, sich in Schriesheim niederzulassen, mit Ausnahme derjenigen, die bereits in Schriesheim saßen. Aber auch diese hatten nach wie vor ihr Recht in Ladenburg zu suchen.

### 5. *Die Juden zu Ladenburg*

*Umb die juden zu Laudemburg sprechen wir auch, das die juden zu Laudemburg sollent sitzen in allem irme rechte und gewonheite, als sie bei keisern und konigen gesessen han, und was die juden ie jares dinten dem konige adir sime landfaude, das sollen sie auch geben dem vorgnanten herren, hern Rennewart von Stralnberg, jerlich von des koniges geheiße und gebode, und daruber sal sie der vorgnant her Rennewart nit dringen mit dheinen dingen, won er sal sich domide lassen begnugen, und sal auch der vorgnant her Rennewart die juden vorderen an allen dingen, wo er mag, zu irem rechte.* – Über die Juden zu Ladenburg urteilen wir auch: daß die Juden zu Ladenburg bleiben werden in all ihren Rechten und Gewohnheiten, wie sie bei Kaisern und Königen geblieben sind; und was die Juden in jedem Jahr dem König oder seinem Landvogt an Abgaben entrichteten, das sollen sie auch dem Herrn Rennewart von Stralenberg geben nach des Königs Geheiß und Gebot; und darüber hinaus darf sie der og. Herr Rennewart nicht bedrängen und bedrücken in irgendeiner Weise, sondern er muß sich damit begnügen; und schließlich soll der og. Herr Rennewart die Juden zu ihrem Recht befördern in allen Dingen und, wo er nur kann.

Diese Bemerkungen sind interessant, weil sie über Juden in Ladenburg handeln. Diese standen im Mittelalter unter dem besonderen Schutz des Königs und hatten in ihren eigenen Angelegenheiten Rechtsautonomie. Dieses Privileg für Ladenburg blieb den Ladenburger Juden nach wie vor. Dafür entrichteten sie dem König Schutzgelder. Diese Schutzgelder konnte der König an eine Stadtherrn wie den Bischof von Worms in Ladenburg abtreten, der dafür den Judenschutz gewährleisten mußte. Anscheinend hatte der Stralenberger Schutzgelder von Ladenburger Juden verlangt, wenn es sich um deren Geschäfte in Schriesheim handelte. Diese wurden ihm zugestanden, aber alles darüber hinaus blieb ihm verwehrt, im Gegenteil: er mußte den Ladenburger Juden zu ihrem Recht verhelfen, wo er nur konnte.

### 6. *Herr Rennewart freier Burgmann des Bischofs zu Ladenburg*

*Wir han auch gesprochen, daz der vorgnant herre her Rennewart sal sin ein ledig burgman zu Laudemburg unsers herren des bischoffs zu Wormßen und sines stifftis, und darumb sal der bischoff und sin stat zu Laudemburg geben hern Rennewart zu sanct Remigis tag nu erste komen sal hundert phunt heller und darnoch, wan ime das gelt gegeben ist, in dem mande sal derselbe her Rennewart bewisen zehen phunt heller off sime eigen dem vorgnanten bischoff Emerich adir sime stiffte, als sin hußgenoßen sprechen, das sie wol beligen etc. ... und sol die gulte von dem bischoff und sinem stiffte vor ein ledig burglehen han und sin burgman sin. also obe die stat zu Laudemburg krieg adir noit angeet, so sal der vorgnant her Rennewart von Stralenberg in senden zu helf off sinen kost einen edeln man, der do bi ime si, als lange der krieg wert.* – Ferner haben wir geurteilt, daß Herr Rennewart sein wird ein freier Burgmann zu Ladenburg unseres Herrn des Bischofs zu Worms und seines Hochstifts; und deshalb wird der Bischof und die Stadt Ladenburg Herrn Rennewart zum nächsten St. Remigius-Tag = 1. Oktober 100 Pfund Heller geben; In dem Monat danach, wenn ihm das Geld ausgezahlt ist, wird der og. Herr Rennewart 10 Pfund Heller auf sein Eigentum (Allod) anweisen und hinterlegen zugunsten des Bischofs und seines Hochstifts, wie wenn sie seine Münzer, d.h. Kreditgeber, wären, ... usw. Er wird diese Zahlung vom Bischof und seinem Hochstift für sein freies Burglehen erhalten und bischöflicher Burgmann sein. Wenn die Stadt Ladenburg in Krieg oder Not gerät, wird Herr Rennewart von Stralenburg ihr auf seine Kosten einen Edelmann zu Hilfe senden, der dort zu bleiben hat, solange der Krieg andauert.

Rennewart wurde freier Burgmann des Bischofs in Ladenburg, trat hiermit in ein Abhängigkeitsverhältnis mit militärischer Dienstleistung, wofür er 100 Pfund Heller erhielt. Diese wurden aber nur gegen eine Sicherheit auf dem Eigentum des Stralenbergers ausgezahlt, konnten also jederzeit wieder eingezogen werden, wenn Rennewart seine Versprechungen nicht halten sollte. Diese Leistung wurde für Ladenburg konkretisiert: Wenn Ladenburg Kriegsnöte drohen, muß er auf seine Kosten einen Edelmann in die Stadt schicken, Edelmann heißt hier Ritter mit Gefolge. Damit war aus dem Gegner und Schädiger Ladenburgs ein Beschützer der Stadt geworden.

## *7. Sanktionen im Fall der Nichteinhaltung der Urfehde*

*Wir etc. .... wer es aber, das der vorgnant herre her Rennewart und sin bruder Tybalt und ire erben wider deheine der vorgeschriben rede und stedikeit quemen adir deden, ..., so sollen sie das richten in den acht tagen darnoch, obe sie angesprochen werden. Deden sie abir dez nit, so sollen alle die lehen, die sie von dem stiffte zu Wormß und dem bischoff zu lehen han, ledig sin dem bischoff und sinem stiffte zu Wormß und vallen off ine ane allerlei widerspruche und geverde der vorgnanten herren Rennewarts und sins bruders Tybaltes ader irer erben. noch danne han wir ußgenomen, obe der vorgnant here her Rennewart durch sin notdurft dieselbe lehen, die er von dem bischoff und sinem stiffte zu Wormß zu lehen hat, verkauffen adir verendern wolte an allen schaden und geverde des vorgnanten stiffts, daz dise vorgesprochen rede in nit daran schaden sal ane geverde.* – Wir urteilen ferner etc. .... käme es dahin, daß Herr Rennewart und sein Bruder Tybalt (Theobalt, 1309–1325 Domherr zu Speyer) oder ihre Erben gegen eine der oben aufgeschriebenen Abmachungen und ihre Gültigkeit verstießen, ..., so müssen sie den Verstoß in Ordnung bringen innerhalb von acht Tagen, nachdem sie darauf angesprochen worden sind. Tun sie das aber nicht, dann werden sie aller Lehen, die sie vom Bischof und vom Hochstift zu Worms tragen, ledig sein; diese werden wieder dem Bischof und dem Hochstift anheimfallen, ohne daß Rennewart, Tybalt oder deren Erben auch nur den geringsten Widerspruch oder Vorbehalt einlegen können. Ausgenommen davon haben wir, daß, wenn Herr Rennewart von Not bedrängt wird, er dieselben Lehen des Bischofs von Worms und seines Hochstifts verkaufen oder sonstwie verändern wollte ohne jeden Schaden und Beeinträchtigung des Hochstifts. Dann sollen diese rechtsgültig bekanntgemachten Absprachen ihn nicht zu seinem Schaden daran hindern.

Mit den Lehen ist das große Gebiet der Burg Waldeck und der Odenwaldbesiedlung gemeint, die die Stralenberger ja von Worms zu Lehen trugen. Unterzeichnet und gesiegelt ist der Vertrag von den beiden Vertragspartnern und bezeugt von drei Geistlichen, dem Abt von Frankenthal, dem Dekan des Stiftes St. Paul und einem Kanoniker des Domstiftes und Hofrichter. Dazu kamen sechs Ritter und andere. Die Ausstellung der Urkunde fand in Ladenburg, ihre Unterzeichnung in *dem sale*, der bischöflichen Pfalz in Worms, statt.

Der vorliegende Vertrag zeigt, wie sich die Stralenberger in der zweiten Hälfte des 13. Jahrhunderts auf Kosten von Worms und Ladenburg mit den Mitteln der Fehde und des Landfriedensbruchs ausgebreitet haben, indem sie die überaus verworrenen Verhältnisse dieser Jahrzehnte rücksichtlos ausnützten. Zum Zeitpunkt des Vertragsschlusses aber war Rennewart von Stralenberg eindeutig in der schwächeren Position, ja er wurde als Burgmann in die Wormser Ritterschaft eingebunden und mußte seine gewaltsame, gegen Ladenburg gerichtete Politik aufgeben. Bei seinem Gegenspieler handelte es sich um Bischof Emerich oder Emicho von Schöneck (1308–1318), der nach den Wirren einer fast fünfjährigen Vakanz, *dieweil ein jeder gern selbst bischof gewesen*[225] wäre, sein Pontifikat in Ruhe und sogar mit Glanz antreten konnte: *ritt zu Worms ein von priestern und burgern gar herrlich empfangen*[226]. Bischof Emicho gelang ein Ausgleich mit der Stadt über die Stellung der reichen Judenschaft von Worms, was auch ein zusätzliches Licht auf die Bestimmung 6 des Vertrags über die Rechtsstellung der Ladenburger Juden wirft. Bischof und Stadt schätzten vor allem die Finanzkraft der Juden und hatten deshalb ein großes Interesse an ihrem Schutz[227]. „Sein Pontifikat scheint von größeren Auseinandersetzungen um die Stadtherrschaft in Worms weitgehend frei geblieben zu sein.“[228]

Die finanziellen Nöte Rennewarts, die § 7 deutlich machen, indem Bischof und Hochstift als Kapitalgeber auftreten, waren ein Jahr später schon so groß, daß er die Herrschaft Waldeck dem Bischof auf sieben Jahre um 1.000 Pfund Heller verpfänden mußte. Verpfändung von Land und Herrschaftsrechten war damals gang und gäbe, sie war die häufigste Form der Kapitalbeschaffung. Der Pfandnehmer, also hier der Bischof von Worms, trat völlig in die Rechte des Eigentümers ein und genoß die Erträge des verpfändeten Objekts, hier der Burg Waldeck mit allen ihren Dörfern, als Zinsertrag[229]. Rennewart hoffte, die Pfandschaft nach sieben Jahren wieder einlösen zu können. Doch war seine Notlage noch größer, so daß er die Wormser Schuld nur dadurch auslösen konnte, daß er den Erzbischof von Mainz einschaltete. Diesem mußte er 1323 militärische Rechte in Waldeck, Schriesheim und auf der Strahlenburg selbst einräumen. Damit war der Ausverkauf der Stralenberger eingeläutet. Die bedrohliche Anwesenheit von Mainz rief die Pfalz auf den Plan. Die beiden letzten Jahrzehnte Rennewarts, gest. 1347, waren die reinste Schuldenreiterei: ein Loch mußte mit einem neuen gestopft werden. 1329 verpfändete er um 8.000 Pfund Heller Schriesheim und die Strahlenburg an Hartmut von Cronberg, der noch einmal ein ritterliches Zwischenspiel mit beachtlicher Erweiterung der Burg lieferte, bis er 1338 starb. Nun ging es wieder ums Erbe: Mainz steckte sich hinter den Sohn des Cronberg, während Pfalz noch einmal Rennewart ins Spiel brachte, indem sie ihm die Einlösungssumme vorstreckte, um 1347 den ganzen Stralenberger Komplex für 12.500 Pfund Heller zu übernehmen[230]. Dieser dramatische Ausverkauf einer ritterlichen Familie in nächster Nachbarschaft von Ladenburg und die Rolle der Pfalz dabei ist das Vorspiel für den Ansturm der Pfalz auf Ladenburg, der die Stadtgeschichte in der Mitte des 14. Jahrhunderts beherrschen und die weitere Entwicklung Ladenburgs für Jahrhunderte prägen sollte.

## Zwischen dem Bischof von Worms und dem Pfalzgrafen

### Die Krise

Der einzige ernsthafte Gegner des Pfalzgrafen in dessen territorialem Vordringen war der Erzbischof von Mainz, der seit 1237 über das Kloster Lorsch und dessen Territorium gebot. Unter anderem ging es dabei um den Lobdengau, die Bergstraße und den Odenwald. Für unser Thema genügt es, hier nur die wichtigsten pfälzischen Erwerbungen dieser Jahrzehnte in der engsten Nachbarschaft von Ladenburg aufzuzählen: 1247 Seckenheim, 1261 endgültig Neckarau, Heidelberg und die Grafschaft am Stalbühl, 1264 die Neustadt von Weinheim und nach 1273 die Altstadt, 1277 Lindenfels und die Reste des Besitzes des Hauses Baden im Lobdengau, 1305 Teilung der Bede im Weschnitztal, 1311 Oberherrschaft über die ehemals Lorscher Ministerialen, die Schenken von Erbach. Um 1300 war außer dem wormsischen Besitz Ladenburg und Kirchheim, dem ellwangisch-stralenbergischen Schriesheim und dem mainzischen Schauenburg mit Dossenheim und Handschuhsheim der gesamte alte Lobdengau pfälzisch[231]. Der oben bereits in einem anderen Zusammenhang[232] angeführte Vertrag zwischen dem Bischof und dem Pfalzgrafen aus dem Jahre 1291 über die Position ihrer „Hauptstädte“ Heidelberg und Ladenburg war auch eine Art territorialpolitischer Ausgleich für einige Jahrzehnte – vor allem auch während des schwächer gewordenen pfälzischen Expansionsdrangs in der Zeit des Bruderzwists (1294–1319) zwischen den Pfalzgrafen Rudolf I. und Ludwig, seit 1314 deutscher König, und der Vormundschaft Ludwigs über seine drei Neffen bis zum Hausvertrag von Pavia 1329. Im Windschatten dieser großen Politik der Wittelsbacher konnten ja die Herren von Stralenberg ihren bereits beschriebenen Weg beschreiten.

Mit der Regierungsübernahme durch die Pfalzgrafen Rudolf II. (1329–1353) und Ruprecht I. den Älteren (1329–1390, seit 1353 allein Pfalzgraf, seit 1356 der erste Kurfürst von der Pfalz und 1386 Gründer der Universität Heidelberg) kehrte die Pfalz wieder auf den Weg der territorialen Expansion zurück. Hier war vor allem Ruprecht außerordentlich geschickt und erfolgreich[233], was auch Ladenburg zu spüren bekam. Als es von der Mitte des 14. Jhs. an um die Herrschaft über Ladenburg ging, standen diesem tüchtigen Fürsten in seiner ungewöhnlich langen Regierungszeit fünf Wormser Bischöfe gegenüber, und zwar Gerlach von Erbach (1329–1332), Salman Waldbot genannt Cleman (1332–1359), Dietrich von Boppard (1359–1365), Johann I. Schadland (1365–1370) und Eckart von Ders(ch) (1370–1405). Zusätzlich geschwächt war die Position der Bischöfe dadurch, daß sie fast immer aus zwiespältigen Wahlen hervorgegangen waren, was Auseinandersetzungen mit dem Domkapitel und Eingriffe der päpstlichen Kurie zur Folge hatte. Dazu kamen die andauernden Spannungen zwischen den Bischöfen und den Wormser Bürgern; Gelegenheiten genug für den Pfalzgrafen, Partei zu ergreifen. Von dieser Zeit an befand sich das Bistum „auf dem Weg in die Abhängigkeit von der Pfalzgrafschaft“[234].

Von Ruprecht I. an war es ein unverrückbares Ziel der Pfalz, das Bistum Worms in eine Art pfälzisches Landesbistum zu verwandeln und über den sogenannten „Schutz und Schirm“[235] in das Hochstift bei jeder sich bietenden Gelegenheit einzugreifen. Wie sich das darstellte, ist an Ladenburg am besten zu erkennen. Diese Stadt konnte dem Wormser Bischof mit den gängigen Mitteln der damaligen Zeit nicht einfach weggenommen werden, dazu war dessen Stellung in Ladenburg zu unanfechtbar. Darüber hinaus gab es seit über 100 Jahren einen beachtlichen Drang der Ladenburger Bürger nach Selbstverwaltung. So kam es in den mehr als vierzehnjärigen Wirren, die in Hochstift und Stadt der endgültigen päpstlichen Approbation Bischof Salmans am 8. April 1343[236] vorangingen, zur Zerrüttung der bischöflichen Finanzen, ja Auflösungserscheinungen im ganzen Hochstift, die Erzbischof Balduin von Trier, der größte Gegner Salmans, gegen dessen Kandidatur beim Papst als anarchisch ins Feld führte. In seiner Aufzählung stand auch: *Oppidani seu burgenses oppidi Ladeburg (tenuerunt iussu & mandato Ludovici imp(eratoris) hoc ipsum oppidum* – Die Stadtbewohner oder Bürger der Stadt Ladenburg (hatten im Auftrag und Befehl des Kaisers Ludwig die Herrschaft inne) über diese Stadt selbst[237]. Der Groll des mächtigen Trierer Erzbischofs Balduin, der damals auch das Erzbistum Mainz verwaltete, rührte daher, daß die Ladenburger sich geweigert hatten, den 1335 von ihm eingesetzten Konrad von Erbach als einen mainzischen Amtmann statt des Wormsers anzunehmen. Ihr Widerstand ließ sich auch durch ein Gebot des Kaisers von 1339 nicht brechen[238].

Salmans wichtigster Helfer war kein anderer als Pfalzgraf Ruprecht I., dem es in diesem langen Verfahren gelang, „die Wormser Geistlichkeit fast völlig von sich abhängig zu machen“[239]. 1349 präsentierte er die Rechnung. Er ließ sich am 28. Juni vom Domkapitel versprechen, *keinen Bischof zuzulassen, er habe denn zuvor geschworen, der Pfalz aus Ladenburg und anderen vesten keinen schaden zu tun* [240]. Im Gegenzug nahm er das Domstift Worms in seinen Schutz, und zwar jeden einzelnen Domherrn und seinen Besitz (!). Diesen Schutz versprach er auch dem Bischof und dem ganzen Hochstift – bei gutem Verhalten gegenüber der Pfalz *ane alle argelist und geverde* – ohne jede Arglist und Gefährdung. Wenn aber ein Bischof in Zukunft dies nicht einhielt: *daz got verhiede* – was Gott verhüte, werde und könne er nicht mehr zu seinen Verpflichtungen stehen[241]. Zwar lagen fast gleichzeitige Schutz- und Schirmerklärungen des Königs Karl IV. vor[242], die aber bei der Schwäche der Reichsgewalt Absichtserklärungen blieben.

### Der Kampf um Ladenburg

Die Ladenburger indessen, seit über 20 Jahren an Selbständigkeit gewöhnt, wollten jeden anderen als Schutzherrn, wenn er nur weit genug weg war, in keinem Fall hingegen den mächtigen Nachbarn in Heidelberg. So gewannen sie zuerst den Grafen Eberhard von Württemberg als Schutzherrn, der tatsächlich im Sommer 1349 mit einem Heer vor Ladenburg rückte. Die Bürger ließen ihn in die Stadt. Ruprecht ließ sich das nicht gefallen und zog ebenfalls Truppen zusammen, rückte vor die Stadt, so daß eine Schlacht um Ladenburg drohte. Gleichzeitig gewann er die mächtigen Grafen von Oettingen und schloß mit ihnen auf zwei Jahre ein Bündnis gegen Württemberg[243]: Sie sollten in das ungeschützte Land einfallen. Angesicht dieser ungünstigen Lage zog Eberhard das *bonum pacis* – das hohe Gut des Friedens vor, ließ die Stadt im Stich und *permansit in ducis defensione* – ließ sie in der Schirmherrschaft des Herzogs (von Bayern = Pfalzgrafen) bleiben. *Quem ducem incole opidi a sua potestate excluserunt et Walramum comitem de Sponheim pro defensore elegerunt et assumpserunt Salmanno episcopo paciente et sciente* – Diesen Herzog schlossen die Bürger (von Ladenburg) von der Schutzherrschaft über sich aus und wählten und nahmen an den Grafen Walram von Sponheim für einen Schutzherrn mit Wissen und Duldung des Bischofs Salman[244]. Dieser „fehdelustige Graf“[245] besetzte die Stadt und eröffnete eine Fehde gegen Ruprecht, indem er von Ladenburg aus die pfälzischen Dörfer der Umgebung wie Seckenheim, Käfertal, Edingen, die Sachsendörfer und andere Orte planmäßig plünderte und brandschatzte; den Ladenburger Mönchhof des inzwischen pfälzischen Klosters Schönau raubte er ebenso aus *wie andere des pfalzgrafen leute zu Laudemburg*[246].

Bischof Salman schloß mit Walram einen Vertrag und verpfändete ihm die Hälfte von Ladenburg als Entschädigung für seine Unkosten; darauf hatte er sich mit ihm verständigt, um überhaupt wieder einen Fuß nach Ladenburg setzen zu können. Dies war eine doppelte Untreue: einmal brach der Bischof mit seinem alten Verbündeten, dem Pfalzgrafen, zum zweiten brach Walram sein Schutzversprechen gegenüber den Ladenburgern. Ruprecht schien damit ausmanövriert zu sein; er ging fürs erste den Verhandlungsweg; denn Walram hatte sich noch mit Speyer verbündet und dadurch ein starke Stellung erlangt. 1351 vertrug Ruprecht sich mit den Grafen von Württemberg[247] und traf Absprachen mit dem Erzbischof Balduin von Trier[248]. 1352 kam es zu mehreren Terminen zwischen Ruprecht und Walram, am 12. Dezember in Speyer zu einer Sühneverhandlung vor dem Landgericht über die Schäden, die Walram der Pfalz angetan hatte. Da Walram nicht erschien und sich nicht verantwortete, erhielt Ruprecht 1200 Pfund Heller als Schadensersatz. Ladenburg blieb in Walrams Besitz[249].

Im folgenden Jahr trat Bischof Salman in zwei in Heidelberg (!) abgefaßten Erklärungen für sich und das Bistum unter den Schutz und Schirm des Pfalzgrafen und gestand zu, aus den festen Plätzen Ladenburg, Stein, Dirmstein und Stadeck der Pfalz keinen Schaden mehr zu tun, wenn er wieder in deren Besitz sei. Der Bischof versprach dabei, daß er mit dem Grafen Walram von Sponheim und dem Herrn von Falkenstein *keine richtunge nemen* – keinen Vertrag schließen wolle[250]. Trotzdem mußte er ein Jahr später auch den Wormser Herrschaftskomplex um die Burg Stein an der Weschnitzmündung genau wie Ladenburg an Walram verpfänden. „Die Zerrüttung von Bistum und Hochstift hatte so katastrophale Ausmaße angenommen“[251], daß sich Kaiser Karl IV. 1355 auf dem Reichstag von Nürnberg einschaltete und es unter kaiserlichen Schutz nahm. 1358 wurde für den kranken, zur Resignation neigenden Bischof Salman ein Koadjutor bestellt, der auch ein Jahr später die Nachfolge antrat[252].

Pfalzgraf Ruprecht hatte indessen sein Ziel, Ladenburg zu erwerben, keinesfalls aus den Augen verloren. Seine Stärke zeigte sich darin, daß Salmans Nachfolger Bischof Dietrich von Boppard noch vor seinem Einzug in Worms den Kapitelbeschluß von 1349 bestätigen mußte, der Pfalz von seinen Festungen aus keinen Schaden zu tun[253]. Damit war Wohlverhalten gegenüber dem übermächtigen Nachbarn geradezu eine Vorbedingung, Wormser Bischof zu werden. Deshalb versuchte Dietrich, in Kaiser und Papst einen Rückhalt gegen die Territorialherren zu finden, was ihm jedoch gegen Ruprecht nichts nützte. Als er 1363 Walram von Sponheim vor dem Kaiser auf Rückgabe von Ladenburg und Stein verklagte, verwies ihn dieser sogar an Ruprecht. Der Kurfürst entschied listig, daß Walram so lange im Pfandbesitz der Festung Stein und der Hälfte von Ladenburg bleiben dürfe, bis ihm das Hochstift die 23.000 Gulden, die es ihm schulde, gezahlt habe[254]. Darüber hinaus mußte Bischof Dietrich weitere Herrschaftsrechte wie Teile der Bede und die Einkünfte vom Schultheißenamt den pfälzischen Lehensleuten und Beamten Heinrich und Kleinheinrich von Erligheim überlassen[255]. So resignierte er 1365 ebenfalls vor der Aufgabe, den verpfändeten Besitz des Hochstifts zu restituieren.

Auch unter seinem Nachfolger Bischof Johann Schadland trat keine grundsätzliche Wende zum Besseren ein, obwohl dieser sich wieder mehr auf die regionalen Kräfte verließ. In einem Konflikt mit der Stadt führte bezeichnenderweise Pfalzgraf Ruprecht der jüngere 1366 einen Ausgleich herbei[256], die sogenannte vierte Rachtung. Trotzdem kam es zu einer neuen Konfrontation zwischen ihm und der Pfalzgrafschaft. Kurfürst Ruprecht griff nun offen in die Rechte des bischöfliche Restterritoriums ein und zog die Gerichtsbarkeit in Wormser Ortschaften an sich. Er ging dabei so rücksichtslos vor, daß Kaiser Karl IV. ihm dies ausdrücklich untersagte[257]. 1367 mußte der Kaiser sein Gebot als Anordnung an die rheinischen Kurfürsten ausdrücklich wiederholen[258]. In dieser Auseinandersetzung mit dem Kaiser, zu dem Ruprecht wegen der luxemburgischen Hausmachtspolitik in Gegensatz geraten war, unterstellten sich die Wormser Stifte ebenfalls dem Schutz des Pfalzgrafen[259].

Inzwischen hatte es der fehdelustige Graf Walram von Sponheim geschafft, sich mit fast allen seinen Nachbarn zu überwerfen, was Ruprecht weitblickend benutzte, um ihn zu isolieren. Walram führte im Raum um Bolanden und im unteren Nahebergland Krieg, in dem Ruprecht mit seinen Feinden Kontakt[260] hielt, ja ihnen 1.000 Mann seiner Bundesgenossen, des Markgrafen von Baden und des Grafen von Württemberg, auf den Hals hetzte: *autore Ruperto Rufo comite Palatino* – auf Veranlassung des Pfalzgrafen Ruprechts des Roten. Diese Reisigen verwandelten die Dörfer Walrams *in fovillam et solitudinem* – in Brandstätten und Einöden[261]. Walram erkannte durchaus seinen Hauptfeind, obwohl sich dieser im Hintergrund hielt, und verbündete sich im Vertrauen auf den inzwischen mit Ruprecht verfeindeten Kaiser am 20. Oktober 1370 mit Reinhart von Daun gegen die Pfalzgrafen und alle Helfer derer von Bolanden, Odenbach und Meckenheim *und allen die itzunt in demselben criege sint und noch hernach darin komen mogent*[262]. Schon wenige Tage später gelang den Gegnern Walrams der Überraschungsschlag gegen das vom Kriegsschauplatz weit abliegende Ladenburg. Die Ritter und Edelknechte *Wolf von Meckenheim* genannt von *Cropsberg, Gerhard von Odenbach, Henchin von Meckenheim, Raffen von Dalheim, Hans von Clingenberg, Hans Moniche* und *Hennich Rode* und ihre Helfer überrumpelten – offensichtlich im Einvernehmen und mit Unterstützung Ruprechts – die ahnungslose sponheimische Besatzung in Ladenburg, nahmen sie gefangen und besetzten die sponheimische Hälfte der Stadt. Diese veräußerten sie postwendend (nämlich am 30. Oktober) um 6.000 fl an Kurfürst Ruprecht. Ruprecht versicherte Bischof Johann das Wiederkaufsrecht um diese Summe zu, doch nur wenn er verspreche, die Stadt nicht mehr zu veräußern und der Pfalz von ihr aus keinen Schaden zu tun[263]. 1371 resignierte Bischof Johann I. Schadland und verzichtete auf den Wormser Bischofsstuhl[264].

Damit war die grundsätzliche Entscheidung gefallen und der 20-jährige Kampf um Ladenburg zugunsten der Pfalz entschieden. Kurfürst Ruprecht hatte sein Ziel mit unendlicher Geduld und auf vielen Umwegen erreicht. Graf Walram von Sponheim hatte die in ihn gesetzten Hoffnungen nicht erfüllt. Der Bischof mußte sich mit der Pfalz arrangieren, wenn er seinen Teil der Stadt behalten wollte.

Auf der Strecke geblieben war die Ladenburger Bürgerschaft, die ihr Spiel um den hohen Einsatz der Stadtfreiheit verloren hatte. Was sie mit allen Mitteln vermeiden wollte, nämlich von der fast abgeschüttelten Herrschaft der Wormser Bischöfe in die Gewalt des übermächtigen Pfalzgrafen zu geraten, war eingetreten. In Zukunft konnte in Ladenburg ohne die Pfalz oder gar gegen sie nichts mehr geschehen. Daran änderte die zweigeteilte Ortsherrschaft, das sogenannte Kondominat, nichts.

**Das Kondominat**

Der neue Bischof Eckard von Ders verdankte zum ersten Mal wieder seine Wahl der freien Entscheidung des Domkapitels, konnte sich aber auch auf Kaiser und Papst stützen. Trotzdem war er klug genug zu erkennen, daß seine Macht nur auf dem Wohlwollen der Pfalz beruhte. „Für die enge Kooperation zwischen Worms und Heidelberg gibt es zahlreiche Hinweise“[265]. Mit ihm begann die enge Anlehnung der Bischöfe an die Pfalz, die rund 150 Jahre lang bis in die Reformationszeit währen sollte. Symbol für diese enge Bindung war das Kondominat in Ladenburg. Nicht zufällig sind diese 150 Jahre die Blütezeit der bischöflichen Residenz in Ladenburg und der ganzen Stadt.

Schon zu Beginn seines Pontifikats legte er Ruprecht gegenüber das Versprechen ab, die Pfalz von seinen Burgen aus nicht zu schädigen[266]. Als er in den späten 70er Jahren wegen der Weinumgeldspflicht des Klerus mit der Bürgerschaft von Worms in Streit geriet, kam es zu heftigen Kämpfen, in die sich die rheinischen Städte auf seiten der Stadt, der umliegende Adel auf seiten des Klerus einmischten. Als König Wenzel 1378 die Stadt zu einer Strafe von 100.000 Mark in Gold verurteilte und die Privilegien des Klerus auf umgeldfreien Weinverkauf wieder herstellte, kam es zum offenen Aufstand in Worms und zur Tötung von 38 Geistlichen. Die Geistlichkeit hatte sich längst in das Cyriakusstift vor den Toren der Stadt zurückgezogen und der Bischof nach Ladenburg. 1386 beauftragte Papst Urban VI. die Erzbischöfe von Mainz und Trier, über Worms das Interdikt zu verhängen.

Der Konflikt wurde schließlich durch Verhandlungen unter dem Vorsitz des Pfalzgrafen Ruprechts III., des späteren Königs, und des Grafen Heinrich von Sponheim durch die sogenante fünfte Rachtung gelöst[267], die einen Kompromiß darstellte. Angesichts dieser schweren Konflikte waren nun alle Parteien daran interessiert, den alten Zwist über Ladenburg zu beenden, wobei die Pfalz Bereitschaft zeigte, Simon von Sponheim, dem Sohn Walrams, entgegenzukommen; denn die pfälzische Position in Ladenburg war nicht mehr angefochten. Auf einem Tag in Oppenheim am 10. November 1386 übernahmen die Pfalzgrafen die alte Pfandschaft über Ladenburg (Stein und Stadeck) für 21.000 fl und zahlten diese an den Grafen Simon von Sponheim[268]; im Gegenzug verzichtete dieser auf Entschädigung für alle Verluste, die ihm von Ruprecht zugefügt worden waren[269] ; daraufhin versprach dieser dem Bischof, die Einlösung der Pfandschaften Ladenburg und Stein durch das Hochstift anzunehmen[270], wenn diese sie bezahlen könnten. Das gute Verhältnis zwischen beiden kam darin zum Ausdruck, daß der Kurfürst im Januar 1387 erklärte von der Pfandsumme bei Barzahlung 6.000 fl nachlassen zu wollen *durch sonderliche fruntschafft die wir han zu dem stiffte zu Wormbs*[271].

Zwei Urkunden klären das Binnenverhältnis zwischen den beiden Stadtherren. Am 26. August 1385 errichteten beide einen ewigen Burgfrieden: *Zum ersten sol derselbe burgfrieden sein und weren* (währen) *in der stad und muren zu Laudenburg umb und umb und uzwendig* (außerhalb) *der stad als wit als verre* (weit und breit), *als die marck doselbs get und begriffen hat* (Gemarkung daselbst reicht) *an alle geverde* (ohne jede Gefährdung)[272]. In Artikel 2 und 3 dieser Übereinkunft wird die Regelung bei einem Bruch des Burgfriedens festgestellt.

In der zweiten sehr viel umfangreicheren Urkunde vom 8. Januar 1387[273] geht es in § 2 um die konkrete Aufteilung des Kondominats in der Stadt. Gemeinsam sind: ... *mit dem halben teill der burgmanne, burgern, luten, dorfern, eckern, wingarten, weiden, welden, wiltbanne, felde, waßern, fischerien, wassergengen, mulen, ampten, gulden, zinsen, beten, sturen, gutern und allen zugehorungen, mit allen rech-*

*ten, gewonheiden eren und gevellen ... doch nimt er uz im und sinen nachkomen den sale, die wonunge zu Laudenburg, zu siner wonunge, daz er und sin nachkomen darinne wonen sollen und mogen, mit beheltenis doch, daz uns und unsern erben gemeine und offen sollent sin die genge und wege uz und inne zu dem neckerthorn, der gemein ist, und zu dem thornhofe und portlin daran, daz alles gemein ist als alle ander gemeinschaft zum halben theil zu Laudenburg.* – ... mit dem halben Teil der Burgmannen (die Besatzung der Stadtherren, je zur Hälfte pfälzisch und wormsisch), Bürger, Leute (alle anderen Einwohner wie Beisassen und Leibeigene), Dörfer (Neckarhausen), Äcker, Weingärten, Weiden, Wälder, Wildbänne (Jagdrechte), Felder, Gewässer (Neckar und die Bäche), Fischereirecht, Wassergänge (Kanäle = Kandelbach und Dole) und Gräben (Stadtgraben), Mühlen, Ämter, Gülten (Geldertäge), Zinsen, Bede (Abgabe), Steuern, Güter mit allem Zubehör, mit allen Rechten, Gewohnheiten, Ehren und Gefällen .... Doch nimmt er (der Bischof) davon aus für seine Person und seine Nachkommen den Saal (Bischofshof), die bischöfliche Wohnung zu Ladenburg, zu seiner Wohnung, daß er und seine Nachfolger darin wohnen sollen und können, mit dem Vorbehalt, daß uns (dem Kurfürsten) und unseren Erben gemeinsam und offen sollen sein die Gänge (Wehrgänge) und Wege außen und innen zum Neckar(tor)-turm, der gemeinsam ist, und zu dem Turmhof und dem Pförtlein daran, was alles so gemeinsam ist wie alle anderen Gemeinschaften zum halben Teil zu Ladenburg.

In § 3 geht es um die gemeinsame Huldigung: *Auch sollent alle burgmanne, burger, amptlude, thornknechte, portener und wechter uns und unsern erben und dem vorgnanten hern Eckard, bischoff zu Wormß, und sinen nachkomen alle zit gelich hulden, sweren und verbunden sin in allen stucken, als bivor und nach in diesen brif geschriben stet.* – Auch sollen (werden) alle Burgmannen (Ritter und Kriegsknechte), Bürger, Amtsträger, Turmknechte (-besatzungen), Pförtner und Wächter uns (dem Kurfürsten) und unseren Erben und dem vorgenannten Herrn Eckard, Bischof zu Worms, und seinen Nachfolgern, allezeit in gleicher Weise huldigen, schwören und eidlich verbunden sein in jeder Hinsicht, wie es vor und nach diesem Paragraphen in diesem Brief geschrieben steht.

In § 4 wird geregelt, wie die Rechte und Pflichten des Bischofs und des Domkapitels abgegrenzt sind und wie beim Wechsel im Pontifikat zu verfahren ist. Das Kapitel darf nur während der Sedisvakanz (des unbesetzten Bischofsstuhls) in den Genuß des bischöflichen Teils von Ladenburg kommen. Wenn wieder einmütig ein Bischof gewählt ist, hat dieser alle Rechte und Pflichten wahrzunehmen.

In § 5 läßt der Pfalzgraf 6.000 fl an der Pfandsumme nach, wenn sie der Bischof einlösen sollte, allerdings unter der Bedingung, daß der Bischof diese eingelösten Pfänder niemals einem Dritten verpfändet, abtritt oder verkauft.

In § 6 und 7 schwört der Bischof erneut, der Pfalz aus Ladenburg keinen Schaden zu tun. Diesen Schwur haben auch der Domdekan und das Domkapitel zu leisten, verbunden mit dem Gelöbnis, niemals einen Bischof zu wählen, der der Pfalz diesen Schwur nicht leistet.

In § 8 und 9 gelobt der Pfalzgraf und Kurfürst Ruprecht für sich und seine Nachfolger, einen ewigen Burgfrieden in Ladenburg und auf seiner ganzen Gemarkung (einschließlich Neckarhausen) zu halten. Im Falle eines Friedensbruches soll innerhalb von 14 Tagen eine gemeinsame Kommission gebildet und nach Heidelberg gerufen werden, um die Anstände festzustellen und ihnen abzuhelfen. Bei sonstigen Streitfällen soll ein unabhängiger Obmann eingesetzt werden, der die Streitfälle schlichtet. An diese Schlichtung sollen sich beide Parteien ohne Hinterlist und Vorbehalt halten.

In § 10 werden alle älteren Regelungen und Absprachen zwischen dem Bischof und dem Pfalzgrafen aufgehoben und für *dot und craftlos* erklärt. Unterzeichnet und gesiegelt haben diese Urkunde die drei Ruprechte, der Ältere, zugleich Kurfürst, gest. 1390, der Jüngere (II., Neffe des Älteren und Kurfürst von 1390–1398) und Ruprecht der Jüngste, genannt Clem (III., Sohn des Jüngeren, von 1398 an Kurfürst und von 1400–1410 deutscher König). Eine zweite Urkunde gleichen Wortlauts wurde am gleichen Tag von Bischof Eckard erstellt, von ihm, dem Domkapitel und den Vertretern der Stadt Ladenburg beschworen und gesiegelt. Für Ladenburg heißt es: *Und wir schulthis, scheffen und burger gemeinlich zu Laudenburg erkennen und verbinden unß und unßer nachkommen an den hochgeborn fursten unßern lieben gnedigen herren hertzog Ruprecht den eltern und sinen erben obgnant bi den eiden, die wir daruber gesworn haben, ine zu halten alle artickel, die in dissem brieff geschrieben stent, umb geheiß und bete des erwirdigen unßers lieben herren, hern Echarts bischoff und capittel zu Worms des egenanten. Des zur urkunde han wir der statt Laudenburg insigel an dissen brieff gehangen.* – Und wir Schultheiß, Schöffen und Bürger gemeinsam zu Ladenburg anerkennen und verbinden uns und unsere Nachkommen mit dem hochgeborenen Fürsten, unseren lieben, gnädigen Herrn Herzog Ruprecht dem Älteren und seinen oben genannten Erben durch die Eide, die wir darüber geschworen haben, nämlich Ihnen zu halten alle Artikel, die in diesem Brief geschrieben stehen, auf Geheiß und Bitten unseres ehrwürdigen und lieben Herrn Eckarts, Bischofs, und des oben genannten Kapitels zu Worms. Dessen zur Urkund haben wir das Siegel der Stadt Ladenburg an diesen Brief gehängt. Daraufhin wurden beide Urkunden ausgetauscht. Von der Stadtfreiheit war immerhin soviel übriggeblieben, daß die Stadt ihre Zustimmung zum Kondominat geben mußte.

Für die Kurpfalz war die Möglichkeit einer Wiedereinlösung der Hälfte von Ladenburg (und der Burg Stein) offensichtlich eine rein theoretische Möglichkeit; denn Ruprecht III. behandelte seine Hälfte Ladenburgs wie jede andere pfälzische Gemeinde: Sie wurde mehrmals weiter verpfändet, in ein Wittum (Witwenaussteuer) eingebracht und der pfälzischen Erbteilung von 1410 unterworfen. 250 Jahre später sollte der konkrete Fall einer Einlösung des Pfandes sogar einen Krieg auslösen und die Sequestration zur Folge haben[274]. Im April 1402 wurde die pfälzische Hälfte Ladenburgs von König Ruprecht an den pfälzischen Lehensmann Dieter von Inseltheim verpfändet auf Wiedereinlösung der von ihm geliehenen 6.000 fl aus der erwarteten Mitgift seiner englischen Schwiegertochter, Prinzessin Blanca[275]. Im August des gleichen Jahres verkaufte er die Hälfte Ladenburgs und Neckarhausens mit dem Recht des Wiederkaufs um ebenfalls 6.000 fl an seine Lehensleute und hohen Beamten Schwarzreinhard und Hanmann von Sikkingen mit der Auflage, daß die Käufer von der Stadt Ladenburg nicht mehr als 100 fl Steuer über die normal fälligen 50 fl Bede hinaus erheben durften[276]. Die beiden hatten dem König 3.400 fl geliehen[277]. Diese schnell aufeinander folgenden Verpfändungen verraten die Geldnot des Königs, der vom September 1401 bis April 1402 seinen, letztlich am Geldmangel gescheiterten Italienzug[278] durchführte, und andererseits, daß das Pfand Ladenburg recht ertragreich war. Bis 1406 mußte es Ruprecht jedenfalls wieder zurückgekauft haben (oder sich des Rückkaufs gewiß sein); denn in diesem Jahr verschrieb er *Laudenburg die stadt halb* mit einer ganzen Anzahl anderer Nutzungsrechte, darunter auch Schriesheim und die Strahlenburg, seiner Gemahlin Elisabeth als Wittum. Die beiden Sickingen unterschrieben als Mitglieder des königlichen Rates mit; vielleicht kann das auch darauf hindeuten, daß damals Ladenburg noch in deren Besitz war[279]. Als König Ruprecht 1410 verschied, erhielt zwar seine Witwe in ihrem Wittum Ladenburg, starb aber selbst bereits 1411. Im großen Teilungsvertrag von 1410, der die Pfalz unter die vier Söhne Ruprechts III. aufteilte, war Ladenburg nach dem Tode Elisabeths für den ältesten Bruder, den Kurfürsten Ludwig III. (1410–1436), vorgesehen, so daß das Ladenburger Kondominat bei der Heidelberger Kurlinie blieb[280]. Um 1500 wurde der pfälzische Anteil noch mehrmals versetzt, so 1507 an Dieter von Handschuhsheim[281], was sicher mit dem verlustreichen Landshuter Erbfolgekrieg zusammenhängt.

# Anmerkungen

1 In kirchlichem Sprachgebrauch Diözese oder Sprengel. Diözese ist ein Begriff aus der Verwaltungspraxis des spätrömischen Reiches; dort war die Diözese der Oberbegriff zur Provinz.

2 Bis 1860/70 erstreckte sich dieser über ganz Mittelitalien, und seit den Lateranverträgen von 1929 gibt es ihn wieder im kleinen Vatikanstaat.

3 BORGOLTE: Mittelalterliche Kirche, S. 72–74. „Reichskirchensystem" ist ein Begriff aus der Forschung des 19. und frühen 20. Jahrhunderts und meint die Tatsache der engen Verbindung des deutschen Königtums mit der Reichskirche, die seit Otto dem Großen die Regel war und den Investiturstreit auslöste. Vgl. dazu die grundlegenden Werke von FLECKENSTEIN, J.: Die Hofkapelle der deutschen Könige, 2 Teile, Stuttgart 1959–1966 und DERS.: Problematik und Gestalt der ottonisch-salischen Reichskirche. In: Reich und Kirche vor dem Investiturstreit, hg. v. K. SCHMID, Sigmaringen 1985, S. 83–98.

4 Zu Worms SCHAAB: Worms; für dieses Kapitel besonders der Abschnitt „Das Territorium der Bischöfe", S. 143–169. Seit neustem JÜRGENSMEIER, F.: Das Bistum Worms von der Römerzeit bis zur Auflösung 1801, Würzburg 1997 (Beiträge zur Mainzer Kirchengeschichte 5).

5 Vgl. WÜST, G.: Tausend Jahre Neckargemünd, Heidelberg 1988, S. 57–60 (mit aufschlußreichen Karten).

6 HOTZ, W.: Der Dom zu Worms, Worms 1982 und ENGLERT, S.: Der Dom zu Worms, Worms 1990.

7 JÜRGENSMEIER: Worms, S. 28–30 u. 32.

8 JÜRGENSMEIER: Worms, S. 44–46.

9 Übrigens auch solche des Klosters Lorsch; denn er war 1199–1206 gleichzeitg Lorscher Abt und behielt in der nachfolgenden Sedisvakanz in Lorsch bis 1214 großen Einfluß!

10 QuGStWo I nr 115 und PROBST: Neckarau I, S. 185/186.

11 OTTO, E.F.: Die Entwicklung der Kirchenvogtei im 10. Jahrhundert, 1933; WERLE, H.: Studien zur Wormser und Speyerer Hochstiftsvogtei im 12. Jahrhundert. In: BPfKG 21 (1954), S. 80–89.

12 In dieser frühen Phase tragen die hochadeligen Familien jeweils den gleichen Leitnamen, ein Jahrhundert später nennen sie sich bereits nach ihrer Stammburg, vgl. die Grafen von Lauffen.

13 JÜRGENSMEIER: Worms, S. 29.

14 SCHAAB: Entstehung, S. 233–276.

15 Kurpräzipuum bedeutet, daß an diesem Gebiet die Kurwürde hing und dieses Gebiet niemals einer Erbteilung unterworfen sein durfte, um einen Streit über die Führung der Kurstimme zu vermeiden.

16 Eine Neuauflage dieses Kampfes war die ebenfalls teilweise blutige Auseinandersetzung um das Lorscher Erbe zwischen Kurmainz und Kurpfalz nach der Aufhebung der Abtei 1237.

17 Ein spektakulärer Parallelfall ist der Gewinn der großen Heppenheimer Waldmark für Lorsch; diese ist zu Beginn des 8. Jahrhunderts als Lehen des Gaugrafen Wegelenzo greifbar und wird nach 763 von dem Grafen Warin König Pippin zurückgegeben und 773 von Karl dem Großen an Lorsch gegeben. BÜTTNER/GERLICH: Heppenheim, S. 163.

18 Vgl. die Karte S. 300/301.

19 CL 6. Ich erinnere in diesem Zusammenhang noch einmal an CL 429 mit der Schenkung an die Peters(!)kirche (CL 6) zu Heppenheim noch in Ladenburg /Botzheim am 17. 7. 755 und noch durch den Wormser amanuensis Hiebo! Dieser Vorgang weist deutlich auf frühere Wormser Rechte hin.

20 BÜTTNER, H.: Heppenheim, Bergstraße und Odenwald – von der Franken- zur Stauferzeit. In: 1200 Jahre Heppenheim (1955), S. 27–53; ND BÜTTNER/GERLICH, S. 158–184. (Im weiteren nach ND zitiert).

21 BÜTTNER/GERLICH: Heppenheim, S.159. Vgl. BÜTTNER/GERLICH: Die politischen Kräfte zwischen Rhein und Odenwald bis zum 11. Jahrhundert, Darmstadt 1975, S. 256: „Die Vorliebe und Fürsorge von Mitgliedern der karolingischen Familie für die Abtei Lorsch dauerte auch im 9. Jh. noch an. Für Ludwig den Deutschen waren ... die Pfalz zu Frankfurt und das Kloster Lorsch die zwei Brennpunkte, wenn er im Rhein-Main-Gebiet weilte."

22 BÜTTNER/GERLICH: Heppenheim, S. 165.

23 QuGStWo I nr 17 aus dem Jahre 829 und MGH DOI 310 von 953. Daß dieser Wechsel im Wortgebrauch auffällig ist, ist noch nicht interpretiert worden.

24 TRAUTZ: Neckarland, S. 110–115.

25 Künstlicher Burghügel.

26 KUNZE, R.: Die (3) Heidelberger Burgen – Noch ein Beitrag zu einem alten Thema. In: MGBl NF 4 (1997) S. 29–42. Kunze antwortet hier auf und korrigiert aufgrund genauer Gelände- und Bauobservation den Aufsatz von BENNER/WENDT: Heidelberg, S. 61–101. Dort werden u.a. die Errichtung des „Alten Schlosses = Heidelberg" auf der Molkenkur und die Gründung des Burgweilers durch die Pfalzgrafen Konrad von Staufen und Ludwig I. um 1180 und 1225 auf Wormser Gebiet behauptet und die Ergebnisse Schaabs im Hinblick auf das Gründungsjahr Heidelbergs 1196 relativiert. vgl. SCHAAB: Entstehung, S. 255–273. Der von E. MITTLER 1996 herausgegebene Jubiläumsband »Heidelberg – Geschichte und Gestalt« streift dieses wichtige Kapitel nur in zwei Beiträgen: MARZOLFF, P.: Der Heiligenberg, S. 38–45 und SCHEUERBRANDT, A.: Heidelbergs Aufstieg und Niedergang, S. 48–87.

27 Vita Burchardi, cap. 3, hg. von G. WAITZ. In: MGH SS 4, Hannover 1841, S. 829–844 und RI II 3 Nr. 1305d, S. 711 und Nr. 1329c, S. 733, sowie CL 73. Dieser erzwungene Verzicht auf Lorsch wirft auch ein Licht auf die alte Rivalität zwischen Mainz und Worms. Vgl. auch ALTHOFF, G.: Otto III, Darmstadt 1996, S. 133.

28 MGH DH II 501 und CL 95.

29 MINST: CL I, S. 152.

30 Zu allen Fragen der hoch- und spätmittelalterlichen Stadtgeschichte vgl. das Handbuch von E. ISENMANN:

Die deutsche Stadt im Spätmittelalter, Bern und Stuttgart 1988 mit der weiterführenden Literatur.

31 MGH DO I 161.

32 Auch QuGStWo I nr 17, S. 9–10: Friesen sind im frühen Mittelalter bekanntlich Fernhandelskaufleute, so daß häufig die Nennung von Friesen genügt, um auf einen Markt hinzuweisen.

33 Das erklärt die Interpolation der Städte Ladenburg und Wimpfen in die Urkunde Ludwigs des Frommen für Worms.

34 CL 139.

35 So zum ersten Mal genannt 1002 in MGH DH II 222 nr 187 und CL 91.

36 CL 71.

37 CL 74.

38 CL 87.

39 CL 84.

40 CL 91.

41 *Monetam in praefato loco Winenheim ad utilitatem eiusdem monasterii Lorissam in proprium tradidimus* – Wir haben die Münze im og. Ort Weinheim zum Nutzen und Gebrauch desselben Klosters Lorsch als Eigentum übertragen CL 130 und MGH DH IV 165.

42 Z.B. unter Abt Sighard, gest. 1198. JOSEPH, P.: Der Weinheimer Halbbrakteatenfund. In: Neue Heidelberger Jahrbücher 7 (1897), S. 161–198. Lorsch selbst hatte das Münzrecht 1067 erhalten, CL 129.

43 OrhStR I, S. 697/98.

44 QuGSTWo I nr 80, S. 66.

45 Prägezeit 1167 bis 1198. JOSEPH, P.: Der Ladenburger Münzfund. In: Frankfurter Münzzeitung 5. Jahrgang Nr. 60 vom 1. 12. 1905; S. 353–362. Dazu kommen noch zwei Münzfunde von 1889 in Abenheim, 301 Münzen, und Worms selbst, 2147 Münzen. Vgl. JOSEPH, P.: Die Halbbrakteatenfunde von Worms und Abenheim, Frankfurt 1900.

46 LUTZ, D.: Beobachtungen zum Anwesen Hauptstraße 23 in Ladenburg. In: ArchAusgrBW (1987), S. 286–289.

47 SCHULZ, K.: Die Ministerialität als Problem der Stadtgeschichte. In: Rheinische Vierteljahresblätter 32 (1968), S. 199.

48 SCHULZ: Ministerialität, S. 197.

49 SCHAAB: Kurpfalz I, S. 62. Vgl. weiter unten S. 321–324.

50 Siehe S. 329.

51 KRIEGER: König, Reich, S. 42–48.

52 So erschien der Abt von Lorsch 1066 vor Kaiser Heinrich IV. auf dem Hoftag in Trebur mit 1200 Lehensleuten samt Gefolge, CL 126.

53 MGH DLD 156 und CL 38.

54 MGH DH II 128.

55 MGH D H IV 78.

56 MGH SS : Lamperti Annales a. 1073, rer germ., S. 169: ed.v. HOLDER-EGGER 1894: *Cumque prope Wormaciam in locum, qui dicitur Lovendeburg, venisset, gravissima egritudine correptus multis diebus lecto decubabat* – Als er (Heinrich IV.) in der Nähe von Worms in einen Ort namens Ladenburg gekommen war, wurde er von einer schweren Krankheit niedergestreckt und lag (dort) viele Tage zu Bett.

57 Gud Syll 18, S. 46 und RI IV 3 (1972) nr 507.

58 RIECKENBERG, H. J.: Königsstraße und Königsgut 919–1056. In: Archiv für Urkundenforschung 17 (1942), S. 1–154. Dieser nennt Ladenburg unter den Städten, die für einen Königsaufenthalt in Frage kamen: Nr. 106 von insgesamt 221 Pfalzen, Burgen, Klöstern und Städten. Vgl. Ortsregister und Karten S. 152–154 und Anhang. MAYER, T.: Das deutsche Königtum und sein Wirkungsbereich. In: Das Reich und Europa, Berlin 1941. Dieser Aufsatz ist der unverändert nachgedruckte Redebeitrag auf einem Historikertag in Nürnberg am 7.–8. Februar 1941 und ist entsprechend allgemein mit ärgerlichem propagandistischem Einschlag. Wertvoll dagegen sind die unverbunden beigefügten 16 Itinerarkarten, die den Zeitraum von Karl dem Großen bis Karl IV. abdecken. Hier erscheinen Ladenburger Aufenthalte Ludwigs des Deutschen, Heinrichs II., Heinrichs IV., Heinrich VI. und Heinrichs (VII.).

59 BRÜHL, C./WERLE, H.: Königsitinerare in Deutschland und Frankreich. In: Großer historischer Weltatlas II: Mittelalter, München 1970, Karte auf S. 76/77.

60 Der Name dieses Tores vor der Gründung Heidelbergs kurz vor 1200 ist nicht bekannt – vielleicht Mauritiustor?

61 PROBST: Seckenheim, S. 87 und Karte S. 90.

62 Siehe die Karte von M. SCHAAB in: AKB I, S. 329.

63 So verbindet A. Wieczorek seit neuestem das spätrömische Festungssystem an der Neckarmündung Kastell Altrip – Burgus Neckarau durch eine Brücke, die noch durch einen zusätzlichen Inselburgus gesichert war. WIECZOREK, A.: Zu den spätrömischen Befestigungen des Neckarmündungsgebiets. In: MGBl NF 2 (1995), S. 83 mit Plan. Das von A.W. erarbeitete Modell befindet sich im Mannheimer Reiss-Museum und wurde in der Frankenaustellung gezeigt

64 HEUKEMES: Burgus, S. 471–472 und Plan gegenüber S. 36 Nr. 73.

65 AKB III, S. 619.

66 PROBST: Seckenheim, S. 286–290.

67 Der fränkische Bering umfaßte 280 x 250 m, die neue Ummauerung 480 x 420 m. Vgl. AKB III, S. 613/614 und Hist. Atlas BW Karte IV/6. – HEUKEMES, B. und SCHAAB, M.: Karte und Erläuterung 1.1.

68 Gud Syll 24, S. 60 von 1199: *Extra primos muros Lobetenburgensis civitatis* – außerhalb der ersten Mauern der Stadt Ladenburg und WÜRDTWEIN: Chron Schön, nr 22, S. 101 von 1258:..*Domum et curiam in Lautenburg interiori muro innixam et vineam unius iugeri et dimidii prope portam muri exterioris versus ecclesiam sancti Martini locatam* – Haus und Hof in Ladenburg, die sich an die innere Mauer anschließen, und einen Weingarten von anderthalb Morgen nahe vor dem Tor der äußeren Mauer, das sich gegenüber der Martinskirche befindet.

69 SOMMER, C.S.: Das mittelalterliche Heidelberger Tor – Eine Baubeobachtung in der Heidelberger Straße. In: Der Lobdengau – Sonderausgabe vom Januar 1987.

70 HEUKEMES, B.: Führer, 1965, S. 161 und Hist. Atlas BW, 1974, Karte IV.6; ebenfalls HEUKEMES und SCHAAB.

[71] AKB III, S. 612. An der Westseite kam es nicht nur durch den Neckar, sondern auch durch die Errichtung des valentinianischen Burgus zu den meisten Störungen der ursprünglichen römischen Befestigung. Dazu HEUKEMES, B.: Burgus, S. 433–473 und mündliche Ergänzung.

[72] Kunstdenkmäler, S. 218

[73] SOMMER: Heidelberger Tor. In: Lobdengau, Sonderausgabe (wie Anm. 69).

[74] WÜRDTWEIN: Handschrift zum Monasticon Wormatiense (UB Heidelberg Cod. 359, 54 II), p. 17: *quartum autem illum quadrantem, qui plagam borealem respicit Ringuuer viertel nostri compellavere maiores* – Jenes vierte Viertel aber, das nach Norden blickt, nannten unsere Vorgänger Rheingauer Viertel. Zitiert nach TRAUTZ: Neckarland, Anm. 343.

[75] TRAUTZ: Neckarland, S. 46.

[76] Vgl. dazu Kunstdenkmäler, S. 151ff.

[77] Kunstdenkmäler, S. 151–177.

[78] KAISER, H.: Ausgrabungen an der Kellerei in Ladenburg etc. In: ArchAusgrBW 1984, S. 109–113

[79] GROSS, U.: Neue Funde aus der Wüstung Botzheim etc. In: ArchAusgrBW 1992, S. 257–258.

[80] Siehe S. 238–241. Hierher gehört auch die Umsiedlung der Bergheimer nach Heidelberg, die 1392 auf Befehl des Kurfürsten Ruprecht II. erfolgte.

[81] Mauerbaupflicht der Adelshöfe.

[82] Vgl. SCHAAB, M.: Burgen im Land am unteren Neckar. In: Hist. Atlas BW, 1977, V 5 Karte und Beiwort.

[83] Grundlegend in der Aufarbeitung der älteren Forschung und wegen des überreich erschlossenen Materials gerade auch aus unserem Umfeld ist dazu BOSL, K.: Die Reichsministerialität der Salier und Staufer, 2 Bde., München 1950/51 (Schriften der MGH 10). Den aktuellen Forschungsstand gibt wieder: ZOTZ: Ministerialität, S. 3–50.

[84] MGH Const I nr 438, S. 639f. Für unsere Gegend: SCHAAB: Ministerialität und weitere Beiträge dieses Bandes.

[85] ZOTZ: Ministerialität, S. 38.

[86] ZOTZ: Ministerialität, S. 44.

[87] UbBischSp 1 nr 89, hier S. 99, KRIEGER hat fälschlicherweise 99.

[88] Gud Syll nr 4, S. 13 und nr 5, S. 15 von 1152; nr 7, S. 19 von 1159 Ub der Stadt Straßburg, bearb. von W. WIEGAND (1879), Bd. I 110 von 1160.

[89] CL 163.

[90] Gud Syll nr 154, S. 280.

[91] Gatt App.

[92] TRAUTZ: Neckarland, S. 129.

[93] Urkundenarchiv des Klosters Mariental etc., hg. von F. J. MONE. In: ZGO 4 (1857), S. 172–207, hier S. 181.

[94] WÜRDTWEIN: Chron Schön, Regest unter nr 4, S. 41 und MONE, F. J.: Das Neckartal von Heidelberg bis Wimpfen. In: ZGO 11 (1860), S. 39–81 und 138–176, hier S. 282. Hier handelt es sich übrigens um den Gerichtstag Heinrichs (VII.) auf dem Stalbühl, s. S. 246.

[95] RPR I 334.

[96] WÜRDTWEIN: Chron Schön, Regest unter nr 59, S. 188.

[97] RPR I 1171.

[98] RPR I 1236.

[99] WÜRDTWEIN: Chron Schön, nr 73, S. 219–221.

[100] MONE. In: ZGO 11 (1860), S. 50.

[101] GLA, Kbuch Pfalz Nußloch.

[102] Pfälz. Urkunden u. Regesten, hg. von v. WEECH. In: ZGO 26 (1874), S. 29–67, hier S. 66.

[103] v. WEECH. In: ZGO 26 (1874), S. 65/66.

[104] RPR I 5414.

[105] v. WEECH. In: ZGO 26 (1874), S. 66.

[106] GLA, Kbuch Pfalz Nußloch.

[107] QuGStWo II nr 710, S. 452.

[108] RPR I 5368.

[109] RPR II 2061 und 3013.

[110] RPR II 6656.

[111] RPR II 4725.

[112] Eberhard I. Raugraf 1257–1277, von 1247 bis 1257 Gegenbischof zu Richard von Daun, wurde erst nach dessen Tod unbestrittener Nachfolger.

[113] WÜRDTWEIN: Chron Schön nr 37, S. 136.

[114] WÜRDTWEIN: Chron Schön nr 31, S. 124/25 und 38, S. 137.

[115] WÜRDTWEIN: Chron Schön nr 41, S. 145 von 1269.

[116] WÜRDTWEIN: Chron Schön nr 22, S. 101.

[117] SCHAAB vertritt in AKB III, S. 624 die Meinung, daß es sich bei den wiederholt dokumentierten, deshalb wohl sehr wichtigen und für den Ladenburger Besitz Schönaus grundlegenden Schenkungen Wackerpfeils nicht um den späteren Mönchhof handeln könne. Er verbindet die dortige – neutrale – Ortsangabe: *curiam muro interiori innixam* mit der Ortsangabe für den Weinberg: *prope portam muri exterioris versus ecclesiam Sancti Martini* in der Weise, daß er den Hof ebenfalls in der Nähe des Martinstores, also im nördlichen Bereich der Stadterweiterung sucht. Das folgt aber m.E. aus diesen Ortsangaben keineswegs. Denn die Angabe für den Weinberg betrifft nur dessen Lage außerhalb des Stadt-(=Martins-)tores in Richtung der Martinskirche. Von dem Hof ist lediglich gesagt, daß er an den inneren Mauerring anschließt, was für den Mönchhof in der südlichen Stadterweiterung ebenso zutrifft, siehe Stadtplan S. 306. Daß es sich hier um den Kern des traditionellen Mönchhofs handeln muß, verlangt geradezu der umfängliche, mit diesem verbundene Grundbesitz.

[118] Mitteilung HEUKEMES.

[119] SCHAAB: Ministerialität am unteren Neckar, S. 108.

[120] Vgl. dazu BENNER/WENDT: Heidelberg, S. 61–102.

[121] Beide Stellen WÜRDTWEIN: Chron Schön nr 31, S. 124 und 125.

[122] WÜRDTWEIN: Chron Schön nr 15, S. 92. Hier wird der Hauszins ausdrücklich vom Weinbergzins abgehoben, genauso in nr 22, S. 102, wo der Zins *de domo et curia* – von Haus und Hof fällt. ebenso *de Lautemburg ... curia cum censibus* – von Ladenburg ... Hof mit Zinsertrag in nr 47, S. 162 zum Jahr 1277.

[123] Gud Syll nr 62, S. 144.

[124] OrhStR I, S. 687,4 von 1315; vgl. auch S. 333.

[125] BOOS: Rheinische Städte I, S. 465–556.

[126] OrhStR I, S. 685 und Reg Imp V 4356: *libertatem civibus in Laudemburg.*

[127] WÜRDTWEIN: Chron Schön nr 78, S. 235 von 1294.

[128] QuGStWo I nr 405 von 1283.

[129] OrhStR wie Anm. 117.

[130] *Secundum communem terre consuetudinem* – nach dem allgemeinen Landrecht WÜRDTWEIN: Chron Schön nr 37, S. 136 von 1266.

[131] Höchstwahrscheinlich von WÜRDTWEIN verlesen aus Ritterchen = Militellus, einer bekannten Wormser Ritterfamilie) nr 37, S. 136 von 1266.

[132] WÜRDTWEIN: Chron Schön nr 15, S. 92.

[133] WÜRDTWEIN: Chron Schön nr 15, S. 93.

[134] WÜRDTWEIN: Chron Schön nr 25, S. 110.

[135] QuGStWo I nr 405, S. 266: *nos gaudere antiquo iure* – daß wir ein altes Recht genießen.

[136] MONE, F. J. In: ZGO 11 (1860), S. 361–364, hier S. 364.

[137] SCHULZ: Ministerialität, S. 201 und 207 Anm. 81.

[138] OrhStR I, S. 693 für Pfalzgrafen im Jahr 1387. Dazu SCHULZ: Ministerialität, S. 184–219.

[139] OrhStR I, S. 702 von 1496. Die handschriftliche Fassung im Eide- und Ämterbuch der Stadt Ladenburg im Stadtarchiv stammt vom 1534. Dieses ist vollständig, aber mit modernisiertem Text 1977 von K. DIEFENBACHER für den Druck bearbeitet und vom Heimatbund herausgegeben worden, hier StbLad I, S. 9–13.

[140] OrhStR I, S. 703, nach dem handschriftlichen Eintrag ins originale Eidebuch findet die Bürgerversammlung seit Ende des 17. Jahrhunderts unter den Rathausarkaden statt.

[141] WÜRDTWEIN: Chron Schön nr 37, S. 136.

[142] Gud Syll nr 110, S. 220.

[143] EBEL, W.: Der Bürgereid als Geltungsgrund und Gestaltungsprinzip des deutschen mittelalterlichen Stadtrechts, Weimar 1958. ISENMANN: Stadt, S. 80: „Der Neubürger tritt ihr durch Leistung des Bürgereides ... bei".

[144] OrhStR I, S. 699.

[145] *Item tres libras Hallensium de officio sculteti et de theloneo in civitate nostra Laudenburg.* In : QuGSTWo I nr 369, S. 236.

[146] LadStd I, S. 8.

[147] KOLLNIG, K.: Die Weistümer der Zent Schriesheim, Stuttgart 1968 (Veröffentlichungen der Kommission für geschichtliche Landeskunde in BW, Reihe A, Bd. 16) und DERS.: Die Weistümer der Zent Kirchheim, Stuttgart 1979 (Veröffentl. d. Kommission f. geschichtl. Landesk. in BW, Bd. 29). Hier durchgehend die pfälzischen Obrigkeitsweistümer von 1476 und 1496 für die einzelnen Dörfer. Diese nennen die Schöffen namentlich, was auch i.R. für die Schönauer Urkunden zutrifft.

[148] Gud Syll nr 107, S. 218 und nr 108, S. 219 u.a.

[149] Gud Syll nr 107, S. 217 und nr 108, S. 218.

[150] Gud Syll nr 110, S. 220 und nr 118, S. 229.

[151] WÜRDTWEIN: Chron Schön nr 37, S. 136 und nr 38, S. 137.

[152] WÜRDTWEIN: Chron Schön nr 41, S. 144.

[153] Gud Syll nr 154, S. 279.

[154] Gud Syll nr 107, S. 217 und nr 108, S. 189.

[155] Gud Syll nr 138, S. 258.

[156] Gud Syll nr 107, S. 217 für 1253.

[157] Alle in WÜRDTWEIN: Chron Schön nr 22, S. 102 für 1258.

[158] *Conradus scultetus scabini et universi cives* in WÜRDTWEIN: Chron Schön nr 21, S. 100 u.a. wie oben und *sigillum nostrae civitatis* – das Siegel unserer Stadt in Gud Syll nr 107, S. 217 für 1253.

[159] GLA Siegelsammlung Ladenburg, veröffentlicht auch in Kunstdenkmäler, S. 149.

[160] „Beachtenswert ist allerdings das anscheinend vollständige Fehlen gerade jener Schicht, die in so vielen anderen Städten an führender Stelle die Bürgerfreiheiten gegen den Stadtherrn erkämpfte, der Kaufleute": FRIED: Ladenburg, S. 463 Anm. 154.

[161] Siehe die ganze ältere stadtgeschichtliche Forschung, die sich nicht zufällig vor dem Hintergrund der Hanse als maßgeblichem Beispiel entwickelt. Zusammenfassend die zahlreichen Arbeiten von F. RÖRIG/H. PLANITZ u.v.a. Für den heutigen Forschungsstand ISENMANN: Stadt.

[162] Dazu BENNER/WENDT: Heidelberg, S. 89ff.

[163] FRIED: Ladenburg, S. 457–467. Trotzdem wertet Fried seinen Fund im Sinne der traditionellen Ansicht eher gering. Siehe oben Anm. 151.

[164] BÖHMER, J.-F.: Codex diplomaticus Moenofrancofortanus, Frankfurt 1901–05, ND Glashütten 1970, S. 108.

[165] ZORN: Chronik, S. 116.

[166] Annales Wormatienses: MGH SS 17, S. 66; RPR I 724.

[167] Monumnta Wittelsbacensia I nr 180, zit. nach FRIED: Ladenburg, S. 466 Anm. 51.

[168] Grundlegend zur Geschichte der Pfalz – SCHAAB, M.: Die Geschichte der Kurpfalz, Bd. 1: Mittelalter und Bd. 2: Neuzeit, Stuttgart 1988/89; Handbuch mit sämtlichen weiterführenden Literaturangaben. Eine populäre Darstellung – HAAS, R. und PROBST, H.: Die Pfalz am Rhein – 2000 Jahre Landes-, Kultur- und Wirtschaftsgeschichte, 4.A. Mannheim 1984. Zur Begriffsgeschichte: PROBST, H.: Die Pfalz als historischer Begriff, Mannheim 1984. Für die Anfänge der Pfalzgrafschaft – GERSTNER, R.: Die Geschichte der lothringischen und rheinischen Pfalzgrafschaft von ihren Anfängen bis zur Ausbildung des Kurterritoriums Pfalz, Rheinisches Archiv 1941. Als Überblick: Das Pfalzkapitel im: Handbuch der Baden-Württembergischen Geschichte, hg. v. H. SCHWAZMAIER.

[169] PROBST: Seckenheim, S. 348–351.

[170] Zum Stand der Forschung und zur intensiven wissenschaftlichen Diskussion dieser Frage siehe SCHUBERT, E.: Kurfürsten. In: LexMA 5 (1991), Sp. 1581–1583 und die Einführung bei KRIEGER: König, Reich, S. 64–71.

[171] Dieser Begriff ist nicht authentisch, sondern wurde zu Beginn des 19. Jhs. aus Unverständnis für das Fehderecht gesprägt. Vgl. ANDERMANN, K.: Raubritter. In: LexMA 7, Sp. 474–475. Ich benutze ihn hier, weil er zumindest eines trifft, nämlich, daß der Raub von materiellen Gütern und Personen um Lösegeld das wichtigste Fehdemittel darstellte. So nannte Simon von Hoheneck in einem Brief an seinen Bruder Bischof Landolf 1245 Rape von Stein einen *Praedo* – Räuber, Plünderer (ZGO 3 [1853], S. 63), was zeigt, daß man diesen Sachverhalt wohl kannte und benannte.

[172] KRIEGER: König, Reich, S. 25–26.
[173] ZORN: Chronik, S. 100.
[174] Wie Anm. 173.
[175] Fehdebriefe in ZGO 3 (1852), S. 59–65, hier S. 63 und ZORN: Chronik, S. 90–92. Zum Ganzen BOOS: Städtekultur I, S. 517–529 und JÜRGENSMEIER: Worms, S. 61–62.
[176] ZORN: Chronik, S. 89.
[177] ZORN: Chronik, S. 100 und JÜRGENSMEIER: Worms, S. 62–63.
[178] MÖLLER: Stammtafeln III, S. 224–226 und zum ganzen Abschnitt BRUNN: Schriesheim, S. 23–41.
[179] Wie üblich sind das die Daten der ersten und letzten Erwähnung in den Quellen. Die schwierigen familiären Zusammenhänge hat Möller grundsätzlich gelöst und Brunn im einzelnen ergänzt. Dort s.S. 26–29.
[180] BRUNN: Schriesheim, S. 23.
[181] Das weitentfernte Kloster Ellwangen war schon 764 durch die Schenkung eines fränkischen Adeligen in den Besitz des wertvollsten Grundbesitzes in Schriesheim, der Weingüter am Burgberg, gekommen. BRUNN: Schriesheim, S. 14–15.
[182] Y/Utre = Euter-, heute Eiterbach ist der zweite Quellbach der Steinach, vgl. OrhStR, Heft 6, S. 486.
[183] MGH DH II, Nr.1: Lobotunaha = aha heißt Wasser, der Bach der durch den Lobdengau fließt: Der heutige Kand/zelbach hieß ursprünglich Lobden-ach.
[184] Das ergibt sich aus dem folgenden.
[185] Eigentlich Steigbügel, in übertragener Verwendung durch Räuberei, die zu Pferde ausgeführt wurde.
[186] ZORN: Chronik, S. 101–102.
[187] ZORN: Chronik, S. 102–103 und BOOS: Städtekultur, S. 540/541.
[188] MGH LL Nr. 374.
[189] SCHAAB: Kurpfalz I, S. 75–76.
[190] ZORN: Chronik, S.116.
[191] MGH SS 17, 66.
[192] RPR I 759.
[193] ZORN: Chronik, S. 122–123.
[194] ZORN: Chronik, S. 126.
[195] BRUNN: Schriesheim, S. 43.
[196] Vgl. dazu AKB II, S. 566–567, 596–597 u.a.
[197] Ersterwähnung 1292 *Crucesteina*. Der Ortsname erinnert an die Kreuzzugszeit.
[198] Bezeichnenderweise am Sebastianstag und an der Ladenburger Kirchweih an Mariä Himmelfahrt. KOLLNIG: Schriesheim, S. 77 und 78.
[199] Der Name „Alten"bach im Vergleich zur jüngeren Waldeck; die sehr späte Ersterwähnung Altenbachs 1401 hat nichts zu bedeuten ZGO 32 (1880), S. 192 und AKB II, S. 360.
[200] Der Burgenarchäologe und -spezialist R. KUNZE legt neuerdings aufgrund romanischer Baureste sowohl die Gründung der Waldeck als auch die Heiligkreuzsteinachs 150 Jahre früher ins frühe 12. Jh., und zwar direkt von Hirschberg/Schanzenkopf bzw. Burgschell über Lampenhain aus. Er hält die Waldecker für identisch mit den Hirschbergern. Veröffentlichung dieser Hypothese in Bd. 5 (1998 ) der MGBl NF. i.E.
[201] RPR I 1171.
[202] MGH Const 3 nr. 589 vom 23. 6. 1298.
[203] RPR I 1463, 1167 und 1168.
[204] Vgl. SCHAAB: Kurpfalz I, S. 69–90.
[205] RPR I 1780.
[206] RPR I 1781 bis 1784.
[207] Die häufigen Wohntürme in hochmittelalterlichen Städten dienten nach italienischem Beispiel reicheren Bürgern als sichere Wohnstätte.
[208] Gemeint sind wohl die „Heller" aus (Schwäbisch) Hall.
[209] LUTZ, D.: Beobachtungen zum Anwesen Hauptstraße 23 in Ladenburg. In: ArchAusgr BW (1987), S. 289. Zu den Münzen: Tournosen sind die seit 1266 in Tours geprägten wichtigsten französischen Münzen des späteren MAs. Sie liefen um als tournois gros = Groschen, silberne Dickmünzen. In Deutschland war die parallele Münze der ebenfalls seit dem 13. Jh. in Hall geprägte Heller. Pfennige oder Denare waren die Scheidemünze des frühen MAs. Diese beiden Münzen, ursprünglich Silbermünzen, wurden zu Schilling und Pfund gerechnet. 240 Heller oder Pfennige waren 20 Schillinge oder 1 Pfund Heller oder Pfennige. Schillinge und Pfund waren keine Münzen, sondern nur Rechengrößen.
[210] Kaiserurkunden des 13. Jahrhunderts, hg. von F. J. MONE. In: ZGO 11 (1860), S. 428–437, hier S. 436.
[211] SCHANNAT II nr 189, S. 164–165.
[212] SCHUCH: Ladenburg, S. 67–75 hat eine vollständige Abschrift im damaligen Ortsarchiv Schriesheim entdeckt – heute verschollen – und beutet diese Quelle schon in beachtlicher Weise aus, findet aber keine Nachfolger. SIEVERT: Ladenburg, S. 35–36 sieht sie für eher skurril an. Die späteren lassen sie links liegen.
[213] OrhStR, Heft 6 (1902), S. 686–689.
[214] Mhd. *soll* ist auch Futur und wirkt als solches viel stärker als ein einfaches sollen in unserer Wortbedeutung.
[215] Mhd. *runst, runs(e)* = Flußbett, *runst* ist das Substantiv zu *rinnen*.
[216] Wie Anm. 173 und 174.
[217] Nach BRUNN: Schriesheim, S. 19 soll „Los"graben Ab"laß"graben für das überschüssige Wasser bedeuten. Eine näherliegende Erklärung leitet Los von mhd. *lose* = Muttersau, pfälz. heute noch „Lous", her; denn solche versumpften Bachläufe waren die üblichen Schweineweiden.
[218] Mhd. *râm* = dunkler Schmutz, Ruß und *râmec* = rußig, schmutzig; der Gebrauch als Schweineweide erklärt auch den Namen des Rombachs.
[219] CL 313, 314, 390, 391 – alles Handschuhsheimer bzw. Hillenbacher Urkunden. Lamey (s. Karte auf S. 233) bezieht den Namen Ulvina, den auch er schon als Bachnamen begreift – „Ulfen"bach – auf die Lobdenach/ Kandelbach, was aber nach den Urkunden des CL nicht sein kann; denn nach diesen kommt die Ulvina aus der Handschuhsheimer und Hillenbacher Gemarkung.
[220] SCHUCH: Ladenburg, S. 71–72.
[221] KOLLNIG, K.: Weistümer Schriesheim, S. 78.
[222] KOLLNIG: Weistümer Schriesheim, S. 76.
[223] StbLad I, S. 24–26. Die Amtsbezeichnung bedeutet Holzmischer mhd. *mengen* = mischen; Sie hatten den Allmendberechtigten die verschiedenen Holzsorten zu mischen wie Brennholz, Buschelholz, Bauholz, Bret-

ter – *Borde* und Strünke. Auf diese Holzarten bezog sich auch ihre Entlohnung.

224 StbLad I, S. 24

225 ZORN: Chronik, S. 132.

226 ZORN: Chronik, S. 132. Das war absolut eine Ausnahme. Meistens wurde den Bischöfen der Einritt verweigert wegen der ständigen Spannungen mit der Bürgerschaft.

227 REUTER, F.: Warmaisa. 1000 Jahre Juden in Worms. In: Der Wormsgau, Beiheft 29, Worms 1984, S. 57– 60 und DERS.: Bischof, Stadt und Judengemeinde von Worms im Mittelalter. In: 900 Jahre Geschichte der Juden in Hessen, Wiesbanden 1983, S. 41–81.

228 JÜRGENSMEIER: Worms, S. 88.

229 SCHANNAT I, S. 295.

230 BRUNN: Schriesheim, S. 45–46.

231 SCHAAB: Kurpfalz I, S. 81–85 Karte aus SCHAAB, S. 84.

232 Siehe S. 320.

233 Über die Bedeutung der Kurfürstenwürde s. SCHUBERT, E.: Kurfürsten. In: LexMA 5 (1991), Sp. 1581–1583. Zur Territorialpolitik Ruprechts I. s. SCHÜTZE: Territoriale Entwicklung.

234 JÜRGENSMEIER: Worms, S. 88 und für den ganzen Komplex S. 88–100.

235 SCHÜTZE: Territoriale Entwicklung, S. 242–245.

236 SCHANNAT II nr 196.

237 SCHANNAT II nr 195: Liste der Vorwürfe Balduins von Trier gegen Salman mit 10 Artikeln und an die 30 Unterpunkten, die sich zwischen 1329 und 1343 angehäuft hatten.

238 AKB III, S. 618.

239 JÜRGENSMEIER: Worms, S. 97.

240 RPR I 2627.

241 SCHANNAT II nr 201 und RPR I 2628.

242 SCHANNAT II nr 198, 199 und 200.

243 RPR I 2631 und 2632.

244 RPR I 2630.

245 SCHAAB: Kurpfalz I, S. 109.

246 RPR I 2380.

247 RPR I 2693.

248 RPR I 2693, 2698, 2699 und 2702.

249 GLA 67/1340 S. 77–78 und RPR I 2380 und 2718.

250 SCHANNAT II nr 202 und 203 und RPR I 2727 bis 2730. SCHANNAT hat irrtümlich das Jahr 1350.

251 JÜRGENSMEIER: Worms, S. 98.

252 JÜRGENSMEIER: Worms, S. 101.

253 QuGStWo II nr 541.

254 MÖTSCH, J.: Regesten des Archivs der Grafen von Sponheim 1065–1437, Koblenz 1987–1991 (Veröffentlichungen der Landesarchivverwaltung von Rheinland-Pfalz. Bd. 41–45), Nr. 1279 und 1285.

255 AKB III, S. 618.

256 QuGStWo II nr 607.

257 RI VIII nr 4372.

258 RI VIII nr 4506.

259 QuGStWo II 637 und RPR I 3722.

260 RPR I 3923.

261 RPR I 3925.

262 RPR I 3914.

263 RPR I 3916 und 3928.

264 Vgl. auch SCHÜTZE: Territoriale Entwicklung, S. 210–212.

265 JÜRGENSMEIER: Worms, S. 118.

266 RPR I 3985.

267 JÜRGENSMEIER: Worms, S. 114–115. Gleichzeitig tobte der Städtekrieg 1384–1388, der in der Schlacht bei Döffingen mit einer Niederlage der Städte seinen Höhepunkt hatte. Vgl. BOOS: Städtekultur II, S. 190–193.

268 RPR I 4680 und 4682.

269 RPR I 4681.

270 RPR I 4684.

271 RPR I 4696 und SCHANNAT nr 229.

272 OrhStR, S. 689.

273 OrhStR, S. 691–697 und RPR I 4696 wie oben.

274 Siehe S. 415–416.

275 RPR II 2133.

276 RPR II 2471.

277 RPR II 2400.

278 Vgl. dazu SCHAAB: Kurpfalz I, die Karte S. 128 und S. 138–141.

279 RPR II 4552.

280 Über die Verwechslung Ladenburgs mit Lauda bei Häusser und Sievert vgl. WÜST, G.: Pfalz – Mosbach (1410–1499) – Geschichte einer pfälzischen Seitenlinie des 15. Jahrhunderts, Diss. Heidelberg 1976, S. 29 Anm. 26.

281 AKB III, S. 619.

# Ladenburg zwischen dem Bischof und dem Pfalzgrafen
Vom 15. bis zum 17. Jahrhundert

von HANSJÖRG PROBST



## Die Blütezeit der Stadt im 15. und 16. Jahrhundert

Es gibt Jahrhunderte, die darauffolgender epochaler Ereignisse wegen sozusagen länger dauern, als der Kalender sie zählt. So endet das „lange 19. Jahrhundert", wie es häufig genannt wird erst 1914 mit dem Ausbruch des Ersten Weltkriegs. Auch das spätmittelalterliche 15. Jahrhundert endete eigentlich mit dem Ausbruch der Reformation 1517, und das war ja erst einmal der Thesenanschlag Luthers in Wittenberg. Das 15. Jahrhundert war ohne Zweifel eine Blütezeit Ladenburgs, in dem die Stadt das Gesicht erhielt, so wie wir es kennen. Was wir heute an Ladenburg lieben, ist das Bild des 15. und 16. Jahrhunderts, und wenn wir restaurieren, nehmen wir uns die Fachwerkarchitektur dieser Zeit zum Maßstab.

Nun hatte Ladenburg das Glück, zur Pfalz zu kommen, als dieses Territorium selbst seine größte Blütezeit erlebte, und zwar sowohl in einem kontinuierlichen Aufstieg zur bedeutendsten frühmodernen Macht im gesamten Rheinland als auch in einer sehr fortschrittlichen inneren Entwicklung. Es ist heute weithin unbekannt, daß die Pfalz unter den Kurfürsten Ludwig III., Friedrich dem Siegreichen und Philipp dem Aufrichtigen zu den reichsten Staaten des Reiches gehörte, eigentlich nur übertroffen vom Königreich Böhmen und erreicht von Sachsen[1]. Die Katastrophe des Landshuter Erbfolgekriegs 1504–1509 konnte diese Position zwar schwächen, aber nicht vernichten; das schaffte erst der Dreißigjährige Krieg.

Bis zur Reformation förderte das Kondominat die Entwicklung der Stadt; denn das enge Zusammenwirken der Bischöfe und der Pfalzgrafen, das seit dem Abschluß des Vertrages die Regel war und das Bistum zum pfälzischen Landesbistum machte, hatte für sie synergetische Effekte, wie gerade das Pontifikat Johanns III. von Dalberg um 1500 deutlich zeigt.

Dieses Zusammenwirken endete mit der Reformation, in der ersten Hälfte des 16. Jahrhunderts erst allmählich, seit dem Regierungsantritt Ottheinrichs und der offiziellen Einführung der lutherischen Reformation 1556 sehr schroff. Nach dem Übertritt des Kurhauses Pfalz-Simmern zum Calvinismus 1560 entstand offene Feindschaft zwischen den Kurfürsten und Bischöfen, was das Kondominat außerordentlich belastete. Der Niedergang Ladenburgs begann damit. Mit dem Dreißigjährigen Krieg wurde er offenkundig. Die Zeit der Sequestration war lähmender Stillstand. Erst die Auflösung des Kondominats 1705 öffnete allmählich neue Chancen, allerdings unter dem Handikap der Konkurrenz Mannheims als moderner Residenzstadt seit 1720. Bei diesem neuen Start hatte Ladenburg zum zweiten Mal, diesmal gegenüber Mannheim, seine Mittelpunktfunktion verloren. Somit zeigt der nun zu behandelnde Zeitraum zwischen 1400 und 1700 das doppelte Gesicht der höchsten Blüte der Stadt in den ersten 150 Jahren und in den zweiten 150 Jahren ihren Stillstand und Niedergang. Positiv daran ist die Erhaltung des spätmittelalterlichen Stadtbilds, das uns heute erfreut.

### Residenzstadt des Bischofs

Es ist auffällig, daß gerade die Bischöfe der rheinischen Bischofssitze neben den Bischofspfalzen bei ihren Kathedralen außerhalb ihrer Kathedralstädte Nebenresidenzen errichteten, die häufig sogar zur Hauptresidenz wurden, wenn dem Bischof der Zutritt zu seiner Kathedralstadt nur innerhalb der Domimmunität gestattet wurde. Zu Köln gehörten Bonn und Brühl, zu Trier Koblenz, zu Mainz Aschaffenburg, zu Speyer Udenheim-Philippsburg, aber dann vor allem Bruchsal, zu Straßburg Molsheim, zu Basel Pruntrut und zu Konstanz Meersburg. Ein Grund für diese Besonderheit, die für die Kathedralstädte im Innern des Reiches nicht zutraf, liegt wohl im römerzeitlichen Ursprung nicht nur der Bischofssitze, sondern auch der Städte, die sich in ihrem Selbstverständnis als eigenständig verstanden und je länger, desto heftiger auf diese Eigenständigkeit als „Freie Städte" gegenüber der Herrschaft der bischöflichen Stadtherren pochten. In der Reformation heizte der Religionsstreit diesen Konflikt noch an, indem zumindest die oberrheinischen Bischofsstädte samt und sonders gegen ihren Bischof lutherisch wurden.

Gerade Worms war für diesen Konflikt ein Vorreiter, bekam es doch schon von den späten Saliern und schließlich Friedrich Barbarossa seine Stadtfreiheit zugesichert. Der Kampf mit dem Bischof dauerte hier jahrhundertelang, eigentlich bis zum Ende des Hochstifts. Dieser Kampf verlief unter höchst dramatischen Zuspitzungen und verzehrte ein Großteil der Energien auf beiden Seiten. Auch der Wormser Bischof hatte Nebenresidenzen als Zufluchtsstätten in seinen andauernden Auseinandersetzungen mit der Wormser Bürgerschaft: Dirmstein und Burg Stein an der Weschnitzmündung, aber alle überragend Ladenburg. Mit Ladenburg „verfügte der Wormser Bischof, anders als seine Amtsbrüder am Oberrhein, ..., über eine frühe Stadt außerhalb seines offiziellen Sitzes und somit über eine Nebenresidenz mit ganz anderen Voraussetzungen, als dies etwa Aschaffenburg, Udenheim, Pruntrut oder Meersburg boten. Selbst Zabern und Arbon, ebenfalls antiken Ursprungs, sind nicht ganz vergleichbar."[2]

Das Besondere Ladenburgs lag darin, daß es in seinem Königshof, dem „Saal", wie die Kathedralstadt Worms eine – wenn auch kleine – königliche Pfalz hatte und als Aufenthaltsort für die fränkischen und deutschen Könige in Frage kam. Dieser königliche „Saal" ging schon sehr früh in den Besitz des Bischofs über und bot ihm geradezu eine zweite Residenz. Daß er diese schon früh nutzte, zeigt der oben beschriebene merowingisch-karolingische Ausbau des „Bischofshofes" auch und gerade in seinem „servitium regis"[3]. Die eindrucksvolle Erweiterung Ladenburgs im 13. Jahrhundert, die in der Anlage einer „Neustadt" eine Verdreifachung des Stadtareals bedeutete, erhält erst ihren Sinn, wenn wir sie als Ausbildung einer Haupt- und Residenzstadt für das fürstbischöfliche Territorium betrachten. Die Fakten sprechen hier eine eindeutige Sprache:

1. Der Ausbau erfolgte vom ausgehenden 12. Jh. an in der Phase der Territorialbildung der deutschen Fürstentümer, aber auch des staufischen Krongutes. Von beiden Prozessen war das Hochstift zentral betroffen. Schon früh zeigten die staufischen Könige und Kaiser ein reges Interesse an Wimpfen[4] als Mittelpunkt ihrer Machtstellung am Neckar. Nachdem Friedrich II. nach dem Tod Bischof Lupolds (1217) seine Belehnung mit Wimpfen erzwungen hatte, bauten die Staufer den gesamten ehemals Wormser Bereich im Neckarknie bis Neckargemünd zum Reichsland aus. Dessen Mittelpunkt war die neuerbaute staufische Pfalz in Wimpfen, die zum bevorzugten Aufenthaltsort König Heinrichs (VII.) wurde. Damit hatte das Hochstift sein wichtigstes östliches Zentrum verloren. Wenn es seine traditionellen Ansprüche im südlichen Odenwald halten wollte, mußte es die ihm einzig verbliebene Stadt, nämlich Ladenburg zum Herrschaftszentrum ausbauen.

2. Durch die andauernden Spannungen zwischen dem Bischof und der Bürgerschaft der Freien Stadt Worms war die Position des Bischofs in seiner Kathedralstadt immer sehr angefochten. Dieser Streit erwies sich als unlösbar, so daß sich auch von hier aus ein ständiger Druck auf die bischöfliche Kurie ergab, der ein Ausweichquartier erforderlich machte. Ladenburg war dafür ein idealer Standort. Es lag in der Nähe von Worms und seiner Domimmunität. Eine gute Verbindung war in der alten Römerstraße über Straßenheim ebenso gegeben wie in dem damals bevorzugten Wasserweg auf Rhein und Neckar. In Ladenburg lagen der Bischofshof, aber auch die Engelburg als bischöflicher Wirtschaftshof direkt am Neckartor und der mittelalterlichen Neckarbrücke in Verlängerung dieses Tores. Wie wichtig der Wasserweg war, zeigt auch die Lage des Domhofs als Ausweichsitz des Domkapitels direkt im Anschluß an die Engelsburg und ebenso leicht vom Fluß her erreichbar. Nach 20 Jahren heftigem Streit verließ Bischof Richard von Daun 1254 heimlich die Stadt Worms und machte folgerichtig Ladenburg zu seinem militärischen Stützpunkt, von dem aus er versuchte, nach dem Untergang der Staufer 1254 Wimpfen mit Waffengewalt wieder zu gewinnen[5], was aber letztlich nur für das Stift Wimpfen im Tal gelang.
3. Zu allem Unglück hatte es das Hochstift nicht nur mit der Stadt Worms und mit der letztlich kurzfristigen staufischen Territorialpolitik zu tun, sondern auch mit dem Aufstieg der Pfalzgrafschaft. Dieser erfolgte unter dem staufischen Pfalzgrafen zuerst in enger Anlehnung an die staufische Gesamtpolitik, dann aber unter den Wittelsbachern nach 1214 auf eigene Faust. Die Pfalz, sehr viel näher am Zentrum des Hochstifts gelegen, hatte noch im 12. Jahrhundert den Vorteil der Hochstiftsvogtei, den Konrad rücksichtslos ausspielte und das Hochstift geradezu ausplünderte. Verschärft wurde dieser Konflikt durch die Aktivitäten des Erzbischofs von Mainz, der sich nach 1237 als Erbe von Lorsch auch an der südlichen Bergstraße festzusetzen versuchte (Weinheim, „Hirschberg“, Schriesheim, Schauenburg mit Dossenheim und Handschuhsheim) [6], und in eine harte Gegenposition zur Pfalzgrafschaft geriet. Auch dieser Konflikt war auf Dauer angelegt. Das Hochstift Worms war in diesem „Kampf der Giganten“ zumindest seit dem 14. Jahrhundert eher nur noch Objekt.
4. In diesem Kraftfeld der sich überschneidenden Interessen entstand für das Hochstift, wenn es denn überhaupt noch eine Rolle spielen wollte in der Phase der Territorialbildung, der unausweichliche Zwang, seine Machtposition in Ladenburg zu konzentrieren: Noch in der Stauferzeit war Ladenburg weit und breit eine der bedeutendsten Städte, und wenn man von den linksrheinischen Bischofsstädten absieht, gab es rechtsrheinisch bis nach Frankfurt kaum eine vergleichbare. Dazu kam, daß Stadtgründungen in dieser Zeit das wichtigste Mittel zur Herrschaftsbildung waren. Damit ist wohl die oben bereits[7] dargestellte spektakuläre Erweiterung Ladenburgs erklärt, nämlich:
4.1 Die Errichtung einer neuen Stadtmauer mit ihren eindrucksvollen Türmen, unter ihnen die vier Toranlagen, die innerhalb von wenigen Jahrzehnten sogar erhöht und verstärkt wurden.
4.2 Der Bau einer Neckarbrücke und einer Schiffsanlegestelle in Verlängerung des Neckartors[8] Auf dem bekannten Merianstich von 1645 sind in der Verlängerung des Neckartores zwei Bögen dieser Brücke abgebildet, die damals nur noch den „Gießen“, einen alten Neckararm, überspannte. Vorn ist der damalige Hauptlauf des Flusses zu sehen, auf den die Straße von der Brücke her zuläuft. Gerade die Flußübergänge waren sehr förderlich für eine neue Stadt, um den Überlandverkehr in die Stadt zu ziehen. Diese Neckarbrücke, deren Brükkengericht noch 1518 vom Bischof an die Inhaber des Ilvesheimer Schlosses, die damals auch in Ladenburg und Neckarhausen begüterten Erligheim[9] verliehen wurde[10], ist in Konkurrenz zur wohl gleichzeitig errichteten Heidelberger Neckarbrücke zu sehen. Dort zwangen die Pfalzgrafen im

Rahmen ihres Geleitsrechts alle Durchreisenden auf der Bergstraße, den Neckar auf dieser Brücke zu überqueren[11], obwohl sie vom alten Neckarübergang im Verlauf der Römerstraßen rund 1,5 km taleinwärts lag[12].

4.3 Die auffällige Konzentration von Wormser Ministerialen in der neuen Stadt.

4.4 Der Bau der neuen gotischen zweitürmigen St. Gallus- Kirche und die Anlage eines neuen, großen, zentral gelegenen Marktplatzes.

4.5 Und schließlich der ständige Ausbau des Bischofshofes, der Engelburg[13] und des Domhofes seit dem hohen Mittelalter.

Zwar sind politische Akte eines Bischofs in Ladenburg relativ selten ausdrücklich bezeugt, so 1319[14], als der Bischofshof nach Norden um ein Drittel verlängert wurde[15], und vor allem 1386. Damals lud Bischof Eckard von Ders/sch (1370–1405), der „fast immer in Ladenburg residierte"[16], 84 Wormser Bürger vor sein Gericht nach Ladenburg und bedrohte die Stadt mit dem Interdikt, das heißt der Verhängung eines absoluten Gottesdienstverbots durch den Bischof oder den Papst, wenn sie fernblieben. Gleichzeitig gingen von Ladenburg für diesen Fall Anweisungen an die Wormser Geistlichkeit[17]. Einen Monat später wurde das Interdikt von Papst Urban VI. tatsächlich verhängt[18]. Doch will das bei der geographischen Nähe beider Städte und ihrer ausgezeichneten Verbindung nicht viel heißen. Die zentrale Verwaltung für Hochstift und Bistum konnte in der Regel in der weit geräumigeren Bischofspfalz von Worms bleiben und zog sich nur in den schwersten Konflikten mit der Stadt zusammen mit dem Domkapitel nach Ladenburg zurück wie beim großen Interdikt z.B. 1499–1509.

Trotzdem war Ladenburg vom 14. bis ins beginnende 17. Jahrhundert regelmäßige, bei einigen Bischöfen fast ausschließliche Residenz[19]. So begab sich 1398 in einem erneuten Streit der Geistlichkeit mit der Stadt Worms der überwiegende Teil des Wormser Klerus zu Bischof Eckard von Ders an den bischöflichen Hof nach Ladenburg[20], wo Bischof Eckard am 14.5.1405 starb, ohne daß das Interdikt aufgehoben gewesen wäre. Das sollte erst 1407 geschehen. Bischof Eckard wurde ohne Feierlichkeit im Chor seiner Kathedrale bestattet. Sein direkter Nachfolger, Bischof Matthäus von Krakau (1405–1410), war einer der berühmtesten Theologen seiner Zeit, Professor an der Universität Heidelberg und kurpfälzischer bzw. königlicher Diplomat. Zum Zeitpunkt seiner Wahl, die er König Ruprecht verdankte, war er als dessen Gesandter in Rom[21]. Bei seiner großen internationalen diplomatischen Beanspruchung war er kaum in seiner Diözese präsent, und wenn er da war, wohnte er im Heidelberger Petershof der Wormser Bischöfe[22].

Bischof Johann II. von Fleckenstein ( 1410–1426), der am 6. 6. 1411 feierlich den Grundstein des Südturms von St. Gallus legte und die Sakristei anbauen ließ[23] residierte fast ununterbrochen in Ladenburg, wo er auch am 18. 5. 1426 starb[24]. Bischof Friedrich II. von Domneck (1427–1445) hatte ein besseres Einvernehmen mit den Wormser Bürgern, so daß er öfter in seiner Kathedralstadt weilte. In seinen letzten Lebensjahren hielt er sich jedoch regelmäßig am Heidelberger Hof und in Ladenburg auf. Er baute den „Saal" als große repräsentative, zweischiffige Aula aus und ließ ihn mit einem Freskenzyklus über Weiberlist – Simson und Dalila, Aristoteles und Phyllis, die Weiber von Weinsberg – ausmalen[25]. Wie sein prächtiges Wappen beweist, wurde dieser Bau 1436 fertiggestellt. Dieses prächtige Ahnenwappen zeigt im zentralen Hauptfeld das geviertete Wappen Bischof Friedrichs II: den Wormser Schlüssel und das Familienwappen Domneck, einen steigenden Löwen en face. Die Wappen seiner vier Großeltern sind: *Die : Svtzel . von Mergetheim . Berlichingen . Dvmneck . Nypperg . M . CCCC/XXX/V/I.* – vielleicht die Kaminverkleidung im Saal – wurde nach dessen Abbruch an der Nordwand des Bischofshofes angebracht – ein letzter sichtbarer Rest der einstigen repräsentativen, zeremoniellen und politischen Mitte der Ladenburger Residenz[26]! Schließlich erwarb er 1445 den „Lustgarten" zur Verschönerung der Residenz. Der altertümliche Name und die allerdings späten Pläne[27] verraten eine frühneuzeitliche Gartenanlage.

Mit den Bischöfen Reinhard I. von Sickingen (1445–1482), Johann III. von Dalberg (1482–1503) und Reinhard II. von Rüppur

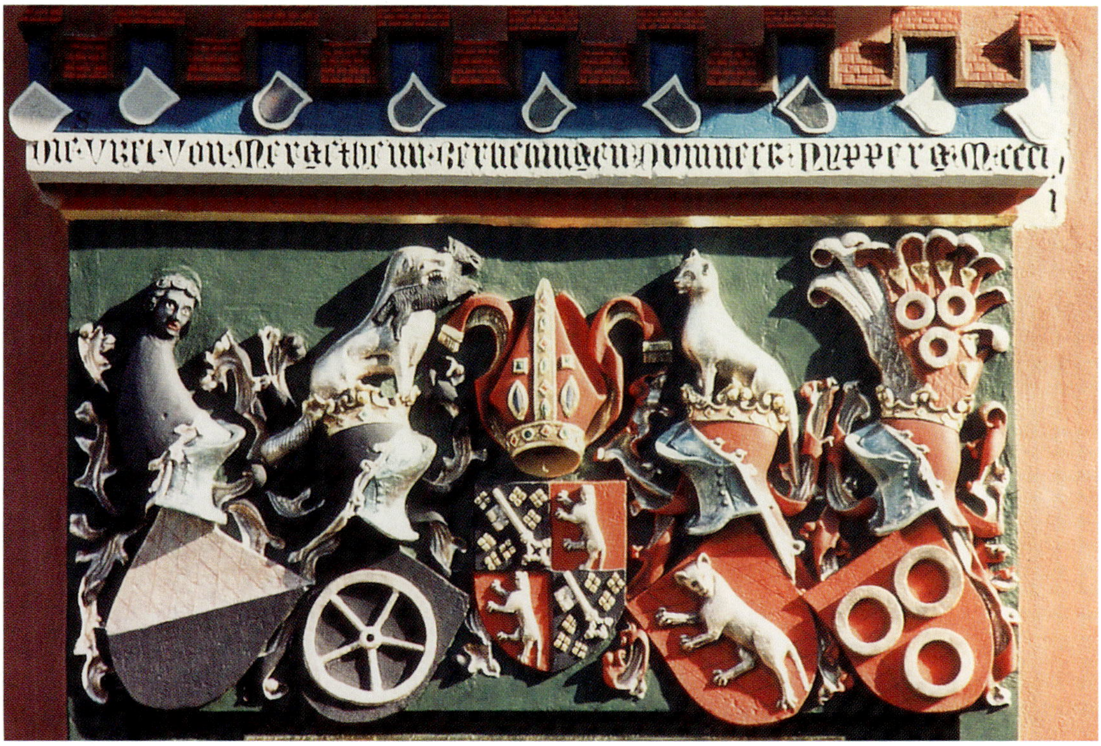

*Abb. 1: Zeittypische, spätgotische Wappentafel des Bischofs Friedrich von Domneck von 1436. Sein eigenes Wappen unter der fürstbischöflichen Mitra in der Mitte, die Ahnenwappen der vier Großeltern mit prächtiger Helmzier, von links nach rechts: Sutzel von Mergentheim, Berlichingen, Dumneck und Ny(ei)pperg (Foto Heukemes 1976).*

(1503–1523/33) erlebte Ladenburg den größten Glanz als bischöfliche Residenz. Unter Bischof Reinhard I., dem bedeutendsten Bauherrn unter den Bischöfen, wurde St. Gallus fertiggestellt mit Hauptportal, Einwölbung des Mittelschiffes, Nordturm und Anbau der

*Abb. 2 und 3: Ziehbrunnen von 1502 und Jupitergigantensäule (Foto Heukemes 1975/76).*

Sickingen-Kapelle (!)[28]. St. Sebastian verdankt ihm, wie sein Wappen am Schlußstein über dem Hochaltar beweist, den herrlichen gotischen Chor mit Sterngewölbe und das Portal auf der Südseite: Bauabschluß 1474[29]. Bischof Reinhard I. trat auch am Wormser Dom selbst als energischer Bauherr in Erscheinung: Erneuerung des Nordwestturms, der Bischofspfalz mit der großen Aula, dem Tagungsort der Wormser Reichstage, und der Ägidiuskapelle[30]. Auch er starb in Ladenburg am 21. 7. 1482.

Bischof Johann III. von Dalberg lebte in einem Dauerstreit mit Worms, der in einem großen zehnjährigen Interdikt gipfelte und sogar zur Übersiedlung des Domkapitels nach Ladenburg führte. Der Bischof selbst hielt sich fast ausschließlich in Ladenburg und am kurfürstlichen Hof in Heidelberg auf. Seine große Bedeutung als Humanist, Büchersammler und Gelehrter, als Pfälzer Diplomat und Kanzler der Universität Heidelberg sowie als Gastgeber Kaiser Maximilians I. in Ladenburg im Jahre 1502 wird an anderer Stelle in diesem Buch geschildert[31]. Johann von Dalberg stiftete aus diesem Anlaß (?) 1502 die größte Glocke zu St. Gallus. Er war auch in Worms als bedeutender Bauherr tätig. Er errichtete den Domkreuzgang mit den herrlichen spätgotischen Bildwerken, die heute im nördlichen Seitenschiff des Domes aufgestellt sind. Während seines Pontifikats fand der große Reformreichstag von 1495 in Worms statt. Auf diesem Reichstag wurde das Reich in die 11 Reichskreise aufgeteilt. Im Oberrheinischen Reichskreis war der Bischof von Worms ausschreibender Fürst. Das Kreisarchiv befand sich bis zum Dreißigjährigen Krieg im Bischofshof[32]. 1496 führte er die erste vollständige Visitation in seiner Diözese durch, die in dem Bericht des sogenannten „Wormser Synodale" vorliegt[33]. Dieser Visitationsbericht, die wichtigste Quelle über die vorreformatorischen kirchlichen Verhältnisse in unserer Region, zeigt übrigens – ganz gegen allgemeine Erwartungen – einen überraschend guten Zustand der Wormser Diözese. Leider war Ladenburg und die andere bischöfliche Residenz Dirmstein sowie Worms selbst aus der Visitation ausgenommen, so daß uns heute diese wichtige Quelle für Ladenburg fehlt. Bischof Johannes von Dalberg starb in Heidelberg am 28. 7. 1503 nach einem Treppensturz.

Da das Interdikt noch andauerte, trat das Domkapitel zur Bischofswahl in Ladenburg zusammen und wählte am 29. 8. 1503 den Domkantor Reinhard II. von Rüppur zum Bischof. Am 7. 10. 1503 fand vor vielen Gästen in St. Gallus die Bischofsweihe und die feierliche Inthronisation statt. Nach 1504 wurde das ohnehin schon gespannte Verhältnis zwischen dem Bischof und der Stadt Worms durch die Parteinahme des Bischofs für die pfälzische Sache im Landshuter Erbfolgekrieg (1503–1505/09) in den schweren Wirren dieses Krieges weiter beeinträchtigt; denn die Stadt verbündete sich mit den Gegnern des Kurfürsten, unter denen auch Kaiser Maximilian war[34]. Das Interdikt währte insgesamt noch sechs Jahre, bis die Stadt Worms am 4. 7. 1509 durch eine Gesandtschaft nach Ladenburg Bischof Reinhard II. um seine Aufhebung und die Rückkehr der „Pfaffheit" bat. Das Domkapitel und der Pfarrklerus kehrten am 31. 7. 1509 in die Kathedralstadt zurück[35]. Die Kirchenstrafe des Interdikts hatte den Abzug der Geistlichkeit aus der indizierten Stadt oder Gegend zur Folge, was bei dem hohen Anteil der Geistlichen an der Bevölkerung von Worms einen enormen Ausfall für die Wirtschaft der Stadt bedeutete. Trotzdem blieb Bischof Reinhard II. weiterhin in Ladenburg, da der Streit mit dem Wormser Rat wieder aufflammte. Dieser wurde erst 1519 durch eine erneute Pfalzgrafenrachtung auf Druck des Kurfürsten Ludwig V. hin oberflächlich beigelegt. Am 20. September 1520, 17 Jahre nach seiner Wahl, zog Bischof Reinhard II. zum ersten Mal in seine Kathedralstadt ein. Mühsam und mit ständigem Streit verbunden waren seine letzten Jahre. Die Stadt Worms betrachtete die jüngste Pfalzgrafenrachtung als erzwungen und betrieb ihre Aufhebung. Der amtsmüde Bischof war der Feindschaft der Stadt, hinter der sich sehr bald nach 1518/19 Sympathien für die Lehre Luthers verbargen, nicht mehr gewachsen. 1521 resignierte er und bat um einen Koadjutor. Obwohl das Domkapitel für den pfälzischen Rat Philipp von Flörsheim votierte, drückte das höhere politische Interesse der Pfalz den Pfalzgrafen Heinrich durch[36].

Bischof Heinrich IV. (1523/33–1552, 1523–33 Koadjutor für den resignierten Reinhard) war der Bruder des Kurfürsten Ludwig V. von der Pfalz und spielte als solcher eine wichtige Rolle in der pfälzischen großen Politik, die ihre im Landshuter Erbfolgekrieg verlorene Machtposition nicht zuletzt durch die Besetzung möglichst vieler Bischofsstühle wettzumachen versuchte. So war Heinrich nicht nur Bischof von Worms, sondern auch von Utrecht (bis 1528) und schließlich noch als Nachfolger seines Bruders Philipp 1541 Bischof von Freising – Philipp war zudem auch Bischof von Naumburg gewesen – sein Bruder Johann Bischof von Regensburg und sein Bruder Georg Bischof von Speyer[37]. Mit Heinrich erreichte der pfälzische Einfluß einen weiteren Höhepunkt. Für das Bistum war allerdings sein Pontifikat in dieser entscheidenden Phase der Reformationsgeschichte verhängnisvoll: Die Diözese war ohne Hirten. Der führungslose Klerus in der Stadt war sehr bald Spielball des wilden Pfaffenhasses, in dem sich die uralten Spannungen zwischen der Wormser Bürgerschaft und der geistlichen Stadtherrschaft mit den 1524/25 aufkommenden Bauernunruhen verbanden. Im Bauernkrieg ergriff Kurfürst Ludwig V. die Initiative, der, schon die ganze Zeit schwerbewaffnet, die Unruhen von der rechtsrheinischen Pfalz ferngehalten hatte. Er sammelte ein starkes Heer und schlug die linksrheinischen Bauernhaufen, die gerade auch im Hochstift Worms gewütet und die Klöster gebrandschatzt hatten, am 23./24. Juni 1525 bei Pfeddersheim vernichtend, wohl nicht zufällig vor den Mauern von Worms.

Der Bischof-Koadjutor Pfalzgraf Heinrich war als religiös wenig profilierter Politiker in den anhebenden Wirren der Reformation kaum geeignet, eine klare Linie vorzugeben. Zudem war er sehr häufig abwesend. Fast anderthalb Jahre hielt er sich in Utrecht auf. „Erst am 16. März 1526 ist er wieder in seiner Ladenburger Residenz nachweisbar."[38] Nach dem Speyerer Reichstag vom Juli 1526 kehrte er erneut in die Niederlande zurück, um bis 1528 dort zu bleiben. Währenddessen machte die Reformation in der Stadt und im Bistum Worms große Fortschritte, so daß unter Heinrichs Administration ein Großteil der Diözese der alten Kirche verloren ging. Seit den vierziger Jahren hielt er sich häufiger in Ladenburg auf, wo er am 3. 1. 1552 starb.

*Abb. 4: Bischofshof, schon sehr heruntergekommen, 1933 bis 1935 (Fotos von Kurt Heck. Fotoarchiv historischer Bilder von Ladenburg).*

Sein Nachfolger wurde Dietrich II. von Bettendorff (1552–1580), ein Angehöriger des Domkapitels; er stammte aus einer Kraichgauer Reichsritterfamilie, deren Mitglieder schon seit dem 15. Jahrhundert in pfälzischen

*Abb. 5: Bischofshof nach der Restauration von 1974/75. Heutiger restaurierter Zustand mit manieristischer Illusionsbemalung der Mauern nach italienischem Muster um 1600. Die Farbreste dieser Malerei wurden bei der Restaurierung 1974 entdeckt (Fotos B. Heukemes 1976).*

Diensten standen. Im Unterschied zu seinem Vorgänger war er ein eifriger Verteidiger des alten Glaubens, konnte aber in den entscheidenden Jahren der pfälzischen Reformation 1556 bis 1570 nichts mehr ausrichten. Er residierte fast ständig in Ladenburg, wo er auch am 31. 1. 1580 starb. Wie das erhaltene Portal von 1578 mit dem Wappen des Bischofs Dietrich von Bettendorff beweist, geht auf ihn das ehemalige Amtshaus an der Hauptstraße, später „Fürstenbau", dann katholisches Pfarrhaus, heute Stadtbücherei zurück.

Auch die drei folgenden Bischöfe Georg von Schönenburg (1580–1595), Philipp I. von Rotenstein (1595–1604) und Wilhelm von Effern (1604–1616) residierten in Ladenburg. 1589 wurde Bischof Georg sogar ermahnt, sich wegen der pfälzischen Pressionen weniger häufig in Ladenburg aufzuhalten[39]. Ihnen verdankt der Bischofshof seine letzte bauliche Renovation und Erweiterung im klassischen Renaissancestil. 1590 wurde der nördliche Erkeranbau errichtet (Abb. 5). Wilhelm von Effern ließ den Treppenturm erbauen und beiderseits dieses Treppenturms die im 18. Jahrhundert abgebrochene Galerie. 1613 öffnete er gegen den Widerstand der Kurpfalz die Stadtmauer und ließ den Lustgarten durch eine Pforte mit dem Bischofshof verbinden[40]. Dafür mußte er den Lustgarten ummauern. Schließlich wurde noch 1620 der südliche Erkeranbau hinzugefügt[41].

Die Wappen der Bauherren bezeugen diese Maßnahmen. Das Ahnenwappen am Norderker verkündet den Bauherrn: *GEORGIVS DEI GRATIA EPISCOPVS WORMATIENSIS* = Georg durch Gottes Gnade Bischof von Worms. Von den ursprünglich acht Ahnenwappen fehlen die beiden oberen. Ihr Programm lautete ursprünglich: (von Schönenburg) . von der Leyen . von Dürkheim . von Wiltz und (Weyher von Nickenich) . von Burtscheid . Waldbott von Ulmen . von Cröv[42]. Der Treppenturm trägt eine originelle Bauinschrift, in der der Turm selbst jeden Eintretenden in Form eines lateinischen Distichons anspricht: *PRINCIPE VANGIONUM GVILHELMO SCEPTRA TENENTE / SICQVE VOLENTE STRVOR: COMMODIORE GRADV* = Als Wilhelm der Fürstbischof von Worms das Szepter führte, wurde ich auf sein Geheiß aufgeführt zu bequemerem Aufstieg. Über dem Ahnenwappen Bischof Wilhelms steht: *WILHELMVS DEI GRATIA / ELECTVS ET CONFIRMATVS / EPISCOPVS WORMATIENSIS* = Wilhelm durch Gottes Gnade erwählter und geweihter Bischof von Worms. Das Wappen zeigt wieder das geviertete Wappen

*Abb. 6: Portal an der Schneckenstiege 1935 und 1986 mit dem Wappen des Bischofs Wilhelm von Effern (1604–1616) (Fotos Kurt Heck 1935 und B. Heukemes 1986).*

*Abb. 7 linke Spalte: Ludwig Anton von Pfalz-Neuburg, 9. 6. 1660–4. 5. 1694, von 1691–1694 Bischof von Worms. Seit 1684 Hoch- und Deutschmeister des Deutschen Ordens und Propst der Stiftskirche von Ellwangen; rechte Spalte: Franz Ludwig von Pfalz-Neuburg, 1694–1732 Bischof von Worms (Porträts beider in der Stiftskirche von Ellwangen. Fotos Gottschalk 1969).*

des Erbauers und die Wappen seiner vier Großeltern von Effern . von Merode . von Metternich . Ketzgen von Geretzhoven. Auch im Innern des Bischofshofs gibt es noch Zeugen dieser letzten Glanzphase der Residenz: eine Stuckdecke im Erkerzimmer des Nordflügels um 1600 und ein Kreuzrippengewölbe im Erkerzimmer des Süderkers, das das Wappen Bischof Georg Friedrichs Greiffenclau von Vollrads (1616–1629) im Schlußstein trägt. Auch Bischof Philipp I. von Rotenstein war hier tätig, wie ein Kämpfer mit seinem Wappen beweist[43].

Mit dem Dreißigjährigen Krieg und seinen Folgen verlor Ladenburg allmählich den Residenzcharakter. 1659 war es zum letzten Mal „Nebenresidenz"[44] von Bischof Hugo Eberhard Kratz von Scharffenstein (1654–1663). Danach war das völlig ausgeblutete Hochstift nicht einmal mehr in der Lage, einen eigenen Bischof zu stellen. Von den 15 Bischöfen zwischen 1663 und 1802 waren 12 zugleich Erzbischöfe von Mainz oder Trier[45], denn das Domkapitel sah nur die Möglichkeit, mit der Wahl des Mainzer oder Trierer Erzbischofs zum Bischof von Worms dem ausgebluteten Bistum aufzuhelfen und dem Druck von Kurpfalz zu widerstehen. Die Erzbischöfe residierten in Aschaffenburg, Koblenz oder Trier. Ladenburg wurde als Residenz schlicht nicht mehr benötigt. Der Bischofshof bzw. das Amtshaus war nur noch der Sitz der Kondominatsverwaltung.

Die beiden Pfalzgrafen von Pfalz-Neuburg Bischof Ludwig Anton (1691–1694) und Bischof Franz Ludwig (1694–1732) waren als Brüder der Kurfürsten Johann Wilhelm (1690–1716) und Karl Philipp (1716–1742) wieder Figuren in der Reichspolitik des ehrgeizigen Kurhauses Pfalz-Neuburg. Für Ladenburg spielten sie eine denkwürdige Rolle. Im Rahmen seiner territorialen Ausgleichspolitik einigte sich Kurfürst Johann Wilhelm mit Franz Ludwig über die Auflösung der wormsisch-pfälzischen Kondominate im Sinne einer Teilung. Dieser Vertrag von 1705 trat 1708 in Kraft und beendete die über tausendjährige Präsenz der Wormser Bischöfe in Ladenburg. Der Bischofshof wurde endgültig Sitz des neuen kurpfälzischen Oberamts Ladenburg.

Wie wir gesehen haben, ist eine ganze Reihe Wormser Bischöfe in Ladenburg gestorben, trotzdem war keiner in Ladenburg beerdigt worden. Das ließ ihr Amts- und Selbstverständnis als Inhaber eines der ältesten Bischofssitze des Reiches nicht zu. Alle wurden im Wormser Dom oder einer seiner Kapellen begraben. Eine Ausnahme machte Bischof Ludwig Anton von Pfalz-Neuburg kurz vor der Beendigung des Kondominats. Er wurde 1660 in Düsseldorf als Sohn des späteren Kurfürsten Philipp Wilhelm geboren, war seit 1685 Hoch- und Deutschmeister und seit 1689 Fürst-Propst von Ellwangen, wurde nach einer glanzvollen militärischen Karriere in den Türkenkriegen am 19. 4. 1691 Erzbischof-Koadjutor mit dem Recht der Nachfolge von Mainz, am 12. 11. 1691 Bischof von Worms und am 21. 4. 1694 Bischof von Lüttich, wo er kurz darauf, am 4. 5. 1694, starb. In Düsseldorf war er angeblich beerdigt worden.

Nun fand im September 1969 Heukemes bei Grabungen in St. Sebastian ein bisher unbekanntes Bischofsgrab (siehe Abb. auf der folgenden Seite), das wohl heimlich und in aller Eile ohne jeden für die Barockzeit typischen Prunk angelegt war und nur behelfsmäßige Attribute und Attrapen als Beigaben enthielt[46]. Jeder äußerliche Hinweis auf die Gruft fehlt[47]. Die Leiche war mumifiziert. Auffällig waren hervortretende, mit einer rosafarbenen Masse gefüllte Adern, was auf eine Arsen-Vergiftung hindeutet[48]. Daß es sich hier vielleicht um einen Kriminalfall gehandelt hat, zeigen die Maßnahmen, die einer absoluten Geheimhaltung dienen sollten: Die Vorgabe eines anderen Bestattungsortes; die unbemerkte Anlieferung der Leiche; keinerlei offizielle Verlautbarungen oder schriftliche Überlieferungen über dieses Grab; der absolut ungewöhnliche Ort für die Bestattung eines Wormser Bischofs; die Schmucklosigkeit der Leiche und des Grabes; die schlechte Ausführung des Sarges mit zusammengestückelten Beschlägen; das Fehlen jedes äußerlichen Hinweises auf dieses Grab in der Kirche. Und das in einem Zeitalter, wo der Pompe funebre für einen Fürsten

*Abb. 8: Domhof, bis 1803 Amtshaus des Wormser Domkapitels, und Büste von St. Peter, dem Patron des Wormser Doms und der ganzen Diözese (Fotos Alfons Brandt, um 1955. Fotoarchiv historischer Bilder von Ladenburg).*

*Abb. 9: Gruft mit der Mumie des Wormser Bischofs Ludwig Anton. Der Tote mit Allongeperücke, Kasel, Mitra, Totenkrummstab in den behandschuhten Händen. Schuhe sind nicht sichtbar (Grabung und Foto Heukemes 1969).*

aus einer so bedeutenden Familie nicht groß genug sein konnte. Das Rätsel dieses einzigen Bischofsgrabs in Ladenburg harrt noch seiner Lösung.

Einen späten Nachhall der wormsischen Bischofsresidenz in Ladenburg gab es zu Ende des 18. Jahrhunderts, als der letzte Wormser Weihbischof (1783–1796), der damals bekannte und geachtete, der Aufklärung verbundene Jurist und Historiker Stephan Alexander von Würdtwein, im Herbst 1792 vor den Revolutionstruppen General Custines von Worms nach Ladenburg floh. Nachdem er wieder nach Worms zurückgekehrt war, hätte er den Eid auf die französische Verfassung leisten müssen, was er nicht wollte. Verkleidet floh er zum zweiten Mal über Mannheim nach Ladenburg, das er nach vergeblichen Versuchen der Rückkehr zu seinem letzten Wohnsitz wählte. Am 11. 4. 1796 starb er in Ladenburg und wurde ebenfalls in St. Sebastian beigesetzt, wo sein Grab noch zu sehen ist.

Die Ladenburger Bischofsresidenz kann sich trotz ihrer langen und dramatischen Geschichte mit den obengenannten anderen Residenzen geistlicher Fürsten nicht messen. Kein prunkvolles Barockschloß wie in Bruchsal oder Meersburg gibt heute noch Zeugnis vom Glanz geistlicher Herrschaft. Die Ursachen liegen in der wechselhaften, seit der Reformation eher unglücklichen Geschichte der Wormser Kirche, die um 1800 in völliger Verarmung und Auflösung endete. Doch für das heutige Erscheinungsbild Ladenburgs ist das auch ein Glücksfall; denn das spätmittelalterliche Stadtbild mit Bischofshof, Mauerresten und Türmen, großer Stadtkirche, Adelshöfen und Bürgerhäusern ist trotz vieler Abgänge noch so intakt, daß wir dank der hervorragenden Arbeit der Denkmalspflege seit dem Zweiten Weltkrieg einen guten Eindruck von der Blütezeit einer bischöflichen Residenz um 1500 gewinnen können.

### Adel und Adelshöfe

Die Anlage des hochmittelalterlichen Ladenburgs mit seinen zahlreichen Höfen Wormser Ministerialer belegt die grundlegende Bedeutung, die der Adel für die Stadtverfassung hatte. Die Adelshöfe haben wir oben als eine Sammelburg bezeichnet, deren Lage innerhalb der Stadtmauern sie bei allen Besitzerwechseln durch die Jahrhunderte bestehen ließ. Auch die hochmittelalterliche Stadtkirche St. Gallus war nicht nur Bischofskirche, sondern diente auch als Grablege der Ladenburger Adelsgeschlechter[49]. In und um die Kirche häufen sich die Gruften, die in Ergänzung zu den Adelshöfen erst ein volles Bild des Adels in Ladenburg geben. Häufig nahmen Ladenburger Adelige hohe kirchliche Ämter ein, ja stellten Bischöfe.

Die oben bereits angeführte bedeutende Adelsfamilie „von Ladenburg", die sich mit großer Sicherheit auf den Ministerialen Reginbodo de Lobedenburg zwischen 1150 und 1184 zurückführen läßt[50] blühte bis ins 15. Jahrhundert und war engstens mit der Wormser Kirche verbunden. Geistliche Angehörige dieser Familie waren: Gernod, 1228 Canonicus im Stift Neuhausen bei Worms, Johannes, 1314 Vikar im Kloster Nonnenmünster[51], und Herbord, zwischen 1303 und 1322 Pfründner am St. Laurentiusaltar im Wormser Dom. Weitere Geistliche aus diesem Geschlecht waren 1359 Hermann von Laudenburg, Kaplan an der St. Katharinenkapelle der Burg Heidelberg[52] und 1390 Heinrich, der Pfarrer von Wallstadt, der eine Gült von 50 fl vom Rat von Heidelberg erwarb[53]. Unter König Ruprecht nahm Johannes von Laudenburg eine sehr hohe Stellung in der pfälzischen Verwaltung ein: 1401 war er Landschreiber zu Neustadt[54], von 1403 bis 1408 Zollschreiber von Bacharach[55] und damit für die wichtigsten Einnahmen Ruprechts III. verantwortlich und vom König mit vielen Geschäften betraut. 1401 erwarben er und seine Frau Husel von dem Juden Vifelin ein Haus in Neustadt und 1408 schenkten sie die Judenschule dem Spital[56]. 1408 präsentierte König Ruprecht Johannes, genannt Hop von Laudenburg, wahrscheinlich ein Sohn Johanns und Husels, der Äbtissin des Klosters Sion[57].

Aus derselben Familie lebte gleichzeitig Jakob von Laudenburg, wahrscheinlich Johanns Bruder, als Domherr in Worms. Dieser trat in diplomatischen Missionen König Ruprechts auf: 1401 als Bevollmächtigter Ruprechts für seinen Romzug in Köln und 1403 in Kaiserswerth, um dort pfälzische Rechte wahrzunehmen[58]. Er war 1410 Propst am St. Andreasstift und ist 1424 als Stiftsherr am Dom gestorben. Schließlich kaufte 1408 noch ein Edelknecht Hans von Laudenburg genannt Merze und seine Gattin Margarethe ein Haus in Neustadt[59]. Ein zweiter Johannes war ebenfalls Domherr und starb 1476. Hedwig von Ladenburg war Nonne im Kloster zu Ramsen. Der letzte Träger dieses Namens war Johannes von Ladenburg, Doktor der Rechte an der Universität Heidelberg und in diplomatischen Diensten Berater des Kurfürsten Friedrich I. So vermittelte er 1453 das Bündnis zwischen Kurfürst Friedrich und dem französischen König Karl VII. 1464 wirkte er als Zeuge mit, als Kurfürst Friedrich I. in Worms im Auftrag des Papstes Pius II. durch Bischof Reinhard von Sickingen vom Bann losgesprochen wurde[60].

*Abb. 10: Grabkapelle der von Sickingen an der Seite von St. Gallus, Umbauskizze von 1883 (GLA 362/1063).*

Bemerkenswert ist, wie diese Familie exemplarisch die Machtverschiebung innerhalb der Stadt von den Bischöfen zu den Pfalzgrafen erkennen läßt, die sich im 14. Jh. anbahnte und im 15. Jh. vollendet war. Dasselbe ist bei den Grabdenkmälern und den Eigentümern der Adelshöfe zu sehen. Dort finden wir vom 15. Jahrhundert an nur noch den (reichs)ritterlichen Niederadel in pfälzischem Dienst, der von der zweiten Hälfte des 16. Jhs. an bis in den Dreißigjährigen Krieg hinein lutherisch bzw. reformiert war und keinerlei Bindung mehr an den Bischof hatte. Das änderte sich um 1700, als die katholischen Neuburger Kurfürsten einen neuen, nun wieder katholischen Adel heranzogen und so auch die konfessionelle Nähe zum Bischof gegeben und die St. Galluskirche wieder katholisch war. Dieser Wechsel der Adelsfamilien zeigt sich auch bei den Adelshöfen.

### *Grabdenkmäler*

(Die lfde. Nr. 1–24 folgt der Zeitstellung)

Der ältere Adel

**Löw von Steinfurt?** Aus dem 14.Jh. sind zwei Grabinschriften in der St. Galluskirche erhalten. Die jüngere befindet sich am zweiten nördlichen Pfeiler des Langhauses: (2) *Anno dni m ccc lvi O: Sibold dcs leo* = Anno domini MCCCLVI obiit Sibold dictus leo = Im Jahre des Herrn 1356 verstarb Sibold (I.) genannt Löw. Nach dieser Lesart wäre Sibold I. Löw von Steinfurt bei Bad Nauheim gemeint[61]. Aber eine Beziehung dieser Familie zu Ladenburg ist nicht erkennbar. Eine wahrscheinlichere Namensauflösung liest: *blhold* = berthold. Sievert führt leider ohne Beleg einen Schultheißen Berthold genannt Löw an. Eine wohlhabende Familie Löw ist noch fürs 15. Jahrhundert zweimal nachgewiesen. Mit den beiden frühen Grabinschriften für Bürger (1,2) in St. Gallus wird unsere These von der gleichrangigen Position von Bürgern und Adeligen in Ladenburg im 13. und 14. Jahrhundert unterstrichen[62].

*Abb. 11: Grabplatte des Johann von Sickingen, † 1469, und seiner Gemahlin, † 1458 in der Sickingenkapelle der St. Galluskirche (Kunstdenkmäler, S. 169).*

**v. Sickingen.** Aus dem späten 15. Jahrhundert stammt die Sickingen-Kapelle (siehe Abb. auf vorangehender Seite), die als Grablege dieses Geschlechtes gedacht war. Diese Kapelle ist mit rechteckigem Grundriß an den zwei östlichen Jochen des nördlichen Seitenschiffs angebaut. Das leicht gekehlte Sockelprofil läuft um die diagonal gestellten Strebepfeiler. In halber Höhe befindet sich ein ganz herumziehender Wasserschlag. Unten findet sich altes verputztes Bruchsteinmauerwerk. Darüber wurde nach einem Plan von Williard Quadertechnik mit Maßwerkfenstern neu aufgeführt. Alte Spolien sind die Gewölbeschlußsteine aus weißem Sandstein. An der Westwand erscheinen das Wappen der Sickingen und das abgeblätterte Wappen der Kämmerer von Worms, die 1883 grundlegend erneuert wurden[63].

(5) Doppelgrabplatte 2.92 x 1.36 m: Johannes III. von Sickingen, gest 24.9.1469, und seiner Gemahlin Margareta Kämmerer von Worms gen. von Dalberg, gest. 21.4. 1458: Allianzwappen Sickingen – Kämmerer als Konsole. Vier Wappen der Eltern sind zwischen Maßwerkbögen, und zwar: Landschad von Steinach – Kämmerer von Worms – von Sickingen und von Osthofen. Die Umschrift lautet: *An(n)o d(omi)ni m cccc lxix d(omi)nica post mathie opiit strenvvs miles Johannes de Sickingen / Anno d(omi)ni m cccc lviii xxi die mensis aprilis O(biit) Honesta Domina Margretha Kemerern qvondam (mi)litis Johannis de Sickingen iev(s vxor)* = Im Jahre des Herrn 1469, am Sonntag nach Matthias – 24. 9. – verstarb der wakkere Ritter Johannes von Sickingen / Im Jahre des Herrn 1458, am 21. April, verstarb die ehrenwerte Herrin Margarete Kämmerer von Worms, einstmals Ehefrau des Ritters Johannes von Sickingen[64]. Dazu kamen noch drei weitere abgegangene Grabdenkmäler für (8) Hans (Johann V.) von Sickingen Stifter der Kapelle, gest. am 27. 2. 1477; (6) Diether von Sickingen, gest. 1473, und (4) Hamman (Jo-

hann II.) von Sickingen, gest. 1424, und eine abgegangene Grabplatte am Nordturm außen 2.12 x 1.00 m für (11) Johann VI. von Sikkingen, gest. 22. 7. 1518, mit lat./dt. Inschrift: *ANNO DNI MCCCCCXVIII Jahr of Mariae Magdalenae ist gestorben der gestrenge Herr von Sickingen, dem Gott gnädig sey*[65]. Mit ihm starb die Ladenburger Linie der Sickingen aus.

**v. Hirschberg.** Abgegangene Grabplatte des (7) Philipp von Hirschberg mit Allianzwappen Hirschberg/Rüdigheim, gest. am 19. 5. 1474. Grabplatte des (15) Heinrich Adam von Hirschberg, gest. 24.1.1587, mit folgender Inschrift: *Anno 1587. Auff den Tag /den 24. ten Januarij ist in Gott /Christlich verschieden der Edle/und Ehrenveste Henerich A=/dam von Hirschberg, dem/ Gott Gnädig /und Barmhertzig /Seye.* Umschrift am Rand: *Röm: 14. Leben wir so leben wir dem /Herren, Sterben wir so Sterben Wir dem Herren . ist des Juncker Seeligen jeder / Trost Spruch gewesen.*[66]

**Ulner von Dieburg.** Abgegangene Grabplatte des (Gerhard?)(10) Ulner von Dieburg, gest. 1507. Die Inschrift lautete: *A(nn)o D(omi)ni MDVII . Ullner von Diepburg, dem Gott gnaedig und barmherzig. Amen.*[67]

**v. Zandt.** Abgegangene Grabplatte der (12) Margarete von Zandt, geb. Horneck von Heppenheim, gest. 25. 3. 1549. Im Feld das Allianzwappen von Zandt/von Horneck, in den vier Ecken Ahnenwappen Horneck von Heppenheim – von Randeck – von Menzingen – von Wittstadt genannt Hagenbach. Inschrift: *ANNO D(OMI)NI 1549 . uff den Tag nach / dem Sonntag OCULI Starb die HEdle /hgber (?) und Tugendsame Frau Mar=/ garete gebohrene Höneckin Von /Heppenheim, die letzte dieses geschlechts /Welche Juncker Carl von Zand Haus?=/Frau gewesen, deren Seelen der /Allmächtige GOtt gnädig und barm=/ hertzig seyn wolle amen.*[68] Grabplatte (14) Carl von Zandt, gest. 9. 10. 1554. Im Feld das Wappen des Verstorbenen und vier Ahnenwappen: von Zandt – Puntinger von Rostein – von Parsberg – von Sinzenhofen. Umschrift:

*ANNO D(MIN)NI 1554 DEN 9. TEN /TAG OCT(OBRI)S (STAR)B DER EDLE (CA)RLE VON (ZAN)T /der SO(N GIORG* (Sohn Georgs) *CHVRFÜRST PFALTZ DIENER BIS AN SEIN END DEM GOTT GNADE AMEN*[69].

*Abb. 12: Zwei abgegangene Grabplatten aus der St. Galluskirche nach den Zeichnungen im Thesaurus Palatinus. Oben: Philipp von Hirschberg, † 1474; unten: Wilhelm von Bettendorf, † 1552 (Kunstdenkmäler, S. 173 u. 174).*

*Abb. 13: Epitaph der Cronbergischen Kinder, † 1588 –1595 (Kunstdenkmäler, S. 201).*

*Abb. 14: Maria Henrietta von Castell, † 1766 (Kunstdenkmäler, S. 168).*

**v. Cronberg Kronenstamm.** In der Sebastianskirche befindet sich ein Epitaph für die Cronberger Kinder. In architektonischer Rahmung ist eine Idealstadt, das himmlische Jerusalem, als Relief zu sehen. Davor war eine abgemeißelte Kreuzigungsgruppe, ein Zeugnis für den Bildersturm beim Übergang zum reformierten Bekenntnis. An den seitlichen Pilastern sind Ahnenwappen von Cronberg Kronenstamm – von Sickingen – Kämmerer von Worms genannt von Dalberg – Mühl von Ulmen. Die Kinder sind: (16) Wolfgang III. Hartmann, August 1588 bis 19. 9. 1588, Hans Schweikard III., 30.6.1595 bis ? 1595 und Julius, gest 1595. Inschriften A: *Im AVgVst Vnd Jahr 88 . der ringer zall /Ich Hartma(nn) Wolfga(n)g zur Welt geboren war./ der Neu(n-z)ehnd SEPTE(M)B(ER) : nach Gottes Will ./ Ward meins zu Hernsheim scheidens Ziel /*

Auf der Gesimsleiste B: *CHRIST SALVS MVNDI N(OST)ROS TYEARE PARENTES* = Christus Heil der Welt, mögest du unsere Eltern schützen.

Darunter C: *Fumffzehenhu(n)dert neunzig fu(n)ff in Junio ./ On drei des letzte(n) nun Ich geboren kom ./ Hanß Schweickardt vo(n) Cronberg dein Brüdlein /IVLIVS bald Volge(n)d brachab dem leben mein RIP*, dazu zwei Kinderbüsten.

Dazu die Grabplatte des (16a) Johann III. Schweikard von Cronberg mit dem Wappen im Feld und bis auf *A(NN)O 1595 JOANNES (SCHWEIK)AR(D)VS A C()ONBER(G) HIC* ... weiter unleserlich[70].

An der Nordseite der St. Galluskirche befindet sich die Grabplatte der (17) Anna Margarete von Cronberg geb. Kämmerer von Worms gen. von Dalberg, Gemahlin des Johann Georg II. von Cronberg Kronenstamm, gest 1629. Im Feld das Allianzwappen von Cronberg / Kämmerer. Reste einer Inschrift: *Anna Margretha von Cron/berg ge(b)or/ene K(amme)rer vo(n)/ Worms genannt von Dal.(berg).* Seitlich je vier Ahnenwappen: Kämmerer von Worms gen von Dalberg – von Flersheim – von Sickingen – von Helmstatt – Mühl von Ulmen – Bechel von Siersburg – Mant von Limbach – von Wolckringen[71].

Der jüngere Adel[72]

**v. May.** Rechts im Chor befindet sich die Grabplatte des (18) Georg Augustin Freiherr von May, kurpfälzischer Minister und Kanzler, gest. 13. 9. 1729. In der Kartusche das geteilte Wappen, rechts ein steigender Bär, links ein Baum. 1722 übernahm Georg Augustin Freiherr von May, kurpfälzischer Kanzler, das freiadlige Rittergut mit Schloß in Edingen, das 1761 an die von Castells überging.

**Müller zu Gnadeneck.** Abgegangene Grabplatte der (20) Elisabetha Katharina Freifrau von Müller zu Gnadeneck, gest. 83 jährig am 13. 4. 1758.

**v. Castell.** Im Chor links befindet sich der Epitaph der (22) Maria Henrietta von Castell, geb. von Hauberath, Gemahlin des kurpfälzischen Geheimrats Joseph Sebastian von Castell. gest. am 17. 6. 1766 in Edingen, wo sich das Gut der Castells und ihr Schloß befand. Begraben wurde sie am 19. 6. 1766 in St. Gallus.

Im Aufsatz das Allianzwappen der Verstorbenen von Castell / von Hauberath. Außen am Nordturm befindet sich die Grabplatte der Maria Henrietta von Castell.

**v. Preysing.** Im Chor rechts befindet sich der Epitaph des kurpfälzischen Generalfeldzeugmeisters (23) Johann Philipp Jakob Graf von Preysing, gest. am 15. 7. 1779, mit dem Wappen des Verstorbenen.

**v. Babo.** Die Grabplatte des Freiherrn (24) Ferdinand von Babo, 22. 4. 1825–23. 6. 1867, und seiner Gemahlin Eveline, geb. von Frantius, 12. 9. 1824 – 16. 6. 1872.

### *Adelshöfe*

**von Sickingen**[73]

Lage: Südlich der Hauptstraße im Bereich der Klappergasse an der Stadtmauer.

Alter und Baubestand: Teile gehen bis ins 13. Jahrhundert zurück. Der Hof war schon durch die Anlage der Nadlerstraße zerschnitten. 1967 wurden Reste des Herrenhauses aus dem 16. Jh. an der Nadlerstraße abgerissen. Gebäude war recht verbaut. Gotischer Torbogen blieb stehen. Erkerkonsole (Altarerker) mit einem doppelleibigen bärtigen Mann aus dem 13. Jahrhundert am Neubau verwendet.

Besitzer: seit dem Spätmittelalter **von Sikkingen.** 1789 von Sickingen und **von Maubisson** als Lehen an die Pfalz. 1795 als Lehen an **von Babo**

Grundbesitz: 140 M

Zur Familie: Wappen – 5 silberne Scheiben auf rotgeränderten schwarzen Schild. Eine der zahlreichsten und wichtigsten südwestdeutschen Adelsfamilien, wahrscheinlich ministerialischer Herkunft, stammt aus Flehingen im Kraichgau. Die Sickingen sind ein Zweig der Flehingen. Um 1295 gibt es vier Brüder: Albertus dictus Hofwart, Ludwig, Brendelin und Reinhard I. Die Hofwart-Linie stirbt 1460 aus, die folgenden beiden sind schon vorher verschwunden. Einzig Reinhard I. hat eine Sohn Reinhard II. (1317–1360), der Stammvater aller folgenden Sickingen ist. Seine drei Söhne begründen drei Linien:

Reinhard III. (1336–1363). Die reinhardsche Linie stirbt 1504 mit Martin III. aus.

Hans I. (1338–1377). Die hansische Linie ist die Ladenburger Linie, die 1518 ausstirbt.

*Abb. 15: Apotropaion (Abwehrbild) Bärtiger Mann über einem Löwen als Eckkonsole. Rest des Sickingenhofes aus dem 13. Jahrhundert (Foto Alfons Brandt um 1954. Fotoarchiv historischer Bilder von Ladenburg).*

Diese hat hohe pfälzische und wormsische Ämter inne. z.B.: Hans II. (1366–1424) Pfälzischer Vogt zu Lindenfels und Bolanden, Vitztum von Neustadt. Johann/Hans III. (1407–1469) Pfälzischer Rat; für ihn und seine Frau Margarete Kämmererin von Worms genannt von Dalberg wurde von seinem Sohn Reinhard IX., 1445–1482 Bischof von Worms, die Sickingen-Kapelle gebaut. Weitere Söhne von Hans III. waren Dieter, 1443–1473 pfälzischer Marschall und Hofmeister und Burggraf von Alzey, in Ladenburg begraben, und Hans V., gest. 1477. Dessen Sohn war Hans VI., ein pfälzischer Rat, gest. 1518, dessen Grabplatte oben beschrieben ist.

Der berühmte Franz von Sickingen (1483–1523), der den Ritteraufstand von 1522/23 anführte und bei der Belagerung seiner Burg

Landstuhl durch den Pfalzgrafen, den Erzbischof von Trier und den Landgrafen von Hessen durch einen Kanonenschuß zu Tode kam, stammte aus der Swickerschen Linie, die sich von Swicker I. von Sickingen, gest. 1366, dem dritten Sohn Reinhards II. herleitet. Diese Linie starb erst 1932 mit Graf Joseph von Sikkingen aus[74].

**Bettendorfer Hof, seit 1743 Jesuitenhof 1–3.**[75]

Lage und Baubestand: Zwischen der Jesuitengasse und Schulstraße ist er der am besten erhaltene Adelshof in Ladenburg. Die Umfassungsmauer hat stadtwärts ein großes gotisches Portal mit einem kleinen Fußgängerpförtchen daneben. Dahinter öffnet sich der vordere Hof mit einem zweigeschossigen Herrenhaus mit Treppenturm und zweiteiligen Renaissance-Rechteckfenstern. Treppenturm- und Kellerportal sind rundbogig, haben einfache Rechteckfenster, oben schießschartenartige Luken und eine steinerne gekehlte Treppenspindel. An der Außenseite zur Jesuitengasse gibt es nur kleine Fenster. Um den hinteren Hof stehen die alten Wirtschaftsgebäude wie Scheuer, Tabakschuppen und zwei Stallgebäude in Fachwerk auf massivem Untergeschoß. Diese Bauten stammen aus dem frühen 18. Jahrhundert und gründen auf älteren Fundamenten.

*Abb. 16: Lageplan des Jesuitenhofs 1776 (GLA 210/18).*

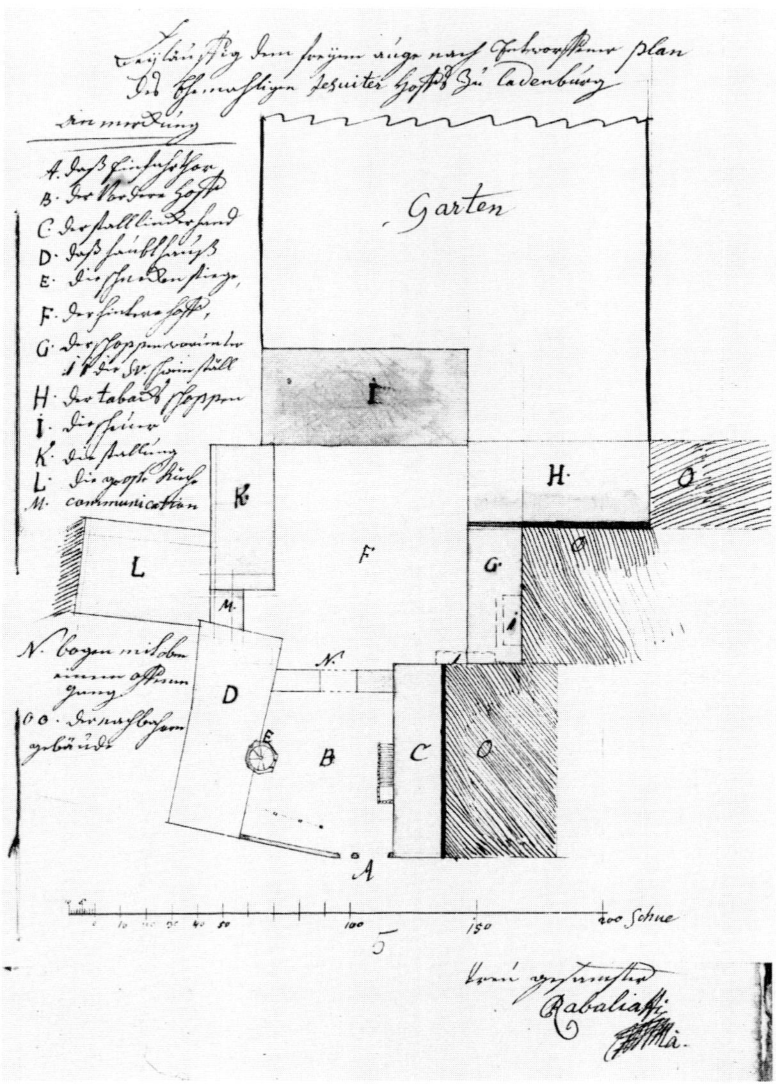


Besitzer: Seine Besitzgeschichte kann, allerdings nicht vollständig, am weitesten zurück verfolgt werden. Vor 1339 war der Hof in Besitz von **Gotz Rode**, der ihn in diesem Jahr an den **Deutschorden** verkaufte. 1352 ging er in Pacht an **Johann Kranich von Dirmstein**. Ihm folgten im 15. Jh. die Herren **von Erligheim** oder **Horneck von Erligheim**. Um 1500 war der Hof im Besitz der Junker **von Hirschberg**, aber immer noch dem Deutschen Orden zinsbar. Über die **Helmstatt** (Allianzwappen von Menzingen-Neipperg von 1599 und Daun-Neipperg) kam der Hof (1630?) an **Georg Heinrich Gans von Otzberg**, dann an die Herren **von Bettendorff**. Der kaiserliche Subsequester **Johann Ludwig von Bettendorff** erwarb 1685 zum Hof das Zeilsheimer Gut des Domstiftes Mainz. 1736 kam der Hof an das adelige Damenstift Pforzheim, das ihn 1740 an die Jesuiten in Mannheim veräußerte. Der Kaufpreis betrug 22.000 fl.

Grundbesitz: 250 M Ackerland, teilweise noch heute im Besitz der Kirchenschaffnerei.

Familien: Die Ministerialenfamilie (**Horneck**) **von Erligheim** hatte ursprünglich ihren Sitz bei dem gleichnamigen Dorf in der Nähe von Besigheim. Im 14. Jahrhundert traten die Erligheim in pfälzische Dienste bei großer Nähe zu Ruprecht I. – viele Erligheim übernahmen den Namen des Kurfürsten – und siedelten sich weiträumig in der rechtsrheinischen Pfalz an. Zu nennen sind hier Neckarhausen seit 1334, Schwetzingen, wo sie die Tiefburg gegenüber Kurfürst Ruprecht I. zum offenen Haus erklärten, Burg Horneck und vor allem Ilvesheim. Hier waren sie seit dem 14. Jh. Ortsherren und hatten ihren Wohnsitz in einer Tiefburg. 1499 hatten sie dort als pfälzisches Lehen 3 Höfe. 1511 baute Hans - Hennel von Erligheim, gest. 1545, die „Erlenburg“

in Ilvesheim, als Wasserburg Vorläufer des jetzigen Schlosses. Auch ihre Stellung in Ladenburg war stark: 1433 erhielt Hans von Erligheim als pfälzisches Mannlehen 6 Mark Silber auf die Juden und die Judenschule in Ladenburg[76]. 1496 gehörte Ruprecht von Erligheim eine Mühle an der Stadtmauer, die spätere Cronbergische Mühle, die er von einer Ölmühle zu einer Mahlmühle umgewandelt hatte. 1518 kam es zum Verkauf dieser Mühle gegen einen Lehensersatz für den Kurfürsten in Ilvesheim[77]. Im selben Jahr verlieh der Wormser Bischof Hans oder Henel von Erligheim das Brückengericht und das Fischereirecht zu Ladenburg[78]. Wegen Überschuldung trat um 1545 sein Schwiegersohn Hans Landschad von Steinach in die Erligheimer Lehen ein und übernahm die Burg in Ilvesheim, da die direkte Linie ausgestorben war. Das Wappen war ein silberner, steigender, rotbewehrter Löwe auf grünem Feld, das des Landschad eine Harfe[79]. Die Helmstatt und Gans von Otzberg waren alte ministerialische Ritterfamilien, die seit dem 14. Jh. vielfach in pfälzischen Diensten waren. Die **Helmstatt** sind ein sehr weit verzweigtes Kraichgauer Geschlecht, „Die Familien mit dem Rabenwappen" – schwarzer Rabe in weißem Feld, nämlich die Göler von Ravensburg, die **Menzingen** und die Helmstatt mit 4 Linien, 2 Stämmen und 3 Ästen. Stammvater ist Raven de Wimpina = Rabe von Wimpfen, ein Reichsministerialer, 1210 und 1220 genannt, der Erbauer von „Ravens Burg" bei Rappenau = Ravens Au[80]. Die **Gans von Otzberg** waren im nördlichen Odenwald zu Hause und mehrfach in Ladenburg begütert. Ihr Wappen vom Jesuitenhof befindet sich heute im Reiss-Museum in Mannheim. Dieser Wappenstein, 0,83 x 0,54 m, von 1630 hat die Inschrift: *GEORG HEINRICH/ GANS VON/ OTZBVRG . ANNA MARIA / GENSIN VON OTZBVRG . GEBORNE / VON DAUN ... G. V. O. / .. B./ D.V.D. / G.Z.D.* Das Ganze ist ein Allianzwappen mit vier Ahnenwappen, die uns etwas über die nicht völlig aufgeklärten Besitzverhältnisse des Jesuitenhofs verraten: Das Allianzwappen in der Mitte Georg Heinrich Gans von Otzberg (Wappen eine Gans) und seine Frau Anna Maria von Daun genannt

*Abb. 17: Jesuitenhof – Toranlage 1905, links, und 1935, rechts (Fotos: Postkarte und Kurt Heck. Fotoarchiv historischer Bilder von Ladenburg).*

*Abb. 18: Wappenstein der Gans von Otzberg im Jesuitenhof von 1630 (Foto Reiss-Museum Mannheim).*

Dunegin = Däunchen (Wappen ein silbernes Gitter in rotem Feld, rechts oben bei den späteren Reichsgrafen von Daun, seit 1655, zwei weiße Lilien auf blauem Grund). Dieses Geschlecht, vielleicht von einem Bastard = Däunchen, trat erst in der Mitte des 15. Jhs. auf. Aus diesem Geschlecht stammt der österreichische Feldmarschall Leopold Josef Graf von Daun, der Sieger über Friedrich den Großen bei Kolin, Hochkirch und Maxen[81]. Die vier Ahnenwappen zeigen zweimal die väterliche Abkunft des Ehepaares, G.v.O. = Gans von Otzberg und D.v.D. = Daun genannt Dunegin, und die mütterliche Seite: B. = von Bettendorff und G.z.D = Groschlag zu Dieburg[82]. So ist wohl der Weg des Hofes zu den Bettendorf gewesen.

**Hirschberger Hof**[83]

Lage und Baubestand: Schulstraße 2–6, ursprünglich im Dreieck zwischen der alten Schulgasse und der Stadtmauer, gegenüber dem Garten des Jesuitenhofs. Zweigeschossiger Massivbau zu acht Fensterachsen aus dem 18. Jahrhundert, Rundbogenportal zwischen Pilaster, die das Gebälk tragen. Ältere Bauteile gibt es nicht mehr.

Besitzer: Die Lage des Adeligen Freihofs läßt vermuten, daß dieser vom Jesuitenhof abgeteilt wurde, als die **Hirschberg**, die im 15. und frühen 16. Jh. den Jesuitenhof besaßen, um nach dessen Verkauf einen kleineren Teil für sich zu behalten, wahrscheinlich bis 1587. Auch hier folgten über Wilhelm Kramp von Friedenstein und dessen Schwiegersohn Leonhard Back im frühen 17. Jh. mit **Johann Pleikhard die Gans von Otzberg** nach. (1650 belegt). Die Geistliche Administration übernahm das Anwesen von **Josef Anton von Marioth** und seiner Frau, Maria Anna von Freudenberg. Nach dem Ankauf der Anwesens durch die Heidelberger Geistliche Administration 1748 wurden die mittalterlichen Gebäude abgerissen und 1750 durch einen Neubau für die Zwekke der Kollektur Ladenburg ersetzt. Die heute noch erhaltenen Pläne stammen von J.J. Rischer. Der gegenüber der Planung leicht geänderte Bau wurde 1812 renoviert. Die Kollektur wurde 1831 aufgehoben und das Gebäude bis 1853 als evangelisches Pfarrhaus benutzt. 1854 wurde es zur evangelischen Schule umgebaut und 1885 als Pfründner – und Krankenhaus an die Gemeinde verkauft. Von 1889

bis 1937 war das Bürgerhospital darin untergebracht, seither Mietwohnungen.

Grundbesitz: nicht bekannt

Familie: Bei den **Hirschberg** müssen zwei Familien, die nichts miteinander zu tun haben, unterschieden werden. Conrad I. von Hirzberg (1142/1165) oder Hirschberg, aus einem freiadeligen Geschlecht, ist der Erbauer der Burg Hirschberg über Leutershausen und der Stammvater zweier Linien, der schon Anfang des 13. Jahrhunderts ausgestorbenen älteren Linie Hirschberg und der **Stralenberg**. Die letzteren spielen als die Erbauer der Strahlenburg (nach 1235) und Gründer der „Stadt" Schriesheim (1238) bis ins 15. Jh. eine große Rolle in unserem Raum, auch für die Ladenburger Geschichte. Wappen: Goldener schrägrechtsliegender Strahl = Pfeilspitze auf rotem Feld, das Stralenberger Wappen hat die umgekehrte Tinktur. Noch vor dem Erlöschen der älteren Linie Hirschberg kam ein Lorscher Ministerialengeschlecht in den Teilbesitz der Burg Hirschberg, nach der es sich ebenfalls nannte: Marquard de Hirzberg 1184. Wappen: silberne Hirschstange auf rotem Feld. Dieses Geschlecht blühte bis ins 16. Jh. und ist das in Ladenburg begüterte[84]. Seine Anwesenheit in Ladenburg im 15. und 16. Jh. bezeugen auch abgegangene Epitaphe in St. Gallus: Philipp von Hirschberg der Ältere, gest. 1474, und Heinrich Adam von Hirschberg, gest. 1587[85].

**Handschuhsheimer Hof, später von Effern**[86]

Lage und Baubestand: Rheingaustraße 32 ein Schlüsselgrundstück am Straßenknick, die Rückseite des Gartens grenzte an die Stadtmauer. Ein um 1475 erbautes Fachwerkhaus wurde 1561–69 teilweise durch ein massives Gebäude ersetzt. Über einem tonnengewölbtem Keller mit Zugang von der Straße erheben sich drei Geschosse, ab zweitem Geschoß in Fachwerk, Satteldach mit Krüppelwalm. An der Rückseite ein halb eingebauter Treppenturm, bis zur Traufe massiv, darüber Fachwerk. An mehreren Portalen Wappensteine. Inzwischen ist das Haus renoviert.

Besitzer: Die **Handschuhsheim** fast bis zum Ende der Familie 1599, von da an die **Leyser von Lambsheim**, dann die **von Lindau** und die **von Botzheim**, dann die **von Lichtenfels**; 1696 Hauptmann **von Effern** und schließlich die **Ulner von Dieburg.** Der Hof war in den Ritterschaftskanton vom Mittelrhein inkorporiert.

Grundbesitz: Auf der ganzen Gemarkung zerstreute Felder von rund 15 M (18. Jh.).

Familien: In Handschuhsheim gab es zwei Lorscher Ministerialenfamilien, die wohl von dem großen Lorscher Grundbesitz dort ausgestattet wurden: die ältere seit 1130 mit den Leitnamen Rumhard und Ingram siedelte nach der Gründung Heidelbergs um 1200 dorthin über, später nach Wieblingen: 1261 advocati de Wieblingen. Ihr Stammsitz war die verschwundene Burg anstelle des jetzigen Schlößchens.

Die jüngeren **Handschuhsheim**, Wappen: weißer, rotgefütterter Handschuh auf blauem Feld, waren die mit den Brüdern Swicker und Suiger 1206 beginnenden milites de H., ihr Sitz war die Tiefburg. Sie nahmen früh Dienst bei den Pfalzgrafen (Hofmeister, Hofrichter,

*Abb. 19: Handschuhsheimer Hof um 1955 und nach der Restaurierung 1986 (siehe Farbbild auf der linken Seite). Manieristische Fassadenmalerei mit Diamantbossen. Am Stockwerkgesims unter der Jahreszahl 1569 die Wappen von Damian II. von Handschuhsheim und seiner Gemahlin Ursula von Fleckenstein (Fotos: Alfons Brandt [FA] und B. Heukemes).*

Marschall, Kämmerer u.a.) und hatten Besitz in H., Dossenheim und in der ganzen Pfalz. Sie verbanden sich auch mit anderen in Ladenburg begüterten Familien wie den Cronberg, Hirschberg, Dirmstein, Helmstadt, Sickingen und Neipperg. Dieter I., gest. 1316, ist der Stammvater aller folgenden Handschuhsheim. Dieter V. (1432–1485), pfälzischer Hofmeister und Hofrichter, baute für sich und seine Familie 1475 den Handschuhsheimer Hof in Ladenburg. Am großen Hofportal befinden sich die Wappen von Hartmann V. und Heinrich VIII., gest. 1562, von 1561 und seiner Gattin, einer geborenen von Hirschberg. Deren Nichte Emiliana, gest. 1579, wurde in Ladenburg begraben. Das gleiche Allianzwappen, aber mit der Jahreszahl 1566 ist an der Hofdurchfahrt zu sehen. An der Ecke des Stockwerkgesimses befindet sich die Jahreszahl 1569 und das Allianzwappen Handschuhsheim-Fleckenstein: Damian II. von Handschuhsheim heiratete 1534 Ursula von Fleckenstein. Dasselbe Wappen ist auch oben an der Treppenspindel angebracht. Das Anwesen ging an den mit Elisabeth von Handschuhsheim verheirateten Philipp **Leyser von Lambsheim** über, der dies 1599 mit seinem Wappen über einer rundbogigen (Stall)tür anzeigt. Dabei befindet sich auch das Wappen seiner zweiten Frau, einer M von Weiller bei Weinsberg[87].

Im 17. Jh. gab es rasche Besitzerwechsel und keine baulichen Veränderungen mehr. Die Familie **von Effern** ist ein niederrheinisches Geschlecht, das mit Wilhelm von Effern 1604–1616 einen Wormser Bischof stellte. 1696 war der Hof im Besitz des Hauptmanns von Effern, von dem er seinen späteren Namen hatte. Ihm folgten die **Ulner von Dieburg** bis 1787, als das Geschlecht mit Johann Wilhelm Ulner von Dieburg erlosch. Aus Dieburg stammen zwei Rittergeschlechter: Die Ulner und die Groschlag von Dieburg. Die Ulner, Wappen eine dreitürmige goldene Burg auf blauem Feld, waren früh in pfälzischen Diensten und hatten Besitz vor allem in Weinheim[88].

**Cronberger Hof**, später Domstift Speyer – Kellerei[89]

Lage und Baubestand: An der westlichen Stadtmauer zwischen Färber- und Cronberger Gasse beiderseits der Kellereigasse. Über einem tonnengewölbten Keller erhebt sich ein zweigeschossiger massiver Hauptbau entlang der Cronberger Gasse mit 11 Fensterachsen gegen den Hof (nach 1766). Kellerportal mit verwittertem Wappen Cronberg Kronenstamm. Rechts vom Haupteingang eine Schiefertafel

*Abb. 20: Der ehemalige Cronbergerhof um 1952 (Foto Alfons Brandt. Fotoarchiv historischer Bilder von Ladenburg).*

mit folgender Inschrift: *Im jar nach der selichmachenden geburt vnserß / erlöserß Jseu Christi eintausend funffhundert ach-/tzich sechß (1586) wardt durch den Edlen Gestrengen vnd västen Hardtmutten von Cronberg dem /Aeltern Churfurstlichen Meintzischen Raht grosz-/hoffmeister auch Amtman zu Högst vnd /Hoffheim dise behausung damalß der Bette(n)dörffer / Hoff gena(n)dt erkaufft vnd hernach durch mich Hans Gör-/gen von Cronberg seinen Sohn mitt zuthun meiner geli/bten hausfrauen Anna Margreta geborne Cem(m)erin von / Wormbß genant von Dalberg zum Thail erneiwert / vndt Theyls ausz dem grundt wie vor augen stehet gefuhrt auch Inwendig alsz ausserhalb der Statt / mit lust vnd nützlich(en) gartten mit sonderm vleisz /geziehret vnd Im Ihar Tausend sechshunderttl/ funf (1605) durch Segen Gottes allerding vollendet der All- / mechtig woll vnß beyden ehleuten ein seligeß endt vn(d) mit den verstorbenen ein fröliche vfferstehung / (g)nädig(l)ich (verle)yhen dieses nuhnmehr Cronbergi(sch)/ Anwesen auch vor unglück vnd alem vbel bewahr(en).* Im westlichen Bauteil befindet sich ein Segmentbogen mit der Jahreszahl 1590, Gewände und Kehlen profiliert, die in Voluten auslaufen. Aus dem 16. Jahrhundert stammt der Westgiebel mit drei Rechteckfenstern, die Eckausquaderung im Erdgeschoß ist wahrscheinlich älter. Das Hofportal in der Cronberger Gasse hat einen Korbbogen. Nebengebäude und Stall 1964 abgebrochen. An der Stalltür ein Allianzwappen Cronberg/Kämmerer von Worms genannt von Dalberg.

Ein ähnliches Portal mit den gleichen Wappen befand sich an der 1959 abgebrannten Cronberger Mühle an der Stadtmauer, die hier einen überwölbten Wehrgang mit Schießscharten hatte. Dieses Portal war bereits 1927 an das Wisersche Schloß in Leutershausen versetzt worden. Ein weiteres, sehr prächtiges Portal (Korbbogen auf zwei korinthischen Halbsäulen mit Löwenköpfen als Sockeln, auch oben zwei Löwenköpfe mit Inschrift) an der Mühle aus dem Jahr 1596 wurde erhalten. Die gereimte Inschrift lautet: *Wir Beide freundtlich Ehegemahll / Von Cron: Vnd Dalberg schawen an, / Was an dich Vnser Adlichs Hauß, / Wir Von grundt Vff Zbawen auß. / Für Costen, müh, Sorgh, Zeit vnd fleiß, / Gewendt Vnd dier so Wohl Zu nvtz Vnd Preiß.*

Rechts daneben befindet sich die Fortsetzung: *Als gemeiner Zier nichtt Vnderlahnn / Auch diß Edel Kleinott anzüthan, / Nuhmehr Schaw auff Vnd Seh du zv / Dasselb zv Bhalten gvtter Ruh / Darzv Verleih der liebe Gott / sein milten segen Früh vnd Spoht.* Darunter das lateinische Distichon: *TV SACRA POSTERITAS VENIES AB VTROQVE PARENTE / QVAE TIBI PARTA* **DAMVS** *SARTA RELIQVE TVIS* = Du geheiligte Nachkommenschaft wirst von beiden Eltern abstammen. Was wir dir als Erworbenes geben, hinterlasse deinen (Nachkommen) in gutem Zustand! Die fett herausgehobenen Buchstaben bezeichnen auch römische Zahlen und bilden so eines der damals äußerst beliebten „Chronogramme" = Zahlenrätsel. MDLVVVVVVVVIIIIII = 1596. 1973 wurde eine Epoxitharzkopie dieser Tafel in der Parkmauer des Bischofshofs eingemauert; das Original befindet sich im Lobdengau-Museum[90].

*Abb. 21: Portal der ehemaligen Cronberger Mühle von 1600 (Foto Alfons Brandt um 1955. Fotoarchiv historischer Bilder von Ladenburg).*

Die Mühle war die einzige Stadtmühle in Ladenburg neben den beiden ober- und unterhalb der Stadt befindlichen Mühlen, der Rautentaler- und der Pflastermühle. Wahrscheinlich handelte es sich bei ihr um die bereits 1269 erwähnte, in Ladenburg liegende Mühle, bei der der Ritter **Heinrich Wackerpfeil** und seine Frau Agnes gegen einen ständigen Zins von 2 Malter Weizen eine Meßstiftung für ihr Seelenheil zugunsten des Klosters Schönau eingetragen hatten[91]. Die Wakkerpfeil waren eine mächtige Wormser und Ladenburger Ministerialenfamilie[92]. Der gesamte Cronbergische Besitz florierte bis in den Dreißigjährigen Krieg, in dem die Mühle teilweise zerstört und stillgelegt wurde. Sie teilte das weitere Schicksal des Cronberger Hofes. Die Speyerer Kellereiverwaltung verpachtete die Mühle. Im 19. Jahrhundert war die Mühle im Besitz der Müllerfamilien Heft, Malter (1860–1880) und Carque. Diese betrieben die Mühle bis 1959. Damit war die Cronberger Mühle rund 700 Jahre in Betrieb[93].

Besitzer: Im 15. Jahrhundert die **Erligheim**, die 1496 als Inhaber der Mühle nachgewiesen sind und seit 1509 den gegenüberliegenden späteren Cronberger Hof hatten. Über die Herren **von Bettendorf** gelangte das gesamte Anwesen durch Kauf 1586 an **Hartmut von Cronberg Kronenstamm**. 1661 kaufte N. **von Sturmfeder** von den Cronberg das Anwesen, das er allerdings ziemlich bald (1667) wegen Überschuldung an das **Domstift Speyer** verpfänden mußte. Dieses richtete hier seine Kellerei ein, daher Kellereigasse. Erst über 100 Jahre später, nämlich 1774 konnten die Sturmfeder ihren Besitz wieder einlösen, um ihn bald darauf (um 1800) an die **Grafen Wiser** in Leutershausen zu veräußern. Im 19. Jh. wurde das Anwesen in Privatbesitz veräußert.

Grundbesitz: 75 M Ackerland.

Familien: Mit den **Cronberg**[94] haben wir eine ursprünglich wohl Lorscher Ministerialenfamilie aus Eschborn: Walter I. de Heschenburnen 1194, die sich Anfang des 14, Jhs. in drei Stämme spaltete: Kronenstamm, Ohrenstamm und Flügelstamm, und lange alle in Kurmainzer Diensten waren: Burggrafen in Heppenheim, in Weinheim und Lindenfels u.a. 1300–1308 war Eberwin von Cronberg Bischof von Worms. In Ladenburg haben wir es mit den Kronenstamm zu tun, Leitnamen Hartmann oder Hartmut. Ihr Wappen: geviert mit vier blauen Bergen auf silbernem Grund und roten Feldern mit einer goldenen Krone rechts oben. Hartmut XII. kaufte sich 1586 in Ladenburg neu ein, wobei die Verbindung über seinen Sohn Georg und dessen Frau, eine **Kämmerer von Worms genannt von Dalberg** erst richtig intensiviert wurde; die Kämmerer waren schon lange mit Ladenburg verbunden. Ihr Wappen: sechs silberne Lilien auf blauem Grund, ein gezacktes goldenes Schildhaupt mit einem schwarzen Kreuz rechts oben. Die Kämmerer von Worms, ein Wormser Ministerialengeschlecht, die seit 1239 erbliche Kämmerer waren, bildeten ein weit verzweigtes Geschlecht, das sich in verschiedene Linien spaltete. Ein Zweig trat 1315 in die Erbengemeinschaft Dalberg ein, um diese Burg noch im 14. Jh. ganz zu übernehmen. Sie gingen dann in pfälzische Dienste über. Mehrfach heirateten sie in die Familie Cronberg ein. Johann von Dalberg war von 1482 bis 1503 Bischof von Worms und residierte hauptsächlich in Ladenburg. Diese Familie hatte auch von Kaiser Maximilian das Privileg des ersten Zugriffs an der kaiserlichen Tafel, wobei immer gerufen wurde: „Ist kein Dalberg da?“[95].

Die **Sturmfeder von Oppenweiler**, ein schwäbisches Reichsministerialengeschlecht aus Oppenweiler bei Backnang, – 1262 ein Burkart genannt Sturmfeder – sind im 14. Jahrhundert in die Neckarpfalz gekommen und verbanden sich mit den Hirschhorn und den Landschad von Steinach. 1339 verpfändete Pfalzgraf Rudolf einem *Burkardus de Oppenweiler dictus Sturmveder* die Stadt Mosbach. Die Kocher Linie verband sich ebenfalls mit den Kämmerern von Worms: 1561 heiratete Ludwig Burkard eine Agnes Kämerer von Worms genannt von Dalberg. Ihr Wappen: zwei goldene, nach außen aufrecht stehende Beile auf blauem Grund[96].

**Botzheimer Hof**[97]

Lage und Baubestand: Nördlich anschließend an den Jesuitenhof, von der Stadtmauer und der Schulstraße begrenzt, Zugang Zwingergasse. Keine Baulichkeiten mehr erhalten. Der Brunnen des Hofes soll acht Wappensteine getragen haben, darunter von Sickingen, von Greiffenclau, von Handschuhsheim und von Sturmfeder.

Besitzer: Genannt werden 1502 Hans von Erligheim, 1556 Stephan von Venningen, 1580 die Herren **von Zandt**. 1684 verkaufte Kraft Otto Graf von Cronberg das Anwesen **Nikolaus von Botzheim**, von dem es seinen späteren Namen erhielt. 1701 ging der Hof an den **Friedrich von Hundheim**. 1786 wurde er wegen Verschuldung der Hundheim über den Grafen Lehrbach an den Grafen **von Oberndorff** verkauft. Im 19. Jahrhundert wurde er verkauft und abgetragen.

Grundbesitz: nicht mehr bekannt.

Familien: Die Herren **von Zandt**, Wappen: Schwarz-weißer Rechen, sind im 16. Jh. zahlreich in Ladenburg vertreten; sie sind Erben der von Venningen, verschwinden Anfang des 17. Jahrhunderts wieder. Die **von Botzheim** sind ein elsässisches Geschlecht, das mit der Wüstung Botzheim nichts zu tun hat. Sie standen im 15. Jh. im Dienst der Bischöfe von Straßburg und waren kaiserliche Amtmänner in der Ortenau. Im 16. und 17. Jahrhundert waren die Botzheim in kurpfälzischen Diensten. An die Wüstung Botzheim knüpft sich wohl die schnelle Namensübertragung auf den Hof an, obwohl die Botzheim in Ladenburg nur ein kurzes Gastspiel gegeben haben. Mit den Hundheim und den Oberndorff haben wir ebenso wie schon mit den Wiser wichtige späte pfälzische Adelsfamilien aus dem 18. Jahrhundert, die sich um die Neuburger und Sulzbacher Kurfürsten scharen und in ausgegangenen älteren Adelsbesitz eingewiesen werden.

**Kettenheimer Hof**, später lutherische Kirche[98]

Lage und Baubestand: Kleinste Hofreite zwischen Mühlgasse 9–13 und westlicher Stadtmauer, keine baulichen Reste.

Besitzer: Erstmals 1547 als Besitz der von Kettenheim bezeugt, geriet das kleine Anwesen später in die Hand der von Bettendorff. 1690 erhielten die Lutheraner von Kurfürst Johann Wilhelm freie Religionsausübung zugestanden. Für ihren Gottesdienst erwarben sie 1697 vom Freiherrn von Bettendorff den Kettenheimer Hof, den sie zur lutherischen Kirche ausbauten. Seit 1695 hatten sie bereits einen eigenen Pfarrer, der auch für viele Nachbargemeinden zuständig war. 1805–07 errichteten sie einen Kirchturm. Nach der Kirchenunion 1822 wurde die lutherische Kirche aufgegeben.

*Abb. 22: Ehemaliges Palais Preysing, Rheingausstaße 34 (Kunstdenkmäler, S. 240).*

**Palais Preysing**[99]

Lage und Baubestand: Rheingaustraße 34. Zweigeschossiger Massivbau, 1736 von General von Preysing erbaut, beiderseits des Portals je drei Fensterachsen mit Ohrenumrahmungen.

Besitzer: General von Preysing

Grundbesitz: keiner

***Bürgerliche Grabdenkmäler***

**Sigelo.** Die älteste erhaltene (1) Grabinschrift in St. Gallus, und zwar am Nordturm, gehört einem Sigelo: *ANNO AB INCARNAC(IONE) D(OMI)NI M CCC QVINTO KL*

Abb. 23: *Grabinschrift des Berthold genannt Löw (Kunstdenkmäler, S. 163. Zu Berthold vgl. Text S. 362).*

*Abb. 24: Grabplatte des Sigelo, † 1305 (Inschriftenkommission der Heidelberger Akademie der Wissenschaften, Foto: Staatl. Amt für Denkmalpflege Karlsruhe).*

*NOVEMBRIS OBIIT (S)IGEL(O) LAICV(S)* = Im Jahr der Fleischwerdung des Herrn 1305 am 1. 11. verstarb Sigelo, Laie. Er war damit kein Geistlicher und wohl auch kein Ritter, sondern Angehöriger einer der hervorragenden Bürgerfamilien, wahrscheinlich der 1269 genannte Schöffe Sigelo, genannt Happe[100].

**Ludolf.** Abgegangenes Grabmal außen links vom Hauptportal. Die im 19. Jh. aufgezeichnete Inschrift lautete: (3) *AN(N)O D(OMI)NI 1446 O(BIIT) IOH(aANNES LVDOLFF9(VS)* = Im Jahr 1449 verstarb Johannes Ludolf, der urkundlich 1435 als Werkmeister an der St. Galluskirche bezeugt ist[101].

**Mond** (?). An der Nordseite außen ist das Grabmal der (9) Elisabeth Mond mit einer Umschrift, die einige Rätsel aufgibt: *AN(N)O M VC* (= fünfmal C = 500) *II XVI MARCII/ DISSPERSO CLERO O(biit) ELISABETH MATER/ CO(N)RADI MON DE CASSEL/ DECANI ECL(ES)IE S(AN)C(T)I ANDRE(A)E WORMACIEN(SIS) R* = Am 16. März 1502 verstarb nach Zerstreuung des Klerus[102], die Mutter Conrads „mon de Cassel"(?), Dekans des St. Andreasstifts in Worms. Sie war sicher kein Mitglied einer Ladenburger Bürgerfamilie[103].

**Neunheller.** An der Südseite befindet sich ein Familienepitaph der verschwägerten Familien (15) Neunheller / Knecht, das Jakob Neunheller, gest. nach 1555, und seiner Frau Anna, geb. Neb, gest. 1552, sowie Anna Knecht, geb. Neunheller, gest. nach 1555, und deren Gemahl, gest am 4. 12. 1553, gewidmet ist. Das Grabmal wurde 1555 zu Lebzeiten der beiden Geschwister Jakob und Anna Neunheller aufgestellt. In vier Rundbogenarkaden sind die Brustbilder der Verstorbenen dargestellt und zwischen dem Ehepaar Knecht ein Kind. Wie der markante Neunhellerhof am Marktplatz Nr. 10 deutlich macht, war diese bürgerliche Familie im 16. Jahrhundert auf dem Höhepunkt ihrer Entwicklung. Der Hof aus dem Jahr 1592 hat im Erdgeschoß Bruchsteinmauerwerk aus dem 14. Jahrhundert, in den Obergschossen Fachwerk mit Mann-Figuren und Familienwappen: Schild mit neun Hellern und Schild mit drei Hörnern am Treppenturm. Die Größe und Ausstattung dieses Hofes kann durchaus mit den

Adelshöfen konkurrieren und zeigt bürgerliches Selbstbewußtsein. Die Familie Neunheller hatte im 16. Jahrhundert mit fünf Vertretern fast alle wichtigen Ämter inne, darunter dreimal das des Bürgermeisters[104]. Der letzte katholische Vertreter dieser Familie starb 1572 in Entringen als Pfarrer. Er war 1502 in Ladenburg geboren[105]. Dazu kommt in der Hauptstraße Nr. 13 ein zweites Haus mit einem Portal aus dem frühen 17. Jahrhundert, das das Wappen der Neunheller zeigt[106].

**Heylmann.** Das Kruzifix am nördlichen Triumphbogenpfeiler ist gestiftet von der Familie Heylmann, einer seit 1559 sehr zahlreich in Ladenburg vertretenen Familie, deren Mitglieder im Lauf von 350 Jahren fast alle

*Abb. 25: Grabplatte der Elisabeth Mond, † 1502 (Foto: A. Brandt, 50er Jahre. Fotoarchiv historischer Bilder von Ladenburg).*

*Abb. 26: Das Heylmannkreuz von 1628 bzw. 1728 (s. Text auf S. 376) (Kunstdenkmäler, S. 165).*

Ämter der Stadt ausfüllten, darunter Bürgermeister und Vize-Schultheiß, über Generationen betrieben sie auch das Bäckerhandwerk[107]. Unten befinden sich die Stifterbilder. Inschrift rechts: *H. Johann Henrich Heylmann und Anna seine ehliche Hauß=Frau haben gegenwärtiges Crucifix=Bild anhero gebracht. Ao 1628 Gott verleyhe ihnen eine Fröliche aufferstehung.* Inschrift links: *Johanneß Heylmann und Margaretha des obstehenden Johann Henrichs Heylmanns gewesenen Eltern: die Mutter ist gestorben Anno 1701 Ihres Alters 59 Jahr: der Vatter ist gestorben Ao 1725. Seines Alters bei 100 Jahr: deren Seelen Gott gnädig sein wolle Amen.* Die Jahreszahl 1628 ist wohl um 100 Jahre verschrieben, muß also 1728 heißen. Begründung: 1. Die St. Galluskirche war von 1565 mit Unterbrechungen (1623–1648) bis 1693/1708 reformiert. Das Verbleiben eines von Katholiken gestifteten Kruzifixes war bei der Bilderfeindlichkeit der Reformierten nicht möglich. 2. Die Familie Hey/ilmann ist mit Johann Heinrich etc. erst seit dem ausgehenden 17. Jh. wieder katholisch geworden. Sie war vorher reformiert, frühester Beleg 1667[108].

Die Grabmäler von (18) Johann Friedrich **Reisenbach**, gest. 28. 7. 1708, 1663–1691 Cronbergischer, dann Speyerischer Keller[109], (19) Johann Conrad **Krauß**, gest. 21. 9. 1731, Beständer des Sickingenhofguts[110], und (21) Maria Christina **Löchin** (Loch), gest. 6. 7. 1759, sind ohne Schmuck und besondere Inschriften[111].

## Die bürgerliche Stadt, ihre Verwaltung und ihre Wirtschaft

Eine mittalterliche Gemeinde bestand aus dem Schultheißen, dem Rat der Schöffen bzw. in den Dörfern dem Gericht, und der Gemeinde. Einen Unterschied zwischen Städten und Dörfern gab es in dieser Hinsicht nicht. Der Schultheiß (lateinisch *scultetus* ist Lehnübersetzung aus dem Deutschen) war schon in der Karolingerzeit ein herrschaftlicher Amtsträger, der den meist hörigen Hintersassen ihre „Schulden = Verpflichtungen heißt". Die Schöffen = Rechtsschöpfer, Rechtsfinder (*scabinus* ist ebenfalls eine lateinische Lehnübersetzung), je nach der Größe der Gemeinde zwischen vier und zwölf, in großen Städten wie in Worms konnten es noch mehr sein, bildeten das Ortsgericht, das die genossenschaftliche Rechtsform der Gemeinde bewahrte. Schultheiß und Rat wurden vom Stadtherrn, seit dem Kondominat vom Bischof und vom Pfalzgrafen gemeinsam ernannt. Sie wurden aus den „ratsfähigen" d.h. wohlhabenden Mitgliedern der Gemeinde auf Lebenszeit genommen. Die Ortsherrschaft des Landesherrn konnte nur wirksam werden im Zusammenspiel mit den Gemeinden; das ist im 13. Jahrhunder mit Händen zu greifen[112], wenn – wie auch in Ladenburg – Rechtsakte vor dem Schultheiß, dem Rat und Gemeindevertretern getätigt wurden. Auch das *Obrigkeitsweistum* von 1496 mußte rechtsgültig von der Gemeinde *gewiesen* werden. Die Schatzung von 1439 wurde in Selbsteinschätzung festgestellt und von der Gemeinde eingezogen.

Die Gemeinde aus den „Bürgern" war das eigentliche Selbstverwaltungsorgan, wie der Name schon sagt: das, was allen gemein ist, was allen gehört, wozu alle beitragen, *genôß* ist der Teilhaber, der den gemeinsamen Nießbrauch hat. Sie ist der zentrale Bestandteil der mittelalterlichen Genossenschaft. Dieses germanisch-rechtliche Prinzip des freien Zusammenschlusses Gleichberechtigter zur Regelung einer gemeinsamen Aufgabe, war ungeheuer fruchtbar: In Gemeinden, Zünften, Gilden, Hansen, Eidgenossenschaften, Einungen, Bruderschaften, Beginenhöfen, Klöstern, Kollegiatstiften, Stadtvierteln, den Riedgenossenschaften in der Rheinaue[113] fand es seine Entfaltung und ist damit eine der Wurzeln der modernen Demokratie[114]. Gemeindebürger oder Realbürger waren in der Regel nur die, die in der Gemarkung begütert waren und im Ortsetter, in Ladenburg hinter den Stadtmauern, eine Hofreite besaßen, die sogenannten *Hausgesäße*. Nichtbegüterte, die *Beisassen*, Tagelöhner und *Ortsarmen*, aber auch Geistliche, Lehrer und die herrschaftlichen Amtspersonen wie in Ladenburg der Stadtschreiber waren keine Gemeindebürger. So gehörte z.B. der wohl in Ladenburg wohnende, berühmte Leibarzt Friedrich des Siegreichen, *Magister Heinrich Münsinger*, 1439 zu den Ausmärkern, obwohl er ein großes Einkommen hatte und von diesem 41 fl steuerte[115].

Die *gemein* versammelte sich erst auf dem Kirchhof von St. Sebastian, dann in der Vorhalle von St. Gallus und schließlich unter den Arkaden des Rathauses. Alle alten Rathäuser haben deshalb Arkaden, mittelalterliche Holzkonstruktionen sind heute noch in Michelstadt oder Heppenheim zu sehen. In Seckenheim und Ladenburg haben wir barocke „Neubauten" des frühen 18. Jahrhunderts.

Schultheiß und Rat verstanden sich trotz herrschaftlicher Ernennung auf Lebenszeit auch als Vertreter der Gemeindeinteressen gegenüber der Obrigkeit, zumal alle wichtigen Beschlüsse vom Rat und der Gemeinde, die sich viermal im Jahr versammelte, gemeinsam gefaßt werden mußten. Wir können davon ausgehen, daß es in Ladenburg schon sehr früh diese Organe gab. 1253 treten uns Schultheiß, Rat und Gemeinde voll ausgebildet und funktionsfähig entgegen[116]. Leider sind bis ins 16. Jahrhundert nur wenige Namen dieser zentralen Amtsträger überliefert. Neben fünf Namen aus dem 13. Jahrhundert haben wir erst wieder im 15. Jahrhundert im Schatzungsregister und den Weistümern die Namen der Schultheißen und der weitern elf Ratsmitglieder. Erst vom späten 16. Jahrhundert an wird die Überlieferung dichter. Die eigentliche Verwaltung geschah durch den Stadtschreiber: In den Quellen finden wir 1439 *Nicolae*, vor 1587 *Andreas Bock*, 1587–1608 *Georg Waibel* und von 1608 bis in die 30er Jahre *Georg Wendel Klaffschenkel.*

Die genossenschaftlich organisierte Selbstverwaltung zeigt sich eindrucksvoll in der Fülle von Ämtern. Die Gemeindebürger wählten jährlich *aus der gemein* alle Amtsträger wie z.B. den Bürgermeister, der die Gemeinderechnung zu erstellen hatte. Jährlich wurden bis zu 98 Ämter vergeben, so daß bei rund 300 Bürgern rund ein Drittel ständig an der Verwaltung der Stadt beteiligt war. Dabei wurden diese Ämter nicht besoldet. Es gab lediglich eine Aufwandsentschädigung, die aus der jeweiligen Verrichtung in größerem oder kleinerem Maße erwuchs. Die Ladenburger Ämterbücher sind von 1559 an erhalten, geben aber einen sehr viel älteren Zustand wieder, so daß wir in ihnen die mittelalterliche Stadtverwaltung gut erkennen können. Im Eidebuch wird die Tätigkeit der einzelnen Ämter beschrieben[117].

Für die Ladenburger Geschichte gibt es für diese Zeit einige sehr aufschlußreiche Quellen: Das *registrum exactionis* von 1439, das *Obrigkeitsweistum* von 1496, die *Ernteordnung* aus dem 15. Jahrhundert und das *Reisbuch* von 1503/04. Diese sollen hier ausgewertet werden!

***Das registrum exactionis*** – Schatzungsregister von 1439[118]

*LXIII Laudemburg* (Verbemerkung)

*1 a Anno dom. 1439 off Dienstag vigilia Simonis et Jude hant sich die von Laudemburg geschetzet den zweintzigsten pfennig von irer habe von itz, sant Martins tag, uber ein jare zu geben, also sie herinne verzeichent sind, und sollent Hemspach, der schultheiß, und Stephan Hoest die schatzunge off dieselbe zyte von den luden ingewinnen und empfahen und den halben teil von unsers gnedigen herren, hertzog Ludwigs wegen, Conrat Heiden, dem lantschriber zu Heidelberg, und den andern halben teil unserm herren von Wormß antworten und ist der gulde vor 14 sh d gerechent.*

– 63 Ladenburg

1a Im Jahre des Herrn 1439 am Dienstag, dem Tag vor Simon und Judas = 27. Oktober haben sich die Ladenburg eingeschätzt und den 20. Pfennig = 5% von ihrer Habe von jetzt, dem St. Martinstags über ein Jahr = 11. November 1440 zu geben so wie sie hier verzeichnet sind. Es werden der Schultheiß Hemsbach und der (Ratsherr) Stephan Hoe/hst die Steuer (Schatzung) zu diesem Zeitpunkt von den Leuten einnehmen und empfangen und den halben Teil um unseres Gnädigen Herrn, des Herzogs Ludwig willen, dem Landschreiber Conrad Heiden zu Heidelberg und den zweiten halben Teil unserem Herrn von Worms übergeben. Der Gulden ist dabei zu 14 Schilling Pfennige gerechnet.

63 ist die Ortsnummer im Register. Steuerpflichtig waren nur die *Hausgesäße,* d.h. Haushaltsvorstände oder Familienoberhäupter, die auch die eigentlichen Ortsbürger waren und die Gemeinde bildeten. Sie schätzten sich selbst ein, sie erklärten also genau so wie heute ihre Einkünfte: sie *behielten sich eidlich.* Steuerbe-

hörde waren der Schultheiß = und ein Ratsmitglied, in der Regel der Anwaltschultheiß = -vertreter. Diese mußten die Steuer beim Landschreiber in Heidelberg abliefern. Die hier vorliegende Steuer war nicht die normale, sondern eine Sondersteuer. Die normale Steuer war die *Bede*, lat *precariae*, die zweimal im Jahr fällig war und jeweils 50 fl zu Weihnachten und 50 fl im Mai brachte[119]. Die Schatzung wurde zu besonderen Gelegenheiten wie Krieg, Aussteuer von Prinzessinnen oder außergewöhnliche Bauten ausgeschrieben. Von 1350–1361 ist eine Schatzungsliste[120] erhalten, in der die Zwecke der Sondersteuer angegeben wurden. Der Anlaß für die Schatzung von 1439 ist nicht bekannt, vielleicht die verheerenden Hussiteneinfälle in der Oberpfalz.

Zum Geldwert: Zwar ist oben der Gulden: 1 fl = 14 sh d = 168 Pfennige gerechnet, aber die gängige Kurantmünze in der Pfalz war der Heller, der zu 2 h auf 1 d = Pfennig gerechnet wurde, so daß auf einen Gulden = 28 Schilling Heller zu je 12 Heller zu rechnen sind, also 336 h. Neben dem Heller aus Silber, später Kupfer, war noch der Gulden = Florentiner = fl Kurantmünze. Pfund und Schilling waren nur Recheneinheiten. Hier wurde Gerechnet: 1 Pfund Heller zu 20 Schilling Heller, 1 Schilling Heller zu 12 Heller. Die 5% Steuerfuß leiteten sich von *einem Schilling im Pfund* ab. Dieser Steuerfuß ist fünfmal so hoch wie der z.B. 1495 reichsweit ausgeschriebene *Gemeine Pfennig*, der nur 1 % des schuldenfreien Vermögens umfaßte. Eine ums Doppelte höhere Abgabe war der Zehnte, also 10 % des Fruchtertrags, der allerdings in Naturalien erhoben wurde. Das Verhältnis von Gold zu Silber war also damals 1 zu 14. Der rheinische Goldgulden hatte den Metallwert von 7 Mark um 1900, woraus sich die heutige Kaufkraft bestimmen läßt.

*Und ist diß der eydt:*

*Du salt din truwe geben, die finger offheben und zu den heiligen sweren, den zweintzigsten pfennig zu geben von aller diner habe, liegender und varnder, wo und an welichen steten und enden du die hast, über schult nutzit ußgenommen dann harnasch, armbrust und das zur were gehoret ungeverlich und cleyder, und hast du etwas hinder unserm gendigen herren, dem hertzogen, das salt du hindan setzen, und wo du nit recht swürest, so wirdest du gestraffest an lybe und an gute und wer dich ußheben wollte, der mochte es tun.*

So lautet der Eid:

Du sollst deinen Treueid leisten, indem du die Finger hebst und zu den Heiligen schwörst, daß du den 20. Pfennig gibst von all deiner Habe, den liegenden Gütern und den fahrenden (beweglichen Gütern: Fahrnis), wo immer (an welchen Stätten und Enden) du diese hast. Aus dieser Sondersteuer: *über schult* war überhaupt nichts ausgenommen außer Harnisch, Armbrust und, was sonst noch zur Wehr gehört, und Kleidung. Wenn du etwas (eine Forderung) gegen unseren Herrn, den Herzog, hast, das sollst du aussetzen. Und wenn du falsch schwörst, wirst du bestraft an Leib und Gut; wer dich anzeigen will, der kann das tun.

Der Steuerpflichtige mußte die Steuer für alle seine Güter leisten, für die auswärtigen bei der zuständigen Gemeinde, auf deren Gemarkung er Ausmärker ist.

Der Eid wurde mit den drei Schwurfingern der rechten Hand öffentlich geleistet, damit ihn auch jeder hören konnte. Die Leibesstrafe war das Abhacken der Schwurfinger bei Meineid gemäß Artikel 107, 108 und 198 des Reichsgesetzes der CCC = Constitutio Criminalis Carolina von Kaiser Karl V. von 1532. Jeder wurde dabei zur Anzeige einer Hinterziehung aufgefordert.

***Die im rate* – Die im Rat sitzen**

*1b. Merchel Fisch 32 fl 4 sh*
*2. Heintz Sengel 16 fl*
*3. Hanns Dalman 20 fl 10 sh*
*4. Peter Rorich 36 fl*
*5. Claus Dorn 16 fl*
*6. Claus Riescher 36 fl 12 sh*
*7. Johannes Ludolt 41 fl 2 sh*
*8. Hanns Fisch 130 fl*
*9. Niclas Hegelin 45 fl*
*10. Stephan Hohst 50 fl*
*11. Crafft 7 1/2 fl*
*12. Hemspach, der schultheiß 30 fl*

***Die gemeynde* – Die Bürger**

*13. Bartholomeus Duchscherer 11 fl*
*14. Hanns Kün, son 1 fl*
*15. Peter Kemmerer 1 fl*
*16. Contz Bender 1 fl*
*17. Hanns Niclas 3 1/2 fl*

18. *Die Wiesenmennin 21 fl 12 sh*
19. *Gosel, der schütz 1 fl*
20. *Ulrich Richel 5 fl*
21. *Margrede Wagenhelsin 1 1/2 fl 4 sh 2 h*
22. *Rep Hanns 1 fl*
23. *Else Linckynne 16 fl*
24. *Jacob Hefener 1 fl 2 sh*
25. *Buweman, ferber 10 fl*
26. *Nalkars Hensel 2 fl*
27. *Schwalwen Heintz 1 fl*
28. *Hensel Gempel 2 1/2 fl*
29. *Hanns Kun – Kühn 7fl 4 sh*
30. *Hanns Grampel 3 fl 26 sh*
31. *Peter Hofmans nachfar 12 1/2 fl*
32. *Cuntz Jungher 1 1/2 fl 2 sh 10 h*
33. *Cuntz Zymmerman 1 fl*
34. *Engelman 37 1/2 fl*
35. *Claus Gauwer 1 fl*
36. *Peter Mengeß 23 fl 6 sh*
37. *Grunwalt 4 fl 8 sh*
38. *Clesel Gramp 1 fl*
39. *Niclaus Riescher 5 fl*
40. *Lauwer Hanns 1 fl*
41. *Die Brambechin 10 fl 12 sh 6 h*
42. *Engelin Schriberin 15 fl*
43. *Claus Nunheller 3 1/2 fl*
44. *Hensel Lauwer 1 fl 8 sh*
45. *Anna Felckin 1 fl 5sh*
46. *Rosenkrantz 1 fl*
47. *Peter Franck 1 fl*
48. *Hanns Bewer 4 1/2 fl 5 sh 7 h*
49. *Heintz Bewers sone 1 fl*
50. *Niclaus Ruwel 1 fl 3 sh*
51. *Wernher 1 fl 13 sh*
52. *Peter Hoiffman 4 fl 8 sh*
53. *Frietz Becker 4 fl*
54. *Jost Brunecks husfrauwe 1 fl*
55. *Die Henckin 1 fl*
56. *Kethe Hertelin 1 fl 12 sh*
57. *Hensel Heintzen sone im Monichhoife 3 fl 16 sh*
58. *Claus Lintworm 1 fl*
59. *Hanns Hiltman 1 fl*
60. *Bertzhanns 43 fl 21 sh*
61. *Heinrich Bartholomeus 5 fl*
62. *Mathis Bischoff 1 fl 2sh*
63. *Bernhart Hefener 2 fl*
64. *Niclaus Ruwer 1 fl 17 sh*
65. *Martin Fisch 2 fl 7 sh*
66. *Die Hessin 1 fl 8 sh 5 h*
67. *Hanns Resch 50 fl*
68. *Peter Hegelin 10 fl*
69. *Die Bertzelin 10 fl*
70. *Heintzen Hensel 22 fl 24 sh*
71. *Leonhart Schumecher 12 fl*
72. *Hanns Swartz 7 fl 4 sh*
73. *Jost Snyder 5 fl*
74. *Clesel Isenmenger 14 fl 8 sh*
75. *Johannes Happen Witwe 64 fl*
76. *Peter Snyder 1 fl*
77. *Thebolt Seckler 2 fl 11 sh 2 h*
78. *Jorge Schumecher 1 fl*
79. *Die Stoltzeneckin 1 fl*
80. *Claus Wißehensel 20 fl*
81. *Peter Hegelin 17 1/2 fl*
82. *Clausman 13 fl*
83. *Else Burckartin 1fl 12 sh*
84. *Hanns Aberlin 61 fl 27 sh*
85. *Ede 1 fl 2 sh 9 h*
86. *Die alte Burckartin 15 fl*
87. *Gernolt Rischers witwe 3 fl 26 sh*
88. *Heinrich von Swynfurt 1 fl*
89. *Diethel Leuwen Dochterman 49 fl*
90. *Else Gra 15 1/2 fl*
91. *Hanns Nunheller 1 fl 17 sh*
92. *Ennel, Bodensdochter 1 fl 2 sh*
93. *Herman Sloßer 1 fl*
94. *Riescher Schartz 8 fl 26 sh*
95. *Kielhanns 1 fl*
96. *Claus Kretzer 1 fl*
97. *Hensel Wiseman 1 fl*
98. *Peter Hirß 5 fl*
99. *Hensel Nemmes oder Nannes 2 fl 7 sh*
100. *Heintz Kurßner 5 fl 4 sh 2 h*
101. *Hensel Spengeler 2 fl*
102. *Nicolae, der glockener 2 fl 4 sh*
103. *Drude Quintererin 1 fl*
104. *Martin Schumecher 2 fl*
105. *Merckel Smit 3 1/2 fl*
106. *Heinrich Nunheller 1 fl 22 sh*
107. *Jacob Snyder 13 fl 7 sh*
108. *Mathis Karg 21 fl 12 sh*
109. *Peter Riescher 12 1/2 fl*
110. *Hanns Rorich 1 fl 6 sh*
111. *Snyder Hanns 1 fl 22 sh*
112. *Contz Rorich 2 1/2 fl*
113. *Hensel Snetzern 5 fl 9 sh 9 h*
114. *Bierckheintze 5 fl*
115. *Cuntz Rufe 2 fl*
116. *Jostel Alter 9 fl 1sh*

117. *Thebolt im Monichhoiffe für sich und sin mutter 42 1/2 fl*
118. *Claus Snyder 5 fl 5 sh 7 h*
119. *Johannes Swab 1 fl*
120. *Pauls Steynmetze 1 fl*
121. *Cristman Korbmecher 1 fl*
122. *Fritz Smyt 1 fl 22 sh*
123. *Ziegelhans 1 fl 12 sh*
124. *Jeckel Ebelin 18 fl 26 sh*
125. *Peter Bolender 5 fl*
126. *Beckerhanns 7 fl 4 sh*
127. *Hanns Bentz 6 fl*
128. *Jacob Freys Gemutlin 1 fl*
129. *Claus, Kuwehirten 1 fl*
130. *Peter Moffel für sich und sin mutter 27 1/ 2 fl*
131. *Hanns Helte 1 fl 7 sh*
132. *Judtenhanns für sich und sin swester 1 fl 17 sh*
133. *Hensel Becker 1 1/2 fl 5 sh 7 h*
134. *Johannes Diether 14 1/2 fl*
135. *Henns Gerlach 1 fl*
136. *Hensel Eberlin 12 fl 21 sh*
137. *Peter Eberlin 1 fl 22 sh*
138. *Hensel Gerung 4 fl 8sh*
139. *Claus Rümeßland 1 fl*
140. *Hanns Swartz der alte 1 fl*
141. *Clesel Ziegeler 6 1/2 fl*
142. *Engelin Wißin 2 1/2 fl*
143. *Hensel Voltzel 1 fl*
144. *Claus Bentz, der alte 3 fl*
145. *Manns Mutter 20 fl*
146. *Heintz Rumelins witwe 1 1/2 fl*
147. *Hanns Huffnagel 1l*
148. *Linhart Rischer 17 fl*
149. *Hensel Stoßer 1 fl*
150. *Swalw, der zimmermann 7 fl*
151. *Contz Kegel 1 fl*
152. *Junghanns 7 1/2 fl*
153. *Hanns Snyder 4 fl*
154. *Claus Gyse 10 fl*
155. *Herman Schilling 3 fl 16 sh*
156. *Clesel, gebottel 4 fl 8 sh*
157. *Gerlach Wober 17 fl 24 sh*
158. *Nicolae, statschriber 10 fl 15 sh*
159. *Erhart Becker 1 fl 4 sh*
160. *Adam Nunheller 5 fl*
161. *Heinrich Scherer 2 1/2 fl 5 sh 7 h*
162. *Hanns Swartz 1 fl*
163. *Drutwin Winlin 1 fl*
164. *Hanns Hochhemmers witwe 30 fl*
165. *Henne von Lyech 1 fl*
166. *Peter Apffel 9 fl 23 sh*
167. *Bartolomeus Dremel 1 fl*
168. *Hanns Ruckenbecker 1 fl 7 sh*
169. *Hensel Wetzel 1 fl 12 sh*
170. *Peter Beringer 4 fl*
171. *Peter Riescher 12 1/2 fl*
172. *Hensel Wober 4 fl 7 sh*
173. *Cleusel Ysenmenger, der junge 15 fl*
174. *Heintz Mulech 1 fl 2 sh*
175. *Hensel Bender 1 fl*
176. *Hanns Bart 1 fl 2 sh*
177. *Contz Wegener 1 fl*
178. *Richart 1 fl*
179. *Hanns Beringers witwe 1 fl*
180. *Peter Beringer 1 fl 7 sh*
181. *Blicker 3 fl*
182. *Peter Wegener 1 fl 22 sh*
183. *Hanns Snyder 1 fl*
184. *Leonhart Smyt 1 fl*
185. *Mercklin Hoiffman 18 fl 16 sh*
186. *Thebolt Hirß 6 fl 12 sh*
187. *Wolff Fisch 100 fl*
188. *Hanns Rutz 1 fl*
189. *Cuntz Riescher 21 fl 1 Pf 3 sh 10 h*
190. *Peter Bender 2 fl*
191. *Heintz Tremmel 8 1/2 fl*
192. *Claus Klopffel, der bender 1 fl*
193. *Cleusel Merckel und Peter Riescher, fürmunder Hensels und Endres, Contzelmanns seligen sone 42 fl*
194. *Der vorgenant Hensel, Contzelamns sone in sunderheit 1 fl 22 sh*
195. *Contz Eck 10 fl 20 sh*
196. *Peter Viernhemers witwe 14 fl 8 sh*
197. *Margred Kemmereryn 1 fl*
198. *Katherin, Rumharts seligen witwe von Ulvesheim 1 fl*
199. *Merckel Dalman 16 fl 2 sh*
200. *Hensel im hohen huse 8 fl 16 sh*
201. *Kunlins Contz 3 fl 16 sh*
202. *Peter Bender von Winheim 1 fl*
203. *Jostel Becker 13 1/2 fl*
204. *Hanns Ysenmenger 7 fl 4 sl*
205. *Mathis Schriber 1 fl*
206. *Hanns Snyder 1 fl*
207. *Jeckel Gerlach 8 fl*
208. *Cleusel, der Merckel sone für sich und sin mutter 16 fl 2 sh*

*209. Peter Heyden 22 1/2 fl*
*210. Henchin Seltzer 1 fl*
*211. Ripolt Becker 5 fl*
*212. Claus, der schinder 1 fl 22 sh*
*213. Jost Muller 6 fl*
*214. Else Wegenerin 1 fl*
*215. Dietzen Mathis 35 fl*
*216. Niclas Zorner 1 fl*
*217. Heintz Fische selige Kinde han behalten 250 fl, tut 12 1/2 fl*
*218. Hensel Hegelin 10 fl*
*219. Hanns Jungher 2 fl 4 sh*
*220. Dyem am thor 4 fl*
*221. Nalkars Bestie 3 fl 26 sh*
*222. Cuntz Zygler, der jung 6 fl*
*223. Cuntz Gramp 1 fl*
*224. Her Johann Riescher 2 fl*
*225. Metz Hanckessin 1 fl 4 sh 2 h*
*226. Hanns Scherer 1 fl*
*227. Hanns Nolt 5 fl*
*228. Claus Rorich 4 1/2 fl*
*229. Siffrit off dem Thorne 5 fl 3 sh*
*230. Des Hoiffmans stieffkindere 11 fl 2 sh*
*231. Für Peter seligen kindere in dem moinchhoffe hat Johannes Ludolt behalten 400 fl, tut 20 fl*
*232. Peter Rieschers Bruder 5 fl*
*233. Johannes Ludolt, selewerter her Jacob Ludolts seligen 7 fl*
*234. der scheffer 1 fl*
*235. Contz Ziegeler von Heidelberg 1 fl 12 sh*
*Ußlude* – Ausleute oder Ausmärker = Auswärtige Besitzer von Ladenburger Gütern
*236. Kleyn Bechtold von Mannheim 2 fl*
*237. Lyppfen Clesel und Martin Beders Kinde von Hentschußheim 1 1/2 fl*
*238. Hensel Eberhart von Seckenheim 14 1/2 fl*
*239. Niclas Walther von Ulveßheim 1 fl*
*240. Peter nagel von Edi(n)gen 2 fl*
*241. Dophans von Seckenheim 12 fl*
*242. Hanns Fogeler von Lutershusen 1 1/2 fl*
*243. Niclas Wollensleher 4 1/2 fl*
*244. Contz Bentz von Swaben 5 fl*
*245. Hanns Moffel von Seckenheim 7 fl*
*246. Heintz Horweder von Keferndale 2 fl 24 sh*
*247. Niclas Bruch von Ulveßheim 1 Pfd 4 1/2 sh Jost Brechtel 1 1/2 fl*
*248. Die herren von Nuwenhusen hat der rat geachtet an 150 fl, tut 7 1/2 fl*
*249. Else Seltzerin von Schrießheim 1 fl 1sh*
*250. Die Schielbockin von Ulfeßheim 1 fl*
*251. Johannes Syfelin, zollschriber von Bacherach 8 1/2 fl*
*252. Heinrich von Straßheim 3 fl*
*253. Großhanns von Straßheim 7 1/2 fl*
*254. Heintz Snyder von Winheim 1 fl*
*255. Friderich von Worms 2 fl*
*256. Peter Eberhart, schultheiß zu Hedesheim 1 fl*
*257. Thomas Frauwe von Hedesheim 3 1/2 fl*
*258. Odenclaus von Hedesheim 1/2 fl*
*259. Meister Heinrich Münsinger, artzet 41 fl*
*260. Peter Scherwer von Hedesheim 12 sh 7 h*
*261. Niclaus Scherwer von Hedesheim 1/2 fl*
*262. Emerich Beder 2 fl*
*263. Margrede Wisenmennyn 6 1/2 fl*
*264. Thoams Frauwe von Hedesheim 3 1/2 fl (vgl. Nr 257)*
*265. Heinrich von Straßheim 2 fl vgl. Nr 252*
*266. Emerisch von Seckenheim 2 fl*
*Summa der Stat Laudenburg 2291 1/2 fl 53 lib 18 sh 2 h facit 2330 fl 2 h*
*Nota: Ott Rebstock ist nit geschetzet.*

Zur Sprache: 31 nachfar = Rechtsnachfolger; 128 gemutlin = gmeitlin = Mägdlein; 233 selewerter = Testamentsvollstrecker. Die rheinpfälzische Dialektprägung ist deutlich zu merken: *verzeichent* und *gerechent* für verzeichnet und gerechnet; *nit* für nicht; *off* oder *uff* für auf; die weibliche Endung *-in* an den Familiennamen, der dann im Umlaut erscheint: die *Wisenmennin* oder die *Brambechin* = Frau Weismann oder Frau Brambach; der vorgestellte Nachname : *Bertzhans* = Hans Bertz oder *Heintzen Hensel* = Hensel Heintz oder *Judtenhans* = Hans Jutt; Verwandtschaftsbezeichnungen wie *Dochterman* für Schwiegersohn; *Keffer(n)dal* für Käfertal; *Swaben* für Schwabenheim.

Zur Nachnamenbildung: Im 13. Jh. veränderte sich innerhalb von zwei bis drei Generationen die Namengebung grundsätzlich. Damals kamen die in der Regel zweisilbigen germanischen Personenamen, die frei kombinierbar waren, aus der Mode, einmal wegen der Zunahme kurzer Verschleifungen zu Kose- und Rufnamen, die die Durchsichtigkeit aufhoben – aus Marquard wurde Mark, Markolo oder Merkel – zum anderen wegen des Eindringens der sehr populären Heiligennamen

z.B. Johannes oder Georg, Katharina oder Elisabeth. Zur Unterscheidung und zur Bezeichnung der Familienzusammengehörigkeit wurden Zunamen gebräuchlich. Die neuen Zu- oder Nachnamen sind alte verkürzte Personennamen, Berufsbezeichnungen, Wohnplatz- oder Herkunftsbezeichnungen, Benennung körperlicher Merkmale oder auch Spott- und Übernamen. In unserer Liste sind alle Typen vertreten, aber auch Einzelnamen ohne Zunamen.
Verkürzte Personenamen: 56 *Hertlin* = weibliche Form zu Hertel aus Hartmann; 57 *Heintz* aus Heinrich; 193 *Merckel* aus Markward; 127 *Bentz* oder *Bertz* aus Bertold oder Bernhard; 136 *Eberlin* aus Eberhard; 143 *Voltzel* = Volz aus Volkhart oder Volker.
Sehr viele Berufsbezeichnungen: 1 b *Fisch* = Fischer; 25 *Buwer* oder *Buwmann* = Bauer = Baumann; 7 *Seckler*; 33 *Zymmermann*; 93 *Sloßer*; 104 *Schumecher*; 105 *Smit*; 107 *Snyder*; 120 *Steinemetz*; 121 *Korbmecher*; 141 *Ziegeler*; 147 *Huffnagel*; 157 *Woleber*; 213 *Muller*; 226 *Scherer*.
Wohnplatz oder Herkunftsbezeichnungen: 54 *Bruneck*; 79 *Stolzeneck*; 4 *Rorich* = aus dem Röhricht; 5 *Dorn* = beim Dornbusch; 58 *Lintworm* = Haus mit dem Hauszeichen Lintwurm; entsprechend Hirsch, Löwe oder Vogel; 66 *Hessin*; 88 Schweinfurt; 119 *Swab*; 125 *Bolender* = aus Bolanden; 165 *Lich* in Oberhessen; 196 *Viernheimer*; 202 von *Winheim*.
Merkmale oder Eigenschaften: 14 *Kün* = Kühn; 23 *Lynck* = Linkisch; 43 *Nunheller* = der mit den neun Hellern; 72 *Swartz*; 80 *Wisehensel* oder 142 *Wißin* = Weißhans oder Weiß; 115 *Rufe* = rufus: rot; 176 *Bart*.
Spottnamen: 174 *Mulech* = der mit dem Maul; 191 *Tremmel* = Grobian; 216 *Zorner*; 245 *Moffel* = mürrischer oder maulfauler Mensch[121].

Sachliche Anmerkungen: Einige Steuerpflichtige werden nach ihrem Beruf bezeichnet wie 25 *Baumann der Färber*, 150 *Schwalb der Zimmermann*, 192 *Claus Klopfel der Bender* = Faßbinder = Küfer. Neben dem Schultheiß werden noch andere städtische Ämter genannt wie 19 *Gosel der Schütz* = Feldhüter, 102 *Nicolae der Glöckner*, 129 *Claus der Kuhhirt*, 156 *Clesel der Büttel*, 158 *Nicolae der Stadtschreiber*, 212 *Claus der Schinder* und 134 der Schäfer. *Dyem am Tor* ist der Torwächter, in Seckenheim als *Diem portener zu Laudenburg* erwähnt[122], und *Siffrit auf dem Turm* der Türmer. Der Schinder oder Wasenmeister war auch der Henker, also unehrlich, sein Amt aber war einträglich und er trug es im Erbbestand. Ladenburg hatte schon damals einen eigenen Scharfrichter. Die bemerkenswerteste Berufsbezeichnung ist 259 *Meister* = magister oder *Dr. Heinrich Münsinger* der Arzt. Er ist in Ladenburg Ausmärker mit einem großen Einkommen, das wohl aus liegenden Gütern, aber auch von Honoraren stammt. Er war später Leibarzt Kurfürst Friedrichs des Siegreichen.

Ein weiterer hoher Amtsträger ist *Johannes Syfelin* von Ladenburg, der uns schon bekannte Zollschreiber von Bacharach[123]. In diesem Zusammenhang laden noch einige Namen zu Überlegungen ein: einmal die häufigen *Riescher*, die sieben, teils gutsituierte Bürger stellen, darunter einen Ratsherrn. Es liegt nahe, hier die Verbindung zu den alten Wormser und Ladenburger Ministerialen *Richer* aus dem 13. Jahrhundert zu knüpfen. Auch 75 die sehr gut betuchte Witwe von *Johannes Happe* weist auf den Schöffen *Sigelo dictus Happo* von 1269 hin, ebenso 115 Cuntz Rufe auf *Gotefridus Rufus*[124]. Schließlich taucht schon ein Name auf, der in die Zukunft weist, nämlich 43, 91, 106 *Neunheller*, 100 Jahre später eine der reichsten Bürgerfamilien in Ladenburg. 33 Frauen sind als Steuerpflichtige aufgeführt, immerhin 12,4 %; es sind dies Witwen, Mütter, wohl unverheiratete Schwestern, Alte und auch junge Erbtöchter.

Auf der Ladenburger Gemarkung sind auch 30 Ausmärker begütert, die aus den umliegende Dörfern kommen. Natürlich ist es auch umgekehrt, daß Ladenburger in Nachbargemeinden Ausmärker sind: 4 in Edingen (der Ratsherr und Anwaltschultheiß *Stephan Hoehst, Wolf Fisch, Grede Rieschern* und *Hanns Dalman*), 22 in Seckenheim (*Claus Riescher, Cleusel Gra, Bartolomeus Duchscherer, Peter Riescher* auch in Feudenheim, *Anna Felcken, Jeckel Brambach, Hensel Eberlin, Engelman, Ratsherr Johannes Ludolt, Hans Grunwalt, Peter Menges, Merckel Dalman, Hans* und *Merckel Fisch, Merckel Smyd, Claus Fydenheimer, Kathrin Hertlin*), 5 in Neckarau (*Merckel Smyd, Ottilia Nestmer, Peter Fiernheimers Witwe, Jeckel*

*Brambach, Peter Fiernheimers sone*), 2 in Mannheim (*Peter Moffel* und *Hans Fisch*), 1 in Feudenheim (Ratsherr *Johannes Ludolt*), 8 in Heddesheim (*Hans Mutter, Claus Bentz, Wolf Fisch* 40 fl! *Debolt Fisch, Heintzel Mulich, Heintz Fisch*s seligen Kinder, *Lenhard Smyd, Christin Brambechin*), 3 in Großsachsen (Anwaltschultheiß *Stephan Hoest, Wolff Fisch, Clesel Klopffel*) und 1 in Rohrbach (*Nicolae* der Stadtschreiber), insgesamt 46 Ladenburger sind Ausmärker, was auch die enge Verflechtung der Gemeinden am unteren Neckar zeigt.

Jetzt noch ein Blick auf die wirtschaftliche Situation der Bürger. Das Schatzungskapital Ladenburgs betrug 1440 fl 2330 x 20 = 46.600 fl, das durchschnittliche Jahreseinkommen 175 fl pro Bürger, der durchschnittliche Steuerertrag also 8 fl 15 sh. Dazu kamen die steuerfreien adeligen und geistlichen Güter, nur die Pächter des Schönauer Mönchhofs und des Stiftes Neuhausen sind zur Schatzung gezogen worden. Insgesamt werden im Schatzungsregister (es ist nur noch vom Oberamt Heidelberg erhalten!) 61 Ortschaften mit 3.344 Steuerzahlern aufgeführt, die 172.000 fl Schatzungskapital besaßen. Das Durchschnittsjahreseinkommen eines Steuerspflichtigen betrug im Oberamt (ohne Heidelberg) 51 fl, was als auskömmlich galt und einen beim „Gemeinen Pfennig" 1495 schon in die höchste Steuerklasse brachte. Ladenburg war somit eine reiche Stadt, was ihren aus dieser Zeit überkommen, qualitätsvollen Baubestand erklärt.

Natürlich gab es große Unterschiede im einzelnen:

| Steuerpflicht | Einkommen | | |
|---|---|---|---|
| 1–3 fl | = 20 bis 59 fl | 111 | darunter 20 Frauen! |
| 3–9 fl | = 60 bis 179 fl | 53 | darunter 1 Ratsherr, 1 Frau |
| 9–25 fl | = 180 bis 500 fl | 46 | darunter 2 Ratsherren, 8 Frauen |
| über 25 fl | = über 500 fl | 25 | alle restlichen Ratsherren |

Das höchste Einkommen hatten der Ratsherr *Hans Fisch* mit 2600 fl und *Wolf Fisch* mit 2.000 fl in Ladenburg zu versteuerndem Einkommen. Schließlich können wir aus den Steuerzahlern die Einwohnerzahl insgesamt errechnen, indem wir die vorliegende Zahl mit 5 multiplizieren. Somit hatte Ladenburg damals rund 1175 Einwohner.

1577 gab es eine Schatzung für den Türkenkrieg. Damals hatte Ladenburg ein Schatzungskapital von 74.835 fl bei 266 Haushalten und 33 Ausmärkern. Die Einwohnerzahl betrug rund 150 Jahre später 1330. Das Vermögen der Ladenburger hatte sich damit beträchtlich vermehrt[125].

**Das Obrigkeitsweistum vom 27. Juni 1496**[126]

*Oberkeit und gerechtigkeit zu Laudenburg*
*Auf Montag nach St. Johanns baptisten tag anno 96 ist unserm gnädigsten herrn pfalzgraffn und unserm gnedign herrn von Worms ihren gnaden alle und jegliche obrigkeit und gerechtigkeit durch die nachbenante*
*Herman Jägern schultheißen, Stephan Heß, Echartt Diethern, Dabolt Beckhern, Wendel Leum, Hans Mülen, Henrichen Schilbockhn, Peter Schwarzenschnider, Clausen und Balthasar Oberlin, alle ratsmenner zu Laudenburg, gewiesen, auch sent, zins und gefällen, wie nachgeschriben stehett, ernewert und ...*

Obrigkeit und hoheitliche Rechte in Ladenburg

Am Montag nach dem Johannestag = 27. Juni 1496 wurde unserem gnädigsten Herrn, dem Pfalzgrafen, und unserem gnädigen Herrn von Worms ihro Gnaden alle und jede Obrigkeit und Rechte durch die namentlich aufgeführten Hermann Jäger, den Schultheißen, Stephan Heß, Eckart Dieter, Dabolt Becker, Wendel Leum, Hans Müle, Heinrich Schilbock, Peter Schwarzenschneider, Claus und Balthasar Oberlin, sämtlich Ratsherren zu Ladenburg, „gewiesen" = verbindlich mitgeteilt, dazu Gerichtsstand, Zinsen und Abgaben wie folgt erneuert.

Ein Weistum ist die rechtsverbindliche Feststellung des geltenden (Gewohnheits)rechts in der Regel durch die Gemeindevertretung, hier durch den Schultheiß und Rat von Ladenburg. Bei dieser Gelegenheit erfahren wir deren Namen; auch das oben vorgestellte Schatzungsregister ist in dieser Weise festgestellt worden; und so kennen wir ja auch die Namen

*Abb. 27: Das Neunhellerhaus von 1592 vor und nach der Restaurierung (siehe rechte Seite) in den 30er Jahren (Foto: Heck. Fotoarchiv historischer Bilder von Ladenburg).*

des Schultheißen und die der Ratsmitglieder von 1439.

Der Stadt- und Landesherr konnte ein Weistum rechtsverbindlich nur durch die Gemeindeorgane feststellen lassen[127]. Das versuchten die Landesherrn dadurch zu umgehen, daß sie durch die Rezeption des römischen Rechts, die seit dem 12. Jahrhundert von den italienischen Universitäten aus allmählich ganz Europa ergriff, die Gewohnheitsrechte der deutschen Rechtsüberlieferung zurückdrängten. Zu diesem Zweck bedienten sie sich in ihrer Verwaltung der Juristen, die an den Universitäten im römischen Recht ausgebildet wurden, und richteten zur Rechtspflege landesherrliche Gerichtshöfe ein, die schließlich den Dorf-, Stadt- und Zentgerichten nur noch die Bagatellfälle überließen. Ein Instanzenzug bestand darin, daß über den Dorfgerichten das Zentgericht stand mit dem Zentgrafen oder reitenden Schultheiß an der Spitze. Der Zentgraf wurde reihum von den Schultheißen der Zent gestellt.

Die Städte, so auch Ladenburg, waren aus der Zuständigkeit der Zent ausgenommen und hatten die eigene Hochgerichtsbarkeit, also einen Scharfrichter oder Henker, der auch die Urteile der benachbarten Zentgerichte vollstreckte. Er wohnte in der Wormser Gasse. Der Zentbüttel holte ihn im Bedarfsfall ab. Für die Hinrichtung oder verstümmelnde Leibesstrafen wie das Abhacken der Schwurfinger bei einem Meineidigen hatte der Scharfrichter Gebühren zu beanspruchen. 1589 ist der Galgen auf dem Aufeld bezeugt, die Gefängnisse befanden sich im Diebsturm und im Neckartor, später im Schriesheimer Tor. Mit dem Ende des alten Reiches 1806 verschwanden auch die letzten Reste dieser älteren Rechtspflege durch juristische Laien. In der Pfalz richtete Kurfürst Friedrich der Siegreiche 1462 das Hofgericht als Oberhof für die gesamte Pfalz, und Kurfürst Philipp erließ 1482 das pfälzische Landrecht; doch hatte „das gute alte Recht" ein zähes Leben.

In Artikel 1 wird festgestellt, daß die beiden Stadtherren, der Pfalzgraf und der Bischof von Worms, die alleinige Herrschaft innehaben, und nur sie gebieten und verbieten können.

*2 Item beid ir gnaden haben zu sezen und zu entsezen ein schultheißen.* – Beide zusammen haben den Schultheißen einzusetzen oder abzusetzen.

*3 Item si wisen, daß unser gnädiger herr von Worms bißher ein rot zu sezen gehapt, wann man aber einen alters oder gebrech halben entsetzt, sie von beiden herren geschehen.* – Sie weisen, daß bisher unser gnädiger Herr von Worms = der Bischof einen Rat einzusetzen hatte, außer wenn man einen wegen Alters oder Gebrechen ersetzt habe, sei das von beiden geschehen. Da es für den Rat (und den Schultheißen) keine fest begrenzte Amtszeit gab, alle also auf Lebenszeit vom Stadtherrn ernannt waren, erfolgte eine Neubesetzung nur auf dem hier genannten Weg, was also zeigt, daß die Pfalz seit dem Kondominat mitsprach.

In Item 4 wird festgestellt, daß Mord und Totschlag die beiden Stadtherren gemeinsam strafen. Wenn solche Kapitalverbrechen in der achttägigen Kerwezeit nach Mariä Himmelfahrt (15. 8.) geschehen, dann haben die beiden Stadtherrn die Hälfte und die Stadt die andere Hälfte zu bestrafen gemäß dem Privileg König Ruprechts vom 11. 7. 1401.

*5 Item die andern kleinen freveln, als die so der beiden herrn gebot verachten, gegen bütteln freventlich handt anlegen, pfandt nehmen oder dergleichen verwircken, die gebührt ein schultheiß zu straffen, darvon soll er beiden herrn das drittheil geben, und die zwei theil vor sich behalten, kumpt ihme zu stewer, die burgmenner darvon zu entrichten.* – Die anderen kleinen Vergehen, wie z.B. die Anordnungen und Gesetze der beiden Stadtherrn übertreten, den Büttel = Polizei körperlich angreifen, Pfänder annehmen oder nicht zurückgeben, hat der Schultheiß zu strafen. Die Strafgebühren fallen zu einem Drittel an die beiden Stadtherrn, die beiden anderen Drittel darf der Schultheiß behalten, da er davon die Stadtsoldaten bezahlen muß.

Im 6. Artikel wird von Kirchengeboten und ihrer Übertretung gehandelt. Gotteslästerung (Fluchen, Kirche schwänzen etc.) hat die Kirche zu strafen, wenn einer das im Zorn und nicht im Übermaß tut. Tut einer das aber mit voller Absicht, dann ist die Strafe Sache der Herren.

*7 Item ander uffruhren, die uff der stadt muhren, greben und bechen mit kleinen freveln gebrochen werden, die hatt die statt zu straffen, den stattwächtern und knechten damit zu lohnen.* – Schwerer Unfug wie z.B. Tumult auf den Stadtmauern, den Gräben und den Bächen und andere kleinere Frevel hat die Stadt zu strafen, um damit die Stadtwächter und Stadtknechte zu bezahlen.

*8 Item so ein gemein landschazung sie, erkennen si sich nit weigern können, beiden herrn schazung zu geben.* – Wenn eine allgemeine Landschatzung ausgeschrieben wird, erkennen sie an, daß sie sich nicht weigern können, sondern diese beiden Herren entrichten müssen, wie z.B. 1440 geschehen.

*9 Item beiden herren seind sie schuldig zu reisen.* – Beiden Herren müssen sie Kriegsdienst leisten. Die Grundbedeutung des Wortes *reisen* ist in den Krieg ziehen, daher sprach man von Reisigen als Kriegsknechten und im späten Mittelalter von den gefürchteten Schweizer Reisläufern als den Schweizer Söldnern.

Im 10. Artikel werden die jährlichen Geschenke aufgezählt, die die Stadt ihren Herren zu geben hat: Jeder Stadtherr erhält zwei Viertel Ochsen. Der Pfalzgraf gibt ein Viertel dem Landschreiber und das zweite dem Vogt (wahrscheinlich dem Hühnerfaut = Chef der Heidelberger Schloßküche) weiter. Zu Ostern erhalten beide Herren je drei Lämmer, die der Pfalzgraf ebenso verteilt wie den halben Ochsen.

*11 Item zwen icher hat man zu Laudenburg, den einen haben bed herrn zu sezen, den andern der rot.* – Zwei Eicher hat man in Ladenburg, den einen haben die beiden Herren einzusetzen, den andern der Rat. Die *Eicher* stellen das *Umgeld,* d.h. die indirekte Weinsteuer, und die *Bede*, die ordentliche zweimal im Jahr fällige Steuer fest. Sie heißen daher auch *Umgelder* oder *Bedsetzer*. Karl Diefenbacher hat das im Stadtarchiv befindliche Eide- und Ämterbuch, deren Einträge zwischen 1534 und 1672 liegen, bearbeitet und über den Heimatbund 1977 herausgegeben. In diesem kann der beste Eindruck von der spätmittelalterlichen und frühneuzeitlichen städtischen Selbstverwaltung gewonnen werden. Dieses Buch gibt einen Zustand wieder, der in Teilen bis ins 14. Jh., in der Hauptmasse ins 15. Jh. zurückreicht.

Im 12. Artikel ist von den beiden Turmknechten auf dem Neckartor die Rede, die die beiden Stadtherren zu besolden haben. Die Wächter an den anderen Toren sind Sache der Stadt, was den ursprünglich herrschaftlichen Charakter des Neckartors zwischen Bischofshof, Engelburg und Domhof beweist.

In den Items 13 bis 15 werden Abgaben geregelt, und zwar hat der Schultheiß von jedem Holzfloß, das die Stadt auf dem Neckar passiert, 15 d Zoll zu beanspruchen. Davon hat er die Stadtknechte und Stadtwächter zu besolden. Von jedem Fuder Wein, das die Stadttore passiert, wird eine Abgabe fällig, von der die Stadt vier Fünftel und der Schultheiß ein Fünftel zu beanspruchen hat. Auch der Fruchtzoll (Frucht ist Brotgetreide), der bei der Passage der Stadttore fällig wird, z.B. wenn das Getreide in den Ladenburger Mühlen vermahlen wird, ist die Abgabe im Verhältnis von zwei zu eins zwischen Stadt und Schultheiß zu teilen.

*16 Item die gießen außwendig der statt von oben an biß unden uß mittsamt dem mülstatten und nüwen greben, auch das altwasser ist beider herrn von alters her gemein gewest und ietz durch unsern gnedigen herrn von Wormbs ettlich jahr allein gebraucht worden. dagegen sagt der rot, daß unserm gnädigsten herrn pfalzgraven zu Lyningen, als sie gehort haben, ein gegenwechsel geschehen sei, obs aber ein jahrzohl oder bestendig, sei ihnen nit wißendt.* – Die Gießen = Wasserläufe außer dem Neckar außerhalb der Stadt von oben heran bis unten hinaus mitsamt den Mühlplätzen und den neuen Gräben, aber auch das Altwasser ist beiden Herren von alters gemeinsam gewesen, jetzt aber von unserem gnädigen Herrn von Worms etliche Jahre allein beansprucht worden. Dazu sagt der Rat, daß dem Vernehmen nach dem Pfalzgrafen in Leiningen ein Ausgleich geworden sei, ob dieser aber nur ein Jahr gilt oder für immer, sei ihm nicht bekannt.

Gemeint war damit, daß 1468 der Bischof Reinhard I. von Worms den Kurfürsten Friedrich den Siegreichen mit der Hälfte der Burg Neuleiningen belehnt hatte[128]. Es geht hier um die uns schon bekannten[129] Bäche Kandelbach, Loosgraben und Rombach sowie den Stadtgraben und die drei Mühlen, die Rautentaler-, die Pflaster- und die Stadtmühle. Die Mühlen hatten dem Landesherrn direkt ihre Abgaben zu entrichten, da dieser die Hoheit über alle Flüsse und Bäche hatte. In Ladenburg war die Mühle in der Stadt, die Cronberger Mühle, die älteste, die schon im 13. Jahrhundert bezeugt wurde. Die 1297 erwähnte Mühle vor der Stadt, vor = oberhalb von dem um 1250 kanalisierten Kandelbach aus gesehen, war die 1964 abgerissene Rautentaler Mühle. 1403 erlaubte König Ruprecht der Stadt eine zweite Mühle außerhalb zu errichten[130]: *unden an dem ablasse da der giesse abfellet gein sant martin werd* und, um eine neue Mühle zu bauen, *die wassergraben zu erswellen, zu hohen und zu nydern, als sich darzu heischet*. Das war die Pflastermühle unterhalb der Stadt. Auch hier muß der Gießen zu einem Mühlgraben gestaut werden, der je nach Bedarf mal höher, mal tiefer aufzustauen ist. Diese Mühle wurde erst im ausgehenden 17. Jahrhundert an die Hofkammer verkauft und von dieser 1727 an den Freiherrn von Hundheim und 1789 an den Minister von Oberndorff ausgegeben[131]. Um die Wasserrechte zu sichern, trat Ladenburg seine Allmend im Schriesheimer Tal, den Hundszagel, später Hundsrück, an Schriesheim ab[132].

In den Artikeln 17 und 18 wird vom Baugut der Stadtherren und der dazugehörigen Hofanlage gesprochen. Auf dieser stand ein steinernes Gebäude, die Engelburg, von dem der Rat nicht weiß, ob es der Pfalz allein gehört oder nicht. Zum Schluß wird darauf hingewiesen, daß auch Neckarhausen beiden Herren gemeinsam gehört.

Dieses Baugut, das 1385 ebenfalls zwischen Worms und Ladenburg geteilt worden war, war die sogenannte Engelburg. Diese lag unmittelbar nördlich des Bischofshofs am Neckartor. Das dazugehörige Land umfaßte 350 Morgen und lag in den Gewannen *100 Morgen* und *40 Morgen* unmittelbar bei der alten St. Martinskirche, was nicht verwundert, wenn man an den Ursprung dieser alten Kirche aus der Wormser Martinstradition denkt. Zum Land des Bischofs gehörte auch der Lustgarten. Das Gut wurde von der bischöflichen Kellerei betrieben, vom 17. Jahrhundert an war es im Erbbestand vergeben. Nach 1817 wurde es allodifiziert[133]. Auch die Pfalz war in Ladenburg begütert. Ihre Güter wurden seit 1606 von der Schaffnerei am Schriesheimer Tor bewirtschaftet.

Neben der Engelburg stadteinwärts lag der Domhof, der dem Wormser Domkapitel gehörte. Das Gut des Domkapitels ging auf die Schenkungen der Guta von Ladenburg von 1267 ff zurück. 1304[134] stiftete sie noch eine Pfründe am Wormser Dom, die sie auch mit Ladenburger Grundbesitz ausstattete. Die Hofreite erwarb das Domkapitel erst 1424 durch Tausch. Der Domhof fiel nicht unter das Kondominat und blieb deshalb auch noch nach 1705 im Besitz des Domkapitels. Auf ihm lag das häufig umstrittene Privileg des „Pfaffenkellers", d.h. des umgeldfreien Weinausschanks zwischen Ostern und Pfingsten. Mit der Säkularisation des Hochstifts kam der Domhof 1802 an Hessen-Darmstadt, später in Privathand. 1963 brannte das im frühen 19. Jh. im Weinbrennerstil errichtete Hofgebäude ab und ging darauf in die Anlage des neuen Rathauses „Domhof" auf[135].

Weiterer geistlicher Grundbesitz waren in der Hand des St. Andreasstifts in Worms und in der des St. Cyriakusstifts vor den Mauern von Worms. Die einstmals Lorscher Güter auf Zeilsheimer und Botzheimer Gemarkung dienten 1023 großteils zur Ausstattung der Lorscher Tochterklöster St. Michael auf dem Heiligenberg und Stift Neuburg[136]. Über den Erwerb von Lorsch 1237 war auch das Domstift Mainz in den Besitz von Lorscher Gütern in der Zeilsheimer Gemarkung gekommen, die es 1337 der Stadt Ladenburg verpachtete[137]. 1685 erwarb der Herr von Bettendorff diese Güter und vereinigte sie mit seinem Hofgut, dem späteren Jesuitenhof. Über die Kellerei in der Engelburg und den Domhof wurden auch die Wormser Güter in den Nachbargemeinden verwaltet. Die Schaffnerei ihrerseits mußte bis 1802 aus diesen Mitteln die Pfarrkompetenzen der Wormser Patronatspfarreien in Ilvesheim und Edingen bestreiten[138].

Aus dem 15. Jh. stammt noch eine **Ernteordnung** der Stadt, die einen Einblick in die Landwirtschaft des Ackerstädtchens gewährt; denn in dieser haben wir die wirtschaftliche Basis der Stadt[139]. In dieser ist ein früher Zustand festgeschrieben; denn sie geht noch vom Flurzwang und Tretrecht aus. Die mit Getreide angebauten Flurstücke unterlagen dem „Bann" = dem Betretungsverbot während der Wachstumsphase, besonders galt dies für die herrschaftlichen Äcker bei *5 lib hl* = 5 Pfund Heller Strafe. Das Überfahr- oder Tretrecht auf fremdem Acker für einen, der zu seinem hinten liegenden Feld kommen wollte, durfte nicht mehr Gelände als höchstens 1 M ohne Schädigung des anderen in Anspruch nehmen, den sogenannten Schlüssel. Sonst *soll niemands dem anderen durch sein Frucht gehen mitt seinen schnittern, sonder sie sollen uff einer furch oder gewannen ußen gehen zu dem ihrem.* – Damit sind die Anwänder oder Schlittwege gemeint, die vor der Anlage eines regelmäßigen Feldwegenetzes als Zugang zu hinten liegenden Äckern dienten.

Nach der Ernte durfte man erst dann *mitt seinem viehe in die Stopfel fahren*, wenn der Bann aufgehoben war. Dasselbe galt für die Nachlese (Stoppellese) durch Arme. Nach der Ernte erfolgte die Auszehntung in der Weise, daß die Eigentümer jeweils zehn Garben zusammenstellen mußten, von denen der Zehntknecht des Zehntnehmers, d.h. des Bischofs oder Pfalzgrafen oder des geistlichen Gutsbesitzers, eine nahm und in die „Zehntscheuer" brachte. Am Ende der Äcker durfte der Schütz seine Weglänge – *ein acker leng* – in Anspruch nehmen, den Ertrag eines Streifens den Acker entlang. Diesen Schützenlohn sollten die Eigentümer einfach am Rand niederlegen. Wenn einer den Schützen um seinen Lohn brachte, zahlte er ebenfalls 5 lib hl Strafe. Neben dem

Getreide unterlagen auch Heu, Nüsse, Äpfel, Birnen und *magelei* = mancherlei Gartenfrüchte wie „Kraut und Rüben" dem Zehnten.

### *Das pfälzische Reisbuch 1503/04*

Die Machtpolitik der Pfalz im 15. Jahrhundert, die unter Friedrich dem Siegreichen sehr überlegt das Mittel des Krieges einsetzte, griff in einem durchaus neuzeitlichen Staatsverständnis bewußt auf die militärisch nutzbaren Ressourcen der Pfalzgrafschaft zurück und bewirkte so eine Art Wehrpflicht der Untertanen. Die ungeheuere Popularität Friedrichs des Siegreichen zu seiner Zeit und in der gesamten Erinnerung der Pfälzer beruhte auf dem Wissen, diese Siege gemeinsam errungen zu haben; denn das pfälzische Heer Friedrichs des Siegreichen bestand großteils aus den ausgehobenen Untertanen[140]. Diese frühe Wehrpflicht wurde in der Pfalz bis in den Dreißgjährigen Krieg geübt[141]. Im Reisbuch haben wir die Aufstellung des Landesaufgebots unter Kurfürst Philipp am Vorabend des Landshuter Erbfolgekrieges. Auch das Kondominat Ladenburg wurde aufgeboten, was auch einen Hinweis auf die inzwischen überaus enge Bindung des Bischofs an die Kurpfalz enthält; denn das Kondominat wurde wie ein pfälzischer Vollbesitz behandelt[142]. Das Reisbuch = Kriegsbuch ist ein Geschäftsjournal der pfälzischen Finanzverwaltung, um für den geplanten Krieg einen Kostenüberblick zu erhalten.

Die Musterung des Heidelberger Oberamts ergab für Ladenburg:
*Die statt Ladenburg und Neckerhusen in des amt Heidelberg*
*Item 29 spieser, item 12 bichsenschützen, item 17 helmparter Summa 58 mann.*
*Item 3 reißwagen, item 2 zimerman, item 4 meurer*[143].
Die Stadt Ladenburg und Neckarhausen haben in das Amt Heidelberg (gemeint ist das Aufgebot des Amtes Heidelberg) einzubringen: 29 Spießer, 12 Büchsenschützen und 17 Hellebardiere, zusammen 58 Mann. Dazu 3 Reiswagen mit 2 Zimmerleuten und 4 Maurern.

Wie ein Spießer bewaffnet sein muß, wird zu Beginn des Reisbuchs festgelegt: *Sein guten Schwytzer spieß achtzehen schuch lang mit eim geherten eisen* – er hat seinen guten Schweizer Spieß 18 Fuß/Schuh = 540 cm lang (!) mit einer Stahlspitze. Die Schweizer hatten ihre Infanterie mit diesen gefürchteten Langspießen ausgerüstet. Die Spießer standen im Karree gegen die Ritter zu Pferd und konnten damit jeden Reiterangriff brechen. Dazu trug er einen langen Degen und eine Streitaxt, die an seinem Gürtel hing. Die Büchsenschützen hatten statt des Spießes eine Hakenbüchse, die Hellebardiere entsprechend eine Hellebarde. *Item fur harnisch* – - Ebenso zur Abwehr = als Defensivwaffen hatten sie als Harnisch einen Brustpanzer, einen Halskoller, einen Rückenpanzer, eine Pickelhaube, Arm- und Beinschutz[144]. Zur Zeit dieser Musterung waren 2.275 Schweizer Spieße eingekauft worden, die in der Zollburg Eichelsheim bei Mannheim beim Zollschreiber lagerten und dort von den einzelnen Städten und Zenten für ihre „Fähnlein" abzuholen waren. Die Kosten, die der einzelne vorlegen mußte, betrugen 5 albus = Weiß(Silber)pfennige für einen guten Schweizer Spieß. Er bekam sie später von der kurpfälzischen Kasse erstattet.

Ein Reiswagen diente zum Transport der Soldaten und Waffen. 20 Mann kamen auf einen Wagen, der von 4 Knechten gefahren und betreut wurde. Die Wagenknechte waren wie die Soldaten mit Harnisch und Pickelhaube ausgerüstet. Die Wagen führten ein Fahne mit, auf der das Pfälzer Wappen und das ihrer Heimatstadt zu sehen waren. Die Ausrüstung des Wagens bestand aus einem Leiterbaum, einem Flechtdach, einer Plane über dem Verdeck, zwei Hängebrettern, einer Kette von drei Klaftern und einem Kettenschloß, Seilen und Strikken. Mitgeführt wurden auf jedem Wagen zwei Schaufeln, zwei Pickel, zwei Hacken und zwei Rodehacken, zwei Mulden, um Erde wegzuschaffen, zwei Äxte, Sicheln, Sensen und Zugseile. Maurer und Zimmerleute dienten als Pioniere für Belagerungen.

Beim Überblick über das Aufgebot des Amtes Heidelberg erscheint Ladenburg mit 120 Mann, einem Reiswagen und 2 Spießwagen[145]. Die Verdoppelung der obigen Zahl geht wohl darauf zurück, daß hier auch der Wormser Teil der Stadt mitgerechnet wurde. Dann wurde eine Liste der Bewaffnung der festen Städte angelegt, in der Ladenburg wegen des schlechten

Zustandes seiner Bewaffnung getadelt wurde. Es heißt: Einige größere Arkebusen und 10 kleine *uff dem rathuß, item 9 ganz alt handbussen, nit wolle zu bruchen, uff dem huß.* –auf dem Rathaus (übrigens eine der frühesten Erwähnungen des Rathauses), ebenso 9 ganz alte Handbüchsen, nicht mehr gut zu gebrauchen auf dem Haus. *Nota:* Bemerkt wurde noch, daß es an Munition fehlt, an steinernen Geschossen und an Gießformen für Bleikugeln. Auch sonst war die Ausrüstung zur Stadtverteidigung vernachlässigt. Zwar befanden sich auf fünf Stadttürmen je zwei schwere Hakenbüchsen, aber *gantz nichts doby, das darzu gehort* – überhaupt nichts dabei, was dazu gehört. Auf dem Kirchhof stand *ein guten schlangen* – ein schweres Geschütz, auch dieses ohne Munition. *Item etwas me dann ein halbe thonn bulvers stet in einem thurn, ist nit sonderlich gut, sollen sie machen lassen und bessern. Item 12 hackenbussen, 2 zentner 30 pfundt bulvers haben die herren vom stipft zu Ladenburg im schloß, ist nit sunderlich gut, wellen sie bessern lassen.* – Ferner steht etwas mehr als eine halbe Tonne Pulver in einem Turm, ist aber nicht besonders gut; das sollen sie machen und bessern lassen. Ferner haben die geistlichen Herren vom Stift zu Ladenburg im Schloß = Bischofshof 12 Arkebusen, 2 Zentner und 30 Pfund Pulver. Auch das ist von schlechter Qualität, aber sie wollen alles in Ordnung bringen. Ladenburg verfügte über 5 Maurer und 2 Zimmerleute, die bei der Stadtverteidigung einspringen müssen[146].

**Am Vorabend der Reformation**

Über die Verhältnisse in der Diözese Worms im ausgehenden 15. Jahrhundert sind wir recht gut informiert durch das Wormser Synodale von 1496[147] und das Steuerregister des Gemeinen Pfennigs von 1495, das für die Geistlichen des Bistums Worms[148] erhalten ist. Im Wormser Synodale wurde die große Visitation der gesamten Diözese, wie sie von den Reformkonzilien von Konstanz 1414–1418 und Basel 1434–1445 im Sinne einer Kirchenreform angeordnet worden waren, festgehalten[149]. Verfaßt wurde es von Jakob Stoll, dem Pfarrer von Alsheim, der im Auftrag des Bischofs Johannes III. von Dalberg als Mitglied der Kommission die ganze Diözese bereiste und den Bericht erstellte. In den Visitationsbericht wurden 263 Pfarrkirchen, Filialkirchen und Kapellen aufgenommen. Leider fehlen die rechtsrheinischen Stadtpfarreien Heidelberg, Weinheim und Ladenburg.

Das Bistum bedeckte eine Fläche von rund 3.300 qkm, grenzte im Süden an das Bistum Speyer, im Westen an Metz, im Norden an das Erzbistum Mainz und im Osten an das Bistum Würzburg. Vom 10. Jahrhundert an entstanden als Zwischeninstanzen zwischen dem Bischof und den Pfarreien die Archidiakonate, die an Wormser Kollegiatstifte gebunden waren. Es gab vier Archidiakonate, an deren Spitze jeweils der Stiftspropst stand: das Domstift, das Stift St. Paul, das Stift St. Peter in Wimpfen im Tal und das Cyriakusstift vor den Mauern der Stadt in Neuhausen. Der Lobdengau gehörte zum Stift St. Cyriakus. Den Stiftspröpsten als Archidiakonen waren die wichtigsten bischöflichen Jurisdiktionsrechte übertragen, so auch das Recht der *Send* – Regionalsynode und Recht der Visitation im Namen des Bischofs. Der Stiftspropst übte die geistliche Gerichtsbarkeit aus, saß den Bezirkssynoden vor, verwaltete das Kirchenvermögen, verlieh die Altarpfründen und regelte die Fragen des Gottesdienstes und Kultes und zog die Abgaben für den Bischof ein.

Mit der wachsenden Zahl der Pfarreien hatte sich im Hochmittelalter noch eine weitere Zwischeninstanz ausgebildet, das Dekanat. Das Bistum Worms umfaßte um 1500 vier Archidiakonate, zehn Dekanate und 254 Landpfarreien. Der Archidiakonatsbezirk von St. Cyriakus zerfiel in zwei Dekanate, die Landkapitel: südlich des Neckars Heidelberg, ursprünglich Kirchheim, nördlich des Neckars Weinheim. Die St. Galluskirche in Ladenburg war die Hauptkirche beider Dekanate und damit der Tagungsort der Dekanate oder Landkapitel Weinheim und Heidelberg, denen alle Pfarrer angehörten. Zweimal im Jahr, am Dienstag nach Trinitatis (Sonntag nach Pfingsten) und am Dienstag nach Martini (11. 11.), kam die gesamte Geistlichkeit des Archidiakonats St. Cyriakus in der St. Galluskirche zur Synode zusammen. In dieser wurde zuerst eine Seelenmesse für alle verstorbenen Amtsbrüder gelesen und dann eine Gerichtsverhandlung

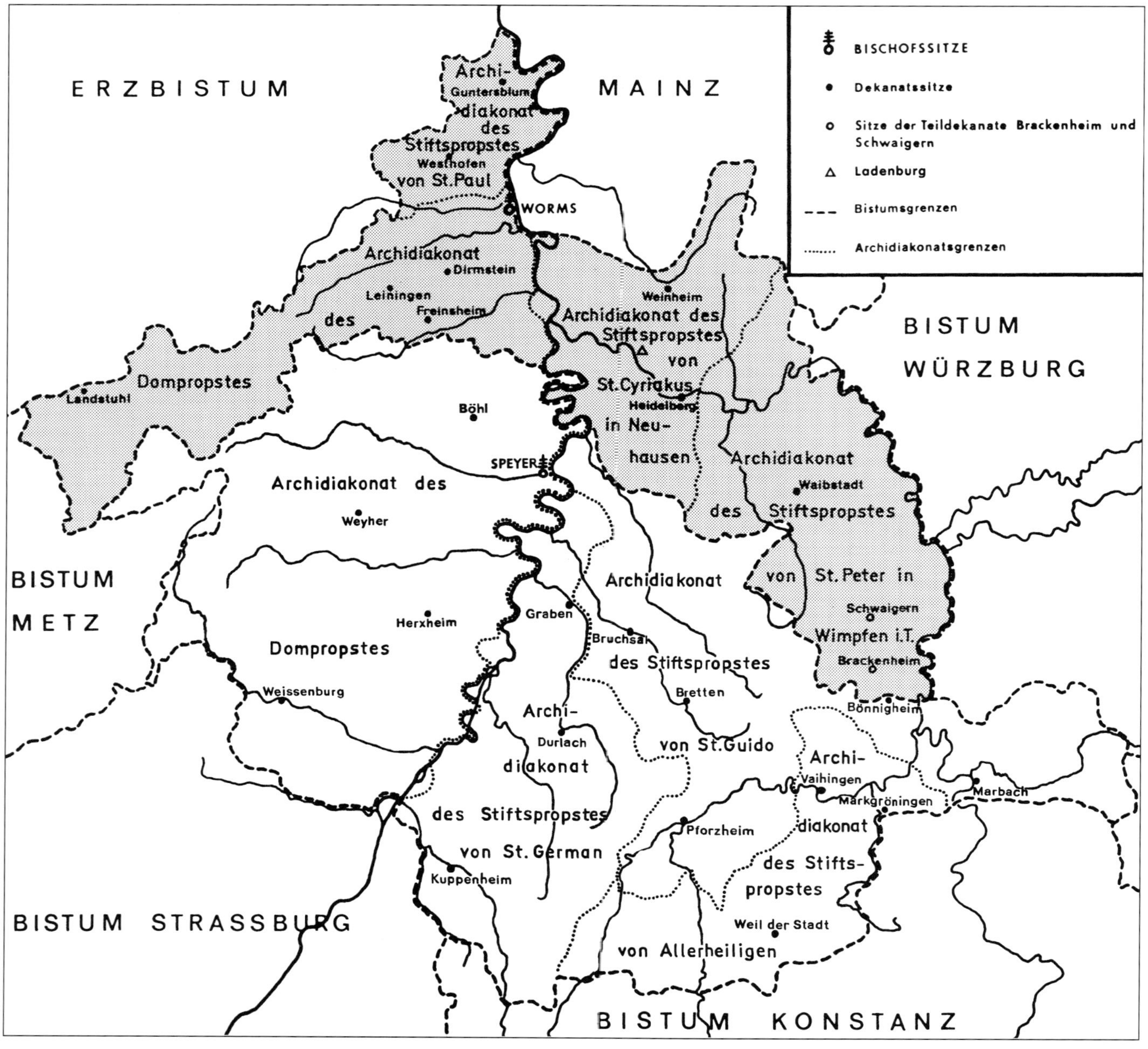


Abb. 28: Die Bistümer Worms und Speyer um 1500 (nach Pfalzaltlas. Textband II, S. 837).

des geistlichen Gerichts gehalten[150]. Der Pfarrer von Ladenburg gehörte nur nominell zum Landkapitel, er stand als Pfarrer der bischöflichen Residenzstadt direkt unter dem Bischof. Das war auch der Grund dafür, daß Ladenburg nicht im WS erscheint. Diese Tatsache hat die leidige Quellenarmut über die Pfarrei Ladenburg verursacht, so daß uns wichtige Aussagen, wie sie von den Pfarreien im WS vorliegen, für Ladenburg fehlen.

So haben wir die früheste Nennung eines Pfarrers von Ladenburg trotz des hohen Alters der Pfarrei erst im Jahre 1206, als erstmals ein *Adilbertus plebanus de Ladenburg* – ein Leut- oder Weltpriester Adalbert von Ladenburg erwähnt wurde[151]. Von allem Anfang an war St. Gallus in Ladenburg Pfarrkirche nicht nur für Ladenburg, sondern auch für Neckarhausen und Straßenheim[152], dort bis 1409. In Neckarhausen stand die Filialkirche St. Andreas, wo ein Frühmesser aus Ladenburg, dem die Einkünfte des Frühmeßgutes in Neckarhausen zustanden, den Gottesdienst hielt. Nach dem Dreißigjährigen Krieg gab es in Neckarhausen keine Kirche mehr, so daß die Einwohner bis zum Bau der Barockkirche 1785 nach Ladenburg in die Kirche gehen mußten[153]. Im Steuerregister von 1495 wird zwar ein Pfarrer von

Ladenburg erwähnt[154], aber keine Pfarrpfründe. Der Bischof hatte das Patronat; 1485 gestattete Papst Innozenz VIII. Bischof Johann III. wegen geringer Einkünfte seines Bistums die Inkorporation der Pfarrkirche zur bischöflichen Tafel[155]. Damit war der Pfarrer ein sogenannter *Ewigvikar* = ständiger Stellvertreter, d.h. der eigentliche Inhaber der Pfarrei war der Bischof, der einen Priester als Pfarrverweser zur Versehung der Pfarrdienste bestellte und besoldete.

Um 1500 konnten in den Städten bis zu 10 % der Bevölkerung zum geistlichen Stand gehören. Das hatte seinen Grund darin, daß es für Bauern- oder Handwerkersöhne nur in der Kirche die Möglichkeit des sozialen Aufstiegs gab. Dazu kam, daß auch das ganze Schul- und Bildungswesen in kirchlichen Stiftungen organisiert war. Es ist verständlich, daß die relativ wenigen und aus kirchenrechtlichen Gründen kaum zu vermehrenden Pfarreien der steigenden Nachfrage nach kirchlichen Stellen nicht mehr genügen konnten. Neben den wachsenden Orden und ihren Klöstern gab es immer noch überschüssige Kleriker, die nach Versorgung strebten. Dem kam der Wunsch der Gläubigen nach Vermehrung der geistlichen Dienste entgegen. So wurde es seit dem 14. Jahrhundert üblich, in den Kirchen, vor allem in Stadtpfarrkirchen, zusätzliche Altäre und Kapellen als selbständige *Pfründen* zu errichten. Diese Kapellen und Altäre wurden von *Altaristen* oder *Frühmessern* versorgt, die in den Genuß der Altar- oder Kapellenpfründe kamen und die tägliche Frühmesse für den Stifter lasen. Aushilfe in der Pfarrseelsorge war diesem niederen Klerus nur gestattet, wenn es sich um eine *Kuratspfründe* handelte. Die Ortspfarrer hatten kaum ein Interesse daran, dieses „geistliche Proletariat" an der Seelsorge zu beteiligen, da sie ja ihr eigenes Einkommen aus den *Casualien* – geistliche Amtshandlungen nicht schmälern wollten. Andererseits waren diese Kapläne, Altaristen oder Frühmesser oft nicht in der Lage, von den Einkünften einer einzigen Altarpfründe zu leben. Daher versuchten sie, sich mehrere Pfründen, oft an verschiedenen Orten, zu verschaffen, was zum Ärgernis erregenden Mißstand der *Pfründenhäufung* führte, der in allen Reformkonzilien getadelt wurde.

Ladenburg hatte damals rund 1400 Einwohner, aber nur eine Pfarrei und 13 Pfründen niederer Ordnung. Damit war die Stadt die bei weitem größte Pfarrei in der ganzen Diözese. Im Archidiakonat St. Cyriakus betrug die durchschnittliche Größe einer Pfarrei 450 Personen.

Die Pfründen niederer Ordnung waren an der St. Galluskirche folgende[156]:

| Pfründe | Steuersumme | Jahreseinkommen |
|---|---|---|
| Kaplan beatae Mariae virginis | 1fl 6alb | 61 fl |
| Kaplan Sancti Christi | 1 fl | 50 fl |
| Kaplan Sancti Petri | 1 Pfd hl | 38 fl |
| Kaplan Sanctae Elisabethae | 18 alb | 34 fl |
| Kaplan Sanctae Trinitatis | 1 Pfd hl | 38 fl |
| Kaplan Sancti Georgii | 20 alb | 38 fl |
| Kaplan Sancti Eucharii | 18 alb | 34 fl |
| Kaplan Sanctae Catharinae | 14 alb | 27 fl |
| Kaplan Sancti Jacobi | 1/2 fl | 25 fl |
| Kaplan decem mille martyrorum | 3 alb | 6 fl |

Der Kaplan der Kreuzkapelle in Ladenburg hatte seit 1386 das Patronat der Pfarrei Wallstadt, diese und ihre Einkünfte waren also der Kreuzkapelle *inkorporiert*[157], eine der üblichen Pfründenhäufungen. 1253 ist eine Katharinenkapelle genannt[158], wo jede Nacht auf Kosten des Klosters Schönau ein ewiges Licht brennen sollte. Schließlich gab es ebenfalls seit dem Hochmittelalter (1366) ein Spital[159] mit einer Antonius-Kapelle in der Färbergasse 1–3. 1810 wurde es ans Schriesheimer Tor verlegt. Dieser Patron weist ins späte Mittelalter, wo das Antonius-Feuer, eine schleichende Mutterkornvergiftung mit aussatzähnlichen Verstümmelungen, wütete, im Bild dargestellt im Isenheimer Altar, der ebenfalls für ein Antoniusspital in Colmar gemalt wurde. Im Spätmittelalter gab es auch ein *Gutleuthaus* außerhalb der Stadt am Heddesheimer Weg. *Gutleut* waren die Aussätzigen. Interessant ist, daß es auch auswärtige Altaristen gab, die niemals ihre Pfründen aufsuchten, sondern in den Städten z.B. in Ladenburg lebten, was wohl seine Annehmlichkeiten hatte. So wurde in Unterhelm-

stadt geklagt, daß der Frühmesser die Residenzpflicht versäumte und stattdessen in Ladenburg wohnte[160]. Im ausgehenden 15. Jh. erwogen die Bischöfe, die St. Galluskirche zu einer Stiftskirche zu erheben, der 1491 die Kirche zu Dielheim inkorporiert werden sollte[161]. Dafür hätte Hans von Sickingen auf sein Lehen dort verzichtet. Doch scheint dieser Plan nicht mehr weiter verfolgt worden zu sein.

Wie oben schon gezeigt wurde[162], erhielten die Ladenburger Kirchen St. Gallus und St. Sebastian im 15. Jahrhundert ihr endgültiges Aussehen. Außer diesen großen Kirchen ist 1480 noch eine St. Peterskapelle im Gäßlein, das nach St. Martin führte, bezeugt; Reste einer Kapelle sind auch in der Metzgersgasse entdeckt worden. Die Bezeichnungen Nonnenbrunnen, Nonnenturm und Nonnengäßchen mit einer stark verwitterten Marienstatue an der Hauswand Zehntstraße 2 machen ein mittelalterliches Nonnenkloster, wohl Franziskanerinnen des 3. Ordens, wahrscheinlich. Zwei Beginenhäuser gab es um 1500 bei St. Gallus[163]. Schließlich standen noch die beiden Kirchen St. Martin und St. Mauritius vor den Mauern der Stadt, so daß auch Ladenburg das typisch städtische, reiche geistliche Leben des 15. Jahrhunderts zeigte und wir auch hier – vor allem wenn wir den bischöflichen Hof mit einbeziehen – von einer großen Anzahl von Geistlichen ausgehen können. Denn auch in St. Sebastian – also im abgesonderten bischöflichen Bezirk – gab es mindesten noch drei Pfründen: St. Peter, Maria Himmelskönigin und St. Michael. Diese letztere könnte auch der Namensgeber der Engelburg gewesen sein, war also dort oder im Neckartor zu lokalisieren. Besonders viele Geistliche lebten in der Zeit des großen Interdikts von 1499 bis 1509 in der Stadt, als das gesamte Domkapitel im Domhof und den sogenannten Stiftshäusern untergebracht war.

Ein Beispiel für die Frömmigkeit dieser Zeit ist die Entstehung der Sickingenschen Stiftung. Im Jahre 1513 hatte sich ein Fräulein von Sikkingen in tiefster Nacht in den damals noch existierenden Wäldern unweit der Stadt verirrt. Sie war völlig verzweifelt und betete um ihre Rettung. Da hörte sie in der Ferne Glokken klingen, obwohl sie niemand läutete. Dem

Geläute ging sie nach, bis sie vor den Mauern der Stadt stand. Ritter Hans von Sickingen stiftete aus diesem Anlaß ein Almosen von jährlich 52 Malter Korn für die Stadtarmen, welche von seinem Gut auf der Ladenburger Gemarkung zu erbringen waren. Zugleich sollte zu bestimmter Zeit in der Nacht geläutet werden. Diese ewige Stiftung wurde nach der Einführung der Reformation um 1600 strittig zwischen dem Stadtrat und dem Herrn Schweikard von Sickingen, damals kurmainzischem Oberamtmann in Tauberbischofsheim. Kurfürst Friedrich IV. erließ 1608 folgende Regelung: Eine Kommission von vier Vertretern sollte am Antoniustag zusammenkommen und für das kommende Jahr die würdigsten und bedürftigsten Ortsarmen bestimmen. Die Kommission hatte zu bestehen aus einem Vertreter des Kurfürsten, einem des Bischofs, einem der Familie von Sickingen und einem des Stadtrates. Noch im 19. Jahrhundert wurde so verfahren, nur daß der Kurfürst und der Bischof durch den Stadtrat und den katholischen Pfarrer ersetzt wurden. Das Brot wurde jeden Samstag vor der Antoniuskapelle verteilt; die Empfänger mußten ein Gesetz des Rosenkranzes bzw. als Protestanten das Vaterunser beten[164].

Der Lebensunterhalt der Geistlichen war ursprünglich durch milde Gaben der Gläubigen bestritten worden, doch wurde schon sehr früh nach dem 4. Buch Moses, Kapitel 18 die Abgabe der *decima*, des Zehnten zum Lebensunterhalt der Geistlichen gefordert. Der Zehnte ist somit die älteste kirchliche Abgabe, die als der Fruchtzehnte von der Feldfrucht, i.d.R. dem Getreide, und als der Blutzehnte vom Vieh anfiel. Neben dieser Abgabe, die seit der Synode von Macon 585 kirchenrechtlich und 779 im Capitulare von Heristal reichsrechtlich verbindlich eingeführt worden war, gab es noch das Kirchenvermögen, das auf frommen Schenkungen beruhte. Zu diesem Besitz der „Toten Hand" gehörten auch die Pfründgüter. Aus dem Zehnten sollte der Lebensunterhalt des Pfarrers, aber auch die *fabrica*, der Kirchenbaufonds, bestritten werden. So geriet er sehr früh unter dem Einfluß des Eigenkirchenrechts in die Verfügungsgewalt des Patronatsherrn, so daß die Erträge des Zehnten nicht mehr der Ortspfarrei, sondern dem Kirchenherrn, in Ladenburg dem Bischof, zuflossen. Der *Decimator* – Zehntnehmer allerdings hatte damit auch die Kirchenbaupflicht zu übernehmen.

*Abb. 30: St. Martin – Figurengruppe an der Innenseite des Martinstores vom Ende des 13. Jahrhunderts (Kunstdenkmäler, S. 218).*

Der Zehnte hatte von allem Anfang an einen universalen Charakter, d.h. die Tendenz, alle Feldfrüchte zu umfassen und jedes bebaute Grundstück der Verzehntung zu unterwerfen. Falls Wald oder Wiese umgebrochen, also gerodet, wurden, unterlag auch ein solches *Neurottfeld* dem *Novalzehnten* – Neuzehnten. Lange war der Zehnte eine Naturalabgabe, die nach der Ernte ausgezehntet und in die herrschaftliche Zehntscheuer verbracht wurde, wie es auch noch die Ladenburger Ernteordnung aus dem Ende des 15. Jhs. vorschrieb. Später wurde dieses Verfahren rationalisiert, indem ein durchschnittlicher Ernteertrag errechnet und daraus der zehnte Teil nach dem Drusch abgeführt wurde. Der *Große Zehnte* fiel von den Halmfrüchten, dem Wein und dem Öl, der *Kleine* oder *Gartenzehnte* von allem Obst und Gemüse – *Kraut und Rüben* der Gärten. Der Kleine Zehnte ging in der Regel direkt an den Ortspfarrer. Bei der Einführung neuer Feldfrüchte wie des *Welschkorns* – Mais – und des Tabaks im 17. Jahrhundert war es lange strittig, ob diese unter den Zehnten fielen, was schließlich bejaht wurde. Der Zehnte wurde

*Linke Seite Abb. 29: St. Sebastian, gotischer Chor nach 1450, Außen- und Innenansicht (Fotos: Außenansicht K. Heck 1935; Innenansicht A. Brandt 1955. Fotoarchiv historischer Bilder Ladenburg).*

*Linke Spalte Abb. 31: Zehntstraße 2 beim Nonnengarten – Gotisches Marienbild aus dem späten 14. Jahrhundert. Inschrift von 1398: (A)nno . d(omi)ni . m . ccc . xc . viii . / ioh(anne)s . de . battinberg . pri/missarius . fecit . hoc . opus = Im Jahr 1398 ließ der Frühmesser Johann aus Battenberg (in Hessen) dieses Bildwerk anbringen (Foto: A. Brandt um 1955. Fotoarchiv historischer Bilder von Ladenburg).*

*Rechte Spalte Abb. 32: Gotische Muttergottes mit Kind aus Holz um 1500, früher am Rathaus, heute im Lobdengaumuseum (Kunstdenkmäler, S. 214).*

erst in den 30er und 40er Jahren des 19. Jahrhunderts aufgehoben bzw. abgelöst.

Auf der Ladenburger Gemarkung gab es verschiedene Zehntbezirke. Auf dem *Rechten Feld*, also der Ladenburger Altgemarkung, hatte der Bischof als der Kirchenherr den Zehnten zu beanspruchen. Seit 1385 war der Zehnte nach den Regelungen des Kondominats zwischen dem Bischof und dem Kurfürsten geteilt. Der pfälzische Teil des Kleinzehnten gehörte zur Besoldung des Stadtschultheißen. Im *Zeilsheimer Feld* war der Zehnte zwischen dem Bischof und dem Kloster Lorsch, seit 1237 dem Erzstift Mainz als dem Nachfolger von Lorsch, geteilt, was auf die Lorscher Grundherrschaft des 8. Jahrhunderts zurückging. Zwischen 1460 und 1623 fiel auch dieser Zehnte unter den Pfälzer Pfandbesitz an der mittleren Bergstraße, das Amt Starkenburg. Nach der Reformation 1556 teilte die Kurpfalz diesen Zehnten dem Waisenhaus Handschuhsheim bzw. der Weinheimer Schaffnerei zu. 1623 bzw. 1648 trat mit der Einlösung des Pfandes durch Kurmainz wieder das Erzstift in seine alten Rechte ein. Im *Botzheimer Feld* war im 15. Jh. der Zehnte Lehen des Bischofs an die Herren von Erligheim, was zu dem beachtlichen Komplex der in Ilvesheim lebenden Erligheim gehörte. 1516 verkaufte Hans von Erligheim diesen Zehnten an das Cyriakusstift Neuhausen bei Worms und trug dem Bischof dafür das Altwasser bei Ilvesheim zu Lehen auf. Auch dieser Zehnte wurde nach der Reformation von der Pfalz eingezogen, der Schaffnerei Heidelberg zugeteilt und kam an den katholischen Schulfonds, der nach 1800 auch in den Besitz des ganzen Zehnten auf dem rechten Feld gelangte. Zehntfrei waren die geistlichen Güter.

Die materiellen Grundlagen für alle Kapellen- und Altarpfründen waren die Pfründgüter. Als früheste Pfründe ist die Katharinenpfründe oder das Kaplaneigut von 70 Morgen anzusehen. 1299 wurde der Jakobsaltar dotiert. Von 1436 an ist die Pfründe auf dem Kreuzaltar bekannt, 1473 wurden ein Muttergottes- und ein Elisabethaltar erwähnt. Später gab es noch die Dreifaltigkeits-, Nikolaus- und Georgspfründe mit jeweils zusammen 150 M Pfründgut. Die Antoniuspfründe besaß noch 1822 30 M Pfründgut. Schließlich sind noch die Mauritius- und Euchariuspfründe bekannt[165]. Dazu kamen noch die schon genannten Pfründen im Bereich des Bischofshofs. Alle Pfründen hatte der Wormser Bischof zu vergeben außer die der Sickingenkapelle, die vor 1469 errichtet wurde und beim Sikkingenhof dotiert war.

## Die Reformation bis 1556

Im landläufigen Verständnis hält man das 15. Jh. für eine Zeit des Verfalls und der Entartung des Christentums, die durch die Reformation beendet wurde. Schlagworte dafür sind: Verweltlichung der Kirche; großer Reichtum ihrer Prälaten; politische Macht der römischen Kurie; Einsatz kirchlicher Strafen wie des Interdikts und des Bannes zu politischen Zwekken; sittliche Verkommenheit des Klerus; Aberglauben in Form des Reliquienkultes, einer übertriebenen Heiligenverehrung und eines ununterbrochenen, mechanisch gewordenen Messelesens; ein oberflächliches, materielles Glaubensverständnis bis zum Bestreben, sich im Himmel einzukaufen; unkritische Wundersucht; Häufung von Wallfahrten und religiösen Sensationen; Wuchern des kirchlichen Abgabewesens, der Pfründenhäufung und kapitalistischer Finanzaktionen wie z.B. die Häufung von Ablässen. Das alles gab es und war auch immer wieder Gegenstand von Klagen wie den *Gravamina* – Beschwerden der deutschen Nation am römischen Stuhl. Daß eine „Reformatio der Kirche an Haupt und Gliedern" notwendig sei, war eine ständige Forderung auf den sogenannten Reformkonzilien seit dem großen Schisma von 1378–1415.

Aber trotzdem ist das nicht das ganze Bild. Diesen dunklen Seiten der religiösen Wirklichkeit steht viel Licht gegenüber: Die ungebrochene, ja wachsende Religiosität der gesamten Bevölkerung in allen sozialen Schichten; eine große Bereitschaft, religiöse und mildtätige Stiftungen wie Spitäler, Gutleuthäuser, Schulen und Stipendien einzurichten; gewaltige Anstrengungen im Kirchenbau; eine Blüte der kirchlichen Kunst; ein reges Bildungsstreben breiter Schichten; die Gründung neuer Orden und religiöser Gemeinschaften wie z.B. der Beginen; die Möglichkeit sozialen Aufstiegs für begabte Bauern- und Bürgersöhne in der Kirche; eine Blüte der volkstümlichen Unterweisung und Predigt; die ernsthafte und lebenslange Beschäftigung mit dem eigenen Seelenheil und die gläubige Bewältigung von Siechtum und Tod; die Annahme der eigenen Sündhaftigkeit, aber auch Vertrauen auf die Gnade und die Anziehungskraft der Theologie für die geistige Elite.

Diese eindrucksvolle politisch-religiöse Mischung aus negativen und positiven Tendenzen bestimmte die aufblühenden Städte. Dort dominierte ein drastischer „Pfaffenhaß" als Zeichen eines gesunden laikalen Selbstbewußtseins, Ergebnis jahrhundertealter Konflikte mit der *Pfaffheit* um Stadtherrschaft und Steuerprivilegien. Dafür war Worms ein herausragenden Beispiel. Dort war dieser politisch-religiöse Urkonflikt gerade in den Jahrzehnten vor der Reformation noch einmal eskaliert. Trotzdem zeigt das Wormser Synodale, das ja das Zeugnis einer funktionierenden Kirchenaufsicht ist, daß die Diözese in geistlicher Hinsicht in Ordnung war und es kaum größere Mißstände gab. Die umstürzende Wirkung der Reformation läßt sich nur erklären, weil alle an den Mißständen in der Kirche litten, deren Reform aber andererseits für heilsnotwendig hielten. Luther fand die richtigen Worte zur rechten Zeit. Mit seinen Thesen zum Ablaß, eigentlich einem Randgebiet der Theologie, traf er dennoch in das Zentrum des Kirchenwesens, da sich in der Ablaßpraxis der Kirche die gesamte Krisenhaftigkeit des Zeitalters bündelte[166].

Nachdem sich nach dem Thesenanschlag Luthers am 31.10.1517 seine Argumente und Forderungen wie ein Lauffeuer in ganz Deutschland verbreitetet hatten, war die Einführung der Reformation in den meisten Territorien des Deutschen Reiches in der Regel ein einmaliger Vorgang in den 20er und 30er Jahren des 16. Jahrhunderts. Die Pfalz hingegen durchlief eine völlig andere, eigenartige und in Deutschland einmalige Reformationsgeschichte: Nirgendwo sonst dauerte sie so lange, nirgendwo sonst war sie mit so vielen Umbrüchen verbunden. Und das erklärt auch, warum die Pfalz und ihre Politik am Ausbruch des großen Religionskrieges, des Dreißigjährigen nämlich, hauptursächlich beteiligt war. Ladenburg zeichnet geradezu musterhaft die pfälzische Entwicklung nach.

Dabei war die Pfalz ein sehr früher Schauplatz des Auftretens Luthers außerhalb Sachsens und in Philipp Melanchthon hatte er von Anfang an einen Pfälzer aus Bretten und Heidelberg als engsten Mitarbeiter an seiner Seite[167]. 1518, wenige Monate nach dem Thesenanschlag, disputierte Luther als Gast des Heidelberger Augustinerklosters mit Kritikern seiner Thesen vor der Universität. Dort erntete er bei den Professoren scharfe Kritik, gewann aber unter den Studenten viele Anhänger und spätere Reformatoren wie Bucer, Brenz, Schnepf, Frecht, Irenicus und Billikan, mit Pfalzgraf Wolfgang aber auch den jüngsten Bruder des Kurfürsten selbst[168]. 1521 hatte er – schon auf der Höhe seines Ruhmes – in Worms vor Kaiser und Reich zu erscheinen, um sich zu rechtfertigen und zu widerrufen. Bekanntlich war er dazu nicht bereit und verfiel der Reichsacht.

Über seinen Aufenthalt in Worms und das große Ansehen, das er unter der Bürgerschaft und den zahlreichen Gästen der Stadt genoß, berichtet die Zornsche Chronik, obwohl von dem Lutheraner Friedrich Zorn (1538–1610) geschrieben, in maßvoller Abgewogenheit: *Anno 1521 coepit conventus 6. Januarii* (Es begann die Reichsversammlung am 6. Januar 1521) *hat der römische kaiser Carolus V seinen ersten reichstag, darauf mehr dann 70 geistliche und weltliche fürsten eigener Person gewesen, zu Worms gehalten. auf diesem reichstag ist auch Martinus Lutherus von Wittenberg citiert worden. ist derowegen auf dienstag nach Misericordia domini kurz vor zehen uhr in kaiserlichem geleit kommen und bis in den eilft* (elften) *tag hie, als nämlich bis auf freitag nach Jubilate oder nach S. Georgen tag blieben* (vom 16.–26. April), *ist von vielen leuten ehrlich* (ehrenhaft, mit Ehren) *und wohl gehalten und angenommen, durch fürsten, grafen, herren, ritter, edel* (Edelleute), *burger und andere ehrbare geistliche und weltliche ersucht* (aufgesucht) *worden. sind auch etliche über viel meil zu ihm kommen, ist in solchem ansehn gewesen, daß es männiglich* (jedermann) *dafür gehalten, wo dem mann leit oder gewalt widerfahren sein sollt, es wär nichts guts in dem Worms daraus erwachsen. Am mittwoch nach Misericordia domini 17. aprilis hat k* (aiserliche) *m* (ajestät) *d* (octorem) *Martinum für* (vor) *sich, die kurfürsten, fürsten und stände des reichs laßen um 4 uhren nach mittag erfordern* (auffordern) *in des bischofs hof, darin k.m. und ihr bruder, erzherzog Ferninandus, zu herberg lagen. was allda nach der läng mit ihme gehandelt worden, findet man weitläufig* etc.[169].

Luthers Auftritt war ein Höhepunkt des Reichstages und eine Sensation in der Stadt und ihrer Umgebung. Wie sehr man auf seiner Seite war, zeigten die Unruhen in Worms, als der Kaiser am 8. Mai die Reichsacht über Luther verhängte und einige Tage später seine Schriften vor der Bischofspfalz in Worms verbrennen ließ. Der Dominikaner Dr. Burchard, der die Maßnahme des Reichstags verteidigte und Luther einen überführten Ketzer nannte, wurde von der empörten Bürgerschaft niedergeschrien[170]. Kurfürst Ludwig V. (1508–1544) sorgte als Marschall des Reichstags und Herr der regionalen Geleitstraßen dafür, daß Luther rechtzeitig vor der Achtverkündung unbehelligt die Stadt verließ. Bekantlich wurde er auf der Rückreise im Herrschaftsbereich seines eigenen Landesherrn, des Kurfürsten Friedrichs des Weisen von Sachsen, von scheinbar unbekannter Hand gefangen genommen und auf die Wartburg entführt. Alle Beteiligten hatten hierbei das Schicksal von Jan Hus vor Augen, der auf dem Konstanzer Konzil im Jahre 1415 als Ketzer verbrannt worden war.

Trotzdem bedeutete das nicht, daß Luwig V. mit der Reformation sympathisiert hätte. Im Gegenteil: Die große Politik verlangte seit seinem Herrschaftsantritt intensive Bemühungen, die Spannungen zwischen den Pfälzer Wittelsbachern und den Habsburgern aus den Zeiten Kaiser Friedrichs III. und Maximilians I., die sich im verlustreichen Landshuter Erbfolgekrieg entladen hatten, abzubauen. Da war eine Parteinahme für Luther undenkbar. Der Kurfürst bewegte sich während seiner ganzen Regierung auf der im Grunde vermittelnden Linie der kaiserlichen Religionspolitik, die lange auf Religionsgesprächen und im Drängen auf ein allgemeines Konzil einen Ausgleich erstrebte. Damit machte er sich dem Kaiser als Vermittler unentbehrlich, galt aber deshalb bei den Eiferern beider Seiten – heute würde man wohl sagen Fundamentalisten – als ein unsicherer Kantonist: Die Protestanten vermißten an ihm die eindeutige Parteinahme für Luther und die rasche Einführung der Reformation in seinem Land, den Katholiken war er ein im Innern längst abgefallener Evangelischer, der auf beiden Seiten Wasser trug. Der Ritteraufstand Franz von Sickingens 1522/23, des frühesten (seit 1521) Anhängers von Luther in der südwestdeutschen Ritterschaft, und der Bauernkrieg von 1524/25, der sich ebenfalls auf Luther berief, sahen Ludwig V. als entschiedenen Gegner. Seine Siege stärkten hinwiederum seine katholischen Überzeugungen. Tatsächlich löste er 1526 den zur neuen Lehre neigenden Hofprediger Brenz zugunsten von Heinrich Stoll ab, der als Vertreter der Verständigungslinie auftrat. Darüber hinaus waren seine Brüder Heinrich und Georg Bischöfe von Worms und Speyer.

Auch sein Bruder und Nachfolger Friedrich II. (1544–1556) vertrat diese von der pfälzischen Staatsraison diktierte Politik, wenn er auch dem Luthertum aufgeschlossener gegenüberstand und evangelischen Gottesdienst in der Pfalz zunehmend duldete. In Heidelberg waren um 1540 mindestens zwei Drittel der Bevölkerung lutherisch. Doch war zu seiner Zeit der Wind rauher geworden. Die kaiserlichen Bemühungen, die Religionsfrage zu einem Kompromiß zu bringen, waren gescheitert. Die Protestanten verbanden sich militärisch im schmalkaldischen Bund. Der Kaiser griff zur Gewalt und bereitete 1547 den Schmalkaldenern eine vernichtende Niederlage bei Mühlberg an der Elbe. Kurfürst Friedrich, der zwar kein offizielles Mitglied des Bundes geworden war, aber offen mit ihm sympathisierte, mußte sich lange vor dem Kaiser demütigen, bis der ihn wieder in Gnade aufnahm. Ohne zu zögern, führte er deshalb 1548 das Augsburger Interim ein, den vom siegreichen Kaiser diktierten Ausgleich. Erst nach der Niederlage des Kaisers vor Metz 1552 und im Vorfeld des Augsburger Religionsfriedens 1555 ließ Friedrich die evangelische Predigt offen zu und nahm selbst auf dem Totenbett das Abendmahl unter beiderlei Gestalt. Anders ging es mit der Reformation in den in das pfälzische Gebiet eingestreuten und mit der Pfalz vielfach verbundenen Territorien. Die reichsritterschaftlichen Gebiete der Kraichgauer und rheinischen Ritterschaft gingen sehr früh, viele schon 1523 bis 1525, zum Luthertum über, ebenso die Reichsstädte im pfälzischen Machtbereich, also Worms, Speyer, Landau, Wimpfen und Heilbronn und fast alle Grafschaften wie Leiningen, Erbach, Hohenlohe, Rhein- und Raugrafen in der Regel nach dem Augsburger Religionsfrieden von 1555.

Für diesen pfälzischen Zwischenstand in der Religion gibt ein Vorfall in Ladenburg ein symptomatisches Zeugnis. In Ladenburg wurde in der ganzen Zeit der Religionswirren das Kondominat berührt, was eine Regelung in die eine oder andere Richtung erschwerte oder fast unmöglich machte. Bekanntlich hatte in St. Gallus und bei den meisten Pfründen der Bischof die *Collatur* – Vergabe der Pfründe und Einsetzung des Pfarrers. Andererseits blieb die Stadt vom Umbruch der Verhältnisse in der direkten Nachbarschaft nicht unberührt, so daß sich neben den Pfarrer Prädikanten drängten, die lutherische Propaganda machten[171]. Nach dem Regierungsantritt Friedrichs II. begannen sie, den katholischen Gottesdienst zu behindern, was Bischof Heinrich, der damals in Ladenburg lebte, zu einer Demarche beim Kaiser veranlaßte; denn sein Bruder in Heidelberg wollte nichts mehr zum Schutz des katholischen Gottesdienstes tun. Als der Gottesdienst immer wieder grob gestört wurde und die kaiserlichen Mandate nichts nützten, zog sich der Bischof nach Worms zurück.

Da bot sich eine Lösung an, als ein eifriger Priester zur Verfügung stand, Heinrich Eckart, den der Bischof 1545 zum Pfarrverweser in St. Gallus einsetzte. Er wurde als sehr fleißig geschildert und war in der Gemeinde wohl gelitten. Nach einigen Jahren stellte der Magistrat in der ganzen Zweideutigkeit der Zeit fest: Eckart *wende sich zur rechten Kirche und hielt sich in der Lehre der Augsburgischen Confession gemäß*[172]. Trotzdem erweckte er beim Bischof den Eindruck, als sei er katholisch. Dieser Schwebezustand endete aber nach dem Tod Bischof Heinrichs 1552 und der Wahl Dietrichs II. von Bettendorf (1552–1580). Dieser war Katholik einer neuen Generation und wollte Klarheit. Inzwischen hatte Eckart mit seiner Magd sieben Kinder gezeugt und 1554 das Konkubinat durch öffentlichen Kirchgang und Heirat beendet. Nach dem in der Pfalz geltenden Augsburger Interim, das als einen Kompromißpunkt in § 21 die Priesterehe erlaubte, war er im Recht[173].

*Abb. 33: St. Gallus um 1800 im Zustand der frühen Neuzeit. Radierung (Fotoarchiv historischer Bilder von Ladenburg).*

Als diese Nachricht den Bischof erreichte, setzte er im Dezember 1554 den Pfarrer ab und verbot ihm St. Gallus, obwohl sich der Stadtrat beim Bischof für ihn verwendete und sich der Kurfürst ebenfalls einschaltete. Der Stadtrat bescheinigte ihm, er habe sich *in Lehre, Leben und Wandel gottesfürchtig, christlich, ehrbar und demütig gehalten* und werde *nur deshalb abgesetzt, weil er sich allein menschlicher Blödigkeit halber eine Dienerin – vielleicht in seinem Gewissen bewegt, um der schrecklichen Strafe der Hölle zu entfliehen – ehelichen Stands weis bei sich gehabt und dieses nunmehr öffentlich bezeugt* habe. Sie wollten keineswegs dem Bischof, ihrem Herrn, gegenüber ungehorsam sein, andererseits aber der Seelsorge nicht entbehren und Eckart behalten. Der Rat wies ihm die Antoniuskapelle im Spital als Kirche zu und die Einnahmen einiger nicht besetzter Pfründen, was der Kurfürst billigte. Eckart war bereitwillig darauf eingegangen. Der bischöfliche Amtmann hatte sich nicht geäußert. Da erschien am 22. 6. 1555 ein kaiserlicher Kammerbote mit einem Befehl, Eckart aus der Stadt zu schaffen, da er vom Bischof wegen Apostasie abgesetzt sei und die Pfründen zu Unrecht genieße. Bei Nichtbefolgung müsse der Rat eine Strafe von *12 Mark löthigen Goldes* zahlen. Der erschrockene Stadtrat wandte sich an den Kurfürsten um Beistand. Friedrich schrieb in diesem Sinne an den Kaiser und den Bischof von Worms, im Hinblick auf den gerade wegen eines Religionsfriedens tagenden Reichstag von Augsburg Eckart und die Ladenburger in Ruhe zu lassen. Aus dem Schreiben an den Bischof geht hervor, daß der Kurfürst seinerzeit der Absetzung Eckarts als Pfarrer von St. Gallus zugestimmt hatte. Der Bischof blieb hart; denn Eckart sei nicht mehr katholisch, sondern führe *täglich noch mehrere Weiterung* ein. Dann griff er den entscheidenden Punkt auf, indem er schrieb: *bedenke E.G. wie beschwerlich es mir sein müsse, denselben länger in meiner*

*Residenz zu geduldeh*[174]. Damit erinnerte er den Kurfürsten daran, daß die Pfalz ja die Hälfte Ladenburgs nur pfandweise besitze und die Stadt eigentlich dem Bischof gehöre.

Die Ladenburger verließen sich auf den Kurfürsten und *schafften den Eckart nicht ab.* Der Bischof brachte die Angelegenheit vor das Reichskammergericht, das die streitenden Parteien auf den 22. Mai 1556 nach Speyer lud. Der neue Kurfürst Ottheinrich protestierte entschieden gegen diese Ladung, wobei er sich auf das *ius de non evocando* der Kurfürsten nach der Goldenen Bulle – ihr Recht, daß kein Untertan von Kurfürsten vor ein oberes Reichsgericht zitiert werden durfte – berief. Stillschweigend überging er hierbei das Pfandschaftsverhältnis und die landesherrlichen Rechte des Bischofs. So gestärkt erklärten die Ladenburger über einen Advokaten Dr. Deschler, daß sie zum Termin nicht erscheinen könnten. Die bischöfliche Seite forderte Bestrafung des Rates wegen Mißachtung des höchsten Gerichts. Die Sache muß in der Stadt selbst eine ungeheuere Erregung ausgelöst haben; denn der Wormser Keller wird Ende Juni überfallen, verprügelt und gefangen genommen. Das war dem Kurfürsten denn doch zu viel. Er verlangte die sofortige Freisetzung des Kellers und die Zahlung einer Buße von 100 fl an den Bischof. Dieser hatte inzwischen bei den Prozeßgegnern sehr detailreich auf das Unrecht der pfälzischen Vorgehensweise hingewiesen, die ja auch tatsächlich gegen den gerade erlassenen Augsburger Religionsfrieden und mit seinem Grundsatz Cuius regio eius religio – Wes die Herrschaft, des die Religion verstieß. Wie es mit Eckart weiterging, ist unbekannt. Von 1554 an amtierte wieder ein katholischer Pfarrer in St. Gallus, während die Antoniuskapelle für diese drei Jahre die erste evangelische Kirche Ladenburgs gewesen war.

Mit dem Regierungsantritt des Kurfürsten Ottheinrich (1556–1559) kam es in der Kurpfalz zum endgültigen Umsturz der kirchlichen Ordnung. Gestützt auf die Bestimmungen des Augsburger Religionsfriedens konnte der Kurfürst das evangelisch-lutherische Bekenntnis endgültig durchsetzen, das er als überzeugter Lutheraner in seinem Fürstentum Neuburg an der Donau bereits 1548 eingeführt hatte. Zu diesem Zweck erließ er am 16. April 1556 in Alzey ein Religionsedikt, in der ganzen Pfalz ohne Rücksicht auf die zuständigen Bischöfe *die ohnverzügliche, gebürliche christliche änderung und ordnung der heiligen schrift und augspurgischen confession gemeß furtzunehmen*[175]. In Heidelberg wurde der Kirchenrat als neue oberste pfälzische Kirchenbehörde eingerichtet unter der Leitung von Dr. *Walther Senfft*, den Ottheinrich aus Neuburg mitgebracht hatte. Diese Behörde trat dem Kurfürsten, der an Stelle der Bischöfe die oberste Kirchenleitung in seiner neuen Landeskirche übernahm, als eine Art Kirchenministerium an die Seite. Oberster Geistlicher war der Generalsuperattendent in Heidelberg, der dem Generalvikar einer Diözese entsprach. Die Specialsuperattendenten waren die obersten Geistlichen eines Bezirks oder einer Stadt, entsprachen also den katholischen Dekanen. Sie hatten die Einführung der neuen Lehre, die evangelische Ausrichtung des Gottesdienstes, die rechte Spendung der Sakramente und die Kirchenzucht zu überwachen. Zweimal im Jahr sollte eine Visitationsreise in alle Pfarreien des Landes stattfinden.

Die erste und grundlegende Visitation fand im Herbst 1556 statt; am 2. November 1556 legte die Kommission dem Kurfürsten ihren Bericht vor[176]. Der Bericht beschreibt das Vorgehen der Kommission, den gegenwärtigen Zustand der Kirchen und die zur Reformation der einzelnen Pfarreien notwendigen Maßnahmen. Einige Pfarreien schaffte die Kommission an einem Tag, indem sie planmäßig durch den Landschreiber *die pfarrherrn, Caplän, Schuldthaißen und KirchenJuraten* – Kirchengeschworene in der Regel die Schöffen zusammenrufen ließ. Diese wurden getrennt befragt. *wie lange ir pfarrherr bej Inen geweßen/ Vnnd wie er zu Inen komen seye, wie offt Er auf den Sonntag vnd sonst in der wochen pfleg zu predigen vnd ob er verstendlich seye, obe er Inen auch die heiligen Sacrament gantz* d.h. unter beiderlei Gestalt *raiche ... vnd das nit in frembder sondern in teutscher sprach ... ob er auch eelich weib und kinder hab vnnd mit denen friedlich leb ... obe er kain trunkenpoldt seye/ der tag und nacht im wirtshaus lig*[177]. Dann wurden der bauliche Zustand der Kirche und des Pfarrhauses begutachtet und die Pfründen der *fruomessen, Caplaneien, Altarien und bruderschaften* und ihre Inhaber überprüft.

Der Ortspfarrer selbst wurde gründlich befragt, wo er herkomme und studiert habe, wer ihn eingesetzt habe, ob er die Bibel lese, theologische Literatur besitze und für seine Predigt nutze, ob er ein Eheweib oder eine Konkubine habe, wie sich die Gemeinde verhalte, wer unchristlich lebe, Hurerei, Zauberei und Hexenwerk treibe und wer Wiedertäufer oder anderer Sektierer sei. Darauf wurden alle Pfarrer, Kapläne, Altaristen und Frühmesser eines Bezirks versammelt und sie vor allen Anwesenden befragt, ob sie noch katholisch seien oder schon der neuen Lehre anhingen, wobei sie diese ausführlich darstellen mußten: *Solch Examen hat sich allerwegen bis Inn die drei oder vier stund verzogen.* Danach beriet sich die Kommission und teilte die examinierten Geistlichen in drei Gruppen ein. Die erste umfaßte diejenigen, die in der neuen Lehre wohl unterrichtet waren und ein gutes Zeugnis von ihrer Pfarrei erhalten hatten. *Inn die ander ordnung* – zweite Gruppe *komen die mittlmessigen*, während die dritte Gruppe *aintweder noch lautere papisten vnd den anticrist in ihrem Hertzen sitzen hatten / oder aber sunst ungelerte / vnd allerdinge zum Kirchen Dienst vngeschickte Dolpl* – entweder noch reine Papisten und den Antichrist = Teufel in ihrem Herzen sitzen hatten oder aber sonst ungebildete und in jeder Hinsicht zum Kirchendienst ungeeignete Tölpel waren. Die erste Gruppe konnte im Amt bleiben, die zweite mußte noch einer Schulung unterzogen werden und die dritte sollte ... *hiermit geurlaubt sein / Vnnd bis auf ainen gewissen termin / so Inen alsbald ernannt / von den Pfarren abziehen vnd sich anderstwo versehen*[178]. Am darauf folgenden Sonntag hatten die Schultheißen die jeweilige Entscheidung der Gemeinde in der Kirche mitzuteilen.

Im zweiten Teil des Berichts erfahren wir, wie es konkret im Oberamt Heidelberg, also in der Umgebung Ladenburgs beschaffen war: *Im Haidlberger Ambt / stets vbl gnug in der Kirchen / macht das / außgenomen Irer wenige / vasst alle Pfarrer zum tail Papisten oder aber sonnst vngeschickte vnd vngelerte Leut seind / Zudem arm / die sich auch mit Irer aigenen Handt arbeit / kömerlich des hungers erwern mögen / Haben Ire Kirchen vnd gemeinden groß geergert / mit Irer vnbestendigkait / dar sie nunmer zway mal / Zu dem Pabstumb / vnd zu dem Euangelio getreten / den menschen zu gefallen / Vnd Irer viel seind / die da solche Vnbestendigkait nachmals für kaine sünd erkennen / sonder gleich recht und crat gehandelt zu haben vermeinen* – Im Heidelberger Amt steht es übel genug in der Kirche, was daher kommt, daß bis auf wenige Ausnahmen fast alle Pfarrer zum Teil Papisten oder sonst ungeeignete und ungebildete (Unkenntnis im Sinn der neuen Lehre) Leute sind. Zudem sind sie arm und können sich selbst mit ihrer Hände Arbeit nur kümmerlich des Hungers erwehren. Sie haben ihren Kirchen und Gemeinden großes Ärgernis gegeben mit ihrer Unbeständigkeit, da sie nunmehr zweimal zum Papsttum und zum Evangelium gewechselt haben (Damit war der Wechsel unter Kurfürst Friedrich II. gemeint: Vom Papsttum zum evangelischen Glauben und von diesem zum Interim, das als papistische List betrachtet wurde nach dem geläufigen lutheranischen Wort: „Das Interim hat den Schalk hinter ihm!", und dann wieder zum Evangelium) den Menschen zu Gefallen. Und es sind noch ihrer viele, die einen solchen Wankelmut auch jetzt noch nicht als Sünde erkennen, sondern meinen in gleicher Weise rechtmäßig und gerade gehandelt zu haben[179]. Die Kommission zog daraus die Folgerungen: Der gesamte niedere Klerus der Altaristen, Kapläne und Frühmesser wurde aus seinen Pfründen entfernt und damit die Zahl der Geistlichen reduziert. Es blieb nur der Pfarrer in der Gemeinde zurück. Die Pfründen selbst wurden keineswegs aufgehoben, sondern wurden von der kurfürstlichen Regierung übernommen und einer besonderen Behörde, der Geistlichen Administration, zur Verwaltung übergeben. Im Auftrag dieser Behörde sorgte der Kirchenbereiter dafür, daß die Pfründeinnahmen pünktlich eingingen.

Schwieriger war es, dem *gemeinen Pofel* – einfachen Volk die liebgewordenen und altgewohnten *Papistischen Ceremonien* auszutreiben[180]. Diese Frömmigkeitsformen der alten Kirche waren noch allenthalben vorhanden, wie die zornige Reaktion des neuen Kurfürsten

Ottheinrich bei seinem Regierungsantritt im April 1556 verriet. Überall sei der Gottesdienst *irrig und unrein befunden* worden, was dringend abgestellt werden müsse. Die *bapstliche meß* müsse unverzüglich abgeschafft, das Abendmahl unter zweierlei Gestalt gespendet, Totenmessen unterbunden und die *umbtragung* der geweihten Hostie unterlassen werden[181]. Die Visitation vom Herbst 1556 fand nun darin ein heilloses Durcheinander vor; denn es war weithin unklar, nach welchen Agenden man sich richten sollte. Während *an vilen Kirchen noch alle papistischen Ceremonien befunden* wurden, lagen andernorts *uff einem hauffen die meßgewand, alben, altartücher, die beieinander verfaulen und zu nichten werden*[182].

Doch der entscheidende Schritt war getan. Der Kurfürst hatte alle Pfarreien des pfälzischen Territoriums aus den Bindungen an die ehemaligen Diözesen gelöst und zur pfälzischen Landeskirche zusammengeführt. Das Bistum Worms war davon am meisten betroffen. Es gab in seinem Juristiktionsbereich überhaupt keine katholische Landesherrschaft mehr, so daß ihm von den 260 im Wormser Synodale kurz zuvor beschriebenen Pfarreien nur nur noch wenige in seinem Hochstiftsterritorium übrig blieben. Der Wormser Bischof hatte nur noch rd 2500 Gläubige zu betreuen einschließlich der in Ladenburg und Worms mit protestantischen Mehrheiten lebenden Katholiken.

### Bildersturm und Calvinismus

Aus dem Visitationsbericht schlossen der Kurfürst und seine Berater, daß man alle Formen und Zeichen des alten Kults vernichten müsse, wenn man mit der Reformation weiterkommen wollte. Deshalb ordnete Ottheinrich Anfang Februar 1557 die Entfernung aller Bilder, Altäre, Sakramentshäuschen und Statuen aus den pfälzischen Kirchen an. Um den Unmut des Volkes nicht zu sehr zu provozieren, sollte in den abseits stehenden Kirchen und Kapellen *in den höltzern* (Wäldern) *und auf den ainöden* angefangen werden[183]. Seinen Amtmann in Mosbach – übrigens ein Bruder des Bischofs Dietrich von Bettendorf in Worms – wies er an: *Du sollst auch, bevor du die sache mit den bildern vornimst, ainen ort bestimmen, wohin man die bilder bringt. dan mit wenig personen in aller frue* (Frühe), *da die leute dasselben am wenigsten gewahr werden, bescheidlich* (verständig und überlegt) *mit beschlossener kirchenthür das amt* (Aufgabe) *verrichten*[184]. Bilder, Altäre und Statuen wurden abgenommen, ausgeräumt, zerschlagen und verbrannt. Alle Kirchengeräte aus Gold und Silber, alle wertvollen Meßgewänder und liturgischen Bücher wurden ohne Rücksicht auf den Stifter oder Eigentümer nach Heidelberg zur weiteren Verwendung verbracht, und damit ja nichts Wertvolles übersehen werde, mußte ein Goldschmied dabei sein, der sogar die Vergoldungen an Bilderrahmen, Statuen und Geräten abzuschaben hatte[185].

Daß das trotz aller Heimlichkeit nicht verborgen blieb, läßt sich denken. Diese Verwüstungen erregten allenthalben Mißfallen und ohnmächtigen Zorn. Die kurfürstlichen Beamten zogen sich den Tadel des Fürsten zu, weil sie nicht schnell genug arbeiteten, sondern zögerlich zu Werke gingen. Von der pfälzischen Regierung nicht direkt abhängige Amtsträger leisteten erheblichen Widerstand und machten aus ihrem Herzen keine Mördergrube. So schrieb der Junker Philipp Landschad von Steinach, der Komtur des Deutschen Ordens in Weinheim, an Ostern 1558: *Ist ein solch zufuer* (Verbringen) *in die Pfaltz von kirchenornaten auch tofeln und bildern* (Gemälden und Statuen) *zu schaben und zu verbrennen aus den klöstern und kirchen, das zu erbarmen* (das es zum Erbarmen ist) ... *das thoner und hagel darin schlüge.* Von Herzen wünschte er den Kirchenräubern: *der Teufel holt sie dan!*[186]

Eine noch weitergehende Aufgabe war die Einführung einer strengen Kirchenzucht, die die drastische und derbe Lebensfreude des Mittelalters beseitigen sollte. Im Zentrum stand der Kampf der landfremden Theologen und Prediger gegen die Fastnacht, die als heidnischer Teufelsdienst bezeichnet wurde. Im Jahre 1557 hatten zum Ärger der neuen evangelischen Prediger die fastnachtsbegeisterten Pfälzer schon mehr als 14 Tage vor Lichtmeß begonnen, vermummt und maskiert zu gehen und sich *heidnisch* und *unflätig* betragen. Maßloses Trinken, Essen und *widerliche Obszönitäten* wurden heftig beklagt. Der Kurfürst wurde zum radikalen Verbot der Fastnachtsbräuche

CATECHISMVS.
Oder
Kurtzer Vnterricht
Christlicher Lehr / wie
der in Kirchen vnd Schulen
der Chur vnd Fürstlichen Pfaltz
getrieben wirdt: Sampt den Kir-
chen Ceremonien vnnd
Gebetten.
Jetzt auffs new getruckt / mit
zuthuung der Versickel.
1563.

*Abb. 34: Heidelberger Katechismus, Titelblatt, Heidelberg 1563 (Kurpfälzisches Museum Heidelberg).*

als einem gottgefälligen Werk von der Kanzel der Heiliggeistkirche aufgerufen[187]. Mit der Reformation begann auch der Feldzug der Obrigkeit gegen alle Formen der anarchischen Volkskultur des Mittelalters durch ständige Aufsicht und Kontrolle. Die Pfarrer in den Dörfern wurden nicht zuletzt deswegen durch Anhebung ihres Standes und Ansehens vom Volk getrennt. Eheschließung, Taufe und Tod wurden von nun an in Kirchenbüchern notiert. Auch die Einführung der Schule auf den Dörfern hatte eine disziplinierende Wirkung. Selbst die um 1565 einsetzende katholische Gegenreformation mußte sich in dialektischer Antwort auf die strenge öffentliche Moral vor allem der Reformierten diesem neuen gesellschaftlichen Ideal anschließen, wobei sie klugerweise das Ventil der Fastnacht unbehelligt ließ[188].

Als Kurfürst Ottheinrich das Bekenntnis der Augsburgischen Konfession in der Pfalz einführte, herrschte in der jungen lutherischen Kirche ein heftiger Streit über die Art und Weise der Anwesenheit Christi im Abendmahl, in dem der alte Melanchthon (gest. 1560) vergeblich einen Kompromiß herbeizuführen suchte. Erschwert wurde die Einigung durch den Einfluß Johann Calvins (1509–1564), mit dessen Wirken in Genf ab 1541 die zweite Phase der Reformation in Westeuropa begonnen hatte. Diese Einflüsse hatten sich schon im Bildersturm, dem typischen Zeichen der calvinistischen Reformation, gezeigt; denn dem traditionellen Luthertum war Bilderfeindlichkeit fremd. Ottheinrichs Nachfolger, Kurfürst Friedrich III. (1559–1576) aus dem Haus Pfalz-Simmern, war persönlich in höchstem Maße an den theologischen Streitfragen seiner Zeit interessiert und hatte schon 1560 mit dem orthodoxen Luthertum gebrochen und die Kompromißformel Melanchthons angenommen. Von da bis zur offiziellen Annahme des Calvinismus durch den Kurfürsten brauchte es nur noch wenige Schritte. Die Berufung der calvinistischen Theologen *Olevianus*, *Ursinus* und *Zuleger* in den Kirchenrat, die Gründung des Sapienzkollegs 1561 als Predigerschule nach Genfer Muster und die Herausgabe des berühmten „Heidelberger Katechismus“ 1563 sind die Marksteine der calvinistischen Reformation in der Pfalz. Diese überall durchzusetzen, ließ sich der Kurfürst persönlich angelegen sein. Bemerkenswert ist, daß damit die Pfalz seit 1560 der erste calvinistisch reformierte Staat in Europa war, was der pfälzischen Politik in den nächsten Jahrzehnten die entscheidende Ausrichtung gab. In eigentümlicher Anpassung an die pfälzischen Verhältnisse wurde sogar die reformierte Kirchenverfassung geändert. Der Kurfürst blieb Kirchenherr, während sonst in den Ländern der calvinistischen Reformation (Schweiz, Holland, Frankreich, Schottland) die vier Kirchenämter der Pastoren, Doktoren, Ältesten und Diakone von der „demokratisch“ organisierten Gemeinde gewählt wurden.

Ein großes Ärgernis für ihn waren der Bischof von Worms und die Reste des Katholizismus in seinem Hochstift, vor allem im nahen Ladenburg. Im Herbst 1564 hatte Friedrich III. bereits in den anderen Kondominatsorten Laumersheim, Dirmstein und Lampertheim einen Bildersturm durchgeführt. In Ladenburg hinderte ihn daran die Anwesenheit des Bischofs. Dort war in einem Kompromiß nach der Eckartaffäre unter Ottheinrich die simultane Nutzung der St. Galluskirche festgelegt worden, obwohl der Bischof nach wie vor allein über das Patronat der Kirche bestimmte. Doch gab es im Herbst 1564 einen Prädikanten in Ladenburg, der – offenbar mit Duldung durch den Kurfürsten – öffentlich den Bischof und seine Diener beschimpfte, Bilder und Altäre in der gemeinsamen Kirche immer wieder mit Fäusten, Kolben und Stöcken beschädigte und zerschlug, ja etliche mit nach Hause nahm und verbrannte, um sich dessen auf der Kanzel zu rühmen. Die Zustände in Ladenburg eskalierten.

Nachdem an Heiligabend 1564 der Bischof mit seinem Klerus den lateinischen Vespergottesdienst begonnen hatte, drang der protestantische Prediger mit seinem Schulmeister und dessen Schülern in die Kirche ein. Sie begannen sehr laut deutsche Psalmen zu singen, um mit ihrem Gesang den Gottesdienst des Bischofs zu stören. Als der Bischof die Störenfriede wegen des Bruches der Simultanregelung zur Rede stellte, schwiegen die Schüler. Der Prediger indessen drang in den Chorraum ein und sang laut weiter. Als ihn der Bischof fragte, warum er seinen Gottesdienst störe, obwohl er umgekehrt den protestantischen nicht gestört habe, antwortete der Prädikant, er lasse sich nicht zum Schweigen bringen und müsse die Abgötterei abstellen. Er drang auf den Bischof ein. In einem Handgemenge hob der Bischof den schweren Psalter vom Lesepult, schlug ihn dem Prädikanten auf den Kopf und drückte den Eindringling aus dem Chorraum hinaus. Der Prediger meldete diesen Vorfall nach Heidelberg. Der Bischof fürchtete Repressalien, zog sich nach Worms zurück und schickte eine Beschwerde zum Kurfürsten, die dieser ungeöffnet zurückgehen ließ[189].

Doch sollte das nicht das Ende sein. Am Karfreitag und Karsamstag, den 20. und 21. April 1565 griff der Kurfürst selbst ein. Er ließ die Pfarrkirchen von Ladenburg und Neckarhausen und das Spital ausräumen und deren gesamte Einrichtung verbrennen[190]. Er schloß den Bischof im Bischofshof ein und verbot den Katholiken in der Stadt sogar, den Gottesdienst in St. Sebastian zu besuchen. Überhaupt war er in diesen Monaten auf dem Höhepunkt seiner religiösen Raserei. Er öffnete an die zehn Frauen- und Männerklöster mit Gewalt, teilweise in eigener Person, und vertrieb alle Mönche und Nonnen, von denen niemand reformiert werden wollte, was bei dem späten Zeitpunkt der Reformation und der Ohnmacht des Bischofs keinem verwehrt gewesen wäre.

Besonders abstoßend war die Erstürmung und Zerstörung des Kollegiatsstifts von St. Cyriakus in Neuhausen. Unmittelbar vor seinem Überfall auf Liebenau hatte er sich im Mai 1565 an die Spitze eines Reitertrupps von 60

*Abb. 35: St. Gallus um 1800. Radierung (Fotoarchiv historischer Bilder von Ladenburg).*

bis 70 Mann gesetzt, verschaffte sich Eingang ins Stift und forderte die Stiftsherren auf, die Reformation anzunehmen. Als diese das nicht wollten, drang er in die Kirche ein, brach das Sakramentshäuschen auf, zerbröselte die geweihten Hostien, warf sie auf den Boden und trat auf ihnen herum. Dann wurde die Kirche verwüstet, aller Bilder beraubt, diese zerhackt, auf einen Haufen geworfen und verbrannt. Ebenfalls verbrannt wurden die Bücher der Bibliothek im Wert von 3.000 fl. Die Kanoniker nahm er mit nach Heidelberg und hielt sie fünf Wochen gefangen[191]. Mehrfache Versuche, das altehrwürdige Stift zu restituieren, scheiterten. Der Bischof trug diese Vorfälle, die dem Augsburger Religionsfrieden widersprachen, 1566 beim Reichskammergericht und 1567 auf dem Reichstag vor, was nur insofern etwas nützte, als dem Kurfürsten, obwohl er einer reichsrechtlich nicht anerkannten Religion anhing, nahegelegt wurde sich zurückzuhalten.

Nachdem die Kurpfalz 1565 die Katholiken aus der St. Galluskirche endgültig vertrieben hatte, wurde die Kirche Sitz des reformierten *Inspectors*, eines geistlichen Vorgesetzten im Sinne des früheren Dekans. Im Jahr 1567 war dies *Johann Sylvanus*. Damals ging es innerhalb der protestantischen Landeskirche darum, ob man die strengere Genfer Kirchenzucht einführe oder nicht. Sylvanus und der Prädikant an der Heidelberger Peterskirche *Adam Neuser* waren in mehreren Streitgesprächen Gegner der Genfer, unter denen der einflußreiche Olevianus war. Der Kurfürst konnte sich lange nicht entscheiden, was den Streit nährte, so daß zwischen den Theologen auf beiden Seiten blanker Haß entstand. Dieser erhielt ständig neue Nahrung durch das heftige Temperament Neusers, der vor keiner Beleidigung seiner Gegner zurückscheute. Schließlich entschied sich Friedrich III. für die strenge Richtung und führte die Genfer Kirchenzucht in der Pfalz ein. Damals wurde z.B. das Orgelspiel im Gottesdienst verboten, eine Regelung, die 80 Jahre Bestand hatte. Neuser und einige andere, unter ihnen auch Sylvanus, hatten sich derweil innerlich nicht nur von den Heidelberger Theologen und dem Kurfürsten, sondern auch von den zentralen Dogmen des Christentums wie der Trinität und der Gottheit Christi entfernt und sich den in Siebenbürgen entstandenen Unitariern, christlichen Leugnern der Trinität, angenähert, und Christus selbst hielten sie nur für einen Menschen.

Das konnte nicht geheim bleiben, zumal Neuser im Juli 1570 am Rande des Reichstags von Speyer mit dem siebenbürgischen Gesandten Kontakte aufnahm und ihm Briefe nach Siebenbürgen mitgab, ja sogar ein Schreiben an den türkischen Sultan richtete; denn Siebenbürgen war osmanisches Tributfürstentum. In diesem Schreiben versicherte Neuser, es gebe in der Pfalz Anhänger der islamischen Gottesvorstellung. Im Rahmen eines diplomatischen Geschäfts gelangte der Brief in die Hände der kaiserlichen Regierung in Wien, die nichts Eiligeres zu tun hatte, als diesen Brief dem pfälzischen Kurfürsten vorzuhalten. Am 19. Juni 1570 zeigte der Ladenburger Diakon Pfarrer und Inspector Sylvanus wegen Ketzereiverdachts an, am 15. Juli 1570 wurden *Sylvanus, Matthias Vehr* und der Pfarrer von Feudenheim, *Jakob Suter*, gefangen gesetzt; *Neuser* konnte entkommen. Er floh in die Oberpfalz, wo er Freunde hatte. Dort wurde er gefangen und nach Heidelberg zurückgebracht. Doch gelang ihm nach einigen Monaten wieder die Flucht, die ihn durch ganz Europa nach Konstantinopel führte, wo er als Moslem starb.

Nun wurde den drei übrigen der Prozeß gemacht. Vehe und Suter wurden des Landes verwiesen, während das Urteil über Sylvanus zwei Jahre in der Schwebe blieb. Unter den Manuskripten Sylvans hatte man eine Schrift *Wider den dreypersönlichen Abgott und den zweynaturten Götzen* gefunden, was den Ausschlag gab. Das theologische Gericht hatte ihm den Tod wegen Gotteslästerung und erwiesener Ketzerei zuerkannt. Die Juristen, die den Spruch der Geistlichen zu überprüfen hatten, hielten zudem noch Landesverrat für erwiesen. Der Verurteilte zeigte Reue, so daß der Kurfürst den Urteilsspruch erst aussetzte und dann bei Glaubensgenossen in Deutschland und in der Schweiz Rat einholte. Die meisten erkannten ebenfalls auf den Tod. Am 11. April 1572 wurde das endgültige Todesurteil gesprochen, das am 13. Dezember durch öffentliche Enthauptung auf dem Heidelberger Marktplatz vollstreckt wurde. Die Witwe und der Sohn

Sylvans, der freiwillig die Haft des Vaters geteilt hatte, behielten ein Gehalt. Das Schicksal Sylvans ist sicher symptomatisch für diese Zeit religiöser Wirren. Als Katholik in Calw geboren, hatte er zunächst katholische Theologie studiert und war Domprediger in Würzburg geworden, wo er sich großen Ruhm als Kontroversprediger erwarb. Nach Württemberg zurückgekehrt, schloß er sich dem Luthertum an; 1563 kam er in die Pfalz, weil er inzwischen die calvinische Lehre bevorzugte. Auch hier glänzte er durch seine Predigtgabe. 1563–1566 war er Superintendent in Kaiserslautern, dann Prediger in Heiliggeist zu Heidelberg und seit 1567 Ladenburger Pfarrer und Inspector. Auch hier beteiligte er sich am Theologenstreit, der für ihn so tragisch enden sollte[192].

1576 starb Friedrich III. Sein Sohn Ludwig VI. war als Kurprinz Statthalter in der Oberpfalz und hatte dort die lutherische Lehre beibehalten und viele von seinem Vater vertriebene Theologen aufgenommen. Als er nach Heidelberg kam, um die Regierung anzutreten (1576–1583), schaffte er schleunigst den Calvinismus ab und führte das Luthertum wieder ein. Nur sein Bruder Johann Casimir blieb reformiert und nahm die aus Heidelberg vertriebenen reformierten Theologen in Kaiserslautern und Neustadt auf. Als Ludwig VI. 1583 überraschend starb, schlug das Pendel wieder zurück. Johann Casimir, der „Jäger aus Kurpfalz", führte als Administrator (bis 1592) für den erst neunjährigen Kurprinzen das reformierte Bekenntnis wieder ein. Er war mit Entschiedenheit reformiert und beteiligte sich als Haudegen mit pfälzischen Kontingenten am Freiheitskampf der Holländer und auf hugenottischer Seite am Bürgerkrieg in Frankreich. Damals begann die Verbindung der Pfalz mit den westeuropäischen Reformierten. Sie wurde für Holländer, Wallonen und Hugenotten Stützpunkt und Zufluchtsstätte.

Unter Ludwig VI. beherrschte der Streit zwischen Lutheranern und Reformierten am Hof, im Kirchenrat und an der Universität die Religionsszene. Die Kondominatsgemeinden hatten Ruhe. Das änderte sich sofort nach dem Regierungsantritt des Kurverwesers Johann Casimir. Auch in Worms hatte es einen Wechsel gegeben. Nach dem Tod Dietrich von Bettendorfs wurde 1580 Georg von Schönenberg, ein Mainzer Domherr, zum Bischof gewählt. Mit ihm endete für fast hundert Jahre die traditionelle Ausrichtung der Wormser Politik auf die Kurpfalz. Die Bischöfe lehnten sich an Kurmainz an, was sich für die Kurpfalz als nicht ungefährlich erweisen sollte. Wieder flammte der Streit um Ladenburg auf. Johann Casimir wollte den Katholizismus dort gänzlich ausrotten und den Bischof vertreiben. Er verbot den katholisch gebliebenen Bürgern den Besuch der Messe in St. Sebastian. Als sich diese nicht daran hielten, ließ er im Mai 1586 die Kirchentür mit einem schweren Eisenschloß verschließen, obwohl der Bischofshof nicht dem Kondominat unterstand. Als die Katholiken immer noch nicht dem reformierten Gottesdienst in St. Gallus beiwohnten, lud er am 3. September 1588 alle nach Heidelberg vor, befragte sie in Anwesenheit von Soldaten um ihre Gründe und bedrohte sie mit Gefängnis, wenn sie sich weiterhin weigerten reformiert zu werden. Bischof Georg legte umgehend heftigen Protest bei Kaiser Rudolf II. ein, der bereits am 24. September Johann Casimir zur Wiederherstellung der alten Ordnung bei Strafandrohung aufforderte[193]. Als im Januar 1590 sogar militärische Auseinandersetzungen drohten – denn längst hatte sich der Erzbischof und Kurfürst von Mainz eingeschaltet – wurde mit Mühe der Friede erhalten[194]. Doch die Versuche der Kurpfalz, das Hochstift völlig aufzulösen, gingen in den beiden folgenden Jahrzehnten weiter, wozu nun auch das Wildfangrecht in Anspruch genommen wurde. Dieses mittelalterliche Privileg des Pfalzgrafen besagte, daß er sämtliche unehelich Geborenen und Heimatlose – die Wildfänge – in allen umliegenden Territorien als seine Leibeigenen in Anspruch nehmen durfte. Als Bischof Wilhelm von Effern 1605 sein Amt antrat, schrieb er Papst Paul V., daß die Diözese innerhalb von 50 Jahren alle zehn Dekanate mit 328 Pfarreien verloren habe. Sein Bistum bestehe nur noch aus drei Pfarreien außerhalb der Stadt Worms[195]. Demgegenüber hatte die kurpfälzische Landeskirche 418 Prediger.

Unter Kurfürst Friedrich IV. (1592–1610) verebbten die innerprotestantischen Streitig-

*Abb. 36: Ladenburg um 1620 (Merian: Topographia Palatinatius 1645).*

keiten. Er konnte sich in Ruhe dem inneren Aufbau der neuen Landeskirche widmen. Dem dienten die Einrichtung von Schulen in allen Pfarreien, die bereits 1595–1598 visitiert wurden. 1598 wurde ein kleiner Katechismus herausgegeben und 1601 eine neue Kirchenordnung eingeführt, in der u.a. auch verboten wurde, auf den Kanzeln innerprotestantische Kontroversen zu führen. Die Mehrheit der Einwohner Ladenburgs war am Vorabend des Dreißigjährigen Krieges reformiert. Die Galluskirche in Ladenburg war im Besitz der Reformierten und die erste Inspectoratskirche. Ein Teil der Einwohner war trotz aller Bedrükkung katholisch geblieben. Es ist nicht überliefert, daß sie unter Friedrich IV. gehindert worden seien, die St. Sebastianskirche zu besuchen. Es gab auch Lutheraner, die besonders unter Ludwig VI. wieder zahlreicher geworden waren, so daß in Ladenburg ein lutherischer Superintendent namens Hospes amtierte. Obwohl die Lutheraner unter Johann Casimir wieder bekehrt oder vertrieben wurden, blieb eine kleine Gruppe übrig, die ihren Gottesdienst in Straßenheim hielt. 1665, also erst unter Karl Ludwig, mußte der lutherische Pfarrer in Straßenheim, Jacob Lemnius, zu dem auch die Ladenburger Lutheraner gehörten, die Pfalz verlassen. Die Ladenburger besuchten in Birkenau den Gottesdienst. Erst 1693 erlaubte Kurfürst Johann Wilhelm (1685–1716) ihnen wieder den Gottesdienst in Ladenburg, wo sie dann als Mittelpunkt für alle Lutheraner in Ladenburg und Umgebung den Kettenheimer Hof erhielten und zur Kirche ausbauten[196].

# Ein Jahrhundert des Niedergangs

## Der Dreißigjährige Krieg

Überall im Deutschen Reich war es in den langen Jahrzehnten zwischen dem Augsburger Religionsfrieden von 1555 und dem Übergreifen des böhmischen Aufstandes ins Reich 1620 zu Reibereien und schweren Zusammenstößen zwischen den Konfessionen gekommen. Die neuformierte und wieder selbstbewußte katholische Kirche ging nach der Beendigung des Trienter Konzils 1563 zum Gegenangriff über. Es begann die sogenannte Gegenreformation, die zuerst in den geistlichen Territorien einsetzte und von den neugegründeten Reformorden der Kapuziner, der Theatiner und vor allem der Jesuiten getragen wurde. Auf protestantischer Seite war durch die zweite westeuropäische Reformation, die calvinistische, ebenfalls seit der Mitte des 16. Jahrhunderts, eine neue radikale und gewaltbereite Kraft aufgetaucht. In den Niederlanden begann unter ihren Vorzeichen der 80 Jahre dauernde Befreiungskampf gegen Spanien. Frankreich versank im Chaos der Hugenottenkriege und in England und Schottland kam es zu Kämpfen zwischen dem anglikanischen Königtum und den reformierten Puritanern, die unter Cromwell siegten.

Die westeuropäischen Religionskriege drohten schon seit Beginn des 17. Jahrhunderts auf das Reich überzugreifen. In diesem Zusammenhang muß man aber auch die Politik des reformierten pfälzischen Kurhauses sehen, das sich zur Teilnahme an dem großen Kampf zwischen der calvinistischen Reformation und dem wiedererstarkten Katholizismus berufen sah

Abb. 37: *Mansfeld (links) und Tilly (rechts) (Heeresgeschichtliches Museum in Wien nach J.C. Allmayer-Beck/ E. Lessing: Die kaiserlichen Kriegsvölker 1479–1718, Wien 1978, S. 76).*

und nichts Geringeres plante, als den habsburgischen Kaiser aus Böhmen zu vertreiben und eine reformierte Brücke von Frankreich und Holland über die Oberpfalz nach Böhmen und Ungarn zu schlagen. So darf es nicht verwundern, daß sich an dieser Frage der große europäische Krieg als ein Entscheidungskampf der Konfessionen entzündete, sich aber auch die europäischen Mächte Dänemark, Spanien, Schweden und Frankreich am deutschen Krieg beteiligten. Holland und die Schweiz scherten im Windschatten dieser Stürme aus dem Krieg aus und gewannen ihre Unabhängigkeit vom Reich.

Der Dreißigjährige Krieg war Religionskrieg, aber auch deutscher Verfassungskrieg zwischen dem Kaiser und den Ständen und den Ständen untereinander, indem reformierte Territorien geistliche Fürstentümer zu reformieren und damit zu übernehmen suchten: So begehrte Hessen-Kassel das Hochstift Paderborn und die Pfalz die Hochstifte Worms, Speyer und sogar Mainz. Auf dieser Linie waren Kurbrandenburg mit den Hochstiften Magdeburg und Halberstadt sowie Schweden mit Bremen und Verden erfolgreich. Der Dreißigjährige Krieg war zugleich ein europäischer Krieg, in dem es um die Vorherrschaft der Habsburger in Spanien und Österreich ebenso ging wie um die Großmachtstellung Schwedens in Nordeuropa und die Frankreichs in West- und Mitteleuropa.

Er war darüber hinaus noch, dank der offenen Struktur des im religiösen Umbruch befindlichen Reiches, ein Tummelplatz kühner Charaktere von Schlage der italienischen Condottieri, die sich eine Herrschaft zu erringen hofften. Der spektakulärste „private" Kriegsunternehmer war zweifellos Wallenstein, der in seinem zweiten Generalat dem Kaiser als völlig unabhängiger Partner gegenübertrat. In diese Reihe gehören aber auch Mansfeld, der „tolle Christian" von Braunschweig oder Ernst von Weimar. Und es waren gerade diese Kriegsteilnehmer auf eigene Faust, die seine übelste Seite entwickelten, nämlich die Kriegsführung aus dem besetzten Land heraus ohne Rücksicht auf das Freund-Feind-Verhältnis. Auch hier hatte Wallenstein das effektivste und ertragreichste System entwickelt. Mancher Streifzug hatte gar keinen höheren strategischen Zweck als eine solche Ressourcensicherung.

Diese Vielzahl von Motiven und Interessen erklärt sowohl merkwürdige Bündnisse und Feindschaften wie das Verhältnis des streng katholischen Frankreichs unter Kardinal Richelieu zu Habsburg und Schweden, als auch den scheinbaren Wirrwarr der Feldzüge und Operationen und schließlich auch die ungewöhnliche Dauer des Krieges. Er war zu Ende, als alle Feuer ausgebrannt, alle Kräfte erschöpft und alle Gewinnmöglichkeiten ausgereizt waren. So war der Westfälische Frieden nach fünfjährigen Verhandlungen ein echter Kompromiß, der ein Optimum an Interessenausgleich leistete und tatsächlich eine erstaunlich haltbare Grundordnung der europäischen Politik bis zur Französischen Revolution gewährleistete. Für Deutschland war das *Instrumentum pacis Westfalicae* die wichtigste und letzte Verfassungsurkunde des alten Reiches, auch darin nur mit der Wiener Kongreßakte von 1815 vergleichbar[197].

Die Pfalz hatte durch ihr böhmisches Unternehmen die Lunte an das Pulverfaß gelegt. Doch setzte die dilettantische Ausführung durch ein jugendlich-naives Fürstenpaar und religiös-fanatische, aber politisch törichte Räte eher auf gut Glück als auf Klugheit und Weitsicht. Dieser Politik des ungesicherten Risikos gegen alle Warnungen stand in Maximilian von Bayern kalte Berechnung und eine beachtliche politische Kraft gegenüber. So wurde in kürzester Zeit alles verspielt, was die Zeitgenossen in dem Titel „Winterkönig" ausdrückten. Die ungeschützte Pfalz wurde so gleich zu Anfang Kriegschauplatz und blieb es bis ans Ende. Kein Wunder, daß sie am Ende des Krieges zu den am schlimmsten betroffenen deutschen Ländern gehörte mit dem höchsten Bevölkerungsverlust von gebietsweise über 80 %. Ladenburg stand häufig im Mittelpunkt der Kämpfe in der Pfalz und wechselte immer wieder den Besitzer. Die Stadt hatte sozusagen ein typisches Schicksal.

Es folgt ein chronologischer Überblick der Ereignisse in Ladenburg und der „Unterpfalz" im Rahmen des großen Krieges[198]:

23. 5. 1618 – Prager Fenstersturz, Beginn des böhmischen Aufstandes gegen Kaiser Matthias, † 1619, und Erzherzog Ferdinand, seit 1617 König von Böhmen. Zweimalige Belagerung Wiens.

27. 8. 1619 – Absetzung Ferdinands und Wahl Kurfürst Friedrichs V. von der Pfalz zum König von Böhmen durch die böhmischen Stände.

28. 8. 1619 – Einstimmige Wahl Ferdinands II. (1619–1637) zum römisch-deutschen Kaiser.

September 1619 – Abzug Friedrichs V. nach Böhmen, um die Königskrone anzunehmen.

14. 11. 1619 – Krönung Friedrichs und Elisabeths, Tochter des englischen Königs Jakob I. Stuart, in Prag.

September 1620 – Einmarsch der Spanier unter Spinola und Besetzung der Pfalz bis Frankenthal und Weinheim, Flucht des Hofes aus Heidelberg.

8.11.1620 – Schlacht am Weißen Berg bei Prag, verheerende Niederlage Friedrichs V., des „Winterkönigs". Auf pfälzischer Seite führt Mansfeld ein kleines Heer in die Oberpfalz zurück.

29. 1. 1621 – Kaiser Ferdinand II. (1619–1637) erklärte Friedrich in die Reichsacht, Auftrag an die Liga (Bayern) und Spanien als den Vorsitzenden des burgundischen Reichskreises (Niederlande), sie zu vollstrecken.

Winter 1620/21 – Der bayerische Feldherr Tilly besetzt die Oberpfalz. Mansfeld zieht in die Rheinpfalz. Tilly folgt ihm langsam.

12. 4. 1621 – Auflösung der protestantischen Union. Friedrichs Flucht endet in Den Haag.

August 1621 – Die Spanier rücken unter Corduba erneut vor und besetzen **Ladenburg** und schlagen eine Brücke über den Neckar. Anfang Oktober treibt sie Mansfeld über den Rhein zurück und zieht ins Elsaß ab.

Mitte Oktober 1621 – Tilly erobert die Neckarpfalz, den Kraichgau und die Rheinebene mit **Ladenburg** außer Mannheim, Heidelberg und Dilsberg.

Ab April 1622 – Tilly erobert Neckargemünd und belagert den Dilsberg. nach dem Abbruch der Belagerung verschanzt er sich bei Wiesloch vor dem anrückenden Mansfeld.

27. 4. 1622 – Sieg Mansfelds bei Mingolsheim, Tilly zieht sich in den östlichen Kraichgau zurück.

6. 5. 1622 – Sieg Tillys bei Wimpfen über Markgraf Georg von Baden.

8. 5. 1622 – Mansfeld erobert **Ladenburg** zurück. Tilly rückt mit frischen Kräften ins Neckartal. Von Norden nähert sich Christian von Braunschweig, mit dem sich Mansfeld vereinigen will. Tilly schlägt Mansfeld bei Lorsch zurück, der sich dann nach Mannheim zurückzieht.

20. 6. 1622 – Tilly trifft bei Höchst auf das Heer des Braunschweigers, das er schlägt.

Juni 1622 – Tilly marschiert in Eilmärschen zurück und besetzt kampflos **Ladenburg.** Belagerung Heidelbergs.

15.–19. 9. 1622 – Erstürmung Heidelbergs und des Schlosses. Belagerung Mannheims.

2. 11. 1622 – Erstürmung Mannheims. Aufteilung der Pfalz in eine linksrheinisch-spanische und eine rechtsrheinisch-bayerische Besatzungszone.

25. 2. 1623 – Übertragung der Pfälzer Kurwürde an Herzog Maximilian I. von Bayern.

Damit ist der böhmisch-pfälzische Abschnitt des Dreißigjährigen Krieges beendet. Unter bayerischer Herrschaft erfolgt die Rekatholisierung der Pfalz.

1623–1628: Der niedersächsisch-dänische Krieg mit siegreichem Vormarsch des Ligaheeres unter Tilly und des kaiserlichen Heeres unter Wallenstein nach Norddeutschland und Jütland. Wallenstein wird Herzog von Mecklenburg und „General des ozeanischen Meeres“.

7. 7. 1629 – Das Restitutionsedikt von Lübeck setzt die Rückgabe aller seit 1552 evangelisch gewordenen Fürstbistümer, Stifter und Klöster fest.

25. Juni 1630 – Landung des Schwedenkönigs Gustav Adolf in Pommern, um seine bedrängten Glaubensgenossen zu unterstützen und zugleich Schweden zur Vormacht an der Ostsee zu machen.

Juli–November 1630 – Der Kurfürstentag zu Regensburg fordert vom Kaiser die Entlassung Wallensteins, um die kaiserliche Macht zu beschneiden.

1630–1635: Der schwedische Krieg.

1631–1632 – Vormarsch Gustav Adolfs bis an die Grenzen Oberösterreichs.

Dezember 1631 – Die Schweden besetzen die Bergstraße und **Ladenburg**. Die Bayern halten sich in Heidelberg.

26. 8. 1632 – Die Kaiserlichen werden von den Schweden bei Wiesloch zurückgeschlagen.

6. 11. 1632 – Gustav Adolf fällt bei Lützen.

19. 11. 1632 – Der geächtete Kurfürst und Böhmenkönig Friedrich V. von der Pfalz, der sich den Schweden angeschlossen hat, stirbt in Mainz.

April 1633 – Wiederherstellung der Pfalz unter der Regentschaft des Pfalzgrafen von Simmern Ludwig Philipp.

15. 5. 1633 – Die Schweden unter Oberst Abel Moda überrumpeln Heidelberg.

5. 6. 1633 – Die Bayern kapitulieren im Heidelberger Schloß. Die ganze Pfalz ist nun schwedisch.

25. 2. 1634 – Ermordung des geächteten Wallenstein in Eger.

5./6. 9. 1634 – Sieg der Kaiserlichen bei Nördlingen über die Schweden, die Süddeutschland aufgeben müssen. Die Pfalz einschließlich **Ladenburgs** wird wieder von den Bayern besetzt.

November 1634 – Die Franzosen besetzen Philippsburg und greifen Heidelberg an, das sie am 23. Dezember erobern. Sie entsetzen das von den Schweden gehaltene Schloß.

Januar 1635 – Verschiedene Truppenteile stehen in der Pfalz: Die Schweden in Heidelberg, von wo sie die Neckardörfer plündern, die Franzosen an der Bergstraße, die Kaiserlichen erobern Philippsburg zurück.

Mai 1635 – Die Kaiserlichen rücken vor und vertreiben Franzosen und Schweden aus der Pfalz. Die Bayern treten wieder für neun Jahre ihre ungestörte Herrschaft an.

30. 5. 1635 – Friede von Prag zwischen dem Kaiser und den evangelischen Reichsständen, während die Schweden auf Pommern zurückgedrängt werden: Aufhebung des Restitutionsedikts. Einführung des Normaljahres 1624 für den Stand der Konfessionszugehörigkeit.

1635 – 1648: Schwedisch-Französischer Krieg.

5. 7. 1643 – Hessische Truppen gehen bei Wieblingen über den Neckar und ziehen nach Norden.

September 1644 – Der schwedische Generalmajor von Rosen erobert **Ladenburg**. Es folgen die Franzosen. Auch sie erobern und brandschatzen **Ladenburg**.

7. Oktober 1644 – Die Bayern unter Feldmarschall Mercy kommen den Neckar abwärts und erobern **Ladenburg** zurück, es wird ihr Hauptquartier.

März 1645 – Der französische Marschall Turenne vertreibt, von Norden her kommend, die Bayern, nimmt **Ladenburg** ein und überschreitet bei der Stadt den Nekkar, um sich südlich davon mit einer zweiten französischen Armee unter dem Prinzen Condé zu vereinigen. Sie erobern die Neckarpfalz, werden aber wieder von den Bayern zurückgeschlagen.

Mai 1645 – Niederlage Turennes bei Mergentheim.

6. August 1645 – Sieg Turennes über die Bayern unter Mercy bei Nördlingen.

1645–1648 – Die Bayern sitzen in Heidelberg, Wiesloch, Weinheim und Neckargemünd, die Franzosen in Speyer, Worms und Philippsburg, von wo beide Seiten das dazwischen liegende Gebiet heimsuchen.

24. 10. 1648 – Der Westfälische Frieden von Münster und Osnabrück beendet den Dreißigjährigen Krieg und bringt die Wiederherstellung der Kurpfalz unter Karl Ludwig, dem Sohn des Winterkönigs, allerdings sehr verkleinert: Die Oberpfalz fällt 0 nördlich von Weinheim, das ehemalige Fürstentum Lorsch, an Kurmainz, ebenso das Amt Schauenburg mit Handschuhsheim, Dossenheim, Seckenheim und Viernheim. Die vornehmste pfälzische Kurwürde behält Bayern, für die Pfalz wird eine achte, in der Rangfolge die letzte Kur eingerichtet.

7. 10. 1649 – Nach dem Abzug der Bayern trifft Kurfürst Karl Ludwig aus England kommend in Heidelberg ein und übernimmt die Regierung des verwüsteten Landes.

24. 9. 1650 – Bergsträßer Rezeß zwischen Kurmainz und Kurpfalz über das Amt Schauenburg: Handschuhsheim, Dossenheim und Seckenheim werden wieder pfälzisch, Viernheim kommt an Mainz. Nur in diesen drei Dörfern erhält die katholische Religion öffentliches „Exercitium“, die Kirchen werden simultan.

Die Folgen für Ladenburg im einzelnen:
Im August 1621 besetzten die Spanier unter Fernando Consalva von Corduba Ladenburg, ohne Widerstand zu finden. Der in pfälzischen Diensten stehende Mansfeld trieb die Spanier über den Rhein zurück und besetzte die Stadt. Im Oktober 1621 rückte Tilly an und begann die Belagerung Ladenburgs, das von den Mansfeldischen verteidigt wurde. Er umzingelte die Stadt mit einem Heer von 85 Fähnlein Fußvolk und 47 Schwadronen Reiter, unter diesen 2 Schwadronen der gefürchteten Kroaten. Nachdem er eine Bresche in die Mauer geschossen hatte, drang er in die Stadt ein und eroberte sie. Durch das Kriegsvolk wurde alles geplündert. Er mußte jedoch die Rückkehr des ins Elsaß abgezogenen Mansfeld und des inzwischen bei diesem eingetroffenen Kurfürsten fürchten. Deshalb machte er die Stadt zu einem seiner festen Plätze. Er ließ die Bresche in der Mauer wieder provisorisch hochmauern, baute eine Schiffsbrücke über den Neckar und warf in Neckarhausen eine Schanze auf, um Ladenburg gegen Süden verteidigen zu können. Im Januar 1622 ließ er das Glacis vor der Stadt freiräumen: er brannte die Martinskirche ab und ließ alle Bäume, Hecken, Sträucher und Zäune vor der Stadt umhauen, um einem Belagerer keine Deckung zu lassen.

Danach übergab er sie zu seiner Entlastung dem Wormser Bischof als ihrem Landesherrn, und dieser ließ ein Regiment Spanier aus dem Linksrheinischen unter dem Oberstlieutnant von Eineten oder Eynatten die Besatzung der Stadt übernehmen. Tilly eroberte den Kraichgau. Als Mansfeld im Frühjahr 1622 von Süden heranrückte, wollte ihn Tilly an der südlichen Bergstraße aufhalten, unterlag aber am 27. 4. 1622 bei Mingolsheim den Mansfeldischen und Pfälzern. Er zog sich in den östlichen Kraichgau zurück, wo er am 6. 5. 1622 vom Markgrafen Georg von Baden bei Wimpfen gestellt wurde. Tilly besiegte Georg, so daß dieser zu Mansfeld fliehen mußte, der inzwischen vor Ladenburg lag. Am 6. 5. war der Belagerungsring von elf Regimentern zu Fuß und 48 Reiterschwadronen geschlossen. Bei der frischen Ruine der Martinskirche hatte er seine Artillerie von sieben „groben Stücken“ = 48 Pfünder stationiert. Nach dem damaligen

Kriegsreglement ließ er durch seinen Tambour den spanischen Obersten von Eineten zur Übergabe auffordern, was jener spöttisch ablehnte mit der Bemerkung, er fühle sich geehrt, daß eine ganze Armee gegen sein eines Regiment angetreten sei. Aber sein Eid gegenüber seiner königlich spanischen Majestät verbiete ihm das.

Darauf eröffnete Mansfeld die Bestürmung mit der Beschießung der Stadtmauer im Bereich des Martinstores. In zwei Tagen gaben die sieben Kanonen 212 Schuß gegen die Mauer ab. Einige Steinkugeln wurden später gefunden. Doch richtete er damit nicht viel aus. Er ließ Mauerbrecher und vier Doppelkartaunen (schwere Geschütze) aus der Festung Mannheim holen. Nun wurde die Mauer mürbe geschossen, so daß nach zwei Stunden Bombardement zwei Bogensegmente (rd. 10m) in der Mauer zusammenbrachen und diese einstürzte. Das Martinstor hielt auch dieser Beschießung stand. Die Einschläge sind heute noch zu sehen. Nun wurde wegen der Kapitulation ein zweiter Tambour geschickt, der angesichts der großen Bresche zur sofortigen Kapitulation aufforderte, bei erneuter Ablehnung werde nicht einmal das Kind im Mutterleib verschont. Der spöttische Spanier stellte fest: *er seines Teils habe gottlob kein Kind im Leibe* und forderte einen *billigen Accord* – angemessene Bedingungen, unter anderem die Chance, vier Tage auf einen eventuellen Entsatz warten zu dürfen[199]. Mansfeld war geneigt, das zuzugestehen, vielleicht durch den Esprit des Spaniers beeindruckt. Wie man sieht, hatte man am Anfang dieses Krieges noch eine gewisse ritterliche Höflichkeit gegenüber dem Feind, den man als gleichwertig respektierte.

Doch konnte oder wollte Mansfeld seine Soldaten nicht zurückhalten. Diese hatten ihrerseits einen Teil der Stadtbesatzung mit Drohungen und Verlockungen zum Überlaufen gebracht, was von Eineten als Kriegslist betrachtete und wogegen er bei einem Treffen dem mansfeldischen Oberst von Waldmannshausen gegenüber am Heidelberger Tor heftig protestierte. Doch ging das alles im beginnenden Ansturm unter. Die Mansfeldischen drangen durch die verlassene Bresche in die Stadt ein, hieben nieder, was sich zur Wehr setzte und richteten ein großes Blutbad an. 1955 fand Konrad Seel III etwa 25 Skelette bei Bauarbeiten hinter der Gaststätte Zum Schiff. 1964 schnitt Heukemes nördlich des Bischofshofs und 1972 südlich davon zwei Massengräber aus dem Dreißigjährigen Krieg

*Abb. 38: Massengräber auf dem Gelände des Bischofshofs. Verscharrte weibliche Tote aus dem Anfang des 17. Jahrhunderts, wahrscheinliche Opfer des Massakers von Mansfeld 1622. Ausgrabung Konrad Seel III. 1955 und B. Heukemes 1974 (Foto: Heukemes 1974).*

an. In dem einen wurden etwa 30 „junge männliche Skelette mediterran-westeuropäischen Typs“[200] aufgedeckt, in dem anderen eine Anzahl Skelette junger Frauen. Die Toten waren nicht ordentlich beerdigt, sondern verscharrt worden. Damit haben wir den Beweis für das in den zeitgenössischen Berichten überlieferte Blutbad. Die männlichen Toten waren wohl Mitglieder der spanischen Garde, die nicht übergelaufen war, und die jungen Frauen? Das waren mit großer Sicherheit die Schwangeren mit ihren ungeborenen Kindern, an denen zu rächen sich Mansfeld in den Kapitulationsverhandlungen gebrüstet hatte. Der Platz der Verscharrung war ebenso symbolisch: die geschleifte Bischofsresidenz; denn Mansfeld bestrafte Ladenburg dafür, daß es vom Pfalzgrafen abgefallen und zu seinem alten Herrn zurückgekehrt war.

So erlebte Ladenburg als eine der ersten Städte im Dreißigjährigen Krieg die entfesselte Wut der Soldateska. Die Stadtmauern wurden geschleift und die Stadt einige Tage zur Plünderung freigegeben. Wer sein Hab und Gut verteidigte, sich gegen Vergewaltigung und andere Grausamkeiten zur Wehr setzte oder verstecktes Gut nicht herausgab, wurde gefoltert oder erschlagen. Alles, was nicht niet- und nagelfest war, wurde den Ladenburgern weggenommen, vor allem auch sämtliche Vorräte an Korn und Wein. In der Wohnung des spanischen Verwalters beschlagnahmten sie 10.000 Reichstaler und nahmen acht Fahnen und alle Waffen an sich[201]. Wut und Beutegier scheinen auch deshalb aufgereizt gewesen zu sein, weil Tilly nach seinem Sieg über Georg Friedrich von Baden wieder vorrückte, die Vereinigung Mansfelds mit Christian von Braunschweig durch seinen Sieg bei Höchst vereitelte und von Norden bedrohlich herankam. Mansfeld andererseits vergaß über seine Hilfe für den Pfalzgrafen seine eigenen Pläne nicht, wozu er alles brauchte, was er kriegen konnte. Er strebte nämlich danach, sich in diesem Krieg im Elsaß ein eigenes Fürstentum auf Kosten Habsburgs, des Reiches und geistlicher Gebiete zu gewinnen. Als Tilly weit genug herangekommen war, zog Mansfeld ins Elsaß ab und ließ als Besatzung in Ladenburg vier Fähnlein Infanterie und einer Kompanie Dragoner unter dem Obersten von Salis zurück mit dem Auftrag, die Stadt in Brand zu stekken, wenn Tilly kommen sollte. Am 17. Mai 1622 zog sich von Salis nach Heidelberg zurück, indem er über die noch bestehende Brükke abrückte. Tillys Vorauskommando besetzte ohne Widerstand die Stadt, erneuerte die Brücke und rückte am 28. Juni über den Nekkar, um die südliche Kurpfalz zu besetzen. Die Eroberung der ganzen Pfalz schloß bis November 1622 mit der Einnahme Mannheims ab. Nach dem Abzug Tillys nach Norddeutschland wurde in der Pfalz eine bayerische (und spanische) Verwaltung eingerichtet. In Ladenburg trat Bayern an die Stelle der Kurpfalz in das Kondominat ein, der Bischof erhielt seine alten Rechte ungeschmälert zurück[202].

Da änderte der schwedische Vormarsch nach Süddeutschland im Herbst 1631 die Lage von Grund auf. Gustav Adolf rückte im Dezember 1631 über die Bergstraße heran und ging bei Oppenheim über den Rhein. Eine schwedische Abteilung besetzte die nicht verteidigte Stadt. Ladenburg blieb bis Oktober 1634 schwedisch besetzt, was nicht automatisch zur Restitution der Kurpfalz führte, da Gustav Adolf durchaus eigene Pläne mit der Kurpfalz hatte. Die Bayern hielten sich lange in Heidelberg und anderen festen Orten, so daß beide Seiten einen Kleinkrieg in der Umgebung führten, bis sich das Kriegsglück nach dem Sieg der Kaiserlichen über die Schweden bei Nördlingen (6. 9. 1634) wieder wendete, dafür aber zusätzlich die Franzosen auf dem Kriegsschauplatz erschienen. Diese führten im Frühjahr 1635 ein Heer über den Neckar und standen zwischen Bergstraße und Ladenburg. Im Sommer rückte ein großes kaiserliche Heer unter Piccolomnini und Gallas in der Pfalz ein und vertrieb Schweden und Franzosen endgültig. Die bayerische Verwaltung nahm wieder ihren Dienst auf. Das Land allerdings war sehr viel mehr ruiniert als 1623. Es folgten militärisch ruhigere, aber trotzdem keine glücklicheren Jahre; denn zwischen 1635 und 1638 herrschte weithin Mangel, die Felder wurden kaum mehr angebaut, Hungersnöte kennzeichneten die Winter, Seuchen wüteten.

1644–1645 wurden Ladenburg und die Unterpfalz wieder Kriegsschauplatz. Im September standen die Franzosen vor Philippsburg, gleichzeitig eroberte der schwedische General von Rosen Mannheim und Ladenburg. Da sich die Bayern wieder bedrohlich näherten, zündeten die Schweden Teile der Stadt an, bevor sie sie räumten. Ladenburg wurde Anfang Oktober von den Bayern besetzt. Versuche der Franzosen, die Bayern zu verjagen, scheiterten fürs erste. Erst die Vereinigung der beiden französischen Heere mit 32.000 Mann unter dem Prinzen Condé und Turenne im Januar 1645 nördlich von Ladenburg wendete wieder einmal das Blatt. Die Bayern mußten Ladenburg räumen, Turenne überschritt am 11. 1. 1645 vor der Stadt auf der immer wieder erneuerten Brücke den Nekkar, um vor Heidelberg zu rücken. Im Sommer darauf kehrten die Bayern endgültig zurück, um bis zum Ende des Krieges in der Unterpfalz zu bleiben. Kleinkrieg, Plünderungen, Durchzug von beutegierigen Marodeuren und das ganze Elend des Krieges setzten sich ins Endlose fort. Was das heißt, zeigt der enorme Bevölkerungsrückgang von rund 1500 vor dem Krieg auf rund 600 Einwohner nach dem Dreißigjährigen Krieg[203]. Ladenburg hatte jedoch seit den beiden Belagerungen des Jahres 1621/22 keinerlei militärische Bedeutung mehr. Die teilweise geschleiften Mauern wurden während der Kriegsjahre nicht wieder für die Zwecke der Kriegsführung hergestellt, sondern nur notdürftig zum Schutz vor Marodeuren und Schnapphähnen[204].

### Vom Wildfangstreit 1665/66 zum kaiserlichen Sequester

Wildfänge waren alle Zuwanderer in die pfälzischen und benachbarten Territorien, die ohne Leibherren waren bzw. von ihren Leibherren nicht binnen Jahr und Tag zurückgefordert wurden. Diese *Wildfänge* konnten die Pfalzgrafen aufgrund eines kaiserlichen Privilegs, das zuletzt Maximilian I. 1518 erneuert hatte, als ihre Leibeigenen beanspruchen. Dazu kamen alle Bastarde und sonstige Heimatlose, also die mittelalterlichen *Königsleute*[205]. Dieses mittelalterliche Privileg erstreckte sich als personen- und standesbezogenes Recht nicht nur auf das pfälzische Territorium, sondern weit darüber hinaus auf die inliegenden und angrenzenden Gebiete anderer Landesherren, vor allem auf die der Fürstbischöfe von Speyer und Worms.

Im Dreißigjährigen Krieg war dieses Recht der Pfalzgrafen in Vergessenheit geraten, bzw. nicht in Anspruch genommen worden. Kurfürst Karl Ludwig (1649–1680) versuchte mit allen Mittel, seine schmal gewordene Machtbasis zu erweitern, und sah im Wildfangrecht ein hochwillkommenes Mittel, gerade gegenüber dem Hochstift Worms, seine Macht in das Nachbarterritorium vorzuschieben. Er erweiterte diesen Anspruch um das Hagestolzrecht, nach dem dem Pfalzgrafen der Nachlaß verstorbener Junggesellen zustand, und das Recht, ödliegende Höfe ohne Rücksicht auf die Territorialherrschaft an sich zu ziehen[206].

Daß es sich um keine Bagatelle handelte, zeigt sich darin, daß Karl Ludwig 15 Jahre nach seinem Regierungsantritt schon 12.000 Wildfänge als seine Leibeigenen in Anspruch nehmen konnte. Im Territorium des Hochstifts Worms waren von 2.722 Untertanen 2.674, d. h. 98 %, von diesem Anspruch der Pfalz betroffen[207]. Damit war für den Bischof die Steuerkraft seiner Untertanen paralysiert; denn der Pfalzgraf zog nicht nur ihre Steuern ein, sondern nahm die Wildfänge auch zum Kriegsdienst in Anspruch. „Durch die aggressive Politik des Kurfürsten Karl Ludwig gegenüber dem kleinen Bistum erschien dessen Fortbestand gefährdet wie nie zuvor."[208] Nicht zuletzt illustrierte diese Politik ein Vorschlag Karl Ludwigs an die Reichsstadt Worms von 1659, seine Residenz und den Sitz der Universität von Heidelberg nach Worms zu verlegen. Dieser Plan scheiterte am Desinteresse der Reichsstadt, die sich natürlich nicht in die Gefahr, begeben wollte, landständisch zu werden. Auch der Bischof Hugo Eberhard Kratz von Scharffenstein (1654–1663) protestierte am Kaiserhof heftig gegen dieses Vorhaben, das er gegen sich und den Fortbestand der katholischen Religion in seinem Gebiet gerichtet sah[209]. Nicht ohne die deutliche Absicht, auf seine Souveränität auch in Ladenburg hinzuweisen, hatte der Bischof sein Protestschreiben an den Kaiser in Ladenburg ausgefertigt und abgeschickt.

In dieser Bedrängnis wählte das Domkapitel nach dem Tod Bischof Hugos den Mainzer Erzbischof und Kurfürsten Johann Philipp von Schönborn (1663–1673) zum Bischof, einen der mächtigsten Reichsfürsten, der auch schon zusätzlich Bischof von Würzburg (und Erbauer der berühmten Würzbuger Residenz) und bereits seit 1630 Domherr in Worms war. Mit ihm begann die Zeit der Bistumsanlehnungen, in der man bis zur Auflösung des Bistums 1802 nur noch schon anderswo amtierende Bischöfe wählte, meistens die Erzbischöfe von Mainz, um deren Ressourcen für die Erhaltung von Worms einbringen zu können. Johann Philipp nahm die pfälzische Herausforderung an und brachte zuerst ein Bündnis aller betroffenen Nachbarn, der Fürstbischöfe von Speyer, Trier, Köln und Straßburg, der ganzen rheinischen Ritterschaft und des Herzogs von Lothringen zustande. Dieser hatte sein Heer aus dem Türkenkrieg zurückgeführt, das er nun gegen die Pfalz zur Verfügung stellte. Erste Kämpfe begannen, die vorwiegend zugunsten der Koalition endeten. Der eigentliche Wildfangstreit wurde 1667 im Heilbronner Schiedsspruch zugunsten der Pfalz beendet, weil die beiden Signatarmächte des Westfälischen Friedens, Schweden und Frankreich, Druck ausübten, Schweden aus konfessionellen Gründen, Frankreich, weil es Kurpfalz gegen den Kaiser in Stellung bringen wollte. In diesem Zusammenhang kam es zu jährlichen französischen Subsidienzahlungen an die Pfalz und schließlich 1671 zum Heiratsprojekt zwischen Liselotte, der Tochter Karl Ludwigs, und Philippe von Orleans, dem Bruder Ludwigs XIV. Doch der Preis für die Pfalz war das Risiko, an die übermächtige französische Politik gebunden und mit allen Nachbarn entzweit zu sein[210].

Erzbischof Johann Philipp hatte längst ein zweites Eisen im Feuer, indem er die Wildfangfrage mit der Frage der pfalz-wormsischen Kondominate verband. Diese Frage hatte schon 1651 das nach Mainz einberufene Wormser Generalkapitel beraten und beschlossen, die Pfandschaften einzulösen, um *dem bistum widerum aufzuhelffen und dasselbe in besseren stand zu bringen*[211]. Auch hier hatte Karl Ludwig den Anlaß gegeben, als er von Bischof Hugo verlangt hatte, die gemeinsame Burg Stein, die seit dem Dreißigjährigen Krieg beschädigt war, zu schleifen, und dies dann selbst besorgen ließ, als sich der Bischof dazu nicht bereit fand. Für Erzbischof Johann Philipp war die Sache reif, die Kondominate durch ordnungsgemäße Zahlung der Pfandsummen an die Kurpfalz auszulösen; hatte er doch selbst die 1460 verpfändete Mainzer Bergstraße – das ehemalige Fürstentum Lorsch – um 100.000 fl zurückgewonnen. Um dem vorzubeugen, legte Karl Ludwig im Frühjahr 1665 eine Besatzung nach Ladenburg und riß an der Seite des Bischofshofs die Stadtmauer ein. Ferner wurden die Tore des Bischofshofs von außen geschlossen, *also daß der Bischof in seiner Residenz ganz obsidiert* – belagert – *gewest*[212].

Das konnte natürlich ein Reichsfürst vom Schlage Johann Philipps von Schönborn nicht hinnehmen. Am 12. Mai 1665 ließ er die verbündeten Lothringer Ladenburg überfallen, die Stadt besetzen und besetzt halten, bis die Kurpfalz ihre Maßnahmen in Ladenburg rückgängig gemacht und die eingerissene Mauer wieder aufgerichtet hätte. Zugleich ließ er über das ganze umliegende Gebiet Brandschatzung ausschreiben, was sich die lothringische Soldateska nach den rohen Sitten des gerade vergangenen Dreißigjährigen Krieges nicht zweimal sagen ließ. Die pfälzischen Dörfer wurden geplündert, Einquartierung und Kontribution gefordert, die pfälzischen Geleitstraßen gesperrt und die Leibeigenen = Wildfänge gezwungen, dem Kurfürsten abzuschwören. Zu allem Überfluß hatten die aus dem Türkenkrieg heimkehrenden Soldaten die Pest mitgebracht, die 1666 voll zum Ausbruch kam und allein in Mannheim fast ein Viertel der Einwohnerschaft hinwegraffte. Im benachbarten Seckenheim starben innerhalb zweier Monate von den rd 90 katholischen Einwohnern 27 an der Pest, davon 14 Kinder, also 30 %, hochgerechnet auf die 260 Einwohner müßten rund 95–100 Einwohner Seckenheims in zwei Monaten an der Pest gestorben sein[213]. Für Ladenburg würde das dann rund 200 Pesttote bedeuten.

Karl Ludwig konnte die Mainzer nicht mehr aus Ladenburg vertreiben. Die Standpunkte blieben unversöhnlich. Auf kurpfälzischen Protest und Hilferuf in Wien hin wurde ein

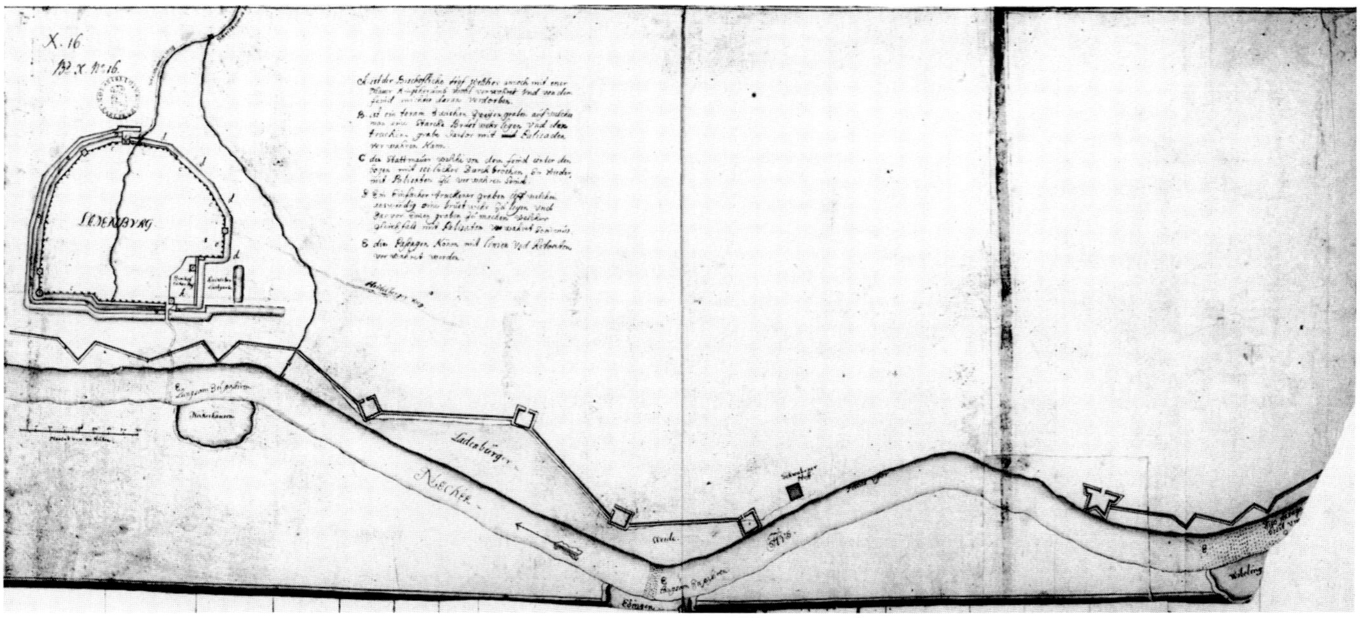

*Abb. 39: Verschanzung Ladenburgs nach dem 30-jährigen Krieg: A. ist der Bischofliche Hof, welcher anoch mit einer Mauer Ringsherum wohl verwahret und von dem Feind nichts daran verdorben. B. ist ein terain zwischen zweyen graben, auf welches man eine starke Brustwehr legen und den trucken grabe davor mit Palisaden verwahren kann. C. die Stattmauer, welche von dem Feind unter den Bogen mit 101 löcher durchbrochen, 80 wieder mit Palisaden zu verwahren seind. D. Ein Einfacher truckener graben, uff welchen auswendig eine brustwehr zu legen und davor einen graben zu machen, welcher gleichfalls mit Palisaden verwahrt sein mus. E. die Passagen (Neckarfurten) könen mit linien und retouten (?) verwahret werden (GLA HfK Bd. X Nr. 16)*

„kaiserlicher Sequester" als neutraler Verwalter und oberster Herr in Ladenburg eingesetzt, bis der sich entwickelnde Rechtsstreit entschieden sei. Daraufhin zogen die in mainzischen Diensten stehenden Lothringer ab. Zum kaiserlichen Sequester wurde Markgraf Wilhelm von Baden-Baden bestimmt, der sich natürlich von einem Beamten vertreten ließ, u.a. 1683 Freiherr Ludwig von Bettendorf. Der kaiserliche Hofrat in Wien sprach 1673 sein Urteil, nach dem die Pfandschaft ausgelöst werden und alleinige Stadtherrschaft in Ladenburg an Worms zurückfallen sollte. Dagegen protestierte der Kurfürst mit Unterstützung des Corpus Evangelicorum[214] auf dem Reichstag in Regensburg. Die Frage wurde wegen des beginnenden Reichskriegs gegen Frankreich nicht mehr entschieden und auch später nicht mehr aufgegriffen, so daß der kaiserlicher Sequester bis 1705 im Amt blieb.

Damit war eigentlich die wormsisch-pfälzische Doppelherrschaft in Ladenburg aufgehoben. Der Sequester hatte: *die Justiz zu administriren, die Bewahrung, Schließung und Öffnung der Stadt, was Thor, Thürmen und Mauern betrifft, doch ohne Garnison, Kriegs- oder Landvölker zu Roß und Fuß in gemeldter Stadt allein durch die Bürgerschaft zu exerciren, die gemeinschaftlichen Renten und Gefälle einzunehmen und jedem absonderlich zu verrechnen und zu liefern und sonsten keine Neuerung im Geist- und Weltlichen einzuführen.* Truppendurchzug und -einquarteriung wurden verboten, auch die Befestigung durfte nicht verändert werden[215]. Dieser 40 Jahre währende Zustand war ohne Zweifel eine Zeit der Stagnation und des Niedergangs. Andererseits hatte der kaiserlich verordnete Stillstand aller Verhältnisse für die Stadt auch Vorteile; denn manches fiel zwangsläufig in die Selbstverwaltung der Stadt, was bisher Sache der Stadtherren gewesen war. Auch kein Nachteil, angesichts der bevorstehenden Kriege, war die Tatsache, daß die Stadtmauer halbzerstört liegen blieb und von keiner Seite aufgebaut und modernisiert wurde, Ladenburg damit keinen militärischen Wert mehr hatte und so in den Windschatten der großen französischen Invasionskriege geriet.

## Die Kriege Ludwigs XIV. 1672–1679 und 1688–1697

Die von den Kardinälen Richelieu, 1624–1642 französischer Premierminister, und Mazarin, 1642–1660 in diesem Amt, begonnene Ausdehnungspolitik wurde von Ludwig XIV. noch hartnäckiger verfolgt. Dem dienten seine großen Kriege ebenso wie die Einrichtung der *Reunionskammern.* Diese „Wiedervereinigungskammern", in denen das Reich nicht vertreten war, sollten alle lehensrechtlichen Bindungen feststellen, die früher einmal zwischen Gebieten, die noch zum Deutschen Reich gehörten, und Gebieten, die 1552 bzw. 1648 an Frankreich abgetreten worden waren, bestanden hatten. Daraus wurden Besitzansprüche abgeleitet. Hatten diese Kammern einen entsprechenden Spruch gefällt, wurde das betreffende Gebiet annektiert. 1681 besetzten so mitten im Frieden französische Truppen die freie Reichsstadt Straßburg. Die Kurpfalz als nächster größerer Nachbar Frankreichs wurde in mehrfacher Hinsicht Opfer dieser Politik. Durch Reunionen wurden die Herzogtümer Pfalz-Zweibrücken und Pfalz-Veldenz und rund ein Viertel der linksrheinischen Gebiete der Kurpfalz der französischen Souveränität unterworfen, die sogenannten *Souveränitätslande.* In den kurpfälzischen Teilen führte Frankreich, verstärkt nach Aufhebung des Edikts von Nantes 1685, die Gegenreformation durch. Pfalz-Zweibrücken war davon nur durch seine Personalunion mit Schweden bewahrt; denn zwischen 1660 und 1721 waren die Könige von Schweden Karl X., Karl XI. und Karl XII. zugleich Herzöge und Pfalzgrafen von Zweibrücken.

In diesem Zusammenhang sollte sich die Heirat Liselottes, die von ihrem Vater ganz anders gedacht war, als ebenso verhängnisvoll erweisen wie die schwankende Politik des Kurfürsten selbst, der trotz der Annahme französischer Subsidien versuchte, sein Land von den weitausgreifenden Absichten Frankreichs freizuhalten. Frankreich andererseits wünschte sehr, seine Investitionen in die Pfalz verzinst zu sehen. Schon 1672 wollte es die Pfalz in sein Bündnis mit Schweden gegen Holland und den Kaiser ziehen; Karl Ludwig sollte sogar zu einem König von Austrasien unter französischer Oberhoheit werden[216]. Unter diesem Gesichtspunkt sieht die Pfalzzerstörung von 1689 und 1693 etwas anders aus, als wir sie normalerweise als Betroffene sehen wollen. Wie drastisch Frankreich den Kurfürsten „belehrte", zeigt die Invasion der Pfalz nach dem Scheitern des Bündnisangebots im Verlauf des Französisch-Holländischen Krieges 1672–1679, in den Kaiser und Reich auf Seite Hollands eintraten, die Pfalz also zwischen alle Stühle geriet.

1673 wurden aus der zu Frankreich gehörigen Festung Philippsburg mehrere tausend Mann in Marsch gesetzt mit der Order, den Neckar zu überschreiten, sich zwischen Ladenburg und Heidelberg festzusetzen und den Zuzug einer weiteren Armee, die schon in Deutschland operierte, abzuwarten. Französische *Ingenieurtruppen* = Pioniere beeindruckten die Ladenburger durch die schnelle Errichtung einer zweiten Neckarbrücke, nachdem schon eine von der Kurpfalz gestellt worden war. Noch mehr ängstigte sie der zwei Tage und Nächte währende Übergang großer französischer Truppenteile unter Marschall Turenne. Es braucht nicht gesagt zu werden, daß diese Truppenmassen in bekannter Manier aus dem Lande lebten und die Dörfer wieder einmal geplündert und gebrandschatzt zurückließen. Daraufhin schloß sich Karl Ludwig 1674 der antifranzösischen Koalition an und stellte zwischen Ladenburg und der Bergstraße sein Heer auf, um einen erneuten Vorstoß der Franzosen zu verhindern.

Doch kam es anders. Turenne besiegte bei Sinsheim die zur Verstärkung herannahenden Kaiserlichen und trat nun mit großer Überlegenheit gegen den Kurfürsten an. Dieser löste sein Heer auf und verlegte es in die umliegenden Festungen, vor allem nach Mannheim – Ladenburg war wegen des Sequesters dazu nicht mehr tauglich. Im Juni 1674 besiegte Turenne die lothringische Kavallerie vor Ladenburg, besetzte die gesamte pfälzische Bergstraße und schlug sein Hauptquartier in Großsachsen und Weinheim auf (8. 7.–14. 7. 1674). Dabei kam es zu scheußlichen Szenen zwischen der Landbevölkerung und französischen Soldaten bei ihren Fourage- und Plünderungszügen. Bald war das Land völlig ausgeplündert: *Der größere Theil der Bauern ging aus dem Lande, vorher rächten sie sich aber auf jede Art an den Soldaten. Sie verbrannten einige an kleinem Feuer, andere hingen sie an den Füßen auf und ließen sie so sterben, anderen rissen sie die Eingeweide heraus oder verstümmelten sie auf andere Weise und setzten sie an die Landstraße. Die Engländer, welche unter den Franzosen dienten, überließen sich, durch diese Unmenschlichkeit erbittert, ihren Gefühlen, brannten wie Furien mit Fackeln versehen die Dörfer an und ließen sich nicht einmal durch die ordre des Marschalls davon abhalten. Sie wurden dafür mit dem Tode bestraft*[217]. Daneben mutet das Verhalten des Kurfürsten geradezu rührend an, der Turenne daran erinnerte, daß sein reformierter Vater in der Pfalz Zuflucht gefunden habe. Er forderte ihn im Sinne eines mittelalterlichen Gottesurteils zum Duell auf, um dadurch sein Land vor der Plünderung durch 40.000 Franzosen zu schonen[218].

Nach dem Aussterben des Hauses Pfalz-Simmern mit dem Tode Kurfürst Karls 1685 meldete Ludwig XIV. Erbansprüche für Liselotte an ohne Rücksicht auf die reichsrechtlichen Nachfolgeregelungen, die die Nachfolge eines weiteren Zweiges der Zweibrücker Linie, nämlich die des Hauses Pfalz-Neuburg vorsahen. Dieser Erbanspruch löste 1688 den Pfälzischen oder Orleans'schen Erbfolgekrieg aus, der die völlige Verwüstung der Pfalz und ihrer Städte zur Folge hatte. Das Unglück begann mit dem Einmarsch von 20.000 Franzosen 1688 und gipfelte in einer ersten Zerstörungswelle 1689, der Speyer, Worms, Mannheim und in geringem Maße Heidelberg zum Opfer fielen. Ladenburg wurde am 22. 10. 1688 von General Montclar besetzt, teilweise in Brand gesteckt. Jahrelang wogte der Krieg in unserer Gegend hin und her, um 1693/94 einen zweiten Höhepunkt der Verwüstung zu erreichen. Jetzt galt der berüchtigte Befehl des französischen Kriegsministers Louvois, der für die Pfalz verbrannte Erde im Vorfeld Frankreichs bedeutete, wenn man sie schon nicht gegenüber der überlegenen *Liga von Augsburg* halten konnte. Jetzt wurde Heidelberg völlig verbrannt, das Schloß zerstört[219] wie auch das, was in den Dörfern und Städten an der Bergstraße und in der Rheinebene noch übrig war. Mannheim wurde dem Erdboden gleichgemacht und seinen vertriebenen Bewohnern die Wiederkehr verboten.

Auch 1693 kam Ladenburg glimpflich davon; die Stadt wurde ausgeplündert und teilweise verbrannt. Wie der meist ungestörte Bestand der Altstadthäuser noch heute zeigt, können die Brandschäden nicht allzu groß gewesen sein. Die St. Galluskirche und die sogenannten Chorherrenhäuser blieben ganz unversehrt. Diese auffällige Verschonung wird einmal dadurch erklärt, daß man die Franzosen auf den „Gründer" der Stadt, den Merowingerkönig Dagobert, aufmerksam gemacht habe und die Franzosen darin und in dem – allerdings dalbergischen – Lilienwappen an der Kirchenglocke eine fränkische Gemeinsamkeit gesehen hätten. Eine plausiblere Erklärung lieferten die Kapuziner, die behaupteten, daß Kirche und Stadt auf ihre Verwendung hin verschont worden seien.

Sie leiteten daraus das Recht ab, daß die Katholiken die St. Galluskirche in Zukunft zu besitzen hätten; denn das sei die Bedingung ihrer Verschonung gewesen. Plausibler ist diese Erklärung deshalb, weil auch der Orléans'sche Erbfolgekrieg zehn Jahre nach Aufhebung des Edikts von Nantes von Ludwig XIV. und nach der Glorreichen Revolution 1688 in England mit der Verhinderung der katholischen Erbfolge auch von Wilhelm III. von Oranien (Orange-Day in Nordirland!) durchaus noch als Religionskrieg geführt wurde. Daß die Kapuziner hier nicht ohne Einfluß waren, zeigt auch das Schicksal der von Ladenburger Kapuzinern versorgten Seckenheimer Kirche, die ebenfalls nicht verbrannt wurde. Auch bei der dritten Besetzung Ladenburg 1694 durch Marschall de Lorge mit 6.000 Mann passierte nichts. An Gelegenheit, Ladenburg niederzubrennen, hätte es den Franzosen ja wohl nicht gemangelt. Diese Interpretation wird noch durch die sogenannte Ryswyker Klausel im Frieden von 1697 gestützt, die den nun allerseits anerkannten Erben der Kurpfalz, Kurfürst Johann Wilhelm von Pfalz-Neuburg, verpflichtete, sämtliche von den Franzosen katholisch gemachten Ortschaften und Kirchen in diesem Stand zu lassen.

Auch der Spanische Erbfolgekrieg (1700–1714) hatte seine Folgen: Im Mai/Juni 1704 marschierte der Herzog von Marlborough mit 25.000 Mann englischer und holländischer Truppen bei Ladenburg über den Neckar, um sich bei Ulm mit der Reichsarmee des Prinzen Eugen zu vereinigen. Dabei wurde in Ladenburg Quartier gemacht. *John Churchill Duke of Marlborough,* bekanntlich ein direkter Vorfahr Winston Churchills, war Gast im Bischofshof als dem immer noch vornehmsten Haus am Platz. Er und die Österreicher unter dem Prinzen Eugen schlugen die Franzosen bei Blindheim/Höchstädt vernichtend[220]. Dieser für die Stadt glimpfliche Truppendurchmarsch sollte bis 1849 das letzte kriegerische Ereignis in Ladenburg ein.

In diesem Zusammenhang bietet es sich an, einen Überblick über die konfessionelle Zuhörigkeit der Ladenburger Kirchen zu geben:

1565 ließ Kurfürst Friedrich III. die St. Galluskirche (und auch die St. Martinskirche) von allem katholischen Zierat räumen und dem Bischof wegnehmen.

1576–1583 gab es unter dem Lutheraner Ludwig VI. eine gemeinsame Benutzung der Kirche. Katholischer Gottesdienst war nur im Bischofshof in St. Sebastian möglich. Danach blieb ein Teil der Bevölkerung katholisch und lutherisch.

Von 1576–1623 war St. Gallus reformierte Hauptkirche und Sitz eines reformierten Inspectors = Dekans. Dem Bischof wurde auch sein Recht im Bischofshof bestritten.

1624 – Beginn der Gegenreformation, die zwischen 1633 und 1634 durch die Schweden unterbrochen wurde. 1624–1626 befanden sich zwei Kapuziner an der St. Galluskirche., die jedoch 1626 wieder abzogen. Ladenburg wurde von den Kapuzinern aus Heidelberg versehen.

1634 kamen die Kapuziner in den Besitz der St. Galluskirche.

1649 behauptete der Bischof die St. Galluskirche, indem er in Ladenburg auch die Katholiken aus den wieder reformiert gewordenen pfälzischen Nachbardörfern aufnahm. Gegen Zusicherung ungestörten Gottesdienstes in St. Sebastian räumte er 1651 die St. Galluskirche. Die Kapuziner aus Heidelberg, die dort von Karl Ludwig ausgehungert werden sollten, waren bis Oktober 1649 alle nach Ladenburg gekommen.

1651–1693 – Nach dem pfälzischen Normaljahr 1618 wurde die St. Galluskirche wieder reformiert und blieb Sitz des Inspectors bis zum 21. 5. 1693.

1665 erhielten die Lutheraner Gottesdienstverbot und mußten nach Birkenau ausweichen. Erst 1693 konnten sie sich wieder in Ladenburg niederlassen, wo sie 1705 im Kettenheimer Hof Gottesdienst feierten. Die Kapuziner hielten sich im Bischofshof St. Sebastian mit einer Niederlassung. Von hier aus stellten sie auch die Pfarrer in den Orten des Bergsträßer Rezesses Seckenheim, Dossenheim und Handschuhsheim und der Deutschordenspfarrei in Weinheim.

Ab 1685 versah ein Ladenburger Kapuziner den katholische Gottesdienst an der Mannheimer Konkordienkirche.

Während der Sequestrationszeit blieben die Reformierten im ungestörten Besitz der Galluskirche. Der kaiserliche Sequester hatte auch auf die Einhaltung des status quo in der Religion zu achten.

21. 5. 1693 – Nach Besetzung der Stadt durch die Franzosen erhoben die Kapuziner Ansprüche auf St. Gallus, die vom Wormser Bischof unterstützt wurden. Den Reformierten wurde der Simultangebrauch angeboten. Als die Franzosen die Kirche den Reformierten überlassen wollten, kam es zu Tumulten. Bischof Ludwig Anton, zugleich Deutschmeister, schickte 30 Soldaten, um den Anspruch der Kapuziner zu verteidigen.

Am 4. 3. 1694 beklagte sich Kurfürst Friedrich III. von Brandenburg bei Kurfürst Johann Wilhelm über die Bedrückung der Ladenburger Reformierten. Dieser wußte von nichts und verwies ihn in an den kaiserlichen Sequester.

Die Kirche blieb seitdem katholisch und war ein Anlaß des Pfälzer Kirchenstreits unter Johann Wilhelm im Gefolge des Ryswyker Friedens: 1698 – Simultaneum = Nutzung der Kirche durch alle Konfessionen eines Ortes fand auf Ladenburg keine Anwendung, da die Katholiken und der Bischof die Bestimmungen des Ryswyker Friedens auf Erhalt der durch die Franzosen katholisch gewordenen Kirchen auch auf Ladenburg bezogen.

1698 – Verlegung des Ordenshospizes der Kapuziner von Ladenburg nach Mannheim (vgl. die dortigen Kapuzinerplanken). Ladenburg wurde wieder Sitz des katholischen Landkapitels.

26. 5. 1699 – Abzug des letzten Kapuziners Justus von Cochem und Übernahme der Pfarrei durch Weltgeistliche. Der erste katholische Pfarrer und Dekan war Karl Theodor von Royer, sein Nachfolger wurde am

*Zu Abb. 40: No 1 unsere Behausung (Geheimrat von Otto Wwe); No 2 Die Pforte am ersten Schloßhoff mit bischöflichem wappen; No 3 der fordere schloßhoff; No 4 daß Thor für unser gartentor unter der schloßmauer; No 5 daß Lustgartenthor; No 6 der kleine Zwinger, welcher der Hoffkammer (ist); No 7 die brück in Lustgarten; No 8 der große zwinger, welcher auch der Hoffkammer; No 9 der innere Schloßgraaben linker hand biß an den stein, wo mit der schloßgraaben unterschieden; No 10 Der stein, wo mit der schloßgraaben abgesteint; No 11 Daß stücklein stadtgraaben, welches mir von der stadt in Erbbestand verkaufft No 12 unßer wingert; No 13 der fuchßgraaben; No 14 der pflantzgarten; No 15 Ein graaßwaßen; No 16 dier mauer unteen am lustgarten; No 17 der ander schloßgraaben; No 18 der schloßgraaben, welcher der Hirschgraaben genant; No 19 der letzte schloß Zwinger; No 20 Ein bau von dem schloß (Wohnbau mit Treppenturm); No 21 der pfaffenturm; No 22 der herrschaftliche stall; No 23 der turm, so der nechst bey dem eingang am schloß; No 24 die Kapuzinerkirch (St. Sebastian); No 25 der letzte schloßhoff; No 26 die scheüer, so im schloßhoff; No 27 die Cantzley im schloß (Fürstenbau); No 28 Turm im fordern schloßhoff; No 29 Noch ein alter Turm im letzten schloßhoff; No 30 die Stattmauer; No 31 ein alter statt Turm.*

1. 5. 1701 Anton Wallreuther (bis 10. 1. 1706). damit war die ordentliche Seelsorge im Bistum Worms wieder errichtet.

1705 ließ die Pfälzer Kirchendeklaration und -teilung St. Gallus den Katholiken. Nach langen Verhandlungen erhielten die Reformierten 1708 den Mönchhof und einen Zuschuß zum Bau ihrer eigenen Kirche.

Dieser 140-jährige erbitterte Konfessionskampf trieb üble Blüten der Unduldsamkeit und des nackten Hasses: 1649 verbot Karl Ludwig seinen Untertanen, den Kapuzinern in Heidelberg irgendetwas zur Ernährung verkaufen, so daß diese wochenlang hungerten, bis sie paarweise nach Ladenburg abzogen, um beim Bischof unterzukommen. Wo sie sich zeigten, wurden sie angerempelt, ihnen die Bärte ausgerissen, sie Wölfe, Heuchler, Teufel und Verführer genannt, mit Steinen und Kot beworfen. Bei der Übernahme der katholischen Kirchen durch die Reformierten nach dem Dreißigjährigen Krieg geschah ein zweiter Bildersturm, der sich besonders auf die Schändung des Kruzifixes erstreckte, das überhaupt zum Hauptunterscheidungsmerkmal geworden war, für Reformierte ein Götzenbild, für Katholiken das höchste Zeichen ihres Glaubens. Hier spielte die berühmte Ladenburger Geschichte vom Heilmannskreuz, die wahrscheinlich mit der Konversion dieser wichtigen ursprünglich seit 1560 reformierten Familie Heilmann zum Katholizismus zusammenhängt.

Es handelt sich um ein typische Wunderlegende, wie sie von den Kapuzinern gern verbreitet wurde. Johann Heilmann (1625–1725)[221], Schönauer Keller zu Schriesheim, hatte am Weg nach Schriesheim ein Wegkreuz errichtet. Diesem schoß im Dreißigjährigen Krieg ein Schwede in den Arm, doch die Kugel prallte ab. Das Kreuz wurde daraufhin nach Schriesheim in die Heilmannsche Kellerei gebracht. Nach ein paar Tagen war es verschwunden und wurde von Heilmanns Magd unter einem Misthaufen gefunden. Heilmann ließ das Kreuz von dieser Magd nach Ladenburg in Sicherheit bringen. Als sie mit dem umgekehrt geschulterten Kreuz durch die Straßen ging, wurde sie von vielen Calvinisten verspottet: Sie zieht ihren Herrgott im Dreck! Er wird noch närrisch werden, wenn er so lange kopfunter hängt. u.a. Sie ließ sich nicht beirren. Die Lästerer erlitten ihre gerechte Strafe durch Unglücksfälle. Heilmanns Sohn Peter (1670–1756)[222], an einer Hautkrankheit erkrankt, richtete das Kreuz wieder her und wurde prompt gesund. Die Kapuziner brachten es in einer großen Prozession 1693 in die Galluskirche. Für das Kreuz wurde der Kreuzaltar an der Nordseite gestiftet. Bis ins 20. Jh. wurde es als wundertätig hoch verehrt[223].

### Das Ende des Kondominats 1705

Das katholische Kurhaus Pfalz-Neuburg zeichnete sich durch großen Kinderreichtum aus, als der Herzog von Neuburg, Jülich und Berg Philipp Wilhelm 1685 Kurfürst von der Pfalz wurde. Er hatte 13 Kinder, acht Söhne und fünf Töchter. Er setzte sie ein, um die Machtstellung seines Hauses systematisch zu fördern. Seine Töchter verheiratete er mit Kaiser Leopold I., mit den Königen von Polen, Portugal und Spanien und dem Herzog von Parma-Piacenza. Seine Söhne Johann Wilhelm, 1690–1716, und Karl Philipp, 1716–1742, der erst kaiserlicher Feldmarschall, Fürstbischof von Breslau und polnischer Königskandidat war, folgten ihm nach als Kurfürsten von der Pfalz und Herzöge von Neuburg, Jülich und Berg. Die anderen Söhne wurden kaiserliche Generäle und hohe Geistliche, Domherren und Bischöfe. Ludwig Anton war Deutschordensmeister, als er 1691 Bischof von Worms wurde. Nach seinem frühen Tod folgte ihm sein Bruder Franz Ludwig, 1694–1732 Bischof von Worms, 1710 Abt von Prüm und Stablo, 1716 Erzbischof und Kurfürst von Trier und 1729 auch Erzbischof und Kurfüsrt von Mainz.

Mit dieser Konstallation ergab sich die Chance, die Kondominatsfrage im Einvernehmen zu lösen, zumal auch die leidige konfessionelle Spannung zwischen Worms und Pfalz durch das inzwischen katholische Kurhaus aufgehoben war. Es lag also nicht mehr im pfälzischen Interesse, die Kondominatsfrage mit der Verdrängung des Katholizismus in den Kondominatsorten zu verbinden. Man dachte an die Auflösung aller wormsisch-pfälzischen Kondominate, indem man die einzelnen Orte

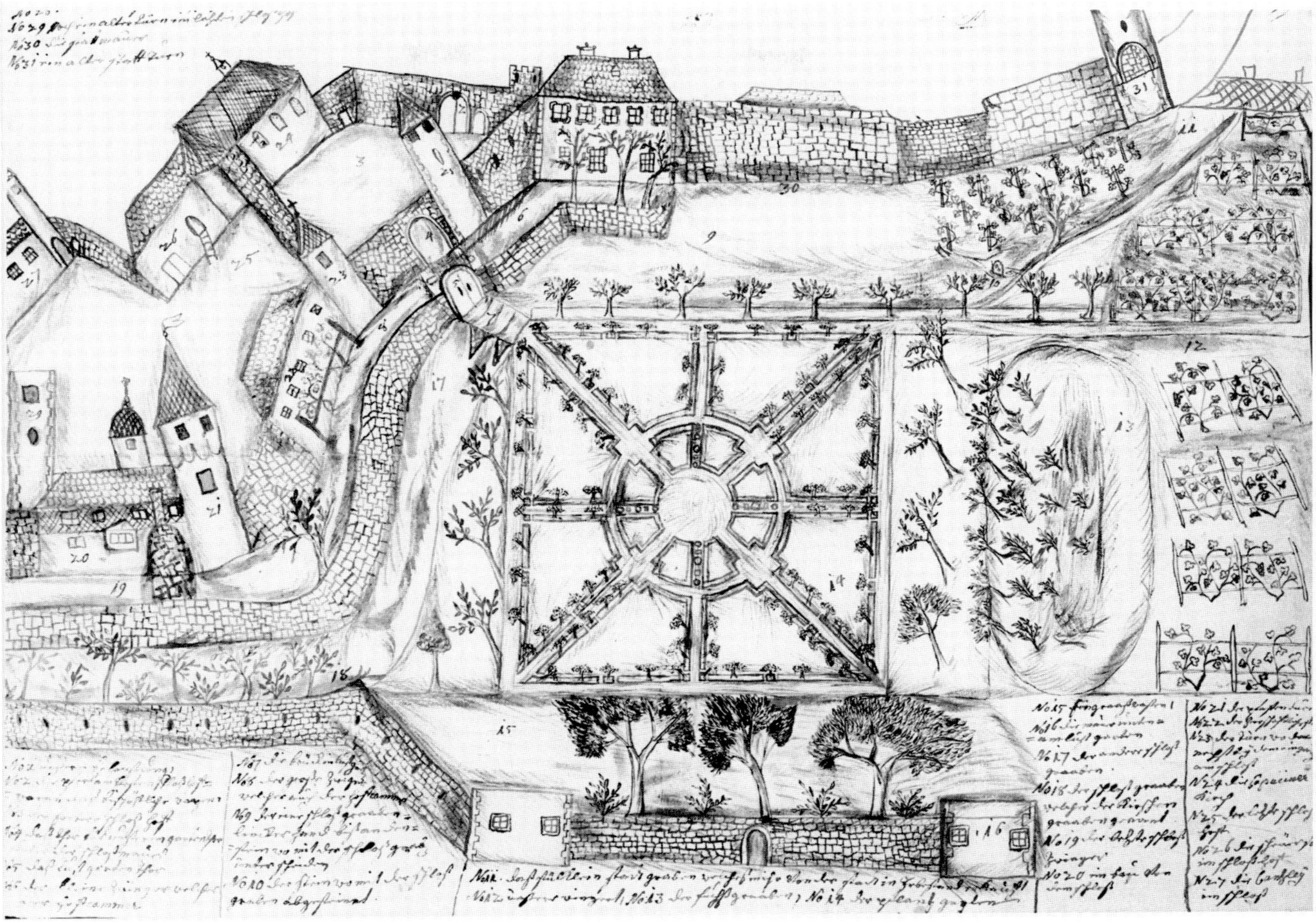

*Abb. 40: Plan von 1732 (GLA 210/362 J.B. Ladenburg 8). Dieser unbeholfene Plan stellt den Bischofshof dar, wie er als verlassene und inzwischen im Baubestand altmodische Residenz aus dem Mittelalter überkommen war. Der Plan, der gerade in seiner Unbeholfenheit genau ist, beschreibt den Bestand (siehe die Transskription in gegenüberliegender Marginalie).*

aufteilte. Damit war der kaiserliche Sequester überflüssig geworden und wurde folgerichtig aufgehoben. Der Hauptvertrag vom 2. 9. 1705 teilte Ladenburg einschließlich des Bischofshofs, Neckarhausen, die Bergstraßenorte Hemsbach, Sulzbach, Laudenbach und die Odenwalddörfer Altenbach, Ringes und Heubach der Pfalz zu, die Kellerei Stein mit Lampertheim und Dirmstein wurden ganz wormsisch. Darüber hinaus einigte man sich über die Kreisdirektion im Oberrheinischen Reichskreis und über die Wildfangrechte. Am 11. 8. 1706 erfolgte die Huldigung der Ladenburger gegenüber dem Pfalzgrafen und am 7. 8. 1708 trat der Vertrag in Kraft. Aus den ehemals Wormser Orten bildete die Pfalz das Oberamt Ladenburg, aus dem Bischofshof wurde der kurpfälzische Amtshof. Unberührt von diesem Gebietstausch blieb der grundherrschaftliche Besitz der Wormser Kirche und des Domkapitels. Der Wormser Domhof war weiterhin die Schaffnerei für alle Abgaben zugunsten des Domkapitels in der Umgebung[224].

Damit waren 350 Jahre gemeinsamer Herrschaft des Hochstifts Worms und der Kurpfalz in Ladenburg zu Ende gegangen. Diese Herrschaft hatte im 14. und 15. Jh. zur größten Blüte der Stadt geführt, als der Wormser Bischof als „pfälzischer Landesbischof" in den engsten Kreis des vielgliedrigen pfälzischen Staatsverbandes gehörte. Den Höhepunkt markierte zweifellos das Pontifikat Johanns von Dalberg 1482–1503. In den 150 Jahren der Reformation und Gegenreformation aber schlug die Einvernehmlichkeit zum Wohl der Stadt in Religionshaß und Fanatismus um, in der die Pfalz versuchte, die Säkularisation des Bistums mit der Vernichtung des Katholizismus zu verbinden. Durch den für die Pfalz katastrophalen Ausgang des Dreißigjährigen Krieges war dafür fast alles verspielt, im Gegenteil, der uralte Gegner Kurmainz erhielt die Gelegenheit, längst aufgegebene territoriale Ansprüche bis vor die Tore Heidelbergs erfolgreich zu vertreten. Das sehr beschädigte, fast schon aufgegebene Fürstbistum Worms konnte sich durch die Bistumsanlehungen an Mainz so weit regenerieren, daß es im 18. Jahrhundert – allerdings in kleinerem Maße als im Mittelalter – wieder lebenskräftig wurde. In Ladenburg zeigte sich das darin, daß die grundlegenden kirchlichen Spannungen ausgestanden waren und der jeweilige Bestand respektiert wurde.

## Anmerkungen

1 Vgl. dazu neben SCHAAB: Kurpfalz I, COHN, H.: The Government of the Rhine Palatinate in the Fifteenth Century, Oxford 1965.
2 SCHAAB: Bischofsresidenz, S. 86.
3 Vgl. S. 303.
4 SCHAAB/HEUKEMES: Ladenburg und Wimpfen im Tal S. 38–56.
5 SCHANNAT II nr 140 und BOOS: Städtekultur I, S. 535.
6 Vgl. oben S. 324 und SCHÜTZE: Territoriale Entwicklung, S. 173/74 und 209 folgt hier, was die Stellung Seckenheims zum Amt Schauenburg angeht, Widder und damit der Mainzer Konstruktion aus der Zeit nach 1623, als es um den Versuch von Kurmainz ging, Seckenheim als alten Teil des Amtes Schauenburg zu beanspruchen. Das ist falsch, was schon die Heidelberger Kanzlei unter Maximilian von Bayern feststellte (GLA 229/96392). Seckenheim kam schon 1247 an die Kurpfalz und hatte mit Kurmainz bis 1623ff nichts mehr zu tun. vgl. PROBST: Seckenheim, S. 477–491.
7 Vgl. S. 305–309.
8 Das Neckartor befand sich unmittelbar südlich des valentinianischen Burgus, s.S. 304. Die Brücke in seiner Verlängerung wurde von Heukemes bei seinen Ausgrabungen im Burgus nachgewiesen. HEUKEMES: Burgus, Abb. 2 und S. 472.
9 Vgl. S. 366f.
10 AKB III, S. 619.
11 RPR I 1109.
12 „Spätestens 1284 überquerte der Verkehr bereits auf einer Brücke bei Heidelberg den Neckar." und SCHAAB, M.: Anfänge Heidelberg. In : ZGO 106 (1958), S. 256.
13 Mündliche Mitteilung HEUKEMES.
14 StA Darmstadt, Hs 148f 350.
15 Mündliche Mitteilung HEUKEMES und Kunstdenkmäler, S. 180.
16 JÜRGENSMEIER: Worms, S. 118.
17 QuGSTWo nr 871.
18 QuGSTWo nr 873.
19 RPR II 314, 3715 und 3742.
20 ZORN: Chronik, S. 152–162.
21 Dieser sehr wichtige und einflußreiche Theologe in der Zeit des großen Schismas hat früh die Aufmerksamkeit der Wissenschaft erregt. Literatur: SOMMERLAD, Th.: Matthäus von Krakau, Halle 1891; FRANKE, F.: Matthäus von Krakau – Bischof von Worms 1505–1410. Diss Greifswald 1910; HEIMPEL, H.: Zu zwei Kirchenreformtraktaten des beginnenden 15. Jahrhunderts: Die Reformschrift „De praxi curiae Romanae" (Squalores Romanae curiae 1403) des Matthäus von Krakau und ihr Bearbeiter – Das „Speculum aureum de titulis beneficiorum" (1404/05) und sein Verfasser. In: Studien zur Kirchen- und Reichsreform des 15. Jahrhunderts II (1975); DERS.: Der verketzerte Matthäus von Krakau. In: Festschrift für W. Schlesinger Bd. 2, Köln/Wien 1974, S. 443–455.
22 WINKELMANN, E. (Hg.): Urkundenbuch der Universität Heidelberg Bd. 1, Heidelberg 1886, Nr. 65.
23 Kunstdenkmäler, S. 151.
24 SCHANNAT I, S. 411.
25 Diese bedeutenden Kunstwerke wurden beim Abbruch des Saals 1885 vom Mannheimer Altertumsverein abgenommen und im Mannheimer Schloßmuseum aufbewahrt. Dort sind sie im Zweiten Weltkrieg zerstört worden.
26 Inschriften RNK II, S. 32.
27 GLA 210/362 von 1732 s. Abb. 40 auf S. 421.
28 Kunstdenkmäler, S. 151 und 156–159.
29 Kunstdenkmäler, S. 193/194.
30 JÜRGENSMEIER: Worms, S. 151.
31 S. Beitrag WIEGAND, S. 427–462.
32 JÜRGENSMEIER: Worms, S. 183.
33 Das Wormser Synodale von 1496. Bearb. und hg. von F. v. WEECH. In: ZGO 27 (1875), S. 227–326 und 385–454
34 Zu diesem Krieg, der die größte Katastrophe der Pfalz vor dem 30-jährigen Krieg war, vgl. SCHAAB: Kurpfalz I, S. 213–219 mit Karten.
35 JÜRGENSMEIER: Worms, S. 154 und 157.
36 JÜRGENSMEIER, Worms, S. 154–163.
37 THIELE, A.: Erzählende genealogische Stammtafeln zur europäischen Geschichte Bd. I/1, 3.A. Frankfurt 1997, T 179.
38 JÜRGENSMEIER: Worms, S. 165.
39 JÜRGENSMEIER: Worms, S. 185.
40 HEUKEMES hat diesen Durchgang zwischen zwei Türmen durch Grabung gesichert. S. 294 Abb. 2.2 seine Rekonstruktion des Zustandes von 1620.
41 Kunstdenkmäler, S. 180/181.
42 Kunstdenkmäler, S. 186 und Inschriften RNK II, S. 94f.
43 Heute im Lobdengaumuseum. Kunstdenkmäler, S. 189 und Inschriften RNK II, S. 113f.
44 JÜRGENSMEIER: Worms, S. 209.

[45] „Die Bistumsanlehnungen" JÜRGENSMEIER: Worms, S. 206–210.

[46] HEUKEMES, B.: Die Entdeckung der unbekannten Gruft des Wormser Bischofs Ludwig Anton von Pfalz-Neuburg (1691–1694) im Chor der St. Sebastiankirche. In: Der Lobdengau 23, 3 (1970).

[47] SCHAAB: Kurpfalz II, S. 277 Anm. 18 führt diese Umstände auf die Sorge vor französischen Grabräubern zurück, die gerade in Speyer und Worms bei der großen Pfalzzerstörung übel gehaust hatten. Aber auch nach Beendigung des Krieges wurde die feierliche Bestattung nicht nachgeholt, obwohl noch alle seine Brüder in Amt und Würde waren.

[48] HEUKEMES lt. Auskunft des Gerichtsmedizinischen Instituts der Universität Heidelberg.

[49] Im Sinne der oben festgestellten „Einung" zwischen Ministerialen und führenden Bürgerfamilien sind diese auch durch Grabmäler in St. Gallus vertreten.

[50] S.S. 312.

[51] BOOS: Städtekultur II, 13

[52] RPR I 3188.

[53] RPR I 5191.

[54] RPR II 1191.

[55] RPR II 2954, 3429, 3594, 4488, 4678, 5118 und 4891.

[56] RPR II 1191 und 4891.

[57] RPR II 5187.

[58] RPR II 1066/67 und RPR II 2755.

[59] RPR II 5140.

[60] Vgl. auch SIEVERT: Ladenburg, S. 31/32.

[61] Kunstdenkmäler, S. 163 und MÖLLER: Stammtafeln IV, S. 178/79.

[62] SIEVERT: Ladenburg, S. 95 und Inschriften RNK II, S. 13/14: Ein Johannes Leo de Laudenburg war 1410 und 1414 an der Universität Heidelberg immatrikuliert, TOEPKE I, 114 und 124. Im Schatzungsregister von 1439 taucht unter der Nr. 89 ein *Diethel Leuwen Dochtermann* auf, der die hohe Summe von 49 fl steuert, also zu den wohlhabenden Bürgern zählt vgl. S. 379.

[63] Kunstdenkmäler, S.159.

[64] Kunstdenkmäler, S. 168/69 und Inschriften RNK II, S. 40–42.

[65] Thesaurus Palatinus Nr. 5. Kunstdenkmäler, S. 170/71 und Inschriften RNK II, S. 64/65.

[66] Thesaurus Palatinus Nr. 9 nach Kunstdenkmäler, S. 174 und Inschriften RNK II, S. 91.

[67] Inschriften RNK II, S. 61.

[68] Thesaurus Palatinus Nr.7 nach Kunstdenkmäler, S. 173 und Inschriften RNK II, S. 71.

[69] Thesaurus Palatinus Nr. 8 nach Kunstdenkmäler, S. 171f und Inschriften RNK II, S. 75.

[70] *Ringer Zahl* bedeutet Angabe der Jahreszahl ohne das Jahrhundert. Kunstdenkmäler, S. 201–203 und Inschriften RNK II, S. 101/102.

[71] Kunstdenkmäler, S. 172 und Inschriften RNK II, S. 119.

[72] Hier handelt es sich um die neuen Adelsgeschlechter, die mit den katholischen Neuburgern in die Pfalz gekommen waren. Der in der Regel evangelisch gewordene alteingesessene Adel der früheren Reichsritterschaft war großenteils ausgestorben und seine Güter, soweit sie pfälzische Lehen waren wie z.B. die Erlenburg in Ilvesheim, an die Kurfürsten zurückgefallen. Diese gaben sie an die neuen Geschlechter wie z.B. in Ilvesheim an die Hundheim. Ein beeindruckendes Beispiel für diesen jüngeren katholischen Adel bieten in nächster Nachbarschaft die Grafen Oberndorff in Neckarhausen. Kunstdenkmäler, S. 168 und 172.

[73] AKB III, S. 624; Kunstdenkmäler, S. 232f; DÖPFNER, E. In: Lobdengau 17 (1963), 1–2.

[74] MÖLLER: Stammtafeln III, S. 191–194 und KEHRER, H.H.: Die Familie von Sickingen und die deutschen Fürsten 1262–1523. In: ZGO 127 (1979), S. 71–158 und ZGO 129 (1981), S. 82–188.

[75] AKB III, S. 623; Kunstdenkmäler, S. 228–232; MÖLLER: Stammtafeln; Der Lobdengau 18, 3 (1965).

[76] AKB III, S. 641.

[77] AKB III, S. 643.

[78] AKB III, S. 619.

[79] MÖLLER: Stammtafeln III, S. 256/57.

[80] MÖLLER: Stammtafeln III, S. 277–283.

[81] MÖLLER: Stammtafeln I, S. 62.

[82] Kunstdenkmäler, S. 230/31 und Inschriften RNK II, S. 120.

[83] AKB III, S. 623; Kunstdenkmäler, S. 227; Ev. Oberkirchenrat KA C 3329: Grund- und Aufrisse für das ev. Kollekturhaus von 1749; GLA 66/4914/274 Lageplan des ehemaligen Hirschbergerhofes von 1822; MÖLLER: Stammtafeln.

[84] Vgl. S. 326 und BRUNN: Schriesheim, S. 23–30; MÖLLER: Stammtafeln III, S. 224–227.

[85] Abb. im Thesaurus Palatinus Nr. 2 und Nr. 9 nach Kunstdenkmäler, S. 173 und 174 und Inschriften RNK II, S. 44.

[86] AKB III, S. 623; Kunstdenkmäler, S. 224–226; MÖLLER: Stammtafeln; Der Lobdengau 18,3 (1965).

[87] MÖLLER: Stammtafeln I, S. 75/76.

[88] MÖLLER: Stammtafeln I, S. 106/07.

[89] AKB III, S. 623/24; Kunstdenkmäler, S. 221–224 und Inschriften RNK II, S. 106; MÖLLER: Stammtafeln; Der Lobdengau 16,2 und 3 (1963).

[90] Inschriften RNK II, S. 102.

[91] WÜRDTWEIN Chron Schön nr 41, S. 145.

[92] Vgl. S. 313 und auch ZORN: Chronik, S. 110.

[93] Umso bemerkenswerter ist die nach dem Brand von 1959 vom LDA erteilte Anweisung auf Abbruch, dem die Stadtverwaltung unter BM Schulz widersprach. Das Objekt wurde verkauft und erneuert.

[94] MÖLLER: Stammtafeln III, S. 250/51.

[95] MÖLLER: Stammtafeln III, S. 175–78.

[96] MÖLLER: Stammtafeln NF II, S. 116/17.

[97] AKB III, S. 624; Kunstdenkmäler, S. 221; Der Lobdengau 18,3 (1965).

[98] AKB III, S. 624.

[99] Literatur: AKB III, S. 624, Kunstdenkmäler, S. 240 und 242 und Inschriften RNK II, S. 6.

[100] Vgl. Anm. 62 und Gud Syll nr 128, S. 258.

[101] SCHUCH/MONE. In ZGO 7 (1856), S. 384 und Inschriften RNK II, S. 33/34.

[102] Gemeint ist das Interdikt von 1499 und der Auszug des Domkapitels und des ganzen Klerus aus Worms. Das Domkapitel hielt sich damals in Ladenburg auf, s.S. 354.

[103] Kunstdenkmäler, S. 170. und Inschriften RNK II, S. 57.
[104] StbLad I, S.145/46.
[105] KibLad II nr 2142.
[106] Kunstdenkmäler, S. 172 und 241/42.
[107] StbLad I, S. 115–117 und KibLad unter Heilmann.
[108] KibLad I nr 1189 und II nr 1135 und 1143. Zur Geschichte dieses Kruzifixes vgl. unten S. 420.
[109] Reichhold, G.: Ladenburger Wehrbücher, Ladenburg 1988–1992. Hier Bd. III, S. 114.
[110] Reichhold, WbLad IV, S. 299.
[111] Kunstdenkmäler, S. 173.
[112] Vgl. oben 314ff.
[113] Probst: Seckenheim, S. 30 –39 und ders.: Das Seckenheimer Ried und seine Riedgemeinde als Beispiel einer Weidegenossenschaft in der Rheinaue. In: Badische Heimat 66 (1986), S. 147–159.
[114] Vgl. dazu Blickle, P.: Der deutsche Untertan – ein Widerspruch. München 1981 und für unseren Raum die beiden Bände der Weistümer, die K. Kollnig herausgegeben hat: Kollnig: Weistümer Schriesheim und Ders.: Weistümer Kirchheim.
[115] Vgl. die Liste auf S. 381 Nr. 259. und Schuba, L.: Münsinger (Krauel) Heinrich. In: LexMA 6 (1992), Sp. 912–913 und Verfasserlexikon 2.A. Bd. 6, S. 783–790.
[116] Vgl. oben S. 316f.
[117] Vgl. dazu die Darstellung der frühneuzeitlichen Stadtverwaltung nach den Ämterbüchern in diesem Band von G. Lorsong: Entwicklung der Bevölkerungszahl und -struktur sowie der Stadtverwaltung vom 16. Jh. bis 1900, S. 463–486, vor allem Kapitel 3: Städtische Amtsstrukturen, S. 474–481.
[118] GLA 67/3482, gedruckt in: NAGHeidPf 5 (1903), S. 1–68 und S. 126–166.
[119] AKB III, S. 619.
[120] Pfälzisches Steuerbuch GLA 66/12049, hg. von F. von Weech. In: ZGO 28 (1876), S. 467–483. In dieser ist Ladenburg nicht enthalten, weil die Pfalz noch nicht Ortsherr war.
[121] Zur Nachnamenbildung vgl. Bauer, G.: Namenkunde des Deutschen, Bern 1984, S. 204–219.
[122] Probst: Seckenheim, S. 369.
[123] Vgl. oben S. 361 und S. 317(Abt Riecher).
[124] Vgl. oben S. 317.
[125] GLA 77/7700.
[126] OrhStR I, S. 699–701.
[127] Vgl. Kollnig, Anm. 114.
[128] Schannat II nr 266.
[129] Vgl. S. 330–332.
[130] RPR II 2965.
[131] AKB III, S. 643.
[132] Vgl. S. 333.
[133] AKB III, S. 622.
[134] GudSyll.
[135] AKB III, S. 622.
[136] CL 137 und 3651.
[137] GLA Sp 43/108.
[138] GLA 63/4; 63/9; 63/12; 63/16–79–24–27–23–39.
[139] ORhStR I, S. 701/02 und StbLad I, S. 64–66.
[140] Vgl. dazu die Darstellung der Schlacht bei Seckenheim und ihrer Fortwirkung in Probst: Seckenheim, S. 376–403.
[141] Für die Praxis unter Johann Casimir und Friedrich IV. vgl. Probst: Seckenheim, S. 175/76.
[142] Das Reisbuch von 1504, hg. von F.v. Weech. In: ZGO 26 (1874), S. 137–264
[143] Reisbuch, S.149.
[144] Reisbuch, S. 143.
[145] Reisbuch, S. 161.
[146] Reisbuch, S.174/175.
[147] Das Wormser Synodale, hg. von F. Weech. In: ZGO 27 (1875), S. 227–326 und 385–454, künftig WS.
[148] Frankfurter Stadtarchiv Reichssachen Nachträge 2449, Bistum Worms III, Faszikel II, f 9r, künftig Steureg.
[149] Vgl. auch Falk, F.: Das Wormser Synodale von 1496. In: Archiv für katholisches Kirchenrecht 55 (1886), S. 436ff.
[150] StA Darmstadt, Hs 148, 307.
[151] und [152] Schannat I, S. 36.
[153] Fütterer, P.: Neckarhausen – Geschichte und Gegenwart, Bretten 1973, S. 93–96.
[154] Steuerregister II 9r.
[155] Glasschröder, F. X.: Neue Urkunden zur pfälzischen Kirchengeschichte, Speyer 1930, S. 280.
[156] Nach Eberhard, H.: Die Diözese Worms am Ende des 15. Jhs., Münster 1919, S. 146.
[157] Schannat I, S. 56 und WS in ZGO 27 (1878), S. 388.
[158] Würdtwein: Chron Schön, S. 92.
[159] QuGStWo II 355.
[160] WS, S. 413.
[161] Schannat I, S. 15.
[162] Vgl. S. 309 u. 354.
[163] AKB III, S. 633–634.
[164] Schuch, S. 143.
[165] Vgl. zum ganzen Zehnt- und Pfründkomplex AKB III, S. 628.
[166] Den Kernbestand spätmittelalterlicher Theologie und Kirchenwesens stellte er 1520 in seinen drei großen Reformationsschriften in Frage.
[167] Probst, V.: Philipp Melanchthons Studienjahre in Heidelberg. In: MGBl 4 (1997), S. 83–105.
[168] Zur Mühlen, K. - H.: Die Heidelberger Disputation Martin Luthers vom 26. April 1518. In: Semper apertus I (1985), S. 188–212.
[169] Zorn: Chronik, S. 253/54.
[170] Deutsche Reichstagsakten, Jüngere Reihe Bd. 2, Nr. 249 und Böcher, O.: Das Wormser St. Andreasstift und der Beginn der Reformation in Worms. In: BPfKG 50 (1983), S. 194–198.
[171] Wir folgen hier Schuch: Ladenburg, S. 151–157, der breit nach den Quellen zitiert.
[172] Schuch: Ladenburg, S. 152.
[173] HbKiG IV (1984), S. 302.
[174] Schuch: Ladenburg, S. 154.
[175] GLA 67/978, S. 575.
[176] GLA 77/4272 S. 184–211. Gedruckt Biondo, G.: Bericht und Bedenken über die erste kurpfälzische Kirchenvisitation im Jahre 1556. In: JHKGV – Jahrbuch des hessischen Kirchengeschichtsvereins 10 (1959), S. 1–41.

[177] GLA 77/4272, S. 185.
[178] GLA 77/4272, S. 192.
[179] GLA 77/4272, S. 195.
[180] GLA 77/4272, S. 208.
[181] GLA 67/978, S. 575.
[182] GLA 77/4272, S. 81 und 82.
[183] GLA 77/4277, S. 75.
[184] GLA 77/ 4277, S. 81 und 82.
[185] ROTT, H.: Kirchen- und Bildersturm. In: NAGHeidPf 6 (1905), S. 233.
[186] ROTT: Bildersturm, S. wie oben (vgl. Anm. 185).
[187] Der lateinische Bericht darüber vom 26. 2. 1557 stammt von dem aus Straßburg gekommenen Prediger Johann Flinner und ist bei ROTT: Bildersturm, S. 236–238 abgedruckt.
[188] SCHINDLER, N.: Widerspenstige Leute – Studien zur Volkskultur in der frühen Neuzeit, Frankfurt 1992. Über die Fastnacht in diesem Zusammenhang MEZGER, W.: Narrenidee und Fastnachtsbrauch, Freiburg 1989.
[189] SCHUCH: Ladenburg, S. 156/57.
[190] SCHUCH: Ladenburg, S. 165.
[191] ROTT: Bildersturm, S. 247–251 und FABRY, Ph.W.: Das St. Cyriakusstift zu Neuhausen bei Worms. In: Der Wormsgau Beiheft 17 (1958).
[192] SCHUCH: Ladenburg, S. 169–171.
[193] SCHANNAT II nr 326, S. 432.
[194] SCHANNAT I nr 54, S. 435/36.
[195] Zum Ganzen auch JÜRGENSMEIER: Worms, S. 173–193.
[196] SCHUCH: Ladenburg, S. 190/91.
[197] Ich verweise für diesen riesigen Komplex auf die gängigen historischen Handbücher und deren Literaturverzeichnisse. Für interessierte Laien nenne ich eine ganz neue Veröffentlichung: LAHRKAMP, H.: Dreißigjähriger Krieg – Westfälischer Friede. Eine Darstellung der Jahre 1618–1648 mit 326 Bildern und Dokumenten, Münster 1997.
[198] Vgl. AKB I, S. 356–358 und SCHUCH: Ladenburg, S. 87–93.
[199] Zum Ganzen THEATRUM EUROPAEUM Bd. I, Frankfurt 1643, S. 541, 626 und 643.
[200] Nach einem von Heukemes eingeholten anthropologischen Gutachten von Prof. Dr. Hoepke von der Universität Heidelberg, mdl Fundbericht Heukemes.
[201] SCHUCH: Ladenburg, S. 90–91, wundert sich darüber, daß die mansfeldischen Bundesgenossen die pfälzischen Untertanen des geächteten Pfalzgrafen und Landesherrn nicht schonten. Er übersieht dabei die komplizierte religiös-politische Situation der Stadt, in der nun nach der Flucht des Pfalzgrafen der Wormser Bischof als Ligamitglied wieder Stadtherr war, Mansfeld also eine feindliche Stadt erobert hatte, wenn das auch nicht seine scheußlichen Greueltaten entschuldigt.
[202] HIEROTHEUS: Provincia Rhenana Capucinorum, S. 227–230, nach: SCHUCH. Dieser und SIEVERT bringen breite Darstellungen aus dem Theatrum Europaeum und anderen zeitgenössischen Berichten. SIEVERT zitiert aus den Ratsprotokollen einige Bemerkungen über Plünderungen, Ernteverlust und Kontributionen.
[203] Die Zahl stammt aus AKB III, S. 640 und bezieht sich auf die Zählung von 1671. Man kann also für das Jahr 1648/49 von noch weniger Menschen ausgehen.
[204] Mündliche Mitteilung HEUKEMES.
[205] SCHAAB: Kurpfalz II, S. 83.
[206] SCHAAB: Kurpfalz II, S. 131.
[207] BRUNNER, K.: Der pfälzische Wildfangstreit unter Kurfürst Karl Ludwig 1664–1667, Innsbruck 1896, S. 44.
[208] JÜRGENSMEIER: Worms, S. 207.
[209] JÜRGENSMEIER: Worms, S. 209.
[210] SCHAAB: Kurpfalz II, S. 133.
[211] Protokoll der Sitzung im StA Darmstadt C 1B Nr. 140 fol 23–29 v, zitiert nach JÜRGENSMEIER: Worms, S. 207.
[212] Beilage zum Frankfurter Conferenz-Protokoll de 1701 nr 1, zitiert nach SCHUCH: Ladenburg, S. 98.
[213] 1. kath Kib Seckenheim. In diesem hat der Ladenburger Kapuzinerpater Ling, der von 1664–1668 die katholische Pfarrei Seckenheim betreute, auf Seite 1 die katholischen und lutherischen Pesttoten in Seckenheim festgehalten. Für die Reformierten können wir den gleichen Prozentsatz unterstellen.
[214] Seit 1659 tagte in Regensburg der immerwährende Reichstag, der sich bei strittigen Konfessionsfragen in das Corpus Catholicorum und das Corpus Evangelicorum teilte, so daß eine Überstimmung in Gewissensfragen nicht möglich war.
[215] Vgl. den Abdruck des vollständigen Vertrags bei SCHUCH: Ladenburg, S. 103–105.
[216] SCHAAB: Kurpfalz II, S. 141.
[217] SCHUCH: Ladenburg, S. 108, von ihm übersetzt aus der Histoire du vicomte des Turenne, Paris 1735, T II, S. 512.
[218] SCHAAB: Kurpfalz II, S. 142.
[219] Vgl. dazu VETTER, R.: Heidelberga deleta – Heidelbergs zweite Zerstörung im Orleansschen Krieg und die französische Kampagane von 1693, Heidelberg 2.A. 1990 (Schriftenreihe des Stadtarchivs Heidelberg, Heft 1).
[220] Anläßlich eines Jubiläums des britischen Garderegiments „Prince of Wales“ vollzog dieses Regiment den historischen Gewaltmarsch des berühmten britischen Feldherrn von Holland nach „Blenheim“ im Jahr 1704 und richtete sich dabei nach den Unterlagen im britischen Armee-Archiv. Bei dieser Gelegenheit wurde Heukemes über diesen bisher unbekannten Aufenthalt Marlboroughs in Ladenburg informiert. Nach dem Sieg erhielt Marlborough von Königin Anna große Ländereien, auf denen er „Blenheim-Castle“errichtete.
[221] Vgl. oben S. 375f. und KibLad II nr 1135.
[222] KibLad II nr 1141.
[223] Die ausführliche Darstellung der Legende bei SCHUCH: Ladenburg, S. 178–179.
[224] SCHAAB: Kurpfalz II, S. 168–169, vgl. auch den Beitrag von J. KREUTZ: Amt und Amtsstadt, Kap. 1 (S. 487–490).

# Ladenburg und der Humanismus
## Von Johann von Dalberg bis Marquard Freher

von Hermann Wiegand



## Einführung

Seit dem vierzehnten Jahrhundert hatte sich in Italien eine Bewegung ausgebreitet, deren Ziel die nationale Wiedergeburt des Landes war, das – politisch völlig zerrissen – zum Spielball der europäischen Großmächte zu werden drohte. Diese Wiedergeburt fand ihren Kristallisationspunkt in der Berufung auf die römische Antike, die das Land nicht nur zur Herrschaft über die gesamte damals bekannte Welt geführt, sondern es auch geistig und kulturell zu einer seither nicht wieder erreichten Höhe entwickelt hatte. Wenngleich der politische Führungsanspruch, der sich aus der Erinnerung an das Imperium Romanum speiste, zumindest einstweilen nicht zu realisieren war, konnte der sprachlich-kulturelle 'humanistische' Hegemonieanspruch sich auf die Tatsache stützen, daß die lateinische Sprache zur lingua franca der Gebildeten ganz Europas geworden war. Der Humanist Lorenzo Valla (1405–1457) behauptete denn auch in seinen *Elegantiarum Latinae Linguae Libri Sex* (1444) das 'Sakrament' und die 'göttliche Macht' der von den (vermeintlichen) Barbarismen gereinigten lateinischen Sprache, deren Siegeszug über Europa die geistige Vorherrschaft Italiens begründet habe: „Uns gehört Italien, Spanien, Germanien [...]. Denn wo immer die römische Sprache herrscht, dort herrscht Rom."[1] Die Rückbesinnung auf die großen sprachlichen und literarischen Leistungen der Antike verband sich im italienischen Humanismus mit einer zunehmenden Konzentration auf den Menschen, dessen im Mittelalter stark betonten metaphysischen Bindungen nun im Rückgriff auf das antike Menschenbild immer mehr aus dem Blick gerieten.

Mit der Dominanz der lateinischen Sprachkultur in Europa schon im Mittelalter hängt es wohl zusammen, daß der Humanismus, der zunächst eine national-italienische Sache gewesen war, sich seit dem späten vierzehnten Jahrhundert auch nördlich der Alpen zu verbreiten und seit dem ersten Drittel des fünfzehnten Jahrhunderts auch in Deutschland Einzug zu halten begann. Vorerst brachten nur einzelne 'Wanderhumanisten' aus den rasch aufblühenden kulturellen und universitären Zentren Italiens die neue Sprachkultur über die Alpen.

In der Kurpfalz war es vor allem Peter Luder aus Kislau im Kraichgau, der zum Herold der neuen geistigen Bewegung wurde. Zunächst nahm die kurpfälzische Landesuniversität ihn und das neue Gedankengut sehr zurückhaltend auf, was nicht zuletzt mit seiner geringen akademischen Reputation und seinem in den

Augen der Gegner eher zweifelhaften Lebenswandel zusammenhing.[2] Unter Kurfürst Friedrich dem Siegreichen fand der Humanismus dann in der Kurpfalz zunehmend Resonanz.[3] Neben Heidelberg hatte dabei auch Ladenburg als Sitz des Wormser Bischofs einen eigenen Platz. Im Verlauf der Entwicklung des kurpfälzischen Humanismus konnte Ladenburg immer wieder eine gewisse Rolle spielen. Drei in je unterschiedlicher Weise für den Humanismus in Ladenburg bedeutungsvolle Persönlichkeiten sollen in der Folge so dargestellt werden, daß unterschiedliche Aspekte dieser geistigen Bewegung sichtbar werden. Neben den fürstbischöflichen Mäzen treten der protestantische Pfarrer und der hochrangige Jurist als drei Typen humanistischen Gelehrtentums.

## Johann von Dalberg

Der zweiten Generation humanistisch gebildeter Fürsten gehört der Mann an, der in Ladenburg und Heidelberg als Mäzen und Mittelpunkt eines Kreises gelehrter Humanisten wesentlich dazu beitrug, dem Humanismus im deutschen Südwesten zum Durchbruch zu verhelfen, Johann Kämmerer von Dalberg (14. 8. 1455 Oppenheim – 27.7. 1503 Heidelberg).[4] Dalberg entstammte einem alten mittelrheinischen Adelsgeschlecht, das sich vielfach im Dienst der Kurfürsten von der Pfalz hervorgetan hatte. Seit Herbst 1466 studierte er in Erfurt und ging wohl 1472 nach Italien, errang den Doktortitel beider Rechte und befreundete sich mit dem friesischen Humanisten Rudolf Agricola, der für ihn zum Antritt seines Universitätsrektorates an der Universität Pavia 1474/75 die Rektoratsrede verfaßte. Nach der Rückkehr und einem Studium in Ingolstadt wurde Dalberg zunächst Kanzler der Universität Heidelberg, 1480 Domprobst in Worms, 1481 oder 1482 Kanzler der Kurpfalz und am 2. August 1482 Bischof von Worms. 1487 wohnte er der Dichterkrönung seines späteren Schützlings Konrads Celtis durch Kaiser Friedrich III. auf der Nürnberger Burg bei.[5] In seiner Eigenschaft als kurpfälzischer Kanzler bestimmte der Wormser Bischof die Politik der Pfalz nicht wenig mit, zugleich konnte er bei der kurpfälzischen Regierung auf entschiedene Unterstützung hoffen, als er zunehmend in Streit mit 'seiner' Stadt Worms geriet, die nicht bereit war anzuerkennen, daß dem Bischof nach dessen Auffassung die entscheidende Prärogative bei der Besetzung der städtischen Ämter zukam. Als sich Dalberg schließlich auch von Kurfürst Philipp dem Aufrichtigen ungerecht behandelt fühlte, zog er sich seit 1497 zunehmend in den Ladenburger Bischofshof zurück, ohne deshalb die Verbindung mit Heidelberg und dem kurfürstlichen Hof abreißen zu lassen. Dalbergs Vorgänger Reinhard von Sickingen hatte zuletzt Erweiterungsbauten vorgenommen, die Dalberg nun nutzen konnte. Im Zusammenhang mit den Querelen zwischen der Stadt Worms und dem Bischof verließ gleichzeitig der Wormser Klerus die Stadt, die Mitglieder des Dom- und Andreasstiftes siedelten nach Ladenburg über, wo sie bis 1501 blieben. Dalberg versammelte also einen wichtigen Teil der Wormser Geistlichkeit in Ladenburg um sich. In seiner Ladenburger Residenz hatte Johann von Dalberg offensichtlich bereits vor 1497 seine prachtvolle humanistische Bibliothek aufstellen lassen, die von dem Sinsheimer Humanisten Johannes Vigilius-Wakker betreut wurde. Jedenfalls konnte sie dort der Humanist Johannes Trithemius besichtigen, wie er in seinem *Chronikon Hirsaugense* berichtet.[6] Diese Bibliothek war umfangreicher als die der Universität Heidelberg und enthielt zahlreiche griechische, lateinische klassische Autoren sowie hebräische Bücher, die zum Beispiel der Vater der Hebräisch-Studien in Deutschland, Johannes Reuchlin (1455–1522), bei der Erarbeitung seines Werkes über die Kabbala *De verbo mirifico* (1494) benutzen durfte. Als einer der ersten Humanisten wurde Dalberg auf die Bedeutung der Bibliothek des Klosters Lorsch aufmerksam, aus der er Teile in seine eigene Bibliothek (die leider nicht erhalten ist) inkorporiert zu haben scheint. An griechischen Autoren besaß Dalberg u.a. einen vollständigen Homer, daneben Philostrat, Hippokrates und Diogenes Laertios, an lateinischen Autoren neben Cicero u.a. Quintilian und Ammianus Marcellinus, aber auch mittelalterliche Autoren wie den Geschichtsschreiber Ottos des Großen Liutprand von Cremona. Auch sammelte er für seine Bibliothek deutsche Übertragungen antiker Autoren und – was auf ein deutliches Interesse für die mittelalterliche deutsche Literatur hinweist – mittelhochdeutsche Texte wie den Schwanritter und die Dichtungen Hermanns von Sachsenheim.

Die Ladenburger Residenz Dalbergs sah als Gäste des Fürstbischofs prominente Humanisten und bedeutende Staatsmänner. So lud Dalberg 1495 Johannes Reuchlin im Oktober zu sich nach Ladenburg ein, als dieser im Auftrag des württembergischen Herzogs zum Wormser Reichstag reiste.[7] Dalberg schreibt, er befinde sich in Ladenburg (*Laudenburgii*) und erwarte 'sehr glühend' (*ardentissime*) die Ankunft Reuchlins, der Gelegenheit nahm, die Bibliothek Dalbergs gründlich zu studieren. Kurz vor seinem Tod wurde Dalberg noch die Ehre zuteil, daß Kaiser Maximilian I., der ihn in seinem Streit mit der Stadt Worms entschieden unterstützte, vom 16. bis 18. Dezember 1502 den Bischof in seinem Ladenburger Hof besuchte.[8]

Dalberg war indessen nicht nur als Mäzen tätig, sondern beteiligte sich auch aktiv an den literarischen Bestrebungen der Humanisten. So verfaßte er etwa auf den Tod seines Freundes Rudolf Agricola, des Lehrers einer ganzen Generation deutscher Humanisten, griechische und lateinische Verse,[9] ein weiteres Gedicht ist dem Besuch Kaiser Friedrichs III. in Maulbronn gewidmet,[10] und er wechselte Briefe mit Johannes Reuchlin und Konrad Celtis.[11]

Unter den von den Humanisten gepflegten Disziplinen wandte sich Dalberg besonders der Geschichte zu. So interessierte er sich für die historische Geographie des alten Germanien (und möglicherweise die *Tabula Peutingeriana*)[12] und arbeitete an einem Werk über antike Numismatik. In diesem Zusammenhang nahm er Kontakt zu dem Augsburger Humanistenkreis um Konrad Peutinger auf.[13] Für

*Johann von Dalberg (1455–1503), Bischof von Worms. Glasscheibe aus der Kirche St. Peter in Herrnsheim (Karlsruhe, Badisches Landesmuseum Inventar-Nr.: 58/45).*

die Erforschung der römischen Vergangenheit ist wichtig, daß schon er sich nicht nur für Wormser Antikenfunde, sondern auch für Ladenburgs römische Überreste interessierte.[14] Ähnlich wie sein Schützling Konrad Celtis versuchte Dalberg in typisch humanistischer Manier die Verwandtschaft der deutschen und altgriechischen Sprache zu beweisen. Dazu sammelte er Tausende von Wörtern, die im Griechischen und Deutschen das Gleiche bedeuten sollten.[15] Auch scheint er sich als Lehrender betätigt zu haben. Jedenfalls nennt ihn der Sponheimer Abt Johannes Trithemius *quondam preceptor meus.*[16] Der Hauptruhm Dalbergs beruht freilich auf seinem Engagement für die *Sodalitas litteraria Rhenana*, einen lockeren Bund humanistischer Gelehrter, dessen Konturen im folgenden mit neuen Akzenten nachgezeichnet seien. Dabei wird besonders die Rolle Dalbergs zu beleuchten sein.

## Die Sodalitas litteraria Rhenana

„Die Forschung bietet daher, wenn sie sich überhaupt mit dieser frühen Ausprägung einer literarischen Gesellschaft und des Akademiegedankens in Deutschland beschäftigt hat, bislang nur Widersprüchliches."[17] Mit diesen knappen Worten hat unlängst Martina Backes in ihrer anregenden Studie zum literarischen Leben am kurpfälzischen Hof die Forschungslage zu der Heidelberger gelehrten Gemeinschaft um den deutschen „Erzhumanisten" Konrad Celtis und Johann Kämmerer von Dalberg in der zweiten Hälfte der neunziger Jahre des 15. Jahrhunderts umrissen. Nun läßt sich freilich keineswegs behaupten, daß die Forschung seit dem neunzehnten Jahrhundert diese gelehrte Gesellschaft wenig beachtet hätte. In wichtigen Beiträgen etwa von Joseph Aschbach,[18] G. Bricard,[19] Karl Morneweg[20], Karl Hartfelder,[21] Gustav Bauch[22] und anderen[23] wurden bereits im 19. Jahrhundert die wichtigen Zeugnisse zitiert und diskutiert – zumeist aus dem Wiener *Codex Epistolaris* des Konrad Celtis,[24] dazu kommen wenige Briefe von Reuchlin, einige carmina von Celtis und Reuchlin und Notizen von Trithemius in der Sponheimer Chronik. Eben dieselben Zeugnisse lagen auch der Erörterung der Probleme um die *Sodalitas litteraria Rhenana* in unserem Jahrhundert etwa in den Arbeiten von Martin Matz,[25] Gerhard Hummel, Raimund Kemper, Moritz Csáky, Tibor Klaniczay, Christine Treml und unlängst Peter Walter zugrunde.[26] Die Fragestellungen des 19. Jahrhunderts haben dabei im Horizont eines virulenten Kulturpatriotismus weitgehend die Weichen gestellt, die auch die aktuelle Diskussion noch bestimmen, ohne daß in den wichtigsten Punkten Übereinstimmung erzielt worden wäre. Deshalb mag es wohl lohnen, die primären Zeugnisse erneut zu mustern, nicht, um ein definitives Bild der *Sodalitas litteraria Rhenana* zu entwerfen, sondern um die Tragfähigkeit der vorgebrachten Argumente, Hypothesen und Konstruktionen zu prüfen. Rasch erweist sich dabei, daß manche dieser Zeugnisse aus dem Zusammenhang gerissen werden und bei näherem Hinsehen nicht die Beweiskraft oder auch nur Plausibilität haben, die ihnen im Argumentationsgang zukommen soll, oder daß manche Texte zwar gelegentlich zitiert, aber nicht ausgewertet bzw. in einen übergreifenden Zusammenhang gestellt werden. Weitere Zeugnisse sind m.E. in ihrer Bedeutung für die Beurteilung der *sodalitas litteraria Rhenana* noch gar nicht gewürdigt worden. Bisweilen scheitert zudem gerade in neueren Arbeiten – wie zu zeigen sein wird – eine zureichende Würdigung der Texte an z.T. elementaren sprachlichen Mißverständnissen.

In der bisherigen Forschung geht es vor allem um folgende Problemkreise: Welche Einflüsse sind für die Gründung der gelehrten Sodalität geltend zu machen? Wann wurde sie gegründet und wann endete sie? In welcher Form wurde sie organisiert? Welche Rolle spielten in ihr Konrad Celtis und Johann von Dalberg? Wer waren die *sodales* dieser Gesellschaft? Welche Kommunikationsformen wurden in ihr gepflegt und welche programmatischen Ziele verfocht sie?

Während über einige dieser Fragen ein gewisser Konsens in der Forschung zu herrschen scheint, sind andere noch immer nicht einer allgemein akzeptierten Lösung zugeführt worden. Bei dem im folgenden zu unternehmenden Versuch, wenigstens einige von ihnen einer Klärung näherzubringen, scheint mir ein methodisches Prinzip richtungsweisend zu sein, das Heinrich Lutz in seinem Aufsatz über die gelehrten Sodalitäten geltend gemacht hat. Er schreibt: „Dieser disparate und unbefriedigende Stand der Forschung macht es eigentlich erforderlich, Stück für Stück, Name für Name, Gedicht für Gedicht die herkömmlichen Vorstellungen von der Existenz und Bedeutung der humanistischen Sodalitäten unter dem Gesichtspunkt von Realität und Fiktion zu überprüfen."[27] Freilich stimme ich diesem methodischen Prinzip nur zu, was die Prüfung jedes einzelnen Stückes angeht, denn das Begriffspaar Realität – Fiktion, das Lutz von Czáky in erster Linie im Hinblick auf die poetischen Texte übernommen hat, scheint mir die Problematik allzu sehr zu simplifizieren. Auch poetische Gestaltungen etwa des humanistischen Gemeinschaftslebens spiegeln gerade bei den deutschen Neulateinern immer ein Stück Realität und auch „bloße" Programmatik bleibt nicht ohne Wirkung auf die Wirklichkeit der Gelehrtenexistenz humanistischer Prägung.

## Italienische Anregungen

Soweit ich sehe, wird von niemandem bestritten, daß die Anregung zum Zusammenschluß gleichgesinnter Humanisten in einer gelehrten Gemeinschaft auf italienische Vorbilder zurückgeht, etwa die römische Akademie des Pomponio Laeto, die neapolitanische Akademie um Panormita, Pontano und Sannazaro und besonders die neuplatonische Florentiner *Academia Platonica* um Marsilio Ficino, deren Konturen freilich nur schwer auszumachen sind.[28] Celtis konnte sie auf seiner Italienreise 1487–89 kennengelernt haben und hat sie nach dem Ausweis der *Vita*, die der Oden-Ausgabe von 1513 beigedruckt ist auch näher kennengelernt, spricht sie doch u.a. davon, er habe in Florenz Ficino und in Rom Pomponio Leto gehört.[29] Daß insbesondere die Florentiner Akademie auf den Archegeten der Bewegung in Deutschland großen Eindruck gemacht hat, zeigt ja schon das immer wieder zitierte Zeugnis in dem Brief an Sixt Tucher aus Ingolstadt 1491, in dem er zur *aemulatio Italicarum litterarum* auffordert und *Academiam illam Platonicam* zusammen mit ihm *pro doctrinae et morum compositione* verbundenen Persönlichkeiten errichten will.[30] Ob damit aber der Plan einer großangelegten Akademie verbunden ist, bleibt zweifelhaft, läßt der Briefzusammenhang doch eher an eine lokale und mit der Universität Ingolstadt verbundene Aktivität denken. Wilhelm Kühlmann hat zudem erneut nachdrücklich darauf hingewiesen, daß der Plan einer Akademie nach italienischem Vorbild auch von Rudolf Agricola geprägt sein könnte, den Celtis bei seinem ersten Heidelberg-Aufenthalt 1484/85 kennengelernt hatte und dessen Bildungsprogramm ihn offenbar stark beeinflußt hat. Demnach hätten sich für Celtis die ihm derart vermittelten Anregungen in Italien verstärkt und dann z.B. in Krakau neue Nahrung erhalten.[31] Unklar bleibt indessen über das Faktum der Beeinflussung hinaus, welche Kenntnis Celtis (und auch sein mögliches Vorbild Agricola) wirklich von den Interna der italienischen gelehrten Sozietäten hatte, die ihrerseits – worauf schon Preiß deutlich hingewiesen hat – außer der römischen keine festen Organisationsformen oder auch Statuten hatten.[32] Man wird wohl eher davon ausgehen müssen, daß Celtis aus Italien nur eine allgemeine Anregung zur Gründung einer gelehrten Gemeinschaft mitgebracht hat, und daß ihm dort platonisierende Formen der Kommunikationspflege begegnet sind, die er dann in Deutschland nachzuahmen gedachte.

## Die Gründung der Sodalitas Rhenana

Viel gestritten wurde über das Datum der Gründung der *sodalitas Rhenana*. Die in der älteren Literatur in diesem Zusammenhang häufig angeführte Feier von Celtis' 32. bzw. 33. Geburtstag mit einer angeblichen nochmaligen Krönung zum *poeta laureatus*[33] in Mainz 1491 wird heute wohl nicht mehr vertreten und die Gründung der *Sodalitas* in den zweiten Heidelberg-Aufenthalt von Celtis nach seiner Flucht vor der Pest in Ingolstadt in das Spätjahr 1495 verlegt. Von Bauch wird sie in einen Zusammenhang mit Platons Geburtstag am 7. November gebracht, was aber unmittelbar nicht zu belegen ist.[34] Aus zwei Briefen des sächsischen Edelmannes Heinrich von Bünau vom 8. Dezember 1495 und von Jakob Wimpfeling vom 4. Januar 1496 scheint jedenfalls hervorzugehen, daß zu diesem Zeitpunkt in Heidelberg um Celtis eine αχαδε–μια ( sic!: scil. Platonica) existiert hat.[35] Freilich spricht Wimpfeling eher vage von *convivere* und *coetus*, und daß mit den von ihm genannten *doctrinae et morum praecepta* des *coetus* wirkliche Statuten gemeint sein sollten, wie einige Forscher glauben, und nicht vielmehr allgemeine sittliche und die Erudition betreffende Anforderungen an Teilnehmer eines humanistischen Freundeskreises, ist alles andere als gewiß. Zu sehr stimmt Wimpfelings Formulierung mit der Ankündigung von Celtis gegenüber Tucher in ihrer Allgemeinheit überein. Und auch in dem Brief Bünau's fällt auf, daß er, der zur Teilhabe an dieser *Academia Platonica* eingeladen worden war und aus Gesundheitsgründen nicht kommen konnte, von einem späteren Besuch des *Gymnasiums*, also der Universität, nicht der *Academia Platonica*, spricht, an der er Celtis hören will. Bekanntlich wurde am 21. November dieses Jahres von Celtis der horazisch-pindarische Panegyricus auf Johann von Dalberg vorgetragen, in dessen ursprünglichem, im Upsalaer Wimpfeling-Codex erhaltenen Titel der Wormser Bischof als *sodalitatis literariae per Germaniam immortalis et aeternus princeps* figuriert,[36] während in der Odenausgabe von 1513 dieser ursprüngliche Bezug auf die *Sodalitas* ganz verschwunden ist. Dort ist die Ode (III,1) nämlich nur noch *Ad Ioannem Dalburgum Vormaciensem Episcopum* überschrieben.[37] Da diese Ode in der Person Dalbergs in knapper Form das Bild wiedergibt, das sich der humanistische Freundeskreis von dem Mäzen machte, sei sie in voller Länge wiedergegeben:

AD IOANNEM DALBVRGIVM VORMACIENSEM EPISCOPVM.

DVdum calenti pectoris impetu
Tuis volebam carmina laudibus
Referre, & aeternos honores
Pindarico celebrare plectro,
Sequens Achiuos & Latios viros,
Qui docta cunctis carmina saeculis
Liquere, dum dignos camaenis
Castalijs cecinere libros.
Sed amplitudo (o pontificum decus)
Laudum tuarum carmina dispulit,
Dum nostra fontis Pegasei
Ora parum madeant liquore.
Inculta sed cum carmina conspicis,
Quae saltuosis Herciniae iugis
Cantauit Almanus poeta.
Fronte legas petimus serena.
Tui parentes stemmate nobili
Rhenana semper principis atria
Triuere cum multo fauore,
Nobilitatis & vniuersas
Culti per aulas, atque per inclytas
Quas Rhenus vrbes flumine candido
Inundat, & qua Naus altis
Gallica diripit arua ripis.
His educatum rite parentibus
Mox litterarum te calor abstulit,
Sub Italas dum pergis oras,
Ingenuas aditurus artes.
Sed quantus illic ingenij vigor
Tui reluxit quantaque praemia
Libros legendo ac audiendo
Abstuleras teneris sub annis,
Cum nulla vatum docta poemata,
Et Tullianis condita fontibus
Te praeteribant, & probatis
Quicquid in historijs senescit.
Vterque sermo, Graius & Italus,
In ore promptus, blandus & incitus,
Vtramque calles quantitatem,
Seu numerum, radiumve tractes.
Oris diserti o quanta potencia est,
Deliberes, seu candide suadeas,
Vel iudices, vel quemque laudes,
Multiplici ratione polles.
Iuuat per omnem currere semitam
Aetatis actae, & scribere gloriam
Legum tibi de iure partam,
Quaeque sacris data palma libris.
Sino venusti munera corporis,
Et liberalis munera pectoris,
Tuamque proceram staturam,
Cunctaque per sua membra fortem.
Amore quanto principis haereas,
Qui te corona praesulis extulit,
Iam nostra non pergit camaena
Exiguo memorare versu.
Te Roma magnum Martia nuncium
Eius recepit, totaque Gallia.
Quum pacis autor Gallicanas
Foedera condideras per vrbes.
Plebs & senatus Vangionum tuam
Mentem inquietant, & stomachum mouent,
Dum friuolis causis proterui
Imperium excutiunt vetustum.

Sed mox cupitae semina gloriae
Tibi reponent, dum tumidi iugum
Ferent rebelles, & subacti
Te celebri metuent triumpho.
Quos fama celsum tollit ad aethera,
Ferox Achilles, & Priami genus,
Per bella iam viuunt peracta,
Et vagus extat in ore Vlyxes.
Sic monstra quondam clauiger Hercules
Dum strauit, altum scandit ad aethera.
Perseusque iam clarus ad vrsas,
Gorgoneam domuit Medusam.
Martis propago, & Romuleae domus
Per multa viuunt tempora principes,
Quos acribus fortuna bellis
Implicuit varijs sub oris.
Dijs est amicus quem premit aspera
Fortuna, iactans per freta naufraga.
Nam semper est obiecta saeuis
Turbinibus generosa virtus.
Non qui per omnes illecebras ruit,
Et molle stratum qui Veneris premit,
Hunc clara virtus, & remotas
Gloria sustulerat sub auras.
Sed qui bifronti lumine lubricam
Deam respexit, qui stabili manens
Mente, hic deorum iussa sacris
Clausa libris coluit sequendo,
Causam perorat qui bene pauperis,
Nefanda suadens linquere reprobis,
Qui pendit aequa cuncta lance,
Nec facilem vitiat stateram,
Quem nulla flexit merce pecunia,
Libido feruens, iraque noxia,
Et quem fauor non vertit, & qui
Inuidiae stimulos repressit,
Hic hic deorum est dignus amoribus,
Iouisque sceptro, cumque reliquerit
Auras caducas, candidorum
Inseritur numero deorum.
His ipse fultus laudibus omnibus
Praesul, relinques nomina posteris.
His rebus & terra relicta,
Aethereum repetes olympum.
Haec pauca nostro lusimus ocio
Praesul, calenti carmina spiritu,
Cui quicquid est rerum mearum,
Iure tuis datur omne iussis.
Rerum mearum praesidium manes,
Qui nostra solus carmina promoues,
Dabisque ventos, vt quietum
Accipiant mea vela portum.

Übersetzung:

*An Johannes Dalberg, Bischof von Worms.*

*Schon lange wollte ich im leidenschaftlichen Drang des Herzens deinen Verdiensten ein Gedicht darbringen und deine unsterblichen Ehren auf Pindars Leier feiern in der Nachfolge der griechischen und römischen Männer, die gelehrte Gedichte allen Zeiten hinterließen in Büchern, würdig der kastalischen Musen. Aber die Größe deiner Ruhmestaten, du Zierde des Bischofsstandes, hat die Lieder vereitelt, (10) da unser Mund zu wenig benetzt ist vom Naß des Musenquells. Wenn du aber jetzt die unvollkommenen Lieder erblickst, die auf den bewaldeten Bergzügen Hercyniens ein deutscher Dichter sang, so mögest du sie, bitte, mit freundlicher Miene lesen. Deine Vorfahren aus angesehenem Stamm haben immer schon in dem Palast der Fürsten am Rhein verkehrt, in hoher Gunst wegen ihres Adels und verehrt an allen Höfen (20) und in den berühmten Städten, die der Rhein mit dem glänzenden Strom seiner Wogen berührt und wo die Nahe mit hohen Ufern die Fluren Galliens durchschneidet. Von diesen Eltern nach Gebühr erzogen, hat dich bald die heiße Liebe zu den Wissenschaften ergriffen, während du in italische Lande zogst, entschlossen, dir die freien Künste anzueignen. Wie sehr erstrahlte dort die Kraft deines Geistes und welch reiche Belohnungen (30) trugst du davon als Leser und Hörer schon in jungen Jahren, als keine gelehrten Poeme der Dichter dir entgingen und nichts, was aus den Quellen Ciceros geschöpft ist, noch was durch bewährte Geschichtsdarstellungen ein hohes Alter erreicht. Beide Sprachen, Griechisch und Latein, sprichst du gern, gefällig und flüssig, und du verstehst dich auf beide Größenprobleme, die der Algebra oder der Geometrie. (40) O welche Macht hat dein beredter Mund: Ob du abwägst oder ob du aufrichtig Rat erteilst, ob du ein Urteil fällst oder einen lobst, auf vielerlei Weise wirkst du. Gern möchte ich dem ganzen Lauf deines Lebens nachgehen und deinen Ruhm schriftlich darstellen, den du in der Rechtswissenschaft erlangt hast, und den Siegespreis, der dir durch die Kenntnis der heiligen Schriften zufiel. Ich schweige von den anmutigen Gaben deines Leibes und deines frei-*

*gebigen Herzens, (50) von deiner hochragenden Gestalt, die in allen ihren Gliedern mit Gesundheit gesegnet ist. Mit welcher Liebe du an dem Fürsten hängst, der dich zur Bischofswürde erhob, davon mit kargem Vers zu sprechen scheut sich meine Muse. Als deines Fürsten bedeutenden Gesandten hat das Rom des Mars dich empfangen sowie ganz Gallien, wo du als Friedensstifter Bündnisse unter den Städten Galliens vermitteltest. (60) Volk und Rat von Worms beunruhigen deinen Sinn und erregen deinen Unwillen, wenn sie aus albernem Anlaß die angestammte Herrschaft dreist abzuschütteln suchen. Bald aber werden sie dir den Keim ersehnten Ruhmes verschaffen, wenn sie, jetzt noch erregt und aufrührerisch, das Joch tragen und dich nach deinem ruhmvollen Triumph als Unterworfene fürchten werden. Wen der Ruhm hoch in den Äther erhebt, der trotzige Achill und der Sohn des Priamos, (70) – sie leben weiter in längst ausgefochtenen Kriegen, und Odysseus mit seinen Irrfahrten ist in aller Munde; so ist Hercules, der Keulenträger, weil er einst Ungeheuer niederstreckte, zum Äther hinaufgestiegen, und Perseus, der jetzt bei den Sternbildern der Bären erstrahlt, hat die gorgonische Meduse bezwungen; auch die Führer aus dem Geschlechte des Mars und dem Hause des Romulus leben durch lange Zeiten weiter, sie, die das Schicksal in verschiedenen Ländern in heftige Kriege verwickelte. (80) Den Göttern Freund ist, wen ein rauhes Schicksal bedrückt und auf schiffezerstörender See hin und her wirft, denn immer ist edelmütige Tatkraft wilden Stürmen ausgesetzt. Nicht den, der allen Vergnügungen nachjagt und der den weichen Pfühl der Venus drückt, nicht den erhebt glänzende Tatkraft und Ruhm in ferne Lüfte, sondern, wer sich vor der wankelmütigen Göttin mit dem Doppelantlitz in Acht nimmt (90), wer standhaften Sinnes bleibt und wer hier die in den heiligen Schriften beschlossenen Gebote der Götter ehrt und befolgt, wer die Sache des Armen beredt vertritt, den Schlechten rät, das Verwerfliche aufzugeben, wer mit gleicher Waagschale alles wägt und nicht die Waage parteiisch verfälscht, wem keine Bestechungssumme den Sinn beugt, nicht glühende Leidenschaft noch schuldhafter Zorn, wen Gunst nicht lenkt und wer den Stachel des Neides unterdrückt, (100) nur der ist würdig der Liebe der Götter und des Szepters Jupiters, und wenn er die vergängliche Welt verlassen hat, wird er in die Reihe der strahlenden Götter aufgenommen. Du selbst, durch all diese Verdienste erhöht, o Bischof, wirst der Nachwelt deinen Namen hinterlassen. Du wirst, wenn du diese Welt verläßt, zurückkehren zum Olymp im Äther. Dies kurze Lied sangen wir in unserer Muße, o Bischof, mit heißem Herzen für den, (110) dessen Obhut alle meine Angelegenheiten zurecht übergeben werden. Du bleibst der Schirmherr meines Lebens, der du allein meine Gedichte veranlaßt, und du wirst Winde schicken, damit mein Schiff den ruhigen Hafen erreiche.*

Wenn diese Ode erstmals Dalberg als Oberhaupt einer neuen, manchen Gelehrten zufolge wenige Tage zuvor erst gegründeten *Sodalitas litteraria per Germaniam* apostrophiert, sollte man erwarten, daß im Text der Ode in irgendeiner Weise auf die neue Gründung angespielt würde, zumal Celtis einen ausgeprägten Sinn für Symbolik von Daten hatte. Man denke nur an die Bedeutung des *Carmen saeculare* für seine Weltsicht. Der Text der Ode bietet aber einen humanistisch gefärbten Fürstenspiegel ohne eine auch nur indirekte Erwähnung der *Sodalitas*, es sei denn, man wollte den in den Strophen 8–12 des Gedichtes vorgetragenen Rekurs auf Dalbergs Kenntnis der drei alten Sprachen, der antiken Dichtung und Redekunst sowie von Arithmetik und Geometrie als eine Art Programm der neuen Sodalität lesen. Zumindest *expressis verbis* ist davon jedoch keine Rede. Nun kann man natürlich einwenden, es gehöre zur Inszenierung der exklusiven neuplatonischen Gelehrtengemeinschaft, die *arcana* der Societät nicht offenzulegen. Raimund Kemper hat zudem vermutet, die angeblich spärliche Überlieferungslage zur Heidelberger *Sodalitas* könnte damit zusammenhängen, daß die Sodalen Grund gehabt hätten, ihre geheimnisvollen Gebräuche nicht nach außen dringen zu lassen, da die scharfe Verfolgung der römischen Akademie, deren Exilrepräsentanten Callimachus Experiens (Filippo Buonaccorsi) Celtis in Krakau kennengelernt hatte, ein warnendes Beispiel gewesen sei.[38] Das mag auf den ersten Blick auf paganisierende Riten zutreffen, von denen noch zu sprechen sein wird, kaum aber auf die wie immer geartete Konstituierung der *so-*

*dalitas* selbst. Denn dann würde m.E. schon die ausführliche Titelgebung, die auf Dalberg als *princeps* der neuen Sodalität Bezug nimmt, keinen Sinn machen, und außerdem hat sich Celtis keineswegs gescheut, in poetischer Gestaltung Kommunikationsformen der Sodalität darzustellen, besonders in Ode III,15. Darauf wird noch ausführlicher einzugehen sein. Die Beschränkung der Erwähnung der *sodalitas* und die besondere Betonung der Rolle von Dalberg als *princeps* der Sodalität ist freilich ebenso wie die Hervorhebung von Celtis als ihr *praeco* (Herold) freilich dann einsichtig, wenn sie gleichsam auf der Konstituierungsfeier der *sodalitas* vorgetragen wurde: Da die Nennung von Dalberg als *princeps* der Sodalität im Titel dieses Gedichtes zum ersten Mal begegnet, wurde die Ode eben zu einer Gelegenheit vorgetragen, bei der ihm die neue Würde eines Oberhauptes der Sodalität in feierlicher Form übertragen wurde, wodurch sich die vorher schon in Umrissen existierende Gemeinschaft sozusagen öffentlich machte. Zu der Frage nach der Entstehungsgeschichte der Societät hat man nämlich in der neueren Forschung einen Hinweis von Preiß, der seinerseits auf Hummel zurückgeht, zu wenig beachtet. Er macht darauf aufmerksam, daß Johannes Vigilius-Wacker, ein prominentes Mitglied der späteren Heidelberger Sodalitas, bereits im Sommer 1494 Celtis als *conphilosophus* apostrophierte,[39] was an die Anredeformen der Florentiner neuplatonischen Akademie erinnere, wo sich die Mitglieder als *complatonicus* oder eben *conphilosophus* anredeten. Und in einem Brief desselben Schreibers vom 11.4. 1495, in dem Vigilius Celtis zu einer dann nicht angetretenen Trier-Reise einlädt, ist von Johannes Trithemius als einem *patronus nostrae societatis* die Rede.[40] Dieser Befund erklärt sich doch, selbst wenn bei dieser *societas* nur an die humanistische Reisegesellschaft zu denken wäre, wohl am plausibelsten so, daß bereits vor der Übersiedlung von Celtis nach Heidelberg zumindest eine informelle humanistisch-neuplatonische *Sodalitas* einiger der später in Heidelberg partizipierenden Persönlichkeiten bestanden hat, die dann mit der Anwesenheit von Celtis in Heidelberg gleichsam aktualisiert werden konnte und in der Tat durch die Proklamierung von Dalberg zum *princeps* in ein gleichsam „öffentliches Stadium" trat. Dadurch wäre auch erklärt, warum die „späteren" *sodales* Löffelholz und Dalberg bereits vor der angenommenen Konstituierung der Heidelberger *Sodalitas* von Celtis als Censoren seiner *Norimberga* ausersehen waren, wie aus einem Brief von Löffelholz an Celtis vom 21. Juli 1495 hervorgeht.[41] Wenn die wechselseitige Zensur von Arbeiten der *sodales* zu den wichtigsten Aufgaben der Sodalitäten gehört, wie Celtis in Ode III, 15 andeutet, hat jedenfalls zumindest ein prominentes Mitglied der späteren *Sodalitas* „Pflichten" eines Sodalen bereits vor der formellen Gründung der Gemeinschaft ausgeübt. Darauf kann sich auch eine Bemerkung beziehen, welche die beiden Bonomi, von denen einer selbst Mitglied der *Sodalitas Rhenana* war, in der Gedichtsammlung zum Empfang von Celtis in Wien *Episodia sodalitatis litterariae Danubianae ad Conradum Celten, dum a Norico gymnasio ad Viennam Pannoniae concesserat* machten.[42] Sie sprechen davon, daß Celtis die Sodalen der Rheinischen Gelehrtengemeinschaft „ausgehoben" (*conscripsit*) habe, während Dalberg *Vangionum praesul quis sua iura dedit.* Mit *iura* sind wohl weniger Statuten gemeint als die öffentliche Konstituierung der Sodalität.

## Die Rolle Johann von Dalbergs in der Sodalitas

Freilich ist mit der Bezeichnung von Dalberg als *princeps sodalitatis per Germaniam* kaum an eine förmliche Wahl zum Vorsitzenden zu denken, wie zuletzt Christine Treml geltend gemacht hat.[43] Dagegen spricht schon die Bezeichnung *princeps sodalitatis per Germaniam.* Wer sollte zur Wahl eines wie immer gearteten Vorsitzenden einer in diesem Umfang, nämlich ganz Deutschland umfassenden, vorerst wohl doch nur ein Programm bildenden Gesellschaft befugt gewesen sein? Die von Treml zur Stützung ihrer Auffassung angeführten Stellen aus dem Briefwechsel wurden offensichtlich mißverstanden, wenn sie Moritz Czaky folgend[44] sagt: „Dalberg wurde zum „praesul", zum Oberhaupt der Akademie gewählt und versah dieses Amt bis zu seinem Tod im Jahre 1503."[45] Nun mußte Dalberg keineswegs von den Sodalen der gelehrten Gemeinschaft zum *praesul* kreiert werden, denn zum Bischof von Worms, nichts anderes meint das Wort, war Dalberg bereits am 2. August 1482 vom Wormser Domkapitel gewählt worden, und Papst Sixtus IV. hatte die Wahl am 9. Oktober eben dieses Jahres bestätigt.[45] Das im Mittellateinischen ganz geläufige Wort *praesul* variiert offensichtlich das griechische *episcopus*, das in denselben von Treml zitierten Briefen vorkommt. Jedenfalls zwingt nicht eine der von Treml angeführten Stellen, den Begriff anders zu deuten, wenn natürlich auch einzuräumen ist, daß *praesul* im klassischen Latein allgemein „Vorsteher" bedeuten kann.[47] Von den Zeitgenossen Dalbergs wurde *praesul* indessen zweifellos als „Bischof" verstanden. So nennt ihn, um nur ein Beispiel zu nennen, Sebastian Brant in einem Gedicht 1495 *Wormatiensis praesul.*[48] Zu verstehen ist vielmehr unter der Bezeichnung *princeps* eine Art Ehrenvorrang Dalbergs, den ihm Celtis antrug und der der humanistischen Gemeinschaft nach außen Ansehen und Glanz verleihen sollte, so wie später der Bistumsadministrator von Wien, Bischof Johannes Vitéz von Veszprém, den Prinzipat der Donaugesellschaft übernahm.[49] Daß der Titel nicht in irgendeinem Sinn technisch für „Vorsitzender" gemeint ist, erhellt schon daraus, daß Franciscus Bonomus in einem Brief vom Sommer 1497 Celtis selbst als *academiae nostrae princeps* tituliert.[50] Gemeint ist offensichtlich auch hier ein Ehrenvorrang unter den *sodales*. Einen solchen Ehrenvorrang hat Celtis Dalberg in der oben erwähnten Sitzung offensichtlich angetragen, und dieser hat ihn anscheinend bis zu seinem Tod 1503 innegehabt. In einem Brief von Sebald Schreyer an Celtis vom 1. Dezember 1503 sagt der Nürnberger über den verstorbenen Bischof, er sei *praecipuum nostrae sodalitatis litterariae ... asylum* gewesen,[51] und ähnlich läßt sich der Nürnberger Mathematiker Johannes Werner am 7. Dezember 1503 vernehmen, Dalberg sei *dignissimus ac singulare Christianae religionis columen atque summus nostrae litterariae sodalitatis princeps, communis denique omnium doctorum, studiosorum hospes et patronus* gewesen,[52] worunter wohl nichts allzu Konkretes zu denken ist. Auch außerhalb des Celtis-Briefwechsels begegnen solche Formulierungen. So nennt Dietrich Gresemund in einem Brief vom 24. August 1494 an Adam Werner von Themar den Wormser Bischof *unicum tempestate nostra literatorum hominum asylum.*[53] Immerhin hat bekanntlich 1501 die *sodalitas litteraria* zumindest als Korrespondenzgemeinschaft unter der Ägide Dalbergs sich in Nürnberg zusammengefunden, denn unter den Beigaben zur Ausgabe der Werke von Hrotsvith von Gandersheim finden sich neben dem Druckprivileg für die *Sodalitas Celtica* auch Epigramme der *Sodalitas litteraria*, an deren Spitze Dalberg selbst steht und die mit Johannes Trithemius und Heinrich von Bünau Mitglieder des engeren Kreises der *Sodalitas Rhenana* unter den Beiträgern sieht.[54] Wie konkret sich freilich die Tätigkeit der rheinischen Gelehrtengesellschaft nach dem Weggang von Celtis gestaltet hat, bleibt undeutlich. Auch über den Tod Dalbergs hinaus muß eine Gruppe von Gelehrten sich als *Sodalitas litteraria Rhenana* verstanden haben. Denn die in der bereits 1508 vorbereiteten Ausgabe der Oden von 1513 abgedruckte *Vita* des Konrad Celtis ist von der *Sodalitas litteraria Rhenana* unterzeichnet; sie findet sich bereits – wie Raimund Kemper feststellte – in einer Handschrift, die der Kasseler Handschrift der *Epigramme* von Celtis beigebunden ist.[55]

Manche Spekulationen wurden auch über die Gestaltung der Zusammenarbeit und Zusammenkünfte der Gelehrtengesellschaft angestellt. Bauchs Vermutung aufgrund eines Briefes von Vigilius-Wacker vom 28. Oktober 1496, die *philosophi* – so die Selbstbezeichnung der *sodales* – hätten an Platons Geburtstag ein jährliches institutionalisiertes *convivium philosophicum* gefeiert, ist mit guten Gründen schon von Kemper zurückgewiesen worden, der die Textüberlieferung *quo fiet, ut omnium philosophorum, ut spero, festum celebretur* gegen Bauchs Vorschlag *annuum philosophorum ... festum* verteidigt hat.[56] Auch die anderen für ein solches angeblich institutionalisiertes *convivium philosophicum* angeführten Textstellen geben nicht her, was sie sollen. Wenn etwa Johannes Vigilius-Wacker in einem Brief an Celtis vom 15. November 1496 lange nach der Rückkehr von Celtis nach Ingolstadt von einem solchen *convivium* berichtet, das der Bischof *more suo* veranstaltet habe, zeigt der referierte Inhalt der dort gepflegten Unterhaltung, daß bei dieser Zusammenkunft von einer institutionalisierten Form der Zusammenkünfte nicht die Rede sein kann.[57]

**Epiklese an Phoebus (Johann von Dalberg) in Celtis' Ode III, 15[58]**

Existiert haben solche ritualisierten Formen des Zusammentreffens indessen zweifellos. In der 15. Ode des dritten Buches der Odensammlung von Celtis ist davon die Rede. Das Gedicht sei deshalb etwas eingehender betrachtet, zumal in der bisherigen Forschung ein wesentlicher Aspekt seiner Deutung nicht beachtet worden zu sein scheint.

AD SODALITATEM LITTERA=/RIAM RHENANAM, VT SE=/CVM EPVLVM REDEVNTE PHOEBO AB CAPRICORNO INSTRUANT.

Intende neruis, Calliope nouis,
Oro latinae carmina tibiae
Et quicquid olim mota claro
Graia cohors modulata Phoebo est.

Qui nunc retorquet vertice fulgido
Rotam coruscam, noctibus imperans
Barbam rigentis Capricorni
Igniuoma feriens lucerna.

Idcirco Phoebi grata sodalitas,
Quam Rhenus altis littoribus fovet,
Sydus salutemus, vetusti
Pocula concelebrando Bacchi.

Nec mensa largis cum dapibus vacet,
Sub Affricanis qualis erat plagis.
Sic nos sacris Phoebi peractis
Ad citharam facilem canemus.

Illustre mundi Phoebe pater caput,
Cuius recessum singula sentiunt,
Et cuius adventu recentes
Parturiunt elementa formas.

Adesto doctis te rogo vatibus
Lucem ferendo, vt carmina posteris
Annosa scribamus diserti,
Continuis placitura saeclis.

Hinc quae requirit nostra necessitas,
Victum atque amictum corporis annuas,
Et stet beato fama cursu,
Spiritus hos vbi liquit artus.

Non linquo tetram tartareos lacus
Timere mentem, nec canis inferus
Triforme monstrum me mouebit,
Aeacus aut Rhadamanthus vrna.

Ieiuniorum difficiles dies
Seruet, cucullus quem tetricus grauat,
Longique murmuris susurro
Concutiens sua labra vulgo.

Mi sed beatum docta sodalitas
Reddat fauorem, scriptaque comprobet,
Fortuito ruitura fato.

Praeter mouentem corpora spiritum,
Qui clara linquit munera posteris,
Virtutibus qui premium dant,
Et vitijs sua probra pangunt.

Übersetzung:
*An die Rheinische Gelehrtengemeinschaft, daß sie mit ihm zusammen anläßlich der Rückkehr des Phoebus vom Zeichen des Steinbocks ein Gastmahl veranstalte.*

*Kalliope, laß mit neuen Saiten Lieder lateinischen Gesanges hören, und solche, wie sie einst die griechiche Dichterschar anstimmte, angeregt von dem hell tönenden Phoebus, der nun mit leuchtendem Haupt sein glänzendes Rad wendet, den Nächten gebietet und mit feuerspeiendem Licht den Bart des kältestarrenden Steinbockes trifft. So wollen wir, die dankbare Sodalität des Phoebus, die der Rhein an seinen hohen Ufern hegt, (10) das Gestirn grüßen, indem wir die Schalen des alten Bacchus feierlich erheben! Und dem Tisch mangle es nicht an reichlichen Speisen, wie er einst in Afrikas Zonen hergerichtet wurde. So werden wir nun die heilige Feier des Phoebus begehen und zur gefälligen Leier singen. Du hell leuchtendes Haupt der Welt, Vater Phoebus, dessen Weggang jedes einzelne Wesen fühlt und durch dessen Wiederkehr die Elemente neu*

*Gestalt annehmen, (20) sei den gelehrten Dichtern hilfreich zugegen, so bitte ich, und bringe dein Licht, auf daß wir kundig der Nachwelt Lieder dichten, die Bestand haben und allen Generationen gefallen werden. Gewähre uns zudem, was unsere Bedürftigkeit erheischt, Lebensunterhalt und ein Gewand für den Körper, und unser Ruf möge in glücklichem Lauf stehen, wenn die Seele diesen Körper verläßt. Ich hinterlasse nicht die Erinnerung an einen schändlichen Geist, der den Sumpf der Unterwelt fürchtet, mich wird nicht der Höllenhund (30), das dreiköpfige Ungeheuer, beunruhigen, nicht Aiakos noch Rhadamantys mit seiner Urne. Die schwer zu ertragenden Fasttage mag der einhalten, den eine schmutzige Mönchskappe bedeckt, und der für den Pöbel seine Lippen unter dem Brummen eines langen Gemurmels aufeinanderpreßt. Mir soll dagegen die gelehrte Gesellschaft ihre glückverheißende Gunst gewähren und meine Schriften billigen, die durch ein zufälliges Geschick untergehen würden, wäre da nicht der Geist, der die Körper bewegt, und der Nachwelt herrliche Geschenke hinterläßt, der Nachwelt, die den Tugenden ihren Lohn gibt und das Laster tadelt.*

Christine Treml hat im Gefolge von Raimund Kemper das Gedicht als Ausdruck einer kultischen Feier interpretiert und in Zusammenhang gebracht mit der ganz ähnliches gestaltenden Epode16,[59] in der ebenfalls Phoebus angeredet wird, und den Einladungsoden zu Celtis' Geburtstag Ode II, 17[60] und Ode III,2,[61] die ebenfalls kultartige Feiern wiedergeben.[62] Stärker als etwa in der Ode auf Bacchus[63] hat man zunächst den Eindruck, daß bei dieser paganisierende Kultformen integrierenden Sommersonnwendfeier die Epiklese des Gottes Phoebus nicht bloße Allegorie ist, sondern in neuplatonischer Auffassung Phoebus als lebensspendende Kraft ebenso angerufen wird wie als Inspirator der Dichtkunst. Damit spannt sich ein Bogen zu der vielbehandelten programmatischen Ode von 1486 IV,5 *Ad Apollinem repertorem poetices, ut ab Italis cum lyra ad Germanos veniat*[64] oder wie sie in anderer Form in der Odenausgabe von 1513 überschrieben ist *Ad Phoebum, ut Germaniam petat.*[65] Phoebus, der antike Licht-, aber auch Weisheitsgott und Gott der Dichtung, erscheint überhaupt gleichsam als Verkörperung alles dessen, wofür Celtis' Sodalitätsidee steht. Zugleich wird freilich noch zu zeigen sein, daß damit die Bedeutung der Phoebus-Epiklese noch nicht erschöpft ist. Doch zunächst zu weiteren Motiven des Gedichtes. Das platonisierende Naturbild der Verse 17–20 hat ihre Parallele in dem panegyrischen Gedicht auf Kaiser Maximilian I., Ode I,2, wo es in den Versen 21–24 heißt:

Exiens sedes modo sed beatas
Spirat in terris Zephyrus tepenti
Suscitans flatu taciti sepulta
Semina mundi.[66]

Diese poetische Gebetsanrufung an Phoebus mit einer Opferschale, die Bacchusmotivik zeigt, hat, wie Treml zuletzt zu Recht betont hat, durchaus einen realen Hintergrund: Der Sodale Moravus hat für die *Sodalitas Danubiana* eine Schale mit Bacchusmotiven gestiftet, die als römische *patera* geformt war und wohl für Trankopfer diente – freilich wird sie erst sehr viel später erwähnt als die vorliegende Ode, die aus dem Jahreswechsel 1495/96 stammt.[67] Nicht recht deutlich wird in Tremls kurzer Interpretation die Absicht dieser Kultfeiern. Sie schreibt vage, die Weiherituale in der Sodalität bezeichneten symbolisch die Tradition, auf die sich die Humanisten in ihrer selbstgewählten Lebensform bezogen hätten.[68] Diese Tradition ist exakter zu bestimmen und zeigt, daß Celtis sich unmittelbar auf die neuplatonische Florentiner *Accademia Platonica* und damit auf deren Vorbild, die Akademie Platons bezieht: Bereits in der antiken platonischen Akademie waren solche Kultfeiern üblich.[69] Offenbar stellt sich Celtis durch Einführung paganisierender Rituale in die antike platonische Tradition und betont zugleich die Exklusivität der humanistischen Gelehrtengemeinschaft.

Diese Motivik des Gedichtes mit dem Gebetsanruf an Phoebus Apollo deutet Christine Treml ohne jede Einschränkung als Übernahme heidnisch-neuplatonischer Kultformen, und auch Raimund Kemper ist offensichtlich der gleichen Auffassung. Hier scheint mir jedoch Vorsicht geboten. Bezeichnenderweise fehlt in dem schon erwähnten, sehr ausführlichen Bericht von Vigilius-Wacker über das *convivium philosophicum* bei Dalberg im

November 1496 ein Hinweis auf solche Rituale. Freilich gibt es eine sehr aufschlußreiche Parallele zwischen Wackers Bericht und dem Gedicht von Celtis. Während Celtis in seinem Gedicht in den Versen 25–28 Phoebus um Lebensmittel und Bekleidung bittet, attestiert Wacker dem Bischof, er gewähre genau diese Gaben und darüber hinaus weitere den philosophi: *Ita enim pius est ille divinus homo, quin imo non homo, sed deus unus omnium philosophorum, ut necquicquam cui hominum et imprimis philosophis denegare soleat, quin victum, amictum, viaticum libros et denique se ipsum totum .... liberaliter exhibeat.* (So pflichtgetreu ist nämlich jener göttliche Mensch, vielmehr nicht Mensch, sondern einzigartiger Gott aller *philosophi*, daß er keinem Menschen, geschweige denn den Philosophen etwas abschlägt, sondern Lebensunterhalt, Kleidung, Wegzehrung, Bücher, ja schließlich sich selbst darbietet).[70] In der Realität verließen sich die Sodalen offenbar lieber auf den lebenden Gönner als auf den im Gedicht imaginierten antiken Gott. Eine ähnliche Beschreibung gibt Jacobus Dracontius-Drach in einem Brief an Celtis vom 29. Juni 1496 über Symposien auf einer Reise von Heidelberger *sodales* unter Führung Dalbergs nach Sponheim, bei denen *non deest inter epulas Apollo pater altissima illa virorum ingenia movens.*[71] Hier ist wohl auf ein ähnliches Ritual wie das angespielt, welches der Celtis-Ode zugrunde liegt. Solche Kultfeiern sind übrigens nur aus den Sodalitäten des Celtis überliefert.[72] Um den Befund dieser drei Zeugnisse im Zusammenhang zu deuten, gibt es nun eine Möglichkeit, die m.W. bisher noch nicht in Betracht gezogen worden ist; sie würde die Differenz von epistolaren und poetischen Zeugnissen erklären und zugleich das paganisierende neuplatonische Ritual in einem ganz anderen Licht erscheinen lassen: Von Dietrich Gresemund aus Mainz [73] ist eine sapphische Preisode *Ad reuerendum dominum Joannem Dalburgicum, presulem Vormaciensem, Theoderici Geresemundi carmen Sapphicon* überliefert.[74] In ihr wird der Wormser Bischof selbst unmittelbar als göttlicher *Apollo* gefeiert:

O decus Phoebi, sacer et sororum
Sole doctarum venerande Apollo,
Quos rudis pangit numeros Camoena,
Suscipe, quaeso [...]

Wenn in dieser Ode eines *sodalis*[75] explizit Dalberg als Phoebus Apollo apostrophiert wird, darf man doch wohl davon ausgehen, daß der *princeps sodalitatis* diese panegyrische Apotheose immer wieder erfahren hat und daß er in der Sodalität eben als ein neuer *Phoebus Apollo* gefeiert wurde. Damit ist nicht nur die Differenz zwischen der Celtis-Ode und dem Brief des Vigilius als nur scheinbare erwiesen, sondern auch präziser als bisher bestimmt, weshalb Celtis 1502 in einem Brief die Gelehrtengemeinschaft *Phoebea sodalitas nostra*[76] nennt und Jacobus Dracontius in seinem Brief vom 29. Juni 1496 von *Phoebei viri* spricht.[77] Natürlich ist hier zunächst der Gott der Dichtkunst angesprochen. Zugleich ist aber – zumindest für die Eingeweihten – auch der *princeps sodalitatis* Dalberg gleichsam als Inkarnation des Phoebus-Apollo gemeint. Die Epiklese des Dichtergottes geht unmerklich in die des Mäzens Apollo-Dalberg über. Das wird spätestens in Strophe sieben deutlich, die inhaltlich mit dem Brief Wackers übereinstimmt. Dadurch erscheint auch die durchaus überzeugend inszenierte pagane Kultfeier in der Celtis-Ode III,15 in einem anderen Licht: Wenn unter dem *Phoebus* des Gedichtes auch Dalberg zu verstehen ist, setzt Celtis den bei Gresemund nur als panegyrische Epiklese verwendeten Götternamen wieder in seinen ursprünglichen mythologischen Zusammenhang, gleichsam in die Phoebus gemäße Welt ein, wodurch die paganisierende Inszenierung an Überzeugungskraft gewinnt, zugleich aber nur noch dem Adepten in ihrer Bedeutung ohne weiteres durchschaubar wird. In dem zitierten Brief von Vigilius wird dann sozusagen die Sache ohne Chiffrierung angesprochen, nur in der Formulierung *deus omnium philosophorum*, der ja eben Phoebus-Apollo ist, wird ein Element dieser Inszenierung sichtbar.

Welche Folgen die Aufdeckung dieses Zusammenhangs für die Bewertung des platonisierenden Paganismus der Ode III,15 hat, braucht dann kaum mehr gesagt zu werden. Zugleich liegt ein weiterer Beleg für die oben ausgeführte These vor, daß sich die Heidelberger Gelehrtengemeinschaft wesentlich durch den *princeps sodalitatis*, der für die Eingeweihten panegyrisch zum antiken Weisheitsgott überhöht wird, definiert.

Einzugehen bleibt auf zwei von Treml bei ihrer Interpretation mit keinem Wort erwähnte Strophen des Sodalitätsgedichts, in denen sich Celtis scharf von der Unterweltsfurcht und von den Kapuzenträgern, also den Mönchen, und ihren Frömmigkeitsübungen distanziert. Beide Strophen, deren Zusammenhang mit den übrigen Teilen ohne Zweifel dann besser gegeben ist, wenn unter Phoebus zugleich Dalberg zu verstehen ist, stimmen mit Celtis vielfach in den *Amores* – und was das Gebetsgemurmel angeht –, mit dem Gedicht gegen den abergläubischen Sepulus[78] bekundeten neuplatonischen Auffassung bis in wörtliche Parallelen[79] überein (V. 29–36). Sie rekurrieren auf Celtis' platonisierendes Gottesverständnis. Ob sie Dalberg, der eigentliche Adressat der Ode III,15, ohne weiteres akzeptieren wollte, ist fraglich, riet er etwa doch 1497 Johannes Reuchlin davon ab, die teilweise mönchskritische Komödie *Sergius vel caput capitis* in Heidelberg aufzuführen, obgleich sie ihm gefallen hatte, weil er ihretwegen Konflikte mit dem Mönchsklerus befürchtete. Stattdessen wurde dann am 31. Januar 1497 in Dalbergs Haus der *Henno* aufgeführt, in dem nichts von Kirchen- oder Klerikerkritik zu spüren ist.[80] Schwer vorstellbar ist, daß – wie immer man den allegorisierenden Paganismus solcher Rituale beurteilen mag –, Humanisten prononciert christlicher Ausprägung wie Jakob Wimpfeling an ihnen partizipiert haben könnten, obgleich natürlich auch Wimpfeling etwa in seinem Marienepos paganisierende Bildsprache einsetzt.[81]

Als Schutzherr der *Sodalitas litteraria Rhenana* ist Johann von Dalberg für viele Humanisten die entscheidende Identifikationsfigur. Der gerade genannte Wimpfeling nahm in die zweite, 1505 erschienene Ausgabe eines seiner wichtigsten Werke, die Erziehungsschrift *Adolescentia*, zahlreiche Epitaphien auf den Bischof und Mäzen auf. In einem dieser Epitaphien wird Dalberg bescheinigt, er rage durch *generis nobilitas* und *morum ac doctrinae praestantia* hervor – durch Adel der Herkunft und Vortrefflichkeit der Sitten und Gelehrsamkeit.[82] Mit diesen Tugenden ist Dalberg im Gedächtnis seiner humanistischen Gesinnungsgenossen und der Nachwelt geblieben.

## Theodor Rhodius – Ein lateinischer Dichter und Dramatiker des Späthumanismus aus Ladenburg

Um 1600 war die Kurpfalz und ihre Metropole, der 'zweigipflige Musenberg' Heidelberg, ein Zentrum des deutschen Späthumanismus.[83] An der Universität und am kurpfälzischen Hof lebten und lehrten zahlreiche Vertreter der späthumanistischen Gelehrtenrepublik wie der Niederländer Janus Gruterus (1560–1627) und der Franke Paulus Schede-Melissus (1539–1602). Unter den jüngeren Pfälzer Dichtern im Umkreis von Paulus Schede-Melissus ragt ein gebürtiger Ladenburger hervor, Theodor Rhodius oder Rhode.[84] Sein Vater war protestantischer Beamter aus dem Wormser Gebiet, und Rhodius ist wohl um 1575 in Ladenburg geboren. Hat man früher an eine Herkunft aus Lupfen am Neckar gedacht, ist diese Vermutung dadurch ganz hinfällig, daß er selbst in einem Gedicht auf den dritten Teil der *Origines Palatinae* von Marquard Freher, worauf noch einzugehen sein wird, Lobodunum-Lupodunum selbst nicht ohne emotionale Wärme als seine Vaterstadt bezeichnet (*patria*).[85] Am 7. Mai 1594 wurde er in Tübingen immatrikuliert, nachdem er zuvor das von Graf Philipp I. von Leiningen-Westerburg gegründete Gymnasium in Höningen besucht und dort 1593 aushilfsweise als Lehrer amtiert hatte.[86] 1595 setzte er sein Studium an der Akademie Straßburg fort, die aus der Schule Jakob Sturms hervorgegangen und sich zu einer der modernsten höheren Bildungsanstalten des damaligen deutschen

Kulturraumes entwickelt hatte.[87] So unterrichtete u.a. an ihr der berühmte Polyhistor Matthias Bernegger, eine der universalsten Gestalten der Wissenschaft im deutschen Barock, daneben die Historiker und Philologen Johann Boecler und Freinsheim, die beide zu den führenden klassischen Philologen ihrer Zeit zählten. Anschließend trat Rhodius in den Pfarr- und Schuldienst, zunächst wieder in Höningen, 1601–1607 in Quirnheim unweit von Worms, schließlich seit 1614 in Asselheim bei Grünstadt. Dort verstarb er im Amt am 19.8. 1625.

### Der Späthumanist und neulateinische Dichter

Wir haben bei seinem Bildungsgang einen typischen Vertreter des deutschen Späthumanismus vor uns. Die lateinisch bestimmte Gelehrtenschule – eine solche war das Gymnasium in Höningen – hat ihn ebenso geprägt wie die späthumanistisch ausgerichtete Straßburger Akademie, die ihm vor allem auch die Kenntnis der in der späthumanistischen Geistesbewegung führenden niederländischen Autoren vermittelte. So braucht es – auch bei den engen Beziehungen, die Theodor Rhodius zu dem Heidelberger späthumanistischen Gelehrtenkreis um Janus Gruter, Marquard Freher, den pfälzischen Landeshistoriker und den Bibliothekar und Poeten Paul Schede-Melissus unterhielt, nicht zu verwundern, daß sein gesamtes literarisches Oeuvre in den Formen und Themen und nicht zuletzt im ausschließlichen Gebrauch der lateinischen Sprache sich als gelehrt-humanistisches präsentiert – was seiner Nachwirkung im Zeichen einer bald nur noch an muttersprachlichen Zeugnissen orientierten Literaturhistorie sicher geschadet hat. Dabei handhabt er die Formen und Sprache der späthumanistischen Poesie mit einer Sicherheit und Leichtigkeit, daß er gewiß zu den interessanteren Autoren dieses Genres zu rechnen ist – auch wenn er einmal aus Bescheidenheit ablehnt, seine Poesien für das von Janus Gruter geplante und schließlich auch ins Werk gesetzte Sammelwerk der *DELITIAE*, der Köstlichkeiten aus der neulateinischen Dichtung des deutschen Kulturraumes, zur Verfügung zu stellen. Die 1615 in Darmstadt erschienene Sammelausgabe der *Poemata Varia*[88] von Rhodius gewährt einen z.T. faszinierenden Einblick in die Lebenszusammenhänge, geistigen und poetischen Interessen eines begabten Poeten, der fast sein ganzes Erwachsenenleben als Landpfarrer zubrachte. Am liebsten benutzte Rhodius offenbar eine poetische Form, deren Vorbilder er den eleganten Dichtungen des Römers Catull entnommen hatte, die mit beträchtlicher Könnerschaft entworfenen poetischen Billets in Elfsilblern. Der Themenradius dieser Gedichte reicht von Anreden an Gönner wie den Grafen Philipp von Leiningen, den er als Musenfreund rühmt und dem er seinen *libellus* sein Büchlein zueignet, über Dialoge mit den Musen bis zum poetischen Gedankenaustausch mit Leiningschen und Wormser Notabeln und vor allem Angehörigen des Heidelberger Humanistenkreises wie Gruter oder Marquard Freher. Ein durchgängiges Thema in Rhodius' Dichtung ist die Mißachtung, der sich die gelehrte Poesie ausgesetzt sieht, die er als seine *deliciae* und seine *amores* bezeichnet. Kurz nach 1600 schwindet offenbar in der literarisch und politisch interessierten Öffentlichkeit das Interesse für die lateinische Dichtung, die nun als Pedanterie des bürgerlichen Gelehrtenstandes betrachtet zu werden beginnt. So tröstet Rhodius die (lateinischen) Musen damit, daß der exklusive Kreis der Dichter nicht, wie der geistige Pöbel nur an Reichtum und Gold interessiert sei, sondern die Musen liebe und pflege:

Sibi diuitias suas & aurum
Vulgus usque habeat, colatque ametque.
Vos vates colere atque amare pergant,
Et magis colere atque amare pergant,
Quo magis male feriata turba
Vos putare solet iocum atque ludum.[89]

Übersetzung:
*Möge nur der Pöbel Reichtum und Gold für sich haben, lieben und schätzen! Euch aber sollen die Dichter immerzu verehren und pflegen, und umso mehr pflegen und schätzen, je mehr die müßige Menge auch für Scherz und Spiel anzusehen pflegt ...*

In einem großen autobiographischen Gedicht, das an Marquard Freher gerichtet ist, äußert sich Rhodius über sein eigenes Tun als gelehrter Dichter:[90]

*Der kunstlose Pöbel verlacht die reizenden Musen, die frommen Gottheiten, hält die zarten Dichter für Toren und ermahnt mich, nicht immer meinen nutzlosen gelehrten Studien nachzugehen und ernsthafte Beschäftigungen meinen poetischen Tändeleien hintanzustellen. Mahne Du, Freher, was ich machen soll! Soll ich die Göttinnen verlassen, denen zu folgen ich von Jugend an bestrebt war? Freilich wünsche ich es und es wäre besser gewesen, nicht Verse zu schreiben und niemals am Musenquell den Durst zu löschen. Aber es ist schwierig, die gewohnte Beschäftigung aufzugeben, schwierig den Drang der eigenen Natur zu mißachten ...*

In der Folge nimmt Rhodius für sich in Anspruch, seine Existenz sei ganz von der Dichtung erfüllt. Interessant sind die Vorbilder, denen er sich dabei verpflichtet fühlt. Neben den sich sozusagen von selbst verstehenden Klassikern wie den Dramatikern, Komikern, den Lyrikern Horaz und Catull sind es vor allem die führenden neulateinischen Dichter der eigenen Epoche, darunter der Pfälzer Johannes Posthius aus Germersheim (1537–1597)[91] und Paul Schede-Melissus, daneben vor allem aber auch die hochmodernen niederländischen Dichter wie die beiden Dousa, Daniel Heinsius und der heute vor allem noch als Begründer des modernen Völkerrechtes bekannte Hugo Grotius. Der pfälzische Pfarrer ist also – was seinen literarischen Horizont betrifft – ganz auf der Höhe der Avantgarde seiner Zeit. Was später Martin Opitz für die deutschsprachige Dichtung vollziehen wird, den Anschluß an die europäische Lyrik der Renaissance, ist ebenso wie in der noch zu diskutierenden dramatischen Dichtung von Rhodius bereits in lateinischer Sprache durchgeführt.

Ein schönes Beispiel für seine internationalen Beziehungen bildet ein Gedicht, das Rhodius der am Prager Musenhof Kaiser Rudolfs II. wirkenden englischen Dichterin Elizabeth Jane Weston (1582–1612) gewidmet hat.[92] Elizabeth gehört wie die in Heidelberg exilierte italienische Protestantin Olympia Fulvia Morata[93] zu den *feminae doctae*, den wenigen gelehrten Frauen ihrer Zeit, die formvollendete lateinische Gedichte verfassen konnten. Die der Weston wurden so beifällig aufgenommen, daß Paul Schede sie zur mit dem Lorbeerkranz geschmückten Dichterin krönte. Rhodius feiert sie in einem kurzen elegischen Gedicht als „zehnte Muse“:

Quae tam dulce canit, tam docto pollice chordas
Tangit , ut hanc Musam iure voces decimam.

Übersetzung:

*Sie singt so süß und schlängt mit so gelehrtem Finger die Saiten,*
*daß man sie zurecht als zehnte Muse bezeichnen kann.*

Unter den deutschen Autoren orientiert sich Rhodius u.a. an dem Wittenberger Professor Friedrich Taubmann aus Wonsees in Franken, dem das merkwürdige Schicksal widerfuhr, ordentlicher Professor der Poetik in Wittenberg und zugleich eine Art Hofnarr des Kurfürsten von Sachsen zu sein. Taubmann hat in zahlreichen Gedichten zusammen mit Caspar von Barth als Lehrer einer ganzen Generation sächsischer Studenten eine neue gleichsam barokke Tendenz in die lateinische Dichtung eingeführt. Im Rückgriff auf spätantike Muster setzte er etwas durch, was man in späterer Zeit sich angewöhnte „Schwulststil“ zu nennen: gesuchte Bilder, ein bis an die Grenzen der Verständlichkeit komplizierter Satzbau mit Häufung von Stilmitteln und der häufige Gebrauch altlateinischer, kaum verständlicher Wörter. Auch wenn sich Rhodius zunächst von diesen Tendenzen in der Poesie beeindruckt zeigte, nahm er später gegen den Zeittrend davon wieder Abstand und befleißigte sich einer betont klaren, an den Mustern der Klassik orientierten Sprache, so daß sich seine Gedichte sehr flüssig lesen. Im dichterischen Zwiegespräch mit seinen Freunden zeigte Rhodius nicht geringen Humor. So etwa in einem poetischen Billet auf einen Besuch bei einem Freund, bei dem Rhodius offensichtlich – man beachte den Verstoß gegen die Würde des protestantischen Pastorenamtes – einen guten Schluck zu nehmen hoffte:[94]

*Neulich machte ich einen Ausflug zu Dir in Begleitung Dobers, als unseren Augen eine höchst mißliche Sache widerfuhr. Als wir ankamen, erschien die Tür von selbst verschlossen, und drinnen war kein Mensch, der sie bewachte. Ich trete herzu, schlug an sie und rief: He, Riegel, spring auf! Laß Deinen Herrn heraus! Aber vergeblich. Unbeweg-*

*lich bleibt der Riegel, und läßt sich durch meine Bitten nicht bewegen. O übles Geschehen, unwürdig unserer Musen! Ach das schwere Herzeleid, das ich mir ins Gedächtnis rufe! Müde konnte man mich wankenden Schrittes nach Quirnheim zurückkehren sehen, wo uns die Geschenke des rebenentsprossenen Bacchus erquickten und die Mattigkeit aus dem betrübten Herzen zu weichen hießen. Wenn du uns aber ein Freund mit lauterem Herzen bist, dann hüte dich, Johannes, vor einer Wiederholung solcher Geschehnisse! Sei zuhause behaust, und sorg dafür, daß deine Wohnung, wenn ich komme, einen süßen Ton anschlägt!Und damit es dich nicht etwa reut, Kosten zu haben und Du keinen Grund hast, mich von Deinem Haus fern zu halten, habe ich die Absicht, den Wein zu schonen, billiges Bier soll mir – so will ich – aus dem Mund den Durst vertreiben und meine Kehle vorm Verdursten erlösen!*

Über die Beziehung zu seiner Heimat hat sich Rhodius an einer Stelle besonders ausgesprochen: Der pfälzische Historiograph Marquard Freher verfaßte als dritten Teil seiner 'Origines Palatinae' 'De Lupoduno Antiquissimo Alemanniae oppido commentariolus' soweit ich sehe die erste Geschichte Ladenburgs. Sie wurde erst postum 1618 publiziert, es existieren auch zwei handschriftliche Fassungen in der bayerischen Staatsbibliothek München. Rhodius muß noch vor der Drucklegung Kenntnis von dem Werk erhalten haben, denn in seinen „Vermischten Gedichten" von 1615 findet sich ein längeres wohl als Dedikationscarmen gerichtetes Gedicht, das Rhodius seiner Vaterstadt Ladenburg gewidmet hat:[95]

Ad Lopodunum patriam:
Si gratia esset aut honos Lyrae nostrae,
Loboduna, dulcis patria, cor tui tractus,
Non paterer ego iacere te loco obscuro,
Sed mecum ad astra lucida usque vectarem
Versu canoro, splendido atque limato.
Nunc, conscia es mihi ipsa, nil queo prorsus
Sonare, tersis quod sit auribus gratum:
Sed vile, ineptum, languidulum & insulsum,
Plenumque ruris inficetiarumque
Disperdo carmen: quo modo poetaster,
Aridus, ineptus, perperus poetaster
Ferire apertas aurium solet caulas.
Nunquam tamen, nunquam hercle abibis indicta.
Nam te Freherus, ille temporis prisci
Catus aestimator, alite evehit curru
Famae perennis; cui parum est tuum nomen
Quod horrida iacebat obrutum nube,
Veterum e tabellis vindicasse sollerter,
Ni denuo, ceu Phoebus alter exortus,
Te clariori lumine undique illustret.
Ergo creatrix mea, mea o parens, salve,
Et fronte prona vindicem tuum agnosce,
Qui te modo ornat, auget ornatam.

Übersetzung:

*Besäße meine Leier Anmut und Ehre, Ladenburg, süße Heimat und Herzstück deines Landstriches, würde ich nicht zulasssen, daß du an unbeachtetem Ort liegst, sondern würde dich mit klingendem, glänzendem und ausgefeiltem Vers mit mir zu den leuchtenden Sternen hinauftragen. Jetzt aber – du kennst mich ja – vermag ich nichts ertönen zu lassen, was feinschmeckerischen Ohren angenehm sein könnte. Ich stümpere vielmehr ein geringes, langweiliges und witzloses Gedicht voller bäurischer Art und Tölpelei, wie ein Dichterling, ein unbegabter, schlechter Poetaster die offenen Ohrmuscheln zu behelligen pflegt. Niemals aber, niemals bei Herkules, wirst Du unbesungen vergehen. Denn Freher, der kluge Schätzer der alten Zeit, fährt Dich auf dem geflügelten Wagen immerwährenden Ruhmes zu den Sternen. Es war ihm zu wenig, deinen rechten Namen, der von dunkler Wolke verdeckt lag, aus den alten Urkunden wiederhergestellt zu haben; er erhellte dein Geschick auch wie eine zweite Sonne mit leuchtendem Licht. O du meine Heimat, meine Mutter, sei also gegrüßt, und erkenne mit geneigter Stirn deinen Anwalt, der dich auf neue Weise schmückt und deinen Schmuck noch vermehrt.*

Aus diesem Gedicht spricht doch eine engere Verbundenheit mit der Geburtsstadt, als sie der sicher nur kurze Aufenthalt von Rhodius in ihr vielleicht erwarten ließe.

Als zärtlicher Vater erweist sich Rhodius in einem Gedicht, mit dem er freudig die Geburt eines Sohnes begrüßt. Auch wenn ein Teil der modernen Forschung glauben machen will, Eltern seien in der Frühen Neuzeit weniger zärtlich zu ihren Kindern gewesen als ihre modernen Nachfahren, gibt es genug Zeugnisse, die das Gegenteil beweisen. So auch dies kleine Gedicht unseres Poeten. Unbändig freut

sich der Dichter, daß der 'filiolus' ein getreues Abbild des Vaters sei:[96]
*An die göttlichen Küsten des Lichtes, süßester Rhodiussproß, bist du getreten, Hoffnung und Stütze meines Geschlechtes. Ich freue mich, daß niemand leugnen kann, daß du mein Sohn bist. Zuerst hast du eine dunkle Gesichtsfarbe – ganz so, wie ich sie zu haben mich rühme. Sodann schaust du ganz versonnen um dich, und als wolltest du ein Gedicht verfertigen, nimmst du die Gewohnheiten des Vaters an. Schön, die Zeichen passen zusammen und bezeugen, daß seine Gemahlin dem Rhodius einen Sprößling geboren hat.*

Rhodius' Dichtung gewährt einen recht intimen Einblick in die Freundschaftskultur des pfälzischen Späthumanismus. Zahlreiche Gedichte hat er Freunden gewidmet, aus denen die gemeinsamen literarischen Interessen deutlich werden. So in einem Gedicht an Conrad Schoppe, den Rektor des pfälzischen berühmten Gymnasium zu Neuhausen vor den Toren von Worms:[97]
*O edler Freund, der du unersättlich dürstest nach den Wassern des Musenquells, ich danke dir aufs höchste, daß du dich in so großer Treue um mich sorgst. Denn unlängst hatte eine kalte Starre mein Herz erobert, bis du mir deine Verse hierher sandtest, die von jeglicher Eleganz erfüllt sind. Ich las sie – wie es meine Gewohnheit ist – sogleich mit gierigem Auge, und siehe da: die Starre verschwand. Jetzt wandle ich wieder genesen und gestärkt umher und wiederhole bei mir mit Vergnügen deine Gedichte. Was willst du? Du bist mir nicht nur Dichter, mein Schoppius, sondern auch Arzt, du vertreibst mit deinem Gesang, die Melancholie, wenn sie beschwerlich ist.*

Die Verbindungen von Rhodius zu seiner pfälzischen Heimat zeigen nicht nur Gedichte an mehrere Heidelberger Gelehrte, sondern auch die politischen Carmina, mit denen er den Einzug Kurfürst Friedrichs V. von der Pfalz und seiner Gemahlin Elisabeth Stuart 1613 in der Pfalz feiert. Schlägt ein Gedicht in der Sammlung der Elfsilbler zunächst einen recht vertraulichen Ton an und entspricht damit der intimen Tonlage dies Genres: *Und ihr, meine zarten Verslein, zögert die Ankunft und das glückverheißende Brautbett gern und nach Verdienst zu beglückwünschen?* – sind die elegischen Gedichte an den Vater Rhein und über die Ankunft der Fürsten in einem wesentlich feierlicheren Ton gehalten:
*Vater Rhein, sahest du je etwas Schöneres, oder besitzt etwas, das würdiger wäre gerühmt zu werden? Siehe, wie sie (die Braut) einhergeht, welche Ehre sie ausstrahlt, und welche Gaben sie auf ihrem erhabenen Busen trägt! verehre also die gegenwärtige Göttin!*

Offensichtlich will der Dichter sich bei dem Fürsten der Pfalz in Erinnerung rufen, vielleicht um in der Kurpfalz eine Stelle erhalten zu können.

Über seine konfessionelle Stellung äußert sich der leiningische lutherische Pfarrer und Freund von Straßburger Gelehrten, die sich wegen ihrer offenen, manchmal zum Calvinismus tendierenden Haltung der lutherischen Orthodoxie des Kirchenvorstehers Johann Schmidt verdächtig gemacht hatten, in seinen lateinischen Gedichten eher zurückhaltend. So beklagt er in einem Carmen *De se ipso* (Über sich selbst) die unheilvollen Streitigkeiten in den protestantischen Kirchen über die Bedeutung des heiligen Abendmahls:[98]
*Mir aber sind Christi Worte heilig und unzweifelhaft und ich trage meinen Herrn ganz im Herzen, verachte die Spitzfindigkeiten und Nebel der menschlichen Vernunft ...*

*Würde aber dieselbe Einfalt auf Erden herrschen, gäbe es auf allen Seiten weniger Streit, die Menschen könnten das himmlische Heil erhoffen und auf Erden ein angenehmeres Leben führen.*

## Der Dramatiker

In die Literaturgeschichte ist Theodor Rhodius vor allem als Verfasser formvollendeter lateinischer Dramen eingegangen. Von ihm stammen die Dramen nach biblischen Stoffen Agag, drei Josephsdramen, ein Saul und ein Esau sowie das Märtyrerdrama Hagne, welches das Martyrium der heiligen Agnes zum Gegenstand hat, sowie die beiden biblischen „Komödien" Debora (nach Richter, cap. 4) und Thesaurus (nach 2. Makk., cap. 3) im Stil des Römers Plautus und ein zeitgeschichtliches Drama Colignius von 1614, mit dem wir uns noch etwas eingehender auseinandersetzen werden. Der in seiner Biographie schon beobachtete wichtige Einfluß der Straßburger Akademie macht sich auch in dem dramatischen Schaffen von Rhodius geltend. Vor allem der bekannte Schuldramatiker Caspar Brülow, geboren zu Falkenhagen bei Pyritz in Pommern, seit 1612 Gymnasiallehrer in Straßburg, seit 1615 Professor der Poesie, 1626 der Geschichte hatte sich mit ähnlichen Dramen, etwa einer antikisierenden Andromeda von 1612, Nepukadnezar 1615 oder Julius Caesar 1616 darum bemüht, das humanistische Schultheater in lateinischer Sprache auf eine neue Qualitätsstufe zu heben.[99] Dieses Schultheater mit biblischen oder klassisch-antiken Stoffen bildete einen festen Bestandteil des lateinischen Schulunterrichts seit Beginn der humanistischen Epoche im deutschen Kulturraum. Durch Aufführung lateinischer Theaterstücke sollte sowohl die im 16. Jahrhundert unabdingbare aktive Sprachkompetenz, d.h. das fließende Lateinsprechen, geübt werden als auch zentrale Inhalte zunächst der humanistischen, später auch der reformatorischen Lehre vermittelt werden. Im nahen Heidelberg wurden übrigens mit Jakob Wimpfelings Stylpho und Johannes Reuchlins Henno noch gegen Ende des 15. Jahrhunderts wichtige – und zum Teil auf der heutigen Lateinschulbühne wiederbelebte – erste Beispiele des neuen humanistisch-gelehrten Theaters dargeboten.

In diesen Kontext ist das Straßburger Akademietheater einzuordnen, zu dem auch das dramatische Schaffen von Theodor Rhodius zu rechnen ist. Stimuliert wurde es zu hoher Leistung durch die beträchtlichen Erfolge, die der katholische Konfessionsgegner mit dem Theater des Jesuitenordens erzielte – die Zuschauer der alljährlich stattfindenden dramatischen Aufführungen der Jesuitenkollegien – z.B. im nahen elsässischen Molsheim zählten bald zu Hunderten und Tausenden und der Jesuitenorden hat schließlich mit Jakob Bidermann (1578–1639) einen Dramatiker von weltliterarischem Rang hervorgebracht. Das protestantische Schul- und Akademietheater mußte also versuchen, dem – ästhetisch sehr bald überlegenen – Jesuitendrama, das der 'Propaganda fides' vortreffliche Dienste leistete, etwas Ebenbürtiges entgegenzustellen, wenn der protestantischen Sache nicht schwerer Schaden zugefügt werden sollte. Hier setzen gerade auch Rhodius' Bemühungen an. Er übernimmt zwar vom älteren protestantisch-neulateinischen Schuldrama die biblischen Sujets mit Ausnahme des Colignius, versucht aber – mit nicht unbeträchtlichem Erfolg – die ästhetische Qualität der oft ziemlich regellos und episodenreich gebauten Stücke dadurch zu übertreffen, daß er sich – erstmals in Deutschland – streng an den Mustern des klassischen griechischen Dramas (Sophokles und Euripides), an zentralen Forderungen der aristotelischen Poetik wie der Einheit von Zeit, Ort und Handlung und an den Sprachformen des lateinischen Dramas von Seneca orientiert. Zurecht hat Hans-Gert Roloff unlängst darauf hingewiesen, daß hier im neulateinischen Drama von Theodor Rhodius lange vor den Bemühungen der Antigone-Übersetzung des Martin Opitz, die noch Richard Alewyn 1926 als epochales Werk des deutschen „vorbarocken Klassizismus" interpretiert hatte,[100] in lateinischer Sprache die Forderungen der klassischen Tragödie erfüllt waren, so daß der „Klassizist" Rhodius als Vorläufer des klassischen deutschen Dramas gelten kann. Sind so – wie Roloff zurecht bemerkt hat – vor allem formale und ästhetische Belange für die Dramatik des Rhodius von zentraler Bedeutung, heißt das nicht, daß ihn nicht auch wesentlich politische Motive mit dem kurpfälzischen Späthumanismus um 1600 verbinden würden. Solche Motive kommen ganz sicher zum Tragen im einzigen zeitgeschichtlichen Drama, das Rhodius verfaßt hat, dem *Colignius* von 1614. In ihm wird eine Episode aus dem Jahr 1572 behandelt, die damals die Gemüter in ganz Europa in heftige Wallung gebracht hatte. Am 24. August 1572 ließ die französische Königinmutter Katharina von Medici mit dem widerstrebend gegebenen Einverständnis ihres Sohnes Karls IX. zahlreiche zur Hochzeit Heinrich von Navarras mit Karls Schwester Margarete von Valois in Paris versammelte Hugenottenführer, darunter den Führer der französischen Protestanten, Admiral Gaspard de Coligny heimtükkisch ermorden, nachdem ein Mordanschlag auf den Admiral am 22. August knapp mißlungen war. Mit dem Massenmord an über 3.000 Protestanten wollte Katharina der von Coligny geforderten Untersuchung des Mordanschlages ausweichen, der Papst feierte nach der Nachricht von dem Geschehen ein Te Deum.

Rhodius konzentriert das Geschehen ganz auf die Ereignisse um Coligny nach dem ersten Mordanschlag. Das Drama umfaßt etwas mehr als 900 vollendet gebaute, meist jambische lateinische Verse in gelungener Imitatio von Dramen Senecas, vor allem dessen Medea, ist aber in der Ausführung durchaus eigenständig. Das fünfaktige Stück erfüllt alle wesentlichen Forderungen der klassischen Dramentheorie, Rhodius rechtfertigt in der Vorrede des als Lesedrama konzipierten Stükkes die Kürze mit der mangelnden Bereitschaft der Zeitgenossen, sich lange mit lateinischen poetischen Werken zu beschäftigen. In der Tat gewinnt aber das Drama gegenüber ausladenden zeitgenössischen Beispielen eher durch die straffe Handlungsführung und deren Einsträngigkeit. Die Protagonisten, auf der einen Seite der stoische Held Coligny, seine Tochter Luise und sein Schwiegersohn Theligny, auf der anderen Seite die dämonische Königin Katharina, ihr Helfershelfer Herzog Guise und der schwache Karl IX. werden – ohne daß ein eigentliche Entwicklung sichtbar würde – klar und scharf konturiert dargestellt. Im Stil der antiken Tragödie kommentiert ein Chor das Geschehen aus hugenottischer Sicht.

Eröffnet wird das Drama, das leider noch nicht ins Deutsche übertragen worden ist, mit einem langen Monolog Katharinas, einer zweiten Medea, in dem ihre dämonische Natur zum Ausdruck kommt. Sie will ihre hugenottischen Feinde mit aller List und Tücke vernichten: *Es freut mich, Haufen von Leichen zu sehen und Straßen, die von schwarzem Blut schwimmen, ich will die Zügel meines gefühllosen Geistes schießen lassen* ... (V. 39f.). Auf sie antwortet der Chor, der sich auf die Hochzeit freut, aber gehört hat, daß auf Coligny, die Stütze des Vaterlandes (*patriae columen*) ein Mordanschlag verübt wurde. Dies wird von Colignys Tochter Luise, die in höchster Aufregung ist, bestätigt, die zugleich Guise als Urheber verdächtigt. Coligny gehe es wieder etwas besser. Der Protagonist tritt auf und bittet seinen Schwiegersohn Theligny zu holen, der gerade vom Königshof kommt und von der Lauterkeit des Königs überzeugt ist. Der König – so sein Bericht – sei Coligny wohlgesonnen und werde das Verbrechen ahnden. Coligny, der die Gefahren des Hoflebens in zeittypischer Weise beschwört und seine Verdienste um König und Vaterland betont, erhält in einer Unterredung mit Karl, den er vor falschen Anschuldigern warnt, selbst die Zusicherung, daß der Urheber der Tat bestraft werde. Die Peripetie bahnt sich in einem Dialog zwischen Katharina und Karl IX. an: Die Königin ringt ihrem Sohn die Erlaubnis ab, gegen die Hugenotten vorzugehen, obgleich dieser eindringlich vor der Reaktion des Auslandes, vor allem der Deutschen, auf eine solche Mordtat, warnt. In einem Gespräch zwischen Katharina und Guise, der sich selbst mit einem reißenden Wolf vergleicht, am Ende des dritten Aktes wird die Ausführung der Tat besprochen und von dem Chor trauernd kommentiert. Zu Beginn des fünften Aktes treffen Theligny, der noch immer an den guten Willen des bon roi glaubt, und Luise, die von schlimmen Vorahnungen erfüllt ist, aufeinander. Guise läßt inzwischen seine Häscher ihr blutiges Werk ausführen. In der Form des antiken Botenberichtes gelangt die Kunde von dem Mord an Coligny zu den Seinen. Erneut erscheint Coligny als stoischer Held, der auch im Angesicht der Todesgefahr nicht die Selbstbeherrschung verliert:

... Nec malis cessi tamen
Curisve pressus munus abieci meum,
Integra sed mens et fides mansit mihi.
Nec fractus orbis si ruat priscum in chaos,
Timere nostrum est. Sera posteritas sciet,
Inter procellas patriae et fluctus vagos
Stetisse memet fortem et ingenuum virum
... (V. 709–15)

Übersetzung:
*Dennoch wich ich vor dem Übel nicht zurück und gab – von Sorgen bedrängt – mein Amt nicht auf, sondern meine Gesinnung und meine Treue blieben mir unversehrt. Und selbst wenn die Welt geborsten in das alte Chaos zurücksänke, ist Furcht nicht mein Teil. Die späte Nachwelt wird wissen, daß ich mitten in den Stürmen und Aufwallungen des Vaterlandes als ein tapferer und freier Mann aufrecht stand.*

Endlich erkennt Theligny, daß er vom König betrogen worden ist und daß ihn seine reine Torheit (*cana simplicitas*) ins Verderben geführt hat. Er will dem Schwiegervater in den Tod folgen. In einem kurzen Zwiegespräch zwischen dem Meuchelmörder (*Sicarius*) und Guise wird der Erfolg der Tat bestätigt. Als Luise den Tod ihres Vaters beklagt, erscheint Pietas, die Personifikation der Frömmigkeit, und fordert die Hugenotten in einem Schlußmonolog auf, sich der Gefahr zu entreißen und nach La Rochelle, der Hugenottenfestung, zu entfliehen, nach England, in die Niederlande und in die kurfürstliche Pfalz:

Vobis amicas, en, Palatinus comes
Fortis bonusque porrigit princeps manus...
(V. 876 f.).

*Euch reicht der tapfere und gute Pfalzgraf in Freundschaft seine Hände.*

Mit dieser Konstellation ist jenseits der ästhetischen Absichten die politische Intention markiert, die dem Drama zweifelsohne innewohnt, ist mit ihr doch der Kreis der möglichen europäischen Bündnispartner der calvinistisch gesinnten Mächte bezeichnet, zu der gerade auch die Hochzeit Kurfürst Friedrichs V. von der Pfalz mit Elisabeth der Tochter Jakobs I. von England beitragen sollte. Als Beitrag zu dieser Vermählung hat Rhodius selbst sein Drama in der Vorrede bezeichnet, auch wenn es erst ein Jahr nach dem Einzug des Kurfürstenpaares in der Heidelberger Residenz in Oppenheim publiziert wurde. Auch der Stoff ist über den konfessionellen Gehalt hinaus kaum zufällig gewählt. Luise Coligny war die vierte und letzte Gemahlin Wilhelms von Oranien, dessen Ermordung der niederländische Dichter Daniel Heinsius in seinem neulateinischen Drama *Auriacus sive libertas saucia* von 1602 thematisiert hatte, und Wilhelm war mütterlicherseits Friedrichs V. Großvater. Heinsius' Drama hat sich übrigens Rhodius ebenso zum Vorbild genommen wie seine Theorie der Tragödie, die Heinsius maßgebend für die europäische Spätrenaissance in seinem Kommentar zur Poetik des Aristoteles 'Aristotelis de poetica liber ... ac eiusdem de tragica constitutione liber' 1611 formuliert hatte. Der Ladenburger Späthumanist ist also mit den aktuellen Tendenzen der europäischen Poetik, die ihre modernste Ausprägung in den Niederlanden erfahren hatte, bestens vertraut und hat vor Opitz ihre wesentlichen Ergebnisse in der deutschen Literatur angewandt – zum Schaden seines unverdient geringen Nachruhmes in lateinischer Sprache – einem Latein übrigens, das für den einigermaßen Geschulten die Lektüre des Colignius zu einem wirklichen ästhetischen Erlebnis werden läßt.

Der gebürtige Ladenburger Theodor Rhodius bündelt in seinem poetischen Werk die literarischen, intellektuellen und poetischen Tendenzen des pfälzischen Späthumanismus in lateinischer Sprache, ehe ein Martin Opitz ihnen schließlich in deutscher Sprache zum Durchbruch verhilft. Das lateinische Gewand seiner Dichtung hat leider verhindert, daß Rhodius den ihm gebührenden Platz in der Geistes- und Literaturgeschichte der kurfürstlichen Pfalz am Rhein zugesprochen bekommen hat. Hier bleibt der Literatur- und Geschichtswissenschaft noch manches zu tun.

## Marquard Freher und Lupodunum – Ein Humanist als Anwalt des antiken Ladenburg

Im Jahr 1618 publizierte der Heidelberger Verleger Gotthard Vögelin wenige Jahre nach dem Tod des Verfassers Marquard Freher die erste eigenständige Abhandlung über das antike Ladenburg (*Lupodunum*), in der Freher nachwies, daß es sich bei dem in der *Mosella* des spätantiken Dichters Magnus Decimus Ausonius genannten *Lupodunum* nicht um Lupfen bei Trossingen handelt, wie der humanistische Geschichtsschreiber Beatus Rhenanus 1531 angenommen hatte, sondern daß der Ort Ladenburg sein muß. Als erster hat damit der Heidelberger Späthumanist Ladenburg zweifelsfrei mit Lupodunum identifiziert und die kurpfälzische Stadt als älteste des Alamannengebietes erwiesen. Bereits 1599 hatte er sich im ersten Teil seiner *Origines Palatinae* für diese Identifikation ausgesprochen. In der eigenständigen Abhandlung untermauert er diese These durch Heranziehung des gesamten damals bekannten Quellenmaterials. Freher ist damit zum ersten Geschichtsschreiber Ladenburgs geworden. Sein *Commentariolus* ist zum Stadtjubiläum vom Verfasser dieser Zeilen neu herausgegeben worden.[101]

**Voraussetzungen**

Wie der Humanismus als Geistesbewegung italienischen Ursprungs ist, erhielt auch die Geschichtsauffassung der europäischen Humanisten wesentliche Impulse aus dem Mutterland dieser auf die Antike hin orientierten geistigen Strömung. Schon die frühen italienischen Humanisten wie Francesco Petrarca (1304–1374) waren von einer glühenden Vaterlandsliebe durchdrungen: Diese wurde dadurch gleichsam 'geadelt', daß die Wiederbegegnung mit der klassisch-römischen Antike für sie zugleich eine Besinnung auf die eigene nationale Vergangenheit des italienischen Volkes bedeutete. Lorenzo Valla (um 1405–1457) hatte mit seiner Untersuchung der angeblichen Schenkung Kaiser Konstantins, die dem Patrimonium Petri, dem Kirchenstaat, gleichsam mit historisch-kritischer Sonde den Boden entzog, einer neuen Sicht des Mittelalters den Boden bereitet. Vor allem aber war es Flavio Biondo (Flavius Blondus – 1392–1462), der mit seinen zwischen 1440 und 1452 verfassten *Historiarum ab inclinatione Romanorum imperii decades III*, die erstmals 1483 im Druck erschienen, mit der Dreiheit Altertum – Mittelalter – Neuzeit eine neue, humanistische Sicht der Geschichte begründete. In ihr konnte das Mittelalter als finstere Zeit gelten. Mehr noch hat Biondo mit einer anderen Idee auf den deutschen Humanismus eingewirkt: Mit seiner 1453 abgeschlossenen und 1474 im Druck erschienenen *Italia illustrata* begründete er eine historische Landeskunde Italiens, die versucht, die Geographie und Topographie Italiens seit der Antike detailliert darzustellen.[102] Dabei macht er sich – wie Ulrich Muhlack[103] gezeigt hat – die doppelte Bedeutung des lateinischen *illustrare* zu nutze, das sowohl 'erhellen' im Sinn von 'erforschen' als auch 'preisen, rühmen' bedeutet: Seine historische Topographie Italiens erfüllt also den doppelten Zweck, die Kontinuität der italienischen Geschichte von der Antike bis zur Jetztzeit am lokalen Detail zu erweisen und dadurch zugleich die Größe und den Ruhm des italienischen Vaterlandes zu demonstrieren. Die Geschichtsschreibung des italienischen Humanismus hat also nicht zuletzt die Aufgabe, nationale Identität zu stiften bzw. ihr die historische Legitimation zu verleihen.

Italienische Humanisten standen auch an der Wiege des deutschen, über die Geschichtsschreibung wesentliche Impulse empfangenden Nationalgefühls in der Übergangsperiode vom Spätmittelalter zur frühen Neuzeit. Eine Initialzündung ging dabei fraglos von der Wiederentdeckung der *Germania* des Tacitus im frühen fünfzehnten Jahrhundert aus.[104] Autoren wie Enea Silvio Piccolomini oder Giovanni Campano nutzten in je unterschiedlicher Weise die in dieser Schrift angelegten Identifikationsangebote, um die Deutschen der Jetztzeit zum Wetteifer mit den ruhmreichen Taten ihrer germanischen Vorfahren anzustacheln. Dieser Diskussionszusammenhang weckte bei den deutschen Humanisten im Rückgriff auf das Unternehmen Flavio Biondos den Wunsch, es den Italienern gleichzutun und in einer *Germania illustrata* die große nationale Vergangenheit des deutschen Volkes zu erhellen und damit zugleich die Grundlagen einer Art machtvoller Wiedergeburt des Reiches der Deutschen zu legen. Motor dieses Unternehmens war der deutsche 'Erzhumanist' Konrad Celtis (1459–1508) aus Wipfeld in Franken, der sich diese *Germania illustrata* – eine historisch-topographische, naturkundliche Phänomene einschließende Bestandsaufnahme – zur Lebensaufgabe machte.[105] Celtis selbst konnte indessen zu dem groß angelegten Unternehmen nur einige vorläufige Bausteine liefern, so eine Stadtbeschreibung Nürnbergs und eine Gedichtsammlung *Amores*, in der es darum ging, die vier Großregionen Deutschlands durch vier weitgehend allegorisch aufzufassende Geliebte zu repräsentieren. Als eine Art Abschlagszahlung auf die künftige *Germania illustrata* publizierte Celtis 1502 in Nürnberg einen Sammelband u.a. mit den erwähnten Werken – mehr als eine Verheißung war damit noch nicht gegeben.

Im Vergleich mit dem Unternehmen des Celtis nehmen sich Versuche aus dem älteren elsässischen Humanistenkreis, den Entwurf einer deutschen Nationalgeschichte zu geben, eher bescheiden aus. Jakob Wimpfelings *Germania* etwa (publiziert 1501), die zwei Zwekken dient, nämlich den deutschen Charakter des Elsasses zu erweisen (das hat ihn in eine erbitterte Fehde mit dem Franziskaner Thomas Murner verwickelt) und die Ratsherren von Straßburg zur Gründung einer humanistischen Schule zu veranlassen, ist zwar ebenso von einem glühenden Nationalgefühl getragen wie seine *Epitoma Germanorum* von 1505, ein humanistischer Abriß der deutschen Kaisergeschichte, aber von einer wie auch immer gearteten kritischen Sichtung des historischen Materials konnte noch keine Rede sein.[106]

Auf einer wesentlich höheren Stufe stehen die historischen Arbeiten des Celtis-Schülers Johannes Aventinus (eigentlich Turmair 1477–1534) aus Abensberg in Bayern, dem es nicht zuletzt um die Erfüllung des Vermächtnisses seines Lehrers geht.[107] Der zumindest zeitweilig der Reformation zuneigende Historiker hat mit seinem *Bayrischer Chronikon kurzer Auszug* (1522) und seinem erst nach seinem Tod publizierten Hauptwerk *Annales Bojorum* (1554) künftiger humanistischer Geschichtsforschung den Weg gewiesen. Gründliche Bibliotheks- und Archivstudien sowie Ortsbereisungen legten, verbunden mit einem ausgeprägten kritischen Sinn, das Fundament für eine aus den Urkunden geschöpfte, durch die regionale Beschränkung erst ihre Zuverlässigkeit gewinnende Darstellung eines deutschen Teilterritoriums, die noch auf Goethe ihre Wirkung nicht verfehlt hat.

In anderer Weise sich zunächst auf die germanische Vorgeschichte der deutschen Nation beschränkend, ist der Elsässer Beatus Rhenanus (Beat Bild geb. 1485 in Schlettstadt, wo heute noch seine umfangreiche Bibliothek zu besichtigen ist, gest. 1547 in Straßburg)[108] zu dem Historiker des deutschen Humanismus geworden, mit dem sich Marquard Freher bei seiner Rekonstruktion der Frühgeschichte Ladenburgs auseinanderzusetzen hatte. Als Schüler und zeitweiliger Mitarbeiter des Erasmus von Rotterdam schulte Beatus Rhenanus seinen kritischen Sinn zunächst durch die akribische Sichtung von Handschriften für die Edition antiker Autoren wie Tertullian (Basel 1521), dessen Herausgabe jeden Editor vor große Probleme stellte, die lateinischen Panegyriker (Basel 1520), eine Textrezension, die ebenfalls Marquard Freher beeinflußt hat, und vieler anderer profaner und kirchlicher Autoren der Antike. So ist er nicht zu Unrecht als Meister der Konjektur bezeichnet worden. In seinen *Rerum Germanicarum libri III*, die zuerst 1531 in Straßburg publiziert wurden, (dann erneut 1551, die von uns benutzte Ausgabe Straßburg 1610 enthält u.a. auch eine wichtige *Beati Rhenani Vita* von dem Straßburger Gymnasiarchen Johannes Sturm) wendet er die in den Ausgaben antiker Autoren entwickelte kritische Methode der möglichst vollständigen vergleichenden Sichtung des urkundlichen Materials auf die frühe germanische Geschichte des deutschen Kulturraumes an, um so zu gesicherten Ergebnissen zu kommen. Neben die literarische Überlieferung der Antike tritt die Sammlung der materiellen Überreste, vor allem der römischen Inschriften, die für ihn einen wesentlichen Beitrag zur genauen Bestimmung etwa der Lage römischer Orte leisten sollten. Beatus Rhenanus, der die für die germanische Vorgeschichte wichtigen spätantiken Quellen genau kennt, scheut sich auch nicht, durch Autopsie sich gegebenenfalls ein genaues Bild von den Verhältnissen 'vor Ort' zu machen, wie er mehrfach betont. Sprachvergleichende und etymologische Untersuchungen ergänzen das Bild der Überlieferung. Das tiefe patriotische, aus der Grenzlage des Elsasses zu Frankreich verstärkte Empfinden des Rhenanus kommt nicht zuletzt darin zum Ausdruck, daß er über die Darstellung der spätantiken und frühmittelalterlichen Verhältnisse vor allem Süddeutschlands hinaus in sein Werk kleine abgerundete Städtemonographien einschließt, die auch Ausblikke auf die Zeit des Autors bieten, so ganz besonders für seine Heimatstadt Schlettstadt. Auch Beatus Rhenanus zollt damit dem Programm der *Germania illustrata* seinen Tribut.

In der Sammlung antiker Inschriften, um sie als Zeugnisse für die (römische) Vergangenheit der deutschen Städte heranzuziehen und auszuwerten, ist indessen Beatus Rhenanus keineswegs ein Einzelgänger. Bereits vor ihm wurden etwa im Augsburger Humanistenkreis um Konrad Peutinger (1465–1547) römische Inschriftensteine gesammelt und diskutiert, Peutinger selbst gab eine Sammlung von *Inscriptiones romanae* 1520 in Augsburg heraus und erörterte in seinen gelehrten Tischgesprächen (*Sermones convivales* – zuerst 1506) damit zusammenhängende Fragen der deutschen Frühgeschichte.[109] Mit Peutingers Namen ist auch die *Tabula Peutingeriana* verbunden, eine hochmittelalterliche Kopie einer römischen Straßenkarte, die auf Marcus Agrippas Erdkarte aus der augusteischen Zeit zurückgeht, in der kopierten Fassung aber aus der Spätantike stammt. Die *Tabula Peutingeriana*, eine der wichtigsten Quellen für die Topographie der römischen Antike, war dem Augsburger Humanisten von Konrad Celtis überlassen worden, der sie in Worms gefunden hatte. Peutinger hatte sie aber nicht mehr publizieren können. Erst 1591 hat der bayerische Geschichtsforscher Marcus Welser[110] Bruchstükke von ihr publiziert – Freher nutzt sie in seiner Abhandlung über Lupodunum –, aber erst 1714 tauchten die zwölf Originalpergamenttafeln wieder auf. Heute werden diese in der Österreichischen Nationalbibliothek aufbewahrt.

Auch im kurpfälzischen Humanismus begann man sich – wie bereits oben ausgeführt – früh für römische Inschriften zu interessieren, von dem lange Zeit in Ladenburg residierenden Wormser Bischof und pfälzischen Kanzler Johann von Dalberg (1482–1503) ist bekannt, daß er gerade in Ladenburg antike Funde sammeln ließ und sich an ihrer Erforschung beteiligte.[111]

Mit vielen der genannten humanistischen Vorgänger, besonders aber Beatus Rhenanus, setzt sich Marquard Freher bei seiner Erörterung der Lokalisierung des antiken Lupodunum auseinander. Dabei ist er sich wohl bewußt, es mit einem bedeutenden Kontrahenten zu tun zu haben, nennt er Beatus Rhenanus doch einen *aliàs optimè de litteris meritum, & imprimis in Germanicis rebus indagandis cumprimis feliciter versatum*, er bescheinigt ihm also, sich nicht nur um die historischen Wissenschaften hoch verdient gemacht zu haben, sondern auch bei der Erforschung der Germanengeschichte besonders glücklich und erfolgreich gewesen zu sein. Umso verdienstvoller ist es von daher zu nennen, daß sich Marquard Freher nicht von der Autorität des großen Vorgängers einschüchtern ließ, sondern in der für ihn sehr wichtigen Frage, wo denn das antike Lopodunum gelegen habe, gegen den sonst verehrten Meister deutlich Stellung bezog.

**Der Ausgangspunkt und die Methode der Untersuchung Frehers**

Der Form nach ist Marquard Frehers Abhandlung über das antike Ladenburg ein *Commentarius*, ein alle antiken und frühmittelalterlichen Quellen erörternder Diskurs eines Problems, der von einer Textstelle in der antiken Literatur seinen Ausgang nimmt. Es sind die Verse 423f. der *Mosella* des spätantiken Dichters Magnus Decimus Ausonius:

Hostibus exactis Nicrum super et Lupodunum
Et fontem Latiis ignotum annalibus Histri
[...]

und die entscheidende Frage ist, wo dieses Lupodunum zu suchen sei.

Der Autor dieses Idylls *Mosella*, einer der fruchtbarsten lateinischen Dichter des vierten Jahrhunderts, Decimus Magnus Ausonius[112], war etwa 310 n.Chr. in Burdigala (Bordeaux) geboren. Sein Vater, der in Bordeaux als Arzt tätig war, entstammte einer wohlhabenden Familie aus Aquitanien, in der man noch Griechisch sprach. Ausonius erhielt seine Schulbildung bei Grammatikern in seiner Heimatstadt und Toulouse. 25jährig übernahm er in Bordeaux eine Stelle als Grammaticus, d.h. als Lehrer der sprachlichen Grundlagenfächer in Latein und Griechisch, bald darauf einen Lehrstuhl für Rhetorik. Seine Gattin Attusia Lucana Sabina, die ihm drei Kinder gebar, verlor er, als sie achtundzwanzig Jahre alt war. Nach dreißigjähriger Berufstätigkeit wurde Ausonius um 365 als Erzieher des Kronprinzen Gratian an den Trierer Kaiserhof berufen, und er begleitete den jungen Prinzen und seinen Vater auf dem Alamannenfeldzug, der 369 mit einem von Ausonius in der *Mosella* erwähnten Triumph in Trier siegreich beendet wurde. Um 371 verfaßte Ausonius die *Mosella*. In dieser Zeit, besonders aber nach dem Tod Valentinians, stieg der ehemalige Rhetorikprofessor immer höher in der Ämterlaufbahn auf, 378 wurde er zum ranghöchsten Beamten der gallischen Provinzen und im folgenden Jahr zum ersten Konsul ernannt. Nach dem gewaltsamen Tod seines Zöglings Gratian infolge der Usurpation des Magnus Maximus 383 zog sich Ausonius aus dem öffentlichen Leben zurück und ging nach 389 wieder nach Bordeaux. Seine Heimatstadt hat er im letzten Gedicht eines Städtelobzyklus *Ordo urbium nobilium* über die bedeutendsten Städte des Imperium Romanum enthusiastisch als *natale solum* (Heimatboden) gefeiert, obgleich er sich bewußt war, daß die Stadt kaum einen Vergleich mit den von ihm gepriesenen anderen Großstädten des Imperiums, darunter Trier, aushalten könnte. In seiner Heimatstadt ist er wohl nach 393 verstorben. Unter seinen zahlreichen, für die Kulturgeschichte des vierten Jahrhunderts wichtigen Gedichtsammlungen, darunter eine poetische Würdigung seiner Professorenkollegen aus Bordeaux (*Commemoratio Professorum Burdigalensium*) und seiner verstorbenen Angehörigen (*Parentalia*) ragen die 483 Hexameter der *Mosella* deutlich heraus. Da in diesem Gedicht verklärend und überhöhend erstmals die liebliche Landschaft eines deutschen Flusses ausführlich wiedergegeben wird, hat es früh Aufmerksamkeit erregt und ist eingehend kommentiert worden. Um seinetwillen ist der Poet, der in der Philologie des neunzehnten Jahrhunderts vielfach zum bloßen Rhetoriker abgestempelt worden war, immer wieder gelesen worden, zumal über die poetische Qualität hinaus dem Gedicht ein nicht unbedeutender Quellenwert für die Bemühungen der Kaiser Valentinian I. und Gratian zukommt, die Germanengefahr abzuwehren und das römische Herrschaftsgebiet am Rhein zu sichern. Bedeutende – auch von Marquard Freher in eine Überlegungen einbezogene – Kommentare veröffentlichten im sechzehnten Jahrhundert Elias Vinetus (zuerst 1551)[113] und Joseph Justus Scaliger (zuerst 1575), letzterer einer der bedeutendsten Philologen seiner Zeit. Auch Marquard Freher hat sich intensiv mit dem Text der *Mosella* auseinandergesetzt. So erarbeitete er einen gründlichen, im Druck 128 Seiten Text sowie Wortindices versehenen Kommentar zu dem Gedicht: D. MAGNI/ AVSONII/ BVRDIGA-/ LENSIS MOSEL-/LA./ CVM/ COMMENTARIO/ MARQ. FREHERI/ [...], der erst fünf Jahre nach dem Tod Frehers 1619 von dem Heidelberger Drucker Gotthard Vögelin, der auch den Kommentar über Lupodunum herausgab, publiziert werden konnte. In diesem bislang umfänglichsten Kommentar verwertet Freher kritisch die Forschungsergebnisse der humanistischen Philologen, im Detail übernimmt er vielfach Scaligers Ergebnisse, ergänzt sie aber besonders an Stellen, an denen ihm seine archäologisch-epigraphischen Kenntnisse eine andere Deutung nahelegen, – so eben auch im Fall von Lopudunum, wo Scaliger der Zuweisung des Beatus Rhenanus zu der Stammburg der Grafen *Lupf(en)* bei Trossingen gefolgt war. Um dies zu widerlegen und LADENBURG als das antike Lopodunum zu erweisen, holt Freher weit aus. Er bezieht praktisch alle ihm bekannten Quellenschriftsteller der Spätantike, vor allem Ammianus Marcellinus, den Geschichtsschreiber des späteren vierten Jahrhunderts, und die Panegyrici Latini, eine Sammlung von zwölf Lobreden auf verschiedene Kaiser der Spätantike, in seine Überlegungen ein und kann so das Geschehen der Jahre 368/69 n.Chr. unter den Kaisern Valentinian I. und Gratian zutreffend im Raum der Mündung des Neckars in den Rhein lokalisieren – freilich irrt er sich notwendigerweise bei der genauen Festlegung, da er nicht wissen konnte, daß die Einmündung des Neckars in den Rhein in der Spätantike etwas südlicher lag als die heutige Stelle. Um zu erhärten, daß mit Lopodunum LADENBURG gemeint sei, begnügt er sich aber keineswegs mit den spätantiken Schrift- und Monumentalzeugnissen, sondern bezieht in großem Umfang auch die urkundliche Überlieferung des fränkischen Frühmittelalters wie den *Codex Laureshamensis* und fränkische Königsurkunden mit in seine Überlegungen ein. Der Urkundenanhang zu der Abhandlung über Lopodunum hat fast ausschließlich den Zweck, Belege für die verschiedenen Namensformen von Lopodunum-Ladenburg zu sammeln und durch eine möglichst lückenlose Reihe den Beweis zu führen, wie aus Lopodunum das zeitgenössische Laudenburg bzw. Ladenburg wurde. Daß er dieses Beweisziel mit weniger exakten philologischen Mitteln verfolgt hat als die heutige sprachhistorische Forschung, ist dem Polyhistor des frühen siebzehnten Jahrhunderts nicht anzulasten. Als größtes Manko erweist sich aus heutiger Sicht in seiner Beweisführung, daß ihm der keltische Ursprung[114] des Namens Lopodunum entgangen ist, den er angesichts der von ihm gesammelten Belege für die Endung -dunum, die zumeist aus dem gallischen Gebiet stammen, wohl zumindest hätte ahnen können. Dabei stand ihm freilich wohl auch ein patriotisches Bestreben im Weg, ging es ihm doch nicht zuletzt darum zu zeigen, daß die Gegend um Ladenburg schon in der Antike in den Händen der germanischen Alamannen gewesen sei. Er nimmt daher von den Kelten keine Notiz.

Insgesamt kann festgestellt werden, daß Marquard Freher mit den archäologischen, historischen und philologischen Mitteln seiner Zeit eine erstaunliche Leistung gelungen ist, die von der modernen Forschung natürlich in vielem modifiziert und präzisiert werden mußte, deren grundsätzliches Beweisziel aber durchaus Bestand hat.

### Der Autor

Marquard Freher (*26. Juli 1565 in Augsburg, †13. Mai 1614 in Heidelberg)[115] stammte aus einer alten, ursprünglich aus dem württembergischen Leonberg stammenden Gelehrtenfamilie. Nach einer Familienüberlieferung führten sich die Freher auf ein Adelsgeschlecht *von Weysach* zurück. Sie seien ursprünglich Freiherrn gewesen. Der erste Träger des in der Familie verbreiteteten Vornamens Marquard (ca. 1425–1473) hatte sich als Doktor der Medizin in Dinkelsbühl niedergelassen und eine adlige Dame aus dem Geschlecht von Kessingen geehelicht. Dessen Sohn Marquard II (ca. 1460–1535) hatte sich nach dem Medizinstudium in Perugia zunächst ebenfalls in Dinkelsbühl niedergelassen, siedelte aber 1502 nach Augsburg über, wo er Elisabeth Manlich, die Tochter eines Augsburger Patriziers heiratete und sich sehr früh dem Luthertum zuwandte. Sein Sohn Hieronymus, der Großvater unseres Marquard, trat weniger als Gelehrter hervor, sondern als mit dem Augsburger Patriziat eng verbundener Stadtpolitiker. So wurde er 1549 bei der Umwandlung des Stadtregiments (auf Veranlassung Kaiser Karls V.) in den Großen Rat der Stadt aufgenommen, ohne selbst Patrizier zu sein, und gehörte mehrere Jahre dem Stadtgericht an. Aus der Ehe mit Magdalena Rem, die aus einem alten Augsburger Patriziergeschlecht stammte, ging Marquard III hervor (1542–1601), der in Bologna den juristischen Doktorgrad erwarb und u.a. seit 1566 in Speyer als Advokat und Assessor am Reichskammergericht tätig war, später u.a. als brandenburgisch-ansbachischer Rat und Nürnberger Ratskonsulent. Zeitweilig von dem kurpfälzischen Administrator Johann Casimir nach Neumarkt in die Oberpfalz als Kanzler berufen (1585), mußte Marquard III wegen verschiedener Anschuldigungen dieses Amt aufgeben, zog sich nach Amberg zurück, ging aber von dort 1592 wieder nach Nürnberg, das er 1595 in Speyer vertrat. 1564 hatte er in Augsburg Felicitas Mannhart geheiratet, die Tochter eines Augsburger Patriziers, und aus dieser Ehe ging der bedeutendste Gelehrte der Familie, eben Marquard IV, hervor.

Seine erste gründliche humanistische Bildung erhielt der junge Marquard als einer ihrer ersten Studenten in der 1575 neugegründeten Altdorfer höheren Schule Nürnbergs, einer Art Hochschule zwischen Lateinschule und Universität, ähnlich den Gymnasia illustria. Altdorf, seit 1580 Akademie, wurde 1623 Universität (und bestand als solche bis 1806). Der von den alten Sprachen bestimmte Bildungsgang ruhte auf den Grundlagen, die Philipp Melanchthon und der Straßburger Schulrektor Johannes Sturm geschaffen hatten. Neben den altertumskundlichen Fächern wurden den fortgeschritteneren Schülern bzw. Studenten auch schon Vorlesungen in der Jurisprudenz angeboten, 1576–1582 unterrichtete etwa Johannes Thomas Freigius, später u.a. Hugo Donellus, Scipio Gentilis und Konrad Rittershausen. Später traf Freher einige von ihnen in Heidelberg wieder. Bereits 1581 dis-

*Marquard Freher (1565–1614), Stich von Johann Jakob Haid (um 1740) (Privatbesitz).*

putierte Freher mit einem juristischen Thema. Da in Altdorf keine juristischen Grade erworben werden konnten, inskribierte sich Marquard Freher 1581/82 in Basel, das eine bedeutende juristische Fakultät hatte, und erhielt u.a. von Basilius Amerbach erste Anregungen zu rechtshistorischen Studien. Spätestens 1583 wechselte er an die französische Universität Bourges, die mit dem Schulhaupt Jacobus Cuiacius (1522–1590) eine der Hochburgen der französischen Rechtsschule des 'mos Gallicus' war. Darunter versteht man eine humanistische Rechtsschule, die im Gegensatz zum 'mos Italicus' der meisten italienischen Universitäten über die mittelalterlichen Glossatoren hinweg direkt auf die antikrömischen Rechtsquellen zurückgriff und sie mit historisch-philologischen Methoden interpretierte. Auch Marquard Freher schloß sich dieser historisch-humanistisch ausgerichteten Rechtsschule an. In Bourges erwarb er als Schüler des Cuiacius (Cujas) sicher die Grade eines Baccalaureus in jure civili und den eines licentiatus. 1585/86 verließ Marquard Freher Frankreich. Von Neumarkt in der Oberpfalz, wo gerade sein Vater amtierte, bewarb sich Marquard um den Eintritt in kurpfälzische Dienste, und tatsächlich hat er unter dem Administrator Johann Casimir seit 1587, später unter Friedrich IV. (1592–1610) und bis zu seinem Tod 1614 in ganz verschiedenen Funktionen der pfälzischen Regierung als *Consiliarius Archipalatinus* gedient. Er verkehrte in einem Kreis, dem so bedeutende Männer wie der neulateinische Dichter Paulus Schede Melissus, der Bibliothekar der Bibliotheca Palatina Janus Gruterus und der Jurist Scipio Gentilis angehörten. 1588 verlieh ihm der Administrator Johann Casimir den Wappen- und Adelsbrief. Nach dem überraschenden Tod Johann Casimirs übernahm Freher in zwei Reden mit Erfolg die Aufgabe, die Thronansprüche des calvinistisch erzogenen Friedrichs IV. anläßlich dessen achtzehnten Geburtstages gegen den lutherischen Pfalzgrafen von Simmern zu verteidigen. 1596 zum Dr. juris utriusque promoviert, erhielt er die Professur des Codex und wurde Mitglied des juristischen Lehrkörpers der Universität Heidelberg, gab aber bereits 1598 wegen seiner Belastungen als kurpfälzischer Rat das Lehramt an der Universität wieder auf. Gesandtschaften führten ihn u.a. 1602 nach Warschau und 1605 zum Wormser Bischof nach Ladenburg. Er kannte also dessen damals sichtbaren römischen Überreste aus eigener Anschauung. 1611 ging er als pfälzischer Gesandter nach Speyer und im folgenden Jahr nach Aachen. Inzwischen war er 1606 zum Vizepräsidenten des kurpfälzischen Hofgerichtes in Heidelberg ernannt worden. Zu seiner juristischen Tätigkeit gehörten Gutachten in Vormundschaftsfragen für die Söhne Kurfürst Friedrichs IV. und eine grundsätzliche Auseinandersetzung mit dem bayerischen Archivar Christoph Gewold um die pfälzische Kurwürde in den Jahren nach 1612, die in ganz Deutschland beachtet wurde. Diesen Fragenkomplex untersuchte ausführlich Brigitte Schwan.[116]

Freher war zweimal verheiratet, einmal mit der Tochter Katharina des berühmten Arztes Johannes Wierius-Weier. Katharina starb bereits nach fünfjähriger Ehe 1598. Marquards zweite Gemahlin wurde Margarete Bock von Gutmannsdorf (1599): Aus dieser Ehe stammten drei Kinder, zwei jung verstorbene Söhne und eine Tochter Loysa Christina, die später den Nürnberger Juristen Justinus Herdesianus (Herdesheim) ehelichte. Marquard Freher starb am 13. Mai 1614 in Heidelberg.

Der Autor der ersten Abhandlung über die Geschichte Ladenburgs entspricht dem Bild eines polyhistorischen Universalgelehrten des Späthumanismus. Neben – hier nicht zu würdigenden – juristischen Fachschriften ist Marquard Freher durch eine Fülle vor allem historischer Arbeiten hervorgetreten. Das chronologische Verzeichnis seiner Publikationen bei Kornexl umfaßt nicht weniger als sechsundfünfzig größere Arbeiten.[117] Dazu kommen zahlreiche Manuskripte, die Freher hinterlassen hat. Darunter befanden sich nicht wenige geplante bzw. mehr oder weniger ausgeführte Werke zur Geschichte der Kurpfalz wie *Elogia Palatinorum principum*, also Lobreden auf die Pfälzer Kurfürsten, eine Abhandlung über das Rheingold (*De auro Rhenano*) und eine Lebensbeschreibung des einzigen pfälzischen Kurfürsten, der deutscher König wurde (*Ruperti Romanorum regis vita*). Auch mit dem in *De Lupoduno* berührten Themenkreis hat sich Marquard Freher noch weiter beschäftigt. So hinterließ er Anmerkungen zu den *Germanicarum rerum libri III* des Beatus Rhenanus und eine Studie über die alamannischen Eigennamen (*De nominibus propriis Alemannicis*), dazu viele andere historisch-philologische Ausarbeitungen.

Das historische Schrifttum nimmt den Hauptanteil unter den publizierten Arbeiten Frehers ein. Auch wenn es auf den ersten Blick verwundern mag, daß ein Jurist zahlreiche historische Fachschriften publiziert hat, ist dies in der Frühen Neuzeit keineswegs ungewöhnlich. Die Historie war als Fachdisziplin an den Universitäten noch nicht fest etabliert, zumeist wurden historische Themen in der Artistenfakultät, der Vorgängerin der späteren philosophischen Fakultät, von den Lehrern der Rhetorik und der philologischen Fächer mitbetreut, in der Theologie wurde die Kirchengeschichte mitbehandelt. Da vielfach historische Fragen mit staatsrechtlichen zusammenhingen, etwa um aus historischen Urkunden Rechtsansprüche von Fürsten herzuleiten oder zu begründen, haben sich vor allem im Rahmen des Staatsrechts nicht zuletzt auch Juristen in der Frühen Neuzeit mit der Geschichte auseinandergesetzt. Gerade in dem Streit zwischen den pfälzischen und bayerischen Wittelsbachern um die Kurwürde, die bekanntlich am Ende des Dreißigjährigen Krieges dadurch gelöst wurde, daß für die Kurpfalz eine achte Kur geschaffen wurde, spielten in den Publikationen der beiden Protagonisten Christoph Gewold und Marquard Freher historische Argumente eine zentrale Rolle.

Über solche Anwendungsbereiche hinaus hat sich Marquard Freher intensiv mit den Quellen zur deutschen Geschichte auseinandergesetzt. Vor allem in der pfälzischen Landesgeschichtsforschung hat er mit den zuerst 1599 erschienenen und 1612/13 erweiterten und umgearbeiteten *ORIGINES PALATINAE* (Ursprünge der Kurpfalz) den Grund für alle späteren Arbeiten, so vor allem die der im achtzehnten Jahrhundert von Kurfürst Karl Theodor gegründeten Pfälzischen Akademie der Wissenschaften, gelegt. Alle spätere Forschung in diesem Bereich baut auf dem von Marquard Freher gesammelten Material auf. Im achtzehnten Jahrhundert nannte man ihn im ersten, 1766 erschienenen Band der *Acta Academiae Theodoro-Palatinae* (S. 216) den „nach Alter und Gelehrsamkeit Ersten unter den Pfalzhistorikern" (*scriptorum rerum Palatinarum aetate et eruditione princeps*). Zeittyisch vereinigt Freher in seinen *ORIGINES PALATINAE* Quellensammlung und Quellenpräsentation mit einer diskursiven Darstellung der frühen römischen, alamannischen und fränkischen Geschichte des kurpfälzischen Raumes, gibt aber auch Ausblicke auf die spätere Zeit, ja auf die Gegenwart, so etwa (in der zweiten

Bearbeitung) den einzigen Augenzeugenbericht über die Gründung der Stadt Mannheim durch Kurfürst Friedrich IV., der sich erhalten hat. Noch heute erregt es Bewunderung, in welch breitem Umfang die schriftlichen Quellen und materiellen Überreste einschließlich der römischen Inschriften und der althochdeutschen Sprachdenkmäler von Marquard Freher herangezogen wurden, um die Geschichte der Kurpfalz zu „erhellen" (*illustrare*). Eine besondere Stärke der *prima pars* der *ORIGINES PALATINAE* liegt zweifelsohne in der minutiösen historisch-geographischen Beschreibung der Gaueinteilung der alten fränkischen Gaue, wobei er zur Rekonstruktion nicht nur erstmals in großem Umfang den *Codex Laureshamensis* bzw. das *Chronicon Laureshamense*, den Lorscher Kodex mit den Schenkungsurkunden an das Kloster des Heiligen Nazarius, sondern auch merowingische und karolingische Königsurkunden benutzte, ohne freilich immer gefälschte von echten unterscheiden zu können. Auch über das Alter und den Ursprung der Pfalzgrafschaft macht sich Freher eingehende Gedanken. Im vierten Kapitel der *pars prima* (Ausgabe 1599, S. 24–34), überschrieben *DE NICRO FLVVIO, LIMITE Posteriore. Praesidia ad eum Romana, in montibus Abrinsberg & Heidelberg. Lupodunum Ausonii, postea Lobdeburg dictum. Manheim.* stellt er schon fast alles zusammen, was an schriftlichen und archäologischen Zeugnissen über den Mündungsraum des Neckars zu seiner Zeit bekannt war. In seiner Abhandlung *De Lupoduno* wiederholt er nicht wenige dieser Zeugnisse. So beschreibt er den Rhein und seine Zuflüsse und führt bereits an, welche römischen Kaiser ihn überschritten hätten, um gegen die Germanen zu Felde zu ziehen. Die Stelle in der *Mosella* des Ausonius, die die Veranlassung zur Schrift *De Lupoduno* geben wird, ist schon hier angeführt. Allerdings ist er in den *ORIGINES PALATINAE* noch etwas vorsichtiger bezüglich der Identifikation Ladenburgs mit dem alten *Lupodunum* des Ausonius, läßt aber unzweifelhaft durchblicken, daß er sie für sehr wahrscheinlich hält. In der Abhandlung über *Lupodunum* sind dann auch die letzten Zweifel ausgeräumt. Ausführlicher wird der *Abrinsberg* mit dem Heiligenberg identifiziert und die im Volksmund so genannten *Heidenlöcher* mit der Antike in Verbindung gebracht. Außerdem führt er zwei römische Inschriftensteine an, die im Handschuhsheimer Rathaus aufbewahrt wurden. Ebenso werden die Ruinen auf dem Gaisberg als römische Relikte angesehen. Zum (römischen) Mannheim führt er schon in den *ORIGINES PALATINAE* die Ammianus Marcellinus-Stelle an, die er in *De Lupoduno* ausführlich kommentieren wird, und lokalisiert am Zusammenfluß von Rhein und Neckar bei Mannheim das *castrum eximium & natura loci egregiè munitum* Valentinians. Das vierte Kapitel des ersten Teils der *ORIGINES PALATINAE* verhält sich zu der Abhandlung über *Lupodunum* etwa wie eine Skizze zum ausgeführten Bild. In einigen Beigaben zu seinem Hauptwerk knüpft Freher an die ältere humanistische Geschichtsschreibung der Pfalz an und druckt einen Auszug aus der Lebensbeschreibung Kurfürst Friedrichs II. von Hubert Thomas Leodius aus Lüttich (†1556/57)[118] ab, ferner enthalten die *ORIGINES PALATINAE* u.a. eine Abhandlung und eine Ode des bedeutendsten neulateinischen Dichters der Kurpfalz Paulus Schede Melissus (1539–1602)[119] auf den Ursprung des Namens Heidelberg, an die Freher eigene Betrachtungen anknüpft, ebenso eine Lobrede auf den Kraichgau von dem Theologen David Chytraeus (1530–1600)[120], die Freher wieder zu eigenen Erörterungen nutzt. So bilden die *ORIGINES PALATINAE* ein Corpus der kurpfälzischen Geschichte, das noch 1686 und 1748 erneut gedruckt werden konnte, weil ihm immer noch ein hoher dokumentarischer Wert zukam. Noch im siebzehnten Jahrhundert hat der pfälzische Schulmann Michael Cramer († nach 1654) Frehers Hauptwerk übersetzt – diese Übersetzung ist unverdientermaßen bis heute Manuskript geblieben und wird in der Bayerischen Staatsbibliothek München verwahrt (cgm 2850, fol. 1 ff.).

Neben dieses historiographische Hauptwerk Frehers treten mehrere kleinere Abhandlungen, unter denen die über Ladenburg keinen geringen Platz einnimmt. Der Kommentar zu der *Mosella* des Ausonius, der im Philologischen weitgehend auf den Arbeiten Vinets und Scaligers fußt, ist wegen der ausgezeichneten historisch-topographischen Kenntnisse Frehers noch im neunzehnten Jahrhundert sehr geschätzt worden. H. de La Ville de Mirmont, der 1889 eine kommentierte Neuausgabe der *Mosella* veranstaltete, bescheinigt der Edition Frehers, sie sei sehr wichtig: *Les commentaires de l'edition de 1619 sont tres utiles, surtout au point de vue de l'histoire et de la géographie.*[121]

Mit einer unter dem Pseudonym *Weyrich Wettermann aus der Wetterau* herausgegebenen Schrift, in der Freher nachweist, daß die Wetterau nicht mit dem alten Fürstentum Hessen identisch ist, ist Marquard zum zweiten Historiker dieser Landschaft nach Erasmus Alberus geworden.

Marquard Freher ist aber nicht nur als Geschichtsschreiber für die historische Forschung bedeutend geworden, sondern auch als Editor. Seine monumentale dreibändige Edition der *Germanicarum rerum scriptores*, die an ältere Bemühungen des sechzehnten Jahrhunderts anknüpft,[122] blieb nach ihrer Erstveröffentlichung 1600–1611 lange Zeit eines der wichtigsten Kompendien von Quellen zur mittelalterlichen deutschen Reichsgeschichte bis in das sechzehnte Jahrhundert hinein. Es enthält nicht wenige bessere, vollständigere oder gar völlige Ersteditionen wichtiger Geschichtsquellen als in den älteren Sammlungen. Noch im achtzehnten Jahrhundert hat der Polyhistor B. G. Struve eine dritte Ausgabe dieses gewaltigen Werkes in Straßburg (1717) herausgegeben, einige das sechzehnte Jahrhundert betreffende Texte muß man noch heute in der Freher-Struveschen Ausgabe benutzen. Mit einem dieser Sammlung beigegeben *Directorium* gab Freher zugleich eine erste quellenkundliche Übersicht über die Quellen zur Geschichte des deutschen Mittelalters, die ebenfalls für lange Zeit wissenschaftlichen Wert hatte. Freher edierte ferner Quellen zur böhmischen und französischen und russischen Geschichte sowie erstmals die Bayerische Chronik Andreas von Regensburgs und die *Opera historica omnia* des Humanisten Johannes Trithemius (†1516), darunter auch Teile der *Annales Hirsaugenses*, die in der Abhandlung über Ladenburg Erwähnung finden.

Zeitgebundener als diese Editionen waren mehrere Abhandlungen Frehers über antike Münzen und Medaillen. Diese Abhandlungen sind durch den weiteren Gang der Forschung rasch überholt worden.

Würdigt man das historiographische Schaffen Frehers in seiner Gesamtheit, darf man feststellen, daß er fraglos zu den bedeutendsten deutschen Historikern der Frühen Neuzeit gehört und in der Landesgeschichtsforschung der Kurpfalz künftigen Forschergenerationen den Weg gewiesen hat. Daneben hat sich Freher außer als juristischer Autor auch als neulateinischer Dichter betätigt, nicht zufällig haben viele seiner lateinischen Gedichte mit politischen Gegenständen zu tun. So verfaßte er zum Beispiel ein umfangreiches Gedicht auf die Hochzeit Kurfürst Friedrichs IV. von der Pfalz mit Luise Juliana, der Tochter Wilhelms I. von Nassau-Oranien am 13. 6. 1593. Diese Hochzeit sollte die Allianz der beiden calvinistischen Mächte Kurpfalz und Niederlande eng knüpfen.[123]

**Der Verleger**

Der Herausgeber und Verleger des Kommentars über das alte Lupodunum, Gotthard Vögelin,[124] wurde als Sohn des Leipziger Verlegers Ernst Vögelin, der aus einem früh dem Luthertum zuneigenden Konstanzer Geschlecht stammte und die Druckerei Valentin Papsts, seines Schwiegervaters, übernommen hatte, 1572 in Leipzig geboren. Als sein Vater, der mit der melanchthonianischen, als kryptokalvinistisch verurteilten theologischen Richtung sympathisierte, 1576 Leipzig verließ, um in Heidelberg eine neue Wirkungsstätte zu finden, folgte ihm der Sohn erst nach längerer Zeit nach. Denn in der kurzen Zeit der lutherischen Reaktion unter Kurfürst Ludwig VI. fand der Vater nur schwer eine Arbeitsmöglichkeit, zumal in Neustadt an der Hardt bereits ein Drucker arbeitete. Dorthin gingen mit Johann Casimir, dem calvinistisch gesinnten Bruder Ludwigs VI., zahlreiche Calvinisten, um eine Art calvinistische Gegenhochschule gegen das kurzfristig lutherisch gewordene Heidelberg zu gründen. 1592 studierte Gotthard, der sich 1581 zunächst in Leipzig immatrikuliert hatte, im wieder calvinistisch gewordenen Heidelberg Theologie, und setzte das Studium 1595 in Basel fort.

Unter Kurfürst Friedrich IV. wurde er 1598 zum kurpfälzischen Hofbuchdrucker ernannt und publizierte im eigenen Verlag zahlreiche Titel. Um 1600 gründete er eine eigene Buchhandlung in Heidelberg und fungierte als Messeeinkäufer für das gesamte pfälzische Gebiet. Zwischen 1606 und 1608 heiratete er die Frankfurter Bürgerstochter Magdalena Deublinger und betrieb bis 1613 in der Heimatstadt seiner Frau ein zweites Geschäft. 1618 besaß Gotthard Vögelin in Heidelberg ein eigenes geräumiges Haus mit Druckerwerkstadt in der Mitte zwischen Augustiner- und Heugasse auf der südlichen Seite des Kirchgässleins. Da Vögelin sehr viele gelehrthumanistische Werke verlegte, war die Nähe zur Universität geschäftlich für ihn von großem Vorteil. Der Heidelberger Druckerherr und Verleger stand treu zum calvinistischen Bekenntnis der Pfalz und weigerte sich nach der Schlacht am Weißen Berg 1620 entschieden, die Stadt zu verlassen, obgleich sich 1622 die Lage durch das Eingreifen des ligistischen katholischen Feldherrn Tilly für Heidelberg dramatisch zuspitzte. Bei der Einnahme der Stadt durch die Truppen Tillys im September 1622 wäre Vögelin, der sich bei der Verteidigung durch Tapferkeit ausgezeichnet hatte, beinahe erschlagen worden. Gleichwohl blieb er auch unter der katholischen Besatzung in der Stadt und siedelte erst am 24. September 1628 in die lutherische Reichsstadt Worms über. 1631 wird er letztmals genannt.

Nach dem Tod Marquard Frehers übernahm er dessen handschriftlichen Nachlaß und edierte selbst den Kommentar über Ladenburg und die *Mosella* sowie die Schrift *De rectoribus Christianis* des frühmittelalterlichen Autors Sedulius Scottus. Zwischen 1597 und 1623 produzierte Gotthard Vögelin insgesamt 516 Titel, also fast 20 pro Jahr, überwiegend antikes, humanistisches und theologisches Schrifttum in lateinischer, griechischer und deutscher Sprache, sowie zahlreiche Schulbücher für die pfälzischen Gelehrtenschulen.

Mit dem Verlagsort *Lubdunum* (Ladenburg) erschienen 1605/06 in Vögelins Verlag vier sichere und ein nicht sicher zuzuweisender Druck, darunter zwei Werke Marquard Frehers über das Münzwesen der alten Römer und des Heiligen Römischen Reiches (1605, Dyroff Nr. 500) und die Facetien des antiken Autors Hierocles (1605, Dyroff Nr. 501) weiter eines der bekanntesten – und elendesten – lateinischen Schulbücher, die *Catonis Disticha de moribus* mit dem Kommentar des Erasmus von Rotterdam (Dyroff Nr. 499). Außerdem verlegte er in Ladenburg ein Werk des pfälzischen Humanistendichters Petrus Denaisius (Dyroff Nr. 498) und möglicherweise ein *Missale Wormatiense* (Dyroff Nr. 502). Da für den letztgenannten Druck kein Standort mehr nachzuweisen ist, bleibt seine Existenz unsicher, zumal es sich um ein katholisches Meßbuch handeln würde, das sich in der Verlagsproduktion eines so prononciert protestantischen Verlagshauses wie dem Vögelins eher merkwürdig ausnimmt. Unklar ist auch, ob Vögelin in Ladenburg im Bischofshof eine eigene Druckerei unterhielt oder ob er bei einem Lohnbuchdrucker arbeiten ließ und die Erzeugnisse dann in seinen Verlag übernahm.

Mit der postumen Publikation von Werken Marquard Frehers zu Ausonius' *Mosella* und *Lupodunum* hat sich Gotthard Vögelin jedenfalls um den Heidelberger Humanisten und die Geschichte Ladenburgs große Verdienste erworben.

## Anmerkungen

1 Zitiert nach August BUCK: Humanismus. Seine europäische Entwicklung in Dokumenten und Darstellungen, Freiburg/München 1987, S. 130. Bucks Darstellung gibt einen ausgezeichneten Überblick über die hier angesprochenen Probleme.

2 Zu Luder vgl. die beiden Porträts von Rudolf KETTEMANN: Peter Luder (um 1415–1472). Die Anfänge der humanistischen Studien in Deutschland. In: Paul Gerhard SCHMIDT (Hg.): Humanismus im deutschen Südwesten. Biographische Profile. Herausgegeben von der Stiftung »Humanismus heute«, Sigmaringen 1993, S. 13–34 mit Literatur; weiter Frank BARON: Peter Luder. In: Stephan FÜSSEL (Hg.): Deutsche Dichter der Frühen Neuzeit 1450–1600, Berlin 1993, S. 83–95

mit Literatur. Ein Heidelberg-Lob Luders edierte Rudolf KETTEMANN: Heidelberg im Spiegel seiner ältesten Beschreibung, 2. A. Mannheim 1991.

[3] Vgl. zusammenfassend Veit PROBST: Machtpolitik und Mäzenatentum: Friedrich der Siegreiche von der Pfalz als Wegbereiter des deutschen Frühhumanismus. In: MGBl NF 3 (1996), S. 153–173 mit Literatur.

[4] Zu Dalbergs Leben und Werk vgl. besonders: Karl MORNEWEG: Johann von Dalberg, ein deutscher Humanist und Bischof, Heidelberg 1887; Heinrich BOOS: Geschichte der rheinischen Städtekultur Bd. 3, 2.A. Berlin 1899, S. 377–432; ADB 4, S. 701–703; NDB 3, S. 488; Gerhard RITTER: Die Heidelberger Universität Bd. 1, Heidelberg 1936, S. 475–484; Contemporaries of Erasmus. A Biographical Register of the Renaissance and Reformation Vol. 1, Toronto 1985, S. 374; Agostino SOTTILI: Le contestate elezioni rettorali di Paul van Baenst e Johannes von Dalberg all'Università di Pavia. In: Humanistica Lovaniensia 31 (1982), S. 30–75, jetzt in: Agostino SOTTILI: Università e Cultura. Studi sui rapporti italo-tedeschi nell' età dell'Umanesimo, Goldbach 1993, S. 272–318; Martina BACKES: Das literarische Leben am kurpfälzischen Hof zu Heidelberg im 15. Jahrhundert. Ein Beitrag zur Gönnerforschung des Spätmittelalters, Tübingen 1992 (Hermaea NF Bd. 68), S. 146 mit Anm. 137 und weiterer Literatur; Wilhelm KÜHLMANN: Vom humanistischen Contubernium zur Heidelberger Sodalitas litteraria Rhenana. In: DERS. (Hg.): Rudolf Agricola 1444–1485. Protagonist des nordeuropäischen Humanismus zum 500. Geburtstag, Berlin/Frankfurt/Bern 1994, S. 387–412, hier S. 394–399; jetzt mit umfassender Dokumentation Peter WALTER: Johannes von Dalberg und der Humanismus. In: 1495 – Kaiser, Reich, Reformen. Katalog zur Ausstellung des Landesarchivs Koblenz in Verbindung mit der Stadt Worms, Koblenz 1995, S. 139–171; ferner Burkard KEILMANN: Das Bistum vom Hochmittelalter bis zur Frühen Neuzeit. In: Friedhelm JÜRGENSMEIER (Hg.): Das Bistum Worms. Von der Römerzeit bis zur Auflösung 1801, Würzburg 1997 (Beiträge zur Mainzer Kirchengeschichte 5), S. 146–148.

[5] BOOS (Anm. 4), S. 413.

[6] Vgl. MORNEWEG (Anm. 4), S. 232.

[7] Vgl. Ludwig GEIGER: Johann Reuchlin. Sein Leben und seine Werke, Leipzig 1871, S. 39; MORNEWEG (Anm. 4), S. 356 und S. 172; WALTER (Anm. 4), S. 145.

[8] Vgl. MORNEWEG (Anm. 4), S. 318.

[9] Abgedruckt bei MORNEWEG (Anm. 4), S. 351f.

[10] Abgedruckt bei MORNEWEG (Anm. 4), S. 353f., Übersetzung S. 110.

[11] MORNEWEG (Anm. 4), S. 384ff.

[12] Dazu vgl. unten S. <u>XX</u>.

[13] Vgl. zuletzt WALTER (Anm. 4), S. 151.

[14] MORNEWEG (Anm. 4), S. 84f.; S. 122; BOOS (Anm. 4), S. 424.

[15] Vgl. das Trithemius-Zitat bei WALTER (Anm. 4), S. 169, Anm. 183.

[16] Ebd., S. 169 Anm. 183.

[17] Martina BACKES (Anm. 4), S. 151f.

[18] Joseph ASCHBACH: Die frühen Wanderjahre des Konrad Celtis und die Anfänge der von ihm errichteten gelehrten Sodalitäten, Wien 1869, S. 114–125.

[19] G. BRICARD: De sodalitate litteraria Rhenana, Diss. Bordeaux 1893.

[20] MORNEWEG (Anm. 4).

[21] Vgl. Karl HARTFELDER: Heidelberg und der Humanismus II. In: Zeitschrift für allgemeine Geschichte 2 (1885), S. 671–696. Jetzt in: Wilhelm KÜHLMANN/Hermann WIEGAND (Hg.): Karl Hartfelder. Studien zum pfälzischen Humanismus, Heidelberg 1993, S. 47–72. Wichtig von DEMS. auch: Zur Gelehrtengeschichte Heidelbergs am Ende des Mittelalters. In: ZGO 45, NF 6 (1891), S. 141–171, jetzt in KÜHLMANN/WIEGAND, S. 215–245.

[22] Gustav BAUCH: Die Rezeption des Humanismus in Wien. Eine literarische Studie zur deutschen Universitätsgeschichte, Breslau 1903, S. 167–187.

[23] Vgl. die gute Übersicht über die ältere Forschung von Raimund KEMPER: Die Redaktion der Epigramme des Konrad Celtis, Kronberg/Ts. 1975 (Sciptor Hochschulschriften Literaturwissenschaft 9), S. 205–209, sowie S. 216–221.

[24] Vgl. Hans RUPPRICH (Hg.): Der Briefwechsel des Konrad Celtis, München 1934 (Veröffentlichungen der Kommission zur Erforschung der Geschichte der Reformation und Gegenreformation, Humanistenbriefe 3). Im folgenden zitiert: RUPPRICH: Briefwechsel.

[25] Konrad Celtis und die rheinische Gelehrtengesellschaft. Beitrag zur Geschichte des Humanismus in Deutschland. In: Programm des Kgl. humanistischen Gymnasiums Ludwigshafen a. Rh. für das Schuljahr 1902/03, Ludwigshafen am Rhein 1903. Matz setzt noch die Tradition des vorigen Jahrhunderts fort, während die im folgenden genannten Arbeiten in mancher Hinsicht neue Ansätze bringen.

[26] Aus der älteren Literatur ist noch zu benutzen die kompilatorische Zusammenfassung von Gerhard HUMMEL: Die humanistischen Sodalitäten und ihr Einfluß auf die Entwicklung des Bildungswesens der Reformationszeit, Diss. Leipzig 1940, S. 18–41. Seither haben sich mit der Rheinischen Sodalität, ihren (italienischen) Voraussetzungen und Folgen u.a. beschäftigt: Kurt Leopold PREIß: Konrad Celtis und der italienische Humanismus, Diss. masch. Wien 1951, S. 291–322; Lewis W. SPITZ: Conrad Celtis. The German Arch-Humanist, Cambridge/Mass. 1957, S. 45–54; Hans-Heinrich FLEISCHER: Dietrich Gresemund der Jüngere. Ein Beitrag zur Geschichte des Humanismus in Mainz, Wiesbaden 1967 (Beiträge zur Geschichte der Universität Mainz 8), besonders S. 24f.; Klaus ARNOLD: Johannes Trithemius (1462–1516), Würzburg 1971; ²1991 (Quellen und Forschungen zur Geschichte des Bistums und Hochstifts Würzburg 23), S. 81–85; Raimund KEMPER: Sodalitas litteraria a senatu Rhomani imperii impetrata. Zur Interpretation der Druckprivilegien in der Editio princeps der Roswitha von Gandersheim (1501) und in der Ausgabe der Quatuor libri Amorum Secundum Quatuor Latera Germaniae des Konrad Celtis (1502). In: Euphorion 68 (1974), S. 119–184;

DERS.: Die Redaktion der Epigramme des Celtis, (Anm. 7), S. 205 ff.; Dieter MERTENS: Sodalitas Celtica impetrata? Zum Kolophon des Nürnberger Hrotsvith-Druckes von 1501. In: Euphorion 71 (1977), S. 277–280; Heinrich LUTZ: Die Sodalitäten im oberdeutschen Humanismus des späten 15. und des frühen 16. Jahrhunderts. In: Wolfgang REINHARD (Hg.): Humanismus im Bildungswesen des 15. und 16. Jahrhunderts, Weinheim 1984 (DFG Mitteilung XII der Kommission für Humanismusforschung), S. 45–61, besonders S. 49–50; Moritz CSÁKY: Die „Sodalitas litteraria Danubiana: historische Realität oder poetische Fiktion. In: Herbert ZEEMANN (Hg.): Die österreichische Literatur. Ihr Profil von den Anfängen im Mittelalter bis ins 18. Jahrhundert (1085–1750), Graz 1986, S. 739–758; Tibor KLANICZAY: Celtis und die Sodalitas litteraria per Germaniam. In: August BUCK/Martin BIRCHER (Hg.): Respublica Guelpherbytana [...] Festschrift für Paul Raabe, Amsterdam 1987 (Chloe 6), S. 79–105; Christine TREML: Humanistische Gemeinschaftsbildung. Sozio-kulturelle Untersuchung zur Entstehung eines neuen Gelehrtenstandes in der frühen Neuzeit, Hildesheim-Zürich-New York 1989, S. 49–54; Wilhelm KÜHLMANN: Ausblick: Vom humanistischen Contubernium zur Heidelberger Sodalitas Litteraria Rhenana. In: DERS. (Hg.): Rudolf Agricola (Anm. 4), S. 387–412; Peter WÖRSTER: Humanismus in Olmütz. Landesbeschreibung, Stadtlob und Geschichtsschreibung in der ersten Hälfte des 16. Jahrhunderts, Marburg 1994 (Kultur- und geistesgeschichtliche Ostmitteleuropa-Studien 5), S. 47–59; Peter WALTER: Johannes von Dalberg und der Humanismus. In: 1495 – Kaiser, Reich, Reformen (Anm. 4), S. 139–171, hier S. 142–148.; neuerdings Franz MACHILEK: Konrad Celtis und die Gelehrtensodalitäten, insbesondere in Ostmitteleuropa. In: Winfried EBERHARD/Alfred A. STRNAD: Humanismus und Renaissance in Ostmitteleuropa vor der Reformation, Köln/Weimar/Wien 1996, S. 137–158; Heinz ENTNER: Was steckt hinter dem Wort »sodalitas litteraria«? Ein Diskussionsbeitrag zu Conrad Celtis und seinen Freundeskreisen. In: Klaus GARBER/Heinz WISMANN unter Mitwirkung von Winfried SIEBERS (Hg.): Europäische Sozietätsbewegung und demokratische Tradition Bd. 2, Tübingen 1996 (Frühe Neuzeit 27), S. 1069–1101; Harald DICKERHOF: Der deutsche Erzhumanist Conrad Celtis und seine Sodalen. In: Ebd., S. 1102–1123. Besonders Entners Beitrag berührt sich mehrfach in der Argumentation mit unserem.

27 LUTZ: Sodalitäten (Anm. 26).

28 Vgl. dazu näher die leider in der Forschung nicht genügend rezipierte Arbeit von PREIß: Celtis (Anm. 26), S. 291–295; zusammenfassend das schöne Porträt von Dieter WUTTKE: Conradus Celtis Protucius. In: Stephan FÜSSEL (Hg.): Deutsche Dichter der Frühen Neuzeit. 1450–1600 (Anm. 2), S. 173–199, hier S. 180. Wuttke verzeichnet S. 192–198 die wichtigere neuere Celtis-Literatur. Zu den italienischen Sodalitäten vgl. jetzt die Beiträge von Sebastian NEUMEISTER, Manfred LENTZEN, Horst HEINZE und Bodo GUTHMÜLLER. In: GARBER/WIESMANN: Sozietätsbewegung (Anm. 26), Bd. 1.

29 RUPPRICH: Briefwechsel ( Anm. 24), S. 610, Z. 22f.

30 RUPPRICH: Briefwechsel (Anm. 24), S. 31f.

31 KÜHLMANN: Agricola (Anm. 4), S. 393f.

32 PREIß : Celtis (Anm 26), S. 294.

33 Vgl. die Diskussion bei KEMPER: Redaktion (Anm. 23), S. 205f.

34 Ebd.

35 RUPPRICH: Briefwechsel (Anm. 24), S. 164f. bzw. S. 168–171.

36 Vgl. KÜHLMANN: Agricola (Anm. 4), S. 394; WALTER: Dalberg (Anm. 4), S. 142 mit Anm. 83.

37 Abgedruckt nach der Ausgabe: Wilhelm KÜHLMANN, Robert SEIDEL und Hermann WIEGAND (Hg.): Humanistische Lyrik des 16. Jahrhunderts. Lateinisch und Deutsch, Frankfurt am Main 1997, S. 50–56, Kommentar S. 961–965.

38 KEMPER: Redaktion (Anm. 23), S. 206, zur Festnahme der Wortführer der römischen Akademie des Pomponius Laetus vgl. kurz den Artikel „Sozietäten, Akademien, Sprachgesellschaften" von Klaus GARBER. In: Hans Jörg SANDKÜHLER (Hg.): Europäische Enzyklopädie zu Philosophie und Wissenschaften, Hamburg 1990, S. 366–384, hier S. 372. Vorgeworfen wurde Laetus außer homosexuellen Praktiken, er habe eine verwerfliche „akademische und epikureische Sekte" begründet.

39 PREIß : Celtis (Anm. 26), S. 300; der Brief in RUPPRICH: Briefwechsel (Anm. 24), S. 128.

40 RUPPRICH: Briefwechsel (Anm. 24), S. 147.

41 RUPPRICH: Briefwechsel (Anm. 24), S. 158; Z. 18–20.

42 Abgedruckt bei Kurt ADEL (Hg.): Conradus Celtis quae Vindobonae prelo subicienda curavit Opuscula, Leipzig 1966, S. 6–11, hier S. 17.

43 TREML: Gemeinschaftsbildung (Anm. 26), S. 49: „Die Wahl eines Vorsitzenden gehörte zu den ganz wenigen organisatorischen Maßnahmen der Gesellschaft. Statuten oder eine Art Verfassung wurden nicht gegeben."

44 CZÁKY: Danubiana (Anm. 26), S. 750.

45 TREML: Gemeinschaftsbildung (Anm. 26), S. 49.

46 Vgl. WALTER: Dalberg (Anm. 4), S. 140.

47 Vgl. Karl Ernst GEORGES: Ausführliches Lateinisch-deutsches Handwörterbuch Bd. 2, 12.A. Hannover 1969, Sp. 1888.

48 Vgl. WALTER: Dalberg (Anm. 4), S. 165 Anm. 145.

49 Vgl. KLANICZAY: Danubiana (Anm. 26), S. 91.

50 RUPPRICH: Briefwechsel (Anm. 24), S. 270.

51 RUPPRICH: Briefwechsel (Anm. 24), S. 543.

52 RUPPRICH: Briefwechsel (Anm. 24), S. 548.

53 Zitiert nach Karl HARTFELDER: Werner von Themar. Ein Heidelberger Humanist. In: ZGO 33 (1880), S. 1–101, abgedruckt in: KÜHLMANN/WIEGAND (Anm. 21), S. 73–173, hier S. 154.

54 Vgl. RUPPRICH: Briefwechsel (Anm. 24), S. 468–471.

55 Vgl. KEMPER: Redaktion (Anm. 23) , S. 101f.

56 Vgl. den Text bei RUPPRICH: Briefwechsel (Anm. 24), S. 224; vgl. KEMPER (Anm. 23), S. 206f.

57 Vgl. RUPPRICH: Briefwechsel (Anm. 24), S. 230.

58 Zitiert nach dem Erstdruck der Oden: CONRADI CELTIS/Protucij, primi in Germania/poetae coronati, libri Odar(um)/quatuor [...], Straßburg 1513, vergli-

chen mit der Ausgabe von Felicitas PINDTER (Hg.): Conradus Celtis Protucius: Libri Odarum quattuor. Epodon liber unus. Carmen saeculare, Leipzig 1937, S. 80f. In der zweitletzten Strophe ist nach Vers 38 ein Vers ausgefallen.

[59] PINDTER: Celtis (Anm. 58), S. 114f. In ihr ist sogar von Opfern (*hostiae*) die Rede (V. 17 Iamque obsoletas instruemus hostias).

[60] PINDTER: Celtis (Anm. 58), S. 48–50. In den Versen 59f. will dort Celtis seinem Genius opfern.

[61] PINDTER: Celtis (Anm. 58), S. 66. Hier wird in Vers 18 ebenfalls Phoebus beschworen.

[62] TREML: Gemeinschaftsbildung (Anm. 26), S. 151–153.

[63] Ode III,12, vgl. KÜHLMANN/SEIDEL/WIEGAND (Anm. 37), S. 58f.

[64] PINDTER: Celtis (Anm. 58) S. 99f.

[65] CONRADI CELTIS [...] (Anm. 58), MIVa–b.

[66] KÜHLMANN/SEIDEL/WIEGAND (Anm. 37), S. 16f.

[67] TREML: Gemeinschaftsbildung (Anm. 26), S.154; HUMMEL: Sodalitäten (Anm. 26), S. 70 mit Anm. 67.

[68] TREML: Gemeinschaftsbildung (Anm. 26), S. 154.

[69] GARBER (Anm. 38), S. 368.

[70] RUPPRICH: Briefwechsel (Anm. 24), S. 228, Z. 35–39.

[71] RUPPRICH: Briefwechsel (Anm. 24), S. 28.

[72] Vgl. TREML: Gemeinschaftsbildung (Anm. 26), S. 151. Raimund Kemper wies mündlich darauf hin, daß die „Füllung" der Apollo-Allegorie durch Johann von Dalberg zwar keine beliebige, aber auch keine ausschließliche sei. Dalberg werde gleichsam in die Rolle eingesetzt, die im Verständnis des Celtis-Kreises einem fürstlichen Mäzen bzw. Patron der humanistischen Gemeinschaft programmatisch zukomme. Diese Deutung erscheint plausibel, macht sie doch einsichtig, warum die *Sodalitas Danubiana* sich in Wien ein neues „Oberhaupt" suchte.

[73] Über ihn vgl. besonders Hans-Heinrich FLEISCHER: Dietrich Gresemund (Anm. 26); weiterhin Peter WALTER: Das Stephansstift und der Humanismus. Dietrich Gresemund der Jüngere. In: Helmut HINKEL (Hg.): 1000 Jahre St. Stephan in Mainz, Mainz 1990 (QAbhMittelrhKG 63), S. 309–322; WALTER: Dalberg (Anm. 4), S. 160f. Anm. 85.

[74] Abgedruckt bei Karl HARTFELDER: Werner von Themar (Anm. 53), S. 1–101, jetzt in: KÜHLMANN/WIEGAND (Anm. 21), S. 73–173, hier S. 165f., Nr. 4.

[75] In Ode III,27, die an Dietrich Gresemund gerichtet ist, feiert Celtis den Angesprochenen als *hospes suus Mogundinus*, vgl. PINDTER: Celtis (Anm. 58) S. 91f.

[76] Vgl. RUPPRICH: Briefwechsel (Anm. 24), S. 473, Z. 29.

[77] RUPPRICH: Briefwechsel (Anm. 24), S. 196, Z. 21.

[78] Ode I,16, vgl. PINDTER: Celtis (Anm. 58) S. 19f.

[79] Vgl. Ode I,16, Vers 1f. mit Ode III,15, Vers 35f.

[80] Vgl. WALTER: Dalberg (Anm. 4), S. 145 mit Anm. 118 mit Berufung auf Ludwig GEIGER: Johannes Reuchlin: Sein Leben und seine Werke, Leipzig 1871, S. 81.

[81] Vgl. dazu Hermann WIEGAND: Art. „Humanismus". In: Lexikon der Marienkunde Bd. 3, St. Ottilien 1991, S. 261–267, hier S. 264f.

[82] Vgl. Otto HERDING unter Mitarbeit von Franz Josef WORSTBROCK (Hg.): Jakob Wimpfelings Adolescentia, München 1965, S. 376.

[83] Vgl. Wilhelm KÜHLMANN/Hermann WIEGAND (Hg.): Parnassus Palatinus. Humanistische Dichtung in Heidelberg und der alten Kurpfalz, Heidelberg 1989.

[84] Zu Rhodius vgl. Paul STACHEL: Seneca und das Renaissancedrama, Berlin 1907, S. 120–133; Coligny, Gustav Adolf, Wallenstein. Drei zeitgenössische lateinische Dramen von Rhodius, Narssius, Vernulaeus. Hg. von Johannes BOLTE, Leipzig 1933 (Bibliothek des Literarischen Vereins in Stuttgart 280), S. I–XIII; Jean LEBEAU: Salvator Mundi. L'exemple de Joseph dans le Théâtre Allemand au XVIe Siecle, Nieuwkoop 1977, S. 1059–1604; Hans Gert ROLOFF: Klassizismus im Deutschen Drama um 1600 – Beobachtungen an der *Tragoedia Colignius* des Theodor Rhodius. In: Festschrift für Joseph P. Strelka zum 60. Geburtstag. Hg. von Karl Konrad POLHEIM, Bern u.a. 1988, S. 23–35; KÜHLMANN/WIEGAND (Anm. 83), S. 170–183 sowie S. 288f.; Wilhelm KÜHLMANN: Zur literarischen Lebensform im deutschen Späthumanismus: Der pfälzische Dramatiker Theodor Rhodius (ca. 1575–1625) in seiner Lyrik und in seinen Briefen. In: Daphnis. Zeitschrift für Mittlere Deutsche Literatur 17 (1988), S. 671–749 mit der älteren Literatur; DERS.: Artikel 'Rhodius'. In: Walther KILLY (Hg.): Literatur Lexikon. Autoren und Werke deutscher Sprache Bd. 9, Gütersloh/München 1991, S. 426f.

[85] Vgl. jetzt Marquard FREHER: De Lupoduno. Die erste Beschreibung des alten Ladenburg von 1618. Lateinisch-Deutsch. Übertragen und erläutert von Hermann WIEGAND, Heidelberg 1998 (Rhein-Neckar-Kreis. Bausteine zur Kreisgeschichte. Baustein 3), S. 62.

[86] Vgl. Friedrich W. ERNST: Geschichte des Leiningischen Gymnasiums zu Höningen und zu Grünstadt 1573–1819, Grünstadt 1927, S. 39–42 u. ö. mit Werkverzeichnis.

[87] Vgl. jetzt knapp Arno SEIFERT: Das höhere Schulwesen. Universitäten und Gymnasien. In: Notker HAMMERSTEIN (Hg.): Handbuch der deutschen Bildungsgeschichte, Bd. 1: 15. bis 17. Jahrhundert. Von der Renaissance und der Reformation bis zum Ende der Glaubenskämpfe, München 1996, S. 197–374, hier S. 293–295 mit Literatur.

[88] Benutzt wurde das Exemplar der Universitätsbibliothek Mannheim (Sign. L 334 D 154).

[89] Vgl. RHODIUS: Poemata Varia 1615 (Anm. 88), S. 8f.

[90] Text und Übertragung bei KÜHLMANN/WIEGAND (Anm. 83), S. 180–183, Kommentar S. 252–254.

[91] Zu ihm vgl. zuletzt KÜHLMANN/SEIDEL/WIEGAND (Anm. 37), S. 707–750, Kommentar S. 1365–1394.

[92] Die Gedichte der Westonia erschienen u.a. unter dem Titel: Parthenicôn ELISABETHAE IOANNAE WESTONIAE. Hg. von G. Martin von BALDHOVEN in drei Büchern, Prag o. J. [1606].

[93] Zu ihr vgl. jetzt Reinhard DÜCHTING u.a.: Olympia Fulvia Morata. Stationen ihres Lebens: Ferrara – Schweinfurt – Heidelberg, Ubstadt-Weiher 1998 (Archiv und Museum der Universität Heidelberg, Schriften 1).

[94] Text bei KÜHLMANN/WIEGAND (Anm. 83), S. 176f. Übersetzung revidiert von H. W.

[95] Text bei KÜHLMAN/WIEGAND (Anm. 83), S. 172f.; revidierte Übersetzung in FREHER: De Lupoduno (Anm. 85), S. 62.

[96] Text und Übersetzung bei KÜHLMANN/WIEGAND (Anm. 83), S. 174f. Revidierte Übertragung von H. W.

[97] Text und Übersetzung bei KÜHLMANN/WIEGAND (Anm. 83), S. 174f. Hier revidierte Übertragung von H. W.

[98] Text bei KÜHLMANN: Zur literarischen Lebensform (Anm. 84), S. 678. Revidierte Übersetzung von H. W.

[99] Zu ihm vgl. kurz Wilhelm KÜHLMANN. In: KILLY (Anm. 84) Bd. 2 (1989), S. 256f.

[100] Vgl. Richard ALEWYN: Vorbarocker Klassizismus und griechische Tragödie. Analyse der „Antigone"-Übersetzung von Martin Opitz, Heidelberg 1926.

[101] Vgl. Anm. 85.

[102] Dazu vgl. Ottavio CLAVUOT: Biondos »Italia illustrata« – Summe oder Neuschöpfung?, Tübingen 1991.

[103] Grundlegend für den gesamten Zusammenhang: Ulrich MUHLACK: Geschichtswissenschaft im Humanismus und in der Aufklärung. Die Vorgeschichte des Humanismus, München 1991, hier S. 201.

[104] Vgl. dazu Ludwig KRAPF: Germanenmythus und Reichsideologie. Frühhumanistische Rezeptionsweisen der taciteischen »Germania«, Tübingen 1979 (Studien zur deutschen Literatur 59).

[105] Vgl. dazu außer Ulrich MUHLACK (Anm. 103) u.a. folgende Arbeiten: Jaques RIDÉ: Un grand pojet patriotique: >Germania illustrata<. In: L'Humanisme Allemand (1480–1540). XVIIIe Colloque International de Tours, Paris 1979 (Humanistische Bibliothek I/38), S. 99–112; Frank L. BORCHARD: German antiquity in renaissance myth, Baltimore 1971, S. 106ff.

[106] Vgl. dazu immer noch: Emil v. BORRIES: Wimpfeling und Murner im Kampf um die ältere Geschichte des Elsasses, Heidelberg 1926 (Schriften des Wissenschaftlichen Instituts der Elsaß-Lothringer im Reich).

[107] Über Aventinus vgl. besonders: Gerald STRAUSS: Historian in an age of Crisis. The Life and Work of Johannes Aventinus 1477–1534, Cambridge/Massachusetts 1963; Gerhard-Helmut SITZMANN (Hg.): Aventinus und seine Zeit 1477–1534, Abensberg 1977; Eberhard DÜNNINGER: Johannes Aventinus. Leben und Werk des bayerischen Geschichtsschreibers, Rosenheim 1977; Hans PÖRNBACHER: Artikel „Aventinus". In: Walther KILLY (Hg.): Literatur Lexikon. Autoren und Werke deutscher Sprache Bd. 1, Gütersloh 1989, S. 263f. mit weiterer Literatur.

[108] Die ältere Literatur zu Beatus Rhenanus verzeichnet der umfangreiche Artikel von Beat von SCARPATETTI. In: Peter G. BIETENHOLZ u.a. (Hg.): Contemporaries of Erasmus. A Biographical Register of the Renaissance and Reformation vol. 1, Toronto 1985, S. 104–109; ferner: John F. D'AMICO: Theory and Practice in Renaissance Textual Criticism. Beatus Rhenanus between Conjecture and History, Berkeley/Los Angeles 1988; Ulrich MUHLACK: Beatus Rhenanus (1485–1547). Vom Humanismus zur Philologie. In: Paul Gerhard SCHMIDT (Hg.): Humanismus im deutschen Südwesten. Biographische Profile, Sigmaringen 1993, S. 195–220 mit weiterer Literatur; zu seinen epigraphischen Sammlungen vgl. Franz FUCHS: Beatus Rhenanus als Inschriftensammler. In: Reinhard STUPPERICH (Hg.): Lebendige Antike. Rezeptionen der Antike in Politik, Kunst und Wissenschaft der Neuzeit. Kolloquium für Wolfgang Schiering, Mannheim 1996 (Mannheimer Historische Forschungen 6), S. 27–30; zu seiner Bibliothek neuerdings Gerhard RÖMER: Bücher Stifter Bibliotheken. Buchkultur zwischen Neckar und Bodensee, Stuttgart 1997, S. 94–105.

[109] Zu Peutingers Wirken vgl. die Monographie von Heinrich LUTZ: Conrad Peutinger: Beiträge zu einer politischen Biographie, Augsburg o. J. (Abhandlungen zur Geschichte der Stadt Augsburg 12), S. 125ff.

[110] Marcus Welser (1558–1614) war u.a. 1594 Bürgermeister von Augsburg. Er gab 1590 in Venedig heraus: Inscriptiones Antiquae Augustae Vindelicorum; die Fragmenta Tabulae Antiquae, in quis aliquot per Romanas Provincias Itinera publizierte er 1591 und sein Hauptwerk, die Rerum Boicarum Libri Quinque, in Augsburg 1602. Eine Sammelausgabe seiner Opera Historica et Philologica Sacra et Profana, darunter auch die Fragmente der Tabula Peutingeriana, erschien in Nürnberg 1682.

[111] Vgl. Anm. 14.

[112] Zu seiner Vita vgl. R. P. H. GREEN: The Works of Ausonius. Edited with Introduction and Commentary, Oxford 1991, S. xxiv–xxxii; jetzt kurz Wolf-Lüder LIEBERMANN. In: Der Neue Pauly. Enzyklopädie der Antike Bd. 2, Stuttgart 1997, Sp. 333–335 mit Literatur.

[113] Benutzt wurde die Ausgabe: Ausonii Burdigalensis viri consularis Omnia, quae adhuc in veteribus bibliothecis inveniri potuerunt Opera [...] per Eliam Vinetum Santonem, Iosephum Scaligerum & alios, Burdigalae 1603, S. 270.

[114] Vgl. zuletzt Hansjörg PROBST: Der Ortsname Ladenburg und seine Aussagekraft für die Kontinuitätsfrage. In: MGBl NF 3 (1996), S. 57–67, hier S. 62f.

[115] Zur Vita Frehers vgl. in neuerer Zeit: Philipp KAUTZMANN: Marquard Freher. In: MGBl 7 (1906), Sp. 71–75; Peter FUCHS: Art. „Freher, Marquard". In: NDB Bd. 5 (1961), S. 392f.; DERS.: Palatinatus illustratus. Die historische Forschung in der Kurpfälzischen Akademie der Wissenschaften, Mannheim 1963 (Forschungen zur Geschichte Mannheims und der Pfalz 1), S. 25–27; Dietrich KORNEXL: Studien zu Marquard Freher (1560–1614). Leben, Werke und gelehrtengeschichtliche Bedeutung, Diss. Freiburg im Breisgau, Bamberg 1967; Volker PRESS: Calvinismus und Territorialstaat. Regierung und Zentralbehörden der Kurpfalz 1579–1619, Stuttgart 1970 (Kieler historische Studien 7), S. 465–469; Brigitte SCHWAN: Das juristische Schaffen Marquard Frehers (1565–1614), Speyer 1984 (Veröffentlichung der Pfälzischen Gesellschaft der Wissenschaften in Speyer 74), S. 6–25; Elmar MITTLER (Hg.): Bibliotheca Palatina. Katalog zur Ausstellung vom 8. Juli bis 2. November 1986 Heiliggeistkirche Heidelberg, Heidelberg 1986, S. 146, S. 262f., S. 274f.; KÜHLMANN/WIEGAND (Anm. 83).

[116] Brigitte SCHWAN (Anm. 115).

[117] KORNEXL (Anm. 115), S. 107–142.

[118] Vgl. zu ihm kurz FUCHS (Anm. 115), S. 23f. Eine modernisierende Bearbeitung seines Werkes erschien noch im neunzehnten Jahrhundert: Eduard von BÜLOW: Ein Fürstenspiegel. Denkwürdigkeiten des Pfalzgrafen-Kurfürsten Friedrich II. beim Rhein. Nach der lateinischen Urschrift und alten deutschen Übersetzung, 2 Bde., Breslau 1849; neuerdings vgl. Gilbert TOURNOY: Humanistische Historiographie in Heidelberg. Hubertus Thomas Leodius. In: Heidelberger Jahrbücher 38 (1994), S. 201–214.

[119] Zu ihm vgl. jetzt: KÜHLMANN/SEIDEL/WIEGAND (Anm. 37) , S. 753–861 sowie S. 1395–1483.

[120] Vgl. dazu Arnold SCHEUERBRANDT: Die Kraichgaurede des David Chytraeus aus dem Jahre 1558. Bemerkungen zur frühesten landeskundlichen Beschreibung des Kraichgaus und zum Wandel der Auffassung von seinen Grenzen. In: Karl-Heinz GLASER/Hanno LIETZ/ Stefan RHEIN (Hg.): David und Nathan Chytraeus. Humanismus im konfessionellen Zeitalter, Ubstadt-Weiher 1993, S. 129–145.

[121] Zitiert nach KORNEXL (Anm. 115), S. 65 Anm. 160.

[122] So etwa die große Sammlung von Simon SCHARD: Historicum Opus in quatuor tomos divisum, 4 Bde., Basel 1574. Vgl. dazu Frank HIERONYMUS: 1488 Petri 1988 Schwabe. Eine traditionsreiche Basler Offizin im Spiegel ihrer frühen Drucke Bd. 2, Basel 1997, Nr. 533, S. 1490–1499. Diese Sammlung wurde nach dem Tod Schards von dem Heidelberger Juristen Nikolaus Kistner herausgegeben.

[123] Eine Auswahl der Gedichte Frehers mit deutscher Übertragung und Kommentar findet sich in: KÜHLMANN/WIEGAND (Anm. 83), S. 156–169; zwei Gedichte auch bei Harry C. SCHNUR: Lateinische Gedichte deutscher Humanisten, 2.A. Stuttgart 1978, S. 160f.

[124] Über ihn vgl. die umfassende Arbeit von Hans Dieter DYROFF: GOTTHARD VÖGELIN – Verleger, Drukker, Buchhändler 1597–1631. In: Archiv für Geschichte des Buchwesens IV (1963), S. 1129–1423; zu seiner Tätigkeit in Ladenburg vgl. Maximilian HUFFSCHMID: Die Buchdruckerei von Gotthard Vögelin in Ladenburg. In: MGBl 6 (1905), Sp. 159–161.

# Entwicklung der Bevölkerungszahl und -struktur sowie der Stadtverwaltung vom 16. Jahrhundert bis 1900

von Gernot G. Lorsong



## 1. Bevölkerungszahl

### 1.1 Quellenlage

Von der Mitte des 16. Jahrhunderts bis zum Jahr 1900 ist kaum eine Quelle zu finden, die kontinuierliche Zahlen liefert. Auch die Amtliche Kreisbeschreibung enthält große Zeitsprünge. Ergebnisse von Volkszählungen liegen erst aus dem 19. Jahrhundert vor. Für die Zeit vor dem Dreißigjährigen Krieg fehlt nahezu jede Basis.

Um die Entwicklung der Bevölkerungszahl aufzuzeigen, ist der Chronist darauf angewiesen, ausgehend von gesicherten Eckwerten die Informationen aus anderen Quellen aufzuspüren und die Ergebnisse zu verknüpfen. Er muß darüberhinaus Zwischenschritte inter- oder extrapolieren.

Als wichtigste Quellen sind die Kirchenbücher zu nennen. Für Ladenburg liegen sie in allgemein lesbarer Form als gedruckte Ortssippenbücher vor. Das ist in erster Linie ein Verdienst von Oberstudiendirektor Karl Diefenbacher. Dem unermüdlichen Einsatz dieses leider verstorbenen Heimatforschers ist es zu danken, daß ergänzend dazu auch die Wehrschaftsbücher in gleicher Weise aufbereitet zur Verfügung stehen. Durch die darin enthaltenen Hinweise auf verwandtschaftliche Beziehungen wird es möglich, Familien über den Beginn der Kirchenbücher hinaus zurückzuverfolgen.

Ein besonderer Glücksfall für Ladenburg ist in dem Zusammenhang, daß die Ämterbücher der Stadt erhalten geblieben sind. Den ersten Band über den Zeitraum 1559–1683 bearbeitete zusammen mit dem Eidebuch ebenfalls Karl Diefenbacher. Den zweiten Band 1684–1813 konnte ich selbst bearbeiten.

Bezüglich der Strukturen von Bevölkerung und Verwaltung ist mit den genannten Unterlagen die Entwicklung von 1559 bis 1900 gut zu verfolgen. Hilfestellung geben dabei noch zusätzlich genealogische Arbeiten früherer Heimatbundmitglieder im „Lobdengau", der Heimatbeilage in der Ladenburger Zeitung, sowie die von Konrektor Ernst Döpfner zusammengetragenen Daten der alten Ladenburger Häuser und ihrer wechselnden Besitzer[1].

Weniger sicher sind dagegen die abgeleiteten Werte der Bevölkerungszahl. In den Kirchenbüchern sind nur Menschen erfaßt, die in Laden-

*Tabelle 1: Einwohnerzahlen*

| Jahr | Gesamt-zahl | Katho-liken | Evange-lische | Juden |
|---|---|---|---|---|
| 1439 | 1.175 (AK) | | | |
| 1577 | 1.330 (AK) | | | |
| 1671 | 600 (AK) | 277 (AK) | 323 (AK) | |
| 1692 | | 53 % (AK) | | |
| 1697 | | in etwa linear abnehmend | | ca. 3 Fam. à 7 Pers. (J14) |
| 1722 | | bis zum Jahr 1905 (AK) | | 8 Fam. à 7 Pers. (J17) |
| 1743 | | | | 26 Fam. à 7 Pers. (J17) |
| 1757 | | | | 14 Fam. à 7 Pers. (J17) |
| 1777 | 1.472 (AK) | | | |
| 1789 | | | | 75 (J17) |
| 1818 | 2.127 (AK) | | | |
| 1825 | | | | 90 (J18) |
| 1834 | 2.329 (AK) | | | |
| 1852 | 2.930 (AK) | | | |
| 1853 | | | | 139 (J18) |
| 1855 | 2.927 (L7/27) | | | |
| 1858 | 2.910 (L7/27) | | | |
| 1861 | 2.876 (L7/27) | | 125 (J18) | |
| 1862 | | | | 125 (J18) |
| 1863 | 3.000 (L1/63) | 1.600 (L1/63) | 1.275 (L1/63) | 125 (J18) |
| 1875 | 3.040 (AK) | | | |
| 1880 | | | | 99 (J18) |
| 1887 | 3.268 (L1/51) | | | |
| 1890 | 3.284 (L1/51) | 1.913 (L1/51) | 1.272 (L1/51) | 99 (J18) |
| 1892 | 3.281 (L12/27) | | | |
| 1895 | 3.424 (L1/51) | | | |
| 1900 | | | | 105 (J18) |
| 1905 | 3.895 (AK) | | | |

*(AK)* = *Amtliche Kreisbeschreibung*
*(Lx/xx)* = *HEIMATBUND LADENBURG: Der Lobdengau. Heimatbeilage zur Ladenburger Zeitung, Monat und Jahr*
*(Jxx)* = *ARBEITSKREIS JÜDISCHE GESCHICHTE: Die Jüdischen Ladenburger, Mannheim 1995.*

*Abb. 1: Entwicklung der Einwohnerzahl (Gesamt und nach Konfession)*

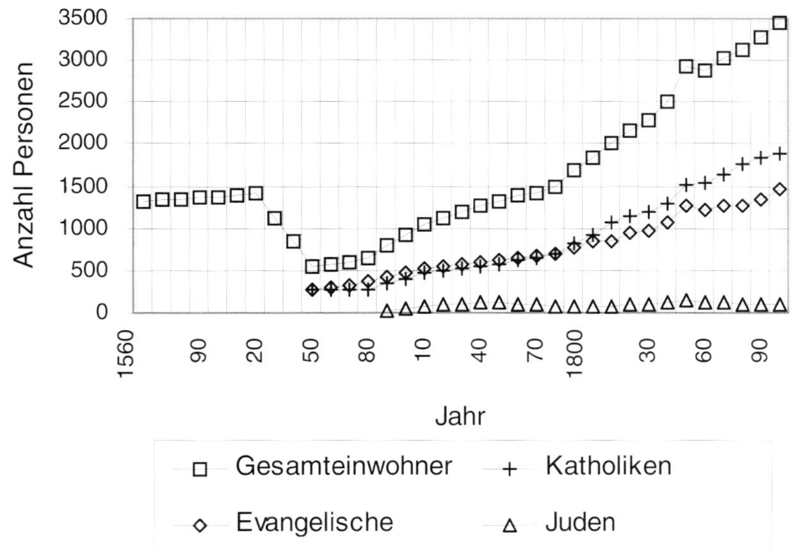


burg geboren oder getauft wurden, heirateten, als Pate auftraten oder starben. Die katholischen Kirchenbücher beginnen 1646, die reformierten und lutherischen erst 1649. Es fehlen darin also die ersten 100 Jahre des Betrachtungszeitraumes. Für die Bevölkerungszahl sind die Interpolationswerte entsprechend unsicher[2].

### 1.2 Gesicherte Zahlen

Die Gesamteinwohnerzahl, wie sie für bestimmte Jahre in der Amtlichen Kreisbeschreibung ausgewiesen wird, kann auch im Stadtadreßbuch Ladenburg, Ausgabe 1994 auf Seite 6 unter der Sparte „Informationen" nachgeschlagen werden. Beiträge im „Lobdengau" enthalten ergänzende Werte. Zahlen über den Judenanteil an der Ladenburger Bevölkerung ermittelte der Arbeitskreis Jüdische Geschichte in seinem Buch „Die jüdischen Ladenburger". Zusammengefaßt ergibt sich an gesicherten Zahlen die nebenstehende Tabelle 1.

### 1.3 Inter- und extrapolierte Zahlen

Für die Zeit vor dem Dreißigjährigen Krieg kann angenommen werden, daß die Bevölkerungszahl annähernd gleichmäßig anstieg. Gegensätzliche Angaben waren nicht zu finden. Es ist deshalb mit einem linearen Anstieg zwischen 1439 und 1577 zu rechnen und diesen bis zum Ausbruch des Dreißigjährigen Krieges zu extrapolieren.

Mit Beginn der Kirchenbücher wird es möglich, die im Abschnitt 1.3.2 näher behandelten Zuwanderer zahlenmäßig zu greifen. Die Abwanderung spielte eine untergeordnete Rolle, wie in Abschnitt 1.3.1 dargestellt wird.

Auf dieser Grundlage kann mit dem Basiswert von 600 Einwohnern im Jahre 1671 der Tiefststand im Jahre 1650 ausreichend genau extrapoliert werden. Bei dem sehr starken Rückgang von rund 1400 Einwohnern bei Kriegsausbruch auf annähernd 550 bei Kriegsende scheint die Annahme einer linearen Abnahme in dieser Periode tolerierbar. Demnach stellt sich die Entwicklung der Ladenburger Bevölkerungszahl gemäß folgender Graphik dar.

#### *1.3.1 Abwanderung*

Wie schon im vorigen Abschnitt erwähnt, hatte die Abwanderung nur einen geringen Einfluß auf die Entwicklung der Einwohnerzahl. Hermann Brunn stellte zwar fest, daß die Nachkommen der Ladenburger Ratsherren vielfach in ratsfähige Familien anderer Orte der näheren und weiteren Umgebung einheirateten. Doch das geschah auch umgekehrt, wie wir später noch sehen werden. Somit glichen sich diese Tendenzen weitgehend aus.

Eine beachtliche Auswanderungswelle gab es 1709 ff.[3] Zu der Not des vom Erbfolgekrieg noch nicht erholten Landes kamen die Leiden mehrerer katastrophaler Winter. 14.000 Kurpfälzer wanderten nach Amerika aus. Die Zahl betraf jedoch die gesamte Kurpfalz. In die gleiche Zeit fiel die Vertreibung der Wiedertäufer um Alexander Mack. Dieser Vorgang betraf hauptsächlich Schriesheim. Für Ladenburg ist in diesem Zusammenhang lediglich Johann Christoph Sauer zu erwähnen.[4]

Unter den 1789 für Jütland angeworbenen Aussiedlern sollen sich auch neun Ladenburger Familien mit 24 Personen befunden haben.[5] Die Bestätigung dafür war nicht zu finden. Insgesamt wanderten im Zeitraum 1759 bis 1803 aus Ladenburg 56 Personen aus.[6] Davon zogen 8 Personen 1759 nach Jütland. Mit 33 Personen wanderte aber der größte Teil in den Banat und zwar: 1768 = 8, 1778 = 4 und 1784 21 Personen. Der Rest verteilte sich auf Einzelfälle über die gesamte

Epoche und die Zielländer Preußen, Bayern, Österreich, Sachsen, Holland, Frankreich und Amerika.

Von den 1812/13 im Badischen Kontingent am Rußlandfeldzug teilnehmenden Ladenburgern kamen 12 nicht zurück.[7]

Von 1855 bis 1858 sank die Bevölkerung um 17, von 1858 bis 1861 nochmals um 34 Personen.[8] Ein Teil dieses Rückganges ist darauf zurückzuführen, daß die durch den Bau der Eisenbahnbrücke zugezogenen Spezialhandwerker wieder abwanderten. Aber auch die Auswanderung von ungefähr einem Zehntel der Badischen Bevölkerung nach Amerika als Folge der gescheiterten Badischen Revolution 1848/49 machte sich in Ladenburg bemerkbar. Insgesamt wanderten 120 Einwohner zwischen 1844 und 1900 aus, davon allein 83 Personen zwischen 1851 und 1870.[9]

### *1.3.2 Zuwanderung*

Über die Zuwanderung liegen durch die Kirchenbücher weit bessere Informationen vor. Die in früheren Jahrhunderten zahlreichen Geburten wurden durch die hohe Kindersterblichkeit nahezu ausgeglichen. Folglich resultierte die Bevölkerungszunahme hauptsächlich aus den Zuwanderern. Die neuen Einwohner veränderten jeweils je nach Anzahl und Zeitpunkt die Zusammensetzung der Einwohnerschaft sowohl in Bezug auf die religiöse Zugehörigkeit als auch bezüglich des sozialen Status. Mit den Fremden kam so ein Wandel in die Struktur des Gemeinwesens.

## 2. Bevölkerungs-Struktur

### 2.1 Herkunft der Zuwanderer

Insgesamt wurden nahezu 1300 Familien von Zuwanderern erfaßt, die mit ungefähr 1.000 Orten in Zusammenhang stehen.[10] Das Heilige Römische Reich Deutscher Nation bestand dazu noch aus fast 1.500 Klein- und Kleinststaaten.[11] Es ist deshalb unerläßlich, für die Betrachtung Herkunftsgebiete schwerpunktmäßig zusammenzufassen.

Ladenburg gehörte bis 1705 jeweils zur Hälfte dem Pfälzer Kurfürsten und dem Bischof von Worms. Zuwanderer aus der Kurpfalz kamen deshalb als „Inländer". Die Kurpfalz bildet somit den ersten Schwerpunkt, der allerdings für die Untersuchung nochmals unterteilt wurde in:

| | |
|---|---|
| Bergstraße: | die Orte entlang der Bergstraße von Dossenheim bis Bensheim |
| Heidelberg: | das Stadtgebiet einschließlich der heutigen Vororte |
| Mannheim: | das Stadtgebiet einschließlich der heutigen Vororte |
| Kraichgau | |
| linksrheinische Pfalz. | |

In nächster Nachbarschaft reichten die Besitzungen der Hoch- und Erzstifte Mainz, Trier und Speyer unmittelbar an die Kurpfalz heran oder in deren Landschaften hinein. So gehörte zum Beispiel der Odenwald überwiegend zu Mainz. Das nördlich an die linksrheinische Pfalz grenzende Rheinland unterstand Trier. Südlich Heidelberg dehnten sich die Ländereien von Speyer aus. Zusammengefaßt bildeten diese katholischen Gebiete den zweiten Schwerpunkt der „Geistlichen Nachbarn".

Südlich und östlich des bisher erfaßten Raumes grenzten das Herzogtum Württemberg, die Grafschaften Öttingen, Limpurg und Hohenlohe, die Markgrafschaften Ansbach und Bayreuth sowie die Hochstifte Würzburg und Bamberg an. Sie bilden einschließlich der Reichsstädte wie Ulm oder Rothenburg o.d. Tauber und kleinerer Fürstentümer in der Betrachtung den Schwerpunkt der Schwäbisch/Fränkischen Lande.

Bleiben als weitere Schwerpunkte die Gebiete entlang des Oberrheins mit dem Breisgau und dem Hochschwarzwald, Bayern mit der Oberpfalz und die unter Hessen zusammengefaßten Gebiete Hessen-Darmstadt, Hessen-Kassel, Nassau und Katzenelnbogen.

Auf diese Weise sind etwa neun Zehntel der Zuwanderer nach ihrer Herkunft erfaßt. Interessant ist aber auch die verbleibende Zahl, da ihre genauere Betrachtung wiederum Schwerpunkte erkennen läßt. Da sind zunächst die Schweiz und Frankreich zu nennen, wobei an französischen Gebieten hauptsächlich das Elsaß und Lothringen vertreten sind. Zu den Habsburger Landen zählen Österreich, Tirol und ein Teil der Niederlande. Alle übrigen Herkunftsgebiete lohnen keine Unterteilung mehr und sind deshalb unter sonstige zusammengefaßt.

Um festzustellen, ob und wie geschichtliche Ereignisse den Verlauf der Zuwanderung beeinflußten, ist der Betrachtungszeitraum in klar abgegrenzte Epochen zu gliedern. Dazu bieten sich zunächst die Regierungswechsel in der Kurpfalz an. Zusätzlich können entscheidende Änderungen innerhalb einer Regierungszeit herangezogen werden. Damit ergibt sich die folgende Einteilung:

*1. Epoche: 1650–1685*
Karl Ludwig, der Sohn des Winterkönigs, erhält die seinem Vater aberkannte Kurwürde zurück. Der reformierte Kurfürst aus dem Hause Pfalz-Simmern muß das zerstörte Land wieder aufbauen. Er versucht, durch Heirat seiner Tochter Elisabeth Charlotte mit dem Bruder Ludwig XIV. den Frieden zu sichern. Karl Ludwig regiert bis 1680. Sein Nachfolger wird sein Sohn Karl.

*2. Epoche: 1685–1705*
Das katholische Haus Pfalz-Neuburg tritt das Erbe des kinderlosen Kurfürsten Karl an und betreibt die Rekatholisierung der Kurpfalz. Das strittige Erbe der Liselotte von der Pfalz führt zum Pfälzer Erbfolgekrieg. 1705 endet mit dem Düsseldorfer Vertrag die Bischofsherrschaft in Ladenburg.

*3. Epoche: 1706–1719*
Ladenburg ist kurpfälzische Oberamtsstadt.

*4. Epoche: 1720–1742*
Die letzte Phase des Hauses Pfalz-Neuburg in der Pfälzer Kurwürde ist durch den Bau des Schlosses in Mannheim geprägt.

*5. Epoche: 1743–1803*
Unter Karl Theodor von Pfalz-Sulzbach verlagert sich das politische Gewicht nach Bayern. 1803 fällt die linksrheinische Pfalz an Frankreich, die rechtsrheinische an Baden.

*6. Epoche: 1804–1820*
Ladenburg liegt am Rande des neuen Staatsgebietes. 1820 bilden Lutheraner und Reformierte die badische Evangelische Kirche.

*7. Epoche: 1821–1843*
Abstieg Ladenburgs bis zum Bau der Eisenbahnbrücke

*8. Epoche: 1844–1850*
Bau der Eisenbahnbrücke bis zum Beginn der Industrialisierung

Über den Perioden aufgetragen ergeben die Zuwanderer aus den Schwerpunktsgebieten die Verteilung, wie sie in Abb. 2 (siehe unten) dargestellt ist.

Die meisten Zuwanderer kamen in dem Zeitraum von Karl Theodors Regierungsantritt 1742 bis zum Ende der Kurpfalz 1803 nach Ladenburg.

Es folgt die Zeit vom Anfang des Hauses Pfalz-Neuburg bis zum Ende der Bischofsära 1705. Allerdings sind die beiden Perioden nicht vergleichbar. Die eine umfaßt 61 Jahre, die andere nur 21. Bezogen auf das Jahresmittel zeigt sich ein anderer Verlauf, wie in Abb. 3 (siehe folgende Seite) dargestellt.

Mit dem Regierungsantritt von Pfalz-Neuburg begann demnach eine Zuwanderungswelle. Der Zuzug nahm dann bis zum Ende der Kurpfalz stetig ab und verstärkte sich erst in badischer Zeit wieder.

Auffällig ist, daß unter Pfalz-Neuburg der Anteil an Kurpfälzern von hohem Anfangswert deutlich abnahm und sich dafür der Anteil aus dem schwäbisch/fränkischen Raum deutlich verstärkte. Erst unter Karl Theodor wechselte der Trend wieder zugunsten der Kurpfalz.

*Abb. 2: Herkunft der Zuwanderer*

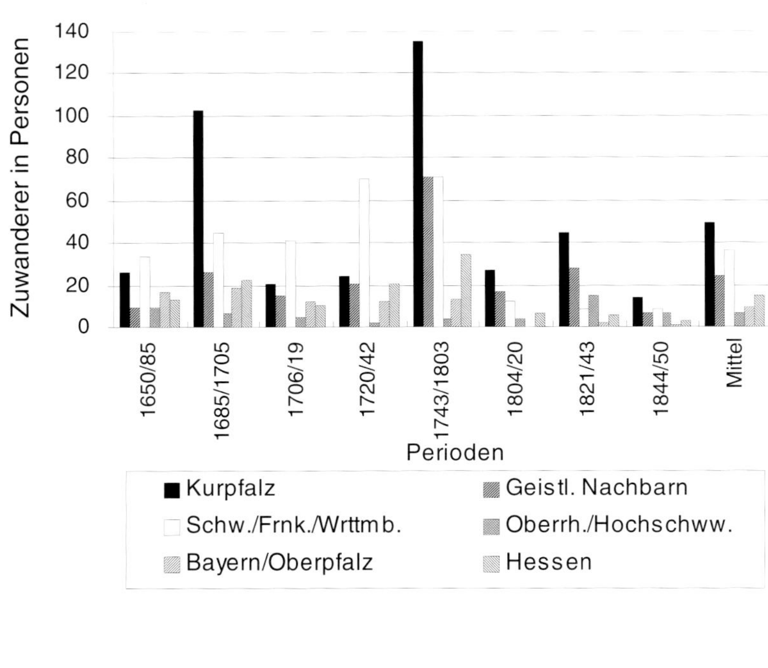

*Abb. 3: Herkunftsschwerpunkte der Zuwanderer (Gesamt)*

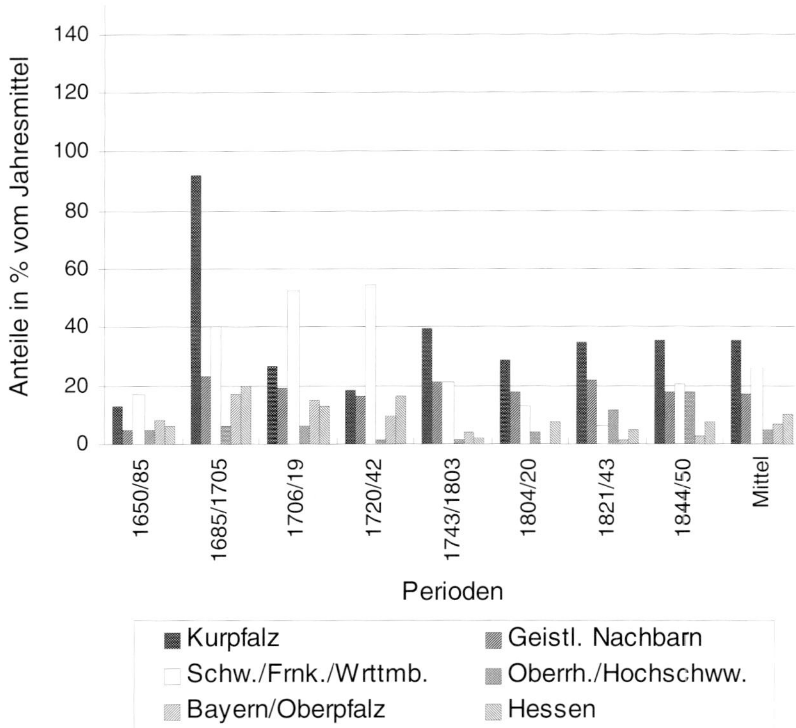


Innerhalb der Kurpfalz kamen naturgemäß die meisten Zuwanderer aus der näheren Umgebung. Erstaunlich ist allerdings das Übergewicht von Mannheim gegenüber Heidelberg. Selbst die Bergstraßenorte waren stärker vertreten als die Residenzstadt. Der beachtliche Teil von linksrheinischen Pfälzern vor allem in der Periode 1685–1705, in der auch die Mannheimer einen absoluten Spitzenwert erreichten, ging mit Sicherheit auf die Wirren des Erbfolgekrieges zurück.

Bei den sonstigen Zuwanderern waren insgesamt die Schweiz und Frankreich gleich stark vertreten. Nur wenig dahinter folgten die Habsburger Lande. Die drei zusammen stellten etwa 40% mehr Einwanderer als alle restlichen Gebiete zusammen. Die Schweizer erreichten ihren Höhepunkt unmittelbar nach dem Dreißigjährigen Krieg unter Kurfürst Karl Ludwig. Dieser warb offensichtlich ganz bewußt Eidgenossen zur Wiederbesiedelung des Landes an. Das geht aus der Betrachtung der Schweizer Einwanderer in Heidelberg deutlich hervor.[12] Unter Pfalz-Neuburg nahm der Zuzug der Schweizer ab, blieb aber bis zum Ende der Bischofszeit in Ladenburg 1705 von Bedeutung.

Die Habsburger kamen dagegen verstärkt unter Pfalz-Neuburg ab 1685. Das oberpfälzische Fürstenhaus stand den kaiserlichen Gebieten näher als zuvor das Haus Pfalz-Simmern. Kurfürst Karl Ludwig war immerhin der Sohn des Winterkönigs, dessen Konfrontationskurs gegenüber Habsburg den Dreißigjährigen Krieg in die Pfalz trug.

Bei den Franzosen ist anzunehmen, daß es sich nicht nur um Hugenotten handelte, sondern auch um Veteranen der großen Kriege. Ihr Anteil nahm von 1650 bis 1719 ständig zu. Die erste Periode war die des Wiederaufbaus nach dem Dreißigjährigen Krieg. In die zweite Periode fiel der Erbfolgekrieg. Die dritte Periode war erneut vom Wiederaufbau geprägt.

Die Kriege mit ihren Flüchtlingsbewegungen und die Wiederaufbauphasen mit dem großen Bedarf an Spezialisten und Arbeitskräften aus aller Herren Länder fanden ihren Niederschlag auch in hohen Anteilen von zugezogenen Menschen, die keinem Herkunftsschwerpunkt zuzuordnen sind.

Unter den unterschiedlichen Einflüssen auf die Zuwanderung der einzelnen Gruppen leidet in der Darstellung die Übersichtlichkeit. Die Kurve der Gesamteinwanderer zeigt dagegen eine klare Charakteristik (vgl. Abb. 4 unten sowie 5 u. 6 auf gegenüberliegender Seite außen).

*Abb. 4: Zuwanderungsverlauf (Gesamt)*

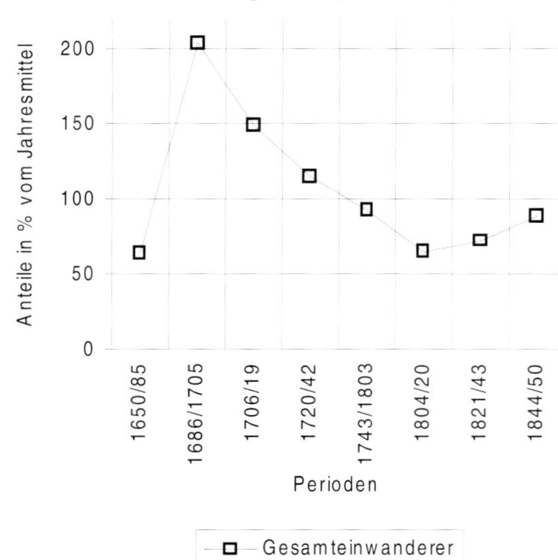


## 2.2 Konfessionen der Zuwanderer

Die Religion spielte bis zum Ende der Kurpfalz eine wichtige Rolle. Bis in die Anfänge der Badischen Zeit sind in den Kirchenbüchern die

Katholiken und die Evangelischen gut gegeneinander abgegrenzt. Ab 1821 ist jedoch die Unterscheidung so lückenhaft, daß in der Gegenüberstellung darauf verzichtet wurde.

Der reformierte Kurfürst Karl Ludwig duldete nur evangelische Zuwanderer in der Kurpfalz. Die katholischen Pfalz-Neuburger versuchten dagegen eine gezielte Ansiedlung von Katholiken im Land.

In Ladenburg, wo die Kurfürsten bis 1705 die Herrschaft mit dem Wormser Hochstift teilten, verlief die Entwicklung allerdings etwas anders:

*Abb. 7: Zuwanderungsverlauf der Hauptmenge*

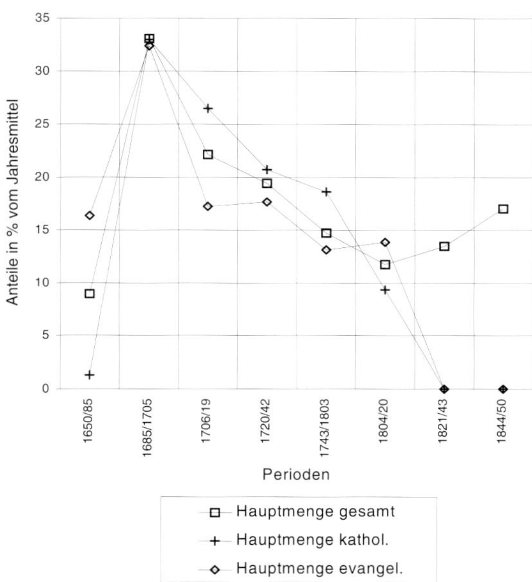


Selbst unter Karl Ludwig (1650–1685) kamen in bescheidenem Umfang Katholiken nach Ladenburg.

Vom Beginn des katholischen Hauses Pfalz-Neuburg bis zum Ende der Bischofszeit (1685–1705) kamen Katholiken und Evangelische zu gleichen Anteilen. Erst seit dem Anfang Ladenburgs als rein kurpfälzische Oberamtsstadt bis zum Ende der Kurpfalz (1706–1803) überwog der Katholikenanteil.

Die Hauptmenge der Katholiken stammte überwiegend zu annähernd gleichen Teilen aus der Kurpfalz, den Gebieten der Geistlichen Nachbarn und aus dem schwäbisch-fränkischen Raum, wobei die dritte Gruppe 1706–1742 überwog, während zu Anfang die Kurpfälzer dominierten und die Geistlichen Nachbarn wenig schwankten.

*Abb. 5: Herkunft kurpfälzische Zuwanderer (Gesamt)*

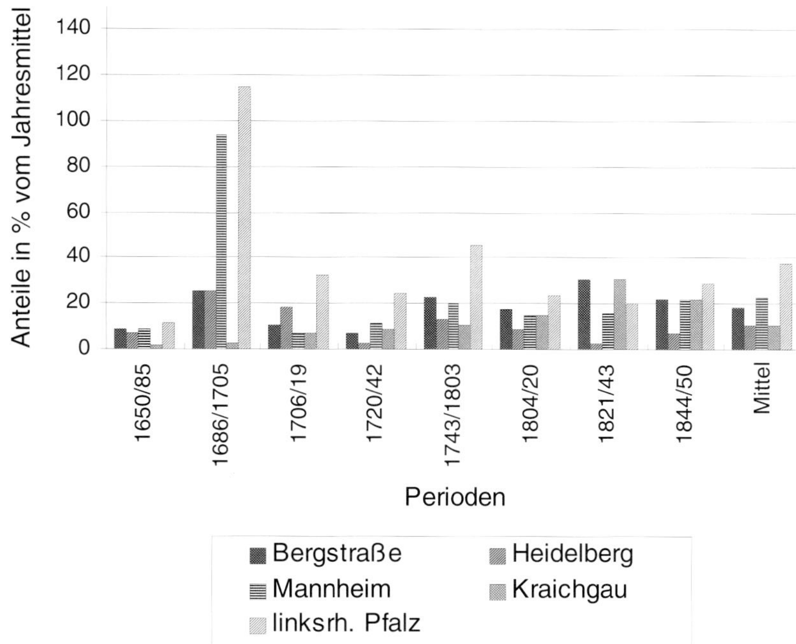


*Abb. 6: Herkunft weiterer Zuwanderer (Gesamt)*

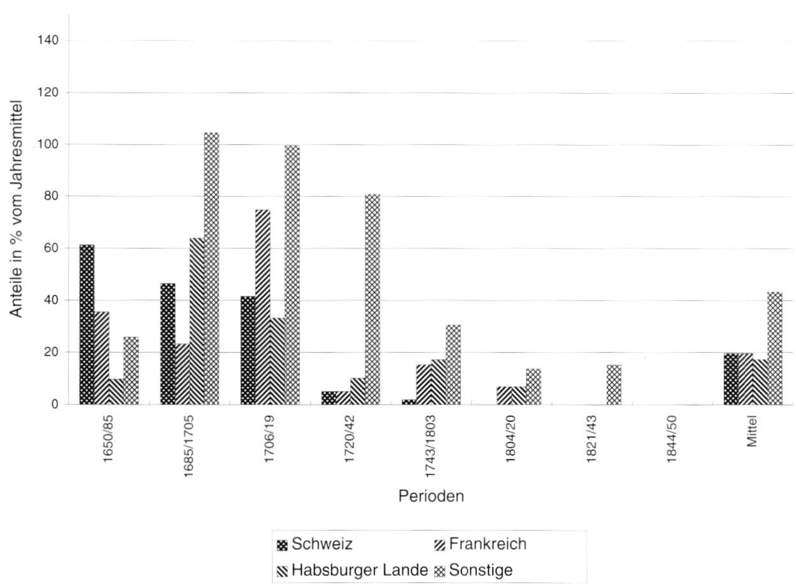


Die Evangelischen kamen verstärkt aus der Kurpfalz und dem schwäbisch-fränkischen Raum und kurioserweise besonders zahlreich unter Pfalz-Neuburg (vgl. Abb. 8 und 9 auf folgender Seite).

Klar wird diese Entwicklung durch die Verteilung der Zuwanderer nach den kurpfälzischen Herkunftsgebieten. Die Katholiken aus der linksrheinischen Pfalz fanden durch die Rekatholi-

*Abb. 8: Herkunftsschwerpunkte der Zuwanderer (Katholisch)*

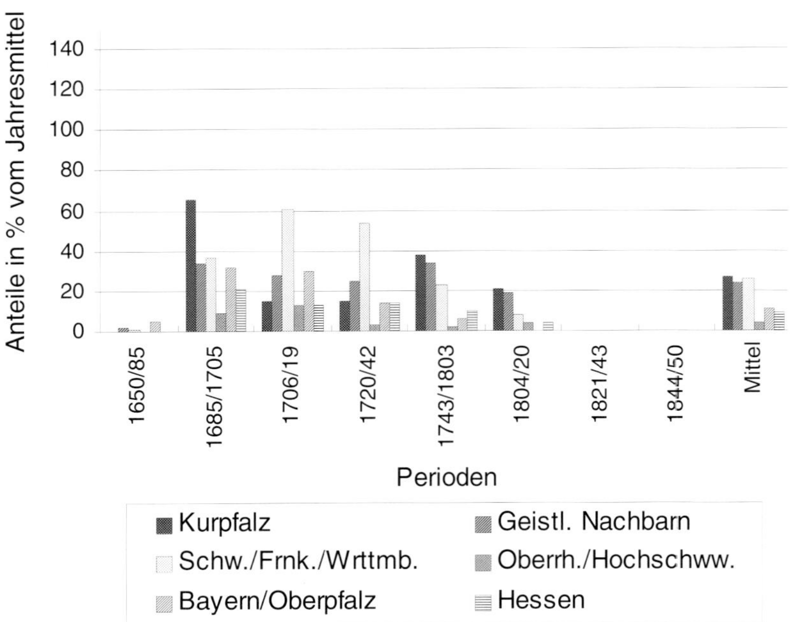


sierung gute Bedingungen vor. Aber auch die Evangelischen vor allem aus Mannheim und wiederum der linksrheinischen Pfalz konnten in der ersten Phase der Neuburger Kurfürsten in dem evangelisch dominierten Ladenburg Aufnahme finden (vgl. Abb. 10 und 11 auf gegenüberliegender Seite).

*Abb. 9: Herkunftsschwerpunkte der Zuwanderer (Evangelisch)*

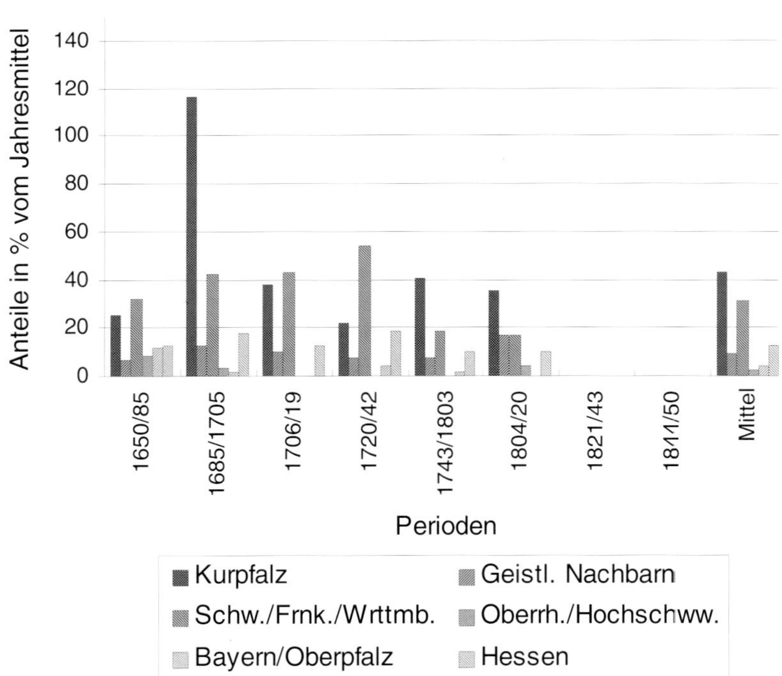


Bei den restlichen Zuwanderern kam die größte Menge der Katholiken aus den unterschiedlichsten Ländern. Lediglich für die Habsburger ist eine Spitze 1685–1705 und für die Franzosen eine solche ab 1706 zu verzeichnen (siehe Abb. 12 und 13 auf S. 472 und 473).

Bei den evangelischen sonstigen Zuwanderern ist neben dem Anteil der nicht detaillierten Gebiete nur das bereits erwähnte Übergewicht der Schweizer zu erkennen.

## 2.3 Berufe der Zuwanderer

Um den Strukturwandel zusammenfassend zu beurteilen, ist auch die soziale Schichtung der Zuwanderer von Bedeutung. Allerdings sind von 1.600 aus den Kirchenbüchern erfaßten Personen 673 ohne Berufsangabe. Das ist ein Anteil von rund 42 Prozent und erscheint für ein gültiges Gesamtbild zu hoch. Aus der nachfolgenden Graphik ist jedoch ersichtlich, daß der Schwerpunkt dieser Gruppe in die Periode des Pfälzer Erbfolgekrieges fiel (siehe Abb. 16 auf der S. 473).

Mehr als die Hälfte der Menschen ohne Berufsangabe kamen nach dem Kurvenverlauf unmittelbar nach den beiden großen Kriegen in die Stadt. Zum einen handelte es sich dabei um Flüchtlinge, wie auch schon aus den vorherigen konfessionsbezogenen Betrachtungen hervorging. Zum anderen waren es willkommene Wiederbesiedler, die einfach die großen Menschenverluste ausglichen. Der unter Pfalz-Neuburg hoch bleibende Anteil war wohl auch auf die Rekatholisierungsbemühungen der Kurfürsten zurückzuführen, bei denen offensichtlich die Zugehörigkeit zum katholischen Glauben ebensoviel zählte wie eine für den Wiederaufbau nützliche Qualifikation.

Die sich wandelnde Bedeutung der Berufe von Zuwanderern geht aus den folgenden Graphiken hervor. Im Gegensatz zu der religionsbezogenen Betrachtung ist hier die Darstellung um die Periode 1851–1900 erweitert. Dadurch wird ein wesentlicher Strukturwandel deutlich (vgl. Abb. 14 u. 15 auf S. 473).

Daß Handwerker stets als neue Bürger willkommen waren, zeigt ihr in allen Perioden hoher Anteil an der Gesamtzuwanderung. Als absolute Spitzenperioden ragen aber die Anfangszeit der Pfalz-Neuburger mit dem Pfälzer Erbfolgekrieg 1685–1705 sowie die Mitte des 19. Jahrhunderts 1844–1850 über alle anderen hinaus.

In der übrigen sozialen Zusammensetzung bestanden aber zwischen den beiden Perioden gravierende Unterschiede. In der ersten kam neben den Handwerkern ein bemerkenswerter Anteil an Soldaten. In der zweiten fällt der hohe Anteil an nicht besonders qualifizierten Arbeitern auf.

Besonders deutlich wird der Unterschied jedoch durch die jeweils folgenden Perioden. Auch zu Beginn der rein kurpfälzischen Zeit Ladenburgs 1706–1719 hielt ein Übergewicht von Handwerkern und Soldaten an. Ab 1851 kam zu dem großen Anteil an Arbeitern ein merklicher Anstieg der Anteile von Beamten und Selbständigen.

Durch die Gegenüberstellung der besonderen Berufsgruppen kristallisiert sich der ab 1844 eingetretene Strukturwandel klar heraus. Im Gegensatz zu früheren Perioden, bei denen es mehrfach um Wiederaufbau ging, erreichten die Bauhandwerker eine außergewöhnliche Spitze. Zusammen mit dem Spitzenanteil an Eisenbahnern beweist das den Einfluß der Großbaustelle Neckarbrücke auf die Zuwanderung Mitte des 19. Jahrhunderts.

Der Anteil an Bauhandwerkern blieb auch in der zweiten Hälfte des 19. Jahrhunderts überdurchschnittlich hoch. Aber dazu kam in dieser Periode ein Spitzenanteil an Schuhmachern und erstmals ein Übergewicht an Arbeitern, hier sogar speziell an Fabrikarbeitern.

Die Erklärung liegt in der 1851 mit Eröffnung der ersten Zigarrenfabrik einsetzenden Industrialisierung in Ladenburg. Bis zum Ende des Jahrhunderts entstanden:

6 Zigarrenfabriken
1 Nietenfabrik
1 Leimfabrik
1 Schuhfabrik.

Die Schuhfabrik Nilson entstand um 1878. Der zu diesem Zeitpunkt und in den unmittelbaren Folgejahren nicht zu übersehende Anstieg der zuwandernden Schuhmacher[13] stand deshalb damit eindeutig im direkten Zusammenhang.

## 2.4 Bevölkerungsstruktur um 1900

Die Zuwanderer in der zweiten Hälfte des 19. Jahrhunderts stellten im Jahre 1900 allein 1234

*Abb. 10: Herkunft Kurpfälzischer Zuwanderer (Katholisch)*

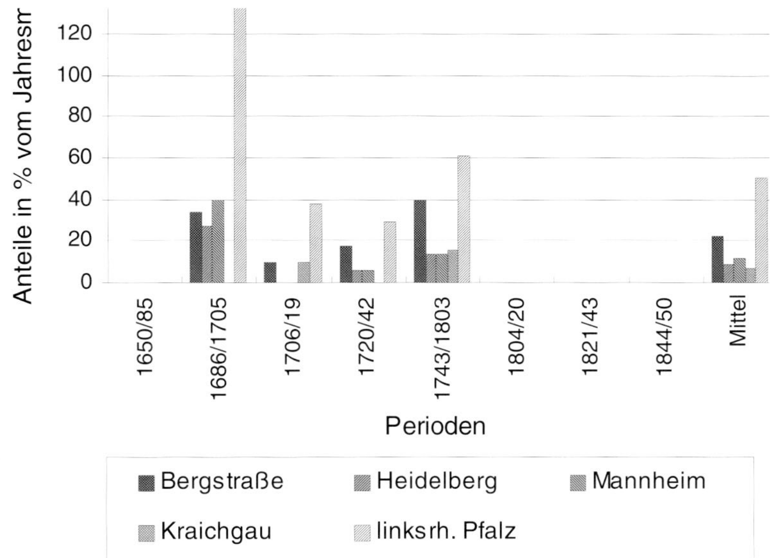


von 3456 Einwohnern. Das ist jedoch nur die Zahl der in den Kirchenbüchern erfaßten Menschen. Hinzu kommen zugewanderte Einzelpersonen, bereits verheiratete Paare und mitgebrachte Kinder. Die Zahl der Neubürger muß deshalb um mindestens ein Zehntel höher angenommen werden.

*Abb. 11: Herkunft Kurpfälzischer Zuwanderer (Evangelisch)*

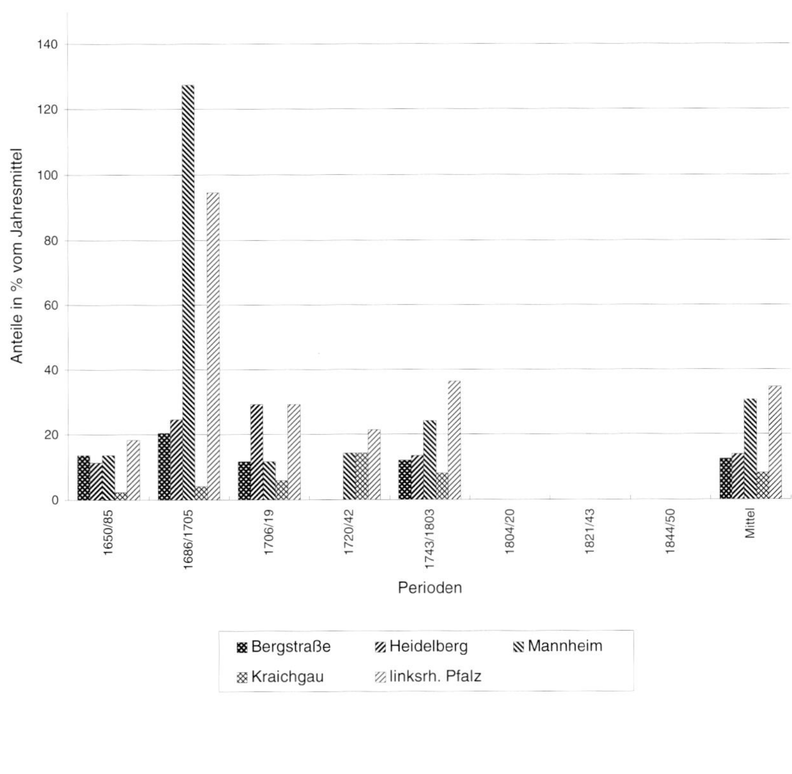

*Tabelle 2: Sozialstruktur der Neubürger*

| **Berufsstand** | **Zuzugs-Zeitraum** | **Familien** | **Personen** |
|---|---|---|---|
| Schuhmacher | 1861–1897 | 33 | 180 |
| Zigarrenmacher | 1866–1898 | 35 | 158 |
| Bauhandwerker | 1857–1898 | 26 | 120 |
| sonstige Handwerker | 1870–1899 | 28 | 109 |
| sonstige Fabrikarbeiter | 1869–1898 | 21 | 76 |
| Lehrer | 1851–1897 | 12 | 63 |
| Händler | 1861–1894 | 13 | 59 |
| Metallwerker | 1872–1899 | 13 | 52 |
| Ziegler | 1848–1899 | 9 | 41 |
| Taglöhner | 1872–1891 | 10 | 39 |
| Eisenbahnarbeiter | 1875–1899 | 10 | 39 |
| Bahnbeamte | 1844–1898 | 12 | 37 |
| Unternehmer, Freiberufe | 1871–1899 | 10 | 36 |
| Bauernknechte/-mägde | 1881–1897 | 8 | 31 |
| Künstler | 1878–1896 | 8 | 28 |
| Wirte | 1864–1891 | 6 | 22 |
| Fabrikanten | 1874–1881 | 5 | 22 |
| Gendarmen | 1877–1899 | 7 | 20 |
| sonstige Beamte | 1863–1899 | 5 | 19 |
| Steuerbeamte | 1874–1899 | 5 | 15 |
| Postbeamte | 1878–1897 | 4 | 13 |
| Sonstige Berufe | 1885–1898 | 4 | 13 |
| Bierbrauer | 1881–1882 | 4 | 13 |
| Gärtner | 1881–1894 | 4 | 11 |
| Straßenbaubeamte | 1871–1890 | 3 | 9 |
| Ärzte, Apotheker | 1892–1895 | 2 | 9 |
| **Gesamt** | | **297** | **1.234** |

*Abb. 12: Herkunft weiterer Zuwanderer (Katholisch)*

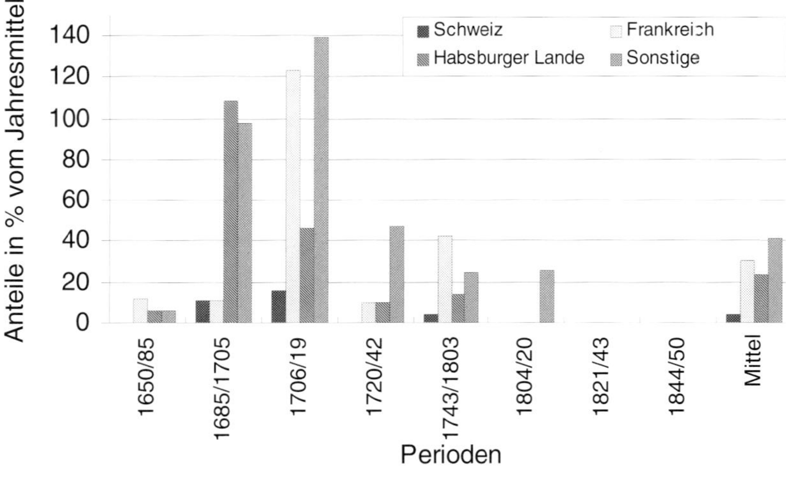


Noch größer war der Anteil der Stammbevölkerung. Von den Einwohnern des Jahres 1900 hatten 1829 Personen wenigstens einen Spitzenahn aus dem 16. Jahrhundert.[14]

Den Rest bildeten Juden und Familien, die vor 1850 zuwanderten, aber keine nachweisbare Verbindung mit einer der Stammfamilien eingingen. Diese beiden Gruppen waren also weder den Neubürgern noch der Stammbevölkerung direkt zuzuordnen. Daraus ergibt sich folgende Zusammensetzung der Einwohner um 1900:

| | |
|---|---|
| Stammbürger | 1.829 = 53% |
| Neubürger | 1.360 = 39% |
| Juden | 105 = 3% |
| Sonstige | 162 = 5% |
| **Gesamt** | **3.456** |

*Abb. 13 (rechte Spalte, oben): Herkunft weiterer Zuwanderer (Evangelisch)*

*Abb. 14 (rechte Spalte, Mitte): Angegebene Berufe der Zuwanderer*

*Abb. 15 (rechte Spalte, unten): Besondere Berufsgruppen der Zuwanderer*

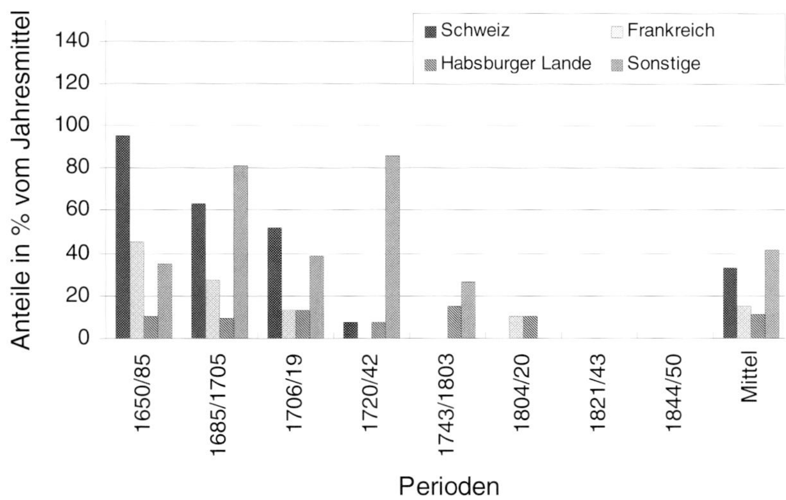


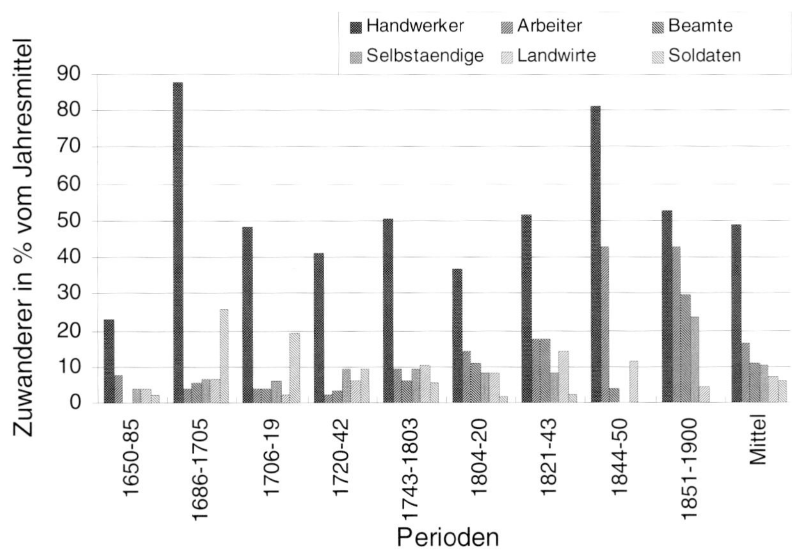


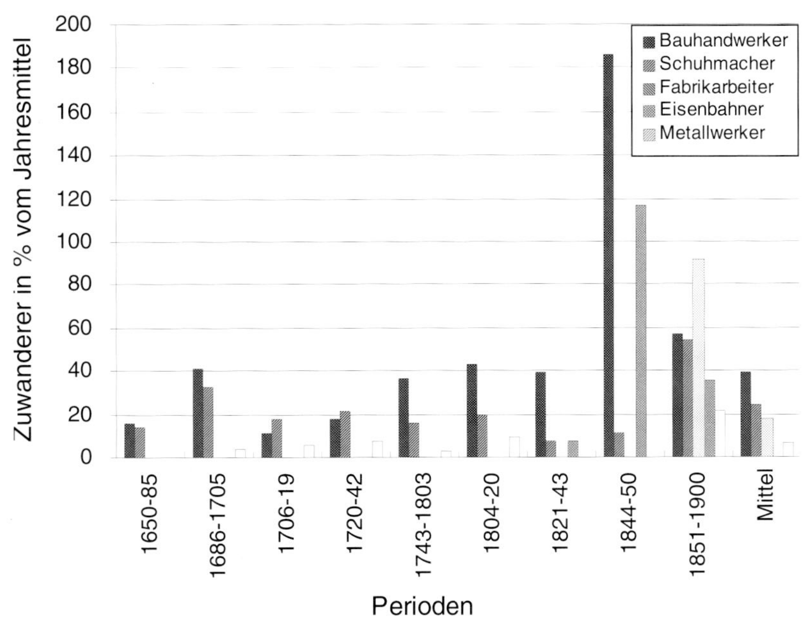


Die Stammfamilien stellten die überlieferte Mischung von Landwirten und selbständigen Handwerkern dar.[15] Die soziale Struktur der Neubürger wich davon erheblich ab (siehe Tabelle 2).

Die Schuhmacher gehörten eigentlich zu den Berufsgruppen, die selbständige Betriebe führten. Wie aber schon erwähnt, stand der verstärkte Zuzug von Schuhmachern 1878ff. direkt mit der Gründung der Schuhfabrik Nilson in Verbindung. Bei den hier erfaßten Schuhmachern handelte es sich um gelernte Arbeitskräfte, die aber als Fabrikarbeiter ihren Lebensunterhalt verdienten. Sie waren also mit Zigarrenmachern, Bauhandwerkern, sonstigen Fabrikarbeitern, Metallwerkern, Zieglern, Taglöhnern, Eisenbahnarbeitern und Bauerngesinde gleichzusetzen. Somit lebten von den Neubürgern des Jahres 1900 ungefähr 60 Prozent von abhängiger Arbeit.

*Abb. 16: Allgemeine Zuwanderer (ohne Berufsangabe)*

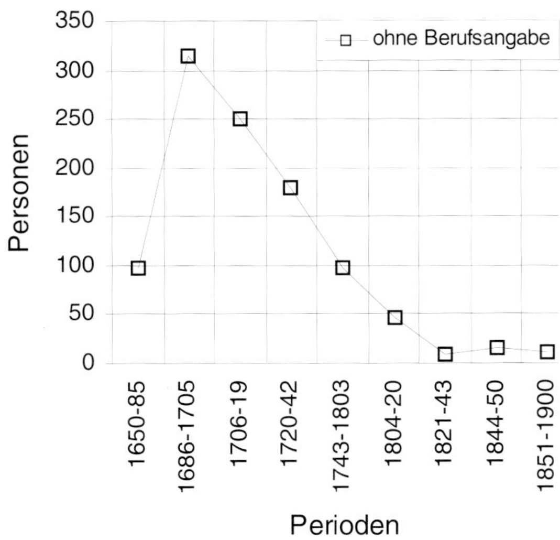

## 3. Städtische Amtsstrukturen

### 3.1 Stadtämter

Mitte des 16. Jahrhunderts wurde die Bürgerschaft der Stadt Ladenburg auf breiter Basis an der Stadtverwaltung beteiligt. Für alle heute im Rathaus zu findenden Verwaltungsstellen gab es bereits ein entsprechendes Amt. Diese Ämter wurden jährlich auf dem Ungebotenen Gericht zum Jahreswechsel an Bürger der Stadt vergeben.[16]

Ungebotene Gerichte waren Bürgerversammlungen, zu denen jeder Bürger „ungeboten", d.h. ohne gesonderte Vorladung, erscheinen mußte. Solche Versammlungen wurden in jedem Quartal abgehalten. Für die Ämtervergabe waren jedoch nur Michaelis Gericht im September und der „Unschuldige Kindertag" oder das Neujahrsgericht in der letzten Dezember- oder der ersten Januarwoche von Bedeutung[16].

1559 beginnt der erste Band der Ämterbücher. In diesem Jahr endete mit Ottheinrich die Alte Kurlinie Pfalz. Friedrich III., der Fromme, eröffnete die Kurlinie Pfalz-Simmern und machte die unter Ottheinrich lutherisch gewordene Kurpfalz kalvinistisch. Gleichberechtigter Stadtherr von Ladenburg war aber in beiden Fällen der katholische Bischof von Worms. Ein gravierender Wandel bezüglich der Stadtverwaltung war also kaum gegeben.

Vielleicht begann im Jahre 1559 die systematische Erfassung der jährlichen Ämtervergabe. Womöglich gingen aber nur frühere Aufzeichnungen verloren. Bürgerliche Amtsträger gab es schon 1534.[17]

Anhand der Aufgabenverteilung lassen sich die Stadtämter in sieben Hauptgruppen gliedern.[18]

#### *3.1.1 Einstiegsämter*

Solche Ämter mußten obligatorisch übernommen werden. Sie waren teilweise sogar für die begehrte Bürgerannahme erforderlich und brachten wenig Ansehen. Deshalb wurden sie in der Regel nur für ein oder zwei Jahre von der gleichen Person bekleidet. Zu den Einstiegsämtern zählten:

- die sechs **Weinschröter**
  Ihre Aufgabe war es, die schweren Weinfässer über die steilen Stiegen oder von der Straße zugänglichen Rampen in die Keller der Bürger zu transportieren. Das war eine Arbeit für junge, starke Männer. Im Eid der Weinschröter ist sogar von „fudrigen Fässern" die Rede.[19] Es handelte sich also um Gewichte von bis zu 24 Zentnern. Deshalb leisteten die jungen Burschen bis auf wenige Ausnahmen das lästige Pflichtamt ungefähr zu dem Zeitpunkt ab, zu dem sie das Bürgerrecht anstrebten oder in Ladenburg eine Familie gründeten.
- die zwei **Tuchbeseher**
- die zwei **Lederbeseher**
- die ein bis drei **Brotwieger oder -beseher**
- die zwei **Kirchentreiber**
  Sie mußten sonntags zur Gottesdienstzeit untätig herumlungernde Leute in die Kirche „treiben".
- die zwei **Hochzeitszähler**
  Ihnen oblag es, die Zahl der bei Hochzeiten anwesenden Gäste als Grundlage für die fälligen Abgaben zu erfassen.
- die zwei **Marktmeister**
  Sie hatten für den reibungslosen Ablauf der Markttage zu sorgen, und wohl auch für die ordnungsgemäße Zahlung der Gebühren in den Stadtsäckel. Es wundert deshalb nicht, daß das Amt in Kriegsjahren nicht besetzt wurde.
- die zwei **Bachbeseher**
  Sie mußten überwachen, daß die Bürgerschaft ihre Bachläufe zum Beispiel nicht als „Müllabfuhr" mißbrauchte oder die zahlreichen Gerber- und Färber ihr belastetes Abwasser nicht unerlaubt in den Kandelbach einleiteten.

#### *3.1.2 Vertrauens- oder Karriereämter*

Diese Ämter sind in etwa mit heutigen Aufsichtsämtern zu vergleichen. Ihre Träger waren auf Ansehen in der Gemeinde und auf das Vertrauen der Obrigkeit angewiesen. Selbstverständlich mußten sie eins oder mehrere der Einstiegsämter absolviert haben, wenn sie nicht von Geburt her zur gehobenen Schicht gehörten oder Vermögen besaßen. Zu den Karriereämtern zählten:

- die vier **Viertelmeister**
  Die Stadt war in überschaubare Verwaltungsbezirke gegliedert: 1) das Schriesheimer Viertel; 2) das Marktviertel; 3) das Rheingau-Viertel; 4) das Neckarviertel.
  Die Viertelmeister waren jeweils in ihrem Stadtviertel der verlängerte Arm des Schultheißen, soweit es die schuldigen Dienste der Bürger wie Brandbekämpfung oder Fron betraf.
- die vier **Fürsprecher oder Procuratores**
  Als schreibkundige und redegewandte Leute hatten sie die meist ungebildeten Mitbürger bei Rechtsstreitigkeiten zu vertreten.
- der **Mitterer**
  Wie aus den späteren Bezeichnungen Fruchtmaßeicher oder Fruchtmesser hervorgeht, war er für den ordnungsgemäßen Zustand und Gebrauch der Fruchtmaße zuständig. Getreide wurde nicht gewogen sondern in Hohlmaßen wie Scheffel oder Malter gemessen.
- die zwei **Holzzähler oder -menger**
- die ein bis drei **Fleischbeseher oder -schätzer**
  Bis 1668 gab es daneben noch zwei Sau- oder Schweinebeseher und vom Dreißigjährigen Krieg bis 1683 zusätzlich ein bis drei Viehbeseher. Sie mußten verhindern, daß mit krankem Vieh Seuchen eingeschleppt wurden.

### *3.1.3 Ratsämter*

Den Trägern dieser Ämter waren Aufgaben übertragen, die von größter Bedeutung für den Bestand der Stadt waren. Die meisten Karrieren gipfelten nach Durchlaufen der ersten beiden Stufen in einem solchen Amt. Der Inhaber wurde „Herr". In den meisten Fällen wurde er in den Rat berufen, wenn er diesem nicht schon angehörte. Alle Ratsämter sind der heutigen Finanzverwaltung zuzuordnen. Dazu zählten:

- die zwei **Eicher und Ungelter**
  Sie hatten das Fassungsvermögen der Weinfässer zu überwachen und das „Ungeld", die Weinsteuer, festzulegen.
- die **Bedsetzer**
  Sie legten die Höhe der Grundsteuern, der Bede, fest. Zwei Bedsetzer bestimmte der Rat aus seiner Mitte. Um eine Übervorteilung der Bürger zu unterbinden, wählte die Gemeinde vier Bedsetzer ihres Vertrauens dazu.
- die zwei **Spitalmeister**
- der **Konventmeister**
- die jeweils zwei **Ältesten** vom Rat und von der Gemeinde
- zwei **Zeilsheimermeister**
  Sie überwachten die Gefälle der Zeilsheimer Gemarkung, an der Kurmainz Anteile besaß.
- die zwei **Almosenmeister**
- die ein bis drei **Einigmeister, Speichermeister und Fischbeseher**
  Der Einigmeister hielt sich als „Schiedsmann" bis in die Mitte unseres Jahrhunderts. Er versuchte, Zivilstreitigkeiten durch Vermittlung außergerichtlich beizulegen.
  Der Speichermeister hatte die Getreideversorgung der Stadt sicherzustellen. Sein Amt wurde bei Ausbruch des Dreißigjährigen Krieges eingeführt und bis nach dem pfälzischen Erbfolgekrieg beibehalten. Der Fischbeseher amtete bis 1690. Im Erbfolgekrieg scheint die Fischerei und damit der Fischmarkt in Ladenburg eingegangen zu sein. Das Amt wurde danach nicht mehr an Bürger vergeben. Für die Dauer des Bestandes übte der jeweilige Inhaber alle drei Ämter in Personalunion aus.
- der **Waagenmeister**
  Das Amt entsprang offensichtlich auch der Not. Es wurde 1692 im Erbfolgekrieg eingeführt. Der Rat sah sicher die Notwendigkeit, den Warenfluß genau zu kontrollieren und schaffte eine öffentliche Großwaage an. Ab 1710 scheint die Stadtwaage dann von den Kaufleuten als Dienstleistung benutzt worden zu sein. Ab diesem Zeitpunkt mußte der Waagenmeister nur noch „quartaliter" (vierteljährlich) ein Extrakt seiner Einnahmen dem Rat übergeben".[20]
- die **Bürgermeister**
  Das Stadtoberhaupt war der von den Stadtherren eingesetzte Schultheiß. Er verwaltete in ihrem Sinne die Gefälle und setzte den Willen der Obrigkeit in der Stadt um. Die Bürgermeister entsprachen in etwa dem heutigen Stadtkämmerer. Einen Bürgermeister bestimmte der Rat aus seiner Mitte. Einen zweiten wählte die Bürgerschaft, um ihre Anliegen in der Ratsversammlung zu vertreten. Im Gegensatz zu anderen Ratsämtern übte ein „Herr" das Amt des Bürgermeisters kaum für mehr als ein Jahr hintereinander aus.

Manche Quellen schreiben das der undankbaren Aufgabe zu. Vielleicht sollte aber auch nur unterbunden werden, daß einer zu viel persönlichen Nutzen daraus zog. Immerhin war es das höchste Amt, das einem Bürger übertragen wurde.

### *3.1.4 Sozialämter*

Die notleidenden Mitbürger wurden aus Spenden und Stiftungen versorgt, mit denen Adelige oder Wohlhabende in der Regel die eigene Altersversorgung sicherten. Meist war an die Schenkung oder Stiftung die Bedingung zur Pflege des Stifters im Alter und bei Siechtum geknüpft. Während die Verwaltung in Händen von Ratsherren lag, bedurfte es für die praktische Arbeit einer Reihe von Hilfskräften. Zu den Sozialämtern zählten:

- der **Bettel- oder Armenvogt**
- die zwei **Almosenpfleger**
- die zwei **Beginen oder Spitalpfleger**
  Die Beginen arbeiteten als bezahlte Krankenpfleger im Spital. Meist übernahm ein Ehepaar als sogenannte Beginenleut diese Aufgabe. Mit den Beginen des Mittelalters, ehrenamtlichen Laienschwestern, hatten sie nur noch die Tätigkeit gemein. Die später eingeführte Bezeichnung Spitalpfleger traf also auf die Realität wesentlich besser zu.

### *3.1.5 SOS-Ämter*

Die Bezeichnung SOS-Ämter entspricht unserer heutigen Arbeitswelt. SOS steht für Sicherheit, Ordnung und Sauberkeit. Trotz des scheinbaren Anachronismus wurde jedoch die Gruppenbezeichnung bewußt gewählt. Es handelte sich nämlich um Ämter, die Leben, Gesundheit und Eigentum schützten. Dazu zählten:

- die zwei **Pförtner**
  Sie überwachten Ein- und Ausgang durch die Stadttore sowie die nächtliche Sicherheit. Bis 1622 waren ihnen dafür noch zwei Tor- oder Turmknechte beigegeben.
- **Feldschützen**
  Ihr Eid, „der Feldschützen Jurament", belegt den Feldschützen 16 Aufgaben.[21] Sie mußten Straße und Wege auf der Gemarkung außerhalb der Stadtmauer überwachen und pflegen. Sie hatten den Hirten beim Austrieb zu helfen und die Einhaltung der Ernteordnung zu sichern. Daneben waren sie noch Nachtwächter, Stadtgärtner, Totengräber und anderes mehr in einer Person. Wie unter Strukturwandel noch zu sehen, war dafür eine verhältnismäßig große Kopfzahl erforderlich.

### *3.1.6 Verwaltungsgehilfen*

- Der **Stadtschreiber**
  war am ehesten mit einem heutigen Notar zu vergleichen. Er führte die Ratsprotokolle, hielt Immobilienverkäufe und Beleihungen in den Wehrschaftsbüchern fest und war für die Rechnungsbücher verantwortlich. Diese Vertrauensstellung wurde deshalb nicht jährlich an einen anderen Bürger vergeben, sondern stets für längere Zeit an die gleiche Person.
- Der **Gebüttel**
  war direkt dem Schultheißen zugeordnet und unter anderem damit betraut, die diesem zustehenden Gefälle einzutreiben. Auch diese Vertrauensstellung blieb immer für längere Zeit in den gleichen Händen. Die Bezeichnung änderte sich im Laufe der Jahre über Ratsdiener zu Stadtdiener.

### *3.1.7 Dienstleistungsämter*

Die Träger dieser Ämter erbrachten auf eigene Rechnung eine öffentliche Dienstleistung. Sie wurden zwar überwiegend jährlich wieder bestätigt, behielten aber die Ämter so lange, wie sie sich darin bewährten. Zu den Dienstleistungsämtern zählten:

- der **Bader**
  Er betrieb unter strengen Auflagen das städtische Badehaus.
- der **Baubäcker**
  Als gelernter Fachmann stellte er im städtischen Backhaus seine handwerklichen Fähigkeiten zur Verfügung, während die Bürger die Rohstoffe selbst beibrachten.
- die **Kuh-, Schweine- und Gänsehirten**
- der **Glöckner**
- die **Hebamme**

## 3.2 Wandel der Ämterstruktur

Verfolgt man die Ämterverteilung über die Dauer des erfaßten Zeitraumes von 1559 bis 1813, dann fallen Veränderungen auf, die jeweils aus historischen Ereignissen resultieren. Daneben macht sich aber auch ein systematischer Wandel bemerkbar, der eindeutig für einen allmählichen Übergang von der bürgerlichen Selbstverwaltung auf breiter Basis zu einer zentralen Beamtenverwaltung spricht.

### *3.2.1 Ereignisbedingter Wandel*

Von 1638 – 1701 amteten weniger als vier **Viertelmeister**. 1638–1648 war nur einer im Amt. 1649–1699 gab es zwei und 1700–1701 drei. Der Grund ist in der auf einen Bruchteil gesunkenen und nur langsam wieder ansteigenden Bevölkerungszahl zu suchen.

Die Zahl der **Holzzähler** stieg 1717 auf drei, 1724 auf vier Personen. Das lag am verstärkten Holzbedarf und -umschlag der Wiederaufbauphase nach den großen Kriegen.

Der **Glöckner** wurde 1652 eingeführt und 1693 wieder abgeschafft. Sein Amt resultierte aus dem Simultangebrauch der St. Galluskirche.

Der **Korbträger** existierte nur in den ersten vier Jahren des Dreißigjährigen Krieges. Aus der im Ämterbuch dokumentierten Negativkarriere des einzigen Amtsinhabers ist bei ihm auf eine Eigeninitiative zu schließen, die wie alle seine vorherigen Versuche scheiterte.

Die **Turm- oder Torknechte** existierten nur bis 1622. Nach der Mansfeldschen Eroberung waren bis ins 18. Jahrhundert hinein ständig Soldaten in der Stadt, die im eigenen Interesse lieber auf sich selbst zählten.

Die **Zeilsheimermeister** verloren 1637 ihre Aufgaben, da die verwirrten Besitzverhältnisse auf dieser Gemarkung sich kriegsbedingt änderten.

Ab 1634 stellte die durch den Krieg reduzierte Bürgerschaft nur noch zwei **Bedsetzer**, die gleiche Anzahl wie der Rat.

Ab 1623, nach der Mansfeldschen Eroberung, wurden weder aus dem Rat, noch aus der Gemeinde **Älteste** berufen.

Der **Konventmeister** wurde 1662 letztmalig eingesetzt. Die Klöster verloren ihre Besitzungen in der Stadt teils durch Zerstörung, teils durch Eroberung.

### *3.2.2 Systematischer Wandel*

Ab 1684, dem Beginn des zweiten Ämterbuches, wurden keine **Bedsetzer** mehr eingesetzt. Die im ersten Ämterbuch für 1701 vorgemerkten Träger dieses Amtes wurden demnach nicht mehr bestätigt.[22] Es scheint, daß die Pfalz-Neuburger den reformatorisch orientierten Ladenburgern bei der Grundsteuer nicht mehr trauten und die Festsetzung aus den Händen der Bürgerschaft in die ihrer Beamten verlegten.

Das gleiche traf auch für den **Speicher- und Einigmeister** zu. 1702 wurden beide Ämter zum letzten Mal an Bürger vergeben. Der Einigmeister verlor seine Bedeutung wohl deshalb, weil die kurfürstlichen Kanzleien die Gerichtsbarkeit an sich zogen.

Immerhin blieben die **Fürsprecher** noch bis 1795 erhalten. Doch wurde ihre Zahl 1705 mit dem Ende der Bischofsära auf drei, vier Jahre später sogar auf zwei reduziert.

Schon zuvor, nämlich 1675 noch unter Pfalz-Simmern, war der Bürgerschaft die **Verwaltung der Almosen** entzogen worden.

Die **Spitalverwaltung** war 1739, kurz vor dem Beginn der Kur-Linie Pfalz-Sulzbach, kein Bürgeramt mehr.

Ab 1768 gab es nur noch einen **Ratsbürgermeister**. Das Amt des **Bürgermeisters der Gemeinde** wurde in der Folgezeit nie wieder besetzt.

Besonders deutlich wird der gezielte Übergang zur Zentralverwaltung im Jahr 1777. Ab diesem Zeitpunkt wurde jährlich das Amt des **Stadtwachtmeisters** vergeben. Ein solcher wurde bereits 1751 erwähnt, dann aber bis zur regelmäßigen Bestätigung nicht mehr. Da aber das Amt stets für mehrere Jahre immer der gleichen Person übertragen wurde, kann auch der erste „Schutzmann“ die ganze Zeit über im Amt geblieben sein. Vielleicht wurde 1777 nur aus Übersichtlichkeitsgründen die jährliche Nennung durchgesetzt.

Noch gravierender war 1777 die Einsetzung einer geordneten **Feuerwehr**. Bisher war die Brandbekämpfung immer eine gemeinschaftliche Aufgabe aller wehrfähigen Bürger unter Leitung der jeweiligen Viertelmeister gewesen. Nun gab es erstmals eine Löschmannschaft mit klarer Hierarchie. Sie bestand aus:

- dem Oberaufseher über die Feuerspritze
- zwei Feuerspritzenmeistern
- zwei Beigeordneten
- zwei Meistern der kleinen Handspritze
- 24 Feuerspritzengehilfen.

Nahezu selbstverständlich hatte mit dem Rosenwirt und Anwalt Johann Georg Zentner (KibLad I Nr. 3231) ein Ratsherr als Oberaufseher die Befehlsgewalt. Die praktischen Führungsaufgaben lagen in den Händen von Handwerkern, wobei ein Verhältnis von 3:2 zugunsten der Evangelischen auffällt. Auch die Mannschaft bestand überwiegend aus Handwerkern. Dabei standen allerdings 15 Katholiken nur neun Evangelische gegenüber.

Mit der Polizeigewalt und der Brandbekämpfung waren zwei wesentliche Bereiche zu obrigkeitlichen Aufgaben geworden.

Der gezielte Wandel wird auch bei den **Feldschützen** deutlich. Bis zur Mansfeldschen Eroberung 1622 gab es:

- zwei Feldschützen im Botzheimer Feld
- zwei Feldschützen im Zeilsheimer Feld
- drei Feldschützen im Rechten Feld, der restlichen Flur bis an die Grenzen zu Heddesheim und Schriesheim.

Der Rückgang auf 3 Personen gesamt bis 1684 war kriegsbedingt. Ab der Ära Pfalz-Neuburg 1685 bis zum Schluß waren vier Feldschützen im Amt. Diese geringe Zahl gegenüber den anfänglich 7 Personen lag hauptsächlich daran, daß ein Teil der 16 Verantwortlichkeiten inzwischen auf Verwaltungsbedienstete übergegangen waren.

1812, also in der Badischen Zeit, wurden anstelle der früheren Bedsetzer aus der Bürgerschaft **Feldschätzer oder -taxatoren** eingesetzt. Der neue Landesherr war wohl auf die Ortskenntnis der Eingesessenen angewiesen. Dennoch kann das nicht darüber hinwegtäuschen, daß diese Amtsträger eigentlich als Landesbeamte anzusehen sind.

1813 begegnet uns im Ämterbuch dann noch der **Totengräber**, was auf eine neue Friedhofsorganisation hindeutet.

Bei einem Vergleich zwischen Anfang und Ende des Betrachtungszeitraumes ergibt sich ein klares Bild. Mitte des 16. Jahrhunderts waren die Bürger in 33 verschiedenen Ämtern an der Verwaltung ihrer Stadt beteiligt. 1813, beim Ende der Ämterbücher, waren es noch 11, wenn Wachtmeister, Feldschätzer und Totengräber als Verwaltungsbedienstete außer Acht bleiben. Der Einfluß der Bürgerschaft war also auf ein Drittel geschrumpft. Keines der noch bei der Bürgerschaft verbliebenen Ämter gab seinem Inhaber direkte Möglichkeiten, das Gemeindeleben aktiv mitzugestalten.

### 3.3 Ratsfamilien und „Erbämter"

An dem beschriebenen Übergang von der Selbst- zur Zentralverwaltung war die Bürgerschaft vielleicht unbewußt, wahrscheinlicher aber maßgebend beteiligt. Wie im Kapitel Stammbevölkerung dargestellt, bestimmte in erheblichem Maße die Heiratspolitik das Erreichen einflußreicher Ämter innerhalb der Stadt. Um zum Beispiel Schultheiß zu werden, mußte ein „Herr" die Mehrzahl der Ratsherren hinter sich haben, wenn er nicht direkt einer Familie am kurfürstlichen Hof entstammte. In den vielen Fällen ging das Amt von einem Verwandten auf einen anderen über.

Noch ausgeprägter trat die Verwandtschaft bei der Nachfolge im Rat der Stadt zutage. Die Besetzung des Stadtrates beschränkte sich auf Mitglieder nur weniger Familien. Die Vergabe der Stadtämter wurde maßgebend vom Rat beeinflußt. Die wichtigsten Positionen blieben dadurch innerhalb der Familien und wurden somit zu Erbämtern. Es bildeten sich „Beamtenfamilien" heraus.

Selbstverständlich handelte es sich dabei mit Ausnahme des Schultheißen nicht um Beamte im eigentlichen Sinn. Außer dem Stadtoberhaupt wurde keiner von ihnen direkt vom Kurfürsten eingesetzt. Aber die vorhandenen Familienbande zwischen den Schultheißen und den Ratsherren sprechen für sich:

Rat der Stadt Ladenburg anno 1560[23]

1. Bechtold, Christoffel der Alte, verwandt mit 7. Öchsle
2. Brettel, Hans der Alte, Schwiegervater von 4.
3. Göder, Velten
4. Heilmann, Jörg Schwiegersohn von 2.
5. Kern, Kilian
6. Neunheller, Ambrosius
7. Öchsle, Nicolaus verwandt mit 1. Bechtold und 11. Waidluff
8. Schleif, Jacob
9. Schwanfelder, Jost verwandt mit 12. Zilhart

10. Threitzen, Jacob
11. Waidluff, Jörg
    verwandt mit 7. Öchsle
12. Zilhart, Quirin
    verwandt mit 9. Schwanfelder

Bei sieben der zwölf Ratsherren sind verwandtschaftliche Beziehungen festzustellen. Verfolgt man die Veränderungen im Rat bis 1680, dann wird der Trend erkennbar:

Wechsel im Rat der Stadt Ladenburg

1570 Fabian Walckmüller für Jacob Schleif
Walckmüller ist verwandt mit Wolf und Bröhl

1571 Christoffel Bechtold der Junge für seinen Vater Christoffel Bechtold den Alten

1572 Hans Heinrich Krausmann für Jörg Heilmann. Beide sind verwandt.
Konrad Kirsch (verwandt mit Bröhl) für Ambrosius Neunheller.

1574 Philipp Bauer für Kilian Kern
Nicolaus Wei(n)muth für Nicolaus Öchsle
Mathes Zilhart für seinen Vater Quirin Zilhart
Wei(n)muth ist verwandt mit Culmann.[24]

1575 Hans Brettel der Junge für seinen Vater Hans Brettel den Alten

1578 Augst Heilmann (Bruder oder Vetter von Jörg Heilmann) für Fabian Walckmüller

1580 Jacob Dietz für Jost Schwanfelder
Kaspar Flieg für Velten Göder

Es ist also in den meisten Fällen nachzuweisen, daß nur Mitglieder aus sogenannten ratsfähigen Familien in den Rat vordringen konnten. Die zahlreichen Verwandtschaften sprechen außerdem für eine gezielte Heiratspolitik dieser Familien untereinander. Es darf demnach auch eine Familienbeziehung zwischen den übrigen Ratsherren angenommen werden.

Die Auflistung der Stadtschultheißen (siehe unten) widerlegt die bisherige Annahme, daß nur wenige Ladenburger Bürger in das höchste Amt aufsteigen konnten. Es spricht mehr für eine Versippung mit einer Schultheißenfamilie als Voraussetzung für diese Karriere. Auffällig ist jedoch, daß ab der Regierungsübernahme in der Kurpfalz durch das katholische Haus Pfalz-Neuburg die zuvor evangelischen Schultheißen wieder katholisch heirateten oder taufen ließen. Es läßt darauf schließen, daß die neuen Kurfürsten bei den Schultheißen auf das katholische Bekenntnis bestanden.

1571–1578 **Jörg Heilmann**

1578 **Fabian Walckmüller**
Schwiegervater des Matthäus Wolf, dem Bruder von Dionysius Wolf

1599–1602 **Hans Brettel**
Schwager des Jörg Heilmann

1602–1607 **Jost Schütz**

1607–1618 **Leonhard Eisenmenger**
1596 Schultheiß zu Eppingen
ab 1605 kurfürstlicher Schaffner zu Ladenburg

1619–1621 **Jacob Bersig**
Schwiegervater des Hans Heinrich Heilmann, des Enkels von Jörg Heilmann

1621–1627 **Johann Stephan Zahn**
Sohn von Hans Zahn, der 1592 erstmals als Weinschröter im Ämterbuch erwähnt wird. Unter Nr. 3120 wird ein Hans Zahn in den kurpfälzisch. Dienerbüchern 1581 als Amtsschreiber zu Lautern erwähnt. Es handelt sich wahrscheinlich um eine Person.

1629–1638 **Julius Zacharias Bröhl**
Schwiegersohn d. Dionysius Wolf

1640–1649 **Johann Friedrich Schwab**
katholisch, KibLad II Nr. 2675
(siehe auch: Ernst DÖPFNER: Durch Gassen und Straßen in Ladenburg, Nr. 34)

1650–1667 **Wendel Stich**
evangelisch, KibLad I Nr. 3148
Schwiegersohn d. Johann Stephan Zahn

1671–1686 **Hans Nicolaus Krausmann**
Ehe evangel., KibLad I Nr. 1729
weitere Kinder katholisch
KibLad II Nr. 1622
Schwiegersohn des Hans Peter Wolf, Oberschultheiß zu Weinheim, Verbindung zu Dionysius Wolf ist wahrscheinlich, aber nicht nachweisbar.

1686–1691 **Johann Jacob Schneller**
1. Ehe evang. KibLad I Nr. 2864
2. Ehe evang. KibLad I Nr. 2865
Taufe 1686 kath. (3. Ehe ?)
KibLad II Nr. 2603
Schwiegervater des Sohnes von Hans Nicolaus Krausmann

1691–1695 **Johann Michael Wolfinger**
1. Ehe evang., KibLad I Nr. 3594
2. Ehe kath., KibLad II Nr. 3182
(Manfred Krebs: Die Kurpfälz. Dienerbücher [1994], unter Nr. 3092 steht 1567 ein Hans Wolfinger als Schultheiß zu Mosbach, 1586 als Pfälzischer Kirchen- und Gefällverwalter)

Werfen wir zum Vergleich einen Blick auf das höchste an Bürger verliehene Amt, die Bürgermeister der Stadt Ladenburg[26]:

1559 Jost Schwanfelder und Philipp Waidluff
1560 Quirin Zilhart und Stoffel Wagner, der Alte
1561 Nikolaus Öchsle und Debold Waidluff
1562 Jörg Heilmann und Kilian Kern
1563 Velten Göder und Hans Hagen
1564 Hans Brettel der Alte und Heinrich Kress
1565 Christoffel Bechtold d. Alte und Fritz Heubauer
1566 Endres Dietz und Jacob Schleif
1567 Mathes Britzius und Augst Heilmann
1568 Hans Brettel der Junge und Jacob Schleif
1569 Marten Brand und Ambrosius Neunheller
1570 Jörg Heilmann und Fabian Walckmüller
1571 Fabian Walckmüller und Endris Jäger
1572 Endris Jäger und Mathes Zilhart
1573 Christoffel Bechtold der Junge und Jacob Dietz
1574 Hans Horn und Conrad Kirsch
1575 fehlen die Eintragungen
1576 Debold Neunheller und Nikolaus Wei(n)muth
1577 Philipp Bauer und Hans Rotenberger
1578 Hans Brettel der Junge und Adam Krautenheimer
1579 Augst Heilmann und Paul Mayenthaw

1675 Georg Laufer, KibLad I Nr. 1854, evangelisch, und Christoph Weigel, KibLad I Nr. 3450, evangelisch
1676 Hans Schäfer, KibLad I 2685, evangelisch und Hans Melchior Söllner, KibLad I Nr. 3045, evangelisch
1677 Hans Michael Ernst, KibLad I Nr. 654, evangelisch, und Jacob Schneller, KibLad I Nr. 2864, evangelisch
1678 Hans Dieter Frey, KibLad I Nr. 824, evangelisch, und Andreas Walk, ab 1674 Ratsherr, WbLad III S. 155
1679 Nikel Diehl, KibLad I 516, evangelisch, und Veith Wagner, KibLad I Nr. 3354, evangelisch
1680 Hans Jacob Heubauer, KibLad I Nr. 1274, evangelisch, KibLad II Nr. 1247, katholisch, und Hans Hummel, Schwanenwirt, Schwager des Hans Balthasar Bröhl
1681 Hans Jacob Eisenhardt, KibLad I Nr. 618, evangelisch, und Georg Laufer (siehe 1675)
1682 Leonhard Frey, KibLad I 827, evangelisch, und Hans Schäfer (siehe 1676)
1683 Hans Heinrich Heilmann, 1. Ehe KibLad I Nr. 1189, evangelisch, 2. Ehe KibLad II Nr. 1135, katholisch, und Jacob Schneller, KibLad I Nr. 2864, evangelisch
1684 Andreas Walk (siehe 1678) und Jacob Wind, KibLad I Nr. 3552, evangelisch
1685 Michael Betz, KibLad I 199, evangelisch, und Nikolaus Diehl (siehe 1679)
1686 Hans Michael Ernst (siehe 1677) und Johann Jacob von Flammerding, Herr, KibLad I Nr. 764 f., evangelisch
1687 Johann Nikolaus Krausmann, 1. Ehe KibLad I Nr. 1729, evangelisch, 2. Ehe KibLad II Nr. 1622, katholisch, und Johannes Leis, KibLad II Nr. 1755, katholisch,
1688 Leonhard Frey (siehe 1682) und Johann Jacob Schick, KibLad I Nr. 2670, evangelisch
1689 Johann Lauckert, KibLad I 1842, evangelisch, und Michael Peter, KibLad I Nr. 2398, evangelisch
1690 Johann Jacob Heubauer (siehe 1680)

und Michael Schneller, KibLad I Nr. 2863, evangelisch
1691 Johann Hummel (siehe 1680) und Hans Adam Seyler, KibLad I Nr. 2994, evangelisch
1692 Johann Georg Krausmann, KibLad I Nr. 1732, evangelisch, KibLad II Nr. 1624, ab 1687 katholisch, und Johann Michael Wolfinger, KibLad I Nr. 3594, evangel., KibLad II Nr. 3182, ab 1685 katholisch
1693 Nicolaus Bröhl, KibLad I 351, evangelisch, und Christian Frey, KibLad I Nr. 826, evangelisch
1694 Johann Jacob von Flammerding (siehe 1686) und Alexander Krieger, KibLad I Nr. 1756, evangelisch
1695 Benedict von Eger, KibLad II Nr. 570, katholisch, und Johann Georg Krausmann (siehe 1692).
1793 Christoph Scharnberger, KibLad II Nr. 2486, katholisch
1794 Christian Krausmann, KibLad I Nr. 1731, evangelisch
1795 Michael Zentner, KibLad I Nr. 3627, evangelisch
1796 Heinrich Hohbach, KibLad I Nr. 1321, evangelisch
1797 Georg Conrad Lehlbach, KibLad I Nr. 1875, evangelisch
1798 Johann Michael Eisenhardt, KibLad II Nr. 600, katholisch
1799 Christoph Scharnberger (siehe 1793)
1800 Christian Krausmann (siehe 1794)
1801 Hieronymus Müller, KibLad I Nr. 2302, evangelisch
1802 Heinrich Hohbach (siehe 1796)
1803 Johann Michael Eisenhardt (siehe 1798)
1804 Christoph Scharnberger (siehe 1799)
1805 Christian Krausmann (siehe 1800)
1806 fehlt die Eintragung
1807 Peter Eisenhardt, KibLad II Nr. 602, katholisch
1808 Christian Krausmann (siehe 1805)
1809 Nicolaus Wiederhold, KibLad I Nr. 3521, evangelisch
1810 Christian Brenner, KibLad I Nr. 342, evangelisch
1811 Heinrich Scholl (unbekannt)
1812 Nicolaus Wiederhold (siehe 1809)

Die Namen der ersten 20 Jahre sind zu einem großen Teil aus der Aufstellung der Ratsherren bekannt. Die meisten der übrigen tauchen in den Ahnentafeln der Stammfamilien auf.[27]

Die Tabelle macht dann einen Sprung von mehr als einem Jahrhundert und zeigt die Bürgermeister jeweils 10 Jahre vor und nach dem Übergang der Kurwürde vom reformierten Haus Pfalz-Simmern auf das katholische Haus Pfalz-Neuburg. Wieder enthält die Liste nur Namen, die in den Ahnentafeln der Stammfamilien ihren festen Platz haben. Während aber Mitte des 16. Jahrhunderts vom reformierten Bekenntnis bei allen Ratsherren und Amtsträgern auszugehen ist, fällt der Einfluß des katholischen Kurfürsten auf die religiöse Zusammensetzung des Rates und der Amtsträger auf. Allerdings ist dieser Einfluß nicht so stark, wie nach der Liste der Schultheißen angenommen werden könnte. Einige der Familien konvertierten zwar, es gab aber auch nach dem Regierungswechsel Jahre, in denen beide Bürgermeister evangelisch waren.

In den letzten 20 Jahren des Ämterbuches, in denen es nur noch einen Bürgermeister gab, waren die Amtsträger überwiegend evangelisch. Und auch in dieser Periode gehörten sie zu den Stammfamilien. Die entsprechende Auflistung bei den Eichern, den Speicher- und Einigmeistern sowie den Ältesten würde das Bild abrunden. Ja sogar unter den Bedsetzern und Viertelmeistern finden sich fast nur Amtsträger, die diesen Ratsfamilien angehörten.

# 4. Stammbevölkerung

## 4.1 Älteste Sippen

Anhand der Kirchenbücher sind die um 1900 lebenden Familien bis Mitte des 17. Jahrhunderts zurückzuverfolgen. Zu den ältesten Sippen in diesem Sinne zählen also solche, die wenigstens in einer Linie bis auf den Anfang der Kirchenbücher zurückgehen.

Als nächstes Kriterium gilt dann die weitere Verfolgung im Ämterbuch bis in die Mitte des 16. Jahrhunderts. Das wird ermöglicht durch Hinweise auf verwandtschaftliche Beziehungen in den Wehrschaftsbüchern oder in „Durch Gassen und Straßen in Ladenburg" von Döpfner. Verschiedentlich dient auch die Amtsnachfolge im Ämterbuch in Verbindung mit den familiengebräuchlichen Vornamen als Indiz.

Somit gehen alle Mitglieder der sogenannten Stammbevölkerung im Jahre 1900 auf einen Ahnen zurück, der bereits zu Beginn des Ämterbuches in Ladenburg ein Stadtamt bekleidete.

Hier bedarf es einmal der besonderen Erwähnung, daß die oft vernachlässigten Frauen für eine solche Untersuchung von größter Bedeutung sind. Wenn ein Familienname aus der Stadt verschwindet, ist damit nicht unbedingt „die Familie ausgestorben". Die Ahnen leben in den Töchtern ebenso weiter wie in den Söhnen.

### *4.1.1 Stammväter*

Die Wehrschaftsbücher und die von Konrektor Ernst Döpfner ermittelten Besitzerwechsel der Ladenburger Häuser schließen die Lücke von 100 Jahren zwischen dem Beginn des Ämterbuches und den Kirchenbüchern nicht in allen Fällen. Zu den Stammvätern, die 1559 über das Stadium des Einstiegsamtes hinauswaren, zählten deshalb mit Sicherheit nur:

1. Hans Brettel, der Alte, 1559–1575 Ratsherr (Ämterbücher, S. 60)
2. Hans Dietz, der Junge, 1560 Bedsetzer der Gemeinde (Ämterbücher, S. 71)
3. Nikolaus Ernst, 1560 Brotwieger (Ämterbücher, S. 77)
4. Jörg Heilmann, 1561–1571 Ratsherr, 1571–1578 Schultheiß (Ämterbücher, S. 107)
5. Fritz Heubauer, 1559 Almosenmeister (Ämterbücher, S. 114)
6. Lorenz Hock, 1565–1566 Bedsetzer der Gemeinde (Ämterbücher, S. 117)
7. Carle Jost, 1560 Fleischbeseher (Ämterbücher, S. 125)
8. Jacob Meng, 1559–1560 Viertelmeister (Ämterbücher, S. 161)
9. Hans II Merkel, 1562 Bedsetzer der Gemeinde (Ämterbücher, S. 163)
10. Hans Müller, der Schneider, 1561 Tuchbeseher (Ämterbücher, S. 168)
11. Jost Schwanfelder, 1559–1580 Ratsherr (Ämterbücher, S. 214)
12. Philipp Waidluff, 1559 Bürgermeister (Ämterbücher, S. 235)
13. Fabian Walckmüller, 1562–1563 Konventmeister, 1570–1577 Ratsherr (Ämterbücher, S. 236)
14. Quirin Zilhart, 1559–1574 Ratsherr (Ämterbücher, S. 254)

„Die kurpfälzischen Dienerbücher von 1476–1685", bearbeitet von Manfred Krebs, enthalten einige Namen, die in den Ladenburger Sippen zu Anfang oder auch später auftauchen:

Beck, Wolf: 1530 Schultheiß zu Eppingen (Nr. 117)

Bersing (Bersig), Wilhelm Bernhard: 1614 Obereinnehmer und -ausgeber des neuen Notspeichers, Rechenkammer-Zugeordneter (Nr. 162)

Culmann, Sigmund: 1505 Sekretär des Pfalzgrafen (Nr. 1529)

Diehl, Balthasar: 1521 Keller zu Weinheim (Nr. 478)

Gilg, Adam aus Steinbach: 1518 Zentgebüttel zu Kirchheim (Nr. 862)

Karg, Hans: 1528 Keller zu Neuschloß (Nr. 1350)

Klemm, Hans: 1594 Beseher zu Mannheim (Nr. 1419)

Köhler, Simon v. Armbsheim: 1575 Windmüller zu Neuschloß (Nr. 1469)

Liebner, Jost: 1585 Keller zu Weinheim (Nr.1613)

Mathis, Hartmann: 1518 Keller zu Weinheim (Nr. 1696)

Merckel, Michael: 1520 Amtsknecht zu Selz, 1523 Zoller zu Einartshausen (Nr. 1750)

Siegel, Michael: 1524 Schultheiß zu Heidelberg (Nr. 2605)

Sturm, Caspar: 1522 Herold zu Mannheim (Nr.2754)

Ulrich, Wolf: 1564 Förster zu Schriesheim (Nr. 2831)

Vogler, Wolf: 1520 Beseher zu Mannheim (Nr. 2867)

Waldmann, Balthasar: 1509 Schultheiß zu Wachenheim (Nr. 2931)

Weibel, Hans: 1569 Zollbereiter zu Heidelberg (Nr. 2906)

Windt, Hans: 1575 als Zentgraf verpflichtet, Amtsknecht zu Waldmichelbach (Nr. 3057)

Wohlfahrt, Christoph: 1561 reitender Waldförster in der Schwetzinger Hardt (Nr. 3090)

Wolfinger, Hans: 1567 Schultheiß zu Mosbach, 1570 Landschreiber zu Alzey, 1586 Pfälzischer Kirchengüter und Gefällverwalter (Nr. 3092)

Zilhart, Hans: 1485 Diener am Hof (Nr. 3179)

Zimmermannn, Simon: 1524 Schultheiß und Hühnerfaut zu Boxberg, 1525 Keller zu Boxberg (Nr. 3179)

Als Beispiel für die Verknüpfung der beiden Quellen kann der Name Mer(c)kel dienen. Michael Merckel waltete 1520 als Amtsknecht zu Selz, einem Unteramt von Germersheim. Drei Jahre später finden wir ihn als Zoller in Einartshausen in der Gegend von Büdingen. Er muß also ein recht flexibler Mann gewesen sein und das Vertrauen der Obrigkeit besessen haben. Wie wir noch mehrfach sehen werden, wäre es nahezu undenkbar, daß er seine Beziehungen nicht zugunsten seiner Nachkommen genutzt hätte. Wir dürfen demnach mit Sicherheit eine Verwandtschaft zwischen ihm und dem Stammvater 9. Hans II Merkel annehmen, zumal dieser uns zum ersten Mal gleich in einem Vertrauensamt der Stadt Ladenburg begegnet.

1605 erscheint ein Christmann Merkel im Ämterbuch als Baubäcker. Er stammt aus Oberschefflenz. Eine direkte Verbindung zwischen ihm und den auf Hans II zurückgehenden Ladenburger Merkel ist nicht nachzuweisen. Zumal ein Marten Meng und kein Merkel für ihn bürgte. Trotzdem scheint eine Zusammengehörigkeit aller Merkel mit Ursprung im Kraichgau wahrscheinlich.

### *4.1.2 Versippung*

Insgesamt sind die im Jahre 1900 erfaßten Stammbürger in nur sieben Ahnentafeln enthalten.[28] Diese sind:

1. Ernst (Schick–Seyfried–Köhler–Strieder–Seyler–Wohlfahrt)
2. Heilmann (Brettel–Schmidt–Schorn–Schotter)
3. Hock (Müller–Wohlfahrt–Siegel–Seyfried–Strieder–Lehlbach)
4. Jost (Hertzberger–Bossert–Krieger–Waldmann–Siegel)
5. Merkel
6. Müller
7. Stichs (Waidluff–Lautenschläger–Zahn–Heubauer–Wei(n)land)

### *4.1.3 Machtpolitik*

Daß diese Sippen mit Ausnahme der Heilmann trotz des ab 1685 verstärkten katholischen Einflusses bis zum Ende des 19. Jahrhunderts evangelisch bleiben konnten, lag an ihrer Machtpolitik. Diese fand ihren Ausdruck zum einen im Erhalten der Zugehörigkeit zum Rat der Stadt, zum anderen im „Vererben" einflußreicher Positionen.

Unter diesem Gesichtspunkt erweist sich zum Beispiel eine geringschätzige Bewertung des Baubäckeramtes als Irrtum. Das städtische Backhaus blieb von 1650 bis 1758 über 100 Jahre im Besitz der Familie Köhler, die im Stammbaum Ernst eine beachtliche Rolle spielt.

Die 1692 angeschaffte Stadtwaage blieb bis 1730 in Händen der Ratsfamilie Schick, die mit Ernst und Köhler in Verbindung stand. Sie wechselte dann bis zum Ende des Ämterbuches 1813 in den Einfluß der Ratsfamilien Heilmann und Eisenhardt.

Am deutlichsten wird die Sicherung von Macht und Einfluß über das Heiraten im Zusammenhang mit der Geschichte der Ladenburger Gasthäuser. Das Motto der Stammväter könnte gelautet haben: „Wissen ist Macht". Im Gegensatz zu heute kamen Nachrichten meist nur mit Reisenden in die Stadt. Die Herbergswirte erfuhren damit als erste, was draußen in der Welt vorging. Wer die Herbergen kontrollierte, war deshalb seinen Mitbürgern immer etwas voraus.

In Ladenburg waren von den vier Stadttoren nur das Schriesheimer Tor und das Neckartor im Gebrauch. Die Hauptstraße war die Hauptverkehrsachse. Von den 18 im 17. Jahrhundert bestehenden Herbergen lagen 14 entlang dieser Verkehrsader.[29]

| | | |
|---|---|---|
| 1. | Zum güldenen Stern | Hauptstraße 65 |
| 2. | Zum Dannenbaum | Hauptstraße 63 |
| 3. | Zum weißen Schwan | Hauptstraße 53 |
| 4. | Zum Engel<br>später Zur Lilie | Hauptstraße 49 |
| 5. | Zum güldenen Schwan | Hauptstraße 45 |
| 6. | Zur güldenen Rose | Hauptstraße 41 |
| 7. | Zum Krumbhorn | Marktplatz 3 |
| 8. | Zum Einhorn | Hauptstraße 31 |
| 9. | Zum güldenen Adler<br>später Zum Ochsen | Hauptstraße 28 |
| 10. | Zum Rappen | Hauptstraße 27 |
| 11. | Zum güldenen Löwen | Hauptstraße 25 |
| 12. | Zur Sonne | Hauptstraße 19–21 |
| 13. | Zum güldenen Hirsch | Hauptstraße 18 |
| 14. | Zur Kande | Hauptstraße 16 |
| 15. | Zur Krone | Brauergasse 2 |
| 16. | Zum Horn | Brauergasse 4 |
| 17. | Zum schwarzen Adler | Neugasse 5 |
| 18. | Zur Eintracht<br>heute Die Zwiwwel | Kirchgasse |

Das hatte durchaus seinen Sinn. Die Händler mußten entlang des Weges von oder zum Marktplatz Aufnahme finden. Die großen Ratsfamilien begannen spätestens an der Wende vom 16. zum 17. Jahrhundert, die Herbergen unter ihren Einfluß zu bringen. Bis zum Ausbruch des Dreißigjährigen Krieges hatten sie das weitgehend geschafft.[30] Als Beispiel genügt es, einige Herbergen in der erwähnten Epoche zu betrachten.

Bis 1571 war Quirin Zilhart Rosenwirt. Ihm folgte 1571–1611 sein Sohn Mathes.

Der Hirsch gehörte bis 1587 dem Bensheimer Ratsherrn Heinrich Brüder. 1587–1616 war Wendel Ernst Hirschwirt. Er war in erster Ehe mit Barbara Brüder, der Tochter seines Vorgängers, verheiratet. Die zweite Ehe schloß er mit Catharina Raule, der Nichte von Rosenwirt Mathes Zilhart.

Kronenwirt war bis 1602 Georg Plantner. Er war mit Catharina Dietz verheiratet und zugleich ein Schwager von Philipp Hess, Paul Kreuz und Martin Meng. Paul Kreuz übernahm die Krone 1602–1607. Als Schwiegersohn des Stadtschreibers Klaffschenkel war er auch mit dem Rosenwirt Zilhart verschwägert.

Martin Meng war der Sohn von Jacob Meng, der bis 1586 den Löwen bewirtschaftete. Sein Schwager Hans Thomas Liebner war 1586–1626 Löwenwirt.

Innerhalb von zwei Generationen waren also vier Herbergen unter Kontrolle einer Sippe. Ähnlich verliefen die Bemühungen bei den anderen Gasthäusern.

Der auf diese Weise gewonnene Einfluß mußte natürlich in der Folgezeit gesichert werden. Die Herbergen wurden möglichst auf einen Sohn, mindestens aber auf einen Verwandten übertragen. So blieben fast alle Gasthäuser von Anfang des 17. Jahrhunderts bis Ende des 19. Jahrhunderts innerhalb des jeweiligen Sippenverbandes. Wo der direkte Erbe altersbedingt die Nachfolge noch nicht antreten konnte, wurde die bewährte Heiratspolitik erbsichernd angewendet. Als Beispiel soll die Wirtefolge des Gasthauses „Zum güldenen Hirsch" dienen.

Als Wendel Ernst 1616 starb, heiratete seine Witwe den Nikel Strieder, der 1617–1637 als Hirschwirt verbrieft ist. Auf ihn folgte 1637–1654 Hans Thomas Ernst, der Sohn von Wendel Ernst.

Seine Witwe sicherte wieder durch eine zweite Ehe mit Hans Jacob Zerrer, Hirschwirt 1654–1664, das Erbe für ihren Sohn Johann Michael Ernst. Der führte den Hirsch 1664–1707. Er sicherte den Wirteverbund durch seine erste Ehe mit Anna Maria Hoos, der Tochter des Kronenwirtes. Sein Sohn Johann Jacob Ernst aus der ersten Ehe war 1707–1716 Hirschwirt. Erneut sicherte die Witwe an der Seite von Andreas Lützelbauer 1716–1744 das Erbe für ihren Sohn Philipp Michael Ernst 1744–1768. Es folgten direkte Erben, und zwar 1768–1793 Johann Wilhelm Ernst sowie 1793–1814 Jakob Ernst.

Durch die Ehe mit dessen Witwe kam Georg Jacob Wolf 1815–1827 in den Hirsch.

Hirschwirt Franz Vogel 1827–1839 war der Ehemann von Catharina Elisabeth Ernst, der Tochter des Jacob Ernst. Catharina Elisabeth Ernst mußte gleich noch zweimal heiraten, um das Gasthaus in der Familie zu halten. Deshalb stehen als Hirschwirte 1839–1843 Johann Georg Neuscheller und 1843–1859 Jacob Karg verzeichnet.

Hirschwirt Johann Jacob Benz 1859–1861 war dann wieder der Ehemann von Christina Vogel, der Tochter von Hirschwirt Franz Vogel und Catharina Elisabeth Ernst. Er gab allerdings bald das Gasthaus 1861–1875 an Valentin Vogel, den Vetter und Schwager seiner Frau.

Hirschwirt Conrad Karg 1875–1877 war als Sohn des früheren Hirschwirtes Jacob Karg der letzte Wirt aus der Sippe. Das Gasthaus blieb aber unter Georg Michael Kreter 1877–1889 und Georg Bläß ab 1889 innerhalb des Wirteverbandes.[31]

### *4.1.4 Sippenverbindende Familien*

Die Verknüpfung alteingesessener Geschlechter wird anhand der aufgeführten Beispiele deutlich. Eine Fülle von in Ladenburg klangvollen Namen ist damit bereits in ihren Ursprüngen belegt. Es spielten aber auch andere heute sehr bedeutende Namen beim Erhalt der Stammbevölkerung eine gewichtige Rolle.

Johann Huben, Bürger und Handelsmann (KibLad II 1338) heiratete 1748 Maria Barbara Heilmann. Sein Enkel Johann Peter Huben (KibLad II 1342) stellte 1805 durch seine Ehe mit Maria Anna Krausmann die Verbindung zwischen Jost-Hertzberger-Bossert-Frey und Heilmann-Krausmann her.

Hans Jacob Seyfriedt (KibLad I 2981) kam 1651 als Schneider nach Ladenburg. Seine Nachkommen verbanden die Familien Ernst, Schick und Weinland.

Hans Wilhelm Seyler (KibLad I 2993), der Metzger, und sein Bruder Jacob Seyler, der Schwarzfärber, kamen 1649, bzw 1641 von Speyer nach Ladenburg. Ihre Nachkommen verknüpften die Familien Ernst, Wohlfahrt, Karg, Heilmann. Das berühmteste Mitglied war der Schwarzfärbersohn und spätere Reichsgraf von Seilern, der drei Kaisern als Kanzler diente und 1715 mit der Pragmatischen Sanktion Maria Theresia als erster Frau den Weg auf den Kaiserthron ebnete.

Theobald Trill (KibLad I 3254) aus Langen kam 1757 als Ziegler nach Ladenburg. 1775 heiratete er Anna Maria Münz (KibLad I 3255). Er und seine Nachkommen verbanden die Familien Merkel, Heilmann, Heiß, Engel, Guckemus.

Es würde den Rahmen dieser Darstellung sprengen, alle Querverbindungen aufzuführen. Deshalb soll die Feststellung genügen, daß in jedem der 1829 im Jahre 1900 lebenden „Stammbewohner" das genetische Erbe eines oder mehrerer der eingangs aufgeführten 14 Stammväter weiterlebte.

## Anmerkungen

1 Döpfner, Ernst : Durch Gassen und Straßen in Ladenburg, Hemsbach 1990, passim.
2 Vgl. KibLad I, S. II–IV.
3 Brandt, Armin M.: Bau deinen Altar auf fremder Erde, Stuttgart 1983, S. 123ff.
4 Lorsong, Gernot G.: Taufe uns Alexander, Karlsruhe 1991, S. 88f.
5 Vgl. in: Lobdengau 8 (1926), S. 3.
6 Hacker, Werner: Kurpfälzische Auswanderer vom Unteren Neckar, Stuttgart 1983 (Sonderveröff. d. Stadtarchivs Mannheim Nr. 4), passim.
7 Vgl. in: Lobdengau 9 (1926), S. 3.
8 Vgl. in: Lobdengau 7 (1927), S. 2.
9 Müller, Wolfgang: Auswertung der Auswanderungskartei des GLA Karlsruhe, 1997.
10 KibLad I–III, passim.
11 Jähnig, Bernhart: Kleiner Atlas zur deutschen Territorialgeschichte, 2. erw. Aufl. Bonn 1991, Karte 8.
12 Lorsong, Gernot: Schweizer Einwanderer in Heidelberg nach dem Dreißigjährigen Krieg, Heidelberg 1996 (Sonderveröffentlichung des Albert-Metzler-Kreises Heidelberg), passim.
13 KibLad III, passim.
14 Lorsong, Gernot: Ladenburger Stammfamilien und Wirte-Dynastien, Hemsbach1996, S. 9.
15 KibLad, passim.
16 Ämterbücher, S. 4, 5.
17 StbLad I, S. 3.

18 Ämterbücher, S.11ff.

19 StbLad I, S. 53.

20 Ämterbücher, anno1710, S. 256.

21 DIEFENBACHER, Karl: Das Eidebuch und das Ämterbuch der Stadt Ladenburg, Ladenburg 1977, S. 50, 51.

22 StbLad I, passim; Ämterbücher, passim.

23 Ratsherren nach StbLad 1; Verwandtschaft nach WbLad I–IV.

24 KREBS, Manfred: Die Kurpfälzischen Dienerbücher, Tamm 1994: Außer dem 1505 unter Nr. 1529 als Sekretär des Pfalzgrafen genannten Sigmund Culmann sind noch weitere Namensträger als Hofleute zu finden.

25 WbLad I–IV.

26 Ämterbücher, passim.

27 LORSONG: Stammfamilien, S. 9–50.

28 LORSONG: Stammfamilien, S. 9–50.

29 DÖPFNER, Ernst: Durch Gassen und Straßen in Ladenburg, Kartenbeilage.

30 LORSONG: Stammfamilien, S. 55–102.

31 LORSONG: Stammfamilien, S. 88.

# Amt und Amtsstadt Ladenburg 1705–1863/64

VON JÖRG KREUTZ



## 1. Die Errichtung des kurpfälzischen (Ober-)Amts Ladenburg 1705[1]

Mit dem am 26. August 1705 in Düsseldorf zwischen Fürstbischof Franz Ludwig von Pfalz-Neuburg und Kurfürst Johann Wilhelm geschlossenen *guth=und freund=brüderliche(n) Verglich*[2], der die langwierigen Gebiets- und Grenzstreitigkeiten links und rechts des Rheins zwischen dem Hochstift Worms und der Kurpfalz beseitigen sollte, fand auch der mehr als 300 Jahre schwelende Konflikt der beiden Kondominatsherren um die Vorherrschaft in Ladenburg ein Ende[3]. Die Bischofsstadt, die seit 1665 unter kaiserlichem Sequester stand, ging nun ebenso wie die Dörfer Neckarhausen, Altenbach, Ringes(heim), (Vorder-)Heubach und die bisher dem wormsischen Amt Hemsbach[4] zugehörigen Dörfer Hemsbach, Laudenbach und Sulzbach in kurpfälzischen Besitz über:

*Cedirt das Hoch=Stifft Wormbs der Churfürstlichen Pfaltz die Bischöffliche Wormbsische Stadt Ladenburg, und das Dorff Neckarhausen, wie auch die in dem Oden=Wald liegende Dörfflein Altenbach, Ringes, und Heubach, von nun an eigenthumlich, mit aller Lands=Fürstlicher Superiorität, Juribus, Renthen und Gefällen, zu ewigen Zeiten, dergestalten, daß das Hoch=Stifft einigen Theil nicht mehr daran haben solle, ausgenommen Dasjenige, so von jetztgemeldtem Hoch=Stifft an denen Straßheimer Höffen dermahlen Pfandweiß possediret = und genossen wird; Item sein Antheil Zehendens zu gedachtem Ladenburg, so lang bis die Churfürstliche Pfaltz ein Aequivalent verschaffen wird, sodann die heimgefallene = und noch heimfallende Lehen, so nicht von Stadt und Burg, sondern von dem Hoch=Stifft Wormbs immediate dependiren, nicht weniger die Schaffnerey zu gemeldtem Ladenburg, welche das Dhomb=Capitul zu Wormbs daselbsten, sambt zugehörigen Renthen und Gefällen, bishero gehabt und genossen, welches alles unter solcher Cession und Ubergab keineswegs verstanden, sondern bemeldtem respective Hoch=Stifft und Dhomb=Capitul, wie bishero, eigenthumlich verbleiben solle. […]*

*Cedirt und übergibt ebenfalls auf ewig das Hoch=Stifft Wormbs, der Churfürstlichen Pfaltz das Ambt Hemspach, in denen Dörfferen Hemspach, Laudenbach, Sultzbach, und dessen Zugehörende bestehende, wie solche von besagtem Hoch=Stift bishero besessen = und genossen = auch Vermög der Kauff=Verschreibung, praetendirt worden, nichts ausgenommen*[5].

Im Austausch erhielt das Hochstift Worms von der Kurpfalz *mit aller Territorial-Superiorität und hiervon dependirenden Jurisbus quibuscunque* die Kellerei Stein mit Lampertheim, das bisherige Kondominat Dirmstein zum alleinigen Besitz, sowie die Dörfer Beindersheim und Rheindürkheim[6]. Zudem verzichtete Kurfürst Johann Wilhelm auf die Wildfangrechte in den Wormser Rheindörfern Horchheim, Roxheim, Bobenheim, Weinsheim, Wiesoppenheim und

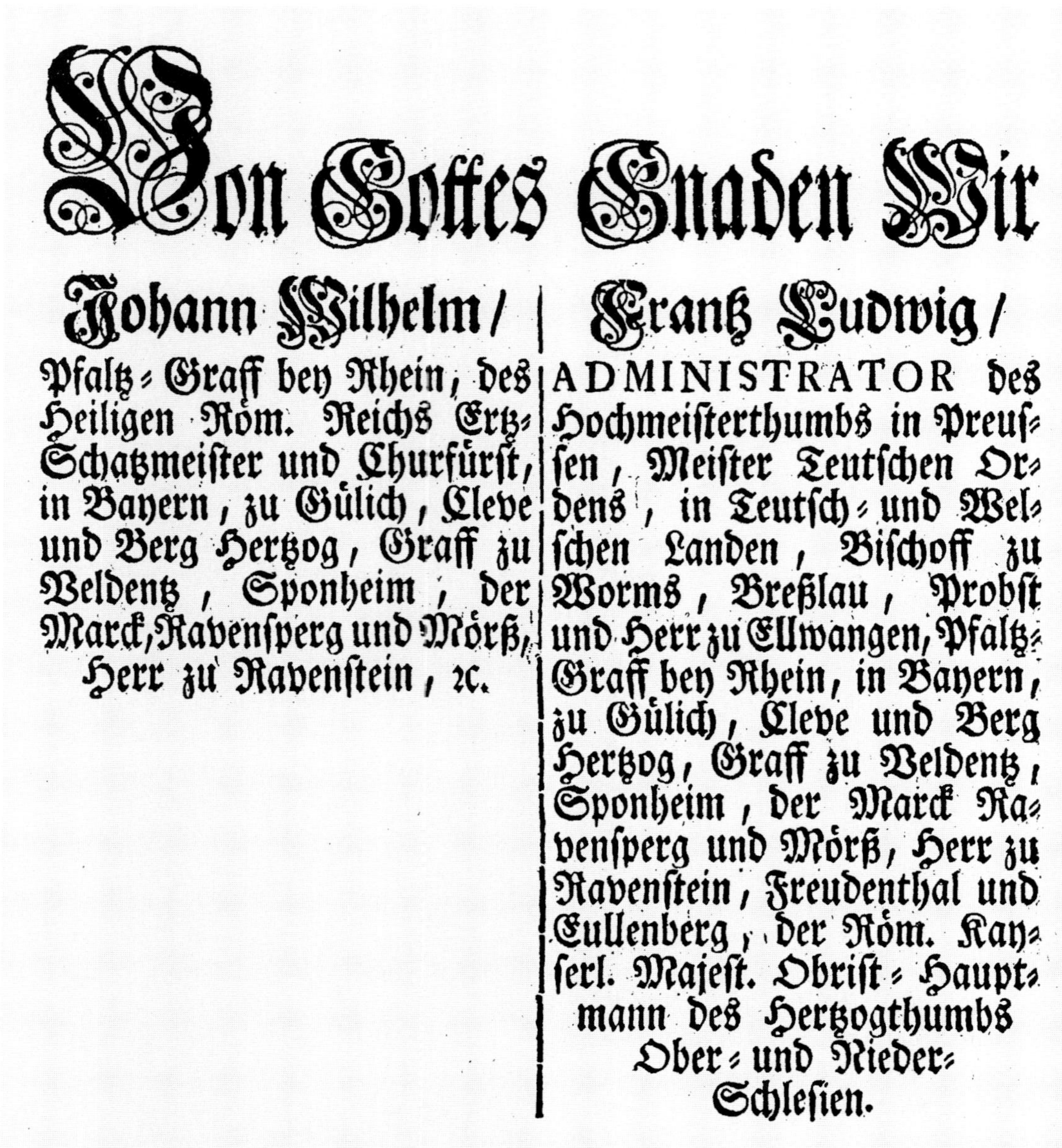

Von Gottes Gnaden Wir

Johann Wilhelm / Pfaltz-Graff bey Rhein, des Heiligen Röm. Reichs Ertz-Schatzmeister und Churfürst, in Bayern, zu Gülich, Cleve und Berg Hertzog, Graff zu Veldentz, Sponheim, der Marck, Ravensperg und Mörß, Herr zu Ravenstein, etc.

Frantz Ludwig / ADMINISTRATOR des Hochmeisterthumbs in Preussen, Meister Teutschen Ordens, in Teutsch- und Welschen Landen, Bischoff zu Worms, Breßlau, Probst und Herr zu Ellwangen, Pfaltz-Graff bey Rhein, in Bayern, zu Gülich, Cleve und Berg Hertzog, Graff zu Veldentz, Sponheim, der Marck Ravensperg und Mörß, Herr zu Ravenstein, Freudenthal und Eullenberg, der Röm. Kayserl. Majest. Obrist-Hauptmann des Hertzogthumbs Ober- und Nieder-Schlesien.

*Einleitung zum Düsseldorfer Austauschvertrag vom 26. August 1705 zwischen dem pfälzischen Kurfürsten Johann Wilhelm und dem Wormser Fürstbischof Franz Ludwig von Pfalz-Neuburg (GLA 77/8360).*

Mörsch. Überdies verpflichtete er sich zur Herausgabe des während der Reformation eingezogenen Stifts Neuhausen bei Worms. Der Ausgleich zwischen den wittelsbachischen Brüdern, der nach weiteren Übergabeverhandlungen schließlich mit dem Vertrag vom 7. August 1708[7] vollzogen wurde, rundete damit einerseits das hochstiftliche Herrschaftsgebiet in der näheren Umgebung der Reichsstadt Worms ab und arrondierte zum anderen das kurpfälzische Territorium am unteren Neckar und an der Bergstraße.

Die neu hinzugekommenen – allerdings zerstreut entlang dem Neckar und der Bergstraße sowie im Vorderen Odenwald gelegenen – Besitzungen faßte Johann Wilhelm zu einem eigenen Amt zusammen, dessen Verwaltungssitz in Ladenburg nach Aufhebung der Sequestration durch Kaiser Joseph am 8. Oktober 1705[8] eingerichtet wurde und das bis zum Ende der Kurpfalz 1802/03 bestehen blieb. Die Frage, warum diese Orte verwaltungstechnisch nicht in das Oberamt Heidelberg integriert wurden, das diese Gebiete weitgehend umschloß, läßt sich nicht unmittelbar beantworten. Offenbar scheinen mehrere Gründe für die Bildung eines eigenständigen Oberamts Ladenburg ausschlaggebend gewesen zu sein, das nach einem Gutachten des Regierungskollegiums von 1712 indessen nur *das geringste O[ber]amt sey*[9]. So traten im Verlauf der komplizierten Übergaberegelungen zwischen den Wormser und Pfälzer Unterhändlern immer wieder Probleme auf, die auch nach Abschluß des zweiten Vertrages 1708 vereinzelt bestehen blieben und erst in einem weiteren Vertrag vom 10. Februar 1722[10] ausgeräumt werden konnten. Zur Wahrung der pfälzischen Interessen war es deshalb offensichtlich notwendig, den mit den Austauschverhandlungen betrauten Regierungsrat Franz Anton von Landsee während dieser Integrationsphase zugleich zum Ladenburger Amtmann zu bestellen[11]. Damit bot sich für Johann Wilhelm zugleich die Gelegenheit, einen verdienten Gefolgsmann mit der Verleihung einer begehrten Amtmannstelle, die mit weiteren Einkünften verbunden war, zu belohnen. Zum anderen – und dies dürfte wohl der Hauptgrund gewesen sein – setzte der neue Landesherr mit der 'Auf - bzw. Abwertung' der Bischofsstadt Ladenburg zur kurpfälzischen Amtsstadt, deren Privilegien er 1706 bestätigte[12] und die er am 5. Dezember 1711 sogar von den *herrschafftlichen frohnden*[13] befreite, ein unverkennbares politisches Zeichen. Sichtbar vollzog sich dieser Herrschaftswechsel darin, daß die 'neue' kurpfälzische Verwaltung im ehemaligen Bischofshof ihr Quartier bezog. Zwar behielt das Hochstift seine grundherrlichen Rechte in Ladenburg bei und zog neben der Kurpfalz weiterhin die Hälfte am Großen, am Kleinen, am Botzheimer, am Garten-, am Oel- und am Zeilsheimer Zehnt ein. Hierfür war aber fortan der wormsische Keller in Lampertheim zuständig. Alleine das Domkapitel, das wie die Hofgüter der Freiherren von Sickingen, von Cronberg, von Hirschberg, von Ulner, von Lange-Schwarz außerhalb der Zehntpflicht stand, hatte in kurpfälzischer Zeit mit dem im Domhof ansässigen Schaffner einen eigenen Beamten in Ladenburg.

Wann das Amt Ladenburg zum pfälzischen Oberamt erhoben wurde, läßt sich quellenmäßig (bislang) nicht exakt belegen. Das kurfürstliche Privileg scheint jedoch erst nach Abschluß des zweiten Düsseldorfer Vertrags vom 7. August 1708 ausgestellt worden zu sein. Denn am 22. Januar 1709 beschwerte sich der Ladenburger Oberamtmann Freiherr von Landsee im Zusammenhang mit der Neuregelung des Frankfurter Meßgeleits an der Bergstraße und der noch offenen Abrechnung der Geleitdiäten bei der hierfür zuständigen Heidelberger Hofkammer darüber, *[...] daß Eß etwaß Newes (sei), undt mann Von höheren orthen keine Notitz dawon hett, woraus dann Erscheinet, daß die Curfürstl[ichen] Rescripta Entweders nur obiter, oder gar nit Geleßen werden, dann alß Seine Churfürstl[iche] D[urchlaucht] auß der Stadt, sambt denen zugehörig dörfferen Ein Oberambt gemachet, so haben dieselbe g[nädigst] ahnbey gesetzet, und wollen wir, daß Ladenburg Nebst denen Zugehörig dörffer Ein Oberambt, gleichwie alle Unsere O[ber]ämbter, sey, und habt Ihr solches zu publiciren [...]*[14]. Landsee verwies zugleich darauf, daß nach kurfürstlichem Reskript neben dem Oberamt Heidelberg mittlerweile auch dem Oberamt Ladenburg ein Anrecht am pfälzischen Meßgeleit zustehe und ersuchte die Hofkammer, *die Verordnung dahin ergehen zu laßen, damit den Beambten, so zu aufführung des geleiths nöthig, daß ihrige, gleichwie in anderen Oberämbtern herkomlich, gereicht werde*[15]. Seine Eingabe war erfolgreich. Die Hofkammer gestand am 31. Januar 1709 nun auch den Beamten des Oberamts Ladenburg, das *I[hre] C[hurfürstliche] D[urchlaucht] zu einem Oberambt gemacht* habe, ihre rechtmäßig zustehende Entlohnung zu[16].

Flächenmäßig war das Oberamt, dessen Hauptsiedlungs- und -wirtschaftsräume in etwa gleich verteilt an der Bergstraße um Hemsbach und am Neckarschwemmkegel um Ladenburg lagen, eines der kleinsten in der gesamten Kurpfalz. Dennoch zählte es – mit Ausnahme der einwohnerschwachen Odenwaldweiler – zu den landwirtschaftlich ertragreichsten Anbauflächen der Kurpfalz. Während an der Bergstraße traditionell der Weinbau dominierte, gehörte Ladenburg, dessen Gemarkung überwiegend als Ackerland genutzt wurde, zu den größten Getreideproduzenten der Region. Gleichwohl hatten die Oberamtsorte schwer unter den Kriegsfolgen des 17. Jahrhunderts und des Spanischen Erbfolgekrieges (1701–1714) zu leiden und wurden auch in der Folge immer wieder zur Schatzung, die die Gemeindeetats schwer belasteten, herangezogen. So beliefen sich die Kriegskosten und die Kriegsschäden hier alleine zwischen 1702 und 1708 auf 61.785 Gulden. Ladenburg hatte dabei einen Anteil von 17.700 Gulden aufzubringen und wurde jährlich mit 3.000 Gulden Schatzung belegt[17]. Aber auch im Polnischen Erbfolgekrieg (1733–1735) und im Österreichischen Erbfolgekrieg (1740–1748) hatte die Oberamtsbevölkerung unter großer Not zu leiden. So vermeldete das Oberamt im September 1741, als man französische Truppen in Wiesloch mit Proviant beliefern sollte, daß *im Oberamt kein Stecken Holz* mehr zu finden sei und die Fourage infolge des *Weinmißwachses* in Hemsbach und Laudenbach nicht ohne gänzlichen Ruin der Bevölkerung beschafft werden könne. Die von durchmarschierenden Truppen verursachten Schäden waren so groß, daß sie noch bis Beginn der Revolutionskriege nicht beglichen worden waren. So blieb Ladenburg 1769 mit 38.560 Gulden Kriegsschulden noch 19.000 Gulden im Rückstand[18].

Wie viele Einwohner zu Beginn des 18. Jahrhunderts in den Oberamtsorten ansässig waren, die seit dem Dreißigjährigen Krieg schwere Bevölkerungseinbußen verzeichneten, läßt sich bislang nicht eindeutig beantworten. Zwar gibt die Musterung aller wehrfähigen Männer im Alter zwischen 20 und 70 Jahren, die die neue Landesherrschaft schon am 26. März 1709 durchführen ließ, einige Anhaltspunkte[19]. Absolute Zahlenangaben über den tatsächlichen Bevölkerungsstand sind aber hiervon nur bedingt abzuleiten, denn die Musterungslisten verzeichnen nur die Bürger und unverheirateten Bürgersöhne. Beisassen oder Juden wurden hingegen nicht erfaßt. Zwar lassen sie ausgehend von der Gesamtzahl der gemusterten Bürger auf die vorhandene Zahl der Familienhaushalte schließen. Sie lassen aber offen, wie viele Personen auf einen Haushalt im Durchschnitt entfielen. So registrierte man im Amtsbezirk 459 Bürger und 46 Bürgersöhne. In der Kellerei Hemsbach waren es 258 Bürger und 17 Söhne, in Ladenburg 150 Bürger und 19 Söhne und in Neckarhausen sowie in den Odenwälder Dörfern 51 Bürger und 10 Söhne. Demnach könnte die Einwohnerzahl im Oberamt zu Beginn des 18. Jahrhunderts zwischen 2.000 und 2.500 Personen gelegen haben. Erst für den Zeitraum zwischen 1768 und 1786 liegen hingegen genaue statistische Angaben über die Bevölkerungsentwicklung vor[20]. So zählte man 1768 insgesamt 3.841 Einwohner im Oberamt. 1770 waren es 3.802, 1779 registrierte man 4.160 und 1786 waren es schließlich 4.840. Anhand der Statistik des Jahres 1770 lassen sich zudem weitere Erkenntnisse über den Bevölkerungsstand ableiten. So verteilte sich die Gesamtzahl der 3.802 registrierten Personen auf 780 Bürger-Haushalte, 67 Beisassen-Haushalte und 24 jüdische Familien.

## 2. Verwaltung und Personal des Oberamts Ladenburg 1705–1802/03

Wie in den anderen pfälzischen Amtsbezirken findet sich auch im neugeschaffenen Oberamt Ladenburg – zumindest in den Anfangsjahren– die institutionelle und personelle Trennung zwischen hoheitlicher und fiskalischer Verwaltung[21]. Neben dem Oberamtmann Franz Anton von Landsee, der jedoch nicht in Ladenburg residierte, und dem Landschreiber Christian Chrisanthemus Brewer (auch: Breuer) ist hier seit 1705 als dritter kurpfälzischer Beamter der bisherige Hemsbacher Keller Johann Andreas Most als Gefällverweser nachzuweisen[22]. Mit dem ehemaligen Kammerdiener des 1694 verstorbenen und in der Ladenburger Sebastianskirche beigesetzten Wormser Fürstbischofs Ludwig Anton Pfalzgraf bei Rhein, der seit 1694 als Keller in Hemsbach fungierte, wahrte die neue Landesherrschaft die Verwaltungskontinuität im Kellereibezirk. Während der Oberamtmann und der Landschreiber, die der Regierung unterstanden[23], die hoheitliche Aufsicht über die gesamte Oberamtsverwaltung und ebenso die Oberamtsgerichtsbarkeit über alle Landbedienten ausübten und für die Durchführung aller landesherrlichen Verordnungen zuständig waren, gehörte es zu den Obliegenheiten des Gefällverwesers, dem auch die Zoller bzw. Zollbereiter in den sechs Zollstationen unterstanden, die Steuern und Abgaben im Amtsbezirk einzutreiben und an die kurfürstliche Hofkammer weiterzuleiten. Die personelle Trennung zwischen hoheitlicher und fiskalischer Verwaltung sollte jedoch bald verwischt werden. Denn als Most 1711 zum Gefällverweser des Oberamts Heidelberg bestellt wurde, ersuchte das Oberamt die Regierung, die vakante dritte Stelle nun mit einem eigenen Oberamtsschreiber besetzen zu dürfen. Dem Ansinnen wurde stattgegeben und die Amtsschreibererei zusammen mit der Ausfautei dem Landseeischen Bediensteten Johann Bohy übertragen[24], der diese Doppelfunktion bis zu seinem Tod am 10. Mai 1757 ausübte. Demgegenüber wurde aber kein neuer Gefällverweser mehr ernannt. Vielmehr verstand es Landschreiber Brewer, sich diese Aufgabe einzuverleiben und zugleich seinem ältesten Sohn die Anwartschaft auf die Landschreiberstelle zu sichern[25].

Faktisch übten damit der Landschreiber und der ihm unterstellte Amtsschreiber die Amtsgewalt aus. Wenngleich an der Spitze formell der Oberamtmann rangierte, so blieb dieses Amt auch in Ladenburg – und damit wie in anderen pfälzischen Oberämtern – im ganzen 18. Jahrhundert eine Sinekure, die ihren im Hof- bzw. Regierungsdienst stehenden, adeligen Amtsinhabern nur zusätzliche Einkünfte und die Möglichkeit zur Versorgung ihrer Familienangehörigen sicherte[26]. Nur an wenigen Tagen im Jahr erschienen sie überhaupt im Bezirk. Und bei Bedarf wurde die Oberamtmannstelle wieder weiter verkauft. Bemerkenswert ist dabei, daß auch in Ladenburg vor allem jene Familien als Amtsinhaber auftauchen, die als Amtsadel der seit 1685 regierenden katholischen Linie Pfalz-Neuburg im Verlauf des 18. Jahrhunderts zur neuen Führungsschicht in der Kurpfalz aufstiegen.

So gewährte Kurfürst Johann Wilhelm dem ersten Ladenburger Oberamtmann Franz Anton von Landsee, der einer in kaiserlichen Diensten stehenden und 1677 in den Reichsfreiherrnstand erhobenen thurgauischen Adelsfamilie entstammte, am 10. Mai 1710 das Privileg, die Oberamtsstelle *biß auf die zweyte Generation bekleyden zu dörfen*[27]. Landsee, der am 16. März 1709 zum Geheimen Regierungsrat und schließlich am 3. März 1712 zum wirklichen Regierungsrat aufstieg, bezog damit eine ordentliche Besoldung von 600 Gulden im Jahr. Hinzu kamen aber noch weitere Entschädigungen in Form von Naturalien und Amtssporteln. So erhielt er beispielsweise als Entschädigung für die jährlich abzuhaltenen Gerichtstage in den Hemsbacher Kellereiorten jeweils vier Gulden, für die Abhörung der Bürgermeisterrechnungen 12 Gulden und für die Prüfung der Kirchenrechnungen acht Gulden[28]. Als er 1715 verstarb, ging die Anwartschaft auf die Oberamtsstelle auf seine einzige Tochter Maria Franziska über, die mit dem am 9. Juli 1715 zum Regierungsrat und Kämmerer ernannten Ernst Amand von der Sachse, *engagiret* war[29]. Mit der Auflage, daß sie binnen der nächsten zwei Jahre von der Sachse heirate, wurde die vakante Oberamtmannstelle im September 1715 ihrem Verlobten *conferirt*. Am 6. Febraur 1717 bestätigte Kurfüst Karl Philipp erneut den Ladenburger Oberamtmann von der Sachse mit der Anwartschaft auf eine freie Regierungsstelle in seinen Ämtern. Als von der Sachse 1721 verstarb, behielt seine Witwe weiterhin das Anrecht auf die erledigte Ladenburger Oberamtmannstelle[30]. Im Mai 1724 wurde sie schließlich ihrem zweiten Ehemann, dem Kämmerer und Obersten Ludwig von Bettendorf, übertragen. Bettendof ist bis 1740 in dieser Funktion nachzuweisen[31]. Im März 1740 übertrug er dann seine Ladenburger Stelle dem Hofgerichtsrat Franz Xaver Thomas von May[32]. 1756 verkaufte der zwischenzeitlich zum Regierungsrat und Vizepräsidenten des Hofgerichts aufgestiegene May diese wiederum an den Hofgerichtsrat Alois von Busch[33]. Bis 1796 amtierte Busch formell an der Spitze des Oberamts. Ihm folgte schließlich vom 8. Juli 1796 bis zum 1. Oktober 1802 als letzter kurpfälzischer Oberamtmann, der Kämmerer und Hofgerichts- und Hofkammerrat Karl Theodor Graf von Wiser, dem Karl Theodor schon Ende 1793 die Anwartschaft auf die Stelle verbrieft hatte[34].

Im Gegensatz zum Oberamtmann, der sich nur selten in seinem Amtsbezirk aufhielt, wurden alle hoheitlichen Angelegenheiten ständig vom Landschreiber besorgt, der im Bischofshof residierte. In der Regel verfügte er über ein Studium oder besaß ausreichend juristische Kenntnisse. Dem ersten Amtsinhaber Christian Chrisanthemus Brewer sollte es bis zu seinem Tod 1718 gelingen[35], die Machtbefugnisse des Landschreibers ständig zu erweitern. Ihm gelang es nach dem Weggang des Gefällverwesers Most, der sich später vergeblich um Brewers Nachfolge bewerben sollte, nicht nur dessen Aufgabenbereich einzuverleiben, sondern zugleich sicherte er seinem 1708 in Ladenburg geborenen Sohn Franz Anton die Anwartschaft auf seine Nachfolge und die damit verbundenen Einkünfte, die er jedoch beim Tod des Vaters am 15. September 1718 noch nicht antreten konnte. Der – damit quasi erblich gewordene – Landschreiberposten wurde deshalb zunächst Konstantin Cagenon übertragen, der am 22. November 1722 jedoch im Alter von 40 Jahren verstarb[36]. Da Brewers Sohn aus Altersgründen noch nicht für das Amt in Frage kam, folgte ihm 1722 vorläufig Johann Jodokus Döring auf dem Landschreiberposten. Wie seine Vorgänger übte auch Döring in Personalunion die Aufgaben als Gefällverweser aus[37].

Neben der ordentlichen Besoldung bezog der Landschreiber zugleich eine Entlohnung in Naturalien. Aus den Amtssporteln und den Neujahrsgeldern der Amtsorte schöpfte er weitere Einkünfte. So standen ihm in Hemsbach beispielsweise die Zungen der von den Juden geschlachteten Rinder, eine Bürger-Allmende von drei Morgen (jährlich ein Wagen Heu und ein Wagen Öhmd), sowie gemeinsam mit der katholischen Pfarrei der Ertrag des Weinausschanks auf dem Weinberg am Pfingstmontag, zehn Rauchhühner, zehn Kapaune, zehn Erntehähne und ein Weingarten zu. Und in Ladenburg bezog er als Äquivalent für die Abgabe eines halben Ochsens, von vier Osterlämmern und eines Lebkuchens jährlich 25 Gulden[38].

Als Franz Anton Brewer 1730 als Landschreiber bestätigt wurde, mußte Döring bis zur Freiwerdung einer geeigneten Stelle vorübergehend abgefunden werden. Übergangsweise versah er nun als Oberamtsverwalter seinen Dienst. Mit dem frühen Tod des erst 24jährigen Brewers am 14. Mai 1733 sollte diese Übergangsregelung jedoch wieder hinfällig werden und Döring konnte nun endgültig zum Landschreiber und Oberamtsverwalter in Personalunion bestellt werden[39]. Als er am 25. Oktober 1738 verstarb, wurde schließlich der *bischöfliche Rechtsgelehrte* Dr. Ferdinand Otto, der bis 1769 als Landschreiber in Ladenburg fungierte, zu seinem Nachfolger ernannt[40]. Wie seine Vorgänger kam auch Otto in den Genuß, *die bis anhero genossene Landschreiberey-Kellerey besoldung*[41] zu behalten, wenngleich er in der Folge die Aufgaben des Gefällverwesers aber überhaupt nicht mehr ausübte. Denn 1739 taucht mit der Ernennung des Amtsschreiberei-Adjunkten Christoph Prior zum Gefällverweser das Amt wieder als selbständiger Geschäftsbereich auf[42]. Dem Gefällverweserposten kam aber mittlerweile – wie die Ernennung Priors, für den man erst eine eigene Entlohnung finden mußte, nahelegt – eine nur subalterne Qualität bei. Bei *ohnehin nicht überhäufft vorfallenden Gefällverweserey geschäfften*[43] hatte er seit Mosts Weggang immer mehr an Bedeutung verloren und war alleine zur lukrativen Nebeneinnahmestelle des Landschreibers geworden. Wenngleich mit Christoph Prior (1739–1742) und dem Pfeddersheimer Bürgermeister Franz Carl Franckh (1743–1748)[44] in den vierziger Jahren wieder zwei Gefällverweser im Oberamt nachzuweisen sind, so besaßen sie bei weitem jedoch nicht die Machtfülle des früheren Verwalters Most. Erst in der langen Amtsperiode des Gefällverwesers Joseph Bonn[45], der von 1757 bis 1793 amtierte, sollte die Funktion des Gefällverwesers, dem die bislang mit der Amtsschreiberei kombinierte Umgelderei übertragen wurde, wieder an Bedeutung gewinnen. Sie rangierte aber nach wie vor unter der herausragenden Stellung des Landschreibers.

Denn als Nachfolger des am 31. März 1769 verstorbenen Otto wurde mit Regierungsrat Jacob de Hertling erstmals ein Adliger zum Landschreiber bestellt[46]. Der 1740 geborene Hertling entstammte einer unter Kurfürst Karl Theodor zum pfälzischen Amtsadel aufgestiegenen Beamtenfamilie, die 1790 sogar in den erblichen Freiherrenstand erhoben wurde[47]. So hatte sein Vater Johann Friedrich Hertling[48] als Professor an der Juristischen Fakultät der Universität Heidelberg eine glänzende Karriere in kurpfälzischen Diensten absolviert. 1733 wurde er zum Oberappellationsgerichtsrat und 1739 sogar zum kurpfälzischen Regierungsvizekanzler und Oberkurator der Universität Heidelberg ernannt. Den Höhepunkt des gesellschaftlichen Aufstiegs markierte schließlich die Erhebung in den Reichsadelsstand am 10. September 1745, die er auch für seine beiden Söhne Johann Friedrich (geb. 1727) und Jacob erwirken konnte. Wie sein älterer Bruder Johann Friedrich, der 1754 zum Landschreiber im Oberamt Simmern und Titular-Hofgerichtsrat und Regierungsrat ernannt wurde und 1790 sogar zum pfalz-bayerischen Kanzler und Minister aufstieg, war Jacob de Hertling mit einer Tochter des 1745 gleichfalls in den Adelsstand erhobenen Konferenzreferendärs Theodor von Weiler verheiratet. Beide verfügten damit über die besten gesellschaftlichen Kontakte bei Hofe[49]. So überrascht es nicht, daß nach Jacob de Hertlings Tod 1793 die Ladenburger Landschreiberstelle auf seinen hier am 17. Juni 1772 geborenen, ältesten Sohn Philipp Joseph Ignaz überging, der 1803 in badische Dienste übernommen werden sollte[50]. Zunächst als Justizrat beim Hofgericht in Mannheim angestellt, avancierte Philipp Freiherr von Hertling 1818 bis zu seiner Pensionierung 1828 zum Kreisrat bei der Regierung des Neckarkreises.

Wichtigster Vertrauter des Landschreibers war der Amtsschreiber, der für den gesamten Schriftverkehr zwischen der lokalen Ebene, dem Oberamt und der Regierung zuständig war. Er führte in allen Prozessen die Protokolle und war ebenso für die Ladenburger Hospitalverwaltung zuständig. Dem 1711 zum Amtsschreiber bestellten Johann Simon Bohy wurde überdies die Ausfautei übertragen[51]. Er war damit für die Führung des Leibeigenenregisters verantwortlich. Ebenso besaß er auch die Aufsicht über die kurpfälzischen Ausleute und deren Ausgaben und versah Vormundschafts- und Nachlaßsachen. Bohy verstand es während seiner fast vierzigjährigen Amtszeit, die Machtposition des Amtschreibers, der neben seiner regulären Besoldung weitere Einkünfte in Form von Naturalien und Amtssporteln bezog, auszubauen, wie die Übertragung der Umgelderei belegt. Als er am 10. Mai 1757 im Alter von 78 Jahren verstarb, ging sein Amt auf Johann Bernhard Büttner über, der als Vize-Sekretär bereits seit 1746 die Anwartschaft auf die Nachfolge Bohys erworben hatte[52]. Büttner blieb aber nur wenige Wochen im Amt. Bereits am 3. Juli 1757 verstarb er im Alter von 34 Jahren. Ihm folgten bis 1776 Ludwig Wüst, bis 1784 Georg Friedrich Winterroll und dann seit 1784 Georg Friedrich Wüst als Amtsschreiber[53].

Unterhalb dieser Verwaltungsebene finden sich weitere herrschaftliche Amtsfunktionen im Oberamt. Neben dem Amtsphysicus[54] gehören hierzu vor allem die Zoller bzw. Zollbereiter, die in den sechs bestehenden Zollstationen des Oberamtes – Ladenburg, Hemsbach, Laudenbach, Altenbach, Neckarhausen und Ringesheim – ihren Dienst versahen. Zusätzlich verfügten der Land- und Amtsschreiber über einen Amtsboten und Hilfspersonal[55].

Die Oberamtsverwaltung selbst war im Bischofshof untergebracht, der während des Dreißigjährigen Krieges und im Spanischen Erbfolgekrieg stark in Mitleidenschaft gezogen wurde[56]. Anhand vorliegender Pläne läßt sich der (bis heute weitgehend unveränderte) Baubestand relativ gut rekonstruieren. Während die beiden Obergeschosse als Wohnraum für den Landschreiber und seine Hausbediensteten genutzt wurden, lagen die Amtslokalitäten im Erdgeschoß. Neben wenigen Möbelstükken verfügten sie 1738 über eine nur bescheidene Ausstattung, die zugleich den allgemeinen schlechten Zustand des Schlosses erahnen läßt. So fanden sich in der Landschreiberei 12 grüne Stühle, ein ovaler Tisch mit einer Wolldecke, 14 Registraturkästen und ein Registraturtisch, ein großes und ein kleines Amtssiegel, eine Sanduhr, ein großes Kruzifix und ein Porträt des Kurfürsten[57]. Für das Jahr 1742 sind kleinere Instandsetzungsarbeiten nachzuweisen. Erst 1769 wurde Baumeister Mayer mit größeren Umbauarbeiten beauftragt, zu denen die fronpflichtigen Amtsorte herangezogen wurden[58]. Die überlieferten Pläne zeigen nun eine weitaus repräsentativere Ausstattung. Unklar bleibt, welcher Einfluß dabei dem neuen Landschreiber Jacob de Hertling beigemessen werden muß.

## 3. Die Amtsstadt Ladenburg in pfälzischer Zeit 1705–1802/03

Im Gegensatz zu den anderen Amtsorten genoß Ladenburg als Oberamtsstadt eine privilegierte Stellung. So bestätigte Johann Wilhelm der Stadt 1706 nicht nur ihre bisherigen Rechte, sondern am 15. Dezember 1711 wurde sie – wie alle pfälzischen Amtsstädte – von den *herrschafftlichen frohnden* befreit. So bestimmte das kurfürstliche Reskript, *daß wir eine gedagte statt ladenburg Zu Einer Oberambts statt gnädigst declariret, selbige auch deren anderen Oberambtsstätten unseres Churfürstenthums der Pfalzgrafschafft bey Rhein durch gehens gleich gehalten, mithin auch die denenselben zugelegte befreyung und Exemption Von denen herrschafftlichen frohnden, worunter hauptsächlich das Jagen, herbeyführung deren früchten, fourage und Vorspann, auch für unseren Hoffstatt Verstehen, in ansehung, das die statt ihre stattmauer, und gemeinen gebäw, auch beständigen wachten an denen thoren unterhalten müssen, geniessen solle [...]*[59].

Indessen sollte Ladenburg während des 18. Jahrhunderts aber weder als Verwaltungssitz noch als Wirtschaftszentrum Mittelpunktscharakter für die anderen Amtsorte gewinnen. Denn nur bei wenigen Anlässen kamen die Oberamtsbewohner überhaupt in der Amtsstadt zusammen. In der Regel wurden die Gerichtstage in den einzelnen Amtsorten durch den Landschreiber oder seinen Amtsschreiber abgehalten. Ausnahmen bildeten allenfalls 'größere' Ereignisse, so beispielsweise die Huldigung des Oberamts für Kurfürst Karl Theodor am 30. September und 1. Oktober 1743. Es erschienen weitgehend alle Bürger und Untertanen des Amtsbezirks in der Oberamtsstadt und leisteten in Anwesenheit des Ober-

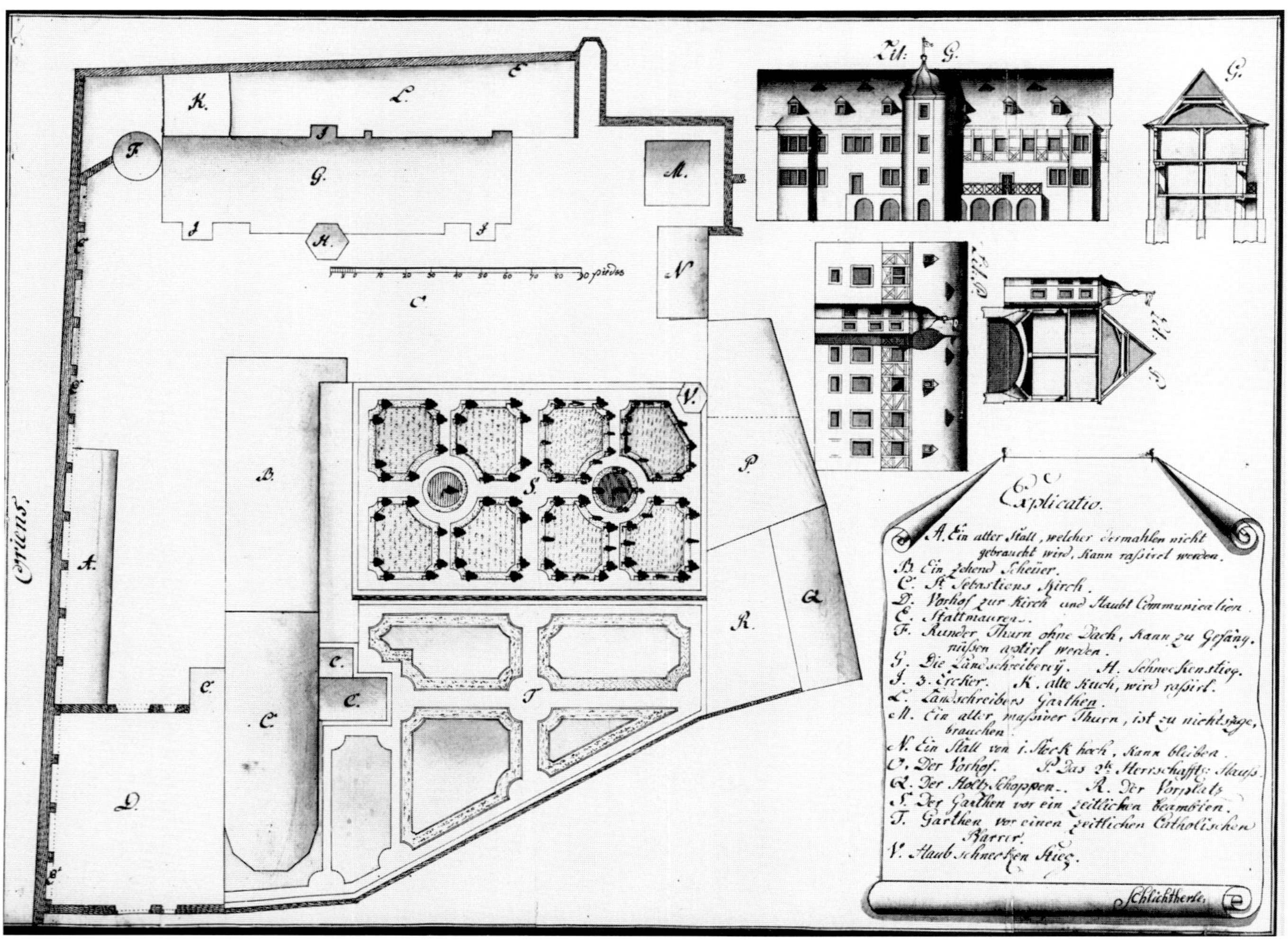

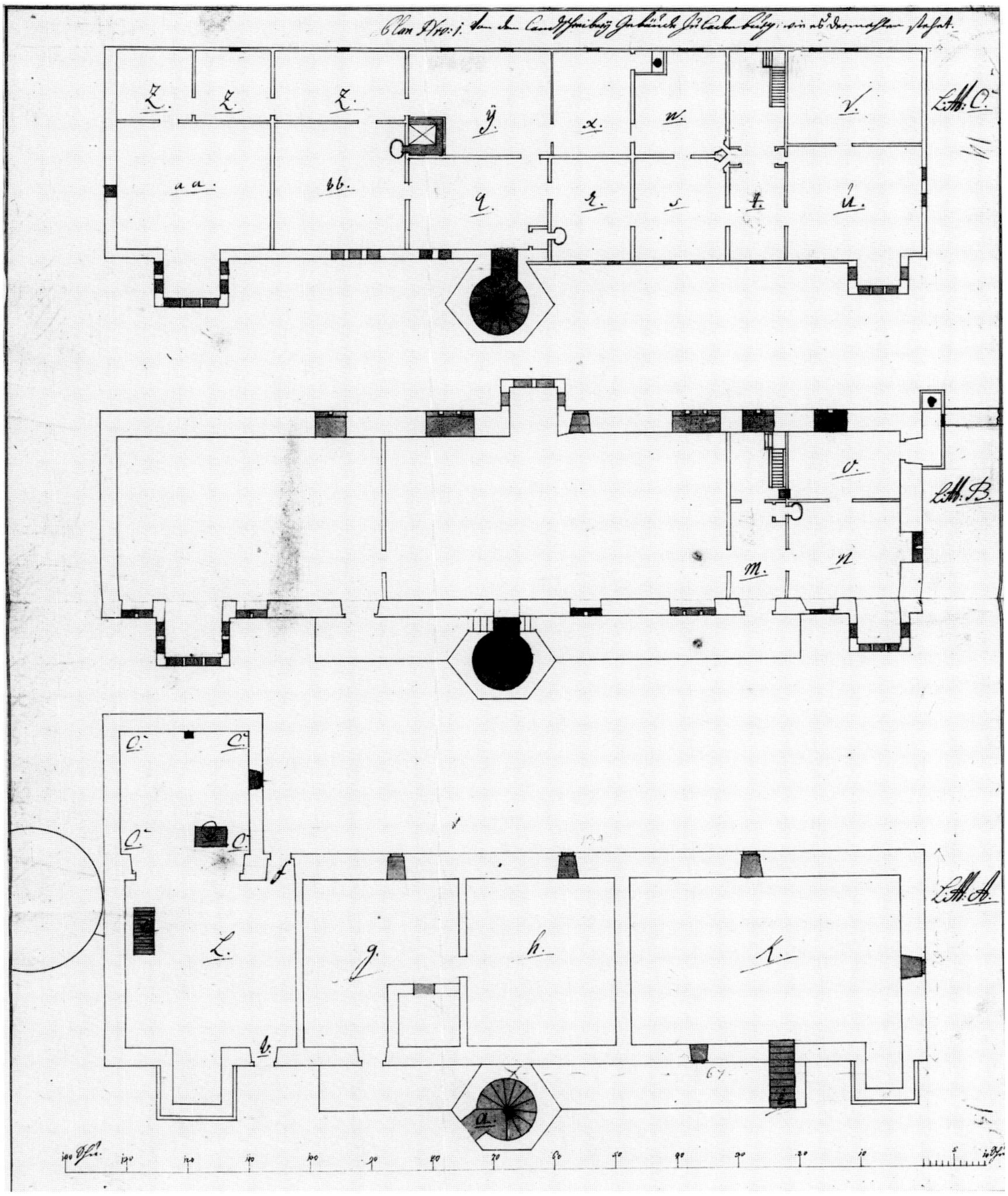

*Die Auf- und Grundrisse von Schlichterle 1758, GLA 210/17 (Abb. auf S. 494), und Mayer 1769, GLA 210/16, dienten dazu, die ehemalige Residenz in das Amtshaus der kurpfälzischen Landschreiberei umzubauen. Schlichterle (Abb. linke Seite): A Ein alter Stall, welcher dermahlen nicht gebraucht wird, kann raßiret (abgebrochen) werden; B Zehendscheüer (Saal); C St. Sebastians-Kirch; D Vorhof zur Kirch und Haubt Communication (-eingangsbereich); E Stattmauer; F Runder Turm ohne Dach (Pfaffenturm), kann zu Gefängnissen aptiret (eingerichtet) werden; G Die Landschreiberey (Schloß); H Schneckenstiege (Treppenturm); J 3 Ecker; K alte Kuch (Küche), wird raßirt; L Landschreibers Garthen; M Ein alter massiver Turm, ist zu nichts zu gebrauchen; N Ein Stall von 1 Stock hoch, kann bleiben; O Der Vorhof; S Der garthen vor ein zeitlichen (jeweiligen) Beambten; T Garthen vor einen zeitlichen Catholischen Pfarrer; V Haubschnecken Stieg.*

amtmannes von May und des Regierungs- und Oberappellationsgerichtsrats von Busch dem neuen Landesherren ihren Eid[60].

Die räumlich getrennt gelegenen Hemsbacher Kellereiorte blieben jedoch während des ganzen 18. Jahrhunderts wirtschaftlich nach Weinheim ausgerichtet und die Odenwaldweiler orientierten sich ebenso unverändert nach Heidelberg. Ladenburg behielt damit seinen Charakter als Ackerbürgerstadt – im Schatten der neuen Residenzstadt Mannheim – bei. Dies wird besonders darin deutlich, daß man zu Beginn der 1770er Jahre verstärkt dazu überging, die immer weniger genutzte städtische Allmende in Ackerland unter die Bürger und Gefreiten aufzuteilen[61]. Dies hatte aber immerhin zur Folge, daß die Bevölkerung – durch den Zuzug neuer Bürger – kontinuierlich wuchs. Alleine zwischen 1768 und 1771 stieg sie von 1.173 auf 1.325 Einwohner um mehr als 13 Prozent an. 1779 betrug die Einwohnerzahl 1.390 und 1786 registrierte man 1.783 Einwohner[62]. Im Jahre 1800 erreichte sie schließlich 1.858[63]. Innerhalb von drei Jahr-

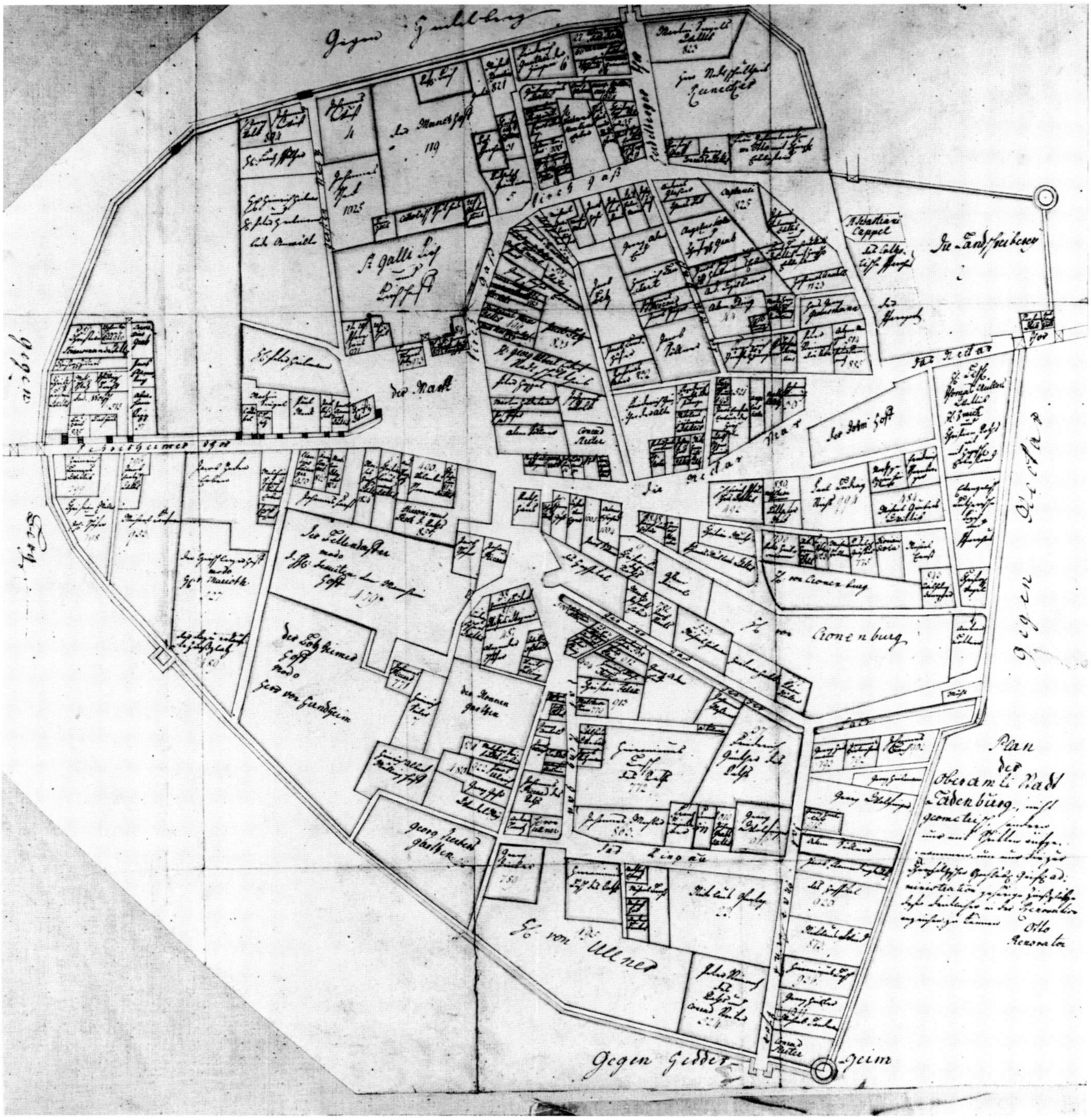

*Plan der Oberamtsstadt Ladenburg von 1744 (GLA H Ladenburg/10. Den transkribierten Text vgl. in der Marginale auf S. 497).*

zehnten war damit die Gesamtbevölkerung um 58 Prozent gewachsen.

Im Vergleich zu allen rechtsrheinischen Orten der Kurpfalz über 1.000 Einwohner verfügte Ladenburg im Jahre 1784 absolut mit 4.439 Morgen und relativ mit 2,5 Morgen pro Kopf über die größte Ackergemarkung überhaupt[64]. Abgesehen von Neckarhausen hatte die Stadt aber kein unmittelbares Hinterland. Zudem lag sie abseits der Haupthandelsstraße und spielte im Gegensatz zu den Fruchtmärkten in Heidelberg und Weinheim als Umschlagplatz kaum eine Rolle. Wenngleich Johann Wilhelm der Stadt 1706 neben ihren alten Rechten und Freiheiten auch die vierfache Marktgerechtigkeit bestätigte, so gingen weder von dem wöchentlich zweimal stattfindenden Victualienmarkt, dem dreimal jährlich abgehaltenen Jahrmarkt und dem damit verbundenen Viehmarkt oder dem Fischmarkt größere Impulse für den Amtsbezirk aus. Ladenburg nahm alleine durch seine Lage am Neckar im Holz- und Stapelhandel eine überregionale Rolle für die Bergstraßengemeinden und deren Hinterland ein, welche die Stadt bis weit ins 19. Jahrhundert hinein behielt[65].

Auch wenn die Stadt 1777 schließlich das kurfürstliche Privileg für die Errichtung eines dritten Fruchtmarktes[66] neben Heidelberg und Weinheim erhalten sollte und dieser vorübergehend an Bedeutung gewann, so sank aber der Umsatz seit Ende der 1780er Jahre rapide und die Marktfrequenz nahm zunehmend ab. Eine entscheidende Rolle spielte hierbei vor allem, daß die Ladenburger Bürgerschaft ihren Bedarf ausschließlich aus eigener Produktion bestritt und die Nachfrage merklich zurückging. Auf Dauer wurde damit Ladenburg als Absatzmarkt im Vergleich zu den ohnehin verkehrsgeographisch besser gelegenen Fruchtmärkten in Heidelberg und Weinheim, die traditionell über ein größeres Absatzgebiet verfügten, für viele auswärtige Produzenten uninteressant.

Erst in badischer Zeit sollte die Amtsstadt Ladenburg als Verwaltungszentrum eines völlig neu zugeschnittenen Amtsbezirkes eine größere Bedeutung für die umliegenden Orte erlangen.

*Transkriebierter Text des Planes von 1744: Plan der Oberants Stadt Ladenburg, nicht geometrisch, sondern nur mit Schnitten aufgenommen, um nur die zur Churpfälzischen Hochlöb[lichen] Geist[lichen] Administration gehörige Zinßplätze desto deutlicher in der Renovation anzeichen zu können. Otto Renovator.*

## 4. Die Errichtung des badischen (Bezirks-)Amts Ladenburg[67]

Als die Markgrafschaft Baden 1802/03 die politische Nachfolge in der rechtsrheinischen Kurpfalz antrat, wurde das Oberamt Ladenburg aufgelöst[68]. Ladenburg blieb aber dennoch Verwaltungssitz eines neu eingerichteten landesherrlichen Amtes. Zusammen mit dem Amt Unterheidelberg, dem Stabsamt Waldeck, den Ämtern Weinheim und Schwetzingen war es Bestandteil der in Heidelberg eingerichteten Landvogtei Strahlenberg, die neben der Landvogtei Dilsberg, der Landvogtei Michelsberg und den beiden Stadtdirektorien Heidelberg und Mannheim verwaltungstechnisch zur badischen Pfalzgrafschaft gehörte. Das Amt Ladenburg erhielt aber einen vollkommen neuen Zuschnitt und erstreckte sich – ganz im Gegensatz zur pfälzischen Zeit – nun auch auf ein zusammenhängendes Gebiet. Während Hemsbach und Laudenbach dem Amt Weinheim und Altenbach dem Amt Unterheidelberg zugeschlagen wurden, blieb allein Neckarhausen beim Amt Ladenburg, dem nun Orte des ehemaligen Oberamts Heidelberg nördlich des Neckars zugeteilt wurden. Es waren dies Feudenheim, Heddesheim (zusammen mit dem Hof Muckensturm, dem Neuhölzerhof und dem Straßenheimerhof), Ilvesheim, Käfertal, Sandhofen (zusammen mit dem Hof Kirschgartshausen, Santdorf und dem Schaarhof) sowie Wallstadt. In dieser Zusammensetzung blieb das Amt Ladenburg auch während der politischen Umbruchszeit und den wiederholten Verwaltungsreformen, die das Großherzogtum in den ersten beiden Jahrzehnten des 19. Jahrhunderts erfaßten, bestehen[69]. Am 23. Dezember 1813 wurde ihm schließlich Schriesheim, das seit 1803 dem Amt Unterheidelberg angehört hatte, zugeteilt. Damit erhielt das landesherrliche Bezirksamt Ladenburg, in dem 1814 rund 11.000 Einwohner lebten, seinen endgültigen räumlichen Zuschnitt.

Den 1809 im Zuge des Reitzensteinschen Novemberedikts geschaffenen 66 landesherrlichen und 52 standesherrlichen Bezirksämtern kam innerhalb des vierstufigen Staatsaufbaus unterhalb der Karlsruher Ministerialbürokratie und den als Mittelinstanzen nach französischem Vorbild geschaffenen zehn Kreisregierungen als Aufsichtsbehörde über die Gemeinden eine wichtige Funktion zu. Diese wurde dadurch verstärkt, daß die Ämter bis 1857 die erste Instanz in der Zivil- und Strafgerichtsbarkeit für die Einwohner des Bezirks ausübten[70]. Daneben schuf das Novemberedikt mit den Amtsrevisoraten eine neue Behörde auf Bezirksebene, welche die Haushaltsführung der Gemeinden kontrollierte und bei Verträgen als

Notariat fungierte. Trotz einer weitgehend eigenständigen Geschäftsführung unterstand der Amtsrevisor dem Bezirksamtmann. Dieser hatte damit eine umfassende staatliche Autorität im Amtsbezirk. So mußte er für die Einhaltung von 'Ruhe und Ordnung' sorgen und die Aufsicht über die Amtsführung der Ortsvorsteher und Gemeinderäte, deren Wahl seiner Bestätigung bedurften, ausüben. In regelmäßigen Abständen bereiste er die Orte und fertigte hierüber Visitationsberichte. So war das Amt auch zuständig für die Erhebung der Bevölkerungsstatistiken, die Führung der Duplikate der Kirchenbücher und die Visitation der Mühlen, Maße und Gewichte. Es erteilte ebenso Konzessionen für Handwerker, Kaufleute und Hausierer und stellte Trauscheine und Erlaubnisscheine zum Wandern außer Landes aus. Daneben nahm der Amtmann auch militärische Aufgaben wahr, indem er die Aushebung der Rekruten im Amtsbezirk beaufsichtigte und den Durchmarsch von Truppen logistisch unterstützte. Das Novemberedikt bestimmte daneben, daß in jedem Amtsbezirk ein eigener Bezirksarzt zu finden war, der alle Ärzte, Veterinäre, Apotheker und Hebammen kontrollieren sollte. Der Amtsphysikus unterstand zwar nicht generell dem Amtmann und konnte zudem eine Privatpraxis führen, auf Verlangen mußte er ihm aber in allen Fragen der gesundheitspolizeilichen Aufsicht (so z.B. Seuchenbekämpfung, Impfungen oder die Verfolgung von ärztlichen 'Pfuschereien'), die zu den weiteren Pflichtaufgaben des staatlichen Bezirksamts gehörten, zur Verfügung stehen. Somit repräsentierte der Amtmann, der in der Regel eine juristische Ausbildung nachweisen mußte, mit einem umfassenden Aufgabenbereich die staatliche Allmacht vor Ort.

Das Novemberedikt von 1809 – das im wesentlichen den Grundstein für die Verwaltung des neuen Großherzogtums legte – bildete freilich nicht den Abschluß der Reformen. So kam es im Verlaufe der kommenden Jahrzehnte immer wieder zu Modifikationen und die Zahl der Bezirksämter und Kreise wurde mit dem Ziel, größere Verwaltungseinheiten zu schaffen, wiederholt reduziert. Das Amt Ladenburg war – mit Ausnahme der Eingliederung von Schriesheim 1813 – von diesen Änderungen auf Bezirksebene nicht unmittelbar betroffen. Es gehörte von 1809 bis 1832 zum Neckarkreis (Sitz: Mannheim), der im gleichen Jahr im neugeschaffenen Unterrheinkreis (Sitz: Mannheim) aufging. Bis zu seiner Auflösung 1863 blieb es beim Unterrheinkreis.

## 5. Verwaltung und Personal des Bezirksamts Ladenburg 1803–1863/64[71]

Entsprechend den Vorgaben der Reitzensteinschen Reform – die das Bezirksamt als klassische Ein-Mann-Verwaltung restaurierte – verfügte das Bezirksamt Ladenburg, dessen Verwaltung weiterhin im Bischofshof untergebracht war, bis zum Ende der 1830er Jahre nur über wenig besoldetes Fachpersonal. Neben dem Amtmann, der von einem Schreiber unterstützt wurde, versahen der Amtsrevisor und der Amtsphysikus ihren Dienst. Seit den 1840er Jahren wurde dem Amtsvorstand zur Entlastung ein Assessor zur Seite gestellt. In den fünfziger Jahren versah zusätzlich auch ein Rechtspraktikant seinen Vorbereitungsdienst beim Bezirksamt. Daneben waren hier ein Amtsregistrator und Sportel-Extrahent, ein Aktuar, ein Decopist, ein Amtsdiener und Gefangenenwärter und zwei Gerichtsvollzieher angestellt. Als staatlicher Beamter bezog der Ladenburger Amtsvorstand ein festes Gehalt, das aber wie in allen kleineren Ämtern deutlich unter dem der Oberamtmänner in den größeren Bezirksämtern bzw. Stadtämtern Mannheim, Heidelberg, Freiburg oder Karlsruhe lag. So bezog beispielsweise Oberamtmann Leiblein als Ladenburger Vorstand 1834 jährlich 1.800 Gulden. Als er dann 1836 nach Bruchsal versetzt wurde, erhielt er immerhin 2.000 Gulden jährlich.

Zum ersten Amtmann bestimmte die badische Landesherrschaft 1803 Georg Caspar Schneck (1767–1820), dem in kurpfälzischer Zeit als Schaffner die Gefällverwaltung des Wormser Domkapitels im Domhof unterstand. Schneck blieb bis 1814 Amtmann in Ladenburg, bevor er dann mit dem Vorstand des Landamtes Heidelberg Franz Anton Nestler (1763–1817) die Stelle tauschte. Der ehemalige Schriesheimer Zentgraf Nestler leitete allerdings nur drei Jahre das Bezirksamt Ladenburg. Am 22. Oktober 1817 verstarb er hier. Daraufhin wurde das Amt bis 1819 von Matthias Müller, der mit Nestler aus Heidelberg nach Ladenburg gewechselt war, interimistisch verwaltet. Bemerkenswert ist in diesem Zusammenhang, daß Müller als Mitbeamter Nestlers seit 1816 von Ladenburg aus zusätzlich das Bezirksamt Weinheim nach dem Tod des dortigen Amtmannes Beithorn bis 1819 mitverwaltete. Diese gemeinsame Verwaltung der Nachbarbezirksämter Weinheim und Ladenburg, deren Amtsbezirke zusammen den Wahlkreis Nr. 35 für die Wahlen zur Zweiten Kammer des Badischen Landtag bildeten, blieb freilich nur Episode. Denn als wiederholt Klagen gegen die schlechte Amtsführung erhoben wurden[72], sollte sie im Zuge eines allgemeinen Stellenrevirements 1819 beseitigt werden. In Weinheim wurde nun Friedrich Christian Rettig zum Amtsvorstand ernannt. Und im März 1819 trat der bisherige Bezirksamtmann in Appenweier, Karl August Rüttinger, der noch im Januar 1819 zum Amtmann in Waldkirch ernannt worden war, in Ladenburg sein neues Amt an. Dagegen wurde der im Februar 1819 zunächst als Ladenburger Amtsvorsteher vorgesehene Eberbacher Amtmann Carl August Beeck nach Achern versetzt. Im September wurde Rüttinger sogar zum Oberamtmann befördert. Der Ladenburger Amtsvorstand sollte im Juni 1826 jedoch wegen zahlreicher Unzulänglichkeiten in den vorzeitigen Ruhestand versetzt werden. So war er nicht nur durch beleidigende Behandlung von Untertanen aufgefallen, sondern das Justizministerium warf ihm zugleich die Außerachtlassung von Gesetzen und das Liegenlassen von Amtsgeschäften vor[73]. Dennoch wurde er kurze Zeit später bei der Regierung des Mittelrheinkreises in Rastatt zum Referenten *cum voto consultivo* ernannt. Zwei Jahre später erhielt er dort sogar das *votum decisivum* und 1830 avancierte er zum Hofgerichtsrat beim Hofgericht des Mittelrheinkreises. Zu seinem Nachfolger in Ladenburg ernannte das Ministerium des Innern Philipp Pfeiffer, der zuvor als Assessor in Mosbach und Lahr und dann seit 1822 als Amtmann in Nekkarbischofsheim Verwaltungserfahrungen gesammelt hatte. Insgesamt stand er acht Jahre dem Bezirksamt Ladenburg vor, bis er dann 1834 nach Adelsheim 'strafversetzt' wurde, wo man ihn 1837 jedoch zum Oberamtmann beförderte. 1842 wechselte er schließlich nach Emmendingen. Dort wurde er 1847 pensioniert. In internen Berichten über Pfeiffers spätere Dienstführung in Adelsheim bzw. Emmendingen taucht von vorgesetzter Stelle immer wieder der Vorwurf auf, daß ihm nicht nur die genügende *dienstpolizeiliche Aufsicht* über die Bürgermeisterämter abgehe, sondern daß er auch die *nötige Polizeiverwaltung* vernachlässigt habe. Im Vergleich zum autokratischen Amtmann Rüttinger hatte sich Pfeiffer aber durch seine Dienstführung bei der Bevölkerung Sympathien erworben. Dies stieß hingegen bei der Karlsruher Ministerialbürokratie auf Mißtrauen. So beklagte sich Pfeiffer in einer Eingabe vom 31. Mai 1840 an das Ministerium, in der er um die Versetzung von Adelsheim nach Neckargemünd nachsuchte, daß man ihn zu Unrecht aus dem Amt Ladenburg, *einem der schönsten, angenehmsten und wichtigsten des Landes, nachdem ich es mit unsäglicher Mühe und Aufopferung wieder in Ordnung gebracht hatte, leider in die einsame, verlaßene, entfernte und arme Gegend versetzt* habe, nur *weil man mir zum Vorwurfe machte, daß ich politische Unruhen in Ladenburg nicht verhütete oder unterdrückt hätte, während in so vielen Städten und Ländern solche stattgefunden und ich ganz isoliert ohne alle Mittel der Gewalt da stand*[74]. Die politischen Hintergründe für seine Strafversetzung 1834 bleiben dabei ebenso wie der Zustand der Ladenburger Bezirksamtsverwaltung in der Ära Rüttinger im Dunkeln. Inwieweit Pfeiffers Strafversetzung etwa im Zusammenhang mit dem „Fest der freien Presse" am 1. April 1832 in Weinheim, dem sog. „Kleinen Hambacher Fest", steht, ließ sich bislang nicht klären. Vorrangig scheinen jedoch disziplinarische Maßnahmen zu seiner Abberufung beigetragen zu haben. Zu seinem Nachfolger ernannte man am 9. Januar 1834 Alban Alois Leiblein, der als Amtmann in Buchen und in Gerlachsheim seine ersten Meriten in der badischen Staatsverwaltung verdient hatte und der 1835 als Abgeordneter des Wahlkreises 39 (Amt Boxberg) in die Zweite Kammer des Badischen Landtags gewählt wurde. Leiblein, der dem gemäßigt regierungsfreundlichen Lager angehörte, blieb allerdings nur zwei Jahre in Ladenburg. Bereits 1836 wechselte er als Amtsvorstand nach Bruchsal. Von noch kürzerer Dauer war die Amtszeit seines Nachfolgers Karl Junghans, der im Mai 1836 nach Ladenburg kam, aber bereits im Dezember 1836 als Regierungsrat zur Regierung des Unterrheinkreises nach Mannheim wechselte. Von 1842 bis 1846 und von 1850 bis 1860 gehörte der gemäßigt regierungsfreundliche Verwaltungsjurist der Zweiten Kammer an, der er zeitweilig auch als Präsident vorstand. Ihm folgte 1837 schließlich Karl Kuenzer, der im Jahr darauf zum Oberamtmann befördert wurde. Damit erhielt das Ladenburger Bezirksamt erneut einen Amtsvorstand, dessen eigenwillige, autoritäre Amtsführung bald offene Kritik hervorrufen und 1839 sogar den Landtag beschäftigen sollte. So hatten sich mehrere Ladenburger Bürger an den Abgeordneten des Wahlkreises Weinheim-Ladenburg, Karl Theodor Welcker, gewandt und sich beschwert, daß Kuenzer am 27. April 1839 während eines Brandes in Ladenburg in offensichtlich betrunkenem Zustand einen *rechtschaffenen Bürger*, der zu den Löscharbeiten herbeigeeilt war, mit *seinem spanischen Rohr dermaßen durchgeprügelt* habe, *dass derselbe besonders wegen starker Beschaedigung seines linken Arms mehrere Tage [...] das Bett hüten musste*[75]. Die Kritik an Kuenzer gipfelte schließlich darin, daß man *leider gestehen (muß), daß dieser Beamte nicht an seinem Platze ist. Am zweckmäßigsten waere er in dem Oden- oder Schwarzwald placiert, denn alle frühere Beamte uebertrifft derselbe in seiner Grobheit.* Kuenzers Auftreten sollte jedoch ohne Folgen bleiben. Zwar mißbilligte der gemäßigte Regierungsanhänger Merk in der Landtagsdiskussion das ungesetzliche Verhalten Kuenzers. Dennoch wollte er hierin aber kein eklatantes Mißverhalten der Verwaltung anerkennen, um so mehr als er befürchtete, daß das Protestschreiben *einen Schwall von Petitionen* nach sich ziehe. Kuenzer blieb weiterhin als Amtsvorstand in Ladenburg, wo er jedoch am 10. September 1840 im Alter von 50 Jahren verstarb. Mit dem Tauberbischofsheimer Oberamtmann Ludwig Frobenius von Dürrheimb sollte das Bezirksamt im Januar 1841 wieder einen langgedienten und erfahrenen Beamten als Vorstand erhalten, der von 1831 bis 1840 als Abgeordneter des Wahlkreises Nr. 15 (Amt Emmendingen) ununterbrochen der Zweiten Kammer angehört hatte. Der 1783 in Rasatt geborene Dürrheimb blieb – ungeachtet der Absetzung durch die Provisorische Regierung Brentano im Mai 1849 – bis zu seiner Pensionierung am 8. September 1849 im Amt. Zu seinem Nachfolger wurde daraufhin der Müllheimer Oberamtmann Fidel Kuen bestimmt, der in dem 'aufrührerischen' Amtsbezirk, der in der Revolution wiederholt zum Schauplatz militärischer Aktionen geworden war, die Ruhe und Ordnung wieder herstellen sollte. In den Anfangsjahren leitete Kuen zahlreiche polizeiliche Untersuchungen gegen Revolutionäre im Amtsbezirk, so auch gegen den am 24. Mai 1849 als Ladenburger Zivilkommissär eingesetzten Ilvesheimer Bäckermeister und Gastwirt Ludwig Witz[76], der 1851 zu einer Zuchthausstrafe von drei Jahren verurteilt wurde. Kuen leitete bis 1858 die Ladenburger Behörde. Ihm folgte schließlich bis zur Auflösung des Bezirksamts Ladenburg, dessen Gemeinden im Zuge der Lameyschen Verwaltungsreform vom 5. Oktober 1863 nun dem neu geschaffenen Bezirksamt Mannheim zugeschlagen wurden – nur Heddesheim kam zum Amt Weinheim –, der Gerlachsheimer Oberamtmann Anton Schneider als letzter Amtsvorstand.

## 6. Ausblick: Die Amtsstadt Ladenburg in badischer Zeit

Durch das 'Gesetz über die Organisation der Inneren Verwaltung' vom 5. Oktober 1863 büßte Ladenburg, dessen Bevölkerung im 19. Jahrhundert konstant wuchs, seinen Status als Amtsstadt ein. So lebten 1814 2.033 Menschen in der Stadt[77]. 1834 betrug die Einwohnerzahl 2.325 und 1841 immerhin 2.431[78]. 1852 war sie auf 2.930 angestiegen und 1875 verzeichnete sie einen Stand von 3.040[79]. Wenngleich Ladenburg zunächst noch Sitz des Amtsgerichts bleiben sollte, das nach der Trennung von Zivil- und Justizverwaltung seit 1857 hier etabliert worden war, so verlor die Stadt aber mit der Aufhebung des Amtsgerichts 1872 ihre Mittelpunktsfunktion für die ehemaligen Amtsorte. Dieser Verlust schmerzte die Bürgerschaft schwer, wiederholt wandte man sich in Petitionen an die Zweite Kammer des Landtags und bat um die Wiedererrichtung des Amtsgerichts[80]. 1880 genehmigte das Justizministerium schließlich, daß für die Gemeinden Neckarhausen, Schriesheim, Wallstadt und Ilvesheim, einmal monatlich ein Gerichtstag in Ladenburg abgehalten werden sollte. Für die Stadt bedeutete dies einen vorübergehenden Prestigegewinn. Und der Bericht des Gemeinderats über den ersten Gerichtstag am 4. Juni 1880 belegt, daß er als Fest- und Ehrentag begangen wurde. So war die Stadt überall beflaggt und die Gerichtsherren wurden mit Böllersalven, Glockengeläute und freudigen Zurufen der Bevölkerung begrüßt. 1882 wurde schließlich ein zweiter Gerichtstag in Ladenburg eingeführt, der die Verantwortlichen 1884 hoffen ließ, erneut mit einer Petition beim Landtag die Wiedererrichtung des Amtsgerichts zu erlangen. So war der Bürgerausschuß bereit, für den Bau eines Amtsgerichts und Gefängnisses den immensen Zuschuß von 40.000 Gulden aufzubringen. Der Plan wurde aber wieder verworfen, denn eine Umfrage in den immer stärker nach Mannheim orientierten Nachbargemeinden ergab, daß diese – ausgenommen Neckarhausen, Ilvesheim und Schriesheim – bei ihren alten Gerichtsbezirken bleiben wollten. Ladenburg hatte damit endgültig seine Mittelpunktsfunktion verloren.

Denn auch mit der Einführung der Eisenbahn hatte Ladenburg spätestens seit Mitte der 1840er Jahre seine Rolle als Holzstapel- und Güterumschlagplatz am Neckar eingebüßt. Zwar lag die Stadt an der seit 1846 von Heidelberg nach Frankfurt führenden Main-Neckar-Bahnstrecke. Das neue Verkehrsmittel ließ aber zusehends die Bedeutung des mitunter beschwerlichen und langsamen Schiffstransports auf dem Neckar und damit die Rolle Ladenburgs als Stapelplatz zurückgehen. Im Schatten des zum größten südwestdeutschen Handels- und Industriezentrum heranwachsenden Mannheim, das bald die umliegenden Orte eingemeinden sollte, verlor das beschauliche Landstädtchen, dessen Wirtschaftsleben neben kleingewerblichen Handwerksbetrieben überwiegend von der Landwirtschaft bestimmt wurde, damit immer mehr an überregionaler Bedeutung.

## Anmerkungen

1 Eine systematische Darstellung der Verwaltungsgeschichte des pfälzischen Oberamts Ladenburg fehlt – trotz vereinzelter Ansätze – bislang vollkommen. So befassen sich die wenigen Beiträge von Karl BETZ (1926), Karl CHRIST oder Benno KUNZE allenfalls am Rande mit der Verwaltungsgliederung und dem Personal des Oberamts. Vielmehr beleuchten sie nur die 'territoriale' Ausdehnung des Amts und greifen somit kaum über die nach wie vor heranzuziehende Darstellung Johann Goswin WIDDERS aus dem Jahr 1786 hinaus. Der vorliegende Beitrag kann im Rahmen dieses Sammelbandes zur Ladenburger Stadtgeschichte diese Lükke aber ebensowenig schließen. Zwar versucht er, den Aufbau der Ladenburger Oberamtsverwaltung und ihr Personal im Überblick zu skizzieren. Insgesamt kann er aber eine – dringend notwendige – strukturgeschichtliche Analyse der Ladenburger Oberamtsverwaltung nicht leisten. Wichtige Hilfestellung boten hierbei neben seinen zahlreichen Einzelstudien die Beiträge von Meinrad SCHAAB in der „Amtlichen Kreisbeschreibung

der Stadt- und Landkreise Heidelberg und Mannheim" (nachfolgend zitiert: KREISBESCHREIBUNG).

2 Vgl. gedruckten Vertragstext in: GLA 77/8360.

3 Vgl. hierzu: SCHAAB: Kurpfalz 2, S. 168ff.; AMMERICH (mit weiteren Literaturangaben).

4 Vgl. hierzu die viele Details zur Ladenburger Oberamtsgeschichte liefernde Darstellung von KASTNER.

5 GLA 77/8360.

6 Ebd.

7 Vgl. gedruckten Vertragstext in: GLA 77/8360.

8 Vgl. SCHUCH, S. 109.

9 Vgl. GLA 156/6.

10 Vgl. gedruckten Vertragstext in: GLA 77/8360.

11 Vgl. GLA 156/7.

12 Vgl. BETZ: Entwicklung, S. 34.

13 Vgl. Abschrift des Privilegs in: GLA 156/45.

14 Vgl. GLA 77/2467.

15 Ebd.

16 Ebd.

17 Vgl. BETZ: Entwicklung, S. 34 u. KASTNER, S. 94ff.

18 Vgl. KASTNER, S. 97 u. 523.

19 Vgl. GLA 156/123.

20 Vgl. hierzu die detaillierten Oberamtsstatistiken von 1768 bis 1786 in: GLA 156/56. Vgl. auch WIDDER, S. 450 mit den Vergleichsangaben für das Jahr 1784.

21 Vgl. zum allgemeinen Hintergrund die Arbeiten von KARST, LENZ und SCHAAB/MORAW.

22 GLA 156/7– 8 u. KASTNER, S. 337.

23 Vgl. zur allgemeinen kurpfälzischen Verwaltung im 18. Jahrhundert neben den in Anm. 21 genannten Arbeiten auch MÖRZ.

24 Vgl. GLA 156/6.

25 Vgl. GLA 156/8.

26 Vgl. Literatur in Anm. 21 u. MÖRZ sowie GLA 156/7 u. 14.

27 Vgl. GLA 156/7. Vgl. zur Familie und Biographie GLA 77/7412 u. 77/7916 (Beförderungen) sowie KNESCHKE Bd. 2, S. 491f.

28 Vgl. KASTNER, S. 90

29 GLA 156/7.

30 Zur Biographie des Ernst Amand von der Sachse vgl. GLA 77/8009 (Teil 2).

31 Vgl. GLA 156/7. Über die Identität des Oberamtmanns Ludwig von Bettendorf herrscht bislang noch Ungewißheit, denn in den Akten wird an keiner Stelle sein zweiter Vornamen erwähnt. Ob er mit dem am 8. August 1743 zum Kommandanten von Heidelberg ernannten Generalmajor Freiherr Ludwig von Bettendorff identisch ist, erscheint zwar wahrscheinlich, läßt sich aber dennoch nicht eindeutig nachweisen. Vgl. BEZZEL, Anlage S. 86. Ebenso bleibt es nach wie vor ungeklärt, ob es sich bei ihm um den Sohn des kaiserlichen Generals Ludwig Philipp von Bettendorff, Ludwig Christoph, handelt, der 1763 geisteskrank verstarb. Nach seinem Tod ging der Familienbesitz – so die Auflage im Testament des Vaters – an die Töchter seines Onkels Karl Ludwig von Bettendorff über. Die auf den privaten Unterlagen und Stammbäumen im Familienarchiv in Schatthausen aufbauende Bettendorffsche Familienchronik kann diese Zusammenhänge ebensowenig klären. Vgl. hierzu: BETTENDORFF, S. 169. Vgl. auch GASSNER.

32 Vgl. GLA 156/7 u. zur Familie May KNESCHKE Bd. 6, S. 183.

33 Vgl. GLA 156/7 u. zur Familie Busch KNESCHKE Bd. 2, S. 167.

34 Vgl. GLA 156/7 u. zur Familie Wiser KNESCHKE Bd. 9, S. 586f.

35 Vgl. GLA 156/8 u. zur Familie Brewers auch DIEFENBACHER, S. 37 (Nr. 340).

36 Vgl. GLA 156/8 u. zu Cagenon auch DIEFENBACHER, S. 33 (Nr. 415).

37 Vgl. GLA 156/8.

38 Vgl. KASTNER, S. 90 u. BETZ: Entwicklung, S. 47ff. sowie GLA 156/11.

39 Vgl. GLA 156/8 u. zu Döring auch DIEFENBACHER, S. 42 (Nr. 506).

40 Vgl. GLA 156/8 u. zu Otto auch DIEFENBACHER, S. 183 (Nr. 2190).

41 Vgl. GLA 156/13.

42 Vgl. GLA 156/13.

43 Vgl. GLA 156/9.

44 Vgl. GLA 156/13 u. zu Franck auch LENZ: Kellerei, S. 111f.

45 Vgl. GLA 156/9 u. 13 u. zu Bonn auch DIEFENBACHER, S. 21 (Nr. 261).

46 Vgl. GLA 156/8.

47 Zur Familie vgl. KNESCHKE Bd. 4, S. 336f.

48 Zur Biographie von Johann Friedrich Hertling (1680–1749) vgl. DRÜLL, S. 65f.

49 1790 werden seine Schwager Franz Joseph und Wilhelm Anton von Weiler ebenfalls in den erblichen Freiherrnstand erhoben. Zu den engen familiären Beziehungen, die weit in die Mannheimer Hofgesellschaft hineinreichten, vgl. EBERSOLD.

50 Vgl. GLA 156/8 u. zur Biographie auch DIEFENBACHER, S. 103 (Nr. 1233) und WECHMAR, S. 48.

51 Vgl. GLA 156/6, 9 u. 21.

52 Vgl. GLA 156/6, 9 u. zu Bohy u. Büttner auch DIEFENBACHER, S. 20 (Nr. 251) u. S. 29 (Nr. 366).

53 Vgl. GLA 156/8, 24 u. 33.

54 Vgl. GLA 156/92–94.

55 Vgl. GLA 156/12 u. 15.

56 Vgl. DOERR und HUTH, S. 177–189.

57 Vgl. KASTNER, S. 90.

58 Vgl. Umbauplan. In: HUTH, S. 183 (Abb. 115).

59 Vgl. Kopie des Privilegs in: GLA 156/45.

60 Vgl. ausführliche Schilderung bei KASTNER, S. 97ff.

61 Vgl. hierzu grundlegend BETZ: Entwicklung, S. 65ff.

62 Vgl. Bevölkerungsstatistik des Oberamts Ladenburg 1768 bis 1786, in: GLA 156/56.

63 Vgl. BETZ: Entwicklung, S. 68f.

64 Vgl. ebd., S. 66f.

65 Vgl. ebd., S. 39ff. u. 95ff.

66 Vgl. ebd., S. 90–95 u. Textabdruck bei: KOEHNLE, S. 707–709

67 Ebenso wie die Geschichte des pfälzischen Oberamts Ladenburg ist auch die Verwaltungsgeschichte des badischen Bezirksamts Ladenburg bislang nur ansatzweise erforscht worden. Immerhin liegen aber mit den erst

jüngst vorgelegten Kurz-Biographien der Ladenburger Amt- bzw. Oberamtmänner erste Zwischenergebnisse vor. Vgl. AMTSVORSTEHER.

[68] GLA 156/7 (Aufhebung der Oberamtmannstelle).

[69] Vgl. zum allgemeinen Hintergrund: [BÜCHLER]; [MÜLLER]; HEUNISCH 1833 und 1857; UNIVERSAL-LEXIKON; KREISBESCHREIBUNG; REDECKER; STIEFEL; ANDERMANN. Vgl. daneben auch die grundlegenden Beiträge zur Geschichte Badens im 19. Jahrhundert (mit weiterführenden Literaturangaben) von FENSKE und ULLMANN. In: SCHWARZMAIER und NOLTE.

[70] Vgl. nachfolgend hierzu auch: EIBACH.

[71] Die nachfolgenden Angaben zu den Ladenburger Amtmännern basieren alle auf der Publikation: AMTSVORSTEHER. Aus Platzgründen wird deshalb hier nur generell auf die dort abgedruckten biographischen Artikel verwiesen. Sie enthalten jeweils weiterführende Quellen- und Literaturhinweise.

[72] Vgl. GLA 156/37.

[73] Vgl. auch EIBACH, S. 57

[74] Vgl. GLA 76/5862.

[75] Vgl. GLA 76/4549. Vgl. auch EIBACH, S. 85.

[76] Vgl. zur Biographie von Witz den Beitrag von KNEIS. In: ARBEITSKREIS DER ARCHIVE IM RHEIN-NECKAR-DREIECK, S. 322–324.

[77] Vgl. BÜCHLER, S. 76.

[78] Vgl. Angaben in: HOF- UND STAATSHANDBUCH 1834, S. 378f. u. 1841, S. 67f.

[79] Vgl. KREISBESCHREIBUNG Bd. 3, S. 640.

[80] Vgl. hierzu grundlegend BETZ: Entwicklung, S. 107ff.

# Chronik der Revolution 1848/49 in Ladenburg

von Hildegard Kneis

## Vorbemerkung

Ladenburg gerät aufgrund seiner Lage an der Main-Neckar-Bahn und dem militärstrategisch wichtigen Neckarübergang erst nach der Mairevolution 1849 in den eigentlichen Blickpunkt der revolutionären Ereignisse. Es sollte dann in den nächsten Wochen der militärischen Entscheidungen im Juni 1849 eine wichtige Rolle spielen. Wie in anderen Städten und Gemeinden fanden aber auch hier die 'Märzforderungen' 1848 breite Unterstützung. Nicht zuletzt aufgrund des hier gewählten Abgeordneten der Zweiten Kammer des badischen Landtags, des populären Volksführers Friedrich Hecker, engagierten sich viele Ladenburger in der Revolution.

## Chronologie

**7. März 1847**
Friedrich Hecker, seit 1842 Abgeordneter des Wahlkreises Weinheim-Ladenburg, erklärt seinen Austritt aus der Zweiten Kammer des badischen Landtags.

**12. September 1847**
Maßgebliche Mitwirkung Heckers bei der Verabschiedung des politischen Grundsatzprogramms der „Ersten Offenburger Versammlung". Neben bisherigen liberalen Forderungen umfaßt es auch soziale Aspekte wie progressive Einkommenssteuer, Ausgleich des Mißverhältnisses zwischen Kapital und Arbeit und Abschaffung aller Vorrechte.

**November 1847**
Nach seiner Rückkehr aus Algerien wird Hecker erneut als Abgeordneter des Wahlkreises Weinheim-Ladenburg in den badischen Landtag gewählt.

**28. Februar 1848**
Hecker setzt bei der Regierung in Karlsruhe gegen den Widerstand von Abgeordnetenkollegen die Übergabe der Mannheimer Sturmpetition durch. Sie war am Vortag von 2.500 Bürgern bei der Aulaversammlung in Mannheim nach Bekanntwerden der Ausrufung der Republik in Frankreich verabschiedet worden. Die Mannheimer Erklärung regt Massenpetitionen aus allen Städten an. Die 'Märzforderungen' verlangen Pressefreiheit, allgemeines Wahlrecht, Bildung von Schwurge=richten, ein deutsches Parlament, nationale Einheit, konstitutionelle Verfassung und Volksbewaffnung.

**2. März 1848**
Großherzog Leopold erklärt die Erfüllung der 'Märzforderungen'.

**3. März 1848**
Gründung der Ladenburger Bürgerwehr, nachdem Fensterscheiben der Häuser von jüdischen Einwohnern eingeworfen werden; Bewaffnung der Mitglieder (190 Mann) erfolgt im Mai 1848.

**19. März 1848**
Hecker führt den Vorsitz auf der „Zweiten Offenburger Versammlung", wo er neben anderen die Schaffung einer deutschen Republik allein dem zu wählenden Nationalparlament zuweist.

**13. April 1848**
Nach dem Scheitern seiner Vorstellungen im Vorparlament versucht Hecker von Konstanz aus, nun die Republik durch einen Volksaufstand zu gründen. Nach Niederschlagung des „Heckerzugs" am 20. April in Kandern flieht Hecker in die Schweiz.

**1. Mai 1848**
Hecker wird das Abgeordnetenmandat der Zweiten Kammer aberkannt.

**18. Mai 1848**
Deutsche Nationalversammlung tritt in der Paulskirche in Frankfurt am Main zusammen.

**24. Mai 1848**
Wahl des Mühlbacher Pfarrers Georg Friedrich Schlatter zum Abgeordneten des Wahlkreises Weinheim-Ladenburg als Nachfolger Heckers wird annulliert.

**17. August 1848**
Wahl von Pfarrer Friedrich August Lehlbach aus Heiligkreuzsteinach als Abgeordneter des Wahlkreises Weinheim-Ladenburg.

**September 1848**
Treffen von Lehrern in Ladenburg unter dem Vorsitz von Philipp Stay (Lehrer in Maisbach, Organisator des Allgemeinen Lehrervereins Baden und Herausgeber des „Neuen Badischen Volksschulblattes") zur Vorbereitung des „Congresses der Volksschullehrer" in Frankfurt im Oktober 1848.

**Frühjahr 1849**
Bildung eines Volksvereins in Ladenburg (u.a. im Vorstand „Sonnenwirt" Karl Sommer)

**15. Mai 1849**
Großherzogliche Dragoner unter dem Kommando des badischen Kriegsministers, General Friedrich Hoffmann, und des Obersten Heinrich von Hinkeldey, die die Flucht des Großherzogs Leopold und seiner Familie von Karlsruhe nach Germersheim gesichert hatten und sich den Reichstruppen in Frankfurt anschließen wollten, treffen in Ladenburg ein. Der Übergang über die Nekkar-Eisenbahnbrücke scheitert jedoch, weil sich ihnen neben der Bürgerwehr auch Aufständische aus der Region entgegenstellen, die durch den Ladenburger „Kronenwirt" August Lehlbach und den „Sonnenwirt" Karl Sommer herbeigerufen worden waren. Die großherzoglichen Trupppen ziehen sich zunächst nach Edingen zurück und versuchen neckaraufwärts ins Württembergische zu gelangen. Am 17. Mai werden sie von Bürger- und Turnerwehren aus Sinsheim, Heidelberg, Wiesloch, Haßmersheim, Heilbronn und anderen Orten bei Fürfeld und Bonfeld gefangengenommen.

**18. Mai 1849**
Rechtsanwalt May aus Heidelberg wird von der „Provisorischen Regierung" unter Lorenz Brentano im Amtsbezirk Ladenburg als Zivilkommissär an Stelle des abgesetzten Oberamtmanns Ludwig Frobenius von Dürrheimb eingesetzt. Vom 21. bis 23. Mai übernimmt „Sonnenwirt" Karl Sommer diese Funktion. Am 24. Mai wird der Ilvesheimer Gastwirt und Bäcker Ludwig Witz zum Zivilkommissär ernannt (bis 20. Juni).

**30. Mai 1849**
Nachdem sich die Revolutionstruppen unter dem Oberbefehl von Franz Sigel an der Neckarlinie zwischen Mannheim und Heidelberg gesammelt haben, stößt Sigel von Weinheim aus nach Norden vor, muß sich aber mit seinen Truppen wieder zurückziehen. Im Gefecht bei Hemsbach erleidet er gegen hessische Truppen unter dem Kom-

*Die Ladenburger Neckarbrücke um 1850 (Vorlage: StA Ladenburg).*

*Gefecht bei Ladenburg am 15. Juni 1849. Rechts im Vordergrund: Die Freischärler beschießen von der linken Neckarseite aus die in Ladenburg stationierten Regierungstruppen (Vorlage: StA Ladenburg).*

mando des Generalmajors von Schäffer eine folgenschwere Niederlage. Der Plan, die Revolution nach Norden weiterzutragen, ist damit gescheitert. Der Oberbefehl über die Revolutionstruppen wird am 10. Juni dem polnischen General Ludwik Mieroslawski übertragen.

**15. Juni 1849**

Auf ihrem Vormarsch gegen die auf dem linken Neckarufer stehende Revolutionsarmee rücken Einheiten der Reichstruppen unter dem preußischen Oberst von Witzleben gegen Ladenburg vor. Sie stoßen zunächst unweit des Bahndamms auf Freischärler, die zum Rückzug über die Neckarbücke gezwungen werden. Ladenburg wird von mecklenburgischen Grenadieren ohne Widerstand eingenommen. Ihnen fällt ein zurückgelassener Munitionswagen in die Hände. Am Nachmittag entwickelt sich ein Gefecht zwischen den Regierungstruppen und den von Neckarhausen aus operierenden Freischärlern, die von Friedrichsfeld aus Verstärkung erhalten und mit Booten über den Neckar setzen. Am Abend ziehen sich die Reichstruppen nach Verlusten in Richtung Heddesheim zurück. In der Nähe des Friedhofs kommt es zu einem erneuten Gefecht. Insgesamt werden acht Mecklenburger (u.a. Hauptmann von Schreeb) an diesem Tag getötet und 44 Soldaten der hessisch-preußischen Interventionsarmee verwundet. Den gefallenen Soldaten der Reichsarmee wird später ein Denkmal auf dem Ladenburger Friedhof errichtet. Major von Hindersin, der die gesamten militärischen Operationen vom Turm der Galluskirche aus beobachtet, wird mit einem weiteren Offizier und Soldaten von den badischen Truppen gefangengenommen. Die Revolutionstruppen rücken in Ladenburg ein.

**16. Juni 1849**

Nach diesem Erfolg startet die Revolutionsarmee einen Gegenangriff. Im Gefecht bei Großsachsen kommen die Regierungstruppen in Bedrängnis. Sie ziehen sich in ihr Hauptquartier nach Weinheim zurück. Die erfolgreichen Revolutionäre unter Franz Sigel sind in Ladenburg und Schriesheim stationiert.

**20. Juni 1849**

Mieroslawski zieht die Revolutionstruppen von der Neckarlinie in Richtung Waghäusel ab. In Ladenburg bleiben nur wenige Kompagnien, Reiterei und Geschütze zurück, die den Neckarübergang der Regierungstruppen verhindern sollen. Die Eisenbahnbrücke soll notfalls gesprengt werden. Dazu kommt es allerdings nicht.

**21. Juni 1849**

Die Hauptmacht der Regierungstruppen unter General von Groeben erreicht um 10.00 Uhr Ladenburg. Die Stadt ist nicht besetzt, denn die Freischärler haben sich auf die linke Neckarseite zurückgezogen. Sie beschießen von dort aus die Reichstruppen, die sie zudem durch die Demontage von Brükkenteilen auf der rechten Neckarseite halten. Die Freischärler verhindern dadurch, daß die Reichstruppen dem bei Waghäusel kämpfenden Revolutionsheer in den Rücken fallen können. Die Preußen richten in Ladenburg ihren Generalstab ein.

**22. Juni 1849**

Am Tag nach der Niederlage bei Waghäusel und nach der Einnahme von Mannheim am 22. Juni setzen die Freischärler die Beschießung der preußischen Truppen in Ladenburg fort. Sie decken so den Rückzug der geschlagenen Revolutionarmee in Richtung Heidelberg und Sinsheim. Ihre Stellung bei Ladenburg/Neckarhausen geben die Freischärler gegen Abend – zunächst unbemerkt – auf. In der Nacht überqueren die Reichstruppen den Neckar.

**1849–1851**

Nach der Niederschlagung der Revolution werden in Ladenburg und im Amtsbezirk zahlreiche Untersuchungen gegen die Revolutionsanhänger durchgeführt. Mehrere Personen werden in Prozessen zu Haftstrafen verurteilt. Zivilkommissär Ludwig Witz wird ebenso wie sein Schriftführer, der Lehrer Adam Bausch, zu drei Jahren Zuchthaus in Bruchsal verurteilt.

**26./27. Mai 1873**

Bei seinem Besuch in Deutschland steigt Friedrich Hecker mit seinen Begleitern auf der Bahnfahrt von Bremen über Hannover und Frankfurt nach Mannheim bereits zuvor in Ladenburg aus und wird hier von zahlreichen Anhängern begrüßt. Rund 10.000 Menschen bereiten ihm in Mannheim einen großen Empfang.

*Rechte Spalte: Grabstein für den am 15. Juni 1849 gefallenen Hauptmann Heinrich von Schreeb auf dem Friedhof Ladenburg. Die Inschrift lautet: Dem Andenken des Hauptmann / Heinrich v. Schreeb / geb. zu Boldebruck / D. 21. Febr. 1803 / Gefallen bei Ladenburg / D. 15. Juni 1849 / von / seinen Kameraden / des groshl. Mecklb. / Schwerinschen / Grenadier / Garde Bataillon ( Foto: StA Ladenburg).*

*Ruhestätte der am 15. Juni 1849 gefallenen Soldaten auf dem Friedhof Ladenburg (Foto: StA Ladenburg).*

# Die Kirchengemeinden im 19. und 20. Jahrhundert

von Karl Hoffmann

*Situation der Kirchen im neugeschaffenen Großherzogtum (S. 509). – Katholische Kirche (S. 509). – Evangelische Kirche (S. 515). – Altkatholische Kirchengemeinde (S. 517). – Andere christliche Gemeinschaften (S. 518).*

## Situation der Kirchen im neugeschaffenen Großherzogtum

Als Kurfürst Maximilian I. Joseph mit Abtretungspatent vom November 1802 u.a. auch das Rheinpfälzische Oberamt Ladenburg dem Markgrafen Karl Friedrich von Baden (seit 1803 Kurfürst, seit 1806 Großherzog) abtrat, hatte dies für die Bewohner Ladenburgs weitreichende Folgen. Nicht nur, daß aus Kurpfälzern plötzlich Badener und damit aus der kurpfälzer Oberamtsstadt eine badische Amtsstadt wurde. Auch das Bistum Worms hörte auf zu bestehen. Damit verlor Ladenburg seinen Charakter als Sommer- und Nebenresidenz der Bischöfe. Eine 1.200 Jahre währende Tradition hatte damit ihr Ende gefunden.

Das neu entstandene Großherzogtum war ein Land mit schroffen Gegensätzen. Im südbadischen ehemals vorderösterreichischen Breisgau fühlte man sich noch eher Wien oder der alten Metropole Freiburg verbunden, und in der nordbadischen Pfalz beklagte man die Trennung von der linksrheinischen Pfalz. Dem gewerblich besser entwickelten Nordbaden stand der eher landwirtschaftlich strukturierte südbadische Landesteil gegenüber. Noch schroffer aber waren die konfessionellen Gegensätze. Im pfälzer Landesteil wohnten – bedingt durch die konfessionellen Auseinandersetzungen in der einstigen Kurpfalz – neben Katholiken vor allem Angehörige des reformierten Bekenntnisses, während im Markgräfler Land die Lutheraner vorherrschend waren und im Breisgau und den ehemals fürstenbergischen Besitzungen fast ausschließlich Katholiken wohnten.

Die neue Regierung betrachtete die Kirchen vor allem als Einrichtungen zur Förderung der Moral. Um ein Zusammenwachsen der so verschiedenartigen Landesteile zu fördern, strebte man mit Nachdruck an, daß innerhalb der katholischen Kirche eine einheitliche Organisation für das ganze Land geschaffen wird. Auf reformierter und lutherischer Seite sollte eine Landeskirche die beiden Konfessionen einen.

## Katholische Kirche

Zum Territorium des neuen Landes gehörten Teile der mittelalterlichen Diözesen Konstanz, Straßburg, Speyer, Worms, Mainz und Würzburg. Um diese zu einer einheitlichen Diözese innerhalb der Landesgrenzen zusammenzufügen, mußte das Einvernehmen mit dem Heiligen Stuhl herbeigeführt werden. Dazu bedurfte es langwieriger, zäher Verhandlungen. Um gegenüber Rom mit dem erforderlichen Nachdruck auftreten zu können, einigten sich die Regierungen von Baden, Württemberg, Hohenzollern, Hessen-Darmstadt, Hessen-Nassau, Kurhessen und Frankfurt auf ein gemeinsames Vorgehen. Bei den nun folgenden schwierigen Verhandlungen gab es immer wieder Rückschläge. Rom schwebte eine länderübergreifende Diözesanordnung vor, bei der in einer sogenannten Kirchenprovinz einem Erzbistum mehrere Bistümer beigeordnet sein sollten. Das Ergebnis vieler diplomatischer Verhandlungen mündete schließlich in der päpstlichen Bulle „Provida sollersque" vom 16. August 1826. Durch sie wurde die Oberrheinische Kirchenprovinz gebildet. Zu ihr gehörten damals die neuen Bistümer Freiburg, Mainz, Fulda, Rottenburg und Limburg. Um den Sitz der badischen Bistumsleitung hatten sich die Städte Konstanz, Freiburg, Karlsruhe und Bruchsal beworben. Trotz einiger Bedenken innerhalb der Landesregierung wurde schließlich Freiburg zum Sitz des neuen Landesbistums gewählt, an dessen Spitze ein Erzbischof gleichzeitig auch der neuen Kirchenprovinz vorstehen sollte. Mit der Veröffentlichung der päpstlichen Bulle durch die verschiedenen an den Verhandlungen beteiligten Regierungen im Jahr 1827 wurde diese in den einzelnen Ländern rechtswirksam. Das Erzbistum Freiburg in seiner heute uns geläufigen Gestalt war damit geschaffen worden, zumal sich auch noch die beiden Fürstentümer Hohenzollern-Hechingen und Hohenzollern-Sigmaringen anschlossen.

Nun war noch die wichtige Frage zu klären, mit wem der erzbischöfliche Stuhl besetzt werden sollte. Eine Umfrage unter den Dekanen des Landes ergab eine überzeugende Mehrheit für den Konstanzer Bistumsverweser Ignaz Heinrich von Wessenberg. Dieser fand jedoch nicht das Wohlwollen Roms, weil er eine Zeitlang die Idee einer deutschen Reichskirche unter einem eigenen Primas vertrat und zudem den Klöstern und bestimmten Formen der Volksfrömmigkeit ablehnend gegenüberstand. Auch die großherzogliche Regierung stand ihm ablehnend gegenüber. Dafür präsentierte diese den Freiburger Theologen Ferdinand Wanker. Rom lehnte aber seine Weihe ab, weil dessen Theologie zu sehr vom Geist der Aufklärung geprägt war. Schließlich fand man in dem Freiburger Münsterpfarrer Bernhard Boll, der aus dem Zisterzienserorden kam, eine Persönlichkeit, die beiden Seiten genehm war und damit erster Erzbischof und Metropolit der Oberrheinischen Kirchenprovinz werden konnte.

Die Querelen an höchster Stelle hatten zunächst auf das Leben in den Gemeinden relativ wenig Einfluß. Zwar kam 1802 im Zusammenhang mit der Auflösung der Diözese Worms der Wormser Domhof in Ladenburg an Hessen-Darmstadt. Dieses hatte aber am im badischen „Ausland" gelegenen Grundbesitz kein Interesse und verkaufte ihn daher bald an Private. Die Lutheraner, die ihren Gottesdienst in einer Scheune des Kettenheimer Hofes verrichteten, versuchten 1803 vergeblich St. Sebastian, die ehemalige Hofkapelle der Bischöfe von Worms, zu erwerben.

Große Sorgen bereitete der katholischen Gemeinde der bauliche Zustand der St. Galluskirche. Dort waren durch Setzungen der Fundamente Risse im Mauerwerk und im Gewölbe entstanden. Eine im Jahr 1816 von Maurermeister Friedrich Siegel und Zimmermeister Ferdinand Gattung durchgeführte Bauuntersuchung ergab, daß schon früher entstandene, notdürftig ausgebesserte Risse sich wieder geöffnet hatten. Sie schlugen vor, diese auszuhauen, mit gutem Material zu füllen und zu verputzen. Außerdem stellten sie fest, daß sich das Dachwerk verschoben hatte und daher zumindest verschraubt und gesichert werden mußte, wenn nicht sofort das ganze Dachwerk abgetragen und durch neues Gebälk ersetzt werden könnte. Die geforderten kostspieligen Arbeiten konnten sicher aus finanziellen Gründen, aber auch wegen den noch ungeklärten Zuständigkeiten in der Kirchenleitung, zunächst nicht ausgeführt werden. Man hat sich daher zunächst mit einer Vervollständigung und Verbesserung der Inneneinrichtung begnügt. So beabsichtigte man im Jahr 1843 einen neuen Hochaltar zu erstellen. Die damals noch erforderliche Genehmigung durch die Großherzogliche Kreisregierung machte die Realisierung des Vorhabens erst im Jahr 1855 möglich. 1858 schließlich konnte man noch zwei neue Seitenaltäre errichten. Auch neue Fenster konnte man durch Glasmaler Weißkopf fertigen und mit finanzieller Unterstützung der Gemeindemitglieder anbringen lassen.

Nun endlich konnte man auch daran gehen, die schon lange offenkundigen Bauschäden der Kirche zu beheben. Die bereits 1816 vorgeschlagene Generalsanierung des Bauwerks erwies sich als recht kostspielig. Da außerdem zwischenzeitlich auch Risse an der Westfassade aufgetreten waren und zudem das Gotteshaus für die angewachsene Zahl der Katholiken zu klein geworden war, entschloß man sich, die Kirche um ein Joch nach Westen zu verlängern. Bei den nach Plänen von Architekt Lang durchgeführten Arbeiten stieß man 1863 auch auf mächtige Fundamente, ohne zu ahnen, welchem Zweck sie einst dienten. Erst 1911 konnte bei umfassenden Grabungsarbeiten festgestellt werden, daß es sich um die Fundamente der Westfassade einer römischen Basilika handelte, auf denen die Galluskirche errichtet worden ist. Im Zusammenhang mit der Verlängerung der Kirche wurde auch eine geräumige Empore geschaffen, die Platz für eine neue, größere Orgel bot. Diese wurde von der Fa. Voit u. Söhne in Durlach für 9.600 Gulden gebaut und im Jahre 1868 aufgestellt; sie gilt als eine der größten Orgeln aus dieser Werkstatt. Die bisher benutzte Orgel ist im Jahr 1790 von Hoforgelbauer Krämer gebaut worden und sollte zuerst verkauft werden, um zum notwendigen Geld zu kommen. Man entschloß sich dann aber doch, sie in der Sebastianskapelle aufzustellen. Im Jahr 1885 wurde die neue Orgel näher an die Rückwand versetzt, um mehr Platz für den Kirchenchor zu gewinnen. Dieser war vier Jahre vorher, im Jahr 1881, gegründet worden, während bis dahin nur vereinzelte Gruppen von Sängerinnen und Sängern gelegentlich zur Gestaltung der Gottesdienste beitrugen.

Sehr segensreich wirkte sich bis in unsere Zeit die Gründung des Katholischen Krankenpflegevereins im Jahre 1889 aus. Der damalige Pfarrverweser Eicheler berief im Februar jenen Jahres eine Pfarrversammlung ein, in der er den Zweck eines solchen Vereins erläuterte. Sogleich erklärten sich 93 Pfarrangehörige bereit, diesem Verein beizutreten. Bereits am 21. März konnten die Niederbronner Schwestern Sylvina und Athalena ihren Dienst in der Gemeinde aufnehmen. Sie wohnten zunächst im sogenannten Stumpfschen Haus in der Rheingaustraße, das der Kirche gehörte. Dieses wurde später abgerissen und durch das Josephshaus ersetzt, in dem zeitgerechtere Schwesternwohnungen und ein Kindergarten untergebracht werden konnten.

Den Ladenburger Pfarrern war schon seit dem 17. Jahrhundert auch die Seelsorge auf dem Straßenheimer Hof mit der Magdalenenkapelle mit kurzen Unterbrechungen übertragen. Daß dies bei der relativ weiten Entfernung und den damaligen Verkehrsverhältnissen nicht gerade zu den angenehmsten Verpflichtungen zählte, läßt sich leicht denken. So ist verständlich, daß man im Jahr 1913 die Seelsorge an die katholische Pfarrkuratie Wallstadt abtrat und dafür noch 26.000 Mark zahlte.

Wie in anderen Orten entstanden auch in Ladenburg nach der Jahrhundertwende zahlreiche katholische Vereine und Organisationen. Sie dienten der gemeinsamen Pflege des religiösen Lebens und der Geselligkeit oder der Vertretung von Standesinteressen. Sie konnten aber fast alle die Hitlerdiktatur nicht überleben. Lediglich der im Jahr 1914 gegründete Mütterverein besteht heute noch als Katholische Frauengemeinschaft. Ein besonders reges Vereinsleben entwickelte der im Jahr 1906 unter Pfarrer Haas gegründete Katholische Jugend- und Jungmännerverein, der bald weit über 100 Mitglieder zählte. Pflege von Religion und Geselligkeit sowie die Förderung sportlicher Betätigung waren seine Ziele. Aus der sportbegeisterten katholischen Jugend ging dann auch die Deutsche Jugendkraft (DJK) hervor, die weit über Ladenburg hinaus beachtete sportliche Erfolge erzielen konnte. Um ihr eine Heimstatt zu schaffen wurde von Stadtpfarrer Häußler am 31. Januar 1932 der Verein Jugendwohl e.V. gegründet. Seine Satzung besagte ausdrücklich, daß er nur so viele Mitglieder haben sollte, wie zum Eintrag in das Vereinsregister gesetzlich vorgeschrieben sind. Er war der Rechtsträger des 1932/33 erbauten Gallusheimes am Rindweg mit dem dazugehörigen Jugendwohlplatz. Die Anlage wurde am 27./28. Mai 1933 mit einem großen Sportfest unter Beteiligung zahlreicher auswärtiger Vereine feierlich eingeweiht und erhielt von Abt Adalbert von Neipperg aus Stift Neuburg den kirchlichen Segen. Diese so hoffnungsvoll begonnenen Aktivitäten fanden durch das vom NS-Staat „zum Schutz des inneren Friedens" im Juli 1935 ausgesprochene Verbot der DJK ein jähes Ende. Als ruchbar wurde, daß das

Heim und der Sportplatz von NS-Organisationen besetzt werden sollte, wurde das Gelände von Gemeindemitgliedern in einer Nacht- und Nebelaktion umgepflügt. Mit solchen und ähnlichen Schikanen mußten die christlichen Gemeinden in der Hitlerzeit leben, wenn ihnen nicht noch Schlimmeres passieren sollte.

Bei Kriegsende kam Ladenburg relativ glimpflich davon. Kurz vor dem Einmarsch der Amerikaner am 28. März 1945 allerdings erhielt die Galluskirche noch neun Treffer von Artilleriegranaten, die aus Richtung Heddesheim-Wallstadt abgefeuert worden waren. Sie verursachten Steinschäden insbesondere am nördlichen Seitenschiff, am Dach, am Westgiebel und am oberen Teil des Südturms. Alle Schäden konnten bis Ende 1947 behoben werden.

Wie überall verursachte auch in Ladenburg der starke Zustrom von Ausgebombten, Flüchtlingen und Heimatvertriebenen eine große Wohnungsnot. Um diese zu lindern, wurden auf Initiative von Stadtpfarrer Häußler dem katholischen Siedlungswerk „Neue Heimat“ (heute „Familienheim Rhein-Neckar e. G.“) zahlreiche Grundstücke zur Verfügung gestellt und damit die Schaffung neuer Wohnungen ermöglicht.

Nach Kriegsende fühlten sich diejenigen, die während der 12-jährigen Hitlerherrschaft treu zu ihrer Kirche standen, verpflichtet, die aufgelösten oder verfemten kirchlichen Vereinigungen nach Möglichkeit wiederzubeleben. Dabei dachte man zunächst an einen losen Zusammenschluß z.B. im Männerwerk oder in Jugendgruppen der Pfarrei. Es zeigte sich aber bald, daß die so gebotene Möglichkeit an Vorträgen und Diskussionen teilzunehmen von vielen als zweitrangig angesehen wurde, gegenüber den vielfachen Verpflichtungen, die die Mitgliedschaft in einer festgefügten Organisation mit sich bringt. Daher griff man gerne die Anregung einiger hier wohnender Mitglieder auswärtiger Kolpingsfamilien auf, auch in Ladenburg eine selbständige Kolpingsfamilie zu gründen. Am 5. November 1950 konnte ihre feierliche Gründung erfolgen. Seit dieser Zeit bietet sie ihren Mitgliedern mannigfache Hilfen, um als mündige Christen in Kirche, Familie, Beruf und öffentlichem Leben zu bestehen. Im Laufe der Zeit entstanden so noch weitere Gruppierungen wie BDKJ, Familienkreise, Altenwerk, die Jugendband „Pro vobis“, das Bildungswerk u.a., die alle dazu beitragen, das kirchliche Gemeindeleben zu bereichern.

Das starke Anwachsen der Bevölkerung nach dem Krieg bedingte auch eine Ausweitung der Seelsorge und der caritativen Tätigkeit. Darum wurde in der Weststadt in den Jahren 1959/60 die Filialkirche St. Johannes mit einem Kindergarten gebaut. Nach der Erschließung der Südstadt entstand dort der Günther'sche Kindergarten, der im Oktober 1972 eingeweiht werden konnte. Die Pläne für beide Objekte stammen von Dipl. Ing. Willi Götz. Träger der Kindergärten ist der aus dem katholischen Krankenpflegeverein hervorgegangene Caritas e.V. Dieser hält damit dort und in dem in der Altstadt gelegenen Josephskindergarten heute insgesamt 180 Kindergartenplätze vor.

Die Pfarrkirche St. Gallus war noch im neugotischen Stil des 19. Jahrhunderts ausgestattet und mußte dringend renoviert werden. Dies und die durch das II. Vatikanische Konzil eingeführten liturgischen Reformen veranlaßten die Verantwortlichen, den gesamten Innenraum neu zu gestalten. Die umfassende Innenrenovierung fand abschnittsweise in den Jahren 1964/68 statt. Die Kirche erhielt dabei einen hellen Innenverputz und einen neuen freistehenden Zelebrationsaltar; Tabernakel, Altarkreuz und Taufstein schuf Edwin Neyer, Heidelberg. Die ausdrucksvollen Bronzeplastiken der Seitenaltäre, Maria als Mutter mit Kind und Joseph als Zimmermann auf dem Baugerüst, stammen von Prof. Otto Sonnleitner aus Würzburg. Die neuen in leuchtenden Farben gestalteten Kirchenfenster von Valentin Feuerstein, Neckarsteinach, geben dem Raum jetzt eine feierliche Weihe. Mit den erst 1991 von Michael Huber aus Oberkirch geschaffenen Bronzefüllungen der Altarmensa und des Ambos wurde die moderne Ausstattung vervollständigt.

Ein weiteres Gotteshaus der katholischen Gemeinde ist St. Sebastian, die ehemalige Hofkapelle der Bischöfe von Worms. Nachdem sich im Jahre 1875 auch in Ladenburg eine altkatholische Gemeinde gebildet hatte, mußte sie lt.

Erlaß des Großherzoglichen Ministeriums des Innern den Altkatholiken zur dauernden Mitbenutzung überlassen werden. Nach damaligem Kirchenrecht war damit aber eine Nutzung durch die römisch-katholische Gemeinde nicht mehr möglich. Im Laufe der Jahre zeigten sich am Bauwerk immer stärkere Schäden, die eine Generalinstandsetzung unumgänglich machten. Bereits im Jahre 1959 wurden erste Kostenvoranschläge eingeholt, die aber bei den damals noch bestehenden Rechtsverhältnissen nicht realisiert werden konnten. Erst im Jahr 1968 konnte mit der umfassenden Renovierung begonnen werden. Wissenschaftler nutzten natürlich diese einmalige Gelegenheit, um die interessante und wechselhafte Geschichte dieses Bauwerks zu erforschen. Dadurch und durch ständig neue Finanzierungsprobleme zogen sich die Arbeiten am Bauwerk bis in das Jahr 1980 hin. Erst am 12. Oktober 1980 konnte mit einem Ökumenischen Gottesdienst die Wiedereinweihung gefeiert werden. Mit der Weihe der restaurierten Andreas-Krämer-Orgel am 26. September 1982 fanden dann die Arbeiten praktisch ihren Abschluß.

Vor den Toren der Stadt, an der Heidelberger Straße, steht seit alters her das „Aljenhäuschen". Es ist dies eine kleine Wegkapelle, die vermutlich an der Stelle eines römischen Heiligtums errichtet wurde. Dort mußten die ankommenden Fremden (= *alieni*) den Stadtgottheiten ihr Opfer entrichten. Dieses Kapellchen war bei den Bürgern schon immer ein beliebtes Ziel sonntäglicher Spaziergänge. Da es aber auf stadteigenem Grund und Boden stand war es auch immer wieder Gegenstand von Auseinandersetzungen zwischen Stadt und Kirchengemeinde. Als sich im Jahr 1936 Bauschäden zeigten, erklärte sich der Stiftungsrat bereit, es durch einen aus Spenden finanzierten Neubau zu ersetzen wenn das Grundstück unentgeltlich der Kirche überlassen wird. Dies wurde von den damaligen Machthabern abgelehnt, weil angeblich der Kapellenstandort genau in der Trasse einer geplanten Straße lag. Als in der Folgezeit die Kapelle geschändet wurde, entfernten katholische Männer die in ihr stehende wertvolle Pieta des Mannheimer Bildhauers Paul Egell im Jahr 1938, um wenigstens diese vor der Zerstörung zu retten. Als nach dem Krieg die Kirche in den Besitz des Grundstücks kommen konnte, errichtete die Kolpingfamilie die Kapelle mit eigenen Kräften und konnte sie an Allerheiligen 1975 weihen lassen und der Pfarrgemeinde übergeben.

Um eine pfarrübergreifende Zusammenarbeit zu fördern, hat Erzbischof Dr. Saier am 17. September 1980 den Pfarrverband „Lobdengau" errichtet; zu ihm gehören die Pfarreien von Ladenburg, Edingen und Neckarhausen.

Da nach dem Krieg die DJK nicht wieder gegründet wurde, diente das Gallusheim zunächst Ladenburger Firmen als Jugendwohnheim. Im August 1981 schließlich wurde es an die Güntherlsche Stiftung für Jugendpflege verkauft. Mit dem Verkaufserlös wurde das nach dem Bezug des neuen Rathauses frei gewordene Stadtbauamt in der Feuerleitergasse erworben. Nach den erforderlichen Umbauarbeiten konnte dieses am 16. Oktober 1983 als Gemeindehaus St. Gallus eingeweiht werden.

### *Die katholischen Pfarrer*

| | |
|---|---|
| 1775–1801 | Johannes Michael Trauninger |
| 1801–1802 | Franz von Hardungh |
| 1802–1808 | Johann Baptist Cavallo |
| 1808–1815 | Johann Martin Baumgärtner |
| 1815–1816 | Haaf |
| 1817–1838 | Dr. Adam Schlinck |
| 1839–1852 | Dominik Landherr |
| 1852–1853 | Joseph Anton Rimelin |
| 1853–1858 | Reiff |
| 1858–1862 | Leiblein |
| 1862–1863 | Müller |
| 1863 | J. Nahm |
| 1863–1864 | J.Dietz |
| 1864 –1865 | M. Retzbach |
| 1865– 1887 | Sebastian Meßang |
| 1887–1889 | Artur Eicheler |
| 1889–1910 | Franz Joseph Haas |
| 1910–1912 | Wilhelm Reinhard |
| 1913–1914 | Konstantin Seitz |
| 1914–1921 | Joseph Vomstein |
| 1921–1960 | Otto Häußler |
| 1960–1991 | Adolf Jardot |
| seit 1991 | Karl Häring |

## Evangelische Kirche

Im neugeschaffenen Großherzogtum lebten, wie schon oben erwähnt, Reformierte und Lutheraner als Angehörige einer der aus der Reformation hervorgegangenen Kirchen. Es war das Bestreben der großherzoglichen Regierung, diese beiden Kirchen zusammenzuführen und auch für sie eine für das ganze Land geltende einheitliche Kirchenverfassung zu schaffen. Die Voraussetzungen dazu waren nicht schlecht, denn schon 1800 hatte der reformierte Kirchenrat unter Kurfürst Max Joseph beschlossen, die Kirchenratsinstruktion, die Karl Friedrich als Dienstvorschrift für die Lutheraner seiner Markgrafschaft erlassen hatte, zu übernehmen. Er tat dies ungeachtet teilweise auseinander gehender Lehrmeinungen, denn, so hieß es, in der Kirche seien auch freie Lehrmeinungen zu dulden, sofern dadurch die Regierungsgewalt Christi nicht angetastet werde. Im Jahr 1807 schließlich gibt der reformierte Kirchenrat in Heidelberg sein Einverständnis zu seiner Vereinigung mit dem lutherischen Kirchenrat in Karlsruhe. Die neue badische Kirchenleitung hieß Oberkirchenrat, später „Evangelische Kirchensektion des Ministeriums des Inneren". Ungeachtet dieser Vereinigungsbestrebungen hielten die einzelnen Kirchengemeinden noch an ihrem überlieferten Glaubensleben fest.

Neuen Auftrieb erhielten die Bemühungen zu einer Kirchenunion, als bei den Vorbereitungen zur Dreihundert-Jahr-Feier der Reformation am 30. Oktober 1817 mehrere Mannheimer Lutheraner vorschlugen, daß bei der Abendmahlfeier an diesem Tag ein lutherischer Pfarrer in der reformierten und ein reformierter Pfarrer in der lutherischen Kirche den Kelch reichen solle. Dies lehnte der reformierte Kirchenvorstand zum allgemeinen Bedauern der Gläubigen strikt ab. Die Basis aber gab keine Ruhe. So erteilte Großherzog Karl am 14. November 1818 als letzte Amtshandlung kurz vor seinem Tod die Ermächtigung, alle Vorbereitungen zu einer Kirchenunion zu treffen. Für den Nachfolger Ludwig I. war dies eine Herzensangelegenheit, denn er entstammte einer Mischehe: Sein Vater war Lutheraner, seine Mutter war Reformierte. Er berief alsbald eine Generalsynode ein, die aus frei gewählten Geistlichen und Gemeindemitgliedern beider Kirchen bestand und vom 2. bis 26. Juli 1821 in Karlsruhe tagte. Nach eingehender Diskussion der noch offenen Glaubensfragen wurde einstimmig die Vereinigung beschlossen und am 26. Juli 1821 die Unionsurkunde unterzeichnet. Dem Augsburgischen Glaubensbekenntnis, dem Heidelberger Katechismus und dem Kleinen Katechismus Martin Luthers wurde dabei die gleiche Bedeutung beigemessen und bekräftigt, daß die Heilige Schrift die einzige Quelle christlichen Glaubens ist. Am 28. Oktober 1821 ist dann die Union mit Festgottesdiensten und erstmals gemeinsamen Abendmahlsfeiern in Kraft getreten.

Auch in Ladenburg gab es bis dahin zwei Gemeinden, die auf die Reformation zurückgingen. Es waren dies die größere reformierte Gemeinde und eine kleinere lutherische Gemeinde.

Das lutherische Bekenntnis ist in der Kurpfalz erst unter Kurfürst Philipp Wilhelm im Jahr 1690 wieder offiziell zugelassen worden. Die noch kleine Schar der Ladenburger Gläubigen kaufte 1699 von Freiherrn von Bettendorf den ehemaligen Kettenheimer Hof (Mühlgasse 7) und baute die auf der Stadtmauer ruhende Scheune zu einem Gotteshaus um. Das restliche Anwesen nutzten sie für Wohnzwecke und als Schule. Allerdings war es ihnen nicht gestattet, mit Glocken zu läuten oder bei Beerdigungen auf dem Weg zum Friedhof zu singen. Erst 1807 konnten sie aus Kollektenmitteln dort einen Glockenturm errichten. Zuvor versuchten sie im Jahr 1803 vergeblich die Sebastianskapelle zu erwerben, nachdem ja der Bischofshof seinen Charakter als Nebenresidenz der Bischöfe verloren hatte.

Mit der Union im Jahr 1821 vereinigten sie sich schließlich mit den Reformierten. Von nun an war das bisher reformierte Gotteshaus im ehemaligen Mönchshof die gemeinsame Kirche für die beiden nunmehr vereinigten Gemeinden. Die bis dahin lutherische Kirche an der Stadtmauer in der Mühlgasse wurde 1822 versteigert, und die beiden Glocken wurden 1826 nach Germersheim verkauft.

Groß war einst sicher die Freude der Ladenburger reformierten Gemeinde über ihr erstes unter großen Opfern aus eigenen Mitteln errichtetes Gotteshaus. Es wurde nach Plänen des Barockbaumeisters Johannes Jakob Rischer auf dem Areal des früheren Schönauer Mönchhofes errichtet und 1720 eingeweiht. Doch schon knapp 100 Jahre nach der Einweihung werden im Jahr 1816 und nochmals 1829 ernste Schäden am Bau festgestellt. Im Jahr 1846 wird dann im Zusammenhang mit notwendigen größeren Instandsetzungsarbeiten das Langhaus um 7 Fuß erhöht, die Empore erweitert und eine Sakristei angebaut. Dennoch war der bauliche Zustand auch in den folgenden Jahren Anlaß zu ständiger Sorge. Obwohl 1865 der Dachstuhl ausgebessert und die Mauern mit Strebepfeilern abgestützt wurden, zeigten sich schon 7 Jahre später bedenkliche Risse in den Wänden und gefährliche Senkungen am Dachgebälk. Eines Tages fiel sogar während eines Gottesdienstes ein großes Stück Mörtel mit einer eisernen Klammer aus der Wand und schlug neben der Kanzel zu Boden. In einem Bericht des Pfarrers Friedrich Ludwig Joseph aus dem Jahr 1874 wird geschildert, daß die Gemeindemitglieder nur ängstlich und mit Bangen die Kirche betreten und die Zahl der Kirchgänger daher immer mehr abnehme. Zudem dringe bei starkem Regen das Wasser in Strömen durch die Mauerfugen in das Kircheninnere. Ab Dezember 1874 mußte die Kirche geschlossen werden. Die katholische Kirchengemeinde erlaubte wie schon in früheren Zeiten bei größeren Instandsetzungsarbeiten die Benutzung der Sebastianskapelle. Bei dieser Sachlage konnte sich die Kirchenbehörde einem Kirchenneubau nicht mehr länger verschließen und beauftragte den Kirchenbauinspektor Behagel mit der Fertigung der Pläne. Am 13. September 1875 begann man mit dem Abbruch der alten Kirche und hängte die Glocken für die Zeit der Bauarbeiten auf ein Gerüst im Kirchgarten. Nach dem ersten Spatenstich am 23. März 1876 konnte am 16. Juli 1876 der Grundstein für die heutige evangelische Stadtkirche gelegt werden. Die Baukosten waren mit 90.691,89 Goldmark veranschlagt. Um den Kirchenneubau hat sich vor allem Pfarrer Friedrich Ludwig Joseph verdient gemacht, der bis 1876 Seelsorger der Gemeinde war. 1876/77 stand Vikar Friedrich Schmidt und ab 7. Juni 1877 Pfarrer Ludwig Wilhelm Kurzenberger der Gemeinde vor. Unter ihm konnte der Kirchenbau am 23. Juli 1878 glücklich vollendet und am 27. August 1878 feierlich eingeweiht werden. Schmunzeln läßt ein mit Bleistift beschriebener Zettel, der unter der Holzverkleidung der Kanzel bei einer späteren Kirchenrenovation gefunden wurde. Auf ihm steht: *Die Kanzel wurde von den vereinigten Ladenburger Schreinermeistern Josef Sauer der Alte, Jakob Siegel mit der Dus, Franz Kunz mit der Pfeiffe, Anton Arnold der Junge verfertigt im Jahre 1878 im Juni für 250 Mark. Dabei viel Wasser getrunken bei der großen Hitze. Zur Zeit des Attentats auf den deutschen Kaiser Wilhelm, schwer verwundet.*

Am Tag der Weihe versammelte sich die Gemeinde in der Sebastianskapelle zu einem Dankgottesdienst. Sie zog dann in feierlichem Zug zur neuen Kirche, um dort am eigentlichen Weiheakt teilzunehmen. Nach dem Gottesdienst fand im Gasthaus zum Schiff eine weltliche Feier mit Festessen statt. Am folgenden Tag wurde allen Schulkindern in Ladenburg und Neckarhausen zur Erinnerung an das denkwürdige Ereignis ein Gedenkkreuzer geschenkt. Er zeigt auf der Vorderseite das Bild der neuen Kirche mit der Umschrift: *Evangelische Kirche in Ladenburg* und auf der Rückseite die Inschrift: *Erinnerung an die Einweihung – den 27. August 1878.*

Mit dieser neuen Kirche war die evangelische Gemeinde einer großen Sorge enthoben, die jahrzehntelang auf ihr lastete. Sie konnte sich nun ganz auf die Ausbildung eines lebendigen Gemeindelebens konzentrieren.

Zunächst war man bestrebt, das vorhandene Geläute zu verbessern. Schon im Jahr 1875 hatte man die Kirchenbehörde vergeblich gebeten, der Gemeinde eine neue Glocke zu bewilligen, weil die mittlere der vorhandenen drei Glocken von 1732 in ihrem Klang nicht mit den beiden anderen harmonierte. Da fand sich in dem Gemeindemitglied Friedrich Kreter ein Mäzen, der zusammen mit seiner Frau Elisabeth geb. Kronmüller aus Freude über den gelungenen Kirchenbau die gewünschte Glocke stiftete. Sie wurde bei Andreas Hamm in Frankenthal gegossen und der Gemeinde am 15. Juni 1882 geliefert. In Erinnerung an die Verdienste, die sich das Fürstenhaus Nassau um die Verbreitung der Reformation erworben hatte, wurde sie „Nassauer-Glocke" genannt. Um die durch den Kirchenbau angelaufenen Schulden tilgen zu können, verkaufte man das ehemalige reformierte Schulhaus in der Schulstraße im Jahr 1885 für 15.000 Mark an die Stadt, die es dann als Spitalgebäude verwendete. Dies war um so eher möglich, als in Ladenburg schon seit 1876 eine Gemeinschaftsschule bestand.

Die am 9. März 1889 erfolgte Gründung des evangelisch-altkatholischen Krankenpflegevereins ist ein deutliches Zeichen dafür, daß man sich auch Gedanken darüber machte, wie man aus christlicher Verantwortung am ehesten die Not des Nächsten mildern kann.

Im Krieg werden bekanntlich oft die Werte umgedreht. So wurden schon im ersten Weltkrieg Glocken, die eigentlich dazu bestimmt sind, zu Frieden und Versöhnung aufzurufen, eingeschmolzen, um als Kanonen und Granaten Leid und Schrecken über andere Menschen zu bringen. Auch die von Familie Kreter gestiftete Glocke wurde von diesem Schicksal ereilt und am 27. Juni 1917 vom Turm geholt. Erst im Jahre 1934 konnte das Geläute wieder vervollständigt werden. Von den vorhandenen alten Glocken behielt man nur die größte und ließ bei Fa. Bachert in Karlsruhe drei neue Glocken gießen, die am 17. August 1934 in unserer Stadt eintrafen. Sie wurden an diesem Tag in einem Festzug unter Beteiligung zahlreicher Pfarrer, des Kirchengemeinderats und der Vereine sowie vieler Festgäste, unter denen auch die Mitglieder des katholischen Stiftungsrats waren, zum Platz vor der Kirche geleitet. Am 2. September fand die Glockenweihe durch Landesbischof D. Kühlewein statt, der mit Oberkirchenrat Bender von Karlsruhe gekommen war. An den folgenden Tagen wurden sie in den zuvor erneuerten stählernen Glockenstuhl gehängt. Durch die Installation einer elektrischen Läuteeinrichtung war nun auch das Amt des Glöckners überflüssig geworden.

Die Freude über das neue Geläute sollte aber nicht allzulange sein, denn im zweiten Weltkrieg wurden die drei größten Glocken am 7. März 1942 wieder beschlagnahmt. Um so glücklicher war man, als im Sommer 1946 bekannt wurde, daß wenigstens die größte Glocke, die ja noch vom ersten Geläute aus dem Jahre 1732 stammte, gerettet werden konnte. Sie ist am 17. Juli 1947 im Mannheimer Hafen abgeholt und von der Gemeinde während eines Dankgottesdienstes am 22. Juli 1947 in Empfang genommen worden. Als die Not der ersten Nachkriegsjahre überwunden war, konnte man daran denken, das Geläute wieder zu ergänzen. Dabei wurde besonderer Wert darauf gelegt, daß der Klang harmonisch mit dem Geläute der nahen Galluskirche übereinstimmt. Gerne trugen die Gemeindemitglieder durch Spenden ihren Teil dazu bei, daß schon im Jahre 1950 zwei neue Glocken beschafft werden konnten.

In den Jahren 1956 bis 1958 ist die Kirche einer umfassenden Renovation unterzogen worden, bei der u.a. Kanzel und Taufstein erneuert und eine neue Decke eingezogen wurden.

Durch die Güntherlsche Stiftung für Jugendpflege ist in den Jahren 1981/82 das ehemalige Gallusheim am Vorderen Rindweg zu einem modernen Kindergarten umgebaut worden. Dort ist am 1. September 1982 der Anne-Frank-Kindergarten als Kindergarten in evangelischer Trägerschaft eröffnet worden. In 5 Gruppen finden dort 102 Kinder Platz. Besonders stolz ist man auf eine integrative Gruppe, in der behinderte und nichtbehinderte Kinder lernen, schon früh ungezwungen miteinander umzugehen.

Die evangelische Kirchengemeinde ist auch Mitglied der kirchlichen Sozialstation, die am 23. Juni 1976 eröffnet worden ist. Durch sie werden zusammen mit anderen Kirchengemeinden im Geist der Ökumene ambulante pflegerische Dienste geleistet.

Das Martin-Luther-Haus, das unmittelbar neben der Kirche jenseits der alten Stadtmauer errichtet worden ist, konnte im Jahre 1964 eingeweiht und später großzügig erweitert werden. Mit ihm besitzt die evangelische Gemeinde ein Zentrum, in dem die verschiedenen Gruppen und Kreise der Gemeinde aber auch Kirchenchor und Posaunenchor zusammenkommen und zu einem regen und lebendigen Gemeindeleben beitragen können.

***Die evangelischen Pfarrer***

***Lutherische Pfarrer***

| | |
|---|---|
| 1798–1807 | Georg Adam Georgy |
| 1807–1818 | Johann Wilhelm Gerhard Hacker |
| 1818–1821 | Gottlieb Jonathan Rhein |

***Reformierte Pfarrer***

| | |
|---|---|
| 1789–1801 | Johann Otto Böhme |
| 1801–1808 | Abraham Horn |
| 1808–1816 | Karl Theodor Bayer |
| 1816–1821 | Johann Friedrich Allmang |

***Pfarrer nach der Union***

| | |
|---|---|
| 1821–1833 | Johann Friedrich Allmang |
| 1833–1850 | Georg Daniel Eggly |
| 1855–1876 | Friedrich Ludwig Joseph |
| 1876–1877 | Friedrich Schmidt |
| 1877–1884 | Ludwig Wilhelm Kurzenberger |
| 1884–1885 | während der Krankheit Kurzenbergers Vertretung durch die Vikare Schlömann, Schenk und Krone |
| 1885–1904 | Albert Julius Sievert |
| 1905–1925 | Wilhelm Engelhardt |
| 1926–1929 | Alfred Heyd |
| 1929–1946 | Philipp Joseph Karl Christ |
| 1946–1959 | Dr. Paul Naumann |
| 1959–1970 | Herbert Karl Friedrich Wilhelm Degenhart |
| 1970–1988 | Gottfried Krieck |
| seit 1988 | Eckhard Weißenberger |

## Altkatholische Kirchengemeinde

In der Geschichte Ladenburgs spielte in den vergangenen 125 Jahren auch die altkatholische Gemeinde eine Rolle.

Am 8.Dezember 1869 trat in Rom das I. Vatikanische Konzil zusammen. Am 18. Juli 1870 verkündete es das Dogma vom päpstlichen Primat und der Unfehlbarkeit des Papstes; hiernach kann der Papst in Glaubensfragen unter bestimmten Voraussetzungen eine für die ganze Kirche verbindliche Entscheidung treffen. Gegen diese Auffassung opponierten manche kirchlichen Kreise. Ihr geistiger Anführer war der Münchener Kirchenhistoriker Prof. Ignaz von Dollinger. Bald schlossen sich vielerorts Gleichgesinnte zu „Altkatholischen Vereinen" zusammen, die mit dieser Bezeichnung zum Ausdruck brachten, daß sie die bisherige Lehre der Kirche beibehalten wollten. Zum offenen Bruch mit der Papstkirche kam es, als 1873 in Köln der Breslauer Theologieprofessor Hubert Reinkens durch einen Bischof der „Kirche von Utrecht", der in der apostolischen Sukzession stand, zum Bischof geweiht wurde.

In Ladenburg bekannten sich im Jahr 1874 nur vier Männer offen als Altkatholiken, die bald einen „Altkatholischen Verein" gründeten. Als aber im Dezember 1875 der altkatholische Pfarrer Rieks aus Heidelberg im Saal der Rose einen Vortrag über Wesen und Ziele seiner Konfession hielt, traten dem kleinen Verein zahlreiche Bürger bei. Bereits ab 18. Januar 1876 konnte 20 altkatholischen Kindern jede Woche Religionsunterricht gegeben werden, und es wurde der Ruf nach regelmäßigen Gottesdiensten laut. Da aber die katholische Gemeinde den Abtrünnigen die Benutzung der Galluskirche und der Sebastianskapelle verweigerte und die evangelische Kirche gerade abgebrochen worden war, um durch einen Neubau ersetzt zu werden, stellte Tabakfabrikant Schmitt seinen Rippsaal zur Verfügung. In diesem wurde ein Fronleichnamsaltar aufgestellt und am 2. Februar 1876 konnte der erste altkatholische Gottesdienst in Ladenburg gehalten werden. All diese Ereignisse hatten natürlich oft scharfe Auseinandersetzungen mit Beleidigungen u.ä. bis in die einzelnen Familien zur Folge. Mit Nachdruck war man natürlich auch weiterhin bestrebt, in den Besitz der Sebastianskapelle zu kommen, um dort Gottesdienst halten zu können. Wiederholte Eingaben an das Ministerium wurden stets abschlägig beschieden, weil der Ladenburger Gemeinde die staatliche Anerkennung fehlte und sie nicht die vom Gesetz vorgesehene Seelenzahl nachweisen konnte. Erst am 5. Oktober 1876 wurde die Anerkennung ausgesprochen und die Mitbenutzung der Sebastianskapelle bewilligt; gleichzeitig sollten die Altkatholiken in den Genuß von 1/6 der Erträgnisse aus dem Kapellenfonds und der Galluskirche kommen. Damit war aber nach damaligem Kirchenrecht die Benutzung der Kapelle durch die katholische Gemeinde nicht mehr möglich. Am 1. November 1876 hielt Kaplan Ochs den letzten Gottesdienst. Nach dem Gelöbnis, dem Papst auch künftig gehorsam zu sein, wurde das Allerheiligste in feierlicher Prozession in die Galluskirche gebracht. Am 5. November schließlich konnte der erste altkatholische Gottesdienst in der Kapelle gefeiert werden. Im folgenden Jahr wurde die Sakristei umgebaut und dabei auch ein Zugang zur Kanzel geschaffen, während dieselbe vorher nur über den Garten des katholischen Pfarrhauses erreichbar war. Am 1. November 1879 schließlich konnten unter großer Anteilnahme der Gemeinde in einem feierlichen Gottesdienst zwei neue Glocken für die Kapelle geweiht werden. Im übrigen kam es in den folgenden Jahren zu ständigen Reibereien mit dem katholischen Oberstiftungsrat wegen der pünktlichen Auszahlung des Anteils an den Fondsgeldern und wegen der Bauunterhaltungspflicht. Auch das Verhältnis zum katholischen Bevölkerungsteil der Stadt war nach wie vor gespannt und von Mißtrauen geprägt, während man mit den evangelischen Mitbürgern eher freundschaftlichen Umgang pflegte. So konnte auf dieser Basis am 9. März 1889 der Evangelisch-altkatholische Krankenpflegeverein gegründet werden. Dank eines regen Gemeindelebens war die Gemeinde inzwischen auf 200 Seelen angewachsen.

Nach den turbulenten Jahrzehnten seit Bildung der Gemeinde brachte das 20. Jahrhundert ruhigere Zeiten. Zwar ging die Zahl der Gemeindemitglieder etwas zurück, doch die Gemeinde selbst konnte einen festen Platz auch innerhalb des öffentlichen Lebens der Stadt behaupten. Immer größere Sorgen allerdings bereitete den Verantwortlichen der bauliche Zustand der Sebastianskapelle. Die katholische Kirche durfte, auch als Eigentümerin der Kapelle, keine Gelder in ein Gebäude investieren, das sie nicht benutzen konnte, und die altkatholische Gemeinde durfte keine Gelder aufwenden für ein Gebäude, das ihr gar nicht gehörte. So schien das Gotteshaus dem Verfall preisgegeben. Das Dach war undicht, Verputz war von der Decke abgefallen und legte die morschen Tragbalken frei, und die Wände waren teilweise von Schimmel überzogen. Verschiedene Versuche in der Mitte der 50er Jahre eine akzeptable Lösung zu finden, schlugen fehl. Erst als durch das Erstarken des ökumenischen Gedankens und infolge des II. Vatikanischen Konzils den Katholiken die Wiederbenutzung der Kapelle möglich wurde, konnte durch das gemeinsame finanzielle Engagement der Kirchen, der Stadt, des Landes und des Kreises das Gebäude als wertvolles Kulturdenkmal restauriert und so vor dem Untergang bewahrt werden. Am 12. Oktober 1980 fand mit einem feierlichen ökumenischen Gottesdienst in Anwesenheit des altkatholischen Bischofs Brinkhues – des früheren Pfarrers der Ladenburger Gemeinde – die Wiedereinweihung der Kapelle statt.

Die Altkatholiken Ladenburgs bilden heute zusammen mit denen von Heidelberg die Pfarrgemeinde Heidelberg-Ladenburg. Sie halten ihre Gottesdienste im Wechsel hier und in der Erlöserkirche in Heidelberg ab.

## Andere christliche Gemeinschaften

Neben den Gemeinden der großen Konfessionen gibt es in Ladenburg auch noch andere kleinere Gemeinden christlichen Bekenntnisses. So ist die Freie evangelische Gemeinde Ladenburg am 19. Januar 1991 in einer internen Gründungsversammlung gegründet worden, nachdem viele ihrer Mitglieder vorher bei anderen Gemeinden hospitierten (Frdl. Mitteilung von Pastor Hans-Peter Bruck).

Solche Freie evangelische Gemeinden gehören zu den klassischen Freikirchen, die aus einer Erweckungsbewegung des ausgehenden 19. Jahrhunderts aus dem Schoß der evangelischen Kirche entstanden sind und sich rasch ausgebreitet haben. Heute gehören in vielen Städten und Gemeinden sogenannte Freikirchen zum gewohnten Erscheinungsbild. Mit der Gründung der Freien evangelischen Gemeinde wurde eine bis dahin vorhandene Lükke eines freikirchlichen Gemeindeangebots in Ladenburg geschlossen.

Gründungsmitglied und derzeitiger Pastor der Gemeinde ist der evangelische Theologe Hans-Peter Bruck. In gegenseitiger Wertschätzung und in gutem Einvernehmen mit den beiden Großkirchen ist es der Freien evangelischen Gemeinde von Anfang an vom evangelischen Kirchengemeinderat gestattet worden, ihre Gemeindeveranstaltungen im Martin-Luther-Haus durchzuführen. Damit wurde auch ein untrügliches Zeichen dafür gesetzt, daß die Freie evangelische Gemeinde keine Sekte ist und sich selbst nicht als solche versteht. Dies kam auch beim offiziellen Festgottesdienst zur Gründung der Gemeinde am 5. Mai 1991 im Domhofsaal zum Ausdruck, an dem die Bevölkerung der Stadt regen Anteil nahm. Bald wuchs die Gemeindearbeit so an, daß ein eigenes Gemeindezentrum nötig wurde. Nach langem Suchen wurde die Gemeinde Ende 1994 fündig. Nach neunmonatigen Renovierungsarbeiten konnte das neue Gemeindezentrum in der Wichernstraße 38 mit einem Festgottesdienst am 22. Oktober 1995 eingeweiht werden. In den Grußworten des Bürgermeisters, der Pfarrer der beiden großen Kirchen und der Seelsorger benachbarter Gemeinden kam der Wunsch zum Ausdruck, daß sich die junge Gemeinde schnell im kirchlichen und gesellschaftlichen Leben der Stadt etabliere. Neben den regelmäßigen Veranstaltungen wie Gottesdiensten, altersgerechten Kinderstunden, Jungscharnachmittagen und Hausbibelkreisen finden zahlreiche andere Aktivitäten wie Flohmärkte, Ausflüge, Konzerte und Vortragsabende statt.

Nach dem 2. Weltkrieg hat sich in Ladenburg auch eine Neuapostolische Gemeinde gebildet. Sie ist im Jahre 1947 offiziell gegründet worden und konnte im Jahr 1964 am Neckardamm ihr Gotteshaus einweihen. Da dies relativ klein war und den Ansprüchen der wachsenden Gemeinde bald nicht mehr gerecht wurde, war man bemüht, ein für die Gemeinde geeigneteres Grundstück zu finden. Am 16. März 1984 endlich konnte in der Bahnhofstraße ein Grundstück erworben werden, das den Vorstellungen der Gemeinde entsprach. Nach nur stark 5-jähriger Planungs- und Bauzeit ist dort ein durch Spenden der Gemeindemitglieder finanziertes repräsentatives Gebäude entstanden, das sich harmonisch in seine Umgebung einfügt. Es konnte am 24. September 1989 eingeweiht werden und bietet neben einem modernen Gottesdienstraum genügend Platz, damit sich dort ein reges Gemeindeleben entfalten kann.

# Die Geschichte der Ladenburger Schulen im 19. und 20. Jahrhundert

von Klaus Kolb



## 1. Die Volksschule

Im 18.Jahrhundert, der Zeit der kurpfälzischen Herrschaft, befanden sich die Ladenburger Schulen in der Hand der Kirchen, der Pfarrer war der örtliche Schulvorstand. Die Schüler lernten das Einmaleins und das Alphabet, die Lesetexte entnahm man weitgehend der Bibel oder einer biblischen Geschichte; auswendig gelernt wurden Kirchenlieder und Gebete[1].

Die katholische und die reformierte Kirche hatten ihren Grundbesitz und ihre Anrechte auf bestimmte Abgaben, also feste jährliche Einnahmen, womit sie auch die Schulen finanzierten. Außerdem zahlten die Schüler Schulgeld, für die Kinder armer Leute gab es einen Almosenfond, aus dem die fehlende Summe beglichen wurde[2]. Anders war es bei den geduldeten Religionsgemeinschaften der Lutheraner und Juden. Dort lebten die Geistlichen und Lehrer von den Spenden der Gemeindemitglieder. In der badischen Zeit, also seit 1802, blieb dieser Zustand vorläufig erhalten. Aber im Laufe des 19. Jahrhunderts versuchte der badische Staat seinen Einfluß auf das öffentliche Schulwesen immer mehr zu verstärken, bis er es 1876 völlig in seine Hand bekam.

Bereits im Edikt vom 13. Mai 1803 wurde Schwänzen unter Strafe gestellt und die Schulpflicht ab dem 7. Lebensjahr eingeführt. Zu Anfang galt sie für die Knaben bis zum 14., für die Mädchen nur bis zum 13. Lebensjahr. Man konnte sie zuerst schwer durchsetzen; denn die Kinder der ärmeren Bevölkerung waren voll in den familiären Arbeitsprozeß integriert und gingen bisher höchstens im Winter zur Schule.

Seit 1812 gab es dann die Kirchensektionen als zentrale Behörden, und in der am 22. August 1818 erlassenen landesständischen Verfassung wurde die staatliche Kontrolle der Schulen dem Ministerium des Inneren zugewiesen. Dessen Unterbehörde war bis zur Verwaltungsreform 1861 die Regierung des Unterrheinkreises in Mannheim. Danach hatte die Kreisschulvisitatur diese Aufgabe.

1834 erließ die badische Regierung eine Verordnung über die Einrichtung der Volksschule als allgemeine elementare Regelschule. In jeder Gemeinde wurde ein Schulvorstand gebildet, der Pfarrer hatte als Schulinspektor den Vorsitz, der jeweilige Bürgermeister, Vertreter der Kirchengemeinde sowie die Hauptlehrer der Schule waren die übrigen Mitglieder. Zwei Jahre später trat an die Stelle der Kirchensektionen eine eigenständige zentrale Schulbehörde, der Oberstudienrat, später Oberschulrat[3].

Im Schulgesetz vom 28. 8. 1835[4] wurden zum ersten Mal Rechte und Pflichten der Lehrer (Probezeit, Kündigung, Pensionierung, Mindestgehälter) und die Austattung der Schulräume (Schulbänke, Lichtverhältnisse, Hygiene) geregelt und eine einheitliche Ferienzeit von insgesamt 8 Wochen festgelegt. Die harte Auseinandersetzung des badischen Staates mit der katholischen Kirche seit der Mitte der fünfziger Jahre, der sogenannte Kulturkampf, führte ab 1860 zur Einführung der Kreisschulinspektoren und der Ortsschulräte[5], in denen die von der Kirche unabhängigen Laien die Mehrheit hatten. 1876 wurde die staatliche simultane Volksschule zur Regelschule erklärt[6].

### 1.1 Die katholische Volksschule

Sie war die größte der Ladenburger Schulen. Zu Anfang des Jahrhunderts hatte sie ungefähr 180, kurz vor ihrer Auflösung über 300 Schüler. Sie befand sich ursprünglich in einem heute längst abgerissenen Haus neben dem Pfarrheim St. Michael (früher Nähschule), wo heute die Fundamente der römischen Marktbasilika zu besichtigen sind. Dieses 1728 ausgebaute Schulhaus hatte ein Schulzimmer, eine Wohnung für den Hauptlehrer, den man Rektor nannte, und ein Zimmer für zwei Unterlehrer. Aus einer Aktennotiz geht hervor, daß 1812 drei Klassen mit insgesamt 180 Schülern in einem Raum unterrichtet wurden, natürlich nicht zur gleichen Zeit, sondern hintereinander je drei Stunden. Wie das Schulzimmer danach aussah, kann man sich denken. Diese drei Klassen erfaßten mehrere Jahrgänge, jeder Schüler war je 3 Jahre in Unter- und Mittelstufe und 2 Jahre in der Oberstufe[7].

1828 wurde das Gebäude erweitert, es bekam drei Schulzimmer, die Hauptlehrerwohnung und zwei Unterlehrerzimmer. Nun wurden die höheren Klassen im Sommer 4 Stunden pro Tag unterrichtet. Der damalige Stadtpfarrer Schlinck war zwar mit dem Umbau nicht ganz einverstanden. Er beschwerte sich: *... sind s.v.* [salve venia = mit Verlaub] *in loco tertio* [3. Ort = Toilette] *für die Kinder zwei Brillen ohne Zwischenwand - das platterdings nicht geduldet werden kann.* Auch mißfällt ihm, daß die Unterlehrer Zimmer im Erdgeschoß haben, *weil sie wenn auch die Thüre verschloßen ist, zum Fenster des Nachts aus- und einsteigen können, wie der Fall schon war ....* Um die letzte Beschwerde zu verstehen, muß man wissen, daß der Lehrerberuf meistens als Handwerk bei einem Schulmeister erlernt wurde. Man war wie ein Lehrling in Kost bei der Frau Meisterin, sprich Rektorin, und hoffte, eines Tages durch eine Prüfung vor der örtlichen Kirchenkommission selber einmal eine Hauptlehrerstelle zu bekommen und heiraten zu können; denn Unterlehrer hatten Heiratsverbot. Die jungen Männer waren zum Teil erst 17 oder 18 Jahre alt, standen unter der moralischen Aufsicht ihrer Vorgesetzten und hatten wie Rekruten nachts Ausgangssperre, um vor den Gefahren des Ladenburger Nachtlebens sicher zu sein.

Erst 1829 bestimmte ein Erlaß, daß, wer Schullehrer werden wolle, die abschließende Bildung auf dem Seminar erhalten müsse[8]. Die bisherigen Präparanden, die sich noch bei den Schullehrern befanden, wurden Ostern 1831 zum letzten Mal zur Prüfung zugelassen. Zur gleichen Zeit, genau am 17. August 1829, bestimmte laut katholischem Protokollbuch das Direktorium des Neckarkreises in Mannheim, daß den beiden Unterlehrern an der Ladenburger katholischen Schule je ein Zimmer als Wohnung zuzuweisen sei, eines davon im Erdgeschoß. Jetzt konnte man sie nicht mehr einschließen.

*Tabelle 1: Stundenplan 1836*

| Klasse | Kinderzahl | Jahreszeit | Uhrzeit | Zimmer |
|---|---|---|---|---|
| 1. | 48 | | 13–16 Uhr | 1 |
| 2. | 43 | | 13–16 Uhr | 2 |
| 3. | 42 | Sommer | 6.30–11 Uhr | 1 |
| | | Winter | 8–11 Uhr | 1 |
| 4. | 43 | Sommer | 6.30–11 Uhr | 2 |
| | | Winter | 8–11 Uhr | 2 |
| 5. | 70 | Sommer | 6.30–11 Uhr | 3 |
| | | Winter | 8–11 Uhr | 3 |
| | | sowie Sommer und Winter | 13–16 Uhr | 3 |

Die Bezahlung des Rektors und seiner Unterlehrer war äußerst kompliziert. Rektor Frey, der seit Anfang des Jahrhunderts die Schule leitete, bekam teils Geld-, teils Naturalentlohnung, wobei sich schulischer und kirchlicher Dienst vermischten. So erhielt er als Rektor 40, als Organist aber 60 fl.[9], als Rektor 3 Ohm[10], als Organist aber 6 Ohm Wein zweiter Klasse, dazu Weizen, Spelz (Dinkel) und Gerste, sowie die Nutzung einer landwirtschaftlichen Fläche von fast sechs Morgen und die freie Wohnung. Vom Verkaufswert der Naturalien her gerechnet, waren das ungefähr 450 fl. Dazu erwarb er Bargeld zum Teil durch das Schulgeld der Kinder und zum Teil dadurch, daß er bei Seelenmessen Orgel spielte, sonntags die Glocken läutete und Christenlehre erteilte. Im Ganzen kam er z.B. im Jahre 1819 auf ungefähr 800 fl. Davon muß man abrechnen das Kostgeld für die Unterlehrer (200 fl. für Kost, Bett und Weißzeug pro Jahr und für jeden 32 fl. und 30 Kreuzer in bar)[11].

Rektor Frey scheint unter Pfarrer J.M. Baumgärtner und dessen nur 2 Jahre amtierendem Nachfolger Haaf ziemlich frei gewirtschaftet zu haben. Es kamen Beschwerden, er gehe mit dem Oberamtmann auf die Jagd, statt Bibelstunde zu halten, lasse mehr Rechnen als Religion unterrichten, nehme die Aufsicht über die Unterlehrer nicht genug wahr, lasse sie aber die schweren Glocken läuten, ohne sie extra zu entlohnen. Seine Frau benutze außerdem die Schüler dazu, um während der Unterrichtszeit Wasser vom Brunnen holen zu lassen, wenn eine Sau geschlachtet wurde, damit sie „Metzelsuppe" machen könne[12]. Trotz massiver Beschwerden blieb er aber im Amt. Allerdings scheint ihm das Direktorium des Neckarkreises in den zwanziger Jahren etwas mehr auf die Finger geschaut zu haben.

1829 wurde er pensioniert. Es folgte als Rektor mit dem offiziellen Titel „Oberlehrer" Sebastian Fetzner, der wiederum zwei Unterlehrer beschäftigte, z.B. im Jahre 1832 Johann Dekert und Anton Haaf[13]. Unterrichtet wurden damals 250 Schüler. Die acht Geburtenjahrgänge (6 - 14 Jahre) waren in 5 Klassenstufen untergebracht, wobei die Einteilung nach der Leistung erfolgte. Die Intelligenteren erreichten eben schneller die letzte Klasse. Der Stundenplan sah z.B. 1836 für 246 Kinder mit drei Lehrern aus wie in Tabelle 1 dargestellt.

Jungen und Mädchen wurden gemeinsam unterrichtet, nur in der 5. Klasse waren die Geschlechter getrennt (5a = 34 Knaben, 5b = 36 Mädchen). Alle Schüler hatten also 3, bzw. im Sommer zum Teil 4,5 Stunden pro Tag, die Oberstufe samstags noch 2 Stunden (8–10, 10–12), die Lehrer ein Deputat von ungefähr 36 Stunden. Sie mußten außerdem weiterhin kirchliche Dienste versehen.

Fetzner war nicht nur Organist, sondern auch Glöckner. Dieses Amt konnte er aber nicht selbst ausüben, weil die große Glocke zu schwer war. Deshalb zahlte er 60 Gulden im Jahr an einen Tagelöhner, der den Glockendienst versah. Die Unterlehrer teilten sich den Messnerdienst.

Anfang 1856 bat Fetzner als Folge einer Krankheit um seine Pensionierung. Da man fürchtete, das könne die Kirchenkasse zu sehr belasten, stellte man eine Übergangsrechnung auf[14], in der seine Pension mit 310 fl. eingesetzt wurde, wobei man der Hoffnung Ausdruck gab, diese nicht lange bezahlen zu müssen, um endlich das Schulgeld senken zu können. Am 13. März 1856 wurde er pensioniert. Die makabere Rechnung ging auf, er starb bereits am 19. Juni 1857.

Am 14. 8. 1857 wurde die Stelle Fetzners wieder besetzt. Da Ladenburg damals 3.000 Seelen, die Schule 270 Kinder hatte, stand ihr eine 2. Hauptlehrerstelle zu. Erster Hauptlehrer wurde nun Florian Stadtmüller, der von der höheren Bürgerschule in Buchen kam, zweiter Karl Riegel. Stadtmüller wurde zwar im allgemeinen Sprachgebrauch weiter als Rektor bezeichnet. Tatsächlich aber gab es diese Position nur noch an großen Stadtschulen, wo ein erheblicher Verwaltungsaufwand anfiel und ein Vorgesetztenverhältnis gegenüber anderen Hauptlehrern bestand. In kleineren Schulen wie in Ladenburg gab es den 1. Hauptlehrer, er war Primus inter pares, repräsentierte die Schule nach außen und saß in der Ortsschulbehörde als Vertreter der Lehrer.

Als während des Kulturkampfes die Kreisschulinspektoren und Ortsschulräte eingeführt wurden, verbot Erzbischof von Vicari den Pfarrern, in diesen Räten den ihnen vorbehaltenen Platz zu besetzen. In Ladenburg erkennt man die Konfliktsituation daran, daß das Protokollbuch plötzlich eine Lücke aufweist. Danach sind einige lose Blätter eingelegt, auf denen die nächsten Sitzungen protokolliert werden. Offensichtlich befand sich das Buch in den Händen des Pfarramts und wurde erst nach einem Jahr von Pfarrverweser Martin Ratzbach herausgegeben.

Im Sitzungsprotokoll vom 17. 12. 1864 heißt es: *Durch Erlaß 17.172 Großherzoglichen Oberschulraths ist pr. Arzt v. Pigage zum Vorsitzenden des Katholischen Ortsschulraths ernannt. Der Ortsschulrath tritt somit seinen Dienst an.*

Damit ist der Konflikt offen ausgebrochen. Ein vom Staat eingesetzter Rat verwaltet die Schule. Der katholische Pfarrer nimmt an den Sitzungen aus Protest nicht teil. Am 4. 1. 1865 kommt noch Bürgermeister Schäfer als Mitglied dazu. Während bisher der Pfarrer durch regelmäßige Schulbesuche die Schulaufsicht garantierte, wird diese Aufgabe nun jedem Mitglied für einen Monat übertragen. Danach hat er auf der nächsten Sitzung, die immer am 1. Sonntag jeden Monats stattfindet, zu berichten.

Durch die Ausschaltung der Kirche ergab sich noch eine weitere Veränderung. Für die gewachsene Schülerzahl nämlich reichte bereits 1857 das Schulhaus nicht mehr aus. Ein weiterer Anbau war nicht möglich, also mußte ein neues Haus errichtet werden. Zwischen Gemeinde und Kirche begann ein zähes Ringen um die Finanzierung. Ab 1864 wurde die Situation vereinfacht, weil der Pfarrer und damit die Kirche sich selber ausgeschlossen hatten.

Der Bau begann 1869 und war 1871 fertig. Das neue Schulhaus (heute der linke ältere Teil der Dalbergschule zum städtischen Kindergarten hin) hatte vier Schulzimmer, einen Konferenzraum und zwei Lehrerwohnungen, dann gibt es noch ein Ökonomiegebäude (Scheuer, Stallung, Schweineställe). Diese befanden sich nördlich auf dem Gelände, das heute von der restlichen Dalbergschule zugebaut ist[14].

Am 4. 7. 71 trat der katholische Pfarrer Sebastian Meßang wieder in den Ortsschulrat ein. Am 26. 3. 72 heißt es im Schulprotokoll: *Auch in diesem Jahr machte man die angenehme Erfahrung, daß sich unsere Schule eines sehr guten Fortschritts erfreute. Das Verhältnis zwischen Lehrer und Schüler ist ein wohlthuendes, ein anregendes. Im Einzelnen verdienen Classe I und II sehr gut, Classe III gut, Classe IV gut bis sehr gut, Classe V vorzüglich gut. Der erfreuliche Zustand der Schule hat die Mitglieder des Ortsschulraths veranlaßt, den Großherzoglichen Oberschulrath zu bitten, daß die Überschüsse des katholischen Ortsschulfonds für 1872 als Remuneration an die Lehrer vertheilt werden sollen.* Damals gab es also das Leistungsprinzip bei der Lehrerbesoldung. Aus dem Protokoll geht auch hervor, daß man bereits seit 1865 nach erweitertem Lehrplan mit mehr Schulstunden als gesetzlich vorgeschrieben unterrichtete.

Rektor Florian Stadtmüller wurde am 5. 11. 73 vom Großherzoglichen Oberschulrat Anerkennung über seinen Fleiß und seine sehr befriedigenden Leistungen ausgesprochen. Am 4. 3. 76 erkrankte er und starb bereits am 23. Mai des gleichen Jahres. Sein Nachfolger wurde Hauptlehrer Ludwig Seelos als letzter Rektor der katholischen Schule[15].

## 1.2 Die evangelische Volksschule

Zu Beginn des 19. Jahrhunderts gab es in Ladenburg eine reformierte und eine lutherische Schule. Die erste befand sich im Haus Marktplatz Nr. 6 zwischen dem heutigen Café Schork und der Fuchs'schen Apotheke. Das Haus war schon vor 1800 in ziemlich schlechten Zustand, sodaß die Schule vorübergehend Privaträume für den Unterricht anmieten mußte[16]. Erst 1807 erfolgte unter Pfarrer Heddäus ein gründlicher Umbau mit entsprechenden Reparaturen. Die Reformierten zählten damals ungefähr 350 Seelen, die Schülerzahl muß also unter 100 gelegen haben. Als einziger Lehrer unterrichtete Hauptlehrer Fath alleine in 3 Klassen je 2 Stunden pro Tag.

Die Lutheraner waren die kleinere Gruppe, ungefähr 250 Seelen. Sie hatten ihr Pfarrhaus mit Gottesdienstraum und Schule im Kettenheimer Hof (Mühlgasse 7–9). Als im Jahre 1821 in Baden die Union zwischen Reformierten und Lutheranern zustande kam, bildete die neue evangelische Gemeinde zwei getrennte Schulen mit jeweils drei Klassen zu 2 Stunden am Tag, die Knabenschule unter dem älteren Hauptlehrer Fath am Marktplatz, die Mädchenschule unter dem jungen Hauptlehrer Pilger in der Mühlgasse.

Im Befehlsbuch der evangelischen Schule (Ladenburger Stadtarchiv), auf das ich mich auch in den folgenden Zitaten beziehe, findet sich am 10. 10. 1839 folgender Beschluß: *Was den Mädchen Schullehrer Pilger betrifft, so kann derselbe noch fortwährend seinen Dienst wohl fortsetzen. Schullehrer Fath steht zwar im 61. Lebens- und 44. Dienstjahre, indessen liegt kein Grund vor auf eine Pensionierung anzutragen, indem seit mehreren Jahren der Dienst durch Beihilfe seiner Schüler versehen wurde und keine zu häufige Abwechslung mit Hilfslehrern statt fand. Das Nehmliche findet sich bey dem filial-Schullehrer Michael Scholl zu Neckarhaußen* (Neckarhausen gehörte damals zur evangelischen Gemeinde Ladenburg) *statt, welcher im 71. Lebens- und 48. Dienstjahre ist.*

Eine Pension müßte nämlich aus der Kirchenkasse bezahlt werden, da ist ein gelegentlicher Hilfslehrer als Krankheitsvertreter billiger. Also nimmt man in Kauf, daß ein kränklicher Lehrer sich mühsam in die Schule schleppt, einige gute Schüler der älteren Jahrgänge den Tafelanschrieb, das Einsammeln, Austeilen und Aufgabenkontrollieren etc. erledigen läßt, bis er, 71-jährig oder noch älter, endlich das Zeitliche segnet. Seine Witwe muß dann innerhalb eines Vierteljahres die Dienstwohnung räumen und wird mit möglichst wenig Geld abgefunden. Man sieht, die evangelische Kirche behandelte damals ihre Schulmeister auch nicht besser als die katholische ihren Rektor Fetzner.

Hauptlehrer Fath mußte noch bis 1843 durchhalten. Dann endlich wurde Adam Bausch aus Neulußheim sein Nachfolger. Nun war man mit dem pädagogischen Niveau bei-

*Lutherisches Schulhaus, nach 1821 evangelische Mädchenschule.*

der Schulen zufrieden, siehe Visitationsbericht 1845:

1) *gut, theilweise sehr gut die beiden Schulen zu Ladenburg*
2) *ziemlich gut, theilweise nur mittelmäßig die Schulen in Neckarhausen, Heddesheim und Muckensturm.*

Die Revolution 1848 fand in der mehrheitlich liberal eingestellten evangelischen Lehrerschaft des Landes großen Widerhall. Einige beteiligten sich auch am badisch-pfälzischen Aufstand, so auch in Ladenburg. In einem Schreiben des Evangelischen Oberkirchenrats in Karlsruhe vom 6. 7. 1849 heißt es: *Dem Großherzoglichen Bezirks-Schulrath Ladenburg wird zur Nachricht, weiteren Eröffnung und zum sofortigen Vollzug erwiedert, daß Schullehrer Bausch von Ladenburg wegen seiner bekannten Betheiligung bei der jüngsten hochverrätherischen Bewegung, bei der er als Schriftführer der sogenannten Civil-Commission thätig war, und da er sich ohne Erlaubnis von seiner Stelle entfernt, hiermit provisorisch vom Schulamte entlassen wurde.*

Am 23. 1. 1850 kam an seine Stelle Hauptlehrer Jacob Ritzmann, vorher Lehrer an der Seminarschule in Karlsruhe, also ein Musterlehrer nach damaligen Begriffen. Lehrer, die die Beteiligung am Aufstand „bereuten" und keine Hauptschuldigen, sondern eher Mitläufer waren, wurden gnädig behandelt und „nur" strafversetzt. Schließlich konnte die Großherzogliche Regierung ja nicht die große Mehrheit des Volkes bestrafen. So heißt es 1850 in einem Schreiben anläßlich der Versetzung des Lehrers Gamer nach Neckarhausen: *Dabei wird die Visitatur aufgefordert, auf das Verhalten des Lehrers Gamer ein wachsames Auge zu haben, da solcher auf seinem bisherigen Posten bei der Bewegung des vorigen Jahres von der Art gewesen ist, daß man sich deßhalb zu dieser Versetzung veranlaßt gesehen hat.*

Nach der Niederschlagung des Aufstandes durch preußische und mecklenburgische Truppen war die wieder eingesetzte Landesregierung in großen Schwierigkeiten. Die Mehrheit des Volkes hatte mit den Aufständigen zumindest sympathisiert. Auf wen konnte man sich überhaupt noch verlassen? Ein allgemeines Mißtrauen herrschte, die Regierung stützte sich verzweifelt auf konservative Gruppen, vor allem auf die Kirchen. Während Erzbischof Hermann von Vicari die Situation auszunützen und die alten Rechte der Kirche wiederherzustellen versuchte (z.B. alleinige Kontrolle der Schulen), dabei schließlich den Bogen überspannte und in den Kulturkampf geriet, sahen konservative evangelische Pastoren die Stunde gekommen, strenge Moral und Zucht wiederherzustellen. Die evangelische Kreisschulbehörde unter ihrem Vorstand Pfarrer Allmang in Heddesheim, der auch als konservativer Abgeordneter in der zweiten badischen Kammer saß, ging da besonders streng vor.

Daher läßt sich auch am Befehlsbuch der Evangelischen Schule Ladenburg die Reaktion besonders gut nachweisen. Es wimmelt dort von Anordnungen über strenge Maßnahmen gegen Wirtshausbesuch der Schüler der Christenlehre (17-jährige), gegen disziplinlose Kinder und aufmüpfige Eltern. Bis zu 24 Stunden Arrest sollen die Bürgermeister verhängen, wenn die Lehrer so etwas melden. Allerdings sollen die Kinder nicht mit Erwachsenen zusammen eingesperrt werden, um sie nicht sittlich zu gefährden. Auch sollen von den Kerkerwänden die Zoten entfernt werden, ehe man einen 14-jährigen hineinführt.

Daß tatsächlich so hart bestraft wurde, zeigt die Mitteilung des Bezirksamtes Ladenburg vom 30. 11. 1850, Nr. 32209: *Der 13-jährige Schulknabe Melchior Schreiber von Heddesheim wurde wegen Zerstörens zweier junger Obstbäume mit 3 Tagen Gefängnis nebst Hungerkost (Wasser und Brot) und Dunkelarrest bestraft.* Offensichtlich gab es aber auch hinhaltenden Widerstand. So erfolgte am 25. 2. 1852 vom Bezirksamt Ladenburg erneut die Klage, daß die Versäumnisse zu lasch behandelt werden. Der Lehrer melde nicht immer, der Schulinspektor dränge zu wenig auf Strafe, der Bürgermeister strafe zu nachlässig.

Den Ladenburger Lehrern war auch die Mitgliedschaft in Vereinen, besonders Gesangsvereinen, bis 1869 verboten. Da sich Singvereinigungen unterhalb der Schwelle eines eingetragenen Vereins bildeten, mußten die Pfarrer überprüfen, ob dort nur Choräle oder auch freiheitliche Lieder gesungen wurden.

Vor allem versuchte Allmang, die Lehrer durch strenge Leistungskontrolle und zusätzliche Arbeit zu disziplinieren. So verlangte er, daß alle Lehrer, welche noch nicht 10 Jahre im Dienst sind, vierteljährlich schriftliche Arbeiten zu verfertigen haben über Aufgaben, welche die Visitatur vergibt.

Bei den Bezirkslehrerkonferenzen wurden nicht nur allgemeine Themen besprochen. So mußte z.B. Hauptlehrer Ritzmann eine Lehrprobe in Klasse 3 über einfache und zusammengesetzte Sätze halten, Pilger hatte schriftlich das Thema zu bearbeiten: *Wie kann der Lehrer dem Laster des Lügens bei seinen Schülern mit Erfolg entgegen wirken,* der Heddesheimer Lehrer mußte über das Problem nachdenken: *Verträgt es sich mit der Würde und Wirksamkeit des Schullehrerberufs, daß sich der Lehrer mit Landwirtschaft beschäftigt?* Am Ende solcher Einladungsbefehle stand dann: *Wegen Bestellung eines frugalen Mittagsmahles werden die Herren Lehrer in Ladenburg das Nähere besorgen.*

1855 waren die beiden Schulhäuser endgültig zu klein. Umbau lohnte sich nicht, so beschloß die Kirche, ihre ehemalige Kollektur auf dem Gelände des Hirschberger Hofes, Schulstr. 6, (der Hirschberger Hof selbst ist Hauptstr. 69) als Schulhaus für beide Schulen einzurichten. Dabei achtete man streng auf die genaue Verteilung von Hof, Garten, Stall und Scheune auf die beiden Lehrer, die ja in dem Gebäude auch ihre Wohnung haben sollten. Man war offensichtlich bemüht, jeden möglichen Konflikt zu vermeiden; denn immerhin saßen jetzt die beiden Lehrer dicht beisammen, die bisher getrennt zwei verschiedene Schulen geleitet hatten. Trotzdem ging es die erste Zeit gut, solange Pilger und von 1859 bis 1863 August Wagenmann als Mädchenlehrer dort neben Ritzmann unterrichteten und lebten. Als aber 1863 als zweiter Hauptlehrer Martin Gärtner mit seiner wohl etwas zänkischen Frau erschien, bahnte sich zuerst versteckt, dann offen ein Konflikt an, der der Schule nicht bekam.

Offiziell waren die Knaben- und die Mädchenschule noch zwei getrennte Anstalten mit zwei von einander unabhängigen Lehrern. Ritzmann drängte nun auf Vereinigung, er wäre dann 1. Hauptlehrer geworden. Deshalb forderte er gemischte Klassen, wie sie bei den Katholiken schon immer üblich waren. Bisher hatte sowohl der Mädchen- als auch der Knabenlehrer drei Klassen zu je zwei Stunden zu unterrichten (Jahrgang 1–3, Jahrgang 4–6 und Jahrgang 7+8). Das hatte zwei Nachteile: Der Lehrer mußte sich auf drei verschiedene Bildungs- und Altersstufen einstellen und konnte jede Klasse nur 2 Stunden pro Tag unterrichten (36 Wochenstunden). Bildete man aber gemischte Klassen, so wurden daraus 4 abgestufte Klassen (Jahrgang 1+2, 3+4, 5+6, 7+8). Das machte den Unterricht einfacher und effektiver. Außerdem bekam jede Klas-

*Evangelisches Schulhaus ab 1855, später das Spital. Wo heute Gras wächst, stritten sich einst die Lehrer um die Gärten.*

se wie in der katholischen Schule drei Stunden pro Tag, was dem erweiterten Lehrplan (Heimatkunde und Naturwissenschaften) besser gerecht wurde. Nach langer Diskussion kam der Schulvorstand am 9. 12. 1860 zu der Überzeugung, *daß bei sorgfältiger Schuldisciplin die durch die Vereinigung der Geschlechter befürchteten sittlichen Nachtheile beseitigt werden können.*

Kaum aber hatte Gärtner am 2. 6. 64 seinen Dienst angetreten, stellte er den Antrag auf erneute Geschlechtertrennung. Das scheiterte jedoch am neu gebildeten Ortsschulrat. Diesem gehörte Pfarrer Joseph als Vorsitzender an, der Einfluß unabhängiger Laien überwog jedoch (Bürgermeister, ein Mitglied des Gemeinderats, zwei weitere von Gemeinderat und Bürgerversammlung gewählte Bürger). Im evangelischen Ortsschulrat war es besonders Professor Schmezer, der Leiter der Höheren Bürgerschule, der die Volksschullehrer schwer an die Kandarre nahm. Ihm gelang es auch, in wohlgesetzter Rede den Antrag Gärtners abzuschmettern. Schmezer setzte auch die Einführung von Schulzeugnissen durch, kontrollierte deren Vordruck und veranlaßte ihr Wiedereinsammeln mit Unterschrift der Eltern.

Der Konflikt zwischen den beiden evangelischen Lehrern weitet sich ab 1866 immer mehr aus, wobei Ritzmann zusehends die Nerven verliert. In der Bevölkerung wird gegen ihn Stimmung gemacht; er reagiert durch unkontrolliertes Prügeln der Schüler, was ihn noch mehr ins Abseits bringt. Er bedroht die ihn wegen einer Lappalie provozierende Frau Gärtner mit dem Besenstiel, der Ortsschulrat muß schlichten, schließlich wird Ritzmann versetzt. Sein Nachfolger ist Hauptlehrer Feuchtner, dessen Frau aber ebenfalls mit Frau Gärtner zusammengerät, so daß 1878 Bürgermeister Huben eine strenge Verordnung mit Strafandrohung erlassen muß, wer wann das gemeinsame Waschhaus im Schulgebäude benutzen darf. Diese Lächerlichkeiten hatten zur Folge, daß gegen den Widerstand des Pfarrers einzelne evangelische Eltern ihre Kinder in der katholischen Schule anmeldeten, wo unter Rektor Stadtmüller ein besseres pädagogisches Klima herrschte.

### 1.3 Die israelitische Volksschule

(Dieses Kapitel beruht im wesentlichen auf dem Protokollbuch der israelitschen Schule im Ladenburger Stadtarchiv.)

Im 18. Jahrhundert waren die Juden bekanntlich nur geduldete Einwohner, aber keine Bürger. Das änderte sich bald, als Ladenburg badisch wurde. Das 9. Konstitutionsedikt vom 13. 1. 1809 ebnete ihnen den Weg zur weitgehenden Gleichberechtigung als Staatsbürger. Nach 1860 wurden sie in Baden dann völlig emanzipiert, auch auf Gemeindeebene.

Am Anfang des 19. Jahrhunderts widerstrebte es vielen Juden, ihre Kinder, gezwungen durch die staatliche Schulpflicht, in eine der christlichen Schulen zu schicken. Noch bis zum Jahre 1832 finden wir im Befehlsbuch der evangelischen Schule Ermahnungen an die Schulinspektoren, darauf zu achten, daß ja alle Israeliten ihrer Schulpflicht genügten. Dabei waren die Juden die einzigen, deren Kinder seit dem Altertum alle eine Synagogenschule besuchten und daher des Lesens und Schreibens kundig waren - mit ein Grund ihrer Überlegenheit über ihre analphabetischen Zeitgenossen.

Wohlhabendere israelitische Gemeinden, so auch in Ladenburg, bemühten sich nun um eine eigene, staatlich anerkannte jüdische Schule. Der jüdische Gottesdienst und der Schulunterricht fanden zuerst in der heutigen Sackpfeife (Kirchenstr. 45) statt, bis 1833 die neue Synagoge in der Hauptstraße fertig war. Damit war auch genug Raum für eine standesgemäße Schule vorhanden.

Ab 1831 galt die Bestimmung, daß der betreffende Pfarrer die örtliche Schulaufsicht auszuüben habe. Da die Israeliten zwar eine anerkannte, aber im Gegensatz zur evangelischen und katholischen Kirche keine mit dem Staat verbundene Religionsgemeinschaft waren, konnte dies nicht der örtliche Rabbiner sein. Deshalb wurde im Einvernehmen mit der israelitischen Gemeinde der evangelische Pfarrer Eggly in diese Funktion eingesetzt. 1836 mußte dann laut Schulverordnung für jede öffentliche Schule ein Schulvorstand gebildet werden, in diesem saß nun bei den Israeliten der evangelische Pfarrer, der Bürgermeister, 3 Synagogenvorstände und der erste und einzige Lehrer, Cosman Ladenburger.

1843 zählte die israelitische Gemeinde 115 Seelen und 24 Schüler. 1846 erfolgt eine Inspektion mit lobendem Bericht. Er stellt fest, daß die Schule *in manchen Lehrgegenständen fortgeschritten ist, wie namentlich im ausdrucksvollen Lesen, in Sprachübung, im Kopfrechnen und Gesange.*

1868 trat Cosman Ladenburger in den Ruhestand. In der Zwischenzeit war durch die endgültige Judenemanzipation der Integrationsprozeß der Juden soweit fortgeschritten, daß sie bereit waren, ihre Kinder auch auf allgemeine Schulen zu geben. Das war außerdem billiger. Deshalb wurde nach der Pensionierung Ladenburgers die israelitische Schule Ladenburgs am 31. Juli 1868 aufgehoben, die Akten gingen an die evangelische Schule, die auch die Schüler übernahm. Der ehemalige israelitische Schulraum diente weiterhin noch dem Religionsunterricht.

### 1.4 Die konfessionell gemischte staatliche Volksschule

Das Gesetz über den Elementarschulunterricht vom 8. März 1868 erlaubte die Einrichtung konfessionell gemischter Schulen[17]. Am 30. November 1870 kamen die evangelischen und katholischen Ortsschulräte Ladenburgs zusammen und beschlossen einstimmig, die getrennten konfessionellen Schulen zu vereinigen und eine gemischte Volksschule einzurichten[18]. Diese Einmütigkeit erklärt sich daraus, daß der katholische Pfarrer Meßang seinen Platz im katholischen Ortsschulrat auf Befehl des Erzbischofs nicht wahrnahm. Die Räte richteten ihren Beschluß als Gesuch an den Gemeinderat, der mit 6 gegen 3 Stimmen unter Leitung von Bürgermeister Huben am 23. Dezember 1870 zustimmte. Nach dem Gesetz war die Zustimmung der einfachen Mehrheit der verheirateten bzw. verwitweten Männer der drei Schulgemeinden (Katholiken, Evangelische, Israeliten) nötig. Bei der darauf durchgeführten Abstimmung entschied sich aber die Mehrheit dagegen, und die konfessionellen Schulen blieben bestehen. Im katholischen Volk und wohl auch bei den traditionell eingestellten Protestanten war die Stimmung eben etwas anders als in den höheren bürgerlichen Kreisen. Außerdem herrschte in Baden damals bei Kommunalwahlen das 3-Klassen-Wahlrecht; die Masse des Volkes war also in Stadtrat und Bürgerversammlung unterrepräsentiert, bei dieser Abstimmung aber nicht.

Am 18. September 1876 jedoch kam ein neues Schulgesetz heraus, das die Einführung gemischter Volksschulen anordnete. Daraufhin bat der Gemeinderat am 7. 10. 1876 das Großherzogliche Bezirksamt um Zustimmung zur Vereinigung beider Lehranstalten, die endlich am 7.Februar 1877 vollzogen werden konnte[18]. Am 20. 10. 1876 fand laut „Protokollbuch für Schulsachen" (Stadtarchiv Ldbg B 554) eine gemeinsame Sitzung statt, um den Vollzug des Gesetzes vom 18. 9. 1876 zu vollenden. Die beiden Ortsschulräte lösten sich auf, die Schulaufsicht ging auf den Gemeinderat über, der keine Schulkommission, sondern einen Ausschuß einrichtete, bestehend aus den Geistlichen, dem Bürgermeister, einigen Gemeinderäten und weiteren Bürgern sowie dem 1.Hauptlehrer und einem weiteren Lehrer.

Ursprünglich waren 5 Lehrer vorgesehen und zwar:

| Titel | Jahresgehalt |
|---|---|
| 1. Hauptlehrer | 1320 Mark |
| 2. Hauptlehrer | 1140 Mark |
| 3. Hauptlehrer | 1020 Mark |
| 4. Hauptlehrer | 840 Mark |
| Unterlehrer | 700 Mark |

Die Schülerzahl von 511 Kindern beim Zusammenschluß veranlaßte den Gemeinderat, einen weiteren Hauptlehrer zu beantragen. Um unnötige Rivalitäten zu vermeiden, schrieb man die Stelle des ersten Hauptlehrers aus. Am 27. 10. 1877 wurde Johann Sigmund Dieterich der neue Schulvorstand, dem einen Monat später in inneren Angelegenheiten (zwischen Stadt und Schule) das Rektorat übertragen wurde.

Wie der Unterricht, der außer Religionslehre vor allem aus Schreiben, Lesen, Rechnen, Heimat- und Naturkunde, Musik und seit 1867 für die Jungen auch aus Turnen bestand, sich aufteilte, zeigt Tabelle 2 (s. folgende Seite) aus dem ersten Schuljahr nach der Vereinigung.

*Tabelle 2:*

| Titel | Name | Konf. | Klasse vormitt. | Klasse nachmitt. |
|---|---|---|---|---|
| 1. Hauptlehrer | Dieterich | kath. | 8 | 6 |
| 2. „ | Gärtner | ev. | 7 | 5 |
| 3. „ | Seelos | kath. | 4a | 2a |
| 4. „ | Burger | kath. | 4b | 2b |
| 5. „ | Feuchter | ev. | 3a | 1a |
| Unterlehrer | Winter | ? | 3b | 1b |

Man sieht, durch die Vereinigung beider Schulen war jetzt endlich Jahrgangsunterricht in 8 Klassenstufen möglich. Der einzelne Schüler hatte 17 Stunden die Woche, samstags nochmals 2, dann war er frei, um seinen Eltern in Feld, Garten oder Werkstatt zu helfen. Der Lehrer hatte ein Deputat von 34 Stunden.

Zuerst verteilte sich die Schule auf die beiden vorhandenen Gebäude, nämlich auf das katholische Schulhaus (südliches älteres Drittel der heutigen Dalbergschule) sowie die evangelische Schule im Hirschberger Hof (Schulstr. 6). Da dieser Zustand nicht andauern konnte, zumal das evangelische Schulhaus in schlechtem Zustand war, fand am 31. Juli 1884 eine große Vor-Ort-Besichtigung mit anschließender Besprechung zwischen der Großherzoglichen Bezirksbauinspektion, dem Gemeinderat und der Schulkommission statt, und man entschied sich für das Gelände des ehemaligen Amtshofes (Bischofshof). Im Protokoll dieser Besprechung[19] steht unter anderem: *Das sehr solid gebaute Wohnhaus* [der eigentliche Bischofshof] *bietet ausreichend Raum für 4 Lehrerwohnungen und in dem als Holzschuppen bezeichneten ganz unterkellerten Bau können nach Abbruch der angelehnten Schuppen und Aufbau eines zweiten Stockwerks 4 Schulzimmer eingerichtet werden, welche dem vorhandenen Bedürfnis und den einschlägigen Vorschriften vollkommen entsprechen.*

Dieser Bau war der sogenannte „königliche Saal", die Unterkellerung ist der heutige Kaiserkeller. Das gesamte Gelände wurde für 38.000 Mark erworben,die Lehrerwohnungen im Bischofshof für 6.000 Mark hergerichtet und das neue Schulhaus auf dem Kaiserkeller von Maurermeister Joseph Würzburger, dem Erbauer des „Würzburger Hofs", für 20.000 Mark errichtet, Fundament, Keller und Erdgeschoß waren ja als Rohbau schon vorhanden. Aus den Baudokumenten und dem niederen Preis geht hervor, daß man die Mauern des massiven Gebäudes stehen ließ, nur die außen angelehnten Schuppen abriß, Zwischenwände einzog und das Obergeschoß daraufbaute. Die Statik stimmte bei solchen Mauern allemal.

Das „Registraturgebäude" wird abgerissen (wo heute die antiken und mittelalterlichen Säulen und Fundamente zu sehen sind), und genau in die Mitte zwischen dem „alten" (katholischen) und dem „neuen" (heute „alt" genannten) Schulgebäude wurden, quasi als pädagogisches Zentrum, die Toiletten errichtet. Am 1. Oktober 1886 weihte man das Haus ein. Das bisherige evangelische Schulhaus in der Schulstraße wurde zum Kranken- und Pfründnerhaus umgebaut (für kranke und alte pflegebedürftige Ladenburger Bürger, denen diese „Pfründe" zusteht), dem sogenannten Spital, das bis 1937 bestand.

Der erste Hauptlehrer Dietrich starb 1882, ihm folgte Gärtner, der zwei Jahre später ebenfalls todkrank den Dienst aufgeben mußte. Nun folgte Seelos als erster Hauptlehrer. Er zerstritt sich mit einflußreichen Bürgern, und seine Position wurde unhaltbar. So bat er 1895 „nach nahezu 50 Dienstjahren" um seine Pensionierung (er muß im Alter von höchstens 17 Jahren als Hilfslehrer begonnen haben). Bis 1903 amtiert dann Oberlehrer Burger (dies wird allgemein der Titel für den ersten Hauptlehrer). Nun folgt Oberlehrer Mischler.

1899 schaffte der Gemeinderat das Schulgeld ab[20], das in anderen Gemeinden noch bis zum ersten Weltkrieg eingezogen wurde. 1906 wird die Ausbildung der Volksschullehrer neu geregelt[21]. Man kommt auf das Vorseminar entweder mit der mittleren Reife oder durch eine Aufnahmeprüfung nach der 8. Volksschulklasse. Nach dem dreijährigen Vorseminar erfolgt eine Zwischenprüfung, eine Art Lehrerabitur, dann geht man auf das dreijährige Lehrerseminar, in das man auch direkt mit dem allgemeinen Abitur eintreten kann. Die Prüfung umfaßt außer den in der Volksschule unterrichteten Fächern eine Fremdsprache, ein Musikinstrument (erwünscht Geige oder Orgel) sowie „Größenlehre“ (ein schönes deutsches Wort für Geometrie). Während also die letzten ehemaligen „Lehrerlehrlinge“, z.B. Seelos, ausscheiden, erscheinen schon die ersten fast akademisch gebildeten Lehrer auf der Bildfläche. Es entwickelt sich die groteske Situation, daß Pädagogen, die älter als 40 Jahre sind, nicht mehr zum Rektor oder Oberlehrer befördert werden, weil sie nicht die Ausbildung zur Leitung einer modernen Schule besitzen[22].

Die Schülerzahl wächst beständig (1913 = 748), zugleich wird an den Schulen Badens der erweiterte Unterricht angestrebt. So soll als Fernziel die Wochenstundenzahl der 8. Klasse von 22 auf 32 Stunden angehoben werden. Wenn die Ladenburger Schule mithalten will, muß die Stadt neuen Schulraum beschaffen. Also fand am 24. 12. 1909 wieder eine große Konferenz von Bezirksbauamt, Gemeinderat und Schulkommission statt[23]. Man beschloß, das alte katholische Wirtschaftsgebäude und die zentralen Toiletten abzureißen und das ehemalige katholische Schulhaus nach Norden zu erweitern. Der Bau begann 1910 und war 1911 in der heutigen Größe fertig. Die Bauleitung hatte der damalige Stadtbaumeister Molitor. Der Abort wurde dort errichtet, wo noch heute die öffentlichen Toiletten stehen, abgesichert durch eine Brandmauer gegen das Lackert'sche Grundstück. Eine auf dem Schulhof stehende Scheuer (am Platz der heutigen Pausenhalle) wurde in eine Schuldienerwohnung umgebaut, weil die Lehrer ja keine Landwirtschaft mehr betrieben, sondern ihre ganzen Bezüge in Geld ausgezahlt bekamen. Die Stadt nahm einen Kredit von 107.500 Mark auf.

Ab 1910 wurden in Volksschulen mit 10 oder mehr Lehrerstellen Rektoren ernannt, die wesentlich erweiterte Funktionen hatten, da sie ja jetzt dem Schulamt in Mannheim unterstanden, während die bisherigen ersten Hauptlehrer bzw. Oberlehrer ohne Vorgesetztenfunktion gegenüber den anderen Lehrern die Schule in der Gemeindeschulkommission vertraten. Nach dem Ausscheiden von Mischler wollte man Hauptlehrer Weitzel als Rektor haben, aber er erkrankte und mußte pensioniert werden.

Nun schrieb man die Stelle aus[24]. Nach einem langen Auswahlverfahren wurde schließlich Reallehrer Ernst Hofmann 1913 zum ersten Rektor im heute üblichen Sinn in sein Amt eingeführt. Mit ihm begann eine neue Epoche.

### 1.5 Die achtklassige Volksschule mit Rektor

Das Ende des ersten Weltkriegs brachte durch demokratische Reformen hoffnungsvolle Ansätze für eine moderne Umgestaltung des Schulwesens, die aber leider in der allgemeinen Finanznot erstickten und schließlich in der Hitlerzeit auf sonderbare Weise pervertierten.

Schon im Schulgesetz von 1913[25] war das Aufsichtsrecht der Gemeinde über Unterrichts- und Erziehungsleistungen der Schule endgültig beseitigt worden, die Gemeinde war als Ortsschulbehörde nur noch für die Sachkosten zuständig. Das gab dem Staat mehr Möglichkeiten, das Niveau der Schulen zu beeinflussen.

Rektor Hofmann nutzte diesen Freiraum. So richtete er für Schüler, die eine höhere Schule besuchen wollten, eine Vorschule ein. Ab der 5. Klasse konnte Französisch als freiwilliges Fach gewählt werden, wofür sich auf Anhieb 67 Schüler meldeten. Hofmann plante eine standesunabhängige und schulgeldfreie fünfklassige Realschulabteilung mit mittlerer Reife, eine tödliche Konkurrenz zur bestehenden Großherzoglichen Realschule[26].

Aber Hofmann wurde 1919 Schulinspektor beim Kreisschulamt Mannheim, und in der Folge starb dieses Projekt, weil die wirtschaftliche Not die Eltern von einer längeren Ausbildung ihrer Kinder abschreckte und das Land die Kosten nicht aufbringen konnte.

Am 1. 5. 1920 wurde Richard Henninger, der schon vorher an der Schule unterrichtet hatte, zum Rektor ernannt. Er blieb es bis 1934, wo er sich vorzeitig pensionieren ließ, um Ortsamtsleiter der NSV (Nationalsozialistische Volkswohlfahrt) zu werden.

Zu seiner Zeit sank die Schülerzahl von 875 (1918) auf 633 (1925) als Folge der schwachen Kriegsjahrgänge, um danach wieder langsam auf 713 (1933) anzusteigen. Das Land in seiner Finanzmisere hob sofort drei Hauptlehrerstellen auf. Um die Klassen nicht zu groß werden zu lassen, übernahm die Gemeinde das Gehalt von einem der drei, so daß nur zwei Lehrer gehen mußten. Dadurch kamen „nur" 55 Schüler auf einen Lehrer, und nicht 70 wie in manchen anderen Schulen.

Im sogenannten 3. Reich wurde das nicht besser, die Probleme wurden nur durch die Kürzung der theoretischen Fächer zu Gunsten des Sports und des sogenannten Staatsjugendtages überlagert. Dieser wurde am 30. Juli 1934 eingeführt, weil nach nationalsozialistischer Auffassung neben Elternhaus und Schule die Jugendbewegung (Hitlerjugend) die 3. Säule der Erziehung sein sollte. Die ersten drei Klassen hatten weiterhin samstags Unterricht. Alle anderen Schüler, die im Jungvolk oder bei den Jungmädels waren (Unterorganisationen der Hitlerjugend), hatten frei für Staatsjugenddienst, d.h. sie marschierten in Gleichschritt und Uniform auf den Sportplatz, um dort unter Anleitung der HJ-Führer (z.T. auch jüngerer Lehrer) sportliche Übungen zu absolvieren. Auch die drohende Jugendarbeitslosigkeit bekam das Regime auf seine Weise in den Griff. Alle Schulentlassenen, die weder Lehrstelle noch Arbeitsplatz fanden, mußten ins Landjahr. Man wohnte im Lager, arbeitete vormittags auf einem Bauernhof, nachmittags gab es Schulungen.

Ab 1937 durften übrigens jüdische Schüler nicht mehr die Ladenburger Schulen besuchen, sie gingen in die jüdische Gemeindeschule nach Mannheim.

Nach Henningers Pensionierung wurde Oberlehrer Karl Aschermann mit Wirkung vom 1. 10. 1934 zum kommissarischen Rektor ernannt, bald folgte die endgültige Anstellung. Aschermann war kein überzeugter Nationalsozialist. Deshalb versuchte er sich dem wachsenden ideologischen Druck dadurch zu entziehen, daß er als Offizier zur Wehrmacht ging. Zuerst vertrat ihn Hauptlehrer Kirner; dann folgte als Rektor Philipp Stumpf.

Beim Einmarsch der Amerikaner schlossen alle Schulen. Als erste wurde am 1. 9. 45 die Volksschule wieder eröffnet. Philipp Stumpf als Parteimitglied wurde des Amtes enthoben; ihm folgte Hauptlehrer Hermann Wiesler, zuerst kommissarisch, dann 1947 offiziell als Rektor. Anläßlich seiner Ernennung wurde ausdrücklich betont, er habe sich während des dritten Reiches ablehnend gegen das Regime verhalten.

In den ersten Jahren herrschten allgemeiner Mangel und drückende Schulraumnot, zumal ab Neujahr 1946 die Realschule im alten Gebäude untergebracht war. 1951 wurde Rektor Hermann Wiesler mit 68 Jahren pensioniert, verwaltete aber noch weiter die Kreisbildstelle, sein Nachfolger wurde Albert Vock.

Schon 1947 hatten Wiesler und Stadtpfarrer Häußler beantragt, das Dachgeschoß auszubauen, um den Raummangel zu mildern. Als aber durch den Auszug des Diakonissenkrankenhauses und den Umzug des Progymnasiums die sogenannte alte Volksschule frei wurde, glaubte der Gemeinderat, die Schulraumnot sei beseitigt, und legte die ausgearbeiteten Pläne des ehemaligen Stadtbaumeisters Kreiter zur Seite. Bald aber wurden sie wieder hervorgeholt; denn der Bedarf wurde dringend. Der Religionsunterricht mußte bereits in der evangelischen Baracke und in der Nähschule abgehalten werden. Aber erst im März 1952 war der Umbau beendet.

Ab 1952[27] wurde auch die Lernmittelfreiheit wirksam; beginnend mit den unteren Klassen, galt sie 1956 für die ganze Schule. Auch sonst begann Reformluft zu wehen. Die Prügelstrafe wurde 1953 abgeschafft. Der Rohrstock war nicht mehr das Szepter des Schulmeisters, obwohl die GEW heftig gegen diese Entmachtung protestierte. 1957 sprach Rektor Vock bei der Abschlußfeier vom Ausbau des Lehrplans, ein Mittelschulzweig solle eingerichtet werden mit Überwechseln nach Weinheim zum 9. und 10. Schuljahr. Aber der Lehrermangel lähmte jede Entwicklung. Die Planstellen wurden oft nicht besetzt oder von Junglehrern versehen, so daß ein dauernder Wechsel vorprogrammiert war.

Im April 1963 starb Rektor Albert Vock überraschend mit 60 Jahren. Über ein Jahr verwaltete Konrektor Steinhart die Stelle, bis 1964 Josef Rausch neuer Rektor wurde, der 1947 bis 51 schon einmal Lehrer in Ladenburg gewesen war.

### 1.6 Die Weststadtschule

Durch den Ausbau der Weststadt hatten viele Kinder einen überlangen Weg in die Schule. Um diesen Mißstand zu ändern und zugleich den Schulraummangel zu lindern, beschloß der Gemeinderat 1963, eine Rücklage von DM 50.000.– zum Bau einer Schule in der Weststadt zu bilden. Für einen festen Bau waren die Mittel des Landes bis 1965 bereits vergeben. Der Bedarf aber war dringend. 132 Kinder der Weststadt gingen damals in die 1. bis 4. Klasse. Deshalb schlug Bürgermeister Dr. Hohn einen Pavillon in Fertigbauweise vor. Im August 1964 führte Architekt Weisbrod aus Ludwigshafen sein international preisgekröntes Modell vor, eine Stahlkonstruktion aus einzelnen Teilen, die auf beliebige Grundrisse gestellt werden kann. Die Wände werden dann *wie Bettladen* eingehängt. Die Schule sei das Modernste, was es gibt, *der letzte Schrei*, Ladenburg sei dadurch einmal den anderen voraus. *Zweifellos wird diese Schule dann Schule machen.*[28] Der Bau wurde beschlossen. Pünktlich zum Unterrichtsbeginn nach den großen Ferien 1965 war die Schule fertig. Man wollte sie John-F.-Kennedy-Schule oder Theodor-Heuss-Schule nennen, vertagte aber erst einmal das Problem. Leiter der Schule wurde Oberlehrer Max Heinecke.

Vier Jahre später erschien am 14. 11. 69 in der „Ladenburger Zeitung" ein Artikel: „Die Weststadtschule – ein Sorgenkind." Fäulnisschäden seien an den Außenwänden, weil die vorgeschriebene Bauhinterlüftung nicht eingehalten wurde. Die Konstruktion sei an sich in Ordnung, es handle sich um unsachgemäße Montage. Die Firma Eternit werde die Sache in Ordnung bringen, die Kosten lägen unter DM 100.000.–. Die Gesellschaft der ehemaligen Firma Variantbau GmbH werde freiwillig die Hälfte ersetzen. Von da an gab es immer wieder etwas zu reparieren. Der billige Pavillon wurde schließlich wesentlich teurer als ein festes Gebäude. Der einzige Vorteil diese Affäre ist die Tatsache, daß der Gemeinderat daraus gelernt hat, wie die späteren Schulbauten beweisen.

Im Herbst 1973 wurde Ingo Günder der neue Schulleiter, 1980 folgte ihm Oberlehrer Karl-Heinz Rauschenberger. Die ganzen Jahre lag die Schülerzahl zwischen 100 und 120, im Schuljahr 1980/81 ging sie, wie auch in den anderen Schulen Ladenburgs, zurück, und zwar auf 84, im nächsten Jahr sogar auf 76. Man konnte die Schule nur am Leben erhalten, indem man ihr Einzugsgebiet bis zum Bahndamm erweiterte. Auch die Zusammensetzung der Bevölkerung in der Weststadt veränderte sich, vor allem der türkische Anteil nahm zu, 1986 erteilte ein türkischer Lehrer nachmittags muttersprachlichen Unterricht. Seit 1995 findet dieser Unterricht mit ständig abnehmender Schülerzahl (25 > 11) in der Sickingen-Hauptschule statt.

1985 wurde ein langer Kampf entschieden. Die Schule hatte endlich einen Namen, sie hieß „Astrid-Lindgren-Schule". Im Schuljahr 1997/98 werden 87 Schüler in 4 Klassen von 5 Lehrern unterrichtet.

### 1.7 Die Differenzierung der Volksschule

Am 5. Mai 1964 kam das Gesetz zur Vereinheitlichung und Ordnung des Schulwesens heraus,[29] das endgültig den Begriff der Hauptschule und das 9. Schuljahr einführte. Aber nur 28 Gemeinden im ganzen Land, darunter Ladenburg, konnten es bereits im gleichen Jahr verwirklichen, Heidelberg und Karlsruhe z.B. hinkten hinterher.

Im folgenden Jahr wurde die neue Ordnung der Hauptschule vom Landtag verabschiedet.[30] Von jetzt an gab es Kursunterricht für alle Schüler in Deutsch und Mathematik, wobei je nach Leistungfähigkeit in A- und B-Kurse unterschieden wurde. In den A-Kursen wurde noch Englisch unterrichtet, in den B-Kursen verstärkt Deutsch und Mathematik, so daß alle die gleiche Stundenzahl hatten. In den anderen Fächern waren alle Schüler einer Klasse zusammen. Bei Leistungsanstieg oder -abfall wechselten Schüler von A nach B oder umgekehrt. Nach erfolgreichem Abschluß der fünfjährigen Hauptschule konnte jeder, der die A-Kurse in Deutsch, Englisch und Mathematik besucht hatte, in die Berufsfachschule übertreten und die mittlere Reife erwerben. Bei entsprechenden Leistungen stand ihm später auch der Zugang zu den höheren Fachschulen und den Hochschulen offen.

Von jetzt an gab es in Baden-Württemberg ein in sich geschlossenes Schulwesen, beginnend für alle mit der Grundschule, sich dann in Hauptschule, Realschule und Gymnasium aufgliedernd, mit entsprechenden Durchlässigkeiten, vor allem in den 5. und 6. Klassen (Orientierungsstufe). Durch entsprechende Verordnungen wurde dies in den folgenden Jahren noch verfeinert und vervollständigt.

Nun galt es, in Ladenburg die räumlichen und sonstigen sachlichen Voraussetzungen für dieses System zu schaffen. Während andere Gemeinden Rathauspaläste, luxuriöse Hallenschwimmbäder und andere Schultheißdenkmäler errichteten, ging Ladenburg unter dem 1965 neu gewählten Bürgermeister Schulz an die Verwirklichung dieser Aufgabe.

Zuerst mußte man aber noch mit dem Mangel leben. Die Volksschule hatte 17 normale Zimmer und 5 Behelfsräume. 2 Zimmer wurden zusätzlich benötigt, so daß man kurzfristig das Musikzimmer zum Klassenzimmer machte sowie die drei Klassen der 2. Klassenstufe zusammenwarf und zwei Klassen mit 41 Schülern pro Klasse bildete. Dadurch konnte man Schichtunterricht vermeiden. Der Lehrplan der Hauptschule war nicht voll durchzuführen, es fehlten Physik-, Chemie- und Werkunterrichtsraum. Die Sonderschule zwängte sich in ungeeignete Räume des Kreiskinderheims.

Der erste und entscheidende Schritt zur Besserung war der Bau des Gymnasiums mit Anbau. Noch vor dessen Einweihung beschloß der Gemeinderat, nach Fertigstellung des Gymnasiums zu Beginn des Schuljahrs 1970/71 die Hauptschule in dem bisherigen Gymnasiumsgebäude unter dem Namen Sickingen-Hauptschule (nach der berühmten in Ladenburg begüterten Familie genannt) unterzubringen, das bisherige Volksschulgebäude solle Grundschule werden und nach dem großen Humanisten und in Ladenburg residierenden Bischof Johann von Dalberg genannt werden. Die Sonderschule zog in die Scheffelstraße in das Gebäude der früheren Gewerbeschule.

Die Sonderschule war schon selbständig, die beiden anderen trennten sich nun ebenfalls. Rektor und Konrektor blieben bei der Hauptschule, die Grundschulrektoren- und -konrektorenstellen wurden neu ausgeschrieben.

### 1.8 Die Dalberg-Grundschule

Am 15. 11. 1972 wurde Paul Schneider offiziell als Rektor eingeführt. In den großen Ferien 1973 renovierte die Stadt unter Leitung von Architekt Ernst Samstag die Dalbergschule gründlich vom Keller bis zum Dach, entfernte die marode Heizung und schloß die Schule, wie alle anderen im Schulzentrum, an die Heizungszentrale des Carl-Benz-Gymnasiums an. Die Schule hatte damals 560 Schüler, später ging die Zahl wie an allen Schulen zurück, stieg aber in den letzten Jahren wieder etwas. Im Schuljahr 1997/98 startete die Schule mit 15 Klassen und 373 Schülern.

1981 wurde Schneider geschäftsführender Schulleiter für alle Schulen und hat in vorbildlicher Weise mit den weiterführenden Schulen zusammengearbeitet, vor allem auch mit dem Gymnasium, das rein organisatorisch gar nicht zu seinem Amtsbereich gehörte, indem er z.B. Besprechungen und gegenseitiges Hospitieren in die Wege leitete, um die Übergänge zwischen den Schulen zu erleichtern. 1990 wurde er pensioniert. Über ein Jahr führte Konrektorin Brigitte Sowodniok die Schule, bis am 18. 5. 1991 Frau Ursula Oberhettinger zur neuen Rektorin ernannt wurde.

### 1.9 Die Sickingen-Hauptschule

Nach den Weihnachtsferien 71/72 war die Renovierung des ehemaligen Gymnasiumsgebäudes fertig. Das Extratreppenhaus zur Hausmeisterwohnung verschwand, alle Toiletten waren jetzt im Haus. Am 31. 7. 1980 trat Rektor Rausch in den Ruhestand, ihm folgte am 6. 3. 81 Ewald Blümmel, der 1990 auch die Nachfolge Schneiders als geschäftsführender Schulleiter übernahm.

Die Schülerzahl hatte sich in den vergangenen Jahren auf ungefähr 320–340 Schüler eingependelt. 1980 ging laut Schulstatistik allgemein in Ladenburg die Schülerzahl zurück. Die Sickingenschule hatte nur noch 283 Schüler. 1986 sank sie sogar auf 162. Erst allmählich stieg sie wieder etwas. Im Schuljahr 1997/98 besuchten 162 Schüler in 9 Klassen die Anstalt.

Im Schuljahr 1994/95 wurde in Baden-Württemberg ein freiwilliges 10. Schuljahr eingeführt, die sogenannte Werk-Realschule. Wer sie erfolgreich durchlief, hatte die mittlere Reife. Dies war als Anreiz gedacht, um die Hauptschule aufzuwerten, weil ständig mehr Schüler eines Jahrgangs die Realschule oder das Gymnasium besuchten. Die Sikkingen-Hauptschule bildete zusammen mit der Hauptschule Ilvesheim die 10. Klasse, und zwar abwechselnd pro Jahr in einer der beiden Schulen. 1997 fand der Unterricht in Ladenburg statt.

## 2. Die Höhere Schule in Ladenburg

Bereits im 18. Jahrhundert und vermehrt zu Beginn des 19. begann das erwachende Bürgertum nach einer Schulform zu suchen, in der seine für Gewerbe und Kaufmannschaft bestimmten Söhne mehr als nur eine einfache Elementarbildung erhalten konnten, ohne zuviel Zeit auf der Gelehrtenschule, dem Gymnasium, zu verlieren. Als der deutsche Zollverein (Eintritt Badens 1836) gegründet war, verstärkte sich der Wunsch.

### 2.1 Die Großherzogliche Bürgerschule

Schon 1830 hatte Christoph Theophil Schuch, später Professor am Gymnasium in Bruchsal, ermuntert durch einige Bürger wie den Rosenwirt Günther, versucht, eine private Bürgerschule in Ladenburg zu gründen, als er nach dem Studium vorübergehend ohne Anstellung war[31]. Aber das Unternehmen scheiterte an mangelnder Resonanz in der Bevölkerung.

In Baden empfahl dann eine landesherrliche Verordnung vom 15. Mai 1834 die Errichtung von Höheren Bürgerschulen *in den größeren Städten des Landes und in jenen kleineren Städten, welche die Mittel hierzu besitzen,* da die Volksschule *die Bedürfnisse solcher jungen Leute unbefriedigt läßt, welche dem Unterricht mehr Zeit widmen können und einen bürgerlichen Beruf wählen, der höhere geistige Entwicklung und umfassendere Vorkenntnisse erfordert.*

Gemeinderat und Bürgerausschuß Ladenburgs waren bereit, entsprechende Mittel zur Verfügung zu stellen, aber es vergingen noch einige Jahre, bis am 31. Oktober 1839 das Staatsministerium die Errichtung einer Höheren Bürgerschule genehmigte und gleichzeitig ein Staatsbeitrag von 300 fl. bewilligte.

Nach einigen Verhandlungen stellte die Stadt Räume im Günther'schen Waisenhaus bereit, und Pfarrkandidat Johann Peter Bock wurde zum Vorstand der neuen Anstalt er-

*Günther'sches Waisenhaus – in ihm war die erste Bürgerschule untergebracht.*

nannt. Er bekam zwei Schulkandidaten zugeordnet, und der Unterricht begann am 3.November 1840 gleich mit 3 Klassen. Fremdsprachen waren Französisch und fakultativ Latein für solche Schüler, die später auf ein Gymnasium überwechseln wollten. Die Schule bestand nur 10 Jahre. Als Bock, der sich in seine Aufgabe hineingekniet hatte (Schulleitung + 27 Stunden Unterricht + Religionsunterricht für alle evangelischen Schüler + Chorgesang), 1847 ausschied, um eine Pfarrstelle zu übernehmen, griff ein allgemeines Durcheinander um sich. Da die Schule nicht mehr lebensfähig erschien, beantragte die Gemeinde ihre Auflösung, die am 20. Juli 1850 erfolgte.

Nach dem Abklingen der Revolutionswirren versuchte man in Ladenburg, höhere Bildung im Rahmen einer erweiterten Volksschule zu vermitteln (ab 1851). Diese stand in loser Verbindung mit der katholischen Volksschule und wurde von Lehrer Huber geleitet. Die Schule sollte aber zu viele widersprüchliche Elternwünsche befriedigen und war dadurch ein totgeborenes Kind.

Am 27.Oktober 1862 verlangten 33 Bürger durch eine protokollarische Erklärung beim Bürgermeister die Errichtung einer Höheren Bürgerschule. Am 28. Februar 1863 beschloß der Bürgerausschuß einstimmig, die neue Schule auf eine finanziell solidere Basis zu stellen, indem er ihr eine Gehaltsdotationssumme von 3.000 fl., einschließlich der Leistungen aus Ortsfonds und der Schulgelder, garantierte. Dann wurde am 25.Juli 1863 die Wiedererrichtung der Schule und gleichzeitig ein Staatsbeitrag von 600 fl. bewilligt.

Am 9. November übernahm Professor Karl Schmezer, damals Vorstand der Höheren Bürgerschule in Weinheim, die Leitung der Schule. Er war eine bewegliche Persönlichkeit und den vielseitigen geistigen Strömungen seiner Zeit aufgeschlossen. In Ladenburg gründete er den Turnverein, war zugleich Vorstand der Casinogesellschaft und von 1866–70 Kommandant der Feuerwehr. Im Kriege 1870/71 organisierte er einen Verein, der die Frauen eingezogener Soldaten unterstützte. Zweimal war er Abgeordneter in Karlsruhe zur 2. Badischen Kammer (1867–71 und 1887–88) und hat sich entscheidend für eine moderne Schulpolitik in Baden eingesetzt. Als er die Leitung der Ladenburger Bürgerschule übernahm, war er 30 Jahre alt und warf sich mit Feuereifer auf seine Aufgabe.

Da er selbst Sportler war, legte er auf das Turnen großen Wert. Deshalb begann der Turnunterricht bereits im Sommer 1863, während die offizielle Eröffnung erst im Oktober erfolgte. Vier Stunden Sport wurden jede Woche gegeben, viermal die Woche fanden vor dem Unterricht hinter der Schule Freiübungen statt. Jedes Schuljahresende war eine öffentliche Turnprüfung, im Sommer veranstaltete man eine Turnfahrt.

Der Lehrplan entsprach der landesherrlichen Verordnung vom 15. Mai 1834. Der französische Unterricht begann in der ersten (untersten) Klasse, der lateinische (für freiwillige Teilnehmer) in der zweiten. Die Schule hatte im ersten Schuljahr 4 Klassen und demgemäß vier Lehrer. Das Schulgeld betrug 12 fl., das Eintrittsgeld 1 fl. 30 Kr.. Die Verwaltung des Schulfonds geschah durch einen Verwaltungsrat, der aus dem Inspektor, dem Vorstand der Schule und je einem Mitglied des Gemeinderats und des Bürgerausschusses bestand.

Im nächsten Jahr stockte man Schule um eine Klasse auf und beantragte, die Staatskasse möge zu den neu entstehenden Kosten *als Äquivalent für den Verlust des Bezirksamtes* einen Beitrag leisten, der auch bewilligt wurde. Die nächsten 25 Jahre blieb es bei diesen 5 Klassen.

Zuerst fand der Unterricht im Hause Wormser Straße 21 statt. Da das Gebäude aber dafür ungeeignet war, bekam die Bürgerschule 1871 ein neues Haus. Es ist der ältere Flügel der heutigen Sickingen-Hauptschule mit dem Eingang von der Heidelberger Straße her. 1912–14 wurde dieses Gebäude durch einen ost-westlich verlaufenden Flügel (Front Realschulstraße) erweitert und mit einem Dachreiter versehen. Auch für den Schulleiter baute man ein Haus als Dienstwohnung (Heidelberger Str. 21).

1871 änderte sich der Lehrplan. Latein blieb zwar fakultativ, wurde aber sechs Stunden die Woche gegeben. Gleichzeitig verwendete man für Französisch 5 bis 6 Stunden und für Englisch in den beiden oberen Klassen je 3 Stunden. Das Schulgeld mußte dadurch auf 16 fl. erhöht werden. Nun endlich entsprach der Lehrplan Schmezers Wünschen. Leider bestimmte ein Erlaß des Oberschulrats vom 19. 8. 1872, daß die Ladenburger Bürgerschule entweder den Lehrplan der Realgymnasien annehmen und damit Latein als Pflichtsprache für alle einführen oder unter Beibehaltung des bisherigen Lehrplans den Lateinunterricht aufgeben solle. Für Schmezer erschien dies unsinnig; denn die meisten Schüler wollten nicht zum Abitur, was sollten sie mit Latein? Die Eltern derer aber, die Latein nehmen wollten, schickten ihre Kinder nicht gern schon mit 11 Jahren in die Großstadt in Pension; denn die OEG gab es noch nicht, die Züge der Bahn waren für die meisten auswärtigen Schüler nicht erreichbar.

Aber die Behörde blieb hart. Der Gemeinderat beschloß darauf, Latein als Pflichtfremdsprache einzuführen, verweigerte aber gleichzeitig die Aufstockung der Schule zur 6. Klasse, wie Schmezer wünschte. Da gab Schmezer auf, bewarb sich um eine Professorenstelle am Gymnasium Mannheim und erhielt sie auch 1879. Später wurde er Leiter des Realgymnasiums Mannheim, der heutigen Lessingschule.

### 2.2 Die Großherzogliche Realschule

Nach dem Abgang Schmezers am 9. 7. 1879 folgten ihm für 7 Jahre Professor Franz Steurer, danach jeweils 2 Jahre lang Prof. Karl Friedrich und Prof. Theodor Heinrich Weiß. Dieser häufige Schulleiterwechsel scheint der Schule nicht bekommen zu sein. Die Schülerzahl sank bis auf 104. Als Professor Wilhelm Metzger Ostern 1891 die Leitung übernahm, wurden von den 7 Lehrern vier versetzt.

Damit begann eine neue Ära an der Schule. 1889 war endlich die 10. Klasse genehmigt worden, und zwar nach dem nunmehr gültigen Lehrplan der Realschulen, d.h. 1. Fremdsprache Französisch, 2. Englisch, Latein ab 2.Klasse fakultativ, genauso wie es einst Schmezer gewünscht hatte. 1890 wurde die erste Abgangsprüfung, die sogenannte Einjährig-Freiwilligen-Prüfung, kurz „Einjähriges“, in Ladenburg abgehalten. (Deren Absolventen hatten das Recht, sich freiwillig zum Militär zu melden und nur ein Jahr zu dienen). Nun hieß die Schule „Großherzogliche Realschule Ladenburg.“ Daß der Realschullehrplan den Bedürfnissen Ladenburgs entgegenkam, zeigt das Anwachsen der Schülerzahl.

*Wormser Str. 21, das erste Schulgebäude der neuen Bürgerschule.*

Professor Metzger ist die zweite markante Gestalt in der Geschichte der Schule. Er wird von solchen, die ihn privat kannten, als ein umgänglicher und konzilianter Mann geschildert. Im Dienst aber war eiserne Disziplin sein ganzes Streben. Er erzog die junge Generation in der Furcht des Herrn, mit oft barbarischer Konsequenz und stahlharter Gerechtigkeit.

Mit der Zeit erreichte die Realschule unter ihm ein beachtliches Niveau und hatte einen guten Ruf. Zum Teil wurde sie auch von auswärtigen Schülern besucht, die bei bestimmten Lehrern, z.B. bei Prof. Wollenschläger, in Pension gingen, um in der ruhigen und zugleich strengen Atmosphäre das Einjährige zu bestehen; denn diese Prüfung öffnete den Zugang zur besseren bürgerlichen Gesellschaft. Besonders auswärtige jüdische Familien nutzten diese Möglichkeit, weil ihre Kinder hier israelitischen Religionsunterricht erhalten konnten.

Die höhere Bürgerschule war als reine Jungenschule gegründet; daneben gab es seit 3. 10. 1873 eine Höhere Töchterschule mit durchschnittlich 20–25 Schülerinnen pro Jahr. Sie war im heutigen Hotel „Zum Lustgarten“ untergebracht. Ihre Unterrichtsfächer ähnelten der Realschule, nur gab es kein Latein.

Es unterrichteten ein Volksschulhauptlehrer nebenamtlich, eine Lehrerin, vor allem für die Sprachen, und eine Industrielehrerin (Handarbeitslehrerin). Der Inspektor der Schule, der auch die jährlichen Prüfungen überwachte, war der jeweilige Vorstand der Höheren Bürgerschule bzw. Großherzoglichen Realschule, also zum Schluß Professor Wilhelm Metzger.

Diese Anstalt wurde immer unrentabler, so daß der Ladenburger Gemeinderat 1902 in Karlsruhe den Antrag stellte, auch Mädchen in die Großherzogliche Realschule aufnehmen zu dürfen. Aus diesem Grund fand dort am 13. März 1902 eine Konferenz statt, deren Protokoll folgende Sätze enthält:

*Die Konferenz glaubt, daß nur wenige Mädchen unserem Unterricht folgen könnten, daß uns dagegen abermals eine große Zahl schwacher Schüler zugeführt würde. Angesichts der schlimmen Vorgänge auf sittlichem Gebiet, bei denen wir in den letzten Jahren strafend vorgehen mußten, sind wir überzeugt, daß die unsichtbare Scheidewand zwischen Knaben und Mädchen, welche für die Koedukation unerläßlich ist, hier nicht bestehen wird, und wir sind daher der Ansicht, daß die so oft geleugneten sittlichen Gefahren hier vorhanden wären.*

Es dauerte noch sechs Jahre, bis eine Mehrheit im Lehrerkollegium Metzger überstimmte und Mädchen aufgenommen wurden. Danach unterdrückte Metzger jede gegenseitige Annäherung und bestrafte mit hohen Arreststrafen, wenn ihm zugetragen wurde, daß sich Jungen und Mädchen außerhalb der Schulzeit trafen. Die Veränderungen nach dem ersten Weltkrieg, wie zum Beispiel Turnunterricht für Mädchen, Elternbeirat oder die Anfänge einer Schülermitverwaltung, mißbilligte er zutiefst.

Am 2.Juni 1922 trat er in den Ruhestand, geschmückt mit dem Ritterkreuz 1. Klasse des Ordens vom Zähringer Löwen, dem Kriegsverdienstkreuz und dem preußischen Verdienstkreuz und innerlich gebrochen, weil sein einziger Sohn im Krieg gefallen war.

### 2.3 Realschule und Franz-von-Sickingen-Schule

Der Nachfolger Metzgers, Professor Robert Mauderer, war ein gütiger Mann, der in einer verwirrten Zeit die Schule in einer klaren Linie weiterführte. Am 30. 3. 1930 schaffte Baden die Abschlußprüfung am Ende der 10. Klasse ab, diese Prüfung hatte schon vorher viel von ihrer Bedeutung verloren. Im gleichen Jahr, am 1. 10. 1930, ging Mauderer als Oberstudiendirektor nach Sinsheim. Es folgte Professor Dr. Karl Schwarz. Die beginnende Wirtschaftskrise sorgte dafür, daß die Schülerzahl rapide absank (1900 – 180, 1930 – 136, 1933 – 94). Auf dem Höhepunkt der Wirtschaftskrise 1931 schlug die Badische Sparkommission die Auflösung der Ladenburger Realschule vor. Massive Proteste setzten ein, von Redakteur Cornel Serr wirkungsvoll formuliert; der Kelch ging an Ladenburg vorüber.

Von den sechsklassigen Realschulen, die gleich Ladenburg von der Auflösung bedroht waren, ist übrigens keine aufgelöst worden. Alle wurden in der Zwischenzeit genau wie Ladenburg zu Gymnasien aufgestockt außer Rheinbischofsheim. Aber selbst diese kleinste aller Schulen blieb bis heute als Progymnasium erhalten (1994 240 Schüler, 25 Lehrer).

Die Gleichschaltung 1933 erfolgte etwas zögernd. Noch am 18. 9. 1934 wurden laut Protokollbuch zwei Schüler wegen Erpressung und Hehlerei an einem jüdischen Mitschüler der Schule verwiesen. Aber dann gab es keinen Widerstand mehr. 1935 waren 96,9% der Schüler in der Hitlerjugend, und die Schule stellte den Antrag auf Führung der HJ-Flagge. In einer Feierstunde, bei der alle in Uniform teilnahmen, flatterte sie zusammen mit der Hakenkreuzfahne über der Schule. Ein Zeitungsbericht (NBP) lautet: *In begreiflichem Stolz leuchteten die Augen der Schüler, und begeistert wurde das Lied der Bewegung „Die Fahne hoch“ gesungen, als beide Fahnen gehißt wurden.*

Am 9. 4. 1937 schaffte das Regime das 13. Schuljahr ab[32]. Um den Lehrplan des Gymnasiums auf 8 Klassen zu raffen, kürzte man vor allem in der Mittelstufe. Damit fiel eigentlich nicht die 13., sondern die 10.Klasse weg. Die Konsequenz für Ladenburg war, daß die Schule wieder, wie einst vor 1890, nur 5 Klassen hatte. Für das Gymnasium wurde einheitlich in ganz Deutschland ein Lehrplan obligatorisch. Englisch wurde die erste, Latein die zweite Pflichtsprache, Französisch gab es nur in der Oberstufe fakultativ, also in Ladenburg überhaupt nicht mehr. Die „Franz von Sickingen-Schule" wurde 1938 zu einer Zubringerschule der damaligen „Adolf-Hitler-Schule" in Mannheim (nach dem Krieg nicht mehr aufgebaut). Nun war jede Eigenständigkeit verloren, die Schule war nur noch Filiale.

Auch im Stundenplan gab es Änderungen. 5 Stunden Leibeserziehung pro Woche, vermehrt Deutsch, Geschichte und Erdkunde, weniger Sprachunterricht. Auch wurden neue Zensuren eingeführt. Vorher war seit alters her in Baden die Notenskala: 1, 2, 3, 4, 5 (sehr gut, gut, ziemlich gut, hinlänglich, ungenügend), dann kam zu Beginn des sog. 3. Reiches von Preußen her 1, 2, 3, 4 (sehr gut, gut, genügend, nicht genügend), jetzt galt 1, 2, 3, 4, 5, 6 in der heutigen Definition (sehr gut, gut, befriedigend, ausreichend, mangelhaft, ungenügend).

Bereits bei Kriegsausbruch war kaum mehr normaler Schulbetrieb möglich. Zuerst wurde die Schule laut ministerieller Verordnung vom 1. bis 24. September geschlossen. Als sie wieder geöffnet wurde, fehlte es an Luftschutzraum, folglich durfte nur halber Unterricht gegeben werden. Kohlenmangel und die Einberufung mehrerer Lehrer verschärften die Situation.

Im Januar 1945 zog das Diakonissenkrankenhaus, das in Mannheim ausgebombt worden war, ins Schulgebäude ein. Der spärliche Unterricht mußte nunmehr im Kreiskinderheim und in der Landwirtschaftsschule abgehalten werden. Am 24.3.1945 wurde beim Einmarsch der Amerikaner die Schule geschlossen.

### 2.4 Das Progymnasium

1946 beauftragte das Unterrichtsministerium des Landes Württemberg-Baden, das damals seinen Sitz in Heidelberg hatte, den bisherigen Studienrat Dr. Otto Imhof als einen der wenigen unbelasteten Lehrer mit der Leitung der Schule. Zuerst fand der Unterricht im alten Volksschulgebäude statt, allerdings ohne Fenster, ohne Öfen und ohne Heizmaterial. Spenden von Freunden der Schule und ehemaligen Schülern halfen.

Am 21. Januar 1946 begann der Unterricht mit 3 Lehrkräften, Dr.Imhof, Prof. Schneider und Zeichenlehrer Hoffmann. Am Ende des Schuljahres besaß die Schule 7 Lehrkräfte. Englisch blieb 1. Fremdsprache, Latein wurde von Quarta an obligatorisch gegeben, Französisch kam im Schuljahr 1947/48 als dritte Fremdsprache hinzu. Das nunmehrige Realprogymnasium Ladenburg hatte 2 Sexten, 1 Quinta, 1 Quarta und 1 Untertertia mit zusammen 208 Schülern. Im Schuljahr 1946/47 stieg die Untertertia zur Obertertia, ein Jahr darauf zur Untersekunda auf. Nun war die Schule sechsjährig wie vor dem sogenannten 3. Reich. Mitte Dezember 1949 räumte das Diakonissen-Krankenhaus das alte Schulgebäude.

Die Schule zog um. Aber der Raum war knapp; denn die Schülerzahl hatte sich verdreifacht (über 300). Ab 1950 konnten die Schüler in der 7. Klasse zwischen Latein und Französisch wählen. Die Lateiner bekamen in der 9. Klasse noch Französisch. So war wieder die alte Ordnung wie zu Metzgers und Mauderers Zeiten hergestellt, nur daß Englisch an Stelle von Französisch erste Fremdsprache war.

Am 1. Mai 1952 wurde Dr. Imhof pensioniert. Das Oberschulamt ernannte Herrn Dr. Richard Kühner zum Oberstudienrat und Leiter einer Zubringerschule. Die Schule nannte sich zwei Jahre später „Carl-Benz-Progymnasium". Dr. Kühner war der erste Naturwissenschaftler an der Spitze der Schule. Daher galt sein Interesse dem vollkommenen Neuaufbau der naturwissenschaftlichen Lehrmittel, damit ein zeit- und lehrplanmäßiger Unterricht in diesen Fächern gegeben werden konnte. Das schuf auch die Voraussetzung für den späteren Aufbau.

Diesen beschloß der Gemeinderat am 16. 10. 1957. Das Oberschulamt reichte den Antrag zustimmend an das Kultusministerium weiter. Dieses zögerte zuerst, konnte aber mit dem zarten Hinweis, daß bereits vorher zwei württembergische Progymnasien mit etwas geringerer Schülerzahl aufgestockt worden waren, politisch überzeugt werden. So fand am 7. und 8. März 1961 das erste Abitur mit 17 Schülern statt, und Dr. Kühner wurde zum Oberstudiendirektor befördert. 2 Jahre später bekam er in Studiendirektor Karl Bommarius einen ständigen Vertreter.

### 2.5 Das Carl-Benz-Gymnasium

Die Aufstockung ergab natürlich zusätzlichen Raumbedarf. Die durch den Auszug der Gewerbeschule gewonnenen Klassenzimmer reichten nicht. Nun wurde im Dachgeschoß ein Musikraum ausgebaut, und die vom Diakonissenkrankenhaus als zusätzliches Bettenhaus errichtete, später von der evangelischen Kirche als Jugendheim genutzte Baracke – heute längst abgerissen[33] – brachte vier Klassenzimmer und einen Handarbeitsraum.

In den nächsten Jahren nahmen die Anmeldungen in die 5. Klasse so stark zu, daß das alles nicht ausreichte. So beschloß der Gemeinderat einen Neubau, der 1965 ausgeschrieben wurde. Die Stadt dachte an 1.000 Schüler, das Oberschulamt hielt 7–800 für realistisch. Erst als ein Erlaß des Kultusministeriums vom 2.4.1966 für die Zukunft 25 % Gymnasiasten und ebenfalls 25 % Realschülern pro Jahrgang als Zielwerte annahm, einigte man sich auf die höhere Zahl als Grundlage für die Zuschüsse. In der Zwischenzeit mußte das Gymnasium vorübergehend noch die Gewerbeschule benutzen.

Im Herbst 1970 war der Neubau fertig. Der Unterricht begann in den neuen Räumen. 27 Klassen waren geplant, schon jetzt waren es zwei mehr, und man mußte Schüleraufenthaltsraum und Handarbeitszimmer als Klassenzimmer nutzen. Deshalb stellte Bürgermeister Schulz in seiner Rede bei der Einweihungsfeier einen weiteren Ausbau des Schulzentrums (große Turnhalle, Nebengebäude mit 9 Klassen und eine Realschule) in Aussicht.

Bereits am 15. 3. 1974 wurde das Richtfest für den Erweiterungsbau des Gymnasiums gefeiert. Zum Ende des Schuljahrs 1974 trat OstD. Dr. Kühner in den Ruhestand, sein Nachfolger wurde der bisherige Studiendirektor Klaus Kolb. Das Gymnasium hatte in diesem Jahr 237 Neuanmeldungen. Während Kolbs Amtszeit stieg die Schülerzahl bis auf 1.657 (1979), um danach wieder bis unter 1.000 abzusinken. Auch die Gründung des Schriesheimer Gymnasiums 1977, die ja eine Entlastung bringen sollte, unterbrach kaum die Wachstumskurve.

Die Ursache lag im allgemeinen Bevölkerungswachstum (über eine Million Geburten 1963) mit anschließendem „Pillenknick" (1965 nur etwas über 500.000 Geburten). Jeweils 10 Jahre später wirkten sich diese Zahlen auf die Anmeldungen zur 5. Klasse des Carl-Benz-Gymnasiums aus:

| | | |
|---|---|---|
| 1962 | 90 Schüler | (1951/52 geboren) |
| 1973 | 192 Schüler | (1962/63 geboren) |
| 1984 | 75 Schüler | (1973/74 geboren). |

Die jeweiligen Sprünge hinauf und hinunter sind aber höher, als aus der allgemeinen Bevölkerungsentwicklung zu erwarten gewesen wäre. Das liegt daran, daß in diesen Jahren Schriesheim, Heddesheim, Leutershausen, Neckarhausen, Edingen, Dossenheim und auch Ladenburg große Neubaugebiete erschlossen. Die Bauherren kamen meist aus den Großstädten, waren durchschnittlich 35 bis 40 Jahre alt und gehörten der besser verdienenden Schicht an, die ihre Kinder traditionell aufs Gymnasium schickt. Die Mannheimer und Heidelberger Gymnasien waren bald überfüllt und wehrten sich gegen Kinder aus den Landgemeinden. Vorübergehend ging daher ein Großteil der Großsachsener und Leutershausener, sogar der Friedrichsfelder Schüler nach Ladenburg. Als aber dann durch den Pillenknick die Wende einsetzte, strömten die nächsten Jahrgänge dieser Gemeinden zurück in die Städte, in denen wieder Platz war, die sogar Existenzprobleme hatten und deshalb nach Schülern Ausschau hielten. Zugleich warben ringsum Privatschulen mit verlockenden Sonderkonditionen.

Auf dem Höhepunkt der Schülerzahl reichte in Ladenburg auch der Anbau nicht aus, so daß im Jahre 1980 noch 4 Räume des ehemaligen Kreiskinderheims genutzt wurden. Zugleich waren 6 Klassen ohne Klassenraum, sogenannte Wanderklassen, die von Zimmer zu Zimmer zogen, wenn die dortige Klasse gerade Sport oder Musik oder ein anderes an einen Fachraum gebundenes Fach hatte.

Die Einführung der reformierten Oberstufe machte die Situation keineswegs einfacher. Im Schuljahr 1978/79 wurde zum ersten Mal in der 12. Klasse das Kurssystem eingerichtet. Das bedeutet, daß jeder Schüler sich 2 Leistungsfächer aussucht, die dann in 5 Wochenstunden unterrichtet werden. Dazu wählt er als Pflichtgrundkurse eine der drei Sprachen (Englisch, Latein, Französisch) und eine der drei Naturwissenschaften (Physik, Chemie, Biologie); Deutsch, die gemeinschaftskundlichen Fächer, ein Kunstfach, Religion und Sport kamen noch dazu.

Durch die große Schülerzahl konnten am Carl-Benz-Gymnasium in fast allen Fächern Leistungskurse (außer in den traditionellen Hauptfächern auch in Musik, Bildender Kunst, Physik, Chemie, Biologie, Sport, Geschichte und Erdkunde) durchgeführt und dadurch gerade speziell begabte und interessierte Schüler besonders gefördert werden. Durch die Initiative einer Reihe von Lehrern bot die Schule auch in fast allen Wahlfächern gut besuchte Kurse an; so fanden jedes Jahr Kurse in Literatur, Spanisch, Altgriechisch, Informatik, Geologie, Astronomie, darstellender Geometrie, Philosophie und Psychologie statt. Da es in der Oberstufe keine Klassen gab, sank die Zahl der Wanderklassen 1980 von theoretisch 14 auf tatsächlich nur zwei; dafür wanderten die Schüler der Oberstufe jede Stunde in buntem Wechsel in die verschiedenen Kurse. Die Differenzierung der Oberstufe verstärkte aber auf der anderen Seite den Raumbedarf, vor allem im Fachraumbereich. So fehlten Biologie- und Chemieräume, da diese bisherigen Nebenfächer plötzlich Leistungskurse wurden. Entsprechende Umbauten waren nötig. Ein moderner Computerraum und ein Funkraum rundeten das Angebot ab.

Ein anderes Problem lag in der wachsenden Anonymität einer Riesenschule. Im Jahr des ersten Abiturs hatte das Carl-Benz-Gymnasium 462 Schüler. Der Schulleiter und die meisten Lehrer kannten persönlich fast jeden. Bei 1.657 Schülern war das unmöglich. Ein Versuch, dieser Anonymität entgegenzusteuern, waren die Projekttage, die das Carl-Benz-Gymnasium als erste staatliche Schule in diesem Raum 1979 durchführte. Lehrer, Eltern und auch Schüler boten ein Thema aus ihrem Hobbybereich an (Kochen, Basteln, Naturstudien, Amateurfunk, künstlerisches Werken, Schach, Computer, Garten, Baseball, Musik usw.). Die einzelnen Schüler wählten sich ein Thema und bildeten Gruppen quer durch alle Altersschichten. In den letzten drei Tagen des Schuljahrs führten dann statt des normalen Unterrichts diese Gruppen ihre einzelnen Projekte durch.

Seither wurden diese Projekttage alle zwei Jahre wiederholt und waren immer ein großer Erfolg. Einige dauernde Arbeitsgemeinschaften sind daraus erwachsen, so die Amateurfunk-AG, die sehr erfolgreiche Schachgruppe und eine Base-Ball-AG, die in der Zwischenzeit aus der Schule herausgewachsen und zu einem eigenen Verein, „The Romans" geworden ist.

1987 wurde Kolb pensioniert, nachdem schon ein halbes Jahr vorher sein Stellvertreter, StD Karl Bommarius, in den Ruhestand gegangen war. Als Schulleiter folgte OStD Heinz Gindner, stellvertretender Direktor wurde Dr. Rolf-Dieter Wirsching.

Die Schülerzahl begann als Folge stärkerer Geburtenjahrgänge wieder etwas anzusteigen. Im Schuljahr 1997/98 wurden 1.115 Schüler von 84 Lehrern unterrichtet. Die Schuljahrgänge 5 bis 11 waren auf 32 Klassen aufgeteilt, dazu kam die reformierte Oberstufe mit 15 Leistungskursen.

### 2.6 Die Merian-Realschule

Die Ladenburger Realschule hatte seit ihrer Gründung im vorigen Jahrhundert eine Doppelfunktion. Einerseits besuchten sie Schüler, die einen mittleren Bildungsweg beschreiten wollten und nach dem „Einjährigen" in einen Beruf gingen, also „echte" Realschüler. Für diese war Latein immer ein unnötiger Ballast. Andererseits aber kamen Schüler, die das Abitur anstrebten, deren Eltern sie aber nicht schon als 10-jährige Kinder in die auswärtigen Schulen mit langen Bahnfahrten schicken wollten. Zuerst waren dies nur wenige, durch den Wandel in der Berufswelt wurden es immer mehr. Der Ausbau des Carl-Benz-Gymnasiums war die zwingende Folge. Der Lehrplan eines Gymnasiums ist aber auf neun Schuljahre angelegt, ein vorzeitiges Verlassen ergibt immer einen gewissen Bruch in der Ausbildung. Deshalb wollte man schon vor dem ersten Weltkrieg, dann ganz gezielt unter Rektor Hofmann und schließlich auch unter Rektor Vock eine Mittelschule von der Volksschule her aufbauen. Dies scheiterte am Geld- und Lehrermangel sowie daran, daß die Schülerzahl für zwei Schulen mit mittlerer Reife nicht ausreichte. Dennoch gab es zweimal, nämlich 1928 und 1945, Versuche, die „Professoren"-Realschule durch einen Mittelschulzweig der Volksschule zu ersetzen, bzw. sie nicht wiederzueröffnen.

Nun aber war der Weg ohne Konflikte frei; denn eine echte Lücke war zwischen Hauptschule und Gymnasium entstanden. Sie mußte durch eine neue Realschule geschlossen werden. Vielleicht hätte sich deren Gründung noch etwas verzögert, wenn sich nicht 1972 bei der Eröffnung der neuen Realschule in Schriesheim 166 Kinder angemeldet hätten, obwohl nur für die Hälfte Platz war. Der Überhang bestand aus 56 Ladenburgern, 23 Heddesheimern und 12 Ilvesheimern. 7 Neckarhausener und 17 Edinger konnten mit Mühe in den überfüllten Realschulen Heidelbergs und Mannheims untergebracht werden. Die übrigen standen auf der Straße. Da wurde allen die Dringlichkeit bewußt.

Das Oberschulamt reagierte schnell. In der Kepler-Hauptschule in Heddesheim sollte ein Realschulzweig als Außenstelle der Realschule Ladenburg eingerichtet werden. Am 13. September 1972 um 8 Uhr begann der Unterricht für die Realschüler jedoch in den Räumen 204 und 205 der Sickingen-Hauptschule. Es waren 2 Klassen mit zusammen 78 Schülern. Die Heddesheimer Räume wurden erst im nächsten Schuljahr genutzt. Im Jahr darauf gab es 124 Neuanmeldungen, es schien klar zu sein, daß die Realschule Ladenburg dreizügig eingerichtet werden mußte. Aber das Oberschulamt wußte es besser und genehmigte nur ein zweizügiges Bauprogramm, also 12 Klassen, wobei noch zwei Fachräume abgezogen, somit nur 10 Klassenzimmer genehmigt wurden, zu denen 12 Fachräume und die dazugehörigen Verwaltungsräume kamen.

Am 31. 5. 74 wurde Helmut Brand, der die Schule schon bisher kommissarisch geleitet hatte, in sein Amt als Realschulrektor eingeführt. Bis zur Fertigstellung des Neubaus mußte er schwierige Raumprobleme bewältigen. Im Herbst 75 waren z.B. 6 Klassen in der Landwirtschaftsschule, 3 Klassen in der Sikkingen-, 2 in der Sonderschule. Im August 1977 konnte das neue Gebäude eingeweiht werden. Architekt war, wie schon bei Carl-Benz-Gymnasium und Lobdengauhalle, Rainer Mockler, dessen Handschrift nun das ganze Schulzentrum prägt. Ihren Namen erhielt die Schule nach dem berühmten Kupferstecher Merian, von dem der bekannte Stich von Ladenburg stammt.

Im gleichen Schuljahr wurden 17 Klassen unterrichtet. Ursprünglich hatte man die Schule für 480 Schüler konzipiert bei 40 Schülern pro Klasse. Nun waren es schon über 500 bei einem niedrigeren Klassenteiler. Daher begann die Schule im neuen Gebäude gleich mit Wanderklassen.

Am 3. Juni 1978 bekamen 75 Schüler nach bestandener Prüfung das Abschlußzeugnis der Realschule. Damit war die letzte Lücke im Angebot der Schulstadt Ladenburg geschlossen. Die Schule wurde im nächsten Jahr mit 542 Schülern die zweitgrößte nach dem Carl-Benz-Gymnasium (1661).

In den folgenden Jahren ging in Ladenburg die Zahl der Schüler rapide zurück. Die Merian-Realschule war aber die einzige Schule, bei der sich der Rückgang in Grenzen hielt, so daß auf die Dauer in einem Gebäude, das für 12 Klassen konzipiert war, bis zu 18 Klassen unterrichtet werden mußten. Aber die goldenen Zeiten hoher Einnahmen waren für die Gemeinden vorbei, Ladenburg konnte keinen neuen Anbau errichten. So half man sich durch den Ausbau verschiedener Räumlichkeiten. Das ehemalige Volksbad im Keller der Sikkingenschule wurde zu einem gemeinsamen Werkraum ausgebaut, der Werkraum im Untergeschoß des Gymnasiums diente vorübergehend dem Kunstunterricht und im dritten Gebäude des Kreiskinderheims wurde ebenfalls Raum geschaffen. Im Sommer 1996 trat Rektor Helmut Brand in den Ruhestand.

Nach einem einjährigen Interregnum durch Konrektor Reinfurth übernahm am 15. September 1997 Frau Brigitte Frei die Leitung der Schule. Sie war schon vorher an der Theodor-Heuss-Realschule in Heidelberg Realschulrektorin gewesen. Im diesem Schuljahr wurden 402 Schüler in 16 Klassen unterrichtet.

## 3. Die Entwicklung des beruflichen Schulwesens in Ladenburg

Je weiter im 19. Jahrhundert die industrielle Revolution voranschritt, desto weniger genügte ein Volksschullehrplan, der sich nur auf Schreiben, Lesen und Rechnen beschränkte. Weder Handwerk noch Landwirtschaft konnten einfach in traditionellen Formen weiterlaufen. Auch die Frau, die man damals noch allein in ihrer Rolle als Hausfrau und Mutter sah, bedurfte einer besseren Bildung; denn Haushaltsführung, Kinderpflege und -erziehung sowie weibliche Arbeiten aller Art (Handarbeit etc.) glaubte man nicht mehr allein der Überlieferung in der Großfamilie überlassen zu können. Deshalb begann man, solche Fächer auch in den Volksschulunterricht zu integrieren. Damit aber war der normale Lehrer überfordert, so daß sich langsam eigene Schulformen, bei denen Lehrer mit Sonderausbildung tätig waren, entwickelten, erst unter dem Dach der Volksschule, dann immer mehr als eigenständige Schulen.

### 3.1 Die Industrieschule[34]

So nannte man im 19. Jahrhundert den Handarbeits- und Hauswirtschaftsunterricht für die Mädchen, der im Rahmen der Volksschule von „Industrielehrerinnen" erteilt wurde. Er war in Baden seit 1803 Pflicht. 1835 gab es in Ladenburg zwei Industrielehrerinnen mit einem Gehalt von 40 Gulden im Jahr für beide zusammen. Dazu kam noch eine in Neckarhausen für 10 Gulden. Das war natürlich nur eine Nebenbeschäftigung für dafür geeignete Frauen. Eine zentrale Ausbildung gab es nicht, wohl aber mußten die Anwärterinnen eine Prüfung vor der örtlichen Schulbehörde ablegen.

Der Unterricht war für alle Mädchen von der ersten Klasse an im Winterhalbjahr Pflicht und mußte als Fortbildungsunterricht noch ein Jahr nach der Schulentlassung weiter besucht werden. Was die Inhalte betrifft, so erfahren wir aus dem evangelischen Schulbefehlsbuch, daß zuerst Stricken, Nähen, Spinnen, Flicken und Stopfen gründlich zu lehren seien, erst wenn dies gut beherrscht werde, komme Sticken und andere feine Handarbeit in Frage.

1887 war auf Initiative von Großherzogin Luise, der Tochter Kaiser Wilhelms I., in Ladenburg der Frauenverein gegründet worden, der im Auftrag der örtlichen Schulbehörde den Unterricht kontrollierte und auch mit Materialspenden half. Die Handarbeitslehrerinnen mußten seit den achziger Jahren des vorigen Jahrhunderts in Karlsruhe an einer zentralen Industrieschule nach einjährigem Kurs ein Examen ablegen. Die erste ausgebildete Lehrerin in Ladenburg war 1881 Ernestine Eissenhardt. Der Unterricht fand meist mittwochs und samstags am Nachmittag statt. *Notorisch unterbemittelten Kindern* stellte die Gemeinde das Material.

Großherzogin Luise besuchte am 19. 4. 1887 eine Ausstellung der Ladenburger Industrieschule. Bürgermeister Huben hätte sich sehr gefreut, *wenn die Hohe Frau ein Diner oder Souper hier einzunehmen geruhen wollte.* Dieses tat sie aber nicht, sondern kam um 12 Uhr 30 mit dem Schnellzug, der ausnahmsweise in Ladenburg hielt, besichtigte Ausstellung, Kreiserziehungshaus (Kreiskinderheim, heute städt. Kindergarten) und das Günther'sche Waisenhaus und fuhr gegen 16 Uhr mit dem Wagen wieder zurück nach Heidelberg. Laut Telegramm wurde dem Bürgermeister mitgeteilt, *Euer Wohlgeboren wollen sich auf dem Bahnhof, der Gemeinderath dagegen im Ausstellungs-Lokal einfinden.*

Ende des Jahrhunderts fand der Unterricht das ganze Jahr wöchentlich 6 Stunden lang statt. 1897 waren es z.B. 164 Arbeitsschülerinnen.

1889 hatten sich die Niederbronner Schwestern im Ladenburg niedergelassen. Seit 1906 lebten sie im Haus Rheingaustraße 15, dem heutigen St. Josefskindergarten. Dort hatten sie eine private Nähschule eingerichtet, die 1930 in das ehemalige Beinhaus beim alten katholischen Friedhof neben der Galluskirche umzog (heute Pfarrheim St. Michael). Sie fand immer mehr Zulauf. Als auch evangelische Bürger ihre Töchter dorthinschickten, weil sie behaupteten, dort lerne man mehr (1897), wurde von der Ortsschulbehörde eine Überprüfung der städtischen Handarbeitsschule angeordnet.

Am 10. 3. 1908 berichtete nach einer solchen Visitation die Weinheimer Oberlehrerin Auguste Jennemann: *Die Schule hat 202 Arbeitsschülerinnen und wird in 6 Klassen unterrichtet. Der Handarbeitsunterricht wird nur während des Winterhalbjahrs erteilt, die erste Klasse erhält wöchentlich 4, die anderen Klassen wöchentlich 6 Stunden ... Beide Lehrerinnen haben mit Fleiß und Gewissenhaftigkeit gearbeitet und recht gute Erfolge erzielt ... Es wäre der Stadtgemeinde Ladenburg sehr zu empfehlen, die Erteilung des Handarbeitsunterrichts auf das ganz Jahr auszudehnen.* Das geschah dann auch nach dem Erweiterungsbau der Volksschule ab 1914.

Über die Kochschule als weibliche Berufsschule erfährt man wenig vor dem 1. Weltkrieg; sicher ist, daß sie seit 1908 im Obergeschoß des städtischen Kindergartens, heute Sozialstation, eingerichtet war. 1916 wurde die Koch- und Handarbeitslehrerstelle zusammengelegt, weil beide bisherigen Inhaberinnen in Pension gingen. Die Stelle wurde mit 32 Wochenstunden ausgeschrieben. Im gleichen Jahr verlegte man sie in das Gebäude der alten Volksschule in den Schulsaal rechts unten, wo wegen der Hungersnot eine Schulspeisung durchgeführt wurde.

### 3.2 Die Fortbildungsschule[35]

Für die Jungen gab es während der normalen Schulzeit keinen entsprechenden zusätzlichen Unterricht. Dafür aber mußten sie 2 Jahre lang nach der Schulpflicht die Fortbildungsschule besuchen, die ebenfalls im Rahmen der Volksschule durchgeführt wurde. Ein solcher Unterricht, damals „Realschule" genannt und am Abend gegeben, wird in Ladenburg zum ersten Mal 1816 für die katholische Volksschule erwähnt[36]. Am 20. 9. 1844 heißt es im Befehlsbuch der evangelischen Schule: *Am meisten scheint noch geschehen zu müßen in der deutschen Sprache, d.h. im Fertigen von Aufsätzen, desgleichen im Schönschreiben.*

Aber diese allgemeine Fortbildung reichte nach der Jahrhundertmitte nicht mehr aus. Anfang 1862 wurde in Baden die Gewerbefreiheit eingeführt, darauf entstanden überall im Lande Gewerbeschulen. Als nun auch in Ladenburg Vorstufen der Gewerbeschule eingerichtet und auch noch die Landwirtschaftsschule gegründet wurden, ließen die Stadtväter die Fortbildungsschule in den sechziger Jahren einschlafen. Am 16. Juli 1874 jedoch verfügte der Oberschulrath in Karlsruhe die erneute Einrichtung dieser Schulart in Ladenburg, und zwar ganzjährig und obligatorisch. Nur wer die Gewerbe- oder die Landwirtschaftsschule besuchte, war befreit.

Zuerst fand der Unterricht sonntags von 12 bis 14 Uhr statt. Das paßte aber weder den Schülern noch den Lehrern. 1908 verlegte man ihn auf Mittwoch von 13 bis 15 Uhr. Da beschwerte sich Industrie und Handwerk. Nun wich die Schule auf Samstag von 13 bis 15 Uhr aus. Weil sich die jungen Leute mit dem Hinweis auf pünktlichen Schulbeginn vor dem Auskehren der Werkstatt drückten, gefiel den Arbeitgebern auch dieser Termin nicht. Sie versuchten per Beschwerde beim Bürgermeister wieder den Sonntag als Unterrichtstag durchzusetzen.

Oberlehrer Weitzel wehrte sich mit einem Schreiben vom 14. 6. 1911. Da fiele der Unterricht zu oft aus (Feiertage, Turnerfest, „Stemmerklubveranstaltung" etc.) und schließlich: *Zu früherer Zeit wurde hier die Fortbildungsschule am Sonntag von 7 bis 9 Uhr abgehalten. Diese Verlegung führte zu großen Verdrießlichkeiten zwischen Lehrern und Schülern; denn die Knaben mußten - wie heute auch - die Ställe in der Frühe reinigen und kamen mit ihren übelriechenden Stallkleidern in den Unterricht.* Am 8. 3. 1912 wurde der Unterricht von Samstag auf Dienstag von 19 - 21 Uhr verlegt. Das Fehlen wurde mit Geldbußen hart bestraft, falls Eltern oder Arbeitgeber daran schuld waren. Die letzteren vertraten an den bei ihnen untergebrachten auswärtigen Jugendlichen die Eltern.

1918 gab es ein neues Fortbildungsschulgesetz[37], das genaue Bestimmungen über Lehrpläne, Klassenstärken usw. enthielt und vor allem gesondert ausgebildete Lehrer für diese Schulart vorsah. Aber nirgends klaffte die Lükke zwischen Theorie und trauriger Wirklichkeit soweit auseinander wie hier. So hatte zwar 1921 die Haushaltungsschule 7 Klassen zu je 4 Stunden mit insgesamt 168 Schülerinnen, die Fortbildungsschule für Knaben konnte aber nicht eingerichtet werden, weil die Durchführung des Gesetzes vom 19. 4. 18 aus Geldmangel zweifelhaft erschien. 1922 gründete man einen Schulverband Neckarhausen-Ladenburg, aber erst ein Jahr später konnte auch die Knaben-Fortbildungsschule wieder eingerichtet werden. Die Zahlen waren:

| | Knaben | Mädchen | Gesamt |
|---|---|---|---|
| Ladenburg | 72 | 115 | 187 |
| Neckarhausen | 31 | 31 | 62 |
| | **103** | **146** | **249** |

Am 4. 12. 1923 ordnet das Kreisschulamt an, daß die herrschende Armut für die Kochschule Lebensmittelspenden „leistungsfähiger Persönlichkeiten" nötig macht und daß das Essen möglichst an Bedürftige weitergegeben werden soll. Die Schülerinnen sollen nur Kostproben erhalten. Einige Tage mußte sogar der praktische Kochunterricht in Ladenburg eingestellt werden, nicht aus Lebensmittel-, sondern aus Brennstoffmangel. Erst 1924 normalisierte sich wieder die Lage. Am 25. 3. 27 lobte anläßlich einer Inspektion Kreisschulinspektor Spieß die Fortbildungsschule. Sie sei bei Frl. Gschwind und Herrn Hauptlehrer Hund in guten Händen.

Nach 1933 legte man entsprechen der damaligen Ideologie besonderen Wert auf die Erziehung der Mädchen zur Hausfrauenarbeit und regte an, den Unterricht auf 6 Stunden und drei Jahre auszudehnen. Bald darauf mußten auch die Mädchen der höheren Schule Hauswirtschaft lernen. Keine kam in die 11. Klasse, die nicht eine Prüfung in diesem Fach gemacht hatte. Man konnte es auch als Abiturfach wählen ('Kochlöffelabitur').

1940 mußten alle Jungen des 2. und 3. Fortbildungsschuljahrgangs von Ladenburg, Nekkarhausen, Ilvesheim, Edingen, Schriesheim und Heddesheim, die als Hilfsarbeiter in gewerblichen und industrieellen Betrieben oder beim Bauern arbeitete, also nicht in einem Lehrverhältnis standen, die „Ländliche Berufsschule" besuchen. Nach dem Krieg gab es zwar noch Kochunterricht und Handarbeit für Mädchen, aber eine eigentliche Fortbildungsschule wurde nicht weitergeführt. Heute versucht man Jugendliche, die in keiner beruflichen Ausbildung stehen, an den zentralen Berufsschulen Heidelberg, Mannheim, Weinheim weiterzubilden (Berufsfortbildungsjahr).

### 3.3 Die Landwirtschaftsschule

Am 9. Dezember 1850 ist bei der Schulvisitatur Ladenburg zum ersten Mal die Rede von dem *in der Volksschule zu ertheilenden Landwirtschaftlichen Unterricht.* Der überforderte aber offensichtlich viele Volksschullehrer, so daß Baden in seiner Schulpolitik umschwenkte und allgemein die Gründung von landwirtschaftlichen Winterschulen anregte. Am 4. 12. 66 beantragte der Kreisausschuß des Kreises Mannheim die Errichtung einer solchen in Ladenburg. Aber erst im Sommer 1868 teilte das Handelsministerium mit, es sei bereit, einen Landwirtschaftslehrer einzustellen; im Herbst könne die Schule beginnen. Darauf beschloß der Ladenburger Gemeinderat, ein Schullokal zu stellen und die Kosten für Heizung, Beleuchtung und Bedienung zu übernehmen.

Am 12. November trat Martin Zeeb aus Georgenau bei Calw in Ladenburg seinen Dienst als erster Leiter der Landwirtschaftschule an. Am 17. November 1868 wurde der Unterricht mit 20 Schülern feierlich eröffnet. Zuerst unterrichtete man in zwei geräumigen Schulsälen im katholischen Pfarrhaus in der Hauptstraße (heute Stadtbibliothek). Wöchentlich gab es laut Lehrplan 36 Stunden. Das Schulgeld betrug 10 Gulden.

1870 bezog die Landwirtschaftsschule im neuen Gebäude der höheren Bürgerschule Räume im Erdgeschoß (heute Sickingen-Hauptschule). Unter dem Nachfolger von Zeeb, Landwirtschaftslehrer Alfred Schmezer, wurde allmählich der zweijährige Unterricht eingeführt. Im Winterhalbjahr 1880/81 gab man zum ersten Mal 9 Wochenstunden getrennt, für 27 Wochenstunden blieb der gemeinsame Unterricht. Schließlich schlug Schmezer die völlige Trennung in zwei Klassen vor. Der Kreisausschuß stimmte zu.

*Altes Pfründnerhaus, ab 1889 Landwirtschaftsschule, ab 1908 vorrübergehend Gewerbeschule.*

Da das Spital in das ehemalige evangelische Schulhaus in der Schulstraße umgezogen war, wurde im Herbst 1889 das bisherige Städtische Pfründnerhaus am ehemaligen Schriesheimer Tor (Hauptstraße 85) von der Stadt Ladenburg umgebaut, mit einer geräumigen Wohnung für den Schulvorstand und Wohnräumen für den zweiten Lehrer. Die zwei Landwirtschaftslehrer werden ganzjährig angestellt, um sie, wie es in einem Schreiben des Kreisausschusses heißt, mehr wie bisher an der Schule zu interessieren und für längere Zeit zu halten. Im Sommer beschäftigte man sie in der Flurbereinigung und mit anderen Aufgaben.

Auf den nur wenige Jahre amtierenden Landwirtschaftsinspektor Römer folgte 1899 Georg Kuhn. In seine Amtszeit fällt der Neubau der Schule in der Scheffelstraße, diesmal durch den Landkreis. Es entstand ein prächtiges Schulgebäude, das wegen seiner zum Teil altdeutschen Architektur (Erker, Altane, Renaissancegiebel) den Beinamen „Bauernschloß" erhielt und bis 1955 die Landwirtschaftsschule in seinen Räumen hatte (heutige Erich-Kästner-Schule). Nun gab es genügend Räume für Unterricht und ordnungsgemäße Unterbringung der Lehrmittel, ein Labor, Räume für Schulverwaltung und Obstbauinspektion, sowie eine Wohnung für den Schulvorstand. Die Schülerzahl, die vor Fertigtellung des neuen Unterrichtsgebäudes etwa 40 betrug, stieg nach Bezug des Neubaues auf über 60. Während des 1. Weltkriegs kam es dann zu großen Einschränkungen, 1917/18 fiel der Unterricht ganz aus.

Unter den Schulleitern Hermann Doll (1919–1931) und Dr. Georg Krumm erlebte die Schule erneut eine Blütezeit. Mit modernen Geräten wurden eigene Lehrfilme hergestellt, die Schüler führten große Bodenuntersuchungen über die Kalkgehalts- und Reaktionsverhältnisse durch und erstellten z.B. eine Bodenkarte der Gemarkung Großsachsen.

1933 führte Baden die Fachschulpflicht für alle Junglandwirte ein, was zu einem starken Anwachsen der Schülerzahl führte, obwohl diese Pflicht durch das Reichsschulgesetz 1937 wieder aufgehoben wurde. 1935 wurde ein paralleler Kurs für Jungbäuerinnen eingerichtet. Unter Krumms Nachfolger Dr. Eduard Köbler hatte Ladenburg 1939 mit 80 Jungbauern und 24 „Bauerntöchtern" die höchste Schülerzahl aller badischen Schulen. 1942–44 dagegen waren fast alle Fachlehrer eingezogen, es gab nur einen Unterkurs. 1944/45 ruhte der Unterricht mit Ausnahme der Mädchenklasse völlig.

Im Herbst 1947 wurde das durch Granaten beschädigte Schulgebäude wieder instandgesetzt. Der Unterricht begann mit 103 Schülern 1947/48, 124 Schülern 1948/49 und 105 1949/50. Danach ging die Zahl auf durchschnittlich 80 Schüler und Schülerinnen zurück. 1950 wurde das Landwirtschaftsamt nach Aufhebung der Zwangsbewirtschaftung für landwirtschaftliche Erzeugnisse nach Ladenburg verlegt und mit der Schule vereinigt.

Dadurch reichte das Gebäude in der Scheffelstraße nicht mehr aus. Im Frühjahr 1955 begann der Kreis mit einem großzügigen Neubau im damaligen Bollweg, heute Trajanstraße. Ein Jahr später war Einweihung. In dem Gebäude wurden nicht nur die Landwirtschaftsschule und das Landwirtschaftsamt, sondern auch neben der Kreisbildstelle noch eine Berufsschule für Mädchen untergebracht, die Ostern 1957 startete. Sie stand unter der Leitung von Frau Ewald, später unter Frau Margarete Mai und hatte zwei Züge, eine dreijährige berufsbegleitende und eine einjährige Vollzeitschule. Beides waren staatliche Pflichtschulen, endeten mit einer staatlichen Prüfung und waren eine Vorbereitung für die Frauenfachschule in Mannheim. In beiden Fällen waren die Mädchen danach nicht mehr berufsschulpflichtig. Am Ende des Jahres fand immer ein Prüfungsessen statt, wo Honoratioren des Kreises die Kochkünste der Mädchen ausgiebig begutachteten. Nachmittags gab es noch Kaffee und Kuchen. 1966 erweckte die einjährige ganztägige Hauswirtschaftsschule als Folge des allgemein eingeführten 9. Schuljahres kein Interesse mehr, sie wurde aufgelöst. Die dreijährige Schule folgte 1970.

Da der landwirtschaftliche Versuchsgarten in 10 Jahren über 270.000.– DM Unkosten verursacht hatte, gab man ihn 1958 auf, verpachtete das Gelände zuerst an einen Gärtnereibetrieb und verkaufte es später an die Stadt. Heute entwickelt sich dort der Waldpark.

Durch die Strukturveränderungen in der Landwirtschaft gewann der gesamte Komplex der Betriebsführung an Bedeutung (Buchführung, Betriebslehre, Verwaltungs-, Rechts- und Steuerkunde, Agrarpolitik, Marktlehre). Da die Vorbildung der Schüler sich ständig verbesserte (9. Schuljahr, viele kamen auch von Realschule oder Gymnasium), konnte man im Lehrplan von 1956 die gesamten allgemeinbildenden Fächer streichen. Aus einer Schule, die allgemeines Grundlagenwissen für Landwirte vermittelt hatte, wurde immer mehr eine landwirtschaftliche Betriebsleiterschule.

Zugleich aber begann die Basis abzubröckeln. Unter den Nachfolgern Köblers, den Oberlandwirtschaftsräten Paul Hanser (1955–1963) und Wilhelm Zöller (1963–1968) sowie den Oberregierungslandwirtschaftsräten Wanner (1963–76), Dr. Schnerch und Dr. Knögel sank die Schülerzahl auf durchschnittlich 30, obwohl die Landwirtschaftsschule Hockenheim sich bereits aufgelöst hatte und die Schüler des Schwetzinger Raums nach Ladenburg gingen. 1976 schien es nochmals aufwärts zu gehen. Zum ersten Mal gab es wieder zwei Klassen an der „Fachschule für Landwirtschaft, Abteilung Landbau". Im ersten Semester waren es 19 Studierende (3 aus Hessen, weil Heppenheim geschlossen hatte), im zweiten 20. Die Absolventen hießen jetzt „Staatlich geprüfter Wirtschafter des Landbaus". Aber die Titel wurden zwar immer länger, die Schule jedoch immer kleiner. In den achziger Jahren sank die Zahl auf:

| | | | |
|---|---|---|---|
| 1988/89 | 1989/90 | 1990/91 | 1991/92 |
| 22 | 24 | 24 | 9 |
| 1992/93 | 1993/94 | 1994/95 | 1995/96 |
| 16 | 15 | 10 | 9 |

Dabei kamen durchschnittlich die Hälfte der Schüler aus Hessen und Rheinland-Pfalz, 1994/95 sogar 7 Personen. 1997 beschloß der Landtag, für jeden Kreis nur ein Landwirtschaftsamt weiterzuführen. Im Rhein-Neckar-Kreis wurde Ladenburg zu Gunsten Sinsheims aufgelöst. Damit starb die Landwirtschaftsschule, die schon im Herbst 1996 keine Schüler mehr hatte, einen stillen Tod.

### 3.4 Die Gewerbeschule

Am 15. Mai 1834 erließ die Landesregierung eine „Höchste Verordnung" über die Errichtung von Gewerbeschulen in den gewerbereichen Städten des Großherzogtums Baden. Auf Grund des § 44 waren die Meister gesetzlich verpflichtet, ihre Lehrlinge zum Schulbesuch anzuhalten. Die normale Unterrichtszeit sollte mindestens 6 Unterrichtsstunden in der Woche betragen. Lehrlinge, die die erforderlichen Vorkenntnisse nicht besaßen, sollten solange die Fortbildungsschule besuchen, bis sie befähigt waren, wenigstens am Zeichenunterricht teilzunehmen. Ein dreijähriger, jedoch mindestens ein zweijähriger Kurs sei einzurichten.

Aber erst im Mai 1862 führte der Ladenburger Gemeinderat unter Bürgermeister Schäfer die erste Vorstufe einer Gewerbeschule im Rahmen der sogenannten erweiterten Volksschule ein. Damals war der Besuch für Lehrlinge noch freiwillig, die Meister mußten aber diese dafür freistellen. Ein Jahr später wurde die erweiterte Volksschule aufgelöst, die Höhere Bürgerschule gegründet und der Gewerbeschulunterricht von dorther organisiert.

Die Gewerbetreibenden Ladenburgs brachten dieser neueingerichteten Schule nicht das nötige Verständnis entgegen. Schon am 1. März wandte sich der Gewerbeverein an den Gemeinderat, der Unterricht solle am Sonntag stattfinden, da viel Zeit versäumt würde, was nicht ohne Nachteil des Lehrherrn sei.

Zwar wehrte sich der Bürgermeister; aber die Lehrherren schikanierten die Lehrlinge dermaßen, daß Lehrer Zengerle selber bat, wegen der vielen Versäumnisse den Unterricht auf Sonntag von 6 bis 8 Uhr zu verlegen (ein späterer Zeitpunkt hätte zum Konflikt mit der Geistlichkeit geführt).

Am 27. 2. 1864 gab die Stadt Ladenburg bekannt, daß auch Lehrlinge der Nachbargemeinden diesen Unterricht an der höheren Bürgerschule besuchen durften. Der Nachfolger Zengerles, Lehrer Löser, bat 1868 den Gemeinderat, die Unterrichtszeit durch zwei weitere Stunden an einem Werktagabend zu verlängern, da viele Lehrlinge das Einmaleins nicht beherrschten, andere nur notdürftig multiplizieren und dividieren können und an Rechtschreibung kaum zu denken sei. Der Bitte wurde entsprochen; es wurden jedoch im selben Jahr noch sämtliche Handwerksmeister auf das Rathaus geladen, wo sie nach einem Vortrag des Lehrers über den Zweck der Gewerbeschulen sich unterschriftlich erklären mußten, ihre Lehrlinge in den Unterricht zu lassen, da der Besuch stark zu wünschen übrig ließ.

1872 erließ das Deutsche Reich die allgemeine Gewerbeordnung. § 120 besagt, daß durch ein Ortsstatut die Gewerbeschulpflicht eingeführt werden kann. Dies geschah in Ladenburg bereits im Mai 1872 unter Bürgermeister Huben. Die Schülerzahl wuchs, es wurden 2 Abteilungen eingerichtet, die eine donnerstags von 18 bis 20 Uhr, die andere sonntags in der menschlicheren Zeit von 11 bis 13 Uhr. Das Angebot erweiterte sich auf Geometrie, Freihandzeichnen, Rechtschreibung, Schönschrift und Geschäftsaufsatz. Der Unterricht lag vor allem in den Händen von Reallehrer Theo Schmitthelm von der Höheren Bürgerschule, der 30 Jahre lang diese Aufgabe erfüllte.

Im Jahre 1898 forderte der Gewerbeverein unter dem Vorsitz von Buchdruckereibesitzer Karl Molitor die Umwandlung in eine vollwertige Gewerbeschule mit hauptamtlichen Lehrkräften. Zunächst scheiterte dies am Geld. In einer Bürgerausschußsitzung am 23. August 1900 fand eine Abstimmung statt, bei der 9 mit ja, 49 mit nein abstimmten, während 5 sich der Stimme enthielten. Unter den Ablehnern waren allein 20 Handwerker.

Im Jahre 1900 aber kam eine neue Gewerbeordnung, in der Gesellen- und Meisterprüfungen geregelt wurden. Mit der letzteren war die Berechtigung verbunden, Lehrlinge zu halten. Da entdeckten die Handwerker plötzlich ihren Vorteil, und es kam im Bürgerausschuß am 10. 4. 1905 zum einmütigen Beschluß, eine selbständige Gewerbeschule einzurichten, und zwar im Lesezimmer der Kinderschule (heute Sozialstation Luisenstraße). Alfred Molitor leitete sie als erster ordnungsgemäß ausgebildeter Gewerbelehrer und zog für einzelne Fächer oder Stunden andere Personen nebenamtlich heran (Handwerker, Ingenieure, Fachlehrer). Unterrichtet wurden Maler-, Blechner- und Installationslehrlinge, Schreiner, Glaser, Drogisten und Bauhandwerker[38]. 1908 entstand eine Handelsabteilung, die man 1934 wieder aufhob, nachdem schon seit 1926 die meisten kaufmännischen Lehrlinge die Handelsschulen in Mannheim und Weinheim besuchten.

Die Schule fand so großen Zulauf, daß sie 1908 in das von der Landwirtschaftsschule geräumte Haus am Schriesheimer Tor (Hauptstr. 85) umzog. Das war aber ebenfalls bald zu klein. Bürgermeister Reinmuth verhandelte mit den Nachbargemeinden Neckarhausen, Edingen, Schriesheim, Seckenheim und Ilvesheim über die Umwandlung in eine Bezirksgewerbeschule. Aber diese wollten nichts bezahlen. Schriesheim lag damals sowieso mit Ladenburg im Streit, weil die Ladenburger den Schienenweg der OEG nach Schriesheim blokkierten. So blieb das Problem vorerst ungelöst.

1924 wurden 330 Schüler in den 2 Räumen der Landwirtschaftsschule und einem Raum der Realschule unterrichtet. 1930 wurden zwei weitere Räume in der Realschule ausgebaut, die Schule war nun vollständig dort untergebracht. 1931 drohte die Schließung der Schule, weil in der allgemeinen Notzeit zu wenige eine Lehre antreten konnten. Bürgermeister Hagen verhandelte mit den Nachbargemeinden über die Bildung einer Bezirksgewerbeschule. Im August 1932 endlich war es soweit. Edingen, Heddesheim, Ilvesheim, Neckarhausen und Schriesheim bildeten einen Schulverband. *Zur Entrichtung des Schulgeldes, welches für Pflichtschüler RM 20.– und für freiwillige Schüler RM 30.– beträgt, ist der jeweilige Lehr- und Arbeitsherr des Schulpflichtigen verpflichtet,* heißt es in dem Entschluß[39].

Ab 1935 fanden jedes Jahr sogenannte „Reichsberufswettkämpfe" statt. In der Nekkar-Bergstraß-Post heißt es am 15. 3. 35 emphatisch: *Deutscher Junge, zeige was du gelernt hast und mache deinem Meister Ehre, der dir das Rüstzeug für deinen Beruf gibt.* Bei der Berufsgruppe Metall feilten und bohrten die Jungen unter Leitung von Eugen Benz um die Wette, in der Gruppe „Reichsnährstand" wirkten 15 Bäcker bei Joachim, Welker, Münch und Trill, 29 Landwirte zackerten nachmittags auf dem Acker von Lackert, 28 Gärtner gruben um, topften und legten Kastenbeete im landwirtschaftlichen Versuchsgarten an. Auch „die jungen Kameradinnen", nämlich 10 Schneiderinnen und 6 Weißnäherinnen, arbeiteten „am sozialistischen Aufbau" mit[40].

1937 wurde Alfred Molitor, Leiter der Schule seit ihrer Gründung, seit 1927 Direktor, als Lehrer an die Siemensgewerbeschule versetzt. Das kam fast einer Degradierung gleich, geschah aber auf eigenen Wunsch. Offensichtlich entzog er sich politischem Druck. Nach 1945 übernahm er übrigens die Leitung der Mannheimer Schule. Sein Nachfolger in Ladenburg wurde Karl Schöpperle, der schon seit 20 Jahren an der Schule gewirkt hatte[41].

Nach 1945 wurde Willi Rieple neuer Direktor. Aber erst, als das Diakonissenkrankenhaus das Realschulgebäude geräumt hatte, konnte die Schule ihren Betrieb wieder geordnet aufnehmen. Sie war nunmehr in den Händen des Landkreises, und zwar bereits seit dem badischen Steuer- und Lastenverteilungsgesetz vom 29. Juli 1938, das die Landkreise neu ordnete und Mannheim zur kreisfreien Stadt machte.

Die Gewerbeschule war ursprünglich nur als ausbildungsbegleitende Schule im dualen System gedacht und sollte die dürftige Volksschulbildung vertiefen und den jungen Leuten allgemeine Wissensgrundlagen für den Beruf vermitteln, z.B. Geschäftsbriefe, kaufmännisches Rechnen, geometrisches Zeichnen und allgemeine technische Kenntnisse. Mit der Verbesserung der Elementarbildung um die Jahrhundertwende war das nicht mehr so wichtig; deshalb bildete man Berufsgruppenklassen (Metall, Holz, Bau, Nahrungsmittel etc.). Durch die immer weiter fortschreitende Differenzierung genügte nach 1950 auch das nicht mehr. Spezielle Berufsklassen, kostspieliges Lernmaterial, einjährige und zweijährige Vollzeitschulen wurden immer wichtiger. Solche konnte man aber nur in großen Schulzentren einrichten; nur dort gab es für jede Sparte genug Schüler, und die teure Einrichtung konnte optimal genutzt werden.

Um nicht alle Schüler an die großen Städte zu verlieren, versuchte der Landkreis, ebenfalls solche leistungsfähigen Zentren zu bilden. Landrat Dr. Gaa hatte da offensichtlich genaue Pläne, wie seine Bautätigkeiten zeigen, nämlich Handel und Gewerbe nach Weinheim und Schwetzingen, Landwirtschaft nach Ladenburg. Die Ladenburger Gewerbeschule sollte auslaufen. Dem widersetzten sich im Kreistag nicht nur die Ladenburger, allen voran Willi Rieple, der die SPD-Fraktion hinter sich hatte, sondern auch Kreisräte und Kreisverordnete aus den Nachbarorten, die traditionell ihre Lehrlinge nach Ladenburg schickten und die längeren Wege nach Weinheim oder Mannheim ablehnten.

Dadurch gab es eine Mehrheit für Ladenburg im Kreistag, und der Landrat erklärte 1954 anläßlich der Namensfeier des Carl-Benz-Progymnasiums, der Kreis werde die Landwirtschaftsschule neu bauen, die Gewerbeschule solle in das bisherige Landwirtschaftsschulgebäude umsiedeln. Dieser Umbau war 1955 beendet. Die Gewerbeschule zog in die Scheffelstraße. Schulleiter war 1952 nach der Wahl Rieples in den Landtag Direktor E. Göbel. Alle gewerblichen Lehrlinge aus Ladenburg, Edingen, Neckarhausen, Ilvesheim, Schriesheim und Heddesheim hatten ihre Schulpflicht an dieser Schule zu erfüllen.

Nun war 10 Jahre Ruhe. Anfang Februar 1966 reichte Direktor Göbel seine vorzeitige Pensionierung ein. Da kam im gleichen Monat (24. 2. 1966) ohne Vorwarnung ein Erlaß des Oberschulamts zur Schließung der Gewerbeschule, weil die fachgerechte Ausbildung nicht mehr gewährleistet sei. Es erfolgte ein massiver Protest von Schulleitung und betroffenen Betrieben. In einer Kreistagssitzung Anfang Mai 1966 gab es einen Kompromiß: 135 Schüler sollten in Ladenburg bleiben, der Rest wurde auf Mannheim und Weinheim verteilt. Mit 5 Klassen blieb die Schule wenigstens teilweise erhalten.

Am 11. August 1967 jedoch verfügte das Oberschulamt nach einer Besprechung mit der Industrie- und Handelskammer die Auflösung der Ladenburger Gewerbeschule. Bürgermeister Schulz nannte dies eine Nacht- und Nebelaktion, da die Organe des Schulträgers nur unzureichend gehört wurden, die meisten Betroffenen seien in den Ferien, Protest komme jetzt zu spät[42]. Aber es half nichts; die Gewerbeschule Ladenburg war gestorben.

## 4. Die Entwicklung des Förderschulwesens

### 4.1 Die Hilfsschule[43]

Im Januar 1917 machte der neuernannte Rektor Hofmann den Gemeinderat darauf aufmerksam, daß nach den Bestimmungen des § 50 des Schulgesetzes in der Fassung von 1913 Schüler, die gewisse Mindestanforderungen nicht erfüllen können, nicht wie bisher einfach sitzenbleiben durften, um irgendwie einmal aus der 4. oder 5. Klasse nach dem Ende der Schulpflicht entlassen zu werden, sondern in einer zu bildenden Hilfsklasse zusammenzufassen seien, andernfalls die Eltern oder bei deren Bedürftigkeit die Gemeinde für Privatunterricht zu sorgen hätten. Er rechnete der Gemeinde vor, daß bereits bei zwei solcher Schüler der Privatunterricht für die Gemeinde teurer werde als die Einstellung eines Hauptlehrers als Hilfsschullehrer. Solche Argumente leuchteten natürlich sofort ein, und die erste Hilfsschulklasse in Ladenburg entstand, unterrichtet von Hauptlehrer Willax, der durch zusätzliche Kurse sich immer wieder in dieser Sonderpädagogik weiterbildete; denn eine eigentliche Sonderschullehrerlaufbahn gab es noch nicht. 1922 waren es 16 Schüler, 1933 20. Auch während der Hitlerdiktatur bestand die Klasse weiter.

### 4.2 Die Erich-Kästner-Schule

In der Hilfsklasse in Ladenburg waren 1953 43 Hilfsschüler. Es unterrichteten Oberlehrer Keilbach, (seit Neubeginn der Hilfsschule) und Hauptlehrerin Katharina Barth (seit 8. 9. 1952), letztere hatte bereits 1951 in Stuttgart als eine der ersten die neue Ausbildung durchgemacht und erhielt bald den Titel Sonderschuloberlehrerin. In der Folge wurden mehrere Klassen eingerichtet, Schüler der Umlandgemeinden kamen nach Ladenburg. 1962 umfaßte die Einrichtung bereits 90 Schüler, davon 33 auswärtige aus Schriesheim, Ilvesheim, Edingen und Neckarhausen sowie 18 aus dem Kreiskinderheim, also 49 aus Ladenburg. Bei der Richtzahl 20 bedeutete das vier Lehrer.

Am 13. 6. 1962 erhielt die Schule eine eigene Rektorin, nämlich die bisherige Hilfsschuloberlehrerin Katharina Barth, die am 2. 7. 62 offiziell ernannt wurde. Die nunmehr selbständige Anstalt hieß jetzt „Bezirkshilfsschule Ladenburg.“ Durch einen Vertrag mit den umliegenden Gemeinden Edingen-Neckarhausen, Ilvesheim, Heddesheim und Schriesheim wurde sie Pflichtschule für diesen Bezirk; d.h. während z.B. bei Realschule und Gymnasium die Eltern freie Schulwahl haben, ein Heddesheimer Schüler also auch ins Lessinggymnasium gehen kann, müssen alle lernbehinderten Kinder dieser Gemeinden nach Ladenburg. Ab 1965 nannte sich die Schule „Sonderschule für Lernbehinderte“. Unterrichtet wurde im damaligen Kreiskinderheim im dritten Gebäude (Richtung Gymnasium) in 4 Räumen des Erdgeschosses. 1972 waren es 88 Schüler.

Als der Neubau des Gymnasiums 1970 fertig war und die Räume der ehemaligen Gewerbeschule (Scheffelstraße 6 am Benzpark), bisher vom Gymnasium genutzt, frei wurden, zog nach einer gründlichen Renovierung die Schule dort ein. Das Gebäude blieb weiter im Besitz des Rhein-Neckar-Kreises, die Stadt Ladenburg zahlt dafür Miete, bekommt aber von den oben genannten Gemeinden einen Ausgleich, der sich nach der Schülerzahl richtet.

Am 23. 1. 1976 trat die bisherige Rektorin (ehemals Frau Barth, nunmehr durch Heirat Frau Kohler) nach längerer Krankheit in den Ruhestand. 2 Jahre leitete Konrektor Stehr die Schule kommissarisch, bis Frau Kraft neue Rektorin wurde. Sie blieb aber nur ein Jahr, dann wurde sie im Frühjahr 1980 nach Wiesloch versetzt. Am Tag ihrer Ernennung, am 15. 6. 1977, erfolgte übrigens die Namensgebung der „Erich-Kästner-Schule".

Ein Jahr danach übernahm Frau Dorothea Böhm die Schulleitung. Sie war schon seit 1972 als Lehrerin an der Schule tätig und führt sie bis heute als Rektorin. Zwischen 1972 und 1974 schwoll die Schülerzahl auf ungefähr 230 an, sank dann 1981 wieder auf 106, 1986 waren es nur noch 65. Im Schuljahr 1997/98 werden 93 Schüler in 9 Klassen unterrichtet.

### 4.3 Die Martinsschule

Früher gab es überhaupt keine Schulen für geistig behinderte Kinder, im Dritten Reich wurden diese sogar als „lebensunwertes Leben" umgebracht, „Euthanasie" (angenehme Tötung) nannte man diese Untat. Nach dem Krieg entstanden private Initiativen, z.B. die Lebenshilfe, die versuchten, in Tageskindergärten und Schulen Bildungsmöglichkeiten zu organisieren. Erst das Gesetz zur Vereinheitlichung und Ordnung des Schulwesens vom 21. April 1964 (Ges.Bl. S. 235) gab solchen Schulen ihre rechtliche Grundlage. Nun konnten auch staatliche Schulen entstehen.

Im Juni 1970 wandte sich der Verein zur Förderung spastisch gelähmter und anderer körperbehinderter Kinder und Jugendlicher e.V., Mannheim 1968, an Ladenburg mit der Bitte, ein geeignetes Gelände für ein Spastikerzentrum, bzw. eine Schule für spastisch gelähmte Kinder, auszuweisen. Der Gemeinderat stimmte zu und stellte ein Gelände im Winkel zwischen Schwarzkreuz- und Wallstadter Straße auf Erbpachtbasis in Aussicht, das zur Hälfte städtischer, zur Hälfte Besitz der Katholischen Kirche war.

Nach der Kreisreform schlossen sich mehrere Elternvereine zum „Schulverein für körperbehinderte Kinder Ladenburg e.V." zusammen. Man plante eine private Sonderschule. Da die öffentliche Hand aber mehr Zuschüsse erhielt und auch die zukünftige Schulorganisation besser bewältigen konnte, übernahm der Rhein-Neckar-Kreis die Federführung. Landrat Neckenauer verstand durch geschickte Verhandlung eine gute Zusammenarbeit zwischen dem Landkreis, den Städten Mannheim und Heidelberg und dem Landkreis Bergstraße zu erreichen. So konnte 1975 begonnen werden. Durch die Aufstellung des Bebauungsplans „Sandgewann" ermöglichte der Gemeinderat die endgültige Planung.

Am 29. 3. 1976 erfolgte der erste Spatenstich. Den Bau leitete die Planungsgruppe 67 Neu-Isenburg, Architekt war Horst Resler. Es entstanden für ungefähr 200 Kinder 24 Klassen- und Fachräume im Unter- und Mittelgeschoß, die Verwaltung war ebenfalls im Mittelgeschoß untergebracht, die Therapieräume im Obergeschoß.

Laut Kreistagsbeschluß vom 9. 7. 1978 lautete der Name „Martinsschule." Sie begann mit 166 Schülern; die Rudolf-Dietrich-Schule in Mannheim (95 Schüler) und die Spastiker-Sonderschule des DRK in Heidelberg (28 Schüler) lösten sich auf. Der Kreis stellte Hausmeister, Sekretärinnen, Küchenhelfer und Betreuer, das Land Lehrer, Therapeuten und Krankengymnasten. Im Frühjahr 1979 erfolgte die Einigung mit den anderen Trägern, um den Therapiebereich mit Sport- und Schwimmhalle bauen zu können. Im November 1978 bereits wurde die Schule eingeweiht. Ihre offizielle Bezeichnung lautet: „Grund- und Hauptschule für Körperbehinderte und Sonderschule für geistig Behinderte". Das Land zahlte 4,7 Millionen DM, die Kommunen 5,45 Millionen, davon der Rhein-Neckar-Kreis 43 %, Mannheim 35 %, Landkreis Bergstraße 12 %, Heidelberg 10 % gemäß Schüleranteil. Die Schüler werden aus dem ganzen Rhein-Neckar- Raum mit Kleinbussen morgens her und gegen Abend wieder heimgefahren. Im Herbst 1982 wurde Kurt Hennze, bisher kommissarischer Leiter, endlich zum Rektor ernannt.

Die Schule, die ungefähr 180 Kinder und Jugendliche betreut, entwickelte auch nach außen bedeutende Aktivitäten. So trat sie mehrfach mit Theaterstücken der Initiative

„Knall" an die bundesweite Öffentlichkeit, zum Beispiel mit dem Stück „Fehlschläge", in dem der Lebensweg des kleinen Peter geschildert wird, der als supertolles Baby eines supertollen Vaters beginnt, bis sich seine Behinderung herausstellt. Ihre Sportfeste in Verbindung mit Oberstufenklassen des Carl-Benz-Gymnasiums zeigten gute Leistungen. Sie besitzt auch eine Rollstuhl-Hockeymannschaft – die „Tornados".

### 4.4 Kurzzeitige Förderschulen

#### *4.4.1 Heilpädagogisches Kinderheim*

1954 wurde auf einem Gelände des alten Ladenburger Schützenvereins in Zusammenarbeit mit dem Regierungspräsidium, der Stadt Mannheim und der Arbeiterwohlfahrt das „Heilpädagogische Kinderheim Ladenburg der Arbeiterwohlfahrt e.V." gegründet. Kinder und Jugendliche aus zerrütteten Verhältnisse finden dort für kürzere oder längere Zeit Unterkunft und therapeutische Betreuung.

1967 erkannte das Oberschulamt die schon vorher dort betriebene Förderschule offiziell an. Seit einigen Jahren aber wird sie nicht mehr weitergeführt. Heute besuchen die dortigen Kinder die Ladenburger Schulen.

#### *4.4.2 Förderschule St.Gallus*

1958 forderte das Regierungspräsidium die Jugendheime auf, Förderschulen für jugendliche Spätaussiedler zu schaffen. Der Caritasverband als Träger richtet daher ab 3. Januar 1959 eine solche Schule im „Jugendwohl" ein (heutiger Anne- Frank-Kindergarten). 2 Lehrkräfte, selbst aus dem Osten, gaben jungen Menschen, die meist aus Polen stammten und als Deutschstämmige oft jahrelang in Lagern untergebracht waren, in einem einjährigen Kurs die nötige Kenntnis in den Elementarfächern, vor allem in Deutsch. Sie wurden auf den Wissensstand der 8. Volksschulklasse gebracht. Es gab damals 264 Schulen dieser Art im Bundesgebiet.

Kurz vor Weihnachten erfolgte die Abschlußprüfung. Von den über 50 Jungen zwischen 14 und zwanzig Jahren erreichten alle den Volksschulabschluß, 40 % sogar mit der Note 2. Nach gründlicher Berufsberatung konnte allen eine Lehrstelle vermittelt werden. Die Schule wurde nicht fortgeführt.

## 5. Jugend- und Erwachsenenbildung

### 5.1 Die Volkshochschule Ladenburg-Ilvesheim

Schon kurz nach dem 1. Weltkrieg gab es in Heidelberg einen Universitätsausschuß für Volkshochschulkurse, der auch Vorträge in Ladenburg im Einvernehmen mit der Stadtverwaltung vermittelte. Aber in der allgemeinen Not hatte das keinen Bestand.

1948 wurde dann auf Initiative von Cornel Serr die Kulturgemeinde gegründet. In einer Zeit, wo man geradezu ausgehungert nach geistigen Werten war, gab es glanzvolle Höhepunkte wie die Aufführung von „Jedermann" mit Willy Birgel (13 mal) und dann Shakespeares „Sommernachtstraum" sowie Serenadenkonzerte des Kurpfälzischen Kammerorchesters unter der Leitung des in Ladenburg wohnenden Eugen Bodart.

Bald übernahm Alfred Delling die Leitung, der als früherer Regieassistent am Nationaltheater und späterer Dramaturg in Kaiserslautern gute Beziehungen zum Theater hatte. Als Leiter des Volksbildungswerkes war er auch maßgebend an dem Aufbau der VHS Schwetzingen, Hockenheim und Weinheim beteiligt. Neben Aufführungen aller Art, z.B. „Mein Sohn, der Herr Minister" mit Willi Reichert in einer Inszenierung von Fritz Remont, Lesungen mit Thaddäus Troll, Unterhaltungsabenden mit Heinz Erhardt, Cornelia Froboes und Barnabas von Géczy wurden Kulturfahrten nach Paris, an die Riviera, nach Italien angeboten. Jedes Jahr zur Fastnachtszeit gab es eine Prunksitzung und in wachsendem Maße Vorträge aller Art (Reisen, Naturwissenschaften, Politik). 1951 begann man Kurse einzurichten, zuerst Englisch, Stenographie und Buchhaltung, dann erweitert auf „Gutes Deutsch", Schrift- und Plakatmalerei und Italienisch.

1954 wurde die Volkshochschule offiziell gegründet und als jüngstes Mitglied im Verband der Volkshochschulen und Volksbildungswerke aufgenommen. Auch danach blieb sie aber mit der Kulturgemeinde verbunden unter der gemeinsamen Führung von Alfred Delling. Langsam erweiterte sich das Programm der Kurse. In den nächsten Jahren gab es einen Tanzkurs, literarische Zirkel, Spanisch, einen Benimm-Kurs, Kochen, Nähen, Zuschneiden. Auch die Vorträge weiteten sich aus.

1962 kam es zu einer Krise. Der Landkreis stellte die Zuschüsse ein, weil keine saubere Trennung in der Abrechnung zwischen Volkshochschule (zuschußfähig) und Kulturgemeinde (nicht zuschußfähig) stattfand. Delling und Stadtverwaltung übten sich in gegenseitigen Schuldzuweisungen. Die Stadt erklärte vollmundig, sie werde die Volkshochschule anders organisieren. Delling lehnte darauf jede weitere Mitarbeit ab.

Im März 1962 wurde in einer Generalversammlung der Kulturgemeinde die Trennung säuberlich vollzogen, die Kasse rückwirkend vom 1. April 1954 an überprüft. Die Gemeinde aber unternahm nichts, um die Volkshochschule wieder in Gang zu bringen. Als das Publikum im Herbst nach den Kursen fragte, fand sich auf Vorschlag von Dr. Hohn eine Mehrheit im Gemeinderat dazu bereit, Delling zu bitten, die Sache wieder in die Hand zu nehmen. Er zeigte sich gnädig, zumal ihm von jetzt ab Karl Gottschalk bei der Leitung zur Seite stand. Aber der Konflikt schwelte weiter. Die Volkshochschule blieb, wie Gottschalk in einem Brief 1964 ausführte, *eine Institution ohne feste Rechtsform ..., getragen von der freiwilligen Tätigkeit einiger Bürger.*

Am 1. 2. 66 endlich fand auf Initiative von Bürgermeister Schulz eine Gründungsversammlung des EV Volkshochschule Ladenburg statt. 1. Vorsitzender wurde OstDir. Dr. Kühner, Klaus Kolb per Akklamation zweiter. Karl Gottschalk war nun offiziell Geschäftsführer. § 2 der neuen Satzung lautete: *Die Volkshochschule dient der Jugend- und Erwachsenenbildung. Sie hat die Aufgabe, ihre Hörer zur Selbstbildung und zur Mitarbeit am demokratischen Staatsleben anzuregen und ihnen z.B. durch Arbeitsgemeinschaften, Kurse, Vorlesungen, Einzelvorträge und Studienfahrten Kenntnisse über Leben und Beruf zu vermitteln. Ihre Arbeit ist überparteilich und überkonfessionell.* Delling wurde Ehrenvorsitzender, der Mitgliederbeitrag auf DM 3.– festgesetzt. Die Kulturgemeinde blieb bestehen, machte aber der VHS keine Konkurrenz. Delling war weiter deren Vorsitzender, außerdem noch Leiter des Volksbildungswerks im Kreis.

Das Programm der Volkshochschule lief weiter, nur langsam änderten sich die Akzente. Die Sprachkurse mußten 1967 alle ausfallen außer einem Französischkurs, den Bürgermeister Schläfer für Neckarhausen wegen Plouguerneau gewünscht hatte. Koch- und Nähkurse waren zwar begehrt, aber die Lehrkräfte fielen krankheitshalber aus, es wurden keine Nachfolger gefunden. Es zeigte sich die Schwierigkeit, geeignete Referenten zu finden.

Das änderte sich, als 1970 Dr. Kühner zurücktrat und Gottschalk erster Vorsitzender wurde. Da kam nämlich Diplom-Politologe Siegfried Scheffel als Geschäftsführer, der hauptamtlich bei der Abendakademie Rhein- Neckar tätig war. Durch diese Zusammenarbeit war es möglich, neben die schon immer gut laufenden Vorträge auch ein entsprechendes Kursangebot zu stellen. Außerdem ergab sich eine Reihe von Anregungen. Scheffel führte auch ein neues Programm ein „Die ältere Generation" (Kurse, Ausflüge, Vorträge etc.). Zuerst wurde es etwas zögernd angenommen, aber nach einigen Jahren entwickelte sich ein großer Arbeitskreis von Senioren.

Nach dem Umzug in das ehemalige Kreiskinderheim wurde auch ein Arbeitskreis „Jugend diskutiert" eingerichtet. Er brachte zwar allerhand Unruhe, entwickelte sich aber ebenfalls gut. Aus ihm entstand schließlich 1975 das Jugendzentrum „Die Kiste".

1973 trat Karl Gottschalk zurück, sein Nachfolger als erster Vorsitzender wurde Herbert Höfling. Siegfried Scheffel, immer stärker in der Volkshochschule Heidelberg engagiert, zog sich aus der aktiven Arbeit in Ladenburg zurück, dafür kam seine Frau Eva-Maria Scheffel, die nun als Geschäftsführerin in den nächsten Jahren ein gewaltiges Programm zu bewältigen hatte. Im gleichen Jahr erhöhte sich die Zahl der Kurse von 69 auf 82, vor allem in Naturwissenschaften, Mengenlehre und politischer Bildung. 1975 wuchs die Zahl der Kursteilnehmer von 2.069 auf 2.665, eine Steigerung um 22%.

Damals plante das Land, ein flächendeckendes Netz von Volkshochschulen zu entwickeln. Der Rhein-Neckar-Kreis übernahm diesen Plan. Zwischen den Volkshochschulen Weinheim und Schwetzingen sollte eine VHS Lobdengau entstehen, Dossenheim, Heddesheim, Ilvesheim, Neckarhausen, Edingen, Schriesheim und Wilhelmsfeld sollten dazugehören. Durch an diese Organisationsform gebundene Zuschüsse wollte man die Gemeinden anregen. Eine vorläufige Stufe der Zusammenarbeit entstand, vom Zentrum Ladenburg wurden Vorträge und Kurse auch in die Nachbargemeinden vermittelt, 1974 17, 1975 bereits 65. Im folgenden Jahr zog Herr Höfling weg, und Frau Zimmermann-Serr, die Tochter des Gründers der Kulturgemeinde, wurde zur ersten Vorsitzenden gewählt.

Im Sommer 1978 zog die Volkshochschule erneut um. Die Realschule hatte nämlich Räume der Landwirtschaftsschule frei gemacht, der Kreis renovierte sie, die Stadt mietete sie für die VHS, besonders dem Seniorenkreis kam dies zugute. Er hatte jetzt mehr Platz.

1979 gründete sich die Theaterinitiative Ladenburg „t.i.l.", es war ja nun genug Raum zum Üben da. Sie begann mit Proben zu Brechts „Kleinbürgerhochzeit". Dieser Kurs der VHS aus 17 Mitgliedern hatte aus seinem eigenen Verständnis heraus als Hauptziel nicht nur die Aufführung selbst, sondern das Lernen der Prozesse, die z.B. im Theater zu einer solchen führen. Auch das Technische im Hintergrund (Kostüme, Effekte) gehörte zum Lernprozeß. Erster Leiter war Dr. Jan Kaestner, Schauspiel-Dramaturg und Pressereferent am Heidelberger Stadttheater.

Die Volkshochschule Lobdengau jedoch entwickelte sich nicht weiter. 1980 bekam Bürgermeister Schulz als Folge seiner vergeblichen Bemühungen von seinen Kollegen auch noch den Vorwurf des „Unterzentrumsfimmels". Das nahm ihm die Lust. Im August 1980 war es klar, Ladenburg blieb allein, die anderen wollten sich nicht an der hauptamtlichen Kraft beteiligen, gaben aber einen Verwaltungszuschuß zur Koordination.

In der Zwischenzeit hatten sich vor allem die kreativen Kurse stark vermehrt. Bauernmalerei, Stoffmalerei, Porzellanmalerei, Ikebana, Gewürzsträuße und Trockenblumen, Zöpfe, Adventskränze, Salzteigformen, Aquarelieren, Glasmalerei und vieles mehr fand regen Zuspruch. Dann wandelte sich wieder etwas die Tendenz. Ab 1982 kamen langsam Naturheilen, Wirbelsäulengymnastik, Autogenes Training, umweltfreundliche Gartenpflege, natürliches Leben, gesundheitsbewußte Ernährung, fernöstliche Körperbeherrschung und andere ökologische, medizinische und psychologische Themen in Mode. Computerkurse u.ä. runden das Bild noch ab. An Sprachen werden Kurse in Englisch, Französisch, Italienisch, Spanisch, Neugriechisch, Polnisch, Ungarisch, Arabisch und Russisch angeboten.

Schon in den Ferien 1983 begann der letzte und endgültige Umzug in das alte Rathaus, der im Mai 1984 beendet war. Nun verfügte man über 5 große Kursräume, 2 kleine für Gesprächsgruppen, 2 Büros. Jetzt wurden auch die Tageskurse vermehrt, vor allem auch für Kinder, z.B. Kinderkochen, Französisch für Kinder. Die Hoffnung auf eine Volkshochschule Lobdengau hatte sich in der Zwischenzeit endgültig zerschlagen, die Nachbarorte unterhielten nun mehr oder minder aktive eigene Einrichtungen.

Am 5. Dezember 1980 wurde die „Kleinbürgerhochzeit" von Bert Brecht ein großer Erfolg. t.i.l. nahm in der Folge noch mehrere Stücke in Angriff, z.B. Ödön von Horvaths „Glaube, Liebe, Hoffnung", Arthur Millers „Hexenjagd", „Yvonne, die Burgunderprinzessin" von dem polnischen Autor Witolt Gombrowicz und „Lysistrata" von Aristophanes. 1993 erhielt die Theaterinitiative neue Proberäume, auch wurde in der Pflastermühle (Jugendzentrum) die Bühne ausgebaut.

1989 trat Eva-Maria Scheffel als Geschäftsführerin zurück. Ihr Nachfolger wurde Diplom-Volkswirt Wolfgang Zahner. Im Jahre 1992 schlossen sich Ladenburg und Ilvesheim unter dem Namen „Volkshochschule Ladenburg-Ilvesheim zusammen. Im Sommer 1995 richtete die Volkshochschule im ehemaligen Bürgermeisterzimmer einen modernen Computerraum ein. Seit einigen Jahren organisiert sie auch Ausstellungen aus dem Bereich der bildenden Künste im Domhofsaal sowie Exkursionen zu bedeutenden Kunstausstellungen. Als im Herbst 1996 das Stadtarchiv aus dem alten Rathaus auszog, konnte die Volkshochschule sich um einen Raum vergrößern. Im Wintersemester wurde ein weiterer Raum in Betrieb genommen.

Die Volkshochschule bietet in diesem Winter (2/1997) 232 Kurse in Ladenburg und Ilvesheim an. Die Zahl der Volkshochschulbesucher pro Jahr hat die Zahl 4.000 weit überschritten. Über 100 Dozenten tragen zu einem Programm bei, das jedes Jahr in einer Auflage von 8.500 Stück pro Semester flächendeckend in Ladenburg und Ilvesheim verteilt wird.

### 5.2 Die Musikschule

Schon 1971 fanden erste Gespräche zwischen Siegfried Scheffel und OstR Reinhold Stief, Musiklehrer am Carl-Benz-Gymnasium, statt mit dem Ziel, im Rahmen der Volkshochschule eine Jugendmusikschule zu entwickeln. Im Herbst 1973 war es dann soweit. Mit 120 Anmeldungen und 7 Lehrkräften startete das Unternehmen. 1975 waren es dann 270 Schüler (120 Ladenburger) und 6 Lehrkräfte, es gab 44 Einzelstunden und 16 Gruppen pro Woche, Instrumente waren Klavier, Gitarre, Blockflöte, Melodika.

1973, die Musikschule war längst von der VHS gelöst, entwickelte sich eine Krise. Reinhold Stief und seine Frau waren auf die Dauer überfordert, es wurde immer schwieriger, Lehrer zu finden. Von den 400 Schülern in den ersten 5 Jahren waren jetzt nur 200 geblieben.

Nun entstand für die Stadt die Frage, ob man eine eigene Musikschule in städtischer Regie errichten oder sich an die Mannheimer Institution anschließen solle. Im Oktober 1980 entschied der Gemeinderat, die Musikschule probeweise für ein Jahr als städtische Einrichtung laufen zu lassen. Dietrich Edinger wurde Leiter, es gab 250 Anmeldungen.

Noch im Oktober 1980 erhielt sie eine Satzung, in der die verschiedenen Stufen der musikalischen Bildung von der vorschulischen Früherziehung bis zum anspruchsvollsten Einzelunterricht sowie die Tarife festgelegt wurden. 1981 waren 100 Kinder in der Früherziehung, 40 Personen lernten Klavier, 40 Gitarre, 30 Blockflöte, 15 Melodika. 1982 waren es im ganzen 300 Schüler, an Instrumenten kamen dazu Klarinette, Querflöte, Trompete, Cello, Schlagzeug, Fagott, Horn, Kirchenorgel. 20 Lehrkräfte wirkten mit, ein Drittel der Kinder war 4–6 Jahre, es gab auch einige Erwachsene.

1984 begann der Ausbau des mittleren ehemaligen Kreiskinderheimgebäudes als Domizil der Musikschule. 1985 waren es 450 Schüler, 19 Fächer und 30 Lehrer. Die Musikschule bot musisch-rhythmische Erziehung, Orff-Spielkreis, Schlagzeug, Melodika, Querflöte, Klarinette, Blockflöte, Trompete, Fagott, Posaune, Horn, Saxophon, Klavier, Gitarre, Violine, Bratsche, eine Vorschulklasse für Ballett 4–6 Jahre, 2 Kinderballetklassen (7–10 Jahre, 11–13 Jahre).

1986 war das Musikschulgebäude fertig. Einst war darin das Kreiskinderheim, dann die VHS, dann die Stadtbibliothek. Deren Umzug ins ehemalige katholische Pfarrhaus machte den Umbau möglich. 1997 werden 700 Schüler, davon 110 Kinder in der Früherziehung, von 27 Lehrkräften betreut. Die Schule bietet über 20 Möglichkeiten der musikalischen Betätigung.

## 6. Die Entwicklung der Kindergärten in Ladenburg

### 6.1 Kinderbewahranstalt und Kinderschule.

(Dies Kapitel stützt sich auf die Kindergartenprotokolle im Stadtarchiv Ladenburg).

Die beginnende Industrialisierung bewirkte, daß immer mehr kleine Landwirte und Häusler in einem ständigen Arbeitsverhältnis außerhalb der Landwirtschaft tätig waren. Ihre Frauen führten den Betrieb weiter und machten zwischendurch Essen und Haushalt. Nach Feierabend halfen die Männer in Feld und Garten wieder mit, ebenso die älteren Kinder nach der Schule. Was aber sollte man mit den kleinen Kindern in noch nicht schulpflichtigem Alter tun? So wurde die Einrichtung einer Kinderaufbewahrung, verbunden mit einem einfachen Mittagessen, immer notwendiger.

Eine solche „Kinderbewahranstalt" wurde für Ladenburg durch einen Erlaß der Regierung des Unterrheinkreises am 24. 5. 1851 genehmigt, im Gemeinderat am 2. 6. 1851 endgültig beschlossen und 1851/52 eröffnet. Das erste Protokoll einer Verwaltungsratssitzung stammt vom 2. 12. 1852. Mitglieder sind beide Pfarrer, der Bürgermeister und drei geachtete Bürger.

1864 gab es auch eine Anstaltsordnung. Darin heißt es unter anderem:

1. *Aufseherinnen werden nur aus der Gemeinde genommen, eine katholische und eine evangelische.*
2. *Sie sollen die Kinder beaufsichtigen, sittlich erziehen, leichte Bibelgeschichten, Sprüchlein und Lieder lehren nach Übereinkunft beider Geistlichen.*
3. *Die Pflegerinnen haben freie Wohnung, bekommen 135 fl und können bei der weiter geführten Suppenanstalt mitessen.*
4. *Die Gebühren machen pro Kind einen Kreuzer aus (circa 4 Pfennig), der Gemeinderat behält sich vor, bei Reicheren 2 Kreuzer zu verlangen.*
5. *Der Betrieb läuft ganzjährig außer Dezember und Januar (man spart Heizung, außerdem sind die Frauen in der Zeit nicht auf dem Feld).*

*[...]*

8. *Pflegerinnen sind die Witwe des Lehrers Pilger, Maria Elisabeth, und Frl. Elisabeth Schäfer.*

Gegen Ende des Jahrhunderts nennt sich die Institution „Kleinkinderschule". 1905 wurde das Gebäude in der Luisenstraße 1 (heute Sozialstation) eingeweiht, 1919 weiter ausgebaut. In einer Satzung von 1907 heißt es: *Die Lehrerinnen sollen die Kinder liebevoll behandeln und insbesondere Schläge und unschöne Redensarten vermeiden. Auch dem die Anstalt besuchenden Publikum gegenüber haben die Lehrerinnen ein höfliches und angemessenes Betragen zu beachten. ... Die Vorstandsdamen des Frauenvereins führen die unmittelbare Aufsicht über die Kleinkinderschule, sie haben das Recht, im Bezug auf die Tätigkeiten der Lehrerinnen, Erziehung und Unterrichtung der Kinder, Reinigung der Anstaltsräume etc. etc. Mißstände zu rügen und die zur Abhilfe nötigen Anordnungen zu treffen. Gegebenenfalls wird der Vorstand des Frauenvereins über die zu treffenden Anordnungen zuvor Beratung pflegen und bei gröberen Verstößen dem Verwaltungsrat Mitteilung machen.* Nach dem 1. Weltkrieg kommt der Name „Kindergarten" auf. Im Volksmund aber bleibt es noch lange die Kinderschule.

### 6.2 Der städtische Kindergarten

Für den städtischen Kindergarten war noch bis in die Hitlerzeit der Frauenverein zuständig. Es zeigte sich aber bald, daß der Hitlerstaat bei den Kleinsten am entscheidensten zugriff. Als man an den Schulen noch vorsichtig abwartete, wurde im Kindergarten schon munter das Horst-Wessel-Lied eingeübt. Der spätere Stadtrat und Bürgermeisterstellvertreter Willi Kress beschwerte sich am 14. März 1933 vergebens darüber bei der Stadt. Dieser mutige Schritt hatte nur deshalb keine bösen Folgen für Kress, weil ihn Bürgermeister Hagen nicht an die Partei weitermeldete.

Zu Beginn des Jahres 1938 baute die Stadt das Gebäude gründlich um und übergab den Betrieb in die Hände der NSV (Nationalsozialistische Volkswohlfahrt). 80–90 Kinder besuchten von nun an die Einrichtung, dazu kam eine Kinderkrippe für 10 Säuglinge. 1941 hätte man gerne den jüdischen Friedhof eingeebnet und daraus einen großen Spielplatz für den Kindergarten gemacht. Ein entsprechender Brief von Bürgermeister Pohly wurde aber vom Polizeipräsidenten der Stadt Mannheim abschlägig behandelt. So konnte diese Schändung verhindert werden.

Nach dem Zusammenbruch übernahm nach 1945 wieder die Stadt die Trägerschaft. Leiterin wurde Lucie Fritz, zweite Kindergärtnerin war Ruth Geyer. Zuerst herrschte große Not. Am 15. November 1947 z.B. schickte Bürgermeister Herdt an die Landwirte einen Bettelbrief um Spenden für die Weihnachtsfeier des städtischen und des katholischen Kindergartens. 1948 zahlte man für das erste Kind wöchentlich 60 Pf., für das zweite 40 und für das dritte 20 Pf. Ab 1951 wurde mittags wieder eine Suppe gereicht. Gemeinderätin Else Brümmer kochte selbst und wurde dafür von der Gemeinde als Hilfskraft im Kindergarten angestellt (20 Mark pro Woche für 5 mal drei Stunden Arbeit). 1956 erfolgte eine Renovierung des Kindergartens durch Stadtbaumeister Müller.

Die Zahl der Kinder wuchs ständig. 1950 waren es 120, 1955 156. 1972 mußten wegen chronischen Personalmangels 40 Kinder pro Gruppe bei 3 Ganz- und 2 Halbtagskräften gehalten werden. Auf einer Elternversammlung kamen Beschwerden wegen Verkehrslärm, Abgasen, mangelndem Freiraum und zu großer Enge. Bereits ab 10 Uhr 45 wurde der normale Betrieb unterbrochen, weil die Kindergärtnerinnen das Abfüttern durchführen mußten, Hilfskräfte fehlten.

Da kam unerwartet Entlastung. Am 18. 6. 1973 hatte der Sozialausschuß des Rhein- Neckar-Kreises die „vorläufige" Schließung des Kreiskinderheimes beschlossen. Die Stadt mietete nun das Gebäude an. Der städtische Kindergarten zog ein und konnte eine fünfte Gruppe einrichten. Tante Lucie mißtraute zwar zuerst dem neuen Gebäude, als sie aber ein Jahr später pensioniert wurde, bestätigte sie, daß der Umzug ins Kreiskinderheim dem Kindergarten gut bekommen sei. 1976 schließlich kaufte die Stadt das ganze Kreiskinderheimgelände. 1978 wurde es gründlich umgebaut. Nun herrschten beste Bedingungen, 100 Kinder waren in 5 Gruppen untergebracht, nicht nach Altersschicht, sondern als Familiengruppen. Frau Heidemarie Link hatte mit 9 Mitarbeitern die Leitung. Aus der ehemaligen Kinderbewahranstalt war eine moderne Kindertagesstätte mit Hort für Schulkinder geworden.

Zur Zeit sind es 120 Kinder in 2 Blockkindergruppen (durchgehend von 7.30 Uhr bis 14 Uhr ohne warme Mahlzeit), einer Vormittagsgruppe (bis 13 Uhr), 2 Regelgruppen (7.30 Uhr bis 12.30 Uhr und nachmittags ab 14 Uhr). In einer dieser Gruppen sind 7 Tageskinder mit Mittagsmahlzeit integriert.

Seit 1994 ist der Schülerhort (1.–4.-Schuljahr) ausquartiert und im dritten Gebäude des ehemaligen Kreiskinderheims untergebracht (Lustgartenstraße 12).

*Alter städtischer Kindergarten. Das Gebäude beherbergte zeitweise auch die Gewerbeschule sowie die Kochschule. Heute befindet sich hier die Sozialstation.*

### 6.3 St.Josefskindergarten

Seit 1921 bemühte sich der neue katholische Pfarrer Otto Häußler um einen katholischen Kindergarten. Er veranstaltete eine Altmaterialsammlung, bei der er selber mitsortierte und den Verkauf organisierte. Mit dem Geld bekam 1923 der heutige St.Josefskindergarten seine erste Einrichtung. Das Haus in der Rheingaustraße war von Pfarrer Haas 1906 erbaut worden und diente als Unterkunft und Krankenpflegestation für die Niederbronner Schwestern.

In seiner Rede zu seinem 70. Geburtstag sagte Otto Häußler unter anderem, den St. Josefskindergarten betreffend: *Ich glaube, wir haben ein gutes Werk begonnen. Wenn wir's nicht gemacht hätten, dann hätte vielleicht die politische Gemeinde noch einen zweiten Kindergarten bauen müssen, und dann würde sie vielleicht noch mehr jammern über die große Geldnot, die da immer im Stadtsäckel ist.*

Anfang der sechziger Jahre unter Pfarrer Jardot erwarb die katholische Kirchengemeinde eine 300 qm große Grundstücksfläche dazu. Der Kindergarten bekam durch den Anbau einen weiteren Gruppenraum und neue Kindertoiletten. Bis zum 31. März 1970 war die Leitung des St. Josefskindergartens in der Hand von Schwester Eurosia. Unter ihrer Leitung fanden viele Ladenburger Kinder, darunter auch behinderte Menschen, liebevolle Aufnahme. 1970 wurde die Ordensschwester ins Mutterhaus nach Bühl abgerufen, und freie Erzieherinnen übernahmen die Leitung. Heute werden dort unter der Leitung von Christine Buchecker 52 Kinder in 2 Gruppen betreut.

### 6.4 St. Johanneskindergarten

Der zweite katholische Kindergarten Ladenburgs entstand zusammen mit dem von Stadtpfarrer Häußler 1958/59 erbauten Pfarrzentrum in der Weststadt. Am 25. 10. 1959 wurde er eingeweiht. Er war für drei Gruppen und 75 Kinder eingerichtet, startete aber zuerst mit 34 Kindern. Frau Anneliese Kinzig übernahm die Leitung.

Durch die Umstrukturierung der Bevölkerung in der Weststadt kamen viele türkische, italienische und jugoslawische Kinder. Anläßlich ihrer Entlassung in den Ruhestand am 31.März 1995 plauderte Frau Kinzig über die damit verbundenen Schwierigkeiten. Sätze wie: „Du geben meinem Kind keine Wurst mehr von Schwein," mußte sie oft hören und sich auf die verschiedenen Sitten der elterlichen Familien einstellen. Zum 25-jährigen Jubiläum 1989 wurde ihr die Caritas-Ehrennadel in Gold verliehen. Seit 1995 leitet Monika Würzburger den Kindergarten. Zur Zeit sind es 48 Kinder in 2 Gruppen.

### 6.5 Günther'scher Kindergarten

Die Günther'sche Stiftung vom 20. April 1772 geht auf den kinderlosen Anwaltsschultheis Georg Friedrich Günther zurück, der für 20 Kinder in der Kirchenstraße ein Waisenhaus gründete. Nachdem es die Nazis aufgelöst hatten, gelang es nach 1945 lange nicht, die Stiftung ihrem früheren Zweck wieder zuzuführen, bis man sie mit behördlicher Genehmigung in eine Stiftung für Jugendhilfe umwandelte. Nachdem bereits am 7. 1. 67 die Mitglieder des Stiftungsrates des Günther'schen Waisenhausfonds den Antrag gestellt hatten, in der Südstadt einen Kindergarten zu errichten, wurde am 11.4.67 nach dem Verkauf des Günther'schen Waisenhauses die „Stiftung für Jugendhilfe" geschaffen.

Nun war der Weg zum Kindergartenbau unter Leitung von Architekt Willi Götz frei. Im September 1972 konnte der Bau bezogen werden, eingerichtet für 120 Kinder in 4 Gruppenräumen, außerdem gab es einen großen Saal im Untergeschoß. DM 600.000.– kamen aus der Stiftung, die andere Hälfte übernahmen Caritas und öffentliche Hand. Die Stadt stand damals für die Hälfte des ungedeckten jährlichen Aufwands gerade. 1997 wurden dort 72 Kinder in 4 Gruppen unter der Leitung von Martina Lucas betreut.

### 6.6 Anne-Frank-Kindergarten

Als die Weihergärten erschlossen waren, erhob sich der Ruf nach einem Kindergarten auch in diesem Stadtteil. Bei drei katholischen Kindergärten schien es an der Zeit, daß auch die evangelische Seite sich in dieser Richtung engagierte. Der Kirchengemeinderat war durchaus dazu bereit, aber der Oberkirchenrat in Karlsruhe verlangte, daß die politische Gemeinde Grundstück und Haus kostenlos zur Verfügung stellte. Der damalige evangelische Pfarrer Krieck war außerdem nicht ganz von der Notwendigkeit eines Kindergartens überzeugt. Nach langer Verzögerung gab schließlich der Kirchengemeinderat seine grundsätzliche Bereitschaft kund, die Betriebsträgerschaft (nicht den Bau) für einen Kindergarten in den Weihergärten zu übernehmen, allerdings unter 3 entscheidenden Bedingungen:

a) *Die Stadt erstellt und unterhält das Kindergartengebäude.*
b) *Die Stadt überläßt das Gebäude mietfrei der Evangelischen Kirchengemeinde zum Betrieb des Kindergartens.*
c) *Die Stadt übernimmt zwei Drittel des Defizits der laufenden Betriebkosten des Kindergartens.*

Nun mußte man wieder auf Mittel der Günther'schen Stiftung zurückgreifen, um das Projekt verwirklichen zu können. Ursprünglich war ein Neubau geplant; aber, wie Bürgermeister Schulz sich ausdrückte, „ein besonders kinderfreundlicher Nachbar" erhob Einspruch. Da solche Dinge einen Bau auf Jahre hinaus verzögern können, machte Schulz den Vorschlag, das ehemalige Gallusheimes zu erwerben und umzubauen.

Dies Gebäude war ursprünglich in den frühen dreißiger Jahren von Stadtpfarrer Häußler durch ein Notprogramm für Arbeitslose errichtet, von den Nazis enteignet, nach 1945 als Jugendheim von der katholischen Kirche wieder eingerichtet, schließlich aber an die Firma Benckiser-Knappsack als Ausländerwohnheim verkauft worden. Nun bot die Firma das Gelände der Stadt an.

Am 1. 2. 1982 begann der Umbau unter der Leitung von Architekt Samstag, der sich peinlich genau an den Kostenvoranschlag hielt. Die Günther'sche Stiftung hatte das Haus gekauft und zusätzlich DM 164.000.– dazu gegeben, von der Stadt kamen 450.000.–, vom Kreis 58.000.– und 78.000.– DM vom Land. Am 1. 9. 1882 wurde der Anne-Frank-Kindergarten mit 56 Kindern in 2 Gruppen eröffnet, Leiterin wurde Gabriele Romahn, ein Diakonieausschuß kümmert sich um den Betrieb. Bereits nach einem Jahr begann der Kindergarten mit der Integration behinderter Kinder und führt dies erfolgreich bis heute fort. Zur Zeit werden 104 Kinder in 5 Gruppen betreut.

## Anmerkungen

1 Vgl. Kämmerer, Kapitel „Schulen".
2 StALa, A 1076.
3 Joho, S. 344.
4 StALa, A 1044.
5 Joho, S. 345.
6 StALa, A1043.
7 StALa, A 1092, 1093, 1094.
8 StALa, 1069.
9 Die allgemein übliche Abkürzung „fl." bedeutet „Florin" bzw. „Gulden". Es ist der ursprünglich florentinische Silbergulden, seit dem Mittelalter die übliche Währung im rheinischen Raum, in Baden 1873 bei der Vereinheitlichung der deutschen Währung mit 2,20 Mark verrechnet. Ein Gulden hatte 60 Kreuzer.
10 Ein Ohm = 150 Liter (in Baden).
11 StALa, A 1076.
12 StALa, Sch.
13 StALa, A 1069, 1076.
14 StALa, A 1092, 93, 94.
15 StALa 1089 ff.
16 StALa 1090/91.
17 StALa 1044.
18 StALa 1043.
19 StALa 1099.
20 StALa 1084.
21 Verordnungsblatt (1906).
22 StALa 1072 u. 1074.
23 StALa 1101 u. 1102.
24 StALa 1074.
25 Verordnungsblatt (1913).
26 StALa, Protokollbuch für Schulsachen (1920).
27 Kultus und Unterricht (1952).
28 LZ vom 14. 8. 64
29 Kultus und Unterricht (1964).
30 Kultus und Unterricht (1965).
31 Schuch.
32 Amtsblatt (1937).
33 Sie stand an der Realschulstraße zwischen Sickingen-Schule und der städtischen Turnhalle.
34 StALa 1112,3,4 u. 1121,22,23.
35 StALa 1115, 1116, 1119.
36 StALa 1069.
37 Verordnungsblatt (1918).
38 Protokollbuch der Gewerbeschule.
39 NBP vom 19. 4. 30: Artikel Alfred Molitor zum 25-jährigen Jubiläum.
40 NBP vom 25. 3. 35.
41 LZ vom 6. 6. 56: Artikel von E.Göbel: 50 Jahre Gewerbeschule Ladenburg.
42 LZ vom 28. 2. und 13. 3. 66 sowie 6. 9. 67.
43 StALa 1139.

# Das Ladenburger Reichsbanner Schwarz-Rot-Gold und der Kampf um die Republik (1924–1933)

von Jörg Kreutz



## 1. Die Gründung der Ladenburger Ortsgruppe des Reichsbanners 1924–1926

Im politischen Leben Ladenburgs nahm seit der Mitte der Zwanziger Jahre das Reichsbanner Schwarz-Rot-Gold als überparteilicher Schutzbund von SPD, DDP und Zentrum eine wichtige Rolle ein. So unterstützte die am 2. November 1924 gegründete Ortsgruppe, der zeitweise mehr als 260 Personen angehörten, einerseits durch Aufmärsche, Bildungsabende und republikanische Kundgebungen die Politik der drei im Reichsbanner vereinigten Parteien der 'Weimarer Koalition', die über eine solide Mehrheit in der Römerstadt verfügten, wie die Ergebnisse der Gemeinde-, Landtags- und Reichstagswahlen seit 1919 unterstreichen[1]. Und andererseits organisierte sie im Zeichen der innenpolitischen Polarisierung seit Beginn der Dreißiger Jahre bei den meisten Wahlversammlungen der demokratischen Parteien den Saalschutz und versuchte ebenso 'auf der Straße', wenn auch letztendlich erfolglos, die Republik vor dem zunehmenden Terror ihrer Feinde zu schützen.

Das am 22. Februar 1924 in Magdeburg auf Initiative des sozialdemokratischen Präsidenten der preußischen Provinz Sachsen Friedrich Otto Hörsing gegründete „Reichsbanner Schwarz-Rot-Gold – Bund der republikanischen Kriegsteilnehmer e.V.“ war binnen kurzer Zeit zum größten politischen Kampfverband der Weimarer Republik avanciert[2]. Mit der Gründung des gemeinsamen Schutzbundes hatten die Sozialdemokratische Partei Deutschlands, die Deutsche Demokratische Partei und die Zentrumspartei vor allem auf die permanente Bedrohung der Republik durch rechte Gruppierungen reagiert, die mit dem gescheiterten Hitlerputsch am 9. November 1923 einen ersten, wenngleich nicht den letzten unrühmlichen Höhepunkt erreicht hatte. Zum unverwechselbaren Kennzeichen der überparteilichen Vereinigung wählte man, wie es der Name des Bundes auch symbolisch zum Ausdruck brachte, die Farben der 1919 neu eingeführten schwarz-rot-goldenen Reichsflagge. Als Sammlungsbewegung sowohl für die *reichsdeutschen Kriegsteilnehmer des Weltkrieges* als auch für die *im Waffendienst ausgebildeten Männer, die unbedingt auf dem Boden der republikanischen Verfassung stehen*[3], verstand sich das Reichsbanner auch als Antwort auf die nationalistischen Wehrgruppen und -verbände, die, wie der weit verbreitete monarchistische „Bund der Frontsoldaten“, der Stahlhelm, ihre Abneigung gegen die Republik durch das Führen der alten schwarz-weiß-roten Reichsflagge aus der Kaiserzeit demonstrativ zur Schau stellten[4]. Ihnen und allen übrigen Feinden der Republik sollten nun die gleichfalls militärisch organiserten schwarz-rot-goldenen Reichsbannerformationen als politisches Gegengewicht auf der Straße entgegenwirken, wenngleich die Bundessatzung vom 27. Februar 1924 von Anfang an den legalistischen Kurs des Schutzbundes beschworen und jede *illegale Bewaffnung, gleich welcher Art*[5] für seine Mitglieder kategorisch verworfen hatte. Vielmehr stellte man sich uneingeschränkt in den Dienst der demokratischen Verfassungsorgane, die es – als oberste Pflicht – zu schützen galt:

*Der Bund wird die Kameradschaft und republikanische Gesinnung wecken und pflegen, die Reichsverfassung, sowie die republikanischen Länderverfassungen schützen und sich den republikanischen Regierungen und Behörden in Fällen der Not zur Verfügung stellen*[6].

Vom Gründungsort Magdeburg aus, wo der Bundesvorstand seinen Sitz nahm, entwickelte sich das Reichsbanner binnen Jahresfrist zur Massenorganisation. Entsprechend der Bezirksgliederung der SPD entstanden im Deutschen Reich 31 Gauleitungen, die ein weitverzweigtes Netz von Ortsvereinen koordinierten. Schon auf der ersten Bundesversammlung 1925 – dem „Tag der Hunderttausend" in Magdeburg – konnte der Bundesvorsitzende Hörsing verkünden, daß das Reichsbanner mittlerweile über drei Millionen Mitglieder verfüge[7]. In Baden entwickelte sich die sozialdemokratische Hochburg Mannheim zum Zentrum der Reichsbannerbewegung, wo die Gauleitung ebenso wie der Landesvorstand der SPD ihre Geschäftsstellen unterhielten[8]. Zusammen mit der im Mai 1924 gegründeten Mannheimer Ortsgruppe forcierte der Gauvorstand, dem bis Mai 1925 der Mannheimer Sozialdemokrat Dr. Emil Kraus vorstand[9], den Aufbau weiterer lokaler Organisationen. Seit dem Spätsommer gründeten sich in fast allen größeren Städten und Gemeinden des Freistaates weitere Ortsgruppen des Reichsbanners. Auch wenn es innerhalb der Regierungskoalition im Zusammenhang mit der Bannerweihe der Karlsruher Ortsgruppe am 7. September, der Kultusminister Willy Hellpach (DDP) als offizieller Regierungsvertreter ferngeblieben war, kurzfristig zu Spannungen gekommen war[10], so unterstützte aber die Staatsregierung, die aus einer Koalition der drei Reichsbannerparteien bestand, nachhaltig die Aktivitäten des Gauvorstandes. Den vorläufigen Höhepunkt markierte dabei der „Republikanische Tag für Südwestdeutschland" am 27. und 28. September 1924 in Mannheim, dem für die fortschreitende Organisation des Reichsbanners im deutschen Südwesten eine maßgebliche Bedeutung zukam[11]. Zu der großen politischen Massenkundgebung, verbunden mit der Einweihung des Denkmals für den im Ersten Weltkrieg gefallenen jüdischen Mannheimer SPD-Reichstagsabgeordneten Ludwig Frank am Oberen Luisenpark, auf der neben dem ehemaligen Reichskanzler Joseph Wirth (Zentrum), Reichstagspräsident Paul Löbe (SPD) und dem badischen Staatspräsidenten Heinrich Köhler (Zentrum) zahlreiche prominente Vertreter der Reichsbanner-Parteien auftraten, waren mehr als zehntausend Reichsbannermitglieder in der Quadratestadt aufmarschiert[12].

Die imposante Mannheimer Machtdemonstration des Reichsbanners zeigte auch bald in Ladenburg ihre Wirkung. Hatten sich bis dahin – wie die im Nachlaß des Ladenburger Reichsbannermitglieds Willy Gärtner erhaltenen Mitgliederlisten belegen[13] – rund 40 Ladenburger zunächst der Mannheimer Ortsgruppe angeschlossen, so machte sich im Oktober mit Unterstützung der Gauleitung ein *vorbereitender Ausschuß* unter der Leitung des DDP-Gemeinderates und Lehrers der Realschule Professor Franz Sättele daran, die Gründung einer eigenen Ortsgruppe in der Römerstadt in die Wege zu leiten[14]. Am 27. Oktober 1924 lud der Ausschuß in der „Neckar-Bergstraß-Post" die Ladenburger *Republikaner und Republikanerinnen* zur Gründungsversammlung auf Sonntag, den 2. November, um 15.00 Uhr in die städtische Turnhalle ein[15], zu der rund 350 Teilnehmer aus Ladenburg und der näheren Umgebung erschienen. Dem ausführlichen Bericht in der „Neckar-Bergstraß-Post" vom 5. November ist zu entnehmen:

*Die Versammlung fand in der mit Farben der Republik festlich geschmückten Turnhalle statt und nahm einen überaus würdigen Verlauf. Der Besuch war, trotzdem noch in der letzten Nacht unsere Plakate heruntergerissen oder durch die bekannten Judenschutz-Plakate überklebt wurden, ein sehr guter, und außer den cirka 150 Kameraden aus Mannheim und Friedrichsfeld über 200 Personen aus Ladenburg, anwesend. Nach den einleitenden Worten des prov[isorischen] Vorsitzenden Herrn Professor Sättele, in welchen er seiner Freude über den guten Besuch und den starken Willen, auch in Ladenburg eine Vereinigung aller ehrlichen Republikaner zu gründen, Ausdruck gab, verbreitete sich der Hauptredner der Versammlung, Kamerad Ferd[inand] Wolf aus Mannheim, über die Ziele der Reichsbannerbewegung. [...] Lang anhaltender Beifall zeigte, daß die Anwesenden mit den Ausführungen des Redners einig gingen. Nachdem das Schutz- und Trutzlied der Reichsbannerleute: 'in Kümmernis und Dunkelheit' verklungen war, gab Herr Professor Sättele noch einige geschäftliche Mitteilungen bekannt. Die Zahl der Mitglieder hat bereits 100 erreicht. Die 3. Strophe des Deutschland-Liedes beschloß die würdige Feier. Ein kameradschaftliches Beisammensein im Hotel zur Rose vereinigte die Republikaner noch einige Stunden, bis für die auswärtigen Kameraden die Zeit zum Abmarsch angebrochen war*[16].

Zu ihrer ersten Mitgliederversammlung traf sich die neugegründete Ortsgruppe am 11. November im Nebenzimmer des „Badischen Hofes" und wählte entsprechend den Anweisungen der Bundessatzung den achtköpfigen Vorstand[17]. Zum Vorsitzenden bestimmten die Mitglieder den Kaminfeger Ottmar Müller (Zentrum) und zu seinem Stellvertreter den Kaufmann Willi Kress (SPD). Der Tabakwarenhändler Friedrich Grab (SPD) übernahm das Amt des Kassierers und Professor Franz Sättele (DDP) die Funktion des Schriftführers. Als Zugführer bestätigte die Versammlung den Schlossermeister Louis Bargolini (SPD) sowie den Töpfermeister Adam Herdt (Zentrum), während der Kaufmann Hermann Heim (DDP) und der Arbeiter Philipp Gieser (SPD) entspechend den Statuten als Beisitzer fungierten. Somit spiegelt auch die Ladenburger Vorstandswahl auf lokaler Ebene – analog zum Bundesvorstand – die paritätische Beteiligung aller drei Reichsbannerparteien wider. Und ebenso weist die unterschiedliche Berufszugehörigkeit der Vorstandsmitglieder indirekt auf die breite gesellschaftliche Akzeptanz des Reichsbanners hin, das nicht nur bei Arbeitern, Angestellten und republiktreuen Beamten sondern auch bei vielen Selbstständigen im Kleingewerbe auf Resonanz stieß.

Der Aufbau der Ortsgruppe vollzog sich jedoch nicht ohne Widerstände, wie die Zerstörung der Reichsbanner-Plakate in der Nacht vor der Gründungsversammlung deutlich gezeigt hatte. So überrascht es auch nicht, daß das erste Auftreten der Ladenburger Ortsgruppe im Rahmen der Bannerweihe in Hemsbach am 16. November mit nur zehn Teilnehmern eher kümmerlich ausfiel. Der Vorsitzende Müller vermerkte, daß die schwache Beteiligung beim Abmarsch zum Bahnhof *nicht imponierend* gewesen sei, zumal an diesem Tag der rivalisierende Jungdeutsche Orden seine Bannerweihe mit rund 300 Teilnehmern abhielt. Müller ließ daraufhin die Gauleitung am 18. November wissen, daß man trotz der auf 105 gestiegenen Mitgliederzahl dem Reichsbanner in Ladenburg nach wie vor mit Reserviertheit gegenüberstehe[18].

Zwei Ereignisse bzw. Provokationen rechter Organisationen im Vorfeld der Reichstagswahlen am 4. Dezember 1924 sollten der Aufbauarbeit jedoch entscheidenden Auftrieb geben. Zum einem handelte es sich um einen *Aufmarsch der jugendlichen Hitlergarde*, die am 22. November *mit gezogenem Gummiknüppel* Ladenburger Weltkriegsteilnehmer bedroht hatte. Alle Ladenburger *Frontsoldaten* wurden deshalb zu einer demonstrativen Gegenversammlung aufgefordert. Sie sollten – so der Aufruf zur Veranstaltung am 27. November – dort in Massen erscheinen[19]. Und der zweite Vorfall ereignete sich anläßlich des Jubliäums des Ladenburger Kriegervereins am 29. November, als ein Mitglied des Mannheimer Marinevereins die Teilnehmer zum bevorstehenden „Deutschen Tag" in die Quadratestadt eingeladen und sie aufgefordert hatte, schwarz-weiß-rote Fahnen mitzubringen. Auf keinen Fall wolle man aber dort Fahnen mit *schwarz-rot-sch[eiße]* sehen. Diese Schmähung der Reichsfarben gab schließlich den Anlaß für eine große Protestkundgebung am 3. Dezember, zu der die Ortsgruppe in einer Großanzeige in der „Neckar-Bergstraß-Post" und einem Flugblatt aufrief und zu der sie benachbarte Reichsbannervereine einlud. Das Motto für die Kundgebung lautete: *Es geht um die Ehre von Schwarz-Rot-Gold! Deshalb auf zur Turnhalle*[20].

**Reichsbanner Schwarz - Rot - Gold.**

**Schmach!**

Bei dem am 29. November ds. Js. stattgefundenen Jubiläum des Kriegervereins Ladenburg wurden die uns Republikanern heiligen Reichsfarben in einer hier nicht wiederzugebender, jedem Anstandsgefühl verstossender Weise besudelt. Den fortgesetzten Beleidigungen der Republik und ihren Reichsfarben setzen wir ein entschiedenes **Halt** entgegen. Wir rufen die republikanisch gesinnte Einwohnerschaft Ladenburgs zu einer am **Mittwoch, den 3. Dezember, abends 8 Uhr in der städt. Turnhalle** stattfindenden

**öffentlichen**

**Protestversammlung**

**Es geht um die Ehre von Schwarz-Rot-Gold!**
**Deshalb auf zur Turnhalle.**

**Die Ortsleitung.**

NB. Treffpunkt präzis abends ½8 Uhr im Schulhof uniformiert mit Musikkorps.

*Abb. 1: Aufruf des Reichsbanners zur Protestversammlung in der Turnhalle am 3. Dez. 1924 (KARNK: N Gärtner, Rb-Korrespondenz 1925/7).*

Hatte bereits am Tage zuvor der Kriegerverein in einer öffentlichen Anzeige die Beleidigung der Reichsfarben bedauern müssen[21], so verhalf die Protestversammlung am 3. Dezember dem Reichsbanner in Ladenburg zum endgültigen Durchbruch, wie die Mitteilung der Ortsgruppe in der „Neckar-Bergstraß-Post" vom 8. Dezember nahelegt:

*Selten wohl hatte die Turnhalle einen solchen Besuch aufzuweisen. Der Eindruck wurde ein geradezu überwältigender als das Reichsbanner in strammer Haltung, schmucker Uniform, voran das Trommlerkorps mit wehenden Fahnen durch die Stadt marschierend die Turnhalle betrat. [...] Als nach knapp einer Stunde die Versammlung ihr Ende erreichte, und das Banner geschlossen zum Sammelpunkt abrückte, dürfte bei Manchem, der bisher dem Reichsbanner skeptisch gegenüberstand die Ueberzeugung Platz gegriffen haben, daß wir keine Franzosensöldlinge, kein Judenschutz, sondern deutsche Männer sind, die zu ihrem Vaterland halten. Das bewiesen die zahlreichen Neuaufnahmen, welche unaufgefordert nach Schluß der Versammlung einliefen*[22].

Zum Jahresende stieg die Mitgliederzahl auf 156[23]. Um ihre Rolle im politischen Leben der Römerstadt, wie das gute Gesamtergebnis der Reichsbannerparteien bei den Reichstagswahlen vom 7. Dezember 1924 belegt[24], weiter zu festigen, beantragte die Ortsgruppe Ende Januar 1925 bei der Gauleitung, eine eigene Bannerweihe – verbunden mit einem Großaufmarsch auswärtiger Formationen – ausrichten zu dürfen. Am 15. Februar 1925 entschied die Kreiskonferenz in Mannheim schließlich, daß neben Schwetzingen auch Ladenburg im Sommer einen eigenen „Republikanischen Tag" veranstalten könne[25].

Parallel zu den Vorbereitungen für dieses Großereignis, für das bei der Heidelberger Fahnenfabrik Anton Held ein eigenes Banner in Auftrag gegeben wurde, trat die Ortsgruppe im Verlauf des ersten Halbjahres immer wieder öffentlich in Erscheinung und viele Ladenburger Reichsbannerkameraden nahmen am Begräbnis des Reichspräsidenten Friedrich Ebert auf dem Heidelberger Bergfriedhof teil. Am gleichen Abend des 5. März veranstaltete die Stadtgemeinde in der Turnhalle eine eigene Ebert-Gedenkfeier, zu der die uniformierte Ladenburger Reichsbannerformation geschlossen aufmarschierte[26]. Innerhalb des Vorstands war es in der Zwischenzeit zu Veränderungen gekommen. Professor Sättele hatte im Januar aus gesundheitlichen Gründen seinen Posten als Schriftführer niedergelegt, aber weiterhin seine aktive Unterstützung zugesagt. Und am 4. März stellte Hermann Heim aufgrund seiner Wahl zum neuen Vorsitzenden der Ladenburger DDP seinen Beisitzerposten zur Verfügung[27]. Als Nachfolger Sätteles wurde auf der Mitgliederversammlung am 9. März der städtische Verwaltungssekretär Wilhelm Gattung gewählt[28]. Wer Heims Beisitzerstuhl übernahm, ist quellenmäßig nicht belegt[29].

Im Vorfeld der Reichspräsidentenwahl am 29. März beschränkte das Ladenburger Reichsbanner seine öffentlichen Auftritte auf nur wenige gemeinsame Aktionen, denn jede der drei Parteien hatte zunächst eigene Bewerber ins Rennen geschickt[30]. Ein Auftritt auf der Wählerversammlung des konservativ-nationalen „Reichsblocks für die Sammelkandidatur Jarres" am 25. März in der Turnhalle sorgte immerhin für einen Eklat, als der Vorsitzende Ottmar Müller den Referenten, den Landtagsabgeordneten Weber aus Baden-Baden, mehrmals unterbrach. Und als zum Ende der Veranstaltung das Deutschlandlied angestimmt wurde, verließen die anwesenden Reichsbannerleute unter lauten Pfui-Rufen die Turnhalle[31]. Erst vor dem zweiten Wahlgang am 26. April, der notwendig geworden war, nachdem keiner der sieben Kandidaten die erforderliche Mehrheit erreichte, trat das Reichsbanner wieder als geschlossene Einheit auf. Es engagierte sich aktiv für den gemeinsamen Kandidaten der 'Weimarer Koalition', Wilhelm Marx, der nun gegen den überraschend von den konservativnationalen Kräften aufgestellten Paul von Hindenburg und den Kommunisten Ernst Thälmann antrat[32]. So organisierte das Reichsbanner am 19. April in der Turnhalle einen Lichtbildervortrag *Schwarz-Rot-Gold, die deutschen Fahnen in Geschichte und Dichtung*, auf der der Mannheimer SPD-Politiker Fritz Helmstädter als Referent auftrat, und stellte den Saalschutz für die Wahlversammlung des „Volksblocks" am 25. April[33]. Daß der Sieg des Generalfeldmarschalls und Ehrenmitglieds des Stahlhelm Paul von Hindenburg, für den in Ladenburg nur 33,4 Prozent Wähler votierten[34], für viele Reichsbannerleute als persönliche Schmach empfunden wurde, belegt eine Episode anläßlich der Siegesparade des „Reichsblocks", der am 28. April zu Ehren Hindenburgs einen Fackelzug veranstaltete. Dabei hatte ein Ladenburger Reichsbannermann öffentlich seine Schwester verprügelt, weil sie alle drei Strophen des Deutschlandliedes mitgesungen hatte[35]. Darüber hinaus beteiligte sich das Ladenburger Reichsbanner verstärkt an Kundgebungen und Werbeaktionen des Gauvorstandes im näheren Umland. Es nahm an Bannerweihen in Schwetzingen und Neckarsteinach teil und leistete bei der Gründung der Ortsgruppe Nekkarhausen am 23. Mai zusammen mit den Friedrichsfelder Kameraden entscheidende Geburtshilfe[36].

Den Glanzpunkt der Aktivitäten im Jahre 1925 stellte allerdings – verbunden mit der feierlichen Bannerweihe der Ortsgruppe – der „Republikanische Tag" am 4. und 5. Juli dar, bei dem mehr als 1.000 Reichsbannerleute aus dem nordbadischen, pfälzischen und hessischen Raum in der Römerstadt aufmarschierten. Sollte diese Veranstaltung ursprünglich am letzten Juniwochenende stattfinden, so war sie jedoch auf das erste Juliwochenende verlegt worden, da am 27. und 28. Juni der Kriegerbund sein 40-jähriges Bestehen mit einer Fahnenweihe feierte. Das Einladungsschreiben, das Anfang Juni überall im südwestdeutschen Raum verschickt wurde, machte im kämpferisch-agitatorischen Stil auf diesen Mißstand aufmerksam:

*Wiederholt mußten wir Schwarz-Rot-Gold im hiesigen Städtchen zur Demonstration vorantragen. Gegen eine große Anzahl von Republikanerinnen und Republikanern schweben heute noch auf Grund niederträchtiger Verleumdungen aus 'vaterländischen Kreisen' Gerichtsverfahren. Mit Protestversammlungen gegen Besudelungen unseres ehrwürdigen 'Schwarz-Rot-Gold' mußten wir der Reaktion entgegentreten. In ständiger Abwehr gegen fortgesetzte Schmähungen ist das Los der Schwarz-Rot-Goldenen auch im kleinen Römerstädtchen Ladenburg.*

*Aus Kümmernis und Dunkelheit wollen auch wir sie bergen. Der 5. Juli soll die würdige Befreiung der alten schwarz-rot-goldenen Reichsfahne aus den Särgen des Unverstandes werden. Helft uns diesen Tag zu einer machtvollen Kundgebung für Schwarz-Rot-Gold zu gestalten. Umständehalber mußten wir unser Fest einen Sonntag nach der Fahnenweihe einer gegnerischen Korporation verlegen. Zeigen wir wo die Macht liegt*[37].

Unterdessen kam es am 28. Juni, am Tag der Fahnenweihe des Kriegerbundes, erneut zu Streitigkeiten zwischen Angehörigen des Ladenburger Reichsbanners und des Mannheimer Marinevereins. Dabei bedrohte ein Mitglied des Marinevereins die Reichsbannermänner, die von der Bannerweihe in Laudenbach heimgekehrt waren, mit dem Revolver. Diesen Vorfall, der dem bevorstehendem „Republikanischen Tag" eine unerwartete Brisanz verlieh, nutzte das Reichsbanner dazu, in einem Leserbrief am 29. Juni noch einmal mit dem politischen Gegner abzurechnen.

*Der Mannheimer Marine-Verein scheint die im Kriege verpaßte Gelegenheit, sich kriegerisch zu betätigen reichlich spät, und an weniger gefährlichen Orten nachholen zu wollen. [...] Dem Mannheimer Marine-Verein, der die Schwarz-Weiß-Rote Kriegsflagge im Groß-Topp gesetzt hat,*

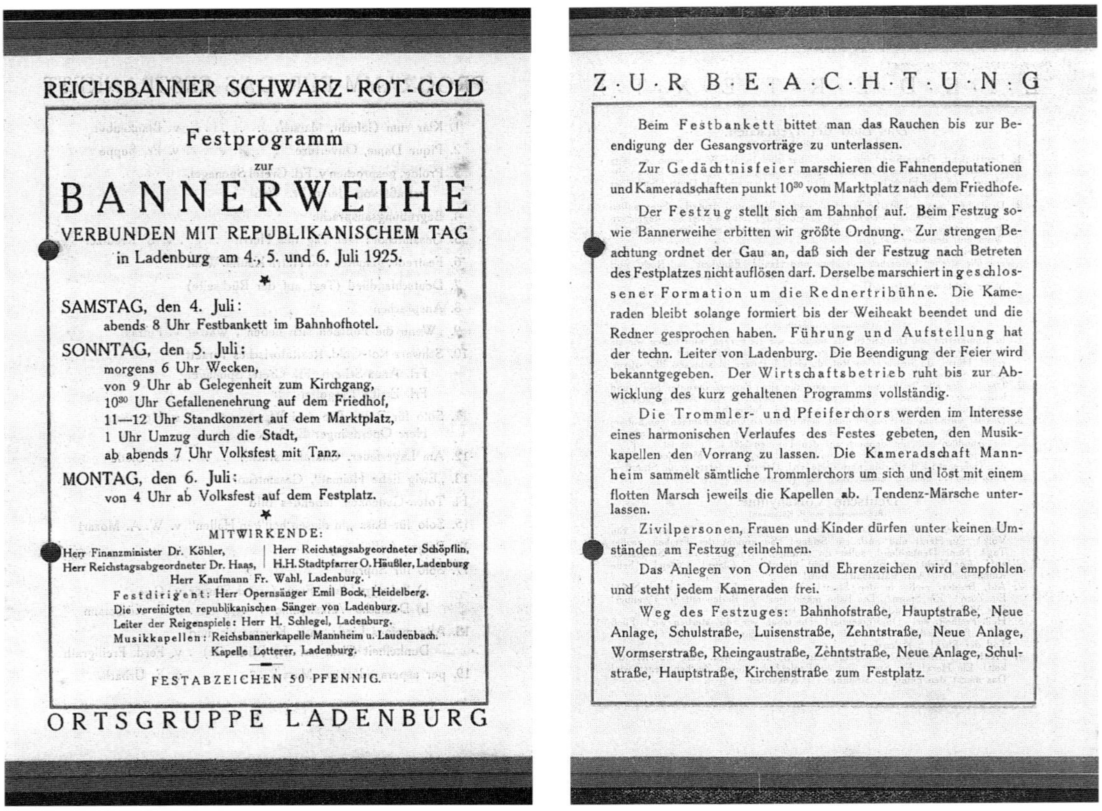

REICHSBANNER SCHWARZ-ROT-GOLD

Festprogramm

zur

BANNERWEIHE

VERBUNDEN MIT REPUBLIKANISCHEM TAG

in Ladenburg am 4., 5. und 6. Juli 1925.

*

SAMSTAG, den 4. Juli:
abends 8 Uhr Festbankett im Bahnhofhotel.

SONNTAG, den 5. Juli:
morgens 6 Uhr Wecken,
von 9 Uhr ab Gelegenheit zum Kirchgang,
$10^{30}$ Uhr Gefallenenehrung auf dem Friedhof,
11—12 Uhr Standkonzert auf dem Marktplatz,
1 Uhr Umzug durch die Stadt,
ab abends 7 Uhr Volksfest mit Tanz.

MONTAG, den 6. Juli:
von 4 Uhr ab Volksfest auf dem Festplatz.

*

MITWIRKENDE:

Herr Finanzminister Dr. Köhler, | Herr Reichstagsabgeordneter Schöpflin,
Herr Reichstagsabgeordneter Dr. Haas, | H.H. Stadtpfarrer O. Häußler, Ladenburg
Herr Kaufmann Fr. Wahl, Ladenburg.
Festdirigent: Herr Opernsänger Emil Bock, Heidelberg.
Die vereinigten republikanischen Sänger von Ladenburg.
Leiter der Reigenspiele: Herr H. Schlegel, Ladenburg.
Musikkapellen: Reichsbannerkapelle Mannheim u. Laudenbach.
Kapelle Lotterer, Ladenburg.

FESTABZEICHEN 50 PFENNIG.

ORTSGRUPPE LADENBURG

Z·U·R B·E·A·C·H·T·U·N·G

Beim Festbankett bittet man das Rauchen bis zur Beendigung der Gesangsvorträge zu unterlassen.

Zur Gedächtnisfeier marschieren die Fahnendeputationen und Kameradschaften punkt $10^{30}$ vom Marktplatz nach dem Friedhofe.

Der Festzug stellt sich am Bahnhof auf. Beim Festzug sowie Bannerweihe erbitten wir größte Ordnung. Zur strengen Beachtung ordnet der Gau an, daß sich der Festzug nach Betreten des Festplatzes nicht auflösen darf. Derselbe marschiert in geschlossener Formation um die Rednertribühne. Die Kameraden bleibt solange formiert bis der Weiheakt beendet und die Redner gesprochen haben. Führung und Aufstellung hat der techn. Leiter von Ladenburg. Die Beendigung der Feier wird bekanntgegeben. Der Wirtschaftsbetrieb ruht bis zur Abwicklung des kurz gehaltenen Programms vollständig.

Die Trommler- und Pfeiferchors werden im Interesse eines harmonischen Verlaufes des Festes gebeten, den Musikkapellen den Vorrang zu lassen. Die Kameradschaft Mannheim sammelt sämtliche Trommlerchors um sich und löst mit einem flotten Marsch jeweils die Kapellen ab. Tendenz-Märsche unterlassen.

Zivilpersonen, Frauen und Kinder dürfen unter keinen Umständen am Festzug teilnehmen.

Das Anlegen von Orden und Ehrenzeichen wird empfohlen und steht jedem Kameraden frei.

Weg des Festzuges: Bahnhofstraße, Hauptstraße, Neue Anlage, Schulstraße, Luisenstraße, Zehntstraße, Neue Anlage, Wormserstraße, Rheingaustraße, Zehntstraße, Neue Anlage, Schulstraße, Hauptstraße, Kirchenstraße zum Festplatz.

*Abb. 2: Programm für die Bannerweihe des Ladenburger Reichsbanners am 4./5./6. Juli 1925 (KARNK: N Gärtner, Rb-Korrespondenz 1925/54).*

*lassen wir ruhig seine Freude an dem militärisch monarchistischen Rummel. Solange dieselben ihrer monarchistischen Gesinnung in der Form Ausdruck verleihen, daß sie in kräftiger Weise dem König 'Gambrinus' huldigen, haben sie vom Reichsbanner keinen Neid zu befürchten*[38].

Damit die Veranstaltung, die nach den „Richtlinien für Bannerweihen im Gau" minutiös geplant war, programmgemäß ablaufen konnte, wurde am 2. Juli abends auf dem Festplatz eigens durch den Technischen Führer des Gaus Baden Lüddeke aus Friedrichsfeld noch einmal eine Generalprobe durchgeführt[39].

Den Auftakt des „Republikanischen Tages" von Ladenburg, der genau genommen an drei Tagen stattfand, denn der Bannerweihe am Sonntag dem 5. Juli schloß sich montags ab 19.00 Uhr auf dem Festplatz ein Volksfest mit *bengalische(n) Beleuchtungen, Reigenspielen* und Tanz an, bildete am Samstagabend das Festbankett im Bahnhofshotel, an dem auch Bürgermeister Christian Koch zugegen war[40]. Das Programm des harmonisch verlaufenden Abends zeigt eine bunte Mischung aus musikalischen und rezitatorischen Beiträgen, mit denen sowohl die „Vereinigten republikanischen Sänger von Ladenburg" als auch die Töchter aktiver Reichsbannerkameraden in Erscheinung traten. Den Festvortrag, für den ursprünglich Professor Sättele vorgesehen war, hielt der Ladenburger Kaufmann Fritz Wahl von der DDP, der speziell für die Bannerweihe den Prolog „Schwarz-Rot-Gold" verfaßt hatte[41].

Das Sonntagsprogramm begann um 6.00 Uhr mit dem Wecken der Bannermänner. Ab 9.00 Uhr war Gelegenheit zum Kirchgang. Um 10.30 Uhr versammelten sich die Teilnehmer auf dem Marktplatz, von wo aus sie zur Gefallenenehrung auf den Friedhof marschierten. Dort hielt der katholische Stadtpfarrer Otto Häußler die Totenehrung[42]. Zwischen 11.00 und 12.00 Uhr wurde auf dem Marktplatz ein Standkonzert veranstaltet. Der Höhepunkt des Tages, der Festzug mit der Bannerweihe, begann um 13.00 Uhr. Die Teilnehmer nahmen am Bahnhof Aufstellung. Begleitet von Marschmusik zogen die geschlossenen Formationen dann durch die überall schwarz-rot-gold beflaggte Stadt zum Festplatz[43], wo der zeremonielle Weiheakt vollzogen wurde. Nach der Begrüßung durch den Ortsvorsitzenden Ottmar Müller weihte der Technische Füh-

*Abb. 3: Festumzug des Reichsbanners bei der Bannerweihe am 5. Juli 1925 (Foto: Goswin Thome; KARNK: F/301).*

rer des Gaus Lüddecke die Ladenburger Fahne, und der Fahnenträger Philipp Gieser sprach das feierliche Gelöbnis. Dann trug Babette Katzenmaier, eine der streng nach Parteienproporz ausgesuchten vier Festdamen[44], den „Spruch zur Bannerweihe" vor, den der jüdische Deutschlehrer an der Realschule Karl Darmstädter[45], ebenfalls aktiver Ladenburger Reichsbannermann, verfaßt hatte. Verbunden mit abwechselnden Gedichtvorträgen überreichten schließlich die anderen Festdamen den Fahnenbegleitern die schwarz-rot-goldenen Schärpen. Vor den prominenten Festrednern hielt Bürgermeister Christian Koch eine kurze Ansprache. Anschließend sprach der badische Finanzminister Heinrich Köhler. Ihm folgte als Ver-

*Abb. 4: Festumzug des Reichsbanners bei der Bannerweihe am 5. Juli 1925 (Foto: Goswin Thome; KARNK: F/302).*

*Abb. 5: Festumzug des Reichsbanners bei der Bannerweihe am 5. Juli 1925 (Foto: Goswin Thome; KARNK: F/303).*

*Abb. 6: Bannerweihe am 5. Juli 1925 auf dem Festplatz; (v.l.n.r.) Fahnenbegleiter Josef Fild, Ehrendame Friedel Storch, Unbekannt, Ehrendame Lina Kress, Fahnenträger Philipp Gieser, Ehrendame Babette Katzenmaier, Unbekannt, Ehrendame Franziska Kuntz (Foto: Goswin Thome; KARNK: F/97).*

treter für den zwar im Programm angekündigten Reichstagsabgeordneten Ludwig Haas, der an diesem Tag aber in Lahr und in Rastatt an Bannerweihen teilnahm, für die DDP der Mannheimer Redakteur Alfred Scheel. Und schließlich hielt der SPD-Reichstagsabgeordnete und Redakteur des Karlsruher „Volksfreund" Georg Schöpflin seine Rede. Das Deutschlandlied beendete schließlich den Festakt, dem sich am Abend eine Tanzveranstaltung anschloß[46].

Das aufwendige Szenarium des Ladenburger „Republikanischen Tages", das der Ladenburger Fotograf Goswin Thome in einer umfangreichen Fotoserie dokumentiert hat, kann zugleich stellvertretend für die Vielzahl der Bannerweihen in anderen Orten gesehen werden, die sich Woche für Woche in allen Regionen des Reichs nach den standardisierten Vorgaben der Bundesleitung wiederholten. So kamen ihnen vorrangig die Aufgabe zu, für die Ziele des Bundes zu werben. Dabei sollten gerade die akurat einstudierten Aufmärsche der uniformierten Formationen auf die 'unbeteiligten' Zuschauer eine nicht zu unterschätzende psychologische Wirkung ausüben, denn sie suggerierten das Bild von Macht, Gemeinschaft, Geschlossen- und Entschlossenheit des demokratischen Lagers. Von den Aufmärschen anderer politischer Bünde unterschieden sich Strategie und Wirkung des Reichsbanners daher nur geringfügig. Gerade hierin spiegelt sich auf besondere Weise der vom Weltkriegserlebnis geprägte Zeitgeist der Weimarer Republik wider, der alle Gesellschafts- und Altersschichten durchdrang[47].

Das für Ladenburger Verhältnisse imposante Großereignis – immerhin wohnten über 1.000 Teilnehmer der Bannerweihe bei[48] – verlief ohne besondere Zwischenfälle, zumal die Vertreter der gegnerischen Korporationen dem sonntäglichen Festakt ferngeblieben waren. So hatte der Kriegerbund, der an diesem Tag am 50. Stiftungsfest des Rohrbacher Kriegerbunds teilnahm, bereits am Morgen demonstrativ die Stadt verlassen.

## 2. Das Ladenburger Reichsbanner 1926–1929/30

Das Reichsbanner hatte sich damit endgültig in der Römerstadt etabliert. Bis zum Jahresende stieg der Zahl der Mitglieder auf 240 an und erreichte damit fast den Höchststand[49]. Dies bedeutet zugleich, daß zeitweise mehr als zehn Prozent der gesamten männlichen Bevölkerung Ladenburgs dem schwarz-rot-goldenen Schutzbund angehörte[50]. Und gemessen an der Gesamtzahl der aktiven Wähler, die Mitte der Zwanziger Jahre zusammen rund 3.000 Männer und Frauen betrug, lag der prozentuale Anteil der Reichsbannermitglieder sogar bei mindestens 16 Prozent der wahlberechtigten Männer. Die Mitgliederlisten weisen Angehörige aller Berufssparten aus: Arbeiter, Angestellte, Beamte und Selbständige. Unter ihnen finden sich beipielsweise der Verleger der lokalen „Neckar-Bergstraß-Post" Ludwig Nerlinger oder die Lehrer der Realschule Franz Sättele, Dr. Otto Imhof und Karl Perino. Ebenso waren Beamte und Angestellte der Stadtverwaltung – wie der Ratschreiber Johann Frey, der Verwaltungsratschreiber Karl Reinle, der Verwaltungssekretär Willi Gattung, der Sekretär Karl Körner, der Stadtrechner Josef Müller oder der Feldhüter Willi Breunig – als Mitglieder registriert. Den Hauptanteil stellten wie im Bundesverband insgesamt die Mitglieder und Wähler der SPD. Der Anteil der Anhänger des Zentrums und der DDP lag in den Anfangsjahren zusammen bei etwa 25 bis 30 Prozent[51]. Neben den örtlichen Parteiobmännern – Johahnn Leipf (SPD), Heinrich Abel (Zentrum) und Hermann Heim (DDP), der jedoch schon Ende 1925 wieder aus dem Reichsbanner ausschied – waren die meisten der führenden Kommunalpolitiker der drei Parteien ebenso in der Ortsgruppe aktiv. So gehörten von den im November 1926 gewählten 15 sozialdemokratischen Gemeindeverordneten, zu denen mit Anna Hahn und Klara Schossig auch zwei Frauen zählten, alleine zehn dem Reichsbanner an[52]. Von den zwölf gewählten Zentrumsverordneten – unter ihnen als einzige Frau die Hauptlehrerin Charlotte Gschwindt – waren immerhin vier in der Ortsgruppe engagiert[53]. Und von den sechs DDP-Vertretern waren drei im Reichsbanner organisiert[54]. Bemerkenswert ist daneben, daß sich vereinzelt auch die Namen von Funktionären anderer Parteien in den Mitgliederlisten finden. So kandidierte mit dem Zigarrenfabrikanten Friedrich Agricola sogar ein Gründungsmitglied des Reichsbanners bei den Gemeindeverordnetenwahlen 1926 auf der Liste der konservativen Bürgerlich-Wirtschaftlichen Vereinigung[55]. Und ebenso sind drei Reichsbannerkameraden, die Arbeiter Friedrich Wilhelm Müller, Georg Menrad und Karl Strecker bei den Gemeindeverordnetenwahlen 1926 auf der Vorschlagsliste die KPD zu finden[56].

Hinsichtlich der religiösen Zugehörigkeit spiegelt die Mitgliederstruktur in etwa den gemischt konfessionellen Charakter der Stadtgemeinde wider. Erstaunlich ist indessen der relativ hohe Anteil der Mitglieder jüdischen Glaubens, der bei 19 nachgewiesenen Personen fast acht Prozent ausmachte[57]. Und mit Baruch Bela Hönigsberg gehörte seit dem 21. Januar 1926 auch ein Mitglied der jüdischen Gemeinde als Beisitzer dem erweiterten Vorstand an[58].

Der Verlauf der Jahre 1925 und 1926 zeigt, daß die Ortsgruppe aktiv das politische Leben Ladenburgs mitgestaltete[59]. Sie unterstützte die demokratischen Parteien bei den Landtagswahlen am 25. Oktober 1925[60] und hielt politische Bildungsabende ab: Am 30. Oktober 1925 referierte Gausekretär Eckmann über „Die deutsche Reichsverfassung" und am

*Abb. 7: Ladenburger Ortsgruppe des Reichsbanners (vor Juli 1930). Vordere Reihe (v.l.n.r.): Heinrich Streib, Ludwig Schwarz; Mittlere Reihe (kniend): Unbekannt, Karl Storch, Willi Kremers, Willi Kress jun., Willy Gärtner, Edmund Beedgen, Gustav Kress; Hintere Reihe: Unbekannt, Unbekannt, Unbekannt, Unbekannt, Friedrich Grab, Johann Heilmann, Johann Storch sen., Schork, Unbekannt, Unbekannt, Wilhelm Kress sen., Unbekannt, Konrad Schork, Philipp Gieser, Louis Bargolini (KARNK F/137).*

21. Februar 1926 veranstaltete sie einen Lichtbildervortrag über die „Erlebnisse in der Fremdenlegion“[61]. Politisch engagierte sich das Reichsbanner darüber hinaus massiv für das Volksbegehren zur „Fürstenenteignung“ im März 1926 und stellte bei Versammlungen den Saalschutz. Um die Unterstützung für den Volksentscheid zusätzlich zu fördern[62], führte die Laienspielgruppe des Reichsbanners am 14. und 21. März im Saal des Bahnhofshotels das Theaterstück des Schwarzwälder Volksdichters Heinrich Hansjakob „Der Vogt auf Mühlstein“ auf, das die feudalen Mißstände des vergangenen Jahrhunderts bloßstellen sollte[63].

Großen Anteil an den Aktivitäten kam dem Vorsitzenden Ottmar Müller zu, der jedoch infolge seiner Verbandsarbeit im Landesverband Badischer Kaminfegergehilfen 1926 zurücktrat und aus Ladenburg wegzog[64]. Zu seinem Nachfolger wählte die Mitgliederversammlung am 14. April 1926 den einflußreichen Bürgermeisterstellvertreter Louis Bargolini von der SPD[65]. Bis zu seinem Tod im Juli 1930 bestimmte der angesehene Schlossermeister weitgehend den Kurs des Ladenburger Reichsbanners, das sich nach der ersten 'Sturm- und Drangphase' – nicht zuletzt auch in einer Phase der vorübergehenden allgemeinen innenpolitischen Stabilität – zunehmend passiver verhielt und dabei seine ursprüngliche Zielsetzung (vorübergehend) aus den Augen verlor. Diese stagnierende Entwicklung deutete sich – wenngleich die Ursachen nicht einwandfrei zu klären sind – bereits im Juni an[66] und setzte sich im rückläufigen Ergebnis der drei Reichsbannerparteien bei den Gemeindewahlen am 14. November 1926 fort. So erreichten die SPD mit 15, das Zentrum mit zwölf und die DDP mit sechs Sitzen insgesamt 33 Mandate[67] und verfügten nur noch über eine knappe Mehrheit unter den 60 Gemeindeverordneten im Bürgerausschuß. Der Erfolg der konservativen Bürgerlich-Wirtschaftlichen Vereinigung, die als stärkste Fraktion 16 Sitze erringen konnte, war beachtlich. Und auch die KPD erzielte mit sieben Sitzen auf Kosten der Sozialdemokraten ebenfalls deutliche Gewinne. Als fünfte politische Kraft erhielt die Deutsch-Liberale Volkspartei vier Mandate. Dennoch gelang es der SPD bei den Gemeinderatswahlen am 13. Dezember noch rechtzeitig, einen der 20 Verordneten der gemeinsam angetretenen Bürgerlich-Wirtschaftlichen Vereinigung und der Deutsch-Liberalen Volkspartei auf ihre Seite zu ziehen. Dies sicherte ihr bei der Abstimmung ebenso wie der Bürgerpartei drei Gemeinderatssitze, während das Zentrum nur noch zwei Gemeinderäte stellte. Jeweils einen Sitz im zehnköpfigen Gemeindegremuim erhielten DDP und KPD[68].

Abgesehen von vereinzelten Aufmärschen bei den Gauveranstaltungen im nordbadischen und südhessischen Raum sowie bei den Verfassungsfeiern im August trat das Reichsbanner in den beiden nächsten Jahren mehr durch Theateraufführungen anläßlich seines alljährlichen „Wintervergnügens" als durch gezielte politische Aktionen in Erscheinung[69]. Die innere Organisation scheint in dieser Zeit nicht zum besten bestellt gewesen zu sein; mehrmals mahnte die Gauleitung die vierteljährlichen Abrechnungen der Mitgliedsbeiträge – ein generelles Problem vieler badischer Ortsgruppen – an. Dieser vorübergehende Stillstand innerhalb der Ortsgruppe, der sich auch im rückläufigen Ladenburger Ergebnis bei den Reichstagswahlen am 20. Mai 1928 niederschlug, bei denen der Stimmenanteil von zuletzt 66 auf 57,4 Prozent zurückging[70], belegt ebenso auf lokaler Ebene den allgemeinen Erstarrungszustand des Bundesverbandes in jenen Jahren. So drohte das Reichsbanner Schwarz-Rot-Gold, das sich im Zuge seiner auf der zweiten Bundesgeneralversammlung in Hannover beschlossenen Neuorganisation seit dem 1. Januar 1929 als „Bund Deutscher Kriegsteilnehmer und Republikaner e.V." bezeichnete, wie der sozialdemokratische Berliner Polizeipräsident Albert Grzesinski selbstkritisch vermerkte, mehr und mehr *eine Art republikanischer Kriegerverein zu werden, eine Art Pfeifen- und Korkenclub, dem der Blick für die eigentliche Aufgaben der republikanischen Schutzwehr abhanden gekommen schien*[71].

Erst im Kontext der badischen Landtagswahlen und angesichts des Erfolgs der Nationalsozialisten, die bei den Wahlen am 27. Oktober 1929 sechs der 88 Landtagsmandate erringen konnten, wurden die Aktionen des Reichsbanners wieder kämpferischer. So erreichte die NSDAP, die am 8. Juli 1929 mit Walter Köhler aus Weinheim und am 15. September mit

*Abb. 8: Ottmar Müller (1892–1983), Zentrum, 1. Vorsitzender des Ladenburger Reichsbanners von 1924–1926 (KARNK: F/300).*

Karl Lenz aus Karlsruhe zwei Wahlversammlungen in Ladenburg abgehalten hatte[72], in der Römerstadt 6,4 Prozent der Stimmen. Die SPD verzeichnete dabei mit einem Stimmenrückgang von 28,9 auf 22,8 Prozent eine ebenso schwere Niederlage wie die DNVP, deren Anteil sogar von 13,1 auf 1,9 Prozent sank. Die Verluste des badischen Zentrums von 26,5 auf 23,1, Prozent hielten sich demgegenüber noch in Grenzen und alleine die DDP behauptete mit 9,1 Prozent ihren Stand. Daneben vergrößerte aber die KPD mit 15,9 Prozent ihren Anteil im Vergleich zur Landtagswahl 1925 um 8,5 Prozent[73].

Vor allem die jüngeren Ladenburger Reichsbannermitglieder, unter ihnen beispielsweise Willy Gärtner[74], der in der „Neckar-Bergstraß-Post" einen umfangreichen Erlebnisbericht über seine Teilnahme an der „Reichsverfassungsfeier" in Berlin veröffentlichte und um neue Mitglieder warb[75], drängten nun innerhalb der Ortsgruppe auf ein entschiedeneres Auftreten des Schutzbundes. Auf der von zwölf Mitgliedern unterzeichneten Einzeichnungsliste für die am 16. September 1929 einberufene außerordentliche Mitgliederversammlung

*Abb. 9: Willy Gärtner in Reichsbanneruniform (um 1930) (KARNK: F/100).*

– einen Tage nach einer Wahlveranstaltung der NSDAP[76] – wurde die Kritik an der bisherigen Zurückhaltung laut:

*Da die Hetze der Hakenkreuzler wie auch des Stahlhelms in unserer Stadt in letzter Zeit fast unerträglich wird, fordern Unterzeichnete die schnellste Einberufung einer Mitg[lieder]-Versammlung, welche beschließt, daß diesem Treiben v[on] Seiten des Reichsbanners entgegengewirkt wird*[77].

Ob sich die Gruppe mit ihren Forderungen schon im September durchsetzen konnte, läßt sich nicht eindeutig nachvollziehen und ist eher zu bezweifeln. Fest steht alleine, daß Willy Gärtner, der über enge Verbindungen zur Friedrichsfelder Ortsgruppe verfügte, als Vertreter der jüngeren Reichsbannerkameraden im Dezember als Nachfolger des Hilfskassierers Kress in den Vorstand aufrückte, da *in letzter Zeit sehr unregelmäßig u[nd] z[um] T[eil] überhaupt nicht kassiert wurde*[78]. Zwei Ereignisse Anfang Dezember weisen aber eindeutig auf die Differenzen innerhalb des Ladenburger Reichsbanners hin, dem die Stimmengewinne von KPD und NSDAP schwer zu schaffen machten. So war es während der offiziellen Gründungsversammlung der NSDAP-Ortsgruppe Ladenburg am 6. Dezember 1929 in der „Rose" außerhalb des Lokals zu Handgreiflichkeiten zwischen Reichsbanner und Hitlersympathisanten gekommen[79]. Und als drei Tage später bei einer Versammlung des Stahlhelms im Rahmen des von den rechten Gruppierungen initiierten Volksentscheids „Freiheitsgesetz"[80] Reichsbannergausekretär Oskar Scholz (SPD) aus Mannheim nicht zu Wort kam, und dieser Eklat den Ladenburger Vorsitzenden Louis Bargolini zum energischen Handeln bewegen sollte, brachen die Gegensätze offen hervor[81]. Während die Gauleitung Bargolini drängte, sofort eine Gegenversammlung vorzubereiten, vertrat dieser die Meinung, daß sich das Reichsbanner in Ladenburg aus den Versammlungen der Gegner heraushalten solle. Da der Bürgermeisterstellvertreter – als Mann des politischen Ausgleichs – darüber hinaus mit den eigenmächtigen Aktionen der jüngeren Mitglieder, die sich mit den Nationalsozialisten geprügelt hatten, nicht einverstanden war, bot er seinen Rücktritt an. Gausekretär Scholz bat ihn jedoch, weiterzumachen und beschwichtigte ihn: *wenn tatsächlich etwas geschehen ist, ohne die Zustimmung des Vorstandes zu finden, so doch nur aus dem Drang heraus, dem Reichsbanner wieder eine Aktivität in Ladenburg zu geben.* [...] *Man sieht, dass in Deutschland nichts dumm genug ist, es findet alles seine Anhänger und wir können nicht mehr zusehen, wie auch in Ladenburg der Stahlhelm und die Nationalsozialisten gedeihen und das Reichbanner sicher einschläft, dafür ist unsere Organisation zu schade*[82].

Eine eigene Gegenveranstaltung des Reichsbanners sollte dennoch nicht zustandekommen. Vielmehr beließ es der Vorstand auf einer internen Aussprache bei der Generalversammlung der Ortsgruppe am 14. Januar 1930 und der Abhaltung des alljährlichen Wintervergnügens am 27. Januar[83]. Während Reichsbanner und die örtliche SPD-Führung noch intern über den 'neuen' Kurs stritten, verschärften die KPD und vor allem die NSDAP ihre Agitation. Bereits am 25. November 1929 hatten die Ladenburger Kommunisten die *sozialdemokratischen Verleumder* zu einer Versammlung in die Turnhalle eingeladen, auf der Gemeinderat Menrad heftig *Die Ladenburger sozialdemokratische Verleumdungstaktik* attackierte[84]. Und am 18. Januar 1930 störten KPD-Mitglieder eine SPD-Veranstaltung mit dem badischen Kultusminister Adam Remmele in der Turnhalle, der dort zur Reparations- und Finanzpolitik des Reichs sprach[85]. Aus Protest über den Ausschluß von Kommunisten bei der anschließenden Diskussion veranstaltete die KPD am 22. Januar eine Gegenveranstaltung[86].

Ebenso demonstrierten der Stahlhelm und die NSDAP, die sich mit ihrer neugegründeten Ortsgruppe nun immer lauter zu Wort meldete, an zwei aufeinanderfolgenden Wochenenden im Mai ihr gestiegenes 'Selbstbewußtsein'. So erwartete die Ladenburger Gendarmeriestation für den am 4. Mai in der Römerstadt stattfindenden „Deutschen Stahlhelmtag", verbunden mit dem Gautag des Gaues Kurpfalz und der Fahnenweihe der Ladenburger Ortsgruppe, über 2.000 Teilnehmer. Man ersuchte das Bezirksamt Mannheim, das nach Weisung der badischen Innenverwaltung alle politischen Versammlungen zu genehmigen und überwachen hatte, da *bestimmt anzunehmen ist, daß an diesem Tage auch Kommunisten nach Ladenburg kommen um Zwischenfälle und Unruhen herbei zuführen*, ein stärkeres Polizeiaufgebot in die Stadt abzuordnen. Der Aufmarsch des monarchistischen Frontsoldatenbunds, zu dem nach Polizeischätzungen nur 330 Mitglieder erschienen waren, verlief jedoch ohne Störung[87]. Und eine Woche später veranstaltete die NSDAP-Ortsgruppe in der Turnhalle eine öffentliche Kundgebung, zu der über 500 uniformierte Parteigenossen aus Mannheim und Heidelberg angekündigt waren, die anschließend nach Heddesheim marschierten. Auch für diese Versammlung, die, wie die „Neckar-Bergstraß-Post" meldete, für Ladenburger Verhältnisse einen enormem Besuch rechter Teilnehmer verzeichnete, *so stark, wie noch selten*, hatte man vorsorglich das Polizeiaufgebot erhöht, da man erneut Übergriffe durch Kommunisten erwartete[88].

## 3. Das Ladenburger Reichsbanner 1930–1932

Der sich innerhalb der Ortsgruppe durch die Forderungen der jüngeren Mitglieder nach aktiver Gegenwehr schon im Vorjahr angedeutete Generationskonflikt kann stellvertretend für den Gesamtzustand des Reichsbanners in jenen Jahren gesehen werden. Erst nach dem Schock der 'verheerenden' Reichstagswahlen vom 14. September 1930, die auch in Ladenburg eine drastische Verschiebung der Mehrheitsverhältnisse ergab[89], sollte es zu einer grundsätzlichen Neuorientierung der Reichsbannerpolitik kommen. Unmittelbar nach der Veröffentlichung der deprimierenden Wahlergebnisse – der Urnengang hatte der NSDAP im Reichstag einen unerwarteten Stimmenzuwachs von zwölf auf 107 Mandate gebracht – faßte die Bundesführung den Entschluß, mit den Schutzformationen („SCHUFO") schlagkräftige Elitegruppen aufzubauen, um so dem anwachsenden nationalsozialistischen Versammlungs- und Straßenterror entgegenzuwirken. Damit streifte das Reichsbanner mehr und mehr seine Vereinszüge ab und wandelte sich zum wirklichen Kampf- und Wehrverband[90]. Sowohl die Schutzformationen, die sich überwiegend aus jungen Reichsbannerkameraden rekrutierten, die bereits größtenteils in den Arbeitersportvereinen und der Freien Turnerbewegung organisiert waren, als auch die Jungbannerabteilungen wurden nun einem systematischen militärisch-technischen Ausbildungsprogramm unterworfen. Dies trifft auch für Ladenburg zu, wo in enger Zusammenarbeit mit den Ortsgruppen Mannheim und Friedrichsfeld die nachwachsenden Kameraden in den Wehr- und Schutzsportübungen auf ihre 'neuen' Aufgaben vorbereitet wurden. Auch hier stand Willy Gärtner als Ausbilder des Mannheimer Vortrupps, der die Angehörigen des Jungbanners im Alter zwischen zehn und 14 Jahren umfaßte, in vorderster Front. Mehrmals fanden entweder auf der Mannheimer Sellweide oder auf dem nahen Kohlhof Marsch- und Geländeübungen statt bzw. wurden die Jungmannen regelmäßig in Nahkampfsportarten trainiert[91].

Die seit den Reichstagswahlen veränderte politische Atmosphäre bestimmte deutlich das Klima bei den Ladenburger Gemeindeverordnetenwahlen am 16. November 1930. Das Reichsbanner unter dem neuen Vorsitzenden Heinrich Beedgen, der die Nachfolger des am 2. Juli 1930 verstorbenen Louis Bargolini angetreten hatte[92], trat nun wieder entschlossener auf den Versammlungen der demokratischen Parteien auf. Unter Mitwirkung des Fanfaren- und Spielmannkorps der Mannheimer Ortsgruppe organisierte sie am 9. November – dem traditionellen Sedanstag – nachmittags in der Turnhalle eine große „Republikanische Kundgebung" mit dem Coburger Reichsbannerpolitiker Klingler[93]. Und anläßlich einer von 450 Teilnehmern besuchten Wahlversammlung der SPD am 11. November, auf der Bürgermeister Richard Böttger aus Mannheim und der Ladenburger Gemeinderat Johann Heilmann sprachen, lieferte sich der Reichsbanner-Saalschutz mit kommunistischen Störern eine *wüste Schlägerei mit Stühlen*, bei der es zahlreiche Verletzte gab[94].

Die Gemeindewahlen bestätigten indessen den rasanten Aufstieg der NSDAP. Sie stellte nun 10, die SPD, Zentrum und die Bürgerlich-Wirtschaftliche Vereinigung jeweils 12 Gemeindeverordnete im Bürgerausschuß. Die KPD war mit acht und die DDP nur noch mit sechs Verordneten im 60-köpfigen Gremium vertreten[95]. Mit Hermann Pohly und Ortsgruppenführer Wilhelm Engel zogen am 20. Dezember 1930 erstmals zwei NSDAP-Mitglieder in den Ladenburger Gemeinderat ein. Jeweils zwei Gemeinderäte stellten die SPD, das Zentrum und die Bürgerlich-Wirtschaftliche Vereinigung. DDP und KPD mit jeweils einem Mandat vervollständigten schließlich den Gemeinderat.

Die Nationalsozialisten, die unter dem Eindruck ihrer Wahlerfolge im Frühjahr 1931 im ganzen badischen Raum ihre Propaganda intensivierten[96], steigerten auch in der Römerstadt ihre Aktivitäten. So startete die Ortsgruppe mit einer Rede des Heidelberger Parteigenossen Wetzel *Der Kampf geht los* am 24. Januar ihr Aktionsprogramm, das am 7. Februar in der städtischen Turnhalle mit dem Mannheimer Nationalsozialisten Lorenz seine Fortsetzung fand[97]. Und am 8. März veranstaltete sie im Bahnhofshotel mit dem Reichs- und Landtagsabgeordneten Lenz eine „Freiheitskundgebung", bei der über 300 Teilnehmer gezählt wurden. Das ebenfalls für diesen Abend vorgesehene „Standkonzert" hatte das Bezirksamt aber vorsorglich verboten[98]. Eine für den 19. März geplante Kundgebung mit Oberstleutnant Ahlemann aus Berlin, für die man zusätzlichen Polizeischutz angemeldet hatte, fand allerdings nicht statt, weil der Redner kurzfristig absagte[99]. Aber nur zwei Tage später durchzogen 170 SA-Männer auf einer militärischen Übung entlang des Neckars in den Abendstunden die Stadt[100]. Und am 21. April trat erneut der Weinheimer Landtagsabgeordnete Walter Köhler vor 100 Anhängern in der Turnhalle auf. Der hierüber angefertigte Polizeibericht vermerkt, daß die Versammlung ohne Störung verlief, und dies obwohl sich zu Beginn 40 Kommunisten vor der Turnhalle eingefunden hatten, denen aber der Einlaß verwehrt wurde[101].

Angesichts der massiven Agitation ihrer politischen Gegner im Mannheimer Umland versuchte die Reichsbanner-Zentrale, einerseits ihre Abwehrbereitschaft zu stärken und andererseits um neue Anhänger zu werben. Dies macht der unter dem Motto *Hinein in das Reichsbanner* veranstaltete Sternmarsch von 15 Ortsgruppen am 9. und 10. Mai 1931 deutlich, der gleichzeitig mit gesonderten Jugendwerbe-Veranstaltungen[102] und republikanischen Kundgebungen in Ladenburg, Schriesheim, Dossenheim, Großsachsen und Neckarhausen verbunden war. In Ladenburg sprach dabei der Gauvorsitzende Dr. Alexander Helffenstein[103]. Vor diesem Hintergrund zeichnete sich 1931 innerhalb des Ortsgruppenvorstands erneut ein personeller Wechsel ab. So hatte der Obergärtner Hermann Jäger von der Zentrumspartei[104] seinen Schwiegervater Heinrich Beedgen[105] von der SPD als Vorsitzenden des Reichsbanners abgelöst. Diese lokale Entwicklung überrascht, denn auf Reichsebene zog sich das Zentrum mehr und mehr aus der offiziellen Politik des Reichsbanners zurück, wenngleich es nach wie vor Mitglied der schwarz-rot-goldenen Sammlungsbewegung blieb[106]. Andererseits belegt aber das auf den ersten Blick überraschende verwandtschaftliche Beziehungsgeflecht den unverändert festen 'Schulterschluß' zwischen SPD und Zentrum innerhalb des Ladenburger Reichsbanners. Wie lange Hermann Jäger indessen der Ortsgruppe vorstand, konnte bislang nicht eindeutig ermittelt werden.

Die 'braune Gewalt', die seit den Septemberwahlen 1930 ganz Deutschland heimgesucht hatte, verschonte trotz erheblicher Versammlungsauflagen durch die badische Staatsregierung ebensowenig Ladenburg. So sollte es am Nachmittag des 17. Mai 1931 anläßlich einer für den Abend in der Turnhalle geplanten Versammlung der NSDAP zu einer folgenschweren Auseinandersetzung kommen. Mitglieder des Mannheimer SA-Sturmbanns, die an diesem Sonntag an der Bergstraße mit mehreren Lastkraftwagen eine Propagandafahrt unternahmen und am Abend gemeinsam zur NSDAP-Veranstaltung in der Turnhalle mit den Referenten Dr. Abendrot aus Heidelberg und Dr. Roth aus Mannheim aufmarschieren wollten[107], überfielen am Ortseingang eine Jugendgruppe der Freien Turnerschaft Ladenburg, die gerade von einem Sonntagsausflug nach Lützelsachsen zurückkehrte. Im Verlauf der Schlägerei wurden die erwachsenen Begleiter Karl und Willi Storch , beide aktive Reichsbannermitglieder, sowie Willi Sauer durch Schläge mit Koppelschlössern verletzt. Der Überfall der SA heizte die an diesem Sonntag ohnehin gespannte politische Atmosphäre in der Stadt zusätzlich auf, denn das Reichsbanner hatte geplant, den abendlichen Aufmarsch der Hitlersympathisanten zu stören. Bereits einige Tage zuvor hatten sich einzelne Mitglieder auf eine handfeste Auseinandersetzung eingestellt und sich sogar – nach Aussagen von Zeitzeugen – Waffen besorgt. Am frühen Abend war es dann auch in Gaststätten zu vereinzelten Schlägereien gekommen, wenn-

*Abb. 10: Flugblatt der Gauleitung des badischen Reichsbanners anläßlich der Jugend-Werbeveranstaltung am 9./10. Mai 1931 (GLAK: 362/159).*

gleich das Protokoll des Gendarmerie-Oberwachtmeisters Walter diese Vorfälle nicht erwähnt[108]. Um eine weitere Eskalation der Gewalt zu verhindern, die sehr wahrscheinlich zu Blutvergießen geführt hätte, verbot Bürgermeisterstellvertreter Schmitt (Zentrum) kurzerhand die Veranstaltung. Und auch die von SPD und Reichsbanner am nächsten Tag umgehend beantragte *Protestversammlung* in der Turnhalle wurde vom Bezirksamt vorsorg-

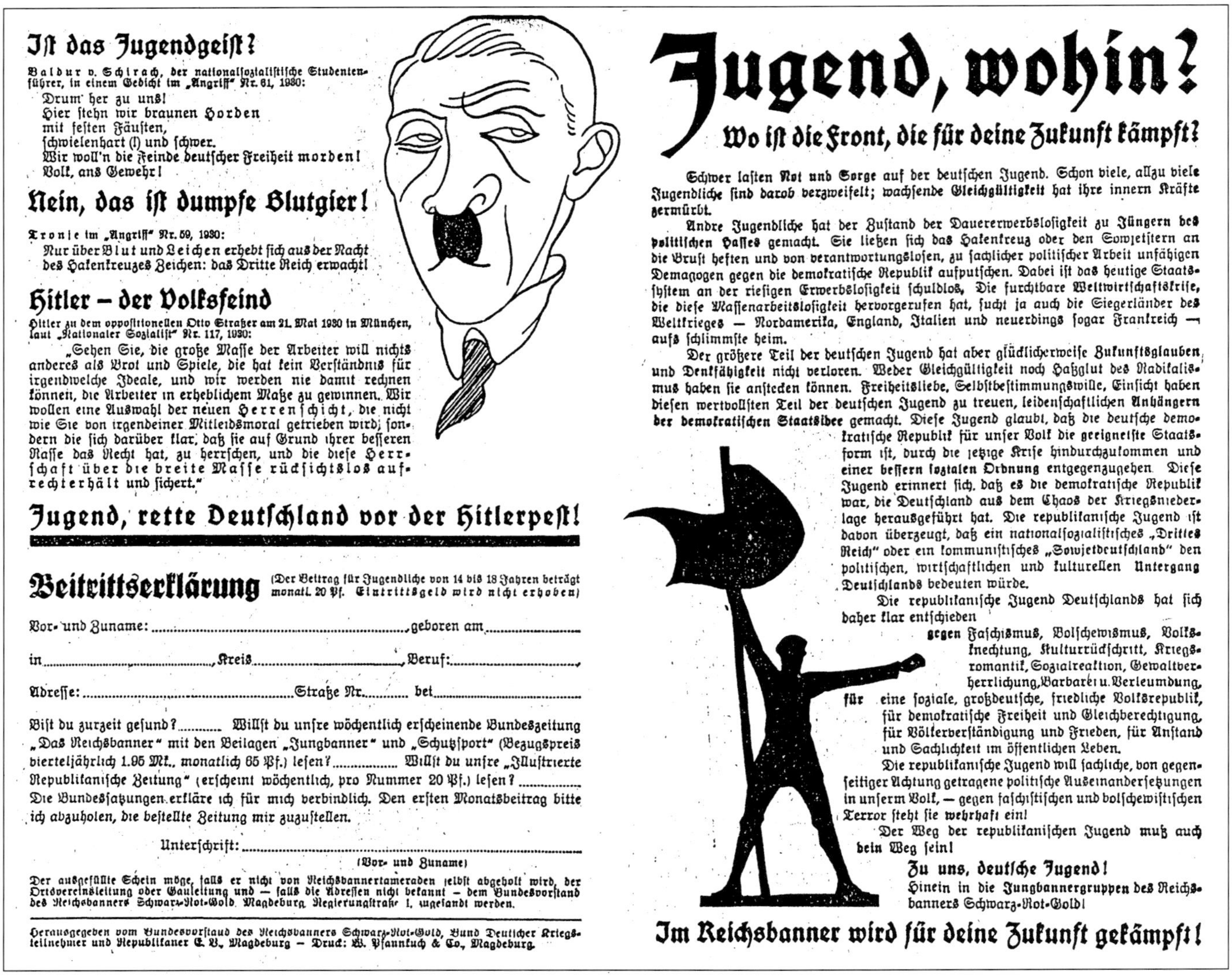

## Ist das Jugendgeist?

Baldur v. Schirach, der nationalsozialistische Studentenführer, in einem Gedicht im „Angriff" Nr. 61, 1930:

Drum her zu uns!
Hier stehn wir braunen Horden
mit festen Fäusten,
schwielenhart (!) und schwer.
Wir woll'n die Feinde deutscher Freiheit morden!
Volk, ans Gewehr!

## Nein, das ist dumpfe Blutgier!

Tronje im „Angriff" Nr. 59, 1930:

Nur über Blut und Leichen erhebt sich aus der Nacht
des Hakenkreuzes Zeichen: das Dritte Reich erwacht!

## Hitler – der Volksfeind

Hitler zu dem oppositionellen Otto Straßer am 21. Mai 1930 in München, laut „Nationaler Sozialist" Nr. 117, 1930:

„Sehen Sie, die große Masse der Arbeiter will nichts anderes als Brot und Spiele, die hat kein Verständnis für irgendwelche Ideale, und wir werden nie damit rechnen können, die Arbeiter in erheblichem Maße zu gewinnen. Wir wollen eine Auswahl der neuen Herrenschicht, die nicht wie Sie von irgendeiner Mitleidsmoral getrieben wird, sondern die sich darüber klar, daß sie auf Grund ihrer besseren Rasse das Recht hat, zu herrschen, und die diese Herrschaft über die breite Masse rücksichtslos aufrechterhält und sichert."

## Jugend, rette Deutschland vor der Hitlerpest!

## Beitrittserklärung

(Der Beitrag für Jugendliche von 14 bis 18 Jahren beträgt monatl. 20 Pf. Eintrittsgeld wird nicht erhoben)

Vor- und Zuname: .................................... geboren am ....................

in .................................... Kreis .................................... Beruf: ....................

Adresse: .................................... Straße Nr. .......... bei ....................

Bist du zurzeit gesund? .......... Willst du unsre wöchentlich erscheinende Bundeszeitung „Das Reichsbanner" mit den Beilagen „Jungbanner" und „Schutzsport" (Bezugspreis vierteljährlich 1.95 Mk., monatlich 65 Pf.) lesen? .......... Willst du unsre „Illustrierte Republikanische Zeitung" (erscheint wöchentlich, pro Nummer 20 Pf.) lesen? .......... Die Bundessatzungen erkläre ich für mich verbindlich. Den ersten Monatsbeitrag bitte ich abzuholen, die bestellte Zeitung mir zuzustellen.

Unterschrift: ....................................
(Vor- und Zuname)

Der ausgefüllte Schein möge, falls er nicht von Reichsbannerkameraden selbst abgeholt wird, der Ortsvereinsleitung oder Gauleitung und – falls die Adressen nicht bekannt – dem Bundesvorstand des Reichsbanners Schwarz-Rot-Gold, Magdeburg, Regierungstraße 1, zugesandt werden.

Herausgegeben vom Bundesvorstand des Reichsbanners Schwarz-Rot-Gold, Bund Deutscher Kriegsteilnehmer und Republikaner E. V., Magdeburg – Druck: W. Pfannkuch & Co., Magdeburg.

# Jugend, wohin?

## Wo ist die Front, die für deine Zukunft kämpft?

Schwer lasten Not und Sorge auf der deutschen Jugend. Schon viele, allzu viele Jugendliche sind darob verzweifelt; wachsende Gleichgültigkeit hat ihre innern Kräfte zermürbt.

Andre Jugendliche hat der Zustand der Dauererwerbslosigkeit zu Jüngern des politischen Hasses gemacht. Sie ließen sich das Hakenkreuz oder den Sowjetstern an die Brust heften und von verantwortungslosen, zu sachlicher politischer Arbeit unfähigen Demagogen gegen die demokratische Republik aufputschen. Dabei ist das heutige Staatssystem an der riesigen Erwerbslosigkeit schuldlos. Die furchtbare Weltwirtschaftskrise, die diese Massenarbeitslosigkeit hervorgerufen hat, sucht ja auch die Siegerländer des Weltkrieges – Nordamerika, England, Italien und neuerdings sogar Frankreich – aufs schlimmste heim.

Der größere Teil der deutschen Jugend hat aber glücklicherweise Zukunftsglauben und Denkfähigkeit nicht verloren. Weder Gleichgültigkeit noch Haßglut des Radikalismus haben sie anstecken können. Freiheitsliebe, Selbstbestimmungswille, Einsicht haben diesen wertvollsten Teil der deutschen Jugend zu treuen, leidenschaftlichen Anhängern der demokratischen Staatsidee gemacht. Diese Jugend glaubt, daß die deutsche demokratische Republik für unser Volk die geeignetste Staatsform ist, durch die jetzige Krise hindurchzukommen und einer bessern sozialen Ordnung entgegenzugehen. Diese Jugend erinnert sich, daß es die demokratische Republik war, die Deutschland aus dem Chaos der Kriegsniederlage herausgeführt hat. Die republikanische Jugend ist davon überzeugt, daß ein nationalsozialistisches „Drittes Reich" oder ein kommunistisches „Sowjetdeutschland" den politischen, wirtschaftlichen und kulturellen Untergang Deutschlands bedeuten würde.

Die republikanische Jugend Deutschlands hat sich daher klar entschieden

**gegen** Faschismus, Bolschewismus, Volksknechtung, Kulturrückschritt, Kriegsromantik, Sozialreaktion, Gewaltverherrlichung, Barbarei u. Verleumdung,

**für** eine soziale, großdeutsche, friedliche Volksrepublik, für demokratische Freiheit und Gleichberechtigung, für Völkerverständigung und Frieden, für Anstand und Sachlichkeit im öffentlichen Leben.

Die republikanische Jugend will sachliche, von gegenseitiger Achtung getragene politische Auseinandersetzungen in unserm Volk, – gegen faschistischen und bolschewistischen Terror steht sie wehrhaft ein!

Der Weg der republikanischen Jugend muß auch dein Weg sein!

**Zu uns, deutsche Jugend!**

Hinein in die Jungbannergruppen des Reichsbanners Schwarz-Rot-Gold!

## Im Reichsbanner wird für deine Zukunft gekämpft!

*Abb. 11: Flugblatt der Gauleitung des badischen Reichsbanners anläßlich der Jugend-Werbeveranstaltung am 9./10. Mai 1931 (GLAK: 362/159).*

lich nicht genehmigt[109]. Die Provokationen des 17. Mai 1931 ließ das Reichsbanner dennoch nicht unbeantwortet. So rief die Ortsgruppe für den 9. Juni zu einer Protestversammlung in der Turnhalle mit dem Referenten Dr. Höber aus Mannheim auf. Die Veranstaltung mußte jedoch auf den 11. Juni verlegt werden. Anstelle Höbers hielt nun Gausekretär Oskar Scholz vor 120 Zuhörern ein Referat *Gegen die Verrohung der politischen Sitten*[110].

Der Ladenburger Vorfall beschäftigte in den darauffolgenden Monaten aber noch weiter die Gerichte. In erster Instanz wurden die angeklagten SA-Schläger, die während der Verhandlung die Richter mit antisemitischen Parolen beschimpften, zu mehrwöchigen Gefängnisstrafen verurteilt. In der Revisionsverhandlung wurden die Urteile vom Mannheimer Landgericht am 2. Oktober weitgehend bestätigt. Drei Angeklagte wurden zu drei Monaten und ein Angeklagter zu einem Monat Gefängnisstrafe verurteilt. Ein Fünfter wurde freigesprochen[111]. Demgegenüber sollte sich die Zivilklage von Karl und Willi Storch sowie von Willi Sauer, die auf Schadensersatz klagten, noch bis ins Jahr 1933 hinziehen. Zwar verurteilte das Mannheimer Amtsgericht am 2. Februar 1933 die Angeklagten zu einer Schmerzensgeld-Zahlung in Höhe von insgesamt 317 Reichsmark; das Urteil wurde jedoch im beginnenden 'nationalsozialistischen Unrechtsstaat' niemals vollstreckt[112]. Vergessen werden darf dabei jedoch nicht das tragische Schicksal von Karl Storch, der 1933 in Schutzhaft genommen und dessen Wohnung mehrmals durchsucht wurde. Trotz seines fortgeschrittenen Alters sollte er dann im Zweiten Weltkrieg immer wieder zu Fronteinsätzen abkommandiert werden; vom Rußlandfeldzug kehrte er schließlich nicht mehr zurück.

Die Mai-Ausschreitungen hatten deutlich zu erkennen gegeben, daß der Kampf um die Republik auch in Ladenburg an Schärfe und Aggressivität zugenommen hatte. Und die illegale Bewaffnung einzelner Ladenburger Reichsbannermitglieder belegt, daß im republikanischen Lager angesichts des wachsenden Straßenterrors durch die SA die Bereitschaft für gewaltsame Gegenaktionen stieg. Aber im Vergleich zu den großen Industriezentren, wo der Wahlkampfterror leider auch zahlreiche Tote forderte, verliefen die politischen Auseinandersetzungen im überschaubaren kleinstädtischen Umfeld trotz der unvermindert scharfen ideologischen Gegensätze und stetigen Provokationen insgesamt weniger brutal. Dennoch war aber auch hier die fortschreitende politische Polarisierung im Zeichen der Weltwirtschaftskrise und der steigenden Arbeitslosenzahlen unverkennbar, zumal Ladenburg vom Mannheimer Arbeitsmarkt abhängig war, der besonders schwer unter den Auswirkungen der Krise zu leiden hatte. Die landwirtschaftlich-gewerblich geprägte Struktur der Kleinstadt bewahrte jedoch die Bevölkerung vor allzu katastrophalen Auswirkungen[113].

Mit ungebrochenem Elan setzten Nationalsozialisten und Kommunisten ihre Hetze gegen das verhaßte 'Weimarer System' fort. Am 13. Juni veranstaltete die NSDAP mit dem Mannheimer Parteigenossen Roth eine Veranstaltung, zu der die Mannheimer NSDAP-Ortsgruppe eigens ihre Mitglieder mit Lastwagen antransportierte[114]. Und eine Woche später organisierte die Ladenburger KPD einen Propagandamarsch mit Kundgebung in der Turnhalle zum Thema *Warum von der SPD zur KPD?*, bei der über 350 Teilnehmer gezählt wurden[115]. Gerade die Aktionen der Kommunisten, die während der Demonstration Transparente mit der Aufschrift *SPD-Arbeiter, her zu uns* und *Kampf dem Faschismus* zeigten, bereiteten Reichsbanner wie SPD – nicht nur in Ladenburg – große Probleme. Denn einerseits mußte man auf die ideologischen Störaktionen der KPD reagieren und andererseits erweckten die Demonstrationen bei vielen Wählern, wie die Ergebnisse der Landtags- und Reichstagswahlen belegen, den Eindruck, daß sich alleine nur die KPD energisch der braunen Propaganda widersetze[116]. Immer mehr Anhänger der SPD zeigten sich von der Politik ihrer Partei, die seit dem Sturz der Regierung Müller am 27. März 1930 nicht mehr in der Regierungsverantwortung stand, enttäuscht und wechselten das Lager. Zwar begegnete die Sozialdemokratie der Minderheitsregierung des Zentrum-Politikers Brüning, die angesichts der wirtschaftlichen Depression nur mit Hilfe 'präsidialer Notverordnungen' aufgrund Artikel 48 der Reichsverfassung überleben konnte und damit im-

*Abb. 12: Einladung der NSDAP-Ortsgruppe zur "Freiheits-Kundgebung" am 1. Nov. 1931 (GLAK: 362/158).*

National-Sozialistische Deutsche Arbeiter-Partei :: Ortsgruppe Ladenburg.

Wir beehren uns die gesamte nationalgesinnte Bevölkerung von Ladenburg und Umgebung zu der am **Sonntag, den 1. November 1931, abends punkt 8 Uhr** im grossen Saale des **„Bahnhof-Hotels"** stattfindenden

**Freiheits-Kundgebung**

unter gefälliger Mitwirkung der **Schlageter S. A.-Kapelle Heidelberg** freundlichst einzuladen mit der Bitte zahlreich und pünktlich zu erscheinen.

**Die Ortsgruppen-Leitung der Nationalsozialist. Deutschen Arbeiterpartei.**

PROGRAMM:

1. **Eröffnungs-Marsch** (Fridericus Rex Marsch)
2. **Ouvertüre**
3. **Begrüssung** durch den Ortsgruppen-Führer
4. **Prolog** (Vorgetragen von Parteigenosse Karl Nilson)
5. **Deutsche Lieder.** Westin-Leuner
6. **„Deutschland erwache"** (Lebendes Bild)
7. **Hohen Friedberger-Marsch**
8. **Unser die Zukunft.** Reichswehr-Leutnant a. D. Ludin
9. **Preussens Gloria** (Marsch)
10. **Mädchengruppe Schriesheim - Ladenburg**
    a) Lied: „Wir sind die Mädel vom roten Hakenkreuz"
    b) Reigen
11. **Deutsche Lieder.** Westin-Leuner
12. **Volksgemeinschaft** (Lebendes Bild)
13. **Marsch** (Erzherzog Albrecht Marsch)
14. **Volksgemeinschaft oder Klassenkampf.** Kreisrat Fr. Plattner
15. **Grosser Zapfenstreich.**

Aenderungen vorbehalten.

Es wird höflichst gebeten das Rauchen möglichst einschränken zu wollen.

mer mehr die legislative Kompetenz und die parlamentarische Kontrollfunktion des Reichstages in Frage stellte, mit Kritik. Nicht zuletzt als Folge einer fehlenden Perspektive betrieb sie aber eine stillschweigende 'Tolerierungspolitik'.

Der Erfolg ihrer Aktion vom Juni, den die Ladenburger SPD nur mit einer Flugblattaktion *Zerreißt das Lügengewebe!* beantwortete[117], bestärkte die KPD erneut, am 11. Juli einen Propagandamarsch zu organisieren, der allerdings vom Bezirksamt infolge des am 3. Juli verhängten Umzugsverbots nicht genehmigt wurde. Dennoch erschienen zur zugelassenen Abendveranstaltung in der Turnhalle wieder über 300 Teilnehmer[118]. Aber auch das Reichsbanner mußte dem Umzugsverbot Tribut zollen. So mußte der für den 22. Juli in Schriesheim geplante Kreisjugendsporttag ausfallen, weil das Bezirksamt die Auffassung vertrat, die Veranstaltung diene alleine politischen Zwekken. Um Ausschreitungen mit den Nationalsozialisten zu verhindern, die in Schriesheim über eine große Anhängerschar verfügten, wurde nach Rücksprache mit der Mannheimer Reichsbannerleitung der Kreisjugendsporttag vorsorglich auf Oktober verschoben[119].

In den Sommermonaten forcierte das Ladenburger Reichsbanner vorrangig den Aufbau seiner Schutzsportabteilung, die mit Erfolg an den Verfassungswettkämpfen in Mannheim auf der Sellweide teilnahm[120]. Demgegenüber rührte die NSDAP-Ortsgruppe eifrig die Werbetrommel und organisierte trotz Uniform- und Umzugsverbot zwischen dem 16. August und dem 1. November 1931 fünf Veranstaltungen und Werbeabende[121]. Nicht zuletzt im Zusammenhang mit den Landtagswahlen im benachbarten Hessen am 15. November 1931, bei denen es während des Wahlkampfes wiederholt zu schweren Ausschreitungen zwischen SA, Reichsbanner und KPD gekommen war und in Viernheim sogar ein Polizist von Kommunisten erstochen wurde[122], verschärfte das Bezirksamt im Herbst die Auflagen für öffentliche Versammlungen noch weiter. Unter Berufung auf das Reichsviehseuchengesetz verbot man am 12. November wegen Ausbruchs der Maul- und Klauenseuche jede größere öffentliche Versammlung im Amtsbezirk[123]. Zwar genehmigte der kommissarisch eingesetzte Bürgermeister Hermann Hagen[124] am 19. November im Rahmen der Winter-Nothilfe eine (nicht öffentliche) Zusammenkunft zwischen KPD- und SPD-Funktionären in der Ladenburger Volksschule[125]. Eine Kundgebung des Erwerbslosenrats am 2. Dezember fiel aber genauso wie eine geplante Versammlung der SPD mit Adam Remmele am 5. Dezember[126] und die für den 13. Dezember angekündigte *Nationalsozialistische Frauen-Kundgebung im Advent*[127] dem (zwischenzeitlich durch die Notverordnung des Reichspräsidenten vom 8. Dezember 1931 noch weiter verschärften) Umzugs- und Versammlungsverbot zum Opfer.

## 4. Die Bildung der Eisernen Front 1932–1933

Neben SPD und Reichsbanner formierte zum Jahresbeginn 1932 auch die KPD die 'proletarische' Abwehrfront gegen die NSDAP. So fanden sich am 8. Januar 1932 mehr als 300 Teilnehmer zu einer Veranstaltung in der Turnhalle ein, zu der das *Einheits-Komittee der sozialdemokratischen, kommunistischen und parteilosen Arbeiter Ladenburg* aufgerufen hatte[128]. Nähere Einzelheiten über die Versammlung, bei der der Bezirksvorsitzende Jakob Faulhaber aus Mannheim über das Thema *Wie schmieden wir die Rote Einheitsfront zum Kampf gegen den Faschismus* sprach, und die personelle Zusammensetzung der 'roten (Ladenburger) Einheitsfront', die aus Enttäuschung über die *Tolerierungspolitik* der SPD gegründet worden war, sind aber nicht bekannt. Unklar bleibt dabei vor allem auch, welche Ladenburger SPD-Funktionäre und Reichsbannermitglieder mittlerweile die Ziele des kommunistisch dominierten Einheitskomittees unterstützten. Denn zur gleichen Zeit schlossen sich in der Römerstadt das Reichsbanner Schwarz-Rot-Gold, die SPD und Vertreter der Arbeiterbe-

# Aufruf!

**An alle Arbeiter, Angestellten und Beamten in Betrieben, Büros und Stempelstellen! An die werktätigen Frauen und an die arbeitende Jugend! An den werktätigen Mittelstand und an das schaffende Bauerntum! An alle sozialdemokratischen Arbeiter!**

Das Einheitskomitee der sozialdemokratischen, kommunistischen und parteilosen Arbeitern, wendet sich heute an die hiesige werktätige Bevölkerung.

## Unser Ruf geht an alle!

die von den Schlägen des heute herrschenden Systems getroffen werden, an alle die sehnlichst wünschen, daß die Notverordnungspolitik ein Ende findet, an alle, die die Tolerierungspolitik der sozialdemokratischen Führer als eines der schlimmsten Verbrechen an der Arbeiterklasse verdammen, an alle Schaffenden, ganz gleich, aus welchen werktätigen Schichten sie stammen, die entschlossen sind, den Kampf um ihre nackte Existenz gegen alle Feinde der Werktätigen zu führen. Jeder Deutsche, der von dem Ertrag seiner Hände oder seines Geistes lebt, der nichts zu verlieren hat als seine Ketten, der muß sich einreihen in die **rote Einheitsfront!** Nur so ist es möglich einig und geschlossen den Kampf zu führen gegen Reaktion und Faschismus, für Arbeit, Freiheit und Brot!

In jedem Betrieb, auf der Stempelstelle, auf jedem Bauernhof, in Stadt und Land schafft die rote Einheitsfront durch Unterstützung des Einheitskomitees auf breitester Grundlage.

Du sozialdemokratischer Arbeiter, der du verzweifelst an der Haltung deiner Führer, die dir keine Erleichterung an deiner Lage schaffen, her zu uns!

Du Parteiloser, der du aus irgend einem Grunde dich fern von den Parteien hälst,

Ihr Frauen und Mütter, die ihr euch abplagt um eure Familien zu erhalten,

Du Erwerbsloser, keine Hoffnung mehr auf Arbeit und selbstverdientes Brot,

Du Kleinbauer, mühsam ringend um deine Existenz,

Du Kleingewerbetreibender, dein Einkommen nicht mehr viel höher ist als das eines Erwerbslosen,

**Ihr alle, die ihr die Hoffnung verloren habt an diesem System, her zu uns! Schafft im Sturmschritt die rote Einheitsfront aller Werktätigen!**

Seit über 2 Jahren lastet eine ungeheure Wirtschaftskrise auf dem deutschen Volk. Millionen von Hände feiern. Tausende von Existenzen sind aus der friedlichen Bahn ihres Daseins gerissen. Das bedeutet Hunger und Elend für Frauen und Kinder. Seit eineinhalb Jahren versucht man durch Notverordnungen diesem Elend Herr zu werden. Fast 2 Millionen Mark hat man durch Notverordnung aus dem schaffenden Volk herausgepreßt. Durch Abbau der Löhne, durch Abbau der Sozialleistungen, durch Steuererhöhungen. Was sind die Folgen? Die Krise verschärft sich zusehends. Ein Fabrikfriedhof wächst neben dem andern, die Arbeitslosenzahlen steigen sprunghaft in die Höhe. Die neue Notverordnung vom 8. Dezember 1931 verlangt wiederum weitere Opfer von den schaffenden Schichten Deutschlands. (10—15 % Lohnabbau, bedeutende Kürzungen der Sozial-, Unfall- und Kriegsrenten, Erhöhung der Umsatzsteuer von 0,85 % auf 2 %, welches gleichzeitig zu einer Preissteigerung führen muß). Eine weitere Verschärfung der Wirtschaftskrise wird die unausbleibliche Folge sein. Die Sanierung des kapitalistischen Systems soll auf Kosten der werktätigen Massen gehen. Da dies auf demokratischem Wege nicht möglich ist, greift die Bourgeoisie zur offenen Diktatur zum Faschismus.

Immer mehr zeigt die Entwicklung der letzten Monate, daß alle Parteien, die auf dem Boden des Privateigentums stehen, auf dem Boden dieser Gesellschaftsordnung zum Faschismus greifen, um ihre Existens unter allen Umständen aufrecht zu erhalten. Gerade die Wahlen in **Hessen** zeigen ganz deutlich die Konzentrierung der bürgerl. Parteien zum Faschismus.

**Werktätige! Dieser kapitalistischen Konzentrierung im Faschismus muß die Konzentrierung aller antifaschistischen Kräfte auf dem Fuße folgen. Die Zusammenfassung zur Roten Einheitsfront!**

Das hessische Verschwörungsrezept zeigt, wohin der Weg der Faschisten führt. Ein furchtbares Erwachen der Mittelständler und Kleinbauern, wenn sie ihre Erzeugnisse unentgeldlich abliefern müssen und wenn jeder geringste Widerstand mit dem Tode bestraft wird.

**Wir appelieren an alle, die diese Zustände nicht wollen, sich einzureihen in die rote Einheitsfront zum Kampf gegen den Faschismus, Not und Elend.**

**Lest unser Organ:**

„Der Weg zur Macht".

Schmiedet die rote Einheitsfront!

Durch rote Einheit zur Macht!

**Einheits-Komitee der sozialdemokratischen, kommunistischen und parteilosen Arbeiter Ladenburg.**

gez. W. Lulay.

*Abb. 13: Aufruf des Einheits-Komittees der sozialdemokratischen, kommunistischen und parteilosen Arbeiter Ladenburg (Jan. 1932) (GLAK: 362/155).*

wegung zum „Kampfausschuß der Eisernen Front" zusammen, der am 16. Dezember 1931 in Berlin von Vertretern der Freien Gewerkschaften, der Arbeitersportorganisationen und des Reichsbanners als Reaktion auf die nationalistische „Harzburger Front" proklamiert worden war[129]. Wenngleich die SPD-Führung unter Otto Wels der Eisernen Front zunächst skeptisch gegenüberstand, so konnte sie sich dem Druck der Basis nicht entziehen und engagierte sich schließlich massiv in der Eisernen Front, deren lokale Führung bei den jeweiligen SPD-Vorständen lag. Dies gilt ebenso für das Ladenburger Bündnis, das verstärkt seine Aktionen in Absprache mit der Mannheimer Parteiführung koordinierte. Unverwechselbares Kennzeichen der Eisernen Front wurden die drei – schräg nach unten gerichteten – Pfeile, die zum einen den Zusammenschluß der drei vereinigten Organisationen symbolisch verkörpern sollten, und die sich in dem nun verstärkt ausgefochtenen 'Symbolkrieg' als wirkungsvolles Massenpropagandamittel besonders dazu eigneten, das gegnerische Hakenkreuz zu konterkarieren[130]. Die Hakenkreuze wurden nun immer wieder durch die drei Pfeile übermalt. Neben der traditionellen Reichsbanner-Losung *Frei heil* erklang nun seit 1932 verstärkt die Parole der Eisernen Front: *Freiheit.*

Den Kern der Eisernen Front in Ladenburg bildete die überwiegend sozialdemokratisch geprägte Schutzformation des Reichsbanners, das am 30. Januar 1932 im „Hirsch" seine Generalversammlung abhielt[131]. Parallel zu den im gesamten Mannheimer Amtsbezirk am Volkstrauertrag stattfindenden Veranstaltungen der Eisernen Front rief die Reichsbanner-Ortsgruppe für den 21. Februar 1932 zu einer eigenen Kundgebung in der Turnhalle auf[132], bei der erneut der Vorsitzende des badischen Reichsbanners Dr. Alexander Helffenstein vor 150 Teilnehmern über das hochbrisante Thema *Gegen Bürgerkrieg und Faschismus* referierte[133]. Und am 6. März – eine Woche vor den Reichspräsidentenwahlen – veranstaltete die Schutzsportabteilung auf dem städtischen Sportplatz Handball-Freundschaftsspiele gegen die Mannheimer, Viernheimer und Schwetzinger Schutzsportgruppen[134].

Schluss mit Hitler
lautet das Thema der am **Donnerstag, den 10. März, abends 8 Uhr** in der städt. Turnhalle zu Ladenburg stattfindenden
**Eisernen Front - Kundgebung**
**Referent: Redakteur Dr. Schifrin, Mannheim**
Die Bevölkerung von Ladenburg ist hierzu freundlichst eingeladen.
**Freie Diskussion! Freie Diskussion!**
**Kampfausschuß der Eisernen Front.**
**S. P. D. Ladenburg.** 318
NB. Zur Deckung der Unkosten erheben wir am Eingang eine Gebühr von **20** Pfg., Erwerbslose zahlen die Hälfte. D. O.

*Abb. 14: Einladung der Eisernen Front und SPD Ladenburg zur Wahlversammlung am 10. März 1932 im Vorfeld der Reichspräsidentenwahlen am 13. März 1932 (NBP 58 vom 9. März 1932).*

Bei den Reichspräsidentenwahlen, bei denen erstmals Adolf Hitler für das Amt des Staatsoberhaupts kandidierte, unterstützte das Reichsbanner gemeinsam mit den anderen demokratischen Parteien den amtierenden Reichspräsidenten Paul von Hindenburg und hielt am 10. März mit dem Mannheimer Redakteur Schifrin[135] und schließlich vor dem notwendig gewordenen zweiten Wahlgang[136] am 9. April mit Dr. Höber zwei Wahlversammlungen ab[137]. Während des Wahlkampfes, der seitens der NSDAP mit unerbittlicher Härte geführt wurde[138], kam es in Ladenburg zu vereinzelten Streitereien und mehrere NSDAP-Anhänger wurden festgenommen und zu zwei Wochen Gefängnis verurteilt, weil sie in der Nacht vom 2. auf den 3. März die Eisenbahn- und Kanalbrücke als auch Reklametafeln mit Hakenkreuzen und der Parole *Wählt Hitler* beschmiert hatten[139]. Hatte das Reichsbanner Hindenburgs erste Kandidatur 1925 noch energisch bekämpft, so war der 'greise' Feldmarschall des Kaiserreiches mittlerweile zum 'alleinigen' Hoffnungsträger der republikanischen Abwehrfront aufgestiegen, wie der – auch in der „Neckar-Bergstraß-Post" abgedruckte Wahlaufruf der Bundesführung unterstreicht: [...] *Marschieren! Marschieren! Die Trommeln nicht schonen. In jedes Dorf und ins letzte Haus muß unsere Parole getragen werden: Schlagt Hitler! Wählt Hindenburg!*[140]

Dieser nur schwer nachvollziehbare Wandel verdeutlicht die allgemeine politische Irritation in der Endphase der Weimarer Republik, die nach den Landtagswahlen in Preußen, Bayern, Württemberg, Anhalt und Hamburg, die den Nationalsozialisten erhebliche Stimmengewinne bescherten, noch weiter wuchs. Infolge von Intrigen trat das Minderheitskabinett Brüning am 30. Mai 1932 zurück. Nachfolger wurde der von rechten Kreisen um General von Schleicher vorgeschobene Zentrumspolitiker Franz von Papen, dessen 'Kabinett der nationalen Konzentration' ohne parlamentarische Mehrheit blieb und das präsidiale Notverordnungsrecht vehement nutzte. Unter seiner Kanzlerschaft wurden die demokratischen Institutionen immer mehr ausgehöhlt. Den Höhepunkt bildete dabei der sogenannte 'Preußenschlag' vom 20. Juli 1932. Die seit

1925 ununterbrochen aus den Parteien der Weimarer Koalition bestehende Landesregierung des sozialdemokratischen Ministerpräsidenten Braun hatte in den Landtagswahlen im April die absolute Mehrheit eingebüßt; blieb aber dennoch weiterhin geschäftsführend im Amt. Mit Hilfe der präsidialen Notverordnung und des militärischen Ausnahmezustands enthob von Papen jedoch am 20. Juli die geschäftsführende Regierung Braun ihres Amtes und beseitigte somit den sozialdemokratischen Einfluß in Preußen. Die enthobene Regierung klagte zwar beim Staatsgerichtshof gegen den 'diktatorischen' Eingriff des Kanzlers, verzichtete jedoch auf offenen Widerstand und hielt damit am legalistischen Kurs der Bundesführung der SPD fest. Demgegenüber votierten viele Mitglieder der Eisernen Front für eine aktive Gegenwehr und hofften das Abgleiten der Republik nach rechts durch einen Generalstreik – wie im Falle des Kapp-Putsches im Jahre 1920 – abzuwenden. Sie konnten sich jedoch nicht durchsetzen. Dieser 'widerstandslose' Fall der letzten 'Weimarer Bastion' wirkte im republikanischen Lager wie ein Dammbruch. Die Differenzen zwischen den demokratischen Parteien, aber auch zwischen Reichsbanner, dem nach dem Rücktritt Hörsings am 2. Juli 1932 nun Karl Höltermann vorstand, und der SPD verschärften sich, und die angespannte Situation wurde durch die Reichstagswahlen am 31. Juli 1932, die den Nationalsozialisten einen Zuwachs auf 230 Mandate brachte, noch weiter angeheizt.

Dies gilt auch für Ladenburg, wie die Wahlversammlungen der Parteien belegen[141]. Waren am Freitag vor den Reichstagswahlen, bei denen auch in der Römerstadt die NSDAP mit 32,4 Prozent den Hauptanteil der Stimmen erringen sollte[142], bereits vier Kommunisten verhaftet worden, weil sie illegal Flugblätter verteilt hatten, so kam es in der Nacht zum Wahlsonntag in der Zehntstraße schließlich zu einer Auseinandersetzung zwischen Mitgliedern der SA und der Eisernen Front, die die jeweils eigenen Wahlplakate vor Sabotageakten der Gegner schützten. Im Verlauf der Streitigkeiten wurden zwei Nationalsozialisten durch Messerstiche (in den Hintern) und Schläge verletzt. Als vermeintliche Täter wurden schließlich zwei Reichsbannerleute vom Amtsgericht Mannheim zu je drei Monaten Gefängnis verurteilt[143]. Wie aus Gesprächen mit Zeitzeugen hervorgeht, konnte der eigentliche Täter allerdings nie ermittelt werden. Die Urteile bestätigen nicht nur das Anwachsen politischer Straftaten in der Endphase der Weimarer Republik. Sie belegen auch, in welchem Maße einzelne Mitglieder des Reichsbanners bzw. der Eisernen Front mittlerweile bereit waren, den Gewaltakten der Nationalsozialisten durch eigene entgegenzuwirken.

Die hochexplosive Spannung bestimmte das politische Geschehen der folgenden Monate bis zu den neuerlichen Reichstagswahlen am 6. November 1932. Während Reichsbanner und Eiserne Front die drohende Machtübernahme durch die NSDAP zu verhindern versuchten, steigerten auf der anderen Seite Kommunisten und Nationalsozialisten ihrerseits den Kampf gegen die Republik und das verhaßte 'Weimarer System'. Dabei nutzte die Ladenburger NSDAP-Ortsgruppe den immer besser ausgebauten Propagandaapparat der Partei und bediente sich neben Saalveranstaltungen[144] beispielsweise auch des neuen Mediums Tonfilm, der auf das Publikum eine nicht zu unterschätzende Wirkung ausübte. So präsentierte sie am 6. Oktober mit dem reißerischen Titel *Hitler spricht in Ladenburg im Tonfilm* einen von der Parteiführung produzierten Wahlkampffilm mit Reden prominenter NSDAP-Führer[145]. Wegen der enormen Kartennachfrage für die Abendvorstellung um 20.30 Uhr fand eigens eine zweite Vorstellung bereits um 18.30 Uhr statt[146]. SPD, Zentrum und Reichsbanner beantworteten hingegen die propagandistischen Kraftanstrengungen ihrer Gegner mit dem konventionellen Wahlkampfrepertoire und versuchten ihre Anhänger in den eigenen Veranstaltungen wachzurütteln[147].

Wenngleich die Novemberwahlen 1932, bei denen die NSDAP reichsweit mehr als zwei Millionen Wähler einbüßte[148], viele Politiker des demokratischen Lagers hoffen ließ, der 'braune Spuk' habe seinen Höhepunkt überschritten, so zerstörte nach dem Rücktritt des Kabinetts Schleicher die verhängnisvolle Be-

*Abb. 15: Anzeige der NSDAP-Ortsgruppe in der „Neckar-Bergstraß-Post" zur Filmaufführung im Vorfeld der Reichstagswahlen am 6. November 1932 (NBP 231 vom 3. Okt. 1932).*

rufung Hitlers zum Reichskanzler am 30. Januar 1933, von seinen Anhängern zur „Machtergreifung" hochstilisiert, sehr bald diese Illusion. Sie zeigte allzu deutlich, daß sowohl die Einrahmungstaktik der Konservativen als auch die abwartende Haltung von SPD, Eiserner Front und Reichsbanner, die sich entsprechend ihres streng legalistischen Kurses weiterhin passiv verhielten, trogen. Zwar hatte das badische Reichsbanner noch einmal auf seiner Gau-Generalversammlung am 28. und 29. Januar 1933 in Mannheim eine Demonstration seiner vermeintlichen Stärke und kämpferischen Entschlossenheit gegeben[149], als dort über 4.000 Reichsbannerleute durch die Straßen marschierten und neben dem Bundesvorsitzenden Höltermann der Gauvorsitzende Helffenstein die Mitglieder *für den Entscheidungskampf um die soziale, demokratische Republik* einschworen: *Kameraden! Noch steht bevor die letzte Schlacht. Sie muß und wird auch das badische Reichsbanner gerüstet finden*[150]. Unverkennbar war aber im schwarz-rot-goldenen Bündnis der Bruch mit dem Zentrum. So war die SPD wegen der heftig umstrittenen Konkordatsfrage am 30. November 1932 aus der Karlsruher Regierungskoalition ausgetreten[151], und das Zentrum hatte wiederum seinen Vertreter aus dem Gauvorstand des Reichsbanners zurückgezogen. Unklar bleibt freilich, inwieweit sich dieser Bruch auf die verschiedenen Ortsvereine auswirkte und ob hiervon auch das Verhältnis zwischen Zentrums- und SPD-Anhängern innerhalb der Ladenburger Ortsgruppe beeinträchtigt wurde. Helffensteins schonungslose Abrechnung mit dem Zentrum, dem er vorwarf, der NSDAP zum Aufstieg verholfen zu haben[152], belegt jedoch deutlich die Uneinigkeit innerhalb des republikanischen Lagers zu Beginn des Jahres 1933. Selbst wenn er an die Delegierten der badischen Ortsvereine den leidenschaftlichen Appell richtete – *Der Kampf geht in vermehrter Schärfe weiter*[153] – so verbarg sich hinter dieser Kampfansage aber ebenso die Unentschlossenheit der Reichsbannerführung, die nicht nur in Baden von der Berufung Hitlers zum Reichskanzler überrascht wurde und die auch nach dem 30. Januar 1933 nicht von ihrem legalistischen Kurs abwich[154]. So bleibt dabei nach wie vor ungeklärt, ob die vielerorts beschworene Kampfbereitschaft von Reichsbanner und Eiserner Front in jenen Tagen überhaupt bestand. Und ebensowenig kann die Frage beantwortet werden, ob das schwarz-rot-goldene Widerstandskonzept überhaupt erfolgreich gewesen wäre.

## 5. Das Verbot von Reichsbanner und Eiserner Front 1933

Unter diesem zwiespältigen Eindruck vollzogen sich die Reichstagswahlen vom 5. März 1933[155], die jedoch nicht mehr nach demokratischen Regeln durchgeführt wurden. Denn die NSDAP hatte viele ihrer politischen Gegner im Reich in der Zwischenzeit mit Hilfe der nach dem Reichstagsbrand erlassenen Notverordnung „Zum Schutz von Volk und Staat" vom 28. Februar ausgeschaltet. Trotz der massiven Behinderungen[156] bemühten sich Reichsbanner und Eiserne Front zwar, ihre 'verbliebenen' Anhänger zu mobilisieren, wie beispielsweise der Fackelzug von 1.200 Demonstranten in Mannheim am 3. März noch einmal belegt[157]. Ihre Bemühungen blieben aber erfolglos und der 'Kampf um die Republik' ging verloren, auch wenn die NSDAP erneut die absolute Mehrheit verfehlen sollte[158]. Die nach den Reichstagswahlen überall im Deutschen Reich eingeleitete Gleichschaltung unterstreicht jedoch wie schnell die neuen Machthaber ihre legalistische Maske fallen ließen und mit ihren politischen Gegnern abrechneten[159].

Hiervon blieben auch die Ladenburger Reichsbannerangehörigen, die bis zum Schluß in der Eisernen Front für die Republik und ihre Verfassungsorgane eingetreten waren, nicht verschont[160]. Zusammen mit den anderen badischen Reichsbannervereinen und der Eisernen Front wurde die Ladenburger Ortsgruppe am 17. März verboten und ihr Vermögen beschlagnahmt[161]. Nur einen Tage nach der Bekanntgabe des Verbots von Reichsbanner Schwarz-Rot-Gold und der marxistischen Organisationen durch die neuen Karlsruher Machthaber meldete die „Neckar-Bergstraß-Post", daß auch in der Römerstadt *gestern nachmittag bei den verschiedenen Vorsitzenden und Führern dieser Organisationen Haussuchungen vorgenommen [wurden]. Vorgefundene Schriftstücke und dergl[eichen] mußten beschlagnahmt werden, Verhaftungen wurden nicht vorgenommen*[162]. Welche 'belastenden' Schriftstücke des Reichsbanners dabei den neuen Machthabern in die Hände fielen, kann jedoch nicht beantwortet werden. Es ist aber zu vermuten, daß die 'Beute' nur relativ gering war, denn noch kurz zuvor war es Willy Gärtner gelungen, einen Großteil der Unterlagen ebenso wie die Mitgliederverzeichnisse und die Fahne an einem sicheren Ort zu verstecken, wo sie über das 'Dritte Reich' hinaus unentdeckt blieben.

Auch wenn es offenbar am 17. März noch zu keinen Verhaftungen gekommen war, so sollten in den nächsten Wochen aber immer wieder Mitglieder des Ladenburger Reichsbanners – im Zusammenhang mit dem Verbot der Gewerkschaften und der SPD am 1. Mai 1933 – verfolgt und in Schutzhaft genommen werden. Wie viele Ladenburger Reichsbannerkameraden ihr demokratisch-republikanisches Engagement in den Gefängnissen oder in den von den Nationalsozialisten eingerichteten 'wilden Konzentrationslagern' büßen mußten, konnte bislang aber nicht eindeutig ermittelt werden. Und es scheint so, als ob sich diese Frage auch nicht mehr genau beantworten läßt.

So bewahrten die meisten der später wieder Entlassenen, die heute aber nicht mehr leben, einerseits aus Sorge um ihre Familie und andererseits, weil ihnen über das Ende der nationalsozialistischen Diktatur hinaus – vollkommen zu Unrecht – das Stigma des 'Vorbestraften' bzw. des 'Häftlings' anhaftete, ihr Schweigen über diese bittere Erfahrung. Einige beteiligten sich später dennoch an Widerstandsaktionen und verteilten in Mannheimer Industriebetrieben heimlich Flugblätter[163]. Andere nahmen indessen ihr Geheimnis auf den Schlachtfeldern des Zweiten Weltkriegs mit ins Grab.

## Anmerkungen

* Der Beitrag basiert im wesentlichen auf der vom 29. Mai bis 20. Juni 1993 im Domhof Ladenburg gezeigten Ausstellung des Kreisarchivs Rhein-Neckar-Kreis „Zur Verteidigung der Republik – Das Reichsbanner Schwarz-Rot-Gold, Ortsgruppe Ladenburg (1924–1933)“, die im Rahmen des Stadtjubiläums in leicht modifizierter Weise vom 28. April bis 31. Dezember 1998 im Foyer des Kreisarchivs erneut präsentiert wird. Für die Unterstützung des Ausstellungsprojekts und der für diesen Beitrag notwendigen Recherchen (u.a. Klärung biographischer Sachverhalte, Ermittlung und Erschließung des Bildmaterials) gilt in diesem Zusammenhang mein besonderer Dank: Hermann Gärtner, Heinrich Hirt, Heinz Jäger, Reinhold Schulz, Ludwig Storch, dem Seniorenkreis der Arbeiterwohlfahrt Ladenburg, dem Seniorenkreis des SPD-Ortsvereins Ladenburg und Alexander Blänsdorf (†). Gleichfalls schulde ich allen Kolleginnen und Kollegen der beteiligten Archive, die die Ausstellung und die Recherchen für diesen Beitrag unterstützt haben, meinen Dank.

1 Vgl. Hildegard Kneis: Wahlen in Ladenburg 1919 bis 1933 (in diesem Band).

2 Vgl. hierzu grundlegend Rohe und Gotschlich.

3 Vgl. Bundessatzung (Kreisarchiv Rhein-Neckar-Kreis [=KARNK]: N Gärtner, Rb-Korrespondenz 1924/1).

4 Als Kompromißentscheidung im Streit um die neue Reichsflagge hatte die Weimarer Nationalversammlung 1919 bestimmt, die alte Reichsflagge als Marineflagge beizubehalten. Vgl. Artikel 3 der Weimarer Reichsverfassung: *Die Reichsfarben sind Schwarz-Rot-Gold. Die Handelsflagge ist schwarz-weiß-rot mit den Reichsfarben in der oberen inneren Ecke.*

5 Bundessatzung (wie Anm. 3).

6 Ebd.

7 Vgl. Rohe, S. 73.

8 Vgl. Widerstand, S. 105ff. und Braun, S. 12ff. Vgl. zur Geschichte der badischen SPD: Schadt: Im Dienst; Stehling-Höfling.

9 Nachdem Emil Kraus zum Oberbürgermeister in Kehl gewählt wurde, übernahm der Mannheimer Zahnarzt Dr. Alexander Helffenstein (DDP) den Vorsitz, den er bis zum Verbot des Reichsbanners am 17. März 1933 innehatte. Als sein Stellvertreter fungierte der badische SPD-Vorsitzende Georg Reinbold. Vgl. zur Verabschiedung von Kraus am 23. Mai 1925 das Rundschreiben der Gauleitung vom 19. Mai (KARNK: N Gärtner, Rb-Korrespondenz 1925/28).

10 Vgl. hierzu die heftigen Angriffe in der badischen SPD- und Zentrums-Presse. Zeitungsausschnitte und Stellungnahmen der Staatsregierung (GLA: 233/ 25982).

11 Vgl. Widerstand, S. 105 u. Schneider, S. 328f.

12 Vgl. Schneider.

13 Der Großteil der Vereinsunterlagen der Ortsgruppe des Reichsbanners Schwarz-Rot-Gold aus der Zeit zwischen 1924 und 1929 haben sich ebenso wie die Mitgliederlisten und die Fahne im Nachlaß des am 15. November 1991 verstorbenen Willy Gärtner erhalten, der sie noch vor der Beschlagnahmung des Reichsbannervermögens im März 1933 an einem sicheren Ort verstecken konnte. 1993 wurden die Unterlagen der Ortsgruppe als Depositum dem Kreisarchiv Rhein-Neckar-Kreis übergeben. Sie werden dort in der Abteilung „Sammlungen“ als „Nachlaß Willy Gärtner“ verwahrt. In diesem Beitrag werden sie zitiert: KARNK: N Gärtner, Rb-Mitgliederlisten bzw. Korrespondenz.

14 Vgl. KARNK: N Gärtner, Rb-Korrespondenz 1924/2.

15 Neckar-Bergstraß-Post. Ladenburger Tageblatt (= NBP) 251 vom 27. Okt. 1924, Nr. 255 vom 31. Okt. 1924 u. 256 vom 1. Nov. 1924.

16 NBP 259 vom 5. Nov. 1924.

17 NBP 262 vom 8. Nov. 1924 u. KARNK: N Gärtner, Rb-Korrespondenz 1924/2.

18 Ebd., 1924/5.

19 NBP 277 u. 278 vom 26. u. 27. Nov. 1924 u. KARNK: N Gärtner, Rb-Korrespondenz 1924/7–8.

20 NBP 281–283 vom 1.–3. Dez. 1924 u. KARNK: N Gärtner, Rb-Korrespondenz 1924/7.

21 NBP 282 vom 2. Dez. 1924.

22 NBP 287 vom 8. Dez. 1924.

23 KARNK: N Gärtner, Rb-Korrespondenz 1925/4 (80 Aktive und 76 Passive).

24 Die Reichsbannerparteien kamen zusammen auf 66 Prozent der gültigen Stimmen. Die SPD erzielte 32,1 Prozent, die Zentrumspartei 25,4 Prozent und die DDP 8,5 Prozent. Vgl. Kneis.

25 KARNK: N Gärtner, Rb-Korrespondenz 1925/7.

26 Als *Anzug für gediente Mannschaften* waren schwarze Hose, Windjacke und Mütze obligatorisch. Jungmannschaften hatten in kurzen Hosen zu erscheinen (vgl. NBP 54 vom 5. März 1925 u. KARNK: N Gärtner, Rb-Korrespondenz 1925/14).

27 Im Dezember 1925 erklärte Heim schließlich ohne Begründung seinen Austritt aus der Ortsgruppe (vgl. ebd., 1925/81).

28 Gattung blieb bis zum 14. April 1926 Schriftführer der Ortsgruppe. Bei der durch den Rücktritt Ottmar Müllers notwendig gewordenen Vorstandswahl wurde schließlich Wilhelm Wagner zum Schriftführer bestellt (ebd., 1926/55).

29 Vgl. Tagesordnung (ebd., 1926/16). Am 12. Mai 1925 wurde als zweiter Kassenwart der Maurer Georg Egenmaier vom Vorstand bestätigt.

30 Für die SPD kandidierte Otto Braun, für die DDP der badische Staatspräsident Willy Hellpach und für das Zentrum war Reichskanzler a. D. Wilhelm Marx aufgestellt.

31 Vgl. Neue Manheimer Zeitung 155 vom 2. April 1925 (Zeitungsausschnitt in: KARNK: N Gärtner, Rb-Korresponenz 1929/19).

32 Am 14. April hatten sich die Ladenburger Parteivorsitzenden Heinrich Abel (Zentrum), Hermann Heim (DDP) und Johann Leipf (SPD) mit dem Reichsbannervorstand im „Badner Hof“ auf eine gemeinsame Wahlkampfstrategie des „Volksblocks“ verständigt (vgl. ebd., 1925/20 u. 22).

[33] Ebd., 1925/18 u. 22 u. NBP 94 vom 23. April 1925.

[34] Marx erhielt in Ladenburg 1.626 Stimmen (63,7 Prozent). Auf Hindenburg entfielen 852 und auf Thälmann 74 Stimmen (2,9 Prozent). Vgl. KNEIS.

[35] Vgl. hierzu Bericht und Leserbriefserie (NBP 103–106 vom 4.–7. Mai 1925).

[36] KARNK: N Gärtner, Korrespondenz 1925/28. Am gleichen Tag wurde auf der Mannheimer Rennwiese der Gauvorsitzende Dr. Kraus verabschiedet.

[37] Einladungsschreiben (ebd., 1925/55).

[38] NBP 148 vom 29. Juni 1925 u. KARNK: N Gärtner, Rb-Korrespondenz 1925/60.

[39] Ebd., 1925/42.

[40] Vgl. zum Ablauf ausführlich das gedruckte Programm, die Redemanuskripte und den (maschinenschriftlich überlieferten) unbekannten Augenzeugenbericht (ebd., 1925/54, 57–59).

[41] Prolog (ebd., 1925/58).

[42] Der evangelische Pfarrer Engelhardt hatte zwar der Bitte um Vorverlegung des Gottesdienstes um eine halbe Stunde zugestimmt. Eine Teilnahme an der Gedenkfeier lehnte er aber ab (ebd., 1925/40).

[43] Nach einem ausführlichen Augenzeugenbericht (ebd., 1925/59) über den „Republikanischen Tag" nahm der Festzug folgenden Verlauf: Bahnhofstraße, Hauptstraße, Neue Anlage, Schulstraße, Luisenstraße, Zehntstraße, Neue Anlage, Wormserstraße, Rheingaustraße, Zehntstraße, Neue Anlage, Schulstraße, Hauptstraße und durch die Kirchenstraße zum Festplatz.

[44] Neben Babette Katzenmaier (Tochter von Jakob Katzenmaier, Kandidat des Zentrums bei den Gemeindeverordnetenwahlen 1926) gehörte Franziska Kuntz (Tochter des 1926 gewählten Gemeindeverordneten Ferdinand Kuntz) von Seiten der Zentrumspartei zu den Festdamen. Die SPD repäsentierten Lina Kress, eine Tochter des 2. Vorsitzenden Wilhelm Kress und Friedel Storch.

[45] Text Darmstädters (KARNK: N Gärtner, Rb-Korrespondenz 1925/59). Vgl. zu seiner Biographie ARBEITSKREIS JÜDISCHE GESCHICHTE, S. 274.

[46] Erstaunlichererweise sind im Programm alle drei Strophen des Deutschlandslieds abgedruckt (ebd., 1925/54). Vgl. in diesem Kontext den Bericht über die Gründungsversammlung, wo man nur die dritte Strophe gesungen hatte und ebenso die Vorkommnisse bei der Ladenburger Siegesfeier für Hindenburg. Vgl. Anm. 35.

[47] Vgl. ROHE.

[48] Von folgenden Ortsgruppen sind die schriftlichen Rückmeldungen erhalten: Brühl, Dallau, Friedrichsfeld, Heilbronn, Laudenbach, Neckarhausen, Neustadt/Pfalz, Schriesheim, Schwetzingen, Seckenheim, Speyer, Viernheim und Weinheim (vgl. KARNK: N Gärtner, Rb-Korrespondenz 1925/41). Daneben waren auch zahlreiche Mitglieder des Mannheimer Reichsbanners und anderer Ortsgruppen aus der Umgebung anwesend.

[49] Vgl. KARNK: N Gärtner, Rb-Mitgliederlisten. Insgesamt sind in den bis 1929 geführten Mitgliederlisten, die teilweise doppelte Namensführungen aufweisen, 264 Mitglieder verzeichnet. Ob diese Zahl den tatsächlichen Mitglieder- bzw. Höchststand wiedergibt, konnte bislang nicht näher geklärt werden. Denn bis jetzt lassen sich nur vereinzelte Angaben über die personelle Fluktuation innerhalb der Ortsgruppe machen. Zwar vermerken die Listen weitgehend das Eintrittsdatum, andererseits lassen sie jedoch offen, wie lange die jeweilige Mitgliedschaft überhaupt bestand. So kam es seit 1925 immer wieder zu Austritten. Ebensowenig liefern die Listen konkrete Anhaltspunkte darüber, wann und warum einzelne Mitglieder wieder austraten (z.B. durch Wegzug). Ebensowenig vermerken sie das Todesdatum verstorbener Mitglieder. Zudem lassen sie offen, ob nach 1929 noch weitere Personen dem Reichsbanner beitraten. So belegt der Schriftwechsel mit der Gauleitung im April 1926, daß zu diesem Zeitpunkt 161 zahlende Mitglieder der Ortsgruppe registriert waren (ebd., 1926/47). Ob es sich hierbei allerdings nur um die aktiven Angehörigen – ohne das Jungbanner – handelt, kann nicht beantwortet werden.

[50] Die Volkszählung von 1925 verzeichnete für Ladenburg insgesamt 2.362 Männer und 2.465 Frauen. Gegenüber der letzten Volkszählung von 1919 (4.589 Personen) bedeuete dies insgesamt einen Zuwachs von 238 Personen (vgl. NBP 144 vom 24. Juni 1925).

[51] Genaue Angaben über die Parteizugehörigkeit sind in den Mitgliederlisten nicht vermerkt. Alleine die Kandidatenlisten bei den Gemeindeverordnetenwahlen 1926 und 1930 erweisen sich als Anhaltspunkt für die parteipolitische Zuordnung der Ladenburger Reichsbannermitglieder (vgl. NBP 259 vom 6. Nov. 1926 u. 260 vom 7. Nov. 1930). Ob jedoch alle Angehörigen des republikanischen Schutzbundes zugleich auch Mitglied in einer der drei Parteien waren, ist hingegen eher zu bezweifeln.

[52] Es waren dies der Schlossermeister Louis Bargolini, Johann Leipf, der Feldhüter Wilhelm Breunig, der Maurer Heinrich Beedgen, der Lagerhalter Wilhelm Kress, der Schlosser Johann Heilmann, der Fabrikarbeiter Adam Hirt, der Schuhmacher Johann Köhler, der Maurer Karl Scherb sowie der Maurer Friedrich Breunig. Vgl. Anm. 51 u. KNEIS.

[53] Neben dem Vorsitzenden Heinrich Abel waren dies der Schreinermeister August Frey, der Vorarbeiter Hermann Hahn sowie der Maurermeister Friedrich Wolf. Vgl. Anm. 51 u. KNEIS.

[54] Es waren dies der Direktor Friedrich Filsinger, der Buchbindermeister Friedrich Krauss und der Kaufmann Eugen Levy. DDP-Gemeinderat Hermann Heim war 1925 wieder aus der Ortsgruppe ausgetreten. Vgl. Anm. 51 u. KNEIS.

[55] Agricola erscheint auch auf der Liste der Kandidaten im Jahre 1930 (vgl. Anm. 51). 1919 wurde er für die „Vereinigte Bürgerliche Berufsgruppen" in den Gemeinderat gewählt. 1922 kandidierte er für die DDP bei den Gemeindewahlen (vgl. KNEIS). Über die Dauer seiner Mitgliedschaft im Reichsbanner ließ sich bislang nichts Näheres in Erfahrung bringen. Anzumerken ist hierbei, daß er bei der Beerdigung des Ladenburger Reichsbannervorsitzenden Louis Bargolini am 4. Juli

1930 für die Schulkameraden die Trauerrede hielt (vgl. NBP 154 vom 5. Juli 1930).

56 Offenbar waren sie zu diesem Zeitpunkt bereits schon wieder ausgetreten. 1930 finden sich schließlich fünf (ehemalige) Reichsbannermitglieder – Karl Strecker, Fritz Müller, Georg Menrad, Oskar Heidel und Johann Keller – auf der Vorschlagsliste der KPD. Vgl. Anm. 51 u. KNEIS.

57 Zu ihnen gehörten der Lehrer an der Realschule Karl Darmstädter, die Kaufleute Adolph und Moritz Driels, der Kaufmann Benny Frenkel, der Firmenmitinhaber und Mitglied des Oberrats der Israeliten in Baden David Hirsch, der Geschäftsführer und Mitglied des Oberrats der Israeliten in Baden Fritz Hirsch, der Kaufmann Baruch Bela Hönigsberg, der Kaufmann Leonor Katz, der Kaufmann Julius Kaufmann, der Kaufmann Maier Lammfromm, der Kaufmann Eugen Levy, der Schuhmachermeister Salomon Löwenstein, der kaufmännische Angestellte Ernst Neu, der Kaufmann Manfred Neumann, Samuel Richard, der Lehrer und Kantor der jüdischen Gemeinde Sally Rosenfelder, der Kaufmann Marx Schlesinger, der Lehrling Hugo Wolf sowie der Kaufmann Siegfried Wolf. Mit nur wenigen Ausnahmen waren die meisten bereits über 40 Jahre alt. Vgl. zu ihren Biographien: ARBEITSKREIS JÜDISCHE GESCHICHTE, Personenregister, S. 270–306. Vgl. daneben allgemein: TOURY.

58 Vgl. Namensliste der am 21. Januar 1926 und der am 11. Janaur 1927 gewählten Vorstandsmitglieder (KARNK: N Gärtner, Rb-Korrespondenz 1926/25 u. 1927/1).

59 Vgl. Rechenschaftsbericht des Vorsitzenden Ottmar Müller auf der Generalversammlung am 21. Januar 1926 (ebd., 1926/8).

60 Die SPD (28,9 Prozent), die DDP (8,8 Prozent) und die Zentrumspartei (26,6 Prozent) kamen in Ladenburg zusammen auf 64,3 Prozent der gültigen Stimmen. Vgl. KNEIS.

61 KARNK: N Gärtner, Rb-Korrespondenz 1926/3.

62 Der am 20. Juni 1926 stattgefundene Volksentscheid verfehlte mit 14,45 Millionen Stimmen die notwendige Mehrheit.

63 KARNK: N Gärtner, Rb-Korrespondenz 1926/29–34.

64 Der am 9. November 1892 in Berghausen bei Karlsruhe geborene Müller gehörte im Ersten Weltkrieg den Marinefliegern an. 1919 war er Vorsitzender des Soldatenrates in Putzig bei Danzig. Am 25. März 1983 ist er in Rastatt verstorben. (Schriftliche Mitteilung seines zwischenzeitlich verstorbenenen Sohnes Paul Müller aus Pforzheim am 9. August 1993 an Heinrich Hirt, Ladenburg; Kopie des Schreibens in: KARNK PGS/Ottmar Müller).

65 Dem neuen Vorstand gehörten seit dem 14. April 1926 (vgl. KARNK: N Gärtner, Rb-Korrespondenz 1926/5 u. 55) neben Louis Bargolini folgende Personen an: Willy Kress (2. Vorsitzender), Fritz Grab (Kassierer), Wilhelm Wagner (Schriftführer), Adam Herdt (Technischer Leiter), Fritz Ratazzi (Jugendleiter). Die Namen der Beisitzer sind nicht überliefert. Offenbar blieben aber die am 21. Januar 1926 gewählten Beisitzer Johann Heilmann, Baruch Bela Hönigsberg und Philipp Gieser weiterhin im Amt. (vgl. ebd., 1926/25). Dies legt auch die Wahl des Vorstands am 18. Januar 1927 nahe, der die gleiche personelle Zusammensetzung erbrachte (vgl. ebd., 1927/1).

66 So nahm im Kontext des 'Lutherschen Flaggenstreits' und des Volksentscheids 'Fürstenenteignung' überhaupt kein Ladenburger Vertreter auf der für den 26. Juni – streng vertraulich – einberufenen Kreiskonferenz in Mannheim teil. Die Gauleitung, die von rechten Gruppen sogar einen Putschversuch befürchtete und ein koordiniertes Aktionsprogramm der Ortsgruppen plante, bat noch am gleichen Tag darum, zumindest einen Ladenburger Vertreter auf die Konferenz des Heidelberger Kreises am 27. Juni nach Schönau zu entsenden (vgl. ebd., 1926/56).

67 17 der 33 Gemeindeverordnete waren zugleich Mitglieder des Reichsbanners (vgl. Anm. 52–54).

68 Vgl. KNEIS (wie Anm. 1).

69 Vgl. Notiz zum Rechenschaftsbericht des Vorsitzenden Bargolini am 18. Januar 1927 (KARNK: N Gärtner, Rb-Korrespondenz 1927/1). So hielt das Reichsbanner seit der Vorstandswahl im April 1926 am 15. Mai, 27. Juli und 26. Okober drei Versammlungen im zurückliegenden Jahr ab. Der Vorstand traf sich indessen viermal.

70 Die SPD büßte 5,5 (26,6) und das Zentrum über 3 Prozent (22,1) Stimmen ein. Die DDP erhielt 8,7 Prozent. Demgegenüber verzeichnete die KPD – überwiegend auf Kosten der SPD – einen Anstieg von zuletzt 5 auf 15,1 Prozent der gültigen Stimmen. Die NSDAP erreichte nur 0,8 Prozent der Ladenburger Wählerschaft. Vgl. KNEIS.

71 Zitat nach ROHE, S. 359.

72 Walter Köhler hatte am 8. Juli 1929 zum Thema *Was wollen die Nationalsozialisten* gesprochen (vgl. FREUND, S. 13). Karl Lenz sprach zum Thema *Durch Volksverrat zum Massenelend* (vgl. Ankündigung der Versammlung in: NBP 215 vom 14. Sept. 1929). Bereits am 8. Dezember 1928 hatte im „Anker" die erste nationalsozialistische Versammlung in Ladenburg mit dem Redner Friedhelm Kemper (*Der Kampf um Freiheit und Brot*) stattgefunden, die von der Mannheimer NSDAP-Ortsgruppe organisiert worden war (vgl. NBP 288 vom 7. Dez. 1928).

73 Vgl. KNEIS (wie Anm. 1).

74 Der am 7. Juni 1909 in Ladenburg geborene Willy Gärtner war schon am 11. November 1924 als Jungbannermann der Ortsgruppe beigetreten und gehörte aktiv dem Pfeifer- und Trommlerkorps an. 1927 legte er nach dem Besuch der Ladenburger Gewerbeschule seine Gesellenprüfung als Elektriker ab. Aufgrund einer Auseinandersetzung mit Mitgliedern des Kriegervereins und der drohenden Einweisung in ein Jugendheim zog er sich zunächst aus dem politischen Leben in Ladenburg zurück. Bedingt durch seine Arbeit in Mannheim engagierte er sich in der dortigen Ortsgruppe und nahm als Mitglied des Mannheimer Spielmanns- und Fanfarenzugs in den Folgejahren an allen größeren Veranstaltungen des Reichsbanners auf

Landes- und Reichsebene teil. Seit 1929 war er dann wieder verstärkt in der Ladenburger Ortsgruppe aktiv. Als Hilfskassierer und als Ausbilder des Mannheimer Vortrupps zählte er schließlich bis zum Verbot des Reichsbanners zu den aktivsten Reichsbannermitgliedern und noch vor der Beschlagnahmung des Vereinsvermögens konnte er einen Großteil der Ladenburger Vereinsunterlagen verstecken. Nach 1933 hatte er wiederholt unter den Repressalien des Regimes zu leiden und blieb bis 1938 arbeitslos. Wiederholt beteiligte er sich an Widerstandsaktionen in Mannheim, wo er mit anderen ehemaligen Reichsbannerkameraden Flugblätter verteilte. Im Zweiten Weltkrieg nahm er als Wehrmachtsangehöriger am Frankreichfeldzug teil. Nach Kriegsende wurde auf seine Initiative die Ladenburger SPD wieder neu gegründet. Als 1. Vorsitzender, langjähriger Stadtrat und 2. Bürgermeisterstellvertreter wirkte der aktive Gewerkschafter am Wiederaufbau der Demokratie in seiner Vaterstadt, wo er am 15. November 1991 verstarb, entscheidend mit (Biographische Daten nach Auskunft seines Sohnes, Stadtrat Hermann Gärtner, Ladenburg).

75 NBP 196 u. 199 vom 23. u. 27. Aug. 1929.

76 Vgl. Anm. 72.

77 KARNK: N Gärtner, Rb-Korrespondenz 1929/23.

78 Ebd., 1929/27.

79 Ebd., 1929/30 (mit Namensliste der NDSAP-Gründungsmitglieder).

80 Der Volksentscheid über das „Gesetz gegen die Versklavung des deutschen Volkes (Freiheitsgesetz)" am 22. Dezember 1929 verfehlte mit 5,8 Millionen Ja-Stimmen die Mehrheit.

81 KARNK: N Gärtner, Rb-Korrespondenz 1929/26 u. 28.

82 Ebd., 1929/28

83 NBP 8 vom 10. Jan. 1930 u. NBP 16 vom 20. Jan. 1930.

84 NBP 274 vom 24. Nov. 1929. Die SPD hatte in der gleichen Zeitungsausgabe ihre Anhänger öffentlich zum Boykott der Versammlung aufgerufen.

85 Vgl. Anzeige (NBP 15 vom 18. Jan. 1930) u. Bericht (NBP 16 vom 20. Jan. 1930).

86 Vgl. Anzeige (NBP 18 vom 22. Jan. 1930) u. Bericht (NBP 19 vom 23. Jan. 1930).

87 Vgl. GLA: 362/159 u. NBP 105 vom 6. Mai 1930.

88 Vgl. GLA: 362/159 u. NBP 110 vom 12. Mai 1930.

89 So erzielte die NSDAP in der Römerstadt mit 22,5 Prozent (sogar 3 Prozent über Landesdurchschnitt) das beste Parteienergebnis und übertraf zum ersten Mal die SPD mit 21,9 Prozent und das Zentrum mit 20,7 Prozent. Die KPD baute ihren Anteil auf 17,4 Prozent aus. Demgegenüber erlitten DDP, DVP und die DNVP schwere Verluste.Vgl. KNEIS.

90 Vgl. ROHE, S. 125.

91 Seit 1930 zeichnete sich innerhalb des Mannheimer Amtsbezirks eine bessere Koordinierung der Aktivitäten der Reichsbanner-Ortsgruppen ab. So kam es nun im Rahmen des Schutzsportes zu ständigen Vergleichswettkämpfen (z.B. Kraftsport, Handball, Fußball etc.). Neben der 'körperlichen Ertüchtigung' dienten diese Veranstaltungen aber auch der Vorbereitung gemeinsamer Aktionen. Zugleich wurden aus den Reihen der Schutzsportler die Mitglieder der Schutzformationen rekrutiert.

92 Bargolini war am 4. Juli 1930 unter großem Anteil der Ladenburger Bevölkerung zu Grabe getragen worden. Neben den Freien Turnern war auch das Reichsbanner weitgehend vollständig in Uniform angetreten. SPD-Gemeinderat Johann Köhler hielt für die Ladenburger Kameraden die Trauerrede. Der ebenfalls anwesende Spielmannszug des Mannheimer Reichsbanners und die Repräsentanten der Gauleitung verliehen der Beerdigung einen unverkennbar politischen Charakter (vgl. NBP 152 vom 3. Juli 1930 u. 154 vom 5. Juli 1925).

93 Vgl. Anzeige (NBP 258 vom 5. Nov. 1930).

94 Vgl. Anzeige (NBP 261 vom 8. Nov. 1930) u. Bericht (NBP 265 vom 13. Nov. 1930).

95 Vgl. KNEIS (wie Anm. 1).

96 Vgl. BRÄUNCHE.

97 Vgl. Anzeige (NBP 19 vom 24. Jan. 1931) u. Anmeldung der Versammlung mit Lorenz (*Die Antwort auf die Rede des Herrn Reichs-Finanzministers Köhler!*) am 7. Februar 1931 (GLA: 362/159).

98 GLA: 362/159.

99 Ebd.

100 Ebd.

101 Ebd.

102 Ebd. Vgl. die eigens hierzu verteilte, vierseitige Broschüre: *Jugend, wohin? Wo ist die Front, die für deine Zukunft kämpft!* [...] *Im Reichsbanner wird für deine Zukunft gekämpft!*

103 Ebd. Vgl. das Flugblatt zur Kundgebung *Nun erst recht Reichsbanner! 107 Nazis – 77 Kozis im Parlament der Republik. Wißt ihr, was das heißt?* [...].

104 Der am 20. Juli 1895 in Ettenheim geborene Hermann Jäger war seit 1919 als Obergärtner bei der Baumschule Bitsch beschäftigt, bevor er sich dann selbständig machte. Am 1. Oktober 1924 trat er dem Reichsbanner bei. 1945 zählte er zu den Gründungsmitgliedern der Ladenburger CDU und vertrat seine Partei über viele Jahre im Stadtrat. Hochbetagt verstarb er am 4. Mai 1991 in Ladenburg (Auskunft seines Sohnes Heinz Jäger).

105 Heinrich Beedgen verstarb Anfang Januar 1932 (vgl. Todesanzeige NBP 6 vom 8. Jan. 1932).

106 Vgl. hierzu ROHE, S. 302f.

107 Vgl. Flugblatt zur Kundgebung *Kommt die Entscheidung* (GLA: 362/159).

108 Vgl. 362/158 u. NBP 114 vom 18. Mai.

109 Ebd. u. StA Ladenburg: A 1709.

110 GLA: 362/158 u. NBP 132 u. 133 vom 10. u. 11. Juni 1931.

111 GLA: 276/103 u. Bericht *Verworfene Revision* (NBP 13 vom 16. Jan. 1932).

112 GLA: 276/103. Anzumerken ist hierbei, daß die Ladenburger Ereignisse den nationalsozialistischen Machthabern im Jahre 1938 immerhin als so bedeutsam erschienen, daß sie die Akten dieses Zivilprozesses als *geschichtlich wertvoll* einstuften und als *Akten aus der Kampfzeit* in „Sonderverwahrung" nahmen.

[113] Vgl. hierzu ausführlich die Heidelberger Magisterarbeit von FREUND.

[114] GLA: 362/158 u. StA Ladenburg: A 1709.

[115] GLA: 362/159.

[116] Vgl. KURZ, WEBER, PYTA u. WINKLER.

[117] GLA: 362/159.

[118] GLA: 362/159. Als Referenten traten Conrad Zweibrücken und Bezirksgruppenleiter Fischer aus Mannheim auf. Am 27. September nahmen 67 Personen an einer KPD-Versammlung in der Turnhalle teil.

[119] GLA: 362/159.

[120] NBP 189 vom 17. Aug. 1931.

[121] Am 16. August kamen 105 Zuhörer zu einem Vortrag mit dem Heidelberger Parteigenossen Plattner in die Turnhalle. Am 29. August trafen sich Anhänger zu einem Mitglieder- und Gästeabend in der „Rose". Und am 26. September fand in der „Rose" ein SA-Werbeabend mit 100 Personen statt, zu deren musikalischer Umrahmung die Ladenburger Kapelle Hauck aufspielte (vgl. NBP 224 vom 26. Sept. 1931). Am 10. Oktober wurden 80 Teilnehmer bei einem erneuten Mitglieder- und Gästeabend in der „Rose" gezählt. Und bei der am 1. November im Bahnhofshotel stattfindenden Freiheitskundgebung, auf der Leutnant Ludin und Kreisrat Plattner auftraten, registrierte die Polizei 300 Anwesende (vgl. GLA: 362/158).

[122] Vgl. Bericht (NBP 267 vom 15. Nov. 1931). Vgl. zur Situation im benachbarten Hessen auch ULRICH: Freiheit u. KOPPER.

[123] GLA: 362/158.

[124] Der der SPD nahestehende Bürgermeister Christian Koch, seit Juni 1922 im Amt, war am 3. Juni 1931 zurückgetreten. Nachdem sich die Ladenburger Gemeinderatsparteien in drei Anläufen nicht auf einen Kandidaten einigen konnten, wurde Hermann Hagen vom Innenministerium am 29. Juli 1931 kommissarisch für zwei Jahre eingesetzt (vgl. FREUND, S. 16).

[125] Vgl. StA Ladenburg: A 1709. Bei diesem Treffen wurde die Strategie eines roten *Einheitskomittees* vorbesprochen, das am 8. Januar 1932 zu einer Versammlung in die Turnhalle einlud.

[126] Der geplante Vortrag Remmeles lautete: *Unser Weg seit den Septemberwahlen 1930* (vgl. GLA: 362/158). Daneben wurde aber auch eine Flugblattaktion der SPD (*So beginnt das Dritte Reich*) am 8. bzw. 10. Dezember verboten (vgl. StA Ladenburg: A 1709).

[127] StA Ladenburg: A 1709 u. NBP 290 vom 12. Dez. 1931.

[128] Die KPD manifestierte darin weitgehend ihren 'Alleinvertretungsanspruch' für die Arbeiterklasse. Interessanterweise wurde das Flugblatt von dem (ehemaligen) Ladenburger Reichsbannermitglied W[ilhelm] Lulay unterzeichnet (vgl. GLA: 362/155). Indirekt wird damit deutlich, daß SPD und Reichsbanner – wie die Wahlergebnisse seit 1929 zeigen – auch in Ladenburg Anhänger an die KPD verloren.

[129] Die „Harzburger Front" war bei einer Tagung der Nationalsozialisten, der Deutschnationalen und des Stahlhems in Bad Harzburg am 11. Oktober 1931 begründet worden.

[130] Vgl. ROHE, S. 392ff. Erfinder dieses Symbols, das ebenso die wirtschaftliche, politische und geistig-physische Macht der sozialdemokratischen Arbeiterschaft dokumentieren sollte und die Mitglieder zugleich zu Aktivität, Disziplin und Einigkeit aufforderte, war der russische Psychologe Sergej Tschachotin, der zeitweilig an der Universität Heidelberg beschäftigt war. Vgl. hierzu ALBRECHT.

[131] Vgl. Inserat (NBP 19 vom 23. Jan. 1932).

[132] Als Versammlungsleiter fungierte der Ladenburger Reichsbannervorsitzende Hermann Jäger (GLA: 362/155 u. StA Ladenburg: A 1709). Welche Rolle der Zentrumsmann während der folgenden Monate in der Eisernen Front einnahm, deren Aktionen und Versammlungen auch in Ladenburg von der SPD koordiniert wurden, kann bislang nicht beantwortet werden. Vgl. auch Inserat (NBP 41 vom 18. Feb. 1932).

[133] In der Mannheimer Rhein-Neckar-Halle waren über 10.000 Teilnehmer an diesem Tag zusammengekommen (vgl. Volksstimme 52 vom 22. Feb. 1932. In: BRAUN, S. 16). Parallel zur Mannheimer Zentralkundgebung fanden ebenso in Altlußheim, Brühl, Edingen, Hockenheim und Ladenburg Aufmärsche und Kundgebungen der Eisernen Front statt (vgl. GLA: 362/155).

[134] Vgl. Anzeige (NBP 55 vom 5. März 1932) u. Bericht (NBP 58 vom 9. März 1932). Vor dem Beginn der Wettkämpfe wurden symbolisch die *Farben der Republik* gehißt. Am 24. April und am 5. Juni 1932 trat die Ladenburger Schutzsportabteilung auf dem städtischen Sportplatz zu weiteren Handballspielen gegen die Schwetzinger und Mannheimer Abteilungen an (vgl. NBP 95 vom 23. April 1932 u. NBP 128 vom 4. Juni 1932).

[135] Vgl. Anzeige für Versammlung der Eisernen Front – *Schluss mit Hitler* – am 10. März (NBP 58 vom 9. März 1932).

[136] Im ersten Wahlgang verfehlte Hindenburg mit 18,65 Millionen Stimmen (49,6 Prozent) knapp die Mehrheit. Hitler errang 11,3 Millionen Stimmen. Im zweiten Wahlgang siegte Hindenburg schließlich mit 19,3 Millionen Stimmen vor Hitler mit 13,4 Millionen Stimmen und Ernst Thälmann (KPD) mit 3,7 Millionen Stimmen.

[137] Vgl. Anzeige zur Wahlversammlung der Eisernen Front – *Der zweite Schlag* – am 9. April (NBP 81 vom 9. April 1932).

[138] Bereits am 27. Januar hatte nur die strenge Polizeiüberwachung während einer Versammlung mit dem NSDAP-Funktionär Friedhelm Kemper (*Hitler führt*) eine Auseinandersetzung zwischen 100 SA-Mitgliedern und 150 Kommunisten verhindert. Am 16. Februar sprach der Heidelberger Parteigenosse Wetzel erneut vor 150 Anhängern. Die für den 23. Februar angekündigte Versammlung mit dem oberschlesischen Gauleiter Hüttmann wurde aber vom Bezirksamt vorsorglich verboten. Und nach der Verhaftung einzelner SA-Mitglieder am 3. März untersagte das Bezirksamt eine weitere Kundgebung der NSDAP für den 11. März. Hiergegen protestierte die Ortsgruppe mit einer Zeitungsannonce *Jetzt erst recht* (vgl. NBP 60 vom 11. März

1932). Die öffentliche Versammlung am 6. April vor dem zweiten Wahlgang mit den Rednern Reuter, Roth und Landbundführer Schmidt wurde hingegen wieder genehmigt (vgl. NBP 78 vom 4. April 1932 u. Wahlaufruf des *überparteiliche[n] Hitler-Wahlausschuß[es] Ladenburg und Neckarhausen* (NBP 83 vom 9. April 1932).

[139] Vgl. GLA: 276/79.

[140] Vgl. NBP 58 vom 9. März 1932.

[141] Am 15. Juli referierte der Redakteur der in Mannheim erscheinenden „Volksstimme" Ernst Roth bei einer Kundgebung der Eisernen Front in der Turnhalle (*Für den Wohlfahrtsstaat der Millionen. Gegen den Wohlfahrtsstaat der Millionäre*, vgl. NBP 161 vom 13. Juli 1932). Und für den 29. Juli 1932 rief die Eiserne Front ihre Anhänger erneut zu einer Veranstaltung mit dem Heidelberger SPD-Parteisekretär Josef Amann auf (*Die Angst der Nazis vor der Wahrheit*, vgl. NBP 174 vom 28. Juli 1932). Die NSDAP ihrerseits veranstaltete am 23. Juli mit dem Landtagsabgeordneten Alb. Roth in der Turnhalle (vgl. NBP 169 vom 22. Juli 1932) und am 27. Juli mit dem oberschlesischen Gauleiter Hüttmann in der „Rose" (*Was wollen die Nationalsozialisten*, vgl. NBP 172 vom 26. Juli 1932) ebenfalls zwei Wahlversammlungen. Das Zentrum rief seine Anhänger am 27. Juli zu einer *Brüning-Kundgebung* in die Turnhalle zusammen, auf der der badische Kultusminister Baumgartner und die Landtagsabgeordnete Klara Siebert sprachen (vgl. NBP 173 vom 27. Juli 1932).

[142] Die SPD war daraus nur noch als viertstärkste Partei hervorgegangen. Sie erhielt nach dem Zentrum mit 21 und der KPD mit 19,8 nur noch 18,3 Prozent der Stimmen. Die DDP bzw. Staatspartei erhielt nur noch 2,4 Prozent und spielte ebenso wie auf Reichsebene keine Rolle mehr. Vgl. KNEIS (wie Anm. 1).

[143] Vgl. Untersuchungsakte (GLA: 276/94) u. NBP 177 vom 1. Aug. 1932.

[144] Am 24. September stimmte der Karlsruher NSDAP-Reichstagsabgeordnete Rupp in der Turnhalle die Anhänger auf die Novemberwahlen ein (*Die Reaktion marschiert*, vgl. NBP 224 vom 24. Sept. 1932). Am 23. Oktober veranstaltete die Ortsgruppe eine große Freiheitskundgebung mit dem Mannheimer Reichstagsabgeordneten Wetzel, zu deren musikalischer Umrahmung die Heidelberger Schlageter-Kapelle aufspielte (vgl. NBP 245 vom 23. Oktober 1932). Und am 2. November trat erneut der Parteigenosse Fritz Plattner, *ein alter Vorkämpfer des Nationalsozialismus Badens*, als Wahlredner in der „Rose" auf (*Was kommt nach dem 6. November 1932*, vgl. NBP 257 vom 2. Nov. 1932).

[145] Vgl. hierzu HANNA-DAOUD.

[146] Vgl. Anzeige (NBP 231 vom 3. Okt. 1932 u. NBP 234 vom 6. Okt. 1932). Der Film präsentierte neben Adolf Hitler auch Gregor Strasser, Joseph Goebbels, Richard Walter Darré sowie Hermann Göring.

[147] Am 27. Oktober lud das Zentrum zu einer Kundgebung mit dem Karlsruher Reichstagsabgeordneten Ersing in die Turnhalle ein (vgl. NBP 251 vom 26. Okt. 1932). Am 30. Oktober organisierten die DVP in der „Rose" und der Evangelische Volksdienst im „Bahnhofshotel" in Neckarhausen eigene Wahlveranstaltungen (vgl. NBP 254 vom 29. Okt. 1932). Über die Kundgebungen der SPD bzw. der Eisernen Front finden sich in der lokalen Zeitung keine Hinweise.

[148] In Ladenburg ging die NSDAP von 32,4 auf 27,4 Prozent zurück. Die SPD verharrte mit 18,2 Prozent hinter der KPD mit 22,4 und dem Zentrum mit 20,3 Prozent Stimmenanteil auf der vierten Stelle. Die DDP/Staatspartei errang 3,2 Prozent. Vgl. KNEIS.

[149] Vgl. BRAUN, S. 31 u. Einladungsschreiben zur 4. ordentlichen Gau-Generalversammlung in Mannheim am 28. u. 29. Januar 1933 (KARNK: N Gärtner, Rb-Korresponenz 1933/1).

[150] Ebd.

[151] Vgl. hierzu MATTHIAS.

[152] Vgl. Einladungsschreiben (wie Anm. 149): [...] *Das Zentrum hat, wie im Reich, so auch in Baden die NSDAP 'legal gesprochen'* [...]. Vgl. auch Bericht über die Gau-Generalversammlung in der in Freiburg erscheinenden „Volkswacht" vom 31. Januar 1933, in: SCHADT: Alles für das Volk, S. 215–218.

[153] Vgl. Einladungsschreiben (wie Anm. 149).

[154] Vgl. zur allgemeinen Haltung des Reichsbanners nach dem 30. Januar 1933 vor allem ROHE, S. 458f. Zur Haltung der SPD vgl. auch PYTA.

[155] Am 12. Februar eröffnete die NSDAP-Ortsgruppe im „Anker" mit einem *Deutschen Abend* den 'Wahlkampf' in Ladenburg (vgl. NBP 35 vom 10. Feb. 1933). Am 18. und 23. Februar wies sie die *deutschen Volksgenossen* in Zeitungsinseraten auf die bevorstehenden Großkundgebungen Hitlers in Köln, Frankfurt a.M., München, Leipzig, Breslau, Berlin, Hamburg und Königsberg hin, die alle im Rundfunk übertragen wurden (vgl. NBP 42 vom 18. Feb. 1933 u. NBP 46 vom 23. Feb. 1933). Und am 24. Februar zeigte sie im Ladenburger Lichtspielhaus um 19.30 Uhr den von der Zensur zunächst verbotenen Parteifilm *Blutendes Deutschland* (vgl. hierzu auch HANNA-DAOUD, S. 327f.). Für die Sonderaufführung um 18.00 Uhr mußten SS, SA, HJ und Erwerbslose nur 25 Pfennig Eintritt entrichten (vgl. NBP 47 vom 24. Feb. 1933). Am 3. März fand schließlich in der Turnhalle die Schlußkundgebung mit Friedhelm Kemper *Mit Hindenburg und Hitler für ein neues Deutschland* statt (vgl. NBP 53 vom 3. März 1933).

[156] Alleine das Zentrum rief von den anderen Parteien in der lokalen Zeitung zu einer Kundgebung mit dem Mannheimer Stadtverordneten Thelen am 2. März in der Turnhalle auf (vgl. NBP 51 vom 1. März 1933). Über Kundgebungen der SPD bzw. der Eisernen Front in Ladenburg finden sich in der lokalen Zeitung keine Hinweise. Ob sie ebenso wie die für die 1. März geplante Demonstration der KPD dem Verbot der zuständigen Mannheimer Polizeibehörde zum Opfer fielen (vgl. FREUND, S. 24–26), läßt sich in den eingesehenen Quellen nicht feststellen.

[157] Vgl. BRAUN, S. 31.

[158] Die NSDAP kam in der Römerstadt auf 34,3 Prozent der Stimmen. Trotz der erheblichen Einschränkungen erreichten das Zentrum 20,7 die KPD 18,2 und die SPD 18 Prozent der Stimmen. Vgl. KNEIS.

[159] Vgl. allgemein REHBERGER u. für Ladenburg grundlegend FREUND.

[160] Wie hoch die Zahl der aktiven Mitglieder des Ladenburger Reichsbanners zu Beginn des Jahres 1933 überhaupt war, läßt sich quellenmäßig bislang nicht exakt belegen. Im Vergleich zur hohen Mitgliederzahl Mitte der Zwanziger Jahre dürfte der Mitgliederstand aber deutlich niedriger gelegen haben. Während einige Reichsbannerkameraden sich in der Zwischenzeit dem kommunistischen Widerstand angeschlossen hatten, waren andere aber auch bereits ins 'braune' Lager gewechselt. Konkrete Zahlenangaben hierüber liegen aber nicht vor.

[161] Vgl. Anordnung (des Reichskommissars für Baden Robert Wagner) Nr. 26.666 vom 17. März 1933 (StA Ladenburg: A 1709) u. NBP 66 vom 18. März 1933. Bis auf Preußen und Oldenburg wurden im März 1933 auch in den anderen Ländern das Reichsbanner verboten. Vgl. ROHE, S. 463

[162] NBP 66 vom 18. März 1933.

[163] Vgl. hierzu grundlegend WIDERSTAND, BRAUN u. ULRICH: Widerstand, 1996.

# Wahlen in Ladenburg 1919 bis 1933

VON HILDEGARD KNEIS



## 1. Vorbemerkung

Neben den beiden Reichspräsidentenwahlen 1925 und 1932[1] und den verschiedenen Volksabstimmungen war die Ladenburger Bevölkerung zwischen dem 5. Januar 1919 und dem 5. März 1933 zu insgesamt 17 Wahlen für den städtischen Bürgerausschuß, den Badischen Landtag und den Berliner Reichstag aufgerufen. Viermal wählte man zwischen 1919 und 1930 die jeweils 60 Gemeindeverordneten für den kommunalen Bürgerausschuß[2] und viermal mußten zwischen 1919 und 1929 die Abgeordneten für den Karlsruher Landtag bestimmt werden.[3] Alleine neunmal fanden Wahlen für den deutschen Reichstag statt, wobei jedoch die Wahl vom 5. März 1933 – nach der 'Machtergreifung' der Nationalsozialisten – nicht mehr nach demokratischen Spielregeln verlief[4].

Grundlage für alle demokratischen Wahlen der Weimarer Republik war das von der deutschen Nationalversammlung am 11. August 1919 verabschiedete allgemeine, gleiche, geheime und unmittelbare Wahlrecht, das erstmals in der deutschen Geschichte auch den Frauen das aktive wie das passive Wahlrecht einräumte. Die Weimarer Nationalversammlung setzte zugleich das Alter der Wahlberechtigten von 25 auf 20 Jahre herab. Das Frauenwahlrecht und die Herabsetzung des aktiven Wahlalters bewirkten mehr als eine Verdoppelung der Zahl der Wahlberechtigten, die vor 1919 noch rund 14,5 Millionen betragen hatte. 1919 wurden schließlich mehr als 37 Millionen Wählerinnen und Wähler im Deutschen Reich registriert[5].

In Ladenburg verfügte damit seit 1919 immerhin mehr als die Hälfte der städtischen Bevölkerung, die nach der Volkszählung von 1919 insgesamt 4.589 Einwohner umfaßte[6], über das aktive Wahlrecht. So waren 1919 bei den Landtagswahlen am 5. Januar 2.257 Personen wahlberechtigt. Bei den zwei Wochen später stattfindenden Reichstagswahlen waren bereits 2.404 Bürgerinnen und Bürger zur Wahl zugelassen. Und zu den am 25. Mai 1919 abgehaltenen Wahlen zum städtischen Bürgerausschuß waren mittlerweile 2.566 Personen aufgefordert. Dieser Anteil der Wahlberechtigten im Verhältnis zur absoluten Einwohnerzahl, die 1925 auf 4.827 Personen angewachsen war, stieg bis 1933 noch weiter an. Bei den letzten Reichstagswahlen 1933 waren von den 5.063 Einwohnern 3.425 Bürgerinnen und Bürger wahlberechtigt[7].

Wie in anderen Städten und Gemeinden des Deutschen Reichs auch wurde das gesellschaftliche Leben der Kleinstadt Ladenburg in der Zeit von 1919 bis 1933 von großen politischen und wirtschaftlichen Erschütterungen, Veränderungen und Extremen bestimmt. Ein markantes Beispiel für die Not in den beginnenden 20er Jahren bietet der einstimmige Beschluß des Gemeinderates vom November 1923, zur Aufrechterhaltung von Ruhe und Ordnung in Ladenburg die Hilfe der Mannheimer Wucherpolizei anzufordern. Angesichts der Unruhe und Unzufriedenheit der Ladenburger Einwohnerschaft über die – infolge der eskalierenden Geldentwertung – als übermäßig hoch angesehenen Wucherpreise für die Dinge des täglichen Lebens sah sich der Gemeinderat nicht mehr in der Lage, für die öffentliche Sicherheit garantieren zu können[8]. So kosteten in der Römerstadt am 8. November 1923 beispielsweise ein halbes Pfund Tee 175 Milliarden Mark, ein halbes Pfund Käse 80 Milliarden Mark, ein halbes Pfund Mettwurst 285 Milliarden Mark und zwei Stück Seife 105 Milliarden Mark. Schließlich verschärfte die in den ausgehenden 20er Jahren einsetzende Weltwirtschaftskrise und die zunehmende Arbeitslosigkeit die angespannte politische Auseindandersetzung, die sich in den Ladenburger Wahlergebnissen bei den Gemeinde-, Landtags- und Reichstagswahlen niederschlug.

Die Parteienlandschaft in Ladenburg deckte wie überall das gesamte politische Spektrum von links nach rechts ab. Starken Rückhalt in der Arbeiterschaft genoßen die SPD (Sozialdemokratische Partei Deutschlands), vorübergehend die USPD (Unabhängige Sozialdemokratische Partei Deutschlands) und schließlich die KPD (Kommunistische Partei Deutschlands). Daneben verfügte das Zentrum (Badische Zentrumspartei) über einen festen Stamm durchwegs katholischer Wähler. Als Vertretung evangelischer Interessen kandidierte bei Landtags- und Reichstagswahlen seit 1929 der EV.VD (Evangelischer Volksdienst). Das bürgerliche Parteienlager spaltete sich in Links- und Rechtsliberale, Konservative und Rechtskonservative auf. Hierzu gehörten die linksliberale DDP (Deutsche Demokratische Partei), die seit 1930 als Deutsche Staatspartei antrat. Sie hatte ihre Basis vorwiegend im Bildungsbürgertum, bei Selbständigen und Landwirten. Die rechtsliberale DVP (Deutsche Volkspartei) hatte als unternehmerfreundliche Mittelpartei ihre Anhänger auch bei Bauern, die DNVP (Deutschnationale Volkspartei) rekrutierte ihre Wähler überwiegend aus dem rechtskonservativen Lager. Zunächst ohne großen Erfolg etablierte sich schließlich die NSDAP (Nationalsozialistische Deutsche Arbeiterpartei) Ende der 20er Jahre als politischer Machtfaktor, nachdem sie bei den Wahlen zum Reichstag und Landtag 1924 und 1925 in Ladenburg debütiert hatte. Neben den „großen" Parteien bewarben sich bei Landtags-und Reichstagswahlen seit 1921, in den ausgehenden 20er Jahren dann in größerer Zahl, verschiedene kleinere Parteien um die Zustimmung der Wähler. Sie kamen in Ladenburg über die Größe von Splittergruppen jedoch nicht hinaus.

Die Gemeinde-, Landtags- und Reichstagswahlen in Ladenburg wurden bis Mitte der 20er Jahre von den Parteien der ‚Weimarer Koalition' (SPD, DDP, Zentrum), die in Baden die Landesregierung stellten, dominiert. Erst im Zuge der innenpolitischen Polarisierung, die auch in Ladenburg wiederholt zu Auseinandersetzungen führte[9], verloren diese Parteien Ende der 20er Jahre zunehmend ihre Wähler an die KPD und NSDAP. Dennoch blieb aber die von der Landwirtschaft geprägte Stadt, in der auch kleinere und mittlere Handels-, Dienstleistungs-, Gewerbe- und Handwerksbetriebe die Erwerbsgrundlage bildeten, in letzter Konsequenz von radikalen Auswirkungen verschont[10]. Zwar verzeichneten sowohl die KPD als auch vor allem die NSDAP, die 1930 mit zwei Vertretern in den Ladenburger Gemeinderat einzog, zu Lasten der Parteien der ‚Weimarer Koalition' Gewinne. Bis 1933 blieb aber – mit einer Ausnahme bei den Reichstagswahlen 1930 – der Stimmenanteil der NSDAP in Ladenburg, das einen katholischen Bevölkerungsanteil von rund 50 Prozent hatte, immer unterhalb des Reichsdurchschnitts[11].

## 2. Ladenburger Gemeindewahlen 1919–1930

Noch vor Verabschiedung einer neuen Gemeindeordnung 1921, die bis zu ihrer Beseitigung durch die Nationalsozialisten im Jahr 1935 gültig blieb, wurden im März 1919 in Baden durch Gesetzesänderungen und Verordnungen das Kommunalwahlrecht und die Vertretungskörperschaften in den Gemeinden und Städten neu geordnet[12]. So sollten bis spätestens Mai 1919 – auf der Grundlage allgemeiner, gleicher, geheimer und unmittelbarer Wahlen nach dem Verhältniswahlrecht – Neuwahlen in allen Kommunen stattfinden. Das bis dahin in den Kommunen geltende Dreiklassenwahlrecht, das in Baden nach der Niederschlagung der Revolution 1848/49 nach preußischem Vorbild eingeführt worden war, hatte Wahlberechtigten, die mehr Steuern zu zahlen hatten, also den Vermögenden, Vorteile bei der Vertretung ihrer Klasse in den Gemeindegremien ermöglicht.

Nach der neuen Ordnung bildeten die Gemeindeverordneten, der Gemeinderat mit dem Bürgermeister und der Bürgerausschuß die Vertretungsorgane der Stadt. Aufgrund der Einwohnerzahl von rund 5.000 hatte Ladenburg 60 Gemeindeverordnete und einen aus zehn ehrenamtlichen Mitgliedern und dem Bürgermeister bestehenden Gemeinderat[13]. Der Bürgerausschuß setzte sich aus den Gemeindeverordneten und dem Gemeinderat zusammen. Die Gemeindeverordneten fungierten zugleich als Wahlmännerkollegium für den Gemeinderat, den sie aus ihrem Kreis wählten. Die Wahl der Gemeindeverordneten durch die wahlberechtigte Bevölkerung erfolgte nach einem Listenwahlsystem, das mit dem heute gültigen vergleichbar ist. Die konkurrierenden Parteien oder Gruppen traten mit Wahlvorschlagslisten zur Wahl an, in denen ihre Kandidaten mit Namen und Plazierung verbindlich festgelegt waren. Je nach Stimmenanteil der Listen waren die Kandidaten in der Reihenfolge ihrer Nominierung dann gewählt.

Die Verwaltung und die Vertretung der Gemeinde lagen beim Gemeinderat. Die Leitung der Gemeindeverwaltung und der Vollzug der Gemeinderatsbeschlüsse waren Aufgabe des Bürgermeisters. Neben dem Gemeinderat fungierte der Bürgerausschuß als beschließendes und kontrollierendes Organ. In bestimmten Fällen war die Zustimmung des Bürgerausschusses zu Gemeinderatsbeschlüssen notwendig. Die Zustimmung führte zu einem Gemeindebeschluß. Die Wahl des Bürgermeisters erfolgte durch den Bürgerausschuß. Dieser tagte grundsätzlich öffentlich, während die Sitzungen des Gemeinderats nicht öffentlich sein sollten.

Insgesamt fanden in der Zeit der Weimarer Republik in Ladenburg vier Gemeindeverordneten- und vier Gemeinderatswahlen in den Jahren 1919, 1922, 1926 und 1930 statt. Nach dem Gleichschaltungsgesetz der Nationalsozialisten vom 21. März 1933, das auch die Neubildung von Gemeinderat und Bürgerausschuß anordnete, wurde die Zahl der Gemeindeverordneten von 60 auf 12 und die Zahl der Gemeinderäte von zehn auf sechs reduziert. Und Anfang Juli 1933 wurden die Wahlen zu den Gemeindevertretungsorganen schließlich ganz abgeschafft[14].

### 2a Die Gemeindeverordnetenwahl am 25. Mai 1919 und die Gemeinderatswahl am 4. Juni 1919

Die ersten Ladenburger Wahlen zu den demokratisch legitimierten Gemeindevertretungsorganen fanden am Sonntag, den 25. Mai 1919, statt. Damit war die Terminvorgabe zur Durchführung der Wahl im Mai 1919 eingehalten worden. In verschiedenen Städten und Gemeinden in Baden war die Wahl bereits an früheren Terminen durchgeführt worden[15]. Wahllokal war, wie bei allen Volkswahlen während der Weimarer Zeit, das neue Schulhaus der Volksschule, heute Dalberg-Grundschule. Gewählt wurde in der Zeit von 10.00 bis 18.00 Uhr. Die Wahlberechtigten waren nach dem Alphabet in vier etwa gleich große Wahlbezirke von je etwa 600 Stimmberechtigten eingeteilt[16]. Zur Wahl stellten sich drei konkurrierende Blöcke mit je einer Kandidatenliste[17]. Mit „Liste 1“ trat die SPD für die zu wählenden 60 Gemeinde-

*Johann Leipf, Obmann der SPD Ladenburg, Gemeindeverordneter u. -rat für die SPD 1919–1930 (StA Ladenburg: Fotosammlung).*

verordneten auch mit 60 Kandidaten an, darunter 4 Frauen auf den Plätzen 9, 17, 33 und 44. In „Liste 2" hatte sich unter der Bezeichnung „Vereinigte Bürgerliche Berufsgruppen" (VBB) ein bürgerlich-konservativer Block aus Mitgliedern von Zentrum, DDP, DVP, DNVP, Bürgervereinigung und einzelnen Berufsgruppen zu einer gemeinsamen Wahlvorschlagsliste zusammengeschlossen, die ebenso wie die Liste der SPD 60 Kandidaten umfaßte. Wie die SPD stellte das nur bei dieser Gemeindewahl kandidierende bürgerlich-konservative Parteienbündnis 4 Bewerberinnen auf, die auf den Listenplätzen 12, 18, 24 und 37 standen. Bei den nachfolgenden Gemeindeverordnetenwahlen konkurrierten die einzelnen Parteien dieses Zweckbündnisses dann jeweils mit eigenen Listen. Als dritte Liste bewarb sich die USPD mit 15 Kandidaten. Wahlberechtigt waren 2.566 Personen. Die Wahlbeteiligung lag mit 1.719 abgegebenen Stimmen, von denen 1.703 gültig waren, bei 66,9 Prozent[18]. Die Wahlbeteiligung deutet auf ein wesentlich geringeres Interesse der Bevölkerung an den Wahlen zu den Gemeindevertretungen als bei den Wahlen zum Verfassungsgebenden Badischen Landtag beziehungsweise zum Verfassungsgebenden Reichstag hin. Bei diesen Wahlen, die beide vier Monate vorher im Januar 1919 stattgefunden hatten, hatte die Wahlbeteiligung bei jeweils über 90 Prozent gelegen[19]. Mit der geringeren Wahlbeteiligung bei den Gemeindewahlen lag Ladenburg aber im Rahmen eines allgemeinen Trends. Denn im Vorfeld zur Wahl hatte die „Ladenburger Zeitung" auf die niedrige Wahlbeteiligung in anderen Städten und Gemeinden in Baden hingewiesen. Als Grund für das rückläufige Interesse wurde vor allem eine gewisse Gleichgültigkeit der Bevölkerung aufgrund der ungewissen Verhältnisse in Deutschland konstatiert. Um das Interesse der Wähler an den ersten Nachkriegsgemeindewahlen zu wecken, hatte deshalb die Zeitung wiederholt ihren Lesern das demokratische Wahlverfahren erklärt und auf die Wichtigkeit der Wahl für die Selbstverwaltung der Gemeinden hingewiesen[20].

Bei der Wahl erreichten die SPD 27,0 Prozent, die USPD 15,4 Prozent und der Block der „Vereinigten Bürgerlichen Berufsgruppen" (VBB) die absolute Mehrheit mit 57,6 Prozent[21]. Für die SPD war das Wahlergebnis unerwartet schlecht, denn bei beiden vorausgegangenen Wahlen zum Landtag und Reichstag im Januar 1919 hatte sie noch 42,4 Prozent beziehungsweise 46,3 Prozent erzielt[22]. Die nur bei diesen Gemeindewahlen auftretende USPD erreichte mit 15,4 Prozent einen hohen Stimmenzuwachs, nachdem sie bei den Landtagswahlen noch mit 1,2 Prozent abgeschnitten hatte[23]. Bei den Reichstagswahlen hatte sie nicht kandidiert. Das starke Anwachsen der linksextremen USPD erklärte die „Ladenburger Zeitung" einerseits mit einer weit verbreiteten Unzufriedenheit der Wähler und andererseits mit der Zersplitterung innerhalb der SPD-Ortsgruppe[24]. Deutlich läßt sich damit auch in Ladenburg eine Protestwahl der Bevölkerung zugunsten einer radikalen Partei aufgrund von allgemein schlechten Verhältnissen ablesen[25].

Von den 60 Mandaten[26] erhielt die SPD 16. Mit Anna Hahn und der später nachgerückten Marie Egenmaier stellte sie auch zwei Frauen. Die VBB kamen auf 35 Sitze, von denen drei auf Rosa Gattung, Charlotte Gschwindt und Franziska Egenmaier entfielen. Als vierte Frau rückte noch Erika Drißler nach. Unter den Vertretern der VBB finden sich zahlreiche einflußreiche und bekannte Ladenburger Bürger, wie z.B. der Verleger der „Ladenburger Zeitung", Ludwig Nerlinger, der Inhaber der Firma Carl Benz & Söhne, Eugen Benz, oder der Vorsteher der jüdischen Gemeinde Ladenburgs und Inhaber des Kaufhauses Gebr. Kaufmann, Eugen Levy. Die USPD kam auf neun Mandate.

Die Wahl der zehn Gemeinderäte durch die Gemeindeverordneten fand am Mittwoch, den 4. Juni 1919, in der Zeit von 19.00 bis 21.00 Uhr im Rathaus statt. Die Sitzverteilung zeigte die absolute Mehrheit des bürgerlich-konservativen Blocks mit insgesamt sechs Sitzen (drei Zentrumsmandate, drei Sitze der DDP und Bürgervereinigung) gegenüber insgesamt vier Sitzen der sozialistischen Parteien (drei SPD und ein Mandat USPD)[27].

*Emmerich I Schmitt mit Ehefrau, Gemeindeverordneter und -rat für das Zentrum 1919–1933 (StA Ladenburg: Fotosammlung).*

### 2b Die Gemeindeverordnetenwahl am 19. November 1922 und die Gemeinderatswahl am 16. Dezember 1922

Nach Ablauf der ersten Wahlperiode stellten sich zu der Gemeindeverordnetenwahl am 19. November 1922 fünf Parteien[28]. Die sozialistischen Parteien traten zum einzigen Mal während der Weimarer Republik mit einer Liste „Vereinigte Sozialdemokratische Partei" (VSPD) an. USPD und KPD, die bei den Reichstagswahlen 1920 und bei den Landtagswahlen 1921 jeweils separat kandidiert hatten, stellten sich hingegen nicht zur Wahl. Die Parteien des bei den Gemeindewahlen 1919 noch mit einer gemeinsamen Liste hervorgetretenen bürgerlich-konservativen Blocks konkurrierten nun allerdings mit jeweils eigenen Listen der DDP, des Zentrums, der DVP und der DNVP. Die VSPD stellte 50 Kandidaten auf, darunter vier Frauen auf den Listenplätzen 8, 19, 44 und 48. Die DDP hatte 23 Bewerber, davon zwei Frauen auf den Plätzen 5 und 22. Das Zentrum nominierte 52 Kandidaten, unter denen sich 5 Frauen auf den Positionen 5, 9, 12, 27 und 30 befanden. Die DVP nominierte 19 Kandidaten. Auf Platz 5 findet sich auch hier eine Bewerberin. Und die DNVP, die nur bei dieser Gemeindewahl von 1922 mit einer eigenen Liste antrat, bot zwölf Bewerber auf.

Wahlberechtigt waren 2.732 Personen[29]. Abgegeben wurden 1.758 Stimmen, von denen 1.712 gültig zählten. Die Wahlbeteiligung lag bei 64,3 Prozent und war damit nochmals um 2,6 Prozent niedriger als bei der Gemeindeverordnetenwahl 1919. Die VSPD erzielte 38,3 Prozent. Damit war sie zum einzigen Mal bei Gemeindewahlen in der Zeit der Weimarer Republik stärkste Fraktion. Entsprechend dem Gesamtergebnis der sozialistischen Parteien SPD und USPD bei den Gemeindewahlen von 1919 war jedoch ein Verlust von 4,1 Prozent eingetreten. Das Zentrum war zweitstärkste Kraft mit 27,8 Prozent, die DDP erreichte 15,7 Prozent, die DNVP 10 Prozent und die DVP 8,2 Prozent. Für die Parteien der Weimarer Koalition SPD, DDP und Zentrum zeigte sich insgesamt eine

*Professor Franz Sättele mit Ehefrau, Lehrer an der Realschule, Gemeindeverordneter und -rat für die DDP 1922–1926 (StA Ladenburg: Fotosammlung).*

starke Mehrheit von 81,8 Prozent gegenüber insgesamt 18,2 Prozent der rechtskonservativen Parteien DVP und DNVP.

Von den 60 Mandaten[30] errang die VSPD 23. Das bedeutete gegenüber der Gemeindewahl von 1919 einen Verlust von zwei Sitzen, und dies obwohl der sozialistische Block stärkste Fraktion geworden war. Unter den Mandatsträgern für die VSPD befanden sich mit Anna Hahn und Klara Schossig wiederum zwei Frauen. Das Zentrum erreichte 17 Sitze, worunter drei Frauen waren. Die DDP erzielte neun Mandate, darunter eine Frau. Die DNVP hatte sechs und die DVP fünf Sitze, wovon ein Mandat an eine Frau ging. Insgesamt waren damit sieben Frauen im Gremium vertreten. Dies waren mehr als elf Prozent. Die Parteien der Weimarer Koalition erzielten eine Mehrheit von 49 Sitzen gegenüber den elf Mandaten der DNVP und DVP zusammen. Insgesamt wurden 29, also knapp die Hälfte der Gemeindeverordneten von 1919 erneut gewählt, 31 Mitglieder zogen zum ersten Mal in den Bürgerausschuß ein.

Am 16. Dezember 1922 schritten die Gemeindeverordneten in der Zeit von 19.00 bis 20.00 Uhr im Rathaus zur Wahl des zehnköpfigen Ladenburger Gemeinderates. Die VSPD stellte vier, das Zentrum drei Gemeinderäte und die DDP, die DVP und die DNVP jeweils einen Sitz[31]. Im Vergleich zu 1919 blieb die Sitzverteilung für das sozialistische Lager mit vier Mandaten unverändert. Die Parteien der Weimarer Koalition SPD, DDP und Zentrum hatten eine Mehrheit von acht Sitzen gegenüber zwei Mandaten der bürgerlich-rechtskonservativen DVP und DNVP. Von den zehn Gemeinderatsmitgliedern waren vier wiedergewählt und sechs neugewählt worden.

### 2c Die Gemeindeverordnetenwahl am 14. November 1926 und die Gemeinderatswahl am 11. Dezember 1926

Bei dieser Wahl war um die Sitze im Bürgerausschuß ein heißer Kampf ausgefochten worden. In einem teilweise hitzigen, noch bis in den Wahltag hinein fortgesetzten Wahlkampf mit im Vergleich zu früheren Wahlen vermehrten Veranstaltungen, Presseveröffentlichungen und Flugblättern war es auch zu persönlichen Verunglimpfungen und Herabwürdigungen gekommen[32]. Einen Einblick in die angereizte Atmosphäre belegen zwei Beleidigungs- und Verleumdungsprozesse, die einen Monat vor dem Wahltermin am 16. Oktober 1926 vor dem Schöffengericht in Mannheim entschieden wurden, deren Hintergründe aber bereits seit 1922 immer wieder für Gerüchte und Aufregung gesorgt hatten[33].

Den Prozeß hatten die beiden seit 1919 amtierenden SPD-Gemeinderäte Louis Bargolini, Bürgermeisterstellvertreter, und Johann Leipf, Obmann der SPD, gegen den Bahnarbeiter Thomas Menrad angestrengt, der 1926 als Spitzenkandidat der KPD antrat. Bei den Wahlen 1919 und 1922 hatte Menrad noch für die SPD kandidiert und 1922 kam er über das Nachrückverfahren in den Bürgerausschuß. Dieser Streit deutet auf den permanenten Konflikt zwischen SPD und KPD hin, die in den Folgejahren nichts unversucht ließ, auch in Ladenburg die ‚sozialfaschistische' Politik der ‚Regierungssozialisten' zu diffamieren[34].

Zur Wahl am 14. November 1926 traten sechs Parteien an, und damit eine mehr als bei der vorherigen Wahl 1922[35]. Neben der SPD, die unter 50 Bewerbern auch drei Frauen auf den Plätzen 7, 14 und 43 aufbot, kandidierte erstmals die KPD mit 18 Bewerbern. Die DDP bewarb sich mit 20 Anwärtern, darunter zwei Frauen auf 13 und 17. Das Zentrum schickte 38 Kandidaten ins Rennen, darunter drei Frauen auf den Plätzen 10, 18 und 27. Die DVP hatte 21 Bewerber. Auch sie nominierte drei Frauen auf den Listenplätzen 5, 13 und 17. Ebenso erstmals wie die KPD stellte sich die „Bürgerlich Wirtschaftliche Vereinigung“ (BWV) zur Wahl. Ähnliche Gruppierungen hatten sich auch in anderen Gemeinden gebildet. Ihre Anhänger und ihr Programm waren konservativ-bürgerlich-ökonomisch ausgerichtet. Nach ihrer Satzung vom 24. Juni 1924 war die BWV eine Vereinigung „zu kommunalen und gemeinnützigen Zwecken“, die „(a)ndere Zwecke, insbesondere solche politischer und konfessioneller Art“ ausschloß[36]. Auch sie stellte 50 Kandidaten, unter denen sich jedoch keine einzige Frau fand. Neben neuen Bewerbern traten auf der Liste der BWV, vor allem auf den aussichtsreichen vorderen Listenplätzen mehrere Kommunalpolitiker an, die bei den zurückliegenden Gemeindewahlen sowohl für die USPD als auch für das Zentrum – in der Mehrzahl jedoch für die DDP und die DNVP - kandidiert hatten.[37] Die DNVP, die 1922 noch 10 Prozent der Stimmen erhalten hatte, trat nicht mehr zur Wahl an.

Wahlberechtigt waren 3.064 Personen[38]. Abgegeben wurden 2.383 Stimmen, von denen 2.330 gültig waren. Die Wahlbeteiligung betrug 77,8 Prozent und war damit um 13,5 Prozent höher als bei der Wahl 1922. Die Steigerung spricht deutlich für die zunehmende politische Mobilisierung der Ladenburger Einwohner. Die SPD wurde mit 24,5 Prozent zweitstärkste Partei. Dies bedeutete gegenüber 1922 einen Verlust von 13,8 Prozent und gegenüber dem Ergebnis bei den Landtagswahlen 1925 einen Rückgang von 4,4 Prozent[39]. Die erstmals bei Gemeindewahlen angetretene KPD holte mit 12,1 Prozent auf Anhieb zahlreiche Stimmen im linken Wählerlager und verbesserte damit ihr Ergebnis der Landtagswahl von 1925, bei der sie noch 4,7 Prozent weniger Stimmen erhalten hatte[40]. Alle bisher angetretenen bürgerlich-konservativen Parteien trafen im Vergleich zur vorherigen Gemeindewahl schmerzliche Verluste[41]. Die DDP verlor 5,2 Prozent und büßte rund ein Drittel ihrer Wähler ein. Sie erreichte mit 10,2 Prozent ihr schlechtestes Ergebnis

*Verleihung der Ehrenbürgerwürde an Dr. Carl Benz am 26. Nov. 1926 durch Bürgermeister Christian Koch in Anwesenheit des gesamten Gemeinderats und des Ratschreibers Reinle. (V.l.n.r): Sättele (DDP), Schmitt (Zentrum), Günther (Zentrum), Reinle, Koch, Bargolini (SPD), Remelius (BWV), Benz, Heck (Zentrum), Engel (DVP), Leipf (SPD), Becker (SPD), Heilmann (SPD) (Foto: Privat).*

Bürgerl.-Wirtschaftl. Vereinigung Ladenburg.
Samstag, den 13. November, abends 8 Uhr
Wahl-Versammlung
im Saale des Gasthauses „Zum Adler“.
Referent: Herr Stadtv. Schneider-Mannheim.
Erscheint in Massen! Freie Aussprache!
Die Versammlung findet ohne Wirtschaftsbetrieb statt.
Eingang durch den Hof.
Hierzu laden wir alle Wählerinnen und Wähler freundl. ein
Bürgerlich - Wirtschaftliche Vereinigung Ladenburg.
Die Versammlung findet deshalb im Adlersaale statt, weil am Tage vor der Wahl nur der sozialdemokratischen Partei die Turnhalle zur Verfügung steht.

*Aufruf der BWV zur Wahlversammlung am 13. Nov. 1926 (NBP 256 vom 13. Nov. 1926).*

in der Weimarer Zeit. Die Zentrumspartei verlor rund ein Viertel ihrer Stimmen und erzielte 20,6 Prozent. Dies bedeutete einen Verlust von 7,2 Prozent. Die DVP erreichte schließlich 6,7 Prozent und verlor 1,5 Prozent, rund ein Fünftel ihrer Wähler. Bei der folgenden Gemeindewahl 1930 sollte sie nicht mehr antreten. Gewinnerin der Wahl war die „Bürgerlich Wirtschaftliche Vereinigung“ (BWV), die auf Anhieb mit 25,9 Prozent stärkste Fraktion wurde. Das Ladenburger Wahlergebnis bestätigt den allgemeinen Trend. Während die altbekannten bürgerlich-konservativen Parteien ihre Anhänger verloren, legten demgegenüber neue, wirtschaftlich orientierte Gruppen und Parteien kräftig zu[42].

Von den 60 Gemeindeverordnetenmandaten[43] entfielen 16 auf die BWV (bisher 0 Sitze), 15 auf die SPD (Verlust von 8 Sitzen), 12 auf das Zentrum (Verlust von 5), sieben auf die KPD (bisher 0), sechs auf die DDP (Verlust von 3) und vier auf DVP (Verlust von 1). Mit zusammen 33 Sitzen hielten die Parteien der Weimarer Koalition die absolute Mehrheit, im Vergleich zu 1922 hatten sie jedoch 16 Sitze, also fast ein Drittel ihrer früheren Mandate verloren. Von den 27 Mandaten außerhalb der Weimarer Parteien wurden 20 Sitze von bürgerlich-konservativer Seite gehalten (16 BWV, 4 DVP) und 7 Sitze von der linksradikalen KPD. Im Vergleich zu den Gemeindewahlen 1922, bei denen noch sieben Frauen in den Bürgerausschuß gekommen waren, zogen nun nur noch vier Frauen in das Gremium ein. Hiervon stellte die SPD zwei, das Zentrum und die DVP jeweils eine Verordnete. Zusammen mit den Nachrückern wurden nun 31 Personen neu in den Bürgerausschuß gewählt, 39 wurden wiedergewählt.

Die Gemeinderatswahl fand am Samstagabend, den 11. Dezember 1926, erneut im Rat-

*Wahlaufruf der DDP zur Gemeindeverordnetenwahl am 14. Nov. 1926 (NBP 256 vom 13. Nov.). 1926).*

Wähler u. Wählerinnen v. Ladenburg.
Dem Wohle unseres Gemeindewesens gilt unser Streben!
Beflügelt Eure Schritte,
Wählt bürgerliche Mitte,
Wählt demokratische Partei,
Gemeindewahlvorschlag No. 3!
Die Kreisabgeordneten und Bezirksräte unserer Partei wählen wir durch ein + hinter 4 auf beiden Seiten des Stimmzettels.
Deutsch-Demokratische Partei Ladenburg.
Zu Nutz und Frommen unserer Mitbürger ist unser Wollen!
249,3

haus statt. Sie sorgte für eine Überraschung. Denn aus den Reihen der BWV und der DVP, die mit einer gemeinsamen Gemeinderatskandidatenliste angetreten waren, wurde eine Stimme an die SPD abgegeben. Damit erhielt die SPD mit Sicherheit den dritten Gemeinderatssitz, der sonst durch Losentscheid entweder an die BWV oder an die SPD gegangen wäre[44]. Die Mandatsverteilung im neuen Gemeinderat brachte für SPD und die BWV jeweils drei Sitze. Das Zentrum stellte zwei Gemeinderäte. Die DDP und die KPD errangen jeweils einen Sitz. Demgegenüber ging die DVP leer aus. Insgesamt waren in den zehnköpfigen Gemeinderat sechs Personen wiedergewählt und vier Personen neugewählt worden.

### 2d Die Gemeindeverordnetenwahl am 16. November 1930 und die Gemeinderatswahl am 20. Dezember 1930

Ab 1929 fanden die Wahlen und die politischen Veranstaltungen in einer Zeit wirtschaftlicher Extremsituationen statt. Die Weltwirtschaftskrise hatte eine hohe Arbeitslosigkeit hervorgerufen, die von 6 Prozent im Jahre 1927 auf 30 Prozent bis 1932 gestiegen war. Sie stürzte weite Kreise der Bevölkerung in Existenznot und bedrohte nicht nur Arbeiter und Angestellte sondern auch selbständige Handwerker, Gewerbetreibende und Bauern, deren Situation oft kaum besser als die von staatlichen Unterstützungsempfängern aussah. Eine der weiteren Folgen war die zunehmende Überschuldung der Städte und Kommunen, die immer mehr arbeitslose Unterstützungsempfänger zu versorgen hatten. Die Abhängigkeit vom Arbeitsmarkt Mannheim, der von der Wirtschaftskrise stark betroffen war, wurde auch in Ladenburg immer spürbarer. Die Verschuldung der Stadt stieg stark an. Insgesamt entsprachen die Ladenburger Verhältnisse aber der allgemeinen Situation im Land[45].

Zur Gemeindeverordnetenwahl am 16. November 1930 traten sechs Parteien an[46]. Die SPD bot 40 Bewerber auf, davon drei Frauen auf den Plätzen 6, 15 und 34. Die KPD benannte 26, darunter drei Frauen auf den Plätzen 4, 11 und 20. Die DDP trat in einer Stärke von 23 Bewerbern an. Sie hatte dieses Mal

*Aufruf der NSDAP zur Wahlversammlung am 14. Nov. 1930 (NBP 265 vom 13. Nov. 1926).*

keine Frauen nominiert. Die Zentrumspartei stellte 30 Kandidaten, darunter drei Frauen auf den Listenplätzen 7, 16 und 23, und die BWV 60 Kandidaten, allerdings ohne eine einzige Bewerberin. Erstmals bei einer Gemeindewahl trat nun auch die NSDAP an, die schon zuvor bei Landtags- und Reichstagswahlen kandidiert hatte. Die NSDAP, die den Untertitel „Hitlerbewegung" führte und deren Ladenburger Ortsgruppe am 6. Dezember 1929 gegründet worden war[47], nominierte 18 Bewerber, unter denen sich jedoch keine einzige Frau befand.

Wahlberechtigt waren 3.204 Personen[48], abgegeben wurden 2.696 Stimmen, wovon 2.624 gültig zählten. Die Wahlbeteiligung lag bei 84,1 Prozent. Dies bedeutete mit Abstand die höchste Wahlbeteiligung bei allen Gemeindewahlen in der Zeit der Weimarer Republik. Gegenüber der Wahl von 1926 war sie noch einmal um 6,3 Prozent gestiegen. Damit erreichte sie fast den Wert der Ladenburger Wahlbeteiligung bei Reichstagswahlen, der im Durchschnitt der Jahre 1919 bis 1933 bei 84,2 Prozent lag. Deutlich läßt sich hieraus die fortschreitende Politisierung der Wähler ablesen, die angesichts der ökonomischen Notlage verstärkt auf die massive politische Propaganda reagierten.

Die SPD wurde wie bei der vorherigen Gemeindewahl zweitstärkste Fraktion. Sie erreichte aber dennoch mit nur 19,6 Prozent ihr schlechtestes Ergebnis auf kommunaler Ebene überhaupt und büßte gegenüber 1922 4,9 Prozent ihrer Stimmen ein. Auch gegenüber den zwei Monate zuvor stattgefundenen Reichstagswahlen hatte sie noch einmal 2,3 Prozent verloren[49]. Die KPD erzielte mit 14,1 Prozent einen Zugewinn von 2,0 Prozent. Einen ähnlichen Zugewinn von 2,3 Prozent hatte sie bereits bei den Reichstagswahlen 1930 verzeichnet[50]. Die DDP, die bei der Wahl 1926 noch rund ein Drittel ihrer Wähler verloren hatte, erzielte nun 10,9 Prozent. Dies bedeutete immerhin eine leichte Zunahme um 0,7 Prozent. Mit diesem Ergebnis lag sie auf der Linie der vorherigen Landtagswahl 1929, bei der sie ebenfalls leichte Zugewinne gemacht hatte[51]. Bei der Reichstagswahl 1930 war die DDP in Ladenburg nicht angetreten. Die Zentrumspartei rutschte, erstmals wie die SPD, bei Gemeindewahlen unter die 20-Prozentmarke. Sie erreichte mit 19,4 Prozent nochmals 1,2 Prozent weniger als bei der Wahl 1926. Vergleichbare Verluste waren für das Zentrum auch bei den Landtags- und Reichstagswahlen 1929 und 1930 eingetreten[52]. Gegenüber dem hohen Verlust von über 25 Prozent der Anhängerschaft bei der Gemeindewahl 1926 hatte sich die Partei aber relativ stabilisiert. Denn im Vergleich zur SPD, die rund 5 Prozent verlor, fiel der Verlust des Zentrums mit 1,2 Prozent deutlich geringer aus. Und der Abstand zur SPD, der zweitstärksten Fraktion im Bürgerausschuß, der 1926 noch 3,9 Prozent betragen hatte, verringerte sich auf nur noch 0,2 Prozent. Die BWV erzielte 19,7 Prozent und war damit erneut stärkste Kraft, wenngleich sie 6,2 Prozent Stimmenanteil (rund ein Viertel) gegenüber 1926 verlor und ihr Vorsprung gegenüber SPD und Zentrum somit erheblich zusammengeschmolzen war. Als Novum brachte diese Wahl demnach drei fast gleichstarke Fraktionen hervor. Die NSDAP erreichte bei ihrem ersten Auftreten 16,3 Prozent und wurde damit vierte Kraft im Bürgerausschuß, wobei sie nur um rund drei Prozent unter dem Ergebnis der ‚großen' Fraktionen lag. Im Vergleich zum Durchbruch der NSDAP bei den Reichstagswahlen 1930, bei der sie in Ladenburg 22,5 Prozent holte, fiel das Gemeindewahlergebnis allerdings um 6,2 Prozent geringer aus[53]. Gegenüber der Landtagswahl von 1929, bei denen die Nationalsozialisten 6,4 Prozent Stimmen auf sich vereinigt hatten, war aber ein Gewinn von 9,9 Prozent eingetreten[54]. Fünftstärkste Fraktion war die KPD mit 14,1 Prozent. Die DDP war mit 10,9 Prozent die sechste Partei im Bürgerausschuß.

Die Sitzverteilung der 60 Gemeindeverordnetenmandate[55] brachte für die SPD 12 Sitze (Verlust von 3 Sitzen), für die KPD 8 Sitze (Gewinn 1), für die DDP 6 Sitze (gleichbleibend), für das Zentrum 12 Sitze (gleichbleibend), für die BWV 12 Sitze (Verlust 4) und für die NSDAP 10 Sitze (Gewinn 10). Als relativ stabil zeigten sich Zentrum und DDP, die beide in gleicher Stärke wie 1926 vertreten waren. Verluste mußten indessen die SPD und die BWV hinnehmen, Gewinne erzielten alleine KPD und NSDAP. Auf die Parteien der Weimarer Koalition SPD, DDP und Zentrum entfielen nun nur noch zusammen 30 Mandate, genau die Hälfte des Gesamtplenums. Sie hatten damit drei Sitze verloren, wovon zwei an das rechte Spektrum und einer an die KPD ging. Von den 30 Sitzen außerhalb der Weimarer Koalition entfielen acht auf die linksradikale KPD und zusammen 22 Sitze auf das rechte Parteienspektrum, davon wiederum mit zehn Mandaten fast die Hälfte auf die NSDAP. Der Anteil der Frauen im Bürgerausschuß, der 1926 bei noch vier gelegen hatte, ging erneut zurück. So waren ab 1930 nur noch drei Frauen – jeweils eine Mandatsträgerin von SPD, Zentrum und KPD – unter den 60 Gemeindeverordneten zu finden. Bis auf eine Ausnahme waren die Mitglieder für die NSDAP neu in das Gremium gewählt worden. Auch die KPD-Fraktion war fast vollständig neu besetzt. Für die anderen Fraktionen war rund die Hälfte der Mitglieder neu hinzugewählt worden.

Die Gemeinderatswahlen am 20. Dezember 1930 bestätigten die neuen Mehrheitsverhältnisse[56]. SPD und die BWV büßten jeweils ihr drittes Gemeinderatsmandat ein und stellten nun nur noch jeweils zwei Gemeinderäte. Die KPD und die DDP hielten dagegen jeweils ihr Gemeinderatsmandat. Auch das Zentrum stellte wie 1926 weiterhin zwei Gemeinderäte. Als neue Kraft zog nun jedoch die NSDAP mit zwei Mandaten ein.

In dieser personellen Zusammensetzung sollten Bürgerausschuß und Gemeinderat nur noch rund zweieinhalb Jahre zusammenbleiben. Denn das Gleichschaltungsgesetz vom 21. März 1933, das die Neubildung von Gemeinderat und Bürgerausschuß anordnete, reduzierte die Zahl der Gemeindeverordneten von 60 auf 12 und die Anzahl der Gemeinderäte von zehn auf sechs. Mit der Abschaffung der Wahlen zu den Gemeindevertretungsorganen Anfang Juli 1933 schritt die Gleichschaltung noch weiter fort und beseitigte die letzten Reste kommunaler Selbstverwaltungsorgane im diktatorischen Führerstaat.

Rückblickend gilt es festzuhalten, daß immerhin neun Gemeindeverordnete allen vier Bürgerausschüssen – mit teilweise wechselnder Parteizugehörigkeit – angehörten[57]. Es waren dies Friedrich Bangert (SPD), Heinrich Beedgen (SPD), Leopold Geyer (Zentrum), Johann Heilmann (USPD, SPD), Friedrich Krauß (DDP), Eugen Levy (DDP), Emmerich I Schmitt (Zentrum), Georg Zeller (SPD) und als einzige Frau die Hauptlehrerin Charlotte Gschwindt (Zentrum). Der zeitweilige Vorsitzende des Ladenburger Reichsbanners Heinrich Beedgen verstarb Anfang 1932[58].

Drei Bürgerausschüssen gehörten dagegen 26 Gemeindeverordnete an. Es waren dies Heinrich Abel (Zentrum), Louis Bargolini (SPD), Peter Becker (SPD), Wilhelm Breunig (SPD), Peter Engel (DDP, BWV), Wilhelm Fetzer (DVP, BWV), Hermann Günther (Zentrum), Hermann Hahn (Zentrum), Adam Hirt (SPD), Wilhelm Kirner (Zentrum), Johann Köhler (SPD), Wilhelm Kreß (SPD), Ferdinand Kuntz (Zentrum), Hermann Lackert (DNVP, BWV), Johann Leipf (SPD), Thomas Menrad (SPD, KPD), Ludwig Müller (DNVP, BWV), Peter Münz (DNVP, BWV), Georg Remelius (DNVP, BWV), Karl Scherb (SPD), Josef Serr (Zentrum), Karl Strecker (USPD, KPD), Josef Stumpf (USPD, BWV), Franz Wollenschläger (Zentrum), Friedrich Würzburger (Zentrum) und als einzige Frau Anna Hahn (SPD).

Von den Ladenburger Gemeinderäten[59] gehörte in dieser Zeit nur Emmerich I Schmitt (Zentrum) allen vier Wahlperioden bis 1933 an. Jeweils dreimal wurden Louis Bargolini (SPD – verstorben am 4. Juli 1930), Johann Heilmann (SPD), Johann Leipf (SPD) und Josef Stumpf (USPD, BWV) in den zehnköpfigen Gemeinderat gewählt. Peter Becker (SPD), Hermann Günther (Zentrum), Georg Remelius (DNVP, BWV) und Hermann Wiesler (DDP) waren jeweils für zwei Perioden im Amt.

*Aufrufe von SPD und Zentrum zu Wahlversammlungen am 11. u. 12. Nov. 1930 (NBP 262 vom 10. Nov. 1930).*

## 3. Die Landtagswahlen 1919 bis 1929

Bei allen vier Wahlen zum badischen Landtag von 1919 bis 1929 erreichten die Parteien der Weimarer Koalition – SPD, DDP und Zentrum – die in Baden die Regierungskoalition bildeten, in Ladenburg mit 95,3, 68,3, 64,3 und 55 Prozent immer die Mehrheit der Stimmen[60]. Den Hauptanteil daran stellten einerseits die SPD und andererseits das Zentrum, die beide über einen festen Wählerstamm in der Römerstadt verfügten. Gleichwohl verzeichneten sie in diesem Zeitraum einen erheblichen Stimmenverlust. So erreichte die SPD 1919 einen Anteil von 42,4 Prozent, 1921 von 29,1, 1925 28,9 Prozent und 1929 einen Anteil von 22,8 Prozent. Obgleich die SPD bei den Wahlen 1919, 1921 und 1925 immer das beste Einzelergebnis verbuchen konnte, verlor sie zwischen 1919 und 1929 rund die Hälfte ihrer Wähler zunächst an die USPD und dann an die KPD. Zunehmend büßte die SPD ihre Dominanz im Arbeitnehmerlager ein. Die USPD, die 1919 noch 1,2 Prozent Stimmenanteil hatte, verbesserte sich 1921 auf 12 Prozent. Die KPD, die 1921 2,9 Prozent erreichte, konnte dieses Ergebnis 1925 mehr als verdoppeln und kam auf 7,4 Prozent. Diese Steigerung sollte sie 1929 erneut mit einem Anteil von 15,9 Prozent erzielen.

Das Zentrum holte 1919 mit 28,6 Prozent seine höchste Zustimmung, mußte dann aber 1921 auf 26,3 Prozent, 1925 auf 26,6 Prozent und 1929 auf 23,1 Prozent zurückgehen. Immerhin belegen diese vier Einzelergebnisse zwischen 1919 und 1929 einen stabilen, konfessionell geprägten Wählerblock in Ladenburg, der innerhalb von zehn Jahren zwar geringfügig abnahm, aber immer rund ein Viertel der Wähler umfaßte. 1929 erzielte das Zentrum das beste Parteienergebnis und überflügelte damit erstmals die SPD.

Wie die SPD verlor auch die linksliberale DDP immer mehr Anhänger in Ladenburg. Hatte sie 1919 noch 24,3 Prozent Stimmenanteil, so sank dieser 1921 auf 12,9 Prozent. 1925 betrug er schließlich nur noch 8,8 Prozent. 1929 konnte sich die DDP geringfügig auf 9,1 Prozent verbessern.

Demgegenüber verzeichneten die DVP, die 1919 nur 3,4 Prozent erhielt, und die konservativ-nationalistische DNVP, die 1921 erstmals kandidierte, Zugewinne. Die DVP errang 1921 7,3 Prozent. 1925 erhielt sie 10,6 Prozent und 1929 8,4 Prozent. Die DNVP, die 1921 9,1 Prozent und 1925 sogar 13,1 Prozent Wählerstimmen auf sich vereinigte, verlor indessen ihre Wähler 1929 weitgehend an die NSDAP. Diese erzielte bei ihrem ersten Auftreten bei Landtagswahlen in Ladenburg 1925 einen Stimmenanteil von 2,4 Prozent

*Aufrufe von SPD und KPD zu Wahlversammlungen im Vorfeld der badischen Landtagswahlen am 27. Okt. 1929 (NBP 250 vom 25. Okt. 1929).*

und verbesserte sich 1929 auf 6,4 Prozent. Damit lag ihr Ladenburger Ergebnis nur geringfügig unter ihrem landesweiten Anteil von 7 Prozent.[61].

## 4. Die Reichstagswahlen 1919 bis 1933

Noch deutlicher als bei den Landtagswahlen sollten die großen Parteien seit der Mitte der 20er Jahre ihren Stimmenanteil bei den Reichstagswahlen an die extremen Parteien verlieren[62]. Die SPD, die bei den ersten Wahlen nach dem Krieg 46,3 Prozent der Stimmen gewann, und damit fast so stark wie die beiden anderen ‚großen' Parteien Zentrum und DDP zusammen war, erreichte bei den Wahlen 1932 nur noch 18,3 bzw. 18,2 Prozent. Sie lag damit noch unter dem Ergebnis der KPD, die ihr Resultat von 0,8 Prozent bei der Wahl 1920 auf 19,8 bzw. 22,4 Prozent im Jahr 1932 ausbauen konnte. Bei der letzten demokratischen Wahl erzielte die linksradikale KPD ihre höchste Zustimmung und wurde nach der NSDAP stärkste Partei, nachdem sie bereits bei der Landtagswahl 1929 ihr Ergebnis verdoppelt hatte. Der Anteil der DDP, die 1919 noch 22,2 Prozent errungen hatte, ging bis auf unbedeutende 2,4 bzw. 3,2 Prozent bei den Juli- und Novemberwahlen 1932 zurück. Auch das Zentrum büßte in diesem Zeitraum Wähler ein, wenngleich der Rückgang von 27,4 Prozent im Jahre 1919 auf 21 bzw. 20,3 Prozent 1932 nicht so gravierend ausfiel wie bei der SPD. Wie bei den Landtagswahlen zeigt sich auch hier ein ‚relativ' geschlossener, konfessionell geprägter Wählerblock, der immer mehr als ein Fünftel der Ladenburger Wähler umfaßte und zeitweilig sogar mehr als ein Viertel der Wahlberechtigten ausmachte. Die DVP konnte ihren Anteil von 4,1 Prozent bei der Wahl 1919 zwar kontinuierlich auf 13,7 Prozent im Jahr 1928 steigern, verlor dann aber die Zu-

*Linke Spalte unten: Wahlaufruf der Staatspartei (NBP 254 vom 29. Okt. 1932).*

*Wahlaufrufe der Eisernen Front und der DVP zu den Reichstagswahlen am 31. Juli 1932 (NBP 174 vom 28. Juli 1932).*

stimmung ihrer Anhänger und erreichte bei den Wahlen 1932 nur noch 2,1 bzw. 2,4 Prozent. Die DNVP, die ihre Wähler im konservativ-nationalen Lager hatte, und 1919 noch 9,5 Prozent der Stimmen errang, verlor seit der Mitte der 20er Jahre ihren Wählerstamm fast vollkommen an die völkische NSDAP, die seit ihrem Durchbruch bei den Reichstagswahlen 1930 immer das beste Ergebnis aller Parteien in Ladenburg verzeichnete. 1930 betrug ihr Anteil 22,5 Prozent und war damit sogar noch besser als das Ergebnis in Baden (19,2 Prozent) und im Reichsdurchschnitt, der 18,3 Prozent betrug[63]. Bei den Juliwahlen 1932 stieg zwar der Stimmenanteil der Hitler-Partei in Ladenburg auf 32,4 Prozent an. Er lag damit aber deutlich unter dem Landes- und Reichsdurchschnitt, der sich auf 35,9 bzw. 37,3 Prozent belief. Bei den Novemberwahlen 1932 sank er auf 27,4 Prozent und lag 6,7 Prozent unter dem Resultat in Baden (34,1 Prozent) und 5,7 Prozent unter dem Resultat im Deutschen Reich (33,1 Prozent). Wenngleich die Ladenburger damit niemals mehrheitlich die NSDAP wählten, so gaben sie aber bei diesen letzten nach demokratischen Spielregeln durchgeführten Wahlen vor der ‚Machtergreifung' zur Hälfte den Parteien der äußersten Linken und Rechten ihre Stimmen. Die Parteien der Weimarer Koalition (SPD, DDP,

Wahlaufruf des Kampfbündnisses Schwarz-Weiß-Rot (NBP 54 vom 4. März 1933).

Ganz oben: Aufruf der NSDAP-Ortsgruppe zur Wahlversammlung am 27. Juli 1932 (NBP 172 vom 26. Juli 1932).

Anzeige der NSDAP-Ortsgruppe über die im Rundfunk übertragenen Wahlreden Hitlers (NBP 46 vom 23. Feb. 1933).

Zentrum), die in den ersten Jahren der jungen Demokratie die meisten Ladenburger Wähler auf sich vereinigten, kamen nun nur noch zusammen auf 41,7 Prozent. Gegenüber dem Wahlergebnis von 1919, bei dem sie zusammen noch 95,9 Prozent errangen, bedeutete dies einen Verlust von mehr als der Hälfte ihrer ehemaligen Anhänger. Die Ladenburger Wahlergebnisse spiegeln somit im Längsschnitt einerseits den ‚Verlust der politischen Mitte' und andererseits – vor dem Hintergrund der ökonomischen Krise – den Erfolg radikaler Kräfte wider, welche die erste deutsche Republik zu Fall brachten[64].

**Zentrumspartei Ortsgruppe Ladenburg**

Am Donnerstag, den 2. März 1933, abends 8¼ Uhr spricht im Saale der städtischen Turnhalle Herr Stadtverordneter Thelen-Mannheim anläßlich einer

**Wahlkundgebung**

über die gegenwärtige politische Lage und Bedeutung der bevorstehenden Reichstagswahlen.

*Jn einem Augenblick höchster Not, wo alle zusammenstehen müssten in einmütigem Handeln, überantwortet man das Volk zum so und sovielten Mal den aufwühlenden Wirkungen eines überflüssigen Wahlkampfes. Als starker Ordnungsblock der Mitte, zwischen den radikalen Fronten von links und rechts behauptet die Zentrumspartei auch jetzt ihren Platz - ja jetzt erst recht. Die so viel angegriffene Zentrumspartei ist es noch immer gewesen die durch eine aufbauende, versöhnende und sachliche Politik aller zerstörenden Zwietracht den Weg zur parteidiktatorischen Alleinherrschaft verriegelt hat und auch jetzt verriegeln wird — wenn der deutsche Wähler seine Pflicht tut und ZENTRUM wählt! — Darum auf zur Wahlkundgebung am nächsten Donnerstag, und auf zur Wahl am nächsten Sonntag mit der Parole:*

262

**Nun erst recht ein starkes Zentrum!**

**Zentrumspartei Ortsgruppe Ladenburg**

*Aufruf der Zentrumspartei zur Wahlkundgebung am 2. März 1933 (NBP 51 vom 1. März 1933).*

## 5. Die Reichspräsidentenwahlen 1925 und 1932

Nach dem Tod des ersten Reichspräsidenten Friedrich Ebert am 28. Februar 1925, der noch von den Abgeordneten der Weimarer Nationalversammlung am 11. Februar 1919 in dieses Amt gewählt worden war, mußte der Reichspräsident nach der Weimarer Verfassung für die siebenjährige Amtszeit von der wahlberechtigten Bevölkerung in direkter Wahl bestimmt werden. Den Wahlen zum Amt des Reichspräsidenten, dem gerade Artikel 48 der Reichsverfassung umfangreiche präsidiale Vollmachten einräumte, die in der Spätphase der Weimarer Republik entscheidend ‚zum Tragen' kommen sollten, muß ebenso wie den Reichstagswahlen ein besonderer Stellenwert für den Fortbestand bzw. den Niedergang der Republik beigemessen werden. Insgesamt fanden zwei Reichspräsidentenwahlen am 29. März 1925 und am 13. März 1932 statt. Da jedoch bei beiden Wahlen keiner der Kandidaten im ersten Wahlgang die erforderliche absolute Mehrheit erreichte, wurden jeweils zweite Wahlgänge notwendig, bei denen die einfache Mehrheit der Stimmen – also die höchste Stimmenzahl – entschied. Am 26. April 1925 und am 10. April 1932 fanden diese entscheidenden Wahlgänge statt.

Zur ersten Wahl 1925[65] stellten sich zunächst sieben Bewerber. Es waren dies für die KPD deren Parteivorsitzender Ernst Thälmann, für die SPD der preußische Ministerpräsident Otto Braun, für die DDP der badische Staatspräsident Wilhelm Hellpach, für das Zentrum der Parteivorsitzende und Reichskanzler a.D. Wilhelm Marx, für die Bayerische Volkspartei (BVP) der bayerische Ministerpräsident Heinrich Held und für die DVP der Vizekanzler Karl Jarres, der auch von der DNVP und deutsch-völkischen Gruppen unterstützt wurde. Als Siebter kandidierte der von nationalistisch-konservativen Kreisen getragene und von der NSDAP nominierte preußische General Erich Ludendorff.

Nachdem keiner der sieben die absolute Mehrheit erreichen konnte, traten zum zweiten Wahlgang nur noch drei Bewerber an. Die

*Aufruf der Eisernen Front, des Zusammenschlusses von SPD, freien Gewerkschaften, Reichsbanner und Arbeitersportverbänden, zur Wahlversammlung vor dem 2. Wahlgang der Reichspräsidentenwahlen am 10. April 1932 (NBP 83 vom 9. April 1932).*

*Rechte Spalte: Wahlaufruf des Hindenburg-Ausschusses Ladenburg vor dem 2. Wahlgang der Reichspräsidentenwahlen am 10. April 1932 (NBP 83 vom 9. April 1932).*

KPD hielt an der Kandidatur Thälmanns fest, für den 6,4 Prozent der deutschen Wähler votierten. Die Parteien der Weimarer Koalition (SPD, DDP, Zentrum) stellten mit Wilhelm Marx nun einen gemeinsamen Kandidaten auf, der 45,3 Prozent der Stimmen auf sich vereinigte. Sieger und neuer Reichspräsident wurde der – an Stelle von Jarres – überraschend von den konservativ-nationalen Parteien auf Vorschlag der DNVP ins Rennen geschickte Generalfeldmarschall des Kaiserreichs Paul von Hindenburg. Er erzielte 48,3 Prozent der Stimmen und damit nur 3 Prozent mehr als sein Gegenkandidat Marx.

Nach Ablauf seiner ersten Amtszeit stellte sich Hindenburg erneut am 13. März 1932 zur Wahl. Dieses Mal traten zur Reichspräsidentenwahl fünf Kandidaten an[66]. Neben Hindenburg, der nun von allen demokratischen Parteien unterstützt wurde, die 1925 noch energisch seine Kandidatur bekämpft hatten, waren dies Ernst Thälmann von der KPD, der stellvertretende Vorsitzende des Stahlhelm, Theodor Duesterberg, der für die DNVP kandidierte, der NSDAP-Vorsitzende Adolf Hitler und als weitere Galionsfigur der Vertreter der ‚Inflationsgeschädigten‘ Adolf Gustav Winter. Hindenburg verfehlte im ersten Wahlgang um nur 173.000 Stimmen die absolute Mehrheit. Im zweiten Wahlgang setzte er sich schließlich gegen Thälmann (10,2 Prozent) und Hitler, der aber 36,8 Prozent Stimmen erhielt, mit 53 Prozent durch.

Im Gegensatz zur Reichspräsidentenwahl von 1925, bei denen die Ladenburger mit 63,7 Prozent mehrheitlich Wilhelm Marx wählten, und damit deutlich vom Reichsergebnis abwichen, entsprach das Ladenburger Resultat 1932 dem allgemeinen Trend. So wählten 50 Prozent den amtierenden Reichspräsidenten wieder. Thälmann holte 17,8 Prozent und Hitler 32,2 Prozent der Ladenburger Stimmen.

# Aufruf! Schaffende aller Stände!

Unser Volk ist seit Jahren einem beispiellosen Verfall preisgegeben. In Politik, Wirtschaft und Kultur geht es rasend bergab. Not und Elend greifen immer grausamer um sich. Tatsächlich haben wir heute etwa 8 Millionen Erwerbslose in Deutschland, in einem Augenblick, in welchem unsere Wirtschaft völlig darniederliegt und sämtliche Stände unseres Volkes vor dem endgültigen Zusammenbruch stehen.— Reich, Länder und Gemeinden sind völlig überschuldet und ihre Kassen leer. Schon in allernächster Zeit werden wir

**neue Bürgersteuern, Notverordnungen**

und dergleichen zu erwarten haben. — Es steht ausser Zweifel: **Wir sind dem Untergang geweiht,** wenn wir den Schuldigen und Verantwortlichen an unserem Untergang weiterhin die Macht belassen.

**Wir wollen aber nicht untergehen!**

**Wir wollen heraus aus der Not!**

Dazu ist es nötig, dass ein Mann die Führung des Reiches übernimmt dessen überragende Fähigkeiten als Politiker und Staatsmann die Gewähr für den Wiederaufstieg bieten. Dieser Mann kann nicht der auch von uns verehrte hochbetagte Generalfeldmarschall v. Hindenburg, sondern nur

**Adolf Hitler**

sein.

Der Generalfeldmarschall hat sieben Jahre Zeit gehabt, den Niedergang unseres Volkes aufzuhalten. Wenn er in dieser langen Zeit dazu nicht in der Lage war, dann bietet seine Person im gegenwärtigen Augenblick eines furchtbaren Elendes all unserer schaffenden Stände erst recht keine Sicherheit dafür, dass es wieder besser wird in Deutschland — Wir haben uns aber davon überzeugt, dass **Adolf Hitler** der einzige Kandidat in der heutigen Zeit sein kann. — Dank seiner gewaltigen Führerfähigkeiten stehen heute bereits schon weit über 11 Millionen unseres Volkes hinter ihm, während die Wählerschaft des Feldmarschalls sich aus einem Dutzend von Parteien zusammensetzt. — Die Einigkeit unseres Volkes kommt mit **Adolf Hitler** und mit der Einigkeit die Zusammenfassung aller Kräfte und somit der Wiederaufstieg. — Wir haben uns auch davon überzeugt, dass die Einwände gegen Adolf Hitler seitens seiner Gegner auf Unwissenheit oder Böswilligkeit beruhen. — Es ist noch nie über einen grossen Führer so viel gelogen worden, wie über Adolf Hitler. Wir sehen es deshalb als Gewissenspflicht an, die Schaffenden aller Stände unseres Volkes dazu aufzufordern für

**Adolf Hitler**

zu werben und ihn am 10. April als Reichspräsidenten zu wählen.

**Mit Adolf Hitler in eine bessere Zukunft**

## Der überparteiliche Hitler-Wahlausschuß Ladenburg und Neckarhausen:

Adalbert Kuntz, Ladenburg, Schlosser
Fritz Kahle, Ladenburg, Baumschulenbesitzer
Valentin Kinzig, Ladenburg, Zigarrenmacher
Friedrich Schmitt I, Ladenburg, Landwirt
Jakob Trill, Ladenburg, Schlosser
Josef Heim, Ladenburg, Landwirt
Elise Rögner, Ladenburg, Oberlehrerwitwe
Fritz Keller, Ladenburg, Landwirt
Julius Wollbrink, Neckarhausen, Hilfsarbeiter
Heinrich Chr. Trill, Ladenburg, Landwirt
Heinrich Habermann, Ladenburg, Oberingenieur
Georg Gackstatter, Ladenburg, Landwirt
Otto Schwarzbach, Ladenburg, Werkmeister
Konrad Seel, Ladenburg, Maurermstr. u Baugesch.
Albert Denzler, Ladenburg, Obermüller
Fritz Baumann, Ladenburg, Zimmermann
Hermann Lackert, Ladenburg, Landwirt
Karl Ruckelshausen, Ladenburg, Baumsch.-Bes.
Peter Beidinger, Ladenburg, Landwirt
Marie Griesheimer, Ladenburg, Zigarrenmacherin
Johann Schmich, Ladenburg, Landwirt
Peter Höflein, Ladenburg, Zigarrenfabrikant
Georg Quintel, Neckarhausen, Kraftfahrer
Wilhelm Wiederhold, Ladenburg, Landwirt
Fritz Frey, Ladenburg, Maschinenschlosser
Karl Seel III, Ladenburg, Schreinermeister
Jakob Heilmann, Ladenburg, Landwirt
Johann Jäger, Neckarhausen, Schlosser
Julius Holzmann, Ladenburg, Landwirtsch.-Geh.
Jakob Simons, Ladenburg, Bahnarbeiter
Friedrich Hege, Ladenburg, Landwirt
Karl Layer jr., Ladenburg, Gipsermeister
Wilhelm Meng, Ladenburg, Landwirt
Frau F. Wildberger, Ladenburg, Witwe
Heinrich Münz, Ladenburg, Landwirt
Christian Gropp, Ladenburg, Schlosser
Ludwig Müller, Ladenburg, Landwirt
Georg Dehoust, Neckarhausen, Bahnarbeiter
Fritz Fischer, Neckarhausen, Elektromonteur
Hermann Köhler, Ladenburg, Landwirt

*Wahlaufruf des überparteilichen Hitler-Wahlausschusses Ladenburg/Neckarhausen zum 2. Wahlgang der Reichspräsidentenwahlen am 10. April 1932 (NBP 83 vom 9. April 1932).*

*Wahlaufruf zum 1. Wahlgang der Reichspräsidentenwahlen am 13. März 1932 (NBP 61 vom 12. März 1932).*

# Schluß jetzt

## mit Zwietracht, Parteigeist und Volksverhetzung!

# Wählt Hindenburg!

# Anhang

## Vorbemerkung

Die nachfolgenden Tabellen zu den Ergebnissen der Ladenburger Gemeindeverordneten-, Gemeinderats-, Landtags-, Reichstags- und Reichspräsidentenwahlen sowie die Namenslisten der gewählten Ladenburger Gemeindeverordeneten und Gemeinderäte, die in dieser Form bislang noch nicht zusammengestellt und veröffentlicht wurden, basieren auf den im Stadtarchiv Ladenburg überlieferten amtlichen Wahlunterlagen (Gemeindewahlen A 432–434, Landtagswahlen A 1968–1971, Reichstagswahlen A 1949–1954, Reichspräsidentenwahlen A 1947), den Sammlungen (Bestand: Wahlen Weimarer Republik 1919–1933) sowie den Veröffentlichungen im „Ladenburger Tageblatt" bzw. in der „Neckar-Bergstraß-Post". Grundlage für die Berechnung der jeweiligen Stimmenanteile der einzelnen Parteien in Prozenten bildete die Anzahl der gültigen Stimmen, und nicht die Anzahl der abgegebenen Stimmen, die immer auch einen gewissen Anteil ungültiger Stimmen enthält. Für die Berechnung des tatsächlichen Prozentanteils werden diese Stimmen jedoch nicht berücksichtigt. Deshalb ergeben sich im Vergleich zu den Wahlergebnissen der Parteien, die Hartmut Freund auf der Basis der abgegebenen Stimmen erstmals in seiner Magisterarbeit von 1988 vorgelegt hat, Abweichungen.

## Anhang 1: Gemeindewahlen Ladenburg 1919 bis 1930 Wahl der Gemeindeverordneten

| | 25.05.1919 | | 19.11.1922 | | 14.11.1926 | | 16.11.1930 | |
|---|---|---|---|---|---|---|---|---|
| Wahlberechtigte | 2566 | | 2732 | | 3064 | | 3204 | |
| | | % | | % | | % | | % |
| abg.Stimmen/ Wahlbeteiligung % | 1719 | 66,9 | 1758 | 64,3 | 2383 | 77,8 | 2696 | 84,1 |
| ungültige Stimmen | 16 | | 46 | | 53 | | 72 | |
| gültige Stimmen | 1703 | 66,4 | 1712 | 62,7 | 2330 | 76,0 | 2624 | 81,9 |
| **SPD**[2] | 459 | 27 | 655 | 38,3 | 571 | 24,5 | 514 | 19,6 |
| **USPD** | 263 | 15,4 | - | - | - | - | - | - |
| **KPD** | - | - | - | - | 281 | 12,1 | 370 | 14,1 |
| **DDP**[1] | - | - | 269 | 15,7 | 238 | 10,2 | 286 | 10,9 |
| **Zentrum**[1] | 981 | 57,6 | 476 | 27,8 | 481 | 20,6 | 509 | 19,4 |
| **DVP**[1] | - | - | 140 | 8,2 | 156 | 6,7 | - | - |
| **BWV** | - | - | - | - | 603 | 25,9 | 516 | 19,7 |
| **DNVP**[1] | - | - | 172 | 10 | - | - | - | - |
| **NSDAP** | - | - | - | - | - | - | 429 | 16,3 |
| | 1703 | 100 | 1712 | 100 | 2330 | 100 | 2624 | 100 |

*1) 1919 waren DDP, Zentrum, DVP, DNVP und einzelne Berufsgruppen als „Vereinigte Bürgerliche Berufsgruppen" (VBB) mit einer gemeinsamen Kandidatenliste angetreten.*

*2) 1922 bewarben sich die Arbeiterparteien mit einer gemeinsamen Liste „Vereinigte SPD" (VSPD).*

## Anhang 2: Gemeindewahlen Ladenburg 1919 bis 1930
Mandatsverteilung Gemeindeverordnete und Gemeinderäte

| | Mandate Gemeindeverordnete | | | | Mandate Gemeinderäte | | | |
|---|---|---|---|---|---|---|---|---|
| **Wahlen** | **1919** | **1922** | **1926** | **1930** | **1919** | **1922** | **1926** | **1930** |
| SPD[2] | 16 | 23 | 15 | 12 | 3 | 4 | 3 | 2 |
| USPD | 9 | | | | 1 | | | |
| KPD | | | 7 | 8 | | | 1 | 1 |
| DDP[1] | | 9 | 6 | 6 | 3 | 1 | 1 | 1 |
| Zentrum[1] | 35 | 17 | 12 | 12 | 3 | 3 | 2 | 2 |
| DVP[1] | | 5 | 4 | | | 1 | | |
| BWV | | | 16 | 12 | | | 3 | 2 |
| DNVP[1] | | 6 | | | | 1 | | |
| NSDAP | | | | 10 | | | | 2 |
| Gesamt | 60 | 60 | 60 | 60 | 10 | 10 | 10 | 10 |

### Von Frauen besetzte Gemeindeverordnetenmandate

| | Mandate | Mandate | Mandate | Mandate |
|---|---|---|---|---|
| **Wahlen** | **1919** | **1922** | **1926** | **1930** |
| SPD[2] | 2 | 2 | 2 | 1 |
| USPD | | | | |
| KPD | | | | 1 |
| DDP[1] | | 1 | | |
| Zentrum[1] | 4 | 3 | 1 | 1 |
| DVP[1] | | 1 | 1 | |
| DNVP[1] | | | | |
| NSDAP | | | | |
| Gesamt Frauen | 6 | 7 | 4 | 3 |
| Gesamtgremium | 60 | 60 | 60 | 60 |

*1) 1919 waren DDP, Zentrum, DVP, DNVP und einzelne Berufsgruppen als „Vereinigte Bürgerliche Berufsgruppen" (VBB) mit einer gemeinsamen Kandidatenliste angetreten.*
*2) 1922 bewarben sich die Arbeiterparteien mit einer gemeinsamen Liste „Vereinigte SPD" (VSPD).*

## Anhang 3: Gemeindeverordnete 1919 bis 1933

### *Gemeindeverordnete 1919 bis 1922*

SPD: 16 Sitze

Louis Bargolini (Schlossermeister), Heinrich Bechthold (Tüncher), Peter Becker (Schreinermeister), Heinrich Beedgen (Maurer), Heinrich Gimber (Wirt), Johann Köhler (Schuhmacher), Wilhelm Kremers (Händler), Wilhelm Kreß (Lagerhalter), Johann Leipf (Obmann), Karl Scherb (Maurer), Georg Schmitt (Schlosser), Josef Schreckenberger (Schuhmachermeister), Johann Storch (Schuhmacher), Karl II Stumpf (Wirt), Georg Zeller (Stukkateur).
Frauen: Anna Hahn (Ehefrau).
Nachrücker: Friedrich Bangert (Schlosser), Johann Hessenthaler (Fräser).
Frauen: Marie Egenmaier (Ehefrau).

USPD: 9 Sitze

Johann Heilmann (Schlosser), Stefan Himmler (Spengler), Adolf Höttgen (Monteur), Karl Reinwald (Gärtner), Emil I Ried (Dreher), Valentin Schmitthauser (Fabrikarbeiter), Franz Schwarz (Tapezierer), Karl Strecker (Arbeiter), Josef Stumpf (Heizer),
Nachrücker: Georg Engel (Schmied).

Vereinigte Bürgerliche Berufsgruppen (VBB): 35 Sitze

Heinrich Abel (Hutmachermeister), Friedrich I Bauer (Kaufmann), Eugen Benz (Fabrikant), Johann Georg Bläß (Landwirt), Johann Diemer (Glasermeister), Peter Engel (Erdarbeiter), Johann Gackstetter (Schlosser), Leopold Geyer (Maurermeister), Josef Götz (Zimmermann), Michael Grabenauer (Schneidermeister), Peter Günther (Spenglermeister), Franz Heck (Oberstationskontrolleur), Peter Höflein (Zigarrenmacher), Ernst Hofmann (Rektor), Jakob III Katzenmaier (Tünchermeister), Adam Kling (Tierarzt), Friedrich Krauß (Buchbindermeister), Georg Franz Krauß (Landwirt), Ferdinand Kuntz (Oberjustizsekretär), Hermann Lackert (Landwirt); Eugen Levy (Kaufmann), August Maier (Landwirt), Karl Maurer (Zimmermeister), Ludwig Nerlinger (Buchdruckereibesitzer), Georg Remelius (Landwirt), Karl Ruckelshausen (Gärtner), Emmerich I. Schmitt (Landwirt), Josef Serr (Bäckermeister), Georg Vogel (Briefträger), Fritz Wahl (Kaufmann); Karl Wollenschläger (Professor), Christoph Zeidler (Töpfer).
Frauen: Franziska Egenmaier (Sortiererin), Rosa Gattung (Privat), Charlotte Gschwindt (Hauptlehrerin).

Nachrücker: Michael Bläß (Kaufmann), Valentin Braun (Weichenwärter), Martin Lösser (Bäckermeister), Franz Wolf (Landwirt), Heinrich Wolf (Bäckermeister).
Frauen: Elise Drißler (Ehefrau).

### *Gemeindeverordnete 1922 bis 1926*

*VSPD: 23 Sitze*

Johann Bär (Metallarbeiter), Friedrich Bangert (Schlosser, seit 1919 für SPD nachgerückt), Louis Bargolini (Schlossermeister, seit 1919 für SPD gewählt), Peter Becker (Schreinermeister, seit 1919 für SPD gewählt), Heinrich Beedgen (Maurer, seit 1919 für SPD gewählt), Wilhelm Breunig (Feldhüter, 1919 für USPD kandidiert), Wilhelm Brose (Fabrikarbeiter), Johann Heilmann (Schlosser, 1919 für USPD gewählt), Johann Hessenthaler (Fräser, seit 1919 für SPD nachgerückt), Adam Hirt (Fabrikarbeiter), Johann Köhler (Schuhmacher, seit 1919 für SPD gewählt), Wilhelm Kreß (Lagerhalter, seit 1919 für SPD gewählt), Johann Leipf (Obmann, seit 1919 für SPD gewählt), Peter Müller (Packer, 1919 für USPD kandidiert), Karl Scherb (Maurer, seit 1919 für SPD gewählt), Gustav Schmidt (Arbeiter), Emil Schwanz (Schmied, 1919 für SPD kandidiert), Jakob Schweiß (Fabrikarbeiter), Karl Stinner (Buchbindermeister), Johann Storch (Arbeiter, seit 1919 für SPD gewählt), Georg Zeller (Stukkateur, seit 1919 für SPD gewählt).

Frauen: Anna Hahn (Ehefrau, seit 1919 für SPD gewählt), Klara Schossig (Ehefrau).
Nachrücker: Friedrich Breunig (Maurer), Thomas Menrad (Bahnarbeiter, 1919 für SPD kandidiert), Adam Sattler (Bohrer, 1919 für SPD kandidiert), Justus Strecker (Schleifer, 1919 für SPD kandidiert).

*DDP: 9 Sitze*

Hermann Heim (Kaufmann, 1919 für VBB/DDP kandidiert), Adam Kling (Tierarzt, seit 1919 für VBB/DDP gewählt), Friedrich Krauß (Buchbindermeister, seit 1919 für VBB/DDP gewählt), Georg Franz Krauß (Landwirt, seit 1919 für VBB/DDP gewählt), Eugen Levy (Kaufmann, seit 1919 für VBB/DDP gewählt), Franz Sättele (Professor), Karl Wiederhold (Landwirt), Karl Friedrich Wittmann (Baumeister).
Frauen: Friederike Eberle (Ehefrau).
Nachrücker: Ernst Paulus (Glaser).

*Zentrum: 17 Sitze*

Heinrich Abel (Hutmachermeister, seit 1919 für VBB/Zentrum gewählt), Josef Bläß (Kaufmann), Leopold Geyer (Maurermeister, seit 1919 für VBB/Zentrum gewählt), Josef Götz (Zimmermeister, seit 1919 für VBB/Zentrum gewählt), Sebastian Grießer (Arbeiter), Hermann Günther (Maurermeister, 1919 für VBB/Zentrum kandidiert), Hermann Hahn (Vorarbeiter), Franz Heck (Eisenbahninspektor, seit 1919 für VBB/Zentrum gewählt), Ferdinand Kuntz (Gerichtsoberverwaltungsinspektor, seit 1919 für VBB/Zentrum gewählt), August Maier (Landwirt, seit 1919 für VBB/Zentrum gewählt), Adolf Müller (Kaminfeger), Josef Serr (Bäckermeister, seit 1919 für VBB/Zentrum gewählt), Franz Wolf (Landwirt, 1919 für VBB/Zentrum kandidiert), Karl Wollenschläger (Professor, seit 1919 für VBB/Zentrum gewählt).
Frauen: Charlotte Gschwindt (Hauptlehrerin, seit 1919 für VBB/Zentrum gewählt), Babette Kick (Ehefrau), Luise Zürker (Witwe).
Nachrücker: Georg Bauer (Arbeiter), Wilhlem Kirner (Hauptlehrer, 1919 für VBB/Zentrum kandidiert), Friedrich Würzburger (Maurermeister).

*DVP: 5 Sitze*

Eugen Benz (Fabrikant, seit 1919 für VBB/DVP gewählt), Wilhelm Fetzer (Briefträger), Ludwig Fuchs (Kaufmann, 1919 für VBB/Zentrum kandidiert), Max Hohn (Apotheker).
Frauen: Meta Hofmeister (Kunstmalerin).
Nachrücker: Jakob II Engel (Tünchermeister).

*DNVP: 6 Sitze*

Friedrich Huben (Gärtner), Friedrich Keller (Landwirt), Hermann Lackert (Landwirt, seit 1919 für VBB/DNVP), Ludwig Müller (Landwirt), Peter Münz (Landwirt), Georg Remelius (Landwirt, seit 1919 für VBB/DNVP gewählt).
Nachrücker: Johann Georg Bläß (Landwirt, seit 1919 für VBB/DNVP gewählt).

### *Gemeindeverordnete 1926 bis 1930*

*SPD: 15 Sitze*

Louis Bargolini (Schlossermeister, seit 1919 gewählt), Heinrich Beedgen (Maurer, seit 1919 gewählt), Friedrich Breunig (Maurer, seit 1922 nachgerückt), Wilhlem Breunig (Feldhüter, seit 1922 gewählt, 1919 für USPD kandidiert), Johann Heilmann (Schlosser, seit 1919 gewählt, 1919 bis 1922 für USPD, ab 1922 für SPD), Adam Hirt (Fabrikarbeiter, seit 1922 gewählt), Johann Köhler (Schuhmacher, seit 1919 gewählt), Wilhelm Kress (Lagerhalter, seit 1919 gewählt), Johann Leipf (Obmann, seit 1919 gewählt), Karl Scherb (Maurer, seit 1919 gewählt), Hans Schlegel (Kesselschmied, kandidiert bereits 1922), Jakob Schweiß (Fabrikarbeiter, seit 1922 gewählt), Georg Zeller (Stukkateur, seit 1919 gewählt).
Frauen: Anna Hahn (Ehefrau, seit 1919 gewählt), Klara Schossig (Hausfrau, seit 1922 gewählt).

Nachrücker: Friedrich Bangert (Schlosser, seit 1919 gewählt), Gustav Schmitt (Arbeiter, seit 1922 gewählt).

*KPD: 7 Sitze*

Theodor Haas (Arbeiter), Franz Lulay (Arbeiter), Georg Menrad (Arbeiter), Thomas Menrad (Bahnarbeiter, 1919 für SPD kandidiert, seit 1922 für VSPD nachgerückt), Friedrich Wilhelm Müller (Arbeiter), Jean Müller (Heizer), Wilhelm Strecker (Arbeiter).

Nachrücker: Karl Strecker (Arbeiter, 1919 für USPD gewählt).

*DDP: 6 Sitze*

Friedrich Filsinger (Direktor), Hermann Heim (Kaufmann, 1919 für VBB/DDP kandidiert, seit 1922 gewählt), Friedrich Krauß (Buchbindermeister, seit 1919 für VBB/DDP gewählt), Eugen Levy (Kaufmann, seit 1919 für VBB/DDP gewählt), Karl Meixner (Mechaniker), Herman Wiesler (Hauptlehrer, kandidiert bereits 1922).

Nachrücker: Ernst Paulus (Glasermeister, seit 1922 nachgerückt).

*Zentrum: 12 Sitze*

Heinrich Abel (Hutmachermeister, seit 1919 für VBB/Zentrum gewählt), Franz Fischer (Arbeiter), August Frey (Schreinermeister, kandidiert bereits 1922), Leopold Geyer (Maurermeister, seit 1919 für VBB/Zentrum gewählt), Hermann Hahn (Vorarbeiter, seit 1922 gewählt), Wilhelm Kirner (Hauptlehrer, seit 1922 nachgerückt, 1919 für VBB/Zentrum kandidiert), Ferdinand Kuntz (Gerichtsoberverwaltungsinspektor, seit 1919 für VBB/Zentrum gewählt), Emmerich I Schmitt (Landwirt, 1919 für VBB/Zentrum gewählt, 1922 für Zentrum kandidiert), Josef Serr, (Bäckermeister, seit 1919 VBB/Zentrum gewählt), Friedrich Jakob Melchior Wolf (Landwirt), Friedrich Würzburger (Maurermeister, seit 1922 nachgerückt).

Frauen: Charlotte Gschwindt (Hauptlehrerin, seit 1919 für VBB/Zentrum gewählt).

Nachrücker: Hermann Günther (Maurermeister, 1919 für VBB/Zentrum kandidiert, seit 1922 gewählt), Karl Wollenschläger (Professer, seit 1919 für VBB/Zentrum gewählt).

*DVP: 4 Sitze*

Ottokar Bennewitz (Betriebsingenieur, kandidiert bereits 1922), Jakob II Engel (Tünchermeister, seit 1922 nachgerückt), Wilhelm Fetzer (Briefträger, seit 1922 gewählt), Georg Kegler (Kaufmann).

Nachrücker: Meta Hofmeister (Kunstmalerin, seit 1922 gewählt).

*Bürgerlich Wirtschaftliche Vereinigung (BWV): 16 Sitze*

Friedrich III Betz (Landwirt, 1922 für DNVP kandidiert), Georg Engel (Schmied, 1919 für USPD nachgerückt), Peter Engel (Arbeiter, 1919 für VBB/DDP gewählt), Wilhelm Engel (Wagnermeister), Georg Guckenmus (Landwirt), Peter Höflein (Zigarrenfabrikant, 1919 für VBB/Zentrum gewählt, 1922 für Zentrum kandidiert), Georg Keller (Magazinarbeiter), Hans Kreter (Werkmeister), Ludwig Müller (Landwirt, seit 1922 für DNVP gewählt), Pirmin Müller (Dreschmaschinenbesitzer), Josef Reffert (Buchdrucker), Jakob II Schmitt (Landwirt), Konrad III Seel (Maurermeister), Josef Stumpf (Heizer, 1919 für USPD gewählt, 1922 nicht kandidiert), Friedrich Volz (Stanzer), Georg Peter Vorgeitz (Landwirt).

Nachrücker: Friedrich Agricola (Fabrikant, 1919 für VBB/DDP gewählt, 1922 für DDP kandidiert, seit 1926 für BWV gewählt), Karl Keller (Fräser), Peter Münz (Landwirt, 1922 für DNVP gewählt).

### *Gemeindeverordnete 1930 bis 1933*

*SPD: 12 Sitze*

Friedrich Bangert (Schlosser, seit 1919 gewählt), Peter Becker (Schreinermeister, 1919 bis 1926), Heinrich Beedgen (Maurer, seit 1919 gewählt), Wilhelm Breunig (Feldhüter, 1919 für USPD kandidiert, seit 1922 für SPD gewählt), Johann Heilmann (Schlosser, 1919 für USPD gewählt, seit 1922 für SPD gewählt), Adam Hirt (Arbeiter, seit 1922 gewählt), Willi

Rieple (Gewerbelehrer), Karl Schlegel (Gärtner), Emil Schwarz (Werkzeugschmied), Karl Storch (Hutmacher, 1922 u. 1926 kandidiert), Georg Zeller (Gipsermeister, seit 1919 gewählt).

Frauen: Gretel Meng (Ehefrau).

Nachrücker: Bernhard Spengler (Techniker), Gustav Wagner (Gärtner).

*KPD: 8 Sitze*

Heinrich Daum (Schlosser), Theodor Haas (Arbeiter, seit 1926 gewählt), Kurt Hotz (Bahnarbeiter), Jakob Menrad (Arbeiter), Thomas Menrad (Bahnarbeiter, 1919 für SPD kandidiert, 1922 für SPD nachgerückt, seit 1926 für KPD gewählt), Fritz Moser (Arbeiter), Karl Strecker (Arbeiter, 1919 für USPD gewählt, seit 1926 für KPD nachgerückt).

Frauen: Anna Gehring (Hausfrau).

Nachrücker: Karl Höflein (Arbeiter).

*DDP: 6 Sitze*

Friedrich Filsinger (Direktor, seit 1926 gewählt), Friedrich Krauß (Buchbindemeister, seit 1919 für VBB/DDP gewählt), Eugen Levy (Kaufmann, seit 1919 für VBB/DDP gewählt), Karl Meixner (Monteur, seit 1926 gewählt), Fritz Reinwald (Gärtner, kandidiert bereits 1926), Herman Wiesler (Hauptlehrer, 1922 für DDP kandidiert, seit 1926 gewählt).

Nachrücker: Ludwig Thieme (Angestellter, 1926 kandidiert).

*Zentrum: 12 Sitze*

Josef Bläß (Kaufmann, 1922 gewählt, kandidiert bereits 1926), Franz Fischer (Arbeiter, seit 1926 gewählt), August Frey (Schreinermeister, kandidiert bereits 1922, seit 1926 gewählt), Leopold Geyer (Maurermeister, seit 1919 für VBB/Zentrum gewählt), Hermann Günther (Maurermeister, 1919 für VBB/Zentrum kandidiert, seit 1922 gewählt), Hermann Hahn (Vorarbeiter, seit 1922 gewählt), Adam Herdt (Töpfermeister, kandidert bereits 1922 und 1926), Wilhelm Kirner (Hauptlehrer, 1919 für VBB/Zentrum kandidiert, seit 1922 gewählt), Emmerich I Schmitt (Landwirt, 1919 für VBB/Zentrum gewählt, 1922 für Zentrum kandidiert, seit 1926 gewählt), Melchior Friedrich Jakob Wolf (Landwirt, seit 1926 gewählt), Friedrich Würzburger (Maurermeister, 1919 für VBB/Zentrum kandidiert, seit 1922 gewählt).

Frauen: Charlotte Gschwindt (Hauptlehrerin, seit 1919 für VBB/Zentrum gewählt).

Nachrücker: Herrmann Jäger (Obergärtner), Josef Siedig (Bahnarbeiter).

*Bürgerlich Wirtschaftliche Vereinigung: 12 Sitze*

Karl Breunig (Monteur, kandidiert bereits 1926), Wilhelm Fetzer (Briefträger, seit 1922 für DVP gewählt), Josef Grabenauer (Schriftsetzer), Georg Guckenmus (Landwirt, seit 1926 gewählt), Adalbert Katzenmaier (Schlossermeister), Georg Kegler (Kaufmann, seit 1926 für DVP gewählt), Hermann Köhler (Landwirt, kandidiert bereits 1926), Ludwig Müller (Landwirt, 1922 für DNVP gewählt, seit 1926 für BWV gewählt), Pirmin Müller (Dreschmachinenbesitzer, seit 1926), Peter Münz (Landwirt, 1922 für DNVP gewählt, seit 1926 für BWV gewählt), Josef Reffert (Druckereibesitzer, seit 1926 gewählt), Josef Stumpf (Heizer, 1919 für USDP gewählt, seit 1926 für BWV gewählt).

Nachrücker: Peter Engel (Arbeiter, 1919 für VBB/DDP gewählt, 1922 für DDP kandidiert, seit 1926 für BWV gewählt), Hermann Lackert (Landwirt, 1919 für VBB/DNVP gewählt, 1922 für DNVP gewählt, 1926 nicht kandidiert).

*NSDAP: 10 Sitze*

Fritz Betz junior (Landwirt), August Engel (Schlossermeister), Wilhelm Engel (Wagnermeister, seit 1926 für BWV gewählt), Hermann Kaiser (Hilfsarbeiter, 1926 für BWV kandidiert), Hans Linsin (Staatsbaumeister), Johann Michael Meng (Landwirt, 1919 für VBB/DNVP kandidiert, 1922 für DNVP kandidiert, 1926 für BWV kandidiert), Georg Neubauer (Schmied), Karl Nilson (Landwirt), Kurt Pohly (Diplomingenieur), Karl Reffert (Maschinenschlosser).

Nachrücker: Hermann Höfer (Küfer), Philipp Stumpf (Kaufmann).

Anhang 4: Gemeindewahlen Ladenburg 1919 bis 1930
Gewählte Gemeinderäte 1919 bis 1933

| Parteien | Mandate | 1919-1922 | Mandate | 1922-1926 | Mandate | 1926-1930 | Mandate | 1930-1933 |
|---|---|---|---|---|---|---|---|---|
| **SPD** | 3 | Louis Bargolini<br>Peter Becker<br>Johann Leipf | 4 | **VSPD**<br>Louis Bargolini (seit 1919)<br>Peter Becker (seit 1919) Johann Heilmann<br>Johann Leipf (seit 1919) | 3 | Louis Bargolini (seit 1919)<br>Johann Heilmann (seit 1922)<br>Johann Leipf (seit 1919) | 2 | Johann Heilmann (seit 1922)<br>Georg Zeller |
| **USPD** | 1 | Josef Stumpf | | | | | | |
| **KPD** | | | | | 1 | Thomas Menrad | 1 | Theodor Haas |
| **DDP** | 3 | DDP und Berufsgruppen (VBB) zusammen:<br>Friedrich Agricola<br>Georg Bauer<br>Friedrich Trill | 1 | Franz Sättele | 1 | Hermann Wiesler | 1 | Hermann Wiesler (seit 1926) |
| **Zentrum** | 3 | Jonas Baumann<br>Peter Höflein<br>Emmerich I Schmitt | 3 | Hermann Günther<br>Franz Heck<br>Emmerich I Schmitt (seit 1919) | 2 | Hermann Günther (seit 1922)<br>Emmerich I Schmitt (seit 1919) | 2 | Hermann Hahn<br>Emmerich I Schmi (seit 1919) |
| **DVP** | | | 1 | Jakob II Engel | | | | |
| **BWV** | | | | | 3 | Georg Guckenmus<br>Pirmin Müller<br>Josef Stumpf (1919 USPD) | 2 | Georg Remelius (1922 für DNVP)<br>Josef Stumpf (191 für USPD,1926 fü BWV) |
| **DNVP** | | | 1 | Georg Remelius | | | | |
| **NSDAP** | | | | | | | 2 | Wilhelm Engel<br>Kurt Pohly |
| **Zusammen** | 10 | | 10 | | 10 | | 10 | |

Anhang 5: Gemeinde Ladenburg
Ergebnisse Landtagswahlen 1919 bis 1929

| | 05.01.1919 | | 30.10.1921 | | 25.10.1925 | | 27.10.1929 | |
|---|---|---|---|---|---|---|---|---|
| Wahlberechtigte | 2257 | | 2700 | | 3026 | | 3229 | |
| | | % | | % | | % | | % |
| abgegebene Stimmen/ Wahlbeteiligung in % | 2112 | 93,5 | 2116 | 78,4 | 2259 | 74,6 | 2465 | 76,3 |
| ungültige Stimmen | 1 | 0,0 | 17 | 0,7 | 42 | 1,3 | 63 | 1,9 |
| gültige Stimmen | 2111 | 93,5 | 2099 | 77,7 | 2217 | 73,3 | 2402 | 74,4 |
| **SPD** | 895 | 42,4 | 611 | 29,1 | 640 | 28,9 | 549 | 22,8 |
| **USPD** | 26 | 1,2 | 252 | 12,0 | - | - | - | - |
| **KPD** | - | - | 62 | 2,9 | 164 | 7,4 | 381 | 15,9 |
| **DDP** | 513 | 24,3 | 271 | 12,9 | 196 | 8,8 | 218 | 9,1 |
| **Zentrum** | 605 | 28,6 | 552 | 26,3 | 589 | 26,6 | 555 | 23,1 |
| **DVP** | 72 | 3,4 | 153 | 7,3 | 235 | 10,6 | 202 | 8,4 |
| **DNVP** | - | - | 191 | 9,1 | 291 | 13,1 | 46 | 1,9 |
| **NSDAP** | - | - | - | - | 53 | 2,4 | 154 | 6,4 |
| **Sonstige** | - | - | 7[1] | 0,3 | 49[2] | 2,2 | 297[3] | 12,4 |
| **Gesamt** | 2111 | 100 | 2099 | 100 | 2217 | 100 | 2402 | 100 |

1) *Die 7 Stimmen entfielen auf die "Wirtschaftliche Vereinigung".*
2) *Auf die "Wirtschaftliche Vereinigung" entfielen 9, auf die "Deutsch-Völkischen" 16, auf die "Aufwertungspartei" 11 und auf den "Pächterverband" 13 Stimmen.*
3) *Auf die "Wirtschaftspartei" entfielen 71, auf die "Bauernpartei" 93, auf den "Evangelischen Volksdienst" (EV.VD) 118, auf die "Christlich-Soziale Reichspartei" 5 und auf die "Volksrechtpartei" 10 Stimmen.*

## Anhang 6: Gemeinde Ladenburg
## Ergebnisse Reichstagswahlen 1919 bis 1933

| | **19.01.1919** | | **06.06.1920** | | **04.05.1924** | | **07.12.1924** | | **20.05.1928** | | **14.09.1930** | | **31.07.1932** | | **06.11.1932** | | **05.03.1933** | |
|---|---|---|---|---|---|---|---|---|---|---|---|---|---|---|---|---|---|---|
| Wahlberech. | 2404 | | 2660 | | 2959 | | 2961 | | 3104 | | 3205 | | 3357 | | 3407 | | 3425 | |
| | | % | | % | | % | | % | | % | | % | | % | | % | | % |
| abg. Stim./ Wahlbeteil. in % | 2181 | 90,7 | 2119 | 79,7 | 2348 | 79,4 | 2419 | 81,7 | 2387 | 77,0 | 2766 | 86,3 | 2935 | 87,4 | 2880 | 84,5 | 3122 | 91,2 |
| ung. Stim. | 6 | 0,2 | 9 | 0,4 | 22 | 0,8 | 38 | 1,3 | 67 | 2,2 | 48 | 1,5 | 35 | 1,0 | 51 | 1,8 | 40 | 1,3 |
| gült. Stim. | 2175 | 90,5 | 2110 | 79,3 | 2326 | 78,6 | 2381 | 80,4 | 2320 | 74,8 | 218 | 83,8 | 2900 | 86,4 | 2829 | 98,2 | 3082 | 98,7 |
| **SPD** | 1008 | 46,3 | 587 | 27,8 | 603 | 25,9 | 764 | 32,1 | 618 | 26,6 | 596 | 21,9 | 530 | 18,3 | 516 | 18,2 | 556 | 18,0 |
| **USPD** | - | - | 310 | 14,7 | 21 | 0,9 | 16 | 0,7 | - | - | - | - | - | - | - | - | - | - |
| **KPD** | - | - | 16 | 0,8 | 284 | 12,2 | 119 | 5,0 | 350 | 15,1 | 473 | 17,4 | 575 | 19,8 | 634 | 22,4 | 561 | 18,2 |
| **EV.VD** | - | - | - | - | - | - | - | - | - | - | 93 | 3,4 | 59 | 2,0 | 59 | 2,1 | 49 | 1,6 |
| **DDP** | 482 | 22,2 | 310 | 14,7 | 238 | 10,2 | 202 | 8,5 | 202 | 8,7 | - | - | 70 | 2,4 | 89 | 3,2 | 71 | 2,3 |
| **Zentrum** | 596 | 27,4 | 555 | 26,3 | 662 | 28,5 | 605 | 25,4 | 513 | 22,1 | 562 | 20,7 | 608 | 21,0 | 573 | 20,3 | 638 | 20,7 |
| **DVP** | 89 | 4,1 | 132 | 6,2 | 182 | 7,8 | 247 | 10,4 | 318 | 13,7 | 248 | 9,1 | 60 | 2,1 | 69 | 2,4 | 51 | 1,7 |
| **DNVP** | - | - | 200 | 9,5 | 108 | 4,7 | 205 | 8,6 | 138 | 6,0 | 25 | 0,9 | 46 | 1,6 | 99 | 3,5 | 96 | 3,1 |
| **NSDAP** | - | - | - | - | 138 | 6,0 | 149 | 6,2 | 19 | 0,8 | 610 | 22,5 | 940 | 32,4 | 776 | 27,4 | 1057 | 34,3 |
| **Sonstige** | - | - | - | - | 90[1] | 3,8 | 74[2] | 3,1 | 164[3] | 7,0 | 111[4] | 4,1 | 12[5] | 0,4 | 14[6] | 0,5 | 3[7] | 0,1 |
| **Gesamt** | 2175 | 100 | 2110 | 100 | 2326 | 100 | 2381 | 100 | 2320 | 100 | 2718 | 100 | 2900 | 100 | 2829 | 100 | 3082 | 100 |

1) *59 Stimmen entfielen auf den "Landbund", 21 auf die "Wirtschaftliche Vereinigung", 8 auf den "Bund der Geusen" und 2 auf die "Republikanische Partei".*

2) *44 Stimmen entfielen auf den "Landbund", 15 auf die "Wirtschaftliche Vereinigung", 4 auf die "Aufwertungspartei" und 11 auf die "Völkische Reichspartei".*

3) *100 Stimmen entfielen auf die "Wirtschaftliche Vereinigung", 5 auf die "Linkskommunisten", 6 auf die "Deutsche Bauernpartei", 3 auf die "Christlich-Nationale Bauernpartei", 35 auf die "Volksrechtpartei", 2 auf den "Völkisch-Nationalen Block", 7 auf die "Christlich-Soziale Reichspartei", 3 auf die "Alte Soz." und 3 auf den "Reichsblock der Geschädigten".*

4) *7 Stimmen entfielen auf die "Deutsche Bauernpartei", 36 auf die "Reichspartei des Mittelstandes", 48 auf die "Badische Bauernpartei", 13 auf die "Volksrechtpartei-Christlich-Soziale Reichspartei", 6 auf die "Konservative Volkspartei" und 1 auf die "Haus- und Grundbesitzerpartei".*

5) *4 Stimmen entfielen auf die "Volksrechtpartei", 1 auf die "Wirtschaftspartei", 4 auf die "Deutsche Bauernpartei", 1 auf die "Arbeiter- und Bauernpartei", 1 auf "Nationalsozialistische Kleinrentner" und 1 auf die "Freiwirtschaftsbewegung".*

6) *3 Stimmen entfielen auf die "Schicksalsgemeinschaft deutscher Erwerbloser", 1 auf die "Vereinte Bauernpartei", 1 auf die "Volksrechtpartei", 1 auf die "Sozialistische Arbeiterpartei Deutschland", 1 auf die "Freiwirtschaftliche Partei Deutschland", 2 auf die "Kampfgemeinschaft der Arbeiter und Bauern", 2 auf die "Kleinrentner und Inflationsgeschädigte", 1 auf die "Deutsche Reformpartei" und 2 auf den "Radikalen Mittelstand".*

7) *2 Stimmen entfielen auf den "Bauern- und Weingärtnerverbund" und 1 Stimme auf die "Sozialistische Kampfgemeinschaft".*

## Anhang 7: Gemeinde Ladenburg Reichpräsidentenwahlen 1925 und 1932

| | | 1. Wahlgang 29.03.1925 | | | 2. Wahlgang 26.04.1925 | | | |
|---|---|---|---|---|---|---|---|---|
| Wahlberechtigte | | 2971 | | | | 2969 | | |
| abgeg. Stimmen/% | | 2250 | 75,7 | | | 2584 | 87,0 | |
| ungültige Stimmen | | 31 | | | | 32 | | |
| gültige Stimmen | | 2219 | 74,7 | | | 2552 | 86,0 | |
| | | | | im Reich | | | | im Reich |
| KPD | Thälmann | 76 | 3,4 | 7,0 | Thälmann | 74 | 2,9 | 6,4 |
| SPD | Braun | 776 | 35,0 | 29,0 | | | | |
| DDP | Hellpach | 227 | 10,2 | 5,8 | | | | |
| Zentrum | Marx | 574 | 25,9 | 14,5 | Marx[1] | 1626 | 63,7 | 45,3 |
| BVP | Held | 7 | 0,3 | 3,7 | Hindenburg[2] | 852 | 33,4 | 48,3 |
| DVP; DNVP und Völkische | Jarres | 553 | 24,9 | 38,8 | | | | |
| NSDAP | Ludendorff | 6 | 0,3 | 1,1 | | | | |
| Zersplittert | | | | 0,1 | | | | |
| Gesamt | | 2219 | 100 | 100 | | 2552 | 100 | 100 |

1) *Beim zweiten Wahlgang war Marx gemeinsamer Kandidat der Parteien der Weimarer Koalition (SPD, DDP und Zentrum).*
2) *Beim zweiten Wahlgang nominierten die konservativ-bürgerlichen Parteien Paul von Hindenburg als Kandidat für Jarres.*

| | | 1. Wahlgang 13.03.1932 | | | 2. Wahlgang 10.04.1932 | | | |
|---|---|---|---|---|---|---|---|---|
| Wahlberechtigte | | 3328 | | | | 3311 | | |
| abgeg. Stimmen/% | | 3014 | 90,6 | | | 2961 | 89,4 | |
| ungültige Stimmen | | 38 | | | | 41 | | |
| gültige Stimmen | | 2976 | 89,4 | | | 2920 | 88,2 | |
| | | | | im Reich | | | | im Reich |
| KPD | Thälmann | 642 | 21,6 | 13,2 | Thälmann | 520 | 17,8 | 10,2 |
| SPD | | | | | | | | |
| DDP | | | | | | | | |
| Zentrum | Hindenburg[1] | 1410 | 47,4 | 49,5 | Hinden-burg[2] | 1460 | 50,0 | 53,0 |
| BVP | | | | | | | | |
| DVP und Völkische | | | | | | | | |
| DNVP und Stahlhelm | Duesterberg | 83 | 2,8 | 6,8 | | | | |
| NSDAP | Hitler | 837 | 28,1 | 30,1 | Hitler | 940 | 32,2 | 36,8 |
| Inflationsgeschädigte | Winter | 4 | 0,1 | 0,3 | | | | |
| Gesamt | | 2976 | 100 | 100 | | 2920 | 100 | 100 |

1) *Beim ersten Wahlgang trat Hindenburg als Kandidat von SPD, DDP, Zentrum, BVP, DVP und völkischen Verbänden an.*
2) *Beim zweiten Wahlgang wurde Hindenburg auch von Duesterberg unterstützt.*

# Anmerkung

1 Vgl. Ergebnisse der Reichspräsidentenwahl, Anhang 7.
2 Die Gemeindewahlen fanden am 25. Mai 1919, am 19. November 1922, am 14. November 1926 und am 16. November 1930 statt. Vgl. Anhang 1–4.
3 Die Landtagswahlen fanden am 5. Januar 1919, am 30. Oktober 1921, am 25. Oktober 1925 und am 27. Oktober 1929 statt. Vgl. Anhang 5.
4 Die Reichstagswahlen fanden am 19. Januar 1919, am 6. Juni 1920, am 4. Mai 1924, am 7. Dezember 1924, am 20. Mai 1928, am 14. Septmber 1930, am 31. Juli 1932, am 6. November 1932 und am 5. März 1933 statt. Vgl. Anhang 6.
5 Vgl. hierzu grundlegend FALTER/LINDENBERGER/SCHUMANN u. PYTA: Politische Kultur.
6 Vgl. Ergebnissse Volkszählung in Neckar-Bergstraß-Post (=NBP) 144 vom 24. Juni 1925.
7 Vgl. ebd. u. zur Ladenburger Wahlbeteiligung Tabellen Anhang 1, 5 u. 6.
8 Vgl. StdtA Ladenburg: A 1710.
9 Vgl. hierzu grundlegend den Beitrag in diesem Sammelband von J. KREUTZ: Das Ladenburger Reichsbanner Schwarz-Rot-Gold und der Kampf um die Republik (1924–1933).
10 Vgl. hierzu grundlegend FREUND und seinen hierauf aufbauenden Beitrag in diesem Sammelband: Ladenburg unter dem Hakenkreuz. Nationalsozialistische Machterschleichung, Konsolidierung der Diktatur, Alltag im Dritten Reich.
11 Vgl. hierzu auch FREUND sowie Tabelle Anhang 6.
12 Vgl. hierzu STIEFEL Bd. 2, S. 1107–1133.
13 Vgl. ebd., S. 1116f. Nach der Änderung der Wahlordnung im März 1919 wurde zwischen kleinen Gemeinden bis 200 Einwohner, mittleren Gemeinden oder Städten bis 4.000 Einwohner, großen Gemeinden oder Städten bis 15.000 Einwohner und großen Städten über 15.000 Einwohner unterschieden. Bei Gemeinden oder Städten bis 4.000 Einwohner erfolgte die Wahl der Gemeinderäte direkt durch die wahlberechtigte Bevölkerung. Bei großen Gemeinden oder Städten über 4.000 Einwohner wurden die Gemeinderäte von den Gemeindeverordneten gewählt. Je nach Einwohnerzahl betrug die Zahl der Gemeindeverordneten 24 bis 84, die Zahl der Gemeinderäte sechs bis 24.
14 Vgl. STIEFEL.
15 Vgl. Ladenburger Tageblatt (= LTB) 118 vom 22. Mai 1919.
16 Vgl. StdtA Ladenburg: A 432.
17 Vgl. Kandidatenliste in LTB 118 vom 22. Mai 1919.
18 Vgl. hierzu Tabelle Anhang 1.
19 Vgl. hierzu die jeweiligen Tabellen Anhang 5 u. 6.
20 Vgl. LTB 118 vom 22. Mai 1919 u. 120 vom 24. Mai 1919.
21 Vgl. hierzu Tabelle Anhang 1.
22 Vgl. hierzu Tabellen Anhang 5 u. 6.
23 Vgl. hierzu Tabelle Anhang 5.
24 Vgl. LTB 121 vom 26. Mai 1919.
25 Vgl. hierzu FALTER u. PYTA: Politische Kultur.
26 Vgl. Namensliste der Gemeindeverordneten Anhang 3 u. Mandatsverteilung Anhang 2.
27 Vgl. Tabellen Anhang 2 u. Namensliste Gemeinderäte Anhang 4.
28 Vgl. Kandidatenliste in LTB 266 vom 18. Nov. 1922.
29 Vgl. Tabelle Anhang 1.
30 Vgl. Namensliste der Gemeindeverordneten Anhang 3 u. Mandatsverteilung Anhang 2.
31 Vgl. Mandatsverteilung Anhang 2 u. Namensliste der Gemeinderäte Anhang 4.
32 Vgl. zu den Veranstaltungen: NBP 260 vom 8. Nov. 1926; 265 vom 13. Nov. 1926 u. 266 vom 15. Nov. 1926.
33 Vgl. Prozeßbericht in NBP 242 vom 18. Okt. 1926.
34 Vgl. hierzu KREUTZ.
35 Vgl. Kandidatenliste in NBP 259 vom 6. Nov. 1926.
36 Vgl. § 1 der Satzung in StdtA Ladenburg: A 433.
37 Mindestens 26 Prozent der Bewerber hatten zuvor für andere Parteien kandidiert. Vgl. Kandidatenlisten 1919, 1922 u. 1926 (vgl. Anm. 17, 28 u. 35).
38 Vgl. Tabelle Anhang 1.
39 Vgl. Tabelle Anhang 5.
40 Vgl. Tabellen Anhang 1 u. 5
41 Vgl. Tabelle Anhang 1.
42 Vgl. hierzu FALTER u. PYTHA: Politische Kultur.
43 Vgl. Namensliste Anhang 3 u. Mandatsverteilung Anhang 2.
44 Vgl. Anhang 2, Namensliste Anhang 4 u. NBP 290 vom 13. Dezember 1926.
45 Vgl. FREUND.
46 Vgl. Kandidatenliste in NBP 260 vom 7. Nov. 1930.
47 Vgl. hierzu FREUND u. KREUTZ.
48 Vgl.Tabelle Anhang 1.
49 Vgl.Tabelle Anhang 6.
50 Vgl. ebd.
51 Vgl. Tabelle Anhang 5.
52 Vgl. Tabellen Anhang 5 u. 6.
53 Vgl. Tabelle Anhang 6.
54 Vgl. Tabelle Anhang 5.
55 Vgl. Namensliste Anhang 3 u. Mandatsaufteilung Anhang 2.
56 Vgl. Tabelle Anhang 2 u. Namensliste Anhang 4.
57 Vgl. Namensliste Anhang 3.
58 Vgl. Todesanzeige NBP 6 vom 8. Jan. 1932 u. KREUTZ.
59 Vgl. Tabelle Anhang 4.
60 Vgl. Tabelle Anhang 5.
61 Vgl. FREUND, S. 16f.
62 Vgl. Tabelle Anhang 6.
63 Vgl. Wahlstatistik Reichstagswahlen 1919 – 1933. In: OVERESCH/SAAL: S. 485f.
64 Vgl. zum allgemeinen Hintergrund aus der Vielzahl der Literatur nach wie vor grundlegend: BRACHER/FUNKE/JACOBSON, MATTHIAS/MORSEY, RUCK und STÜRMER (mit weiterführenden Literaturhinweisen).
65 Vgl. Tabelle Anhang 7.
66 Vgl. Tabelle Anhang 7.

# Ladenburg unter dem Hakenkreuz
## Nationalsozialistische Machterschleichung – Konsolidierung der Diktatur – Alltag im Dritten Reich

von Hartmut Freund



## Vorbemerkung

Die Ladenburger sind, nicht ohne Grund, stolz auf die lange und traditionsreiche Geschichte ihrer Stadt – besonders etwa auf die römische Vergangenheit. Die Aufbereitung, Darstellung und Überlieferung der Stadthistorie spart allerdings bestimmte Teile aus, die diesen Stolz und das „schöne Bild" vermeintlich trüben könnten, namentlich das Dritte Reich. So mußten nach Kriegsende über vier Jahrzehnte vergehen, bis diese Zeit erstmals auch von den Quellen her historisch aufgearbeitet wurde[1] und nun, über 50 Jahre nach dem Ende der NS-Diktatur, schließlich Eingang in die vorliegende Stadtchronik fand. In der bisherigen Ladenburger Geschichtsschreibung sind die Jahre von 1933 bis 1945, falls überhaupt erwähnt, meist nur summarisch als „dunkle Zeit" der Diktatur charakterisiert, in der „die Nationalsozialisten" – als habe es sich um Wesen einer fremden Welt gehandelt – quasi von außen Unheil über und in das Städtchen brachten – von einer fundierten Analyse der Ereignisse, Ursachen und Zusammenhänge oder gar einer personalgeschichtlichen Aufarbeitung keine Spur.

Dieser Beitrag soll etwas Licht in dieses dunkle Kapitel der Ladenburger Vergangenheit bringen. Dahinter steht nicht nur die Intention, die Zeit des Dritten Reiches in der Stadtchronik abzudecken, sondern auch der Versuch, eine der wichtigsten politischen und moralischen Fragen der Neuzeit zumindest aufzuhellen.

Die Frage nämlich: Wie konnte sich eine zivilisierte Demokratie innerhalb kurzer Zeit in eine barbarische Diktatur verwandeln, deren Zerstörungs- und Vernichtungsdynamik – einmal entfesselt – nicht nur die Welt in einen umfassenden Krieg stürzte, sondern die zugleich das wohl größte Verbrechen der Menschheitsgeschichte, den millionenfachen, industriell betriebenen Mord an den Juden – doch nicht nur an ihnen! –, plante, organisierte und in die schreckliche Tat umsetzte?

Die Konsolidierung des NS-Regimes auf örtlicher Ebene war eine der Voraussetzungen für das „Funktionieren" des totalitären Hitlerstaates und dessen Politik. Auf der anderen Seite werden im Mikrokosmos Kleinstadt auch die Auswirkungen der „Revolution von oben", die Durchschlagkraft des Maßnahmestaates, die „Banalität des Bösen" (Hannah Arendt) deutlich und faßbar. Die lokale Einzeluntersuchung kann so zu einem Bild der komplexen Wirklichkeit im Dritten Reich beitragen.

Besonders den Aspekt der Banalität des Bösen dokumentiert die Lokalgeschichte so anschaulich wie bedrückend. Denn die Nazi-Diktatur manifestierte sich aus zeitgenössischer Sicht mitnichten als monströse, unmittelbar und ohne weiteres als solche erkennbare Terror-Herrschaft, sondern kam sozusagen in „biedermännischem Gewand" daher. Von einer Revolution im eigentlichen Sinne, einer radikalen Umwälzung bestehender politischer und gesellschaftlicher Verhältnisse kann tatsächlich keine Rede sein: Die NS-Machthaber übernahmen das bestehende Gerüst der parlamentarischen Demokratie und der bürgerlichen Gesellschaft aus der Weimarer Republik – deren Verfassung nie außer Kraft gesetzt wurde – höhlten diese bereits morsche Konstruktion innerlich weiter aus und nutzten sie für ihre Zwecke. Eine revolutionäre schlagartige „Umwertung der Werte" blieb auch im gesellschaftlichen Bereich aus: Die Nationalsozialisten bedienten sich vielmehr verbreiteter Strömungen, Stimmungen und Tendenzen (Nationalismus, Antisemitismus, Demokratiefeindlichkeit, Militarismus, Obrigkeitsgehorsam, Orientierungssehnsucht etc.), bündelten, verstärkten und überhöhten diese, unterdrückten gleichzeitig ihrer Ideologie gegenläufige Bewegungen.

Der kleinstädtische Alltag lief im Deutschland Hitlers zunächst fast wie gewohnt weiter. Die Veränderungen hielten Schritt für Schritt und oft subtil Einzug ins Alltagsleben der Menschen, psychologisch jeweils bestens vorbereitet, zum Großteil auch logisch nachvollziehbar einander bedingend. Daraus entwikkelte sich eine (beabsichtigte) Dynamik, innerhalb derer es – ab einem gewissen Punkt – keine Umkehr, keine Alternative mehr gab, sondern nur noch das „Alles oder Nichts"-Vabanque-Spiel Hitlerscher Prägung.

Ob, ab welchem Zeitpunkt oder wie hinter der Vielzahl von Maßnahmen, Regelungen, Gesetzen und Erscheinungsformen des NS-Staates aus zeitgenössisch-subjektiver, zumal kleinstädtisch-provinzieller Sicht und unter dem Trommelfeuer der Propaganda das unmenschliche Gesicht des Dritten Reiches zu erkennen war – diese Frage muß im Rückblick offen bleiben. Doch kann die Beschäftigung damit eine Analyse der Gründe für den erschreckenden Erfolg des NS-Systems voranbringen.

Den Deutschen wurde es im Dritten Reich leichtgemacht, sogar nahegelegt, nichts wissen oder wegsehen zu wollen und zu können. Gerade der weiterbestehende Rahmen einer kleinstädtisch-bürgerlichen „Heimatidylle", die Kontinuität des banalen Alltags – sogar als in Deutschland und in der Welt bereits die schlimmsten Exzesse, Krieg und Völkermord wüteten – bildeten einen idealen Nährboden für diesen verhängnisvollen Mechanismus, für die zitierte Banalität des Bösen.

Die Rekonstruktion der Geschichte Ladenburgs im Nationalsozialismus stützt sich auf zwei Hauptgruppen von Primärquellen: zum einen die komplett erhaltenen Zeitungsbestände der lokalen Tageszeitung Neckar-Bergstrass-Post (NBP), zum anderen die im Stadtarchiv gelagerten Akten der Gemeindeverwaltung. Diese Aktenbestände sind allerdings lükkenhaft. Enthalten sie für einige Aspekte eine beachtliche Fülle von Dokumenten – zum Beispiel zur Judenverfolgung –, so fehlen für andere Bereiche selbst grundlegende Quellen, etwa über die lokalen NSDAP-Organisationen, das Ende des Regimes „vor Ort". Wahrscheinlich vernichteten städtische Angestellte einen Teil der Dokumente kurz vor dem Einmarsch der alliierten Truppen – US-Einheiten überrollten Ladenburg von Mannheim bzw. Lampertheim kommend Ende März 1945 ohne größere Kampfhandlungen in Richtung Heidelberg – auf Eigeninitiative oder behördliche Weisung. Das Kriegsende vor Augen ordnete der badische Innenminister per Geheimerlaß die Vernichtung von Akten an, vor allem solcher politischen Inhalts und mit der Einstufung „geheim".[2] Durch Kriegseinwirkung jedenfalls gab es keine Zerstörung von Archivbeständen, wie es überhaupt kaum zu Bomben- oder sonstigen Kriegsschäden im von Kampfhandlungen verschonten Ladenburg kam – von einzelnen verirrten Fliegerbomben abgesehen. Ungeklärt bleibt jedenfalls, warum bestimmte, auch aus damaliger Sicht brisante Akten – z.B. zur „Judenfrage" – komplett erhalten blieben, während andere, weniger heikle Bestände offenbar vernichtet wurden.

Die Ladenburger Tageszeitung lieferte wertvolle Hinweise auf personalpolitische Zusammenhänge, die NS-Machtübernahme, nationalsozialistische Selbstdarstellung sowie Presselenkung und half wesentlich bei der beabsichtigten „lebendigen" Darstellung des kleinstädtischen Alltags im Dritten Reich. Wo ausschließlich die Neckar-Bergstrass-Post als Quelle zur Verfügung stand, war zu berücksichtigen, daß die Sicht der Ereignisse aus Perspektive einer nationalsozialistisch gleichgeschalteten Zeitung – falls unreflektiert übernommen – zur Verzerrung eines realistischen Bildes führen kann. Doch bietet gerade diese manipulierte und manipulierende Sichtweise die Möglichkeit, jene nationalsozialistische Wahrnehmung bzw. Interpretation der Wirklichkeit, die NS-„Weltanschauung" zu verdeutlichen, deren Sprache immer weniger die Tatsachen beschrieb, ja: nicht einmal beschreiben wollte, sondern die Utopie als Realität.[3]

Eine lokalhistorische Studie kann und soll keinen Anspruch auf Repräsentativität erheben. Örtliche Besonderheiten ebenso wie Übereinstimmungen mit der allgemeinen Entwicklung aufzuzeigen, trägt aber einen Teil bei zur Differenzierung des Bildes vom Dritten Reich. In der Tat repräsentiert Ladenburg im untersuchten Zeitraum in vieler Hinsicht keine durchschnittlich deutsche, auch keine typisch badische Kleinstadt: Die bürgerliche Bevölkerung war fest mit der Landwirtschaft verbunden und von ihr abhängig. Die christlichen Konfessionen hielten sich annähernd die Waage, bei leichtem katholischem Überhang. Die Mehrzahl der Einwohner wandte sich dem Nationalsozialismus und – dafür sprechen zumindest einige Hinweise – auch dem Antisemitismus insgesamt später und weniger stark zu als anderswo. Der Anteil der kommunistischen und sozialistischen Wähler war beachtlich hoch. Auf der anderen Seite fallen auch repräsentative Merkmale ins Auge: die zunehmende Aktivität der NSDAP am Vorabend des Dritten Reiches, die Stärke von SPD und Zentrum, die Tendenzen bei den Wahlen, die Steigerung der politischen Auseinandersetzungen, die z.T. freudige und freiwillige Selbstgleichschaltung vieler Vereine und Institutionen nach der NS-Machtübernahme, der vorauseilende Gehorsam der Stadtverwaltung bei der „Judenfrage", die Unerbittlichkeit, mit der jüdische Bürger aus dem wirtschaftlichen, sozialen und kulturellen Leben verdrängt wurden.

Das Schicksal der jüdischen Ladenburger bis zum Ende der Gemeinde 1940 beschreibt Jürgen Zieher in einem gesonderten Beitrag dieser Chronik. Die leidvolle Geschichte der Ladenburger Juden während des Dritten Reiches bildet einen wesentlichen Bestandteil des damaligen politischen, sozialen und ökonomischen Lebens in der „Römerstadt" und ermöglicht wichtige Rückschlüsse auf das soziale, gesellschaftliche und menschliche Umfeld, in das sie eingebettet war. Die Geschichte der jüdischen Gemeinde aus einer Darstellung des Nationalsozialismus in Ladenburg auszublenden – wie hier aus redaktionellen Gründen geschehen – ist problematisch, ja fast unmöglich. Daher sei an dieser Stelle sowohl auf den Beitrag von Jürgen Zieher verwiesen wie auch darauf, daß neben den im folgenden beschriebenen Ereignissen immer auch der Antisemitismus, die Diskriminierung der Juden und ihre Verfolgung eine wichtige systemimmanente, integrale und treibende Rolle im kleinstädtischen Alltag, der Lokal- und Kommunalpolitik spielten.

# 1. Von der ungeliebten Republik in den Führerstaat

## 1.1 Momentaufnahme: Ladenburg am Vorabend des Dritten Reiches

Die Ladenburger Gegend war seit jeher ein Gebiet intensiver Landwirtschaft. Der selbständige Bauer, der seine Familie nur durch die Landwirtschaft ernähren konnte, die mittel- und kleinbäuerlichen Betriebe gehörten zum typischen Erscheinungsbild. 1933 standen den 145 Land- und Forstwirtschaftsbetrieben 148 Gewerbebetriebe gegenüber. Die Anzahl der Einwohner betrug 5111, die Zahl der Haushalte 1349.[4] Bis zum 2. Weltkrieg und der damit verbundenen Industrieansiedelung bildete die Landwirtschaft in Ladenburg den primären Erwerbszweig, gefolgt vom Gewerbe.[5]

Fast die Hälfte, nämlich 45 Prozent der etwas über 1900 Hektar großen Gemarkung der Stadt wurden (1939) als Ackerland, 51 Prozent anderweitig landwirtschaftlich genutzt. An erster Stelle stand der Getreideanbau, gefolgt von Hackfrüchten (Rüben, Kartoffeln etc.).[6] Die Zersplitterung und Parzellierung des Grundbesitzes bildeten ein charakteristisches Merkmal der hiesigen Agrarwirtschaft. Eine wichtige Rolle spielte auch der Obstbaumanbau: Ladenburg galt als „Stadt der Baumschulen" und „Baumschulzentrale Südwestdeutschlands". Anfang der 30er Jahre war für Baumschulerzeugnisse eine Anbaufläche von mehreren hundert Hektar ausgewiesen.[7]

Trotz der vorwiegend landwirtschaftlichen Struktur besaßen auch Handel, Dienstleistung und Handwerk eine gewisse wirtschaftliche Bedeutung: 1930 waren 26 Ladenburger Betriebe im Handels- und Dienstleistungssektor, elf in der Handwerksbranche tätig.[8] Die einheimische Industrie konnte sich im Schatten der nahen gigantischen Großindustrie in und um Mannheim/Ludwigshafen nicht in dem Maß entwickeln, wie es der um den wirtschaftlichen Aufstieg besorgten Stadt wünschenswert erschien. Immerhin befanden sich im Ladenburger Wirtschaftsraum einige größere Betriebe, an denen die Wirtschaftskrise ab 1929 nicht spurlos vorüberging. Stillegungen, Kurzarbeit und Arbeitslosigkeit waren auch hier an der Tagesordnung, die Werkstätten der Handwerker ohne ausreichende Aufträge, den Geschäften der Einzelhändler fehlten die Käufer.[9]

Zu den wichtigsten Ladenburger Industriebetriebe vor dem 2. Weltkrieg zählten:
- G. Fetzer Hautleimwerke
- Schuhfabrik Gebrüder Nilson
- Carl Benz Söhne Autoreparaturwerk
- Gebrüder Hemmer GmbH Maschinenfabrik
- Albers Kommanditgesellschaft Krawattenfabrik.[10]

Als Bestandteil des nordbadischen Industrieraumes lag die Stadt im Einzugsgebiet der Mannheimer Wirtschaft. Viele Ladenburger waren auf die dortigen Arbeitsplätze angewiesen, die Zahl der Hinauspendler überstieg die der Hineinpendler bei weitem.[11] Dennoch zählte die Gemeinde nicht zu den typischen Industrievororten, wie es sie im Raum zwischen Karlsruhe und Mannheim so zahlreich gab. Dafür war Ladenburg allein wegen seiner über 5000 Einwohner zu groß, auch die landwirtschaftliche Struktur widerspricht dieser Einordnung.

Durch die Abhängigkeit vor allem vom Arbeitsmarkt Mannheim gehörte Ladenburg zu den von Wirtschaftskrise und Arbeitslosigkeit in den Jahren 1929 bis 1933 am stärksten betroffenen Gebieten Badens, wenn auch die Folgen der Krise hier nicht so katastrophal durchschlugen wie in den Großstädten. Die Zahl der Unterstützungsempfänger lag zwar im badischen Durchschnitt, doch belasteten die Ausgaben für die „Wohlfahrtserwerbslosen" den kommunalen Finanzhaushalt als größter Ausgabenposten.[12]

Die Finanz- und Wirtschaftslage der Stadt verschlechterte sich im Verlauf der Weltwirtschaftskrise beträchtlich: *Die Existenzlage sehr vieler Handwerker bzw. Geschäftsleute*, schreibt Bürgermeister Christian Koch in einer Denkschrift zur Bekämpfung der Arbeitslosigkeit 1932, *ist kaum besser, verschiedentlich sogar noch schlechter als die der Unterstützungsempfänger.*

Es herrsche, konstatiert der Bürgermeister, *geradezu katastrophale Not.*[13] Der Arbeitslosigkeit versuchte die Stadtverwaltung vor allem durch Notstandsarbeiten beizukommen. Die schlechte Finanzlage erschwerte diese Bemühungen allerdings erheblich: Bei einer Jahresetatsumme von 598.000 Reichsmark 1932 fielen die Ausgaben von etwa 250.000 Reichsmark allein für die Fürsorge schwer ins Gewicht, zumal ein Drittel des Etats ungedeckt blieb.[14] Auch drückten Schuldenlasten die Gemeinde: Anfang 1933 hatten sich etwa eine Million Reichsmark Schulden angehäuft, der letzte Haushalt vor der Machtübernahme der Nazis schloß mit einem Defizit von 250.000 RM.[15] Anfang 1933 erhielt die Stadt aufgrund der Verschuldung und Finanzmisere nicht einmal einen Kredit von 3.000.– RM aus Landesmitteln für ein Arbeitsbeschaffungsprogramm: *Eine Gemeinde von über 5000 Einwohnern, die nicht einmal eines Kredites würdig befunden wird in Höhe von 3000 Reichsmark, den heute viele Privatleute ohne Anstand erhalten, ist ziemlich am Ende ihrer Kräfte*"[16], notiert Bürgermeister Reuter wenig später. Das Haushaltsdefizit wuchs trotz Arbeitsbeschaffungsmaßnahmen und Notstandsarbeiten, trotz Einsparungen und Kürzungen scheinbar unaufhörlich und konnte bis zur „Neuen Haushaltspolitik" der NSDAP nicht mehr ausgeglichen werden.

Insgesamt war Ladenburg von der Weltwirtschaftskrise 1929–1933 und ihren Folgen zwar stark, aber nicht übermäßig betroffen. Die landwirtschaftlich-kleingewerbliche Struktur bewahrte die Stadt vor allzu katastrophalen Auswirkungen.

Hinsichtlich der Konfessionsschichtung gehörte die badische Kleinstadt zu den gemischten Gemeinden, wie knapp ein Viertel der fast 2500 Kommunen Badens und Hessens.[17] Der katholische Bevölkerungsanteil lag mit etwa 50 Prozent etwas über dem protestantischen von 45 Prozent.[18] Untersuchungen über die sozialen Merkmale der NSDAP-Wähler zeigen einen stärkeren Zusammenhang zwischen Konfession und Wahlverhalten als zwischen Sozialschicht und NSDAP-Stärke. Die Wähler der Nazipartei rekrutierten sich weitgehend aus protestantischen Konfessionsangehörigen. Zwischen überwiegend protestantischer Bevölkerung und NSDAP-Erfolgen einerseits sowie katholischer Mehrheit und schlechten NSDAP-Ergebnissen andererseits bestand eine enge Korrelation.[19] Auch im deutschen Südwesten lassen sich diese Zusammenhänge feststellen: Bei der Reichstagswahl im Juli 1932 erhielten die Nazis im konfessionell gemischten Verwaltungsbezirk Mannheim-Land – wozu Ladenburg zählte – nur 30 Prozent der Stimmen; im überwiegend protestantischen Bezirk Gerabronn hingegen über 60 Prozent.[20]

Der recht hohe katholische Bevölkerungsanteil war also wohl auch in der „Römerstadt" ein Grund für das schlechte Abschneiden der NSDAP bei den Wahlen. Der politische Katholizismus artikulierte sich vorwiegend in der Zentrumspartei – neben der SPD damals die stärkste politische Kraft in Ladenburg.

### 1.2 Das Ende der Weimarer Republik – Gründung der NSDAP-Ortsgruppe

Im Dezember 1929 gründeten der Schmied und Hilfspolizist Georg Neubauer, der Ingenieur und spätere Bürgermeister Kurt Pohly, der Wagnermeister Wilhelm Engel und einige weitere Nationalsozialisten eine NSDAP-Ortsgruppe in Ladenburg.[21] Zu diesem Zeitpunkt war der Partei in Baden bereits der erste Einbruch in das etablierte Parteiensystem gelungen. Seit der Gründung des Gaues Baden 1925 hatte die NSDAP hier das Dasein einer Splitterpartei geführt, doch im Oktober 1929 erhielten die Nationalsozialisten sechs Abgeordnetensitze im badischen Landtag. Damals existierten in Baden, mit Schwerpunkt in Nordbaden, ca. 100 Ortsgruppen mit etwa 4300 Mitgliedern.[22]

Als erste in Baden – und gleichzeitig außerhalb Bayerns – arbeitete seit Februar 1921 eine NSDAP-Gruppe in Mannheim.[23] In Heidelberg entstand die erste NS-Zelle als Ableger der Mannheimer Ortsgruppe im März 1922. Nach dem Verbot nationalistischer Vereine im Juni 1922 (als Folge des Rathenau-Mordes) arbeiteten die Ortsgruppen als Deckorganisationen weiter, so auch die in Mannheim und Heidelberg. 1923 wies die Parteistatistik für Baden insgesamt 19 Ortsgruppen und Stützpunkte auf.[24] Deren Zahl stieg kontinuierlich: 1925 auf 31, 1928 auf 62[25], 1929 auf etwa 100, Ende 1930 auf 228 und 1932 auf 480.[26]

Bereits vor der Gründung einer Ortsgruppe engagierten sich einige Ladenburger als SA-Männer im benachbarten Schriesheim. Bei den Landtagswahlen 1929 stand der hiesige „Parteigenosse" Georg Neubauer, NSDAP-Mitglied seit März 1929, auf Platz 3 der NSDAP-Landtagsliste. Als die Partei stärker wurde, *war auch hier der Wunsch, eine eigene SA zu bekommen*, wie es die Neckar-Bergstrass-Post 1937 formulierte. Diese Ladenburger SA entstand im August 1930 als „Sturm 4" der Mannheimer SA-Standarte 171 unter Standartenführer Karl Pflaumer, dem späteren Innenminister Badens.[27] Die Gründung der örtlichen SS-Standarte 32 – sie gehörte zum SS-Sturm Weinheim/Bergstr. – ist in den Quellen nicht dokumentiert. Vermutlich erfolgte sie 1933. Eine Gruppe des NS-Frauenordens, der späteren „Frauenschaft", existierte seit '31, gegründet von der *begeisterte*(n) *Kämpferin für die Erneuerung des deutschen Reiches und für die Idee des Nationalsozialismus*[28], Minna Lennert. Die frühe „Parteigenossin" leitete die NS-Frauengruppe bis zu ihrem Tod 1936.[29]

Die Bemühungen Neubauers, in Ladenburg Parteimitglieder und Abonnenten der NS-Zeitung „Der Führer" zu werben, blieben zunächst ohne Erfolg. Erst im Mai 1929 kam das zweite Mitglied der geplanten Ortsgruppe hinzu, der spätere Bürgermeister Kurt Pohly. Pohly – Jahrgang 1888 – war erst kurz zuvor, am 1. April 1929, in die NSDAP eingetreten. Im Juni '29 stieß der dritte Gründungswillige zu den beiden NS-Aktivisten, und bei diesem Stand sollte es vorerst bleiben, *denn*, so die Ladenburger Zeitung Ende 1933, *bei der schwarz-roten Einstellung der Ladenburger Bevölkerung und der ... Gemeindeführung* (gemeint ist die Stärke von Zentrum und SPD/KPD – Anm.) *war es für die Bewegung schwer, hier Fuß zu fassen.*[30]

Bei der ersten NS-Versammlung in Ladenburg sprach am 8. Juli 1929 der spätere Ministerpräsident Badens, Walter Köhler, zum Thema „Was wollen eigentlich die Nationalsozialisten?". Der Weinheimer Ortsgruppenleiter war für seine rednerischen Fähigkeiten bekannt, doch blieb die Ausbeute der Versammlung mager: fünf Reichsmark „Kampfspende" und zwei Neuaufnahmen.[31] Bei den Landtagswahlen im Oktober 1929 erreichte die NSDAP in Ladenburg zwar 6,2 Prozent der Stimmen[32], doch die geplante Ortsgruppe stieß weiterhin auf Desinteresse. Schließlich erschien im Dezember 1929 in der Nekkar-Bergstrass-Post dennoch die Einladung zur offiziellen Gründungsversammlung. Obwohl Neubauer – er wurde nach der NS-Machtübernahme im August 1933 Hauptwachtmeister in Ladenburg[33] – eine ganze Reihe von Einladungen verteilt hatte, waren lediglich zwölf Mitglieder des hiesigen, die Republik offen bekämpfenden, nationalkonservativen Bundes der Frontsoldaten – „Stahlhelm" – zu der Veranstaltung erschienen. Vor dem Versammlungslokal kam es zu handgreiflichen Auseinandersetzungen mit politischen Gegnern, da dort weit mehr Kontrahenten als Interessierte *Aufstellung genommen hatten, um die Versammlungsteilnehmer zu belästigen und anzupöbeln.*[34] NSDAP-Bezirksführer Kemper erläuterte das Programm der Nationalsozialisten und ernannte, auf Vorschlag Neubauers, Wilhelm Engel zum Ortsgruppenleiter. Engel blieb bis Juli 1933 in diesem Amt, wurde dann wegen Verstoßes gegen die Parteidisziplin „beurlaubt".[35]

Im September 1930 gelang der NSDAP – nun zweitstärkste Fraktion im Reichstag – der Durchbruch als Machtfaktor im deutschen Parteiengefüge. Die badische Regierung versuchte, rigoroser noch als andere Landesregierungen, den Aufschwung zu stoppen, etwa durch Uniform-, Aufmarsch-, Demonstrations- oder Versammlungsverbote.[36] Die Polizeiakte „Aufrechterhaltung der öffentlichen Sicherheit und Bekämpfung politischer Ausschreitungen" zeigt, daß auch die Ladenburger NSDAP-Ortsgruppe zu Beginn der 30er Jahre, wie die NS-Organisationen im ganzen Reich, ihre Agitation stärker als die übrigen Parteien steigerte. Die Polizei untersagte den hiesigen Nationalsozialisten etliche geplante Kundgebungen, Aufmärsche und Demonstrationen.[37]

Landes- und reichsweit häuften sich die Straßenschlachten zwischen Nazis, Kommunisten und anderen politischen Gegnern, der

Kampf um die Straße eskalierte. Auch in Ladenburg kam es zu Gewalt und Verletzten. Verklärend berichtet 1937 der Ladenburger SA-Hauptsturmführer Karl Reffert in der Tageszeitung über die *Kampfzeit, wo* (sic!) *das Volk und auch die Bevölkerung Ladenburgs, verhetzt durch andere, auch vor Mitteln der Gewalt nicht zurückschreckte, wo* (!) *der Sturmführer Simons einen Stich erhielt und Kamerad Kraft eine schwere Kopfwunde beigebracht wurde ... Das waren Zeiten, wo* (!) *der SA-Mann dauernd unterwegs war, um in Versammlungen den Saalschutz zu übernehmen. Heute ist das alles anders* ....[38] Im benachbarten Schriesheim provozierten NS-Aktivisten 1930 bei der Fahnenweihe des SA-Sturms 35 Rangeleien mit der Polizei, die nur mit Mühe eine Eskalation verhinderte.[39]

Der Sprung in den Gemeinderat gelang den Ladenburger Nationalsozialisten Ende 1930. Bei der vorangegangenen Wahl der 60 Gemeindeverordneten im November 1930 hatte sich die NSDAP mit 17 Sitzen als viertstärkste von sechs Fraktionen etabliert, nach dem Zentrum, der SPD und der Bürgerlich-Wirtschaftlichen Vereinigung (BWV) – alle mit jeweils 12 Sitzen. Die Kommunisten kamen auf acht, die Deutsche Demokratische Partei (DDP) auf sechs Mandate.[40] Diese Gemeindeverordneten wählten am 20.12.1930 den Gemeinderat: Von den zehn Sitzen erhielten jeweils zwei NSDAP, Zentrum, SPD und BWV. Je einen Gemeinderat stellten die Kommunisten und die DDP. Für die Nationalsozialisten zogen Kurt Pohly und Ortsgruppenleiter Engel in das Stadtparlament.[41]

Bürgermeister Ladenburgs war zu diesem Zeitpunkt (seit 1922) Christian Koch, zuvor Gemeindeleiter in Mannheim-Seckenheim. Seine Parteizugehörigkeit ist nicht dokumentiert, vermutlich war er SPD-Mitglied, zumindest stand er den Sozialdemokraten nahe. 1934 wurde Koch in einem „Bürgermeister-Korruptionsprozeß" in Karlsruhe wegen Untreue im Amt zu drei Monaten Gefängnis verurteilt, kurz darauf jedoch amnestiert.[42]

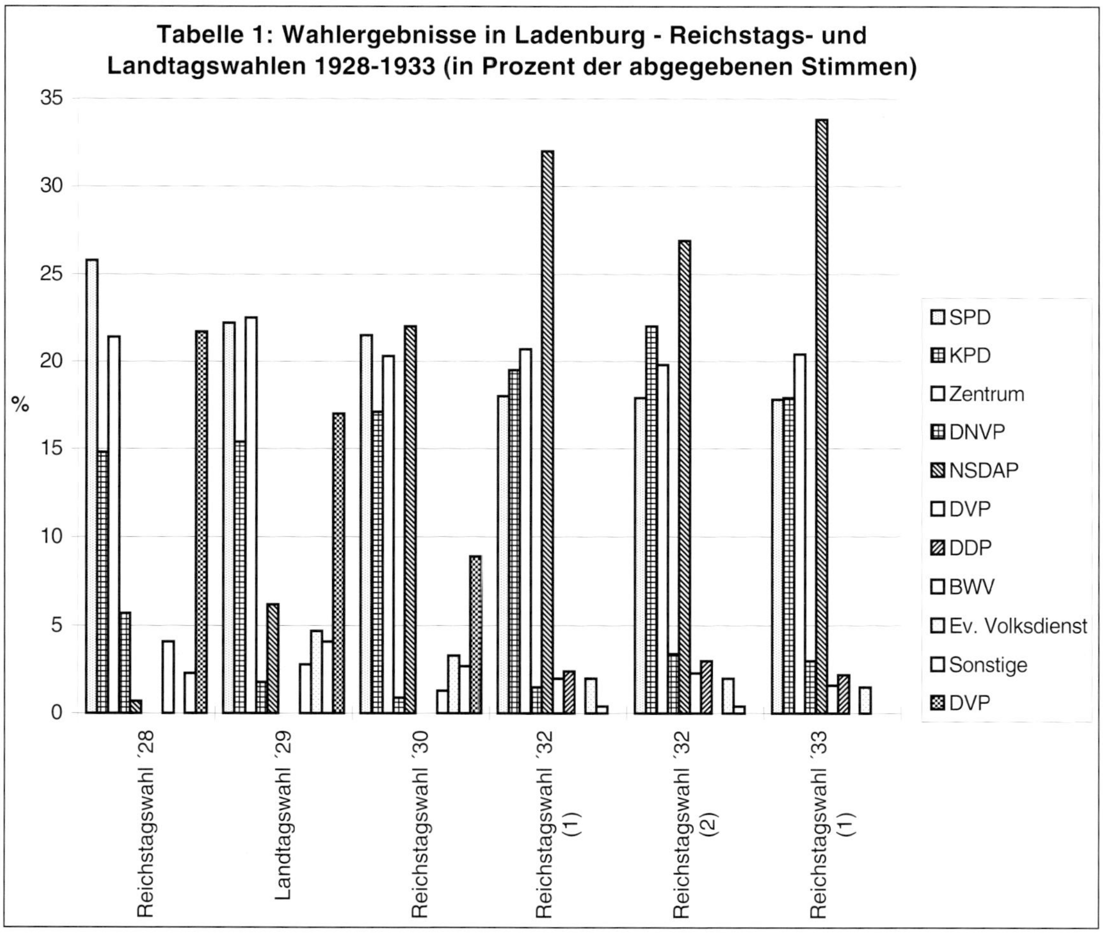


*Tabelle 1: 1930 hatte die Partei Adolf Hitlers SPD und Zentrum von deren Spitzenstellungen in der Wählergunst der Ladenburger verdrängt, wenn auch auf niedrigerem Niveau als im Landes- und Reichsdurchschnitt, s. Tabelle 2 (Quellen: A 1954, A 1957).*

Abkürzungen:
DNVP: Deutschnationale Volkspartei
DVP: Deutsche Volkspartei
DDP: Deutsche Demokratische Partei (bis einschl. 1930 zusammen mit der DVP als Deutsche Staatspartei)
BWV: Bürgerlich-wirtschaftliche Vereinigung

Die Ladenburger Gemeinderäte konnten sich nicht auf einen Bürgermeister einigen: Bis Mitte 1931 verlief die Wahl dreimal ergebnislos. Schließlich ernannte der badische Innenminister am 29. Juli 1931 Hermann Hagen auf zwei Jahre zum kommissarischen Bürgermeister, nachdem Koch am 3. Juni vom Amt zurückgetreten war. Der Verwaltungsbeamte und Volkswirt Hagen (Jahrgang 1898) kam aus Karlsruhe, war Zentrumsmitglied, wirkte aber anscheinend weniger als Parteimann, *sondern stets nur als Verwaltungsbeamter für das Wohl der Gemeinde.*[43]

Bei der Reichstagswahl im September 1930 verdrängte die Hitlerpartei SPD und Zentrum von deren Spitzenstellung in der Wählergunst der Ladenburger. Mit einer enormen Steigerung um über 15 Prozent (gegenüber der Landtagswahl 1929), nämlich von 6,2 auf 22 Prozent, setzte sich die NSDAP als stärkste Partei in Ladenburg durch und lag – eine Ausnahmeerscheinung – sogar über dem Landesdurchschnitt von 19,2 Prozent. Die SPD fiel um etwa ein Prozent auf 21,5 Prozent ab, das Zentrum um 2,2 auf 20,3 Prozent[44] (vgl. Tabelle 1 auf der vorhergehenden Seite).

Die Reichstagswahl 1930 sollte in Ladenburg die einzige und letzte bleiben, bei der die Hitlerpartei einen höheren Stimmenanteil als im Landes- und Reichsdurchschnitt erhielt – von der manipulierten und somit vom Ergebnis her fragwürdigen Reichstagswahl 1938 abgesehen. Mit einer Ausnahme (Reichstagswahl Juli 1932) erzielten die Nazis im NSDAP-starken Baden von 1928 bis 1933 jeweils höhere Wahlergebnisse als im Reichsdurchschnitt; Ladenburg wies hingegen stets unterdurchschnittliche NSDAP-Ergebnisse auf: Hinweis für eine gewisse Zurückhaltung der hiesigen Wähler gegenüber der Nationalsozialistischen Deutschen Arbeiterpartei (vgl. Tabelle 2).

Die Zeit vor der Ernennung Hitlers zum Reichskanzler war auch in Ladenburg geprägt

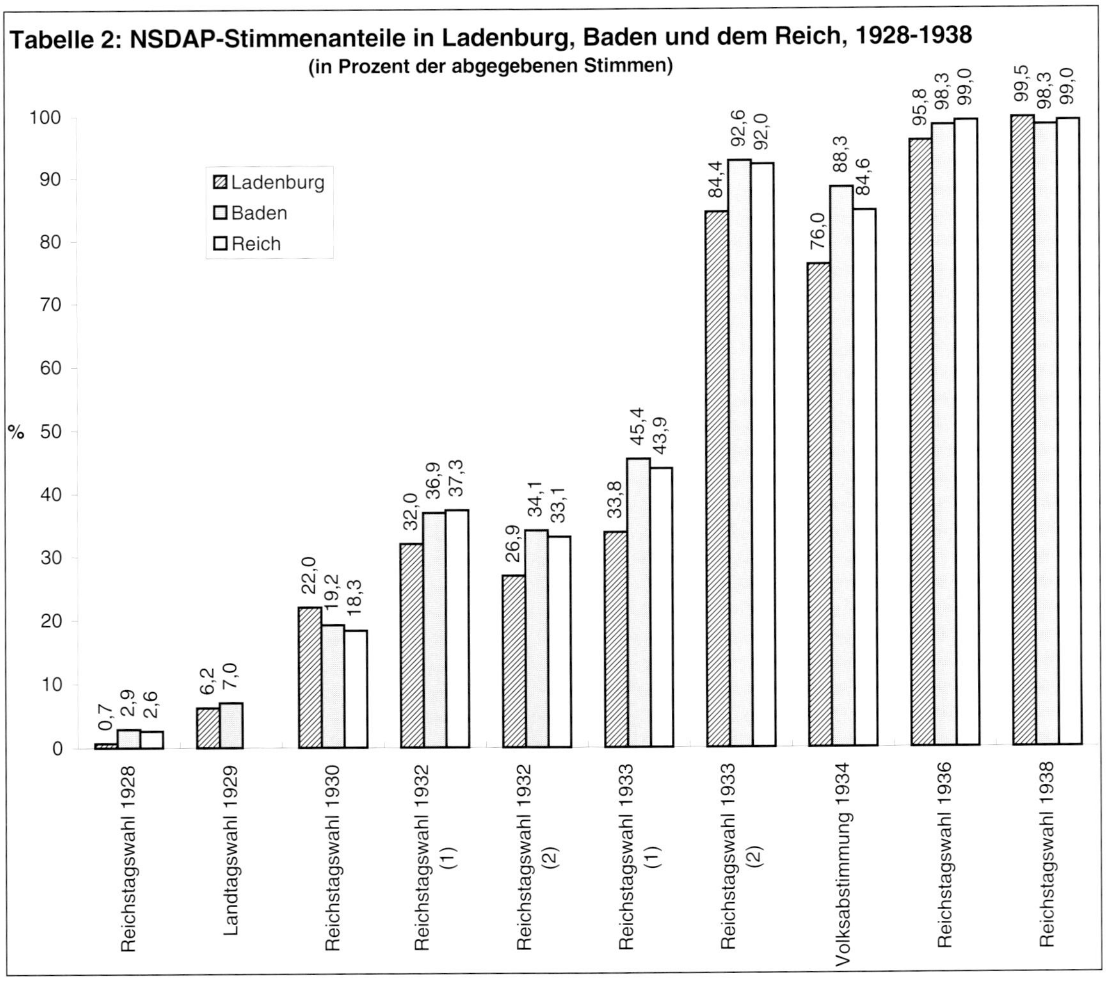


*Tabelle 2: Fast durchgängig erzielte die NSDAP von 1928 bis 1938 in Ladenburg unterdurchschnittliche Wahlergebnisse (Quellen: A 1954; A 1955; A 1957; A 1964; NBP 192/20.8.1934; NBP 193/21.8.1934; NBP 76/30.3.1936).*

von heftigen politischen Auseinandersetzungen – dokumentiert durch zahlreiche Berichte in der Neckar-Bergstrass-Post und die umfangreiche Akte „Bekämpfung politischer Ausschreitungen". Stadtverwaltung und Polizei versuchten mit Versammlungs- und Marschverboten, Ausschreitungen zu verhindern.[45] Baden gehörte zu den Ländern, die angesichts der wachsenden Gefahr einer Eskalation konsequent mit Uniform-, Presse- und Demonstrationsverboten gegen die NSDAP vorgingen. Doch geriet die badische Regierung damit in Konflikt zu Reichskanzler Papen wie auch Reichspräsident Hindenburg und konnte ihre Maßnahmen nicht wie gewollt durchsetzten.[46] Der Aufstieg der NSDAP war auf diese Weise nicht zu verhindern.

### 1.3 „Nationale Erhebung" in Ladenburg

Die Ernennung Hitlers zum Reichskanzler am 30. Januar 1933 markiert, zumindest im Rückblick, eine grundlegende Veränderung der konstitutionellen Ordnung der Weimarer Republik. Für die badische Regierung und die Kommunen waren nun Maßnahmen gegen die Partei des amtierenden Reichskanzlers kaum mehr möglich.[47] Allerdings sahen sich die Nationalsozialisten, v.a. in den kleineren Gemeinden Badens, auch in Ladenburg, noch mit Opposition und Gegenkräften konfrontiert.[48] So lehnte etwa der Ladenburger Gemeinderat am 20. Februar '33 den Antrag der NSDAP-Ortsgruppe ab, zu Wahlkampfzwecken – im März standen Reichstagswahlen an – mehrere Anschlagtafeln aufzustellen, genehmigte aber gleichzeitig eine Anschlagtafel der Zentrumspartei.[49]

Die Nutzung der städtischen Turnhalle für Wahlkampfveranstaltungen sagte der Gemeinderat den verschiedenen Parteien zwar zu, doch zumindest zu den kommunistischen Versammlungen sollte es nicht mehr kommen.[50]

Die politischen Gegner lieferten sich in dieser unruhigen Zeit regelrechte Propagandaschlachten. Die Nazis warnten vor einem angeblich von den Kommunisten geplanten Blutbad, das sich nicht nur gegen sie selbst, sondern auch gegen die bürgerlichen Kreise richten würde. Die Kommunisten antworteten mit heftiger Gegenpropaganda: In der ersten Februarwoche 1933 veröffentlichte die Ladenburger KPD-Gruppe einen Flugblatt-Aufruf *an alle Werkstätigen*, in dem es heißt: *Seit wenigen Tagen ist in Deutschland die Regierung der blutigsten faschistischen Provokation, der haßerfülltesten Feinde der Arbeiterklasse, die nackteste Diktatur des Finanzkapitals errichtet. Hitler, Papen, Frick, Hugenberg, Göring sind Alarmsignale für die deutsche Arbeiterklasse. An der Spitze dieses Kabinetts steht der Organisator des vielhundertfachen Arbeitermordes ... Hitler-Papenkabinett, das ist der Bürgerkrieg gegen die Arbeiterklasse ... Raub des letzten Restes der sozialen Errungenschaften ... Entrechtung der Arbeiterklasse.*[51] Die Kommunisten riefen in dem Flugblatt zu einer Demonstration gegen das Hitler-Papen-Kabinett für den 6. Februar auf. Doch untersagte der Bürgermeister diese unter Berufung auf den Mannheimer Polizeipräsidenten. Die Kenntnisnahme des Verbotes sollte der KPD-Gemeinderat Theodor Haas urkundlich bestätigten – er weigerte sich.[52] Haas – seit 1930 im Gemeinderat und im Bürgerausschuß der Stadt – war einer der aktivsten Gegner des Nationalsozialismus' in Ladenburg. Nach der NS-Machtübernahme wurde er mehrmals verhaftet, 1937 der Verbreitung kommunistischer Schriften bezichtigt und saß längere Zeit in einem Konzentrationslager. Die letzte Verhaftung des Regimegegners Haas im Dritten Reich erfolgte im Jahr 1944.[53]

Neben den Kommunisten agitierten die Sozialdemokraten heftig gegen die NSDAP. Ihre Art der Abschreckung durch Übertreibung dürfte allerdings eher auf Skepsis gestoßen sein: Der Ladenburger SPD-Ortsverein schildert beispielsweise in einem wohl schon Ende 1931/Anfang 1932 erschienenen Flugblatt (*So beginnt das Dritte Reich*) die zu erwartenden Zustände: *Arbeiter, es soll kein Koalitionsrecht mehr geben! Wer streikt, wird erschossen! Geschäftsleute, alle Lebensmittel müssen ohne Entgelt abgeliefert werden. Wer Widerstand leistet, wird erschossen! Bauern, auch Ihr sollt alles hergeben, was Ihr besitzt, sonst werdet Ihr erschossen! Beamte, Ihr werdet der SA unterstellt und müßt ihr ohne Widerspruch gehorchen, Widerstand wird mit dem Tode bestraft! Gehalt gibt es nicht mehr, das Privateinkommen wird beseitigt, die Kollektivspeisung wird eingeführt ....*[54]

So beginnt das Dritte Reich

Die Nationalsozialisten kündigen an, daß sie nächstens die Macht ergreifen werden. Darum ist es für jedermann wichtig, zu erfahren, wie es dann in Deutschland aussehen würde. **Eine genaue Schilderung der Zustände, die nach der Machtergreifung durch die Nationalsozialisten zu erwarten sind, geben die umstehenden Dokumente.** Sie sind von den Siegern im Wahlkampf um den Hessischen Landtag, den nationalsozialistischen Landtagsabgeordneten **Dr. Best, Dr. Wagner** und Pgs. verfaßt.

**Jedermann lese sie aufmerksam!**

Was die Dokumente ankündigen, ist ein

**Blut- und Schreckensregiment**

**schlimmer als es in Rußland in der wildesten Zeit des Kriegskommunismus bestanden hat.**

**Arbeiter,** es soll kein Koalitionsrecht mehr geben!

**Wer streikt, wird erschossen!**

**Geschäftsleute,** alle Lebensmittel müssen ohne Entgelt abgeliefert werden.

**Wer Widerstand leistet, wird erschossen!**

**Bauern,** auch ihr sollt alles hergeben, was ihr besitzt,

**sonst werdet ihr erschossen!**

**Beamte,** ihr werdet der SA. unterstellt und müßt ihr ohne Widerspruch gehorchen,

**Widerstand wird mit dem Tode bestraft!**

Gehalt gibt es nicht mehr, das Privateinkommen wird beseitigt, die Kollektivspeisung wird eingeführt.

**Frauen, es gibt Lebensmittel nur auf Karten!**

Verkauf oder Tausch von Lebensmitteln wird mit Einziehung des gesamten Vermögens bestraft. Der Bauer, der sich durch Kauf oder Tausch Futter für sein Vieh besorgt, wird von Haus und Hof gejagt.

*Politische Agitation, Propaganda und Auseinandersetzungen steigerten sich auch in Ladenburg am Vorabend des Dritten Reiches: Links ein Flugblatt des SPD-Ortsvereins (vermutlich 1932), rechts ein Flugblatt der KPD-Ortsleitung vom Februar 1933 mit dem Aufruf zu einer Demonstration, die der Bürgermeister allerdings untersagte (Quelle: A 1709).*

Von einer freien Reichstagswahl konnte im März 1933 nach den Massenverhaftungen von Kommunisten und Sozialdemokraten, den vielfältigen Behinderungen, Verboten und Verfolgungsmaßnahmen aufgrund der sogenannten „Reichstagsbrandverordnung" vom Februar 1933 keine Rede mehr sein. Mit dieser „Verordnung des Reichspräsidenten zum Schutz von Volk und Staat" herrschte in Deutschland praktisch der Ausnahmezustand. Trotz der Vorteile für die NSDAP gelang es ihr zwar, den größten Stimmenanteil, nicht aber die Mehrheit der wählenden Bevölkerung für sich zu gewinnen: Bei einer Wahlbeteiligung von knapp 89 Prozent gaben 43,9 Prozent ihre Stimme der Nazipartei. Die gegnerischen Parteien vereinigten bei mäßigen Verlusten insgesamt 44,5 Prozent der Stimmen auf sich.

Auch im traditionell NSDAP-starken Baden blieben die Nationalsozialisten mit 45,4 Prozent unter der 50-Prozent-Hürde. In Ladenburg – hier stieg die Wahlbeteiligung auf beachtliche 92,1 Prozent (Reichsdurchschnitt: 88,7 Prozent; Baden: 85,3) – legte die NSDAP mit 33,8 Prozent zwar sieben Prozent gegenüber der letzten Reichstagswahl zu, blieb aber immer noch weit unter Landes- und Reichsdurchschnitt. Als verhältnismäßig stabil erwiesen sich hier SPD, Zentrum und – angesichts der Unterdrückung – die KPD mit 17,9 Prozent.

Noch immer stimmte in Ladenburg eine Mehrheit, und zwar eine weitaus größere als in Baden und im Reich, gegen die Nationalsozialisten: Gerade deren am stärksten bekämpfte Gegner hatten sich mit relativ geringen Stimmenverlusten behauptet.

### 1.4 Die Hakenkreuzfahne weht vom Rathaus

*Die Hakenkreuzfahne weht vom Ladenburger Rathaus* – titelte die Neckar-Bergstrass-Post am Montag, dem 6. März 1933.[55] Das nüchtern betrachtet keineswegs erdrutschartige

NSDAP-Wahlergebnis feierten die Nationalsozialisten auch in Ladenburg dennoch als „Sieg der nationalen Bewegung". Spürbar distanziert wies die Zeitung auf den Zwangscharakter der – in Baden verbotswidrigen – Parteifahnenhissung hin: *Von amtlicher Seite wurde uns mitgeteilt: 'Die Fahne mußte nach Benehmen mit den aufsichtsbehördlichen Stellen gehisst werden'.*

Der Wahlsonntag selbst verlief in Ladenburg ruhig und ohne Zwischenfälle. Nach Bekanntgabe der ersten Ergebnisse versammelten sich Mitglieder der NSDAP, SA und SS sowie des „Stahlhelm" vor dem Rathaus, um den Wahlerfolg zu feiern. Ganz im Pathos der Nationalsozialisten sprach Ortsgruppenleiter Engel von einem *historischen Augenblick*; Bürgermeister Hagen äußerte sich zunächst nicht öffentlich.

Die symbolträchtige und mitnichten spontane NS-Flaggenaktion lief am 6. März in zahlreichen badischen Städten wie in ganz Deutschland nach dem gleichen Muster ab: Die örtlichen NSDAP-Leitungen „ersuchten" auf Weisung der Gauleiter unter Berufung auf eine angebliche Anordnung der Reichsregierung die Bürgermeister, Rathäuser und kommunale Gebäude mit der Hakenkreuzfahne zu beflaggen. Notfalls hissten SA-Trupps die vorbereiteten Parteifahnen selbst. Die Aktion war eine zentral gelenkte und in allen Einzelheiten vorbereitete Provokation und Kraftprobe der NSDAP mit der Reichsregierung.[56]

Voreilig verbrannten Ladenburger Nationalsozialisten am 10. März sogar demonstrativ von öffentlichen Gebäuden entfernte schwarz-weiß-rote Fahnen auf dem Marktplatz – eine Machtdemonstration gegenüber den konservativen Gegenspielern des Zentrums, die im Reichstag als Mehrheitsbeschaffer benutzt wurden. Bewaffnete SS- und SA-Posten bewachten die Ortseingänge und patrouillierten durch die Straßen.[57] Eine charakteristische Taktik der Nationalsozialisten: zunächst Unruhe zu erzeugen, um dann als Ordnungsmacht aufzutreten. Das Flaggendurcheinander fand mit einem Erlaß des Reichspräsidenten ein vorläufiges Ende: die schwarz-weiß-rote wurde neben der Hakenkreuzfahne aufgezogen.[58]

Unverzüglich nach der Machtübernahme begannen die Nazis mit der „Säuberung" des Verwaltungsapparates von politischen Gegnern. Die badische Regierung griff sogar dem ersten „Gleichschaltungsgesetz" (vom 18. März) voraus: Die Ladenburger Stadtverwaltung erhielt bereits am 28. Februar eine Anordnung des badischen Innenministers, *Mitglieder der kommunistischen Partei, die dem Gemeinderat, Kreisrat, Verwaltungsrat, Stiftungsrat, Vorstand, Ausschuß oder einem sonstigen Verwaltungs- oder Vertretungsorgan angehören, zu deren Sitzungen nicht mehr einzuladen und zu sonstigen Dienstverrichtungen nicht mehr heranzuziehen.*[59] Theodor Haas, dem einzigen kommunistischen Gemeinderat in Ladenburg, wurde die Verordnung umgehend „eröffnet", eine Aktennotiz dazu angefertigt.[60]

Zentral inszenierte, über die Bezirks- und Bürgermeisterämter angeordnete „Feiern der nationalen Erhebung" überrollten das Land. Bei einer solchen sprach in Ladenburg am 21. März 1933 erstmals seit der „Machtergreifung" Bürgermeister Hagen, in merklich zurückhaltendem Ton: *Dieser Tag soll ... zum symbolischen Zeichen des redlichen Bemühens werden, alle zusammenzufügen, die guten Willens sind, eine wahre Gemeinschaft zu schaffen, organisch aufgebaut auf den Ständen und Berufen, richtungweisend in eine Zukunft, in welcher Standes-, Parteien und Weltanschauungsgegensätze nicht zu jenen unüberwindlichen Hindernissen werden, welche einen Deutschen seinen anderen Bruder oder seine Schwester nicht mehr verstehen lassen.* Die Wortwahl läßt darauf schließen, daß Hagen wohl noch an die Errichtung eines ständestaatlichen Systems nach Art des italienischen Faschismus glaubte. Deutlicher äußerte sich ein NSDAP-Redner auf dieser Veranstaltung: *Wer aber wagt, unsere Arbeit zu stören, gegen den werden wir rücksichtslos vorgehen!*[61] Keine leere Drohung, wie sich bald zeigen sollte.

In Baden standen keine Landtagswahlen an, dessen ungeachtet wollten die Nationalsozialisten aber die Gemeindevertretungen unter ihre Kontrolle bringen. Ende März/Anfang April lösten sie daher sämtliche kommunalen Vertretungskörperschaften kurzerhand auf. Die Aufsichtsbehörde verringerte die Zahl der Abgeordneten und legte die Zusammensetzung nach dem Verhältnis der bei der letzten Reichstagswahl in dem Wahlgebiet jeweils erreichten Stimmenzahl fest. Die KPD-Stimmen, in

Ladenburg immerhin 17,9 Prozent, blieben unberücksichtigt.[62]

Für Ladenburg ordnete das Bezirksamt am 10. April die Besetzung von Gemeinderat (Reduzierung von 10 auf 6 Mitglieder) und Bürgerausschuß (von 60 auf 12 Abgeordnete) an: NSDAP – 3 Gemeinderäte (bisher 2) und 6 Gemeindeverordnete (bisher 10); SPD – 1 Gemeinderat (bisher 2) und 3 Gemeindeverordnete (bisher 12); Zentrum – 2 Gemeinderäte (wie bisher) und 3 Gemeindeverordnete (bisher 12).[63] DDP, KPD und BWV waren nicht mehr vertreten. *Auch in unserem Rathaus*, kommentierte die Ladenburger Zeitung sinnig, *wird es nicht mehr so viele 'Köpfe und Sinne' geben ....*[64]

Die Nationalsozialisten übten bei der Gleichschaltung Druck von „oben" und „unten" aus: Mißliebige Bürgermeister schaltete man häufig durch den stereotypen Vorwurf finanzieller Unregelmäßigkeiten oder der Korruption aus. Dieser Vorwurf fand im allgemeinen durch Dienststrafverfahren seine formelle Begründung.[65] In zahlreichen Städten und Gemeinden Badens übernahmen Parteikommissare das Amt[66], so auch in Ladenburgs Nachbargemeinde Neckarhausen. Der dortige Bürgermeister verlor seinen Posten wegen angeblicher finanzieller Mißwirtschaft an einen kommissarischen Bürgermeister.[67] Den zentrumsnahen Ladenburger Gemeindeleiter Hagen mag die Tatsache, daß seine Amtszeit ohnehin im Juli '33 auslief, vor einer Absetzung bewahrt haben.

Eine Reihe von Gesetzen und Erlassen führte im Jahr 1933 zur systematischen Verdrängung von Nicht-Nationalsozialisten („politisch Unzuverlässigen") auch auf kommunaler Ebene aus dem Beamten- oder Angestelltenverhältnis.[68] Sämtliche Gemeindebeamten, -angestellten und -arbeiter Ladenburgs hatten sich einer Überprüfung auf politische Zuverlässigkeit zu unterziehen. Es sollten keine beschäftigt bleiben, die *nicht die Gewähr dafür bieten, daß sie jederzeit rückhaltlos für den nationalen Staat eintreten.*[69] Aus dem vierseitigen detaillierten Fragebogen, der sich in den Ladenburger Akten findet: *Welchen politischen Parteien haben Sie bisher angehört? Von wann bis wann? Waren Sie Mitglied des Reichsbanners Schwarz-Rot-Gold* (sozialdemokratische Kampforganisation – Anm.)*, des republikanischen Richter- oder Beamtenbundes oder der Liga für Menschenrechte und, falls ja, von wann bis wann?*[70] Von den Ladenburger Gemeindebeschäftigten wurde aufgrund dieser Überprüfung allerdings keiner entlassen.[71]

Ab Mai 1933 war den Kommunen die Unterstützung staatsfeindlicher Parteien und Organisationen untersagt, neben den Kommunisten zählten nun auch die Sozialdemokraten dazu. Im Juli 1933 wurden Neuwahlen zu gemeindlichen Vertretungskörperschaften gänzlich abgeschafft, der SPD – seit Juni 1933 verboten – ihre Mandate aberkannt.[72]

### 1.5 Das Bürgermeisteramt als „Frontabschnitt in der Armee Adolf Hitlers"

Die Neuwahl eines Bürgermeisters stand in Ladenburg am 1. Juli 1933 an. Von den 28 Bewerbungen kam nur eine aus Ladenburg.[73] Am Abend zuvor verschob die Aufsichtsbehörde die Wahl jedoch ohne Begründung auf unbestimmte Zeit. Aus der Zeitung erfuhren die Ladenburger in knapper Form, daß der badische Innenminister den Mannheimer NSDAP-Kreispropaganda- und Schulungsleiter Alfred Reuter zum Bürgermeister ernannt hatte.[74] Der erst 26 Jahre alte Reuter – *Deutschlands jüngster Bürgermeister* meldete die Ladenburger Zeitung stolz[75] – war erst kurz zuvor in die Kreisleitung der Partei aufgestiegen und legte die Parteiämter mit seiner Ernennung zum Bürgermeister nieder.[76] 1907 in Darmstadt geboren, hatte Reuter, nach einer Banktätigkeit, von 1925 bis 1928 in Mannheim Wirtschaftswissenschaften studiert, anschließend Staatswissenschaften in Frankfurt/Main, und von 1930 bis '33 als Lehrer an einer Privatschule unterrichtet. NSDAP-Mitglied seit 1930 und glühender Nationalsozialist, rückte der ehrgeizige NS-Aktivist im Frühjahr 1932 zum Schulungs- und Propagandaleiter in Mannheim auf.[77]

Wie sich Reuter die Gemeindeleitung im NS-Staat vorstellte, erläuterte der neue Chef im Rathaus den städtischen Beamten bei seiner Einführungsansprache: Das *tüchtige, saubere und national denkende* Beamtentum habe *erster Diener des Staates* zu sein. *Gegen jeden,* warnte Reuter, *der es wagen sollte, irgendwie den Aufbau des Staates und die Maßnahmen der nationalen Regierung zu sabotieren, wird energisch vorgegangen werden!* Das Rathaus sei nicht nur Verwaltungsstelle, sondern *Frontabschnitt in der Armee Adolf Hitlers im Kampf um den deutschen Menschen!*[78]

Reuter war fanatischer Antisemit. Bei einer Großveranstaltung in Heidelberg klagte er im März 1933 über die „Deutschenhetze" im Ausland und betonte, daß man für jeden „christlichen Geschäftsmann", der zugrunde ginge, einen Juden aufhängen würde! Den für 1. April geplanten Boykott jüdischer Geschäfte – der in Ladenburg versehentlich drei Tage zu früh einsetzte – forderte er zynisch *in bester Disziplin durchzuführen.*[79] Sowohl Bürgermeister Reuter als auch sein Nachfolger Pohly – doch nicht nur sie! – spielten in dem traurigen Kapitel der Stadtgeschichte, das die jüdische Gemeinde im Dritten Reich betrifft, eine unrühmliche Rolle.[80]

Die Bürgermeister-Wahl holte man in Ladenburg am 15. Juli 1933 wohl eher der Form halber nach. Von den 28 Bewerbungen war nun keine Rede mehr, Reuter trat als einziger Kandidat an. Die 15 Gemeindeverordneten wählten ihn einstimmig, am 16. Juli begann seine offizielle Amtszeit. Zum stellvertretenden Bürgermeister hatte der Gemeinderat bereits im Mai '33 Kurt Pohly ernannt, den späteren Nachfolger Reuters.[81]

### 1.6 Gemeinderat auf neuer Linie – Ehrenbürgerschaft für den „Führer"

Der Gemeinderat schwenkte schon bald nach der „Machtergreifung" auf die neue Linie ein: Am 23. März ernannte das Stadtparlament Adolf Hitler zum Ehrenbürger Ladenburgs, taufte die Bahnhofstraße (die Zu-

*Die Ehrenbürger der Stadt Ladenburg im Dritten Reich: „Führer" und Reichskanzler Adolf Hitler, Generalfeldmarschall und Reichspräsident a.D. von Hindenburg, Auto-Erfinder Carl Benz, dessen Frau Berta Benz und Eduard Josef Schlageter (Vater des NS-„Nationalhelden" Albert Leo Schlageter) (Quelle: NBP Sondernummer, November-Dezember 1938).*

bzw. Ausfahrtstraße Richtung Mannheim) in Adolf-Hitler-Straße um und die Friedrich-Ebert- in Horst-Wessel-Straße.[82] Das Ehrenbürgerrecht, eine bislang in der badischen Gemeindeordnung unbekannte Einrichtung, war für Personen vorgesehen, die sich um das Wohl der Gemeinde besondere Verdienste erworben hatten.[83] Womit sich Hitler diese Verdienste erworben haben soll, bleibt unklar. Es ist fraglich, ob er von der Existenz Ladenburgs überhaupt wußte. Nach dem Dritten Reich scheint im übrigen keine offizielle Annulierung dieser Ehrenbürgerschaft des „Führers" erfolgt zu sein.

Durch ihre beherrschende Stellung konnte die NSDAP im Ladenburger Gemeinderat alle Anträge durchsetzen, ob Überlassung von Gelände für „Wehrsport"-Zwecke an SA und SS oder die Umbenennung von Straßen.[84] Nach der Auflösung von Zentrum und SPD fielen bis August 1933 sämtliche Sitze in Gemeinderat und Bürgerausschuß an die NSDAP.[85]

Unter welchem Druck die Gemeinderats- und Bürgerausschußmitglieder der aufgelösten Parteien zum Teil ihre Mandate niederlegten, zeigt ein Schreiben des Ladenburger Bürgermeisters an die Zentrumsabgeordneten vom August '33: *Mit der Selbstauflösung der Zentrumspartei gibt es auch in den kommunalen Vertretungs- und Verwaltungsorganen ... keine 'Zentrumsabgeordneten' mehr. Personen, die es trotzdem unternehmen sollten, den organischen Zusammenhalt der alten Zentrumspartei aufrecht zu erhalten oder eine neue politische Partei zu bilden, unterliegen nach dem Gesetz zur Neubildung von Parteien ... schwerer Strafe. Ich frage hiermit bei Ihnen an, ob Sie bereit sind auf Ihr Mandat ... zu verzichten.*[86]

Die Sachwerte der SPD, KPD sowie ihrer Hilfsorganisationen hatten die Behörden bereits kurz zuvor zugunsten des Landes Baden eingezogen.[87] Im Zuge der Gleichschaltung gehörten nun auch dem neubesetzten Ladenburger Ortsgericht, zuständig für geringfügige Streitigkeiten, unter dem Vorsitz des Bürgermeisters ausschließlich Nationalsozialisten an.[88]

Über die erste Bürgerausschußsitzung im „Neuen Deutschland" berichtet die Neckar-Bergstrass-Post Ende September 1933: *Ein Bürgersaal mit 60 Gemeindeverordneten und 10 Gemeinderäten und dazu noch eine sensationslüsterne Zuhörerschaft, die vielleicht sieben oder acht verschiedenen Parteien und damit ebensovielen Weltanschauungen angehörten, gaben den Rahmen der einstmaligen Sitzungen der Ladenburger 'Volksvertretung' ab. Mit einem gewissen Gruseln denkt der Berichterstatter an jene vergangenen Zeiten zurück ... Heute sitzen im Bürgerausschuß nur noch zwölf und im Gemeinderat noch sechs Männer. Ein anderer Geist ist eingezogen auf dem Ladenburger Rathaus ...*

*Bürgermeister Dr. Reuter betonte, daß diese Sitzung eine denkwürdige sei in der Geschichte unserer Stadt, wohl seien Männer des Novembersystems verschwunden, aber das Erbe ... sei geblieben in Form riesiger Schulden ... Er richtete an die Anwesenden die Bitte, jederzeit und unermüdlich den Geist des Nationalsozialismus und Adolf Hitlers immer mehr und mehr in die Bevölkerung hineinzutragen ... Mit einem dreifachen Sieg Heil ... fand die erste Ladenburger Bürgerausschußsitzung im nationalsozialistischen Deutschland ihr Ende.*[89]

Reuter blieb etwa ein Jahr lang im Amt und in Personalunion NSDAP-Ortsgruppenleiter, in der Anfangszeit des Regimes galt dies als das einfachste und sicherste Mittel, nationalsozialistischen Einfluß wirksam zu gewährleisten.[90] Die Bindung der Verwaltungsbeamten an das Regime sicherten sich die neuen Machthaber durch Vereidigung der Rathausbeamten auf den „Führer" und Reichskanzler Adolf Hitler.[91]

Die Bürgerausschüsse und Gemeindeversammlungen löste in Baden ein Gesetz vom 1. März 1934 vorläufig auf – bis zur geplanten Neuregelung des Gemeinderechts.[92] Der badische Innenminister erließ wenig später eine weiterführende Bestimmung: Sein Ministerium werde Bürgermeister in Zukunft grundsätzlich ohne vorherige Wahl ernennen.[93]

Im August 1934 berief Innenminister Pflaumer Ladenburgs Bürgermeister Reuter nach Kehl bei Straßburg. Hier war durch das Ausscheiden des bisherigen Bürgermeisters *eine gewisse Unruhe in örtlichen Parteikreisen* eingetreten, die Reuter, gleichzeitig als Kreisamtsleiter eingesetzt, beheben sollte – anscheinend erfolglos.[94] Die Bürgermeisternachfolge in Ladenburg übernahm, im September 1934 von der Aufsichtsbehörde ernannt, Kurt Pohly, *einer der ältesten Kämpfer für das Dritte Reich am hiesigen Platz.*[95] Auch Pohly fungierte gleichzeitig als NSDAP-Ortsgruppenleiter.

Die sogenannte „Machtergreifung" zeigt sich – am Beispiel Ladenburgs wird dies deutlich – auch auf lokaler Ebene bei näherer Betrachtung als Machterschleichung: NSDAP-Gliederungen übernahmen ohne Legitimation u.a. polizeiliche Aufgaben; kommunale Ämter okkupierte die Nazipartei kurzerhand, ohne daß dies dem Wählerwillen entsprochen hätte.

Mit der neuen deutschen Gemeindeordnung vom Januar 1935 wurde der Bürgermeister „Führer der Gemeinde": Die Gemeinderäte, nunmehr Ratsherren genannt, standen ihm lediglich beratend zur Seite. Sie sollten nur noch zu besonderen Anlässen auf Ermessen des Bürgermeisters zusammenkommen. Der Bürgermeister wie auch die Gemeinderäte wurden auf Vorschlag eines „Beauftragten der NSDAP" ernannt. Weder die Einwohner noch sonst eine Gruppe von Bürgern hatten Einfluß auf die Besetzung des Bürgermeisteramtes oder Gemeinderates. Die Staatspartei, ein Novum in der Geschichte der kommunalen Selbstverwaltung, hatte nun – gesetzlich verankert – die Möglichkeit, jederzeit tief in das Gemeindeleben einzugreifen.[96]

So war es denn auch ein Parteifunktionär, Kreisleiter Roth aus Mannheim, der im Juli 1935 einen Bürgermeister-Kandidaten vorschlug: Kurt Pohly sollte wiederberufen werden. Der Landrat setzte ihn am 22. Juli '35 ein, und zwar gleich für 12 Jahre.[97] Pohlys Amtszeit endete jedoch 1945.

Die Institution „Gemeinderat" sank im NS-Staat nach und nach zur völligen Bedeutungslosigkeit herab. Die Zahl der Sitzungen illustriert dies: Sie sank von 37 im Jahr 1933 kontinuierlich auf vier Sitzungen im Jahr 1944. Zum letzten Mal im Dritten Reich kamen die Ladenburger Gemeinderäte am 27. August 1944 zusammen. Der Bürgerausschuß tagte zwischen 1933 und 1945 lediglich in zwei Sitzungen, je einmal 1933 und 1934.[98]

## 2. Konsolidierung der NS-Diktatur

### 2.1 Zerschlagung der Opposition, Arbeiter- und Berufsverbände – „Für Nörgler und Stänkerer ist in diesem Staat kein Platz!"

Der Zugriff auf alle Bereiche des öffentlichen, zunehmend auch des privaten Lebens durch Verbote, Verfolgung und Unterdrückung kennzeichnet die Phase der Konsolidierung des Regimes nach der Machtübernahme. Hausdurchsuchungen, Verhaftungen, Konfiszierungen waren auch in Ladenburg an der Tagesordnung. NSDAP, SA und SS hatten wie selbstverständlich polizeiliche Gewalt übernommen. Die Tageszeitung veröffentlichte Berichte über Polizeiaktionen, Festnahmen etc. nun unter: *Der Ortsgruppenleiter der NSDAP teilt mit.*[99] Der bereits erwähnte KP-Aktivist Theodor Haas wurde am 10. April 1933 erstmals verhaftet[100]; Meldungen über angebliche Waffenfunde, über „Schutzhaft" und Verhöre häuften sich. Von der Einrichtung des ersten zentralen Konzentrationslagers in Baden (Kislau) erfuhren die Ladenburger Zeitungsleser ebenso frühzeitig[101] wie von dem geplanten Boykott jüdischer Geschäfte, von der Diskriminierung, später dann der Entrechtung, Verfolgung und Deportation der jüdischen Bürger.

Kommunisten, Reichsbanner, SPD und Gewerkschaften waren mit dem „Ermächtigungsgesetz" ausgeschaltet, ihre Funktionäre verhaftet, verschleppt, ermordet. Die bürgerlichen Parteien lösten sich freiwillig oder unter Druck selbst auf. Regierungskritiker steckte die Gestapo kurzerhand in eines der flächendeckend entstehenden Konzentrationslager. Eine typische Meldung der Ladenburger Zeitung aus dieser Zeit: *Verhaftet wurde Josef H. wegen wiederholter Hetze gegen die nationale Regierung und Drohungen gegen Angehörige der NSDAP-Ortsgruppe.*[102] Allein bis Ende Juli 1933 befanden sich nach einer Aufstellung des Reichsinnenministers insgesamt über 26.000 Menschen in „Schutzhaft", 539 davon in Baden.[103]

Ende März 1933 beschlagnahmte die Gemeindeverwaltung Ladenburgs – *bis zur weiteren Regelung* – Inventar und Vermögen tatsächlich oder angeblich „marxistischer" Organisationen wie Turn-, Sport-, Gesangs- oder Kulturvereine. Güter und Gegenstände landeten im Rathaus, die unerwünschten Vereine löste die Stadtverwaltung auf.[104] Der Eifer von NSDAP, SS und SA war kaum zu bremsen: Im Juni 1933 konfiszierten SA und Gendarmerie *marxistische Turngeräte* der Freien Turnerschaft, der Kassier kam in „Schutzhaft".[105] Das eingezogene Vereins-Gut (Bücher, Spiele, Bühnenausstattung, Möbel, Sportgeräte etc.) blieb zum Teil noch jahrelang in städtischer Verwahrung, wurde nach und nach über einen „Treuhänder für das marxistische Vermögen" verkauft, an die örtlichen NS-Organisationen verteilt oder blieb in städtischem Besitz.[106]

Ob wegen Beschimpfung der Reichsregierung oder der nationalsozialistischen „Bewegung", wegen „marxistischer Redeweisen" oder ähnlichem: Eine Welle von Verhaftungen rollte über die Stadt. Nach einer kommunistischen Flugblattaktion in Ladenburg und den Nachbarorten kam es im September 1933 zu 35 Verhaftungen (neun davon betrafen Ladenburger) und etlichen Überweisungen ins KZ auf dem Heuberg, das erste und berüchtigte Konzentrationslager in Württemberg, bei Stetten am kalten Markt[107]. *Die Verhaftungen werden so lange fortgesetzt*, drohte die Neckar-Bergstrass-Post, *bis die Hetze aufhört.*[108] Sogar die vom letzten Reichstagswahlkampf übriggebliebenen Aufrufe, Plakate, Parolen von neuerdings „staatsfeindlichen Organisationen" wie SPD und KPD mußten nach einer Aufforderung des Bezirksamtes an die Bürgermeister sofort von Wänden, Häusern und Zäunen entfernt werden, da sie nun einen „polizeiwidrigen Zustand" darstellten. Die Ladenburger Stadtverwaltung hatte solche Plakate und Aufschriften freilich vorauseilend längst beseitigen lassen.[109]

Trotz Verfolgung setzte zumindest die kommunistische örtliche Opposition ihre Arbeit fort, etwa mit Flugblatt-Publikationen.[110] Vermutlich erhielten die Ladenburger Kommunisten dabei Hilfe von der starken Mannheimer KP-Gruppe, die mit zäher Ausdauer die Organisation der KPD aufrechtzuerhalten versuchte. Von hier aus gelangten immer wieder Flugblätter, Propagandaschriften usw. in Umlauf. Getragen war dieser Widerstand in erster Linie von Arbeitern aus den Industriebetrieben, bei denen auch viele Ladenburger beschäftigt waren.[111]

Die Leitung der Ladenburger KP-Ortsgruppe lag nach einer Beurteilung von Bürgermeister Pohly für die Geheime Staatspolizei im benachbarten Neckarhausen, von wo fast alle Unternehmungen eingeleitet worden seien: ... *ein Beweis dafür, daß eben in Ladenburg die Führerschicht der KPD etwas dürftig war.*[112] Eine fragliche, möglicherweise eine Schutzbehauptung, betrachtet man den hohen KPD-Stimmenanteil in der Stadt bei den Wahlen bis 1933, welcher auf eine entsprechende Mitgliederzahl schließen läßt.

Neben der Parteien-Opposition gerieten auch die Berufsverbände ins Visier der Nationalsozialisten. Der „nationalsozialistische Kampfbund für den gewerblichen Mittelstand" – in Ladenburg Ende Mai 1933 gegründet[113] – sollte die mittelständischen Interessenverbände ersetzen. Deren Vorsitzende zwang man zum Rücktritt oder ersetzte sie durch „Parteigenossen". Die NS-Propaganda nutzte dabei die im Mittelstand verbreitete Ablehnung gegen Warenhäuser, Konsumgenossenschaften und Filialgeschäfte.[114] Auf einer Kundgebung in Ladenburg wies der Mannheimer „Kreiskampfbundleiter" die Richtung: ... (es) *wird für jeden Berufsstand eine einzige Pflichtinnung eingeführt ... Die Gewerbefreiheit wird in Baden demnächst aufhoben ... Die Warenhäuser wie auch die Filialgeschäfte werden mit einer derartigen Steuer, mindestens 80% belegt, daß sie eines schönen Tages von selbst gerne zumachen werden. Es empfiehlt sich für jeden Volksgenossen aus den Konsumvereinen auszutreten .... Dies alles ... sind Dinge, die nicht mehr lange bestehen werden.*[115] Der „Kampfbund für den Mittelstand" ging später in der „Deutschen Arbeitsfront" (DAF) auf.[116]

Institutionen des staatlichen Sozialsystems, Allgemeine Ortskrankenkassen (eine Errungenschaft der Arbeiterbewegung), Arbeitervereine und Innungen ... – systematisch bauten die Nationalsozialisten auch das Sozialwesen der Weimarer Republik ab oder besetzten Schlüsselpositionen mit Parteigängern. Die Mittel waren oft dieselben wie bei der Übernahme kommunaler Posten, etwa der verleumderische Korruptionsvorwurf. Der Ladenburger AOK-Vorsitzende zum Beispiel, ein Schuhmacher und Milchhändler, kam im April 1933 aus undurchsichtigen Gründen in „Schutzhaft".[117] Ein nebulöser „Riesenschwindel" mußte als Beweis für die angebliche Mißwirtschaft der „Krankenkassenbonzen" in den Allgemeinen Ortskrankenkassen herhalten.[118]

Sehr schnell fielen auch die örtlichen Agrarverbände in NS-Hand. Mit der Einsetzung des „Reichsnährstandes" (Sept. 1933) war der gesamte agrarische Lebens- und Wirtschaftsbereich, der in Ladenburg eine bedeutende Rolle spielte, einer zentralen Regie unterworfen. Der Ladenburger Bauernbund ging im Mai '33 zwangsweise in einer NS-„Bauernschaft" auf. „Ortsbauernführer" war Gemeinderat Karl Nilson. Er leitete auch die wenig später gegründete Milchgenossenschaft.[119] Doch die Erfassung sämtlicher Landwirte und aller, die mit ihren Erzeugnissen auf dem Weg zum Verbraucher zu tun hatten, bereitete offensichtlich Schwierigkeiten: So wies der Ladenburger „Ortsbauernführer" noch Ende 1934 nachdrücklich auf die Pflicht zum Beitritt in den „Reichsnährstand" hin.[120]

Die Ladenburger Landwirte waren anscheinend von ihrer Standesvertretung nicht sonderlich begeistert. Über die Zeitung mußten sie immer wieder aufgefordert werden, ihre Beiträge zu bezahlen: *Der größte Teil der Beiträge steht noch aus .... Es muß sich jeder Bauer klar sein, daß es eine Ehrenpflicht ist, die Beiträge ... pünktlich zu bezahlen.*[121] Auch die Politisierung der Landwirte verlief offenbar nicht wunschgemäß. Mit drohendem Unterton wies der „Ortsbauernführer" anläßlich der „Erzeugungsschlacht" 1934 auf die Pflicht hin, alle Versammlungen der NS-Bauernschaft zu besuchen; andernfalls drohten Zwangsmaßnahmen. *Nörgler und Stänkerer*, polemisierte Nilson, *haben im nationalsozialistischen Staat keinen Platz!*[122] Es muß ihrer unter den Ladenburger Landwirten folglich einige gegeben haben.

Um sämtliche Agrarbetriebe der Gemarkung – samt aller Nebenerwerbs-Landwirte – exakt zu erfassen, unterteilte der Bürgermeister das Stadtgebiet Ende 1934 in acht Zellen. An der Spitze stand jeweils ein „Zellenwart" als Beauftragter des „Ortsbauernführers".[123]

## 2.2 Gleichschaltung der Vereine

Der Gleichschaltung beugten sich auch sämtliche kulturellen, gesellschaftlichen und gemeinnützigen Vereine Ladenburgs. Ortsausschuß für Leibesübungen, Turnverein, freiwillige Feuerwehr, Gesangsvereine oder Baugenossenschaft – sie alle stellten sich freiwillig in den Dienst der „nationalen Bewegung" oder wurden dazu genötigt. Prinzipiell, stellte Bürgermeister und NSDAP-Ortsgruppenleiter Reuter bei der Gleichschaltungs-Versammlung des Gesangsvereins „Liederkranz" klar, könnten nur „Parteigenossen" Vereinsvorstände werden.[124] Dementsprechend wechselten die Vereine Vorstände aus, nahmen das „Führerprinzip" in die Satzungen auf, gaben öffentliche NS-Treuegelöbnisse ab. Die freiwillige Feuerwehr inszenierte eine „nationale Kundgebung" und erklärte ihr *bedingungsloses Eintreten für den nationalsozialistischen Staat.*[125] Der Gesangsverein „Sängereinheit" vollzog seine Gleichschaltung im August 1933[126], der „Liederkranz" folgte im September.[127]

Die NSDAP bemächtigte sich stufenweise der umfassenden Kontrolle und Regie des öffentlichen Lebens: Vereine und Verbände mußten sämtliche Veranstaltungen beim „Propagandawart" der Ortsgruppe anmelden und Termine erbitten. Bei kulturellen Veranstaltungen hatte dem „Kulturwart" ein ausführliches Programm zur Genehmigung vorzuliegen. *Nicht angemeldete Veranstaltungen werden nicht mehr stattfinden können*[128], so der Ladenburger NS-„Propagandawart". Nach dem Reichstheatergesetz durften nicht einmal mehr Laientheaterstücke öffentlich aufgeführt werden: *Bei Zuwiderhandlung erfolgt polizeiliches Einschreiten*, warnte die Ladenburger Zeitung.[129]

Die Mischung aus Drohung und Vereinnahmung, mit der die Nazis das öffentliche Leben – schließlich erfolgreich – zu kontrollieren versuchten, veranschaulicht ein Brief des Bürgermeisters an einen Ladenburger, der einen Reiterverein zusammenstellen wollte:

*Es ist mir gemeldet worden, daß Sie versuchen würden, einen Reiterverein hier aufzuziehen ... Ich mache Sie darauf aufmerksam, daß jede Vereinsgründung der Genehmigung bedarf und der Führer der Ortsgruppe der NSDAP eingesetzt werden muß. Die Genehmigung ... wird in diesem Fall versagt werden müssen, zumal die Auffassung besteht, daß dieser Verein zu einer Sammelstelle werden soll von unzufriedenen Elementen und Leuten, die zum Teil aus der SS ausscheiden mussten. Ich weise darauf hin, daß dadurch für Sie persönlich unliebsame Dinge entstehen könnten. Ich bedaure außerordentlich, daß Sie bei der Gründung des SS-Reitertrupps sich nicht aktiv beteiligt haben, und mache Ihnen hiermit nochmals das Angebot im Rahmen der SS-Reiterei eine Fahrabteilung aufzuziehen.*[130]

Die Gleichschaltung der Ladenburger Vereine, Verbände und Organisationen war im großen und ganzen innerhalb weniger Monate abgeschlossen. Doch dauerte es noch einige Zeit, bis auch die letzten Positionen unter NS-Kontrolle standen: Der „Landwirtschaftliche Konsum- und Absatzverein Ladenburg" etwa hielt seine Gleichschaltungs-Versammlung erst im Februar 1934 ab, der Gewerbeverein – ein Zusammenschluß von Einzelhandel und Gewerbe – löste sich, quasi als „Nachzügler", zwei Monate später auf.[131]

### 2.3 Von der Berichterstattung zur Propaganda: Die Neckar-Bergstrass-Post

Die erste Ausgabe einer Ladenburger Lokalzeitung erschien im Januar 1869 unter dem Namen „Ladenburger Wochenblatt – Allgemeiner Anzeiger für den Amtsgerichtsbezirk Ladenburg" als bescheidenes, mit einer Handpresse gedrucktes Blättchen im Kleinformat. Die Herstellung der zweimal wöchentlich publizierten Zeitung erfolgte in einem Bauernhaus in der Altstadt. Herausgeber und Verleger war der Weinheimer W. Diesbach, der auch den dortigen Verlag und die Druckerei des „Weinheimer Anzeigers" betrieb.[132] 1870 übernahm ein Buchdrucker namens Becker die Zeitung und verlegte die Geschäftsräume. Nach einem kurzen Intermezzo von 1877 bis 1879 mit einem weiteren Besitzerwechsel sowie einer Vergrößerung des Zeitungsformates leitete der Ladenburger Karl Molitor das Unternehmen, nun in einem eigenen Gebäude in der Altstadt untergebracht. 1900 erhielt Molitor den Hoftitel, der Verlag führte nun die Bezeichnung Hofbuchdruckerei. Molitors Neffe Ludwig Nerlinger übernahm den Betrieb 1907 und gestaltete die Zeitung zum täglich erscheinenden „Ladenburger Tageblatt" um. Die Abonnentenzahl stieg, und nach dem Umzug in ein großes Verlagsgebäude am Rande der Altstadt änderte sich der Zeitungsname 1919 in „Neckar-Bergstrass-Post". Dies auch mit dem Ziel, den Bezieherkreis auf die umliegenden Gemeinden auszuweiten. Die Anschaffung einer Setzmaschine ermöglichte dann einen größeren Umfang des Blattes, breitere Berichterstattung und mehr Inserate. Ludwig Nerlinger kam 1932 bei einem Verkehrsunfall ums Leben, die Geschäftsführung übernahm eine Erbengemeinschaft, die Schriftleitung sein Sohn Karl Nerlinger.[133]

Die politische Position der Neckar-Bergstrass-Post vor der NS-Machtübernahme ist am ehesten als national-konservativ zu bezeichnen: Sie war unabhängig und nicht parteigebunden. In der Berichterstattung unterschied sich die NBP vom kämpferisch-missionarischen Ton der katholischen Zentrumspresse, der sozialistischen und kommunistischen Publikationen wie auch von der grellen Diktion der NS-Presse durch einen relativ nüchternen, ruhigen Stil und zurückhaltende Wertungen in den Kommentaren. Als „Amtliches Verkündigungsblatt" hatte die NBP eine günstige Position: Amtsblatt zu sein war für eine Provinzzeitung wertvolle Auszeichnung, gut für das Image und von Vorteil in der Konkurrenz mit anderen Zeitungen.[134] Während der Weimarer Republik kam es allerdings zu Konflikten mit lokalen Parteifraktionen und der von SPD und Zentrum dominierten Gemeindeführung. Zeitweilig entzog die Stadtverwaltung der NBP die Gemeinderats-Berichterstattung, um sie der sozialdemokratischen Mannheimer Presse zu überlassen. Wegen, wie die NBP es sah, *einer Anprangerung von Mißständen*[135] prozessierte die Stadtverwaltung sogar gegen den damals verantwortlichen Redakteur Ludwig Nerlinger. *Manch trauriges Kapitel*, schreibt die Zeitung 1933, *über das Verhältnis zwischen Stadtverwaltung, Gemeinderat, Bürgerausschuß*

Der Stürmer gibt zum Reichsparteitag eine Sondernummer heraus, betitelt

**Menschenmörder von Anfang an.**

In dieser Ausgabe sind die jüdischen Revolutionen vom Altertum bis zur Jetztzeit und insbesondere der Marxismus von Karl Marx bis zur „Komintern“ (kommunistische Internationale) erschöpfend behandelt. Diese Stürmer-Sondernummer ist möglichst

**jedem Angehörigen der Deutschen Arbeitsfront**

in die Hand zu geben. Die Dienststellen der Deutschen Arbeitsfront werden deshalb angewiesen, für

**weitgehendste Verbreitung**

der betreffenden

**Stürmer-Sondernummer**

in den Betrieben usw. Sorge zu tragen

Heil Hitler!

München, 23. Aug. 1935

Dr. R. Ley

**Vor 2000 Jahren**

wurde Christus von den Juden unter ihrem Hohngelächter auf Golgatha ans Kreuz genagelt. Dieser Kreuzestod war der

**größte Ritualmord**

aller Zeiten. Über den Kampf, den Christus gegen das Judentum führte und über den Antisemitismus des Urchristentums berichtet

**Der Stürmer**

in einer vor Ostern erscheinenden

**Sondernummer**

**„Judentum gegen Christentum“**

*Antisemitische Hetze in der Ladenburger Tageszeitung: „Menschenmörder“, „Ritual-Mörder“, „Lügner“ – als Feindbild wurden „die Juden“ systematisch zum kollektiven Ziel von Wut, Haß und Verachtung, zum Auslöser tiefsitzender Ängste stilisiert. (Quellen: NBP 205/4. 9. 1935 [„Menschenmörder“]; NBP 55/6. 3. 1937 [„Lügenpresse“; Abb. auf der folgenden Seite]; NBP 68/22. 3. 1937 [„Vor 2000 Jahren“]).*

*und der Heimatpresse könnte man heute schreiben, über den Boykott gegen die Presse usw. nur weil sich der Berichterstatter erlaubte eine Meinung zu vertreten, die damals eben nicht populär war.*[136]

Die NBP erschien sechsmal wöchentlich mit jeweils vier bis sechs Seiten. Beilagen wie „Illustriertes Unterhaltungsblatt“, „Der Erzähler“ und „Herd und Scholle“ wechselten einander dreimal pro Woche ab. Ab 1933 kamen Beilagen über den „Führer“, die NSDAP, die „Kampfzeit“ etc. hinzu. Die Seiten 1 und 2 der Zeitung waren politischen Informationen und Berichten über das Ausland, Deutschland und Baden vorbehalten. Der übrige Teil enthielt die Rubriken „Aus unserer Heimat“ (mit den Unterrubriken „Ladenburg“, „Schriesheim“, „Neckarhausen“), „Aus Nah und Fern“, den Sport- und Wirtschaftsteil, kirchliche Nachrichten, Anzeigen und Bekanntmachun-

gen der Stadt, ab Oktober 1933 erweitert um die Rubrik: „NSDAP-Nachrichten – aus parteiamtlichen Bekanntmachungen entnommen“. Jeweils freitags faßte eine „Wochenrundschau“ die wichtigsten politischen Ereignisse zusammen und kommentierte diese, zunächst noch von NBP-Redakteuren formuliert, später fast ausschließlich von Partei-Journalisten. Zunehmend fanden sich nun auch politische und antisemitische Hetzkarikaturen in der Ladenburger Tageszeitung.

Die Gemeinden und Städte wählten nach der NS-Machtübernahme für ihre Veröffentlichungen, falls keine parteioffiziellen Blätter existierten, solche Zeitungen, die den Nationalsozialismus vor 1933 zumindest nicht bekämpft hatten.[137] Die Neckar-Bergstrass-Post war zwar nicht als NS-Vorkämpferin aufgetreten, doch standen, versicherte die Zeitung zumindest 1938, *die Spalten der Zeitung auch dem Ideengut des Nationalsozialismus offen, und auch hier gab es immer wieder schwerwiegende Auseinandersetzungen mit den politischen Gegnern dieser zur Macht strebenden Volksbewegung.*[138]

Nach dem Reichskulturkammer- und dem Schriftleitergesetz (September/Oktober 1933) mußte jeder im Kulturbereich Tätige – vom Dirigenten bis zum Zeitungshändler – Mitglied der zuständigen Kammer werden.[139] Die journalistische und verlegerische Tätigkeit wurde zur öffentlichen Aufgabe erklärt, eine Zulassung als Schriftleiter an Voraussetzungen geknüpft (etwa „arische Abstammung“) sowie an nebulöse Eigenschaften, *die die Aufgabe der geistigen Einwirkung auf die Öffentlichkeit erfordert.*[140] Am Meinungszwang ließ Propagandaminister Goebbels keinen Zweifel: *Wir wollen aufrichtige Männer haben, die aus vollstem Herzen und mit ganzer Verantwortung diesem Staat dienen.*[141]

Für das kleine Familienunternehmen NBP war die wirtschaftliche Situation in den 30er Jahren problematisch. Die Zahl der Verlage in Privatbesitz ging drastisch zurück: 1932 waren in Deutschland noch 80 Prozent in Familienbesitz. Ihre Zahl schrumpfte bis 1939 auf wenige Hundert, die sich schließlich zur „Arbeitsgemeinschaft der privateigenen Zeitungen" zusammenschlossen.[142] Die NS-Verlage hingegen wuchsen zu Mammutgebilden, ihre Zeitungen erreichten Riesenauflagen und setzten auch die Provinzpresse unter starken Konkurrenzdruck.

Einfluß auf den Zeitungsinhalt nahmen Landes- und staatliche Regierungsstellen, kommunale Verwaltung und NSDAP-Organisationen. In der Lokalspalte der NBP erschienen nun häufiger Artikel des Ladenburger „Propagandaleiters" und anderer Parteifunktionäre, zunächst noch mit Namen, Kürzel oder Erläuterung als Fremdbeitrag gekennzeichnet, bald entfielen dann auch diese Hinweise.

Die Pressestelle der Stadt Ladenburg sah ihre Aufgabe offenbar weniger darin, ein fruchtbares Verhältnis zwischen Gemeindeverwaltung und Presse zu schaffen oder die Verbindung der Gemeindeleitung zur Bevölkerung zu fördern, sondern vielmehr in der Durchsetzung des NSDAP-Führungsanspruchs auf das öffentliche Leben. Direkte Weisungen zum Abdruck vorgefertigter Artikel finden sich in den städtischen Akten nicht, doch dürfte der „Wunsch" oder die „Anregung" zur Veröffentlichung den Gebotscharakter nur verhüllt haben. Bürgermeister Reuter griff regelmäßig selbst zur Feder. Seine in einer Akte gesammelten Beiträge (zur Volksabstimmung und Reichstagswahl Ende 1933, zur NS-„Weltanschauung" und anderen Themen) finden sich fast ausnahmslos und wortgetreu in der NBP, nur in wenigen Fällen mit dem Autorennamen versehen. Das Reichserbhofgesetz etwa kommentierte Reuter in typisch völkischem NS-Duktus: *Der strategische Plan des Weltleihkapitals ging darauf hinaus, mit der Vernichtung des bodenständigen Bauerntums die letzte Kraftquelle für die Wiedererneuerung des deutschen Volkes zu zerstören ....*[143]

Das Reichspropagandaministerium unterband schon bald eine eigenständige Öffentlichkeitsarbeit der Gemeinden, verbot eigene Pressestellen und -konferenzen und verwies für Bekanntmachungen, Pressematerial und Informationen an die Landesstellen des Ministeriums. Die Kommunen sollten ihre Amtsblätter einstellen und eng mit den NS-Zeitungen zusammenarbeiten.[144] Die Presselenkung des Propagandaministeriums arbeitete zunehmend ausgefeilter und lückenloser, das Repertoire reichte vom „Wunsch" nach bevorzugter Aufmachung von Beiträgen bis zur detailliert ausgearbeiteten Anweisung betreffend Inhalt, Wortlaut, Überschrift und Zeitpunkt der Veröffentlichung.[145]

Die Beispiele für solche im Reichsministerium generalstabsmäßig geplanten und in ihrer Wirkung bis ins einzelne berechneten Pressekampagnen sind zahllos: von den „Eintopfsonntagen" des Winterhilfswerkes über die Reichstagsbrand-Prozeßberichte, die Röhm-Affäre, die Kirchenprozesse bis zu den sich steigernden antisemitischen Haßkampagnen und der propagandistisch-psychologischen Vorbereitung auf den Krieg. Beispielhaft für die Art der Presselenkung ein Zitat aus der Anweisung des offiziösen Deutschen Nachrichtenbüros (DNB) nach dem Attentat auf den deutschen Legationssekretär vom Rath durch einen deutsch-polnischen Juden in Paris 1938:

*Alle deutschen Zeitungen müssen in größter Form über das Attentat .... berichten. Die Nachricht muß die erste Seite voll beherrschen .... In eigenen Kommentaren ist darauf hinzuweisen, daß das Attentat des Juden die schwersten Folgen für die Juden in Deutschland haben muß .... In Ausdrücken, die der Empörung des deutschen Volkes entsprechen, kann festgestellt werden, daß die jüdische Emigrantenclique .... verantwortlich für dieses Verbrechen sei.*[146]

Hatte sich die Redaktion der Neckar-Bergstrass-Post nach der „Machtergreifung" zunächst noch häufig einer distanzierenden, indirekten Sprachform oder erklärender Einleitungsformeln bedient (*Von amtlicher Seite wird uns hierzu mitgeteilt ...*), verschwanden solche vorsichtigen Formulierungen bald, die Zeitung schwenkte sprachlich und inhaltlich ganz auf NS-Kurs ein. Eigene Leitartikel und Kommentare fanden immer seltener einen Platz in der NBP, mußte der Herausgeber doch auch

*Führerkult: Titelseite Neckar-Bergstrass-Post Nr. 84 vom 9. April 1938.*

ständig in der Furcht arbeiten, der Partei einen Vorwand zum Eingreifen zu liefern. Ab April 1935 durften schließlich laut Reichspressekammer keine Zeitungen mehr publiziert werden, *die in einer Form berichten, die geeignet ist, Anstoß zu erregen, oder der Würde der Presse schaden.*[147]

Tendenz in jeder möglichen Form und Verpackung war ein Grundsatz der NS-Propaganda. Form und Darstellungsmittel sollten dabei – ein schieres Ding der Unmöglichkeit – gleichzeitig bunt und abwechslungsreich sein. Der badische Gauleiter Robert Wagner 1935: *Alle Zeitungen können natürlich nicht parteiamtlich sein, aber alle müssen nationalsozialistisch sein!*[148] Ein Netz von Berufsgerichten überwachte bis auf Lokalebene die Einhaltung der Vorgaben und Regelungen.[149] Meldungen über Zeitungsverbote und Verhaftungen wegen kritischer Berichterstattung – häufig in der NBP zu lesen – hatten deutlich drohenden Unterton: *Das Geheime Staatspolizeiamt meldet: Das 'Hochrheinische Volksblatt' brachte mehrfach Artikel, die versteckte Angriffe gegen den Nationalsozialismus enthielten .... Die Zeitung wurde wiederholt beschlagnahmt, der verantwortliche Redakteur kam in Schutzhaft.*[150]

Wirtschaftlich war die NBP weitgehend von Abonnenten und Inserenten abhängig, ihre Auflage bewegte sich bis zum Krieg um 700, stieg später auf 1300. Die Belegschaft bestand aus sechs bis sieben Mitarbeitern.[151] Wirtschaftlich ständig um ihr Überleben kämpfend, forderte die Zeitung ihre Leser regelmäßig eindringlich und offiziös auf, ihr die Treue zu halten. 1936 etwa schreibt das Lokalblatt:

*Zeitunglesen ist Pflicht .... Jeder muß über seine staatsbürgerlichen Pflichten unterrichtet sein. Diese erfährt er am besten durch die Zeitungen, die die Reden des Führers, die Kundgebungen der Reichsregierung und der Partei im Wortlaut bringen .... Der heutige Staat verlangt von jedem Leistung, mit Fug und Recht. Die Leistung wird aber nicht erreicht allein durch Mitlaufen. Staatsgesinnung muß erreicht werden durch ständige Arbeit an sich selbst. Dazu sind die Zeitungen die besten Werkzeuge.*[152]

Die Ladenburger Heimatzeitung mußte um den festen Stamm ihrer Abonnenten und Anzeigenkunden bangen, zumal die NS-Presse Leser und Inserenten mit aggressiven Methoden abspenstig machte. Offiziell betonte man zwar die Bedeutung und Notwendigkeit der Heimatpresse – so etwa Gauleiter Wagner bei einem Empfang im Ladenburger Rathaus gegenüber NBP-Redakteur Nerlinger[153] – doch hinter den Kulissen drohte die Übernahme durch das mächtige Mannheimer „Hakenkreuzbanner" (HB). Diese finanziell und von der Auflage her wohl am besten fundierte Zeitung Nordbadens hatte in ihren Lokalteil eine Ladenburger Rubrik aufgenommen und trat so in direkte Konkurrenz zur Neckar-Bergstrass-Post. Von jedem „Parteigenossen" in den Bezirken Mannheim und Weinheim/Bergstr. – hier war das „Hakenkreuzbanner" seit 1931 offizielles Parteiorgan – erwartete man neben dem HB-Abonnement das Werben zweier neuer Abonnenten. Grundsätzlich sollte laut örtlicher Parteianweisung jedes NSDAP-Mitglied ein nicht parteioffizielles Blatt auch erst nach der Bestellung von drei Parteizeitungen (nämlich: „Völkischer Beobachter", „Der Führer", und „Hakenkreuzbanner") beziehen.[154]

Vermutlich gezielt verbreitete Gerüchte über die Einstellung oder Übernahme der Neckar-Bergstrass-Post verunsicherten deren Leser und Anzeigenkunden, erschwerten der Zeitung das Überleben zusätzlich. Unter *Gerüchtemacher am Werk* meldet die NBP im Februar 1934: *Es tauchen in Ladenburg immer wieder Gerüchte auf, daß die Zeitung ihr Erscheinen einstellt. Wir haben bis heute noch nicht daran gedacht, das Erscheinen der Neckar-Bergstrass-Post einzustellen, geschweige denn unsere Selbständigkeit aufzugeben.*[155] Den Urhebern und Verbreitern solcher Gerüchte drohte die Zeitung mit gerichtlichen Schritten.

Ihre Aufgabe als Verbindungsglied zwischen Bevölkerung und Stadtverwaltung, als Informationsmedium vor Ort konnte die NBP immer weniger erfüllen: Die Berichterstattung aus dem Rathaus, über die Arbeit in den Sitzungen sank kontinuierlich. Zum einen, weil deren Zahl aufgrund des „Führerprinzips" in der Gemeindeverwaltung sank, zum anderen sicherlich auch vor dem Hintergrund der Allergie öffentlicher Stellen gegen jegliche Kritik und die berechtigte Furcht der Berichterstatter vor deren Folgen. Klagen über mangelnde Information der Öffentlichkeit, besonders über lokalpolitische Vorgänge waren im Dritten Reich weit verbreitet.[156]

### 2.4 Sieg des „Hakenkreuzbanners" über die Lokalzeitung

Eine Durchsicht der entsprechenden NBP-Ausgaben verdeutlicht, daß die Zeitung bereits kurze Zeit nach der NS-Machtübernahme im allgemeinpolitischen Teil auf den offiziellen Regierungskurs einschwenkte. In den übrigen Bereichen – etwa Lokales, Beiträge der eigenen Redaktion – ist diese Wandlung nicht so offensichtlich und schnell festzustellen. Zu einer kämpferischen Auseinandersetzung nach der „Machtergreifung" wie etwa beim Heidelberger „Pfälzer Boten" kam es hier nicht. Die Gleichschaltung der NBP verlief rasch und sozusagen lautlos. Bald unterschied sich das Lokalblatt durch nichts von der übrigen gelenkten Presse. Doch waren – dies ist nicht zu vergessen – die Möglichkeiten zu Offenheit, Kritik oder einer lediglich neutralen Haltung auch sehr gering.

Redakteur Nerlinger schildert 1938 die *recht schweren Wochen und Monate* nach der Machtübernahme als *Zeit der Prüfung aber auch Bewährung*, in der man alles getan habe, damit die Zeitung überlebt: *Wir haben uns behauptet und darauf können wir stolz sein.* Vorsichtig weist der Journalist auf den früheren und immer noch bestehenden Druck hin: *Gar mancher hätte es wohl gerne gesehen und mancher würde es vielleicht auch noch heute sehen, wenn der Neckar-Bergstrass-Post das Lebenslicht erlöschen würde. Doch solche Hoffnungen werden sich nicht erfüllen.*[157]

Damit sich solche Hoffnungen nicht erfüllten, sparte die Redaktion nicht an Ergebenheitserklärungen gegenüber der Regierung, Verherrlichung des „Führers" und der „Bewegung", am gebetsmühlenhaften Wiederholen der immer gleichen Propagandaparolen sowie leider auch nicht an antisemitischer Hetze.

Einige Beispiele für den sakralen Pathos der Berichterstattung selbst bei alltäglichen Anlässen: Zum Ladenburger Volksfest, also einer Kirmes, formuliert der NBP-Berichterstatter 1935:

*Wir kennen keine Stände und keine konfessionellen Gegensätze, wir kennen nur die Volksgenossen, die unserer Art und unseres Geistes sind. Diese Tage ... sollen uns zusammenschweißen zu innerer Festigkeit und Treue zu Führer und Vaterland ... Volksgenossen, beweist eure Verbundenheit mit Volk und Staat und werdet zum Pfeiler des großen Werdens unseres Dritten Reiches!*[158]

Als Bürgermeister Pohly im August 1935 für weitere zwölf Jahre verpflichtet wurde, versieht die NBP ihre Glückwünsche mit der Versicherung: *Neben dem Wirken für unsere engere Heimat seien aber nie und nimmer die hohen Ziele nationalsozialistischen Wollens vergessen ..., gelte unsere ganze Arbeit immer nur Führer, Volk und Vaterland – Deutschland!*[159]

*Schriftzug des Mannheimer NS-Organs und Konkurrenten der Ladenburger Neckar-Bergstrass-Post, „Hakenkreuzbanner" (Quelle: A 332).*

Ihr journalistisches Selbstverständnis beschreiben NBP-Verlag und Schriftleitung 1937 folgendermaßen: *Der nationalsozialistische Staat hat die Presse eingegliedert in die Reichskulturkammer und ihr die schöne und dankbare Aufgabe der Miterziehung des deutschen Menschen zur Volksgemeinschaft zugewiesen. So trägt die deutsche Presse Tag für Tag das nationalsozialistische Gedankengut hinein ins Volk, sie ist Mittlerin zwischen Führer und Volk, sie gestaltet dadurch mit ein neues, großes, deutsches Reich, in dem es für jeden Volksgenossen eine wahre Freude ist zu leben. An diesem großen und weiten Aufgabengebiet unser .... Teil miterfüllen zu dürfen, ist uns Männern, die wir mit ganzem Herzen unserer Heimatzeitung täglich verbunden sind, aufrichtige Freude und Genugtuung.*[160]

Etwa ein Jahr später heißt es in eigener Sache: *Mit heißem Herzen haben wir ... die historischen Stunden miterlebt, die es dem Führer ermöglichten Großdeutschland zu schaffen .... Wir sehen daher unsere schönste Aufgabe darin, diesem Manne und seinem Werk .... dienen zu dürfen und damit einen bescheidenden Baustein zu dem gewaltigen Bau Großdeutschlands beitragen zu können.*[161]

Alle Beteuerungen waren vergeblich: 1941 mußte die Neckar-Bergstrass-Post ihr Erscheinen einstellen. Die letzte Ausgabe trägt das Datum vom 3. Mai 1941. Für 10.000 Reichsmark ging die NBP im „Hakenkreuzbanner" auf.[162] Das Parteiblatt hatte über die Lokalzeitung gesiegt.

Resigniert schreibt Nerlinger anläßlich der Übergabeformalitäten an eine NBP-Mitarbeiterin: *Sie werden es mir nachfühlen können ...., wie schwer mich die Anordnung der Reichspressekammer betroffen hat. Es erscheint mir jedoch zwecklos, in diesem Augenblick noch einmal all das in Erinnerung wachzurufen, was uns im Kampf der langen Jahre um die Erhaltung unserer Heimatzeitung verbunden hat .... Wir stehen heute vor der unerbittlichen Tatsache, daß es eine Ladenburger Heimatzeitung .... nie wieder geben wird. Ich möchte Sie daher auch .... bitten, jegliche Schritte für ein eventuelles Wiedererstehen freundlichst zu unterlassen, da dies nach den gegebenen Tatsachen eine Unmöglichkeit ist. Eine Zeitung, die ihre Beziehungen zur Leserschaft unterbrochen hat, ist tot.*[163]

Kriegswirtschaftliche Notwendigkeit nannte die Zeitung ihren Lesern auf Weisung[164] in der letzten Ausgabe als Grund für das Ende: *... um Menschen und Material für andere kriegswichtige Zwecke freizumachen.*[165] Anstelle der NBP, so Nerlinger in seinem letzten Beitrag – bereits „aus dem Feld" –, werde den Abonnenten künftig das „Hakenkreuzbanner" zugestellt: *Wir ersuchen .... die uns bisher erwiesene Treue auf unseren Rechtsnachfolger zu übertragen .... Im Glauben an ein baldiges siegreiches Ende dieses Krieges .... Heil dem Führer!*[166]

Die Druckerei führte, nachdem Nerlinger zur Wehrmacht eingezogen war und während des Krieges, dessen Ehefrau Hertha. Karl Nerlinger starb am 19. August 1945 in einem Kriegsgefangenenlager in Esseg bei Klagenfurt.[167] Ab März 1949 erschien unter Hertha Nerlingers Leitung mit dem „Ladenburger Wochenblatt" die Nachfolgezeitung der Neckar-Bergstrass-Post, die sich bis heute als „Ladenburger Zeitung" gehalten hat.

## 3. Der Nationalsozialismus im kleinstädtischen Alltag

### 3.1 Feiern, Kult und Propaganda: Das Dritte Reich als permanenter Feiertag

Die Aufhebung des Privaten, die Kontrolle und Regie des Öffentlichen, diese Ziele begannen die Nationalsozialisten sofort nach der Übernahme von Regierungsverantwortung umzusetzen. Systematisch zerstörte die NSDAP alle pluralistischen Organisationen, um sie durch Parteigliederungen zu ersetzen. Diese boten allerdings ihrerseits selbst kein einheitliches Bild, sondern zeichneten sich durch Kompetenzgerangel und Zielkonflikte aus. Ein einheitlicher Plan oder ein Konzept zur Errichtung des totalitären Staates fehlte. Doch wenn auch die Perfektionierung des Systems keineswegs den höchsten Grad der Rationalität erreichte und viele irrationale Einflüsse zum Tragen kamen, wurde doch annäherungsweise das Ziel erreicht, „jeden einzelnen möglichst einheitlich zu betreffen, in die politische Systematik einzubeziehen und keinen einzigen auszulassen."[168]

Das Volk sollte allmählich, aber ganz für den Nationalsozialismus gewonnen werden, durch schrittweise Beeinflussung, durch Bildung, Formung und Kontrolle der öffentlichen Meinung. An die Stelle des individuellen Erlebens trat das Gemeinschafts- und Massenerlebnis in der „Volksgemeinschaft", das dem Harmoniebedürfnis der Menschen entgegenkam. Statt Vernunft sprach der Nationalsozialismus Emotionen an und bezog seine Kraft aus dem Glauben der Anhänger, die in ihm mehr als eine politische Bewegung sahen, nämlich eine „Weltanschauung". Ungeniert bedienten sich die Nazis pseudoreligiöser Elemente, auch um traditionelle kirchliche Bindungen zu kappen. In den NS-Ritualen und -Mythen verbanden sich die unterschiedlichsten Kult- und Feierformen, von der christlichen Liturgie über vaterländischen und germanischen Kultus bis zu den rituellen Formen der Jugendbewegung – wobei die Todesmystik einen besonderen Stellenwert einnahm.

Der NS-Kult drang tief ins Alltagsleben der Menschen ein: Die großen nationalen Partei- und Staatsfeiern wiederholten sich auf lokaler Ebene in allen Gauen, Kreisen und Ortsgruppen. Dabei okkupierten und wandelten die Nazis kirchliche Zeremonielle wie Taufe, Konfirmation und Trauung in ihrem Sinne um. NS-„Lebensfeiern" begleiteten Geburt, Hochzeit und Tod; auch die sonntäglichen Morgenfeiern, die Fahnenhissungen, Appelle, jahreszeitlichen Feste und Gedenkveranstaltungen trugen eindeutig sakralen Charakter.

Auf dem Verordnungsweg hielt ein spezieller Rhythmus des nationalsozialistischen Kalenderjahres Einzug, dem sich jeder unterzuordnen hatte. Das NS-Feierjahr orientierte sich am Kirchenkalender und sollte diesen er-

*Die nationalen Feiertage sollten das Regime zementieren, das NS-Kalenderjahr den Kirchenkalender ersetzen (Quelle: EICHLER, Max: Du bist sofort im Bilde. Lebendig-anschauliches Reichsbürger-Handbuch, Erfurt 1940; entnommen aus: THAMER, S. 419 [„Die nat. Feiertage ..."], S. 420 [„Denke daran!"]).*

setzen. Gestaltung, Reihenfolge, Zahl und Ablauf der Feste waren bald ebenso kanonisiert wie beim kirchlichen Vorbild: Beginnend mit dem 30. Januar, dem Tag der „Machtergreifung", endete die Reihe der NS-Hochfeste mit dem Gedenktag für die „Märtyrer der Bewegung" im November. Weihnachten funktionierten die Nazis zum „Julfest" um, wenn auch nicht sonderlich erfolgreich; die Monate erhielten neue Namen (Hartung, Hornung, Lenzing, Ostermond, Wonnemond, Ernting ...). Zwischen Januar und Dezember lag eine fast unüberschaubare Fülle von Gedenkstunden, Weihefesten, Kundgebungen: der Nationalsozialismus als permanenter Feiertag und Ausnahmezustand.

Der Mikrokosmos einer Kleinstadt bietet, wie unter einem Vergrößerungsglas, ein repräsentatives Abbild des „offiziellen" Alltags im Nationalsozialismus. Feier reihte sich an Feier, Veranstaltung an Veranstaltung. Von den unzähligen Beispielen der ausgefeilten NS-Dramaturgie, die das öffentliche Leben Ladenburgs zunehmend beherrschte, hier eines aus der Anfangszeit des Regimes, als sich dieses z.T. noch friedlich und versöhnlich gab:

Am 1. Mai 1933 marschierte das deutsche Proletariat reichsweit in einer Reihe mit den Gegnern von gestern. Ausgerechnet den Tag der internationalen Arbeiterbewegung hatte die NS-Regierung zum gesetzlichen Feiertag erklärt! Während die NSDAP insgeheim die Zerschlagung der Gewerkschaften vorbereitete, beschwor die Propaganda öffentlich den Zusammenschluß aller Arbeitervereine, Gewerkschaften und Berufsvertretungen. Regisseur des Propagandafeldzuges war Goebbels: *Wir werden das in größtem Rahmen aufziehen und zum ersten Mal das ganze deutsche Volk in einer einzigen Demonstration zusammenfassen. Von da ab beginnt dann die Auseinandersetzung mit den Gewerkschaften. Wir werden nicht eher zur Ruhe kommen, bis sie restlos in unserer Hand sind.*[169]

Der Ablauf des 1. Mai war bis ins kleinste Detail vorbereitet und vorgeschrieben, die peinlich genau einzuhaltende Zugordnung für Ladenburg zwei Tage zuvor in der Zeitung veröffentlicht worden. Großen Wert legten die Parteifunktionäre auf die Teilnahme sämtlicher Innungen, Berufsgruppen, Stadtangestellten, Gewerkschaften, Arbeitervereine, Jugendverbände und aller sonstigen Vereine Ladenburgs.[170] *Während früher*, schrieb die Neckar-Bergstrass-Post, *über dem 1. Mai die dunklen Schatten des zerstörenden Klassenkampfes und des Parteihasses lagen, erhebt sich jetzt stolz und erhaben der unsterbliche Geist des deutschen Volkstums ....*[171] Eingeleitet durch Versammlungen der Betriebsbelegschaften und Festgottesdienste in beiden Ladenburger Kirchen folgten der Demonstrationszug durch die Stadt und eine theatralisch inszenierte Kundgebung auf dem Sportplatz.[172] In aller Stille bereiteten die Machthaber gleichzeitig die Besetzung der Gewerkschaftsbüros und die Verhaftung der Funktionäre vor.

### 3.2 „Flamme empor!" – Bücherverbrennung auf dem Sportplatz

Zum Kampf gegen „Kulturverfall" und „Kulturbolschewismus" hatten die Nazis schon immer aufgerufen. Die Aus- und Gleichschaltungswelle 1933 nutzten sie nun zur Säuberung der Akademien, Universitäten, Bibliotheken und kulturellen Vereine von „undeutschem" Schrifttum. Am 10. Mai loderten in Deutschland die Scheiterhaufen, in ihren Flammen versanken die Werke von Heinrich Mann und Heinrich Heine, Kurt Tucholsky und Carl von Ossietzky, Erich Maria Remarque und Erich Kästner, Karl Marx, Siegmund Freud und weiteren deutschen Schriftstellern. Der freie Geist, den diese Schriften verkörperten, sollte aus dem Bewußtsein der Deutschen getilgt werden. Das Ritual, vorwiegend in Haupt- und Universitätsstädten, aber auch in kleineren Orten wie Ladenburg inszeniert, lief nach einer einheitlichen Regie ab: Fackelzüge umrahmten den nächtlichen Scheiterhaufen, „Feuersprüche" begleiteten die Verbrennung der inkriminierten Literatur. Zwölf Autoren, für Aufklärung und Humanität stehend, wurden von einem oder mehreren „Rufern" namentlich genannt und öffentlich verhöhnt: *Gegen Klassenkampf und Materialismus, für Volksgemeinschaft und idealistische Lebenshaltung! Ich übergebe der Flamme die Schriften von Marx und Kautzky .... Gegen Dekadenz und moralischen Verfall! Für Zucht und Sitte in Familie und Staat!*

*Ich übergebe der Flamme die Schriften von Heinrich Mann, Ernst Glaeser und Erich Kästner! ....*[173]

In Heidelberg lief das makabre Feuerschauspiel am Abend des 18. Mai ab, acht Tage nach der reichsweiten Bücherverbrennung, in Mannheim am 19. Mai.[174] Die Ladenburger holten ihre Literaturvernichtung am 24. Juni auf dem Sportplatz nach, zusammengelegt mit der „Sonnwendfeier" und dem „Fest der deutschen Jugend".[175] Bereits seit Wochen hatte eine örtliche „Kommission zur Bekämpfung fremden Schrifttums" offensiv zum Kampf gegen „Schmutz und Schund" sowie zur Sammlung „undeutscher" Bücher aufgerufen. Hierfür waren einige Sammelstellen eingerichtet, u.a. beim Verlag Ludwig Nerlinger, dem Druckhaus der Neckar-Bergstrass-Post.[176] Der Ablauf der Bücherverbrennung zeigt deutlich die Anleihen bei der christlichen Kirchenliturgie: Fahnen und uniformierte Posten bildeten den Kultraum im Freien, in dem eine „Führerkanzel" für die Predigt errichtet war. Die Zeremonie folgte dem dreiteiligen Grundschema der christlichen Liturgie – Aufruf, Verkündung und Bekenntnis: Beginnend wie jede NS-Veranstaltung mit einem Lied zur Stärkung des Gemeinschaftsgefühls schloß sich als ebenfalls unerläßlicher Bestandteil ein „Führerwort" an, schließlich die Ansprache und ein Bekenntnis zum Nationalsozialismus. Schlußlied und feierlicher Ausmarsch beendeten die Bücherverbrennung, an der sich sämtliche Ladenburger Vereine, NS-Organisationen, Lehrer und Schüler sowie zahlreiche Einwohner beteiligten.

Die Neckar-Bergstrass-Post über das kultische nächtliche Spektakel: *Die Flammen des Sonnwendfeuers schlugen schon mächtig gen Himmel, als der Festzug auf dem Sportplatz angelangt war. Die gesamte Einwohnerschaft nahm an der Feier teil. Eingeleitet wurde die Veranstaltung von der Kapelle durch das niederländische Dankgebet. Es folgten nun verschiedene Gesangsvorträge, Reigen, Feuerrede und Bücherverbrennung. Herr Lehrer Stein wirkte als Ansager. Erhebend wirkte der schöne, mehrstimmige Chor der Volksschüler: 'Flamme empor!', der die richtige seelische Verbindung mit der Feier war. Die Realschüler sangen: 'Ich hab mich ergeben', die Hitlerjungmädchen machten einen Reigen ... und die Hitlerjugend einen Fackelsternmarsch. Herr Bürgermeister Hagen hielt die Feuerrede ....*[177] Hagen sprach von heimatlicher Scholle, Volk und Natur, der historischen Sendung des deutschen Menschen und steigerte sich zu einem utopischen Ausblick in die ferne Zukunft: *Und dann wird oft und oft noch bis in die fernsten Zeiten hinein, wenn immer auf Bergen und Tälern Flammen im Nachthimmel verkünden, daß die Sonne ihre Mittagshöhe erreicht hat, Millionen und Abermillionen deutscher Jugend sich zusammenfinden zu dem Bekenntnis heißer Liebe und opferfreudiger Hingabe an das Deutschland der Einigkeit ..., das wir über alles lieben, lieben mit der lodernden Flamme jugendlicher Begeisterung bis ans Ende unserer Tage.*[178]

### 3.3 Vereinnahmung von der Wiege bis ans Grab – Der Appell an Emotionen und Instinkte

Der kleinstädtische Alltag im Nationalsozialismus war – wie in den Großstädten und im gesamten Reich – geprägt durch einen kontinuierlich suggerierten Ausnahmezustand: Die bedeutungsloseste „Führerrede" wandelte sich zur „unvergleichlichen geschichtlichen Stunde", die kleinste Kundgebung zum „einmütigen Schicksalsbekenntnis der gesamten Einwohnerschaft", einfache Spendenaktionen zum „Fest der nationalen Solidarität", die landwirtschaftliche Produktion zur „Erzeugungsschlacht", kurz: das Normale zum nie Dagewesenen und Einzigartigen! Selbst alltägliche politische Handlungen des Reichskanzlers stilisierte die Propaganda zur historischen Tat und hob den „Führer" in göttliche Sphären. Das Aufpeitschen von Emotionen und niedrigen Instinkten sollte das rationale, kritische Denken ausschalten, die unaufhörliche Folge von Propagandafeldzügen, Kampagnen, Aufrufen, Appellen und Drohungen die Bevölkerung mobilisieren und einreihen. Gleichzeitig erfaßte die NS-Organisationsmanie sämtliche gesellschaftliche und soziale Gruppen, Kinder, Jugend, Frauen, Berufsstände ... So beklagt sich etwa ein Familienvater 1937 bei einem NS-Funktionär, daß er und seine Familie insgesamt 21 NS-Partei- und -Berufsorganisationen angehören![179] Das Unbehagen an dieser Vereinnahmung bringt ein zeitgenössischer „Flüsterwitz" zum Ausdruck, den man sich hinter vorgehaltener Hand erzählte: *Mein Vater ist SA-Mann, mein ältester Bruder in der SS, mein kleiner Bruder in der HJ, die Mutter in der NS-Frauenschaft, und ich bin im BdM! – 'Ja, seht Ihr euch bei dem vielen Dienst auch einmal?' – Oh, ja, wir treffen uns jedes Jahr auf dem Parteitag in Nürnberg!*[180]

Um allzu große Unzufriedenheit über diese Zustände zu dämpfen und die vielen NS-Organisationen in ihrem Eifer zu bremsen, schrieb die Parteileitung dienstfreie Tage und Abende für die Mitglieder vor. *Der Familie zurückgegeben!*, meldet die NBP einen entsprechenden Erlaß: *Man hört oft Klagen von Frauen und Müttern, die Söhne und Männer seien ganz im Dienste der Partei und hätten keine Zeit mehr für die Familie .... Die deutschen Frauen werden in Zukunft ihre Männer und Söhne mindestens an zwei Sonntagen des Monats und an zwei Abenden jeder Woche für sich haben, diese dienstfreien Tage und Abende sind notwendig, um den inneren Zusammenhalt der Familien zu gewährleisten.*[181]

Der Mitgliedschaft in mindestens einer NS-Organisation konnte kaum ein Deutscher entgehen. Das weitgespannte Netz auch sozialer Institutionen erhob den Anspruch, den „Sozialismus der Tat", die „Volksgemeinschaft" zu verwirklichen. Ein NSDAP-Kreisleiter erklärt 1935 im „Führer", die Betreuung des Volkes durch die Partei reiche von den Wiege bis zum Grab[182], und diesem Ziel kamen die Nationalsozialisten in der Tat recht nahe: Vor dem SA- oder SS-Beitritt erfaßte man die Jüngeren in der Hitlerjugend, die noch Jüngeren im Jungvolk. Kleinkinder wurden in NS-Kindergärten indoktriniert, Frauen in der NS-Frauenschaft, die Mädchen beim Bund deutscher Mädel (BDM), die Berufstätigen in der Deutschen Arbeitsfront, Wehrpflichtige in den zahlreichen NSDAP-Gliederungen (SS, SA, NSKK ...).

Verführung und Gewalt bildeten die zwei Hauptmerkmale der nationalsozialistischen Massenlenkung. Während das brutale Vorgehen gegen Oppositionelle Angst und Schrekken verbreitete, aber auch eine Art unheimlicher Faszination, stärkten die zahllosen Kultfeiern und Massenveranstaltungen, die Überhöhung von Begriffen wie Volk und Rasse sowie das Anstacheln von Haß zweifellos ein Wir-Gefühl. Diese Einheit – entstanden aus der scheinbaren Überwindung von gesellschaftlicher Zerrissenheit und individueller Isolierung in der Moderne – war in Wirklichkeit nichts anderes als eine gewaltsame Zusammenfügung von Unterdrückern und Unterdrückten zu einem Herrschaftsgebilde. Zweifellos vermittelte das Glücksgefühl der Macht, aus einem Gefühl der Einheit kommend, dem Individuum den Eindruck von Omnipotenz – eine durchaus beabsichtigte psychologische Wirkung!

Seinen Charakter als politische Religion enthüllte der Nationalsozialismus mit dem zunehmenden und geradezu inbrünstigen Erlöserkult um den „Führer". Die Propaganda rükkte Adolf Hitler in mythische Sphären und stattete ihn mit religiösen Zügen aus, die Führerverehrung schreckte vor keiner sakralen Transzendierung zurück: Als *großen Führer, vom Allmächtigen gesandt*[183] bezeichnete Ladenburgs Bürgermeister Reuter den Reichskanzler zu dessen Geburtstag 1934.

### 3.4 Propagandafeiern mit Volksfestcharakter: Wahlen und Volksabstimmungen im Dritten Reich

Für den weitgespannten NS-Propaganda-Apparat bedeuteten die Reichstagswahlen und Volksabstimmungen Großeinsätze. Deren Vorbereitung und Organisation sind in den Akten der Stadt Ladenburg auch ausführlich dokumentiert. Das erste Plebiszit veranstaltete das Regime nach einer Konsolidierungsphase im November 1933. Kurz zuvor war Deutschland aus dem Völkerbund ausgetreten, der hier vorwiegend als Instrument der Siegerstaaten des 1. Weltkrieges zur Durchsetzung des „Versailler Vertrages" angesehen wurde. Der Austritt erntete auch von nicht-nationalsozialistischen Verbänden und breiten Bevölkerungsschichten Beifall. Den Wegfall der Rüstungsbeschränkungen als dessen Folge akzeptierten bzw. begrüßten in Deutschland alle politischen Lager. Hitler, seines Sieges gewiß, verband mit dem Plebiszit zur Absicherung der NS-Außen- und -Gesamtpolitik auch gleich die Neuwahl des erst im März gewählten Reichstages. Selbst viele bisherigen Gegner begrüßten Hitlers

BADISCHER GEMEINDETAG Karlsruhe, den 30. Oktober 1933.

A u f r u f z u m 1 2. N o v e m b e r 1 9 3 3.

Bei der Volksabstimmung und Reichstagswahl am 12.November 1933 soll ein einmütiges Bekenntnis des gesamten deutschen Volkes zur Politik unseres Führers abgelegt und in dem neuen Reichstag ein zuverlässiger Garant für die Durchführung dieser Politik geschaffen werden. Kein echter Deutscher darf der Wahlurne fern bleiben: Es gilt, dass das ganze Volk seine Stimme für das nationalsozialistische Deutschland und seine Politik abgibt!

Damit dieses grosse Ziel erreicht wird, ist es Pflicht auch der Bürgermeister, sich mit ihrer ganzen Persönlichkeit für das Gelingen der Volksabstimmung und Reichstagswahl einzusetzen. Jch bitte und erwarte, dass jeder Bürgermeister diese seine Pflicht erfüllt und in seiner Gemeinde mit allen seinen Kräften dafür wirkt, dass der 12.November zu einer nie da gewesenen machtvollen Kundgebung der deutschen Einheit wird. Wer seine Pflichten vernachlässigen würde, wäre nicht länger würdig, Leiter einer Gemeinde zu sein.

H e i l H i t l e r !

Schindler,

Vorsitzender.

An den Vorstand und die
Verbandsgemeinden.

*Die Bürgermeister als NSDAP-Wahlhelfer: Aufruf des Vorsitzenden des Badischen Gemeindetags mit unverhohlener Drohung (Quelle: A 1954).*

Schritte und forderten zur Zustimmung auf.[184] Zumindest in Baden führten die Nationalsozialisten einen zurückhaltenden, nicht der üblichen martialischen Art entsprechenden Wahlkampf. Wohl mit Blick auf die Wirkung im Ausland verbot der badische Innenminister im Oktober 1933 Aufmärsche und Aufzüge uniformierter Verbände wie SS und SA in der eigentlich entmilitarisierten Zone.[185] Außer einer Wahlkundgebung am 5. November, scheinbar ohne uniformierte Sturmtruppen, liefen auch in Ladenburg keine der üblichen Aufmärsche, Fackelzüge oder Kundgebungen ab. Doch nutzten die Hitleranhänger sämtliche sonstigen Propagandamittel und Medien, nun versehen mit den immensen Möglichkeiten des regierungsamtlichen Behördenapparates. Der Vorsitzende des Badischen Gemeindetages schreibt Ende Oktober an die Bürgermeister den nebenstehend abgebildeten Brief. Ladenburgs Bürgermeister Reuter folgte der Direktive und setzte sich tatkräftig für seine Partei ein. So forderte er beispielsweise „führende Persönlichkeiten“ der Stadt in Anschreiben auf, mit ihrem Namen einen Hitlerwahlaufruf zu unterstützen: *Ich weiß, daß Sie als führende Persönlichkeit einen großen Einfluß auf die Ladenburger Bevölkerung ausüben. Ich bitte Sie beiliegenden Aufruf mit zu unterzeichnen als Ausdruck Ihrer deutschen Gesinnung, als Zeichen der Mitarbeit am Aufbau unseres lieben deutschen Vaterlandes .... Ihre Unterschrift soll Ausdruck sein der freudigen Mitarbeit im neuen Staat. Heil Hitler!*[186] Über 60 Unterzeichner – darunter sämtliche Gemeinderäte, viele ehemalige Stadträte, beide Stadtpfarrer, der erste Nachkriegs-Bürgermeister Adam Herdt und sogar der nach NS-Doktrin jüdische Arzt Dr. Justin Vogel – setzten schließlich ihren Namen unter den Wahlaufruf. Doch Reuter erhielt auch Absagen. Ein ehemaliger DDP-Gemeinderat antwortete: *Mit dem Erlöschen meines Gemeinderatmandates und der Auflösung der demokratischen Partei habe ich jede Fühlung mit meinen ehemaligen Parteifreunden und Wählern verloren, und ich würde mich vor der Bevölkerung einer Selbstüberhebung schuldig machen, wenn ich mich fernerhin als führende Persönlichkeit betrachtet wissen möchte. Aus diesem Grund muß ich es leider ablehnen, meinen Namen unter eine öffentliche Kundgebung zu setzen.*[187] Es war den „Honoratioren“ der Stadt also durchaus möglich, sich von den Nationalsozialisten zu distanzieren. Der Aufruf erschien am 10. November großformatig in der Nekkar-Bergstrass-Post (siehe die Abb. auf der folgenden Seite).

Der Eindruck von Zwang oder Manipulation sollte unbedingt vermieden werden, der Wahlvorstand deshalb aus taktischen Gründen nicht ausschließlich mit „Parteigenossen“ besetzt sein. Die örtliche NSDAP-Leitung hatte dem Bürgermeister daher einige Nichtparteimitglieder für dieses Gremium zu benennen, die allerdings „national zuverlässig“ sein mußten.[188] Wie ängstlich die Behörden auf einen einwandfreien äußeren Eindruck achteten, belegt die Anordnung des Bezirksamtes an die Bürgermeister vom Vortag der Wahl (Unterstreichungen im Original): *Niemand darf in der Ausübung seines Stimmrechtes behindert werden. Jede Belästigung von Stimmberechtigten na-*

# Deutsche Männer und Frauen! Deutsche Jugend!

Nach einer schweren Zeit der Not, des Klassenkampfes und des Bruderstreites ist es der Regierung Adolf Hitler gelungen, den Frieden des Volkes im Innern herzustellen. Heute weiß jeder Deutsche, daß gegenseitiges Bekämpfen uns nicht vorwärts bringen kann, sondern gemeinsames Zusammenarbeiten unter Führung Adolf Hitlers und im Vertrauen auf Gottes Segen.

Es gilt aber jetzt am 12. November nach außen hin durch den **Volksentscheid** und nach innen durch die **Reichstagswahl** zu zeigen, daß das deutsche Volk gewillt ist, mit Adolf Hitler das Werk des politischen, kulturellen und wirtschaftlichen Aufbaues mit vereinten Kräften zu beginnen und zu fördern. Innerhalb weniger Monate ist es dem Nationalsozialismus gelungen, alte Gegensätzlichkeiten innerhalb unseres deutschen Volkes zu überbrücken, und einen bedeutenden Schritt vorwärts zu gehen in dem friedlichen wirtschaftlichen Aufbau unserer Nation.

Der 12. November 1933 ist der Schicksalstag des deutschen Volkes. Er muß das Volk in einer noch nie dagewesenen **Einheit** sehen. Diese Einheit ist das Fundament des Aufbaues im Innern und nach Außen hin. Deswegen Deutsche Volksgenossen und deutsche Volksgenossinnen erscheint **Alle** an der Wahlurne und gebt eure Stimme dem Volks- und Friedenskanzler Adolf Hitler. Keine fehle; tue jeder seine Pflicht! Seid keine Saboteure des deutschen Aufbaues! Denkt, daß am 12. November das Schicksal eurer Kinder und Kindeskinder entschieden wird. Seid einig!

Gebt eure Stimme Adolf Hitler und dem Nationalsozialismus.

Kämpft für den Frieden der Ehre und der Gleichberechtigung.

Ladenburg, den 10. November 1933.

Dr. Reuter, Bürgermeister
Karl Joachim, Gemeinderat
Eduard Jürgens, Gemeinderat
Joh. König, Gemeinderat
Karl Nilson, Gemeinderat
Kurt Pohly, Gemeinderat
Karl Reffert, Gemeinderat
Agricola Friedrich, Fabrikant
Bayer Matthäus, Verwaltungs-Sekretär
Bennewitz Ottokar, Betriebsleiter
Benz Dr. Carl Witwe
Betz Dr. Karl
Braun Hermann, Schlosser
Christ Ph., Stadtpfarrer
Drißler Dr. Josef, prakt. Arzt
Engel Wilhelm, Bezirksrat
Filsinger Franz, Postmeister
Grabenauer Josef, Schriftsetzer
Halle Ernst, Bankvorstand
Häußler Otto, Stadtpfarrer
Henninger Richard, Rektor
Herdt Adam, Töpfermeister
Höflein Peter, Fabrikant
Hohn Dr. Hermann
Hüffner Otto, Kaufmann
Kahle Friedrich, Baumschulenbesitzer
Kegler Georg, Fabrikant
Keller Friedrich, Landwirt
Keller Heinrich, Bankbeamter
Knobloch Dr. Hans, Zahnarzt
Krauß Friedrich, Buchbindermeister
Krauß Georg, Landwirt
Krumm Dr. Gg., Landesökonomierat
Kühn Hermann, Prokurist
Lackert Hermann, Landwirt
Linsin Gg., Oberingenieur
Molitor A. Gewerbeschul-Direktor
Molitor Karl, Privatier
Müller Ludwig, Landwirt
Nilson Wilhelm, Fabrikant
Reinle Karl, Ratschreiber
Remelius Georg, Landwirt
Ruckelshausen K., Baumschulenbesitzer
Ruckelshausen W., Baumschulenbesitzer
Sättele Franz, Professor
Serr Cornel, Redakteur
Schäfer Hermann, Bahnvorstand
Schanz Hermann, Hauptlehrer
Schlageter J.
Schmitt Emmerich I, Landwirt
Schöntag Georg, Dreher
Schönthaler Heinrich, Hauptlehrer
Schowalter Chr. A., Gutspächter
Schwarz Dr. Karl, Realschul-Direktor
Staat Karl, Direktor
Thren Dr. Emil, prakt. Arzt
Treiber Jean, Landwirt
Trippmacher E. W., Schriftstellerin
Vogel Dr. Justin, prakt. Arzt
Wollenschläger Karl, Professor
Zeller Georg, Gipsermeister

*Über 60 „führende Persönlichkeiten" Ladenburgs – darunter Bürgermeister Reuter, sämtliche Gemeinderäte, viele ehemalige Stadträte, beide Stadtgeistliche, der erste Nachkriegs-Bürgermeister Adam Herdt und selbst der nach NS-Doktrin jüdische Arzt Dr. Justin Vogel – setzten sich im November 1933 mit ihrem Namen für die Wahl Adolf Hitlers ein (Quelle: NBP 263/10. 11. 1933).*

*mentlich auch vor den Wahllokalen ist mit allen Mitteln zu verhindern .... Das Ergebnis der Abstimmung darf nicht dadurch verkleinert werden, daß Fälle von 'Wahlterror' vorkommen, die der deutschfeindlichen Propaganda Nahrung zu liefern geeignet sind.*[189]

Das Abstimmungsergebnis zur Regierungspolitik fiel in Ladenburg mit 86,2 Prozent Zustimmung schwächer aus als in Baden und im Reichsdurchschnitt (je 95,1 Prozent). 11,2 Prozent der Ladenburger votierten mit Nein, in Baden insgesamt lediglich 3,1, reichsweit 4,9 Prozent. Bei der gleichzeitigen Reichstagswahl – zur „Auswahl" stand allerdings nur eine NSDAP-Einheitsliste – erreichten die Nazis in der „Römerstadt" 84,4 Prozent, reichsweit 92 und in Baden 92,6 Prozent.[190]

Auffällig am Ladenburger Ergebnis sind die vielen ungültigen Stimmen, vor allem bei der Reichstags-„Wahl" per Einheitsliste: 15,5 Prozent (absolut: 504 von 3.234 Stimmen) bildeten einen Rekord an ungültigen Stimmen bei den bisherigen Wahlen! Im Durchschnitt lag deren Anteil hier bei etwa einem Prozent, also zirka 40 bis 50 ungültigen Wahlzetteln. Die Vergleichszahlen der November-Abstimmung für Baden: 7,3 Prozent ungültige Stimmen, im Reich insgesamt (angeblich): null Prozent.[191] Die außergewöhnlich hohe Anzahl ungültiger Voten in Ladenburg – etwa das Zehnfache des üblichen! – war sicherlich kein Zufall, sondern wohl eher Ausdruck der distanzierten Haltung vieler Wähler.

Über die Bedeutung der Novemberwahl '33 streitet die historische Forschung: Einerseits wird das Ergebnis als Indiz für eine relativ hohe Akzeptanz des Regimes interpretiert[192], andere Historiker beschreiben sie als Farce und Ausdruck wachsender Einschüchterung[193]. Die Unterdrückung jeglicher Opposition, die verstärkte Präsenz von SS und SA und weitere beeinflussende Umstände machten die Wahl in der Tendenz eindeutig zu einer unfreien. Die NS-Sturmtruppen demonstrierten auch in Ladenburg in der Zeit vor der Stimmabgabe durch verstärkten Streifendienst Präsenz. Dennoch verteilten Oppositionelle verbotene Flugblätter.[194] Über die Vorbereitung wie auch den Verlauf von Volksabstimmung und Wahl hatte Ladenburgs Bürgermeister Reuter der Politischen Polizei in Mannheim schriftlich zu berichten.[195] Wie die hohe Wahlbeteiligung in Ladenburg zustande kam, verrät die Wortwahl eines Berichts der Neckar-Bergstrass-Post: *... durch die ... bewundernswerte Organisation der NSDAP, durch welche auch der letzte Wahlbeteiligte erfasst wurde und bearbeitet werden konnte, kam man auf eine Beteiligung von 97,8%.*[196] Eklatante Fälle von Beeinflussung und Verfälschung des Wahlergebnisses konstatierten später selbst die Behörden, freilich nur intern: *... sei es, daß die Stimmzettel vorher gekennzeichnet waren, sei es, daß der Abstimmungsvorgang selbst unter Beobachtung gestellt wurde*[197], notiert der badische Innenminister.

Was die Nazis von Menschen mit abweichender Meinung hielten, formulierte Bürgermeister Reuter nach der Wahl unverhüllt drastisch in einem Zeitungsbeitrag: *Am 12. November hat sich die Bevölkerung unseres alten Städtchens mit großer Mehrheit zu Adolf Hitler und dem Nationalsozialismus bekannt. Abgesehen von den 375 Verbrechern, die ihr Volk verraten haben* (gemeint waren die „Nein-Wähler" – Anm.) *und die sich deswegen einmal vor einem höchsten Richter verantworten müssen, hat auch hier die Bevölkerung den Willen gezeigt ..., am Aufbau des neuen Staates mitzuhelfen.*[198]

Besonders hohe Wellen schlugen Führerverehrung, Agitation und Einschüchterung bei der Volksabstimmung im August '34. Nach der blutigen Machtsicherung, der SA-Ausschaltung und einer Vereinigung der Ämter von Reichspräsident und -kanzler rief Hitler zur plebiszitären Akklamation auf. Wie schon zuvor blieb dem Wähler keinerlei Entscheidungsfreiheit. Die Richtlinien des Gauleiters zum Wahlkampf bestanden denn auch mehr aus Drohungen: *Wer der Wahl fernbleibt, stärkt die Front der Feinde!*[199]

Spruchbänder, Parolen, NS-Flaggen dominierten das Straßenbild Ladenburgs und die Aufmachung der Tageszeitung in der Wahlkampfzeit: *Ein Volk, ein Führer, ein millionenfaches Ja!, Tue deine Pflicht! Ein ganzes Volk sagt Ja!*[200] Die Hitlerrede zur Volksabstimmung dröhnte aus eigens installierten Lautsprechern über den Marktplatz, sämtliche NS-Formationen paradierten in einem „Propagandamarsch" durch die Stadt.[201] Unter der Schlagzeile *Im Namen Christi – Kampf der Lüge!* hetzte die örtliche nationalsozialistische „Arbeitsgemeinschaft katholischer Deutscher" in der Ladenburger Zeitung gegen Juden und Marxisten und rief zur Unterstützung Hitlers auf.[202]

Allen Einschüchterungen und Umständen einer totalitären Einheitsabstimmung zum Trotz erhielt die NSDAP eine bemerkenswert hohe Anzahl von Nein-Stimmen, in Ladenburg sogar weit über Reichsdurchschnitt: Landesweit blieb die Zustimmung auf 84,6 Prozent beschränkt (die NBP meldete irrtümlich oder gar wissentlich die falsche Zahl von 89,9 Prozent[203]), in Ladenburg auf 76 Prozent. Mit fast 20 Prozent Nein- und 4,3 Prozent ungültigen Stimmen hob sich Ladenburg wiederum deutlich vom badischen Durchschnitt ab (88,3 Prozent Zustimmung) sowie dem der Nachbarorte Schriesheim (90 Prozent) und Neckarhausen (90,9 Prozent).[204] Diese Abstimmung sollte die letzte sein, bei der sich ein teilweise noch vorhandener Abwehrwille katholischer und sozialistischer Wählergruppen artikulierte[205] – beide in Ladenburg stark vertreten.

Bei der folgenden Reichstagswahl im März 1936 erreichte Hitler dann bereits 96 Prozent der Stimmen in Ladenburg, reichsweit 99 und in Baden 98,3 Prozent.[206] Aus dem unbefriedigenden Ergebnis der vorherigen Volksabstimmung hatten die Nationalsozialisten Konsequenzen gezogen: Die Propaganda erreichte eine Intensität, die alles Bisherige in den Schatten stellte. Die Mobilisierung der Wähler ging so weit, daß die NSDAP alle badischen Bürgermeister aufforderte, sämtlichen durchreisenden „Volksgenossen" und in Privathäusern, Hotels oder Pensionen übernachtenden Ortsfremden eine Karte mit entsprechender „Belehrung" zur Wahl zukommen zu lassen.[207] Auch sollten – bezeichnenderweise – die Polizeibeamten *die bekannten acht bis zehn v.H. der Säumigen und Trägen an die Wahlurne ... holen, um für den Führer ihr Bekenntnis abzulegen. Wir wollen in die entlegensten Hütten, in die einsamsten Dörfer und Täler, in die Altenheime und Krankenstuben gehen, und dort unsere Dankespflicht gegenüber dem Führer abstatten ....*[208]

# Neckar-Bergstrass-Post
## Ladenburger Tageblatt
**Amtliches Verkündigungsblatt für die Stadt Ladenburg**
Heimat- und Familien-Zeitung für die Gemeinde Neckarhausen.

Nummer 75 | Samstag, den 28. März 1936 | 48. Jahrgang

# Jede Stimme für Adolf Hitler!

## Geschlossenheit der Nation!
Jeder deutsche Volksgenosse weiß, daß der kommende Sonntag auch eine große außenpolitische Bedeutung hat. Eine erfolgreiche Außenpolitik kann nur auf einem geschlossenen Willen der Nation gegründet sein. Nichts beweist besser diesen einheitlichen Willen als die großartigen Kundgebungen der letzten Wochen. Diese Geschlossenheit des Volkes ist die große Tat des Führers und Reichskanzlers. Das Werk desselben Mannes ist es aber auch, der deutschen Außenpolitik die Elemente des Erfolges geschaffen zu haben: Ehre, Gleichberechtigung, Freiheit und Souveränität. Damit ist unser Deutschland wieder stark und zu einem festen Hort des Friedens geworden.

## Schwerin v. Krosigk zur Reichstagswahl

## Sein Glaube ist auch unser Glaube
Künstler, Dichter, Wissenschaftler und Sportler am 29. März

Willy Fritsch:
„Meine Wahlparole lautet:
Mit unserem Führer zu kämpfen
für Freiheit und Frieden,
für Arbeit und Brot,
für Kunst und Kultur
ist Pflicht eines jeden Deutschen!"

„Die Welt muß sich mit der Volkwerdung der deutschen Nation abfinden"

## Der Reichsbauernführer an das deutsche Landvolk!

## ... dann stünde ich nicht hier
Offene Worte eines katholischen Geistlichen

Deine Ehre: TREUE dem FÜHRER!

NBP-Titelseite zur Reichstagswahl 1936 (Quelle: NBP 75/ 28. 3. 1936).

Auf kommunaler Ebene hatte die NSDAP immer noch Schwierigkeiten mit der lückenlosen Erfassung sämtlicher Wähler, da die städtischen Wahlbezirke vielerorts nicht mit der Zelleneinteilung der Partei übereinstimmten. Vor der Reichstagswahl 1936 behob der Ladenburger Bürgermeister diesen „Mißstand" und bildete neue Wahlbezirke, nun deckungsgleich mit der NSDAP-Einteilung.[209] Eine detaillierte Wahlanleitung sollte sicherstellen, daß auch ja niemand sein Kreuz an der „falschen" Stelle setzt: *Wie wird gewählt? ... Im Wahlkreis Baden ist nur ein Kreiswahlvorschlag eingegangen, und zwar der NSDAP. An der Spitze dieses Kreiswahlvorschlages stehen die Bewerber Adolf Hitler, Rudolf Heß, Wilhelm Frick, Herrmann Göring, Joseph Goebbels ... Rechts neben dem Kreiswahlvorschlag ist ein Kreis vorgedruckt, in den der Wähler ein Kreuz (+) setzt .... Wenn der Wahlberechtigte den Abstimmungsraum betritt, erhält er den Wahlumschlag mit dem Stimmzettel. Damit begibt er sich in den Nebenraum oder in den Wahlverschlag und setzt dort ein Kreuz (+) in den Kreis .... Die Feststellung des Ergebnisses ist ... durch den Wegfall der Zähl- und Gegenliste erleichtert, ... da nur ein einziger Kreiswahlvorschlag zugelassen worden ist.*[210] Um ein mögliches Absinken der Wahlbeteiligung zu vertuschen, durften die Bürgermeister keine Angaben zur Zahl der Wahlberechtigten veröffentlichen, sondern lediglich die gültigen abgegebenen Stimmen.[211] Bei der Auswertung hatten die Nein-Voten zu den ungültigen zu zählen! Das Feststellen der genauen Zahl an Nein-Stimmen wurde so unmöglich gemacht. In Ladenburg kamen 4,1 Prozent „ungültige" Stimmen – inklusive Ablehnungen – zusammen (in Baden 1,6 Prozent). Die Beteiligung lag reichsweit, in Ladenburg und in Baden bei etwa 99 Prozent.[212]

Wahlen und Volksabstimmungen verkamen im Dritten Reich zu reinen Propaganda-Veranstaltungen mit Volksfestcharakter. Einzelne Wählergruppen und NS-Formationen marschierten geschlossen zur Stimmabgabe. Eine geheime Stimmabgabe galt beinahe schon als Sabotage. Die Ladenburger „Ortsbauernschaft"

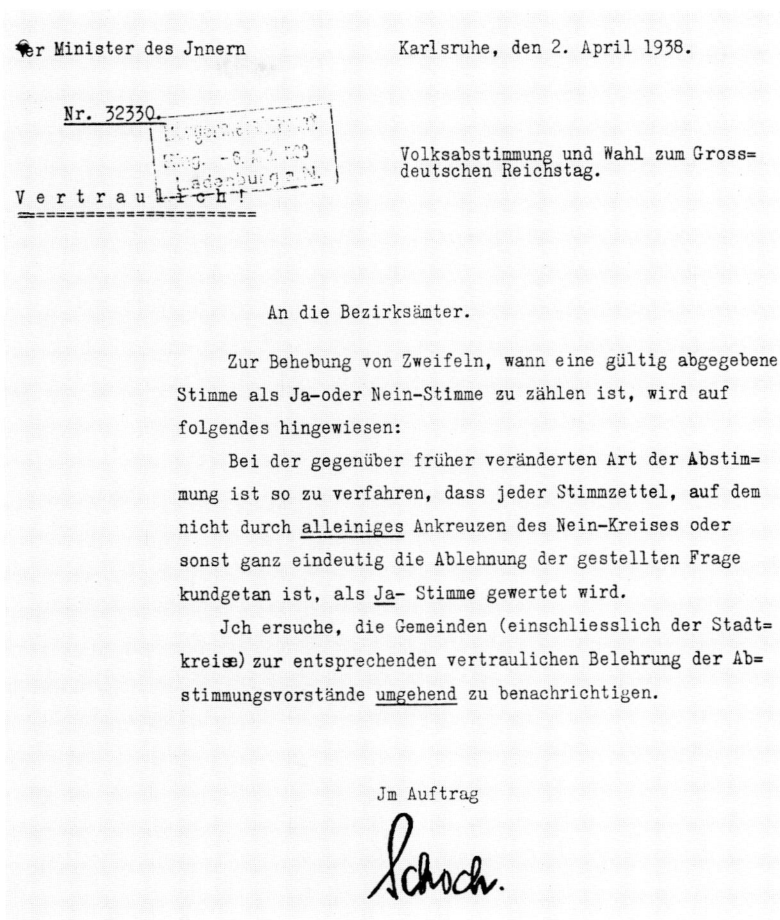

Der Minister des Jnnern                Karlsruhe, den 2. April 1938.

Nr. 32330.

Volksabstimmung und Wahl zum Gross=deutschen Reichstag.

V e r t r a u l i c h !

An die Bezirksämter.

Zur Behebung von Zweifeln, wann eine gültig abgegebene Stimme als Ja-oder Nein-Stimme zu zählen ist, wird auf folgendes hingewiesen:

Bei der gegenüber früher veränderten Art der Abstim=mung ist so zu verfahren, dass jeder Stimmzettel, auf dem nicht durch alleiniges Ankreuzen des Nein-Kreises oder sonst ganz eindeutig die Ablehnung der gestellten Frage kundgetan ist, als Ja- Stimme gewertet wird.

Jch ersuche, die Gemeinden (einschliesslich der Stadt=kreise) zur entsprechenden vertraulichen Belehrung der Ab=stimmungsvorstände umgehend zu benachrichtigen.

Jm Auftrag

Schoch.

*Wahlmanipulation 1938: Leere Stimmzettel – so ordnete es der badische Innenminister verklausuliert an – hatten als Ja-Stimmen zu zählen (Quelle: A 1955).*

etwa informierte ihre Mitglieder, daß man sich am Wahltag treffen, mit Musikkapelle zum Wahllokal marschieren und *freudig die Stimme unserem Führer geben* werde.[213] Böllerschüsse leiteten den Beginn des „Schicksalstages unseres Volkes" ein. Die verschiedenen NS-Gruppierungen marschierten geschlossen und mit einem Kampflied der „Bewegung" auf den Lippen zur Abstimmung. In Marschformation zog auch die Freiwillige Feuerwehr zur Wahl. *Jeder wollte so früh wie möglich dem Führer durch die Stimmabgabe die Treue bekunden .... Die kleine Zahl der Volksgenossen, die nicht gewählt haben, setzt sich nur aus kranken, transportunfähigen Personen zusammen.*[214]

Letztmals im Dritten Reich riefen die Machthaber im April 1938 an die Wahlurnen. Kurz zuvor hatte Hitler Österreich „heim ins Reich" geholt, eine regelrechte Vereinigungs-Euphorie folgte: Der Reichskanzler ließ sich als Überwinder Bismarcks und Vollender dessen Werkes feiern. Den Wahlkampf in Baden eröffnete Gauleiter Wagner im März '38 mit einer Kundgebung in Ladenburg. Die Neckar-Bergstrass-Post über das Ereignis: *Die Adolf-Hitler-Straße und die Hauptstraße, durch die der Gauleiter in unsere Stadt fuhr hatten reichen Flaggenschmuck angelegt, ... und ein großes Spruchband war über die Straße gespannt, mit der riesigen Aufschrift: 'Ladenburg grüßt den Gauleiter'. Ein noch nie gesehenes Festgewand hatte unser alter ehrwürdiger Marktplatz angelegt ..., von der Rückseite der Tribüne leuchtete auf rotem Grund ein riesiges Hoheitszeichen und dann Fahnen, nichts als Fahnen ... Ladenburg blickt auf die größte nationalsozialistische Kundgebung zurück, die es je erlebte, in allen klingt das große Ereignis der abendlichen Feierstunde nach und alle Ladenburger Männer und Frauen werden am 10. April den Beweis erbringen, daß sie in bedingungsloser Treue zum Führer stehen.*[215]

Tatsächlich übertraf das Ergebnis dieser Volksabstimmung alle bisherigen und erreichte die totalitäre Traummarke von reichsweit 99 Prozent Zustimmung. In Ladenburg zählte man sogar 99,5 Prozent Ja-Stimmen bei einer Beteiligung von 100 Prozent und – angeblich – nicht einem einzigen ungültigen Stimmzettel.[216] Das Regime war sich zwar eines überwältigenden Sieges sicher gewesen, überließ aber dennoch nichts dem Zufall: Die örtlichen und Länderbehörden durften in der Wahlkampfzeit keine Maßnahmen einleiten, die einen im Sinn der Nazis ungünstigen Einfluß auf das Ergebnis ausüben könnten, etwa Vollzugs- und Zwangsmaßnahmen, polizeiliche Verfügungen, Eintreiben von Geldstrafen, Vollstreckung von Haftstrafen, zwangsweise Sterilisation.[217]

Einige weitere Umstände der Abstimmung und Auswertung erklären, wenigstens zum Teil, das „Traumergebnis" für das Regime: Sämtliche Stimmzettel, auf denen nicht durch alleiniges Ankreuzen des Nein-Kreises oder sonst unmißverständlich die Ablehnung deutlich wurde – also auch leere Zettel! –, galten als Zustimmung![218] In den Wahllokalen trugen die Ladenburger Wahlvorstände und Beisitzer auf Weisung des Bürgermeisters Uniform.[219] Teilergebnisse durften nicht veröffentlicht werden, alle zu publizierenden Zahlen lieferte die Pressestelle der Reichsregierung.[220]

Daß die Abstimmung gar keine Entscheidungsmöglichkeit bieten sollte, hatte bereits zuvor der Kommentator der Neckar-Bergstrass-Post klargestellt, wenn auch unter positivem Vorzeichen: *Wir wissen es schon jetzt, daß diese Wahl für das deutsche Volk keine Entscheidung ist, weil es längst entschieden hat.*[221] In Ladenburg stimmten die meisten Wähler nicht geheim ab, *sondern bekundeten offen und aufrichtig durch öffentliche Wahl ihr freudiges Ja.*[222] Die Wahllokale schlossen bereits am frühen Nachmittag, *und freudigen Herzens durfte man kurz darauf das Ergebnis mit nur 14 lächerlichen Nein-Stimmen vernehmen.*[223]

### 3.5 Jugenderziehung: „ ... und sie werden nicht mehr frei, ihr ganzes Leben!"

„Wer die Jugend hat, hat die Zukunft" – nach dieser Erkenntnis indoktrinierten die Nationalsozialisten besonders die heranwachsende Generation der Kinder und Jugendlichen. Zwar stützten sie die formale Vatermacht in der Familie, den absoluten Gehorsam der Kinder und die Position der Mutter als „große Gebärerin". Doch entzogen sie den Eltern nach und nach die Verfügungsgewalt und verpflichteten die Kinder in den NS-Jugendorganisationen direkt dem Gehorsam gegenüber Adolf Hitler. Im Konfliktfall zwischen Familie und „Führerwillen" wurde das Kind angehalten, Spitzel im Dienst des Nationalsozialismus gegen die Eltern zu sein. Im Kontrast zum Privaten und zur Enge in der Familie lockten die NS-Jugendverbände mit den „großen Aufgaben der Zukunft", mit Abenteuern in der Natur und Gemeinschaft unter Gleichaltrigen.

Hitler 1938 über die Jugenderziehung: *Diese Jugend, die lernt ja nichts anderes als deutsch denken, deutsch handeln. Die Knaben kommen vom Jungvolk in die Hitler-Jugend, und dort behalten wir sie wieder vier Jahre, und dann geben wir sie erst recht nicht zurück in die Hände unserer alten Klassen- und Standeserzeuger, sondern dann nehmen wir sie sofort in die Partei oder in die Arbeitsfront, in die SA oder die SS, in das NSKK und so weiter. Und wenn sie dort ... noch nicht ganz Nationalsozialisten geworden sein sollten, dann kommen sie in den Arbeitsdienst und werden dort wieder ... geschliffen .... Und sie werden nicht mehr frei, ihr ganzes Leben.*[224]

Zum wichtigsten Instrument für die Erfassung und Formung der jungen Menschen entwickelte sich die Hitlerjugend. Deren Expansion in Baden war beachtlich: von etwa 300 Mitgliedern 1928, über 1.700 im Jahr 1931, 5.200 Anfang 1933 bis – nach einer Beitrittslawine – 18.000 im Mai '33![225] Die Zerschlagung der bündischen, konfessionellen und politischen Jugendorganisationen folgte dem gängigen NS-Muster: Entsprechende Maßnahmen liefen zunächst relativ langsam an, beschleunigten sich dann mit der fortschreitenden Gleichschaltung der Erwachsenen-Organisationen und den massenhaften Übertritten. Baldur von Schirach – ab Juni '33 „Jugendführer des deutschen Reiches" – ließ Schritt für Schritt den „Großdeutschen Bund" (ein Zusammenschluß von Pfadfindern, Deutscher Freischar und anderen), die politischen Nachwuchsorganisationen sowie die bündische Jugend auflösen. Berufsständische Jugend, Arbeiter-, Sport- und konfessionelle Jugendorganisationen folgten. Lediglich die katholischen Jugendverbände konnten sich im Schutz des Konkordates einige Jahre halten, wenn auch ständig eingeschränkt und in ihrer Existenz bedroht. Bis 1937 waren aber diese Verbände ebenfalls praktisch ausgeschaltet.[226]

Eine der ersten Stationen in der NSDAP-Maschinerie war für die männliche Jugend das „Jungvolk", für die Mädchen die „Jungmädel"; das Mitgliedsalter betrug jeweils 10 bis 14 Jahre. Gerda Pohly, Ehefrau des Ortsgruppenleiters und Bürgermeisters (ab September 1934), gründete im Sommer '33 mit 40 Kindern eine Ladenburger „Jungmädel"-Gruppe, die bis März 1936 unter ihrer Leitung stand.[227] Das Pendant für die Jungen, das Ladenburger „Jungvolk Fähnlein Benz", dürfte wohl zur gleichen Zeit entstanden sein. „Jungvolk", „Jungmädel", HJ und BDM veranstalteten unablässig Ausflüge, Gemeinschaftsabende, Sportübungen, Wanderungen, Singstunden etc. und übernahmen die Traditionen der alten Jugendbewegungen, von den Wandervögeln bis zu den Pfadfindern. Ein Schwerpunkt lag dabei auf der ideologischen Schulung, psychologisch kindgerecht verpackt: Bei einem Aufenthalt im Ferien-Zeltlager beispielsweise zeigte man den Kindern des Ladenburger „Jungvolkes“ durch einen fingierten nächtlichen Überfall von „Kommunisten“, wer als Feind zu betrachten sei.[228]

Offensiv und aufdringlich warben die NS-Jugendorganisationen um Beitritt. Regelmäßige Inserate in der Tageszeitung forderten die Eltern immer wieder auf, ihre Kinder in das „Jungvolk“, die HJ, den BDM zu schicken. „Werbewochen“ und „Propagandafeldzüge“ intensivierten die Nachwuchsarbeit. *Noch währt der Kampf*, heißt es in einem Aufruf des „Jungvolkes Fähnlein Benz“ 1934, *bis der letzte Junge in unseren Reihen steht.*[229]

Gerade gegenüber der Jugend bedienten sich die Nationalsozialisten einer zunehmend martialischen, kriegerischen Sprache, wie ja auch die Struktur ihrer Organisationen streng militärisch war. All' dies eine psychologische Vorbereitung auf den Krieg. *Klar und deutlich*, kommentiert die Ladenburger Zeitung die NS-Jugendarbeit, *haben die nationalsozialistische Reichsregierung und die Reichsjugendführung erkannt, daß die tiefen Wunden, die das verflossene System der heranwachsenden deutschen Jugend an Körper und Geist schlug, durch das Heilmittel eines neuen Geistes auszuätzen sind.*[230]

Im Alter von 14 Jahren wechselten die „Jungvolk“- und „Jungmädel“-Mitglieder mit einer sakralen Überweisungsfeier in die HJ und hatten dem „Führer“ ihre Treue zu geloben. Die Hitlerjugend übernahm immer umfassendere Aufgaben. Ab 1934 war der Samstag für die HJ schulfreier Staatsjugendtag. Im gleichen Jahr eröffnete die NS-Nachwuchsschmiede mit dem „Leistungskampf der deutschen Jugend“ ihre Offensive im Berufsleben und trug das Leistungs- und Wettbewerbsprinzip auch in diesen Bereich.[231] Das sozialpolitische Amt der HJ besetzte mit Hilfsangeboten bei der Berufswahl und der Vermittlung von Lehrstellen wichtige sozialpolitische Funktionen.

Die Aushöhlung ihres Erziehungsanspruches führte bei vielen Eltern zu einem gewissen Unbehagen. Um dieses zu zerstreuen, wurde die Partei nicht müde, die Vertrauenswürdigkeit ihrer Jugendführer zu betonen. An die Ladenburger Eltern appelliert die NSDAP-Ortsgruppe 1938: *Ihr habt Eure zehnjährigen Jungen dem Deutschen Jungvolk übergeben. Mit dieser Eingliederung treten Eure Jungen in einen neuen Lebensabschnitt .... Wir wissen, daß manche Mutter vielleicht mit einem gewissen Bangen ihren Jungen zu unseren ersten Diensten schickt .... Eine langjährige Erfahrung hat die Führerschaft ... gelehrt, die ihr anvertrauten Jungen so zu führen, wie es in jeder Hinsicht verantwortet werden kann. Wir wollen eine harte und starke Jugend erziehen, die weltanschaulich gefestigt und körperlich gestählt ist ... Wahrt Vertrauen gegen Vertrauen!*[232]

Der Alltag in der HJ war von militärischen Übungen beherrscht, von Märschen, Zeltlagern und „Wehrertüchtigung“, von ideologischer Schulung, Sammlungen für das Winterhilfswerk sowie, im ländlichen Ladenburg, auch Ernteeinsätzen. Die Mädchen bereiteten sich, in ihren BDM-Gruppen weitgehend entpolitisiert, auf die vorgesehene Rolle als Hausfrau und Mutter vor, etwa in Kochlehrgängen, Handarbeits- und Säuglingspflege-Kursen. Nach dem Motto „Jugend führt Jugend“ waren die Gruppenleiter meist selbst in jugendlichem Alter. Sie erhielten ihre Schulungen in speziellen „Gebietsführer-„ und „Oberbannschulen“. Für Ladenburg war ab 1934 die nordbadische „Oberbannschule“ in Heidelberg zuständig, wo sich Monat für Monat etwa 250 HJ-Führer je drei Wochen lang ausbilden ließen.[233]

*Psychologische Vorbereitung: Film, Funk und Presse nutzten die Nationalsozialisten intensiv zur Einstimmung der Bevölkerung auf den geplanten Krieg (Quelle: NBP 100/30. 4. 1937).*

Die deutsche Jugend, forderte Bürgermeister Pohly 1935, müsse im Geist der Gefallenen des 1. Weltkrieges erzogen werden und mehr denn je bereit sein, *jenen Helden es gleich zu tun, und wenn es sein muß, mit der Waffe in der Hand für Deutschland in den Tod zu gehen.*[234] Pohlys Forderung sollte bald auf schreckliche Weise Realität werden. Ein anderes Mal mahnte er die Jugendlichen, *als jüngste Streiter sich mit voller Kraft bis zum letzten einzusetzen für die Verwirklichung der nationalsozialistischen Idee im deutschen Volke.*[235]

Anfang 1936 gehörten in Ladenburg 97 Prozent aller Schüler der Hitlerjugend an.[236] In Baden waren zu diesem Zeitpunkt etwa 80 Prozent der Jugendlichen in der HJ organisiert.[237] Für die Erziehung außerhalb von Schule und Elternhaus besaß diese NS-Organisation ab Dezember '36 mit der gesetzlichen Aufwertung zur Staatsjugend das Monopol. Jedes Kind im Alter von zehn bis 18 Jahren war nun gesetzlich zum Beitritt verpflichtet.[238] Als Staatsjugend flossen der HJ auch grundsätzlich alle Finanzmittel der Gemeindehaushalte für die Jugendpflege zu.[239]

### 3.6 Die Ladenburger Schulen: Klassengemeinschaft als „rassische Einheit"

Hinter der Erziehung zur „Volksgemeinschaft" stand auch eine Kampfansage an die traditionelle Erziehungsmacht Schule. Die Nationalsozialisten griffen systematisch in den Schulbetrieb, die Disziplin und Leistungskontrolle, in Lernformen und -inhalte ein. Der Historiker Gerhard Schulz bringt es in seiner Untersuchung des totalitären NS-Maßnahmestaates auf den Punkt: „Die organisierte Erziehung wurde zur praktischen, geistigen wie körperlichen Einübung in ein militärisches, in dynamischen, völkischen Ideologien befangenes Kollektivdasein und hierdurch zum Instrument eines von Grund auf inhumanen Totalitarismus, der nichts vom Menschen wissen, sondern ihn nur für die eigene Sache mit Beschlag belegen, ihn binden oder zerstören wollte."[240]

Schulische Lehrpläne erweiterten die Nationalsozialisten um neue Fächer wie Volkskunde, Wehrgeographie, Grenzland- und Rassenkunde, den übrigen Lehrstoff schränkten Erlasse stark ein. Heimatkunde rückte in den Mittelpunkt des Unterrichts, der den *festen Grund für den Stolz auf Heimat, Sippe, Stamm, Volk und Führer*[241] legen sollte, so der Reichserziehungsminister 1937 in den Unterrichtsrichtlinien für die Volksschule. *Mit der Heimatkunde*, heißt es hier weiter, *soll der Deutschunterricht im Sinne der nationalsozialistischen Erziehung ein Ganzes bilden.*[242] Das Ziel der schulischen NS-Erziehung hatte Hitler bereits in „Mein Kampf" formuliert: *Der völkische Staat hat ... seine gesamte Erziehungsarbeit in erster Linie nicht auf das Einpumpen bloßen Wissens einzustellen, sondern auf das Heranzüchten kerngesunder Körper. Erst in zweiter Linie kommt dann die Ausbildung der geistigen Fähigkeiten.*[243] Wissenschaftliche Bildung – als „Intellektualismus" abgetan – rangierte auf der nationalsozialistischen Werteskala hinter der körperlichen und charakterlichen Ausbildung. Bürgermeister Reuter in einem Werbeschreiben für die Ladenburger Realschule: *Die Erziehung der deutschen Jugend im Sinne unseres Führers Adolf Hitler und der Auslese der Jugend zu wirklichen Mitarbeitern und Führern im neuen Staat ist eine sehr wichtige Aufgabe. Die Schule soll heute und wird in Zukunft noch mehr diese Aufgabe wahrnehmen.*[244]

Neben der Grund- und Hauptschule (Volksschule) besaß Ladenburg auch eine Realschule mit bewegter Vergangenheit: 1840 als „Höhere Bürgerschule" gegründet, 1850 geschlossen, 1863 als Großherzogliche Höhere Bürgerschule wieder eröffnet, 1893 in Großherzogliche Realschule umbenannt, ab 1918 als Realschule Ladenburg und von 1937 bis '45 als Franz-von-Sickingen-Schule geführt. 1932 wäre diese Schule wegen sinkender Schülerzahlen (von 175 im Jahr 1924 auf 89 im Jahr 1932) beinahe geschlossen worden. Im Dritten Reich reduzierte man die Klassenstufen von sechs auf fünf und degradierte die Realschule zur Außenstelle der Mannheimer Adolf-Hitler-Schule.[245]

Auch eine Gewerbeschule hatte ihren Sitz in Ladenburg. Deren Direktor Karl Schöpperle, als Sturmführer der Ladenburger SS-Standarte 32 ein besonders überzeugter, aktiver Nationalsozialist und Antisemit, war maßgeblich an dem verharmlosend „Reichskristallnacht" genannten Pogrom in Ladenburg am 10. November 1938 beteiligt.[246] Sturmführer Schöpperle – während des Krieges im KZ Mauthausen u.a. als Lagerleiter tätig – kam nach dem Dritten Reich als Kriegsverbrecher vor Gericht, wurde zum Tode verurteilt und 1948 hingerichtet.[247]

Schon bald nach der NS-Machtübernahme stellte sich die Leitung der Realschule auf die geänderten Verhältnisse ein. Das Konferenzbuch vermerkt unter dem 2. Mai '33: *Dann weist der Direktor auf die Bedeutung der nationalen Erhebung hin und bespricht eingehend die Erziehung im neuen Geiste. Im Anschluß ... schlägt er die Anschaffung eines Bildes des Herrn Reichskanzlers Hitler ... vor; der Vorschlag wird einstimmig angenommen .... Mit der Eröffnung des neuen Schuljahres wird gleichzeitig laut Verordnung eine Feier zur Erinnerung an den 'Tag der nationalen Arbeit' abgehalten werden. Zur Frage des Handerhebens* (sog. „Hitlergruß" – Anm.) *beim Singen des Deutschland- und Horst-Wessel-Liedes wird ... beschlossen, daß alle Lehrer die Hand erheben mögen.*[248]

Ideologische Schulung erhielten die Lehrer im NS-Lehrerbund, dem ab 1938 jede Lehrkraft zwingend beitreten mußte. Im Juni '37 versichert die Ladenburger Zeitung zur ersten Gautagung des Lehrerbundes mit rund 10.000 Teilnehmern: *In Baden steht eine bis zum letzten Einsatz für den Nationalsozialismus bereite, geeinte Lehrerschaft.*[249] Ebenso wie die jüdischen Schüler wurden nach und nach auch die jüdischen Lehrer aus den Schulen verdrängt, das Schulwesen entkonfessionalisiert.[250] Der Nationalsozialismus propagierte die „rassische Harmonie" zwischen Lehrern und Schülern sowie deren gleiche „rassische Grundhaltung". Der Leiter des rassenpolitischen Amtes der NSDAP 1935: *Die Klassengemeinschaft muß eine rassische Einheit darstellen. Jüdische Schüler sollten von unseren eigenen grundsätzlich abgesondert werden ... Fremdrassige Lehrer sind uns ganz sachlich eine unmögliche Vorstellung geworden.*[251]

Einen bildhaften Einblick in den Ladenburger NS-Schulalltag bieten die Konferenzvermerke der Real- und späteren Franz-von-Sickingen-Schule:

13. 6. 1933: *Der Direktor bespricht die Abendveranstaltung auf dem Festplatz (des Festes der Jugend). Die israelitischen Schüler können von der Teilnahme an der Abendveranstaltung* (Bücherverbrennung – Anm.) *befreit werden, müssen dann aber den Platz meiden.*

18. 9. 1934: *Mit der Vereidigung des Lehrkörpers auf den Führer Adolf Hitler eröffnet der Direktor die Konferenz. Vereidigt werden alle Mitglieder des Kollegiums ... Uniformtragen angeordnet ... Zwei Schüler wegen Erpressung und Hehlerei an einem jüdischen Mitschüler der Schule verwiesen.*

20. 10. 1934: *Nichtarischen Schülern mit deutscher Staatsangehörigkeit wird künftig keine Schulgeldbefreiung gewährt.*

28. 2. 1935: *Erlass über Führerprinzip. Führer ist der Direktor der Anstalt. Die Lehrer beraten aber weiterhin den Direktor. Die endgültige Entscheidung obliegt dem Direktor. Schüleraufmärsche haben im Gleichschritt (nicht Stechschritt) zu erfolgen. Kirchenstreit darf im Unterricht nicht erwähnt werden. Der Schülerbriefwechsel mit nordischen Ländern soll besonders gefördert werden ... Lehrern wird der Bezug von nationalen Zeitungen warm empfohlen.*

28. 5. 1935: *Der Herr Direktor verliest ein Schreiben des Ministeriums an den Erzbischof betreffend 'Mythus* (sic!) *des 20. Jahrhunderts'. Es ist verboten, Gegenschriften zur Verteilung zu bringen.*

26. 1. 1936: *Nachdem die Anstalt mit 96,9% ihrer Schüler an der HJ beteiligt ist, hat sie den Antrag auf Führung der HJ-Flagge gestellt.*

20. 3. 1936: *Lehrern ist die Betätigung in konfessionellen Jugendverbänden untersagt.*

9. 4. 1937: *Die Mitglieder des Kollegiums werden aufgefordert, als Geburtstagsgeschenk für den Führer eine Gabe in Höhe ihrer Winterhilfs-*

*spende zu zeichnen. Am Geburtstag des Führers findet eine Schulfeier ... statt. Zu dieser Schulfeier erscheinen Lehrer und Schüler in Uniform.*

8. 7. 1938: *In der Frage 'Südtirol'* (Hitler hatte gerade gegenüber Mussolini auf Südtirol verzichtet – Anm.) *soll von den Beamten äußerste Zurückhaltung geübt werden. Das katholische Liederbuch 'Singsang' wurde beschlagnahmt.*

25. 7. 1938: *Den Beamten wird die Mitgliedschaft im RLB (Reichslehrerbund) zur Pflicht gemacht.*

28. 4. 1940: *Die HJ-Führer dürfen in ihrer Autorität nicht durch den Lehrer geschädigt werden .... In den Amtszimmern oder in den Klassen ist keinerlei Kritik an politischen Maßnahmen gestattet. Es ist darauf zu achten, daß der deutsche Gruß von allen Schülern in der vorgeschriebenen Weise gegeben wird ... Große politische Ereignisse der Zeit sind nur von den Klassenlehrern ... zu besprechen. In Klasse 1 ist darauf zu achten, daß die noch ausstehenden Nachweise für die arische Abstammung erbracht werden.*

21.6.1940: (Es) *werden den Schülern die Waffenstillstandsbedingungen des Jahres 1918 durch den Direktor erläutert. Ein diesbezüglicher Artikel aus dem 'Völkischen Beobachter' wird vorgelesen: Falsches Mitleid mit dem Frankreich von heute ist nicht angebracht.*

27. 1. 1944: *Der Schulleiter gibt bekannt: ... Politische Aktivierung der Schüler: Die Lehrer haben die Pflicht, die Jugend zu politischem Denken und Handeln zu erziehen. a.) Die tägliche Viertelstunde der Politik soll bei den Schülern den Eindruck des Ernsten und Notwendigen machen. Sie soll sich anhand von Fragen und Antworten abwickeln ... Am Schluß eine Zusammenfassung, aber keine Prophezeiung bringen. Auf einem Plan ist vorgezeichnet, welcher Lehrer die PV abzuhalten hat ....*
*b.) Die wöchentliche Zeitungslesestunde soll abwechslungsreich gestaltet werden: Politische, militärische Berichte, Frontberichte nicht immer aus dem HB* („Hakenkreuzbanner" – Anm.), *auch aus dem Völkischen Beobachter, Führer und dergleichen.*

*Die Ladenburger Lehrer an der Spitze des „Aufmarschs" zum 1. Mai 1934 – ausgerechnet den traditionellen Tag der Arbeiterbewegung hatte die Hitler-Regierung zum Feiertag erklärt. Von links, soweit identifizierbar: Ratschreiber Karl Reinle, Schulrektor Richard Henninger, Prof. Imhof, Dr. Karl Wollenschläger, Prof. Dalitzsch (?), Sportlehrer Dr. Bender (Gewinner der Olympia-Goldmedaille im Rudern 1936), Gewerbeschuldirektor und SS-Sturmführer Karl Schöpperle (Quelle: CBG-Festschrift, S. 36).*

*c.) Das Kriegstagebuch soll jeweils von einem zuverlässigen Schüler geführt werden ...*
*d.) Zu Beginn des Unterrichts wird eine Strophe eines Liedes der Bewegung gesungen, am nächsten Tag die folgende usw., die Lieder werden wie Gedichte im Unterricht gelernt.*[252]

### 3.7 Kirchen und Geistliche: Diffamiert, kriminalisiert, verhaftet ...

Die Kirchen gehörten im Dritten Reich zu den wenigen Institutionen, die sich dem Totalitätsanspruch der Nationalsozialisten zumindest teilweise entziehen konnten. Zum politischen Widerstand riefen sie allerdings mitnichten auf. Ihre Gleichschaltung mißlang, doch bewirkte die nationalkonservative Grundhaltung beider Konfessionen immer wieder deren Loyalität zum NS-Staat.[253] Die protestantischen Christen organisierten sich mit der Schaffung einer „Reichskirche" im Sommer 1933 sowie der Favorisierung der sogenannten „Deutschen Christen" im NS-Sinn. Das „Führerprinzip" hielt Einzug in die protestantische Kirchenverfassung.[254] Durch das Reichskonkordat mit der römisch-katholischen Kirche erreichte Hitler Mitte '33 eine zumindest offizielle Bindung der Katholiken an das Regime.[255] Das Christentum aber prinzipiell und radikal bekämpfen zu wollen, daran hatte der „Führer" nie einen Zweifel gelassen: *Der Faschismus mag in Gottes Namen seinen Frieden mit der Kirche machen. Ich werde das auch tun. Warum nicht?*, bemerkt er im Juli 1933. *Das wird mich nicht abhalten, mit Stumpf und Stiel, mit allen seinen Wurzeln und Fasern das Christentum in Deutschland auszurotten.*[256]

Die tief verwurzelte und teilweise öffentlich demonstrierte NS-Feindschaft vor allem gegenüber dem katholischen Christentum dokumentiert ein Erlaß des badischen Innenministers unter dem Betreff „Maßnahmen gegen katholische Geistliche": *Zwangsmaßnahmen gegen katholische Geistliche außerhalb des Rahmens der allgemeinen Gesetze sind ... in Zukunft unzulässig. Die Polizeibehörden werden daher angewiesen, gegen unzulässiges Vorgehen gegenüber katholischen Geistlichen, namentlich gegen Zusammenrottungen zur Erzwingung der Inschutzhaftnahme oder Versetzung eines Geistlichen ... einzuschreiten. Nach Abschluß des Konkordats bedarf es solcher Mittel nicht mehr.*[257]

Vor allem die kirchlichen Jugendverbände waren den Nationalsozialisten ein Dorn im Auge. Regelmäßig sah sich die Kirchenjugend mit Belästigungen und Übergriffen durch die HJ konfrontiert. Dies ging so weit, daß sich beispielsweise das Bezirksamt Mannheim genötigt sah, die Hitlerjugend zu diszipliniertem Verhalten aufzufordern.[258] In Ladenburg beschäftigten sich die konfessionellen Gruppen allerdings vorwiegend mit Querelen untereinander, so daß der nationalsozialistische Bürgermeister als „neutraler" Schiedsrichter auftreten konnte. Zu den innerkonfessionellen Streitigkeiten anläßlich eines Treffens katholischer Jugendgruppen in Ladenburg schreibt Bürgermeister Reuter Ende '33 dem katholischen Stadtpfarrer und Religionslehrer Otto Häußler (er amtierte hier von 1922 bis 1960): *Das Bezirkstreffen der katholischen Jungmännerbünde in Ladenburg, verbunden mit einem Marsch durch die Stadt, hat bei der evangelischen Bevölkerung Anlaß zu Beschwerden gegeben.* (Das Katholikentreffen fiel auf den Martin-Luther-Gedenktag. – Anm.) *Man vermutet sogar hierin eine bewußte Provokation ... Ich bin der letzte, der sich irgendwie in konfessionelle Fragen mischt oder konfessionelle Streitigkeiten vom Zaune bricht. Ich bitte Sie ... im Interesse des Friedens, der Ruhe ..., sich dafür einzusetzen, damit alles vermieden wird, was Unruhe stiften könnte. Ich würde mich freuen, wenn in Zukunft keine Unstimmigkeiten zwischen den beiden christlichen Konfessionen zu verzeichnen wären.*[259] Untereinander zwar zerstritten, herrschte zwischen dem katholischen und dem protestantischen Geistlichen in der öffentlichen Unterstützung Hitlers allerdings Einigkeit, wie der Aufruf zur NSDAP-Wahl vom November 1933 zeigt.[260]

Die protestantischen Jugendverbände waren im großen und ganzen bis Anfang 1934 ausgeschaltet[261], die katholischen, welche sich noch länger halten konnten, einer – ebenso wie die Erwachsenenorganisationen – zunehmenden Einschränkung ihrer Möglichkeiten ausgesetzt. Die Publikation von Flugblättern religiösen

Inhaltes war in Baden ab Juli 1934 verboten.[262] Das Tragen einheitlicher Kleidung wie auch jegliche Betätigung nicht-nationalsozialistischer Jugendverbände und Organisationen unter freiem Himmel – mit Ausnahme rein religiöser Veranstaltungen – fielen knapp ein Jahr später unter Verdikt.[263] „Inschutzhaftnahmen" von Katholiken häuften sich. Den Leiter einer katholischen Jugendorganisation in Rauental, nur eines von vielen Beispielen aus dieser Zeit, verhaftete die Polizei wegen Beschimpfung der HJ *in der gemeingefährlichsten Weise.*[264] Der „Volksverein für das katholische Deutschland" mußte sein angeblich zu volks- und staatsfeindlichen Zwecken bestimmtes Vermögen im September '34 an das Land Baden abtreten[265], der „Friedensbund deutscher Katholiken" etwa ein Jahr später.[266] 1935 lösten die Nationalsozialisten sämtliche autonomen Jugendgruppen auf, darunter auch die katholische Deutsche Jugendkraft, DJK, die in besonders heftiger Gegnerschaft zur HJ stand. Der DJK-Reichsleiter war bereits Mitte 1934 von der Gestapo erschossen worden.[267] Die in Ladenburg sehr aktive DJK-Gruppe „Phönix" hatte ihren Besitz und ihr Inventar den hiesigen NSDAP-Gliederungen abzutreten.[268]

Der Dienst vor allem für die NS-Jugendorganisationen hielt praktizierende Christen oft von ihren religiösen Pflichten ab. NSDAP-Funktionäre mußten die zuständigen „Parteigenossen" immer wieder zügeln und ermahnen, den Parteimitgliedern Zeit für den Kirchgang und aus konfessioneller Betätigung keine Nachteile in der NSDAP erwachsen zu lassen.[269] Mitte 1935 setzte eine intensive Propaganda- und Diffamierungs-Kampagne gegen Katholiken ein, begründet in den wachsenden politischen Spannungen zwischen dem Regime und der katholischen Kirche. Ausführliche, reißerische Presseberichte über Gerichtsverfahren gegen Ordensangehörige wegen angeblicher Devisenvergehen oder Sittlichkeitsverbrechen gehörten ebenso dazu wie scharfe Angriffe gegen den politischen Katholizismus.[270] In Ladenburg angeblich kursierende Gerüchte über „sittliche Verfehlungen" in der Hitlerjugend schob man den Katholiken in die Schuhe:

*Diese Märchenerzähler ... stehen im Lager jenes politischen Katholizismus, der in letzter Zeit eine verdächtige Aktivität an den Tag legt. Nachdem sich bislang der nationalsozialistische Staat um wichtigere Dinge zu kümmern hat als um diese schwadronierenden Dunkelmänner, scheint es allmählich im Interesse des Staates ... zu liegen, sich ... mit diesem abgewirtschafteten Klüngel zu befassen ... Nachdem nur noch geistig Arme und Unbelehrbare den politischen Schalmeien der schwarzen Rattenfänger gefolgt waren, versucht dieser in vielen Vereinen und Bünden getarnte politische Katholizismus, ... den Kampf auf die Gebiete der Jugendbewegung ... zu verlegen. Schon haben diese Schänder der deutschen Einigkeit ... ihre getarnten Lügengeschütze in Stellung gebracht ... Mit maßlosem Haß ... wird von diesen Dunkelmännern der Sprengkeil in die Volksgemeinschaft getrieben ... Immer wieder finden sich jene destruktiven Elemente der Reaktion und des ehemaligen Zentrums zusammen. Lüge ist ihre Waffe, Heuchelei ihr Panier!*[271]

Auch in Ladenburg waren katholische Geistliche Zielscheibe von Denunziation und Diffamierung: Im September 1935 meldete Bürgermeister Pohly der Gestapo in Mannheim, der beim Stadtpfarramt beschäftigter Kaplan Hauer habe bei einem NSDAP-Aufmarsch den Parteifahnen den Gruß verweigert. Für dessen Sicherheit könne er nun *wegen der großen Erregung im Kreise der Parteigenossen und der nationalsozialistisch gesinnten Bevölkerung* keine Verantwortung übernehmen. *Ich beantrage daher eine Untersuchung der Angelegenheit und eine Inschutzhaftnahme des Herrn ....*[272] Ob die Verhaftung tatsächlich erfolgte, geht aus den Akten nicht hervor (siehe dazu die auf der folgenden Seite stehende Abb.).

Das Schicksal des von 1935 bis 1938 in Ladenburg amtierenden Kaplans Ludwig Ritzi bietet ein weiteres Beispiel für die Kriminalisierung und Verdrängung katholischer Geistlicher aus ihrer Tätigkeit als Seelsorger und Religionslehrer. Ritzi (geboren 1908, gestorben 1973) gehörte zu einer Gruppe von Geistlichen, die der badische Kultusminister Wakker 1935 einer staatsfeindlichen Haltung bezichtigte. Zum fraglichen Zeitpunkt als Vikar in Staufen beschäftigt, soll Ritzi im Religionsunterricht bei der Erörterung nicht-katholischer Trauungen auf den SA-Führer Wasmer hingewiesen haben, der am Jahrestag seiner lediglich weltlichen Eheschließung tödlich verunglückte. Das Erzbischöfliche Ordinariat in Freiburg konnte, zu einer Stellungnahme genötigt, bei keinem der aus politischen Gründen disziplinierten Geistlichen einen Verstoß gegen das Reichskonkordat erkennen. Dennoch wurden sie zum Teil versetzt, inhaftiert und vor Gericht gestellt.

Ludwig Ritzi war bereits zuvor mit der NS-Staatsmacht in Konflikt geraten: Mitte 1934 aus vorübergehender „Schutzhaft" entlassen, mußte er Baden innerhalb von 48 Stunden verlassen. Auch aus dem württembergischen Hechingen vertrieb man den dorthin versetzten Geistlichen. Erst im Februar 1935 konnte Ritzi in Ladenburg seine Tätigkeit wieder aufnehmen.[273] Doch auch hier setzten ihm Feindschaft und Verleumdungen schwer zu: Die NSDAP-Ortsgruppe denunzierte den Theologen im Frühjahr 1937 beim Bürgermeister als „politisch unzuverlässig". *Das Urteil,* meldet Pohly prompt dem Bezirksamt Mannheim, *ist begründet auf die offenbar zur Schau getragene ablehnende Haltung gegenüber der deutschen Staatsjugend respektive der HJ. Der Kaplan soll sich ständig bemühen, soweit er hierzu in der Lage ist, die Jugend von der HJ abzuhalten, um sie in katholischen Jugendverbänden zu verpflichten.*[274] Vom Bezirksamt wollte der Bürgermeister erfahren, ob der Geistliche bereits in der Vergangenheit wegen politischer „Verfehlungen" in Haft war, *um in dieser Angelegenheit klar sehen zu können.*[275] 1938 hatten die Denunzianten ihr Ziel erreicht, Ludwig Ritzi wurde von Ladenburg nach Pforzheim versetzt.[276]

Ab Frühjahr 1936 berichteten die Medien verstärkt, ausführlich, aggressiv und diskriminierend über Gerichtsprozesse gegen Geistliche: *Der Sexualmord im Kloster Maria Tann – Wie lange noch Klosterschulen?* ; *Unter 60 Ordensangehörigen 53 Verbrecher!* ; *Franziskanerbrüder mißbrauchen Zöglinge*[277] – lauteten die reißerischen Schlagzeilen. Die NSDAP verstärkte den Druck auf ihre Mitglieder und deren Familien, aus der Kirche auszutreten. Unterbrochen wurde die zentral gesteuerte Kampagne nur während der Olympischen Spiele 1936. Das Ende dieses „Kirchenkampfes" ordnete Hitler Mitte 1937 selbst an, indem er den Justizminister die Prozesse abbrechen ließ. Hintergrund war wohl die propagandistische Schwerpunktverlagerung von der Innen- zur Außenpolitik.[278] Die Bekämpfung des Christentums rückte dabei allerdings nur in den Hintergrund und wurde nicht etwa aufgegeben.

Unter Verfolgungsdruck standen nicht nur Katholiken und Protestanten, sondern sämtliche Konfessionen und Religionsgemeinschaften. Die Gestapo unterhielt eigene Kirchenabteilungen mit der einzigen Funktion, konfessionelle Aktivitäten zu beobachten. Diese Gestapo-Abteilungen benutzten die örtlichen Polizeiführer, in Kommunen wie Ladenburg den Bürgermeister, um religiöse Aktivitäten jeder

16. September 5.

An die
Geheime Staatspolizei
Mannheim.

I. Am Sonntag, dem 15.ds.Mts. hatte die NSDAP mit Unterstützung von Mannheimer politischen Leitern in Ladenburg einen Aufmarsch von etwa 300 Teilnehmern durch die Strassen der Stadt und anschliessend eine Kundgebung. Jn der Adolf-Hitler-Strasse auf der Höhe der Allg. Ortskrankenkasse begegnete der Kaplan Bernhard Hauer, der, soweit mir bekannt ist, aushilfsweise beim Kath. Stadtpfarramt in Ladenburg tätig ist, dem Zuge. Bei den Zugteilnehmern entstand dadurch eine ausserordentliche Erregung, dass der genannte Herr den Fahnen der NSDAP und dem Symbol unserer Regierung den Gruß verweigerte.

Wie ich inzwischen feststellen musste, ist die Erregung im Kreise der Parteigenossen und der nationalsozialistisch gesinnten Bevölkerung derart gross, dass ich für die persönliche Sicherheit dieses Herrn die Verantwortung in keiner Weise tragen kann. Jch beantrage daher eine Untersuchung der Angelegenheit und eine Jnschutzhaftnahme des Herrn Bernhard Hauer.

II. z.d.A.

Der Bürgermeister:
Pohly fct.Mg.

*Denunziation unter dem Deckmantel der Sorge um die Sicherheit des Betroffenen: Bürgermeister Pohly beantragt bei der Gestapo die „Inschutzhaftnahme" eines Ladenburger Kaplans, weil dieser den NSDAP-Fahnen den Hitler-Gruß verweigerte (Quelle: A 1939).*

Art auszuspionieren.[279] Regelmäßig erstattete Bürgermeister Pohly dementsprechend der Gestapo Bericht, zum Beispiel über die Gottesdienste der Ladenburger Gemeinde der Neuapostolischen Kirche, lieferte Namen und Adressen von Gemeindemitgliedern sowie Priestern.[280]

### 3.8 Fehlende Begeisterung und Widerstand – Unterdrückung und Verfolgung

Opposition und Regime-Gegnerschaft konnten die Nazis trotz Terror und Verfolgung nie völlig unterdrücken. Auch in Ladenburg und Umgebung kam es im Dritten Reich – zwar vereinzelt, doch immer wieder – zu Zeichen von Ablehnung der NS-Ideologie, auch zu illegalen Aktionen. Deren Häufigkeit und Umfang sind schwierig einzuschätzen, da etwa Publikationen über solche Vorkommnisse meist unterblieben. Auch sind die betreffenden Aktenbestände des Stadtarchivs wohl lükkenhaft. Falls doch in der Presse gemeldet, war die scharfe Verurteilung regimefeindlicher Handlungen oder auch nur indifferenter Haltung mit deutlichen Drohungen verbunden: *Man sollte es doch kaum für möglich halten*, entrüstet sich der NBP-Berichterstatter 1934 bei der Verhaftung eines Kommunisten im benachbarten Ilvesheim, *daß es immer noch so verbohrte und verkalkte Menschen gibt, die tatsächlich glauben, durch Verbreitung illegaler Druckschriften das deutsche Volk verhetzen zu können.*[281] Ein besonders heikler Punkt war der erwähnte „Fahnengruß“ – für „Parteigenossen“ per Regierungserlaß 1934 zur Pflicht gemacht und der übrigen Bevölkerung als „Ehrenpflicht“ nahegelegt. Das Unterlassen des Hitlergrußes angesichts von Fahnen der „Bewegung“, etwa der Hakenkreuzflagge, galt den Behörden als sicherer Indikator für eine Regimegegnerschaft. *Ladenburger merkt auf! Der Fahnengruß ist eine Ehrenpflicht für jeden Volksgenossen!*, belehrte die Neckar-Bergstrass-Post ihre Leser. Die Ladenburger zeigten anscheinend nicht genügend Enthusiasmus, *sonst hätte es nicht vorkommen dürfen, daß man beobachten konnte, wie wenig bei den jüngsten Aufmärschen durch die Straßen unserer Stadt diese Bestimmungen beachtet worden sind. Man wird doch nicht annehmen sollen, daß alle die Volksgenossen, die den Symbolen des Nationalsozialistischen Deutschland durch Verweigerung des Fahnengrußes ihre Nichtachtung bezeugen, als Feinde und Gegner des neuen Staates betrachtet werden sollen. Deshalb, Ladenburger, grüßt die Fahnen!*[282]

Die Begeisterung der Ladenburger für den Nationalsozialismus scheint zu Beginn der NS-Herrschaft tatsächlich nur langsam, für manche zu langsam in Gang gekommen zu sein. In Sachen Fahnengruß schreibt NBP-Schriftleiter Nerlinger 1934 an Bürgermeister Reuter: *Wir haben bereits bei dem Aufmarsch zu der kürzlich stattgefundenen General-Mitgliederversammlung der Partei beobachtet, daß ein großer Teil der Bevölkerung Ladenburgs beim Vorbeimarsch* (sic!) *nationalistischer Symbole sich in seinem Verhalten nicht den von der Reichsregierung getroffenen Bestimmungen anpasst.*[283] Auch in den Augen des Stadtoberhauptes ließ der NS-Idealismus der Einwohner zu wünschen übrig. Reuter regte, wie seiner Korrespondenz mit dem Mannheimer NS-Organ „Hakenkreuzbanner“ zu entnehmen, die Veröffentlichung eines Artikels an, der sich mit den „ewig Gestrigen“ auseinandersetzt. Angesprochen werden sollte damit jener Teil der Ladenburger, der nach Meinung Reuters den „Geist der Zeit“ noch nicht verstanden habe. Dieser vom Bürgermeister veranlaßte Artikel erschien auch im „Hakenkreuzbanner“, und zwar unter der Schlagzeile „Die ewig Gestrigen aus Ladenburg“. Mit der Aufmachung und vor allem der Überschrift war der Gemeindeleiter dann allerdings gar nicht einverstanden, fürchtete er doch um das Image „seines“ Städtchens, *weil dadurch der Anschein erweckt wird, daß besonders hier in Ladenburg große Nörgler seien.*[284] Reuter legte beim Schriftleiter des „Hakenkreuzbanner“ nach Erscheinen des Beitrages offiziell Beschwerde ein.[285]

Unzufriedenheit mit mangelnder NS-Begeisterung dokumentiert auch ein Aufruf des „Jungvolkes Fähnlein Benz“ vom Mai 1934: *Kameraden, besonders hier in Ladenburg herrscht noch der Geist der Zersetzung. Jenen schwarzen Elementen, die heute noch dem Wahn des längst überlebten Zentrumsgeist* (sic!) *anhängen, gilt unser Kampf!*[286] Gegen „Miesmacher und Kritikaster“ richteten sich permanente Kampagnen: *Der Feldzug gegen die ewigen Miesma-*

*cher, Nörgler und Besserwisser hat auf ganzer Linie eingesetzt,* konnten die Ladenburger im Mai 1934 ihrer Tageszeitung entnehmen. *Der Angriff wird im ganzen Lande Baden nach einem großen Feldzugsplan vorgetragen.*[287] Bürgermeister Reuter engagierte sich bei diesem „Feldzug" als Redner auf verschiedenen Versammlungen.[288] Was den „Wühlern und Gerüchtemachern", überhaupt allen „staatsfeindlichen Elementen" drohte, darüber wurde niemand im Zweifel gelassen: „Schutzhaft" und Konzentrationslager.[289]

Informationen und Gerüchte über die grausamen Zustände in den Konzentrationslagern drangen immer wieder an die Öffentlichkeit. Mit verharmlosenden Darstellungen versuchte die NS-Propaganda zwar einerseits gegenzusteuern, doch benutzte sie gerade die Konzentrationslager auch als wirkungsvolles psychologisches Druckmittel. Himmler 1937 über die innere Sicherheit, veröffentlicht in der Neckar-Bergstrass-Post: *Es kann sich jeder in der Welt heute, wenn er will, davon überzeugen, daß wir die unbedingt notwendige Einrichtung der Konzentrationslager so ordentlich und sauber durchführen, wie es nach menschlichem Ermessen überhaupt möglich ist. Die Konzentrationslager sind für zwei Gruppen von Menschen notwendig: Das sind einmal die Unverbesserlichen ... Für diese ... werden wir die Tore der Konzentrationslager nicht mehr öffnen können ... Daneben sitzen in den KZ noch Verführte, die aber noch zu gewinnen sind .... Die Bewachung der KZ durch die Hundertschaften der SS-Totenkopfverbände verbürgt ... Disziplin, aber auch eine menschliche, gerechte Behandlung.*[290]

Um zur Kategorie der „Miesmacher" und „subversiven Elemente" zu zählen, mußte man sich nicht offen kritisch über das Regime äußern oder gar gegnerisch betätigen, es genügte die fehlende Mitgliedschaft in einer als obligat geltenden NS-Organisation: *Volksgenosse!*, warnte die Ladenburger NS-Volkswohlfahrt (NSV): *Willst auch Du zu den Kritikastern und Nörglern gehören? Die deutsche Volks- und Schicksalsgemeinschaft erwartet von Dir die Mitgliedschaftserklärung zur NSV!*[291] Wer den Aufrufen nicht folgte, hatte früher oder später „Besuch" zu erwarten: *Jeder Volksgenosse gehört zur NSV. Deshalb werden in den nächsten Tagen die Politischen Leiter bei denjenigen Volksgenossen vorsprechen, die bis heute die Mitgliedschaft für die NSV noch nicht erworben haben ....*[292] Verdächtig machte sich bereits, wer einer NS-Veranstaltung fernblieb. Anläßlich einer Kundgebung in der Turnhalle wurden die Ladenburger 1937 eindringlich gewarnt: *Wir sind uns bewußt, daß jeder ehrliche deutsche Volksgenosse diese Veranstaltung besuchen wird und nur der ihr fernbleibt, der ein Saboteur ist am Gemeinschaftswillen unseres Volkes!*[293]

Das sogenannte „Heimtückegesetz" vom Dezember 1934 („Gesetz gegen heimtückische Angriffe auf Partei und Staat und zum Schutz der Parteiuniform") öffnete der strafrechtlichen Verfolgung jeglicher Kritik an Staat oder Partei Tür und Tor, seien es auch lediglich abfällige Bemerkungen über die Regierung oder „führende Persönlichkeiten" des NS-Staates.[294] Verführung und Gewalt – auch hier tritt dieses NS-Herrschaftsprinzip deutlich zutage. Denunziantentum und Spitzelwesen erlebten eine beabsichtigte Blüte, schlichen sich selbst in die Familien ein: In manchen Fälle zeigten Kinder ihre eigenen Eltern bei den Behörden an.[295]

Über individuellen Widerstand oder organisierte Untergrundtätigkeit in Ladenburg geben die Quellen kaum Auskunft.[296] Wie erwähnt berichtete die Presse über Widerstand so gut wie nicht, da man die Öffentlichkeit weder über dessen Existenz, geschweige denn den politischen Hintergrund informieren wollte. Eine oppositionelle Betätigung war auf der anderen Seite auch äußerst gefährlich und schwierig: Redner, die sich außerhalb des sanktionierten Raumes öffentlich hätten äußern können, gab es kaum noch. Die meisten Zeitungen der alten Parteien existierten nicht mehr, die übrigen mußten vorsichtig und zurückhaltend agieren. Rundfunk und Film waren ebenfalls gleichgeschaltet. Das über die gesamte Publizistik und jede Art von Öffentlichkeit gespannte Überwachungsnetz breitete sich immer engmaschiger und umfassender aus.[297] Alles, was in Deutschland gedruckt und öffentlich gesprochen wurde, unterlag irgendeiner parteiamtlichen Norm und genauen Vorschriften. Wich etwas irgendwie von dieser zugelassenen Form ab, drang es erst gar nicht an die Öffentlichkeit. Ob Bücher, Rundfunk, Zeitungen, Behördenschreiben oder Formulare ..., sämtliche Publikationen hatten sich strenger sprachlicher und inhaltlicher Kontrolle zu unterwerfen.[298]

Das im Dritten Reich wohl häufigste Mittel illegaler Publizistik waren Flugblätter. Deren Wirkung blieb allerdings – einer entsprechenden Studie zufolge[299] – im allgemeinen auf die Oppositionskreise beschränkt, sie erzielten also kaum „Werbewirkung". In Ladenburg und Umgebung sind zwischen 1933 und 1945 vereinzelte Flugblatt-Aktionen dokumentiert, deren Urheber meist im Dunkeln blieben. Hiesige kommunistische Widerstandskreise könnten die Initiatoren gewesen sein, aber auch „auswärtige" Oppositionelle. Im September 1939 beispielsweise tauchten im Ladenburger Stadtgebiet „feindliche Flugblätter" auf; die Behörde zählte 800 Stück. Im November desselben Jahres kamen ähnliche Vorfälle zu den Akten.[300]

Angesichts drohender Haft, Konzentrationslager oder Todesstrafe mußten NS-Gegner streng konspirativ und äußerst vorsichtig vorgehen. Politische Schriften kamen etwa als harmlose Broschürchen getarnt in Umlauf. Das hier abgebildete kleine Heft mit dem Titel „Die Kunst des Selbstrasierens" – es stammt aus Privatbesitz und kursierte im Raum Mannheim – enthält, nach mehreren harmlosen Seiten zur Geschichte der Rasur, einen Aufruf des SPD-Exilvorstandes aus Prag zum Widerstand gegen den Nationalsozialismus (siehe Abbildungen auf der gegenüberliegenden Seite).

Neben gelegentlichen Zeitungsmeldungen über „staatsfeindliche Äußerungen" oder einigen Aktennotizen über illegale Schriften deutet nichts auf eine organisierte illegale Tätigkeit in Ladenburg hin. Die drastischen Folgen selbst harmloser „Fehltritte" zeigt eine Meldung der Neckar-Bergstrass-Post aus dem Jahr 1938: *Staatsfeindliche Äußerungen machte dieser Tage ein ... Friseur von hier und stellte dadurch seine politische Unzuverlässigkeit unter Beweis. Er wurde am Samstag früh durch die Gendarmerie verhaftet und ins Bezirksgefängnis nach Mannheim eingeliefert. Eine empfindliche Strafe ist in diesem Fall durchaus am Platze und es wird den Verhafteten zweifellos die ganze Strenge des Gesetzes treffen.*[301]

Wer einmal in den Fängen der Gestapo oder vor einem „Sondergericht" gelandet war und dies überlebte, durfte der besonderen und ständigen Aufmerksamkeit von Polizei- und Staatsschutzbehörden sicher sein. Nach der Entlassung aus einem Konzentrationslager gehörte u.a. die regelmäßige Meldung bei der örtlichen Polizei zur Pflicht.[302] Unter besonders intensiver Überwachung standen die ehemaligen KP-Funktionäre. Der erwähnte Kommunist Theodor Haas kam mehrmals in Haft und saß längere Zeit in einem Konzentrationslager. Zum letzten Mal im Dritten Reich verhaftete die Gestapo Haas 1944 zusammen mit zwei ehemaligen Ladenburger KPD-Bürgerausschußmitgliedern. Für das Geheime Staatspolizeiamt Mannheim schrieb Bürgermeister Pohly ausführliche Beurteilungen der Verhafteten. Sie zeigen, wie penibel die Gesinnungsüberwachung arbeitete:

*T.H. war vor der Machtergreifung ein sehr aktiver Kämpfer für den Kommunismus. Im Gegensatz jedoch zu der sonst allgemein hinterhältigen Kampfesweise der KPD hat er sich durch eine gewisse Geradheit und Offenheit vorteilhaft ausgezeichnet. Nach der Machtergreifung hat er sich vollständig von der Politik zurückgezogen und einen eigenen Gemüsehandel aufgemacht .... Etwa um das Jahr 1937 wurde er der Verbreitung kommunistischer Schriften bezichtigt und war längere Zeit im KZ. In der Öffentlichkeit hat er immer zu erkennen gegeben, ... daß es ihm gutgehe, daß er mit den heutigen Verhältnissen sehr zufrieden sei ... Nach seiner Rückkunft aus dem KZ habe ich persönlich öfter mit ihm gesprochen und immer den Eindruck gehabt, daß er gründlich von seinen kommunistischen Ideen geheilt sei, was er mir gegenüber auch geäußert hat ... Ich habe von ihm den Eindruck, daß er in politischer Beziehung sich auch weiterhin zurückhalten wird und irgendwelchen Wühlarbeiten keinen Vorschub leistet.*[303]

Die Beurteilungen des Bürgermeisters fielen aus NS-Sicht zwar insgesamt positiv aus, doch gab Pohly auch Hinweise auf möglicherweise doch noch zu erwartende kommunistische Aktivität. So notiert er über einen der Verhafteten: *Er lebt sehr zurückgezogen und dürfte mit Einschränkungen* (Unterstreichung vom Autor – Anm.) *heute dem Kommunismus keinen Vorschub mehr leisten.*[304]

*Als harmlose Broschüre getarnt, enthielt das 1934 erschienene Heft „Die Kunst des Selbstrasierens" im Innenteil einen versteckten Aufruf des SPD-Exilvorstandes aus Prag zu „Kampf und Ziel des revolutionären Sozialismus". Links und rechts oben zeigt die Abbildung Titel- bzw. Rückseite der Broschüre, unten zwei Seiten aus dem Innenteil (jeweils vergrößert) (Quelle: Privatbesitz).*

muß, wenn man auch nur dem Aeußeren nach als ein Gentleman angesehen werden will. Sie werden in der englischen Romanliteratur häufig Hinweise auf die Kunst des Selbstrasierens finden.

Kampf und Ziel des revolutionären Sozialismus. Die Politik der Sozialdemokratischen Partei Deutschlands.

Ein Jahr lang lastet die nationalsozialistische Diktatur über Deutschland, über der Welt. Grundstürzend hat der Sieg der deutschen Gegenrevolution das Wesen und die Aufgaben der deutschen Arbeiterbewegung geändert. Der Knechtschaft und Gesetzlosigkeit preisgegeben ist das Volk im totalen faschistischen Staat. Im revolutionären Kampf die Knechtschaft durch das Recht der Freiheit, die Gesetzlosigkeit durch die Ordnung des Sozialismus zu überwinden, ist die Aufgabe der deutschen Arbeiterbewegung.

**I. Die Bedingungen des revolutionären Kampfes.** Im Kampf gegen die nationalsozialistische Diktatur gibt es kein Kompromiß, ist für Reformismus und Legalität

4

keine Stätte. Die sozialdemokratische Taktik ist allein bestimmt durch das Ziel der Eroberung der Staatsmacht, ihrer Festigung und Behauptung zur Verwirklichung der sozialistischen Gesellschaft. Die Taktik bedient sich zum Sturz der Diktatur aller diesem Zwecke dienenden Mittel.

Der revolutionäre Kampf erfordert die revolutionäre Organisation. Die alte Form, der alte Apparat ist nicht mehr und Versuche zu seiner Wiederbelebung entsprechen nicht den neuen Kampfbedingungen. Neue Organisationsformen mit opferbereiten Kämpfern müssen entstehen. In der Wahl dieser Formen sind wir nicht frei. Noch legt uns der Gegner durch die Uebermacht seiner Mittel, durch die Brutalität ihrer Anwendung, noch legt uns der Zustand der deutschen Gesellschaft selbst, die unter dem furchtbarsten Druck des ökonomischen, physischen und geistigen Terrors steht, das Gesetz des Handelns auf. Kleine Gruppen bilden sich, sie müssen in teuer erkauften Erfahrungen die Technik ihrer Arbeit erwerben eine Elite von Revolutionären.

Wenn die Gegensätze im Innern des

5

### 3.9 Unspektakuläres Ende des Regimes

Das Dritte Reich ging in Ladenburg am 28. März 1945 recht unspektakulär zu Ende.[305] Die Stadt überstand den Krieg, wie in der Vorbemerkung erwähnt, unbeschadet ohne Luftangriffe oder Kampfhandlungen. Lediglich einige Granaten „verirrten" sich aus Maschinen von Luftangriffs-Geschwadern, die andere Ziele anflogen, in das Stadtgebiet. Den Kriegszustand hatten die Ladenburger schon in Friedenszeiten geprobt, proben müssen: in „Luftschutz-Wochen", bei Flak-Ausbildungen, regelmäßigen Verdunkelungsübungen (*Innerhalb einer Minute muß verdunkelt sein!*[306]), „Wochen der Vollgasmaske"[307] etc. Eine Luftschutzschule existierte hier seit 1936.[308] Nun war der Krieg Realität geworden, rollte aber zum Glück für die Einwohner ohne nennenswerte Kampfauswirkungen über die Stadt hinweg, die widerstandslos besetzt wurde.

Gegen Ende des Krieges hatten zahlreiche Flüchtlinge, Vertriebene, Ausgebombte aus den umliegenden Großstädten Zuflucht im unversehrten Ladenburg gesucht. Wohnungsnot und Versorgungsengpäße waren die Folge. Noch 1947 registrierte die Verwaltung 7159 Einwohner, 37 Prozent mehr als vor Kriegsbeginn (5221 Einwohner).[309]

„In der Karwoche des Jahres 1945", beschreiben Karl Hoffmann und Günther Sturm – leider ohne Quellenangabe – in ihrem Ladenburg-Buch das Kriegsende, „saßen Mütter mit ihren Kindern, ältere Männer und Frauen verängstigt weinend und betend in den Kellern ihrer Häuser."[310] Wenige Tage zuvor waren Einheiten der 7. US-Armee bei Lampertheim über den Rhein vorgestoßen und rückten von dort sowie dem Mannheimer Raum Richtung Süden an die Bergstraße und nach Heidelberg vor. Ladenburg lag damit im Frontgebiet. Am Dienstag, dem 27. März 1945, erschütterte (laut Hoffmann/Sturm) eine Detonation die Häuser und Gebäude der Stadt: Deutsche Truppen hatten die Neckarbrücke gesprengt, um das Vorrücken der amerikanischen Einheiten zu erschweren. Allerdings ohne große Wirkung: Die Alliierten nutzten den Steg des Ladenburger Stauwehrs, um einen Brückenkopf zu bilden und so den Vormarsch Nekkar-aufwärts fortzusetzen. „Am 28. März", schildert das erwähnte Ladenburg-Buch die Besetzung, „konnten dann einige, die sich mit erhobenen Händen und weißen Tüchern vor die Häuser gewagt hatten, bestätigen: 'Die Amerikaner sind da!'"[311] Sie hatten die Stadt kampflos eingenommen.

Im Ladenburger Rathaus muß in den Wochen und Tagen zuvor hektische Betriebsamkeit geherrscht haben: Nach einem Geheimerlaß des badischen Innenministers waren kurz vor Kriegsende als geheim eingestufte Akten und solche politischen Inhaltes zu vernichten.[312] Die Ladenburger kamen diesem Erlaß, eventuell aus Zeitmangel, nur zum Teil nach. Akten aus der Zeit des Dritten Reiches mit dem Vermerk „geheim" finden sich jedenfalls nicht mehr im Stadtarchiv, wohl aber zahlreiche politischen Inhaltes.

Bürgermeister Pohly fand nicht den Mut, sich den amerikanischen Militärs zu stellen, die Ladenburg besetzten: Er flüchtete, wurde aber wenig später gefaßt und interniert.[313]

## Schlußbemerkung

Verführung und Gewalt: Mit diesen bereits erwähnten Merkmalen hat Hans-Ulrich Thamer in seiner umfassenden Studie[314] die Herrschaftsstruktur Hitler-Deutschlands treffend charakterisiert. Die beiden Prinzipien erweisen sich auch als kennzeichnender Bestandteil der Geschichte Ladenburgs im Dritten Reich, auf deren wichtigste Aspekte noch einmal zusammenfassend hingewiesen sei:

Die Machtübernahme der Nationalsozialisten verlief hier – nach vergleichsweise schlechten Wahlergebnissen und geringer Zustimmung in der Endphase der Weimarer Republik – wie in zahlreichen anderen deutschen Städten: Ein nationalsozialistischer Bürgermeister wurde im Juli 1933 zwar formal gewählt, doch war er schon vorher vom badischen Innenministerium ernannt. Die NSDAP-Organisationen übernahmen ohne Legitimation exekutive, z.B. polizeiliche Gewalt. Posten der kommunalen Selbstverwaltung und der Gemeindeleitung okkupierten die Nazis kurzerhand, ohne daß dies dem Wählerwillen entsprochen hätte: Die sogenannte „Machtergreifung" war eine Machterschleichung durch die Hintertür.

Die Gleichschaltung der Vereine, Arbeiter- und Berufsorganisationen und die endgültige Demontage der Demokratie erfolgten ohne nennenswerte Widerstände. Sport-, Kultur- und Bürgervereine unterzogen sich vielfach freiwillig und freudig der Gleichschaltung, manche erst unter Druck. Jegliche politische Opposition erstickten die lokalen Behörden und die NSDAP durch Verhaftungen, Überwachung und Einschüchterung. In Ladenburg waren davon vor allem Funktionäre der KPD und mit den Kommunisten sympathisierende Personen betroffen. Dennoch konnten die Machthaber den kritischen Geist nie gänzlich unterdrücken: Immer wieder kam es zu Flugblatt-Aktionen, zu Anzeichen weiterbestehender Opposition. Fast lautlos verlief die Ausschaltung der bürgerlichen Parteien wie Zentrum oder DNVP, welche in Ladenburg auf eine lange Tradition zurückblicken konnten. Ihre Vertreter wechselten entweder zur NSDAP oder enthielten sich jeder weiteren politischen Betätigung.

Ein Beispiel für die Kontrolle und Lenkung der öffentlichen Meinung im Dritten Reich bietet die Ladenburger Tageszeitung Neckar-Bergstrass-Post. Die Gleichschaltung dieses ehemals bürgerlich-konservativen Blattes lief rasch und ohne kämpferische Auseinandersetzung über die Bühne, wie es sie bei anderen Zeitungen gab. Auf eine solche hätte sich das kleine Familienunternehmen ohne eine Gefährdung seiner Existenz wohl auch gar nicht einlassen können; als Amtsblatt war die NBP auf ein gutes Verhältnis zur Stadtverwaltung angewiesen. Unter dem Druck der Verhältnisse paßte sich die Redaktion – in der Anfangszeit des Regimes noch vorsichtig distanziert – bald gänzlich an Ideologie und politische Praxis der Nationalsozialisten an, wandelte sich zum Propaganda-Organ. Von einer ausschließlich zwangsweisen Gleichschaltung kann dennoch keine Rede sein.

Der kleinstädtische Alltag im Nationalsozialismus war beherrscht von Feiern, Kult und Propaganda, der Vorspiegelung eines permanenten Ausnahmezustandes. Alltägliche politische Handlungen stilisierten die NS-Agitatoren zu „historischen Taten", welche die Bevölkerung mit Umzügen, Fackelmärschen, Kundgebungen feierte. Gedenkfeiern, NS-Zeremonien, Jahrestage, Ehrungen, Überweisungsfeiern, Flaggenhissungen wechselten einander in ständiger, unaufhörlicher Folge ab. Das pausenlose Trommelfeuer der Propagandaparolen, das Aufpeitschen von Emotionen und niedrigen Instinkten, die Massenveranstaltungen und pseudoreligiösen Kulthandlungen schläferten das kritische Denken ein und stärkten das Gemeinschaftsgefühl. Gleichzeitig griff der NS-Staat, mittels seiner lokalen Repräsentanten, tief in das Alltagsleben der Menschen ein, reglementierte durch zahllose Ge- und Verbote, politisierte sämtliche Lebensbereiche, sprengte traditionelle Bindungen, etwa der Gläubigen zur Kirche und familiäre Strukturen. Die NS-Zwangsorganisationen erfaßten den überwiegenden Großteil der Bevölkerung und schufen so die Möglichkeit der Indoktrination aller gesellschaftlichen und sozialen Gruppen. Einen künstlich plebiszitären Charakter verlieh sich die Diktatur durch Volksabstimmungen und Akklamationen, die bald zu reinen Propagandaveranstaltungen mit Volksfestcharakter degenerierten. Die scheinbar breite Zustimmung der Bevölkerung erreichten die Nazis durch Wahlfälschung, Eingriffe in das Wahlverfahren, rücksichtslose Unterdrückung von Opposition.

Gewalt wendeten die NS-Machthaber vor allem gegen die Minderheit der jüdischen Bürger an.[315] Der Antisemitismus war Triebkraft wie Herzstück des Nationalsozialismus und entwickelte eine rasante Eigendynamik, die schließlich in Vertreibung und Völkermord gipfelte. Die Geschichte der jüdischen Gemeinde Ladenburgs zeigt, wie sich trotz eines guten Verhältnisses der Juden und Nicht-Juden vor dem Dritten Reich eine menschenverachtende Politik der Ausgrenzung, Entrechtung und Diskriminierung auf administrativem Weg durchsetzte, wie radikale Parteifunktionäre oder Beamte – in Ladenburg etwa der fanatische Antisemit, Ortsgruppenleiter und Bürgermeister Reuter – mit der offiziellen Judenpolitik vorauseilendem Eifer die jüdische Minderheit drangsalieren und diskriminieren konnten. Vor diesem Hintergrund nutzten auch auf ihren persönlichen wirtschaftlichen Vorteil bedachte „normale Bürger", etwa im Zuge der „Arisierung" jüdischen Eigentums, die Notlage der zu „Staats-" und „Volksfeinden" stigmatisierten Menschen aus und beteiligten sich so an der fortschreitenden Spirale von Ausbeutung und Gewalt gegen die Juden. Ermöglicht wurde diese Rückkopplungs-Dynamik auch durch eine – beabsichtigte – Rechtsunsicherheit und das Kompetenzchaos auf diesem Gebiet – zwischen 1933 und 1945 sind etwa 2.000 antijüdische Gesetze und Verordnungen dokumentiert! So blieb die Judenpolitik oft den spontanen Maßnahmen lokaler Parteifunktionäre überlassen.

Nun geht es in vorliegender Arbeit nicht um eine wie auch immer geartete Schuldfrage, weder individuell auf Personen bezogen noch kollektiv, die damalige Ladenburger Bevölkerung betreffend. Aufgezeigt wurde vielmehr das komplexe Zusammenspiel von tatsächlich behördlich „verordnetem" NS-Gedankengut, Rassenhaß, Führerwahn etc. und denjenigen Kräften, Institutionen und Personen „vor Ort", die aus Fanatismus, vorauseilendem Gehorsam oder auch nur Passivität die rasante Dynamik des NS-Systems verstärkten, unterstützten oder zumindest begünstigten. Die überwiegende Mehrheit der Ladenburger Bevölkerung, dies hat die Untersuchung gezeigt, zählte wohl nicht zur Gruppe der aktiven, überzeugten Nationalsozialisten oder Antisemiten – eine angesichts des unermeßlichen Leides der Opfer von NS-Terror, Gewalt und Holocaust allerdings völlig unerhebliche Erkenntnis. Doch haben gerade die Passivität dieser Mehrheit, deren Mitläufertum oder Gleichgültigkeit, natürlich auch die Einschüchterung durch den perfiden Unterdrückungsapparat, es einer Minderheit von aktiven NS-Funktionären, Beamten oder „Würdenträgern", also buchstäblich „einer Handvoll" Personen erlaubt, die Geschicke der Stadt im Dritten Reich maßgeblich zu bestimmen. Der Mikrokosmos Kleinstadt erweist sich in dieser Hinsicht als durchaus typisch für die deutsche Bevölkerung während der Nazi-Herrschaft.

Diese Analyse führt zwangsläufig zu moralisch-ethischen Fragen hinsichtlich Verantwortung, Schuld, Recht und Unrecht. Eine historische Untersuchung kann auf solche Fragen zwar keine Antwort geben, aber durch das Sichtbarmachen von Zusammenhängen, Strukturen und Mechanismen, auch konkretem individuellem Handeln, eine Grundlage bieten für die konstruktive Auseinandersetzung mit den sich aufdrängenden moralischen Fragen bei der Betrachtung des Dritten Reiches.

## Anmerkungen

1 Freund. Bei vorliegendem Beitrag handelt es sich um eine gekürzte, überarbeitete, teilweise ergänzte Fassung dieser Untersuchung.
2 S. Hourand, S. 2, Anm. 2 S. 260.
3 Zu diesem Thema: LTI.
4 A 2085: Volks-, Berufs- und Betriebszählung v. 16. 3. 1933.
5 Gutfleisch, S. 30.
6 Ebd., S. 62.
7 NBP Sondernummer, November-Dezember 1938.
8 Gutfleisch, S. 83, 86.
9 NBP Sondernummer, November-Dezember 1938.
10 Ebd.
11 Ladenburger Zeitung, Jubiläumsausgabe, 7. 11. 1969.
12 NBP 57 v. 8. 3. 1933 und 45 v. 22. 3. 1933.
13 A 2663: Schr. v. 27. 12. 1932.
14 Ebd.
15 NBP 157 v. 10. 7. 1934.
16 A 2663.
17 S. Weber, S. 134
18 A 2085, Einwohnerstatistiken.
19 Weber, S. 77; Schanbacher, S. 306; Bräunche, S. 370.
20 Schnabel, Anhang 7 u. 8, S. 316f; S.a. Schanbacher, S. 306f.
21 NBP 287 v. 8. 12. 1933.
22 Bräunche, S. 348, 352, 370.
23 Hoffmann: Gleichschritt, S. 75; Maser: Frühgeschichte, S. 233.
24 Bräunche, S. 332, 333.
25 Grill, S. 208.
26 Bräunche, S. 348ff, 370.
27 NBP 26 v. 1. 2. 1937.

[28] NBP 8 v. 10. 1. 1936.
[29] Ebd.
[30] NBP 287 v. 8. 12. 1933.
[31] NBP 287 v. 8. 12. 1933.
[32] S. Graphik „Wahlergebnisse in Ladenburg".
[33] NBP 52 v. 3. 3. 1937.
[34] NBP 287 v. 8. 12. 1933.
[35] A 332, Schr. v. 15. 3. 1934.
[36] Zur Bekämpfung politischer Ausschreitungen in Baden: HOFFMANN: Gleichschritt, S. 95–101; REHBERGER, S. 19ff; BRÄUNCHE/SCHNABEL, S. 31f.
[37] A 1709.
[38] NBP 26 v. 1. 2. 1937.
[39] BRÄUNCHE/SCHNABEL, S. 34.
[40] A 433, Verzeichnis der gewählten Gemeinderäte und Gemeindeverordneten, 30. 12. 1930.
[41] A 434: Wahl der Gemeinderäte.
[42] NBP 177 v. 2. 8. 1934.
[43] NBP 162 v. 15. 7. 1933.
[44] A 1954.
[45] A 1709.
[46] Vgl. REHBERGER, S. 90ff.
[47] BRÄUNCHE, S. 367.
[46] Vgl. GRILL, S. 352.
[49] B 510, Prot. d. Gemeinderatssitzung v. 20. 2. 1933; A 1709, Vorlage für den Gemeinderat, 13. 2. 1933.
[50] NBP 35 v. 10. 2. 1933.
[51] A 1709, Flugblatt.
[52] Ebd., Schreiben v. 6. 2. 1933.
[53] Ebd., Schreiben v. 31. 8. 1944; s. auch hier S. ?44???.
[54] Ebd.
[55] NBP 55 v. 6. 3. 1933.
[56] Vgl. REHBERGER, S. 90ff.
[57] NBP 60 v. 11. 3. 1933.
[58] NBP 61 v. 13. 3. 1933.
[59] A 1709, Schr. v. 18. 3. 1933.
[60] Ebd.
[61] NBP 69 v. 22. 3. 1933.
[62] S. MATZERATH, S. 66; zu den gesetzlichen Maßnahmen der Gleichschaltung auf kommunaler Ebene: REHBERGER, S. 146ff.
[63] A 269, Schr. v. 10. 4. 1933.
[64] NBP 84 v. 8. 4. 1933.
[65] S. MATZERATH, S. 70.
[66] S. HOURAND, S. 108.
[67] NBP 227 v. 29. 9. 1933.
[68] S. MERZ, S. 276ff.
[69] Gesetz zur Wiederherstellung des Berufsbeamtentums v. 7.4.1933, § 4, zit. nach MICHALKA, Dok. 23, S. 37.
[70] A 382, Fragebogen.
[71] Ebd., Schr. v. 24. 6. 1933.
[72] S. MATZERATH, S. 76.
[73] NBP 142 v. 22. 6. 1933.
[74] NBP 149 v. 30. 6. 1933.
[75] NBP 189 v. 16. 8. 1933.
[76] NBP 149 v. 30. 6. 1933.
[77] A 453, Bewerbungsschreiben REUTERS, o.D.
[78] NBP 164 v. 18. 7. 1933.
[79] WECKBECKER, S. 100.
[80] S. den Beitrag von Jürgen ZIEHER in diesem Buch.
[81] NBP 115 v. 18. 5. 1933; NBP 162 v. 15. 7. 1933; NBP 163 v. 6. 7. 1933.
[82] B 510, Prot. d. Gemeinderatssitzung v. 23. 3. 1933; NBP 96 v. 25. 4. 1933.
[83] S. HOURAND, S. 77f.
[84] S. B 510, Protokolle der Gemeinderatssitzungen.
[85] NBP 190 v. 17. 8. 1933.
[86] A 269, Schr. v. 3. 8. 1933.
[87] NBP 175 v. 31. 7. 1933.
[88] NBP 206 v. 5. 9. 1933.
[89] NBP 221 v. 22. 9. 1933.
[90] S. MATZERATH, S. 90.
[91] NBP 198 v. 27. 8. 1934.
[92] NBP 60 v. 12. 3. 1934.
[93] NBP 63 v. 15. 3. 1934.
[94] Verfolgung und Widerstand, S. 4.
[95] NBP 207 v. 6. 9. 1934.
[96] S. Deutsche Gemeindeordnung vom 30. 1. 1935, A 332.
[97] NBP 98 v. 27. 4. 1935; NBP 180 v. 6. 8. 1935.
[98] B 510; B 511; B 411.
[99] S. NBP 3 v. 1933 folgende.
[100] NBP 86 v. 11. 4. 1933.
[101] NBP 95 v. 24. 4. 1934.
[102] NBP 115 v. 18. 5. 1933.
[103] BROSZAT, S. 24.
[104] NBP 78 v. 1. 4. 1933.
[105] NBP 137 v. 16. 6. 1933.
[106] A 1709, Schr. v. 23. 1. 1935 u. 12. 2. 1935.
[107] S. SCHÄTZLE, S. 14.
[108] NBP 226 v. 28. 9. 1933.
[109] A 1709, Schr. v. 7. 7. 1933 und 17. 7. 1933.
[110] S. NBP 174 v. 29. 7. 1933.
[111] S. HOFFMANN: Gleichschritt, S. 190; A 2682, Korrespondenz des BM mit Mannheimer Firmen.
[112] A 1709, Schr. v. 31. 8. 1944.
[113] NBP 124 v. 30. 5. 1933.
[114] Vgl. THAMER, S. 294.
[115] NBP 108 v. 10. 5. 1933.
[116] S. GRILL, S. 381.
[117] NBP 99 v. 28. 4. 1933.
[118] NBP 108 v. 10. 5. 1933.
[119] NBP 118 v. 22.5. 1933 u. 158 v. 11. 7. 1933.
[120] NBP 251 v. 27. 10. 1934.
[121] NBP 278 v. 29. 11. 1934.
[122] NBP 296 v. 20. 12. 1934.
[123] NBP 286 v. 8. 12. 1934.
[124] NBP 121 v. 26. 5. 1933; 149 v. 30. 6. 1933; 200 v. 29. 8. 1933.
[125] NBP 129 v. 6. 6. 1933.
[126] NBP 200 v. 29. 8. 1933.
[127] NBP 212 v. 12. 9. 1933.
[128] NBP 280 v. 30. 11. 1933.
[129] NBP 284 v. 6. 12. 1934.
[130] A 1709, Schr. v. 21. 6. 1934.
[131] NBP 46 v. 23. 2. 1934; NBP 78 v. 4. 4. 1934.
[132] Angaben über Gründungszeit und Entwicklung der Zeitung bis 1933 aus: Ladenburger Zeitung, Jubiläumsausgabe.
[133] S.a. NBP Sondernummer, November-Dezember 1938.

[134] Vgl. FREI, S. 138.
[135] NBP Sondernummer, November-Dezember 1938.
[136] NBP 221 v. 22. 9. 1933.
[137] Vgl. FREI, S. 138f.
[138] NBP Sondernummer, November-Dezember 1938.
[139] Abgedruckt in: MASER, Dok. 48a und 49, S. 90f, 95f; vgl. THAMER, S. 430.
[140] Schriftleitergesetz § 5/7, zit. nach HOFER, S. 91.
[141] Zit. nach HAGEMANN, S. 38.
[142] HAGEMANN, S. 40.
[143] A 332; sämtliche Reuter-Artikel in A 332, A 453.
[144] S. MATZERATH, S. 307.
[145] S. SCHULZ, S. 250.
[146] Zit. nach BENZ, S. 506.
[147] NBP 97 v. 26. 4. 1935.
[148] NBP 162 v. 16. 7. 1935.
[149] Vgl. HALE, S. 81f.
[150] NBP 71 v. 25. 3. 1935.
[151] Die Angaben über Auflage und Belegschaft stützen sich auf freundliche Auskünfte der Witwe des ehemaligen NBP-Schriftleiters, Hertha NERLINGER.
[152] NBP 137 v. 16. 6. 1936.
[153] NBP Sondernummer, November-Dezember 1938.
[154] S. FLIEDNER, S. 211f.
[155] NBP 32 v. 2. 2. 1934.
[156] S. MATZERATH, S. 306f.
[157] NBP Sondernummer, November-Dezember 1938.
[158] NBP 160 v. 13. 7. 1935.
[159] NBP 180 v. 6. 8. 1935.
[160] NBP 304 v. 31. 12. 1937.
[161] NBP Sondernummer, November-Dezember 1938.
[162] S. Ladenburger Zeitung, Jubiläumsausgabe.
[163] Ebd.
[164] S. Ladenburger Wochenblatt 1 v. 15. 3. 1949.
[165] NBP 127 v. 3. 5. 1941
[166] Ebd.
[167] Ladenburger Zeitung, Jubiläumsausgabe.
[168] SCHULZ, S. 18.
[169] J. GOEBBELS: Vom Kaiserhof zur Reichskanzlei, München 1934, S. 287; zit. nach: THAMER, S. 284.
[170] S. NBP 100 v. 29. 4. 1933.
[171] NBP 101 v. 2. 5. 1933.
[172] Ebd.
[173] Zit. nach: LOEWY, S. 16f; s. auch POLIAKOV, Leon/WULF, Joseph: Das Dritte Reich und seine Denker, Berlin 1959, S. 120f.
[174] S. HOFFMANN: Gleichschritt, S. 159; NBP 117 v. 20. 5. 1933.
[175] NBP 265 v. 13. 11. 1933, s.a. A 1954.
[176] NBP 131 v. 8. 6. 1933.
[177] NBP 145 v. 26. 6. 1933.
[178] Ebd.
[179] S. GRILL, S. 403.
[180] Zit. nach: GRAMM, S. 23.
[181] NBP 28 v. 2. 2. 1935.
[182] S. GRILL, S. 631.
[183] NBP 93 v. 21. 4. 1934.
[184] Vgl. JASPER, S. 231f.
[185] A 1709, Schr. v. 15. 10. 1933.
[186] A 1954, Schr. v. 7. 11. 1933.
[187] Ebd., Schr. v. 10. 11. 1933.
[188] Ebd., Schr. v. 31. 10. 1933.
[189] Ebd., Schr. v. 10. 11. 1933, Unterstreichungen im Original.
[190] NBP 265 v. 13. 11. 1933; s.a. A 1954.
[191] Ebd.
[192] Z.B. JASPER, S. 323.
[193] Etwa THAMER, S. 316.
[194] A 1709, Schr. v. 15. 11. 1933.
[195] Ebd.
[196] NBP 265 v. 13. 11. 1933.
[197] A 1964.
[198] NBP 280 v. 30. 11. 1933.
[199] NBP 185 v. 11. 8. 1934.
[200] Z.B. NBP 188 v. 15. 8. 1934.
[201] NBP 190 v. 20. 8. 1934.
[202] NBP 190 v. 17. 8. 1934.
[203] NBP 192 v. 20. 8. 1934.
[204] Ebd. und NBP 193 v. 21. 8. 1934.
[205] Vgl. FEST, S. 665.
[206] NBP 76 v. 30. 3. 1936.
[207] A 1955, Schr. v. 18. 3. 1936.
[208] Ebd., Wahlaufruf des Befehlshabers der Polizei, Kurt Daluege.
[209] NBP 60 v. 11. 3. 1936.
[210] NBP 74 v. 27. 3. 1936.
[211] A 1955, Schr. v. 28. 3. 1936.
[212] NBP 76 v. 30. 3. 1936.
[213] NBP 75 v. 28. 3. 1936.
[214] NBP 76 v. 30. 3. 1936.
[215] NBP 72 v. 26. 3. 1938.
[216] A 1955.
[217] Ebd., Schr. v. 24. 3. 1938.
[218] Ebd., Schr. v. 2. 4. 1938.
[219] Ebd., Schr. v. 6. 4. 1938.
[220] Ebd.
[221] NBP 76 v. 31. 3. 1938.
[222] NBP 85 v. 11. 4. 1938.
[223] Ebd.
[224] HITLER über die Jugenderziehung am 4. 12. 1938. In: Völkischer Beobachter 4. 12. 1938, zit. nach: MICHALKA, Dok. 118, S. 148.
[225] S. GRILL, S. 223.
[226] Vgl. THAMER, S. 400f.
[227] NBP 67 v. 19. 3. 1936.
[228] NBP 185 v. 11. 8. 1933.
[229] NBP 118 v. 24. 3. 1934.
[230] NBP 43 v. 20. 2. 1935.
[231] S. THAMER, S. 406.
[232] NBP 75 v. 30. 3. 1938.
[233] NBP 42 v. 19. 2. 1934.
[234] NBP 65 v. 18. 3. 1935.
[235] NBP 263 v. 10. 11. 1934.
[236] NBP 30 v. 5. 2. 1936.
[237] S. GRILL, S. 409.
[238] S. MICHALKA, Dok. 116, S. 147f.
[239] NBP 159 v. 13. 7. 1937.
[240] SCHULZ, S. 243.
[241] NBP 95 v. 24. 4. 1937.
[242] Ebd.

[243] Adolf HITLER: Mein Kampf, München 1939, S. 452, zit. nach: MASER, S. 276.
[244] NBP 47 v. 24. 2. 1934.
[245] CBG-Festschrift, S. 14ff.
[246] Augenzeugenbericht von Sol ROSENFELDER (StA Stuttgart, EK 11087/17); Zeugenaussage im Prozeß vor dem Landgericht Mannheim 1949 gegen drei Ladenburger und einen Phillipsburger wegen Landfriedensbruch (Synagogenzerstörung am 10. 11. 1938; GLA Ka 309).
[247] Zu Karl Schöpperle: s. Beitrag von Jürgen ZIEHER in diesem Buch.
[248] CBG-Konferenzbuch, S. 235f.
[249] NBP 147 v. 29. 6. 1937.
[250] Dazu: FLIEDNER, S. 66–77; MAIER.
[251] NBP 96 v. 25. 4. 1935.
[252] Sämtliche Vermerke in: CBG-Konferenzbuch; z.T. auch abgedruckt in: CBG-Festschrift, S. 30ff.
[253] Vgl. THAMER, S. 435.
[254] S. SCHOLDER, S. 239.
[255] Zum Konkordat: s. BRACHER.
[256] RAUSCHNING, Hermann: Gespräche mit Hitler, Zürich/Wien/New York 1973, S. 50f; zit. nach: MICHALKA, Dok. 102, S. 133.
[257] A 1709, Schr. v. 13. 11. 1933.
[258] A 1709, Schr. v. 29. 11. 1933; zu den Übergriffen s. KÖHLER.
[259] A 1709; Schr. v. 24. 11. 1933.
[260] NBP 263 v. 10. 11. 1933.
[261] S. KLÖNNE, S. 87f.
[262] NBP 150 v. 2. 7. 1934.
[263] NBP 141 v. 21. 6. 1935.
[264] NBP 168 v. 23. 7. 1934.
[265] NBP 218 v. 19. 9. 1934.
[266] NBP 102 v. 3. 5. 1935.
[267] S. KLÖNNE, S. 73; NBP 169 v. 24. 7. 1935.
[268] A 1709, Schr. v. 21. 8. 1936.
[269] Z.B. NBP 279 v. 30. 11. 1934 und 146 v. 28. 6. 1937.
[270] Dazu: MARXEN, S. 108ff.
[271] NBP 92 v. 18. 4. 1935.
[272] A 1939; Schr. v. 16. 9. 1935.
[273] S. MAIER, S. 135f.
[274] A 1709, Schr. v. 11. 3. 1937.
[275] Ebd.
[276] NBP 111 v. 13. 5. 1938.
[277] NBP 141 v. 22. 6. 1937, 148 v. 30. 6. 1937 und 104 v. 7. 5. 1937.
[278] S. MARXEN, S. 108f.
[279] S. GRILL. S. 454.
[280] Z.B.: A 1709, Schr. v. 26. 7. 1937.
[281] NBP 30 v. 5. 2. 1934.
[282] NBP 50 v. 28. 2. 1934.
[283] A 332, Schr. v. 28. 2. 1933.
[284] Ebd., Schr. v. 15. 3. 1934.
[285] Ebd., Schriftwechsel Reuter/Kattermann.
[286] NBP 118 v. 24. 5. 1934.
[287] NBP 123 v. 30. 5. 1934.
[288] Ebd.
[289] NBP 154 v. 6. 7. 1934.
[290] NBP 27 v. 2. 2. 1937.
[291] NBP 174 v. 30. 7. 1934.
[292] NBP 193 v. 1. 8. 1937.
[293] NBP 246 v. 22. 10. 1937.
[294] NBP 301 v. 28. 12. 1934.
[295] NBP 129 v. 5. 6. 1935.
[296] Über die Verhaftungswelle 1933 und die Arbeit der Ladenburger KP-Ortsgruppe siehe hier S. *?15???*
[297] S. HAGEMANN, S. 192f.
[298] Zu diesem Thema: KLEMPERER: LTI, S. 20ff.
[299] Zu Herstellung, Transport und Verbreitung illegaler Literatur siehe: GITTIG.
[300] A 1597.
[301] NBP 164 v. 18. 7. 1938.
[302] S. WENKE, S. 28.
[303] A 1709, Schr. v. 31. 8. 1944.
[304] Ebd.
[305] Vgl. HOFFMANN/STURM, S. 125; hier auch die weiteren Angaben zum Kriegsende.
[306] NBP 256 v. 3. 11. 1937.
[307] NBP 187 v. 15. 8. 1938.
[308] NBP 55 v. 5. 3. 1936.
[309] HOFFMANN/STURM, S. 126.
[310] HOFFMANN/STURM, S. 125.
[311] Ebd.
[312] S. S. 1.
[313] Nach Auskünften von Zeitzeugen.
[314] THAMER.
[315] S. Beitrag von Jürgen ZIEHER in diesem Band.

# „Die Gemeinde galt als Mustergemeinde im Musterländle."[1] Jüdisches Leben in Ladenburg von 1291 bis 1945

von JÜRGEN ZIEHER

Dieser Aufsatz ist den ehemaligen
Ladenburgern jüdischen Glaubens gewidmet!



## 1. Vorbemerkung

Vom 13. Jahrhundert bis zum Jahr 1940 bestand in Ladenburg eine jüdische Gemeinde[2], deren Mitglieder jahrhundertelang in vielfältiger Weise zur Entwicklung der Stadt beigetragen haben. Im Mittelalter wurde die Gemeinde zweimal zerstört bzw. ihre Mitglieder aus Ladenburg vertrieben. Während der dritten Verfolgung unter der nationalsozialistischen Diktatur wurde die zuvor blühende Gemeinde, die zu den angesehensten jüdischen Landgemeinden in Baden zählte, innerhalb von wenigen Jahren durch die Diskriminierung, Deportation und Ermordung ihrer Mitglieder endgültig zerstört.

Der vorliegende Beitrag möchte die Entwicklung der jüdischen Gemeinde in Ladenburg von den Anfängen im Mittelalter bis in die Zeit des Nationalsozialismus aufzeigen. Schwerpunkte der chronologischen Darstellung sollen dabei aufgrund der Quellenlage zum einen die Gemeindegeschichte im 19. und frühen 20. Jahrhundert sowie zum anderen die Zeit des Nationalsozialismus sein. Dem Verfasser geht es nicht darum, die Mitglieder der israelitischen Gemeinde ausschließlich als Verfolgte darzustellen. Vielmehr sollen das Ausmaß und die Grenzen der Integration der jüdischen Ladenburger in das politische, wirtschaftliche und gesellschaftliche Leben der Stadt Ladenburg vor 1933 aufgezeigt werden. Angesichts des nach Ansicht von Zeitzeugen guten Verhältnisses zwischen Juden und Nichtjuden und der langen Integration der Juden in der Stadt bis zum Ende der Weimarer Republik stellt sich auch für Ladenburg die Frage, wie die sich ständig verschärfende Diskriminierung und Verfolgung der jüdischen Einwohner in der Zeit des Nationalsozialismus möglich war. Der Aufsatz versucht, diese Frage für Ladenburg anhand der lokalen Ereignisse zu beantworten.

Wie in den meisten Orten Deutschlands kehrte nach Ende des Zweiten Weltkrieges kein Mitglied der jüdischen Gemeinde dauerhaft nach Ladenburg zurück. Die Spuren des früheren jüdischen Lebens bestehen dennoch in Form des jüdischen Friedhofs, einer Gedenktafel an der ehemaligen Synagoge und eines Gedenksteins vor dem jüdischen Friedhof bis heute fort. Darüber hinaus bestehen zahlreiche persönliche Kontakte zwischen Einwohnern der Stadt und ehemaligen jüdischen Ladenburgern.

Dieser Beitrag basiert im wesentlichen auf dem vom Verfasser als Mitglied des „Arbeitskreises Jüdische Geschichte" im Jahre 1992 mitveröffentlichten Band „Die jüdischen Ladenburger".[3] Darin findet sich eine ausführliche Darstellung der Geschichte der israelitischen Gemeinde.

Die wichtigsten Quellen zur Geschichte der Gemeinde im 19. und 20. Jahrhundert befinden sich im Stadtarchiv Ladenburg und im Generallandesarchiv Karlsruhe. Die in diesen Archiven vorhandenen Akten behandeln überwiegend die Beziehungen der jüdischen Gemeinde zur nichtjüdischen Umwelt und dabei insbesondere das Verhalten der staatlichen Behörden gegenüber der Gemeinde. Die Akten der israelitischen Gemeinde selbst wurden wahrscheinlich während der Reichspogromnacht am 10. November 1938 vernichtet. Zur Entwicklung der jüdischen Gemeinde äußerten sich zwischen 1988 und 1997 mehrere ehemalige jüdische Ladenburger in zahlreichen Briefen und in Gesprächen mit dem Verfasser. Eine weitere wichtige Quelle für die Gemeindegeschichte stellt die Ladenburger Zeitung dar, die seit 1869 unter verschiedenen Titeln erscheint. Die Quellenlage ist für die einzelnen Jahrhunderte sehr unterschiedlich. Während nur sehr wenige Aufzeichnungen für die Zeit bis zum Ende des 18. Jahrhunderts existieren, läßt sich die Gemeindegeschichte im 19. und 20. Jahrhundert vergleichsweise gut darstellen.

## 2. Von den Anfängen im Mittelalter bis zum Ende des 18. Jahrhunderts

Möglicherweise lebten bereits in römischer Zeit (98 bis 260 nach Christus) einzelne Juden im damaligen Lopodunum[4], die erste urkundliche Erwähnung von Juden in Ladenburg datiert allerdings aus dem Jahre 1291. Ein Jude namens „Moyses von Luttenburgk" wird als Zeuge eines Kaufvertrags zwischen den Rittern von Strahlenberg und den Pfalzgrafen genannt.[5] Ob bereits Ende des 13. Jahrhunderts eine israelitische Gemeinde in Ladenburg existierte, läßt sich aus den vorhandenen Quellen nicht ermitteln. Die jüdische Gemeinde in Ladenburg wird aber aufgrund der genannten urkundlichen Erwähnung eines Juden in der Stadt zu den ältesten Gemeinden in Baden gezählt.[6] Spätestens Anfang des 14. Jahrhunderts gab es eine Gemeinde, da im Jahre 1315 der Ritter Rennewart von Strahlenberg sich im Streit um das sogenannte Judenregal in Ladenburg gegen den Wormser Bischof Emerich durchsetzen konnte.[7] Unter Judenregal war „das Recht der Schutzgewährung an Juden gegen Geldleistungen"[8] zu verstehen. Alle Juden in Deutschland waren durch Kaiser Friedrich II. im Jahre 1236 zu Kammerknechten geworden, die für ihren besonderen Schutz durch das Reich bestimmte Abgaben leisten mußten.[9]

Die Abgaben der jüdischen Gemeinden in Ladenburg wurden von Kaiser Ludwig dem Bayern (Kaiser von 1328 bis 1347) im Jahre 1330 gegen ein Darlehen an den Wormser Bischof Gerlach verpfändet.[10] Nur fünf Jahre später, am 10. August 1335, wurden vom gleichen Herrscher in einer Urkunde unter anderem das jeweilige Judenregal der Gemeinden in Ladenburg, Worms und Speyer an den Pfalzgrafen verpfändet.[11] Trotz der Verpfändung fast seines gesamten Judenregals wollte Kaiser Ludwig der Bayer nicht auf Abgaben von jüdischen Gemeinden verzichten. Er führte daher den „Güldenen Opferpfennig" ein, der fortan von den Juden an das Reich bezahlt werden mußte.[12] Die genannten Steuern sowie die Abgaben der Juden an die jeweilige israelitische Gemeinde lassen erkennen, daß den Juden im Mittelalter nur ein geringer Teil ihres Einkommens tatsächlich zur Verfügung stand.[13] Neben der wirtschaftlichen und sozialen Diskriminierung der Juden kam es im 14. Jahrhundert auch zu ihrer physischen Vernichtung.

In den Jahren 1348/49 verbreitete sich in Europa die Pest, eine Epidemiekrankheit, die für Millionen Menschen tödlich endete. Die Schuld an dieser Krankheit gab die Bevölkerung den Juden, denen sie vorwarf, Brunnen vergiftet und so den „Schwarzen Tod" verursacht zu haben. Die Folge dieser Vorwürfe war 1349 die Vernichtung zahlreicher jüdischer Gemeinden in Deutschland, darunter auch in Ladenburg.[14]

Nach der Ermordung der jüdischen Ladenburger im Jahre 1349 dauerte es bis 1380, ehe sich vier jüdische Familien, die vermutlich aus Speyer und Worms geflüchtet waren, wieder in der Stadt niederließen. Kurfürst Ruprecht I. (1353–1390) hatte ihnen in seinem Land Aufnahme gewährt.[15] Formal gesehen waren die Juden zu diesem Zeitpunkt noch Kammerknechte des Kaisers. Tatsächlich standen sie seit der Goldenen Bulle Kaiser Karls IV. vom Jahre 1356 unter dem Schutz des jeweiligen Kurfürsten, da ihnen vom Kaiser das Judenregal zuerkannt worden war.[16] Die Einstellung des Kurfürsten gegenüber den Juden in seinem Herrschaftsbereich war im Spätmittelalter und in der frühen Neuzeit von Amtsinhaber zu Amtsinhaber sehr unterschiedlich. Das Schicksal der Juden war dementsprechend stets wechselhaft. Vom 14. bis zum 17. Jahrhundert überwogen dabei die Zeiten der Judenverfolgungen gegenüber den Jahren, in denen Juden toleriert wurden.[17] Dies gilt auch für die israelitische Gemeinde in Ladenburg. Der Neffe und Thronfolger Ruprechts I., Ruprecht II. (1390–1398), verfolgte gegenüber den Juden in seinem Herrschaftsbereich eine vollkommen andere Politik als sein Onkel. Ruprecht II. vertrieb im Jahre 1391 die Juden aus der Kurpfalz und konfiszierte ihre Güter.[18] Damit hörte zum zweiten Mal nach 1349 die jüdische Gemeinde in Ladenburg auf zu existieren. Eine Urkunde aus dem Jahre 1391 belegt, daß das Haus eines Ladenburger Juden und die auf demselben Grundstück befindliche „Judenschul" (Synagoge) vom Kurfürsten an einen nichtjüdischen Einwohner der Stadt veräußert wurde.[19] Dabei handelte es sich um die erste Synagoge der israelitischen Gemeinde in Ladenburg, die in der Metzgergasse 5 stand.

Nach der Vertreibung der jüdischen Ladenburger im Jahre 1391 kam es vermutlich erst während der Regentschaft des Kurfürsten Karl Ludwig (1649–1680) zur Ansiedlung von Juden in der Stadt.[20] Ende des 17. Jahrhunderts und Anfang des 18. Jahrhunderts waren bereits mehrere Häuser in der Ladenburger Altstadt im Besitz von Juden, unter anderem auch das Renaissancehaus in der Kirchenstraße 47. In diesem Gebäude befand sich die zweite Synagoge der jüdischen Gemeinde, die vom ausgehenden 17. Jahrhundert bis 1832 benutzt wurde.[21] Anfang des 18. Jahrhunderts wird ein Ladenburger Jude mit Namen Herz als Vorsteher des Amtes Heidelberg genannt.[22] Im 18. Jahrhundert erließen die Einzelstaaten in Deutschland sogenannte Judenordnungen, die die Rechtsverhältnisse der jeweils in ihrem Land lebenden jüdischen Bevölkerung regelten. Darin wurden unter anderem die Absonderung der Juden von den Christen, die den Juden gestatteten Gewerbe und die Höhe der von ihnen zu leistenden Abgaben festgelegt.[23] Um die genauen Abgaben ermitteln zu können, bedurfte es zunächst der Bestimmung des individuellen Vermögens der Juden. Zu diesem Zweck fanden in der Kurpfalz im 18. Jahrhundert in dreijährigen Abständen Versammlungen aller in diesem Gebiet lebenden Juden statt. Ladenburg war in den Jahren 1712, 1746, 1751, 1763 und 1769 Schauplatz dieser Zusammenkünfte.[24]

Im 18. Jahrhundert nahm die Zahl der jüdischen Einwohner Ladenburgs zunächst zu und ging später wieder zurück. Im Jahre 1722 lebten 8 jüdischen Familien in der Stadt[25], 1743 waren es bereits 26 und 1757 nur noch 14 Familien.[26] Im Jahre 1757 war die Zahl der jüdischen Einwohner in Ladenburg auf 14 jüdische Familien beschränkt worden.[27] Hinter dieser Beschränkung stand die Absicht, nur eine kleine Zahl möglichst wohlhabender und entsprechend steuerkräftiger Juden in der Stadt aufzunehmen. Bei Verlust ihres Wohlstandes wurden die als bloße Finanzobjekte betrachteten Juden aus dem Territorium des Landesherrn verwiesen.[28] Zum Zeitpunkt der französischen Revolution im Jahre 1789 lebten 75 Juden unter den 1.826 Einwohnern Ladenburgs.[29] Im 18. Jahrhundert waren die jüdischen Ladenburger vorwiegend im Vieh- und Getreidehandel, als Trödelhändler und im Geldwesen tätig. Der bekannteste jüdische Einwohner der Stadt in dieser Zeit war Moses Herschl, Stammvater der Familie Ladenburg. Sein Sohn Chaim (Hajum) Moses Hirsch (1710–1781) zog nach Mannheim, war später am kurfürstlichen Hof tätig und wurde Vorsteher der jüdischen Gemeinde Mannheims. Der Enkel Moses Herschls, Wolf Chaim (Hajum) Ladenburg, gründete 1785 in Mannheim das Bankhaus Ladenburg.[30] Die beiden bekanntesten Gemeindemitglieder im 19. Jahrhundert waren der 1811 geborene Moritz Löwenthal, der später den Namen Lenel annahm und der 1810 geborene Zacharias Löwenthal, der später seinen Namen in Carl Friedrich Loening änderte. Moritz Lenel siedelte 1833 nach Mannheim über und amtierte von 1871 bis 1876 als Präsident der Mannheimer Handelskammer.[31] Carl Friedrich Loening verzog mit seiner Familie 1815 nach Mannheim, gründete 1844 zusammen mit Josef Rütten einen Verlag und gab im darauffolgenden Jahr Heinrich Hoffmanns bekannten „Struwwelpeter“ heraus.[32]

## 3. Die jüdische Gemeinde vom Beginn des 19. Jahrhunderts bis zum Ende des Ersten Weltkriegs

Für die Darstellung der israelitischen Gemeinde Ladenburgs im 19. Jahrhundert ist es notwendig, zunächst auf die Entwicklung der Judenemanzipation in Baden einzugehen. Im Jahre 1803 fiel der rechtsrheinische Teil der Kurpfalz[33] zusammen mit anderen Gebieten an die Markgrafschaft Baden, die dadurch zum Kurfürstentum wurde.[34] Drei Jahre später, im Jahre 1806, entstand das Großherzogtum Baden. Die verfassungsrechtliche Grundlage des aus höchst unterschiedlichen Territorien hervorgegangenen neuen Staates bildeten die sogenannten Konstitutionsedikte, die vom Jahre 1807 an erlassen wurden. Durch die Bestimmungen dieser Edikte verbesserte sich zunächst sowohl die Rechtsgrundlage der Juden (1. Konstitutionsedikt vom 14. Mai 1807) als auch deren bürgerliche Stellung (6. Konstitutionsedikt vom 4. Juni 1808).[35] Nunmehr waren die badischen Juden nicht mehr bloße Finanzobjekte des Landesherrn, sondern „erbfreie Staatsbürger“. Sie konnten als solche Land kaufen, Handel und Gewerbe ausüben und in Staatsämter innerhalb der Exekutive gelangen. Ungeachtet ihres nunmehr festgeschriebenen Anspruchs auf den Schutz des Staates waren die Juden in ihren Wohnorten weiterhin Schutzbürger und blieben somit diskriminiert.[36] Ein wichtiger Schritt auf dem Weg zur vollständigen Gleichberechtigung der badischen Juden war das 9. Konstitutionsedikt (das sogenannte Judenedikt) vom 13. Januar 1809, das die allgemeinen Bestimmungen der beiden zuvor genannten Edikte konkret ausführte und die bürger- und kirchenrechtliche Lage der jüdischen Bevölkerung festlegte.[37] Dieses Edikt gestattete unter anderem den sogenannten Nothandel nur noch in Ausnahmefällen. Da den Juden das zünftige Handwerk und der Landerwerb bis zum Erlaß der Konstitutionsedikte verschlossen blieb, lebte die überwiegende Mehrheit der jüdischen Einwohner Badens am Anfang des 19. Jahrhunderts in ärmlichen Verhältnissen. Sie verdienten ihren Lebensunterhalt mit dem Not- oder Schacherhandel, worunter Tätigkeiten als Hausierer, Trödelhändler oder als Pfandverleiher zu verstehen waren.[38] Das 9. Konstitutionsedikt stellte außerdem das Judentum den christlichen Religionen gleich und unterstellte alle jüdischen Angelegenheiten unmittelbar dem badischen Staat. Darüber hinaus wurden die badischen Juden verpflichtet, erbliche Familiennamen anzunehmen. Dies bedeutete eine Abkehr von der bisherigen Praxis, bei der sich die jüdischen Namen aus dem Vornamen des Vaters und dem eigenen Vornamen zusammensetzten.

Auch nach 1809 waren Juden in Baden aufgrund einer besonderen Eidesformel für Juden gegenüber dem Landesherrn und der Verpflichtung zu besonderen Abgaben an den Staat – verglichen mit der christlichen Bevölkerung – diskriminiert. Im Großherzogtum Baden wurden im Dezember 1816 die Schutzgelder der Juden aufgehoben, 1828 dann alle sonstigen Sonderabgaben für die jüdische Bevölkerung abgeschafft.[39] Die vollständige Gleichberechtigung der Juden gegenüber der christlichen Bevölkerung Badens wurde erst durch zwei weitere Gesetze in den Jahren 1848 bzw. 1862 erreicht. Nach Beginn der Revolution gewährte das Karlsruher Parlament am 18. Mai 1848 den badischen Juden die staatsbürgerliche Gleichberechtigung. Erst Jahre später, am 4. Oktober 1862, wurde von der badischen Legislative das Gesetz über die bürgerliche Gleichstellung der Juden beschlossen.[40] Durch dieses Gesetz waren Juden auch in den Städten und Gemeinden gegenüber den Christen gleichberechtigte Bürger. Den übrigen deutschen Juden gewährte erst die 1871 verabschiedete Reichsverfassung die vollständige Emanzipation.

Im Jahre 1827 wurde vom Oberrat der Israeliten Badens[41] die Einteilung der jüdischen Gemeinden in Baden neu festgelegt. Die bislang bestehenden Ortssynagogen wurden – mit Ausnahme der Gemeinde in Mannheim – von Synagogenbezirken abgelöst, die mit den Rabbinatsbezirken übereinstimmten.[42] In Baden entstanden insgesamt 15 Rabbinatsbezirke, darunter auch in Ladenburg. Dem Ladenburger Bezirksrabbinat gehörten neben der Ladenburger Gemeinde die israelitischen Gemeinden in Feudenheim, Ilvesheim und Schriesheim sowie bis zu ihrer jeweiligen Auflösung Dossenheim und Seckenheim an. In Ladenburg selbst amtierte jedoch vermutlich zu keinem Zeitpunkt ein Rabbiner, vielmehr wurde der Ladenburger Rabbinatsbezirk von einem Rabbiner aus Mannheim bzw. aus Heidelberg in Personalunion mitbetreut.[43] Die religiöse Leitung der Ladenburger Gemeinde nahm im 19. und 20. Jahrhundert ein Kantor wahr, der anfangs zugleich als Lehrer an der jüdische Schule (siehe unten) bzw. später als Religionslehrer und als Schächter amtierte. Im Jahre 1875 hob der Oberrat der Israeliten das Bezirksrabbinat in Ladenburg auf und ordnete den Anschluß der zugehörigen Gemeinden an das Heidelberger Bezirksrabbinat an.[44]

### 3.1 Rechtliche und wirtschaftliche Situation der jüdischen Gemeinde

Im Jahre 1812 waren die jüdischen Ladenburger vorwiegend als Kaufleute im Handel und im nicht-zünftigen Gewerbe tätig. Es gab in Ladenburg zu diesem Zeitpunkt offenbar keinen Handwerksbetrieb in jüdischem Besitz, zumindest ein Rechtsanwalt jüdischen Glaubens praktizierte in der Stadt. Die jüdischen Einwohner verfügten zwar über Grundbesitz, jedoch über wenig Vermögen.[45] In welchen Wirtschaftszweigen sich die Ladenburger Juden zu diesem Zeitpunkt konkret betätigten, ließ sich nicht ermitteln. In den Standesbüchern der israelitischen Gemeinde Ladenburgs für die Jahre 1812 bis 1840 werden als weitere Berufe der Juden genannt: Makler (im Unterschied zu einem Kaufmann), Krämer, Nothändler, ein Viehhändler, ein „angehender Schneider“ sowie mehrere Metzger und damit zum ersten Mal Handwerksbetriebe in jüdischem Besitz.[46] Entsprechend dem Renommee und den Verdienstmöglichkeiten der Berufe waren die als „Handelsmann“ oder „Kaufmann“ tätigen jüdischen Ladenburger im Hinblick auf das Ortsbürgerrecht vergleichsweise besser gestellte „Bürger“ während die sonstigen jüdischen Einwohner als „Schutzbürger“ mit weniger Rechten in der Gemeinde galten.[47]

### 3.2. Die Jüdische Schule in Ladenburg

Im neuen Konstitutionsedikt vom 13. Januar 1809 war den badischen Juden als Bedingung für ihre Emanzipation auferlegt worden, den Christen *in politischer und sittlicher Bildung gleichzukommen.*[48] Um diese Bildung zu erlangen, sollten die jüdischen Schüler, solange keine jüdischen Volksschulen gegründet waren, christliche Konfessionsschulen besuchen. Bis 1809 bestand für jüdische Kinder kein Zwang zum Besuch einer Schule. Dennoch achteten jüdische Eltern seit jeher darauf, insbesondere ihre Jungen, aber auch ihre Mädchen gemäß den Vorgaben der Thora von Rabbinern eingehend in jüdischer Religion unterrichten zu lassen.[49] Da von manchen Rabbinern die Aneignung weltlichen Wissens lange Zeit abgelehnt worden war, beschäftigten sich jüdische Schüler erst in der zweiten Hälfte des 17. Jahrhunderts mit nichtreligiösen Fächern, wie z.B. dem Lernen der deutschen Sprache und Schrift.[50]

Im Jahre 1814 wurden die Provinz- und Ortssynagogen vom Oberrat der Israeliten Badens angewiesen, *für den möglichst vollständigen Unterricht der Jugend in den weltlichen und religiösen Kenntnissen Sorge zu tragen.*[51] Die Schulpflicht für jüdische Schüler begann mit Vollendung des 7. Lebensjahres und endete bei den Mädchen mit dem 13. Lebensjahr, bei den Jungen mit 14 Jahren.[52] In Mannheim nahm bereits 1818 die offiziell bald als „öffentliche israelitische Volksschule" bezeichnete Bildungseinrichtung ihren Lehrbetrieb auf, die jüdische Schule in Heidelberg öffnete ihre Pforten im Jahre 1822.[53] Der genaue Zeitpunkt der Gründung der jüdischen Volksschule in Ladenburg ist nicht bekannt, die Schule bestand jedoch spätestens im Jahre 1835.[54] Die Aufsicht über die jüdischen Schule in Ladenburg nahmen der evangelische und der katholische Stadtpfarrer gemeinschaftlich wahr. Lediglich der jüdische Religionsunterricht wurde vom Rabbiner beaufsichtigt.[55]

Die jüdische Schule in Ladenburg bestand nur ungefähr drei Jahrzehnte bis zum Jahr 1868. Der unmittelbare Grund für die Auflösung der Schule in jenem Jahr war der Rücktritt des Lehrers Ladenburger von seiner zugleich ausgeübten Stelle als Vorsänger der Gemeinde. Die israelitische Gemeinde Ladenburgs sah sich finanziell außerstande, nunmehr sowohl einen Vorsänger als auch einen Lehrer zu bezahlen. Im Juni 1868 beschloß die Gemeinde einstimmig, den zuständigen Oberschulrat in Karlsruhe darum zu bitten, die Volksschule in Ladenburg aufzulösen.[56] Der Oberschulrat erteilte noch im gleichen Monat die Genehmigung zur Schließung der jüdischen Volksschule ab Ende Juli 1868. Die zuletzt 15 jüdischen Schüler mußten künftig nach Wahl ihrer Eltern eine der beiden christlichen Konfessionsschulen besuchen.[57] Von diesem Zeitpunkt an erteilten die jüdischen Lehrer in Ladenburg nur noch Religionsunterricht.

### 3.3 Die Synagoge der jüdischen Gemeinde

Die Synagoge ist das Zentrum des religiösen und sozialen Lebens jeder jüdischen Gemeinde. Von Nichtjuden wurde die Synagoge mitunter als „Schule" oder „Judenschule" bezeichnet.[58] Die jüdischen Ladenburger feierten seit dem späten 17. Jahrhundert ihre Gottesdienste in der Synagoge im Haus Kirchenstraße 45. Im Jahre 1832 entsprach diese Synagoge nicht mehr den Bedürfnissen der Gemeinde. Im Laufe des gleichen Jahres versteigerte die Ladenburger Gemeinde das bisherige Synagogengebäude, um den Bau einer neuen Synagoge zu finanzieren. Der Erlös bei der Versteigerung des Hauses Kirchenstraße 45 entsprach jedoch nicht den Erwartungen der Gemeindemitglieder. In einem Schreiben vom 13. Mai 1832 wandten sich drei Gemeindevertreter an den Großherzog mit der Bitte um finanzielle Unterstützung beim anstehenden Erwerb einer neuen Synagoge. Das Gesuch der Ladenburger Gemeinde wurde am 6. August 1832 vom Innenministerium in Karlsruhe abgelehnt.[59] Wegen der ausgebliebenen staatlichen Hilfe verkaufte die Gemeinde im Oktober 1832 ein weiteres Haus in der Färbergasse, um mit dem insgesamt erzielten Verkaufserlös von dem Gemeindemitglied Moritz Löwenthal das Haus in der Hauptstraße 46 zu erwerben und es zu einer Synagoge umzubauen. Am 19. Dezember 1832 fand zum letzten Mal der Gottesdienst in der Kirchenstraße 45 statt, wenige Tage später weihte die Gemeinde ihre neue Synagoge mit Ritualbad (Mikwah), Gemeindesaal und Lehrerwohnung ein.[60] Die Synagoge befand sich im hinteren Teil des Grundstücks und war von der Straße nur durch die Spitzbogenfenster zu erkennen. Die Männer und Frauen der Ladenburger Gemeinde saßen wie in den meisten jüdischen Gemeinden üblich beim Gottesdienst getrennt voneinander. Während die Männer im Erdgeschoß beteten, verfolgten die Frauen den Gottesdienst auf einer Empore.[61] Im Vorderhaus waren das Ritualbad und die Wohnung des Lehrers und Kantors der Gemeinde. Die Gemeindemitglieder betraten die Synagoge durch dieses Vorderhaus und gingen nicht über den vor der Synagoge gelegenen Hof in das Gotteshaus. Von der Synagoge gelangte man in einen kleinen Raum, in dem verschiedene Veranstaltungen der Gemeinde in kleinem Rahmen sowie zeitweise der jüdische Religionsunterricht abgehalten wurden.[62]

### 3.4 Religiöse Orientierung der Gemeinde im 19. Jahrhundert

Nachdem in Baden durch die Konstitutionsedikte von 1807 bis 1809 die soziale und politische Emanzipation der Juden vorangetrieben worden war, bemühten sich im folgenden Jahrzehnt einzelne Mitglieder israelitischer Gemeinden in den größeren Städten auch um eine Assimilation ihrer religiösen Riten und ihrer Gottesdienstpraxis an die der christlichen Glaubensgemeinschaften. Der erste Zusammenschluß reformorientierter Gemeindemitglieder erfolgte 1819 in Karlsruhe, als sich zehn jüdische Familien in einem „Tempelverein" zusammenfanden, um den gemeinsamen Gottesdienst weitgehend in deutscher Sprache abzuhalten.[63] Von staatlicher Seite wurden diese Reformbestrebungen begrüßt und unterstützt, da man den Juden zuvor mangelnde Bereitschaft zur Änderung ihrer sich deutlich vom Christentum unterscheidenden religiösen Gebräuche vorgeworfen hatte. Der Oberrat der Israeliten Badens mußte 1824 aufgrund staatlichen Zwangs seinen anfänglichen Widerstand gegen Reformen wie zum Beispiel die Einführung der Predigt in deutscher Sprache sowie das Verbot der jiddischen Sprache aufgeben.[64] In den folgenden Jahren konnten die Reformen aufgrund des Festhaltens älterer Rabbiner und ländlicher jüdischer Gemeinden an der jahrhundertelang tradierten religiösen Praxis nur schwer umgesetzt werden.[65]

*Aufnahme der Ladenburger Synagoge, November 1963 (Fotoarchiv Historische Bilder von Ladenburg).*

Seit Mitte des 19. Jahrhunderts befand sich die jüdische Gemeinde Ladenburgs im Spannungsfeld zwischen Reformbewegung und Orthodoxie. Während sie zum einen die „Züge einer traditionell frommen jüdischen Landgemeinde in Südwestdeutschland"[66] trug, war sie durch die jüdischen Gemeinden in den benachbarten Städten Mannheim und Heidelberg eher einem reformorientierten „liberalen“ Einfluß ausgesetzt. Im Gegensatz zu den Anhängern der Orthodoxie versuchten die Vertreter des liberalen Judentums, „die religiösen Gebote ihrem Sinn und auch ihrer Form nach mit den modernen wirtschaftlichen und sozialen Lebensverhältnissen in Übereinstimmung zu bringen.“[67] In Ladenburg wandten sich in der zweiten Hälfte des 19. Jahrhunderts zumindest einige Mitglieder der israelitischen Gemeinde dem liberalen Judentum zu. Sichtbarstes Zeichen einer reformierten Gottesdienstpraxis im Hinblick auf eine Assimilation an die evangelische Liturgie war im August 1862 die Stiftung eines Harmoniums „zur Begleitung des Gesangs beim Gottesdienst“.[68] Wie lange dieses Instrument im Gottesdienst genutzt wurde, läßt sich nicht mehr genau ermitteln. Nach den Erinnerungen der ehemaligen jüdischen Ladenburger Alfred Driels und Walter Levy habe der langjährige Synagogenrat Julius Kaufmann II, ein Vertreter des orthodoxen Judentums, das Harmonium „abgeschafft“, das heißt, es blieb an seinem Standort, wurde aber nicht mehr benutzt.[69] Geht man davon aus, daß Julius Kaufmann II die Nutzung des Instruments nur während seiner Amtszeit als Synagogenrat untersagen konnte, wurde das Harmonium zumindest bis zum Jahre 1885, dem Amtsantritt Kaufmanns, genutzt.[70] Vom Ende des 19. Jahrhunderts an, war die jüdische Gemeinde Ladenburgs vermutlich wieder stärker von Anhängern der Orthodoxie geprägt, da sie regelmäßig an den Gottesdiensten teilnahmen. Die Mehrheit der Gemeindemitglieder waren bis in die dreißiger Jahre offenbar Vertreter des liberalen Judentums, die seltener als die Anhänger der Orthodoxie die Gottesdienste besuchten.[71]

### 3.5 Der jüdische Friedhof

Die jüdische Gemeinde Ladenburgs verfügte bis Mitte des 19. Jahrhunderts über keinen eigenen Friedhof. Die verstorbenen Gemeindemitglieder wurden vom Mittelalter bis ins 17. Jahrhundert wahrscheinlich auf dem jüdischen Friedhof in Worms beigesetzt, da die Stadt Ladenburg zum Herrschaftsbereich der Wormser Bischöfe zählte.[72] Aufgrund der großen Entfernung nach Worms bestatteten die jüdischen Ladenburger ihre Toten von 1674 an auf dem neu angelegten jüdischen Friedhof in Hemsbach. Um den Unterhalt des jüdischen Friedhofs zu gewährleisten, gründeten mehrere israelitische Gemeinden, darunter auch Ladenburg, einen Begräbnisverein.[73] Wegen der wachsenden Zahl der Gemeindemitglieder und der mit der Überführung der Verstorbenen nach Hemsbach verbundenen Probleme war die Ladenburger Gemeinde in der Mitte des 19. Jahrhunderts bestrebt, ein eigenes Friedhofsgrundstück vor Ort zu erwerben.[74] Nachdem diese Bemühungen 1848 zu einem Erfolg geführt hatten und ein entsprechendes Grundstück östlich des christlichen Friedhofs erworben worden war, wurde am 16. Mai 1848 als erster Verstorbener der 80jährige Veitel Kahn in Ladenburg beigesetzt.[75] Spätestens 1880 errichtete die Gemeinde am Friedhof ein kleines Gebäude, in dem der gemeindeeigene Leichenwagen aufbewahrt wurde. Wie lange dieses Gebäude bestand und unter welchen Umständen es abgebrochen wurde, läßt sich nicht ermitteln. Bis zur Beisetzung bahrte man die Verstorbenen in ihrem Wohnhaus auf, wobei als Totenwache sowohl Familienmitglieder als auch Freiwillige fungierten.[76] Gemäß der Satzung des jüdischen Friedhofsverbands vom 12. Juli 1880 sollten in Ladenburg nur Gemeindemitglieder bestattet werden.[77] Der Friedhof diente in den folgenden Jahrzehnten als letzte Ruhestätte von mindestens 66 weiteren Gemeindemitgliedern. Als letzte Verstorbene setzte die israelitische Gemeinde Anfang November 1938 Berta Kapustin auf dem Friedhof bei.[78] Im Gegensatz zu den christlichen Friedhöfen sollen die Verstorbenen auf den jüdischen Friedhöfen für immer ruhen. Eine Auflassung jüdischer Friedhöfe ist daher in der jüdischen Religion ebensowenig vorgesehen wie die mehrmalige Belegung eines Grabes.[79]

### 3.6 Die demographische Entwicklung der jüdischen Gemeinde

Im 19. Jahrhundert nahm die Zahl der jüdischen Einwohner Ladenburgs zunächst kontinuierlich zu. Im Jahre 1825 zählte die israelitische Gemeinde mit 93 Mitgliedern zu den mittelgroßen Gemeinden auf dem Gebiet des heutigen Rhein-Neckar-Kreises.[80] Mitte des 19. Jahrhunderts, im Jahre 1853, war die Mitgliederzahl mit 139 Personen auf ihrem höchsten Stand. Damit waren fast 5% der Bevölkerung Ladenburgs jüdischen Glaubens.[81] Von diesem Zeitpunkt an verlor die Gemeinde stetig an Mitgliedern, während die Einwohnerzahl der Stadt Ladenburg weiter anstieg. Dieser Prozeß setzte sich weitgehend bis in die dreißiger Jahre des 20. Jahrhunderts fort, der Anteil der jüdischen Gemeindemitglieder an der Bevölkerung Ladenburgs nahm dadurch stetig ab.[82] In den Jahren 1861 bis 1864 lebten konstant 125 jüdische Männer, Frauen und Kinder in Ladenburg, 1875 waren in der Stadt nur noch 99 Menschen jüdischen Glaubens.[83] Die kurzfristige Zunahme der Gemeindemitglieder im Jahre 1900 auf 105 Personen hing wahrscheinlich unter anderem mit der Aufnahme osteuropäischer Juden zusammen. Wegen der in Osteuropa um die Jahrhundertwende stattfindenden Pogrome waren viele Juden nach Deutschland zugewandert.[84] Vier Jahre vor Beginn des Ersten Weltkrieges, im Jahre 1910, war die Mitgliederzahl der israelitischen Gemeinde Ladenburgs noch einmal geringfügig auf 96 Personen zurückgegangen.[85] Von Mitte des 19. Jahrhunderts bis Anfang des 20. Jahrhunderts verließen auch einige der alteingesessenen jüdischen Familien die Stadt.[86] Die Gründe für die rückläufige Entwicklung der jüdischen Bevölkerung Ladenburgs waren zunächst die allgemeine „Landflucht und die Verstädterung“[87], in deren Verlauf auch Mitglieder der Ladenburger Gemeinde in die Städte abwanderten. Um das Jahr 1875 erreichte die jüdischen Bevölkerung in Baden mit 26.492 Personen ihren höchsten Stand überhaupt.[88] Von diesem Zeitpunkt an nahm die Gesamtzahl der badischen Juden stetig ab. Diese Entwicklung resultierte vor allem aus einem überdurchschnittlichen Geburtenrückgang, der hauptsächlich auf die wirtschaftliche Lage zurückzuführen war.[89]

Die in Baden 1862 endgültig vollzogene Emanzipation der jüdischen Bevölkerung führte auch für die Mitglieder der Ladenburger Gemeinde zu grundlegenden politischen und wirtschaftlichen Veränderungen. Wenige Jahre nach der Jahrhundertwende wurde der Kaufmann Liebmann Hochstetter als vermutlich erster jüdischer Ladenburger in den hiesigen „Bürgerausschuß für Klasse I (Höchstbesteuerte)“ gewählt.[90] Im Juni 1912 gelang Liebmann Hochstetter der Wiedereinzug in dieses Gremium, das aus dem Gemeinderat und dem Bürgermeister bestand. Während Hochstetter sein Mandat für eine Amtsdauer von drei Jahren erhielt, wurde bei der gleichen Wahl ein zweites Mitglied der israelitischen Gemeinde, der Kaufmann Louis Kaufmann, als Vertreter der gleichen Steuerklasse für eine Amtsdauer von sechs Jahren in den Bürgerausschuß gewählt.[91]

Im Vergleich zur meist schwierigen wirtschaftlichen Situation der jüdischen Ladenburger zu Beginn des 19. Jahrhunderts, ging es der Mehrzahl der Gemeindemitglieder um die Jahrhundertwende ökonomisch weitaus besser. Zu diesem Zeitpunkt existierten mehrere jüdische Einzelhandelsgeschäfte, vor allem in der Textilbranche. Dazu zählten unter anderem die Textilgeschäfte von Liebmann Hochstetter und von Abraham Rubel, das Textil- und Möbelgeschäft Gebr. Kaufmann, das Manufakturwarengeschäft Heinrich Sternweiler, das Möbel- und Manufakturwarengeschäft von David Hirsch sowie die beiden Zigarrenmanufakturen von Marx Kaufmann und Louis Kaufmann.[92] In den Vorgängerausgaben der Ladenburger Zeitung, dem „Ladenburger Wochenblatt“ (erschienen unter diesem Titel spätestens um 1880 bis Ende September 1907) und dem späteren „Ladenburger Tageblatt“ (erschienen von Oktober 1907 bis ungefähr 1922/23), veröffentlichten die hiesigen jüdischen Firmen regelmäßig Anzeigen.

Die Integration der jüdischen Gemeindemitglieder in Ladenburg Anfang des 20. Jahrhunderts wird auch anhand der Berichterstattung des Ladenburger Tageblatts sichtbar. In der Zeitung erschienen regelmäßig, mitunter sehr ausführliche Artikel über Geburtstage älterer Gemeindeangehöriger und herausragender Ereignisse wie zum Beispiel die diamantene Hochzeit des jüdischen Ehepaars Julius Kaufmann I und seiner Frau Babette am 18. November 1907, das erste 60jährige Ehejubiläum in Ladenburg überhaupt.[93] Insbesondere der Bericht über diese diamantene Hochzeit veranschaulicht die Wertschätzung, die jüdische Ladenburger auch unter der nichtjüdischen Bevölkerung genossen. Dieser Artikel soll daher auszugsweise zitiert werden:

*Ladenburg, 18. November. (Diamantene Hochzeit). Unter regster Teilnahme der hiesigen Bürgerschaft und weiter auswärtiger Kreise feierte gestern unser geschätzter Mitbürger Herr Julius Kaufmann I mit seiner Gattin Babette, geb. Oppenheimer das seltene Fest der diamantenen Hochzeit. [...] Herr Schiff gedachte mit ergreifenden Worten und in vollendeter Rede der überaus seltenen, seit Menschengedenken hier noch nicht dagewesenen feierlichen Veranlassung, der allzeit schätzenswerten Verdienste des Jubelpaares um das friedlich-religiöse Leben in hiesiger Stadt und besonders in der hiesigen israelitischen Gemeinde, sowie seines sittlich religiösen, vorbildlichen Lebens und Wirkens im Kreise seiner Familie. [...] Im Mittelpunkt aller Ehrungen stand diejenige unseres Landesherrn, der dem Jubelpaare die silberne Ehrenmedaille mit den herzlichsten Glückwünschen überreichen ließ. Am Vormittag erschien eine Deputation, bestehend aus Herrn Bürgermeister Hofstetter und den Herren Gemeinderäten K. Molitor und J. Baumann. Nach einer erhebenden Ansprache überreichte Herr Bürgermeister Hofstetter die hohe und seltene Auszeichnung Sr. Königl. Hoheit des Großherzogs. Er überbrachte ferner Glück- und Segenswünsche der staatlichen Behörden als Vertreter des am Erscheinen verhinderten Gr. Herrn Amtsvorstandes, sowie der Stadtgemeinde Ladenburg [..] Viele andere Aufmerksamkeiten und die rührende Teilnahme weitester Kreise zeugten von der großen Beliebtheit, dessen sich das Jubelpaar durch sein stilles, friedliches und wohlwollendes Wirken allseits erfreut. [...]*[94]

Von Beginn unseres Jahrhunderts an erschienen im Ladenburger Tageblatt ebenfalls regelmäßig detaillierte Artikel über die jeweils bevorstehenden jüdischen Feiertage und ihre religiösen Hintergründe. Die Berichte informierten darüber hinaus nichtjüdische Kunden über die an den betreffenden Tagen geschlossenen jüdischen Geschäfte.[95] Die Leser des Ladenburger Tageblatts konnten zum Beispiel im Oktober 1914 in einem Artikel folgendes über das bevorstehende Laubhüttenfest lesen:

*In der Zeit vom 5. bis zum 13. Oktober feiern unsere israelitischen Mitbürger das Laubhüttenfest. Seinem Charakter nach ist es ein Ernte- und Dankfest, und es dient zugleich dem Gedächtnisse an den göttlichen Schutz, den die Israeliten auf ihrer Wanderung durch die Wüste genossen [...] man entnimmt seine Symbole der alternden Natur. Die Zitrone, der Bachweidenzweig und der Palmenwedel oder der Myrtenstrauß [...] Eine anschauliche Schilderung eines Laubhüttenfestes im alten Palestina findet sich im Buche Nehemia.*[96]

Einige jüdische Ladenburger waren bereits im 19. und frühen 20. Jahrhundert Mitglied in verschiedenen Ladenburger Vereinen. Herz Kaufmann gehörte im Jahre 1843 zu den Mitgründern des „Gesangvereins Ladenburg", dem heutigen „Liederkranz". Als letztes Gründungsmitglied verstarb er im Dezember 1900 in Sonnenberg bei Wiesbaden. Das Ladenburger Wochenblatt gedachte in einem kurzen Artikel des Verstorbenen und bescheinigte ihm, er sei *dem Vereine mit ganzem Herzen zugethan* [gewesen] und habe *demselben früher manche fröhlichen Stunden bereitet.*[97] Dem „Liederkranz" gehörten ebenfalls Heinrich Sternweiler und, als langjähriges Ehrenmitglied, der Lehrer und Kantor der jüdischen Gemeinde, David Freitag an.[98] Theodor Hauser war Mitglied im Turnverein Ladenburg.[99]

Innerhalb der israelitischen Gemeinde Ladenburgs gab es seit Mitte des 19. Jahrhunderts einen Verein, der entsprechend den Grundsätzen der jüdischen Religion caritativen Zwecken diente. Der im Jahre 1843 gegründete Israelitische Männerkrankenunterstützungsverein erhielt im April 1875 ein eigenes Statut und den neuen Namen „Israelitischer Krankenunterstützungs-Verein zu Ladenburg".[100] Der Israelitische Frauenverein in Ladenburg wurde im Jahre 1923 ins Leben gerufen. Neben caritativen Aufgaben widmeten sich die zeitweise 22 Vereinsmitglieder der Hilfe für Angehörige von Verstorbenen.[101] Der Wohlfahrtsgedanke stand ebenfalls bei den acht Stiftungen der jüdische Gemeinde Ladenburg im Mittelpunkt. Diese Stiftungen waren zwischen 1831 und 1917 zumeist von Gemeindemitgliedern ins Leben gerufen worden und sollten in erster Linie Ladenburger Bedürftigen aller Konfessionen zugute kommen. Eine der acht Stiftungen, die seit 1878 bestehende Esther-Abraham-Stiftung, diente der Ausrichtung eines jährlichen Gedenkgottesdienstes am Vorabend des Todestages des Stifters Abraham Weisel.[102]

Im deutschen Kaiserreich fühlten sich die jüdischen Ladenburger – ebenso wie ihre Glaubensgenossen in anderen Gemeinden Deutschlands – eng mit ihrem Vaterland verbunden. Für sie war der Wehrdienst im Ersten Weltkrieg daher selbstverständlich. Mindestens vierzehn jüdische Männer aus Ladenburg nahmen aktiv zwischen 1914 und 1918 an diesem Krieg teil. Zwei von ihnen, Theodor Hauser und Arthur Kaufmann, fielen im August 1914 bzw. wahrscheinlich im Februar 1915 bei den Kampfhandlungen.[103] Arthur Hauser war der erste Gefallene Ladenburgs im Ersten Weltkrieg überhaupt.[104] Insgesamt acht jüdische Männer aus Ladenburg erhielten Kriegsauszeichnungen, manche von ihnen wurden sogar mehrfach ausgezeichnet.[105] Wenige Monate nach Kriegsbeginn spendete die jüdische Gemeinde Ladenburgs im November 1914 der „Deutschen Nationalstiftung für die Hinterbliebenen der im Kriege Gefallenen" 258 Mark.[106] Nach ihrer Rückkehr nach Ladenburg gründeten die jüdischen Weltkriegsteilnehmer eine Ortsgruppe des im Jahre 1919 entstandenen „Reichsbunds jüdischer Frontsoldaten". Den Vorsitz der aus mindestens neun Mitgliedern bestehenden Ortsgruppe hatte Adolf Driels inne.[107]

## 4. Die jüdische Gemeinde von 1918 bis 1933

### 4.1 Wirtschaftliche Situation der jüdischen Gemeinde

An der wirtschaftlichen Situation und der Berufsstruktur der jüdischen Ladenburger änderte sich während der Weimarer Republik nur wenig. Nach Ansicht von Kantor Sally Rosenfelder war die materielle Lage der Gemeindemitglieder gut. Alle jüdischen Ladenburger waren wohlhabend, so daß keine örtliche Armenfürsorge benötigt wurde.[108] Das soziale Engagement einiger Gemeindemitglieder war sehr ausgeprägt. Die israelitische Gemeinde in Ladenburg verfügte über eine Wanderarmenkasse, die durchreisenden Armen Barunterstützung, Verpflegung und Nachtquartier gewährte. Jüdische Ladenburger spendeten die notwendigen Mittel für die Wanderarmenkasse, wobei sich die jährlichen Zuwendungen auf über Tausend Reichsmark beliefen.[109] Die Mehrheit der Gemeindemitglieder gehörte dem mittleren Bürgertum an, zumindest der Inhaber der Firma Gebrüder Kaufmann, Julius Kaufmann II und seine Angehörigen waren dem Großbürgertum zuzurechnen. Diese sozio-ökonomische Situation war für die Juden in Baden in der Weimarer Republik typisch.[110] Die meisten erwachsenen Ladenburger Gemeindemitglieder waren entweder als selbständige Einzelhändler, Handwerker oder als Angestellte in den jüdischen Geschäften tätig. In Ladenburg arbeiteten die jüdischen Einzelhändler während der Weimarer Republik weiterhin vorwiegend in der Textilbranche, darüber hinaus handelten einige jüdische Geschäftsleute mit Haushaltswaren oder besaßen Tabakmanufakturen. In diesen Geschäftssparten waren Juden in Baden wie in ganz Deutschland allgemein häufig vertreten. Die Konzentration jüdischer Unternehmen auf wenige Geschäftsbereiche war durch die bis ins 19. Jahrhundert andauernde Beschränkung der Berufsmöglichkeiten von Juden bedingt. Durch die Selbständigkeit versuchten Juden, antisemitischen Strömungen in der Wirtschaft auszuweichen.[111] Während der Weimarer Republik wurden von den jüdischen Ladenburgern zwei Geschäfte neu gegründet. In dieser Zeit übernahmen Schwiegersöhne oder nahe Verwandte einige der bestehenden jüdischen Firmen von den Geschäftsgründern bzw. deren Nachkommen.

Dazu zählte das Ende des 19. Jahrhunderts von Abraham und Mina Rubel gegründete Textilgeschäft in der Hauptstraße 47. Der Handelsmann Adolf Driels zog Ende 1912 nach

Ladenburg, heiratete kurz darauf Flora Rubel und trat anschließend in das Unternehmen seiner Schwiegereltern ein. Nach dem Tod von Abraham Rubel im Jahre 1914 führte Mina Rubel gemeinsam mit ihren Töchtern Flora und Rosa das Geschäft weiter. Der Handelsmann Moritz Driels, jüngerer Bruder von Adolf Driels, heiratete um 1917/18 die zweite Tochter von Abraham und Mina Rubel, Rosa, und trat nach seiner Rückkehr aus dem Ersten Weltkrieg ebenfalls in das von seinen Schwiegereltern gegründete Unternehmen ein. Noch im Jahre 1918 übernahmen die Brüder Driels zusammen mit ihren Ehefrauen das Geschäft, das fortan unter dem Namen A. & M. Driels OHG firmierte. Im Sommer 1925 wurde das Unternehmen in die Hauptstraße 36/38 verlegt, nachdem Adolf und Moritz Driels das Gebäude zuvor gekauft hatten. In den zwanziger Jahren waren bei der A. & M. Driels OHG zwei Angestellte, später nur noch ein Mitarbeiter beschäftigt.[112]

Das vermutlich älteste jüdische Geschäft in Ladenburg während der Weimarer Republik war die Gebrüder Kaufmann OHG in der Hauptstraße 26. Die aus Feudenheim stammende Witwe Jeannette Kaufmann, geb. Feist, gründete um 1854 das Unternehmen. Ende des 19. Jahrhunderts übernahmen ihre Söhne Julius II, Moses und Abraham das Unternehmen und änderten den Firmennamen in „Gebrüder Kaufmann" um.[113] Ella Kaufmann, eine Tochter von Julius Kaufmann II, heiratete um 1913 den Kaufmann Eugen Levy. Zusammen mit ihrem Ehemann war Ella Levy in der Firma ihres Vaters tätig und erhielt im Jahre 1916 Prokura. Nach Ende des Ersten Weltkriegs heiratete Ella Levys jüngere Schwester Selma den Kaufmann Fritz Hirsch. Fritz Hirsch und sein Schwager Eugen Levy waren seit den zwanziger Jahren Geschäftsinhaber dieses Kaufhauses für Qualitätstextilien und Möbel. Die Firma „Gebrüder Kaufmann" entwickelte sich spätestens in der Weimarer Republik zum größten jüdischen Geschäft in der Stadt. Im Jahre 1933 beschäftigte das Unternehmen neben elf jüdischen Angestellten auch ungefähr fünf nichtjüdische Mitarbeiter.[114]

Das im Jahre 1879 von Heinrich Sternweiler gegründete Herren- und Damenbekleidungsgeschäft in der Neugasse 3 wurde wahrscheinlich Anfang unseres Jahrhunderts von seiner Tochter Bertha übernommen. In den zwanziger Jahren half vermutlich Max Rhein, Bertha Sternweilers Ehemann, in dem Unternehmen mit.[115]

*Die Ladenburger Hauptstraße mit Blick auf das alte Rathaus, rechts im Bild das Geschäft 'Firma Gebrüder Kaufmann', 1908 (Fotoarchiv Historische Bilder von Ladenburg).*

Das Ehepaar Moritz und Karoline Hauser, geb. Reis, führte wahrscheinlich seit Ende des 19. Jahrhunderts zunächst in der Hauptstraße 30 und später in der Kirchenstraße 19 ein Haushaltswarengeschäft. Die Firma war bereits zuvor seit mindestens einer Generation im Besitz der Familie Hauser gewesen.[116] Da ihr einziger Sohn Theodor im Ersten Weltkrieg gefallen war, verkauften Moritz und Karoline Hauser ihr Geschäft am 6. April 1920 an das Ehepaar Baruch und Mina Hönigsberg, geborene Gruser. Der aus Südosteuropa stammende Baruch Hönigsberg und seine nichtjüdische Ehefrau Mina erweiterten in den zwanziger Jahren das Geschäftsangebot und handelten zusätzlich mit landwirtschaftlichen Maschinen und Geräten. Das Ehepaar Hönigsberg arbeitete vermutlich allein in der Firma.[117]

Adolf Hauser, der jüngere Bruder von Moritz Hauser, hatte im Hinterhaus des Gebäudes Hauptstraße 30 wahrscheinlich seit der Jahrhundertwende ein Email- und Küchenwarengeschäft. Anfang unseres Jahrhunderts erblindete Adolf Hauser fast völlig, gab jedoch nicht sein Unternehmen auf, sondern verkaufte allein Haushaltsgegenstände von Tür zu Tür.[118]

Die im 19. Jahrhundert von Marx Kaufmann gegründete Zigarrenmanufaktur Kaufmann & Co. in der Kirchenstraße 10 wurde während des Ersten Weltkriegs von seinen beiden Söhnen Leo und Sally übernommen. In den zwanziger Jahren arbeiteten in dieser Firma mehrere Arbeiter und Angestellte. Die Mutter von Leo und Sally Kaufmann, Mathilde Kaufmann, geborene Mayer, führte ebenfalls in der Kirchenstraße 10 mit ihren Töchtern Julie, Luise und Meta ein Herrenbekleidungsgeschäft.[119]

Louis Kaufmann, seit der Jahrhundertwende Inhaber einer Tabakmanufaktur in der Hauptstraße 27, hatte in den zwanziger Jahren vermutlich keine Mitarbeiter.[120]

Vermutlich führte noch in den zwanziger Jahren Auguste Kaufmann in der Mühlgasse einen kleinen Manufakturwarenladen in der Mühlgasse. Ihr Sohn, Siegfried Kaufmann, war vermutlich zu dieser Zeit noch Inhaber einer Altwarenverwertungsfirma in der Nähe des Martinstors. Sie wurde im Ladenburger Volksmund „Lumpenzwick“ genannt und von Kaufmann zu einem späteren Zeitpunkt nach Mannheim verlegt.[121]

Der Kaufmann Maier Lammfromm und seine Ehefrau Fanny, geborene Liebmann, übernahmen am 1. Februar 1920 das vor dem Ersten Weltkrieg gegründete Textilgeschäft ihres Schwagers David Hirsch. Von 1931 bis Ende 1933 arbeitete der Sohn der Geschäftsinhaber, Herbert Lammfromm, im elterlichen Betrieb in der Kirchenstraße 23 mit.[122]

Zwei jüdische Ladenburger gründeten in den zwanziger Jahren eigene Handwerksbetriebe. Seit dem 14. September 1920 führte Salomon Löwenstein gemeinsam mit seiner Ehefrau Emilie, geborene Heumann, in der Neuen Anlage 8 ein Schuhmachergeschäft. Der aus der Ukraine vor dem Ersten Weltkrieg nach Ladenburg zugewanderte Jakob Kapustin betrieb seit 16. Januar 1924 zunächst in seinem Wohnhaus in der Neuen Anlage 1 eine Reparaturwerkstätte für landwirtschaftliche Maschinen. Später verlegte er die Reparaturwerkstätte in das Haus Schriesheimer Fußweg 1. Wahrscheinlich hatten in den zwanziger Jahren weder Salomon Löwenstein noch Jakob Kapustin Angestellte.[123] Die beiden in der Ukraine geborenen Brüder Jakob und Samuel Kapustin waren neben dem vermutlich aus Ungarn stammenden Baruch Hönigsberg die einzigen Gemeindemitglieder osteuropäischer Herkunft. Alle anderen jüdischen Ladenburger waren deutsche Staatsangehörige.

Während der Weimarer Republik praktizierten in Ladenburg zwei Ärzte jüdischer Herkunft bzw. jüdischen Glaubens. Dr. Justin Vogel hatte im August 1913 seine Praxis in der Hauptstraße 5 eröffnet. Er war als Kind jüdischer Eltern geboren worden, später aber zum Katholizismus konvertiert. Dr. Vogel beteiligte sich deshalb in keiner Weise am jüdischen Gemeindeleben.[124] Der seit Oktober 1925 in der Hauptstraße 53 praktizierende Zahnarzt Dr. Hans Weil-Kander nahm ebenfalls nicht am Gemeindeleben teil. Er wohnte in Mannheim und pendelte täglich nach Ladenburg.[125]

Eines der größten Industrieunternehmen in Ladenburg während der Weimarer Republik war im Besitz von jüdischen Schweizern. Die in den achtziger Jahren des 19. Jahrhunderts entstandene „G. Fetzer Hautleimwerke GmbH" mit Firmengelände in der Wallstadter Straße 65 stellte Hautleime, Hasenleim und technische Gelatine her. Die Größe der Belegschaft in den zwanziger und frühen dreißiger Jahren ließ sich nicht ermitteln, im Jahre 1938 arbeiteten ungefähr 100 Arbeiter und 15 Angestellte in dem Unternehmen.[126] Das Mannheimer Unternehmen „Fabrik für wasserdichte Wäsche Lenel, Bensinger & Co." besaß auf Ladenburger Gemarkung, wahrscheinlich westlich der Eisenbahnlinie, ein sehr großes Grundstück.[127]

### 4.2 Das religiöse Leben der jüdischen Gemeinde in der Weimarer Republik

Die im Jahre 1925 einundneunzig Mitglieder[128] umfassende israelitische Gemeinde in Ladenburg war im Hinblick auf ihre Religiosität und die Einhaltung jüdischer Riten nicht homogen. Etwa die Hälfte der jüdischen Ladenburger fühlte sich während der Weimarer Republik dem orthodoxen Judentum zugehörig. Die orthodoxen jüdischen Männer nahmen stets an den regelmäßigen Gottesdiensten teil, die werktags zweimal und an Schabbat (Samstag) dreimal täglich unter der Leitung von Kantor Sally Rosenfelder stattfanden. Die übrigen Gemeindemitglieder, die sich dem liberalen Judentum verbunden fühlten, besuchten zusammen mit den orthodoxen Frauen nur am Schabbat und an den jüdischen Feiertagen den Gottesdienst.[129] Die im ausgehenden 19. Jahrhundert als liberal geltende Ladenburger Gemeinde wandelte sich spätestens unter Kantor Rosenfelder, vermutlich schon unter seinem Vorgänger David Freitag, zu einer orthodox geführten Gemeinde.[130] Während die orthodoxen Juden in Ladenburg die Speisevorschriften (die jüdische Bezeichnung hierfür lautet Kaschrut) streng einhielten, wurden diese Vorschriften in der Familie von Adolf Driels nicht in gleichem Maße beachtet. Trotz der Unterschiede in der religiösen Praxis einzelner Familien herrschte unter den jüdischen Ladenburgern eine gegenseitige Toleranz, so daß es vermutlich keine Spannungen zwischen orthodoxen und liberalen Gemeindeangehörigen gegeben hat. Die religiöse Toleranz bezog sich auch auf die einzige nichtjüdische Ehefrau eines Gemeindemitglieds in Ladenburg, Mina Hönigsberg, die Gattin von Baruch Hönigsberg. Sie war in der Gemeinde sehr beliebt und besuchte an den hohen Feiertagen regelmäßig die Gottesdienste.[131] Den Gottesdiensten oder sonstigen Veranstaltungen in der Synagoge wohnten Nichtjuden offenbar nur selten bei. Ehemalige Gemeindemitglieder erinnern sich an jeweils einmalige Predigten des evangelischen und katholischen Stadtpfarrers.[132] Die Berichte über die in der Weimarer Republik regelmäßig vom Kreisamt angeordneten Ortsbereisungen lassen Anfang der dreißiger Jahre auf ein harmonisches Miteinander der jüdischen und christlichen Ladenburger schließen. Im Jahre 1930 wird berichtet: *Der Friede unter den in Ladenburg vertretenen Bekenntnissen besteht auch heute noch*, 1932 heißt es: *Die Angehörigen [...] der Religionsgemeinschaften [...] leben untereinander in bestem Einvernehmen.*[133]

Im Verhältnis der jüdischen Ladenburger zur nichtjüdischen Umwelt blieb in der Weimarer Republik der Patriotismus unverändert. Die jüdischen Ladenburger fühlten sich wohl in erster Linie als Deutsche und daher in gleichem Maße wie ihre evangelischen und katholischen Mitbürger ihrem Vaterland verbunden.[134] Alfred Driels, ehemaliges Gemeindemitglied, stellte dieses Gefühl der Verbundenheit so dar: *Die Juden Ladenburgs glaubten und fühlten sich als Deutsche jüdischen Glaubens, genau wie die evangelischen und katholischen Ladenburger sich als Deutsche evangelischen oder katholischen Glaubens fühlten.*[135]

Ein ausgesprochener Patriot und sehr stolzer Deutscher war der seit 1. Juli 1910 in Ladenburg amtierende orthodoxe Kantor Sally Rosenfelder.[136] Er wurde am 5. Mai 1882 im unterfränkischen Aidhausen als Sohn des Kantors und Religionslehrers Joel Rosenfelder geboren, absolvierte später das israelitische Lehrerseminar in Würzburg und war anschließend im badischen Buchen tätig. Seine Tätigkeit in Ladenburg erfuhr durch seine Teilnahme am Ersten Weltkrieg von 1914 bis 1918 eine Unterbrechung, in dessen Verlauf Sally Rosenfelder das Eisernen Kreuz Zweiter Klasse erhielt. Ebenso wie seine Vorgänger in Ladenburg war er nicht nur Kantor und Lehrer, sondern auch

Schochet (verantwortlich für das Schächten von Fleisch), Gemeindeschreiber, Gemeinde- und Stiftungsrechner, Verwalter der Wanderarmenkasse sowie Rechner und Schriftführer des Männerkrankenvereins. Darüber hinaus war Rosenfelder seelsorgerisch tätig und kümmerte sich um die in den zwanziger Jahren gegründete Bibliothek der israelitischen Gemeinde sowie um die Friedhofsverwaltung. Spätestens in Rosenfelders Amtszeit, möglicherweise schon unter seinem Vorgänger David Freitag, wurde die Orgel in der Ladenburger Synagoge nicht mehr benutzt. Sally Rosenfelder vertrat die Ansicht, Orgelspielen sei Arbeit. Da Juden aber am Schabbat nicht arbeiten sollen, durfte die Orgel nicht mehr benutzt werden, blieb jedoch in der Synagoge stehen.[137] In besonderem Maße lag Lehrer Rosenfelder die religiöse und kulturelle Bildung der jüdischen Ladenburger am Herzen. Im März 1921 gründete er den „Jüdischen Verein", dessen Aufgabe die „Förderung jüdischen Wissens und Pflege edler Geselligkeit" war.[138] Als Vorsitzender und Organisator des Vereins, dem um die Jahre 1924/25 bereits 40 Mitglieder angehörten, war Rosenfelder für dessen Veranstaltungen, zum Beispiel Vorträge zu Themen des Judentums und gesellige Ausflüge, verantwortlich. Besonders die jedes Frühjahr stattfindende, in ihrer Form einzigartige Purim-Feier[139] war nicht nur in der Ladenburger Gemeinde selbst, sondern auch bei den Mitgliedern der umliegenden jüdischen Gemeinden sehr beliebt. Die Purim-Feste fanden ebenso wie die jährlich im Dezember veranstalteten, ebenfalls sehr beachteten Feiern zu Chanukka[140] seit Anfang unseres Jahrhunderts zunächst im Saal der Gaststätte „Anker", später im „Adlersaal" der gleichnamigen Gaststätte in der Neugasse 5 statt.[141] Nach Einschätzung von Rosenfelder war das Interesse der Gemeindemitglieder an geistigen Themen *über alles lobenswert.*[142] Neben dem regelmäßigen Religions- und Gesangsunterricht für die jüdischen Schüler in der Volks- und Realschule widmete sich Sally Rosenfelder der Reform der jüdischen Unterrichtsmethoden und der Publikation von Lehrbüchern für den jüdischen Religionsunterricht. Zwischen 1925 und 1934 veröffentlichte er im Selbstverlag mit Hilfe seiner Ehefrau Minna eine Reihe von Lehrbüchern für jüdischen Religions- und Geschichtsunterricht, die teilweise in mehreren Auflagen erschienen.[143] Im Dezember 1930 verlieh ihm der Oberrat der Israeliten Badens *in Anerkennung der großen Verdienste, die sich Herr Lehrer Rosenfelder durch seine Tätigkeit auf jüdisch-literarischem Gebiet erworben hat* den „Fanny und Michael Weil' schen Tugendpreis".[144]

Die israelitische Gemeinde Ladenburgs hatte sich im Kaiserreich und in der Weimarer Republik durch das vielfältige religiöse und geistig-kulturelle Engagement ihrer Mitglieder einen guten Namen unter ihren Glaubensgenossen in den umliegenden Orten erworben. Rosenfelder charakterisierte seine Gemeinde rückblickend so: *Die Gemeinde galt als Mustergemeinde im Musterländle.*[145] Nach Ansicht von Rosenfelder hatte zu dieser Wertschätzung der Kantor und Lehrer David Freitag, der als einer seiner Vorgänger jahrzehntelang in Ladenburg tätig gewesen war, besonders beigetragen.[146] Rosenfelders Verdienst ist es, seit 1910 dem Ladenburger Gemeindeleben durch sein vielfältiges Wirken zu weiterem Ansehen verholfen zu haben. Diese Anerkennung beschränkte sich nicht auf die badischen Juden, sondern zeigt sich während der Weimarer Republik auch im Verhältnis zu den nichtjüdischen Ladenburgern.

### 4.3 Das Verhältnis zwischen jüdischer Gemeinde und der übrigen Bevölkerung Ladenburgs

Zwischen 1918 und 1933 erschienen im „Ladenburger Tageblatt" und seinem Nachfolger, der „Neckar-Bergstraß-Post", anläßlich der Geburtstage oder Jubiläen von Mitgliedern der jüdischen Gemeinde weiterhin regelmäßig Berichte mit Glückwünschen der Zeitung. In einem Artikel anläßlich des 70. Geburtstags von Karoline Hauser am 9. August 1928 wurde die Jubilarin als *jedermann bekannte fleißige Geschäftsfrau* gewürdigt und das Schicksal ihres verstorbenen Sohnes hervorgehoben, der als erster Ladenburger im Ersten Weltkrieg gefallen war. Angesichts des Todes von Theodor Hauser sei es, so der Bericht, *Pflicht der Allgemeinheit, solcher Mutter Verehrung und Mitgefühl zu erweisen*, dies sei *verdienter Dank.*[147]

*Aufnahme von Familienangehörigen Julius Kaufmanns II anläßlich seines 80. Geburtstages am 2. September 1930 im Hof der Firma 'Gebrüder Kaufmann' (Copyright Fotostudio Thomé, Ladenburg).*

Seit Ende des 19. Jahrhunderts zählte der langjährige Mitinhaber des Kaufhauses Gebrüder Kaufmann, Julius Kaufmann II, zu den herausragendsten Persönlichkeiten der israelitischen Gemeinde. Seit 1885 gehörte er dem Synagogenrat an, seit 1907 war er Vorsitzender dieses Gremiums[148] und damit Vorsteher der Gemeinde. Julius Kaufmann II engagierte sich sehr für wohltätige Zwecke und legte als Vertreter des orthodoxen Judentums großen Wert auf mehrere tägliche Gottesdienste in der Gemeinde.[149] Zwischen 1925 und 1932 erschienen in der Neckar-Bergstraß-Post anläßlich der 40jährigen Zugehörigkeit von Julius Kaufmann II zum Synagogenrat[150], seines 81. Geburtstag und seiner goldenen Hochzeit mit seiner Ehefrau Thekla, geborene Lindauer jeweils längere Artikel, in denen das religiöse, gesellschaftliche und wirtschaftliche Wirken Julius Kaufmanns II anerkannt wird. Zu seinem 81. Geburtstag am 2. September 1931 schrieb die Neckar-Bergstraß-Post über Julius Kaufmann II: *[...] Durch Fleiß und Strebsamkeit hat es der Jubilar verstanden, im Verein mit seinem Bruder sein Geschäft aus- und umzubauen, so daß es in unserer Stadt an erster Stelle steht und nun von seinen Kindern und Schwiegersöhnen fortgeführt wird. [...]*[151] In dem am 9. Januar 1932 erschienen Artikel über die goldene Hochzeit von Julius und Thekla Kaufmann II wurde das gesellschaftliche Engagement des Ehepaars wie folgt gewürdigt: *[...] Die Jubilare, die sich durch still geübte Wohltätigkeit allzeit auszeichneten und sich allgemeiner Beliebtheit erfreuen, werden zu ihrem seltenen Familienfest mannigfache Ehrungen erfahren und die frohe Anteilnahme weiter Kreise an dem Familienglück spüren dürfen. Wir entbieten zu der seltenen Familienfeier unsere besten Glückwünsche.*[152]

Die genannten Artikel lassen auf eine vollständige Integration der jüdischen Ladenburger in der Stadt während der Weimarer Republik schließen. Wie bereits im Kaiserreich waren Mitglieder der jüdischen Gemeinde auch nach 1918 in verschiedenen Ladenburger Vereinen vertreten. Der in den zwanziger Jahren an der Ladenburger Realschule tätige Lehrer Karl Darmstädter zählte am 16. März 1926 zu den Gründungsmitgliedern des Heimatbundes. Die Brüder Walter und Helmut Levy sowie Herbert Lammfromm und Alfred Driels waren Mitglieder des Turnvereins Jahn. Adolf und Moritz Driels engagierten sich zusammen mit Eugen Levy im Gesangverein „Liederkranz".

Der Mitinhaber der Zigarrenmanufaktur Kaufmann & Co., Sally Kaufmann, gehörte der renommierten Vereinigung „Gemütlichkeit" an, deren ausschließlich männliche Mitglieder sich sonntags trafen. Vermutlich waren noch weitere Mitglieder der jüdischen Gemeinde in Ladenburger Vereinen engagiert.[153]

Im Gegensatz zur beachtlichen Stellung der jüdischen Gemeindemitglieder im wirtschaftlichen Leben der Stadt spielten die Ladenburger Juden in der Kommunalpolitik zwischen 1919 und 1933 vermutlich nur eine geringe Rolle.[154]

Während der Weimarer Republik war Eugen Levy, Mitgeschäftsführer der Firma Gebrüder Kaufmann als einziger jüdischer Ladenburger Mitglied in den kommunalen Vertretungskörperschaften. Im Jahre 1919 zog Levy erstmals für die „Vereinigten bürgerlichen Berufsgruppen" in den aus 71 Mitgliedern bestehenden Bürgerausschuß der Stadt Ladenburg ein. Diesem Gremium gehörte er nach seiner Wahl im November 1926 nunmehr als Mitglied der Deutschen Demokratischen Partei (DDP) erneut an.[155] Bei der folgenden Wahl der 60 Gemeindeverordneten am 16. November 1930 war Eugen Levy einer der sechs erfolgreichen Kandidaten seiner Partei. Als Gemeindeverordneter war Eugen Levy auch im neu gewählten Bürgerausschuß vertreten, der aus den Gemeindeverordneten und den Gemeinderäten bestand. Sein Amt als Gemeindeverordneter übte Eugen Levy vermutlich bis zur „Gleichschaltung" der kommunalen Vertretungskörperschaften im Sommer 1933 aus.[156] Parteipolitisch engagiert waren neben Eugen Levy wahrscheinlich noch Erich Kempe als Mitglied der DDP sowie Adolf und Moritz Driels und Baruch Hönigsberg, die jeweils ein SPD-Parteibuch besaßen.[157]

Gegen Ende der Weimarer Republik feierte die jüdische Gemeinde im Dezember 1932 das 100jährige Bestehen der Ladenburger Synagoge. In der Neckar-Bergstraß-Post erschien am 31. Dezember 1932 zum letzten Mal ein längerer Artikel, in dem ein Jubiläum innerhalb der Gemeinde gewürdigt wurde. Darin wird noch einmal das Ansehen der Ladenburger Gemeinde innerhalb der jüdischen Bevölkerung Badens und das nach wie vor einträchtige Verhältnis zu den nichtjüdischen Ladenburgern unterstrichen. Die zu diesem Zeitpunkt angespannte wirtschaftliche und politische Lage warf ihre Schatten auf die Gestaltung des Jahrestages:

*Heute begeht die hiesige israelitische Gemeinde das 100jährige Bestehen ihrer Synagoge. Der Zeit entsprechend findet keine besondere Feier statt. Im festlich ausgestatteten Morgengottesdienst wurde dem Jubiläum Rechnung getragen. Die israelitische Gemeinde unseres alten Römerstädtchens darf mit Stolz von sich sagen, daß sie unter den jüdischen Kleingemeinden Badens eine ehrenvolle Stellung einnimmt. Das gilt im Hinblick auf alle ihre Einrichtungen. Wie ihre innere Entwicklung, so vollzogen sich auch die Beziehungen zur nichtjüdischen Umwelt stets in ruhigen und friedlichen Bahnen. Daß dies auch weiterhin so bleiben wird, ist der beste Jubiläumswunsch.*[158]

Die Erfüllung des Jubiläumswunsches der Neckar-Bergstraß-Post sollte sich innerhalb von wenigen Wochen durch die Ernennung Adolf Hitlers zum Reichskanzler am 30. Januar 1933 als unmöglich erweisen.

## 5. Die Verfolgung und Vernichtung der jüdischen Gemeinde von 1933 bis 1945

Während der Antisemitismus im Mittelalter und in der frühen Neuzeit mehr religiöse, wirtschaftliche oder auch soziale Motive gehabt hatte, gaben ihm Hitler und die Nationalsozialisten in ihrer Rassenlehre die bislang schärfste Wendung ins Biologische. Die Juden repräsentierten gemäß NS-Doktrin die „Gegenrasse", die es sich zum Ziel gesetzt habe, die arische Rasse und damit Deutschland zu zersetzen. „Der Jude" wurde daher im totalitären NS-Staat zum „Feind an sich", für dessen Gegnerschaft und Feindseligkeit gar keine Beweise mehr erbracht werden mußten, da sie vermeintlich wesensnotwendig aus seiner Rasse hervorgingen. Die führenden NS-Ideologen waren entschlossen, aus dieser irrealen

Sichtweise die letzten Konsequenzen zu ziehen. Diese Bereitschaft der Nationalsozialisten und die Folgen der nationalsozialistischen Rassenlehre verkörperten das Spezifische des Antisemitismus Hitlers und seiner Gefolgsleute.[159] Während etwa im Mittelalter die Juden durch Konvertierung zum christlichen Glauben einer Verfolgung unter Umständen entgehen konnten, bestand unter der nationalsozialistischen Herrschaft eine solche Möglichkeit aufgrund der Definition von Juden als „Rasse" nicht.

### 5.1 Der Boykott der jüdischen Geschäfte am 1. April 1933

Niemals hatten die Nationalsozialisten aus ihrer Judenfeindschaft einen Hehl gemacht. Vor allem in Großstädten war es während der Weimarer Republik zu Gewalttätigkeiten gegen Juden gekommen. Solche Handlungen versuchte der demokratische Staat zu ahnden und zu unterbinden.[160] Nach Hitlers Regierungsantritt wurde der Antisemitismus rasch offizielle Regierungspolitik und somit legalisiert.[161] Über den nationalsozialistischen Terror gegen Juden und politische Gegner im März 1933 berichtete die ausländischen Presse ausführlich. In einigen Ländern reagierte die Öffentlichkeit unmittelbar nach der Machtübernahme auf diese Meldungen mit der Forderung nach einem Boykott deutscher Waren. Die NSDAP beantwortete diese Veröffentlichungen mit dem Vorwurf der „Greuelhetze" gegen den nationalsozialistischen Staat, für die Juden des Auslands verantwortlich seien.[162] Tatsächlich hatten sich jüdische Publikationen und Verbände bei der Berichterstattung über die Vorgänge in Deutschland eher zurückgehalten und Boykottmaßnahmen deutscher Waren nicht befürwortet, um die Situation der deutschen Juden nicht zu verschlechtern.[163]

Am 28. März 1933 beschlossen die neuen Machthaber einen „schlagartigen" Boykott aller jüdischen Geschäfte in Deutschland, der am Samstag, dem 1. April 1933 um 10 Uhr beginnen und zunächst unbefristet andauern sollte. Die Boykottmaßnahmen koordinierte der fanatische Antisemit Julius Streicher als Leiter des „Zentralkomitees zur Abwehr der jüdischen Greuel- und Boykotthetze". Das eigentliche Ziel des Boykotts war die Verdrängung der Juden aus dem Wirtschaftsleben, von der zwangsläufig die nichtjüdischen Betriebe profitieren würden.[164] Es war die Aufgabe der binnen kurzer Zeit gebildeten lokalen Aktionskomitees, für eine entsprechende „Durchführung" des Boykotts vor Ort zu sorgen.

Mitunter konnten sich Nationalsozialisten nicht bis zum „schlagartigen" Beginn des Einsatzes am 1. April gedulden, und bereits am 31. März standen in vielen Orten uniformierte Posten vor den jüdischen Geschäften.[165] In Ladenburg kam es schon am 29. März 1933 zu einem ersten Boykott der „nichtarischen" Läden. Die Neckar-Bergstraß-Post veröffentlichte am folgenden Tag, 30. März 1933, einen kurzen Artikel über die Ereignisse in Ladenburg:

*Ladenburg. Jüdische Geschäfte geschlossen. Gestern Vormittag wurden auch hier in Ladenburg auf Veranlassung der SA und SS sämtliche jüdische Geschäfte geschlossen. Da jedoch die Schließung der jüdischen Geschäfte im Zusammenhang mit den Boykottmaßnahmen der NSDAP in ganz Deutschland schlagartig am kommenden Samstag Vormittag [1. April 1933] erfolgen soll, sind die örtlichen Maßnahmen wieder aufgehoben worden, so daß auch die hiesigen Geschäfte heute wieder offenhalten dürfen.*[166]

Am eigentlichen Boykottag, Samstag, dem 1. April 1933, zogen in Ladenburg – ebenso wie in vielen anderen Orten Deutschlands – gegen 10 Uhr morgens erneut SA- und SS-Angehörige vor die jüdischen Geschäfte und versuchten mittels entsprechender Schilder, mögliche Kunden, vom Betreten der Läden abzuhalten. Das Ladenburger Bürgermeisteramt war vom Mannheimer Bezirksamt am 29. März 1933 angewiesen worden, unbedingt zu verhindern, *daß tätliche Angriffe gegen jüdische Personen oder Geschäfte verübt werden*. Ebenso sollte eine polizeiliche Schließung jüdischer Geschäfte unterbleiben.[167] In Ladenburg waren einige jüdische Geschäfte samstags generell geschlossen. Der Boykott wirkte sich somit unmittelbar nur auf die übrigen, an diesem Wochentag üblicherweise geöffneten Läden aus. Von einem „schlagartigen" Boykott konnte angesichts der Vorgänge am 29. März kaum die Rede sein, vielmehr handelte es sich in Ladenburg wie anderswo im Deutschen Reich um eine von der Partei inszenierte antisemitische Maßnahme. Die Neckar-Bergstraß-Post berichtete am 1. April 1933, also noch am selben Tag, über das Geschehen in Ladenburg:

*Ladenburg. Der Boykott der Judengeschäfte. Wie im ganzen Deutschen Reich, so setzte heute Vormittag auch hier in Ladenburg schlagartig der angekündigte Boykott gegen die jüdischen Geschäfte ein. Vor den Geschäftshäusern wurden durch die SA und SS Schilder angebracht, die in entsprechenden Aufschriften das kauflustige Publikum vor dem Betreten der jüdischen Geschäfte abhalten sollen und gleichzeitig auffordern, deutsche Waren zu kaufen. Die hiesigen Geschäfte haben z.T. heute Vormittag überhaupt nicht geöffnet, andere haben gegen 10 Uhr wieder geschlossen.*[168]

Die Reaktion in weiten Teilen der deutschen Bevölkerung auf den Boykott war von Passivität geprägt und entsprach daher nicht den Erwartungen führender Antisemiten in der NSDAP.[169] Trotz der vergleichsweise geringen Resonanz in der Öffentlichkeit trug der eintägige Boykott maßgeblich dazu bei, künftige antisemitische Maßnahmen im wirtschaftlichen Bereich zu legitimieren.[170] Die nationalsozialistische Regierung ordnete am 4. April 1933 die Einstellung des ursprünglich unbefristeten Boykotts an. In Ladenburg entfernten Nationalsozialisten die entsprechenden Schilder und aufgeklebten Zettel schon am 3. April 1933.[171] In einem am 4. April 1933 veröffentlichten Artikel in der Neckar-Bergstraß-Post wird jedoch vorweggenommen, daß weitere antisemitischen Maßnahmen auf wirtschaftlichem Gebiet folgen werden:

*Zur Boykottbewegung. Wahrscheinlich keine Wiederaufnahme des Abwehrboykotts. München, 3. April. Bei einem vaterländischen Abend, den die Münchener Nationalsozialisten zum Besten der Kriegsopferversorgung veranstalteten, hielt der Vorsitzende des Zentralkomitees zur Abwehr der Greuelpropaganda, Julius Streicher, eine Ansprache, in der er u.a. ausführte: 'Ich habe das Gefühl, daß wir am Mittwoch den Kampf nicht mehr weiterführen werden. Es wird das Millionen von Deutschen höchst bedauerlich erscheinen, aber es muß trotz allem Disziplin gewahrt werden. Es war nicht leicht, Zugeständnisse zu machen, aber Adolf Hitler kann nur schrittweise vorgehen.*[172]

### 5.2 Die Entwicklung der wirtschaftlichen Situation der jüdischen Gemeinde

Der Boykott vom 1. April 1933 bildete nur den spektakulären Auftakt für die nunmehr einsetzende schleichende Verdrängung jüdischer Unternehmen und deren Übernahme durch nichtjüdische Konkurrenten. Durch den Erlaß von Gesetzen und Verordnungen wurden in den ersten Monaten der nationalsozialistischen Herrschaft Juden zudem von zahlreichen Berufen ausgeschlossen oder in ihrer Tätigkeit beschränkt. Dazu zählten zum Beispiel Ärzte, Rechtsanwälte, jüdische Künstler und Schriftsteller. Die bekannteste dieser Maßnahmen in der Frühphase der NS-Diktatur ist das am 7. April 1933 verkündete „Gesetz zur Wiederherstellung des Berufsbeamtentums", das die Grundlage für die Entlassung von Juden und politischen Gegnern des Nationalsozialismus aus dem Staatsdienst bildete.[173] Dieses Gesetz betraf keinen jüdischen Ladenburger, da kein Gemeindemitglied im Staatsdienst tätig war. Die euphemistisch als „Gesetz zur Wiederherstellung des Berufsbeamtentums" bezeichnete Regierungsmaßnahme bedeutete den Beginn der staatlich verordneten Diskriminierung von Juden im Bereich der Wirtschaft. Damit wurde zum ersten Mal die seit 1862 bestehende staatsbürgerliche Gleichstellung der badischen Juden wieder aufgehoben. Eine der folgenden antisemitischen Maßnahmen zur Verdrängung der Juden aus dem Wirtschaftsleben wirkte sich auch auf den in Ladenburg praktizierenden Zahnarzt Dr. Hans Weil-Kander aus. Der deutschnationale Arbeitsminister Franz Seldte erließ am 22. April 1933 eine Verordnung, die allen „nichtarischen" Ärzten mit Ausnahme der Frontkämpfer die Zulassung zu den Krankenkassen entzog.[174] Inwieweit diese gesetzliche Bestimmung für die Aufgabe der Tätigkeit von Dr. Weil-Kander in Ladenburg ausschlaggebend war, ließ sich nicht ermitteln. Anfang 1934 verlegte er seine Praxis nach Mannheim[175], möglicherweise weil er sich in der Großstadt bessere Berufschancen ausrechnete.

Der Historiker Avraham Barkai vertritt in seiner Untersuchung über den wirtschaftlichen Existenzkampf der deutschen Juden während des Nationalsozialismus die Ansicht, die „Arisierung" habe nicht erst in den letzten Vorkriegsjahren, sondern „schon 1933 in der Form 'freiwilliger' Verkäufe" begonnen.[176] Am Anfang erfolgten die Kapitalübertragungen von Juden auf Nichtjuden unter dem allgemeinen politischen und wirtschaftlichen Druck, jedoch ohne eine konkrete Bedrohung.[177] In den folgenden Jahren, so Barkai, sei die Zahl solcher „'Übergaben', zu immer ungünstigeren Preisen für die Juden" stetig angestiegen. Von dieser Entwicklung hätten am meisten „Alte Kämpfer" und mittelständische Parteifunktionäre profitiert.[178] Barkais These von der bereits im Jahr der nationalsozialistischen Machtübernahme einsetzenden „Arisierung" läßt sich für Ladenburg aufgrund zum Teil fehlender Angaben über den genauen Zeitpunkt der Aufgabe jüdischer Geschäfte nicht exakt bestätigen. Zwischen 1933 und 1935 hatten jedoch mehrere jüdische Einzelhändler in Ladenburg ihr Geschäft aufgegeben (siehe unten). Diese Geschäftsschließungen waren insbesondere durch die auf der Kommunalebene angeordnete Diskriminierung jüdischer Einzelhändler bedingt. Dazu zählte unter anderem die Nichtberücksichtigung von jüdischen Firmen bei der Vergabe öffentlicher Aufträge, obwohl eine Richtlinie des Reichskabinetts vom 14. Juli 1933 nur amtlich bestellten Behörden die Entscheidung über die Vergabe solcher Aufträge zuwies.[179] Lokale Behörden maßten sich somit Kompetenzen an, die ihnen nicht zustanden. Die Stadt Ladenburg berücksichtigte wahrscheinlich bereits 1933 jüdische Unternehmen nicht mehr bei der Vergabe öffentlicher Aufträge. Endgültig entschieden wurde diese Praxis im Juli 1934 durch einen Gemeinderatsbeschluß, wonach Geschäftsleute und Handwerker, *die heute noch der nationalsozialistischen Bewegung fernstehen, weder in der NSDAP, noch der NS-Hago oder DAF organisiert sind, [...] künftighin von städtischen Aufträgen und Lieferungen aller Art ausgeschlossen* sind.[180] Jüdische Einzelhändler wurden darüber hinaus durch ein 1933 erlassenes Verbot der Wohlfahrtsämter, die an sozial Schwache oder jungverheiratete Ehepaare ausgegebenen „Bedarfsdeckungsscheine" zum Einkauf bei jüdischen Unternehmen zu verwenden, benachteiligt.[181] Dieses Verbot wurde in Ladenburg im Laufe des Jahres 1933 offensichtlich immer wieder umgangen. Andernfalls hätte der Gemeinderat in der Neckar-Bergstraß-Post vom 7. November 1933 die Einwohner nicht öffentlich vor dieser Mißachtung warnen müssen: *Es wurde bekannt, daß Geschäftsleute mit Bedarfsdeckungsscheinen aus Ehestandsdarlehen Mißbrauch treiben, indem sie sie gegen Bargeld umtauschen, womit die Empfänger in nicht-arischen Geschäften kaufen können. [...] Der Gemeinderat warnt die Geschäfte und das Handwerk vor dieser Praxis.*"[182] Der Gemeinderat hatte bereits auf seiner Sitzung im Januar 1934 die Anträge jüdischer Firmen, zur Entgegennahme von Bezugs- und Bedarfsdeckungsscheinen zugelassen zu werden, abgelehnt.[183] Der Widerwillen einiger Ladenburger gegen die geltenden antijüdischen Verordnungen zeigt sich auch anhand der wiederholt in der Neckar-Bergstraß-Post abgedruckten Aufrufe an die Hausfrauen, ausschließlich in nichtjüdischen Geschäften einzukaufen. Wäre dies in dem von den hiesigen Nationalsozialisten gewünschten Maße geschehen, hätten sich die entsprechenden Aufrufe erübrigt.[184]

Eine weitere Diskriminierung jüdischer Unternehmer erfolgte durch den angeordneten bzw. erzwungenen Ausschluß bestimmter Bevölkerungsgruppen vom Einkauf in jüdischen Geschäften. Für NSDAP-Mitglieder galt seit jeher ein Verbot, in jüdischen Geschäften einzukaufen. Diese Bestimmung wurde ohne „gesetzliche" Grundlage von 1933 an auch auf Beamte und Angestellte im öffentlichen Dienst ausgeweitet. Eine Nichtbefolgung des Verbots wurde von Arbeitsgerichten als Entlassungsgrund anerkannt.[185]

Zu den genannten antijüdischen Maßnahmen kam in Ladenburg ab März 1933 das Verschwinden der Annoncen jüdischer Geschäfte in der hiesigen „Neckar-Bergstraß-Post". Bis zu diesem Zeitpunkt waren die Inserate jüdischer Unternehmen regelmäßig in dieser Tageszeitung erschienen. Nach der nationalsozialistischen Machtübernahme wurden in vielen Kommunen vielfach Zeitungen von der Partei oder mitunter auch von Behörden unter Druck gesetzt, eine Inseratensperre für jüdische Geschäfte einzuführen.[186] Es läßt sich nicht ermitteln, ob bei der „Neckar-Bergstraß-Post" ebenfalls eine solche Inseratensperre galt. Falls ja, erfolgte sie im März 1933 entweder aufgrund parteilicher bzw. staatlicher Anordnung oder durch die eigene Entscheidung der hiesigen Zeitungsverleger.[187]

Vor dem Hintergrund dieser diskriminierenden Bestimmungen mußten die jüdischen Geschäfte in Ladenburg wie auch in anderen deutschen Städten nach 1933 einen zunehmenden Rückgang ihrer Kunden sowie entsprechende Umsatzeinbußen verkraften. Manche Kunden in den hiesigen jüdischen Geschäften nutzten die Situation der Geschäftsinhaber aus, indem sie ihre auf Raten gekauften Waren nicht mehr vollständig bezahlten.[188] Die meisten kleineren jüdischen Unternehmen in Ladenburg, die entweder Ein-Mann-Betriebe waren oder von einem Ehepaar ohne Angestellte geführt wurden, sahen sich aufgrund dieser Entwicklung gezwungen, ihre Geschäfte aufzugeben.

### *Die „Arisierung" jüdischer Geschäfte in Ladenburg von 1933 bis September 1938*

In Ladenburg waren 1933 insgesamt elf Einzelshandelsgeschäfte und Handwerksbetriebe sowie ein Industriebetrieb im Besitz von Juden. Aufgrund der oben genannten Bestimmungen, die jüdische Geschäftsinhaber benachteiligten, wurde zwischen Frühjahr 1933 und Sommer 1938 die Mehrheit der jüdischen Läden aufgelöst oder in das Eigentum von Nichtjuden „überführt". In diesem Falle sprach man von „Arisierung", also der Überführung jüdischen Eigentums in deutsche Hand. Die Erlöse, die jüdische Ladenburger beim Verkauf ihrer Geschäfte bzw. ihrer Häuser erzielten, entsprachen in den ersten Jahren der NS-Herrschaft zumeist noch dem Steuerwert. Als „Steuerwert" bezeichnete man die Bemessungsgrundlage für die Besteuerung der Grundstücke. Der eigentliche Wert der Immobilie lag in der Regel höher. Spätestens im Jahre 1938, als der staatliche Druck zum Verkauf der Geschäfte immer größer wurde, lagen die Verkaufspreise fast immer unter dem tatsächlichen Wert. Die Situation der Juden nutzten somit manche Käufer bewußt aus. Auch nach dem Verkauf ihrer Geschäfte blieben die jüdischen Ladenburger zumeist in der Stadt wohnen und lebten vermutlich in erster Linie von ihren Ersparnissen. Nur das Ehepaar Baruch und Mina Hönigsberg emigrierten bald nach dem Verkauf ihres Geschäfts nach Palästina.

Adolf Hauser schloß zwischen 1933 und 1935, das genaue Datum ist nicht bekannt, sein Email- und Küchengerätegeschäft in der Hauptstraße 30. Der Grund hierfür waren neben dem rückläufigen Umsatz vermutlich auch sein hohes Alter (Hauser war 1933 bereits über 70 Jahre alt). Adolf Hauser verzog im August 1936 nach Gailingen. Er verkaufte am 1. Februar 1938 sein Anwesen an ein Ladenburger Ehepaar zu einem Preis von 5.137, 26 Reichsmark, bei einem Steuerwert von 12.000 Reichsmark. Die neuen Eigentümer vermieteten die beiden nebeneinander liegenden Grundstücke mit 40 qm und 76 qm Hofreite mit Gebäuden.[189]

Louis Kaufmann gab zwischen 1933 und 1935 vermutlich aus Altersgründen (Kaufmann war 1933 bereits über 70 Jahre alt) sein Tabakwarengeschäft in der Hauptstraße 27 auf. Er hatte zu Beginn der nationalsozialistischen Herrschaft wahrscheinlich keine Angestellten.[190]

Zwischen 1935 und 1938 löste Bertha Rhein, geborene Sternweiler, ihr Geschäft für Manufakturwaren, Kurz-, Weiss- und Wollwaren in der Neugasse 3 auf. Sie vermietete das Geschäft an einen Drogisten und blieb weiterhin im Haus wohnen.[191]

Die Brüder Sally und Leo Kaufmann waren die Geschäftsführer der Zigarrenfabrik Kaufmann & Co in der Kirchenstraße 10. Sie gaben ihr Geschäft im Jahre 1936 aus Verfolgungsgründen auf, blieben jedoch im gleichen Gebäude wohnen.[192]

Baruch Hönigsberg und seine Ehefrau Mina verkauften ihr Eisenwarengeschäft in der Kirchenstraße 19 am 2. November 1936 an einen Ladenburger Händler zum Preis von 10.000 Reichsmark, bei einem Steuerwert von 9.000 Reichsmark.[193] Das Ehepaar Hönigsberg emigrierte am 3. Januar 1937 nach Palästina.[194]

Maier Lammfromm schloß sein Stoffe- und Kleidergeschäft in der Kirchenstraße 23 im Jahre 1937. Am 8. Mai 1939 verkaufte er das

Gebäude an ein Ladenburger Ehepaar für 11.000 Reichsmark, bei gleichem Steuerwert.[195]

Das größte jüdische Geschäft in Ladenburg, das Kaufhaus Firma Gebrüder Kaufmann, hatte über die Stadtgrenzen hinaus einen sehr guten Namen.[196] Die jüdischen Angestellten der Firma kamen zum Teil auch aus weit entfernt liegenden Orten. Die beiden Geschäftsinhaber Fritz Hirsch und Eugen Levy besuchten seit den zwanziger Jahren unter anderem regelmäßig die umliegenden Gemeinden und boten dort ihre Waren an. Der feste Kundenkreis des Kaufhauses Gebrüder Kaufmann ging nach Beginn der nationalsozialistischen Herrschaft langsam zurück. Dementsprechend nahm Mitte der dreißiger Jahre die Zahl jüdischer Angestellter in dem Geschäft ab. Als fatal für das Unternehmen sollte sich die 1935 einsetzende Praxis erweisen, die von den Kunden auf Kredit gekaufte Waren nicht mehr zu bezahlen. Das Unternehmen konnte bald seine Verbindlichkeiten gegenüber Lieferanten nicht mehr begleichen. Am 4. Januar 1938 mußte ein Vergleichsverfahren über das Vermögen des Kaufhauses zur Konkursabwendung eröffnet werden.[197] Die Neckar-Bergstraß-Post unterrichtete am 11. Januar 1938 ihre Leser über das Verfahren und den Vergleichstermin: *Die Gläubiger werden aufgefordert, ihre Forderungen alsbald bei dem Gericht anzumelden.*[198] Über zwei Mannheimer Rechtsanwälte erfolgte am 12. Juli 1938 der Verkauf des Geschäfts.[199] Die neuen Eigentümer, ein Ladenburger und dessen Ehefrau, waren prominente Mitglieder der lokalen NSDAP. Vermutlich mit Hilfe der Partei[200] erwarben sie das Gebäude mitsamt Fahrnissen (Mobiliar) für 95.000 Reichsmark, bei einem Steuerwert von 58.000 Reichsmark.[201] Die alten Angestellten wurden nicht übernommen, Ella Levy und ihre noch in Ladenburg lebenden Kinder mußten sofort die Wohnung räumen.[202] Die Neckar-Bergstraß-Post meldete in ihrer Ausgabe vom 26. August 1938 diesen Besitzerwechsel: *In arischem Besitz übergegangen ist nunmehr auch das Kaufhaus Gebrüder Kaufmann, das am morgigen Samstag von dem neuen Inhaber [...] eröffnet wird.* Die Zeitung kommentierte hämisch den Verkauf: *Man sieht hieraus, daß auch hier in Ladenburg die Juden langsam, aber sicher verschwinden werden.*[203] Nachdem das Kaufhaus Gebrüder Kaufmann in nichtjüdischen Besitz übergegangen war, bezahlten die alten und neuen Kunden ihre Waren umgehend.[204]

Die Hautleimfabrik G. Fetzer GmbH an der Wallstadter Straße, deren Geschäftsanteile sich im Eigentum der Juden Emil Strauss (Schweiz), Richard Strauss (Italien) und Willi Strauss (USA) befanden, wurde am 15. September 1938 verkauft.[205] Die Leser der Neckar-Bergstraß-Post erfuhren von diesem Besitzerwechsel am 17. September 1938 in einem Artikel mit der Überschrift *Die Leimfabrik in arischem Besitz!*[206]

In Ladenburg befanden sich Anfang November 1938 nach der „Arisierung“ der Hautleimfabrik Fetzer GmbH noch zwei Einzelhandelsgeschäfte und zwei Gewerbebetriebe in jüdischem Besitz. Darüber hinaus besaß die Mannheimer Firma „Wasserdichte Wäsche Lenel, Bensinger & Co“ auf Ladenburger Gemarkung noch ein großes Grundstück.[207]

### 5.3 Die alltägliche Diskriminierung der jüdischen Ladenburger und das Gemeindeleben von 1933 bis Oktober 1938

In Ladenburg lebten 1933 bei einer Gesamteinwohnerzahl von 5.111 Menschen 88 Personen jüdischen Glaubens.[208] Trotz der sich verschärfenden offiziellen antisemitischen Propaganda blieb das Verhältnis zwischen Juden und Nichtjuden in der Stadt nach Ansicht des langjährigen Kantors der jüdischen Gemeinde, Sally Rosenfelder, selbst in den ersten Jahren der nationalsozialistischen Diktatur *überaus gut.*[209] Der Kantor konnte sich an keine Tätlichkeiten gegen Juden während der dreißiger Jahre erinnern.[210] Die angeordnete Judenfeindschaft blieb jedoch in Ladenburg wie in allen anderen Orten Deutschlands nicht ohne Folgen auf die Beziehungen zwischen Juden und nichtjüdischer Umwelt.

Die Nationalsozialisten haben dem Antisemitismus mit ihrer Rassenideologie eine neue Dimension gegeben, ihn jedoch nicht „erfunden“. Sie konnten auf einem jahrhunderealten, von Generation zu Generation tradierten christlichen Antisemitismus aufbauen. Diese

Form der Judenfeindschaft war im Jahre 1933 in Teilen der deutschen Öffentlichkeit latent vorhanden. Hier existierte vermutlich ebenfalls der soziale Neid gegenüber Juden, die angeblich viele Bereiche der deutschen Wirtschaft „beherrschten". Tatsächlich waren deutsche Juden nur in wenigen Wirtschaftszweigen gemessen an ihrem Bevölkerungsanteil überproportional stark vertreten, dazu gehörten zum Beispiel der Viehhandel, die Textil- und Schuhbranche, Warenhauskonzerne und Privatbanken. Überproportional stark repräsentiert in ihren jeweiligen Berufen waren zu Beginn der NS-Herrschaft die jüdischen Ärzte und Rechtsanwälte.[211] Die Lebensbedingungen der deutschen Juden wurden nach der Machtübernahme Hitlers einerseits auf dem offiziellen, gesetzlichen Wege immer stärker eingeschränkt, andererseits machten sich überall ortsspezifische Formen der verordneten Judenfeindschaft im Laufe der dreißiger Jahre mehr oder weniger stark bemerkbar.

Beim Antisemitismus in Ladenburg in den Jahren von 1933 bis 1938 muß einerseits zwischen den von der örtlichen NSDAP geforderten und von der Stadtverwaltung umgesetzten „Maßnahmen in der Judenfrage"[212] sowie andererseits dem Verhalten der Einwohner gegenüber Juden differenziert werden.

In Ladenburg kam es erst im Dezember 1929 zur Gründung einer NSDAP-Ortsgruppe, zu diesem Zeitpunkt existierten in Baden bereits 100 Ortsgruppen.[213] Über die Zahl der Ladenburger NSDAP-Mitglieder liegen keine Angaben vor. Es ist anzunehmen, daß sie in Ladenburg wie auch in anderen Orten Deutschlands bis 1933 ständig zunahm.[214] Unter den Ladenburger Parteigenossen waren offensichtlich einige überaus eifrige Nationalsozialisten und überzeugte Antisemiten. Sie konnten Ende März 1933 nicht den offiziellen Beginn des Boykotts jüdischer Geschäfte abwarten, sondern erzwangen bereits am 29. März 1933 die Schließung jüdischer Unternehmen. Der erste nationalsozialistische Bürgermeister Ladenburgs, Dr. Alfred Reuter, amtierte von Juli 1933 bis August 1934 in der Römerstadt. Reuter war vor seinem Amtsantritt Kreispropagandaleiter in Mannheim gewesen. Sein fanatischer Antisemitismus[215] wird anhand seiner Äußerungen bei einer Kundgebung der Heidelberger NSDAP am 31. März 1933 im Zusammenhang mit dem geplanten Boykott jüdischer Geschäfte deutlich. In einer Rede nannte Reuter Beispiele *von der Deutschenhetze der ausländischen Zeitungen* und betonte, *man werde für jeden christlichen Geschäftsmann, der zugrunde ginge, einen Juden aufhängen.*[216] In einem am 28. Oktober 1935 in der Neckar-Bergstraß-Post veröffentlichten Artikel über eine Mitgliederversammlung der Ladenburger NSDAP-Ortsgruppe konnten die Zeitungsleser erfahren: *Jeder der Versammlungsteilnehmer hat die Überzeugung gewonnen (sofern er diese überhaupt noch nicht gehabt hat), daß die Judenfrage eine Schicksalsfrage unseres deutschen Volkes ist und daß mit guten Recht immer und immer wieder diesem Volk zugerufen wird: 'Die Juden sind unser Unglück'. Mögen alle Volksgenossen nach dem Sinn dieser Worte auch handeln.*[217] Die permanente offizielle antisemitische Propaganda zeigte offensichtlich auch unter den Ladenburger Parteigenossen ihre Wirkung. Einen solchen Erfolg konnte die Propaganda in der gesamten Ladenburger Bevölkerung in den ersten beiden Jahren der NS-Diktatur nicht vorweisen. Nicht alle Ladenburger Bürger hielten sich 1933/34 an das Verbot, „Bedarfsdeckungsscheine" in jüdischen Geschäften einzulösen. Die Zurückhaltung der Ladenburger gegenüber dem Nationalsozialismus wird auch anhand der letzten Wahlen in der Weimarer Republik sichtbar. Verglichen mit ihren Ergebnissen auf Landes- und Reichsebene schnitt die NSDAP bei den Reichstagswahlen 1932/33 in Ladenburg weitaus schlechter ab. Diese partielle Verweigerung der Ladenburger Wahlberechtigten setzte sich noch bei der Reichstagswahl im November 1933 und bei der Volksabstimmung 1934 fort.[218]

Die Diskriminierung und Ausgrenzung der jüdischen Bevölkerung in Ladenburg wie in anderen deutschen Kommunen wurde erst durch eine Kombination von mehreren Faktoren ermöglicht. Den Rahmen bildete die nationalsozialistische Politik, die den Antisemitismus zur offiziellen Staatsdoktrin machte. In Ladenburg wie andernorts kam bei den „Parteigenossen" die eigene Motivation zur Judenverfolgung hinzu. Die antijüdische Propaganda führte zur Gleichgültigkeit breiter Bevölkerungskreise gegenüber dem Schicksal der deutschen Juden. Nur eine Minderheit der nichtjüdischen Deutschen zeigte Zivilcourage und unterstützte Juden. Die insgeheime Zustimmung in Teilen der Bevölkerung zu judenfeindlichen Maßnahmen und eine weitgehende Passivität ermöglichten einer vergleichsweise kleinen Gruppe von überzeugten Antisemiten, Juden auszugrenzen, sie zu verfolgen, sie ihrer Existenzgrundlage zu berauben und sie schließlich physisch zu vernichten.

Anhand der bereits angedeuteten und noch zu beschreibenden Entwicklung des Antisemitismus in Ladenburg während des Nationalsozialismus läßt sich die Judenverfolgung in dieser Stadt nicht eindeutig als „besonders schlimm" oder „vergleichsweise milde" charakterisieren. Als Ergebnis der Judenfeindschaft bleibt festzuhalten, daß es den Nationalsozialisten in Ladenburg innerhalb von wenigen Jahren gelang, die Mitglieder einer jüdischen „Mustergemeinde im Musterländle" auszugrenzen, zu verfolgen und zu ermorden. Angesichts der jahrzehntelangen Integration der jüdischen Ladenburger in der Stadt, ist die Schnelligkeit dieses Prozesses erschreckend.

An der Bereitschaft zur Umsetzung ihres im Parteiprogramm verankerten radikalen Antisemitismus ließen die Nationalsozialisten bereits zu Beginn ihrer Herrschaft keinen Zweifel. Von März 1933 an erließen die neuen Machthaber eine Vielzahl von Gesetzen, Verordnungen und anderen Bestimmungen, die Juden im öffentlichen Leben immer stärker diskriminierten und ihnen schrittweise die Lebensgrundlage entzogen.[219] Mit diesen gesetzlichen Maßnahmen fiel der rechtliche und gesellschaftliche Status der deutschen Juden in den dreißiger Jahre allmählich in mittelalterliche Verhältnisse zurück. An dieser Stelle sollen nur drei Gesetze genannt werden, die für die Mitglieder der jüdischen Gemeinde Ladenburgs unmittelbare Auswirkungen hatten. Am 21. April 1933 wurde ein „Gesetz über das Schlachten von Tieren" erlassen, in dem die Nationalsozialisten das Schlachten nach jüdischem Ritus (Schächten) verboten.[220] Für die orthodoxen Gemeindemitglieder, die sich streng an die jüdischen Speisegesetze hielten, bedeutete dieses Verbot den völligen Verzicht auf Fleisch. Das am 25. April 1933 in Kraft getretene „Gesetz gegen die Überfüllung deutscher Schulen und Hochschulen" bestimmte, daß der Anteil der jüdischen Schüler und Studenten an den Schulen und Universitäten jeweils 1,5% der Gesamtschüler- bzw. Studentenzahl nicht übersteigen durfte.[221] Durch dieses Gesetz wurden die insgesamt 17 jüdischen Schülerinnen und Schüler, die im Schuljahr 1933/34 die Ladenburger Volks- und Realschule besuchten, diskriminiert und in ihrer Schulausbildung eingeschränkt.[222] Zur Benachteiligung dieser Kinder trug ebenfalls die am 26. Oktober 1934 untersagte Schulgeldbefreiung für „nichtarische" Schüler mit deutscher Staatsangehörigkeit bei. Zumindest ein jüdischer Schüler an der Ladenburger Realschule war 1933/34 physischen Repressalien ausgesetzt. Das Direktorium der Ladenburger Realschule verwies am 18. September 1934 zwei Schüler wegen Erpressung und Hehlerei an einem jüdischen Mitschüler von der Schule.[223]

Hanna Lion, geborene Levy, verließ 1935, ein Jahr vor der Mittleren Reife, aufgrund des *bedrückenden Antisemitismus* die Ladenburger Realschule und arbeitete zunächst im elterlichen Unternehmen mit.[224] Sie war zwar von Mitschülern bis dahin nicht belästigt worden, ihren Klassenkameraden waren jedoch Gespräche mit ihr untersagt. Irene Würzburger, geborene Rosenfelder, machte in ihrem letzten Schuljahr 1935/36 die gleiche Erfahrung. Entsprechend einer Anordnung „von oben" unterhielten sich ihre Mitschüler nicht mehr mit ihr. Irene Rosenfelder konnte im Frühjahr 1936 die 10. Klasse der Realschule erfolgreich abschließen, fühlte sich am Schuljahresende jedoch von ihrem Französischlehrer bei der Notengebung wegen ihres Glaubens diskriminiert. Zu diesem Zeitpunkt war sie die letzte jüdische Schülerin an der Ladenburger Realschule.[225] Die hiesige Volksschule besuchte vermutlich nur Lea Levy bis November 1938, als jüdischen Schülern der Besuch deutscher Schulen untersagt wurde. Die übrigen jüdischen Schülerinnen und Schüler aus Ladenburg wechselten unter dem Eindruck der Diskriminierungen vermutlich auf die seit

1934 bestehende jüdische Schule in Mannheim.[226]

Auf dem Nürnberger Parteitag der NSDAP wurden am 15. September 1935 das „Reichsbürgergesetz" und das „Gesetz zum Schutze des deutschen Blutes und der deutschen Ehre" (das sogenannte „Blutschutzgesetz") erlassen.[227] Die Bestimmung des „Reichsbürgergesetzes" wonach *Reichsbürger [...] nur Staatsangehörige deutschen oder artverwandten Bluts [sind]* machte aus den deutschen Juden de jure Staatsbürger zweiter Klasse. Das „Blutschutzgesetz" verbot Eheschließungen sowie außerehelichen Verkehr zwischen *Juden und Staatsangehörigen deutschen oder artverwandten Blutes* und untersagte außerdem die Beschäftigung von weiblichen Angestellten *deutschen oder artverwandten Blutes* unter 45 Jahren in jüdischen Haushalten. Durch die Bestimmungen des „Blutschutzgesetzes" war in Ladenburg die im Haushalt der Familie Levy beschäftigte Lydia Ehrhardt gezwungen, am 1. Januar 1936 ihre Stellung aufzugeben.[228]

Im August 1934 wurde der bisherige Bürgermeisterstellvertreter und NSDAP-Ortsgruppenleiter, Kurt Pohly, Nachfolger Alfred Reuters als Ladenburger Bürgermeister. Im Oktober 1935 wies das Bezirksamt Mannheim die untergeordneten Bürgermeister des Bezirks an, *zur Schaffung vorläufiger Unterlagen für die Durchführung der Rassegesetze* eine „Judenkartei" anzulegen. In dieser Kartei sollten alle in der jeweiligen Stadt lebenden Juden namentlich erfaßt werden.[229] Bürgermeister Pohly kam der Anordnung des Bezirksamtes umgehend nach und erstellte eine entsprechende Kartei, die er gemäß eines weiteren Schreibens aus Mannheim vom 19. August 1936 ständig aktualisierte.[230]

Der Allgemeinmediziner Dr. Justin Vogel praktizierte seit August 1913 in der Hauptstraße 5. Dr. Vogel war als Kind jüdischer Eltern geboren worden, später aber zum katholischen Glauben konvertiert. Die erste Verordnung zum „Reichsbürgergesetz" vom 14. November 1935 legte unter anderem die Kriterien für „Volljuden" (mindestens drei volljüdische Großelternteile) und „Mischlinge" (zwei volljüdische Großeltern) fest.[231] Dr. Vogel war aus der Sicht der Nationalsozialisten „Volljude". Als solcher konnte er fortan nicht Reichsbürger sein, kein politisches Stimmrecht ausüben und kein öffentliches Amt bekleiden. Im Frühjahr 1936 stellte er einen Antrag auf rechtliche Gleichstellung mit „deutschblütigen" Personen. Dieser Antrag wurde vom „Reichs- und Preussischen Minister des Innern" in einem Schreiben an Dr. Vogel vom 6. April 1936 abgelehnt.[232] Somit galten auch für Dr. Vogel die Bestimmungen des „Blutschutzgesetzes". Im Frühjahr 1936 beschäftigte der Arzt ein 15jähriges Mädchen aus Ladenburg als Hausangestellte. Darin sah der Ladenburger Bürgermeister in einem Schreiben an das Bezirksamt Mannheim vom 27. April 1936 eine Mißachtung des „Blutschutzgesetzes" und bat um entsprechende Maßnahmen:

*Der hiesige Arzt, Dr. med. J. Vogel ist seiner Abstammung nach Volljude. Bei ihm ist ein 15jähriges, arisches Mädchen [...] aus Ladenburg beschäftigt. In der Öffentlichkeit hat man sich dieserhalb schon wiederholt aufgehalten [...] [*Das genannte Mädchen*] hat normalerweise von morgens 7 Uhr bis nachmittags 5 Uhr, in Ausnahmefällen auch bis abends nach 9 Uhr dort zu tun. Nach Ausführungen des Mädchens ist sie mit Geschirrspülen, Putzen und Kehren, auch im 2. Stock, d. i. in Räumen, die nicht zur ärztlichen Praxis gehören beschäftigt, und wird im Haushalt des Dr. Vogel verpflegt. Besonders auch der letzte Punkt ist zweifelsohne nach Ziff. 9 des obengenannten Erlasses ein Kennzeichen dafür, dass unter diesen Umständen das Mädchen zur Hausgemeinschaft des Dr. Vogel gehört. Ich halte daher die mir zu Ohren gekommenen Beschwerden für stichhaltig und bitte das Notwendige veranlassen zu wollen.*[233]

Aus den Akten des Stadtarchivs Ladenburg geht die Reaktion des Mannheimer Bezirksamtes nicht hervor. Dr. Vogel gab im Juni 1937 seine Praxis in Ladenburg auf und zog mit seiner nichtjüdischen Frau nach Würzburg. Sein Haus verkaufte er am 12. Juni 1937 für 25.000 Reichsmark, bei einem Steuerwert von 13.000 Reichsmark an einen praktischen Arzt.[234]

Im November 1935 denunzierte Bürgermeister Pohly den Kantor und Lehrer der jüdischen Gemeinde in Ladenburg, Sally Rosenfelder, bei der Gestapo in Mannheim. Sally Rosenfelder hatte wohl entsprechend den gelten-

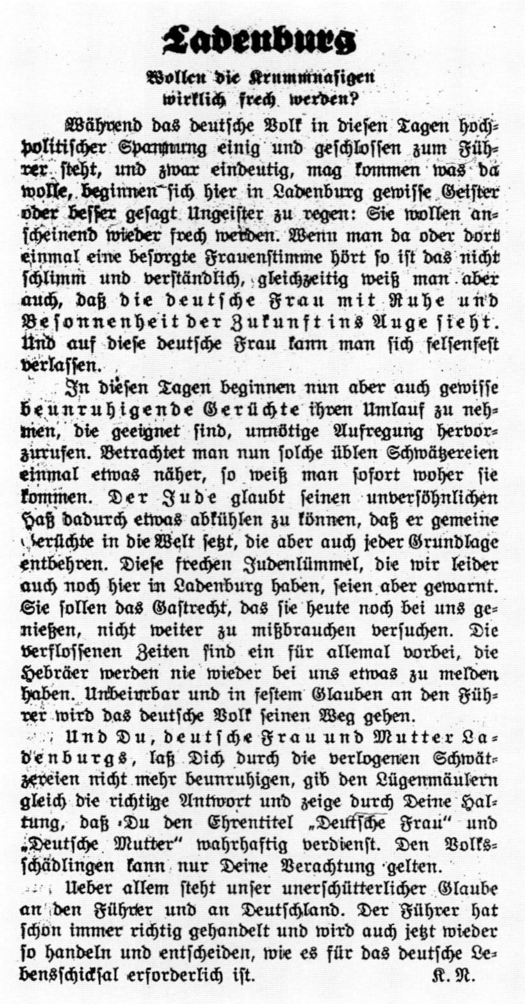

# Ladenburg

**Wollen die Krummnasigen wirklich frech werden?**

Während das deutsche Volk in diesen Tagen hochpolitischer Spannung einig und geschlossen zum Führer steht, und zwar eindeutig, mag kommen was da wolle, beginnen sich hier in Ladenburg gewisse Geister oder besser gesagt Ungeister zu regen: Sie wollen anscheinend wieder frech werden. Wenn man da oder dort einmal eine besorgte Frauenstimme hört so ist das nicht schlimm und verständlich, gleichzeitig weiß man aber auch, daß die deutsche Frau mit Ruhe und Besonnenheit der Zukunft ins Auge sieht. Und auf diese deutsche Frau kann man sich felsenfest verlassen.

In diesen Tagen beginnen nun aber auch gewisse beunruhigende Gerüchte ihren Umlauf zu nehmen, die geeignet sind, unnötige Aufregung hervorzurufen. Betrachtet man nun solche üblen Schwätzereien einmal etwas näher, so weiß man sofort woher sie kommen. Der Jude glaubt seinen unversöhnlichen Haß dadurch etwas abkühlen zu können, daß er gemeine Gerüchte in die Welt setzt, die aber auch jeder Grundlage entbehren. Diese frechen Judenlümmel, die wir leider auch noch hier in Ladenburg haben, seien aber gewarnt. Sie sollen das Gastrecht, das sie heute noch bei uns genießen, nicht weiter zu mißbrauchen versuchen. Die verflossenen Zeiten sind ein für allemal vorbei, die Hebräer werden nie wieder bei uns etwas zu melden haben. Unbeirrbar und in festem Glauben an den Führer wird das deutsche Volk seinen Weg gehen.

Und Du, deutsche Frau und Mutter Ladenburgs, laß Dich durch die verlogenen Schwätzereien nicht mehr beunruhigen, gib den Lügenmäulern gleich die richtige Antwort und zeige durch Deine Haltung, daß Du den Ehrentitel „Deutsche Frau" und „Deutsche Mutter" wahrhaftig verdienst. Den Volksschädlingen kann nur Deine Verachtung gelten.

Ueber allem steht unser unerschütterlicher Glaube an den Führer und an Deutschland. Der Führer hat schon immer richtig gehandelt und wird auch jetzt wieder so handeln und entscheiden, wie es für das deutsche Lebensschicksal erforderlich ist. K. N.

*Neckar-Bergstraß-Post, 28. September 1938: „Wollen die Krummnasigen wirklich frech werden" – antisemitischer Artikel mit Bezugnahme auf Ladenburg.*

den Vorschriften das Ladenburger Bürgermeisteramt am 11. November 1935 über eine bevorstehende Konferenz jüdischer Religionslehrer informiert:

*Hierdurch teile ich mit, dass kommenden Sonntag, den 17. November hier eine Konferenz der isr. Religionslehrer aus den Rabbinatsbezirken Heidelberg und Bruchsal stattfindet. – Konferenzleiter ist Herr Bezirksrabbiner Dr. Pinkuss, Heidelberg. Teilnehmerzahl: etwa 15–20 Personen. Lokal: Isr. Gemeindesaal (Adlersaal) in Ladenburg. Zeit: 14–17 Uhr. Tagesordnung: 1. Textgestaltung im bibl. Geschichtsunterricht, 2. Unterrichtsproben (Referent: Rosenfelder, Ladenburg), 3. Aussprache über geistige Arbeit in den Gemeinden. – Im Auftrag des Konferenzleiters gez. Rosenfelder.*[235]

Bürgermeister Pohly sandte Rosenfelders Schreiben am 16. November 1935 an die Mannheimer Gestapo weiter und fügte folgenden Brief hinzu:

*Das beiliegende Schreiben im Umschlag, an das Bürgermeisteramt gerichtet, ist heute vormittag durch die Post hier eingegangen. Es ist erstaunlich, dass volks- und staatsfeindliche Kreise die Dreistigkeit besitzen, derartige Schreiben an eine Behördenstelle zu richten. – Ich bitte in der Angelegenheit nachzuforschen. – Heil Hitler! Der Bürgermeister gez. Pohly.*[236]

Ob die Gestapo Mannheim Ermittlungen gegen Kantor Rosenfelder aufgenommen hat, geht aus den Akten des Stadtarchivs nicht hervor.

Jenseits der gesetzlichen Bestimmungen endete für einzelne Gemeindemitglieder bereits 1933 die Integration in das politische bzw. kulturelle Leben der Stadt Ladenburg. Im Zuge der Gleichschaltung der Kommunen wurde der Kaufmann Eugen Levy vermutlich im Sommer 1933 von seinem Amt als Gemeindeverordneter abgesetzt.[237] Der Gesangsverein „Liederkranz" schloß nach Erinnerung von Alfred Driels ebenfalls im Jahre 1933 seine jüdischen Mitglieder Adolf und Moritz Driels sowie Eugen Levy aus.[238]

Ebenso wie in vielen anderen deutschen Tageszeitungen erschienen in der gleichgeschalteten Neckar-Bergstraß-Post parallel zur permanenten Bekanntgabe neuer antisemitischer Maßnahmen ab 1935 immer öfter Artikel und Karikaturen antisemitischen Inhalts.[239] Besonders häufig druckten die Herausgeber dieser Zeitung Reden des fanatischen Antisemiten und Herausgebers des berüchtigten „Stürmer", Julius Streicher, sowie Artikel über „Rassenpflege" und „Rassenpolitik" ab. Auf diese Weise erfuhr die unter anderem in Versammlungen, „Schulungsabenden" und „Aufklärungsbroschüren" verbreitete antijüdische Propaganda eine Ergänzung. Monoton und regelmäßig machte man in der hiesigen Tageszeitung die Juden als *Unglück des deutschen Volkes* verächtlich, eine am 4. September 1935 abgedruckte antisemitische Karikatur diffamierte Juden als *Menschenmörder von Anfang an*.[240] Immer wieder, zum Beispiel am 24. Februar 1935, erschienen in der Neckar-Bergstraß-Post Aufrufe, jüdische Geschäfte, Rechtsanwälte und Ärzte zu boykottieren. Allerdings wurden in dieser Tageszeitung im Gegensatz zur Presse in vielen anderen Städten „arische"

Kunden jüdischer Geschäfte nicht namentlich genannt und auf diese Weise angeprangert.[241] Nach einer regelrechten Welle von antisemitischen Artikeln und Karikaturen im Jahre 1935 fanden derartige Veröffentlichungen in der Neckar-Bergstraß-Post 1938 einen neuen Höhepunkt. Die Zeitung informierte ihre Leser in jenem Jahr nicht nur über die antisemitischen Gesetze und Verordnungen, sondern „enthüllte" auch – aus heutiger Sicht unglaublich anmutende – angebliche Gründe für zeitgenössische Ereignisse.[242] Als Beispiel sei hier ein am 17. Mai 1938 unter der Schlagzeile *Warum Zwiebelknappheit?* abgedruckter Artikel genannt. Darin wurde „Judencliquen" unterstellt, *durch Spekulationsmanöver den Weltmarkt zu beeinflussen*. Bedingt durch dieses Verhalten herrsche, so die Behauptung des Autors, in Deutschland zum gegenwärtigen Zeitpunkt eine Zwiebelknappheit.[243] Die sich 1938 weiter verschärfende öffentliche Hetze gegen Juden manifestierte sich in der lokalen Tageszeitung unter anderem in Überschriften wie *Jüdischer Saustall ausgehoben* und *Judas Machtgelüste aufgedeckt*.[244] Im Zusammenhang mit der sogenannten Sudetenkrise im Herbst 1938 publizierte die Neckar-Bergstraß-Post am 28. September 1938 unter der Überschrift *Wollen die Krummnasigen wirklich frech werden?* selbst einen antisemitischen Artikel, der auch die Mitglieder der hiesigen israelitischen Gemeinde diffamierte.[245]

### *Das Gemeindeleben bis zum Novemberpogrom*

Vor dem Hintergrund des nationalsozialistischen Antisemitismus erfolgte, so Hanna Lion, geborene Levy, *ein Zusammenrücken der Gemeinde*.[246] Dieses, nach Erinnerung von Ludwig Kempe, *wachsende Zusammengehörigkeitsgefühl* zeigte sich zum Beispiel in dem seit Mitte der dreißiger Jahre nunmehr täglichen Gottesdienstbesuch liberaler Gemeindemitglieder.[247] Da in diesen Jahren mehrere ältere orthodoxe Gemeindeangehörige verstarben, wurden die als liberal geltenden jüdischen Ladenburger darüber hinaus gebraucht, um die für einen jüdischen Gottesdienst erforderliche Zahl von zehn erwachsenen Männern zu haben.[248] Das bis zu Beginn der nationalsozialistischen Herrschaft sehr lebendige Gemeindeleben blieb nach 1933 zunächst noch rege. Die Gemeinde veranstaltete weiterhin ihre angesehenen Purim- und Chanukkafeste, sie fanden allerdings nicht mehr jedes Jahr in großem Rahmen statt.[249] Vermutlich wurde im März 1937 zum letzten Mal in der gewohnten Form das Purimfest im „Adlersaal" gefeiert.[250]

| Jahr | Jüdische Einwohner |
|---|---|
| 1933 (Januar) | 88 |
| 1934 (Januar) | 87 |
| 1935 (Januar) | 88 |
| 1936 (Januar) | 81 |
| 1937 (Januar) | 69 |
| 1938 (Januar) | 64 |
| 1939 (Januar) | 50 |
| 1939 (Oktober) | 35 |
| 1940 (Oktober) | 27 |

*Die zahlenmäßige Entwicklung der jüdischen Einwohner in Ladenburg zwischen 1933 und 1940 (Quelle: Freund: Eine badische Kleinstadt unter dem Hakenkreuz, S. 138).*

Angesichts der fortschreitenden Diskriminierung rückte bei den Gemeindemitgliedern spätestens ab Mitte der dreißiger Jahre der Gedanke der Emigration in den Vordergrund. Junge Erwachsene sowie Ehepaare und junge Familien mit Kindern verließen Ladenburg ab 1934.[251] Parallel zur Emigration dieser Gemeindeangehörigen verzogen andere jüdische Ladenburger in Orte innerhalb Deutschlands und emigrierten zum Teil später von dort aus. In der von diesem Zeitpunkt an immer kleiner werdenden jüdischen Gemeinde[252] nahm der Anteil der älteren Gemeindemitglieder stetig zu. Einige jüdische Familien in Ladenburg sahen für ihre Kinder ab 1933 keine Zukunft mehr und drängten sie deshalb zur Emigration. Die Vertreter der Eltern-Generation selbst wollten jedoch in ihrer Heimat bleiben, der sie sich trotz aller Diskriminierungen innerlich weiterhin verbunden fühlten. Zu ihnen zählte unter anderem Sally Rosenfelder, der in Ladenburg seinen Lebensabend verbringen wollte.[253] Am 1. Juli 1935 feierte er sein 25-jähriges Jubiläum als Lehrer und Kantor der Gemeinde. Im Mannheimer Israelitischen Gemeindeblatt erschien am 27. Juni 1935 aus diesem Anlaß ein von den Mitgliedern des Ladenburger Synagogenrats verfaßter Artikel: *Am*

*1. Juli sind es 25 Jahre, daß unser Lehrer und Kantor S. Rosenfelder seinen Dienst antrat. Wenn wir auch wissen, daß unser Jubilar zu bescheiden ist, um in der Oeffentlichkeit gefeiert zu werden, so hält es der Synagogenrat doch für angebracht, unserem geistigen Leiter öffentlich seine Glückwünsche zum Ausdruck zu bringen. Wir hoffen und wünschen, daß es unserem Jubilar vergönnt ist, noch recht lange seines Amtes zu walten.*[254] Diese Hoffnung blieb bis Herbst 1938 ebenso unverändert wie der Entschluß Rosenfelders, sein Lebenswerk in Ladenburg trotz der stetig kleiner werdenden Gemeinde fortzusetzen. Die jüdischen Ladenburger feierten bis zum Novemberpogrom 1938 weiterhin ihre beiden täglichen Gottesdienste.[255] Anläßlich des bevorstehenden jüdischen Neujahrsfest verfaßte Kantor Rosenfelder am 26. September 1938 ein als „Ladenburger Brief" bezeichnetes mehrseitiges Rundschreiben an ehemalige Gemeindemitglieder. Darin schrieb er unter anderem: *Viele von uns werden Euch* [den bereits emigrierten Gemeindemitgliedern, J.Z.] *noch in die Fremde folgen. Manche werden zurückbleiben müssen. Für sie wird Sorge getragen, daß ihnen ein Lebensabend ohne Not beschieden sein wird. [...]*[256] Diese Absicht Kantor Rosenfelders sollte sich wenige Wochen später durch die Ereignisse des Novemberpogroms und seiner Folgen als unrealisierbar erweisen.

### 5.4 Die Emigration der jüdischen Ladenburger

Die Emigration der deutschen Juden erfolgte zwischen der nationalsozialistischen Machtübernahme und dem Verbot der Auswanderung am 23. Oktober 1941 in mehreren Phasen. Ein erster Höhepunkt war die unmittelbar nach dem 30. Januar 1933 einsetzende, meist überstürzte Flucht von 37.000 Menschen vorwiegend in europäische Nachbarländer.[257] Der erste jüdische Ladenburger hingegen emigrierte erst im September 1934 nach Luxemburg.[258] Durch ihre antisemitische Gesetzgebung bezweckten die Nationalsozialisten bis zum Beginn des Zweiten Weltkriegs, deutsche Juden zur Emigration zu drängen. Die Motive für die Emigration vor allem junger Erwachsener und jüngerer Familien mit Kindern waren in erster Linie die immer umfassender gesetzlich geregelte Diskriminierung der Juden im Hinblick auf die Schul- und Berufsausbildung sowie die sich stetig verschlechternde Wirtschaftslage jüdischer Unternehmen. Um Deutschland auf legalem Wege verlassen zu können mußten mehrere Voraussetzungen erfüllt werden. Dazu zählten unter anderem vom Finanzamt ausgestellte Unbedenklichkeitsbescheinungen, Stellungnahmen diverser Behörden, die Zustimmung der Gestapo und ein polizeiliches Führungszeugnis.[259] Um die Juden möglichst mittellos in das Ausland zu schicken, erhöhten die Nationalsozialisten sukzessive die schon seit Dezember 1931 erhobene „Reichsfluchtsteuer".[260] Ab dem Jahre 1937 durften Juden bei ihrer Emigration aus Deutschland nur noch 10 Reichsmark pro Person mitnehmen![261] Bevor ausländische Staaten in den dreißiger Jahren deutsche Juden und andere Personen einwandern ließen, mußten mehrere Bedingungen erfüllt werden. Für die Emigration nach Australien waren nach Erinnerungen von Alfred Driels und Walter Levy erforderlich: *a) Gesundheit, b) ein Beruf, c) ein einwandfreies Leumundszeugnis, d) ein Affidavit, das heißt eine Person, die*

| | ges. | 1934 | 1935 | 1936 | 1937 | 1938 | 1939 | 1940 | später ausgewandert (Zeitpunkt unbekannt) |
|---|---|---|---|---|---|---|---|---|---|
| USA | 21 | | | 5 | 2 | 3 | 6 | 5 | 5 |
| Palästina | 12 | | 2 | | 6 | | 2 | 2 | 5 |
| England | 11 | | | | 1 | | 10 | | |
| Australien | 3 | | | | | 3 | | | |
| Luxemburg | 1 | 1 | | | | | | | |
| Niederlande | 1 | | | 1 | | | | | |
| Südafrika | 1 | | | 1 | | | | | |
| **gesamt** | **50** | **1** | **2** | **7** | **9** | **6** | **18** | **7** | **10** |

*Die zahlenmäßige Entwicklung der Emigration der jüdischen Ladenburger von 1934 bis 1940 (Quelle: ARBEITSKREIS JÜDISCHE GESCHICHTE (Hg.): Die jüdischen Ladenburger, S. 211).*

*garantierte, daß der Einwanderer die ersten fünf Jahre dem Staat nicht finanziell zur Last fallen würde, e) 50 Pfund, wenn man einen Arbeitsplatz vorweisen konnte, andernfalls 200 Pfund und f) ein Visum sowie eine Landungserlaubnis von der Regierung in Canberra.*[262] Vor und nach der Weltwirtschaftskrise von 1929 legten viele Länder jährliche Einwanderungsquoten fest, darunter Australien[263] und die Vereinigten Staaten. Die Bearbeitung der Einwanderungsanträge war sehr langwierig, im Falle Australiens mußten ein Jahr vor der beabsichtigten Emigration entsprechende Anträge an das britische Konsulat (als diplomatische Vertretung der australischen Regierung in Deutschland) gestellt werden.[264] Die Chancen, eine Einwanderungsgenehmigung in bestimmte Länder zu bekommen, waren für Emigrationswillige mit einer handwerklichen Ausbildung größer. Die jüdischen Gemeinden und Landesverbände richteten nach 1933 sogenannte Anlernwerkstätten für jüdische Jugendliche und junge Erwachsene ein. Im April 1936 nahm in Mannheim-Neckarau eine vom Oberrat der Israeliten Badens gegründete Anlernwerkstätte für Schlosser und Schreiner ihren Unterricht auf.[265] Der Ladenburger Ludwig Kempe erlernte in dieser Schule das Schreinerhandwerk.[266] Andere Jugendliche und junge Erwachsene aus Ladenburg, wie zum Beispiel Josef und Helmut Levy lernten Bäcker oder wurden wie etwa Hanna Levy und Lilly Brett zur Krankenschwester ausgebildet. Manche Gemeindemitglieder hatten bereits eine Lehre im kaufmännischen Bereich abgeschlossen und mußten nach 1933 eine weitere Ausbildung absolvieren. Dazu zählte Herbert Lammfromm, der in den zwanziger Jahren einen kaufmännischen Beruf erlernt hatte. Von Februar 1934 bis April 1936 lernte er bei Jakob Kapustin in Ladenburg den Beruf des Maschinenschlossers und war bis zu seiner Emigration 1938 als Handwerker bei einer Mannheimer Firma beschäftigt.[267]

Zu den häufigsten Emigrationszielen der jüdischen Ladenburger zwischen 1933 und 1940 gehörten in zahlenmäßiger Reihenfolge die Vereinigten Staaten, das britische Mandatsgebiet Palästina und Großbritannien.[268] Diese drei Länder stellten auch die bevorzugten Emigrationsziele anderer jüdischer Einwohner Badens und Württembergs dar.[269] Bei den USA handelte es sich seit 1937 um das Haupteinwanderungsland für deutsche Juden.[270] Die Ladenburger Gemeindemitglieder wanderten hingegen erst nach dem Novemberpogrom in verstärktem Maße in die Vereinigten Staaten aus.

Von den insgesamt 122 jüdischen Einwohnern Ladenburgs in den Jahren von 1933 bis 1940[271] emigrierten zwischen 1934 und dem Novemberpogrom 1938 folgende Gemeindemitglieder von hier aus:

1934 (1): Kurt Hönigsberg (Luxemburg).
1935 (2): Das Ehepaar Heinz und Susi Hönigsberg (Palästina).
1936 (7): Die Familie Walter, Irma, Doris und Gerd Heymann (USA); Else Driels (Niederlande); Max Würzburger (USA); Simon Silbermann (Südafrika).
1937 (9): Die Familie Arthur, Fanny und Amos Samuel (Palästina); Das Ehepaar Baruch und Mina Hönigsberg (Palästina); Helmut Levy (Palästina); Herta Driels (Großbritannien); Das Ehepaar Dr. Max und Brunhilde Kapustin, geborene Rosenfelder (USA).
1938 (6): Alfred Driels, Herbert Lammfromm und Walter Levy (Australien); Emanuel Silbermann, Manfred Neumann, Albert Löwenstein (USA).

Insgesamt acht jüdische Ladenburger verzogen zwischen 1934 und 1938 zunächst in andere Städte Deutschlands und emigrierten später von dort.

Nach dem Novemberpogrom nahm die Emigration der deutschen Juden in stärkerem Maße den Charakter einer Massenflucht an.[272] Von diesem Zeitpunkt an emigrierten nicht mehr nur Jugendliche und junge Erwachsene, sondern auch Angehörige anderer Altersgruppen. Diese Entwicklung traf auch für die Mitglieder der immer kleiner werdenden jüdischen Gemeinde in Ladenburg zu.[273] Der Neuanfang in den Zufluchtsländern gestaltete sich für die jüdischen Emigranten aus Deutschland meist sehr schwierig. In erster Linie waren dafür Probleme mit der jeweiligen Landessprache, für

Emigranten geltende Berufsbeschränkungen, die dadurch bedingte schwierige wirtschaftliche Lage und die psychischen Folgeschäden der Erfahrungen in Deutschland bis zum Zeitpunkt der Auswanderung verantwortlich.[274]

### 5.5 Der Novemberpogrom 1938 und die Folgen

Der Novemberpogrom war der Höhepunkt einer sich im Laufe des Jahres 1938 rasant verschärfenden antisemitischen Politik in Deutschland. Von März bis Oktober 1938 erließen die Nationalsozialisten eine Reihe von weiteren antisemitischen Gesetzen und Verordnungen, die jüdische Ladenburger unmittelbar betrafen. Dazu zählten unter anderem die „Verordnung über die Anmeldung des Vermögens von Juden“[275], wonach Vermögen im Werte von über 5.000 Reichsmark angegeben werden mußte, die „Dritte Durchführungsverordnung zum Reichsbürgergesetz“[276] vom 14. Juni 1938, die eine Registrierung und Kennzeichnung der jüdischen Geschäfte vorsah, und die „Zweite Durchführungsverordnung zum Gesetz über die Änderung von Familien- und Vornamen“[277]. Sofern die jüdischen Männer und Frauen nicht bestimmte, als typisch jüdisch geltende Vornamen hatten, mußten sie ab 1. Januar 1939 den zusätzlichen Vornamen „Israel“ bzw. „Sara“ führen. Auf Drängen der Schweiz erließ die deutsche Regierung am 5. Oktober 1938 eine „Verordnung über Reisepässe von Juden“[278], die Reisepässe von deutschen Juden für ungültig erklärte und nur nach einer Kennzeichnung mit einem großen aufgedruckten „J“ neu ausstellte.

Nach dem „Anschluß“ Österreichs befürchtete die polnische Regierung die Rückkehr dort lebender Juden mit polnischer Staatsangehörigkeit. Um dies zu verhindern, erließ die polnische Regierung am 31. März 1938 ein Gesetz, wonach die Pässe von polnischen Staatsbürgern, die sich länger als fünf Jahre ununterbrochen im Ausland aufhielten, unter bestimmten Bedingungen ungültig würden.[279] Die Nationalsozialisten befürchteten aufgrund des neuen polnischen Gesetzes, die in Deutschland lebenden Juden polnischer Herkunft bald nicht mehr in ihr Heimatland abschieben zu können. Die deutsche Regierung veranlaßte daraufhin am 27. und 28. Oktober 1938 die Deportation von ungefähr 17.000 Juden mit polnischer Staatsangehörigkeit an die deutsch-polnische Grenze. Unter den Deportierten befanden sich auch die Eltern des 17-jährigen Herschel Grynszpans. Sie informierten ihren in Paris befindlichen Sohn in einem Brief über ihre verzweifelte Lage. Herschel Grynszpan entschloß sich daraufhin, das Schicksal seiner Eltern zu rächen. Am 7. November 1938 verübte er in der deutschen Botschaft in Paris ein Attentat auf den deutschen Diplomaten Ernst vom Rath. Vom Rath erlag zwei Tage später, am 9. November 1938, seinen Verletzungen. In München, wo sich die „Alten Kämpfer“ der NSDAP zum jährlichen Gedenken an den Marsch auf die Feldherrnhalle im Jahre 1923 trafen, erfuhren Hitler und Goebbels am Abend vom Tod des Diplomaten. Nach einer kurzen Besprechung mit Hitler hielt Goebbels vor den Versammelten eine antisemitische Rede, in der er die Anwesenden zu Maßnahmen gegen die Juden aufforderte. Von München aus verständigten die hohen NSDAP-Funktionäre ihre Untergebenen und veranlaßten bzw. inszenierten für den folgenden Tag „spontane“ Maßnahmen gegen jüdische Geschäfte, Synagogen und Verhaftungen jüdischer Männer.

Die Bezeichnung „Reichskristallnacht“ – sie wurde vermutlich von der nationalsozialistischen Presse geprägt – verharmlost die Vorgänge am 9./10. November 1938 in Deutschland. Es entsteht der Eindruck, in jener Nacht seien in jüdischen Wohnungen, Geschäften und Synagogen lediglich Glasscheiben und Kristall zertrümmert worden.[280] Tatsächlich wurden am 9. und 10. November 1938 in aller Öffentlichkeit Hunderte von Synagogen entweder zerstört oder schwer beschädigt, circa 7.500 jüdische Geschäfte ausgeplündert und zerstört, 30.000 jüdische Männer in Konzentrationslager deportiert, mißhandelt und gedemütigt sowie nahezu 100 jüdische Männer und Frauen ermordet.[281] Angesichts dieser Tatsachen ist es angemessener und zugleich ein Ausdruck von Sensibilität, die Ereignisse als Pogrom bzw. als Reichspogromnacht zu bezeichnen.[282] Das aus dem Russischen stammende Wort Pogrom als Ausdruck für die Vorgänge in der Nacht vom 9. auf den 10. November 1938 wird auch von den jüdischen Verfolgten verwandt.

Die Ereignisse während der Reichspogromnacht in Ladenburg am 10. November 1938 lassen sich aus Justizakten rekonstruieren. Vor dem Landgericht Mannheim wurden nach dem Krieg zwei Prozesse gegen Beteiligte an den Geschehnissen in Ladenburg geführt. Im ersten Prozeß, dessen Urteil am 5. Januar 1949 erging, hatten sich acht Ladenburger wegen Landfriedensbruch vor der 2. Strafkammer des Landgerichts zu verantworten. Alle Angeklagten in diesem Verfahren hatten der NSDAP angehört, vier von ihnen bekleideten Führungspositionen in der Ladenburger SA. Unter den Beschuldigten war der Führer der Ladenburger SA im November 1938, Hauptsturmführer Reffert. Zusammen mit dem damaligen Führer der Ladenburger SS, Untersturmführer Schöpperle, war Reffert maßgeblich für die am 10. November 1938 angerichteten Zerstörungen in der Synagoge und in den jüdischen Wohnungen verantwortlich. Aufgrund der herausgehobenen Stellung Schöpperles und Refferts bei den Vorgängen in Ladenburg werden die Namen dieser beiden Männer im Unterschied zu den anderen Angeklagten nicht anonymisiert.

Im zweiten Prozeß erging am 31. März 1949 wegen desselben Verbrechens gegen vier Angeklagte, darunter drei Ladenburger, das Urteil. Diese Verhandlung fand vor der 2. Großen Strafkammer des Landgerichts statt.[283] Gegen die vier Angeklagten im zweiten Prozeß verhängte das Gericht folgende Urteile: Ein Angeklagter erhielt 6 Monaten Gefängnis, zwei Angeklagte wurden zu jeweils fünf Monaten Gefängnis verurteilt, einen Beschuldigten sprachen die Richter frei.[284] In der Urteilsbegründung des ersten Prozesses – sie beruhte auf den Aussagen der acht Angeklagten (die Angeklagten werden als A 2 bis A 8 bezeichnet) und von sechs Zeugen – vom 5. Januar 1949 rekonstruierte das Gericht die Geschehnisse in Ladenburg folgendermaßen:

*[...] Im Anschluß an den Mordanschlag auf den deutschen Gesandtschaftsrat von Rath fanden in zahlreichen Stadt- und Landgemeinden Deutschlands auf Weisung höchster Stelle unter der Leitung der NSDAP und ihrer Gliederungen Gewalttätigkeiten gegen Juden, jüdische Gotteshäuser und sonstigen jüdischen Besitz, die sog. Judenaktion statt. Sie gelangte in Ladenburg am 10. November 1938 zur Durchführung.*[285] *[...] Genauso wie an anderen Plätzen war auch in Ladenburg die Zerstörung der Synagoge der Auftakt für die Gewaltaktion gegen jüdische Bürger und ihren Privatbesitz gewesen. Bereits um 6 Uhr früh hatten sich der inzwischen wegen anderer Verfehlungen als Kriegsverbrecher zum Tode verurteilte und hingerichtete damalige SS-Untersturmführer Schöpperle*[286] *und mehrere ihm unterstellte SS-Angehörige*[287] *an der Synagoge eingefunden. Kurz darauf wurden die Angeklagten [A7] und [A6], die beide der Feuerwehr, ersterer als Brandmeister, angehörten, in Feuerwehruniform durch die Stadtpolizei nach dem Rathaus beordert. Dort wurde [A7] eröffnet, daß die Feuerwehr den Feuerschutz für die um die Synagoge herumgelegenen Gebäude übernehmen müsse, da beabsichtigt sei, die Synagoge in Brand zu setzen. [...] Die Inneneinrichtung der Synagoge war um diese Zeit bereits teilweise zerstört. Vor der Synagoge hielt sich eine größere Menschenmenge auf, die ständig Zuwachs erhielt. Schöpperle, der schon um 6 ½ Uhr bei einer heftigen Auseinandersetzung mit der Ehefrau des jüdischen Bürgers Rosenfelder, der bei der Synagoge wohnhaft war, beobachtet wurde und der, nachdem jene Zerstörungen offenbar von ihm gemeinschaftlich mit seinen Leuten unter Beteiligung eines Teiles der anwesenden Menge vorgenommen worden waren, die Synagoge nunmehr in Flammen aufgehen lassen wollte und zu diesem Zweck bereits einige Benzinkanister dorthin hatte verbringen lassen, sah schließlich auf eindringlichen Hinweis auf die den umliegenden Gebäuden trotz Anwesenheit der Feuerwehr drohende Brandgefahr von der Inbrandsetzung der Synagoge ab, bestand jedoch darauf, daß das Dach der Synagoge eingerissen werden sollte. [...] Das Büro der SA-Standarte in Mannheim hatte über das Rathaus Ladenburg den Angeklagten, SA-Hauptsturmführer Reffert verlangt. Da Reffert in größerer Entfernung vom Rathaus wohnhaft war, wurde üblicherweise und so auch an diesem Vormittag der leichter erreichbare Angeklagte [A 2] in seiner Eigenschaft als stellvertretender Führer der Ladenburger SA durch die Stadtpolizei verständigt. [...] Auf dem Rathaus hatte er [A 2]*

*sich vergeblich um eine Verbindung mit dem Büro der SA-Standarte bemüht, hierbei aber durch die Polizei in Ergänzung jener von ihm bereits unterwegs gemachten Wahrnehmungen erfahren, daß eine allgemeine Aktion gegen Juden und deren Besitz in Gange war und daß die allgemeine SS von Ladenburg schon Geschäfte und Wohnungen jüdischer Bürger demoliert hatte. Nachdem er so volle Erkenntnis von Sinn und Zweck des ganzen Treibens erlangt hatte, begab er sich wieder zur Synagoge.[...] Nach längeren Bemühungen gelang es ihm [Reffert] Verbindung mit der Standarte zu bekommen. Es wurde ihm der Befehl erteilt, die Synagoge dem Erdboden gleich zu machen. Er fuhr daraufhin mit dem Fahrrad zur Synagoge und kam gegen 8 Uhr dort an. Zu diesem Zeitpunkt war man gerade dabei, das Dach der Synagoge abzudecken. SA-Männer und sonstige Personen befaßten sich mit der Zerstörung der bereits stark demolierten Inneneinrichtung. Die Bänke waren im Innern der Synagoge auf einen Haufen geworfen worden. Vor der Synagoge, wo sich eine unübersehbare Menschenmenge aufhielt, traf er auf den Angeklagten [A 2]. Schöpperle und seine SS-Männer hatten vorher schon den Platz verlassen. Vom Angeklagten [A 2] wurde dem Angeklagten Reffert gesagt, daß die SS mit den Zerstörungen begonnen und die SA dazu gezogen habe. Reffert [...] gab den Befehl, Bohrlöcher für eine Sprengung der Synagoge zu hauen. Während der Fertigstellung dieser Bohrlöcher, an der sich Reffert selbst beteiligte, gelang es, ihn von der Gefahr für die umliegenden Gebäude zu überzeugen und ihn dazu zu bewegen, von einer Sprengung Abstand zu nehmen. Gemeinsam mit anderen warf Reffert nunmehr mit Ziegelbrocken nach den Bänken im Innern der Synagoge und drang schließlich mit anderen zusammen in die von der Synagoge aus erreichbare Wohnung des Rosenfelder ein, deren Einrichtung vollständig zerstört wurde. [...] Um die gleiche Zeit befahl Reffert, die männlichen Juden auf das Rathaus zu bringen. In Ausführung dieses Befehls führte der Angeklagte [A 2] nacheinander 10 bis 15 jüdische Bürger, darunter auch Rosenfelder von ihren Wohnungen zum Rathaus. In gleicher Weise, jedoch auf Befehl des Angeklagten [A 2], betätigte sich der Angeklagte [A 3]. Ihm hatten sich mehrere andere und zwar nicht nur SA-Männer angeschlossen. Daß die Letzteren in einigen der aufgesuchten Judenwohnungen auch Zerstörungen begingen, war ihm auf Grund der wahrgenommenen Geräusche bewußt geworden. [...] Ein Beweis dafür, daß der Angeklagte Pohly [Ladenburger Bürgermeister] in den auf die Aktion des 10. November 1938 folgenden Tagen Möbel und Kleidungsstücke, die aus Wohnungen jüdischer Bürger stammten, versteigern ließ, hat nicht erbracht werden können. Sämtliche Angeklagten erklärten übereinstimmend, daß ihnen von einer derartigen Versteigerung nichts bekannt sei. [...]*[288]

Nach den Erkenntnissen des Gerichts waren die Zerstörungen am Nachmittag des 10. November 1938 in Ladenburg beendet. Während der Verhandlung gestanden die Angeklagten Reffert und drei weitere Angeklagte ihre Teilnahme an den Verwüstungen in der Synagoge und in jüdischen Wohnungen. Die Berufung einiger Angeklagter auf Befehle am 10. November 1938 wies das Gericht mit der Begründung zurück, *daß es nach allgemeiner Meinung keine rechtlich bindenden Befehle zur Verübung von Verbrechen oder Vergehen mit schuldbefreiender Wirkung für den Befehlsempfänger und -ausführenden gibt.*[289] Die Angeklagten Reffert und A 2 wurden als „Rädelsführer" der Zerstörungen wegen schwerem Landfriedensbruch zu einer Freiheitsstrafe von jeweils einem Jahr und neun Monaten verurteilt. Als Initiator der Zerstörungen in Ladenburg sah das Gericht den SS-Untersturmführer Schöpperle an. Bei vier weiteren Beschuldigten sah das Gericht den Strafbestand des Landfriedensbruchs erfüllt. Die Angeklagten A 3 und A 6 erhielten Haftstrafen von jeweils fünf Monaten. Der Angeklagte A 4 wurde zu 7 Monaten, der Angeklagte A 5 zu sechs Monaten Haft verurteilt. Zwei Beschuldigte, unter ihnen Bürgermeister Kurt Pohly, wurden freigesprochen.

Entgegen den Aussagen der Angeklagten in diesem ersten Prozeß kam es in Ladenburg vom 4. bis 12. Dezember 1938 zu Versteigerungen jüdischen Eigentums. Auf Befehl der Stadtverwaltung transportierten städtische Arbeiter nach dem 10. November 1938 etwa noch acht Tage Möbel aus den jüdischen Wohnungen in die städtische Turnhalle.[290] Die Versteigerungen fanden in den Wohnungen mehrerer jüdischer Familien, zum Teil auch in der städtischen Turnhalle statt. Einige der Möbelstücke wurden von den vier Angeklagten im zweiten Prozeß wegen der Ereignisse am 10. November 1938 in Ladenburg ersteigert.[291]

In den jüdischen Wohnungen kam es während des Pogroms zu Plünderungen, an denen sich offensichtlich Amts- und Privatpersonen beteiligten. Der Kantor der jüdischen Gemeinde, Sally Rosenfelder, verfaßte am 1. Dezember 1948 einen Bericht[292] über seine Erlebnisse zehn Jahre zuvor und geht dabei auch auf Plünderungen am 10. November und an den folgenden Tagen in seinem Haus ein:

*[...] Bewegliches Eigentum wurde von Amts- und Privatpersonen gestohlen, darunter eine kostbare Briefmarkensammlung und zwei Schreibmaschinen. Eine Schreibmaschine wurde durch Verwendung von Ratsschreiber [...] zurückerstattet. Die andere, eine neue 'Erika' fand amtliche Verwendung auf dem Rathaus, wo sie von meiner Tochter Irene gesehen wurde und sich möglicherweise jetzt noch befindet. Silberbestecke, komplett für 18 Personen wurden gestohlen. Über diesen Punkt verhandelte ich mit Ratsschreiber [...] Zufolge seiner Angaben wurde das Silber nach Mannheim geschafft. Ein Barbetrag von RM 200 wurde vor den Augen meiner Tochter Irene gestohlen. Der Dieb war der Ehemann von [...], Mitglied der SA. An den Diebstählen und Räubereien beteiligten sich verschiedene Einzelpersonen, Männer und Frauen. [...] Über diese Dinge wäre zu vernehmen die Ehefrau des Zigarrenhändlers [...], wohnhaft gegenüber der Synagoge, die alle Vorgänge von der Treppe der Synagoge aus beobachtete und deren Wohnung als Abstellraum für einen Teil der gestohlenen Güter benutzt wurde. [...] Meine Familie, 3 Personen wurden aus der Wohnung vertrieben, die ohnehin nicht mehr bewohnbar war. Die unbeschreibliche Zerstörung des Israelitischen Gemeindehauses wurde von den Nazis so sehenswert befunden, dass der Bevölkerung die Besichtigung gegen eine Eintrittsgebühr gestattet wurde. Während der folgenden Nächte wurden aus der ungeschützten Wohnung weitere Güter gestohlen, darunter wertvolle Stücke der Wäscheausstattung meiner Tochter.*[293]

Neben diesen auch damals gesetzwidrigen Verhaltensweisen einiger Ladenburger gab es an jenem Tag auch Beispiele für Mitmenschlichkeit. Einige couragierte Nachbarn halfen den jüdischen Ladenburgern nach den Zerstörungen ihrer Wohnungen mit Lebensmitteln. Lea Zusman, geborene Levy, erinnert sich: *Etwas später kamen mitleidige Nachbarn, trösteten die Unglücklichen und brachten ihnen etwas Speise und Trunk.*[294] Die Cousine von Lea Zusman, Lilly Brett, geborene Hirsch, erinnert sich, daß ein Freund ihrer Mutter während der Nacht gekommen sei und einen Koffer mit dringend benötigten Gegenständen gebracht habe.[295] Über die Motive der Täter für die Zerstörungen in den jüdischen Wohnungen in Ladenburg liegt, außer der Berufung auf einen entsprechenden Befehl höherer Stellen, nur die Aussage eines Beteiligten vor. Ludwig Kempe erinnert sich, seine Mutter habe von einem Täter auf ihre Frage nach dem Grund für die Zerstörungen die Antwort bekommen: *Ihr, ihr mordet unsere Leute ....*[296]

Der am 10. November 1938, also am Tag des Geschehens, in der Neckar-Bergstraß-Post unter der Überschrift *Große Empörung des Volkes gegen das Judentum* erschienene Artikel (siehe die Abb. auf der folgenden Seite) stellte die Vorgänge in Ladenburg in zeitgenössischer, aufhetzender Sichtweise dar.[297]

In Ladenburg wurden am 10. November 1938 elf jüdische Männer im Alter von 32 bis 62 Jahre verhaftet bzw. in sogenannte „Schutzhaft"[298] genommen und anschließend in das Konzentrationslager Dachau deportiert. Zwischen dem 6. und 28. Dezember 1938 konnten die Männer wieder nach Ladenburg zurückkehren.[299]

Da an einen jüdischen Gottesdienst mindestens zehn erwachsene[300] Männer teilnehmen müssen, konnten erst nach der Rückkehr der elf jüdischen Ladenburger wieder Gottesdienste stattfinden. Kantor Sally Rosenfelder war jedoch unsicher, ob Gottesdienste überhaupt noch zulässig seien. Keinesfalls wollte er den Behörden einen Anlaß zum Eingreifen geben.[301] Da die Inneneinrichtung der Ladenburger Synagoge am 10. November 1938 vollständig zerstört worden war, verkaufte die Gemeinde die Synagoge und das Wohnhaus der Familie Rosenfelder am 17. Februar 1939 an einen Ladenburger Maurermeister und dessen Ehefrau.[302] Die Familie Rosenfelder lebte nach dem Novemberpogrom im Hause der Familie

*Neckar-Bergstraß-Post, 10. November 1938: „Große Empörung des Volkes gegen das Judentum“ (Bericht über die Ereignisse während des Novemberpogroms in Ladenburg).*

# Aus unserer Heimat

## Ladenburg

**Der Gedenktag für die Toten der Bewegung** hat auch innerhalb unseres Ortsgruppenbereiches seine entsprechende Würdigung erfahren. Am Morgen schon hatte Ortsgruppenleiter Pohly beim Aufziehen der Wache an beiden Ehrenmalen Kränze niedergelegt, das Stadtbild zeigte reichen Flaggenschmuck. Am Abend versammlete sich die NSDAP und ihre Formationen und Gliederungen auf dem Marktplatz zum Marsch zur Feierstätte. Nach dem Fahnenaufmarsch und einem Lied des BDM sowie einem Vorspruch gedachte Ortsgruppenleiter Pg. Pohly in markigen Worten der Toten des 9. November und würdigte den Sinn ihres Opfertodes. Nur durch ihr Sterben konnte Deutschland zu seiner heutigen Macht und Größe emporsteigen. Nach weiteren sinnvollen Lieder- und Gedichtvorträgen intonierte dann die Kapelle das Lied vom guten Kameraden, während dessen die Namen der 16 Toten des 9. November verlesen wurden. Ein flammender Appell des Hoheitsträgers, immer treu und opferbereit zur Sache des Führers zu stehen, gipfelte in einem dreifachen Sieg Heil. Die Lieder der Nation, beschlossen die schlichte aber eindrucksvolle Feierstunde, zu der sich auch die Bevölkerung zahlreich eingefunden hatte.

**Morgen ist große Kundgebung.** Es sei an dieser Stelle nochmals darauf hingewiesen, daß morgen abend, im Rahmen der großen Versammlungswelle des Gaues Baden der NSDAP, Gauorganisationsleiter Pg. Aug. Kramer über das Thema „Unsere nationalsozialistische Weltanschauung“ sprechen wird. Gerade in diesen Tagen, wo wertvolles deutsches Blut wieder einmal einem feigen jüdischen Mordanschlag zum Opfer fiel, wird uns der Redner viel zu sagen haben.

**Den 63. Geburtstag** kann heute unsere Zeitungsträgerin, Frau Zeidler, feiern. Unsere besten Glückwünsche.

---

**Große Empörung des Volkes gegen das Judentum.**

Hatte der feige Mordanschlag in der deutschen Botschaft zu Paris schon das tiefste Mitgefühl des deutschen Volkes erweckt, so stieg die Empörung über diese freche Herausforderung des Weltjudentums bald ins Unermeßliche. Als dann gestern abend durch den Rundfunk bekannt wurde, daß der schwer verletzte deutsche Gesandtschaftsrat in Paris verstorben ist, kannte die Empörung auch in Ladenburg keine Grenzen mehr. Schon in den frühen Morgenstunden des heutigen Tages kam es in den Straßen unserer Stadt zu größeren Menschenansammlungen, die schließlich in der immer mehr sich steigernden Volkswut zu Ausschreitungen gegen die Juden führten. So drang die Menge in die Synagoge ein, um dort alles kurz und klein zu schlagen, Polizei und SA sorgten dafür, daß den jüdischen Mischpoken kein Haar gekrümmt wurde, indem man sie in Schutzhaft nahm. Dabei wurde bei dem Judenlehrer eine Schußwaffe gefunden. Im weiteren Verlauf der Ausschreitungen drang die Menge in die verschiedenen Geschäfte und Wohnungen ein, um dort ihrer Wut Luft zu machen. In allen Fällen ist es gelungen, die Juden selbst vor Mißhandlungen zu bewahren und sie unversehrt in Schutzhaft zu nehmen, wofür dieses Geschmeiße unbedingt noch dankbar sein muß, denn wären sie der empörten Menschenmenge überlassen worden, es wäre ihnen wahrhaftig schlecht ergangen. Frech und als wenn überhaupt nichts passiert wäre kam im Laufe des Vormittags ein Auto auf den Marktplatz gefahren, dem ein Frankfurter Jude und seine Tochter entstiegen. Rasch wurden sie von der Menge als Juden erkannt und mußten ebenfalls in Schutzhaft genommen werden. —

Es konnte ja nicht ausbleiben, daß es auch hier in Ladenburg zu derartigen Ausschreitungen kam, denn in allzu frischer Erinnerung ist uns heute noch das freche und herausfordernde Benehmen der hiesigen Juden während der kritischen, letzten Septembertage dieses Jahres. Wir haben das Verhalten der Krummnasigen damals entsprechend in den Spalten unserer Zeitung gebrandmarkt. Nun mußten die verhängnisvollen Schüsse eines 17jährigen Juden in der deutschen Botschaft zu Paris fallen, die uns wieder einmal recht klar und deutlich das wahre Gesicht Alljudas zeigten. Das deutsche Volk kann sich solche Herausforderungen nicht mehr gefallen lassen und so haben die Juden bei uns in Deutschland eben für ihre Rassegenossen draußen in der Welt zu büßen.

Auch das leider in Ladenburg noch vorhandene freche Judengeschmeiße hat nach dem gesunden Empfinden des Volkes mit Recht erfahren, daß man nicht ungestraft deutsche Männer meuchlings ermorden kann. Es wäre gut, wenn man das ganze Gesindel irgendwo zusammensperren würde und ihnen dadurch jede Möglichkeit nehmen würde, weiter das Gastrecht des deutschen Volkes, dessen sie sich weitgehendst erfreuen konnten, mißbrauchen zu können.

---

# Aus Nah und Fern

### Auf dem Mittellandkanal nach Hamburg

**Mannheim, 9. Nov.** Montag mittag traf in Hamburg das erste Schiff, das über den Mittellandkanal elbabwärts den Weg nach Hamburg nahm, ein. Es handelte sich um das in Mannheim beheimatete MS „Mosel 104“, das der Rhenus-Transport-Gesellschaft m. b. H., Mannheim, gehört und bisher auf Rhein- und Moselfahrten eingesetzt war. Das fünfzig Meter lange und rund sieben Meter breite Motorschiff besitzt 430 Tonnen Ladefähigkeit und wird durch ein 275 PS.-Maschine angetrieben. Es kam von Rheinfelden an der schweizerischen Grenze und hatte bis Magdeburg Schamotte geladen. Von dort aus lief das Schiff leer nach Hamburg, wobei es u.a. einen Durchschnitt von 20 Stundenkilometer Geschwindigkeit ereichte. MS „Mosel 104“ soll künftig zwischen Hamburg und Hannover eingesetzt werden.

---

**Mannheim, 9. Nov.** (Kunsteisbahn im Werden.) Nach drei Jahrzehnten fror endlich im Winter auf 1928 der Rhein zu und damit war all denen, die dem Eissport huldigen, freie Bahn gegeben. Seither gab es aber nicht wieder einen eisüberbrückten Rhein. So ist man jetzt daran gegangen, Mannheim eine vom Winter unabhängige Kunsteisbahn im Friedrichspark zu schaffen, die zunächst nur etwa 2000 Quadratmeter groß sein, später aber verbreitert werden wird. Am ersten Weihnachtstag wird auf ihr zum ersten Mal der Stahlschuh herrschen.

**Mannheim, 9. Nov.** (Betrunken am Steuer.) In stark betrunkenem Zustande fuhr der Steinmetzmeister Karl Bähner aus Bellheim-Pfalz mit seinem Personenkraftwagen durch die Morchfeldstraße, dabei andere Verkehrsteilnehmer stark gefährdend. Die Polizei nahm B. in Gewahrsam und zog seinen Führerschein ein. Der verantwortungslose Fahrer wird mit einer empfindlichen Strafe rechnen können.

Driels. Kantor Rosenfelder erbat im Auftrag des Synagogenrats einen Monat später, am 17. März 1939, bei der Ladenburger Stadtverwaltung um eine Genehmigung für regelmäßige Gottesdienste in seiner Privatwohnung: *Laut Auskunft des Oberrats der Israeliten ist die Abhaltung von isr. Gottesdiensten von amtlicher Seite gestattet. Unsere Synagoge ist verkauft und wir haben kein Gemeindelokal mehr. Wir fragen hiermit höflich an, ob wir künftig regelmässigen Gottesdienst in meiner Privatwohnung abhalten dürfen.*[303] Bürgermeister Pohly antwortete am gleichen Tag lapidar: *[...] Insofern dem Wohnungsmarkt keine Wohnung verloren geht, habe ich gegen die Abhaltung eines regelmässigen Gottesdienstes in einem Privathaus nichts einzuwenden.[...]*[304] Die noch in Ladenburg lebenden Mitglieder der jüdischen Gemeinde trafen sich nunmehr an Schabbat und an den jüdischen Feiertagen im Haus der Familie Hirsch in der Bahnhofstraße 22.[305]

Ob der jüdische Friedhof in Ladenburg am 10. November 1938 geschändet wurde, geht weder aus den Akten noch aus den Erinnerungen der ehemaligen jüdischen Ladenburger hervor. Einzelne Grabsteine auf dem Friedhof wurden jedenfalls zwischen dem 10. November 1938 und dem Ende der NS-Diktatur umgeworfen.[306]

### *Die Folgen des Pogroms*

Nur zwei Tage nach der Reichspogromnacht veröffentlichte der Beauftragte für den Vierjahresplan, Hermann Göring, eine Reihe von antisemitischen Verordnungen.[307] Die „Verordnung über die Wiederherstellung des Straßenbildes bei jüdischen Gewerbebetrieben" zwang die Inhaber jüdischer Wohnungen und Geschäfte, die vom 8. bis 10. November 1938 entstandenen Schäden auf eigene Kosten zu beseitigen. Durch die „Verordnung über eine Sühneleistung der Juden deutscher Staatsangehörigkeit" wurde den deutschen Juden die Zahlung einer Kontribution in Höhe von 1 Milliarde Reichsmark an den Staat auferlegt. Die „Erste Verordnung zur Ausschaltung der Juden aus dem deutschen Wirtschaftsleben" zwang Juden alle noch bestehenden Geschäfte ab 1. Januar 1939 zu schließen. Von dieser endgültigen Verdrängung der Juden aus der Wirtschaft waren in Ladenburg folgende jüdische Betriebe betroffen:

Die beiden Einzelhandelsgeschäfte A. & M. Driels OHG und Marx Kaufmann KG sowie die Schuhmacherwerkstatt von Salomon Löwenstein und die Werkstatt für landwirtschaftliche Maschinen von Jakob Kapustin.[308]

Auf eine Anfrage des Mannheimer Landratsamtes vom 23. Februar 1939 zur „Ausschaltung der Juden aus dem deutschen Wirtschaftsleben" teilte Bürgermeister Pohly am folgenden Tag den Stand der „Arisierung" in Ladenburg der Behörde mit: *[...] Bis jetzt ist ein jüdisches Einzelhandelsverkaufsgeschäft abgewickelt und in nichtjüdisches Eigentum überführt worden. Zwei weitere jüdische Einzelhandelsverkaufsstellen befinden sich noch in der Abwickelung.*[309]

Angesichts der zum Jahresbeginn 1939 verbotenen selbständigen beruflichen Tätigkeit verkauften mehrere jüdische Ladenburger von Dezember 1938 bis Juni 1939 ihre Geschäfte und Grundstücke an nichtjüdische Ladenburger. Die bei diesen Verkäufen erzielten Erlöse lagen zumeist unter ihrem jeweiligen Einheitswert, hier zeigt sich die von manchen Käufern ausgenutzte Notlage der jüdischen Verkäufer. Die jüdischen Verkäufer erhielten nicht einmal die vollständigen Kaufsummen, ein Teil der Verkaufserlöse wanderte auf gesperrte Konten. Hinsichtlich der Verfügung über diese Konten galten strenge Bestimmungen. Der Verkauf von Immobilien nach dem Novemberpogrom durch die jüdischen Ladenburger diente zum Teil der Finanzierung der Emigration ihrer Kinder bzw. sollte die finanzielle Grundlage ihrer geplanten eigenen Emigration bilden.

Das früher von Minna Rubel in der Hauptstraße 47 geführte Geschäft wurde am 11. Dezember 1938 von ihren Schwiegersöhnen Adolf und Moritz Driels an einen Ladenburger Gemüsehändler und dessen Ehefrau zum Preis von 6.250 Reichsmark bei einem Einheitswert von 7.100 Reichsmark veräußert.[310] Von dem Verkaufserlös erhielten Adolf und Moritz Driels nur etwa 1.400 Reichsmark, 3.450 Reichsmark mußten auf ein gesperrtes Konto überwiesen werden.[311] Am 29. Dezember 1938 verkaufte Louis Kaufmann sein Grundstück in der Hauptstraße 27 an einen Ladenburger Schuhmacher und dessen Ehegattin zum Preis von 18.000 Reichsmark bei einem Einheitswert von 29.700 Reichsmark. Adolf und Moritz Driels veräußerten am 20. Januar 1939 an einen Ladenburger Schuhmacher und dessen Ehefrau ein Grundstück in Ladenburg zum Preis von 16.500 Reichsmark bei einem Einheitswert von 21.200 Reichsmark. Ihr Geschäftshaus in der Hauptstraße 36/38 verkauften Moritz und Adolf Driels am 23. Juni 1939 an einen Ladenburger Uhrmacher und dessen Ehefrau zum Preis von 10.500 Reichsmark bei einem Einheitswert von 22.800 Reichsmark. Maier und Fanny Lammfromm veräußerten am 8. Mai 1939 ihr Haus in der Kirchenstraße 23 an einen Ladenburger Kaufmann und dessen Ehefrau zum Preis von 11.000 Reichsmark bei einem ebenso hohen Einheitswert. Das sich auf Ladenburger Gemarkung befindliche Grundstück der Firma Bensinger-Lenel wurde im Rahmen der „Arisierung" dieses Unternehmens am 21. Dezember 1938 vom Direktor einer Berliner Sprengstoffabrik zum Preis von 400.000 Reichsmark erworben.

Neben den bereits genannten Verordnungen traten in den ersten Wochen nach dem 10. November 1938 zahlreiche weitere Verordnungen sowie Erlasse nationalsozialistischer Ministerien in Kraft, die deutsche Juden in allen Lebensbereichen immer mehr einschränkten. Der Präsident der Reichskulturkammer verbot beispielsweise in einer Anordnung vom 12. November 1938 Juden den Besuch von Theatern, Kinos, Konzerten, Ausstellungen und anderen kulturellen Veranstaltungen.[312] Der Reichserziehungsminister untersagte am 15. November 1938 jüdischen Schülern den Besuch deutscher Schulen.[313] Die Neckar-Bergstraß-Post veröffentlichte im November und Dezember 1938 die meisten neu erlassenen judenfeindlichen Bestimmungen und stellte ihnen Überschriften wie zum Beispiel *Sühnen für die jüdische Mordtat* (Ausgabe vom 14. November 1938) oder *Planmäßige Entjudung der deutschen Wirtschaft* (Ausgabe vom 6. Dezember 1938) voran. Die offizielle Diskriminierung der jüdische Bevölkerung wurde 1939 in einer Vielzahl von amtlichen Anordnungen fortgesetzt und intensiviert. Dazu zählte die „15. Verordnung zur Durchführung und Ergänzung des Gesetzes über den Ausgleich bürgerlich-rechtlicher Ansprüche", die deutschen Juden verbot, Schadensersatzansprüche für die während der Reichspogromnacht erlittenen Schäden geltend zu machen.[314]

### 5.6 Die Entwicklung von November 1938 bis Oktober 1940

Da den deutschen Juden ab 1. Januar 1939 die Leitung jeglicher Unternehmen untersagt wurde, blieb ihnen von diesem Zeitpunkt an nur die Möglichkeit, Hilfsarbeitertätigkeiten anzunehmen oder von eigenen Ersparnissen oder von der jüdischen Wohlfahrt zu leben. Rachel Stanieski, geborene Hirsch, erinnert sich, daß ihre Eltern in dieser Zeit von Ersparnissen gelebt haben.[315] Einige der bislang selbständigen jüdischen Einzelhändler in Ladenburg arbeiteten zur Bestreitung ihres Lebensunterhalts in den Jahren 1939 und 1940 als Handlanger – abgesondert von den übrigen Beschäftigten – in verschiedenen Unternehmen. Bürgermeister Pohly wandte sich am 27. Oktober 1939 an das Arbeitsamt in Mannheim und beantragte bei der Behörde, sechs arbeitsfähigen jüdischen Männern in Ladenburg umgehend eine Arbeit zuzuweisen.[316] Das Mannheimer Arbeitsamt entsprach Pohlys Gesuch am 31. Oktober 1939, ermahnte ihn jedoch, dem jeweiligen Vornamen der Männer den seit 1. Januar 1939 gesetzlich vorgeschriebenen zusätzlichen Vornamen „Israel" hinzuzufügen: *Die Zustimmung zur Einstellung der Vorgenannten wird erteilt. Ich nehme an, dass Sie diese, wie fernmündlich besprochen, bei der Gemeinde mit Wegeherstellungsarbeiten geschlossen beschäftigen. Angeschlossen sind 6 Anträge auf Ausstellung eines Arbeitsbuches. Ich ersuche, diese von den Obengenannten ausfüllen zu lassen und bestätigt hierherzugeben. Dabei bitte ich, die Vornamen der Genannten im Arbeitsbuchantrag vollständig auszufüllen.*[317]

Unter dem Eindruck der Ereignisse während des Novemberpogroms emigrierten von Anfang 1939 bis zum Beginn des Zweiten Weltkriegs noch insgesamt 18 Mitglieder der jüdischen Gemeinde. Sie emigrierten entweder in die Vereinigten Staaten, nach Großbritannien oder nach Palästina. Die meisten von ihnen waren Jugendliche und junge Erwachsene, ihre Eltern blieben in Ladenburg zurück. Für die Entscheidung einiger Gemeindemitglieder, in Deutschland zu bleiben, waren mitunter fehlende finanzielle oder behördliche Voraussetzungen ausschlaggebend. Der bereits im Juli 1938 nach Australien emigrierte Alfred Driels bemühte sich später vergeblich von dort, für seinen Vater Adolf Driels sowie seine Tante und Onkel, Rosa und Moritz Driels, um alle notwendigen Emigrationspapiere. Der Kriegsbeginn im September 1939 machte Alfred Driels Bemühungen zunichte, da eine

Emigration in das mit England verbündete Australien unmöglich wurde.[318] Kantor Sally Rosenfelder war bis zum 10. November 1938 fest entschlossen gewesen, Ladenburg nicht zu verlassen. Als er an jenem Tag verhaftet wurde, bat er seine Ehefrau Minna und seine Tochter Irene, die für die Einwanderung in die USA benötigten Papiere zu besorgen.[319] Kantor Rosenfelder gelang mit seiner Ehefrau am 23. Juli 1939 die Emigration nach Großbritannien, um von dort im Sommer 1940 in die Vereinigten Staaten einzureisen. Die jüngere Tochter der Rosenfelders, Irene, war bereits am 23. April 1939 in die USA emigriert. Minna Rosenfelders Mutter, Klara Schwarzenberger, konnte als letztes Gemeindemitglied am 17. August 1939 ebenfalls nach Großbritannien fliehen und gelangte mit ihrer Tochter und ihrem Schwiegersohn im Sommer 1940 in die USA. Die anderen jüdischen Ladenburger, die Deutschland vor Kriegsbeginn verlassen konnten, waren:

Margot und Helmut Driels, beide emigrierten am 2. Februar 1939 nach London. Lilly Hirsch emigrierte Anfang 1939 nach Palästina, ihrem Bruder Rafael gelang am 11. Juli 1939 die Emigration nach Großbritannien. Die Geschwister Josef und Lea Levy emigrierten am 21. Februar bzw. am 29. Juli 1939 ebenfalls nach Großbritannien, ihre Schwester Hanna Levy konnte Anfang März 1939 nach Palästina emigrieren. Samuel Kapustin emigrierte mit seiner Ehefrau Johanna und Sohn Rudolf am 23. März 1939 in die Vereinigten Staaten. Das Ehepaar Max und Berta Scherer verließ Ladenburg am 17. April 1939 und emigrierte ebenfalls in die USA. Dem Ehepaar Josef und Berta Wimpfheimer gelang am 20. Juli 1939 die Emigration nach Großbritannien.[320]

Mit Beginn des Zweiten Weltkrieges am 1. September 1939 traten neue antisemitische Bestimmungen in Kraft. Der Reichsführer SS, Heinrich Himmler, verpflichtete am 1. September 1939 die jüdischen Gemeinden, Luftschutzräume selbst und aus eigenen Mitteln zu errichten.[321] Diese Verfügung Himmlers teilte der Landrat in Mannheim am 12. September 1939 in einem Rundschreiben den Bürgermeistern in seinem Kreis mit. Darüber hinaus wies er die Bürgermeister an, den jüdischen Gemeinden das Ausgangsverbot für Juden für die Zeit nach 20 Uhr mitzuteilen.[322] Wenige Tage später, am 15. September 1939, teilte der Landrat den Bürgermeistern eine Anweisung der Gestapo in Karlsruhe mit, wonach Juden besondere Lebensmittelgeschäfte zugewiesen bekommen sollten.[323] Der Ladenburger Bürgermeister ließ daraufhin die Wohnungen der zu diesem Zeitpunkt noch in Ladenburg lebenden 35 jüdischen Männer, Frauen und Kinder, nach Hamsterwaren durchsuchen und erstattete am 29. September 1939 dem Bezirksamt Mannheim Bericht:

*Betr.: Zuweisung von Lebensmittelgeschäften nur für Juden*

*Aufgrund der dortigen Verfügung vom 15. Sept. 1939 habe ich eine Durchsuchung der jüdischen Wohnungen auf Hamsterwaren vornehmen lassen. Hamsterwaren bei der derzeitigen Bewirtschaftung konnten nicht festgestellt werden. Kleinere Vorräte, die aber unbedeutend sind, soweit solche vorgefunden wurden, rühren noch aus früheren Zeiten her.*
*Eine Zuweisung von besonderen Lebensmittelgeschäften für Juden habe ich noch nicht vorgenommen. Gemäss Rundschr. der Gestapo Karlsruhe vom 21. d. Mts. habe ich nunmehr angeordnet, es vorläufig bei dem alten Zustande zu belassen [...]*[324]

Obwohl mit Kriegsbeginn die Möglichkeiten, auf legalem Wege zu emigrieren, deutlich erschwert waren, gelang es folgenden jüdischen Einwohnern Ladenburgs noch 1940 Deutschland zu verlassen:

Jakob Kapustin emigrierte am 18. Januar 1940 zu seinem Sohn, Dr. Max Kapustin, in die Vereinigten Staaten. Leo Kaufmann emigrierte im darauffolgenden Monat ebenfalls in die USA. Als letzten jüdischen Einwohnern Ladenburgs gelang dem Ehepaar Lina und Bernhard Hirsch am 17. April 1940 ebenfalls die Emigration in die Vereinigen Staaten.[325]

Offenbar bemühte sich im Frühjahr 1940 auch Alfred Krell, mit seiner Frau Anna und seinen beiden Töchtern Lea und Ruth zu emigrieren. Aufgrund fehlender zur Ausreise aus Deutschland benötigter Papiere gelang es ihm und seiner Familie nicht mehr, in ein anderes Land zu fliehen.[326] Vermutlich plante im Sommer 1940 auch Fritz Hirsch mit seiner Familie zu emigrieren, bekam jedoch nicht mehr die hierfür erforderlichen Ausreisepapiere.[327]

Esriel Hirsch und Ludwig Kempe wanderten Ende 1940 illegal in Palästina ein. Zuvor hatte Ludwig Kempe sich Kenntnisse im Schreinerhandwerk angeeignet, um dadurch bessere Chancen auf eine Anstellung im Ausland zu haben. Seine bereits für November 1939 geplante Einwanderung nach Palästina wurde mehrfach bis August 1940 verschoben. Zusammen mit einer größeren Gruppe jüdischer Jugendlicher und junger Erwachsener, darunter auch sein Freund Esriel Hirsch, gelangte Ludwig Kempe im November 1940 nach Palästina.[328]

### 5.7 Das Ende der jüdischen Gemeinde: Die Deportation nach Gurs am 22. Oktober 1940

Am 22. Oktober 1940 wurden fast alle in den Gauen Saarpfalz und Baden lebenden deutschen Juden, ungefähr 6.500 Menschen, auf Anordnung der beiden Gauleiter Josef Bürkkel und Robert Wagner verhaftet und am gleichen oder an den folgenden Tagen in die unbesetzte Zone Frankreichs deportiert. Dieser Vorgang war von den Behörden und der Gestapo seit längerer Zeit mit Zustimmung Hitlers[329], Himmlers und Heydrichs vorbereitet worden, blieb bis zum Tag der Ausführung jedoch geheim.[330] Bürckel und Wagner interpretierten für die Deportation der badisch-pfälzischen Juden eine Bestimmung im deutsch-französischen Waffenstillstandsvertrag vom Sommer 1940, wonach alle im Elsaß und in Lothringen lebenden Juden nach Vichy-Frankreich ausgewiesen werden sollten, nach ihren eigenen Vorstellungen willkürlich um.[331] Die Vichy-Regierung sperrte sich zunächst gegen die Aufnahme deutscher in ihrem Herrschaftsbereich, mußte dem deutschen Drängen aber schließlich nachgeben. Den von der Deportation betroffenen Menschen – ausgenommen waren lediglich jüdische Ehepartner in Mischehen und nicht-transportfähige Personen – gestatteten die Behörden, pro Person 50 kg Gepäck und 100 Reichsmark in Bargeld mitzunehmen. Angesichts der mitunter sehr kurzen Frist, die den jüdischen Männern, Frauen und Kindern für die Vorbereitung eingeräumt wurde, konnten sie nicht immer die notwendigsten Kleidungsstücke und Decken mitnehmen. Aus Verzweiflung über das ungewisse Schicksal begingen mehrere von der Deportation betroffene Menschen Selbstmord. Aus den offiziellen Berichten geht hervor, die Verhaftungen durch Polizeibeamte und Gestapoangehörige seien *reibungslos* und *fast unbemerkt von der Bevölkerung* abgelaufen.[332]

#### *Der Ablauf der Deportation in Ladenburg*

Die letzten noch in Ladenburg lebenden 27 jüdischen Männer, Frauen und Kinder im Alter von 1 bis 85 Jahren wurden am 22. Oktober 1940 vermutlich von Polizeibeamten aufgefordert, innerhalb von 20 Minuten ihre Habseligkeiten zusammenzusuchen und sich auf dem Marktplatz einzufinden. Von dort wurden die Menschen mit Lastwagen nach Mannheim gebracht. Auf dem Mannheimer Hauptbahnhof mußten die jüdischen Ladenburger mit den übrigen zur Deportation vorgesehenen Menschen Personenzüge besteigen, die sie nach mehrtägiger Fahrt in das südfranzösische Lager Gurs am Fuße der Pyrenäen brachten.

Unter den aus Ladenburg Deportierten war die damals 14jährige Rachel Stanieski, geborene Hirsch. Sie ist die einzige Überlebende, die sich an den Ablauf der Ereignisse am 22. Oktober 1940 erinnern konnte. Im Jahre 1988 schilderte sie ihre Erinnerungen in zwei Briefen:

*Am 20. Oktober 1940 [*das genaue Datum war der 22. Oktober 1940; J.Z.*] sind in unsrer Wohnung drei SS-Leute erschienen und haben uns aufgefordert, innerhalb 20 Minuten die Wohnung zu räumen. Es wurde uns gesagt, wir durften nur soviel Gepäck mitnehmen, was wir allein schleppen können, um 100 km zu Fuß zu gehen. Da das Erscheinen der SS-Leute und die Aufforderung, binnen 20 Minuten die Wohnung zu verlassen, ganz unerwartet gekommen ist, haben wir in größter Eile nur sehr wenig Kleidung mitgenommen, Decken überhaupt nicht – die Familie bestand aus 7 Personen, Großmutter 85 Jahre alt, Vater, Mutter und 4 Kinder, ich war die älteste, der kleinste war Joel, damals ein Jahr alt. Fräulein Frankenthal, die Familie Kempe und meine Tante Ella Levi, Mutter von Hanna Lion, wohnten oben im Haus, unten wohnten*

*Christen.*[333] *Zum Mannheimer Bahnhof brachte man uns in Lastwagen.*[334]
Die 27 Deportierten aus Ladenburg waren:
Adolf Driels (geb. 1. September 1881);
das Ehepaar Moritz Driels (geb. 25. Oktober 1882) und Rosa Driels, geborene Rubel (geb. 5. Januar 1889);
Lilli Frankenthal (geb. 6. Juni 1889);
Fritz Hirsch (geb. 31. Oktober 1888) und seine Ehefrau Selma Hirsch, geb. Kaufmann (geb. 18. Juli 1894) mit den vier Kindern Rachel Hirsch (geb. 13. November 1926), Jakob Hirsch (geb. 3. Juni 1930), Elias Hirsch (geb. 20. September 1935) und Joel Hirsch (geb. 18. Oktober 1939);
Johanna Hirsch geb. Simon, die Mutter von Fritz Hirsch (geb. 12. Dezember 1856);
Mathilde Kaufmann, geb. Maier (geb. 15. November 1855) und ihre Kinder Julie Kaufmann (geb. 7. Oktober 1885), Luise Kaufmann (geb. 28. Januar 1889), Meta Kaufmann (geb. 15. Januar 1892) und Sally Kaufmann (geb. 29. Oktober 1880);
das Ehepaar Erich (geb. 9. Oktober 1896) und Betty Kempe, geborene Plaut (geb. 19. November 1894);
Alfred Krell (geb. 15. November 1897) und seine Ehefrau Anna, geborene Kapustin (geb. 15. März 1907) sowie die beiden Töchter Lea Krell (geb. 23. Mai 1932) und Ruth Krell (geb. 8. Juli 1933);
Ella Levy, geborene Kaufmann (geb. 4. Mai 1890);
das Ehepaar Heinrich Löwenfels (geb. 22. September 1901) und Recha Löwenfels, geborene Gutmann (geb. 13. März 1912) mit Sohn Ernst Löwenfels (geb. 25. Januar 1938);
Bertha Rhein, geborene Sternweiler (geb. 23. August 1877).

Das in den jüdischen Wohnungen vorgefundene Bargeld überwies die Stadtverwaltung im November 1940 auf ein „Judenkonto" bei der Mannheimer Filiale der Deutschen Bank.[335] Am 29. November 1940 wurde das in den Wohnungen zurückgelassene Mobiliar in der städtischen Turnhalle durch das damalige Ortsgericht Ladenburg öffentlich versteigert.[336] Den gesamten Erlös überwies die Stadtverwaltung auf das Konto „Jüdisches Vermögen" bei der Stadtsparkasse Mannheim. Nach Einschätzung von Bürgermeister Pohly im Februar 1941 konnte der Versteigerungserlös *in den einzelnen Fällen als angemessen erachtet, teilweise sogar als zu hoch betrachtet werden.*[337] Nach Abzug der Kosten erbrachte die Versteigerung jüdischen Eigentums einen Erlös in Höhe von 14.369,34 Reichsmark.[338] Die jüdischen Ladenburger lebten zum Zeitpunkt der Deportation noch in insgesamt neun Wohnungen. Diese Wohnungen wurden zunächst von der Stadtverwaltung beschlagnahmt, geräumt und dann teilweise an nichtjüdische Ladenburger vermietet.[339]

Die zum Zeitpunkt der Deportation noch in jüdischem Eigentum befindlichen Häuser und Grundstücke durften zunächst nicht verkauft werden. Nach Erlaß der elften Verordnung zum Reichsbürgergesetz am 25. November 1941 enteignete das Deutsche Reich diese Immobilien. Diese Verordnung bestimmte, daß deutsche Juden ihre Staatsangehörigkeit verlieren, wenn sie zum Zeitpunkt des Inkraft-

Ladenburg, den 25. April 1941.

**Verzeichnis**

**über die in Ladenburg wohnhaft gewesenen und am 22.10.1940 ausgewiesenen Juden.**

| O.Z. | Zu- & | Vorname | Gebürtstag | Geburtsort |
|---|---|---|---|---|
| 1 | Driels | Adolf | 1. 9.81. | Großkarben |
| 2 | Driels | Moritz | 25.10.82. | Großkarben |
| 3 | Driels geb.Rubel | Rosa | 5. 1.89. | Ladenburg |
| 4 | Frankenthal | Lilli | 6. 6.89. | Altenlotheim |
| 5 | Hirsch | Fritz | 31.10.88. | Groß - Gerau |
| 6. | " geb.Kaufmann | Selma | 18. 7.94. | Ladenburg |
| 7 | " | Rahel | 12.11.26. | Ladenburg |
| 8 | " | Jakob | 13. 6.30. | Ladenburg |
| 9 | " | Elias | 20. 9.34. | Ladenburg |
| 10 | " | Joel | 18.10.39. | Mannheim |
| 11 | " geb. Simon | Johanna Wtw. | 12.12.56. | Mainz |
| 12 | Kaufmann geb.Maier | Mathilde | 15.11.55. | Malsch |
| 13 | " | Julie | 7.10.85. | Ladenburg |
| 14 | " | Luise | 28. 1.89. | Ladenburg |
| 15 | " | Meta | 15. 1.92. | Ladenburg |
| 16 | " | Sally | 29.10.80. | Ladenburg |
| 17 | Kempe | Erich | 9.10.96. | Berlin |
| 18 | " geb. Plaut | Betty | 19.11.94. | Ottrau |
| 19 | Krell | Alfred | 15.11.97. | Kusmin |
| 20 | " geb.Kapustin | Anna | 13. 3.07. | Weinheim |
| 21 | " | Lea | 23. 5.32. | Mannheim |
| 22 | " | Ruth | 8. 7.33. | Sinsheim |
| 23 | Levy geb. Kaufmann | Ella Wtw. | 4. 5.90. | Ladenburg |
| 24 | Löwenfels | Heinrich | 22. 9.01. | Windsheim |
| 25 | " geb. Gutmann | Recha | 13. 3.12. | Hainsfurth |
| 26 | " | Ernst | 25. 1.38. | Mannheim |
| 27 | Rhein geb.Sternweiler | Berta Wtw. | 23. 8.77. | Ladenburg |

-=0O0=-

*Verzeichnis über die in Ladenburg wohnhaft gewesenen und am 22. 10. 1940 ausgewiesenen Juden. (Liste der nach Gurs deportierten jüdischen Ladenburger. – StA Ladenburg A 1944: Maßnahmen in der Judenfrage).*

tretens der Verordnung oder später ihren *gewöhnlichen Aufenthalt* im Ausland hatten oder nahmen. Dabei spielte die Tatsache, daß der Auslandsaufenthalt durch eine von den Behörden angeordnete Deportation erzwungen war, keine Rolle. Das Vermögen der deportierten Juden fiel an das Deutschen Reich.[340] In Ladenburg waren von der Verordnung folgende jüdische Häuser und Grundstücke betroffen: Das Haus Bahnhofstraße 22 (damals Adolf-Hitler-Straße), als dessen Eigentümer noch der verstorbene Julius Kaufmann II im Grundbuch eingetragen war, wurde 1941 enteignet und später Sitz der Polizeidienststelle.[341]

Das Anwesen von Mathilde Kaufmann in der Kirchenstraße 10 sowie zwei Ackergrundstükken zog der Staat 1942 ein.

Das Haus von Bertha Rhein in der Neugasse 3 enteignete das Deutschen Reich ein Jahr später.[342]

Der jüdische Friedhof wurde 1942 eingezogen und fiel an die Reichsvereinigung der Juden in Deutschland.[343]

Die Stadtverwaltung Ladenburg bemühte sich zwischen Juni 1941 und März 1944 mehrfach um den Erwerb des jüdischen Friedhofs von der zuständigen Reichsvereinigung der Juden in Deutschland.[344] Solche Anstrengungen wurden auch in anderen Orten Badens und Württembergs unternommen.[345] Die hiesige Kommune beabsichtigte, nach Kauf des Friedhofsgrundstücks, die Grabsteine abzutragen und das Gelände an den christlichen Friedhof anzugliedern.[346] Die sich in die Länge ziehenden, mehrjährigen Verhandlungen der Stadtverwaltung mit der Reichsvereinigung der Juden in Deutschland sowie einer Mannheimer Bank und dem Landratsamt Mannheim aufgrund des von der Stadt vorgeschlagenen Kaufpreises führten zu keiner Einigung. Im Frühjahr 1944 war für den Kauf des Friedhofs von staatlicher Seite noch keine generelle Entscheidung getroffen worden, so daß die Bemühungen der Kommune bis zum Ende des Zweiten Weltkrieges letztendlich scheiterten.[347] Die Erhaltung des jüdischen Friedhofs in Ladenburg war somit vor allem fehlenden offiziellen Bestimmungen über die Verwertung der jüdischen Begräbnisstätten zu verdanken.

### *Die Situation im Lager Gurs*

In dem 1939 für spanische Bürgerkriegsflüchtlinge errichteten Lager Gurs herrschten im Herbst 1940 katastrophale Lebensbedingungen für die Internierten.[348] Durch die Deportation der ungefähr 6.500 badisch-pfälzischen Juden war die Zahl der Internierten in Gurs innerhalb weniger Tage auf 13.000 Menschen angewachsen. Die Versorgung mit Lebensmitteln in dem hermetisch von der Außenwelt abgeschlossen Lager war völlig unzureichend, ebenso die sanitären Verhältnisse. Infolge dieser unmenschlichen Zustände verstarben im Winter 1940/41 vor allem die überwiegend älteren Deportierten aus Deutschland. Im Frühjahr 1941 verbesserte sich die Situation in Gurs durch die nun einsetzende Hilfe schweizerischer, amerikanischer und französischer Hilfsorganisationen etwas. Zur gleichen Zeit wurden Häftlinge aus Gurs in andere südfranzösische Lager wie zum Beispiel Rivesaltes, Récébédou, Nexon, Noé oder Vernet verlegt, wo sie bis zum Sommer 1942 interniert waren.

Rachel Stanieski, geborene Hirsch, erinnert sich an die unmenschlichen Lebensbedingungen im Lager Gurs im Herbst 1940:

*Am 22. Okt. 1940 wurden wir ins KZ, Lager Gurs interniert. In Gurs kamen wir in strömendem Regen und Sturm an. Die Baracke bestand aus Teerpapier und Holz, sehr primitiv. Die wenigen Betten, die in der Baracke standen, wurden von älteren Insassen natürlich benutzt und wir, meine Mutter, ich und drei Geschwister schliefen auf dem hölzernen Fußboden auf dünnem Strohsack und einer kleinen dünnen Decke. Kinder wurden von Erwachsenen getrennt. Wir wurden damals auch getrennt. Vater extra, Mutter mit Großmutter und wir Kinder in einer Kinder Baracke gepfercht mit meinem Bruder 1 Jahr. Die Verhältnisse waren natürlich unmenschlich. In Gurs, das in den pyrenäischen Bergen liegt wo während der Herbst- und Winter- und Frühjahrsmonate sehr viel Regen fiel. Es regnete damals zwei bis drei Wochen unaufhörlich. Die Baracke stand auf Holzsäulen; durch den anhaltenden Regen wurde der Erdboden unter der Baracke voll mit Wasser, wodurch auch der Holzboden der Baracke nass wurde und auch die Papierwände* *durchnäßt u. ganz feucht wurden und manchmal in Fetzen gelangen. Tag und Nacht lag man auf solchem Gelage, da es keine andere Sitzgelegenheit gab. Wegen des ständigen Regens zog es von allen Ecken, dabei litten wir und die meisten Insassen an infektiösen Durchfällen und anderen Krankheiten ... Viele Menschen sind durch Krankheiten verhungert. Anfang Juli [*1941; J.Z.*] wurden wir nach Rivesaltes (in den orientalischen Pyrenäen nahe zur spanischen Grenze) KZ-Lager transferiert. Dort waren wir ebenfalls bis anfangs 1942. Dort war weniger Regen, aber grosse Stürme, die die Baracken oft umgestossen haben. Dort kam es öfter vor, dass nachts die Behörde oder sonstige Aufseher betrunken, schreiend herumschlagend in die Baracken hereinstürmte und alle Insassen hinausjagte und Stunden in mangelhafter Bekleidung unter freiem Himmel stehen liessen. Durch die grossen Strapazen, die ich mitmachte, hatte damals schon grosse Schmerzen in den Gliedmassen, aber ich fürchtete mich, es mitzuteilen, um nicht vom Lagerpersonal noch schlechter behandelt zu werden.*[349]

## 5.8 Die Schicksale der jüdischen Ladenburger

Der deutsche Überfall auf die Sowjetunion am 22. Juni 1941 eröffnete den Nationalsozialisten die Möglichkeit, ihre Pläne zur Ausrottung der europäischen Juden umzusetzen. In einem Schreiben vom 31. Juli 1941 beauftragte Reichsmarschall Hermann Göring den Chef der Sicherheitspolizei und des Sicherheitsdienstes Reinhard Heydrich mit der organisatorischen Vorbereitung des systematischen Massenmordes an Millionen europäischer Juden.[350] Formal beschlossen wurde die von Göring gewünschte sogenannte „Endlösung der Judenfrage" auf der am 20. Januar 1942 in einer Villa am Berliner Wannsee abgehaltenen sogenannten „Wannseekonferenz".[351] Um die Umsetzung der Beschlüsse der Wannseekonferenz in Frankreich bemühten sich die deutschen Behörden in Paris von März 1942 an.[352] Im August 1942 gab die französische Vichy-Regierung unter Marschall Pétain dem deutschen Drängen auf Auslieferung der sich auf französischem Territorium befindlichen ausländischen Juden nach. Die im unbesetzten Teil Frankreichs internierten ausländischen Juden verschleppten die französischen Behörden in mehreren Transporten in das von der Gestapo errichtete Sammel- und Durchgangslager Drancy bei Paris. Von dort wurden die jüdischen Männer, Frauen und Kinder von August 1942 an in mehreren Zügen nach Auschwitz und Majdanek deportiert und dort zum allergrößten Teil ermordet.[353]

Drei jüdischen Frauen aus Ladenburg blieb die Deportation in die Vernichtungslager erspart, sie verstarben zwischen 1940 und 1943 in Südfrankreich. Im Lager Gurs verstarb die 85-jährige Mathilde Kaufmann am 8. Dezember 1940 an den katastrophalen Haftbedingungen. Johanna Hirsch kam ebenfalls 85jährig 1941 im Lager Rivesaltes ums Leben, wohin sie von Gurs aus verlegt worden war. Bertha Rhein gelang es zu einem unbekannten Zeitpunkt, das Lager Gurs zu verlassen. Sie starb im Alter von 68 Jahren 1943 in einem Hospital in Montauban.[354]

Fünfzehn jüdische Männer und Frauen aus Ladenburg wurden im August und September 1942 über das Lager Drancy in das Vernichtungslager Auschwitz deportiert und dort ermordet.

Am 10. August 1942 waren folgende neun jüdische Männer und Frauen aus Ladenburg unter den insgesamt 1.006 überwiegend deutschen Juden, die von Drancy aus deportiert wurden: Adolf Driels, Moritz Driels, Rosa Driels, Lilli Frankenthal, Julie Kaufmann, Meta Kaufmann, Sally Kaufmann, Erich Kempe und Betty Kempe.

Unter den 1.000 am 17. August 1942 von Drancy Deportierten befand sich Luise Kaufmann. Am 24. August 1942 war Recha Löwenfels unter den 1.000 Deportierten von Drancy nach Auschwitz.

Am 26. August 1942 wurde Heinrich Löwenfels, der Ehemann von Recha Löwenfels, mit 1.001 anderen Menschen von Drancy nach Auschwitz deportiert.

Am 28. August 1942 war unter den 1.000 Deportierten von Drancy nach Auschwitz Ella Levy. Das Ehepaar Anna und Alfred Krell befand sich am 9. September 1942 unter den 1.000 Deportierten, die von Drancy nach Auschwitz gebracht wurden.[355]

Am 4. März 1943 deportierten die Nationalsozialisten Fritz Hirsch als letzten der 27 von Ladenburg aus deportierten Juden von Frankreich nach Majdanek .[356] Insgesamt wurden 19 der am 22. Oktober 1940 deportierten jüdischen Ladenburger in einem Vernichtungslager ermordet oder starben an den Haftbedingungen in Südfrankreich.

Zu den Opfern der nationalsozialistischen Judenverfolgung zählen außerdem mindestens 15 weitere ehemalige jüdische Einwohner Ladenburgs. Sie wurden entweder aus anderen Städten Deutschlands oder aus Belgien oder den Niederlanden in die Vernichtungslager deportiert.[357]

### *Überlebende der Deportation nach Gurs*

Durch die Bemühungen verschiedener Hilfsorganisationen bzw. durch Flucht aus Gurs und anderen Lagern entgingen acht Deportierte aus Ladenburg, sieben Kinder und Selma Hirsch, der Vernichtung. Lea und Ruth Krell wurden von einer jüdischen Organisation aus Gurs gerettet und bei französischen Bauern versteckt. Sie emigrierten nach Kriegsende in die Vereinigten Staaten.[358] Ernst Löwenfels konnte 1942 vermutlich mit Unterstützung einer Hilfsorganisation aus dem Lager entkommen. Er überlebte in Frankreich und emigrierte später in die USA.[359] Jakob und Elias Hirsch wurden Anfang 1941 aus dem Lager Gurs gerettet und anschließend in einem Heim untergebracht. Mit Hilfe der Quäker konnten sie vermutlich noch im gleichen Jahr in die Vereinigten Staaten gelangen. Der bei der Deportation einjährige Joel Hirsch wurde ebenfalls aus dem Lager gerettet und verbrachte die folgenden sechs Jahre bei einer christlichen Familie.[360] Selma Hirsch gelang die Flucht aus dem Lager und überlebte versteckt in Frankreich.[361] Im Jahre 1948 wanderte Selma Hirsch mit ihrem Sohn Joel, ihrer Tochter Rachel und deren Ehemann nach Israel aus, wo sie bereits 1956 verstarb.[362] Rachel Stanieski gelang im Sommer 1942, kurz vor der Deportation der Lagerinsassen nach Auschwitz, die Flucht aus Rivesaltes, wohin sie inzwischen verlegt worden war. Nach einem Aufenthalt in einem Kinderheim der Hilfsorganisation OSE flüchtete Rachel Stanieski, geborene Hirsch, später in die Schweiz und blieb dort bis nach dem Krieg.[363]

## 6. Ausblick

Der Stadt Ladenburg ist wie vielen anderen Orten Deutschlands durch die Vernichtung der jüdischen Gemeinde während des Nationalsozialismus ein schmerzlicher und dauerhafter Verlust entstanden. Die Schicksale der jüdischen Ladenburger wurden im öffentlichen Bewußtsein der Stadt und wohl auch ihrer Bürger nach Kriegsende viele Jahre verdrängt. Eine solche Haltung war nach 1945 keineswegs nur in Ladenburg anzutreffen, sondern in vielen Städten und Gemeinden eher die Regel. Die allgemeine Entwicklung kann die spezifischen Vorgänge in einer Kommune allenfalls erklären, nicht aber entschuldigen. Vor dem Hintergrund dieser Verdrängungsmentalität konnte in Ladenburg 1967 die noch vorhandene Synagoge, der Mittelpunkt der früheren jüdischen Gemeinde, ohne größeren öffentlichen Widerstand abgebrochen werden. Es vergingen noch weitere neun Jahre, bis die Stadtverwaltung eine Gedenktafel an der ehemaligen Synagoge einweihte. Mit dieser Gedenktafel und der Errichtung eines Gedenksteins 1995 vor dem jüdischen Friedhof ist die Geschichte der jüdischen Gemeinde in der Stadt nicht beendet. Sie wird auf anderen Ebenen fortgesetzt. Die Einladung an vierzehn ehemalige jüdische Ladenburger durch die Stadtverwaltung im Jahre 1990 stellte eine bemerkenswerte Geste der Versöhnung dar. Durch diese Einladung erfuhr der schwierige und zögerliche Annäherungsprozeß einzelner Mitglieder der jüdischen Gemeinde an ihre ehemalige Heimatstadt eine grundlegende Veränderung. Die vor allem seit dem Besuch bestehenden persönlichen Kontakte sollten auch in Zukunft von der Kommune fortgesetzt und unterstützt werden. Die Gedenktafel und der Gedenkstein sollten dabei als sichtbares Zeichen des Gedenkens an einen bedeutenden Teil der Stadtgeschichte nicht für sich allein stehen. Die Erinnerung an die jüdische Gemeinde kann darüber hinaus bei Stadtführungen oder im Lobdengaumuseum wachgehalten werden. Das Gedenken an die Schicksale der jüdischen Ladenburger sollte im öffentlichen, alltäglichen Geschichtsbewußtsein der Stadt ebenso Platz haben wie die Erinnerung an die bedeutende römische Besiedlung oder das Wirken der Wormser Bischöfe im Mittelalter. Die Feier des 1900jährigen Stadtjubiläums könnte der Ausgangspunkt für ein Überdenken der jahrzehntelang tradierten weitgehenden Beschränkung auf diese besonders herausragenden Aspekte der Stadtgeschichte sein.

## Anmerkungen

1 So der letzte Ladenburger Kantor, Sally ROSENFELDER, über die hiesige jüdische Gemeinde, in einem Brief an das New Yorker Leo-Baeck-Institut vom 29. Mai 1958. In: Archiv des Leo-Baeck-Instituts, New York: Signatur AR 452: Gemeinde Ladenburg.

2 Im 19. und 20. Jahrhundert führte die jüdische Gemeinde Ladenburgs den offiziellen Namen: „Israelitische Gemeinde Ladenburg“. In diesem Beitrag sollen die beiden Bezeichnungen für den Zusammenschluß der jüdischen Einwohner der Stadt synonym verwendet werden.

3 ARBEITSKREIS. Zur Entstehung und personellen Zusammensetzung des Arbeitskreises siehe: Ebenda, S. 9–10.

4 So die Vermutung von Karl DARMSTÄDTER, Mitglied der jüdischen Gemeinde Ladenburgs bis 1927 und in den zwanziger Jahren Lehrer an der Ladenburger Realschule. Entsprechende Quellen existieren, wie Darmstädter einräumt, nicht. Siehe: DARMSTÄDTER: Zum Jubiläum, S. 7.

5 HUNDSNURSCHER/TADDEY, S. 174.

6 ROSENTHAL: Heimatgeschichte, S. 7.

7 HUNDSNURSCHER/TADDEY, S. 174.

8 Ebd., S. 2

9 PAULUS, S. 21.

10 HUNDSNURSCHER/TADDEY, S. 174.

11 LÖWENSTEIN, S. 2.

12 PAULUS, S. 21.

13 Ebd., S. 22.

14 DARMSTÄDTER: Zum Jubiläum, S. 7.

15 LÖWENSTEIN, S. 12. Die Stadt Ladenburg gehörte seit 1370 bzw. 1385 jeweils zur Hälfte den Wormser Bischöfen und den Kurfürsten von der Pfalz. Lediglich der Bischofshof verblieb im alleinigen Besitz der Wormser Bischöfe. Siehe: SCHAAB: Geschichte, Bd. 1, S. 109.

16 ROSENTHAL: Heimatgeschichte, S. 24.

17 DARMSTÄDTER: Zur Geschichte, o. S. [S. 1]

18 SCHAAB: Geschichte, Bd. 1, S. 102.

19 DARMSTÄDTER: Zur Geschichte, o. S. [S. 1]]

20 HUNDSNURSCHER/TADDEY, S. 174.

21 DÖPFNER, S. 64.

22 LÖWENSTEIN, S. 146.

23 HEUSER, S. 17.

24 LÖWENSTEIN, S. 146-148.

25 HUNDSNURSCHER/TADDEY, S. 174.

26 KEYSER, S. 106.

27 LÖWENSTEIN, S. 234.

28 HEUSER, S. 18.

29 HUNDSNURSCHER/TADDEY, S. 174.

30 WALK: Pinkas Hakehillot, S. 359. Siehe auch die Biographie Wolf Hajum LADENBURGS in: WATZINGER, S. 109.

31 WATZINGER, S. 116–117.

32 ARBEITSKREIS, S. 120.

33 Im Jahre 1705 gelangten die Stadt Ladenburg und der Bischofshof in den alleinigen Besitz des Heidelberger Kurfürsten und wurden somit Teil der Kurpfalz. Siehe: SCHAAB: Geschichte, Bd. 2, S. 169.

34 Zum Ende der Kurpfalz siehe: SCHAAB: Geschichte, Bd. 2, S. 245–250.

35 HUNDSNURSCHER/TADDEY, S. 10.

36 PAULUS, S. 29.

37 Ebd., S. 29.

38 HUNDSNURSCHER/TADDEY, S. 11.

39 Ebd., S. 12.

40 PAULUS, S. 45. Zum Unterschied zwischen Staatsbürgerrecht und Ortsbürgerrecht sowie der Stellung der Juden in diesem Zusammenhang siehe: HEUSER:, S. 30–37.

41 Der Oberrat der Israeliten Badens war nach dem 9. Konstitutionsedikt vom 13. Januar 1809 geschaffen worden und fungierte als die oberste geistliche Vertretung der badischen Juden. Siehe: PAULUS, S. 29–30.

42 HUNDSNURSCHER/TADDEY, S. 14–15.

43 ARBEITSKREIS, S. 71.

44 WALK: Pinkas Hakehillot, S. 360.

45 ARBEITSKREIS, S. 29.

46 Ebd., S. 30.

47 Ebd., S. 25 u. 30.

48 HUNDSNURSCHER/TADDEY, S. 11.

49 ROSENTHAL: Die jüdischen Volksschulen, S. 127–128.

50 Ebd., S. 128.

51 Anweisung zitiert nach: ROSENTHAL: Die jüdischen Volksschulen, S. 132.

52 Ebd., S. 133.

53 Ebd., S. 138 u. 141.

54 Ebd., S. 143.

55 Ebd., S. 149.

56 Generallandesarchiv Karlsruhe (GLA K), Signatur 362/1049: Die Aufhebung der israelitischen Volksschule zu Ladenburg. Schreiben des „Großherzoglichen Synago-

genrath Ladenburg" an den „Hohen Großherzoglichen Oberschulrath in Carlsruhe" vom 24. Juni 1868. In den Schuljahren 1864/65 und 1865/66 wurden in Ladenburg 13 jüdische Kinder unterrichtet, 1866/67 besuchten 14 und 1867/68 15 jüdische Schüler die jüdische Volksschule.

57 GLAK, Signatur 362/1049: Schreiben des „Hohen Großherzoglichen Oberschulraths in Carlsruhe" an den „Großherzoglichen Synagogenrath Ladenburg" vom 30. Juni 1868.

58 Zur Bedeutung der Synagoge für die jüdische Religion siehe: GAMM, S. 48-51.

59 GLAK, Signatur 210/159: Synagogenbau zu Ladenburg. Schreiben des großherzoglichen Innenministeriums an die israelitische Gemeinde Ladenburg vom 6. August 1832.

60 ARBEITSKREIS, S. 44–45 und DARMSTÄDTER: Zur Geschichte, o. S. [S. 1].

61 Brief von Lilly BRETT, geborene Hirsch, an den Verfasser vom 31. Oktober 1988.

62 ARBEITSKREIS, S. 47–48.

63 HUNDSNURSCHER / TADDEY, S. 13.

64 TÄUBLER-STERN, S. 88-89 und HUNDSNURSCHER / TADDEY, S. 14.

65 HUNDSNURSCHER / TADDEY, S. 14.

66 ARBEITSKREIS, S. 54.

67 Ebd., S. 55.

68 ARBEITSKREIS, S. 49. Der Oberrat der Israeliten Badens mußte die Einführung des Harmoniums in der Synagoge noch genehmigen.

69 Ebd., S. 50. Nach Erinnerung von Alfred DRIELS wurde die Benutzung des Harmoniums entweder von dem zwischen 1869 und 1907 amtierenden Kantor David FREITAG oder von seinem von 1910 bis 1939 in Ladenburg tätigen Nachfolger, Sally Rosenfelder, eingestellt. Gespräch Alfred DRIELS mit dem Verfasser am 5. Mai 1989.

70 ARBEITSKREIS, S. 74.

71 So die Erinnerungen der Gemeindemitglieder Walter LEVY und Helmut DRIELS. Siehe: ARBEITSKREIS, S. 57.

72 HOFFMANN, o.S. [S. 2].

73 Ebd.

74 Ebd., o.S. [S. 3].

75 DARMSTÄDTER: Zur Geschichte, o. S. [S. 1]

76 ARBEITSKREIS, S. 99.

77 GLAK, Signatur 362/1093: Statuten für den israelitischen Friedhofsverband Ladenburg 1880–1881.

78 ARBEITSKREIS, S. 99 und 284.

79 HAHN: Erinnerungen und Zeugnisse, S. 36.

80 ARBEITSKREIS, S. 18 und WALK: Pinkas Hakehillot, S. 359.

81 ARBEITSKREIS, S. 18.

82 Siehe entsprechende Tabelle in: WALK: Pinkas Hakehillot, S. 359.

83 ARBEITSKREIS, S. 18.

84 Ebd.

85 WALK: Pinkas Hakehillot, S. 359.

86 DARMSTÄDTER: Zur Geschichte, o.S. [S. 1].

87 DARMSTÄDTER: Die zahlenmäßige Entwicklung, S. 8–12.

88 HUNDSNURSCHER/TADDEY, S. 17.

89 Ebd., S. 17-18.

90 Liebmann HOCHSTETTER wurde vor 1909 als Vertreter der Steuerklasse I in den Bürgerausschuß gewählt. Siehe: ARBEITSKREIS, S. 31.

91 ARBEITSKREIS, S. 31.

92 Geschäftsanzeigen von Heinrich STERNWEILER im Ladenburger Wochenblatt in fast allen Ausgaben des Jahres 1899 und Geschäftsanzeigen von Abraham RUBEL im Ladenburger Wochenblatt in einigen Ausgaben des Jahres 1905.

93 Ladenburger Tageblatt, 19. November 1907: „Diamantene Hochzeit".

94 Ebd.

95 ARBEITSKREIS, S. 134.

96 Ladenburger Tageblatt, 5. Oktober 1914.

97 Ladenburger Wochenblatt, 29. Dezember 1900.

98 Ladenburger Wochenblatt, 4. Juni 1907 (Todesanzeige des Liederkranz für das „langjährige Ehrenmitglied" David FREITAG) und Ladenburger Tageblatt, 1. Mai 1912 (Todesanzeige des Liederkranz für sein passives Mitglied Heinrich STERNWEILER).

99 Ladenburger Tageblatt, 1. September 1914 (Todesanzeige des Turnvereins 1878 Ladenburg).

100 ARBEITSKREIS, S. 93.

101 Ebd.

102 Ebd., S. 88–92.

103 Ladenburger Tageblatt, 1. September 1914 (Todesnachricht Theodor HAUSER, gefallen am 19. August 1914 im Elsaß) und 1. März 1915 (Todesnachricht Arthur KAUFMANN wahrscheinlich im Februar 1915 in Frankreich gefallen).

104 Ladenburger Tageblatt, 1. September 1914 (Todesnachricht Theodor HAUSER, gefallen am 19. August 1914 im Elsaß).

105 ARBEITSKREIS, S. 146–147.

106 Ladenburger Tageblatt, 25. November 1914.

107 ARBEITSKREIS, S. 147.

108 Archiv des Leo-Baeck-Institut, New York: Signatur AR 452 Gemeinde Ladenburg.

109 Ebd.

110 PFLUGFELDER, S. 13.

111 Ebd.

112 ARBEITSKREIS, S. 35 und 298.

113 Brief Walter LEVYs an den Verfasser vom 1. Januar 1989.

114 ARBEITSKREIS, S. 36.

115 Ebd., S. 39 und 303. Heinrich STERNWEILER verstarb am 30. April 1912 in Ladenburg.

116 Neckar-Bergstraß-Post, 9. August 1928: Artikel aus Anlaß des 70. Geburtstags von Karoline HAUSER.

117 ARBEITSKREIS, S. 36.

118 Ebd. und Artikel in der Neckar-Bergstraß-Post vom 27. Juni 1927 anläßlich des 65. Geburtstags von Adolf HAUSER.

119 ARBEITSKREIS, S. 38.

120 Ebd., S. 38–39.

121 Brief Walter LEVYs an den Verfasser vom 21. April 1989.

122 ARBEITSKREIS, S. 39 und 281.

123 Ebd., S. 39.

124 ARBEITSKREIS, S. 40. Zu Dr. VOGELs Schicksal während des Nationalsozialismus siehe das folgende Kapitel über die Jahre 1933 bis 1945.

125 ARBEITSKREIS, S. 40.
126 Ebd. und FREUND, S. 7.
127 ARBEITSKREIS, S. 40.
128 DARMSTÄDTER: Die zahlenmäßige Entwicklung, S. 11. Verglichen mit 1910 hatte die jüdische Bevölkerung in Ladenburg um fünf Personen abgenommen.
129 So die Aussagen mehrerer ehemaliger jüdischer Ladenburger. Siehe: ARBEITSKREIS, S. 57.
130 Gespräch Alfred DRIELS mit dem Verfasser am 5. Mai 1989.
131 So die Erinnerungen von Ludwig KEMPE und Hanna LION, geborene Levy. Siehe: ARBEITSKREIS, S. 59.
132 Walter LEVY erinnerte sich an die Predigt des evangelischen Pfarrers, Alfred DRIELS war eine Ansprache des katholischen Geistlichen, Otto HÄUßLER, in Erinnerung. Siehe: ARBEITSKREIS, S. 60.
133 Zitiert nach: ARBEITSKREIS, S. 138.
134 Ebd., S. 55.
135 Zitiert nach: ARBEITSKREIS, S. 55.
136 Zu den folgenden Angaben zu Sally ROSENFELDERS Tätigkeit – wenn nicht anders vermerkt – siehe: ARBEITSKREIS, S. 121–132.
137 Gespräch Irene WÜRZBURGERS, geborene Rosenfelder, mit dem Verfasser am 24. Juni 1990.
138 ARBEITSKREIS, S. 95.
139 Das jüdische Purimsfest erinnert an die Rettung des jüdischen Volkes vor seiner drohenden Vernichtung durch den persischen Vizekönig Haman durch Königin Esther in vorchristlicher Zeit. Siehe: GAMM, S. 47.
140 Das achttägige Chanukkafest erinnert an die Reinigung des Tempels in Jerusalem im Jahre 165 v.Chr. Siehe: Ebd.
141 ARBEITSKREIS, S. 95–96.
142 Archiv des Leo-Baeck-Institut, New York: Signatur AR 452 Gemeinde Ladenburg.
143 Die einzelnen Titel finden sich in: ARBEITSKREIS, S. 125–126.
144 Neckar-Bergstraß-Post, 22. Dezember 1930: „Aus der israelitischen Gemeinde".
145 Archiv des Leo-Baeck-Institut, New York: Signatur AR 452 Gemeinde Ladenburg.
146 Ebd.
147 Neckar-Bergstraß-Post, 9. August 1928.
148 Zu den Aufgaben des Ladenburger Synagogenrats und seiner personellen Zusammensetzung im 19. und 20. Jahrhundert siehe: ARBEITSKREIS, S. 72–77.
149 Neckar-Bergstraß-Post, 9. Januar 1932: „Goldene Hochzeit".
150 Neckar-Bergstraß-Post, 9. Dezember 1925.
151 Neckar-Bergstraß-Post, 2. September 1931.
152 Neckar-Bergstraß-Post, 9. Januar 1932: „Goldene Hochzeit".
153 ARBEITSKREIS, S. 143. Vermutlich waren noch weitere Gemeindemitglieder in Ladenburger Vereinen repräsentiert.
154 Vgl. FREUND, S. 100.
155 Ladenburger Tageblatt, 26. Mai 1919 und Neckar-Bergstraß-Post, 15. November 1926.
156 FREUND, S. 100.
157 So die Erinnerung von Walter LEVY und Alfred DRIELS. Siehe: ARBEITSKREIS, S. 144.
158 Neckar-Bergstraß-Post, 31. Dezember 1932: „Jubiläum in der israelitischen Gemeinde".
159 Vgl. KRAUSNICK, S. 547–678. Siehe auch: STRAUSS/KAMPE.
160 BARKAI, S. 23.
161 KRAUSNICK, S. 569.
162 Ebenda.
163 BARKAI, S. 27.
164 Ebd.
165 BARKAI, S. 28.
166 Neckar-Bergstraß-Post, 30. März 1933: „Jüdische Geschäfte geschlossen".
167 StA Ladenburg: A 1709 „Aufrechterhaltung der Sicherheit, Bekämpfung der politischen Ausschreitungen 1920–1960". Darin Schreiben des badischen Bezirksamts Mannheim an alle Bürgermeisterämter des Landbezirks vom 29. März 1933.
168 Neckar-Bergstraß-Post, 1. April 1933.
169 KRAUSNICK, S. 572.
170 BARKAI, S. 32.
171 Neckar-Bergstraß-Post, 3. April 1933: „Der Boykott gegen die jüdischen Geschäfte eingestellt".
172 Neckar-Bergstraß-Post, 4. April 1933: „Zur Boykottbewegung".
173 Das Gesetz ist auszugsweise abgedruckt bei: WALK: Das Sonderrecht, S. 12. Ausgenommen von der Entlassung waren nur Beamte, die bereits am 1. August 1914 im Staatsdienst waren oder den Ersten Weltkrieg als Frontkämpfer mitgemacht hatten.
174 BARKAI, S. 39.
175 ARBEITSKREIS, S. 40.
176 BARKAI, S. 80.
177 FREUND, S. 121.
178 BARKAI, S. 80.
179 Ebd., S. 45.
180 Protokoll der Gemeinderatssitzung vom 3. Juli 1934. Zitiert nach: FREUND, S. 107. Für das Datum der Sitzung siehe: Ebenda, S. 184.
181 BARKAI, S. 45.
182 Neckar-Bergstraß-Post vom 7. November 1933. Zitiert nach: FREUND, S. 108.
183 Protokoll der Gemeinderatssitzung vom 29. Januar 1934. Siehe: FREUND, S. 107 und 184.
184 Ebd., S. 108.
185 BARKAI, S. 74.
186 FREUND, S. 108.
187 Ebd.
188 Dieses Verhalten trat nach Erinnerung von Lydia EHRHARDT, einer Hausgestellten der Familie Levy, und von Hanna LEVY zum Beispiel bei der Firma Gebrüder Kaufmann zutage. Siehe: ARBEITSKREIS, S. 37.
189 Ebd., S. 179–180.
190 Ebd., S. 39–40.
191 Das Geschäft von Bertha RHEIN wird in einer Liste jüdischer Geschäfte vom 1. Juli 1935 noch aufgeführt. StA Ladenburg, A 1944: Schreiben von Bürgermeister POHLY an einen Ladenburger Musikdirektor vom 1. Juli 1935. In einem Verzeichnis der am 1. November 1938 in Ladenburg noch bestehenden jüdischen Firmen findet sich das Geschäft von Bertha RHEIN nicht mehr. StA Ladenburg, A 1944: Von Bürgermeister POHLY am

8. Dezember 1938 angefertigtes „Verzeichnis der in der Gemeinde Ladenburg noch vorhandenen jüdischen Gewerbebetriebe aller Art nach dem Stand vom 1. November 1938“. Die Vermietung des Geschäfts an einen Drogisten geht aus dem von Kantor Sally ROSENFELDER im September 1938 verfaßten „Ladenburger Brief“ anläßlich des bevorstehenden jüdischen Neujahrsfestes hervor. Eine Abschrift des Briefes befindet sich im Besitz des Verfassers.

[192] StA Ladenburg, A 1944 Maßnahmen in der Judenfrage: Schreiben zweier Mannheimer Rechtsanwälte an die Gemeindeverwaltung Ladenburg vom 28. Februar 1955 in der Wiedergutmachungssache Leo KAUFMANN.

[193] ARBEITSKREIS, S. 178.

[194] Ebd., S. 283.

[195] Ebd., S. 180.

[196] Diese Aussagen sind einem Brief von Hanna LION, geborene Levy, an den Verfasser vom 14. Dezember 1988 entnommen.

[197] Neckar-Bergstraß-Post, 11. Januar 1938: „Vergleichsverfahren“.

[198] Ebd.

[199] StA Ladenburg, A 1944: Kopie des Rückerstattungsantrags von Selma HIRSCH vom 5. Dezember 1948.

[200] An die Hilfe der Partei beim Verkauf an das Ehepaar erinnert sich zumindest Walter LEVY. Siehe: Brief Walter Levys an den Verfasser vom 1. Januar 1989.

[201] ARBEITSKREIS, S. 178.

[202] So Walter LEVY in zwei Briefen an den Verfasser vom 25. September 1988 und vom 1. Januar 1989.

[203] Neckar-Bergstraß-Post, 26. August 1938.

[204] So Hanna LION, geborene Levy, in einem Brief an den Verfasser vom 14. Dezember 1988.

[205] ARBEITSKREIS, S. 181.

[206] Neckar-Bergstraß-Post, 17. September 1938.

[207] StA Ladenburg, A 1944: Von Bürgermeister POHLY am 8. Dezember 1938 angefertigtes „Verzeichnis der in der Gemeinde Ladenburg noch vorhandenen jüdischen Gewerbebetriebe aller Art nach dem Stand vom 1. November 1938“ und ARBEITSKREIS, S. 181.

[208] WALK: Pinkas Hakehillot, S. 359.

[209] Archiv des Leo-Baeck-Institut, New York: Signatur AR 452 Gemeinde Ladenburg.

[210] Ebd.

[211] BARKAI, S. 15.

[212] Die im Jahre 1934 von der Stadtverwaltung Ladenburg angelegte Akte „Maßnahmen in der Judenfrage“ (StA Ladenburg, A 1944) enthält neben einer Vielzahl antisemitischer Gesetze, eine Reihe von judenfeindlichen Handlungen der Kommunalbehörde.

[213] FREUND, S. 12. Zur Geschichte Ladenburgs in der NS-Zeit siehe den Beitrag von Hartmut FREUND in diesem Band.

[214] FREUND, S. 16.

[215] Zu dieser Einschätzung kommt Hartmut FREUND in seiner Magisterarbeit über Ladenburg von 1933 bis 1939. Siehe: FREUND, S. 35.

[216] Zitiert nach: WECKBECKER, S. 100.

[217] Neckar-Bergstraß-Post, 28. Oktober 1935. Zitiert nach: FREUND, S.117.

[218] FREUND, S. 160.

[219] Eine Sammlung aller antisemitischer Maßnahmen (Gesetze und dgl.) zwischen 1933 und 1945 findet sich bei WALK: Das Sonderrecht.

[220] Ebd., S. 15.

[221] Ebd., S. 17–18.

[222] DARMSTÄDTER: Die zahlenmäßige Entwicklung, S. 11.

[223] ARBEITSKREIS, S. 116.

[224] Zitiert nach: ARBEITSKREIS, S. 238.

[225] Gespräch Irene WÜRZBURGERS mit dem Verfasser am 24. Juni 1990 in Ladenburg.

[226] Zur Geschichte der jüdischen Schule in Mannheim vom 1934 bis 1940 siehe: FLIEDNER: Bd. 1: Darstellung, S. 77–97. Der Besuch der jüdischen Schule in Mannheim ist zumindest für Ludwig KEMPE und Rachel STANIESKI, geborene Hirsch, belegt.

[227] WALK: Das Sonderrecht, S. 127.

[228] Gespräch Lydia EHRHARDTs mit einem Mitglied des Arbeitskreises Jüdische Geschichte im Sommer 1987. Siehe: ARBEITSKREIS, S. 158.

[229] StA Ladenburg, A 1944: Schreiben des Bezirksamtes Mannheim an die Bürgermeister des Bezirks vom 7. Oktober 1935.

[230] StA Ladenburg, A 1944: Schreiben des Bezirksamtes Mannheim an die Bürgermeister des Bezirks vom 19. August 1936.

[231] WALK.: Das Sonderrecht, S. 139.

[232] StA Ladenburg, A 1944: Abschrift des Schreibens des Reichs- und Preussischen Minister des Innern an Dr. VOGEL vom 6. April 1936.

[233] StA Ladenburg, A 1944: Schreiben von Bürgermeister POHLY an das Bezirksamt in Mannheim vom 27. April 1936.

[234] ARBEITSKREIS, S. 181.

[235] StA Ladenburg, A 1944: Schreiben Sally ROSENFELDERS an das Bürgermeisteramt Ladenburg vom 11. November 1935.

[236] StA Ladenburg, A 1944: Schreiben Bürgermeister POHLYs an die Gestapo in Mannheim vom 16. November 1935.

[237] FREUND, S. 100.

[238] ARBEITSKREIS, S. 143–144.

[239] Zum Antisemitismus in der Neckar-Bergstraß-Post siehe: FREUND, S. 117–119.

[240] Ebd., S. 117.

[241] Ebd., S. 118.

[242] Ebd., S. 119.

[243] Neckar-Bergstraß-Post, 17. Mai 1938: „Warum Zwiebelknappheit?“. Zitiert nach: FREUND, S. 119.

[244] Neckar-Bergstraß-Post, Ausgabe vom 8. Juni 1938: „Jüdischer Saustall ausgehoben“ und vom 18. Juli 1938, „Judas Machtgelüste“. Zitiert nach: FREUND, S. 119–120.

[245] Neckar-Bergstraß-Post, 28. September 1938: „Wollen die Krummnasigen wirklich frech werden?“. Dieser Artikel ist abgedruckt in: ARBEITSKREIS, S. 189–190.

[246] So Hanna LION in einem Brief an den Verfasser vom 14. Dezember 1988.

[247] Ludwig KEMPE in einem Brief an den Verfasser vom 8. November 1989.

[248] Ebd.

[249] Ludwig KEMPE in einem Brief an den Verfasser vom 24. Mai 1989.

[250] Hanna LION, geborene Levy, in einem Brief an den Verfasser vom 14. Dezember 1988.

[251] Siehe den folgenden Abschnitt über die Emigration der jüdischen Ladenburger.

[252] Siehe entsprechende Tabelle über die Entwicklung der Mitgliederzahl der jüdischen Gemeinde von 1933 bis 1940.

[253] ARBEITSKREIS, S. 129.

[254] Israelitisches Gemeindeblatt, Mannheim vom 27. Juni 1935, S. 8.

[255] Lebensbericht Ludwig KEMPES, geschrieben am 22. Dezember 1985. Abschrift des Berichts im Besitz des Verfassers.

[256] Eine Abschrift des „Ladenburger Briefs" befindet sich im Besitz des Verfassers.

[257] WETZEL, S. 417.

[258] Dabei handelte es sich um Kurt HÖNIGSBERG. Siehe: ARBEITSKREIS, S. 283.

[259] Barbara VORMEIER: Die Deportierung deutscher und österreichischer Juden aus Frankreich 1942–1944, Paris 1980, S. 208. Zitiert nach: ARBEITSKREIS, S. 184.

[260] WETZEL, S. 425.

[261] ARBEITSKREIS, S. 183.

[262] Zitiert nach: ARBEITSKREIS, S. 183.

[263] Nach Erinnerung von Alfred DRIELS und Walter LEVY ließen die australischen Behörden nur 10.000 Juden einwandern. Siehe: ARBEITSKREIS, S. 183.

[264] ARBEITSKREIS, S. 183.

[265] Zur Neckarauer Anlernwerkstätte der jüdischen Gemeinde in Mannheim siehe: PROBST, S. 306.

[266] Abschrift des am 22. Dezember 1985 verfaßten Lebensberichts von Ludwig KEMPE.

[267] ARBEITSKREIS, S. 237.

[268] Siehe entsprechende Tabelle zur zahlenmäßigen Entwicklung der Emigration der jüdischen Ladenburger.

[269] SAUER: Die Schicksale, S. 147.

[270] WETZEL, S. 484.

[271] ARBEITSKREIS, S. 270–306.

[272] SAUER: Die Schicksale, S. 124.

[273] Siehe den folgenden Abschnitt über den Novemberpogrom 1938 und die Folgen.

[274] SAUER: Die Schicksale, S. 143–146.

[275] WALK: Das Sonderrecht, S. 223. In Ladenburg waren von dieser Verordnung Adolf und Moritz DRIELS, Selma HIRSCH, Sally KAUFMANN, Ella LEVY, Bertha RHEIN und Sally ROSENFELDER betroffen. Siehe: StA Ladenburg, A 1944: Schreiben Bürgermeister POHLYs an das Mannheimer Bezirksamt vom 20. August 1938.

[276] WALK: Das Sonderrecht, S. 229.

[277] Ebd., S. 237.

[278] Ebd., S. 244.

[279] MAURER, S. 59.

[280] ARBEITSKREIS, S. 203.

[281] PEHLE: Vorwort, S. 9.

[282] Ebd., S. 9–11.

[283] Schreiben des Hauptstaatsarchivs Stuttgart an Dr. Ulrike Haß, Mitglied des Arbeitskreises Jüdische Geschichte, Ladenburg, vom 2. Dezember 1988. Eine Kopie der Urteilsbegründung des ersten Prozesses befindet sich im Archiv der Gedenkstätte Yad Vashem, Referenznummer TR-10/71. Die Unterlagen zum zweiten Prozeß befinden sich im GLAK, Signatur 309 Zg. 1982/21, Nr. 325.

[284] GLAK, Signatur 309 Zg. 1982/21, Nr. 325

[285] Fälschlicherweise wird in Veröffentlichungen zur Ladenburger Stadtgeschichte noch immer als Datum der Reichspogromnacht der 9. November 1938 angegeben. Die beiden Gerichtsurteile vom 5. Januar 1949 und vom 31. März 1949 kommen übereinstimmend zu dem Ergebnis, daß sich die antisemitischen Maßnahmen in Ladenburg am 10. November 1938 ereigneten.

[286] Karl SCHÖPPERLE hatte wahrscheinlich in der Nacht vom 9. auf den 10. November 1938 von einer vorgesetzten SS-Dienststelle den Befehl für die Zerstörung der Ladenburger Synagoge bekommen.

[287] Ob Untersturmführer SCHÖPPERLE und die anderen SS-Männer dabei ihre Uniform trugen, geht aus den Prozeßakten nicht hervor. Ebensowenig läßt sich mit Sicherheit sagen, ob die Ladenburger SA-Männer bei ihren Zerstörungen Uniformen trugen.

[288] Archiv der Gedenkstätte Yad Vashem, Referenznummer TR-10/71.

[289] Ebd.

[290] Dies geht aus den Akten des zweiten Prozesses vor dem Landgericht Mannheim hervor. GLAK, Signatur 309 Zg. 1982/21, Nr. 325. Siehe auch den Bericht von Kantor Sally ROSENFELDER unten.

[291] So die Aussage eines Zeuge im zweiten Prozeß vor dem Landgericht Mannheim, der als städtischer Grundbuchratschreiber im Dezember 1938 protokollierte. GLAK, Signatur 309 Zg. 1982/21, Nr. 325.

[292] Dieser Bericht entstand offenbar im Zusammenhang mit einem Wiedergutmachungsantrag. Vgl. ARBEITSKREIS, S. 194.

[293] Bericht Sally ROSENFELDERs über den Novemberpogrom 1938 in Ladenburg, verfaßt am 1. Dezember 1948. Eine Abschrift dieses Berichts befindet sich im Hauptstaatsarchiv Stuttgart, Signatur J 355, Büschel 214.

[294] Brief von Walter LEVY für seine Schwester Lea an den Verfasser vom 19. August 1988.

[295] Brief von Lilly BRETT, geborene Hirsch, an den Verfasser vom 31. Oktober 1988.

[296] Lebensbericht Ludwig KEMPEs vom 22. Dezember 1985. Abschrift im Besitz des Verfassers.

[297] Neckar-Bergstraß-Post, 10. November 1938: „Große Empörung des Volkes gegen das Judentum".

[298] Unter „Schutzhaft" eine polizeiliche Verwahrung zu verstehen, wonach Menschen „zu ihrem eigenen Schutz oder zum Schutz der Allgemeinheit" inhaftiert werden konnten. Im Falle der nach Dachau deportierten jüdischen Ladenburger konnte die dortige „Schutzhaft" kaum dem Schutz dieser Männer dienen. Vielmehr mißbrauchten die Nationalsozialisten die „Schutzhaft" in ihrem Sinne, indem sie Personen auf unbestimmte Zeit einsperrten und den Verhafteten keine Möglichkeit zu einem Einspruch gegen diese Maßnahmen ließen. Siehe: ARBEITSKREIS, S. 202–203.

[299] StA Ladenburg, A 1944 Maßnahmen in der Judenfrage: Schreiben Bürgermeister POHLYs an das Bezirksamt Mannheim vom 16. Dezember 1938, vom 19. Dezember 1938 und vom 29. Dezember 1938.

[300] „Erwachsen" im Sinne der jüdischen Religion wird ein Junge im Alter von 13 Jahren mit der Feier seiner Bar-Mitzwah. Die zehn erwachsenen jüdischen Männer bilden den für den Gottesdienst vorgeschriebenen „Minjan".

[301] So die Erinnerung von Ludwig KEMPE. Siehe: ARBEITSKREIS, S. 70.

[302] StA Ladenburg, A 1945: Grundbesitz im Eigentum von Juden und im Besitz der toten Hand. Darin: Von der Stadtverwaltung Ladenburg im September 1945 angelegtes Verzeichnis „Privat-Grundstücke die 1933 im Besitz von Juden waren". Die Synagoge wurde von der israelitischen Gemeinde zum Preis von 3.000 Reichsmark bei einem Einheitswert von 6.600 Reichsmark veräußert. Der größte Teil der Kaufsumme (2.500 Reichsmark) wurde auf ein gesperrtes Konto des israelitischen Pensionsfonds der Landessynagoge in Karlsruhe überwiesen, die restlichen 500 Reichsmark wurden auf ein gesperrtes Konto der israelitische Gemeinde bei einer Mannheimer Bank überwiesen. Siehe: A 1945: Schreiben Bürgermeister POHLYs an den Landrat in Mannheim vom 7. Juni 1939.

[303] StA Ladenburg, A 1944: Schreiben Sally ROSENFELDERS an das Ladenburger Bürgermeisteramt vom 17. März 1939.

[304] StA Ladenburg, A 1944: Antwortschreiben Bürgermeister POHLYs an Sally ROSENFELDER vom 17. März 1939.

[305] So die Erinnerung von Rachel STANIESKI, geborene Hirsch, in einem Brief an den Verfasser vom 23. Dezember 1988.

[306] Helmut DRIELS besuchte im September 1945 als britischer Soldat seine frühere Heimatstadt und gab dem von den Amerikanern eingesetzten Bürgermeister HERDT 200 Reichsmark, um den Friedhof wieder in Ordnung bringen zu lassen. So Helmut DRIELS in einem Gespräch mit dem Verfasser am 10. September 1997.

[307] Die folgenden Verordnungen finden sich bei: WALK: Das Sonderrecht, S. 254–255.

[308] StA Ladenburg, A 1944: „Verzeichnis der in der Gemeinde Ladenburg noch vorhandenen jüdischen Gewerbebetriebe aller Art nach dem Stand vom 1. November 1938" angefertigt am 8. Dezember 1938 von Bürgermeister POHLY.

[309] StA Ladenburg, A 1944: Schreiben von Bürgermeister POHLY an den Mannheimer Landrat vom 24. Februar 1939.

[310] StA Ladenburg, A 1945: Diese und die folgenden Angaben über Grundstücksverkäufe finden sich in den am 3. September 1945 vom Ladenburger Bürgermeister HERDT an das Finanzamt Weinheim gesandten Listen „Geschäftliche Unternehmungen aller Art, die 1933 im Besitz von Juden waren", „Privat-Grundstücke, die 1933 im Besitz von Juden waren" und „Verzeichnis derjenigen Grundstücke, die am 30. 1. 1933 Eigentum von jüd. Personen, Gemeinden oder Stiftungen gewesen sind".

[311] StA Ladenburg: A 1945: Abschrift des Grundstücksverkaufs zwischen Adolf und Moritz DRIELS und dem Gemüsehändlerehepaar vom 11. Dezember 1938.

[312] WALK: Das Sonderrecht, S. 255.

[313] Ebd., S. 256.

[314] Ebd., S. 288.

[315] Rachel STANIESKI, geborene Hirsch, schrieb in einem Brief an den Verfasser vom 7. Mai 1989 wörtlich: „Meine Eltern lebten von Ersparnissen in der Zeit der Unterdrückung."

[316] StA Ladenburg, A 1944 Maßnahmen in der Judenfrage: Schreiben Bürgermeister POHLYs an das Mannheimer Arbeitsamt vom 27. Oktober 1939. Bei den Männern handelte es sich um Adolf und Moritz DRIELS, Fritz HIRSCH, Leo und Sally KAUFMANN und Heinrich LÖWENFELS.

[317] StA Ladenburg, A 1944 Maßnahmen in der Judenfrage: Schreiben des Mannheimer Arbeitsamts an Bürgermeister POHLY vom 31. Oktober 1939.

[318] Alfred Driels in einem Gespräch mit dem Verfasser am 5. Mai 1989 in Ladenburg.

[319] ARBEITSKREIS, S. 129.

[320] Ebd., S. 208.

[321] WALK: Das Sonderrecht, S. 303.

[322] StA Ladenburg, A 1944: Rundschreiben des Landrats des Kreises Mannheim an die Bürgermeister vom 12. September 1939. Am 20. Mai 1940 teilte der Landrat in Mannheim in einem weiteren Rundschreiben den Bürgermeistern des Kreises die neuen Bestimmungen des Reichssicherheitshauptamts für das Ausgehverbot der Juden mit. In der Zeit vom 1. April bis 30. September galt dieses Verbot von 21 Uhr bis 5 Uhr, vom 1. Oktober bis 31. März von 20 Uhr bis 6 Uhr. Siehe: StA Ladenburg, A 1944: Rundschreiben des Landrats in Mannheim an die Bürgermeister des Kreises vom 20. Mai 1940.

[323] StA Ladenburg, A 1944: Rundschreiben des Landrats des Kreises Mannheim an die Bürgermeister vom 15. September 1939.

[324] StA Ladenburg, A 1944: Schreiben von Bürgermeister Pohly an das Bezirksamt in Mannheim vom 29. September 1939.

[325] ARBEITSKREIS, S. 211. Zum weiteren Schicksal der Emigranten siehe: ebenda, S. 233–240.

[326] StA Ladenburg, A 1944: Schreiben von Bürgermeister POHLY an den Landrat in Mannheim vom 25. Mai 1940.

[327] Ein Hinweis auf solche Bemühungen Fritz HIRSCHs findet sich in einem Schreiben einer Mannheimer Immobilienfirma an den Ladenburger Bürgermeister vom 25. Oktober 1940.

[328] Lebensbericht Ludwig KEMPEs, geschrieben am 22. Dezember 1985. Abschrift im Besitz des Verfassers.

[329] Möglicherweise veranlaßte HITLER sogar selbst die Deportation. Siehe: KRAUSNICK, S. 606.

[330] SAUER: Dokumente, Bd. 2, S. 232.

[331] Ebd., S. 233.

[332] Ebd., S. 232–233.

[333] Auszug aus einem Brief Rachel STANIESKIS, geborene Hirsch, an den Verfasser vom 31. Oktober 1988.

[334] Auszug aus einem Brief Rachel STANIESKIS, geborene Hirsch, an den Verfasser vom 23. Dezember 1988.

[335] StA Ladenburg: A 1944: Schreiben von Bürgermeister POHLY an den Polizeipräsidenten Mannheim vom 28. November 1940.

[336] StA Ladenburg, A 1945: Schreiben von Bürgermeister HERDT an Theo STERN, London vom 14. Mai 1949 im Zusammenhang mit einem Rückerstattungsantrag.

[337] StA Ladenburg, A 1944: Schreiben von Bürgermeister POHLY an den Polizeipräsidenten in Mannheim vom 14. Februar 1941.

[338] StA Ladenburg, A 1944: Schreiben von Bürgermeister POHLY an den Mannheimer Polizeipräsident vom 5. März 1941

[339] StA Ladenburg: A 1944: Schreiben von Bürgermeister POHLY an den Mannheimer Polizeipräsidenten vom 4. Januar 1941.

[340] WALK: Das Sonderrecht, S. 357.

[341] ARBEITSKREIS, S. 248–249.

[342] Ebd., S. 244.

[343] StA Ladenburg, A 1945: Grundbesitz im Eigentum der Juden und im Besitz der toten Hand, Schreiben Bürgermeister HERDTs an den Oberrat der Israeliten Badens vom 16. August 1948.

[344] StA Ladenburg, A 1945. Schriftwechsel Bürgermeister POHLYs mit den zuständigen Behörden von Juni 1941 (Schreiben an den Landrat in Mannheim vom 6. Juni 1941) bis März 1944 (Schreiben an das Finanzamt Mannheim-Stadt vom 13. März 1944).

[345] SAUER: Dokumente, Bd. 2, S. 271.

[346] StA Ladenburg, A 1945: Am 13. März 1943 durch das Stadtbauamt Ladenburg vorgenommene Aufnahme der Grabsteine auf dem jüdischen Friedhof in Ladenburg. Das Stadtbauamt errechnete, daß die Kosten einer Abräumung den Wert der Grabsteine um 300 Reichsmark übersteigen würden.

[347] SAUER: Dokumente, Bd. 2, S. 271. Eine generelle Entscheidung über den Umgang mit den jüdischen Friedhöfen gab es bis zum Ende der NS-Diktatur nicht.

[348] Zur Entstehung des Lagers Gurs und den dortigen Lebensverhältnissen: SAUER: Die Schicksale, S. 270–282.

[349] Auszug aus einem Brief Rachel STANIESKIS, geborene Hirsch, an den Verfasser vom 31. Oktober 1988.

[350] KRAUSNICK, S. 618–619.

[351] Zur Wannseekonferenz siehe: KRAUSNICK, S. 633–644.

[352] OBST, S. 94.

[353] SAUER: Die Schicksale, S. 278.

[354] ARBEITSKREIS, S. 230–231.

[355] Ebd., S. 230 und OBST, S. 106.

[356] OBST, S. 106.

[357] ARBEITSKREIS, S. 231–232.

[358] Ebd., S. 230.

[359] Ebd., S. 231.

[360] Auszug aus einem Brief Rachel STANIESKIS an den Verfasser vom 26. November 1990.

[361] ARBEITSKREIS, S. 230.

[362] Auszug aus einem Brief Rachel STANIESKIS an den Verfasser vom 26. November 1990.

[363] Auszug aus einem Brief Rachel STANIESKIS geb. Hirsch an den Verfasser vom 31. Oktober 1988.

# Ladenburg nach dem Zweiten Weltkrieg
## Eine Chronik

zusammengestellt von REINHOLD SCHULZ

## Vorbemerkung

Diese Chronik versammelt wichtige, weichenstellende, bemerkenswerte, aber auch scheinbar nebensächliche, gleichwohl erhellende Ereignisse der Entwicklung Ladenburgs in den Jahren 1945 bis 1997.

Viele der Ereignisse sprechen für sich, sie erklären sich selber und bedürfen keiner nachträglichen Interpretation – zumal für diejenigen, die sie erlebt haben. Aber auch den Nachgeborenen mag die chronologische Darstellung unter Verwendung des damaligen Sprachgebrauchs das Verständnis für eine Ära wecken, die zutiefst vom Zweiten Weltkrieg und seinen Folgen geprägt ist. Diese Form wurde auch deshalb gewählt, weil der Chronist an den Entscheidungen der Jahre 1965 bis 1993 beteiligt war. Eine systematische und wertende Schilderung der kommunalpolitischen Entwicklung in der Nachkriegszeit muß daher späteren Arbeiten vorbehalten bleiben.

Als Quellen dienten Gemeinderatsprotokolle, amtliche Statistiken, Presseberichte der Ladenburger Zeitung, des Mannheimer Morgen und der Rhein-Neckar-Zeitung sowie eigene Aufzeichnungen, unzählige Gespräche und Hinweise von Zeitzeugen, für die ich besonders dankbar bin.

## Zusammenbruch und Neubeginn

Der schlimmste Krieg der Menschheitsgeschichte geht zu Ende. Das „tausendjährige Reich“, das sich Europa und noch mehr unterjochen wollte, wird von den Alliierten niedergerungen. Als erste deutsche Großstadt wird am 20. Oktober 1944 Aachen von den Amerikanern eingenommen, und am 27. Januar 1945 befreien sowjetische Truppen das Konzentrationslager Auschwitz. Durch die Verzögerung der unabwendbaren Kapitulation werden noch Zehntausende in den sicheren Tod geschickt. Am 19. März befiehlt Hitler den deutschen Truppen, beim Rückzug alle für den Feind nutzbaren „militärischen, Verkehrs-, Nachrichten-, Industrie- und Versorgungsanlagen sowie Sachwerte“ zu zerstören. Dieser „Nero-Befehl“ wird nicht überall blind befolgt. Mit der bedingungslosen Kapitulation am 8. Mai 1945 wird der Kriegszustand, in dem sich das Deutsche Reich mit 67 Ländern befand, offiziell beendet, wenn auch nur in Europa. 55 Millionen Tote werden gezählt – 7 Millionen Deutsche, darunter 570.000 Luftkriegsopfer, 6 Millionen Polen, 20 Millionen Sowjetbürger, 320.000 Amerikaner, 537.000 Franzosen, 390.000 Briten, 485.000 Jugoslawen und etwa 6 Millionen KZ-Morde, vor allem an Juden. In Kriegsgefangenschaft geraten etwa 12 Millionen Deutsche. Die meisten kehren nach einem Jahr zurück, viele erst nach zehn Jahren, etwa eine Million Deutsche überhaupt nicht. Zwölf Millionen Flüchtlinge und Vertriebene haben nicht nur ihr Hab und Gut, sondern auch ihre Heimat verloren.

In den Monaten des Zusammenbruchs sind die Menschen von gemischten Gefühlen beherrscht: Sorgen um Angehörige, Angst vor der Zukunft, Verzweiflung, Erleichterung und Hoffnung.

General Dwight D. Eisenhower, oberster Befehlshaber der Alliierten Streitkräfte in Deutschland, stellt in seiner Proklamation Nr. 1 unmißverständlich fest, die deutsche Bevölkerung habe „unverzüglich und widerspruchslos alle Befehle und Veröffentlichungen der Militärregierung zu befolgen". Aber gerade die Amerikaner legen in ihrer Besatzungspolitik bald großen Wert auf den Aufbau einer demokratischen, im Volk verwurzelten Staatsordnung von unten nach oben.

Hauptaufgabe der Verantwortlichen in den Rathäusern ist die Versorgung der Menschen mit Nahrung, Kleidung, Wohnung und Brennstoff. Daneben gilt es, zerrissene Familien zusammenzuführen, Flüchtlinge und Vertriebene unterzubringen, Wirtschaft und Verwaltung in Gang zu bringen, die Deutschen zu „entnazifizieren", der Jugend Zukunftsperspektiven zu eröffnen und politische Parteien neu zu gründen.

So entsteht ein neues Staatswesen, zunächst in den Gemeinden, dann in den Kreisen, im Land bis zur Gründung der Bundesrepublik Deutschland. Die Währungsreform am 20. Juni 1948 schafft die Grundlage für die allmähliche Aufwärtsentwicklung der Wirtschaft. Wenige Tage später blockieren die Sowjets die Zufahrtswege nach West-Berlin. Die Luftbrücke der West-Alliierten versorgt die Stadt über 322 Tage mit dem, was zum Überleben nötig ist.

Am 23. Mai 1949 wird das Grundgesetz verkündet. Theodor Heuss wird der erste Bundespräsident, Konrad Adenauer der erste Bundeskanzler.

Geflügelte Worte der Jahre sind Trümmerfrauen, Schwarzmarkt, Zigarettenwährung, Organisieren und Hamstern, Demontage, Nürnberger Prozeß, Rosinen-Bomber, Marshallplan.

## 1945

Im März rückt die Front langsam näher. Rektor Karl Aschermann wird als Stadtkommandant für Ladenburg eingesetzt. Mit zwei Gefreiten richtet er in der Volksschule die Kommandantur ein. Er versucht, die versprengten deutschen Truppen zum Rückzug in den Odenwald und neckaraufwärts zu bewegen.

Am 26. März werden die Neckarbrücke und die Kanalbrücke von deutschen Truppen gesprengt. Dabei wird auch die Gasfernleitung zerstört. Bürgermeister Kurt Pohly, seit 1934 im Amt und zugleich NSDAP-Ortsgruppenleiter, flüchtet; auch drei Polizeibeamte haben sich befehlsgemäß abgesetzt. Es wird berichtet, daß „die hiesigen führenden Nazis kurz vor dem Einrücken der Amerikaner ihre Parteikartei und unsere amtliche polizeiliche Meldekartei restlos verbrannt haben". Am 27. März wollen deutsche Soldaten auch die Fähre mit einer Panzerfaust zerstören. Die Besitzer füllen sie mit Neckarwasser, so daß sie gegen 17 Uhr rasch versinkt. Dabei ertrinkt ein helfender französischer Gefangener.

Als am 28. März gegen 11 Uhr das 1. Bataillon des 324. amerikanischen Infanterie-Regiments in Ladenburg eintrifft, übergibt Aschermann die Stadt kampflos. In seinem Kampfbericht spricht das Regiment von einer „Säuberungsaktion, die nur vereinzelt auf Widerstand

*Nach der Sprengung der Neckarbrücke am 26. März 1945 ruht der Eisenbahnverkehr wochenlang (Foto: Fotoarchiv historischer Bilder Ladenburg).*

stößt". Der deutsche Stadtkommandant wird von den Amerikanern festgenommen.

Ladenburg bleibt so von den Zerstörungen des Krieges weitgehend verschont. Bürgermeister Pohly wird am 30. März offiziell entlassen. Zu seinem Nachfolger setzt ein amerikanischer Offizier den unbelasteten 53jährigen Töpfermeister Adam Herdt ein. Zahlreiche Wohngebäude in der Bahnhof-, Scheffel-, Schiller-, Friedrich-Ebert-Straße, Am Seilergraben und am Bollweg (heute Trajanstraße) werden beschlagnahmt und monatelang besetzt. Die Amerikaner sammeln Munition ein und werfen sie von der Brücke aus in den Neckar.

Am 2. April dürfen die Benckiser-Mitarbeiter erstmals wieder ihr Werk betreten; sie stellen zahlreiche Zerstörungen und Diebstähle fest. Die Halle IVa wird von den Besatzungstruppen beschlagnahmt und für die Zeltreparatur, später als Armeewäscherei genutzt. Der Verkehr zwischen den Werken Ludwigshafen und Ladenburg ist durch die scharfen Grenzbestimmungen erschwert. Nur wenige Mitarbeiter mit Passierscheinen dürfen den Rhein überqueren. Dem Firmenchef Dr. Albert Reimann ist es gelungen, sich einen falschen Paß als Zirkusdirektor zu verschaffen.

Die Fähre ist am 28. April wieder betriebsbereit. Der Eisenbahnverkehr ruht wochenlang. Als er wieder anläuft, wird Ladenburg Endstation. Wenn Reisende den Neckar überqueren wollen, müssen sie am Bahnhof aussteigen und mit der Fähre übersetzen – eine Einnahmequelle für Ladenburger Kinder, die das Gepäck mit einem Leiterwagen transportieren. Abgebremste oder haltende Eisenbahnwagen ermöglichen die „Aktion Kohlen-Klau".

Am 16. Mai werden August Frey (Bürgermeister-Stellvertreter), Willy Gärtner, Theodor Haas, Anton Hofmann, Bernhard Müller, Gottlieb Müller, Karl Schlegel, Georg Schmitt, Josef Siebig und Hermann Wiesler vorläufig als Gemeinderäte eingesetzt und von Bürgermeister Herdt auf ihr schwieriges Amt verpflichtet. Fritz Würzburger wird zum Leiter der Kartenstelle berufen.

Die größte Not wird in Ladenburg durch die Struktur als frühere Ackerbürgerstadt, durch die Bewirtschaftung von kleineren Äckern und Gärten, durch Mithilfe in der Landwirtschaft, durch

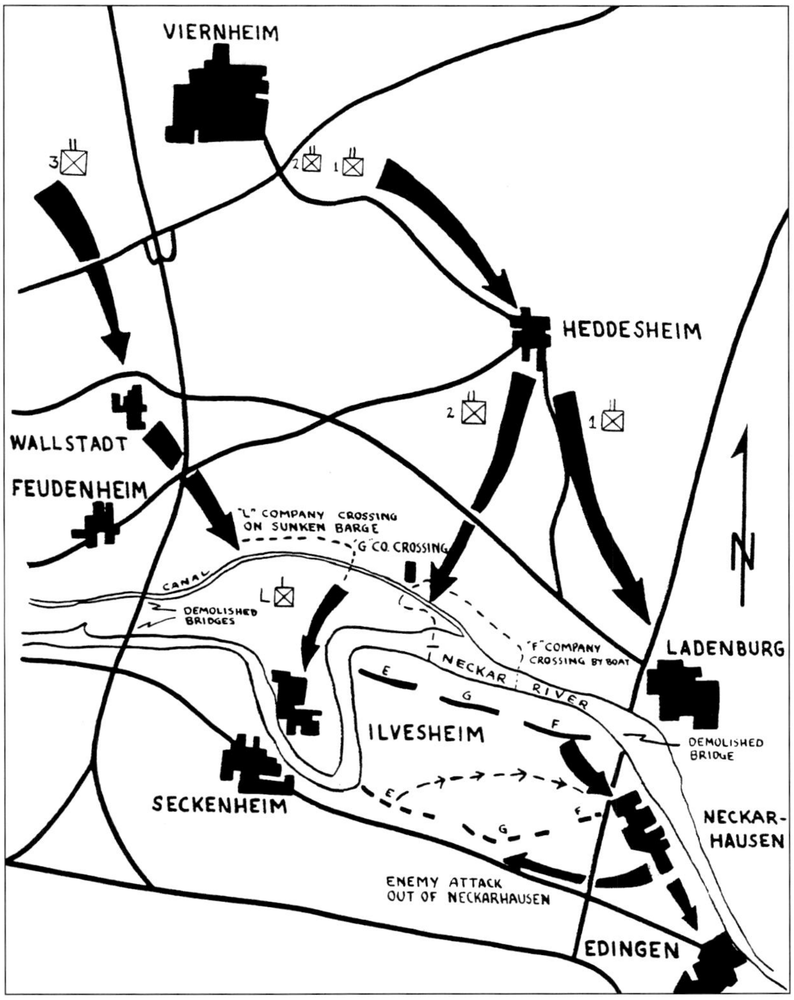


*Die Skizze des 324. amerikanischen Infanterieregiments zur Einnahme Ladenburgs am 28. März 1945. Sie wird im Nationalarchiv Washington verwahrt. Ihre Überlassung verdanken wir dem Stadtarchiv Mannheim.*

Ähren- und Bucheckernlesen, aber auch durch die Obst- und Gemüseablieferungen der Bauern gelindert. Jeder verfügbare Quadratmeter wird bepflanzt, auch das Neckarvorland. August Frey, Hans Hessenthaler und Fritz Wolf aktivieren alte Verbindungen ins Bauland und ins Hohenlohische, damit der dringendste Bedarf an Kartoffeln, Getreide und Fleisch gedeckt werden kann. Im Kaiserkeller wird eine Kartoffelreserve für Notfälle eingelagert.

Am 25. Mai berichtet Bürgermeister Herdt, daß Ladenburg 5.111 Einwohner hat, darunter 15 Franzosen und 12 Polen. Es gibt 3 Ärzte, 4 Krankenschwestern, 2 Hebammen, 1 Apotheke, 2 Drogerien und das Diakonissen-Krankenhaus mit einem Arzt und 100 Betten. 400 Arbeiter sind noch nicht beschäftigt; sie werden teilweise zu Notstandsarbeiten herangezogen. – Die Adolf-Hitler-Straße wird wieder zur Bahnhofstraße, die Horst-Wessel-Straße wieder zur Friedrich-Ebert-Straße.

Als die Amerikaner im Juli eine Pontonbrükke über den Neckar bauen, ist die Hochkonjunktur für die Fähre vorübergehend beendet; die Brücke wird bereits am 29. August wieder abgeschlagen.

Der Gemeinderat beschließt, daß der Wohnraum bekannter Nazis eingeschränkt werden soll. Als Ladenburg 190 evakuierte Personen unterbringen muß, soll eine Kommission versuchen, im ganzen Stadtgebiet Quartiere ausfindig zu machen. – Bei der Zulassung von Handwerksbetrieben werden strenge Maßstäbe an die politische Zuverlässigkeit angelegt. – Im Kahleschen Bierkeller („Krone") werden Luftschutzbetten für durchreisende Rückwanderer aufgestellt. – Obwohl Lebensmittelkarten, Naturalien und Zigaretten wertvoller sind als Reichsmark, muß sich der Gemeinderat mit willkürlichen Preisforderungen für Brennholz befassen. 500 Zentner Briketts, die in Aussicht stehen, werden in erster Linie den Bäckereien zugeteilt. Bei der Gemeinde Schriesheim soll versucht werden, „Nutzholz für die Herstellung von Särgen zu erhalten, da keinerlei Holz mehr aufzutreiben ist".

Am 5. September erhalten Rudolf Agricola, Theodor Heuss und Hermann Knorr von der Militärregierung die Lizenz für die „Rhein-Nekkar-Zeitung". Mit der Zulassung von politischen Parteien wird eine weitere Voraussetzung für den politischen Neuanfang geschaffen. Auch in Ladenburg werden SPD und KPD wieder und die CDU neu gegründet. – Der Landwirt Georg Wolf bemüht sich um den Wiederaufbau der Freiwilligen Feuerwehr, und auch das kulturelle Leben beginnt sich wieder zu regen; die ersten Singstunden werden abgehalten.

Zur Abwendung einer Katastrophe bei der Brennholzversorgung macht der Bürgermeister am 2. Oktober im Einvernehmen mit der Militärregierung und dem Arbeitsamt in einem Aufruf bekannt, „daß sämtliche männlichen Einwohner über 14 Jahre, die sich in keinem Arbeitsverhältnis befinden, zum Holzschlag verpflichtet sind. Im Weigerungsfalle erfolgt sofortige Verhaftung durch die Militärregierung und Bestrafung durch diese. Die Abfuhr des geschlagenen Holzes hat durch die hiesigen Landwirte mittels Pferdegespann zu erfolgen." – Für Jugendliche wird eine Ausgehsperre verhängt. Der Beginn der Sperrzeit wird ab 4. Oktober auf 19 Uhr festgesetzt; er wird durch einen Dauerton mit der Sirene angezeigt. – Der Gemeinderat beschließt, daß bei der Stadt künftig nur noch männliche Bewerber berücksichtigt werden.

Am 26. Oktober wird der Neckar abgelassen, damit versenkte Munition geborgen werden kann. Beim Hantieren mit solcher Munition werden zwei Ladenburger Buben tödlich verletzt. Bürgermeister Herdt erklärt, daß die Meldekartei der Stadt „mit Hochdruck neu aufgestellt werden muß". Auch die Amtskette des Bürgermeisters ist nicht mehr aufzufinden.

## 1946

Bei Peter Remelius („Zum Schwanen") und Katharina Mayer („Mayerhöfel") sind Wärmestuben eingerichtet, denen „Nährmittel für Suppen und Tee" zugeteilt werden. – Der schwer zerstörten Stadt Breisach werden 1.000 RM überwiesen.

Am 27. Januar finden auf Anordnung der Militärregierung erstmals nach Kriegsende freie Gemeinderatswahlen nach den Grundsätzen der Verhältniswahl statt. Die Amtszeit beträgt 2 Jahre. Vom Wahlrecht ausgeschlossen sind Personen, die der NSDAP vor dem 1. Mai 1937 beigetreten sind und alle aktiven Mitglieder, die nach diesem Zeitpunkt eingetreten sind, ferner Amtsträger, ehemalige haupt- oder nebenamtliche Parteifunktionäre sowie alle ehemaligen SS-Mitglieder.

Ab 9. März können Fußgänger die Behelfsbrücke über den Neckar benutzen. Von den Kosten für den Steg in Höhe von 27.000 RM zahlen 18.000 RM die Reichsbahn, 6.000 RM die Stadt Ladenburg und 3.000 RM die Gemeinde Neckarhausen. Der Anteil der Stadt soll durch die Erhebung eines Brückengeldes (Erwachsene 10 Pfg., Kinder 5 Pfg.) finanziert werden. Berufstätige sollen befreit sein. Diese Abgabe wird nur zwei Monate lang erhoben.

Auf Anordnung der Militärregierung erfolgt die erstmalige Wahl der Bürgermeister durch die Mitglieder des Gemeinderats auf zwei Jahre. Der Gemeinderat der Stadt Ladenburg wählt am

31. März den kommissarisch eingesetzten Amtsinhaber Adam Herdt zum Bürgermeister.

Zur Linderung der schlimmsten Not beteiligen sich die Ladenburger Schulen an einer Lumpensammlung, die 24 Zentner erbringt, sowie an Heil-, Tee- und Gewürzkräutersammlungen. – Der Gemeinderat wendet sich gegen das willkürliche Befahren neu angelegter Gärten und der Fluren durch Besatzungstruppen. Der Bürgermeister will sich darum bemühen, das von der Militärregierung beschlagnahmte Schwimmbad an zwei Tagen in der Woche für die Bevölkerung frei zu bekommen.

Am 7. Mai passiert der erste Zug die eingleisige Behelfsbrücke über den Neckar. – Das „Gesetz zur Befreiung von Nationalsozialismus und Militarismus“ verpflichtet jeden Deutschen über 18 Jahre zum Ausfüllen eines Fragebogens mit 131 Fragen, u.a. nach der Mitgliedschaft in mehr als 50 NS-Organisationen. Anhand der Antworten soll jeder Bürger von Spruchkammern (für Ladenburg ist die Kammer in Mannheim zuständig) in eine der fünf Kategorien eingestuft werden: Hauptschuldige, Belastete, Minderbelastete, Mitläufer und Entlastete. „Persilscheine“ mit entlastenden Argumenten gewinnen schicksalhafte Bedeutung, In den örtlichen Ausschuß zur Durchführung des Gesetzes werden Johann Georg Bläß, Wilhelm Neusser, Karl Schlegel und Hermann Wiesler berufen.

Von Mai bis Juli müssen 322 Heimatvertriebene und Flüchtling in der städtischen Turnhalle und in der Jahnhalle untergebracht werden; die meisten sind Sudetendeutsche und Donauschwaben. Der Gemeinderat bildet eine Wohnungskommission, die noch belegbare Räume feststellen soll. Die Einweisung der Flüchtlinge nimmt der Gemeinderat vor, Einsprüche dagegen sind nicht möglich. Die Beschlagnahme der Zimmer von Ladenburger Söhnen, die noch in Gefangenschaft sind, soll unterbleiben. Zugunsten der Flüchtlingsfürsorge wird die Lustbarkeitssteuer von 10 auf 15 % erhöht.

Unter großen Schwierigkeiten bei der Papierbeschaffung und bei laufendem Stromausfall erscheint am 6. Juli die erste Ausgabe der Mannhei-

*Ab März 1946 können die Fußgänger einen Behelfssteg über den Neckar benutzen. Er stürzt im Februar 1947 durch Hochwasser und Eisgang ein (Foto: Fotoarchiv historischer Bilder Ladenburg).*

mer Zeitung „Der Morgen“; Lizenzträger sind Eitel Friedrich Freiherr von Schilling und Oskar Hoerrle. Die ausgebombte Stadt Mannheim hat nur noch rd 100.000 Einwohner.

Am 17. Juli schreibt der Bürgermeister an die Volksschule, „daß sich Jugendliche unter 18 Jahren nach 21 Uhr noch auf der Straße aufhalten. Künftig werden Verstöße gegen die Jugendsperrstunde angezeigt“.

Zur Sicherung der Ernte vor Diebstählen will die Ortsbauernschaft neben den 4 städtischen Feldhütern einen Hilfsfeldhüterdienst einrichten. Der Gemeinderat beschließt: „Um einem Überhandnehmen der Feldfrevel zu steuern, sollen in Zukunft die Namen sämtlicher Angezeigten an den Anschlagtafeln öffentlich bekannt gemacht werden.“ Außerdem wird das Betreten der gesamten Feldgemarkung von 18 Uhr bis 7 Uhr und von 11 bis 13 Uhr für Nichtbegüterte verboten. – Eine Nachtwächterstelle wird ausgeschrieben und vorübergehend auch besetzt.

Am 4. September lehnt der Gemeinderat die Aufforderung des Landratsamtes zur Überprüfung der privaten Brennholzbestände ab. – Im Benckiser-Werk beginnt wieder die Produktion, durch Engpässe in der Brennstoffversorgung immer wieder unterbrochen.

Nach dem Ergebnis der Volkszählung am 29. Oktober hat Ladenburg 6.818 Einwohner, davon 3.081 männlich und 3.737 weiblich, 66 Einwohner sind Ausländer. Es gibt 1.947 Haushalte, aber nur 1.570 Wohnungen.

Die Stadt will vom Land das ehemalige Reichsarbeitsdienst-Lager am Bollweg anmieten und mit dem Diakonissen-Krankenhaus über die Öffnung des Volksbades für die Bevölkerung verhandeln. Auch im Winter 1946/47 sollen wieder Wärmestuben eingerichtet werden.

In Verbindung mit der Landtagswahl am 24. November findet eine Volksabstimmung über die Verfassung für Württemberg-Baden statt. In Ladenburg stimmen 1.751 Wahlberechtigte mit „Ja“, 451 mit „Nein“. 917 Stimmen sind ungültig.

Am 1. Dezember berichtet Bürgermeister Herdt an die Militärregierung, daß Neuanschaffungen und größere Reparaturen infolge Materialmangel nicht vorgenommen werden können und deshalb „eine genügende Summe an Barmitteln“ (223.598 RM) verfügbar ist.

## 1947

Das Jahr beginnt mit dem kältesten Winter seit 1893. Er verschärft noch die Not durch schmale Lebensmittel-Rationen, den Mangel an Kleidung und Schuhen, an Wohnraum und Heizmaterial. Der Fußgängersteg an der Neckarbrücke stürzt im Februar durch Hochwasser und Eisgang ein.

Zur Bekämpfung der Wohnungsnot wird in Hockenheim die Genossenschaft „Neue Heimat“ (später Familienheim) gegründet. – Stadtbaumeister Kreiter macht Vorschläge für neue Baugebiete im Kurzgewann und an der Beint. Am 11. Februar wird die Hindenburg-Anlage in „Neckartor-Anlage“ umbenannt. – Für den Kostümball der Chorgemeinschaft Liederkranz und Sängereinheit im Bahnhofhotel kann nur gegen Abgabe eines Stückes Holz zur Beheizung des Saales eine Eintrittskarte erworben werden. – Auf ein Bittgesuch der Stadt Frankfurt am Main stiftet die Stadt Ladenburg zum Wiederaufbau der Paulskirche eine Bank. – Die Baumstumpen in der Bahnhofstraße sind nach einem Gemeinderatsbeschluß durch städtische Arbeiter zu entfernen und an Ort und Stelle zu vergeben.

Im März erhält der Deutsche Gewerkschaftsbund für den ersten Sommertagszug nach Kriegsende einen städtischen Zuschuß von 200 RM. – Ladenburg hat 6.838 Einwohner. Sie bewohnen 3.525 Zimmer und 1.648 Küchen mit insgesamt 47.947 qm.

Die Schulspeisung, größtenteils aus amerikanischen Verpflegungslagern, soll jedem Schulkind eine Mahlzeit mit 350 Kalorien garantieren. In einem Schreiben an den Landesausschuß für die Verteilung ausländischer Liebesgaben (Care-Pakete) stellt die Stadt fest, daß sie 1.200 Flüchtlinge und Evakuierte aufgenommen hat und in Ladenburg ein außerordentlicher Kartoffelmangel herrscht. Die Väter von 70 Kindern seien gefallen und die Väter von 60 Kindern noch vermißt.

Am Karfreitag wird die Gemeinde Ladenburg der Neuapostolischen Kirche gegründet. – Stadtbaumeister Kreiter entwickelt eine Idee zur südlichen Stadterweiterung. Zur Sicherung der Planung wird eine Bausperre für das Gebiet Bollweg und Heidelberger Straße verhängt. – Der Schriesheimer Architekt Steger wird vom Ge-

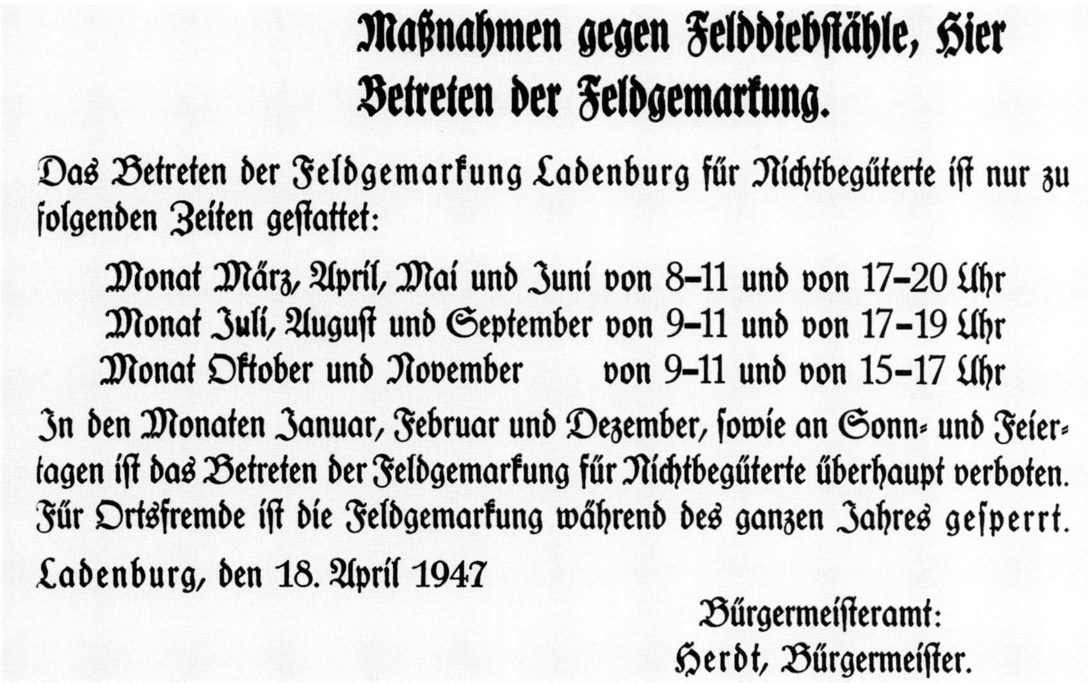

**Maßnahmen gegen Felddiebstähle, Hier Betreten der Feldgemarkung.**

Das Betreten der Feldgemarkung Ladenburg für Nichtbegüterte ist nur zu folgenden Zeiten gestattet:

Monat März, April, Mai und Juni von 8–11 und von 17–20 Uhr
Monat Juli, August und September von 9–11 und von 17–19 Uhr
Monat Oktober und November von 9–11 und von 15–17 Uhr

In den Monaten Januar, Februar und Dezember, sowie an Sonn- und Feiertagen ist das Betreten der Feldgemarkung für Nichtbegüterte überhaupt verboten. Für Ortsfremde ist die Feldgemarkung während des ganzen Jahres gesperrt.

Ladenburg, den 18. April 1947

Bürgermeisteramt:
Herdt, Bürgermeister.

*Maßnahmen gegen Feldfrevel 1947 (StA Ladenburg).*

meinderat aufgefordert, „unverbindlich Skizzen und Pläne für eine Leichenhalle einzureichen".

Am 18. April werden die Maßnahmen zur Bekämpfung des Feldfrevels verschärft. „Für Ortsfremde ist die Feldgemarkung während des ganzen Jahres gesperrt."

Bei der Zuteilung der Bauplätze im Kurzgewann sollen in erster Linie solche Interessenten berücksichtigt werden, „die 100prozentig über das erforderliche Baumaterial verfügen". Die Siedlungsbauten im Galgbrunnen (Weststadt) mit 8 Wohnungen werden je zur Hälfte an Flüchtlinge und an Einheimische vergeben.

Am 16. Juni wird die OEG-Kraftfahrlinie auf der Teilstrecke Ladenburg-Schriesheim eröffnet, zunächst nur für den Berufsverkehr. Der Fahrplan ist an der Haltestelle Marktplatz (Waaghäusel) ausgehängt. – Die Schwimmbadpreise werden auf 20 bzw. 40 Pfg. pro Badekarte festgesetzt. – Zur Überprüfung der zugelassenen Kraftfahrzeuge setzt der Gemeinderat eine Kommission ein. – Eine Beteiligung der Stadt Ladenburg an einer gemeinsamen Kläranlage mit Dossenheim wird abgelehnt.

34 Gartenfreunde gründen am 13. September im Gasthaus „Zum Martinstor" den Kleingartenverein Ladenburg.

Am 1. Oktober beginnen die Bauarbeiten im Wohngebiet Sandgewann/Kurzgewann. – Für den Wiederaufbau der Paulskirche in Frankfurt am Main genehmigt der Gemeinderat noch einen Zuschuß von 2.000 RM. – Eine Bäuerin muß „als Ersatz für abgelieferte schlechte Kartoffeln 10 Zentner gute Speisekartoffeln nachliefern".

Am 7. Dezember finden Gemeinderats- und Kreistagswahlen statt, erstmals nach der neuen Gemeindeordnung mit dem Angebot des Panaschierens und Kumulierens: „Der Wähler kann Bewerber aus anderen Wahlvorschlägen übernehmen und einem Bewerber bis zu drei Stimmen geben." Aus politischen Gründen sind 110 Personen vom Wahlrecht ausgeschlossen.

In den letzten Tagen des Jahres werden alle am Neckar liegenden Gemeinden von einem schlimmen Hochwasser mit Eisgang bedroht. Vom 29. Dezember bis zum 2. Januar 1948 müssen z.B. in Neckarhausen Dammwachen tätig werden, da die Fluten einen höheren Stand erreicht haben als beim Hochwasser 1784 und 1919.

## 1948

Bei der ersten Volkswahl der Bürgermeister wird der bisherige Amtsinhaber Adam Herdt im 2. Wahlgang am 22. Februar auf 6 Jahre wiedergewählt. – Dr. Valentin Gaa wird wieder Landrat des Landkreises Mannheim. Am 21. April wird die wiederaufgebaute Neckarbrücke ihrer Bestimmung übergeben. 188 Arbeiter haben 130 to Eisen, 200 cbm Steine, 2.000 cbm Beton, 600 to Zement, 4.000 to Kies und 1.000 cbm Bauholz verarbeitet. – Der Gemeinderat genehmigt das Vereinsheim des Fußballvereins 1903 am Anker. – Von der Aufstellung eines Haushaltsplans für das Rechnungsjahr 1948/49 wird „im Hinblick auf die bevorstehende Währungsreform abgesehen". Die Stadtbaumeisterstelle soll künftig hauptamtlich besetzt werden; sie wird dem Architekten E. W. Müller übertragen. – Die Wohlfahrtsverbände erhalten noch schnell einen Zuschuß von 30.000 RM.

Am 20. Juni beginnt mit der Währungsreform eine neue Zeitrechnung. Jede Person kann gegen Vorlage ihrer Kennkarte 40 RM zum Kurs 1 : 1 in Deutsche Mark (Kopfbetrag) eintauschen. Bargeld, Sparguthaben, Kredite und Hypotheken werden im Verhältnis 100 : 10 umgestellt, während Aktien 1 : 1 umgestellt werden und Sachwerte voll erhalten bleiben. Während des Wochenendes füllen sich viele Läden mit einer unglaublichen Warenvielfalt. Selbst ein Volkswagen ist plötzlich binnen acht Tagen zum Preis von 5.300 DM lieferbar. – Der elektrische Strom ist noch kontingentiert. – Den Angestellten des Wirtschaftsamtes (Kartenstelle) wird zum 31. Dezember gekündigt.

Die Kulturgemeinde wird gegründet. – Der Student Berndmark Heukemes beginnt mit den ständigen Begehungen der Gemarkung und wird zum ehrenamtlichen Denkmalpfleger für das Stadtgebiet Ladenburg ernannt.

Am 9. Juli beschließt der Gemeinderat die Erhebung einer Kartoffelkäferumlage: Für 100 DM Einkommen 5 Dpfg. Umlage und für 1 ha Ackerland 80 Dpfg. Dieser Beschluß wird etwas später aufgehoben. – Bürgermeister Herdt berichtet am 25. Juli an die Militärregierung, daß „die erfolgte Währungsreform die Gemeinde ihrer sämtlichen Geldmittel entblößt hat". Am 28. Juli fordert eine Explosion bei der BASF in Ludwigshafen 210 Tote und 3.000 Verletzte. Die Erschütterungen sind auch in Ladenburg zu spüren. Der Gemeinderat genehmigt den Kauf eines neuen Ziegenbocks für 214 DM; der abgängige Ziegenbock wird öffentlich versteigert. Am 24. September gibt die Firma TOTAL Foerstner & Co., Fabrik für Feuerlöschgeräte und -apparate die Verlegung ihres Betriebes vom thüringischen Apolda nach Ladenburg bekannt. – An der Neckarstraße will sich die Gummiwarenfabrik Jutt & Co. niederlassen. – Im Oktober beschließt der Gemeinderat, daß das 1850jährige Stadtjubiläum bis Frühjahr 1949 zurückgestellt wird. Die Straße an der Galgbrunnensiedlung erhält den Namen „Brunnenstraße". Auch der Bebauungsplan „Gießengärten" beschäftigt den Gemeinderat.

Im Dezember veranstaltet die Kulturgemeinde die Ausstellung „Ladenburger Kunst und Kunstgewerbe". – Eine erste Besprechung mit der Gemeinnützigen Baugenossenschaft „Neue Heimat" hat die Wohnungsbauten im Aufeld zum Inhalt. – In Ladenburg gibt es 190 Pferde, 337 Rinder, 444 Schweine, 4 Schafe, 332 Ziegen, 3.427 Stück Federvieh und 20 Bienenvölker.

## 1949

Ladenburg hat im Februar 7.162 Einwohner, darunter 1.002 Neubürger, 499 Evakuierte und 64 Ausländer. 89 Männer sind aus der Kriegsgefangenschaft heimgekehrt, doch 171 Männer sind noch in Gefangenschaft oder vermißt. 88 selbständige landwirtschaftliche Betriebe bewirtschaften 857 ha Gelände.

Das Bauvorhaben der Genossenschaft „Neue Heimat" im Aufeld wird vom Gemeinderat genehmigt. – Die Straßen- und Baufluchten im Sandgewann, in den Gießengärten und an der Beint werden festgestellt.

Am 4. März gibt die Buchdruckerei Nerlinger erstmals das „Ladenburger Wochenblatt" heraus (Die Neckar-Bergstraß-Post wurde1941 eingestellt). Auf Anordnung der Militärregierung dürfen „vorerst keine Lokalnachrichten veröffentlicht werden". – Anstelle der Ende 1944 gefällten Kastanien werden im April in der Bahnhofstraße Linden gepflanzt.

Zur Entdeckung unterirdischer Mauern begeht der Heimatbund im Mai mit dem Wünschelrutengänger Herbst die Altstadt. – Der Gemeinderat lehnt die Beschaffung einer Amtskette für den Bürgermeister anläßlich des Stadtjubiläums ab. „Falls die Mittel anderweitig aufgebracht werden, hat der Gemeinderat keine Einwendungen." Die daraufhin von Fabrikant Walter Becker gestiftete Amtskette wird im Schaufenster des Textilhauses Werner Sohn ausgestellt. – Zum Jubiläum werden die Trajan-, Sievert- und Gropengießerstraße benannt.

Vom 28. Mai bis 12. Juni feiert die Stadt das Jubiläum „2500 Jahre Ladenburg – 1850 Jahre Stadt Ladenburg", verbunden mit der Hundertjahrfeier zur Erinnerung an die Einweihung der Neckarbrücke im Jahre 1846, dem 90jährigen Bestehen der Freiwilligen Feuerwehr, dem 80jährigen Bestehen der Kreislandwirtschaftsschule und dem 80jährigen Jubiläum des Kreiskinderheims Ladenburg. Beim Festakt am Pfingstsonntag im Bahnhofhotel spricht Ministerpräsident Dr. Reinhold Maier ein Grußwort. Die Festansprache hält Redakteur Cornel Serr. Die Jubiläumsausstellung für Kultur, Industrie, Landwirtschaft, Handel, Handwerk und Gewerbe zieht 20.000 Menschen an. Mehrmals wird vor der Galluskirche vom Kleinen Theater Mannheim Hugo von Hoffmannsthals „Jedermann" aufgeführt. Dabei werden 8.000 Besucher gezählt.

Zu den wichtigsten Faktoren des Wirtschaftslebens zählen im Jubiläumsjahr neben zahlreichen Einzelhandelsgeschäften, Handwerks-, Dienstleistungs- und landwirtschaftlichen Betrieben sowie14 Baumschulen die Krawattenfabrik Albersia, die Zigarrenfabrik Wilhelm Agricola Söhne, die Werkmaschinenfabrik Becker & Co., die Chemische Fabrik Joh. A. Benckiser, die Firma Carl Benz Söhne, die Firma Brown, Boveri & Cie., die Berufskleidungsfabrik Heidelberg & Co., Stahlbau Markwardt, die Schuhfabrik Gebr. Nilson, die Leimfabrik Fetzer KG, die Steppuhn-Seilwerke GmbH, die Feuerlöschfabrik TOTAL Foerstner & Co., die Wagenfabrik Jakob Vogel OHG und die Bauunternehmung Warzel.

Am 2. Juli wird das „Ladenburger Wochenblatt" zur „Ladenburger Zeitung", die montags, mittwochs und samstags erscheint. – Für den Wiederaufbau des Mannheimer Nationaltheaters bewilligt der Gemeinderat einen Zuschuß von 250 DM. – Einen begeisterten Empfang bereitet der Fußballverein 1903 am 14. Juli seinem Mitglied Rudi Maier, der als linker Läufer des VfR Mannheim die Deutsche Fußball-Meisterschaft im Endspiel gegen Borussia Dortmund in Stuttgart miterrungen hat. – Der Gemeinderat sieht in diesem Jahr von einem Verbot des Ährenlesens ab. Die Feldhut wird angewiesen, das Ährenlesen nur auf abgeernteten Grundstücken zuzulassen. –

*Eröffnung der Ausstellung für Kultur, Industrie, Landwirtschaft und Gartenbau, Handel, Handwerk und Gewerbe im Rahmen des Jubiläums „2500 Jahre Ladenburg – 1850 Jahre Stadt Ladenburg", das im Jahre 1949 gefeiert wurde (Foto: StA).*

Zur Bekämpfung der Spatzenplage beschließt der Gemeinderat eine Fangprämie von 5 Pfg. für jeden abgelieferten Spatz. – Die Kohlenkonsumgenossenschaft wird wieder ins Leben gerufen. Im Garten des Gasthauses „Zum Schiff" treffen sich viele Schlesier.

Frl. Trippmacher regt an, das Elfuhrläuten wieder einzuführen. Der Gemeinderat stimmt am 18. August zu und weist die städtische Nachtwache entsprechend an. – Im Bahnhofhotel findet ein „Forum mit freier Aussprache für die hiesige Einwohnerschaft unter dem Vorsitz des Landrats Dr. Gaa im Beisein der amerikanischen Militärregierung statt". Schwerpunktthema ist die Wohnungsnot, da in Ladenburg noch 248 Familien eine Wohnung suchen. Die verstorbene Kunstmalerin Metha Hoffmeister-Prey, bekannt durch ihre Porzellan- und Kachelmalereien, vermacht ihr Anwesen an der Weinheimer Straße mit Gebäude und Gartenland einer Stiftung der Stadt zur Förderung eines Altersheimes. – Der Haushaltsplan der Stadt hat ein Volumen von 764.465 DM. Eine Feuerschutzabgabe wird eingeführt.

Der Musikverein 1908 Ladenburg tritt erstmals nach dem Kriege wieder mit einem Konzert im Bahnhofhotel an die Öffentlichkeit. Dem Konzert schließt sich ein „Gesellschaftsball" an. Auch die Stadt- und Feuerwehrkapelle unter der Leitung von Karl Kreter und Walter Dietz veranstaltet ein erstes größeres Blaskonzert im Bahnhofhotel.

Stadtrechner Müller, der seit 1907 die Stadtkasse verwaltet, tritt in den Ruhestand. – Bei Notstandsarbeiten für Arbeitslose werden Bachläufe gereinigt und Kanäle in der Galgbrunnensiedlung verlegt.

Am 30. November verabschiedet sich das Diakonissen-Krankenhaus, das 1944 in die damalige Realschule (heute Sickingen-Hauptschule) einzog, mit einer Feierstunde in der Evangelischen Stadtkirche und kehrt nach Mannheim zurück.

## Die 50er Jahre

Die letzten Lebensmittelkarten werden abgeschafft, und das Lastenausgleichsgesetz wird verabschiedet. Am 17. Juni 1953 wird der Arbeiteraufstand in der DDR von der Sowjetarmee niedergeschlagen. Mit einem 3 : 2 gegen Ungarn wird Deutschland am 4. Juli 1954 Fußball-Weltmeister. Das „Wirtschaftswunder" läßt Kabinenroller und Gogomobil hinter sich. Im Jahre 1955 wird die Produktion der ersten Million VW-Käfer gefeiert. Die allgemeine Wehrpflicht und die Verkehrssünderkartei in Flensburg werden eingeführt. Die Bundesrepublik wird in das westliche Bündnis aufgenommen. Der Rock'n'Roll macht Karriere. Im Juli 1959 wird Dr. Heinrich Lübke Bundespräsident. Die Anfang der 50er Jahre noch drückende Arbeitslosenzahl von zwei Millionen nimmt ab. In den süd- und südosteuropäischen Ländern werden Gastarbeiter angeworben.

Stichworte der Jahre sind Korea-Krieg, Schuman-Plan, Lastenausgleich, Wirtschaftswunder, Nierentisch, Halbstarke, Wiederbewaffnung, Perlonstrumpf, Petticoat, Freßwelle, Sputnik.

### 1950

Im Januar weist die Städtische Polizei darauf hin, daß Waffen- und Munitionsfunde unverzüglich anzuzeigen sind. – Der Neckar führt Treibeis.

Die durch die Auflösung des Wirtschaftsamtes frei werdenden Räume im Domhof werden dem Arbeitsamt überlassen. – An der verlängerten Preysingstraße erstellt die Baugenossenschaft des Verbandes der Körperbehinderten und Kriegsbeschädigten in Eigenarbeit mehrere Familienheime.

Im April erwirbt die Stadt von der Wehrmachtsvermögensstelle das frühere Reichsarbeitsdienstlager am Bollweg. – Im Gasthaus „Zur Eintracht" („Zwiwwel") wird der Sportverein 1950 gegründet.

Die ersten Freilichtspiele nach dem Kriege finden im Juni am Amtshof statt. Die Volksbühne des Kulturwerks gastiert mit Shakespeare's Lustspiel „Die lustigen Weiber von Windsor". Im Juli beschließt der Gemeinderat mit 8 : 6 Stimmen die Einführung einer Speiseeisabgabe von 10 %. – Starke Gewitterregen und Hagelschläge führen auf der Gemarkung zu großen Überflutungs- und Ernteschäden.

Die Volkszählung am 13. September hat folgendes Ergebnis: Ladenburg hat 7.194 Einwohner davon 3.481 männlich und 3.713 weiblich. Es gibt 754 Gebäude, 1.823 Wohnungen, 2.056 Haushalte und 330 Arbeitsstätten. Von den Erwerbspersonen arbeiten 397 (12,1 %) in der Landwirtschaft, 1.848 (56,3 %) in der Industrie und im Handwerk, 421 (12,8 %) im Handel und Verkehr und 616 (18,8 %) im Öffentlichen Dienst und anderen Dienstleistungsbetrieben.

Bei der Probeabstimmung zur Neugliederung in den Ländern Baden, Württemberg-Baden und Württemberg-Hohenzollern am 24. September sprechen sich in Ladenburg bei einer Beteiligung von 67,3 % 1.607 Stimmberechtigte für die Vereinigung der drei Länder und 1.404 für die Wiederherstellung des alten Landes Baden und des alten Landes Württemberg aus.

Im September ist der Neckar abgelassen. Das Neckarvorland auf Neckarhäuser Seite ist ein Meer aus Schlamm, aus dem ein Munitionskommando aus Karlsruhe 50 to der 1945 versenkten Munition birgt.

Am 11. Oktober beschließt der Gemeinderat den Haushaltsplan 1950/51 mit einem Volumen von 678.985 DM. – Der Ortsverband Ladenburg des BHE (Block der Heimatvertriebenen und Entrechteten) wird gegründet. – Hans Hessenthaler übernimmt am 1. November das Einzelhandelsgeschäft Merkel im Hause Hauptstraße 23. – Im November werden die Kolpingsfamilie und der Motorsportclub „Dr. Carl Benz" gegründet. – Der Gemeinderat befaßt sich mit der katastrophalen Lage bei der Hausbrandversorgung und mit den Mißständen bei der Verteilung der unzureichenden Brennstoffmengen. Alten und kranken Menschen seien 4 bis 8 Stunden Anstehen vor den Kohlegeschäften nicht zuzumuten. 70 % der Ladenburger Bevölkerung seien ohne jeden Vorrat. Die Stadt wird einen Vorrat an Schlammkohle verteilen.

Am 17. Dezember wird mit einem schlichten Festakt in der „Rose" das Heimatmuseum mit zwei Räumen im Erdgeschoß des „Altertumshauses" in der Kirchenstraße wiedereröffnet.

## 1951

Im Januar erscheint wieder die Heimatbeilage „Der Lobdengau", die vom Heimatbund herausgegeben wird. – Die Freie Wählervereinigung Ladenburg wird gegründet. – Die Karnevalsgesellschaft „Fidelio" klagt über zu geringe Unterstützung beim Fastnachtszug.

Am 2. März feiert die älteste Einwohnerin Ladenburgs, Frl. Babette Gattung, ihren 90. Geburtstag. – In der Friedrich-Ebert-Straße wurden in der Nacht zum 16. März nicht weniger als 7 Einbrüche verübt. – „Jugend ohne Tugend!", lautet die Überschrift eines Artikels in der Ladenburger Zeitung vom 24. März, in dem darüber Klage geführt wird, daß 18- bis 20jährige und sogar 14- und 15jährige mit nur geringen Ausnahmen rauchen.

In der Presse erscheinen Inserate, in denen Auswanderer ihre Möbel zum Verkauf anbieten. – Der bisherige Galgbrunnenweg wird vom Gemeinderat in „Wiesenstraße" umbenannt.

Zur Erinnerung an die Tatsache, daß Geistl. Rat Otto Häußler in Ladenburg damit begann, für den Süßmost zu arbeiten und zu werben, veranstaltet der Obst- und Gartenbauverein am 3. Juni einen Süßmosttag. – Die Stadt- und Feuerwehrkapelle feiert mit einem dreitägigen Musikfest und einem Festumzug ihr 100jähriges Bestehen.

Im Juli schickt der Gemeinderat einen Glückwunsch an den Rat der Stadt Paris zum 2000jährigen Stadtjubiläum. Der Präsident des Stadtrats von Paris, P. de Gaulle, bedankt sich herzlich: „Die Glückwunschadresse hat uns, meine Kollegen und mich, sehr sympathisch berührt."

Das 25jährige Jubiläum des Heimatbundes wird am 1. und 2. September mit den Heimattagen gefeiert, in deren Mittelpunkt die Ausstellungen „Das Bild Ladenburgs" und „Alte Ladenburger Fotografien" stehen. – Der Gemeinderat stimmt der vorgesehenen ersten Flurbereinigung für die ganze Gemarkung mit Ausnahme des Ortsbereichs und des Aufeldes zu; es sind 1.635 ha betroffen. – Die Bürgermeister der Region sind über die Kohlensituation in Deutschland sehr besorgt. Auch die Wohnungssituation macht den Verantwortlichen täglich schwer zu schaffen. In Ladenburg suchen immer noch 242 Familien eine Wohnung. „Es gibt Fälle, in denen alleinstehende Personen oder ein Ehepaar 3 Zim-

*Wohnungsbau mit viel Eigenarbeit in der verlängerten Preysingstraße (1951) (Foto: Fotoarchiv historischer Bilder Ladenburg).*

mer und Küche bewohnen und bei der Erfassung von einem Zimmer noch glauben, es würde ihnen Unrecht getan", heißt es in einem Lagebericht. Durch die Baulandumlegung im Sandgewann und Am Friedhof entstehen etwa 100 Bauplätze. Die Baugenossenschaft „Neue Heimat" erstellt im Rahmen eines Umsiedlerprogramms 21 Wohnungen. Der Haushaltsplan für das Rechnungsjahr 1951/52 hat ein Volumen von 750.327 DM und weist einen Fehlbetrag von 19.122 DM aus. Es wird mit folgenden Steuereinnahmen gerechnet: Grundsteuer A 86.000 DM, Grundsteuer B 147.000 DM, Gewerbesteuer 160.000 DM, Hundesteuer 6.000 DM, Vergnügungssteuer 1.000 DM, Kinosteuer 6.000 DM, Getränkesteuer 5.000 DM.

Bei der Volksabstimmung zur Neugliederung in den Ländern Baden, Württemberg-Baden und Württemberg-Hohenzollern am 9. Dezember sprechen sich in Ladenburg 1.880 der Stimmberechtigten für den Südweststaat und 1.200 für die Wiederherstellung des alten Landes Baden aus. – Die Kolpingfamilie bricht das halb zerfallene Alljehäusel mit dem Versprechen ab, es wieder aufzubauen.

## 1952

Am 24. Januar um 22.26 Uhr wird die Rheinebene vom stärksten Erdbeben seit 1911 erschüttert. Die Menschen vermuten zunächst eine weitere Explosion in der BASF.

Im Februar erhält die Straße zwischen Trajanstraße und Bollweg den Namen „An der Beint". – Die Volksschule kann 4 neue Klassenräume im Dachgeschoß beziehen. – Der Gemeinderat beschließt, daß das Ausschellen öffentlicher Bekanntmachungen beibehalten wird, jedoch auf ein Mindestmaß beschränkt werden soll.

Im Schaufenster des Elektrogeschäfts Friedrich bildet im April der erste Fernsehapparat einen Anziehungspunkt. Von der Versuchsstation Frankfurt ausgestrahlt, sind täglich von 10 bis12 Uhr Filme und Wochenschauen zu sehen. – Auf der Gemarkung Ladenburg blühen 33.813 Obstbäume, davon 13.300 Apfelbäume, die wenigsten in geschlossenen Pflanzungen.

Aus einem monatlichen Polizeibericht: Zur Anzeige kamen 2 Diebstähle, 1 Unterschlagung, 1 Kuppelei, 2 Fälle von Betrug, 1 Sittlichkeitsdelikt, 3 Fälle von Körperverletzung, 1 Vollrausch, 1 Fall unerlaubten Bauens, 6 Beleidigungen, 6 Ruhestörungen und grober Unfug, 1 Verkehrsunfall, bei dem ein Pferd verletzt wurde. 20 Personen wurden zum Verkehrsunterricht einbestellt.

Am 4. Juni lehnt der Gemeinderat mit 14 : 4 Stimmen die Aussiedlung von Landwirten wegen der hohen Belastung für die Bauern und die Stadt ab. – Bei der durch den Tod des Abgeordneten Ludwig Bohrmann notwendigen Nachwahl zur Verfassungsgebenden Landesversammlung für das neue Bundesland Baden-Württemberg am 22. Juni wird der Ladenburger Studienrat Willi Rieple (SPD) zum Abgeordneten des Wahlkreises Mannheim-Land II gewählt. – Das frühere Jugendwohlheim am Rindweg wird ein Jugendwohnheim. In 11 Zimmern können 40 Jugendliche wohnen, die Arbeit oder eine Lehrstelle gefunden haben. Nach den Plänen von Dipl.-Ing. Willi Götz entsteht eine Naturbühne, die mit dem Freilichtspiel „Meier Helmbrecht" eingeweiht wird. – Im Gasthaus „Zum Mayerhof" wird der Gewerbeverein Ladenburg wiederbelebt.

Mit einem Spiel gegen den 1. FC Kaiserslautern (Deutscher Fußballmeister 1951), an dem die Nationalspieler Fritz und Otmar Walter, Kohlmeyer und Eckel teilnehmen, weiht der Sportverein 1950 seinen neuen Sportplatz an der Wallstadter Straße ein. – Nach der Kirchweih muß sich der Gemeinderat mit Beschwerden eines Marktplatz-Anwohners befassen. Die Verlegung auf einen anderen Platz wird mit 11 : 5 Stimmen abgelehnt. – Am 24. August wird der Haushaltsplan 1952/53 verabschiedet. Der ordentliche Haushalt erreicht die Summe von 907.188 DM, der außerordentliche Haushalt 17.000 DM.

Im Oktober lehnt es der Gemeinderat ab, zu verschiedenen Kinoprojekten Stellung zu nehmen, „da seine Zuständigkeit hierzu nicht gegeben ist". – Die Pflanzung von Pappeln am Neckar durch das Wasser- und Schiffahrtsamt Heidelberg auf stadteigenem Gelände wird genehmigt.

Dr. Heukemes macht wichtige Gräberfunde am Erbsenweg. Er beginnt auch seine vierjährige archäologische Luftbildforschung und entdeckt dabei mehrere römische Gutshöfe, Fernstraßen und das Schauspieltheater von Lopodunum. Es zählt mit 90 m breitem Bühnenhaus und etwa

5.500 Sitzplätzen zu den größten römischen Theaterbauten nördlich der Alpen.

Am 16. November werden mit einer schlichten Feier die neu eingerichteten oberen Räume des Heimatmuseums eröffnet. – Die Zahl der Arbeitslosen im Arbeitsamtsbezirk Ladenburg ist um weitere 129 auf 504 gestiegen. – In Ladenburg wurden 1952 70 Knaben und 44 Mädchen geboren. Es gab 65 Eheschließungen und 87 Sterbefälle.

In der Ladenburger Industrie sind 1.750 Arbeitnehmer beschäftigt, davon 40 bei der Krawattenfabrik Albers KG, 250 bei BBC, 40 in der Keilriemenfabrik Jutt & Co., 140 bei Stahlbau Markwardt, 50 in der Schuhfabrik Nilson, 500 bei der NORDAP Nordbad. Apparatebau-Gesellschaft und 400 bei der TOTAL Foerstner & Co.

## 1953

Am 8. März ist Bürgermeister Adam Herdt im Alter von 61 Jahren nach kurzer Krankheit unerwartet an einem Herzschlag verstorben. Der Gemeinderat gedenkt in einer Sondersitzung des Mannes, dessen Name mit der Überwindung der schwersten Zeit nach dem Kriege verbunden ist. Sein Herzenswunsch, nach seiner Pensionierung gelegentlich als Töpfermeister noch einen „Brand" zu machen, geht nicht in Erfüllung. Nach der Aufbahrung im Rathaus wird er unter großer Teilnahme der Bevölkerung zu Grabe getragen.

Im März werden der Stadt weitere 27 Flüchtlinge aus dem Osten zugewiesen. – Das Regierungspräsidium Nordbaden präsentiert den Plan für eine Umgehungsstraße, die vom Benzplatz über die Deichwiese an der städtischen Turnhalle vorbei führen und die Heidelberger Straße unterqueren soll.

Bei der Bürgermeisterwahl am 14. Juni wird der Bewerber Dr. Hermann Hohn im 1. Wahlgang mit 65,4 % der gültigen Stimmen auf 6 Jahre gewählt; er wird am 7. Juli in sein Amt eingeführt. Mit dem Farbfilm „Im weißen Rössl" mit Johanna Matz und Johannes Heesters wird am 23. Juni das Capitol-Filmtheater (609 Sitzplätze) in der Bahnhofstraße eröffnet. – Der Fußballverein 1903 feiert sein 50jähriges Jubiläum und die Ortsgemeinschaft des Deutschen Roten Kreuzes ihr 25jähriges Bestehen.

*Er war mit den schwierigsten Problemen der Nachkriegszeit konfrontiert: Adam Herdt, Bürgermeister von 1945 bis 1953 (Foto: privat).*

Der Haushaltsplan für das Rechnungsjahr 1953/54 überschreitet mit einem Volumen von 1.144.436 DM erstmals die Millionengrenze.

Im Oktober verbreitet sich die Hiobsbotschaft, daß sich die Firma Oswald Markwardt durch finanzielle Schwierigkeiten veranlaßt sieht, den Stahlbau-Betrieb stillzulegen.

In der Gedenkwoche für die Kriegsgefangenen findet am 25. Oktober in der städtischen Turnhalle eine Kundgebung des Heimkehrerverbandes Ladenburg e.V. statt.

Die Gemeinde Ladenburg der Neuapostolischen Kirche erstellt am Neckardamm eine eigene Kapelle. – Das Gasthaus „Zur Krone" im Hause Brauergasse 2 wird geschlossen. – Stadt und Kleingartenverein schließen einen Vertrag über die Gartenanlage am Heddesheimer Weg. – Ing. Franz Hellinger gründet den THV-Ortsverband.

In einer Versammlung des Heimatbundes am 20. November weist der Vorsitzende Cornel Serr auf ernste Schäden an vielen historischen Gebäuden der Stadt hin und fordert staatliche Hilfe bei der Sanierung.

Im Dezember genehmigt der Gemeinderat weitere Notstandsarbeiten zur Kanal- und Wasserrohrnetzerweiterung.

An Weihnachten sind es 50 Jahre, daß Ladenburg über Leitungen mit Wasser versorgt wird. In diesem halben Jahrhundert sind schätzungsweise 10 Mill. cbm Wasser durch die Rohre geflossen.

## 1954

Das Bürgermeisteramt ordnet im Januar die Beseitigung der Raupennester im Obstbaumbestand an. „Die Feldhut hat Anweisung, die Arbeiten zu überwachen."

Durch das Engagement von Gemeinderat Cornel Serr und Hauptlehrerin i.R. Charlotte Gschwindt wird es im März möglich, die Volksbücherei mit 600 Bänden in der städtischen Turnhalle wiederzueröffnen. Die Bücherausgabe erfolgt bei einer Leihgebühr von 10 Pfg. je Buch sonntags von 11 bis 12 Uhr. – Der Gemeinderat ist mit der Benennung des Progymnasiums in „Carl-Benz-Gymnasium" einverstanden.

Am Neuweg wird das Heilpädagogische Kinderheim der Arbeiterwohlfahrt, dem zeitweise auch eine Sonderschule angegliedert ist, gegründet. Im Mai wird das nach den Plänen von Stadtbaumeister Müller erstellte Schwimmbadgebäude mit sanitären Einrichtungen, Umkleidekabinen und Bademeisterwohnung übergeben. Bald darauf wird ein Sommernachtsfest im Schwimmbad mit der kleinen Cornelia, René Carol, Leila Negra, Bruce Low u.a. veranstaltet. – Anläßlich eines Verbandstages der Volkshochschulen am 30. Mai im „Würzburger Hof" wird die Kulturgemeinde Ladenburg als Volkshochschule anerkannt.

Im Juli faßt der Gemeinderat einen Grundsatzbeschluß zur Aussiedlung von Landwirten und korrigiert damit seine frühere Ablehnung. – Die Hadrian-, Kolping-, Aufeld- und Weidenstraße werden benannt. Die TSG 1864 fordert eine „Jahnstraße".

Am 6. August richtet ein orkanartiger Gewittersturm großen Schaden an, vor allem zwischen Beint und Schwabenheimer Hof. Viele Bäume werden entwurzelt oder abgeknickt, Feldfrüchte und die Tabakernte total vernichtet. – Das Innenministerium Baden-Württemberg betont die Notwendigkeit einer Neckarbrücke bei Ladenburg. Der Heimatforscher Konrad Seel III mahnt am 13. September systematische archäologische Grabungen im künftigen Baugebiet Lustgarten an: „In Ladenburg steht die halbe römische Stadt zur Verfügung!"

Im Oktober findet in Ladenburg eine Jugendschutzwoche statt: „Die Erziehung der Jugend zur Standfestigkeit gegen die vom materialistischen Zeitgeist geprägte Umwelt, die Sicherung der Jugendlichen gegen die immer mehr anwachsenden Suchtgefahren (Kino, Zigaretten, Alkohol, verschiedene Formen der Vergnügungssucht) gehören heute zu den brennendsten Problemen überhaupt!"

Bei einem Ausspracheabend der Industrie- und Handelskammer im Gasthaus „Zur Eintracht" („Zwiwwel") wird die unübersichtliche Bahnunterführung am Friedhof als „Todeskurve" bezeichnet, die grundlegend bereinigt werden müsse. Außerdem wurde beklagt, daß „unser früherer schöner Neckar nach dem Main und der Ruhr an dritter Stelle des Verschlammungsgrades genannt werden muß". Der Gemeinderat beschließt die Wiedereinführung von Anliegerbeiträgen, die seit 1923 nicht mehr erhoben wurden. Die Karnevalsgesellschaft „Fidelio" hat sich aufgelöst.

Die Wiener Sängerknaben gastieren im Capitol-Filmtheater. – Ein Zwölffamilienwohnhaus der Stadt in der Galgbrunnensiedlung wird bezugsfertig, aber 242 Familien mit 751 Personen

*Zu Fuß über den zugefrorenen Neckar im Winter 1955/56 (Foto: Klaus Krebaum).*

suchen immer noch eine Wohnung. – Im Jahre 1954 gab es in Ladenburg 93 Geburten, 63 Eheschließungen und 46 Sterbefälle.

## 1955

Im Januar weiht der Sportverein 1950 sein Sportheim beim Sportplatz an der Wallstadter Straße ein. – Ladenburgs ältester Einwohner, Otto Schwarzbach, Schulstraße 16, feiert seinen 91. Geburtstag. Fabrikant Richard Benz ist im Alter von 81 Jahren verstorben.

In der Nacht zum 8. März werden am Schriesheimer Fußweg 17 Bäume abgebrochen und schwer beschädigt. Für Angaben, die zur Ermittlung der Täter führen, wird eine Belohnung von 15 DM ausgesetzt. – Am 28. April veranstaltet der Stadtjugendring in der „Rose" ein öffentliches Forum unter dem Motto „Wir fragen – die Stadtverwaltung antwortet!"

Der Gemeinderat beschließt im Juni die Umgestaltung des Schulhofaufgangs und den Abbruch der Anker-Scheuer.

Am 2. Juli wird der Grundstein für die Bauernsiedlung an der Heidelberger Straße gelegt. In der Urkunde werden die 10 ausgewählten Siedler erwähnt: Adolf Gackstatter, Rheingaustraße 32; Rolf Linnenbach, Wormser Straße 10; Fritz Maier, Mühlgasse 10; Ludwig Müller, Nagelschmiedgasse 3; Fritz Münz, Nagelschmiedgasse 4; Fritz Remelius, Färbergasse 8; Hermann Schmitt, Feuerleitergasse 6; Hans Wagner, Mühlgasse 23; Karl Wiederhold, Neue Anlage 35 und Fritz Wolf, Zehntstraße 9.

Der Kauf eines Motorrollers für den Stadtbaumeister wird vom Gemeinderat bis zur Haushaltsberatung zurückgestellt. Die Stadt stellt Gelände von Landwirt Fritz Wolf am Rindweg für 11 Nebenerwerbssiedlungsstellen zur Verfügung. – Im Saal der „Rose" wird der Verkehrsverein neu gegründet.

Am 4. September findet in Ladenburg ein Familientreffen der Heimkehrerverbände des Landkreises Mannheim statt. – Die Holz- und Baumaterialienhandlung Joh. Phil. Fuchs begeht ihr 100jähriges Geschäftsjubiläum. Die Firma wurde gegründet, als die Flößerei auf dem Neckar in Blüte stand.

Der Haushaltsplan für das Rechnungsjahr 1955/56 sieht Einnahmen von 982.783 DM, Ausgaben von 1.168.817 DM und damit einen Fehlbetrag von 186.034 DM vor.

Die Kapelle Hoch- und Deutschmeister aus Wien gastiert am 16. Oktober im Bahnhofhotel. – Ladenburg bekommt ein zweites Kino: Die Schloß-Lichtspiele, Hauptstraße, eröffnen mit dem Film „Schützenliesel". – Der neue Schießstand der 1. Schützengesellschaft wird eingeweiht.

Der Gemeinderat genehmigt den Plan des Architekten Fritz Kreiter für die neue Leichenhalle und kauft die Wohnbaracke Markwardt an der Ilvesheimer Straße zum Preis von 2.000 DM.

Im Dezember wird der Totalausverkauf bei der Schuhfabrik Gebr. Nelson am Bleichweg angekündigt. – Im Rathaus sind immer noch 260 wohnungssuchende Familien registriert.

## 1956

Der Heimatforscher Konrad Seel III legt im Januar Reste des Neckartores frei. – Im März überschwemmt Hochwasser weite Teile der Ladenburger Gemarkung, vor allem die Neckarstraße, den Hof des „Anker", die Baracken am städtischen Sportplatz, die Siedlung an der Fohlenweide und das Schwimmbad. – Bei einem Ausspracheabend der Industrie- und Handelskammer in der „Eintracht" ist noch von einer Neckarbrücke an der Fähre die Rede. Der Leiter des Straßenbauamts Heidelberg rechnet mit der Bereitstellung der Mittel in fünf bis zehn Jahren. – Der Gemeinderat lehnt eine Wohn- oder Nebenerwerbssiedlung (Projekt Schmitutz) an der Heidelberger Straße ab, gibt aber grünes Licht für die Donauschwaben-Siedlung in der Weststadt. – Bei der Landtagswahl am 4. März kann der Ladenburger Abgeordnete Willi Rieple (SPD) sein Mandat behaupten.

Am 1. April wirkt sich das neue Polizeigesetz des Landes aus: Ladenburgs Gemeindepolizei wird verstaatlicht. Im „Würzburger Hof" werden die 7 Beamten mit Kommissar Emmert an der Spitze aus dem städtischen Dienst verabschiedet. – An diesem Tag tritt auch die neue Gemeindeordnung in Kraft. Die Gemeinderäte führen künftig die Bezeichnung „Stadtrat". Die Städte und Gemeinden können sich eine Bürgerausschuß- oder eine Gemeinderatsverfassung geben. – In einer von 300 Personen besuchten Bür-

Der Marktplatz im April 1956 (Foto: Fotoarchiv historischer Bilder Ladenburg).

gerversammlung am 5. April spricht sich die Mehrheit für die Bürgerausschußverfassung aus. Der Gemeinderat entscheidet sich jedoch am 25. Juli mit 12 : 7 Stimmen für die Beibehaltung der Gemeinderatsverfassung.

Im Mai läßt der Gemeinderat den Plan zur Erweiterung der Grünanlage am Neckartor fallen und befürwortet die Bauwünsche der Firma Heid und der Bezirkssparkasse. Auf einen Hinweis des Landratsamtes wehrt sich der Gemeinderat gegen den Entzug des alten Rechts zur Abhaltung eines Wochenmarktes, obwohl derzeit kein Markt stattfindet. – Da der diesjährige starke Maikäferflug größere Fraßschäden erwarten läßt, vergütet die Stadt für 1 Liter abgelieferte Maikäfer 5 Pfg. – Am 26. Mai wird die neue Landwirtschafts- und Hauswirtschaftliche Berufsschule am Bollweg (heute Trajanstraße) eingeweiht.

Im Friedhof entdeckt Dr. Heukemes Reihengräber der Merowinger. Der frühere Bürgermeister Pohly gewinnt vor dem Bundesverwaltungsgericht den Prozeß um seinen Pensionsanspruch. – Die Stadtmauer im Schiff-Garten stürzt auf einer Länge von 22 m ein. Der Gemeinderat verabschiedet den Haushaltsplan 1956/57 mit einem Fehlbetrag von 132.000 DM.

Im Juli wird der letzte „Ausscheller“ Wilhelm Sauer im Alter von 68 Jahren in den Ruhestand verabschiedet. Am 2. September wird die Bauernsiedlung „Neubotzheim“ an der Heidelberger Straße mit 10 Eindachhöfen übergeben, Landwirtschaftsminister Eugen Leibfried stellt in seiner Ansprache fest, daß 1882 noch 50 % der Menschen in der Landwirtschaft tätig waren; heute seien es nur noch 17 %. In der Urkunde, die der Minister den Siedlern überreicht, heißt es u.a.: „Dieser Hof soll der Familie des Bauern und ihren Nachfahren über lange Geschlechterfolgen bleibende Heimat sein.“ – Im nördlichen Teil der Gemarkung wird eine Teil-Flurbereinigung durchgeführt, um eine weitere Bauernsiedlung zu ermöglichen.

In der Gemeinderatssitzung am 5. September wird bei der Beratung über notwendige Archivräume „der Gedanke laut, eine neue Volksschule zu bauen und das Rathaus in die Volksschule zu verlegen. Das alte Rathaus könne dann zu Wohnzwecken genutzt werden.“

Bei den Deutschen Rasenkraftsportmeisterschaften in Ludwigshafen am Rhein erringt die Tauziehmannschaft des ASV Ladenburg den 1. Preis.

Am 17. September werden für das vom Heimatbund Badnerland e.V. beantragte Volksbegehren zur Wiederherstellung des alten Landes Baden in Ladenburg nur 205 gültige Eintragungen registriert.

Der Gemeinderat diskutiert über die Existenzberechtigung des Wohnungsamtes. Die Verwaltung weist darauf hin, daß der Wohnraum nach wie vor der Bewirtschaftung unterliegt und die Vermietung einer Wohnung ohne Mitwirkung des Wohnungsamtes eine Ordnungswidrigkeit darstellt. – Am 14. Oktober leitet Musikdirektor Willi Bilz ein Gemeinschaftskonzert von Liederkranz und Sängereinheit mit mehr als 200 Frauen, Männern und Kindern auf der Bühne des Bahnhofhotels. Am Flügel begleitet Anna Hauber-Rufer. – Der Gemeinderat beschließt den Kauf einer Wohnbaracke für 5 Familien zur Aufstellung an der Ilvesheimer Straße. Auch „der Ankauf eines Motorrollers für das Stadtbauamt wird wegen der weiten Ausdehnung Ladenburgs als notwendig anerkannt". – Das „Totenhäusel" auf dem Friedhof wird abgebrochen, damit eine neue Leichenhalle mit Gesamtbaukosten von 128.000 DM gebaut werden kann. – Der Kreistag diskutiert über den Zuschußbedarf von 78.000 DM für das Kreiskinderheim Ladenburg, in dem 80 Kinder betreut werden, davon 52 aus der Stadt Mannheim.

Das Unternehmen Grünzweig + Hartmann erwirbt das Fabrikgelände der NORDAP und nimmt die Produktion von Isoliermitteln auf. In die ehemalige Schuhfabrik Nilson am Bleichweg zieht die Metallveredelungsgesellschaft mbH, eine Tochter der TOTAL Foerster & Co., ein. – Der Gemeinderat ist besorgt über das Defizit im Haushalt, hervorgerufen durch die Krise in der Ladenburger Industrie.

Am 25. Dezember ist Stadtrat und Bürgermeister-Stellvertreter Karl Schlegel, Mitglied des Gemeinderats 1930 bis 1933 und seit 1945, im Alter von 57 Jahren verstorben.

## 1957

Am 1. April wird in Ladenburg die obligatorische Müllabfuhr mit Anschluß- und Benutzungszwang eingeführt. Die Benutzungsgebühr beträgt 75 Pfg. pro Haushalt und Eimer. Der Gemeinderat genehmigt den Abfuhrvertrag mit der Firma Pirmin Müller. Der Stadtbaumeister berichtet, daß die zu dünnen Wände des Schwimmbadbeckens zu großen Wasserverlusten führen. – Die Stadt hat auf dem Martinstor ein Storchennest hergerichtet.

Im Mai wird die von dem 22jährigen Paderborner Bildschnitzer Tillmann geschaffene Nachbildung der Rathaus-Madonna in der Nische am Rathaus aufgestellt. – Das Fachwerk des Antonius-Spitals wird freigelegt.

Am 1. und 2. Juni beteiligen sich 250 Sportler am Sportfest aller Ladenburger Sportvereine auf dem Marktplatz, dem städtischen Sportplatz dem Platz des SV 1950.

Am 10. Juni ist Redakteur Cornel Serr, Stadtrat seit 1951, Gründer des Heimatbundes 1926 und Autor der Heimatspiele, im Alter von 63 Jahren verstorben.

Der Haushaltsplan für das Rechnungsjahr 1957/58 wird im Juli mit 1.341.549 DM im ordentlichen und mit 515.000 DM im außerordentlichen Teil verabschiedet. – Mehrere Straßen werden benannt: In den Gießengärten die Schmezer- und Jahnstraße, im Mühlgewann das Brenngässel, die Rautenthaler und die Hirschberger Straße und in der Weststadt die Donau-, Banater und die Ostlandstraße. – Das Stadtbauamt legt einen Gestaltungsentwurf für den Bahnhofsvorplatz vor.

Der Gesangverein Liederkranz 1843 erhält die von Bundespräsident Heuss gestiftete Zelter-Plakette. – Hans Hessenthaler eröffnet den ersten SPAR-Freiwahl-Laden im Hause Hauptstraße 23. Von der Ladenburger Zeitung wird dies als „eine kleine Sensation" und als Zeichen dafür gewertet, daß die alte Stadt „sich dem Fortschritt der Zeit nicht verschließt und ihren Bewohnern auch die Vorzüge größerer Städte zugute kommen lassen will". – Die Wirtsfamilie des „Badischen Hofes" am Marktplatz verabschiedet sich nach Eppelheim.

Im November wird im Gemeinderat erwogen, die Werbeanlagen in der Altstadt zu beschränken, „um die Verschandelung des alten Stadtbildes zu verhüten". – Die Polizei bezieht ihre neuen Diensträume in der Bahnhofstraße.

Am 3. Dezember wird im Gasthaus „Zum Bahnhof" in Neckarhausen von der Stadt Ladenburg und den Gemeinden Edingen, Neckarhausen und Heddesheim der Abwasserverband „Unterer Neckar" gegründet. Zum Verbandsvorsitzenden wird Bürgermeister Eduard Schläfer (Neckarhausen) gewählt. – Frl. E.W. Trippmacher regt in einem Schreiben an den Gemeinderat die Einrichtung einer Wärmestube und den Bau eines Altersheimes an. Während die Stadt für die Wärmestube einen Raum suchen will (jedoch nicht in einer Gastwirtschaft!), sieht sie sich außerstande, dem zweiten Antrag zu entsprechen, „zumal die Mittel des Bürgerhospitalfonds für die Errichtung und Unterhaltung eines solchen Heimes vollkommen ungenügend sind“. – Das 3. Zwölffamilienhaus in der Weststadt kann bezogen werden. – In seinem Jahresrückblick erwähnt der Bürgermeister, daß eine Südumgehung Ladenburgs nicht mehr geplant ist.

## 1958

Am 8. Januar erklärt sich der Gemeinderat mit dem Ausbau des Carl-Benz-Progymnasiums zu einer Vollanstalt und mit der Übernahme der dadurch entstehenden Mehrkosten einverstanden. Eine Wirtschaftlichkeitsuntersuchung über die Beseitigung des Kanzelbachs wird zurückgestellt.

Im Februar wird der Kauf des Anwesens Remelius in der Feuerleitergasse beschlossen; darauf soll der Bauhof der Stadt eingerichtet werden.

Am 15. März wird die Einsegnungshalle auf dem Friedhof eingeweiht; sie wurde nach den Plänen von Architekt Fritz Kreiter mit einem Kostenaufwand von 185.000 DM erbaut. Nach der neuen Leichenhallenordnung sind Beerdigungen an Sonn- und Feiertagen nicht mehr möglich.

Der Gemeinderat stimmt am 19. März dem Antrag des Heimatbundes auf Verlegung des Heimatmuseums in den Amtshof und der Ausweisung eines Denkmalschutzgebietes um den Amtshof (heute Bischofshof) grundsätzlich zu. – Im Schwimmbad entsteht ein Planschbecken.

In der Feldgemarkung beginnt der Ausbau von Betonwegen im Rahmen des Grünen Planes für die Landwirtschaft. – Im Juni feiert die Sängereinheit 1883 ihr 75jähriges Bestehen.

Am 9. Juli wird der Haushaltsplan 1958/59 mit 1.551.080 DM im ordentlichen und 481.560 DM im außerordentlichen Teil verabschiedet.

Der Gemeinderat regt im August an, die Hauptstraße zur Einbahnstraße zu erklären; für landwirtschaftliche Fahrzeuge soll eine Ausnahmeregelung gelten. – Der Neubau des Max-Planck-Instituts im Rosenhof wird befürwortet und ein Zuschuß für die Renovierung des Neunhellerhauses bewilligt. – Die Diskussionen über die Pläne für die südliche Stadterweiterung gehen weiter.

Am 26. Oktober wird Frl. Elisabeth Trippmacher im Hinblick auf ihre Verdienste, die sie sich auf sozialem Gebiet und um Ladenburg erworben hat, das Ehrenbürgerrecht verliehen.

Im November wird die Besetzung einer katholischen Hauptlehrerstelle zurückgestellt; der Gemeinderat besteht auf einer paritätischen Besetzung.

Der Fußballverein 1903 hat sein neues Clubheim beim Sportplatz am Wasserturm bezogen. – Die Pausenhalle der Volksschule ist fertiggestellt. – Trotz mehrerer Wohnungsbauten suchen

*Anläßlich ihres 80. Geburtstages wird 1958 Frau Elisabeth W. Trippmacher das Ehrenbürgerrecht verliehen. An der Feierstunde nehmen (v. l. n. r.) Ratschreiber Theo Weinmann, die Stadträte Ludwig Storch, Georg Wolf, Willy Gärtner (halb verdeckt), Dr. Johann Göttlicher, Wilhelm Engel, Else Brümmer, Willy Kress, Bürgermeister Dr. Hermann Hohn sowie die Stadträte Hans Hessenthaler, Fritz Wolf, Fritz Würzburger, Karl Hoffmann, Ludwig Sauer, Albert Friedrich, Hans Weisbarth und Fritz Emig teil (Foto: privat).*

immer noch 250 bis 300 Familien dringend eine Wohnung.

In Ladenburg gibt es 3 Ärzte, 4 Zahnärzte und eine Apotheke. Die Kassenärztliche Vereinigung lehnt die Niederlassung eines Augenarztes in Ladenburg ab; der Gemeinderat bejaht die Bedürfnisfrage.

## 1959

Der Haushaltsplan 1959/60 beschränkt sich auf einen ordentlichen Teil mit 1.612.995 DM. – Mehrere Besprechungen im Rathaus befassen sich mit den archäologischen Grabungen im Gebiet der künftigen Südstadt. Der Stadt wird versichert, daß „namhafte Mittel bereitgestellt sind, so daß die Grabungen mit Beginn der wärmeren Jahreszeit ihren Anfang nehmen können".

Am 10. Mai wird der bisherige Bürgermeister Dr. Hermann Hohn bei einer Wahlbeteiligung von 61,3 % mit 97,5 % der gültigen Stimmen für weitere 12 Jahre wiedergewählt.

Maurermeister Konrad Seel III langjähriger Stadtbaumeister und verdienter Heimatforscher, ist am 19. Juni im Alter von 73 Jahren verstorben.

Vom 27. bis 29. Juni feiert die Freiwillige Feuerwehr Ladenburg ihr 100jähriges Bestehen mit einem großen Fest, an dem die ganze Bevölkerung teilnimmt. Im Mittelpunkt stehen der Festakt im Bahnhofhotel und ein Festumzug, an dem sich zahlreiche Wehren beteiligen. Das Jubiläumsjahr ist zugleich das Jahr der außerordentlichen Bewährung der Wehrmänner: Zwei Großbrände im BBC-Werk Ladenburg und in der Cronberger Mühle (Stadtmühle) erfordern ihren ganzen Einsatz.

Im Juli startet der Verkehrsverein den Versuch, die Freilichtspiele in Ladenburg wiederzubeleben. Vor der Galluskirche wird Goethes „Götz von Berlichingen mit der eisernen Hand" aufgeführt. Das Gastspiel der Freilichtbühne Mannheim-Waldhof zieht mehr als 1.000 Besucher an. Dennoch gibt es anschließend eine längere Debatte darüber, ob die Spiele aus finanziellen Gründen weitergeführt werden können.

In der September-Sitzung zeigt der Gemeinderat kein Interesse an der abgebrannten Stadtmühle.

Am 25. Oktober wird der Kindergarten St. Johannes in der Weststadt eingeweiht. In 3 Gruppen können 75 Kinder betreut werden. – In den letzten Tagen des Jahres wird die katholische Ordensschwester Gaudentius für ihre 50jährige Schwesterntätigkeit, davon 40 Jahre in Ladenburg, mit der Verleihung der Bundesverdienstmedaille geehrt. – In der Weidenstraße wird das 4. Zwölffamilienhaus bezogen. Ladenburg hat 8.500 Einwohner.

*Der Verlust eines bedeutenden Baudenkmals: Am 2. September 1959 brennt die Stadtmühle (Foto: Fotostudio Thome).*

## Die 60er Jahre

Der weitere wirtschaftliche Aufschwung wird von der Angst vor einer Eskalation des „Kalten Krieges" zwischen den USA und der Sowjetunion überschattet. Auch zwischen den beiden deutschen Staaten vertiefen sich die Gräben. Über 3,5 Millionen Menschen verlassen die DDR. Das Zentralkomitee der SED unter Walter Ulbricht handelt: Am 13. August 1961 wird mit dem Bau der Berliner Mauer begonnen und damit das Viermächte-Abkommen gebrochen.

Die Fußball-Bundesliga wird gegründet. Ludwig Erhard tritt die Nachfolge Adenauers als Bundeskanzler an. Im Jahre 1964 kommt Armando Sá Rodrigues, ein Zimmermann aus Portugal, als millionster Gastarbeiter in die Bundesrepublik. Die Bundesvereinigung Deutscher Arbeitgeberverbände schenkt ihm zur Begrüßung ein Moped.

Die Wirtschaft gerät in eine Krise. Im Bergbau und in der Stahlindustrie treten Strukturprobleme auf. In dieser schwierigen Situation, die auch den Beginn der Studentenunruhen markiert, kommt es 1966 zur Großen Koalition in Bonn. Kurt Georg Kiesinger wird Bundeskanzler, Willy Brandt Vizekanzler und Außenminister.

Im Jahre 1969 betritt Neil Armstrong als erster Mensch den Mond. Gustav Heinemann wird Bundespräsident, Willy Brandt der Kanzler einer sozialliberalen Koalition.

Stichworte der Jahre sind Spiegel-Affäre, Kuba-Krise, Passierscheinabkommen, Bildungskatastrophe, Notstandsgesetze, Vietnam-Krieg, „Prager Frühling", Studentenbewegung, Herztransplantation, Konzertierte Aktion.

## 1960

Geistlicher Rat Otto Häußler, seit 1921 Stadtpfarrer in Ladenburg und in der Nachkriegszeit im Wohnungsbau engagiert, ist am 29. Januar im Alter von 72 Jahren verstorben. – Der Tiefbauingenieur Erhard Lohrer wird ab 1. April zum Stadtbaumeister bestellt. – Der Kiesumschlagplatz der Leutershausener Firma Schulz am Hafen wird genehmigt.

Der Leiter der Ausgrabungen im Gewann Lustgarten, Dr. Dietwulf Baatz, berichtet in mehreren Vorträgen über seine archäologischen Untersuchungen.

Im März beschließt der Gemeinderat, zur Schaffung von Schulraum für das Carl-Benz-Gymnasium die Wohnbaracke der Evangelischen Kirchengemeinde an der Realschulstraße zu kaufen. – Der Evang.-Protestantische Waisenhausfonds und die von Sickingen'sche Stiftung werden mit dem Christlichen Bürgerhospitalfonds vereinigt. – Bei der Landtagswahl am 15. Mai kann der Ladenburger Studiendirektor Willi Rieple (SPD) zum dritten Mal das Mandat im Wahlkreis 39 (Mannheim-Land-Nord) erringen.

Die Erbengemeinschaft Carque erwägt den Abbruch der vom Brand zerstörten Stadtmühle und den Neubau eines Hotels. Der Gemeinderat erhebt keine grundsätzlichen Einwendungen. Der am 22. Juni verabschiedete Haushaltsplan für das Rechnungsjahr 1960/61 überschreitet im ordentlichen Teil die 2-Millionengrenze. Der außerordentliche Haushalt schließt mit der Summe von 318.000 DM ab.

In der Juli-Sitzung berichtet Bürgermeister-Stellvertreter Fritz Wolf dem Gemeinderat über die Vorarbeiten zur Aussiedlung weiterer Landwirte im Norden der Gemarkung. Der Gemeinderat verlangt, daß nur im äußersten Bedarfsfalle auf Gelände westlich der Bundesbahn zurückgegriffen wird.

Der Abwasserverband Unterer Neckar beginnt mit der Verlegung des Hauptsammlers von Heddesheim nach Ladenburg, eine Voraussetzung für ordnungsgemäße Entwässerung der Weststadt.

Im August wird die Anlage eines Parkplatzes am Seilergraben genehmigt. Ferner wird der Plan zum Neubau des Stadtbauamts an der Feuerleitergasse gebilligt. Für die südliche Stadterweiterung genehmigt der Gemeinderat am 28. September einen Plan, der den Bau einer Festhalle und 4 achtgeschossige Wohnbauten vorsieht.

Die Zweigstelle Rosenhof der Max-Planck-Gesellschaft wird ein selbständiges Institut für Pflanzengenetik. – Der Wolf'sche Bauernhof an der Zehntstraße, mit schöner Galerie im Innenhof, Wendeltreppe und Portal, muß dem neuen Feuerwehrhaus weichen.

## 1961

Im Januar wird die erste Flurbereinigung abgeschlossen; sie erfaßte eine Fläche von 1.431 ha mit 1.191 Teilnehmern. – Der Gemeinderat ist mit dem Vorschlag des Landesvermessungsamtes einverstanden, die Bauernsiedlung im Süden der Gemarkung nach dem im Mittelalter untergegangenen Dorf Botzheim künftig „Neubotzheim" zu nennen.

Im März werden die Gregor-Mendel-Straße und der Weg „An den Weihergärten" benannt.

Die Volkszählung am 6. Juni hat folgendes Ergebnis: Ladenburg hat 8.434 Einwohner, davon 4.172 männlich und 4.262 weiblich. Es gibt 1.076 Wohngebäude mit 2.501 Wohnungen. In den 329 Arbeitsstätten sind 4.079 Erwerbspersonen beschäftigt, davon 6,7 % in der Landwirtschaft, 63,3 % in Industrie und Handwerk, 12,4 % in Handel und Verkehr und 17,6 % im öffentlichen Dienst und sonstigen Dienstleistungsbetrieben.

Im Juli tritt die Planung für die südliche Stadterweiterung in ein neues Stadium: Dipl.-Ing. Volkmann (München) stellt dem Gemeinderat seinen Entwurf vor. Ihm wird auch die Flächennutzungsplanung übertragen.

Am 25. Oktober billigt der Gemeinderat den Entwurf des Stadtbauamts für den Neubau eines Feuerwehrgerätehauses an der Zehntstraße. Im November verwahrt sich der Gemeinderat gegen den Wunsch der Stadt Schriesheim, die Trasse des Main-Neckar-Schnellweges (Autobahn A 5) nach Westen auf die Gemarkung Ladenburg zu verlegen. Für die südliche Stadterweiterung (Bollweg l. und 2. Gewann, Lustgarten, Laufäcker, Burgäcker, Bellengärten und Kreuzäcker) wird ein Bebauungsplan aufgestellt. Das Ingenieur-Büro Kuhn berichtet über die Arbeit am Generalentwässerungsplan.

In seinem Jahresrückblick erklärt Bürgermeister-Stellvertreter Fritz Wolf u.a.: „Wegen der geringen Zahl von Arbeitskräften könnte z.Z. keine weitere Industrieansiedlung mehr verkraftet werden."

## 1962

Zu Beginn des Jahres genehmigt der Gemeinderat den Ankauf der Kellerei an der Cronbergergasse und den Erwerb der abgebrannten Stadtmühle. Beim Abbruch der Stadtmühle soll das wertvolle Portal erhalten werden. – Die sofortige Streichung der Getränkesteuer wird abgelehnt; es soll bei der stufenweisen Absenkung um 20 % jährlich bleiben, so daß sie 1964 ausläuft.

Im Februar berichtet der Bürgermeister, daß mit dem Regierungspräsidium Nordbaden und dem Staatlichen Amt für Denkmalpflege Einvernehmen über die Grabungen in der Südstadt erzielt wurde. Nach der Sturmkatastrophe in Hamburg genehmigt der Gemeinderat eine Spende in Höhe von 2.000 DM.

Der Volkmann-Plan für die Südstadt wird nochmals diskutiert. Bestandteil der Planung ist auch die Anhebung der Neckarstraße um 1,5 m.

Der Haushaltsplan 1962/63 steigt im ordentlichen Teil auf 3.000.330 DM, im außerordentlichen auf 804.300 DM. – Im Juni nimmt Bürgermeister Dr. Hohn nach achtmonatiger Krankheit den Dienst wieder auf. – Für die Altstadtsanierung legt Dipl.-Ing. Volkmann drei Varianten vor; weitere Beratungen sind vorgesehen. Die Bauernsiedlung am Brunnenweg im Norden der Gemarkung erhält den Namen „Neuzeilsheim" zur Erinnerung an das untergegangene Dorf Zeilsheim. Die 11 Mehrdachhöfe der Streusiedlung wurden von Jean Bläß (bisher Schulstraße 13), Jakob Hege (Neue Anlage 45), Karl Heilmann (Kirchenstraße 21), Karl Helmling (Wormser Straße 8), Hermann Jäger (Sandgewann 21), Fritz Kippenhan (Heddesheim), Jakob Köhler (Hauptstraße 69), August Maier (Rheingaustraße 25), Willi Meng (Neugasse 7), Heinz Treiber (Weinheimer Straße 9) und Theodor Volz (Eintrachtgasse 11) erbaut.

Der Gemeinderat ist mit der Linienführung des Main-Neckar-Schnellweges (Autobahn A 5) einverstanden; die Übergänge für die Landwirtschaft sind noch zu klären.

Im September erklärt der Gemeinderat, daß er am Kauf der „Rose"(Hauptstraße 41) nicht interessiert ist. – Vor der Vergabe der Arbeiten am Brückensteg bei der Neckarbrücke soll mit der Gemeinde Neckarhausen verhandelt werden. – Der Ladenburger Horst Ruster wird am 30. September in Bremen Deutscher Meister im Vierer-Mannschaftsfahren der Rad-Amateure über 100 km.

Das Stadtbauamtsgebäude an der Feuerleitergasse ist fertiggestellt. – Die Stadt errichtet am Schwedenweg ein Gebäude mit 9 Wohnungen.

*Die Gierfähre, seit mehr als 500 Jahren die Verbindung zwischen Neckarhausen und Ladenburg, im Winter 1962/63 (Foto: Schwetasch).*

Nach Prüfung zahlreicher Bedenken und Anregungen beschließt der Gemeinderat am 12. Dezember den Bebauungsplan „Südstadt" als Satzung. Der Kreislehr- und Versuchsgarten und das Gewann Bellengärten werden nicht in das Plangebiet einbezogen.

## 1963

Der Neckar ist letztmals zugefroren. – Der Gemeinderat lehnt im Februar die Beteiligung Ladenburgs an der Müllverwertungsanlage der Stadt Mannheim ab. Über die Bildung eines Zweckverbandes könne jedoch gesprochen werden.

Am Ostersonntag (14. April) wird der Domhof, im 13. Jahrhundert erstmals urkundlich erwähnt, ein Raub der Flammen. Die Freiwillige Feuerwehr kann ein Übergreifen des Brandes auf die Nachbargebäude verhindern. Anfang Mai beschließt der Gemeinderat den Abbruch des Domhofes.

*Der Brand des Domhofes am Ostersonntag 1963 (Foto: Fotostudio Thome).*

Nach der wiederholten Offenlage und der Prüfung neuer Anregungen und Bedenken wird der Bebauungsplan „Südstadt" am 15. Mai nochmals als Satzung beschlossen. Auch der Bebauungsplan „Aufeld 1. Gewann" findet die Zustimmung des Gemeinderats.

Im Juni werden Bodelschwingh-, Ketteler-, Boveri- und die Daimlerstraße benannt. Der Entwurf des Flächennutzungsplans wird vom Gemeinderat ausführlich beraten. Der Plan weist Wohngebiete für ca. 15.000 Einwohner aus und soll das Gelände des Kreises hinter der Landwirtschaftsschule (Lehr- und Versuchsgarten) als Bauerwartungsland vorsehen. Etwa notwendige weitere landwirtschaftliche Aussiedlungen sind zwischen Heddesheimer und Wallstadter Straße auszuweisen. Für das Kellereigelände billigt der Gemeinderat den Volkmann-Vorschlag, das zweite Punkthaus nur viergeschossig zu planen.

Im Juli feiert das Carl-Benz-Gymnasium sein 100jähriges Bestehen. – Am 7. August beschließt der Gemeinderat mit 12 : 2 Stimmen die Wiederbebauung des Domhofplatzes. Die hiesigen Architekten sollen zu einem Gespräch über einen Ideenwettbewerb eingeladen werden. Im September folgt der Beschluß, daß die Architekten Kreiter, Lackner und Meixner Bebauungsvorschläge ausarbeiten sollen.

Am 18. September stimmt der Gemeinderat dem von der Gesellschaft für Kläranlagen und Wasserversorgung mbH Mannheim erarbeiteten Gesamtentwässerungsentwurf zu. Er bildet die Grundlage für die künftigen Investitionen auf diesem Gebiet. Im Oktober werden die Kanalisationsarbeiten in der Luisen-Schwarzkreuzstraße an die Firma W. Busch (Schriesheim) vergeben. Zur Gestaltung des Domhofplatzes wird im Gemeinderat die Einberufung einer Bürgerversammlung beantragt.

Anfang Dezember versammeln sich auf dem Ladenburger Friedhof die Sänger der Bilz-Chöre, um von Kreis-Chorleiter Willi Bilz, seit 1927 Chor- und Ehrenchorleiter der Sängereinheit 1883, von 1953 bis 1963 Dirigent des Gesangvereins Liederkranz 1843, Komponist des „Ladenburger Liedes", Abschied zu nehmen.

Am 27. Dezember hebt der Gemeinderat die Getränkesteuerordnung vom 27. August 1944 zum 31. Dezember 1963 auf.

## 1964

Im Januar wird Ratschreiber Theo Weinmann nach 50jähriger Dienstzeit bei der Stadt Ladenburg in den Ruhestand verabschiedet. – Der Haushaltsplan 1964 hat im ordentlichen Teil ein Volumen von 3.308.140 DM und im außerordentlichen Teil von 141.000 DM. Der Gewerbesteuerhebesatz wird von 310 auf 300 v.H. gesenkt. – Der Gemeinderat erläßt eine Entwässerungssatzung und eine Satzung über die Erhebung von Kanalbenutzungsgebühren.

Am 7. März wird das neue Feuerwehrgerätehaus eingeweiht, das mit einem Kostenaufwand von 446.000 DM an der Zehntstraße erbaut wurde. – Der Gemeinderat strebt den Kauf des Kreiskinderheimgeländes für den Neubau des Gymnasiums an und lehnt die Aufstockung des bisherigen Gymnasiums und den Bau von Pavillons zur Behebung der Schulraumnot ab. Statt dessen sollen die Umlegung in der Südstadt und der Gymnasiumsneubau vorangetrieben werden.

Einen breiten Raum in der kommunalpolitischen Diskussion nimmt die Bebauung des Domhofplatzes nach dem Abbruch des vom Brand beschädigten Domhofes ein. Am 26. Februar werden dem Gemeinderat mehrere Bebauungsvorschläge präsentiert, die vom eingeschossigen Flachdachgebäude bis zum neungeschossigen „Turmhaus" reichen. Als Alternative zur Bebauung wird eine Grünfläche mit Parkplätzen vorgeschlagen. Eine Bürgerversammlung am 4. Juni spricht sich mehrheitlich gegen eine Bebauung aus. Die entscheidende Gemeinderatssitzung findet am 24. Juni statt. Der Antrag, die Bebauung auszusetzen, wird mit 10 : 6 Stimmen abgelehnt. Dagegen wird der Antrag, zur Durchführung des Beschlusses vom 7. August 1963 das Stadtbauamt mit der Auswertung der Architekten-Vorschläge zu beauftragen, damit anschließend über die Bauträgerschaft entschieden werden kann, mit 10 : 6 Stimmen angenommen. Über den weiteren Antrag, die Frage der Domhofplatzgestaltung einem Bürgerentscheid zu unterwerfen, wird nicht mehr abgestimmt. Daraufhin unterzeichnen bis zum 23. Juli 2.677 Bürgerinnen und Bürger ein Bürgerbegehren gegen den Gemeinderatsbeschluß vom 24. Juni.

Die Bereitschaft der Amerikaner, das Neckarvorland einzuebnen, damit es zum Naherholungsgebiet umgestaltet werden kann, wird vom Gemeinderat dankbar begrüßt. Am 8. April stellt er fest, daß eine Übernahme des Bahnhofhotels durch die Stadt nicht möglich ist. Auch das Gebäude der Capitol-Lichtspiele in der Bahnhofstraße wird „als für die Stadt unzweckmäßig" angesehen. Das Martin-Luther-Haus an der Realschulstraße, das Gemeindehaus der Evangelischen Kirchengemeinde, wird eingeweiht. – Die Turn- und Sportgemeinde 1864 feiert mit mehreren Veranstaltungen ihr100jähriges Bestehen. – Fritz Sauer (ASV Ladenburg) wird Deutscher Jugendmeister im Ringen der Klasse bis 73 kg. – Der Angelsportverein feiert das erste Backfischfest.

Nach zahlreichen Klagen über den schleppenden Fortgang der Kanalisationsarbeiten in der Luisenstraße wird dem Tiefbauunternehmen Busch der Auftrag entzogen und der Firma Eisen erteilt. Ferner wird beschlossen, die Weststadt-Grundschule in Fertigbauweise erstellen zu lassen. – Die Uhland-, Heine- und Wichernstraße werden benannt. Der Aussiedlerhof Mülbert erhält die Anschrift „Im Kirchfeld". – Die Bebauungspläne „Südstadt" und „Aufeld II. Gewann" werden rechtsverbindlich. In der Gemeinderatssitzung am 2. Dezember erklärt Bürgermeister Dr. Hohn, daß er aus gesundheitlichen Gründen sein Amt zur Verfügung stellt und in den Ruhestand treten möchte.

## 1965

Am 14. Januar genehmigt der Gemeinderat den Vertrag mit der Variant-Bau GmbH Ludwigshafen über den Fertigbau einer vierklassigen Grundschule mit Gymnastikhalle in der Weststadt zum Festpreis von 698.000 DM. – Georg Wolf wird Ehrenkommandant der Freiwilligen Feuerwehr.

Bei einer Wahlbeteiligung von 80,17 % wird am 14. Februar der 33jährige Weinheimer Stadtamtmann Reinhold Schulz im 2. Wahlgang mit 55,9 % der gültigen Stimmen auf 8 Jahre zum Bürgermeister gewählt.

Der Gemeinderat beschließt am 25. Februar den Haushaltsplan für das Rechnungsjahr 1965 mit einem Volumen von 3,9 Mio. DM im ordentlichen und 1,2 Mio. DM im außerordentlichen Haushalt. Der Gesamtbetrag der äußeren Darlehen wird auf 1.579.030 DM festgesetzt.

Am 10. März wird Bürgermeister Dr. Hermann Hohn in der städtischen Turnhalle feierlich verabschiedet. Bürgermeister-Stellvertreter Fritz Wolf erwähnt dabei die wichtigsten Maßnahmen der 12jährigen Amtszeit: Aussiedlung von 20 landwirtschaftlichen Betrieben, Neubauten der Leichenhalle, des Stadtbauamts und des Feuerwehrgerätehauses, Erweiterung der Weststadt, 6 km Straßen, 3,7 km Kanäle, 11 km Wasserleitung. Anschließend wird der neue Bürgermeister Reinhold Schulz auf sein Amt verpflichtet.

Im März macht die Stadt Ergänzungsvorschläge zur Planung des Main-Neckar-Schnellweges (A 5) zwischen Kleeblatt Weinheim und Heidelberger Kreuz. Auch die Schulraumnot von Volksschule und Carl-Benz-Gymnasium kommt zur Sprache.

Im April wird der Gemeinderatsbeschluß vom 24. Juni 1964 zur Bebauung des Domhofplatzes aufgehoben. Die Planung wird so lange ausgesetzt, bis auch das Stenz'sche Anwesen in die Überlegungen einbezogen werden kann. Damit ist dem Bürgerbegehren Rechnung getragen. Am 5. Mai wird der Plan zur vorübergehenden Gestaltung des Platzes genehmigt.

Der Bürgermeister berichtet, daß noch 60 Familien mit 250 Personen in Baracken wohnen und weitere Wohnungen für Mitarbeiter der Firma Benckiser gebraucht werden. Die Hoffnungen richten sich auf die Erschließung der Südstadt, wo im 1. Bauabschnitt 133 Gebäude mit 347 Wohnungen und im 2. Abschnitt 180 Gebäude mit 451 Wohnungen entstehen sollen. Die Kanalarbeiten beginnen im Sommer. Dies ermöglicht Dr. Heukemes, in ständigem Wettlauf mit den Baumaschinen, die Untersuchung zahlreicher Bauten und Töpferwerkstätten im Südteil der Römerstadt Lopodunum. Am Kastellweg wird ein bemaltes Sol-Mithras-Relief geborgen.

Außerdem wird der Bebauungsplan „Obere und Untere Gießengärten" rechtsverbindlich. Der Hauptsammler Nord mit einem Durchmesser von 2.000 mm überquert die Wallstadter Straße und strebt auf der Trasse der künftigen Jahnstraße dem Bahnhof zu. Ein weiterer Sammelkanal wird in der Deichwiese bis zum Benzplatz verlegt.

Im September beginnen die Erd- und Betonarbeiten zum Neubau des Schwimmbades. – Der Bebauungsplan „Stadtkellerei" wird als Satzung beschlossen. Der seit 1958 schwelende Streit zwischen Ilvesheim und Ladenburg über die Zerlegung der Gewerbesteuer, die für die mehrgemeindliche Betriebsstätte Grünzweig + Hartmann zu zahlen ist, wird mit einem Kompromiß beendet. – Für die Volkshochschule strebt die Stadt den Status eines eingetragenen Vereins an. – 142 Kinder sind die ersten Schüler der fertiggestellten Weststadt-Grundschule.

Neben der Jungbürgerfeier findet im Oktober die Aktion „Offenes Rathaus" statt. Junge „Stadträte" und 4 „Verwaltungsvertreter" (Bürgermeister, Ratschreiber, Kämmerer und Stadtbaumeister) bestreiten im Feuerwehrhaus eine Gemeinderatssitzung mit folgender Tagesordnung: 1. Wohnungssituation, 2. Neue Wege in der Jugendarbeit, 3. Förderung des Fremdenverkehrs, 4. Altstadtsanierung, 5. Gestaltung des Neckarvorlandes.

Das Preisgericht zur Beurteilung der Entwürfe für den Neubau des Carl-Benz-Gymnasiums vergibt den 1. Preis an den Architekten Rainer Mokkler (Talheim bei Heilbronn). – Die Volksbank bezieht ihren Anbau an der Scheffelstraße.

## 1966

Der bisherige Stadtpfarrer der Alt-Katholischen Kirchengemeinde Heidelberg-Ladenburg, Josef Brinkhues, wird zum Bischof und Oberhaupt der Alt-Katholiken in Deutschland geweiht; er feiert in der Sebastianskapelle eine Pontifikalvesper.

In einem heimatkundlichen Vortragsabend der Volkshochschule und des Heimatbundes am 11. Januar berichtet Dr. Heukemes über das Ladenburger Sol-Mithras-Relief und 75 Fundstellen in der Südstadt. Wenn manche vielleicht bedauern, sagt er u.a., daß dieses Gelände neuen Bauten zum Opfer falle, müsse man entgegenhalten, daß 400 Jahre lang die Chance bestanden hätte, eine römische Stadt auszugraben, weshalb man unserer Zeit nicht den Vorwurf machen könne, daß sie diese Gelegenheit nicht wahrnehme. Schließlich müsse die Stadt weiterleben. Man müsse aber die Funde sicherstellen.

Im Februar wird die Volkshochschule als eingetragener Verein gegründet. – Der Gemeinderat protestiert beim Oberschulamt Nordbaden gegen die beabsichtigte Schließung der Gewerbeschule.

Am 14. April wird Stephanie Schmitt geboren, das letzte Kind, das im Entbindungsheim der Hebamme Hildegard Schmitt, Am Seilergraben 17, das Licht der Welt erblickt. – Die Bezirkssparkasse Weinheim, zu deren Gewährträgergemeinden auch die Stadt Ladenburg zählt, feiert ihr 100jähriges Bestehen.

Am 30. April wird die Weststadt-Grundschule feierlich eingeweiht und am 4. Juni das neue Freibad. Das Becken wurde zum Schutz vor Hochwasser höhergelegt. Die Wasserfläche hat sich von 1900 qm auf 2.300 qm erweitert. – Die Kohlen-Konsumgenossenschaft beschließt ihre Liquidation.

In der Juli-Sitzung befaßt sich der Gemeinderat mit den Geruchsbelästigungen, die von der Firma TOTAL ausgehen. Die Vereinbarung zwischen der Stadt und dem Heimatbund über die Verwaltung des Lobdengau-Museums wird genehmigt. Im August nimmt der Ladenburger Horst Ruster an der Straßenweltmeisterschaft im Vierer-Mannschaftsfahren der Rad-Amateure in Köln teil. Einen Monat später wird er in Augsburg Deutscher Meister.

Der Vorentwurf des Architekten Rainer Mokkler für den Neubau des Carl-Benz-Gymnasiums wird im Oktober vom Gemeinderat genehmigt. – In der Südstadt werden die ersten Richtfeste gefeiert. – Für den Bau der Autobahn A 5 wird am 3. November das Flurbereinigungsverfahren Ladenburg/Main-Neckar-Schnellweg angeordnet. – In einer Bürgerversammlung werden der Entwurf des Flächennutzungsplans und die Finanzsituation der Stadt diskutiert.

In der Bollwegsiedlung werden die ersten Baracken abgerissen. – An der Ostlandstraße entsteht das „Eichbaum-Stübl", und der Angelsportverein Ladenburg und Umgebung 1923 baut das westliche Brückenhäuschen an der Neckarbrücke zum Vereinsheim aus. Die Bahnhofsgaststätte wird geschlossen.

In Tübingen erscheinen die „Erinnerungen 1948–1953" des früheren Ministerpräsidenten Dr. Reinhold Maier, in denen er sich auch über das 1850jährige Stadtjubiläum Ladenburgs im Jahre 1949 u.a. wie folgt äußert: „Bei dieser Festrede ... fiel mir die Mutlosigkeit auf. Die Stadt war Stockwerk um Stockwerk nach unten gefallen. Staatliche Ämter waren ihr im Vollzug von Maßnahmen der badischen Verwaltungsvereinfachungen Stück für Stück genommen worden. Sie stand in dem Festjahr als schmucklose Landstadt da. Aber sie ist wieder hochgekommen ..."

*Der Ladenburger Horst Ruster (li.) bei den Deutschen Meisterschaften im Vierer-Mannschaftsfahren der Amateure über 100 km am 25. September 1966 in Augsburg (Foto: privat).*

*In der Bahnhofstraße wird 1967 ein Hauptsammler für die Abwässer verlegt (Foto: Schwetasch).*

## 1967

Die Benckiser-Knapsack GmbH, ein Gemeinschaftsunternehmen der Joh. A. Benckiser GmbH und der Farbwerke Hoechst AG zur Herstellung von Phosphatprodukten, nimmt ihre Tätigkeit in Ladenburg auf. – Die Historische Weinstube „Zur Sackpfeife" im Hause Kirchenstraße 45 wird eröffnet.

Da die Gewerbesteuer aus konjunkturellen Gründen zurückgeht, ist im Gemeinderat bei der Verabschiedung der Haushaltssatzung für 1967 von einem „Haushalt der Askese" die Rede. Außerdem wird über den Entwurf des Flächennutzungsplans und erstmals über einen Zeitplan für den Finanzbedarf 1967–1972 beraten. Am 23. Januar wird mit den Kanalisationsarbeiten in der Bahnhofstraße begonnen. Der Hauptsammler Süd hat einen Durchmesser von 1.300 mm. Er vereinigt sich „Am Bahnhof" mit dem Hauptsammler Nord. Dann wird ein Stahlbetonrohr mit einem Durchmesser von 2.200 mm auf einer Länge von 58 m durch den Bahndamm gepreßt.

In der März-Sitzung genehmigt der Gemeinderat den Plan zur Gestaltung des Neckarvorlandes und begrüßt die Gründung der Jugendfeuerwehr. – Ein „Mitbürgerlicher Gesprächsabend" der Volkshochschule führt zur intensiven Beschäftigung mit der Altstadtsanierung im Zusammenhang mit dem Flächennutzungsplan. Im Rahmen einer Studienarbeit an der Technischen Hochschule Darmstadt erstellen die Studenten Jürgen Borkowski und Bert Burger eine Grobanalyse der Altstadt, die sich in Bestandskarten für Gebäudealter, -zustand und -nutzung sowie erhaltenswerte Bauten und Straßenräume gliedert. Auch eine Versammlung des Heimatbundes befaßt sich mit diesen Themen.

Hans Hessenthaler öffnet den Hof seines Hauses Hauptstraße 23 für einen kleinen Wochenmarkt. – Durch eine Änderung des Bebauungsplans „Obere und Untere Gießengärten" streicht der Gemeinderat die Einmündung der Schmezerstraße in die Bahnhofstraße. – Im Kreistag kommt es zu einer Diskussion über die Zukunft des Kreiskinderheims in Ladenburg. Landrat Dr. Gaa erklärt, daß derzeit 20 Kinder von 13 Personen betreut werden.

Im April werden auf dem Neckarvorland Bäume gepflanzt, die durch Spenden finanziert wurden. – In der Jahreshauptversammlung der Volkshochschule klagt Geschäftsführer Gottschalk über das Fehlen eines Geschäftszimmers. Der Bürgermeister antwortet, wenn die Stadt das Katholische Pfarrhaus Hauptstraße 8 erwerben könne, bekäme Ladenburg vielleicht ein Kulturzentrum mit Volkshochschule, Stadtbibliothek, Jugendräumen u.a. – Beim Verkehrsverein stellt Verbandsdirektor Dr. Fresow sein Gutachten über die Möglichkeiten Ladenburgs im Fremdenverkehr vor.

Die Familie Chowanetz eröffnet nach gründlichem Umbau wieder den Gasthof „Zum Rheingau". Auf dem Neckarvorland ist eine Minigolf-Anlage entstanden.

Am 7. Juli berichtet die Ladenburger Zeitung: „Seit einigen Tagen sieht man die ersten Farbfernsehgeräte im Fachgeschäft Adelmann am Marktplatz laufen. Das Fernsehbild ist scharf wie ein Foto und farbig wie ein Dia." Stadt und Verkehrsverein überlegen dagegen, wie die Kerwe attraktiver werden kann.

Überraschung aus Karlsruhe: Das Oberschulamt Nordbaden gibt jetzt doch die Auflösung der Gewerbeschule Ladenburg bekannt. – In der Juli-Sitzung vergibt der Gemeinderat die Arbeiten für die Fußgängerunterführung am Bahnhof.

Am 13. September erklärt das Landratsamt Mannheim die Freiwillige Feuerwehr zur Ölstützpunktwehr. Der Gemeinderat genehmigt den Plan zur Erweiterung des Friedhofs.

Im November wird das von Architekt Max Meixner geplante Sparkassengebäude am Dr.-Carl-Benz-Platz seiner Bestimmung übergeben. – In einer Bürgerversammlung in der Weststadt wird der Übergang der städtischen Mietwohnungen an der Weidenstraße und am Schwedenweg an die Gartenstadt-Genossenschaft Mannheim erörtert.

In dem von Hans Huth bearbeiteten Band „Die Kunstdenkmäler des Landkreises Mannheim" sind der Stadt Ladenburg 109 Seiten gewidmet. – Die Baracken der Bollwegsiedlung gehören der Vergangenheit an.

In der letzten Gemeinderatssitzung des Jahres wird der Haushaltsplan 1968 verabschiedet. Der ordentliche Haushalt hat ein Volumen von 3,7 Mio. DM, der außerordentliche Teil erreicht 7,6 Mio. DM. Die Erschließungsarbeiten in der Südstadt sind bis zur Baureife abgeschlossen. 61 Häuser sind im Bau, für 238 Wohneinheiten sind die Bauanträge eingereicht. In der Nadlerstraße werden 6 moderne Mietwohnungen bezogen.

## 1968

Hauptthema einer Besprechung mit allen beteiligten Behörden und Firmen ist der Plan des Landes, eine Verbindungsstraße von Schwetzingen über den Neckar, an Ladenburg und Heddesheim vorbei bis zur Bundesstraße 38 (Mannheim-Weinheim) zu bauen. Der Gemeinderat stimmt der Planung zu. Der Bürgermeister gibt bekannt, daß die Evang. Kirchengemeinde sich z.Z. nicht in der Lage sieht, den von ihr selbst gewünschten und am Kastellweg ausgewiesenen Kindergarten zu bauen und zu betreiben.

Am 23. März wird in Anwesenheit von Regierungspräsident Dr. Werner Munzinger das Lobdengaumuseum im Bischofshof mit archäologischen, volkskundlichen und stadtgeschichtlichen Sammlungen eröffnet. Stadt und Heimatbund haben 400.000 DM, das Landesdenkmalamt 145.000 DM aufgewendet. Wenige Tage später beginnen mit dem ersten Spatenstich von Finanzminister Kurt Angstmann die Bauarbeiten für den Neubau des Carl-Benz-Gymnasiums. Dr. Heukemes entdeckt bald ein ausgedehntes römisches Zivilbad, ein Hypokaustum und einen verzierten Prunk-Faltenbecher aus dem 3. Jh. n.Chr.

Mit einem Knopfdruck an der Schalttafel wird am 30. April die Verbandskläranlage des Abwasserverbandes „Unterer Neckar" für die Gemeinden Edingen, Neckarhausen, Ladenburg und Heddesheim auf Gemarkung Neckarhausen in Betrieb genommen. Etwas später wird der 210 m lange Düker, der Ladenburg und Heddesheim an die Kläranlage anschließt, in das vorbereitete Bett im Neckar eingezogen.

Im Mai nehmen mehr als 200 Teilnehmer einer internationalen Sternfahrt aus dem Bundesgebiet, dem westlichen Ausland und der Tschechoslowakei mit vielen Ladenburgern an der Einweihung des Dr.-Carl-Benz-Denkmals am Benzplatz teil. Die Festansprache hält der frühere Bürgermeister Dr. Hermann Hagen. – Beim Festbankett des Gesangvereins Liederkranz 1843 im Capitol-Filmtheater spricht Dr. Albert Reimann zum 125jährigen Bestehen des Vereins.

In der Juni-Sitzung billigt der Gemeinderat den Entwurf des Flächennutzungsplans mit 11 : 3 Stimmen bei 2 Enthaltungen.

In der Sitzung am 18. September billigt der Gemeinderat den Entwurf zum Bau einer Verbindungsstraße zwischen Ilvesheimer und Wallstadter Straße (künftige Benzstraße). – Im Oktober zieht die Arbeitsamts-Nebenstelle Ladenburg in neue Räume der ehemaligen Sparkasse an der

Wallstadter Straße. Direktor Stöhr verweist dabei auf das Mißverhältnis zwischen 43 Arbeitslosen und 433 offenen Stellen im Ladenburg Dienstbezirk. Einer weiteren Anwerbung von ausländischen Arbeitskräften gelte daher besonderes Augenmerk.

In den Schloß-Lichtspielen gehen die Lichter endgültig aus. Auch das Gasthaus „Zum Mayerhof" in der Färbergasse wird geschlossen. Die Gaststätte „Zum Römer" im Hause Hauptstraße 42 wird neu eröffnet. – An der Ilvesheimer- und Zehntstraße werden zwei weitere Baracken geräumt.

Am 25. Oktober werden in der Bundesrepublik die Gebäude und Wohnungen gezählt: In Ladenburg gibt es 1.259 Wohngebäude mit 2.807 Wohnungen, davon 36 % im Eigentum.

Die Planungsgruppe 67/Arbeitsgemeinschaft für Architektur und Städtebau wird gegründet. Sie wird zum wertvollen Gesprächspartner für Gemeinderat und Verwaltung der Stadt bei der Formulierung der folgenden Grundsatzentscheidungen für die Altstadtsanierung: Schutz der markanten Altstadtsilhouette, deshalb keine Gebäude mit mehr als fünf Vollgeschossen; erhaltende Stadterneuerung mit Vorrang der Objektsanierung; Verbesserung der gewachsenen Sozialstruktur und der Wohnungssituation; Förderung des Einzelhandels im Altstadtkern, deshalb keine großen Verbrauchermärkte auf der „grünen Wiese"; Schutz der Altstadt vor Verkehrsüberlastung, deshalb keine Verkehrsschneise durch die Stadtmitte.

Die 1. Mannschaft des Fußballvereins 03 Ladenburg wird erstmals in der Vereinsgeschichte Meister in der 2. Amateurliga.

In der Oktober-Sitzung nimmt der Gemeinderat die hochherzige Stiftung der am 22. Juli verstorbenen Mitbürgerin Anna Hauber geb. Rufer an, die die „Stadt Ladenburg incl. Heimatbund und die Evang. Kirchengemeinde Ladenburg" zu ihren Haupterben machte.

Am Volkstrauertag wird in der Evang. Stadtkirche die Gedenkstätte für die Gefallenen und Vermißten des Zweiten Weltkrieges übergeben. – Am 13. November verstirbt Dr. Hermann Hohn, Bürgermeister in den Jahren 1953 bis 1965, im Alter von 71 Jahren.

Im Jahre 1968 wurden in der Feuerleitergasse, in der Sickingenstraße und in der Nadlerstraße Kanäle verlegt. Der Straßenbau konzentrierte sich auf die Bahnhofstraße und auf die Jahnstraße. Weitere Geh- und Wohnwege wurden in der Südstadt ausgebaut.

In der Dezember-Sitzung wird die Haushaltssatzung für das Rechnungsjahr 1969 erlassen: Ordentlicher Haushalt 4,7 Mio. DM, außerordentlicher Haushalt 1,093 Mio. DM.

## 1969

In seiner Jahreshauptversammlung stellt der Heimatbund zwei Modelle eines Trajan-Brunnens von Otto Sonnleitner (Würzburg) für den Marktplatz vor. Der Vorschlag löst eine breite Diskussion aus. – In der Januar-Sitzung beschließt der Gemeinderat, daß keine weiteren landwirtschaftlichen Gruppensiedlungen angestrebt werden. In Ladenburg gibt es 53 landwirtschaftliche, gärtnerische und Obstbaubetriebe, davon 38 rein landwirtschaftliche Betriebe. 10 Höfe gehören zur Aussiedlung Neubotzheim, 11 zu Neuzeilsheim, ein Hof zum Gewann Kirchfeld und 16 Höfe befinden sich im Stadtgebiet.

Elisabeth Trippmacher, seit 1958 Ehrenbürgerin der Stadt Ladenburg, ist 90jährig verstorben. – Im März tagt der Gemeinderat erstmals in der Weststadt. Er befaßt sich mit dem Wege- und Gewässerplan im Flurbereinigungsverfahren und erläßt die Satzungen zu den Bebauungsplänen „Brunnenstraße" und „Deichwiese". – Ende März entscheidet sich der Kreistag des Landkreises Mannheim mit 28 : 19 Stimmen für den Weiterbestand des Kreiskinderheims Ladenburg. – An der Boveristraße östlich der Benzstraße siedeln sich mehrere Betriebe an: Die Speditionen Koenigsfeld und Lauth, die Schreinerei A. u. E. Schmidt, die Kunstwerkstätte Dursy, die Druckerei Frank und die Deutsche Bundespost.

Am 30. April inszeniert Winfried A. Seidel das erste Walpurgisnachtspiel am Hexenturm. – In der Mai-Sitzung spricht sich der Gemeinderat für eine Verkürzung der Amtszeit der Gemeinderäte von bisher 6 auf 5 Jahre, für die Abschaffung des rollierenden Systems, für die Beibehaltung des Kumulierens und Panaschierens sowie für die Herabsetzung des aktiven und passiven Wahlrechts auf 18 bzw. 21 Jahre aus. Außerdem wird die Neugestaltung der Neckartoranlage mit der Beseitigung der beiden Querstraßen und die

Beschaffung einer Kraftfahrdrehleiter DL 22 für die Freiwillige Feuerwehr beschlossen.

Am 14. April werden mit der Inbetriebnahme der Hebewerke IV und V an der Ilvesheimer Straße Ladenburg und Heddesheim an die Verbandskläranlage in Neckarhausen angeschlossen. – Auf dem Domhofplatz findet der erste Geranienmarkt statt. – Mit einem Festakt im Capitol-Filmtheater begeht die Volksbank Ladenburg ihr 100jähriges Jubiläum. Die Festansprache hält Baden-Württembergs Wirtschaftsminister Dr. Hans Otto Schwarz. Das Bilanzvolumen ist auf rd. 23 Mio. DM angestiegen. – Die Gesellschaftsanteile der TOTAL Foerstner & Co. werden von der Walter Kidde & Co. Inc. in Belleville, New Jersey/USA, übernommen.

Am 20. Mai wird Richtfest für den Neubau des Carl-Benz-Gymnasiums gefeiert. In 270 Tagen wurden 5.500 cbm Kies, 1.265 to Zement, 425 to Stahl und 13.500 qm Betonschalung verarbeitet und daneben 22.000 Flaschen Bier verbraucht. – Hermann Lackert, Ehrenkommandant der Freiwilligen Feuerwehr, stirbt im Alter von 85 Jahren.

Im Juni entsteht unterhalb des Sportplatzes am Wasserturm eine Schiffsanlegestelle. – Der Gemeinderat beschließt den Erwerb des Benz-Hauses mit Park zum Preise von 325.000 DM. – Die Gemeinnützige Baugenossenschaft der Stadt Ladenburg feiert ihr 50jähriges Bestehen. Die 380 Mitglieder verfügen über 155 Wohnungen in 50 Gebäuden.

Der Gemeinderat verzichtet auf die Erhebung der Vergnügungssteuer. – Ende Juli wird das Gasthaus „Zum Martinstor“ in der Wormser Straße geschlossen.

Im August wird am Merkurplatz in der Südstadt ein SPAR-Markt eröffnet. Geschlossen wird dagegen – wegen der angespannten Personalsituation – die Verwaltungsstelle Ladenburg der Allgemeinen Ortskrankenkasse Mannheim.

In der September-Sitzung beschließt der Gemeinderat, einen Ideenwettbewerb für einen Marktbrunnen auszuschreiben. – Dr. Heukemes entdeckt bei der archäologischen Grabung in der Sebastianskapelle die Mumie des Wormser Bischofs Ludwig-Anton von Pfalz-Neuburg (1660–1694), das römische Kastelltor und die karolingische Hofkapelle. – Im Landratsamt Mannheim wird erstmals das Stadt-Umland-Problem mit Regierungspräsident Dr. Munzinger, Landrat Dr. Gaa, Oberbürgermeister Dr. Reschke (Mannheim) und den Bürgermeistern der Nachbargemeinden erörtert.

Im Oktober genehmigt der Gemeinderat den Entwurf für die dreiteilbare Sporthalle im Schulzentrum. Auch der Plan der Kath. Kirchengemeinde, in der Südstadt einen Kindergarten für 120 Kinder zu bauen, wird befürwortet.

Am 7. November gedenkt die Ladenburger Zeitung mit einer Jubiläumsausgabe ihres 100jährigen Bestehens. Am gleichen Tage wird Polizeikommissar Friedrich Schneider Chef des Polizeireviers Ladenburg. – Wegen der Konstruktionsmängel und des Konkurses des Vertragspartners wird die Weststadtschule zum Sorgenkind der Stadt. – Mit einer Gedenkfeier auf dem Friedhof wird des 125. Geburtstages des Ehrenbürgers Dr. Carl Benz gedacht.

Im Dezember erhält die Planungsgruppe 67 den Auftrag zur Sanierungsplanung für die Altstadt. Die Haushaltssatzung für das Rechnungsjahr 1970 läßt das Volumen des ordentlichen Haushalts auf 5,9 Mio. DM steigen, während der außerordentliche Haushalt nur 382.000 DM erreicht. Die Gartenstadt-Genossenschaft Mannheim hat an der Trajan- und an der Lopodunumstraße zwei Wohnblocks mit 62 Wohnungen erstellt. Auch das Unternehmen Joh. A. Benckiser hat im Aufeld, in der Weststadt und auf dem Werksgelände 85 Wohnungen gebaut. – Von den 320 Bauplätzen in der Südstaat ist für 259 die Genehmigung eines Hauses erteilt oder beantragt.

## Die 70er Jahre

Bundeskanzler Willy Brandt erhält für seine Ostpolitik den Friedensnobelpreis und Heinrich Böll den Nobelpreis für Literatur. Mit einigen autofreien Sonntagen reagiert die Bundesrepublik auf die Ölkrise, die vor allem die exportabhängige Wirtschaft schwer trifft.

Walter Scheel wird 1974 Bundespräsident, Helmut Schmidt Nachfolger Willy Brandts als Bundeskanzler.

Die Terroranschläge der RAF, vor allem die Entführung und Ermordung von Hanns Martin Schleyer, versetzen die Republik in einen Ausnahmezuzustand. Das Thema „Innere Sicherheit" beherrscht die öffentliche Diskussion.

Im Jahre 1979 bricht die Fernsehserie „Holocaust" alle Zuschauerrekorde. Der erste SMOG-Alarm wird im westlichen Ruhrgebiet ausgelöst, Professor Karl Carstens wird Bundespräsident. Erstmals finden direkte Wahlen zum Europäischen Parlament statt. Die Gesellschaft für deutsche Sprache nennt die „Wörter der Jahre": Umweltschutz, Nostalgie, Terrorismus, Entsorgung, Disco, Single, Nachrüstung, Ölschock.

## 1970

Die Brown, Boveri-York Kälte- und Klimatechnik GmbH wird gegründet; Produktionsschwerpunkt ist das Werk Ladenburg. Die letzte Baracke an der Ilvesheimer Straße wird zum Übungsobjekt der Freiwilligen Feuerwehr. – Nach heftigen Protesten wird die AOK-Verwaltungsstelle dienstags und freitags wieder geöffnet.

Im Februar faßt der Gemeinderat den Beschluß, einen städtebaulichen Wettbewerb für die Oststadt durchzuführen. Der Plan zur Gestaltung der Grünanlage beim Bischofshof wird gebilligt. – Am 22. Februar kommt es in der Bundesrepublik zu einer Hochwasserkatastrophe, auch am Neckar. In Ladenburg sind das Neckarvorland, der Minigolfplatz und das Schwimmbad überschwemmt. Einige Wohnhäuser am Kanzelbach sind ebenfalls betroffen. – Erfreulich ist dagegen die Fertigstellung von 44 Altenwohnungen an der Trajanstraße und am Merianweg.

*Im Februar 1970 tritt auch der Kanzelbach am Bollweg über seine Ufer (Foto: Fotostudio Thome).*

Nach einem Beschluß des Gemeinderats vom 11. März gehört die Stadt Ladenburg zu den Gründern des Regionalen Rechenzentrums Heidelberg. Das Bebauungsplangebiet Südstadt soll am Bollweg erweitert werden. – Im Kindergarten St. Johannes werden in einer bewegenden Feierstunde die katholischen Schwestern Eurosia nach 32jähriger und Notburg-Maria nach 17jähriger Tätigkeit in der Krankenpflegestation verabschiedet.

Im April muß der Gemeinderat auf Empfehlung der Landesregierung zur Dämpfung der Baukonjunktur mehrere Maßnahmen zurückstellen. Außerdem wird die Anschaffung eines Krankentransportwagens in Zusammenarbeit mit der Ladenburger Industrie und der Erwerb des Hirschberger Hofes an der Hauptstraße beschlossen. – Die Daimler-Benz AG spendet 25.000 DM für das Sprachlabor des Carl-Benz-Gymnasiums.

Bei der Eröffnung des Schwimmbades am 9. Mai ist die Beheizung mit Gas gesichert. Der Gemeinderat befaßt sich zum wiederholten Male mit den Plänen für ein Vereinsheim des Fußballvereins 03 Ladenburg. – Das Laborgebäude für Anwendungstechnik und Forschung der Benckiser-Knapsack GmbH wird eingeweiht. – Im Rittersaal des Mannheimer Schlosses findet die konstituierende Verbandsversammlung des Raumordnungsverbandes Rhein-Neckar statt. – Das Wohngebiet an der Wichern- und Otto-Häußler-Straße erhält den Namen „Otto-Häußler-Siedlung". Damit ehrt die Gemeinnützige Baugenossenschaft „Neue Heimat" (später „Familienheim Rhein-Neckar") den vor 10 Jahren verstorbenen Geistl. Rat Otto Häußler. – Am 22. Mai veranstaltet die Volkshochschule eine Podiumsdiskussion zum Thema „Baden oder Baden-Württemberg – wo liegt die sinnvolle Lösung?".

Der 27. Mai ist Stichtag für die Volks-, Berufs- und Arbeitsstättenzählung: Ladenburg hat 9.799 Einwohner, davon 4.971 männlich und 4.828 weiblich. 983 (10 %) sind Ausländer. 43,8 % sind evangelisch, 47,3 % römisch-katholisch, 7,1 % gehören anderen Religionsgemeinschaften an. Es gibt 3.584 Privathaushalte, davon 805 Einpersonenhaushalte. Von den 4.644 Erwerbstätigen sind

170 in der Landwirtschaft, 3.030 im produzierenden Gewerbe, 585 im Handel und Verkehr und 859 in sonstigen Bereichen beschäftigt. Im Arbeitsamtsbezirk Ladenburg ist „die Arbeitsmarktlage angespannt": 28 Arbeitslosen stehen 510 unbesetzte Stellen gegenüber. Gefragt sind u.a. 156 Metallarbeiter, 64 Bauarbeiter, 43 Hilfskräfte, 40 Verwaltungs- und Bürokräfte und 40 Kräfte für die Textil- und Bekleidungsbranche.

Volksentscheid über den Weiterbestand des Bundeslandes Baden-Württemberg am 7. Juni: Bei einer Beteiligung von 65,7 % entscheiden sich in Ladenburg 3.355 Abstimmungsberechtigte für Baden-Württemberg und 510 für den früheren Landesteil Baden. Im ehemaligen „Schiff" (Hauptstraße 4) wird die Cafe-Espresso-Bar „Lord Nelson" eröffnet. – Die Staatliche Archivverwaltung Baden-Württemberg veröffentlicht die Amtliche Kreisbeschreibung „Die Stadt- und die Landkreise Heidelberg und Mannheim" Band III, in der Dr. Meinrad Schaab auf 47 Seiten über Ladenburg berichtet. – Am 23. Juni wird Regierungsdirektor Albert Neckenauer als Nachfolger von Dr. Valentin Gaa zum neuen Landrat des Landkreises Mannheim gewählt. Auf dem Grundstück Trajanstraße 28 entdeckt Dr. Heukemes das Mithräum II.

In der Juli-Sitzung beschließt der Gemeinderat, der bisherigen Volksschule den Namen „Dalberg-Grundschule" und dem bisherigen Gymnasium den Namen „Sickingen-Hauptschule" zu geben. Der Bebauungsplan für das Gewerbegebiet Aufeld westlich der Benzstraße wird auf den Weg gebracht. – Eine Treppe stellt die Verbindung zwischen Schulhof und Hirschgraben her. – Für die Stadtentwicklung von großer Bedeutung ist die Übergabe des Main-Neckar-Schnellweges auf der Teilstrecke Weinheim-Heidelberg mit dem Anschluß Ladenburg am 31. Juli.

Ein großer Tag in der Geschichte Ladenburgs ist auch der 12. September. Das mit einem Kostenaufwand von 7,5 Mio. DM erbaute neue Carl-Benz-Gymnasium wird feierlich eingeweiht. Am folgenden Tag der offenen Tür herrscht drangvolle Enge. – Wenige Tage später vergibt der Gemeinderat die Arbeiten zum Abbruch der Schulbaracke an der Realschulstraße. – Der Chor des Carl-Benz-Gymnasiums unter der Leitung von Studienrat Reinhold Stief erringt den ersten Preis im Chorwettbewerb des Süddeutschen Rundfunks und hat einen glanzvollen Auftritt im Mannheimer Rosengarten. – Der Touristenverein „Die Naturfreunde" feiert in der Jahnhalle sein 50jähriges Jubiläum. – Die Volkshochschule startet die Veranstaltungsreihe „Club Ältere Generation"; in Ladenburg gibt es 650 Bürger über 70 Jahre, 100 über 80 und 10 mit 90 Jahren und darüber.

Wegen der Schwierigkeiten bei der Anwerbung von Arbeitskräften erwirbt die Benckiser-Knapsack GmbH das ehemalige St. Gallusheim am Rindweg und baut es zu einem Gastarbeiterwohnheim mit 14 Zimmern und 51 Betten um. – Vor der Katastrophenübung im Bereich um das Neunhellerhaus wird die neue Drehleiter DL 22 an die Freiwillige Feuerwehr übergeben. – Der Neubau der Kronen-Apotheke (Hauptstraße 10) wird seiner Bestimmung übergeben. – In seiner Oktober-Sitzung befaßt sich der Gemeinderat bereits mit dem Entwurf für einen Unterstufentrakt für das Carl-Benz-Gymnasium. Die Satzung zum Bebauungsplan „Weststadt" wird erlassen. – Dem Gesangverein Liederkranz 1843 wird der Kaiserkeller probeweise überlassen. – Der Auftrag zur Planung des Sportzentrums im Gewann Ziegelscheuer wird erteilt.

Im November wird die Galerie Herzog im Hause Zehntstraße 6 eröffnet. Der Gemeinderat erläßt eine Satzung über die Ausübung des Vorkaufsrechts im Sanierungsgebiet „Innenstadt". Der Zuleitungskanal, der mit einer Länge von 955 m und Durchmessern bis zu 1.800 mm dem Anschluß der Firmen TOTAL, BBC und des Gewerbegebietes „Hohe Straße" dient, ist fertiggestellt. – Im Rahmen der Feierstunde zum Volkstrauertag wird am 15. November das neue Mahnmal auf dem Friedhof mit der Inschrift „Den Opfern der Kriege und der Gewalt" eingeweiht.

In der Dezember-Sitzung erläßt der Gemeinderat die Haushaltssatzung für das Rechnungsjahr 1971. Der ordentliche Haushalt hat ein Volumen von 6.895.020 DM, der außerordentliche Haushalt von 3.066.000 DM. Ladenburg beginnt mit der Funkausrüstung der Freiwilligen Feuerwehr.

Mit einer Auflage von 2.500 Exemplaren erscheint der Bildband „Ladenburg – Porträt einer 2000jährigen Stadt" von Robert Häusser und Berndmark Heukemes (Text) in der Südwestdeutschen Verlagsanstalt Mannheim.

Ergebnis der Viehzählung am 3. Dezember: 10 Pferde (bei 7 Haltern), 688 Rinder (bei 35 Haltern), 7 Ziegen, 575 Schweine (bei 48 Haltern), 4977 Hühner (bei 130 Haltern), 2 Gänse, 111 Enten (bei 13 Haltern) und 11 Bienenvölker.

## 1971

Im Januar eröffnen die Bezirkssparkasse und die Volksbank ihre Zweigstellen in der Südstadt. Die Dresdner Bank folgt mit einer Filiale im Hause Hauptstraße 2. – In der Jahreshauptversammlung der Freiwilligen Feuerwehr wird Bernhard Hofherr als Nachfolger von Wilhelm Gros zum Kommandanten gewählt. – Im Rathaus Mannheim wird über die künftige Abdeckung des OEG-Verlustes beraten. Der Gemeinderat befaßt sich mit dem Rahmenplan zur Altstadtsanierung. – Der Bebauungsplan „Weststadt" wird rechtsverbindlich.

Im Februar wird der Unfallrettungswagen vorgestellt, der von den Industrieunternehmen und der Stadt gemeinsam beschafft wurde. – Der Gemeinderat lehnt den großzügigen Ausbau des Benzplatzknotens, wie ihn das Straßenbauamt Heidelberg vorgeschlagen hat, ab und fordert statt dessen nachdrücklich den Bau der Westumgehung mit Neckarbrücke. In öffentlichen Gemeinderatssitzungen sind künftig Anfragen und Anregungen der anwesenden Bürger zugelassen. – Am 16. Februar wird der 10.000. Einwohner Ladenburgs, Alexander Schulz, geboren.

Eine gemeinsame Sitzung des Gemeinderats und des Technischen Ausschusses am 24. März befaßt sich mit dem Kandelbach im Stadtgebiet. Nach einer Ortsbesichtigung und einer ausführlichen Diskussion kommen beide Gremien bei einer Gegenstimme zu der Auffassung, daß der Kandelbach aus wassertechnischen und hygienischen Gründen nicht erhalten werden kann. Mit 13 : 3 Stimmen spricht sich der Gemeinderat für die Erhaltung des Bachs am Rande der Südstadt aus.

Eine Umfrage bei den bedeutendsten Unternehmen Ladenburgs hat folgendes Ergebnis: Die Krawattenfabrik Albers KG (1933 in Ladenburg gegründet) hat 70 Mitarbeiter, die Chemische Fabrik Joh. A. Benckiser (seit 1941 in Ladenburg) 566 Mitarbeiter, die Benckiser-Knapsack GmbH (1966) 581 Mitarbeiter, die Benz Söhne KG (1905) 60 Mitarbeiter, die Schaltanlagenfabrik von BBC Brown, Boveri & Cie. (1940) 730 Mitarbeiter, die Brown, Boveri-York GmbH (1970) 197 Mitarbeiter, die Grünzweig + Hartmann AG (1956) 1250 Mitarbeiter, die Gummiwarenfabrik Jutt & Co. GmbH (1946) 50 Mitarbeiter, die Metallveredelung GmbH (1956) 32 Mitarbeiter, die TOTAL Foerstner & Co. (1948) 683 Mitarbeiter, die Firma Willi Wagner, Schrauben und Normteile (1948) 29 Mitarbeiter und die Gießerei Weckert (1956) 27 Mitarbeiter. Ladenburg hat 23 Gaststätten und 223 weitere Dienstleistungs- und Handelsbetriebe sowie 96 Handwerksbetriebe, darunter 11 Bäckereien, 8 Metzgereien und 10 Schreinereien.

Im April beginnen die Bauarbeiten für die neue Sporthalle im Schulzentrum. Der Gemeinderat befaßt sich mit der Beteiligung der Stadt Ladenburg am Verlust der OEG. – In Neckarhausen wird die Zielplanung zur Gemeindereform besprochen.

Am 15. Mai wird im Hause Bahnhofstraße 15 das Reisebüro Klaus eröffnet. – Der Gemeinderat beschäftigt sich in zwei Sitzungen mit der Programmplanung zur Sanierung der Altstadt und mit Fragen des Umweltschutzes in Ladenburg.

In der Juni-Sitzung genehmigt der Gemeinderat die Beschaffung einer UKW-Funkfernsprechanlage für die Freiwillige Feuerwehr und den Vorentwurf zur Gestaltung des Benzparks. – Durch einen großen Grabungsschnitt im Park beim Bischofshof entdeckt Dr. Heukemes den Rest des römischen Holz- und Steinkastells sowie des karolingischen Bischofshofs. Im Musiksaal des Carl-Benz-Gymnasiums berichtet er über die archäologischen Funde in der Südstadt.

Am 2. Juli feiert die Joh. A. Benckiser GmbH den Abschluß der Umsiedlung der Produktionsstätten von Ludwigshafen nach Ladenburg. – Im Feuerwehrhaus findet ein erster Informationsabend zur Altstadtsanierung statt. Ergänzend dazu wird im Hause Marktplatz 1 eine Sanierungsausstellung mit Bürgerbeteiligung und Fragebogenaktion eröffnet. – Der Gemeinderat beschließt die Ausschreibung eines Ideenwettbewerbs zur Bebauung des Ankerplatzes. – Am 31. Juli führt ein Blitzeinschlag zum Brand im Hof Heilmann in Neuzeilsheim. Die Stadt erwirbt das Anwesen Wolf, Heidelberger Straße 20, das für den Neubau einer Realschule benötigt wird.

In der September-Sitzung wird dem Gemeinderat der Leitplan für das Sportzentrum vorgelegt. Der Bebauungsplan zum 2. Teil der Friedhoferweiterung wird als Satzung beschlossen. Die Weststadt erhält eine OEG-Busverbindung.

Am 9. Oktober kann das renovierte Benzhaus mit einer Gaststätte im Erdgeschoß und sanitären Anlagen im Untergeschoß an den Fußballverein 03 übergeben werden. Damit geht das Barackendasein des Vereins zu Ende.

Der November beginnt mit einem Gespräch im Wasserwirtschaftsamt Heidelberg über einen Verbund der Wasserwerke im mittleren Teil des Landkreises. Darüber berät auch der Gemeinderat. Er genehmigt außerdem eine Vereinbarung mit dem Gewerbeverein über die Installation einer Weihnachtsbeleuchtung. Am 25. November führen die frühzeitigen Arbeiten am Rahmenplan zur Altstadtsanierung zum gewünschten Erfolg: Nach dem Inkrafttreten des Städtebauförderungsgesetzes wird Ladenburg mit einem ersten Teilbetrag von 740.000 DM in das Sanierungsprogramm des Bundes und des Landes aufgenommen.

Am 1. Dezember wird die Geschäftsstelle der Barmer Ersatzkasse im Hause Hauptstraße 10 eröffnet. – Mit einer praktischen „Übung" beseitigt die Freiwillige Feuerwehr die letzte Baracke auf dem Ankerplatz.

## 1972

Im Januar wird die renovierte Sickingen-Hauptschule (ehem. Carl-Benz-Gymnasium) ihrer Bestimmung übergeben. – Der Gemeinderat beschließt die Aufstellung eines Bebauungsplanes für das Sportzentrum und die Verlegung der Stadtbücherei vom Hause Bahnhofstraße 17 in das mittlere Gebäude des Kreiskinderheims an der Lustgartenstraße.

Am 17. Februar tagt die Beurteilungskommission im Plangutachterverfahren für die Oststadt unter dem Vorsitz von Prof. Fahrenholtz (Stuttgart).

Der Gemeinderat erläßt die Haushaltssatzung für das Rechnungsjahr 1972: Ordentlicher Haushalt 7,6 Mio. DM, außerordentlicher Haushalt 3,5 Mio. DM. Am Tag der offenen Tür in der Sickingen-Hauptschule werden die Bebauungsplanentwürfe für die Oststadt ausgestellt.

Die Badenwerk AG weiht am 2. März eine 110/20kV-Umspann- und Schaltanlage im Gewann Hohe Straße ein. – Durch Fusion der TSG 1864 und des SV 1950 entsteht die Ladenburger Sport-Vereinigung 1864 e.V. – Der Gemeinderat beschließt die Aufstellung eines Bebauungsplans für die Oststadt und befürwortet den Bau einer privaten Tennishalle im künftigen Sportzentrum. Innenminister Walter Krause sagt bei einem Besuch in Ladenburg eine Teillösung für die Nordumgehung zu.

Im April spricht Oppositionsführer Dr. Rainer Barzel (CDU) vor dem Carl-Benz-Gymnasium zur Landtagswahl. – In der Weststadt-Schule gibt der Gemeinderat der Großsporthalle im Schulzentrum den Namen „Lobdengauhalle". Er beschließt ferner die Anmietung der Gebäude II und III des Kreiskinderheims sowie die Konkretisierung des Stiftungszwecks des Christlichen Bürgerhospitalfonds: „Förderung des Wohnungsbaues für sozial schwächere Bevölkerungskreise, insbesondere für kinderreiche Familien und ältere Einwohner". Am 21. April wird der Landesentwicklungsplan Baden-Württemberg für verbindlich erklärt. Darin ist der Ausbau Ladenburgs zum Unterzentrum festgelegt. Im Hotel „Altes Kloster" stehen künftig Gästezimmer mit 50 Betten zur Verfügung. Am Neuweg wird die Gaststätte „Schützenhaus" eröffnet.

In der Altstadt beginnt die Deutsche Bundespost mit den Verkabelungsarbeiten und die Freiwillige Feuerwehr stellt auf die Funkalarmierung um.

In der Mai-Sitzung entscheidet sich der Gemeinderat für den Oststadt-Bebauungsplanentwurf des Städteplaners Dipl.-Ing. Tassilo Sittmann. Zustimmung gibt es für die Beseitigung des schienengleichen Bahnübergangs bei Neuzeilsheim. – Mit großem Erfolg findet das erste Pfingsttreffen des Mercedes-Veteranen-Clubs beim Schwimmbad statt.

Am 3. Juni startet der Tennis-Club 1950 in der Bundesliga; er verliert 8 : 1 gegen Eintracht Frankfurt. – Der Gemeinderat billigt den Rahmenplan zur Altstadtsanierung und erläßt eine Satzung über die förmliche Festlegung des Sanierungsgebietes „Innenstadt I". – Am 27. Juni wird das Reststück der Benzstraße dem Verkehr übergeben; sie wird damit zur Entwicklungsachse für das Gewerbegebiet Aufeld.

Am 8. August genehmigt das Kultusministerium Baden-Württemberg nach schwierigen Verhandlungen die Errichtung einer Realschule in Ladenburg. Sie beginnt den Unterricht am 18. September mit 78 Schülern in zwei 5. Klassen. – Unter dem Dach der Volkshochschule entsteht der Jugendtreff „Die Kiste". – Der Gemeinderat protestiert gegen die geplante Auflösung der Arbeitsamtsnebenstelle Ladenburg.

Am 22. September findet im Königssaal des Heidelberger Schlosses die konstituierende Sitzung des vorläufigen Kreistages des Rhein-Neckar-Kreises statt. Landrat Georg Steinbrenner wird zum Amtsverweser gewählt. – Im Tenniscenter Pawlik an der Heidelberger Straße werden die ersten Bälle geschlagen.

Mit einem Querschnitt durch die Arbeit der Sportvereine wird am 7. Oktober die Lobdengauhalle eingeweiht. Im Mittelpunkt dieses Tages steht der Ringkampf des ASV Ladenburg gegen den VfK Schifferstadt. – Am 22. Oktober wird der Günther'sche Kindergarten an der Eponastraße mit der Festansprache des rheinland-pfälzischen Kultusministers Dr. Bernhard Vogel eingeweiht. – Der Gemeinderat entscheidet über den Standort der Realschule und beschließt den Bebauungsplan „Kleintierzuchtanlage Hohe Straße" als Satzung. – Eine Bürgerversammlung befaßt sich mit der Oststadt-Planung.

In der November-Sitzung beschließt der Gemeinderat den Umbau und die Renovierung der Dalberg-Grundschule. – Der Verkehrsverein löst sich auf.

Am 14. Dezember wird der neue Kommandowagen mit Funkausrüstung an die Freiwillige Feuerwehr übergeben. – In einer Nachtragshaushaltssatzung wird das Volumen des ordentlichen Haushalts auf 9,1 Mio. DM erhöht. – Das Capitol-Filmtheater wird geschlossen und an die Volksbank Ladenburg verkauft. – Polizeipräsident Willi Menz gibt bekannt, daß in Ladenburg eine Kriminal-Außenstelle eingerichtet wird. – Der Kreistag beschließt die Verlegung der Kreisbildstelle nach Weinheim.

## 1973

Zu Beginn des Jahres ist der bisherige Landkreis Mannheim mit dem Landkreis Heidelberg und Teilen des Landkreises Sinsheim im neuen Rhein-Neckar-Kreis aufgegangen. Das Landratsamt hat seinen Sitz in Heidelberg. – Die Stadt Ladenburg trauert um Fritz Würzburger (69), seit 1951 Stadtrat, langjähriger CDU-Fraktionsvorsitzender und 1. Bürgermeister-Stellvertreter. Wiebke Hanser wird die Vorsitzende der neu gegründeten FDP-Ortsgruppe. – In einem Rechenschaftsbericht über seine 8jährige Amtszeit berichtet Bürgermeister Schulz, daß seit 1965 435 Wohngebäude mit 1131 Wohnungen erstellt, 16,4 km Straßen neu gebaut oder erneuert, 12,7 km Kanäle verlegt und die öffentlichen Grünanlagen auf 20 ha erweitert wurden.

Am 4. Februar wird der bisherige Amtsinhaber Reinhold Schulz bei einer Wahlbeteiligung von 60,45 % ohne Gegenkandidat mit 93,5 % der gültigen Stimmen für weitere 12 Jahre zum Bürgermeister gewählt.

In der März-Sitzung genehmigt der Gemeinderat die Vereinbarung mit dem Land über den Ausbau der Schriesheimer und der Weinheimer Straße. Das Anwesen Gackstatter, Heidelberger Straße 22, wird erworben, weil es für den Neubau der Realschule benötigt wird. – Das Bauzentrum Ehret an der Boveristraße wird eröffnet.

Im April feiert der Angelsportverein Ladenburg und Umgebung 1923 sein 50jähriges Bestehen. – Die Lobdengauhalle ist Austragungsort des Volleyball-Länderspiels Deutschland – Spanien. Die Nebenstelle Ladenburg des Arbeitsamts im Hause Wallstadter Straße 15 wird aufgelöst und der Hauptstelle Mannheim zugeordnet. – Der Gemeinderat beschließt den Haushalt 1973 mit einem ordentlichen Teil von 10,2 Mio. DM und einem außerordentlichen Haushalt in Höhe von 4,8 Mio. DM. Mit der Deutschen Stadtentwicklungs- und Kreditgesellschaft mbH in Frankfurt/Main wird ein Vertrag über die Planung, Bodenordnung und Erschließung der Oststadt abgeschlossen. – Das „Hotel im Lustgarten" mit 30 Betten, Café und Restaurant wird eröffnet.

Der Mai beginnt mit einem Paukenschlag: Die Stadt Mannheim fordert die Eingemeindung von Ladenburg, Ilvesheim, Heddesheim, Edingen, Neckarhausen und Brühl. In einer Rundfunk-Diskussion mit dem Mannheimer Oberbürgermeister Ratzel weist Bürgermeister Schulz diese Forderung scharf zurück. Eine Bürgerversammlung in der überfüllten Jahnhalle faßt einmütig eine Entschließung gegen die Eingemeindung. Auch der Kreistag protestiert gegen die Beschneidung des Kreisgebietes. Am 9. Mai kommt es zu einer Anhörung der Gemeinden im Rhein-Neckar-Raum zur Zielplanung und zum Stadt-Umland-Problem unter dem Vorsitz von Innenminister Schieß in Eppelheim. Mannheims Oberbürgermeister fordert erneut die Eingemeindung der sechs Gemeinden, was von diesen mit allem Nachdruck abgelehnt wird. Am gleichen Tage entdeckt Dr. Heukemes in einem verschütteten Brunnen am Merianweg eine Jupitergigantensäule von 5 m Höhe. Auch der von ihm geborgene 54-teilige Bronzeschatz aus der Mansio beansprucht mit seinen Götter-, Tier- und Ornamentdarstellungen landesgeschichtlichen Rang. – Auf der Grundlage eines Gutachtens der Gesellschaft für Kläranlagen und Wasserversorgung Mannheim wird die Gründung eines Wassergewinnungsverbandes im Raum Ladenburg erörtert. – Der Gemeinderat beschließt die Finanzplanung bis 1976 und die Satzung zum Bebauungsplan „Gewerbegebiet Aufeld IV".

Am 22. Mai berät die Landesregierung über die Zielplanung im Rhein-Neckar-Raum: Mannheims Forderung auf Eingemeindung Ladenburgs wird nicht berücksichtigt. Ilvesheim soll Mannheim zugeschlagen werden, während Edingen und Neckarhausen eine Einheitsgemeinde bilden sollen.

In der Juni-Sitzung verständigt sich der Gemeinderat auf eine ausführliche Stellungnahme der Stadt Ladenburg zur Zielplanung für die Gemeindereform und zur Lösung des Stadt-Umland-Problems. Dem Vorentwurf für den Endausbau und die 1. Ausbaustufe der Nordumgehung und dem Plan für eine Gymnastikhalle im Untergeschoß des Gymnasiumsanbau wird ebenfalls zugestimmt. Der Sozialausschuß des Kreistags beschließt die vorläufige Schließung des Kreiskinderheims. Es soll jedoch eine Neubaukonzeption erarbeitet werden, zu der es aber nicht kommt.

Am 7. Juli wird im Anwesen Kirchenstraße 17 ein Sportstudio eröffnet. Der Gemeinderat muß über haushaltswirtschaftliche Sperren infolge der Kreditbeschränkungen für die Gemeinden beraten. Das Neubaugebiet Oststadt erhält die Bezeichnung „Weihergärten". – Albert Neckenauer, Landrat des früheren Landkreises Mannheim, wird am 13. Juli zum Landrat des Rhein-Neckar-Kreises gewählt. – Bei einer Altenrundfahrt erläutern mehrere Stadträte und der Bürgermeister den 130 Teilnehmern die Baumaßnahmen der Stadt.

Im August weiht der Kaninchen- und Geflügelzuchtverein sein neues Zuchtgelände im Gewann Hohe Straße ein, und der „Motorsportclub Dr. Carl- Benz" freut sich über sein neues Domizil in der Benz-Garage.

Unter dem Dach der Volkshochschule wird im September die Jugendmusikschule gegründet; sie wird von Studienrat Reinhold Stief geleitet und beginnt mit 120 Kindern und 7 Lehrkräften. Der Gemeinderat beschließt den Bau eines besseren Abgangs zum Kaiserkeller und die Anmietung des ersten Kreiskinderheimgebäudes für den städtischen Kindergarten. – Mit einem kleinen Volksfest wird die renovierte Dalberg-Grundschule eingeweiht. Bürgermeister Schulz wird vom Kreistag in die Verbandsversammlung des Regionalverbandes „Unterer Neckar" gewählt.

Im Oktober beraten Experten des Bundeskriminalamtes und der Landeskriminalämter vier Tage lang in Ladenburg über die internationale Verbrechensbekämpfung. – Durch eine Nachtragshaushaltssatzung, die der Gemeinderat beschließt, erhöht sich der ordentliche Haushalt auf 11,974 Mio. DM.

Am 22. November bezieht das Ordnungsamt die renovierten Räume im Hause Hauptstraße 36. – Zwischen der Klappergasse und der Trajanstraße entsteht ein Fußweg. – Der erste Abschnitt der Friedhoferweiterung ist fertiggestellt.

Am 5. Dezember wird im Capitol-Filmtheater der Ladenburg-Film „Zu Laudenburg – nit weit vom Rhein" uraufgeführt. – Das Haus „Zum steinernen Stock" Hauptstraße 19 erhält bei der grundlegenden Sanierung eine Arkade für Fußgänger. – Der Gemeinderat erläßt die Haushaltssatzung 1974, erstmals nach der neuen Haushaltssystematik. Das Gesamtvolumen beträgt 18,6 Mio. DM, davon im Verwaltungshaushalt 11,1 und im Vermögenshaushalt rd. 7,5 Mio. DM.

## 1974

Im Januar berichtet die Landesschau des Süddeutschen Rundfunks über die umfangreichen Arbeiten im Park beim Bischofshof. Bald darauf sehen etwa 14 Millionen Zuschauer die ZDF-Sendung „Räuber und Gendarm“ mit Roberto Blanco und Jürgen Scheller, die direkt aus der Lobdengauhalle übertragen wird. – Am 8. Februar feiert der älteste Bürger Ladenburgs, Michael Trill, seinen 98. Geburtstag. – Der Städtische Kindergarten ist vom Hause Luisenstraße 1 in das Vordergebäude des ehemaligen Kreiskinderheims (Lustgartenstraße 8) umgezogen. Der Gemeinderat stimmt dem Neubau einer Sonderschule für körperbehinderte Kinder im Gewann Martinsgärten und dem neuen Verwaltungsgebäude der Firma BBC an der Wallstadter Straße zu. Auch die Veränderungen in der Leichenhalle (Aufstellung des Hochkreuzes in der Apsis, seitlicher Ausgang und Absenkung der Stufe in der Apsis) werden genehmigt. Im Rhein-Neckar-Kreis werden 13 Stützpunktfeuerwehren für die Brand- und Ölbekämpfung, für die Technische Hilfeleistungund Unfallrettung gebildet. Der Stützpunktfeuerwehr Ladenburg werden die Gemeinden Edingen-Neckarhausen, Ilvesheim, Heddesheim, Schriesheim und Dossenheim sowie ein Teil der Autobahn A 5 zugeordnet. – Der Gemeinderat beschließt den Kauf des ersten Computers für das Gymnasium.

Am 1.März nimmt die Dipl.-Bibliothekarin Edeltraud Eberle ihre Arbeit in der Stadtbücherei auf; sie ist je zur Hälfte in Schriesheim und Ladenburg tätig. – In der Sparkasse wird eine Benckiser-Ausstellung anläßlich des 150jährigen Firmenjubiläums und des 75jährigen Bestehens der Sparkasse Ladenburg eröffnet. – Das Südfunk-Fernsehen berichtet über den Ladenburger Sommertagszug.

Die neue BÄKO-Zentrale Südwest für Baden, Hessen, die Pfalz und das Saarland wird am 4. April an der Benzstraße eingeweiht. Der Gemeinderat benennt die Straßen im Neubaugebiet Weihergärten I nach früheren Gewannbezeichnungen und genehmigt eine weitere Stufe der Funkausrüstung für die Freiwillige Feuerwehr. – Am 27. April wird die Rundfunksendung „Allein gegen alle“ mit dem Moderator Hans Rosenthal direkt aus dem Rathaus und vom Marktplatz übertragen. Von den fünf schwierigen Fragen konnten nur zwei beantwortet werden: 1. Welches war der erste zollfreie Flughafen der Welt?

*Die Expertenrunde bei der Rätselsendung „Allein gegen alle“ mit Hans Rosenthal am 27. April 1974: Vorn v. l. Waltraud Brunst, Stadträtin Annemarie Zimmermann-Serr, Bürgermeister Schulz, Redakteur Hannes Liebenstein (Kurpfalz-Radio), stehend Prof. Günter Wenzel, Dr. Berndmark Heukemes, Stadtrat Klaus Kolb, Prof. Dr. Michael Kobler und Oberstudienrat Reinhold Stief (Foto: Schwetasch).*

2. In welchem Land war über 10 Jahre lang ein geistlicher Würdenträger gleichzeitig evangelischer und katholischer Bischof? 3. Welche kleine, aber für die Menschheit wichtige Erfindung machte Johann Vaalen? 4. Wie heißt das älteste noch verkehrende Dampfschiff der Welt? 5. Unter welchem Herrscher besaß eine Armee keine Generalstabskarte vom eigenen Land, sondern nur von dem Land, das erobert werden sollte? Außerdem mußten auf dem Marktplatz 8 Schulzeugnisse vorgezeigt werden, in denen der Besitzer in Musik eine 6 oder ein „ungenügend" hat.

In der Mai-Sitzung muß der Gemeinderat einer Polizeiverordnung über ein Badeverbot im Neckar zustimmen. Der Standort für die Jupitergigantensäule vor dem Bischofshof wird festgelegt. – Die Lobdengauhalle ist Austragungsort für die Deutschen Ringermeisterschaften der Junioren im griechisch-römischen Stil. – Am Merkurplatz wird das Eiscafé Cortina eröffnet.

Am 12. Juni genehmigt der Gemeinderat nach der Behandlung zahlreicher Anregungen und Bedenken den Rahmenplan zur Altstadtsanierung, der zur Grundlage für künftige Einzelentscheidungen wird. Eine Bürgerversammlung im Juli befaßt sich mit der Planung für ein Bürgerhaus, mit der Heizart im Neubaugebiet Weihergärten und mit Einzelfragen der Altstadtsanierung. – Der Gemeinderat beschließt den Kauf des Anwesens Schulstraße 12.

Der 25. August ist Tag der offenen Tür für drei abgeschlossene Baumaßnahmen der Stadt: II. Bauabschnitt des Carl-Benz-Gymnasiums, „Altes Schulhaus" bei der Dalberg-Grundschule und Kindergarten im ehemaligen Kreiskinderheim.

In der September-Sitzung beschließt der Gemeinderat den Bebauungsplan Weihergärten I als Satzung und die Vergabe der Erschließungsarbeiten, mit denen auch sofort begonnen wird. Außerdem wird ein Zuschuß zum Bau eines Hochseiles für die Fähre bewilligt. Das 1. Ladenburger Altstadtfest entsteht aus der Einweihung des Freilichtmuseums im Park beim Bischofshof. Die Ladenburger Vereine und Schulen beteiligen sich mit Straußwirtschaften und Flohmarktständen im Bereich zwischen Bischofshof und Marktplatz. Das Abendjournal Baden-Württemberg berichtet ausführlich. Die Vereine wünschen eine Wiederholung im Jahre 1975.

*Beim ersten Altstadtfest am 14. und 15. September 1974 wird das Freilichtmuseum im Park beim Bischofshof eingeweiht (Foto: Johannes Scherrer).*

Am 22.September werden die Freiplätze des Tenniscenters Dörfer-Pawlik mit Fußball-Nationaltorwart Sepp Maier, Helga Masthoff, Karin Seltenreich und Wilhelm Bungert eingeweiht. Das 75jährige Jubiläum der Sparkasse Ladenburg wird am 4. Oktober an einem „Abend beim Appelwoi" mit Heinz Schenk und Lia Wöhr in der Lobdengauhalle gefeiert. – Aus dem Musiksaal des Carl-Benz-Gymnasiums wird ein Bürgerforum des Südfunks übertragen.

Der Gemeinderat verabschiedet den Flächennutzungsplan und vergibt weitere Gewerbegrundstücke im Aufeld. Die Gärtnerei Jakob Ernst zieht vom Erbsenweg nach Neuzeilsheim und die Metallveredelung GmbH vom Bleichweg ins Aufeld. – Der Bollweg zwischen Heidelberger Straße und Lopodunumstraße wird ausgebaut.

Im November schließen sich die Städte Ladenburg und Schriesheim sowie die Wasserverbände Obere Bergstraße und Eichelberg zum „Wassergewinnungsverband Lobdengau" zusammen. In der 1. Verbandsversammlung im Rathaus Schriesheim werden Bürgermeister Schulz zum Vorsitzenden und Bürgermeister Kessler (Heddesheim) zu seinem Stellvertreter gewählt. Der Gemeinderat beschließt im Dezember eine Nachtragshaushaltssatzung: Das Volumen des Verwaltungshaushalts erhöht sich um 1,665 Mio. DM auf 12.779.730 DM, der Vermögenshaushalt steigt um 855.000 DM auf 8.351.680 DM.

## 1975

Im Januar genehmigt der Gemeinderat den Plan des Architekten Mockler zum Neubau einer Realschule, eine Bronzetafel zum Gedenken an die jüdischen Familien in Ladenburg und die Einstellung eines gemeindlichen Vollzugsbeamten. – Beim Feuerwehrball in der Jahnhalle erhält Kommandant Bernhard Hofherr die Urkunde mit der Ernennung zum Stadtbrandmeister.

Vertreter der Fachwerkstädte Bretten, Buchen, Eppingen, Ladenburg und Wertheim treffen sich im Hotel „Lustgarten" zu einem Erfahrungsaustausch. – Der Gemeinderat faßt im Februar den Satzungsbeschluß zum Bebauungsplan „Sandgewann I", der den Bau der Sonderschule für körperbehinderte Kinder ermöglicht.

Am 1. März wird die Aktion „Essen auf Rädern" für kranke und ältere Mitbürger gestartet. – Der Bildhauer Hans Volker Dursy stellt sein Modell des Marienbrunnens auf dem Marktplatz vor. – Der Gemeinderat genehmigt den Haushaltsplan 1975: Das Gesamtvolumen beträgt 16,4 Mio. DM, davon im Verwaltungshaushalt 12,4 und im Vermögenshaushalt rd. 4 Mio. DM. Die Stadt erwirbt das Anwesen Hauptstraße 7 (frühere Engelburg). Die Mitgliederversammlung der Kulturgemeinde beschließt die Auflösung des Vereins, der sich nach 1948 große Verdienste erworben hat. – Gerhard Stein (ASV Ladenburg) wird Deutscher Meister im Ringen (Freistil).

Im April wird die Bundesgartenschau in Mannheim eröffnet. Ladenburg ist mit einer Ausstellung über die Altstadtsanierung vertreten. Die Baumschule Huben und der Obsthof Schuhmann erringen mehrere Auszeichnungen.

Am 20. April werden 22 Stadträte (bisher 16) gewählt. Deshalb findet die konstituierende Sitzung am 14. Mai erstmals im Musiksaal des Carl-Benz-Gymnasiums statt. – Die Reitanlage des Reitervereins beim Schwimmbad wird eingeweiht. – Der Gemeinderat beschließt, daß dem Tennisclub Blau-Weiß im Sportzentrum ein Gelände für 3 Tennisplätze überlassen wird.

Im Juni lehnt der Gemeinderat die Ansiedlung eines weiteren Aussiedlerhofes außerhalb Neuzeilsheims ab. – Die Stadt und der Heimatbund erteilen dem Bildhauer Hans Volker Dursy den Auftrag zur Errichtung des Marienbrunnens auf dem Marktplatz. Am 30. Juni gründen die Evangelischen und Katholischen Kirchengemeinden Edingen, Neckarhausen und Ladenburg sowie der Caritas e.V. Ladenburg und der Evang.-Altkatholische Krankenpflegeverein Ladenburg im Schloß Neckarhausen die Kirchliche Sozialstation Ladenburg-Edingen-Neckarhausen e.V. mit Sitz in Ladenburg. Für sie wird der ehemalige städtische Kindergarten Luisenstraße 1 umgebaut.

Dr. Heukemes entdeckt an der Mühlgasse ein römisches Kastellbad. Das angrenzende Haus Nagelschmiedgasse 2 wird zum Schmuckstück. – Das Kultusministerium Baden-Württemberg genehmigt den Vorschulversuch an der Städtischen Kindertagesstätte. In der September-Sitzung nutzt der Gemeinderat das aufgelegte Konjunkturförderungsprogramm und genehmigt den Einbau von 6 Altenwohnungen im Hause Mühlgasse 9. Im Oktober folgt der Beschluß über weitere Arbeitsbeschaffungsmaßnahmen (Ausbau der Zehnt- und der Realschulstraße).

Das Altstadtfest, erweitert um den Domhofplatz, wird mit der Vorstellung der neu gestalteten Fassade des Bischofshofs eröffnet. Mit ihr beschäftigt sich auch eine kritische Fernsehsendung des Abendjournals Baden-Württemberg.

Am 1. November wird das von der Kolpingfamilie wieder errichtete Alljehäusel an der Heidelberger Straße eingeweiht. Eine Woche später feiern die Kolpingfamilie Ladenburg und der Motorsportclub „Dr. Carl Benz" ihr 25jähriges Bestehen.

Anfang Dezember wird das neue Volksbankgebäude im ehemaligen Capitol-Lichtspieltheater Bahnhofstraße 17 eröffnet. – Mit der Eröffnung des Weihnachtsmarktes auf dem Marktplatz begründen der Bund der Selbständigen und die Stadt Ladenburg eine neue Tradition. – Der Gemeinderat beschließt die Satzungen zum Bebauungsplan „Hockenwiese I" und „Breslauer Straße". Die Straße „An der Hockenwiese" in der Weststadt wird benannt. Als eine der ersten Städte in der Bundesrepublik gibt sich Ladenburg eine Altstadtsatzung, die als örtliche Bauvorschrift besondere Anforderungen an bauliche Anlagen, Werbeanlagen und Automaten zur Pflege der historischen Altstadt stellt. Darüber beraten auch die Sanierungsreferenten der Bundesländer im Sitzungssaal des Rathauses.

## 1976

Am 1. Januar wird der Nachbarschaftsverband Heidelberg-Mannheim, dem auch die Stadt Ladenburg angehört, durch Landesgesetz konstituiert; seine Aufgabe ist die Erarbeitung eines gemeinsamen Flächennutzungsplans. Auch die Kirchliche Sozialstation nimmt im Hause Luisenstraße 1 ihre Arbeit auf. In der Lobdengauhalle wird die Olympia-Qualifikation der Volleyball-Damen aus Holland, Italien, Polen und der DDR ausgetragen.

In der Februar-Sitzung stimmt der Gemeinderat der Polizeilichen Umweltschutz-Verordnung zu. – Das Straßenbauamt Heidelberg erklärt sich bereit, die Brücke über den Kandelbach im Verlauf der Neckarstraße zu verbreitern. – Im Neubaugebiet Weihergärten entstehen die ersten Wohngebäude.

Im März sind Renovierung und Umbau des Postgebäudes an der Bahnhofstraße abgeschlossen. – Ladenburg ist wieder Tagungsort für Expertenkonferenzen: Die Deutsche Gesellschaft für Gartenkunst und Landschaftspflege befaßt sich mit der Entwicklung Ladenburgs in den letzten Jahren, der Hauptausschuß der Deutschen Arbeitsgemeinschaft für Denkmalpflege kommt zum Erfahrungsaustausch und die Internationale UNESCO-Kommission berät mit Vertretern von 14 europäischen Ländern über das Thema „Schutz und kulturelle Wiederbelebung von Baudenkmälern und historischen Stadtbildern in Europa“.

Der Haushaltsplan für 1976 überschreitet erstmals die 20-Millionengrenze: Der Verwaltungshaushalt hat ein Volumen von 13.452.200 DM, der Vermögenshaushalt von 7.574.000 DM. Der Gesangverein Liederkranz 1843 gründet einen Jugend- und Kinderchor. – Im ehemaligen Volksbankgebäude an der Bahnhofstraße eröffnen zwei Arztpraxen und die Barmer Ersatzkasse.

Im Mai wird in der ehemaligen Wagenfabrik Vogel an der Wallstadter Straße das Jugendzentrum „Die Kiste“ eröffnet. – Mit einem Ball im Carl-Benz-Gymnasium feiert der Tennis-Club Blau-Weiß die Fertigstellung seiner Anlage im Sportzentrum. Der Athletik-Sportverein 1901 begeht in der Lobdengauhalle sein 75jähriges Bestehen.

Im Juni besuchen britische Kommunalpolitiker und Stadtplaner bei einer Informationsreise zur Altstadtsanierung Ladenburg. – Der Gemeinderat stimmt einer Änderung der Gemeindegrenzen im Flurbereinigungsverfahren zu und genehmigt die Veräußerung mehrerer Wohngebäude an die Gemeinnützige Baugenossenschaft der Stadt Ladenburg ebenso wie die Anschaffung eines Rüstwagens RW 2 für die Feuerwehr. Von besonderer Bedeutung ist die Zustimmung zum Tauschvertrag mit der Firma BBC: Zur Erweiterung des Unternehmens erhält BBC 1,4 ha Gelände westlich der Bundesbahn, während die Stadt 1,2 ha Gelände mit Gebäuden östlich der Bundesbahnlinie für den Bauhof erwirbt.

Am 23. Juli wird der Ladenburger Schütze Werner Beier mit 593 Ringen 9. im olympischen Wettbewerb „Schnellfeuerpistole“ in Montreal.

Bei der Kirchweih im August beteiligen sich 5 Straußwirtschaften; die Schausteller sind erstmals auf dem Ankerplatz. – Das Schützenhaus am Neuweg, unter großen Opfern weniger Mitglieder erbaut und am 11. Juni offiziell eingeweiht, ist am 15. August ausgebrannt. – Die neue Gaststätte „Zur Backmulde“ im Hause Hauptstraße 61 (ehem. Bäckerei Bühler) wird eröffnet.

In der September-Sitzung des Gemeinderats kritisieren einige Stadträte heftig die Eilentscheidung des Bürgermeisters, der den Bau einer Terrasse vor dem Café Schork veranlaßt hatte.

Zum Auftakt des Altstadtfestes wird am 11. September der Marien-Brunnen auf dem Marktplatz übergeben. Er wurde zum 50jährigen Bestehen des Heimatbundes von der Stadt Ladenburg und dem Heimatbund aus Mitteln der Hauber-Stiftung anstelle der um 1700 errichteten Mariensäule erbaut. – Der Jubiläumsball in der Lobdengauhalle folgt im Oktober.

Der Gemeinderat vergibt die Arbeiten zur Freilegung der westlichen Stadtmauer am Bleichweg. Mit weiteren Arbeitsbeschaffungsmaßnahmen werden Straßen und Gehwege im Sandgewann verbessert. Der Leinpfad zwischen Schwimmbad und Schwabenheimer Hof wird ausgebaut.

Am 9. November wird in Anwesenheit von Landesrabbiner Levinson am Hause Hauptstraße 46 eine Gedenktafel zur Erinnerung an die jüdischen Mitbürger angebracht. – Im Konrad-Theiss-Verlag Stuttgart erscheint das Buch „Die Römer in Baden-Württemberg“. In diesem systematischen Überblick wird die Forschung in Ladenburg ausführlich dargestellt. – In der Volksbank wird eine Ausstellung mit Werken des in Ladenburg geborenen Malers Walter Eimer eröffnet.

In der Dezember-Sitzung beschließt der Gemeinderat den Antrag auf Rückübertragung der Aufgabe des Einsammelns und Beförderns der Abfälle auf die Stadt. Die Sonderschule für Lernbehinderte erhält den Namen „Erich-Kästner-Schule", und die Realschule heißt künftig „Merian-Realschule". Am 29. Dezember erwirbt die Stadt Ladenburg das Kreiskinderheimgelände an der Lustgartenstraße vom Rhein-Neckar-Kreis zum Kaufpreis von 1,4 Mio. DM. Die Fassaden des Benzhauses, der Fuchs'schen Apotheke, der Gasthöfe „Zwiwwel" und „Zum Ochsen" und des Hauses Hauptstraße 23 wurden im Laufe des Jahres neu gestaltet. – Die Bauanträge für 264 Wohneinheiten im Neubaugebiet Weihergärten wurden eingereicht. Die ersten Familien sind eingezogen.

## 1977

Im Januar stimmt der Gemeinderat der vorübergehenden Wasserlieferung an die Stadt Schriesheim zu. Die Erzieherin Heide-Marie Link wird neue Leiterin der Kindertagesstätte.

Anfang Februar wird der stellvertretende Feuerwehrkommandant Lothar Vögele bei einem Brand in der Mischanlage der Firma Hans Grimmig in Schriesheim schwer verletzt. – Dipl.-Bibliothekarin Helga Gerlitz wird vom Gemeinderat zur neuen Leiterin der Stadtbibliothek gewählt. – Das Regierungspräsidium Karlsruhe veröffentlicht den Planfeststellungsbeschluß für die Nordumgehung Ladenburg (Landesstraße 536), 1. Ausbaustufe. – Das ZDF berichtet in der Sendung „Die Drehscheibe" über Erfahrungen mit der Ladenburger Altstadtsatzung.

Eine Bürgerversammlung im März spricht sich unter fünf denkbaren Standorten für ein neues Rathaus mit großer Mehrheit für das Anwesen Hauptstraße 7 (frühere Engelburg) aus. Die Sanierungskommission der Stadt verständigt sich mit Vertretern des Landesdenkmalamtes Baden-Württemberg – Außenstelle Karlsruhe – über die Liste der geschützten und erhaltenswerten Baudenkmale. – Der umgebaute und erweiterte Wochenmarkt Hessenthaler wird wieder eröffnet.

In der April-Sitzung beschließt der Gemeinderat die Teilnahme der Stadt Ladenburg am Wettbewerb „Stadtgestalt und Denkmalschutz im Städtebau". Der Haushaltsplan 1977 hat ein Volumen von 22,9 Mio. DM, davon 15,5 Mio. im Verwaltungshaushalt und rd. 7,4 Mio. im Vermögenshaushalt. Der Christliche Bürger-

*Der Gemeinderat im Januar 1977. Vordere Reihe (v. l.): Hubald Schmitt (3. Bürgermeisterstellvertreter), Willy Kress (2. Bürgermeisterstellvertreter), Bürgermeister Reinhold Schulz, Maria Olivka, Willy Gärtner. 2. Reihe: Ludwig Storch, Eva-Maria Scheffel, Willi Stoll, Annemarie Zimmermann-Serr, Karl Hoffmann. 3. Reihe: Ernst Samstag, Hans Sauer, Gustav Schnekkenburger, Hermann Weik, Egon Lackner, Egon Schultz. Hintere Reihe: Klaus Kolb (1. Bürgermeisterstellvertreter), Karl Bommarius, Hans Hessenthaler jun., Lothar Vögele, Rainer Beedgen, Hans Göttlicher, Hans Roth (Foto: Schwetasch).*

*Eröffnung des Altstadtfestes 1977 (Foto: A. Blänsdorf).*

hospitalfonds erwirbt das Grundstück mit der Löwenscheuer.

Beim „Spiel ohne Grenzen" am 30. April, das mit einem Stadtporträt direkt im Fernsehen übertragen wird, unterliegt Ladenburg trotz hervorragender sportlicher Leistungen der gastgebenden Stadt Dahn mit 14 : 8 Punkten.

Im Mai geht das Abwasserhebewerk an der Weinheimer Straße in Betrieb. – Der Gemeinderat bestätigt das Votum der Bürgerversammlung für den Rathaus-Standort Hauptstraße und bestimmt das „Schriesheimer Viertel" zum Modernisierungsschwerpunkt. Die Feuerwehr erhält ein neues Motorboot.

In der Juni-Sitzung beschließt der Gemeinderat die Einleitung eines Plangutachterverfahrens für den Rathaus-Neubau.

Die Verbandsversammlung des Abwasserverbandes Unterer Neckar beschließt am 11. Juli die Aufnahme der Stadt Schriesheim, das seine eigene Kläranlage aufgeben will. – Der Wassergewinnungsverband Lobdengau nimmt die Verbundleitung nach Schriesheim in Betrieb und verlegt die Leitung zum Wasserwerk „Obere Bergstraße". – Der Gemeinderat erläßt die Satzung zum Bebauungsplan „Sportzentrum". – Deutsche Experten berichten auf einer UNESCO-Konferenz in Rom über die Altstadtsanierungen in Nürnberg, Regensburg und Ladenburg. – Eine japanische Besuchergruppe informiert sich bei einem Rundgang durch die Altstadt. Dazu kommen allein im Jahre 1977 38 kommunale Delegationen zu einem Erfahrungsaustausch. Auch Staatssekretär Dr. Palm vom Innenministerium Baden-Württemberg besichtigt mit der Landespressekonferenz die Ladenburger Altstadt. Darüber berichtet die Landesschau des Südfunks.

Am 19. August wird die 2-zügig genehmigte Merian-Realschule mit einer Feierstunde und einem Schulfest eingeweiht. Damit ist das Schulzentrum Ladenburg, für das die Stadt rd. 23 Mio. DM aufgewendet hat, komplett.

Der Gemeinderat beschließt den Erwerb des Anwesens Cronbergergasse 6, was den Bau der Gerberstiege ermöglicht. Bei der Eröffnung des Altstadtfestes am 10. September werden die im Jahre 1977 renovierten Gebäude in der Altstadt vorgestellt: Feuerleitergasse 1, Kirchenstraße 14, Heidelberger Straße 1, Wormser Straße 5, Bahnhofstraße 34, Neugasse 7, Hauptstraße 26, Mühlgasse 9 und Zehntstraße 17. In den Jahren seit 1968 wurden 35 Fachwerkfassaden freigelegt und nach historischem Vorbild gestaltet. Für weitere 38 Fachwerkkonstruktionen liegen thermografische Untersuchungsergebnisse vor. Von den 11,5 Mio. DM Sanierungsaufwand der Stadt entfallen rd. 560.000 DM auf Zuschüsse an private Hauseigentümer zur Förderung der Stadtbildpflege.

Unter Vorsitz von Prof. Max Bächer begutachtet die Jury die eingereichten 5 Rathausentwürfe und empfiehlt die Weiterbearbeitung des Entwurfs der Planungsgruppe 67 (Ladenburg). Der Gemeinderat folgt in der Sitzung am 22. September dieser Empfehlung und ermächtigt die Verwaltung im Oktober, einen Antrag auf Zuschuß für den Rathaus-Neubau aus dem Programm des Bundes für Zukunftsinvestitionen einzureichen. Dies bedeutet die Zurückstellung der Bürgerhaus-Planung und -realisierung. Im Oktober beschließt der Gemeinderat ferner die Stadtbildsatzung für die Umgebung der Altstadt, die Erweiterung des förmlich festgelegten Sanierungsgebietes „Innenstadt I", die Satzung zum Gewerbegebiet Aufeld V und den Erwerb eines Teilgrundstücks an der Deichwiese. – Am 14. Oktober wird der neue Rüstwagen RW 2 an die Freiwillige Feuerwehr übergeben. Gleichzeitig eröffnet der Präsident des Deutschen Feuerwehrverbandes, Albert Bürger, auf dem Marktplatz die Brandschutzwoche.

Im November übergibt die Bundesbahndirektion Karlsruhe die Bahnüberführung Neuzeilsheim an die Stadt. – Auf Einladung der Volkshochschule liest Peter Härtling aus seiner Hölderlin-Biographie. – Die Stadt erwirbt die Anwesen Mühlgasse 3 und im Tausch das Stenz'sche Anwesen an der Hauptstraße.

Zum Ende des Jahres erscheint in einer Informationsbeilage der Landesregierung der Beitrag: „Zum Beispiel Ladenburg: Eine kleine Stadt setzt Maßstäbe für die Denkmalpflege".

## 1978

Am 17. Januar stellt der Heimatbund die von Karl Diefenbacher bearbeiteten „Ladenburger Stadtbücher aus dem 16. und 17. Jahrhundert" (Eide- und Ämterbuch) vor. – Die amerikanische Armeezeitschrift „The Stars and Stripes" veröffentlicht einen ganzseitigen Artikel unter dem Titel „Ladenburg is a living history book".

Im Februar beschließt der Gemeinderat die Verlegung der OEG-Haltestelle Marktplatz zur Neuen Anlage. Dem Beschluß über die Einrichtung einer Kinderhortgruppe für grundschulpflichtige Kinder faßt der Gemeinderat am 15. März. – Aus Mitteln des Zukunftsinvestitionsprogramms „Historische Stadtkerne" erhält die Stadt einen Zuschuß in Höhe von 1,5 Mio. DM für den Rathaus-Neubau. – An der Daimlerstraße wird das Kegelcenter Werth mit Gaststätte eröffnet.

Am 5. April trifft die Nachricht ein, daß die Beurteilungskommission im Landeswettbewerb „Stadtgestalt und Denkmalschutz im Städtebau" die Stadt Ladenburg zum Landessieger in der Gruppe 10.000 bis 100.000 Einwohner erklärt hat. Zur Begründung wird u.a. ausgeführt: „Neben der vorbildlichen Pflege alter Bausubstanz wurde bei notwendigen Neubauten eine gute Einfügung durch eigenständige, stadtbildbezogene Gestaltung der Vorhaben erreicht". – In der Volksbank Ladenburg werden Gemälde und Grafiken von Otto Hoffmann ausgestellt.

Der Gemeinderat verabschiedet den Haushalt 1978 mit einem Volumen von 32.591.300 DM, davon 16.805.000 DM im Verwaltungshaushalt und 15.786.300 DM im Vermögenshaushalt.

Im Schwimmbad werden am 12. Mai die neu gestalteten Gebäude mit neuem Eingangsbereich, Kiosk und Umkleideräumen vorgestellt. Am 23. und 24. Mai führen sintflutartige Regenfälle allein in Baden-Württemberg zu Überschwemmungsschäden von ca. 700 Mio. DM. In Ladenburg ist das Schwimmbadbecken ebenso überflutet wie Teile der Baumschule Huben und des Rosenhofes. – Erfreulicher ist eine ganzseitige Abhandlung von Nikolas Benckiser, die am 27. Mai in der Frankfurter Allgemeinen Zeitung erscheint. Sie schließt mit dem Satz: „Ladenburg bietet ein Beispiel für die vielberufene Städtesanierung, aber es bleibt ein besonderer, nicht wiederholbarer Fall." – Mit einer Feierstunde im Carl-Benz-Gymnasium begeht der Fußballverein 03 Ladenburg sein 75jähriges Bestehen.

In der Juni-Sitzung beschließt der Gemeinderat, daß der Christliche Bürgerhospitalfonds die Trägerschaft für den Bau von 14 Altenwohnungen und einer Altentagesstätte in der Löwenscheuer übernimmt. Auch der Erwerb des ehemaligen Katholischen Pfarramtes Hauptstraße 8, kurzzeitig als Hotel „Zum Fürstlichen Haus" genutzt, wird genehmigt.

Im Gewann Ziegelscheuer beginnt Dr. Heukemes mit der Ausgrabung einer Villa rustica über prähistorischen Siedlungen.

Am 29. Juli fordert eine Explosion in der Mischanlage des Unternehmens Benckiser-Knapsack das ganze technische Können der Werksfeuerwehr und der Freiwilligen Feuerwehr.

Mit der Liste des wertvollen Baumbestandes im Stadtgebiet befaßt sich der Gemeinderat im August. Die Grundstückseigentümer werden um besondere Sorgfalt gebeten. Die Straße „Am Hafen" wird in „Dr.-Albert-Reimann-Straße" umbenannt. – Der Seniorenclub der Volkshochschule trifft sich erstmals in der Landwirtschaftsschule an der Trajanstraße.

Vom Abwasserverband Unterer Neckar wird für den Anschluß der Stadt Schriesheim an die Verbandskläranlage ein Kanal zwischen der Kläranlage Schriesheim und der Hirschberger Allee verlegt. Das bisherige Max-Planck-Institut für Pflanzengenetik erhält durch den Umzug des Instituts für Zellbiologie von Wilhelmshaven in den Rosenhof eine neue Forschungsrichtung.

Im September tritt der Gemeindevollzugsbeamte Peter Maier seinen Dienst an. Der Gemeinderat benennt die Straßen im Neubaugebiet Weihergärten III (südlich der Schriesheimer Straße). – In der Zuchtanlage Hohe Straße wird das Vereinsheim des Kaninchen- und Geflügelzuchtvereins eingeweiht.

Am 2. Oktober beginnt Ministerpräsident Lothar Späth seinen Besuch im Rhein-Neckar-Kreis mit einer Besichtigung der Martinsschule in Ladenburg. – Das Unternehmen Grünzweig + Hartmann AG feiert sein 100jähriges Jubiläum. Dr. Joseph Kartaun (Ladenburg) wird Vorsitzender des Vorstandes. – Die Einweihungsfahrt für einen Teilbereich des überörtlichen Radwegenetzes entlang der nördlichen badischen Bergstraße beginnt auf dem Ladenburger Marktplatz. – Am 27. Oktober schmunzeln viele Zuhörer bei der Autorenlesung „Thaddäus Troll liest Thaddäus Troll" im Gymnasium.

Die Sprint-Olympiasiegerin Annegret Richter ist der Ehrengast beim Olympiaball in der Lobdengauhalle.

Anfang November ist mit dem Abbruch der letzten Gebäude am Bleichweg die Freilegung der westlichen Stadtmauer abgeschlossen, so daß der Grünzug durchgehend verbreitert werden kann. In der Gemeinderatssitzung werden die Satzungen zu den Bebauungsplänen „Weihergärten III" und „Brunnenstraße" erlassen. Von regionaler Bedeutung ist die Einweihung der Martinsschule für körperbehinderte Kinder in Ladenburg, An den Martinsgärten. Sie wurde vom Rhein-Neckar-Kreis als Gemeinschaftsaufgabe mit den Städten Mannheim, Heidelberg und dem hessischen Kreis Bergstraße errichtet. – In der Stadtbibliothek ist Leonie Ossowski zu Gast. – Im Hause Bahnhofstraße 1 (früher Bahnhofhotel) wird die renovierte Gaststätte „Ladenburger Hof" eröffnet.

Am 4. Dezember nimmt die Mobile Altenhilfe der Arbeiterwohlfahrt ihre Tätigkeit im Raum Ladenburg auf. Aus Bonn kommt die Nachricht, daß die Stadt Ladenburg auch im Bundeswettbewerb „Stadtgestalt und Denkmalschutz im Städtebau" in der Gemeindegruppe mit mehr als 10.000 bis zu 100.000 Einwohnern eine Goldplakette erhält.

Die Stadtbibliothek hat bei einem Buchbestand von 12.000 Bänden mehr als 50.000 Ausleihen registriert. – Im Jahre 1978 wurden mit finanzieller Unterstützung des Landesdenkmalamtes und der Stadt die Fassaden der Häuser Marktplatz 1, Hauptstraße 27, Rheingaustraße 26 und Bahnhofstraße 20 restauriert.

Die Viehzählung bringt folgendes Ergebnis: 76 Pferde, 916 Rinder, 356 Schweine, 3.094 Hühner, 8 Ziegen, 53 Gänse, Enten und Truthähne, 382 Hunde.

## 1979

Der 24. Januar ist ein besonderer Tag für Ladenburg: Tanja Kausch wird die 11.000. Einwohnerin der Stadt, und im Schloß Charlotten-

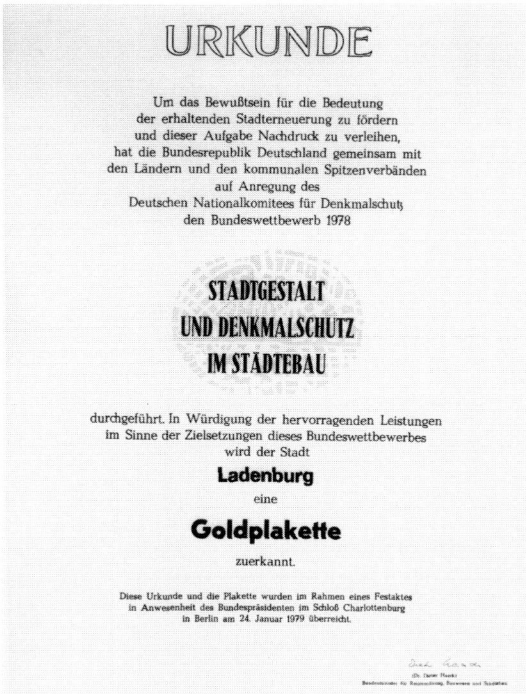
URKUNDE

Um das Bewußtsein für die Bedeutung
der erhaltenden Stadterneuerung zu fördern
und dieser Aufgabe Nachdruck zu verleihen,
hat die Bundesrepublik Deutschland gemeinsam mit
den Ländern und den kommunalen Spitzenverbänden
auf Anregung des
Deutschen Nationalkomitees für Denkmalschutz
den Bundeswettbewerb 1978

STADTGESTALT
UND DENKMALSCHUTZ
IM STÄDTEBAU

durchgeführt. In Würdigung der hervorragenden Leistungen
im Sinne der Zielsetzungen dieses Bundeswettbewerbes
wird der Stadt

**Ladenburg**

eine

**Goldplakette**

zuerkannt.

Diese Urkunde und die Plakette wurden im Rahmen eines Festaktes
in Anwesenheit des Bundespräsidenten im Schloß Charlottenburg
in Berlin am 24. Januar 1979 überreicht.

*Verleihungsurkunde vom 24. Januar 1979 über die Zuerkennung einer Goldplakette im Bundeswettbewerb „Stadtgestalt und Denkmalschutz im Städtebau".*

burg in Berlin erhält Ladenburg in Anwesenheit von Bundespräsident Walter Scheel die Goldplakette im Bundeswettbewerb „Stadtgestalt und Denkmalschutz im Städtebau". Die Jury faßt ihre Beurteilung so zusammen: „Eine qualifizierte Planung, ein bewundernswerter Erkenntnisstand der Verantwortlichen, beachtliche finanzielle Anstrengungen und eine intensive Beratung der Bürger brachten überall sichtbare Erfolge für die Erhaltung und Revitalisierung der Altstadt, deren wertvoller historischer Baubestand nicht zu faden Nachahmungen, sondern ersten Ansätzen für modernes Bauen in alter Umgebung geführt hat." Im Schloß Charlottenburg findet auch eine Sondersitzung des Gemeinderats statt, die sich mit technischen Verbesserungen in der Lobdengauhalle und mit dem Umbau des Hauses Kirchenstraße 49 befaßt. – Am 30. Januar ist der Süddeutsche Rundfunk mit der „Schlagerskala" in der Lobdengauhalle zu Gast.

Im Februar wird der Wettbewerbsbeitrag Ladenburgs auf der DEUBAU in Essen gezeigt. – Das Haus Stenz, Hauptstraße 9, wird abgetragen. – Der Haushaltsplan 1979 hat ein Volumen von 24.675.200 DM, davon im Verwaltungshaushalt 15.941.700 DM und im Vermögenshaushalt 8.733.500 DM.

Ein internationaler Lehrgang für Parforcehornbläser unter der Leitung von Reinhold Stief wird mit der Hubertusmesse in der Galluskirche abgeschlossen. – Bei den Gründungsarbeiten für das neue Rathaus entdeckt Dr. Heukemes einen spätrömischen Burgus (um 370) und einen Münzschatz vom Jahre 260 n.Chr. Die Rundfunksendung „Aktuelles aus Baden-Württemberg" berichtet darüber ausführlich.

Bei der Feierstunde anläßlich des 50. Todestages von Carl Benz am 4. April auf dem Friedhof treffen sich erstmals die Enkel von Carl Benz und Gottlieb Daimler. – Die Gemeinnützige Baugenossenschaft Familienheim Mannheim gibt den Eigenheimen in der Straße im Bildstock den Namen „Heinrich-Magnani-Siedlung". Das Jugendzentrum „Die Kiste" weiht die „Pflastermühle" ein. Am 30. April stellt die Verbandsversammlung des Regionalverbandes Unterer Neckar den Regionalplan durch Satzung fest. Er enthält auch für das Unterzentrum Ladenburg wichtige Aussagen.

In der Mai-Sitzung muß der Gemeinderat mit Rücksicht auf den spätrömischen Burgus den Plan für das Untergeschoß des Rathausneubaues ändern. Ferner werden die Beton- und Maurerarbeiten für den Umbau des ehemaligen katholischen Pfarrhauses zur Stadtbibliothek vergeben. – Am 10. Mai erteilt Staatssekretär Ludwig vom Ministerium für Wirtschaft und Verkehr Baden-Württemberg nach einer Ortsbesichtigung den Auftrag zur konkreten Planung der Landesstraße 597 mit Neckarbrücke. – Staatssekretär Dr. Sperling (Bundesministerium für Raumordnung, Bauwesen und Städtebau) kommt am 25. Mai und sagt die Förderung des Projekts Löwenscheuer zu.

Am 1. Juni eröffnet Dietrich Edinger in der Landwirtschaftsschule ein Orgelstudio. – Die Stadt einigt sich mit dem Rhein-Neckar-Kreis über die Generalsanierung der Erich-Kästner-Schule. Mitte Juni ist Ladenburg neben anderen historischen Städten das Ziel einer städtebaulichen Studienfahrt des Instituts für Städtebau in Berlin.

Am 4. Juli führen die Regierungspräsidenten Dr. Trudpert Müller (Karlsruhe), Keller (Neustadt a. d. W.) und Dr. Wierscher (Darmstadt) im Ladenburger Rathaus ein erstes Gespräch über grenzüberschreitende Probleme. – Der Gemeinderat stimmt der geplanten Trassenführung der Nordumgehung zu und vergibt die Rohbauarbeiten zum Wiederaufbau der Löwenscheuer. –

Das Heilpädagogische Kinderheim am Neuweg feiert sein 25jähriges Bestehen mit einem Sommerfest. – Zwischen Cronberger- und Färbergasse wird mit dem Bau der Gerberstiege begonnen.

Im August kommt eine Busverbindung zwischen Ladenburg und Heddesheim im OEG-Beirat zur Sprache. – Der September beginnt mit einem Scheuerbrand bei Landwirt Mayer in der Rheingaustraße. – In der Baugrube für die Löwenscheuer wird ein Steintisch aus dem 2. Jahrhundert gefunden. Die Stadtbibliothek hat die Autorin Gabriele Wohmann zu Gast. Der Gemeinderat erläßt die Satzung zum Bebauungsplan „Weihergärten IIa" und befaßt sich mit dem Ausbau des innerörtlichen Radwegenetzes.

Am 12. Oktober liest Walter Kempowski im Musiksaal des Gymnasiums. – Im Sportzentrum werden der Tennenplatz und das Kleinspielfeld freigegeben. – Der Gemeinderat gibt dem Sportzentrum den Namen „Römer-Stadion". – Die freiwillige Feuerwehr beteiligt sich als stärkste Gruppe (87 Mann) am Feuerwehr-Regio-Marsch in Basel. – Die Volkshochschule feiert im Carl-Benz-Gymnasium ihr 25jähriges Bestehen. – Nach einer Ortsbesichtigung diskutiert der Gemeinderat mit der Firmenleitung von Joh. A. Benckiser über Funktion und Standort der geplanten Industrie-Kläranlage.

Im November muß sich die Verbandsversammlung des Abwasserverbandes Unterer Neckar mit der Erweiterung der Verbandskläranlage in Neckarhausen befassen. – Der Gemeinderat senkt den Gewerbesteuerhebesatz mit Wirkung vom 1. Januar 1980 von 350 auf 330 v.H. – Am 20. November trifft sich die seitdem jährlich tagende Kommission zur Erforschung des römischen Ladenburg.

Am 3. Dezember übergibt Regierungspräsident Dr. Trudpert Müller den 1. Abschnitt der Ladenburger Nordumgehung zwischen Autobahnzubringer und Heddesheimer Straße. – Die Gemeinden mit mehr als 10.000 Einwohnern sind verpflichtet, Asylbewerber aufzunehmen; am 10. November trifft die erste Familie mit zwei Kindern ein.

Seit 1975 wurden für das Neubaugebiet „Weihergärten I" insgesamt 215 Bauanträge eingereicht, darunter für 344 Ein- und Zweifamilienhäuser (400 Wohnungen) und 8 Mehrfamilienhäuser mit 217 Eigentumswohnungen.

## Die 80er Jahre

Während des NATO-Gipfels in Bonn demonstrieren nahezu 500.000 Menschen friedlich gegen das Wettrüsten, gegen die Kapazität zum x-fachen „Overkill" der gesamten Menschheit und gegen die Nachrüstung. Die Arbeitslosenquote liegt bei 6,5 Prozent.

Am 1. Oktober 1982 wird Helmut Kohl durch ein konstruktives Mißtrauensvotum zum Bundeskanzler gewählt. 1983 spricht Bundesforschungsminister Riesenhuber von einer dramatischen Zunahme der Waldschäden. In der Bundesrepublik werden die ersten 23 Erkrankungen an Aids registriert.

Richard von Weizsäcker wird 1984 zum Bundespräsidenten gewählt. Im ukrainischen Tschernobyl kommt es am 26. April 1986 zur bisher schwersten Reaktorkatastrophe und zu großer Unsicherheit um Gefahren und Grenzwerte der nuklearen Verseuchung. Die Bundesrepublik bekommt den ersten Umweltminister.

1989 wird das Jahr der friedlichen Revolution in der DDR. Im September öffnet Ungarn für DDR-Flüchtlinge seine Grenzen nach Österreich. Tausende dürfen auch aus Prag und Warschau ausreisen. Am 9. November wird die Berliner Mauer geöffnet.

Als „Wörter der Jahre" gelten Ellenbogengesellschaft, Wende, Neue deutsche Welle, Waldsterben, Tempolimit, Perestroika, Glasnost, Ozonloch, Robbensterben, Montagsdemonstrationen, Mauerspecht, Europäischer Binnenmarkt.

## 1980

Mit dem ersten Empfang der Stadt Ladenburg anläßlich des Antoniustages (17. Januar) im Kaiserkeller wird ein früherer Brauch wiederbelebt. – Der Bauernverband veranstaltet nach 10 Jahren wieder einen Bauernball im „Ladenburger Hof".

Ab Februar verfügt Ladenburg nach der Eröffnung der Buchhandlung Tillmann am neuen Rathaus über zwei Geschäfte in dieser Branche. – Der Gemeinderat erläßt die Haushaltssatzung, die einen Verwaltungshaushalt mit rd. 16,8 Mio. DM und einen Vermögenshaushalt mit 11Mio. DM ausweist.

Der Ladenburger Werner Beier, Welt- und Europameister mit der Schnellfeuerpistole, ist Ehrengast beim Sportlerball am 1. März im „Ladenburger Hof". – Der Gemeinderat vergibt die Erschließungsarbeiten für das Neubaugebiet „Weihergärten III" südlich der Schriesheimer Straße. – Das Jugendzentrum „Die Kiste" arrangiert einen Seniorennachmittag.

Am 19.April informiert eine Ausstellung der Ladenburger Gastronomie im „Ladenburger Hof" über die Vielfalt des Angebots. – Der Gemeinderat genehmigt den Kauf des Anwesens Hauptstraße 4 (früher Gasthaus „Zum Schiff"). – Bei der Stadtbibliothek liest Valentin Senger aus seinem Buch „Kaiserhofstraße 12".

Die Jahreshauptversammlung der Volkshochschule befaßt sich mit der geplanten „Volkshochschule Lobdengau", die sich im Juni auf eine Kooperation reduziert. Der Evangelische Kirchengemeinderat und Vertreter der Stadt einigen sich darauf, daß für den neuen Kindergarten in den „Weihergärten" die Stadt die Bauträgerschaft und die Kirche die Betriebsträgerschaft übernehmen. Das Mund-art-Festival, das von der Mannheimer Projektgruppe mund-art e.V. auf der Neckarwiese veranstaltet wird und an drei Tagen Tausende von Besuchern aus der Region anzieht, sorgt danach für eine heftige Diskussion im Gemeinderat. Gegenstand der Beratung ist auch die Zukunft der Jugendmusikschule, nachdem sich Reinhold Stief aus der Leitung zurückgezogen hat; sie soll als selbständige Einrichtung weitergeführt werden. Für die Trassenführung der neuen Landesstraße 597 zwischen Mannheim-Friedrichsfeld und Ladenburg gibt es grundsätzliche Zustimmung.

Nach der Erweiterung der Kindertagesstätte in der Lustgartenstraße können bei einem Tag der offenen Tür im Juli die Räume für die Hortgruppe besichtigt werden. – Die Programmdirektoren der ARD (Arbeitsgemeinschaft der Rundfunkanstalten in Deutschland) tagen in Ladenburg und besichtigen die Altstadt.

Im Gewann Wasserbett untersucht Dr. Heukemes zwei keltische Viereckschanzen (Versammlungsplätze mit Wall und Graben).

Am 28. August wird das Volleyball-Länderspiel Deutschland-Ungarn zur Werbung für diese Sportart. – Am Vorabend des Altstadtfestes werden die Grundsteinlegung und das Richtfest für den ersten Abschnitt des Rathaus-Neubaues gefeiert.

In der September-Sitzung beschließt der Gemeinderat, daß die Jugendmusikschule für die Dauer eines Jahres probeweise als Einrichtung der Stadt von Dietrich Edinger geführt werden soll.

Die Firma Hans Grimmig gibt die ehemalige Kiesgrube im Gewann „Links der Hohen Straße" rekultiviert an die Landwirtschaft zurück. – Das Ensemble des Volkstheaters Peking, das in Mannheim gastiert, ist begeistert vom Rundgang durch die Ladenburger Altstadt und von der Atmosphäre im Kaiserkeller.

In der Kirchlichen Sozialstation wird eine private Erziehungsberatungsstelle eingerichtet. Im Oktober findet der Vorschlag des Bürgermeisters, mit der Präfektur Garango in Obervolta/Westafrika Kontakt aufzunehmen und einen Partnerschaftsausschuß zu bilden, die Zustimmung des Gemeinderats. – Anläßlich der Wiedereinweihung der restaurierten St. Sebastianskapelle finden eine Eucharistiefeier und ein ökumenischer Gottesdienst in Anwesenheit des alt-katholischen Bischofs Brinkhues statt. – Die Gaststätte „Zum Steintrog" im Tennis-Center Pawlik wird eröffnet. – Am 27. Oktober muß die Freiwillige Feuerwehr einen Großbrand in der Lehrwerkstatt der Firma BBC an der Wallstadter Straße bekämpfen.

Die Musikschule der Stadt Ladenburg nimmt am 1. November den Unterricht auf. – Die Volkshochschule lädt zur Autorenlesung mit Rudolf Hagelstange ein. – Der Gemeinderat überträgt die Bauherrschaft für den Kindergarten in den „Weihergärten" auf die Günther'sche Stiftung für Jugendhilfe.

Dr. Hermann Hagen, 1931–1933 Bürgermeister der Stadt Ladenburg, ist 82jährig verstorbenen.

Am 5. Dezember führt die „t.i.l." Theaterinitiave Ladenburg in der Pflastermühle die „Kleinbürgerhochzeit" von Bertolt Brecht auf. – Am 10. Dezember erläßt der Gemeinderat eine Nachtragshaushaltssatzung, durch die sich der Verwaltungshaushalt um 2,3 Mio. DM auf 19,1 Mio. DM und der Vermögenshaushalt um 1 Mio. auf 10 Mio. DM erhöhen.

Die Einweihung des neuen Städtischen Bauhofes an der Wallstadter Straße macht den Weg frei für einen neuen Parkplatz an der Feuerleitergasse.

## 1981

Als vorbildlich bezeichnet Ministerpräsident Lothar Späth vor der Landespressekonferenz in Stuttgart die Absicht der Stadt Ladenburg, mit der Präfektur Garango in Obervolta eine Partnerschaft zu vereinbaren.

Im Februar sucht der Regionalverband Unterer Neckar nach einem Kompromiß im Streit um den Standort der Industrie-Kläranlage. Der Gemeinderat beschließt, dem Tennisclub 1950 Gelände für den Bau von 4 Tennisplätzen im Sportzentrum zu überlassen. – Rektor Paul Schneider wird zum Geschäftsführenden Schulleiter für die Grund-, Haupt-, Real- und Sonderschulen der Stadt Ladenburg bestellt.

Am 5. März ist Friedrich Wolf, langjähriger Stadtrat (1947–1971) und Bürgermeister-Stellvertreter, im Alter von 79 Jahren verstorben. – Der Gemeinderat erläßt die Haushaltssatzung für das Haushaltsjahr 1981: Der Verwaltungshaushalt schließt mit 18.973.500 DM, der Vermögenshaushalt mit 1.132.600 DM ab.

Ein lebhafter Erörterungstermin im wasserrechtlichen Planfeststellungsverfahren zum Bau einer Industrie-Kläranlage findet am 8. April in der Ilvesheimer Mehrzweckhalle statt. – Der Gemeinderat erläßt eine neue Feuerwehrsatzung und stimmt der Aufhebung der Viehwaage im ehemaligen Bauhof zu. – In der Lobdengauhalle bewährt sich der ASV Ladenburg bei der Ausrichtung der Deutschen Meisterschaften der A-Jugend im Gewichtheben.

In der Mai-Sitzung des Gemeinderats erhält Architekt Ernst Samstag den Auftrag zur Prüfung, ob sich das ehemalige Gallusheim am Vorderen Rindweg für einen Kindergarten eignet. Auf der Schanze der westlichen Stadtmauer eröffnet die Familie Kreis die Weinstube „Cronberger Mühle“. Dabei ist auch die Cronberger Stiege zur Bleiche entstanden. – Ernst Klee, Autor des Buches „Behindert“, diskutiert in einer Veranstaltung der Stadtbibliothek mit den Anwesenden über die Probleme der Behinderten, und Dr. Ernst Klimm, Berater des Planungsministers von Obervolta, berichtet im Feuerwehrhaus über die größten Sorgen des Landes.

Am 1. Juni wird die Buslinie Ladenburg-Heddesheim-Hirschberg eröffnet. – Im Gasthaus „Zum goldenen Löwen“ wird das 100jährige Geschäftsjubiläum gefeiert. – Der Kreistag des Rhein-Neckar-Kreises bestätigt Landrat Albert Neckenauer in seinem Amt. – In einer Sitzung des Technischen Ausschusses wird mit den Bearbeitern des Flächennutzungsplans ein Kompromiß über die Abgrenzung des Ladenburger Industriegebietes erzielt. Der Gemeinderat entscheidet über die Trägerschaft für die Altenbegegnungsstätte in der Löwenscheuer. – Am 15. Juni wird Posthauptsekretär Hans Sauer als Leiter des Postamts Ladenburg eingeführt. – Die Arbeiterwohlfahrt des Rhein-Neckar-Kreises eröffnet ihre Kreisgeschäftsstelle im Hause Wormser Straße 16 (früher „Martinstor“).

*Der Name des 1981 gegründeten Corelli-Ensembles Ladenburg/Mannheim geht auf den italienischen Barockkomponisten Arcangelo Corelli (1653–1713) zurück, dem posthum der Titel eines „Marchese di Ladenburg“ verliehen wurde (Foto: Schwetasch).*

Anfang Juli wird ein neuer Vorausrüstwagen an die Freiwillige Feuerwehr übergeben, die anschließend auf der Trajanstraße eine Hauptübung in technischer Hilfe durchführt. – Am 5. Juli freuen sich viele Musikfreunde über eine Initiative des in Ladenburg wohnhaften Kammermusikers Werner Brunst: Das Corelli-Ensemble Ladenburg-Mannheim brilliert in der Sebastianskapelle mit Werken von Franz Xaver Richter, Arcangelo Corelli und W. A. Mozart. – Der Gemeinderat billigt die Pläne für die Hochbauten im Römer-Stadion.

Am 4. August führt die Deutschlandtour der Radprofis durch Ladenburg. – Der Stadtteil Neubotzheim feiert mit Staatssekretär Gallus (Bonn) und Ministerialdirektor Sabel (Stuttgart) sein 25jähriges Bestehen. Im September werden weitere Teile des Römer-Stadions für die Staffelmeisterschaft der Leichtathletik-Jugend freigegeben.

In einer Gemeinsamen Europäischen Kulturstudie zum Problem „Erhaltung, Erneuerung und Wiederbelebung alter Stadtgebiete in Europa“, die von der UNESCO angeregt wurde und an der sich 11 europäische Länder beteiligten, wird auch die Altstadtsanierung in Ladenburg dargestellt. – Das Fachwerk des Hauses Nagelschmiedgasse 3 wird freigelegt. – Der Parkplatz an der Feuerleitergasse (früherer Bauhof) ist fertiggestellt.

Nachdem der Neubau eines Kindergartens in den Weihergärten auf Nachbareinsprüche stieß, beschließt der Gemeinderat den Kauf des ehemaligen Gallusheimes (Vorderer Rindweg 10) durch die Günther'sche Stiftung für Jugendhilfe.

Am 12. September wird das Altstadtfest mit Botschaftsrat Marcel Guigma und Verwaltungsattache Jean-Paul Zoure (Botschaft von Obervolta) eröffnet. – Auch der neue Präsident des Deutschen Feuerwehrverbandes, Hinrich Struwe, besucht Ladenburg. – Der Kreistag des Rhein-Neckar-Kreises beschließt die Baufreigabe für den 2. Abschnitt der Martinsschule in Ladenburg mit dem Therapiebereich.

Anfang Oktober befaßt sich eine Bürgerversammlung mit dem Thema „Verkehrsberuhigung in der Altstadt". – Große Resonanz findet auch die Autorenlesung mit Wolfdietrich Schnurre im Carl-Benz-Gymnasium. – Die Lopodunia verleiht die Preise im Schülerwettbewerb „Ladenburg – Werbung für eine Stadt". – Probleme der Stadtsanierung stehen im Mittelpunkt eines Informationsbesuchs von Staatssekretär Shrestha und anderer Regierungsvertreter aus Nepal. – Eugen Bodart, Komponist, Dirigent und früherer Leiter des Kurpfälzer Kammerorchesters und von 1945 bis 1967 in Ladenburg wohnhaft, ist im Alter von 76 Jahren in München verstorben. – Die Daimler-Benz AG überreicht eine Spende in Höhe von 10.000 DM zur Finanzierung eines Lackprofils, das Grabungsergebnisse am Domhofplatz überliefern soll.

Der Gemeinderat beschließt für die Gestaltung des Marktplatzes eine Testphase. – Die Schutzgemeinschaft Deutscher Wald bezeichnet die Absicht der Stadt Ladenburg, auf dem Gelände des ehemaligen Lehr- und Versuchsgartens einen Waldpark anzulegen, als Glücksfall. – Der Autor Max von der Grün liest auf Einladung von Volkshochschule und Jugendzentrum „Die Kiste" in der Pflastermühle. – Der Kirchenchor St. Gallus feiert sein 100jähriges Jubiläum.

Das Regierungspräsidium Karlsruhe erteilt die wasser- und baurechtliche Genehmigung zum Bau und Betrieb einer Abwasserbehandlungsanlage der Firmengruppe Joh. A. Benckiser, Benckiser-Knapsack GmbH und Grünzweig + Hartmann und Glasfaser AG. – Die Sammelstelle des Zweckverbandes Tierkörperbeseitigung Mannheim in Ladenburg, Schriesheimer Fußweg, wird aufgelöst.

Im November beschließt der Gemeinderat, daß die Musikschule als städtische Einrichtung weitergeführt wird. – Im neuen Rathaus werden das

*Das Neue Rathaus auf der freigelegten westlichen Stadtmauer, ist seit April 1982 Sitz der Verwaltung (Foto: Uwe Wagenfeld/PIGP, aus dem Bildband: Ladenburg, Mannheim 1997).*

Reisebüro Klaus und das Keramik-Studio Goerlach eröffnet. – In der Löwenscheuer werden die ersten Altenwohnungen bezogen.

Am 1. Dezember ist Altstadtrat Hans Hessenthaler, 1951 bis 1975 Mitglied des Gemeinderats, im Alter von 82 Jahren verstorben.

In der Gründungsversammlung der Johanniter-Unfall-Hilfe wird Klaus M. Lange zum kommissarischen Ortsbeauftragten bestellt. Die Verbandsversammlung des Wassergewinnungsverbandes Lobdengau berät in Schriesheim über Maßnahmen gegen die Verunreinigung des Grundwassers.

## 1982

Am 8. Januar startet eine Delegetion der Stadt Ladenburg unter der Leitung von Bürgermeister-Stellvertreter Klaus Kolb zur Kontaktaufnahme nach Garango in Obervolta. Über die herzliche Aufnahme und die Notwendigkeit der Partnerschaft berichtet die Delegation nach ihrer Rückkehr mit einem Tonfilm.

Die Gemeinde Ilvesheim wünscht den Anschluß ihres Gewerbegebietes über die Gemarkung Ladenburg.

In der Februar-Sitzung des Gemeinderates wird der Vertrag mit der Evangelischen Kirchengemeinde über des Betrieb des Kindergartens im Stadtteil Weihergärten mit weitgehenden Pflichten der Stadt genehmigt und die Veräußerung des bisherigen Stadtbauamtes an der Feuerleitergasse an den Verein Jugendwohl e.V. beschlossen. Ferner wird bestimmt, daß das Alte Rathaus künftig von der Volkshochschule und vom Stadtarchiv genutzt werden soll. – Der Haushaltsplan für das Haushaltsjahr 1982 hat ein Volumen von 25,2 Mio. DM. Ladenburg hat die höchste Steuerkraftsumme je Einwohner im Rhein-Neckar-Kreis.

Dr. Johann Göttlicher, Stadtrat von 1951 bis 1962, ist im Alter von 78 Jahren verstorben.

Der Vorstand der OEG berichtet im April über die mangelnde Nutzung der Buslinie Heddesheim-Ladenburg. – Am 25. April wird der Ladenburger Stadtkämmerer Fritz Alles zum Bürgermeister der Gemeinde Heddesheim gewählt; sein Nachfolger wird Claus Hessenthaler. – Am 30. April ist der Umzug der Verwaltung in das Neue Rathaus abgeschlossen.

Innerhalb eines Monats können zwei Ladenburger Bürger ihren 100. Geburtstag feiern: Frau Emma Bopp, Otto-Häußler-Straße 1, und Carl Adolf Eiermann, Vespasianstraße 8.

Am 3. Mai wird die Altentagesstätte in der Löwenscheuer eröffnet; sie wird von der Arbeiterwohlfahrt und von der CDU-Frauenunion betreut. – Willi Stoll, Stadtrat seit 1971, ist 62jährig verstorben. – Mit einem Spiel der Uwe-Seeler-Traditionsmannschaft gegen eine Ladenburger Stadtauswahl (2 : 2) am 12. Mai wird der Rasenplatz im Römer-Stadion eingeweiht.

Am 3. Juni informieren sich Innenminister Prof. Dr. Roman Herzog und zahlreiche Mitglieder der Landespressekonferenz über die Altstadtsanierung und die archäologischen Sondergrabungen in Ladenburg. – Der Heinz-Moos-Verlag München stellt das Buch „Ladenburg – Die Altstadt als Denkmal" mit dem Untertitel „Sanierung als Prozeß" vor. – Am 19. und 20. Juni veranstaltet der SPD-Kreisverband Rhein-Neckar zum Gedenken an den Anführer der badischen Revolution 1848/49 in Ladenburg ein Hecker-Fest; bei der Kundgebung im Hof der Dalberg-Schule spricht der SPD-Vorsitzende Willy Brandt. – Der 27. Juni ist Tag der offenen Tür im 1. Abschnitt des Neuen Rathauses, im Altenwohnprojekt Löwenscheuer und auf dem Kinderspielplatz auf der Bleiche, der von der Freiwilligen Feuerwehr neu gestaltet wurde. – Die Johanniter-Unfall-Hilfe muß die Rettungswache an der Wallstadter Straße räumen.

*Altbundeskanzler Willy Brandt spricht am 20. Juni 1982 beim Hecker-Fest der SPD Rhein-Neckar im Hof der Dalberg-Schule (Foto: Schwetasch).*

*Innenminister Professor Dr. Roman Herzog, der spätere Bundespräsident, und Mitglieder der Landespressekonferenz informieren sich im Juni 1982 über die archäologischen Grabungen und über die Altstadtsanierung in Ladenburg. 1.v.l. Prof. Dr. Dieter Planck (Landesdenkmalamt Baden-Württemberg), 3.v.l. Dr. Berndmark Heukemes (Foto: Schwetasch).*

1.200 Teilnehmer aus Europa und den USA vereint das Summer-Jamboree der Square-Dancers im Schulzentrum und auf dem Marktplatz. Das Fachwerk des Gasthauses „Zum güldenen Stern" wird freigelegt.

Mit 56 Kindern in zwei Gruppen wird am 1. September der Anne-Frank-Kindergarten am Vorderen Rindweg eröffnet. – Die Kleingärtner freuen sich über die neu geschaffene Kleingartenanlage im Aufeld, die eine Pufferfunktion im Wohn- und Gewerbegebiet übernimmt.

Am 11. September eröffnet Innenminister Professor Dr. Roman Herzog das Ladenburger Altstadtfest, das von einem tragischen Hubschrauberunglück in Mannheim überschattet wird. – Mit der Einweihung der wiederhergestellten Andreas-Krämer-Orgel findet die 1968 begonnene Innenrenovierung der Sebastianskapelle ihren festlichen Abschluß.

Die neue Tennisanlage des TC 1950 im Römer-Stadion wird am 2. Oktober eingeweiht. Darauf folgt die Einweihung der umgebauten und erweiterten Jahnhalle der LSV 1864. – Der Gemeinderat genehmigt den Mietvertrag mit der Griechischen Gemeinde Ladenburg e.V. über die Nutzung von Räumen im Hause Vorderer Rindweg 10 und befaßt sich mit dem Einbau einer militärischen Straßensperre an der Neckarkanalbrücke. Darüber kommt es zu einer Friedensdiskussion, die ein breites Echo findet.

Am 22. Oktober beginnt eine Lehrer-Delegation des Carl-Benz-Gymnasiums eine Informationsreise nach Obervolta; im November berichtet sie anschaulich über ihre Eindrücke. – Hilde Domin liest in einer Veranstaltung des Stadtbibliothek aus ihren Werken. – Gerhard Bartmann eröffnet im Hause Färbergasse 11 sein Museum für mechanische Musikinstrumente.

Am 13. Dezember wird der Vertrag zwischen dem Rhein-Neckar-Kreis und der Stadt Ladenburg über den Erwerb des ehemaligen Lehr- und Versuchsgartens zum Preis von 1,3 Mio. DM notariell beurkundet. – Die Verbandssammlung des Nachbarschaftsverbandes Heidelberg-Mannheim stellt in Mannheim den Flächennutzungsplan fest, der auch für Ladenburg als vorbereitende Bauleitplanung gilt.

## 1983

In der Januar-Sitzung genehmigt der Gemeinderat den Plan zur Gestaltung der Zwingermauer zwischen Neuem Rathaus und Cronbergergasse. Der Verlängerung des Vertrages mit dem Rhein-Neckar-Kreis über die Abfallbeseitigung bis 30. Juni 1987 wird ebenfalls zugestimmt. – Beim Empfang der Stadt anläßlich des Antoniustages stellt Landrat Neckenauer den Rhein-Neckar-Kreis, „das unbekannte Wesen", vor. – Am 30. Januar gedenkt die SPD in einer Feierstunde der Machtergreifung der Nationalsozialisten vor 50 Jahren.

Im März werden die neuen Betriebsräume der Heizungsfirma Heid in der Boveristraße eingeweiht. – Der Haushalt 1983 hat ein Volumen von 23,7 Mio. DM. – Im Feuerwehrhaus präsentiert die IFH-Prof. Walldorf GmbH ihre Markt- und Standortanalyse für Ladenburg. Der vom BdS in Auftrag gegebenen Markt- und Strukturanalyse wird ein kommunalpolitischer Teil angefügt. Die repräsentative Befragung ergibt u.a., daß 21,1 % den Bau eines Hallenbades befürworten und 72,8 % dagegen sind, daß 64,6 % das Saalangebot in Ladenburg für ausreichend halten und 20,4 % nicht, daß das Waldparkprojekt von 83,6 % positiv bewertet wird und 76,2 % mit dem Rathaus zufrieden sind. – In der Weststadtschule faßt der Gemeinderat den Satzungsbeschluß zum Bebauungsplan „Wohn- und Gewerbegebiet Aufeld IV". – Am 25. April kommt es zur Auflösung des Hallenbadfördervereins und zur anschließenden Gründung des Waldpark-Fördervereins; Stadtrat Hubald Schmitt wird zum Vorsitzenden gewählt. Am Tage darauf wird auch der Verein „Partnerschaft Garango – Ladenburg" gegründet. Dessen Vorsitzender wird Bürgermeister-Stellvertreter Klaus Kolb.

Im Mai beschließt der Gemeinderat Verkehrsregelungen auf demMarktplatz (Parkscheiben-Zone) und in der Hauptstraße (absolutes Halteverbot zwischen Altem Rathaus und Neugasse). Die Läden im 2. Abschnitt des Neuen Rathauses werden vergeben. – Das Jubiläumsspiel des FV 03 gegen den Weltmeisterschaftskader 1974 im Römer-Stadion endet 3 : 5. – Die Gruppe „Orff-Rock" der Erich-Kästner-Schule spielt auf dem Bundeskongreß des Verbandes Deutscher Sonderschulen in Ulm. Dort werden auch 30 Plakate aus dem Ladenburger Deutschunterricht ausgestellt.

Am 3. Juni feiert die 1. Schützengesellschaft 1683 e.V. im Carl-Benz-Gymnasiun ihr 300jähriges Bestehen. – Nach weiteren Hochwassererfahrungen im April beauftragt der Gemeinderat den Bürgermeister, mit dem Reiterverein über eine Verlegung der Reitanlage hinter den Damm zu verhandeln. – Im Römer-Stadion wird das Clubhaus des Tennis-Clubs Blau-Weiß eingeweiht.

Professor Xia Nai, der bedeutendste Archäologe Chinas und Präsident des Archäologischen Instituts in Peking, besichtigt Anfang Juli in Begleitung von Dr. Heukemes die Ladenburger Altstadt und die archäologischen Funde. – Im Schwetzinger Schloß stellt der Bildhauer Hans Volker Dursy (Ladenburg) seine Arbeiten aus 25 Jahren aus. – Der Landwirtschafts- und Umweltausschuß spricht sich für die Erhaltung der überwucherten ehemaligen Mülldeponie als Wildhegestätte aus, die von den Jagdpächtern betreut wird. – Der Gemeinderat diskutiert über das Arbeitslosenproblem in Ladenburg und ermächtigt die Verwaltung, das Einvernehmen der Stadt zur Liste der Baudenkmale zu erklären. Er unterstützt den Protest des Personalrats am Carl-Benz-Gymnasium gegen die Versetzung des NPD-Funktionärs Günther Deckert nach Ladenburg. – Am 31. Juli geht einer der heißesten Monate des Jahrhunderts zu Ende.

Gewerbeschuldirektor i.R. Willi Rieple (SPD), Mitglied des Landtags (1952–1962), des Kreistags (1946–1956) und des Gemeinderats (1962–1965) ist am 17. August im Alter von 85 Jahren verstorben.

*Im August 1983 wird der in Ladenburg geborene Maler Walter Eimer, hier bei einer Ausstellungseröffnung mit Selbstporträt, zu Grabe getragen (Foto: Pitt Steiger).*

Am 1. September findet eine Informationsveranstaltung zum Fall Deckert im Feuerwehrhaus großes Interesse. – Der Heimatbund stellt im Lobdengau-Museum die „Ladenburger Kirchenbücher Teil I: Reformierte und lutherische Kirchenbücher von 1649–1821", bearbeitet von Karl Diefenbacher, vor. – Der Gemeinderat stimmt dem Partnerschaftsvertrag mit der Präfektur Garango zu.

Das 10. Altstadtfest wird mit den Delegationen aus Garango und Laval (Frankreich) eröffnet. Nach einem umfangreichen Besichtigungsprogramm und einer Arbeitssitzung wird am 14. September im Sitzungssaal des Neuen Rathauses der Partnerschaftsvertrag zwischen der Präfektur Garango (Obervolta) und der Stadt Ladenburg von Issaka Augustin Gampene und Bürgermeister Reinhold Schulz feierlich unterzeichnet. Die Partnerschaft soll nach dem Vertragstext die Begegnung und den Erfahrungsaustausch auf kulturellem, sozialem und wirtschaftlichem Gebiet fördern.

Am 16. September wird das Mehrzweckboot „Ladenburg 2" an die Freiwillige Feuerwehr übergeben. – Der Gemeinderat diskutiert über die weitere Entwicklung des Stadtteils Neubotzheim. In einer Veranstaltung der Stadtbibliothek liest die Autorin Ingeborg Drewitz aus ihren Werken.

Beim Festakt der Sängereinheit 1883 anläßlich ihres 100jährigen Bestehens in der Lobdengauhalle überreicht Landwirtschaftsminister Gerhard Weiser die Zelter-Plakette. – Im Oktober werden der neue Bauhof der Familienheim Mannheim eG an der Boveristraße und das Atelierhaus Kirchenstraße 18 eröffnet. – Die Katholische Kirchengemeinde weiht das neue Gemeindehaus St. Gallus (ehemaliges Stadtbauamt) an der Feuerleitergasse ein. – Der Kreistag des Rhein-Neckar-Kreises beschließt den Beitritt des Kreises zum Nahverkehrsverbund Rhein-Neckar und der Gemeinderat die Satzung zum Bebauungsplan „Ladenbereich Weihergärten". Der 2. Abschnitt des Rathaus-Neubaues erhält die Bezeichnung „Domhof".

Im November wird beim Erzählernachmittag des Heimatbundes über alte Straßen- und Flurnamen berichtet. – Christoph Seel-Diamantopoulos wird bei den Gewichtheber-Einzelmeisterschaften der A-Jugend in Würzburg Deutscher Meister in der Klasse bis 60 kg. Der Gemeinderat beschließt eine Nachtragssatzung, die das Volumen des Haushalts 1983 um 1,5 Mio. DM erhöht, und die Überlassung von Gelände an den Reiterverein für eine neue hochwassersichere Reitanlage.

*Am 25. Februar 1984 wird Dr. Berndmark Heukemes Ehrenbürger der Stadt Ladenburg (Foto: Schwetasch).*

Am 1. Dezember erläßt Regierungspräsident Dr. Trudpert Müller eine Verordnung, die den historischen Stadtkern von Ladenburg als Gesamtanlage unter Denkmalschutz stellt. Eine Woche später gibt der Regierungspräsident die Nordumgehung Ladenburgs westlich der Heddesheimer Straße für den Verkehr frei.

Im Laufe des Jahres wurden die Fassaden der Gebäude Kirchenstraße 18, Rheingaustraße 1 und Wormser Straße 15 neu gestaltet.

## 1984

In der Januar-Sitzung faßt der Gemeinderat eine Entschließung zur Gefährdung der natürlichen Lebensgrundlagen und einen Beschluß zur Sanierung der Altstadtstraßen. – Beim Empfang der Stadt im Kaiserkeller stellt Pfarrer Adolf Jardot den heiligen Antonius vor.

Am 25. Februar werden in einer Sondersitzung des Gemeinderats im Sitzungszimmer des Neuen Rathauses Herrn Dr. Berndmark Heukemes in dankbarer Würdigung seiner großen Verdienste um die archäologische Forschung und Stadtbildpflege in Ladenburg die Rechte eines Ehrenbürgers verliehen. – Wenige Tage später muß der Gemeinderat in einer einstimmig gefaßten Entschließung seine Empörung über den rechtswidrigen Abbruch der Rautenthaler Mühle zum Ausdruck bringen. In einer Stellungnahme zur Fortschreibung des Generalverkehrsplans Baden-Württemberg spricht sich der Gemeinderat für die Fortführung der neuen Landesstraße 597 mit der Ladenburger Neckarbrücke aus.

Im März erörtert Staatsminister Dr. Jürgen Möllemann vom Auswärtigen Amt mit dem Vorstand des Partnerschaftsvereins Garango-Ladenburg Möglichkeiten der Zusammenarbeit. – Der Haushaltsplan 1984 hat ein Volumen von 27,9 Mio. DM.

Bei der Sammelaktion für Haushalts-Problemabfälle im April werden im Ladenburger Bauhof u.a. 1,8 to Lacke und Farben, 1600 l Altöl, 1000 l Lösungsmittel, 1700 l Altmedikamente und 0,5 to Altbatterien angeliefert. – Im Hause Hauptstra-

*Nach der feierlichen Unterzeichnung des Partnerschaftsvertrages zwischen der Marktgemeinde Paternion in Kärnten und der Stadt Ladenburg am 16. Juni 1984. In der Mitte (mit Urkunde) Bürgermeister Karl W. Müller, 4. v. l. sein späterer Nachfolger Hermann Scheidenberger, umringt von Mitgliedern der Gemeinderatsgremien (Foto: Johannes Scherrer).*

ße 2 wird die neue Geschäftsstelle der Allgemeinen Ortskrankenkasse eröffnet. – Ladenburg trauert um Willy Kress, Stadtrat von 1946 bis 1977, langjähriger Vorsitzender der SPD-Fraktion und 2. Bürgermeister-Stellvertreter, der im Alter von 85 Jahren verstorben ist. – In einer Veranstaltung der Stadt Ladenburg und des Heimatbundes spricht Dr. Karl Scherer (Heimatstelle Pfalz) über die „Kurpfälzische Auswanderung nach Nordamerika im 18. Jahrhundert – Die Drukkerfamilie Saur aus Ladenburg". – Im Rahmen der Kurpfälzischen Mozart-Tage referiert Prof. Dr. Gerhard Croll (Salzburg) im Carl-Benz-Gymnasium über „Corelli und Ladenburg oder Kurfürst Johann Wilhelm von der Pfalz und die italienische Musik". – Der Gemeinderat beschließt die Ausschreibung eines Wettbewerbs für die künstlerische Gestaltung eines Brunnens auf dem Domhofplatz und den Kauf eines Flügels für den Domhofsaal. Aus einer Biotop-Arbeitsgemeinschaft entsteht eine Ortsgruppe des BUND (Bund für Umwelt und Naturschutz Deutschland), die u.a. Bachpatenschaften übernimmt, Biotope und den Kompostplatz betreut sowie den Umweltschutzgedanken fördert.

Am 3. Mai wird der kommunalpolitische Verein „Grüne Liste Ladenburg e.V." gegründet. – Der Gemeinderat stellt im Mai Erbbaugrundstücke für junge Familien an der Breslauer Straße bereit. – Eine Bürgerversammlung diskutiert über sechs Entwürfe zur Gestaltung des Waldparks.

Am 4. Juni wird der Therapiebereich der Martinsschule, bestehend aus Turnhalle, Schwimmbecken, Werkstufe für Schwerstbehinderte und 45 Parkplätzen vorgestellt. – Die Verbandsversammlung des Wassergewinnungsverbandes Lobdengau erteilt den Auftrag für einen Versuchsbrunnen auf Gemarkung Ladenburg. – Im Hause Bahnhofstraße 15 wird „Johann Welde's Bierkontor" eröffnet.

Mit einem Festakt am 15. Juni in der Lobdengauhalle, einer großen Fahrzeugschau mit Übergabe eines Mannschaftswagens und eines Wasserwerfers, einem Ladenburger Abend im Festzelt und einem großen Festzug der Feuerwehren durch die Altstadt feiert die Freiwillige Feuerwehr Ladenburg ihr 125jähriges Bestehen. Aus der Not geboren und seitdem eine originelle Bereicherung örtlicher und überörtlicher Feuerwehrveranstaltungen ist der Ladenburger Feuerwehrchor, der aus Mitgliedern der Wehr und der Werkfeuerwehren besteht.

Am 16. Juni wird im Sitzungssaal des Rathauses der Partnerschaftsvertrag zwischen der Marktgemeinde Paternion in Kärnten und der Stadt Ladenburg feierlich unterzeichnet. Der Gemeinderat beschließt die Satzung zum Bebauungsplan „Bellengärten I" und die Einbeziehung der Bleichstraße zur Erweiterung des Grünzugs „Neckartoranlage". – Am 29. Juni eröffnet Winfried A. Seidel im Hause Rheingaustraße 21 das „Kleine Museum", in dem Automobile, Motor-

*Der Bildhauer Karl Ulrich Nuss (2. v. l.) und die von ihm geschaffene Brunnenfigur des Wormser Bischofs auf dem Domhofplatz bei der Einweihung am 13. September 1985 (Foto: Schwetasch).*

räder, Exponate aus der Entwicklung des Fahrzeugs ausgestellt sind.

Eine Bürgerversammlung spricht sich am 6. Juli für weitere Verkehrsberuhigungsmaßnahmen und gegen neue Parkplätze an der Wallstadter Straße aus. – Die Stadt erwirbt das Anwesen Brauergasse 2 (ehem. Gasthaus „Zur Krone"). – Die Schulkommission des Oberschulamts Karlsruhe spricht sich gegen den Bau weiterer Schulräume für die Merian-Realschule aus. Der Gemeinderat bestätigt die Empfehlungen der Bürgerversammlung und stimmt dem Kauf einer neuen Drehleiter für die Freiwillige Feuerwehr zu. Der Verkauf der Benz-Villa an die Daimler-Benz AG wird genehmigt; der Park bleibt im Eigentum der Stadt. – Das Caféhaus „Wintergarten" im Gebäude Hauptstraße 12 wird eröffnet.

Am 14. September informiert das Landwirtschaftsamt Ladenburg die Bauern über die Nitratbelastung des Bodens. – Mit einer Feierstunde, einem Tag der offenen Tür und der Ausstellung „Lesen in Ladenburg" wird die neue Stadtbibliothek im ehemaligen Fürstenbau Hauptstraße 8 eingeweiht. – Der Gemeinderat genehmigt das Konzept der Landschaftsarchitekten Haas, Hoffmann und Molitor zur Gestaltung des Waldparks sowie den Umbau des Hauses Lustgartenstraße 10 für die Musikschule. – In Hause Wallstadter Straße 5 wird die Pension Christel eröffnet.

Im Oktober eröffnet die Firma Vogel Automobile neue Ausstellungsräume im Anwesen Daimlerstraße 30. – André Salazar (ASV Ladenburg) wird in Memmingen 1. Deutscher Meister der Junioren im Stoßen.

Die überörtliche Katastrophenschutzübung „Donnervogel", bei der ein Flugzeugabsturz auf ein Wohngebiet angenommen wurde, sorgt in der Lopodunumstraße für Aufregung. – Die Stadt erwirbt von Maler Karl Oechsler das Gemälde „Einzug Kaiser Maximilians in Ladenburg". – Der Kreisverband Rhein-Neckar der Arbeiterwohlfahrt stellt im Anwesen Wallstadter Straße 36–38 eine Holzwerkstatt für arbeitslose Jugendliche vor.

Im November tagt der Gemeinderat letztmals im Musiksaal des Carl-Benz Gymnasiums. Durch eine Nachtragssatzung erhöht sich das Gesamtvolumen des Haushalts 1984 um 4,7 Mio. DM auf 32,7 Mio. DM. Die Vereinbarung mit dem Rhein-Neckar-Kreis über die Nutzung der Sporthalle der Martinsschule und die Verwendung der Huber'schen Scheuer an der Lustgartenstraße als Magazin für das Lobdengau-Museum werden genehmigt. Außerdem verabschiedet der Gemeinderat eine Resolution zum Waldsterben.

Am 26. November schlägt das Preisgericht im Wettbewerb zur künstlerischen Gestaltung eines Brunnens auf dem Domhofplatz unter 9 Wettbewerbsbeiträgen den Entwurf von Karl Ulrich Nuss (Weinstadt-Strümpfelbach) zur Ausführung vor. Der Gemeinderat folgt dieser Empfehlung. – Die Stadt Ladenburg übernimmt den künstlerischen Nachlaß des Malers Walter Eimer.

In der Galerie Klee in der Gerberstiege wird im Dezember die Ausstellung „Rudolf Klee – Zeichnungen und keramische Textilskulpturen" eröffnet. – In der Lobdengauhalle findet die konstituierende Sitzung des neuen Kreistages des Rhein-Neckar-Kreises mit 129 Mitgliedern statt. – Im Rathaus stellen die Präsidenten des Landesdenkmalamtes und des Landesvermessungsamtes Baden-Württemberg den Ortskernatlas Ladenburg vor. Die Volksbank Ladenburg eröffnet im Hause Weinheimer Straße 1 eine weitere Zweigstelle.

## 1985

Am 2. Januar startet eine Delegation der Stadt Ladenburg, der Bürgermeister Reinhold Schulz, die Stadträte Klaus Kolb, Hubald Schmitt, Eva-Maria Scheffel, Lothar Vögele und Wolfgang Zahner sowie Studienrat Rolf Bolik und Heinrich Rausch angehören, zu einem Besuch des Departements Garango in Burkina Faso. Vor der Präfektur in Garango findet am 6. Januar unter großer Anteilnahme der Bevölkerung eine Partnerschaftszeremonie mit der Gegenzeichnung der Partnerschaftsurkunde statt. – Das neue biologische Klärsystem für die Firmen Joh. A. Benckiser, Benckiser-Knapsack GmbH und Grünzweig + Hartmann im Aufeld 12. und 13. Gewann wird eingeweiht. – Der Empfang der Stadt anläßlich des Antoniustages findet erstmals im Domhof statt. Reinhard Christmann berichtet über Ziele und Arbeitsweise von amnesty international. – Mit einem Klavierkonzert von Jörg Demus (Wien) wird der neue Steinway-Flügel im Domhof eingeweiht. – Der Gemeinderat beschließt die Einrichtung eines Fußgängerbereichs auf dem Domhofplatz.

Bei der Bürgermeisterwahl am 10. Februar wird der bisherige Amtsinhaber Reinhold Schulz ohne Gegenkandidat mit 94 % der abgegebenen Stimmen für weitere acht Jahre gewählt. – Im Domhof wird die Ausstellung „Artur Breslauer – Aquarelle und Spachtelarbeiten 1946–1984" eröffnet.

Der Haushaltsplan 1985 hat ein Volumen von 33 Mio. DM, der Wirtschaftsplan des Wasserwerks erreicht eine Summe von 1,5 Mio. DM. – Bei den Deutschen Meisterschaften der Gewichtheber-Junioren am 23. März in Wolfsburg wird Markus Schütz vom ASV Ladenburg Deutscher Meister.

Im April eröffnet die Baumschule Huben ihre neuen Verkaufs- und Beratungspavillons. – Der Gemeinderat genehmigt die Vereinbarung mit dem Heimatbund über die Betreuung des Stadtarchivs und die Zurückverlegung der Kirchweih auf den Marktplatz. – Die ersten Bäume und Sträucher im künftigen Waldpark werden gepflanzt. – Eine Bürgerversammlung befaßt sich mit der Gestaltung des Marktplatzes und wieder mit der Verkehrsberuhigung in der Altstadt. – Am 30. April tritt Stadtbaumeister Erhard Lohrer nach 27jähriger Tätigkeit bei der Stadt Ladenburg in den Ruhestand. Sein Nachfolger wird Architekt Dieter Lehmann.

Am 8. Mai wird in einem ökumenischen Gottesdienst in der Galluskirche des Kriegsendes vor 40 Jahren gedacht. Am Vorabend wurde von der Stadt am Ehrenmal auf dem Friedhof ein Kranz niedergelegt. – Der Gemeinderat stimmt dem Verordnungsentwurf des Regierungspräsidiums Karlsruhe über das Natur- und Landschaftsschutzgebiet „Unterer Neckar" zu. Die Satzung über die förmliche Festlegung des Sanierungsgebietes „Innenstadt II" wird erlassen. Bei einem Ortstermin am 14. Juni spricht sich Innenminister Dietmar Schlee für den baldigen Bau der Neckarbrücke aus. – Die Evangelische Kirchengemeinde freut sich über die Erweiterung des Martin-Luther-Hauses. – Franz Beckenbauer, Teamchef der deutschen Fußball-Nationalmannschaft wirbt in Ladenburg für seine Behinderten-Stiftung.

Am 5. Juli wird zu Beginn der Hauptübung an der Sickingen-Hauptschule die neue Drehleiter DL 23-12 an die Freiwillige Feuerwehr übergeben. – Das Junge Kammermusikensemble Ladenburg führt auf der Gerberstiege die Mozart-Oper „Bastien und Bastienne" auf.

Der Gemeinderat beschließt die Satzung zum Bebauungsplan „Weihergärten IIb" und die Einführung von Zonen-Geschwindigkeitsbeschränkungen im Stadtgebiet. – Etwa 1.000 Kinder nehmen an den 17 Veranstaltungen des „Ferienprogramms für Daheimgebliebene“ teil.

Im August veranstalten die LSV 1864 und der Radsport-Club Chio 1955 Mannheim auf dem Rundkurs Stahlbühlring – Hirschberger Allee ein Radrennen, das zur Tradition werden soll. – Im Rittersaal des Mannheimer Schlosses feiert die Gartenstadt-Genossenschaft Mannheim eG, deren Mitglieder auch in Ladenburg über 205 Wohnungen verfügen, ihr 75jähriges Bestehen. – Auch der Ladenburger Verein der Hundefreunde 1910 e.V. kann sein 75jähriges Jubiläum begehen.

Mit der Einweihung des von Karl Ulrich Nuss gestalteten Brunnens auf dem Domhofplatz am 13. September findet der Neubau des Rathauses und des Domhofes im Rahmen der Altstadtsanierung seinen Abschluß. – Das 12. Altstadtfest wird von Regierungsvizepräsident Dr. Jürgen Schütz und einer Delegation aus Garango eröffnet.

Im Domhof wird die Ausstellung „Bubec – Zerr-Spektiven“ der Öffentlichkeit präsentiert. – In der Sitzung des Gemeinderats wird der Vorentwurf von Dipl. Ing. Lackner zur Erweiterung des Lobdengau-Museums genehmigt und die Zustimmung zur Ausschreibung eines Wochenmarkts erteilt. – Die Galerie Klee eröffnet die Ausstellung „Wolf Heinecke – Geschriebene Bilder aus dem Jahre 1984“.

*Ladenburg feiert am 13. September 1985 den Abschluß der Sanierungsmaßnahmen um den Domhofplatz mit Neuem Rathaus, Domhof und Brunnen (Foto: Schwetasch).*

Regierungspräsident Dr. Müller erörtert im Oktober mit allen Beteiligten das geplante Natur- und Landschaftsschutzgebiet „Unterer Neckar“ im Schloß Neckarhausen. – Eine Delegation aus Aserbeidschan/UdSSR besichtigt die Altstadt. – Architekt Werner Ueberrein erhält den Auftrag, für die künftige Nutzung des Hauses Hauptstraße 4 (früheres „Schiff“) einen Vorentwurf zu fertigen. – Der Gemeinderat befaßt sich zum wiederholten Male mit dem Problem, daß Kommunen mit mehr als 10.000 Einwohnern mit steigenden Quoten Asylbewerber aufnehmen müssen. Die Aufstellung von Containern soll vermieden werden. – Am 25. November stellt die Daimler-Benz AG das renovierte Benz-Haus der Öffentlichkeit vor.

Im Dezember hört der Gemeinderat die Vertreter der Vereine zur Hallensituation. – Im künftigen Waldpark werden von Bürgerinnen und Bürgern mehr als 1.000 Bäume und Sträucher gepflanzt. – Die Weststadt-Grundschule wird nach einem Beschluß des Gemeinderats in „Astrid-Lindgren-Schule“ umbenannt. – Der Heimatbund präsentiert im Bischofshof die von Karl Diefenbacher erarbeiteten „Ladenburger Kirchenbücher – Teil II: Katholische Kirchenbücher von 1646–1810“. – Fotosatz-Weik stellt die neuen Räume und technischen Möglichkeiten im umgebauten Hause Friedrich-Ebert-Straße 16 vor. – Der ASV Ladenburg richtet die Deutschen Mannschaftsmeisterschaften der Gewichtheber-Junioren in der Lobdengauhalle aus. – Im Domhof wird die Aktion „Wasser für Garango“ gestartet.

## 1986

Im Januar gibt Geschäftsführer Alfred Syrer die Auflösung der Stadt- und Feuerwehrkapelle bekannt. – Bei seinem Antrittsbesuch im Rhein-Neckar-Kreis weilt der neue Regierungspräsident Dr. Adolf Bieringer auch in Ladenburg. – Das renovierte Benz-Haus bildet den Rahmen für den Empfang der Stadt zum Antoniustag. – Auch die Fernsehsendung „Abendschau auf Achse“ porträtiert „Carl Benz und Ladenburg“.

Am 26. Februar erhält Dr. Berndmark Heukemes im Landratsamt Heidelberg aus der Hand von Landrat Albert Neckenauer das Bundesverdienstkreuz.

Zum Nachfolger von Landrat Neckenauer wird am 18. März der bisherige Regierungsvizepräsident Dr. Jürgen Schütz gewählt. Der Haushaltsplan 1986 hat ein Volumen von 32.330.000 DM, davon 21.540.000 DM im Verwaltungs- und 10.790.000 DM im Vermögenshaushalt.

Anfang April wird für die Bauten mit Geschäften und Wohnungen am Cornel-Serr-Platz Richtfest gefeiert. – Nach Freilegung des Fachwerks und durchgreifender Sanierung wird die Gaststätte „Die Kartoffel" im Hause Kirchenstraße 3 eröffnet. – Die Journalistin und Autorin Carola Stern liest in der Stadtbibliothek aus ihrem Buch „Im Netz der Erinnerungen".

Am 26. April explodiert der Block 4 des Atomkraftverks im ukrainischen Tschernobyl. Weite Flächen Europas werden kontaminiert. Neun Millionen Menschen sind durch Tod, Krankheit oder Umsiedlung unmittelbar betroffen. Auf allen Ebenen, auch in Ladenburg, herrschen Ratlosigkeit und Zweifel an den Meßmethoden und den angeordneten Maßnahmen. – Auf dem Marktplatz werden drei Linden und bei den restaurierten drei Kreuzen an der Heidelberger Straße eine Eiche gepflanzt.

Im Mai wird mit einem Festgottesdienst und einem Festabend das 100jährige Bestehen des Evangelischen Kirchenchors gefeiert. – Das Lebenswerk von Dr. Berndmark Heukemes findet seinen Niederschlag im Plan des römischen LOPODUNUM, der vom Landesdenkmalamt Baden-Württemberg in Verbindung mit der Stadt herausgegeben wird. – Im Hause Hauptstraße 1 wird der von der Sängereinheit 1883 ausgestaltete „Ratskeller" seiner Bestimmung übergeben. – Die Tankstelle Martin an der Weinheimer Straße bietet erstmals bleifreies Benzin an. – Professor Helmut Engler, Minister für Wissenschaft und Kunst in Baden-Württemberg, nimmt im Domhof das erste Exemplar der Neuauflage des Bandes „Die Römer in Baden-Württemberg" entgegen.

Am 3. Juni führt die FIVA-World-Rallye mit 378 Fahrzeugen und Fahrern aus 22 Nationen zur Demonstration der 100jährigen Automobilgeschichte durch Ladenburg. Auch Fahrer und Beifahrer aus Ladenburg – Walter Vogel, Manfred und Christel Sohn, Winfried A. Seidel und Hubald Schmitt – können die Strecke erfolgreich beenden. – Die Freiwillige Feuerwehr klagt über Behinderungen in der Altstadt durch parkende Fahrzeuge. – Aus den Anlässen „50 Jahre Weststadt, 20 Jahre Weststadt-Grundschule und Umbenennung der Schule in Astrid-Lindgren-Schule" wird ein Weststadt-Fest gefeiert. – Am 20. Juni findet erstmals ein Wochenmarkt auf dem Domhofplatz statt.

Der Juli wird von der Sorge um Arbeitsplätze bei der TOTAL-Walther Feuerschutz GmbH geprägt. Bürgermeister Schulz und Vertreter des Betriebsrates sprechen im Stuttgarter Landtag mit Wirtschaftsminister Martin Herzog über die beabsichtigten Entlassungen, und Abgeordnete aller Parteien intervenieren bei der Fried. Krupp GmbH in Essen gegen den Abbau von 400 Arbeitsplätzen. Auf dem Marktplatz findet eine Protestkundgebung statt. Die Teilschließung bei TOTAL beschäftigt auch den Landtag von Baden-Württemberg.

Der Gemeinderat vergibt die Planung und Bauleitung für die Erweiterung des Lobdengau-Museums an die Arbeitsgemeinschaft Lackner-Samstag und beschließt die Anmietung der Sporthalle

*Das Haus Hauptstraße 60, Beispiel für eine durchgreifende Sanierung im Jahre 1987 (Foto: Blänsdorf).*

der Martinsschule für die LSV 1864. – Frau Maria Hartmann, Valentinianstraße 27, kann ihren 100. Geburtstag feiern.

Im September besucht der in Garango geborene Verteidigungsminister von Burkina Faso, Boukari Lengani, die Stadt Ladenburg. – Der Gemeinderat beschließt die Einrichtung von Brandschutz-Zonen in der Altstadt. – Die Bahnunterführung Wallstadter Straße mit Geh- und Radwegen wird für den Verkehr freigegeben.

Bei der Eröffnung des Altstadtfestes gibt Staatssekretär Alfons Maurer die Förderung der Museumserweiterung durch das Land und die Forcierung der Planung für die Ladenburger Neckarbrücke bekannt. Seit dem letztjährigen Fest wurden weitere 20 Gebäude saniert, darunter das Benzhaus und vor allem der Handschuhsheimer Hof. – Am 21. September wird der ZARN (Zweckverband Abfallwirtschaft Rhein-Neckar) gegründet; er sieht eine Arbeitsteilung zwischen der Stadt Mannheim, der Stadt Heidelberg und dem Rhein-Neckar-Kreis vor, wobei Mannheim die thermische Verwertung übernehmen soll. Dennoch beschließt die Mehrheit des Kreistages des Rhein-Neckar-Kreises am 7. Oktober weitere Prüfungen zur Errichtung eines Müllheizkraftwerkes „mit Standort Ladenburg bzw. Weinheim". – In der Oktober-Sitzung des Gemeinderats berichtet Landrat Dr. Schütz über die Beschlüsse des Kreistags zur Abfallwirtschaft.

In einer Bürgerversammlung im Domhof spricht sich eine große Mehrheit für das Gewann „Bellengärten" als Standort für das Altenpflegeheim aus. Der Gemeinderat bestätigt diese Standortempfehlung und beschließt die Bauträgerschaft des Christlichen Bürgerhospitalfonds für das Heim sowie die Ausschreibung eines Architektenwettbewerbs. – Die Bronzeplastik „Lesendes Mädchen" von Karl Ulrich Nuss wird vor der Stadtbibliothek aufgestellt.

Die Daimler-Benz AG gibt am 10. November in Anwesenheit des Bundesforschungsministers Dr. Riesenhuber und des Landeswirtschaftsministers Martin Herzog im Domhof die Errichtung der „Gottlieb-Daimler- und Karl-Benz-Stiftung" zur Förderung des Wissens um die Wechselbeziehungen zwischen Mensch, Umwelt und Technik mit dem Sitz in Ladenburg (Benzhaus) bekannt.

Am 5. Dezember wird das Gebäude Lustgartenstraße 10 nach gründlicher Renovierung der Musikschule übergeben. Auch die neuen Sportgebäude im Römer-Stadion sind fertiggestellt. – Trotz erheblicher Einwände erteilt eine Mehrheit des Kreistages am 16. Dezember den Auftrag für eine konkrete Projektstudie zur Errichtung eines Müllheizkraftwerks, jetzt beschränkt auf den Standort Ladenburg.

In der Stadtbibliothek liest Erwin Wickert, zuletzt deutscher Botschafter in Peking, aus seinem Buch „Der verlassene Tempel". Der Erlös des Frühschoppens auf dem Weihnachtsmarkt kommt der Aktion „Pflüge für Garango" zugute.

Im Gewerbegebiet Aufeld haben sich bisher 35 mittelständische Betriebe mit 450 Arbeitsplätzen niedergelassen.

## 1987

Die Kirchliche Sozialstation nimmt die Evangelische Kirchengemeinde Ilvesheim auf; der Name wird in „Kirchliche Sozialstation Unterer Neckar" geändert.

Am 2. Januar erscheint die Ladenburger Zeitung erstmals im Verlag der Fotosatz-Weik GmbH. – Beim Empfang der Stadt anläßlich des Antoniustages stellt Verbandsdirektor Dr. Schmitz den Raumordnungsverband Rhein-Neckar und den Regionalverband Unterer Neckar vor. – 30 argentinische Architekten und Studenten besichtigen die Ladenburger Altstadt. – André Hellers SALUT – Letzte Könner aussterbender Künste des Varietés – begeistert in der Lobdengauhalle. – Aus Protest gegen die Mehrheitsentscheidung des Kreistags, die Projektstudie für ein Müllheizkraftwerk auf den Standort Ladenburg zu beschränken, und die Mißachtung wichtiger Bestimmungen der Landkreisordnung legt Bürgermeister Schulz am 21. Januar sein Mandat als Kreisrat nieder. Der Gemeinderat verabschiedet in dieser Frage eine Resolution. – Griechische Eltern gründen den Verein zur Förderung der Griechischen Schule Ladenburg. – Am 28. Januar macht Landrat Dr. Jürgen Schütz seinen Antrittsbesuch in Ladenburg. Hauptthema ist die Planung eines Müllheizkraftwerks.

Im Februar erteilt das Landratsamt dem Wassergewinnungsverband Lobdengau die Erlaubnis zur Förderung von max. 1,75 Mio. cbm Wasser aus dem mittleren Grundwasserleiter. – Die Hilfe für Ladenburgs Partnerpräfektur Garango führt die Edinger „Kälble", die Neckarhäuser „Kummetstolle", die Ilvesheimer „Insulana", die Friedrichsfelder „Schlabbedewel" und die Seckenheimer „Zabbe" zu einer gemeinsamen Prunksitzung in der Lobdengauhalle zusammen. – Die Eheleute Adolf und Theresia Gutschy, Suebenplatz 3, können die Eiserne Hochzeit feiern. – Der Haushaltsplan 1987 hat ein Volumen von 28.290.000 DM. Der Wirtschaftsplan des Wasserwerks erreicht die Summe von 3.935.000 DM. Der Haushaltsplan des Christlichen Bürgerhospitalfonds schließt mit 1.390.000 DM ab, der Plan der Günther'schen Stiftung für Jugendhilfe mit 218.000 DM.

In der März-Sitzung erläßt der Gemeinderat die Satzung zur Erweiterung des förmlich festgelegten Sanierungsgebietes „Innenstadt II". – „Müllverbrennung – der einzige Weg?" lautet das Thema einer Informationsveranstaltung im Domhof, zu dem die Stadt und die Bürgerinitiative gegen die Müllverbrennung eingeladen haben. In einer Veranstaltung des Rhein-Neckar-Kreises zur Abfallkonzeption in der Lobdengauhalle, an der mehr als 1.000 Personen teilnehmen, kommt es zu lautstarken Protesten gegen das Vorgehen des Kreises. – Die Zeichnerin und Schriftstellerin Marie Marcks liest in der Stadtbibliothek aus ihrem Buch „Marie, es brennt". – Der Gemeinderat beschließt die Ausschreibung eines beschränkten Wettbewerbs zum Bau eines Altenpflegeheimes. – Am 10. April ist Stadtrat Hans Hessenthaler im Alter von 57 Jahren verstorben. – In der Jahreshauptversammlung der Sängereinheit 1883 wird die Gründung eines Frauenchors beschlossen. – Auch in der Bürgerversammlung für die Weststadt steht die Projektstudie für ein Müllheizkraftwerk im Mittelpunkt der Diskussion.

Im Mai ist Ladenburg eines der Ziele der Exkursion „Archäologie in Deutschland", veranstaltet vom Landesdenkmalamt Baden-Württemberg und vom Theiss-Verlag Stuttgart. – Der Verwaltungsrat der Bezirkssparkasse Weinheim beschließt einen beschränkten Architektenwettbewerb zum Bau einer neuen Hauptzweigstelle in Ladenburg. – Die Prellball-Abteilung der LSV 1864 feiert in der Jahnhalle den Aufstieg der Damenmannschaft in die 2. Bundesliga. – Der italienische Botschafter Luigi Vittorio Ferraris, der 1949 als Student an archäologischen Ausgrabungen mit Dr. Heukemes beteiligt war, besucht Ladenburg. – Ein neuer Kinderbereich sorgt für mehr Spaß im Schwimmbad.

Vom 21. bis 24. Mai ist die Arbeitsgemeinschaft „Die alte Stadt" mit einer internationalen Städtetagung zum Thema „Nostalgie oder Existenz?" in Ladenburg zu Gast. Der Schriftsteller Peter Härtling hält den Festvortrag „Stadtgedächtnis – Gedachte Stadt". – Bei Grabungen im Hause Hauptstraße 23 werden ein Münzschatz und Schmuck aus dem 14. Jahrhundert entdeckt.

Der 25. Mai ist der Stichtag für die Volkszählung 1987. Ladenburg hat 11.395 Einwohner, davon 5.553 männlich und 5.842 weiblich. 1.040 Einwohner sind Ausländer. Es gibt 4.919 Privathaushalte, davon 1.542 Einpersonenhaushalte. 41,8 % der Einwohner sind römisch-katholisch, 40,6 % evangelisch, 2,7 % islamisch, 6,3 % gehören sonstigen religiösen Gemeinschaften an.

Es wurden 2.229 Wohngebäude mit 4.817 Wohnungen gezählt, davon 42,3 % im Eigentum ihrer Bewohner. Von den Wohnungen sind 862 vor 1918, 415 von 1919 bis 1948, 1483 von 1949 bis 1968 und 2056 seit 1969 entstanden.

Von den 7.135 Arbeitsplätzen in Ladenburg entfallen auf die Landwirtschaft 17, auf Energie- und Wasserversorgung 12, auf das verarbeitende Gewerbe 5.029, auf das Baugewerbe 220, auf den Handel 438, auf den Verkehr und die Nachrichtenübermittlung 182, auf Kreditinstitute und Versicherungen 61, auf Dienstleistungen von Unternehmen und freien Berufen 573, auf Organi-

*Der im August 1987 eingeweihte Waldpark, der auf dem Gelände des früheren Lehr- und Versuchsgartens angelegt wurde (Foto: Schwetasch).*

sationen ohne Erwerbszweck 128 und auf Gebietskörperschaften und Sozialversicherung 475.

Am 30. Mai schafft die Gewichtheberstaffel des ASV Ladenburg mit dem Sieg über den TV Regen den Aufstieg in die 1. Bundesliga, Gruppe Süd.

Im Juni bekundet die Stadt ihr Interesse an der Teilnahme am Modellversuch mit dem 3-Tonnen-System bei der Abfallverwertung. – Professor Wang Sheng-hong, Minister für Erziehung und Gesundheit des chinesischen Stadtstaates Shanghai, besichtigt die Ladenburger Altstadt.

Im Postamt wird der „Errichtung einer Briefpostexpedition in der Amtsstadt Ladenburg" am 1. Juli 1837 gedacht. – In Friedrichshafen am Bodensee ist am 21. und 22. Juli auch eine Mannschaft der Freiwilligen Feuerwehr Ladenburg zum Schutz der hochwassergefährdeten Orte im Einsatz.

Am 7. August gewinnt der Ladenburger Horst Ruster das Radrennen um den Preis der Stadt Ladenburg auf dem Rundkurs Stahlbühlring-Hirschberger Allee in einem Feld von 50 Teilnehmern. Ehrengast ist Ute Enzenauer. – Mit einem gut besuchten Fest wird der Waldpark seiner Bestimmung übergeben. – Ein Großbrand vernichtet das Technikum des Unternehmens Grünzweig + Hartmann. – Umweltminister Dr. Erwin Vetter informiert sich vor Ort über die Entsorgungsprobleme des JAB-Werkes. – Die Verbandsversammlmg der Eichelberggruppe beschließt den Anschluß an die Wasserversorgung Badische Bergstraße und damit die Lösung vom Lobdengauverband. – In der ausgebauten Neunheller-Passage wird das erste Geschäft eröffnet.

Nach der Eröffnung des 14. Altstadtfestes durch Regierungspräsident Dr. Adolf Bieringer wird das Richtfest für die Bedachung des Hexenturms gefeiert.

Das Preisgericht im Wettbewerb für den Bau eines Altenpflegeheims empfiehlt den Entwurf der Heidelberger Architekten Joest und Walther zur Ausführung. – Am 1. Oktober bestätigt der Koordinierungsausschuß für Investitionen in der Altenhilfe den Bedarf für ein Altenpflegeheim in Ladenburg.

Die Kommission zur Erforschung des römischen Ladenburg spricht sich für eine Wiederbebauung an der Metzgergasse aus. – Der Gemeinderat beschließt die Einführung der Wertstoffauslese in der Abfallwirtschaft und einen zweiten Wochenmarkttag. Die Straßen im Gewerbegebiet Hohe Straße werden benannt. – Josef Salin-

*Der Marktplatz als Stätte der Begegnung, hier beim Frühschoppen der LOPODUNIA am 19. Juni 1988 anläßlich des 125-jährigen Bestehens des Carl-Benz-Gymnasiums (Foto: Fotoarchiv historischer Bilder Ladenburg).*

ger ist der Initiator und erste Vorsitzende des neu gegründeten Fördervereins für ein Altenpflegeheim. – Günter Hotz (ASV Ladenburg) wird in Salinas (Puerto Rico) Senioren-Weltmeister im Gewichtheben, Markus Helmling in Coburg Deutscher Meister der A-Jugend und Federico Barbarossa in Duisburg Deutscher Meister der Junioren.

Durch den Rückgang der Gewerbesteuer muß im Dezember der Verwaltungshaushalt um 360.000 DM und der Vermögenshaushalt um 420.000 DM gekürzt werden. Der Gemeinderat gibt ein Gutachten zur Standortauswahl für ein Müllheizkraftwerk in Auftrag. Das Architekturbüro Joest und Walther (Heidelberg) erhält den Planungsauftrag für das Altenpflegeheim.

*Das Benz-Haus, heute Sitz der Daimler-Benz-Stiftung, ist beim Jubiläum „100 Jahre Frau am Steuer“ eine Station der Berta-Benz-Gedächtnisfahrt im August 1988 (Foto: 100 Jahre Frau am Steuer).*

## 1988

Die Unternehmen ASEA (Schweden) und BBC Brown Boveri schließen sich zum Elektrokonzern ASEA BROWN BOVERI zusammen. – Die Joh. A. Benckiser GmbH veräußert die Abteilung „Organische Säuren“ in Ladenburg an die Jungbunzlauer Holding BV in Dordrecht/Niederlande und die Sparte „Industriereiniger“ an die Laporte plc mit Sitz in London. Daraus entstehen die Jungbunzlauer Ladenburg GmbH (ca. 100 Mitarbeiter) und die Laporte ESD GmbH Ladenburg mit 120 Mitarbeitern. – Der Gemeinderat faßt im Januar den Satzungsbeschluß zum Bebauungsplan Gewerbegebiet Hohe Straße IIa und überträgt der Johanniter-Unfall-Hilfe die Betriebsträgerschaft für das Altenpflegeheim am Waldpark. – In einer Pressekonferenz belegt der von der Stadt Ladenburg beauftragte Gutachter Professor Dr. Ing. Werner Köhl (Universität Karlsruhe) die fehlerhafte Anwendung von Standortkriterien in der Kreisstudie für ein Müllheizkraftwerk. – Der Gemeinderat entscheidet sich gegen eine gastronomische Nutzung des sanierten Anwesens Hauptstraße 4 (früher „Schiff“); es sollen mehrere Vereinsräume und eine Arztpraxis entstehen. – Mehrere Veranstalter erinnern an die Parallelen: „30. Januar 1933: Deutsche fliehen ins Ausland – 30. Januar 1988: Ausländer fliehen nach Deutschland!“

Am 1. Februar eröffnen Corinna und Götz Seidel im Hause Rheingaustraße 36 eine Historische Spielzeugstube. – Der Haushaltsplan 1988 hat ein Volumen von 29.827.000 DM. – Auch die Landschaftsplanerin Dipl. Ing. Monika Daldrop-Weidmann (Stuttgart) spricht sich in einer Stellungnahme gegen ein Müllheizkraftwerk in Ladenburg aus. – Der Gemeinderat billigt den Bebauungsplanentwurf für das Industriegebiet. – Die Arbeitnehmer des ABB-Werks Ladenburg fürchten einen Personalabbau.

Roland Feldhoffer (ASV Ladenburg) wird am 8. April in Baunatal 1. Deutscher Meister der Aktiven im Gewichtheben (Klasse bis 90 kg). – Im Mai stellt der Heimatbund das von Karl Diefenbacher bearbeitete und kommentierte Protokollbuch des Stadtschreibers Waibel (Ratsprotokolle 1603–1606) im Rathaus vor. – Der Süddeutsche und der Bayerische Rundfunk zeichnen im Domhof mehrere Sendungen unter dem Motto „17 + 4“ mit Robert Lembke und Stargästen auf.

In der Juni-Sitzung beschließt der Gemeinderat die Sperrung der Hauptstraße an den Wochenenden. Der Familienheim Mannheim wird der Bau der Stadiongaststätte übertragen. – Bei der Galluskirche wird die neu gestaltete Ausgrabungsstelle mit Fundamenten der Marktbasilika vorgestellt.

Beim Festakt zum 125jährigen Bestehen des Carl-Benz-Gymnasiums am 18. Juni in der Lobdengauhalle spricht Professor Dr. Gisbert zu Putlitz zum Thema „Carl Benz – seine Erfindung veränderte die Welt“. – Stadtplaner und Wissenschaftler aus Europa, Iran, Korea und Japan besichtigen auf Einladung des Innenministeriums die Ladenburger Altstadt. – Der Gemeinderat beschließt die Ausschreibung eines beschränkten Architektenwettbewerbs für die Planung eines neuen Feuerwehrhauses auf dem neuen Bauhofgelände. Bernhard Hofherr stellt seine Handelsvertretung in der Boveristraße vor.

140 Teilnehmer aus 20 Nationen beim 10. Internationalen Kongreß für antike Bronzen kommen zu einer Exkursion nach Ladenburg; Dr. Berndmark Heukemes präsentiert den Bronzeschatz aus der Mansio in Lopodunum.

Unter dem Motto „100 Jahre Frau am Steuer" führt die Bertha-Benz-Gedächtnisfahrt auf der historischen Strecke Mannheim-Pforzheim die 162 Teilnehmer am 6. August auch durch Ladenburg. Werner Rapp wird Deutscher Meister im Gewichtwerfen der Altersklasse.

Der Heimatbund stellt am 1. September im Rathaus den Band III der Ladenburger Kirchenbücher (19. Jahrhundert), bearbeitet von Karl Diefenbacher, vor. – Nach der Fertigstellung eines weiteren Hartplatzes beschließt der Gemeinderat eine Erweiterung des Römer-Stadions um Übungsplätze für den Rasenkraftsport, Tauziehen und Baseball. Auch dem Grundstückstausch mit der Bezirkssparkasse Weinheim für den Neubau eines Sparkassengebäudes an der Bahnhofstraße wird zugestimmt.

Der Botschafter von Burkina Faso, Moumouni Fabre, und eine Delegation aus Garango mit Präfekt Frédéric Nignan, Jules Bambara, Gérard Compaoré und Moise Zigani sind die Ehrengäste bei der Eröffnung des 15. Altstadtfestes auf dem Marktplatz.

Am 22. September wird die Gemeinde Ilvesheim an die Verbandskläranlage in Neckarhausen angeschlossen. – Roland Feldhoffer (ASV Ladenburg) wird bei den Olympischen Spielen in Seoul/Korea im Gewichtheben (Klasse bis 90 kg) 7. Sieger. – Der Gemeinderat verabschiedet einstimmig eine Entschließung zum Standortvorschlag für ein Müllheizkraftwerk. Am 11. Oktober wird dieses Thema in einer Informationsveranstaltung der Stadt und der Bürgerinitiative im Domhof vertieft. – Die Agraringenieurin Claudia Beier, die im Rahmen des Europäischen Freiwilligen-Programms zwei Jahre in Garango arbeitet, wird verabschiedet.

Am 9. November wird im Domhof die Ausstellung „Vor 50 Jahren: Das November-Pogrom in Ladenburg" eröffnet. – In der Gemeinderatssitzung wird Stadtbaumeister Dieter Lehmann in den Ruhestand verabschiedet. – In Paris verleiht Senatspräsident Alain Poher den Vertretern der Städte Laval und Ladenburg den „Prix France-Allemagne 1988".

Im Dezember eröffnen Heidrun Bräuer und Roman Mateiczuk in der Kirchenstraße 31 das „Wiener Kaffeehaus". – In der Feierstunde „125 Jahre SPD" im Domhof hält Innenminister a.D. Professor Walter Krause den Festvortrag.

Mit der Diplomarbeit am Geographischen Institut der Universität Mannheim „Darstellung und Bewertung der Umweltsituation, dargelegt am Beispiel der Stadt Ladenburg" von Dirk Syrbe verfügt die Stadt über einen umfassenden Umweltbericht.

## 1989

Beim Empfang der Stadt zum Antoniustag berichtet Schwester Hannelore Beuschel über die Arbeit der ökumenischen Sozialstation. – Im ABB-Werk Ladenburg wird ein neues Informationszentrum eingeweiht. – Die Eheleute Karl und Margaretha Schütz, Scheffelstraße 15, feiern die Eiserne Hochzeit.

Der Haushaltsplan 1989 hat ein Volumen von 34 Mio. DM. Im Etat des Christlichen Bürgerhospitalfonds, der die Summe von 3,78 Mio. DM erreicht, schlägt sich der Bau des Altenpflegeheims nieder. Der Beschluß des Gemeinderats über die Aufstellung des Bebauungsplans „Bellengärten II" soll auch den Bau von Altenwohnungen am Waldpark ermöglichen.

In der März-Sitzung beschließt der Gemeinderat die Förderung von erneuerbaren und schadstofffreien Energieträgern. – Bei der Sportlerehrung im Domhof stehen Olympiateilnehmer Roland Feldhoffer (Gewichtheben) und Europameister Lars Kalenka (Schwimmen) im Mittelpunkt. – Im Hause Weinheimer Straße 20 eröffnet Matthias Janné das Gasthaus „Eule".

Am 3. April befaßt sich eine Bürgerversammlung im Domhof mit den Bebauungsplänen „Am Neckardamm" und „Bellengärten II" sowie mit der Einführung der Biotonne in der Abfallwirtschaft.

Im Mai sind die Erschließungsarbeiten im Neubaugebiet Weihergärten IIb zwischen Rindweg und Schriesheimer Straße abgeschlossen. – Bundesweites Aufsehen erregt ein Urteil des Verwaltungsgerichtshofs Baden-Württemberg über die Nichtzulässigkeit des privaten Alten- und Pflegeheims im Hause Friedrich-Ebert-Straße 13. – Mit einem Empfang der Stadt im Domhof wird der Bundeswettkampf 1989 der Johanniter-Unfall-Hilfe e.V. eröffnet.

Mit dem ersten Spatenstich am 1. Juni beginnt der Bau des Altenpflegeheims am Waldpark. – Der „Ladenburger Bote", ein historischer Dampfzug, fährt mehrmals von Ladenburg zur 725-Jahr-Feier nach Weinheim. – Die Südwestdeutsche Verlagsanstalt Mannheim stellt das neue Buch „Ladenburg" von Karl Hoffmann (Text), und Günther Sturm (Fotos) vor. – Am 9. Juni feiert der mit 1.650 Mitgliedern größte Ladenburger Verein, die Ladenburger Sport-Vereinigung 1864, mit einem Festbankett in der Lobdengauhalle ihr 125jähriges Bestehen. – Die Erich-Kästner-Schule präsentiert auf einer Strecke von 4,6 km einen Lehrpfad für Erdgeschichte. – Im Rahmen des Flurbereinigungsverfahrens wird die Autobahn A 5 zur neuen Gemarkungsgrenze zwischen Schriesheim und Ladenburg. – Die Eheleute Sebastian und Genoveva Gillmann, Donaustraße 6, können ihre Eiserne Hochzeit feiern. – Am 24. und 25. Juni führt die BdS-Aktion „Ladenburg – 2000 Jahre jung" mit 81 Aktivitäten viele Besucher aus der Region in die autofreie Altstadt.

In der Juli-Sitzung beschließt der Gemeinderat die Einführung einer Vergnügungssteuer für Spielautomaten und die finanzielle Unterstützung der Frauenhäuser in Mannheim und Heidelberg. Die Genehmigungsplanung für das neue Feuerwehrhaus wird an Architekt Werner Ueberrein vergeben.

Im September veranstaltet der Süddeutsche Rundfunk in Ladenburg seinen „Städtetag" mit Frühschoppen, musikalischen Beiträgen in der Sendung „Land und Leute" und einer SDR-Fete für junge Leute in der Lobdengauhalle. – Eine Sportler-Stafette aus Baden-Württemberg unter dem Motto „40 Jahre Bundesrepublik" übernimmt auch Grüße aus Ladenburg an den Bundespräsidenten. – Im Domhof diskutieren viele Bürger mit Vertretern der Kreistagsfraktionen über die Planung eines Müllheizkraftwerks in Ladenburg und über einen Kreiszuschuß für das Altenpflegeheim. – Die Neuapostolische Gemeinde Ladenburg feiert die Fertigstellung ihres neuen Gotteshauses an der Bahnhofstraße 13. – Der Autor André Kaminski liest in der Stadtbibliothek aus seinem neuen Roman „Kiebitz".

Ein Regenüberlaufbecken zum Schutz vor Hochwasser wird beim Verbandshebewerk am Bahnhof in Betrieb genommen. Im Oktober wird auch die von der Familienheim Mannheim eG erbaute Gaststätte „Zum Römerstadion" eröffnet, im November die „Markthalle" im Hause Hauptstraße 23. – Die Eheleute Peter und Franziska Zech, Banater Straße 12, können ihre Eiserne Hochzeit feiern.

Am 30. November beantragt der Rhein-Neckar-Kreis beim Regierungspräsidium Karlsruhe die Einleitung eines Planfeststellungsverfahrens für das Müllheizkraftwerk in Ladenburg. Dazu stellt die Stadt Ladenburg den Antrag auf Einleitung eines Raumordnungsverfahrens.

In dem sanierten Gebäude Hauptstraße 4 (früher Gaststätte „Zum Schiff") befinden sich eine Arztpraxis, Vereinsräume, eine Wohnung und ein Treffpunkt der Griechischen Gemeinde Ladenburg. – Bei der Weihnachts-Gala des Reitervereins am 10. Dezember erhält die Reithalle den Namen „Epona-Halle". Die „Futtergrippe" erhöht die Zahl der Gaststätten in Ladenburg.

## Die 90er Jahre

Am 3. Oktober 1990 werden die beiden Teile Deutschlands durch den Beitritt der ehemaligen DDR vereint. Am Tag der Vereinigung leben im deutschen Staatsgebiet 79,67 Millionen Menschen, davon in den alten Bundesländern 63,56 Millionen, in den neuen 16,11 Millionen Menschen.

Der Ostblock bricht auseinander. Michail Gorbatschow, der seit seinem Amtsantritt als Generalsekretär der KPdSU im Jahre 1985 viel bewegt hat, verliert seine Funktion. Elf Sowjetrepubliken schließen sich unter Rußlands Präsident Boris Jelzin zur Gemeinschaft Unabhängiger Staaten (GUS) zusammen. Die russischen Streitkräfte verlassen 1994 Ost-Berlin und das Gebiet der ehemaligen DDR.

Professor Roman Herzog wird zum ersten Präsidenten des vereinten Deutschland gewählt.

Die Bundeswehr ist an der Friedenssicherung in Somalia und in Bosnien beteiligt. Gleichzeitig verschärfen sich die wirtschaftlichen Probleme. Die Arbeitslosigkeit, die Steuer- und Abgabenlast, aber auch die Staatsverschuldung erreichen den höchsten Stand der Nachkriegszeit. Der Umbau des Sozialstaates und die Einführung der Euro-Währung werden kontrovers diskutiert. Die Sorge um den Arbeitsplatz und der reale Rückgang der Arbeitnehmer-Einkommen dämpfen den Konsum. Im Dezember 1997 registriert die Bundesanstalt für Arbeit 4,521 Millionen Arbeitslose.

Die „Wörter der Jahre" sind Besserwessi, Stasi-Syndrom, Ausländerhaß, Solidaritätszuschlag, Politikverdrossenheit, Maastricht, ethnische Säuberung, Blauhelm-Einsatz, Datenautobahn, Globalisierung, Standort Deutschland, Reformstau, Sozialabbau und Großer Lauschangriff.

## 1990

In der Januar-Sitzung beschließt der Gemeinderat, ehemalige jüdische Mitbürger mit Begleitung zu einem Besuch in Ladenburg einzuladen. Ohne Echo bleibt der Beschluß über die Gewährung von Vermieterprämien für leerstehenden Wohnraum. – Beim Empfang zum Antoniustag stellt sich der Arbeitskreis „Geschichte der Juden in Ladenburg" vor.

Am 3. Februar wird bei einem Orkan das Dach des Hauses Neue Anlage 27 abgedeckt. – In der Stadtbibliothek eröffnet die BUND-Ortsgruppe Ladenburg die Ausstellung und Vortragsreihe „Umweltbewußtes Bauen und Wohnen". – Der Haushalt 1990 hat ein Volumen von 33,3 Mio. DM, der des Christlichen Bürgerhospitalfonds ein Volumen von 5,3 Mio. DM

*Stets willkommene Gäste bei den Veranstaltungen in Ladenburg: die Freunde aus Paternion, 4. v. r. Bürgermeister Georg Eder (Foto: privat).*

Eine Ärzte-Initiative spricht sich am 7. März gegen die Müllverbrennung aus. – Der Gemeinderat beschließt die Ausweisung der Altstadt als verkehrsberuhigter Bereich und die endgültige Sperrung der Hauptstraße an den Wochenenden. – Der Theologe Heinz Zahrnt liest in der Stadtbibliothek aus seinem Buch „Gotteswende". – An einer Demonstration der Bürgerinitiativen gegen die geplante Müllverbrennungsanlage mit Sternmarsch und Menschenkette auf dem vorgesehenen Baugelände in Ladenburg beteiligen sich etwa 1.300 Personen.

Im April berichtet das Fernmeldeamt Mannheim, daß die Wohngebäude in Ladenburg zu 80 % über einen Kabelanschluß verfügen. Im Domhof wird die Ausstellung „Retrospektive 1946–1990 Ölbilder, Aquarelle und Zeichnung von Ilse Pflanz-Borkowski" eröffnet.

Die Stadt Ladenburg hilft mit ihren Erfahrungen, vor allem auf dem Gebiet der Altstadtsanierung, den Städten Ellrich/Thüringen, Wittstock/Brandenburg und Siebenlehn/Sachsen.

Sven Lay (ASV Ladenburg) wird am 6. Mai Deutscher C-Jugend-Meister im Ringen in Urloffen bei Offenburg. – Eine Delegation des Gemeinderats nimmt an der Einweihung des Kommunikationszentrums „Götz-Stadel" in der Partnergemeinde Paternion teil.

In der Reihe der Bertha-Benz-Vorlesungen der Daimler-Benz-Stiftung spricht die Niedersächsische Finanzministerin Birgit Breuel am 8. Juni im Domhof zum Thema „Europa im Umbruch – Perspektiven einer Steuerreform". – Frau Anna Szesny, Weinheimer Straße 18, feiert am 18. Juni ihren 100. Geburtstag. – Im Hause Hauptstraße 23 wird die Gaststätte „Goldene Rebe" eröffnet.

Zu einem bewegenden Wiedersehen kommt es bei der Begrüßung der zwölf ehemaligen jüdischen Bürger Ladenburgs, die mit ihren Familienangehörigen der Einladung der Stadt zu einem Besuch gefolgt sind: Justin Ackermann, Alfred Driels, Helmut Driels, Joel Hirsch, Ludwig Kempe, Josef Levy, Hanna Lion-Levy, Ruth Rachel Steinfeld gab. Krell, Lea Weems geb. Krell, Irene Würzburger geb. Rosenfelder und Lea Zusman

*Mit der Begrüßung im Gasthof „Zwiwwel" beginnt am 21. Juni 1990 das einwöchige Besuchsprogramm für ehemalige jüdische Mitbürger und ihre Begleiter (Foto: Schwetasch).*

geb. Levy. Die einwöchige Begegnung hinterläßt bei allen Beteiligten einen tiefen Eindruck.

Die Schriftstellerin Gudrun Pausewang liest in der Stadtbibliothek aus ihrem Buch „Friedensgeschichten". – Im Römer-Stadion werden die Baden-Württembergischen Leichtathletik-Mehrkampfmeisterschaften ausgerichtet.

Die Verbandsversammlung des Abwasserverbandes Unterer Neckar erteilt an 11. Juli den Planungsauftrag für die Erweiterung der Verbandskläranlage, damit ein noch höherer Reinigungsgrad erreicht werden kann. – Bürgermeister Schulz empfängt seinen Kollegen Etsuji Yamawaki aus Yao City/Japan.

Am 1. August fordert ein Wohnungsbrand in der Ausoniusstraße 14 ein Todesopfer. – Bei den 90. Deutschen Leichtathletik-Meisterschaften in Düsseldorf erreichen die 200 m-Sprinter Björn Sinnhuber, Thomas Weber und Peter Neumaier (LSV 1864 Ladenburg) den 5., 6. und 7. Platz. – Die Agraringenieurin Claudia Beier berichtet über ihre Arbeit in Garango. – Am 30. August weiht der Wassergewinnungsverband Lobdengau, bestehend aus den Städten Ladenburg und Schriesheim sowie der Wasserversorgung Obere Bergstraße (Heddesheim und Hirschberg), das neue Wasserwerk ein, das mit einem Kostenaufwand von 5,6 Mio. DM am Rindweg errichtet wurde.

In der September-Sitzung befürwortet der Gemeinderat die Bauanfrage für einen Hotel-Neubau an der Benzstraße. Im Oktober befaßt sich der Rat mit der Renaturierung des Kanzelbachs im Bereich der Heidelberger Straße.

In Anwesenheit von Professor Lu Lian-cheng, Mitglied der Akademie der Wissenschaften in Xian/China, wird im Domhof die Ausstellung „Luftbildarchäologie in Baden-Württemberg" eröffnet. – Am 21. Oktober wird auf dem Marktplatz des 50. Jahrestages der Deportation der Ladenburger Juden nach Gurs in Südfrankreich gedacht. Am 2. und 3. November werden Michael Rotzler Deutscher B-Jugend-Meister im Gewichtheben der Klasse bis 52 kg und Marcus Gaggstadter Deutscher B-Jugend-Meister in der Klasse über 90 kg. – Im Atelierhaus wird die Ausstellung „Emil G. Maul – Neue Bilder 1989–1990" eröffnet. – In der Stadtbibliothek liest Christian Graf von Krockow aus seinem neuen Buch „Die Deutschen in ihrem Jahrhundert 1890–1990". – Die Abendschau Baden-Württemberg porträtiert den Ladenburger Kinetik-Künstler Hans Michael Kissel.

Anfang Dezember wird das neue Kreiskrankenhaus in Weinheim eingeweiht. Der Gemeinderat beschließt den Einbau einer Solarheizung im Schwimmbad und genehmigt den Pachtvertrag zwischen dem Christlichen Bürgerhospitalfonds Ladenburg und der Johanniter-Haus am Waldpark GmbH über den Betrieb des Altenpflegeheims.

Ladenburg hat 11.695 Einwohner, davon 5.676 männlich und 6.019 weiblich.

## 1991

Am Abend vor Ausbruch des Golfkrieges stellt der Gemeinderat die Beratung des Haushaltsplans 1991 zurück und nimmt an einer Friedensandacht in der evangelischen Stadtkirche teil. Am 18. Januar zieht ein Schweigemarsch für den Frieden am Golf durch die Altstadt. Der Feuerwehrball wird abgesagt. – Der Heimatbund stellt das Buch „Durch Gassen und Straßen in Ladenburg" von Ernst Döpfner vor. – Beim Empfang der Stadt zum Antoniustag spricht Arbeitsamtsdirektor Dr. Rudo Friedrich über die wachsenden Aufgaben seines Amtes. – 24 Frauen gründen in der Jahnhalle den Karnevalsverein „Ladeberger Ratze". Im Anne-Frank-Kindergarten sind zwei weitere Gruppen entstanden. Dadurch erhöht sich die Zahl der Kindergartenplätze in Ladenburg auf 408 in 19 Gruppen. – Lutz Bakkes-Bubec liest in der Stadtbibliothek aus seinem Buch „Lacher, Löcher, Lampenfieber".

Im Februar stellt die INFO-Verlagsgesellschaft Karlsruhe das Buch „Taufe uns, Alexander" (Kurpfälzer Geschichte der Dunker) des Ladenburgers Gernot Lorsong vor. – Sechs Architekten präsentieren dem Gemeinderat ihre Vorentwürfe für eine Mehrzweckhalle an der Realschulstraße. – Der Haushaltsplan 1991 überschreitet die 40-Millionen-DM-Grenze.

Bei der ersten Direktwahl der Bürgermeister in Kärnten kann der bisherige Amtsinhaber in Ladenburgs Partnergemeinde Paternion, Hermann Scheidenberger, 54 % der gültigen Stimmen auf sich vereinigen. Nach seiner Verpflichtung in der Gemeinderatssitzung bricht er tot

*Die Botschafterin von Burkina Faso, Sophie Sow, und Häuptling Naba Tigre beim Altstadtfest 1991 (Foto: privat).*

zusammen. – Der Gemeinderat der Stadt Ladenburg begrüßt die künstlerische Gestaltung der Bahnunterführung Wallstadter Straße durch Schüler des Carl-Benz-Gymnasiums.

Im April eröffnet die Grünzweig + Hartmann AG im Werk Ladenburg ein Niedrigenergiehaus als Seminarzentrum. – Die Landeszentrale für politische Bildung veranstaltet im Domhof das Seminar „Zwischen Rom und Burkina Faso – Ladenburg am Neckar". – „Mysteriöser Mord in Ladenburg!" Die Weinheimer Autorin Ingrid Noll liest im Domhof aus ihrem Kriminalroman „Der Hahn ist tot".

Am 26. April wird das Altenpflegeheim „Haus am Waldpark" mit 68 Pflegeplätzen eingeweiht und der Johanniter-Unfall-Hilfe als Betriebsträger übergeben. Im Schwimmbad wird im Mai die Solaranlage mit einer Absorberfläche von rd. 1.000 qm vorgestellt. – Der Gemeinderat beschließt die Einrichtung einer zweiten Hortgruppe in der Kindertagesstätte. In mehreren Bebauungsplänen werden die Verkaufsflächen auf 700 qm je Grundstück beschränkt und Vergnügungsstätten ausgeschlossen.

Am 4. Juni ist Hans Volker Dursy, Bildhauer und Schöpfer des Ladenburger Marienbrunnens, im Alter von 65 Jahren verstorben. Im Domhof berichtet Schwester Simone Bambara über ihre Arbeit in Garango, vor allem über die Patenschaften für Waisenkinder. Frau Hilde Söhn und ihre Familie feiern das 100jährige Bestehen des Restaurants „Würburger Hof". – Bei den Deutschen Schwimm-Meisterschaften in Hamburg wird der 18jährige Ladenburger Lars Kalenka in der Disziplin 200 m-Rücken Deutscher Meister. – Am 23. Juni wird Georg Eder mit 54,9 % der gültigen Stimmen zum neuen Bürgermeister der Marktgemeinde Paternion gewählt. – Die Bürgerinitiative gegen die Müllverbrennung diskutiert im Domhof mit Kreisräten.

Anfang Juli kommt Florentine van Espen, seit mehr als 20 Jahren Leiterin der Hauswirtschaftsschule in Garango, nach Ladenburg. – Die ABB-Netzleittechnik GmbH eröffnet am Firmensitz Ladenburg ein neues Präsentationszentrum. – Das diesjährige Square-Dance-Festival vereint mehr als 1700 Teilnehmer aus Europa, den USA und Australien im Schulzentrum. – Geistlicher Rat Willi Konrad, in Ladenburg aufgewachsen und Dekan von 1969 bis 1982, ist im Alter von 77 Jahren verstorben. Ladenburgs ältester Bürger Karl Steubing, Zehntstraße 49, feiert am 25. August im Kreise seiner 11 Kinder, 40 Enkel, 56 Urenkel und 9 Ururenkel seinen 100. Geburtstag.

Im September weiht die Benckiser Deutschland GmbH ihre neuen Geschäftsräume im Gebäude Boveristraße 15 ein. – Der Gemeinderat spricht sich mehrheitlich dafür aus, daß die Mehrzweckhalle an der Realschulstraße auf dem Niveau der Lobdengauhalle geplant wird.

Das Altstadtfest wird von Burkina Faso's Botschafterin Sophie Sow in Anwesenheit von Häuptling Naba Tigre, Alphonse Bambara und Achille Yoda aus Garango eröffnet.

Thomas Vögele (ASV Ladenburg) wird in die Nationalmannschaft der Tauzieher berufen und erreicht mit seiner Mannschaft bei den Europameisterschaften den 8. Platz.

Am 25. September besichtigt Ministerpräsident Erwin Teufel den Bischofshof und die Grabungsstelle an der Heidelberger Straße. – In Anwesenheit von Orlando und Genevra Corelli (Zürich) feiert das Corelli-Ensemble mit einem Jubiläumskonzert in der Sebastianskapelle sein 10jähriges Bestehen und den 65. Geburtstag seines Gründers Werner Brunst.

Im Oktober feiern die Eheleute Willy und Ella Siegert, Am Wasserbett 8, ihre Eiserne Hochzeit. Bei einer Begegnung mit Bürgermeister Schulz und dem Heimatbund-Vorsitzenden Egon Lackner am 2. November im Benz-Haus nimmt das Studentencorps Vandalo-Westfalia den auf das Jahr 1856 zurückgehenden „Verruf" Ladenburgs zurück. – Mit einem Tag der offenen Tür stellt die Allgemeine Ortskrankenkasse ihre neue Geschäftsstelle im Hause Bahnhofstraße 30 vor. – In Kaufbeuren verteidigt der 16jährige Marcus Gaggstadter (ASV Ladenburg) seinen Titel des Deutschen B-Jugendmeisters im Gewichtheben.

Am 15. November ist Willy Gärtner, Stadtrat von 1945 bis 1984 und seit 1977 2. Bürgermeister-Stellvertreter, langjähriger Vorsitzender der SPD und der Arbeiterwohlfahrt, im Alter von 82 Jahren verstorben. – Landwirtschaftsminister Gerhard Weiser übergibt die Landwirtschaftliche Feldversuchsstation beim Rosenhof ihrer Bestimmung.

In der Dezember-Sitzung beschließt der Gemeinderat den Erwerb des Lackert-Hofes Lust-

*Am 25. September 1991 besichtigte Ministerpräsident Erwin Teufel den Bischofshof und die archäologische Grabung an der Heidelberger Straße. V. l. n. r.: MdL Hans Lorenz, der Ministerpräsident, Landrat Dr. Jürgen Schütz, Bürgermeister Reinhold Schulz. Im Hintergrund: Stadtrat Hubald Schmitt, Stadtrat Werner Ueberrein, Stadtrat Jürgen Müller, Redakteur Ulrich Roth und Bürgermeister-Stellvertreter Gustav Schneckenburger (Foto: Schwetasch).*

gartenstraße 6. – Im Ladenburger Rathaus wird die Arbeitsgemeinschaft der ambulanten Dienste in Ladenburg, Edingen-Neckarhausen und Ilvesheim gegründet. – Die Jahreshauptversammlung der Volkshochschule beschließt eine neue Satzung für die Volkshochschule Ladenburg-Ilvesheim e.V. – Im Waldpark wird die von dem polnischen Bildhauer Woytek geschaffene Bärengruppe vorgestellt. – Der Gemeinderat erweitert das Zuschußprogramm für private Umweltschutzinvestitionen.

## 1992

Beim Empfang der Stadt zum Antoniustag berichtet Geschäftsführer Dr. Nienstädt über die Arbeit der Daimler-Benz-Stiftung mit Sitz im Benz-Haus. – Der Ladenburger Lars Kalenka erringt beim Weltcup in Paris beim 2.000 m-Rückenschwimmen den 3. Platz.

Der Haushaltsplan 1992 erreicht ein Volumen von 43.988.000 DM, davon 34.029.000 DM im Verwaltungshaushalt und 9.959.000 DM im Vermögenshaushalt. – Am 13. Februar stellt der Heimatbund im Rathaus das Buch „Die jüdischen Ladenburger", eine Dokumentation des Arbeitskreises Jüdische Geschichte in Ladenburg, vor. Die Stadt Ladenburg und die BUND-Ortsgruppe veranstalten im Domhof eine Podiumsdiskussion zum Thema „Nach Ladenburg per Straßenbahn?"

Im März stimmt der Gemeinderat der Rekultivierung der Kiesgrube Grimmig zu. – Im Kaiserkeller tagt die Bundesversammlung des Deutschen Baseball- und Softballverbandes. – Mit einem Vortrag über „Politik, Wirtschaft und Kultur in Burkina Faso" eröffnet Botschafterin Sophie Sow im Domhof die „Afrikanischen Tage" des Partnerschaftsvereins Garango-Ladenburg. – Das Kreisarchiv des Rhein-Neckar-Kreises kommt nach Ladenburg (Trajanstraße 66).

Aus der Stadtbibliothek sendet der Süddeutsche Rundfunk das Literarische Nachtgespräch über die Beziehung zwischen Thomas und Klaus Mann. – Am 22. April ist Georg Wolf, Stadtrat von 1951 bis 1968, Ehrenkommandant der Freiwilligen Feuerwehr, im Alter von 84 Jahren verstorben. – 251 Teilnehmer werden beim 65. Badischen Schachkongreß in der Lobdengauhalle registriert.

Im Mai wird Kriminaloberkommissar Ernst Merdes als Nachfolger von Lothar Beyer in sein Amt als Leiter der Kriminalaußenstelle Ladenburg eingeführt.

Bei den Nationalen Tennismeisterschaften der Jugend am 7. Juni in Leipzig wird Matthias Pawlik

2. Deutscher Meister im Doppel und belegt im Einzel den 3. Platz. – Der Gemeinderat berät über die beabsichtigte Ausweisung eines Grabungsschutzgebietes in Ladenburg und beschließt den Kauf eines Löschgruppenfahrzeuges LF 16/12 für die Freiwillige Feuerwehr. Der Entwurf der Architekten Borkowski und Burger für eine Mehrzweckhalle an der Realschulstraße soll weiterbearbeitet werden. – Otto, Franz und Peter Faller feiern „200 Jahre Schornsteinfeger in der 6. Generation". – Die LSV 1864 veranstaltet im Römer-Stadion ein Sommerturnier für Damenfußballmannschaften.

Bei der Festlegung des Termins für die Bürgermeisterwahl auf den traditionellen Antoniustag (17. Januar 1993) erklärt Bürgermeister Schulz, daß er nach 28 Jahren Bürgermeistertätigkeit und einer Gesamtdienstzeit von 48 Jahren nicht mehr kandidieren wird.

Am 2. Juli übergibt die Teilnehmergemeinschaft der Flurbereinigung MNS/Ladenburg der Stadt zwei Leugensäulen, die am ehemaligen römischen Südtor und bei Neubotzheim aufgestellt wurden. Dies war noch der Wunsch des Vorsitzenden Heinrich Fetzer, Stadtrat seit 1980 und Kirchengemeinderat seit 1978, der im Alter von 48 Jahren verstorben ist.

Im August erringt Holger Grund (Schachklub 1962 Ladenburg) bei der Deutschen Jugend-Schach-Einzelmeisterschaft in Schwarzbach/Thüringen den Titel eines Deutschen Meisters U 13. – Der künftig für den ASV Ladenburg startende Gewichtheber Manfred Nerlinger gewinnt bei den Olympischen Spielen in Barcelona die Bronzemedaille.

Das Römer-Stadion ist Austragungsort der B-Baseball-Europa-Meisterschaft 1992, an der Großbritannien, San Marino, die Schweiz, Slowenien, die Tschechoslowakei, Österreich, Litauen, Polen, Kroatien und Deutschland teilnehmen.

Das Hotel „Cronberger Hof" wird im September eröffnet. – Der Gemeinderat beschließt die Aufstellung einer Kreuz-Baum-Skulptur des Ladenburger Künstlers Hans Michael Kissel im neuen Teil des Friedhofs.

Bei den Triathlon-Weltmeisterschaften im Oktober auf Hawaii belegt der Ladenburger Georg Rombach unter 1400 Teilnehmern den 110. und in seiner Altersklasse den 18. Platz. – Der Gemeinderat beschließt die Aufstellung eines Bebauungsplanes für das „Wohngebiet Aufeld VI. Gewann" und nimmt den Bericht über die Aufnahme von Asylbewerbern entgegen: In Ladenburg befinden sich 111 Asylbewerber, 17 anerkannte und 29 abgelehnte Personen. – Im Andachtsraum des Hauses an Waldpark werden die Glasfenster von Professor Johannes Schreiter montiert. Das „Journal am Morgen" des Süddeutschen Rundfunks berichtet ausführlich über die Partnerschaft Garango-Ladenburg. An der Daimlerstraße werden die neuen Betriebsräume der ALK GmbH eingeweiht. – An der Wallstadter Straße und im Gewerbegebiet Hohe Straße haben sich weitere 7 mittelständische Betriebe angesiedelt. – Im Domhof tagt der Gesprächskreis von Sammlern afrikanischer Kunst und Ethnologen. – Die Bürgerinitiative transportiert rd. 32.000 Einwendungen gegen die Müllverbrennungsanlage ins Regierungspräsidium Karlsruhe.

In dem Bildband „40 Jahre Städtebau in Baden-Württemberg", der in Zusammenarbeit mit dem Wirtschaftsministerium Baden-Württemberg im Belser-Verlag erscheint, ist Ladenburg mit dem Neuen Rathaus, mit der Bebauung der westlichen Stadtmauer und der wiederaufgebauten Löwenscheuer vertreten.

Bei einem Besuch am 10. November spricht sich Umweltminister Harald B. Schäfer für die ZARN-Vereinbarung und für einen Verzicht auf die Müllverbrennungsanlage in Ladenburg aus. – Der Gemeinderat billigt den Entwurf eines Radwegeplanes für die Gemarkung Ladenburg. – Zahlreiche Einwohner der Stadt nehmen am Demonstrationszug und an der Kundgebung gegen Ausländerfeindlichkeit auf dem Marktplatz teil. – Der Ladenburger Achim Weitz wird in Dortmund Deutscher Meister im Bodybuilding. – Der Kunstlehrer Wolfram Kurzenberger übergibt im Waldpark seine Stahlfaltplastik „Die Taube aus Licht" an die Stadt. In der Dezember-Sitzung beschließt der Gemeinderat, dem „Klima-Bündnis europäischer Städte" zur Erhaltung der Erdatmosphäre und zur Reduzierung der CO2-Emissionen beizutreten. Der Kreistag des Rhein-Neckar-Kreises stimmt am 15. Dezember der Zusatzvereinbarung zum öffentlich-rechtlichen Vertrag zwischen dem RNK, der Stadt Mannheim und der Stadt Heidelberg über die Zusammenarbeit in der Abfallwirtschaft

(ZARN) zu. Dadurch wird der Bau eines kreiseigenen Müllheizkraftwerks hinfällig. Das vom Kreis beantragte Planfeststellungsverfahren ruht. – Im Hause Hauptstraße 36–38 wird das China-Restaurant „Shanghai" eröffnet.

Ladenburg hat 11.996 Einwohner, davon haben 1.379 nicht die deutsche Staatsangehörigkeit.

Das Haushaltsjahr 1992 schließt mit einer Zuführung an den Vermögenshaushalt in Höhe von 9,3 Mio. DM und einer Zuführung an die Rücklage von 2,2 Mio. DM ab. Das Anlagevermögen der Stadt beträgt 104 Mio. DM, der Schuldenstand 12,4 Mio. DM und die Rücklagen 11,5 Mio. DM.

## 1993

Am Antoniustag wird der 45jährige Hokkenheimer Oberamtsrat Rolf Reble mit 56 % der gültigen Stimmen im ersten Wahlgang zum neuen Bürgermeister der Stadt Ladenburg gewählt. – In der Jahreshauptversammlung des Heimatbundes werden die Bände I und II der von Karl Diefenbacher bearbeiteten „Wehrschaftsbücher", eine Dokumentation des Ladenburger Grundbesitzes zwischen 1598 und 1692, vorgestellt.

Der Haushaltsplan 1993 hat ein Volumen von 46.055.000 DM, davon 36.310.000 DM im Verwaltungshaushalt und 9.745.000 DM im Vermögenshaushalt. – Im Hause Hauptstraße 23 eröffnet der Mannheimer Morgen eine Geschäftsstelle. Bei einer lockeren Abschiedsparty für Reinhold Schulz in der Lobdengauhalle wird dem scheidenden Bürgermeister der Ehrenbürgerbrief überreicht. – Am 31. März wird Rolf Reble als neuer Bürgermeister vereidigt.

Am 24. April veranstalten die Katholische und die Evangelische Kirchengemeinde auf dem Marktplatz eine Kundgebung gegen den Krieg in Bosnien.

Im Mai wird der Ortsverband von Bündnis 90/Die Grünen gegründet. – Ein Höhepunkt in der Vereinsgeschichte des ASV Ladenburg 1901 ist der Gewinn der ersten Deutschen Mannschaftsmeisterschaft im Gewichtheben am 8. Mai in der Lobdengauhalle. – Das Restaurant „Fährhaus" im Vereinsheim des Vereins der Hundefreunde an der Neckarstraße 66 wird eröffnet. – In der Verbandsversammlung des Wassergewinnungsverbandes Lobdengau wird Bürgermeister Rolf Reble zum neuen Vorsitzenden gewählt. – Beim Partnerschaftsverein Garango-Ladenburg spricht anläßlich des10jährigen Bestehens der Parlamentarische Staatssekretär Hans-Peter Repnik MdB über „Afrika – ein Kontinent mit Hoffnung!" im Domhof. – Die Schach-Mannschaft des Carl-Benz-Gymnasiums erreicht bei der Mannschaftsmeisterschaft der deutschen Schulen in Weiskirchen/Saarland den 5. Platz. – Das neue Löschgruppenfahrzeug LF 16/12 wird der Freiwilligen Feuerwehr übergeben.

Im Juni besucht eine jemenitische Expertengruppe von Architekten und Ingenieuren die Stadt Ladenburg. – Der Gesangverein Liederkranz 1843 feiert mit einem großen Sängerfest sein 150jähriges Jubiläum. – Der Gemeinderat muß eine haushaltswirtschaftliche Sperre beschließen.

Am 9. Juli ist bei der Bertha-Benz-Vorlesung 1993 die Berliner Justizsenatorin Professor Dr. Jutta Limbach zu Gast; sie spricht über „Politische Justiz" im Domhof. – Die Stadt begrüßt mit Christian Peter Schuhmann ihren 12.000. Einwohner.

Die Eheleute Martha und Erich Köhler, Aufeldstraße 15, können im August ihre Eiserne Hochzeit feiern. Die neu gegründete Ladenburger Stadtkapelle hat im September unter der Leitung von Helmut Baumer ihren ersten offiziellen Auftritt. – Bürgermeister Reble eröffnet das 20. Ladenburger Altstadtfest. Das Nestor-Hotel mit 256 Betten und Restaurant wird an der Benzstraße eröffnet. – Häuptling Naba Tigre, Stammesfürst des Distrikts von Garango, ist verstorben.

Im Oktober liest die Weinheimer Autorin Ingrid Noll im Domhof aus ihrem neuen Buch „Die Häupter meiner Lieben". – Die Stadt richtet gemeinsam mit BUND, OEG und Verkehrsverbund Rhein-Neckar eine Informationsveranstaltung zum Thema „Was bringt uns der öffentliche Personennahverkehr?" aus. Die Volksbank Ladenburg mit 4.765 Mitgliedern und einer Bilanzsumme von 205,9 Mio. DM, feiert mit einem Festakt ihr 125jähriges Bestehen.

In der November-Sitzung diskutiert der Gemeinderat die Möglichkeiten zur Verbesserung des öffentlichen Personennahverkehrs in Ladenburg. – Stadt und Volkshochschule eröffnen eine

Ausstellung mit Meisterwerken des Expressionismus aus der Staatsgalerie Stuttgart im Domhof. – Bei einem Großbrand in der Rheingaustraße werden die Arbeitsräume der Schreinerei Holz & Glas bis auf die Grundmauern ein Raub der Flammen. Die Feuerwehr kann die Nachbargebäude schützen.

Am 7. Dezember diskutiert eine Bürgerversammlung im Domhof über Großverbrauchermärkte auf der Gemarkung und deren Auswirkungen auf den Einzelhandel in der Altstadt.

Weite Teile des Landes leiden unter dem „Advents-Hochwasser".

## 1994

Im Alter von 69 Jahren ist Alexander Blänsdorf, der seit 1976 das „Fotoarchiv Historische Bilder" aufgebaut hat, verstorben. Die Sanierungsarbeiten an der Antoniuskapelle sind abgeschlossen. In der Jahreshauptversammlung des Heimatbundes wird der Band IV der „Wehrschaftsbücher", bearbeitet von Karl Diefenbacher und Dr. Reichhold, vorgestellt.

In der Februar-Sitzung lehnt der Gemeinderat den Bau eines Großverbrauchermarktes im Gewerbegebiet „Hohe Straße" ab. Anläßlich des 70. Geburtstages von Ehrenbürger Dr. Berndmark Heukemes findet im Domhof ein Kolloquium „Aspekte zur Römerzeit am unteren Neckar" statt. – Das Schloß-Kino wird abgerissen.

Am 4. März wird dem Anne-Frank-Kindergarten ein Mehrzweckraum übergeben. Sven Lay (ASV Ladenburg) wird in Essen Deutscher A-Jugend-Meister im Ringen (griech.-römischer Stil). – Nach knapp einjährigem Bestehen kann die Stadtkapelle mit ihrem Premierenkonzert in der Lobdengauhalle 700 Besucher begeistern.

Im April feiert das Jugendzentrum „Die Kiste" das 20jährige Bestehen an der Wallstadter Straße. – Mit einem Tag der offenen Tür werden die umgebauten Räume für den Kinderhort, die Dalberg-Grundschule, die Merian-Realschule und den Schachklub im ehemaligen Kreiskinderheimgebäude Lustgartenstraße 12 vorgestellt.

Die Mannschaft des Carl-Benz-Gymnasiums wird am 10. Mai in Ströbeck/Sachsen-Anhalt überlegen Deutscher Schul-Schachmeister. Der Gemeinderat hält am derzeitigen Standort des Jugendzentrums fest. – Ignatz Bubis, Vorsitzender des Zentralrats der Juden in Deutschland, spricht im Domhof zum Thema „Gegen Radikalismus, Ausländerfeindlichkeit und Antisemitismus".

Das Landratsamt als untere Denkmalschutzbehörde erklärt den Stadtkern und den größten Teil der Südstadt durch Verordnung zum Grabungsschutzgebiet. – In Heidelberg wird Dr. Berndmark Heukemes mit der Bürgermedaille geehrt.

Zum 10jährigen Partnerschaftsjubiläum fahren Bürgermeister Reble, mehrere Stadträte und der Feuerwehrchor nach Paternion. – Am 1. Juni wird die IAV, die Informations-, Anlauf- und Vermittlungsstelle für ratsuchende Menschen eröffnet. – Auf dem überfüllten Marktplatz wird die S 3-Fernsehsendung „Drei in einem Boot" mit Sigi Harreis aufgezeichnet. – Die Evangelische Landeskirche Baden feiert das 145. Landesfest des Gustav-Adolf-Werkes in Ladenburg. – Eine vierköpfige Delegation aus Garango unter Führung des Präfekten Charles Salouka kommt zu einem einwöchigen Informationsbesuch nach Ladenburg. – Im Hause Hauptstraße 18 wird das Café Provence eröffnet.

Im Juli zieht die Produktionsstätte von York-International mit120 Mitarbeitern nach Mannheim um. – Am frühen Morgen des 3. Juli brennt die Scheune des Lackert-Hofes an der Lustgartenstraße bis auf die Grundmauern nieder; es entsteht ein großer Sachschaden.

Am 9. August kann Frau Ida Weinle ihren 100. Geburtstag feiern. – Eine Delegation unter der Leitung des stellvertretenden japanischen Wirtschaftsministers hält sich zu einem Erfahrungsaustausch über Fragen der Stadtplanung, erhaltenden Stadterneuerung und Stadtbildpflege in Ladenburg auf.

Die Gemeinnützige Baugenossenschaft der Stadt Ladenburg feiert ihr 75jähriges Bestehen. Ihre 445 Mitglieder verfügen über 177 Wohnungen in 56 Gebäuden. Am 6. September findet die konstituierende Sitzung des neugewählten Kreistages des Rhein-Neckar-Kreises in der Lobdengauhalle statt. – Das 21. Ladenburger Altstadtfest wird mit Gästen aus der Partnergemeinde Paternion eröffnet. – Die Ladenburger Zeitung feiert ihr 125jähriges Bestehen mit einem Festakt im Domhof.

Im Oktober wird die Partnerschaft zwischen dem Kleingartenverein Ladenburg und dem Kleingartenverein „Kirschbaum" in Chemnitz besiegelt. – Erhard Lohrer, langjähriger Stadtbaumeister und Geschäftsführer des Wassergewinnungsverbandes Lobdengau, ist im Alter von 71 Jahren verstorben. – Der Gemeinderat lehnt vorerst den Antrag auf einen Bürgerentscheid zur Einführung einer Fußgängerzone ab und beschließt die Vergabe einer Verkehrsuntersuchung.

Nach 16monatiger Umbauphase wird das private Seniorenheim „Rosengarten" in der Friedrich-Ebert-Straße im November wieder eröffnet. – Wolfgang Kirchner wird Deutscher B-Jugend-Meister im Gewichtheben. – Im Sitzungszimmer des Rathauses wird das Buch „Ladenburg – von den Steinzeitjägern bis heute" von Gernot Lorsong vorgestellt. – In der Volksbank Ladenburg werden Werke von Jean-Luc Bambara, einem Künstler aus Garango, ausgestellt und im Domhof Werke „Von Kandinsky bis Beuys – das 90jährige 20. Jahrhundert" aus der Staatsgalerie Stuttgart. – Am 25. November wird im Domhof des 150. Geburtstages von Carl Benz gedacht. Winfried A. Seidel spricht über das „Leben und Wirken von Carl Benz".

Ein neuer Ladenburg-Führer mit Bildern der Photographischen Interessen-Gesellschaft Pentaprisma unter der Leitung von Uwe Wagenfeld erscheint im Dezember in der Heidelberger Edition Braus. – Die Daimler-Benz-Stiftung vergibt das „Reinhold-Schulz-Stipendium" an Lucien Yoda, einen Ingenieur für Landwirtschafts- und Entwicklungsfragen aus Burkina Faso, für eine Untersuchung der Umweltproblematik in seinem Land.

## 1995

Im Januar startet eine Gemeinderatsdelegation, der Bürgermeister Rolf Reble, Stadträtin Barbara Mohrdieck und die Stadträte Dr. Robert Avila, Prof. Dr. Rainer Beedgen, Hermann Gärtner und Lothar Vögele angehören, zu einem Besuch der Partnerpräfektur Garango in Burkina Faso. Nach der Rückkehr eröffnet die Ladenburger Zeitung mit Unterstützung der Stadt und des Partnerschaftsvereins die Spendenaktion „Wasser für Garango", in deren Verlauf mehr als 40.000 DM für den Wiederaufbau eines Regenrückhaltebeckens gesammelt werden. – Im Domhof wird der vom Landesdenkmalamt Baden-Württemberg herausgegebene Band „LOPODVNVM I – Die römischen Befunde der Ausgrabungen an der Kellerei in Ladenburg 1981–1985 und 1990" von Hartmut Kaiser und C. Sebastian Sommer vorgestellt.

Im März macht die Europafahne auf ihrem Weg durch Europa auch Halt in Ladenburg. – Die vom Rhein-Neckar-Kreis organisierte Wanderausstellung „Kultur on Tour" ist im Domhof zu sehen. Anläßlich der Kreiskulturwochen findet in der Lobdengauhalle auch ein Rock-Pop-Nachwuchswettbewerb statt.

Am 1. April wird die Nachtbuslinie Schriesheim – Ladenburg eingerichtet. – Das Preisgericht im Ideenwettbewerb zur Neugestaltung des Dr.-Carl-Benz-Platzes erkennt Dipl. Ing. Karl Bauer (Karlsruhe) den 1. Preis zu.

Im Mai wird vor dem jüdischen Friedhof ein Gedenkstein für die jüdischen Ladenburger, die zwischen 1933 und 1945 ermordet wurden und kein Grab gefunden haben, enthüllt. – In der Stadtbibliothek wird die Ausstellung „Ladenburg 1945–1949 – Ende und Neubeginn", erarbeitet von den Klassen 9c und 10f der Merian-Realschule, eröffnet.

Cephas Bansah, König von Hohoe Gbi Volta in Ghana, kommt im Juni zu Besuch nach Ladenburg. – Bei der Bertha-Benz-Vorlesung im Domhof spricht die ZDF-Asienkorrespondentin Gisela Mahlmann zum Thema „China zwischen Armenhaus und Goldküste". – Das neue Recycling- und Entsorgungszentrum der Firma Hans Grimmig in der Grube Ladenburg wird eingeweiht.

Am 17. Juli wird der Neubau der Sparkassen-Filiale in der Bahnhofstraße ihrer Bestimmung übergeben. – Bei einem Großbrand auf dem Hof Wiederhold in Neubotzheim erleidet der Eigentümer schwere Verletzungen. – Eine Ladenburger Delegation unter Leitung von Bürgermeister Reble beglückwünscht die Stadt Siebenlehn in Sachsen zum 625jährigen Stadtjubiläum.

Mit einem Festakt am 8. September im Schloß Neckarhausen wird das Fährjubiläum „100 Jahre Fähre und 250 Jahre Erbbestandsbrief" eröffnet. – Regierungspräsidentin Gerlinde Hämmerle eröffnet das 22. Ladenburger Altstadtfest.

Ab Oktober bietet die neue Sozialstation der Arbeiterwohlfahrt im Hause Wormser Straße 16 professionelle Pflege und Betreuung zu Hause an.

Mit einer Ansprache von Staatsminister Dr. Erwin Vetter wird am 13. Oktober nach langjähriger Vorbereitung die archäologische Abteilung des erweiterten Lobdengau-Museums eröffnet. Die Freie Evangelische Gemeinde Ladenburg weiht ihr neues Gemeindezentrum im Anwesen Wichernstraße 38 ein.

Ladenburg trauert um den langjährigen Stadtrat und Bürgermeister-Stellvertreter Gustav Schneckenburger, der im Alter von 59 Jahren einem Herzinfarkt erlegen ist.

In Paternion wird zur Erinnerung an die Unterzeichnung des Partnerschaftsvertrages vor zehn Jahren eine Foto-Ausstellung mit Motiven aus Ladenburg eröffnet. – Auf Einladung der Stadt und der Volkshochschule Ladenburg-Ilvesheim zeigt die Staatsgalerie Stuttgart im Domhof die Ausstellung „Der Künstler als sozialer Ankläger“ mit Werken von William Hogarth, Francisco de Goya, Honoré Daumier, Käthe Kollwitz, Georg Muche und Klaus Staeck.

Anfang Dezember haben 376 Personen (bundesweit fast 1,5 Millionen) das Kirchenvolksbegehren für eine umfassende Reform der Katholischen Kirche (Aufhebung des Heiratsverbots für Priester, volle Gleichberechtigung der Frauen und mehr Mitsprache der Gemeinden) unterzeichnet.

## 1996

Am 1. Januar werden die Evangelische und die Katholische Kirchengemeinde Heddesheim Mitglied der Kirchlichen Sozialstation Unterer Neckar. – Die BK Ladenburg GmbH, bisher eine 100%igeTochter des Hoechst-Konzerns, geht in das Eigentum der Rotem/Amfert-Gruppe über, die wiederum dem Konzern Israel Chemicals Ltd. (ICL) gehört. – Neuer Feuerwehrkommandant wird Harald Lange. Stadtbrandmeister Bernhard Hofherr wird nach 25jähriger ehrenamtlicher Tätigkeit als Kommandant zum Ehrenkommandanten ernannt. – Das Bürgerbüro „Aktiv 3“, zunächst im Hause Wormser Straße 16, dann im Neuen Rathaus, wird zur Anlaufstelle für ältere Einwohner. – Eine hochherzige Schenkung erfreut nicht nur den Heimatbund: Die Familie Bläß übergibt die Originalfigur des hl. Antonius Erem. (um 1725) zur Ausstellung im Lobdengau-Museum.

Im Februar feiert der Obst- und Gartenbauverein sein 75jähriges Bestehen. – Auf dem Areal des römischen Forums an der Metzgergasse entstehen Eigentumswohnungen. Das Untergeschoß soll Einblicke in das Forum ermöglichen. – Verkehrsminister Schaufler ist zu Gast in Ladenburg. – Pfarrer Weißenberger und Tobias Luppe kehren mit erschütternden Eindrücken aus Tuzla in Bosnien zurück. Mit zahlreichen Spenden kann wieder geholfen werden. – Die BUND-Ortsgruppe Ladenburg pflanzt im Gewann Botzheimer Wasen 600 Bäume und Sträucher.

Am 13. März erläßt der Gemeinderat die Haushaltssatzung 1996. Von 45 Mio. DM entfallen 38,7 Mio. DM auf den Verwaltungs- und 6,3 Mio. DM auf den Vermögenshaushalt.

Im April beklagt die Industriegewerkschaft Metall den Verlust von 1400 Arbeitsplätzen in der Ladenburger Metallindustrie. – Die Ladenburger Romans spielen wieder in der höchsten deutschen Baseballiga. – Der Gesangverein Liederkranz 1843 gestaltet mit Ivan Rebroff ein festliches Konzert in der evangelischen Stadtkirche. – Der Gemeinderat beschließt die Verlegung des Wochenmarktes vom Domhofplatz auf den Marktplatz. – Sven Lay (ASV Ladenburg) erringt bei den Deutschen Junioren-Meisterschaften der Ringer in Kirrlach den Titel eines Deutschen Meisters im griechisch-römischen Stil (Klasse bis 90 kg), und Sascha Kern wird Deutscher Meister der Aktiven im griechisch-römischen Stil.

Höhepunkt der 1. Seniorentage vom 5. bis 12. Mai ist der Vortrag von Prof. Dr. Ursula Lehr zum Thema „Älter werden in unserer Zeit – Herausforderung für den Einzelnen und die Gesellschaft“ im Domhof.

Im Juni führt das 1. Weststadtfest Ladenburger aller Nationen zusammen. – Bei den Festwochen zum 175jährigen Jubiläum der Evangelischen Landeskirche Baden findet die „Galiläa City“ im Kirchengarten besonderen Zuspruch. – Eine Hiobsbotschaft kommt von der Max-Planck-Gesellschaft: Das Ladenburger Institut für Zellbiologie im Rosenhof soll bis zum Jahre 2003 geschlossen werden. – Der mit Spenden anläßlich der Verabschiedung von Bürgermeister Reinhold Schulz finanzierte Fischmarktbrunnen vor dem Neunhellerhaus wird der Öffentlichkeit vorgestellt.

Am 1. Juli wird in einer Bürgerversammlung das Verkehrsgutachten für die Altstadt erläutert und diskutiert. – Brigitte und Winfried A. Seidel eröffnen Am Sägewerk 6–8 das Automuseum „Dr. Carl Benz“. – Der Gemeinderat spricht sich für eine Machbarkeitsstudie aus, die eine Schienenanbindung Ladenburgs untersuchen soll. Mit der Gründung der Ladenburger Firma Aluguß im August steigt für 120 entlassene Remoco-Mitarbeiter die Hoffnung auf ein Ende der Arbeitslosigkeit.

Mit dem symbolischen ersten Spatenstich beginnen die Erschließungsarbeiten für ein neues Wohngebiet im Aufeld VI. Gewann. – Am 12. September spricht bei der Bertha-Benz-Vorlesung 1996 in der Lobdengauhalle Dr. Brigitte Seebacher-Brandt zum Thema „Zufall oder Notwendigkeit – Wie es zur Deutschen Einheit kam“. – Die Stadt bewirbt sich um die „kleine“ Landesgartenschau „Mehr Natur in der Stadt“ für das Jahr 2005.

Am 6. Oktober stellt der Ortsverband Ladenburg des Technischen Hilfswerks bei einem Tag der offenen Tür sein neues Domizil im Gewerbegebiet „Hohe Straße“ vor. – Der Gemeinderat beschließt eine Teilprivatisierung des Bestattungswesens.

Im November informiert sich eine Delegation der Landesregierung von Hokkaido (Japan) mit Minister Nigaku Yokohama an der Spitze in Ladenburg über die Struktur einer deutschen Kleinstadt. – Der Gemeinderat stimmt der Kostenverteilung für den neuen Neckarbrückensteg (55 % Ladenburg, 45 % Edingen-Neckarhausen) zu. – Mit einem Gottesdienst in der St. Galluskirche und einem Empfang bedanken sich die Vertriebenen und Flüchtlinge für die Aufnahme und Unterstützung vor 50 Jahren. Stadt und Volkshochschule Ladenburg-Ilvesheim eröffnen im Domhof eine Ausstellung der Staatsgalerie Stuttgart mit Werken des Holzschneiders HAP Grieshaber.

Im Dezember versichert die Geschäftsleitung des Unternehmens Grünzweig + Hartmann, daß der Standort Ladenburg nicht gefährdet ist. – Der Heimatbund berichtet von 301 Stadtführungen mit 7.044 Personen im Jahre 1996. 6.171 Personen besuchten das Lobdengau-Museum.

Ladenburg hat eine Gemarkung von 1.903 ha 45 ar 19 qm. Das Straßennetz hat eine Gesamtlänge von 50 km, davon 2,4 km Autobahn, 11,2 km Landesstraßen, 2,1 km Kreisstraßen, 2,4 km Gemeindeverbindungsstraßen und 31,9 km Ortsstraßen. Die Feldwege haben eine Gesamtlänge von 127,9 km, das Wasserleitungsnetz 51,2 km, das Kanalnetz von 39,2 km.

Im Jahre 1996 gab es 116 Geburten, 87 Eheschließungen und 147 Todesfälle. Die Stadtbibliothek hat bei einem Bestand von 33.540 Medieneinheiten 105.588 Entleihungen registriert.

## 1997

Am 1. Januar fusioniert die BK Ladenburg GmbH mit Giulini Chemie, ebenfalls eine Tochter von Rotem-Amfert Negev. Das Gesamtunternehmen firmiert jetzt unter dem Namen BK Giulini Chemie GmbH & Co. OHG. – In der Jahreshauptversammlung des Heimatbundes wird das Ladenburger Stadtbuch „Ladenburger Stammfamilien und Wirte-Dynastien“ von Gernot Lorsong vorgestellt. – Die Familienheim Rhein-Neckar eG mit einer Gesamtbauleistung von 7.364 Wohnungs- und Wirtschaftseinheiten, feiert ihr 50jähriges Bestehen; in Ladenburg verfügt sie über 497 Wohnungen. – Ein neu gegründeter Förderverein will die Stadtbibliothek wirksam unterstützen. – Ladenburg erhält den Zuschlag für die „kleine Landesgartenschau – Mehr Natur in unserer Stadt“ für das Jahr 2005.

Am 9. März wird Georg Eder, Bürgermeister der Marktgemeinde Paternion, im 1. Wahlgang mit 64 % der Stimmen eindrucksvoll bestätigt. – Das neue Stadtarchiv wird im Gebäude Dr.-Carl-Platz 1 (ehemalige Sparkasse) feierlich eröffnet. – Die Ladenburger Softball-Spielerin Jutta Lehmeyer (Romans) wird in die Nationalmannschaft berufen und nimmt an der Europa-Meisterschaft teil. – Die LSV 1864 richtet die 34. Deutschen Prellball-Meisterschaften in der Lobdengauhalle aus.

Im April tritt das Ensemble der Ladenburger Akkordeonfreunde mit einem Konzert im Domhof erstmals an die Öffentlichkeit.

Ladenburg wird in das Reihenhaus- und in das Wohnungsbauprogramm des Landes aufgenommen. Dadurch können im Jahre 1998 42 Reihenhäuser und 27 Sozialwohnungen im

Aufeld gebaut werden. – 1.000 Sportler beteiligen sich am 1. Ladenburger Stadionfest.

Am 1. Juli zieht der Rhein-Neckar-Kreis seinen Antrag vom 30. November 1989 auf Einleitung eines Planfeststellungsverfahrens für ein Müllheizkraftwerk in Ladenburg zurück. – Die Stadt präsentiert den 2. Umweltbericht von Dr. Gabriele Haun mit aktuellen Daten und Verbesserungsvorschlägen. – Vor der Hauptübung der Freiwilligen Feuerwehr in der Kindertagesstätte wird ihr das neue Tanklöschfahrzeug TLF 16/25 übergeben. – Im Waldpark wird der Grundstein für das „Projekt Glashaus“ gelegt.

Das Regierungspräsidium Karlsruhe gibt im August die Umstufung folgender Straßen bekannt: Die Benzstraße und die Wallstadter Straße (von der Luisen- bis zur Benzstraße) werden zu Landesstraßen (L 542 und L 597), die Weinheimer Straße wird zur Kreisstraße (K 4238), während die Luisen-/Schwarzkreuzstraße sowie die Ilvesheimer und die Bahnhofsstraße (von der Benzstraße bis Benzplatz) zu Gemeindestraßen abgestuft werden. – Die LSV 1864 feiert das Richtfest für den Ausbau des Dachgeschosses der Jahnhalle.

Die beiden ältesten Einwohnerinnen Ladenburgs feiern Geburtstag: Frau Ida Weinle wird am 9. August 103 und Frau Martha Köhler am 2. September 102 Jahre alt. – Das Amt für Landwirtschaft, Landschafts- und Bodenkultur Ladenburg und die Landwirtschaftsschule Ladenburg werden aufgelöst. Vorübergehend verbleibt an der Trajanstraße eine Dienststelle des Amtes Sinsheim. – Im September sind in Ladenburg 440 Menschen arbeitslos, was einer Quote von 10,1 % entspricht.

Im Oktober beschließt der Gemeinderat mit 16 : 3 Stimmen, die Aufgabe des Einsammelns und des Transports von Abfall ab 1. Januar 1999 an den Rhein-Neckar-Kreis zurückzugeben. – Mit einem großen Festabend in der Lobdengauhalle feiert der Kleingartenverein sein 50jähriges Bestehen. – Die verdienstvolle Leiterin der Kirchlichen Sozialstation Unterer Neckar, Schwester Hannelore Beuschel, wird in den Ruhestand verabschiedet. Bürgermeister Reble überreicht ihr den Verdienstorden der Bundesrepublik Deutschland.

Im Industriegebiet wird die „Werkfeuerwehr Chemische Betriebe Ladenburg“ gegründet und in der „Zwiwwel“ der Verein „Denk mal“ e.V.; er will die Geschichte Ladenburgs professionell dokumentieren. – Rechtzeitig zum Jubiläumsjahr werden im Rathaus ein Video-Stadtporträt, ein neuer Bildband (Fotos: Uwe Wagenfeld und Pentaprisma-Gruppe, Text: Rainer Beedgen) und eine Imagebroschüre vorgestellt.

Nach der Schließung des Hotels „Altes Kloster“ hat Ladenburg im Dezember 9 Hotels und Pensionen mit 397 Betten. – Der Gemeinderat beschließt die Aufstellung eines Bebauungsplanes für den Stadtteil Neubotzheim und genehmigt die Vereinbarung zwischen der Deutschen Bahn AG, der Stadt Ladenburg und der Gemeinde Edingen-Neckarhausen über eine neue Geh- und Radwegbrücke über den Neckar sowie die Verwaltungsvereinbarung zwischen beiden Gemeinden über die Bau- und Unterhaltungslast (Ladenburg 55 %, Edingen-Neckarhausen 45 %). Damit kann das 5,5-Millionen-Projekt voraussichtlich Ende 1998 begonnen und bis zur Jahrtausendwende fertiggestellt werden. – Auch über die Sanierung und Privatisierung des Wasserturms wird diskutiert. – Im Rathaus wird der Förderverein Sporthalle Ladenburg (FSL) gegründet.

Beim traditionellen Garango-Frühschoppen auf dem Weihnachtsmarkt wird über die katastrophale Ernährungssituation in Burkina Faso berichtet. Der Partnerschaftsverein Garango-Ladenburg hat inzwischen mehr als 1.000 Patenschaften vermittelt. – Auf dem Merkurplatz

*Am 14. November 1997 wird für die Wohnanlage "Cronberger Hof" mit 30 Eigentumswohnungen das Richtfest gefeiert (Foto: Familienheim Rhein-Neckar eG).*

wird die Nachbildung eines Säulenrestes aufgestellt, die an den Podientempel von Lopodunum (um 100 n.Chr.) mit seinen 12 m hohen Säulen erinnern soll.

Aus dem Kegelcenter Werth an der Daimlerstraße wird ein Edeka-Neukauf-Markt. – Durch die Fusion mit der BÄKO-Zentrale Bayern und Württemberg wird die Ladenburger Zentrale Südwest zur BÄKO-Zentrale Süddeutschland (Baden, Bayern, Hessen, Saarland und Württemberg).

Die Freiwillige Feuerwehr mit ihren 126 Aktiven hat in diesem Jahr 93 Einsätze registriert, davon 24 Brandeinsätze, 51 technische Hilfeleistungen und 18 Fehlalarmierungen. Für Sicherheitswachen wurden 651 Stunden und für 28 Übungen 2.176 Stunden aufgewendet. – Der Heimatbund hat 264 Gruppen mit 5.735 Personen durch die Stadt geführt. Das Lobdengau-Museum wurde von 6.403 Personen besucht.

Ladenburg hat am 31. Dezember 1997 insgesamt 12.007 Einwohner, davon 5.797 männlich und 6.210 weiblich. 4.455 sind evangelisch, 4.416 römisch-katholisch. 1.256 Personen sind Ausländer aus 61 Ländern. Davon haben 60 die bosnische, 9 die belgische, 3 die dänische, 9 die finnische, 20 die französische, 59 die kroatische, 207 die griechische, 2 die irische, 124 die italienische, 111 die jugoslawische, 11 die niederländische, 41 die österreichische, 24 die polnische, 4 die rumänische, 2 die slowakische, 16 die schwedische, 8 die schweizerische, 9 die russische, 19 die spanische, 3 die tschechische, 253 die türkische, 6 die ungarische und 12 die englische Staatszugehörigkeit. 57 Ladenburger Einwohner kommen aus Marokko, 18 aus Tunesien, 9 aus Brasilien, 4 aus Kanada, 2 aus Kolumbien, 2 aus Kuba, 2 aus Mexiko, 2 aus Peru, 2 aus Venezuela, 30 aus den USA, 18 aus Sri Lanka, 9 aus dem Iran, 2 aus Japan, 2 aus Jordanien, 25 aus dem Libanon, 4 von den Philippinen, 2 aus Korea, 4 aus Syrien, 5 aus Thailand und 5 aus China. Im Stadtgebiet Ladenburg werden 7.848 Kraftfahrzeuge registriert: 6.483 Personen- und 308 Lastkraftwagen, 12 Omnibusse, 143 Zugmaschinen, 382 Motorkrafträder, 426 Anhänger und 94 sonstige Kraftfahrzeuge.

| | |
|---|---|
| **27.01.1946** | **auf 2 Jahre** |
| **CDU** | August Frey, Hermann Wiesler, Adam Herdt, Georg Schmitt, Josef Siebig, Gottlieb Müller, Bernhard Müller |
| **SPD** | Willy Gärtner, Anton Hofmann, Karl Schlegel |
| **Nachgerückt** | 1946 Jean Bläß für Adam Herdt<br>Hermann Jäger für Josef Siebig<br>Karl Meixner für Bernhard Müller<br>Willy Kress für Anton Hofmann |
| **07.12.1947** | **auf 6 Jahre** |
| **CDU** | August Frey, Gottlieb Müller, Hermann Wiesler, Friedrich Wolf |
| **SPD** | Willy Kress, Karl Schlegel, Elsa Brümmer |
| **DVP** | Jean Treiber |
| **KPD** | Wilhelm Neußer |
| | **auf 3 Jahre (Einführung des rollierenden Systems)** |
| **CDU** | Josef Hampl, Ludwig Sauer, Ernst Paulus, Fritz Reinwald |
| **SPD** | Ewald Waschitschek, Rudolf Köberle, Johann Köhler |
| **DVP** | Alfred Delling |
| **KPD** | Willi Seel |
| **Nachgerückt** | 1948 Adam Hirt für Ewald Waschitschek |
| **28.01.1951** | **auf 6 Jahre** |
| **CDU** | Fritz Würzburger, Jakob Schork, Fritz Reinwald, Hans Hessenthaler |
| **SPD** | Dr. Johann Göttlicher, Hans Bäuerle, Ludwig Storch |
| **FWV** | Georg Wolf |
| **DVP** | Cornel Serr |
| **15.11.1953** | **auf 6 Jahre** |
| **CDU** | August Frey, Friedrich Wolf, Hans Weisbarth |
| **SPD** | Willy Kress, Karl Schlegel |
| **FWV** | Wilhelm Engel, Friedrich Emig, Albert Friedrich, Erwin Samstag |
| **Nachgerückt** | 1956 Ludwig Sauer für August Frey<br>1957 Else Brümmer für Karl Schlegel |
| **11.11.1956** | **auf 6 Jahre** |
| **CDU** | Fritz Würzburger, Hans Hessenthaler, Karl Hoffmann |
| **SPD** | Dr. Johann Göttlicher, Ludwig Storch, Willy Gärtner |
| **FWV** | Georg Wolf, Cornel Serr |
| **Nachgerückt** | 1957 Erwin Samstag für Cornel Serr |
| **08.11.1959** | **auf 6 Jahre** |
| **CDU** | Friedrich Wolf, Hans Weisbarth, Ernst Vögele |
| **SPD** | Willy Kress, Heinz Schmitt, Peter Fath |
| **FWV** | Wilhelm Engel, Dr. Lotte Kühner |
| **Nachgerückt** | 1964 Wilhelm Gros für Wilhelm Engel |

*Die Ladenburger Stadträte seit 1946.*

**04.11.1962** **auf 6 Jahre**
**CDU** Fritz Würzburger, Hans Hessenthaler, Karl Hoffmann
**SPD** Willi Rieple, Willy Gärtner
**FWV** Georg Wolf, Albert Friedrich
**DP/BHE** Erwin Samstag
**Nachgerückt** 1965 Ludwig Storch für Willi Rieple

**07.11.1965** **auf 6 Jahre**
**CDU** Hans Weisbarth, Friedrich Wolf, Paul Jakoby
**SPD** Willy Kress, Heinz Schmitt, Ernst Frieß, Annemarie Zimmermann-Serr
**FWV** Wilhelm Gros
**Nachgerückt** 1966 Bruno Stahl für Heinz Schmitt
1967 Ernst Vögele für Hans Weisbarth
1968 Elisabeth Hilgers für Paul Jakoby

**20.10.1968** **auf 6 Jahre**
**CDU** Fritz Würzburger, Hermann Weik, Hans Hessenthaler
**SPD** Willy Gärtner, Ludwig Storch, Irene Schmitt, Egon Schultz
**FWV** Albert Friedrich
**Nachgerückt** 1969 Hubald Schmitt für Albert Friedrich
1971 Willi Stoll für Irene Schmitt
1973 Maria Olivka für Fritz Würzburger

**24.10.1971** **auf 3 Jahre**
**(Abschaffung des rollierenden Systems)**
**CDU** Klaus Kolb, Hans Sauer, Karl Hoffmann, Hans Roth
**SPD** Willy Kress, Annemarie Zimmermann-Serr, Ernst Frieß
**FWV** Karl Bommarius

**20.04.1975** **auf 5 Jahre**
**CDU** Klaus Kolb, Hans Sauer, Karl Hoffmann, Hermann Weik, Hans Roth, Gustav Schneckenburger, Hans Hessenthaler jun., Maria Olivka, Rainer Beedgen, Lothar Vögele, Egon Lackner
**SPD** Willy Gärtner, Willy Kress, Annemarie Zimmermann-Serr, Ludwig Storch, Hans Göttlicher, Eva-Maria Scheffel, Egon Schultz, Willi Stoll
**FWV** Hubald Schmitt, Karl Bommarius, Ernst Samstag
**Nachgerückt** 1977 Ernst Frieß für Willy Kress

**22.06.1980** **auf 5 Jahre**
**CDU** Klaus Kolb, Hans Sauer, Karl Hoffmann, Gustav Schneckenburger, Hermann Weik, Hans Hessenthaler jun., Lothar Vögele, Heinrich Fetzer, Maria Olivka, Hans Roth, Egon Lackner
**SPD** Willy Gärtner, Annemarie Zimmermann-Serr, Eva-Maria Scheffel, Jürgen Müller, Willi Stoll, Hans Göttlicher, Wolfgang Zahner, Ernst Frieß
**FWV** Hubald Schmitt, Karl Bommarius
**FDP** Dr. Horst Baumann
**Nachgerückt** 1982 Gerhard Kleinböck für Willi Stoll

**28.10.1984** **auf 5 Jahre**
**CDU** Klaus Kolb, Hans Sauer, Heinrich Fetzer, Lothar Vögele, Gustav Schneckenburger, Karl Hoffmann, Hans Hessenthaler, Hans Roth, Maria Olivka, Hermann Weik
**SPD** Jürgen Müller, Eva-Maria Scheffel, Annemarie Zimmermann-Serr, Wolfgang Zahner, Gerhard Kleinböck, Ernst Frieß, Hermann Gärtner
**FWV** Hubald Schmitt, Karl Bommarius
**GLL** Martin Schmollinger, Elke Hameister
**FDP** Dr. Horst Baumann
**Nachgerückt** 1987 Egon Lackner für Hans Hessenthaler
1988 Peter Zech für Elke Hameister

**22.10.1989** **auf 5 Jahre**
**CDU** Heinrich Fetzer, Gustav Schneckenburger, Lothar Vögele, Karl Hoffmann, Hans Sauer, Egon Lackner, Prof. Dr. Rainer Beedgen, Hans Roth
**SPD** Jürgen Müller, Annemarie Zimmermann-Serr, Eva-Maria Scheffel, Wolfgang Zahner, Gotthard Krieck, Hermann Gärtner, Werner Ueberrein
**FWV** Hubald Schmitt, Karl Bommarius, Dr. Stefan Reisenbüchler
**GLL** Dr. Robert Avila, Claudia Weidenhüller, Monika Freund
**FDP** Dr. Horst Baumann
**Nachgerückt** 1991 Bernd Lulay für Monika Freund
1992 Helmut Kinzig für Heinrich Fetzer

**12.06.1994** **auf 5 Jahre**
**CDU** Prof. Dr. Rainer Beedgen, Inge Fetzer, Gustav Schneckenburger, Lothar Vögele, Helmut Kinzig, Egon Lackner, Hans Sauer, Ilse Haneke
**SPD** Jürgen Müller, Wolfgang Zahner, Eva-Maria Scheffel, Gotthard Krieck, Hermann Gärtner, Werner Ueberrein, Doris Wagner
**FWV** Hubald Schmitt, Karl Bommarius, Dr. Stefan Reisenbüchler
**GLL** Martin Schmollinger, Dr. Robert Avila, Barbara Mohrdieck
**FDP** Dr. Horst Baumann
**Nachgerückt** 1995 Karl Bläß für Gustav Schneckenburger
1997 Steffen Salinger für Doris Wagner

*Der Gemeinderat im Jubiläumsjahr 1998 – siehe die Abbildung auf der folgenden Seite.*

*Der Gemeinderat im Jubiläumsjahr 1998. Vordere Reihe (v. l.): Karl Bommarius, Dr. Robert Avila, Hubald Schmitt (4. Bürgermeisterstellvertreter), Barbara Mohrdieck, Bürgermeister Rolf Reble, Egon Lackner, Inge Fetzer, Eva-Maria Scheffel. Mittlere Reihe: Lothar Vögele, Helmut Kinzig, Jürgen Müller, Prof. Dr. Rainer Beedgen, Martin Schmollinger (3. Bürgermeisterstellvertreter). Hintere Reihe: Gotthard Krieck, Hermann Gärtner, Karl Bläß, Dr. Stefan Reisenbüchler, Werner Ueberrein, Ilse Haneke, Hans Sauer (2. Bürgermeisterstellvertreter), Wolfgang Zahner (1. Bürgermeisterstellvertreter), Steffen Salinger. Es fehlt Dr. Horst Baumann. (Foto: Schwetasch).*

*Landtagsabgeordneter aus Ladenburg*

**1952–1962**
Willi Rieple (SPD)

*Ladenburger Kreisabgeordnete bzw. Kreisräte seit 1946.*

**28. 04 1946 auf 2 Jahre gewählt**
Karl Breunig (CDU)
Willi Rieple (SPD)

**07. 12. 1947 auf 6 Jahre gewählt**
Willi Rieple (SPD)
Karl Breunig (CDU)

**15. 11. 1953 auf 6 Jahre gewählt**
Willi Rieple (SPD)
Hans Hessenthaler (CDU)
Dr. Hermann Hohn (FWV)
Wilhelm Engel (FWV)

**08. 11. 1959 auf 6 Jahre gewählt**
Hans Hessenthaler (CDU)
Dr. Hermann Hohn (FWV)
Wilhelm Engel (FWV)

**07. 11. 1965 auf 6 Jahre gewählt**
Reinhold Schulz (SPD)
Hans Weisbarth (CDU)

**24. 10. 1971 auf 2 Jahre gewählt (bis zur Wahl des Kreistages des Rhein-Neckar-Kreises)**
Reinhold Schulz (SPD)
Klaus Kolb (CDU)

**08. 04. 1973 auf 6 Jahre gewählt**
Reinhold Schulz (SPD)
Klaus Kolb (CDU)

**28. 10. 1979 auf 5 Jahre gewählt**
Reinhold Schulz (SPD)
Klaus Kolb (CDU)

**28. 10. 1984 auf 5 Jahre gewählt**
Reinhold Schulz (SPD)
Klaus Kolb (CDU)
Ursula Schmollinger (GRÜNE)

**22. 10. 1989 auf 5 Jahre gewählt**
Klaus Kolb (CDU)
Peter M. Stahl (SPD)
Martin Schmollinger (GRÜNE)

**12. 06. 1994 auf 5 Jahre gewählt**
Klaus Kolb (CDU)
Peter M. Stahl (SPD)
Martin Schmollinger (GRÜNE)

# Abkürzungen

**AKB I–III** – Amtliche Kreisbeschreibung, Bde. I–III.
**ArchAusgrBW** – Archäologische Ausgrabungen in Baden-Württemberg.
**ArchHessG** – Archiv für hessische Geschichte.
**ArchInf BW**– Archäologische Informationen aus Baden-Württemberg.
**Arch Korrbl** – Archäologisches Korrespondenzblatt.
**Ber.RGK** – Berichte der Römisch-germanischen Kommission Frankfurt.
BMC *Emp* – Coins of the Roman Empire in the British Museum, London 1923 ff.
**BNL** – Bezirksstelle für Naturschutz und Landespflege.
**BPfKG** – Blätter für pfälzische Kirchengeschichte.
**Brb. v.v.** – Brustbild von vorne (bei Münzbeschreibungen)
**BSLA** – Badisches Statistisches Landesamt.
**BVR** – Bundesverband der Volksbanken und Raiffeisenbanken.
CIL – Corpus Inscriptionum Latinarum,Vol. XIII: Inscriptiones Trium Galliarum et Germaniarum Latinae, ed. O. Hirschfeld / C. Zangemeister, Berlin 1905; Vol. XVII/2: Miliaria Provinciarum Narbonensis, Galliarum, Germaniarum, ed. G. Walser, Berlin/New York 1986.
CL – Codex Laureshamensis.
CSEL – Corpus scriptorum ecclesiasticorum Latinorum Academiae Vindibonensis.
DRL – Deutscher Rat für Landespflege.
DWD – Deutscher Wetterdienst.
EDG – Enzyklopädie deutscher Geschichte.
FB a BW – Fundberichte aus Baden-Württemberg.
FDA – Freiburger Diözesanarchiv.
**Gatt App** – Gatterer Apparat.
**GefaÖ** – Gesellschaft für angewandte Ökologie.
GLA – Generallandesarchiv Karlsruhe.
**Gud Syll** – Sylloge variorum diplomatorium monumentorumque veterum ineditorum, ed. Gudenus, Frankfurt 1728.
**HbWiSozG** – Handbuch der deutschen Wirtschafts- und Sozialgeschichte.
**Hg** – Herausgeber.
**KibLad** – Ladenburger Kirchenbücher.
LA – Landesarchiv.
**Lex MA** – Lexikon des Mittelalters.
LVA – Landesvermessungsamt.
LWAL – Landwirtschaftsamt Ladenburg.
MA, ma – Mittelalter, mittelalterlich.
MGBl (NF) – Mannheimer Geschichtsblätter (Neue Folge).
MGH AA – Monumenta Germaniae Historica. Auctores Antiquissimi.
MGH Const – Monumenta Germaniae Historica. Constitutiones.
MGH D – Monumenta Germaniae Historica. Diplomata.
**Mitt.Hist.Ver.d.Pfalz** – Mitteilungen des Historischen Vereins der Pfalz.
MM – Mannheimer Morgen.
**Mrh Ub** – Mittelrheinisches Urkundenbuch.
ND – Neudruck.
NF – Neue Folge.
**OrhStR** – Oberrheinische Stadtrechte.
**QuGStWo** – Quellen zur Geschichte der Stadt Worms.
RE – Paulys Realencyklopädie der classischen Altertumskunde.
RGZM – Römisch-germanischen Zentralmuseums Mainz.
RHE – Energie- und Wasserwerke Rhein-Neckar AG.
**RhVjbl** – Rheinische Vierteljahresblätter.
RI – Regesta Imperii.
RIC – The Roman Imperial Coinage, London 1923 ff.
RPR – Regesten der Pfalzgrafen am Rhein 1214–1508, bearb. von A. Koch u.a., 2 Bde., Innsbruck 1912–1939.
RUN – Regionalplan unterer Neckar.
SLA – Statistisches Landesamt Baden-Württemberg.
**Sp** – Spalte.
**StA** – Stadtarchiv.
**StaatsA** – Staatsarchiv
**StbLad** – Ladenburger Stadtbücher.
**Ub** – Urkundenbuch.
**Ub Bi Sp** – Urkundenbuch der Bischöfe zu Speyer.
**Um BW** – Umweltministerium Baden-Württemberg.
**WbLad** – Ladenburger Wehrbuch.
WS – Wormser Synodale.
**Würdtwein Chron Schön.** – Chronicon diplomaticum Monasterii Schönau ..., ed. A. Würdtwein, Mannheim 1792.
**ZdS** – Zeit der Staufer. Ausstellungskatalog, 1977.
**ZGO** – Zeitschrft für die Geschichte des Oberrheins.

# Quellen und Literatur zu den einzelnen Beiträgen

## P. Jaschke: Kulturlandschaft um Ladenburg (S. 5–30)

**Verwendete Literatur:**


ARBEITSGEMEINSCHAFT BADISCHER WEINBAUVERBAND/ WEINBAUVERBAND WÜRTTEMBERG-BADEN (Hg.): Weinland Baden-Württemberg Bd. 1, 2. Aufl. Mannheim 1959. Zitiert: **Arbeitsgemeinschaft Badischer Weinbauverband/Weinbauverband Württemberg-Baden**.

BADISCHES STATISTISCHES LANDESAMT: Die Landwirtschaft in Baden im Jahr 1925, Karlsruhe 1927. Zitiert: **BSLA**.

BECK, R.: Die Abschaffung der Wildnis. In: LANDESZENTRALE FÜR POLITISCHE BILDUNG BADEN-WÜRTTEMBERG (Hg.): Naturlandschaft – Kulturlandschaft, Stuttgart 1994 (Der Bürger im Staat 44, H. 1), S. 14–21. Zitiert: **Beck: Wildnis**.

BECK, U.: Jenseits von Klasse und Stand? In: KRECKEL, R. (Hg.): Soziale Ungleichheiten, Göttingen 1983, S. 35–74. Zitiert: **Beck: Klasse und Stand**.

BOGUCKI, P./ GRYGIEL, R.: Die ersten Bauern in Polen. In: Spektrum der Wissenschaft H. 6 (1983), S. 122–131. Zitiert: **Bogucki/Grygiel**.

BRENNECKE, J./ FRANKENBERG, P.: Historischer Vergleich von Witterungsverläufen in Mannheim. In: FRANKENBERG, P. (Hg.): Zu Klima, Boden und Schutzgebieten im Rhein-Neckar-Raum. Beiträge zur Landeskunde des Rhein-Neckar-Raumes II, Mannheim 1988 (Mannheimer Geographische Arbeiten 24), S. 119–188.

BRUNN, H.: 1200 Jahre Schriesheim, Mannheim [2]1979. Zitiert: **Brunn**.

BUNDESVERBAND DER DEUTSCHEN VOLKSBANKEN UND RAIFFEISENBANKEN (Hg.): Viele Betriebe sind ohne Hofnachfolger. In: Agrar-Information 9 (1994), S. 1. Zitiert: **BVR**.

DEUTSCHER RAT FÜR LANDESPFLEGE (Hg.): Umweltprobleme im Rhein-Neckar-Raum, Bonn 1981 (Schriftenreihe des DRL H. 37). Zitiert: **DRL**.

DIEFENBACHER, K. (Bearb.): Das Protokollbuch des Stadtschreibers Waibel. Ratsprotokolle 1603–1606. In: HEIMATBUND LADENBURG E.V. (Hg.): Ladenburger Stadtbücher, Ladenburg 1988. Zitiert: **Diefenbacher**.

DEUTSCHER WETTERDIENST: Klima-Atlas Baden-Württemberg, Bad Kissingen 1953. Zitiert: **DWD 53**.

DEUTSCHER WETTERDIENST (Hg.): Klimadaten der Bundesrepublik Deutschland Zeitraum 1951–1980, bearb. von G. MÜLLER-WESTERMEIER, Offenbach 1990. Zitiert: **DWD 90**.

ENERGIE- UND WASSERWERKE RHEIN-NECKAR AG: Bericht über das hydrologische Jahr 1991 für den Grundwassereinzugsbereich der RHE- und ZWK-Wasserwerke, Mannheim 1992. Zitiert: **RHE**.

FEZER, F.: Zum Klima des Rhein-Neckar-Raumes. In: Deutscher Rat f. Landespflege (DRL) (1981), s. dort S. 618–622. Zitiert: **Fezer**.

FIRBAS, F.: Die quartäre Vegetationsentwicklung zwischen den Alpen und der Nord- und Ostsee. In: Erdkunde 5 (1951), S. 6–15.

FLOHN, H.: Klimaschwankungen im Mittelalter und ihre historisch-geographische Bedeutung. In: Berichte zur Deutschen Landeskunde 7 (1949), S. 347–357. Zitiert: **Flohn: Klimaschwankungen**.

DERS.: Das Problem der Klimaänderungen, Darmstadt 1988. Zitiert: **Flohn: Klimaänderungen**.

FRANKENBERG, P.: Zum Klima des kurpfälzischen Oberrheingrabens. In: FRANKENBERG, P. (Hg.): Zu Klima, Boden und Schutzgebieten im Rhein-Neckar-Raum. Beiträge zur Landeskunde des Rhein-Neckar-Raumes II, Mannheim 1988 (Mannheimer Geographische Arbeiten 24), S. 9–94. Zitiert: **Frankenberg: Zum Klima des kurpfälzischen Oberrheingrabens**.

FRANKENBERG, P. /NEFF, C./ JASCHKE, P.: Fußgönheim – Lage im Naturraum. In: GEMEINDE FUSSGÖNHEIM (Hg.): Ortsgeschichte der Gemeinde Fußgönheim Bd. 1: Von der Urgeschichte bis zum Mittelalter, Speyer 1993, S. 1–40.

FREUDENBERG, H.: Der Lobdengau, das Herz von Kurpfalz, örtlich und geschichtlich, Heidelberg 1924. Zitiert: **Freudenberg**.

GESELLSCHAFT FÜR ANGEWANDTE ÖKOLOGIE (GefaÖ): Ökologisches Gutachten Rombach Ladenburg (Rhein-Neckar-Kreis). Unveröffentl. Gutachten, Nußloch/Heidelberg 1990. Zitiert: **GefaÖ**.

GOETZ, H.-W.: Leben im Mittelalter. Vom 7. bis zum 13. Jahrhundert, München [5]1994. Zitiert: **Goetz**.

GRADMANN, R.: Der Getreidebau im deutschen und römischen Altertum. Beiträge zur Verbreitungsgeschichte der Kulturgewächse, Jena 1909. Zitiert: **Gradmann: Getreidebau**.

DERS.: Süddeutschland Bd.1: Allgemeiner Teil; Bd. 2: Die einzelnen Landschaften. Unveränd. reprograf. ND d. 1. Aufl. von 1931, Darmstadt 1984. Zitiert: **Gradmann: Süddeutschland**.

GRADMANN, R.: Vorgeschichtliche Landwirtschaft und Besiedlung. In: Geograph. Zeitschr. 42 (1936), S. 378–386.

DERS.: Hackbau und Kulturpflanzen. In: Deutsches Archiv für Landes- und Volksforschung 6 (1942), S. 107–118. Zitiert: **Gradmann: Hackbau.**

HEIMATBUND LADENBURG E.V. (Hg.): Ladenburg – Neues aus alter Zeit, Ladenburg 1987 (Der Lobdengau, Sonderausgabe Januar 1987).

HENNING, F.-W.: Landwirtschaft und ländliche Gesellschaft in Deutschland Bd. 1: 800–1750; Bd. 2: 1750–1986, Paderborn [2]1985 bzw. [2]1988 (UTB 894 bzw. UTB 774). Zitiert: **Henning.**

HEUKEMES, B.: Siedlungen und Gräber der Urnen- und Hallstattzeit im Gebiet ehemaliger Seitenarme des Neckars bei Ladenburg, Rhein-Neckar-Kreis. In: LANDESDENKMALAMT BADEN-WÜRTTEMBERG U.A. (Hg.): Archäologische Ausgrabungen in Baden-Württemberg, Stuttgart 1986, S. 66–68. Zitiert: **Heukemes: Siedlungen und Gräber.**

DERS.: Eine neuentdeckte spätrömische Befestigung an der Ausoniusstraße in Ladenburg. In: Der Lobdengau. Sonderausgabe Januar 1987, Ladenburg 1987, S. 1–2. Zitiert: **Heukemes: Spätrömische Befestigung.**

HOFFMANN, K.: Ladenburg – traditionsreiche Stadt am unteren Neckar. In: GESANGVEREIN LIEDERKRANZ 1843 E.V. LADENBURG (Hg.): Festschrift zum 150jährigen Jubiläum, Ladenburg 1993, S. 60–64. Zitiert: **Hoffmann.**

JENTSCH, Chr.: Merkmale und neuere Tendenzen der Landwirtschaft im Rhein-Neckar-Raum. In: DÖRRER, I. (Bearb.): Mannheim und der Rhein-Neckar-Raum. Festschrift zum 43. Deutschen Geographentag in Mannheim 1981, Mannheim 1981 (Mannheimer Geographische Arbeiten, H. 10), S. 191–206. Zitiert: **Jentsch: Landwirtschaft im Rhein-Neckar-Raum.**

DERS. (Hg.): Europäische Region Oberrhein, Mannheim 1992 (Institut für Landeskunde und Regionalforschung der Universität Mannheim: Südwestdeutsche Schriften, H. 11). Zitiert: **Jentsch: Europäische Region Oberrhein.**

KAUFFMANN (ehem. Amt für Wasserwirtschaft und Bodenschutz Heidelberg): Mündliche Mitteilung, 1993. Zitiert: **Kauffmann.**

KERNIG, Claus D.: Welttrend 2000 – Zur Struktur und Eigendynamik moderner Gesellschaftssysteme. Kopie d. Vortrags a. d. Reihe: BASF im Dialog, Ludwigshafen/Rh. 1990. Zitiert: **Kernig.**

KLEE, M.: Die Vor- und Frühgeschichte. In: SCHÜTZ, J. (Hg.): Der Rhein-Neckar-Kreis, Stuttgart 1991, S. 73–94. Zitiert: **Klee.**

KRÄUSEL, B.: Gartenteiche in und um Ladenburg. Unveröffentl. Manuskript, 3. S., 1 Karte, Ladenburg 1994. Zitiert: **Kräusel: Gartenteiche.**

DERS.: Walnußbäume auf Ladenburger Gemarkung. Unveröffentl. Manuskript, 1 Karte, Ladenburg 1996. Zitiert: **Kräusel: Walnußbäume.**

LAMB, H.H.: Klima und Kulturgeschichte, Reinbek 1989.

LANDESBAUERNVERBAND BADEN-WÜRTTEMBERG: Für die Bauern in Baden-Württemberg, Stuttgart 1997. Zitiert: **Landesbauernverband Baden-Württemberg.**

LANDWIRTSCHAFTSAMT LADENBURG: Kreislandwirtschaftsschule. Festschrift aus Anlaß des 100-jährigen Bestehens, Ladenburg 1968. Zitiert: **LWAL.**

LAUER, W./ FRANKENBERG, P.: Zur Rekonstruktion des Klimas im Bereich der Rheinpfalz seit Mitte des 16. Jahrhunderts mit Hilfe von Zeitreihen der Weinquantität und Weinqualität, Stuttgart/New York 1986. Zitiert: **Lauer/Frankenberg.**

LESER, H.: Geographisch-landeskundliche Erläuterungen der Topographischen Karte 1:100 000 des Raumordnungsverbandes Rhein-Neckar, Trier 1984 (Forschungen zur Deutschen Landeskunde 221), S. 75–79. Zitiert: **Leser.**

LESSING, H. E.: Karl von Drais. Der Empire-Technologe wird rehabilitiert. In: MGBl. NF 3 (1996), S. 275-359. Zitiert: **Lessing.**

LÖSCHER, M.: Die geologischen Vorgänge auf der Gemarkung Ladenburg in den letzten 35.000 Jahren. In: Der Lobdengau. Sonderausgabe Januar 1987, Ladenburg 1987, S. 10–11. Zitiert: **Löscher: Die geologischen Vorgänge.**

DERS.: Die Geschichte des Neckarlaufes. In: RÖMER, G. (Hg.): Der Neckar in alten Landkarten. Ausstellungskatalog der bad. Landesbibliothek, Karlsruhe 1988, S. 57–71. Zitiert: **Löscher: Geschichte des Neckarlaufes.**

LORSONG, G.G.: Ladenburg. Von den Steinzeitjägern bis heute, Karlsruhe 1994 (INFO-Reihe: Dokumente zur Geschichte 11). Zitiert: **Lorsong.**

LUTZ, B.: Naturnahe Lebensräume schaffen im Einklang mit der Landwirtschaft. Arbeitsgruppe beriet über Biotopvernetzung in Ladenburg. In: Mannheimer Morgen Nr. 219 vom 21. 9. 1992, S. 20. Zitiert: **Lutz.**

Mannheimer Morgen Nr. 88 vom 18. 4. 1994: Antiker Stadtplan wächst weiter. Neue Thesen nach Ladenburger Ausgrabungen von 1993 (Bericht über Vortrag von SOMMER: Die Grabungserfolge 1993/94).

MONHEIM, F.: Die Anbauverhältnisse auf dem Neckarschwemmkegel im Jahre 1669. Ein Beitrag zur historischen Agrargeographie. In: Ber. z. dt. Landeskunde 7 (1949), S. 87–101. Zitiert: **Monheim: Anbauverhältnisse.**

MONHEIM, F.: Die Agrargeographie des Neckarschwemmkegels, Heidelberg 1961 (Heidelberger Geographische Arbeiten 5). Zitiert: **Monheim: Agrargeographie.**

Mortensen, H.: Die mittelalterliche Kulturlandschaft und ihre Bedeutung für die Gegenwart. In: Vierteljahresschrift für Sozial- und Wirtschaftsgeschichte 45 (1958), S. 17–36. Zitiert: **Mortensen.**

Müller, K.: Liste guter Weinjahre. In: Wissensch. Beihefte zu „Der Weinbau" 1 (1947). Zitiert: **Müller: Liste guter Weinjahre.**

Ders.: Geschichte des badischen Weinbaus, Schwanenburg (Lahr) 1953. Zitiert: **Müller: Geschichte des badischen Weins.**

Müller-Wille, W.: Die spätmittelalterlich-frühneuzeitliche Kulturlandschaft und ihre Wandlungen. In: Berichte zur deutschen Landeskunde 19 (1957), S. 187–200. Zitiert: **Müller-Wille.**

Pfister, Ch.: Klimageschichte der Schweiz 1525–1860. Das Klima der Schweiz von 1525 bis 1860 und seine Bedeutung in der Geschichte von Bevölkerung und Landwirtschaft, Bern/Stuttgart [2]1988 (Academica Helvetica 6). Zitiert: **Pfister.**

Probst, H.: Seckenheim. Geschichte eines Kurpfälzer Dorfes, Mannheim 1981. Zitiert: **Probst: Seckenheim.**

Ders.: Der Ortsname Ladenburg und seine Aussagekraft für die Kontinuitätsfrage. In: MGBl. NF 3 (1996), S. 57–67. Zitiert: **Probst: Ortsname.**

Presse- und Informationsamt der Bundesregierung: Auf dem Weg zur Europäischen Union. Die Beschlüsse des Europäischen Rates von Maastricht, Bonn 1992 (Politik Informationen). Zitiert: **Presse- und Informationsamt der Bundesregierung.**

Regionalplan Unterer Neckar, i.d.F.v. 4. 12. 1992. Zitiert: **RUN 1992.**

Rhiem, W./Schwoerer, B.: Umweltverträglichkeitsuntersuchung Gewerbeflächenerweiterungen im Westen der Stadt. Unveröffentliches Gutachten d. Regioplan Ingenieure für die Stadt Ladenburg, Heddesheim 1993. Zitiert: **Rhiem/Schwoerer.**

Rombach, O.: Atem des Neckars. Heimatliches Reisebuch, Stuttgart [3]1974. Zitiert: **Rombach.**

Rudolph, M.: Die Rheinebene um Mannheim und Heidelberg. Eine Siedlungs- und Kulturgeographie, Heidelberg 1925. Zitiert: **Rudolph.**

Schaab, M./Heukemes, B./Reinhard, E. u.a.: Ladenburg. In: Staatliche Archivverwaltung Baden-Württemberg (Hg.): Die Stadt- und Landkreise Heidelberg und Mannheim. Amtl. Kreisbeschreibung Bd. 3, Karlsruhe 1970, S. 601–647. Zitiert: **AKB.**

Schallmayer, E.: Ein frühalamannisches Grubenhaus am Südrand von Ladenburg. In: Landesdenkmalamt Baden-Württemberg u.a. (Hg.): Archäologische Ausgrabungen in Baden-Württemberg, Stuttgart 1985, S. 177–179.

Scheuerbrandt, A.: Lopodunum/Ladenburg – Geschichte und Gegenwart der ältesten Stadt des rechtsrheinischen Rhein-Neckar-Raumes. In: Dörrer, I. (Hg.): Mannheim und der Rhein-Neckar-Raum. Festschrift zum 43. Deutschen Geographentag in Mannheim, Mannheim 1981 (Mannheimer Geographische Arbeiten 10), S. 397–409. Zitiert: **Scheuerbrandt: Lopodunum/Ladenburg.**

Ders.: Die Lande längs des Neckars bis zum frühen 19. Jahrhundert. In: Römer, G. (Hg.): Der Neckar in alten Landkarten. Ausstellungskatalog der bad. Landesbibliothek, Karlsruhe 1988, S. 13–56. Zitiert: **Scheuerbrandt: Die Lande längs des Neckars.**

Schlipf/Diekmann, K. (Bearb.): Schlipfs praktisches Handbuch der Landwirtschaft, Berlin [29]1943.

Schmithüsen, J.: Die naturräumlichen Einheiten auf Blatt 161 Karlsruhe – Geographische Landesaufnahme 1:200.000, Naturräumliche Gliederung Deutschlands, Stuttgart 1952. Zitiert: **Schmithüsen.**

Schönwiese, C. D./Diekmann, B.: Der Treibhauseffekt, Reinbek 1990. Zitiert: **Schönwiese/Diekmann: Der Treibhauseffekt.**

Schönwiese, C. D.: Klima im Wandel. Vom Treibhauseffekt, Ozonloch und Naturkatastrophen, Reinbek 1994. Zitiert: **Schönwiese: Klima im Wandel.**

Schüle, W.: Vegetation, Megaherbivors, Man and Climate in the Quaternary and the Genesis of closed Forrests. In: Goldammer, J. G. (Hg.): Tropical Forrests in Transition, Basel 1982, S. 45–76.

Schummer, W.: Die siedlungsgeographische Entwicklung der Stadt Ladenburg am Neckar nach 1945. Unveröffentl. Geogr. Zulassungsarbeit, Karlsruhe 1969/70. Zitiert: **Schummer.**

Schwarz, G.: Die natürlichen Pflanzenverhältnisse des unteren Neckarlandes. Ein Beitrag zur Urlandschaftsfrage. Sonderdruck aus: Beitr. z. naturkundl. Forsch. im Oberrheingebiet 4 (1941). Zitiert: **Schwarz.**

Schwerz, J. N.: Beobachtungen über den Ackerbau der Pfälzer, Wien 1816.

Seitz, R. u.a.: Klima des nördlichen Oberrheingrabens und seines Rahmens. In: Fezer, F./Seitz, R.: Klimatologische Untersuchungen im Rhein-Neckar-Raum. Studien für die Regional- und Siedlungsplanung, Heidelberg 1977 (Heidelberger Geographische Arbeiten, H. 47), S. 23–48.

Seitz, R. u.a.: Das Klima der Bergstraße. In: Fezer, F./Seitz, R.: Klimatologische Untersuchungen im Rhein-Neckar-Raum. Studien für die Regional- und Siedlungsplanung, Heidelberg 1977 (Heidelberger Geographische Arbeiten, H. 47), S. 86–105.

SEITZ, R./BURST, A./LÄHNE, W./JASCHKE, P.: Klimaökologische Analyse im südöstlichen Stadtgebiet von Mannheim unter besonderer Berücksichtigung des Strömungsgeschehens. Gutachten d. Ökoplana Dr. Seitz f. d. Stadtplanungsamt Mannheim, Mannheim-Seckenheim 1992. Zitiert: **Seitz/Burst/Lähne/Jaschke: Klimaökologische Analyse**.

SIEVERT, U. J.: Lopodunum – Ladenburg 98 bis 1898. Eine achtzehnhundertjährige Stadtgeschichte, Karlsruhe 1900. Zitiert: **Sievert**.

STADLER, R./STÄRKEL, M.: Agrarstruktur im Wandel. IN: STATISTISCHES LANDESAMT BADEN-WÜRTTEMBERG (Hg.): Baden-Württemberg in Wort und Zahl 34/H. 9 (1986), S. 342–356. Zitiert: **Stadler/Stärkel**.

STADT LADENBURG, UMWELTBEAUFTRAGTER/HAUN, Gabriele: Umweltbericht 1996, Ladenburg 1997. Zitiert: **Umweltbericht 1996**.

STATISTISCHES LANDESAMT BADEN-WÜRTTEMBERG (Hg.): Statistik von Baden-Württemberg Bd. 310: Gemeindestatistik 1982, H. 2, Stuttgart 1982. Zitiert: **SLA 1982**.

DASS. (Hg.): Statistik von Baden-Württemberg Bd. 400: Gemeindestatistik 1989, H. 6, Stuttgart 1989. Zitiert: **SLA 1989**.

DASS. (Hg.): Statistik von Baden-Württemberg Bd. 470: Gemeindestatistik 1993, H. 5, Stuttgart 1993. Zitiert: **SLA 1993**.

STREMME, H.: Bodenentstehung und Mineralbildung im Neckarschwemmlehm der Rheinebene, Wiesbaden 1955 (Abhandlungen des Hessischen Landesamtes für Bodenforschung, H. 11). Zitiert: **Stremme**

THÜRACH, H.: Geolog. Special-Karte Großhzgt. Baden, Erl. Bl. Ladenburg, Heidelberg 2. Aufl. 1905. Zitiert: **Thürach**.

TIETZE, G.: Strukturwandel in der Landwirtschaft. Die historische Dimension. In: Praxis Geographie 2 (1989), S. 18–20. Zitiert: **Tietze**.

TRAUTZ, F.: Das untere Neckarland im frühen Mittelalter, Heidelberg 1953 (Heidelberger Veröffentlichungen zur Landesgeschichte und Landeskunde 1). Zitiert: **Trautz**.

TROLL, C./PFAFFEN, K.H.: Karte der Jahreszeitenklimate der Erde. In: Erdkunde 18 (1968), S. 5–28.

TUCKERMANN, W.: Das altpfälzische Oberrheingebiet, Köln 1935/1953. Zitiert: **Tuckermann**.

UMWELTBUNDESAMT – UBA: Daten zur Umwelt 1990/91, Berlin 1992. Zitiert: **UBA 1992**.

UMWELTMINISTERIUM BADEN-WÜRTTEMBERG (Hg.): Luftreinhalteplan Großraum Mannheim/Heidelberg 1995, Stuttgart 1995. Zitiert: **UM-BW: Luftreinhalteplan**.

URFEI, G.: Wenn der Bauer das Feld räumt, wird sich die Landschaft verändern. In: Mannheimer Morgen Nr. 109 vom 12. 5. 1995, S. 3. Zitiert: **Urfrei**.

VETTER, Roland: Kulturlandschaftsforschung. Politische Geographie und der Pfälzische Erbfolgekrieg. In: MGBl NF 3 (1996), S. 197–207.

VÖLKER-MENZ, J./FRIEDRICH, A.: Vogelbeobachtungstour mit der Ladenburger BUND-Gruppe. In: Ladenburger Zeitung Nr. 21 vom 27. 5. 1994. Zitiert: **Völker-Menz/Friedrich: Vogelbeobachtungstour**.

DIES.: Vogelexkursion mit dem BUND. In: Ladenburger Zeitung Nr. 22 vom 2. 6. 1995. Zitiert: **Völker-Menz/Friedrich: Vogelexkursion**.

DIES.: Erlebnisreiche Vogelexkursion mit dem BUND Ladenburg. In: Mannheimer Morgen Nr. 113 vom 17. 5. 1996. Zitiert: **Völker-Menz/Friedrich: Vogelexkursion mit dem BUND Ladenburg**.

WAGNER, W.: Agrarstrukturverbesserung und Kulturlandschaft. In: Zeitschrift für Kulturtechnik und Landentwicklung 35 (1994), S. 256–260.

WECKESSER, H.: Was das „Nebeljahr 1783" anzeigte. In: Mannheimer Morgen Nr. 16 vom 20. 01. 1995, S. 27. Zitiert: **Weckesser**.

WELLER, F.: Obstwiesen. In: LANDESZENTRALE FÜR POLITISCHE BILDUNG BADEN-WÜRTTEMBERG (Hg.): Naturlandschaft – Kulturlandschaft, Stuttgart 1994 (Der Bürger im Staat 44, H. 1), S. 43–49. Zitiert: **Weller**.

WUNDT, Friedrich P.: Kurze Geschichte und landwirtschaftliche Beschreibung der Stadt und des Oberamtes Ladenburg. Bemerkungen der kurpfälzischen phys.-ökonom. Gesellschaft v.J. 1783, Mannheim 1785. Zitiert: **Wundt**.

ZAKOSEK, H.: Zur Genese und Gliederung der Steppenböden im nördlichen Oberrheintal, Wiesbaden 1962 (Abhandlungen der Hessischen Landesanstalt für Bodenforschung, H. 37). Zitiert: **Zakosek**.

**Ausgewertete Karten:**

BEZIRKSSTELLE FÜR NATURSCHUTZ UND LANDSCHAFTSPFLEGE: Natur- und Landschaftsschutzgebiete Unterer Neckar, Karlsruhe o.J. Zitiert: **Karte BNL**.

BRAUN (Hg.)/WEHRLE (Lithogr.): Charte des alten Flußlaufes im Ober-Rhein-Tal. Erstes Blatt, Karlsruhe 1850. Zitiert: **Braun/Wehrle 1850**.

GEOLOGISCHES LANDESAMT (Hg.)/LANDESVERMESSUNGSAMT BADEN-WÜRTTEMBERG: Geologische Karte 1:25.000 von Baden Württemberg. Blatt 6517 Mannheim-Südost (früher Ladenburg), Heidelberg 1905/Stuttgart 1985. Zitiert: **Geologische Karte 1:25.000**.

LANDESDENKMALAMT BADEN-WÜRTTEMBERG (Hg.)/HEUKEMES, B. (Wissensch. Bearb.): Lopodunum. Civitas Ulpia Sueborum Nicretum – Gesamtplan des römischen Ladenburg (mit Begleittext), Stuttgart 1986. Zitiert: **Landesdenkmalamt Baden-Württemberg**.

LANDESVERMESSUNGSAMT BADEN-WÜRTTEMBERG (Hg.): Topographische Karte Über das Großherzogtum Baden von 1838. Der Topographische Atlas 1:50.000 von Baden, Blatt 6, Stuttgart 1984. Zitiert: **LVA 1984**.

DASS. (Hg.): Topographische Karte 1:25.000, Blatt 6517 Mannheim-Südost, Stuttgart 1991. Zitiert: **LVA 1991**.

Neckarkarte von DEVARAT 1798: Lauf des Neckars Heilbronn bis Mannheim (Stich auf Leinwand aufgezogen).

Rheinkarte von BEAURAIN, 1674/75, 1. u. 5. Blatt des Kartenwerks (Stiche auf Leinwand aufgezogen).

RÖMER, G. (Hg.): Der Neckar in alten Landkarten. Eine Ausstellung der Badischen Landesbibliothek Karlsruhe (Karte 27: LEROUGE, G.L.: Carte Topographique Du Cours Du Rhin De Phillipsbourg a Mayence, 1745, BLB KA = Abb. 6), Karlsruhe 1988.

SCHMITHÜSEN, J.: Geographische Landesaufnahme 1:200.000, Naturräumliche Gliederung Deutschlands, Blatt 161 Karlsruhe, Stuttgart 1952.

## G. Wieland: Späte Kelten am unteren Neckar (S. 31–41)

**Abgekürzt zitierte Literatur**

BITTEL, K. /SCHIEK, S. /MÜLLER, D. : Die keltischen Viereckschanzen. In: Atlas arch. Geländedenkmäler in Baden-Württemberg 1, Stuttgart 1990. Zitiert: **Bittel/Schiek/Müller**.

VAN ENDERT, D.: Die Bronzefunde aus dem Oppidum von Manching, Stuttgart 1991 (Die Ausgr. in Manching 13). Zitiert: **van Endert**.

HACHMANN, R.: Gundestrup-Studien. In: Ber. RGK 71 (1990), S. 568ff. Zitiert: **Hachmann**.

JUD, P. (Hg.): Die spätkeltische Zeit am südlichen Oberrhein. Kolloquium Basel 17./18. Oktober 1991, 2. Aufl. Basel 1995. Zitiert: **Jud: Spätkeltische Zeit**.

WIELAND, G.: Die spätkeltischen Viereckschanzen in Süddeutschland – Kultanlagen oder Rechteckhöfe? In: A. HAFFNER (Hg.): Heiligtümer und Opferkulte der Kelten, Stuttgart 1995 (Arch. in Deutschland, Sonderheft 1995), S. 85–99. Zitiert: **Wieland: Viereckschanzen**.

DERS.: Die Spätlatènezeit in Württemberg. Forschungen zur jüngeren Latènekultur zwischen Schwarzwald und Nördlinger Ries, Stuttgart 1996 (Forsch. und Ber. zur Vor- und Frühgesch. in Baden-Württemberg 63). Zitiert: **Wieland: Spätlatènezeit**.

## G. Lenz-Bernhard: Die Neckarsweben (S. 43–73)

ALMGREN, O.: Studien über nordeuropäische Fibelformen, Leipzig 1923 (Mannus Bibliothek 32). Zitiert: **O. Almgren: Nordeuropäische Fibelformen**.

BAATZ, D.: Lopodunum-Ladenburg a.N. Die Grabungen im Frühjahr 1960, Karlruhe 1962 (Bad. Fundber. Sonderh. 1). Zitiert: **D. Baatz: Lopodunum-Ladenburg.**

BECKMANN, B.: Studien über die Metallnadeln der römischen Kaiserzeit im freien Germanien. In: Saalburg Jahrb. 23 (1966), S. 5ff. Zitiert: **B. Beckmann: Metallnadeln römische Kaiserzeit**.

BEHN, F.: Frühgermanische Kulturen in Starkenburg. Ungedr. Typoskript. Zitiert: **F. Behn: Frühgermanische Kulturen.**

BERNHARD, H.: Studien zu den Anfängen römischer Besiedlung in der Region Ludwigshafen. In: Mitt. Hist. Ver. Pfalz. 83 (1985), S. 33ff. Zitiert: **H. Bernhard: Anfänge römischer Besiedlung.**

CAPELLE, T.: Studien über elbgermanische Gräberfelder in der ausgehenden Latènezeit und der älteren römischen Kaiserzeit, Hildesheim 1971 (Münstersche Beitr. Vor- u. Frühgesch. 6). Zitiert: **T. Capelle: Elbgermanische Gräberfelder.**

COSACK, E.: Die Fibeln der Älteren Römischen Kaiserzeit in der Germania libera I: Armbrustfibeln, Rollenkappenfibeln, Augenfibeln, Neumünster 1979. Zitiert: **E. Cosack: Fibeln Ältere Römische Kaiserzeit.**

DAUBER, A. u.a.: Archäologische Karte der Stadt- und der Landkreise Heidelberg und Mannheim, Karlsruhe 1967 (Bad. Fundber. Sonderh. 10). Zitiert: **A. Dauber u.a.: Archäologische Karte Heidelberg und Mannheim.**

GARBSCH, J.: Die norisch-pannonische Frauentracht im 1. und 2. Jahrhundert, München 1965 (Münchner Beitr. Vor- u. Frühgesch. 11). Zitiert: **Norisch-pannonische Frauentracht.**

GARBSCH, J.: Römische Paraderüstungen, München 1978 (Münchner Beitr. Vor- u. Frühgesch. 30). Zitiert: **J. Garbsch: Römische Paraderüstungen**

GROPENGIEßER, E.: Die Spätlatènezeit im unteren Neckarland und die Suebi Nicretes. Ungedr. Diss. Heidelberg 1956. Ziteirt: **E. Gropengießer: Spätlatènezeit und die Suebi Nicretes.**

GROPENGIEß ER, H.: Ausgrabungen in Ladenburg. In: MGBl 10 (1909), S. 34ff. Zitiert: **H. Gropengießer: Ausgrabungen Ladenburg.**

HEUKEMES, B.: Die römische Siedlung von Ladenburg-Weihergärten, Rhein-Neckar-Kreis, Stuttgart 1984 (ArchAusgrBW 1983), S. 120ff. Zitiert: **B. Heukemes: Siedlung Ladenburg-Weihergärten**.

KLUMBACH, H.: Römische Helme aus Niedergermanien, Köln 1974 (Kunst u. Altertum am Rhein 51). Zitiert: **H. Klumbach: Römische Helme.**

KOLNIK, T.: Römerzeitliche Gräberfelder in der Slowakei, Bratislava 1980 (Arch. Slovaca Fontes 14/I). Zitiert: **T. Kolnik: Römerzeitliche Gräberfelder.**

KRIER, J./REINERT, F.: Das Reitergrab von Hellingen, Luxemburg 1993. Zitiert: **J. Krier/F. Reinert: Reitergrab von Hellingen.**

LENZ-BERNHARD, G.: Ein Dosenortband aus der villa rustica „Ladenburg-Ziegelscheuer". In: Arch. Nachr. Baden 36 (1986), S. 32ff. Zitiert: **G. Lenz-Bernhard: Dosenortband villa rustica.**

DIES.: Frühgermanische Funde an Oberrhein und Neckar. In: Denkmalpfl. Baden-Württemberg 19 (1990), S. 170ff. Zitiert: **G. Lenz-Bernhard: Frühgermanische Funde.**

DIES.: Ladenburg-Ziegelscheuer (Rhein-Neckar-Kreis). Neckarswebische Siedlung und Villa rustica. Eine Untersuchung zur Besiedlungsgeschichte der Oberrheingermanen, für die Forschungen und Berichte zur Vor- und Frühgeschichte in Baden-Württemberg [in Druckvorbereitung]. Zitiert: **G. Lenz-Bernhard: Ladenburg-Ziegelscheuer.**

LENZ-BERNHARD, G./BERNHARD, H.: Das Oberrheingebiet zwischen Caesars Gallischem Krieg und der flavischen Okkupation (58 v.-73 n. Chr.). Eine siedlungsgeschichtliche Studie. In: Mitt. Hist. Ver. Pfalz 89 (1991), S. 5ff. Zitiert: **G. Lenz-Bernhard/H. Bernhard: Oberrheingebiet.**

NIERHAUS, R.: Das swebische Gräberfeld von Diersheim, Berlin 1966 (Röm.-Germ. Forsch. 28). Zitiert: **R. Nierhaus: Gräberfeld Diersheim.**

MOTYKOVÁ-ŠNEIDEROVÁ, K.: Die Anfänge der römischen Kaiserzeit in Böhmen, Prag 1963 (Fontes Arch. Pragenses 6). Zitiert: **K. Motyková-Šneiderová: Anfänge römische Kaiserzeit.**

DIES.: Zur Chronologie der ältesten römischen Kaiserzeit in Böhmen. In: Berliner Jahrb. Vor- u. Frühgesch. 5 (1965), S. 103ff. Zitiert: **K. Motyková-Šneiderová: Chronologie älteste römische Kaiserzeit.**

NUBER, H. U.: Ein römischer Grabfund aus Ludwigshafen-Maudach. In: Mitt. Hist. Ver. Pfalz 70 (1972), S. 111ff. Zitiert: **H. U. Nuber: Grabfund Ludwigshafen-Maudach.**

PESCHECK, Chr.: Die germanischen Bodenfunde der römischen Kaiserzeit in Mainfranken, München 1978 (Münchner Beitr. Vor- u. Frühgesch. 27). Zitiert: **Chr. Pescheck: Germanische Bodenfunde.**

REDLICH, C.: Zur germanischen Trinkhornsitte bei den Germanen der älteren Kaiserzeit. In: Prähist. Zeitschr. 52 (1977), S. 61ff. Zitiert: **C. Redlich: Trinkhornsitte Germanen.**

REUTTI, F.: Typologie der Grundrisse römischer Villen, Veszprém 1995 (Balácai Közlemények III, 1994. Forschungen und Ergebnisse. Internationale Tagung über römische Villen), S. 200ff. Zitiert: **F. Reutti: Typologie römischer Villen.**

SCHMIDT, B./W. NITZSCHKE, W.: Ein Gräberfeld der Spätlatènezeit und der frührömischen Kaiserzeit bei Schkopau, Kr. Merseburg, Berlin 1989 (Veröff. Landesmus. Vorgesch. Halle 42). Zitiert: **B. Schmidt/W. Nitzschke: Gräberfeld Schkopau.**

SEYER, R.: Zur Besiedlungsgeschichte im nördlichen Mittelelb-Havel-Gebiet um den Beginn unserer Zeitrechnung, Berlin 1976 (Schr. Ur- u. Frühgesch. 29). Zitiert: **R. Seyer: BesiedlungsgeschichteMittelelb-Havelgebiet.**

SPEIDEL, M.P./SCARDIGLI, B.: Neckarschwaben (Suebi Nicrenses). In: Arch. Korrbl. 20 (1990), S. 201ff. Zitiert: **M. P. Speidel/B. Scardigli: Neckarschwaben.**

USLAR, R. v.: Die germanische Siedlung in Haldern bei Wesel am Niederrhein. In: Bonn. Jahrb. 149 (1949), S. 105ff. Zitiert: **R. v. Uslar: Germanische Siedlung Haldern.**

WAGNER, E.: Fundstätten und Funde aus vorgeschichtlicher, römischer und alamannisch-fränkischer Zeit im Großherzogtum Baden Bd. 2: Das badische Unterland, Tübingen 1911. Zitiert: **E. Wagner: Fundstätten und Funde.**

WAURICK, G.: Römische Helme: In: A. BOTTINI u.a.: Antike Helme. Sammlung Lipperheide und andere Bestände des Antikenmuseums Berlin, Mainz 1988 (Monograph. RGZM 14). Zitiert: **G. Waurick: Römische Helme.**

## H.-J. Schulzki: Trajan, Ladenburg und das Jahr 98 (S. 75–80)

**Quellen:**

Eutropi breviarium ab urbe condita, rec. F. RUEHL, Stuttgart 1887.

Pauli Orosii historiarum adversum paganos libri VII, rec. C. ZANGEMEISTER, Wien 1882 (CSEL vol. V).

Pline le Jeune, Lettres tom. IV: livre X, ed. M. DURRY, Paris 1964.

**Literatur:**

KAISER, H./SOMMER, C. S.: Lopodunum I – Die römischen Befunde der Ausgrabungen an der Kellerei in Ladenburg 1981–1985 und 1990, Stuttgart 1994 (Forsch. u. Ber. z. Vor- u. Frühgesch. Baden Württembergs Bd. 50).

SCHUMACHER, K.: Neue Ausgrabungen in Ladenburg. In: MGBl 1 (1900), S. 88–94.

SIEVERT, A. J.: Lopodunum – Ladenburg 98 bis 1898. Eine achtzehnhundertjährige Stadtgeschichte zur Erinnerung an das Gedächtnisfest vom 16. Oktober 1898, Karlsruhe 1900.

STARK, B.: Ladenburg am Neckar und seine römischen Funde. In: Bonner Jahrb. 44/45 (1868), S. 1–54.

WILMANNS, J. C. : Die Doppelurkunde von Rottweil und ihr Beitrag zum Städtewesen in Obergermanien. In: Epigr. Studien 12 (1981), S. 1–182.

## C. S. Sommer: Vom Kastell zur Stadt (S. 81–201)

**Abgekürzt zitierte Literatur:**

BAATZ, D.: Lopodunum – Ladenburg a. N. Die Grabungen im Frühjahr 1960, Freiburg/Karlsruhe 1961 (Badische Fundber. Sonderh. 1). Zitiert: **Baatz: Lopodunum.**

BENNETT, J.: Trajan. Optimus Princeps, London/New York 1997. Zitiert: **Bennett: Trajan.**

CÜPPERS, H.: Trier. In: CÜPPERS, H. (Hg.): Die Römer in Rheinland-Pfalz, Stuttgart 1990. Zitiert: **Cüppers: Trier.**

CZYSZ, W./DIETZ, K./FISCHER, Th./KELLNER, H.-H. (Hg.): Die Römer in Bayern, Stuttgart 1995. Zitiert: **Czysz/u.a.: Römer.**

DAUBER, A./GROPENGIEßER, E./HEUKEMES B./SCHAAB, M.(Hg.): Archäologische Karte der Stadt- und Landkreise Heidelberg und Mannheim, Freiburg/Karlsruhe 1967 (Badische Fundber. Sonderh. 10). Zitiert: **Dauber u.a.: Karte.**

ECK, W.: Die Statthalter der germanischen Provinzen, Köln/Bonn 1985 (Epigr. Studien 14). Zitiert: **Eck: Statthalter.**

DERS..: Trajan. In: CLAUSS, M. (Hg.): Die römischen Kaiser, München 1997, S. 110–124. Zitiert: **Eck: Trajan.**

FRERE, S. S.: Rezension zu BAATZ: Lopodunum. In: Germania 41 (1963), S. 153–155. Zitiert: **Frere: Rezension.**

GROPENGIEßER, H.: Die römische Basilika in Ladenburg, Mannheim 1914. Zitiert: **Gropengießer: Basilika.**

DERS.: Neue Beobachtungen in Ladenburg. In: Germania 11 (1928), S. 56–57. Zitiert: **Gropengießer: Beobachtungen.**

DERS. In: DERS./WEISE, G.: Die Ausgrabungen an der Sebastianskirche in Ladenburg. In: MGBl 13 (1913), S. 179–181. Zitiert: **Gropengießer: Sebastianskirche.**

HEUKEMES, B.: Eine spätrömische Befestigung in Ladenburg, Rhein-Neckar-Kreis. In: ArchAusgrBW (1985), S. 166–169 (entspricht B. HEUKEMES, B.: Eine neuentdeckte spätrömische Befestigung an der Ausoniusstraße. Der Lobdengau. Sonderausg. Jan. 1987). Zitiert: **Heukemes: Befestigung.**

DERS.: Der spätrömische Burgus von Lopodunum, Ladenburg am Neckar. Vorbericht der Untersuchung von 1979. In: FB a BW 6 (1981), S. 433–473. Zitiert: **Heukemes: Burgus.**

HEUKEMES, B.: Zur keltischen Doppelschanze „Am Wasserbett“ von Ladenburg, Rhein-Neckar-Kreis. In: Denkmalpfl. Baden-Württemberg 12 (1983), S. 193–198. Zitiert: **Heukemes: Doppelschanze.**

DERS.: Neue Funde und Entdeckungen. In: Der Lobdengau XX/1 (1966). Zitiert: **Heukemes: Entdeckungen 1966/1.**

DERS.: Weitere bedeutende Römerfunde aus Lopodunum. In: Der Lobdengau XIX/2 (1966). Zitiert: **Heukemes: Entdeckungen 1966/2.**

DERS.: Weitere bedeutende Römerfunde aus Lopodunum. In: Der Lobdengau XIX/3 (1966). Zitiert: **Heukemes: Entdeckungen 1966/3.**

DERS.: Neue Funde und Entdeckungen. In: Der Lobdengau XX/2 (1967). Zitiert: **Heukemes: Entdeckungen 1967/2.**

DERS.: Neue Funde und Entdeckungen. In: Der Lobdengau XX/4 (1967). Zitiert: **Heukemes: Entdeckungen 1967/4.**

DERS.: Das Jahr 1968 – ein Jahr neuer Entdeckungen. In: Der Lobdengau XXI/4 (1968). Zitiert: **Heukemes: Entdeckungen 1968.**

DERS.: Weitere neue Entdeckungen aus dem Ladenburger Boden. In: Der Lobdengau XXII/3 (1969). Zitiert: **Heukemes: Entdeckungen 1969.**

DERS.: Neue Funde und Entdeckungen. In: Der Lobdengau XXIII/2 (1970). Zitiert: **Heukemes: Entdeckungen 1970.**

DERS.: Weitere Funde und Entdeckungen. In: Der Lobdengau XXIV/2 (1971). Zitiert: **Heukemes: Entdekkungen 1971.**

DERS.: Wichtiger Hinweis auf das Weiterleben der römischen Bevölkerung von Lopodunum während des 4. Jahrhunderts n.Chr. durch neue Funde an der Baustelle Kastellweg 17. In: Der Lobdengau XXVI/4 (1973). Zitiert: **Heukemes: Entdeckungen 1973.**

DERS.: Die Ergebnisse eines Jahrzehnts archäologischer Forschung im Bereich des Bischofshofs in Ladenburg (1963–1974). Interner Bericht (wohl 1994). Zitiert: **Heukemes: Ergebnisse.**

DERS.: Der römische vicus Lopodunum – Ladenburg. In: Führer zu vor- und frühgesch. Denkmälern 3 (1965), S. 158–166. Zitiert: **Heukemes: Führer.**

DERS.: Ein unerforschtes Heiligtum – vermutlich ein Mithräum – wurde unter dem Neubau Trajanstr. 28 einbetoniert. In: Der Lobdengau XXIV/2 (1971). Zitiert: **Heukemes: Heiligtum.**

DERS. In: Die Stadt- und Landkreise Heidelberg und Mannheim. Amtliche Kreisbeschreibung I, Karlsruhe 1966, S. 150–179 und III, Karlsruhe 1970, S. 609f. Zitiert: **Heukemes: Kreisbeschreibung.**

HEUKEMES, B.: mit „Arbeitsbericht", „Jahresbericht", „Tätigkeitsbericht", „Fundschau" überschriebene jährl. Berichte von 1973–1980 an das Landesdenkmalamt Baden-Württemberg, Karlsruhe (Ortsakten). Zitiert: **Heukemes: Jahresbericht.**

DERS.: Die Jupitergigantensäule von Ladenburg in antiker Zeit und heute. In: Denkmalpfl. Baden-Württemberg 2 (1975), S. 38–43. Zitiert: **Heukemes: Jupitergigantensäule.**

DERS.: Ladenburg HD. In: FILTZINGER, Ph./PLANCK, D./CÄMMERER, B.: Die Römer in Baden-Württemberg, Stuttgart [3]1986, S. 383–396. Im wesentlichen identisch mit B. HEUKEMES: Ladenburg Lopodunum. In: J. CRAMER (Hg.): Ladenburg. Die Altstadt als Denkmal, München 1981, S. 19–29. Zitiert: **Heukemes: Ladenburg.**

DERS.: Neuer Relief-Fund aus der Römerstadt Ladenburg. In: Der Lobdengau XIX/1 (1965). Zitiert: **Heukemes: Mithras.**

DERS.: LOPODVNVM. CIVITAS VLPIA SVEBORVM NICRETVM. Archäologischer Plan des römischen Ladenburg, Stuttgart 1986. Zitiert: **Heukemes: Plan.**

DERS.: Über bedeutenden Resten der Römerzeit. In: Der Lobdengau XXIII/3 (1970). Zitiert: **Heukemes: Reste 3.**

DERS.: Über bedeutenden Resten der Römerzeit. In: Der Lobdengau XXIII/4 (1970). Zitiert: **Heukemes: Reste 4.**

DERS.: Der spätrömische Burgus mit Schiffslände des Valentinian I. In: Archäologische Entdeckungen unter dem neuen Rathaus in Ladenburg. Der Lobdengau. Sonderausg. zum 27. 6. 1982. S. 1–7. Zitiert: **Heukemes: Schiffslände.**

DERS.: Die römischen Funde von der St. Sebastianskapelle in Ladenburg am Neckar. Vorläufiger Bericht der Grabung 1969/70. In: Saalburg Jahrb. 28 (1971), S. 5–13. Zitiert: **Heukemes: Sebastianskapelle.**

DERS.: Die römische Siedlung von Ladenburg-Weihergärten, Rhein Neckar-Kreis. In: ArchAusgrBW (1983), S. 120–123. Zitiert: **Heukemes: Siedlung.**

DERS.: Die Entdeckung des Römischen Kulttheaters von Lopodunum. In: Der Lobdengau XX/5 (1967). Zitiert: **Heukemes: Theater.**

JUNKELMANN, M.: Reiter aus Statuen wie Erz, Mainz 1996. Zitiert: **Junkelmann: Reiter.**

KAISER, H.: Ausgrabungen am Domhofplatz und am Kellereiplatz in Ladenburg am Neckar, Rhein-Neckar-Kreis. In: ArchAusgrBW (1981), S. 106–111. Zitiert: **Kaiser: Ausgrabungen 1981.**

DERS.: Ausgrabungen am Kellereiplatz in Ladenburg am Neckar, Rhein-Neckar-Kreis. In: ArchAusgrBW (1982), S. 89–94. Zitiert: **Kaiser: Ausgrabungen 1982.**

KAISER, H.: Ausgrabungen im Stadtbereich von Lopodunum/Ladenburg am Neckar, Rhein-Neckar-Kreis. In: Arch AusgrBW (1983), S. 109–120. Zitiert: **Kaiser: Ausgrabungen 1983.**

DERS.: Ausgrabungen an der Kellerei in Ladenburg a. N., Rhein-Neckar-Kreis. In: ArchAusgrBW (1984), S. 109–113. Zitiert: **Kaiser: Ausgrabungen 1984.**

DERS.: Fortführung der Ausgrabungen an der Kellerei in Ladenburg, Rhein-Neckar-Kreis. In: ArchAusgrBW (1995), S. 183–186. Zitiert: **Kaiser: Ausgrabungen 1995.**

DERS.: Ausgrabungen im römischen Ladenburg. In: Arch AusgrBW (1996), S. 116–120. Zitiert: **Kaiser: Ausgrabungen 1996.**

DERS.: Abschluß der Ausgrabungen an der Kellerei in Ladenburg, Rhein-Neckar-Kreis. In: ArchAusgrBW (1997), S. 131–133. Zitiert: **Kaiser: Ausgrabungen 1997.**

DERS.: Ein Kanalisationsschnitt durch die Südseite des römischen Forums von Ladenburg am Neckar. In: Arch AusgrBW (1997), S. 133–134. Zitiert: **Kaiser: Forum.**

DERS.: Neue Götterbilder aus der Realschulstraße in Ladenburg a. N., Rhein-Neckar-Kreis. In: ArchAusgrBW (1984), S. 113–115. Zitiert: **Kaiser: Götterbilder.**

DERS.: Die römischen Kastelle in Ladenburg. In: Studien zu den Militärgrenzen Roms. Ber. 13. Intern. Limeskongr. Aalen 1983; Stuttgart 1986 (Forsch. u. Ber. Vor- u. Frühgesch. Baden-Württemberg 20), S. 182–186. Zitiert: **Kaiser: Kastelle.**

DERS.: Die Ausgrabungen an der Kellereigasse 1981–1985. In: SOMMER, C. S./KAISER, H.: LOPODVNVM – Ladenburg a. N. Archäologische Ausgrabungen 1981–1987. ArchInfBW 5 (1988), S. 22–46. Zitiert: **Kaiser: Ladenburg.**

KAISER, H./SOMMER, C. S.: Ausgrabungen im Stadtbereich von Ladenburg am Neckar, Rhein-Neckar-Kreis. In: ArchAusgrBW (1985), S. 119–125. Zitiert: **Kaiser/Sommer: Ausgrabungen 1985.**

DIES.: LOPODVNVM I. Die römischen Befunde der Ausgrabungen an der Kellerei in Ladenburg 1981–1985 und 1990, Stuttgart 1994 (Forsch. u. Ber. Vor.- u. Frühgesch. Baden-Württemberg 50). Zitiert: **Kaiser/Sommer: LOPODVNVM.**

KORTÜM, K.: Zur Datierung der römischen Militäranlagen im obergermanisch-rätischen Limesgebiet. Chronologische Untersuchungen anhand der Münzfunde. Saalburg Jahrb. (im Druck). Zitiert: **Kortüm: Datierung.**

DERS.: PORTUS – Pforzheim. Untersuchungen zur Archäologie und Geschichte in römischer Zeit, Sigmaringen 1995. Zitiert: **Kortüm: Pforzheim.**

Künzl, E. mit einem Beitrag von B. Heukemes: Das römische Prunkportal von Ladenburg, Stuttgart 1998. Zitiert: **Künzl: Prunkportal.**

Laur-Belart, R.: Führer durch Augusta Raurica [5] (L. Berger [Bearb.]), Basel 1988. Zitiert: **Laur-Belart: Führer.**

Meyer, M. G./Schaeff, H./Sommer, C. S.: Die römische Stadtmauer von Ladenburg und andere Aspekte des antiken LOPODVNVM, Rhein-Neckar-Kreis. In: Arch AusgrBW (1993), S. 140–146. Zitiert: **Meyer/Schaeff/Sommer: Ausgrabungen 1993.**

Mylius, H.: Die römische Marktbasilika in Lopodunum. In: Germania 30 (1952), S. 56–69. Zitiert: **Mylius: Marktbasilika.**

Nuber, H.-U.: Das Steinkastell Hofheim (Main-Taunus-Kreis). In: Studien zu den Militärgrenzen Roms. Ber. 13. Internationaler Limeskongress Aalen 1983; Stuttgart 1986 (Forsch. u. Ber. Vor- u. Frühgesch. Baden-Württemberg 20), S. 226–234. Zitiert: **Nuber: Hofheim.**

Planck, D.: Die römischen Städte Ladenburg, Wimpfen und Rottenburg. In: ZGO 135, NF 96 (1987), S. 6–23. Zitiert: **Planck: Städte.**

Rupprecht, G.: Untersuchungen zum Dekurionenstand in den nordwestlichen Provinzen des römischen Reiches, Kallmünz 1975 (Frankfurter Althist. Stud. 8). Zitiert: **Rupprecht: Dekurionenstand.**

Schaab, M. unter Mitwirkung von B. Heukemes: Ladenburg und Wimpfen im Tal aus der Sicht der frühmittelalterlichen Landesgeschichte. In: ZGO 135 (1987), S. 38–56. Zitiert: **Schaab: Ladenburg.**

Schallmayer, E.: Neue Ausgrabungen in Ladenburg 1980. In: Denkmalpfl. Baden-Württemberg 10 (1981), S. 81–86. Zitiert: **Schallmayer: Ausgrabungen.**

Ders.: Archäologische Beobachtungen im römischen Ladenburg. In: Arch. Nachr. Baden 26 (1981), S. 49–55. Zitiert: **Schallmayer: Beobachtungen.**

Ders.: Abschluß der archäologischen Ausgrabungen am Bischofshof in Ladenburg. In: ArchAusgrBW (1987), S. 107–111. Zitiert: **Schallmayer: Bischofshof.**

Ders.: Die Ausgrabungen auf dem Gelände des Domhofplatzes in Ladenburg während der Jahre 1980/81. In: Archäologische Entdeckungen unter dem neuen Rathaus in Ladenburg. Der Lobdengau. Sonderausgabe zum 27. 6. 1982, S. 8–15 (wie Schallmayer: Ausgrabungen, aber ergänzt). Zitiert: **Schallmayer: Domhofplatz.**

Schönberger, H.: Die römischen Truppenlager der frühen und mittleren Kaiserzeit zwischen Nordsee und Inn. In: Ber. RGK 66 (1985), S. 321–497. Zitiert: **Schönberger: Truppenlager.**

Schumacher, K.: Neue Ausgrabungen bei Ladenburg. In: MGBl 1 (1900), S. 88–94. Zitiert: **Schumacher: Ausgrabungen.**

Ders.: Siedelungs- und Kulturgeschichte der Rheinlande von der Urzeit bis in das Mittelalter Bd. 2, Mainz 1923. Zitiert: **Schumacher: Rheinlande.**

Seel, K. III: Die Ausgrabungen und Funde in Ladenburg 1925 und 1926. In: Der Lobdengau III (1927). Zitiert: **Seel: Ausgrabungen.**

Sommer, C. S.: Les agglomérations secondaires de la Germanie transrhénanie (rechtsrheinisches Obergermanien). In: J.-P. Petit/M. Mangin (Hg.): Les agglomérations secondaires. La Gaule Belgique, les Germanies et l'occident romain. Actes du colloques de Bliesbruck-Rheinheim 1992, Paris 1994, S. 89–102. Zitiert: **Sommer: Agglomérations.**

Ders.: Forum und Basilika der Civitas Ulpia Sueborum Nicretum, Ladenburg am Neckar, Rhein-Neckar-Kreis. In: ArchAusgrBW (1984), S. 104–108. Zitiert: **Sommer: Ausgrabungen 1984.**

Ders.: Ausgrabungen in Ladenburg, Rhein-Neckar-Kreis. In: ArchAusgrBW (1986), S. 138–142. Zitiert: **Sommer: Ausgrabungen 1986.**

Ders.: Ausgrabungen in Lopodunum – Ladenburg, Rhein-Neckar-Kreis. In: ArchAusgrBW (1987), S. 101–106. Zitiert: **Sommer: Ausgrabungen 1987.**

Ders.: Ausgrabungen in Lopodunum – Ladenburg, Rhein-Neckar-Kreis. In: ArchAusgrBW (1988), S. 103–106. Zitiert: **Sommer: Ausgrabungen 1988.**

Ders.: Neue Untersuchungen im römischen und mittelalterlichen Ladenburg, Rhein-Neckar-Kreis. In: ArchAusgr BW (1989), S. 133–135. Zitiert: **Sommer: Ausgrabungen 1989.**

Ders.: Ausgrabungen in Ladenburg 1990. In: ArchAusgrBW (1990), S. 112–117. Zitiert: **Sommer: Ausgrabungen 1990.**

Ders.: Ausgrabungen in Ladenburg, Rhein-Neckar-Kreis. In: ArchAusgrBW (1991), S. 131–134. Zitiert: **Sommer: Ausgrabungen 1991.**

Ders.: Ausgrabungen im römischen und mittelalterlichen Ladenburg, Rhein-Neckar-Kreis. In: ArchAusgrBW (1994), S. 129–133. Zitiert: **Sommer: Ausgrabungen 1994.**

Ders.: Kastell und Kastellvicus – Modell für die Canabae legionis? In: Jahresber. Ges. Pro Vindonissa 1997 (im Druck). Zitiert: **Sommer: Canabae.**

Ders.: Ausgrabungen in Ladenburg. Informationsheft 3 (1986). Zitiert: **Sommer: Informationsheft 3.**

Ders.: Kastellvicus und Kastell. Untersuchungen zum Zugmantel im Taunus und zu den Kastellvici in Obergermanien und Rätien. In: FB a BW 13 (1988), S. 457–707. Zitiert: **Sommer: Kastellvicus.**

SOMMER, C. S.: Die Grabungen in der Metzgergasse und bei St. Gallus. In: SOMMER, C. S./KAISER, H.: LOPODV-NVM – Ladenburg a. N. Archäologische Ausgrabungen 1981–1987. In: ArchInfBW 5 (Stuttgart 1988) S. 7–21. Zitiert: **Sommer: Ladenburg.**

DERS.: MVNICIPIVM ARAE FLAVIAE – Militärisches und ziviles Zentrum im rechtsrheinischen Obergermanien. Das römische Rottweil im Licht neuer Ausgrabungen. In: Ber. RGK 73 (1992), S. 269–313. Zitiert: **Sommer: MVNICIPIVM.**

DERS.: Die städtischen Siedlungen im rechtsrheinischen Obergermanien. In: SCHALLES, H.-J./HESBERG, H. v./ ZANKER, P. (Hg.): Die römische Stadt im 2. Jahrhundert n.Chr. Der Funktonswandel im öffentlichen Raum. Koll. Xanten 2.–4. Mai 1990, Köln/Bonn 1992, S. 119–141. Zitiert: **Sommer: Siedlungen.**

DERS.: Die römischen Zivilsiedlungen in Südwestdeutschland. In: PLANCK, D. (Hg.): Archäologie in Württemberg, Stuttgart 1988, S. 281–310. Zitiert: **Sommer: Zivilsiedlungen.**

SPEIDEL, M.P./SCARDIGLI, B.: Neckarschwaben (Suebi Nicenses). In: Arch. Korrbl. 20 (1990), S. 201–207. Zitiert: **Speidel/Scardigli: Neckarschwaben.**

STARK, B.: Ladenburg am Neckar und seine römischen Funde. In: Bonner Jahrb. 44/45 (1868), S. 1–45. Zitiert: **Stark: Ladenburg.**

STROBEL, K.: Bemerkungen zum Wechsel zwischen den Legionen XIV Gemina und XXII Primigenia in Mainz und zur Struktur des untergermanischen Heeres in trajanischer Zeit. In: Germania 66 (1988), S. 437–453. Zitiert: **Strobel: Bemerkungen.**

DERS.: Untersuchungen zu den Dakerkriegen Trajans, Bonn 1984 (Antiquitas Reihe I/33). Zitiert: **Strobel: Dakerkriege.**

TRUMM, J./SOMMER, C. S.: Die Ausgrabungen in Lopodunum – Ladenburg, Rhein-Neckar-Kreis. In: ArchAusgrBW (1992), S. 134–138. Zitiert: **Trumm/Sommer: Ausgrabungen 1992.**

WAGNER, E.: Fundstätten und Funde aus vorgeschichtlicher, römischer und alamannisch-fränkischer Zeit im Großherzogtum Baden Bd. 2, Tübingen 1911, bes. S. 212–235 (Ladenburg). Zitiert: **Wagner: Fundstätten.**

WALSER, G.: Bemerkungen zu den gallisch-germanischen Meilensteinen. In: Zeitschr. Papyrologie u. Epigr. 43 (1981), S. 385–402. Zitiert: **Walser: Bemerkungen.**

WILDENBERG, J. J. A. J./SOMMER, C. S.: Ausgrabungen in der Metzgergasse in Ladenburg, Rhein-Neckar-Kreis. In: ArchAusgrBW (1995), S. 186–189. Zitiert: **Wildenberg/ Sommer: Ausgrabungen 1995.**

WILMANNS, J. C.: Die Doppelurkunde von Rottweil und ihr Beitrag zum Städtewesen in Obergermanien. In: Epigr. Studien 12 (1981), S. 1–182. Zitiert: **Wilmanns: Doppelurkunde.**

## Beiträge von H. Probst (S. 203–425)

**Ungedruckte Quellen:**

Die für Ladenburg relevanten Urkunden und Aktenbestände der Landes- bzw. Staatsarchive in Karlsruhe (GLA), Darmstadt (StaatsA Darmstadt) und Speyer (LA Speyer) sind an Ort und Stelle in den Anmerkungen gekennzeichnet. Seit 1996 befinden sich die Bestände des Gatterer Apparates (Gatt App), die seit Mitte des 19. Jhs. im Staatsarchiv Luzern lagerten, im LA Speyer.

**Gedruckte Quellen:**

CHRIST, Karl (Bearb.): Die Schönauer und Lobenfelder Urkunden von 1142–1225. In: MGBl 6 (1905), Sp. 180.

Chronicon diplomaticum Monasterii Schönau in silva odoniana, hg. von Stephanus Alexander WÜRDTWEIN, Mannheim 1792. Zitiert: **Würdtwein: Chron Schön.**

Codex Laureshamensis, bearb. und neu hg. von Karl GLÖCKNER, 3 Bde., Darmstadt 1929–1936. ND 1963. Zitiert: **CL.**

Ladenburger Kirchenbücher. Teil I: Reformierte und lutherische Kirchenbücher von 1649–1821; Teil II: Katholische Kirchenbücher von 1646–1810; Teil III: Die evangelischen und katholischen Kirchenbücher des neunzehnten Jahrhunderts, Badische Ortssippenbücher 49, bearb. von Karl DIEFENBACHER, Ladenburg 1983–1988. Zitiert: **KibLad 1–3.**

Ladenburger Stadtbücher. Das Eidebuch und das Ämterbuch 1534/59–1641/46, bearb. und kommentiert von Karl DIEFENBACHER, Ladenburg 1977. Zitiert: **StbLad 1.**

Ladenburger Stadtbücher. Das Protokollbuch des Stadtschreibers Waibel. Ratsprotokolle 1603–1606, bearb. und kommentiert von Karl DIEFENBACHER, Ladenburg 1988. Zitiert: **StbLad 2.**

Ladenburger Stadtbücher. Die Ämterbücher der Stadt Ladenburg 1559–1813, bearb. von Gernot LORSONG und Karl DIEFENBACHER, Ladenburg 1991. Zitiert: **Ämterbücher.**

Ladenburger Stadtbücher. Handel und Wandel im alten Ladenburg. Teil I: Ladenburger Wehrbuch 1598–1624, bearb. von Gerhard REICHHOLD und Karl DIEFENBACHER, Ladenburg 1990. Zitiert: **WbLad 1**; Teil II: Wehrschaftsbuch von Ladenburg 1626–1692, bearb. von Gerhard REICHHOLD, hg. vom Heimatbund Ladenburg 1990. Zitiert: **WbLad 2**; Teil III: Register und Pfandbuch mit Personen und Flurnamenregister zu Bd. I und II, zusammengestellt von Gerhard REICHHOLD, Ladenburg 1990. Zitiert: **WbLad 3**; Teil IV: Ladenburger Wehrbuch 1697–1732, bearb. von Gerhard REICHHOLD, Ladenburg 1992. Zitiert: **WbLad 4**.

Lorscher Codex. Urkundenbuch der ehemaligen Fürstabtei Lorsch etc. Ins Deutsche übertragen von Karl Josef MINST, 6 Bde. Lorsch 1966–1972. Zitiert: **CL Minst**.

MONE, Franz J. [Direktor des Generallandesarchivs, Begründer und Herausgeber der Zeitschrift für die Geschichte des Oberrheins (=ZGO)] hat in den ersten 30 Bänden der ZGO zahlreiche Quellen bearbeitet und unter verschiedenen Sachgruppen veröffentlicht. Wir begnügen uns bei der Zitierung mit dem betreffenden Band der ZGO und der Seitenzahl.

Monumenta Germaniae Historica.

-- Auctores antiquissimi, 15 Bde., Berlin 1877–1919. Zitiert: **MGH AA**.

-- Constitutiones et acta publica imperatorum et regum, Bde. 1–6 und 8–11, Hannover u.a. 1903–1988. Zitiert: **MGH Const**.

-- Diplomata regum et imperatorum Germaniae, 10 Bde., Wien u.a. 1872–1990. Zitiert: **MGH D** mit den Herrschernamen in Abkürzung und laufender Nummer, also: MGH DO I nr 12 = Urkunde Ottos I. Nr. 12.

Oberrheinische Stadtrechte I/6: Ladenburg u.a., bearb. von Carl KOEHNE, Heidelberg 1902. S. 7–31. Zitiert: **OrhStR I**.

Quellen zur Geschichte der Stadt Worms, hg. von Heinrich BOOS, 3 Bde., Berlin 1886–1893. Zitiert: **QuGStWo I–III**.

Regesta Imperii Bde. 1–8, bearb. von Johann Friedrich BÖHMER, Neubearbeitungen von Julius FICKER u.a., Köln u.a. 1877–1990. Zitiert: **RI**.

Regesten der Pfalzgrafen am Rhein Bd. 1: 1214–1400, bearb. von Adolf KOCH und Jakob WILLE, Innsbruck 1894; Bd. 2: Die Regesten König Ruprechts 1400–1410, bearb. von Lambert VON OBERNDORFF, München 1939. Zitiert: **RPR I–II**.

SCHANNAT, Joannes Ferdinandus: Historia Episcopatus Wormatiensis Pontificum Romanorum bullis regum imperatorum diplomatibus etc., 2 Bde., Frankfurt 1734. Zitiert: **Schannat**.

Sylloge variorum diplomatariorum monumentorumque veterum ineditorum, hg. von Valentin Ferdinand VON GUDENUS, Frankfurt 1728. Zitiert: **Gud Syll**.

***Urkundenbücher*:**

Urkundenbuch des Klosters Fulda Bd. 1, bearb. von Edmund E. STENGEL, Marburg 1913 (Veröffentl. d. Historischen Kommission f. Hessen u. Waldeck X/I). Zitiert: **Ub Fulda**.

Urkundenbuch zur Geschichte der Bischöfe zu Speyer, hg. von F. X. REMLING, 2 Bde., Mainz 1852/53. Zitiert: **UbBiSp**.

Urkundenbuch zur Geschichte der jetzt die Preußischen Regierungsbezirke Koblenz und Trier bildenden mittelrheinischen Territorien, hg. von Heinrich BEYER, Bd. 1, Koblenz 1860. ND 1974. Zitiert: **MrhUb**.

Urkundenbuch zur Geschichte der Stadt Speyer, hg. von A. HILLGRUBER, Straßburg 1885. Zitiert: **UbStSpeyer**.

Die Weistümer der Zent Schriesheim, bearb. von Karl KOLLNIG, Stuttgart 1968 (Badische Weistümer und Dorfordnungen 2) (Veröffentl. d. Kommission f. Geschichtliche Landeskunde in BW, Reihe A, 16). Zitiert: **Kollnig: Weistümer Schriesheim**.

Die Weistümer der Zent Kirchheim, bearb. von Karl KOLLNIG , Stuttgart 1979 (Badische Weistümer und Dorfordnungen 3) ( VKomGLkde, A , 29) . Zitiert: **Kollnig: Weistümer Kirchheim**.

ZORN, Friedrich: Wormser Chronik (entstanden um 1527), hg. von Wilhelm ARNOLD, Stuttgart 1857, ND Amsterdam 1969 (Bibliothek des literarischen Vereins in Stuttgart 43). Zitiert: **Zorn: Chronik**.

**Literatur mit Bedeutung für die Stadtgeschichte Ladenburgs in Auswahl:**

(Nur einmal herangezogene Literatur erscheint nicht hier, sondern in der betreffenden Anmerkung im laufenden Text)

ABEL, Wilhelm: Geschichte der deutschen Landwirtschaft, 2. Aufl. Stuttgart 1967 (Deutsche Agrargeschichte 2). Zitiert: **Abel: Landwirtschaft**.

Die Alamannen. Ausstellungskatalog, hg. vom Archäologischen Landesmuseum Baden-Württemberg, Stuttgart 1997. Zitiert: **Alamannen**.

BENNER, Manfred/WENDT, Achim: „Heidelberga incognita" – Archäologische und bauhistorische Ergebnisse zu den Anfängen Heidelbergs. In: Heidelberg – Jahrbuch zur Geschichte der Stadt 1 (1996), S. 61–101. Zitiert: **Benner/Wendt: Heidelberg**.

Das Bistum Worms von der Römerzeit bis zur Auflösung 1801, hg. von Friedhelm JÜRGENSMEIER u.a., Würzburg 1997 (Beiträge zur Mainzer Kirchengeschichte 5) . Zitiert: **Jürgensmeier: Worms**.

BOOS, Heinrich: Geschichte der rheinischen Städtekultur von den Anfängen bis zur Gegenwart mit besonderer Berücksichtigung von Worms, 4 Bde., 2. Aufl. Berlin 1897–1901. Zitiert: **Boos: Städtekultur**.

BORGOLTE, Michael: Die mittelalterliche Kirche, München 1992 (EDG 17). Zitiert: **Borgolte: Mittelalterliche Kirche**.

BOSL, Karl: Die Reichsministerialität der Salier und Staufer, 2 Bde., München 1950–51 (Schriften der MGH 10).

BRUNN, Hermann: 1200 Jahre Schriesheim, Mannheim 1964. Zitiert: **Brunn: Schriesheim.**

BUCHENAU, H.: Betrachtungen zur mittelrheinischen Münzkunde salischer und staufischer Zeit. In: Mitteilungen der Bayerischen Numismatischen Gesellschaft 46 (1928), S. 7–32. Zitiert: **Buchenau.**

BÜTTNER, Heinrich: Ladenburg am Neckar und das Bistum Worms bis zum Ende des 12. Jahrhunderts. In: ArchHessG NF 28 (1963), S. 83–98. Zitiert: **Büttner: Ladenburg.**

DERS.: Zur frühmittelalterlichen Reichsgeschichte an Rhein, Main und Neckar, hg. von Alois GERLICH, Darmstadt 1975. Zitiert: **Büttner/Gerlich.**

EBERHARD, Hildegard: Die Diözese Worms am Ende des 15. Jahrhunderts nach den Erhebungen des „Gemeinen Pfennigs" und dem Wormser Synodale von 1496, Münster 1919 (Vorreformatorische Forschungen 9).

EBRARD, Friedrich August: Andreas Lamey und die Stalboheln Johann Goswin Widders. In: ZGO 90 (1938), S. 130–132.

EHREND, H.: Speyerer Münzgeschichte, Speyer 1976. Zitiert: **Ehrend.**

EHWALD, R.: Die mittelalterlichen Münzen von Würzburg 899–1495, Würzburg 1988. Zitiert: **Ehwald.**

FÖRSTEMANN, Ernst: Altdeutsches Namenbuch Bd. 1: Personennamen, 2. Aufl. Bonn 1900, Bd. 2: Ortsnamen, 3. Aufl. Bonn 1913/16.

FORTNER, Carl Ludwig: Ladenburg. Einst und jetzt in Wort und Bild, Ladenburg 1950.

Die Franken – Wegbereiter Europas, hg. von A. WIECZOREK, K. v. WELCK, P. PÉRIN und W. MENGHIN, 2 Bde., Mainz 1996. Zitiert: **Franken.**

FRIED, Johannes: Ladenburg am Neckar und der Rheinische Bund von 1254/56. In: ZGO 120 (1972), S. 457–463. Zitiert: **Fried: Ladenburg.**

FÜTTERER, Paul: Neckarhausen – Geschichte und Gegenwart, Bretten 1973.

GEBHARDT, Bruno: s. Handbuch.

GERCKE, Hans: Ladenburg, St. Gallus, München 1984 (Kleine Kunstführer 1502).

Geschichte der Stadt Speyer, hg. von der Stadt Speyer, red. von Wolfgang EGER, 3 Bde., 2. Aufl. Stuttgart 1983.

GLÖCKNER, Karl: Lorsch und Lothringen, Robertiner und Capetinger. In: ZGO 89 (1937), S. 301–354.

GRIMM, Jakob und Wilhelm: Deutsches Wörterbuch, 19 Bde., Leipzig 1854–1871.

GROTHE, Hermann: Stammtafeln mit Anhang: Calendarium medii aevi, Leipzig 1877. ND Leipzig 1984.

Handbuch der deutschen Geschichte, hg. von Bruno GEBHARDT. Neubearbeitete 10. Aufl., hg. von Herbert GRUNDMANN, 7 Bde., München 1980. Zitiert: **Gebhardt.**

Handbuch der deutschen Wirtschafts- und Sozialgeschichte Bd. 1, hg. von Hermann AUBIN u.a., Stuttgart 1971. Zitiert: **HbWiSozG.**

Handbuch zur Kirchengeschichte, hg. von Hubert JEDIN, 4 Bde., Freiburg 1967, ND 1985. Zitiert: **HbKiG.**

HÄUSSER, Robert und HEUKEMES, Berndmark: Ladenburg – Porträt einer 2000jährigen Stadt. Bilderläuterungen sowie englischer und französischer Einführungstext, 4. Aufl. Mannheim 1983.

HEUKEMES, Berndmark: Lopodunum etc. Archäologischer Plan des römischen Ladenburg mit Erläuterungen, hg. vom Landesdenkmalamt in Verbindung mit der Stadt Ladenburg, Stuttgart 1986. Zitiert: **Heukemes: Arch. Plan.**

DERS.: Der spätrömische Burgus von Lopodunum – Ladenburg am Neckar. In: FB a BW 6 (1981). Zitiert: **Heukemes: Burgus.**

Heidelberg – Geschichte und Gestalt, hg. von Elmar MITTLER, Heidelberg 1996.

Historischer Atlas von Baden-Württemberg, hg. von der Kommission für geschichtliche Landeskunde in Baden-Württemberg in Verbindung mit dem Landesvermessungsamt Baden-Württemberg unter Mitwirkung zahlreicher Fachgelehrter. Kartenteil und Erläuterungen, 2 Bde., Stuttgart 1972–1985. Zitiert: **Hist. Atlas BW.**

HOFFMANN, Karl/STURM, Günther: Ladenburg, Mannheim 1989.

HOLDER, Alfred: Alt-celtischer Sprachschatz, 3 Bde., Leipzig 1896. Zitiert: **Holder.**

IMHOF, Otto: Die Ministerialität in den Stiftern Straßburg, Speier und Worms, Diss. Freiburg 1912.

Die Inschriften des Rhein-Neckar-Kreises Bd. II/6: Ehemaliger Landkreis Mannheim etc., bearb. von Renate NEUMÜLLERS-KLAUSER u.a., München 1977 (Die Deutschen Inschriften 16). Zitiert: **Inschriften RNK II.**

ISENMANN, Eberhard: Die deutsche Stadt im Spätmittelalter 1250–1500, Stuttgart 1988. Zitiert: **Isenmann: Stadt.**

JOSEPH, P.: Die Halbbrakteatenfunde von Worms und Abenheim, Frankfurt 1900. Zitiert: **Joseph: Fd. v. Worms.**

DERS.: Die Münzen von Worms, Worms 1906. Zitiert: **Joseph.**

KAISER, Hartmut/SOMMER, C. Sebastian: Lopodunum I: Die römischen Befunde der Ausgrabungen an der Kellerei in Ladenburg 1981–1985 und 1990, 2 Bde., Stuttgart 1994 (Forschungen u. Berichte zur Vor- und Frühgeschichte in Baden-Württemberg 50).

KAISER, Reinhold: Das römische Erbe und das Merowingerreich, München 1993 (EDG 26). Zitiert: **Kaiser: Erbe.**

Zur Kontinuität zwischen Antike und Mittelalter am Oberrhein, hg. von Franz STAAB, Sigmaringen 1994 (Oberrheinische Studien 11).

KRIEGER, Albert: Topographisches Wörterbuch des Großherzogtums Baden, 2 Bde. 2. Aufl. Heidelberg 1904/05. Zitiert: **A. Krieger**.

KRIEGER, Karl Friedrich: König, Reich und Reichsreform im Spätmittelalter, München 1992 (EDG 14). Zitiert: **Krieger: König, Reich.**

Kulturbruch oder Kulturkontinuität im Übergang von der Antike zum Mittelalter, hg. von Paul Egon HÜBINGER, Darmstadt 1968 (Wege der Forschung 201) .

Die Kunstdenkmäler des Landkreises Mannheim, bearb. von Hans HUTH, Karlsruhe 1968 (Die Kunstdenkmäler Badens X/3). Zitiert: **Kunstdenkmäler**.

Ladenburg – Die Altstadt als Denkmal. Altstadtsanierung, Öffentlichkeit und Denkmalspflege, hg. von Johannes CRAMER u. a., München 1982.

LAHRKAMP, Helmut: Dreißigjähriger Krieg – Westfälischer Frieden. Eine Darstellung der Jahre 1618–1648 mit 326 Bildern und Dokumenten, Münster 1997.

LAMEY, Andreas: Pagi Lobodunensis descriptio, Mannheim 1766 (Acta Academiae Theodoro-Palatinae 1).

LEXER, Matthias: Mittelhochdeutsches Handwörterbuch, 3 Bde., Leipzig 1872.

Lexikon des Mittelalters, 7 Bde. [im Erscheinen], München/Zürich 1980 ff. Zitiert: **LexMA**.

LORSONG, Gernot G.: Ladenburg. Von den Eiszeitjägern bis heute, Karlsruhe 1994.

MEYER, Hans: Topographie der Diözese Worms im Mittelalter. In: ArchHessG NF 17 (1932), S. 1–92. Zitiert: **Meyer: Topographie**.

MÖLLER, Walther: Stamm-Tafeln westdeutscher Adels-Geschlechter im Mittelalter, 4 Bde., Darmstadt 1922–1951. Zitiert: **Möller: Stammtafeln**.

NIERHAUS, Rolf: Studien zur Römerzeit in Gallien, Germanien und Hispanien, Bühl/Baden 1977.

NOBEL, Hildegard: Königtum und Heiligenverehrung zur Zeit der Karolinger, Diss Masch. Heidelberg 1956. Zitiert: **Nobel: Heiligenverehrung**.

Ortskernatlas Baden-Württemberg, bearb. von Wolf DEISEROTH. Bd. II/1: Regierungsbezirk Karlsruhe, Stadt Ladenburg, Rhein-Neckar-Kreis, Stuttgart 1984.

Pfalzatlas, hg. von Wilhelm ALTER , 6 Bde., Speyer 1963–1994. Zitiert: **Pfalzatlas**.

PLANCK, Dieter: Mittelalterliche Städte auf römischer Grundlage, hier: Das römische Ladenburg (Tagungsbericht). In: ZGO 135 (1987), S. 18–23 mit archäologischen Plänen.

PROBST, Hansjörg: Neckarau Bd. 1: Von den Anfängen bis ins 18. Jahrhundert, Mannheim 1988. Zitiert: **Probst: Neckarau I**.

DERS.: Der Ortsname Ladenburg und seine Aussagekraft für die Kontinuitätsfrage. In: MGBl NF 3 (1996), S. 57–67.

PROBST, H.: Seckenheim – Geschichte eines Kurpfälzer Dorfes, Mannheim 1981. Zitiert: **Probst: Seckenheim**.

Paulys Realencyklopädie der classischen Altertumswissenschaften, hg. von Georg WISSOWA u.a. Reihe 1: Bde. 1–24/1, Stuttgart 1893–1963; Reihe 2: Bde. 1–10, Stuttgart 1914–1972. Suppl.-Bde. 1–15, Stuttgart 1903–1978. Zitiert: **RE**.

RÖSENER, Werner: Agrarwirtschaft, Agrarverfassung und ländliche Gesellschaft im Mittelalter, München 1992 (EDG 13). Zitiert: **Rösener: Agrarwirtschaft**.

SCHAAB, Meinrad: Die Diözese Worms im Mittelalter. In: FDA 86 (1966), S. 94–219. Zitiert: **Schaab: Worms**.

DERS.: Die Entstehung des pfälzischen Territoriums am unteren Neckar und die Anfänge der Stadt Heidelberg. In: ZGO 106 (1958), S. 233–276. Zitiert: **Schaab: Entstehung**.

DERS.: Geschichte der Kurpfalz, 2 Bde., Stuttgart 1988–1992. Zitiert: **Schaab: Kurpfalz**.

DERS.: Ladenburg als wormsische Bischofsresidenz. In: Südwestdeutsche Bischofsresidenzen außerhalb der Kathedralstädte, hg. von Volker PRESS, Stuttgart 1992 (Veröffentlichungen der Kommission für geschichtliche Landeskunde in Baden-Württemberg 116), S. 83–97. Zitiert: **Schaab: Bischofsresidenz**.

DERS.: Die Ministerialität der Kirchen, des Pfalzgrafen, des Reiches und des Adels am unteren Neckar und im Kraichgau. In: Ministerialität im Pfälzer Raum, hg. von F. L. WAGNER, Speyer 1975 (Veröffentlichungen der Pfälzischen Gesellschaft zur Förderung der Wissenschaften 64), S. 95 –120. Zitiert: **Schaab: Ministerialität**.

DERS.: Territoriale Entwicklung der Hochstifte Speyer und Worms. In: Pfalzatlas, Textband 2, hg. von Wilhelm ALTER, Speyer 1971, S. 760–780.

DERS.: Die Wiederherstellung des Katholizismus in der Kurpfalz im 17. und 18. Jahrhundert. In: ZGO 114 (1966), S. 147–205. Zitiert: **Schaab Kathol.**

SCHAAB, M. unter Mitwirkung von HEUKEMES, B.: Ladenburg und Wimpfen im Tal aus der Sicht der frühmittelalterlichen Landesgeschichte. In: Mittelalterliche Städte auf römischer Grundlage im einstigen Dekumatenland, Tagungsbericht von H. KELLER. In: ZGO 135 (1987), S. 38–56. Zitiert: **Schaab/Heukemes: Ladenburg und Wimpfen im Tal**.

SCHÄFER, Alfons: Mauerbaupflicht fränkischer Königsleute zu Ladenburg und an der karolingerzeitlichen Ringwallanlage „Heidenlöcher" bei Deidesheim. In: ZGO 113 (1965), S. 429–435.

SCHALLMEYER, Egon/GROSS, Uwe: Die mittelalterlichen und neuzeitlichen Befunde und Funde der Grabungen auf dem Gelände des Domhofs in Ladenburg, Rhein-Neckar-Kreis,

1980 und 1981, Stuttgart 1983 (Forschungen und Berichte der Archäologie des Mittelalters in Baden-Württemberg 8). Zitiert: **Schallmeyer/Gross: MA Befunde.**

SCHEUERBRANDT, Arnold: Südwestdeutsche Stadttypen und Städtegruppen bis zum frühen 19. Jahrhundert, Heidelberg 1972 (Heidelberger Geographischen Arbeiten 32).

SCHMITT, Helmut E.: Die Wirkungen des 30-jährigen Krieges und der Franzosenkriege auf die Wirtschaft der Stadt Ladenburg, Mannheim 1958 [Maschinenschriftliche Diplomarbeit].

SCHMOLL, U.: Lopodunum – Ladenburg. In: Ruperto-Carola VIII/19 (1956), S. 157–161.

SCHNEIDER, Reinhard: Das Frankenreich, 3. Aufl. München 1995 (OGG 5). Zitiert: **Schneider: Frankenreich.**

SCHUCH, Christoph Theophil: Politische und Kirchengeschichte von Ladenburg und der Neckarpfalz, Heidelberg 1843. Zitiert: **Schuch: Ladenburg.**

SCHULZ, Knut: Die Ministerialität als Problem der Stadtgeschichte. Einige allgemeine Bemerkungen, erläutert am Beispiel der Stadt Worms. In: RhVjbl 32 (1968), S. 184–219. Zitiert: **Schulz: Ministerialität.**

SCHÜTZE, Christian: Die territoriale Entwicklung der rheinischen Pfalz im 14. Jahrhundert seit dem Hausvertrag von Pavia 1329, Diss. Masch., Heidelberg 1955. Zitiert: **Schütze: Territoriale Entwicklung.**

SIEVERT, Albert Julius: Lopodunum – Ladenburg 98 bis 1898 – Eine achtzehnhundertjährige Stadtgeschichte, Karlsruhe 1900. Zitiert: **Sievert: Ladenburg.**

SEILER, Alois: Das Hochstift Worms im Mittelalter. In: Der Wormsgau, Beiheft 4 (1936).

STAAB, Franz: Eine ungleiche Gesellschaft – Völker und soziale Schichten im Frankenreich nach schriftlichen Quellen. In: MGBl NF 3 (1996), S. 23–56. Zitiert: **Staab: Ungleiche Gesellschaft.**

DERS.: Untersuchungen zur Gesellschaft am Mittelrhein in der Karolingerzeit, Mainz 1975 (Geschichtliche Landeskunde 11). Zitiert: **Staab: Untersuchungen.**

DERS.: Speyer im Frankenreich 500–918. In: Geschichte der Stadt Speyer (s.o.), S. 163–248. Zitiert: **Staab: Speyer.**

Die Stadt- und Landkreise Heidelberg und Mannheim. Amtliche Kreisbeschreibung, hg. von der staatlichen Archivverwalrung Baden- Württemberg, 3 Bde., Karlsruhe 1966–1970, ND Stuttgart 1974. Zitiert: **AKB I–III.**

THIELE, Andreas: Erzählende genealogische Stammtafeln zur europäischen Geschichte Bd. I/1, 3. Aufl. Frankfurt 1997.

TRAUTZ, Fritz: Das untere Neckarland im früheren Mittelalter, Heidelberg 1953. Zitiert: **Trautz: Neckarland.**

WERNER, Karl Ferdinand: Die Ursprünge Frankreichs bis zum Jahr 1000, Stuttgart 1989 (Geschichte Frankreichs 1). Zitiert: **Werner: Frankreich.**

WIDDER, Johann Goswin: Abhandlung von den Stalboheln. In: Rheinische Beiträge zur Gelehrsamkeit 12 (1778), S. 401–431. Zitiert: **Widder: Stalboheln.**

DERS.: Versuch einer vollständigen Geographisch-Historischen Beschreibung der Kurfürstlichen Pfalz am Rheine. In vier Teilen. Bd. 1: Oberamt Ladenburg, Frankfurt/Leipzig 1786. ND Neustadt an der Aisch 1996, S. 447–482. Zitiert: **Widder.**

Zeit der Staufer. Ausstellungskatalog, Bd. 3, Stuttgart 1977, S. 87–102: Münzen, bearb. von Elisabeth NAU (Abb. in Bd. 2, Abb. 93ff.). Zitiert: **ZdS.**

ZOTZ, Thomas: Die Formierung der Ministerialität. In: Die Salier und das Reich 3, hg. von Stefan WEINFURTER, Sigmaringen 1992, S. 3–50. Zitiert: **Zotz: Ministerialität.**

## G.G. Lorsong: Entwicklung der Bevölkerungszahl und -struktur sowie der Stadtverwaltung vom 16. Jahrhundert bis 1900 (S. 463–486)

(Zu den Quellen und Handbüchern sowie ihren Siglen siehe das Gesamtverzeichnis unter Probst, S. 809–810)

BRANDT, Arnim: Bau deinen Altar auf fremder Erde, Stuttgart 1983.

DÖPFNER, Ernst: Durch Gassen und Straßen in Ladenburg, Hemsbach 1990.

HACKER, Werner: Kurpfälzische Auswanderer vom unteren Neckar, Stuttgart 1993 (Sonderveröffentl. d. Stadtarchivs Mannheim 4).

JÄHNIG, Bernhart: Kleiner Atlas zur deutschen Territorialgeschichte, 2. erw. Aufl. Bonn 1991.

LORSONG, Gernot: Taufe uns Alexander, Karlsruhe 1991.

DERS.: Schweizer Einwanderer nach Heidelberg nach dem Dreißigjährigen Krieg, Heidelberg 1996 (Sonderveröffentl. des Albert-Metzler-Kreises Heidelberg).

DERS.: Ladenburger Stammfamilien und Wirtedynastien, Ladenburg 1996.

MÜLLER, Wolfgang: Auswertung der Auswandererkartei des GLA Karlsruhe, Karlsruhe 1997.

## J. Kreutz: Amt und Amtsstadt Ladenburg 1705–1863/64 (S. 487–503)

AMMERICH, Hans : Das letzte Jahrhundert des Bistums. In: JÜRGENSMEIER, Friedhelm u.a. (Hg.): Das Bistum Worms. Von der Römerzeit bis zur Auflösung 1801, Würzburg 1997 (Beiträge z. Mainzer Kirchengesch. 5), S. 225–260.

ARBEITSGEMEINSCHAFT DER KREISARCHIVE BEIM LANDKREISTAG BADEN-WÜRTTEMBERG (Hg.): Die Amtsvorsteher der Oberämter, Bezirksämter und Landratsämter in Baden-

Württemberg 1810 bis 1972, Stuttgart 1996. Zitiert: **Amtsvorsteher**.

ANDERMANN, Kurt u.a. (Bearb.): Baden. Land-Staat-Volk 1806–1871, Karlsruhe 1980 (Schriftenreihe der Gesellschaft für kulturhistorische Dokumentation 3).

ARBEITSKREIS DER ARCHIVE IM RHEIN-NECKAR-DREIECK (Hg.): Der Rhein-Neckar-Raum und die Revolution von 1848/49. Revolutionäre und ihre Gegenspieler, Ubstadt-Weiher 1998.

BETTENDORF, Wilhelm Freiherr von : Die ehemals reichsunmittelbaren Reichsfreiherren von Bettendorff, Mschr. Manuskript [Nußloch 1940].

BETZ, Karl: Die wirtschaftsgeschichtliche Entwicklung der Stadt Ladenburg a/Neckar, Phil. Diss. Heidelberg 1924. Zitiert: **Betz: Entwicklung**.

DERS.: Die kurpfälzische Oberamtsstadt Ladenburg. In: Der Lobdengau 1 (April u. Juli 1926).

BEZZEL, Oskar: Geschichte des kurpfälzischen Heeres von seinen Anfängen bis zur Vereinigung von Kurpfalz und Kurbayern 1777 nebst Geschichte des Heerwesens in Pfalz-Zweibrücken, München 1925 (Geschichte des bayerischen Heeres IV/1).

[BÜCHLER, Johann Leberecht]: Das Großherzogthum Baden nach seinen Kreisen, Hofgerichts-Provinzen und Amtsbezirken topographisch dargestellt, 2. vermehrte, und umgearbeitete Aufl., Karlsruhe 1814.

CHRIST, Karl: Gebietstausch zwischen Kurpfalz und dem Bistum Worms. In: Monatsschrift des Frankenthaler Altertums Vereins 19 (1909), S. 38.

DERS.: Zugehörungen des Kurpfälzer Oberamts Ladenburg. In: Der Lobdengau 1 (Oktober 1926).

DIEFENBACHER, Karl (Bearb.): Ladenburger Kirchenbücher, Teil 2: Katholische Kirchenbücher von 1646–1810, Ladenburg 1985.

DOERR, Albert: Der Bischofshof in Ladenburg a. N. Eine Darstellung seiner Entwicklung auf Grund geschichtlicher und architektonischer Forschungen unter Beigabe von Abbildungen und geometrischen Aufnahmen, Diss. Karlsruhe, Mainz 1912.

DRÜLL, Dagmar: Heidelberger Gelehrtenlexikon 1652–1802, Berlin/Heidelberg/New York/London u.a. 1991.

EBERSOLD, Günther (Hg.): Stephan Freiherr von Stengel. Denkwürdigkeiten, Mannheim 1993 (Schriften der Gesellschaft der Freunde Mannheims und der ehemaligen Kurpfalz – Mannheimer Altertumsverein von 1859 Bd. 23).

EIBACH, Joachim: Der Staat vor Ort. Amtmänner und Bürger im 19. Jahrhundert am Beispiel Badens, Frankfurt/New York 1994 (Historische Studien 4).

GASSNER, Klaus: Schatthausen. Eine Vogtsherrschaft in der frühen Neuzeit, Heidelberg 1994.

HEUNISCH, A[dam] I[gnaz] V[alentin]: Geographisch-statistisch-topographische Beschreibung des Großherzogthums Baden nach den Bestimmungen der Organisation vom Jahre 1832 größtentheils nach officiellen Quellen bearbeitet, Heidelberg 1833.

DERS.: Das Großherzogthum Baden, historisch-geographisch-statistisch-topographisch beschrieben, Heidelberg 1857.

HOF- UND STAATSHANDBUCH des Großherzogtums Baden 1834 u. 1841, Karlsruhe 1834 u. 1841.

HUTH, Hans u.a. (Bearb.): Die Kunstdenkmäler des Landkreises Mannheim, München 1967 (Die Kunstdenkmäler in Baden 10).

KARST, Theodor: Das kurpfälzische Oberamt Neustadt an der Haardt, Speyer 1960 (Veröffentl. zur Geschichte von Stadt und Kreis Neustadt an der Weinstraße 1).

KASTNER, Julius Friedrich: Hemsbach an der Bergstraße im Wandel der Zeit, hg. von der Stadt Hemsbach, Hemsbach 1980.

KNESCHKE, Ernst Heinrich: Neues allgemeines Adels-Lexicon, Unveränderter Abdruck des im Verlage von Friedrich Voigt zu Leipzig 1859–1870 erschienenen Werkes, 9 Bde., Leipzig 1929–30.

KOEHNLE, Carl: Oberrheinische Stadtrechte, hg. von der Badischen Historischen Kommission. Erste Abteilung. Fränkische Rechte. Sechstes Heft: Ladenburg, Wiesloch, Zuzenhausen, Bretten, Gochsheim, Heidelsheim, Zeutern, Boxberg, Eppingen, Heidelberg 1902.

Die Stadt und Landkreise Heidelberg und Mannheim, hg. von der Staatlichen Archivverwaltung Baden-Württemberg in Verbindung mit den Städten und den Landkreisen Heidelberg und Mannheim, Bd. 1: Allgemeiner Teil u. Bd. 3: Die Stadt Mannheim und die Gemeinden des Landkreises Mannheim, Karlsruhe 1966 u. 1970. Zitiert: **Kreisbeschreibung**.

KUNZE, Benno: Das kurpfälzische Oberamt Ladenburg (1705–1803) mit einem Rückblick auf die Geschichte der in ihm zusammengeschlossenen Ortschaften. In: Der Lobdengau 26 (1–3/1973) u. 27 (1/1974).

LENZ, Rüdiger: Kellerei und Unteramt Dilsberg. Entwicklung einer regionalen Verwaltungsinstanz im Rahmen der kurpfälzischen Territorialpolitik am unteren Neckar, Stuttgart 1989 (Veröffentl. der Kommission für Geschichtliche Landeskunde in Baden-Württemberg 115). Zitiert: **Lenz: Kellerei**.

DERS.: Das kurpfälzische Oberamt Mosbach. Ursprünge und Organisation der Amtsverfassung. In: Mosbacher Jahreshefte 2 (1992), S. 40-67.

DERS.: Entwicklung der kurpfälzischen Verwaltung zu Lindenfels. In: Der Odenwald. Zeitschrift des Breuberg-Bundes 40 (1993), S. 87-99.

LENZ, Rüdiger: Lindenfels und Dilsberg – zwei kurpfälzische Ämter im Vergleich, Neckargemünd-Dilsberg 1995.

MÖRZ, Stefan: Aufgeklärter Absolutismus in der Kurpfalz während der Mannheimer Regierungszeit des Kurfürsten Karl Theodor (1742–1777), Stuttgart 1991 (Veröffentl. der Kommission für Geschichtliche Landeskunde in Baden-Württemberg 120).

[MÜLLER, Friedrich]: Das Großherzogthum Baden nach seinen Kreisen, Hofgerichts-Provinzen und Amtsbezirken topographisch skizzirt, 3. umgearbeitete Aufl. Karlsruhe 1820.

NOLTE, Paul: Gemeindebürgertum und Liberalismus in Baden 1800–1850, Göttingen 1994 (Kritische Studien zur Geschichtswissenschaft 102).

REDECKER, Ulrike: Die Badische Verwaltungsgliederung, Hausarbeit zur Wissenschaftlichen Prüfung für das Lehramt an Gymnasien, Mschr. Manuskript, Mannheim 1974.

SCHAAB, Meinrad u. MORAW, Peter: Territoriale Entwicklung der Kurpfalz (von 1156 bis 1792). In: ALTER, Willi (Hg.): Pfalzatlas, Textbd. 1, Speyer 1964, S. 393–428.

SCHAAB, Meinrad: Geschichte der Kurpfalz, Bd. 2: Neuzeit, Stuttgart/Berlin/Köln 1992. Zitiert: **Schaab: Kurpfalz 2**.

SCHUCH, Chr. Theophil: Politische und Kirchen-Geschichte von Ladenburg und der Neckarpfalz. Aus den Quellen bearbeitet, Heidelberg 1843.

SCHWARZMAIER, Hansmartin u.a. (Hg.): Handbuch der baden-württembergischen Geschichte, Bd. 3: Vom Ende des Alten Reiches bis zum Ende der Monarchien, Stuttgart 1992.

STIEFEL, Karl: Baden 1648–1952, 2 Bde., Karlsruhe 1977.

UNIVERSAL-LEXIKON des Großherzogthum Baden. Bearbeitet unter Mitwirkung von vielen Gelehrten und Vaterlandsfreunden, Karlsruhe 1843.

WECHMAR, Karl von: Handbuch für Baden und seine Diener oder Verzeichniß aller badischen Diener vom Jahr 1790 bis 1840, nebst Nachtrag bis 1845, von einem ergrauten Diener und Vaterlandsfreund, Heidelberg 1846.

WIDDER, Johann Goswin: Versuch einer vollständigen geographisch-historischen Beschreibung der kurfürstl. Pfalz am Rheine, Bd. 1, Frankfurt am Main/Leipzig 1786, S. 447–482.

## H. Kneis: Chronik der Revolution 1848/49 in Ladenburg (S. 505–508)

Die Chronik basiert im wesentlichen auf folgenden Darstellungen:

ARBEITSGEMEINSCHAFT HAUPTAMTLICHER ARCHIVARE IM STÄDTETAG BADEN-WÜRTTEMBERG (Hg.): Revolution im Südwesten. Stätten der Demokratiebewegung 1848/49 in Baden-Württemberg, Karlsruhe 1997 (mit weiterführender Literatur).

ARBEITSKREIS DER ARCHIVE IM RHEIN-NECKAR-DREIECK (Hg.): Der Rhein-Neckar-Raum und die Revolution von 1848/49. Revolutionäre und ihre Gegenspieler, Ubstadt-Weiher 1998 (mit weiterer Literatur zur Region und einzelnen Personen).

FREITAG, Sabine: Friedrich Hecker. Biographie eines Republikaners, Stuttgart 1998 (Transatlantische Hist. Studien 10).

SÄTTELE, Franz: Ladenburg im Revolutionsjahr 1849. Einführung zum Ladenburger Heimatspiel „Anno 1849", Ladenburg [1934].

SIEVERT, Albert J.: Lopodunun – Ladenburg 98 bis 1898. Eine achzehnhundertjährige Stadtgeschichte zur Erinnerung an das Gedächtsnisfest vom 16. Oktober 1898, Karlsruhe 1900.

VOLLMER, Franz X.: Der Traum von der Freiheit. Vormärz und 48er Revolution in Süddeutschland in zeitgenössischen Bildern, Stuttgart 1983.

## K. Kolb: Die Geschichte der Ladenburger Schulen im 19. und 20. Jahrhundert (S. 521–559)

**Archivmaterial**: Ladenburger Archiv (Registriernummern werden angegeben) (= **StALa**)

Im Stadtarchiv befinden sich ferner:

Befehlsbuch der evangelischen Schule Ladenburg.
Protokollbuch der katholischen Schule Ladenburg.
Protokollbuch der israelischen Schule Ladenburg.
Protokollbuch für Schulsachen Ladenburg.
Protokollbuch Gewerbeschule Ladenburg.
Protokollbuch Kindergarten Ladenburg.

Unveröffentlichte Akten des Carl-Benz-Gymnasiums (z. Zt. nicht zugänglich).

BRAND, Helmut: Dokumente zur Geschichte der Merian-Realschule (Privatbesitz).

Halbjahresprogramme der Volkshochschule Ladenburg.

**Schulordnungen und andere Amtsblätter:**

Badische bzw. Baden-Württembergische Amtsblätter:

Verordnungsblatt des Großherzoglichen Badischen Oberschulrats (ab 1862; später d. Oberschulamts). Zitiert: **Verordnungsblatt**.

Badisches Schulverordnungsblatt (ab 1918). Zitiert: **BSV**.

Amtsblatt des Badischen Minsteriums des Kultus und Unterricht (ab 1933). Zitiert: **Amtsblatt**.

Kultus und Unterricht (ab 1946).

**Zeitungen und Zeitschriften:**

Neckar-Bergstraß-Post (bis 1939). Zitiert: **NBP**.

Ladenburger Zeitung (ab 1949). Zitiert: **LZ**.

**Literatur:**


Entstehung und Entwicklung der Kreislandwirtschaftsschule Ladenburg. In: Festschrift aus Anlaß der Feier des 100jährigen Bestehens der Kreislandwirtschaftsschule Ladenburg (1968).

IMHOF, Otto: Geschichte des Realprogymnasiums Ladenburg. In: 90 Jahre Realprogymnasium Ladenburg (1953).

JOHO, Helmut: Das Schulwesen in Eberbach von 1800 bis zur Gegenwart. In: Geschichte der Stadt Eberbach am Neckar vom 16. Jahrhundert bis zur Gegenwart, Sigmaringen 1992. Zitiert: **Joho**.

KÄMMERER, J. J.: Geschichte der Kurpfälzischen Oberamtsstadt Ladenburg, Mannheim 1789. Zitiert: **Kämmerer**.

KOLB, Klaus: Chronik des Carl-Benz-Gymnasiums. In: Festschrift zum 100jährigen Jubiläum des Carl-Benz-Gymnasiums (1963).

DERS.: Geschichte der höheren Schule in Ladenburg. In: Festschrift des Carl-Benz-Gymnasiums zum 125jährigen Bestehen der Schule (1988).

METZGER, Wilhelm: Geschichte der Höheren Bürgerschule Ladenburg. In: Festschrift zur Feier des 30jährigen Bestehens der Anstalt (1893).

OLBRECHT, Heinz: Rückblick auf die Jahre 1948/49 am Realprogymnasium Ladenburg. In: Festschrift des Carl-Benz-Gymnasiums zum 125jährigen Bestehen der Schule (1988).

SCHUCH, Christoph Theophil: Politische und Kirchengeschichte von Ladenburg und der Neckarpfalz, o.O. o.J. [1834 oder später]. Zitiert: **Schuch**.

SIEVERT, A. J.: Lopodunum – Ladenburg 98 bis 1898. Eine achtzehnhundertjährige Stadtgeschichte von Ladenburg, Karlsruhe 1900. Zitiert: **Sievert**.


Dazu viele Einzelhinweise aus Zeitungsartikeln und persönlichen Gesprächen und Erinnerungen und allgemeines historisches Fachwissen.

## J. Kreutz: Das Ladenburger Reichsbanner Schwarz-Rot-Gold und der Kampf um die Republik (1924–1933) (S. 561–590)


ALBRECHT, Richard: 'Symbolkrieg' in Deutschland 1932: Eine historisch-biografische Skizze, Siegen 1986 (Forschungsschwerpunkt Massenmedien und Kommunikation an der Universität-Gesamthochschule Siegen 44).

ARBEITSKREIS JÜDISCHE GESCHICHTE (Bearb.): Die jüdischen Ladenburger. Ein Beitrag zur Stadtgeschichte, Mannheim 1991 (Jüdische Bibliothek 2).

BRÄUNCHE, Ernst Otto: Die NSDAP in Baden 1928–1933. Der Weg zur Macht. In: SCHNABEL, Thomas (Hg.): Die Machtergreifung in Südwestdeutschland. Das Ende der Weimarer Republik in Baden und Württtemberg 1928–1933, Stuttgart/Berlin/Köln/Mainz 1982 (Schriften zur polit. Landeskunde Baden-Württembergs 6), S. 15–48.

BRAUN, Günter: Widerstand und Verfolgung in Mannheim 1933–1945. Mannheimer Sozialdemokraten gegen die Nazi-Diktatur, Mannheim o.J. [1983].

FREUND, Hartmut: Eine badische Kleinstadt unter dem Hakenkreuz. Nationalsozialistsiche Machterschleichung, Konsolidierung der Diktatur und Judenverfolgung in Ladenburg am Neckar (1933–1938), Mschr. Manuskript, Heidelberg 1988.

GOTSCHLICH, Helga: Zwischen Kampf und Kapitulation. Zur Geschichte des Reichsbanners Schwarz-Rot-Gold, (Ost-)Berlin 1987.

HANNA-DAOUD, Thomas: Die NSDAP und der Film bis zur Machtergreifung, Köln/Weimar/Wien 1996 (Medien in Gesch. u. Gegenwart 4).

KOPPER, Christopher: Zum Widerstand des Reichsbanners Schwarz Rot Gold im Rhein-Main-Gebiet. In: KNIGGE-TESCHE, Renate/ULRICH, Axel (Hg.): Verfolgung und Widerstand in Hessen (1933–1945), Frankfurt a.M. 1996, S. 166–178.

KURZ, Thomas: Feindliche Brüder im deutschen Südwesten. Sozialdemokraten und Kommunisten in Baden und Württemberg von 1928 bis 1933, Berlin 1996 (Berliner Hist. Studien 23).

MATTHIAS, Erich: Die Mannheimer Sozialdemokraten und der Bruch der badischen Koalition am 30. November 1932. In: Internationale Wissenschaftliche Korrespondenz zur Geschichte der deutschen Arbeiterbewegung 15 (1979), S. 437–442.

PYTA, Wolfram: Gegen Hitler und für die Republik. Die Auseinandersetzung der deutschen Sozialdemokratie mit der NSDAP in der Weimarer Republik, Düsseldorf 1989 (Beiträge zur Geschichrte der Parlamentarismus und der politischen Parteien 87).

REHBERGER, Horst: Die Gleichschaltung des Landes Baden 1932/33, Heidelberg 1966 (Heidelberger Rechtswissenschaftliche Abhandlungen N. F. 19).

ROHE, Karl: Das Reichsbanner Schwarz Rot Gold. Ein Beitrag zur Geschichte und Struktur der politischen Kampfverbände zur Zeit der Weimarer Republik, Düsseldorf 1966 (Beiträge zur Geschichte des Parlamentarismus und der polititischen Parteien 34).

SCHADT, Jörg: Alles für das Volk. Alles durch das Volk. Dokumente zur demokratischen Bewegung in Mannheim 1848–1948, Stuttgart-Aalen 1977 (Sonderveröffentl. d. Stadtarchivs Mannheim 1). Zitiert: **Schadt: Alles für das Volk**.

SCHADT, Jörg (Hg.): Im Dienst an der Republik. Die Tätigkeitsberichte des Landesvorstands der Sozialdemokratischen Partei Badens 1914–1932, Stuttgart/Berlin/Köln/Mainz 1977 (Veröffentl. des Stadtarchivs Mannheim 4). Zitiert: **Schadt: Im Dienst.**

SCHNEIDER, Erich: Erinnerungen an die badisch-pfälzische Revolution und die Pflege der 1848/49er Tradition zwischen der Reichsgründung und dem Ende der Weimarer Republik. In: ARBEITSKREIS DER ARCHIVE IM RHEIN-NECKAR-DREIECK (Hg.): Der Rhein-Neckar-Raum und die Revolution von 1848/49. Revolutionäre und ihre Gegenspieler, Ubstadt-Weiher 1998, S. 327–356.

STEHLING-HÖFLING, Jutta: Die badische SPD im Ersten Weltkrieg und in der Weimarer Republik (1914–1933). In: SCHADT, Jörg/SCHMIERER, Wolfgang (Hg.): Die SPD in Baden-Württemberg und ihre Geschichte. Von den Anfängen der Arbeiterbewegung bis heute, Stuttgart/Berlin/Köln/Mainz 1979 (Schriften zur politischen Landeskunde Baden-Württembergs 3), S. 122–159.

TOURY, Jacob: Die Judenfrage in der Entstehungsphase des Reichsbanners Schwarz-Rot-Gold. In: HEID, Ludger/PAUCKER, Arnold (Hg.): Juden und deutsche Arbeiterbewegung bis 1933. Soziale Utopien und religiöskulturelle Traditionen, Tübingen 1992 (Schriftenreihe wissenschaftlicher Abhandlungen des Leo-Baeck-Instituts 49), S. 215–235.

ULRICH, Axel: Freiheit! Das Reichsbanner Schwarz Rot Gold und der Kampf von Sozialdemokraten in Hessen gegen den Nationalsozialismus 1924–1938, hg. vom SPD-Bezirk Hessen-Süd, Frankfurt a.M. 1988. Zitiert: **Ulrich: Freiheit.**

DERS.: Syndikalisierter Widerstand in Hessen und im Raum Mannheim-Ludwigshafen. In: KNIGGE-TESCHE, Renate/ULRICH, Axel (Hg.): Verfolgung und Widerstand in Hessen (1933-1945), Frankfurt a.M. 1996, S. 198–212. Zitiert: **Ulrich: Widerstand.**

WEBER, Hermann: Hauptfeind Sozialdemokratie. Strategie und Taktik der KPD 1929–1933, Düsseldorf 1982.

WIDERSTAND gegen den Nationalsozialismus in Mannheim, hg. von Erich MATTHIAS u. Hermann WEBER unter Mitwirkung von Günter BRAUN und Manfred KOCH, Mannheim 1984.

WINKLER, Heinrich August: Der Weg in die Katastrophe. Arbeiter und Arbeiterbewegung in der Weimarer Republik 1930 bis 1933, 2. Aufl., Bonn 1990 (Geschichte der Arbeiter und der Arbeiterbewegung in Deutschland seit dem Ende des 18. Jahrhunderts 11).

## H. Kneis: Wahlen in Ladenburg 1919 bis 1933 (S. 591–618)

**Quellen:**

siehe die Vorbemerkung zum Anhang auf S. 608.

**Literatur:**

BRACHER, Karl Dietrich/FUNKE, Manfred/JACOBSON, Hans-Adolf (Hg.): Die Weimarer Republik 1918–1933. Politik-Wirtschaft-Gesellschaft, 2. durchgesehene Aufl., Bonn 1988 (Studien zur Geschichte und Politik 251).

FALTER, Jürgen/LINDENBERGER, Thomas/SCHUMANN, Siegfried: Wahlen und Abstimmungen in der Weimarer Republik. Materialien zum Wahlverhalten 1919–1933, München 1986 (Statistische Arbeitsbücher zur neueren deutschen Geschichte).

FREUND, Hartmut: Eine badische Kleinstadt unter dem Hakenkreuz. Nationalsozialistische Machterschleichung, Konsolidierung der Diktatur und Judenverfolgung in Ladenburg am Neckar 1933–1939, Mschr. Manuskript, Heidelberg 1988.

MATTHIAS, Erich/MORSEY, Rudolf (Hg.): Das Ende der Parteien 1933. Darstellungen und Dokumente, Düsseldorf 1984 (Reprint der Ausgabe von 1960).

OVERESCH, Manfred/SAAL, Friedrich Wilhelm: Die Weimarer Republik. Eine Tageschronik der Politik, Wirtschaft, Kultur, Augsburg 1982.

PYTA, Wolfram: Politische Kultur und Wahlen in der Weimarer Republik. In: RITTER, Gerhard A. (Hg.): Wahlen und Wahlkämpfe in Deutschland. Von den Anfängen im 19. Jahrhundert bis zur Bundesrepublik, Düsseldorf 1977 (Dokumente und Texte 4), S. 197–240. Zitiert: **Pyta: Politische Kultur.**

RUCK, Michael: Bibliographie zum Nationalsozialismus, Köln 1995.

STIEFEL, Karl: Baden 1648–1952, Bd. 2, Karlsruhe 1977.

STÜRMER, Michael (Hg.): Die Weimarer Republik. Belagerte Civitas, 2. erweiterte Aufl., Königstein/Taunus 1985.

## H. Freund: Ladenburg unter dem Hakenkreuz (S. 619–669)

**1. Ungedruckte Quellen und Dokumente:**

**Stadtarchiv Ladenburg**

Akten und Amtsbücher der Gemeindeverwaltung

A 269: Die Verwaltung der Gemeinden; hier: Umbildung der gemeindlichen Körperschaften; 1933–1939.

A 332: Pressewesen; Berichte über Ladenburg; 1931–1965.

A 382: Die politische Betätigung der Beamten und Wiederherstellung des Berufsbeamtentums; 1932–1937.

A 433: Wahl der Gemeindeverordneten; 1930–1933.

A 434: Wahl der Gemeinderäte; 1930–1950.

A 453: Wahl, Verpflichtung und Dienstführung der Bürgermeister und deren Gehalt; 1921–1939.

A 1597: Ablieferung von feindlichen Flugblättern; 1939.

A 1709: Aufrechterhaltung der öffentlichen Sicherheit und Ordnung und Bekämpfung politischer Ausschreitungen; 1920–1962.

A 1939: Der Nationalgruß; 1933–1935.

A 1954: Reichstagswahlen 1924, 1928, 1930, 1932 und 1933; 1924–1934.

A 1955: Reichstagswahlen am 19. 3. 1936 und Reichstagswahl und Volksabstimmung am 10. 4. 1938; 1935–1942.

A 1957: Ergebnisse der Reichstagswahl v. 20. 5. 1928; 1928.

A 1964: Saarabstimmung 1934 und Einreise in das Saargebiet; 1933–1934.

A 2085: Volks-, Berufs- und Betriebszählung; 1933.

A 2086: Volks-, Berufs- und Betriebszählung am 17. 5. 1939; 1939.

A 2663: Bekämpfung der Arbeitslosigkeit durch Arbeitsbeschaffung innerhalb der Stadt Ladenburg; 1932–1937.

A 2682: Arbeitsbeschaffung für Erwerbslose; 1933–1935.

B 411: Bürgerausschuß-Sitzungsprotokolle; 1929–1934.

B 510: Gemeinderatsprotokolle; 1933–1935.

B 511: Gemeinderatsprotokolle; 1935–1943.

**Hauptstaatsarchiv Stuttgart**

Akten

J 355, EK 11087/17, Bü 214: Augenzeugenbericht von Sol Rosenfelder (Sally Rosenfelder) über die Zerstörung der Ladenburger Synagoge am 10. November 1938; 1. 12. 1948.

**Generallandesarchiv Karlsruhe**

Akten

GLA Ka 309, Zg 1982/21, Nr. 325: Akte der Staatsanwaltschaft beim Landgericht Mannheim.

**Archiv Carl-Benz-Gymnasium Ladenburg**

Protokollbuch der Konferenzen des Lehrerkollegiums bis 1944. Zitiert: **CBG-Konferenzbuch**.

**2. Gedruckte Quellen und Dokumente**

Hofer, Walter (Hg.): Der Nationalsozialismus. Dokumente 1933–1945, Frankfurt a.M. 1957. Zitiert: **Hofer**.

Ladenburger Wochenblatt, Nr. 1 v. 15. 3. 1949. Zitiert: **Ladenburger Wochenblatt**.

Ladenburger Zeitung. Amtliches Verkündigungsblatt für die Stadt Ladenburg am Neckar, Jubiläumsausgabe 129 v. 7. 11. 1969. Zitiert: **Ladenburger Zeitung, Jubiläumsausgabe**.

Michalka, Wolfgang (Hg.): Das Dritte Reich. Dokumente zur Innen- und Außenpolitik Bd. 1: „Volksgemeinschaft" und Großmachtpolitik 1933–1939, München 1985. Zitiert: **Michalka**.

Neckar-Bergstrass-Post. Ladenburger Tageblatt. Amtliches Verkündigungsblatt für die Stadt Ladenburg. Zitiert: **NBP**.

Verfolgung und Widerstand unter dem Nationalsozialismus in Baden. Die Lageberichte der Gestapo und des Generalstaatsanwalts Karlsruhe 1933–1940, hg. v. Stadtarchiv Mannheim, bearb. von Jörg Schadt, Stuttgart/Berlin/Köln/Mainz 1976. Zitiert: **Verfolgung und Widerstand**.

**3. Literatur:**

Benz, Wolfgang (Hg.): Die Juden in Deutschland 1933–1945. Leben unter nationalsozialistischer Herrschaft, München 1988. Zitiert: **Benz**.

Bracher, Karl-Dietrich: Nationalsozialistische Machtergreifung und Reichskonkordat, Wiesbaden 1956. Zitiert: **Bracher**.

Bräunche, Ernst Otto: Die Entwicklung der NSDAP in Baden bis 1932/1933. In: ZGO 125 (1977), S. 331–375. Zitiert: **Bräunche**.

Ders.: Die NSDAP in Baden 1928–1933. Der Weg zur Macht. In: Schnabel (s. ebd.), S. 15–49. Zitiert: **Bräunche/Schnabel**.

Broszat, Martin: Nationalsozialistische Konzentrationslager 1933–1945. In: Buchheim, Horst/Jacobsen, Hans-Adolf/Krausnik, Helmut: Anatomie des SS-Staates Bd. 2, München 1984. Zitiert: **Broszat**.

Carl-Benz-Gymnasium (Hg.): Festschrift des Carl-Benz-Gymnasiums zum 125jährigen Bestehen der Schule, Ladenburg 1988. Zitiert: **CBG-Festschrift**.

Fest, Joachim C.: Hitler. Eine Biographie, 2 Bde., Frankfurt a.M./Berlin/Wien 1976. Zitiert: **Fest**.

Fliedner, Hans-Joachim: Die Judenverfolgung in Mannheim 1933–1945, hg. v. Stadtarchiv Mannheim, Bd. 1: Darstellung, Stuttgart/Berlin/Köln/Mainz 1971. Zitiert: **Fliedner**.

Frei, Norbert: Nationalsozialistische Eroberung der Provinzpresse. Gleichschaltung, Selbstanpassung und Resistenz in Bayern, Stuttgart 1980. Zitiert: **Frei**.

Freund, Hartmut: Eine badische Kleinstadt unter dem Hakenkreuz. Nationalsozialistische Machterschleichung, Konsolidierung der Diktatur und Judenverfolgung in Ladenburg am Neckar 1933–1939, Magisterarbeit Heidelberg 1988. Zitiert: **Freund**.

Gamm, Hans-Jochen: Der Flüsterwitz im Dritten Reich, München 1984. Zitiert: **Gamm**.

Gittig, Heinz: Illegale antifaschistische Tarnschriften 1933–1945, Leipzig 1972 (87. Beiheft zum Zentralblatt für Bibliothekswesen). Zitiert: **Gittig**.

Grill, Johnpeter Horst: The Nazi Party in Baden 1920–1945, 2 Bde., Michigan 1975. Zitiert: **Grill**.

GUTFLEISCH, Bruno: Ladenburg und seine nähere Umgebung als Wirtschaftsraum im Wandel der Zeit mit besonderer Berücksichtigung der Landwirtschaft, Zulassungsarbeit zur 1. Dienstprüfung für das Lehramt an Volksschulen, Ladenburg 1971. Zitiert: **Gutfleisch**.

HAGEMANN, Walter: Publizistik im Dritten Reich. Ein Beitrag zur Methodik der Massenführung, Hamburg 1948. Zitiert: **Hagemann**.

HALE, Oron J.: The Captive Press in the Third Reich, Princeton/New Jersey 1964. Zitiert: **Hale**.

HOFFMANN, Herbert: Im Gleichschritt in die Diktatur? Die nationalsozialistische „Machtergreifung" in Heidelberg und Mannheim, Frankfurt a.M./Bern/New York 1985, Zitiert: **Hoffmann: Gleichschritt**.

HOFFMANN, Karl/STURM, Günther: Ladenburg, Mannheim 1989. Zitiert: **Hoffmann/Sturm**.

HOURAND, Rupert: Die Gleichschaltung der badischen Gemeinden 1933/1934, Stuttgart 1985. Zitiert: **Hourand**.

JASPER, Gotthard: Die gescheiterte Zähmung, Wege zur Machtergreifung Hitlers 1930–1934, Frankfurt a.M. 1986. Zitiert: **Jasper**.

KLEMPERER, Victor: Die unbewältigte Sprache. Aus dem Notizbuch eines Philologen. L(ingua) T(ertii) I(mperii), Darmstadt 1966. Zitiert: **LTI**.

KLÖNNE, Arno: Gegen den Strom, Bericht über den Jugendwiderstand im Dritten Reich, Hannover/Frankfurt a.M. 1957. Zitiert: **Klönne**.

KÖHLER, Joachim: Die katholische Kirche in Baden und Württemberg in der Endphase der Weimarer Republik und zu Beginn des Dritten Reiches. In: SCHNABEL (s. ebd.), S. 257–295. Zitiert: **Köhler**.

LOEWY, Ernst: Literatur unter dem Hakenkreuz. Das Dritte Reich und seine Dichtung. Eine Dokumentation, Frankfurt a.M. 1983. Zitiert: **Loewy**.

MAIER, Joachim: Schulkampf in Baden 1933–1945. Die Reaktion der katholischen Kirche auf die nationalsozialistische Schulpolitik, dargestellt am Beispiel des Religionsunterrichts in den badischen Volksschulen, Mainz 1983 (Veröffentlichungen der Kommission für Zeitgeschichte Reihe B: Forschungen, Bd. 38). Zitiert: **Maier**.

MARXEN, Klaus: Strafjustiz im Nationalsozialismus. Vorschläge für eine Erweiterung der historischen Perspektive. In: DIESTELKAMP, Bernhard/STOLLEIS, Michael (Hg.): Justizalltag im Dritten Reich, Frankfurt a.M. 1988. Zitiert: **Marxen**.

MASER, Werner: Adolf Hitler – Mein Kampf. Geschichte, Auszüge, Kommentare, München 1981. Zitiert: **Maser**.

DERS.: Die Frühgeschichte der NSDAP. Hitlers Weg bis 1924, Frankfurt a.M./München/Bonn 1965. Zitiert: **Maser: Frühgeschichte**.

MATZERATH, Horst: Nationalsozialismus und kommunale Selbstverwaltung, Stuttgart/Berlin/Köln/Mainz 1970 (Schriftenreihe des Vereins für Kommunalwissenschaften e.V. Berlin 29). Zitiert: **Matzerath**.

MERZ, Hans-Georg: Beamtentum und Beamtenpolitik in Baden. Studien zu ihrer Geschichte vom Großherzogtum bis in die Anfangsjahre des nationalsozialistischen Herrschaftssystems, Freiburg/München 1985 (Forschungen zur Oberrheinischen Landesgeschichte 32). Zitiert: **Merz**.

REHBERGER, Horst: Die Gleichschaltung des Landes Baden 1932/1933, Heidelberg 1966. Zitiert: **Rehberger**.

SCHANBACHER, Eberhard: Das Wählervotum und die „Machtergreifung" im deutschen Südwesten. In: SCHNABEL (s. ebd.), S. 295–318. Zitiert: **Schanbacher**.

SCHÄTZLE, Julius: Stationen zur Hölle, Konzentrationslager in Baden und Württemberg 1933–1945, Frankfurt a.M. 1980. Zitiert: **Schätzle**.

SCHNABEL, Thomas (Hg.): Die Machtergreifung in Südwestdeutschland. Das Ende der Weimarer Republik in Baden und Württemberg 1928–1933, Stuttgart/Berlin/Köln/Mainz 1982 (Schriften zur politischen Landeskunde Baden-Württemberg). Zitiert: **Schnabel**.

SCHOLDER, Klaus: Baden im Kirchenkampf des Dritten Reiches. In: Oberrheinische Studien 2 (1973), S. 223–241. Zitiert: **Scholder**.

SCHULZ, Gerhard: Die Anfänge des totalitären Maßnahmenstaates. In: BRACHER, Karl-Dietrich/SAUER, Wolfgang/SCHULZ, Gerhard: Die nationalsozialistische Machtergreifung. Studien zur Errichtung des totalitären Herrschaftssystems in Deutschland 1933/1934, Bd. 2, Köln/Opladen 1960. Zitiert: **Schulz**.

THAMER, Hans-Ulrich: Verführung und Gewalt. Deutschland 1933–1945, Berlin 1986. Zitiert: **Thamer**.

WEBER, Alexander: Soziale Merkmale der NSDAP-Wähler. Eine Zusammenfassung bisheriger empirischer Untersuchungen und eine Analyse in den Gemeinden der Länder Baden und Hessen, Diss. Freiburg 1969. Zitiert: **Weber**.

WECKBECKER, Arno: Die Judenverfolgung in Heidelberg 1933–1945, Heidelberg 1985. Zitiert: **Weckbecker**.

WENKE, Bettina: Interviews mit Überlebenden. Verfolgung und Widerstand in Südwestdeutschland, hg. v. Landeszentrale für politische Bildung Baden-Württemberg, Stuttgart 1980. Zitiert: **Wenke**.

## J. Zieher: Jüdisches Leben in Ladenburg von 1291 bis 1945 (S. 671–719)

**Quellen:**

**Generallandesarchiv Karlsruhe**

Signatur 210/159: Synagogenbau zu Ladenburg.

Signatur 309 Zg. 1982/21, Nr. 325: Akten des zweiten Prozesses vor dem Mannheimer Landgericht wegen der Ereignisse in Ladenburg während der Reichspogromnacht am 10. November 1938.

Signatur 362/1049: Die Aufhebung der israelitischen Volksschule zu Ladenburg.

Signatur 362/1051: Die Judenschule zu Ladenburg.

Signatur 362/1093: Statuten für den israelitischen Friedhofsverband Ladenburg 1880-1881.

**Stadtarchiv Ladenburg**

A 555: Ankauf jüdischer Grundstücke.

A 1570: Den israelitischen Friedhof und die Begräbnisordnung in Ladenburg betr.

A 1709: Aufrechterhaltung der Sicherheit, Bekämpfung der polit. Ausschreitungen, 1920–1960.

A 1944: Maßnahmen in der Judenfrage.

A 1945: Grundbesitz im Eigentum von Juden und im Besitz der toten Hand.

**Archiv des Leo-Baeck-Instituts, New York**

Signatur AR 452: Gemeinde Ladenburg (Enthält einen Bericht über die jüdische Gemeinde Ladenburgs und ein Mitgliederverzeichnis).

**HStA Stuttgart**

Bestand J 355, Büschel 76 Ladenburg.

**Archiv der Gedenkstätte Yad Vashem, Jerusalem**

Referenznummer TR-10/71

„Ladenburger Brief" verfaßt von Sally ROSENFELDER am 26. September 1938. Abschrift eines Originals.

Lebensbericht von Ludwig KEMPE verfaßt am 22. Dezember 1985. Abschrift des masch. Manuskript vom 22. Dezember 1985.

**Gespräche und Briefe:**

Gespräch mit Alfred DRIELS am 5. Mai 1989 in Ladenburg.

Gespräch mit Alfred DRIELS am 19. September 1997 in Ladenburg.

Gespräch mit Helmut DRIELS am 10. September 1997 in Ladenburg.

Gespräch mit Irene WÜRZBURGER, geborene Rosenfelder am 24. Juni 1990 in Ladenburg.

Brief von Lilly BRETT, geborene Hirsch, an den Verfasser vom 31. Oktober 1988.

Brief von Ludwig KEMPE an den Verfasser vom 24. Mai 1989.

Brief von Ludwig KEMPE an den Verfasser vom 8. November 1989.

Brief von Hanna LION, geborene Levy, an den Verfasser vom 14. Dezember 1988.

Brief von Rachel STANIESKI, geborene Hirsch, an den Verfasser vom 31. Oktober 1988.

Brief von Rachel STANIESKI, geborene Hirsch, an den Verfasser vom 23. Dezember 1988.

Brief von Rachel STANIESKI, geborene Hirsch, an den Verfasser vom 7. Mai 1989.

Brief von Walter LEVY für seine Schwester Lea an den Verfasser vom 19. August 1988.

**Zeitungen:**

Israelitisches Gemeindeblatt. Offizielles Organ der israelitischen Gemeinden Mannheim und Ludwigshafen: Jahrgang 1 (1923) bis 16 (1938).

Ladenburger Tageblatt (erschienen von Oktober 1907 bis Anfang der zwanziger Jahre).

Ladenburger Wochenblatt (erschienen unter diesem Titel spätestens seit 1880 bis September 1907).

Neckar-Bergstraß-Post (erschienen von Anfang der zwanziger Jahre bis 1941)

**Literatur:**

ARBEITSKREIS JÜDISCHE GESCHICHTE (Hg.): Die jüdischen Ladenburger. Ein Beitrag zur Stadtgeschichte, Mannheim 1991. Zitiert: **Arbeitskreis.**

ARCHIVDIREKTION STUTTGART (Hg.): Die Opfer der nationalsozialistischen Judenverfolgung in Baden-Württemberg 1933–1945. Ein Gedenkbuch, Stuttgart 1969.

BARKAI, Avraham: Vom Boykott zur „Entjudung". Der wirtschaftliche Existenzkampf der Juden im Dritten Reich 1933–1943, Frankfurt/M. 1988. Zitiert: **Barkai.**

BENZ, Wolfgang (Hg.): Die Juden in Deutschland 1933–1945. Leben unter nationalsozialistischer Herrschaft, München 1988.

DERS.: Der Novemberpogrom 1938; In: DERS. (Hg.): Die Juden in Deutschland 1933–1945. Leben unter nationalsozialistischer Herrschaft, München 1988, S. 499–544.

DARMSTÄDTER, Karl: Zur Geschichte der jüdischen Gemeinde in Ladenburg. In: Der Lobdengau, Oktober 1926. Zitiert: **Darmstädter: Zur Geschichte.**

DERS.: Zum Jubiläum der Gemeinde Ladenburg. In: Israelitisches Gemeindeblatt, Mannheim, 14. Dezember 1932 (Jahrgang 10), S. 7. Zitiert: **Darmstädter: Zum Jubiläum.**

DERS.: Die zahlenmäßige Entwicklung der jüdischen Bevölkerung in Baden. In: Israelitisches Gemeindeblatt, Mannheim, Nr. 15, Jahrgang 12 (1934), S. 8–12. Zitiert: **Darmstädter: Die zahlenmäßige Entwicklung.**

DÖPFNER, Ernst (Bearb.): Durch Gassen und Straßen in Ladenburg. Besitzerverzeichnis von Häusern innerhalb der Stadtmauern im 17. u. 18. Jahrhundert, Ladenburg 1991 (Ladenburger Stadtbücher). Zitiert: **Döpfner.**

GAMM, Hans-Jochen: Das Judentum. Eine Einführung, Frankfurt 1994. Zitiert: **Gamm.**

Gedenkbuch zum hundertfünfundzwanzigjährigen Bestehen des Oberrats der Israeliten Badens, Karlsruhe 1934.

FLIEDNER, Hans-Joachim: Die Judenverfolgung in Mannheim 1933–1945, 2 Bde., Stuttgart 1971. Zitiert: **Fliedner.**

FREUND, Hartmut: Eine badische Kleinstadt unterm Hakenkreuz. Nationalsozialistische Machterschleichung, Konsolidierung der Diktatur und Judenverfolgung in Ladenburg am Neckar 1933–1939, unveröffenlichte Magisterarbeit Universität Heidelberg 1989. Zitiert: **Freund.**

HAHN, Joachim: Erinnerungen und Zeugnisse jüdischer Geschichte in Baden-Württemberg, Stuttgart 1988. Zitiert: **Hahn: Erinnerungen und Zeugnisse.**

HAHN, Joachim: Synagogen in Baden-Württemberg, Stuttgart 1987.

HEUSER, Robert: Die Bedeutung des Ortsbürgerrechts für die Emanzipation der Juden in Baden 1807–1831, Jurist. Diss. Universität Heidelberg 1971. Zitiert: **Heuser.**

HOFFMANN, Karl: Die Juden in Ladenburg. In: Der Lobdengau 32 (April 1985), o.S. Zitiert: **Hoffmann.**

HUNDSNURSCHER, Franz /TADDEY, Gerhard: Die jüdischen Gemeinden in Baden. Denkmale, Geschichte, Schicksale, Stuttgart 1968. Zitiert: **Hundsnurscher/Taddey.**

KEYSER, Erich (Hg.): Badisches Städtebuch, Stuttgart 1959. Zitiert: **Keyser.**

KRAUSNICK, Helmut: Judenverfolgung. In: BUCHHEIM, Hans/ BROSZAT, Martin/JACOBSEN, Hans-Adolf u.a. (Hg.): Anatomie des SS-Staates, 6. Aufl. München 1994, S. 547–678. Zitiert: **Krausnick.**

LÖWENSTEIN, Leopold: Geschichte der Juden in der Kurpfalz, Frankfurt/M. 1895. Zitiert: **Löwenstein.**

MAURER, Trude: Abschiebung und Attentat. Die Ausweisung der polnischen Juden und der Vorwand für die „Kristallnacht". In: PEHLE, Walter H. (Hg.): Der Judenpogrom 1938. Von der „Reichskristallnacht" zum Völkermord, Frankfurt 1988, S. 52–73. Zitiert: **Maurer.**

MEYER, Herbert: Carl Friedrich Loening. In: Mannheimer Hefte 1/1962, S. 19–27.

OBST, Johannes: Gurs. Deportation und Schicksal der Mannheimer und anderer badisch-pfälzischer Juden 1940–1945. Didaktisch-methodische Handreichung für weiterführende Schulen. Zusammengestellt von Johannes Obst in Zusammenarbeit mit der Pädagogengruppe der Gesellschaft für christlich-jüdische Zusammenarbeit Rhein-Neckar, e.V., Mannheim 1985. Zitiert: **Obst.**

PAULUS, Jael: Geschichte der Juden Badens – Ein Überblick. In: OBERRAT DER ISRAELITEN BADENS (Hg.): Die Juden in Baden 1809–1984. 175 Jahre Oberrat der Israeliten Badens, Karlsruhe 1984, S. 19–56. Zitiert: **Paulus.**

PEHLE, Walter H. (Hg.): Der Judenpogrom 1938. Von der „Reichskristallnacht" zum Völkermord, Frankfurt 1988.

PEHLE, Walter H.: Vorwort. In: DERS. (Hg.): Der Judenpogrom 1938. Von der „Reichskristallnacht" zum Völkermord, Frankfurt 1988, S. 9–12. Zitiert: **Pehle: Vorwort.**

PFLUGFELDER, Thilo: Verfolgungsmaßnahmen gegen Juden in Baden während des Dritten Reichs, Stuttgart o.J. Zitiert: **Pflugfelder.**

PROBST, Hansjörg: Neckarau, Bd. 2: Vom Absolutismus bis zur Gegenwart, Mannheim 1989. Zitiert: **Probst.**

ROSENTHAL, Berthold: Heimatgeschichte der badischen Juden seit ihrem geschichtlichen Auftreten bis zur Gegenwart, Bühl 1927. Zitiert: **Rosenthal: Heimatgeschichte.**

DERS.: Die jüdische Volksschulen in Baden. In: Gedenkbuch zum hundertfünfundzwanzigjährigen Bestehen des Oberrats der Israeliten Badens, Karlsruhe 1934, S. 125–165. Zitiert: **Rosenthal: Die jüdischen Volksschulen.**

DERS.: Der Ursprung der Familie Ladenburg. In: Israelitisches Gemeindeblatt, Mannheim, Nr. 10, Jahrgang 13 (1934), S. 1 u. 4–5.

SAUER, Paul (Bearb.): Dokumente über die Verfolgung der jüdischen Bürger in Baden-Württemberg durch das nationalsozialistische Regime 1933–1945, 2 Bde., Stuttgart 1966. Zitiert: **Sauer: Dokumente.**

DERS.: Die jüdischen Gemeinden in Baden und Württemberg von 1933 bis zum Wiederaufbau nach 1945. In: SPROLL, Heinz /THIERFELDER, Jörg (Hg.): Die Religionsgemeinschaften in Baden-Württemberg, Stuttgart 1984, S. 189–206.

DERS.: Die Schicksale der jüdischen Bürger Baden-Württembergs während der nationalsozialistischen Verfolgungszeit 1933–1945. Statistische Ergebnisse der Erhebungen der Dokumentationsstelle bei der Archivdirektion Stuttgart und zusammenfassende Darstellung, Stuttgart 1969. Zitiert: **Sauer: Die Schicksale.**

SCHAAB, Meinrad: Geschichte der Kurpfalz, Bd. 1: Mittelalter, Stuttgart 1988. Zitiert: **Schaab: Geschichte, Bd. 1.**

DERS.: Geschichte der Kurpfalz, Bd. 2: Neuzeit, Stuttgart 1992. Zitiert: **Schaab: Geschichte, Bd. 2.**

STRAUSS, Herbert A. /KAMPE, Norbert (Hg.): Antisemitismus. Von der Judenfeindschaft zum Holocaust, Frankfurt 1985. Zitiert: **Strauss/Kampe.**

TÄUBLER-STERN, Selma: Die Emanzipation der Juden in Baden. In: Gedenkbuch zum hundertfünfundzwanzigjährigen Bestehen des Oberrats der Israeliten Badens, Karlsruhe 1934, S. 7–104. Zitiert: **Täubler-Stern.**

WALK, Joseph (Hg.): Pinkas Hakehillot. Encyclopedia of Jewish Communities from their foundation till after the Holocaust. Germany, Württemberg, Hohenzollern, Baden, Jerusalem 1986. Zitiert: **Walk: Pinkas Hakehillot.**

DERS. (Hg.): Das Sonderrecht für die Juden im NS-Staat, 2. Aufl. Heidelberg 1996. Zitiert: **Walk: Das Sonderrecht.**

WATZINGER, Karl Otto: Geschichte der Juden in Mannheim 1650–1945, 2., verb. Aufl. Stuttgart 1987. Zitiert: **Watzinger**.

WECKBECKER, Arno: Die Judenverfolgung in Heidelberg 1933–1945, Heidelberg 1985. Zitiert: **Weckbecker**.

WETZEL, Juliane: Auswanderung aus Deutschland. In: Wolfgang BENZ (Hg.): Die Juden in Deutschland 1933–1945. Leben unter nationalsozialistischer Herrschaft, München 1988, S. 413–498. Zitiert: **Wetzel**.

## R. Schulz: Ladenburg nach dem Zweiten Weltkrieg (S. 721–798)

**Gedruckte Quellen** (s. Probst, S. 809–810).

**Ausgewählte Literatur**

BACHMAYER, Manfred: Ladenburg – Lebendige Geschichte. In: In Baden-Württemberg 2 (1993), S. 30–35.

BACKES Klaus/FILLBRUNN, Günter: Fähre Neckarhausen – Geschichte und Geschichten, Edingen-Neckarhausen 1995.

BLÄNSDORF-ZAHNER, Uta: Die Sebastianskapelle zu Ladenburg. Eine architektonische Analyse des Außenbaues, Ladenburg 1984.

BUNDESMINISTER FÜR RAUMORDNUNG, BAUWESEN UND STÄDTEBAU (Hg.): Stadtgestalt und Denkmalschutz im Städtebau. Dokumentation des Bundeswettbewerbs 1977–1979, Bonn 1981.

DERS.: Fallstudie Ladenburg, bearbeitet von Johannes CRAMER. In: Erhaltung, Erneuerung und Wiederbelebung alter Stadtgebiete in Europa, Bonn 1981.

CRAMER, Johannes (Hg.): Ladenburg. Die Altstadt als Denkmal – Sanierung als Prozeß, München 1981.

EINSELE, Martin (Hg.): Vierzig Jahre Städtebau in Baden-Württemberg, Stuttgart/Zürich 1992.

GAUTEL, Peter und Uta: Ladenburg. Stadführer, Mannheim 1986.

GOLITSCHEK, Josef von/FUCHS, Peter: Im Herzen der Kurpfalz, Am Neckar und am Rheine, Stuttgart/Aalen 1979.

GUTFLEISCH, Bruno: Ladenburg und seine nähere Umgebung als Wirtschaftsraum im Wandel der Zeit mit besonderer Berücksichtigung der Landwirtschaft, Heidelberg 1971.

HAAS KG (Hg.): Rhein-Neckar-Land, bearbeitet von Eugen HERWIG, Mannheim 1968.

HÄUSER, Robert/HEUKEMES, Berndmark: Ladenburg – Porträt einer 2000-jährigen Stadt, Mannheim 1971.

HAUN, Gabriele: Umweltbericht der Stadt Ladenburg, 1997.

HFW – HAUS FÜR WIEDERAUFBAU UND WIRTSCHAFTSWERBUNG (Hg.): 2500 Jahre Ladenburg – 1850 Jahre Stadt Ladenburg, 1949.

HOFFMANN, Karl/HEUKEMES, Berndmark: Führer durch die zweitausendjährige Stadt Ladenburg am Neckar und durch das Lobdengaumuseum, Heidelberg 1975.

HOFFMANN, Karl/STURM, Günther: Ladenburg, Mannheim 1989.

HOFFMAN, Karl/BEEDGEN, Rainer: Ladenburg. Ein Streifzug durch die Jahrtausende, Heidelberg 1994.

HOLSCHUH, Annette: Altstadtsanierung in Ladenburg. Anpassung eines überkommenen Bauzustandes an heutige Zielvorstellungen, **Ort???** 1976.

KOLB, Klaus/BUBEC: Koppodunum . Heiteres über Köpfe der Ladenburger Geschichte, Schwetzingen 1998.

LANDESDENKMALAMT UND LANDESVERMESSUNGSAMT BADEN-WÜRTTEMBERG (Hg.): Ortskernatlas Stadt Ladenburg, bearbeitet von Wolf DEISEROTH, Stuttgart 1984.

LANDESREGIERUNG VON BADEN-WÜRTTEMBERG (Hg.): Zum Beispiel Ladenburg: Eine kleine Stadt setzt Maßstäbe für die Denkmalpflege, Stuttgart 1977.

LORSONG, Gernot G.: Ladenburg – von den Steinzeitjägern bis heute, Karlsruhe 1994.

LUDWIG, Dietrich: Stadtgeographie von Ladenburg, Heidelberg 1953.

NACHBARSCHAFTSVERBAND HEIDELBERG-MANNHEIM(HG.): Flächennutzungsplan, Mannheim 1983.

PHOTOGRAPHISCHE INTERESSEN-GESELLSCHAFT PENTAPRISMA (PIGP)/BEEDGEN, Rainer: Ladenburg, Mannheim 1997.

RAUMORDNUNGSVERBAND RHEIN- NECKAR (Hg.): Raumordnungsplan Rhein-Neckar 2000, Mannheim 1993.

REGIONALVERBAND UNTERER NECKAR (Hg.): Regionalplan Unterer Neckar, Mannheim 1994.

REHBERGER, Hansjörg: Ladenburg. Siedlungsgeschichtliche und bauliche Entwicklung der Stadt, Stuttgart 1960.

SCHÄFER, Günter: Strukturwandel einer Kleinstadt seit 1930 am Beispiel Ladenburg/Neckar, Heidelberg 1976.

SCHÜTZ, Jürgen (Hg.): Der Rhein-Neckar-Kreis, Stuttgart 1991.

SCHUMMER, W.: Die siedlungsgeographische Entwicklung der Stadt Ladenburg am Neckar nach 1945, Karlsruhe 1970.

SERR, Cornel/HOFFMANN, Karl: Ladenburg am Neckar. Amtlicher Führer durch die zweitausendjährige Stadt, Heidelberg 1958.

SOEHLKE, Bernd: Stadtsanierung einer historischen Stadt am Beispiel Ladenburg, Heidelberg 1970.

STADT LADENBURG (Hg.): Stadtgestalt und Denkmalschutz im Städtebau. Wettbewerbsbeitrag 1977, Ladenburg 1977.

SYRBE, Dirks: Darstellung und Beurteilung der Umweltsituation, dargestellt am Beispiel der Stadt Ladenburg, Mannheim 1987.

# Autorenverzeichnis

Hartmut Freund, Jahrgang 1962, studierte Mittlere und Neuere Geschichte sowie Germanistik an der Universität Heidelberg, war mehrere Jahre als freier Journalist tätig und ist heute im Bereich Public Relations in der Wirtschaft beschäftigt.

Karl Hoffmann, Jahrgang 1924. Verwaltungslaufbahn beim Staatlichen Hafenamt Mannheim, Oberregierungsrat a.D. 1956–1992 Vorsitzender des Heimatbundes Ladenburg, z.Zt. Ehrenvorsitzender. *Veröffentlichungen*: Stadtführer Ladenburg; Bildband Ladenburg, Mannheim 1989 (zusammen mit Günther Sturm).

Peter Jaschke, Jahrgang 1964. Landschaftgärtner und Diplomgeograph. Nach dem Abitur Lehre und von 1989 bis 1994 Studium der Geographie. Z.Zt. Umweltplaner. *Veröffentlichungen als Co-Autor*: Ortsgeschichte der Gemeinde Fußgönnheim, 1993.

Hildegard Kneis. Nach Berufstätigkeit und Abitur auf dem zweiten Bildungsweg Geschichts-, Germanistik- und Philosophiestudium an der Universität Mannheim. Gymnasiallehrerin für Geschichte und Deutsch. Archivfachausbildung in Stuttgart. Seit 1994 Leiterin des Stadtarchivs Ladenburg.

Klaus Kolb, Jahrgang 1924. Ostern 1942 Kriegsabitur, danach Arbeitsdienst und Wehrmacht, 1945 Internierung in der Schweiz, Studium an den Universitäten Zürich, Fribourg und ab 1948 Heidelberg (Germanistik, Geschichte und Geographie). 1951 erstes und 1952 zweites Staatsexamen. Lehrer am Gymnasium Weinheim, ab 1953 am Progymnasium und späteren Carl-Benz-Gymnasium in Ladenburg. 1974–1987 Oberstudiendirektor und Leiter des Carl-Benz-Gymnasiums. 1971–1989 Stadtrat in Ladenburg, seit 1971 Kreisrat des Landkreises Mannheim und anschließend des Rhein-Neckar-Kreises.

Jörg Kreutz. 1979–1985 Studium der Geschichte und Germanistik an der Universität Mannheim. 1985–1988 Ausbildung für den Archivdienst. 1988–1990 Generallandesarchiv Karlsruhe, seit 1990 Kreisarchivar beim Rhein-Neckar-Kreis in Ladenburg.

Dr. Gertrud Lenz-Bernhard, Jahrgang 1952, studierte Vor- und Frühgeschichte, Provinzialrömische Archäologie und Anthropologie in Mainz, Freiburg und München. 1982 Promotion in Freiburg über spätkeltische Grabfunde in Rheinhessen und im Kreis Bad Kreuznach. Seit 1983 im Museum von Bad Dürkheim mit der Einrichtung der archäologischen Abteilung betraut. Von November 1983 bis Ende 1996 im Landesdenkmalamt Baden-Württemberg im Referat für Aufarbeitung von Altgrabungen beschäftigt. Danach als freiberufliche Archäologin tätig.

Gernot Lorsong, Jahrgang 1940, Ingenieur und Lokalreporter u.a. des MM für historische Themen, Schwerpunkt Genealogie; Mitarbeit im Metzler-Kreis Heidelberg. *Veröffentlichungen*: Taufe uns, Alexander – Geschichte der wiedertäuferischen Dunkerkirche, Karlsruhe 1993; Ladenburg – Von den Steinzeitjägern bis heute, Karlsruhe 1994; Schweizer Einwanderer in Heidelberg nach dem Dreißigjährigen Krieg, Heidelberg 1996; Ladenburger Stammfamilien und Wirte-Dynastien, Hemsbach 1996.

Hansjörg Probst, Jahrgang 1932. 1952–1956 Studium der Geschichte, Germanistik und Klassischen Philologie in Heidelberg. 1956 und 1958 erstes und zweites Staatsexamen. Vom 1.9.1958 bis 31.7.1996 im Schuldienst des Landes Baden-Württemberg, zuletzt als Oberstudiendirektor am Karl-Friedrich-Gymnasium Mannheim und am Mannheim-Kolleg. Seit 1982 Vorsitzender der Gesellschaft der Freunde Mannheims und der ehemaligen Kurpfalz – Mannheimer Altertumsvereins von 1859 und damit Herausgeber aller Veröffentlichungen dieses Geschichtsvereins. Von 1988 bis 1996 Mitherausgeber und Schriftleiter der Mannheimer Hefte, seit 1994 Herausgeber und Schriftleiter der Mannheimer Geschichtsblätter Neue Folge. *Selbständige Veröffentlichungen in Auswahl*: Die soziale Herkunft der Schüler des Mannheimer Karl-Friedrich-Gymnasiums von 1807 bis 1970. In: 300 Jahre Karl-Friedrich-Gymnasium Mannheim, Mannheim 1972; Seckenheim – Geschichte eines Kurpfälzer Dorfes, Mannheim 1981; Die Pfalz am Rhein, völlig neu bearbeitete 4. Auflage dieses Standardwerkes von Rudolf Haas, Mannheim 1984; Die Pfalz als historischer Begriff, Mannheim 1984; Neckarau I – Von den Anfängen bis ins 18. Jahrhundert, Mannheim 1988; Neckarau II – Vom Absolutismus bis zur Gegenwart, Mannheim 1989; Alt-Seckenheim – Ein Heimatbuch, Mannheim 1993; Von der Steinzeug zur FRIATEC – 130 Jahre Firmengeschichte, Mannheim 1993; Kleine Geschichte der Stadt Mannheim, Mannheim 1997.

Reinhold Schulz, Jahrgang 1931. 1945–1948 Verwaltungslehre und Kaufmännische Berufsschule, 1948–1965 in mehreren Ämtern der Stadt Weinheim tätig, zuletzt als Stadtamtmann in der Stadtkämmerei. 1959 Prüfung für den gehobenen Verwaltungsdienst und Diplomprüfung an der Verwaltungs- und Wirtschaftsakademie Rhein-Neckar. 1965–1993 Bürgermeister der Stadt Ladenburg. 1965–1987 Kreisrat des Landkreises Mannheim und des Rhein-Neckar-Kreises, seit 1973 Mitglied der Verbandsversammlung des Regionalverbandes Unterer Neckar. *Veröffentlichungen u.a.*: Ladenburg. Heute und morgen (1969); Ladenburg. Die Altstadt als Denkmal (1981) (als Mitautor).

Dr. Heinz-Joachim Schulzki, Jahrgang 1953. Studium der Geschichte, Klassischen Philologie und Provinzialrömischen Archäologie in Heidelberg und Mannheim. 1980–1983 wissenschaftlicher Angestellter bei der Römisch-Germanischen Kommission des Deutschen Archäologischen Instituts in Frankfurt am Main. 1983–1985 Schuldienst. 1986 Promotion in alter Geschichte. 1985–1996 wissenschaftlicher Angestellter am Historischen Institut, Seminar für alte Geschichte, an der Universität Mannheim in Forschungsvorhaben zur antiken Numismatik und Metrologie. Seit 1987 wiss. Angestellter an den archäologischen Sammlungen des Reiss-Museums der Stadt Mannheim. Zahlreiche Veröffentlichungen zu numismatischen, provinzialrömischen und althistorischen Themen.

Dr. C. Sebastian Sommer, M. Phil. (Oxon), Oberkonservator, Jahrgang 1956. Studium der Provinzialrömischen Archäologie, Vor- und Frühgeschichte, Numismatik und Osteologie in München, Freiburg und Oxford, insbesondere bei Prof. Dr. G. Ulbert und Prof. S.S. Free; D. Phil. Promotion über Kastellvici Süddeutschlands. Wissenschaftliche Schwerpunkte: Römische Städte und Siedlungen. Seit 1984 beim Landesdenkmalamt Baden-Württemberg und mit Ladenburg beschäftigt; lange Jahre Leiter der Ausgrabungen dort; seit 1994 Leiter des Referats Schwerpunktgrabungen und zentrale Fachdienste.

Dr. Hermann Wiegand, Jahrgang 1951. Besuch des humanistischen Kurfürst-Friedrich-Gymnasiums in der Geburtsstadt Heidelberg, Studium der klassischen Philologie, Geschichte, Germanistik, mittel- und neulat. Philologie, 1975/77 erstes und zweites Staatsexamen für das Lehramt an Gymnasien, seither im höheren Schuldienst des Landes Baden-Württemberg, seit 1996 als Leiter des humanistischen Karl-Friedrich-Gymnasiums in Mannheim. 1982/83 Promotion in neulateinischer Philologie mit einer Arbeit zur lateinischen Reisedichtung des 16. Jahrhunderts im deutschen Kulturraum, seit 1987 Lehrbeauftragter der Universität Heidelberg für lateinische und deutsche Literatur der Frühen Neuzeit; stellvertretender Vorsitzender des Mannheimer Altertumsvereins von 1859; Mitglied des Exekutivkomitees der International Association for Neo-Latin Studies. *Wichtigste Buchpublikationen*: Hodoeporica. Studien zur neulateinischen Reisedichtung des deutschen Kulturraumes im 16. Jahrhundert, Baden-Baden 1984; Parnassus Palatinus. Humanistische Dichtung in Heidelberg und der alten Kurpfalz, Heidelberg 1989 (zusammen mit W. Kühlmann); Jacob Balde: Opera Omnia, Frankfurt 1990 (zusammen mit W. Kühlmann); Vincentius Placcius: Atlantis retecta. Die wiederentdeckte Atlantis. Das erste neulateinisch-deutsche Kolumbus-Epos, Heidelberg 1992; Karl Gottfried Nadler: Fröhlich Palz, Gott erhalts! und andere Gedichte. Kritische Ausgabe, Landau 1994 (zusammen mit W. Sauer); Humanistische Lyrik des 16. Jahrhunderts. Lateinisch-deutsch, Frankfurt am Main 1997 (zusammen mit W. Kühlmann und R. Seidel u.a.); Marquard Freher: DE LVPODVNO. Die erste Beschreibung des alten Ladenburgs von 1618. Übertragen und erläutert von H. W., Heidelberg 1998. – Ferner zahlreiche wissenschaftliche Aufsätze und Lexikonartikel zur neulateinischen Literatur und zur Geistesgeschichte der Kurpfalz in der Frühen Neuzeit.

Dr. Günther Wieland, Jahrgang 1962. Studium der Vor- und Frühgeschichte, der Provinzialrömischen Archäologie, Alten Geschichte und Volkskunde in München und Saarbrücken. 1993 Promotion in München. 1993–1994 Reisestipendium des Deutschen Archäologischen Instituts, seit 1994 im Rahmen des Projektes „Spätkeltische Siedlungen" der Deutschen Forschungsgemeinschaft beim Landesdenkmalamt Stuttgart.

Jürgen Zieher, M.A., Jahrgang 1969. Studium der Mittleren und Neueren Geschichte und der Politikwissenschaft an der Universität Mannheim; 1993/94 Studium an der John-Hopkins-University, Baltimore/USA mit einem Stipendium des DAAD. 1997 Magisterexamen. Seit 1998 Doktorand an der Universität Potsdam im Fach Neuere Geschichte. Forschungsschwerpunkte: Deutsch-Jüdische Geschichte und Geschichte der Bundesrepublik. *Veröffentlichungen*: Die jüdischen Ladenburger, Mannheim 1991 (Mitherausgeber); 'Der Rhein darf keine Grenze sein' – Die Kurpfalz-Frage 1945–1976. In: MGBl NF 3 (1996), S. 415–454.

# Register

Der Beitrag von Reinhold Schulz: Ladenburg nach dem Zweiten Weltkrieg (S. 721–798) wurde nicht im Register aufgeschlüsselt, da er durch seine Einteilung nach Jahren leicht zugänglich ist. *Fettdruck* bezeichnet den Schwerpunkt der Behandlung des betreffenden Stichworts.

## Ortsregister

Ladenburg, Worms, Rhein und Neckar kommen ständig vor, so daß sich eine Seitenzahlnennung erübrigt. * bezeichnet eine Wüstung.

## Personenregister

Nur historische Persönlichkeiten sind als einzelne genannt, und zwar immer, wenn sie öfter als einmal vorkommen. Lebende Personen und Wissenschaftler sind nicht aufgenommen. Mitglieder von Adelsfamilien sind unter ihren Adelsnamen aufgeführt; Ladenburger (und Wormser) Bürger sowie Amtsträger sind in eigenen Rubriken subsumiert; dasselbe gilt für die Juden, die Mitglieder von Parteien und Verbänden und die NS-Funktionäre, die in der Regel in einem eigenen Kapitel behandelt und dort leicht auffindbar sind.
Abkürzungen: *ahd* – althochdeutsch; *Bf* – Bischof; *BfvW* – Bischof von Worms; *dt* – deutsch; *Ebf* – Erzbischof; *fränk* – fränkisch; *gen* – genannt; *Gf* – Graf; *Gft* – Grafschaft; *Hg* – Herzog; *Kf* – Kurfürst; *Kg/Kgin* – König/Königin; *Ks/Ksin* – Kaiser/Kaiserin; *Ldbg* – Ladenburg; *Lgf* – Landgraf; *Mgf* – Markgraf; *mhd* – mittelhochdeutsch; *Pfgf/Pfgfin* – Pfalzgraf/Pfalzgräfin; *röm* – römisch.

## Sachregister